NOUVEAU

DICTIONNAIRE ENCYCLOPÉDIQUE

UNIVERSEL ILLUSTRÉ

CINQUIÈME VOLUME

RABO.-ZYMO

LE NOUVEAU

DICTIONNAIRE ENCYCLOPÉDIQUE

UNIVERSEL ILLUSTRÉ

COMPREND :

LA LINGUISTIQUE

Étymologies, alphabets comparés, grammaire, prononciation, définitions. — Langues, dialectes, argot, jargons, idiotismes, locutions. synonymie, conjugaison des verbes irréguliers. — Rhétorique, poésie, versification, théâtre. — Philologie, polygraphie, etc.

L'HISTOIRE ET LA GÉOGRAPHIE ANCIENNES ET MODERNES

Description du globe, voyages, États, provinces, rivières, montagnes, villes, etc. — Chronologie, dynasties, batailles, sièges, traités. Archéologie, blason, biographie, géographie physique et politique, statistique, etc.

LA THÉOLOGIE

Liturgie, conciles, mythologie, religions, sectes et opinions singulières.

LA JURISPRUDENCE

Droit naturel, droit des gens, droit politique, droit civil, droit criminel, droit commercial, droit maritime, droit canonique, administration, etc.

LES SCIENCES ET LES ARTS

Philosophie, logique, métaphysique, morale. — Physique et chimie, géologie, paléontologie, botanique, zoologie. — Agriculture, économie rurale, économie domestique. — Anatomie, physiologie, médecine, chirurgie, hygiène. — Pharmacie. Médecine vétérinaire et hippiatrique. — Musique. — Mathématiques pures et appliquées. — Astronomie, météorologie. Art militaire, marine. — Beaux-arts, métiers, inventions, découvertes, industrie, commerce, finances. — Gymnastique, escrime, danses, natation, équitation, chasse, pêche, jeux.

D'APRÈS LES DERNIERS TRAVAUX DES SAVANTS ET DES ÉCRIVAINS FRANÇAIS ET ÉTRANGERS, PARMI LESQUELS NOUS CITERONS MM. :

J.-C. Adams, Agassiz, Ampère, Arago, d'Avezac, Babinet, F. Bastiat, Bardin, J.-R. Barri, Bazin, E. de Beaumont, A.-C., L.-A. et A.-E. Becquerel, Belloguet, Cl. Bernard, Berthelot, Beudant, Beulé, L. Blanc, Ch. Blanc, Ad. Blanqui, M. Block, Ch. Bonaparte- Bouchardat, Bouley, Broca, Brongniart, Burnout, Caro, Chabas, Champollion, Ph. Chasles, Chenu, de Chesnel, M. Chevalier, Chevreul, A. Cochut, Cohen, A. Comte, A. Cournot, V. Cousin, Crapelet, Cuvier, Daguin, Damiron, C.-A. Dana, Delécluze, Taxile Delord, Deyrolle, Drouyn de Lhuys, du Chaillu, Dufrénoy, Dumas, Duméril, C. Dupasquier, Duvergier, Édison, Escudier, Faucher, Faye, A. Franck, A. de Franqueville, Frémy, E. et J. Geoffroy Saint-Hilaire, Gougeard, Gouffé, A. Guillemin, Guizot, amet, J. Haydn, Heis, Hemholtz, G. et J. Herschell, Th. de Heuglin, Hervey de Saint-Denis, d'Homer, Huggins, A. Von Humboldt, A. Jacquot, P. Janet, P. Joigneaux, Jouffroy, A. Jubinal, S. Julien, de Jussieu, de La Blanchère, P. Lacroix (Bibliophile Jacob), Lanfrey, Lartet, Letronne, Lenormand, Leverrier, Linné, Littré, Lorédan Larchey, Mariette, H. Martin, Ménaut, Mayer, Fr. Michel, Michelet, A.-L. Monet, Nordenskjœld, Oppert, Al. et Ch. d'Orbigny, Mᵐᵉ Pape-Carpentier, Pasteur, Pelouze, Proudhon, Quatrefages, Quetelet, Raoul-Rochette, Élisée et Élie Reclus, A. et C. de Rémusat, Renan, G. Ripley, de Rivière, de Rosny, Rossi, de Rougé, Rumkhorf, Sainte-Beuve, Ch. et H. Sainte-Claire Deville, Saint-Marc Girardin, E. Saisset, de Saulcy, Scudo, Secchi, J. Simon, Smiths, Soubeiran, Stanley, Taine, A. Thierry, Tripier, John Tyndall, Vacherot, B. Vincent. Viollet-Le-Duc, Wolowski, Wurtz, etc., etc.

L'ouvrage est complet en six volumes.

ÉVREUX, IMPRIMERIE DE CHARLES HÉRISSEY

NOUVEAU
DICTIONNAIRE
ENCYCLOPÉDIQUE
UNIVERSEL ILLUSTRÉ
RÉPERTOIRE DES CONNAISSANCES HUMAINES

Ouvrage illustré d'environ 3,000 magnifiques Gravures

ET DE 25 CARTES EN COULEUR

ET RÉDIGÉ

PAR UNE SOCIÉTÉ DE LITTÉRATEURS, DE SAVANTS ET D'HOMMES SPÉCIAUX

SOUS LA DIRECTION

DE JULES TROUSSET

Auteur de l'Atlas national, de l'Encyclopédie d'économie domestique, ouvrages couronnés par les Sociétés savantes

D'APRÈS LES DERNIERS TRAVAUX
DES SAVANTS ET DES ÉCRIVAINS FRANÇAIS ET ÉTRANGERS

CINQUIÈME VOLUME

RABO.-ZYMO.

PARIS
A LA LIBRAIRIE ILLUSTRÉE
8, RUE SAINT-JOSEPH, 8

PRINCIPALES ABRÉVIATIONS

EMPLOYÉES DANS CET OUVRAGE

A........... Actif.
Abl......... Ablatif.
Abrév....... Abréviation.
Absol....... Absolu, absolument.
Abusiv...... Abusivement.
Accus....... Accusatif.
Acoust...... Acoustique.
Activ....... Activement.
Adj......... Adjectif.
Adjectiv.... Adjectivement.
Adm......... Administration.
Adv......... Adverbe, adverbial
Adverbial ... Adverbialement
Affl........ Affluent.
Agric....... Agriculture.
Alchim...... Alchimie.
Algeb....... Algèbre.
Allem....... Allemand.
Allus....... Allusion.
Anal........ Analogie.
Analyt...... Analytique.
Anat........ Anatomie.
Anc......... Ancien, ancienne
Ancienn..... Anciennement.
Anthrop..... Anthropologie.
Angl........ Anglais.
Annél....... Annélides.
Antiq....... Antiquités.
Aph......... Aphorisme.
Arach....... Arachnides.
Arboric..... Arboriculture.
Archéol..... Archéologie.
Archit...... Architecture.
Arithm...... Arithmétique.
Armur....... Armurerie.
Arqueb...... Arquebuserie.
Arr......... Arrondissement.
Art......... Article.
Artill...... Artillerie.
Ascét....... Ascétique.
Astrol...... Astrologie.
Astron...... Astronomie.
Augment..... Augmentatif.
Auj......... Aujourd'hui.
Autref...... Autrefois.
Auxil....... Auxiliaire.
Banq........ Banque.
B.-arts..... Beaux-arts.
Bibliogr.... Bibliographie.
Bijout...... Bijouterie.
Blas........ Blason.
Bonnet...... Bonneterie.
Bot......... Botanique.
C........... Code.
Can......... Canon, canonique
Canot....... Canotage.
Cant........ Cantate.
Cap......... Capitale.
Cathol...... Catholique.
Celt........ Celtique.
Cent........ Centime.
Chamois..... Chamoiserie.
Chancell.... Chancellerie.
Chapell..... Chapellerie.
Charcut..... Charcuterie.
Charpent.... Charpenterie.
Charron..... Charronnerie.
Chem. de fer. Chemin de fer.
Cheval...... Chevalerie.
Chim........ Chimie.
Chir........ Chirurgie.
Ch.-l....... Chef-lieu.
Chorégr..... Chorégraphie.
Chronol..... Chronologie.
Civ......... Civil.
Coll........ Collectif.
Collectiv... Collectivement.
Comm........ Commerce.
Compar...... Comparatif.
Comparatif.. Comparativement.
Comptab..... Comptabilité.
Conchyl..... Conchyliologie.
Cond........ Conditionnel.

Conj........ Conjonction, conjonctif.
Conjug...... Conjugaison.
Constr...... Construction.
Contract.... Contraction.
Corroier.... Corroierie.
Corrupt..... Corruption.
Cost........ Costume.
Cout........ Coutume, coutumier.
Crim........ Criminel.
Cristall.... Cristallographie.
Crust....... Crustacés.
Cuis........ Cuisine.
Culin....... Culinaire.
Dat......... Datif.
Déf......... Défectif.
Dém......... Démonstratif.
Dénigr...... Dénigrement.
Dép......... Département.
Dess........ Dessin.
Détorm...... Déterminatif.
Dialect..... Dialectique.
Didact...... Didactique.
Dimin....... Diminutif.
Diplom...... Diplomatique.
Divin....... Divinatoire.
Dogmat...... Dogmatique.
Dom......... Domestique.
Dout........ Douteux.
Dramat...... Dramatique.
Dr.......... Droit.
Dynam....... Dynamique.
E........... Est.
Ebénist..... Ebénisterie.
Ecclés...... Ecclésiastique.
Echin....... Echinodermes.
Econ........ Economie.
Ecrit....... Ecriture.
Egypt....... Egyptien.
Ellipt...... Elliptique.
Elliptiquem. Elliptiquement.
Encycl...... Encyclopédie.
Entom....... Entomologie.
Equit....... Equitation.
Erpét....... Erpétologie.
Escr........ Escrime.
Esp......... Espagnol.
Esthét...... Esthétique.
Ethnogr..... Ethnographie.
Etym........ Etymologie.
Ex.......... Exemple.
Exag........ Exagération.
Explét...... Explétif.
Ext......... Extension.
F........... Féminin.
Fabr........ Fabrique.
Fam......... Familier.
Fauconn..... Fauconnerie.
Féod........ Féodal, féodalité.
Fig......... Figuré, figurément.
Fin......... Finances.
Fl.......... Fleuve.
For......... Forêt.
Forest...... Forestier.
Fortif...... Fortifications.
Foss........ Fossiles.
Fr.......... Français. — Franc.
Fut......... Futur.
G........... Genre.
Généal...... Généalogie.
Génit....... Génitif.
Géod........ Géodésie.
Géogn....... Géognésie.
Géogr....... Géographie.
Géol........ Géologie.
Géom........ Géométrie.
Gnomon...... Gnomonique.
Gr.......... Grec. — Gramme.
Gramm....... Grammaire.
Grav........ Gravure.
Gymn........ Gymnastique.
Hab......... Habitants.
Hébr........ Hébreu, hébraïque.
Helminth.... Helminthologie.

Hippiatr.... Hippiatrique.
Hist........ Histoire, historique
Horlog...... Horlogerie.
Hortic...... Horticulture.
Hydraul..... Hydraulique.
Hyg......... Hygiène.
Hyperboliq.. Hyperboliquement.
Ibid........ Ibidem.
Icht........ Ichtyologie.
Iconol...... Iconologie.
Id.......... Idem.
Imp......... Imparfait.
Impérat..... Impératif.
Impers...... Impersonnel.
Impr........ Imprimerie.
Ind......... Indicatif.
Indéf....... Indéfini.
Inf......... Infinitif.
Infus....... Infusoires.
Interj...... Interjection, interjectif.
Interjectiv. Interjectivement.
Interrog.... Interrogation.
Inus........ Inusité.
Inv......... Invariable.
Iron........ Ironiquement.
Irrég....... Irrégulier.
Ital........ Italien.
Jard........ Jardinage.
Jud......... Judiciaire.
Jurispr..... Jurisprudence.
Kil......... Kilomètre.
Kilog....... Kilogramme.
L........... Loi.
Lat......... Latin. — Latitude.
Lég......... Légal.
Législ...... Législation.
Libr........ Librairie.
Ling........ Lingerie.
Linguist.... Linguistique.
Littér...... Littérature, littéraire.
Littéral.... Littéralement.
Liturg...... Liturgie.
Loc......... Locution.
Log......... Logique.
Long........ Longitude.
M........... Masculin.
Maçonn...... Maçonnerie.
Magnét...... Magnétisme.
Mamm........ Mammalogie
Manuf....... Manufacture.
Mar......... Marine.
Maréch...... Maréchallerie.
Mécan....... Mécanique.
Méd......... Médecine.
Mégiss...... Mégisserie.
Menuis...... Menuiserie.
Métall...... Métallurgie.
Météor...... Météorologie.
Métr........ Métrologie.
Milit....... Militaire.
Minér....... Minéralogie.
Moll........ Mollusques.
Mus......... Musique.
Myth........ Mythologie.
N........... Nom. — Nord. — Neutre.
Nap......... Napoléon.
Nat......... Naturel.
Navig....... Navigation.
N. B........ Nota bene
Néol........ Néologisme.
Neutral..... Neutralement.
N°.......... Numéro.
Num......... Numéral.
Numism...... Numismatique.
O........... Ouest.
Observ...... Observation.
Oisell...... Oisellerie.
Opt......... Optique.
Orfèv....... Orfèvrerie.
Orient...... Oriental.
Ornith...... Ornithologie.

Paléogr..... Paléographie.
Paléont..... Paléontologie.
Papet....... Papeterie.
Parf........ Parfait.
Parfum...... Parfumerie.
Part........ Participe.
Partic...... Particule.
Pathol...... Pathologie.
Pâtiss...... Pâtisserie.
Peint....... Peinture.
Pén......... Pénal.
Pers........ Persan. — Personne, personnel
Perspect.... Perspective.
P. et Ch.... Ponts et chaussées.
Pharm....... Pharmacie.
Philol...... Philologie.
Philos...... Philosophie.
Photogr..... Photographie.
Phrénol..... Phrénologie.
Phys........ Physique.
Physiol..... Physiologie
Plur........ Pluriel.
Poétiq...... Poétiquement.
Polit....... Politique.
Polyp....... Polypes.
Pop......... Population. — Populaire.
Portug...... Portugais.
Poss........ Possessif.
Pr.......... Propre. — Pronom.
Prat........ Pratique.
Prép........ Préposition.
Prépositif.. Prépositif.
Prés........ Présent.
Priv........ Privatif.
Procéd...... Procédure.
Pron........ Pronom.
Prosod...... Prosodie.
Prov........ Proverbialement, proverbial.
Psychol..... Psychologie.
Pyrotech.... Pyrotechnie.
Radic....... Radical.
Récip....... Réciproque, réciproquement.
Réfl........ Réfléchi.
Relat....... Relation, relatif.
Relig....... Religion.
Rem......... Remarque.
Rhét........ Rhétorique.
Riv......... Rivière.
Rom......... Romain.
Rur......... Rural.
S........... Singulier. -- Substantif. -- Sud
Sanscr...... Sanscrit.
Sc.......... Science.
Scolast..... Scolastique.
Sculpt...... Sculpture.
Serrur...... Serrurerie.
Subj........ Subjonctif.
Substantiv.. Substantivement.
Symb........ Symbolique.
Syn......... Synonyme.
Syr......... Syrien, syriaque.
Tact........ Tactique.
Tann........ Tannerie.
Techn....... Technologie.
Teint....... Teinturerie.
Tératol..... Tératologie.
Théol....... Théologie.
Thérap...... Thérapeutique.
Toxic....... Toxicologie.
Trigon...... Trigonométrie.
Triv........ Trivial.
Typogr...... Typographie.
Unipers..... Unipersonnel.
Us.......... Usité.
V........... Verbe.
Vén......... Vénerie.
Vétér....... Vétérinaire.
Voy......... Voyez.
Vulg........ Vulgaire, vulgairement
Zool........ Zoologie.
Zooph....... Zoophytes.
Zootechn.... Zootechnie.

L'astérisque (*) marque les mots admis dans le Dictionnaire de l'Académie. — Le signe (⌇⌇) indique que l'orthographe ou les définitions qui suivent cessent d'être académiques.

NOUVEAU
DICTIONNAIRE ENCYCLOPÉDIQUE
UNIVERSEL ILLUSTRÉ

R

RABO   RACA   RACC

* **RABOT** s. m. Outil de menuisier, composé d'une espèce de ciseau ajusté dans un fût de bois, et servant à dresser, à aplanir, à unir la surface du bois : *passer le rabot sur une planche.* — Fig. et fam. Passer le rabot sur un ouvrage de vers, de prose, y donner un coup de rabot, le corriger, le polir. — Outil dont on se sert pour unir et polir différents métaux, ou pour y faire des filets et des moulures. — Instrument en forme de T, qui est composé d'un morceau de bois avec un long manche, et dont on se sert pour remuer, pour détremper la chaux : *préparer le mortier avec le rabot.* — Espèce de pierre dure dont on se sert pour paver. — Bateau-rabot, bateau qui contient une machine à l'aide de laquelle on ouvre l'entrée d'un port, d'un bassin ou d'une rivière, lorsque cette entrée est obstruée par des vases, des sables ou des galets.

* **RABOTER** v. a: Dresser, aplanir, rendre uni avec le rabot : *un bois noueux est malaisé à raboter.* — S'emploie, fig. et fam., en parlant des ouvrages d'esprit, et signifie, retrancher, réformer, corriger, polir : *son poème est terminé, il n'a plus qu'à raboter ses vers.* — Il y a bien encore à raboter, se dit en parlant d'un jeune homme qui n'est pas encore formé, façonné pour le monde. — Machine à raboter, machine qui sert à raboter mécaniquement les bois de charpente; l'une des premières, celle du général anglais Bentham (1791), met en mouvement un rabot à main légèrement modifié. Une autre machine, brevetée, par Bramah en 1802, a un axe rotatoire vertical portant à son extrémité inférieure une roue horizontale, dont le bord est muni de 28 lames tranchantes, ou gouges suivies d'un rabot également attaché à la roue. William Woodworth, de New-York, prit un brevet pour la célèbre machine à raboter de Woodworth, en 1828. Celle-ci accomplit son travail au moyen de lames tranchantes attachées à un arbre horizontal sur lequel passe la planche. En 1836, Thomas-E. Daniels, de Wrusler (Massachusetts) apporta de grands perfectionnements à la machine circulaire, ou machine de Bramah. Le raboteur de Daniels se construit d'ordinaire avec deux lames tranchantes seulement, et le rabot de la machine de Bramah se trouve complètement supprimé.

* **RABOTEUR** s. m. Ouvrier qui se sert du rabot pour les huisseries, les cadres, les moulures, les marches d'escalier, etc.

* **RABOTEUX, EUSE** adj. Se dit proprement du bois, et signifie, noueux, inégal : *le cornouiller est raboteux.* — Se dit aussi de toute superficie inégale, et principalement des chemins, du sol où l'on marche : *c'est un pays inégal, pierreux et raboteux.* — Se dit, fig., du style, des ouvrages de vers ou de prose, et signifie grossier, rude, mal poli : *style raboteux.*

* **RABOUGRIR** v. n. Ne se dit proprement qu'en parlant des arbres et des plantes que la mauvaise nature de la terre, les mauvais vents, ou quelque autre cause, empêchent de profiter : *les grandes gelées font rabougrir le jeune bois.* — Se rabougrir v. pr. *Quand les racines touchent le tuf, les arbres se rabougrissent.*

RABOUGRISSEMENT s. m. État d'une personne ou d'une chose rabougrie.

RABOUILLAGE s. m. Action de troubler l'eau avec une branche d'arbre.

RABOUILLER v. n. Troubler l'eau afin de mieux prendre les poissons.

* **RABOUILLÈRE** s. f. Trou, espèce de terrier peu profond, que les lapines creusent pour y faire leurs petits.

RABOUILLOIR s. m. Branche d'arbre qui sert à rabouiller.

* **RABOUTIR** v. a. (préf. r; fr. aboutir). N'est guère usité qu'en parlant de morceaux d'étoffe qu'on met bout à bout l'un de l'autre : *rabouttir deux morceaux de drap.* (Pop.)

RABOUTISSAGE s. m. Action de raboutir.

RABOUTISSEUSE s. f. Personne qui raboutit.

* **RABROUER** v. a. Rebuter quelqu'un avec rudesse : *si vous lui parlez de cela, il vous rabrouera terriblement, étrangement.* Il est familier et s'emploie surtout quand il s'agit de propositions que l'on désapprouve, que l'on rejette.

RABROUEUR, EUSE adj. Qui traite les gens avec rudesse et brusquerie.

RABUTIN (François de), écrivain, mort en 1582. Il appartenait à l'une des plus illustres familles du Charolais et a laissé *Commentaires des guerres entre Henri II et Charles-Quint* (Paris, 1555, in-4°). Le célèbre Bussy-Rabutin était son petit-fils. (Voy. Bussy.)

RACA, mot syriaque qui signifie *fou.*

* **RACAHOUT** s. m. Fécule nourrissante que l'on croit propre à fortifier les convalescents : *le racahout des Arabes.*

* **RACAILLE** s. f. [*ll* mll.]. Lie et rebut du peuple, ce qu'il y a de plus vil et de plus méprisable dans la populace : *ce n'est que de la racaille.* — Se dit, fig., de toutes les choses de rebut : *il y a deux ou trois pièces rares dans son cabinet, mais tout le reste n'est que de la racaille.* Il est familier dans les deux sens.

RACAN (Honorat de Bueil, *marquis de*) poète français, né au château de la Roche-Racan (Touraine) en 1589, mort en fév. 1670. Il était page de Henri IV, lorsqu'il se lia avec Malherbe dont il fut le disciple. Parvenu au grade de maréchal de camp, il quitta les armes pour se livrer à la poésie. Il a laissé *Bergeries* (1635), des *Poésies diverses* et des *Odes sacrées.* Il entra à l'Académie en 1635. Ses *Œuvres* ont été réunies par Coustelier (Paris, 1724, 2 vol. in-12) et dans la collection Jannet (Paris, 1857, 2 vol. in-16).

* **RACCOMMODAGE** s. m. (rad. *raccommoder*). Travail d'un ouvrier qui a raccommodé, ré paré quelque meuble, quelque vêtement, etc.: *le raccommodage d'un habit, d'une paire de bas.*

* **RACCOMMODEMENT** s. m. Réconciliation après une petite querelle, une petite brouille: *un ami commun a travaillé à leur raccommodement.*

* **RACCOMMODER** v. a. (préf. r; fr. *accommoder*). Réparer, remettre en bon état : *raccommoder une maison.* — Remettre dans un état plus convenable, plus propre, et plus selon la

bienséance : *une femme qui raccommode ses cheveux, sa coiffure.* — Se dit quelquefois en parlant des ouvrages d'esprit, et signifie, réformer ce qu'il peut y avoir de mauvais : *il y a trop à raccommoder à ce discours, il vaut mieux en faire un autre.* — Se dit aussi en parlant des affaires : *il a tellement gâté ses affaires, qu'on aura bien de la peine à les raccommoder.* — RACCOMMODER UNE SOTTISE, la réparer : *il a fait une sottise, il cherche à la raccommoder.* — Mettre d'accord des personnes qui s'étaient brouillées : *il y avait entre eux de la mésintelligence, on les a raccommodés.* — Sé raccommoder v. pr. *Le mari et la femme se sont raccommodés.* — SE RACCOMMODER AVEC QUELQUE CHOSE, en avoir une meilleure opinion : *cela me raccommode avec les voyages.*

* RACCOMMODEUR, EUSE s. Celui, celle qui raccommode. Ne se dit guère que de gens qui raccommodent habituellement certaines choses : *raccommodeur de faïence.*

* RACCORD s. m. (préf. *r;* fr. *accord*). Arts. Liaison, accord que l'on établit entre deux parties contiguës d'un ouvrage qui offrent ensemble quelque inégalité de niveau, de surface, ou dont l'une est vieille et l'autre récente, etc. S'emploie surtout en termes d'architecture : *on ne voit pas le raccord fait à la façade de ce bâtiment.* — Se dit aussi, fig., en parlant des ouvrages d'esprit : *il a fait dans son poème, dans sa partition, quelques raccords heureux.*

* RACCORDEMENT s. m. (préf. *r;* fr. *accordement*). Arts. Action de faire des raccords à quelque ouvrage : *le raccordement de ce vieux château a été bien exécuté.* — Archit. Réunion de deux bâtiments de styles différents à l'aide de quelque accessoire qui sert de transition. Dans ce sens on dit aussi RACCORD. — Chemins de fer. VOIE DE RACCORDEMENT, voie qui relie entre eux deux chemins de fer.

* RACCORDER v. a. Arts. Faire un raccord, des raccords, ou exécuter un raccordement. (Voy. RACCORD et RACCORDEMENT.) — S'emploie quelquefois, fig. et au sens moral, en parlant des ouvrages d'esprit : *il a fait beaucoup de coupures dans les trois premiers actes de sa pièce, il faut maintenant raccorder tout cela.*

* RACCOURCI, IE part. passé de RACCOURCIR : *un manteau raccourci.* — A BRAS RACCOURCI, hors de garde, hors de mesure, et de toute sa force : *il lui a donné un coup d'épée à bras raccourci.* — Trop court : *une taille raccourcie.* — S'emploie aussi quelquefois au sens moral, et signifie, abrégé : *cet historien n'a présenté qu'un tableau raccourci de tous ces grands événements.* — s. Peinture Effet de perspective par lequel les objets vus de face paraissent plus courts qu'ils ne le sont en effet : *ce peintre entend bien les raccourcis.* — En raccourci loc. adv. En abrégé : *je vous ai dit le fait en raccourci.*

* RACCOURCIR v. a. (préf. *r;* fr. *accourcir*). Accourcir, rendre plus court : *raccourcissez cette corde.* RACCOURCIR DES ÉTRIERS, rehausser, relever les étrivières, auxquelles tiennent les étriers. RACCOURCIR LE BRAS, le plier en dedans, le retirer. RACCOURCIR SES PAS EN DANSANT, les étendre moins. — Man. RACCOURCIR DES DEMI-VOLTES, les faire dans un moindre espace. — Fig. RACCOURCIR UN CHEVAL, ralentir son allure en le retenant dans la main, en le rassemblant sous le cavalier : *raccourcissez votre cheval.* — v. n. Devenir plus court : *les jours raccourcissent, commencent à raccourcir.* — Se rendre plus court : *cette pièce de toile s'est raccourcie d'un demi-mètre au blanchissage.* — Se dit quelquefois de l'homme qui se replie, qui se ramasse sur lui-même : *ces deux athlètes se saisissent et se serrent; tantôt ils se raccourcissent, tantôt ils s'allongent.*

* RACCOURCISSEMENT s. m. Action de raccourcir; résultat de cette action : *le raccourcissement d'un habit.*

* RACCOUTREMENT s. m. (préf. *r;* fr. *accoutrement*). Action de raccoutrer; résultat de cette action. (Vieux.)

* RACCOUTRER v. a. Raccommoder, recoudre : *faire raccoutrer son habit, son manteau.* (Vieux.)

* RACCOUTUMER (Se) v. pr. (préf. *r;* fr. *accoutumer*). Reprendre une habitude : *il se raccoutume à notre manière de vivre.* (Fam.)

* RACCROC s. m. [ra-kro] (préf. *r;* fr. *accroc*). Terme usité dans certains jeux d'adresse. On appelle COUP DE RACCROC, ou simplement RACCROC, un coup inattendu, qui répare un coup manqué, et ordinairement un coup où il y a plus de bonheur que d'adresse : *il s'est sauvé par un coup de raccroc.*

* RACCROCHER v. a. Accrocher de nouveau : *raccrocher un tableau.* — Se dit, fig. et fam., des filles de mauvaise vie, qui pressent les passants d'entrer chez elles. — Se raccrocher v. pr. — Fig. et fam. IL S'EST RACCROCHÉ AU SERVICE, se dit d'un homme qui avait quitté le service, et qui y est rentré. — SE RACCROCHER A UNE CHOSE, la saisir, s'en aider pour se sauver d'un danger, pour se tirer d'un embarras : *il était noyé, sans s'être raccroché à cette branche.* — Fig. et fam. SE RACCROCHER A UNE CHOSE, s'y attacher pour regagner d'un côté ce qu'on avait perdu de l'autre : *il avait peu réussi dans la peinture; il s'est raccroché au commerce des tableaux.* On dit aussi, absol., SE RACCROCHER, regagner en tout ou en partie les avantages qu'on avait perdus : *laissez-le faire, il trouvera bien moyen de se raccrocher.* — Fig. SE RACCROCHER A QUELQU'UN, s'attacher à quelqu'un pour en obtenir du secours dans un embarras, dans un danger.

* RACCROCHEUSE s. f. Fille de mauvaise vie qui raccroche les passants.

* RACE s. f. coll. Lignée, tous ceux qui viennent d'une même famille : *il est d'une bonne race, de bonne race, de race illustre, ancienne.*

> Ce prince, le dernier de la race royale,
> S'est appliqué des dieux la réponse fatale.
> J. RACINE. *La Thébaïde*, acte III, sc. IV.

— Par ext. Multitude d'hommes qui sont originaires du même pays, et se ressemblent par les traits du visage, par la conformation extérieure ; *la race caucasienne; la race mongole.* — Variété constante d'une même humaine : *la race blanche.* — LA RACE MORTELLE, LA RACE HUMAINE, les hommes en général. — Poétiq. LA RACE FUTURE, LES RACES FUTURES, LES RACES A VENIR, les hommes à naître.

> .... Mais les races futures
> Pourront-elles jamais croire à mes aventures ?
> COLLIN D'HARLEVILLE. *Monsieur de Crac*, sc. IX.

— Classe d'hommes exerçant la même profession, ou ayant des inclinations, des habitudes qui leur sont communes. En ce sens, il se prend toujours en mauvaise part : *les usuriers sont une race maudite, une méchante race.* — MÉCHANTE RACE, MÉCHANTE PETITE RACE, se dit à de petits enfants, par manière de reproche, de réprimande. On dit de même au pluriel, CE SONT DE MÉCHANTES RACES : *ces petites races-là font un bruit perpétuel.* — Se dit aussi des espèces particulières de quelques animaux domestiques, comme chiens, chevaux, etc. : *ce chien, ce cheval est de bonne race.* — C'EST UN CHEVAL DE RACE, c'est un cheval de bonne race. CE CHEVAL A DE LA RACE, sa figure et sa construction annoncent qu'il est de race. — LES BONS CHIENS CHASSENT DE RACE, ou BON CHIEN CHASSE DE RACE, les enfants tiennent des mœurs et des inclinations de leurs pères; et, dans le même sens, CET HOMME CHASSE DE RACE, cela se dit en bonne et en mauvaise part; mais on ne le prend jamais qu'en mau-

vaise part lorsqu'il s'agit d'une femme. CETTE FILLE CHASSE DE RACE, elle est coquette, comme l'était sa mère. — RACE DE VIPÈRES, expression employée quelquefois dans l'Écriture pour désigner les pharisiens, et qu'on applique aujourd'hui à de méchantes gens.

RACE (Cap), promontoire élevé qui forme l'extrémité S.-E. de Terre-Neuve. Lat. N. 46° 40'; long. O. 55° 14'.

RACÉMULEUX, EUSE adj. (rad. lat. *racemus*, grappe). Bot. Dont les fleurs sont en petites grappes.

RACER v. n. Faire race.

RACER s. m. [ré-seur]. Turf. Cheval qui prend part aux courses.

RACHALANDER v. a. (préf. *r;* fr. *achalander*). Ramener les acheteurs à...

* RACHAT s. m. (préf. *r;* fr. *achat*). Action par laquelle on rachète, on recouvre une chose qu'on avait vendue, en en rendant le prix à l'acheteur : *vendre à faculté de rachat, avec faculté de rachat, à condition de rachat.* — LE RACHAT D'UNE RENTE, D'UNE PENSION, le payement d'une certaine somme pour l'amortissement, pour l'extinction d'une rente, d'une pension. On dit de même, LE RACHAT D'UNE SERVITUDE. — Délivrance, rédemption : *Notre-Seigneur a donné son sang pour le rachat du genre humain.* — Matière féod. Se disait de la somme à laquelle était estimé le revenu d'une année de fief qui devait le droit de relief. — RACHAT DE MARCHANDISES, payement d'une certaine somme pour obtenir la remise des marchandises capturées en mer par un corsaire. — Législ. « Autrefois, la clause de rachat, dite aussi de *réméré*, était fréquemment stipulée dans les contrats de vente. Par cette clause, qui portait aussi le nom de *retrait conventionnel*, le vendeur se réservait le droit de rentrer en possession de la chose vendue, pendant un délai qui n'était borné que par la convention. Ce délai pouvait être illimité, et alors il durait trente ans, selon les règles de la prescription. — Aujourd'hui le Code civil ne permet pas que, dans une vente d'objet mobilier ou immobilier, la faculté de rachat ait une durée de plus de cinq années ; et le terme fixé par le contrat ne peut être prorogé. Le pacte de rachat n'étant autre chose qu'une condition résolutoire, le vendeur ne sort de la faculté est censé avoir toujours été propriétaire, et il reprend la chose exempte des charges dont l'acquéreur l'aurait grevée ; mais il doit, avant de rentrer en possession, rembourser à ce dernier, non seulement le prix qu'il a reçu, mais encore tous les frais auxquels la vente a donné lieu, les dépenses qui ont été causées par de grosses réparations nécessaires, ainsi que la plus-value donnée à l'immeuble par d'autres dépenses (C. civ. 1659 et s.). La vente à réméré qui a pour objet un immeuble n'est pas dispensée de la transcription au bureau des hypothèques (L. 23 mars 1855). Si le pacte de rachat dissimulait un prêt sur nantissement, la vente devrait être considérée comme nulle (C. civ. 2078, 2088). Les retraits de réméré, lorsqu'ils ont eu lieu et qu'ils sont présentés à l'enregistrement dans les délais légalement stipulés, ne donnent lieu qu'à un droit proportionnel de 50 cent. par 100 fr. en principal. » (Cн. Y.)

RACHE s. f. Lie du mauvais goudron et de l'huile.

RACHEL, dans l'histoire biblique. (Voy. JACOB.)

RACHEL (Élisabeth-Rachel FÉLIX), actrice française, née à Munf, canton d'Argau (Suisse), le 24 mars 1821, morte au Cannet, près de Cannes, le 4 janv. 1858. Son père était un colporteur juif. En l'accompagnant comme chanteuse et guitariste ambulante, elle fut remarquée par Choron dans un café de Lyon.

Choron lui donna des leçons de musique, et Saint-Aulaire, des leçons d'élocution. Elle fut reçue au Conservatoire en 1836, et elle parut en 1837 au Gymnase, dans un vaudeville, mais sans beaucoup de succès. Pendant ce temps elle étudiait assidûment avec Samson, et le 7 sept. 1838, elle produisit une grande sensation au Théâtre-Français dans le rôle de Camille des *Horaces* de Corneille, et plus tard dans celui de Phèdre et dans ceux de plusieurs autres héroïnes de la scène tragique. La puissance de ses gestes et de sa voix produisait des effets merveilleux, et elle savait exprimer les émotions les plus violentes avec calme, grâce et dignité. Elle jouait aussi admirablement Jeanne d'Arc, Marie Stuart, et Adrienne Lecouvreur. Pendant l'effervescence de 1848, elle produisit un grand effet par son interprétation de la *Marseillaise*. A partir de 1849, elle joua six mois de l'année en province, en Angleterre, en Russie, etc. En 1855, elle visita les Etats-Unis avec son frère Raphaël, et ses sœurs, Sarah, Lia et Dinah. Elle amassa une grande fortune. Elle mourut de phtisie, laissant deux fils naturels, dont l'un a été légitimé par le comte Walewski.

* **RACHER** v. a. Marquer de lignes tracées au compas et destinées à indiquer un travail à exécuter.

* **RACHETABLE** adj. (préf. *r*; fr. *achetable*). Qu'on a droit de racheter : *une rente rachetable.*

* **RACHETER** v. a. Acheter ce qu'on a vendu : *j'avais vendu mon cheval à un tel, mais je l'ai racheté de lui, je le lui ai racheté.* — Acheter des choses de même espèce que celles qu'on a vendues, ou qu'on ne possède plus par quelque cause que ce soit : *il avait vendu ses tableaux, il en a racheté d'autres.* — RACHETER UNE RENTE, UNE PENSION, se libérer, se décharger d'une rente, d'une pension, moyennant une certaine somme une fois payée. — Délivrer à prix d'argent un captif, un prisonnier : *on le racheta des mains des pirates.* — Se dit aussi en parlant de Notre-Seigneur JÉSUS-CHRIST : *il a racheté le genre humain par son sang.* — JE VOUDRAIS L'AVOIR RACHETÉ DE BEAUCOUP, se dit en parlant d'une chose dont on regrette la perte; et, JE VOUDRAIS L'AVOIR RACHETÉE DE MON SANG, en parlant d'une personne qui est morte, et qu'on aimait beaucoup. On dit fam., par exag., SI VOUS ME FAITES CE PLAISIR-LA, VOUS ME RACHETEREZ LA VIE. — Compenser, balancer, faire pardonner, faire oublier : *racheter ses défauts par ses agréments, ses vices par ses vertus.* — RACHETER SES PÉCHÉS PAR L'AUMÔNE, obtenir la rémission de ses péchés en faisant l'aumône. — Archit. Corriger, rendre moins sensible un vice, un défaut de construction ou de décoration, une irrégularité : *on a donné la forme octogone à cette cour, afin de racheter l'irrégularité des bâtiments.* — Se racheter v. pr. Se délivrer : *se racheter de la captivité.* — Se faire pardonner, se faire oublier : *ces défauts se rachètent par de bonnes qualités.*

RACHIALGIE s. f. [-chi-al-] (gr. *rakis*, épine dorsale; *algos*, douleur). Pathol. Douleur dans la colonne vertébrale.

RACHIALGITE s. f. Pathol. Inflammation de la moelle épinière.

* **RACHIDIEN, ENNE** adj. [-chi-] (gr. *rakis*, épine dorsale). Anat. Qui a rapport ou qui appartient à la colonne vertébrale, appelée en grec RACHIS : *nerfs rachidiens.*

* **RACHIS** s. m. [ra-chiss] (gr. *rhakis*). Colonne vertébrale.

* **RACHITIQUE** adj. Se dit des personnes nouées et affectées de rachitisme : *une personne rachitique.* On dit aussi, AFFECTION RACHITIQUE, affection qui tient du rachitisme. — Se dit, par ext., des plantes avortées ou qui se déve-

loppent mal : *des arbres rachitiques.* — Substantiv. Un *rachitique.*

* **RACHITIS** s. m. [-tiss] (mot gr.). Méd. (Voy. RACHITISME.)

* **RACHITISME** s. m. Méd. Maladie qui consiste principalement dans la courbure de l'épine du dos et de la plupart des os longs, avec gonflement des articulations : *le rachitisme est rare dans ce pays.* On dit aussi RACHITIS. — Par ext. Maladie du blé, qui empêche la tige de se développer, et la rend noueuse. — Le rachitisme est une maladie propre à l'enfance, qui consiste dans le ramollissement et la déformation des os. Les extrémités articulaires se gonflent, se courbent et se nouent; l'épine du dos se dévie, le bassin se contourne, la cage thoracique se déforme; en même temps, l'enfant est faible, chétif, avec un ventre très développé. On observe cette affection chez les enfants lymphatiques, issus de parents scrofuleux ou syphilitiques; chez ceux qui vivent dans des lieux froids, humides, privés d'air et de lumière, tenus avec malpropreté ou mal nourris. — Comme traitement, il faut entourer les petits malades de soins hygiéniques : promenade au grand air et au soleil; chambre saine; nourriture abondante et fortifiante; bains de noyer; antiscrofuleux (huile de foie de morue, sirop d'hypophosphite de chaux, sirop ioduré, pastilles de Lavie, etc.). On met des appareils mécaniques si la déformation est considérable.

* **RACINAGE** s. m. (rad. *racine*). Décoction d'écorce de feuilles de noyer, de coques de noix, propre pour la teinture. — ** Dessins que l'on forme sur le dos ou sur la couverture des livres et qui imitent les racines.

RACINAL s. m. Charpent. Se dit de grosses pièces de bois, qui servent au soutien ou à l'affermissement des autres : *les racinaux d'un pont.*

* **RACINE** s. f. (rad. lat. *radix, radicis*). Partie par laquelle les arbres et les autres plantes tiennent à la terre, et en tirent leur principale nourriture : *la racine d'un arbre, d'une plante.* — IL Y VEUT PRENDRE RACINE, IL Y PRENDRA RACINE, se dit d'un homme qui prolonge trop sa visite, son séjour quelque part. — Particul. Racine de certains arbres, dont on fait des ouvrages d'ébénisterie et de tour : *un meuble de racine d'orme, d'if, d'olivier*, etc. — Se dit également en parlant de certaines plantes ou herbes, telles que les raves, les betteraves, les carottes, les navets, etc., dans lesquelles ce qu'il y a de bon à manger est ce qui vient en terre : *c'est un homme qui ne vit que de racines.* — Jurispr. FRUITS PENDANTS PAR LES RACINES, PAR RACINES, fruits qui ne sont pas encore coupés et cueillis : *les fruits pendants par les racines font partie du fonds.* — Partie des ongles, des dents, des cheveux par où ils tiennent à la chair : *la racine de la dent gâtée, est ébranlée.* — Se dit de même en parlant des cancers, des polypes, des loupes, des cors, et des autres mots de même nature qui surviennent au corps humain : *couper un cor jusqu'à la racine, en enlever la racine.* — Se dit, fig., des principes, des commencements de certaines choses, ou morales ou physiques : *la vertu a jeté de profondes racines dans son cœur.* — Gramm. Se dit des mots primitifs de chaque langue, d'où les autres sont dérivés, ou dont ils sont composés : *le mot Front en français est la racine des mots Frontal, Frontispice, Affronter, Effronté, Effrontément*, etc. — Arithm. Nombre qui, étant multiplié un certain nombre de fois par lui-même, produit un autre nombre qui constitue la *puissance* du premier. — LA RACINE CARRÉE D'UN NOMBRE PROPOSÉ, le nombre qui, multiplié par lui-même, produit ce nombre-là; et, LA RACINE CUBE ou CUBIQUE, le nombre qui, multiplié par

son carré, produit le nombre proposé : *trois est la racine carrée de neuf; trois est la racine cube ou cubique de vingt-sept.* On dit de même, RACINE QUATRIÈME, nombre qui, multiplié par son cube, donne le nombre proposé.

RACINE I (Jean), illustre auteur tragique, le principal créateur du genre classique, né à la Ferté-Milon le 21 décembre 1639, mort à Paris le 21 avril 1699. Son père, contrôleur du grenier à sel, l'ayant laissé orphelin à l'âge de 4 ans, il fut élevé par son aïeul maternel. Il reçut sa première instruction au collège de Beauvais, et fut placé ensuite (1655-'58) dans la maison d'éducation de Port-Royal, où le célèbre Lancelot, l'auteur du *Jardin des racines grecques*, le mit à même d'entendre la belle langue d'Euripide et de Sophocle et de lire dans les textes mêmes les chefs-d'œuvre de ces maîtres. Racine montrait déjà un goût très vif pour la poésie; mais ses premiers essais ne furent pas heureux. Au sortir de Port-Royal, il passa une année au collège d'Harcourt, à Paris. A peine eut-il achevé sa philosophie, qu'il publia, en 1660, à l'occasion du mariage de Louis XIV, la *Nymphe de la Seine*, ode qui fut très remarquée et qui lui valut une pension de 600 livres, accordée par Colbert, sur la recommandation de Chapelain. Ce premier succès détermina Racine à se livrer entièrement à la poésie; mais, par déférence pour un oncle qui voulait lui résigner son bénéfice, il se rendit à Uzès pour y étudier la théologie. Sa seconde pièce de vers, intitulée *Amasie*, passa inaperçue. C'est à Uzès que Racine écrivit la *Thébaïde ou les frères ennemis*, sa première tragédie, qu'il vint faire représenter à Paris en 1664 et qui semblait annoncer un génie assez médiocre; mais une ode sur la convalescence du roi valut au jeune poète une nouvelle pension de 600 livres; et l'ode intitulée la *Renommée aux Muses* lui attira l'amitié de Boileau. Revenant au théâtre, il donna, en 1665, *Alexandre*, tragédie tellement faible que Corneille, consulté par l'auteur, n'hésita pas à lui conseiller d'abandonner la scène. Néanmoins, Racine résolut de prendre sa revanche, et il la prit d'une manière éclatante par *Andromaque*, pièce admirable qui excita le même enthousiasme que le *Cid* (1667); *Britannicus* (1669) fut jugé très sévèrement par un public habitué aux grands effets de Corneille; Racine crut se venger dans la préface de la première édition de cette pièce, en tournant en ridicule, avec une amère ironie, les œuvres de son devancier. A partir de ce moment, la guerre fut déclarée entre les deux rivaux, et elle ne se termina que par la victoire définitive de Racine. La comédie des *Plaideurs* (3 actes, v. 1668), imitée des *Guêpes* d'Aristophane et la plus spirituelle critique des mœurs du palais d'alors, ne fut sauvée que par le bon goût de Louis XIV, qui la déclara excellente. Corneille et Racine, sollicités à l'insu l'un de l'autre, par Henriette d'Angleterre, duchesse d'Orléans, de traiter le sujet de Bérénice et de Titus, donnèrent l'un et l'autre une *Bérénice* vers la fin de 1670; mais le génie du vieux Corneille déclinait et sa *Bérénice* ne put soutenir la comparaison avec celle de son brillant rival, qui avait su déguiser l'extrême faiblesse du sujet par un style enchanteur et d'inimitables beautés de détail. Racine donna coup sur coup *Bajazet* (1672), *Mithridate* (1673), *Iphigénie en Aulide* (1674) et *Phèdre* (1677), chefs-d'œuvre qui sont restés les modèles du genre classique, mais qui soulevèrent autant de critiques que d'admiration. Désespéré de la chute de *Phèdre*, à laquelle ses ennemis préféraient celle de Pradon, Racine abandonna désormais le théâtre, pour se consacrer entièrement à sa charge d'historiographe du roi, à laquelle il venait d'être nommé. Il se maria et partagea son temps entre l'édu-

cation de ses enfants, l'accomplissement de ses devoirs religieux et la préparation d'une *Histoire de Louis XIV*, qu'il écrivit avec Boileau et qui resta manuscrite. Ce livre périt dans un incendie en 1726, sauf un fragment qui embrasse six années (1672-'78). Racine avait depuis douze années, abandonné tout rapport avec les Muses, lorsque Mme de Maintenon le pria de composer, pour les demoiselles de Saint-Cyr, la tragédie d'*Esther* (1689), drame sacré entièrement inspiré de la Bible et d'un caractère nouveau, dont Racine eut la gloire d'être le créateur. Les transports d'admiration qui accueillirent cette œuvre vraiment originale engagèrent l'auteur à composer, sur l'ordre du roi, un nouveau drame du même genre, *Athalie* (1691), qui est peut-être supérieure à la précédente, mais dont les beautés ne furent pas appréciées tout d'abord. Après la chute d'*Athalie*, Racine rentra dans le silence. Ses jours furent abrégés par le chagrin d'avoir déplu au roi en lui présentant un mémoire sur la misère du peuple, rédigé, en 1697, à la demande de Mme de Maintenon. Il mourut d'un abcès au foie, dont il souffrait depuis longtemps, et dont les progrès furent très rapides dès que Mme de Maintenon l'eut prié de ne plus reparaître à la cour. Peu de temps avant son décès, il avait écrit un *Abrégé de l'histoire de Port-Royal*, qui est un modèle d'élégance et de simplicité. Il avait été admis à l'Académie française en 1673. Ses restes, déposés dans le cimetière de Port-Royal, furent transportés dans l'église Saint-Étienne-du-Mont, lors de la profanation de l'abbaye de Port-Royal en 1711. — Les principales éditions des *Œuvres complètes* de Racine sont celles de P. Didot (Paris, 1801-'05, 3 vol. in-fol. avec 57 gravures remarquables); de Bodoni (Parme, 1813); de La Harpe (Paris, 1807, 7 vol. in-8°); d'Aimé Martin (Paris, 1820, 6 vol. in-8°). — II. (Louis), poète, second fils du précédent, né à Paris le 6 nov. 1692, mort le 29 janv. 1763. Il étudia d'abord le droit et fut reçu avocat. En 1719, il entra à l'Académie des inscriptions, devint en 1722 inspecteur général des fermes et plus tard directeur des gabelles à Soissons. La mort de son fils unique noyé à Cadix par suite du tremblement de terre de Lisbonne abrégea sa vie. On a de lui : *De la Grâce*; la *Religion*; *Épîtres sur l'homme* et *Mémoires sur la vie et les tragédies de Jean Racine* (1747).

RACINE, ville du Wisconsin (États-Unis), sur le lac Michigan, à l'embouchure de la rivière Root (Racine), au N.-E. S. de Milwaukee, et à 100 kil. N. de Chicago; 13,274 hab.

RACINER v. n. Agric. Pousser des racines. — v. a. Faire un racinage sur la couverture d'un livre.

RACINEUR s. m. Ouvrier qui racine les livres.

* **RACK.** Voy. **ARACK.**

RACLAGE s. m. Action de racler.

RACLE s. f. Appareil qui, dans certains pays, remplace le heurtoir des portes des maisons. — Mar. Instrument tranchant servant à gratter les vaisseaux. — Outil dont on se sert pour aplanir la terre, le bois, etc.

RACLÉE s. f. Se dit de coups répétés dont on frappe une personne : *recevoir une raclée.*

* **RACLER** v. a. (mot formé par onomatopée). Ratisser, enlever, emporter, avec quelque chose de rude ou de tranchant, quelques parties de la superficie d'un corps : *racler des peaux, du parchemin.* — RACLER UNE MESURE DE GRAIN, passer la racloire sur une mesure, pour faire tomber le grain qui s'élève au-dessus des bords. — CE VIN RACLE LE GOSIER, il est dur et âpre. — CELA RACLE LES BUYAUX,

se dit d'un breuvage médicinal, d'un vin trop vert, et de quelques autres choses qui donnent des tranchées. — Fig. et fam. IL NE FAIT QUE RACLER LE BOYAU, ou simplement, IL NE FAIT QUE RACLER, IL RACLE DU VIOLON, DE LA BASSE, etc., se dit d'un homme qui joue mal du violon, de la basse, etc. On dit de même, par dénig., RACLER UN AIR.

RACLETTE s. f. Outil dont se servent les ramoneurs pour racler la suie dans les tuyaux des cheminées.

* **RACLEUR** s. f. Terme de dénigrement, qui se dit d'un mauvais joueur de violon.

* **RACLOIR** s. m. Instrument avec lequel on racle : *racloir dont on racle un tonneau.*

* **RACLOIRE** s. f. Planchette qui sert à racler le dessus d'une mesure, telle qu'un boisseau de blé, pour faire tomber le grain qui s'élève au-dessus des bords.

* **RACLURE** s. f. Petite partie qu'on a emportée de la superficie de quelque corps en le raclant : *raclure de corne de cerf.*

* **RACOLAGE** s. m. Métier de racoleur.

* **RACOLER** v. a. Engager, soit de gré, soit par astuce, des hommes pour le service militaire. — Se dit quelquefois fig. et fam : *cet homme a racolé quelques partisans, quelques admirateurs.*

* **RACOLEUR** s. m. Celui qui faisait profession d'engager des hommes pour le service militaire. (Vieux.)

RACONTABLE adj. Qui est de nature à être raconté.

RACONTAGE s. m. Médisance, petit bavardage.

RACONTAR s. m. Racontage, récit dépourvu de bon sens.

RACONTER v. a. (préf. re; fr. conter). Conter, narrer une chose, vraie ou fausse : *raconter une histoire.* — Fam. EN RACONTER, *raconter beaucoup : il en a raconté bien long.*

RACONTEUR, EUSE s. Celui, celle qui a la manie de raconter : *un ennuyeux raconteur.* (Fam.)

* **RACORNI, IE** part. passé de RACORNIR. — Qui semble rapetissé, qui ne peut plus se développer et s'étendre : *cet homme a un rhumatisme qui le tient tout racorni, qui lui donne un air racorni.*

* **RACORNIR** v. a. Donner à quelque chose la consistance de la corne : *le toucher du violon, du violoncelle, racornit l'extrémité des doigts.* — Dessécher, rendre dur et coriace : *le feu a racorni ce cuir, ce parchemin.* — Se racornir v. pr. Devenir dur et coriace : *le cuir se racornit au feu.*

* **RACORNISSEMENT** s. m. État de ce qui est racorni : *le racornissement de cette viande, de ce cuir, etc.*

* **RACQUITTER** v. a. (préf. r; fr. acquitter). Regagner ce qu'on avait perdu : *j'ai pris mon jeu, je l'ai racquitté.* — Se racquitter v. pr. Il avait perdu tout son argent, mais il s'est racquitté. — Par ext. Se dédommager de quelque perte : *il avait perdu dans son premier marché, il s'est racquitté dans le second.*

RACZYNSKI [rat-chinn-ski] (Athanasius), littérateur et diplomate polonais, né en 1788, mort à Berlin le 21 août 1874. Il a laissé en français des ouvrages très estimés, parmi lesquels on cite : *Histoire de l'art moderne en Allemagne* (1836-'62, 3 vol.).

RADAGAISE ou **Rodogaste**, chef germain, qui envahit l'Italie avec 200,000 hommes, en saccagea la partie septentrionale, passa en Étrurie, assiégea près de Fesules par Stilicon, général de l'empereur Honorius, fut fait prisonnier et eut la tête tranchée (405).

RADAMA. Voy. **MADAGASCAR.**

RADCLIFFE (Anne WARD, *madame*), célèbre romancière anglaise, née à Londres le 9 juillet 1764, morte dans la même ville le 7 février 1823. Elle épousa en 1787 le jurisconsulte Radcliffe. Ses romans l'ont rendue populaire. Elle a laissé : *La Forêt* ou *l'Abbaye de Sainte-Claire* (1791), les *Mystères d'Udolphe* (1794) et *l'Italien* (1797), son chef-d'œuvre.

* **RADE** s. f. (angl. road, route). Certaine étendue de mer, enfoncée dans les terres, qui est à l'abri de certains vents, et où les bâtiments peuvent tenir à l'ancre : *cette rade est bonne.* — RADE FORAINE, rade mal fermée, ceinte en partie de terres plus ou moins élevées et où les bâtiments ne sont pas en sûreté contre les grands vents du large. — ÊTRE EN GRANDE RADE, être au mouillage de la rade le plus éloigné du port. On dit, dans un sens contraire, ÊTRE EN PETITE RADE. — METTRE EN RADE, sortir du port : *ce navire a mis en rade hier au soir.*

* **RADEAU** s. m. Assemblage de plusieurs pièces de bois qui sont liées ensemble, et qui forment une sorte de plancher, dont on se sert quelquefois pour porter sur l'eau des hommes, des chevaux, des marchandises, etc. : *il fit passer son infanterie sur des radeaux.* — Espèce de train de bois à brûler, de bois de construction, de planches, etc., que l'on fait descendre à flot sur une rivière.

RADEGONDE (Sainte), reine de France, née en 521, morte le 13 août 587. Elle était fille de Berthaire, roi de Thuringe. Emmenée, à l'âge de 8 ans, comme prisonnière par Clotaire Ier, elle fut instruite dans le christianisme et le roi de France l'épousa en 1538. Après la mort de son frère, assassiné par ordre de son époux, Radegonde s'enfuit de la cour, trouva un refuge auprès de saint Médard à Noyon, et obtint de lui d'embrasser la vie religieuse (544). Poursuivie par la fureur de Clotaire, elle se réfugia successivement à Orléans, à Tours, puis à Poitiers. Elle fonda dans cette dernière ville le couvent de Sainte-Croix, où elle termina sa vie. Fête le 13 août.

* **RADER** v. a. Mar. Mettre un bâtiment à la rade : *rader un navire.*

RADER v. a. (lat. radere, raser). Passer une règle ou un autre instrument sur la surface d'une mesure pleine de grains, de sel, etc., pour rendre cette surface égale, et pour ce moyen avoir la mesure juste : *rader du grain, du sel, etc.*

RADET. I. (Étienne), général et baron de l'Empire (1762-1825). Ce fut lui qui, en 1809, reçut la mission d'enlever de Rome le pape Pie VII. En 1815, il conduisit à Cette le duc d'Angoulême fait prisonnier. Condamné en 1816 à 9 ans de détention pour avoir contribué au retour de Napoléon, il fut remis en liberté en 1818. — II. (Jean-Baptiste), vaudevilliste, né à Dijon en 1754, mort en 1830. Il a laissé entre autres pièces : *Honorine ou la Femme difficile à vivre* (3 actes, 1795); les *Deux Edmond* (1811); *Gaspard l'avisé* (1811); *La Maison en loterie* (1820); etc.

RADETZKI (Joseph WENZEL, *comte*), général autrichien, né en Bohême en 1766, mort en 1858. Il entra dans l'armée en 1784 et devint lieutenant feld-maréchal en 1809. En 1834, il reçut le commandement des troupes autrichiennes en Italie, et en 1836, il fut fait feld-maréchal. En 1848, il avait ses quartiers à Milan; mais le 23 mars, après la lutte énergique contre le peuple révolté, il fut contraint d'évacuer la ville et de se retirer derrière le le Mincio, puis derrière l'Adige. Après la prise de Peschiera par les Sardes, le 30 mai, il simula un mouvement de retraite, et s'empara de Vicence, de Trévise et de Padoue, et gagna ensuite la bataille de Custozza (25 juillet), qui amena la capitulation de Milan, le 6 août, et un armistice de six semaines. À la reprise

des hostilités, en mars 1849, il envahit le Piémont, remporta la victoire décisive de Novare le 23 mars, et, après un long siège, obligea Venise à se rendre le 23 août. Il fut ensuite gouverneur général et commandant militaire de l'Italie autrichienne, jusqu'au 28 fév. 1857.

* **RADEUR** s. m. Officier des gabelles dont la fonction consistait à mesurer le sel.

* **RADIAIRE** adj. (rad. lat. *radius*, rayon). Zool. Disposé en rayons. — s. m. pl. Animaux sans vertèbres, de forme rayonnée, à corps mou ou recouvert d'un test dur et calcaire : *les polypes sont des radiaires.*

* **RADIAL, ALE, AUX** adj. Anat. Qui a rapport au radius : *muscle, nerf radial.*

* **RADIANT, ANTE** adj. (lat. *radians*). Didact. Qui renvoie des rayons : *tout corps visible est radiant.* (Peu. us.)

* **RADIATION** s. f. (rad. lat. *radere*, racler). Fin. Palais. Action de rayer. Se dit lorsque, par autorité judiciaire ou administrative, on raye quelque article d'un compte, ou l'on biffe quelque acte, quelques parties d'un écrit, pour les annuler : *cet article est sujet à radiation.* — Raie que l'on passe sur un article de compte : *on a fait plusieurs radiations sur ses comptes.* — Action de rayer une personne de la matricule d'un corps auquel elle appartenait : *la radiation a été prononcée.* — Action d'effacer le nom d'une personne d'une liste sur laquelle elle avait été portée injustement ou par erreur : *demander, solliciter, obtenir sa radiation d'un rôle de contributions.* — Législ. « On appelle *radiation d'une inscription hypothécaire* la mention que le conservateur des hypothèques inscrit en marge de cette inscription, pour constater qu'elle est annulée. Cette radiation est effectuée, soit en vertu de la main-levée que le créancier a expressément consentie par un acte notarié qui est ordinairement la quittance de l'obligation, soit en vertu d'un jugement qui ordonne la radiation et qui est devenu irrévocable (C. civ. 2157 et s.). Le conservateur doit, avant d'opérer une radiation en vertu d'un jugement, s'assurer que ce jugement n'est plus susceptible d'opposition ni d'appel. Ce sont, en effet, il exige la production : 1° d'un certificat délivré par l'avoué poursuivant, et constatant la date de la signification faite; 2° d'un certificat délivré par le greffier du tribunal, et constatant qu'il n'a pas été fait opposition ou appel dans les délais légaux (C. pr. 548). Le pourvoi en cassation ne s'oppose pas à ce que la radiation soit effectuée. Lorsqu'il a été ouvert un ordre amiable ou judiciaire, les inscriptions des créanciers non admis en ordre utile sont radiées en vertu d'une ordonnance du juge-commissaire, et sur la présentation d'un extrait délivré par le greffier (id 751, 769). » (Ch. Y.)

* **RADIATION** s. f. (rad. lat. *radius*, rayon). Didact. Action d'un corps qui lance des rayons de lumière : *la radiation du soleil.* (Voy. Lumière.)

RADICAILLE s. f. Se dit par dénigrement du parti radical.

* **RADICAL, ALE, AUX** adj. (lat. *radix, radicis*, racine). Didact. N'est usité au propre qu'en termes de botanique et dans ces expressions, Feuilles radicales, pédoncules radicaux, feuilles, pédoncules, qui naissent au collet de la racine.— Se dit, fig., de ce qui est regardé comme le principe, l'essence de quelque chose, et de ce qui a rapport au principe d'une chose, à son essence. — Humide radical, sorte de fluide imaginaire qu'on préjugé médical supposait être le principe de la vie dans le corps humain. — Vice radical, vice qui en produit d'autres. Guérison, cure radicale, guérison complète, qui a détruit le mal dans sa racine.— Jurisp. Nullité radicale,

nullité qui vicie un acte de manière qu'il ne puisse jamais être valide : *il y a dans cet acte plusieurs nullités radicales.* — Gramm. Terme radical, mais qui est la racine de plusieurs autres. Lettres radicales, lettres qui sont dans le mot primitif, et qui se conservent dans les mots dérivés. On dit aussi, substantiv., Un radical. des radicaux : quel est le radical de cette famille de mots? On dit souvent, Le radical d'un mot, la partie invariable d'un mot, par opposition aux différentes terminaisons ou désinences que ce mot est susceptible de recevoir : *chant est le radical du verbe* Chanter. — Algèb. Signe radical, certain signe qui se met devant les quantités dont on veut extraire la racine, et qui est figuré de cette manière √¯. Quantité radicale, quantité qui est précédée du signe radical. — s. m. Chim. Se dit des corps qui, unis à l'oxygène, forment les oxydes et le plus grand nombre des acides : *le carbone, le soufre et le phosphore sont les radicaux de l'acide carbonique, de l'acide sulfurique et de l'acide phosphorique.* — Adj. Se dit des doctrines qui ont pour objet la réforme complète de l'État et de la société dans le sens de la démocratie. — Substantiv. *Un radical.*

* **RADICALEMENT** adv. Didact. Essentiellement, dans le principe, dans la source : *quelques alchimistes prétendaient dissoudre radicalement les métaux.*

* **RADICALISME** s. m. Polit. Système des radicaux, parti des radicaux.

* **RADICANT, ANTE** adj. Bot. Qui produit des racines distinctes de la racine principale : *la tige du chiendent est radicante.*

RADICATION s. f. Bot. Disposition des racines au point de vue de leur ensemble.

RADICÉ, ÉE adj. Bot. Dont les racines sont très longues.

* **RADICELLE** s. f. Bot. Petite racine; les plus petites parties d'une racine.

RADICULAIRE adj. Bot. Qui appartient à la radicule ou qui s'y rapporte.

* **RADICULE** s. f. (dimin. du lat. *radix, radicis*, racine). Bot. Petite racine qui sort de la racine dans les plantes, les arbres, etc. — Rudiment de la racine, dans un germe qui se développe.

* **RADIÉ, ÉE** adj. Disposé en rayons. Se dit particul. des fleurs dont le disque est composé de fleurons, et la circonférence de demi-fleurons qui forment des rayons, comme le tournesol : *fleur radiée.* On le dit aussi, subst. des plantes à fleurs radiées : *la pâquerette est une radiée.* — Numism. et Blas. Couronne radiée, couronne qui a des rayons. La couronne radiée était, dans l'origine, le signe de l'apothéose. — Zool. : *opercule radié des mollusques.* — v. impr. syn. de Radiaires.

* **RADIER** s. m. Architect. Grille de charpente, assemblage de madriers sur lequel on établit dans l'eau les fondations des écluses, des bâtardeaux, etc.

* **RADIER** v. a. Effacer sur une liste ou un registre. — *Radier* v. n. Rayonner : *nimbe d'une couronne radiée.*

RADIER (Jean-François Daeux du), littérateur, né à Châteauneuf-en-Thimerais en 1714, mort en 1780. Ses principaux ouvrages sont: *Anecdotes des rois de France* (1759-'66, 3 vol. in-12); *Anecdotes des reines et régentes de France* (1776, 6 vol. in-12, nouv. édit. 1808, 6 vol. in-8°), ouvrage intéressant; *Histoire des fous en titre d'office* (1767, 2 vol. in-12); une *Traduction de Perse* en vers français (1772, in-12), etc.

* **RADIEUX, EUSE** adj. Rayonnant, brillant, qui jette des rayons de lumière : *corps radieux.* — Est principalement d'usage en poésie : *un éclat radieux.* — Fig. et fam. Avoir

le visage radieux, l'air radieux, avoir un air de santé et de satisfaction. On dit dans le même sens Je l'ai trouvé radieux.

RADIO-CARPIEN, IENNE adj. Anat. Qu. a rapport au radius et au carpe.

RADIO-CUBITAL, ALE adj. Qui a rapport au radius et au cubitus.

RADIOLE s. f. Bot. Genre des linées, voisin du lin et dont l'espèce type, la *radiole à mille graines (radiola linoïdes*, Gmel.) croît, en France, dans les bois; c'est une plante haute seulement de quelques centim., à tige annuelle, à fleurs terminales, très petites.

* **RADIOMÈTRE** s. m. (lat. *radius*, rayon; gr. *metron*, mesure). Instrument d'astronomie qui servait autrefois sur mer à prendre la hauteur méridienne du soleil. On dit aussi Arbalestrille. — ** Phys. Petit instrument inventé en 1873 par l'Anglais Crookes. Il se compose d'une sorte de fiole dans laquelle on a fait le vide. A l'intérieur se trouvent quatre petites ailettes, blanches d'un côté et noires de l'autre, qui sont très délicatement suspendues de manière à pouvoir tourner sous la moindre impulsion. Dans l'obscurité, ces ailettes restent immobiles, mais dès qu'on les éclaire d'un côté, elles entrent en mouvement et tournent autour de leur axe. Les savants se sont mis l'esprit à la torture pour expliquer ce phénomène. On pense qu'il est dû à l'absorption de la chaleur qui met en mouvement l'air très raréfié resté nécessairement dans la fiole. Il y a, selon les savants, une pression de cet air raréfié plus grande sur chaque côté noir que sur le côté blanc.

Radiomètre.

RADIOPHONIE s. f. [ra-di-o-fo-ni] (lat. *radius*, rayon; gr. *phôné*, son). Effet des ondes lumineuses quand on parvient, au moyen du photophone, à leur faire produire des sons appréciables.

* **RADIS** s. m. [ra-di] (lat. *radix*, racine). Sorte de raifort cultivé : *déjeuner avec du beurre et des radis.* (Voy. Raifort.) — ** Peu de chose, rien : *il ne vaut pas un radis; il ne possède pas un radis.*

RADIURE s. f. Première nervure du bord externe de l'aile des insectes.

* **RADIUS** s. m. [ra-di-uss] (mot lat. qui signifie *rayon*). Anat. Le plus petit des deux os dont l'avant-bras est composé.

RADNORSHIRE, comté du pays de Galles méridional, 1,119 kil. carr. ; 26,000 hab. Cap. New-Radnor.

RADOIRE s. f. Instrument qui sert à rader le sel.

RADOLIN-RADOLINSKY (Maison des Leszczyc, comtes de), ancienne et illustre famille dont le berceau a été la Pologne, domiciliée aujourd'hui en Autriche et en Allemagne, et qui tire son origine de Lech, fondateur du royaume de Pologne et de Gnesen, sa capitale. (Voy. Pologne.) — Leszczyc signifie fils et descendant de Lech. — La maison des Leszczyc s'est divisée en plusieurs branches, entre autres celles des comtes de Skarssow et de Rudolin, des comtes de Racacz, etc. Parmi ses membres les plus illustres, nous citerons Pierre Ier Leszczyc (mort en 1092), archevêque de Gnesen, chef de l'Eglise de Pologne. Il excommunia le roi Boleslas II (1079), meurtrier de saint Stanislas, et le força de prendre le chemin de l'exil. Pendant les

trois années d'interrègne, jusqu'à l'avènement de Ladislas Ier, l'archevêque gouverna le royaume en qualité de primat. — Pierre III DE RADOLIN, évêque de Cracovie, chancelier de la reine Hedwige d'Anjou et son exécuteur testamentaire, contribua à la fondation, inaugura (1401) et dota de sa fortune personnelle l'académie de Cracovie, la plus ancienne institution de ce genre qu'il y ait en dans l'Europe septentrionale. Il représenta la Pologne aux conciles de Senlis (1402) et de Pise (1409), fut injustement persécuté par le roi Ladislas, mérita le titre glorieux de *Père du peuple* et mourut le 30 sept. 1411. — André III LESZCZYC, comte de *Radolin-Radolinsky* (mort en 1779) donna dans son pays la première impulsion à l'affranchissement des paysans en libérant, avec l'assentiment du roi Frédéric le Grand, les vassaux de ses vastes domaines (1779).

RADOM [ra'-domm], gouvernement de la Pologne russe, sur les confins de la Galicie; 12,352 kil. carr.; 532,466 hab. Il occupe la partie la plus élevée de la Pologne, et est arrosé par la Pilica et la Vistule. Sa capitale, Radom, est à 100 kil. S. de Varsovie; 11,839 hab.

RADONVILLIERS (Claude-François LYSARDE, *abbé de*), littérateur, né à Paris en 1709, mort en 1789. Il fut précepteur des enfants de France, conseiller d'État et membre de l'Académie française. On lui doit : *De la manière d'apprendre les langues* (1768).

* **RADOTAGE** s. m. Radoterie, discours sans suite, dénué de raison, de bon sens : *ce discours n'est qu'un radotage*. (Fam.) — État de celui qui radote : *il est tombé dans le radotage*.

* **RADOTER** v. n. Tenir des discours, des propos qui prouvent un manque de sens, un affaiblissement d'esprit : *il est si vieux, qu'il radote*. — Fig. et fam. Dire des choses sans raison, sans fondement : *c'est un homme qui radote*.

* **RADOTERIE** s. f. Extravagance qu'on dit en radotant : *il ne dit que des radoteries*. On ne l'emploie guère que dans la conversation.

* **RADOTEUR, EUSE** s. Celui, celle qui radote : *un vieux radoteur*.

* **RADOUB** s. m. [ra-doubb, d'après l'Académie ; ra-dou, suivant l'usage des marins]. Mar. Réparation qui se fait au corps d'un bâtiment endommagé par quelque accident, ou par le temps : *il fait travailler au radoub de son bâtiment, de son brick*. — Se dit quelquefois, dans un sens analogue, en parlant des voiles : *nos voiles ont besoin d'un radoub, d'un bon radoub*.

* **RADOUBER** v. a. (préf. *r*; fr. *adouber*). Mar. Faire des réparations au corps d'un bâtiment : *radouber un vaisseau, une frégate, un brick*. On dit quelquefois, RADOUBER DES VOILES. — Se radouber v. pr. Fig. et fam. Réparer une perte, un dommage qu'on a souffert, reprendre de la santé, de l'embonpoint : *il s'est radoubé tout à l'aise*.

RADOUBEUR s. m. Ouvrier qui travaille au radoub.

* **RADOUCIR** v. a. (préf. *r*; fr. *adoucir*). Rendre plus doux : *la pluie a radouci le temps*. — Fig. Apaiser, rendre moins aigre, moins rude : *on est parvenu à lui radoucir l'esprit, le caractère*. — Se radoucir v. pr. *Le temps s'est radouci depuis peu*.

* **RADOUCISSEMENT** s. m. Diminution de la violence du froid ou du chaud, par rapport à l'air : *le radoucissement du temps, de la saison*. Se dit principalement du froid. — Diminution dans les maux, changement en mieux dans les affaires : *la fièvre n'est plus si violente, il y a bien du radoucissement*.   o

RADSTADT, petite ville d'Autriche, dans le

cercle de Salzbourg, sur l'Ens; 855 hab. Le général Moreau y battit les Autrichiens, le 5 juillet 1796.

RADZIWILL [radd'-ji-vil], nom d'une famille ancienne et illustre de Lithuanie et de Pologne. Nicolas IV, le Noir, prince d'Olika et de Nieswiez, qui fonda au XVIe siècle la branche actuelle de la famille, encouragea les réformes et publia, en 1563, la Bible de Radziwill. Ses fils revinrent au catholicisme, et l'un d'eux, le prince Christophe, acheta tous les exemplaires qu'il put de la Bible protestante de son père pour les détruire. — (Michel-Jérôme) (1778-1850) était aux côtés de Kosciuszko en 1794 et de Dombrowski en 1807. En 1812, Napoléon le fit général. En 1831, il commanda quelque temps l'armée des patriotes; mais il fut battu et retenu en captivité jusqu'en 1836.

* **RAFALE** s. f. Mar. Se dit de certains coups de vent de terre, à l'approche des montagnes, des côtes élevées : *une forte, une bonne rafale*. — ₁₁ Misère.

RAFALÉ, ÉE adj. Pauvre, misérable, qui a subi des rafales, des revers de fortune. — Substantiv. *C'est un rafalé*.

* **RAFFE** s. f. Voy. RAFLE.

RAFFENEL I. (Claude-Denis), voyageur et historien, né dans le Jura vers 1797, mort à Athènes en 1827. Il a laissé : *Histoire des Grecs modernes* (1824, in-12); *Histoire de Perse* (1825, in-18); *Histoire du Bas-Empire* (1826, in-18); etc. — II. (Jean-Baptiste-Anne), célèbre explorateur né à Versailles en 1809, mort à Sainte-Marie de Madagascar en 1858. Après avoir visité l'Amérique et les côtes d'Afrique, il explora l'intérieur du Sénégal et écrivit : *Voyages dans l'Afrique occidentale* (Paris, 1855, in-8°). Il essaya, en 1850, de traverser tout le continent africain de l'O. à l'E.; mais il fut arrêté aux limites du Ségo et resta longtemps prisonnier des nègres. À son retour, il rédigea *Nouveau Voyage au pays des Nègres* (Paris, 1856, 2 vol. in-4°).

* **RAFFERMIR** v. a. (préf. *r*; fr. *affermir*). Rendre plus ferme : *le soleil, le beau temps a raffermi les chemins*. — Fig. Remettre dans un état plus assuré, plus stable : *il a raffermi sa santé*. — Se raffermir v. pr. Devenir plus ferme, plus stable : *les chairs qui entourent la plaie se raffermissent*.

* **RAFFERMISSEMENT** s. m. Affermissement, ce qui remet une chose dans l'état de fermeté, de sûreté où elle était : *le raffermissement de la santé*.

RAFFET (Denis-Auguste-Marie), dessinateur, né à Paris le 1er mars 1804, mort à Gênes le 16 juillet 1860. Il passa cinq années dans l'atelier de Gros et se rendit célèbre par les beaux dessins qui illustrent les *Chansons de Béranger*, la *Némésis*, l'*Histoire de Napoléon*, par Norvins, l'*Histoire de la Révolution française*, de Thiers, etc.

* **RAFFILER** v. a. Techn. Arrondir le bout des doigts d'un gant.

* **RAFFINAGE** s. m. Action de raffiner : *raffinage du sucre*.

* **RAFFINEMENT** s. m. Extrême subtilité : *la délicatesse du langage ne doit point aller jusqu'au raffinement*. — Excès de recherche que l'on met en certaines actions, en certaines habitudes de la vie : *les raffinements du luxe, de la sensualité, de la volupté*.

* **RAFFINÉ, ÉE** part. passé de RAFFINER. — S'est dit substantiv. de certains élégants, duellistes et libertins, de la fin du XVIe siècle.

* **RAFFINER** v. a. Rendre plus fin, plus pur : *raffiner le salpêtre*. — v. n. Faire des recherches, des découvertes nouvelles : *il a bien raffiné sur cette science*. Ce sens vieillit. — Subtiliser : *raffiner sur le point d'honneur*.

— Se raffiner v. pr. Devenir plus fin, moins simple : *quand il vint à Paris, il était bien neuf, mais il s'est raffiné*.

* **RAFFINERIE** s. f. Lieu où l'on raffine. Se dit principal. d'un lieu où l'on raffine le sucre : *établir une raffinerie*.

* **RAFFINEUR** s. m. Celui qui raffine : *raffineur de sucre, de salpêtre*.

RAFFLES (sir Thomas-Stamford), administrateur et orientaliste anglais (1781-1826). Il occupa plusieurs emplois dans les Indes orientales et a laissé une *Histoire de Java* (1817, 2 vol.)

RAFFLÉSIACÉ, ÉE adj. Bot. Qui ressemble ou se rapporte à la rafflésie. — s. f. pl. Petite famille de plantes dicotylédones dialypétales périgynes comprenant des herbes qui croissent en parasites sur certains arbres et qui ne portent qu'une fleur remarquable par sa grandeur.

RAFFLÉSIE s. f. Genre remarquable de plantes apétales, nommé ainsi en l'honneur de sir Stamford Raffles. Elles sont toutes originaires de Sumatra et des îles voisines, et croissent en parasites sur les racines et les branches d'une *sorte de vitis* rapproché de la vigne. Dans la *rafflesia Arnoldi*, la fleur,

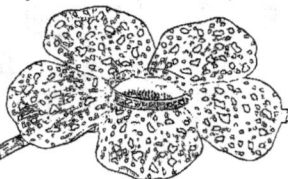

Rafflesia Arnoldi.

la plus grande qui existe, a 3 pieds de diamètre et pèse 15 livres. Elle est couleur chair et parsemée de protubérances d'un blanc jaunâtre; l'intérieur du calice, qui renferme les étamines ou les pistils, est d'un pourpre intense. Cette fleur répand une odeur infecte de viande gâtée qui attire les insectes, et ceux-ci aident certainement à sa fécondation.

RAFFOLEMENT s. m. Action de raffoler.

* **RAFFOLER** v. n. (préf. *r*; fr. *affoler*). Se passionner follement pour quelqu'un ou pour quelque chose : *raffoler de quelqu'un, de quelque chose* (Fam.)

* **RAFFOLIR** v. n. Devenir fou. Ne se dit guère que dans cette phrase peu usitée : *Vous ME FERIEZ RAFFOLIR*.

* **RAFISTOLER** v. a. Raccommoder : *rafistoler un vieil habit*.

RAFLADE s. f. Action de rafler.

* **RAFLE** s. f. Grappe de raisin qui n'a plus de grains : *le vin peut se boire plus tôt quand on égrène les raisins, et qu'on ne met point la rafle dans la cuve*. Quelques-uns disent, RAFFE, et d'autres, RAPE.

RAFLE s. f. Action de rafler, d'enlever tout sans rien laisser : *les voleurs sont entrés dans cette maison, et y ont fait rafle; on a fait une rafle de voleurs*. — Particul. Se dit, aux jeux de dés, quand les dés amènent chacun le même point : *rafle de as; rafle de six*.

* **RAFLER** v. a. Emporter tout très promptement : *les ennemis sont entrés dans le pays, les voleurs sont entrés dans cette maison et y ont tout raflé* (Fam.).

* **RAFRAÎCHIR** v. a. (rad. *frais*). Rendre frais, donner de la fraîcheur : *rafraîchir le vin*. — RAFRAÎCHIR LE SANG, le rendre plus calme par les remèdes ou par le régime :

l'usage *du lait lui a rafraîchi le sang.* On dit absol., dans le même sens, CETTE BOISSON RA-FRAICHIT. — Fig. RAFRAÎCHIR LE SANG, se dit d'une chose qui fait plaisir, qui calme les inquiétudes, qui donne de la tranquillité : *rien ne rafraîchit le sang comme une bonne action.* — Réparer, remettre en meilleur état. Ainsi on dit : RAFRAÎCHIR UN MUR, y mettre un nouvel enduit ; RAFRAÎCHIR UN TABLEAU, lui rendre la vivacité des couleurs en le nettoyant et en le vernissant ; RAFRAÎCHIR UNE TAPISSERIE, la raccommoder aux endroits où elle est gâtée, la réparer. — RAFRAÎCHIR A QUELQU'UN LA MÉMOIRE D'UNE CHOSE, lui en renouveler, lui en rappeler le souvenir : *je lui en ai rafraîchi la mémoire.* — Rogner, couper, tailler l'extrémité d'une chose : *rafraîchir les cheveux.* — Se dit aussi en parlant des personnes et, signifie, leur rétablir par la bonne nourriture et par le repos. On l'emploie surtout en termes de guerre : *ces troupes sont fatiguées, il faut les mettre dans de bons quartiers pour les rafraîchir.* — RAFRAÎCHIR UNE PLACE D'HOMMES ET DE MUNITIONS, ou simpl., RAFRAÎCHIR UNE PLACE, y faire entrer de nouvelles troupes et de nouvelles munitions. On dit de même, en termes de marine, CETTE ESCADRE, CETTE FLOTTE A BESOIN D'ÊTRE RAFRAÎCHIE, a besoin de prendre des provisions fraîches. — Rafraîchir v. n. *Faites rafraîchir vos gens.* — Devenir frais : *tandis que le vin rafraîchit.* — Se rafraîchir v. pr. Se rendre frais : *le temps se rafraîchit.* — SE RAFRAÎCHIR LA TÊTE, se reposer la tête. — Se rétablir : *ces troupes se sont rafraîchies.*

* RAFRAÎCHISSANT, ANTE adj. Méd. Se dit de certains remèdes propres à rafraîchir le corps, à éteindre la trop grande chaleur, à calmer l'agitation des humeurs : *tisane, potion rafraîchissante.* — Substantiv. *Donner des rafraîchissants à un malade.*

* RAFRAÎCHISSEMENT s. m. Qui rafraîchit : *vous avez besoin de rafraîchissement.* — Effet de ce qui rafraîchit : *cela vous procurera du rafraîchissement.* — Fig. Recouvrement de forces par le repos et par les bons traitements : *l'armée a besoin de rafraîchissement.* — QUARTIER DE RAFRAÎCHISSEMENT, lieu où les troupes fatiguées se rafraîchissent : *on envoya la cavalerie en quartier de rafraîchissement.* — pl. Guerre. *Tous les vivres dont on rafraîchit une place, une armée.* — Mar. Vivres frais de toute espèce qu'on embarque sur un bâtiment, soit au départ, soit dans les relâches ; par extension aux aliments secs ou salés : *envoyer des rafraîchissements à des vaisseaux.* — Se dit encore des mets, des boissons fraîches, des fruits et autres choses semblables, que l'on sert dans une fête, ou que l'on offre à une personne, à une compagnie, hors des repas : *on a servi dans cette fête, à ce bal, beaucoup de rafraîchissements.*

RAFRAÎCHISSEUR s. m. Vase qui sert à rafraîchir les boissons et les aliments. — Grand vaisseau de bois plein d'eau dans lequel on fait passer le serpentin d'un alambic pour refroidir les vapeurs.

RAFRAÎCHISSOIR s. m. Syn. de RAFRAÎCHISSEUR.

RAFUSTER v. a. Remettre à neuf : *rafuster un chapeau.*

* RAGAILLARDIR v. a. Redonner de la gaieté : *allons, bonhomme, buvez ce petit coup, cela vous ragaillardira un peu ; cette nouvelle l'a tout ragaillardi.* (Fam.)

RAGATZ [ra'-gatss], ville d'eau du canton de Saint-Gall (Suisse), à côté de Pfaefers. Ses eaux sont recommandées contre les rhumatismes et les maladies nerveuses.

* RAGE s. f. (gr. *raga* ; lat. *rabies*). Délire furieux qui est accompagné d'horreur pour les liquides et d'envie de mordre, et qui revient ordinairement par accès : *de tous les animaux, le chien est le plus sujet à la rage.*

Cette maladie se nomme aussi HYDROPHOBIE. — RAGE BLANCHE, rage ordinaire, où le chien enragé écume et mord ; et, RAGE MUE, rage où l'animal atteint de cette maladie, écume et ne mord point. — Prov. et fig. QUAND ON VEUT NOYER SON CHIEN, ON DIT QU'IL A LA RAGE, ON FAIT ACCROIRE QU'IL A LA RAGE, quand on veut perdre quelqu'un, ou lui nuire, ou lui faire une injustice, on lui suppose des vices, des défauts, des torts qu'il n'a pas. On dit aussi, QUI VEUT NOYER SON CHIEN L'ACCUSE DE LA RAGE. — Par exag. Douleur violente : *le mal de dents est une rage.* — Fig. Violent transport de dépit, de colère, de haine, de cruauté, etc. : *exercer sa rage contre quelqu'un.* — Fig. et fam. Violente passion, penchant outré, goût excessif : *vous passez toutes les nuits à jouer, il y a de la rage à cela.* — Fig. et fam. AIMER QUELQU'UN, QUELQUE CHOSE A LA RAGE, JUSQU'A LA RAGE, l'aimer avec fureur, avec excès. — FAIRE RAGE, faire un grand désordre : *les soldats ont été chez lui, et ils y ont fait rage.* Il signifie aussi, faire des efforts extraordinaire, faire tout son possible, se signaler en quelque chose ; et il se dit en bien et en mal : *l'avocat en plaidant a fait rage contre la partie adverse.* — DIRE RAGE DE QUELQU'UN, en dire tout le mal imaginable. — ENCYCL. La rage ou hydrophobie est une terrible et horrible maladie virulente qui se développe spontanément chez les carnassiers domestiques (chien et chat), et aussi, dit-on, chez le loup, et le renard, et qui s'inocule par morsure à l'homme et à tous les animaux, au moyen d'un poison particulier existant dans la salive du malade. Raspail attribuait l'invasion de cette maladie à la formation d'un « insecte, acare ou helminthe, de grande ou de petite taille ». Il est, du moins, à peu près certain qu'elle est due à la présence d'un animal infiniment petit, appartenant au monde immense et inexploré des microbes. Vers 1792, Rossi (de Turin) découvrit que le système nerveux est le siège de la rage ; et, de nos jours, le docteur Duboué (de Pau) a émis l'hypothèse que la propagation de la virulence se fait par le cordons nerveux jusqu'à la moelle et au cerveau. Mais c'est à Pasteur que revient l'honneur d'avoir démontré expérimentalement que la rage se développe dans la matière nerveuse. L'étude de la rage est entrée dans une voie nouvelle par suite des recherches de ce savant et de ses collaborateurs Chamberland, Roux et Thuillier, qu'il cite à titre de collaborateurs dans ses communications à l'Académie des sciences. Pasteur a montré que la virulence siège constamment dans le bulbe et que la maladie peut être transmise à coup sûr et dans des délais presque invariables par l'inoculation de la matière cérébrale diluée sur la surface même du cerveau. Il est résulté de cette démonstration une grande simplicité d'inoculation qui facilite les expériences. Depuis, on a constaté, à l'aide de puissants objectifs, l'existence, dans le bulbe de chiens enragés, de petites granulations très réfringentes que l'on ne trouve pas dans celui des chiens en bonne santé. « Ces granulations, dit le Dr Paul Gibier, présentent tout à fait sous l'aspect bien connu des micro-organismes ; leur réfringence est considérable : elles scintillent véritablement sur le champ de la préparation... Un grand nombre de ces microbes sont oviformes ou allongés comme les cellules de la levure de bière ; quelques-uns s'allongent sous forme de courts bâtonnets, mais c'est le petit nombre. » Dans son intéressante brochure intitulée *Recherches expérimentales sur la rage et sur son traitement* (Paris, 1884), le Dr Paul Gibier après avoir donné le détail de ses nombreuses et savantes expériences, est arrivé à des conclusions dont nous extrayons les suivantes : « L'hérédité de la rage est encore une question à juger. » — « Le froid peut servir d'atténuant pour les virus. » —

« Il peut les conserver pendant un temps plus ou moins long. » — « Le virus de la rage peut se conserver plus d'un mois, par ce procédé, surtout s'il est mis à l'abri de l'air. » — « En s'acclimatant chez l'oiseau, le micrococcus. La dilution de la substance cérébrale le met facilement en évidence, surtout chez les petits mammifères et les oiseaux. » — « Les oiseaux contractent la rage et guérissent spontanément. On peut parfois surmonter leur résistance par l'abondance du virus. Avec le gavage, on parvient dans un certain nombre de cas très graves, à les guérir. » — « Les oiseaux ne contractent pas deux fois la rage. » — « La rage des oiseaux se transmet non seulement aux mammifères, mais aux oiseaux. » — « En s'acclimatant chez l'oiseau, la rage paraît augmenter de virulence pour celui-ci, et s'atténuer pour les mammifères, surtout pour le chien. » — « Il ne faut compter dans le traitement de la rage sur aucun des agents dénommés ci-après : ail, pilocarpine, strychnine, atropine, caféine, bromures et iodures de potassium et de sodium, acide acétique, ammoniaque, phosphore, air comprimé, oxygène pur ou mélangé d'air, à la pression ordinaire ou avec pression. » — « La polyurie est un symptôme fréquent et qui précède la plupart des autres symptômes chez les animaux inoculés de la rage. » — RAGE DÉCLARÉE, les signes avant-coureurs de l'hydrophobie naissante chez le chien, ceux qu'il est toujours nécessaire de connaître, sont : la tristesse inaccoutumée, l'inquiétude et l'agitation nerveuse ; mais ces premiers symptômes ne prouvent pas que l'animal soit malade ; il faut seulement se méfier de lui et le surveiller. Il devient suspect s'il perd l'appétit, s'il mordille les objets placés à sa portée ; s'il change de place à chaque instant, s'il se tient à l'écart, s'il a des hallucinations qui le font grogner ou aboyer sans raison et mordre le vide ; s'il cesse de remuer la queue en signe de joie ; s'il fait des absences ; si son regard est étrange et inspire la crainte ; si un appétit dépravé et dénaturé le pousse à avaler des substances indigestes ou non assimilables ; enfin si un besoin irrésistible de mordre le porte à se jeter sur les pierres, sur le bois, sur les autres chiens sans motif et sans distinction de grosseur ni de sexe. Alors, surtout dans ce dernier cas, la maladie est évidente. Un dernier instinct de fidélité le pousse à respecter encore son maître et il s'enfuit pour résister à son irritabilité insensée. Il va se faire tuer au loin, après avoir propagé son horrible maladie par ses morsures ; quelquefois il revient au gîte ; mais alors il ne reconnaît plus personne et mord les hommes aussi bien que les autres chiens. Pendant cette dernière période, il refuse toute nourriture ; sa gueule s'emplit d'une bave filante qui découle abondamment. Son aboiement est caractéristique : il consiste dans un hurlement d'un timbre particulier ressemblant à la voix du coq. Dans ses accès de rage, le chien paraît insensible à la douleur ; il mord tout ce qu'il trouve, même les barres de fer rouge qu'on lui présente. Il n'a pas horreur des liquides, comme l'ont cru ceux qui ont appelé *hydrophobie* le mal dont il est atteint ; mais un état particulier de la gorge l'empêche d'avaler. Dans la dernière période, il devient hideux, avec sa langue pendante, la queue entre les jambes, son corps amaigri, son regard féroce et sa démarche pénible. Enfin, après 5 ou 6 jours de maladie bien caractérisée, ses membres se paralysent et il ne tarde pas à mourir. — RAGE CHEZ L'HOMME. Quand une personne est mordue par un chien enragé, la blessure ne diffère pas visiblement de celle qui est infligée par un animal en bonne santé. Cela est rarement grave, souvent même très légère, l'animal faisant la plupart du temps une seule morsure. La

blessure guérit sans difficulté et elle n'est pas particulièrement douloureuse. Différentes circonstances peuvent intervenir qui empêchent le poison d'agir. D'abord, l'individu peut être rebelle à son action. On a lieu de croire que l'espèce humaine, dans son ensemble, est beaucoup moins sensible au poison rabique que l'espèce canine et, d'après les expériences de M. Renault, à l'école vétérinaire d'Alfort, la proportion des chiens devenus enragés après avoir été mordus par un animal hydrophobe n'est pas de plus de 33 p. 100. Le singe est presque insensible au virus rabique, tandis que le lapin et le cobaye ne sont jamais inoculés impunément. Quand la morsure est infligée sur des parties du corps couvertes de vêtements, la salive, seul véhicule du poison, peut être arrêtée par ces vêtements, et ne pas venir en contact avec la blessure. D'autre part, le poison peut avoir été extrait de la plaie immédiatement après par l'épanchement libre du sang, ou par les manipulations instinctives de la personne blessée ; il peut avoir été neutralisé par des applications chirurgicales. Dans tous les cas, des statistiques semblent montrer d'une manière concluante que la morsure d'un animal hydrophobe ne cause pas invariablement l'hydrophobie. Un auteur qui s'occupe de la « moderne cynolâtrie » établit à ce sujet la statistique suivante: Pendant l'année 1879, on compta, dans Paris, 103 personnes qui furent mordues par des chiens enragés ; 30 seulement moururent d'hydrophobie. En évaluant la population parisienne à 2 millions d'hab., cela fait une moyenne de 1 hydrophobe pour 66,000 hab. ; tandis que la proportion est de 1 pour 700,000 en Angleterre. Environ 500 chiens et une vingtaine de chats enragés furent abattus en 1879, à la fourrière, par ordre de la police, et il en est résulté une réduction dans le monde des personnes mordues et dans la moyenne des morts par hydrophobie. — Aucun symptôme ne se manifeste pendant quelque temps après que la blessure a été produite. Le poison peut avoir trouvé son chemin dans les tissus, mais sa virulence ne paraît pas; il reste habituellement ainsi pendant plusieurs semaines. La période exacte pendant laquelle il est latent est assez variable. On a constaté des cas dans lesquels l'hydrophobie s'est déclarée après un intervalle de plusieurs années. Il paraît positif que la période d'incubation peut durer un an et peut-être 18 mois. Quand la maladie est sur le point de se déclarer, ordinairement pendant le second ou le troisième mois, sa première manifestation est une sensation de démangeaison au siège de la blessure, avec rougeur et gonflement. Cet état préliminaire de la maladie peut durer deux ou trois jours, rarement plus de six pendant lesquels le malade ressent seulement un léger malaise. Ensuite, les signes non équivoques d'hydrophobie se présentent avec une grande rapidité et ils s'aggravent d'heure en heure : sensation de raideur au cou, s'étendant à la mâchoire et à la base de la langue; anxiété indescriptible; salivation d'une bave écumeuse; agitation d'esprit souvent accompagnée de paroxysmes, de délire momentané et d'hallucinations. La respiration est rapide et irrégulière. La soif est ardente, mais la difficulté de déglutition consistant probablement dans un spasme irrésistible du pharynx ou de la glotte, est si douloureuse que le malade, après avoir vainement essayé d'avaler les liquides, les rejette souvent avec des démonstrations violentes d'irritation et de désespoir. Cette condition d'irritation nerveuse épuise rapidement la force du système et la mort arrive souvent au bout de quelques jours. Le traitement, tel qu'on peut l'appliquer aujourd'hui, comprend une seule mesure, mais elle doit être employée de suite

après la blessure et être exécutée de la manière la plus habile. Elle consiste à neutraliser le poison en cautérisant la blessure: le caustique recommandé à cet effet par les autorités les plus compétentes est un crayon de nitrate d'argent. Ses avantages sont: que l'on peut l'amincir facilement pour qu'il pénètre au fond de la blessure qui est profonde et étroite; qu'il se dissout facilement dans les liquides de la plaie, et que si on le tient en contact pendant quelques minutes avec les tissus, il forme une escarre profonde et solide et coagule entièrement toutes les matières organiques qui peuvent se présenter. Il n'est pas toujours facile de se procurer ce crayon de nitrate d'argent (*pierre infernale*; mais dès alors, sans perdre de temps, avoir recours à un morceau de fer (tringle ou gros clou) que l'on fait rougir à blanc; plus il est chaud, moins la douleur est forte. En attendant que le fer soit bien rouge, on place une ligature au-dessus de la blessure, quand elle affecte un membre. On fait abondamment saigner la plaie, on l'agrandit au besoin et on l'applique, si la partie du corps le permet, une ventouse (morceau de papier ou de linge que l'on fait brûler sous un verre); puis on lave à grande eau, on essuie et on applique le fer, de manière à brûler profondément et à atteindre les points de la blessure les plus éloignés. On cherche ensuite, par tous les moyens de persuasion possible, à rassurer le blessé, car la tranquillité de son esprit est un facteur très utile pour sa guérison. — Législ. « Lorsque la rage est constatée chez les animaux, de quelque espèce qu'ils soient, le propriétaire est tenu de détruire ces animaux, et l'abatage ne peut être différé sous aucun prétexte. Les chiens et les chats suspects de rage doivent, alors même que le mal n'est pas ouvertement déclaré, être immédiatement abattus; et le propriétaire de l'animal suspect est tenu, même en l'absence d'un ordre des agents de l'administration, de pourvoir à cet abatage, sous peine d'un emprisonnement de six jours à deux mois et d'une amende de 16 à 100 fr. (L. 21 juillet 1881, art. 10, 30). (Voy. CONTAGIEUX.) — Lorsqu'un cas de rage s'est présenté dans une commune, le maire doit prendre un arrêté pour interdire, pendant les semaines au moins, la circulation des chiens non tenus en laisse » (Décr. 22 juin 1882). (Voy. CHIEN.) (CH. Y.)

* **RAGER** v. n. (rad. *rage*). Être en proie à la colère : *il rageait de tout son cœur.*

* **RAGEUR, EUSE** s. Celui, celle qui s'irrite facilement, qui est habituellement de mauvaise humeur; *c'est un rageur.* (Fam.)

RAGEUSEMENT adv. D'une manière rageuse.

RAGLAN s. m. Sorte de vêtement d'homme qu'on porta en France après la guerre de Russie, en 1855.

RAGLAN (Fitzroy-James-Henry-Somerset, BARON) [rag-lann], général anglais, né en 1788, mort du choléra en 1855. Il était le plus jeune fils du duc de Beaufort. Il se distingua dans l'état-major de Wellington en Espagne, et il perdit le bras droit à Waterloo. En 1818 et 1826, il fut envoyé au parlement. En 1852, il fut nommé grand maître de l'artillerie, et élevé à la pairie. Il commanda en Crimée avec le rang de feld-maréchal, et le 20 sept. 1854, il livra la bataille de l'Alma.

* **RAGOT, OTE** adj. (lat. *rapus*, rave). Qui est de petite taille, court et gros : *un homme ragot.* (Fam. et peu us.) — Substantiv. C'est un ragot, un petit ragot, une petite ragote. — Man. Cheval ramassé, qui a les jambes dans sa taille, et qui a le cou court : *ce cheval est un bon ragot.* — Chasse. Sanglier qui a quitté les compagnies, mais qui n'a pas encore trois ans fait. — » Conte en l'air, bavardage

RAGOTER v. n. Faire des ragots, tenir des propos de commerce.

RAGOTZKI. Voy. RAKOCZY.

* **RAGOÛT** s. m. (lat. *regustatus*). Mets composé de différents ingrédients, et apprêté pour satisfaire le goût, pour exciter l'appétit: *un bon ragoût.* — Fig. et fam. Qui excite, irrite les désirs : *la difficulté est une espèce de ragoût.* En ce sens, il commence à vieillir. — Fam. QUEL RAGOÛT TROUVEZ-VOUS A CELA? quel plaisir y trouvez-vous? — Peint. RAGOÛT DE COULEUR, couleur animée par des reflets harmonieux et piquants, qui flattent la vue : *ce peintre a du ragoût dans sa couleur.* (Vieux.)

* **RAGOÛTANT, ANTE** adj. Qui ragoûte, qui plaît au goût, qui excite l'appétit : *ce mets-là n'est guère ragoûtant.* — Fig. Qui flatte, qui intéresse, qui est agréable : *voilà une femme bien ragoûtante.* Il est très fam. — Fig. et fam CELA EST PEU RAGOÛTANT, se dit d'une chose dont on craint du désagrément, pour laquelle on a de la répugnance : *la commission dont vous me chargez est peu ragoûtante, n'est guère ragoûtante, n'est pas ragoûtante.*

* **RAGOÛTER** v. a. Redonner du goût, remettre en appétit : *il a perdu l'appétit, il faut essayer de le ragoûter.* — Fig. Exciter de nouveau, réveiller le désir : *il est tellement blasé, qu'on ne trouve rien de nouveau pour le ragoûter.* — Se ragoûter v. pr. *Il fait tout ce qu'il peut pour se ragoûter.*

* **RAGRAFER** v. a. (préf. *r*; fr. *agrafer*). Agrafer de nouveau : *ragrafez votre habit, votre robe, votre ceinture.*

* **RAGRANDIR** v. a. (préf. *r*; fr. *agrandir*). Rendre plus grand ce qui l'était déjà : *il a fait ragrandir son salon, sa porterie.* — Se ragrandir v. pr. *L'ouverture s'est ragrandie.*

* **RAGRÉER** v. a (préf. *r*; fr. *agréer*). Arts. Archit. Mettre la dernière main à une construction, en repassant le marteau et la ripe aux parements des murs, pour les rendre unis et polis, et en terminant les corniches et les moulures qui seraient en quelque sorte aussi de l'opération analogue par laquelle on termine un édifice à neuf : *ragréer un maison, une façade.* — RAGRÉER UN OUVRAGE DE MENUISERIE, DE SERRURERIE, y mettre la dernière main; en faire disparaître toutes les inégalités avec les outils qui servent à unir, à polir. — RAGRÉER UNE BRANCHE D'ARBRE, après qu'une branche a été sciée, couper, enlever avec la serpette la superficie du moignon. — Se ragréer v. pr. Mar. Se réparer le pavillon de ce qui manque : *ils travaillèrent à se ragréer d'une grande vergue, d'un mât d'artimon.* On dit aussi, absol. SE RAGRÉER.

* **RAGRÉMENT** s. m. (préf. *r*; fr. *agrément*). Arts. Action de ragréer un ouvrage, ou résultat de cette action. S'emploie surtout en architecture : *ce palais paraît nouvellement bâti depuis le ragrément qu'on y a fait.*

RAGUÉ adj. Mar. Se dit d'un câble altéré, écorché, et coupé en partie.

RAGUIN, INE s. Nom de l'agneau arrivé à la fin de sa première année.

RAGUSA [ra-gou'-za], ville de Sicile, à 56 kil. S.-O. de Syracuse; 24,546 hab. Grande manufactures de coton, et ruines très anciennes, que l'on suppose remonter à *Hybla Minor.*

RAGUSAIN, AINE s. et adj. De Raguse; qui appartient à cette ville ou à ses habitants.

RAGUSE (slav. *Dubrovnik*), ville très forte de Dalmatie (Autriche), sur une petite péninsule de l'Adriatique, à 65 kil. N.-O. de Cattaro; 8,678 hab. On passe d'une rue dans une autre en montant des degrés; la principale de ces rues est le Corso. La cathédrale, bâtie par Richard Cœur de Lion, possède l'*Assomption de la Vierge*, du Titien. Le

port pour les grands navires est non loin de là, à **Gravosa**, ou à **Santa Croce**. Pendant des siècles Raguse fut une république florissante, successivement sous la protection des Grecs, des Vénitiens, des Hongrois et des Turcs. La peste et les tremblements de terre ont beaucoup réduit sa population, qu'on évaluait à 40,000 individus, au xv° siècle. Napoléon la fit entrer dans le royaume d'Illyrie, et donna à Marmont le titre de duc de Raguse.

* **RAÏA** s. m. (mot turc qui signifie *troupeau*). Nom donné aux sujets de l'empire turc, qui sont soumis à la capitation, tels que les chrétiens, les juifs, etc.

* **RAIDE** adj. (lat. *rigidus*). (Dans ce mot et dans ses composés on écrivait et on prononçait anciennement ROIDE). Qui est fort tendu et qui a de la peine à plier : *tendez cette corde davantage, elle n'est pas assez raide.* — Particul. Ce qui manque ou paraît manquer de souplesse et de grâce : *une attitude raide.* — Fam. TOMBER RAIDE MORT, ÊTRE TUÉ RAIDE, tomber mort, être tué d'un coup. — CE LINGE EST TOUT RAIDE D'EMPOIS, IL EST EMPESÉ TROP RAIDE, il est trop ferme, trop dur, parce qu'on y a mis trop d'empois. — SE TENIR RAIDE, ne pas fléchir, persister, s'obstiner dans sa résolution : *quoiqu'on ait pu lui dire, il s'est tenu raide.* — Inflexible, opiniâtre, dur : *c'est un homme raide.* — Qui est difficile à monter : *cet escalier est raide.* — Qui a un mouvement rapide et fort : *le cours de cette rivière est raide.* — Adverbial. Vite : *cela va aussi raide qu'un trait d'arbalète.* — Pop. ON A MENÉ CETTE AFFAIRE BIEN RAIDE, on l'a poussée vivement. — ⁓ Pop. ELLE EST RAIDE, c'est une blague. — RAIDE COMME LA JUSTICE, ivre.

* **RAIDEUR** s. f. Qualité de ce qui est raide : *la raideur d'une barre de fer.* — Rapidité, impétuosité de mouvement : *une balle lancée avec raideur.* — Se dit d'une montagne, d'un escalier, quand la pente en est si raide qu'ils sont difficiles à monter. — Fermeté excessive, extrême sévérité : *il a de la raideur dans l'esprit.*

* **RAIDILLON** s. m. Petite élévation qu'on ne peut regarder comme une montagne et qui se trouve dans un chemin : *ils eurent de la peine à remonter ce raidillon.* — ⁓ Pop. Personne d'un caractère raide, peu maniable.

* **RAIDIR** v. a. Tendre ou étendre avec force, tendre raide : *raidissez le bras.* — v. n. D-venir raide : *le linge mouillé raidit par la gelée.* — **Se raidir** v. pr. Ses membres se raidissent. — Tenir ferme, ne point se relâcher : *il ne faut pas se raidir contre la force.*

* **RAIE** s. f. (lat. *radius*). Trait tiré de long avec une plume, un crayon, un pinceau, une pointe de couteau, etc. : *tirer, faire une raie sur une feuille de papier, sur un plancher, sur une muraille.* — Toute ligne beaucoup plus longue que large, soit naturelle, comme celles qui se trouvent sur la peau de quelques animaux, sur les marbres, etc., soit artificielle, comme celles qu'on fait sur des étoffes, pour les orner : *ce cheval a une raie noire sur le dos.* — Entre-deux des sillons : *le long de la raie.* — Séparation de cheveux qui se fait, naturellement ou avec le peigne, sur le haut de la tête.

* **RAIE** s. f. (lat. *raïa*). Icht. Grand genre de chondroptérygiens à branchies fixes, caractérisé par un corps plat horizontalement en forme de disque, par les pectorales amples et charnues qui se joignent en avant l'une à l'autre ou avec le museau, et en arrière des deux côtés de l'abdomen jusque vers la base des ventrales ; les yeux et les évents à la face dorsale ; les narines et les orifices des branchies à la face ventrale ; une peau mince, enduite d'une abondante viscosité. Les poissons de ce genre pondent des œufs gros comme ceux d'une poule, bruns,

carrés, avec les angles prolongés en pointe. Ils se nourrissent de poissons, de crustacés, de mollusques et d'herbes marines ; les raies se divisent en sous-genres : rhinobates, torpilles, raies proprement dites, pastenagues, mourines et céphaloptères. — Sous-genre du grand genre précédent, caractérisé par une queue mince portant vers sa pointe deux petites dorsales. On compte, dans les eaux européennes, huit ou neuf espèces de raies ; quelques-unes atteignent un poids de 100 kilog. La *raie blanche* ou *cendrée* (*raïa batis*, Linn.) est grosse, brune, avec une peau âpre en dessus ;

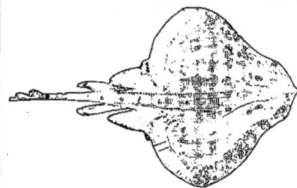

Raie unie (Raïa lævis).

en dessous elle est cendrée ou d'un blanc grisâtre avec des taches noires. La *raie bouclée* (*raïa clavata*) a la peau âpre et de gros tubercules osseux, ovales, surmontés chacun d'un aiguillon recourbé, qui hérissent irrégulièrement ses deux surfaces et qu'on nomme boucles. La *raie ronce* (*raïa rubus*) est petite ; son corps ne porte qu'un rang d'aiguillons. Ces trois espèces sont les plus estimées pour la table, on préfère surtout la raie bouclée, dont la chair est tendre et délicate. Les raies s'accommodent au beurre noir, à la sauce blanche ou à la sauce hachée. L'Amérique du Nord possède la *raie lisse* (*raïa lævis*, Mitch.) qui pèse jusqu'à 100 kilog.

* **RAIFORT** s. m. (lat. *radix*, racine ; *fortis*, fort). Bot. Genre de crucifères raphanées, comprenant un petit nombre d'espèces de plantes à racines comestibles. Le *raifort cultivé* ou *radis* (*raphanus sativus*), originaire de la Chine, présente une racine tubéreuse ou fusiforme ; sa tige droite, rameuse, cylindrique, hérissée de poils courts, s'élève à une hauteur de 6 à 8 centim. ; ses feuilles radicales, dentées, sont rudes au toucher ; ses fleurs sont blanches ou purpurines, en grappes. La principale variété est le *radis* proprement dit (*raphanus sativus radicula*), à racines petites, charnues, roses, blanches, rouges, violettes, etc. Il s'en consomme des quantités prodigieuses. On le sème presque toute l'année. Le *radis noir* ou *raifort noir* (*raphanus sativus niger*), a les racines plus volumineuses, d'une chair plus compacte, d'une saveur plus âcre ; est d'une sous-variété blanche. Le *raifort ravenelle* (*raphanus raphanistrum*), très commun dans les moissons, produit des graines qui, mêlées aux céréales, déterminent souvent chez les personnes qui en font usage, les accidents convulsifs de la raphanie. Le *raifort maritime* (*raphanus maritimus*), que l'on trouve au milieu des rochers maritimes de Bretagne et d'Angleterre, a les fleurs jaunes veinées. — On donne le nom de *raifort sauvage* au cochléaria rustique appelé aussi *cran*.

* **RAIL** s. m. (raï ; *l* mll.] (angl. *rail* [rèl], barre, barreau]. Bande de fer saillante sur laquelle roulent les wagons et la locomotive dans les chemins de fer. Les rails de fer, qui sont généralement des barres de fer forgé droites, présentent de grandes différences dans leur coupe, leur poids et leur qualité, et dans la manière dont ils sont fixés au corps de la route. Une des premières formes est celle du rail en ventre de poisson, fabriqué vers 1820. Il fut bientôt remplacé par

des formes plus économiques, tels que les rails en T ou en I, et le rail à pont ou rail creux, qui ressemble à un U renversé. Le rail en T renversé, se fixe aisément aux traverses par des chevilles à têtes en crochet,

Sections de rails.

enfoncées dans des mortaises pratiquées sur le rebord, ou simplement dans le bord même. On a de plus en plus augmenté le poids des rails jusqu'à 40 et même 50 kilog. par mètre de long. Cependant il y a aujourd'hui tendance à revenir à un poids moindre et à ne pas dépasser 25 ou 35 kilog. par mètre. La longueur des rails est de 6 m. à 9 m. En 1857, on employa pour la première fois des rails d'acier en Angleterre. Le procédé de Bessemer, par lequel on les obtient au sortir même du four à puddler, en a réduit le prix et augmenté considérablement la production Notre figure montre la section des espèces de rails dont on se sert le plus communément. On préfère aujourd'hui le rail à double champignon, ce qui permet de le retourner quand un côté supérieur est usé. Les rails ne doivent pas se toucher bout à bout ; il faut, au contraire, laisser un petit vide entre leurs extrémités à cause de la dilatation ou de la contraction que leur font éprouver les variations de la température atmosphérique.

* **RAILLER** v. a. [ra-ié ; *ll* mll.]. Plaisanter quelqu'un, le tourner en ridicule : *railler quelqu'un agréablement, adroitement.* S'emploie quelquefois absolument : *il raille sans cesse.* — v. n. Se dit des personnes et des choses : *railler de tout le monde.* — Badiner, ne parler pas sérieusement : *on ne sait s'il raille ou s'il parle sérieusement.* — **Se railler** v. pr. *Ne voyez-vous pas qu'il se raille ? Vous vous raillez, je crois.* — Se moquer : *il se raille de tout ce qu'on lui peut dire.*

* **RAILLERIE** s. f. Action de railler, plaisanterie : *il a tourné cela en raillerie, au lieu de s'en fâcher.* — Fam. CELA PASSE LA RAILLERIE, se dit d'une raillerie trop forte, trop piquante. Se dit aussi d'une chose qui est sérieuse, importante, d'une chose qui a des suites fâcheuses : *après avoir commencé par jouer petit jeu, il a perdu cent mille francs ; cela passe la raillerie.* — ENTENDRE LA RAILLERIE, ENTENDRE BIEN LA RAILLERIE, avoir la facilité, l'art, le talent de bien railler ; et, ENTENDRE RAILLERIE, ne point s'offenser des railleries dont on est l'objet. — IL N'ENTEND PAS RAILLERIE, se dit aussi d'un homme sévère qui ne pardonne pas les plus légers manquements : *ne négligez pas ce qu'il vous a ordonné, il n'entend pas raillerie.* — IL N'ENTEND PAS RAILLERIE LA-DESSUS, se dit d'un homme sensible et épineux sur une certaine chose : *ne lui parlez pas de cette affaire, il n'entend point raillerie sur ce chapitre-là.* — Fam. LA RAILLERIE EN EST-ELLE, est-il permis de railler ? peut-on railler librement sans craindre d'offenser ? — C'EST UNE RAILLERIE, C'EST UNE PLAISANTE RAILLERIE, se dit d'une chose qu'on avance pour dire, mais qu'on ne croit point et qui ne paraît pas vraisemblable. On dit à peu près dans le même sens, C'EST UNE RAILLERIE DE NOUS VENIR DIRE QUE... C'EST UNE RAILLERIE DE CROIRE QUE... C'est une chose ridicule, une absurdité. On dit quelquefois, dans le sens contraire, IL N'Y A POINT DE RAILLERIE A CELA, CE N'EST POINT UNE RAILLERIE, ce que je vous dis est sérieux, ce que je vous rapporte n'est pas un conte fait à plaisir. — RAILLERIE A PART, SANS RAILLERIE, sérieusement, tout de bon. — CETTE RAILLERIE PASSE LE JEU, PASSE JEU, elle est trop forte.

* **RAILLEUR, EUSE** adj. Porté à la raillerie : *esprit railleur.* — DISCOURS RAILLEUR,

PAROLES RAILLEUSES, TON RAILLEUR, discours plein de raillerie, paroles dites pour railler, ton de plaisanterie. — s. Celui, celle qui aime à railler, qui raille souvent : *un agréable railleur.* — Fam. VOUS ÊTES UN RAILLEUR, se dit à un homme qu'on soupçonne de ne parler pas sérieusement. — SOUVENT LES RAILLEURS SONT RAILLÉS, on se moque souvent de ceux qui veulent se moquer des autres.

RAILLEUSEMENT adv. D'une manière railleuse.

RAILROAD s. m. [rél-ròd ; quelques personnes prononcent raï-rod](angl. *rail*, barre; *road*, chemin). Chemin de fer.

* **RAILWAY** s. m. [rél-ouè; quelques personnes prononcent raï-ouè](angl.*rail*, barre ; *way*, voie). Chemin de fer.

RAIMONDI (Marc-Antoine), le plus illustre graveur de la renaissance italienne, né à Bologne en 1445, mort en 1534. Ses principaux ouvrages sont : *Jugement de Pâris; Massacre des Innocents; la Cène; le Parnasse; la Poésie,* etc.

RAIN s. m. (all. *rain*, limite). Lisière d'un bois.

* **RAINCEAU** s. m. Voy. RINCHAU.

RAINCY (Le), village de l'arr. et à 44 kil. de Pontoise (Seine-et-Oise), et à 22 kil. E. de Paris. Il forme avec Livry la commune de Livry-Raincy ; 3,000 hab. Ancienne abbaye de bénédictins fondée au XIIe siècle, remplacée par un château appartenant à *la* famille d'Orléans, lequel a été détruit en 1852, par suite du décret de confiscation des biens de la famille de Louis-Philippe.

* **RAINE** s. f. (lat. *rana*). Vieux mot qui est encore en usage dans quelques provinces, et qui signifie, grenouille : *raine de buisson.*

RAINER v. n. Faire une rainure.

* **RAINETTE** s. f. (dimin. de *raine*). Erpét. Genre de batraciens anoures, voisin des grenouilles, dont il se distingue par de petites pelotes ou disques, élargis et visqueux à l'aide desquels ces animaux grimpent lestement sur les corps les plus lisses et se maintiennent même sur les feuilles agitées par le vent. Ce sont les grenouilles les plus petites, les plus brillantes, les plus vives et les plus élégantes. On les voit pendant les jours chauds sauter dans les arbres ou dans les herbes, après les insectes qui les nourrissent. Leur peau, lisse sur le dos, est rugueuse sous le ventre et sur les côtés des jambes. Elles possèdent, à un degré remarquable, la faculté de changer de couleur, ce qui leur permet quelquefois d'échapper à leur nombreux ennemis. Très bruyantes, elles croassent surtout à l'approche de la pluie ; leur voix forte présente quelque analogie avec celle du canard. En hiver, elles s'enfoncent dans la vase et ne reparaissent qu'au printemps, époque où elles déposent leurs œufs dans l'eau. Les espèces sont nombreuses; mais nous n'en avons qu'une en France : c'est la *rainette commune* (hyla arborea ou *viridis*), essentiellement arboréale, très commune dans le Midi, près des étangs, dans les bois, dans les jardins; elle est verte en dessus, pâle en dessous, avec une ligne jaune et noire le long de chaque côté du cou.

* **RAINETTE** s. f. Sorte de pomme. (Voy. REINETTE.)

* **RAINURE** s. f. (lat. *radius*, rayon). Menuis. Petite entaille faite en long sur l'épaisseur d'un morceau de bois ou d'une planche, pour y assembler une autre pièce, ou pour servir à une coulisse : *faire une rainure.* — Anat. Se dit des cavités allongées, en forme de fentes, qui se remarquent à la surface des os, et dans lesquelles passent où sont insérées différentes parties : *la rainure mastoïdienne du temporal.*

* **RAIPONCE** s. f. (ital. *raperonza*). Bot. Espèce de campanule, dont les racines, de même nom, sont blanches, tendres, et se mangent en salade : *une salade de raiponces.* (Voy. CAMPANULE.)

* **RAIRE** ou Réer. v. n. Vénerie. Se dit du cri du cerf : *les cerfs raient quand ils sont en* rut.

* **RAIS** s. m. pl. (lat. *radius*, rayon). Rayon, trait de lumière : *les rais de la lune.* Il est inusité en prose, et il est vieux en poésie. — Blas. Pointe qui sort d'une étoile, comme un rayon : *une étoile à cinq rais, à six rais, à huit rais.* — Pièce qui entre par un bout dans le moyeu de la roue, et par l'autre dans les janies. En ce sens, il a un singulier : *il y a un rais rompu à cette roue.* — Archit. RAIS DE CŒUR, ornement en forme de cœur, propre à la moulure appelée TALON.

* **RAISIN** s. m. (lat. *racemus*, petit rameau). Le fruit de la vigne : *une grappe de raisin.* — MOITIÉ FIGUE, MOITIÉ RAISIN, moitié de gré, moitié de force : IL Y A CONSENTI MOITIÉ FIGUE, MOITIÉ RAISIN, en partie bien, en partie mal : *ils vivent ensemble moitié figue, moitié raisin.* Partie sérieusement, partie en plaisantant : *il nous a conté cela, moitié figue, moitié raisin.* — RAISIN D'OURS, arbrisseau traînant, espèce d'arbousier toujours vert, dont on prétend que les ours recherchent beaucoup le fruit. — GRAND RAISIN, nom d'une sorte de papier qui s'emploie surtout pour les ouvrages dont on imprime avec un certain luxe. — Législ. « Depuis que le phylloxera a réduit la production du vin en France, on a essayé de suppléer par divers moyens à l'insuffisance des vendanges. On a obtenu des secondes et des troisièmes cuvées, par l'addition d'eau sucrée sur les marcs de raisin soumis ensuite à une nouvelle fermentation. On a surtout fabriqué du vin, en faisant fermenter du moût de raisins secs ; et ce vin mélangé aux vins artificiellement alcoolisés de l'Espagne et de l'Italie, a servi à combler le déficit de la récolte. Ces raisins secs ont été importés de Grèce, d'Asie Mineure, etc., en quantités considérables, savoir : en 1875, 8 millions de kilog. ; en 1876, 11 millions; en 1877, 17 millions ; en 1878, 30 millions ; en 1879, 51 millions; en 1880, 78 millions de kilog. La loi du 7 mai 1881 ayant élevé de trente centimes à six francs par cent kilogrammes, la taxe de douane sur les raisins secs, l'importation de cette denrée est descendue à 68 millions en 1884, à 63 millions en 1882; et les quantités de vins de raisins secs fabriquées en France ont diminué de 2 1/2 millions d'hectolitres. (Voy. VIN.) » (CH. Y.)

* **RAISINÉ** s. m. Espèce de confiture liquide faite avec du raisin doux, auquel on ajoute quelquefois des poires ou des coings : *un pot de raisiné.*

RAISINIÈRE s. f. Petite tumeur granuleuse et noirâtre qui se forme quelquefois à la surface de la cornée.

* **RAISON** s. f. (lat. *ratio*). Faculté intellectuelle par laquelle l'homme connaît, juge et se conduit : *Dieu a donné la raison à l'homme pour lui faire discerner le bien du mal, le vrai d'avec le faux.* — Philos. RAISON PURE, se dit par opposition à RAISON PRATIQUE de la connaissance intuitive des vérités nécessaires : *Kant a écrit un traité intitulé : « Critique de la raison pure. »* — RAISON IMPERSONNELLE, ensemble des vérités qui s'imposent aux hommes. — CULTE DE RAISON, sorte de fêtes allégoriques dont l'exemple fut donné en 1793 : *nos pères ont vu promener dans Paris la déesse Raison.* (Voy. HÉBERT.) — ÊTRE DE RAISON, se dit, par opposition à ÊTRE RÉEL, de ce qui n'existe que dans l'esprit, dans l'imagination : *une montagne d'or est un être de raison.* — PERDRE LA RAISON, tomber en démence. Se dit, par exag., d'un homme qui fait une chose contraire à la raison,

au bon sens : *quoi ! vous avez fait ce mauvais marché?* — Bon sens, bon usage de la raison, sagesse, justesse d'esprit : *cet homme n'a point de raison.*

La raison n'agit point sur une populace.
J. RACINE, *La Thébaïde,* acte II, sc. III.

— PARLER RAISON, parler sagement, raisonnablement : *c'est un homme qui parle toujours raison.* Devenir raisonnable, accommodant, traitable : *voilà parler raison.* — IL N'Y A NI RIME NI RAISON, se dit, en parlant d'un raisonnement, d'un discours de travers, d'un ouvrage d'esprit très mal fait, etc : *il n'y a ni rime ni raison à tout ce qu'il dit.* — MARIAGE DE RAISON, mariage où les convenances, les rapports d'état et de fortune ont été plus consultés que l'inclination. — Ce qui est de devoir, de droit, d'équité, de justice : *se rendre à la raison.* — Fam. METTRE QUELQU'UN A LA RAISON, signifie quelquefois, réduire quelqu'un par la force. — AVOIR RAISON, être fondé dans ce qu'on dit, dans ce qu'on fait : *vous avez tort, c'est lui qui a raison.* — DONNER RAISON A QUELQU'UN, prononcer en sa faveur, décider qu'il est fondé en ce qu'il dit ou en ce qu'il fait : *ces enfants m'ont prié de décider entre eux, j'ai donné raison au plus jeune.* — ENTENDRE RAISON, acquiescer à ce qui est juste et raisonnable : *quelque proposition qu'on lui ait faite, il n'a jamais voulu entendre raison.* — IL N'ENTEND PAS RAISON LA-DESSUS, se dit d'un homme qui sur quelque point se montre inflexible, sévère, opiniâtre, toujours prêt à se formaliser. — Prov. IL Y A RAISON PARTOUT, POUR TOUT, se dit en parlant de quelque excès qu'on veut empêcher, arrêter : *je ne défends pas qu'on se divertisse, mais il y a raison partout.* — COMME DE RAISON, comme il est juste, comme il est raisonnable de faire. On dit proverbialement dans le même sens, SELON DIEU ET RAISON. — PLUS QUE DE RAISON, plus qu'il n'est raisonnable : *il a bu plus que de raison.* — Palais. POUR VALOIR, POUR SERVIR CE QUE DE RAISON, POUR ÊTRE ORDONNÉ CE QUE DE RAISON, pour valoir ou pour être ordonné ce qui sera de justice, d'équité. — Satisfaction, contentement sur quelque chose qu'on demande, qu'on prétend : *je vous ferai avoir raison de vos prétentions.* — Parlicul. Réparation d'un outrage, d'un affront : *il m'a offensé, j'en ai tiré raison.* — SE FAIRE RAISON SOI-MÊME, A SOI-MÊME, se faire justice par force, de sa propre autorité : *il n'est pas permis de se faire raison soi-même.* — FAIRE RAISON A QUELQU'UN D'UNE SANTÉ QU'IL A PORTÉE, boire avec lui à la santé de la personne qu'il a nommée : *je vous fais raison de la santé que vous m'avez portée.* — FAITES-MOI RAISON D'UN TEL, rendez-moi compte des motifs pour lesquels il est un comme il fait. — DEMANDER A QUELQU'UN RAISON DE QUELQUE CHOSE, demander à quelqu'un qu'il rende compte d'une chose à quelqu'un ou à lui : *on lui a demandé raison de sa conduite, de ses discours.* — RENDRE RAISON DE QUELQUE CHOSE, en rendre compte, en expliquer les motifs, les causes : *on lui a fait rendre raison d'un pareil procédé.* — RENDRE RAISON d'une offense, se battre en duel avec lui, pour cause d'une offense. — Dans toutes les acceptions qui précèdent, RAISON n'a point de pluriel. — Preuve par discours, par argument : dans cette acception, il a un pluriel : *donnez-nous de meilleures raisons.*

La raison du plus fort est toujours la meilleure,
Nous l'allons prouver tout à l'heure.
LA FONTAINE.

— Fam. POINT TANT DE RAISONS, façon de parler dont un supérieur se sert envers un inférieur, pour lui imposer silence, et lui marquer que ses objections et ses répliques déplaisent. — Sujet, cause, motif : *vous m'attaquez sans raison.* — A PLUS FORTE RAISON, avec d'autant plus de sujet, par un motif d'autant plus fort : *si l'on est obligé de faire*

du bien aux étrangers, à plus forte raison en doit-on faire à ses parents. — Pour raison a moi connue, pour un sujet, pour un motif que je ne veux pas faire connaître : je ne ferai pas ce que vous voulez, pour raison à moi connue. On dit aussi, Pour raison a vous connue, pour un sujet, pour un motif que je n'ai pas besoin de vous dire : je n'en dirai pas davantage, pour raison à vous connue. — Conter ses raisons a quelqu'un, l'entretenir de ses affaires, de ses intérêts, lui expliquer les motifs de la conduite qu'on a tenue : je lui ai conté mes raisons, et il a approuvé ce que j'avais fait. — On dit aussi, Conter ses petites raisons. — Raison d'État, raison de famille, les considérations d'intérêt par lesquelles on se conduit dans un État, dans une famille : la raison d'État n'a pas permis que... — Au pluriel, se dit, en termes de pratique, des titres et prétentions qu'une personne peut avoir. On l'emploie principalement dans cette phrase, Céder ses droits, noms, raisons et actions. — Mathémat. Rapport d'une quantité, soit étendue, soit numérique, à une autre quantité : il y a même raison géométrique entre trois et six qu'entre six et douze. — Banque et Comm. Noms des associés rangés et énoncés de la manière que la société a déterminée pour signer les lettres missives, billets et lettres de change : cette maison de banque est sous la raison Gautier, Lefèvre et compagnie. — Part d'un associé dans le fonds d'une société de commerce : sa raison est d'un tiers, d'un cinquième. En ce sens, il a vieilli ; on dit, Son intérêt, sa mise de fonds est de tant. — Livre de raison, registre où un négociant porte tous ses comptes par doit et avoir. Il a vieilli ; on dit, Grand-livre. — Charpent. Mettre les pièces de bois en leur raison, mettre chaque morceau, chaque pièce en sa place. — A telle fin que de raison loc. adv. dont on se sert en style d'affaires, pour exprimer qu'on fait une chose dans la pensée qu'elle pourra être utile, sans dire précisément à quoi : il fit faire un procès-verbal de l'état des lieux, à telle fin que de raison. — A tout événement. — Pour raison de quoi loc. dont on se sert en style d'affaires, et qui signifie, à cause de quoi. — A raison de, en raison de loc. prépo-sit. A proportion de, sur le pied de : on paya cet ouvrier à raison de l'ouvrage qu'il avait fait. — Phys. La vitesse d'un corps qui tombe est en raison directe des carrés du temps, c'est-à-dire qu'elle augmente dans le même rapport que ces carrés croissent. L'intensité de la lumière est en raison inverse des carrés de la distance du corps lumineux, c'est-à-dire qu'elle diminue dans le même rapport que ces carrés croissent, etc. — En raison de, signifie aussi, vu, en considération de : en raison de son extrême jeunesse.

*RAISONNABLE adj. Qui est doué de raison, qui a la faculté de raisonner : l'homme est un être raisonnable. — Qui agit, qui se gouverne selon la raison, suivant le droit et l'équité : ce jeune homme est devenu fort raisonnable. — Résigné : après le malheur qui lui est arrivé, je l'ai trouvé beaucoup plus raisonnable que je ne croyais.

Va, va, dans sa douleur le sexe est raisonnable,
Et je n'ai jamais vu de femme inconsolable.
COLLIN D'HARLEVILLE. L'Inconstant, acte Ier, sc. Ire.

— Cet enfant se conduit, parle comme une personne raisonnable, ses actions, ses discours ressemblent à ceux d'une personne faite, d'une personne d'un âge mûr. — Se dit aussi en parlant des choses ; et alors il signifie, conforme à la raison, à l'équité : il m'a tenu des discours fort raisonnables. — Qui est suffisant, qui est ce qu'il doit être, qui est convenable : on lui a donné une pension raisonnable. — Qui est au-dessus du médiocre : il est d'une taille raisonnable.

*RAISONNABLEMENT adv. Avec raison, conformément à la raison, à l'équité : c'est

parler raisonnablement. — Suffisamment, con-venablement : c'est raisonnablement vendu. — Passablement, ou d'une manière au-dessus du médiocre : sa maison est raisonnablement grande. Un plaisantant, Elle est raisonnable-ment la de, elle est fort laide.

*RAISONNÉ, ÉE part. passé de Raisonner. — Adj. Appuyé de raisons et de preuves : requêt e raisonnée. — Se dit encore de toute méthode ou traité qui rend raison des règles d'un art, d'une science : arithmétique raisonnée. — Analyse raisonnée, analyse accompagnée de réflexions : analyse raisonnée de l'histoire de France.

*RAISONNEMENT s. m. Faculté ou action de raisonner : c'est un homme qui a le raison-nement bon. — Argument, syllogisme, diverses raisons dont on se sert dans une question, dans une affaire : convaincre quelqu'un par la force de ses raisonnements. — Fam. Faire des raisonnements à perte de vue, faire des raison-nements vagues, et qui ne concluent rien. — Fam. Point tant de raisonnements, point de raisonnements, façons de parler dont un supé-rieur se sert à l'égard d'un inférieur, pour lui marquer qu'il veut être obéi sans réplique.

*RAISONNER v. n. Se servir de sa raison pour connaître, pour juger : c'est le propre de l'homme de raisonner. — Chercher et alléguer des raisons pour éclaircir une affaire, une question, pour appuyer une opinion, etc. : nous avons beaucoup raisonné sur cette affaire. — Répliquer, alléguer des excuses, au lieu de recevoir docilement des ordres ou des répri-mandes : je n'aime pas les enfants qui rai-sonnent. — Ne raisonnez pas tant ; vous rai-sonnez, je crois ; si vous raisonnez davan-tage... façons de parler dont on se sert envers une personne fort inférieure à soi, lorsqu'on se sent offensé ou importuné de ses discours, de ses répliques. — Prov. et fig. Raisonner comme une pantoufle, raisonner pantoufle, raisonner de travers. — Mar. Se dit d'un bâtiment que l'on envoie recon-naître par la chaloupe, et qui est obligé de montrer ses passeports, et de rendre compte de sa route : faire raisonner un bâtiment. — v. a. Appliquer le raisonnement à quelque chose : c'est un homme qui raisonne toutes ses actions, toutes ses démarches. — Se raisonner v. pr. Soumettre son esprit à la raison : il es-saya en vain de se raisonner.

*RAISONNEUR, EUSE s. Celui, celle qui rai-sonne : c'est un bon, c'est un excellent raison-neur. — Se prend plus ordinairement en mau-vaise part, et se dit d'une personne qui fatigue, qui importune par de longs, par de vains raisonnements : c'est un raisonneur ennuyeux, un raisonneur éternel, perpétuel. — S'emploie aussi sans épithète, et se dit de celui qui, au lieu de recevoir docilement les réprimandes qu'on lui fait ou les ordres qu'on lui donne, réplique et allègue beaucoup d'excuses bonnes ou mauvaises : ce valet fait bien le raisonneur. — Certains personnages de comédie, dont le langage est ordinairement celui de la morale et du raisonnement : il s'engage à ce théâtre pour jouer les raisonneurs. — Adjectiv. Ce valet est trop raisonneur.

RAISSON. I. (François-Étienne-Jacques), homme politique, né à Paris en 1760, mort à Sens en 1835. Il adopta avec ardeur les prin-cipes de la Révolution et devint l'un des fon-dateurs et secrétaire du club des Jacobins. Opposé à la réaction thermidorienne, il fut arrêté et emprisonné à Ham. Il entra ensuite dans l'administration de la police. — II. (Ho-race-Napoléon), compilateur, fils du précé-dent, né à Paris en 1798, mort en 1854. On a de lui : Histoire impartiale des Jésuites (1824) ; Art de ne pas être dupe des fripons (1825) ; Code gourmand (1827) ; Code conjugal, Code de la toilette, Code galant, Nouvelle Cuisinière bourgeoise, etc.

*RAJAH ou Raja s. m. Nom des princes indous, qui étaient autrefois vassaux de l'em-pereur du Mogol.

RAJAHMUNDRY [ré-dja-meunn'-draï], ville de l'Inde britannique, capitale du district de Godavéry, sur le Godavéri, à 360 kil. N.-N.-E. de Madras ; de 15 à 20,000 hab. Les maisons sont presque toutes en terre.

*RAJEUNIR v. a. (rad. jeune). Rendre jeune, rendre la jeunesse : selon la Fable, Médée rajeunit Eson. — Rendre l'air de la jeunesse : sa perruque le rajeunit de vingt ans. — Se dit, fig. et fam., dans le sens de faire la barbe : les barbiers écrivent sur leur en-seigne : Ici l'on rajeunit. — S'emploie, par ext., en parlant des choses : rajeunir un vieux mot en l'employant à propos. — v. n. Rede-venir jeune, reprendre l'air et la vigueur de la jeunesse : il semble que cette femme rajeu-nisse. — Au printemps la nature rajeunit, les arbres rajeunissent, tout rajeunit. — Se rajeunir v. pr. Se donner l'air jeune : il croit se rajeunir en portant perruque. — Fam. Se dire plus jeune qu'on ne l'est réellement : elle dit n'avoir que trente ans, je crois qu'elle se rajeunit un peu.

*RAJEUNISSEMENT s. m. Action de rajeu-nir ; état de celui qui est ou paraît rajeuni : le rajeunissement d'Eson.

RAJOUTER v. a. (préf. r; fr. ajouter). Ajouter par surcroît.

RAJPOOTANA [radj-pou-tâ'-né] (autrefois Rajasthan), territoire de l'Inde anglaise, comprenant 18 états indigènes, habités princi-palement par les Rajpoots, et alliés dépen-dants du gouvernement britannique. Il gît entre 67° 15' et 75° 40' long. E. et entre 23° 15' et 30° 40' lat. N. Il est divisé en 7 agences politiques sous la surveillance d'officiers an-glais ; 336,038 kil. carr.; 10,275,000 hab. Une grande partie du Rajpootana occidental est un désert avec des oasis où sont bâties les villes. Les états au N.-E. et à l'E. de la chaîne de l'Aravulli sont plus fertiles. L'autorité su-prême sur tout le territoire est confiée à un agent politique du vice-roi, qui réside à Aj-meer et sur le mont Aboo dans la surinten-dance de Serohee. — Les Rajpoots prétendent descendre de la caste kshatriya ou guerrière des Hindous. Ils résistèrent énergiquement à l'invasion musulmane, mais se soumirent à la fin. Ils se joignirent aux Mahrattes contre Aureng-Zeb, et furent ensuite harcelés par ces armées pillardes ; mais, vers 1761, il s'étaient rendus indépendants de fait. Pour échapper aux exactions des Mahrattes et des Pinda-rees, les principaux états des Rajpoots se sont mis volontairement sous la protection des Anglais en 1818.

*RAJUSTEMENT s. m. (préf. r; fr. ajuste-ment). Action de rajuster ; résultat de cette action.

*RAJUSTER v. a. (préf. r; fr. ajuster). Ajuster de nouveau, raccommoder, remettre en bon état : rajuster un ressort, cette ser-rure.—S'emploie fig., au sens moral : le temps rajuste bien des choses. — Se dit, dans une acception particulière, d'un mécontente-ment qu'on apaise, d'une brouillerie qu'on fait cesser : ils ont eu une querelle ; cela est difficile à rajuster. — Se rajuster v. pr. Raccommoder son habillement, son ajuste-ment qui a été dérangé : leur toilette était fort en désordre, ils se rajustèrent à la hâte et mirent qu'ils purent.

RAKOCZY [râ'-ko-tsi], famille noble de Transylvanie qui fournit à ce pays plusieurs prince. — I. George Ier. (1631-48), prit part, avec les Suédois, à la guerre de Trente ans, et obligea Ferdinand III à rétablir les libertés de la Hongrie par le traité de Lintz (1645). — II. François II, son petit-fils, né en 1676, mort en 1735, est le membre le plus célèbre

de la famille. Emprisonné en 1701 en Autriche, comme prévenu de conspiration, il parvint à s'échapper, et en 1703, souleva un mouvement insurrectionnel contre l'Autriche, puis, avec les subsides de Louis XIV, s'engagea dans la guerre de la succession d'Espagne, et eut bientôt conquis la plus grande partie de la Hongrie et de la Transylvanie. En 1705, après avoir été élu prince de Transylvanie, il fut choisi pour chef par une confédération de districts hongrois révoltés. En août 1708, pendant qu'il assiégeait Trentschin, le général autrichien Heister écrasa ses troupes, et, depuis ce moment, il perdit constamment du terrain. L'Autriche et les confédérés conclurent sans lui la paix de Szatmar en 1711. Il vécut quelques années en France et en Espagne, puis, avec d'autres réfugiés, au château de Rodosto, sur la mer de Marmara. Il a écrit en français une histoire de la lutte de la Hongrie et plusieurs autres ouvrages. L'académie hongroise a publié en 1876 ses *Confessiones et Aspirationes Principis christiani*.

RAKOS [ra'-koch]. Voy. PESTH.

* RÂLE s. m. (fr. *râler*, à cause du cri de cet oiseau). Ornith. Genre d'échassiers macrodactyles, type de la famille des rallidés, comprenant une trentaine d'espèces d'oiseaux, qui se distinguent des foulques en ce qu'ils n'ont pas, comme celles-ci, le bec prolongé en une sorte d'écusson et que leurs ailes ne sont ni festonnées ni ornées d'une membrane. Les râles sont timides et défiants. Ils

Râle des genêts (Rallus crex).

se cachent sous l'herbe pendant le jour et cherchent leur nourriture le soir et le matin au bord des eaux, dans les joncs et dans les herbes. Ils courent très vite, mais leur vol est lourd et peu étendu. Ils nichent à terre et leurs petits abandonnent le nid dès leur naissance. Le *râle d'eau (rallus aquaticus)*, gros comme une caille, est brun fauve,

Râle élégant (Rallus elegans).

tacheté de noirâtre en dessus, à flancs rayés de noir et de blanc. Il nage assez bien et court facilement sur les herbes aquatiques.

Le *râle des genêts (rallus crex)*, de la même grosseur, est brun fauve, tacheté de noirâtre en dessus, grisâtre en dessous, à flancs rayés de noirâtre et à ailes rousses. Il vit dans les champs et court dans l'herbe avec rapidité. Son cri ressemble aux syllabes *crex crex*, d'où son nom latin. Il se nourrit de graines, d'insectes et de vermisseaux. On l'a surnommé le *roi des cailles*, parce qu'il arrive et part avec elles et vit solitaire dans les mêmes terrains, ce qui fait croire qu'il leur sert de guide ; sa chair est savoureuse. La *marouette* ou *petit râle tacheté (rallus porzana)*, un peu plus petite que le précédent, est brun foncé, piqueté de blanc, à flancs rayés de blanchâtre ; elle se tient près des étangs et fait avec du jonc un nid en forme de nacelle qu'elle attache à quelques tiges de roseaux. Sa chair est très délicate. Le *râle élégant (rallus elegans)* se trouve aux Etats-Unis, près des marais d'eau douce.

* RÂLE. s. m. (onomatopée). Action de râler, et plus ordinairement bruit qu'on fait en râlant : *le râle de la mort, de l'agonie*. — Méd. Certain bruit qui se développe dans les voies aériennes et qui se mêle au murmure de la respiration, quand l'air passe à travers un liquide quelconque contenu dans les bronches. Le râle peut être *sibilant* (sifflant), *ronflant, crépitant* (rappelant la crépitation du sel par le feu), *de craquement* (analogue au bruit fait lorsqu'on insuffle une vessie sèche), *humide* ou *muqueux* (produit par le passage de l'air à travers un liquide épais), *caverneux* (quand l'air traverse une caverne).

RÂLE ou Rasles (Sébastien), jésuite et missionnaire français, né en 1658, mort en 1724. Il s'était établi dès 1693 à Norridgewock, sur le Kennebec. Les colons anglais l'accusèrent d'exciter les Indiens à piller leurs établissements sur la côte, et mirent sa tête à prix. En 1724, un parti de 208 hommes venu du fort Richmond, surprit Norridgewock et massacra plusieurs Indiens en même temps que le père Râle. Son dictionnaire de la langue Abenaki a été imprimé dans les mémoires de l'académie américaine des arts et des sciences, avec une introduction et des notes par John Pickering (1833).

RALEIGH [râ'-lé], ville de la Caroline du Nord (Etats-Unis), à 10 kil. O. de la Neuse, à 350 kil. S.-O. de Washington, par 35° 47' lat. N. et 81° 40' long. O.; 7,790 hab., dont 4,094 de couleur.

RALEIGH ou Ralegh (SIR Walter), courtisan et navigateur anglais, né en 1552, mort le 29 oct. 1618. Il se remaria en 1579 avec son demi-frère, sir Humphrey Gilbert, qui avait obtenu un privilège pour établir une plantation en Amérique ; mais ils revinrent sans avoir même abordé le nouveau monde. Il se fit bientôt l'un des courtisans les plus agréables d'Elisabeth, et en 1583 repartit avec une escadre de 5 vaisseaux commandés par sir Humphrey Gilbert. Cette fois, il prit possession de Terre-Neuve au nom de la reine ; mais son escadre fut dispersée. Ayant obtenu d'Elisabeth la propriété d'une grande région de pays à découvrir, il envoya deux vaisseaux sous Philip Amidas et Arthur Barlow, qui touchèrent au rivage de la Caroline du Nord, et explorèrent les détroits de Pamlico et d'Albemarle. Elisabeth nomma la contrée nouvelle Virginia (Virginie) par allusion à son état de célibat, et Raleigh chevalier. Celui-ci envoya à plusieurs reprises dans les pays découverts des troupes de colons qui n'y restèrent pas ou qui y périrent. Quelques-uns d'entre eux, ramenés par sir Francis Drake, introduisirent en Angleterre la pomme de terre et le tabac. Membre du parlement, membre du conseil, directeur de la guerre, lieutenant général et commandant militaire des Cornouailles, Ra-

leigh prit une part active aux préparatifs de résistance à l'invasion dont l'Espagne menaçait l'Angleterre ; et en 1588, à l'apparition de l'*Invincible Armada*, il la harcela sur un navire qu'il avait équipé à ses frais. Il fit partie de l'expédition de Drake pour rétablir dom Antonio sur le trône de Portugal (1589). En vue de ruiner la puissance espagnole dans les Indes occidentales, il réunit presque entièrement à ses frais une flotte de 13 vaisseaux, et, avec Frobisher, fit de riches prises sur les Espagnols. En 1595, il alla sur les côtes de la Guyane, explora le pays autour de l'Orénoque et détruisit l'établissement espagnol de San José. L'année suivante, il publia *Discovery of the large, rich and beautiful Empire of Guiana*. Il prit part à la prise de Cadix, fit partie de l'expédition d'Essex contre les Açores et s'empara de Fayal. A l'avènement de Jacques, il tomba en disgrâce comme fauteur d'une conspiration ayant pour but de placer lady Arabelle Stuart sur le trône. C'est là qu'il écrivit son *History of the World* (1614). Mis en liberté en 1615, il obtint de Jacques le commandement d'une flotte avec le titre d'amiral, et fit voile pour la Guiane ; son expédition, malgré de grands succès au début, finit misérablement. De retour en Angleterre en 1618, il fut de nouveau enfermé à la Tour. Les plaintes de l'ambassadeur d'Espagne hâtèrent son jugement, et il fut décapité en vertu de la sentence de mort qui avait été prononcée contre lui en 1603. Ses poésies diverses ont été recueillies par sir E. Brydges (1814) et ses mélanges en prose par le Dr Birch (1751, 2 vol.). Une édition de ses œuvres complètes a été publiée à Oxford en 1829 (8 vol.).

* RÂLEMENT s. m. Râle, action de râler : *le râlement de la mort.*

* RALENTIR v. a. (préf. r; fr. *alentir*). Rendre plus lent : *ralentir sa course, sa marche.* — Fig. *Cet accident a ralenti son zèle.* — Se ralentir v. pr. Devenir plus lent, moins actif : *j'ai peur que cette ferveur ne se ralentisse.*

* RALENTISSEMENT s. m. Diminution de mouvement, d'activité : *le ralentissement du pendule.* — Fig. *Le ralentissement de son zèle, de son ardeur.*

* RÂLER v. n. Rendre en respirant un son enroué, causé par la difficulté de la respiration. Se dit proprement des agonisants : *il est très mal, sa poitrine s'emplit, il commence à râler.* — Par ext. RÂLER EN DORMANT.

RÂLEUR, EUSE s. Personne qui râle. — Pop. Personne qui marchande beaucoup sans rien acheter.

* RALINGUE s. f. Mar. Cordage que l'on coud autour des voiles pour en renforcer les bords. — METTRE UNE VOILE EN RALINGUE, mettre ses ralingues dans une direction parallèle à celle du vent, en sorte qu'elle ne la reçoive pas auvent face.

* RALINGUER v. a. Mar. Garnir une voile de ses ralingues : *les voiles sont faites, il n'y a plus qu'à les ralinguer.* — Neutralement. METTRE UNE VOILE A RALINGUER, la mettre en ralingue.

RALLENTANDO adv. (mot ital.). Mus. En ralentissant.

RALLER v. n. (préf. r; fr. *aller*). Aller de nouveau.

RALLIDÉ, ÉE adj. [ral-li-]. Ornith. Qui ressemble ou qui se rapporte au râle. — s. m. pl. Famille d'échassiers ayant pour type le genre râle et comprenant, en outre, les genres *gallinule* et *foulque.*

* RALLIEMENT s. m. [ra-li-tman]. Guerre. Action des troupes qui, après avoir été rompues ou dispersées, se rassemblent : *le rallie-*

ment des troupes se fît derrière un petit bois. On dit de même, LE RALLIEMENT D'UNE FLOTTE, D'UNE ARMÉE NAVALE. — MOT DE RALLIEMENT, mot qu'un chef donne à ses troupes pour qu'elles se rallient, en cas de déroute et de séparation. Se dit plus ordinairement du mot que l'on donne à la suite du mot d'ordre: *les sentinelles doivent connaître le mot de ralliement, afin de l'exiger des rondes, des patrouilles*, etc., *qui passent devant elles.* (Voy. ORDRE.) — SIGNE DE RALLIEMENT, se dit, aux armées, de certains signes dont on convient pour se reconnaître, comme de frapper sur la giberne ou dans la main. — POINT DE RALLIEMENT, endroit marqué aux troupes pour se rallier.—Par ext. MOT, SIGNE DE RALLIEMENT, mot, signe caractéristique auquel une secte, un parti se reconnaît, ou par lequel on le désigne; et, POINT DE RALLIEMENT, lieu où les personnes d'une même société, d'une même parti se rassemblent. — POINT DE RALLIEMENT, se dit aussi, fig., d'une opinion sur laquelle s'accordent des sectes, des personnes divisées sur d'autres points.

* **RALLIER** v. a. [ra-lié] (préf. *r*; fr. *allier*). Rassembler, réunir, remettre ensemble. Se dit principalement en termes de guerre et de tactique navale: *les premiers escadrons avaient été rompus, mais le général les rallia.* — Se dit quelquefois dans le langage ordinaire, surtout au figuré: *les esprits étaient divisés, cette proposition les a ralliés.* — Mar. RALLIER SON POSTE, manœuvrer pour le reprendre, après l'avoir quitté. RALLIER UN VAISSEAU, le rejoindre. RALLIER AU VENT, RALLIER LE VENT, serrer le vent, gouverner aussi près de la source du vent que l'espèce du bâtiment le permet. — Se rallier, v. pr. Se réunir: *les vaisseaux égarés se sont ralliés.* — Se rattacher à un gouvernement, à un parti: *il quitta l'opposition pour se rallier au ministère.* — SE RALLIER A TERRE, se rapprocher de la terre, la rejoindre.

* **RALLONGE** s. f. [ra-lon-ge]. Ce qui sert à rallonger une chose: *mettre une rallonge à une robe, à une table.*

* **RALLONGEMENT** s. m. [ra-lon-ge-man]. Action de rallonger, ou résultat de cette action.

* **RALLONGER** v. a. [ra-lon-] (préf. *r*; fr. *allonger*). Rendre une chose plus longue en y ajoutant quelque pièce, quelque morceau, quelque bout d'une chose à peu près semblable: *ce vêtement est trop court, il faut le rallonger.* — Allonger: *rallonger ces étrivières, ces étriers.*

* **RALLUMER** v. a. [ra-lu-] (préf. *r*; fr. *allumer*). Allumer de nouveau: *on a éteint ces bougies, il faut les rallumer.* — Fig. Donner une nouvelle ardeur, une nouvelle force à quelque chose: *cet événement ralluma la sédition.* — Se rallumer v. pr.: *le feu qu'on croyait éteint se ralluma à coup à se rallumer.*

* **RAMADAN** ou **Ramazan** s. m. (le mois chaud; de l'arabe *ramida*, rayonner ardemment). Mois que les mahométans consacrent à un jeûne qui est une espèce de carême: *pendant le Ramadan, on ne mange point avant le coucher du soleil.* — Le ramadan est le neuvième mois de l'année mahométane pendant lequel le Coran commande un jeûne rigoureux, en commémoration des premières révélations divines reçues par le Prophète. Il est interdit à tous de prendre une nourriture ou un breuvage quelconque depuis le lever du soleil jusqu'à l'apparition des étoiles. Le jeûne est suivi de trois jours de réjouissances appelées le petit Baïram.

RAMADOUER v. a. Radoucir quelqu'un en le caressant. — Se ramadouer v. pr. Se radoucir.

* **RAMAGE** s. m. (rad. lat. *ramus*). Rameau, branchage. Ne se dit guère que d'une représentation de rameaux, de branchages, de feuillages, de fleurs, etc., sur une étoffe: *velours à ramage.*

* **RAMAGE** s. m. Chant des petits oiseaux: *un doux ramage.* — Fig. et fam. Babil des enfants, et certains discours dénués de sens: *les vers de ce poète ne sont qu'un insipide ramage.*

* **RAMAGER** v. n. Se dit des oiseaux qui font entendre leur ramage. (Peu us.)

* **RAMAIGRIR** v. a. (préf. *r*; fr. *amaigrir*). Rendre maigre de nouveau: *ce cheval s'était bien refait, mais ce long voyage l'a ramaigri.* — v. n. Retomber dans le premier état de maigreur, redevenir maigre: *il avait repris son embonpoint; mais depuis quelque temps il ramaigrit tous les jours.*

* **RAMAS** s. m. [ra-mâ]. Assemblage de diverses choses. N'est guère usité qu'en parlant d'objets qu'on regarde comme étant de peu de valeur: *il a fait un ramas de toutes sortes de vieux livres, de toutes sortes de curiosités.* — S'emploie quelquefois au sens moral: *ce discours n'est qu'un ramas de lieux communs.* — Se dit aussi en parlant des personnes: *un ramas de bandits, de vagabonds.*

* **RAMASSE** s. f. (ital. *ramazza*). Espèce de traîneau guidé par un homme, et dans lequel les voyageurs descendent des montagnes où il y a de la neige: *il descendit du mont Cenis en ramasse, dans une ramasse.*

* **RAMASSÉ, ÉE** part. passé de RAMASSER. — Adjectiv. Épais, trapu, vigoureux: *cet homme est ramassé.* On dit de même, AVOIR LA TAILLE RAMASSÉE.

* **RAMASSER** v. a. (préf. *r*; fr. *amasser*). Faire un amas, un assemblage, une collection de plusieurs choses: *il a ramassé tout ce qui lui était dû en plusieurs endroits, et il a fait une grosse somme.* — Réunir, assembler ce qui est épars: *on a ramassé tout ce qu'on a pu trouver de soldats.* — Jeu. RAMASSER LES CARTES, SES CARTES, les réunir, les rassembler. — RAMASSER SES FORCES, recueillir, réunir toutes ses forces pour quelque effort extraordinaire. — Prendre, relever ce qui est à terre: *ramasser ses gants, son chapeau, des papiers, un livre.* — RAMASSER UNE PERSONNE, relever une personne qui est par terre. Signifie quelquefois, emmener avec soi, se charger d'une personne qu'on a trouvée dans l'embarras, dans la misère: *cette femme est si charitable, qu'elle ramasse tous les pauvres qu'elle rencontre.* — Pop. Maltraiter de coups ou de paroles: *s'il le trouve sous sa main, il le ramassera d'une étrange sorte.* — Traîner dans une ramasse: *quand il fut sur la montagne, il se fit ramasser, on le ramassa.* — ⸙ Arrêter, emmener prisonnier: *la police ramassa un tas de vagabonds.* — ⸙ Se ramasser v. pr. Se réunir: *ils s'étaient ramassés en grand nombre sur la place publique.* — Se replier sur soi-même, se pelotonner: *le hérisson, la chenille se ramassent dès qu'on les touche.*

RAMASSER s. m. Action de ramasser: *cela ne vaut pas le ramasser.*

* **RAMASSEUR** s. m. Celui qui conduit une ramasse. — Celui qui ramasse certaines choses, qui les recherche et en fait collection; s'emploie presque toujours par dénigrement dans ce sens: *un ramasseur de vieux papiers.*

* **RAMASSIS** s. m. Assemblage de choses ramassées sans choix: *un ramassis de papiers inutiles.*

RAMASTIQUE s. Argot. Celui, celle qui feint de trouver un objet placé là à dessein, et qui le cède pour une somme plus ou moins forte à un badaud qui, trompé par l'apparence, croit à une trouvaille importante.

RAMAYANA. Voy. INDE (*Religions et Littérature religieuse de l'I*).

* **RAMAZAN.** Voy. RAMADAN.

RAMBADE s. f. Mar. Espèce de cloison, soutenant à une hauteur d'environ six pieds une

galerie, sur laquelle on place des factionnaires quand la cargaison commence à se compléter ou que l'on met à la voile. Cette cloison est percée de meurtrières et d'embrasures, dans lesquelles on plaçait des canons braqués sur l'avant du vaisseau, de manière à pouvoir foudroyer les nègres en cas de révolte.

RAMBERT (Saint-) I, ch.-l. de cant., arr. et à 32 kil. N.-O. de-Belley (Ain), sur l'Albarine; 1,500 hab. Toiles, vins. Grotte curieuse aux environs. — II. (-sur-Loire), ch.-l. de cant., arr. et à 18 kil. S.-E. de Montbrison (Loire), sur un petit affluent de la Loire; 1,400 hab. Église remarquable. Construction de bateaux pour le transport de la houille.

RAMBERVILLERS, ch.-l. de cant., arr. et à 28 kil. N.-E. d'Épinal (Vosges), sur la Mortagne; 5,000 hab. Source pétrifiante et eaux ferrugineuses. Faïence, toiles, houblon.

RAMBOUILLET, *Rambolium*, *Ramboletum*, ch.-l. d'arr. à 32 kil. S.-O. de Versailles et à 48 kil. S.-O. de Paris, dans une belle vallée au S. de la forêt de Rambouillet, par 48° 38' 5'' lat. N. et 0° 30' 25'' long. O.; 4,800 hab. Rambouillet est célèbre surtout à cause de son magnifique château, flanqué de 5 tours dans l'une desquelles mourut François Ier, entouré de beaux jardins dessinés par Le Nôtre et d'un magnifique parc coupé de pièces d'eau, au milieu duquel Louis XIV établit, en 1786, une ferme modèle qui devint en 1811 le dépôt des mérinos importés d'Espagne. — La seigneurie de Rambouillet fut érigée en duché-pairie par Louis XIV en faveur du comte de Toulouse (1714); Louis XVI l'acquit en 1778 de la maison de Penthièvre. Charles X s'y retira un instant après les journées de juillet 1830.

RAMBOUILLET (Catherine DE VIVONNE, marquise de), l'une des femmes qui donnèrent le ton à la société française au XVIIe siècle; née à Rome en 1588, morte à Paris en 1665. Elle eut pour père Jean de Vivonne, marquis de Pisani, ambassadeur français à Rome, et pour mère une dame romaine. Elle épousa très jeune Charles d'Angennes, plus tard marquis de Rambouillet. A Paris, elle fut choquée de l'immoralité et de la puérilité de la cour, et elle se rendit célèbre par les réunions littéraires qu'elle institua à l'hôtel de Rambouillet (près du Palais-Royal) et qui durèrent un demi-siècle. Sa fille Julie, ensuite duchesse de Montausier, était l'idole de ses hôtes. Les précieuses qui fréquentaient ses salons prenaient des noms empruntés à l'antiquité classique ou aux romans. Ces réunions exercèrent, surtout à l'origine, une noble influence; mais elles ne se relevèrent jamais du coup que Molière leur porta par sa pièce des *Précieuses ridicules* (1659).

* **RAMBOUR** s. m. Nom d'une espèce de pomme fort grosse, qui est un peu acide: *pomme de rambour.*

RAMBUTEAU s. m. (de *Rambuteau*, n. pr.). Urinoir public ressemblant à une guérite ou à un minaret.

RAMBUTEAU (Claude-Philibert BARTHELOT, comte de), administrateur et pair de France, né à Charnay (Saône-et-Loire) le 9 nov. 1781, mort au château de Rambuteau, près de Mâcon, le 23 avril 1869. Il fut nommé à plusieurs préfectures sous le premier Empire, et disgracié par la Restauration. Élu député de Mâcon en 1827, il résilia son mandat pour prendre les fonctions de préfet de la Seine, poste qu'il occupa jusqu'au 24 fév. 1848. Pendant son administration, il transforma l'aspect de la capitale, créa de nouvelles rues, remplaça l'ancien éclairage par le gaz. On lui doit l'embellissement des places de la Concorde et de la Bastille, la construction ou la restauration de nombreux édifices civils et religieux, de plusieurs ponts, etc., l'achè-

vement de l'Arc-de-Triomphe. Pendant son administration, furent construits les urinoirs publics auxquels on donna son nom.

* **RAME** s. f. Petit branchage que l'on plante en terre pour soutenir des pois, des haricots, etc. : *un fagot de rames.*

* **RAME** s. f. Aviron, longue pièce de bois dont on se sert pour faire voguer une barque, une embarcation, un bâtiment : la partie qui entre dans l'eau est plate, et celle que l'on tient à la main est arrondie : *le plat ou la pale d'une rame.* — MARINIERS DE RAMES, ceux qui se louaient pour servir sur les galères pendant un certain temps, et qu'on appelait autrement BONNES-VOGLIES (prononcez BONNES-VOILLES, en mouillant les deux *l*), par opposition aux FORÇATS. — Fig. et fam. ÊTRE A LA RAME, TIRER A LA RAME, travailler beaucoup, être dans un emploi très pénible : *avant que de venir à bout de ce dessein, il faudra bien tirer à la rame.*

* **RAME** s. f. Vingt mains de papier mises ensemble : *la rame de papier contient cinq cents feuilles.* — METTRE UN LIVRE A LA RAME, faute de débit, en vendre les feuilles à certains marchands pour leur servir à envelopper des marchandises : *ce livre n'est bon qu'à mettre à la rame.*

* **RAMÉ, ÉE** part. passé de RAMER. — BALLES RAMÉES, deux ou trois balles de plomb jointes ensemble par un fil d'archal tortillé. BOULETS RAMÉS, boulets composés de deux demi-globes de fer joints par une barre ou une chaîne : *on se sert plus de boulets ramés à la mer que sur terre.*

* **RAMEAU** s. m. Petite branche d'arbre : *cet arbre a poussé bien des rameaux cette année.* — PRÉSENTER LE RAMEAU D'OLIVIER, offrir la paix, faire des propositions d'accommodement. — DIMANCHE DES RAMEAUX, JOUR DES RAMEAUX, le dimanche d'avant Pâques, ainsi appelé à cause des rameaux qu'on porte ce jour-là à la procession, en mémoire de l'entrée de Notre-Seigneur dans Jérusalem. — Anat. Branche ou division des artères, des veines et des nerfs : *cette veine a plusieurs rameaux.* — Métall. Branche d'une mine d'or, d'argent, etc. : *une mine qui a plusieurs rameaux.* — Art milit. Galerie de petite dimension, qui établit une communication entre une galerie principale et un fourneau de mine. — Fig. Généal. Sous-division d'une branche de la même famille. — Subdivision d'une science, d'une secte : *cette branche de l'histoire naturelle a bien des rameaux.*

RAMEAU (Jean-Philippe), célèbre compositeur de musique, né à Dijon en 1683, mort en 1764. Une grande partie de son existence se passa en province, où il exerçait les fonctions d'organiste ; il ne vint à Paris qu'en 1721. Son premier ouvrage lyrique fut *Samson*, donné à l'Académie de musique en 1732, sur un livret de Voltaire ; il donna ensuite *Hippolyte et Aricie* (1733), *Castor et Pollux* (1737), *Dardanus* (1739), la *Princesse de Navarre* (1745), etc. Il a laissé en outre : *Traité de l'harmonie* (1722), *Génération harmonique* (1737), *Démonstration du principe de l'harmonie* (1750), etc.

* **RAMÉE** s. f. Assemblage de branches entrelacées naturellement ou de main d'homme : *danser sous la ramée.* — Branche coupée avec ses feuilles vertes : *faites apporter de la ramée.*

RAMEL (Jean-Pierre), général français, né à Cahors en 1768, mort en 1815. Engagé volontaire à 15 ans, il était chef de bataillon en 1793 et servit en qualité d'adjudant général sous Moreau. Proscrit au 18 fructidor et envoyé à la Guyane, il rentra après le 18 brumaire et fit toutes les guerres de l'Empire ; il devint maréchal de camp en 1814 et commandant de Toulouse en 1815. Envoyé pour

désarmer les compagnies connues sous le nom de *verdets*, il fut massacré par les fanatiques. Il a écrit un *Journal sur les faits relatifs à la journée du 18 fructidor.*

RAMEL DE NOGARET (Jacques), conventionnel né à Carcassonne vers 1760, mort à Bruxelles en 1819. Il fut député aux états généraux, fit aussi partie de la Convention, vota dans le procès du roi pour l'appel au peuple et contre le sursis, entra aux Cinq-Cents, fut appelé par le Directoire au ministère des finances, vécut dans l'obscurité pendant le Consulat et l'Empire, géra la préfecture du Calvados en 1815 pendant les Cent-Jours et fut exilé par la seconde Restauration.

* **RAMENDER** v. n. (préf. r; fr. amender). Baisser, diminuer de prix. Se dit principalement des vivres, des denrées : *le blé, le vin, est bien ramendé.* — v. a. *Les boulangers ont ramendé le pain.* (Pop.)

* **RAMENER** v. a. (préf. r; fr. amener). Amener de nouveau : *vous m'aviez amené ici tel homme, je vous prie de me le ramener.* — Remettre une personne dans le lieu d'où elle était partie, la faire revenir avec soi : *les voitures publiques mènent et ramènent les voyageurs.* — Se dit également en parlant des animaux : *ramener les troupeaux à l'étable.* — Se dit même quelquefois en parlant des choses : *je vous prête ma voiture, vous me la ramènerez.* — Se dit encore en parlant des choses qu'on amène d'un lieu à son retour, quoiqu'on ne les y ait pas menées : *ce charretier avait emmené du vin, et il a ramené des cerceaux.* — Fig. Faire revenir : *ramener quelqu'un à la raison, à son devoir, à la vraie foi.* — Absol. RAMENER QUELQU'UN, le radoucir, le faire revenir de son emportement. — JE LE RAMÈNERAI BIEN, je le ferai bien revenir à la raison. — CE MÉDECIN A PARFAITEMENT RAMENÉ SON MALADE, il a rétabli sa santé, qui semblait désespérée. On dit de même, IL L'A RAMENÉ DES PORTES DE LA MORT. — RAMENER DES AFFAIRES DE BIEN LOIN, rétablir des affaires qui paraissaient désespérées. On dit, au jeu, dans le même sens, RAMENER UNE PARTIE. — Fig. Faire renaître, rétablir : *le retour de ce ministre a ramené la confiance, la tranquillité.*

Sur les ailes du temps, la tristesse s'envole,
Le temps ramène les plaisirs.
    LA FONTAINE.

— RAMENER UNE VIEILLE MODE, la remettre en vogue. — Man. Faire baisser le nez d'un cheval qui porte au vent : *on a mis une martingale à ce cheval pour le ramener.* — CE CHEVAL SE RAMÈNE BIEN, il porte bien sa tête ; et, SON MORS LE RAMÈNE BIEN, son mors lui fait bien porter la tête. — Jeu de paume. Rechasser un coup de volée : *ce joueur ramène bien.*

* **RAMENTEVOIR** v. a. (préf. r; lat. mens, mentis, esprit ; fr. avoir). Remettre en mémoire, rappeler au souvenir : *ramentevoir une chose à quelqu'un.* — Se ramentevoir v. pr. SE RAMENTEVOIR UNE CHOSE, s'en souvenir, se la rappeler. (Vieux.)

* **RAMEQUIN** s. m. (all. *rahmchen*). Espèce de pâtisserie faite avec du fromage : *on servit des ramequins à l'entremets.*

* **RAMER** v. a. Soutenir avec des rames des pois ou quelque autre plante dont la tige a besoin d'appui : *dans ce pays on rame le lin.* — Prov. IL S'Y ENTEND COMME A RAMER DES choux, se dit de quelqu'un qui veut faire une chose à laquelle il n'entend rien.

* **RAMER** v. n. Tirer à la rame : *ce jeune mousse ne sait pas encore ramer.* — Fig. et fam. Prendre bien de la peine, avoir beaucoup de fatigue : *il aura bien à ramer avant que de parvenir où il veut.*

* **RAMEREAU** s. m. Jeune ramier : *manger des ramereaux.*

RAMERUPT, ch.-l. de cant., arr ¹à 14 kil. E. d'Arcis-sur-Aube (Aube) ; 800 hab.

* **RAMETTE** s. f. Typogr. Châssis de fer, qui n'a pas de barre au milieu, et dans lequel on impose les ouvrages d'une seule page, tels que placards, affiches, tableaux, etc.

* **RAMEUR** s. m. Celui qui tire à la rame : *il gagna le devant, car il avait de bons rameurs.*

* **RAMEUX, EUSE** adj. Bot. Qui a des rameaux : *le romarin est une plante fort rameuse.*

RAMEY. I (Claude), statuaire, né à Dijon en 1754 mort en 1838. Il remporta le grand prix de sculpture en 1782, passa 3 ans à Rome et fut admis à l'Institut en 1817. On a de lui : *Napoléon en costume impérial; Sapho assise;* le *Cardinal de Richelieu; Scipion l'Africain,* etc. — II. (Étienne-Jules), sculpteur, fils du précédent, né à Paris en 1796, mort en 1852. Il entra à l'Institut en 1829. Ses principaux ouvrages sont : *l'Innocence pleurant un serpent mort; Jésus-Christ attaché à la colonne; Thésée combattant le Minotaure, La Tragédie et la Gloire.*

RAMIE s. f. Ortie de Chine, qui produit une sorte de coton.

* **RAMIER** s. m. Gros pigeon sauvage qui niche sur les arbres : *un beau ramier.* — Adjectiv. *Pigeon ramier.* (Voy. PIGEON.)

RAMIFÈRE adj. (lat. *ramus*, rameaux ; *fero,* je porte). Bot. Se dit de tout organe qui porte des rameaux et aussi des bourgeons qui ne doivent porter que des feuilles.

* **RAMIFICATION** s. f. Production de rameaux ; disposition des branches. (Peu us. en ce sens.) — Par ext. Anat. Division, distribution d'une grosse veine, d'une artère, d'un nerf, en plusieurs moindres veines, etc., qui en sont comme les rameaux : *la ramification des artères, des veines, des nerfs.* — Se dit également des rameaux, des divisions mêmes d'une veine, d'une artère ou d'un nerf : *ramifications vasculaires, nerveuses.* — Se dit, fig., des subdivisions plus ou moins nombreuses d'une science qu'on analyse : *il a étudié jusqu'aux moindres ramifications de sa matière.* — Se dit quelquefois en parlant d'une conspiration, d'un complot : *les ramifications de ce complot s'étendaient fort loin.*

RAMIFIER v. a. Partager, diviser en plusieurs branches. — * **Se ramifier** v. pr. Se partager, se diviser en plusieurs branches, en plusieurs rameaux. Se dit des arbres, des artères, des veines, des nerfs, des mines, etc. Se dit, fig., des sciences, des sectes qui se partagent en plusieurs branches : *cette science, cette secte se ramifie à l'infini.*

* **RAMILLES** s. f. pl. [*ll* mll.]. Petites branches d'arbres qui ne sont bonnes qu'à mettre dans les fagots.

RAMILLIES ou **Ramilies** [ra-mi-li ; *ll* mll.], village du Brabant méridional (Belgique), à 25 kil. S.-E. de Louvain, célèbre par la brillante victoire, qu'y remporta, le 23 mai 1706, Marlborough, à la tête des troupes anglaises, hollandaises et danoises, sur les Français et les Bavarois commandés par le maréchal de Villeroi.

* **RAMINGUE** adj. Se dit d'un cheval qui se défend de l'éperon, qui refuse d'avancer lorsqu'on le lui fait sentir : *un cheval ramingue.*

RAMISSERAM ou **Rameswar**, île de 48 kil. de long sur 9 kil. de large, entre Ceylan et l'Inde, à l'extrémité occidentale de la chaîne de rochers et de bancs de sable appelée Adam's Bridge (Pont d'Adam), qui s'étend au travers de Ceylan. C'est un lieu sacré pour les Indous.

* **RAMOITIR** v. a. Rendre moite : *ce brouillard a ramoitti le linge qui était déjà séché.* — Se ramoitir v. pr. *Du linge qui se ramoitit.*

RAMOLINO, nom d'une famille corse qui a

joué un certain rôle pendant les luttes que ce pays soutint pour son indépendance. Les Ramolini se déclarèrent contre Paoli ; mais ils ne purent empêcher le mariage de Lœlitia Ramolino avec Carlo-Maria Buonaparte, l'un des plus chauds partisans du patriote corse.

* **RAMOLLI, IE** part. passé de RAMOLLIR. — S'emploie substantiv. dans cettre expression figurée et très familière, UN RAMOLLI, une personne dont les facultés mentales ont baissé par suite du ramollissement du cerveau.

* **RAMOLLIR** v. a. (préf. r; fr. amollir). Amollir, rendre mou et maniable : *la chaleur ramollit la cire.* — Fauconn. RAMOLLIR UN OISEAU, redresser son pennage avec une éponge trempée. — **Se ramollir** v. pr. *La cire se ramollit dès qu'on l'approche du feu.* — Fig. SON CŒUR S'EST UN PEU RAMOLLI, se dit en parlant d'un homme qui n'est plus si dur, si courroucé qu'il l'était auparavant.

* **RAMOLLISSANT, ANTE** adj. Méd. Se dit des remèdes qui ramollissent, qui relâchent, qui détendent, qui résolvent. — S'emploie aussi substantiv. au masculin : *la guimauve, la graine de lin, les oignons de lis sont des ramollissants.*

* **RAMOLLISSEMENT** s. m. Action de se ramollir ; état de ce qui est ramolli : *le ramollissement de la cire.* — Ramollissement du cerveau, forme chronique de l'encéphalite, ayant les mêmes causes et les mêmes symptômes que cette maladie, dont elle se distingue par une paralysie partielle, par la perte de l'intelligence, l'embarras de la langue, l'état comateux. Sa marche est assez lente. Son traitement est le même que celui de l'encéphalite.

* **RAMON** s. m. (lat. ramus, rameau). Vieux mot qui signifiait BALAI. — Jardin. Balai fait de rameaux pour nettoyer les allées d'un jardin.

RAMOND DE CARBONNIÈRES (Louis-François-Élisabeth), homme politique, né à Strasbourg en 1755, mort en 1827. Député de Paris à la Législative (1791), il défendit la monarchie constitutionnelle, échappa à la Terreur, fut député au Corps législatif de 1800 à 1806, puis conseiller d'État en 1818. Il était membre de l'Académie des sciences. Il a laissé : *Observations faites dans les Pyrénées* (1789, 2 vol.); *Voyage au mont Perdu* (1801); *Mémoire sur la formule barométrique de la Mécanique céleste* (1812).

* **RAMONAGE** s. m. Action de ramoner : *le ramonage d'une cheminée.*

* **RAMONER** v. a. (rad. ramon). Nettoyer le tuyau d'une cheminée, en ôter la suie : *ramoner la cheminée.* — ⤷ Pop. Administrer un purgatif. — Chez les congréganistes. Confesser.

* **RAMONEUR** s. m. Celui dont le métier est de ramoner les cheminées : *les ramoneurs viennent presque tous de Savoie.*

RAMORINO (Girolamo GIOVANNI-PIÈTRO-REMORINO, d'après quelques-uns). Soldat aventurier, né à Gênes vers 1792, exécuté à Turin le 22 mai 1849. Il était si naturel d'un officier français, et entra dans l'armée française comme simple soldat; en 1812, il était capitaine d'artillerie. En 1815, Napoléon le prit comme officier d'ordonnance. En 1821, il se mit en avant dans l'insurrection du Piémont. Dans l'insurrection polonaise de 1830 à 1831, il fut général d'un corps d'armée, et remporta de nombreux avantages. En 1834, il commandait la tentative avortée d'invasion de la Savoie dont Mazzini avait fait le plan. En 1849, il était général dans l'armée sarde; et la perte de la bataille de Novare (23 mars) fut due à une erreur qu'il commit. Il dut passer

devant une cour martiale qui le condamna à mort. En exécution de cette sentence, il fut fusillé.

* **RAMPANT, ANTE** adj. Qui rampe. Se dit des animaux et des plantes : *animal rampant; plante rampante.* — Blas. Se dit en général de tous les animaux qui sont représentés dans les armoiries debout et s'élevant comme le long d'une rampe : *lion rampant.* Il est opposé à PASSANT. — Se dit, fig., de celui qui s'abaisse trop devant les gens puissants, qui descend à de honteuses complaisances pour obtenir des faveurs, des emplois : *c'est un homme vil et rampant.* — On dit de même, UN CARACTÈRE RAMPANT, DES MANIÈRES RAMPANTES, etc. — Se dit aussi d'un style bas et plat : *son style est rampant.* — Se dit encore de la surface inclinée d'un ouvrage d'architecture : *arc rampant.* — s. m. *Le rampant d'un fronton, d'un mur de terrasse, d'une voûte.*

* **RAMPE** s. f. Partie d'un escalier par laquelle on monte d'un palier à un autre : *cette rampe a plus de degrés que les autres.* — Balustrade de fer, de pierre ou de bois qu'on met le long de l'escalier pour empêcher de tomber, pour servir d'appui à ceux qui montent ou qui descendent : *tenez-vous à la rampe.* — Plan incliné par lequel on monte et l'on descend, qui tient lieu d'escalier dans les jardins, dans les places fortes, etc. : *on descendait dans ce parterre par une rampe douce.* — Pente d'une colline : *cette colline vous mène par une rampe douce dans une vallée charmante.*

* **RAMPE** s. f. Théâtre. Rangée de lumières qui est placée au bord de la scène, et qu'on lève ou qu'on baisse à volonté : *lever la rampe.*

RAMPEAU s. m. Jeu. Coup que l'on joue comme revanche après un premier coup joué.

* **RAMPEMENT** s. m. Action de ramper : *le rampement de la couleuvre, du serpent.* (Peu us.)

* **RAMPER** v. n. (lat. repere). Se traîner sur le ventre, se dit au propre que des serpents, des couleuvres, des vers, etc. : *Dieu condamna le serpent à ramper.* — Se dit, par ext., des plantes qui n'ont pas la tige assez forte pour se soutenir, et dont les branches se couchent, s'étendent sur la terre, ou s'attachent aux arbres, comme le lierre, la couleuvrée, la viorne, la vigne : *le lierre rampe à terre, rampe contre les murailles, rampe autour des arbres.* — Se dit, fig., des personnes qui sont dans un état abject et humiliant : *il a été autrefois dans un état honorable, aujourd'hui il rampe dans l'abjection; dans la misère.*

Quand je devrais au ciel rencontrer le tonnerre,
J'y monterais plutôt que de ramper à terre.
     J. RACINE. *La Thébaïde,* acte IV, sc. III.

— Se dit aussi de ceux qui s'abaissent excessivement devant les gens puissants, qui sont leurs bas flatteurs et leurs complaisants intéressés : *c'est un homme qui rampe devant les ministres, devant les grands seigneurs.* — Fig. CET AUTEUR RAMPE, IL NE FAIT QUE RAMPER, il n'écrit rien que de bas et de très commun. SON STYLE RAMPE, son style est bas et plat. — Se dit des animaux, de l'homme que se traînent le ventre : *il pénétra dans la grotte en rampant.*

* **RAMPIN** adj. m. Man. Se dit d'un cheval qui n'appuie les pieds de derrière que sur la pince. On dit autrement, PINÇARD.

RAMPISTE s. m. Ouvrier tourneur qui fait des rampes d'escalier.

RAMPON. I. (Antoine-Guillaume), général, comte de l'Empire et pair de France, né à Saint-Fortunat (Ardèche) en 1759, mort à Paris en 1842. Il s'engagea à 16 ans et fit toutes les campagnes de Napoléon. A Monte-

notte, avec 4,500 hommes il défendit victorieusement une redoute contre 15,000 Autrichiens. Il fut fait général de division en Egypte, devint sénateur en 1814 et pair de France en 1815. — II. (Joachim-Achille, COMTE), homme politique, fils du précédent, né à Paris le 10 juillet 1806, mort le 12 janv. 1883. Il servit comme officier dans la cavalerie et fut nommé général de la garde nationale sous Louis-Philippe. Elu député de l'Ardèche en 1836, il siégea sur les bancs de l'opposition. Il resta à l'écart pendant les premières années de l'Empire. Nommé le 30 nov. 1870 colonel de la 3e légion des mobilisés de l'Ardèche, il prit part aux opérations de l'armée de l'Est, et fut élu représentant à l'Assemblée nationale le 8 février 1871, le premier sur huit, par 44,709 voix. Président du groupe des républicains conservateurs jusqu'au mois de mai 1872, il passa au centre gauche, soutint la politique de M. Thiers et contribua à maintenir l'union dans les diverses fractions du parti républicain de l'Assemblée. Devenu sénateur et l'un des vice-présidents de la Chambre haute, il continua au Sénat à soutenir la politique républicaine.

RAMS s. m. (rammss). Nom d'un jeu de cartes.

RAMSAY (Andrew-Michael) [ramm'-sé], connu sous le nom de chevalier de Ramsay. Ecrivain écossais, né en 1686, mort en France en 1743. Il demeura 6 mois avec Fénelon à Cambrai, se fit catholique romain, et fut nommé précepteur du duc de Château-Thierry et plus tard du prince de Turenne, dont il devint ensuite l'historien. Son plus grand ouvrage a pour titre : *On the Principles of Natural and Revealed Religion* (1749, 2 vol. in-4e). Son livre le plus connu, *Voyages de Cyrus* (1727, 2 vol. in-8e), est une imitation palpable du *Télémaque*, de Fénelon

RAMSDEN (Jesse) [rammss'-denn], constructeur d'instruments anglais, né en 1735, mort en 1800. Les télescopes qu'il construisit aux observatoires de Blenheim, de Mannheim, de Dublin, de Paris et de Gotha étaient remarquables pour la supériorité de leurs verres. Une de ses productions les plus célèbres est une machine à diviser d'une grande perfection.

RAMSÈS ou Ramesès [ramm'-sess], nom de 14 ou 15 rois égyptiens des 19e et 20e dynasties, appelés collectivement les Ramessides. Ramsès Ier fut le fondateur de la 19e dynastie, et d'après Manéthon, régna vers 1460 av. J.-C. Il eut pour successeur Seti Ier. Ramsès II, fils de Seti et Ramsès III comptent parmi les plus grands rois d'Egypte. (Voy. EGYPTE.)

RAMSGATE [ramss'-gète], port de mer du Kent (Angleterre), à l'angle S.-E. de l'île de Thanet, à 110 kil. S.-E. de Londres; 14,640 hab. La construction des navires et la fabrication des cordes et cordages y est très active. C'est une dépendance de Sandwich et une ville d'eau très à la mode.

RAMULE s. m. Petit rameau.

* **RAMURE** s. f. (lat. ramus, rameau). Bois d'un cerf, du daim : *un cerf qui a une belle ramure.* — Se dit aussi de toutes les branches d'un arbre : *une belle ramure.* Se dit, il est peu us.

RAMUS (Pierre) [ra-muss] (PIERRE DE LA RAMÉE), dialecticien français, né en 1515 ou 1502, mort le 24 août 1572. Ses *Institutiones Dialecticæ*, et ses *Animadversiones in Dialecticam Aristotelis* (1543) furent dénoncés par l'université de Paris comme tendant à détruire toute science et toute religion, sous prétexte d'attaquer Aristote. Ramus fut jugé et condamné par un tribunal spécial présidé par François Ier (1er mars 1544). Cependant, en 1545, il reprit son enseignement à Paris,

et en 1551, Henri II le nomma professeur de philosophie et d'éloquence. En 1561, il se fit protestant, et en 1562-'63, il se tint caché. Il reprit ensuite sa chaire, se retira en 1568, revint à Paris en 1571 et fut tué dans le massacre de la Saint-Barthélemy. Ses partisans étaient appelés Ramistes ou Raméens.

RAMUSIO (Giovanni-Battista), voyageur vénitien, né en 1485, mort à Padoue en 1557. Sa *Description de l'Afrique* a été traduite en français (Lyon, 1556, in-fol.).

* RANCART s. m. Rebut. Ne s'emploie que dans cette expression, METTRE AU RANCART, mettre au rebut.

* RANCE adj. (lat. *rancidus*). Qui avec le temps a contracté de l'âcreté, une odeur forte et un goût désagréable. Se dit particul. des substances grasses et huileuses : *ce bœuf salé, ce lard est rance*. — Se dit aussi des confitures, quand elles sont trop vieilles : *cette marmelade d'abricots est rance*. — s. m. Ce lard, cette huile sent le rance.

RANCE, rivière qui prend sa source dans le dép. des Côtes-du-Nord, passe à Dinan, à Saint-Servan, à Saint-Malo et se jette dans la Manche après un cours de 80 kil. Elle est navigable depuis Dinan.

RANCÉ (Armand-Jean LE BOUTHILLIER DE), réformateur du monastère de la Trappe, né à Paris le 9 janv. 1626, mort le 26 oct. 1700. Il reçut les ordres en 1651, mena une vie mondaine et devint amoureux d'une duchesse, après la mort de laquelle il donna tous ses biens aux pauvres, et se démit de tous ses bénéfices, excepté de l'abbaye de la Trappe, où il se retira en 1662. Au retour d'un voyage à Rome, il y introduisit des réformes sévères. En 1695, des austérités auxquelles il se livrait ayant amené une dangereuse maladie, il se démit de son titre d'abbé, et resta comme simple moine dans le couvent. C. Butler (1811), Châteaubriand (1844), et plusieurs autres ont écrit sa vie.

* RANCHER s. m. Sorte d'échelle; pièce de bois garnie de chevilles qui servent d'échelons.

* RANCIDITÉ s. f. Voy. RANCISSURE.

* RANCIO adj. m. (esp. *rancio*, rance). N'est usité que dans cette expression. VIN RANCIO, vin d'Espagne, de rouge qu'il était, est devenu jaunâtre en vieillissant. — Substantiv. *Une bouteille de rancio*. — En France, on appelle rancio le vin de grenache vieilli et l'eau-de-vie qui a perdu sa force et a pris du moelleux en vieillissant.

* RANCIR v. n. Devenir rance : *du lard qui commence à rancir*.

* RANCISSURE ou Rancidité s. f. Qualité, état de ce qui est rance.

RANCŒUR ou Rancœur s. f. (lat. *rancor*). Haine, rancune.

RANCON s. m. (ital. *rancone*, petite faux). Hallebarde dont le fer portait, de chaque côté, une courbure en forme d'hameçon.

* RANÇON s. f. (lat. *redemptio*, rachat). Prix qu'on donne pour la délivrance d'un captif ou d'un prisonnier de guerre : *payer la rançon d'un captif*. — C'EST LA RANÇON D'UN ROI, se dit par exag., et quelquefois par plaisanterie, d'une somme qui paraît excessive : *il donne cent mille écus de dot à sa fille; c'est la rançon d'un roi*. — Composition en argent, moyennant laquelle un vaisseau de guerre ou un corsaire relâche un bâtiment marchand ennemi qu'il a capturé : AU SON RETOUR DANS LE PORT, CE CORSAIRE A AMENÉ TANT DE RANÇONS, il a rencontré dans sa course et capturé tant de bâtiments marchands, dont il a exigé des compositions.

* RANÇONNEMENT s. m. Action de rançonner. — Fig. Action par laquelle on exige

des choses un prix exorbitant. (Peu us. dans les deux sens.)

* RANÇONNER v. a. Mettre à rançon. Dans cette acception, il n'est guère usité qu'en parlant d'un vaisseau de guerre ou d'un corsaire qui relâche un bâtiment marchand, moyennant une certaine somme : *cet armateur, dans sa course, a rançonné tant de bâtiments*. — Se dit, par ext., des gens de guerre et autres qui exigent de force ce qui ne leur est point dû : *l'ennemi, en entrant dans la ville, a rançonné les habitants*. — Fig. Exiger de quelqu'un plus qu'il ne faut pour quelque chose, et se prévalant du besoin où il est, ou du pouvoir qu'on a sur lui : *je ne veux point loger dans cette auberge, on y rançonne tout le monde*.

* RANÇONNEUR, EUSE s. Celui, celle qui rançonne, en exigeant plus qu'il ne faut pour le prix ou le loyer de quelque chose dont on a besoin : *cet aubergiste est un rançonneur* (Fam. et peu us.).

* RANCUNE s. f. (lat. *rancor*). Ressentiment qu'on garde d'une offense : *il ne faut point garder de rancune dans le cœur*.

Dans l'oubli du passé noyons notre rancune.

PONSARD. *Charlotte Corday*, acte Ier, sc. 11.

— Fam. SANS RANCUNE, POINT DE RANCUNE, oublions les anciens torts, les sujets que nous pouvons avoir de nous plaindre l'un de l'autre. — RANCUNE À PART, façon de parler dont on se sert pour exprimer qu'on laisse de côté, au moins pour un temps, le mécontentement qu'on peut avoir contre quelqu'un. On l'emploie aussi, dans un sens réciproque, comme pour convenir que, de part et d'autre, on laissera de côté, au moins pour un temps, toute disposition hostile. — RANCUNE TENANTE, ou RANCUNE TENANT, autre façon de parler qui indique qu'on garde son ressentiment, qu'on ne veut pas l'oublier.

RANCUNEUX, EUSE adj. Qui a de la rancune.

* RANCUNIER, IÈRE adj. Qui garde sa rancune, qui est sujet à la rancune : *c'est un homme rancunier*. — s. C'est un rancunier; *c'est une rancunière*. (Fam.)

RANDAN, *Randanum*, ch.-l. de cant., arr. et à 25 kil. N.-E. de Riom (Puy-de-Dôme), 1,500 hab. Château qui a appartenu à Mme Adelaïde, sœur de Louis-Philippe.

RANDON s. m. Source qui coule au milieu des rochers; torrent impétueux.

Monceaux de neige et grands randons de pluie.

LA FONTAINE.

RANDON (Jacques-César-Alexandre, COMTE), maréchal de France, né à Grenoble le 25 mars 1795, mort à Genève le 16 janv. 1871. Engagé volontaire sous l'Empire, il fit les campagnes de Russie, de Saxe et de France. En 1838, il fut nommé colonel d'un régiment de chasseurs d'Afrique et mêla pendant 10 ans, son nom à toutes les affaires militaires de l'Algérie. Nommé gouverneur général de cette colonie après le 2 décembre, il soumit la Kabylie en 1857. Il fut ministre de la guerre de 1859 à 1867. Il avait été nommé maréchal de France en 1856.

* RANDONNÉE s. f. Chasse. Tour ou circuit que fait autour du même lieu une bête qui, après avoir été lancée, se fait chasser dans son enceinte, avant de l'abandonner. — Fam. et par ext. FAIRE UNE GRANDE, UNE LONGUE RANDONNÉE, marcher longtemps, sans s'arrêter : *il m'a fait faire une randonnée qui n'aboutissait à rien*. (Vieux.)

RANDONNER v. n. Se dit d'un lièvre, d'un cerf, etc., qui bat, tourne et entoure le canton dans lequel il a été attaqué.

RANELAGH (Le), nom d'un jardin public situé près de Chelsea (Angleterre) et qui oc-

cupe l'emplacement d'un ancien château construit, vers 1691, par le comte de Ranelagh. Ce jardin fut, au siècle dernier, un lieu de rendez-vous pour les amateurs de musique et de danse. — Nom donné, en 1774, à un bal public qui se tenait au bois de Boulogne, près de la Muette, et que les visites de Marie-Antoinette ont rendu fameux. Une pelouse triangulaire a remplacé cet établissement.

* RANG s. m. [ran] (all. *rang*). Ordre, disposition de plusieurs choses ou de plusieurs personnes sur une même ligne : *un rang d'hommes*. — Guerre. Une suite de soldats placés à côté les uns des autres : *le rang est de flanc en flanc, et la file de la tête à la queue*. — ENTRER DANS LES RANGS D'UNE ARMÉE, être admis, être incorporé dans une armée. On dit de même : J'AI COMBATTU, J'AI SERVI DANS VOS RANGS : *nous l'avons admis dans nos rangs*. — SE METTRE SUR LES RANGS, PARAÎTRE SUR LES RANGS, ÊTRE SUR LES RANGS, se présenter au combat, montrer qu'on est prêt à entrer en lice. — Fig. ÊTRE SUR LES RANGS, être en état, en passe, en concurrence pour parvenir à quelque charge, à quelque établissement, etc. : *cette révolution a confondu tous les rangs*. On dit aussi, SE METTRE SUR LES RANGS, se mettre, se présenter au nombre de ceux qui prétendent à quelque chose. — Place qui appartient, qui convient à chaque personne ou à chaque chose parmi plusieurs autres : *ils prirent séance chacun selon son rang, chacun à son rang*. — OPINER, PARLER A SON RANG, parler selon son rang, selon la place qu'on occupe. — Fig. Degré d'honneur qui convient à chacun selon sa naissance ou son emploi : *je respecte votre rang, et non votre personne*.

Je brûle de me voir au rang de mes aïeux.

J. RACINE, *La Thébaïde*, acte III, sc. vi.

— Se dit, en général, des différentes classes de la société : *cette révolution a confondu tous les rangs, a effacé la distinction des rangs*. — Fig. Place qu'une personne, qu'une chose tient dans l'estime, dans l'opinion des hommes : *Platon et Aristote tiennent le premier rang parmi les anciens philosophes*. — METTRE AU RANG, mettre au nombre : *ce général peut être mis au rang des plus grands capitaines*. — Prov. METTRE UNE CHOSE AU RANG DES PÉCHÉS OUBLIÉS, ne s'en souvenir plus. — Mar. VAISSEAUX DU PREMIER RANG, vaisseaux à trois ponts. VAISSEAUX DU SECOND RANG, DU TROISIÈME RANG, vaisseaux qui n'ont que deux ponts. — En rang d'oignon loc. adv. et fam. dont on se sert en parlant de plusieurs personnes qui sont rangées à côté les unes des autres : *ils étaient tous en rang d'oignon*.

* RANGÉ, ÉE part. passé de RANGER.

Il était sur son char; ses gardes affligés
Imitaient son silence, autour de lui rangés.
RACINE. *Phèdre*.

— BATAILLE RANGÉE, combat entre deux armées rangées en bataille. — UN HOMME RANGÉ, BIEN RANGÉ, un homme qui a beaucoup d'ordre dans sa conduite, dans ses affaires.

* RANGÉE s. f. Suite de plusieurs choses mises sur une même ligne : *une rangée d'arbres*.

* RANGEMENT s. m. Action de ranger : *le rangement de ces livres l'occupe*.

* RANGER v. a. Mettre dans un certain ordre, dans un certain rang : *ranger des troupes en bataille*.

Les a si vus déjà tous rangés en bataille.

J. RACINE. *La Thébaïde*, acte Ier, sc. 1re.

— RANGER UNE CHOSE DANS UNE BIBLIOTHÈQUE, etc., mettre chaque chose à sa place dans une chambre, dans un cabinet, une bibliothèque. — RANGER SOUS SA DOMINATION, SOUS SA PUISSANCE, SOUS SES LOIS, UNE VILLE, UNE PROVINCE, etc., la soumettre à son pouvoir. RANGER QUELQU'UN A LA RAISON, LE RANGER A SON DEVOIR, l'obliger à faire ce qu'il doit. —

RANGER QUELQU'UN, le soumettre, le réduire à faire ce qu'on exige de lui : *s'il fait le méchant, je saurai bien le ranger.*

Plus d'États, plus de rois ! ses sacrilèges mains
Dessous un même joug rangent tous les humains.
      J. RACINE, *Alexandre*, acte II, sc. II.

— Mettre au nombre, mettre au rang : *on range ordinairement ce poète parmi les auteurs classiques.* — Mettre de côté, détourner quelqu'un ou quelque chose pour rendre le passage libre : *rangez un peu cet enfant, de crainte qu'on ne le blesse.* — Mar. Passer auprès. RANGER LA TERRE, LA CÔTE, naviguer en côtoyant la terre, le rivage. RANGER LE VENT, cingler près du rumb d'où vient le vent. — Se ranger v. pr. *Les troupes se rangèrent en bataille.* SE RANGER AUTOUR DU FEU, AUTOUR D'UNE TABLE, se dit de plusieurs personnes qui s'arrangent autour du feu, afin de se chauffer commodément, ou autour d'une table, pour manger, pour jouer, etc. — SE RANGER SOUS LES ÉTENDARDS, SOUS LES ENSEIGNES, SOUS LES DRAPEAUX D'UN PRINCE, embrasser le parti d'un prince, servir dans ses troupes. — Fig. SE RANGER SOUS L'OBÉISSANCE D'UN PRINCE, se soumettre à sa domination. — SE RANGER DU PARTI, DU CÔTÉ DE QUELQU'UN, embrasser le parti de quelqu'un. SE RANGER A L'AVIS, A L'OPINION DE QUELQU'UN, déclarer qu'on est de l'avis de quelqu'un : *tous les opinants se rangèrent à son avis.* — Adopter une manière de vivre mieux ordonnée, plus régulière : *c'était un libertin, un dissipateur, mais il s'est rangé.* — Mar. LE VENT SE RANGE AU NORD, AU SUD, etc., le vent commence à souffler du côté du nord, du sud, etc.

RANGEUR, EUSE s. Personne qui range.

RANGOON [rann-gounn'], port de mer et capitale du Burmah anglais, dans le Pégou, sur la branche orientale de l'Irrawaddy appelée le Rangoon, à 45 kil. de la mer environ; 96,952 hab. Ce port peut recevoir des vaisseaux de 1,200 tonneaux. Le riz est le principal article d'exportation

RANIFORME adj. (lat. *rana*, grenouille; fr. *forme*). Qui a la forme de la grenouille.

RANIMABLE adv. Qui peut être ranimé.

* RANIMER v. a. (préf. *r; fr. animer*). Rendre la vie, redonner la vie : *Dieu seul peut ranimer les morts.* — Par ex. Redonner de la vigueur et du mouvement à une partie qui est comme morte : *ranimer un bras paralytique par des frictions, par des drogues spiritueuses.* — Fig. Réveiller les sens assoupis, faire revenir quelqu'un d'une espèce de langueur de corps ou d'esprit : *il est tout languissant, il faut le ranimer.* — Redonner du courage : *ce discours ranima les troupes, ranima le soldat.* Se dit encore, fig., en parlant des choses physiques ou morales, et signifie, exciter, rendre l'activité, la vigueur, l'éclat : *il faut ranimer ce feu qui s'éteint.* — Se ranimer v. pr. *Les morts se ranimaient à sa voix.*

RANIN, INE adj. Erpét. Qui tient de la grenouille.

RANULAIRE adj. Anat. Se dit des veines et des artères qui sont sous la langue. (Vieux.)

* RANULE s. f. (dimin. du lat. *rana*, grenouille). Méd. Tumeur œdémateuse qui vient sous la langue, auprès du frein ou du filet de cette partie. On nomme aussi GRENOUILLETTE.

* RANZ s. m. [ranss]. Ne s'emploie que dans cette locution, LE RANZ DES VACHES, air célèbre parmi les Suisses, et que leurs jeunes bouviers jouent sur la cornemuse en gardant le bétail dans les montagnes. — On donne le nom de *ranz des vaches* à des mélodies simples que les montagnards de Suisse jouent sur leurs cornets à bouquin des Alpes. Le mot all. *kuhreigen* ou *kuhreihen* signifie files de vaches, parce que les bestiaux, en répondant à cet appel, s'avancent vers le pâtre en une ligne qui précèdent les animaux qui portent les clochettes.

403

RANZANI (Camillo) [rann-dza'-ni], naturaliste italien, né en 1775, mort en 1841. En 1803, il fut nommé professeur d'histoire naturelle à Bologne, et en 1824, recteur de l'université. Son ouvrage principal, resté inachevé, est intitulé *Elementi di Zoologia* (1819 et s., 10 vol.).

RAON-L'ÉTAPE, ch.-l. de cant., arr. et à 15 kil. de Saint-Dié (Vosges), au confluent de la Plaine et de la Meurthe; 3,000 hab. Combat acharné du 6 oct. 1870, entre les Français et les troupes allemandes.

RAOUL ou Rodolphe (SAINT), archevêque de Bourges, mort en 866. Il était de sang royal. Fête le 21 juin.

RAOUL ou Rodolphe, fils de Richard, duc de Bourgogne, mort à Auxerre le 15 janv. 936. Il était fils de Raoul, duc de Bourgogne, et d'Adélaïde de Paris. En 923, il succéda sur le trône de France à Robert, qui avait pris le titre de roi et dont il avait épousé la fille Emma. Il ne put jamais soumettre les grands vassaux, contre lesquels il lutta perpétuellement avec beaucoup d'énergie. Il perdit la Lorraine. Il eut pour successeur Louis II d'Outremer, fils de Charles le Simple.

RAOUL DE CAEN, historien, qui suivit Tancrède en Palestine en 1096, et écrivit les *Faits et gestes du prince Tancrède pendant l'expédition de Jérusalem.* Cet ouvrage, écrit en latin, a été traduit par Guaymas sous la collection de *Mémoires relatifs à l'histoire de France.*

. RAOUSSET - BOULBON (Gaston RAOULX, comte de), aventurier, né à Avignon le 2 déc. 1817, fusillé à Guaymas (Mexique) le 12 août 1854. Après avoir gaspillé à Paris la plus grande partie de sa fortune, qui était considérable, il émigra en Algérie, où il acheva de se ruiner dans des parties excentriques de chasse et de plaisir (1845-'48). Pendant la seconde République, il posa inutilement sa candidature à Avignon. Il s'embarqua ensuite pour la Californie, où il se livra au commerce des bœufs. Ayant conçu le projet audacieux de grouper les émigrants français dispersés et de les réunir dans la Sonora, dont il eût fait une colonie française, il assembla quelques centaines d'hommes décidés comme lui, les arma, les équipa, les disciplina, se pourvut de quelques canons et de chevaux et marcha, en juin 1852, vers le centre du Mexique. Vainqueur, à Hermosillo, de plusieurs milliers d'indigènes, il allait, suivant ses prévisions, réussir dans son entreprise, quand il fut terrassé par la maladie et une prostration physique absolue. Il retourna à Mazatlan, vers la fin de 1852, et s'occupa de recruter une armée plus nombreuse, qu'il organisa à San-Francisco et qui se réunit à Guaymas, au commencement de 1854. Arrivé dans cette ville, il résolut de commencer par s'en rendre maître; mais ses soldats, repoussés dans leur attaque contre une forte prostration physique absolue, furent désarmés. Il fut arrêté au consulat de France et passa devant un conseil de guerre qui le condamna à mort. — Il a laissé un roman ayant pour titre *Une Conversion*, qui a été publié après sa mort (Lib. nouv., 1855). Ce roman est saisissant d'intérêt, et c'est l'œuvre d'un véritable écrivain. — Voy. Henri de la Madeleine, *Le comte Gaston de Raousset-Boulbon, sa vie et ses aventures* (2e édit., Paris, 1859).

RAOUT s. m. [rout ou mieux raoutt] (angl. *rout;* du vieux fr. *rout,* troupe). Réunion, fête où l'on invite les personnes du grand monde.

RAPACE adj. (lat. *rapax*). Avide et ardent à la proie. Se dit principalement des oiseaux de proie : *le vautour est fort rapace.* — Fig. et fam. Qui est avide et enclin à la rapine : *c'est un homme rapace.* — Métall. Se dit des substances qui non seulement se dissipent elles-mêmes par l'action du feu, mais encore qui contribuent à enlever des autres : *les*

mines chargées d'arsenic sont rapaces. — Substantiv. LES RAPACES, premier ordre de la classe des oiseaux, celui qui renferme les oiseaux de proie.

* RAPACITÉ s. f. (lat. *rapacitas*). Avidité avec laquelle l'animal se jette sur sa proie : *la rapacité d'un oiseau de proie.* — Fig. Avidité d'un homme qui s'empare du bien d'autrui : *ce village a été exposé à la rapacité du soldat.*

RAPARIER v. a. (préf. *r; fr. aparier*). Aparier de nouveau.

* RAPATELLE s. f. Toile de crin, qui sert à faire des tamis, des sas.

RAPATRIAGE s. m. Réconciliation : *c'est lui qui a fait ce rapatriage.* On dit quelquefois dans ce sens RAPATRIEMENT.

* RAPATRIEMENT s. m. Renvoi dans sa patrie, par la voie des agents consulaires, d'un marin naufragé ou resté en pays étranger. — Se dit aussi en parlant de tout étranger qui est renvoyé dans sa patrie par les soins d'un agent consulaire de son pays. — Par ext. Retour de troupes employées dans une expédition lointaine.

* RAPATRIER v. a. Renvoyer, ramener dans la patrie : *ces matelots ont été rapatriés par les soins du consul français.*

* RAPATRIER v. a. Réconcilier, raccommoder des personnes qui étaient brouillées : *il y avait longtemps qu'ils étaient brouillés, on les a rapatriés.* — Se rapatrier v. pr. *Ils se sont rapatriés de bonne foi.* (Fam.)

RAPATRONNAGE s. m. Réunion qu'on fait du tronc d'un arbre coupé à une souche qui est restée en terre, pour vérifier si l'un provient de l'autre.

* RÂPE s. f. Ustensile de ménage, fait d'une plaque de métal hérissée d'aspérités, ordinairement courbée, et clouée sur une planchette à manche. Cet ustensile sert à mettre en poudre du sucre, de la muscade, de la croûte de pain, et autres choses semblables : *une râpe de fer-blanc.* — RÂPE A TABAC, râpe plate dont on se sert pour mettre en poudre du tabac. — Espèce de lime dont les sculpteurs et certains ouvriers se servent : *cette figure est en tel état, qu'on y peut passer la râpe.*

* RÂPE s. f. Grappe de raisin de laquelle tous les grains sont ôtés : *tous les grains de cette grappe sont tombés, il ne reste plus que la râpe.* On dit aussi RAFLE.

* RÂPÉ s. m. Raisin nouveau qu'on met dans un tonneau pour raccommoder le vin quand il se gâte : *passer du vin par le râpé, sur le râpé.* — Vin qui a passé par le râpé : *il ne nous a donné à boire que du râpé, du mauvais râpé.* — RÂPÉ DE COPEAUX, certaine quantité de copeaux qu'on met dans un tonneau pour éclaircir le vin.

* RÂPÉ, ÉE part. passé de RAPER. — Fig. et fam. UN HABIT RÂPÉ, un habit usé jusqu'à la corde. — Se dit aussi, pop., d'une personne qui porte des vêtements usés et qui a l'air misérable : *il est bien râpé.*

* RÂPER v. a. Mettre en poudre avec la râpe : *râper du sucre.* — User la surface d'un corps avec l'espèce de lime appelée RÂPE, pour dégrossir cette surface, pour lui donner la forme qu'on veut : *râper un morceau de bois, d'ivoire, avant de le polir.* — Se râper v. pr. S'user : *cet habit commence à se râper.*

RÂPES s. f. pl. Crevasses ou fentes transversales qui se forment au pli du genou d'un cheval, comme les malandres; *les râpes diffèrent des malandres, en ce que les unes sont transversales, et les autres longitudinales.*

RAPETASSAGE s. m. Action de rapetasser; résultat de cette action. — Fig. Corrections successives qui dénaturent un ouvrage.

V.

* RAPETASSER v. a. Raccommoder grossièrement de vieilles hardes, de vieux meubles, y mettre des pièces : *rapetasser un vieil habit, une vieille robe, de vieux meubles.*(Fam.)

RAPETASSEUR, EUSE s. Personne qui rapetasse. — Fig. Compilateur.

RAPETISSEMENT s. m. Action de rapetisser.

* RAPETISSER v. a. Rendre ou faire paraître plus petit : *la distance rapetisse les objets à l'œil.* — v. n. Devenir plus petit : *ce vieillard rapetisse sensiblement.* — Se rapetisser v. pr. *Une étoffe qui se rapetisse dans l'eau.* — Se dit quelquefois au sens moral, et signifie, se faire petit, s'abaisser : *certaines gens se rapetissent par fausse modestie.*

RÂPEUR, EUSE s. Personne qui râpe quelque substance.

RÂPEUX, EUSE adj. Qui est rude comme une râpe.

RAPHAËL, un des sept archanges qui, d'après la Bible, sont devant le trône de Dieu. Il fut le protecteur et le conducteur de Tobie et lui fit épouser Sara. Fête le 12 sept.

RAPHAËL (Raffaelle SANZIO ou *Santi d'Urbino*), peintre italien, né à Urbino le 6 avril 1483, mort à Rome le 6 avril 1520. Son père, Giovanni Santi, fut son premier maître. A l'âge de 12 ans, il fut placé à l'école du Pérugin, où il resta jusque vers l'âge de 20 ans. Il travailla ensuite à Pérouse pendant un an, et y exécuta le *Mariage de la Vierge*, le *Songe du Chevalier*, l'*Agonie du Jardin des Oliviers*, et *Saint Michel et Saint Georges*, œuvres qui décèlent toutes l'influence du Pérugin. C'est sa première manière. De 1505 à 1508, il vécut à Florence, où il fit une trentaine de tableaux, dont les derniers sont dans le style de Léonard de Vinci. A cette période appartiennent la *Madonna del granduca*, la *Madone au Palmier*, la *Madonna del Cardellino*, la Madone connue sous le nom de la *Belle Jardinière*, la *Sainte Catherine*, les deux petits saints Georges, la *Mise au Tombeau*, et son portrait qui se trouve dans la galerie Uffizi. En 1508, le pape l'appela à la cour de Rome ; il y commença cette grandiose série de fresques, qui sont distribuées dans trois *camere* et dans un grand salon du Vatican, que l'on connaît sous le nom de *Stanze* de Raphaël. C'est sa troisième manière ou manière romaine. Les fresques de la *camera della segnatura* furent terminées en 1514, et semblent avoir été immédiatement suivies de celles de la *stanza d'Héliodore*. Les commandes lui arrivèrent alors si nombreuses qu'il fut obligé de confier à ses meilleurs élèves l'exécution de certaines portions de fresques des autres *stanze*, d'après les cartons et d'après ses dessins. C'est ainsi que fut peinte la *Stanza dell' incendio*. Les fresques de la *sala de Constantino* furent exécutées après sa mort sous la direction de Jules Romain, son élève le plus éminent. En même temps Raphaël peignait à fresque les quatre grandes figures des sibylles dans la chapelle Chigi de Santa Maria della Pace, et le *Triomphe de Galatée*, sans compter de nombreuses madones et des tableaux de chevalet. Léon X employa aussi à cette époque Raphaël pour la décoration des *loggie* de la cour de Saint-Damase, et pour les dessins des tapisseries de la chapelle Sixtine. Les cartons de ces tapisseries, faits originairement entre 1513 et 1516, portent l'empreinte de la période d'apogée de Raphaël. Ils ont été achetés par Charles Ier, roi d'Angleterre, et sont aujourd'hui au musée de South Kensington. Parmi les madones et les saintes familles qu'il peignit en grand nombre, à cette période de sa vie, on cite la merveilleuse *Madonna de San Sisto*, la *Madonna Aldobrandini*, la *Vierge au diadème*, la *Madonna della Sedia* ou *Seggiola* (*Vierge à la chaise*), la *Madonna di Foligno*,

surnommée la Perle, et la *Madone aux poissons*. Comme tableaux de chevalet, on a, entre autres, *Sainte Cécile*, l'*Archange Michel terrassant le démon*, le *Christ portant la croix*, et sa dernière toile, que beaucoup considèrent comme son chef-d'œuvre, la *Transfiguration*. Il fit aussi plus de 80 portraits. Après la mort de Bramante, il dirigea sur ses propres plans la construction de Saint-Pierre. Il fut enterré au Panthéon, près de Maria di Bibbiena, nièce du cardinal Bibbiena, à laquelle il avait été fiancé. De tous les musées européens, le Louvre est le plus riche en œuvres de Raphaël. Parmi les toiles de sa première manière, alors qu'il était encore sous l'influence de l'école du Pérugin, nous avons, entre autres, les deux petits tableaux de *Saint Michel* et de *Saint Georges*. A sa seconde manière, celle qu'il avait adoptée à Florence, appartiennent de nombreuses madones, dont la *Belle Jardinière* est la plus vivement représentée. Le commencement de la période romaine nous a laissé la *Vierge au voile*. Son coloris acquiert tout son brillant dans la *Sainte Famille* et *Saint Michel terrassant le démon.*

RAPHAËLESQUE adj. Qui a le caractère, les qualités de Raphaël.

RAPHANÉ, ÉE adj. (lat. *raphanus*, raifort). Bot. Qui ressemble ou qui se rapporte au raifort. — s. f. pl. Tribu de la famille des crucifères ayant pour type le genre raifort et comprenant, en outre, les genres crambé, rapiste, etc.

RAPHÉ s. m. (gr. *raphé*, suture). Bot. Renflement linéaire. — Anat. Ligne saillante occupant la partie médiane du corps et qui ressemble à une coupure. Le raphé divise le périnée et le scrotum et se prolonge depuis l'anus jusqu'à l'origine de la verge.

RAPHELENG (François RAVLENGHIEN, dit), imprimeur, né en 1539, à Lannoy, près de Lille, mort en 1597. D'abord commerçant à Nuremberg, il fut appelé à Cambridge pour y enseigner le grec ; mais, en route, il visita l'imprimerie de Plantin, à Anvers, et prit tant de plaisir à corriger des épreuves, qu'il entra au service de l'imprimeur anversois, épousa sa fille et lui succéda dans son imprimerie de Leyde. Ses éditions sont un peu moins pures que celles de son beau-père. Il est auteur d'un *Lexique arabe* (Leyde, 1613, in-4°), et d'un *Dictionn. chaldaïque*, inséré dans l'*Apparat de la Bible polyglotte*, 1571.

RAPHIDE s. f. (gr. *raphis*, aiguille ; *eidos*, aspect). Bot. Corps grêle, en forme d'aiguille, qui se trouve dans les cellules de la tige et de la racine.

RAPIAT, ATE adj. (rad. lat. *rapere*, enlever). Avido, cupide.

* RAPIDE adj. (lat. *rapidus*). Se dit d'un mouvement extrêmement vite, et de tout ce qui se meut avec vitesse : *le cours rapide d'un fleuve.* — S'emploie aussi fig. et se dit des choses qui se font avec une grande célérité : *cet enfant fait de rapides progrès dans.* — UN STYLE RAPIDE, un style où les idées, les mouvements se succèdent sans interruption. UNE NARRATION RAPIDE, une narration où les faits se pressent. UNE ÉLOQUENCE RAPIDE, une éloquence animée, vive, qui entraîne l'auditeur ou le lecteur. — Se dit, fig., d'un terrain très incliné : *une pente rapide.* — s. m. Navig. Certaines parties d'un fleuve où l'eau descend très rapidement sur une déclivité : *les rapides du Saint-Laurent.* — Train qui va plus vite que l'express. (Voy. CHEMIN DE FER.)

* RAPIDEMENT adv. Avec rapidité, d'une manière rapide : *un cabriolet qui va rapidement.*

* RAPIDITÉ s. f. Célérité, grande vitesse : *la rapidité du mouvement.* — Fig. *La rapidité de ses conquêtes a déconcerté l'ennemi.*

RAPIÈCEMENT s. m. Action de rapiécer.

* RAPIÉÇAGE s. m. Action de rapiécer.

* RAPIÉCER v. a. Mettre des pièces à du linge, à des habits, à des meubles : *rapiécer un vieil habit, du linge.*

* RAPIÉCETAGE s. m. Action de rapiéceter ; état des choses rapiécetées : *tout son meuble n'est fait que de rapiécetage.*

* RAPIÉCETER v. a. mettre des pièces, mettre pièces sur pièces, ajouter de petites pièces à quelque chose, pour le raccommoder : *rapiéceter des meubles, des habits.*

* RAPIÈRE s. f. (anc. all. *rappier*, longue épée). Vieille et longue épée : *il traînait une longue rapière après lui.* — Se dit d'une épée, pour jeter quelque ridicule sur celui qui la porte : *c'est un traîneur de rapière.*

* RAPIN s. m. Peint. Jeune élève que l'on charge des travaux les plus grossiers et des commissions.

RAPIN (Nicolas), poète et magistrat, né à Fontenay-le-Comte vers 1540, mort à Poitiers en 1608. Il eut une large part dans la composition de la *Satire Ménippée*. Il a laissé quelques traductions d'Horace et d'Ovide.

RAPIN (Paul de), *sieur de Thoyras*, historien français, né à Castres, le 25 mars 1661, mort le 16 mai 1725. Protestant, il se réfugia en Hollande après la révocation de l'édit de Nantes, servit dans l'armée anglaise, fut précepteur du duc de Portland, et en 1707 se fixa à Wesel. Son ouvrage le plus important est son *Histoire d'Angleterre* (1724, 9 vol. in-4°) qui va jusqu'à la mort de Charles Ier. Elle a été traduite en anglais et continuée par N. Tindal.

RAPIN (René), littérateur, né à Tours en 1621, mort en 1687. Il entra chez les Jésuites en 1639 et donna successivement en latin des *Eglogues sacrées* (*Eglogæ sacræ* (1654) et un poème des *Jardins* qui a été traduit en français par Voiron et Gabiot (1782). Il a laissé en outre plusieurs autres ouvrages de littérature, de philosophie et de morale.

* RAPINE s. f. (lat. *rapina* ; de *rapere*, enlever). Action de ravir quelque chose par violence : *c'est un animal né pour la rapine.* — Ce qui est ravi par violence : *un oiseau qui vit de rapine.* — Pillage, volerie, larcin, concussion : *cet homme s'est enrichi par ses rapines.*

* RAPINER v. n. Prendre injustement, et en abusant des fonctions, de l'emploi, de la commission dont on est chargé : *ce valet rapine sur tout ce qu'il achète.* — v. a. Il rapine toujours quelque chose. (Fam.)

RAPINERIE s. f. Action de rapiner.

RAPINEUR, EUSE s. Personne qui commet des actes de rapine.

RAPOPORT. Voy. RAPPAPORT.

RAPP (Jean, COMTE), général français, né à Colmar le 7 avril 1772, mort à Rheinweiler (près de Bâle) le 28 novembre 1821. Il entra dans l'armée en 1788 comme simple soldat, fut aide de camp de Desaix en Italie et en Égypte, devint général de brigade après Marengo, et général de division après Austerlitz. Il prit part à la campagne de Russie en 1812, et se retira à Dantzig, où il se rendit après un siège de douze mois, et on l'emmena en Russie prisonnier de guerre. A la Restauration, il fut chargé de s'opposer au retour de Napoléon, mais il passa du côté de son ancien chef qui le nomma commandant en chef de l'armée du Rhin. Après la seconde Restauration, il se réfugia en Suisse. En 1818, il revint en France, fut rétabli dans l'armée en 1819, créé pair. Il a laissé des mémoires (1823).

RAPPAPORT ou Rapoport (SALOMON-JUDAS),

archéologue juif, né à Lamberg en 1790, mort en 1867. Il fut rabbin de Prague de 1840 jusqu'à sa mort. Le plus important de ses nombreux écrits, y compris l'ouvrage posthume intitulé *Na'halath Yehudah* (1869), est le premier volume d'une encyclopédie talmudo-rabbinique, sous ce titre : *'Erekh millin* (1852).

* **RAPPAREILLER** v. a. (préf. *r*; fr. *appareiller*). Rejoindre à une chose une ou plusieurs choses pareilles, lorsqu'elle manquent : *on m'a cassé un de ces deux vases, on m'a pris un de ces deux volumes, je voudrais pouvoir rappareiller celui qui me reste.*

* **RAPPARIER** v. a. (préf. *r* ; fr. *apparier*). Rejoindre à une chose une autre chose qui refasse la paire : *rapparier un gant.* — Se dit principalement en parlant des animaux domestiques qu'on a par paires : *je voudrais rapparier ce pigeon, dont j'ai perdu la femelle.*

* **RAPPEL** s. m. (préf. *r* ; fr. *appel*). Action par laquelle on rappelle : *cet ambassadeur a obtenu son rappel.* — Se dit principalement en parlant de ceux qui ont été disgraciés ou exilés : *après son rappel à la cour.* — RAPPEL DE BAN, lettres du prince, par lesquelles il rappelait quelqu'un du bannissement : *obtenir un rappel de ban.* — Polit. RAPPEL A L'ORDRE, action de rappeler à l'ordre l'orateur qui s'en est écarté : *on a demandé le rappel à l'ordre.* On dit aussi, DEMANDER LA PAROLE POUR UN RAPPEL AU RÈGLEMENT, pour réclamer contre une violation du règlement, et rappeler ce qu'il prescrit. — Droit. RAPPEL A SUCCESSION, disposition qui appelle à une succession des parents qui en étaient naturellement exclus. — Art milit. Manière de battre le tambour pour rassembler une troupe, pour faire revenir les soldats au drapeau : *battre le rappel.* — Admnist. et Compt. Se dit lorsqu'on accorde et que l'on paye à quelqu'un une portion d'appointements qui était restée en suspens, ou bien lorsque, après avoir payé une somme à quelqu'un, il y a lieu, d'après une décision ou une vérification ultérieure, de lui payer quelque chose de plus : *ses appointements venant d'être augmentés à partir de telle époque, il a droit à un rappel.* — Peint. RAPPEL DE LUMIÈRE, artifice qui consiste à proportionner la lumière dont les divers objets d'un tableau sont éclairés, au degré d'importance qu'ils doivent avoir dans l'ensemble de la composition : *ce peintre dispose bien les rappels de lumière.*

* **RAPPELER** v. a. (préf. *r*; fr. *appeler*). Appeler de nouveau : *je l'ai appelé et rappelé sans qu'il m'ait répondu.* — Faire revenir une personne qui s'en va, encore qu'on ne l'ait point déjà appelée : *je m'en allais, et il m'a rappelé, il m'a fait rappeler.* — MES AFFAIRES ME RAPPELLENT A LA VILLE, mes affaires me pressent, m'obligent d'y retourner. — RAPPELER QUELQU'UN A LA VIE, le faire revenir à la vie, l'empêcher de mourir : *on le croyait mort, cet élixir l'a rappelé à la vie.* — En style religieux, DIEU L'A RAPPELÉ A LUI, il est mort. — RAPPELER QUELQU'UN A SON DEVOIR, le faire rentrer dans son devoir. — RAPPELER SES ESPRITS, RAPPELER SES SENS, RAPPELER SON COURAGE, reprendre ses esprits, ses sens, son courage. — Fig. et fam. CE VIN RAPPELLE SON BUVEUR, il est excellent, et il excite à boire. — Polit. RAPPELER QUELQU'UN A L'ORDRE, le réprimander, pour s'être écarté du bon ordre, des bienséances : *le président l'a rappelé à l'ordre.* — Droit. LE TESTATEUR A RAPPELÉ UN DE SES PARENTS A SA SUCCESSION, par son testament, il a ordonné que ce parent aurait part à sa succession, quoique la coutume ou la loi l'exclue. — Faire revenir quelqu'un d'un lieu où on l'avait envoyé pour y exercer certaines fonctions, pour y remplir un emploi ; et se dit tant de ceux qu'on révoque par des raison de mécontentement, que de ceux qu'on fait revenir par quelque autre motif : *rappeler un ambassadeur.* — Faire revenir ceux qui ont été disgraciés, chassés ou exilés : *il avait été disgracié, mais le roi l'a rappelé.* — Fig. Faire revenir dans la mémoire : *rappeler le temps passé.* — RAPPELER LA MÉMOIRE, LE SOUVENIR DE QUELQUE CHOSE, se dit dans le même sens : *il avait oublié cette affaire, je lui en ai rappelé la mémoire.* — RAPPELER SA MÉMOIRE, tâcher de se ressouvenir : *il fit de vains efforts pour rappeler sa mémoire, il ne put jamais retrouver ce nom.* — Peint. RAPPELER LA LUMIÈRE. (Voy. RAPPEL DE LUMIÈRE.) — v. n. En parlant du service de l'infanterie, signifie, battre le tambour d'une certaine manière, pour rassembler une troupe, pour faire revenir les soldats au drapeau, ou pour rendre honneur à certaines personnes : *les troupes battent aux champs pour le roi ; mais, pour les princes, elles ne font que rappeler.*

* **RAPPLIQUER** v. a. (préf. *r*; fr. *appliquer*). Appliquer de nouveau ; revenir.

RAPPOINTIS s. m. Constr. Morceau de fer pointu enfoncé dans un bois que doit recouvrir un enduit et qui sert à retenir le plâtre.

* **RAPPORT** s. m. (préf. *r*; fr. *apport*). Revenu ce que produit une chose : *ce champ, cette vigne, ce pré est d'un grand rapport, d'un bon rapport.* — ÊTRE EN RAPPORT, EN PLEIN RAPPORT, se dit d'une propriété, d'un champ, etc., qui rapporte, qui produit autant qu'on le peut désirer. On dit dans le sens contraire, N'ÊTRE PAS ENCORE EN RAPPORT, en parlant de ce qui ne produit pas encore tout ce qu'on espère en tirer par la suite : *cette vigne n'est pas encore en rapport.* — CETTE PLACE, CET EMPLOI EST DE GRAND RAPPORT, D'UN GRAND RAPPORT, D'UN BON RAPPORT, les profits, les émoluments de cette place, de cet emploi sont considérables. — BELLE MONTRE ET PEU DE RAPPORT, la personne, la chose dont on parle a beaucoup d'apparence et peu de solidité; la réalité ne répond pas aux apparences. — Récit, témoignage : *il fait un fidèle rapport de ce qu'il a vu.*

    Madame, on vous a fait un fidèle rapport.
       COLLIN D'HARLEVILLE. *L'Inconstant*, acte III, sc. II.

— Compte qu'on rend à quelqu'un de quelque chose dont on est chargé : *je ne manquerai pas d'en faire rapport à la compagnie.* — Vén. FAIRE LE RAPPORT, FAIRE SON RAPPORT, rendre compte de la quête qu'on a faite, et du lieu où est la bête qu'on a détournée : *le lieutenant de la vénerie n'a pas fait encore son rapport.* — Récits qu'on fait, par indiscrétion ou par malignité, de certaines choses qu'on a vu faire ou entendu dire : *faire de faux rapports, de mauvais rapports.* — Exposition, récit qu'un juge fait d'un procès devant les autres juges du même tribunal : *mon procès est au rapport de tel conseiller.* — Exposé dans lequel on rend compte d'un travail, d'un examen particulier fait par un comité, par une commission : *faire un rapport sur des pétitions, sur un projet de loi.* — Témoignage que rendent, par ordre de justice ou autrement, les médecins, les chirurgiens, ou les experts en quelque sorte d'art qu'on est : *suivant le rapport des médecins.* — Convenance, conformité, analogie : *la langue italienne a de grands rapports avec la langue latine.* — Particul. Accord, correspondance plus ou moins exacte des diverses parties d'un ouvrage, d'un tout : *il y a un rapport parfait entre la masse et les détails de cet édifice.* — Espèce de liaison, de connexion, de relation que certaines choses ont ensemble : *montrez-moi le rapport que ces deux objets ont ensemble.* — Se dit souvent des relations que les hommes ont entre eux : *rapports de commerce, d'intérêt, de plaisir, d'amitié, de confraternité.* — METTRE UNE PERSONNE EN RAPPORT AVEC UNE AUTRE, faciliter, donner à une personne les moyens de conférer, de s'entendre avec une autre. — Relation des choses à une fin, de leur tendance vers un but : *les actions humaines sont bonnes ou mauvaises, selon le rapport qu'elles ont à une bonne ou à une mauvaise fin.* On dit en ce sens, TOUTES LES ACTIONS D'UN CHRÉTIEN DOIVENT ÊTRE FAITES PAR RAPPORT A DIEU, elles doivent se rapporter à Dieu, comme à leur fin dernière. CET HOMME NE FAIT RIEN QUE PAR RAPPORT A LUI, QUE PAR RAPPORT A SES INTÉRÊTS, il ne fait rien que dans la vue de ses intérêts, de ses propres avantages. IL A FAIT CELA PAR RAPPORT A VOUS, PAR RAPPORT A TELLE CHOSE, dans la vue de vous obliger, de vous plaire, dans l'idée d'obtenir telle chose, de réussir dans telle affaire, etc. — Gramm. Relation que les mots ont les uns avec les autres, dans la construction : *le rapport de l'adjectif au substantif.* — Mathém. Relation que deux grandeurs ou quantités ont l'une avec l'autre : *il y a le même rapport géométrique entre six et douze qu'entre trois et six.* — Jurispr. Action par laquelle celui qui a reçu une somme, un bien, rapporte à l'hérédité, pour faire compte au partage ; *il avait reçu cent mille francs, il a été obligé au rapport.* On dit aussi, RAPPORT A SUCCESSION, RAPPORT A LA MASSE. — Adm. Action par laquelle un comptable rapporte la somme qu'il a mal à propos portée en dépense : *toute dépense rejetée soumet le comptable au rapport de la somme.* — Vapeur incommode, désagréable, qui monte de l'estomac à la bouche : *l'ail donne des rapports, de fâcheux rapports.* — Se dit encore dans quelques phrases où il a des significations différentes. — TERRES DE RAPPORT, terres qu'on est allé prendre dans un lieu, pour les apporter dans un autre : *cette terrasse n'est pas solide, elle n'est que de terres de rapport.* — PIÈCES DE RAPPORT, petites pièces de diverses couleurs, soit de métal, soit de bois ou de pierre, que l'on assemble et que l'on arrange sur un fond, pour représenter certaines figures : *la mosaïque est un ouvrage de pièces de rapport.* Se dit, fig., en parlant d'un ouvrage d'esprit composé de choses prises çà et là : *cette comédie est un ouvrage de pièces de rapport, où rien n'appartient à l'auteur.* — Par rapport à loc. prépposit. Pour ce qui est de, quant à ce qui regarde : *par rapport à lui.* — Par comparaison, en proportion de : *la terre est très petite par rapport au soleil.* — Législ. « En droit civil, on nomme *rapport* la restitution réelle ou fictive, que chacun des cohéritiers doit faire à la masse partageable de la succession, de tout ce qu'il a reçu du défunt par donation entre-vifs, et de tout ce qui lui est légué par lui. Cette restitution est basée sur la présomption que le défunt, en faisant une donation à l'un de ses successibles, n'a entendu la faire que pour une simple avance d'hoirie, ou, s'il s'agit d'un legs, qu'il a voulu seulement faire une attribution particulière à l'un de ses héritiers. Mais si la libéralité a été faite par précipui et hors part, il n'y a lieu à rapport que pour ce qui excéderait la quotité disponible. (Voy. PRÉCIPUT et QUOTITÉ.) Tout héritier ne doit le rapport qu'à ses cohéritiers appelés comme lui au partage de la succession; le rapport n'est donc pas dû aux légataires qui ne sont pas héritiers, ni aux créanciers de la succession. L'héritier qui renonce à la succession est dispensé du rapport pour tout ce qui n'excède pas la quotité disponible. Les fruits ou intérêts des choses sujettes à rapport ne sont dus qu'à compter du jour de l'ouverture de la succession (C. civ. 843 et s.). — Lors du partage d'une communauté dissoute, les époux ou leurs héritiers doivent rapporter à la masse de des biens existants tout ce dont ils sont débiteurs envers cette communauté à titre de récompense ou d'indemnité, et ils doivent tenir compte des intérêts à compter du jour de la dissolution de la communauté (id. 1468 et s.). »   (CH. Y.)

* **RAPPORTABLE** adj. Jurispr. Se dit des choses que les héritiers en ligne directe doivent rapporter à la succession de leurs

ascendants : *les fruits de la chose donnée ne sont pas rapportables.*

* **RAPPORTÉ, ÉE** part. passé de RAPPORTER : *cette terrasse est de terres rapportées.* — OUVRAGES DE PIÈCES RAPPORTÉES, ouvrage de pièces de rapport. Se dit au propre et au figuré. (Voy. RAPPORT.)

* **RAPPORTER** v. a. (préf. *r*; fr. *apporter*). Apporter une chose du lieu où elle est, au lieu où elle était auparavant : *les marchands ont été contraints de rapporter chez eux la plupart des marchandises qu'ils avaient apportées à la foire.* — Se dit aussi en parlant des choses qu'on apporte d'un lieu à son retour, sans les y avoir portées : *il a été à la Chine, et en a rapporté bien des curiosités.* — S'emploie, fig., dans le même sens : *il a rapporté de ses voyages moins d'instruction que de suffisance.* — IL N'EN A RAPPORTÉ QUE DE LA HONTE, se dit d'un homme qui a été blessé en quelque occasion. On dit de même, CE SOLDAT N'A RAPPORTÉ DE L'ARMÉE QUE DES COUPS DE FUSIL. — IL A RAPPORTÉ BEAUCOUP DE GLOIRE DE CETTE ACTION, DE CETTE AFFAIRE, il y a acquis beaucoup de gloire. IL N'EN A RAPPORTÉ QUE DE LA HONTE, il n'en a retiré que de la honte. — Se dit encore en parlant des choses qu'on a enlevées, et qu'on apporte dans un lieu où elles n'étaient pas, et à quelqu'un à qui elles n'appartenaient pas auparavant : *les soldats, suivant l'ordre du général, rapportèrent à leurs capitaines tout le butin qu'ils avaient fait.* — Chasse. Se dit d'un chien qui apporte au chasseur le gibier que celui-ci a tué : *il n'y a guère que les barbets qu'on puisse accoutumer à rapporter à la bécasse.* — Absol. *Un chien qui rapporte bien, qui sait rapporter.* — Se dit également d'un chien qu'on a dressé à apporter ce qu'on lui jette, comme un gant, un morceau de bois, etc. — Joindre, ajouter quelque chose à ce qui ne paraît pas complet : *il a fallu rapporter une bordure à cette tapisserie.* — RAPPORTER DES TERRES EN QUELQUE ENDROIT, les aller prendre dans un lieu, afin de les porter dans un autre : *il faut rapporter de bonne terre au pied de ces arbres, pour les entretenir.* — En matière de succession et de partage, remettre dans la masse de la succession ce qu'on a reçu d'avance, ou en tenir compte sur la part qu'on doit avoir : *un fils, qui a été avantagé par son père, doit rapporter, ou moins prendre.* — Se dit de même en parlant des biens qui appartiennent en commun à une société de négociants, ou à d'autres gens intéressés dans quelque affaire lucrative. — Législ. et Adm. Révoquer, abroger, annuler : *rapporter une loi, un arrêté.* — Faire le récit de ce qu'on a vu, ou entendu, ou appris : *il a rapporté fidèlement tout ce qu'il a vu.* Particul. Redire par légèreté ou par malice ce qu'on a entendu dire : *on n'oserait rien dire devant lui, il rapporte tout.* — Rendre compte de ce qu'on a entendu dire contre quelqu'un : *je suis trop votre ami, pour ne pas vous rapporter ce que j'entends dire de vous.* — Alléguer, citer : *le prédicateur a rapporté des passages des Pères.* — Référer. diriger vers une fin, vers un but : *un véritable chrétien doit rapporter toutes ses actions à Dieu, à la gloire de Dieu.* — Rattacher, faire remonter : *la famille des Jules rapportait son origine à Énée et à Vénus.* — RAPPORTER L'EFFET A LA CAUSE, attribuer un certain effet à une certaine cause. — Produire, soit en fruits, soit en argent; donner un certain revenu : *des arbres qui rapportent de beaux fruits.* — CET EMPLOI NE RAPPORTE NI PROFIT NI HONNEUR, il ne s'en tirera aucun profit, aucun avantage. — Palais. Déduire, exposer l'état d'un procès par écrit : *rapporter un procès, une affaire.* — Absol. *Ce juge rapporte bien.* — Faire le narré, l'exposition d'une affaire au nom d'une commission, d'un comité, et en même temps énoncer l'avis du

comité, de la commission. — Arpenteur. Tracer sur le papier des mesures réduites de celles qu'on a prises sur le terrain : *rapporter des angles.* — **Se rapporter** v. pr. Avoir de la conformité, de la convenance, de la ressemblance : *tout ce que nous voyons de sa conduite se rapporte à ce qu'on nous en avait dit.* — Avoir rapport, relation : *cet article de ma lettre se rapporte à ce que je vous ai écrit précédemment.* Se dit surtout en termes de gramm. : *on ne doit point séparer le relatif* Qui *du substantif auquel il se rapporte.* — SE RAPPORTER A QUELQU'UN DE QUELQUE CHOSE, et absol., S'EN RAPPORTER A QUELQU'UN, s'en remettre à sa décision sur quelque chose : *ils sont d'accord sur l'achat et sur la vente, mais ils se sont rapportés du prix à un tel.* — S'EN RAPPORTER A QUELQU'UN, A QUELQUE CHOSE, y avoir confiance, y ajouter foi : *je m'en rapporte à vous, à votre témoignage.* — S'EN RAPPORTER AU SERMENT DE QUELQU'UN, s'en remettre à son serment en justice pour la décision d'une affaire. — Fam. JE M'EN RAPPORTE A CE QUI EN EST, et quelquefois simpl., JE M'EN RAPPORTE, se dit pour faire entendre qu'on n'est pas tout à fait persuadé de ce qu'on entend dire, mais qu'on ne veut ni le contester, ni l'examiner : *vous dites que la chose est arrivée comme cela, je m'en rapporte.* (Peu us.)

* **RAPPORTEUR, EUSE** s. Celui, celle qui, par légèreté ou par malice, a coutume de rapporter ce qu'il a vu ou entendu : *les enfants sont de petits rapporteurs qui disent tout ce qu'ils voient ou qu'ils entendent.* — Palais. Celui qui fait le rapport d'un procès, d'une affaire : *j'ai un bon rapporteur.* — RAPPORTEUR D'UN COMITÉ, D'UNE COMMISSION, celui qu'un comité, qu'une commission a chargé d'exposer une affaire, une question, et en même temps de faire connaître l'avis de la commission, du comité : *la commission du budget a nommé son rapporteur.* — OFFICIER RAPPORTEUR, ou simpl. RAPPORTEUR, celui qui fait les fonctions de juge d'instruction et d'accusateur public, dans un conseil de guerre ou de discipline. — Géom. Instrument, demi-cercle gradué avec lequel on rapporte sur le papier les angles mesurés sur le terrain : *se servir du rapporteur.*

* **RAPPRENDRE** v. a. (préf. *r*; fr. *apprendre*). Apprendre de nouveau : *ce comédien a oublié son rôle, il faut qu'il le rapprenne.*

* **RAPPROCHEMENT** s. m. Action de rapprocher, ou résultat de cette action : *le rapprochement des lèvres d'une plaie.* — Se dit, fig., en parlant de personnes qui étaient brouillées, et qu'on dispose à un accommodement : *travailler au rapprochement de deux familles.* Fig. Action de rapprocher des idées ou des faits, de manière qu'ils s'éclairent l'un par l'autre, ou qu'on en fasse plus aisément la comparaison; résultat de cette action : *le rapprochement des circonstances éclaircit beaucoup cette affaire.*

* **RAPPROCHER** v. a. (préf. *r*; fr. *approcher*). Approcher de nouveau : *éloignez les lumières; vous les rapprocherez dans un moment.* — Approcher de plus près : *rapprochez cette table.* Fig. LES LUNETTES A LONGUE VUE RAPPROCHENT DES OBJETS, elles les font paraître plus proches. — Chir. RAPPROCHER LES LÈVRES D'UNE PLAIE, les mettre assez près pour que la cicatrice puisse s'opérer. — LES CHEMINS DE FER RAPPROCHENT LES DISTANCES, ils font qu'on met moins de temps à parcourir un même espace. — Fig. L'AMOUR RAPPROCHE LES DISTANCES, l'inégalité des conditions s'efface, disparaît entre les personnes qui s'aiment. — Fig. Disposer à l'accord, à l'union, à la bienveillance : *l'intérêt divise les hommes, le besoin les rapproche.* — RAPPROCHER DEUX PERSONNES, les mettre sur la voie d'une réconciliation, les disposer à un accommodement : *il y a longtemps qu'ils sont brouillés, mais on travaille à les rapprocher, on tâche de les rapprocher.* —

S'emploie aussi, fig., en parlant des faits ou des idées que l'on rassemble, que l'on met à côté l'un de l'autre pour les comparer, et pour en mieux reconnaître ou en faire mieux sentir soit le rapport, soit la différence : *en rapprochant toutes les circonstances de sa conduite, on en devine le motif.* — Vén. RAPPROCHER UN CERF, faire tenir doucement aux chiens la voie d'un cerf qui a passé deux ou trois heures auparavant. — **Se rapprocher** v. pr. S'approcher de nouveau ou se mettre plus près. — Se réconcilier : *ces deux personnes se sont rapprochées.*

RAPPROPRIER v. a. (préf. *r*; fr. *approprier*). Approprier de nouveau.

* **RAPSODE** s. m. (gr. *rapsôdos*; de *rhaptein*, coudre; *ôdé*, chant). Antiq. gr. Nom qu'on donnait à ceux qui allaient de ville en ville chanter des morceaux détachés de l'*Iliade* et de l'*Odyssée*.

RAPSODER v. a. Composer une œuvre de pièces et de morceaux disparates.

RAPSODEUR, EUSE s. Personne qui rapsode.

* **RAPSODIE** s. f. Se disait, chez les anciens, des morceaux détachés des poésies d'Homère, que chantaient les rapsodes. — Fig. et fam. Mauvais ramas, soit de vers, soit de prose : *tout son discours n'était qu'une mauvaise rapsodie.*

RAPSODIQUE adj. Qui a rapport aux rapsodes.

* **RAPSODISTE** s. m. Celui qui ne fait que des rapsodies, de mauvaises compilations, de mauvais ramas de vers ou de prose.

* **RAPT** s. m. [raptt] (lat. *raptus*; de *rapere*, enlever). Enlèvement, par violence ou par séduction, d'une fille ou d'un fils de famille, d'une femme ou d'une religieuse : *le rapt de violence est le rapt proprement dit.* — ENCYCL. « Le rapt est le crime que l'on nomme aujourd'hui *Enlèvement de mineur* et dont il a été parlé plus haut. (Voy. MINEUR.) On distinguait autrefois le *rapt de violence* et le *rapt de séduction* ou subornation. Tous deux étaient punis de mort en vertu de l'article 42 de l'ordonnance de Blois (mai 1579). Le rapt était considéré, depuis le IVe siècle, comme un empêchement perpétuellement dirimant au mariage entre le ravisseur et la fille enlevée; mais, suivant Yves de Chartres (Epist. 19), dès le Xe siècle, les juges d'Église pouvaient faire grâce selon les circonstances. Le concile de Trente (session 24, chap VI), décida que le mariage pouvait avoir lieu, si la personne ravie y consentait après avoir recouvré sa liberté, et cette règle fut confirmée par la déclaration de Louis XIII du 26 nov. 1639. » (CH. Y.)

* **RÂPURE** s. f. Ce qu'on enlève avec la râpe ou en grattant : *râpure d'ivoire.*

RAQUETTE s. f. (ital. *racchetta*). Instrument dont on se sert pour jouer à la paume ou au volant : il est fait d'un bâton courbé en espèce d'ovale, et garni de cordes à boyau en long et en travers, de fils de fer ou de parchemin; les deux bouts du bâton, attachés ensemble et couverts de cuir, forment le manche : *les cordes d'une raquette.* — MONTER UNE RAQUETTE, la garnir de cordes. — UN GRAND CASSEUR DE RAQUETTES, un homme vert et vigoureux : *il a cassé beaucoup, et se donne pour un grand casseur de raquettes.* — Machine que les sauvages du Nord attachent à leurs pieds pour marcher plus commodément sur la neige, et qui est

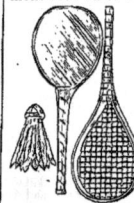

Raquettes et volant.

faite à peu près en forme de raquette. — Nom vulgaire de l'*opuntia*, plante du genre des cactiers, dont la tige est formée de parties ovales et aplaties qui se joignent par des articulations. — ↝ Piège à petits oiseaux, nommé aussi sauterelle, repenelle ou estripet. Il se compose d'un morceau de bois que l'on r. courbe en. U. Le gros bout est percé d'un trou dans lequel on passe un fil double attaché en petit bout et quel'on maintient au moyen d'un nœud formant un collet, et d'une marthette que le fil déborde de chaque coté. En re posant sur la marchette, l'oiseau la fait tomber et est pris par le fil, que tire la force de redressement du bois.

* RAQUETTIER s. m. Ouvrier qui fait des raquettes : *les paumiers sont aussi raquettiers.*

RARA AVIS loc. lat. qui signifie, *Oiseau rare.* (Juvénal, sat. 6, v. 165.)

* RARE adj. (lat. *rarus*). Qui n'est pas commun, qui n'est pas ordinaire, qui se trouve difficilement : *ce livre-là est devenu rare, est curieux et rare.* — C'EST UN HOMME RARE, se dit d'un homme qui a un mérite extraordinaire. Se dit quelquefois aussi par une sorte de plaisanterie ou de reproche : *vous avez eu la une étrange rareté; en vérité, vous êtes un homme rare.* On dit dans une acception analogue la cette dernière, CELA EST RARE, C'EST UNE CHOSE RARE, cela est singulier, bizarre. — DEVENIR, SE RENDRE RARE, aller moins souvent dans les sociétés qu'on avait l'habitude de fréquenter. — Clairsemé : *il a la barbe rare.* — Phys. Se dit d'un corps dont les parties sont très peu serrées, très écartées; et, ce sens, il est opposé à compact ou dense : *plus les corps sont rares, plus ils sont légers.* — Méd. Se dit du pouls, lorsqu'il bat moins de fois qu'à l'ordinaire, dans un temps donné; et, en ce sens, il est opposé à FRÉQUENT : *les médecins lui trouvent le pouls rare.*

* RARÉFACTIF, IVE adj. Didact. Qui a la propriété de raréfier. (Peu us.)

* RARÉFACTION s. f. Didact. Action de raréfier; état de ce qui est raréfié. Est opposé à condensation : *cela se fait par la raréfaction.*

* RARÉFIABLE adj. Phys. Qui est susceptible de se raréfier.

* RARÉFIANT, ANTE adj. Didact. Qui raréfie, qui dilate.

* RARÉFIER v. a. (lat. *rarus*, rare ; *facere*, faire). Phys. Augmenter considérablement le volume d'un corps, sans augmenter sa matière propre ni son poids. Est opposé à condenser : *la chaleur raréfie l'air.* — Se raréfier v. pr. *Un gaz qui se raréfie.*

* RAREMENT adv. Peu souvent, peu fréquemment : *cela arrive rarement.*

* RARETÉ s. f. Disette. Se dit des choses qui sont en petit nombre, en petite quantité; est opposé à abondance : *il y eut grande rareté de vin cette année-là.* — Se dit aussi des choses qui se trouvent peu, qui n'arrivent pas souvent : *la rareté des diamants contribue beaucoup à leur prix.* — Par ext. et fam. : *vous êtes, vous devenez d'une grande rareté.* — Pour LA RARETÉ DU FAIT, pour la singularité de la chose : *je voudrais bien voir cela, pour la rareté du fait.* — Se dit également d'objets rares, singuliers, curieux ; et, dans ce sens, il ne s'emploie qu'au pluriel : *un cabinet de raretés, plein de raretés.* — Phys. État de ce qui est rare, par opposition à densité : *la rareté de l'air sur les montagnes.*

* RARISSIME adj. (lat. *rarissimus*, superlat. de *rarus*, rare). Très rare : *livre, médaille rarissime.* (Fam.)

* RAS, ASE adj. [ra ra-ze] (lat. *rasus*). Qui a le poil coupé jusqu'à la peau : *il a le menton bien ras.* — Qui a le poil fort court : *cette*

---

espèce de chien a le poil ras. — Par ext. RASE CAMPAGNE, campagne fort plate, fort unie, et qui n'est coupée ni d'éminences, ni de vallées, ni de bois, ni de rivières : *les deux armées se battirent en rase campagne.* — TABLE RASE, lame, plaque de cuivre ou d'autre métal, pierre unie, planche, etc., sur laquelle il n'y a encore rien de gravé. — TABLE RASE se dit, fig., en parlant d'un enfant, d'une personne, qui n'ayant pas encore de notions sur la matière dont il s'agit de l'instruire, peut aisément recevoir les impressions, les idées qu'on veut lui donner : *son esprit est une table rase où l'on gravera tout ce que l'on voudra.* — FAIRE TABLE RASE, se dit d'un homme qui, regardant les opinions ou notions qu'il a comme douteuses et incertaines, les rejette, pour les adopter de nouveau, les modifier, ou les proscrire définitivement, après un sérieux et philosophique examen. — Mar. BATIMENT RAS, bâtiment qui est moins élevé au-dessus de l'eau qu'un autre bâtiment de la même espèce. On dit, dans un sens différent, CE BATIMENT EST RAS COMME UN PONTON, il a perdu tous ses mâts. — BOISSEAU RAS, MESURE RASE, boisseau, mesure remplie de manière que le grain, la farine, etc., n'excède pas les bords; par opposition à boisseau comble, mesure comble : *vendre à boisseau ras, à mesure rase.* — VERSER DU VIN A RAS DE BORD, verser plein le verre jusqu'aux bords. — s. m. Se dit de plusieurs sortes d'étoffes croisées fort unies, dont le poil ne paraît point, et qui sont faites les unes de laine, les autres de soie : *ras de Saint-Lô; ras de Saint-Maur.* — Mar. Espèce de plate-forme flottante, sur laquelle se mettent les ouvriers qui travaillent à la carène d'un bâtiment : *construire un ras.* — AU RAS DE L'EAU, A RAS L'EAU, presque au niveau de l'eau : *cette embarcation est à ras l'eau.* — RAS DE MARÉE, bouillonnement occasionné, en quelque endroit de la mer, par la rencontre de deux marées, de deux courants opposés : *les ras de marée sont quelquefois très dangereux.*

* RASADE s. f. Verre de vin ou d'autre liqueur, plein jusqu'aux bords : *ils burent force rasades.*

RASAGE s. m. Action de raser.

* RASANT, ANTE adj. Fortific. Qui rase. LIGNE DE DÉFENSE RASANTE, ligne droite qui, partant du flanc d'un bastion, se trouve être dans la direction de la face du bastion voisin; et, FEU RASANT, coups de canon qu'on tire dans la direction de cette ligne. TIR RASANT, tir horizontal. — Paysage. VUE RASANTE, vue qui s'étend à proximité sur un pays uni et varié : *quelques personnes aiment beaucoup les vues rasantes.* — ↝ Pop. Ennuyeux.

RASCHGOUN ou Caracoles, ancienne *Arra*, île d'Algérie, près de l'embouchure de la Tafna. Elle est longue de 800 m. sur 200 et possède un petit port.

* RASEMENT s. m. Action de raser une fortification, une place, etc., ou résultat de cette action.

* RASER v. a. (lat. *rasare*; de *radere*). Tondre, couper le poil tout près de la peau avec un rasoir : *se faire raser la tête de temps en temps.* Se dit particul., en parlant de la barbe; et alors il s'emploie toujours absolument : *se faire raser par un barbier, par un valet de chambre.* — UN BARBIER RASE L'AUTRE, se dit lorsque des gens d'une même profession, ou ayant un intérêt commun, se soutiennent, se louent réciproquement. — En parlant d'un édifice, de tout bâtiment, signifie, abattre rez pied, rez terre : *raser une maison.* On dit dans le même sens, RASER UNE PLACE. — RASER UN VAISSEAU, ôter à un vaisseau la partie supérieure de ses œuvres mortes : *on a rasé ce bâtiment pour en faire un ponton.* — Fig. Passer tout auprès avec rapidité : *un boulet de canon lui rasa l'épaule.* — Effleurer, passer

---

tout auprès : *le bâtiment rasa un écueil, et pensa périr.* — RASER LA CÔTE, naviguer le long de la côte : *la flotte rase la côte.* — Man. CE CHEVAL RASE LE TAPIS, ses épaules sont peu de mouvement, et il ne relève point assez en marchant; les pieds sont trop près de terre, il va butter. — Raser v. n. CE CHEVAL RASE, COMMENCE A RASER, il ne marque presque plus; la cavité des dents incisives ne paraît plus. — ↝ Pop. Tromper, duper : *il m'a joliment rasé.* — Ennuyer. — * Se raser v. pr. Se faire la barbe: *se raser soi-même.* — Chasse. SE RASER, ÊTRE RASÉ, se dit d'une perdrix ou d'un lièvre qui se tapit le plus qu'il peut contre terre pour se cacher : *les perdrix se rasent quand elles aperçoivent l'oiseau.*

RASEUR, EUSE s. Personne qui rase. — Pop. Personne ennuyeuse.

* RASIBUS prép. [ra-zi-bus]. Terme populaire et bas, qui veut dire, tout contre, tout près : *le coup lui passa rasibus du nez.*

RASKOLNIKS ou Roskolniks, la principale secte des dissidents russes. (Voy. RUSSIE.)

* RASOIR s. m. [ra-zouar]. Instrument d'acier qui a le tranchant très fin, et dont on se sert pour raser la barbe : *le manche, la lame d'un rasoir.* — COUPER COMME UN RASOIR, se dit de tout ce qui coupe fort bien. — PIERRE A RASOIR, espèce de pierre sur laquelle on passe les rasoirs pour les rendre plus coupants et, CUIR A RASOIR, cuir préparé pour le même usage.

RASOIR s. m. Genre d'acanthoptérygiens, labroïdes, dont le type est le *rasoir* de la Méditerranée (*xyrichtys cultratus*, Val.), long de 20 centim. environ, rougeâtre avec des bandes irrégulières bleuâtres. On estime sa chair

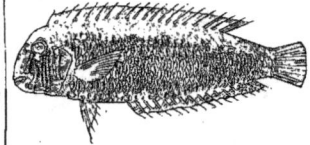

Rasoir de la Méditerranée (Xyrichtys cultratus).

délicate. Il vit solitaire, dans les fonds de sable, près du rivage, et se nourrit des poissons et des mollusques que sa très petite bouche lui permet d'avaler. Il en existe une douzaine d'autres espèces, à peu près de même taille, le long des côtes des îles du Pacifique et de l'Amérique du Sud.

RASORI (Jean), médecin italien, né à Parme en 1766, mort à Milan en 1837. Sa doctrine médicale, issue de celle de Broussais, prépara celle de Broussais. Il a laissé : *Compendio dell' nuova dottrina medica di Brown* (1795).

RASORISME s. m. Doctrine médicale de Rasori.

RASORISTE adj. Qui se rapporte au système de Rasori. — s. m. Partisan du système de Rasori.

RASPAIL s. m. Liqueur au camphre fabriquée d'après la méthode de Raspail.

RASPAIL (François-Vincent) [rass-pal; l mil.], célèbre savant et homme politique, né à Carpentras le 29 janv. 1794, mort à Arcueil le 8 janv. 1878. Troisième fils d'un pauvre traiteur, il commença ses études dans une école gratuite dirigée par un prêtre républicain et fut admis au séminaire d'Avignon en 1810. Tels furent les progrès du jeune élève que, dès l'année suivante, il devint répétiteur de philosophie et, en 1812, professeur suppléant de théologie dans l'établissement même. En 1813, il obtint une place de régent d'humanités au collège de sa ville natale.

Une chanson patriotique publiée pendant les Cent-Jours le fit destituer au retour des Bourbons. Menacé par une bande des assassins qui désolaient alors le Midi, il quitta Carpentras et se rendit à Paris où il mena une existence précaire, en donnant des leçons. Il fut chassé du collège Stanislas après l'assassinat du duc de Berry. Tout en vivant péniblement, il suivit les cours de droit, prit ses inscriptions, entra dans une étude d'avoué, se dégoûta de la chicane et s'adonna à l'étude des sciences physiques et naturelles. Son mémoire sur la *Formation de l'embryon dans les graminées, suivi d'un essai de classification de cette famille* (1824), a servi de base au système actuel de classification des graminées; mais Raspail, accueilli par la hauteur dédaigneuse de l'Académie des sciences, s'éloigna pour toujours de la science officielle, qui devait, plus tard, lui tendre les bras. De 1824 à 1830, il ne cessa de faire des recherches dans le domaine de la botanique, de la zoologie, de la paléontologie, de la chimie, de la médecine et de l'anatomie microscopique. Les recueils scientifiques de l'époque ont publié un grand nombre de ses mémoires. Parmi les intéressantes découvertes, il faut citer celle de la cellule des fécules, élément primordial de tout système organique. C'est ce qui lui valut le surnom de *créateur de la chimie organique*, qui lui fut donné un instant par les savants français et qui lui a été conservé à l'étranger. Ses recherches microscopiques sur les infiniment petits, faites à l'aide d'un microscope dont il fut l'inventeur, établirent sa renommée et lui valurent la protection de Geoffroy Saint-Hilaire, à qui il voua une reconnaissance inaltérable. En juillet 1830, il fut l'un des premiers à saisir un fusil, reçut une grave blessure à la prise de la caserne de Babylone et fut récompensé par la décoration de Juillet, seule distinction qu'il voulût jamais accepter. On lui offrit vainement de bonnes parts à la curée des places, il refusa toujours, pour ne rien devoir à une royauté pour laquelle il n'avait pas eu l'intention de combattre. Ayant repoussé, dans des termes outrageants, le titre de chevalier de la Légion d'honneur qui lui avait été décerné à son insu, il fut poursuivi en 1831, à la suite d'une lettre relative aux troubles de Saint-Germain-l'Auxerrois et condamné à trois mois de prison. Un peu plus tard, il fut de nouveau traîné devant les tribunaux comme appartenant au comité des *Amis du peuple*, et condamné, pour délit d'audience, à quinze mois de prison. Encore poursuivi en 1833, comme membre de la *Société des Droits du peuple*, il fut acquitté, cette fois; mais son défenseur subit les rigueurs de la cour, pour avoir dit que l'acte d'accusation était l'œuvre d'un faussaire. En oct. 1834, son ami politique, l'ex-capitaine de Kersausie, mit à sa disposition 150,000 fr. pour fonder le *Réformateur*, journal démocratique qui expira, au bout de quinze mois, sous le faix de 100,000 fr. d'amende, sans compter les frais. Raspail arrivait à Nantes pour présider un banquet lorsqu'il fut arrêté le 28 juillet 1835, jour même de l'attentat de Fieschi, et ramené à Paris sur l'ordre de M. Thiers, qui voulait l'impliquer dans l'affaire des régicides. L'absurdité de cette accusation sautait aux yeux de tous; aussi Raspail ne passa-t-il pas en jugement avec les assassins; mais il fut condamné, après une prévention de cinq mois et demi, à deux ans de prison et cinq ans de surveillance pour prétendus outrages envers le juge d'instruction, Zanjiacomi; le jugement fut cassé et Raspail, renvoyé devant la cour de Rouen, en fut quitte pour quinze jours de prison. Ses *Lettres sur les prisons* parurent en 1839 (2 vol. in-8°). Pendant cette période de sa vie, il avait publié les nombreux ouvrages scientifiques qui mirent le sceau à sa réputation : *Cours d'*

fouet scientifiques (1830), en faveur de Geoffroy Saint-Hilaire contre Cuvier; *Essai de chimie microscopique appliquée à la physiologie* (1831); *Cours élémentaire d'agriculture et d'économie rurale* (1832); *Nouveau système de chimie organique* (1833); *Nouveau système de physiologie végétale et botanique* (1837, 2 vol., fig. et atlas). Ses recherches microscopiques lui avaient permis d'attribuer les neuf dixièmes des maladies au développement d'animaux infiniment petits. Ces animaux, il ne les montrait pas; mais il devinait leur présence et ils les combattait par d'énergiques insecticides. Comme destructeur de ces parasites, il préconisait surtout l'usage du camphre; il imaginait l'eau sédative, dont la vulgarisation fut un véritable bienfait. A partir de 1845, il fit paraître son *Manuel annuaire de la santé*, dans lequel il attaqua de front la médecine officielle, dans le but avoué de lui substituer un nouveau système plus populaire. Le succès de ce *Manuel*, réimprimé chaque année, fut immense; il s'en vendit un million d'exemplaires en trente ans. Bientôt, joignant la pratique à la théorie, il ouvrit un cabinet de consultations gratuites, où la foule accourut. Mais il se fit des ennemis mortels en attaquant le rapport d'Orfila dans l'affaire Lafarge. Orfila ayant trouvé de l'arsenic dans le cadavre de M. Lafarge, Raspail partit en toute hâte, pour contrôler l'expertise du chimiste officiel, mais le jugement fut prononcé avant son arrivée; il publia son fameux *Mémoire à consulter à l'appel du pourvoi en cassation*, dans lequel il s'engageait à trouver de l'arsenic dans le bois même du fauteuil du président de la cour. Il s'en suivit une amère discussion pendant laquelle le doyen de la Faculté de médecine de Paris n'eut pas le dessus et fut même amoindri au point de vue de son infaillibilité de toxicologiste. Telle fut sa rancune, qu'il descendit à dénoncer son adversaire comme exerçant illégalement la médecine. Raspail fut donc assigné (19 mai 1846). Le substitut, chargé de soutenir la plainte, l'engagea vivement à régulariser sa situation en acceptant un diplôme de la Faculté, « qui lui tendait la main ». Il repoussa la main et le diplôme, et fut condamné à 15 fr. d'amende. Il ne fut plus inquiété pour ce sujet, mais la polémique conserva son acerbité. Ridiculisé dans presque tous les ouvrages des médecins, Raspail leur rendit coup pour coup et ne se montra pas moins agressif. C'est ainsi que dans son *Manuel de la santé*, après avoir attribué les neuf dixièmes des maladies au parasitisme des animaux microscopiques, il n'hésita pas à ajouter que la plupart des autres maladies sont causées par la « médecine scolastique, parasitisme souvent moins curable que celle des infiniments petits ». La théorie des parasites, des *petites bêtes*, comme on disait plaisamment, eut le don d'égayer toute une génération de savants. « Le système de Raspail repose sur un tissu d'erreurs, a dit M. Piédagnel à l'Académie de médecine, sur l'œuvre d'un esprit fourvoyé. » On reprochait surtout à Raspail *d'être chimiste et non médecin*, phrase que nous retrouvons dans la plupart des ouvrages de médecine légale de l'époque, et qui fait involontairement penser à M. Pasteur. Après la révolution de Février, à laquelle il avait pris part d'une manière très active, Raspail commença la publication du journal démocratique, l'*Ami du peuple*. Le 15 mai, il rédigea, en faveur de la Pologne, une pétition qu'il vint lire, à la tête d'une imposante manifestation, à l'Assemblée nationale. Arrêté le jour même, ainsi que son fils, Camille, bien qu'il ne se fût pas associé aux actes insurrectionnels qui marquèrent cette journée, il fit près de onze mois de prévention à Vincennes, et fut condamné, le 2 avril 1849, par la haute cour de Bourges, à six ans de

détention. Pendant sa captivité à Doullens, un coup plus douloureux encore vint le frapper. Mme Raspail, la compagne dévouée de ses longues épreuves, mourut le 8 mars 1853. Plus de cent mille Parisiens accompagnèrent ses restes au Père-Lachaise, où elle repose sous un tombeau dramatique que l'on peut considérer comme l'une des œuvres les plus remarquables du sculpteur Etex. Le mois suivant, Raspail, arraché de sa prison, fut conduit à la frontière belge. Il se fixa à Boitsfort, près de Bruxelles, et ne rentra en France que vers 1862. Il vivait dans la retraite à Arcueil-Cachan, lorsque les électeurs radicaux de Lyon l'élurent député, contre Jules Favre, en 1869. Il siégea à l'extrême gauche avec Rochefort, prit rarement la parole et rentra de nouveau dans la retraite après le 4 Septembre. Ayant, dans les éphémérides de son *Almanach et Calendrier météorologique pour l'année* 1874, rappelé le souvenir de l'entrée des troupes de Versailles à Paris, il fut traduit devant le jury de la Seine sous l'inculpation d'avoir fait l'apologie de faits qualifiés crimes, et condamné, malgré ses 84 ans, à deux ans de prison et 4,000 fr. d'amende. La cour de cassation brisa cet arrêt, qui fut réduit de moitié par la cour de Versailles. Le vieillard subit sa peine dans la maison de santé de Bellevue, où sa fille partagea sa détention et contracta une maladie dont elle mourut. En 1876, les électeurs de Marseille envoyèrent Raspail au Parlement, qu'il présida, le 8 mars 1876, en qualité de doyen d'âge. Il ouvrit la session par des paroles de conciliation et d'oubli. Il prit ensuite sa place à l'extrême gauche, lorsque, l'auteur d'une proposition d'amnistie qui fut repoussée le 17 mai. Il fut réélu député le 14 oct. 1877. Comme médecin et comme homme politique, Raspail resta jusqu'à sa mort la personnalité la plus populaire parmi les classes ouvrières. Environ 400,000 Parisiens assistèrent à ses obsèques, qui eurent le caractère d'une véritable manifestation républicaine. Il a laissé, outre les ouvrages déjà cités : *Histoire naturelle de la santé et de la maladie chez les végétaux et les animaux* (1843, 3 vol. in-8°, fig.; 3° édit. 1860, 3 vol.); le *Fermier-vétérinaire*, annuaire-manuel (1854 et suiv.), etc.

* **RASSADE** s. f. Se dit de petits grains de verre ou d'émail de diverses couleurs, qu'on porte au nègres d'Afrique, et dont ils se parent : un *collier, des bracelets de rassade*.

* **RASSASIANT, ANTE** adj. Qui rassasie : *des viandes rassasiantes*.

* **RASSASIEMENT** s. m. Etat d'une personne rassasiée, pour avoir beaucoup mangé : *le rassasiement de certains mets est dangereux*. — Fig. Le **RASSASIEMENT DES PLAISIRS**, l'état de satiété, de dégoût, que produit l'usage trop fréquent des plaisirs.

* **RASSASIER** v. a. (préf. re; vieux fr. *assasier*; du lat. *adsatiare*). Donner suffisamment à manger, pour apaiser la faim, ou pour satisfaire l'appétit : *il est si grand appétit, qu'on ne peut le rassasier*. — Se dit, fig., en parlant des désirs, des passions que l'on apaise en les satisfaisant : *il a des désirs qu'on ne peut rassasier*. — Satisfaire jusqu'à la satiété, jusqu'au dégoût : *on le rassasia de fêtes de musique*.

> Tout ce qu'on dit de trop est fade et rebutant,
> L'esprit *rassasié* le rejette à l'instant.
> Boileau. *Art poétique*.

— **RASSASIER QUELQU'UN DE DÉGOUTS, D'INJURES, D'OPPROBRES,** l'en accabler, lui en faire éprouver autant qu'il est possible. — Se **RASSASIER** v. pr. *Il a trouvé ce mets à son goût, et il s'en est rassasié*.

* **RASSEMBLEMENT** s. m. Action de rassembler ce qui est épars, séparé : *le rassemblement des pièces nécessaires dans cette af-*

faire, sera une opération fort longue. On le dit plus ordinairement en parlant des troupes : *se rendre au lieu du rassemblement.* — Concours, attroupement de personnes : *on a défendu tout rassemblement au-dessus de tant de personnes.*

* RASSEMBLER v. a. (préf. r; fr. *assembler*). Assembler de nouveau des personnes ou des choses qui étaient dispersées : *rassembler les débris d'une armée.* — Mettre ensemble, unir, assembler ce qui était divisé, épars : *il rassemble chez lui une foule de gens qui ne se connaissent pas.* — RASSEMBLER DES TROUPES, les mettre en corps d'armée : *sur cette nouvelle, on rassembla toutes les troupes, et on marcha aux ennemis.* — Se dit aussi en parlant des pièces de menuiserie ou de charpente qui ont été désassemblées, et qu'on remet dans l'état où elles étaient : *on a démonté cette charpente, il faut la rassembler.* — Man. RASSEMBLER UN CHEVAL, le mettre ensemble; agir simultanément des mains et des jambes, de manière que le cheval, s'asseyant sur les hanches, ait le devant plus libre pour l'exécution des mouvements : *rassemblez votre cheval.* — **Se rassembler** v. pr. *Tous les soldats dispersés se rassemblèrent autour du drapeau.*

* RASSEOIR v. a. (préf. r; fr. *asseoir*). Se conjugue comme *Asseoir.* Asseoir de nouveau, replacer : *il faut rasseoir le malade, cet enfant.* — Fig. Reposer, calmer, remettre dans une situation tranquille : *donnez-lui le temps de rasseoir ses esprits, de rasseoir son esprit.* — **Se rasseoir** v. pr. Se remettre sur son siège. — Se calmer, se reposer : *après cette violente secousse, mes esprits eurent quelque peine à se rasseoir.* — Fig. ellipse du pronom : *il est trop ému, trop agité, laissez rasseoir son esprit.* — Se dit également des liqueurs qui s'épurent en se reposant : *ce vin a besoin de se rasseoir.* Avec ellipse du pronom : *il faut laisser rasseoir ce vin.*

* RASSÉRÉNER v. a. Rendre serein : *le soleil parut et rasséréna le temps.* — Fig. Il paraissait chagrin, cette nouvelle lui a rasséréné le visage.* — **Se rasséréner** v. pr. Devenir serein : *en apprenant cette nouvelle, son front, son visage s'est rasséréné.*

* RASSIS, ISE part. passé de RASSEOIR. — Adj. PAIN RASSIS, pain qui n'est plus tendre. — Fig. DE SENS RASSIS, sans être ému, sans être troublé : *il a fait cela de sens rassis.* — Fig. ESPRIT RASSIS, esprit calme, mûri par la réflexion : *ce jeune homme n'a pas encore l'esprit rassis.* On dit dans le même sens, UN HOMME RASSIS. — s. m. Un fer du cheval qu'on remet, qu'on rattache, qu'on rassied avec des clous neufs, lorsqu'il est encore bon : *deux russis valent un fer.*

* RASSORTIMENT s. m. Action de rassortir, de se rassortir : *le rassortiment de ce tapis ne sera pas facile.*

* RASSORTIR v. a. Assortir de nouveau : *il faut rassortir ce magasin.*

* RASSOTER v. a. Faire devenir sot, infatuer, enfêter : *on l'a rassoté de cette fille, il veut l'épouser.* (Fam. et vieux.)

* RASSURANT, ANTE adj. Qui est propre à rassurer, à rendre la confiance, la sécurité : *nouvelle rassurante.*

* RASSURER v. a. (préf. r; fr. *assurer*). Affermir, rendre stable : *il faut rassurer cette muraille, elle menace ruine.* — S'emploie quelquefois, fig., au sens moral : *le gain de cette bataille a rassuré son pouvoir, son autorité.* — Redonner l'assurance, rendre la confiance, la tranquillité : *quelques soldats commençaient à s'ébranler, quand l'exemple de leur capitaine les rassura.* — **Se rassurer** v. pr. *Je me rassure d'après ce que vous me dites.* — IL FAUT ATTENDRE QUE LE TEMPS SE RASSURE, il faut at-

tendre que le temps se remettre entièrement au beau.

RASTADT [râ'-statt], ville fortifiée du duché de Bade, sur la Murg, à 25 kil. S.-O. de Carlsruhe; 12,205 hab. Il s'y tint un congrès en 1713, et il s'y signa le 6 mars 1714 un traité de paix qui mit fin à la guerre de la succession d'Espagne. Le second congrès de Rastadt s'ouvrit le 9 déc. 1797, et accéda aux demandes des Français; mais il se dispersa en avril 1799, lors de la reprise des hostilités. Pendant leur retour, les ambassadeurs français furent traîtreusement assassinés près de la ville par des hussards autrichiens (28 avril). Un monument marque le lieu où ils tombèrent. La révolution de Bade de 1849, commença à Rastadt le 11 mai. Le 6 et le 7 juillet, la ville fut bombardée par les Prussiens, et elle se rendit le 23. Les Prussiens l'occupèrent ensuite jusqu'en 1866.

RASTEL s. m. (provenç. *rastel*, râteau.) Réunion de gens que l'on invite à boire, ou auxquels on fait des distributions de vivres et de secours, pour les inviter à porter certain bulletin dans l'urne électorale.

* RAT s. m. Petit quadrupède de l'ordre des rongeurs, auquel les chats donnent la chasse, qui ronge et mange les grains, la paille, les meubles, etc.; il a les pattes courtes, le museau pointu, la queue longue et couverte de petites écailles : *les rats courent toute la nuit dans le grenier.* — MORT AUX RATS, certaine composition où il entre de l'arsenic, et dont on se sert pour détruire les rats : *acheter, vendre de la mort aux rats.* — IL EST GUEUX COMME UN RAT D'ÉGLISE, il absol., GUEUX COMME UN RAT, se dit d'un homme qui est très pauvre. — IL PUE COMME UN RAT MORT, se dit d'un homme qui sent fort mauvais. — A BON CHAT, BON RAT, bien attaqué, bien défendu. — UN NID A RATS, un logement étroit, obscur et sale : *les chambres de cette maison ne sont que des nids à rats.* — ÊTRE DANS UN ENDROIT COMME RAT EN PAILLE, y être à son aise, y trouver tout abondamment, sans qu'il en coûte rien : *notre ami est dans ce château comme un rat en paille.* — QUEUE-DE-RAT. (Voy. QUEUE. — AVOIR DES RATS DANS LA TÊTE, avoir des RATS, avoir des caprices, des bizarreries, des fantaisies : *c'est un homme qui a des rats.* On dit de même, IL LUI PASSE TOUS LES JOURS DES RATS DANS LA TÊTE. — CE CHEVAL A UNE QUEUE DE RAT, il a la queue raide et dégarnie de crins. — DONNER DES RATS, marquer les habits des passants avec de la craie ou de la farine dont on a frotté un petit morceau d'étoffe coupé ordinairement en forme de rat : *pendant les jours gras, quelques enfants s'amusent à donner des rats aux passants.* — PRENDRE UN RAT, se dit d'une arme à feu, quand le coup ne part pas : *votre pistolet, votre fusil a pris un rat.* Il signifie aussi, dans une acception familière et plus figurée, manquer son dessein, manquer son coup. (Voy. RATER.) — RATS DE CAVE, certains commis des contributions indirectes, qui visitent les boissons dans les caves. — RAT DE CAVE, espèce de bougie mince et longue, qui est roulée sur elle-même, et que l'on sert pour descendre à la cave. — RAT D'EAU, sorte de campagnol amphibie, qui se retire dans des trous au bord des rivières, et qui a des pattes palmées. (Voy. CAMPAGNOL.) — RAT DE PHARAON. (Voy. MANGOUSTE.) — RAT musqué, rat de l'Amérique septentrionale dont la peau exhale l'odeur du musc. (Voy. ONDATRA.) — RAT DES CHAMPS. (Voy. CAMPAGNOL.) — ∿ Avare : *c'est un rat fini.* — Apprentie danseuse à l'Opéra. — Retardataire, dans le jargon de l'école polytechnique. — Enfant destiné au vol, pégriot. — Caprice, fantaisie : *elle a un rat pour lui.* — Terme de tendresse : *mon petit rat.* — ENCYCL. Les rats forment un genre de rongeurs caractérisé surtout par trois dents molaires de chaque côté des deux ─┴choires,

une queue longue et écailleuse. Le type de ce genre est le *rat noir* ou *rat proprement dit* (*mus rattus*) qui mesure de 18 à 20 centim. de long avec une queue de 20 centim. environ. Sa couleur est très sombre, presque noire. Il n'est pas très fort, mais il est extrêmement actif; il est exterminé par le rat brun ou surmulot, plus gros et plus féroce. Les habitudes des deux espèces sont à peu près les mêmes : le rat noir, cependant, se terre moins. Il semble avoir été apporté en Europe vers le milieu du XVI° siècle; il vient de l'Asie centrale. Cette espèce comme les autres, du reste, est éminemment bataillleuse; et les rats, avec leur appétit omnivore, sont de véritables cannibales, qui dévorent non seulement leurs congénères plus faibles, mais même leurs petits. Bien qu'ils vivent dans les lieux les plus sales et dans l'air le plus impur, ils ont toujours une robe luisante, et se donnent toutes les peines du monde pour se tenir propres, se léchant les pattes et se débarbouillant à la manière des chats. La queue du rat a plus de muscles que la main de l'homme. Elle est couverte d'écailles minuscules et de poils courts et raides, qui la rendent préhensile et capable de servir de main, ou de point d'appui pour se balancer ou se projeter en avant. Les dents sont longues et aiguës, mais leur blessure n'a rien de spécialement dangereux; elles sont si fortes qu'elles rongent l'ivoire. — Cette espèce tend à disparaître, depuis l'invasion en Europe du surmulot (*mus decumanus*), autre espèce beaucoup plus redoutable. (Voy. SURMULOT.) Parmi les autres espèces de ce genre d'animaux voraces et d'une déplorable fécondité, nous avons en France la souris (voy. ce mot), le mulot (voy.), le rat champêtre ou mulot des champs (*mus campestris*), long de 65 millim., sans compter la queue, le rat des moissons (*mus messorius*), long de 60 millim. — Les animaux du genre rat s'apprivoisent assez facilement et deviennent même très familiers. La reproduction en captivité finit par donner

Cage à rat.

des sujets albinos, dont la belle couleur blanche fait ressortir le rouge brillant de l'œil. Les rats blancs et les souris blanches apprennent à faire quelques exercices; ils aiment à vivre dans une cage semblable à celle de l'écureuil, mais plus petite. (Voy. notre fig.) Il faut les y tenir dans une grande propreté, autrement ils répandent une odeur très désagréable.

RATA s. m. Terme populaire employé pour désigner un ragoût composé de mouton, de macaroni, de navets, de pommes de terre, d'oignons et de saindoux. — pl. *Des ratas.* — Par ext. Toute espèce de ragoût.

* RATAFIA s. m. Liqueur spiritueuse qui est composée avec de l'eau-de-vie, et tirée des noyaux de certains fruits, ou des fruits mêmes, principalement des cerises, des abricots, etc. : *ratafia de cerises.*

RATAGE s. m. Mar. Rats qui pullulent dans un navire.

RATAILLE s. f. Quantité de rats.

RATANHIA s. m. Bot. Nom donné à diverses espèces de plantes de la famille des polygalées, genre craméria. Le *ratanhia offi*-

cinal (crameria triandra) croît dans les lieux arides et sablonneux du Pérou; sa racine ligneuse, offre de longues radicules, quelquefois grosses comme le petit doigt; elle est d'un rouge pâle à l'intérieur, tandis que son écorce est d'un rouge vif foncé. Cette écorce constitue un astringent énergique que l'on administre avec succès dans la diarrhée, la dysenterie, la leucorrhée, la métrorrhagie, et comme dentifrice pour raffermir les gencives. En infusion : 15 à 30 gr. par litre; en extrait, 1 à 4 gr.

RATAPLAN s. m. (Onomat.). Mot par lequel on exprime le son du tambour.

RATAPOIL s. m. Partisan du militarisme et particulièrement du césarisme napoléonien.

* **RATATINÉ, ÉE** part. passé de **RATATINER**. — UNE POMME RATATINÉE, une pomme ridée, flétrie. — Se dit, fam., des personnes, et signifie, raccourci, rapetissé par l'âge ou par quelque maladie : *un petit vieillard ratatiné.*

RATATINER v. a. Resserrer. — * **Se ratatiner** v. pr. Se raccourcir, se resserrer : *le parchemin se ratatine au feu.*

RATATOUILLE s. f. Ragoût mal préparé, peu appétissant.

RAT-BAILLET s. m. Mamm. Nom que l'on donne au loir en Normandie.

RATAZZI. Voy. **RATTAZZI.**

RATE s. f. Femelle du rat.

> Quelques *rates*, dit-on, répandirent des larmes.
> LA FONTAINE.

* **RATE** s. f. Anat. Viscère mou, situé dans l'hypocondre gauche, entre l'estomac et les fausses côtes : *avoir la rate gonflée, opilée, obstruée.* — DÉSOPILER, ÉPANOUIR LA RATE, divertir, réjouir, faire rire : *voilà une histoire, un conte qui est propre à désopiler la rate.* On dit aussi, avec le pronom personnel régime indirect, IL AIME A RIRE ET A S'ÉPANOUIR LA RATE. — ENCYCL. La rate est la plus grosse de nos glandes vasculaires, et sa fonction probable est subsidiaire aux procédés de sanguification. Elle est située profondément dans la région hypocondriaque gauche, au-dessous du diaphragme, au-dessus du côlon descendant, entre les cartilages des fausses côtes et l'extrémité cardiaque de l'estomac, à laquelle elle est reliée par de petits vaisseaux. En bonne santé, elle mesure de 12 à 14 centim., elle a 7 centim. d'épaisseur et pèse environ 150 gr. Sa forme est celle d'un croissant dont le grand diamètre serait vertical, la concavité à droite, la convexité à gauche. Sa face concave présente vers sa partie moyenne, une rangée de trous appelée *scissure de la rate.* Cet organe est mou, spongieux et d'un rouge lie de vin ; sa surface extérieure est couverte d'une membrane séreuse que lui fournit le péritoine. Son parenchyme se compose d'une masse homogène de corpuscules incolores et de cellules encastrées dans un plasma granulaire. Les corpuscules spléniques ou corps malpighiens de la rate sont sphériques, blanchâtres, d'un diamètre d'environ un vingtième de centimètre et attachés aux petites ramifications de l'artère splénique. Chaque corpuscule se compose d'un sac fermé ou capsule, contenant dans son intérieur une masse de cellules visqueuses, à demi solides et une substance homogène. On ne sait rien de précis sur les fonctions de la rate; mais on suppose qu'elle fait subir au sang une modification particulière. Elle n'est pas directement essentielle à la vie, puisqu'on l'a plusieurs fois enlevée impunément à de petits animaux. — La rate est sujette à certains engorgements que l'on combat efficacement par le quinquina ou le sulfate de quinine.

* **RATÉ, ÉE** part. passé de **RATER**. — ~ Manqué : *pièce ratée.* — s. m. Coup de feu qui n'est pas parti : *vous avez fait là un beau raté.* — Fruit sec : *on nomme raté un médecin sans diplôme, un poëte sans éditeur, un chanteur sans engagement,* etc.

* **RÂTEAU** s. m. (lat. *rastrum*). Instrument d'agriculture et de jardinage, qui a des dents de fer ou de bois, et qui est ajusté au bout d'un long manche ; il sert à ramasser le foin dans les prés, de l'orge, de l'avoine dans les champs, à briser les mottes sur des terres labourées, à nettoyer des allées dans les jardins, etc : *un râteau à dents de fer.* — Instrument en forme de râteau sans dents, avec lequel on ramasse l'argent sur les tables de jeu.

RATEL s. m. Mamm. Genre de carnassiers plantigrades, souvent réuni aux gloutons, et dont l'espèce type, *viverra mellivora,* vit aux environs du cap de Bonne-Espérance.

RÂTELAGE s. m. Agric. Action de râteler ; résultat de cette action. Le râtelage n'est autre chose que le glanage fait au râteau, dans les champs de céréales après la récolte ; et il est soumis aux mêmes règles. (Voy. GLANAGE.)

* **RÂTELÉE** s. f. Ce que l'on peut ramasser en un seul coup de râteau : *une râtelée de foin.* — DIRE SA RATELÉE, dire librement tout ce qu'on sait ou tout ce qu'on pense de quelque chose : *j'en dirai ma râtelée.*

* **RÂTELER** v. a. Amasser avec le râteau : *râteler des foins, des avoines.* — Passer le râteau dans des allées, pour en ôter les cailloux, les feuilles, les herbes, etc., et pour les rendre plus unies : *râteler des allées.*

* **RÂTELEUR** s. m. Homme de journée qu'on paye pour râteler des foins, des orges, des avoines, etc. : *il faut tant de râteleurs pour un botteleur, pour un lieur.*

* **RÂTELIER** s. m. Espèce de balustrade qui ressemble à une échelle posée horizontalement, et qu'on attache au-dessus de la mangeoire, dans les écuries, dans les étables, pour contenir le foin ou la paille que mangent les chevaux, les bœufs, etc. : *mettre du foin au râtelier.* — MANGER A PLUS D'UN RATELIER, tirer du profit de plusieurs emplois différents. On dit même, MANGER A DEUX RATELIERS, A PLUSIEURS RATELIERS. — Fig. METTRE LE RATELIER BIEN HAUT A QUELQU'UN, lui rendre une chose si difficile, qu'il ne puisse y réussir qu'avec beaucoup de peine. — Se dit aussi, dans les corps de garde, dans les casernes, de deux montants garnis de chevilles ou de crochets sur lesquels on pose des fusils, des carabines, etc. ; ou bien de deux pièces de bois horizontales établies à trois ou quatre pieds l'une au-dessus de l'autre, et qui servent à placer les fusils verticalement, dans un certain ordre : *un râtelier fixé à la muraille.* — REMETTRE LES ARMES AU RATELIER, quitter les armes, ne plus faire la guerre. — Fig. Deux rangées de dents : *un beau râtelier.* — Se dit surtout d'une série de dents artificielles montées sur une même pièce.

RATEMENT s. m. Action de rater.

* **RATER** v. n. Se dit d'une arme à feu qui manque à tirer, soit que l'amorce ne prenne point, soit que le coup ne parte pas : *la compagnie de perdrix partit à la portée de son fusil mais son fusil rata.* — v. a. Se dit de celui dont l'arme rate au moment où il veut tirer : *rater une pièce de gibier.* — Se dit quelquefois fam., au figuré, d'un homme qui n'a pas réussi à quelque chose qu'il avait entrepris : *il a raté cette place.*

RATEUX, EUSE adj. Qui appartient au rat.

RATIBOISÉ, ÉE adj. Ruiné : *mon cher, je suis ratiboisé.*

RATIBOISER v. a. Râtler, ratisser : *ces messieurs m'ont ratiboisé cent vingt francs.*

RATIBOR, ville de la Silésie prussienne, sur l'Oder, à 140 kil. S.-E. de Breslau ; 17,269 hab. Les céréales et le bois sont les principaux objets de commerce. C'était autrefois la capitale d'une principauté. Aujourd'hui, elle est tenue, à titre de duché, par le prince Victor de Hohenlohe-Waldenburg-Schillingsfürst.

RATIER, IÈRE adj. Qui se rapporte aux rats. — CHIEN RATIER. (Voy. *Bull terrier,* dans notre article *Chien.*)

* **RATIÈRE** s. f. Petite machine à prendre les rats. — Prov. *Il a été pris comme dans une ratière.*

RATIFICATIF, IVE adj. Qui ratifie.

* **RATIFICATION** s. f. Approbation, confirmation, dans la forme requise, de ce qui a été fait ou promis : *ratification sous seing privé.* — Acte, écrit dans lequel la ratification est contenue : *le traité a été fait tel jour, mais on attend la ratification de la Russie, de l'Autriche,* etc. — Législ. « Les actes contenant la ratification ou confirmation d'une obligation annulable ou rescindable ne sont pas parfaitement valables s'ils ne contiennent : 1° la substance de l'obligation à confirmer, de telle sorte qu'il ne puisse y avoir erreur dans la ratification ; 2° la mention du vice qui rend l'obligation annulable ; 3° l'intention formellement exprimée d'effacer ce vice. Un acte de ratification irrégulier peut servir de commencement de preuve par écrit, dans les cas où la preuve par témoins est admise. (Voy. PREUVE.) La ratification peut être faite tacitement par l'exécution volontaire de l'obligation (C. civ. 1338 et s.). La ratification tacite résulte aussi du silence gardé pendant dix ans par la partie qui pouvait réclamer l'annulation (id. 1304). Les actes portant ratification de ce qui a été fait par un mandataire ou gérant ne sont pas assujettis aux règles précitées. Les ratifications sont assujetties à un droit fixe d'enregistrement, qui est de 3 fr. 75, décimes compris. »   (CH. Y.)

* **RATIFIER** v. a. (lat. *ratus,* assuré ; *facere,* faire). Approuver, confirmer ce qui a été fait ou promis : *il était en prison quand il passa ce contrat, mais il l'a ratifié depuis.*

RATINAGE s. m. Action de ratiner.

* **RATINE** s. f. Etoffe de laine ou drap croisé dont le poil est tiré en dehors, et frisé de manière à former comme de petits grains : *habit de ratine.*

* **RATINER** v. a. Manufact. Passer une étoffe, un drap à la machine à friser, pour en faire de la ratine : *ratiner du drap.*

RATINEUSE s. f. Machine servant à ratiner les étoffes.

RATIOCINATION s. f. [ra-si-o-si-na-si-on] (rad. lat. *ratio,* raison). Philos. Action de raisonner, raisonnement.

RATIOCINER v. n. Se servir du raisonnement. (Vieux.)

* **RATION** s. f. [ra-si-on] (lat. *ratio,* mesure). Portion journalière soit de pain, soit d'autres vivres, soit de fourrage, qui se distribue aux troupes : *distribuer les rations aux soldats, les rations de foin et d'avoine aux cavaliers.* On dit de même, LA RATION D'UN CHEVAL. — Se dit pareillement, sur mer, de la quantité de pain ou de biscuit, de viande, de boisson, etc., qui se distribue chaque jour à chaque homme de l'équipage : *ration de biscuit, d'eau-de-vie, de bœuf salé,* etc.

* **RATIONAL** s. m. Morceau d'étoffe carré, que le grand prêtre des Juifs portait sur la poitrine et qui était orné de douze pierres précieuses sur chacune desquelles était gravé

le nom d'une des douze tribus d'Israël; on l'appelait le rational du jugement.

RATIONALISER v. a. Rendre rationnel.

° RATIONALISME s. m. Philos. Doctrine qui considère les choses uniquement d'après les données de la raison en rejetant toute évélation. Les principaux écrivains rationalistes sont : Reimarus, de Hambourg (mort en 1768); Paulus, de Heidelberg, Eichhorn, Reinhard, Strauss, La Mettrie, d'Holbach, Diderot, Cousin, Aug. Comte, Littré, La Romiguière, Maine de Biran, Pierre Leroux, Jean Reynaud, Michelet, Quinet, etc. — Voy. *Histoire du rationalisme en Europe*, par Lecky (Londres, 1866, 2 vol. in-8°).

° RATIONALISTE adj. Philos. Qui appartient au rationalisme. — Se aussi des partisans du rationalisme : *un philosophe rationaliste.* — Substantiv. *Les rationalistes.*

RATIONALITÉ s. f. Philos. Qualité de ce qui est rationnel. — Mathémat. Qualité des quantités rationnelles.

° RATIONNEL, ELLE adj. Didact. Se dit de ce que l'on ne conçoit que par l'entendement : *les abstractions ont, dans notre esprit, une sorte d'existence rationnelle.* — Géogr. astron. Horizon rationnel, celui qui coupe le ciel et la terre en deux hémisphères ; par opposition à Horizon sensible ou apparent, celui qui est sensible à la vue. — Géom. Quantités rationnelles, quantités dont le rapport avec l'unité peut être exprimé par des nombres, soit entiers, soit fractionnaires. — Qui est raisonné, qui est fondé sur le raisonnement : *méthode rationnelle.* — En Méd. Traitement rationnel.

RATIONNELLEMENT adv. D'une manière rationnelle ; au point de vue de la raison.

° RATIONNEMENT s. m. Action de rationner.

° RATIONNER v. a. Faire une répartition de vivres, de combustibles à bord d'un navire, dans une place assiégée, etc., afin d'en régler l'usage et de les faire durer plus longtemps : *dès le début du siège, on prit la précaution de rationner les habitants.*

RATISBONNE (all. *Regensburg* ; anc. *Reginum*), ville de Bavière, capitale du district uni du haut Palatinat et de Ratisbonne, sur la rive droite du Danube, en face du confluent du Regen, à 105 kil. N.-N.-E. de Munich ; 35,000 hab. C'est l'une des plus originales cités de l'Allemagne. On a achevé en 1875 la restauration de la cathédrale, un des plus grandioses monuments gothiques en Allemagne. L'édifice le plus fameux est, en outre, la Walhalla, ou Panthéon bavarois, à Donaustauf, que Louis Ier termina en 1841 ; c'est un temple de marbre dans l'ordre dorique, sur le modèle du Panthéon. Commerce de bois, de céréales et de sel. Ratisbonne est le principal entrepôt de cette denrée. — Sous les Romains, la ville fut une forteresse importante de la Vindélicie. Au VIe siècle, elle devint la capitale des ducs de Bavière, au VIIIe le siège d'un important évêché, et au XIIe une ville libre impériale. De 1663 à 1806 Ratisbonne fut presque continuellement le siège de la diète allemande ; et sous Charles Dalberg, électeur de Mayence, la ville et le siège épiscopal devinrent une principauté, de 1803 à 1810, époque où l'une et l'autre furent incorporés à la Bavière.

° RATISSAGE s. m. Action de ratisser : *le ratissage d'une allée.*

° RATISSER v. a. Oter, emporter, en raclant, la superficie de quelque chose, ou l'ordure qui s'est attachée dessus : *ratisser des peaux de parchemin.* — ↔ Ruiner.

° RATISSOIRE s. f. Instrument de fer avec lequel on ratisse des allées, des degrés, une cour, etc.

° RATISSURE s. f. Ce qu'on ôte en ratissant : *ratissure de navets.*

°RATON s. m. Petite pièce de pâtisserie, faite avec du fromage mou en forme de tarte : *vendre des ratons.* (Vieux.)

° RATON s. m. Petit rat. Ne s'emploie guère qu'au figuré, dans le langage familier des bonnes avec les enfants : *venez, mon petit raton, mon raton.* — Mamm. Genre de carnassiers plantigrades, très voisin de l'ours et comprenant un petit nombre d'espèces qui habitent l'Amérique. Le *raton laveur (procyon lotor*, Storr) mesure de 50 à 55 centim. de long, sans compter sa queue longue de 33 centim. ; sa couleur dominante est un blanc

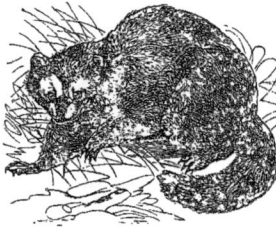

Raton laveur (Procyon lotor).

grisâtre, avec l'extrémité des longs poils noire, ce qui donne au dos une nuance noirâtre ; le dessous est d'un brun sombre ; il possède des glandes anales qui sécrètent un fluide corrosif. Certaines variétés sont presque noires, d'autres presque blanches. Le raton se trouve jusqu'au 60e degré de latitude nord ; mais il est plus répandu dans le sud des Etats-Unis. Ses habitudes ne sont pas exclusivement nocturnes ; il visite quelquefois les champs de blé et les basses-cours au milieu du jour, dans le sud, il mange une sorte d'huîtres de mauvaise qualité ; il dévore aussi les lapins, les écureuils et autres rongeurs, le poisson, les noix et le miel. Dans le nord, il s'engourdit pendant les mois les plus froids. Sa chair est grasse et tendre, et a le goût de porc.

RATONEAU, petite île de la Méditerranée, dans le golfe du Lion, sur la côte de France, arr. et à 4 kil. S.-O. de Marseille, au N. de l'île de Pomègue.

° RATTACHER v. a. (préf. *r* ; fr. *attacher*). Attacher de nouveau : *rattaches ce chien, ce cheval.* — Attacher : *le manteau royal était rattaché d'une agrafe de diamants.* — S'emploie aussi fig., dans le même sens : *rattacher une question à une autre.* — Se rattacher v. pr. *Il y a des gens qui en amitié se détachent et se rattachent avec une grande facilité ; un vêtement qui vient se rattacher sur l'épaule ; cette question se rattache à de grands intérêts.*

RATTACHEUR, EUSE s. Celui, celle qui rattache les bouts d'un fil rompu.

RATTAZZI [rat-ta-dzi]. I. **(Urbano)**, homme d'Etat italien, né à Alexandrie en 1808, mort en 1873. Il fut envoyé au parlement sarde en 1848, et devint successivement ministre de l'instruction et ministre de la justice. Il succéda en févr. 1849 à Gioberti, comme ministre de l'intérieur, et comme premier ministre de fait ; mais il se retira après la bataille de Novare, à la fin de mars. L'opposition parlementaire qu'il fit à la domination autrichienne en Italie aboutit à l'élection d'un parlement nouveau, où il forma un parti moyen agissant de concert avec Cavour, dans le cabinet duquel il devint ministre de la justice en 1853, et de l'intérieur en 1855. Au

commencement de 1858, il se retira à cause de la suprématie qu'avait acquise dans la chambre le parti clérical, quand il eut supprimé partiellement les corporations religieuses. En janv. 1859, il fut élu président de la chambre, et, après la paix de Villafranca, il remplaça Cavour à la tête du cabinet, mais il lui céda la place de nouveau le 20 janvier 1860. En fév. 1861, il fut élu président du parlement italien. Après la mort de Cavour, il combattit Ricasoli, et le remplaça comme premier ministre de mars à décembre 1862. Il fut premier ministre pour la dernière fois d'avril à octobre 1867. Les Garibaldiens, dont la défaite à Mentana est due aux mesures prises par Rattazzi, l'accusèrent d'être vendu à Napoléon III, parce qu'il s'était abstenu de voter dans la question de l'annexion de Nice et de la Savoie à la France ; les cléricaux, de leur côté, l'accusaient d'encourager les Garibaldiens ; mais il justifia sa conduite dans le parlement en soutenant la doctrine des obligations internationales. Il avait épousé, en 1863, Mme Marie de Solms, née Bonaparte-Wyse et petite-fille de Lucien Bonaparte.

° RATTEINDRE v. a. (préf. *r* ; fr. *atteindre*). Rattraper : *le prisonnier s'était échappé, on est parvenu à le ratteindre.* — Rejoindre une personne qu'on vient de quitter, et qui a pris les devants : *il vient de partir, mais j'espère le ratteindre bientôt.*

RATTRAPAGE s. m. Typogr. Fin d'un alinéa qui se trouve en tête d'un feuillet de copie, et dont le compositeur qui a le feuillet précédent a besoin pour terminer sa composition : *demander, prendre, faire son rattrapage* (Th. Lefevre.)

° RATTRAPER v. a. (préf. *r* ; fr. *attraper*). Reprendre, ressaisir : *on a rattrapé ce prisonnier.* — Rejoindre quelqu'un à qui on a laissé prendre les devants : *allez toujours devant, je vous aurai bientôt rattrapé.* Dans cette acception et dans la suivante, il est familier.— Regagner, recouvrer par ses soins ce qu'on avait perdu : *il avait perdu d'abord cinq cents francs, mais il les a rattrapés.* — Attraper de nouveau, attraper une seconde fois : *quand un renard s'est échappé d'un piège, il est bien rare de l'y rattraper.* — Fam. On ne m'y rattrapera plus ; bien fin qui m'y rattrapera, je serai tellement sur mes gardes, qu'on ne me trompera plus en pareil cas. Signifie aussi, je ne risquerai plus pareille chose, je ne m'exposerai plus à semblable aventure. — ↔ Se rattraper v. pr. Se retenir à : *se rattraper à une branche.* — Regagner : *j'avais perdu cent francs, je me suis rattrapé.*

RATURAGE s. m. Action de raturer.

° RATURE s. f. Effaçure faite par quelques traits de plume qu'on passe sur ce qu'on a écrit : *faire des ratures.*

° RATURER v. a. Effacer ce qui est écrit, en passant quelques traits de plume par-dessus : *il est difficile d'avoir un style pur, sans raturer beaucoup.*

° RAUCITÉ s. f. Rudesse, âpreté de voix : *la raucité de la voix est désagréable et blesse l'oreille.* (Peu us.)

RAUCOURT, ch.-l. de cant., arr. et à 15 kil. S. de Sedan (Ardennes) ; 1,600 hab. Forges.

RAUCOURT (Françoise-Marie-Antoinette Saussrotte, dite **Mlle**), actrice, née à Donbasle en 1753, morte en 1815. A 16 ans, elle débuta à Rouen, et se fit ensuite applaudir de tout Paris ; mais elle eut à souffrir de la Révolution par son attachement à la monarchie et surtout à la reine. Elle fut emprisonnée pendant 6 mois et reparut sur la scène en 1799. Elle a laissé un drame, *Henriette*, qu'elle fit jouer en 1782.

RAUCOUX, village de Belgique, province et à 6 kil. N.-O. de Liège ; 600 hab. Le maréchal de Saxe y remporta, le 11 oct. 1746, une éclatante victoire sur les alliés commandés par Charles de Lorraine.

RAUDII CAMPI (*Champs Raudiens*), vaste plaine de la Gaule Cisalpine, à 36 kil. de Milan. En l'an 101 av. J.-C., Marius y remporta sur les Cimbres une victoire célèbre, appelée quelquefois, dans l'histoire, bataille de Verceil.

RAUGRAVE s. m. (all. *raugraf*, comte des pays abrupts). Ancien titre féodal allemand, porté surtout par les comtes de Kreutzwach, qui possédaient des territoires entre la Meuse et la Moselle.

* **RAUQUE** adj. (lat. *raucus*). Ne se dit guère que du son de la voix, et signifie, rude, âpre, et comme enroué : *une voix rauque.*

RAUQUER v. n. Crier d'une voix rauque.

RAURAQUES, *Rauraci*, peuple important de la Gaule Belgique, entre les Helvètes, les Séquaniens, les Triboques et le Rhin. Basilia (Bâle) était l'une de leurs villes principales.

RAUZAN, village du cant. de Pujols, arr. et à 20 kil. S.-E. de Libourne (Gironde) ; 1,000 hab. Ruines imposantes d'un château du XIVᵉ siècle (mon. hist.). Fameux vignoble médocain.

* **RAVAGE** s. m. (du lat. *rapere*, saisir). Dommage, dégât fait avec violence et rapidité : *les ennemis ont fait de grands ravages dans la campagne.* — Dommages que causent les tempêtes, les orages, les pluies, les vents, etc. : *le débordement de la rivière a fait beaucoup de ravages.* — Se dit de même en parlant des maladies : *cette épidémie a fait de grands ravages dans le canton.* — Fig. Désordre que les passions causent : *les passions font de grands ravages dans le cœur des hommes.* — Fam. FAIRE RAVAGE DANS UNE MAISON, faire beaucoup de bruit, de fracas, de désordre. (Peu us.)

RAVAGEMENT s. m. Action de ravager.

* **RAVAGER** v. a. Faire du ravage : *les ennemis ont ravagé toute la province.*

Avant que sa fureur *ravageât* tout le monde,
L'Inde se reposait dans une paix profonde.
J. Racine. *Alexandre*, acte II, sc. II.

* **RAVAGEUR** s. m. Celui qui ravage : *ces ravageurs de provinces que l'on nomme conquérants.* N'est usité que dans le style soutenu.

RAVAILLAC (François) [ra-va-yak ; *ll* mll.], le plus tristement fameux des régicides français, né au village de Touvre, près d'Angoulême, en 1578, tiré à quatre chevaux en place de Grève, à Paris, le 27 mai 1610. Après une enfance misérable, il devint valet de chambre, clerc de procureur, solliciteur de procès, puis maître d'école, prit l'habit de frère convers chez les Feuillants, fut renvoyé comme visionnaire, se rendit à Paris pour se faire jésuite (1606), mais fut repoussé parce qu'il avait « été en d'autre religion », et conçut, poussé par son mysticisme exalté, le projet d'assassiner le roi Henri IV, que les moines représentaient, dans leurs prédications, comme l'ennemi du pape. N'ayant pu parvenir jusqu'au roi, il retourna à Angoulême, qu'il quitta de nouveau le jour de Pâques 1610 pour se rendre à pied à Paris, où il attendit l'occasion d'exécuter le meurtre que ses visions lui représentaient comme devant sauver Rome et la France. Le 14 mai, ayant refait la pointe de son couteau et entendu la messe, il suivit le carrosse royal, qui sortait du Louvre et qui s'engagea rue de la Ferronnerie, où il fut arrêté par un embarras de charrettes. Ravaillac frappa le roi de deux coups de couteau. Henri, dont le second coup avait percé le cœur, tomba mort sans pousser un cri. L'assassin, croyant

avoir accompli une action louable, ne chercha pas à se sauver. On l'arrêta et on le conduisit à l'hôtel de Retz, où il se glorifia d'avoir appris par les sermons qu'il avait entendus « les causes pour lesquelles il est permis de tuer un roi ». On le mit à la question; mais il nia, jusqu'au bout, avoir eu des complices. On le mena ensuite au palais, où eut lieu son jugement. Il fut condamné le 27 mai à la peine de mort, avec tenaillement, versement de plomb fondu et d'huile bouillante dans les plaies, à avoir la main droite, tenant le couteau parricide, brûlée au feu de soufre, à être écartelé, puis brûlé, pour ses cendres être jetées au vent. Le même arrêt ordonna la démolition de sa maison, l'exil perpétuel de ses père et mère; de plus, il était défendu à ses parents de porter à l'avenir le nom de Ravaillac, qui devait être remplacé par cet autre d'Avril. Le supplice du criminel fut horrible; son écartèlement seul dura une heure, au bout de laquelle il mourut, niant toujours avoir eu des complices. Le peuple, « qu'il croyait avoir délivré », mit son cadavre en mille morceaux et les traîna dans les rues, avant de les brûler.

RAVALE s. f. Machine dont on se sert pour aplanir le terrain.

* **RAVALÉ, ÉE** part. passé de RAVALER. — Adjectiv. DES BAS RAVALÉS, des bas qui tombent sur les pieds.

* **RAVALEMENT** s. m. Archit. Travail qu'on fait à un mur, à une muraille, lorsque, après les avoir élevés, on les crépit de haut en bas; ou ouvrage qui résulte de ce travail : *faire le ravalement d'un mur.* — Ragrément d'une construction de pierre : *on vient de terminer le ravalement de cet édifice.* — Fig. Action de ravaler, de déprimer quelqu'un, ou abaissement, avilissement dans lequel une personne tombe : *beaucoup de gens croient établir leur réputation par le ravalement et le mépris de leurs rivaux.* — CLAVECIN, FORTE-PIANO À RAVALEMENT, clavecin, forte-piano qui a plus de touches que les clavecins ou pianos ordinaires.

* **RAVALER** v. a. Avaler de nouveau : *les chiens ravalent souvent ce qu'ils ont vomi.* — RAVALER SA SALIVE, la retirer en dedans de sa gorge, la rentrer en dedans de son gosier. — Fig. et fam. Se dit, en parlant de la contrainte qu'on se fait, lorsque, étant sur le point de dire quelque chose, on se retient par quelque considération : *il a bien fait de ravaler ce qu'il voulait dire.* — JE LUI FERAI BIEN RAVALER SES PAROLES, je l'empêcherai de se servir de paroles offensantes, ou je l'en ferai repentir de s'en être servi. — Rabattre, rabaisser, remettre plus bas : *ravaler un capuchon sur les épaules.* (Peu us. en ce sens.) — Déprimer, rabaisser : *on parlait de lui trop avantageusement, mais vous l'avez trop ravalé, vous l'avez ravalé comme le dernier des hommes.* — Maçonn. et Archit. Faire le ravalement d'un mur, d'une construction : *ravaler un mur, une façade.* — **Se ravaler** v. pr. Se rabaisser : *il s'est beaucoup ravalé par cet acte de lâcheté.*

* **RAVAUDAGE** s. m. Raccommodage de méchantes hardes qui se fait à l'aiguille : *il faut tant pour le ravaudage de ces bas.* — Fig. et fam. Besogne mal faite, faite grossièrement : *vous n'avez fait là que du ravaudage.* Se dit même des ouvrages d'esprit qu'on trouve mauvais.

* **RAVAUDER** v. a. Raccommoder de méchantes hardes à l'aiguille : *ravauder des bas, une veste, un caleçon,* etc. — Absol. *Elle s'occupe à ravauder tout le long du jour.* — Fig. Tracasser dans une maison, s'occuper à ranger des hardes, des meubles, etc. : *il n'a fait que ravauder pendant toute la journée.* — Maltraiter de paroles : *je le ravauderai bien.* — Importuner, incommoder par des discours

impertinents et hors de propos : *qu'est-ce que vous me venez ravauder?*

* **RAVAUDERIE** s. f. Discours plein de niaiseries, de bagatelles : *il ne dit que des ravauderies.* (Fam.)

* **RAVAUDEUR, EUSE** s. Celui, celle dont le métier est de raccommoder des bas, de vieux habits, etc. En ce sens, il est principalement d'usage au féminin : *envoyer chez la ravaudeuse.* — Fig. Homme importun, qui ne dit que des balivernes : *ne prenez pas garde à ce qu'il vous dit, c'est un ravaudeur.* En ce sens, il est familier et peu usité.

* **RAVE** s. f. (lat. *rapa*). Nom vulgaire du radis. — Bot. Variété de navet (*brassica rapa*), qui a produit deux sous-variétés principales : la rave aplatie et la rave oblongue. Les raves sont cultivées pour la récolte de leurs racines aqueuses, peu substantielles. On dit aussi RABIOLE.

* **RAVELIN** s. m. Ouvrage de fortification extérieure, composé de deux faces qui font un angle saillant, et qui sert ordinairement à couvrir une courtine, un pont, etc. C'est la même chose qu'une DEMI-LUNE.

RAVENALA s. m. (nom madécasse). Bot. Genre de musacées, qui ne renferme qu'une seule espèce, le *ravenala de Madagascar* (*ravenala Madagascariensis*), plante arborescente qui a le port d'un palmier. On l'appelle vulgairement *arbre du voyageur*, parce que, si l'on fait une incision à la base de son pétiole, il en découle une eau limpide et saine.

RAVENELLE s. f. Nom vulgaire du *raifort sauvage* et de la *giroflée jaune* ou *giroflée de muraille.* (Voy. GIROFLÉE.)

RAVENNE (ital. *Ravenna*). I, province du N.-E. de l'Italie, sur l'Adriatique ; 1,922 kil. carr. ; 221,145 hab. Pays montagneux, surtout au S. et traversé par le Savio, le Santerno, et un grand nombre d'autres cours d'eau. — II, capitale de cette province, dans une plaine marécageuse, sur le Montone, près de l'Adriatique, à 270 kil. N. de Rome ; 58,904 hab. La ville est pleine de belles églises riches en magnifiques œuvres d'arts, de luxueux palais. Elle contient la tombe de Dante. Le plus grand commerce consiste en blé et en soie brute ou manufacturée. A l'origine Ravenne était réellement sur le rivage, mais elle en est séparée aujourd'hui par une forêt de pins. — Auguste donna à Ravenne une grande importance en y construisant un port neuf et en y faisant une station navale. Elle était en même temps un poste militaire considérable, et en 404 Honorius en fit sa résidence impériale. Ce fut la capitale des rois goths, et plus tard des exarques des empereurs byzantins, et toute la province qui se trouvait sous leur juridiction s'appela l'exarchat de Ravenne. Elle fut prise par Luitprand, roi des Lombards en 728, et de nouveau en 752, par Astolphe. Lorsque Pépin eut vaincu les Lombards, il céda Ravenne au pape, et dès lors, sauf quelques interruptions accidentelles, elle appartint aux Etats pontificaux jusqu'en 1860. Les Français, commandés par Gaston de Foix qui périt dans l'action, y défirent les Espagnols et les troupes du pape Jules II, le 11 avril 1512.

RAVESTAN s. m. Techn. Panier dans lequel les verriers conservent les pièces de verrerie, en attendant le moment de les empailler.

* **RAVI, IE** part. passé de RAVIR. Enlevé. — SAINT PAUL FUT RAVI JUSQU'AU TROISIÈME CIEL, il fut enlevé jusqu'au troisième ciel. Un HOMME RAVI DE JOIE, RAVI D'ÉTONNEMENT, RAVI D'ADMIRATION, transporté de joie d'étonnement, d'admiration. — ÊTRE RAVI EN EXTASE, être transporté hors de soi par un sentiment très vif d'admiration : *à la vue de ce grand*

monument, il fut ravi en extase. — Dans le langage mystique, ÊTRE RAVI EN EXTASE, être transporté hors de soi par une forte contemplation, et par l'effet d'une grâce particulière : *ce saint a été plusieurs fois ravi en extase.* — Par exag. et fam. ÊTRE RAVI DE QUELQUE CHOSE, en éprouver un vif plaisir, en être bien aise : *je suis ravi qu'il ait gagné son procès.*

RAVIER s. m. Petit plat dans lequel on sert des radis et autres hors-d'œuvre.

RAVIÈRE s. f. Agric. Champ, terrain semé de raves.

RAVIGNAN (Gustave-Xavier DELACROIX DE), prédicateur et jésuite français, né à Bayonne en 1795, mort à Paris en 1858. Il se démit d'une haute charge judiciaire à Paris, en 1822, pour entrer au noviciat des Jésuites; il fut ordonné prêtre en 1828, et se rendit célèbre comme prédicateur. En 1837, il succéda à Lacordaire dans la chaire de Notre-Dame, et en 1848, il devint le supérieur de la maison des jésuites de Paris. Il se distingua par sa charité, et défendit son ordre dans l'ouvrage intitulé *De l'existence et de l'institut des Jésuites* (1844) et dans *Clément XIII et Clément XIV*, histoire de la suppression des jésuites (1852).

* RAVIGOTE s. f. Cuis. Sauce verte, piquante, composée principalement de civette, d'estragon, de pimprenelle, de cerfeuil, etc.

RAVIGOTER v.a. (rad. lat. *vigor*, vigueur). Remettre en force, en vigueur une personne, un animal qui semblait faible et atténué : *il se sentait faible, on lui a fait prendre un doigt de vin, qui l'a un peu ravigoté.* — Se ravigoter v. pr. Se ravigoter en buvant un *petit verre de liqueur.* (Fam.)

* RAVILIR v. a. (préf. *r*; fr. *avilir*). Rabaisser, rendre vil et méprisable : *il ne faut pas ravilir sa dignité.* — Se ravilir v. pr. : *en faisant des actions d'humilité, un chrétien ne se ravilit pas.*

* RAVIN s. m. (lat. *rapere*, entraîner). Lieu que la ravine a creusé : *il y a beaucoup de ravins dans ces montagnes.* — Chemin creux, quoique ce ne soient pas les ravines qui l'aient creusé : *ils se cachèrent dans un ravin.*

* RAVINE s. f. Espèce de torrent formé d'eaux qui tombent subitement et impétueusement des montagnes ou d'autres lieux élevés, après quelque grande pluie : *les ravines ont gâté, ont creusé toutes ces vallées.* — Se dit aussi du lieu que la ravine a cavé : *avant d'arriver à ce village, il faut passer une ravine profonde.*

* RAVINEMENT s. m. Action de raviner; résultat de cette action.

* RAVINER v. a. Creuser des ravins, ravager par une ravine.

RAVINEUX, EUSE adj. Qui est creusé par des ravins.

RAVIOLI s. m. pl. (mot ital.). Cuis. Nom donné à de petits carrés de pâte d'œufs et de farine, que l'on sert en Italie, en guise de potage, soit avec du fromage râpé, soit disposés en couches dans une soupière, avec du beurre, du fromage et du jus.

* RAVIR v. a. (lat. *rapere*). Enlever de force, emporter avec violence : *ravir une femme.* — Fig. Enlever, ôter, priver : *ravir à un général la gloire d'une action.*

Dites que de mon ravi l'injuste usurpateur
M'a ou ravir encor l'amitié de ma sœur.
1. RACINE. La Thébaïde, acte II, sc. II.

— Charmer l'esprit ou le cœur de quelqu'un, faire éprouver un transport d'admiration, de plaisir, etc. : *les merveilles que vous me racontez me ravissent.* — A ravir loc. adv. et

fam. Admirablement bien : *elle chante à ravir.*

Sans me vanter, monsieur, je vous sers à ravir.
COLLIN D'HARLEVILLE. L'Inconstant, acte I**, sc. VIII.

* RAVISEMENT s. m. Action de se raviser : *par un ravisement soudain, il accorda ce qu'il avait d'abord refusé.*

* RAVISER v. a. Aviser de nouveau. (Vieux.) — * Se raviser v. pr. Changer d'avis : *il voulait faire telle acquisition, mais il s'est ravisé.*

RAVISSABLE adj. Qui peut être ravi.

RAVISSAMMENT adv. D'une manière ravissante.

* RAVISSANT, ANTE adj. Qui enlève par force : *un loup ravissant.* — Merveilleux, qui charme l'esprit ou les sens : *un discours ravissant.* — Fam. C'EST UN HOMME RAVISSANT, D'UNE HUMEUR RAVISSANTE, se dit d'un homme qui se rend très agréable dans la société. CETTE FEMME EST RAVISSANTE, elle est pleine d'agréments et très aimable.

* RAVISSEMENT s. m. Enlèvement qu'on fait avec violence. N'est guère en usage que dans ces locutions : *le ravissement d'Hélène, le ravissement de Proserpine.* — Etat, mouvement de l'esprit, lorsqu'il est transporté de joie, d'admiration, etc. : *il était dans le ravissement, dans des ravissements incroyables.* — LE RAVISSEMENT DE SAINT PAUL, l'état de saint Paul enlevé au troisième ciel.

* RAVISSEUR s. m. Celui qui ravit, qui enlève avec violence : *un injuste ravisseur l'a privé de son bien.* — Celui qui ravit une femme ou une fille : *autrefois on punissait de mort les ravisseurs.*

* RAVITAILLEMENT s. m. Action de ravitailler : *il fut chargé du ravitaillement de la place.*

* RAVITAILLER v. a. (rad. *victuailles*). Remettre des vivres et des munitions dans une place : *il n'y avait plus de vivres dans la place, on y fit entrer un grand convoi pour la ravitailler.*

RAVIVEMENT s. m. Chir. Opération par laquelle on ravive une plaie, on la rend saignante.

* RAVIVER v. a. (préf. *r*; fr. *aviver*). Rendre plus vif. Se dit principalement en parlant du feu : *jeter de l'eau sur le feu d'une forge pour le raviver.* — CET ÉLIXIR RAVIVE LES ESPRITS, il les ranime. — RAVIVER UN TABLEAU, rendre à ses couleurs l'éclat qu'elles ont perdu. On dit de même, RAVIVER DES COULEURS, DE LA DORURE. — Chir. RAVIVER UNE PLAIE, la rendre vermeille. On dit aussi, RAVIVER LES CHAIRS D'UNE PLAIE. — Fig. Ranimer : *cette nouvelle a ravivé ses espérances.* — Se raviver v. pr. : *une haine qui se ravive.*

* RAVOIR v. a. Avoir de nouveau. N'est usité qu'à l'infinitif : *j'avais un logement commode, je veux essayer de le ravoir.* — Recouvrer : *il plaide pour ravoir son bien.* — Se ravoir v. pr. Réparer ses forces, sa vigueur : *il a été bien malade, mais il tâche de se ravoir.*

RAVOIR s. m. Nom que l'on donne sur certaines côtes à un parc de filets que la mer couvre et découvre tour à tour.

RAY ou Wray (JOHN), naturaliste anglais, né en 1628, mort en 1705. Parmi ses œuvres les plus importantes, on a : *Catalogus Plantarum Angliæ* (1670), qui est la base de toutes les flores anglaises; *Methodus Plantarum nova* (1682), où il propose une nouvelle méthode de classification, et *Historia Plantarum* (1686-1704, 3 vol.). Il édita les œuvres de Willughby sur le règne animal, et publia plusieurs autres ouvrages sur l'histoire naturelle, en outre d'une *Collection of English Proverbs* et d'un *Glossary of North and South Country Words.* Il s'est formé en 1844 une société pour la publication des ouvrages d'histoire natu-

relle, qui s'est appelée *Ray Society* afin d'honorer sa mémoire.

RAYAGE s. m. [ré-ia-ge]. Action de rayer; résultat de cette action.

* RAYÉ, ÉE part. passé de RAYER. — Adj. Qui a des raies : *une étoffe rayée.* — CANON RAYÉ, canon de certaines armes à feu, qui a de petites cannelures en dedans. On a dit de même, ARQUEBUSE RAYÉE.

* RAYER v. a. (lat. *radiare*). Se conjugue comme PAYER. Faire des raies : *rayer de la vaisselle en la nettoyant.* — Effacer, raturer, faire une raie, passer un trait de plume sur ce qui est écrit : *on l'a rayé des contrôles de l'armée, du tableau des avocats, de la liste des électeurs,* etc. — ON LUI A RAYÉ SA PENSION, on a supprimé sa pension, on a cessé de la lui payer. — Prov. et fig. RAYEZ CELA DE VOS PAPIERS, DE VOS REGISTRES, se dit pour faire entendre à quelqu'un qu'il ne doit pas compter sur quelque chose.

RAYER (Pierre-François-Olive) [rai-ié], médecin français, né à Saint-Sylvain, près de Caen, en 1793, mort à Paris en 1867. Il se fit une clientèle importante à Paris, et devint médecin en chef de l'hôpital de la Charité. Il a écrit de nombreux ouvrages, notamment un traité sur les maladies de la peau (nouvelle édition, 1835, 3 vol.), et un autre sur les maladies des reins (1839-41, 3 vol.).

RAYÈRE s. f. (rè-iè-re). Constr. Ouverture longue et étroite, pratiquée verticalement dans le mur d'une tour, pour donner du jour dans l'intérieur.

* RAY-GRASS s. m. [rê-grass] (angl. *ray, rayon; grass,* herbe). Agric. Nom générique sous lequel on comprend diverses herbes : le RAY-GRASS DE FRANCE, avoine élevée; le RAY-GRASS D'ANGLETERRE, ivraie vivace ou gazon anglais, le RAY-GRASS D'ITALIE, ivraie d'Italie.

RAYMOND DE PENNAFORT (Saint), né au château de Pennafort (Catalogne), en 1175, mort en 1275. En 1222, il entra chez les dominicains, devint général de l'ordre en 1238, et contribua à établir l'inquisition dans le Midi. Fête le 23 janvier.

RAYMOND, nom de sept comtes de Toulouse dont les plus connus sont: I. (Raymond IV), dit de Saint-Gilles, duc de Narbonne et marquis de Provence, né en 1042, mort en 1105 Il fut un des principaux chefs de la première croisade et un des prétendants au trône de Jérusalem, après la prise de cette ville. Il refusa la couronne après la mort de Godefroy de Bouillon. — II. (Raymond V), petit-fils du précédent, né en 1134, mort en 1194. Il épousa Constance, fille de Louis le Gros, puis la répudia. Il lutta avec succès contre Henri II d'Angleterre et Alphonse II d'Aragon. — III. Raymond VI), né en 1156, mort en 1222. Il protégea les Albigeois, fut accusé du meurtre du légat du pape, Pierre de Castelnau, et excommunié par Innocent III. Battu par Simon de Montfort, il fut dépouillé de ses Etats dont il ressaisit plus tard une partie malgré les efforts d'Amaury de Montfort. — IV. (Raymond VII), fils du précédent, (1197-1249) et dernier comte de Toulouse. Il aida son père à reconquérir ses Etats. En 1242, il se ligua contre saint Louis avec les rois d'Angleterre, de Castille, d'Aragon et de Navarre. Après la défaite de l'armée anglaise à Taillebourg, Raymond fit sa soumission et signa la paix à Lorris (1243). En 1247, il se croisa avec saint Louis et mourut deux ans après, laissant tous ses domaines à sa fille Jeanne qui, par son mariage avec le comte de Poitiers, frère du roi de France, les fit passer à la couronne.

RAYMOND-BÉRENGER, 36° grand-maître de Saint-Jean de Jérusalem, élu en 1365, mort en 1373. Il enleva aux Turcs Alexandrie et Tripoli de Syrie, et réforma son ordre.

RAYMOND (Pierre), célèbre émailleur li-

mousin du XVIᵉ siècle. La plupart de ses œuvres se distinguent par l'amour de la précision poussée jusqu'à la sécheresse.

RAYMONDAIS, AISE adj. S'est dit d'une monnaie frappée par Raymond 1ᵉʳ de Toulouse et par ses descendants.

RAYNAL (Guillaume-Thomas-François), historien français, né à Saint-Geniez (Rouergue), en 1713, mort à Paris le 6 mars 1796. Il était prêtre quand il vint à Paris en 1747; mais il abandonna bientôt le ministère, fut nommé directeur du *Mercure de France*, et publia plusieurs ouvrages historiques : *Hist. du Stathoudérat* (la Haye, 1748, in-12), philippique contre les princes d'Orange; *Hist. du parlement d'Angleterre* (Londres, 1748, in-12 ; 1751, in-8°) ; *Mémoires politiques de l'Europe* (1753, 3 vol. in-12), où l'on trouve des esquisses tracées de main de maître. Avec Diderot et d'autres philosophes, il publia, sous le voile de l'anonyme, une *Histoire philosophique des établissements et du commerce des Européens dans les deux Indes* (1770, 4 vol. in-8°). Une seconde édition signée de son nom (4780, 5 vol. in-4°), et contenant des attaques contre le clergé et le gouvernement, fut condamnée à être brûlée de la main du bourreau; l'auteur n'échappa à la prison qu'en menant une vie errante à l'étranger pendant plusieurs années. Il rentra en 1788, et rétracta en 1791, dans une lettre au président de l'Assemblée, les idées philosophiques de sa jeunesse. Les erreurs de son histoire de la guerre d'indépendance en Amérique (1780) ont été relevées par Thomas Paine.

RAYNOUARD (François-Juste-Marie) [rénouar], écrivain français, né à Brignoles (Var) en 1764, mort à Passy en 1836. Il siégea parmi les Girondins à la Convention, et, après leur chute, il fut emprisonné jusqu'au 27 juillet 1794. Il fut membre du Corps législatif de 1805 à 1813, et fut élu en 1817 secrétaire perpétuel de l'Académie. On distingue parmi ses œuvres : *Choix de poésies originales des troubadours* (1816-'21, 6 vol.) ; et *Lexique roman, ou Dictionnaire de la langue des troubadours* (1838-'44, 6 vol.), etc. Ses *Templiers*, tragédie en cinq actes, furent représentés avec succès à la Comédie-Française en 1805.

* **RAYON** s. m. [rè-ion] (lat. *radius*). Trait de lumière considéré comme isolé, dans toute l'émission d'un corps lumineux : *un rayon de lumière*. — On dit, en physique, dans un sens analogue, DES RAYONS DE CALORIQUE. — Phys. RAYON DIRECT, celui qui arrive à l'œil en ligne droite; RAYON ROMPU, celui qui s'écarte de cette ligne en passant d'un milieu dans un autre; RAYON RÉFLÉCHI, celui qui, après avoir rencontré une surface polie, est renvoyé par elle suivant une nouvelle direction; RAYONS PARALLÈLES, ceux qui, partant de divers points, conservent toujours la même distance entre eux; RAYONS CONVERGENTS, ceux qui, partant de divers points, aboutissent à un même centre; RAYONS DIVERGENTS, ceux qui, partant du même point, s'écartent et s'éloignent les uns des autres; RAYONS VISUELS, ceux qui partent d'un objet, et par le moyen desquels les objets sont vus. — Fig. Émanation, lueur, apparence : *un rayon de la sagesse divine semblait éclairer son âme*. — Géom. Demi-diamètre d'un cercle, ou ligne droite tirée du centre à la circonférence : *ce cercle a tant de mètres de rayon*. — Par ext. A DIX KIL., À VINGT KIL., etc., DE RAYON, à dix kil., à vingt kil., etc., à la ronde : *à dix kil. de rayon autour de Paris, on ne trouverait pas un aussi beau château*. On dit aussi, *Dans un rayon de tant de kil.* — Se dit, par anal., de certaines choses qui partent d'un centre commun et vont en divergeant : *une étoile à cinq rayons, à huit rayons*. — Bot. LES RAYONS D'UNE OMBELLE. — LES RAYONS D'UNE ROUE, les rais ou bâtons

qui vont du moyeu de la roue jusqu'aux jantes : *un rayon de cette roue s'est rompu*. — Agric. Petit sillon tracé le long d'un cordeau tendu sur une planche labourée et passée au râteau, sur le bord d'une allée pour en fixer la largeur : *semer, planter en rayons*. — Se dit encore des planches posées dans les armoires, dans les boutiques, dans les magasins des marchands, et qui forment des séparations pour y ranger différents objets : *mettez le linge sur ce rayon, et les habits sur un autre*. — Tablette où l'on place les livres dans une bibliothèque : *ce livre est au troisième, au quatrième rayon*. — RAYON DE MIEL, morceau du gâteau de cire fait par des abeilles, lorsque le miel y est encore : *voulez-vous goûter de ce rayon de miel?*

RAYONNAGE s. m. Agric. Action de tracer des rayons dans un champ.

* **RAYONNANT, ANTE** adj. Qui rayonne : *Moïse, descendant de la montagne, parut le visage tout rayonnant*. — Phys. LE CALORIQUE RAYONNANT, celui qui émane des corps en tous sens; à la différence de celui qui se communique par contact. — Fig. ÊTRE TOUT RAYONNANT DE GLOIRE, se dit de celui qui vient d'acquérir beaucoup de gloire, de renommée. — ÊTRE RAYONNANT DE JOIE, ou simplement, ÊTRE RAYONNANT, se dit de celui dont la figure exprime une vive satisfaction. On dit de même, UN VISAGE RAYONNANT, UNE FIGURE RAYONNANTE.

* **RAYONNÉ, ÉE** adj. Disposé en rayons, en lignes qui partent d'un centre commun et vont en divergeant. S'emploie surtout en termes d'anat. : *ligaments rayonnés*. — s. m. pl. Quatrième embranchement du règne animal, le moins élevé après les protozoaires, et ayant pour trait caractéristique une structure qui rayonne autour d'un axe, bouche comme autour d'un centre. Tous les rayonnés vivent dans l'eau, et la plupart dans la mer. Agassiz les a divisés en polypes, acalèphes et échinodermes, cette dernière classe étant la plus élevée. On les a décrits dans notre Dictionnaire à leurs articles respectifs. États inférieurs du règne animal, ils sont aussi les plus anciens. Huxley les divise en *cœlenterata*, comprenant les hydroïdes, les anémones de mer, les coraux et les acalèphes ; et (partiellement) en *annuloïda*, comprenant les échinodermes. Il place dans les divisions de ces divisions, dont il fait des sous-règnes, les vers intestinaux et quelques petits vers aquatiques, association qui n'est généralement pas adoptée par les naturalistes.

* **RAYONNEMENT** s. m. Action de rayonner : *le rayonnement des astres*.

* **RAYONNER** v. n. [rè-io-né]. Jeter, envoyer des rayons : *le soleil commençait à rayonner sur la cime des montagnes*. — Fig. SON VISAGE RAYONNE DE JOIE, IL RAYONNE DE JOIE, sa figure exprime une joie très vive.

* **RAYURE** s. f. [rè-iu-re]. Manière, façon dont une étoffe est rayée : *la rayure de cette étoffe est fort agréable*. — LA RAYURE D'UNE CARABINE, les cannelures faites dans l'intérieur du canon d'une carabine.

* **RAZ** ou **Ras** s. m. [râ] (lat. *rasus*, rasé). Nom donné à des courants marins violents qui se font sentir dans un détroit, dans un canal entre deux terres rapprochées. — RAZ DE MARÉE, soulèvement extraordinaire de la mer dont la cause n'est pas connue et qui porte subitement les vagues sur la terre à une hauteur de plusieurs mètres.

RAZ (Pointe du), cap de France, sur l'océan Atlantique, à l'extrémité O. du dép. du Finistère, par 48° 2′ 22″ lat. N. et 7° 4′ 12″ long. O. La navigation y est périlleuse.

RAZÈS (Le), ancien petit pays de France, dans le bas Languedoc ; cap. Limoux. Il

forme aujourd'hui une partie des dép. de l'Aude et des Pyrénées-Orientales.

* **RAZZIA** s. f. [ra-dzia] (ar. *rhaziat*, expédition guerrière). Invasion faite sur un territoire ennemi à l'effet d'enlever les troupeaux, les grains, etc. Ce mot date de nos guerres d'Afrique. — Par ext. Enlèvement général.

RAZZIER v. n. Opérer une razzia. — Activ. *On a razzié telle tribu*.

* **RE**, ou **RÉ** préfixe qui entre dans la composition de plusieurs mots, et qui sert ordinairement à indiquer un sens contraire, ou itératif, ou augmentatif. Dans REPOUSSER, RÉAGIR, il indique un sens contraire. Dans REDIRE, REFAIRE, il a un sens itératif : Dire, faire de nouveau. Dans RÉTRÉCIR, RELACHER, etc., il a un sens augmentatif : RÉTENTIR, indique l'éclat du son ; REMBOURRER, l'abondante garniture de bourre ; RÉTRÉCIR, signifie, rendre plus étroit, RELACHER, rendre plus lâche, moins gênant, etc. — On peut donner à beaucoup de verbes, surtout dans le langage familier, une signification itérative, en les faisant précéder de la particule *Re*. REBROYER, RECARRELER, RECROTTER, REDÉMOLIR, REDESSINER, REFEUILLETER, REFIGER, REGELER, REGREFFER, RELIMER, REMANGER, RENOIRCIR, REMPRUNTER, RÉINTERROGER, etc., broyer de nouveau, carreler de nouveau, etc. Plusieurs des mots ainsi formés ne se disent guère que dans des phrases où on les joint à d'autres mots dont ils dérivent : *avant d'acheter ce vin, il l'a goûté et regoûté; il conte et reconte toujours la même histoire*. Il serait inutile de réunir dans un dictionnaire tous les mots que l'on est libre de former avec la particule *Re*; nous nous bornerons à indiquer ceux qui sont consacrés par l'usage.

* **RÉ** s. m. Mus. La seconde note de la gamme. C'est aussi le nom du signe qui représente cette note : *cette double croche est un ré*.

RÉ ou **Rhé** (celt. *ryde*, ancrage), île de France (Charente-Inférieure), dans l'océan Atlantique, entre le pertuis Breton et le pertuis d'Antioche, à 4 kil. de la côte et à 20 kil. O. de la Rochelle. Elle est longue de 30 kil., large de 4 à 5 kil., 74 kil. carr., 18,000 hab. Exploitation de marais salants; culture des huîtres; eaux-de-vie, vins et vinaigre. L'île forme deux cantons de l'arr. de la Rochelle; ch.-l. Saint-Martin-de-Ré et Ars-en-Ré; 4 ports (Saint-Martin, la Flotte Ars et Loix); 6 phares, dont les plus importants sont ceux des Baleines.

RÉABONNEMENT s. m. Action de réabonner, de se réabonner ; résultat de cette action.

RÉABONNER v. a. Abonner quelqu'un de nouveau. — Se réabonner v. pr. Prendre pour soi un nouvel abonnement.

RÉABSORPTION s. f. Nouvelle absorption.

RÉACTEUR, TRICE s. Auteur, partisan d'une réaction politique.

* **RÉACTIF, IVE** adj. Qui réagit, qui a de la réaction : *force réactive*. — s. m. Chim. Se dit des substances qu'on emploie pour reconnaître la nature des corps, pour déterminer et pour séparer leurs éléments : la potasse, l'ammoniaque, les teintures bleues végétales, sont des réactifs.

* **RÉACTION** s. f. Phys. Action d'un corps sur un autre qui agit sur lui comme agi par lui : *la réaction est toujours égale à l'action*. — Équit. Secousse plus ou moins forte que le cheval fait éprouver à celui qui le monte : *ce cheval a des réactions douces*. — Chim. Manifestation des caractères distinctifs d'un corps provoquée par l'action d'un autre corps. — Physiol. Action organique par laquelle un corps vivant tend à contrebalancer l'action d'un agent morbifique ou qui est excitée, suscitée par un remède. — Fig. Mouvement d'opinion qui agit dans

un sens contraire au mouvement qui a précédé. — Particul. Action d'un parti qui, dans les troubles d'une révolution, s'efforce de revenir à l'état de choses antérieur : *l'opposition accusait les conservateurs de favoriser la réaction.*

* **RÉACTIONNAIRE** adj. Polit. Qui aide à opérer une réaction : *mesures réactionnaires.* — Substantiv. *Le parti des réactionnaires.*

READING [redd'-inngg], ville de Pennsylvanie (Etats-Unis), sur la rive orientale du Schuylkill, à 90 kil. N.-O. de Philadelphie ; 33,930 hab.

READING, capitale du Berkshire (Angleterre), sur le Kennet, près de la Tamise, à 60 kil. S.-O. de Londres; 32,324 hab. C'est un point de jonction important pour les lignes ferrées, et un grand centre commercial. Soie, instruments agricoles, fonderies de fer, brasseries, manufactures de biscuits; grand commerce de grains et farines. Reading est une ville très ancienne qui a été le théâtre d'événements historiques importants.

RÉADMISSION s. f. Nouvelle admission.

* **RÉAGGRAVE** s. m. Droit canon. Dernier monitoire qu'on publie après trois monitions et après l'aggrave : *avant que de fulminer l'excommunication sur un monitoire, on publie un aggrave et un réaggrave.*

* **RÉAGGRAVER** v. a. Déclarer que quelqu'un a encouru les censures portées par un réaggrave : *on a réaggravé les auteurs de ce sacrilège.*

* **RÉAGIR** v. n. Se dit d'un corps qui agit sur un autre dont il a éprouvé l'action : *un corps élastique réagit sur le corps qui le frappe.* — Chim. Se dit de la réaction que les corps, en se combinant, exercent les uns sur les autres. — S'emploie aussi au sens moral : *les sentiments manifestés par un auditoire réagissent souvent sur l'orateur*

* **RÉAJOURNEMENT** s. m. Procéd. Ajournement réitéré : *on lui avait fait signifier un ajournement il y a huit jours, et aujourd'hui on lui a signifié un réajournement.* (Peu us.)

* **RÉAJOURNER** v. a. Procéd. Ajourner une seconde fois : *il avait déjà été ajourné, il a été réajourné.* (Peu us.)

* **RÉAL, ALE** adj. N'était d'usage qu'en parlant de la principale des galères du roi : *la galère réale.* On appelait PAVILLON RÉAL, PATRON RÉAL, MÉDECIN RÉAL, etc., le pavillon, le patron, le médecin de cette galère. — s. f. *Le patron de la réale.*

* **RÉAL** s. m., et **Reále** s. f. Pièce de monnaie qui a cours en Espagne, et qui vaut un quart de franc, lorsqu'elle est d'argent : *réal d'argent.* Le pluriel du masculin est RÉAUX, et celui du féminin est RÉALES.

RÉAL (Guillaume-André), conventionnel, né à Grenoble en 1755, mort dans la même ville en 1832. Envoyé par le département de l'Isère à la Convention (1792), il vota pour la détention du roi et son bannissement après la paix, et ajouta que, dans son opinion, la peine de mort était appelée à disparaître de notre Code pénal. Il prit plus tard la défense des Girondins, entra au conseil des Cinq-Cents et fut nommé par Bonaparte juge au tribunal de Grenoble. Il rentra dans la vie privée en 1815.

* **RÉALGAR** s. m. (esp. *rejalgar*; de l'ar. *rahdjhalgar*, poudre de caverne). Chim. Sulfure rouge d'arsenic.

RÉALISABILITÉ s. f. Etat de ce qui est réalisable.

* **RÉALISABLE** adj. Qui est susceptible de se réaliser, d'être réalisé : *des projets qui n'étaient pas réalisables.*

* **RÉALISATION** s. f. Action de réaliser : *la réalisation de ses offres.*

* **RÉALISER** v. a. Rendre réel et effectif : *il a réalisé toutes les espérances qu'il avait données.* — Philos. RÉALISER DES ABSTRACTIONS, leur attribuer le caractère d'êtres réels, ou supposer sans fondement que les choses ainsi conçues abstraitement ressemblent à l'idée qu'on s'en fait — RÉALISER SA FORTUNE, convertir en biens-fonds ou en espèces les biens qu'on peut avoir en entreprises, en effets de commerce, etc. — Palais. RÉALISER DES OFFRES, faire des offres à deniers découverts. — Se réaliser v. pr. *Mes espérances se réalisèrent.*

* **RÉALISME** s. m. Philos. scol. Doctrine des réalistes. — Art et Littér. Reproduction minutieuse et servile des choses : *on trouve dans ces œuvres un réalisme choquant.*

* **RÉALISTE** adj. Philos. Se dit d'une école de philosophes qui regardaient les idées abstraites comme des êtres réels : *l'école réaliste.* — Se dit aussi de ces philosophes et de leurs doctrines : *un philosophe réaliste.* — Ce qui appartient au réalisme dans les arts et dans la littérature : *un tableau réaliste.* — s. m. Partisan du réalisme. — s. m. pl. Philosophes réalistes : *l'école des réalistes était opposée à celle des nominaux.*

* **RÉALITÉ** s. f. Existence effective, chose réelle : *la réalité du corps de Notre-Seigneur au saint sacrement de l'autel.* — En réalité loc. adv. Réellement, effectivement : *heureux en apparence, il ne l'est pas en réalité.*

RÉALMONT, *Regalis mons*, ch.-l. de cant., arr. et à 18 kil. S. d'Albi (Tarn); 2,500 hab.

* **RÉAPPARITION** s. f. Didact. Action de reparaître, d'apparaître de nouveau : *la réapparition des symptômes d'une maladie.* — Particul. Astron. Vue d'un astre qui commence à reparaître après une éclipse, ou après avoir été longtemps trop éloigné pour être aperçu : *la réapparition d'une comète, d'une étoile.*

* **RÉAPPEL** s. m. Second appel, appel qui se fait après le premier : *faire l'appel et le réappel.*

* **RÉAPPELER** v. a. Faire un second appel, recommencer l'appel. S'emploie souvent absolument : *il va réappeler,*

* **RÉAPPOSER** v. a. Apposer de nouveau : *les scellés furent brisés, il fallut les réapposer.*

* **RÉAPPOSITION** s. f. Action de réapposer : *il doit assister à la réapposition des scellés.*

* **RÉAPPRENDRE** v. a. Apprendre de nouveau.

* **RÉARGENTER** v. a. Argenter de nouveau.

* **RÉARMEMENT** s. m. Action d'armer de nouveau; résultat de cette action : *le réarmement d'un vaisseau.*

* **RÉARMER** v. a. Armer de nouveau; particul., armer un vaisseau désarmé pour réparation.

* **RÉASSIGNATION** s. f. Seconde assignation devant un juge : *faire, donner une réassignation.* — Nouvelle assignation sur un autre fonds que celui qui avait été d'abord affecté au remboursement d'une somme : *mon assignation était sur un mauvais fonds, j'ai obtenu une réassignation sur un fonds meilleur.* (Vieux en ce sens.)

* **RÉASSIGNER** v. a. Assigner une seconde fois : *s'il ne comparaît pas à la première assignation, sur la première assignation, on le réassignera.* — Assigner sur un autre fonds : *vous êtes assigné sur un mauvais fonds, faites-vous réassigner sur un autre.* (Vieux en ce sens.)

RÉASSURANCE s. f. Contrat qui constate une nouvelle assurance.

RÉASSUREN v. a. Assurer de nouveau. — Se réassurer v. pr. Signer une nouvelle police d'assurance.

* **RÉATTELER** v. a. Atteler de nouveau : *à peine venait-on de dételer les chevaux qu'il fallut les réatteler.*

RÉATTRACTION s. f. Phys. Action d'un corps électrisé par laquelle il attire de nouveau un corps qu'il avait déjà attiré, mais qu'il avait ensuite repoussé.

* **RÉATU** (IN) [inn-ré-a-tu], expression latine qui s'employait dans cette phrase de Palais, ETRE IN RÉATU, être accusé et prévenu d'un crime.

RÉAUMUR (René-Antoine FERCHAULT DE), physicien, né à la Rochelle le 16 fév. 1683, mort à la Bermondière (Maine) le 17 oct. 1757. Il étudia le droit à Bourges, se fixa à Paris en 1703, et se fit connaître pour la première fois en 1722 par son ouvrage sur les procédés de fabrication de l'acier; il reçut alors une pension de 12,000 livres, qu'il appliqua à l'encouragement des arts industriels. Il inventa un procédé pour étamer le fer, fabriqua un verre blanc opaque connu sous le nom de porcelaine de Réaumur, et inventa en 1731 le thermomètre qui porte son nom. Il fit des recherches curieuses sur de nombreux points d'histoire naturelle, surtout en entomologie, et publia des *Mémoires pour servir à l'histoire naturelle des insectes* (1734-'42, 6 vol. in-4°) et plusieurs études dans les recueils des sociétés savantes.

REBAIS, ch.-l. de cant., arr. et à 12 kil. N.-E. de Coulommiers (Seine-et-Marne); 900 hab. Ruines d'une ancienne abbaye de bénédictins.

* **REBAISSER** v. a. Baisser de nouveau : *il ne fait plus de vent, il ne pleut plus, rebaissez la glace de la voiture.*

RÉBALADE s. f. Chasse aux oiseaux aquatiques qui se fait ordinairement pendant la nuit.

REBALER v. n. Chasser à la rébalade.

* **REBANDER** v. n. Bander de nouveau : *après avoir levé l'appareil, il rebanda la plaie.*

* **REBAPTISANTS** s. m. pl. Nom de certains hérétiques des premiers siècles, qui rebaptisaient ceux qui avaient déjà été baptisés : *la secte des rebaptisants a été renouvelée au douzième et au treizième siècle.*

REBAPTISATION s. f. Action de donner une seconde fois le baptême.

* **REBAPTISER** v. a. Baptiser une seconde fois : *les Grecs rebaptisent ceux qui passent de la communion latine à la communion grecque.*

* **RÉBARBATIF, IVE** adj. (du lat. *barba*, barbe). Rude et rebutant : *un visage, un air rébarbatif.* (Fam.)

* **REBÂTIR** v. a. Bâtir de nouveau : *cette maison a été rebâtie sur les anciens fondements.*

REBATTEMENT s. m. Blas. Toute combinaison de pièces qui couvrent entièrement l'écu et qui sont de deux émaux alternants, de façon qu'elles semblent rabattues les unes sur les autres.

* **REBATTRE** v. a. (Il se conjugue comme *Battre*.) Battre de nouveau : *il a été battu et rebattu.* — REBATTRE UN MATELAS, le refaire, et battre avec des baguettes la laine qu'il contient. — REBATTRE UN TONNEAU, en resserrer les douves, en frappant sur les cerceaux pour les faire avancer du côté de la bonde. — Chasse. LE CHIEN REBAT SES VOIES, se dit d'un chien courant lorsqu'il revient à plusieurs reprises sur les mêmes voies. — Fig. et fam. Répéter inutilement et d'une manière ennuyeuse : *vous rebattez trop souvent la même chose,*

* **REBATTU, UE** part. passé de *Rebattre.* Battu de nouveau. — Fig. et fam. ETRE REBATTU DE QUELQUE CHOSE, EN AVOIR LES OREILLES REBATTUES, être las d'en entendre parler.

* **REBAUDIR** v. a. Chasse. Caresser les chiens : *il faut rebaudir les chiens qui ont bien fait.*

* **REBEC** s. m. [re-bèk] (ital. *rebeca*). Espèce de violon à trois cordes.

REBEC, village du Milanais, à 18 kil. N.-O. de Mantoue, célèbre par la défaite de Bonnivet suivie de la mort de Bayard.

REBECCA. Voy. Isaac et Jacob.

* **REBELLE** adj. [re-bè-le] (lat. *rebellis*). Qui désobéit à une autorité légitime, qui se révolte, se soulève contre elle : *un fils rebelle aux volontés de son père.* — La chair est rebelle a l'esprit, les sens se révoltent contre l'âme. — Les esprits rebelles, les anges déchus, les démons. — Une fièvre, une humeur, un ulcère, etc., rebelle aux remèdes, une fièvre, une humeur, un ulcère, etc., qui ne cède point aux remèdes. — Un sujet, une matière rebelle a la poésie, un sujet, une matière qui ne peut se traiter ou ne peut se traiter que fort difficilement en vers.— Métall. Se dit des substances qui ont de la peine à entrer en fusion : *un métal rebel.* — Substantiv. : *On finit par dompter les plus rebelles.*

La honte suit toujours le parti des rebelles,
J. Racine. *La Thébaïde*, acte Ier, sc. v.

* **REBELLER (Se)** v. pr. Devenir rebelle, se rendre rebelle, se révolter, se soulever contre l'autorité légitime : *il s'est rebellé contre son prince.* — Les passions, les sens se rebellent contre la raison, ils ne se soumettent pas à la raison, ils ne la suivent pas.

* **RÉBELLION** s. f. [ré-bé-li-on]. Révolte, soulèvement, résistance ouverte à l'autorité légitime : *punir la rébellion.* — La rébellion des sens contre la raison, la révolte, le soulèvement des sens contre la raison — Palais. Action d'empêcher par violence et par voie de fait l'exécution des ordres de la justice : *faire rébellion à la justice.* — Législ. « La loi qualifie rébellion toute attaque, « toute résistance avec violence et voies de « fait envers les officiers ministériels,les gardes « champêtres ou forestiers, la force publique, « les préposés à la perception des taxes et des « contributions, les porteurs de contraintes, « les préposés des douanes, les séquestres, les « officiers ou agents de la police administra- « tive ou judiciaire, agissant pour l'exécution « des lois, des ordres ou ordonnances de l'au- « torité publique, des mandats de justice ou « jugements. » La rébellion est un crime ou un délit, selon les circonstances qui déterminent la peine à appliquer. Si elle a été commise par plus de vingt personnes armées, les coupables sont punis des travaux forcés à temps; si plus de deux de ces personnes portaient des armes ostensibles,la peine est la réclusion. Si la rébellion a été commise par une bande de trois à vingt personnes armées, la peine est la réclusion; et, s'il n'y a pas eu port d'armes, la peine est un emprisonnement de six mois à deux ans. Sila rébellion n'a été commise que par une ou deux personnes. elle est punie d'un emprisonnement de six mois à deux ans; et si elle a eu lieu sans armes, d'un emprisonnement de six jours à six mois. Les coupables condamnés à l'emprisonnement peuvent être aussi frappés d'une amende de 16 à 200 fr. En cas de rébellion avec bande ou attroupement, ceux qui se sont retirés au premier avertissement de l'autorité publique ne sont pas punissables, à moins qu'ils n'aient occupé un emploi ou fonction dans la bande (C. pén. 209 et s.). Lorsque la rébellion est faite, non par quelques individus ou par une bande, mais par des attroupements armés ou non armés, il y a lieu à l'application de lois spéciales. (Voy. Attroupement.) Tout prévenu et toute personne présente à une cour d'assises qui y cause du tumulte pour empêcher le cours de la justice, peut être, séance tenante, déclaré coupable de rébellion et puni pour ce fait d'un emprisonnement n'excédant pas deux ans (L. 9 sept. 4835, art. 11, 12). — La rébellion commise soit par un militaire, soit par un marin ou par un individu embarqué sur un bâtiment de l'Etat, envers la force armée ou les agents de l'autorité,est punie de peines prisonnement (deux à six mois) ou de peines plus sévères, selon les circonstances (L. 9 juin 4857, art. 225; L. 4 juin 4858, art. 304). — Tout acte de rébellion commis à bord d'un navire de commerce français par plus du tiers de l'équipage est puni de la réclusion. Si les rebelles étaient armés, la peine est celle des travaux forcés à temps sans préjudice des peines applicables aux faits qui ont accompagné la rébellion (Décr.-loi 24 mars 4852, art. 93). »

(Ch. Y.)

* **REBÉNIR** v. a. Bénir une seconde fois : *on rebénit une église lorsqu'elle a été profanée.*

REBÉQUER v. a. Répondre avec hauteur : *rebéquer quelqu'un.* — * Se rebéquer v. pr. Répondre avec quelque fierté à une personne à qui on doit du respect : *il s'est rebéqué contre son précepteur.* (Fam.)

REBER (Napoléon-Henri), compositeur de musique, né à Mulhouse le 7 janv. 4829, mort le 24 nov. 4880. Il a laissé la partition du *Père Gaillard*, donnée à l'Opéra-Comique en 4852 et celle des *Papillottes de M. Benoist* (4853). Il était membre du Conservatoire de musique et de l'Institut.

REBIFFER v. a. Relever, retrousser : *il lui rebiffa le nez d'un coup de poing.* — * Se rebiffer v. pr. Se refuser brusquement à quelque chose : *il se rebiffa lorsqu'elle a été profanée.* — Se rebiffer contre quelqu'un, regimber contre lui, refuser de lui obéir.

REBINAGE s. m. Troisième labour que l'on donne à la vigne.

REBINER v. a. Donner un troisième labour à une vigne.

* **REBLANCHIR** v. a. Blanchir de nouveau : *on a reblanchi les murs de ce corridor.*

* **REBOISEMENT** s. m. Action de reboiser ; *le reboisement des forêts.* — Législ. « Les lois du 28 juillet 4860 et du 8 juin 4864 avaient autorisé le gouvernement à faire exécuter, d'office et par la voie de l'expropriation pour cause d'utilité publique, le reboisement ou le gazonnement des terrains en montagne, dans le but de consolider les terres, d'empêcher la dégradation des pentes par les torrents, et d'éviter ainsi les crues subites des cours d'eau et les inondations qui causent de si grands désastres. La loi du 6 avril 4882, abrogeant les deux lois précitées, a restreint les pouvoirs de l'administration, en décidant que l'utilité publique des travaux dont il s'agit ne pourrait, en cas d'expropriation, être déclarée que par décret, et elle prescrit de nouvelles règles à suivre. Aux termes de cette loi, la restauration et la conservation des terrains en montagne peuvent être assurées par les moyens suivants : 1° travaux exécutés au compte de l'Etat; 2° travaux exécutés par les propriétaires avec subvention de l'Etat; 3° mise en défens par décret et sur la réquisition de l'administration des forêts, des terrains et pâturages en montagne, sauf indemnités allouées aux propriétaires; 4° réglementation de l'exercice du pâturage sur les terrains communaux. Un règlement d'administration publique, du 44 juillet 4882, remplace celui du 40 nov. 4864, et contient diverses prescriptions relatives à l'application de la loi en vigueur. On évaluait en 4860, à 4.100.000 hectares la superficie des terrains à reboiser. Le reboisement des montagnes coûte annuellement plus de 4 millions à l'Etat ; et comme l'on reboise en moyenne 6,300 hectares par an, la dépense pour un hectare est de 650 fr. environ, ce qui est excessif et dépasse de moitié le chiffre généralement admis pour les travaux de cette nature exécutés au compte des particuliers. Les dépenses de reboisement et de repeuplement dans les forêts domaniales absorbent en outre un crédit annuel de 500,000 fr. non compris l'évaluation des travaux mis à la charge des adjudicataires des coupes vendues. »

(Ch. Y.)

* **REBOISER** v. a. Planter et semer des arbres sur des terrains où il existait des bois qui ont été détruits.

REBOND s. m. Rejaillissement d'un corps par l'effet du choc qu'il éprouve en tombant sur un autre corps dur.

* **REBONDI, IE** adj. Se dit de certaines parties charnues que la graisse fait paraître plus arrondies : *des joues rebondies.* On dit de même, Cette femme est grasse et rebondie. (Fam.)

* **REBONDIR** v. n. Faire un ou plusieurs bonds : *on vit tomber le boulet de canon, et, un moment après, on le vit rebondir.*

* **REBONDISSEMENT** s. m. Action d'un corps qui rebondit, qui fait plusieurs bonds.

* **REBORD** s. m. Bord élevé et ordinairement ajouté, rapporté : *le rebord de cette table empêche l'argent de tomber.* — Le rebord d'une cheminée, le bord en saillie d'une cheminée : *il a mis sa pendule sur le rebord de la cheminée.* — Bord replié, renversé : *rebord d'un manteau de velours.*

* **REBORDÉ, ÉE** part. passé de Reborder. — Oreilles rebordées, oreilles dont le rebord est très marqué.

* **REBORDER** v. a. Mettre un nouveau bord : *reborder une jupe, une robe, des souliers*, etc.

REBOTTAGE s. m. Arboric. Action de rebotter un arbre.

* **REBOTTER** v. a. Botter de nouveau. — ⁓ Rabattre ou refaire une greffe qui n'a pas réussi. — * Se rebotter v. pr. Remettre ses bottes.

REBOUCHAGE s. m. Action de reboucher.

* **REBOUCHER** v. a. Boucher de nouveau : *reboucher une bouteille.* — Se reboucher v. pr. On avait débouché l'ouverture de ce tuyau, elle s'est rebouchée. — Fausser, se replier : *l'épée se reboucha contre sa cuirasse.*

* **REBOUILLIR** v. n. Bouillir de nouveau : *ce sirop est trop clair, il faut le faire rebouillir.*

REBOUISAGE s. m. [-za-]. Action de rebouiser.

REBOUISER v. a. Chapell. Nettoyer et lustrer un chapeau à l'eau simple : *rebouiser un chapeau.*

REBOUL (Jean), poète, né à Nîmes, le 23 janvier 4796, mort dans la même ville le 29 mai 4864. Mis en apprentissage chez un boulanger, il trouva le temps pour compléter son instruction et se livrer à la poésie. Il fit paraître en 4828 une touchante élégie intitulée *l'Ange et l'Enfant*, qui lui valut la dédicace d'une des *Harmonies* de Lamartine, le *Génie dans l'obscurité;* Reboul a laissé en outre : *Poésies* (4836-'42, in-48); *Le dernier Jour* (4839), poème en 40 chants; les *Traditionnelles* (4856, in-48), etc. En 4848, il fut élu représentant à l'Assemblée constituante, où il vota constamment avec les légitimistes et les catholiques.

REBOULET (Simon), historien, né et mort à Avignon (4687-4752). Il a laissé : *Mémoires du chevalier de Forbin* (voy. Forbin); *Histoire du règne de Louis XIV* (Avignon, '4742-'44,

3 vol. in-4°) ; *Histoire de Clément XI* (2 vol. in-4°), etc.

* **REBOURS** s. m. [re-bour] (rad. lat. *rursus* de nouveau). Sens contraire de ce qui est, ou de ce qui doit être. Se dit principalement du contre-poil des étoffes : *prendre le rebours d'une étoffe pour la mieux nettoyer.* — S'emploie plus ordinairement au figuré, et signifie, le contre-pied, le contre-sens, tout le contraire de ce qu'il faut : *vous n'expliquez pas bien cela, c'est tout le rebours de ce que vous dites.* (Fam.) — A rebours, au rebours, loc. adv. et préposit. En sens contraire, à contre-poil : *lire à rebours.* Ces deux locu'ions signifient aussi, figurément, à contre-pied, à contre-sens, tout au contraire de ce qu'il faut : *il prend tout à rebours.*

* **REBOURS, OURSE** adj. Revêche, peu traitable : *il est si rebours.* Est familier, et moins usité au féminin qu'au masculin.

REBOUTAGE ou **Reboutement** s. m. Action de rebouter ; résultat de cette action.

REBOUTERIE s. f. Action, métier de rebouteur.

* **REBOUTEUR, EUSE** s. Celui, celle qui fait le métier de remettre les membres disloqués. On dit aussi RENOUEUR et RHABILLEUR.

* **REBOUTONNER** v. a. Boutonner de nouveau : *reboutonner son habit, sa soutane.* — Se reboutonner v. pr. Reboutonner son vêtement.

* **REBRASSER** v. a. Retrousser : *rebrasser ses manches, son chapeau.* (Vieux.)

* **REBRIDER** v. a. Brider de nouveau : *il faut rebrider ce cheval.*

* **REBROCHER** v. a. Brocher de nouveau : *faites rebrocher ce volume.*

* **REBRODER** v. a. Broder sur ce qui est déjà brodé : *rebroder du point de Venise.* — Refaire une broderie : *il faudra rebroder le collet de cet habit.*

REBROUSSEMENT s. m. Action de rebrousser; résultat de cette action.

* **REBROUSSE-POIL (A)** loc. adv. A contre-poil : *nettoyer un chapeau à rebrousse-poil.* — Fig. et fam. A contre-sens : *prendre une affaire à rebrousse-poil.*

* **REBROUSSER** v. a. (rad. *rebours*). Ne se dit guère au propre qu'en parlant des cheveux et du poil, lorsqu'on les relève du sens contraire à celui dont ils sont naturellement couchés : *rebrousser les cheveux.* — REBROUSSER CHEMIN, et absol., REBROUSSER, retourner subitement en arrière : *quand il apprit cette nouvelle, il rebroussa chemin.* — LES RIVIÈRES REBROUSSERONT CONTRE LEUR SOURCE, VERS LEUR SOURCE, AVANT QUE... elles remonteront vers leur source, avant que...

* **REBUFFADE** s. f. Mauvais accueil, refus accompagné de paroles dures et d'actions de mépris : *on lui fit une fâcheuse rebuffade.* (Fam.)

REBUFFER v. a. Repousser durement.

RÉBUS s. m. [ré-Luss] (ablat. plur. du substantif lat. *res,* chose ; tiré de la phrase : *non verbis, sed rebus,* non dans les mots, mais dans les choses). Jeu d'esprit qui consiste à exprimer des mots ou des phrases, par des figures d'objets dont les noms offrent à l'oreille une ressemblance avec les mots ou les phrases qu'on veut exprimer : *deviner des rébus.* — Par ext. Allusion, équivoque, mot pris en un autre sens que celui qui lui est naturel : *les rébus sont de mauvais goût.* — Fig. Toute sorte de mauvaises plaisanteries et de mauvais jeux de mots : *cet homme ne dit que des rébus.* — ECRITURE IN REBUS [inn-ré-buss], celle dans laquelle on exprime par des figures les choses qu'on veut dire : *les anciens peuples qui ne connaissaient point l'alphabet,*

se sont servis de l'écriture in rebus. Dans cette locution, IN se prononce INNE, et REBUS s'écrit sans accent. — ENCYL. Des lettres mises en ligne et prononcées par leur nom alphabétique font quelquefois un rébus :

G, A, C, O, B, I, A, L.

(J'ai assez obéi à elle.)

La disposition de certaines syllabes, mises les unes sur les autres, ou les unes sous les autres, ou les unes entre les autres, fait tout le mystère de certains rébus :

    Pir   vent   venir
    un   vient   d'un.

(Un soupir vient souvent d'un souvenir.)

    Deus   gratiam   denegat
    nus   nam   bis.

(Deus superaus, gratiam supernam denegat superbis.)

* **REBUT** s. m. Action de rebuter : *il a essuyé beaucoup de rebuts.* — Ce qu'on a rebuté, ce dont on n'a point voulu, ce qu'il y a de plus mauvais en chaque espèce : *il a vendu tout ce qu'il avait de meilleur, il n'a plus que le rebut.* — MARCHANDISES DE REBUT, CHOSES DE REBUT, marchandises, choses qui ont été rebutées, ou qui méritent de l'être : *vous ne nous montrez là que des marchandises de rebut.* On dit de même, ETRE, METTRE AU REBUT : *ces meubles sont au rebut.* — C'EST LE REBUT DU GENRE HUMAIN, DE LA NATURE, se dit d'un homme vil et méprisable.—Adm. METTRE UNE LETTRE AU REBUT, mettre à l'écart une lettre, quand on a renoncé à trouver la personne à qui elle est adressée.

* **REBUTANT, ANTE** adj. Qui rebute, qui décourage : *travail rebutant.* — Choquant, déplaisant : *air rebutant.*

* **REBUTER** v. a. Rejeter avec dureté, avec rudesse : *il voulait entrer, mais on le rebuta à la porte* — Refuser : *de cinquante pièces de monnaie, il en rebuta dix qui étaient de mauvais aloi.* — Décourager, dégoûter par des obstacles, par des difficultés, etc. : *prenez garde de ne pas trop gourmander ce cheval, vous le rebuterez.* — Choquer, déplaire : *c'est un air, une mine qui rebute.* — Se rebuter v. pr. *Il ne faut pas se rebuter.*

* **RECACHETER** v. a. (préf. *re;* fr. *cacheter*). Cacheter de nouveau : *après avoir lu cette lettre, il la recacheta avec soin pour qu'on ne s'aperçût pas qu'il l'avait ouverte.*

* **RÉCALCITRANT, ANTE** adj. Qui résiste avec humeur, avec opiniâtreté : *un caractère, un esprit récalcitrant.* — Substantiv. *Il y avait parmi eux quelques récalcitrants.*

* **RÉCALCITRER** v. n. Regimber : *ce cheval ne fait que récalcitrer.* — Fig. et fam. Résister avec opiniâtreté. Dans cette acception, il est peu usité. (Voy. RÉCALCITRANT.)

RÉCAMIER (Jeanne-Françoise-Julie-Adélaïde) [ré-ka-mié], une des femmes qui donnèrent le ton à la société française, au commencement du XIXe siècle ; née à Lyon le 4 déc. 1777, morte à Paris le 44 mai 1849. Elle était fille du banquier Bernard, et épousa en 1793 le banquier Récamier, déjà d'un certain âge. En 1798, son mari acheta l'hôtel Necker, ce qui amena entre elle et Mme de Staël une intimité qui ne fut rompue que par la mort. C'est avec Mme de Staël qu'elle demeura, à Coppet, après la banqueroute de M. Récamier, en 1804. Elle y rencontra le prince Auguste, de Prusse, le seul, parmi tant d'admirateurs de son extraordinaire beauté et de ses charmes, qui ait fait parler partage les sentiments. En 1811, Napoléon s'étant opposé à ce qu'elle habitât Paris, elle resta à l'étranger jusqu'en 1815. A cette époque, de nouveaux revers de fortune l'obligèrent à vivre modestement à l'Abbaye-au-Bois, ancien couvent situé dans le faubourg Saint-Germain. En 1817, à la m**rt de Mme de Staël,

elle vit pour la première fois Chateaubriand, qui, en 1846, lui demanda de l'épouser. Sa nièce et fille adoptive, Mme Lenormand, a publié *Souvenirs et correspondances tirés des papiers de Mme Récamier* (3e édit., 1860, 2 vol.; 4e édit. 1873), et *Mme Récamier, les amis de sa jeunesse* (1872).

RÉCAPITULATEUR, TRICE s. Personne qui récapitule.

* **RÉCAPITULATIF, IVE** adj. Qui sert à récapituler : *état récapitulatif des dépenses.*

* **RÉCAPITULATION** s. f. Répétition sommaire, résumé de ce qui a déjà été dit ou écrit : *il fit une courte récapitulation de tout ce qu'il avait dit.*

* **RÉCAPITULER** v. a. Résumer, redire sommairement ce qu'on a déjà dit : *il récapitula, dans sa péroraison, les principaux points de son discours.*

RECARBONISER v. a. Restituer du carbone à.

RECARBURER v. a. Carburer de nouveau.

* **RECARDER** v. a. Carder de nouveau : *il faut faire recarder ces matelas.*

RÉCARÈDE Ier le Catholique, 47e roi des Visigoths d'Espagne, monta sur le trône en 586 et mourut à Tolède en 601, après avoir remporté quelques succès sur les Francs et les Burgondes et avoir définitivement implanté le catholicisme en Espagne. (Voy. ESPAGNE.)

* **RECASSER** v. a. Casser de nouveau : *j'avais fait raccommoder ce vase, on vient de le recasser.*

RECAVER (Se) v. pr. Jeu. Reformer sa cave.

* **RECÉDER** v. a. Rendre à quelqu'un ce qu'il avait cédé auparavant : *je lui ai recédé la maison qu'il m'avait vendue.* — Céder à quelqu'un à prix d'argent une chose qu'on a achetée : *recédez-moi ce tableau; recédez-nous la moitié de votre marché.*

* **RECEL** s. m. [re-sèl]. Jurispr. Action de celui qui reçoit sciemment des objets enlevés, volés : *il fut poursuivi comme coupable de recel.*

— Législ. — Ceux qui sciemment ont recélé des choses enlevées, détournées ou obtenues à l'aide d'un crime ou d'un délit, sont punis comme complices de ce crime ou délit. En conséquence, lorsqu'un vol a été commis à l'aide ou par suite d'un meurtre, le recéleur des objets volés est considéré comme complice du meurtre, s'il est constaté qu'il ait eu connaissance. Mais lorsque la peine de mort est applicable aux auteurs du crime, cette peine est remplacée, à l'égard des recéleurs, par celle des travaux forcés à perpétuité. Cette dernière peine et celle de la déportation ne peuvent être prononcées contre les recéleurs, qu'autant qu'ils ont été convaincus d'avoir eu connaissance, aux temps du recélé, des circonstances auxquelles la loi attache lesdites peines ; sinon, ils ne sont condamnés qu'aux travaux forcés à temps (C. pén. 62, 63 ; Avis du Cons. d'Etat, 10 déc. 1813). Tout individu qui achète, recèle ou reçoit en gage des armes, munitions, effets d'habillement, d'équipement, ou autres objets militaires, dans les cas autres que ceux où les règlements autorisent leur mise en vente, est puni de la même peine que le militaire qui a commis le vol, le détournement ou la mise en gage desdits objets. La durée de cette peine, qui est l'emprisonnement, varie selon le fait, et suivant qu'il s'agit d'effets de petit équipement ou d'autres effets (L. 9 juin 1857, art. 244 et s.). Il en est de même pour les effets d'armement, d'équipement, etc., de la marine militaire (L. 4 juin 1858, art. 326 et s.). Celui qui a acheté ou recélé des objets importés en France en fraude des droits de douane est puni d'une amende

égale à dix fois la valeur des objets cachés ou achetés (L. 6 germinal an II, tit. VI, art. 2). — Le recel peut avoir pour objet des personnes. Ainsi ceux qui ont recelé un enfant sont punis de la réclusion (C. pén. 345). Pour les personnes adultes, voy. ARRESTATION, DÉTENTION. Toute personne reconnue coupable d'avoir recelé ou d'avoir pris à son service un militaire insoumis, est punie d'un emprisonnement qui ne peut excéder six mois (L. 27 juillet 1872, art. 62). Ceux qui, connaissant la conduite criminelle des malfaiteurs exerçant des brigandages ou des violences contre la sûreté de l'Etat, la paix publique ou les propriétés, leur fournissent habituellement logement, lieu de retraite ou de réunion, sont punis comme leurs complices (C. pén. 61). Ceux qui ont fourni des logements, lieux de retraite ou de réunion à des bandes séditieuses, sont condamnés à la peine des travaux forcés à temps (id. 99). Quiconque a sciemment recelé ou fait receler des espions ou des soldats ennemis envoyés à la découverte est condamné à la peine de mort (C. pén. 83). Ceux qui ont recelé ou fait receler des personnes qu'ils savaient avoir commis des peines emportant peine afflictive, sont punis d'un emprisonnement de trois mois à deux ans. Sont exceptés de cette disposition les ascendants et descendants, époux ou épouse même divorcés, frères et sœurs des criminels recélés et leurs alliés au même degré (id. 248). Quiconque a recélé ou caché le cadavre d'une personne homicidée ou morte des suites de coups ou blessures, est punie d'un emprisonnement de six mois à deux ans, et d'une amende de 50 fr. à 400 fr.; sans préjudice de peines plus graves, s'il y a eu participation aux crimes commis (id. 359). — Le recélement est un fait coupable qui consiste à cacher frauduleusement, ou à omettre de déclarer, alors que l'on doit le faire, l'existence d'effets ou valeurs dont on a la possession ou la garde. Tout commerçant failli qui a détourné, recelé ou dissimulé une partie de son actif peut être puni des peines applicables à la banqueroute frauduleuse; et il en est de même des personnes qui auraient commis ce recèlement dans l'intérêt du failli. Si le recèlement a été fait par le conjoint, les ascendants ou les descendants du failli, sans qu'il y ait eu complicité avec ce dernier, les coupables sont punis comme ayant commis un vol (C. comm. 591 à 594). — Les héritiers qui ont recélé ou diverti des effets d'une succession ou qui ont omis de mauvaise foi de comprendre des valeurs dans l'inventaire, sont déchus de la faculté de renoncer à ladite succession et à celle de l'accepter sous bénéfice d'inventaire; et en outre ils ne peuvent prétendre aucune part sur les objets qui ont été par eux divertis ou recélés (C. civ. 792, 801). Celui des époux qui a diverti ou recélé des effets de la communauté dissoute, est privé de sa part dans lesdits effets; si c'est la femme, elle est en outre déclarée commune nonobstant la renonciation qu'elle aurait faite, et il en est de même à l'égard de ses héritiers, s'ils ont recélé quelque objet dépendant de la communauté (id. 1460, 1477). » (Ch. V.)

* RECÉLÉ s. m. Jurisp. Recèlement des effets d'une société, d'une succession, etc. : on fait informer du recélé. (Voy. RECEL.)

* RECÈLEMENT s. m. Action de receler : le recèlement et le larcin sont également punissables. (Voy. RECEL.)

* RECÉLER v. a. Garder et cacher une chose que l'on sait être volée : on a pris celui qui avait recélé tous les objets dérobés. — Détourner, cacher les effets d'une succession, d'une société, etc. : il est accusé d'avoir recélé des effets considérables. — Cacher chez soi des personnes auxquelles les lois défendent de donner retraite : recéler un voleur, un meur-

trier. — Fig. Contenir, renfermer : la terre, la mer recèle de grands trésors dans son sein. — v. n. Vén. LE CERF RECÈLE, se dit quand le cerf reste deux ou trois jours dans son enceinte sans en sortir.

* RECÉLEUR, EUSE s. Celui, celle qui recèle, qui cache une chose qu'il sait être volée : s'il n'y avait point de recéleurs, il n'y aurait point de voleurs.

* RÉCEMMENT adv. [ré-sa-man]. Nouvellement, depuis peu de temps : cela est arrivé récemment, tout récemment.

* RECENSEMENT s. m. Dénombrement de personnes, d'effets, de droits, de suffrages, etc. : on a ordonné un nouveau recensement de la population de cette ville. — Nouvelle vérification de marchandises, de leur qualité, de leur quantité, de leur poids.

RECENSER v. a. Faire un recensement : c'est lui qui a été chargé de recenser la population de votre quartier.

RECENSEUR, EUSE s. Personne chargée de faire un recensement.

* RECENSION s. f. Philol. Comparaison d'une édition d'un auteur ancien avec les manuscrits : le texte de cet écrivain grec a été établi d'après les plus savantes recensions. — Texte revu et édité par un critique : la recension d'Homère par Aristarque.

* RÉCENT, ENTE adj. (lat. recens). Nouveau, nouvellement fait, nouvellement arrivé : un événement récent. — LA MÉMOIRE EN EST ENCORE TOUTE RÉCENTE, se dit en parlant de choses qui sont arrivées il n'y a pas longtemps. — AVOIR LA MÉMOIRE RÉCENTE DE QUELQUE CHOSE, s'en ressouvenir comme d'une chose nouvellement arrivée.

* RECEPAGE s. m. [re-se-pa-je] (rad. fr. cep). Action de receper, ou résultat de cette action.

* RECEPÉE s. f. La partie d'un bois qu'on a recepée : le rendez-vous de chasse était à la recepée.

* RECEPER v. a. Tailler une vigne jusqu'au pied en coupant tous les sarments : il a fallu receper les vignes. — Se dit aussi en parlant des arbres et arbustes qu'on coupe par le pied, afin qu'ils poussent mieux : receper des bois taillis. — Se dit également en parlant des pieux, des pilotis que l'on coupe sous l'eau à fleur du sol : machine à receper.

* RÉCÉPISSÉ s. m. (lat. recepisse, inf. passé de recipere, recevoir). Ecrit par lequel on reconnaît avoir reçu des papiers, des pièces, etc. : je lui donnerai, je lui communiquerai ces pièces sous un ou sur un bon récépissé.

* RÉCEPTACLE s. m. [rè-sè-pta-kle] (lat. receptaculum). Lieu où se rassemblent plusieurs choses de divers endroits. Se prend ordinairement en mauvaise part : c'est le réceptacle de toutes les ordures, de toutes les immondices de la ville, de la maison. — Se dit aussi en parlant des personnes : cette maison, cette cuverne est le réceptacle des gueux, des filous, des voleurs, etc. — Archit. hydraul. Bassin destiné à rassembler des eaux, qui y sont amenées de plusieurs endroits par divers conduits. — Bot. Fond du calice d'une fleur, au milieu duquel est fixé l'ovaire : étamines insérées sur le réceptacle. On le dit aussi quelquefois du placenta. (Voy. PLACENTA.)

RÉCEPTEUR s. m. (lat. recipere, recevoir). Récipient dans lequel se déversent des eaux surabondantes. — Appareil télégraphique qui reçoit les dépêches.

RÉCEPTIF, IVE adj. Se dit des organes susceptibles de recevoir l'expression des objets extérieurs.

* RÉCEPTION s. f. [ré-sèp-si-on] (lat. receptio). Action par laquelle on reçoit. En ce

sens, ne se dit guère que de certaines choses, comme lettres, paquets, ballots, etc. : la réception d'un paquet, d'une lettre. — Palais. RÉCEPTION DE CAUTION, acte par lequel on est reçu, accepté comme caution de quelqu'un. — Accueil, manière de recevoir; et alors ne se dit que des personnes : faire une bonne réception, une mauvaise réception à quelqu'un. — Action de recevoir plusieurs visites à la fois, avec une espèce de cérémonial : c'est demain jour de réception. — Cérémonie par laquelle quelqu'un est installé dans une compagnie, ou installé dans une charge : le jour de sa réception au conseil d'Etat, à la cour de cassation.

* RECERCLER v. a. Cercler de nouveau, ou mettre de nouveaux cercles : recercler une cuve.

* RECETTE s. f. Ce qui est reçu en argent ou autrement : la recette et la dépense. — FORCER EN RECETTE, augmenter, à la charge du comptable, la recette qu'il accuse. — Action et fonction de recevoir, de recouvrer ce qui est dû, soit en deniers, soit en denrées : faire la recette d'une terre, la recette des rentes de quelqu'un. — Bureau où l'on reçoit les deniers : il a été ordonné que les deniers seraient portés à la recette générale. — Composition de certains remèdes ou médicaments : une bonne recette pour la fièvre. — Ecrit qui indique la manière de faire cette composition : donnez-moi la recette de ce remède. — Se dit, dans les deux acceptions, de certaines méthodes, de certains procédés, dont on se sert dans les arts, dans l'économie domestique, etc. : une recette pour conserver des fruits. — Se dit, fig. et fam., de la méthode de se conduire en affaires, dans le monde : cet homme-là n'entend rien en affaires, je veux point de ses recettes, je ne prendrai point de ses recettes. — Finances. Partie du budget qui prévoit les sources et la quantité du revenu public. Les exercices français de 1870 et 1871 se sont soldés en balance; les exercices 1872-'73-'74 ont été réglés avec des excédents de dépense formant un total de 491 millions de fr. Les exercices suivants ont donné des excédents de recette, savoir :

1875	78 millions
1876	99 —
1877	64 —
1878	62 —
1879	97 —
1880	130 —
1881	106 —
	636 millions

Mais depuis 1881, les exercices ont toujours présenté un déficit, qui a été de 30 millions pour 1882, de 46 millions pour 1883 et de 31 millions pour 1884. Voici d'ailleurs le tableau des revenus et des dépenses pour les dix dernières années :

ANNÉES	REVENUS	DÉPENSES
	FR.	FR.
1875.	2.870.280.140	2.792.027.697
1876.	3.186.967.064	3.030.655.461
1877.	3.495.755.954	3.431.395.725
1878.	3.437.422.827	3.247.810.957
1879.	3.490.342.388	3.392.621.929
1880.	3.530.823.984	3.364.577.723
1881.	3.680.400.797	3.582.416.374
1882.	3.654.263.289	3.684.477.369
1883.	3.668.353.016	3.714.478.125
1884.	3.354.785.178	3.385.409.496

1. Budget général des dépenses et des recettes de 1885

I. DÉPENSES

A. Dette publique et dotations (1.325.178.241)

1. Dette publique.	1.277.107.033
Dette consolidée .	706.116.867
Cap. rembours .	404.588.451
Rentes viagères.	21.600.855
Pensions .	444.800.980
A reporter .	1.277.107.033

Report		1.277.107.053
2. Dotations.		36.179.411
Traitement et frais de la maison, etc., du Président	1.200.000	
Supplément à la dotation de la Légion d'honneur	10.321.811	
Subvention à la caisse des inval. de la marine	24.657.600	
3. Pouvoirs législatifs		11.891.780
B. Services généraux des ministères (1.363.365.589)		
1. Ministère de la justice et des cultes		90.039.466
Justice	38.944.400	
Cultes	51.095.066	
2. Ministère des affaires étrangères		14.533.900
3. Ministère de l'intérieur		70.551.939
a. Service général	62.457.694	
Administration	15.065.144	
Sûreté publique	13.421.546	
Prisons	21.992.681	
Subventions	5.723.323	
Bienfaisance	4.097.000	
Dépenses diverses	2.158.000	
b. Gouvernement général de l'Algérie	8.094.245	
4. Ministère des finances		20.145.970
Administration centrale	10.104.270	
Monnaie	187.100	
Exerc. périmés et clos	311.000	
Cour des comptes	1.601.900	
Trésorerie	7.941.700	
5. Ministère des postes et des télégraphes		3.085.485
6. Ministère de la guerre		596.306.230
7. Ministère de la marine et des colonies		234.420.805
Service de la marine	200.000.000	
Service colonial	34.420.805	
8. Ministère de l'instruction publique et des beaux-arts		153.251.328
Instruction publique	137.548.523	
Beaux-arts	15.702.805	
9. Ministère du commerce		18.938.998
10. Ministère de l'agriculture		25.489.090
11. Ministère des travaux publics		136.602.378
a. Service ordinaire	101.367.165	
Administration	20.168.726	
Routes et ponts	33.677.000	
Navigation intérieure	10.820.000	
Ports	7.183.000	
Annuités aux chem. de fer	22.712.064	
Travaux en Algérie	6.806.375	
b. Travaux extraordin.	35.235.213	
Routes et ponts	7.891.667	
Navigation intérieure	1.985.000	
Chemins de fer	23.153.546	
Ports	1.175.000	
Autres travaux	1.030.000	
C. Frais de régie et de perception des impôts		339.140.911
Contributions directes	20.880.372	
Enregistrem., domaines, timbre	19.730.650	
Douanes	31.516.901	
Contributions indirectes	86.475.500	
Manufactures de l'Etat	75.926.865	
Affaires étrangères	73.500	
Postes et télégraphes	135.553.515	
Forêts	17.983.608	
D. Remboursements et restitutions		20.860.000
Ministère des finances	12.886.000	
Ministère de l'intérieur	4.130.000	
Postes et télégraphes	3.794.000	
Agriculture	50.000	
Total des dépenses :		3.048.544.746
Dépenses sur ressources extraordinaires :		208.121.818
Total général :		3.256.666.562

RECETTES

1. Contributions directes		396.359.000
Impôt foncier	177.500.000	
Cote personnelle et mobilière	67.392.000	
Portes et fenêtres	45.972.600	
Patentes	104.886.600	
1er avertissement	607.800	
2. Taxes spéciales assimilées aux contributions directes		26.956.890
Taxes sur les biens de mainmorte	6.074.500	
Redevances des mines	2.800.000	
Vérification des poids et mesures	4.505.000	
Visites des pharmacies, etc.	295.000	
Chevaux et voitures	10.642.090	
Cercles et billards	2.640.300	
3. Contributions et taxes spéc. en Algérie		8.115.974
4. Enregistrement, timbre et domaines		738.015.100
Enregistrement	553.544.000	
Timbre	154.470.000	
Enregistrement et timbre en Algérie	9.606.000	
Produits du dom. autres que le dom. forestier	20.395.100	
5. Produits des forêts		35.640.934
6. Douanes et sels		319.969.000
Droits de douanes à l'importation	272.710.000	
Droits de douanes de statistique	6.772.000	
A reporter		1.325.086.798
Report		1.325.036.790
Droits de douanes de navigation	7 781.000	
Droits divers	3.629.000	
Sels (Taxe de consomm. perçue dans le rayon des douanes)	21.256.000	
Douanes en Algérie	7.801.000	
7. Contributions indirectes		1.207.920.000
Boissons	655.087.000	
Sels (Taxe perçue hors hors du rayon des douanes)	12.134.000	
Sucre indigène	151.067.000	
Allumettes	17.065.000	
Papier	15.858.000	
Huile minérale	8.000	
Autres huiles	3.091.000	
Stéarine, bougies	8.984.000	
Vinaigre, etc.	2.828.000	
Fabricat. de la dynamite	2.276.000	
20 % du prix de transport par chemin de fer en grande vitesse	92.291.000	
20 % du prix de transport par autres voitures	4.548 000	
Droits divers	39.612.000	
Vente des tabacs	379.051.000	
Vente des poudres à feu	14.878.000	
Contributions diverses en Algérie	9.145.000	
8. Produits des postes — France	138.783.000	140.761.000
Algérie	1.978.000	
9. Produits des télégraphes — France	30.936.000	32.091.000
Algérie	1.155.000	
10. Impôt (3 %) sur le revenu des valeurs mobilières		50.124.000
11. Produits universitaires		3.857.447
12. Produits des amendes		8.918.395
13. Retenues affectées au service des pensions civiles		22.545.855
14. Produits divers		57.466.332
Revenus de l'Inde et de la Cochinchine	1.924.000	
Taxe des brevets d'invent.	2.048.640	
Produit des chancelleries diplomatiques et consulaires	1.670.000	
Contrib. des élèves de div. écoles et rev. de div. établ. spéciaux (lazarets, etc.)	6.347.108	
Retenue de 5 % s. la solde des officiers, etc.	5.050.695	
Portion de diff. dép. remb. par les comm.	965.480	
Engagements conditionnels d'un an	7.125.000	
Produits provenant des ministères	512.202	
Imprimerie nationale (excédent) et publications du gouvernement	690.000	
Prod. div. des prisons, des trav. des détenus	5.980.000	
Remboursements div., intérêts des prêts	3.618.663	
Bénéfices réalisés par la caisse des dépôts	5.000.000	
Chemins de fer de l'Etat	3.693.404	
Recettes de diff. origines	13.241.050	
		3.048.720.927
Recettes sur ressources extraordinaires		208.121.818
Total des recettes ordinaires		3.256.842.745

2. *Budget des dépenses et de recettes sur ressources spéciales* 1885

DÉPENSES

1. Ministère de l'intérieur		267.680.170
Dépenses ordinaires	150.189.600	
Dépenses extraordinaires	115.926.900	
Dépenses en Algérie	1.563.670	
2. Ministère des finances		183.424.005
Restitutions (contributions directes)	181.330.470	
Dépenses en Algérie	1.530.275	
Autres dépenses	563.260	
3. Ministère de la marine		232.000
4. Instruction publique		16.059.300
5. Agriculture		2.351.000
Total		469.746.475

RECETTES

1. Contributions directes	348.655.470
2. Taxes spéciales assimilées aux contributions directes	1.149.560
3. Produits éventuels départementaux	116.143.000
4. Produits divers spéciaux	3.798.445
Total	469.746.475

3. *Services spéciaux attachés pour ordre au budget* 1885

DÉPENSES

1. Imprimerie nationale	9.507.500
2. Légion d'honneur	17.120.205
3. Caisse des invalides de marine	36.695.570
4. Monnaies et médailles	1.075.358
5. Ecole centrale des arts et manufactures	1.100.000
6. Chemins de fer de l'Etat	29.701.000
7. Caisse d'épargne postale	4.181.000
Total	100.209.600

RECETTES

1. Produit de l'imprimerie nationale		9.507.500
2. Légion d'honneur		17.120.205
Rentes 5 % sur le grand livre de la dette publique	6.217.151	
Supplément à la dotation (Voy. « Budget génér. »)	10.321.811	
Produit des brevets de nominat. dans l'ordre de la Légion d'honneur, etc.	160.000	
Avances à faire à la Légion d'honneur par la caisse des dépôts et consignat. pour les paiements des pensions viagères	262.500	
Produits divers	178.743	
3. Caisse des invalides de la marine		36.695.574
Retenue sur les dépenses de la marine, sur la solde des officiers et les salaires des marins de commerce	6.977.500	
Rentes 3 % et 5 % appartenant à la caisse des invalides	4.638.160	
Subvention du Trésor public (Voy. « Budget général. »)	24.657.600	
Produits divers	422.340	
4. Fabricat. des monnaies et des médailles		1.975.358
5. Ecole centrale des arts et manufactures		1.100.000
6. Chemins de fer de l'Etat		29.701.000
7. Caisse d'épargne postale		4.181.000
Total		100.280.633

II. *Dette publique* 1885

Dépenses pour la dette d'après le budget de 1885.

1. Dette consolidée	706.116.867
Rentes à 4 1/2 % (nouveau fonds)	305.540.359
Rentes à 4 1/2 % (ancien fonds)	37.433.284
Rentes à 4 % (446.096); à 3 % (362.697.128)	363.143.226
2. Capitaux remboursables	404.588.471
Intérêts et amortissement des capitaux du budget sur ressources extraordinaires	258.005.000
Annuités diverses	8.066.400
Intérêts et amortissement des obligations trentenaires	6.657.700
Annuités de convers. de l'emprunt Morgan	17.300.000
Annuité à la cie du chemin de fer de l'Est	20.500.000
Annuités aux départements, aux villes et aux communes pour remboursement d'une partie des contributions extraordinaires et répartition des dommages de la guerre	17.428.000
Réparation des dommages causés par le génie militaire	1.880.250
Annuité de remboursement aux communes et aux départements des avances faites pour le casernement	8.962.000
Intérêts de capitaux de cautionnement	9.400.000
Redevance à l'Espagne pour délimitation de la frontière des Pyrénées	20.000
Intérêts de la dette flottante du Trésor	28.100.000
Annuités dues aux compagnies de chemins de fer (4 1/2 % d'intérêts et 0.08 % d'amortissement)	28.231.501
Emprunt (à 5 % d'intérêts) de l'établissement thermal d'Aix	38.600
3. Dette viagère	166.401.735
Rentes viagères	8.327.855
Pensions militaires	84.376.000
Pensions civiles	57.983.000
Pensions, indemnités, secours divers	2.721.880
Annuité à la caisse des dépôts et consignations pour le service des pensions aux anciens militaires	12.993.000
Total général	1.277.107.053

* **RECEVABILITÉ** s. f. Procéd. Qualité de ce qui est recevable : *la cour statue sur la recevabilité de la demande en revision.*

* **RECEVABLE** adj. Admissible, qui peut être admis, qui doit être reçu : *fournir des marchandises bonnes et recevables.* — Palais. IL A ÉTÉ DÉCLARÉ NON RECEVABLE DANS SA DEMANDE, sa demande a été rejetée par des fins de non-recevoir.

* **RECEVEUR, EUSE** s. Celui, celle qui a charge de faire une recette, soit en deniers, soit en denrées : *la receveuse de billets, dans un spectacle.* — ∾ Typogr. Ouvrier qui reçoit les feuilles après l'impression. — La législation concernant les receveurs de l'Etat, des communes et des établissements publics a été résumée au mot COMPTABLE.

* **RECEVOIR** v. a. (lat. *recipere*). *Je reçois, tu reçois, il reçoit; nous recevons, vous recevez, ils reçoivent. Je recevais. Je reçus. J'ai reçu. Je recevrai. Je recevrais. Reçois, recevez. Que je reçoive. Que je reçusse. Recevant. Reçu.* Accep-

ter, prendre ce qui est donné, ce qui est présenté, ce qui est offert sans qu'il soit dû : *recevoir un don, un présent.* En ce sens, il s'emploie aussi absol. : *c'est un homme qui aime à recevoir.* On dit proverbial., IL VAUT MIEUX DONNER QUE RECEVOIR. — Toucher ce qui est dû, en être payé : *recevoir le revenu d'une terre, le prix d'un loyer, le salaire d'une peine, le prix d'un travail, les émoluments d'une place.* — Se dit également en parlant de tout ce qui est délivré, fourni procuré à quelqu'un : *les soldats ont reçu des vivres pour trois jours.* — Se dit particul. en parlant des choses qui sont envoyées ou adressées à quelqu'un, lorsqu'elles sont remises entre ses mains, lorsqu'elles parviennent jusqu'à lui : *recevoir une injonction, un ordre, des ordres.* Cette phrase se dit quelquefois en parlant d'ordres qui sont donnés de vive voix : *la dernière fois que j'ai vu le ministre, j'en ai reçu l'ordre de...* — Se dit, dans un sens analogue en parlant des personnes : *recevoir un messager, un courrier, un parlementaire, un ambassadeur, des députés.* — Se dit souvent en parlant des biens qui arrivent, des choses qui sont données, accordées, comme grâce, faveur, récompense, etc., soit par Dieu, soit par les hommes : *recevoir des grâces de Dieu, des grâces d'en haut.* — Fig. RECEVOIR LE BATON DE MARÉCHAL DE FRANCE, LE CHAPEAU DE CARDINAL, LA CROIX D'HONNEUR, être nommé maréchal de France, cardinal, membre de la Légion d'honneur. Se dit de même en parlant des maux qui arrivent, de ce qui arrive, de ce qu'on éprouve de fâcheux, soit par hasard, soit par la volonté d'autrui : *recevoir une tuile sur la tête, un seau d'eau sur le corps.* — Se dit encore, tant au sens physique qu'au sens moral, en parlant des impressions, des modifications, etc., qu'une chose subit éprouve : *la terre reçoit les influences du ciel; le miroir reçoit les images des objets.* — On dit dans une acception analogue, RECEVOIR UN NOM, UNE DÉNOMINATION, etc. — Se dit aussi en parlant de ce qui est transmis, communiqué, de ce dont on fait part : *recevoir une bonne, une mauvaise éducation.* — Se dit, dans ce sens, en parlant des sacrements : *recevoir le baptême.* — CE MALADE A REÇU TOUS SES SACREMENTS, les sacrements de la pénitence, de l'eucharistie et de l'extrême-onction lui ont été administrés depuis sa maladie, parce qu'il paraît être en danger de mourir. — Tirer, emprunter, faire venir de : *cette maison ne reçoit ses jours que de la rue.* — Se dit en outre des choses qui servent à recueillir, à contenir celles qui viennent y aboutir, qui viennent s'y rendre : *une gouttière qui reçoit toutes les eaux d'un toit.* — Se dit également des personnes et signifie : retenir : *en passant il m'a jeté ce paquet, je l'ai reçu dans mon chapeau.* — Se dit aussi en parlant de certaines paroles ou de certains écrits qui sont donnés pour servir d'assurance, de gage, etc. : *j'ai reçu sa parole qu'il n'en ferait rien.* — Se dit aussi en parlant de ce qui est confié : *recevoir de l'argent en dépôt.* — Fig. RECEVOIR LES DERNIERS SOUPIRS DE QUELQU'UN, l'assister à sa mort. — Guerre. RECEVOIR LE MOT D'ORDRE, prendre le mot d'ordre; ou, dans une autre acception, se faire dire le mot d'ordre par ceux de qui on a droit de l'exiger : *la ronde-major reçoit toujours le mot.* — En parlant de certaines choses, signifie : agréer, accepter : *il en a reçu la proposition avec joie.* — BIEN RECEVOIR, MAL RECEVOIR, approuver, désapprouver : *cette opinion fut bien reçue dans le public.*—Accueillir : *il m'a reçu à bras ouverts, cordialement, avec de grandes démonstrations de joie.* — IL L'A REÇU EN BRAVE, EN HOMME DE CŒUR, se dit d'un homme qui s'est présenté courageusement à un ennemi qui venait l'attaquer. — LES ENNEMIS ONT ÉTÉ REÇUS A GRANDS COUPS DE CANON, on a fait sur eux un très grand feu, lorsqu'ils se sont approchés. — RECEVOIR QUELQU'UN COMME UN CHIEN, LE RECEVOIR COMME UN

CHIEN DANS UN JEU DE QUILLES, lui faire un très mauvais accueil. — ETRE REÇU CHEZ QUELQU'UN, être admis dans sa société : *il est reçu dans la meilleure société.* — RECEVOIR VISITE, RECEVOIR LA VISITE DE QUELQU'UN, être visité par quelqu'un. — RECEVOIR DES VISITES, être visité par diverses personnes : *il n'y a pas d'homme qui reçoive plus de visites.*—Admettre chez soi les personnes par qui l'on est visité : *pendant le premier mois de son deuil, elle ne recevra pas de visites.* On dit dans la même acception : *madame une telle, ne reçoit pas aujourd'hui.* — Donner retraite chez soi : *on défendit de recevoir ce proscrit.* — Admettre : *après un certain temps, on n'est pas reçu à demander les arrérages d'une rente échue.* — Procéd. : *recevoir quelqu'un à serment.* — FIN DE NON-RECEVOIR, exception préalable qui consiste à soutenir que la partie adverse n'est pas recevable dans sa demande : *alléguer des fins de non-recevoir.* — Se soumettre, déférer à quelque chose, comme à une loi, à une règle, à une vérité reconnue : *recevoir avec respect, avec une parfaite soumission.* — RECEVOIR LES ORDRES DE QUELQU'UN, être soumis à sa volonté, à ses ordres : *je n'ai point d'ordres à recevoir de lui.* — RECEVOIR LES ORDRES DE QUELQU'UN, savoir de lui ce qu'on peut faire qui lui soit agréable : *je ne manquerai pas de recevoir vos ordres avant que de partir.* — Installer dans une charge, dans une dignité, dans un emploi, etc., avec le cérémonial ordinaire : *le jour qu'il fut reçu conseiller à la cour de cassation.*

RECEY-SUR-OURCE, ch.-l. de cant., arr. et à 27 kil. S.-E. de Châtillon-sur-Seine (Côte-d'Or); 1,100 hab.

* RECEZ s. m. [re-sé] (lat. *recessus*, action de se retirer). Droit public, relatif aux diètes de l'ancien empire d'Allemagne. Acte où, avant qu'une diète se sépare, on recueille et l'on rédige les délibérations qu'elle a prises : *recez de l'empire.*

* RÉCHAMPIR v. a. (rad. *champ*). Peint. Détacher les objets du fond sur lequel on peint, soit en marquant leurs contours, soit par l'opposition des couleurs. On dit aussi, ÉCHAMPIR. — Dor. Réparer avec du blanc de céruse les taches ou bavochures avec la couleur jaune destinée à recharger la dorure à pu faire sur les fonds.

RÉCHAMPISSAGE s. m. Action de réchampir; résultat de cette action.

* RECHANGE s. m. Se dit, en parlant de certains objets que l'on tient en réserve pour remplacer, au besoin, d'autres objets semblables. En ce sens, il ne s'emploie jamais qu'avec la préposition de : *des armes, des cordages, des rames de rechange; un mât, un timon, une roue, etc., de rechange.* On appelle même quelquefois ces divers objets DES RECHANGES. — CORPS DE RECHANGE, parties de certains instruments à vent qu'on change selon les tons dans lesquels on veut jouer : *une flûte à corps de rechange.*—Comm. Droit du nouveau change qu'on fait payer par celui qui a tiré une lettre de change, lorsqu'elle a été protestée : *payer le change et le rechange.*

RECHANGER v. a. Changer de nouveau.

* RÉCHAPPÉ, ÉE part. passé de RÉCHAPPER. S'emploie substantiv. dans cette phrase populaire, UN RÉCHAPPÉ DE LA POTENCE, un vaurien, un homme capable des plus mauvaises actions.

* RÉCHAPPER v. n. Etre délivré, se tirer d'un grand péril : *il a une fâcheuse maladie, il n'en réchappera pas.* (Fam.)

Malgré les soins des suppôts d'Esculape,
Davé gémit et sent des maux affreux;
Sa femme au rebut, il craignent tous les deux,
Lui qu'il n'en meure, elle qu'il n'en réchappe.
LE BRUN.

RECHARGE s. f. Seconde charge de poudre dans une arme à feu.

* RECHARGEMENT s. m. Action de recharger. Ne se dit guère qu'en parlant de marchandises : *frais de rechargement.*

* RECHARGER v. a. Charger de nouveau, imposer de nouveau quelque charge : *on a rechargé ces marchandises sur le même bâtiment.* — Charger de nouveau une arme à feu : *recharger un canon, un fusil, un pistolet.* — Faire une nouvelle attaque, retourner au combat : *après avoir plusieurs fois chargé les ennemis sans parvenir à les entamer, il les rechargea encore, et les rompit entièrement.* — Donner un ordre encore plus pressant : *je vous avais chargé et rechargé de lui dire cela, et cependant vous n'en avez rien fait.* En ce sens, il est familier. — Charron. RECHARGER UN ESSIEU, grossir les bras d'un essieu, usés et affaiblis par le frottement. — Se recharger v. pr. Reprendre son fardeau, sa charge : *aidez-lui à se recharger.*

* RECHASSER v. a. Chasser, expulser une seconde fois, de nouveau : *il a rechassé ce valet qu'il avait repris.* — Repousser d'un lieu en un autre : *on rechassa les ennemis jusque dans leur camp.* — Fam. Chasser de nouveau en quelque endroit : *c'est un bois où j'ai chassé et rechassé.*

* RÉCHAUD s. m. Ustensile de ménage dans lequel on met du feu pour chauffer les mets, et pour d'autres usages : *mettre quelque chose sur le réchaud.*

* RÉCHAUFFÉ, ÉE part. passé de RÉCHAUFFER. Chauffé de nouveau.

Un dîner réchauffé ne valut jamais rien.
BOILEAU.

— Substantiv. *Ce dîner n'est que du réchauffé.* — CET OUVRAGE N'EST QU'UN RÉCHAUFFÉ DE TEL AUTRE, et absol., N'EST QUE DU RÉCHAUFFÉ, N'EST QUE RÉCHAUFFÉ, tout ce qu'il contient a déjà été dit, les pensées n'en sont rien moins que neuves.

* RÉCHAUFFEMENT s. m. Jard. Se dit du fumier neuf dont on se sert pour réchauffer les couches refroidies : *remuer, changer un réchauffement.*

* RÉCHAUFFER v. a. Echauffer, chauffer ce qui était refroidi : *faites réchauffer ce potage, ce ragoût.* — Prov. Fig. C'EST UN SERPENT QUE J'AI RÉCHAUFFÉ DANS MON SEIN, c'est un ingrat qui tourne contre moi les biens, les avantages qu'il a reçus de moi. — Jard. RÉCHAUFFER UNE COUCHE, y mettre du réchauffement, du fumier neuf. — Fig., au sens moral : *ses amis s'étaient fort refroidis, mais cette bonne nouvelle les a réchauffés.* — Se réchauffer v. pr. *Il avait froid, il s'est réchauffé à courir.*

* RÉCHAUFFOIR s. m. Fourneau qui sert à réchauffer les plats qu'on apporte d'une cuisine éloignée.

RECHAUSSEMENT s. m. Action de rechausser.

* RECHAUSSER v. a. Chausser de nouveau : *rechausser un enfant qui s'était déchaussé.* — RECHAUSSER UN ARBRE, remettre de la terre au pied d'un arbre. — Archit. Refaire le pied d'une vieille construction, ou la fortifier avec de nouvelles pierres : *rechausser un mur, une terrasse, un pilier.* — Se rechausser v. pr. *Il ne fait que se déchausser et se rechausser.*

* RÊCHE adj. (anc. all. *resche*, dur, âpre) Rude au toucher : *cette étoffe est rêche.* — Fig CET HOMME EST RÊCHE, il est difficile à vivre.

* RECHERCHE s. f. Action de rechercher, perquisition : *travailler à la recherche de la vérité.* — Se dit souvent, surtout au pluriel, des travaux de science et d'érudition, et de leurs résultats : *a fait de grandes recherches, de profondes recherches sur le point de chronologie.* — Examen, perquisition de la vie et des actions de quelqu'un : *la recherche des*

concussionnaires, des dilapidateurs de la fortune publique. — Poursuite que l'on fait en vue de se marier : faire la recherche d'une demoiselle, d'une veuve. — Se dit en outre du soin, de l'art, du raffinement qu'on met dans certaines choses; et il emporte assez ordinairement une idée de blâme : il y a de la recherche dans sa parure, dans ses meubles, dans ses repas. — Enquête judiciaire : on ne fit aucune recherche sur sa mort. — Couvreur et Paveur. Réparation que l'on fait en remettant des tuiles, des ardoises ou des pavés aux endroits où il en manque : il suffira de faire une recherche à ce pavé, à cette couverture. — Eaux et Forêts. Opération par laquelle on s'assure des arbres qui manquent et qui doivent être remplacés. — La recherche de la paternité est interdite; au contraire, la recherche de la maternité est admise en principe. (Voy. les mots MATERNITÉ et PATERNITÉ.)

* RECHERCHÉ, ÉE part. passé de RECHERCHER. — ON TROUVE DANS CE LIVRE DES CHOSES BIEN RECHERCHÉES, DES PASSAGES BIEN RECHERCHÉS, on y trouve des matières, des questions curieuses, soigneusement examinées, des citations peu communes, etc. Ces expressions vieillissent. — Adjectiv. Se dit des choses où le travail et l'art se font trop sentir, qui manquent de naturel, où il y a de l'affectation : parure recherchée. On dit de même, UNE PERSONNE RECHERCHÉE DANS SA PARURE, DANS SES EXPRESSIONS. — UN HOMME FORT RECHERCHÉ DANS LE MONDE, DANS LA SOCIÉTÉ, un homme qu'on désire de fréquenter, qu'on s'empresse d'attirer et de recevoir chez soi. — Peint., Sculpt., etc. FIGURE BIEN RECHERCHÉE, figure bien travaillée, jusque dans les moindres détails, bien finie

* RECHERCHER V. a. Chercher de nouveau : je l'ai cherché et recherché sans le pouvoir jamais trouver. — Chercher avec soin : rechercher les secrets de la nature. — Faire enquête des actions ou de la vie de quelqu'un : il est arrêté prisonnier, on recherche sa vie. — Tâcher de se procurer, d'obtenir : on recherche beaucoup les tableaux de cet artiste, les produits de cette fabrique. — RECHERCHER UNE DEMOISELLE, UNE VEUVE EN MARIAGE, au absol., RECHERCHER UNE DEMOISELLE, UNE VEUVE, faire les poursuites nécessaires pour obtenir de l'épouser. — En parlant des personnes, désirer de voir, de connaître, de fréquenter : c'est un homme aimable que tout le monde recherche. — Sculpt., Peint., etc. Réparer avec soin les moindres défauts d'un ouvrage, en retrancher jusqu'aux moindres choses qui pourraient nuire à sa beauté, en exprimer avec soin les plus petits détails : rechercher une figure de plâtre, une figure de bronze. — Man. RECHERCHER UN CHEVAL, l'animer, multiplier les ailes, redoubler d'action sur lui, solliciter une plus grande vivacité dans la sienne, hâter ses mouvements dans une seule et même allure, ou dans un air quelconque : les mauvais écuyers estrapassent un cheval en croyant le rechercher. — Se rechercher v. pr. Les hommes de goût se recherchent.

RECHERCHEUR, EUSE s. Personne qui fait des recherches. — Nom donné par Voltaire aux inquisiteurs.

RECHIGNARD, ARDE adj. Qui rechigne; qui a l'habitude de rechigner.

RECHIGNEMENT s. m. Action de rechigner.

* RECHIGNÉ, ÉE part. passé de RECHIGNER. Qui rechigne. — Adjectiv. Un visage rechigné.

* RECHIGNER V. n. [gn mll.] (rad. rèche). Témoigner par l'air de son visage la mauvaise humeur où l'on est, le chagrin, la répugnance qu'on éprouve : il fait les choses de mauvaise grâce et en rechignant.

RECHIGNEUX, EUSE adj. Qui a l'habitude des rechigner.

* RECHOIR V. n. Tomber de nouveau; et,

---

fig., retomber dans une même maladie, dans une même faute. (Vieux.)

* RECHUTE s. f. Seconde chute, nouvelle chute. Ne se dit guère qu'au figuré, en parlant du retour d'une maladie dont il n'y avait pas longtemps qu'on était guéri : la rechute est à craindre. — Fig. Retour au péché, ou, en général, à la même faute : les fréquentes rechutes mènent à l'endurcissement.

RECHUTER V. n. Faire une rechute, une nouvelle chute. — Pathol. Retomber malade au moment où l'on se croyait guéri.

* RÉCIDIVE s. f. (lat. recidivus, qui retombe dans la même faute; de recidere, retomber). Rechute dans une faute; action de commettre de nouveau le même délit, le même crime : je vous pardonne pour cette fois, mais prenez garde à la récidive. — Méd. Réapparition d'une maladie après une guérison en apparence complète et au bout d'un laps de temps quelquefois fort long : la récidive d'une tumeur. — Législ. « La récidive entraîne presque toujours une aggravation de la peine que la loi applique à la seconde infraction. Quiconque, ayant été antérieurement condamné à une peine afflictive ou infamante, (voy. PEINE), a commis un second crime emportant comme peine principale la dégradation civique, est condamné au bannissement; si la peine infligée par la loi est le bannissement, le coupable est condamné à la détention; si la peine est la détention, ou celle des travaux forcés à temps, elle est portée au maximum et peut être élevée jusqu'au double; si la peine est la réclusion, le coupable est condamné aux travaux forcés à temps; si cette dernière peine est applicable au second crime, elle est portée au maximum et peut être élevée jusqu'au double; si le second crime emporte la peine de la déportation, le récidiviste est condamné aux travaux forcés à perpétuité. Cependant, si le second crime emportant la peine des travaux forcés a été commis par un détenu, cette peine doit, en exécution de la loi du 25 décembre 1880, être subie dans la prison même où le crime a été commis. Celui qui, ayant été condamné antérieurement aux travaux forcés à perpétuité, commet une second crime emportant la même peine, est condamné à la peine de mort. Quiconque, ayant été condamné, soit pour crime, soit correctionnellement, à une peine supérieure à une année d'emprisonnement, a commis soit un délit, soit un crime qui n'est puni que de peines correctionnelles, est condamné au maximum de la peine, et cette peine peut être élevée jusqu'au double. Le Code de justice militaire ne porte aucune aggravation de peine contre les récidivistes, sauf en cas de désertion; et l'individu qui, ayant été antérieurement condamné par un tribunal militaire ou maritime, est traduit devant un tribunal correctionnel ou une cour d'assises pour un fait postérieur, n'est passible des peines de la récidive qu'autant que la première condamnation a été prononcée pour un crime ou un délit punissable d'après les lois pénales ordinaires (C. pén. 56 à 58). En matière de contraventions de simple police, il n'y a récidive que que s'il a été rendu contre le contrevenant, dans les douze mois qui ont précédé la première contravention, un précédent jugement pour contravention de police commise dans le ressort du même tribunal. La récidive entraîne alors la peine de l'emprisonnement pendant trois jours au plus, pour les contraventions de police de la première classe, et ladite peine pendant cinq jours au plus pour la troisième (id. 474, 478, 482, 483). En dehors des règles générales qui précèdent, un grand nombre de dispositions particulières contenues dans les lois de répression s'appliquent aux cas de récidive. On constate qu'en France,

---

depuis un certain nombre d'années; la proportion des récidivistes s'accroît sans cesse, eu égard au nombre total des inculpés. Le projet de loi Bérenger semblait devoir apporter à cet état de choses des remèdes efficaces, en améliorant le régime des prisons, en instituant la libération conditionnelle des détenus, en allouant des subventions aux comités de patronage des libérés, et en facilitant la réhabilitation des condamnés. Jusqu'à ce jour, quelques parties de ce projet ont seules été converties en lois. Nous l'avons dit ailleurs, ce qui nous paraît être le plus urgent, c'est la transformation des prisons de nouveau le même délit, le même crime : et la source de la récidive. La loi du 27 mai 1885 a prescrit la relégation, c'est-à-dire l'internement perpétuel dans les colonies françaises des récidivistes ayant encouru certaines condamnations dans un intervalle de dix ans. (Voy. RELÉGATION.) »   (CH. Y.)

* RÉCIDIVER V. n. (fr. récidive). Faire une récidive retomber dans une faute ; commettre de nouveau le même délit, le même crime : prenez garde de récidiver. — Méd. Se dit d'une maladie guérie qui reparaît après un laps de temps plus ou moins long : la maladie a récidivé.

* RÉCIDIVISTE s. m. Qui est en état de récidive, qui commet le délit, le crime pour lequel il avait déjà été condamné : le tribunal jugea plusieurs récidivistes.

* RÉCIF [ré-siff] s. m. (esp. arrecife). Chaîne de rochers à fleur d'eau : une mer pleine de récifs. On écrit aussi RESCIF et RESSIF.

RECIFE ou Pernambuco [ré-si'-fé; pernamm-bou'-ko], port de mer du Brésil, capitale de la province de Pernambuco, à 1,650 kil. N.-E. de Rio-de-Janeiro; 116,671 hab. Elle se trouve à l'embouchure commune du Beberibe et du Capibaribe, qui forment un delta qui embrasse plusieurs îles. Elle a un lycée, une école de droit et un gymnase provincial. Le port, protégé par un récif (d'où le nom de Recife) est très commode; mais il est inaccessible aux bâtiments au-dessus de 700 tonneaux. Manufactures florissantes de tabac, de savon et de papier. La valeur des exportations en 1872-'73 a été de 64,043,940 fr., et consistent surtout en coton, sucre, mélasse, rhum et peaux.

RECINER V. n. (préf. re; lat. cœnare, goûter). Faire une collation.

* RÉCIPÉ s. m. (lat. recipe, prenez). Ordonnance d'un médecin pour quelque malade : les apothicaires gardent les récipés des médecins. — Par ext. Toute sorte de recettes et de formules de remède : cette femme vous donnera, vous indiquera des récipés pour toutes les maladies.

* RÉCIPIENDAIRE s. m. [-pi-an-] (lat. recipiendus). Celui que l'on reçoit dans quelque corps, dans quelque compagnie, avec une certaine solennité, avec un certain cérémonial : dans l'Académie française, le récipiendaire prononce un discours et le directeur y répond.

* RÉCIPIENT s. m. [-pi-an] (lat. recipiens). Vase, ordinairement de forme ronde, destiné à recevoir les produits d'une distillation ou de toute autre opération chimique : un récipient de verre. — Cloche de verre qu'on place sur le plateau d'une machine pneumatique, et où l'on renferme les corps que l'on veut mettre dans le vide : pomper l'air du récipient.

* RÉCIPROCITÉ s. f. État, qualité, caractère de ce qui est réciproque : la réciprocité de l'amitié, des sentiments, des services.

* RÉCIPROQUE adj. (lat. reciprocus). Mutuel : amour réciproque. — Gramm. VERBES RÉCIPROQUES, verbe pronominaux qui expri-

ment l'action réciproque de plusieurs sujets les uns sur les autres, comme dans ces phrases : *ces propositions se contredisent; ces quatre hommes se battaient et se disaient des injures.* Souvent, pour exprimer avec plus de clarté le sens réciproque, on ajoute les mots L'ON L'AUTRE, ou un des adverbes RÉCIPROQUEMENT, MUTUELLEMENT, ou l'on place le mot ENTRE avant le verbe : *ces deux hommes s'aident réciproquement; ils s'aidaient l'un l'autre; ils s'entr'aident.* — Log. PROPOSITIONS RÉCIPROQUES, deux propositions telles que le sujet de l'une peut devenir l'attribut de l'autre, et réciproquement : *ces deux propositions, l'homme est un animal raisonnable, l'animal raisonnable est un homme, sont réciproques.* — Mathémat. RAISON RÉCIPROQUE, est la même chose que raison inverse. (Voy. INVERSE.) — Substantiv. JE VOUS RENDRAI LA RÉCIPROQUE, je vous rendrai la pareille. — Log. L'inverse: *la réciproque est vraie.*

° RÉCIPROQUEMENT adv. Mutuellement, d'une manière réciproque : *ils se rendent réciproquement de bons offices.* — IL FAUT QU'UNE FEMME SOIT FIDÈLE A SON MARI, ET RÉCIPROQUEMENT, il faut que le mari le soit aussi, le soit de son côté.

° RÉCISION s. f. [-zi-on] (lat. *recisio*). Action de couper, de retrancher.

° RÉCIT s. m. (lat. *recitare*, réciter). Relation, narration d'une chose qui s'est passée: *le récit d'un fait, d'un événement.* — Fam. FAIRE UN GRAND RÉCIT, DE GRANDS RÉCITS DE QUELQU'UN, DE QUELQUE CHOSE, en parler avantageusement, en dire beaucoup de bien: *c'est un homme dont j'ai entendu faire un grand récit, de grands récits.* — Art dram. Narration détaillée d'un événement important qui vient de se passer : *le récit de Théramène, dans la tragédie de Phèdre.* — Mus. Ce qui est chanté par une voix seule, ou joué par un instrument seul : *un récit bien chanté.* — Partie qui, dans une symphonie, exécute le sujet principal.

° RÉCITANT, ANTE adj. Mus. Se dit des voix et des instruments qui exécutent seuls, ou qui exécutent la partie principale. — PARTIE RÉCITANTE, partie qui est chantée par une seule voix ou exécutée par un seul instrument, ou celle qui exécute le sujet principal.

° RÉCITATEUR s. m. Celui qui récite quelque chose par cœur : *un bon récitateur.* (Peu us.)

° RÉCITATIF s. m. Mus. Sorte de chant qui n'est point assujetti à la mesure, et qui doit être débité d'une manière plus ou moins soutenue : *il y a un beau récitatif dans cet opéra.* — RÉCITATIF OBLIGÉ, récitatif accompagné et coupé par les instruments. — ENCYCL. Le récitatif, partie que les Italiens appellent *musica parlante,* musique parlante, est une sorte de déclamation artificielle adaptée à une notation musicale pour imiter les inflexions du discours naturel et qui forme le milieu entre la récitation ou langage ordinaire, auquel elle ressemble, et l'air mesuré ou chant. Elle fut introduite à Rome par Emilio del Cavaliere en 1600, et elle est aujourd'hui un élément reconnu de la composition vocale dans le grand opéra italien, les oratorios et les cantates.

° RÉCITATION s. f. Action de réciter, de prononcer un discours qu'on sait par cœur, en prenant un ton moins élevé que celui de la déclamation, et plus élevé que le ton de la simple lecture. — Action de réciter, en musique.

° RÉCITER v. a. (lat. *recitare*). Prononcer à voix haute, et d'une manière soutenue, quelque discours, quelque morceau de prose ou de vers, qu'on sait par cœur : *il nous récita sa comédie.* — Raconter, faire un récit : ré-

---

citer une histoire. — Mus. Chanter ou exécuter un récit.

RÉCITEUR, EUSE s. Personne qui récite.

° RÉCLAMANT, ANTE s. Jurispr. Celui, celle qui présente une réclamation : *le tribunal n'admit pas la prétention du réclamant.*

RÉCLAMATEUR, TRICE s. Personne qui réclame.

° RÉCLAMATION s. f. Action de réclamer, de revendiquer, de s'opposer, de revenir contre quelque chose : *on procédera à la vente des meubles, nonobstant la réclamation du marchand qui les a loués.* — ÊTRE EN RÉCLAMATION, avoir réclamé, et attendre le résultat de sa réclamation : *il y a six mois que nous sommes en réclamation.* — RÉCLAMATION D'ÉTAT, action judiciaire ayant pour objet de faire statuer sur l'état civil d'une personne à laquelle cet état est contesté.

° RÉCLAME s. m. Fauconn. Le cri et le signe qu'on fait à un oiseau pour le faire revenir au leurre ou sur le poing : *un oiseau qui revient au réclame.*

° RÉCLAME s. f. (lat. *reclamare*, rappeler). Typogr. Mot que l'on mettait autrefois au-dessous de la dernière ligne d'une feuille ou même d'une page d'impression, et qui était le premier de la feuille, de la page suivante. — Note manuscrite qui, sur une épreuve, rappelle au correcteur le dernier mot et le dernier folio d'une épreuve. — VÉRIFIER LA RÉCLAME, s'assurer qu'il n'y a ni bourdon ni doublon dans le passage d'une feuille à l'autre. — Plain-chant. Partie du répons que l'on reprend après le verset : *il y a des répons à double réclame.* — Journalisme. Petit article inséré dans le corps d'un journal et qui a pour objet d'attirer l'attention sur un livre, une marchandise, un médicament, etc. plus sûrement que par une action ostensiblement payée. — Fig. et fam. FAIRE DE LA RÉCLAME, faire des appels bruyants à la publicité, chercher par tous les moyens à attirer l'attention du public.

° RÉCLAMER v. a. (lat. *reclamare*). Implorer, demander avec instance : *réclamer l'assistance, le secours de Dieu.* — RÉCLAMER LES SAINTS, implorer le secours des saints. — Revendiquer, demander une chose à laquelle on a des droits : *il trouva le cheval qu'on lui avait pris, et le réclama.* — S'interposer en faveur de quelqu'un qu'on doit protéger : *vous avez fait arrêter mon domestique, je vais le réclamer.* — Fauconn. RÉCLAMER UN OISEAU, l'appeler pour le faire revenir sur le poing ou au leurre. — v. n. Contredire, s'opposer de paroles : *cela a été résolu; y a-t-il quelqu'un qui réclame, qui réclame contre?* — Protester, former contre quelque acte : *un majeur peut réclamer dans les dix ans de majorité contre les actes faits pendant sa minorité.* — Se réclamer de v. pr. Déclarer qu'on est au service de, qu'on est son parent, qu'on en est connu, ou protégé.

RÉCLINAISON s. f. Situation d'un plan incliné vers l'horizon. — Chir. Abaissement.

RÉCLINER v. n. (lat. *reclinare,* pencher). S'éloigner de la ligne perpendiculaire.

° RÉCLOUER v. a. Clouer de nouveau : *cette planche s'est déclouée, il faut la reclouer.*

° RÉCLURE v. a. (lat. *recludere*). N'est d'usage qu'à l'infinitif et aux temps formés du participe. Renfermer dans une clôture étroite et rigoureuse, où l'on n'a aucune communication avec le reste des hommes : *fraire un pénitent, un religieux.* — Se reclure v. pr. *Se reclure dans une cellule.*

° RÉCLUS, USE part. passé de RÉCLURE. — IL EST RECLUS DANS SA CHAMBRE, DANS SA MAISON, il n'en sort point, et ne veut voir personne : *il demeure reclus dans sa maison tout le long de l'hiver.* — Substantiv. *C'est un reclus.*

° RÉCLUSION ou Réclusion s. f. État d'une personne renfermée : *il s'est condamné lui-même à une reclusion absolue.* — Particul. Peine infligée aux personnes qu'on renferme dans une maison de force : *il a été condamné à la reclusion.* — Législ. « La réclusion est l'une des peines appliquées par la loi en matière criminelle ; elle est à la fois afflictive et infamante, et sa durée est de cinq ans au moins et de dix ans au plus. Tout individu de l'un ou de l'autre sexe, condamné à la peine de la réclusion, doit être renfermé dans une maison de force ou maison centrale (voy. PRISON) et employé à des travaux dont le produit peut être appliqué en partie à son profit. La condamnation à la réclusion entraîne accessoirement la dégradation civique et l'interdiction légale du condamné (C. pén. 7, 21, 28, 29). L'accusé de moins de seize ans qui, étant reconnu avoir agi avec discernement, a encouru la peine de la réclusion, est condamné à être renfermé dans une maison de correction, pour un temps égal au tiers au moins et à la moitié au plus du temps pendant lequel il aurait pu être soumis à la réclusion (id. 67), »   (CH. Y.)

RÉCLUSIONNAIRE s. m. Personne qui est condamnée à la réclusion.

RECOCHER v. a. Techn. Rabattre l'argile, le mastic ou la pâte avec le creux de la main.

° RECOGNER v. a. Cogner de nouveau: *recognez ce clou qui se détache.* — ◦◦ Fig. Repousser, battre : *nos troupes recognèrent l'ennemi.* En ce sens il a vieilli, et ne se dit plus que dans le langage populaire : *ce tapageur se fera recogner.*

° RÉCOGNITIF adj. m. [-ghni-]. Jurispr. Ne s'emploie que dans l'expression, ACTE RÉCOGNITIF, acte par lequel on reconnaît ou ratifie une obligation, en rappelant le titre qui l'a créée. — La production en justice d'un titre récognitif ou confirmatif d'un autre acte ne dispense pas de la représentation du titre primordial. (Voy. PREUVE.)

RÉCOGNITION s. f. [ré-ko-ghni-si-on] (lat. *recognitio*). Reconnaissance d'une personne ou d'une chose. — Philos. Acte par lequel la mémoire reconnaît une idée effacée. — Jurispr. Nouvel examen d'une chose.

° RECOIFFER v. a. Coiffer une seconde fois, réparer le désordre d'une coiffure : *le vent avait dérangé ses cheveux, on a été obligé de le recoiffer.* — Se recoiffer v. pr.

° RECOIN s. m. Coin plus caché, moins en vue : *il était dans un recoin où l'on avait de la peine à le trouver.* — Fig. et fam. LES RECOINS DU CŒUR, DE LA CONSCIENCE, les replis du cœur, de la conscience, ce qu'il y a de plus caché dans le cœur, dans la conscience.

° RÉCOLEMENT s. m. Jurispr. Action par laquelle on récolait les témoins : *faire le récolement des témoins.* — Procéd. FAIRE LE RÉCOLEMENT D'UN INVENTAIRE, vérifier tous les effets, tous les papiers contenus dans un inventaire. — FAIRE LE RÉCOLEMENT DE MEUBLES ET D'EFFETS SAISIS, vérifier s'ils sont tous portés sur le procès-verbal de saisie. On dit de même, PROCÈS-VERBAL DE RÉCOLEMENT. — Procès-verbal de visite que font les agents de l'administration forestière, pour vérifier si une coupe de bois a été faite conformément aux ordonnances : *récolement de bois.* — Dans un inventaire de récolement, l'officier ministériel se borne à constater l'existence des objets déjà décrits dans un inventaire précédent. — Lorsqu'un huissier, se présentant pour saisir les meubles d'un débiteur, trouve une saisie déjà faite, il se borne à dresser un procès-verbal de récolement, lequel vaut opposition sur les deniers de la vente (C. pr. 641).

° RÉCOLER v. a. (bas lat. *recolare*), examiner de nouveau). Jurispr. Lire à des témoins

qui ont été entendus dans une procédure criminelle, la déposition qu'ils ont faite, pour voir s'ils y persistent : *quand les témoins ont été récolés et confrontés.*

RECOLLECTEUR s. [-kol-lék-]. Celui qui recueille des lois.

* **RÉCOLLECTION** s. f. [-kol-lèk-si-on] (lat. *recolligere*, se recueillir). Spiritual. Action par laquelle on se recueille en soi-même : *profonde récollection.* (Vieux.)

* **RECOLLEMENT** s. m. [-ko-le-]. Méd. Action de recoller : *le recollement de la peau.*

* **RECOLLER** v. a. Coller de nouveau : *ce papier s'est décollé, il faut le recoller.*

* **RÉCOLLET** s. m. [-ré-ko-lè] (lat. *recollectus*, recueilli). Religieux réformé de l'ordre de Saint-François, ainsi nommé parce que ces religieux n'admettaient dans leur ordre que ceux qui avaient l'esprit de récollection ou de recueillement. Il y avait aussi des **RÉCOLLETTES**. (Voy. **FRANCISCAINS**.)

* **RÉCOLLIGER** (Se) v. pr. [-ko-li-]. Spiritual. Se recueillir en soi-même : *il faut se récolliger pour bien faire son examen.* (Vieux.)

* **RÉCOLTE** s. f. (rad. lat. *recollectus*, recueilli). Action de recueillir les biens de la terre, et produit en nature qui en résulte : *la récolte des blés.* — Se dit quelquefois, fig., en parlant de certaines choses qu'on reçoit ou qu'on rassemble : *cette quêteuse a fait une bonne récolte.*

* **RÉCOLTER** v. a. Faire une récolte ; *il a récolté beaucoup de blé, beaucoup de vin,* etc.

* **RECOMMANDABLE** adj. Estimable, qui mérite d'être considéré : *sa vertu le rend recommandable.*

* **RECOMMANDARESSES** s. f. pl. (préf. *re*; lat. *commandare*, confier). Femmes qui étaient préposées pour l'autorité, pour tenir un bureau où l'on se procurait des nourrices : *aller chercher une nourrice aux recommandaresses, chez les recommandaresses.*

RECOMMANDATAIRE s. m. Créancier qui a fait emprisonner son débiteur.

* **RECOMMANDATION** s. f. Action de recommander quelqu'un : *c'est une puissante recommandation que celle d'un tel.* — Conseil pressant : *il fit cela malgré toutes mes recommandations.* — **PRIÈRE DE LA RECOMMANDATION DE L'AME**, prière que l'Église catholique fait à Dieu pour les agonisants. — Estime qu'on a pour la vertu, pour le mérite : *la sainteté de sa vie l'avait mis partout en grande recommandation.* — **AVOIR L'HONNEUR EN RECOMMANDATION**, s'appliquer à ne rien faire qui blesse les lois de l'honneur, de la probité. (Vieux.) — Procéd. Acte par lequel on déclare s'opposer à la sortie d'un prisonnier arrêté à la requête de quelqu'un : *ce prisonnier tient encore pour deux recommandations.* (Vieux.)

RECOMMANDATOIRE adj. En forme de recommandation.

* **RECOMMANDER** V. a. Ordonner à quelqu'un, charger quelqu'un de faire quelque chose : *j'ai recommandé à mes gens de vous obéir comme à moi-même.* — **RECOMMANDER LE SECRET A QUELQU'UN**, lui ordonner ou le prier de garder le secret. — Exhorter une personne à quelque chose, à faire quelque chose, conseiller fortement quelque chose : *on lui a recommandé d'être sage.* — Prier d'être favorable à, prier d'avoir attention à, d'avoir soin de : *je vous recommande un tel.* — **RECOMMANDER QUELQU'UN AUX PRIÈRES, AUX AUMÔNES DES FIDÈLES**, exhorter à prier Dieu pour lui, à lui faire des charités. **RECOMMANDER QUELQU'UN AU PRÔNE**, le recommander aux prières ou aux charités des paroissiens, en faisant le prône. — **IL A ÉTÉ BIEN RECOMMANDÉ AU PRÔNE**, on a dit beaucoup de choses contre lui à quelqu'un qui peut lui nuire. — **IL RECOMMANDE SON**

AME A DIEU, IL SE RECOMMANDE A DIEU, il réclame le secours de Dieu, il prie Dieu d'avoir pitié de lui. Rendre recommandable : *il n'a rien fait encore qui puisse recommander son nom à la postérité.* — S'opposer, par un nouvel écrou, à l'élargissement d'un prisonnier : *il espérait bien ne pas coucher en prison, mais il vint deux ou trois créanciers qui le recommandèrent.* — Se dit aussi en parlant des avis qu'on donne aux orfèvres et autres marchands, pour qu'ils aient à retenir des objets volés, dans le cas où l'acquisition leur en serait proposée : *cet orfèvre a retenu ces flambeaux d'argent, parce qu'ils lui avaient été recommandés.* — Se recommander v. pr. **IL SE RECOMMANDE A TOUS LES SAINTS ET SAINTES DU PARADIS**, il implore l'assistance, la protection de tout le monde. — **SE RECOMMANDER A QUELQU'UN, A SES BONTÉS**, etc., expression de politesse, formule de compliment : *dites-lui que je me recommande bien à lui, que je me recommande à sa protection, à ses bontés, à son souvenir, à l'honneur de son souvenir.* — **CETTE PERSONNE, CETTE CHOSE SE RECOMMANDE D'ELLE-MÊME**, elle a assez de mérite, de valeur, pour qu'il ne soit pas nécessaire de la vanter : *le vrai mérite se recommande de lui-même.*

* **RECOMMENCEMENT** s. m. Action de recommencer.

* **RECOMMENCER** V. a. Commencer de nouveau à faire ce qu'on a déjà fait : *recommencer la guerre.* — **RECOMMENCER UN ÉLÈVE**, reprendre son instruction depuis les premiers éléments, depuis les principes : *cet enfant avait été mal montré, il a fallu le recommencer.* — Man. **RECOMMENCER UN CHEVAL**, remettre aux premières leçons : *il est des chevaux qui oublient et qui se démentent, il faut les recommencer.* — Fam. **RECOMMENCER DE PLUS BELLE, RECOMMENCER SUR NOUVEAUX FRAIS**, faire de nouveau quelque chose avec plus d'ardeur que la première fois, après s'être reposé, après avoir pris de nouvelles forces : *il avait longtemps sans jouer ; il a recommencé de plus belle.* — **RECOMMENCER SUR NOUVEAUX FRAIS**, recommencer de nouveau un ouvrage, un travail, comme si rien n'en eût été fait. — **C'EST TOUJOURS A RECOMMENCER**, se dit en parlant d'un ouvrage où il y a toujours quelque chose à refaire, ou d'une chose qu'on répéterait inutilement : *ne profite d'aucun avis; avec lui c'est toujours à recommencer.* — v. n. *Les troubles recommencèrent.*

* **RECOMMENCEUR, EUSE** s. Celui, celle qui recommence.

* **RÉCOMPENSE** s. f. Le bien qu'on fait à quelqu'un, en reconnaissance d'un service, ou en faveur de quelque bonne action : *juste récompense.* — Châtiment, peine que l'on mérite par une mauvaise action : *c'était un méchant homme, il a eu la récompense qu'il méritait.* — Compensation ou dédommagement : *on lui donna tant pour récompense des pertes qu'il avait faites.* — Particul. Jurispr. Indemnité ou remploi dû lorsqu'on fait des liquidations de communautés conjugales ou de succession : *récompense due à la communauté par les époux, aux époux par la communauté.* — En récompense loc. adv. En revanche, en retour : *je vous prie de me rendre ce bon office et en récompense, je ferai pour vous telle chose.*

* **RÉCOMPENSER** V. a. [-pan-] (rad. *compenser*). Donner une récompense, faire du bien à quelqu'un en reconnaissance de quelque service, ou en faveur de quelque bonne action : *il y a un Dieu qui récompense et qui punit.*

Oui, oui, cette vertu sera récompensée.
J. RACINE. *La Thébaïde*, acte III, sc. III.

— Punir, infliger la peine d'une mauvaise action : *il a été justement récompensé de ses perfidies.* — Dédommager : *je sais bien que vous avez perdu cette fois-ci, mais une autre fois je vous récompenserai.* — **RÉCOMPENSER**

LE TEMPS PERDU, réparer une perte de temps. — Se récompenser v. pr. *Il s'est bien récompensé de ses pertes.*

* **RECOMPOSER** V. a. Composer une seconde fois : *recomposer une administration.* — Chim. Réunir les parties d'un corps qui avaient été séparées par quelque opération.

* **RECOMPOSITION** s. f. Chim. Action de recomposer un corps, ou effet qui résulte de cette action.

* **RECOMPTER** V. a. Compter de nouveau : *je puis m'être trompé, recomptez cette somme.*

* **RÉCONCILIABLE** adj. Qui peut être réconcilié. Ne s'emploie guère qu'avec une négation : *ces deux personnes, ces deux maisons, ces deux familles ne sont pas réconciliables.*

* **RÉCONCILIATEUR, TRICE** s. Celui, celle qui réconcilie des personnes brouillées ensemble.

* **RÉCONCILIATION** s. f. Raccommodement de personnes qui étaient mal ensemble : *véritable, sincère réconciliation.* — Cathol. Acte solennel par lequel un hérétique est réuni à l'Église, et absous des censures qu'il avait encourues. — Cérémonie qu'on fait pour bénir une église profanée.

* **RÉCONCILIER** V. a. (lat. *reconciliare*). Remettre bien ensemble des personnes qui étaient brouillées : *je les ai réconciliés.* — **CETTE BONNE ACTION ME RÉCONCILIE AVEC LUI**, elle me fait revenir sur son compte, elle me fait oublier les griefs que j'avais contre lui. — Cathol. **RÉCONCILIER UN HÉRÉTIQUE A L'ÉGLISE**, lui donner l'absolution après qu'il a abjuré son hérésie. **RÉCONCILIER UNE ÉGLISE**, la rebénir avec de certaines cérémonies, quand elle a été profanée. — S'emploie quelquefois, fig., en parlant de certaines choses qui sont ou qui semblent opposées, et signifie, concilier, accorder : *réconcilier le théâtre avec la morale, avec la religion.* — Se réconcilier v. pr. : *ces deux personnes qui, après avoir été brouillées, se raccommodent : je me suis réconcilié avec lui.* — **SE RÉCONCILIER AVEC SOI-MÊME**, se remettre bien avec soi-même et apaiser les reproches de sa conscience. — **SE RÉCONCILIER AVEC DIEU**, demander pardon à Dieu de ses péchés, et rechercher la grâce par le moyen des sacrements. — Se dit aussi, chez les catholiques, lorsque, peu de temps après avoir été à confesse, on y retourne avant que d'aller communier, pour s'accuser de fautes légères que l'on a commises dans cet intervalle, ou de quelque péché que l'on a oublié dans sa confession : *il alla se réconcilier avant que de se présenter à la sainte table.*

* **RÉCONDUCTION** s. f. (lat. *reconductio*). Jurispr. Ne s'emploie que dans cette phrase, **TACITE RÉCONDUCTION**, continuation de la jouissance d'une ferme, d'une maison au même prix et aux mêmes conditions après l'expiration du bail, et sans qu'il ait été renouvelé : *il occupe cette maison par tacite réconduction.* — Légal. « On nomme *tacite réconduction* le renouvellement qui s'opère, de la location d'un immeuble, sans convention expresse et en vertu de la loi, lorsque le preneur continue sa jouissance, après l'expiration d'un bail écrit, sans opposition de la part du bailleur. Ce renouvellement ne s'opère que lorsqu'il y a eu un congé signifié par l'une des parties à l'autre, ou lorsque au moment de l'expiration du bail, l'une des parties était incapable de contracter et non pourvue d'un représentant légal. La tacite réconduction est censée faite aux conditions du bail précédent, mais pour une durée déterminée par l'usage des lieux (C. civ. 1738, 1739, 1759). » (CH. Y.)

* **RÉCONDUIRE** V. a. Accompagner quelqu'un lorsqu'il s'en retourne : *tout en causant je l'ai reconduit à une demi-lieue sans m'en*

apercevoir. — Accompagner par civilité une personne dont on a reçu visite, lorsqu'elle s'en va : *ne faites point de cérémonie, ne me reconduisez pas.* — S'emploie quelquefois iron. et fam. en parlant d'un homme qu'on chasse, qu'on expulse en le maltraitant : *reconduire un insolent à coups de bâton.*

* **RECONDUITE** s. f. Action de reconduire quelqu'un : *faire la reconduite.* — S'emploie surtout iron. : *la reconduite qu'on lui fit ne fut pas agréable.*

* **RÉCONFORT** s. m. Consolation, secours dans l'affliction : *Dieu sera notre réconfort.* (Vieux.)

RÉCONFORTANT, ANTE adj. Qui réconforte — s. m. Ce qui réconforte : *prendre un réconfortant.*

* **RÉCONFORTATION** s. f. Action de réconforter. (Vieux).

* **RÉCONFORTER** v. a. Conforter, fortifier : *cela réconforte l'estomac.* — Consoler dans l'affliction : *il est si désolé, que rien ne peut le réconforter.* (Vieux.) — Se réconforter v. pr. *Il fut longtemps à se réconforter.*

* **RECONNAISSABLE** adj. Facile à reconnaître : *il est si changé, qu'il n'est pas reconnaissable.*

* **RECONNAISSANCE** s. f. Action par laquelle on se remet dans l'esprit l'idée, l'image d'une chose ou d'une personne, quand on vient à la revoir : *il y avait bien des années qu'il n'avait vu son frère, il le reconnut d'abord, et on s'étonna d'une si prompte reconnaissance.* — Action d'examiner en détail et avec soin certains objets, pour en constater l'espèce, le nombre, etc. : *faire la reconnaissance des lieux, des meubles, des papiers.* — Guerre. Action d'examiner la position, la nature d'un terrain, et les dispositions des ennemis : *le général est allé faire une reconnaissance.* — Mar. Action d'apercevoir, de découvrir des côtes, des rades, etc., en naviguant : *il fit la reconnaissance d'une baie qui avait échappé à tous les autres navigateurs.* - Se dit quelquefois des marques, telles que les balises, qui indiquent des passes ou quelque danger. — Acte par écrit, pour reconnaître qu'on a reçu quelque chose, soit par emprunt, soit en dépôt, ou pour reconnaître qu'on est obligé à quelque chose : *il me donna ses pierreries en garde, je lui en donnai ma reconnaissance.* — RECONNAISSANCE DE PROMESSE OU D'ÉCRITURE, acte par lequel un homme reconnaît qu'une promesse est de lui, que l'écriture qu'on lui représente est de sa main : *il avait fait une promesse sous seing privé, et il en a passé reconnaissance.* — Vérification : *quand un homme nie un billet qu'on prétend être de lui, il faut en venir à la reconnaissance par comparaison d'écriture.* — RECONNAISSANCE D'ENFANT, acte par lequel on reconnaît être le père ou la mère d'un enfant naturel : *il n'y eut de reconnaissance que de la part du père.* — Diplom. Action de reconnaître un gouvernement étranger : *la reconnaissance de l'Autriche, de l'Angleterre ne se fit point attendre.* — Aveu, confession d'une faute : *cette prompte reconnaissance de sa faute lui a mérité le pardon.* — Gratitude, souvenir des bienfaits reçus : *je suis pénétré de reconnaissance pour toutes vos bontés.*

Comptez sur la *reconnaissance*
Quand l'intérêt vous en répond.
FLORIAN.

— Récompense qu'on donne pour reconnaître un bon office, un service : *il vous a bien servi dans cette affaire, cela mérite quelque reconnaissance.* (Peu us.) — Législ. « On donne généralement le nom de reconnaissance au billet non négociable ou promesse sous seing privé, par lequel une seule partie s'engage envers l'autre à lui payer une somme d'argent ou une certaine quantité de denrées qui se vendent au nombre, au poids ou à la mesure. Pour que cette reconnaissance soit entièrement valable, elle doit être écrite en entier de la main de celui qui l'a souscrite ; ou du moins, il faut qu'outre la signature, il ait écrit de sa main, un *bon* ou un *approuvé*, portant en toutes lettres la somme ou la quantité ; excepté dans le cas où l'acte émane de personnes qui ne savent écrire que leur nom, tels que marchands, artisans, laboureurs, vignerons, gens de journée et de service (C. civ. 1326.) — La *reconnaissance d'un enfant naturel* par son père ou sa mère n'est valable que si elle a lieu par acte authentique. Elle peut être faite, savoir : 1° dans l'acte de naissance de l'enfant, par une déclaration expresse ; 2° par un acte postérieur dressé par l'officier de l'état civil ; 3° dans l'acte de célébration du mariage des père et mère de l'enfant ; et cette reconnaissance est dite alors *légitimation* (voy. ce mot).; 4° par un acte notarié dressé en minute et en présence effective de deux notaires ou d'un notaire et de deux témoins ; 5° par un tribunal ou un juge de paix lorsqu'il est donné acte de la déclaration faite devant lui. Tout acte contenant reconnaissance d'un enfant naturel doit être transcrit sur ses registres par l'officier de l'état civil qui a reçu l'acte de naissance de cet enfant, et il doit en être fait mention en marge dudit acte de naissance. La reconnaissance d'un enfant naturel peut être faite par un mineur ou par une femme mariée, sans qu'il soit besoin d'aucune assistance ou autorisation. Un enfant naturel peut être reconnu avant sa naissance ; il peut aussi l'être après son décès. La reconnaissance n'est valable qu'à l'égard de celui qui l'a faite. Aucune reconnaissance ne peut avoir lieu au profit d'enfants nés d'un commerce incestueux ou adultérin. Toute reconnaissance d'enfant naturel peut être contestée par ceux qui y ont intérêt. La reconnaissance faite pendant le mariage, par l'un des époux, au profit d'un enfant naturel qu'il aurait eu, avant son mariage, d'un autre que de son épouse, ne peut nuire ni à celui-ci, ni aux enfants issus de ce mariage ; elle produit seulement son effet, après la dissolution du mariage, lorsqu'il n'en reste pas d'enfants. Les enfants naturels qui ne sont pas *légitimés*, mais qui sont seulement *reconnus* n'ont que des droits rigoureusement restreints dans la succession du père ou de la mère qui les a reconnus. Ces droits ont été indiqués plus haut, aux mots QUOTITÉ et SUCCESSION. » (CH. Y.)

* **RECONNAISSANT, ANTE** adj. Qui a de la reconnaissance, de la gratitude : *il est fort reconnaissant des services que vous lui avez rendus.*

RECONNAISSEMENT s. m. Examen, classement que l'on fait des carreaux de pierre meulière.

RECONNAISSEUR, EUSE s. Personne chargée de faire une reconnaissance.

* **RECONNAÎTRE** v. a. Se remettre dans l'esprit l'idée, l'image d'une chose, d'une personne, quand on vient à la revoir ou à l'entendre : *il y avait longtemps que je ne l'avais vu, j'ai eu de la peine à le reconnaître.* — Connaître, distinguer, à quelque signe, à quelque caractère, d'après quelque indication une personne ou une chose qu'on n'a jamais vue : *je l'ai reconnu au portrait que vous m'en aviez fait.* — Fig., aux sens moral : *Je reconnais cet homme à ses perfidies.* — SE FAIRE RECONNAÎTRE, donner des indications pour prouver qui on est.— Signifie quelquefois, avec la négation, dédaigner, négliger, ne plus avoir égard, ne plus écouter : *il ne reconnaît plus la voix de la nature.* — Parvenir à connaître, à apercevoir, à découvrir la vérité de quelque chose : *on a reconnu son innocence.* — Admettre une chose comme vraie, comme incontestable : *reconnaître les vérités de l'Evangile.* — Considérer, observer, remarquer : *reconnaître les dispositions de quelqu'un.* — Guerre. Reconnaître un pays, une place qu'on veut attaquer. — RECONNAÎTRE UNE PATROUILLE, UNE RONDE, etc., s'assurer qu'une patrouille, qu'une ronde, etc., n'est point ennemie, ni suspecte : *le caporal sortit du poste pour reconnaître la patrouille.* — Mar. RECONNAÎTRE UN BATIMENT, le découvrir, l'apercevoir. RECONNAÎTRE UNE TERRE, en observer la situation. — Avouer, confesser : *il a reconnu sa faute, son tort.* — RECONNAÎTRE UNE QUALITÉ : *il a reconnu en telle qualité : il a avoué pour son fils.* — RECONNAÎTRE SON SEING, SA SIGNATURE, avouer qu'on a signé l'écrit dont il s'agit. On dit de même, RECONNAÎTRE UNE LETTRE, UNE ÉCRITURE, UNE PROMESSE, UN BILLET. — RECONNAÎTRE UN ENFANT, déclarer, reconnaître authentiquement qu'on est le père ou la mère d'un enfant naturel : *on ne peut reconnaître les enfants nés d'un commerce adultérin ou incestueux.* — RECONNAÎTRE UNE REDEVANCE, UNE RENTE, en passer un aveu, une reconnaissance, RECONNAÎTRE UN GOUVERNEMENT, déclarer, reconnaître, d'une manière expresse ou tacite, qu'il a été légitimement établi : *son gouvernement avait été reconnu par les puissances étrangères.* On dit de même, RECONNAÎTRE UN PRINCE, UN SOUVERAIN. — Guerre. FAIRE RECONNAÎTRE UN OFFICIER, le proclamer en présence de la troupe où il doit commander. — Avoir de la gratitude : *reconnaître les bienfaits, les grâces qu'on a reçues.* — RECONNAÎTRE UN SERVICE, le récompenser : *rendez-moi ce service, je le reconnaîtrai dans l'occasion, en temps et lieu.* — Se reconnaître v. pr. Trouver son image, sa ressemblance dans un miroir, dans un portrait : *on se reconnaît difficilement soi-même dans un portrait.* — Fig. Retrouver ses sentiments, ses opinions dans un autre : *il se reconnaît dans son fils.* — Se remettre dans l'esprit l'idée d'un lieu, d'un pays qu'on a quitté, et où l'on repasse : *je me reconnais dans cet endroit.* — Par ext. CE MANUSCRIT EST SI PLEIN DE RATURES, QUE JE NE PUIS PLUS M'Y RECONNAÎTRE, les nombreuses ratures de cet écrit m'en rendent la lecture difficile, et presque impossible. — Connaître qu'on a péché, qu'on a failli, en se repentir : *il avait fort bien vécu dans sa jeunesse, mais il se reconnut sur ses vieux jours.* — Reprendre ses sens, ou penser à ce qu'on doit faire, y faire réflexion : *il est mort, sans avoir eu un instant pour se reconnaître.*

* **RECONQUÉRIR** v. a. Se conjugue comme Conquérir. Remettre sous sa domination par voie de conquête : *ce prince reconquit toutes les provinces que l'étranger lui avait enlevées.* — RECONQUÉRIR L'ESTIME, L'AMITIÉ DE QUELQU'UN, recouvrer l'estime, l'amitié de quelqu'un.

RECONSTITUANT, ANTE adj. Méd. Se dit des médicaments qui restituent à l'organisme les éléments vitaux qu'il avait perdus. — Substantiv. *Prendre un reconstituant.* Les principaux reconstituants sont, suivant les cas et les causes : l'hypophosphite de chaux, les ferrugineux, l'arséniate de soude, le quinquina, les eaux minérales ferrugineuses ou arsenicales, les arséniaux, l'hydrothérapie et, en général, les toniques et une alimentation substantielle.

RECONSTITUER v. a. Constituer de nouveau.

* **RECONSTITUTION** s. f. Jurispr. Constitution de rente à prix d'argent, lors de laquelle celui qui emprunte s'oblige d'employer la somme à lui prêtée, au remboursement d'une autre rente par lui due, ce qui s'exécute par le même acte ; au moyen de quoi, le nouveau créancier est subrogé aux hypothèques de l'ancien

* **RECONSTRUCTION** s. f. Action de reconstruire : *on a ordonné la reconstruction de cet édifice.*

* **RECONSTRUIRE** v. a. Rebâtir, relever, rétablir un édifice : *il a fait reconstruire sa maison à grands frais*

RECONVENIR v. n. (préf. re; franç. convenir). Former une demande reconventionnelle.

* **RECONVENTION** s. f. Palais. Action, demande que l'on forme contre celui qui en a lui-même formé le premier, et devant le même juge : *la reconvention n'est admise que lorsque la demande du défendeur a de la connexité avec la demande principale.*

* **RECONVENTIONNEL, ELLE** adj. Jurispr. Qui est de la nature d'une reconvention. — DEMANDE RECONVENTIONNELLE, celle qui est opposée à l'action judiciaire principale. — On nomme *demande reconventionnelle* celle formée incidemment, devant le tribunal, par le défendeur, et qui tend à combattre l'action intentée contre lui. Toute demande reconventionnelle peut être formée, en cours d'instance et par un simple acte d'avoué, tant qu'il n'a pas été statué au fond sur la demande principale, et les deux demandes sont alors instruites et jugées en même temps.

RECONVENTIONNELLEMENT adv. D'une manière reconventionnelle.

* **RECOPIER** v. a. Transcrire de nouveau : *il faudra recopier ce passage, cet acte, cette lettre.*

* **RECOQUILLEMENT** s. m. Action de se recoquiller; état de ce qui est recoquillé.

* **RECOQUILLER** v. a. [ll mll.] (rad. coquille). Retrousser en forme de coquille : *pourquoi avez-vous recoquillé les feuilles de mon livre.* — Se recoquiller v. pr. *Les vers de terre se recoquillent.* — IL N'Y A POINT DE SI PETIT VER QUI NE SE RECOQUILLE, S'L'ON MARCHE DESSUS, il n'y a point de si petit ennemi qui ne songe à se défendre et à nuire, quand on l'attaque.

* **RECORDÉ, ÉE** part. passé de RECORDER. — Prat. EXPLOITS RECORDÉS, ceux dans lesquels l'huissier doit être assisté de deux témoins ou recors : *une saisie doit être précédée d'un commandement recordé.* (Vieux.)

* **RECORDER** v. a. (lat. *recordari*, remettre à l'esprit). Répéter quelque chose, afin de l'apprendre par cœur. Ne s'emploie guère que dans cette phrase RECORDER SA LEÇON. — Fig. et fam. RECORDER SA LEÇON, tâcher de se bien remettre dans l'esprit ce qu'on doit faire ou ce qu'on doit dire en quelque occasion. On dit dans le même sens, avec le pronom personnel, SE RECORDER. — Se recorder v. pr. SE RECORDER AVEC QUELQU'UN, se concerter avec lui : *avant de jouer notre scène, il faudra nous recorder.*

* **RECORRIGER** v. a. Corriger de nouveau : *il corrige et recorrige sans cesse.*

* **RECORS** s. m. [re-kor] (rad. *recorder.*) Celui qu'un huissier mène avec lui pour servir de témoin dans les exploits d'exécution, et pour lui prêter main-forte en cas de besoin : *un huissier avec ses recors, assisté de deux recors.*

* **RECOUCHER** v. a. Coucher de nouveau : *cet enfant s'est levé trop matin, il faut le recoucher.* — Se recoucher v. pr. Se remettre au lit : *je m'étais levé de trop bonne heure, je me suis recouché.*

* **RECOUDRE** v. a. Se conjugue comme *Coudre.* Coudre une chose qui est décousue ou déchirée : *votre manche, votre doublure, etc., s'est découdre, faites-la recoudre.*

* **RECOUPE** s. f. Se dit des éclats qui s'enlèvent des pierres, quand on les taille, et dont on se sert quelquefois pour garnir el pour affermir les allées des jardins : *il faudrait mettre de la recoupe dans cette allée.* — Se dit aussi de la farine qu'on tire du son remis au moulin : *faire du pain de recoupe.* — Morceau d'étoffe qui reste quand on taille des vêtements.

* **RECOUPEMENT** s. m. Archit. Se dit des retraites faites à chaque assise de pierre, pour donner plus d'empatement et de solidité à un bâtiment.

* **RECOUPER** v. a. Couper de nouveau : *cet habit avait été mal coupé, il a fallu le recouper.*

* **RECOUPETTE** s. f. Troisième farine qu'on tire du son recoupes mêmes.

* **RECOURBER** v. a. Courber en rond par l'extrémité, par le bout : *recourber un fer.*

* **RECOURIR** v. n. Se conjugue comme *Courir.* Courir de nouveau : *j'ai couru et recouru.* — Demander du secours, s'adresser à quelqu'un pour en obtenir quelque chose : *il faut recourir à Dieu dans l'affliction.* — En termes de Procéd., RECOURIR EN CASSATION, se pourvoir en cassation. — Se dit également en parlant des choses, et signifie avoir recours : *recourir à la clémence, à la bonté, à la miséricorde du prince.*

* **RECOURS** s. m. [re-kour]. Action par laquelle on recherche de l'assistance, du secours : *avoir recours à Dieu.* — Refuge; et, dans cette acception, ne se construit guère qu'avec le verbe ÊTRE : *tout mon recours est en Dieu.* — Jurispr. Droit de reprise par voie légale, l'action qu'on peut avoir contre quelqu'un pour être garanti ou indemnisé : *si je perds mon procès, j'aurai mon recours contre un tel, ou sur un tel.* — RECOURS EN CASSATION, pourvoi en cassation. (Voy. POURVOI.) — RECOURS EN GRACE, demande par laquelle on s'adresse au prince pour obtenir la remise ou la commutation d'une peine infligée par jugement.

* **RECOUSSE** s. f. Reprise d'une personne ou d'une chose enmenée, enlevée par force. Il se dit surtout de ce qui est plus qu'on parlant d'un navire repris à l'ennemi dans les vingt-quatre heures qui suivent le moment de son amarinage. (Voy. RESCOUSSE.)

* **RECOUVRABLE** adj. Fin. Qui peut se recouvrer : *deniers recouvrables.*

* **RECOUVRANCE** s. f. Vieux mot qui signifiait recouvrement, action de recouvrer. N'est plus employé que dans cette dénomination, NOTRE-DAME DE RECOUVRANCE.

* **RECOUVREMENT** s. m. Archit. Se dit de la partie d'une pierre, d'un morceau de bois, d'une tuile, etc., qui couvre un joint, une entaille : *les dalles de cette terrasse sont à recouvrement.*

* **RECOUVREMENT** s. m. Action de recouvrer ce qui est perdu. Pour parvenir au recouvrement des choses perdues, on se sert d'affiches, de publications à son de tambour, etc. — Se dit aussi en parlant de la santé, des forces du corps : *cela contribua beaucoup au recouvrement de sa santé, au recouvrement de ses forces.* — Perception des deniers qui sont dus, et les diligences qui se font pour le recouvrer : *cette administration est chargée du recouvrement des impôts indirects.* — pl. Se dit quelquefois des dettes actives, des créances d'un avoué, d'un huissier, d'un notaire : *cet avoué, cet notaire a vendu son étude et ses recouvrements.*

* **RECOUVRER** v. a. (lat. *recuperare*). Retrouver, rentrer en possession; acquérir de nouveau une chose qu'on avait perdue : *il a recouvré sa bourse.* — Recevoir le payement d'une somme due, et particulièrement, faire la levée, la perception des impôts : *on l'a chargé de recouvrer les contributions de cet arrondissement.* ··

* **RECOUVRIR** v. a. Se conjugue comme *Couvrir.* Couvrir de nouveau : *recouvrir un toit, une maison.* — LE TEMPS, LE CIEL SE RECOUVRE, il s'obscurcit de nouveau par des nuages. — Fig. Masquer, cacher avec soin sous des prétextes spécieux, sous des apparences louables, quelque chose de vicieux : *il a eu soin de recouvrir tout cela de beaux prétextes.*

* **RECRACHER** v. a. Rejeter de la bouche une chose qui excite le dégoût : *à peine avais-je mis ce fruit dans ma bouche que je l'ai recraché.* — Cracher de nouveau : *il ne fait que cracher et recracher.*

* **RÉCRÉANCE** s. f. (bas lat. *recredentia*). Jurispr. canon. Jouissance provisionnelle des fruits d'un bien qui est en litige : *on lui adjugea la récréance, à charge par lui de donner caution.* — LETTRES DE RÉCRÉANCE, se dit, soit des lettres qu'un prince envoie à son ambassadeur ou ministre, pour les présenter au prince d'auprès duquel il le rappelle; soit des lettres qu'un prince donne à l'ambassadeur ou ministre, rappelé d'auprès de lui, pour les remettre au prince qui le rappelle : *le roi a envoyé une lettre de récréance à son ambassadeur pour le faire revenir.*

* **RÉCRÉATIF, IVE** adj. Qui récrée : *jeu récréatif.* (Fam.)

* **RÉCRÉATION** s. f. Occupation, exercice qui fait diversion au travail, et qui sert de délassement : *prendre un peu de récréation après le travail.* — L'HEURE DE RÉCRÉATION, L'HEURE DE LA RÉCRÉATION, ou simpl., LA RÉCRÉATION, un certain temps accordé aux religieux, aux élèves pour se délasser, pour se divertir : *l'heure de la récréation est pleine de finir.* — CET ÉCOLIER, CE RELIGIEUX EST A LA RÉCRÉATION, EN RÉCRÉATION, il est avec les autres pendant le temps de la récréation. On dit de même, LES ÉLÈVES SONT EN RÉCRÉATION. — Au pl. Quelques ouvrages où l'on tire de la science des sujets de récréation : *ce savant composa des récréations philologiques.*

* **RECRÉER** v. a. Donner une nouvelle existence, remettre sur pied : *on a recréé ce tribunal peu de temps après sa suppression.*

* **RÉCRÉER** v. a. Réjouir, divertir : *il faut des jeux qui récréent et qui ne fatiguent pas l'esprit.* — Se prend aussi fig., comme dans ces phrases : LE VIN RÉCRÉE LES ESPRITS, le vin ranime les esprits. LE VERT RÉCRÉE LA VUE, le vert fait plaisir à la vue. — Se récréer v. pr. Se divertir : *quand on a beaucoup travaillé, il est bon de se récréer.*

* **RÉCRÉMENT** s. m. (lat. *recrementum*, ordure). Méd. Se dit des humeurs telles que la salive, la bile, etc., qui, après avoir été séparées du sang, y sont reportées, sont retenues en certains endroits du corps pour différents usages.

* **RÉCRÉMENTEUX, EUSE**, ou récrémentitiel, elle adj. Médec. Se dit des humeurs appelées récréments : *humeurs récrémenteuses* ou *récrémentitielles.*

* **RECRÉPIR** v. a. Crépir de nouveau : *recrépir un vieux mur.* — RECRÉPIR SON VISAGE, mettre beaucoup de fard, pour cacher ses rides. — RECRÉPIR UN VIEUX CONTE, UNE VIEILLE HISTOIRE, les renouveler en les accommodant à sa guise. RECRÉPIR UN OUVRAGE DE LITTÉRATURE, lui donner en conservant le fond, une nouvelle forme, tant bonne que mauvaise. ⟋ Se recrépir v. pr. Se redresser.

RECRÉPISSAGE s. m. Action de recrépir.

* **RÉCRIER** (Se) v. pr. Faire une exclamation sur quelque chose qui surprend et qui paraît extraordinaire, soit en bien, soit en mal : *il ne put entendre une proposition si injuste sans se récrier.* — Chasse. Se dit des chiens qui redoublent de voix, lorsque, après avoir relevé un défaut et rapproché l'animal, ils viennent le relancer : *les chiens se récrient.*

RÉCRIMINATEUR, TRICE adj. Qui récrimine ; qui a le caractère de la récrimination.

* **RÉCRIMINATION** s. f. Accusation, reproche, injure tendante à repousser une autre accusation, un autre reproche, une autre injure : *tout ce qu'il dit contre moi n'est qu'une récrimination.*

* **RÉCRIMINATOIRE** adj. Qui contient une récrimination, qui se fait par récrimination : *plainte récriminatoire.*

* **RÉCRIMINER** v. n. (bas lat. *recriminare*, répondre à une incrimination). Répondre à des accusations, à des reproches, à des injures, par d'autres accusations, d'autres reproches, d'autres injures : *il n'a fait que récriminer.*

* **RÉCRIRE** v. a. Ecrire de nouveau ce qu'on a déjà écrit : *vous avez mal écrit cela, récrivez-le.* — Ecrire une seconde, une troisième lettre : *je lui ai écrit, il ne répond point ; il faut lui récrire.* — Faire réponse par lettre : *il ne me récrit point ; c'est signe qu'il vient.* — Fig. Changer considérablement le style d'un ouvrage, d'un morceau : *cet ouvrage, ce morceau pèche par le style, il faut le récrire.*

RECROISETÉ, ÉE adj. Blas. Se dit d'une croix dont chaque branche se termine par une autre croix.

* **RECROÎTRE** v. n. Se conjugue comme *Croître*. Prendre une nouvelle croissance : *la rivière était diminuée, mais elle recroît.*

* **RECROQUEVILLER (Se)** v. pr. [*ll mll.*](altérat. de *recoquiller*). Se dit de certaines choses, telles que le parchemin, le cuir, etc., qui se retirent et qui se replient lorsqu'elles sont exposées à l'action d'une chaleur trop vive : *le parchemin, la peau, la corde à boyau se recroqueville auprès du feu.*

* **RECRU, UE** adj. (du bas lat. *recredere*, s'avouer vaincu). Harassé, las, excédé de fatigue : *voilà une jument si recrue, qu'elle ne peut plus marcher.*

* **RECRUDESCENCE** s. f. [-dèss-san-] (lat. *recrudescere*, reprendre des forces). Méd. Retour et accroissement des symptômes d'une maladie, après un mieux sensible. — Se dit aussi dans le même sens des épidémies. — Fig. *La recrudescence de la guerre civile.*

RECRUDESCENT, ENTE adj. [-dèss-san]. Pathol. Qui se manifeste de nouveau avec des symptômes plus graves.

* **RECRUE** s. f. (substantiv. participial du verbe *recroître*). Nouvelle levée de gens de guerre, pour remplacer les cavaliers ou les fantassins qui manquent dans une compagnie, dans un régiment : *la recrue est partie.* — Action de lever des hommes pour des recrues : *on a cessé la recrue.* — Se dit quelquefois des hommes qu'on a levés : *il nous est arrivé des recrues.* — Se dit, fig. et fam., des gens qui surviennent dans une compagnie sans y être attendus : *voici une agréable recrue qui nous arrive.* — Se dit aussi des nouveaux membres admis dans une société, dans un corps savant ou politique.

* **RECRUTEMENT** s. m. Action de recruter : *officier de recrutement.* — Hist. « C'est seulement vers le milieu du xv° siècle que l'on commence à trouver établies quelques règles précises sur le recrutement de l'armée française. Chaque paroisse était tenue de fournir un homme sur cinquante feux, pour faire partie des compagnies d'archers. En outre, chaque ville ou bourg devait donner un certain nombre de soldats en proportion de sa population. Le régime des enrôlements volontaires fut adopté en 1498 ; mais on rétablit les levées forcées en 1601, sans renoncer aux enrôlements, car ceux-ci donnaient un plus grand nombre de soldats que les mi-

lices, grâce aux moyens infâmes qu'employaient les racoleurs de l'armée. « On « rencontrait, dit Paul Lacroix (*Institutions*, « *usages*, etc., du xviii° siècle, chap. v) des « racoleurs sous tous les déguisements ; on « en voyait aux portes de la capitale, guet- « tant les nouveaux venus. Le racolage usait « de toutes sortes de violences et ceux qui « se rendaient coupables de ces violences « monstrueuses n'encouraient pas d'autre « châtiment que la prison, d'après l'ordon- « nance royale de 1716. On comprend donc « qu'ils osaient enlever les jeunes gens jusque « dans les maisons et sur les chemins, pour « les enrôler de vive force. Néanmoins, per- « sonne n'était admis à s'enrôler avant seize « ans, et l'enrôlement, pour être valable, ne « devait pas avoir moins de six années de « durée. » Les grades d'officier se transmettaient à prix d'argent, et ils étaient exclusivement réservés aux nobles. En 1792, le service obligatoire de la garde nationale, et les enrôlements volontaires donnèrent à la France les armées qui la sauvèrent alors de l'invasion. Le décret du 24 février 1793, par lequel la Convention ordonna la levée en masse de tous les Français de dix-huit à quarante ans, non mariés ou veufs sans enfants, rendit la nation victorieuse de ses ennemis coalisés. La conscription appliquée par le tirage au sort fut établie par la loi du 19 fructidor an IV. Ce système, combiné avec le remplacement militaire, a duré jusqu'en 1872, sauf les modifications qu'y avaient introduites les lois du 10 mai 1818, du 9 juin 1824 et du 21 mars 1832. Il faut encore mentionner la loi du 26 avril 1855 qui a aboli le remplacement militaire en instituant l'exonération moyennant une somme fixe, et aussi la loi du 1er février 1868 qui avait organisé les réserves connues sous le nom de garde nationale mobile. — Législ. « Le mode de recrutement de l'armée française est aujourd'hui déterminé par la loi du 27 juillet 1872, en vertu de laquelle tout Français qui n'est pas déclaré impropre au service par un conseil de revision peut être appelé, depuis l'âge de vingt ans jusqu'à celui de quarante ans, à faire partie de l'armée active et des réserves. Il doit appartenir à l'armée active pendant cinq ans, à la réserve de l'armée active pendant cinq ans, à l'armée territoriale pendant cinq ans, et à la réserve de l'armée territoriale pendant six ans. Aucun remplacement n'est admis. Sont *exclus* du service militaire : 1° les individus condamnés à une peine afflictive ou infamante ; 2° ceux qui, ayant été condamnés à deux années au moins d'emprisonnement, ont été placés par le jugement sous la surveillance de la haute police, et interdits, en tout ou en partie, des droits civiques, voire de la famille. Sont *exempts*, les jeunes gens que leurs infirmités rendent impropres à tout service actif ou auxiliaire dans l'armée. Sont *dispensés* du service d'activité en temps de guerre : 1° l'aîné d'orphelins de père et de mère ; 2° le fils unique ou l'aîné des fils, ou, à défaut de fils aîné, le petit-fils unique ou l'aîné des petits-fils d'une femme actuellement veuve ou d'un homme dont le mari a été légalement déclaré absent, ou d'un père aveugle ou entré dans sa 70° année ; 3° le plus âgé de deux frères appelés à faire partie du même tirage, si le plus jeune est reconnu propre au service ; 4° celui dont un frère est mort à l'armée active ; 5° celui dont un frère est mort en activité de service ou a été réformé ou retraité, par suite de blessures reçues ou d'infirmités contractées dans l'armée ou en terre ou en mer. Sont *dispensés à titre conditionnel* : 1° les membres de l'instruction publique, les élèves de certaines écoles, les membres et novices de certaines associations religieuses vouées à l'instruction publique, et les maîtres

et élèves des écoles entretenues dans le même but par des associations laïques, pourvu que les uns et les autres, avant le tirage au sort, aient pris, devant le recteur de l'académie, l'engagement de se vouer pendant dix ans à l'instruction publique, et qu'ils réalisent cet engagement ; 2° les élèves ecclésiastiques désignés par les évêques et les jeunes gens autorisés à continuer leurs études pour se vouer au ministère dans les cultes salariés par l'Etat, à la condition qu'à l'âge de vingt-six ans les premiers soient entrés dans les ordres majeurs et que les seconds aient reçu la consécration. Peuvent être *dispensés à titre provisoire*, comme soutiens de famille, et s'ils en remplissent effectivement les devoirs, les jeunes gens présentés par le conseil municipal de leur commune et qui sont admis par le conseil de revision, dans la limite de 4 p. 100 du nombre des jeunes gens du département reconnus propres au service et compris dans la première partie des listes du recrutement cantonal. Des *sursis d'appel* peuvent être accordés, en temps de paix, par les conseils de revision, et dans la même limite de 4 p. 100. Ces sursis ne confèrent ni exemption, ni dispense, et ils ne sont accordés que pour un an ; mais ils peuvent être renouvelés pour une seconde année. Les jeunes gens dispensés du service de l'armée active, ceux qui sont dispensés à titre de soutiens de famille et ceux qui ont obtenu des sursis d'appel, sont appelés, en cas de guerre, comme les hommes de leur classe. Le ministre de la guerre fixe, chaque année après les opérations de recrutement, le chiffre des hommes de la classe qui resteront sous les drapeaux pendant les cinq années ; les autres, après une année de service, rentrent dans leurs foyers et restent pendant quatre ans, en disponibilité de l'armée active. Les hommes envoyés dans la réserve de l'armée active sont assujettis, pendant le temps de ladite réserve, à prendre part à deux manœuvres, dont la durée ne peut dépasser quatre semaines pour chacune. Tout Français, sachant lire et écrire, peut être autorisé, dans certaines conditions, à contracter dans l'armée un *engagement volontaire* de cinq années ; et des rengagements peuvent être reçus pour une durée de deux à cinq ans. En cas de guerre, des engagements volontaires peuvent être contractés pour la durée de la guerre. Sont admis à contracter un *engagement conditionnel d'un an* les bacheliers ès lettres ou ès sciences, les jeunes gens pourvus de certains diplômes, ceux qui font partie de certaines écoles de l'Etat, et ceux en nombre limité qui ne satisfait à des examens spéciaux. Chaque engagé conditionnel doit verser à l'Etat une somme qui est fixée par le ministre de la guerre et qui est aujourd'hui de 1,500 fr. Sont déférés aux tribunaux ordinaires et punies d'emprisonnement et d'amende la plupart des infractions aux lois sur le recrutement, ainsi que les fraudes ou manœuvres employées par les jeunes gens dans le but de se soustraire aux obligations du service militaire. Le recrutement de l'armée active se fait sur l'ensemble du territoire de la France. Ce territoire est divisé en dix-huit régions, dont chacune est occupée par un corps d'armée, l'Algérie formant une dix-neuvième région militaire. Chaque région comprend plusieurs divisions. (Voir le détail au mot France.) Un officier supérieur est placé à la tête du service de recrutement de chaque subdivision ; et dans chacune, il y a un ou plusieurs bureaux de recrutement. Ces bureaux sont chargés de l'immatriculation des hommes de la disponibilité et de ceux de la réserve, de la tenue des contrôles de l'armée territoriale, du service de la mobilisation de l'armée, de celui des réquisitions, et du recensement des chevaux, mulets et voitures susceptibles d'être

utilisés pour les besoins de l'armée (L. 24 juillet 1873, art. 5 et 18; L. 13 mars 1875, art. 18). Suivant les dispositions de la loi du 27 juillet 1872 (art. 34 et 35) et de la loi du 18 novembre 1875, les hommes appartenant à la disponibilité ou à la réserve de l'armée active, à l'armée territoriale ou à sa réserve, sont tenus, lorsqu'ils changent de résidence, d'en faire la déclaration à la mairie de la commune qu'ils quittent et à la mairie de celle où ils vont s'établir. (Voy. DOMICILE.) Le mode de recrutement de l'armée qui a été adopté en France en 1872 a été en grande partie emprunté aux lois militaires que la Prusse avait mises en vigueur dès 1809 et qu'elle n'a cessé d'améliorer et de compléter depuis cette époque. Ce système de recrutement a aussi été adopté : par le Danemark, en 1867; par l'Autriche-Hongrie, en 1868; par la Russie et la Suisse, en 1874; par l'Italie, en 1875; et par l'Espagne en 1877. Dans le Royaume-Uni, aux termes d'une loi qui date de 1752, tout sujet anglais est tenu au service militaire depuis dix-huit ans jusqu'à quarante-cinq ans; mais chaque année, le parlement suspend l'exécution de cette loi qui a été refondue en 1881. Depuis cette époque, les engagés volontaires qui forment l'armée anglaise doivent rester sept ans dans l'armée active; puis ils passent successivement dans la première et dans la seconde réserve. L'exonération du service militaire, moyennant une indemnité en argent, est pratiquée en Angleterre, en Espagne et en Portugal; certaines substitutions sont admises entre parents, en Hollande, en Espagne et en Russie, et le remplacement existe encore en Belgique, en Hollande et en Turquie. Pour compléter ce que nous avons dit sur le recrutement de l'armée française, nous donnons quelques chiffres qui sont ceux afférents à l'année 1884. Jeunes gens ayant participé au tirage, 313,951; exemptés, 37,842; ajournés, 39,105; dispensés de servir en temps de paix, 50,463, parmi lesquels on compte 3,475 instituteurs ou professeurs, et 1,818 élèves des cultes. Ont été incorporés, 154,845 jeunes soldats, répartis de la manière suivante : armée de mer, 7,610; infanterie, 74,169; cavalerie, 14,059; artillerie, 13,257; génie, 2,263; train, 1,980; administration, 2,607. Au point de vue de l'instruction, 11,93 p. 100 des hommes ne savaient ni lire ni écrire; 2,43 savaient seulement lire. On a compté 4,391 bacheliers. » (CH. V.)

* **RECRUTER** v. a. Faire des recrues pour remplacer les fantassins ou les cavaliers qui manquent dans une compagnie, dans un régiment : *recruter un régiment.* — Se dit, fig. et fam., en parlant des personnes qu'on attire dans une association, dans un parti : *il recrute partout des associés.* — Se recruter v. pr. Faire les recrues ; *ce régiment s'est recruté dans tel département.* — Remplacer les membres qui manquent : *le sénat romain se recrutait parmi les fonctionnaires publics.*

* **RECRUTEUR** s. m. Celui qui fait des recrues : *un recruteur.* — Adj. *Un officier recruteur.*

* **RECTA** adv. [rèk-ta] (mot lat. formé de rectus, droit). Ponctuellement : *il a payé recta à l'échéance.* (Fam.)

RECTAL, ALE adj. (rad. *rectum*). Qui appartient au rectum.

* **RECTANGLE** adj. (lat. *rectus*, droit; fr. angle). Géom. Se dit, soit d'un triangle qui a un angle droit, soit d'un parallélogramme qui a quatre angles droits : *un triangle rectangle.* — Substantiv. Parallélogramme qui a ses quatre angles droits : *tracer un rectangle.*

* **RECTANGULAIRE** adj. Géom. Se dit d'une figure qui a quatre angles droits, et d'un

triangle qui a un angle droit : *une figure rectangulaire.*

RECTANGULARITÉ s. f. Forme rectangulaire.

* **RECTEUR** s. m. (lat. *rector*). Se disait autrefois du chef d'une université : *le recteur de l'université de Paris.* — Chef de chacune des académies qui composent l'université de France : *le recteur de l'académie de Bordeaux.* — Se dit, dans quelques provinces, du curé d'une paroisse.

* **RECTEUR, TRICE** adj. Chim. Ne s'emploie que dans cette expression, ESPRIT RECTEUR, partie aromatique d'une plante : *esprit recteur de lavande.* — Zool. PENNES RECTRICES, plumes ou pennes de la queue des oiseaux qui servent à diriger leur vol.

* **RECTIFIABLE** adj. Qui peut être rectifié : *une erreur rectifiable.* — Géom. COURBES RECTIFIABLES, courbes qui peuvent être rendues équivalentes à une droite.

RECTIFICATEUR, TRICE s. Personne qui rectifie.

* **RECTIFICATIF, IVE** adj. Qui rectifie, qui sert à rectifier. — BUDGET RECTIFICATIF. (Voy. BUDGET.)

* **RECTIFICATION** s. f. Action de rectifier : *travailler à la rectification d'un compte.* — Chim. Opération, par laquelle une liqueur distillée est rendue plus pure au moyen d'une ou de plusieurs nouvelles distillations : *rectification de l'esprit-de-vin.* — Géom. RECTIFICATION D'UNE COURBE, opération par laquelle on trouve une ligne droite égale en longueur à une ligne courbe. — Action de rendre droit : *rectification d'une route.*

* **RECTIFIER** v. a. [rèk-] (lat. *rectus*, droit; *facere*, faire). Redresser une chose, la remettre dans l'état, dans l'ordre où elle doit être : *rectifier la construction d'une phrase.* — Chim. RECTIFIER UNE LIQUEUR, la distiller de nouveau pour la rendre plus pure : *rectifier de l'eau-de-vie, de l'esprit-de-vin.* — Géom. RECTIFIER UNE COURBE, trouver une ligne droite qui lui soit égale en longueur. — Se rectifier v. pr. Se redresser : *le jugement se rectifie avec l'âge.*

* **RECTILIGNE** adj. [rèk-] (lat. *rectus*, droit; fr. *ligne*). Géom. Se dit des figures terminées par des lignes droites : *triangles rectilignes*, par opposition aux TRIANGLES SPHÉRIQUES, dont les côtés sont des arcs de cercle.

RECTINERVE adj. (lat. *rectus*, droit; *nervus*, nerf). Bot. Qui a des nervures droites.

* **RECTITUDE** s. f. (lat. *rectitudo*). Conformité à la règle droite, aux vrais principes, à la saine raison : *il a autant de rectitude dans l'esprit que de droiture dans le cœur.*

> Mais cette rectitude
> Que vous voulez en tout avec exactitude,
> Cette pleine doctrine où vous vous renfermez,
> La trouve-vous ici dans ce que vous aimez?
> MOLIÈRE. *Misanthrope.*

* **RECTO** s. m. (datif du lat. *rectus*, droit; sous-ent. *folio*). La première page d'un feuillet. Se dit par opposition à VERSO, qui est la seconde page : *il faut refaire tout le recto de ce feuillet.*

* **RECTORAL, ALE, AUX** adj. Qui appartient au recteur : *l'autorité rectorale.*

* **RECTORAT** s. m. Charge, office, dignité du recteur : *il aspirait au rectorat.* — Temps durant lequel on exerce cette charge : *pendant son rectorat.*

* **RECTUM** s. m. [rèk-tomm] (lat. *rectum*, droit). Anat. Le dernier des trois gros intestins, celui qui aboutit à l'anus. Il est muni, à son extrémité anale, d'un muscle constricteur, le *sphincter*, qui le tient fermé.

* **REÇU, UE** part. passé de RECEVOIR. — Adj.

Établi, consacré : *les usages reçus.* — s. m. Écrit par lequel on déclare avoir reçu quelque chose : *je vous donnerai un reçu de cette somme.* — Quittance sous seing privé, par laquelle on reconnaît avoir reçu une somme : *il prétend que je ne l'ai pas payé, mais j'ai son reçu.*

* **RECUEIL** s. m. [-keul; l mll.]. Assemblage, réunion de divers actes ou écrits, d'ouvrages en prose ou en vers, de pièces de musique, d'estampes, etc. : *il va faire imprimer le recueil de ses œuvres.*

RECUEILLAGE s. m. Action de recueillir, de rassembler.

* **RECUEILLEMENT** s. m. Action de se recueillir; état d'une personne qui se recueille : *le recueillement est nécessaire à la prière.*

* **RECUEILLIR** v. a. Se conjugue comme *Cueillir.* Amasser, serrer les fruits d'une terre, faire la récolte des fruits d'une terre : *c'est un pays où l'on ne recueille ni blé ni vin.* — Fig. RECUEILLIR DU FRUIT DE QUELQUE CHOSE, en tirer de l'utilité, du profit : *il n'a recueilli aucun fruit de ses travaux.* — S'emploie, fig., en parlant des biens qu'on reçoit par voie d'hérédité : *il a recueilli depuis peu une grande succession.* — Rassembler, ramasser plusieurs choses dispersées : *recueillir les débris d'un naufrage.* — S'emploie aussi fig. et au sens moral, dans cette acception : *c'est un homme qui s'amuse à recueillir tous les bruits de ville, toutes sortes de nouvelles.* — RECUEILLIR LES VOIX, LES SUFFRAGES, prendre les voix, les suffrages, les avis de ceux qui se trouvent dans une assemblée où il s'agit de décider quelque chose. — RECUEILLIR SES ESPRITS, SES IDÉES, rappeler ses esprits, ses idées, son attention, afin de s'appliquer à l'examen de quelque chose : *après qu'on lui eut donné le temps de recueillir ses esprits.* — RECUEILLIR SES FORCES, les rassembler pour les porter toutes sur quelque point, pour faire ou pour supporter quelque action qui exige toute la vigueur dont on est capable. — Compiler, réunir en un corps plusieurs choses de même nature éparses dans un auteur, dans plusieurs auteurs : *il a recueilli tout ce qu'il y avait de plus beau sur ce sujet dans les meilleurs ouvrages.* — Recevoir ce qui tombe, ce qui découle : *recueillir le suc d'une plante.* — S'emploie aussi fig. et au sens moral, dans une acception anal. : *c'est moi qui ai recueilli ses derniers soupirs, ses derniers sentiments.* — Inférer, tirer quelque induction : *je n'ai pu rien recueillir de tout le grand discours qu'il nous a fait.* — Recevoir humainement et charitablement chez soi les survenants, ceux qui sont dans le besoin : *il recueille charitablement les passants chez lui.* — Se recueillir v. pr. Rassembler toute son attention pour se s'occuper que d'une seule chose : *après s'être recueilli quelques instants, il s'exprima en ces termes.* — Dévotion. Détacher son esprit des objets de la terre, et le ramener en soi, pour se livrer à la méditation religieuse, à de pieuses contemplations : *chaque jour elle va dans son oratoire, et y passe quelque temps à se recueillir.*

* **RECUIRE** v. a. Cuire de nouveau : *il faut recuire ces confitures.* — Se dit aussi dans un grand nombre d'arts où l'on remet l'ouvrage au feu pour sa perfection et sa conservation, pour lui donner une plus grande solidité, etc. : *on recuit le verre soufflé et façonné, pour éviter qu'il ne se fende.*

* **RECUISSON** s. f. Action de recuire.

* **RECUIT, ITE** part. passé de RECUIRE. Cuit de nouveau. — Extrêmement cuit : *cela est cuit et recuit.* — Adjectiv. Méd. Se dit des humeurs, des matières durcies, épaissies, échauffées, qui se trouvent dans le corps humain : *des matières recuites dans l'estomac.* — Substantiv. Opération de recuire quelque ouvrage : *le fer forgé se convertit en acier par*

un recuit. On dit de même au féminin, RECUITE : *la recuite de la porcelaine, du verre, des métaux.*

RECUITEUR s. m. Ouvrier qui recuit les métaux.

* **RECUL** s. m. [-kul]. Mouvement d'une chose qui recule. Se dit principalement du canon : *le recul du canon quand il tire.* — Horlog. ÉCHAPPEMENT A RECUL, celui qui fait reculer la roue de rencontre.

* **RECULADE** s. f. Action d'une ou de plusieurs voitures qui reculent : *les reculades sont dangereuses pour les voitures et pour les gens de pied.* — Se dit aussi, au propre et au figuré, de ceux qui, s'étant trop avancés, sont obligés de faire des pas en arrière : *la foule grossissait, avançait, la garde lui a fait faire une reculade.*

* **RECULÉ, ÉE** part. passé de RECULER. — Éloigné, lointain : *il loge dans le quartier de la ville le plus reculé.* — Fig. ÊTRE BIEN RECULÉ, être en arrière, être bien moins avancé que les autres : *cet écolier est bien reculé.*

* **RECULÉE** s. f. Ne s'emploie que dans cette locution familière et peu usitée, FEU DE RECULÉE, grand feu qui oblige à se reculer : *ils se chauffent bien, ils font, ils ont toujours un feu de reculée.*

* **RECULEMENT** s. m. Action de reculer : *le reculement d'un carrosse, d'une charrette.* — Sellier. La pièce du harnais d'un cheval de trait, qui sert à le soutenir en reculant, principalement à la descente.

* **RECULER** v. a. (préf. re; fr. *cul*). Tirer ou pousser en arrière : *reculez un peu votre chaise.* — RECULER UNE MURAILLE, UNE HAIE, UN FOSSÉ, les reporter plus loin : *il faut reculer de deux mètres cette muraille.* — RECULER LES BORNES, LES FRONTIÈRES D'UN ÉTAT, les porter plus loin, accroître le territoire de cet État. — Fig. Éloigner quelqu'un du but qu'il se propose, retarder quelque affaire : *la maladie de mon rapporteur a reculé le jugement de mon procès.* — v. n. Aller en arrière : *faites reculer cette voiture.*

> Hé quoi! loin d'approcher, vous reculez tous deux.
> J. RACINE, *La Thébaïde*, acte IV, sc. III.

— Se dit aussi, fig., des affaires et des personnes : *vos affaires reculent au lieu d'avancer.* — IL NE RECULE JAMAIS, ON NE L'A JAMAIS VU RECULER, se dit d'un homme très brave; et, fig., d'un homme qui soutient avec fermeté ses droits, ses opinions. On dit, dans le même sens, IL AIMERAIT MIEUX SE FAIRE HACHER EN PIÈCES QUE DE RECULER. — RECULER POUR MIEUX SAUTER, céder, temporiser, pour mieux prendre ses avantages. IL A RECULÉ POUR MIEUX SAUTER, il a négligé, sacrifié un petit avantage présent, pour s'en procurer un plus grand dans la suite. Cela se dit aussi, lorsque, après un mauvais succès, on en obtient un très grand. — Fig. Différer, éviter de faire quelque chose qu'on exige ou qu'on désire de nous : *je voudrais qu'il me rendît ses comptes, mais il recule toujours.* — Fam. IL NE RECULE A RIEN, se dit d'un homme qui ne craint point le travail, qui se prête à tout ce qu'on exige de lui. — Se reculer v. pr. Se retirer plus loin : *reculez-vous un peu*

* **RECULONS** (A) loc. adv. En reculant, en allant en arrière : *les écrevisses vont à reculons.* — Fig. et fam. CETTE AFFAIRE MARCHE A RECULONS, au lieu d'avancer vers sa fin, vers son terme, elle s'en éloigne.

RÉCUPÉRATION s. f. Action de récupérer.

* **RÉCUPÉRER** v. a. (lat. *recuperare*). Recouvrer : *je n'ai jamais pu récupérer mes déboursés dans cette affaire.* — Se récupérer, v. pr. *Se récupérer de ses pertes.* On dit quelquefois absol. SE RÉCUPÉRER : *il avait fait quelques pertes, mais il parvint à se récupérer.*

* **RÉCURER** v. a. Voy. ÉCURER.

* **RÉCURRENT, ENTE** adj. [kur-ran] (lat. *recurrens*). Anat. et Physiol. Qui revient. qui remonte vers son origine. — NERFS RÉCURRENTS, nerfs inférieurs du larynx. — ARTÈRES RÉCURRENTES, certaines artères de l'avant-bras et de la jambe. — SENSIBILITÉ RÉCURRENTE, sensibilité observée sur les racines antérieures des nerfs rachidiens. — Algèb. SÉRIE RÉCURRENTE, série dans laquelle chaque terme est formé avec un certain nombre de termes qui le précèdent, combinés d'après une même loi.

* **RÉCURSOIRE** adj. Jurispr. Qui ouvre un recours : *action récursoire.*

* **RÉCUSABLE** adj. Qui peut être récusé : *ce juge est parent de ma partie, est intéressé dans la cause, il est récusable.* — Se dit aussi de ceux auxquels on est dispensé d'ajouter foi : *vous avez beau assurer ce fait, on ne vous croira point, vous êtes récusable.* — Se dit également des choses : *témoignage récusable..*

* **RÉCUSATION** s. f. Action par laquelle on récuse : *causes de récusation.* — Législ. « Le droit de récuser des juges n'est accordé aux parties que dans certains cas déterminés par la loi. Quand il s'agit des membres, soit d'une cour de justice, soit d'un tribunal civil ou correctionnel, soit d'un tribunal de commerce, soit d'un tribunal arbitral, les causes de récusation et les formes à employer pour les faire valoir sont détaillées au Code de procédure civile. Tout juge qui connaît une cause de récusation en sa personne est tenu de la déclarer à la chambre, laquelle décide s'il doit s'abstenir. Le ministère public est récusable lorsqu'il est partie jointe, mais non lorsqu'il est partie principale (C. pr. 378 à 396). En ce qui concerne les juges de paix, les causes de récusation sont plus restreintes que pour les autres juges, et la procédure est spéciale (C. 44 à 47). Il en est de même pour les prud'hommes (Règl. 20 fév. 1810, art. 54 et s.). La récusation des jurés d'assises est soumise à des règles particulières qui ont été exposées plus haut. (Voy. JURY.) Les témoins appelés à déposer dans une enquête civile, ou dans une affaire criminelle peuvent être reprochés ou récusés dans les cas prévus par la loi. »   (CH. V.)

* **RÉCUSER** v. a (lat. *recusare*). Refuser de soumettre sa cause à la connaissance et à la décision d'un juge, parce qu'on a ou qu'on craint avoir des motifs de craindre qu'il ne soit partial : *ce conseiller est parent de ma partie, je le récuse.* — Se dit aussi en parlant d'un témoin, d'un expert contre lequel on a des reproches à alléguer : *il récusa les témoins qu'on lui confrontait, les experts qu'on avait nommés.* — Se dit pareillement en parlant de toutes les personnes dont on rejette l'autorité ou le témoignage : *je récuse l'homme que vous dites, il ne sait rien de cette affaire.* — Se dit de même en parlant d'un témoignage, d'une autorité : *je récuse votre témoignage.* — Se récuser v. pr. Ce juge, voyant qu'on le voulait récuser, se récusa lui-même.

* **RÉDACTEUR** s. m. Celui qui rédige : *le rédacteur, les rédacteurs d'un journal.*

* **RÉDACTION** s. f. Action par laquelle on rédige, et résultat de cette action : *la rédaction d'un acte, d'un traité, d'un arrêt, d'une loi.* — Ensemble des rédacteurs d'un journal : *toute la rédaction donna sa démission.*

* **REDAN** s. m. (dérivé de *redent*). Archit.Se dit des ressauts qu'on est obligé de faire de distance en distance, en construisant un mur sur un terrain en pente. On ne l'emploie guère qu'au pluriel : *un mur construit par redans.* — Fortif. Se dit des lignes, des faces qui forment des angles saillants et rentrants, de manière à se flanquer réciproquement.

, * **RÉDARGUER** v. a. [-gu-é] (lat. *redarguere*), Reprendre, réprimander, blâmer : *il n'y a rien à rédarguer dans cet ouvrage, dans cette procédure.* (Vieux.)

* **REDDITION** s. f. [rédd-di-si-on] (lat. *redditio*). Action de rendre. Se dit en parlant d'une place qu'on remet entre les mains de l'armée qui l'assiège : *on n'a point encore eu de nouvelles de la reddition de cette ville.* — Se dit aussi en parlant d'un compte qu'on présente pour qu'il soit examiné, arrêté : *on ne peut savoir s'il est redevable, qu'après la reddition de son compte.*

* **REDÉFAIRE** v. a. Défaire de nouveau : *j'ai défait et redéfait vingt fois cet ouvrage.*

* **REDEMANDER** v. a. Demander de nouveau : *vous m'avez déjà demandé cela, pourquoi me le redemandez-vous ?* — Demander à quelqu'un ce qu'on lui a donné, ce qu'on lui a prêté : *il vous redemande l'argent qu'il vous a prêté, il faut le lui rendre.*

* **RÉDEMPTEUR** s. m. [ré-damp-teur] (lat. *redemptor*). Celui qui rachète. Ce terme est consacré pour signifier, Notre-Seigneur JÉSUS-CHRIST, qui a racheté les hommes par son sang : *le rédempteur du genre humain.*

* **RÉDEMPTION** s. f. [ré-damp-si-on] (lat. *redemptio*). Rachat. Ce terme est consacré pour signifier, le rachat du genre humain par Notre-Seigneur JÉSUS-CHRIST : *Dieu a envoyé ici-bas son Fils pour la rédemption des hommes, pour notre rédemption.* — LA RÉDEMPTION DES CAPTIFS, le rachat des captifs chrétiens qui sont au pouvoir des infidèles : *des religieux partirent pour aller à Tunis, à Tripoli, travailler à la rédemption des captifs.* — PÈRES DE LA RÉDEMPTION, religieux de deux ordres, ordre de la Trinité et ordre de la Merci, fondés pour le rachat des captifs.

* **RÉDEMPTORISTE** s. m. Membre de l'ordre de la Trinité ou de l'ordre de la Merci. — Les RÉDEMPTORISTES ou CONGRÉGATION DU TRÈS SAINT RÉDEMPTEUR, connus aussi sous le nom de Liquoristes, forment une société de prêtres missionnaires de l'Église catholique romaine, fondée par saint Alphonse-Marie de Liguori en 1732, et approuvée par le pape Benoît XIV en 1749. Le but principal de cet ordre est d'organiser dans les pays chrétiens des missions d'une ou de plusieurs semaines de durée, pendant lesquelles le missionnaire s'efforce d'amener les membres de l'Église à une pratique plus exacte des exercices religieux et à la réforme de leur vie. Cet ordre a été récemment supprimé en Italie, en Allemagne et en France. Un ordre de religieuses redemptoristes, également fondé par saint Liguori en 1732, ne s'est jamais beaucoup développé.

REDENT s. m. (rad. *dent*). Arch. Découpure en forme de dents.

* **REDESCENDRE** v. n. Descendre de nouveau : *il est remonté dans sa chambre, il va redescendre.* — v. a. Ôter de nouveau d'un lieu élevé : *redescendez ce tableau.*

* **REDEVABLE** adj. Qui n'a pas tout payé, qui est reliquataire après un compte rendu : *tous payements déduits, il s'est trouvé redevable de telle somme.* — Se dit aussi d'un débiteur quelconque : *il m'est redevable de six cents francs que je lui ai prêtés.* — Se dit, fig., de tous ceux qui ont obligation à quelqu'un : *je suis fort redevable à votre bonté.* — Substantiv. *Assigner, contraindre les redevables.*

* **REDEVANCE** s. f. Rente foncière ou autre charge que l'on doit payer ou acquitter en totalité, ou par parties, à des termes fixes : *redevance annuelle.*

* **REDEVANCIER, IÈRE** s. Qui est obligé à une redevance, à des redevances : *voilà tous mes redevanciers.* (Vieux.)

* **REDEVENIR** v. n. Devenir de nouveau,

recommencer à être ce qu'on était auparavant : *il redevint aussi puissant que jamais.*

* **REDEVOIR** v. a. Etre en reste, devoir après un compte fait : *vous me redevez tant.*

* **RÉDHIBITION** s. f. [ré-di-bi-si-on] (lat. *redhibitio*). Jurispr. Action qui est attribuée dans certains cas à l'acheteur d'une chose mobilière défectueuse, pour faire annuler la vente.

* **RÉDHIBITOIRE** adj. (du lat. *redhibere*, avoir de retour). Jurispr. Ce qui peut opérer la rédhibition : *la pousse, la morve et la courbature sont des cas rédhibitoires pour la vente d'un cheval.* — On nomme *vices rédhibitoires tertaines* maladies incurables qui atteignent les animaux des espèces chevaline, ovine et porcine; lesquels vices donnent lieu à l'action en garantie dans les ventes ou échanges d'animaux. Ces vices sont aujourd'hui spécifiés d'une manière limitative par le Code rural (L. 2 août 1884). (Voy. Vice.)

* **RÉDIGER** v. a. (lat. *redigere*; de *agere*, faire, agir). Mettre par écrit, en bon ordre, dans un style clair et convenable, des lois, des règlements, des décisions, des résolutions prises dans une assemblée, ou les matériaux d'un ouvrage, ou les idées fournies en commun pour quelque écrit que ce soit, etc. : *Justinien fit rédiger le droit romain par Tribonien.* — Réduire en peu de paroles un discours, un récit, un ouvrage fort étendu, er conservant l'essentiel : *on peut rédiger en une page tout ce qu'il a dit, tout ce qu'il a écrit sur ce sujet.*

* **RÉDIMÉ, ÉE** part. passé de RÉDIMER. — Pays rédimé, se disait, en France, des pays qui, sous Henri II, s'étaient rachetés de l'impôt de la gabelle. — Ville rédimée, se dit, en matière de contributions indirectes, d'une ville où l'exercice est supprimé parce que la ville s'est rachetée des droits de détail et d'entrée sur les boissons au moyen d'une taxe unique; en matière de contributions directes, se dit d'une ville où le montant de la contribution personnelle et mobilière est acquitté en tout ou en partie par un prélèvement sur le produit des octrois.

* **RÉDIMER** v. a. (lat. *redimere*, racheter). Racheter : *rédimer une ville.* — **Se rédimer** v. pr. Se racheter, se délivrer. Se dit principalement en parlant des poursuites judiciaires et des vexations exercées contre quelqu'un : *il lui en a coûté tant pour se rédimer des poursuites qu'on lui faisait.*

* **REDINGOTE** s. f. (angl. *riding*, action d'aller à cheval; *coat*, habit; habit pour monter à cheval). Espèce de vêtement plus long et plus large qu'un habit, et dont on se sert principalement comme d'un surtout, dans les temps froids ou pluvieux : *une redingote de drap, de bouracan.*

* **REDIRE** v. a. Se conjugue comme *Dire*. Répéter, dire une même chose plusieurs fois : *vous redites toujours la mêm. chose.* — Redire ce qu'un autre a dit : *ce perroquet redit nettement tout ce qu'on lui apprend.* — Révéler ce qu'on a appris de quelqu'un en confidence : *il va redire tout ce qu'on lui dit.* — Reprendre, blâmer, censurer En ce sens, il ne s'emploie qu'à l'infinitif, et avec la préposition A : *je n'ai rien trouvé à redire dans cet ouvrage.* — Se dit, particul., en parlant d'un compte, d'une appréciation inexacte, infidèle : *il y a beaucoup à redire à ce compte.*

* **REDISEUR, EUSE** s. Celui, celle qui répète plusieurs fois les mêmes choses : *une vieille rediseuse.* — Qui répète par indiscrétion, par malignité, ce qu'il a entendu dire : *ne parlez pas devant cet homme, c'est un rediseur.* Il est familier dans les deux sens, et peu usité dans le dernier.

* **REDIT, ITE** part. passé de REDIRE. —

Substantiv. au pl. Rappor's, commérages : *ne vous inquiétez pas de ces dits et redits.*

* **REDITE** s. f. Répétition fréquente d'une chose qu'on a déjà dite : *ce ne sont que redites.*

REDON, *Roto, Rosbonum*, ch.-l. d'arr. à 65 kil. S.-O. de Rennes (Ille-et-Vilaine), sur la rive droite de la Vilaine, au confluent de l'Oust, près de la montagne de Beaumont, par 17° 39' 5" lat. N. et 4° 25' 19" long. O.; 5,000 hab. Ancienne abbaye de Bénédictins. Eglise remarquable. Châtaignes, ardoises; entrepôt de sel et de vins de Bordeaux. La ville est traversée par le canal de Nantes à Brest. Bassin à flot.

* **REDONDANCE** ou **Redondance** s. f. Superfluité de paroles dans un discours. Boileau a très bien dépeint le défaut du style :

> Un auteur quelquefois trop plein de son objet,
> Jamais, sans l'épuiser, n'abandonne un sujet;
> S'il rencontre un palais, il m'en dépeint la face;
> Il me promène après de terrasse en terrasse :
> Ici s'offre un perron, là règne un corridor,
> Là ce balcon s'enferme en un balustre d'or :
> Il compte les plafonds, les ronds et les ovales;
> Ce ne sont que festons, ce ne sont qu'astragales.
> Je saute vingt feuillets pour en trouver la fin,
> Et je me sauve à peine au travers du jardin.

* **REDONDANT, ANTE** adj. Superflu, qui est de trop dans un discours, dans un écrit : *ce terme est redondant.* — Fig. Un style redondant, un style où il y a beaucoup de redondances : *un style redondant d'épithètes.*

* **REDONDER** v. n. (lat. *redundare*). Être superflu, surabonder dans un discours, dans un écrit : *cette épithète redonde.* — Se dit quelquefois d'un discours, d'un écrit : *ce livre redonde de citations.* (Peu us.)

REDONDILLA s. f. [ré-don-di-la; *ll* mll.] (mot espagnol formé de *redundar*, redoubler). Littér. Strophe de quatre vers sur deux rimes, le troisième rimant avec le second et le quatrième avec le premier.

* **REDONNER** v. a. Donner de nouveau la même chose : *j'avais rendu cette maison à mon père, il me l'a redonnée.* — Donner même pour la première fois une chose qu'avait déjà eue celui à qui on la donne : *sa présence redonna du courage aux troupes.* — Par exag. Ce remède m'a redonné la vie, il a rétabli ma santé à un moment où j'étais en grand danger de mourir. — v. n. Se livrer, s'abandonner de nouveau à quelque chose : *il paraissait vouloir devenir économe, le voilà qui redonne dans les folles dépenses.* — Revenir à la charge : *l'infanterie, qui avait été rompue à la première charge, se rallia et redonna avec un nouveau courage.* — Fam. La pluie redonne de plus belle, elle redouble. — **Se redonner** v. pr. Se redonner au soin de ses affaires.

REDONS, *Redones*, ancien peuple de l'Armorique dont la ville principale était *Redones* (Rennes).

° **REDORER** v. a. Dorer de nouveau : *il faut faire redorer ces chenets, ces chandeliers.* — Le soleil vient redorer les coteaux, le soleil vient éclairer la cime des coteaux

* **REDOUBLÉ, ÉE** part. passé de REDOUBLER. — Art milit. Pas redoublé, pas qui se fait une fois plus vite que le pas ordinaire : *aller, marcher au pas redoublé.* — Versific. Rimes redoublées, se dit d'un certain nombre de rimes semblables qui se suivent. — Mus. Pas redoublé, marche sur le rythme du pas redoublé.

* **REDOUBLEMENT** s. m. Accroissement, augmentation considérable : *redoublement d'ennui, de douleur, de joie, de tendresse*, etc. — Méd. Augmentation périodique ou irrégulière dans l'intensité des symptômes d'une maladie, et particulièrement des fièvres : *un redoublement de fièvre.* — Gramm. et Rhét. Répétition de la consonne initiale du radical devant l'augment, au parfait des verbes. On

le dit pareillement de certaines répétitions analogues qui se font dans la conjugaison de quelques verbes, même à d'autres temps : *le redoublement des verbes en μι.*

* **REDOUBLER** v. a. Réitérer, renouveler avec quelque sorte d'augmentation : *il faut redoubler nos sollicitations.*

> Il n'interrompt ses coups que pour les redoubler.
> J. Racine. La Thébaïde, acte III, sc. III.

— Augmenter beaucoup : *ce que vous lui avez dit a redoublé son affliction.* — Remettre une doublure : *redoubler une robe.* — v. a. La fièvre lui a redoublé. — Redoubler de soins, augmenter ses soins. On dit de même, Redoubler d'attention, redoubler de courage, etc. — Fam. Redoubler de jambes, marcher plus vite.

* **REDOUTABLE** adj. Qui est fort à craindre : *un ennemi redoutable.*

> O ciel, que tes rigueurs seraient peu redoutables !
> Si la foudre d'abord accablait les coupables !

* **REDOUTE** s. f. (ital. *ridotto*; du bas lat. *reductus*, lieu retiré, réduit). Pièce de fortification détachée; petit fort fermé, construit en terre ou en maçonnerie, et propre à recevoir de l'artillerie : *prendre une redoute.* — Endroit public où l'on s'assemble pour jouer, pour danser : *le bal de la redoute.*

REDOUTÉ (Pierre-Joseph), peintre français, né à Saint-Hubert près de Liège le 10 juillet 1759, mort à Paris en 1840. Il se fixa à Paris, et en 1822 devint professeur d'iconographie végétale au Jardin des plantes. Il excellait à peindre les fleurs, et est connu par *Les Liliacées* (1803-'16, 8 vol. in-fol.) et *Les Roses* (1817-'24, 3 vol.) sont les chefs-d'œuvre du genre. Redouté fut surnommé le *Raphaël des fleurs.*

* **REDOUTER** v. a. Craindre fort : *redouter quelqu'un.*

RÉDOVA s. f. Danse slave qui tient de la valse et de la mazurka, et qui fit son apparition en France vers 1840.

* **REDRESSEMENT** s. m. Action de redresser, ou effet de cette action : *le redressement d'un plancher, d'une règle faussée, d'une pièce de bois courbée.* — Fig. Le redressement d'un tort, d'un grief, la réparation d'un tort, d'une injustice.

* **REDRESSER** v. a. Rendre droite une chose qui l'avait été auparavant, ou qui devait l'être : *redresser une planche courbée.* — Fig. et au sens moral : *redresser le jugement, l'esprit, les opinions, les idées, les inclinations de quelqu'un.* — Redresser les griefs, réparer les injustices, réformer les abus du gouvernement ou de l'administration. — Dans le style des vieux romans, Redresser les torts, secourir les opprimés, réparer les torts qui leur ont été faits. Ne se dit plus aujourd'hui que fam. et iron. Ne se dit plus aujourd'hui que fam. et iron. — Elever, ériger de nouveau : *redresser une statue abattue, un monument renversé.* — Remettre dans le droit chemin, dans la bonne voie : *je m'étais égaré, j'ai rencontré un paysan qui m'a redressé.* (Peu us.) — S'emploie plus ordinairement au figuré, dans la même acception : *je me trompais dans mon raisonnement, vous m'avez redressé.* — Châtier, mortifier : *il fallait l'impertinent; mais on l'a redressé, on l'a bien redressé.* — Tromper, attraper : *un fripon l'a redressé au jeu.* (Fam.). — **Se redresser** v. pr. Un arbre qui se redresse — Redressez-vous, se dit à une jeune personne pour l'avertir de se tenir droite. — Fam. Elle se redresse, elle commence a se redresser, se dit d'une femme ou d'une fille qui veut ou qui croit attirer sur elle les regards.

* **REDRESSEUR** s. m. Celui qui redresse. N'est guère employé que dans cette phrase des vieux romans de_chevalerie. Redresseur

DE TORTS, chevalier errant qui se faisait un devoir de secourir et de venger les victimes de l'injustice ou de la violence : *c'était un grand redresseur de torts.* On appelle quelquefois, fam. et iron., REDRESSEUR DE TORTS, un homme qui a la manie de blâmer tout ce qu'on fait, de vouloir réformer, corriger les autres.

REDRUGE s. m. Agric. Drageon qui se produit après le pinçage.

REDRUGER v. a. Supprimer les redruges.

** **REDÛ, UE** part. passé de REDEVOIR. — Substantiv. *Le redû monte à tant.*

RÉDUCTEUR, TRICE adj. (lat. *reductor*). Qui réduit. — Chim. Qui a la propriété de desoxyder : *agent réducteur.* — s. m. Chir. Appareil qui sert à réduire les luxations.

RÉDUCTIBILITÉ s. f. Qualité, caractère de ce qui est réductible.

* **RÉDUCTIBLE** adj. Qui peut ou qui doit être réduit. On ne l'emploie guère qu'en parlant de figures géométriques, de mesures ou de monnaies, de legs, de rentes, etc. : *cette figure est réductible à une autre plus petite.* — Chir. *Une pareille fracture n'était pas réductible.*

* **RÉDUCTIF, IVE** adj. Didact. Qui réduit : *la chimie a des agents réductifs.*

* **RÉDUCTION** s. f. [-ksi-on]. Action de diminuer, de réduire ou de se réduire; résultat de cette action : *la réduction de sa fortune le force à l'économie.* — Jurispr. LA RÉDUCTION D'UN LEGS, la diminution d'un legs plus fort que la loi ne permet. On dit de même, LA RÉDUCTION D'UNE DONATION. — LA RÉDUCTION D'UNE RENTE, la diminution d'une rente à un taux plus bas. — Géom. Opération par laquelle on change une figure en une autre semblable, mais plus petite; et opération par laquelle on divise une figure en plusieurs parties : *réduction d'un polygone en triangles.* — Peint. Opération par laquelle on copie un objet dans une grandeur moindre que celle de l'original, en conservant toujours la même forme et les mêmes proportions. On dit dans ce même anal., LA RÉDUCTION D'UN PLAN. — Action de soumettre, de subjuguer, et résultat de cette action : *la réduction d'une ville à l'obéissance du prince.* — Opération par laquelle on trouve le rapport que les différents nombres, les différents poids, les différentes mesures, les différentes monnaies ont les uns avec les autres : *faire la réduction des fractions en nombres entiers.* — Mar. QUARTIER DE RÉDUCTION, instrument qui sert à résoudre plusieurs problèmes de pilotage, par les angles semblables. — Log. RÉDUCTION A L'IMPOSSIBLE, A L'ABSURDE, argument par lequel on démontre une proposition en faisant voir que le contraire serait impossible ou absurde, ou que la proposition elle-même contient quelque chose d'absurde ou d'impossible, ou conduit nécessairement à des conséquences qui auraient ces mêmes vices : *on peut démontrer la vérité de cette proposition, par la réduction à l'impossible, par la réduction à l'absurde.* — Chir. Opération par laquelle on réduit les os luxés ou fracturés, les hernies, etc : *il faut faire la réduction dans les luxations, dans les fractures, dans les hernies, dans les chutes de l'anus, de la matrice, etc.* — Chim. Opération par laquelle on sépare d'un oxyde le métal qu'il renferme, en lui enlevant l'oxygène.

* **RÉDUIRE** v. a. (lat. *reducere*, ramener). Restreindre, diminuer, ou faire diminuer : *à quoi réduisez-vous vos prétentions?* — RÉDUIRE SON OPINION, SON AVIS, LE RÉDUIRE SOMMAIREMENT, LE RÉDUIRE EN PEU DE MOTS, le mettre en peu de paroles après l'avoir expliqué plus au long. Cette acception vieillit, on dit plus ordinairement, RÉSUMER. — RÉDUIRE EN PETIT SU PLAN, UNE CARTE, UN TABLEAU, UN DESSIN,

et simplement, RÉDUIRE UN PLAN, UN DESSIN, UN TABLEAU, les copier, les mettre en petit avec les mêmes proportions. — RÉDUIRE QUELQU'UN AU PETIT PIED, le mettre dans un état fort au-dessous de celui où il était. — Géom. RÉDUIRE UNE FIGURE, la changer en une autre semblable et plus petite; et, RÉDUIRE UNE FIGURE EN DIFFÉRENTES PARTIES, la diviser en différentes parties : *réduire un polygone en triangles.* — Contraindre, nécessiter, obliger : *si ce malheur m'arrive, à quoi serai-je réduit !*

Seigneur, voyez l'état où vous me réduisez.
J. RACINE, *Andromaque*, acte III, sc. VI.

— RÉDUIRE QUELQU'UN AU SILENCE, l'obliger, le forcer à se taire : *ce que vous dites me réduit au silence.* — RÉDUIRE QUELQU'UN A LA PLUS TRISTE EXTRÉMITÉ, A LA DERNIÈRE EXTRÉMITÉ, être cause qu'il tombe dans l'état le plus fâcheux : *il a essuyé une banqueroute qui l'a réduit à la dernière extrémité.* On dit dans la même acception, RÉDUIRE QUELQU'UN A LA MENDICITÉ, A L'AUMÔNE, A LA BESACE, A L'HÔPITAL; LE RÉDUIRE AU DÉSESPOIR. — Soumettre, subjuguer, dompter : *Alexandre réduisit l'Asie sous ses lois, sous son obéissance.* On dit simplement, dans le même sens, RÉDUIRE UNE PLACE, RÉDUIRE UNE PROVINCE, RÉDUIRE DES REBELLES. — RÉDUIRE QUELQU'UN A LA RAISON, le réduire à son devoir, et simplement, LE RÉDUIRE, le ramener par force à la raison, le ranger à son devoir : *cet enfant est si opiniâtre, qu'il sera difficile de jamais le réduire.* — RÉDUIRE UN CHEVAL, l'habituer, à force de leçons, d'adresse, de caresses et de châtiments bien employés, à faire ce qu'on exige de lui. — Résoudre une chose en une autre, changer la figure, l'état d'un corps : *réduire un corps physique en ses principes, en ses éléments.* — RÉDUIRE UNE VILLE EN POUDRE, la détruire entièrement. RÉDUIRE UNE MAISON EN CENDRE, la consumer entièrement. — RÉDUIRE QUELQU'UN EN POUDRE, remporter sur lui un très grand avantage dans quelque dispute. RÉDUIRE EN POUDRE UN ÉCRIT, UN RAISONNEMENT, le réfuter complètement. — RÉDUIRE LES FRANCS EN CENTIMES, LES CENTIMES EN FRANCS, DES ESPÈCES DE FRANCE EN ESPÈCES D'ALLEMAGNE, DES MARCS D'ITALIE EN LIEUES DE FRANCE, DES LIEUES EN DEGRÉS, etc., évaluer les espèces de monnaie, les différentes mesures, les unes par rapport aux autres. — RÉDUIRE UNE PROPOSITION, UN PROBLÈME A SES PLUS SIMPLES TERMES, A SA PLUS SIMPLE EXPRESSION, exprimer cette proposition, ce problème de la manière la plus simple, la plus précise, la plus dégagée de toute circonstance accessoire ou indifférente. Arithm. : *réduire une fraction à sa plus simple expression.* — Rédiger dans un certain ordre, former, arranger : *il a réduit en système toutes les observations faites par ses devanciers.* — Organiser, régler d'une autre manière : *réduire un État en province, un royaume en république.* — Chir. Remettre à leur place les os luxés ou fracturés, faire rentrer les intestins qui sortent, etc. : *réduire une luxation, une fracture; réduire une hernie.* — Séparer d'un oxyde le métal qu'il renferme : *il y a des oxydes qui ne peuvent être réduits qu'au moyen de la pile voltaïque.* — Se réduire v. pr. : *il s'est réduit à la plus stricte économie.*

* **RÉDUIT, ITE** part. passé de RÉDUIRE. Absol. *Il était dans une grande opulence, mais le voilà bien réduit,* est maintenant dans une position étroite, obligé d'épargner.

* **RÉDUIT** s. m. (bas lat. *reductus*, réduit, refuge). Retraite, petit logement : *je me suis fait là un petit réduit.* — Lieu où plusieurs personnes ont coutume de se rendre pour converser, pour jouer, pour se divertir : *la maison d'un tel est un réduit très commode.* (Vieux.) — Fortif. Petit ouvrage construit dans un plus grand, pour assurer une retraite aux défenseurs : *se retirer dans le réduit, quand la demi-lune est emportée.*

* **RÉDUPLICATIF, IVE** adj. Gramm. Se dit des mots qui expriment la réitération des actions : *Re est une particule réduplicative.* Redire, refaire, etc., ont un sens réduplicatif. Reprendre est quelquefois verbe réduplicatif. *Ce verbe est pris dans un sens réduplicatif.* — S'emploie quelquefois substantiv. au masculin : *Recharger est le réduplicatif de* Charger.

* **RÉDUPLICATION** s. f. (du lat. *reduplicatus*, redoublé). Gramm. Répétition d'une syllabe ou d'une lettre.

* **RÉÉDIFICATION** s. f. Action de réédifier : *la réédification d'une église, d'un palais.*

* **RÉÉDIFIER** v. a. Rebâtir : *réédifier de fond en comble.*

* **RÉÉDITER** v. a. Donner une nouvelle édition.

* **RÉEL, ELLE** adj. (lat. *realis*). Qui est véritablement, effectivement, sans fiction, ni figure : *la présence réelle du corps de Jésus-Christ dans l'eucharistie.* On l'emploie quelquefois substantiv., au masculin : *il y a du réel dans cette fiction.* — DROITS RÉELS, ceux qui ont rapport à des immeubles. ACTIONS RÉELLES, celles qui s'exercent sur les biens immeubles; à la différence des ACTIONS PERSONNELLES, qui s'exercent contre les personnes et contre les biens meubles. SAISIES RÉELLES, saisies qu'on fait par justice, d'un fonds, d'un héritage, d'une maison, ou d'autres immeubles. OFFRES RÉELLES, offres qui se font en argent comptant, à deniers découverts.

* **RÉÉLECTION** s. f. Action d'élire de nouveau : *la réélection d'un député.*

* **RÉÉLIGIBILITÉ** s. f. État d'une personne rééligible.

* **RÉÉLIGIBLE** adj. Polit. et Adm. Qui peut être réélu : *le président de la République est rééligible.*

* **RÉÉLIRE** v. a. Élire de nouveau : *réélire un député.*

* **RÉELLEMENT** adv. En effet, effectivement, véritablement : *l'argent lui a été compté réellement et de fait.* — S'emploie quelquefois, fam., pour donner un peu plus de force à ce qu'on dit : *cela est réellement incroyable.* — Jurispr. SAISIR RÉELLEMENT, saisir un immeuble pour le faire vendre par autorité de justice.

* **RÉER** v. n. Voy. RAIRE.

* **RÉEXPÉDIER** v. a. Expédier de nouveau : *réexpédier une lettre.*

* **RÉEXPÉDITION** s. f. Action de réexpédier : *la réexpédition des marchandises.*

* **RÉEXPORTATION** s. f. Action de réexporter.

* **RÉEXPORTER** v. a. Transporter hors d'un État des marchandises qui y avaient été importées.

* **RÉFACTION** s. f. Comm. Réduction qui a lieu sur le prix des marchandises, au moment de la livraison, lorsqu'elles ont souffert quelque dommage, ou lorsqu'elles ne se trouvent pas de la qualité convenue : *la réfaction s'opère ordinairement par une défalcation sur le poids de la marchandise.* — Douanes. Remise de l'excédent du poids d'une marchandise qui a été mouillée.

* **REFAIRE** v. a. Se conjugue comme Faire. Faire encore ce qu'on a déjà fait : *refaire un tour de promenade.* — Réparer, raccommoder, rajuster une chose ruinée ou gâtée : *refaire une muraille.* — Cuis. REFAIRE DE LA VIANDE, l'accommoder en la faisant revenir sur la braise ou dans de l'eau chaude. — Recommencer : *si c'était à refaire, je ne le ferais pas.* — Fam. AVEC CET HOMME-LA ON N'A JAMAIS FINI, C'EST TOUJOURS A REFAIRE. —eux de cartes, redonner des cartes : *vous avez mal donné.*

il faut refaire. — Remettre en vigueur et en bon état : *rien n'est capable de refaire un malade comme le bon air.* — Se refaire v. pr. *Je commence à me refaire.* — Fig., COMMENCER A SE REFAIRE, rétablir sa fortune, se récupérer de ses pertes. Particul., en termes de jeu, commencer à regagner ce qu'on avait perdu.

REFAIT, AITE part. passé de REFAIRE. — UN CHEVAL REFAIT, un cheval ruiné, qu'on a engraissé et laissé reposer quelque temps. Ne se prend qu'en mauvaise part. — Adjectiv. Se dit du bois de charpente, lorsqu'il est bien équarri et dressé sur toutes les faces.

* REFAIT s. m. Se dit, à certains jeux, comme au piquet, au trictrac, d'un coup, d'une partie qu'il faut recommencer, parce que les deux adversaires ayant exactement le même point ou le même avantage, aucun des deux n'a perdu, ni gagné : *c'est un refait.* — Vén. Nouveau bois du cerf : *le cerf a déjà du refait.*

* REFAUCHER v. a. Faucher de nouveau : *voici la saison où l'on refauche les prés.*

* RÉFECTION s. f. (lat. *refectio*). Réparation, rétablissement d'un bâtiment : *il en a coûté tant pour la réfection de cette maison.* (Vieux.) — Repas : *à l'heure de la réfection.* Il n'est usité, en ce sens, que dans les communautés religieuses.

RÉFECTIONNER v. n. Prendre sa réfection, manger.

* RÉFECTOIRE s. m. (lat. *refectorium*). Se dit, dans les communautés, dans les collèges, dans les hospices, du lieu où l'on se réunit pour prendre les repas en commun : *le réfectoire d'un couvent, d'un collège.* — A L'HEURE DU RÉFECTOIRE, à l'heure où l'on est au réfectoire.

* REFEND s. m. [re-fan] (rad. *refendre*). Action de partager, de fendre. Ne s'emploie que dans ces locutions : MUR DE REFEND, mur qui est dans œuvre, et qui partage l'intérieur du bâtiment ; à la différence des gros murs, qui forment l'enceinte du bâtiment ; et, Bois DE REFEND, bois qui a été scié de long, par opposition à Bois DE BRIN. — Se dit aussi des lignes plus ou moins creuses tracées sur les bâtiments pour marquer les assises de pierre et les joints verticaux : *le soubassement de cet édifice a été refendu.*

* REFENDRE v. a. Fendre de nouveau. Arts. Scier en long, fendre, diviser : *refendre une poutre.*

* RÉFÉRÉ, ÉE part. passé de RÉFÉRER. — s. m. Recours au juge qui, dans les cas d'urgence, a le droit de statuer provisoirement : *plaider en référé.* — Législ. Le référé est une procédure expéditive par laquelle on peut obtenir du président du tribunal civil une ordonnance statuant provisoirement : soit sur les difficultés relatives à l'exécution d'un jugement ou d'un autre titre exécutoire, soit dans l'un des cas où la loi indique expressément ce recours, soit dans tout cas d'urgence. L'assignation est portée à l'audience des référés tenue par le président du tribunal ou par le juge qui le remplace. Si le cas requiert célérité, le président peut permettre de citer par le ministère d'un huissier par lui commis, soit à l'audience, soit à son domicile, à l'heure qu'il indique, et même les jours de fête. Les ordonnances de référé ne statuent que d'une manière provisoire, en laissant intact le fond du droit et sauf décision ultérieure du tribunal compétent ; c'est pourquoi aucune autorisation n'est nécessaire pour paraître en référé, soit comme demandeur, soit comme défendeur, ni aux mineurs émancipés, ni aux établissements publics, ni même en certains cas à la femme mariée et au mineur non émancipé. L'assistance d'un avoué est-elle indispensable devant le juge des référés. Après avoir entendu

les parties ou le demandeur seulement si le défendeur fait défaut, le président rend une ordonnance qui n'est pas susceptible d'opposition et qui est exécutoire par provision. Une caution ne peut être exigée, à moins que le président n'ait ordonné qu'il en serait fourni. Dans les cas d'absolue nécessité, l'ordonnance peut être déclarée exécutoire sur la présentation de la minute. L'appel est permis dans les mêmes conditions que pour les jugements ; mais il n'est pas suspensif, il doit être interjeté dans les quinze jours de la signification de l'ordonnance, et il est jugé sommairement (C. proc. 806 et s.). Le président peut, s'il le trouve convenable, refuser de juger seul et renvoyer les parties en référé devant la chambre où il siège ; l'affaire y est alors appelée sur simple mémoire, pour être plaidée et jugée sans remise et sans tour de rôle (Décr. 30 mars 1808, art. 60 et 66). La procédure des référés semble avoir été empruntée par nos codes aux articles 6 et 9 d'un édit de janvier 1685 qui, pour Paris seulement, attribuait au lieutenant civil du Châtelet le droit de statuer provisoirement dans certaines affaires urgentes. »   (CH. Y.)

RÉFÉRENCE s. f. [-ran-]. Action de référer ou de renvoyer d'une chose à une autre qui a du rapport avec la première. — OUVRAGES DE RÉFÉRENCE, ouvrages faits pour être consultés, tels que, dictionnaires, recueils, etc. — Se dit aussi des personnes que quelqu'un, en quête d'un emploi, indique comme pouvant donner sur lui des renseignements.

* RÉFÉRENDAIRE s. m. Officier qui faisait le rapport des lettres royaux dans les chancelleries, pour qu'on décidât si elles devaient être signées et scellées. On le dit encore, au ministère de la justice, de certains officiers attachés à la division du sceau. — GRAND RÉFÉRENDAIRE, officier des premiers temps de la monarchie, dont les fonctions étaient à peu près semblables à celles du chancelier ou du garde des sceaux d'aujourd'hui. — GRAND RÉFÉRENDAIRE DE LA CHAMBRE DES PAIRS, celui des pairs de France qui apposait le sceau de la Chambre à tous les actes émanés d'elle, et qui avait la garde des archives et de son palais. — En Pologne, GRAND RÉFÉRENDAIRE, grand officier au-dessous du chancelier. — Adjectiv. CONSEILLERS RÉFÉRENDAIRES A LA COUR DES COMPTES, magistrats de cette cour qui sont chargés d'examiner les pièces de comptabilité et d'en faire leur rapport. — TIERS RÉFÉRENDAIRE, se disait autrefois, parmi les procureurs, de celui qui était appelé en tiers pour la taxe des dépens. — A Rome, RÉFÉRENDAIRES DE L'UNE ET DE L'AUTRE SIGNATURE, certains prélats de la cour de Rome qui rapportent les causes, soit de justice, soit de grâce. — Les *conseillers référendaires* sont des magistrats faisant partie de la cour des comptes, et qui sont chargés de vérifier les écritures comptables et de faire à ce sujet des rapports soumis au jugement des conseillers-maîtres. (Voy. COUR DES COMPTES). — Les *référendaires* au ministère sont des officiers ministériels qui représentent les parties en instance au ministère de la justice pour obtenir des titres, des changements de noms, des naturalisations, des dispenses pour mariage, etc.

* RÉFÉRER v. a. (lat. *referre*). Rapporter une chose à une autre : *à quoi référez-vous cet article ?* — Attribuer : *il en faut référer l'honneur, la gloire à Dieu.* — Jurispr., RÉFÉRER LE SERMENT A QUELQU'UN, s'en rapporter au serment de quelqu'un qui voulait s'en rapporter au nôtre : *le serment lui avait été déféré, mais il le référa à sa partie adverse.* — RÉFÉRER A QUELQU'UN LE CHOIX D'UNE CHOSE, lui laisser le choix de la même chose dont il nous donnait le choix. — v. n. Palais. Faire rapport : *il faut en référer à la chambre.* — Se référer v. pr. Avoir rapport : *cet article, ce passage se réfère à celui qui est ci-dessus.* —

S'en rapporter : *se référer à l'avis de quelqu'un.*

* REFERMER v. a. Fermer de nouveau : *à peine avait-il ouvert son coffre, qu'il l'a refermé.* — Chir. REFERMER UNE PLAIE, reprendre et unir les chairs de telle sorte qu'il n'y ait plus d'ouverture. — Se refermer v. pr. *La porte s'est refermée sur lui.*

REFERRER v. a. Remettre à un cheval le fer qu'on lui a ôté, ou qui s'est détaché : *il y a des maladies du sabot, où il faut deferrer et referrer le cheval à chaque pansement.*

* REFEUILLETER v. a. Feuilleter, lire de nouveau : *en refeuilletant cette vieille correspondance, il y découvrit une lettre fort importante.*

* RÉFLÉCHI, IE part. passé de RÉFLÉCHIR. — Phys. Se dit de la lumière réfléchie par une glace, d'une glace sur le mur opposé. — Fig. Gramm. VERBES RÉFLÉCHIS, verbes pronominaux exprimant une action ou un état qui se rapporte qu'au sujet du verbe. Quelques grammairiens appellent PRONOM RÉFLÉCHI DE LA TROISIÈME PERSONNE, le pronom, SE, SOI, qui sert à la conjugaison de ces verbes. — Adj. Qui est fait ou dit avec réflexion : *action, pensée réfléchie.* — Méditatif, pensif : *un homme réfléchi.*

* RÉFLÉCHIR v. a. (préf. re; fr. fléchir). Renvoyer, repousser. Se dit de tous les corps qui répercutent les autres corps dont ils ont été frappés, ou quelque chose de l'impression qu'ils en ont reçue : *les miroirs réfléchissent l'image des objets : LA GLOIRE DES GRANDS HOMMES RÉFLÉCHIT SON ÉCLAT SUR LEURS DESCENDANTS.* — Réfléchir v. n. Rejaillir, être renvoyé : *la lumière qui réfléchit de la muraille.* — Fig. LA HONTE DE CETTE ACTION RÉFLÉCHIT SUR TOUS CEUX QUI Y ONT PARTICIPÉ. — Penser mûrement et plus d'une fois à quelque chose : *on vous prie de réfléchir sur cette affaire.* — Se réfléchir v. pr. Etre réfléchi : *ce paysage se réfléchit dans le lac.* — Fig. en gramm. L'action du sujet se réfléchit quelquefois sur le sujet. Ex. Je me repens. Vous vous moquez. Se tourmente, etc. Le verbe alors s'appelle VERBE RÉFLÉCHI.

* RÉFLÉCHISSANT, ANTE adj. Phys. Qui réfléchit la lumière, le son, le calorique : *surface réfléchissante.*

* RÉFLÉCHISSEMENT s. m. Rejaillissement, réverbération : *le réfléchissement de la lumière.*

* RÉFLECTEUR adj. m. (du lat. *reflectere*, réfléchir). Phys. Se dit de certains corps particulièrement destinés à réfléchir la lumière : *miroir réflecteur.* — s. m. Appareil en métal poli ou en glace, qui réfléchit les rayons de chaleur, de lumière ou de son.

* RÉFLECTIF, IVE adj. Qui a rapport à la réflexion.

* REFLET [re-flè] s. m. La réflexion de la lumière ou de la couleur d'un corps sur un autre. Est particul. d'usage en choses : *les reflets de l'eau contenue dans ce vase éclairent le plafond.* — Fig. Sa réputation est un reflet, *un pâle reflet de la gloire de son père.*

* REFLÉTER v. a. (lat. *reflectare*). Renvoyer la lumière ou la couleur sur un corps voisin : *nous ne voyons les objets que par la lumière qu'ils reflètent.* — Fig. *La gloire de ses belles actions reflète sur toute sa famille.* — Se refléter v. pr. *Une couleur qui se reflète.*

* REFLEURIR v. n. Fleurir de nouveau : *les orangers, après avoir perdu leurs fleurs au printemps, refleurissent ordinairement en automne.* — Fig. Reprendre de l'éclat, mériter et obtenir plus d'estime, plus d'admiration : *les lettres, les sciences refleurissent à leur tour.*

* RÉFLEXE adj. [ré-flè-kse] (lat. *reflexus*, réfléchi). Qui se fait par réflexion : *vision ré-*

flexe. — Phys. Se dit de mouvements qui succèdent, indépendamment de la volonté, à des phénomènes de sensibilité dont nous n'avons pas conscience.

* **RÉFLEXIBILITÉ** s. f. Phys. Propriété d'un corps susceptible de réflexion : *la réflexibilité des rayons de lumière, des corps élastiques.*

* **RÉFLEXIBLE** adj. Phys. Qui est propre à être réfléchi : *les rayons de la lumière sont réflexibles.*

RÉFLEXIF, IVE adj. Qui appartient à l'action de l'âme appelée réflexion.

* **RÉFLEXION** s. f. [-ksi-on]. Rejaillissement, réverbération : *la réflexion des rayons.* — Mar. INSTRUMENTS A RÉFLEXION, instruments astronomiques dont on se sert, dans les voyages de long cours, pour prendre la hauteur des astres au-dessus de l'horizon, pour mesurer des distances de la lune au soleil, etc. : *les sextants et les octants sont des instruments à réflexion.* On dit de même, CERCLE DE RÉFLEXION. — Fig. Action de l'esprit qui réfléchit ; méditation sérieuse, considération attentive sur quelque chose : *cela me fit faire de sérieuses réflexions.* — C'EST UN HOMME DE RÉFLEXION, c'est un homme qui ne fait rien sans y avoir bien songé. — Pensées qui résultent de cette action de l'esprit : *voilà de belles, de sages, de savantes réflexions.*

* **REFLUER** v. n. (lat. *refluere*, couler en arrière). Se dit du mouvement des fluides qui retournent vers le lieu d'où ils ont coulé, ou qui, pressés dans un endroit, se portent dans un autre : *quand la mer monte, elle fait refluer les rivières.* — Méd. LA BILE A REFLUÉ DANS LE SANG, s'est mêlée avec le sang : *les barbares qui inondèrent l'Italie refluèrent dans les Gaules.*

* **REFLUX** s. m. [re-flû]. Mouvement réglé de la mer qui se retire du rivage après le flux : *il y a flux et reflux dans l'Océan.* — Se dit fig., surtout en parlant de la vicissitude des choses humaines : *les choses du monde sont sujettes à un flux et reflux continuel.*

* **REFONDER** v. a. Prat. anc. Ne s'employait que dans cette phrase, REFONDER LES DÉPENS DE CONTUMACE, rembourser les frais d'un défaut faute de comparoir, afin d'y être reçu opposant.

* **REFONDRE** v. a. Mettre à la fonte une seconde fois, fondre de nouveau : *il faut refondre ce canon, cette cloche.* — Se dit, fig., en parlant d'un ouvrage d'esprit, d'une législation, etc., qui contient de bonnes choses, mais qui a besoin de recevoir une meilleure forme, un meilleur ordre : *il faut refondre entièrement ce discours, cet ouvrage* — Se dit aussi en parlant des personnes, et signifie, changer le caractère, les mœurs, les habitudes : *il a vainement entrepris de refondre son caractère.* — Fam. IL FAUDRAIT LE REFONDRE, se dit en parlant d'un homme incorrigible. On dit dans le même sens, VOUS NE ME REFONDREZ PAS. — Se refondre v. pr. *Je ne puis me refondre.*

* **REFONTE** s. f. Action de refondre les monnaies, pour en faire de nouvelles espèces : *depuis la refonte des monnaies.* — Se dit, quelquefois, en parlant d'un ouvrage d'esprit, d'une législation, etc., dont on change la forme, l'ordre : *ce n'est pas une simple correction, c'est une refonte totale.*

* **RÉFORMABLE** adj. Qui peut ou qui doit être réformé : *il y a des abus qui sont à peine réformables.*

* **RÉFORMATEUR, TRICE** s. Celui, celle qui réforme : *c'est un sage réformateur.* — S'ÉRIGER EN RÉFORMATEUR, FAIRE LE RÉFORMATEUR, se mêler mal à propos de vouloir réformer les autres. — LES PRÉTENDUS RÉFORMATEURS, et

plus ordinairement, LES RÉFORMATEURS, les chefs de la religion réformée.

* **RÉFORMATION** s. f. Rétablissement dans l'ancienne forme, ou dans une meilleure forme : *la réformation des mœurs.* — LA RÉFORMATION DES ABUS, DES DÉSORDRES, le retranchement des abus, des désordres. — LA RÉFORMATION DES MONNAIES, l'action de refrapper des espèces, sans les refondre, soit pour en changer la valeur, soit pour en changer l'empreinte : *cette réformation des monnaies produisit tant.* — Se dit absol. des changements que les protestants ont faits à la doctrine et à la discipline du christianisme : *à l'époque de la réformation.*

RÉFORMATOIRE adj. Qui concerne la réformation des mœurs, des habitudes, etc.

* **RÉFORME** s. f. Rétablissement dans l'ordre, dans l'ancienne forme, ou dans une meilleure forme : *ces choses-là ont besoin de réforme, d'une réforme complète.* — LA RÉFORME DES ABUS, le retranchement des abus qui se sont introduits. — LA PRÉTENDUE RÉFORME, et plus ordinairement, LA RÉFORME, le changement que les protestants du XVIe siècle ont introduit dans la doctrine et dans la discipline du christianisme : *telle ville embrassa la prétendue réforme, la réforme en telle année.* On le dit aussi du corps de doctrine adopté par les protestants, et de la communion formée par les Églises protestantes : *la réforme prétend... Suivant la réforme...* — Relig. Rétablissement de l'ancienne discipline dans un ordre religieux : *mettre la réforme dans une abbaye.* — Changement de mal en bien relativement à la mœurs, et particulièrement à la piété : *c'est un homme qui vit dans une grande réforme.* — Guerre. Licenciement partiel, réduction des troupes à un moindre nombre, par l'autorité du prince ou de l'État qui a droit de les licencier : *la réforme des troupes se fait à la fin de la guerre.* Ce sens est moins usité que les suivants. — Se dit particul. en parlant des officiers auxquels on ôte leur emploi, mais en leur conservant, pendant un certain nombre d'années, une partie de leurs appointements qu'on appelle TRAITEMENT DE RÉFORME : *être mis à la réforme.* — CONGÉ DE RÉFORME, ou simpl., RÉFORME, congé qu'on donne à un soldat reconnu impropre au service. — Se dit encore en parlant des chevaux de la cavalerie, de l'artillerie, etc., qui ne sont plus en état de servir : *il y a eu dans ce régiment une réforme de vingt chevaux.* — Se dit quelquefois des chevaux réformés : *tel jour on vendra les réformes du régiment, de l'écurie.* — Réduction à un moindre nombre des employés d'une administration : *il y a une grande réforme dans ce ministère.* — FAIRE UNE GRANDE RÉFORME DANS SA MAISON, diminuer sa table ou ses équipages, renvoyer une partie de ses domestiques. — RÉFORME DES MONNAIES, se disait jadis de l'action de rétablir les valeurs réelles des monnaies dont on avait surhaussé le prix. — ENCYCL. On appelle réforme le grand mouvement religieux du XVIe siècle, qui déchira l'Église catholique latine. Il y eut un grand nombre de réformateurs avant la Réformation, et presque toutes les doctrines de Luther avaient été prêchées avant lui. L'invention de l'imprimerie, la renaissance des lettres et des classiques avec Agricola, Reuchlin et Erasme, tels furent les événements qui préparèrent d'une façon spéciale le soulèvement religieux du XVIe siècle. La réformation affirma le principe de la liberté évangélique tel qu'il est posé dans les épîtres de saint Paul aux Romains et aux Galates. De ce principe général découlent les doctrines fondamentales du protestantisme, à savoir : la suprématie absolue de la parole de Christ et la suprématie absolue des grâce du Christ. Une autre doctrine fondamentale de la réformation est que le pécheur est justifié

devant Dieu par le seul mérite du Christ tel que le comprend une foi vivante ; contrairement à la théorie, dominante alors et sanctionnée en substance par le concile de Trente, qui fait de la foi et des œuvres les deux œuvres coordonnées de la justification. A ces deux principes supérieurs, il faut ajouter la doctrine que tout croyant est prêtre, et que tous les laïques ont le droit et le devoir non seulement de lire la Bible dans leur langue maternelle, mais aussi de prendre part au gouvernement et à l'administration de l'Église. — La réformation en Allemagne, dirigée par le génie et l'énergie de Luther et par le savoir et la modération de Mélanchthon, commença dans l'université de Wittenberg, par une protestation contre le trafic des indulgences, le 31 oct. 1517, et devint bientôt un puissant mouvement populaire. Luther reculait d'abord devant l'idée d'une scission ; mais le cours des événements rendit irréconciliable la lutte à laquelle il se trouva entraîné contre l'autorité centrale de l'Église. Le pape Léon X, en juin 1520, prononça contre lui une sentence d'excommunication. La diète de Worms, où Luther fit sa mémorable défense, ajouta à l'excommunication du pape le ban de l'empereur (1521). En dépit de ces arrêts, la réformation se propagea, et, avant 1530, elle avait pris pied dans la plus grande partie de l'Allemagne du Nord. La seconde diète de Spire en 1529 lui interdit tout progrès nouveau. C'est contre ce décret de la majorité catholique que les princes partisans de la réforme publièrent la protestation datée du 19 avril 1529, qui fut l'origine du nom de protestants. Leur credo fondamental, la confession de foi d'Augsbourg, fut présenté à la diète d'Augsbourg en 1530. Le terrain perdu dans la guerre de la ligue de Smalcalde fut promptement reconquis par Maurice de Saxe, et la paix d'Augsbourg, en 1555, assura aux États luthériens le libre exercice de leur religion, mais avec une restriction quant aux progrès ultérieurs de celle-ci. Un grand nombre de protestants allemands suivirent la direction de Calvin de préférence à celle de Luther, et formèrent l'Église réformée allemande, qui, en 1562, adopta le catéchisme de Heidelberg comme confession de foi. Le XVIe siècle terminé, avec les violentes controverses intérieures de l'Église luthérienne et les querelles entre celle-ci et les calvinistes, l'histoire théologique de la réformation allemande n'eut aucun histoire politique ne se termina qu'après la guerre de Trente ans, par le traité de Westphalie en 1648. — La réformation en Suisse fut contemporaine, mais indépendante de la réformation allemande, et aboutit à l'établissement d'une communion réformée distincte de la communion luthérienne. Elle concordait avec celle-ci dans tous les principes essentiels de doctrine ; mais dans la doctrine de l'eucharistie ; mais elle s'éloignait davantage encore des traditions reçues en fait de gouvernement et de discipline, et tendait à une plus radicale réformation pratique et morale du peuple. Zwingle (*Zwingli*) commença ce mouvement en prêchant contre différents abus à Einsiedeln en 1516, et, avec plus d'énergie et d'effet, à Zurich en 1519 ; l'année suivante la messe y fut abolie, et remplacée par un culte presque puritain. La réformation s'introduisit bientôt dans la plupart des cantons, mais non sans effusion de sang. Les catholiques mirent en déroute la petite armée des gens de Zurich à la bataille de Cappel, oct. 1531, où Zwingle trouva une mort héroïque. Jean Calvin, Français de naissance et d'éducation, mais exilé de son pays natal pour la foi, trouva une patrie nouvelle à Genève (1536), où Farel avait préparé les voies. Ses écrits théologiques, surtout les *Institutes* et les *Commentaires*, exercèrent une influence capitale sur l'organisation de

toutes les Églises réformées et sur toutes les confessions de foi; et, en même temps, son génie législatif donnait sa forme au gouvernement presbytérien. Calvin mourut en 1564, et Théodore de Bèze (mort en 1605) travailla avec Bullinger jusqu'à la fin du xvıᵉ siècle à consolider la réformation en Suisse et la propagea les principes en France, en Hollande, en Allemagne, en Angleterre et en Ecosse. — Presque tous les premiers réformateurs de France, Farel, Viret, Marot, Olivetan, Calvin et de Bèze eurent à chercher un refuge à l'étranger. Calvin et de Bèze peuvent être regardés comme les pères de l'Eglise réformée française. Leurs élèves revinrent comme missionnaires au pays natal. La première congrégation protestante se forma à Paris en 1555, et le premier synode s'y tint en 1559. Le mouvement prit forcément un caractère politique. Le parti protestant, ou huguenot, était numériquement le plus faible, mais il comptait quelques-uns des plus hauts personnages et des hommes les plus éminents par le talent, et il était soutenu par la maison de Navarre. Trois guerres civiles s'étaient succédé rapidement, lorsque la cour et le duc de Guise eurent recours à la trahison et complotèrent un massacre général des Huguenots, qui fut exécuté le 24 août 1572 (voy. Barthélemy, *Massacre de la Saint*-, et Réforme.) En 1589, le prince protestant Henri de Navarre devint roi de France sous le nom de Henri IV. Il abjura la foi protestante en 1593, disant que Paris et la paix de la France valaient bien une messe; mais il assura à ses anciens coreligionnaires le libre exercice de leur culte par le célèbre édit de Nantes (1598). La révocation de cet édit par Louis XIV en 1685 fit de l'église réformée de France une « Eglise du désert »; néanmoins, elle survécut en France aux plus cruelles persécutions, et elle enrichit de milliers d'exilés tous les pays protestants. — Dans les Pays-Bas, la réformation fut surtout encouragée par les influences venues de Suisse et de France. D'après Grotius, le duc d'Albe fit périr 100,000 protestants hollandais pendant les six années de son gouvernement (1567-'73). Finalement, les sept provinces septentrionales formèrent une république fédérale, et se séparèrent de l'Eglise de Rome et de la couronne d'Espagne. Le premier synode hollandais réformé se tint à Dort en 1574. Le protestantisme en Hollande a toujours été surtout calviniste, bien que les Arminiens ou Remonstrants, par les écrits de leurs savants et de leurs théologiens, aient exercé une grande influence. — En Hongrie, la réformation fut introduite après 1524 par les disciples de Luther et de Mélanchthon qui avaient étudié à Wittenberg. Le synode d'Erdœd, en 1545, organisa l'Eglise luthérienne, et celui de Csenger, en 1557, l'Eglise réformée. Les Allemands établis en Hongrie adoptèrent pour la plupart la confession d'Augsbourg, tandis que les Magyars préféraient la confession helvétique. Le prince Étienne Bocskay de Transylvanie, avec l'appui de l'alliance turque, reconquit (1606) une entière tolérance pour les luthériens et les calvinistes en Hongrie et en Transylvanie, tolérance confirmée sous ses successeurs Gabor et George Rakoczy Iᵉʳ. En Pologne, la première impulsion fut donnée par des religionnaires exilés de Bohême et par les écrits des réformateurs allemands. Le roi Sigismond-Auguste (1548-'72) favorisait la réformation et correspondait avec Calvin. Les deux confessions y eurent beaucoup d'adhérents, et Jean à Lasco traduisit la Bible; mais les dissensions intestines, les progrès du socinianisme et les efforts des jésuites détruisirent à peu près le protestantisme en Pologne. — En Suède, Olaf et Lars Petersen, ou Petri, disciple de Luther, prêchèrent contre les abus ecclésiastiques après 1519. Gustave Vasa favorisa le protestantisme pour les rai-

sons politiques et vénales, et tout le pays, y compris les évêques, le suivit sans grande difficulté. La Suède et le Danemark adoptèrent la foi luthérienne et conservèrent l'épiscopat, mais en le rattachant intimement à l'Etat. Du Danemark, la réformation passa en Norvège vers 1536. — Le protestantisme anglais fut, dès le début, un mouvement politique en même temps que religieux. On distingue dans la réformation anglaise cinq périodes. Dans la première, de 1527 à 1547, l'autorité de la papauté romaine fut abolie sous Henri VIII. La seconde embrasse le règne d'Edouard VI, de 1547 à 1553. Cranmer établit la réformation avec l'aide de Ridley et de Latimer, ainsi que de plusieurs théologiens du continent, particulièrement de Martin Bucer de Strasbourg, et de Peter Martyr de Zurich. C'est alors que furent rédigés les 42 articles, plus tard réduits à 39, lesquels constituent une confession de foi modérément calviniste, et le *Book of Common Prayer*. La troisième période est le règne de Marie, de 1553 à 1558, pendant lequel la persécution catholique consolida la réformation. La quatrième période est le rétablissement et l'organisation permanente de la réformation anglicane, pendant le long règne d'Elisabeth, de 1558 à 1603. L'Eglise anglicane, telle qu'Elisabeth l'a constituée, était à demi catholique dans sa forme de gouvernement pour les prélats et de culte liturgique, constituant une sorte de moyen terme entre Rome et Genève. Mais pendant que le parti catholique était presque annihilé en Angleterre, le parti puritain devint plus puissant sous les successeurs d'Elisabeth, et renversa la dynastie des Stuarts. Ces troubles et ces agitations occupèrent la cinquième période de l'histoire du protestantisme anglais.—En Ecosse, le premier prêcheur et martyr du protestantisme fut Patrick Hamilton, jeune homme de sang royal, qui avait étudié à Wittenberg et à Marburg, et qui fut brûlé sur le bûcher en 1528, à l'âge de 23 ans. Le mouvement s'accrut malgré la persécution, et mené à bien sous la direction de John Knox, qui réforma l'église écossaise sur le modèle de celle de Genève. Lorsque l'infortunée Marie Stuart essaya de restaurer la religion catholique romaine et de détruire l'organisation presbytérienne établie par le parlement en 1560, sa propre imprudence et la résistance obstinée de la nation firent échouer ses plans; et après sa fuite en Angleterre (1568), le protestantisme fut de nouveau déclaré la seule religion de l'Ecosse.—Voy. Marheineke, *Geschichte der deutschen reformation* (1816-'34, 4 vol.); Hottinger, *Geschichte der schweizerischen Kirchentrennung* (1825-'27, 2 vol.); Merle d'Aubigné, *Histoire de la réformation au xvıᵉ siècle* (1835-'53, 5 vol.), et *Histoire de la réformation au temps de Calvin* (1862-'75, 6 vol.); L. Haüsser, *Geschichte des Zeitalters der Reformation* (1868), et G.-P. Fisher, *History of the Reformation* (New-York, 1873).

* **REFORMÉ, ÉE** part. passé de Réformer. — La religion prétendue réformée ou plus ordinairement, La religion réformée, le culte réformé, le protestantisme; et, substantiv., Les prétendus réformés, ou simpl., Les réformés, ceux qui suivent cette religion. — s. Se dit des religieux qui suivent la réforme établie dans l'ordre auquel ils appartiennent, par opposition aux religieux qui n'ont point reçu cette réforme, et qu'on appelle religieux de la commune observance, ou anciens : *les réformés prétendaient que...* — On donne, en France, les noms de réformés, de huguenots et de calvinistes, aux adeptes de Calvin. Le mot *huguenot*, d'une origine incertaine, fut appliqué d'abord par les catholiques romains de France à tous les partisans de la réforme, mais restreint ensuite aux calvinistes. Luther eut peu d'influence sur la réforme en France; avant Calvin, les esprits étaient déjà disposés

à une réformation. Des influences anticatholiques y travaillaient depuis longtemps. Pendant le règne de François Iᵉʳ, les nobles et les savants se rangèrent du côté de la réforme religieuse. Dans la ville de Meaux, autour de l'évêque Briconnet, un grand nombre d'hommes ayant des sympathies pour la foi nouvelle, commencèrent, sans déclarer formellement le schisme, à agir comme des réformés. Leurs actes, joints aux agitations politiques et sociales du moment lancèrent bientôt des persécutions. Le mouvement eût probablement avorté si la forte main de Calvin n'en avait pris la direction (1528). — Le 21 janvier 1534, on fit une procession générale à laquelle assista François Iᵉʳ, et qui, partie de Notre-Dame, avait pour station la place Maubert où était dressé un bûcher pour six personnes « *véhémentement accusées d'hérésie* ». Le roi lui-même mit le feu au bûcher et passant ensuite la torche au cardinal de Lorraine, il attendit, les mains jointes, la fin du supplice. « Il voulut, dit le P. Daniel, pour attirer la bénédiction du ciel sur ses armes, donner cet exemple signalé de piété et de zèle contre la nouvelle doctrine ». Au célèbre synode général de mai 1559, les idées de Calvin sur le gouvernement et la discipline de l'Eglise prirent formellement un corps dans une profession de foi. Pendant le règne de Henri II (1547-'59), les Huguenots se trouvèrent assez forts pour entrevoir l'espérance de devenir le parti politique dominant; plusieurs membres de la famille royale, le roi de Navarre, par exemple, le prince de Condé son frère et un grand nombre de nobles, y compris les Châtillon et l'amiral Coligny, favorisèrent la réforme. Pendant les règnes des deux rois suivants dont l'infériorité intellectuelle rendait une régence nécessaire, Catherine de Médicis tint les rênes de l'autorité, pendant que les ducs de Guise soutenus par les catholiques, et que les princes de Bourbon chefs des Huguenots, se disputaient la régence. La paix de Saint-Germain garantit une liberté entière aux Huguenots, et la sœur du roi épousa Henri de Navarre. Les principaux protestants invités aux fêtes de la noce, furent traîtreusement égorgés le jour de la Saint-Barthélemy, 1572. Les Huguenots, ayant Henri de Navarre à leur tête, eurent alors à combattre la sainte ligue formée par les Guises et par Philippe II d'Espagne. Après l'assassinat de Henri III (1589), Henri de Navarre, pour mettre un terme aux effroyables guerres, se fit catholique, mais il accorda aux Huguenots une liberté entière de conscience et tous les droits politiques et religieux par l'édit de Nantes (1598). Le meurtre de Henri IV par Ravaillac (1610) laissa les calvinistes sans protecteur. Sous son jeune fils et successeur Louis XIII, ils eurent à combattre de nouveau pour leurs droits; la lutte inégale se termina par la prise de la Rochelle. De 1629 à 1661, particulièrement sous Mazarin, il y eut un repos relatif. Après la mort de Mazarin on publia de nouveaux édits qui tendaient à réduire et finalement à exterminer les Huguenots. En 1685, Louis XIV signa la célèbre révocation de l'édit de Nantes; à cette occasion, 500,000 protestants au moins se réfugièrent dans les pays étrangers. A partir de cette époque, leur cause fut complètement ruinée en France, bien que dans les montagnes des Cévennes, les paysans, sous le nom de Camisards, défièrent longtemps les troupes royales. L'Eglise protestante fut à la fin réorganisée par Jean Court, et finalement la Révolution rendit aux protestants leurs droits tout entiers qui ont été si rarement respectés par les gouvernements successifs de France. Le terme Huguenot a depuis longtemps cessé d'être le nom commun des calvinistes. On dit aujourd'hui en parlant de leur religion : Eglise réformée de France. — Eglise réfor-

mée. Vers le milieu du XVIᵉ siècle, les protestants se divisaient en deux confessions principales : l'Eglise luthérienne et l'Eglise réformée. Ces appellations marquent deux types distincts de théologie et d'administration ecclésiastique. La théologie des églises réformées est connue vulgairement sous le nom de calvinisme. Son point de départ est la doctrine de la souveraineté divine. Luther sans doute était d'accord avec Calvin sur ce point, mais la théologie luthérienne, sous l'influence de Mélanchthon, repoussa le dogme de l'élection inconditionnelle. La théorie de la Cène donna lieu à un autre désaccord. Luther soutenait le sens littéral des mots : « Ceci est mon corps », et affirmait la présence réelle dans l'eucharistie ; tandis que Calvin n'y voyait la présence du Christ qu'au sens spirituel. Les luthériens tenaient plus compte de la tradition, les calvinistes s'appuyaient davantage sur l'autorité de l'Ecriture. Les uns comme les autres adoptaient le système presbytérien ; mais les luthériens insistèrent davantage sur les droits des princes, tandis que les calvinistes mettaient surtout en avant les droits des peuples. On a vu à l'article Réformation la manière dont ces deux doctrines se sont partagé les pays protestants d'Europe. La religion réformée, sous la forme du congrégationalisme, fut apportée dans la Nouvelle-Angleterre par des pèlerins ; et, sous la forme du presbytérianisme, établie dans les autres colonies de l'Amérique du Nord par les émigrants venus d'Ecosse, d'Irlande, d'Angleterre et de Hollande. Comme on devait s'y attendre, par suite de sa diffusion dans tant de pays, l'église réformée a produit de nombreuses confessions de foi et de nombreux systèmes théologiques. La grande controverse arminienne amena la convocation du synode de Dort (1618-19), où, malgré l'opposition des remontrants, les cinq points du calvinisme furent formellement définis : 1º élection inconditionnelle ; 2º rédemption particulière : 3º dépravation totale ; 4º grâce irrésistible ; 5º persévérance des saints. Le catéchisme de Heidelberg (1563), rédigé par Ursinus et Olevianus, fut adopté par les Eglises réformées de Hollande et d'Allemagne. En Angleterre, en Ecosse et en Amérique, la même foi est formulée dans la confession et les catéchismes de Westminster. L'Eglise anglicane a toujours eu des soutiens éminents pour les principes fondamentaux du système réformé ; mais c'est surtout chez les non-conformistes anglais qu'il les faut chercher. Sur le continent les plus récents représentants des dogmes réformés, comme Schleiermacher, Ebrard, Schneckerburger, Schweizer et Vinet, les ont soutenu au point de vue historique et philosophique, plutôt que dans l'esprit de la tradition scolastique. L'Eglise luthérienne a toujours été en Europe, sous la dépendance directe de l'Etat, tandis que les Eglises réformées ont obtenu une indépendance relative.

* **RÉFORMER** v. a. Former de nouveau : *on a dissous cette compagnie, et on l'a reformée aussitôt après.* — **Se reformer** v. pr. *Il s'est reformé un abcès dans sa poitrine.* — Guerre. Se rallier et reprendre son ordre : *ce corps, ayant été rompu et mis en déroute par l'artillerie, s'est reformé à quelque distance.*

* **RÉFORMER** v. a. Rétablir dans l'ancienne forme, donner une meilleure forme à une chose ; la corriger, la rectifier, soit en ajoutant, soit en retranchant : *réformer la justice, la police, les lois, les coutumes.* — Corriger, changer en bien, en mieux : *réformer ses mœurs.*

Pour réformer l'Etat, réformés donc les cœurs.
PONSARD. *Charlotte Corday,* acte IV, sc. VII.

— Retrancher ce qui est nuisible ou de trop ; *réformer les abus.* — **RÉFORMER SON TRAIN, SA DÉPENSE, SA MAISON,** diminuer son train, réduire

sa dépense. — **RÉFORMER DES TROUPES,** les réduire à un moindre nombre ; *on a réformé tel régiment, et on l'a réduit à huit compagnies.* — **RÉFORMER UN OFFICIER,** lui retirer son emploi, mais en lui conservant une partie de ses appointements. **RÉFORMER UN SOLDAT,** lui donner un congé de réforme. — **RÉFORMER DES CHEVAUX,** les retirer du service auquel ils étaient affectés, comme n'y étant plus propres. On dit de même, **RÉFORMER UNE PARTIE DU MATÉRIEL,** — **RÉFORMER LES MONNAIES,** changer la valeur ou l'empreinte des espèces, sans faire de refonte. — **Se réformer** v. pr. Renoncer à de mauvaises habitudes, prendre une conduite plus régulière : *il projette toujours de se réformer.*

RÉFORMISTE adj. Polit. Qui est partisan des réformes en général ou de certaines réformes. — s. m. *Un réformiste anglais.*

* **REFOUILLEMENT** s. m. B.-Arts. Action d'évider, de marquer davantage les creux et les saillies d'une sculpture.

* **REFOUILLER** v. a. B.-Arts. Détacher, en creusant, chaque partie d'une sculpture.

* **REFOULEMENT** s. m. Action de refouler, ou effet de cette action : *le refoulement de la marée.*

* **REFOULER** v. a. Fouler de nouveau : *refouler une étoffe.* — Faire reculer : *le batardeau refoula, fit refouler les eaux jusque dans les maisons.* — Mar. **REFOULER LA MARÉE, LE COURANT,** aller contre le cours de la marée. — Artill. Bourrer une pièce de canon avec le refouloir. — v. n. Refluer, retourner en arrière : *la multitude refoula vers le Nord.*

* **REFOULOIR** s. m. Artill. Bâton qui est garni à l'une de ses extrémités d'un gros bouton aplati, et qui sert à bourrer les pièces de canon.

* **RÉFRACTAIRE** adj. (lat. *refractarius*; de *refragari*, résister). Rebelle, désobéissant : *réfractaire aux ordres du roi.* — Chim. Se dit d'une substance minérale qui ne peut point se fondre, ou qui ne fond que très difficilement : *un minerai de fer très réfractaire.* — Substantiv. Législ. milit. Celui qui se soustrait à la loi du recrutement et refuse de se ranger sous les drapeaux : *poursuivre les réfractaires.*

* **RÉFRACTER** v. a. Phys. Causer la réfraction : *le prisme réfracte diversement les rayons de diverse couleur.* — Se réfracter v. pr. *Des rayons lumineux qui se réfractent.*

RÉFRACTEUR s. m. Sorte de lunette astronomique.

* **RÉFRACTIF, IVE** adj. Phys. Qui cause, qui produit la réfraction : *pouvoir réfractif.*

* **RÉFRACTION** s. f. Physiq. Changement de direction qui se fait dans un rayon de lumière, lorsqu'il passe obliquement d'un milieu dans un autre : *un bâton, plongé en partie dans l'eau, paraît rompu à cause de la réfraction.* (Voy. LUMIÈRE.)

RÉFRACTOIRE adj. Qui a rapport à la réfraction.

* **REFRAIN** s. m. Un ou plusieurs mots qui se répètent à la fin de chaque couplet d'une chanson, d'une ballade, d'un rondeau, etc. : *le refrain de cette chanson est fort agréable.* — Fig. et fam. Ce qu'une personne ramène toujours dans ses discours : *son refrain, c'est toujours de l'argent.* On dit prov., dans le même sens, C'EST LE REFRAIN DE LA BALLADE. — Mar. Retour des houles ou grosses vagues qui viennent se briser contre les roches. (Peu us.)

RÉFRANGER v. a. (rad. lat. *frangere,* briser). Phys. Dévier, briser par réfraction.

* **RÉFRANGIBILITÉ** s. f. Phys. Propriété dont jouissent les rayons lumineux de s'éloigner ou de s'écarter de la perpendiculaire au

point d'immersion, quand ils tombent obliquement d'un milieu diaphane dans un autre de densité différente : *la différente réfrangibilité des rayons.*

* **RÉFRANGIBLE** adj. Phys. Qui est susceptible de réfraction : *les rayons violets sont les plus réfrangibles.*

* **REFRAPPER** v. a. Frapper de nouveau : *refrappez à cette porte, on n'a pas entendu votre premier coup.*

REFRÈNEMENT s. m. Action de refréner.

* **REFRÉNER** v. a. Réprimer. Ne s'emploie que figurément et au sens moral : *refréner ses passions.*

* **RÉFRIGÉRANT, ANTE** adj. Chim. Se dit de ce qui sert à produire un refroidissement considérable : *faire un mélange réfrigérant avec de la glace pilée, de l'acide nitrique,* etc. — Méd. Se dit de ce qui est rafraîchissant : *potion réfrigérante.* — s. m. *L'orgeat est un bon réfrigérant.*

* **RÉFRIGÉRANT** s. m. Chim. Vaisseau que l'on remplit d'eau, et avec lequel on couvre la partie supérieure d'un alambic, pour refroidir et condenser les vapeurs que le feu y a fait monter.

RÉFRIGÉRATEUR s. m. Appareil au moyen duquel différents produits, le plus souvent des viandes et des boissons, sont maintenus frais ou à une température très basse. Le réfrigérateur ordinaire pour les aliments a la forme d'une caisse contenant un compartiment pour la glace, et un ou plusieurs compartiments pour les aliments. Le premier soin à prendre dans la construction d'un réfrigérateur, c'est de rendre l'air qui sera en contact avec les objets à conserver aussi sec que possible, et par conséquent de mettre ces articles absolument à l'abri de l'humidité venant de la glace. Dans une atmosphère sèche, comme celle des Andes ou des côtes de la Californie, la viande se conserve sans glace.

* **RÉFRIGÉRATIF, IVE** adj. Méd. Qui a la propriété de rafraîchir : *potion réfrigérative.* — s. m. *Employer un réfrigératif.*

* **RÉFRIGÉRATION** s. f. Chim. Refroidissement : *la distillation se fait par exhalation et réfrigération.*

RÉFRIGÉRER v. a. (rad. lat. *frigus,* froid). Phys. Refroidir, mettre à la réfrigération.

RÉFRINGENCE s. f. Phys. Propriété de réfracter la lumière.

* **RÉFRINGENT, ENTE** adj. (rad. lat. *frangens,* brisant). Phys. Qui a la propriété de changer la direction des rayons de la lumière, lorsqu'ils passent obliquement : *milieu réfringent.*

* **REFROGNEMENT** ou **Renfrognement** s. m. (gn. mill.) (rad. lat. *frons,* front). Action de se refrogner : *le refrognement de son visage marque qu'il n'est pas de bonne humeur.*

REFROGNER (Se) ou **Renfrogner** (Se) v. pr. Contracter la peau de son visage, de son front, de manière à y former des plis, des rides qui donnent l'air du mécontentement, du chagrin : *à l'abord de certaines personnes, il se refrogne.* On dit de même, SE REFROGNER, SE RENFROGNER LE VISAGE.

* **REFROIDIR** v. a. Rendre froid : *le vent, la pluie a refroidi l'air.* — Diminuer l'ardeur, l'activité, etc. : *il avait bien de l'ardeur pour cette affaire, mais ce qui est arrivé l'a beaucoup refroidi.* — v. n. Devenir froid : *laissez refroidir ce bouillon.* — Se refroidir v. pr. *il s'était échauffé, il s'est refroidi.*

* **REFROIDISSEMENT** s. m. Diminution de chaleur : *ce refroidissement de l'air, du temps pourrait nous amener de la gelée.* — Diminution dans l'amour, dans l'amitié, dans les

passions : *il y a du refroidissement dans leur amitié.* — Indisposition causée par un froid subit, dans un moment où l'on avait chaud, où l'on transpirait : *ce que j'ai est à peine un rhume, c'est un petit refroidissement.* — Particul. Maladie du cheval, provenant du passage subit d'une action vive et forcée, à une action lente et tardive, ou à un repos entier dans un temps froid; ou bien de la trop grande fraîcheur d'une boisson prise au moment où le cheval avait chaud : *ce n'est qu'un refroidissement, n'en soyez point en peine.*

REFROIDISSEUR s. m. Appareil de ventilation qui empêche les meules d'un moulin de s'échauffer outre mesure.

* REFUGE s. m. (lat. *refugium*), Asile, retraite, lieu où l'on se sauve pour être en sûreté : *les Israélites avaient des villes de refuge.* — MAISON DE REFUGE, ou simpl., REFUGE, nom de certaines maisons d'asile pour les indigents, et quelquefois de correction pour les femmes qu'on veut retirer du désordre. — Se dit, fig., des personnes dont on attend, dont on implore la protection, le secours : *vous êtes mon refuge.* — Se dit quelquefois des choses : *vous avez contre lui le refuge de la loi.* — Fig. Prétexte, raison apparente sous laquelle l'erreur ou la mauvaise foi cherche à se mettre à couvert : *quel misérable refuge que ce prétexte!*

* RÉFUGIER, ÉE s. *Un pauvre réfugié.* — Absol. LES RÉFUGIÉS, les calvinistes que la révocation de l'édit de Nantes fit sortir de France. — Adjectiv. STYLE RÉFUGIÉ, style des écrivains protestants qui, étant sortis du royaume, ont ignoré les changements introduits par l'usage dans la langue française.

* RÉFUGIER (Se) v. pr. Se retirer en quelque lieu ou auprès de quelqu'un pour être en sûreté : *il s'est réfugié dans une église.* — Fig. L'homme vertueux, accusé par le monde, *se réfugie dans sa conscience.*

* REFUIR v. n. Vén. Se dit du cerf ou autre animal qui, lorsqu'il est poursuivi, revient sur ses pas, afin de donner le change.

* REFUITE s. f. Vén. Endroit où une bête a coutume de passer lorsqu'on la chasse : *il y a tant de refuites dans cette forêt.* — Se dit aussi des ruses d'une bête qu'on chasse : *un cerf qui use de refuites.* — Se dit, fig., des retardements affectés d'une personne qui ne veut point terminer une affaire : *il élude le jugement du procès par des refuites continuelles.* (Peu us. en ce sens.)

* REFUS s. m. Action de refuser : *s'attirer un refus.* — Fam. CELA N'EST PAS A VOTRE REFUS, ce n'est pas une chose qu'on vous offre, et il ne dépend pas de vous de l'accepter ou de la refuser. — AVOIR UNE CHOSE AU REFUS DE QUELQU'UN, ne l'avoir qu'après qu'un autre l'a refusée, et FAIRE UNE CHOSE AU REFUS DE QUELQU'UN, la faire après qu'un autre a refusé de s'en charger. — Fam. CELA N'EST PAS DE REFUS, je ne refuse pas, j'accepte volontiers ce que vous m'offrez : *ce qu'un autre a refusé : je ne veux point du refus d'un autre.* — Chasse. UN CERF DE REFUS, un cerf de trois ans. — Enfoncer, BATTRE UN PIEU JUSQU'A REFUS DU MOUTON, jusqu'à ce que le mouton ne puisse l'enfoncer davantage. On dit de même, CE PIEU EST AU REFUS.

* REFUSER v. a. Rejeter une offre, ne pas accepter ce qui est offert : *il m'offrait sa bourse, j'ai refusé de m'en servir.* — Absol. et prov. TEL REFUSE, QUI APRÈS MUSE, ou, QUI REFUSE, MUSE, souvent on se repent d'avoir refusé ce qui était offert. — Rejeter une demande, ne pas accorder ce qui est demandé; ne vouloir pas faire ce qui est exigé, prescrit, ordonné : *on lui a refusé la grâce qu'il demandait.* — S'emploie, absol., dans la même acception : *il refuse si poliment, qu'on ne peut en être offensé.* — REFUSER LA PORTE A QUELQU'UN, ne pas lui permettre l'entrée de quelque lieu,

de quelque maison, etc. : *il s'est présenté pour entrer au bal, on lui a refusé la porte.* — Man. CE CHEVAL REFUSE, il ne peut pas ou ne veut pas obéir. — Mar. LE VENT REFUSE, le vent devient contraire. — Se dit quelquefois des personnes auxquelles on refuse, ou dont on ne veut pas : *cet homme refuse ses meilleurs amis, quelque chose qu'ils lui demandent.* — REFUSER UNE FILLE EN MARIAGE, ne pas vouloir donner sa fille en mariage à quelqu'un qui la demande. Se dit aussi de celui qui ne veut pas épouser une fille qui lui est offerte en mariage. On dit également, CET HOMME A REFUSÉ UN BON PARTI; CETTE FILLE A REFUSÉ UN PARTI AVANTAGEUX; ON LUI A REFUSÉ LA MAIN DE CETTE JEUNE PERSONNE.—Fig. Ne pas donner : *la nature lui a refusé la beauté.* — L'ENNEMI REFUSAIT SA DROITE, l'ennemi évitait d'engager sa droite. — Se refuser v. pr. — SE REFUSER (refuser à soi) UNE CHOSE, s'en priver, ne pas se la permettre : *c'est un avare qui se refuse le nécessaire.* — SE REFUSER (refuser soi) A UNE CHOSE, ne pas vouloir la faire : *il se refuse à travailler.* On dit de même, fam., IL NE REFUSE A RIEN. — SE REFUSER A UNE CHOSE, ne pas s'y livrer, ne pas s'y rendre, y résister : *il se refuse aux plaisirs les plus innocents.* — LE TEMPS SE REFUSE A CELA, LES CIRCONSTANCES S'Y REFUSENT, le temps, les circonstances ne le permettent pas. On dit de même, LA FORTUNE SE REFUSE A UNE SI GRANDE DÉPENSE.

REFUSION s. f. (lat. *refusio*). Anc. prat. Ne s'employait dans aucune autre phrase, REFUSION DE DÉPENS, action de rembourser les frais d'un défaut faute de comparoir, afin d'y être reçu opposant.

* RÉFUTABLE adj. Qui peut être réfuté : *il n'avança que des opinions fort réfutables.*

RÉFUTATEUR, TRICE s. Qui réfute.

* RÉFUTATION s. f. Discours ou écrit par lequel on réfute : *la réfutation d'un livre, d'un argument, d'un raisonnement, d'une proposition, d'une maxime.* — Fig. SA CONDUITE EST LA MEILLEURE RÉFUTATION DE CETTE CALOMNIE, sa conduite suffit pour montrer la fausseté de cette calomnie. — Rhét. Partie du discours par laquelle on répond aux objections : *la confirmation précède la réfutation.*

RÉFUTATOIRE adj. Qui a le caractère d'une réfutation.

* RÉFUTER v. a. Combattre, détruire par des raisons solides ce qu'un autre a avancé, prouver que ce qu'un adversaire a dit est mal fondé ou n'est pas vrai : *réfuter un argument, une proposition, une opinion.* — RÉFUTER UN LIVRE, RÉFUTER UN AUTEUR, combattre ce qui a été avancé dans un livre, ce qu'un auteur a proposé, soutenu.

* REGAGNER v. a. Gagner ce qu'on avait perdu : *regagner son argent.* — Fig. Regagner l'amitié, l'affection, l'estime, la confiance, les bonnes grâces de quelqu'un. — REGAGNER QUELQU'UN, se remettre bien avec quelqu'un, ou le ramener à des intérêts qu'il avait abandonnés, qu'il avait quitté. — Guerre. REGAGNER UN OUVRAGE DE FORTIFICATION, le reprendre sur l'ennemi après l'avoir perdu; les assiégés regagnent le chemin couvert. — REGAGNER DU TERRAIN, repousser l'ennemi, après avoir été forcé par lui de reculer. On dit dans le même sens, REGAGNER LE DESSUS, reprendre le dessus; et REGAGNER L'AVANTAGE, recouvrer l'avantage qu'on avait perdu. — Mar. REGAGNER LE DESSUS DU VENT, ou REGAGNER LE VENT SUR UN VAISSEAU, SUR L'ENNEMI, reprendre l'avantage du vent. — REGAGNER LE DESSUS DU VENT, rétablir ses affaires, sa fortune, son crédit. — Rejoindre, ratteindre; retourner, rentrer dans un lieu : *la tempête nous a forcés de regagner le port.*

* REGAILLARDIR. Voy. RAGAILLARDIR.

* REGAIN s. m. Herbe qui revient dans les prés après qu'ils ont été fauchés : *ce n'est pas*

du premier foin, *ce n'est que du regain.* — Fig. et fam. Fraîcheur et embonpoint qui viennent quelquefois aux femmes, après qu'elles ont passé leur temps critique : *cette femme, quoique sur le retour, a repris de la fraîcheur et de l'embonpoint; c'est son regain.* On dit à peu près dans le même sens, UN REGAIN DE JEUNESSE.

* RÉGAL, ALS s. m. Festin, grand repas : *on leur fit un régal magnifique.* — C'EST UN RÉGAL POUR MOI, se dit d'un mets que l'on aime beaucoup. — C'EST UN RÉGAL POUR MOI, JE ME FAIS UN RÉGAL DE LE VOIR, c'est un grand plaisir pour moi.

* RÉGALADE s. f. Manière de boire en portant la tête en arrière, et en versant la boisson dans la bouche, sans que le vase touche les lèvres : *boire à la régalade.* — Se dit aussi d'un feu vif et clair qu'on allume pour réchauffer promptement des personnes qui arrivent : *faire une bonne régalade.* (Fam. dans les deux acceptions.)

RÉGALAGE s. m. Action de donner aux terres d'un remblai la saillie ou la pente qu'elles doivent avoir.

* RÉGALANT, ANTE adj. Amusant, réjouissant, divertissant. Il est familier et ne s'emploie guère qu'avec la négation ou dans un sens ironique : *j'invite dix personnes à dîner, il ne m'en vient que six; cela n'est pas régalant, cela n'est-il pas bien régalant?*

* RÉGALE s. m. Mus. Un des jeux de l'orgue, dont les tuyaux ont des anches.

* RÉGALE s. f. (lat. *regalis*, royal). Droit que le roi avait de percevoir les fruits des évêchés vacants, des abbayes vacantes, et de pourvoir pendant ce temps-là aux bénéfices qui étaient à la collation de l'évêque : *la régale donna lieu à de grands débats entre Louis XIV et le pape Innocent XI.* — BÉNÉFICE VACANT EN RÉGALE, celui qui se trouvait vacant pendant la vacance de l'évêché, de l'abbaye dont il dépendait. ÊTRE POURVU EN RÉGALE, obtenir des provisions pour un bénéfice vacant en régale. — Hist. « La régale était le droit réservé aux rois de France de percevoir les revenus des évêchés vacants. Ce droit s'exerçait depuis la mort, la démission ou la translation des titulaires, jusqu'à ce que les promus eussent prêté le serment de fidélité qu'ils devaient au roi, et qu'après avoir fait enregistrer l'acte de prestation de serment à la chambre des comptes, ils eussent fait signifier cet enregistrement aux commissaires chargés de la gérance temporaire des revenus de l'évêché. Le droit de régale fut reconnu pour la première fois par les évêques réunis au concile d'Orléans, sous Clovis, en 541. Il était appliqué non seulement pendant la vacance effective des évêchés ou archevêchés, mais aussi lorsque les évêques étaient convaincus de félonie, lorsqu'ils étaient promus au cardinalat. On pensait qu'un évêque devenu cardinal cessait d'être évêque français et qu'après avoir fait un nouveau serment au pape, il devait faire un nouveau serment de fidélité au roi, après sa promotion et avant de jouir de nouveau des bénéfices de son évêché. La régale donnait aussi au roi la faculté de conférer les bénéfices qui devenaient vacants et qui eussent été à la disposition de l'évêque, à l'exception des cures qui étaient conférées par le chapitre. Aujourd'hui, le droit de régale s'exerce au profit de l'État sur les revenus des menses épiscopales, pendant la vacance des évêchés. » (CH. Y.)

* RÉGALE adj. f. N'est usité que dans cette locution, EAU RÉGALE, liqueur produite par la combinaison de l'acide nitrique et de l'acide muriatique, et dont les chimistes se servent pour dissoudre l'or et le platine.

* RÉGALEMENT s. m. Travail qui se fait pour dresser et aplanir la surface d'un terrain : *le régalement du terrain.*

* **RÉGALER** v. a. Faire un régal, donner un régal : *c'est un homme qui régale bien ses amis.* — Se dit, par ext., en parlant des choses qu'on fait pour réjouir ses amis, pour les divertir : *il nous a régalés d'une jolie historiette qu'il nous a lue.* — Se prend quelquefois en mauvaise part, et signifie maltraiter : *on le régala de vingt coups de bâton.* (Fam. dans ces deux derniers sens.) — **Se régaler** v. pr. Prendre beaucoup de plaisir à manger ou à boire quelque chose.

* **RÉGALER** v. a. Dresser, aplanir un terrain, après avoir enlevé ou rapporté des terres : *il faut régaler les terres après le remblai.*

RÉGALIA s. m. Sorte de cigare très estimé : *fumer des régalias.*

* **RÉGALIEN** adj. m. (lat. *regalis*, royal). N'est usité que dans cette locution, Droit régalien, droit attaché à la souveraineté : *le droit de battre monnaie est un droit régalien.*

* **RÉGALISTE** s. m. (lat. *regalis*, royal). Celui qui était pourvu par le roi d'un bénéfice vacant en régale : *il y eut dispute pour ce bénéfice entre le régaliste et le pourvu en cour de Rome.*

* **REGARD** s. m. Action de la vue, action par laquelle on regarde : *il n'a pas daigné m'honorer d'un regard.*

Les traits que Jupiter lance du haut des cieux
N'ont rien de plus terrible
Qu'un regard de mes yeux.
QUINAULT.

— Pop. Avoir un regard, se dit des femmes qui, pendant leur grossesse, ont été frappées de quelque objet extraordinaire, et qui mettent au monde des enfants marqués de quelque signe qu'on attribue à cette cause.—Fig. Attention : dans cette acception, on ne l'emploie guère qu'au plur. : *cette belle action mérite d'arrêter les regards de tous les gens de bien.*— Peint. Se dit de deux portraits de même grandeur, ou à peu près qui sont peints de telle manière, que les deux figures qui y sont représentées se regardent l'une l'autre : *il a dans son cabinet un regard d'un Christ et d'une Vierge que les connaisseurs estiment fort ; le mari et la femme, le frère et la sœur se sont fait peindre en regard.* Cette dernière phrase se dit aussi en parlant de deux personnes qui sont peintes dans le même tableau, et qui se regardent. — Ouverture maçonnée, pratiquée pour faciliter la visite d'un aqueduc, d'un conduit, etc., et où sont quelquefois établis des robinets servant à la distribution des eaux : *d'espace en espace, il y a des regards.* — En regard loc. adv. Vis-à-vis. Cette locution ne s'emploie guère qu'en parlant d'un ouvrage traduit, dans lequel la traduction se trouve à côté du texte : *une traduction avec le texte en regard.* — Au regard loc. adv. Par rapport, en comparaison : *il est pauvre au regard d'un tel.* (Vieux.)

REGARDABLE adj. Qui peut être regardé.

* **REGARDANT** s. m. Celui qui regarde. Pop. *Il n'y a pas tant de marchands à la foire que de regardants.* — Adj. Qui regarde de trop près à quelque chose, qui est trop exact, trop ménager : *il ne faut pas être si regardant.* (Fam.)

* **REGARDER** v. a. (préf. re ; franç. garder). Jeter la vue sur quelque chose, porter ses regards sur quelque chose : *regarder le ciel ; une femme demandant à un homme pourquoi il la considérait si attentivement : « Je vous regarde, madame, répondit-il, je ne vous considère pas. »* — Il n'oserait le regarder en face, ou, fam., entre deux yeux, se dit d'un homme qui en craint un autre. — Regarder de près, avoir la vue basse. — Regarder quelqu'un sous le nez, le regarder au visage de très près, avec affectation : *il prétendait qu'on l'avait regardé sous le nez et s'en offensa.* — Je ne veux pas seulement le regarder, se dit en

parlant de quelqu'un qu'on méprise et qu'on ne veut pas voir. — Se faire regarder, se donner en spectacle. — Un certain regardé bien un évêque, on ne doit pas s'offenser d'être regardé par un inférieur. — Regarder quelqu'un de haut en bas, du haut en bas, de travers, de côté, de mauvais œil, le regarder avec mépris, avec dédain, lui témoigner du mépris. — Regarder quelqu'un favorablement, le regarder de bon œil, etc. témoigner à quelqu'un qu'on a de la bienveillance pour lui. — Regarder quelqu'un en pitié, le regarder avec des sentiments de compassion. Regarder en pitié, signifie aussi, regarder avec mépris, avec dédain. — Dieu l'a regardé en pitié, l'a regardé avec des yeux de miséricorde, se dit en parlant d'un homme qui était dans l'affliction, et à qui il est arrivé quelque chose d'heureux. — Se dit aussi des choses, et signifie fig., avoir vis-à-vis, à l'opposite : *cette maison regarde l'orient.* — Cette maison, cette fenêtre, cette galerie regarde sur la rivière, sur le jardin, etc., de cette maison, de cette fenêtre, de cette galerie, on voit la rivière, le jardin, etc. — Considérer examiner avec attention : *quand je regarde telle chose.* — Estimer, juger, réputer ; et, en ce sens, il se joint avec l'adverbe Comme : *on le regarde dans le monde comme un homme de bien.* — Concerner : *faites tout ce qu'il vous plaira, cela ne me regarde point.*

Madame, cet arrêt ne vous regarde pas.
J. Racine, La Thébaïde, acte II, sc. II.

— Cette succession, cette charge lui regarde, elle doit lui venir, ou il peut y prétendre. (Vieux.) — Regarder à v. n. Prendre garde, faire attention à quelque chose : *regardez bien à ce que vous allez dire, regardez-y bien.* — Y regarder à deux fois, réfléchir, prendre garde à ce que l'on va faire : *avant d'agir de la sorte, il faut y regarder à deux fois.* — Il ne faut pas y regarder après lui, il ne faut pas regarder après lui, se dit en parlant d'un homme fidèle, exact, d'une probité reconnue, qu'il regarde l'argent exquis. — Regarder de près, de trop près à toutes choses, être exact, trop exact, prendre garde aux moindres choses : *on ne me trompera pas, j'y regarderai de près.* — C'est un homme avec lequel il n'y faut pas regarder de si près, se dit d'un homme sujet à faire des fautes, qui a souvent besoin d'indulgence, et dont il ne faut pas examiner la conduite trop sévèrement. — Se regarder v. pr. : *cette femme passe les jours entiers à se regarder dans son miroir, ou simpl., à se regarder.* — Les deux armées ont été longtemps à se regarder avant que de combattre, elles ont été longtemps en présence sans s'attaquer. — Se considérer comme : *il se regarde comme appelé à de hautes destinées.*

* **REGARNIR** v. a. Garnir de nouveau : *regarnir un bois.*

* **RÉGATE** s. f. (ital. *regatta*). Joute nautique, course d'embarcations qui se disputent le prix de la vitesse.

* **REGAZONNEMENT** s. m. Action de regazonner : *on a proposé comme remède aux inondations le reboisement et le regazonnement des montagnes.*

* **REGAZONNER** v. a. Revêtir de gazon un terrain qui en avait été couvert précédemment et qui s'était dénudé : *marquer sur un plan les terrains à regazonner.*

* **REGEL** s. m. Gelée nouvelle qui survient après un dégel.

* **REGELER** v. a. Geler de nouveau : *le froid de cette nuit a regelé l'eau du bassin.* — v. n. *Depuis deux jours il regèle.*

* **RÉGENCE** s. f. Dignité qui donne pouvoir et autorité de gouverner un État pendant la minorité ou l'absence du souverain : *saint Louis, à son premier voyage d'outre-mer, laissa,*

confia la régence du royaume à la reine Blanche, sa mère. — Temps que la régence dure : *au commencement de la régence.* — Gouvernement de certaines villes, de certains petits États : *la régence d'Alger, de Tunis, de Tripoli.* — Par ext. Territoire qu'administre, que gouverne une régence : on l'emploie surtout en parlant des régences d'Afrique : *les villes de la régence.* — Exercice des fonctions de régent, dans un collège : *pendant le temps de sa régence.* (Vieux.)

* **RÉGÉNÉRATEUR, TRICE** s. Celui, celle qui régénère : *Lycurgue fut le régénérateur des mœurs à Lacédémone.* — Adjectiv. *Principe régénérateur.*

RÉGÉNÉRATIF, IVE adj. Qui a la propriété de régénérer.

* **RÉGÉNÉRATION** s. f. Reproduction : *la régénération des chairs.* — La régénération d'un métal, la reproduction d'un métal sous sa première forme. — Fig. Réformation, amélioration, renouvellement : *la régénération des mœurs.*— Se dit aussi, fig., en parlant du baptême, et signifie, renaissance : *la régénération en Jésus-Christ.*

* **RÉGÉNÉRER** v. a. (lat. *regenerare*). Engendrer de nouveau, donner une nouvelle naissance. N'est guère d'usage qu'au figuré. On dit en matière de religion : *le baptême nous régénère en Jésus-Christ.* — Réformer, améliorer, renouveler : *régénérer les mœurs.* — Se régénérer v. pr. Les mœurs s'étaient régénérées. — Se reproduire : *ce caustique empêche les chairs de se régénérer.*

* **RÉGENT, ENTE** adj. (lat. *regens*). Qui régit, qui gouverne l'État pendant la minorité ou l'absence du souverain : *la reine régente.* — s. *Le régent du royaume.* — Titre donné à ceux qui enseignaient dans un collège : *régent de philosophie, de rhétorique.* — Docteur régent, titre qu'on donnait autrefois aux docteurs professeurs en théologie, en droit, en médecine : *docteur régent de la faculté de médecine de Paris.* — Régent de la banque de France, titre de chacun des membres qui composent le conseil général de la Banque. — Le régent, diamant de la couronne de France qui fut acheté par le régent Philippe d'Orléans. (Voy. Diamant.)

RÉGENTATION s. f. Action de régenter.

* **RÉGENTER** v. n. (lat. *regens*). Enseigner en qualité de régent, professer : *il s'est retiré parce qu'il était las de régenter.* — v. a. Régenter la sixième ; quelle classe a-t-il régentée ? Dans ces deux acceptions, il a vieilli, et ne se dit plus guère que fam. ou par plaisanterie. — Se dit, fig., de ceux qui aiment à dominer, et qui veulent toujours que leurs avis prévalent. Dans cette acception, il s'emploie également comme neutre et comme actif : *c'est un homme qui veut régenter partout ; il régente tous ses confrères.*

RÉGENTEUR s. m. Celui qui régente, qui se mêle de régenter.

REGENT'S PARK [ri-djènt-spàrk], le plus grand parc de Londres, au N. de Hyde-Park.

REGGIO (Reggio nell' Emilia) [redd-'jio], I, province du N. de l'Italie ; 2,272 kil. carr. ; 240,635 hab. Les principaux cours d'eau sont le Pô, sur la limite N.-O., et son affluent, l'Enza. Il y a, au S., des montagnes stériles, mais les parties basses les vallées sont très fertiles. La plus grande partie de la province formait autrefois un duché, longtemps possédé par la maison d'Este. — II, capitale de cette province (anc. *Regium Lepidi*), à 25 kil. O.-N.-O. de Modène ; 19,431 hab. C'est le siège d'un évêché, et elle possède une belle cathédrale. Les principaux articles de commerce sont : le vin, la soie, le fromage et le lin. La ville a été détruite par les Goths en 409 et rebâtie par Charlemagne.

REGGIO DI CALABRIA. I, appelée aussi Calabria Ulteriore I; province qui forme l'extrémité méridionale de l'Italie; 3,924 kil. carr.; 353,608 hab. Elle est traversée par un grand nombre de montagnes et de petits cours d'eau, abonde en bois de construction, et produit de l'huile, de la soie et des minéraux. — II, ville capitale de cette province (anc. *Rhegium*), sur le détroit de Messine et à 14 kil. S.-E. de la ville de ce nom; 20,855 hab. C'est le siège d'un archevêché; elle a une belle cathédrale et des fabriques de soie, de toile et de poteries. Sa baie présente le phénomène de mirage connu sous le nom de *Fata Morgana.* — L'ancienne Rhegium était une cité importante de la Grande Grèce. En 388 av. J.-C., Denys l'Ancien l'assiégea, et l'obligea à se rendre au bout de onze mois. Son héroïque défenseur Phyton et sa famille furent mis à mort, et les habitants vendus comme esclaves. En 271 les Romains s'emparèrent de la ville après un long siège. Elle fut prise ensuite par Totila en 549, par les Sarrasins en 918, par Robert Guiscard en 1060 et par Pierre III d'Aragon en 1283; pendant le xvie siècle, les Turcs la saccagèrent trois fois. Elle fut presque entièrement détruite par le tremblement de terre de 1783; rebâtie sur un plan plus élégant et plus étendu, elle a été encore fort endommagée par un autre tremblement de terre en 1841.

* **RÉGICIDE** s. m. (lat. *rex, regis*, roi ; *cædes*, meurtre). Assassinat d'un roi ; se dit aussi de celui qui commet cet assassinat. — Mise à mort d'un roi : *l'exécution de Charles Ier et celle de Louis XVI sont régicides.* Se dit également dans ce sens des auteurs de cette condamnation : *Charles II et Louis XVIII se vengèrent des régicides.* — Adjectiv. *Doctrine régicide.* — Encycl. Régicide, tyrannicide sont deux mots que l'on trouve employés d'une manière synonyme dans les auteurs de l'antiquité et dans ceux des temps modernes; et en effet, tous les régicides se crurent des tyrannicides; les deux Brutus, Henri de Transtamarre (meurtrier de Pierre le Cruel), Elisabeth (qui fit décapiter Marie Stuart), ne se considéraient pas comme des assassins, non plus qu'Armodius et Aristogiton. Nous pourrions en citer des centaines d'autres, qui furent glorifiés ou condamnés par l'histoire, suivant les circonstances. Le jésuite espagnol Pierre Ribadeneira fut le premier écrivain qui osa exalter ce genre de meurtre (à la suite du crime commis par Jacques Clément sur la personne de Henri III). Presque en même temps, le pape Sixte prononçait, en plein consistoire, le 11 sept. 1589, une harangue dans laquelle il comparait l'acte de Jacques Clément aux exploits de Judith. Le jésuite Guignard fut pendu, pour avoir soutenu des doctrines identiques. Parmi les nombreux jésuites qui se firent, à la même époque, les apologistes du régicide, nous ne citerons que Mariana. (Voy. ce mot.) Il est bien certain que Ravaillac, le plus exécré des régicides, ne fit que mettre en action les théories dont il avait été imbu dans les écoles religieuses, où l'on représentait Jacques Clément et Jean Chatel comme des martyrs de la foi. Damiens paraît avoir obéi à des motifs du même genre. — On donne aussi le nom de régicides aux conventionnels qui votèrent la mort de Louis XVI, comme on l'avait donné en Angleterre, après la Restauration, aux membres du parlement qui avaient poussé Charles Ier à l'échafaud. Il serait difficile d'établir le moindre rapport entre ces deux exécutions; nous remarquerons seulement que, dans les deux pays, le parti des jésuites s'acharna contre les prétendus régicides ou contre leur mémoire.—Il serait difficile de donner la liste complète des fanatiques qui ont attenté à la vie des souverains ou des chefs d'État, considérés par eux comme des tyrans : nous donnerons seulement les noms

des principaux : *Damiens* (voy. ce mot, voy. aussi Louvel); *Stapps* (voy. Napoléon Ier, 13 oct. 1809); *Bergeron* et *Benoit*, accusés d'avoir attenté à la vie de Louis-Philippe : acquittés le 18 mars 1833; *Fieschi*, dont la machine infernale éclata le 28 juillet 1835. (Voy. Fieschi). Quelques mois après son exécution, Louis *Alibaud* tira sur le roi, qui venait de sortir des Tuileries (voy. Alibaud); Louis-Philippe, se rendant à l'ouverture des Chambres, faillit être victime de *Meunier*, le 27 déc. 1836. L'insuccès de tant de conspirateurs n'arrêta pas la main de *Darmès* (15 oct. 1840), ni celle de *Lecomte*, à Fontainebleau (16 avril 1846). Le septième attentat à la vie de Louis-Philippe fut celui de Joseph *Henri* (29 juillet 1846). — Les millions de suffrages obtenus par Napoléon ne pouvaient qu'exaspérer la haine de ses ennemis; il n'est peut-être pas de souverain qui se soit entouré d'autant de précautions, soit par les gardes armés qui l'accompagnaient dans les occasions solennelles, soit par les nombreux agents secrets qui le suivaient dans ses moindres promenades. Dès le 1er juillet 1852, la police découvrit un complot contre sa vie; le 23 sept. de la même année, elle saisit à Marseille une machine infernale destinée à le faire sauter pendant son passage dans cette ville. En nov. 1853, on arrêta un certain nombre de conspirateurs, dont 10 furent condamnés à la transportation perpétuelle. La tentative de *Pianori* (28 avril 1855) fut presque aussitôt suivie de celle de *Bellemarre* (8 sept.). Le 11 juillet 1857, la police déjoua une nouvelle conspiration, et *Grilli, Bartolotti* et *Tibaldi*, convaincus d'avoir voulu attenter à la vie de l'empereur, furent condamnés à la transportation (6-7 août). C'était le commencement de la série italienne, qui se continua par l'attentat d'*Orsini*, le 14 janv. 1858 (Voy. Orsini), suivi de l'odieuse loi de sûreté générale appliquée aux Français (18 fév.) et de la conspiration de *Grèco* et autres (3 janv. 1864). Au moment du plébiscite de 1870, la police découvrit, avec une admirable opportunité, la conspiration régicide de *Baurie* (mai 1870); elle en découvrit une autre le 5 juillet, à la veille de la guerre d'Allemagne; et, le jour où se répandit la nouvelle de nos premiers désastres, on apprit que la cour de Blois, insensible aux bruits extérieurs, avait condamné les conspirateurs à un long emprisonnement (sept. 1870). — On peut aussi considérer comme régicides l'assassin de Lincoln et celui de Garfield (voy. ces mots), aussi bien que ceux de l'empereur de Russie, Alexandre II.

* **RÉGIE** s. f. Administration de biens à la charge de rendre compte : *on a mis cette succession, ces biens en régie.* — Mettre des travaux publics en régie, se dit quand l'État fait exécuter des travaux à son compte sous la surveillance d'un de ses agents. — Mettre un théâtre en régie, le faire administrer par l'État ou par la liste civile du souverain. — Se dit, particul., des administrations chargées de la perception des impôts indirects, ou de certains services publics : *la régie des tabacs.* — Régie intéressée, celle où le régisseur a une part des produits.

RÉGILLE (Lac), petite nappe d'eau du Latium, que l'on croit généralement aujourd'hui être identique au lac de Cornufelle, à environ 15 kil. S.-E. de Rome, près de Frascati (l'ancien Tusculum), et qui a été desséché au xvie siècle. C'est là que vers 498 av. J.-C., d'après les légendes romaines, Tarquin le Superbe livra bataille aux Romains commandés par le dictateur Albinus Postumius; il fut blessé, complètement battu, et s'enfuit seul du champ de bataille. On attribua la victoire des Romains à l'apparition soudaine de Castor et de Pollux qui vinrent se mettre à la tête de leur cavalerie.

REGIMBEMENT s. m. Action de regimber.

* **REGIMBER** v. n. Ne se dit au propre que des bêtes de monture, comme chevaux, mulets, etc., qui ruent au lieu d'avancer, lorsqu'on les touche de l'éperon, de la houssine ou du fouet : *quand on donne de l'éperon à ce cheval, il regimbe.* — Regimber contre l'éperon, ou simpl., Regimber, se dit d'un inférieur qui résiste à son supérieur, et qui refuse de lui obéir.

* **RÉGIME** s. m. (lat. *regimen*). Ordre, règle dans la manière de vivre, par rapport à la santé : *il observe un régime bien incommode.*

> Quiconque jouit trop est bientôt dégoûté ;
> Il faut au bonheur du régime.
> Florian.

— Absol. Manière de vivre où l'on s'observe beaucoup sur la qualité et la quantité des aliments et des boissons : *se mettre au régime.*

> Il vivait de régime et mangeait à ses heures.
> La Fontaine.

On dit de même, Il vit d'un grand régime. — Manière de gouverner, d'administrer les États : *ils vivaient sous un régime paternel.* — Le régime féodal, l'organisation, la constitution féodale. — Le régime représentatif, celui où la nation concourt, par ses représentants, à l'exercice de la puissance législative. — Le nouveau régime, la nouvelle forme de gouvernement ; et, L'ancien régime, l'ancienne forme. — Se dit, dans le même sens, en parlant de certains établissements publics et des maisons religieuses : *le régime des prisons, des hôpitaux a reçu de grandes améliorations.*—Jurisp. Régime dotal, l'ensemble des dispositions législatives qui régissent la société conjugale, lorsque la dot reste la propriété de la femme ; et, Régime communal ou de la communauté, l'ensemble de ces dispositions, lorsque les époux vivent en communauté : *se marier sous le régime dotal, sous le régime communal.* — Gramm. Mot qui dépend immédiatement d'un verbe ou d'une préposition, et qui en forme le complément. Dans cette phrase, Servir Dieu avec ferveur, Dieu est régime de servir, et ferveur est régime d'avec : *le régime du verbe actif est l'accusatif, dans les langues qui ont des cas.* — Régime direct, celui sur lequel tombe directement l'action du verbe, qui est l'objet immédiat de cette action ; et, Régime indirect, celui sur lequel cette action ne tombe pas directement. Dans ces phrases : *J'ai donné une bague à ma sœur; il a tiré son ami de peine,* les mots une bague, son ami, sont les régimes directs ; a ma sœur, de peine, sont les régimes indirects : *les verbes neutres n'ont point de régime direct.* On dit aussi quelquefois, Régime simple et Régime composé. (Voy. Complément.) — Bot. Ensemble de fruits formant une espèce de grappe à l'extrémité d'un rameau de palmier, de bananier, etc. : *il y a des régimes qui sont composés de soixante bananes.* — Géogr. Manière dont se fait l'écoulement d'une eau courante : *le régime d'une rivière.*

* **RÉGIMENT** s. m. (du lat. *regere*, diriger). Corps de gens de guerre, composé de plusieurs compagnies, et dont le chef s'appelle colonel : *régiment d'infanterie, de cavalerie, de dragons.* — Fig. et fam. Grand nombre, multitude : *il y a chez lui un régiment de valets.*

* **RÉGIMENTAIRE** adj. Ne s'emploie guère dans cette locution, École régimentaire, école formée dans un régiment pour enseigner aux soldats à lire, à écrire et à compter : *on vient d'établir plusieurs écoles régimentaires.*

REGINGLETTE s. f. Petit piège fait de baguettes de bois flexible :

> Quand regingiettes et roseaux
> Attraperont petits oiseaux...;—
> La Demanche.

REGIOMONTANUS (Johann MÜLLER) [regio-mon-ta-nuss], mathématicien allemand, né à Kœnigsberg en Franconie, en 1436, mort en 1476. Il succéda à son maître Purbach comme professeur de mathématiques à Vienne, en 1461. Plus tard, il professa l'astronomie à Padoue, et résida quelque temps à la cour de Matthias Corvin et à Nuremberg. En 1474, Sixte IV l'appela à Rome pour réformer le calendrier, et finalement le nomma à l'évêché de Ratisbonne. Il fut le premier qui publia en Europe un almanach astronomique; il perfectionna les connaissances en algèbre, introduisit les fractions décimales et fit faire de grands progrès à la trigonométrie.

* **RÉGION** s. f. (lat. *regio*). Grande étendue de pays : *la domination anglaise s'étend sur diverses régions.* — Se dit quelquefois, dans un sens analogue, en parlant de l'espace que présente le ciel : *les augures romains divisaient le ciel en plusieurs régions.* — Adm. fr. Étendue de territoire comprenant plusieurs départements : *la région du Nord.* — LA RÉGION DU BOIS, LA RÉGION DES NEIGES, se dit, dans les montagnes, des zones occupées par les bois, par les neiges. — Phys. Se dit de trois différentes hauteurs dans l'atmosphère; savoir : LA BASSE RÉGION, celle qui touche la terre et qui l'environne immédiatement; LA MOYENNE RÉGION, celle qu'on suppose commencer au-dessus des plus hautes montagnes; et, LA HAUTE RÉGION, ou LA RÉGION SUPÉRIEURE, celle qui s'étend par delà. On dit souvent encore. LES HAUTES RÉGIONS DE L'ATMOSPHÈRE. — Suivant les philosophes anciens, LA RÉGION DU FEU, LA RÉGION ÉTHÉRÉE, la partie de l'air la plus élevée. — Se dit, fig., en parlant de la philosophie, des sciences, etc., et sert à désigner le degré qu'on y occupe, le point où l'on s'y élève : *il s'élance dans les hautes régions de la philosophie.* — Anat. Certains espaces déterminés de la surface du corps ou de différents organes, par rapport aux parties voisines : *région épigastrique, hypogastrique, ombilicale, lombaire.*

* **RÉGIONAL, ALE, AUX** adj. Qui appartient à une région territoriale : *concours régional.*

* **RÉGIR** v. a.(lat.*regere*). Gouverner, diriger, conduire : *il est difficile de régir un grand peuple.* — Administrer, gérer : *ce ministre a bien régi les finances de l'État.* — Gramm. Se dit des verbes et des prépositions qui, signifie, avoir ou exiger pour régime, pour complément : *le mot que régit un verbe, une préposition.* Lorsqu'il s'agit de langues où les noms se déclinent, ON DIT, CE VERBE, CETTE PRÉPOSITION RÉGIT TEL CAS, c'est-à-dire, exige que son régime soit à tel cas : *le verbe actif régit l'accusatif.*

RÉGIS (Jean-Baptiste de) [ré-jiss], géographe français, né à Istres (Provence), vers 1665, mort en Chine vers 1737. Vers 1700, il alla, comme jésuite missionnaire, en Chine, et en 1709, il finit, pour l'empereur Hang-he, une carte de la grande muraille et des provinces adjacentes, mesurant quinze pieds. Il dressa ensuite des cartes d'autres régions, et releva à lui seul la carte du Yunnan. L'histoire de ses travaux est résumée en partie dans la préface de la *Description de la Chine,* de Du Halde (1735), ouvrage qui contient deux fragments des mémoires de Régis, l'un relatif à la Corée et l'autre au Thibet. Il a traduit en latin le *Yih-King,* avec d'abondantes notes et dissertations (édité par Julius Mohl, 1834, 2. vol.)

RÉGIS (saint François), jésuite, né à Fontcouverte, près de Narbonne, en 1597, mort à Louvesc en 1640. Il fut sa théologie à Toulouse, y fut ordonné prêtre en 1632 et parcourut, comme prédicateur, le midi de la France. Fête le 16 juin.

REGIS AD EXEMPLAR loc. lat. qui signifie: À *l'exemple du souverain.*

* **RÉGISSEUR** s. m. Celui qui régit, qui gère par commission, et à la charge de rendre compte : *le régisseur d'un domaine, d'une terre.*

REGISTRAIRE s. m. Gardien public des registres.

* **RÉGISTRATEUR** s. m. Nom de certains officiers de la chancellerie romaine, qui enregistrent les bulles et les suppliques

REGISTRATION s. f. Inscription sur un registre.

* **REGISTRE** ou **Regître** s. m. (bas lat. *registrum*). Livre où l'on écrit les actes, les affaires de chaque jour, pour y avoir recours au besoin : *les registres du Conseil d'État.* — CHARGER UN REGISTRE, écrire sur le registre. DÉCHARGER UN REGISTRE, donner une décharge, et l'écrire sur le registre. — TENIR REGISTRE DE QUELQUE CHOSE, écrire quelque chose sur le livre, sur le registre. — CET HOMME TIENT REGISTRE DE TOUT, il remarque tout exactement et il s'en souvient. — C'EST UN HOMME QUI EST SUR MES REGISTRES, QUI EST ÉCRIT SUR MES REGISTRES, se dit pour exprimer qu'on se souviendra du déplaisir qu'on a reçu de quelqu'un. — En parlant d'un orgue, se dit des bâtons qu'on tire pour faire jouer les différents jeux d'un orgue. — Terme de musique qui s'applique à la voix des chanteurs. Voix de poitrine, voix de médium, voix de tête. Chacune de ces trois divisions constitue un registre, le timbre et le son changent avec chaque registre. — Chim. Se dit de certaines ouvertures qui sont au fourneau, et l'on bouche ou qu'on débouche, selon les degrés de chaleur qu'on veut donner. — Typogr. Désignant autrefois une petite table placée à la fin d'un ouvrage, pour indiquer aux relieurs les premiers mots de chaque feuillet. Les *Philippiques* de Cicéron et le *Tite-Live,* imprimés par Ulric Han, en 1470, sont les plus anciens ouvrages où l'on trouve le registre. — Désigne aujourd'hui la correspondance que les lignes des deux pages d'un feuillet ont l'une avec l'autre. — FAIRE SON REGISTRE, tirer l'une sur l'autre les deux pages d'un feuillet, de manière que les lignes se répondent exactement.

* **REGISTRER** ou **Regîtrer** v. a. Terme de formule, qui se dit quelquefois pour enregistrer, insérer dans le registre : *lu, publié et registré.*

* **REGÎTRE** s. m. Voy. REGISTRE.

* **REGÎTRER** v. a. Voy. REGISTRER.

RÉGLAGE s. m. Action ou manière de régler.

* **RÈGLE** s. f. (lat. *regula*). Instrument long, droit et plat, fait de bois, de métal ou d'autre matière, et qui sert à tirer des lignes droites: *tirer une ligne avec la règle, à la règle.* — Fig. Principe, maxime, loi, enseignement, et généralement tout ce qui sert à conduire, à diriger l'esprit et le cœur : *c'est une règle certaine pour discerner le vrai d'avec le faux.* — Ordre, bon ordre : *il n'y a point de règle dans cette maison.* — Exemple, modèle : *il est la règle de tous ceux de son âge.* — Se dit encore des lois humaines, des ordonnances, des coutumes, des usages : *telle est la règle établie par la loi.* — C'EST DE RÈGLE QUE, il est conforme à l'usage, à la bienséance que : *il est de règle qu'on rende visite à son supérieur dans certaines occasions.* On dit de même, CELA EST DE RÈGLE. — CE PROCÉDÉ EST DANS LES RÈGLES, N'EST PAS DANS LES RÈGLES, il est ou il n'est pas conforme au précepte, à l'usage reçu parmi les honnêtes gens. — ÊTRE EN RÈGLE, SE METTRE EN RÈGLE, être, se mettre au point ou dans l'état que la loi, la coutume ou l'usage demande : *il s'est mis en règle, il a*

présenté ses comptes. On dit, dans un sens anal. : VOTRE AFFAIRE EST EN RÈGLE : *vos papiers sont en règle, ne sont pas en règle.* — UN PROCÈS EN RÈGLE, un procès suivi pardevant les juges. UNE AFFAIRE EN RÈGLE, un combat suivant les règles de la guerre : cela se dit aussi d'un duel : *ils eurent une affaire en règle, où l'un des deux fut tué.* — UN REPAS EN RÈGLE, un repas d'apparat, un repas où l'ordre du service est observé avec soin. — UNE SOTTISE, UNE FOLIE, UNE FRIPONNERIE DANS TOUTES LES RÈGLES, une sottise, une folie, une friponnerie complète, à laquelle rien ne manque. — IL N'Y A POINT DE RÈGLE SANS EXCEPTION, une loi, une maxime, quelque générale qu'elle soit, n'est point applicable à tous les cas particuliers. L'EXCEPTION CONFIRME LA RÈGLE, la nécessité où l'on est d'excepter tels cas particuliers dans lesquels une loi, une maxime, une règle n'est point applicable, prouve qu'elle doit s'appliquer dans tous les autres cas. — DANS LA RÈGLE, EN BONNE RÈGLE, suivant la loi, l'usage, la bienséance : *dans la règle, c'est à lui à vous prévenir.* — Elliptiq. RÈGLE GÉNÉRALE, généralement, dans tous les cas : *règle générale, il faut connaître les gens avant que de se confier à eux.* — En parlant des sciences et des arts, se dit des préceptes qui servent à les enseigner, des principes et des méthodes qui en rendent la connaissance plus facile et la pratique plus sûre : *les règles de la grammaire, de la logique, de la poésie, de la rhétorique; les règles du théâtre.* — CETTE TRAGÉDIE, CETTE COMÉDIE EST DANS LES RÈGLES, SELON LES RÈGLES, toutes les règles du théâtre y sont exactement observées. — Théâtre. CETTE PIÈCE NOUVELLE EST TOMBÉE DANS LES RÈGLES, EST DANS LES RÈGLES, se disait autrefois lorsque la recette commençait à être au-dessous d'une certaine somme fixée : *quand une pièce nouvelle était tombée dans les règles, l'auteur n'avait plus de part au produit des représentations.* — Arithm. Opération qui se fait sur des nombres donnés, pour trouver des sommes ou des nombres inconnus : *les quatre premières règles de l'arithmétique.* — Statuts que les religieux d'un ordre sont obligés d'observer : *le pape a approuvé cette règle.* CE RELIGIEUX FAIT FORT BIEN SA RÈGLE, il l'observe très exactement : *les règles et les statuts de l'ordre du Saint-Esprit.* — pl. Purgations menstruelles des femmes : *elle se porte mieux depuis qu'elle a ses règles.*

* **RÈGLE, ÉE** part. passé de RÉGLER. Du papier réglé. IL EST RÉGLÉ COMME UN PAPIER DE MUSIQUE; SA VIE, SA JOURNÉE EST RÉGLÉE COMME UN PAPIER DE MUSIQUE, se dit d'un homme qui fait tous les jours les mêmes choses, à peu près aux mêmes heures. — S'emploie, dans plusieurs phrases, plutôt il signifie, sage, régulier : *c'est un jeune homme réglé dans ses mœurs, qui a des mœurs et une conduite réglées.* — UN ORDINAIRE RÉGLÉ, un ordinaire qui est tous les jours le même. UN POULS RÉGLÉ, BIEN RÉGLÉ, un pouls dont les battements sont égaux, sans être trop forts ni trop fréquents. UNE FIÈVRE RÉGLÉE, une fièvre dont les accès sont réguliers. — DES BOIS EN COUPE RÉGLÉE, MIS EN COUPE RÉGLÉE, des bois dont on coupe tous les ans une certaine quantité d'hectares à un certain âge, en sorte que les coupes différentes se succèdent les unes aux autres. — UNE FEMME BIEN RÉGLÉE, une femme qui a ses règles tous les mois exactement. UNE FILLE RÉGLÉE, une fille qui a commencé à avoir ses règles. — TROUPES RÉGLÉES, se dit des troupes entretenues sur pied, pour les distinguer des gardes nationales, des milices. — ÊTRE EN COMMERCE RÉGLÉ, EN CORRESPONDANCE RÉGLÉE AVEC QUELQU'UN, avoir par lettres une correspondance régulière avec lui. — VISITES RÉGLÉES, visites qui se font à certains jours et à certaines heures. — DISPUTE RÉGLÉE, discussion suivie et méthodique. — CETTE AFFAIRE SERA EN JUSTICE RÉGLÉE,

elle est portée en justice suivant les formes ordinaires, et les procédures sont déjà commencées.

* **RÈGLEMENT** s. m. Ordonnance, statut qui détermine et prescrit ce que l'on doit faire : *règlement d'administration publique.* — Se dit, particul., des statuts d'une assemblée délibérante : *le règlement de la chambre des députés.* — Ordre à observer, distribution des exercices, des travaux, etc., dans une communauté, dans une manufacture, etc. : *le règlement d'une maison d'éducation.* On le dit quelquefois dans un sens anal., en parlant d'une seule personne : *se prescrire un règlement de vie.* — Action de régler, de déterminer : *le règlement de cette affaire n'aura pas lieu sitôt, ne se fera pas sitôt.* — Procéd. RÈGLEMENT DE JUGES, arrêt qui décide devant quels juges un procès doit être porté : *c'est la cour de cassation qui prononce ordinairement en matière de règlement de juges.* — Particul. Action de régler les mémoires des ouvriers, d'en réduire les articles à leur juste valeur : *le mémoire du menuisier montait à tant, le règlement l'a réduit d'un cinquième.* — Législ. « Un *règlement d'administration publique* est un décret délibéré en Conseil d'État et qui a pour objet la mise en application d'une loi, l'organisation d'un service administratif, ou toute autre matière pour laquelle la loi a prescrit ce genre de décret. — Un *règlement de juges* est la décision d'un tribunal supérieur qui vide un conflit positif ou négatif de juridiction existant entre deux ou plusieurs tribunaux de l'ordre judiciaire, indépendants l'un de l'autre. (Voy. CONFLIT.) Si le conflit existe entre des tribunaux de paix ressortissant au même tribunal, le règlement de juges est porté à ce tribunal; si les tribunaux de paix relèvent de tribunaux différents, le règlement de juges est porté à la cour d'appel; et si ces tribunaux ne ressortissent pas à la même cour d'appel, le règlement est porté à la cour de cassation. Lorsque le conflit existe entre des tribunaux de première instance, le règlement est porté à la cour d'appel dont ils dépendent; mais si ces tribunaux ne ressortissent pas à la même cour, ou si le conflit existe entre des cours d'appel, le règlement est porté à la cour de cassation. Le rejet d'un déclinatoire pour incompétence constitue une espèce de conflit positif, et peut donner lieu à une demande en règlement de juges devant la cour de cassation, en vertu de l'ordonnance royale du mois d'août 1737 (art. 19), encore en vigueur, et pourvu que le tribunal saisi et celui dont on réclame la compétence ne ressortissent pas à la même cour d'appel; car, dans ce cas, c'est par la voie de l'appel que la question devrait être résolue. La procédure du règlement de juges diffère selon le rang du tribunal devant lequel la demande est portée. En ce qui concerne les règlements de juges en matière criminelle, correctionnelle ou de police, des règles particulières sont données par la loi (C. pr. 363 et s.; C. instr. crim. 525 et s.). »   (CH. Y.)

* **RÉGLÉMENT** adv. Avec règle, d'une manière réglée : *on vit réglément dans cette maison.* — Se dit aussi des choses qui se font toujours précisément de la même manière, dans le même temps : *il soupe réglément à sept heures.*

* **RÉGLEMENTAIRE** adj. Qui appartient au règlement, qui concerne le règlement : *lois réglementaires.* — Se dit quelquefois en mauvaise part, en parlant d'une administration qui multiplie les règlements à l'excès : *administration réglementaire.*

RÉGLEMENTAIREMENT adv. D'une façon réglementaire.

RÉGLEMENTARISME s. m. Manie de réglementer.

* **RÉGLEMENTATION** s. f. Action de régle-

menter : *il y a dans ce pays abus de réglementation.*

* **RÉGLEMENTER** v. n. Faire beaucoup de règlements, multiplier les règlements à l'excès. Ne se dit qu'en mauvaise part : *il aime à réglementer.* — Activ. Réglementer une matière.

* **RÉGLER** v. a. Tirer avec la règle des lignes sur du papier, du parchemin, du vélin, du carton, etc. : *régler du papier pour écrire droit.* — Fig. Conduire, diriger suivant certaines règles, assujettir à certaines règles : *il faut régler sa dépense sur son revenu.* —RÉGLER SES AFFAIRES, les mettre dans un bon ordre. — RÉGLER SA DÉPENSE, RÉGLER SA TABLE, SON ÉQUIPAGE, mettre un certain ordre dans la dépense de sa maison, de sa table, etc. Il signifie aussi quelquefois, retrancher de sa dépense, de son équipage, etc. — RÉGLER UNE PENDULE, UNE MONTRE, la mettre en état d'aller bien, de marcher régulièrement; ou simplement, la mettre à l'heure du soleil ou d'une horloge. — Déterminer, décider une chose d'une façon ferme et stable : *cela n'a pas encore été réglé.* — RÉGLER UN DIFFÉREND, le terminer, soit par un jugement, soit par un accommodement. RÉGLER UNE AFFAIRE, RÉGLER UN COMPTE, terminer une affaire, arrêter un compte. RÉGLER LE MÉMOIRE D'UN OUVRIER, en mettre tous les articles à leur juste valeur : *on n'a pas encore réglé son mémoire, mais il a eu quelque chose acompte.* — Anc. Pratique. RÉGLER LES PARTIES À ÉCRIRE ET PRODUIRE, c'était ordonner que les parties écriraient et produiraient dans un certain temps. On dit aussi, RÉGLER DE JUGES, décider devant quels juges les parties procéderont : *un arrêt va nous régler de juges.* — Se régler v. pr. SE RÉGLER SUR QUELQU'UN, se conduire d'après l'exemple de quelqu'un, prendre quelqu'un pour modèle; et, SE RÉGLER SUR QUELQUE CHOSE, se conformer à ce qui a été décidé ou pratiqué relativement à quelque chose : *je ne veux pas me régler sur cela.* — LA FIÈVRE COMMENCE À SE RÉGLER, se dit d'une fièvre dont les premiers accès ont été irréguliers, et qui commence à se tourner en fièvre, en quarte, etc.

* **RÉGLET** s. m. Typogr. Synon. de FILET. — Archit. Petite moulure plate et droite qui sépare les différentes parties des panneaux et des compartiments, et qui forme des entrelacs et des guillochés. — Archit. Petite moulure plate qu'on emploie pour former des compartiments.

* **RÉGLETTE** s. f. Typogr. Petite règle de bois ou de fonte de la hauteur des cadrats. Elle sert principalement à former les garnitures.

* **RÉGLEUR** s. m. Ouvrier dont le métier est de régler du papier de musique, des registres, etc. — Un habile régleur.

* **RÉGLISSE** s. f. Bot. Genre de légumineuses ligées, comprenant plusieurs espèces de plantes vivaces, à racines longues, rampantes, cylindriques, dont la saveur est douce et sucrée et dont la médecine fait un grand usage pour les tisanes pectorales : *tisane de réglisse.* — JUS DE RÉGLISSE, suc de cette racine, préparé, soit en blanc, soit en noir : *du jus de réglisse anisé.* — ENCYCL. Les réglisses croissent surtout dans la région méditerranéenne. La réglisse officinale (*glycyrrhiza glabra*), haute d'environ 1 m., à tiges presque ligneuses, se trouve dans le midi de la France. Ses racines, brunâtres en dessus, jaunes à l'intérieur, possèdent des vertus émollientes et pectorales; on en fait des tisanes employées dans les catarrhes. La décoction des ces mêmes racines entre dans la confection du coco et sont servir à édulcorer certaines tisanes; on prépare avec la racine de réglisse des pâtes et des bonbons émollients, ainsi qu'une poudre employée pour donner de la consistance à diverses pilules. Le *jus de réglisse* ou *suc de réglisse*, répandu dans le commerce

sous forme de bâtons cylindriques noirs, s'obtient par l'ébullition de la racine dans de l'eau et l'évaporation jusqu'à consistance

Réglisse officinale. (Glycyrrhiza glabra).

de pâte; on le fabrique surtout en Calabre et en Espagne, et l'on augmente sa saveur en ajoutant de l'anis.

RÉGLOIR s. m. Techn. Petite règle de bois à l'usage du cirier. — Planche à régler employée par les graveurs de musique.

RÉGLURE s. f. Techn. Opération consistant à régler le papier; manière dont le papier est réglé; état du papier réglé.

* **RÉGNANT, ANTE** adj. Qui règne : *le roi régnant.* — Se dit aussi en parlant d'un souverain qui n'a pas le titre de roi : *le prince actuellement régnant.* — MAISON, FAMILLE RÉGNANTE, maison, famille dont le chef règne. — Se dit quelquefois, fig., en parlant des choses : *le goût régnant; c'est une maladie régnante.*

REGNARD (Jean-François) [re-nard], poète comique, né à Paris en févr. 1655, mort près de Dourdan le 5 sept. 1709. Au sortir de ses études, il entra en possession d'une fortune assez considérable et passa la plus grande partie de sa jeunesse à voyager. Il revenait d'Italie, lorsqu'il tomba aux mains des corsaires barbaresques et devint cuisinier en chef d'un riche Algérien, dont il était l'esclave. Racheté par sa famille, en 1681, il se fixa en France en 1683. Il obtint une charge de trésorier dans l'administration des finances. Il fut un des meilleurs successeurs de Molière, et sa comédie *Le Joueur* (comédie en vers, 5 actes, Théâtre-Franç., 19 déc. 1696) est un des chefs-d'œuvre du théâtre français. Il excellait aussi comme poète satirique, et sa maison était un rendez-vous de beaux esprits. On cite parmi ses comédies : *Le Divorce* (3 a. prose, 1688); *L'Homme à bonnes fortunes* (3 a. prose, 1690); *Attendez-moi sous l'orme* (1 a. prose, 1694); *Le Distrait* (5 a. vers, 1697); *Le Retour imprévu* (1 a. prose, 1700); *Les Folies amoureuses* (3 a. vers, 1704); *Le Ménechmes* (5 a. vers, 1705); *Le Légataire universel* (5 a. vers, 1708). Les meilleures des nombreuses éditions de ses œuvres sont celles de Garnier (Paris, 1790, 6 vol. in-8°), de Crapelet (1822, 6 vol. in-8°), de Michiels (1855, 2 vol.) et de Fournier (1874, 2 vol.).

REGNAUD DE SAINT-JEAN-D'ANGÉLY. I. (Michel-Étienne), magistrat et homme politique, né à Saint-Fargeau en 1760, mort en 1819. Il fut député aux états généraux de 1789, se rallia à Bonaparte, collabora au Code civil et fut exilé en 1816. Il avait été admis à l'Académie française en 1803, nommé comte de l'Empire en 1808 et procureur général près la haute cour impériale en 1809. La ville de Saint-Jean-d'Angély lui a érigé une statue. — II. (Auguste-Michel-Marie-

Étienne), maréchal de France, né à Paris le 29 juillet 1794, mort à Cannes le 1er fév. 1870. Il fit, comme sous-lieutenant de hussards, les campagnes de 1812 à 1814, fut nommé chef de bataillon sur le champ de bataille de Waterloo, et rayé du cadre de l'armée pendant la Restauration. Il reprit du service après 1830 et fut nommé maréchal de camp le 10 déc. 1841. Après le 2 décembre, il devint sénateur et reçut le commandement des différents corps de la garde impériale. Il fut fait maréchal de France après la bataille de Magenta (5 juin 1859).

REGNAULT I. (Jean-Baptiste), baron, peintre, et l'un des maîtres de l'école française, né à Paris le 19 oct. 1754, mort le 29 oct. 1829. A 20 ans, il remporta le prix de Rome. Ses œuvres les plus connues sont : *Andromède et Persée; l'Éducation d'Achille; l'Amour et Psyché; Vénus désarmant Mars; la Mort de Desaix,* etc. Il fut professeur à l'école des Beaux-Arts (1795-1813) et ensuite à l'École polytechnique. — II. (Élias-Georges-Soulange-Oliva), historien français, né en 1801, mort en 1868. Il fut, en 1848, employé au ministère de l'intérieur, et plus tard à celui des finances. Il a écrit, entre autres, une *Histoire de huit ans* (1851-'54), en continuation de l'*Histoire de dix ans,* par Louis Blanc, qui refusa de la considérer comme telle. — III. (Henri-Victor), célèbre physicien et chimiste, né à Aix-la-Chapelle le 25 juillet 1810, mort à Paris le 19 janv. 1878. Il s'est illustré par des recherches soigneuses et exactes relativement aux propriétés physiques des corps et particulièrement à leurs rapports avec la chaleur. Son *Cours élémentaire de chimie* (6e édit., 1870, 4 vol.) a eu les honneurs de la traduction en plusieurs langues. Regnault, ingénieur en chef des mines en 1847, après avoir été professeur à Lyon, à l'École polytechnique et au collège de France, devint, en 1854, directeur de la manufacture de porcelaine de Sèvres. On lui doit la première démonstration que la chaleur latente de la vapeur diminue à mesure que la chaleur sensible augmente, mais en moindre proportion. Il a aussi vérifié la loi de Mariotte et de Boyle sur la compressibilité des gaz. Ses *Premiers éléments de chimie* ont eu leur 6e édit. en 1875. — IV. (Alexandre-Georges-Henri), célèbre peintre, fils du précédent, né à Paris le 31 oct. 1843, tué pendant la bataille de Buzenval le 19 janv. 1871. Il fut élève d'Ingres et de Flandrin, obtint le grand prix de Rome en 1866 par sa toile de *Thétis apportant les armes d'Achille.* Il devint en peu de temps l'un des principaux représentants du mouvement réaliste et coloriste de l'art français contemporain. A la recherche du pittoresque, il visita le Maroc et y peignit sa fameuse *Salomé* qu'il exposa en 1869 et qui produisit une immense sensation à Paris. Son portrait de *Prim*, acheté pour le palais du Luxembourg en 1867, ne fut pas moins remarqué. On a publié en 1873 un volume de sa *Correspondance* et on lui a élevé en 1875 à l'école des Beaux-Arts un monument que l'on regarde comme une chef-d'œuvre. Sa biographie a été écrite par Cazelis (1871).

° RÈGNE s. m. [*gn* mll.] (lat. *regnum*). Gouvernement d'un roi, d'une reine, ou de tout autre prince souverain qui n'a pas le titre de roi : *le règne de Louis XIV.* — Écrit. sainte. LE RÈGNE DE JÉSUS-CHRIST SUR LES AMES. — Se dit, fig., en parlant des choses qui ont de l'autorité, de l'influence, ou qui sont en vogue, en crédit : *quand arrivera le règne de la vérité, de la raison ?* — Théol. LE RÈGNE DE LA GRACE, le règne de la grâce; et, LE RÈGNE DU PÉCHÉ, l'empire du péché sur les hommes. — Hist. nat. LE RÈGNE ANIMAL, LE RÈGNE VÉGÉTAL, LE RÈGNE MINÉRAL, les animaux, les végétaux, les minéraux en général. Les naturalistes modernes comprennent plus ordinairement les animaux et les végétaux sous le

nom de RÈGNE ORGANIQUE, et les minéraux sous celui de RÈGNE INORGANIQUE. — Se dit encore de la tiare du pape, dont les couronnes suspendues au-dessus du maître autel d'une église. La tiare se nomme aussi TRIRÈGNE.

° RÉGNER v. n. Régir, gouverner un État avec le titre de roi : *régner heureusement despotiquement.* — Se dit, par ext., des princes souverains, quoiqu'ils n'aient pas le titre de roi : *tel électeur régnait à cette époque.* — Fig. Dominer, avoir de l'autorité, de l'influence; ou être en vogue, en crédit : *le sage règne sur ses passions; cette mode règne depuis peu.* — Prédominer, se faire remarquer, exister, durer plus ou moins longtemps : *l'affectation règne dans son style.* — UNE CORNICHE, UNE FRISE, UN BALCON, UN CORRIDOR RÈGNE LE LONG DE CE BATIMENT, RÈGNE AUTOUR DE CETTE CHAMBRE, etc., une corniche, une frise, etc., s'étend tout le long de ce bâtiment, tout autour de cette chambre, etc.

° RÉGNICOLE adj. et s. [-ghni-] (lat. *regnum*, royaume; *colo,* j'habite) des deux genres. Jurispr. et Chancell. Se dit des habitants naturels d'un royaume, par rapport aux droits dont ils peuvent jouir; et il s'emploie, par ext., en parlant des étrangers naturalisés auxquels sont accordés les mêmes droits. — *s. Les regnicoles et les étrangers.*

RÉGNIER. I. (Mathurin), célèbre poète, né à Chartres le 21 déc. 1573, mort à Rouen le 22 oct. 1613. Il était neveu du poète Desportes, étudia la théologie, fut tonsuré à 11 ans, voyagea en Italie, passa la plus grande partie de sa jeunesse dans la dissipation, rentra en France en 1604 et devint chanoine de Chartres en 1609. Il a publié des *Satires* et des poésies diverses, souvent incorrectes, mais pleines de verve et de naturel. Boileau le déclarait le meilleur poète satirique avant Molière. On connait la naïve épitaphe qu'il laissa qu'il s'est si bien placée :

J'ai vécu sans nul pensement
Me laissant aller doucement
A la bonne loi naturelle,
Et si m'étonne fort pourquoi
La mort daigna songer à moi,
Qui ne pensai jamais à elle.

Les meilleures éditions de ses *Œuvres* sont celles de Jamet (1853, in-16) et de Poulet-Malassis (1862, in-12). — II. (Claude-Ambroise) DUC DE MASSA, né à Blamont (Lorraine) le 6 avril 1736, mort le 24 juin 1814. Il était avocat à Nancy à l'époque de la Révolution, fut député aux états généraux et à la Constituante, puis au Conseil des Anciens, contribua au coup d'État de brumaire, fut nommé ministre de la justice en 1802 et duc de Massa (15 août 1809).

° **REGONFLEMENT** s. m. Élévation des eaux dont le cours est arrêté par quelque obstacle. — Action de gonfler de nouveau : *le regonflement d'un ballon.*

° **REGONFLER** v. n. Gonfler de nouveau : *regonfler un ballon qui s'est dégonflé.* — v. n. Se dit des eaux courantes qui s'enflent et s'élèvent quand elles sont arrêtées par quelque obstacle.

° **REGORGEMENT** s. m. Action de ce qui regorge : *le regorgement de la rivière a inondé la prairie.*

° **REGORGER** v. a. S'épancher hors de ses limites. Ne se dit au propre que de l'eau et des autres fluides : *les ruines de ce pont ont fait regorger la rivière.* — Fig. et fam. FAIRE REGORGER QU'UN CE QU'IL S'EST INDUMENT APPROPRIÉ, l'obliger à le rendre. On dit, absol. ON L'A FAIT REGORGER : *il faudra que ce fripon regorge.* — Fig. Avoir une grande abondance de quelque chose : *il a tant de biens qu'il en regorge.* — S'emploie absol., dans le même sens : *tandis que vous regorgez, il est dans la misère.* — Fam. REGORGER DE SANTÉ, jouir d'une santé brillante : *être fort abondant :*

les foins ont manqué cette année, mais l'avoine regorge.

° **REGOULER** v. a. Rabrouer, repousser avec des paroles rudes et fâcheuses une personne qui dit, qui propose quelque chose : *il ne faut pas ainsi regouler les gens.* — Rassasier jusqu'au dégoût : *il aimait le gibier, on l'en a regoulé.* (Vieux.)

° **REGRAT** s. m. Petit négoce qui consiste à vendre en détail et de la seconde main certaines denrées, particulièrement du sel, des grains, du charbon, etc. : *marchandise de regrat.* (Peu us.) — Lieu où l'on vendait le sel à petite mesure, à petits poids : *établir un regrat.*

° **REGRATTAGE** s. m. Archit. Action de regratter : *le regrattage d'un édifice.*

° **REGRATTER** v. a. Gratter de nouveau : à force de gratter et de regratter sa plaie, il l'a envenimée. — Racler; se dit proprement en parlant des bâtiments de pierre de taille dont on enlève la superficie pour les faire paraitre neufs : *on a regratté les anciennes constructions pour les mettre d'accord avec les nouvelles.* — v. n. Fig. et fam. Faire des réductions sur les plus petits articles d'un compte de dépense : *c'est un homme qui regratte sur tout.*

° **REGRATTERIE** s. f. Commerce des regratiers; marchandise de regrat.

° **REGRATTIER, IÈRE** s. Celui, celle qui vend certaines denrées en détail et de la seconde main. On le disait particul. autrefois de ceux qui vendaient du sel à petite mesure, à petits poids : *prendre du sel chez le regrattier, chez la regrattière.* — Fig. et fam. Celui qui, sur un compte, sur une dépense d'une grosse somme, fait des réductions aux plus petits objets : *c'est un regrattier.* (Vieux.)

° **REGRÈS** s. m. (lat. *regressus*). Jurispr. bénéfic. Droit, pouvoir de rentrer dans un bénéfice qu'on avait résigné : *on lui accorda le regrès.* — Se disait aussi en parlant de charges, d'offices de judicature, et en signifiait dans les vingt-quatre heures la révocation de la résignation qu'on en avait faite en faveur de l'acquéreur.

RÉGRESSION s. f. (lat. *regressio,* action de revenir sur ses pas). Rhét. Figure par laquelle on reprend dans un ordre des mots que l'on a énoncés dans l'ordre inverse; ex. : *il faut manger pour vivre, et non pas vivre pour manger.* — Astron. RÉGRESSION DES NŒUDS, retour des nœuds dans une position déterminée.

° **REGRET** s. m. (lat. *regressus*), retour sur ses pas). Déplaisir d'avoir perdu un bien qu'on possédait, ou de n'avoir pu obtenir celui qu'on désirait : *le regret que lui cause la perte de ses biens, de sa fortune, de sa place.* — Particul. Chagrin que cause la perte, l'absence d'une personne : *la perte de cet ami m'a causé un grand regret.* — Toute sorte de déplaisir ou léger ou considérable : *j'ai regret que vous n'ayez pas entendu ce sermon, ce discours.*

Eh ! si du moins Oreste, en punissant son crime,
Lui laissait le regret de mourir ma victime !
J. RACINE. *Andromaque,* acte IV, sc. v.

— Fam. IL NE DOIT PAS AVOIR REGRET A SA JEUNESSE, se dit d'un homme qui a passé sa jeunesse dans les plaisirs. — Repentir, déplaisir d'avoir fait ou de n'avoir pas fait quelque chose : *éprouver un regret sensible de quelque chose.* — Fig. Lamentations, plaintes, doléances : *ce sont des regrets inutiles.* — A regret loc. adv. Avec répugnance : *il a fait cela à regret.*

° **REGRETTABLE** adj. Qui mérite d'être regretté : *un bien regrettable, peu regrettable.*

° **REGRETTER** v. a. [re-grè-té]. Être affligé, être fâché d'une perte qu'on a faite, ou d'avoir manqué un bien qu'on désirait ac-

quérir, d'avoir fait ou de n'avoir pas fait quelque chose : *regretter son argent ; regretter le temps passé, le temps perdu.*

* **RÉGULARISATION** s. f. Comptab. Action de régulariser : *la régularisation d'une dépense.*

* **RÉGULARISER** v. a. Rendre régulier ce qui n'a point été fait selon les règles. S'emploie surtout en matière de comptabilité : *régulariser un compte.*

* **RÉGULARITÉ** s. f. Conformité à un ordre, à des règles, soit naturelles, soit de convention : *la régularité du mouvement des corps célestes.* — Géom. RÉGULARITÉ DANS UNE FIGURE, égalité de tous les côtés et de tous les angles d'une figure. — Ordres relig. Exacte observation des règles de chaque ordre : *les religieux de cette maison vivent dans une grande régularité.* — Etat religieux, par opposition à état séculier : *il y a plusieurs chapitres, plusieurs monastères dont on a ôté la régularité, pour les séculariser.*

* **RÉGULATEUR** s. m. Mécan. Toute pièce tout appareil qui s'applique à une machine pour en modérer les mouvements et les rendre réguliers : *le régulateur d'une montre est le ressort spiral.* — Celui qui conduit, qui dirige : *il est le régulateur, le grand régulateur de cette entreprise.*

* **RÉGULATEUR, TRICE** adj. Qui sert de règle, qui règle. Ne s'emploie que dans un petit nombre de phrases : *marchés régulateurs du prix des grains.*

RÉGULATION s. f. Action de régler.

* **RÉGULE** s. m. (lat. *regula*, règle). Terme, que les anciens employaient pour désigner les substances métalliques qui, par la fusion, ont été séparées du soufre, de l'arsenic ou d'autres matières étrangères. Il n'est plus usité que dans quelques expressions, RÉGULE D'ANTIMOINE, antimoine pur ; RÉGULE D'ARSENIC, arsenic noir.

* **RÉGULIER, IÈRE** adj. Qui a de la régularité, qui est conforme à des règles, soit naturelles, soit de convention : *les mouvements réguliers des corps célestes.* — Particul. Qui se conforme avec exactitude aux préceptes de la religion, aux devoirs de la morale : *sa conduite a toujours été fort régulière.* — Exact, ponctuel : *il a toujours été très régulier à tenir sa parole.* — Géom. FIGURE RÉGULIÈRE, celle dont tous les côtés et tous les angles sont égaux ; et, CORPS RÉGULIERS, les cinq polyèdres dont toutes les surfaces sont des polygones réguliers égaux entre eux. — Gramm. VERBES RÉGULIERS, ceux qui suivent, dans la formation de leurs temps, les règles générales des conjugaisons. On dit de même, LES FORMES RÉGULIÈRES, LES TEMPS RÉGULIERS D'UN VERBE. — S'emploie aussi par opposition à séculier, et se dit des ordres religieux, ou de ceux qui leur appartient, de ce qui leur est propre : *le clergé régulier.* — s. Un religieux, par opposition à un ecclésiastique séculier : *ce bénéfice ne pouvait être possédé que par un régulier.*

* **RÉGULIÈREMENT** adv. D'une manière régulière : *il vit fort régulièrement.* — Exactement, uniformément : *il dîne régulièrement à midi.*

RÉGULUS (Marcus-Atilius) [ré-gu-luss], général romain, mort vers 250 av. J.-C. Il fut consul en 267, année où il prit Brundusium, et reçut les honneurs du triomphe. Consul une seconde fois en 256, il défit, avec son collègue Manlius, la flotte carthaginoise forte de 350 voiles et commandée par Hannon et Hamilcar ; puis il débarqua à Clypea, et ravagea le territoire ennemi. Manlius revint à Rome, et Régulus défit la trois généraux carthaginois dans une grande bataille et prit ville sur ville, entre autre Tunis. Cependant les Carthaginois le vainquirent à la fin et le firent prisonnier. Après une captivité de cinq années, il fut envoyé à Rome avec une ambassade, à condition qu'il reviendrait si les négociations étaient infructueuses. Il persuada au sénat de ne pas faire la paix, et revint à Carthage. On révoque aujourd'hui en doute l'histoire de la barbare façon dont il aurait été mis à mort.

RÉGURGITATION s. f. Action de régurgiter. — Action par laquelle on conduit se débarrasse sans effort des matières qui y sont accumulées.

RÉGURGITER v a. (préf. *re ;* lat. *gurges,* gouffre.) Rendre par régurgitation.

RÉHABILITABLE adj. Qui peut être réhabilité.

* **RÉHABILITATION** s. f. Chancell. et Jurispr. Action de réhabiliter, rétablissement dans le premier état : *lettres de réhabilitation.* — Législ. « Sous l'ancien régime, il n'y avait point de crime que le roi ne pût effacer par des lettres de grâce, de pardon, de rémission ou d'abolition ; il n'y avait pas de condamné qu'il ne pût réhabiliter en ses biens et en sa bonne renommée. Aujourd'hui, la réhabilitation n'est plus une faveur ; c'est un acte de justice qui est rendu après l'accomplissement de la peine ou l'acquittement des dettes, et toujours après un sérieux examen de la conduite de l'impétrant. — La *réhabilitation d'un failli* doit être demandée par lui, au moyen d'une requête adressée à la cour d'appel de son domicile, et à laquelle doivent être jointes les quittances et les autres pièces justificatives constatant que le failli a acquitté intégralement, en principal, intérêts et frais, toutes les sommes par lui dues. La requête est affichée pendant deux mois, au tribunal de commerce, à la bourse et à la mairie ; le procureur général fait une enquête ; et, si la cour admet la réhabilitation, l'arrêt est envoyé au tribunal de commerce où il est transcrit sur les registres et où il en est donné lecture publiquement. La réhabilitation restitue au failli tous les droits civils et politiques dont il avait été privé par la faillite. Un failli ne peut être réhabilité après sa mort. Un banqueroutier simple peut obtenir sa réhabilitation ; mais les banqueroutiers frauduleux ne peuvent être réhabilités de la faillite, bien qu'ils puissent l'être des condamnations pénales prononcées contre eux, et il en est de même des faillis qui ont été condamnés pour vol, escroquerie ou abus de confiance (C. comm. 604 à 614.) La *réhabilitation d'un condamné* ne peut être obtenue qu'après un certain délai écoulé depuis le jour de la libération ou depuis la grâce obtenue. S'il s'agit d'un individu condamné à une peine afflictive ou infamante, la demande ne peut être formée que cinq ans après la libération ; et la réhabilitation ne peut être admise si le condamné n'a résidé dans le même arrondissement depuis cinq années, et dans la même commune pendant les deux dernières années. Celui qui a subi une peine correctionnelle peut présenter sa demande de réhabilitation, trois ans après sa libération, pourvu qu'il ait résidé dans le même arrondissement depuis trois années, dont les deux dernières dans la même commune. Les demandes de réhabilitation sont adressées avec la justification du paiement des frais de justice, amendes, etc., au procureur de la République qui procède à une enquête. La cour d'appel donne son avis motivé, et, si cet avis n'est pas favorable, une nouvelle demande ne peut être formée avant un délai de deux années. Si l'avis est favorable, il est transmis au ministre de la justice, lequel statue après communication au conseil des ministres. La réhabilitation fait cesser pour l'avenir, dans la personne du condamné, toutes les incapacités qui résultaient de la condamnation. Celui qui, ayant été condamné pour crime, a commis un second crime, et a été condamné de nouveau à une peine afflictive ou infamante, ne peut être admis à la réhabilitation ; il en est de même de celui qui, après avoir obtenu sa réhabilitation, a encouru une seconde condamnation (C. inst. crim. 619 et s. Déc.-loi du 7 sept. 1870). Les officiers ministériels qui ont été destitués peuvent obtenir leur réhabilitation et être ainsi relevés des déchéances et incapacités résultant de la destitution. La demande n'est pas reçue avant un délai de trois années qui court du jour de la cessation des fonctions. (L. 19 mars 1864). » (CH. Y.)

RÉHABILITATOIRE adj. Qui réhabilite.

* **RÉHABILITER** v. a. (préf. *re ;* lat. *habilitare,* rendre apte à). Chancell. et Jurispr. Rétablir dans son premier état, dans ses droits, dans ses prérogatives, etc., celui qui en était déchu : *lorsqu'un prêtre est tombé dans l'irrégularité, il a besoin d'être réhabilité.* — On dit de même, RÉHABILITER LA MÉMOIRE D'UN HOMME CONDAMNÉ EN JUSTICE. — Anc. Jurispr. RÉHABILITER UN MARIAGE, réparer le vice d'un mariage par une nouvelle célébration. — Fig. Faire recouvrer l'estime publique, l'estime de quelqu'un : *cette action, cet ouvrage l'a réhabilité dans l'opinion publique.* — Se réhabiliter v. pr. *Il est parvenu à se réhabiliter dans l'opinion publique, dans l'esprit des gens de bien.*

* **RÉHABITUER** v. a. Faire reprendre une habitude perdue : *il faut réhabituer peu à peu cet enfant au travail.* — Se réhabituer v. pr. *On a de la peine à se réhabituer à la fatigue, quand on a vécu longtemps dans la mollesse.*

* **REHAUSSÉ, ÉE** part. passé de REHAUSSER. — UN DESSIN REHAUSSÉ DE BLANC, un dessin dont les lumières sont rendues plus vives par des touches de crayon blanc.

* **REHAUSSEMENT** s. m. Action de rehausser : *le rehaussement d'une muraille.* — LE REHAUSSEMENT DES MONNAIES, l'augmentation de la valeur numéraire ou nominale des monnaies.

* **REHAUSSER** v. a. Hausser davantage : *ce plancher s'est affaissé, il faut le rehausser.* — REHAUSSER LE COURAGE DE QUELQU'UN, A QUELQU'UN, lui relever le courage : *cette victoire rehaussa son courage, lui rehaussa le courage.* — Augmenter : *le prix du blé est rehaussé.* — REHAUSSER LES MONNAIES, en augmenter la valeur numéraire ou nominale. — Fig. Faire paraître davantage : *les ombres dans un tableau rehaussent l'éclat des couleurs.* — Se dit, particul., en parlant de certaines hachures ou retouches que l'on fait à la peinture ou bâtiment : *ces ornements sont rehaussés d'or.* — REHAUSSER D'OR ET DE SOIE DES OUVRAGES DE TAPISSERIE, en relever la beauté en y mêlant de l'or et de la soie. On dit de même, REHAUSSER DE BRODERIE LE FOND D'UNE ÉTOFFE. — Fig. REHAUSSER L'ÉCLAT, LE MÉRITE D'UNE ACTION, faire valoir, relever le mérite d'une action, lui donner un nouvel éclat : *cette circonstance rehausse beaucoup le mérite, l'éclat de son action.* — Vanter avec excès : *les historiens espagnols rehaussent les moindres actions de Charles-Quint et déprécient celles de François Ier.*

* **REHAUTS** s. m. pl. Peint. Retouches ou hachures brillantes servant à faire ressortir des figures, des ornements, des moulures peintes ou dessinées : *les ornements de cette pièce ont des rehauts blancs sur un fond bleu.*

REICHENBACH (Heinrich-Gottlieb-Ludwig) [raï-chen-bakh], naturaliste allemand, né à Leipzig en 1793. Il devint professeur d'histoire naturelle à Dresde en 1820. Son ouvrage le plus important est sa *Flora Germanica* (1823-'67, 24 vol.).

REICHENBACH (Karl, BARON), chimiste allemand, né à Stuttgart en 1788, mort en 1869. Il conçut de bonne heure le projet de fonder

un nouvel État allemand dans l'une des îles de la mer du Sud; mais les autorités françaises dans le Würtemberg supprimèrent la société qu'il avait formée dans ce but et le mirent en prison. Il s'enrichit ensuite dans l'exploitation de manufactures de produits chimiques, de hauts fourneaux et de fabriques de machines à Blansko, en Moravie. En faisant des recherches sur les produits de la distillation des substances organiques, il découvrit de nouveaux composés de carbone et d'hydrogène; en étudiant les effets de diverses substances sur l'organisation de l'homme, il eut l'idée de l'existence d'un nouvel agent impondérable, allié à l'électricité, au magnétisme et à la chaleur, auquel il appliqua le terme *od*.

REICHENBERG [raï-chenn-berg], ville de Bohème, sur la Neisse, à 90 kil. N.-N.-E. de Prague; 22,394 hab. C'est un grand centre d'industrie; on y fabrique des étoffes de laine, de coton et de toile.

REICHSRATH s. m. Conseil représentatif de l'empire d'Autriche.

REICHSTADT (Duc de) [raïch'-statt]. Voy. NAPOLÉON II.

REICHSTAG s. m. Assemblée des États allemands.

REID (Mayne) [ridd], romancier anglais, né en Irlande en 1818, mort en oct. 1883. Il alla en Amérique en 1838, y fit de longs voyages, et se fixa à Philadelphie. Il prit part à la guerre du Mexique et fut blessé à Chapultepec. A partir de 1849, il a surtout habité Londres, et a écrit une série de livres pour les enfants, pour la plupart traduits en français. Les principaux sont : *The Rifle Rangers*, *The Scalp Hunters*, *The Quadroon*, *Osceola*, *Ran Away to Sea*, *The Maroon*, *The Cliff Climbers*, *Afloat in the Forest*, *The Castaways*, et *The Finger of Fate*.

REID (Thomas), métaphysicien écossais, né en 1710, mort le 7 oct. 1796. Ministre de paroisse près d'Aberdeen, il devint professeur de philosophie à King's College en 1752, et de philosophie morale à Glasgow en 1764; il prit sa retraite en 1781. Dans son *Inquiry into the Human Mind on the Principles of Common Sense* (1763), il chercha à réfuter la théorie sceptique de Hume. Il inaugura la doctrine de l'existence d'un instinct originel, ou sens commun, qui serait la base de toute croyance. En 1785, il publia : *Essays on the Intellectual Powers of Man*, et en 1788, *Essays on the Active Powers of Man*. Sir William Hamilton a donné une édition complète de ses œuvres en 1863 (2 vol.).

REID (sir William), météorologiste anglais, né en Ecosse en 1791, mort en 1858. Il entra dans le corps du génie royal, et servit en Espagne, en Amérique, et à Waterloo. Il fut gouverneur des Bermudes (1838-'46), des îles Sous-le-Vent (1846-'48) et de Malte (1851-'58). Il avait été fait major général en 1856. Il a publié : *An attempt to develop the Law of Storms by means of Facts, arranged according to Place and Time* (1838) et *The Progress of the Develepment of the Law of Storms* (1849).

REIGATE [raï-ghè-te], ville du Surrey (Angleterre), à 21 kil. S.-O. de Londres; 15,916 hab. Elle possède une église qui contient des monuments précieux, et les ruines d'un château avec un souterrain où les barons se réunirent, dit-on, pour déterminer les articles de la Grande Charte (*Magna Charta*).

REIKIAVIK. Voy. REYKIAVIK.

REILLANNE, ch.-l. de cant., arr. et à 19 kil. S.-O. de Forcalquier (Basses-Alpes); 1,100 hab. Restes d'anciennes fortifications; église paroissiale du XIIIe siècle.

REILLE (Honoré-Charles-Michel-Joseph),

maréchal de France, né à Antibes le 1er sept. 1775, mort à Paris le 4 mars 1860. Volontaire en 1792, il devint aide de camp de Masséna, le suivit en Italie et en Suisse, fut nommé général de brigade en 1803 et général de division en 1808. Il se couvrit de gloire à Waterloo. Elevé à la pairie en 1819, il fut fait maréchal de France en 1847.

* RÉIMPORTATION s. f. Econ. polit. Action de réimporter, d'importer ce qui a été exporté.

* RÉIMPORTER v. a. Importer de nouveau.

* RÉIMPOSER v. a. Faire une nouvelle imposition pour achever le payement d'une taxe qui n'a pu être entièrement acquittée. Se dit en parlant des personnes et des choses: *on a réimposé telle somme sur le pays*. — Typogr. Imposer de nouveau, soit parce que les pages de la feuille ou de la forme étaient mal placées, soit pour changer les garnitures, afin d'obtenir des marges plus grandes ou plus régulières : *il faut réimposer cette feuille, dont les pages sont transposées*.

* RÉIMPOSITION s. f. Nouvelle imposition faite pour achever le payement d'une somme qui n'a pu être entièrement acquittée. — Typogr. Action de réimposer une feuille, une forme.

* RÉIMPRESSION s. f. Action de réimprimer, ou résultat de cette action : *la réimpression d'un ouvrage*.

* RÉIMPRIMER v. a. Imprimer de nouveau : *cet ouvrage a été réimprimé plusieurs fois*.

REIMS ou Rheims [raïnss] (anc. *Durocortorum*, puis *Remi*), ch.-l. d'arr. du dép. de la Marne, sur la Vesle, à 43 kil. N.-O. de Châlons, et à 160 kil. N.-E. de Paris, par 49° 15' 15" lat. N. et 1° 41' 49" long. E.; 95,000 hab. C'est une ville intéressante par ses souvenirs historiques et par ses monuments. On y admire surtout la cathédrale, splendide monument historique commencé au XIIIe siècle et considéré comme unique en son genre. Depuis Philippe-Auguste jusqu'à Charles X, tous les souverains de France y furent sacrés, sauf Henri IV, Napoléon 1er et Louis XVIII. Le dernier sacre fut celui de Charles X, où l'on employa la dernière goutte d'huile contenue dans ce qui restait de la sainte ampoule ; l'église Saint-Remi est plus ancienne ; elle date du XIe siècle. Le palais archiépiscopal a été reconstruit en partie au XVIIe siècle. L'hôtel de ville, édifice remarquable, a été commencé en 1627 et terminé en 1825. Reims est le centre du commerce des vins de Champagne et de la fabrication de biscuits renommés, dit biscuits de Reims; les transactions sur les laines sont évaluées à 75 millions de francs par an. — Sous les Romains, c'était la capitale de la seconde Belgique. Après avoir été plusieurs fois assiégée pendant le moyen âge, elle résista aux Anglais sous Edouard III (1359), mais ils l'occupèrent à partir de 1421 jusqu'à leur expulsion par Jeanne d'Arc. Les Allemands entrèrent dans Reims le 4 sept. 1870. Depuis cette époque, la ville a été fortifiée d'une manière formidable; elle forme aujourd'hui le centre d'un *camp retranché*. (Voy. PLACES FORTES.) Reims a vu naître Robert de Coucy, Colbert, Pluche, Linguet, Nanteuil, J.-B. de Lasalle, Drouet d'Erlon, Lévesque de Pouilly, Lévesque de Burigny, Tronson-Ducoudray, etc.

* REIN s. m. [rain] (lat. *ren*). Viscère double dont le principal usage est de recevoir et de filtrer les sérosités du sang qui forment l'urine, et qui passent ensuite dans la vessie : *le rein droit, le rein gauche*. — pl. Les lombes, le bas de l'épine du dos, et la région voisine; *il a mal aux reins*. — POURSUIVRE, PRESSER QUELQU'UN L'ÉPÉE DANS LES REINS, le presser vivement de conclure, d'achever une affaire ; ou le presser dans la dispute par de si fortes

raisons, qu'il ne sait que répondre. ↔ Épine du dos, par rapport à la force, à la souplesse, etc. : *il a de bons reins, les reins forts, les reins faibles, les reins souples, les reins rompus, les reins faibles, les reins souples, les reins rompus*. CE CHEVAL, CET HOMME A DU REIN. — CET HOMME A LES REINS FORTS, il est riche, et il a les moyens de soutenir la dépense qu'exige telle affaire, telle entreprise. On dit dans le sens contraire, IL N'A PAS LES REINS ASSEZ FORTS, IL A LES REINS TROP FAIBLES. — IL N'A PAS LES REINS ASSEZ FORTS, IL A LES REINS TROP FAIBLES, se dit aussi d'un homme qui entreprend quelque chose au-dessus de ses forces, qui n'a pas la force ou la capacité nécessaire pour réussir : *il a entrepris cet ouvrage, mais il n'a pas les reins assez forts*. — Archit. LES REINS D'UNE VOUTE, les parties d'une voûte comprises entre la portée et le sommet. — ENCYCL. Les *reins*, appelés vulgairement *rognons*, sont deux glandes particulières aux vertébrés et dont

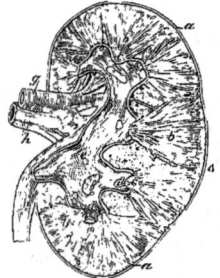

Section verticale d'un rein humain : *a*, substance corticale, *b*, substance médullaire ; *c*, faisceau conique de la substance médullaire ; *d*, conduits membraneux dans lesquels sont reçus les matériaux urinaires ; *e*, pelvis du rein ; *f*, uretère ; *g*, artère rénale ; *h*, veine rénale.

l'office spécial est de séparer du sang certaines substances usées qui doivent être rejetées dans l'urine. Les fonctions des reins n'ont aucun rapport direct avec les opérations de la digestion. Chez l'homme, ils sont situés profondément dans la région lombaire de chaque côté de la colonne vertébrale, au niveau des deux dernières vertèbres dorsales et des deux premières vertèbres lombaires. Ils sont largement approvisionnés de sang, en raison même de l'importance de leur fonction. Les artères rénales viennent directement de l'aorte, et les grosses veines se terminent dans la veine cave ; les nerfs arrivent du plexus rénal du système sympathique. Les reins sont revêtus d'une enveloppe cellulaire mince et transparente ; ils se composent de deux substances ; la substance corticale ou extérieure et la substance *médullaire* ou intérieure. La première est formée d'un grand nombre de tubes *urinifères* qui s'anastomosent les

Corps malpighien qui se trouve près de la busse de l'un des cônes médullaires : *a*, branche artérielle ; *af*, vaisseau afférent ; *m*, glomérule de Malpighi ; *ef*, vaisseau efférent ; *b*, branche de ce vaisseau entrant dans le cône médullaire (le tout grossi 70 fois en diamètre).

uns dans les autres après avoir accompli des circonvolutions. Parmi le plexus que forment ces tubes et les vaisseaux du sang, sont dispersés des points sombres appelés corps malpighiens, parce qu'ils ont été découverts par Malpighi. Ce sont des masses recourbées de petits vaisseaux sanguins compris dans des dilatations des tubes urinifères et établissant un rapport très étroit entre le système de la circulation et celui de la sécrétion. La substance médullaire se compose principalement de tubes presque droits qui se dirigent vers le réceptacle central de la sécrétion. Sans entrer dans la question physiologique, nous dirons seulement que les reins ont pour fonction de régler la quantité d'eau nécessaire au système et de débarrasser le corps de l'excédent. La peau, les poumons et tous les canaux par lesquels les eaux superflues s'échappent du sang étant très susceptibles d'être affectés par des circonstances externes, il en résulte que les reins accomplissent une fonction extrêmement importante. Dans le très jeune fœtus, tant que les reins sont imparfaitement constitués, leur office est accompli par les corps wolffiens, double organe qui leur est analogue quant à la structure et qui s'atrophie peu à peu, puis disparaît entièrement. Chez les poissons les corps wolffiens restent comme organes permanents et il ne se développe pas de rognons.

REINAUD (Joseph-Toussaint), orientaliste, né à \ambesc (Bouches-du-Rhône) en 1795, mort \ Paris en 1867. On a de lui : *Description des m\ uments arabes, persans et turcs du cabinet c ' M. le duc de Blacas* (1828, 2 vol, in-3°, avec pl nches) ; *Géographie d'Aboulfeda* (1848, 2 vol.); etc.

* **RÉINCORPORER** v. a. Incorporer de nouveau : *cette province fut réincorporée au domaine de la couronne.*

* **REINE** s. f. [rè-ne] (lat. *regina*, fém. de *rex, regis*, roi). Femme de roi, ou princesse qui de son chef possède un royaume : *il fut présenté à la reine.* — LA REINE DU CIEL, LA REINE DES ANGES, etc., la sainte Vierge. — LA REINE DU BAL, celle pour qui on donne le bal. — LA REINE DE LA FÈVE, celle qui a la fève dans sa part de gâteau, le jour des Rois, ou que le roi de la fève choisit pour reine. — CETTE FEMME A UN PORT DE REINE, elle a une belle taille et un maintien noble. — LA BEAUTÉ EST LA REINE DES CŒURS, LA REINE DES VOLONTÉS, la beauté subjugue tous les cœurs, toutes les volontés. On dit à peu près dans le même sens, L'OPINION EST LA REINE DU MONDE. — Fig. La plus excellente en son genre : *Rome fut appelée la reine des cités.* — Fam. C'EST LA REINE DES FEMMES, se dit d'une femme pleine de vertus et de bonnes qualités. — Jeu des échecs. Pièce qui est moins grande que le roi, et qui est la seconde du jeu. — REINE DE LA MAIN GAUCHE, épouse morganatique d'un roi : *Mme de Maintenon fut une reine de la main gauche* (voy. MORGANATIQUE), et, par ext. maîtresse d'un roi, quand elle exerce une grande influence politique : *Mme de Pompadour est considérée comme une reine de la main gauche.* — REINE RÉGNANTE, celle qui gouverne en son nom personnel, dans les pays où les femmes ne sont pas exclues du trône : *Elisabeth fut la seconde reine régnante d'Angleterre.* — NE TOUCHEZ PAS A LA REINE, dicton qui a pour origine une loi sévère de l'étiquette espagnole, en vertu de laquelle toute personne qui avait touché le pied de la reine, pour quelque raison que ce fût, était immédiatement mise à mort. On emploie ce dicton pour dire que l'on ne s'attaque pas impunément aux choses que le vulgaire considère comme sacrées.

REINE (Sainte), vierge et martyre mise à mort en 270. Fête le 7 sept.

* **REINE-CLAUDE** s. f. [qûë] (des personnes,

d'accord avec Littré, prononcent -glô-de] (du nom de la reine *Claude*, femme de François Ier qui introduisit ce fruit en France). Espèce de prune très estimée : *prune de reine-Claude.*

* **REINE-DES-PRÉS** s. f. Bot. Nom vulgaire de la spirée ulmaire.

* **REINE-MARGUERITE** s. f. Voy. MARGUERITE.

* **REINETTE** s. f. Sorte de pomme très estimée : *reinette blanche.* On écrit aussi RAINETTE.

REINHOLD (Karl-Leonhard) [raïnn-holtt], philosophe allemand, né en 1758, mort en 1823. Étant maître des novices dans un couvent bénédictin de Vienne, il s'enfuit, se fit protestant à Weimar en 1784, et épousa la fille de Wieland. En 1787, il devint professeur à Iéna, qui devint, surtout grâce à son influence, un foyer de philosophie kantienne. En 1794, il fut transféré à Kiel. Il a laissé de nombreux ouvrages.

* **RÉINSTALLATION** s. f. Action de réinstaller.

* **RÉINSTALLER** v. a. [ré-ain-sta-lé]. Installer de nouveau : *on l'a réinstallé dans ses fonctions.*

* **REINTÉ, ÉE** adj. [rain-té]. Large de reins, qui a les reins larges et forts : *cet homme de peine, ce portefaix est bien reinté.* — S'emploie plus ordinairement dans la vénerie, en parlant d'un chien dont les reins sont larges et élevés en arc : *les chiens reintés sont plus forts que ceux qui ont les reins étroits.*

* **RÉINTÉGRANDE** s. f. Jurispr. Rétablissement dans la jouissance d'un bien, d'un immeuble dont on avait été dépossédé par force : *demander la réintégrande dans un bénéfice.* — Celui qui a été dépossédé d'un objet, meuble ou immeuble, peut demander à être réintégré dans la possession, lorsqu'il justifie qu'il en jouissait depuis une année au moins, c'est là ce que l'on nommait autrefois la *réintégrande* (ord. d'avril 1667, sur la réformation de la justice, tit. XVIII, art. 2), et c'est ce que l'on nomme aujourd'hui *action possessoire.* (Voy. PÉTITOIRE.)

* **RÉINTÉGRATION** s. f. Action de réintégrer, ou résultat de cette action : *il a obtenu sa réintégration dans ce poste.*

* **RÉINTÉGRER** v. a. Jurispr. Remettre, rétablir quelqu'un dans la possession d'une chose dont il avait été dépouillé : *il a été réintégré par arrêt dans cette terre.* — RÉINTÉGRER QUELQU'UN DANS LES PRISONS, le remettre en prison. — FAIRE RÉINTÉGRER DES MEUBLES, les faire remettre dans le lieu d'où ils avaient été enlevés. — Se dit aussi en parlant des personnes qu'on rétablit dans leur emploi, dans leurs fonctions : *il avait été destitué injustement, on vient de le réintégrer dans ses fonctions*, ou absol., *de le réintégrer.* — RÉINTÉGRER LE DOMICILE CONJUGAL, se dit d'une femme qui, spontanément ou par décision de justice, rentre dans le domicile de son mari.

* **RÉINVENTER** v. a. Inventer de nouveau : *des procédés industriels oubliés depuis longtemps ont été réinventés de nos jours.*

RÉIS s. m. [ré-iss]. Monnaie de compte brésilienne et portugaise. (Voy. BRÉSIL et PORTUGAL.)

* **RÉIS** s. m. [ré-iss] (ar. *rais*, chef). Terme emprunté de l'arabe, qui signifie chef, et qui est le titre de plusieurs officiers ou dignitaires de l'empire turc : LE RÉIS-EFFENDI.

REISCHOFFEN [on prononce ordinairement ré-cho-fènn] (all. *Reichshofen*), village d'Alsace, à 32 kil. S.-O. de Weissembourg, au confluent de deux ruisseaux ; 2,900 hab. Ateliers de construction ; scierie mécanique ; belle église du XVIIIe siècle ; château avec parc spacieux. — Bataille de Reischoffen 6 août 1870.

Après l'assaut de Weissembourg (4 août), le prince royal de Prusse, à la tête de la 3e armée (environ 150,000 hommes), marcha rapidement en avant et surprit le corps d'armée de Mac-Mahon (environ 47,000 hommes). La bataille, commencée à 8 heures du matin, se continua avec un acharnement indescriptible jusqu'à 5 heures de l'après-midi. Les principaux combats se livrèrent aux environs de Reischoffen et de Frœschweiller. Neuf fois, les Français se ruèrent sur les lignes compactes de leurs ennemis ; neuf fois ils les brisèrent, mais toujours de nouvelles masses se présentèrent devant eux. Ils durent évacuer leurs positions sur les collines qui avoisinent Wœrth lorsqu'ils furent pris en flanc par les Bavarois et les Würtembergeois. Presque tout l'état-major de Mac-Mahon fut tué pendant l'action, et le maréchal, n'ayant plus un seul cheval à son service, s'évanouit dans un fossé, d'où un soldat parvint à le retirer, sous les balles ennemies. Il dirigea alors, à pied, la retraite sur Saverne, pour occuper les défilés des Vosges. Dans le but de couvrir cette retraite, les cuirassiers firent une charge désespérée que la demeurée célèbre ; la charge des *turcos*, pendant la chaleur de la bataille, mériterait d'être aussi fameuse. Les Allemands attribuèrent leur victoire à leur écrasante stratégie ; elle est due seulement à leur supériorité numérique. Jamais les Français, à aucune époque de notre histoire, ne montrèrent plus d'héroïsme ; et jamais général allemand ne déploya plus d'habileté ni plus de valeur personnelle que le maréchal de Mac-Mahon. Les Français perdirent 5,000 hommes tués ou blessés, 5,000 prisonniers, 2 aigles, 6 mitrailleuses, 35 canons, et une grande partie de leurs bagages. Les Allemands reconnurent que plus 8,000 des leurs étaient hors de combat.

* **RÉITÉRATION** s. f. Action de réitérer : *la réitération de ces menaces le fit changer de conduite.*

* **RÉITÉRER** v. a. (préf. *ré* ; lat. *iterare*, faire de nouveau). Faire de nouveau une chose qui a déjà été faite : *il faut réitérer cette médecine, réitérer la saignée.* — Absol. *Vous avez déjà parlé en sa faveur, il faut réitérer.*

* **REÎTRE** ou **Rètre** s. m. (all. *reiter*, cavalier). On appelait ainsi, dans le XVIe siècle, un cavalier allemand : *un régiment de reîtres.* — Fig. et fam. VIEUX REÎTRE, se dit d'un homme qui a vu beaucoup de pays, et qui a de l'expérience et même de l'astuce. Il ne se dit qu'en mauvaise part ou par plaisanterie.

* **REJAILLIR** v. n. [ll mll.]. Se dit des corps liquides, et il signifie la même chose que jaillir : *faire rejaillir de l'eau.* — Se dit de la lumière : *les rayons qui rejaillissent d'un miroir.* — Se dit aussi d'un corps solide qui, ayant frappé un autre corps, est repoussé, renvoyé sur un troisième : *la pierre a rejailli du mur contre lequel elle était lancée.* — Se dit, fig., de l'honneur, du déshonneur, de la gloire, de la honte, du bien ou du mal qui revient de quelque chose à une personne : *l'honneur de cette action rejaillit sur lui.*

* **REJAILLISSEMENT** s. m. Action, mouvement de ce qui rejaillit : *le rejaillissement de l'eau.*

REJECTION s. f. [-jèk-si-]. (lat. *rejectio*). Action de rejeter.

* **REJET** s. m. Action de rebuter une chose, de n'en pas vouloir, de ne pas l'agréer, de l'admettre : *on a ordonné le rejet de cette pièce comme inutile, falsifiée, supposée.* — Fin. Renvoi d'une partie d'un compte, qui doit être portée sur un autre chapitre du même compte ou sur un autre compte : *cet article de dépense ayant paru déplacé, on en a ordonné le rejet sur un autre chapitre de compte.* — Adm. fin

V.

Faire le rejet d'une taxe, d'une imposition, sur une ville, sur une paroisse, etc., l'y rejeter. (Voy. Rejeter.) — Versific. Se dit d'un ou de plusieurs mots que l'on rejette au vers suivant.

* **REJET** s. m. Agric. Nouveau bois, nouvelle pousse d'une plante, d'un arbre : *voilà le rejet de cette année.* — Rejeton : *les rejets de cet arbre empêchent qu'il ne profite.*

* **REJETABLE** adj. Qui doit être rejeté : *cette excuse ne peut être que rejetable.*

* **REJETER** v. a. Jeter de nouveau : *vous n'avez pas pu prendre la balle quand je vous l'ai jetée.* — Repousser, renvoyer : *on lui avait jeté la balle, il la rejeta avec la même force.* — Jeter une chose dans l'endroit d'où on l'avait tirée : *comme il n'avait pris que du petit poisson, il le rejeta dans l'eau.* — Jeter dehors, pousser hors de soi : *la mer a rejeté sur ses bords les débris du naufrage.* — Se dit, particul., des arbres qui repoussent après avoir été coupés : *depuis qu'on a été cet arbre, il a rejeté beaucoup de branches.* On dit de même, absol., *cet arbre rejette par le pied.* — Mettre une chose en un endroit, après l'avoir ôtée de celui où elle était : *il faut rejeter l'eau de ce bassin dans cette cuve, la terre de ce fossé sur cette couche.* — Fig., dans l'ancienne adm. fin. Rejeter une imposition, une taxe sur une ville, sur les habitants, faire une réimposition pour achever le payement d'une taxe qui n'a pu être payée entièrement par ceux sur qui elle avait été imposée. — Fig. Rejeter un crime, une faute, un tort sur quelqu'un, l'en accuser pour s'en disculper : *il a rejeté sa faute, son tort sur cet homme, qui en était bien innocent.* — Fig. Rebuter, n'agréer pas, ne vouloir pas recevoir : *ce banquier rejette toutes les monnaies étrangères.* — Écrit. Le Seigneur l'a rejeté, le Seigneur l'a repoussé. — Écarter, éloigner : *cela nous rejette bien loin de notre sujet. Nous voilà rejetés bien loin, nous voilà fort éloignés de notre but.* — Se rejeter v. pr. Se reculer, se porter en arrière : *il se rejeta au fond de sa voiture.* — S'excuser : *ne sachant plus que dire pour sa justification, il se rejeta sur les circonstances.*

* **REJETON** s. m. Nouveau jet que pousse une plante, un arbre par le pied ou par le tronc, ou par la tige : *voilà un beau rejeton.* — S'emploie, fig., dans le style soutenu et en poésie, pour signifier, enfant, descendant : *rejeton dégénéré d'une illustre famille.*

* **REJOINDRE** v. a. S'emploie comme Joindre. Réunir des parties qui avaient été séparées : *rejoindre les deux lèvres d'une plaie.* — Ratteindre, retrouver des gens dont on s'était séparé : *où pourrai-je vous rejoindre ? Cet officier a reçu l'ordre de rejoindre son régiment* (de s'y rendre), et absol., *a reçu l'ordre de rejoindre.* — Se rejoindre v. pr. *Les deux parties de l'os se sont rejointes.*

REJOINTOIEMENT s. m. Action de rejointoyer.

* **REJOINTOYER** v. a. Archit. Remplir d'un nouveau mortier les joints des pierres d'un vieux bâtiment : *il faut rejointoyer ce mur.*

* **REJOUER** v. n. Jouer de nouveau, se remettre à jouer : *il voulut rejouer, et perdit tout ce qu'il avait gagné.* — v. a. Rejouons la partie. — Se dit des pièces de théâtre qui sont reprises : *on va rejouer très prochainement cette comédie.*

* **RÉJOUI, IE** part. passé de Réjouir. — Une figure réjouie, une figure gaie. — Substantiv. et fam. Une personne grasse, d'une physionomie gaie et de bonne humeur : *un gros réjoui ; une grosse réjouie.*

* **RÉJOUIR** v. a. Donner de la joie : *cette nouvelle doit vous réjouir.* — Fig. Cette couleur réjouit la vue, elle est agréable elle

plaît aux yeux. — Fam. Le vin réjouit le cœur, il le réconforte, il l'égaye. — Donner du divertissement : *il fit venir des musiciens pour réjouir la compagnie qui était chez lui.* — Réjouir la compagnie aux dépens de quelqu'un, amuser une compagnie par des plaisanteries qui tombent sur quelqu'un présent ou absent. — Se réjouir v. pr. Passer le temps agréablement, se divertir : *ils se sont bien réjouis à la campagne.* — Se réjouir de quelque chose, s'en faire un plaisir : *je me réjouis de lui apprendre cette bonne nouvelle.* Se dit aussi par compliment, et signifie, se féliciter, éprouver une vive satisfaction de quelque chose : *je me réjouis avec vous de cette bonne fortune.* — Se dit, au jeu de la bête et à quelques autres, lorsque, tous les joueurs ayant passé, on change la retourne qui fait l'atout ; ce qui peut avoir lieu jusqu'à trois fois.

* **RÉJOUISSANCE** s. f. Démonstration de joie : *toutes les maisons furent illuminées en signe de réjouissance.* — Jeu du lansquenet. Carte que celui qui donne tire après la sienne, et sur laquelle tous les coupeurs et autres peuvent mettre de l'argent : *gagner la réjouissance.* — Boucher. Se dit d'une certaine portion de basse viande ou plus souvent d'os qu'on oblige l'acheteur de prendre avec la bonne, et la même prix.

* **RÉJOUISSANT, ANTE** adj. Qui réjouit : *un conte fort réjouissant.*

* **RELÂCHANT, ANTE** adj. Méd. Se dit des remèdes propres à relâcher, à étendre, à amollir quelque partie du corps. — s. Employer les relâchants.

* **RELÂCHE** s. m. Interruption, discontinuation de quelque travail, de quelque étude, de quelque exercice : *travailler, étudier sans relâche.* — Repos, intermission dans quelque état douloureux : *son mal commence à lui donner du relâche.* — Il ne donne point de relâche, se dit d'un créancier qui presse continuellement son débiteur. On dit de même, Poursuivre quelqu'un sans relâche. — Théâtre. Se dit lorsque les comédiens suspendent, un ou plusieurs jours : *il y a relâche au théâtre.* — Mar. Lieu propre pour y relâcher, et alors il est féminin : *une bonne relâche.* — Action de relâcher : *faire plusieurs relâches avant que d'arriver.*

* **RELÂCHÉ, ÉE** part. passé de Relâcher : *prisonnier relâché.* — Adj. S'emploie principalement en parlant du relâchement dans les mœurs et dans les devoirs de la religion *c'est un homme fort relâché.*

* **RELÂCHEMENT** s. m. État, disposition d'une chose qui devient moins tendue qu'elle n'était, qui a perdu de son ressort : *le relâchement des cordes d'un violon.* — Disposition du temps à s'adoucir : *lorsqu'il neige, on a d'ordinaire quelque relâchement dans le froid.* — Fig. État de celui qui se relâche, soit dans le travail ou dans quelque exercice, soit dans les mœurs ou dans la piété : *le relâchement de la discipline militaire.* — Délassement, certain état de repos, utile cessation du travail ou d'exercice : *après une grande contention d'esprit, on a besoin de quelque relâchement.*

* **RELÂCHER** v. a. Faire qu'une chose soit moins tendue : *le temps humide relâche le papier des châssis.* — Laisser aller ; et se dit en parlant d'un prisonnier, de quelqu'un qu'on retenait malgré lui, et à qui on rend la liberté : *on l'avait arrêté mal à propos, on a été obligé de le relâcher.* — Céder, abandonner : *relâcher quelque chose de ses droits, de ses prétentions, de ses intérêts : il me devait tant, je lui en ai relâché la moitié.* — Diminuer, rabattre de sa première exactitude, de sa première sévérité ; et alors il est neutre : *ils ont beaucoup relâché de l'ancienne discipline.* — v. n. Mar. S'arrêter en quelque

endroit pour cause de besoin ou de danger : *quand ils furent à telle hauteur, il survint une tempête qui les obligea de relâcher.* — Se relâcher v. pr. Se tendre moins : *ces cordes se relâchent.* — Le temps se relâche, il s'adoucit. — Se relâcher l'esprit, se délasser l'esprit, se reposer. — Céder : *il faut se relâcher de ses prétentions.* — Diminuer : *se relâcher de sa première ferveur, de ses premières austérités.*

* **RELAIS** s. m. (préf. re ; fr. laisser). Se dit d'un ou de plusieurs chevaux frais, soit de selle, soit d'attelage, que l'on poste en quelque endroit, pour que les voyageurs ou les chasseurs s'en servent à la place de ceux qu'ils quittent : *on a placé des relais sur la route pour le voyage du roi.* — Avoir des chevaux de relais, des équipages de relais, avoir des chevaux et des équipages en assez grand nombre, pour se pouvoir servir tantôt des uns, tantôt des autres. — Fig. Avoir des habits, des meubles de relais, avoir des habits, des meubles de rechange. — Fig. et fam. Être de relais, être de loisir, ne point travailler, n'être point employé. — Se dit aussi en parlant des chiens qu'on poste, soit à la chasse du cerf, soit à celle du sanglier : *mettre des chiens de la vieille meute en relais.* — Donner le relais, lâcher, après la bête que l'on court, les chiens placés en relais. — Lieu où l'on met les relais, soit pour le voyage, soit pour la chasse : *au premier relais.* — Particul. Station de poste : *il y a tant de relais de Paris à Lyon.*

* **RELAIS** s. m. Fortific. Espace de quelques pieds de largeur qu'on réserve entre le pied du rempart et l'escarpe du fossé, pour recevoir les terres qui s'éboulent. — Terrain que laisse à découvert l'eau courante qui se retire insensiblement de l'une de ses rives, et se portant sur l'autre. — Terrain que la mer abandonne entièrement : *les lais et relais de la mer.* — Les relais de la mer ou des rivières sont les terres que l'eau laisse à découvert en se retirant d'une manière continue et insensible. Les relais de la mer appartiennent à l'État ; ceux des eaux courantes profitent au propriétaire riverain (C. civ. 557). (Voy. Lais.)

* **RELAIS** s. m. Manufact. de tapisseries. Ouverture que l'ouvrier laisse dans une tapisserie quand il change de couleur et de figure : *les relais sont repris à l'aiguille.*

* **RELAISSÉ** adj. Chasse. Se dit d'un lièvre qui, après avoir été longtemps couru, s'arrête de lassitude.

* **RELANCER** v. a. Chasse. Lancer de nouveau. Se dit en parlant des bêtes fauves, quand, après avoir été lancées, elles se reposent, et qu'ensuite on les fait partir du lieu de leur repos : *on relança le cerf jusqu'à trois fois.* — Relancer quelqu'un, l'aller chercher, l'aller trouver au lieu où il est, pour l'engager à quelque chose à quoi il ne songeait point, ou qu'il n'avait pas envie de faire : *ils sont venus me relancer chez moi, et ils m'ont entraîné avec eux.* — Fig. et fam. Relancer quelqu'un, lui répondre rudement, recevoir mal ce qu'il se permet de dire : *il parlait mal de mon ami, mais je l'ai relancé.*

* **RELAPS, APSE** adj. [re-lapss] (lat. relapsus, retombé). Qui est retombé dans l'hérésie : *il y avait autrefois des édits fort sévères contre ceux qui étaient relaps.* — Se disait, dans l'ancienne Église, de ceux qui retombaient dans le même péché pour lequel ils avaient déjà fait pénitence publique. — s. *C'est un relaps.*

RELARGAGE s. m. Action de verser la lessive dans l'huile ou de remuer le tout pour faire du savon.

* **RÉLARGIR** v. a. Rendre plus large : *il est obligé de faire rélargir tous ses habits.*

* **RÉLATER** v. a. (lat. relatum ; supin de referre, rapporter). Rapporter, mentionner. Ne

s'emploie guère qu'en style de procédure et dans les actes : *ce fait a été relaté avec toutes ses circonstances.*

RELATEUR s. m. Celui qui fait une relation.

*** RELATIF, IVE** adj. Qui a quelque relation, quelque rapport : *cette clause est relative à la précédente.* — S'emploie souvent par opposition à Absolu. Homme *est un terme absolu*, Père *est un terme relatif.* — Gramm. **Pronoms relatifs**, ou substantiv., **Relatifs**, pronoms qui ont rapport à un nom ou à un autre pronom qui les précède, et qu'on appelle antécédent : *qui, lequel, sont des pronoms relatifs, sont des relatifs.* Il y a des grammairiens qui donnent à **Qui, lequel**, la dénomination d'**Adjectifs relatifs.**

*** RELATION** s. f. Rapport d'une chose à une autre : *cet article a relation au précédent.* — Philos. Rapport qui est entre deux personnes, entre deux choses que l'on considère ensemble, et respectivement l'une à l'autre : *la relation du père au fils, et du fils au père.* — Commerce, liaison, correspondance : *j'avais des relations dans ce pays-là.* — Récit, narration, qu'on fait de ce qui s'est passé, de ce que l'on a vu, entendu : *il a donné une relation de ses voyages.* — **Terme de relation**, se dit des mots donnés par les voyageurs comme étant employés dans les pays qu'ils ont visités.

*** RELATIVEMENT** adv. Par rapport, d'une manière relative : *cela doit se prendre, cela doit se considérer relativement à telle chose.*

*** RELATIVITÉ** s. f. Qualité de ce qui est relatif.

*** RELAVER** v. a. Laver de nouveau : *on a eu beau laver et relaver, la tache est restée.*

*** RELAXATION** s. f. [-ksa-si-on]. Didact. Relâchement, état d'une chose qui n'a pas sa tension ordinaire. Se dit particul. en médecine : *la relaxation des intestins.* — Terme de droit canon, qui ne s'emploie guère dans cette phrase, **Relaxation des peines canoniques**, diminution ou entière rémission des peines canoniques. — Jurispr. **La relaxation d'un prisonnier**, action de relaxer un prisonnier, de le remettre en liberté.

RELAXE s. f. Jurispr. Action de relaxer.

*** RELAXÉ, ÉE** part. passé de **Relaxer.** — Chir. Se dit des muscles, des nerfs, des tendons, qui ont perdu de leur tension naturelle : *muscles relaxés.*

*** RELAXER** v. a. [-ksé] (préf. *re;* lat. *laxare*, lâcher). Jurispr. Se dit en parlant d'un prisonnier qu'on remet en liberté.

*** RELAYER** v. a. [-le-ié]. Se conjugue comme *Payer.* Se dit en parlant des ouvriers, des travailleurs, etc., qu'on occupe les uns après les autres à quelque ouvrage : *on envoyait de deux heures en deux heures cinquante pionniers relayer ceux qui travaillaient.* — v. n. Prendre des relais de chevaux frais : *nous relayâmes à tel endroit.* — Se relayer v. pr. *Il avait tant d'ouvriers qui se relayaient l'un l'autre.*

RELAYEUR s. m. Celui qui entretient des relais de chevaux.

*** RELÉGATION** s. f. (lat. *relegatio*). Jurispr. Exil, bannissement dans un lieu déterminé. — Législ. « La **relégation**, instituée par la loi du 27 mai 1885, consiste dans l'internement perpétuel sur le territoire des colonies françaises, des condamnés qui sont dans certaines conditions de récidive. Elle est prononcée par les cours et tribunaux ordinaires, lesquels ne doivent pas compter les condamnations qui auraient été effacées par la réhabilitation, ni celles qui auraient eu pour causes des crimes ou délits politiques, ni celles qui auraient été prononcées par des juridictions spéciales; mais il peut être tenu compte des condamnations prononcées par des tribunaux militaires ou maritimes pour des crimes et délits de droit commun. Sont relégués à l'expiration de la dernière peine à subir par eux, les récidivistes qui, dans un intervalle de dix ans, non compris la durée de la peine subie, ont encouru les condamnations énumérées ci-après : 1° deux condamnations aux travaux forcés ou à la réclusion; 2° une des condamnations énoncées au paragraphe précédent et deux condamnations, soit à l'emprisonnement pour faits qualifiés crimes, soit à plus de trois mois d'emprisonnement pour vol, escroquerie, abus de confiance, outrage public à la pudeur, excitation habituelle des mineurs à la débauche, et pour vagabondage ou mendicité accompagnés de circonstances aggravantes; 3° quatre condamnations, soit à l'emprisonnement pour faits qualifiés crimes, soit à plus de trois mois d'emprisonnement pour les délits spécifiés ci-dessus au paragraphe 2; 4° sept condamnations, dont deux au moins prévues par les deux paragraphes précédents, soit pour infraction à l'interdiction de résidence, signifiée par application de l'article 19 de la loi, à la condition que deux de ces autres condamnations soient à plus de trois mois d'emprisonnement. La relégation n'est pas applicable aux individus qui devront être âgés de plus de 60 ans ou de moins de 21 ans à l'expiration de leur peine; mais celui qui aurait encouru la relégation s'il n'avait pas dépassé 60 ans est soumis à perpétuité à l'interdiction de séjour dans certains lieux désignés par le gouvernement; et, quant au mineur qui aurait encouru la relégation, il doit être retenu jusqu'à sa majorité dans une maison de correction. — Le gouvernement a toujours la faculté de transférer le relégué aux colonies avant l'expiration de sa dernière peine; et il peut aussi lui faire subir tout ou partie de cette peine dans l'un des pénitenciers servant de dépôt pour les libérés qui y sont maintenus jusqu'au plus prochain départ pour le lieu de relégation. Le relégué qui se rend coupable d'évasion est puni d'un emprisonnement de deux ans au plus, lequel doit être subi sur le territoire des lieux de relégation. En cas de récidive, la peine de l'emprisonnement peut être portée à cinq ans. Le condamné qui obtient sa grâce n'est pas dispensé de la relégation, à moins d'une disposition spéciale des lettres de grâce. Le relégué peut, à partir de la sixième année de sa libération, introduire devant le tribunal de la localité, une demande tendant à se faire relever de la relégation. Les mesures d'organisation et d'application de la relégation sont réservées par la loi à des règlements d'administration publique. »

(Ch. Y.)

*** RELÉGUÉ, ÉE** part. passé de **Reléguer.** — Fig. **Ces usages, ces préjugés sont relégués au village**, on ne les trouve plus que parmi les gens de la campagne.

*** RELÉGUER** v. a. (lat. *relegare*). Envoyer en exil dans un lieu déterminé : *ils furent tous relégués dans une île* — Se dit, par est., en parlant d'une personne que l'on envoie demeurer dans un lieu, dans un pays retiré : *il a relégué sa femme à la campagne, en province.* — Se dit fig., en parlant de certaines choses qu'on éloigne, qu'on met à l'écart, parce qu'on n'en fait plus de cas : *on a relégué ce portrait au grenier.* — Se reléguer v. pr. Se retirer : *il s'est relégué dans un faubourg.*

*** RELENT** s. m. [re-lan] (lat. *redolens*, qui a de l'odeur). Mauvais goût que contracte une viande renfermée dans un lieu humide : *de la viande qui sent le relent.*

RÊLER (Se) v. pr. Se fendre en parlant du suif qui se coagule et des pains de sucre.

*** RELEVAILLES** s. f. pl. [ll mll.]. Cérémonie qui se fait à l'église, lorsqu'une femme y va la première fois après ses couches, pour se faire bénir par le prêtre : *elle vient de faire ses relevailles.*

*** RELEVÉE** s. f. Procéd. Temps de l'après-dînée : *à deux heures de relevée.*

*** RELÈVEMENT** s. m. Action par laquelle on relève une chose : *le relèvement d'un mur.* — Se dit d'une personne qu'on rétablit ou qui se rétablit dans l'état d'où elle était tombée : *le relèvement d'un peuple.* — Réduction exacte : *on a travaillé au relèvement de toute la dépense.* — Mar. Se dit des parties d'un bâtiment qui sont plus exhaussées que les autres : *l'avant de ce navire n'a pas assez de relèvement.* — Hydrogr. Action de relever un objet, d'en déterminer la position au moyen du compas de mer ou autrement; et résultat de cette opération : *faire des relèvements de pointes, de caps, d'îles,* etc.

*** RELEVÉ, ÉE** part. passé de **Relever.** — Sculpt. et Broder. **Des ouvrages relevés en bosse**, des ouvrages de relief qui sont attachés à un fond. — **Être d'une condition relevée**, être de grande qualité. — **Avoir des sentiments relevés**, avoir des sentiments nobles, généreux. On dit plus ordinairement, **Avoir des sentiments élevés. Une pensée relevée**, une pensée noble, élevée. **Un sujet relevé, une matière relevée**, une matière qui, par la grandeur de son objet, est au-dessus de la portée du commun des hommes. — **Un ragout, une sauce d'un goût relevé**, un ragout, une sauce d'un haut goût. — Man. **Les airs relevés**, la pesade, le mésair, la courbette, la croupade, la ballottade, la cabriole, le pas et le saut. — s. m. Extrait des articles d'un compte, d'un inventaire, d'un registre, qui sont relatifs à un même objet : *faire un relevé de compte.* — **Faire le relevé de toutes les fautes de grammaire d'un ouvrage, de tous les passages remarquables d'un auteur**, etc., en faire une liste, un état. — Ouvrage que fait un maréchal en levant le fer d'un cheval, et en le rattachant : *un fer neuf n'est pas nécessaire, il ne faut qu'un relevé.* — Cuis. Se dit des services ou des mets qui en remplacent d'autres : *un relevé de potage.* — Vén. Temps où la bête sort du lieu où elle a passé le jour, pour aller repaître : *guetter, épier le relevé.*

*** RELEVER** v. a. Remettre debout ce qui était tombé; remettre une chose dans la situation où elle doit être, une personne dans son attitude naturelle : *relever une chaise qu'on a fait tomber.* — Mar. **Relever un bâtiment**, le remettre à flot. **Relever l'ancre**, la changer de place, la mettre dans une autre situation. — Jeu. **Relever les mains ou levées qu'on a faites**, ramasser les cartes qui ont été faites, les retourner et les mettre devant soi. **Relever les cartes**, les rassembler, réunir le jeu. — Rétablir ce qui était tombé en ruine, ce qui était fort dégradé : *faire relever des murailles.* — **Relever une maison, une famille**, la remettre dans l'opulence, dans l'éclat où elle a été : *le père avait ruiné sa maison, le fils l'a relevée.* — **Relever le courage, relever les espérances de quelqu'un**, exciter, ranimer son courage, faire revivre ses espérances : *la nouvelle de cet heureux succès releva le courage de nos troupes et les espérances des peuples.* — Trousser, retrousser : *relevez votre robe, votre manteau.* — Hausser, rendre plus haut : *ce terrain est trop bas, il faut le relever de trois pieds.* — **Relever sa tête, la tête**, la lever, la hausser lorsqu'elle était baissée. **Relever la tête**, signifie, fig., reprendre du courage, de l'audace : *cette faction, qu'on croyait abattue, relève la tête.* — **Relever la moustache avec le fer**, la retrousser avec un fer chaud, afin d'empêcher qu'elle ne retombe sur les lèvres. — **Relever la moustache à quelqu'un**, réprimer un homme qui fait le capable ou le méchant : *il faisait l'entendu, mais il a*

trouvé un homme qui lui a bien relevé la moustache. — Absol. Se dit des chevaux qui ont le galop élevé, qui lèvent les pieds très haut en galopant : *les chevaux anglais ne relèvent point.* — RELEVER UN CHEVAL, le soutenir de la main et de l'éperon pour lui faire porter la tête plus haute et l'asseoir sur les hanches. — Donner un goût plus piquant, un plus haut goût à des assaisonnements, à des ragouts, à des sauces : *le vinaigre, le jus de citron, etc., relèvent une sauce.* — Se dit, fig., dans un sens analogue, en parlant des ouvrages d'esprit : *il faut que le style soit simple, mais non sans quelque agrément qui le relève.*—Faire paraître davantage une chose, lui donner plus de relief, plus d'éclat : *la parure relève la bonne mine.* — RELEVER EN BRODERIE, rehausser de broderie le fond de quelque étoffe. — RE- LEVER SA CONDITION, SON ÉTAT, SA FORTUNE, aug- menter sa condition, ses richesses. RELEVER SA CONDITION, SA DIGNITÉ, SA CHARGE, honorer sa condition, sa dignité, donner du lustre, de l'éclat aux fonctions qu'on remplit : *il a bien relevé sa charge par son mérite personnel.* — Fig. Faire valoir, louer, exalter une chose : *relever une bonne action, en relever le mérite.* — Faire remarquer ; et il se dit en bonne et en mauvaise part : *il se plaît à relever les beautés d'un ouvrage, au lieu d'en faire remarquer les défauts.* — RELEVER UN MOT PI- QUANT, etc., répondre vivement à celui qui l'a dit : *il m'a décoché une épigramme, mais je l'ai bien relevée.* — RELEVER QUELQU'UN, le re- prendre avec aigreur, en lui faisant voir qu'il a parlé mal à propos : *il avait avancé une pro- position choquante, on l'a bien relevé.* — RELEVER QUELQU'UN DU PÉCHÉ DE PARESSE, l'o- bliger, par des menaces, des reproches et des ordres pressants, à travailler, à mieux remplir ses devoirs. — Vén. RELEVER UN DÉFAUT, on simpl., RELEVER, retrouver la voie que l'on avait perdue. — Hydrogr. Déterminer, au moyen du compas de mer ou autrement, la position d'un objet que l'on aperçoit : *relever un cap, un vaisseau à telle aire de vent, à telle partie de l'horizon.* Il se dit quelquefois, en termes d'arpentage, des opérations analogues qui se font sur terre, avec la planchette, avec la boussole. — Guerre. Remplacer, mettre un nouveau corps de troupes à la place d'un autre : *relever la garde.* — Se dit pareillement du corps, de la troupe même qui succède à une autre dans un poste : *cette troupe va relever telle compagnie.* — RELEVER UNE SENTINELLE, UN FACTIONNAIRE, et, RELEVER DE SENTINELLE, ôter un soldat qui est en senti- nelle, et en mettre un autre à sa place : *c'est au caporal à relever les sentinelles.* Se dit également du soldat qui prend la place de celui qu'on ôte de sentinelle : *c'est un tel qui a relevé son camarade de sentinelle;* et, absol., *c'est lui qui a relevé un tel.* — Mar. RELEVER LE QUART, LE TIMONIER, etc., les changer. — Cuis. RELEVER UN SERVICE PAR UN AUTRE, des- servir les plats qui sont sur la table, pour en servir d'autres : *on releva les grosses pièces et les entrées par des rôts et des entremets déli- cats.* Se dit, par ext., en parlant de toute oc- cupation dans laquelle on remplace une autre personne : *je suis fatigué de lire, relevez-moi.* — Jurispr. Libérer d'un engagement, d'un contrat, lequel est déclaré nul ou cassé pour cause de lésion ou d'un nullité de fait ou de droit : *il n'appartient qu'au prince de relever quelqu'un d'un contrat.* — SE FAIRE RELEVER DE SES VŒUX, faire déclarer ses vœux nuls. On dit de même, RELEVER QUELQU'UN D'UN SERMENT. — RELEVER QUELQU'UN D'UNE INTERDICTION, lever l'interdiction portée contre lui. — Anc. prat. RELEVER UN APPEL, se faire autoriser, par lettres du sceau ou par un arrêt, à pour- suivre l'appel qu'on avait interjeté d'une sentence : *il fit relever son appel dans tel temps.*— RELEVER UN FIEF D'UN SEIGNEUR, recon- naître avec les formalités requises qu'un fief était mouvant de lui : *il fit saisir le fief de*

Paul, *faute par celui-ci de l'avoir relevé.* — v. n. Aller mieux. — RELEVER DE MALADIE, commencer à se porter mieux, en sorte qu'on n'est plus contraint de garder le lit : *il re- lève d'une grande maladie.* — ON NE CROIT PAS QU'IL EN RELÈVE, IL N'Y A PAS APPARENCE QU'IL RELÈVE DE LÀ, se dit en parlant d'un homme bien malade, et qu'on croit qui n'en réchappera pas. — CETTE FEMME RELÈVE DE COUCHES, elle est rétablie de ses couches, elle ne garde plus le lit, elle commence à sortir. — Jurispr. Être dans la mouvance d'une sei- gneurie, dans la féodalité d'un seigneur. Se disait tant des terres et des fiefs, que des personnes : *ce fief, cette terre relevait de telle seigneurie, de tel seigneur.* — Par ext. Être dans une sorte de dépendance de quelqu'un, ressortir de : *celui de qui relèvent tous les empires.* — Se relever v. pr. Se redresser, se remettre dans sa situation naturelle : *le navire qui penchait se releva lentement.*

        La Mollesse en pleurant sur un bras *se relève.*
                       BOILEAU. *Le Lutrin.*

— SE RELEVER DE QUELQUE PERTE, DE QUELQUE ÉCHEC, etc., se remettre de quelque perte, etc. : *cette perte, cette banqueroute l'a accablé, il ne pourra jamais s'en relever.* — SE RELEVER D'UN ÉTAT D'ABAISSEMENT, DE DÉCADENCE, etc., ou absol., SE RELEVER, sortir d'un état d'abaisse- ment, de décadence, etc. : *cet empire parut, un moment, près de se relever.* — CETTE PIÈCE, QUI ÉTAIT PRESQUE TOMBÉE A LA PREMIÈRE REPRÉ- SENTATION, S'EST RELEVÉE A LA SECONDE, elle y a obtenu du succès. — CELA L'A BIEN RELEVÉ, se dit d'un homme à qui il est arrivé quelque grande fortune. — Particul. Se remettre sur ses pieds : *je me trouvai mal étant à genoux, et j'eus beaucoup de peine à me relever.* — Absol. Sortir de nouveau du lit ; se lever du lit par quelque motif extraordinaire, et pour se recoucher aussitôt : *il a été obligé de se re- lever quatre fois cette nuit.*

* RELEVEUR adj. m. Anat. Se dit de diffé- rents muscles dont la fonction est de relever les parties auxquelles ils sont attachés : *muscles releveurs.* — Substantiv. *Le releveur de l'œil.*

* RELIAGE s. m. Action de relier des cuves, des tonneaux, etc.

RELICHER v. n. Faire bonne chère. (Pop.)

RELICHEUR, EUSE s. Qui aime à relicher. (Pop.)

* RELIEF s. m. [re-lièff] (ital. *rilievo*). Ou- vrage de sculpture plus ou moins relevé en bosse. On appelle HAUT RELIEF ou RELIEF EN- TIER, celui qui est de l'épaisseur de toute la chose représentée ; DEMI-RELIEF, celui où la représentation des objets sort à moitié d'un fond sur lequel elle semble posée, et BAS- RELIEF, celui où la représentation des objets a moins de saillie encore : *une frise ornée de bas-reliefs.* — Se dit, dans un sens anal., en termes de gravure sur métaux et sur pierres fines : *on grave en creux ou en relief sur les métaux et sur les pierres.* — Peint. Se dit aussi de la saillie apparente des objets : *cet objet est si bien peint, qu'il est absolument de relief.* — PLAN EN RELIEF. (Voy. PLAN.) — Fig. Éclat que certaines choses reçoivent de l'opposition ou du voisinage de quelques autres : *certaines couleurs, opposées les unes aux autres, se donnent du relief.* — Éclat, considération que donne une dignité, un emploi, une bonne action, etc. : *les emplois qu'il avait occupés donnaient du relief à sa fa- mille.* — Fortifié. Hauteur d'un ouvrage au- dessus du terrain sur lequel il est construit. — Mar. Hauteur d'un bâtiment au-dessus de la surface de l'eau : *ce bâtiment a peu de re- lief au-dessus de l'eau.* — Jurispr. féod. Droit que le vassal payait à son seigneur lors de certaines mutations, et qui variait suivant les différentes coutumes. — Ordre du prince qu'obtenait un officier qui avait été

absent pour une cause légitime, afin de tou- cher ses appointements échus durant son absence : *obtenir un relief pour être payé.* — Anc. prat. LETTRES DE RELIEF D'APPEL, ou simpl., RELIEF D'APPEL, lettres de la petite chancellerie, qui autorisaient à faire intimer ou assigner pour procéder sur l'appel qu'on avait interjeté d'une sentence : *il lui fit signi- fier un relief d'appel.* — LETTRES DE RELIEF, lettres de réhabilitation de noblesse. — pl. Ce qui reste des mets qu'on a servis : *reliefs de table.*

       Autrefois le rat de ville
      Invita le rat des champs,
      D'une façon fort civile,
      A des reliefs d'ortolans.
           LA FONTAINE.

* RELIER v. a. Lier de nouveau, refaire le nœud qui liait, et qui est défait : *relier une gerbe, une botte de foin.* — Coudre ensemble les feuillets d'un livre, et y mettre une cou- verture : *relier un livre; le faire relier en ma- roquin.* — Remettre, ou simplement, mettre des cercles, des cerceaux à un muid, à un tonneau, à une cuve ou à d'autres futailles : *la vendange approche, faites relier vos futailles.* — Unir par des voies de communication : *plusieurs rues relient ces deux palais.*

* RELIEUR s. m. Celui dont le métier est de relier les livres : *le métier, l'art du relieur.*

* RELIGIEUSEMENT adv. Avec religion : *vivre très religieusement.* — Exactement, scru- puleusement, ponctuellement : *observer reli- gieusement les traités.*

* RELIGIEUX, EUSE adj. Qui appartient à la religion : *cérémonies religieuses.* — Pieux, qui vit selon les règles de la religion, qui est conforme à la religion : *c'est un homme religieuse.* — Exact, ponctuel, scrupuleux : *il est religieux observateur de sa parole.* — Qui appartient à un ordre régulier : *l'habit reli- gieux.* — Ordres religieux, terme appliqué, dans l'Église catholique romaine et dans les Églises orientales, aux associations d'hommes et de femmes dont les membres vivent en commun dans les couvents. (Voy. MONACHISME.) Ce qui les distingue des autres associations, c'est la séparation d'avec le monde, le célibat, les vœux religieux qui donnent à leurs communautés un caractère entièrement ecclésiastique. La liste officielle de la *Gerar- chia cattolica* de 1875, publiée au Vatican, divise les ordres religieux en 6 classes : 1° les chanoines réguliers ; 2° les clercs réguliers, qui comprennent les théatins, les barna- bites, les jésuites et les piaristes ; 3° les con- grégations religieuses, comprenant les passio- nistes et les rédemptoristes ; 4° les congré- gations ecclésiastiques : lazaristes, oblats de Marie-Immaculée, frères des écoles chré- tiennes et frères de la Merci ; 5° les moines : bénédictins, camaldules, cisterciens, trap- pistes, mékhitaristes ou bénédictins armé- niens et basiliens ; 6° les mendiants : domi- nicains, observants mineurs, conventuels mineurs, capucins mineurs, tiers ordre de Saint-François, augustiniens, carmélites, hiéronymites ou ordre de Saint-Jérôme, et hospitaliers de Saint-Jean-de-Dieu. A côté de la plupart des ordres religieux d'hommes, il se forma, peu après leur création, des con- grégations de femme suivant la même règle. Outre les religieuses, la plupart des ordres s'augmentaient par l'admission de frères lais (*fratres conversi*)ou de sœurs converses, chargés des soins domestiques et des rapports avec le monde. — Les Églises protestantes en gé- néral sont opposées aux institutions monas- tiques ; cependant, dans ces temps récents, il s'est formé plusieurs communautés de personnes vivant en commun et s'obligeant à observer une règle. Dans l'Église d'Angle- terre, une institution de sœurs a reçu un grand développement sous les auspices de ce qu'on appelle le parti de la haute Église.

Dans l'Église évangélique d'Allemagne, il s'est établi des communautés de « diaconesses », pour des œuvres charitables, particulièrement pour soigner les malades. — Législ. anc. « En France, dès le ive siècle et pendant les siècles suivants, la vie du cloître fut recherchée par tous ceux qui aspiraient à trouver un refuge contre l'arbitraire et la violence des seigneurs. Ceux-ci, presque toujours en lutte les uns contre les autres, ravageaient sans pitié les campagnes; mais, par l'effet d'une crainte superstitieuse, ils respectaient les églises et les monastères, et même ils les enrichissaient en leur abandonnant une part de leur butin. Cet entraînement vers la vie monastique était si général que les rois, depuis Charlemagne jusqu'à Louis XV, défendirent que personne sans leur autorisation fît de profession religieuse ou fondât un établissement de mainmorte. On se contenta néanmoins dans l'usage d'exiger, pour les vœux monastiques, un minimum d'âge et le consentement formel des parents. L'art. 19 de l'ordonnance d'Orléans (janv. 1560) défendant aux parents et tuteurs de donner ce consentement à leurs enfants ou pupilles, avant que ceux-ci eussent atteint l'âge de 25 ans pour les mâles et de 20 ans pour les filles. Mais l'ordonnance de Blois (mai 1579), tout en maintenant la défense, souvent violée, d'entrer en religion sans le consentement des parents, se conforma aux décrets du concile de Trente en abaissant à 16 ans l'âge requis pour la profession. Plus tard, on reconnut que cette limite d'âge donnait lieu à beaucoup de vocations prématurées; et, par un édit de mars 1768, on la releva temporairement à 21 ans pour les hommes et à 18 ans pour les femmes. — En vertu des lois de Justinien, les biens d'un religieux étaient acquis au monastère dans lequel il entrait, à l'exception de la légitime réservée à ses enfants. — Il était interdit, par les canons, tout régulier de l'un ou de l'autre sexe, de posséder aucun bien, meuble ou immeuble, de quelque nature que fût ce bien et de quelque manière qu'il eût été acquis, le patrimoine de tout religieux devant être remis entre les mains du supérieur et incorporé au couvent. Un religieux était, par son vœu, in manu superioris, de sorte qu'il ne pouvait pas même ester en justice sans l'autorisation expresse de son supérieur (Arrêt de règlement du parlement de Paris, 4 mai 1696). Les profès et les professes étaient incapables de recevoir aucune donation, ni aucun legs. Eux-mêmes ne pouvaient faire un testament valable; il leur était seulement permis de tester avant la profession, pendant le temps de la probation ou noviciat; et le testament avait son effet aussitôt après la profession, car celle-ci était considérée comme une mort civile, en dépouillant le religieux de ses biens, avait, à l'égard de son testament, les mêmes effets que la mort naturelle (Domat, Lois civiles, liv. III, tit. I, sect. II, art. 13). Un religieux était incapable de succéder, même lorsqu'il était rentré dans la vie civile, ou, comme l'on disait alors, lorsqu'il était rendu au siècle (Arrêt de règlement du parlement de Paris, 17 juill. 1659). Les religieux et religieuses renonçaient à posséder individuellement, mais ils mettaient une extrême âpreté à accumuler des richesses en commun, ce qui appauvrit la société civile et réduisit le plus grand nombre des familles à une existence misérable, pendant que les religieux et les religieuses qui avaient fait vœu de pauvreté vivaient dans l'abondance. On a cherché de tout temps et dans tous les pays à refouler cet envahissement du monachisme. En France, les divers gouvernements qui se sont succédé ont dû soutenir ce combat pour la vie du peuple, et s'opposer de toutes leurs forces à l'accaparement des terres par le clergé. En vertu de

nombreux édits; non seulement les biens des religieux cessèrent d'être acquis aux monastères et furent dévolus à leurs héritiers naturels, mais celui ou celle qui faisait profession ne pouvait disposer au profit de son couvent ni d'aucune autre maison religieuse; il pouvait seulement tester en faveur de ses parents ou d'autres personnes (Ord. roy. de 1560, art. 19; de 1579, art. 28; de 1629, art. 9, etc.). Il fut même interdit aux communautés d'hommes, ainsi qu'aux monastères de religieuses de fondation ancienne, de rien recevoir pour l'entrée en religion. Quelques couvents de femmes étaient seuls autorisés à recevoir pour l'admission des novices une dot de 6,000 livres ou une pension viagère de 350 livres (Décl. de Louis XIV, du 28 avril 1793; Arr. de règl. du parl. de Paris du 13 févr. 1716). Ces prescriptions rigoureuses, qui seraient utilement rétablies de nos jours, n'ont pas empêché les maisons religieuses d'amasser d'énormes richesses, au moyen des apports secrets, des ventes simulées, des donations, des fondations de messes, etc. Un édit du mois d'août 1749, rédigé par d'Aguesseau et qui défendait de nouveau de fonder des maisons de mainmorte sans la permission du roi, constate dans son préambule « les inconvénients de la multiplication de « ces établissements et la facilité qu'ils « trouvent à acquérir des fonds naturellement « destinés à la subsistance et à la conserva- « tion des familles... Par les ventes qui se « font à des gens de mainmorte, les biens « immeubles qui passent entre leurs mains « cessent pour toujours d'être dans le com- « merce, en sorte qu'une très grande partie « des fonds du royaume se trouve possédée « par ceux dont les biens, ne pouvant dimi- « nuer par des aliénations, s'augmentent au « contraire continuellement par de nouvelles « acquisitions. » Au point de vue de la mo- ralité, il existait, dans les couvents, de grands vices que les décrets répétés des conciles n'ont pu réformer. Denis Talon en 1667, dans un réquisitoire au parlement réclamait des mesures rigoureuses contre le libertinage qui s'était introduit dans la plupart des cloîtres. En outre on voyait, disait-il, en parlant des ordres mendiants « des religieux « vagabonds s'abandonner à toutes sortes de « débauches et devenir la honte de l'état « monastique ». Les évêques furent plusieurs fois mis en demeure par le roi de réprimer des désordres scandaleux, dans les monas- tères de religieux de l'un et de l'autre sexe. « Les corporations religieuses en France, a « dit Le Play (Réforme sociale, 66), ont contri- « bué, pour une part importante, à la désor- « ganisation morale, puis à la chute de l'an- « cienne société. Les nations libres et pros- « pères s'inspirent d'un juste sentiment de « prévoyance en se montrant peu sympa- « thiques aux corporations religieuses... « L'infériorité de ces corporations résulte « non seulement de la corruption qu'elles « recèlent en germe, mais encore de leur « ignorance des lois de la famille et de leur « impuissance relative à apprécier les vrais « besoins de la société. » Un grand nombre de jeunes filles nobles étaient moralement contraintes par leurs parents à embrasser la vie religieuse, afin que la totalité du bien pa- trimonial appartînt au fils aîné. « Les nobles « ne pouvant, sous peine de déroger, s'oc- « cuper de commerce et d'industrie, le père « se voyait donc forcé de faire de son second « fils un prêtre ou un moine ; de ses filles « qu'il ne mariait pas faute de dot, des reli- « gieuses, sans avoir consulté leur vocation. » (Paul Lacroix, Institutions XVIIIe siècle, chap. II.) Lorsqu'une fille, après avoir pro- noncé ses vœux, reconnaissait que le cloître n'était pas fait pour elle et se révoltait contre son sort, elle devait néanmoins se soumettre, la loi ne lui permettant pas de recourir sa

liberté. Quelquefois ces malheureuses étaient enfermées, par ordre de leur supérieure, dans des cachots souterrains que l'on appelait des in pace; elles y restaient ensevelies et oubliées, et c'est là qu'en 1789, l'on en découvrit un cer- tain nombre réduites à l'état d'idiotisme, le jour où l'Assemblée constituante ordonna l'ou- verture des prisons monastiques. Pour faire partie du chapitre, dans certains couvents d'hommes ou de femmes, il fallait justifier d'une noblesse d'extraction, et les quartiers en étaient vérifiés d'une manière très rigou- reuse. Pour l'admission dans quelques ordres, on exigeait neuf degrés de noblesse. « Il y avait aussi un grand nombre de béné- « fices, abbayes, prieurés, canonicats, pré- « bendes, qui appartenaient de droit aux « jeunes nobles, mais surtout et presque « exclusivement à la noblesse de cour. On « ne les accordait que bien rarement au mé- « rite; la faveur seule en désignait ordinai- « rement les titulaires. Un seigneur qui avait « quelque crédit en cour, obtenait sans trop de « peine qu'un de ses fils, souvent deux ou trois, « fussent couchés sur la feuille des bénéfices ; « qu'une de ses filles fût chanoinesse ; que « ses parents et ses proches se trouvassent « nantis de bonnes rentes sur les biens de « l'Eglise. » (P. Lacroix, id., id.). L'abbé commendataire jouissait d'une partie des revenus du monastère, mais il n'avait aucune autorité sur les religieux ; et, bien que la discipline fût alors confiée à un prieur claus- tral, cet état de choses favorisait tous les dérèglements. En 1763, il y avait en France 740 abbayes d'hommes dont 625 en com- mende ; les couvents de femmes étaient in- nombrables, car chacun des ordres comptait plusieurs centaines de maisons. Plus de 250,000 personnes étaient vouées à la vie mo- nastique, et un même nombre appartenait au clergé séculier. On ne doit pas cependant méconnaître les services qui ont été rendus à la société humaine par quelques ordres reli- gieux, notamment par la congrégation des bénédictins de Saint-Maur dont faisait partie l'abbaye de Saint-Germain-des-Prés. Cette abbaye comptait au XVIIe et au XVIIIe siècle, parmi ses moines, de savants historiens, tels que Mabillon et Montfaucon. L'Assemblée constituante réduisit le nombre excessif de maisons religieuses; mais elle laissa sub- sister, dans chaque département, une maison au moins de chacun des ordres qui s'y trou- vaient établis. Les religieux ou religieuses qui voulaient quitter leurs monastères rece- vaient des pensions. Le serment ne fut exigé que des prêtres fonctionnaires de l'Etat, et non des autres membres du clergé, ni des religieux. — Nous avons exposé ailleurs (voy. Congrégation) la législation actuelle concernant les communautés religieuses d'hommes ou de femmes, et nous n'avons plus qu'à y revenir ici. Nous rappellerons seule- ment que, conformément aux principes du catholicisme, les religieux réguliers ou sécu- liers n'ont en réalité d'autre patrie que la Rome du Vatican; car suivant les paroles du cardinal Antonelli, ministre du pape Pie IX, « des individus, à quelque nationalité qu'ils « appartiennent, cessent, aussitôt qu'ils em- « brassent la vie religieuse, d'appartenir à « cette nationalité, et deviennent sujets du « saint-siège, dépendant exclusivement de « lui .» C'est donc avec raison qu'un savant et patriote historien a écrit ceci : « La liberté « d'association entre citoyens n'autorise pas « les associations entre Français et étran- « gers, sous des chefs étrangers, dans un « esprit et en vue du but contraire aux « principes nationaux. Il en est de même de « la liberté d'enseignement : il faut être ci- « toyen et libre d'engagements contraires « aux devoirs des citoyens pour préparer des « citoyens à la patrie. » (Henri Martin, Hist. de France depuis 1789, t. VI, p. 7). — (Ch. Y.)

* **RELIGIEUX, EUSE** s. Se dit des personnes qui se sont engagées par des vœux à suivre une certaine règle autorisée par l'Eglise : *un bon religieux; un couvent de religieuses.*

* **RELIGION** s. f. (lat. *religio,* lien). Culte qu'on rend à la divinité : *la religion juive; la religion chrétienne.* — Voici, d'après les derniers renseignements, le tableau des adhérents aux différentes religions :

Bouddhistes	451 millions
Chrétiens	450 —
Brahmanistes	200 —
Musulmans	160 —
Confucianistes	75 —
Juifs	9 —
Autres	200 —

Population approximative du globe 1.545 millions

Les chrétiens se décomposent en :

Catholiques romains	210 millions
Eglises grecques	90 —
Luthériens	40 —
Autres protestants	110 —

450 millions

— Mais il faudrait réduire de beaucoup quelques-uns de ces chiffres, si l'on pouvait évaluer le nombre des indifférents, des sceptiques, des baptisés non croyants, des libres penseurs qui figurent à tort dans les nombres des différentes sectes. (Voy. Burnouf. *La Science des religions* (3ᵉ édit. 1877). — LES GUERRES DE RELIGION, les guerres occasionnées par la différence des religions, et particulièrement les guerres entre les catholiques et les protestants. — LA RELIGION PRÉTENDUE RÉFORMÉE, LA RELIGION RÉFORMÉE, ou simplement, LA RELIGION, la croyance des calvinistes : *cet homme était de la religion.* Foi, croyance, piété, dévotion : *la religion console, élève, épure l'âme.* — Etat des personnes engagées par des vœux à suivre une certaine règle autorisée par l'Eglise : *ce bénédictin a trente ans de religion.* — METTRE UNE FILLE EN RELIGION, la faire religieuse. ENTRER EN RELIGION, se faire religieux ou religieuse. — Absol. Ordre de Malte : *ce chevalier avait servi tant d'années la religion.* — Se dit encore dans plusieurs phrases où il a des significations diverses. — SE FAIRE UNE RELIGION D'UNE CHOSE, S'EN FAIRE UN POINT DE RELIGION, s'en faire une obligation indispensable : *il se fait une religion de tenir sa parole.* — VIOLER LA RELIGION DU SERMENT, manquer à son serment, se parjurer. — SURPRENDRE LA RELIGION DU PRINCE, LA RELIGION DES JUGES, LA RELIGION D'UN TRIBUNAL, surprendre la justice du prince, des juges, etc., les tromper par un faux exposé. — Encycl. « Ce n'est que depuis quelques années que l'*Histoire des religions* occupe une chaire au collège de France et c'est seulement en 1885 qu'elle a commencé à être l'objet d'un enseignement à l'Ecole pratique des hautes études; cependant cette science est destinée à éclairer l'histoire de la politique intérieure et extérieure des nations. De tout temps, les monarques ont fait alliance avec les églises, dans le but de dominer plus facilement les peuples. Le prêtre, en consacrant le roi, est censé faire descendre de Dieu même le pouvoir temporel; en retour, le roi soutient le prêtre et sa doctrine par la force du bras séculier. C'est ainsi que, depuis les temps historiques, les religions ont été un moyen d'exploiter la crédulité des peuples au profit de quelques privilégiés; et cela se voit encore aujourd'hui dans quelques contrées du globe. « Depuis le jour où Constantin, pour s'emparer de la force nouvelle « qui l'avait porté au pouvoir, ne trouva rien « de mieux que de faire entrer le christia « nisme dans le cadre impérial, en se fit à la « fois grand pontife des paiens et évêque « extérieur des catholiques, l'union de l'E « glise et de l'Etat a été la foi des peuples « chrétiens. La religion et la politique se sont « fondues ensemble, l'hérésie est devenue un

« crime, le prince a mis au service de l'or « thodoxie ses soldats et ses bourreaux. Le « résultat de cette alliance n'a été favorable, « ni à la civilisation, ni à l'Etat, ni à la reli « gion. » (Ed. Laboulaye, *L'Eglise et l'Etat en* « *Amérique*). Le catholicisme romain chercha d'abord à échapper à la suprématie du pouvoir temporel, et le pape Gélase 1ᵉʳ écrivait, à la fin du vᵉ siècle, dans son *Traité de l'excommunication* : « Dieu a voulu séparer les « fonctions des deux pouvoirs, de telle façon « que les empereurs chrétiens eussent besoin « des pontifes pour la vie éternelle, et que « les pontifes fussent soumis aux empereurs, « pour les choses temporelles. Ainsi chacun « des deux ordres est contenu dans la modé « ration et chaque vocation est appliquée aux « choses qui lui conviennent. » On sait comment cette doctrine fut abandonnée par les papes, après que, devenus eux-mêmes souverains temporels, ils prétendirent à la domination universelle; comment au XIᵉ siècle Grégoire VII, après avoir abaissé l'Empire, interdit absolument aux prêtres de se marier, et, en les détachant ainsi de toute famille et de toute patrie, assura à l'Eglise, dans les pays où le catholicisme domine, une armée de fanatiques exclusivement dévoués aux intérêts de la curie romaine. — Les rois de France ont presque toujours cherché à repousser les empiétements de l'Eglise sur leur propre autorité, mais ils soutenaient en même temps les privilèges abusifs d'une religion d'Etat dont l'existence semblait nécessaire au maintien de leur pouvoir absolu. Puis, ils sont arrivés à réduire les prêtres au rôle de fonctionnaires, et c'est ainsi que « la corruption, l'intolé « rance et l'action politique du clergé ont, « depuis trois siècles, toujours affaibli le ca « tholicisme et ont incessamment provoqué, « selon les circonstances, les dissidences reli « gieuses ou le scepticisme. » (Le Play, *Réforme sociale,* XV). Diverses ordonnances de Louis IX, de Philippe VI, de Charles VII, de Louis XII, de Henri II, de Charles IX et de Henri III ont édicté des peines rigoureuses contre ceux qui, par paroles ou écrits, contestaient les dogmes de la religion catholique. L'intolérance redoubla, lorsque Louis XIV, après avoir cherché, en 1682, à échapper à l'influence de Rome au moyen de la constitution d'une Eglise gallicane, se décida ensuite à renier tous les engagements que son aïeul avait souscrits à l'égard des protestants. L'édit du mois d'octobre 1685, en révoquant l'édit de Nantes, ordonne la démolition de tous les temples, interdit l'exercice de la religion réformée en aucun lieu et en aucune maison particulière, enjoint aux ministres de cette religion de se convertir au catholicisme ou de sortir de France, et oblige les parents hérétiques à faire baptiser leurs enfants par les curés. Ces effroyables mesures eurent pour effet d'appauvrir encore la France déjà ruinée par le luxe de la cour et par des guerres insensées. Les plus habiles ouvriers, les meilleurs citoyens durent s'expatrier, et allèrent enrichir les pays voisins, pendant que la famine et la misère achevaient de dépeupler les provinces. Louis XV, à son tour, par un édit du 14 mai 1724, défendit à tous ses sujets de pratiquer aucune autre religion que la religion catholique, apostolique et romaine; il enjoignit à tous pères et mères, notamment aux protestants, d'envoyer leurs enfants aux catéchismes des paroisses jusqu'à l'âge de 14 ans. Les protestants qui, étant malades, refusaient de recevoir les sacrements catholiques, devaient être, s'ils recouvraient la santé, condamnés au bannissement à perpétuité; leurs biens étaient confisqués, et, s'ils venaient à mourir, un procès était fait à leur mémoire. Aucune fonction ne pouvait être attribuée, aucune licence ne pouvait être délivrée que sur la présentation d'une attestation du curé, constatant que l'impétrant

pratiquait la religion catholique. Suivant Domat (*Droit public,* liv. I), les rois devaient être à la fois les protecteurs, les gardes, les conservateurs et les exécuteurs de la religion catholique. Lorsque l'Assemblée constituante eut aboli les privilèges de cette religion, le clergé proposa néanmoins de reconnaître au catholicisme le titre de *religion dominante* (11 août 1789); mais cette proposition fut repoussée, sur l'observation faite par Mirabeau que « rien ne doit dominer, si ce n'est le droit et la justice ». Le concordat du 26 messidor an IX reconnut seulement que la religion catholique, apostolique et romaine était celle de la grande majorité des citoyens français. La charte de 1814 déclarait cette religion *la religion de l'Etat;* la charte de 1830 a répété les termes du concordat; et les constitutions de 1848, de 1852 et de 1875 sont muettes sur ce sujet. Quant à l'Eglise elle-même, elle rejette de sa communion tous ceux qui pensent que « il ne convient plus à « notre époque que la religion catholique soit « considérée comme l'unique religion de l'E « tat, à l'exclusion de tous les autres cultes. » (*Syllabus,* LXXVII). (Voy. SYLLABUS.) Cependant la loi française reconnaît quatre cultes dont les ministres sont rétribués par l'Etat, et qui seuls peuvent être publiquement exercés (Voy. CULTE.) C'est seulement depuis la loi du 28 mars 1882 que la liberté de conscience est respectée dans les écoles primaires publiques, aucune religion ne devant plus être enseignée que dans les écoles confessionnelles privées, dans les temples ou dans la famille. Cette loi devait soulever les protestations des sectaires, pour lesquels l'enseignement religieux, au lieu d'être une école de morale, est un moyen de conquérir de l'influence sur un pays au profit de la politique romaine. — La véritable religion est indépendante des lois; ses principes éternels sont écrits dans l'âme humaine; on trouvait déjà en partie ceux du christianisme dans les maximes de quelques anciens sages, avant que l'Evangile les eût reproduits. S'ils ont été répandus dans le monde par les églises chrétiennes, ce fut souvent à l'aide d'un fanatisme qui a fait disparaître ces mêmes principes dans les aberrations du mysticisme ou dans les violences les plus atroces. D'un autre côté, lorsque la religion s'applique à des objets matériels, à des images, à des amulettes, à l'eau d'une source, à des ossements, etc., elle n'est plus qu'un grossier fétichisme, en tout semblable à celui que pratiquent les peuplades barbares de l'Afrique ou de l'Océanie. Et, sans aller aussi loin, n'est-ce pas aux époques et dans les pays où les formules vides et les pratiques matérielles sont le plus en usage que les principes chrétiens, tels que la fraternité et le pardon des injures, sont le plus en oubli. Pour l'être humain qui, par l'âge, le sexe, la maladie, l'éducation ou le caractère, est dépourvu d'énergie morale, la foi religieuse est un puissant soutien contre les tentations, contre la souffrance, ou en face de la mort. Cette être chez lequel une foi aveugle a été aisément imprimée dès la première enfance, et qui se trouve saisi de terreur à la pensée de l'enfer dont on le menace, a besoin d'être ensuite rassuré que par des promesses, par des formules libératrices et par l'assistance effective du prêtre. Mais pourquoi ceux qui se disent seuls chargés d'enseigner la religion, en ont-ils fait si souvent une cause de dissensions dans les familles, et de guerres implacables entre les enfants d'une même patrie? Chez les sectaires, la religion ne sert le plus souvent qu'à masquer les ambitions les plus ardentes. « Exposer l'Eglise à « toutes les haines, la patrie à tous les « dangers, risquer l'existence même de la « France, qu'est-ce que cela pour des hommes « qui se croient religieux et qui se disent « conservateurs ? » (Ed. Laboulaye, *loc. cit.*)

Quant à la théologie, « les subtilités sans va-
« leur que l'on décore de ce nom sont, dit
« M. Renan (*Marc-Aurèle*), le parasite qui
« dévore les religions, bien plutôt qu'elles
« n'en sont l'âme ». La vraie religion ne doit
pas être surchargée de dogmes absurdes que
repousse malgré elle toute intelligence non
atrophiée ou obscurcie ; elle se borne à développer les véritables sentiments chrétiens et
à soutenir la pratique des vertus, en affir-
mant l'immortalité de l'âme et l'existence
d'un Dieu rémunérateur et vengeur. Plus l'intelligence humaine s'épure et s'élève au-
dessus de la matière, plus le sentiment religieux se dégage des formules. Au contraire,
l'Église romaine, après avoir si longtemps
troublé la paix du monde et fait massacrer
ou brûler plusieurs millions d'hommes, semble aujourd'hui vouloir ramener sur notre
époque la nuit du moyen âge. Au lieu de se
placer en avant des sociétés humaines et de
les guider dans leur marche vers le progrès,
elle s'acharne aveuglément à retarder cette
évolution ; elle plaigne la perte de ses anciens
privilèges et d'un domaine temporel qu'elle
ne pouvait plus conserver ; et, après avoir
jeté un dernier défi à la raison par le *Syllabus* (voy. ce mot), elle voit s'éloigner d'elle
successivement tous les esprits qu'une instruction véritable a formés ou que le simple bon sens éclaire. Abusant des dispositions naturelles aux femmes et qui les portent d'une part à exagérer tous les sentiments et à suivre les élans les plus vaporeux
de l'imagination, d'autre part, à s'attacher
d'une façon inconsciente aux anciens usages
et à imiter servilement les pratiques religieuses
les plus vaines, le clergé a substitué le roma-
nisme et le marianisme à l'Évangile qui est à
peu près oublié. Et c'est ainsi que la religion
catholique est devenue en France, aux mains
du parti politique qui la détient, un moyen
d'influence et de domination, et une source de
profits énormes. (Voy. SUPERSTITION.) » (CH. Y.)

* RELIGIONNAIRE s. Se disait, dans le
temps des guerres de religion, de celui, de
celle qui faisait profession de la religion réformée : *c'était un zélé religionnaire.*

RELIGIONNER v. a. Soumettre aux lois
d'une religion.

* RELIGIOSITÉ s. f. Scrupule religieux :
son exactitude allait jusqu'à la religiosité.
(Vieux.) — Disposition religieuse, sentiment
religieux qui ne s'applique à aucune religion
particulière : *il y a dans son livre plus de religiosité que de religion.*

* RELIQUAIRE s. m. [-kè-]. Sorte de boîte,
de coffret, etc., où l'on enchâsse des reliques :
un reliquaire garni de beaucoup de reliques.

* RELIQUAT s. m. [-ka] (lat. *reliquatum*).
Jurispr., Complab. et Comm. Ce qui reste
dû d'après la clôture et l'arrêté d'un compte :
le reliquat d'une compte de tutelle. — LES RELI-
QUATS D'UN FESTIN, D'UN REPAS, ce qui en reste :
*nous avons fini bien dîné des reliquats du repas
de noces.* (Vieux.) — Se dit quelquefois des
suites d'une maladie mal guérie, et principalement en parlant des maladies secrètes : *il
a un mauvais reliquat.*

RELIQUATAIRE s. [-ka-]. Jurispr., Comptab., etc. Celui ou celle qui, après son compte
rendu, doit quelque chose de reste : *ce tuteur est reliquataire de telle somme envers ses
pupilles.*

* RELIQUE s. f. [re-li-ke] (lat. *reliquiæ*, restes). Ce qui reste d'un saint après sa mort,
soit le corps entier, soit une partie du corps :
porter des reliques en procession. — Tout ce
qui reste des instruments de la passion de
Notre-Seigneur, de celle des martyrs, et généralement ce qui a servi à l'usage des saints,
comme leurs habits, leurs ornements sacerdotaux, etc. — Prov. GARDER UNE CHOSE

COMME UNE RELIQUE, la garder soigneusement :
elle garde cette lettre comme une relique. On dit
de même, IL VEUT EN FAIRE UNE RELIQUE. —
JE N'AI PAS GRANDE FOI A SES RELIQUES, JE NE
PRENDRAI PAS DE SES RELIQUES, se dit de quelqu'un en qui l'on n'a pas de confiance. —
pl. S'emploie quelquefois dans le style oratoire ou poétique, et ordinairement avec une
épithète pour signifier, les restes de quelque
chose de grand : *ce tombeau renferme les froides reliques de vos aïeux.* (Vieux.)

* RELIRE v. a. Se conjugue comme *Lire.*
Lire de nouveau : *il faut lire et relire les bons
auteurs de l'antiquité.*

* RELIURE s. f. Ouvrage d'un relieur, et
manière dont un livre est relié : *j'ai payé
tant pour la reliure de ce livre.* — ENCYCL. La
reliure ou art d'attacher, de lier ensemble
les feuilles d'un livre et d'y mettre une couverture pour le protéger, est d'une très haute
antiquité et a eu des protecteurs zélés dans
les temps anciens comme dans les temps
modernes. (Voy. LIVRE.) C'est un art véritable qui exige une grande habileté et qui permet à l'ouvrier de déployer son talent pour
les plus riches décorations. On trouve dans
nos bibliothèques des exemplaires extrêmement recherchés, qui ont coûté des prix réellement extravagants, à cause de leurs reliures
incrustées d'or, de pierres précieuses, de camées, etc. Les relieurs grecs se nommaient
bibliopèges ; ceux des Romains étaient des
librarii ; leur industrie consistait à établir en
rouleaux les manuscrits d'écorce, de papyrus
ou de parchemin. L'art de rassembler les manuscrits en livres carrés, entre deux planches
de bois, de métal ou de cuir, reçut un certain
développement au moyen âge et fit des progrès extraordinaires aussitôt après l'invention
de l'imprimerie. Elle eut pour principaux
protecteurs le trésorier général Grollier et de
Thou, en France ; Maioli, en Italie. Le livre
d'heures de Marguerite de Savoie et les livres
reliés que l'on a conservés de Marguerite
d'Angoulême, de Marguerite de Valois, de
Henri II, de Diane de Poitiers, de Catherine
de Médicis, et des principaux personnages de
la même période, sont historiés, ornés de
métaux ciselés et fouillés, d'ivoire sculpté, de
pierres précieuses qui leur donnait une grande
valeur. L'art subit une transformation radicale au XVIII siècle. On citait alors parmi les
artistes qui ont jeté un éclat incomparable
sur l'industrie de la reliure : Ruette, Le Gas-
con, Enguerrand, Pasdeloup, Deróme, Boyet,
du Seuil, Bisiaux, Bradel, Courtenval, etc.
La décadence commença à la Révolution,
époque où régna un incontestable mauvais goût. Depuis quelques années, la reliure manuelle s'est relevée et a repris sa
place parmi les arts. Mais aujourd'hui la plupart des volumes tirés à un certain nombre
d'exemplaires sont reliés mécaniquement.
Le premier soin du relieur, après avoir
débroché le volume, est de collationner les
feuilles, de replier celles qui auraient été mal
pliées, de redresser les coins, d'intercaler
les gravures, les tableaux, les cartons ou
feuilles à remplacer. Le pliage terminé, il
bat les cahiers sur un bloc de marbre ou de
pierre dure avec un lourd marteau à tête un
peu convexe ; puis il les presse pendant un certain temps. Le grécage, a lieu ensuite s'il n'a
pas déjà été opéré pour le brochage. Les
cahiers étant posés sur le cousoir, on passe
des fils autour de plusieurs ficelles qui entrent dans les incisions du grécage, et dont
les bouts sont ensuite rattachés aux cartons
de la couverture. On passe ensuite l'*endos-
sure*, opération qui consiste à frotter, à plusieurs reprises, le dos des feuillets avec de la
colle de farine ou de la colle forte ; on polit
le dos avec un frottoir ; on ébarbe la tranche ;
on la rogne, quelquefois on la dore ou on la
colorie, on pose le *signet* et la *tranchefile* et

on procède à un second battage. Quand on a
appliqué sur le dos une bande de parchemin
mouillé (ou de toile, on colle la couverture
(parchemin, basane, maroquin, veau, satin,
toile, etc.). Le *racinage* consiste à donner à la
peau d'agréables nuances. Il ne reste plus
qu'à coller les gardes, à dorer le dos et à
mettre le titre. On brunit la tranche, on polit avec un fer chaud ou l'on vernit. Dans les
reliures de luxe, on peut imprimer à froid,
sur chaque côté de la couverture, des vignettes
en creux qui produisent un bon effet. Un livre
entièrement recouvert en peau à une reliure
entière ; si le dos seul est en peau, c'est
une demi-reliure.

* RELOCATION s. f. Jurispr. Acte par lequel
on reloue, on sous-loue une chose : *un principal locataire fait des relocations.* On dit plus
ordinairement, SOUS-LOCATION.

* RELOUER v. a. Louer de nouveau : *à
l'expiration de mon bail, j'ai demandé au propriétaire qu'il me reloût l'appartement.* —
Sous-louer ; louer à d'autres une partie de
ce ce qu'on a loué : *j'ai loué un trop grand
appartement, mais j'en relouerai une partie.*

RELUCTER v. n. (préf. *re*; *luctare*, lutter).
Résister très énergiquement.

* RELUIRE v. n. Briller, luire en réfléchissant la lumière : *les diamants, les pierreries
reluisent.* Prov. et fig. TOUT CE QUI RELUIT N'EST
PAS OR, ce qui a beaucoup d'éclat n'est pas
toujours ce qui est le plus solide : *il fait
grande dépense, mais tout ce qui reluit n'est
pas or.* — Fig. Paraître avec éclat : *la vertu
reluit davantage dans l'adversité.* (Vieux.)

RELUISANCE s. f. Éclat. (Vieux.)

* RELUISANT, ANTE adj. Qui reluit : *des
armes reluisantes.* — ELLE A LE VISAGE TOUT
RELUISANT DE ROUGE, TOUT RELUISANT, se dit
d'une femme extrêmement fardée.

* RELUQUER v. a. Lorgner curieusement
du coin de l'œil : *il reluque bien cette femme.*
(Fam.) — IL RELUQUE CETTE TERRE, CETTE MAI-
SON, CET HÉRITAGE, il a des vues sur cette terre,
etc., il en désire la propriété, la possession.

RELUQUEUR, EUSE s. Personne qui reluque

* REMÂCHER v. a. Mâcher une seconde
fois : *les animaux qui ruminent remâchent ce
qu'ils ont déjà mâché.* — Fig. et fam. Repasser plusieurs fois dans son esprit : *j'ai longtemps remâché cette phrase avant de l'écrire.*

REMAILLAGE s. m. [*Il. mll*]. Action de remailler.

REMAILLER v. a. Réparer les mailles.

REMALARD, ch.-l. de cant., arr. et à 25 kil.
S.-E. de Mortagne (Orne), sur les bords de
l'Huisne ; 4,300 hab.

* REMANCIPATION s. f. (lat. *remancipatio*).
Antiq. rom. Formalité juridique en usage
dans les adoptions.

* REMANIEMENT ou Remaniment s. m.
Action de remanier ; résultat de cette action.
— Typogr. Travail que l'on fait pour modifier
des pages composées lorsqu'on change de
format ou lorsqu'on accomplit des correction :
importantes qui exigent le morcellement et
plusieurs lignes, le transport des lignes d'une
page ou d'une colonne dans une autre, etc.

* REMANIER v. a. Manier de nouveau : *il
a manié et remanié ces étoffes, sans avoir pu
décider laquelle était la meilleure.* — Raccommoder, changer, refaire : *remanier la couverture d'une maison.* — Se dit, fig., un parlant des ouvrages d'esprit qu'on retouche,
qu'on retravaille, auxquels on fait de grands
changements : *il y a dans cette tragédie
deux eu trois scènes qu'il faudrait remanier.* — Typogr. Chasser ou reprendre d'une
ligne sur l'autre pour la correction d'un
ajouté ou d'une correction. — Retourner en

divers sens, et par parties, le papier qui a été trempé, afin que les feuilles soient toutes également pénétrées d'humidité.

* REMARIER v. a. Faire passer à de nouvelles noces : *sa fille était veuve, il vient de la remarier.* — Se remarier v. pr. Passer à de nouvelles noces : *il est tenté de se remarier.*

* REMARQUABLE adj. Qui se fait remarquer, qui est digne d'être remarqué. Se dit en bien et en mal : *événement remarquable.*

* REMARQUABLEMENT adv. D'une manière remarquable : *cette femme est remarquablement belle.*

* REMARQUE s. f. Action de remarquer, d'observer; observation, note : *les remarques de Vaugelas sur la langue française.* — Fam. MA REMARQUE SUBSISTE, les objections qu'on a faites ne la détruisent pas.

* REMARQUER v. a. (rad. marquer). Marquer de nouveau : *on avait déjà marqué ces pièces de vin, on les a remarquées.* — Observer quelque chose, faire attention à quelque chose : *remarquer le chemin.* — Distinguer parmi plusieurs autres personnes ou plusieurs autres choses : *le prince, quoique vêtu simplement, se fait toujours remarquer par son air et sa démarche.* — ∽ Se remarquer v. pr. Être remarqué : *ces sortes de choses se remarquent facilement.*

REMARQUEUR, EUSE s. Personne qui remarque.

° REMBALLER v. a. Remettre ses marchandises en balle, en ballot : *il n'a pas vendu ses marchandises, il les remballe.*

* REMBARQUEMENT s. m. Action de rembarquer, de se rembarquer : *on n'a aucune nouvelle de lui depuis son rembarquement.*

* REMBARQUER v. a. Embarquer de nouveau : *on a rembarqué les troupes qu'on avait été obligé de débarquer à cause du mauvais temps.* — Se rembarquer v. pr. Se mettre de nouveau sur mer : *il s'est rembarqué dans le même navire, sur le même navire.* — Fig., et fam. Se bæarder de nouveau à quelque chose : *il s'est rembarqué dans cette affaire.*

° REMBARRER v. a. Repousser vigoureusement. N'est plus guère d'usage dans le sens propre. — Fig. et fam. REMBARRER QUELQU'UN, repousser, rejeter avec fermeté, avec indignation les discours qu'il tient, les propositions qu'il fait : *il parlait mal de mon ami, je l'ai rembarré.*

* REMBLAI s. m. Terre rapportée, gravois pour élever un terrain ou pour combler un creux : *on a employé bien du remblai pour faire cette digue.* — Action même de remblayer : *on a fait un remblai dans ce vallon.*

REMBLAVER v. a. Ensemencer de nouveau.

REMBLAYAGE s. m. Action de remblayer.

* REMBLAYER v. a. [-blè-ié]. Apporter des terres, du gravois, pour combler un creux : *remblayer un creux, un fossé.*

* REMBOÎTEMENT s. m. Action de remboîter, ou le résultat de cette action.

* REMBOÎTER v. a. Remettre en sa place ce qui était désemboîté : *remboîter un os.* — Se remboîter v. pr. L'os s'est remboîté de lui-même.

REMBOLT (Berthold), l'un des plus anciens imprimeurs de Paris, né à Strasbourg au XVᵉ siècle. Il fut associé, vers 1478, et successeur, en 1519, du fameux Gering. Il avait épousé Charlotte Guillard à sa mort, dirigea avec intelligence son établissement pendant un demi-siècle.

REMBOUGER v. a. (rad. bouge). Ouiller.

REMBOURRAGE s. m. Action de rembourrer.

* REMBOURRÉ, ÉE part. passé de REMBOURRER : *un siège mal rembourré.* — Un siège, un MATELAS REMBOURRÉ AVEC DES NOYAUX DE PÊCHES, un siège, un matelas très dur.

* REMBOURREMENT s. m. Action de rembourrer, ou résultat de cette action : *le rembourrement d'un bât de mulet.*

* REMBOURRER v. a. Garnir de bourre, de laine, de crin, etc. : *il faudra rembourrer ce fauteuil.* — Se rembourrer v. pr. — Fig. et pop. IL S'EST BIEN REMBOURRÉ, se dit d'un homme qui a beaucoup mangé dans un repas.

REMBOURRURE s. f. Matière qui sert à rembourrer.

REMBOURSABILITÉ s. f. Caractère de ce qui est remboursable.

* REMBOURSABLE adj. Qui doit être remboursé, qui est susceptible de cette action : *cette rente est remboursable dans dix ans.*

* REMBOURSEMENT s. m. Action de rembourser ; payement qui se fait pour rendre une somme que l'on doit : *faire un remboursement.* — LE REMBOURSEMENT EST TOUT PRÊT, J'AI LE REMBOURSEMENT TOUT PRÊT, se dit pour exprimer qu'on a tout l'argent comptant qu'il faut pour rembourser la somme qu'on doit. — REMBOURSEMENT FORCÉ, acte par lequel l'État ou tout autre débiteur d'une rente perpétuelle, rend à ses créanciers, qu'ils le veuillent ou non, l'argent qu'il leur doit.

* REMBOURSER v. a. Rendre l'argent qui a été déboursé, payer à quelqu'un le prix de ce qu'il avait acheté et qu'il cède ; dédommager des dépenses qu'on a fait faire ou des pertes qu'on a causées : *rembourser une somme.* — REMBOURSER UNE RENTE, en acquitter le principal. — Fig. et fam. REMBOURSER DES ÉPIGRAMMES, DE MAUVAIS COMPLIMENTS, DES INJURES, DES COUPS DE POING, UN SOUFFLET, UN COUP D'ÉPÉE, etc., les recevoir. — Se rembourser v. pr. Se payer : *remboursez-vous de ce qui vous est dû.*

REMBRANDT VAN RYN (Paul-Harmens) [remm'-branntt-fan-rinn], peintre hollandais né à Leyde le 15 juillet 1607, mort à Amsterdam le 8 oct. 1669. Après avoir étudié à Leyde et à Amsterdam, il s'organisa, vers 1623, un atelier dans le moulin à vent de son père, sur le bord du Rhin. En 1628, il exécuta son premier grand ouvrage, qui est un portrait de sa mère; et, en 1630, il s'établit à Amsterdam. Ses peintures et ses eaux-fortes, qui déployaient les effets les plus puissants de la lumière et de l'ombre, étaient très appréciés, et il eut un grand nombre d'élèves. Il préférait l'imitation de la nature commune à la culture d'une beauté idéale. Son faire est tout entier caractérisé par l'entente particulière qu'il avait du clair-obscur. Parmi ses peintures historiques, on cite : Le Sacrifice d'Abraham, la Femme adultère, la Descente de croix; parmi ses portraits : le Marchand juif, et la Ronde de nuit. C'est peut-être dans ses eaux-fortes que le caractère spécial de son talent se manifeste le mieux; et surtout dans le Christ guérissant les malades. Il se maria deux fois. Son second mariage l'entraîna dans des difficultés d'argent, et il fit banqueroute en 1656. Il a fait plus de 600 tableaux, dont la valeur varie aujourd'hui entre 2,500 et 100,000 fr. pièce. Parmi ses tableaux possédés par le Louvre, on admire surtout : l'Ange et Tobie; le Ménage du menuisier, les Pèlerins d'Emmaüs, et le portrait de ce grand artiste.

REMBRANESQUE adj. Qui appartient à la manière de Rembrandt.

° REMBRUNI, IE part. passé de REMBRUNIR : *des tons rembrunis.* — Fig. et fam. UN AIR REMBRUNI, un air sombre et triste.

* REMBRUNIR v. a. Rendre brun, rendre plus brun : *le fond de ce tableau est trop clair, il faut le rembrunir.* — Attrister, rendre sombre : *cette nouvelle a rembruni mes idées,*

mon *imagination.* — Se rembrunir v. pr. *Une couleur qui se rembrunit.*

* REMBRUNISSEMENT s. m. État de ce qui est rembruni, de ce qui s'est rembruni : *le rembrunissement des couleurs.*

* REMBUCHEMENT s. m. Vén. Rentrée du cerf dans son fort.

* REMBUCHER (Se) v. pr. Vén. Se dit des bêtes sauvages lorsqu'elles rentrent dans le bois : *la bête s'est rembuchée.*

* REMÈDE s. m. (lat. *remedium*). Ce qui sert à guérir quelque mal, quelque maladie, ce qu'on emploie dans ce dessein : *la diète, l'exercice, le bon air, la gaieté, sont d'excellents remèdes.* — IL Y A REMÈDE A TOUT, FORS A LA MORT. — LE REMÈDE EST PIRE QUE LE MAL, se dit d'un remède qui paraît très désagréable, ou dangereux, ou nuisible. Se dit aussi fig. — C'EST UN REMÈDE A TOUS MAUX, se dit d'un remède dont on ne fait point de cas. — REMÈDE DE BONNE FEMME, remède simple et populaire : *c'est un remède de bonne femme qui m'a guéri.* — ÊTRE DANS LES REMÈDES, SE METTRE DANS LES REMÈDES, prendre des remèdes, commencer à prendre des remèdes. — LE GRAND REMÈDE, le mercure qui se donne pour la guérison des maux vénériens : *il a passé par le grand remède, par les grands remèdes.* — AUX GRANDS MAUX LES GRANDS REMÈDES. On le dit au propre et au figuré. — Partic. Lavement : *prendre un remède.* — Fig. Ce qui sert à guérir les maladies de l'âme : *se faire une occupation est un grand remède contre l'ennui.* — C'EST UN REMÈDE D'AMOUR, se dit d'une femme vieille ou laide. — Fig. Tout ce qui sert à prévenir, à surmonter, à faire cesser quelque malheur, quelque inconvénient, quelque disgrâce : *la sagesse est un remède contre les accidents de la vie.* — Monnayage, REMÈDE DE LOI, quantité d'alliage dont la loi tolère l'emploi dans la fabrication des espèces d'or et d'argent au delà de ce qu'elle a réglé; et, REMÈDE DE POIDS, quantité de poids dont la loi permet aux monnayeurs de faire les espèces plus légères qu'elle ne l'a prescrit : *cet édit accordait tant de grains de remède de loi, et tant de grains de remède de poids, dans la fabrication des nouvelles espèces.* On dit aujourd'hui, TOLÉRANCE. — REMÈDES SECRETS. (Voy. CODEX, PHARMACIE, etc.)

* REMÉDIABLE adj. A quoi on peut remédier : *le mal était heureusement fort remédiable.*

* REMÉDIER v. n. Apporter remède, apporter du remède : *avec un bon régime, on remédie à la plupart des incommodités.* — Fig. La sagesse remédie aux troubles de l'âme.

REMEIL s. m. [f mll.]. Chasse. Cours d'eau qui ne gèle pas et où se réfugient les oiseaux aquatiques, pendant le froid.

* REMÊLER v. a. Mêler de nouveau : *il faut remêler les cartes.*

REMÊLEUSE s. f. Appareil qui prend la pâte de chocolat et la pousse dans le moule.

* REMEMBRANCE s. f. (rad. *remémorer*). Souvenir : *j'en ai quelque remembrance.* (Vieu.)

* REMÉMORATIF, IVE adj. Qui sert à rappeler la mémoire : *les fêtes sont remémoratives de quelque événement,* ou simpl., *sont remémoratives.* (Peu us.)

REMÉMORATION s. f. Action de remémorer.

* REMÉMORER v. a. (lat. *rememorare*). Remettre en mémoire : *je vais vous remémorer tout ce qui se passa dans cette bataille.* (Vieux.) — Se remémorer v. pr. SE REMÉMORER QUELQUE CHOSE, se le rappeler dans sa mémoire : *je vais tâcher de me remémorer ce que vous dites.* (Vieux.)

* REMENER v. a. Mener, conduire une personne, un animal au lieu où il était auparavant : *vous m'avez amené, vous me remènerez.* — En parlant de choses qui se voiturent, les revoiturer où elles étaient aupara-

vont : *il avait mené des marchandises à la foire,
il a été obligé de les remener à son magasin.*

* **REMERCIEMENT** ou **Remercîment** s. m.
Action de grâces, discours par lequel on
remercie : *cela vaut bien un remercîment.*

* **REMERCIER** v. a. (rad. *merci*). Rendre
grâce : *remercier Dieu de ses bienfaits.* — Il
PEUT BIEN REMERCIER DIEU QUE JE NE ME SOIS PAS
TROUVÉ LÀ, il est bien heureux de ce que je
ne me suis pas trouvé là. — Refuser honnêtement : *il s'offrait pour exercer cet emploi,
mais on l'a remercié.* — Se dit aussi. par civilité, pour marquer le refus qu'on fait d'accepter quelque chose : *je vous remercie de
vos offres.* — JE VOUS REMERCIE DE VOS CONSEILS,
se dit pour marquer qu'on n'est pas disposé
à les suivre. — Fam. EN VOUS REMERCIANT, je
vous remercie. — Congédier, révoquer, destituer quelqu'un honnêtement : *il exerçait tel
emploi, mais il vient d'être remercié.*

* **RÉMÉRÉ** s. m. (préf. *re;* lat. *emere*, acheter). Jurispr. Rachat, recouvrement d'un immeuble vendu, et dont· on rend le prix à
l'acheteur. FACULTÉ DE RÉMÉRÉ, droit, faculté
de racheter dans un certain délai la chose
qu'on vend, en remboursant à l'acheteur le
prix principal et les frais de son acquisition.
ACTION DE RÉMÉRÉ, action qui tend à exercer
le droit, la faculté de réméré. VENTE A RÉ-
MÉRÉ, AVEC FACULTÉ DE RÉMÉRÉ, vente d'un immeuble faite sous la condition que le vendeur
pourra racheter dans un délai convenu.
PACTE DE RÉMÉRÉ, condition par laquelle on
se réserve la faculté de réméré. RENTRER
DANS UN HÉRITAGE EN VERTU DU RÉMÉRÉ, rentrer
dans un bien qu'on avait vendu, en exerçant
la faculté du rachat qu'on s'était réservé lors
de la vente. — La vente à réméré est celle
qui est faite sous la condition que le vendeur
pourra rentrer en possession de l'objet vendu,
pendant un délai convenu, lequel délai ne
peut dépasser cinq ans. (Voy. RACHAT.)

RÉMÉRER v. a. Reprendre en vertu d'un
pacte de réméré.

REMETTAGE s. m. Techn. Action de passer
un à un chaque fil de la chaîne dans les
mailles et maillons qui composent les lisses.

REMETTEUR, EUSE s. Personne qui remet.

REMETTRE v. a. Se conjugue comme *Mettre.*
Mettre une chose au même endroit, où elle
était auparavant : *remettre l'épée dans le fourreau.* — Mettre de nouveau : *remettre à la
voile.* — REMETTRE UNE CHOSE A QUELQU'UN DE-
VANT LES YEUX, SOUS LES YEUX, la lui présenter, la lui remontrer, la lui faire considérer
de nouveau : *j'ai eu beau lui remettre devant
les yeux le péril où il s'exposait.* — Rétablir
les personnes, les choses dans l'état où elles
étaient auparavant : *remettre les lieux dans
l'état où on les a trouvés.* — REMETTRE BIEN
ENSEMBLE DES PERSONNES QUI ÉTAIENT BROUIL-
LÉES, les réconcilier, les raccommoder. —
Raccommoder, remboîter un membre, un os
démis, disloqué cassé : *le chirurgien lui a
remis le bras.* On dit communément, dans un
sens anal., REMETTRE LA LUETTE. — Rétablir la santé, redonner des forces : *l'usage du
lait est ce qui l'a remis.* — Rassurer, redonner de l'assurance, faire revenir du trouble,
de l'inquiétude, de la frayeur où l'on était :
*ce que vous lui avez dit lui a un peu remis
l'esprit.* — REMETTEZ-VOUS, COMMENCEZ PAR VOUS
REMETTRE, se dit d'une personne agitée de
quelque passion, ou fatiguée d'un exercice
violent, pour l'engager à se calmer, à reprendre ses esprits. — Rendre une chose à
quelqu'un à qui elle appartient, ou à qui elle
est destinée, adressée, de quelque manière
qu'on l'ait eue, ou qu'on l'ait prise : *on lui a
remis sa montre, qui lui avait été volée.* —
REMETTRE UN BÉNÉFICE, UNE CHARGE, se dessaisir d'un bénéfice, d'une charge entre les
mains de celui à qui il appartient d'y pour-

voir : *il remit son bénéfice entre le, mains du
collateur.* — On dit, dans un sens anal.,
LE CHANCELIER, LE MINISTRE DE LA JUSTICE A RE-
MIS LES SCEAUX, il a reçu ou il a donné sa démission de la fonction de garde des sceaux.
— Comm. REMETTRE DE L'ARGENT DANS UNE
VILLE, faire tenir de l'argent par lettre de
change ou autrement : *il a fait remettre cinquante mille francs à Lyon.* — Différer, renvoyer à un autre temps : *on a remis la partie
à demain.* — Obliger à recommencer une
étude, un apprentissage, un exercice : *remettre quelqu'un à l'A b c.* — Jeu d'échecs.
REMETTRE UNE PARTIE, se dit lorsque, ni l'un ni
l'autre des joueurs ne pouvant donner échec et
mat à celui contre qui il joue, la partie reste
indécise, et qu'il faut la recommencer : *la
partie est remise.* — Fig. et fam. LA PARTIE EST
REMISE, C'EST PARTIE REMISE, il faut recommencer comme s'il n'y avait rien de fait. — Jeux.
LA PARTIE EST REMISE, ou elliptiq., REMISE, se dit
lorsque, à la fin de la partie, les avantages
restent égaux entre les joueurs. — Jeu de
paume. AU DERNIER A REMETTRE, signifie que
la chasse est au dernier, et que, si celui
contre qui on joue met aussi au dernier, il
faudra recommencer le coup. — Faire grâce
à une personne de quelque chose qu'on était
en droit d'exiger d'elle : *de mille écus qu'il
devait, on lui en a remis cinq cents.* — Jeu d'é-
checs. REMETTRE UN COUP A QUELQU'UN, l'autoriser à recommencer un coup qu'il avait
mal joué. — Pardonner : *il n'y a que Dieu
qui ait le pouvoir de remettre les péchés.* L'É-
criture sainte dit en ce sens, REMETTEZ, ET IL
VOUS SERA REMIS, si nous pardonnons les
offenses que nous avons reçues, Dieu aussi
nous pardonnera les nôtres. — Mettre comme
en dépôt, confier au soin, à la prudence de
quelqu'un : *je lui ai remis entre les mains tout
l'argent que j'avais.* — REMETTRE UNE AFFAIRE
A QUELQU'UN, lui en confier l'inspection, la
disposition : *le ministre remet ordinairement
ces sortes d'affaires à un tel.* — REMETTRE UNE
AFFAIRE AU JUGEMENT, A LA DÉCISION DE QUEL-
QU'UN, consentir qu'elle soit réglée, suivant
qu'il en jugera, qu'il en décidera. — REMETTRE
UN CRIMINEL ENTRE LES MAINS DE LA JUSTICE, le
livrer, l'abandonner à ceux qui sont préposés
pour rendre la justice. — Se remettre v. pr.
Recouvrer la santé, les forces : *il a eu bien de
la peine à se remettre de sa maladie.* — Chasse,
UNE PERDRIX QUI SE REMET, se dit d'une perdrix, lorsque, après avoir fait son vol, elle
s'abat en quelque endroit : *elle vient de se
remettre.* On dit aussi, JE L'AI VUE REMETTRE.
— Recommencer une chose : *se remettre à
table.* — SE REMETTRE QUELQUE CHOSE, SE RE-
METTRE QUELQU'UN, s'en rappeler l'idée, le
SOUVENIR : *quand je me remets l'état où je l'ai
vu.* — SE REMETTRE ENTRE LES MAINS DE QUEL-
QU'UN, avoir recours à lui en se mettant à sa
disposition : *il se remet entièrement entre vos
mains, et vous laisse disposer de son sort.* Etre
prêt à faire tout ce qui conviendra à la personne entre les mains de qui on se remet : *il
se remettra entre vos mains, il ne fera que ce que
vous voudrez.* On dit dans le même sens, SE
REMETTRE ENTRE LES MAINS DE DIEU, ENTRE LES
MAINS DE LA PROVIDENCE, se résigner, s'abandonner entre les mains de Dieu. — SE REMETTRE
DE QUELQUE CHOSE A QUELQU'UN, et plus communément, S'EN REMETTRE A QUELQU'UN, se rapporter à lui, de ce qu'il dira, à ce qu'il fera :
*du reste je m'en remets de cela à votre ami mon
frère.* On dit aussi, JE M'EN REMETS AU JUGEMENT,
A LA DÉCISION DE TELLE PERSONNE.

* **REMEUBLER** v. a. Regarnir de meubles :
il a fait remeubler ses appartements à neuf.

REMI ou **Rhemi,** ancien peuple de la Gaule
(II° Belgique) ; villes princ. *Durocortorum*
(Reims), *Durocatalaurum* (Châlons), *Lauda-
num* (Laon).

REMI ou **Remy** (SAINT), *Remigius,* appelé
« *l'apôtre des Francs* », né vers 439, mort

en 533. Elu évêque de Reims dans sa vingt-
deuxième année, il propage, avec l'aide de
Clovis qu'il avait baptisé, les notions du
christianisme dans le peuple, et établit des
évêques à Tournay, à Laon, à Arras, à Thérouanne, et à Cambrai. Sa fête se célèbre
le 1er oct.

REMI (Saint-). I, ch.-l. de cant., arr. et à
22 kil. N.-E. d'Arles (Bouches-du-Rhône) ;
3,500 hab. — II. (-Remi-su·Durolle), ch.-l. de
cant., arr. et à 10 kil. N.-N.-E. de Thiers
(Puy-de-Dôme) ; 700 hab. — III. (-Remi-en-Bou-
zemont), ch.-l. de cant , arr. et à 17 kil.
S.-S.-E. de Vitry (Marne) ; 800 hab.

RÉMIAGE s. m. Action d'écraser de nouveau les pommes à cidre pour les soumettre
une seconde fois à l'action de la presse.

* **RÉMIER** v. a. (rad. *émier*). Ecraser une seconde fois les pommes à cidre.

RÉMIFÈRE adj. (lat. *remus*, rame ; *fero*, je
porte). Zool. Qui a des organes en forme de
rame.

RÉMIGE s. f. (lat. *remigium;* de *remex,*
qui rame). Nom donné aux grosses plumes
des ailes chez les oiseaux, parce qu'elles fonctionnent comme des rames pendant le vol.—
RÉMIGES PRIMAIRES, pennes extérieures, au
nombre de dix, dont quatre garnissent le long
doigt. — RÉMIGES SECONDAIRES, pennes qui se
distribuent le long de l'avant-bras et dont le
nombre est variable. — RÉMIGES BATARDES,
pennes longues et étroites insérées sur le
pouce, au nombre de 3 à 5.

* **RÉMINISCENCE** s. f. [-niss-san-] (rad. lat.
reminisci, se souvenir). Ressouvenir, renouvellement d'une idée presque effacée : *j'ai
quelque réminiscence de ce qui eut lieu à cette
époque.* — Pensée, expression, etc., de quelque auteur, qui s'offre à la mémoire, et
qu'on emploie involontairement ou à dessein,
dans un ouvrage, comme si on l'eût conçue
ou trouvée soi-même : *un ouvrage plein de
réminiscences.*

* **REMINISCERE** s. m. (lat. *reminiscere,* sou-
venez-vous), second dimanche de carême,
ainsi appelé parce que l'introït de la messe
du jour commence par ce mot.

RÉMIPÈDE adj. (lat. *remus,* rame ; *pes, pedis,* pied). Dont les pattes ont la forme de
rames.

REMIRE, îlot de la Guyane française, arr.
de Cayenne ; lieu de déportation.

REMIREMONT, *Romarici Mons; Libre-Mont,*
pendant la Révolution, ch.-l. d'arr., à 28 kil.
S.-S.-E. d'Epinal (Vosges), au pied des
Vosges, sur la rive gauche de la Moselle, par
48°0'58'' lat. N. et 4° 15' 18'' long. E., 6,750 hab.
Toiles, tissus de coton, fromages, pâtés de
truites. La ville a reçu son nom de saint Ro-
maric, qui y fonda une abbaye en 620. Elle
fut érigée par Louis XIII en 1637 et rebâtie
par Anne de Lorraine en 1752.

REMISAGE s. m. Action de remiser : *le
remisage d'une voiture.*

* **REMISE** s. f. (fr. *remettre*). Action de remettre, de rendre, de livrer : *la remise
des prisonniers s'est effectuée tel jour.* — Jurispr. et Admin. : *la remise d'un gage,
d'un nantissement, d'un cautionnement.* — Se
dit aussi en parlant de l'argent que des négociants font remettre à leurs correspondants,
soit par lettres de change, soit autrement :
*il a fait une grande remise d'argent dans telle
ville.* — Délai, retardement, renvoi à un autre
temps : *c'est un homme qui use toujours de remise.* — Grâce que l'on fait à un débiteur,
en lui remettant une partie de ce qu'il doit :
*on lui a fait remise, une remise de la moitié
des intérêts.* — La remise volontaire d'une
dette est souvent une sorte de donation (elle
peut aussi être faite à titre onéreux) que le

Code civil a classée parmi les modes d'extinction des obligations (art. 1234). Cette remise volontaire peut être justifiée par de simples présomptions, telle que la remise du titre de la créance faite par le créancier au débiteur. (Voy. Preuve.) — Se dit aussi en parlant des peines : *le roi lui a fait remise de l'amende, de la prison.* — Somme que l'on abandonne à celui qui est chargé de faire une recette, un recouvrement, une commission, et qu'il ajoute à ses appointements, ou qui lui en tient lieu : *ce receveur a cinq centimes par franc de remise.* — Rabais que les libraires accordent à certaines personnes, sur le prix porté au catalogue : *l'ouvrage se vend douze francs; mais j'ai obtenu deux francs de remise.* — Jeu du Reversi, du Boston, etc. Amende qu'on nomme Bête à divers autres jeux : *faire la remise.* — Lieu pratiqué dans une maison pour y mettre à couvert les carrosses et autres voitures : *mettre une calèche, un cabriolet sous la remise dans la remise.* — Voiture de remise, voiture à quatre places, sans numéro, qui se loue ordinairement par jour ou par mois : *il a loué une voiture de remise.* — Il est sous la remise, on l'a mis sous la remise, se dit d'un homme qui a perdu sa place. Il est sous la remise, se dit aussi d'un homme à qui son âge ou ses infirmités ont fait cesser tout travail. On le laisse sous la remise, se dit d'un homme qu'on pourrait employer avec succès, et qu'on n'emploie pas. — Endroit où une perdrix se remet après avoir fait son vol : *tuer des perdrix à la remise.* — Taillis de peu d'étendue, planté dans une campagne, pour servir de retraite aux lièvres, aux perdrix, etc. : *il y a quantité de remises dans cette plaine.*

° REMISE s. m. Voiture de remise : *louer un remise.*

° REMISER v. a. Placer sous une remise : *il faut remiser cette voiture.* — ∾ Jargon. Conduire en prison. — Envoyer au diable. — Absol. *Ce cocher a eu bien de la peine à se remiser.*

REMISEUR s. m. Loueur de voitures de remise.

REMISIER s. m. Bourse. Personne à qui les agents de change font des remises sur les affaires qu'elle apporte.

RÉMISSIBILITÉ s. f. [-mi-si-]. Qualité de ce qui est rémissible.

° RÉMISSIBLE adj. (lat. *remissibilis*; de *remittere*, remettre). Qui est pardonnable, qui est digne de rémission : *c'est une faute rémissible.*

° RÉMISSION s. f. (lat. *remissio*). Théol. Pardon : *obtenir de Dieu la rémission de ses péchés.* — Grâce que le prince fait à un criminel, en lui remettant la peine qu'il a encourue suivant les lois : *il a eu beaucoup de peine à obtenir sa rémission.* Dans ce sens, il est moins usité que Grâce. — Lettres de rémission, ou absol. Rémission, lettres patentes expédiées en chancellerie, et adressées aux juges, par lesquelles le roi accordait à un criminel la rémission de son crime, en cas que ce qu'il avait exposé à sa décharge se trouvât vrai : *obtenir des lettres de rémission.* — Adoucissement, miséricorde, indulgence dont use une personne qui a droit, autorité ou avantage sur une autre : *j'ai usé de rémission envers ce fermier.* — Un homme sans rémission, un homme implacable, qui ne pardonne point, qui exige la rigueur tout ce qui lui est dû. — Méd. Diminution, relâchement; se dit en parlant de la fièvre, des maladies aiguës, lorsqu'elles perdent de leur force, de leur intensité : *la violence du mal parut éprouver quelque rémission.*

° RÉMISSIONNAIRE s. m. Jurispr. Celui qui était porteur de lettres de rémission, qui avait obtenu des lettres de rémission : *tout rémissionnaire était obligé de se mettre à genoux*

quand il présentait ses lett s le rémission à l'audience

RÉMITTENCE s. f. [-mi-tan-]. Pathol. Caractère des affections rémittentes.

° RÉMITTENT, ENTE adj. [-mi-tan-]. Méd. Se dit des maladies, et principalement des fièvres qui éprouvent des rémissions, de la diminution, du relâchement.

RÉMIZ s. m. [-miz]. Ornith. Nom donné, en Pologne, à la *mésange penduline (paroides pendulinus)*, qui se distingue des mésanges proprement dites par un bec plus grêle et plus pointu. Cet oiseau mesure de 10 à 12 centim. de long. Il est d'un gris rougeâtre

Rémiz (Paroides pendulinus).

en dessus, avec les ailes et la queue noirâtres et les parties inférieures d'un blanc légèrement rosé. Il construit artistement son nid en le tissant avec les fibres de l'écorce et le coton des graines du saule, et, en l'attachant à une petite branche au milieu d'un buisson.

REMMAILLAGE ou Remmaillement s. m. Action de remmailler.

REMMAILLER v. a. Refaire les mailles.

° REMMAILLOTER v. a. [ran-]. Emmailloter de nouveau : *remmaillotez cet enfant.*

° REMMANCHER v. a. [ran-]. Emmancher de nouveau. — Fig. et fam. Emmancher une négociation, l'engager de nouveau après qu'elle a été rompue, la rajuster : *l'affaire se remmancha.*

REMMENER v. a. [ran-]. Emmener ce qu'on avait amené. Se dit des personnes et des animaux : *remmenez cet homme.*

RÉMOIS, OISE s. et adj. De Reims; qui appartient à cette ville ou à ses habitants.

RÉMOIS (Le), petit pays de l'ancienne France, entre le Laonnais, le Soissonnais, le Châlonnais et la Brie; cap. Reims; villes princ. : Sainte-Menehould et Epernay. Le Rémois a formé la partie N.-O. du dép. de la Marne.

° RÉMOLADE. Voy. Rémoulade.

° REMOLE s. f. Mar. Tournant d'eau qui est quelquefois dangereux pour les navires. (Peu us.) (Voy. Remous.)

RÉMOND (Florimond de), conseiller au parlement de Bordeaux, né à Agen en 1540, mort à Bordeaux en 1602. Il fut élève de Ramus, se convertit au catholicisme et se signala dans la suite par de violents écrits contre les protestants, ses anciens coreligionnaires. Il a laissé : *Erreur populaire de la*

papesse Jeanne (Lyon, 1595), l'*Antechrist* (1599), etc.

REMONTABLE adj. Qui peut être remonté : *mécanisme remontable.*

REMONTADOIRE s. m. Tech. Espèce d'écuelle à l'usage des papetiers.

° REMONTAGE s. m. Cordonnier. Action de remonter des bottes; ouvrage qui en résulte : *payer tant pour le remontage d'une paire de bottes.* — Techn. Travail d'ajustement des pièces qui ont été démontées.

° REMONTE s. f. Se dit en parlant des chevaux qu'on donne à des cavaliers, pour les remonter : *on acheta dix mille chevaux pour la remonte de la cavalerie.* — Se dit aussi de l'achat des chevaux nécessaires pour la remonte : *officier chargé de la remonte.* — Haras. Se dit de tous les sauts que l'étalon donne à la jument après le premier : *cette jument a eu trois remontes.*

° REMONTER v. a. Monter une seconde fois, monter de nouveau ; retourner où l'on était avant de descendre : *remonter sur son cheval.* — Fig. Remonter sur le trône, recouvrer l'autorité royale. — Prov. et fig. Remonter sur sa bête, regagner ce qu'on a perdu, reprendre un emploi, un avantage qu'on avait cessé d'avoir : *il avait perdu au jeu, mais il a remonté sur sa bête.* — Se dit aussi des choses qui retournent vers le lieu, vers le point d'où elles étaient descendues : *la rivière remontera vers sa source avant que cela arrive.* — Cette maison remonte, la généalogie de cette maison remonte jusqu'à telle personne, jusqu'à tel temps, la descendance de cette maison est bien prouvée depuis telle personne, depuis tel temps.

Ses aïeux remontaient aux comtes de Bigorre.

Collin d'Harleville. *Monsieur de Crac*, sc. xvi.

— Le soleil remonte, commence a remonter, se dit lorsque, après le solstice d'hiver, les jours commencent à croître. — La rente remonte, le prix du capital, qui était descendu, redevient plus élevé. On dit, dans un sens anal., que Les effets publics, que des actions remontent. — Ses actions remontent, se dit en parlant d'un homme qui commence à recouvrer du crédit, de la faveur, de l'aisance. — Sa goutte remonte, est remontée, l'humeur de la goutte, qui se portait aux extrémités de son corps, est rentrée, s'est reportée au dedans. — Remonter vers la source d'un fleuve, d'une rivière, aller vers leur source, soit en naviguant, sur leurs eaux, soit en suivant à terre un de leurs bords. — Fig. Reprendre les choses de plus loin : *pour entendre cette affaire, cette histoire, cette vérité, il faut remonter plus haut.* — Par exag. Remonter au déluge, à la création, reprendre les choses de trop loin dans un récit. — Fig. Remonter a la source, a l'origine, a la cause, au principe, considérer une chose dans son origine, dans son principe, dans son commencement : *remontez à la source de telle chose, et vous trouverez que...* — Jurispr. anc. Les propres ne remontent point, les ascendants ne succèdent point aux propres, mais seulement aux meubles et acquêts. — S'élever, faire un mouvement de bas en haut : *au jeu de la bascule, quand un des côtés s'abaisse, l'autre côté remonte.* — v. a. Remonter la montagne, remonter l'escalier, les degrés, etc., monter une seconde fois, monter de nouveau la montagne, l'escalier, les degrés, etc. — Remonter le cours d'un fleuve, d'une rivière, ou, simpl., Remonter un fleuve, une rivière, naviguer contre le courant d'un fleuve, d'une rivière. — Remonter un fleuve, une rivière, signifie aussi côtoyer un fleuve, une rivière, à peu de distance, en remontant vers sa source : *quand on va de Saumur à Tours sur la levée, on remonte la Loire.* — Remonter une compagnie de cavalerie, donner

des chevaux à une compagnie de cavalerie qui était démontée. On dit de même, REMONTER UN CAVALIER. — REMONTER UN LABOUREUR, l'équiper de nouveau; et, REMONTER UNE FERME, UNE MÉTAIRIE, remettre dans une ferme tout ce qui est nécessaire pour la faire valoir. On dit de même, REMONTER UNE FABRIQUE, UNE IMPRIMERIE, etc. — REMONTER UN MAGASIN DE MARCHANDISES, UNE MAISON DE MEUBLES, UNE BIBLIOTHÈQUE DE BONNES ÉDITIONS, etc., les en regarnir. — REMONTER DES BOTTES, y mettre une empeigne et des semelles neuves. — REMONTER UN FUSIL, DES PISTOLETS, mettre un bois neuf : il a fait remonter son fusil, parce que le bois en était cassé. — REMONTER UN VIOLON, UNE GUITARE, UNE BASSE, les garnir de cordes neuves. — REMONTER UNE MONTRE, UNE PENDULE, UN TOURNEBROCHE, etc., les remettre en état d'aller. — Fig. REMONTER LA TÊTE DE QUELQU'UN, le ramener à la raison, le guérir de fausses alarmes. On dit de même, LUI REMONTER L'IMAGINATION, LE COURAGE, relever son imagination, son courage, qui étaient abattus. — Se remonter v. pr. Se fournir de nouveau de toutes les choses nécessaires pour une exploitation. — Fig. Reprendre des forces : il s'est un peu remonté.

REMONTEUR, EUSE s. Personne qui remonte.

* REMONTOIR s. m. Horlog. Carré qui, à l'aide d'une clef, sert à remonter une pièce d'horlogerie. — Mécanisme qui remplace la clef.

* REMONTRANCE s. f. Discours par lequel on représente à quelqu'un les inconvénients d'une chose qu'il a faite ou qu'il est sur le point de faire : la remontrance fut écoutée, fut bien reçue. — Avertissement qu'un père donne à son enfant, un supérieur à son inférieur, etc., pour l'obliger à se corriger : remontrance paternelle. — pl. Certains discours adressés aux rois par les parlements et autres compagnies souveraines, surtout par les parlements, et dans lesquels ils exposaient les inconvénients d'un édit, d'une loi fiscale, d'un abus d'autorité, etc. : le parlement arrêta qu'il serait fait des remontrances au roi.

* REMONTRANT s. m. Voy. ARMINIEN.

* REMONTRER v. a. Montrer de nouveau. — Représenter à quelqu'un les inconvénients d'une chose qu'il a faite ou qu'il est sur le point de faire : vous me permettrez de vous remontrer que...; — REMONTRER A QUELQU'UN LE TORT QU'IL A, LUI REMONTRER SA FAUTE, LUI REMONTRER SON DEVOIR, faire connaître à quelqu'un le tort qu'il a, lui donner des avertissements touchant sa faute, touchant son devoir. — Prov. et fig. CE GROS JEAN EN REMONTRE A SON CURÉ, se dit lorsqu'un ignorant veut donner des leçons à quelqu'un qui en sait plus que lui. — Vén. Donner connaissance de la bête qui est passée. — Se remontrer v. pr. Se montrer de nouveau : comment ose-t-il se remontrer?

* RÉMORA s. m. ou Rémore s. f. Espèce de petit poisson ainsi appelé du latin remora, parce que les anciens lui attribuaient le pouvoir d'arrêter les vaisseaux dans leur course. — Fig. et fam. Obstacle, retardement : l'affaire était près de se terminer, quand il est survenu un rémora.

REMORDRE v. a. Mordre de nouveau : il l'a mordu et remordu. — Fig. Reprocher quelque faute, quelque crime. Il n'est d'usage qu'en parlant des reproches que fait la conscience; et ne se dit guère qu'à la troisième personne du présent de l'indicatif : les méchants n'ont point de repos, leur conscience les remord à tous moments. — v. n. Cette poire est si âpre, que quand on y a mordu une fois, on n'y veut plus remordre. — Fig. et fam. Attaquer de nouveau : ce dogue a été si maltraité, qu'il n'a pas voulu remordre. —

Fig. et fam. IL N'Y VEUT PLUS REMORDRE, IL A BIEN DE LA PEINE A Y REMORDRE, se dit d'un homme qui est rebuté de quelque entreprise, de quelque travail, de quelque étude, et qui ne veut plus s'y remettre, qui a de la peine à s'y remettre.

* REMORDS s. m. [re-mor] (rad. remordre). Reproche violent que le coupable reçoit de sa conscience : il est endurci, il n'a plus de remords.

La victoire, Créon, n'est pas toujours si belle;
La honte et les remords vont souvent après elle.
          J. RACINE. La Thébaïde, acte Ier, sc. v.

* RÉMORE s. f. Voy. RÉMORA.

* REMORQUAGE s. m. Action de traîner à la remorque.

* REMORQUE s. f. (lat. remulcus). Mar. Action de remorquer : la remorque est d'un grand secours en plusieurs occasions. — SE METTRE A LA REMORQUE, se faire remorquer. — CABLE DE REMORQUE, ou absol., REMORQUE, câble par lequel un bâtiment est attaché à celui qui le remorque : donner, prendre la remorque. — BATEAU DE REMORQUE, bateau qui sert à en remorquer un autre, c'est-à-dire à aider et à activer sa marche. Les navires à vapeur sont employés aujourd'hui, dans certaines circonstances, à diriger ainsi les plus gros vaisseaux, sur les mers dangereuses et dans les mauvais temps. Briesta de Bouval inventa, en 1846, un bateau spécial de remorque.

* REMORQUER v. a. Mar. Se dit d'un bâtiment qui en traîne un autre derrière soi, pour le faire marcher, pour en accélérer la vitesse, pour l'empêcher de s'écarter, etc. : un bâtiment à vapeur remorqua notre navire jusqu'à tel endroit.

* REMORQUEUR s. m. Mar. Bâtiment, bateau qui donne la remorque, qui remorque : un bon remorqueur. On l'emploie surtout en parlant des bâtiments, des bateaux qui servent habituellement à remorquer.

* REMORQUEUSE s. f. Chemin de fer. Voiture chargée d'une machine à vapeur, pour traîner après elle un convoi de voyageurs ou de marchandises.

* RÉMOTIS (À) [-tiss]. Expression empruntée du latin, qui signifie à l'écart : j'ai mis cet habit à rémotis. (Fam. et peu us.)

REMOUCHAMPS, hameau de la province de Liège (Belgique), sur la rive droite de l'Amblève; célèbre par une grotte remarquable.

* REMOUDRE v. a. Moudre de nouveau. Voy. MOUDRE.

* RÉMOUDRE v. a. Émoudre de nouveau. Voy. ÉMOUDRE.

* REMOUILLER v. a. Mouiller de nouveau : il faut remouiller un morceau.

* RÉMOULADE ou Rémolade s. f. Espèce de sauce piquante, obtenue en mêlant de l'huile à du jaune d'œuf cru, du vinaigre, sel, poivre moutarde, câpres, etc.

* RÉMOULEUR s. m. Celui qui émoud les couteaux, les ciseaux, etc. On dit autrement, GAGNE-PETIT.

REMOULINS, ch.-l. de cant., arr. et à 20 kil. S.-E. d'Uzès (Gard), près du fameux pont du Gard; 1,600 hab. Ancien château; beau pont suspendu.

* REMOUS s. m. Mar. Tournoiement d'eau occasionné par le mouvement d'un navire. — Tournoiement d'eau causé par un obstacle, par un corps solide quelconque. — Contre-courant formé sur les bords d'une rivière.

* REMPAILLAGE s. m. Action de rempailler; résultat de cette action : le rempaillage d'une chaise.

* REMPAILLER v. a. Empailler de nouveau, garnir d'une nouvelle paille : rempailler des chaises.

* REMPAILLEUR, EUSE s. Celui, celle qui regarnit des sièges de paille.

* REMPARER (Se) v. pr. Se faire une défense contre quelque attaque : se voyant surpris par les ennemis, ils se remparèrent avec des chariots, et avec tout ce qu'ils purent trouver.

* REMPART s. m. Levée de terre qui environne et défend une place : les remparts d'une ville, d'une forteresse. — Ce qui sert de défense : cette place est le rempart de toute la province.

REMPLAÇABLE adj. Que l'on peut remplacer.

* REMPLAÇANT s. m. Celui qui remplaçait un jeune homme appelé au service militaire : les remplaçants ne sont pas admis dans la nouvelle loi militaire. — Toute personne qui en remplace une autre dans une fonction, dans une occupation quelconque : je suis obligé de m'absenter quelque temps, veuillez être mon remplaçant.

* REMPLACEMENT s. m. Action de remplacer une chose par une autre; résultat de cette action : ces meubles sont vieux, sont brisés, j'en ai ordonné le remplacement. — Se dit aussi en parlant des personnes : pourvoir au remplacement d'un juge. — Emploi utile des deniers qui proviennent d'un immeuble vendu, d'une rente rachetée, etc., et qu'on est obligé de placer ailleurs : l'obligation de faire le remplacement des biens dotaux est une clause ordinaire des contrats de mariage. (Voy. REMPLOI).

* REMPLACER v. a. Succéder à quelqu'un dans une place, dans un emploi : c'est son fils qui le remplace dans son emploi, dans ses fonctions. — Particul. Faire à la place de quelqu'un le temps de service militaire imposé par la loi : n'ayant pu se faire réformer, il s'est fait remplacer. — Tenir lieu d'une personne, d'une chose : de tous mes amis il ne me reste plus que lui, mais il remplace seul tous les autres. — Donner pour successeur, mettre à la place : on l'a remplacé par son fils. — IL EST DIFFICILE DE REMPLACER UN TEL CAPITAINE, UN TEL MINISTRE, etc., il est difficile de trouver un sujet qui ait sa capacité, qui puisse dignement remplir sa place. — Faire un emploi utile des deniers provenant d'une rente rachetée, d'une terre vendue, etc. : il a vendu une propriété de sa femme, mais il en a remplacé le prix par l'acquisition d'un autre immeuble. — Se remplacer v. récipr. Ils se remplacent l'un l'autre. — v. pr. Comm. Acheter de nouvelles marchandises pour remplacer dans le magasin celles qu'on a vendues.

* REMPLAGE s. m. Action de remplir une pièce de vin qui n'est pas tout à fait pleine : il faudra près d'un muid de vin pour le remplage de toutes ces pièces-là. — VIN DE REMPLAGE, vin dont on remplit les pièces qui en ont besoin. — Maçon. Blocage de moellons ou briques et de mortier, dont on remplit l'espace vide entre entre les deux parements d'un mur en pierre : faire le remplage. — Se dit aussi des cailloux qu'on jette entre un mur de revêtement et les terres : ce remplage préserve le mur de l'humidité des terres. — Charpent. Se dit également des petits bois qui garnissent un pan de bois, une cloison ou une ferme.

* REMPLI s. m. Taill. Tapiss. et Coutur. Pli que l'on fait à du linge, à de l'étoffe, à une tapisserie, pour les rétrécir ou pour les accourcir, sans en rien couper : on a fait un rempli à cette tapisserie, à cette serviette, à ce rideau, à cette robe.

* REMPLI, IE part. passé de REMPLIR. — Adjectiv. Plein, qui abonde en quoi que ce soit : une maison remplie d'étrangers. — ÊTRE REMPLI DE SOI-MÊME, avoir une trop haute opinion de ce qu'on vaut : c'est un homme rempli de lui-même, tout rempli de lui-même. — ÊTRE REMPLI, se disait d'un indultaire ou d'un

gradué, lorsqu'il était pourvu d'un bénéfice assez considérable pour n'être pas en droit d'en requérir un autre en vertu de son induit ou de ses grades.

* **REMPLIER** v. a. Taill., Tapiss. et Coutur. Faire un rempli : *il faut porter l'habit de cet enfant chez le tailleur, pour qu'il le remplie.*

* **REMPLIR** v. a. Emplir de nouveau : *ce tonneau, qui était plein, a fui; il faut le remplir.* — Emplir, rendre plein : *la bouteille est à moitié, il faut la remplir ou la vider.* — Pop. CETTE NOURRITURE REMPLIT BEAUCOUP, elle rassasie promptement. CETTE NOURRITURE NE REMPLIT PAS ASSEZ, elle est trop légère. REMPLIR LE NOMBRE DE CEUX QUI DOIVENT FORMER UN CORPS, UNE COMPAGNIE, etc., en rendre le nombre complet. — REMPLIR UN CORPS, UNE COMPAGNIE, UNE SOCIÉTÉ, DE PERSONNES CAPABLES, D'IGNORANTS, etc., y admettre, y faire entrer beaucoup de personnes capables, d'ignorants, etc. — REMPLIR UNE TRANSACTION, UNE QUITTANCE, etc., écrire ce qui manquait à l'endroit qu'on y avait laissé en blanc. — REMPLIR UN BLANC-SEING, écrire les stipulations d'un acte sur un papier signé d'avance. — REMPLIR DES BOUTS RIMÉS, faire des vers sur des rimes données. — REMPLIR DU POINT, DE LA DENTELLE, refaire à l'aiguille les fleurs qui sont rompues à du point, à de la dentelle, ou y en ajouter de la nouvelle. — REMPLIR UN CANEVAS, UNE TOILE, UN DESSIN, faire des points à l'aiguille pour couvrir ce canevas, cette toile, pour exécuter ce dessin. — Fig. CES VERS REMPLISSENT BIEN L'OREILLE, ils sont bien cadencés, bien nombreux, ils frappent l'oreille agréablement. On dit de même d'un discours en prose, qu'IL EST NOMBREUX, qu'IL REMPLIT BIEN L'OREILLE. — Fig. REMPLIR UNE PLACE, occuper une charge, une charge, un emploi : *c'est un homme très digne de la place qu'il remplit.* On dit, dans le même sens, REMPLIR UNE FONCTION, UN EMPLOI. — Remplir, NE PAS REMPLIR SA PLACE, s'acquitter, ne pas s'acquitter des devoirs, des obligations qu'elle impose : *il remplit sa place imparfaitement, indignement* — Se dit, fig. et par exag. en parlant de ce qui abonde dans un lieu, ou qui s'y étend beaucoup, qui en occupe une grande partie : *les étrangers remplissent la ville.*

> De princes égorgés la chambre était *remplie.*
> ATHALIE, acte I⁰ʳ, sc. II.

— S'emploie au sens moral, dans la même acception : *remplir les peuples de crainte, d'étonnement, de joie.* — S'emploie aussi fig. en parlant de la durée, de la durée et signifie, occuper, employer : *cette guerre a rempli une période de trente années.* — Fig. Exécuter, accomplir, effectuer, réaliser : *remplir une tâche, une mission.*

> D'un oncle, d'un ami je *remplis* le devoir.
> COLLIN D'HARLEVILLE, *L'Inconstant*, acte I⁰ʳ, sc. II.

— REMPLIR L'IDÉE QU'ON DOIT AVOIR OU QU'ON S'EST FAITE DE QUELQUE CHOSE, DE QUELQU'UN, offrir l'accomplissement de tout ce que cette idée promet, de tout ce qu'elle renferme : *cet ouvrage remplit parfaitement l'idée qu'on doit avoir d'un poème, d'un traité.* — CET HOMME A REMPLI SON SORT, A REMPLI SA DESTINÉE, il a fait les actions, il a éprouvé les événements auxquels il paraissait destiné. — Jurispr. et Compt. Restituer, donner à quelqu'un ce qu'il a avancé, ce qu'il a droit de reprendre, de réclamer : *il faudra d'abord me remplir de mes frais, de mes avances, de mes déboursés.* — Jeu de trictrac. Se dit lorsque l'on complète les cinq cases du petit jan, ou les six cases du grand jan, ou enfin celles du jan de retour : *je ne remplirai pas.* — Se remplir v. pr. Devenir plein : *le tonneau se remplit.*

* **REMPLISSAGE** s. m. Signifie la même chose que remplage, lorsqu'il s'agit de vin ou de maçonnerie. — Ouvrage que fait une

ouvrière en fil, en remplissant du point, de la dentelle : *on a donné tant pour le remplissage de ces dentelles.* — En parlant des ouvrages d'esprit, se dit, fig., de tout ce qui s'y trouve d'inutile, d'étranger au sujet : *il y a beaucoup de remplissage dans cet ouvrage.* On dit dans un sens anal., en termes de peinture, FIGURE DE REMPLISSAGE. — MUS. PARTIES DE REMPLISSAGE, parties du milieu, c'est-à-dire, celles qui sont entre la basse et le dessus.

* **REMPLISSEUSE** s. f. Ouvrière qui remplit et raccommode les points, des dentelles : *portez ces points à la remplisseuse.*

REMPLISSURE s. f. Travail qu'on fait pour remplir.

* **REMPLOI** s. m. Jurispr. Remplacement, nouvel emploi : *le remploi des biens dotaux est stipulé d'ordinaire dans les contrats de mariage.* — Législ. « Le remploi est l'affectation de la qualité de *propre* à un immeuble qui a été acquis pendant le mariage, pour tenir lieu d'un immeuble propre aliéné. (Voy. PROPRE.) S'il s'agit d'un propre du mari, il suffit que l'origine des deniers et l'affectation de remploi soient déclarées dans l'acte d'acquisition; mais, s'il s'agit d'un propre de la femme, le remploi doit pour être valable être accepté expressément par elle. (C. civ. 1434 et s.). Le remploi des biens propres peut être effectué en rentes sur l'État, même dans le cas où le placement en immeubles est prescrit par un acte ou un jugement. (L. 2 juillet 1862, art. 46; L. 16 sept. 1874, art. 29; L. 14 juin 1878, art. 3). Les actions de la Banque de France qui sont immobilisées, conformément aux dispositions du décret du 16 janv. 1808 et de la loi du 47 mai 1834, peuvent servir de remploi immobilier. Il en était de même des actions de la compagnie des canaux d'Orléans et du Loing, en vertu du décret du 46 mars 1840. »   (CH. Y.)

* **REMPLOYER** v. a. Employer de nouveau.

* **REMPLUMER** v. a. Regarnir de plumes. N'est guère d'usage qu'en parlant d'un clavecin qu'on regarnit de plumes : *il faut remplumer ce clavecin.* — Se remplumer v. pr. Se dit des oiseaux à qui les plumes reviennent. — Fig. et fam. Rétablir ses affaires, regagner ce qu'on avait perdu : *il était ruiné, on lui a donné un emploi où il s'est bien remplumé.* — Reprendre de l'embonpoint après une maladie : *il est en pleine convalescence, et ne tardera pas à se remplumer.*

* **REMPOCHER** v. a. Remettre dans sa poche : *vous ne voulez pas me donner cette marchandise à tel prix, je rempoche mon argent.*

* **REMPOISSONNEMENT** s. m. Action de rempoissonner, et résultat de cette action.

* **REMPOISSONNER** v. a. Empoissonner de nouveau, repeupler de poisson un vivier, un étang : *les fermiers sont tenus de rempoissonner les étangs à la fin de leur bail.*

* **REMPORTER** v. a. Reprendre et rapporter de quelque lieu ce qu'on y avait apporté : *vous pouvez remporter votre livre.* — Enlever d'un lieu : *on le remporta tout percé de coups.* — Gagner, obtenir : *remporter un grand avantage sur ses ennemis.* — REMPORTER LA PALME. (Voy. PALME.)

* **REMPOTAGE** s. m. Jard. Action de rempoter.

* **REMPOTER** v. a. Jard. Remettre une plante dans un pot; changer une plante de pot.

REMSCHEID [remm-chaïtt], ville de la Prusse rhénane, à 9 kil. S.-S.-E. d'Elberfeld; 26,120 hab. Fabriques de fer et d'acier, de serrurerie, de clouterie et de coutellerie. On connaît le commerce des articles de cette fabrication, qui sont au nombre de 2,000 environ, sous le nom de *Remscheider Waaren.*

REMUABLE adj. Que l'on peut remuer.

* **REMUAGE** s. m. Action de remuer une chose : *le remuage du blé, du vin.*

* **REMUANT, ANTE** adj. Qui est sans cesse en mouvement : *cet enfant est très remuant.* — Fig. UN ESPRIT REMUANT, un esprit actif, ennemi du repos, propre à exciter des troubles dans une société, dans une famille. On dit aussi fig. UNE NATION REMUANTE, une nation facile à agiter et avide de changements.

* **REMUÉ, ÉE** part. passé de REMUER. — Fig. COUSIN REMUÉ DE GERMAIN, cousin issu de germain.

* **REMUE-MÉNAGE** s. m. Dérangement de plusieurs meubles, de plusieurs choses que l'on transporte d'un lieu à un autre : *voilà un grand remue-ménage.* — Se dit, fig., des troubles et des désordres qui arrivent dans les familles, dans les villes, dans les États, par des changements subits : *il y a bien du remue-ménage dans cette maison, dans cette province.* Il est familier dans les deux acceptions. — pl. DES REMUE-MÉNAGE.

* **REMUEMENT** ou **Remûment** s. m. Action de ce qui remue : *remuement d'humeurs.* — REMUEMENT DES TERRES, transport de beaucoup de terres d'un lieu à un autre : *le remuement des terres coûte beaucoup.* — Fig. Mouvement, trouble excité dans un État, dans un pays, dans une maison : *il y a eu de grands remuements dans cette province.*

* **REMUER** v. a. (préf. re; fr. muer). Mouvoir quelque chose : *remuer une chose de sa place.* — IL NE REMUE NI PIED NI PATTE, il est sans mouvement. IL NE SAURAIT REMUER NI PIED NI PATTE, se dit d'un homme qu'une grande faiblesse, ou une grande lassitude, empêche de marcher. — REMUER DE LA TERRE, transporter de la terre d'un lieu à un autre : *il lui a fallu remuer beaucoup de terre pour faire ce jardin.* — Fortific. REMUER LA TERRE, fouir et porter de la terre pour faire des retranchements, etc. : *partout où les Romains campaient, ils remuaient la terre, et faisaient des retranchements.* — REMUER UN ENFANT, le nettoyer et lechanger de langes. (Voy. REMUEUSE.) — REMUER CIEL ET TERRE, faire agir toutes sortes de ressorts, employer toutes sortes de moyens : *il a remué ciel et terre pour obtenir cet emploi.* — REMUER UNE AFFAIRE, poursuivre ou réveiller une affaire négligée ou interrompue : *si vous m'en croyez, vous ne remuerez pas cette affaire.* — IL NE FAUT POINT REMUER LES CENDRES DES MORTS, il ne faut point rechercher leurs actions pour les blâmer, pour flétrir leur mémoire. — Fam. IL NE FAUT POINT REMUER L'ORDURE, il y a des choses dont la décence, le bon goût, ou les bienséances, ne permettent pas de parler. — REMUER BEAUCOUP D'ARGENT, faire beaucoup d'affaires d'argent. REMUER L'ARGENT A LA PELLE, avoir beaucoup d'argent, être fort riche. — Émouvoir, exciter quelque sentiment, quelque mouvement dans l'âme : *les grands mouvements de l'éloquence remuent l'âme, remuent le cœur.* — Absol. Faire quelque mouvement, changer de place : *ne remuez pas de là.* — Tenter, agir : *on ne vous conseille pas de remuer.* — Exciter des troubles, des mouvements dans un État : *c'est fournir un prétexte à ceux qui veulent remuer.* — Se remuer v. pr. Se mouvoir : *il est si las, qu'il ne peut se remuer.* — Se donner des soins, faire des démarches, des efforts pour réussir à quelque chose : *quoi qu'on ne fait, il ne remue pas.*

> Hercule veut qu'on *se remue.*
> LA FONTAINE.

— FAIRE REMUER LES PUISSANCES, FAIRE QUE LES PUISSANCE SE REMUENT, faire agir les personnes qui ont l'autorité en main. — L'ARGENT SE REMUE, se dit lorsqu'il se fait beaucoup de payements ou d'acquisitions, lorsque

l'argent roule dans le commerce : *depuis qu'on a la paix, l'argent se remue.*

* **REMUEUSE** s. f. Femme qui est spécialement chargée de remuer un enfant, c'est-à-dire, de le nettoyer et de le changer de langes : *la remueuse du prince, de la princesse.*

* **REMUGLE** s. m. Odeur qu'exhale ce qui a été longtemps enfermé, ou dans un mauvais air : *cela sent le remugle.* (Vieux.)

* **RÉMUNÉRATEUR, TRICE** s. Celui, celle qui récompense : *Dieu est le souverain rémunérateur, le juste rémunérateur des bonnes œuvres.* — Adjectiv. Ce qui procure un bénéfice suffisant : *prix rémunérateur.*

RÉMUNÉRATIF, IVE adj. Qui sert de récompense.

* **RÉMUNÉRATION** s. f. Récompense : *il attend de Dieu la rémunération de ses bonnes œuvres.*

* **RÉMUNÉRATOIRE** adj. Jurispr. Qui tient lieu de récompense : *contrat, donation, legs rémunératoire.*

* **RÉMUNÉRER** v. a. (lat. *remunerare*). Récompenser : *il est d'un grand roi de rémunérer les belles actions.*

RÉMUS [ré-muss]. Voy. **ROMULUS**.

REMUSAT ou **Remuzat**, ch.-l. de cant., arr. et à 24 kil. N.-E. de Nyons (Drôme), sur l'Eygues ; 600 hab.

RÉMUSAT [ré-mu-za] l. (Claire-Elisabeth-Jeanne **GRAVIER DE VERGENNES**, *comtesse de*), femme de lettres française, née à Paris en 1780, morte en 1821. Épouse d'un chambellan de Napoléon, elle devint l'amie intime en même temps qu'une des dames d'honneur de Joséphine. Son essai sur l'éducation des femmes a été publié par son fils (1824; nouv. éd., 1842). — II. (Charles-François-Marie, **COMTE DE**), fils de la précédente, homme politique et publiciste, né et mort à Paris (14 mars 1797-6 juin 1875). Elu à la Chambre des députés en 1830, par les électeurs de Muret, il arriva aux affaires sous Molé en 1833, et fut ministre de l'intérieur en 1840 sous Thiers, dont il resta l'ami jusqu'à la mort. Il fit partie de la Chambre et des assemblées qui suivirent jusqu'au 2 déc. 1851, époque où il fut banni ; il rentra en sept. 1852. Ministre des affaires étrangères en 1871, il se retira avec Thiers, le 24 mai 1873. Il a écrit, entre autres ouvrages : *L'Angleterre au XVIII° siècle* (1856, 2 vol.); *Histoire de la philosophie en Angleterre depuis Bacon jusqu'à Locke* (1875, 2 vol.); *Essais de philosophie* (1842, 2 vol.); *Abélard* (1845, 2 vol.); *Saint Anselme de Cantorbéry* (2° édit. 1868); *Bacon, sa vie*, etc. (2° édit. 1858); *Channing, sa vie*, etc. (2° édit. 1862); *Politique libérale* (2° édit. 1875).

RÉMUSAT (Jean-Pierre-Abel), orientaliste français, né à Paris le 5 sept. 1788, mort le 3 juin 1832. Il apprit les dialectes tartares et d'autres langues tout en étudiant et en pratiquant la chirurgie, et en 1814, il devint titulaire de la nouvelle chaire de chinois et de mandchou au collège de France. Il a écrit d'importants ouvrages, entre autres des *Recherches sur les langues tartares* (1820), une *Grammaire chinoise* (1822; nouv. édit. 1858), *Contes chinois* (1827), *Mélanges d'histoire et de littérature orientales* (1843). Il fonda la Société asiatique de Paris. Sa biographie a été écrite par S. de Sacy (1834).

REMY (Saint). Voy. **REMI**.

REMY (Joseph), pisciculteur célèbre, né à la Bresse, près de Remiremont, en 1804, mort en 1853. Quoique pauvre et illettré, il consacra sa vie à la recherche des secrets de la fécondation des poissons et fut le premier qui réussit dans la pratique de la fécondation artificielle. (Voy. **PISCICULTURE**).

* **RENÂCLER** v. n. Faire certain bruit en re-

---

tirant impétueusement son haleine par le nez, lorsqu'on est en colère : *il tempête, il jure, il renâcle.* (Pop.) — Se dit aussi, fig. et fam., de ceux qui témoignent de la répugnance pour quelque chose : *on voudrait qu'il se décidât mais il renâcle.*

RÉNAIRE. Qui a la forme d'un rein.

RENAISON, station minérale, cant. de Saint-Haon-le-Châtel (Loire), à 10 kil. de Roanne. Eaux bi-carbonatées calciques froides, bonnes surtout comme eaux de table.

* **RENAISSANCE** s. f. Seconde, nouvelle naissance, renouvellement : *la renaissance du phénix est une fable.* — Renouvellement : *la renaissance du printemps.* — Fig. *Notre renaissance en J.-C.* — Se dit aussi des choses morales ou intellectuelles qui apparaissent de nouveau après une interruption : *la renaissance des lettres.* — Absol. Époque qui s'étend depuis la prise de Constantinople jusque vers le milieu du XVI° siècle : *les hommes illustres de la Renaissance; la Renaissance vit le retour aux études classiques et au sentiment des beaux-arts en Europe.* — Style particulier d'architecture et d'ornementation fondé sur l'antique, et qui tire son origine d'Italie au commencement du XV° siècle. (Voy. Pater, *Studies in the History of Renaissance* (1873); John Addington Symonds, *Renaissance in Italy* (1875); *la Renaissance*, par Michelet. — **w** Laine obtenue en effilant les haillons, les vieilles couvertures, les bas usés, les flanelles, les rognures de drap et autres objets de laine que ramassent les chiffonniers et que l'on ne peut employer autrement. Cette laine est courte, brisée et sans solidité. On l'emploie, seule ou plus ordinairement mélangée avec de la laine neuve, pour faire des couvertures, et quelquefois même des étoffes de vêtements.

* **RENAISSANT, ANTE** adj. Qui renaît : *la nature renaissante.*

* **RENAÎTRE** v. n. (préf. *re*; fr. *naître*). Naître de nouveau : *selon les anciens, le phénix renaissait de ses cendres.* — Par exag., **RENAÎTRE A LA VIE**, recouvrer la santé après une maladie qui avait semblé mortelle. — Fig. **RENAÎTRE AU BONHEUR**, redevenir heureux, après avoir éprouvé beaucoup d'afflictions, d'infortunes. — **RENAÎTRE PAR LE BAPTÊME, PAR LA PÉNITENCE**, rentrer en état de grâce, etc : *il faut mourir au péché pour renaître à la grâce.* — Se dit aussi de certains êtres animés ou de certains objets qui prennent la place des êtres, des objets de même nature qu'on a détruits, qui ont péri : *la Fable dit qu'aussitôt qu'Hercule avait coupé une des têtes de l'hydre, il en renaissait d'autres.* — Se dit également des végétaux, et signifie, repousser, croître de nouveau : *il faut ôter les bestiaux de cette prairie pour laisser à l'herbe le temps de renaître.* On dit à peu près dans le même sens, **TOUTE LA NATURE RENAÎT AU PRINTEMPS**. — Reparaître, se remonter : *cette source, cette rivière se perd sous la terre et renaît en tel endroit.* — Fig. et au sens moral : *cet événement fit renaître les espérances, la jalousie, la haine, l'amour*, etc.

RENAIX, flam. *Ronse*, ville de la Flandre Orientale (Belgique), à 12 kil. S. d'Oudenarde; 15,000 hab. Commerce important de tissus, de dentelles et de bière.

* **RÉNAL, ALE, AUX** adj. Anat. Se dit des parties qui ont rapport aux reins, qui appartiennent aux reins : *nerf rénal.*

RENAN (Saint-), ch.-l. de cant., arr. et à 15 kil. N.-O. de Brest (Finistère); 1,400 hab.

* **RENARD** s. m. (all. *reinhart*). Mamm. Quadrupède carnassier du grand genre chien ou de la famille des canidés, dont la ruse est proverbiale :

> Certain renard gascon, d'autres disent normand,
> Mourant presque de faim, vit au haut d'une treille
> Des raisins mûrs apparemment.
>
> LA FONTAINE.

— **CET HOMME EST UN RENARD, UN FIN RENARD, UN VRAI RENARD, UN VIEUX RENARD**, il est cauteleux, fin, rusé. — **FAIRE LA GUERRE EN RENARD, AGIR EN RENARD**, faire la guerre avec ruse, agir finement. — **UN BON RENARD NE MANGE POINT LES POULES DE SON VOISIN**, tout homme rusé et habile qui fait une action blâmable la fait plutôt dans un quartier éloigné que dans son voisinage. — **IL FAIT COMME LE RENARD DES MÛRES, DES RAISINS**, se dit d'un homme qui fait semblant de mépriser une chose, parce qu'il ne peut l'avoir. — **COUDRE LA PEAU DU RENARD A CELLE DU LION**, ajouter la ruse, la finesse à la force. — **PRENDRE MARTRE POUR RENARD**, se méprendre, se tromper, prendre une chose pour une autre, d'après une sorte de ressemblance. — **SE CONFESSER AU RENARD**, découvrir son secret à un homme qui est intéressé à en tirer avantage contre nous. — **JEU DU RENARD**, jeu où une pièce principale, qu'on appelle **RENARD**, en attaque douze autres qu'on appelle **POULES**. — **RENARD MARIN**, gros mammifère de l'ordre des cétacés. — En parlant de canaux, se dit fig. des fentes, des trous par lesquels les eaux d'un bassin ou d'un réservoir se perdent, et qu'il est difficile de trouver : *boucher un renard.* — **QUEUE-DE-RENARD**, certaines touffes de racines qui se forment quelquefois dans les tuyaux des fontaines, et qui les bouchent : *votre fontaine ne va pas, il faut qu'il y ait dans les tuyaux quelques queues-de-renard qui arrêtent l'eau.* — Nom d'une plante qui croît dans les lieux humides, et qui a quelque ressemblance avec une queue de renard : *ce pré est plein de queues-de-renard.* — **ENCYCL.** Suivant quelques naturalistes, les renards constituent un genre de canidés, qui se distingue du chien domestique, du loup et du chacal, par la conformation de son crâne, la longueur de sa queue très touffue, par une pupille ovale et un peu oblique, par des oreilles triangulaires et pointues et par un museau très allongé. Les renards émettent une odeur très forte qui provient de plusieurs glandes placées près de la racine de leur queue; ils sont prudents, rusés, soupçonneux, propres, insociables et incapables de se familiariser en domesticité. Leurs sens de la vue, de l'odorat et de l'ouïe sont d'une finesse extraordinaire. La rapidité de leur course est très grande. Ils passent leur journée à dormir aux environs de leur terrier dans lequel ils se réfugient au moindre danger;

Renard d'Europe (Vulpes communis).

la nuit venue, ils suivent la piste des petits animaux : lièvres, lapins, rats, mulots, perdrix, cailles, faisans, etc. Ils dévorent au besoin les fruits, particulièrement les raisins; ils sont aussi très friands de miel, de lait, d'œufs, de reptiles et même de cadavres d'animaux. Les renards sont la terreur des poulaillers et des garennes. La seule espèce connue en France est le *renard d'Europe* (*vulpes communis*), type du genre, d'un fauve plus ou

moins roux en dessus, blanchâtre en dessous, avec le derrière des oreilles noir. Sa queue touffue est terminée par un bouquet de poils blancs; son museau est effilé; son front aplati. Il a produit plusieurs variétés dont la principale est le *renard charbonnier* qui a du noir au bout de la queue, au dos, au poitrail et sur les pattes de devant. La Suisse possède le *renard musqué*, autre variété de notre renard d'Europe. Ces animaux s'emparent ordinairement, dans les bois ou les rochers, d'un terrier dont il bannissent les légitimes propriétaires en l'infectant de leur urine et qu'ils accommodent ensuite à leur taille et à leur usage. Ce logis a plusieurs entrées. Le ravisseur y creuse trois pièces distinctes: antichambre appelée *mée;* salle à manger nommée *fosse* ou *fusée;* enfin chambre à coucher dite *accul.* C'est là que le renard vit avec sa femelle. Celle-ci met bas vers le mois d'avril 4 ou 5 renardeaux, qu'elle allaite jusqu'au mois de juin et que le père et la mère défendent courageusement. Vers l'âge de 6 mois, les petits pourvoient eux-mêmes à

Renard arctique (Vulpes lagopus).

leurs besoins. Pendant l'hiver les parents reprennent leurs allures solitaires, passant leurs journées tapis dans quelques trous creusés près de leur logis, rampant la nuit sous les buissons, le long des haies, à l'œil au guet, à la recherche de leur proie. Deux de ces maraudeurs nocturnes s'associent quelquefois pour chasser le lièvre; l'un rabat vers l'autre qui reste à l'affût. Dans plusieurs pays, surtout en Angleterre, on chasse le renard à courre. Il est préférable de le chasser au chien courant ou au fusil. Blessé, il se défend avec acharnement; il déploie alors une grande vigueur musculaire et ses morsures sont très graves. Les principales des 43 autres espèces sont: le *renard arctique (vulpes lagopus)* ou *renard bleu;* et le *renard des États-Unis* ou *renard rouge.* Le premier abonde dans les régions arctiques et est remarquable par les changements que subit, suivant les saisons, sa robe qui est brune ou bleuâtre en été et blanche en hiver.

* RENARDE s. f. Femelle du renard : *on prit la renarde et tous ses petits.*

* RENARDEAU s. m. Petit renard : *on prit la renarde et tous ses renardeaux.*

RENARDER v n. Imiter les finesses du renard.

RENARDERIE s. f. Ruse, finesse, trait de renard.

* RENARDIER s. m. Celui qui, dans une terre, a le soin de prendre les renards.

* RENARDIÈRE s. f. Tanière du renard.

RENAU D'ELÇAGARAY (Bernard), ingénieur et officier de marine, né dans le Béarn en 4652, mort à Pougues en 1749. Il imagina un mode nouveau de construction maritime, inventa les galiotes à bombes avec lesquelles on bombarda Alger en 1682, joignit Vauban

dans les Flandres, assiégea Philippsbourg, Manheim, Frankenthal, Mons et Namur, sauva Saint-Malo après le combat de la Hogue, passa en Amérique où il pourvut à la sûreté de nos colonies et fit sans succès le siège de Gibraltar en 1704. On a de lui : *Théorie de la manœuvre des vaisseaux* (Paris, 4689, in-8°).

RENAUD, personnage de la *Jérusalem délivrée* du Tasse; c'est l'Achille chrétien.

RENAUDIN. I. (Léopold), révolutionnaire, né à Saint-Remi (Lorraine) en 1749, mort sur l'échafaud en 1795. Affilié aux Jacobins, ami de Robespierre, il devint un des membres les plus ardents du tribunal révolutionnaire. Il fut compris dans le procès de Fouquier-Tinville et condamné à mort. — II. (Jean-François), amiral, né à Saint-Martin-du-Gua (Charente-Inférieure), le 27 mars 1757, mort au même lieu en 1809. Il commandait le vaisseau le *Vengeur,* lorsque celui-ci coula au cri de *Vive la république,* poussé par les marins qui le montaient (1er juin 4794). Renaudin sauva avec quelques hommes de son équipage, fut nommé inspecteur des ports maritimes en 1801 avec le titre de contre-amiral et prit sa retraite en 1805.

RENAUDOT (Théophraste), médecin et journaliste français, né à Loudun en 4584, mort en 1653. En 4631, il fonda la *Gazette de France.*

* RENCAISSAGE s. m. Action de rencaisser.

RENCAISSEMENT s. m. Action d'encaisser de nouveau.

* RENCAISSER v. a. Jardin. Remettre dans une caisse. Ne se dit guère qu'en parlant des arbres et des arbrisseaux que l'on change de caisse : *rencaisser des orangers, des grenadiers.*

* RENCHÉRI, IE part. passé de RENCHÉRIR. — Substantiv. FAIRE LE RENCHÉRI, LA RENCHÉRIE, faire le difficile, la difficile : *décidez-vous, il ne s'agit pas de faire tant le renchéri.*

* RENCHÉRIR v. a. et quelquefois n. Se conjugue comme *Enchérir* et a les mêmes significations que ce verbe tant au propre qu'au figuré : *renchérir des marchandises; tout renchérit.*

A renchérir tout, voyons, que je m'amuse.
COLLIN D'HARLEVILLE. *Monsieur de Crac,* sc. 1re.

* RENCHÉRISSEMENT s. m. Voy. ENCHÉRISSEMENT.

RENCHÉRISSEUR, EUSE s. Personne qui renchérit.

RENCHIER s. m. Blas. Meuble de l'écu qui représente un cerf de la plus haute taille avec une ramure aplatie et couchée en arrière, beaucoup plus longue que le bois du cerf ordinaire.

* RENCOGNER v. a. Pousser, serrer quelqu'un dans un coin : *je l'ai rencogné dans une embrasure, pour lui dire de ce que j'avais sur le cœur.* (Fam.)

* RENCONTRE s. f. Hasard, aventure par laquelle on trouve fortuitement une personne, une chose : *il y a des singulières rencontres dans la vie.* — ALLER, VENIR A LA RENCONTRE, aller, venir au-devant de quelqu'un qui vient: *je marchais, j'ai vu qu'il venait à ma rencontre.* — MARCHANDISE DE RENCONTRE, celle qu'on trouve à acheter par hasard : *épée, manteau, etc., de rencontre.* On dit dans le même sens, J'AI EU CELA DE RENCONTRE, et C'EST UNE RENCONTRE, en parlant d'une chose qu'on a achetée d'occasion et bon marché. — Attouchement, concours, disposition, conjonction ou opposition des corps, qui se fait par art ou naturellement : *la rencontre d'atomes, la rencontre de Saturne et de Mars dans tel signe.* — Gramm. et Versific. LA RENCONTRE DES VOYELLES, se dit lorsqu'un mot qui se termine par une voyelle, non muette, est suivi immédiatement d'un mot qui commence par une voyelle ou par une h

muette, comme dans cet exemple : *il va à Huningue.* C'est ce qu'on nomme aussi HIATUS. — Horlog. ROUE DE RENCONTRE, roue dont les dents engrènent dans les deux saillies latérales de l'espèce de pivot qui fait mouvoir le balancier d'une montre, d'une pendule. — Choc de deux corps de troupes, lorsqu'il se fait par hasard : *ce ne fut pas une rencontre en règle, ce ne fut qu'une rencontre.* — Combat singulier non prémédité : *la rigueur des édits contre les duels ne s'appliquait pas aux rencontres.* — Trait d'esprit, bon mot : *c'est un homme qui a d'heureuses rencontres.* — Occasion, conjoncture : *je vous servirai en toute rencontre.*

* RENCONTRER v. a. Trouver une personne, une chose, soit qu'on la cherche, soit qu'on ne la cherche pas : *rencontrer quelqu'un dans la rue, à la promenade.*

Mais je n'ai point encore rencontré ce minois,
Qui me plussent autant que celui que je vois.
COLLIN D'HARLEVILLE. *L'Inconstant,* acte 1er, sc. IV.

— On le dit quelquefois des choses : *le torrent entraîne tout ce qu'il rencontre sur son passage.* — RENCONTRER LES YEUX DE QUELQU'UN, le regarder au moment où l'on est regardé par lui : *il craignait de rencontrer mes yeux.* — Etre bien ou mal servi par le hasard dans quelque affaire; deviner juste ou se tromper dans ses conjectures. Dans ce sens, il s'emploie souvent absolument : *il n'a pas mal rencontré d'avoir tel rapporteur.* — Dire un mot heureux, un mot qui est à propos. Dans ce sens, il s'emploie toujours absolument : *il rencontre heureusement.* — Chasse. Se dit des chiens qui commencent à trouver la piste du gibier : *prenez garde, le chien rencontre.* — Se rencontrer v. pr. *Nous nous rencontrâmes dans la rue.* — Avoir les mêmes pensées qu'un autre sur un même sujet : *les beaux esprits se rencontrent.* — Se prend quelquefois passivement, et signifie, être trouvé, paraître : *il s'est rencontré des hommes de ce caractère.*

* RENCORSER v. a. Taill. et Coutur. Mettre un corsage neuf à une robe : *elle est bonne ménagère, elle fait rencorser ses robes.*

* RENDANT, ANTE s. Jurispr. et Comptab. Celui, celle qui rend un compte. On dit aussi, LE RENDANT COMPTE.

* RENDEMENT s. m. Ce que rend, ce que produit un objet que l'on travaille, que l'on exploite : *le rendement du blé.* LE RENDEMENT DES IMPÔTS, ce que rapportent les impôts.

* RENDETTER (Se) v. pr. S'engager de nouveau dans des dettes après qu'on en était sorti : *voilà vos dettes payées, tâchez de ne pas vous rendetter.*

RENDEUR, EUSE s. Personne qui rend.

* RENDEZ-VOUS s. m. Convention que deux ou plusieurs personnes font de se trouver ensemble en certain temps, à certaine heure, en un lieu désigné : *assigner, donner, indiquer un rendez-vous.* — Lieu où l'on doit se rendre; et, en général, lieu où certaines personnes ont coutume de se réunir : *je suis arrivé le premier au rendez-vous.* — On le dit quelquefois, par ext., en parlant des animaux : *cette forêt est le rendez-vous des oiseaux de proie, des reptiles,* etc.

* RENDONNÉE s. f. Vén. Voy RANDONNÉE.

* RENDORMIR v. a. Faire dormir de nouveau quelqu'un qui était reveillé : *allez rendormir cet enfant.* — Se rendormir v. pr. Recommencer à dormir : *je me suis rendormi.*

* RENDOUBLER v. a. Remplier un vêtement pour le raccourcir : *rendoubler un manteau.*

* RENDRE v. a. *Je rends, tu rends, il rend, nous rendons, vous rendez, ils rendent. Je rendais. Je rendis. J'ai rendu. Je rendrai. Je rendrais. Rends, rendez. Que je rende. Que je rendisse. Rendant. Rendu.* Redonner, restituer, remettre une chose entre les mains de celui

à qui elle appartient, de quelque manière qu'on l'ait eue : *rendre à quelqu'un l'argent qu'on lui a emprunté;* — Fig. au sens moral : *je lui ai rendu mon amitié, mon estime, ma confiance.* — IL FAUT RENDRE A CÉSAR CE QUI APPARTIENT A CÉSAR, il faut rendre à chacun ce qui lui est dû. Se dit tant au propre qu'au figuré. — RENDRE LE RESTE D'UNE PIÈCE DE MONNAIE, donner ce qui reste de la valeur d'une pièce, après avoir pris sur cette pièce ce qui était dû. — Pop. QUAND IL EMPRUNTE, C'EST A NE JAMAIS RENDRE, il emprunte ce qu'on lui a prêté.— RENDRE UN PAQUET, RENDRE UNE LETTRE, remettre une lettre à celui à qui elle est écrite, remettre un paquet à celui à qui il est adressé. — RENDRE UN BALLOT, DES MARCHANDISES EN UN LIEU, les y porter, les y faire voiturer, les y conduire : *il m'a vendu tant de ballots de soie, et il doit me les rendre à Lyon.* Dans ce sens, se dit quelquefois en parlant des personnes : *montez dans mon cabriolet, dans deux heures je vous rendrai là, je vous rends là.* — RENDRE DE L'OUVRAGE, le remettre à celui pour qui on l'a fait : *ce tailleur est bien long à rendre son ouvrage.* — Fig. RENDRE A QUELQU'UN SA PAROLE, le dégager de la promesse qu'il avait faite. — Se dit, fig., en parlant de certains devoirs, de certaines obligations dont on s'acquitte, de certaines marques de respect, de déférence, de civilité, etc., que l'on donne à quelqu'un : *rendre ses devoirs, ses respects à quelqu'un.*

> Vous rendez fort soigneusement
> Une visite, un compliment,
> Une grâce qu'on vous a faite :
> Vous rendez tout, maître Clément,
> Excepté l'argent qu'on vous prête.
> DE CAILLY.

— Féodal. RENDRE FOI ET HOMMAGE, RENDRE AVEU, s'acquitter de ces sujétions. — RENDRE LE DEVOIR, RENDRE LE DEVOIR CONJUGAL, satisfaire à l'intention du mariage. — RENDRE VISITE A QUELQU'UN, l'aller visiter; et, RENDRE A QUELQU'UN SA VISITE, l'aller visiter après avoir reçu de lui une visite RENDRE SES VISITES, faire les visites que l'usage prescrit dans certaines circonstances : *ces nouveaux mariés ont rendu hier leurs visites.* — RENDRE LE SALUT, saluer quelqu'un dont on vient de recevoir un salut. On dit. de même : JE LUI AI RENDU SON SALUT : *je ne m'a pas rendu mon salut.* — RENDRE SERVICE A QUELQU'UN, servir, obliger quelqu'un. RENDRE DE BONS OFFICES, DE MAUVAIS OFFICES A QUELQU'UN, servir ou desservir quelqu'un par ses paroles ou par ses actions. — Payer de retour, soit en bien, soit en mal : *rendre la pareille.* — DIEU VOUS LE RENDE. Expression de reconnaissance, dont se servent ceux à qui on donne l'aumône, ceux à qui l'on fait quelque petit présent, à qui l'on rend quelque bon office.

> Donnes si peu qu'il vous plaira,
> Je prieral Dieu qu'il vous rende,
> Et sa bonté vous le rendra,
> DÉSAUGIERS, Hubert et Antier. La Lanterne sourde, 1823.

— RENDRE COMBAT, RENDRE LE COMBAT, résister à une attaque : *l'armée ennemie s'enfuit à notre approche, sans rendre combat, sans rendre le combat.* — Faire recouvrer certaines choses dont on était privé, qu'on avait perdues, comme la santé, les forces du corps, etc. : *ce remède lui a rendu la vie.* — Par ext., par exag., VOUS ME RENDEZ LA VIE, *vous me tirez de peine, je vous ai une obligation extrême.* — Se dit quelquefois, en parlant des personnes, dans une acception à peu près semblable, et signifie, les faire rentrer en possession d'une chose dont elles étaient privées, ou à laquelle elles avaient renoncé : *il vient d'être rendu à la liberté.* On dit dans un sens analogue, CELA LE RENDIT A LUI-MÊME, cela fit cesser l'illusion, la prévention, etc., qui troublait, qui égarait sa raison, et qui l'empêchait de juger sainement. — Faire devenir; être cause que quelque personne, quelque chose devient ce qu'elle n'était pas aupara-

vant . *sa vertu l'a rendu illustre.* — Produire, rapporter : *il a de bonnes terres qui rendent près de deux cents gerbes par arpent.* — CE PERRIER REND TANT DE SA FERME, il en paye tant. — CETTE ORANGE REND BEAUCOUP DE JUS, il en sort beaucoup de jus quand on la presse. CETTE VIANDE REND BEAUCOUP DE JUS, il en sort beaucoup de jus quand on la coupe. CETTE VOLAILLE A RENDU BEAUCOUP DE GRAISSE, il en a dégoutté beaucoup de graisse quand on l'a fait cuire. — CETTE FLEUR REND UNE ODEUR DÉSAGRÉABLE, il s'en exhale une odeur agréable. — CET INSTRUMENT REND UN SON HARMONIEUX, il en sort un son harmonieux quand on en joue. — Absol., CETTE RAQUETTE REND BIEN, REND MAL, elle est bien ou mal tendue, elle renvoie fortement ou faiblement la balle. — Se dit encore en parlant de ce que le corps rejette par les voies naturelles ou autrement : *on lui perça un abcès qui rendit quantité de pus.*—Absol. CETTE PLAIE, CE CAUTÈRE COMMENCE A RENDRE, rend beaucoup, il en sort de la matière, du pus.— C'EST UN HOMME QUI A BON CŒUR, IL NE REND RIEN, il ne rend jamais ce qu'on lui prête. — RENDRE GORGE, vomir après avoir trop bu ou trop mangé. Fig. et fam. Restituer par force ce qu'on a pris, ce qu'on a acquis par des voies illicites : *on lui a fait rendre gorge.* — RENDRE L'ESPRIT, RENDRE L'AME, RENDRE LE DERNIER SOUPIR, LES DERNIERS SOUPIRS, mourir, expirer. — Représenter, exprimer : *cette copie ne rend pas bien l'original.* — RENDRE TÉMOIGNAGE, témoigner. — RENDRE UN ARRÊT, UNE SENTENCE, prononcer un arrêt, une sentence. — C'EST UN HOMME QUI REND DES ORACLES, prononcer des oracles. — RENDRE LA JUSTICE, exercer, administrer la justice : *les tribunaux sont institués pour rendre la justice.* — RENDRE JUSTICE A QUELQU'UN, reconnaître son mérite, ses droits : *le public lui rend enfin justice.* On dit dans un sens analogue : C'EST UNE JUSTICE A LUI RENDRE : *il faut lui rendre cette justice.* — Jeu. RENDRE DES POINTS, consentir que son adversaire compte d'avance à son profit un certain nombre de points de manière à compenser l'inégalité de force entre les deux joueurs. Fig. RENDRE DES POINTS A QUELQU'UN, être ou se croire plus fort que lui. — RENDRE RAISON, expliquer pourquoi on fait quelque chose, pourquoi quelque chose est ou se fait : *rendez-moi raison de votre conduite de votre procédé.* — RENDRE RAISON A QUELQU'UN, se battre en duel avec lui pour réparation d'une offense : *il faudra bien qu'il me rendre raison de cette insulte.* — RENDRE COMPTE D'UNE CHOSE, la détailler, en donner l'explication : *rendre compte d'un événement.* — Traduire : *il a mal rendu le sens de son auteur.* — Répéter : *l'échord les sons, rend les paroles.* — Livrer, céder : *le gouverneur se vit forcé de rendre la place après la seconde attaque.* — Fig. RENDRE LES ARMES, s'avouer vaincu dans une contestation, dans une discussion. — Man. RENDRE LA BRIDE A SON CHEVAL, la tenir moins haute, moins ferme : *rendez tout a fait la bride.* On dit aussi, RENDRE LA MAIN A UN CHEVAL, lui lâcher un peu la bride. — v. n. Aboutir : *ce chemin rend à tel endroit.* — Se rendre v. pr. Devenir, avec ou sans intention, mais par son propre fait : *il veut se rendre agréable, nécessaire.* — Jurispr. SE RENDRE PARTIE CONTRE QUELQU'UN, se déclarer partie contre quelqu'un : *la veuve s'est rendue partie civile contre les meurtriers de son mari.* — SE RENDRE CATHOLIQUE, SE RENDRE ERMITE, se faire catholique, se faire ermite. — Céder, se mettre au pouvoir, se soumettre : *les assiégés ne voulurent point se rendre.*

> Je ne viens point ici, par de jalouses larmes,
> Vous envier un cœur qui se rend à vos charmes.
> J. RACINE. Andromaque, acte III, sc. IV.

—Aboutir : *où se rend ce chemin-là?* SE RENDRE EN QUELQUE ENDROIT, lorsqu'il s'agit des personnes, signifie, se transporter en quelque endroit, y aller : *il se rendra à Lyon tel jour.* — SE RENDRE A SON DEVOIR, so rendro

au lieu où le devoir appelle. SE RENDRE A SON DEVOIR, se dit aussi de quelqu'un qui se réforme, qui cède à l'empire de la raison : *mon fils, quand vous rendrez-vous à votre devoir?* — JE ME RENDS, se dit lorsque dans une discussion, on finit par céder. IL NE SE REND JAMAIS, c'est un opiniâtre, un entêté qui ne cède jamais. — N'en pouvoir plus : *je ne puis plus boire ni manger, je me rends.* — CE CHEVAL SE REND, il ne peut plus avancer, il est outré à force d'avoir marché ou d'avoir travaillé. Se dit aussi d'un cheval qui finit par obéir, après quelque résistance.

RENDSBURG [rennddss'-bourg], ville du Schleswig-Holstein (Prusse), à 90 kil. N.-O. de Hambourg; 11,406 hab. La vieille ville est bâtie dans une île du canal de l'Eider, et la nouvelle sur la rive méridionale. Les Allemands l'occupèrent pendant la guerre, de 1848 à 1851. Les Danois en ont rasé les fortifications en 1852.

* **RENDU, UE** part. passé de RENDRE — LE VIN DE BOURGOGNE COUTE TANT, RENDU A PARIS, voituré à Paris. — PROV., FILLE QUI CHANTE ET VILLE QUI PARLEMENTE, SONT A DEMI RENDUES. — COMPTE RENDU, exposé ou récit de certains faits particuliers : *compte rendu de l'état des finances, de la statistique criminelle.* — CET HOMME, CET ANIMAL EST RENDU, il est las, fatigué, outré il ne peut plus marcher : *je suis rendu, je ne saurais aller plus loin.*

> L'attelage suait, soufflait, était rendu.
> LA FONTAINE.

— Arrivé où l'on voulait aller : *il n'y a plus qu'un petit quart de lieue d'ici chez nous, nous voilà bientôt rendus.* — s. Soldat d'une armée ennemie qui se rend à l'autre : *On apprit, par les rendus, que...* (Vieux.) — Fini, achevé : *ce tableau se distingue par le rendu.* — Fig. et fam. C'EST UN RENDU, se dit en parlant d'un tour qu'on viendte jouer à quelqu'un, et qui vaut bien celui qu'il a fait auparavant. On dit dans le même sens, C'EST UN PRÊTÉ RENDU.

RENDU. I. (Louis-Ambroise-Marie-Modeste), organisateur des écoles primaires de France, né à Paris le 25 oct. 1778, mort dans la même ville le 12 mars 1860. Devenu inspecteur général des études en 1808, il travailla à l'organisation des facultés et des lycées, fit créer un grand nombre d'écoles industrielles et commerciales; il a laissé un grand nombre d'ouvrages sur l'instruction primaire et son organisation. — II. (Jeanne-Marie), religieuse de Saint-Vincent-de-Paul, plus connue sous le nom de sœur Rosalie, née à Comfort (Ain) en 1787, morte à Paris en 1856. Devenue religieuse de Saint-Vincent-de-Paul, elle se livra pendant 50 ans, dans le quartier Saint-Marcel, au soulagement des pauvres dont elle était la providence; sa mémoire y est restée en vénération. Elle fonda de nombreuses écoles, des crèches, des asiles, entre autres, celui de Sainte-Rosalie, rue Pascal. Elle avait mérité le moderne chevalier de la Légion d'honneur.

* **RENDURCIR** v. a. Rendre plus dur ce qui l'était déjà : *la trempe rendurcit le fer.* — Se rendurcir v. pr. : *le fer se rendurcit par la trempe.*

RENDURCISSEMENT s. n. Action de rendurcir, de se rendurcir.

* **RÊNE** s. f. Courroie de la bride d'un cheval : *une des rênes de la bride.* — Fig. et dans le style soutenu, LES RÊNES DE L'EMPIRE, DE L'ÉTAT, DU GOUVERNEMENT, l'administration souveraine, la haute administration de l'État : *tenir les rênes de l'empire.* — ENCYCL. La manière de tenir les rênes est d'une grande importance dans l'art de l'équitation et dans celui de conduire les voitures. Notre fig. 1 montre la manière la plus ordinaire de tenir les rênes simples. Avant de monter à cheval, on saisit de la main droite leur extrémité supérieure, et on élève jusqu'à ce qu'on sente une égale résistance des deux rênes; on

rapproche alors la main gauche de la droite et on établit dans la main gauche les deux rênes, comme le montre la figure. Pour tenir

Fig. 1. — Manière de tenir les rênes simples dans l'équitation.

les doubles rênes, les brides S se placent comme les rênes simples ci-dessus; les bridons C se mettent de chaque côté de l'annulaire et retombent ensuite sous le pouce, qui

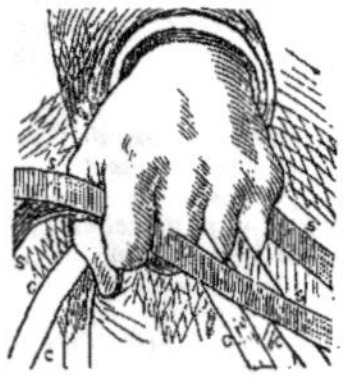

Fig. 2. — Manière de tenir les doubles rênes dans l'équitation.

ne les saisit pas (fig. 2). Les rênes d'un cheval de voiture se tiennent de la main gauche, comme le montre notre fig. 3. N, est

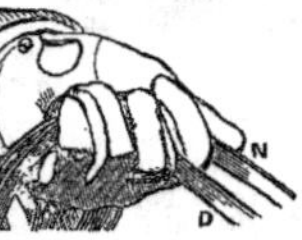

Fig. 3. — Manière de tenir les rênes simples, en conduisant une voiture.

la bride de gauche; D est celle de droite. Le conducteur d'une voiture à 2 ou plusieurs chevaux divise les rênes entre ses doigts. On

Fig. 4. — Four in hand.

voit par notre fig. 4 comment il les distribue quand il a 4 chevaux à diriger (four in hand). NL et OL sont les rênes des chevaux de volée; NW et OW sont celles des chevaux de brancard.

RENÉ Ier, surnommé LE BON, duc d'Anjou, comte de Provence, et roi titulaire de Jérusalem et de Naples, né à Angers le 14 janv. 1409, mort à Aix le 10 juillet 1480. Il était le second fils de Louis d'Anjou, également roi titulaire de Naples, et d'Yolande, fille du roi d'Aragon. Son frère aîné, Louis III (mort en 1434), lui laissa l'Anjou et la Provence avec ses droits sur Naples, la Sicile et Jérusalem. En 1430, René devint duc de Bar, et en 1431, duc de Lorraine. Mais le comte de Vaudemont, neveu de

Charles, beau-père et prédécesseur de René en Lorraine, réclama ce duché et fit René prisonnier. L'empereur Sigismond décida en faveur de René, mais Vaudemont ne voulut pas céder et garda son prisonnier. C'est pendant la captivité de René que la couronne de Naples et de Sicile lui fut offerte; mais, ne pouvant obtenir son élargissement, il nomma sa femme Isabelle régente de l'Anjou, de la Provence, de Naples et de la Sicile. Elle arriva en Italie en 1435, et y trouva pour adversaire le roi Alphonse d'Aragon. En 1437, René ayant acheté sa liberté et la reconnaissance de ses droits sur la Lorraine, marcha sur Naples et dut se retirer devant Alphonse; il revint en Provence en 1442. Après avoir rétabli l'ordre dans la Lorraine, il la donna à son fils aîné Jean, et se consacra aux lettres et aux arts. En 1467, les Aragonais lui offrirent leur trône, qu'il accepta pour son fils Jean; mais celui-ci mourut peu après son arrivée en Aragon. Le bon René resta donc seul avec sa fille exilée, la reine Marguerite d'Angleterre, femme de Henri VI. — Le comte de Quatrebarbes a édité les principaux écrits posthumes de ce prince (1845-46, 4 vol. in-4°), et de Lecoy de la Marche a écrit sa vie (1875, 2 vol.).

RENÉE DE FRANCE, duchesse de Ferrare, née à Blois en 1510, morte à Montargis en 1575. Elle était la seconde fille de Louis XII et épousa Hercule II, duc de Ferrare. Elle fut la protectrice de Calvin et eut Clément Marot pour secrétaire.

* **RENÉGAT, ATE** s. (rad. lat. *renegare*, renier). Celui, celle qui a renié la religion chrétienne pour embrasser une autre religion, et particul., le mahométisme : *il s'est fait renégat*. — Fig. Celui qui, par des motifs intéressés, abjure ses opinions politiques et abandonne son parti.

* **RÉNETTE** s. f. Instrument dont les maréchaux se servent pour couper l'ongle du cheval par sillons. — ~~ Outil dont se servent les bourreliers pour tracer des raies sur le cuir.

* **RENETTER** v. a. Maréch. Couper le sabot par sillons, et y pratiquer des raies avec la rénette : *les maréchaux affaiblissent souvent les quartiers en rénettant un pied*.

* **RENFAÎTAGE** s. m. Action de renfaîter; ouvrage qui en est le résultat : *ce renfaîtage me coûtera fort cher*.

* **RENFAÎTER** v. a. Raccommoder le faîte d'un toit.

* **RENFERMÉ, ÉE** part. passé de RENFERMER. — Substantiv. CELA SENT LE RENFERMÉ, se dit des choses qui ont contracté une mauvaise odeur, pour avoir été trop longtemps renfermées. On dit de même, UNE ODEUR DE RENFERMÉ, en parlant d'un appartement, d'une chambre où il sent mauvais, parce qu'on n'a point ouvert les fenêtres depuis un certain temps.

* **RENFERMER** v. a. Enfermer de nouveau : *ce prisonnier s'était échappé, on l'a repris et on l'a renfermé*. — Enfermer : *c'est un fou qu'il faudrait renfermer*. — RENFERMER QUELQU'UN, le mettre en prison. — RENFERMER UN PRISONNIER, le resserrer plus étroitement qu'auparavant. — Comprendre, contenir : *ce parc renferme plusieurs villages*. — Fig. Restreindre, réduire dans de certaines bornes : *ce prédicateur a renfermé son sujet, sa matière en deux points*. — Man. RENFERMER UN CHEVAL, le tenir dans la main et dans les jambes : dans la main, le cavalier le mettant à soi, ce qui occasionne une plus forte tension des rênes et ce qui retient le devant; dans les jambes, en les approchant du corps de l'animal, ce qui chasse le derrière sur le devant. — Se renfermer v. pr. Enfermer soi : *je me renferme souvent dans mon cabinet*. — SE RENFERMER EN SOI-MÊME, se recueillir afin de

penser avec plus d'attention aux choses dont on est occupé. — Se restreindre : *cet auteur s'est renfermé dans son sujet*.

* **RENFLAMMER** v. a. Enflammer de nouveau. — Se renflammer v. pr. *Les tisons qu'on croyait éteints se renflammèrent*.

* **RENFLÉ, ÉE** part. passé de RENFLER. — Adjectiv. Se dit de certaines choses qui vont en grossissant dans quelque partie de leur longueur. — Archit. COLONNE RENFLÉE. — Bot. TIGE RENFLÉE A SA BASE. (Voy. RENFLEMENT.)

* **RENFLEMENT** s. m. État de ce qui est renflé. Particul. Archit. Augmentation insensible du diamètre d'une colonne depuis la base jusqu'au tiers de la hauteur du fût. — Bot. Endroit où une tige, un rameau, etc., est comme enflé, dilaté : *la tige de cette plante a plusieurs renflements*.

* **RENFLER** v. n. Se dit des choses qui augmentent de grosseur en cuisant ou en fermentant : *voilà des pois, des haricots qui renflent bien*.

* **RENFLOUAGE** s. m. Mar. Action de renflouer un vaisseau, résultat de cette action.

* **RENFLOUER** v. a. Mar. Remettre un vaisseau à flot.

* **RENFONCEMENT** s. m. Art. Effet de perspective qui fait paraître une chose enfoncée et éloignée : *le renfoncement d'une décoration de théâtre*. — Creux qui forment certaines parties d'un ouvrage. Dans ce sens, on l'emploie surtout en Archit. : *le renfoncement d'un caisson*. — Impr. Action de renfoncer une ligne : *faire des renfoncements*.

* **RENFONCER** v. a. Enfoncer de nouveau, enfoncer plus avant : *renfoncer son chapeau*. — Impr. RENFONCER UNE LIGNE, la faire commencer plus ou moins en arrière de celles qui suivent ou qui précèdent : *il faut renfoncer cette ligne, elle commence un paragraphe*.

* **RENFORCEMENT** s. m. Action de renforcer, ou effet de cette action : *le renforcement d'une poutre*.

* **RENFORCÉ, ÉE** part. passé de RENFORCER. *Un canon renforcé sur la culasse*. — ÉTOFFE RENFORCÉE, étoffe plus forte et plus épaisse que ne le sont ordinairement les étoffes de la même espèce : *du damas renforcé*. — UN BIDET RENFORCÉ, un double bidet. — C'EST UN PAYSAN RENFORCÉ, se dit d'un homme de campagne qui a de l'aisance, et qui fait un peu l'important. UN BOURGEOIS RENFORCÉ, un bourgeois riche et orgueilleux. UN FAT, UN SOT RENFORCÉ, un homme extrêmement fat, extrêmement sot.

* **RENFORCER** v. a. Fortifier, rendre plus fort : *renforcer des troupes*. — RENFORCER LA DÉPENSE, L'ORDINAIRE D'UNE MAISON, augmenter la dépense d'une maison, en augmenter l'ordinaire. — RENFORCER LA VOIX, LE SON, lui donner plus de force, plus d'éclat : *renforcez votre voix sur cette note*. — Se renforcer v. pr. Se fortifier, devenir plus fort, plus habile : *l'armée se renforce tous les jours*.

RENFORCIR v. a. Rendre plus fort. — v. n. Devenir plus fort.

* **RENFORMIR** v. a. Maçonn. Mettre des moellons ou des pierres où il en manque, crépir un vieux mur pour consolider la construction.

* **RENFORMIS** s. m. Maçonn. Réparation d'un vieux mur, sans démolition.

* **RENFORT** s. m. Augmentation de force : *l'armée a reçu des renforts*. — CHEVAL DE RENFORT, cheval que l'on ajoute à un attelage dans les endroits difficiles. — Pièce qui sert à en renforcer d'autres.

RENFREWSHIRE [renn'-frou-chira]. Comté occidental de l'Écosse, limité par la Clyde

au N. et par le Frith of Clyde à l'O. ; 637 kil. carr. ; 246,947 hab. Villes principales : Paisley, Greenock, Renfrew, la capitale, et Port Glasgow. On y produit de grandes quantités d'alun et de fer.

*RENFROGNER (Se) v. pron. Voy. Refrogner.

* **RENGAGEMENT** s. m. Action de se rengager : *depuis son rengagement dans tel corps.*

* **RENGAGER** v. a. Engager de nouveau : *il avait dégagé ses pierreries et sa vaisselle d'argent, il a été obligé de les rengager.* — *Se rengager* v. pr. : *se rengager dans les procès.*

*RENGAINE s. f. Pop. Parole banale, moyen usé, trop connu : *c'est une vieille rengaine.*

* **RENGAINER** v. a. Remettre dans la gaîne, dans le fourreau : *rengainer une épée, un couteau.* On l'emploie absol. dans le sens de rengainer son épée : *ils allaient croiser le fer, lorsque le général survint, et leur ordonna de rengainer.* — RENGAINER SON COMPLIMENT, supprimer ou ne pas achever ce qu'on avait envie de dire : *rengainez votre compliment.*

RENGORGEMENT s. m. Attitude de celui qui se rengorge.

* **RENGORGER (Se)** v. pron. Se dit des femmes, lorsque, pour avoir meilleure grâce, elles avancent la gorge, et retirent la tête un peu en arrière : *voyez, comme elle se rengorge.* — Se dit aussi des hommes, lorsque par un mouvement semblable de la tête, ils affectent un air de fierté : *depuis qu'il est en place il se rengorge.* — Se dit également de certains animaux : *le paon se rengorge quand on le regarde.* — Se dit, fig., d'un homme qui fait l'important. Dans toutes ces acceptions, il est familier.

* **RENGRAISSER** v. a. Faire redevenir gras, engraisser de nouveau : *le riz dont il fait usage le rengraisse à vue d'œil.* — v. n. Redevenir gras : *depuis qu'il prend du lait, il a rengraissé.*

* **RENGRÉGEMENT** s. m. Augmentation, accroissement : *rengrégement du mal.* Ne se dit que des maux, et est vieux.

* **RENGRÉGER** v. a. Augmenter, accroître. Ne se dit qu'en parlant du mal, de la douleur : *rengréger sa douleur.* — Se rengréger v. pr. : *son mal se rengrége.* (Vieux.)

* **RENGRÉNEMENT** s. m. Action de rengréner.

* **RENGRÉNER** v. a. Monn. Remettre sous le balancier les monnaies, les médailles qui n'ont pas bien reçu l'empreinte, ou qui exigent pour leur fabrication plus d'un coup de balancier, de manière que toutes leurs parties rentrent exactement dans les creux des coins. — Se dit aussi de tout ce qui a reçu une empreinte, et qui rentre juste dans le creux de la matrice : *vérifier l'empreinte d'un poinçon en le faisant rengréner.*

RENI (Guido). Voy. GUIDE (Le).

* **RENIABLE** adj. N'est guère usité que dans cette phrase proverbiale, TOUS VILAINS, CAS, TOUS MAUVAIS CAS SONT RENIABLES ; se dit lorsqu'un homme a commis quelque crime, a fait quelque faute considérable, et que la honte ou la crainte du châtiment fait qu'il le nie.

* **RENIÉ, ÉE** part. passé de RENIER. — Prov. et par exag. IL EST RENIÉ DE DIEU ET DES HOMMES, se dit d'un méchant homme en horreur au ciel et à la terre. — UN MOINE RENIÉ, un moine qui a renoncé à ses vœux et à son habit. — UN CHRÉTIEN RENIÉ, un homme qui a renoncé à la religion chrétienne. Dans ces locutions, RENIÉ prend une signification active, et se dit au lieu de qui a renié.

* **RENIEMENT** ou **Reniment** s. m. Action de renier. N'est usité que dans cette locution, LE RENIEMENT DE SAINT PIERRE.

* **RENIER** v. a. Déclarer contre la vérité qu'on ne connaît point une personne, une chose : *saint Pierre renia Jésus-Christ, renia son maître par trois fois.* — RENIER QUELQU'UN POUR SON PARENT, POUR SON AMI, refuser de le reconnaître pour tel. On dit dans le même sens, RENIER SES PARENTS. — Désavouer une chose de fait, la nier : *renier sa patrie, sa famille, son nom.* — Renoncer entièrement à une chose, n'y vouloir plus avoir de part : *le peuple dit que les sorciers renient chrême et baptême.* — Absol. Renier sa religion : *de vingt captifs qu'ils étaient, il n'y en eut que deux qui renièrent.* — RENIER DIEU, ou absol., RENIER, jurer le nom de Dieu : se joint presque toujours avec le verbe BLASPHÉMER : *ne faire que renier et blasphémer.*

* **RENIEUR** s. m. Celui qui renie, qui blasphème : *c'est un renieur, un blasphémateur.* (Vieux.)

RENIFLARD s. m. Tech. Soupape de chaudière à vapeur qui aspire l'air quand la tension descend au-dessous de la pression atmosphérique.

* **RENIFLEMENT** s. m. Action de renifler.

* **RENIFLER** v. n. Retirer, en aspirant un peu fort, l'humeur ou l'air qui est dans les narines : *ne reniflez pas.* — Se dit, fig. et fam., de ceux qui marquent de la répugnance pour quelque chose. — CE CHEVAL RENIFLE SUR L'AVOINE, il répugne à en manger.

* **RENIFLERIE** s. f. Action de renifler. (Pop.)

*. RENIFLEUR, EUSE s. Celui, celle qui renifle.

RÉNIFORME adj. Qui a la forme d'un rein.

* **RÉNITENCE** s. f. (lat. *reniti,* résister). Résistance à une pression.

* **RÉNITENT, ENTE** adj. Qui résiste à une pression.

RENNAIS, AISE s. et adj. De Rennes ; qui appartient à cette ville ou à ses habitants.

* **RENNE** s. m. [rè-ne] (all. *rennen,* courir). Quadrupède mammifère du genre cerf, et qu'on trouve dans les pays du Nord : *en Laponie, le renne vit dans l'état de domesticité.* — Le renne (*rangifer tarandus,* Gray) est une espèce de cerf, dont le caribou d'Amérique est considéré comme une variété. (Voy. CARIBOU.) Le renne domestique des Lapons ne dépasse pas pour la taille, et souvent même

Renne.

n'égale pas le cerf ordinaire. Quand l'animal a changé de poil, il est d'un jaune brunâtre ; mais, à mesure que la canicule approche, il devient plus pâle de couleur jusqu'à ce qu'il soit à la fin presque entièrement blanc. Ses cornes cylindriques sont munies d'une branche courte en arrière ; elles sont comprimées au sommet, palmées avec de nombreux segments, et se recourbent en arrière à partir du milieu de leur longueur ; elles atteignent 1 m. 50 centim. Cet animal se nourrit exclusivement d'une espèce de lichen, qu'il déra-

cine dans la neige avec son museau, à la façon des porcs. Il ne mange pas de fourrage sec, excepté certaines espèces de prêles. Pour le Lapon, le renne est le plus précieux des animaux ; il lui sert à la fois de bœuf, de mouton et de cheval. Son lait constitue le fond de la nourriture de la famille lapone ; et, comme bête de trait, sa rapidité, sa résistance à la fatigue et sa structure particulière, grâce à laquelle il est merveilleusement propre à marcher sur la neige, le rendent indispensable aux hommes qui habitent les climats glacés. Un renne traîne facilement un poids de 240 livres ; il peut traîner jusqu'à 300 livres.

RENNES, *Redones,* ch.-l. du dép. d'Ille-et-Vilaine, au confluent de l'Ille et de la Vilaine, à 352 kil. O.-S.-O. de Paris, par 48° 6' 55" lat. N. et 4° 0' 40" long. O. ; 61,000 hab. — Cathédrale Saint-Pierre très remarquable, églises Notre-Dame, Saint-Sauveur ; hôtel-de-ville ; palais de justice. Curieuses promenades du Mail et du Thabor. Toiles, lainages, cuirs, papiers, miel, marrons, volailles, poterie. Archevêché ; cours d'appel ; facultés. Patrie de La Bletterie, La Chalotais, Gerbier, La Motte-Piquet, Tournemine, Toullier, Larjuinais, Bigot de Préameneu, Carré, Alexandre et Amaury Duval, Guinguené, Geoffroy, Poulain-Duparc, etc. — Avant l'invasion romaine, Rennes était la ville des Redones ; elle devint la capitale de toute la Bretagne et de l'un des comtés qui formait ce duché. En 843, Rennes repoussa une attaque de Charles le Chauve ; elle fut prise par les Anglais en 1155, mais du Guesclin les en chassa en 1356. Elle fut réunie à la France en 1532 par suite du mariage d'Anne de Bretagne avec Charles VIII. Le parlement de Rennes, fondé par Henri II, se rendit très célèbre par son esprit d'indépendance.

RENNES-LES-BAINS, source minérale et comm. du cant. de Couiza, arr. à 23 kil. de Limoux (Aude), sur la Sals. Eaux ferrugineuses bicarbonatées. Anémie, chlorose, rhumatismes, tumeurs blanches, scrofules.

RENNEVILLE I. (René-Auguste-Constantin, de), né à Caen en 1650, mort en 1724. Accusé de correspondance criminelle avec l'étranger, il fut enfermé à la Bastille (1702) et y resta 11 ans. On a de lui : *Inquisition française* ou *Histoire de la Bastille* (1715, in-12), etc. — II. (Sophie DE SENNETERRE, *madame de*) femme auteur, née vers 1771, morte en 1822. Elle a publié, pour l'éducation de la jeunesse, un grand nombre d'ouvrages qui ont eu du succès : *Stanislas, roi de Pologne* (3 vol. in-12, 1812); *Lucile* ou la *Bonne fille* (1808, 2 vol.); *De l'influence du climat sur l'homme ; Contes moraux* (1820, 4 vol.), etc.

RENNIE I. (John), ingénieur anglais, né en Écosse en 1761, mort en 1821. Il construisit le pont de pierre de Kelso, au-dessous du confluent de la Tweed et du Teviot, le pont de Waterloo et d'autres ponts sur la Tamise à Londres, le canal de Kemet-et-Avon, de Bath à Newbury, les docks de Londres, etc., etc. — II. (George), fils du précédent (1791-1866), a publié : *Experiments on the Strength of Materials, The Frictions of Solids,* et *The Frictions of Fluids.* — III. (SIR John), frère du précédent (1794-1874) est l'auteur de *The Theory, Formation and construction of British and Foreign Harbors* (1854, 2 vol. in-fol.).

* **RENOM** s. m. Réputation, opinion que le public a d'une personne, d'une chose : *cet exploit lui acquit un grand renom.* Quand RENOM est employé tout seul, il se prend ordinairement en bonne part.

* **RENOMMÉE** s. f. Renom, réputation : *cela ferait tort, cela nuirait à sa renommée.*

Le soin que nous prenons de notre renommée.
Répond de toute chose à la personne aimée.
     Tartufe, acte III, sc. III.

— Palais. RÉTABLIR QUELQU'UN EN SA BONNE

FAME BY RENOMMÉE. — Prov. BONNE RENOMMÉE VAUT MIEUX QUE CHINTURE DORÉE, il vaut mieux avoir l'estime publique que d'être riche. — Voix publique qui annonce quelque action, quelque évènement remarquable, qui répand l'éloge ou le blâme sur quelque personnage: *j'ai appris cette action, ce grand évènement par la renommée.* — Palais. ENQUÊTE DE COMMUNE RENOMMÉE, sorte d'enquête ordonnée pour constater certains faits. — Etre mythologique et allégorique, représenté ordinairement sous les traits d'une femme ailée, qui embouche la trompette, pour publier en tous lieux les divers événements : *selon les poètes, la Renommée a cent yeux, autant de bouches, et autant d'oreilles.*

> ....Cet oiseau qui prône les merveilles;
> Ce monstre composé de bouches et d'oreilles,
> Qui, sans cesse volant de climats en climats,
> Dit partout ce qu'il sait et ce qu'il ne sait pas,
> La *Renommée*, enfin, cette prompte courrière....
> DESPRÉAUX. *Lutrin*, chant II.

— S'emploie avec l'acception qui précède dans plusieurs phrases figurées du style oratoire et poétique : *les cent bouches, les cent voix de la Renommée.*

* RENOMMER v. a. Nommer, élire de nouveau : *les électeurs l'ont renommé.* — Nommer avec éloge : *ce prince s'est fait renommer partout.* — Se renommer, v. pr. SE RENOMMER DE QUELQU'UN, se réclamer de quelqu'un, s'autoriser, se servir du nom de quelqu'un auprès d'un autre : *je l'ai bien reçu, parce qu'il s'est renommé de vous.* (Vieux.)

* RENONCE s. f. Terme dont on se sert, à certains jeux de cartes, pour exprimer qu'on n'a point d'une certaine couleur : *au jeu du reversi, celui qui a le plus de renonces, a le plus beau jeu.* — SE FAIRE UNE RENONCE, se mettre en état de couper une couleur, en se défaisant des cartes de cette couleur qu'on a dans son jeu : *je me suis fait une renonce en pique, à pique.*

* RENONCEMENT s. m. Action de renoncer. Ne se dit que dans les sujets de morale, et particulièrement de morale chrétienne : *le renoncement aux honneurs, aux plaisirs, à la vanité.*

* RENONCER v. n. (lat. renunciare). Se désister, se déporter de quelque chose, soit par acte exprès, soit autrement : *renoncer à la couronne.* — Quitter, abandonner la possession, la prétention, le désir ou l'affection de quelque chose : *cet avocat a renoncé au palais, à la plaidoirie.* — Absol. LA VEUVE A RENONCÉ, A CAUSE DES DETTES, c'est-à-dire, a renoncé à la communauté. Dans les phrases suivantes et autres semblables, il est familier : *vous renoncez trop vite ; on est toujours à temps de renoncer.* — Dévotion. IL FAUT RENONCER A SOI-MÊME, il faut se dépouiller de tout amour-propre. — Jeux de cartes. Mettre une carte d'une autre couleur que celle qui est jouée, soit qu'on ait de cette dernière, soit qu'on n'en ait pas : *on joue pique, et vous jouez trèfle ; vous renoncez.* — v. a. Renier, désavouer, ne vouloir plus reconnaître quelqu'un pour ce qu'il est ou pour ce qu'on le croyait : *s'il fait telle chose, je le renonce pour mon parent.* — Se renoncer v. pr. Pratiquer le renoncement : *se renoncer soi-même.*

RENONCIATAIRE s. m. Personne en faveur de qui l'on fait une renonciation.

RENONCIATEUR, TRICE s. Personne qui fait une renonciation.

* RENONCIATION s. f. Acte par lequel on renonce à quelque chose : *renonciation par écrit.* — Législ. « La *renonciation* à une succession ne peut plus aujourd'hui avoir lieu avant l'ouverture de cette succession (C. civ. 1130). La renonciation doit être faite sur un registre tenu à cet effet, au greffe du tribunal de première instance de l'arrondissement dans lequel la succession est ouverte. L'assis-

tance d'un avoué n'est pas nécessaire, lorsque la personne du déclarant est connue du greffier. La renonciation d'un héritier profite à ses co-héritiers ; et, s'il est seul héritier, la succession est dévolue au degré subséquent. L'héritier qui a renoncé à une succession est encore en droit de l'accepter postérieurement, pourvu qu'elle n'ait pas été acceptée par un autre héritier, et pourvu que le droit d'acceptation n'ait pas été prescrit par trente années écoulées depuis l'ouverture de la succession. Les créanciers de celui qui renonce à une succession peuvent se faire autoriser à accepter ladite succession du chef de leur débiteur, à moins que la renonciation n'ait été rendue irrévocable par l'acceptation qu'aurait faite un autre héritier. La renonciation est rescindable pour cause de dol ou de violence (C. civ. 783 et s. ; C. pr. 997). — La *renonciation à la communauté* par la femme ou par ses ayants droit, doit être faite dans les mêmes formes que la renonciation à une succession. Si elle n'a pas eu lieu dans les délais de trois mois (pour faire inventaire) et quarante jours (pour délibérer), après la dissolution de la communauté, délais qui peuvent être prorogés par le tribunal, les intéressés ont le droit de mettre la femme en demeure de se prononcer. Dans le cas où la communauté est dissoute du vivant des époux, par le divorce, la séparation de corps ou la séparation de biens, la femme est réputée renonçante, si elle a laissé passer le délai sans prendre parti, et jusqu'à ce qu'elle ait accepté. Les créanciers de la femme sont recevables à attaquer la renonciation par elle faite en fraude de leurs droits (id. 1453 et s.). Lorsque, parmi les héritiers de la femme, l'un d'eux accepte la communauté et l'autre y renonce, la part du renonçant n'accroît pas le droit de celui qui a accepté, comme cela a lieu pour une succession directe : cette part profite exclusivement au mari ou à ses héritiers (id. 1475). » (CH. Y.)

RENONCULACÉ, ÉE adj. Bot. Qui ressemble ou se rapporte à la renoncule. — * s. f. pl. Famille de plantes dicotylédones dialypétales hypogynes ayant pour type la renoncule et divisée en 5 tribus : 1º CLÉMATIDÉES (clématite, atragène); 2º ANÉMONÉES (pigamon, isopyre, anémone, hépatique, adonide, myosure); 3º RENONCULÉES (renoncule, ficaire); 4º HELLÉBORÉES (populage, hellébore, trollie, nigelle, ancolie, dauphinelle, aconit); 5º PÆONIÉES (actée, pivoine, xanthorrhis, cimicaire)

* RENONCULE s. f. (lat. ranuncula). Bot. Genre de renonculacées, comprenant environ 160 espèces d'herbes, les unes cultivées dans les jardins pour la beauté de leurs fleurs, et les autres venant sans culture dans les bois, les prés, les marais, etc. : *renoncule des jardins, ou renoncule asiatique.* Un grand nombre d'espèces de renoncules sont véritablement aquatiques; d'autres pullulent dans les lieux marécageux ou boueux; d'autres encore, appelées boutons-d'or, font partie de mauvaises herbes communes partout. Elles possèdent toutes un suc âcre, qui fait quelquefois venir des ampoules à la peau. Les espèces que l'on rencontre le plus fréquemment dans les prés

Renoncule asiatique (Ranunculus Asiaticus).

sont la renoncule bulbeuse et la grande renoncule. La première (*ranuncula bulbosus*) se distingue aisément par le renflement bulbeux qui se trouve au bas de sa tige, et par ses très grandes fleurs, larges d'environ 3 centim. et d'un jaune éclatant, qui fleurissent de mai à juillet. La grande renoncule (*ranuncula acris*) ou bouton d'or atteint une taille double de la précédente, et, dans les sols riches, dépasse 1 m. de haut. Sa tige est dépourvue de bulbe, et ses fleurs, plus petites et plus pâles, apparaissent en juin et durent jusqu'en août et même plus tard. La renoncule rampante (*ranuncula repens*) est une espèce très commune, qui envoie de longs rejetons rampants et jette des racines à chaque articulation. Elle est originaire des Etats-Unis, où elle gâte les pâturages et les prairies humides. La renoncule asiatique (*ranuncula Asiaticus*) est une fleur d'ornement. On la cultive souvent en pot, et elle donne de grandes fleurs, très doubles, et d'une grande variété de couleurs.

RENOU (Antoine), peintre et littérateur, né à Paris en 1731, mort en 1806. Il a laissé un certain nombre de toiles remarquables, parmi lesquelles on cite : *Jésus parmi les docteurs*, *l'Aurore*, *Agrippine débarquant à Brindes*, etc. Il a traduit en vers français le poème latin de Dufresnoy sur la peinture.

RENOUARD. I. (Antoine-Augustin), bibliographe, né à Paris en 1765, mort à Saint-Valéry-sur-Somme en 1853. Libraire à Paris, il publia : *Annales de l'imprimerie des Alde* (1803, 2 vol. in-8º, nombreuses suppléments, 1812, in-8º); *Annales de l'imprimerie des Estienne* (1837-38); et donna des éditions très soignées des principaux classiques latins et français. — II. (Augustin-Charles), avocat et magistrat, fils du précédent, né à Paris le 22 oct. 1794, mort le 17 août 1878. Secrétaire général au ministère de la justice, après 1830, député de la Somme (1832-42), pair de France (1846); procureur général à la cour de cassation, au moment du coup d'Etat, il requit, au nom de la haute cour de justice, la déchéance et l'arrestation du prince-président. Doyen de la cour en 1869, il quitta la magistrature active et devint conseiller honoraire : se consacra entièrement à ses études d'économie et de jurisprudence qui, dès 1861, l'avaient fait entrer à l'institut. M. Thiers le rappela à l'activité, en lui conférant de nouveau le poste de procureur général à la cour de cassation. Démissionnaire après la chute de M. Thiers, il fut nommé sénateur par la gauche du Sénat en 1876. Il a laissé plusieurs ouvrages.

* RENOUÉE s. f. (rad. renoué, par allusion aux nœuds de la tige). Bot. Genre de polygonées, comprenant plus de 200 espèces de plantes annuelles ou vivaces, qui atteignent rarement la taille des sous-arbrisseaux et dont les tiges ont de nombreuses articulations. Plusieurs espèces possèdent un suc d'une âcreté violente, capable de produire de l'inflammation et même des ampoules lorsqu'on les applique à la peau. Il y en a de grimpantes. L'une des plus remarquables, originaire de l'Amérique, est connue sous le nom de blé noir grimpant, et abonde dans les lieux humides. La bistorte (*polygonum bistorta*), ainsi nommée parce que sa racine est quelquefois repliée deux fois, est une espèce européenne que l'on voit encore dans les vieux jardins où on la cultive pour ses fleurs roses assez jolies et pour ses racines astringentes employées en médecine. (Voy. BISTORTE). La renouée vivipare (*polygonum viviparum*), vivace à fleurs blanches en grappes semblables à un épi, croît dans les pâturages de l'E. de la France; la *grande persicaire* (*polygonum orientale*) est une grande plante d'ornement; la renouée *persicaire* (*polygonum persicaria*; de *persious*, pêcher, à

cause de la forme de ses feuilles), indigène, est astringente, vulnéraire et détersive. La renouée dcre (*polygonum hydropiper*), commune dans les endroits aquatiques, donne des grains que l'on peut employer en guise de poivre; la renouée tinctoriale (*polygonum tinctorium*), originaire de Chine, est cultivée pour l'indigo que l'on tire de ses feuilles; la renouée des oiseaux (*polygonum aviculare*), croît dans les lieux les plus stériles; ses graines servent à nourrir les oiseaux. (Voy. Centinode).

* **RENOUEMENT** ou **Renoûment** s. m. Rétablissement, renouvellement : *renouement d'amitié*. (Vieux.)

* **RENOUER** v. a. Nouer une chose dénouée : *renouer une jarretière*. — Nouer pour l'ornement : *ses cheveux étaient renoués de rubans, de fleurs, de perles*, etc. — Renouer un traité, une alliance, renouveler un traité dont le terme était expiré, une alliance qui avait été rompue. Renouer des négociations, reprendre des négociations qui avaient été interrompues. — Renouer amitié avec quelqu'un, renouveler amitié avec quelqu'un; et absol. Renouer, renouveler une liaison rompue ou interrompue : *il y avait longtemps que nous ne nous étions vus, je viens de renouer amitié avec lui, nous venons de renouer amitié*. — Renouer une partie, reprendre le projet d'une partie qui avait été rompue. Renouer la conversation, reprendre une conversation qui avait été interrompue.

* **RENOUEUR, EUSE** s. Celui, celle qui fait le métier de remettre les membres disloqués : *c'est un bon renoueur*. On dit aussi, Rebouteur et Rhabilleur.

† **RENOUVEAU** s. m. Le printemps, la saison nouvelle : *tout pousse au renouveau*.

* **RENOUVELABLE** adj. Qui peut être renouvelé.

* **RENOUVELÉ, ÉE** part. de Renouveler. — Une chose, une invention renouvelée des Grecs, se dit d'une chose, d'une invention connue très anciennement, et qui est donnée pour nouvelle.

* **RENOUVELER** v. a. Rendre nouveau en substituant une chose à la place d'une autre de même espèce : *le sainfoin ne dure que tant d'années, il faut ensuite le renouveler*. — Renouveler le meuble d'un appartement, substituer à des meubles qui ont servi, des meubles nouveaux, des meubles plus frais. — Renouveler sa maison, son service, changer tous ses domestiques. — Il a vu renouveler la plus grande partie du régiment, du tribunal, de l'académie, il y a vu entrer la plupart des hommes qui y sont. — Le retour du soleil, le retour du printemps renouvelle toutes choses, renouvelle toute la nature, etc., il donne un nouvel aspect, une nouvelle vie à tous les êtres. — Cette révolution a renouvelé la face de l'Europe, elle y a changé les gouvernements, les institutions, les habitudes, les mœurs. — Écrit. La grace de Jésus-Christ renouvelle l'homme, nous sommes renouvelés par le baptême, nous sommes régénérés en Jésus-Christ par la grâce, par le baptême. — Renouveler le mal, renouveler la douleur de quelqu'un, lui faire sentir de nouveau son mal, sa douleur : *vous renouvelerez sa douleur, si vous lui parlez de cet événement*. — Renouveler son attention, avoir une nouvelle attention, une plus grande attention. — Renouveler le souvenir d'une chose, en rappeler la mémoire. — Renouveler un édit, renouveler les anciennes ordonnances, les publier de nouveau, les remettre en vigueur. Renouveler un usage, une mode, faire revivre un ancien usage, une ancienne mode. — Recommencer, faire de nouveau : *renouveler un procès, une querelle*. — Renouveler un traité, une alliance, un bail, faire

un nouveau traité, une nouvelle alliance, un nouveau bail, avec les mêmes personnes, et à peu près aux mêmes conditions. On dit dans un sens analogue, Renouveler un billet, etc. — Renouveler v. n. S'emploie avec la préposition de, dans les phrases suivantes : Renouveler d'appétit, commencer à manger, comme si on avait un nouvel appétit; et, Renouveler de jambes, recommencer à marcher avec de nouvelles forces. — Fig. et fam. Renouveler de jambes, reprendre une nouvelle ardeur dans l'affaire, dans l'entreprise dont on s'occupe. — **Se renouveler** v. pr. *Cette assemblée se renouvelle par moitié tous les ans*. — Se renouveler dans le souvenir de quelqu'un, se rappeler à la mémoire de quelqu'un.

RENOUVELEUR s. Celui qui renouvelle.

* **RENOUVELLEMENT** s. m. Rénovation, rétablissement d'une chose dans son premier état ou dans un état meilleur : *le renouvellement de l'année, de la saison*. — Accroissement : *renouvellement d'appétit*. — Réitération : *renouvellement d'assurances de services*. — Époque de renouvellement, époque où un/ société éprouve de grands changements, dan/ ses idées, dans ses mœurs, dans ses institutions.

* **RÉNOVATEUR, TRICE** adj. Qui renouvelle, qui rajeunit : *doctrine rénovatrice*. — Substantiv. Un rénovateur.

RÉNOVATIF, IVE adj. Qui a la faculté de renouveler.

* **RÉNOVATION** s. f. (lat. *renovatio*). Renouvellement, rétablissement d'une chose dans l'état où elle était : *la rénovation du monde après le déluge*.

RÉNOVER v. a. Donner une nouvelle existence, une nouvelle forme.

* **RENSEIGNEMENT** s. m. [ran-sè-nieu-man; gn mll.]. Indice, instruction qui met sur la voie de quelque chose, qui sert à faire connaître une chose : *donnez-moi quelques renseignements sur cette affaire*.

* **RENSEIGNER** v. a. [ran-sè-nié; gn mll.] (rad. *enseigner*). Enseigner de nouveau, avec soin : *il avait oublié le chemin, il a fallu le lui renseigner*. — Donner des renseignements. — **Se renseigner** v. pr. S'enquérir : *je me renseignerai auprès de lui*.

* **RENTE** s. f. (rad. *vendre*) Revenu annuel : *il a trente mille francs de rente*. — Ce qui est dû tous les ans pour un fonds aliéné, cédé ou affermé : *cette maison n'est pas à lui franche et quitte, il en fait la rente*. — Ce qui est dû annuellement, pour une somme d'argent aliénée par contrat de constitution : *rente à quatre, à cinq, à six pour cent*. — Absol. La rente constituée par l'Etat : *le taux de la rente*. — Se dit, par ext., de certaines charges qu'on s'impose à soi-même, et qui reviennent à peu près périodiquement : *il donne fréquemment à ce pauvre homme, il lui fait une rente*. — Législ. « Une rente est l'intérêt d'un capital dont le remboursement ne peut être exigé à chaque époque. La rente est constituée ou *perpétuelle* ou *viagère*. Dans l'ancien droit, le prêt à intérêt était prohibé (v. Intérêt); et celui qui voulait retirer un revenu de son capital, aliénait ce capital moyennant la constitution d'une rente perpétuelle. C'était là une rente *constituée*. Si c'était un immeuble qui était ainsi aliéné, la rente était dite *foncière*, et l'obligation n'était pas personnelle; mais il y avait alors démembrement du droit de propriété et constitution d'un droit réel, lequel était en principe non rachetable et grevait l'immeuble, en quelques mains qu'il passât. Les rentes foncières et toutes les autres rentes constituées en perpétuel ont été déclarées rachetables par les lois des 9-11 août 1789 et des 18-29 déc. 1790, puis par les articles 530 et 1911 du Code civil; mais il peut être

stipulé, dans l'acte de constitution d'une rente perpétuelle, que le débiteur n'aura pas le droit de rembourser le capital avant un délai qui ne peut excéder dix ans ou trente ans, selon que la rente a été constituée par l'aliénation d'un capital ou d'un immeuble. Le remboursement du capital de la rente peut être exigé dans trois cas : 1° lorsque le débiteur cesse de remplir ses obligations pendant deux années; 2° lorsqu'il manque à fournir au prêteur les sûretés promises par le contrat; 3° lorsqu'il est en faillite ou en déconfiture. Le taux des rentes perpétuelles ne peut excéder l'intérêt légal. Une rente viagère est celle dont le capital est définitivement aliéné et qui s'éteint au décès du rentier. Elle peut-être constituée sur la tête de celui qui doit en jouir ou sur la tête d'une autre personne; elle peut l'être sur plusieurs têtes avec ou sans réversibilité au profit des survivants. Le taux de la rente viagère n'est pas limité à celui de l'intérêt légal. Le seul défaut de paiement des arrérages d'une rente viagère n'autorise pas le créancier à demander le remboursement du capital, à moins que le débiteur ne donne pas les sûretés qui ont été stipulées. D'un autre côté, la rente viagère n'est pas rachetable à la volonté du débiteur. Les arrérages d'une rente viagère constituée à titre gratuit peuvent être déclarés insaisissables (C. civ. 1909 et s.; 1968 et s.). Les rentes perpétuelles et les rentes viagères sont constituées soit par un contrat de prêt, soit par un contrat de vente, soit par un contrat d'assurance sur la vie, soit par une donation entre vifs ou par un testament. La rente viagère constituée au profit d'un tiers par une personne qui en fournit les fonds n'est pas assujettie aux formes requises pour les donations. Toute rente est *quérable*, c'est-à-dire que les arrérages doivent être payés au domicile du débiteur; mais elle peut être stipulée *portable*, et alors les arrérages sont payables au domicile du créancier (id. 1162). Les constitutions de rentes sont assujetties à un droit d'enregistrement de 2 p. 100 en principal; ce droit est basé sur le chiffre du capital constitué ou aliéné; et, si le capital n'est pas exprimé dans l'acte, il est déterminé à raison de vingt fois la rente perpétuelle, ou de dix fois la rente viagère (L. 22 frimaire an VII, art. 14 et 69). Les arrérages des rentes se prescrivent par 5 ans. Le droit lui-même se prescrit par trente ans; c'est pourquoi le créancier d'une rente peut exiger du débiteur un titre nouvel, après l'expiration de vingt-huit ans à compter de la date du dernier titre (C. civ. 2262, 2263, 2277). — Le droit d'enregistrement se percevoir sur un titre nouvel est le droit gradué. (Voy. Prorogation.) — Les *rentes sur l'État* sont perpétuelles ou viagères; ces dernières sont constituées par la Caisse des retraites pour la vieillesse. (Voy. Caisse.) Les rentes perpétuelles, inscrites au Grand-Livre de la dette publique (voy. Dette) sont ou *au porteur*, ou *nominatives*, ou *mixtes*, suivant les extraits d'inscription délivrés aux rentiers. Les inscriptions mixtes sont nominatives, mais les coupons d'arrérages qui y sont attachés sont payables au porteur. Les transferts et les mutations de rentes sur l'État sont soumis à des formalités particulières. Suivant la règle commune à toutes les rentes, les arrérages des rentes sur l'État se prescrivent par cinq ans; mais leur capital est imprescriptible. Ces rentes sont insaisissables, tant à l'égard du capital (L. 8 nivôse an VI) que des arrérages (L. 22 floréal an VII); elles sont exemptes de tout impôt (L. 9 vendémiaire an VI) et les transferts ne sont pas soumis au droit de vente (L. 22 frimaire an VII, art. 70); mais, en cas de mutation par décès ou donation, les droits de transmission sont dus au Trésor, et ils ne sont prescrits que par trente ans. Le transfert ou la mutation au Grand-Livre de la dette publique d'une inscription de rente

sur l'Etat, provenant de titulaires décédés ou déclarés absents, ne peut être effectué que sur la production d'un certificat délivré sans frais par le receveur de l'enregistrement, visé par le directeur du département et légalisé par le préfet, constatant que le droit de mutation par décès a été acquitté (L. 8 juillet 1852, art. 25). Le titulaire d'une rente nominative sur l'Etat qui a perdu l'extrait d'inscription de cette rente doit, pour obtenir un duplicata du titre, former, entre les mains du directeur de la dette inscrite, opposition au transfert de la rente et au paiement des arrérages, puis remplir diverses formalités prescrites par le décret du 3 messidor an XII et par les instructions ministérielles. Si le titre perdu est une inscription au porteur, le propriétaire doit préalablement fournir, en rente nominative, un cautionnement d'une valeur égale à celle du titre perdu, et ce cautionnement reste, pendant vingt ans, affecté à la garantie du Trésor (L. 15 juin 1872, art. 16). » (Ch. Y.)

* RENTÉ, ÉE part. passé de RENTER. Qui a des rentes, du revenu : *cette communauté était bien rentée.* — Fam. CET HOMME EST BIEN RENTÉ, il est riche.

* RENTER v. a. Donner, assigner certain revenu à un hôpital, à un collège, à une communauté, que l'on fonde que l'on fait : *ce n'est pas tout de bâtir des hôpitaux, des collèges, il faut les renter.*

* RENTIER, IÈRE s. Celui, celle qui a des rentes constituées sur l'Etat, ou sur quelque communauté : *les rentiers sont payés par quartier, par semestre, par an année.* — Bourgeois qui vit de son revenu, sans négoce ni industrie : *un gros rentier.* — Celui qui devait des rentes seigneuriales : *cette seigneurie avait beaucoup de rentiers et de rentières.*

* RENTOILAGE s. m. Action de rentoiler : *le rentoilage d'une paire de manchettes.* — Peint. Opération qui consiste à coller la toile d'un vieux tableau sur une toile neuve.

* RENTOILER v. a. Remettre de la toile neuve à la place de celle qui est usée. Se dit en parlant des manchettes dont sont garnies de manches les habits, les robes, etc. : *la toile de ces manchettes est usée, il faudrait les rentoiler.* — Peint. Coller un vieux tableau sur une toile neuve, ou transporter une peinture d'une vieille toile sur une neuve.

RENTOILEUR s. m. Celui qui fait les rentoilages de tableaux.

* RENTRAÎNER v. a. Entraîner de nouveau : *de mauvaises connaissances le rentraînèrent dans ses anciennes fautes.*

* RENTRAIRE v. a. Il se conjugue comme *Traire.* Coudre, rejoindre deux morceaux de drap, ou de quelque autre étoffe épaisse, qui ont été déchirés, coupés, ou joindre bord contre bord deux morceaux qui n'étaient pas joints, en cousant, de manière ne paraisse point : *cet ouvrier, ce tailleur sait bien rentraire.*

* RENTRAITURE s. f. Couture de ce qui est rentrait : *cela est si bien rentrait, qu'on ne voit point la rentraiture.*

* RENTRANT adj. Géom. et Fortific. Se dit des angles dont l'ouverture est en dehors, par opposition aux angles saillants.

* RENTRANT s. m. Jeu. Celui qui prend la place du joueur qui a perdu la partie : *on demande un rentrant.*

RENTRAYAGE s. m. Action de rentraire; résultat de cette action.

* RENTRAYEUR, EUSE s. Celui, celle qui sait rentraire : *porter un habit, un manteau au rentrayeur, à la rentrayeuse.*

* RENTRÉE s. f. Action de rentrer. Se dit des tribunaux, des collèges, etc., lorsqu'ils

recommencent leurs fonctions, leurs exercices après les vacances, après les vacances : *prononcer un discours à la rentrée de la cour.* — Se dit aussi en parlant d'un acteur, lorsqu'il reparaît sur la scène après une absence un peu longue : *cet acteur a fait sa rentrée par tel rôle.* — Chasse. Retour des animaux dans le bois, au point du jour, après qu'ils ont été faire leur nuit en plaine : *on se met à l'affût à la rentrée.* — Perception d'un revenu, recouvrement d'une somme : *ce revenu est d'une rentrée difficile.* — Jeux. Cartes que l'on prend dans le talon, à la place de celles qu'on a écartées : *il a eu une vilaine rentrée, une heureuse rentrée.* — Mus. Reprise d'un air par un instrument ou par une partie dans un chœur : *rentrée de cor.* — ▲ Typogr. Renfoncement que certaines lignes subissent relativement à d'autres.

* RENTRER v. n. Entrer de nouveau, entrer après être sorti : *rentrer dans sa maison, dans sa chambre, dans la ville.* — RENTRER DANS L'ALIGNEMENT, se remettre sur l'alignement en reculant. — RENTRER DANS LES BONNES GRACES DE QUELQU'UN, obtenir de nouveau l'amitié, la protection, les bonnes grâces de quelqu'un. — RENTRER DANS SON BIEN, DANS SES DROITS, les recouvrer. — RENTRER DANS SON BON SENS, revenir en son bon sens. — RENTRER DANS L'ORDRE, se remettre, se rétablir dans l'ordre : *il a fait rentrer ces mutins dans l'ordre.* On dit de même, RENTRER DANS SON DEVOIR, DANS LE DEVOIR, se remettre, se ranger à son devoir. — FAIRE RENTRER QUELQU'UN DANS LA POUSSIÈRE, DANS LA POUDRE, l'accabler, l'anéantir par des menaces. On dit dans le même sens, FAIRE RENTRER QUELQU'UN CENT PIEDS SOUS TERRE. — RENTRER EN SOI-MÊME, faire réflexion sur soi-même. — Recommencer, reprendre certaines choses, s'y remettre : *rentrer en charge, en fonctions, en exercice.* — RENTRER EN FUREUR, se remettre en fureur. — RENTRER EN DANSE, rentrer dans une affaire, dans un embarras dont on était sorti. — Se dit absol. des tribunaux qui reprennent leurs fonctions, des collèges qui recommencent leurs exercices, etc., après les vacances : *les tribunaux, les collèges rentrent à telle époque.* — Se dit aussi d'un acteur qui, après une absence, reparaît sur la scène : *ce comédien rentre ce soir par le rôle d'Oreste.* — En parlant des revenus, des sommes à recouvrer, signifie, arriver, être touché, perçu : *il doit lui rentrer des fonds dans quelques jours.* — Se dit vulgairement des humeurs qui se répercutent : *prenez garde de laisser rentrer cette humeur, elle vous jouerait un mauvais tour.* — Gravure. Repasser la pointe ou le burin dans les tailles déjà faites, pour les approfondir. — Jeux de cartes. Se dit des cartes que l'on prend au talon à la place de celles qu'on a écartées : *il m'est rentré deux as, deux atouts.* — v. a. Porter ou reporter dedans ce qui était dehors : *rentrer des marchandises dans le magasin.* — Typogr. RENTRER, FAIRE RENTRER UNE LIGNE, la renfoncer.

RENTRURE s. f. Techn. Endroit où doivent se rencontrer les parties d'un tissu que l'on doit transporter sur le papier ou sur la toile.

RENVERSANT, ANTE adj. Qui produit un étonnement capable de faire tomber à la renverse.

* RENVERSE (A la) loc. adv. Sur le dos, le visage en haut : *tomber à la renverse.*

* RENVERSÉ, ÉE part. passé de RENVERSER : *avoir l'esprit renversé, la cervelle renversée.* — Fig. et fam. AVOIR LA PHYSIONOMIE RENVERSÉE, avoir le visage défait, les traits fort altérés par l'effet de quelque émotion violente ou profonde. — Fig. et fam. LA MARMITE EST RENVERSÉE DANS CETTE MAISON, le maître de cette maison n'invite plus à dîner. — Prov. C'EST LE MONDE RENVERSÉ, se dit d'une chose

qui est contre l'ordre naturel et la raison. — Man. UNE ENCOLURE RENVERSÉE, une encolure dont le contour, l'arc ou la rondeur se trouve en dessous, tandis qu'elle devrait se trouver en dessus. — Adjectiv. Géom. et Opt. Se dit des objets qui sont ou qui paraissent dans une situation opposée à leur situation la plus habituelle : *un cône renversé.*

* RENVERSEMENT s. m. Action de renverser; état d'une chose renversée : *le renversement d'un buffet, d'une table.* (Peu us.) — Dérangement, désordre : *le renversement de ma bibliothèque, de mes papiers.* — Fig. LE RENVERSEMENT DE SA TÊTE, DE SON ESPRIT, le trouble, le désordre de ses idées. RENVERSEMENT D'ESPRIT, folie, démence. — Chir. Situation vicieuse de certains organes, dans laquelle ils sont retournés, et présentent en dehors ce qui devrait être en dedans : *renversement de la matrice, du rectum.* — Fig. Ruine, décadence, destruction totale : *le renversement d'un Etat.* — Mar. Transport de la charge d'un navire dans un autre. Il est vieux : on dit TRANSBORDEMENT. — Mus. Se dit des accords où les notes sont disposées autrement que dans l'accord fondamental dont ils sont dérivés : *l'accord de sixte-quarte n'est qu'un renversement de l'accord parfait.* — Arithm. LE RENVERSEMENT D'UNE FRACTION, transposition du dénominateur à la place du numérateur, et réciproquement. On dit de même, LE RENVERSEMENT DES TERMES D'UN RAPPORT, D'UNE PROPORTION; et, en logique, LE RENVERSEMENT DES TERMES D'UNE PROPOSITION.

* RENVERSER v. a. Jeter par terre, faire tomber une personne, une chose : *le vent renversa de très grands arbres.* — RENVERSER SENS DESSUS DESSOUS, et absol., RENVERSER, retourner quelque chose de manière que ce qui était en haut soit en bas, et réciproquement. — Guerre. RENVERSER LES TRAVAUX DES ENNEMIS, les abattre, les raser, les combler. RENVERSER UN CORPS DE TROUPES, le défaire, le mettre en déroute : *nos troupes ont renversé tout ce qui s'est présenté devant elles.* On dit aussi, RENVERSER UN CORPS DE TROUPES SUR UN AUTRE, pousser un corps de troupes de manière qu'en reculant il mette le désordre dans un autre, et qu'il l'entraîne dans sa déroute : *la première ligne fut renversée sur la seconde.* — Troubler, confondre l'arrangement des choses, mettre tout sens dessus dessous : *il a renversé tous mes papiers, tous mes livres, toute ma bibliothèque.* — Détruire, troubler l'état, l'ordre des choses politiques ou morales : *renverser un Etat.* — Fig. RENVERSER L'ESPRIT DE QUELQU'UN, A QUELQU'UN, lui troubler l'esprit, lui inspirer de mauvais sentiments, lui donner des idées fausses : *ce livre lui a renversé l'esprit.* On dit, à peu près dans le même sens et fam., CET ÉVÉNEMENT LUI A RENVERSÉ LA CERVELLE. — Mar. RENVERSER DES MARCHANDISES, DES MUNITIONS, etc., D'UN BÂTIMENT DANS UN AUTRE, les transporter immédiatement dans une autre, sans les décharger à terre. Il est vieux : on dit TRANSBORDER. — Transposer : *renverser les termes d'un rapport, d'une proportion.* (Voy. RENVERSEMENT.) — Se renverser v. pr. *Le cheval s'est renversé, la première ligne des ennemis se renversa sur la seconde.*

RENVERSEUR, EUSE s. Personne qui renverse, qui abat.

RENVERSOIR s. m. Techn. Vase de plâtre dans lequel on fait déverser les pâtes liquides.

RENVERSURE s. f. Techn. Coude que forment parfois les rouets d'une serrure; entaille pratiquée dans le panneton de la clef pour donner passage à cette coude.

* RENVI s. m. Jeux de cartes. Ce que l'on met par-dessus la vade ou l'enjeu : *faire un renvi de dix louis.* — JEUX DE RENVI, ceux où l'on fait des renvis.

RENVIDER v. a. Enrouler sur la broche en rapprochant des bobines fixes.

RENVIDEUR, EUSE s. Personne qui renvide.

* RENVIER v. n. Mettre une certaine somme d'argent au jeu du brelan, etc., par-dessus sa vade ou l'enjeu : *le fonds du jeu n'était que de six jetons, l'un renvia de quatre fiches, et l'autre de dix.*

* RENVOI s. m. Envoi d'une chose à la personne qui l'avait envoyée : *renvoi de marchandises.* — CHEVAUX DE RENVOI, VOITURES DE RENVOI, etc., chevaux et voitures qui s'en retournent ou qui devaient s'en retourner à vide. — LE RENVOI DU SON, DES PAROLES PAR L'ÉCHO, leur répercussion. — Typogr. Marque qui se place dans les livres pour renvoyer le lecteur à une pareille marque placée hors du texte, et sous laquelle il doit trouver une citation, une remarque, une explication, etc. — Avertissement qui indique que l'on trouvera, à une autre page du même livre, des détails complémentaires. Lorsque nous disons, dans ce dictionnaire, voy. *tel mot,* nous faisons un renvoi. Le renvoi indique aussi qu'on trouvera ailleurs la suite de ce qui est interrompu. Ces mots, que l'on trouve au bas des parties de roman publiées dans les journaux, *la suite au prochain numéro* ou *à suivre,* constituent des renvois. — Marque qui renvoie à une addition écrite en marge ou au bas de la page et qui doit se joindre au texte. Se dit aussi de l'addition même : *il y a dans cette minute un renvois qui ne sont point parafés.* — Mus. Signe qui, correspondant à un autre signe semblable, indique qu'il faut retourner à l'endroit où ce dernier se trouve placé. — Action de renvoyer quelqu'un, congé qu'on lui donne : *on lui a signifié son renvoi.* — Action de renvoyer une demande, une proposition, etc., à ceux qui doivent l'examiner, y faire droit, en rendre compte: *la Chambre des députés a ordonné le renvoi de cette pétition au ministre de la guerre.* — Particul. Jurispr. Action de renvoyer une partie, un procès devant tel ou tel juge : *il a obtenu son renvoi par-devant ses juges naturels.* — Ajournement, remise : *le renvoi de la cause à huitaine, aux prochaines assises.* — Méd. Se dit, surtout au pluriel, des gorgées de substances gazeuses ou liquides, qui remontent de l'estomac ou de l'œsophage dans la bouche, sans être accompagnées des efforts qui caractérisent le vomissement.

* RENVOYER v. a. Se conjugue comme *Envoyer.* Envoyer de nouveau : *je lui avais envoyé un cadeau; il l'a refusé, je le lui ai renvoyé.* — Faire reporter à une personne une chose qu'elle avait envoyée : *on lui avait envoyé un présent, il l'a renvoyé.* — Faire reporter à une personne une chose qui lui appartient, et qu'elle avait ou prêtée, ou perdue, ou laissée par oubli en quelque endroit : *vous m'avez prêté ce livre, mais je suis sûr de vous l'avoir renvoyé.* — Faire retourner quelqu'un au lieu d'où il était revenu, d'où il était parti : *on a renvoyé le courrier deux heures après son arrivée.* — Congédier quelqu'un, lui donner son congé: *on a renvoyé une partie des troupes.* — Fig. et fam. RENVOYER QUELQU'UN BIEN LOIN, le refuser sèchement, le rebuter. On dit quelquefois absolument, dans le même sens, RENVOYER : *je l'ai renvoyé.* — Adresser une personne à quelqu'un ou en quelque lieu, pour l'éclaircissement de quelque chose : *je lui ai demandé les raisons qui le déterminaient à prendre ce parti; pour toute réponse, il m'a renvoyé à sa femme, à son avocat, à son conseil,* etc. — RENVOYER DE CAÏPHE A PILATE, se dit lorsque les personnes de qui dépend une affaire, une grâce, se renvoient l'une à l'autre celui qui la sollicite. — Remettre à un autre temps : *il m'a renvoyé à Noël pour mon payement.* — RENVOYER AUX CALENDES GRECQUES, payer de défaites, remettre à un temps qui

n'arrivera jamais, parce que les Grecs ne comptaient point par calendes. — Repousser, réfléchir, répercuter : *un joueur, un mur qui renvoie la balle.* — RENVOYER LA BALLE A QUELQU'UN, lui riposter, lui répliquer vivement : *il voulait soutenir ce paradoxe, mais son adversaire lui a bien renvoyé la balle.* — SE RENVOYER LA BALLE, se dit en parlant de deux personnes qui veulent se décharger l'une sur l'autre de l'embarras d'une affaire, d'une sollicitation, d'un travail : *ils se renvoient la balle l'un à l'autre.* — Se dit aussi en parlant des demandes, des propositions, etc., que l'on transmet, que l'on communique à ceux qui doivent les examiner, y faire droit, ou en rendre compte : *votre demande a été renvoyée à telle personne.* — Jurispr. Ordonner qu'une partie se pourvoira ou qu'un accusé sera traduit devant tel ou tel juge : *la cour a renvoyé l'affaire au tribunal compétent.* — RENVOYER UN ACCUSÉ, LE RENVOYER ABSOUS, QUITTE ET ABSOUS, LE RENVOYER D'ACCUSATION, le décharger de l'accusation intentée contre lui. On dit de même, IL A ÉTÉ RENVOYÉ DE LA PLAINTE. — RENVOYER LES PARTIES A SE POURVOIR, se déclarer incompétent. RENVOYER UN PLAIDEUR DE SA DEMANDE, la lui refuser par un jugement. — ∾ Méd. Avoir des renvois.

RENWEZ, ch.-l. de cant., arr. et à 13 kil. N.-O. de Mézières (Ardennes) ; 4,800 hab.

* RÉOCCUPATION s. f. Action d'occuper pour la seconde fois.

* RÉOCCUPER v. a. Occuper de nouveau : *le général fit réoccuper la place.*

RÉOLAIS, AISE s. et adj. De la Réole ; qui appartient à cette ville ou à ses habitants.

RÉOLE (La), *Regula,* ch.-l. d'arr., à 61 kil. S.-E. de Bordeaux (Gironde), sur le flanc d'une colline et sur la rive droite de la Garonne ; par 44° 35' 6" lat. N. et 2° 22' 35" long. O. ; 3,500 hab. Grains, farine, eaux-de-vie. Eglise Saint-Pierre (mon. hist.); restes de remparts; vieille tour bien conservée.

* RÉORCHESTRER v. a. Mus. Orchestrer de nouveau : *pour remettre cet opéra au théâtre, il fallut le réorchestrer.*

* RÉORDINATION s. f. Action par laquelle quelqu'un est réordonné.

* RÉORDONNER v. a. Conférer pour la seconde fois les ordres sacrés à quelqu'un dont la première ordination a été faite contre la teneur des canons, et déclarée nulle par jugement de l'Eglise.

RÉORGANISATEUR, TRICE adj. Qui réorganise : *loi réorganisatrice.* — Substantiv. Personne qui réorganise.

* RÉORGANISATION s. f. Action d'organiser de nouveau, et résultat de cette action : *réorganisation d'une compagnie, d'une armée.*

* RÉORGANISER v. a. Organiser de nouveau : *réorganiser une administration.*

* RÉOUVERTURE s. f. Action de rouvrir. Ne se dit guère qu'en parlant d'un théâtre, d'un établissement de commerce, qui était resté fermé quelque temps : *depuis la réouverture de ce théâtre, de cette salle, de ce magasin,* etc.

* REPAIRE s. m. Retraite, lieu où se retirent des bêtes malfaisantes, féroces, comme les tigres, les ours, les serpents, etc. : *c'est le repaire d'un lion.* On dit, par ext., UN REPAIRE DE BIJOUX, D'ORFÈVRES. — Lieu où se retirent ordinairement les voleurs, les brigands, etc.: *cette maison isolée, cette auberge écartée est un repaire de brigands, de voleurs.* — Chasse. Fiente des loups, des lièvres, et de quelques animaux sauvages: *du repaire de loup, de lièvre,* etc.

* REPAIRE s. m. Arts et métiers. Voy. REPÈRE.

* REPAÎTRE v. n. Se conjugue comme *Paître,* et a de plus un prétérit défini et un prétérit indéfini : *je repus. J'ai repu.* Manger, prendre sa réfection. Se dit des hommes et des chevaux, particulièrement quand ils sont en marche : *il a fait trente lieues sans repaître.* — v. a. Donner à manger, nourrir : *il faut repaître ces animaux.* Dans ce sens et le précédent, il est peu usité. — S'emploie plus ordinairement au figuré : *repaître quelqu'un d'espérances, de chimères, de fumée.* — REPAÎTRE SES YEUX D'UN SPECTACLE, le regarder avec avidité. — Se repaître. *Cette espèce d'animaux se repaît de chair.*

> *Je ne me repais point de pareilles chimères.*
> J. RACINE. *La Thébaïde,* acte 1er, sc. v.

— IL NE SE REPAÎT QUE DE SANG ET DE CARNAGE, se dit, par exag., d'un homme cruel et sanguinaire.

* RÉPANDRE v. a. (rad. *épandre*). Epancher, verser, laisser tomber un liquide : *répandre de l'eau par terre.* — Par ext. *Répandre du sel, du poivre,* etc. — RÉPANDRE DES LARMES, pleurer : *la mort de son père lui fit répandre bien des larmes.* — RÉPANDRE DU SANG, blesser ou tuer : *Dieu défend de répandre le sang.* — Au jeu. IL Y A EU BIEN DU SANG RÉPANDU, il y a eu beaucoup de perte dans cette partie. — RÉPANDRE SON SANG, être blessé, ou mourir pour une cause honorable, sacrée, ou qu'on regarde comme telle : *il a répandu son sang pour la patrie dans vingt combats.* — Départir, distribuer à plusieurs personnes : *il a bien répandu de l'argent pour gagner les suffrages.* — Etendre au loin, disperser en plusieurs endroits : *le soleil répand la lumière.* — Fig. *Il a répandu cette nouvelle dans toute la ville.* — Se répandre, v. pr. *Les eaux se répandirent dans la ville.* — SE RÉPANDRE EN LONGS DISCOURS, EN COMPLIMENTS, SE RÉPANDRE EN LOUANGES, EN INVECTIVES, EN PROPOS, etc., tenir de longs discours, faire de longs compliments, donner beaucoup de louanges, dire beaucoup d'injures, etc. — CET HOMME CHERCHE A SE RÉPANDRE, CRAINT DE SE RÉPANDRE DANS LE MONDE, il fréquente les sociétés, il les évite avec beaucoup de soin.

* RÉPANDU, UE part. passé de RÉPANDRE. — Vulg. AVOIR LA BILE RÉPANDUE DANS LE SANG, avoir la jaunisse. — ETRE FORT RÉPANDU DANS LE MONDE, voir beaucoup de monde, aller souvent dans la société : *ce savant est trop répandu.*

REPAPILLOTER v. a. Papilloter de nouveau. — Fam. Réconcilier : *repapilloter deux amis.*

REPAQUER v. a. Pêche. Mettre en baril, en.parlant des œufs de poisson que l'on conserve comme appât.

* RÉPARABLE adj. Qui se peut réparer. Se dit dans tous les sens du verbe : *ce dommage est réparable.*

* RÉPARAÎTRE v. n. Paraître de nouveau : *cet homme n'a jamais reparu.*

* RÉPARATEUR s. m. Celui qui répare : Jésus-Christ est appelé *le réparateur du genre humain.* — RÉPARATEUR DES TORTS, celui qui se mêle de venger les injures ou de corriger des abus qui ne le regardent point. — adjectiv. Qui répare : *mesure réparatrice.*

* RÉPARATION s. f. Ouvrage qu'on fait ou qu'il faut faire pour réparer : *cette voiture, cette machine a besoin d'une réparation.* — Se dit, particul., des travaux d'entretien que l'on fait aux maisons : *grosses réparations.* — Satisfaction d'une injure, d'une offense faite à quelqu'un : *il n'y a point de réparation pour une pareille injure ; elle doit être punie.* — Jurispr. RÉPARATIONS CIVILES, somme adjugée par un tribunal de justice à la partie civile, pour la dédommager du tort que le crime ou le délit lui a causé. Se dit également des dommages-intérêts accordés à un accusé

contre la personne qui l'a injustement dénoncé : *les réparations civiles entraînaient la contrainte par corps.* — En droit civil, lorsqu'il s'agit de réparations à faire à un immeuble, on distingue les *grosses réparations* qui sont à la charge du propriétaire, des *réparations d'entretien* auxquelles l'usufruitier est tenu (C. civ. 605). On donne le nom de *réparations locatives* à celles que le locataire d'une habitation est tenu en vertu de la loi de faire à ses frais. (Voy. Locatif.)

RÉPARATOIRE adj. Qui a rapport aux réparations.

* **RÉPARER** v. a. (lat. *reparare*). Refaire, rétablir quelque chose à une construction, à un ouvrage, le raccommoder : *cette maison va tomber si vous ne la réparez.* — Réparer une figure qui a été jetée en moule, ôter les défauts qui y sont survenus par le jet, la polir, y mettre la dernière main. Les doreurs sur bois disent de même, Réparer un cadre, des moulures, etc., les gratter pour leur rendre les formes que les couches de blanc ont altérées ou masquées. — Réparer ses affaires, rétablir sa fortune ébranlée ou détruite. — Réparer ses forces, rétablir ses forces. — Réparer son honneur, effacer par quelque bonne action, la honte d'une mauvaise action précédente. — Réparer l'honneur, la réputation de quelqu'un, donner toutes les satisfactions convenables à quelqu'un dont on a offensé l'honneur, dont on a blessé la réputation. — Effacer, faire disparaître : *il a bien réparé sa faute.* — On dit dans un sens anal., Réparer un oubli, Réparer une offense, une injure, donner des satisfactions proportionnées à cette offense, à cette injure. — Réparer le dommage que l'on a causé a quelqu'un, dédommager quelqu'un du tort qu'on lui a fait. — Réparer une perte, s'en dédommager : *il travaille à réparer ses pertes.* — Réparer le temps perdu, réparer la perte du temps, profiter mieux du temps qu'on n'a fait par le passé, en faire un meilleur usage; redoubler son travail pour faire en peu de temps ce qu'on avait négligé de faire jusqu'alors. — Cheval. Réparer les torts, venger les injures reçues, rétablir dans leurs droits ceux qui en avaient été dépouillés. — Se réparer v. pr. Être réparé : *ces sortes d'injures ne se réparent pas facilement.*

RÉPAREUR, EUSE s. Personne qui répare; qui sait réparer.

* **RÉPARITION** s. f. Astron. Voy. Réapparition.

* **REPARLER** v. n. Parler de nouveau : *reparlez-lui de cette affaire.* — Se reparler v. pr. Renouer amitié, se réconcilier : *ils se sont reparlé.*

RÉPARTEMENT s. m. Indication des contributions imposées à chacun.

* **REPARTIE** s. f. Réplique, réponse prompte : *il est prompt à la repartie, heureux à la repartie.*

* **REPARTIR** v. a. et quelquefois n. Se conjugue comme *Partir.* Répliquer, répondre sur-le-champ et vivement *il : ne lui a reparti que des impertinences ; repartir brusquement, vivement.*

* **REPARTIR** v. n. Se conjugue comme le verbe ci-dessus. Retourner, ou partir de nouveau : *à peine était-il arrivé, qu'il fut obligé de repartir.*

* **RÉPARTIR** v. a. Je répartis, tu répartis, *il répartit; nous répartissons, vous répartissez, ils répartissent. Je répartissais. Je répartis. Je répartirai. Je répartirais. Je répartirais. Je répartisse. Que je répartisse. Répartissant. Répartissez.* Partager, distribuer : *répartir les biens d'une succession entre plusieurs cohéritiers.*

* **RÉPARTITEUR** s. m. Adm. Celui qui fait, qui est chargé de faire une répartition. —

Adjectiv. Commissaires répartiteurs, commissaires chargés de répartir les impositions entre les contribuables. — Législ. « Le conseil des répartiteurs constitué dans chaque commune procède, avec l'assistance du contrôleur des contributions directes, à diverses opérations concernant la contribution foncière, la contribution des portes et fenêtres et la contribution personnelle-mobilière; ce sont : le répartement du contingent assigné à la commune entre les contribuables, suivant les bases de cotisation fixées pour chacun ; la préparation des matrices des rôles de contributions ; la constatation des mutations; les avis à donner sur les demandes en dégrèvement, en décharge ou en réduction relatives à ces trois contributions directes, etc. (Voy. Contribution.) Le conseil des répartiteurs est formé de sept membres, savoir : le maire et son adjoint (qui, dans les villes de 5,000 hab. et au-dessus, sont remplacés par deux conseillers municipaux), et cinq membres titulaires qui sont, ainsi que cinq membres suppléants, nommés chaque année par le sous-préfet. Celui-ci les choisit sur une liste dressée par le conseil municipal et contenant un nombre double de celui des répartiteurs et des répartiteurs suppléants à nommer. Les fonctions de répartiteurs ne peuvent, sous peine d'amende, être refusées, sauf dans les cas de dispense prévus par la loi. Les répartiteurs ne peuvent prendre aucune délibération, s'ils ne sont présents au nombre de cinq au moins (L. 3 frimaire an VII; L. 21 avril 1832; L. 5 avril 1884, art. 61). »   (Ch. Y.)

RÉPARTITIF, IVE adj. Qui a pour but de répartir.

* **RÉPARTITION** s. f. Partage, division, distribution : *faire la répartition des troupes pour les quartiers d'hiver.* — Impôt de répartition, celui par lequel on détermine d'abord ce que chaque commune doit payer pour que la répartition se fasse entre les habitants. Il est opposé à Impôt de quotité.

RÉPARTON s. m. Plaque de schiste ardoisier.

* **REPAS** s. m. (lat. *repastum,* supin de *repascere,* repaître). Nourriture que l'on prend à certaines heures réglées. Se dit principalement du dîner et du souper : *aux heures du repas.* — Un repas prié, un repas qui se donne à un certain nombre de personnes invitées. — Faire ses quatre repas, déjeuner, dîner, goûter et souper : *c'est un homme qui fait ses quatre repas.* — Ne faire qu'un repas, dîner seulement : *il ne fait qu'un repas par jour.* On dit de même, Son repas est le dîner, le dîner est son seul ou son principal repas. On dit aussi, Le dîner ou le souper est son meilleur repas, c'est celui où il mange le plus, celui qu'il prend avec le plus de plaisir.

* **REPASSAGE** s. m. Action de repasser : *le repassage d'une robe, d'une chemise, etc.*

* **REPASSER** v. n. Passer de nouveau; après être allé d'un lieu à un autre, revenir de celui-ci au premier, traverser de nouveau l'espace qui est entre-deux : *la chasse a passé dans notre famille, après en être sorti depuis un siècle.* — v. a. Traverser de nouveau : *l'armée repassa les Alpes.* — Transporter de nouveau : *le même batelier qui vous a passé vous repassera.* Repasser des couteaux, des rasoirs, des ciseaux, etc., sur la meule, sur la pierre, les aiguiser, leur donner de nouveau le taillant et le fil. — Repasser la lime, sur quelque ouvrage de fer, de cuivre, etc., le polir de nouveau avec la lime. — Repasser la lime sur un ouvrage de prose ou de vers, travailler de nouveau, pour achever de le polir. — Repasser des étoffes par la teinture, a la teinture, les remettre à la teinture lorsqu'elles n'ont pas bien pris d'a-

bord la couleur qu'on voulait leur donner, ou qu'elles l'ont perdue par le temps. — Repasser des cuirs, leur donner un nouvel apprêt. Repasser un vieux chapeau, le reteindre, lui donner un nouvel apprêt, un nouveau lustre. — Repasser du linge, du ruban, une étoffe, un chapeau, passer un fer chaud sur du linge, du ruban, etc., pour le rendre plus uni, pour en ôter les mauvais plis. — Repasser quelqu'un, le battre : *il s'est fourré dans cette bagarre, et il y a été repassé.* Se dit aussi d'un homme qu'on a gourmandé, qu'on a maltraité de paroles, qu'on a bien réprimandé ; *il a été bien repassé par son chef d'atelier.* — Repasser quelque chose dans son esprit, dans sa mémoire, se remettre quelque chose dans l'esprit, dans la mémoire : *quand je repasse dans ma mémoire tout ce qu'il a fait pour moi...* — Repasser un sermon, un discours, un rôle, etc., répéter un sermon, un discours, un rôle, etc., qu'on a appris par cœur, afin d'être plus sûr de sa mémoire : *ce comédien repasse toujours son rôle avant d'entrer en scène.*

REPASSEUR s. m. Celui qui repasse, qui aiguise les instruments tranchants.

* **REPASSEUSE** s. f. Celle dont le métier est de repasser du linge.

* **REPAVER** v. a. Paver de nouveau : *on repave cette rue, cette cour.*

REPÊCHAGE s. m. Action de repêcher : *le repêchage d'un noyé.*

* **REPÊCHER** v. a. Retirer de l'eau, du fond de l'eau ce qui y était tombé : *il était tombé dans le fond de la rivière, on l'a repêché à demi mort.*

* **REPEINDRE** v. a. Peindre de nouveau : *il a fait repeindre sa galerie, les boiseries de son appartement.*

* **REPEINT, EINTE** part. passé de Repeindre. — Substantif. Se dit des endroits d'un tableau sur lesquels on a appliqué de nouvelles couleurs : *il y a plusieurs repeints dans ce tableau.*

REPENELLE s. f. Piège à ressort qui sert à prendre les petits oiseaux.

* **REPENSER** v. n. Penser de nouveau, réfléchir plus profondément sur une chose : *ce que vous me dites mérite que j'y repense.*

* **REPENTANCE** s. f. Regret, douleur qu'on a de ses péchés : *il est mort avec beaucoup de repentance, avec une grande repentance de ses péchés.* Ne s'emploie guère que dans le langage de la piété.

* **REPENTANT, ANTE** adj. Qui se repent d'avoir péché : *donner l'absolution à un homme vraiment contrit et repentant.*

* **REPENTI, IE** part. passé de Se repentir. N'est plus usité qu'au féminin, dans cette locution, Les filles repenties, ou simpl. Les repenties, qui se dit de certaines maisons religieuses où des filles qui ont vécu dans le désordre se retirent ou sont enfermées pour faire pénitence : *elle s'était retirée aux Filles repenties.*

* **REPENTIR** s. m. Regret sincère d'avoir fait ou de n'avoir pas fait quelque chose. Se dit particul., en parlant des fautes qu'on a commises : *il en aura un éternel repentir.* — Dess. et Peint. Trace d'une première idée qu'on a voulu corriger : *il y a des repentirs dans ce tableau, on y voit encore l'ovale d'une tête sur laquelle l'artiste a repenti.*

* **REPENTIR (Se)** v. pr. Avoir une véritable douleur, un véritable regret : *se repentir d'avoir offensé Dieu.* On dit quelquefois par menace : Je l'en ferai bien repentir.

REPÉRAGE s. m. Action de repérer, de mettre au point à l'aide de repères. — Indication de l'endroit où des dessins tracés sur des feuilles isolées doivent se réunir.

REPERÇAGE s. m. Tech. Découpage à la scie des plaques métalliques.

* **REPERCER** v. a. Percer de nouveau : *ce mud a été percé trop haut, il faut le repercer.* — Orfèvr. REPERCER UN OUVRAGE, découper un ouvrage tracé pour être à jour.

* **RÉPERCUSSIF, IVE** adj. Médec. Qui a la propriété de répercuter. Se dit des médicament qu'on applique sur un exanthème, sur une tumeur, pour faire refluer au dedans du corps les humeurs qui l'occasionnent : *topique répercussif, qui a un effet répercussif.* — Substantiv. *Les astringents, la glace, l'eau très froide sont des répercussifs.*

* **RÉPERCUSSION** s. f. (lat. *repercussio*). Didact. Action des humeurs qui refluent au dedans du corps ; action des médicaments répercussifs : *la répercussion des humeurs.* — Se dit aussi en parlant des sons, de la lumière, de la chaleur, et signifie, renvoi, réflexion : *la répercussion des sons ; la répercussion des rayons du soleil.*

* **RÉPERCUTER** v. a. (lat. *repercutere*). Didact. Se dit en parlant des humeurs, lorsque, étant en mouvement pour sortir, quelque cause les fait rentrer au dedans : *cela répercute les humeurs.* — Se dit aussi en parlant des sons, de la lumière, de la chaleur, et signifie alors, réfléchir, renvoyer : *l'écho répercute le son.* — Se répercuter v. pr. Lorsque *les humeurs viennent à se répercuter.*

* **REPERDRE** v. a. Perdre de nouveau : *sa fortune, qu'il avait eu bien de la peine à rétablir, il vient de la reperdre.*

* **REPÈRE** s. m. (rad. lat. *repère*, trouver). Arts et Métiers. Trait ou marque que l'on fait à différentes pièces d'un ouvrage, pour les ajuster avec exactitude et sans tâtonnement, quand on veut les assembler, les rapprocher. On dit de même, POINT DE REPÈRE. — Se dit également des marques que l'on fait aux tubes d'une lunette pour les allonger ou les accourcir au juste point de celui qui s'en sert. — Se dit aussi des marques que l'on fait sur un mur, sur un jalon, sur un terrain, etc., pour indiquer où retrouver un alignement, un niveau, une hauteur, une distance.

REPÈRER v. a. Marquer des repères.

* **RÉPERTOIRE** s. m. (lat. *repertorium*). Inventaire, table, recueil où les choses, les matières sont rangées dans un ordre qui fait qu'on les trouve facilement : *avec mon répertoire, j'aurai bientôt trouvé ce que vous me demandez.* — Se dit, fig., et fam. d'une personne qui se souvient de beaucoup de choses en quelque matière que ce soit, et qui est toujours prête à en instruire les autres : *cette femme est un répertoire vivant de tout ce qui se passe dans son quartier.* — Titre de certains recueils : *répertoire de jurisprudence.* — Théâtre. Liste des pièces mises au théâtre : *cette pièce fait partie du répertoire, est restée au répertoire.* — Liste des pièces que les comédiens doivent donner dans la semaine : *on a fait ce matin le répertoire.*

* **RÉPÉTAILLER** v. a. (fréq. de *répéter*). Répéter la même chose jusqu'à l'ennui : *cet enfant répétaille toujours la même chose.*(Fam.)

* **RÉPÉTER** v. a. (lat. *repetere*). Redire, dire ce qu'on a déjà dit soi-même : *je vous ai dit cela, et je vous le répète.* — Redire ce qu'un autre a dit : *cet écho répète les mots.* — CETTE MONTRE, CETTE PENDULE RÉPÈTE LES HEURES, LES QUARTS, en poussant un ressort, ou en tirant un cordon, on lui fait sonner l'heure et les quarts. — Mar. RÉPÉTER LES SIGNAUX, faire les mêmes signaux que le commandant, afin que les vaisseaux les plus éloignés puissent les voir ou les entendre. — RÉPÉTER UNE EXPÉRIENCE, UNE OBSERVATION, faire une expérience, une observation qu'on a déjà faite, ou qui a déjà été faite par un autre. — Rap-

porter ce qu'on a entendu ; et il s'emploie dans un sens de blâme : *prenez garde à cet homme, il est sujet à répéter ce qu'on a dit,* ou simplement, *à répéter.* — Se dit, fig. des miroirs et des autres choses qui représentent, qui réfléchissent l'image des objets : *l'eau du ruisseau répétait son image.* — Se dit aussi, fig., en parlant d'une disposition symétrique qui présente d'un côté l'équivalent, le pareil de ce qu'on voit de l'autre : *on a répété cet ornement à droite et à gauche.* — Dire ou faire en particulier plusieurs fois une même chose, pour la pouvoir prononcer ou exécuter en public : *répéter son sermon, sa leçon.* — Exercer des élèves en particulier, leur expliquer plus amplement ce que le professeur leur enseigne dans ses leçons, leur donner des conseils sur la manière de faire les devoirs, etc. : *sa profession est de répéter.* — Redemander ce qu'on a donné, ce qu'on a prêté, ou ce qu'on prétend qui a été pris contre les règles ordinaires. Se dit en parlant des personnes et des choses : *il m'a pris mon bien, j'ai droit de le répéter.* Ne s'emploie guère qu'en termes de jurisprudence civile ou militaire. — RÉPÉTER DES FRAIS SUR QUELQU'UN, ou mieux, CONTRE QUELQU'UN, demander qu'il rembourse les frais qu'on a faits. — Officialité RÉPÉTER DES TÉMOINS, entendre en déposition des témoins qui sont venus à révélation sur la publication d'une monitoire, d'un réaggrave. — Se répéter v. pr. Se dit d'un homme qui recommence les mêmes histoires ; d'un auteur, d'un poète, d'un musicien, d'un peintre, qui, dans leurs ouvrages, se servent souvent des mêmes tours, des mêmes manières, des mêmes chants, des mêmes traits : *c'est un conteur agréable ; mais il se répète quelquefois.* — Se dit quelquefois des mots, des phrases, etc., qu'on répète : *le même vers se répète deux fois à la fin de chaque couplet de cette chanson.* — CELA SE RÉPÈTE SOUVENT, cela se renouvelle souvent.

RÉPÉTIBLE adj. Jurispr. Qui peut être répété, réclamé.

* **RÉPÉTITEUR** s. m. Celui qui répète des élèves, qui fait profession de répéter : *répétiteur de mathématiques, de droit, de langue grecque.* — Mar. Se dit des vaisseaux d'une escadre ou d'une division qui répètent les signaux de l'amiral. — ∾ Adjectiv. *Cercle répétiteur,* instrument qui sert à mesurer les angles et qui, au lieu d'effectuer une seule fois les mesures nécessaires, permet de les répéter, quand on veut estimer un angle multiple de celui que l'on mesure. Cet appareil se compose essentiellement d'un cercle divisé, muni de deux lunettes qui servent à viser les points dont on veut mesurer la distance angulaire.

* **RÉPÉTITION** s. f. Redite, retour de la même idée, du même mot : *son livre est plein de répétitions.* — PENDULE À RÉPÉTITION, MONTRE À RÉPÉTITION, pendule, montre qui répète l'heure quand on tire un cordon, ou qu'on pousse un petit ressort. — Rhét. Figure qui consiste à employer plusieurs fois, soit les mêmes mots, soit le même tour : *cet orateur fait souvent usage de la répétition.* — La RÉPÉTITION DE MOTS a pour but de fixer fortement l'intérêt sur un objet, comme dans cet exemple :

> Et puis la papauté vaut-elle ce qu'on quitte ;
> Le repos, LE REPOS, trésor si précieux,
> Qu'on en faisait jadis le partage des dieux.
> LA FONTAINE.

Les différentes espèces de répétition reçoivent les noms d'ANAPHORE, D'ANADIPLOSE (voy. ces deux mots) ; d'ANTISTROPHE, quand la répétition a lieu à la fin de plusieurs membres de phrase consécutifs, comme : « Tout l'univers est plein de *l'esprit du monde ;* on juge selon *l'esprit du monde,* on agit et l'on se gouverne selon *l'esprit du monde ;* je dirais-je l'on voudrait même servir Dieu selon l'es-

prit *du monde* » (Bourdaloue) ; DE COMPLEXION lorsque l'anaphore et l'antistrophe sont mêlées ; ex. : « *Qui* est l'auteur de cette loi ? *Rullus ; qui* a privé du suffrage la plus grande partie du peuple romain ? *Rullus ; qui* a présidé les comices ; *Rullus* » (Cicéron) ;∤de CONJONCTION, quand on multiplie les particules conjonctives, comme dans ce passage d'*Esther* :

> On égorge à la fois les enfants, les vieillards,
> Et la sœur et le frère
> Et la fille et la mère.

— Réitération : *les habitudes s'acquièrent par la répétition fréquente des mêmes actes.* — Exercice des écoliers qu'on répète : *faire des répétitions.* — Action de répéter, essayer en particulier certaines choses, pour les mieux exécuter en public : *la répétition d'une symphonie, d'un ballet, d'une pièce de théâtre.* — ÊTRE EN RÉPÉTITION, se dit quelquefois de l'auteur même dont on répète la pièce. — Jurispr. Action par laquelle on redemande en justice ce qu'on a payé de trop, ce qu'on a avancé pour un autre, etc. : *répétition de fruits, de frais, de dépens.* — Beaux-arts. Copie, reproduction d'une statue, d'un tableau faite par l'auteur lui-même, ou sous ses yeux, sous sa direction.

* **REPEUPLEMENT** s. m. Action de repeupler : *le repeuplement d'une colonie.*

* **REPEUPLER** v. a. Peupler de nouveau un pays qui avait été dépeuplé : *la peste et la guerre avaient fait périr la moitié des habitants de ce pays, on y a envoyé du monde pour le repeupler.* — REPEUPLER UN ÉTANG, remettre du poisson dans un étang où il n'y en avait plus. On dit de même : REPEUPLER UNE TERRE, UNE PLAINE DE GIBIER : repeupler une garenne, un colombier, une basse-cour. — REPEUPLER UNE FORÊT, UN BOIS, les replanter, les regarnir d'arbres, soit en y semant du gland, etc., soit en y mettant du plant. — Se repeupler v. pr. : *cette ville s'est promptement repeuplée.*

* **REPIC** s. m. Jeu de piquet. Se dit lorsque l'un des joueurs, avant de jouer aucune carte, compte jusqu'à trente, sans que celui contre qui il joue ait pu rien compter ; ce qui fait qu'au lieu de compter simplement trente, il compte quatre-vingt-dix : *il a fait un beau repic.* — FAIRE QUELQU'UN REPIC, LE FAIRE REPIC ET CAPOT, le réduire à ne pouvoir répondre, à ne savoir que dire.

* **REPIQUAGE** s. m. Changement de place d'un jeune plant.

* **REPIQUER** v. a. Piquer de nouveau. — Arboric. Faire un repiquage.

* **RÉPIT** s. m. (lat. *respectus*). Relâche, délai, surséance : *je le poursuivrai incessamment et ne lui donnerai point de répit.* — LETTRE DE RÉPIT, ou simplement, RÉPIT, lettres par lesquelles le roi accordait à un débiteur un délai pour payer ce qu'il devait, une surséance des poursuites de ses créanciers : *on fit casser ses lettres de répit, son répit.*

* **REPLACER** v. a. Remettre en place : *replacer une statue.* — Se replacer v. pr. *Replacez-vous.*

REPLAIN s. m. Partie plate et cultivée d'une montagne.

REPLANT s. m. Agric. Nouveau plant.

* **REPLANTER** v. a. Planter de nouveau : *il faut ôter cet arbre de là, et le replanter ailleurs.*

* **REPLÂTRAGE** s. m. Action de replâtrer ; résultat de cette action. Se dit surtout d'une réparation superficielle, faite avec du plâtre. — Fig. et fam. Mauvais moyen qu'on emploie pour réparer une faute, une sottise : *cette démarche, cette explication n'est qu'un replâtrage.* — Réconciliation peu sincère ; peu durable : *ce n'est un replâtrage qui ne tiendra pas.*

* **REPLÂTRER** v. a. Renduire de plâtre. — Fig. et fam. Chercher à réparer, à couvrir

une faute, une sottise : *il voudrait replâtrer ce qu'il a dit, ce qu'il a fait.*

* **REPLET, ÈTE** (lat. *repletus*). adj. Qui a trop d'embonpoint, qui est trop gras : *il ne va plus à la chasse, il est devenu trop replet.* Ne se dit point des animaux.

RÉPLÉTIF, IVE adj. Chir. Qui sert à remplir.

* **RÉPLÉTION** s. f. Abondance de sang et d'humeurs, excès d'embonpoint, surcharge d'aliments : *la saignée et la diète conviennent aux personnes incommodées de réplétion.* — Mat. bénéfic. État d'un gradué dont le droit avait été rempli par un bénéfice : *la réplétion et le défaut d'insinuation étaient deux empêchements à un gradué pour obtenir un bénéfice.*

* **REPLEUVOIR** v. n. Pleuvoir de nouveau.

* **REPLI** s. m. Pli doublé : *faire un repli à du papier, à une étoffe, à un vêtement.* — Se dit aussi des sinuosités, des cercles que forme un reptile quand il se meut ou s'agite, et, par ext., de certaines choses qui ont un mouvement à peu près semblable. Dans ce sens, il s'emploie surtout au pluriel : *un serpent qui rampait, qui se traînait à longs replis.* — Fig. Ce qu'il y a de plus secret, de plus caché dans l'âme : *les plis et les replis du cœur humain.*

REPLICATIF, IVE adj. Bot. Replié sur soi-même.

REPLIEMENT s. m. Action de replier. — Art milit. Manière de replier un pont de bateaux.

* **REPLIER** v. a. Plier une chose qui avait été dépliée : *en repliant cette étoffe, tâchez de la remettre dans les mêmes plis.* — Courber, plier une ou plusieurs fois : *je ne sais comment fait ce sauteur, se bateleur pour plier et replier ainsi son corps.* — REPLIER UN DÉTACHEMENT, l'obliger à se retirer ou le rapprocher de l'armée. — **Se replier** v. pr. — Équit. CE CHEVAL SE REPLIE SUR LUI-MÊME, il tourne subitement de la tête à la queue, soit par un mouvement de peur, soit par fantaisie. — Se dit, fig., d'un homme qui peut prendre de nouveaux biais pour faire réussir un projet, pour parvenir à ses fins : *il se replie en cent façons.* — SE REPLIER SUR SOI-MÊME, se recueillir, réfléchir sur soi-même : *la réflexion est l'action de l'âme qui se replie sur elle-même.* — Guerre. Se dit du mouvement que fait un corps de troupes en arrière et en bon ordre : *ces trois escadrons se replièrent sur la seconde ligne, pour n'être pas pris en flanc.*

* **RÉPLIQUE** s. f. (lat. *replicatio*). Palais. Réponse sur ce qui a été répondu; réponse à la réponse faite par la partie adverse. Se dit, tant d'un écrit par lequel le demandeur répond aux défenses de celui qu'il a fait assigner, que de la réponse verbale que l'avocat qui a parlé le premier fait à celui qui a parlé le second : *cet avocat est fort sur la réplique, a la réplique vive, brillante.* — Réponse à ce qui a été dit ou écrit : *il demeura sans réplique.* — Mus. Répétition, se dit des octaves, parce qu'on les regarde comme n'étant proprement que la répétition du son dont elles sont les octaves. — Répétition que fait un instrument, d'une phrase de chant déjà exécutée par un autre instrument ou par la voix. — Théâtre. Dernier mot que dit un acteur avant que son interlocuteur prenne la parole : *il a manqué en cet endroit de son rôle, faute d'avoir entendu la réplique.* Dans ce sens, on prononce souvent, *Replique.*

* **RÉPLIQUER** v. a. (lat. *replicare*). Répondre sur ce qui a été répondu par celui à qui l'on parle : *il me répondit telle et telle chose, mais je lui répliquai cela et cela.* — Répondre : *sur ce que je lui reprochais, il me répliqua que...* — Répondre avec humeur, parler quand on devrait obéir et se taire : *quand il commande*

quelque chose, il ne souffre pas qu'on lui réplique.

* **REPLOIEMENT** ou **Repliement** s. m. Action de se reployer.

* **REPLONGER** v. a. Plonger de nouveau : *cette étoffe n'a pas assez bien pris la teinture, il faut la replonger dans la cuve.* — Fig. Cette mort a replongé notre famille dans de nouveaux malheurs. — v. n. S'enfoncer de nouveau dans l'eau à une profondeur considérable, pour y chercher quelque chose : *ce plongeur a tant d'haleine, qu'il replonge immédiatement après être sorti de l'eau.* — Se replonger v. pr. Se plonger de nouveau : *il s'est replongé dans l'eau.*

* **REPLOYER** v. a. Voy. REPLIER.

* **REPOLIR** v. a. Polir de nouveau : *repolir de l'argenterie, de l'acier.* — S'emploie, fig., en parlant des ouvrages d'esprit : *polissez et repolissez sans cesse vos écrits.*

REPOLON s. m. Man. Volte que le cheval forme en cinq temps.

* **RÉPONDANT** s. m. Celui qui subit un examen public, qui soutient une thèse : *le président et le répondant.* — Celui qui répond la messe. — Celui qui se rend caution, garant pour quelqu'un : *se rendre caution et répondant pour quelqu'un.*

* **RÉPONDRE** v. a. (lat. *respondere*). (Je réponds, tu réponds, il répond ; nous répondons, etc. Je répondais. Je répondis. Je répondrai. Je répondrais. Que je réponde. Que je répondisse, etc.) Faire une réponse à ce qui a été dit ou demandé : *il ne me répondit que deux mots.* — RÉPONDRE UNE REQUÊTE, se dit du juge qui met son ordonnance au bas d'une requête. RÉPONDRE UNE PÉTITION, UN PLACET, écrire ou faire mettre au bas sa résolution, sa décision sur l'objet dont il s'agit : *le prince, le ministre, ce préfet répondit la pétition.* — RÉPONDRE LA MESSE, prononcer à haute voix les paroles contenues au Missel, que doit dire celui qui sert la messe. — Absol. *Répondre à propos, sur-le-champ.* — VOUS NE RÉPONDEZ POINT, CE N'EST PAS RÉPONDRE, vous ne répondez pas précisément. On dit proverb., dans le même sens, RÉPONDRE EN NORMAND. — RÉPONDRE AD REM, répondre précisément à la question proposée. — L'ÉCHO RÉPOND, il répète les sons, la parole : *les mots répondirent seuls à ses cris.* — DES CHŒURS DE MUSIQUE QUI SE RÉPONDENT, qui chantent l'un après l'autre alternativement. — Fig. *Nos cœurs se répondent,* ils s'entendent, ils sont unis par une étroite sympathie. — Prov., fig. et pop. IL RESSEMBLE AU PRÊTRE MARTIN, IL CHANTE ET IL RÉPOND, il propose la question et il la résout. — Man. CE CHEVAL RÉPOND PARFAITEMENT AUX AIDES, il sent les appels du cavalier, et leur obéit. — Alléguer des excuses, des prétextes, au lieu de reconnaître son tort ; raisonner, répliquer, au lieu d'obéir promptement : *je ne veux point d'un valet qui répond.* — Écrire à quelqu'un de qui l'on a reçu une lettre : *il répond à toutes les lettres qu'il reçoit.* — Parler à coux qui appellent, à ceux qui frappent à la porte, qui se présentent : *on vous appelle, que ne répondez-vous ?* — Parler ou écrire pour réfuter : *il paraît depuis un an un livre assez fort contre telle doctrine, et jusqu'ici on n'y a point répondu.* — Absol. Soutenir une thèse, subir un examen : *ce candidat, ce récipiendaire a bien répondu.* — Aboutir en quelque endroit : *les allées qui répondent à ce grand bassin.* — LE BRUIT RÉPOND EN TEL ENDROIT, il s'étend jusque-là, il y retentit. On dit en ce sens, LA SONNETTE RÉPOND DANS CETTE PIÈCE, DANS CES DEUX CHAMBRES, etc. — LA DOULEUR LUI RÉPOND À LA TÊTE, AU GENOU, etc., il éprouve en telle partie du corps une douleur qui se fait sentir par communication à la tête, au genou, etc. — Se dit souvent des choses entre lesquelles il y a rapport,

symétrie, proportion, correspondance : *l'aile droite de ce bâtiment ne répond pas à l'autre aile.* — Être égal, conforme à, s'accorder avec ; suffire, satisfaire à : *la seconde partie de ce discours ne répond pas à la première.* — Réaliser les espérances qu'on a données : *il n'a pas répondu à l'attente publique.* — Faire de son côté ce qu'on doit, payer de retour : *on lui a rendu de bons offices, mais il n'y a pas répondu.* On dit, dans un sens anal., RÉPONDRE AUX POLITESSES, AUX CARESSES DE QUELQU'UN. — RÉPONDRE A L'AMOUR, A L'AMITIÉ, A L'AFFECTION DE QUELQU'UN, témoigner qu'on éprouve pour lui le même sentiment. — RÉPONDRE AU SALUT DE QUELQU'UN, le lui rendre. On dit, dans le même sens, LES VAISSEAUX SALUÈRENT LE FORT ; IL RÉPONDIT PAR TANT DE COUPS DE CANON. — Être caution, être garant en justice, être garant pour quelqu'un : *répondre de quelqu'un.* — Être caution, être garant de quelqu'un, de quelque chose qui a été commis à notre garde, et que nous sommes tenus de représenter : *répondre d'un prisonnier, en répondre corps pour corps.* — Être garant de quelqu'un, de quelque chose ; donner quelque assurance : *me répondez-vous de cet homme-là ?*

Va-t-en, réponds-moi d'elle, et je réponds de moi.

       J. RACINE. *Andromaque*, acte III, sc. 1re.

Ce que j'ai fait répond de ce que je ferai.

       PONSARD. *Charlotte Corday*, acte 1er, sc. 1re.

— JE VOUS EN RÉPONDS, JE T'EN RÉPONDS, se dit quelquefois, fam. et ironiq., pour exprimer qu'on n'ajoute pas foi à une chose que l'on entend dire.

* **RÉPONS** s. m. [ré-pon] (lat. *responsum*). Paroles, ordinairement tirées de l'Écriture, qui se disent ou se chantent dans l'office de l'Église après les leçons ou après les chapitres, et que l'on répète et entière et par parties : *chanter un verset et un répons.* — Signe d'imprimerie qui marque les répons, et qui a la figure d'une R barrée (℟) : *il faut mettre là un répons.*

* **RÉPONSE** s. f. (lat. *responsio*). Ce que nous disons à celui qui nous fait une demande ou une question : *un ouvrage par demandes et par réponses.* — UNE RÉPONSE DE NORMAND, une réponse équivoque : *il m'a fait une réponse de Normand.* — TELLE DEMANDE, TELLE RÉPONSE, celui qui fait une demande sotte, ridicule, impertinente, s'attire ordinairement une raillerie, une réponse peu agréable. On dit, dans le même sens, SOTTE DEMANDE, SOTTE RÉPONSE, On dit encore, A SOTTE DEMANDE, A FOLLE DEMANDE, POINT DE RÉPONSE : *nous verrons bientôt sa réponse au livre qui a paru contre sa théorie.* — Se dit particul., en termes de pratique, des écritures qu'une partie fait signifier pour répondre aux moyens que l'autre a présentés : *fournir sa réponse, ses réponses.* — Lettre qu'on écrit pour répondre à une autre lettre : *j'ai reçu sa réponse.*

* **REPORT** s. m. Comptab. Action de reporter une somme, un total ; somme, total même qu'on a reporté : *report de l'autre part.* — Bourse. Emprunt fait sur une valeur que l'on rachète à terme à un prix plus élevé ; la différence entre le prix de vente et le prix de rachat est l'intérêt de la somme prêtée. — Opération de Bourse qui consiste à se faire reporter. — Typogr. Une ou plusieurs lignes que l'on reporte d'une page ou d'une feuille à une autre, en corrigeant.

* **REPORTAGE** s. m. Action de reporter ; résultat de cette action.

* **REPORTER** v. a. Porter au lieu où la chose était auparavant : *on reporta chez lui tout ce qu'il avait envoyé.* — Transporter, placer dans un autre lieu : *ce paragraphe doit être reporté à tel chapitre.* — IL FAUDRA REPORTER CETTE SOMME, CE TOTAL AU BAUT DE LA PAGE SUIVANTE.

l'y répéter. — Bourse. SE FAIRE REPORTER, faire reporter à l'échéance suivante une opération faite pour une certaine époque. — **Se reporter** v. pr. Se transporter en esprit, par la pensée, à un temps antérieur : *reportez-vous au temps des croisades.*

* **REPORTER** s. m. [re-por-teur] (mot. angl. formé de *to report*, rapporter). Journaliste qui recueille des nouvelles.

REPORTEUR s. m. Bourse. Capitaliste qui prête de l'argent sur consignation de titres, sous forme de report.

* **REPOS** s. m. (lat. *repositum*). Privation, cessation de mouvement : *la matière est d'elle-même en repos, et ne peut recevoir de mouvement que par l'action d'une cause étrangère.* — Cessation de travail : *il y a longtemps que vous travaillez, donnez-vous un peu de repos.* — En termes de commandement militaire, on dit elliptiquement, REPOS, et EN PLACE REPOS. — Quiétude, tranquillité, exemption de toute peine d'esprit : *je suis en repos de ce côté-là.* — SOYEZ EN REPOS SUR MES AFFAIRES, ne vous en mêlez pas. LAISSEZ-MOI, VEUILLEZ ME LAISSER EN REPOS, LAISSEZ-MOI DONC EN REPOS, cessez de me fatiguer de vos importunités.

Qu'il parle, qu'il s'explique, et nous laisse en repos.
J. RACINE, *La Thébaïde*, acte IV, sc. III.

— DORMIR EN REPOS SUR UNE AFFAIRE, n'en avoir aucune inquiétude. — Exemption de trouble, d'agitation, de sédition : *la paix qui se fait, les peuples vont goûter un profond repos.* — Sommeil : *il ne dort plus, il a perdu le repos depuis quelque temps.* — LIT DE REPOS, espèce de lit où l'on se repose, où l'on dort le jour. — TROUBLER LE REPOS DES MORTS, les exhumer, violer leur sépulture. Parler contre la mémoire des morts, contre leur réputation. — LE REPOS ÉTERNEL, l'état où sont les âmes des bienheureux. On dit en ce sens, PRIER DIEU POUR LE REPOS DES AMES DES MORTS. — CHAMP DU REPOS, cimetière. — En parlant d'armes à feu, se dit de l'état où elles sont, lorsque le chien n'est ni abattu, ni bandé : *mettre le chien d'un fusil, d'un pistolet dans son repos, au repos :* dans ce sens et dans ceux qui précèdent, le mot REPOS n'a point de pluriel. — Versific. franç. Césure placée dans les grands vers après la sixième syllabe, et, dans les vers de dix syllabes, après la quatrième : *ce vers-là ne vaut rien, il n'a aucun repos.* — Pause qui doit être placée dans les stances de six, ou de dix vers ; savoir : dans celles de six, après la troisième vers, et dans celles de dix, après la quatrième et après le septième vers : *ce poëten'a pas toujours observé les repos dans ses stances de dix vers.* — Mus. Endroit où la phrase se termine, et où le chant se repose plus ou moins parfaitement : *il y a autant d'espèces de repos que de sortes de cadences.* — Pause que l'on fait en prononçant un discours, en déclamant, en lisant à haute voix : *dans le discours prononcé, les repos de la voix tiennent lieu de points et d'alinéa.* — Certains morceaux, certains passages, où le lecteur peut s'arrêter, et se délasser de son application à ce qui précède : *cette narration agréable sert de repos, après ces réflexions si graves.* — Peint. Se dit des parties d'une composition dans lesquelles les objets de détail sont plus rares, les lumières moins vives, etc., pour que l'œil du spectateur s'y arrête peu, et se fixe plus aisément à l'endroit du tableau où se passe l'action principale : *cette composition manque de repos.* — Attitude des figures représentées sans mouvement ou avec peu de mouvement : *on ne sait si cette figure est en mouvement ou en repos.* — Archit. Espèce de petit palier qui interrompt la suite des marches, et qui est souvent formé d'une marche plus large que les autres : *il sert à se reposer ou à faciliter l'entrée des cabinets entre deux étages :*

vous trouverez un repos après le palier du premier étage. — Lieu propre à se reposer : *on a distribué dans ce jardin différents repos.*

* **REPOSÉ**, s. f. Chasse. Lieu où l'eau reposée. — UN TEINT REPOSÉ, un teint qui a de la fraîcheur, qui est tel que les jeunes personnes l'ont ordinairement lorsqu'elles ont bien reposé la nuit. Ne se dit guère qu'en parlant des femmes : *elle a le teint frais et reposé.* — A tête reposée loc. adv. Mûrement et avec réflexion : *parler d'une chose à tête reposée.*

* **REPOSÉE** s. f. Chasse. Lieu où une bête fauve se repose : *ils ont trouvé le cerf à la reposée.*

* **REPOSER** v. a. Mettre dans une situation tranquille, mettre en état de tranquillité : *reposer sa jambe sur un tabouret.* — N'AVOIR PAS OU REPOSER SA TÊTE, être sans asile et dans un extrême dénûment. — REPOSER SA VUE, SES YEUX SUR UN OBJET, les y arrêter avec plaisir, avec complaisance. — CELA REPOSE LA VUE, LES YEUX, en parlant d'un vaste ensemble d'objets, et principalement d'un tableau, se dit des parties qui n'excitent pas autant d'attention que les autres, et qui sauvent ainsi une trop grande fatigue à l'organe de la vue. — LE SOMMEIL REPOSE LE TEINT, il le rend frais. CELA REPOSE LES HUMEURS, cela calme les humeurs, cela les adoucit. — REPOSER LA TÊTE, REPOSER L'ESPRIT, REPOSER L'AME, lui procurer du calme : *cette nouvelle me repose l'esprit.* — v. n. Dormir : *il n'a pas reposé de toute la nuit.* — Se dit quelquefois en parlant d'un état de repos, de tranquillité : *il ne dort pas, il repose.* — Etre déposé, placé en quelque endroit. Dans ce sens, on ne le dit guère que du saint sacrement, des reliques d'un saint, des restes mortels d'une personne : *le saint sacrement repose dans cette chapelle, dans ce tabernacle.* On met sur quelques tombes, ICI REPOSE... CI-DESSOUS REPOSE... — Etre établi, appuyé, fondé : *la base de l'édifice repose sur le roc, sur des pilotis.* — S'emploie, fig. au sens moral, dans la même acception : *ce raisonnement ne repose sur rien, repose sur de solides principes.* — Se dit des liqueurs qu'on laisse rasseoir, afin que ce qu'il y a de plus grossier, d'impur, tombe au fond : *cette eau est trouble, il faut qu'elle repose quelque temps.* — LAISSER REPOSER SES ESPRITS, les laisser rasseoir, se calmer : *vous êtes trop agité, laissez reposer vos esprits.* — LAISSER REPOSER UNE TERRE LABOURABLE, la laisser en guéret, en jachère, sans l'ensemencer. — LAISSER REPOSER UN OUVRAGE, le garder pendant un certain temps, sans le relire, sans le montrer, sans le rendrepublic, afin de le revoir après à loisir et de sang-froid. — **Se reposer** v. pr. Cesser de travailler, d'agir, d'être en mouvement : *il y a dix heures qu'il travaille sans se reposer.* On l'emploie avec ellipse du pronom personnel après les verbes FAIRE et LAISSER : *cette garnison a beaucoup souffert pendant le siège, il faut la laisser reposer.* — SE REPOSER SUR QUELQU'UN, avoir confiance en lui. — SE REPOSER SUR QUELQU'UN DE QUELQUE AFFAIRE, se remettre à lui de la conduite d'une affaire, s'en rapporter à lui comme à une personne en qui l'on a une entière confiance : *je me repose de ce soin sur vous.*

Quoi votre âme à l'amour en esclave asservie
Se repose sur lui du soin de votre vie !
J. RACINE, *Andromaque*, acte Ire, sc. Ire.

— SE REPOSER SUR SES LAURIERS, demeurer tranquille après avoir eu quelque succès. On dit neutralement, dans le même sens, REPOSER SUR SES LAURIERS.

REPOSITION s. f. Pharm. Dépôt des substances pharmaceutiques dans un lieu favorable à leur conservation.

REPOSITOIRE s. m. S'est dit pour CIBOIRE.

* **REPOSOIR** s. m. Autel qu'on élève et qu'on

prépare dans les lieux où la procession passe le jour de la Fête-Dieu, pour y faire reposer le saint sacrement : *la procession s'arrêta devant le reposoir.*

* **REPOUSSANT, ANTE** adj. Qui inspire de l'aversion, du dégoût : *cet objet est repoussant.*

REPOUSSE s. f. Seconde pousse.

* **REPOUSSÉ, ÉE** part. passé de REPOUSSER. Poussé de nouveau. — ** s. m. Techn. Métal repoussé ; travail des ouvrages repoussés au marteau. — Procédé d'orfèvrerie au moyen duquel on fait ressortir, sur le métal, un dessin en le battant sur la surface opposée. Cet art, qui date de la plus haute antiquité, fut pratiqué en France, par de nombreux orfèvres, dont le plus célèbre fut Benvenuto Cellini.

* **REPOUSSEMENT**. s.m. Action de repousser. Ne se dit guère que d'une arme à feu, qui, pour être trop chargée, repousse celui qui la tire : *cette contusion a été causée par le repoussement de son fusil.*

* **REPOUSSER** v. a. Rejeter, renvoyer : *on lui avait poussé la balle, il la repoussa avec la même force.* — Pousser quelqu'un en le faisant reculer avec quelque effort : *il le repoussa de la main.* — IL A ÉTÉ REPOUSSÉ A LA BARRICADE, se dit d'une personne qui, ayant fait des tentatives pour obtenir quelque chose, a été refusée ouvertement. — Fig. IL A ÉTÉ REPOUSSÉ AVEC PERTE, il a reçu un grand échec, il a échoué complètement. — REPOUSSER LA FORCE PAR LA FORCE, employer la force pour se défendre contre celui qui attaque. — REPOUSSER UNE INJURE, s'en défendre avec force, avec vivacité : *repousser l'injure par l'injure.* — REPOUSSER LA CALOMNIE, la réfuter hautement : *on l'avait accusé injustement, il a bien repoussé la calomnie.* — REPOUSSER LA RAILLERIE, faire taire le railleur, le réduire au silence : *il repoussa vivement cette raillerie.* — REPOUSSER UNE TENTATION, UNE MAUVAISE PENSÉE, la rejeter de son esprit. — REPOUSSER UNE DEMANDE, UNE PROPOSITION, etc., l'écarter, la rejeter. — Typogr. Marquer, imprimer à la main une lettre, un signe qui manque dans une feuille tirée : *il manque un point à la fin de cette phrase, il faudra le repousser.* — v. n. CE RESSORT REPOUSSE TROP, NE REPOUSSE PAS ASSEZ, il a trop ou trop peu de force. CE FUSIL REPOUSSE, la crosse donne rudement contre l'épaule de celui qui tire. — IL A UNE FIGURE QUI REPOUSSE, DES MANIÈRES QUI REPOUSSENT, il a une figure, des manières qui inspirent de l'éloignement, de l'aversion pour lui, qui causent de la répugnance. — Pousser de nouveau : *il faut couper cet arbre il repoussera du pied.* On dit activement dans un sens anal., CET ARBRE, CETTE PLANTE, etc., A REPOUSSÉ DE PLUS BELLES BRANCHES.

* **REPOUSSOIR** s. m. Cheville de fer qui sert à faire sortir une autre cheville de fer ou de bois. — Instrument dont les dentistes se servent pour arracher les chicots ; instrument que les chirurgiens introduisent dans l'œsophage, pour repousser les corps étrangers qui y sont engagés. — Se dit encore, dans plusieurs arts et métiers, de certains instruments et outils dont les usages diffèrent : *un repoussoir de maréchal ferrant, d'orfèvre, de sculpteur,* etc. — Peint. Se dit des objets vigoureux de couleur ou très ombrés, qu'on place sur le devant d'un tableau, pour faire paraître les autres objets plus éloignés.

* **RÉPRÉHENSIBLE** adj. (lat. *reprehensibilis*). Qui mérite répréhension, qui est digne de blâme : *cela n'est pas si répréhensible que vous croyez.*

* **RÉPRÉHENSION** s. f. Réprimande, blâme, correction : *une sévère, une aigre répréhension.*

* **REPRENDRE** v. a. Se conjugue comme

V.

442

Paendre. Prendre de nouveau : *reprendre son épée.*

Qu ne partage point la grandeur souveraine ;
Et ce n'est pas un bien qu'on quitte et qu'on *reprenne.*
J. Racine. *La Thébaïde,* acte 1er, sc. v.

— Reprendre un chemin, y rentrer après l'avoir quitté : *nous reprîmes le grand chemin à tel endroit.* Reprendre le dessus, regagner l'avantage qu'on avait perdu ; se rétablir après une longue maladie : *il a bien repris le dessus.* — On ne m'y reprendra plus, je me garderai de m'exposer de nouveau au même danger, au même ennui. On dit, par forme de menace, Que je ne vous y reprenne plus, que je vous y reprenne. — Continuer quelque chose qui avait été interrompu : *il a repris son travail.* — Reprendre une chose, une histoire de plus haut, la raconter en la commençant d'un temps plus éloigné, pour rendre la narration plus claire, pour mieux éclaircir le fait : *pour vous bien instruire de cet événement, il faut reprendre la chose de plus haut.* — Reprendre les choses de plus haut, remonter à des vérités antérieures, à des principes généraux. — Reprit-il, il reprit, expressions dont on sert lorsque, rapportant une conversation, on fait parler de nouveau l'un des interlocuteurs : *cela est indubitable, reprit-il; mais...* — Dans ces phrases, Reprendre s'emploie absolument. — Procéd. Reprendre une instance, continuer avec une nouvelle partie ou une même, un procès, commencé, et qui avait été interrompu : *il a fait assigner les héritiers d'un tel, pour reprendre l'instance avec eux.* — Reprendre une tragédie une comédie, etc., la remettre au théâtre. — Reprendre un mur, en réparer, en fermer les crevasses : *reprendre la façade d'une maison.* — Reprendre un mur, un pilier, etc., sous œuvre, en sous-œuvre, par-dessous œuvre, reconstruire les parties inférieures d'un mur, d'un pilier, etc., en soutenant le reste par des étançons. — Reprendre sous œuvre un projet, une entreprise, un ouvrage, s'en occuper en suivant le même plan, mais avec certaines modifications, certains changements. — Reprendre une toile, une étoffe, un bas de soie, de fil de laine, de coton, rejoindre les parties qui sont rompues : *ce bas sont trop déchirés, on aura de la peine à les reprendre, à reprendre les mailles.* — Recouvrer : *reprendre ses forces.* — Reprendre son haleine, recommencer à respirer après une interruption accidentelle, plus ou moins longue. — Reprendre haleine, se reposer pour se mettre en état de recommencer à parler, à marcher, à travailler, etc. — Réprimander, blâmer, censurer quelqu'un parce qu'on prétend qu'il a fait ou dit mal à propos quelque chose : *on a beau reprendre ce jeune homme de ses fautes, il y retombe toujours.* — Blâmer, censurer, critiquer quelque chose, y trouver à redire : *on reprend en vous bien des choses.* — Reprendre v. n. Se dit des arbres, des plantes, qui prennent racine de nouveau, lorsqu'ils sont transplantés : *ce pommier, ce peuplier a bien repris.* On le dit également des greffes : *cette greffe a bien repris.* — Se dit aussi des blessures, des chairs qui ont été coupées, ouvertes, séparées; et il signifie, se refermer, se rejoindre : *la plaie commence à reprendre.* — Ce convalescent, ce malade reprend, il a bien repris, sa santé se rétablit, est bien rétablie. — Cette pièce de théâtre a repris, après être tombée d'abord, elle s'est relevée. — Recommencer : *leur amitié a repris.* — La rivière a repris, a commencé à geler de nouveau, à se glacer encore. — La goutte, la fièvre, etc., lui a repris, elle lui est revenue, elle lui a pris de nouveau. On dit quelquefois activement, dans le même sens, La goutte, la fièvre, etc., l'a repris. — Man. Se dit d'un cheval qui cesse, au galop, d'entamer avec la même jambe, et qui entame avec l'autre; ce qui s'appelle aussi, changer de pied : *faites que*

votre cheval reprenne. — Se reprenre v. pr. *La plaie se reprend.*

• **REPRÉSAILLE** s. f. [rè-prè-za-ieu; ll mll.] (ital. *represaglia*). Traitement fâcheux que l'on fait à un ennemi pour s'indemniser d'un dommage qu'il a causé, ou pour se venger d'une violence qu'il a exercée contre le droit de la guerre : *une juste représaille.* — S'emploie plus ordinairement au pluriel : *user de représailles.* — Fig. User de représailles, repousser une injure par une autre injure, une raillerie par une autre raillerie, etc.

REPRÉSENTABLE adj. Qui peut être représenté.

• **REPRÉSENTANT** s. m. Celui qui en représente un autre, qui tient sa place, qui a reçu de lui des pouvoirs pour agir en son nom : *les ambassadeurs sont les représentants des souverains qui les envoient.* — Citoyen nommé par élection à une assemblée législative : *représentant du peuple.* — Jurispr. Celui qui est appelé à une succession, du chef d'une personne prédécédée et dont il exerce les droits : *les représentants ont les mêmes droits à une succession que celui qu'ils représentent.* — Se dit également de ceux qui ont le droit des héritiers, par vente, échange ou autrement.

• **REPRÉSENTATIF, IVE** adj. Qui représente : *les ambassadeurs ont le caractère représentatif.* — Se dit ainsi de la forme de gouvernement suivant laquelle la nation ou une partie de la nation élit des députés qui votent l'impôt et concourent à la formation de la loi : *gouvernement, système représentatif.* On dit, dans un sens analogue, Assemblée représentative. — Encycl. « On donne le nom de *gouvernement représentatif* à celui dans lequel les citoyens sont-représentés d'une manière plus ou moins directe, aux assemblées législatives, par des mandataires élus. Ce système de gouvernement, que l'on nomme aussi *gouvernement parlementaire,* lorsque le parlement y a la prépondérance, se prête à de nombreuses combinaisons, depuis la monarchie héréditaire jusqu'aux diverses formes d'États républicaines. À l'exception de la Russie, de la Turquie et de quelques petites principautés, toutes les nations de l'Europe et de l'Amérique ont un gouvernement représentatif dont le fonctionnement est réglé par une constitution. Le plus souvent, le pouvoir législatif appartient à deux assemblées dont les membres ont une origine différente et dont les droits respectifs diffèrent selon les États. Cependant il n'existe qu'une seule assemblée en Grèce, en Serbie, en Bulgarie, dans quelques petits États de l'Allemagne et dans les cantons de la Suisse. Lorsque le pouvoir législatif est attribué concurremment à deux chambres, l'une d'elles est nommée par le suffrage universel ou par un suffrage restreint. L'autre assemblée, appelée la chambre haute, est élue suivant un mode particulier, mais elle est souvent composée, en tout ou partie, de privilégiés ou de personnes choisies par le souverain. L'exercice de ces privilèges, restes de la féodalité ou de la monarchie absolue, produit un régime bâtard que l'on ne rencontre encore en Angleterre, en Autriche, en Hongrie, en Portugal, en Italie et dans plusieurs États de l'Allemagne. Le sénat d'Espagne comprend à la fois des membres qui le sont de droit, d'autres qui sont nommés par le roi; et la moitié de ses membres est élue par cinq collèges restreints. Le conseil fédéral de l'empire d'Allemagne, qui est à la fois une chambre haute et un conseil d'État, est composé des délégués des divers états de l'empire, à l'exception de l'Alsace-Lorraine, qui en est exclue. La Table des Magnats, chambre haute, commune à la Hongrie, à la Croatie, à l'Esclavonie et à la Dalmatie, était composée exclusivement de privilégiés; mais, en 1885, une revision de

la constitution a fait entrer dans cette assemblée des membres élus. (Voy. Table). En Belgique, le sénat est élu par le corps électoral censitaire, qui nomme aussi les représentants de la seconde chambre. En Hollande et en Suède, la première chambre est élue par les conseils provinciaux. En Norvège, les 114 députés nommés par le suffrage censitaire désignent le quart d'entre eux pour former la chambre haute; et les trois autres quarts constituent la seconde chambre. La diète de Finlande, qui partage avec le tzar de Russie le pouvoir législatif dans cette province et qui siège seulement pendant quatre mois tous les trois ans, se compose de quatre chambres délibérant séparément, savoir : la chambre des seigneurs, qui n'est pas élective; celle du clergé, composée de membres élus et comprenant les délégués du corps enseignant; celle de la bourgeoisie, formée de députés nommés par les villes, à raison d'un député par 6,000 habitants; et celle des paysans, composée de 60 députés nommés par une élection à deux degrés. En Danemark, sur les 66 membres composant la chambre haute, 12 sont nommés à vie par le roi, et les autres sont élus par un suffrage à deux degrés. En Suisse, l'assemblée fédérale comprend deux sections : le conseil national, élu directement par le peuple; et le conseil des États, composé de 44 membres qui sont nommés à raison de deux députés par chaque canton et qui sont élus dans chacun suivant des modes divers. Dans la République américaine, chacun des 38 états envoie aussi deux membres au sénat de Washington; et, dans le gouvernement de chaque état, le sénat est nommé par le suffrage universel. Il serait trop long de décrire ici les systèmes adoptés dans les divers pays de l'Amérique centrale, de l'Amérique méridionale, et dans les colonies anglaises qui jouissent d'un gouvernement représentatif distinct de celui de la métropole. En France, le sénat se composait, d'après la constitution de 1875, de 225 membres, élus pour neuf ans par les délégués des communes, et de 75 membres, élus à vie par cooptation. Depuis la réforme électorale résultant de la loi du 9 décembre 1884, les sénateurs doivent être élus par les délégués des communes, sauf le privilège conservé aux membres qui ont été élus à vie antérieurement à cette loi. En outre, les électeurs sénatoriaux, délégués de chaque commune, sont en nombre plus ou moins élevé (de 1 à 30), suivant celui des membres du conseil municipal qui les choisit. (Voy. Sénat.) — On a, dans quelques constitutions, cherché à assurer aux minorités une représentation dans les assemblées législatives; c'est une chose à laquelle on a nommé la *représentation proportionnelle.* Pour atteindre ce but, qui semble très équitable, plusieurs systèmes ont été mis en pratique. Ainsi, dans certains pays, les électeurs ont la faculté de mettre plusieurs fois le même nom sur leur bulletin de vote et de porter ainsi sur le même candidat un certain nombre de voix qu'il y a de candidats à élire. Ce *vote cumulatif* ne peut s'appliquer qu'avec le scrutin de liste et non avec le scrutin uninominal. En Portugal, lorsqu'un candidat à la députation a obtenu au moins six mille voix dans l'ensemble des circonscriptions, sans être élu dans aucune, il est considéré comme élu par acclamation; mais la loi limite à six le nombre des députés qui peuvent être ainsi élus. — On a aussi proposé le *vote multiple,* et suivant ce mode, un père de famille aurait le droit d'émettre autant de votes qu'il représente d'individus : c'est-à-dire un pour lui-même, un pour sa femme légitime et un pour chacun de ses enfants mineurs. Le vote multiple est usité d'une manière différente en Angleterre, dans les élections municipales, où chaque électeur a droit à un certain nombre de voix qui s'élève de 1 à 16, selon le total de ses

Impositions. Le rôle que le pouvoir exécutif remplit dans le gouvernement représentatif est plus ou en moins important, suivant les bases adoptées par la constitution de chaque pays. La tendance des mœurs politiques et de la civilisation vers un gouvernement de plus en plus parfait doit amener progressivement la subordination complète du pouvoir exécutif au véritable souverain qui est la nation représentée par ses mandataires. Lorsque le système de gouvernement est une fédération de petits États, le chef du pouvoir exécutif peut, sans trop d'inconvénients, être élu directement par le peuple, au lieu d'être choisi par le parlement; l'indépendance relative de chaque État s'oppose alors à l'usurpation de tous les pouvoirs et à l'établissement d'une dictature. Mais, en principe, le pouvoir exécutif n'étant que le délégué du pouvoir législatif, est-il pas essentiel qu'il soit élu par les assemblées avec lesquelles il doit se trouver en accord constant par l'intermédiaire de ministres responsables? » (CH. Y.)

* **REPRÉSENTATION** s. f. Exhibition, exposition devant les yeux : *il intervint un arrêt qui ordonnait la représentation des titres.* — Se dit aussi en parlant des objets qu'on représente par la peinture, la sculpture, la gravure : *la représentation d'une bataille, d'une histoire.* — Action de représenter des pièces de théâtre : *la représentation d'une tragédie, d'une comédie.* — Absol. Espèce de cercueil vide au fond ou étend un drap mortuaire, pour une cérémonie religieuse : *au service qu'on lui fit, on avait mis la représentation au milieu de la nef.* — État que tient une personne distinguée par son rang, par sa dignité, etc. : *cette place exige une grande représentation.* — Bonne mine, figure imposante d'un homme grand et bien fait : *c'est un homme d'une belle représentation.* — Jurispr. Se dit en parlant de ceux qui recueillent une succession, comme prenant la place et exerçant les droits de parents morts qu'ils représentent : *il vint à cette succession par droit de représentation.*—REPRÉSENTATION NATIONALE, assemblée d'hommes élus par la nation ou par une partie de la nation, pour faire les lois ou pour concourir à la formation des lois. — Sorte d'objection ou de remontrance qu'on fait à quelqu'un avec égards, avec mesure : *on lui fait d'inutiles représentations, il s'obstine dans son projet.* — Législ. « En droit civil, on nomme *représentation*, une fiction de la loi qui, lorsque certains parents sont décédés avant l'ouverture d'une succession à laquelle ils eussent été appelés, permet à leurs descendants, à quelque degré qu'ils soient, de se présenter à la place desdits parents, pour recueillir la part qui aurait appartenu à ces derniers. Ce droit est exclusivement réservé aux descendants légitimes des fils ou filles et à ceux des frères ou sœurs de celui dont la succession est ouverte. On peut représenter un parent à la succession duquel on a renoncé, mais non celui qui aurait lui-même renoncé à la succession ouverte. Si ce dernier étant seul héritier, ou si tous ses cohéritiers sont aussi renonçants, ses enfants viennent de leur chef, comme héritiers, mais non par représentation. Dans tous les cas où la représentation est admise, le partage de la succession s'opère par souche, en autant de portions égales qu'il y a de souches; et les héritiers par représentation ne prennent tous ensemble que la part à laquelle aurait eu droit celui qu'ils représentent. Si une même souche a produit plusieurs branches descendantes, la part dévolue à cette souche se subdivise, et ceux qui arrivent au même degré se partagent entre eux, par tête, la part revenant à leur branche. (C. civ. 739 et s., 787.) » (CH. Y.)

* **REPRÉSENTER** v. a. Présenter de nouveau : *ne me représentez plus cet homme-là.* —

Jurispr. et Adm. Exhiber, montrer, exposer devant les yeux : *il fut obligé de représenter les originaux, de représenter le contrat en original.* — REPRÉSENTER QUELQU'UN, le faire comparaître personnellement, le remettre entre les mains de ceux qui l'avaient confié à notre garde : *on le mit à la garde d'un huissier pour le représenter dans deux mois.* Se dit aussi en parlant des choses : *il fut condamné à représenter les effets qu'on avait mis en dépôt entre ses mains.* — Mettre dans l'esprit, dans l'idée, rappeler le souvenir d'une personne, d'une chose : *cet enfant me représente son père, qu'il me semble que je le vois.* — Rendre l'image d'un objet : *cette glace représente fidèlement, infidèlement les objets.* — Figurer par le pinceau, par le ciseau, par le burin, etc. : *cela est représenté au naturel.*—Exprimer, peindre, par le récit, par le discours : *il nous a fait un récit où il nous a représenté les choses très naïvement.* — Imiter par l'action et par la parole; et se dit, particul., des comédiens : *les comédiens représentaient le Cid.* — Théol. Être le type, la figure de quelque chose : *Salomon était destiné à représenter la personne du Messie.* — Tenir la place d'une ou de plusieurs personnes, en vertu du droit qu'on a reçu d'elles. Se dit particulièrement des délégués à certaines assemblées délibérantes, des envoyés d'un souverain, et de quelques hauts fonctionnaires : *un député ne représente pas son département, il appartient à la France.* — Se dit également de celui qui est chargé d'une procuration spéciale pour faire quelque chose au nom d'un autre, soit prince, soit particulier : *il représente celui dont il a procuration, dont il a le pouvoir.* — Se dit encore des héritiers qui sont reçus à recueillir ou à prendre la place des parents morts dont ils exercent les droits : *il partagea cette succession avec ses oncles, parce qu'il représentait son père.* — Se dit aussi de ceux qui, dans de certaines cérémonies publiques, font des fonctions à la place et au nom des personnes qui auraient droit de les faire si elles étaient présentes : *au sacre de Louis XV, le duc d'Orléans représentait le duc de Bourgogne, et le maréchal de Villars représentait le connétable.* — v. n. Se dit d'une personne constituée en dignité, qui sait se faire respecter, et faire respecter sa place, en conservant les dehors convenables lorsqu'elle remplit ses fonctions : *c'est un homme qui représente bien, qui représente avec dignité.* — Se dit aussi d'une personne considérable qui reçoit beaucoup de monde, et qui, par une grande dépense, fait noblement les honneurs de sa place ou de sa fortune : *il est assez riche pour bien représenter.* — Se dit encore d'une personne qui, par sa figure, son maintien, son air, sa démarche, et tout son extérieur, impose une sorte de respect à ceux qui le voient : *ce général a un air martial, et représente bien.* — Remontrer : *on lui représenta que c'était se précipiter dans un péril évident.* — Se représenter v. pr. Se présenter de nouveau : *le ne recevez pas s'il se représente.* — Comparaître personnellement en justice ou se remettre au même état où l'on était lorsqu'on a été élargi : *on lui a ordonné de se représenter dans trois mois.* Se mettre dans l'esprit, dans l'idée, se rappeler le souvenir d'une personne, d'une chose, s'imaginer, se figurer une chose : *toutes fois que je passe par là, je me représente tout ce qui est arrivé.*

RÉPRESSIBLE adj. Qui peut être réprimé.
* **RÉPRESSIF, IVE** adj. Qui réprime : *lois répressives.*
* **RÉPRESSION** s. f. (lat. *repressio*). Action de réprimer : *la répression des crimes, des délits, des abus.*
* **RÉPRIMABLE** adj. Qui doit ou peut être réprimé: *c'est une licence, un abus réprimable.*

RÉPRIMANDABLE adj. Qui doit, qui peut-être réprimandé.
* **RÉPRIMANDE** s. f. Répréhension, correction faite avec autorité : *faire des réprimandes.* — Peine disciplinaire que portent les règlements particuliers des conseils des avocats, des chambres d'avoués, de notaires, etc., contre certaines fautes.
* **RÉPRIMANDER** v. a. Reprendre quelqu'un avec autorité, lui reprocher sa faute : *quel droit a-t-il de vous venir réprimander ?*
RÉPRIMANDEUR, EUSE s. Personne qui réprimande.
* **RÉPRIMANT, ANTE** adj. Qui réprime, qui est capable de réprimer : *force réprimante.*
* **RÉPRIMER** v. a. (lat. *reprimere*). Arrêter l'action, l'effet, le progrès de quelque chose : *réprimer par des calmants l'effervescence du sang.* — Fig. *réprimer les progrès du mal.*
* **REPRIS, ISE** part. passé de REPRENDRE. Pris de nouveau. — Fam. VOUS Y VOILA REPRIS, vous vous êtes remis dans un cas fâcheux. JE N'Y SERAI PLUS REPRIS, je ne m'y exposerai plus. — UN HOMME REPRIS DE JUSTICE, un homme qui a été puni ou réprimandé par justice, qui a subi une condamnation pénale : *quelle foi peut-on ajouter à son témoignage? Il a été repris de justice.* — Substantiv. *Un repris de justice.*
* **REPRISE** s. f. Action de reprendre : *la reprise d'une ville.* — Mar. Se dit d'un navire capturé par les ennemis et repris ensuite par la nation sur laquelle il avait été pris. — Continuation de ce qui a été interrompu : *ils se sont battus à deux reprises sans se blesser.* — Procéd. LA REPRISE D'UN PROCÈS, D'UNE INSTANCE, la continuation ou la continuation d'un procès interrompu, lorsqu'il y a eu changement de parties ou d'avoué : *assigner en reprise d'instance.* — REPRISE D'UNE PIÈCE DRAMATIQUE, la remise de cette pièce au théâtre : *cette pièce est tombée à la reprise.* — LA REPRISE DU FROID, le recommencement du froid après une interruption. On dit de même, UNE REPRISE DE FIÈVRE. — LA REPRISE DES AFFAIRES, le recommencement des transactions de commerce, des entreprises d'industrie qui avaient éprouvé quelque interruption ou du ralentissement. — Se dit aussi des vers d'un rondeau, d'une ballade, d'un couplet de chanson, que l'on reprend, que l'on répète pour refrain : *j'aime mieux la reprise de cette chanson que le commencement.* — Mus. Toute partie d'un air qui doit être exécutée deux fois quoiqu'elle ne soit écrite qu'une fois : *la première reprise de cette ouverture est grave, et la seconde est gaie.* Seconde partie d'un air : *la reprise de cette cavatine est charmante.* — Chacune des parties d'un rondeau, qui en a souvent trois, et qu'on ne répète que la première. — Signe qui marque que l'on doit répéter la partie de l'air qui le précède. — Fin. Ce que le comptable emploie en dépense dans la fin de son compte, parce qu'il l'a employé en recette, quoiqu'il ne l'eût pas reçu : *ses reprises montent à plus de cinquante mille francs.* — Jurispr. Ce que chacun des époux a droit, par lui ou ses représentants, de prélever, avant partage, sur la masse des biens de la communauté, lorsqu'elle est dissoute : *les reprises de la femme s'exercent avant celles du mari.* — Jeu. Se dit d'une partie qui est l'une d'un certain nombre de coups limité : *ils sont à leur seconde reprise de quadrille.* — Archit. Réparation qu'on fait à un mur, à un pilier, etc., à la surface, soit dans les fondations : *il y a des reprises à faire à cette façade.* — Réparation qu'on fait à une dentelle qui a été déchirée, à un tissu dont une maille a filé : *il a fallu faire une reprise à cet habit.* — Man. Chaque leçon donnée au cavalier ou au cheval, et après ils se reposent :

j'ai fait trois reprises sur ce cheval. — Se dit également d'un nombre de cavaliers qui travaillent en même temps et ensemble : *faire des reprises de trois ou quatre cavaliers.* — Législ. « Lorsque l'on procède à la liquidation d'une communauté ayant existé entre époux, on opère d'abord les *reprises* de la femme, c'est-à-dire le prélèvement de ses biens propres. (Voy. PROPRE). Ce prélèvement se fait en nature pour les immeubles qui n'ont pas été aliénés pendant le mariage; il a lieu aussi en nature pour les objets mobiliers, lorsque ce prélèvement est stipulé dans le contrat de mariage. Les reprises en argent constituent des créances sur la communauté. Les indemnités et récompenses dues à la femme par la communauté sont ajoutées à ses reprises. Quant aux reprises à opérer par le mari ou par sa succession, elles se font seulement après que celles auxquelles la femme avait droit ont eu lieu. Lorsque la communauté est insuffisante pour acquitter les reprises de la femme, elles sont exercées subsidiairement sur les biens personnels du mari. Les intérêts des reprises sont dus de plein droit du jour de la dissolution de la communauté. (C. civ. 1470 et s. 1525; C. comm. 557, etc. — Il y a *reprise d'instance,* lorsqu'un procès engagé à subi une interruption par suite du décès de l'une des parties, et que le représentant de celle-ci déclare à l'adversaire par acte judiciaire, qu'il reprend l'instance; ou lorsqu'au contraire, les héritiers du décédé sont assignés par l'adversaire (C. pr. 342 et s; C. comm. 626). » (CH. Y.)

* REPRISER v. a. Raccommoder en faisant des reprises : *repriser des bas.*

REPRISEUSE s. f. Couturière qui fait les reprises.

* RÉPROBATEUR, TRICE adj. Qui annonce, qui exprime la réprobation : *un ton réprobateur.*

* RÉPROBATION s. f. (lat. *reprobatio*). Action par laquelle on réprouve, on rejette. Se dit, en théologie, du jugement que Dieu a rendu de toute éternité contre les pécheurs qui meurent impénitents : *les questions de la prédestination et de la réprobation ont exercé les théologiens.* — Blâme : *cette action mérite la réprobation publique, générale, universelle.*

* REPROCHABLE adj. Qui mérite reproche : *action reprochable.* — Palais. Se dit des témoins, des témoignages suspects qui peuvent être récusés : *ce témoin, ce témoignage est reprochable.*

* REPROCHE s. m. Ce qu'on dit à une personne, ce qu'on lui remet en quelque sorte devant les yeux, ce qu'on lui cause du regret ou pour lui faire honte : *les critiques font à cet écrivain plusieurs reproches.* — UN HOMME SANS REPROCHE, un homme à qui l'on ne peut rien reprocher : *Bayard fut surnommé le Chevalier sans peur et sans reproche.* — Pl. Procéd. Raisons qu'on produit pour récuser des témoins : *il a produit ses reproches, et ils ont été jugés recevables.* — Sans reproche loc. adv. Sans prétendre faire des reproches : *sans reproche, soit dit sans reproche, je lui ai rendu plus d'un service.*

* REPROCHER v. a. Dire à quelqu'un, lui remettre en quelque sorte devant les yeux, une chose qu'on croit devoir lui causer du regret ou lui faire honte : *reprocher à un homme les fautes qu'il a faites.* — REPROCHER UN PLAISIR, REPROCHER UN BIENFAIT A QUELQU'UN, lui remettre devant les yeux un bienfait, un service, un plaisir, pour l'accuser de peu oubliés. — REPROCHER LES MORCEAUX A QUELQU'UN, faire sentir à quelqu'un qu'il mange beaucoup, et paraître à avoir regret : *ce n'est pas pour vous reprocher vos morceaux, mais vous avez beaucoup mangé.* — Procéd. REPROCHER

DES TÉMOINS, alléguer des raisons pour recuser des témoins : *il reprocha tous les témoins.*

REPROCHEUR, EUSE s. Personne qui reproche.

* REPRODUCTEUR, TRICE adj. Didact. Qui reproduit, qui sert à la reproduction : *les organes reproducteurs des végétaux.*

* REPRODUCTIBILITÉ s. f. Didact. Faculté d'être reproduit : *la reproductibilité des êtres.*

* REPRODUCTIBLE adj. Susceptible de reproduction.

* REPRODUCTIF, IVE adj. Qui produit de nouveau. — Econ. polit. CONSOMMATION REPRODUCTIVE, consommation qui engendre un nouveau produit par opposition à CONSOMMATION IMPRODUCTIVE.

* REPRODUCTION s. f. Action par laquelle les êtres vivants perpétuent leurs espèces : *la reproduction des êtres.* — Zool. Se dit des nouvelles parties qui, dans certains animaux, succèdent à celles qui ont été arrachées, mutilées : *la reproduction des pattes d'une écrevisse, de la queue d'un lézard.* — Bot. Se dit aussi de tous les moyens naturels et artificiels qui servent à perpétuer les espèces des plantes, à multiplier les végétaux : *les organes de la reproduction.* — Action de publier de nouveau certains ouvrages littéraires par un emprunt légitime ou par contrefaçon : *l'auteur a interdit la reproduction de son roman.*

REPRODUCTIVITÉ s. f. Caractère de ce qui est reproductif.

* REPRODUIRE v. a. Produire de nouveau : *la plupart des arbres coupés jusque sur la racine, reproduisent un nouveau plant.* — Présenter de nouveau, montrer de nouveau : *ce plaideur n'a fait que reproduire ses moyens déjà écartés.* — Se reproduire v. pr. On a beau détruire cette mauvaise herbe, elle se reproduit toujours. — IL COMMENCE A SE REPRODUIRE DANS LE MONDE, se dit d'un homme qui s'était retiré de la société, et qui commence à le fréquenter de nouveau.

RÉPROMISSION s. f. (lat. *repromissio*). Théol. Promesse faite dans les livres saints.

* RÉPROUVABLE adj. Qui doit, qui peut être réprouvé : *sa conduite est très réprouvable.*

* RÉPROUVÉ, ÉE part. passé de RÉPROUVER. — ABANDONNER QUELQU'UN A SON SENS RÉPROUVÉ, le laisser dans l'erreur, à cause de son obstination.— s. Celui que Dieu a rejeté et maudit : *il a les sentiments d'un réprouvé.*— Fam. AVOIR UN VISAGE DE RÉPROUVÉ, UNE FIGURE, UNE FACE DE RÉPROUVÉ, avoir quelque chose d'effrayant, de sinistre dans la physionomie.

* REPROUVER v. a. Prouver de nouveau : on a prouvé et reprouvé cela de cent manières, à cent reprises.

* RÉPROUVER v. a. (lat. *reprobare*). Rejeter une chose, la désapprouver, la condamner : *l'Église a réprouvé cette doctrine.* — Se dit, en théol., par opposition à prédestiner : *Dieu réprouva Saül au moment de sa désobéissance.*

* REPS s. m. [rèpss]. Etoffe de soie très forte qui se fabrique principalement à Lyon : *acheter du reps.*

REPTATION s. f. (lat. *reptatio* de *repere*, ramper). Action de ramper.

REPTATOIRE adj. Qui présente les caractères de la reptation.

* REPTILE adj. (lat. *reptilis*; de *repere*, ramper). Qui rampe, qui se traîne sur le ventre : *animal reptile.* — s. m. Se dit, non seulement de tous les animaux qui n'ont point de pieds, et qui rampent effectivement, mais aussi de tous ceux qui ont des pieds si courts, qu'ils semblent se traîner sur le ventre : *les chenilles, les lézards sont mis au nombre*

des reptiles. Les naturalistes ne l'emploient que pour désigner les animaux vertébrés à sang froid qui respirent par des poumons : les tortues, les lézards, les serpents, les grenouilles. — Fam. C'EST UN REPTILE, se dit d'un homme qui emploie des moyens bas et vils pour s'avancer ou pour nuire. — ENCL. On appelle *reptiles* une classe d'animaux vertébrés formant le chaînon intermédiaire entre les poissons et les oiseaux. Il y a environ 2,000 espèces de reptiles, c'est-à-dire beaucoup moins que d'espèces de mammifères ou d'oiseaux. La plupart sont terrestres; mais quelques-unes (le dragon, par exemple) peuvent se soutenir dans l'air à la façon des polatouches; le ptérodactyle, espèce éteinte, volait probablement comme les chauves-souris; d'autres vivent habituellement dans l'eau, où elles nagent au moyen de pattes aplaties (tortues) ou d'une queue comprimée latéralement (crocodiles); les *amphisbènes* se creusent des demeures souterraines. Les reptiles présentent tous les degrés de rapidité, depuis l'agilité du lézard jusqu'à la lenteur de la tortue; les uns sont capables de courir sur le sable sec, d'autres de grimper sur les arbres, d'autres de monter sur les surfaces perpendiculaires et lisses. Leurs membres ne sont généralement pas adaptés aux mouvements rapides et gracieux; ils sont courts, presque à angle droit avec l'épine dorsale, et soulèvent à peine suffisamment le corps pendant la locomotion pour empêcher le ventre de traîner sur le sol; leurs membres antérieurs sont plus courts; leurs articulations sont constamment fléchies; leurs pattes ne sont pas propres à la préhension, excepté chez le caméléon; aussi ne sont-ils pas habiles à disposer des retraites pour eux ou pour leurs œufs. Ils sont naturellement le sang froid, et sont plus nombreux et plus gros dans les climats chauds. Sous l'influence du froid, ils tombent dans un état léthargique, et, d'après Humboldt, le crocodile de l'Amérique du Sud éprouve le même phénomène dans le fort de la chaleur des contrées équatoriales. La tortue et le crocodile sont suffisamment protégés contre leurs ennemis ordinaires; le lézard s'enfonce rapidement dans un trou, quelquefois en sacrifiant sa queue, qui ne tarde pas à repousser; les grands boas ont à redouter l'homme seulement. Beaucoup de serpents sont armés de crochets venimeux, qu'ils n'emploient guère que pour leur défense; quelques-uns sont recouverts d'épines hérissées, comme les phrynosomes et sont ainsi garantis contre les animaux de proie. Les reptiles sont d'une grande utilité en détruisant les insectes et autres animaux nuisibles; certains, comme les tortues, fournissent une nourriture saine et abondante ; d'autres sont chassés par divers oiseaux de proie (aigles, cigognes, grues, ibis) et par plusieurs mammifères (ichneumon, pourceau, et petits carnivores); ils sont eux-mêmes essentiellement carnivores, et se nourrissent de proies vivantes qu'ils avalent entières ; cependant les tortues marines sont surtout herbivores. — La branche de la zoologie qui traite de la structure et de la classification des reptiles se nomme erpétologie. Linné plaçait dans ses amphibies les reptiles, qu'il caractérisait par trois traits principaux : corps nu ou écailleux, dents aiguës, sans molaires; absence de nageoires à rayons. Il en faisait deux ordres : serpents (sans pieds) et reptiles (avec pieds). Les animaux du premier ordre ont le corps rond, pas de cou distinct ; ils se meuvent par des ondulations du corps, possèdent des mâchoires dilatables et non consolidées et n'ont ni pieds, ni nageoires, ni oreilles externes. Les seconds respirent par des poumons et possèdent 6 membres et un simple organe sexuel mâle. — Lacépède (1788 9) divisa les reptiles en quatre classes :

quadrupèdes ovipares à queue; quadrupèdes ovipares sans queue, reptiles bipèdes et serpents; la première renfermait les tortues et les sauriens; la seconde, les grenouilles et les crapauds; la troisième et la quatrième sont suffisamment caractérisées par leurs noms; il reconnaissait seulement 292 espèces. En 1799, Alexandre Brongniart divisa les reptiles entre les quatre ordres des chéloniens, des sauriens, des ophidiens et des batraciens. En 1800, Duméril adopta les noms admis par Brongniart et sépara les batraciens comme un ordre distinct. Daudin (1802-'4) divisa cette classe en quatre ordres, comme Brongniart. Latreille, dans son *Histoire naturelle des reptiles* (1802), suivit la classification de Lacépède avec quelques légères modifications; en 1825, il adopta la plupart des divisions et quelques-uns des noms des erpétologistes contemporains, et admit les deux classes des reptiles et des ophidiens. En 1798, Cuvier divisa les reptiles, comme avait fait Lacépède en ovipares, quadrupèdes, serpents et bipèdes. En 1817, dans son *Règne animal* et en 1829 dans la seconde édition du même ouvrage, Cuvier publia un nouvel arrangement basé sur la structure interne et externe, principalement d'après la méthode de Duméril. Il fait quatre ordres, parmi lesquels les chéloniens, les sauriens et les ophidiens ont un cœur avec deux oreillettes et les batraciens avec une seule oreillette; les deux premiers ont des membres, les troisièmes n'en ont pas; chez les chéloniens, les mâchoires sont sans dents et cornées; chez les sauriens, les mâchoires sont fournies de dents et chaque membre possède quatre ou cinq doigts (crocodiles, lacertiens, iguaniens, geckotiens, caméléoniens et les scincoïdes); chez les ophidiens, la peau est écailleuse comme dans l'*anguis* et les vrais serpents, ou nue comme dans les *cæcilia*; chez les batraciens la queue peut manquer ou être longue; les pieds sont au nombre de quatre ou de deux et les poumons sont avec ou sans branchies coexistantes. Le Dr J.-E. Gray publia en 1825 un tableau synoptique des reptiles et des amphibiens de l'Amérique du Nord; dans la première classe, il établit cinq ordres : 1° emydo-sauriens ou *loricata*; 2° sauriens; 3° saurophidiens, tels que les scinques et les chalcidiens; 4° ophidiens ou serpents, divisés en groupes vénimeux et non vénimeux; et 5° les chéloniens. Il fait une classe à part des amphibies, plaçant parmi eux tous les batraciens, distribués en quatre ordres : *anoures, urodeles, sirènes,* et *apoda* ou pseudo-phidiens (*cæciliæ*). En 1831, le même auteur publia un second synopsis avec de courtes descriptions. Oken dans sa *Physiophilosophie* (société de Ray, 1847) donne une classification dans laquelle il place les reptiles dans la seconde province des *sarcozoaires*, quatrième cercle des animaux charnus et onzième classe des *myozoaires* ou *rhinozoaires*. Cette classification procède des reptiles inférieurs (batraciens à queue) jusqu'aux plus élevés (crocodiles). Carus, dans son *Anatomie comparée* (traduction française 1828 et 1834), place les reptiles dans son troisième cercle, *céphalozoaires*, et dans la cinquième classe, *cephalo-gastrozoaires.* Fitzinger publia à Vienne, en 1826, sa *Neue classification der Reptilien*, riche en recherches anatomiques et physiologiques; il adopta la classification de Brongniart, modifiée par Oppel, avec une moderne nomenclature de Merrem. Wagler, en 1830, publia à Munich son *Système naturel d'amphibiens*, basé essentiellement d'après l'organisation des animaux. Il établit neuf ordres, ainsi qu'il suit : 1° *testudines* ; 2° *crocodiliens* ; 3° *lézards* ; 4° *serpents* ; 5° *angues* (orvet, etc.) ; 6° *cæciliæ* ; 7° *ranæ* (grenouilles et salamandres) ; et 8° *ichtyodes* (sirènes, menobranches, etc.), à cause de leur forme semblable à celle des poissons. Il admit 268 genres. Dans l'ordre

chronologique viendrait ici la classification de Duméril et Bibron, dont l'ouvrage intitulé, *Erpétologie générale* ou *Histoire naturelle complète des reptiles* (10 vol. 8°, 1835-'50) est le plus étendu qui ait jamais été publié sur ce sujet; bien que plusieurs observateurs nouveaux y aient introduit quelques changements, leur classification peut être considérée comme représentant, dans son ensemble, l'état actuel de l'erpétologie. Quand ils commencèrent leur ouvrage en 1835, les matériaux à leur disposition comprenaient environ 850 espèces, nombre qu'ils augmentèrent considérablement. Ils divisèrent les reptiles en quatre ordres : chéloniens ou tortues, sauriens ou lézards, ophidiens ou serpents et batraciens ou grenouilles et salamandres. Le professeur T.-H. Huxley, dans son *Introduction à la classification des animaux* (Londres 1869, réellement antérieur à 1864), donne à la seconde province des vertébrés le nom de *sauropsida;* cette province comprend les reptiles et les oiseaux, parce que l'étroite affinité entre ces deux classes est apparente chez l'*archæopteryx*. Les reptiles forment la seconde classe de la province, qui comprend cinq ordres, quatre vivants et cinq fossiles : 1° *crocodilia;* 2° *lacertilia,* tels que lézards, orvets et caméléons; 3° *ophidia* ou serpents; 4° *chelonia,* tortues; les fossiles viennent ensuite ; 5° *ichtyosauria;* 6° *plesiosauria ;* 7° *dicynodontia;* 8° *pterosauria;* 9° *dinosauria.* Le professeur Nicholson, dans son *Text Book of Zoology* (Londres, 1872), adopte la même classification, employant simplement les noms d'Owen pour le cinquième, sixième et septième ordre de Huxley.

* REPU, UE part. passé de REPAITRE. — Substantiv. *Un repu.*

* RÉPUBLICAIN, AINE adj. Qui appartient à la république : *gouvernement républicain.* — Qui affectionne, qui favorise le gouvernement républicain : *maximes républicaines.* — Substantiv. Celui qui est passionné pour le gouvernement républicain : *c'est un grand, un vrai républicain.* — w Ornith. Passereau du genre tisserin, qui vit en nombreuse société et construit un nid en commun sur un grand mimosa ou sur un aloès. Les républicains ont été trouvés en Afrique par Levaillant.

RÉPUBLICANISER v. a. Rendre républicain; transformer en république : *la France est républicanisée.*

* RÉPUBLICANISME s. m. Profession d'opinions républicaines.

* RÉPUBLIQUE s. f. (lat. *respublica,* la chose publique). Gouvernement de plusieurs; état gouverné par plusieurs. Il est opposé à monarchie : *se sacrifier, se dévouer pour la république.* — La chose publique : *le mépris des lois est la peste, le fléau de toute république.*

> *La république a bien affaire*
> *De gens qui ne dépendent rien.*
> La Fontaine.

— Ensemble de divers États qui, sans former une fédération politique, se tiennent par des rapports de religion, de civilisation, etc. La RÉPUBLIQUE CHRÉTIENNE, l'ensemble des États chrétiens. La RÉPUBLIQUE EUROPÉENNE, l'ensemble des États européens. — La RÉPUBLIQUE DES LETTRES, les gens de lettres en général, considérés comme s'ils faisaient une nation : *y a-t-il quelque chose de nouveau dans la république des lettres?* — C'EST UNE PETITE RÉPUBLIQUE, se dit d'une famille, d'une communauté, d'une société nombreuse. — Se dit aussi d'une maison où il y a un grand nombre de ménages. — Encycl. « Il n'y a encore en Europe que sept États constitués en république (France, Suisse, Andorre, Brême, Lübeck, Hambourg et Saint-Marin). Mais le continent américain, à l'exception du Canada et de l'empire du Brésil, est exclusivement

occupé par des républiques. Tôt ou tard, cette forme de gouvernement sera la seule appliquée sur la surface du globe. Ainsi que l'a dit le grand philosophe Kant en 1795, à l'époque où les idées de la Révolution française se propageaient en Europe : « La paix « et la liberté ne peuvent être fondées que « par une fédération de peuples, et le gou- « vernement de cette fédération ne peut être « que républicain. Et pourquoi le gouverne- « ment républicain? Pour deux raisons : « d'abord, parce que le gouvernement répu- « blicain est le meilleur de tous, puisque son « principe est adéquat avec le principe de la « morale; c'est la première raison. Voici la « seconde : le gouvernement républicain est « encore le meilleur gouvernement quand il « s'agit d'établir la paix et la liberté, parce « que les peuples ont tous intérêt à la liberté, « tous intérêt à la paix, tandis que les empe- « reurs et les rois ont l'intérêt contraire. » (Kant, *Essai sur la paix perpétuelle.*) Suivant l'expression si vraie de Jean Macé : « Une ré- « publique, c'est une nation d'hommes; la « monarchie, au contraire, c'est une nation « d'enfants. » En France, la république est aujourd'hui enracinée dans les mœurs, bien plus fortement qu'elle ne pouvait l'être en 1792 et en 1848, et sa stabilité ne semble pouvoir être compromise par aucune révolution, parce que le peuple est plus mûr et plus éclairé. La loi du 14 août 1884, par laquelle l'Assemblée nationale a revisé quelques dispositions de la constitution de 1875, porte que désormais la forme républicaine du gouvernement ne peut faire l'objet d'une proposition de revision. » (Ch. V.)

* RÉPUDIABLE adj. Qui peut être répudié.

* RÉPUDIATION s. f. Action de répudier : *la répudiation existait dans l'antiquité.* — Jurispr. Action de répudier une chose, d'y renoncer : *la répudiation d'un legs.* — Fig. Sa *conduite parut la répudiation de ses principes.*

* RÉPUDIER v. a. (lat. *repudiare*). Renvoyer sa femme suivant les formes légales : *les Hébreux, les Romains avaient droit de répudier leurs femmes en certains cas.* — Fig. Rejeter, repousser : *il a répudié ses principes, la croyance, la gloire de ses pères.* — Jurispr. RÉPUDIER UNE SUCCESSION, UN LEGS, renoncer à une succession, à un legs.

* RÉPUGNANCE s. f. [*gn* mll.] (fr. *répugner*). Opposition, sorte d'aversion pour quelque un, pour quelque chose, à faire quelque chose : *j'ai une grande répugnance à prendre ce parti.*

* RÉPUGNANT, ANTE adj. Contraire, opposé : *proposition répugnante à la raison, à la foi.*

* RÉPUGNER v. n. (lat. *repugnare*). Etre plus ou moins opposé : *cette nouvelle proposition répugne à la première.* — Absol. CELA RÉPUGNE, IL Y A DANS CE QU'IL DIT QUELQUE CHOSE QUI RÉPUGNE, cela se contredit, il y a quelque contradiction dans ce qu'il dit. — Éprouver un sentiment de répugnance : *le prince répugnait à cet avis.* — Causer, inspirer de la répugnance : *cet homme, cette femme me répugne.* — Absol. CELA RÉPUGNE.

* RÉPULLULER v. n. Renaître en grande quantité : *les insectes ont répululé pendant ces grandes chaleurs.*

* RÉPULSIF, IVE adj. Phys. Qui repousse : *vertu répulsive.*

* RÉPULSION s. f. (lat. *repulsio*) Phys. Action de ce qui repousse; état de ce qui est repoussé : *l'attraction et la répulsion.* — Fig. Dégoût : *tout ce que je vois en lui m'inspire de la répulsion.*

* RÉPUTATION s. f. (lat. *reputatio*). Renom, estime, opinion que le public a d'une personne : *c'est un homme d'une excellente réputation.* — Absol., et sans épithète, se prend toujours en

bonne part : *il a de la réputation.* — Se dit aussi en parlant des choses qui ont le renom d'être excellentes dans leur espèce : *les vins de Bourgogne, de Champagne, les chevaux anglais sont en réputation.*

* **RÉPUTER** v. a. (lat. *reputare,* compter). Estimer, présumer, croire ; tenir pour, compter pour : *on le réputait homme sage.*

* **REQUÉRABLE** adj. (fr. *requérir*). Jurispr. Qui doit être demandé par le créancier, qu'il doit aller chercher lui-même ; par opposition à **PORTABLE,** qui doit lui être porté dans un lieu désigné, sans qu'il le demande. Ce terme était usité dans les anciennes coutumes : *dans la plupart des coutumes, le cens était requérable.*

* **REQUÉRANT, ANTE** adj. Procéd. Qui requiert, qui demande en justice : *les parties requérantes.* — s. *C'est lui qui est le requérant.*

* **REQUÉRIR** v. a. (lat. *requirere*). Se conjugue comme *Acquérir.* Prier de quelque chose : *qui est-ce qui vous a requis ?* — Sommer : *je vous prie, et, au besoin, vous requiers de faire telle chose.* — Réclamer, demander : *requérir aide et assistance.* — Procéd. Demander quelque chose en justice : *soit fait ainsi qu'il est requis.* — **REQUÉRIR UN BÉNÉFICE,** s'est dit de celui qui se présentait au collateur pour être pourvu d'un bénéfice vacant, sur lequel il avait droit en vertu de ses grades, ou d'un indult, ou du serment de fidélité. — Se dit, fig., des choses, et signifie, demander, exiger : *cela requiert célérité, diligence.*

REQUESENS (Louis de Zuniga), grand commandeur de Castille, mort à Bruxelles en 1576. Il se signala par son héroïque valeur à la fameuse journée de Lépante (1574) et fut nommé gouverneur des Pays-Bas.

* **REQUÊTE** s. f. Jurispr. Demande par écrit, présentée à qui de droit et suivant certaines formes établies : *présenter requête aux juges d'un tribunal, à un tribunal, au président,* etc. — **REQUÊTE CIVILE,** voie extraordinaire, admise dans certains cas déterminés par la loi, pour obtenir qu'un jugement ou un arrêt rendu en dernier ressort soit rétracté : *attaquer un jugement pas la requête civile.* — Cour de cassation. **SECTION DES REQUÊTES,** celle qui statue sur l'admission ou le rejet des requêtes en cassation. — **MAÎTRE DES REQUÊTES,** s'est dit autrefois de magistrats qui rapportaient les requêtes des parties dans le conseil du roi, présidé par le chancelier. On appelle également aujourd'hui **MAÎTRES DES REQUÊTES,** les magistrats chargés de rapporter les affaires au Conseil d'État. — **LES REQUÊTES DE L'HÔTEL,** tribunal où siégeaient les maîtres des requêtes, au Palais ; et, **LES REQUÊTES DU PALAIS,** tribunal où l'on jugeait en première instance les causes des privilégiés qui s'y pourvoyaient : *il se pourvut, en vertu de son committimus, aux requêtes de l'hôtel.* — **NÉANT A LA REQUÊTE,** loc. fam. qui s'emploie pour exprimer un refus. On dit aussi, **METTRE NÉANT A LA REQUÊTE DE QUELQU'UN.** — Demande verbale, simple prière : *ayez égard à la requête que je vous fais.* — **TEL JOUR, A LA REQUÊTE DE TELLE PERSONNE,** à la demande, à la réquisition de telle personne. — Législ. « Dans la procédure civile, le mot *requête* a plusieurs acceptions. Il s'applique le plus souvent à des actes par lesquels on introduit certaines demandes, soit devant un tribunal, soit devant un président, soit devant un juge commissaire. On donne aussi le nom de requêtes à des écritures que les parties en instance se signifient respectivement pour se faire connaître leurs moyens et leurs conclusions. — La *requête civile* est une voie extraordinaire ouverte dans certains cas aux parties qui ont été en cause, afin d'obtenir que des décisions judiciaires qui ne sont plus susceptibles d'opposition ou d'appel soient rétractées en tout ou en partie par

les juges qui ont rendu ces décisions. Le Code de procédure donne le détail des cas dans lesquels la requête civile peut être formée. Elle doit être signifiée dans le délai de deux mois (sauf exceptions), à compter du jour de la signification à personne ou à domicile de la décision attaquée. (C. pr. 480 et s. ; L. 3 mai 1862) ».   (Ch. Y.)

* **REQUÊTE** s. m. Ton de chasse pour rappeler les chiens à soi.

* **REQUÊTER** v. a. Vén. Quêter de nouveau : *requêter le cerf.*

* **REQUIEM** s. m. [rè-kui-ièmm] (mot. lat. qui commence l'introït de la Messe des morts). Prière que l'Église fait pour les morts : *chanter un requiem, des requiem.* — **MESSES DE REQUIEM,** messes qui se disent pour le repos des âmes des morts : *messe de requiem exécutée à grand orchestre.* — Absol. Messe de requiem en musique : *le requiem de Mozart.*

REQUIESCAT IN PACE loc. lat. Qui signifie : *Qu'il repose en paix.*

* **REQUIN** s. m. [re-kain] (du lat. *requiem,* à cause du danger de mort auquel sont exposés les nageurs qui rencontrent un de ces poissons). Icht. Nombreuse tribu de squales que plusieurs auteurs ont mis au rang de genre distinct et qu'Agassiz a classé dans l'ordre des plagiostomes ou sélachiens avec les raies et les chimères. Essentiellement carnivores, les requins ont les dents tranchantes, pointues et le plus souvent dentelées sur leurs bords ; chez eux, comme chez les oiseaux de proie, les femelles sont plus grosses et plus redoutables que les mâles ; ils nagent avec une rapidité extraordinaire, en passant autour des navires. Ils dévorent n'importe quelle matière animale, vivante ou morte ; mais en raison de la situation de leur bouche, fendue en dessous de la tête, ils sont obligés de se retourner sur le dos ou sur le côté pour saisir une proie un peu volumineuse. Plusieurs espèces les plus petites, reçoivent les noms de *chiens de mer.*

Requin vulgaire (Carcharias vulgaris).

Chez les requins, la première dorsale se trouve bien en avant des ventrales ; et la deuxième dorsale est à peu près vis à vis l'anale. Ils manquent d'évents ; leur museau déprimé a les narines sous son milieu et les derniers trous des branchies s'étendent sur les pectorales. Le *requin vulgaire (carcharias vulgaris),* atteint jusqu'à 7 ou 8 m. de long et peser environ 500 kilogr. Il est d'un brun cendré en dessus et blanchâtre en dessous ; sa tête est large ; sa gueule, énorme, est armée de dents en triangles à peu près isocèles, à côtés rectilignes et dentelés ; ce requin est l'effroi des navigateurs ; il se trouve dans toutes les mers. Telle est la force de ses mâchoires que d'un seul coup il met en deux le corps d'un homme. Sa nourriture ordinaire

se compose de gros poissons et de matières animales corrompues. Sa phosphorescence le fait briller au milieu des nuits les plus orageuses. Sa peau, très dure et garnie de petits tubercules serrés, est employée pour polir les ouvrages en bois, en cuir, etc. On la confond quelquefois avec la peau du chagrin. La chair du requin est dure et coriace. La *faux* ou *renard (carcharias vulpes)* se reconnaît au lobe supérieur de sa queue, qui est aussi long que tout le reste du corps. Il atteint une longueur de 5 mètres environ. Il attaque sa proie et se défend de ses ennemis en frappant de grands coups de queue. On le trouve dans les mers européennes depuis la Méditerranée jusqu'aux côtes d'Angleterre. Le *requin bleu (carcharias glaucus)* est une petite espèce qui ne dépasse guère 2 mètres de long ; il est plus léger et plus élégant que les autres ; son corps est d'un beau bleu d'ardoise en dessus et blanchâtre en dessous ; sa peau est âpre et granuleuse. On le trouve dans toutes les parties du globe.

* **REQUINQUER (Se).** v. pr. (lat. *reconcinnare*). Se dit des vieilles qui se parent plus qu'il ne convient à leur âge : *c'est une vieille qui se requinque.* On le dit aussi, en général, de tous ceux qui se parent d'une manière affectée. (Fam.)

* **REQUINT** s. m. Jurispr. féod. La cinquième partie du quint, que l'on payait au seigneur, dans certaines coutumes, outre le quint, quand on vendait un fief qui relevait de sa seigneurie : *payer le quint, et requint.*

* **REQUIS, ISE** part. passé de **REQUÉRIR.** Exigé par la loi : *il a l'âge requis.*

RÉQUISITIF, IVE adj. Gramm. Impératif, qui exprime l'ordre ou la demande.

* **RÉQUISITION** s. f. [ré-ki-zi-si-on] (lat. *requisitio*). Jurispr. et adm. Action de requérir : *à la réquisition d'un tel.* — Demande qui fait l'autorité publique, de mettre à sa disposition des personnes ou des choses : *on a mis tous les chevaux du pays en réquisition.* — Législ. « Le mot *réquisition* signifie, en matière de droit civil, une demande formée par une partie en instance devant un tribunal. En matière criminelle, on désigne sous le nom de réquisitions les conclusions du ministère public. En matière administrative, la loi accorde dans certaines circonstances, aux représentants de l'autorité publique, le droit de mettre en réquisition, soit les objets qui leur sont nécessaires, soit les personnes elles-mêmes ; et celui qui refuse d'obtempérer à ces réquisitions peut être puni d'une amende de 6 fr. à 10 fr., en vertu de l'article 475 du Code pénal. Tout chef de maison peut adresser une réquisition à un officier de police, afin de faire constater un crime ou délit commis dans sa demeure (C. inst. crim. 49). — Les *réquisitions militaires* sont autorisées par le ministre de la guerre, en cas de mobilisation totale ou partielle de l'armée, ou en cas de rassemblement de troupes ; et toutes les prestations fournies donnent droit à une indemnité due par l'État, sauf lorsqu'il s'agit du logement militaire qui, dans certains cas, doit être fourni sans indemnité. (Voy. Logement). Le droit de réquisition est en général limité à certaines prestations ; mais, en cas de mobilisation, il peut s'appliquer à tous les objets et services dont la fourniture est jugée nécessaire dans l'intérêt de l'armée. En ce qui concerne les chevaux et mulets et les voitures attelées nécessaires à la mobilisation, voy. **CHEVAL** et **VOITURE.** Les réquisitions ne peuvent être faites que par l'autorité militaire : elles sont formulées par écrit et signées ; et elles sont adressées à la commune en la personne du maire, ou de celui qui en remplit les fonctions. Elles doivent mentionner l'espèce et la quantité des pres-

tations imposées ; et il est délivré un reçu des objets fournis. Elles ne doivent s'appliquer qu'aux objets que la commune est en état de fournir, et elles ne doivent pas absorber toutes les ressources des habitants. Le maire, assisté de deux membres du conseil municipal, appelés suivant l'ordre du tableau, répartit les réquisitions entre les habitants en comprenant les autres contribuables qui n'habitent pas la commune ; et il délivre à chacun un reçu des objets fournis. Le maire peut aussi, avec l'assistance de deux conseillers municipaux, pourvoir directement aux fournitures requises, et, dans ce cas, les dépenses que cette opération nécessite sont imputées sur le budget de la commune, sans qu'il soit besoin d'une autorisation spéciale, et sauf le remboursement à obtenir de l'Etat. Si aucun membre de la municipalité ne se trouve au siège de la commune ou si les prestations ne sont pas fournies dans le délai fixé, l'autorité militaire peut faire d'office la répartition entre les habitants et opérer le recouvrement des prestations, au besoin par la force. Si le maire refuse de pourvoir aux réquisitions faites, il peut être condamné à une amende de 25 à 500 francs. Tout habitant qui n'obtempère pas aux ordres donnés est passible d'une amende qui peut s'élever au double de la valeur de la prestation qu'il devait fournir. Pour le règlement des indemnités, le maire doit, dans le plus bref délai, adresser à la commission départementale nommée par le ministre de la guerre une copie de l'ordre de réquisition qui lui a été notifié et un état détaillé comprenant les noms de toutes les personnes qui ont donné des prestations, les quantités fournies par chacune, les prix réclamés et la date des fournitures ou services. Sur les propositions de la commission départementale dont il vient d'être parlé, l'autorité militaire arrête le chiffre de l'indemnité allouée à chacun des prestataires. Lorsque ceux-ci n'acceptent pas les prix fixés, il doivent faire connaître leur refus motivé au maire, dans les quinze jours de la notification que celui-ci est en faite des offres de paiement, et la contestation est soumise au juge de paix ou au tribunal de première instance, suivant l'importance de la demande (L. 3 juillet 1877 ; Décr. 2 août suivant). Tous les actes de procédure et autres relatifs au règlement des dites indemnités sont dispensés de timbre et sont enregistrés gratis quand il y a lieu à cette formalité (L. 18 déc. 1878). » (Ch. Y.)

RÉQUISITIONNAIRE s. m. Soldat appelé par la réquisition.

RÉQUISITIONNER v. a. Mettre en réquisition — v. n. Prononcer une réquisition.

* **RÉQUISITOIRE** s. m. Procéd. Acte de réquisition que fait par écrit celui qui remplit dans un tribunal les fonctions du ministère public : *son réquisitoire n'est pas favorable à telle personne, à l'accusé.* — Fig. Discours, écrit qui contient une sorte d'accusation contre un homme, contre un parti : *son rapport fut un long réquisitoire.*

RÉQUISITORIAL, ALE adj. Qui tient du réquisitoire.

RÉQUISITORIEN, ENNE adj. Qui est propre aux réquisitions.

REQUISTA, ch.-l. de cant., arr. et à 50 kil. S. de Rodez (Aveyron).

RESACA DE LA PALMA, gorge dans le Texas, à 5 kil. environ du Rio Grande, en face Matamoros. Le 9 mai 1846, 2,000 soldats des Etats-Unis, commandés par le général Zachary Taylor, y battirent 6,000 Mexicains sous le général Arista.

RESARCIR v. a. (lat. *resarcire*). Raccommoder · *resarcir un vieux pantalon.*

* **RESCIF.** Voy. Récif.

RESCINDABLE adj. [rèss-sain-]. Jurispr. Qui peut être rescindé.

* **RESCINDANT** s. m. [rèss-sain-]. Prat. Demande tendante à faire annuler un acte, un jugement : *par cet arrêt, on n'a jugé que le rescindant.*

* **RESCINDER** v. a. [rèss-sain-] (lat. *rescindere*). Prat. Casser, annuler un acte, un partage, etc. : *il a fait rescinder l'obligation, le contrat, le partage,* etc.

* **RESCISION** s. f. [rèss-si-zi-on] (lat. *rescisio*). Prat. Annulation d'un acte, d'un partage, etc. : *action en rescision.* — L'action en rescision a pour but de faire prononcer par les tribunaux l'annulation totale ou partielle des contrats, dans les cas déterminés par la loi. Nous avons fait connaître plus haut les principaux cas de rescision. (Voy. Dot, Lésion, Obligation, Nullité, Partage, etc.)

* **RESCISOIRE** s. m. [rèss-si-zoi-re] (lat. *rescisorius* ; de *rescindere*, rescinder). Prat. Objet principal pour lequel ou s'est pourvu, soit contre un acte, soit contre un jugement, et qui reste à juger, quand l'acte ou le jugement a été annulé : *le rescindant et le rescisoire ne sont pas jugés par le même arrêt.* — Adjectiv. Qui donne lieu à rescision : *action rescisoire.*

* **RESCOUSSE** s. f. (lat. *recussus*, repris). Reprise d'une personne ou d'une chose emmenée, enlevée par force. — Par ext. Aide. Ne s'emploie guère que dans cette expression, A LA RESCOUSSE, au secours, à l'aide : *venir à la rescousse de quelqu'un.*

* **RESCRIPTION** s. f. [rèss-kri-psi-on] (lat. *rescriptio*). Ordre, mandement par écrit que l'on donne pour toucher certaine somme sur quelque fonds, sur quelque personne : *on lui a donné une rescription de trois mille francs sur tel banquier.* On dit aussi, MANDAT.

* **RESCRIT** s. m. [rèss-kri] (lat. *rescriptum*). Réponse des empereurs romains aux questions sur lesquelles ils étaient consultés par les gouverneurs de province, les juges, ou par les particuliers dans leurs différends : *il y a plusieurs rescrits des empereurs qui font partie du droit romain.* — Réponse du pape sur quelque question de théologie, pour servir de décision ou de loi. On nomme également ce rescrit Bulle ou Moni토re.

* **RÉSEAU** s. m. [ré-zo] (lat. *rete*). Petit rets : *tendre un réseau.* — Ouvrage de fil, de soie, de fil d'or ou d'argent, fait à petites mailles, en forme de rets : *ses cheveux étaient enveloppés d'un réseau de soie.* — Anat. Entrelacement de vaisseaux sanguins, de nerfs, etc : *réseau artériel.* — Géodésie. Réseau de triangles, ensemble des triangles tracés sur la surface d'un pays dont on a voulu la topographie. — Réseau de chemin de fer, ensemble des routes, des chemins de fer qui mettent en communication les principales localités d'un pays : *le réseau belge.*

* **RÉSECTION** s. f. [ré-sèk-si-on] (lat. *resectio*; de *resecare*, retrancher). Chir. Action d'une partie quelconque des organes au moyen d'un section. — Particul. Retranchement d'une des extrémités articulaires d'un os malade, ou d'une portion d'un fragment d'os dans certains cas de fractures compliquées, et surtout lorsque l'extrémité d'un os fracturé fait saillie à travers les chairs.

* **RÉSÉDA** s. m. [ré-zé-da] (lat. *reseda*; de *resedare*, guérir, allusion à de prétendues propriétés médicinales). Bot. Genre de résédacées, comprenant plusieurs espèces d'herbes à fleurs en panicule terminale. L'espèce commune ou réséda odorant (*reseda odorata*), originaire d'Afrique, est vivace (annuel chez nous), à tiges rameuses, hautes d'environ 25 centim., à fleurs en longs épis d'un blanc verdâtre, douées d'un parfum très

agréable. Sa variété double est recherchée. .La *gaude* (reseda luteola), type du genre, à tige dressée, cannelée, à feuilles étroites et lisses, atteint jusqu'à 1 m. de haut. On la trouve chez nous dans les endroits secs et pierreux ; elle produit une teinture jaune assez solide, dont le principe a reçu de Chevreul le nom de *lutéoline.* Le *réséda sauvage* (reseda lutea), à fleurs jaunâtres en grappes, se trouve au bord des chemins et dans les lieux arides.

RÉSÉDACÉ, ÉE adj. [-zé-]. Bot. Qui ressemblé au réséda ou qui s'y rapporte. — s. f. pl. Famille de plantes dicotylédones dialypétales hypogynes, ayant pour type le genre réséda.

RÉSELEUSE s. f. [rè-ze-leu-ze]. Ouvrière en dentelles dont la spécialité consiste à faire le réseau ou tissu qui relie les fleurs.

* **RÉSÉQUER** v. a. (lat. *resecare*, couper). Chir. Pratiquer la résection.

* **RÉSERVATAIRE** adj. A qui est attribuée une réserve dans un héritage : *personne réservataire.* — Substantiv. *Les réservataires.*

* **RÉSERVATION** s. f. (lat. *reservatio*). Action par laquelle on réserve. Ne se dit guère que du droit en vertu duquel le pape, dans les pays d'obédience, se réserve la nomination, la collation de certains bénéfices, lorsqu'ils viendront à vaquer. — Se dit, quelquefois, des droits qu'on s'est réservés dans un acte : *sans préjudice de ses autres demandes et réservations.*

* **RÉSERVE** s. f. Action de réserver : *dans ce contrat, il a fait plusieurs réserves.* — Sous TOUTES RÉSERVES, formule placée fréquemment à la fin des actes de procédure pour la garantie de clauses, de conditions dont la stipulation n'est point formellement écrite dans ces actes ; cette formule signifie aussi, sans garantie : *le journal publia cette nouvelle sous toutes réserves.* — FAIRE ses réserves, indiquer que l'on garde un sentiment opposé à certaines choses que l'on ne contredit pas : *je vous écoute sans discuter, je fais mes réserves.* — Se dit aussi des choses réservées : *les réserves d'une terre mettent plus haut que ce qui est affermé.* — Jurispr. RÉSERVE LÉGALE, portion de biens que la loi déclare non disponibles, en les réservant à certains héritiers. On disait autrefois, dans un sens analogue, RÉSERVES COUTUMIÈRES. — Guerre. ARMÉE DE RÉSERVE, ou simpl., RÉSERVE, partie de l'armée qu'on laisse dans ses foyers, et qu'on appelle sous les drapeaux quand les circonstances l'exigent : *appeler la réserve, une partie de la réserve.* Troupes que le chef d'une armée réserve, un jour de bataille, afin de les faire donner quand l'occasion le demande. Dans ce sens, on dit aussi simpl., RÉSERVE : *le corps de réserve, en donnant à propos, a décidé le gain de la bataille.* — On appelle également RÉSERVE, dans les villes de garnison, toute garde qui n'a pas de surveillance à exercer et qui est réunie seulement pour attendre des ordres. C'est ce qu'on nomme autrement PIQUET. — CADRE DE RÉSERVE, cadre sur lequel sont portés les officiers généraux arrivés à un certain âge. — Mar. Un certain nombre de vaisseaux placés hors des lignes, et destinés à secourir ceux qui en ont besoin, ou à remplacer ceux qui sont hors de combat, pour conserver leur poste : *ce vaisseau était en ligne, et l'autre était de la réserve.* — Chasse, CANTON DE RÉSERVE, ou simpl. RÉSERVE, canton qui est réservé pour celui à qui la chasse appartient. BOIS DE RÉSERVE, ou simpl., RÉSERVE, canton de bois qu'on laisse croître en futaie, et qu'on ne peut couper qu'après en avoir prévenu l'autorité compétente. — Fig. Discrétion, circonspection, retenue : *cet homme ne parle jamais qu'avec beaucoup de réserve.* — A LA RÉSERVE DE loc. prépos. A l'exception de : *il a vendu tous ses biens, à la réserve d'une*

petite maison. — **Sans réserve** loc. adv. Sans exception : *il lui a laissé tous ses biens sans réserve.* — **En réserve** loc. adv. A part, de côté : *il a mis une forte somme en réserve.* — Législ. « En droit civil, on nomme *réserve légale* la part de succession dont un héritier, descendant ou ascendant du défunt ne peut être privé par celui-ci. Nous avons fait connaître plus haut, d'une manière implicite, en parlant de la *quotité disponible*, quelle est la réserve attribuée par la loi aux descendants et aux ascendants. (Voy. QUOTITÉ.) Ajoutons ici que la réserve n'appartient pas seulement aux enfants légitimes ou adoptifs, mais que, selon l'opinion de beaucoup de jurisconsultes, les enfants naturels ont aussi une réserve calculée dans la proportion des droits que la loi leur attribue dans les successions de leurs père et mère. (Voy. SUCCESSION.) Les *réserves de l'armée* comprennent la réserve de l'armé active et celle de l'armée territoriale. (Voy. RECRUTEMENT.) »   (CH. Y.)

* **RÉSERVÉ, ÉE** adj. Circonspect, discret, qui ne se hâte pas trop de dire ni de faire connaître ce qu'il pense : *il faut être fort réservé avec ces gens-là.* — Substantiv. *Cet homme fait bien le réservé.*

* **RÉSERVÉ, ÉE** part. passé de RÉSERVER. *Tout droit réservé.* — **CAS RÉSERVÉS,** péchés dont on ne peut être absous que par le pape ou l'évêque, ou par les prêtres qui ont reçu d'eux un pouvoir spécial. (Voy. aussi RÉSERVÉ, adjectif.)

* **RÉSERVER** v. a. (lat. *reservare*). Garder, retenir quelque chose d'un tout, une chose entre plusieurs autres : *il a vendu la propriété de ce domaine, mais il en a réservé l'usufruit.* — Garder une chose pour un autre temps, pour un autre usage, la réserver pour une autre occasion : *observez vos conseils pour un moment plus favorable.* — **Se réserver.** v. pr. SE RÉSERVER A FAIRE QUELQUE CHOSE, ou DE FAIRE QUELQUE CHOSE, attendre, remettre à faire cette chose quand on la trouvera à propos, en temps et lieu : *je me réserve à faire cela en tel temps.* On dit, dans un sens analogue, *Je me réserve pour une autre occasion.* — **SE RÉSERVER LA RÉPLIQUE,** déclarer qu'on veut répliquer. On dit de même, L'AVOCAT A PRIÉ LES JUGES DE LUI RÉSERVER LA RÉPLIQUE, il leur a demandé la permission, le droit de répliquer quand il en sera temps.

* **RÉSERVISTE** s. m. Homme de la réserve de l'armée active ou de la réserve de l'armée territoriale.

* **RÉSERVOIR** s. m. Lieu fait exprès pour y tenir certaines choses en réserve. Se dit plus spécialement d'un lieu où l'on amasse des eaux pour les distribuer suivant le besoin en divers endroits, et d'un bassin rempli d'eau dans lequel on conserve du poisson : *il y a un réservoir au-dessus de la fontaine publique.* — Anat. Toute cavité du corps humain, dans laquelle s'amasse un fluide. LE RÉSERVOIR DES LARMES, le sac lacrymal. LE RÉSERVOIR DE L'O-RINE, la vessie. LE RÉSERVOIR DE LA BILE, la vésicule du fiel. LE RÉSERVOIR DE PECQUET, l'organe où le chyle est conduit par les veines lactées et qui a été découvert par Pecquet. Etc.

RESHID PACHA (Mustapha-Mohamed) [ré-chidd], homme d'État turc, né en 1802, mort en 1858. Il avait reçu une éducation excellente et il occupa successivement d'importantes fonctions. Ministre des affaires étrangères pour la seconde fois, il fit promulguer en 1839 le *hatti-shérif* de Gulhane, qui donne aux chrétiens l'égalité civile avec les Musulmans, et il négocia la quadruple alliance qui obligea J'Egypte à évacuer les provinces turques. En 1841, il représenta la Turquie à Londres et à Paris, et en 1846 il devint grand-vizir. Sa santé l'obligea à se retirer en 1857. Il fut toujours favorable à la paix, et contraire à la polygamie.

RESHT ou **Reshd** [rechtt], ville de Perse, capitale de la province de Ghilan, à 220 kil. N.-O. de Téhéran ; 20,000 hab. environ. Grand commerce de soie, de broderies, de fruits, de poissons ; sa prospérité décline cependant en partie par suite des fréquentes visites du choléra. Elle a pour port Enzeli, à l'entrée du golfe de Murd-ab, sur la mer Caspienne. La Perse et la Russie y signèrent des traités de paix en 1729 et en 1732.

* **RÉSIDANT, ANTE.** adj. (lat. *residens*) Qui réside, qui demeure : *le lieu où il est résidant, où elle est résidante.* (Voyez aussi RÉSIDENT.)

* **RÉSIDENCE.** s. f. Demeure ordinaire en quelque ville, en quelque lieu, en quelque pays : *il fait sa résidence en tel lieu.* — Séjour actuel et obligé d'un évêque, d'un magistrat, d'un préposé, etc., dans le lieu où ils exercent leurs fonctions : *ce magistrat ne peut faire un voyage, à cause de la résidence à laquelle ses fonctions l'obligent.* — Lieu de la résidence ordinaire d'un prince, d'un seigneur : *cette ville est la résidence du prince.* — Emploi d'un résident auprès d'un prince : *je demande telle résidence.*

* **RÉSIDENT** s. m. Celui qui est envoyé de la part d'un souverain vers un autre pour résider auprès de lui, et qui est moins qu'un ambassadeur, mais plus qu'un agent : *le résident de France à Genève.* On dit MINISTRE RÉSIDENT : *la femme du résident s'appelle madame la résidente.*

* **RÉSIDER** v. n. [ré-zi-dé] (lat. *resedere*) Faire sa demeure en quelque endroit : *il est de telle ville, mais il réside ordinairement à Paris.* — TOUTE L'INNOCENCE ET LA PAIX. — TOUTE L'AUTORITÉ RÉSIDE DANS LA PERSONNE D'UN TEL, il a toute l'autorité. — CET HOMME CROIT QUE TOUTE LA SAGESSE, TOUTE LA SCIENCE, TOUT LE BON SENS RÉSIDE DANS SA TÊTE il croit être le seul sage, le seul savant, et avoir tout le bon sens en partage. — Consister : *la question, la difficulté réside en ceci.* — Se dit aussi d'un évêque, d'un bénéficier qui demeure dans le lieu de son diocèse, de son bénéfice : *les évêques doivent résider.*

* **RÉSIDU** s. m. Comm. Le restant : *pour le résidu, nous en composerons.* On dit mieux RELIQUAT. — Arith. Nombre qui reste dans une division : *le résidu de cette division est treize.* On dit plus ordinairement, LE RESTE. — Chim. Ce qui reste d'une ou de plusieurs substances soumises à l'action de divers agents : *les cendres, traitées par l'eau bouillante, abandonnent la potasse et laissent un résidu qui sert d'engrais.*

* **RÉSIDUEL, UELLE** adj. Qui est de la nature des résidus.

* **RÉSIGNANT** s. m. [gn mll.] Celui qui résigne un office ou un bénéfice à quelqu'un : *la résignation n'eut pas lieu, parce que le résignant mourut avant qu'elle fût admise.*

* **RÉSIGNATAIRE** s. m. [gn mll.] Celui à qui on a résigné un office ou un bénéfice : *le résignant et le résignataire.*

* **RÉSIGNATION** s. f. [gn mll.] (lat. *resignatio*). Jurispr. Abandon en faveur de quelqu'un : *il a fait cession et résignation de tous ses droits à son frère.* — Démission d'un office, d'une charge ; mais en ce sens, il a vieilli. — Jurispr. canon. Démission d'un bénéfice dans les mains du collateur ou du pape : *résignation pure et simple.* — Fig. Soumission à la providence, à la volonté de Dieu : *il est mort avec une résignation très édifiante.* — Soumission à son sort, à son malheur : *il a subi sa disgrâce, son mal avec résignation.*

* **RÉSIGNER** v. a. [gn mll.] (lat. *resignare*). Se démettre d'un office, d'un bénéfice en faveur de quelqu'un : *résigner un office, un bénéfice, une cure à quelqu'un.* Employé absolument, il s'entend ordinairement d'un béné-

fice : *il est mort sans résigner, sans avoir résigné.* — RÉSIGNER SON AME A DIEU, remettre son âme entre les mains de Dieu. — **Se résigner,** v. pr. S'abandonner, se soumettre : *je me résigne à la volonté de Dieu.*

* **RÉSILIATION** s. f. [re-zi-li-a-si-on] Jurispr. Résolution, annulation d'un acte : *la résiliation d'un bail, d'un contrat.* — Législ. « La *résiliation*, autrement dit le *résiliement* ou *résiliment* d'une convention, s'opère par le consentement mutuel des parties ; tandis que la *résolution* d'un contrat est la conséquence d'une condition résolutoire stipulée, ou s'obtient en justice par suite de l'inexécution des engagements pris par l'une des parties. (Voy. RÉSOLUTOIRE.) Les actes portant résiliation de ventes, etc., ne sont soumis qu'à un droit fixe d'enregistrement de 3 fr. en principal, lorsqu'ils sont faits en la forme authentique, dans les 24 heures de la date des actes résiliés (L. 22 frimaire an VII, art. 68, n° 40). Les résiliations de baux ne sont aussi assujetties qu'au même droit fixe. Les actes de résiliation contenant rétrocession sont soumis aux droits proportionnels applicables aux ventes ».   (CH. Y.)

* **RÉSILIEMENT** ou **Résiliment,** synon. de RÉSILIATION.

* **RÉSILIER** v. a. [ré-zi-li-é] (lat. *resilire*). Casser, annuler un acte : *les juges ont résilié ce contrat.*

* **RÉSILLE** s. f. [-zi- ; *ll* mll] Sorte de coiffure espagnole, espèce de filet ou de réseau qui enveloppe les cheveux.

RESINA (anc. *Retina*), ville d'Italie, à 10 kil. S.-E. de Naples ; 12,175 hab. Elle occupe une grande partie de l'emplacement d'Herculanum, et c'est en creusant un puits à Resina, en 1709, qu'on découvrit cette cité. On part généralement de Resina pour faire l'ascension du Vésuve. Dans le voisinage, on récolte le vin de lacryma-Christi. On suppose que l'ancienne Retina était le port d'Herculanum.

* **RÉSINE** s. f. [ré-zi-ne] (lat. *resina*). Matière inflammable, grasse et onctueuse, qui suinte, qui découle de certains arbres, tels que le pin, le sapin, le mélèze, le lentisque, le térébinthe, etc. : *il y a des résines plus liquides, d'autres plus sèches.* — Particul. Celle qui sort des pins et des sapins : *un pain de résine.* — ENCYCL. Le nom de résine est donné à des principes similaires qui existent dans presque toutes les plantes et qui apparaissent à la surface de beaucoup d'entre elles sous forme d'exsudation ; ce nom désigne aussi le suc concréfié et oxydé de plusieurs espèces de conifères et d'autres arbres. Certaines familles de plantes produisent la résine en grande abondance ; elle est donnée en plus petite quantité par un nombre de plantes très considérable, et exsude, soit spontanément, soit d'entailles pratiquées dans le végétal. Elle apparaît sous la forme d'un liquide visqueux qui se compose de la résine dissoute dans l'huile essentielle de la plante. On divise d'ordinaire les résines en plusieurs classes : 1° Résines qui exsudent des plantes spontanément, ou par les incisions à la tige et aux branches, et qui durcissent à l'air. Cette classe comprend les résines qui contiennent l'acide benzoïque ou cinnamique, telles que le benjoin, le storax, le baume du Pérou ou de tolu, et d'autres qui n'en contiennent pas, comme l'assa-fœtida, le copahu, le copal, la laque, le mastic et la térébenthine commune. 2° Les résines fossiles oxydées, telles que l'ambre, et autres qui se rencontrent dans les couches de houille ou de lignite. 3° Les résines extraites des plantes au moyen de l'alcool, telles que les résines de cubèbe, de buchu et de squilles. En général, les résines sont des corps solides, à cassures vitreuses, friables, et facilement pulvérisables lorsqu'elles sont froides. Leur

poids spécifique varie de 0,92 à 1,02. Chimiquement, elles se composent de carbone, d'hydrogène et d'oxygène, souvent dans des proportions qui indiquent un produit de l'oxydation d'un multiple de C⁵ H⁸. Les résines dissoutes dans l'alcool, l'huile de térébenthine et les huiles siccatives fixes forment des vernis : on emploie communément à cet usage le copal, l'élémi, la laque, le mastic et la sandaraque. — On donne particulièrement le nom de résine au résidu de la distillation de l'huile volatile que produit la térébenthine de différentes espèces de pins. La résine fond à 135° C. et devient complètement liquide à 152°. A 160° elle émet des bulles de gaz, et, à la chaleur rouge, elle se décompose entièrement. Son poids spécifique varie de 1,07 à 1,08. Elle est insoluble dans l'eau; mais elle se dissout facilement dans l'alcool, l'éther, l'esprit de bois, les huiles fixes ou volatiles. Les acides violents la dissolvent et la décomposent. Chimiquement, c'est en grande partie un mélange de plusieurs acides résineux, nommément l'acide picrique, qui est le principal, l'acide sylvique et l'acide colopholique; quelquefois aussi on y trouve l'acide primarique. Ces acides sont isomériques, et ont une formule commune C¹⁰H²⁰O². Ils sont peut-être formés par l'oxydation de l'huile de térébenthine. La résine entre dans la composition des vernis et peut, jusqu'à un certain point, se substituer à l'huile fixe ou à la graisse dans la fabrication du savon noir ; mais elle n'a pas de réelles propriétés saponifiantes. Les Landes sont le principal fournisseur de nos résines françaises.

RÉSINER v. a. Extraire la résine d'un pin.

⁎ RÉSINEUX, EUSE adj. Qui produit la résine, où qui en a quelque qualité : *les arbres résineux.* — Physiq. FLUIDE ÉLECTRIQUE RÉSINEUX, ou ÉLECTRICITÉ RÉSINEUSE, un des deux fluides dont on est obligé d'admettre la présence pour expliquer les phénomènes de l'électricité. L'autre se nomme FLUIDE ÉLECTRIQUE VITRÉ, ou ÉLECTRICITÉ VITRÉE.

RÉSINIER s. m. Ouvrier employé à l'extraction de la résine.

RÉSINIFÈRE adj. (fr. *résine;* lat. *fero,* je porte). Bot. Qui porte la résine.

⁎ RÉSIPISCENCE s. f. [ré-zi-piss-san-se] (lat. *resipiscentia*). Reconnaissance de sa faute avec amendement : *il est enfin venu à résipiscence.*

⁎ RÉSISTANCE s. f. (lat. *resistentia*). Qualité par laquelle un corps résiste à l'action d'un autre corps : *il est difficile de graver sur les pierres dures, à cause de la résistance de la matière.* — Physiq. LA RÉSISTANCE DES SOLIDES, la force par laquelle ils résistent au choc, à l'impression d'un corps en mouvement. RÉSISTANCE DES FLUIDES, la force par laquelle les corps se meuvent dans les milieux fluides, sont retardés dans leurs mouvements. — Obstacle, difficulté : *je voulus pousser la porte, le volet, mais je sentis quelque résistance.* — Défense que font les hommes, les animaux, contre ceux qui les attaquent : *les assiégés ont fait une longue résistance, une belle résistance.* — Fig. et au sens moral. Opposition aux desseins, aux volontés, aux sentiments d'un autre : *si vous proposez cela dans l'assemblée, vous trouverez bien de la résistance.* — Fig. et fam. IL A FAIT UNE BELLE RÉSISTANCE, se dit de quelqu'un qui s'est refusé longtemps aux propositions, aux instances qu'on lui faisait. — Dans un repas, PIÈCE DE RÉSISTANCE, pièce considérable, où il y a beaucoup à manger.

⁎ RÉSISTANT, ANTE adj. Qui oppose de la résistance : *la peau de cet animal est ferme et résistante.*

⁎ RÉSISTER v. n. [ré-ziss-té] (lat. *resistere*). Se dit proprement d'un corps qui ne cède pas, ou qui cède difficilement au choc, à

l'effort, à l'impression d'un autre corps : *le marbre résiste plus au ciseau que la pierre commune.* — Se défendre, opposer la force à la force : *résister aux agents de la force publique.* — Cᴇ CHEVAL RÉSISTE AU CAVALIER, le cavalier a de la peine à le faire obéir. — S'opposer aux desseins, aux volontés de quelqu'un, tenir ferme contre quelque chose de fort, de puissant : *si ce que vous proposez est dans l'intérêt public, je n'y résiste point.* — Supporter facilement la peine, le travail, se dit des hommes et des animaux : *cet homme a un corps de fer, il résiste à toutes les fatigues.* — Fam. ON N'Y PEUT PLUS RÉSISTER, se dit en parlant de quelque incommodité qu'on a peine à supporter : *c'est un homme d'un ennui mortel, on n'y peut plus résister, on n'y saurait résister.*

RÉSISTIBILITÉ s. f. Phys. Faculté de résistance inhérente aux corps vivants.

RÉSISTIBLE adj. A quoi l'on peut résister.

⁎ RÉSOLU, UE [ré-zo-lu]. Part. passé de RÉSOUDRE. Décidé.

Non, non, j'ai beau pleurer, sa mort est *résolue.*
J. RACINE. *Andromaque,* acte III, sc. VI.

— Déterminé, hardi : *il ne craint rien, il est très résolu.* — Substantiv. : *c'est un gros résolu.* (Fam.)

⁎ RÉSOLUBLE adj. Didact. Qui peut être résolu. Se dit principal., en mathématiques, des questions et des problèmes dont on peut trouver la solution par quelque méthode connue.

⁎ RÉSOLÛMENT adv. Avec une résolution fixe et déterminée, absolument : *je veux résolûment que cela soit.* — Hardiment, avec courage, avec intrépidité : *il va résolûment au combat, au péril.*

⁎ RÉSOLUTIF, IVE adj. Méd. Se dit des remèdes qui déterminent la résolution des tumeurs, des engorgements : *cet onguent est résolutif.* — Substantiv. Un bon *résolutif.* — Les résolutifs sont tantôt des émollients, tantôt des astringents, tantôt des maturatifs, tantôt des fondants, suivant les cas.

⁎ RÉSOLUTION s. f. Cessation totale de consistance, réduction d'un corps en ses premiers principes : *la résolution des corps à leurs éléments.* — Méd. Action par laquelle une partie tuméfiée, engorgée, revient peu à peu, et sans suppuration, à son état naturel : *résolution d'une tumeur, d'un engorgement.* — Jurispr. Cassation ou rescision d'un bail, d'un contrat, soit par le consentement des parties, soit par l'autorité des juges : *la résolution d'un bail, d'un contrat.* — Décision d'une question, d'une difficulté : *je vous apporte la résolution de la question que vous m'avez proposée.* — Dessein que l'on prend : *prendre, former une résolution.* — Mathém. Solution d'un problème. LA RÉSOLUTION D'UNE ÉQUATION, la détermination de ses racines. — Par ext. Fermeté, courage : *c'est dge, il faut bien de la résolution pour renoncer au monde.* — UN HOMME DE RÉSOLUTION, celui qui exécute avec beaucoup de courage, avec beaucoup de fermeté ce qu'il a entrepris, ou ce qu'on lui propose de hardi, de difficile.

⁎ RÉSOLUTOIRE adj. Jurispr. Se dit de ce qui a pour effet de résoudre quelque acte : *acte, convention, clause résolutoire.* — Législ. « On nomme *condition résolutoire* celle qui, insérée dans un contrat, opère lorsqu'elle s'accomplit, la révocation de l'obligation, et remet les choses dans le même état que si cette obligation n'avait pas existé. Cette clause est toujours sous-entendue dans les contrats synallagmatiques, pour les cas où l'une des parties ne remplirait pas ses engagements. La résolution a lieu de plein droit, si le contrat le porte expressément, par exemple lorsqu'il a été stipulé que la mise en demeure résulterait de la seule échéance du terme;

mais, en principe, le créancier doit faire sommation au débiteur de s'acquitter, et le contrat n'est résolu que si ce dernier n'a pas obtempéré (C. civ., 1139, 1183 et s., 1656). S'il s'agit de vente d'objets mobiliers, la résolution a lieu de plein droit, au profit du vendeur et sans sommation, après l'expiration du terme convenu pour retirer lesdits objets (id. 1657). L'*action résolutoire* est celle qui a pour but de faire prononcer par justice l'annulation d'un contrat, pour cause d'inexécution des engagements de la part de l'une des parties, notamment en cas de vente, lorsque l'acquéreur ne paie pas le prix dans les délais fixés. Cette action ne peut être exercée après l'extinction du privilège du vendeur, au préjudice des tiers qui ont conservé sur l'immeuble les droits réels qu'ils avaient acquis du chef de l'acquéreur (L. 23 mars 1855, art. 7). L'action résolutoire est aussi donnée par la loi à l'acquéreur, lorsque l'objet vendu recèle des vices cachés; et elle est en usage surtout lorsqu'il s'agit de vente de bestiaux. (Voy. VICE.) »　　　　(CH. Y.)

⁎ RÉSOLVANT, ANTE adj. Méd. Qui résout : *un remède résolvant.* — Substantiv. *C'est un résolvant.*

° RÉSONANCE s. f. Prolongation de la durée du son : *les résonances produites par la vibration des cordes d'un instrument.*

⁎ RÉSONNANT, ANTE adj. Retentissant, qui renvoie le son : *cette voûte, cette église est bien résonnante.* — Qui rend un grand son, beaucoup de son : *ce violon est bien résonnant.*

⁎ RÉSONNEMENT s. m. Retentissement et renvoi du son : *le résonnement de cette voûte nuit à la voix.*

⁎ RÉSONNER v. n. Retentir, renvoyer le son : *cette voûte résonne bien.* — Fig. TOUT RÉSONNAIT DU BRUIT DE SES LOUANGES, DU BRUIT DE SES EXPLOITS, on le louait partout, on s'entretenait partout de ses exploits. — Rendre un grand son, beaucoup de son : *cette voix, cette cloche, cette guitare,* etc., *résonne bien.*

⁎ RÉSORBER v. a. [ré-zor-bé] (lat. *resorbere*). Méd. Opérer la résorption : *l'épanchement est promptement résorbé.* — Se résorber v. pr. *Le sang épanché fut longtemps à se résorber.*

⁎ RÉSORPTION s. f. [ré-zor-psi-on] (lat. *resorptio*). Didac. Action d'absorber une seconde fois. — Méd. Se dit particul. lorsqu'un liquide que les vaisseaux exhalants ou autres avaient déposé dans quelque partie du corps, vient à rentrer dans la circulation : *la résorption du pus, du sang, de la sérosité.*

⁎ RÉSOUDRE v. a. [-zou-] (lat. *resolvere*). Je résous, tu résous, il résout; nous résolvons, vous résolvez, ils résolvent. Je résolvais. Je résolus. Je résoudrai. Je résoudrais. Résous, résolve. Que je résolve. Que je résolusse. Résolvant. Faire cesser la consistance, détruire l'union qui existe entre les parties d'un tout : *le feu résout le bois en cendre, en fumée.* — Méd. RÉSOUDRE UNE TUMEUR, UN ENGORGEMENT, les faire disparaître peu à peu et sans suppuration : *les frictions, les fomentations résolvent les tumeurs.* — Décider un cas douteux, une question : *il n'est pas aisé de résoudre la question.* — Jurisp. Casser, annuler un acte, rompre un acte contraire : *résoudre un bail, un marché, un contrat.* — Déterminer, décider une chose : *il ne sait que résoudre.* — RÉSOUDRE QUELQU'UN, le déterminer à quelque chose : *il balançait, je parvins à le résoudre.* — Se résoudre v. pr. Se réduire : *ce bois que l'on brûle se résout en cendres.* — TOUT CE QUE VOUS DITES SE RÉSOUT A RIEN, il n'en résulte rien. — Se déterminer : *je me résolus à partir.*

⁎ RÉSOUS part. passé de RÉSOUDRE. N'est usité qu'en parlant des choses ⁓ui se chan-

gent, qui se convertissent en d'autres; et ne se dit point au féminin : *brouillard résous en pluie.* — N'a pas de féminin.

* **RESPECT** s. m. [ress-pè] (lat. *respectus*). Égard, relation : *la même proposition est vraie et fausse sous divers respects.* (Vieux.) — Vénération, déférence qu'on a pour quelqu'un, pour quelque chose, à cause de son excellence, de son caractère, de sa qualité, de son âge : *on doit porter honneur et respect à l'âge.* — LIEU DE RESPECT, lieu où l'on doit être dans le respect : *les églises sont des lieux de respect.* (Vieux.) — Fam. PERDRE LE RESPECT A QUELQU'UN, lui manquer de respect : *vous me perdez le respect.* (Peu us.) — SAUF LE RESPECT QUE JE VOUS DOIS, ou simpl., SAUF LE RESPECT DE VOTRE RESPECT, SAUF RESPECT, AVEC LE RESPECT QUE JE VOUS DOIS. Termes d'adoucissement dont on se sert, dans le style familier, quand on veut dire quelque chose qui pourrait choquer ceux devant qui on parle. — Pop. SAUF LE RESPECT QUE JE DOIS A LA COMPAGNIE. — Par forme de compliment, ASSURER QUELQU'UN DE SON RESPECT, DE SES RESPECTS, DE SES TRÈS HUMBLES RESPECTS. — RENDRE SES RESPECTS, PRÉSENTER SON RESPECT, SES RESPECTS A QUELQU'UN, lui rendre visite pour l'assurer de son respect, de ses respects. — JE SUIS AVEC RESPECT, AVEC UN PROFOND RESPECT, etc. Formule par laquelle on termine ordinairement ses lettres à un supérieur. — SE FAIRE PORTER RESPECT, se faire craindre : *c'est un homme qui se fait porter respect.* On dit substantiv., UN PORTE RESPECT, une arme qui impose, ou une marque extérieure de dignité, ou une personne grave et sérieuse dont la présence impose. — TENIR QUELQU'UN EN RESPECT, le contenir, lui imposer : *la crainte du châtiment le tient en respect.* — RESPECT HUMAIN [ress-pè-ku-main], crainte qu'on a du jugement et des discours des hommes : *il a fait cela par respect humain.*

RESPECTABILITÉ s. f. Qualité d'une personne qui mérite le respect.

RESPECTABILITY s. f. Mot anglais qui a la même signification que le précédent.

* **RESPECTABLE** adj. Qui mérite du respect : *cette personne est respectable par son âge et par ses vertus.* — Considérable, d'une importance remarquable : *une respectable quantité de bœufs.*

RESPECTABLEMENT adv. D'une manière respectable.

* **RESPECTER** v. a. Honorer, révérer, porter respect : *respecter la vieillesse.* — Épargner, ne point endommager, ne point attaquer : *le temps respecte les noms illustres, la mémoire des grands hommes.* — Se respecter v. pr. Garder avec soin la décence et la bienséance convenables à son sexe, à son état, à son âge : *c'est une fille qui se respecte, qui se fait respecter.*

* **RESPECTIF, IVE** adj. Qui a rapport à chacun en particulier, qui concerne réciproquement les parties intéressées, les choses correspondantes : *demandes respectives.*

* **RESPECTIVEMENT** adv. D'une manière réciproque, d'une manière respective : *ils ont présenté respectivement leurs requêtes.* — Théol. CES PROPOSITIONS SONT RESPECTIVEMENT FAUSSES, SCANDALEUSES, HÉRÉTIQUES, TÉMÉRAIRES, etc., il n'y a aucune de ces propositions prises ensemble à laquelle ne convienne quelqu'une de ces dénominations.

* **RESPECTUEUSEMENT** adv. Avec respect : *parler, écrire respectueusement à quelqu'un.*

* **RESPECTUEUX, EUSE** adj. Qui témoigne du respect : *cet enfant est fort respectueux envers ses parents.* — Qui marque du respect; et, en ce sens, se dit des choses : *il l'aborda d'un air fort respectueux.*

RESPIRABILITÉ s. f. Phys. Qualité d'un gaz qui peut servir à la respiration.

* **RESPIRABLE** adj. des deux genres. Qu'on peut respirer : *cet air est respirable.*

RESPIRATEUR s. m. Phys. Appareil propre à faciliter la respiration.

* **RESPIRATION** s. f. Action de respirer : *avoir la respiration libre, facile, gênée, difficile.* — LA RESPIRATION DES PLANTES, fonction par laquelle les parties vertes des plantes exposées à la lumière solaire absorbent de l'acide carbonique et exhalent de l'oxygène. — ENCYCL. La respiration est la fonction par laquelle l'organisme vivant absorbe l'oxygène nécessaire à l'entretien de sa vitalité, et se débarrasse de l'acide carbonique, produit de la désintégration ou de l'usure des matériaux qui forment les tissus. La respiration, sous une forme ou sous une autre, est commune à tous les êtres vivants. Même dans les végétaux, aucun des phénomènes les plus actifs de la vie ne peut se produire si la plante n'est pas constamment fournie d'oxygène. Chez les animaux, l'acte de la respiration est encore mieux marqué. *Il est plus actif dans les oiseaux et les mammifères à sang chaud que dans les reptiles et les poissons à sang froid.* Les animaux qui vivent dans l'eau et qui respirent par des branchies absorbent à travers ces organes l'oxygène en solution dans l'eau, et expulsent l'acide carbonique par la même voie. Chez l'homme et chez les animaux qui respirent directement, l'air atmosphérique, composé de 21 volumes d'oxygène mêlé à 79 volumes d'azote, est amené dans les poumons par un mouvement d'inspiration et expulsé par un mouvement d'expiration. Pendant son séjour dans les cavités des poumons, sa composition change. Le premier et le plus important de ces changements est une diminution d'oxygène, montant, en règle générale, à 5 p. 100 (en volume) à chaque respiration. L'air expiré contient d'ordinaire environ 4 p. 100 de son volume d'acide carbonique. L'oxygène perdu par l'air dans les poumons est pris par le sang et entraîné dans la circulation artérielle, (hématose), ce qui change la couleur du sang de pourpre sombre en rouge brillant. Ce phénomène est l'effet le plus immédiat et le but principal de la respiration. Le sang veineux est noir parce qu'il manque d'oxygène; le sang artériel est d'un rouge brillant parce qu'il contient cet élément en abondance. L'appareil de la respiration comprend le larynx, la trachée-artère, les bronches, les poumons et les plèvres. Les mouvements d'inspiration et d'expiration sont déterminés par les muscles de la poitrine et par le diaphragme qui forme une cloison entre la poitrine et l'abdomen.

* **RESPIRATOIRE** adj. Anat. et Physiol. Qui sert, qui a rapport à la respiration : *organes respiratoires.* — Tech. APPAREIL RESPIRATOIRE, appareil qui permet de pénétrer, dans les incendies, au milieu de la fumée et dans les milieux où l'air est vicié. *L'appareil Galibert,* qui permet à l'homme d'emporter avec lui une certaine provision d'air, et *l'appareil Denayrouze,* dans lequel une pompe envoie constamment de l'air à l'opérateur, sont les plus en usage.

* **RESPIRER** v. n. (lat. *respirare*). Attirer l'air dans sa poitrine, et le repousser dehors : *il fait si chaud, qu'on ne saurait presque respirer.* — IL NE RESPIRE PLUS, il est mort. IL RESPIRE ENCORE, il n'est pas encore mort. — Vivre : *tout ce qui respire.* — Fig. L'AMOUR DU BIEN PUBLIC RESPIRE DANS TOUTES SES PAROLES, DANS TOUTES SES ACTIONS, tout ce qu'il dit, tout ce qu'il fait annonce qu'il est animé de l'amour du bien public. — Fig. Prendre quelque relâche, avoir quelque relâche après de grandes peines, après un travail pénible : *laissez-moi*

respirer un moment. — RESPIRER APRÈS QUELQUE CHOSE, souhaiter quelque chose avec passion, avec ardeur : *elle respire après le retour de son fils.* — v. a. Respirer un bon air, un air corrompu. — Fig. Annoncer, exprimer, témoigner vivement : *dans cette maison, tout respire la piété, la joie, la vertu.* — Désirer ardemment : *il ne respire que la vengeance.*

* **RESPLENDIR** v. n. Briller avec grand éclat : *la nuit était belle, la lune resplendissait.*

* **RESPLENDISSANT, ANTE** adj. Qui resplendit : *tout resplendissant de lumière.*

* **RESPLENDISSEMENT** s. m. Grand éclat formé par l'expansion, par la réflexion de la lumière : *ce grand amas de lumière formait un resplendissement merveilleux.*

RESPONSABILISER v. a. Rendre responsable.

* **RESPONSABILITÉ** s. f. Obligation de répondre de ses actions ou de celles des autres, d'être garant de quelque chose : *la responsabilité des ministres.* — Légis. « La responsabilité civile est l'obligation légale incombant à toute personne de réparer les dommages qui ont été causés : soit par son propre fait, soit par sa négligence ou son imprudence, soit par ses écrits ou ses paroles, soit par le fait des personnes ou des choses dont elle a la garde, à moins qu'elle ne prouve que sa vigilance n'a pas fait défaut, soit par les animaux qu'elle a chez soi ou dont elle se sert, soit par les bâtiments, arbres, etc., dont elle est propriétaire, lorsque le dommage est arrivé par défaut d'entretien ou vice de construction et non par force majeure (C. civ. 1382 et s.; C. comm. 216 et s., 221 et s.; etc.) (Voy. AVARIE, DIFFAMATION, DOMMAGE, QUASI-DÉLIT, SOLIDARITÉ, etc.) Lorsqu'un accusé est acquitté par une cour d'assises, il peut être néanmoins condamné aux dépens et à des dommages-intérêts, s'il y a eu faute de sa part commise; mais l'arrêt doit alors établir qu'il y a eu faute (Cass. 1er juin 1885, affaire Ballerich). — La *responsabilité pénale,* est encourue par toute personne qui a commis volontairement un fait qualifié crime, délit ou contravention. En outre, quiconque, par maladresse, imprudence, inattention, négligence ou inobservation des règlements, a commis involontairement un homicide ou en a été involontairement la cause, est puni de l'emprisonnement pendant trois mois à deux ans et d'une amende de 50 à 600 fr. S'il n'est résulté du défaut d'adresse ou de précaution que des blessures ou des coups, le coupable est puni de six jours à deux mois d'emprisonnement et d'une amende de 16 à 100 fr., ou de l'une de ces deux peines seulement (C. pén. 319, 320). Il ne peut y avoir responsabilité pénale, lorsque l'auteur du fait est un individu inconscient, ou lorsqu'il a été contraint par une force à laquelle il n'a pu résister (id. 64). — La *responsabilité des patrons* envers leurs ouvriers est encore réglée en France par les principes généraux du droit; et l'ouvrier qui, ayant été victime d'un accident dans son travail, invoque la responsabilité du patron, doit prouver que la faute est imputable à ce dernier. Dans plusieurs pays d'Europe, notamment en Allemagne, c'est au patron à prouver que la faute est celle de l'ouvrier, autrement il est décidé responsable, ce qui est contraire à l'équité. — La *responsabilité des communes* s'applique aux dégâts et dommages résultant des crimes ou délits commis à force ouverte par des attroupements ou rassemblements soit envers les personnes, soit envers les propriétés. La commune échappe à cette responsabilité : 1° lorsqu'elle peut prouver que toutes les mesures qui étaient en son pouvoir ont été prises à l'effet de prévenir les attroupements, et d'en faire connaître les auteurs; 2° lorsque la police locale et la force armée ne sont pas à la disposition de la municipa-

lité, ce qui a lieu à Paris, à Lyon, et dans les communes où l'état de siège a été déclaré; 3° lorsque les dommages causés sont le résultat d'un fait de guerre. La commune déclarée responsable peut exercer son recours contre les auteurs et complices du désordre. Les dommages-intérêts que la commune a été condamnée à payer sont répartis entre tous les habitants domiciliés dans ladite commune, en vertu d'un rôle spécial formé sur ceux des quatre contributions directes. (L. 5 avril 1884, art. 106 à 109). La *responsabilité ministérielle* est l'une des conditions essentielles du gouvernement parlementaire. En vertu de la loi constitutionnelle du 25 fév. 1875, les ministres sont solidairement responsables devant les Chambres de la politique générale du gouvernement, et individuellement de leurs actes personnels. C'est pourquoi chacun des actes émanant du président de la République doit être contresigné par un ministre. Le président n'est lui-même responsable que dans le cas de haute trahison. La loi du 16 juillet 1875 porte que les ministres peuvent être mis en accusation par la Chambre des députés pour crimes commis dans l'exercice de leurs fonctions; et, dans ce cas, ils sont jugés par le Sénat. Dans ce cas en outre responsables comme ordonnateurs- lorsqu'ils ont autorisé une dépense sans qu'un crédit préalable ait été ouvert par une loi. Aux termes de l'article 9 de l'une des lois de finances du 15 mai 1850, toute dépense non créditée ou portion de dépense dépassant le crédit alloué est laissée à la charge personnelle du ministre contrevenant. » (Ch. V.)

* **RESPONSABLE** adj. Qui doit répondre de ses propres actions ou de celles des autres, qui doit être garant de quelque chose : *dans l'administration du royaume, tout fonctionnaire est responsable.*

* **RESPONSIF, IVE** adj. Palais. Qui contient une réponse : *mémoire responsif.*

* **RESSAC** s. m. [re-sak]. Mar. Retour violent des vagues vers le large, après qu'elles ont frappé avec impétuosité une terre, un obstacle.

* **RESSAIGNER** v. a. Saigner de nouveau : *on a ressaigné le malade.* — v. n. Se dit en parlant du sang qui coule de nouveau, qui recommence à couler : *ma plaie ressaigne.*

* **RESSAISIR** v. a. Reprendre ; se remettre en possession de quelque chose : *je ressaisirai ce meuble partout où il se rencontrera.* — Se **ressaisir** v. pr. *Je me suis ressaisi de mes effets.*

* **RESSASSER** v. a. Sasser de nouveau : *ressasser de la farine.* — S'emploie, fig. et fam., en parlant des affaires, des comptes, et signifie, examiner, discuter de nouveau : *ce procès a été sassé et ressassé.* — **Ressasser un ouvrage**, l'examiner avec soin, pour en découvrir jusqu'aux moindres défauts : *j'ai ressassé cet ouvrage, et j'y ai trouvé peu de défauts.* — **Ressasser quelqu'un, ressasser la conduite de quelqu'un,** examiner avec soin la conduite de quelqu'un, pour voir si elle a rien de blâmable : *on l'a bien sassé et ressassé.* On disait autrefois, **Ressasser les gens d'affaires, les traitants,** faire des recherches contre eux. — **Il ne fait que ressasser les mêmes choses,** se dit d'un homme qui cause de l'ennui, en revenant toujours sur les mêmes idées.

* **RESSAUT** s. m. [re-sô]. Archit. Saillie, avance que forme quelque partie, en dehors d'une ligne ou d'une surface : *l'entablement de cet édifice a des ressauts au-dessus de chaque colonne.* — Passage brusque d'un plan horizontal à un autre. **Ce limon d'escalier fait ressaut,** il s'abaisse de distance en distance par une ligne verticale.

* **RESSAUTER** v. n. Sauter de nouveau :

il sautait et ressautait par-dessus la corde. — Archit. Se dit des parties qui font ressaut, qui ont des ressauts; et, dans cette acception, il est toujours neutre : *entablement, corniche qui ressaute.* — v. a. *Ressauter un fossé.*

RESSÉGUIER (Jules, **comte de**), écrivain français, né à Toulouse en 1789, mort en 1840. Il a laissé plusieurs romans : *Almaria* (1838), les *Prisons poétiques,* etc.

* **RESSEMBLANCE** s. f. [re-san-]. Rapport, conformité entre des personnes, entre des choses : *il y a grande ressemblance entre ces deux choses, entre ces deux personnes.* — Peint., Sculpt., etc. Conformité entre l'imitation de l'objet et l'objet imité : *il n'y a guère de ressemblance entre la copie et l'original.* — Se **tromper a la ressemblance,** prendre pour la même chose ou pour la même personne deux choses ou deux personnes qui se ressemblent. — **Ce fils est la vraie ressemblance de son père, il a toute sa ressemblance,** il y a beaucoup de ressemblance entre eux : *j'ai d'abord reconnu votre fils, c'est toute votre ressemblance.*

* **RESSEMBLANT, ANTE** adj. Qui ressemble : *portrait ressemblant.* — **Voila deux hommes bien ressemblants,** qui se ressemblent beaucoup.

* **RESSEMBLER** v. n. Avoir du rapport, de la conformité avec quelqu'un, avec quelque chose : *ce fils ressemble à son père.* — Se dit particul., de ce qui offre l'imitation exacte d'un objet : *ce portrait vous ressemble peu, vous ressemblez beaucoup.* — **Cela ne ressemble a rien,** se dit quelquefois, en bonne part, d'une chose d'un goût original et nouveau ; et plus ordinairement en mauvaise part, d'une chose, d'un goût bizarre et très mauvais. **Cela ressemble a tout,** se dit d'une chose commune, qui n'a point de caractère propre. **Cela ne se ressemble pas,** se dit de deux choses fort différentes. — **Je n'ai pu croire telle chose de vous, cela ne vous ressemble pas,** cela n'est pas conforme à votre caractère, à votre manière de penser, d'agir, à tout ce que l'on connaît de vous. — **Ce peintre, ce musicien, se ressemble,** il se copie lui-même, et ne met point assez de variété dans ses ouvrages. — Prov. **Les jours se suivent, et ne se ressemblent pas,** la vie est mêlée de biens et de maux. — Prov. **On se ressemble de plus loin,** se dit en parlant de parents proches, qui ont un air de famille, ou les mêmes inclinations. — Prov. **Ces deux personnes se ressemblent comme deux gouttes d'eau,** elles se ressemblent parfaitement.. — Prov. **Qui se ressemble s'assemble,** les personnes de même caractère, de même goût, se recherchent mutuellement. Il se prend souvent en mauvaise part.

* **RESSEMELAGE** s. m. Action de ressemeler, et résultat de cette action : *faire un ressemelage.*

* **RESSEMELER** v. a. Mettre de nouvelles semelles à une vieille chaussure : *ressemeler des souliers.*

* **RESSEMER** v. a. Semer de nouveau : *il faut ressemer des pois dans ce champ.*

* **RESSENTI, IE** part. passé de **Ressentir.** — Se dit, en termes de Peint. et de Sculpt. des formes, des traits, des touches auxquelles l'artiste a donné du caractère et de la force : *les muscles bien ressentis prouvent la connaissance de l'anatomie dans l'artiste, un dessin ferme et ressenti; l'Hercule Farnèse a des formes ressenties.*

* **RESSENTIMENT** s. m. [re-san-]. Faible attaque, faible renouvellement d'un mal qu'on a eu, d'une douleur qu'on a ressentie : *il n'est pas encore délivré de sa fièvre, il en a quelques ressentiments .* — Souvenir qu'on garde des injures, avec désir de s'en venger : *on lui a fait une cruelle injure, il ne pourra contenir son ressentiment.*

* **RESSENTIR** v. a. Sentir, éprouver : *il a ressenti cette nuit des douleurs de colique.* — S'emploie aussi au sens moral : *il a ressenti vivement la perte d'un son ami.*

Je ressens tout le prix d'un pareil sacrifice.
Collin d'Harleville. *L'Incantant,* acte Ier, sc. xii.

— Se **ressentir** v. pr. Sentir quelque reste d'un mal qu'on a eu : *il a eu vingt accès de fièvre quarte, il s'en ressent encore.* — Éprouver les suites, les conséquences fâcheuses, l'influence nuisible de quelque chose : *il se ressentira longtemps des débauches de sa jeunesse.* — Se prend quelquefois en bonne part : *si je fais une grande fortune, mes amis s'en ressentiront.* — Se **ressentir d'une injure,** s'en souvenir avec amertume, être disposé à s'en venger : *je me ressentirai de l'injure que vous m'avez faite; je m'en ressentirai.* On dit, dans le sens opposé, **Il m'a fait un mauvais tour, mais il s'en ressentira,** il m'a fait un mauvais tour, mais il en sera puni.

* **RESSERRE** s. f. Lieu où l'on resserre quelque chose.

* **RESSERRÉ, ÉE** part. passé de **Resserrer.** — Absol. **Être resserré,** être constipé.

* **RESSERREMENT** s. m. Action par laquelle on resserre : *le resserrement des pores arrête la transpiration.* — Fig. **Le resserrement de l'argent,** effet de la crainte que les capitalistes éprouvent dans un temps de discrédit, et qui les empêche de prêter leur argent : *cet écrit avait causé un grand resserrement d'argent.*

* **RESSERRER** v. a. Serrer davantage ce qui s'est lâché : *resserrer sa corset, cette jarretière, cette ceinture.* — Fig. **Cet événement n'a servi qu'à resserrer les nœuds, les liens de leur amitié,** a servi qu'à rendre leur amitié plus étroite. — Fig. Rendre moins étendu, renfermer dans des bornes plus étroites : *resserrer le pouvoir dans de justes limites.* — **Cette place est fort resserrée, est resserrée de très près,** les assiégeants l'entourent, il est fort difficile d'y faire entrer des vivres, des secours, et d'en faire sortir des troupes, des bouches inutiles. On dit dans un sens anal., **Cette garnison est fort resserrée,** il n'a pas d'étendue à cause du voisinage de la mer. — **Resserrer un prisonnier,** l'enfermer dans un lieu où il ait moins de communication avec le dehors, le garder plus exactement : *il a pensé à se sauver, c'est pour cela qu'on le resserre.* — Se dit aussi, fig., en parlant des ouvrages d'esprit, et signifie, abréger : *il faut resserrer cet ouvrage.* — Remettre une chose dans le lieu d'où on l'avait tirée, et où elle était renfermée : *resserrez ce papier dans votre bureau.* — Rendre le ventre moins libre, moins lâche : *les cormes, les nèfles, les coings, resserrent le ventre,* ou simplement, *resserrent.* — **Le frais resserre les pores,** le rend moins ouvert, il les rétrécit. — Se **resserrer** v. pr. Être resserré. **Ce pays, ce terrain se resserre,** il devient moins étendu, il se rétrécit vers telle partie. **Pour me resserrer dans des limites plus étroites, je ne parlerai que de... pour être plus bref, je** ne parlerai que de... — **Le ventre se resserre,** il devient moins libre, moins lâche. **Les pores se resserrent,** ils deviennent moins ouverts. — Fig. et fam. **Dans un temps de disette, chacun se resserre,** chacun retranche de sa dépense. **Dans un temps de discrédit, l'argent se resserre, les bourses se resserrent,** on craint de prêter son argent. — Fig. **Le temps se resserre,** il devient plus froid.

RESSONS-SUR-MATZ, ch.-l. de cant., arr. et à 16 kil. N.-N.-O. de Compiègne (Oise); 900 hab.

* **RESSIF** s. m. Récif.

* **RESSORT** s. m. [re-sor]. Phys. Propriété par laquelle les corps pressés, pliés ou

tendus se rétablissent d'eux-mêmes dans leur premier état : *les corps à ressort.*—Faire ressort, se dit d'un corps qui, cessant d'être comprimé ou tiré, se remet dans le premier état où il était : *l'air fait ressort.* — Morceau de fer, de cuivre, d'acier, ou d'autre matière qui est fait et posé de façon qu'il se rétablit dans sa première situation, quand il cesse d'être comprimé : *les ressorts servent à divers usages dans les machines, et principalement à faire mouvoir une pièce en réagissant sur elle.* — Fig. Cette personne ne se remue que par ressort, il n'a rien de naturel dans ses manières, tous ses mouvements sont étudiés et contraints. — Fig. Cette personne n'agit que par ressort, elle n'agit que par le conseil, par l'instigation d'autrui, et selon qu'elle est poussée. — Fig. Activité, force, énergie : *donner du ressort à l'estomac, aux fibres,* etc. — Moyen dont on se sert pour faire réussir quelque dessein, quelque affaire : *il fait mouvoir toutes sortes de ressorts pour venir à ses fins.* — Faire jouer tous ses ressorts, employer tout son pouvoir, tous les moyens dont on peut disposer.

* RESSORT s. m. Etendue de juridiction : *cette terre était du ressort du parlement de Paris.* On dit aussi, l'Etendue d'un ressort.— Juger en dernier ressort, juger souverainement et sans appel. On dit quelquefois par opposition, Juger en premier ressort. On dit aussi, Jugement en premier ressort, en dernier ressort. — Par ext. Cela n'est pas de mon ressort, il ne m'appartient pas de le juger. Cela est du ressort de la théologie, de la jurisprudence, etc., c'est à la théologie, à la jurisprudence, etc., à traiter de cette matière, à en décider.

* RESSORTIR v. n. *Je ressors, tu ressors, il ressort; nous ressortons, vous ressortez, ils ressortent. Je ressortirai,* etc. *Ressortant. Ressorti, ie.* Sortir de nouveau, après être déjà sorti, ou sortir après être entré : *il est sorti ce matin, et il est ressorti deux heures après.* — Se dit, fig., des choses que leur opposition avec d'autres rend plus frappantes, plus saillantes : *cette broderie bleue ressort bien sur ce fond jaune.* — Fig. Les ombres font ressortir les lumières, de légers défauts semblent faire ressortir davantage d'heureuses qualités.

* RESSORTIR v. n. *Je ressortis, tu ressortis, il ressortit; nous ressortissons, vous ressortissez, ils ressortissent. Je ressortissais,* etc. *Ressortissant, ressorti, ie.* Etre du ressort, de la dépendance ou de la compétence de quelque juridiction : *les tribunaux de première instance ressortissent à leurs cours d'appel respectives.*

* RESSORTISSANT, ANTE adj. Qui ressortit : *les tribunaux de plusieurs provinces étaient ressortissants au parlement de Paris.*

* RESSOUDER v. a. Souder de nouveau, refaire une soudure : *ressouder une cafetière de fer-blanc.*

* RESSOURCE s. f. Ce qu'on emploie, ce à quoi on a recours dans une extrémité fâcheuse, pour se tirer d'embarras, pour vaincre des difficultés : *il est sans ressource dans son malheur.* — Ce cheval a de la ressource, après une longue fatigue, on lui trouve encore de la vigueur. — Un homme de ressource, plein de ressource, qui a des ressources dans l'esprit, un homme fertile en expédients, en moyens de réussir, pour lui et pour les autres. Une ville de ressource, une ville où l'on trouve facilement tout ce dont on a besoin ou envie. — Fam. Faire ressource, se procurer un moyen de raccommoder, de rétablir ses affaires : *il a vendu ses tableaux pour faire ressource.* — Les ressources d'une langue, les moyens qu'elle offre à l'écrivain pour rendre sa pensée.

* RESSOUVENIR (Se) v. pr. Se souvenir d'une chose, soit qu'on l'eût oubliée, soit

qu'on en ait conservé la mémoire : *je ferai ce que je pourrai pour m'en ressouvenir.* — Considérer, faire attention, faire réflexion : *ressouvenez-vous que celui qui vous parle est le fils de votre meilleur ami.* — Par manière de menance, Je m'en ressouviendrai quelque jour, je m'en vengerai. Vous vous en ressouviendrez tôt ou tard, vous en serez puni. — S'emploie quelquefois comme verbe impersonnel : *à présent, il m'en ressouvient.*

* RESSOUVENIR s. m. Idée que l'on conserve ou que l'on se rappelle d'une chose passée : *il y a longtemps que je n'ai oui parler de cette affaire, il m'en reste seulement un léger ressouvenir.* — Sentiment d'une douleur qui se renouvelle. *il y a des maux dont on n'est jamais bien guéri, qu'il n'en reste quelque ressouvenir, des ressouvenirs.*

* RESSUAGE s. m. Action, état d'un corps qui ressue. — Métall. Opération, autrement appelée Liquation, qui consiste à séparer l'argent contenu dans le cuivre, en faisant fondre l'alliage avec une certaine quantité de plomb : *fourneau de ressuage.* (Voy. Liquation.)

* RESSUER v. n. Se dit des corps qui rendent et laissent sortir leur humidité intérieure : *il faut laisser ressuer les plâtres.* — Métall. (Voy. Ressuage.)

* RESSUI s. m. [ré-sui]. Vén. Lieu où les bêtes fauves et le gibier se retirent pour se sécher, après la pluie ou après la rosée du matin.

RESSUIEMENT s. m. [ré-]. Action d'essuyer de nouveau.

RESSUSCITABLE adj. [ré-su-si-]. Qui peut être ressuscité.

RESSUSCITATION adj. [ré-su-si-]. Action de ressusciter.

* RESSUSCITER v. a. Ramener de la mort à la vie : *Notre-Seigneur ressuscita Lazare.* — Prov. et par exag. Cette liqueur, cette essence, ce vin serait capable de ressusciter un mort. — Par ext. Ce remède l'a ressuscité, il l'a guéri d'une maladie qui paraissait désespérée; et fig. Cette bonne nouvelle l'a ressuscité, elle l'a tiré du chagrin mortel où il était. — Renouveler, faire revivre : *il a ressuscité un vieux procès.* — v. n. Revenir de la mort à la vie : *Notre-Seigneur ressuscita le troisième jour.*

RESSUSCITEUR s. m. Celui qui ressuscite.

* RESSUYER v. n. [ré-sui-ié]. Sécher : *il faut laisser ressuyer ce mur.* — Se ressuyer v. pr. Se ressuyer au soleil.

* RESTANT, ANTE adj. Qui reste : *il est le seul restant de cette famille.* — Poste restante. (Voy. Poste.) — s. m. Ce qui reste d'une plus grande somme, d'une plus grande quantité : *je vous payerai le restant avec les intérêts.* On dit plus ordinairement, Le reste.

* RESTAUR s. m. Comm. mar. Recours que les assureurs ont les uns contre les autres, suivant la date de leur assurance, ou contre le maître, si l'avarie provient de son fait. (Vieux.) (Voy. Ristorne.)

* RESTAURANT, ANTE adj. Qui restaure, qui répare les forces : *remède restaurant.* — s. m. *C'est un bon restaurant que le vin, le bouillon.* — Consommé fort succulent, pressis de viande : *on lui a donné un restaurant.* — Par ext. Etablissement d'un restaurateur : *on vient d'ouvrir un nouveau restaurant dans cette rue.*

* RESTAURATEUR, TRICE s. Celui, celle qui répare, qui rétablit. Ne se dit guère, au propre, qu'en parlant des villes et des monuments publics : *cette ville avait été ruinée, ce prince l'a rétablie, il en a été le restaurateur.* — S'emploie plus ordinairement au sens moral : *ce prince est le restaurateur des belles-*

lettres, des arts. — Traiteur chez lequel on trouve à toute heure des aliments dont l'espèce et le prix sont indiqués sur une sorte de pancarte, et qui se servent par portions : *aller dîner chez le restaurateur.*

* RESTAURATION s. f. Réparation, rétablissement : *la restauration d'un monument public.* — S'emploie souvent au sens moral : *la restauration de l'Etat, des belles-lettres, de la discipline.*—Archit. Travail fait d'après un édifice antique, pour en rétablir les parties qui n'existent plus : *la restauration des principaux monuments antiques est le sujet d'un beau travail.* — Rétablissement d'une ancienne dynastie sur le trône. On l'emploie particulièrement en parlant des Stuarts au xviiᵉ siècle, et des Bourbons au xixᵉ : en *Angleterre, Monk fut un des principaux auteurs de la Restauration; il n'était rentré en France que depuis la Restauration.* En France, on nomme particulièrement Restaurations les règnes de Louis XVIII et de Charles X. La première Restauration va du 5 avril 1814 au 20 mars 1815; la seconde vint après les Cent-Jours. Voy. *Hist. des deux Restaurations* par Achille de Vaulabelle (1844-'54, 8 vol. in-8°).

* RESTAURÉ, ÉE part. passé de Restaurer. Pop. et par plaisant. Le voilà bien restauré, se dit d'un homme qui n'obtient qu'une faible récompense en dédommagement d'un grand sacrifice, d'une grande perte.

* RESTAURER v. a. Réparer, rétablir, remettre en bon état, en vigueur : *restaurer ses forces, sa santé.* — Se dit, au sens moral, en parlant des lettres, du commerce, des lois, de la discipline, du gouvernement : *ce prince a restauré l'Etat, les arts et les sciences, les lettres, le commerce.* — Se dit aussi en parlant des ouvrages de sculpture, d'architecture, de peinture : *restaurer une statue, un buste, un bas-relief.* — Se restaurer v. pr. Rétablir ses forces en prenant de la nourriture.

RESTAUT (Pierre), grammairien, né à Beauvais, en 1696, mort à Paris en 1764. Ses *principes généraux et raisonnés de la grammaire française* (1739, in-12), restèrent longtemps classiques. Il en fit paraître un *Abrégé* en 1732; zélé janséniste, il a donné, contre les jésuites, une traduction de la violente satire intitulée *Monarchie de Solipses* (1754, in-12).

* RESTE s. m. Ce qui demeure d'un tout, d'une plus grande quantité. Se dit, tant au sens physique qu'au sens moral : *voilà le reste de son argent, de son bien, de sa fortune, de ses livres; je n'ai pas le temps de vous en dire davantage, le portour vous dira le reste.* — Et le reste, mots qu'on ajoute en rapportant un passage qu'on abrège. On écrit le plus souvent, etc. — Les restes d'une personne, ce qui reste d'une personne après sa mort; son cadavre, ses ossements, ses cendres : *voici le tombeau qui contient les restes de ce grand homme.* — Ce n'est plus qu'un reste, un beau reste, se dit d'un homme ou d'une femme qui a eu de la beauté, mais qui a vieilli. Un reste de cheval, un cheval à qui le temps a ôté de sa beauté et de ses forces, mais qui en conserve encore. — Le reste des hommes, les autres hommes. Les hommes d'une autre nation, les hommes d'un autre caractère, par opposition à ceux dont on parle : *les mauvais politiques croient devoir se gouverner par d'autres maximes que le reste des hommes.* — Voici le reste de notre écu, de nos écus, se dit, en plaisantant, d'une personne qu'on voit arriver dans une compagnie. — Faire son reste, mettre au jeu tout l'argent qu'on a encore devant soi. — Jeux de la paume, du volant, etc. Donner le reste à quelqu'un, lui pousser la balle, le volant de telle sorte qu'il ne puisse la renvoyer : *je lui ai donné son reste.* — Je lui ai donné son reste,

je l'ai corrigé, je l'ai battu : *il ne fera plus le tapageur, je lui ai donné son reste.* Cette phrase signifie aussi, je lui ai reparti de telle sorte qu'il a été réduit au silence : *après plusieurs plaisanteries de part et d'autre, je lui ai donné son reste.* — IL NE DEMANDE PAS SON RESTE, IL S'EN VA SANS DEMANDER SON RESTE, se dit d'un homme qui, ayant reçu ou craignant de recevoir quelque mauvais traitement de fait ou de paroles, se retire promptement sans rien dire. On dit, dans le même sens, IL N'A PAS ATTENDU SON RESTE. — ETRE EN RESTE, devoir encore une partie d'une plus grande somme : *il est encore en reste de tant.* — Arithm. Résultat que donne la soustraction, et qu'on nomme autrement EXCÈS ou DIFFÉRENCE. — Ce qui reste d'une somme, quand on l'a divisée par une autre. — Ce que quelqu'un a abandonné ou refusé : *il n'a eu que mon reste.* — De reste loc. adv. Plus qu'il n'est nécessaire pour ce dont il s'agit : *il a de l'argent de reste pour fournir à cette dépense.* — Au reste, du reste loc. adv. Au surplus, d'ailleurs, cependant, malgré cela : *au reste, je vous dirai que...*

• **RESTER** v. n. (lat. *restare*). Etre de reste : *voilà ce qui reste du dîner.*

> Du plus grand des Romains voilà ce qu'il nous reste.
> VOLTAIRE. *La Mort de César.*

— S'emploie aussi impersonnellement : *il lui reste encore à payer trois mille francs de l'année dernière.* — RESTE TEL ARTICLE A EXAMINER, RESTE A FAIRE ATTENTION, RESTE A SAVOIR, etc., il reste à examiner tel article, il reste à faire attention, il reste à savoir, etc. — Demeurer : *la compagnie s'en alla, et je restai.* — IL Y EST RESTÉ POUR LES GAGES, se dit de quelqu'un qui a été pris ou tué dans une affaire d'où les autres se sont tirés. — Se dit des choses qui demeurent : *dans cette lutte l'avantage lui est resté.* — RESTER A QUELQU'UN, se dit de quelqu'un que l'on conserve : *c'est le seul ami qui lui reste.* — Demeurer dans la mémoire des hommes : *les noms de ces deux poètes resteront.* — IL EST RESTÉ SUR LA PLACE, et absol., IL Y EST RESTÉ, se dit d'un homme qui a été tué sur le champ de bataille. — EN RESTER A, se borner à : *il aura obtenu quelque avancement, il n'en restera pas là ; il voudra avancer encore.* — S'arrête : *j'en resterai là.* — Mus. Faire une tenue : *rester sur une syllabe, sur une note.* — Mar. Etre situé : CETTE ILE NOUS RESTAIT A TELLE AIRE DE VENT, elle était située par rapport à nous dans la ligne de telle aire de vent.

RESTIGOUCHE, fleuve du Canada, qui prend sa source dans le N.-O. du nouveau Brunswick, et vient se jeter dans la baie des Chaleurs à Dalhousie. Il a 3 kil. de large à son embouchure. Ses plus gros vaisseaux peuvent le remonter jusqu'à Mill. Ses principaux tributaires sont le Wetomkegewick, le Mistouché, et le Matapediac qui viennent du nord, et l'Upsalquitch qui vient du sud.

• **RESTITUABLE** adj. Que l'on doit rendre : *toute cette somme est restituable à la veuve, comme lui appartenant en propre.* — Palais. Qui peut être rétabli, remis en son premier état : *les mineurs sont restituables contre les actes par eux souscrits en minorité, et par lesquels ils sont lésés.*

• **RESTITUÉ, ÉE** part. passé de RESTITUER. — LES LIEUX DONNÉS A LOYER DOIVENT ÊTRE RESTITUÉS PAR LE LOCATAIRE TELS QU'IL LES A REÇUS, ils doivent être remis, rétablis et rendus dans le même état. — Numism. MÉDAILLE RESTITUÉE. (Voy. RESTITUTION.)

• **RESTITUER** v. a. Rendre ce qui a été pris, ou ce qui est possédé indûment, injustement : *restituer le bien d'autrui.*

> Je le déclare donc, je t'en conjure par les belles
> Un cœur qui trop longtemps fut aveugle pour elles.
> COLLIN D'HARLEVILLE. *L'Inconstant,* acte III, sc. XII.

— Absol. *Il ne sert de rien de confesser son*

larcin, si l'on ne restitue. — RESTITUER L'HONNEUR A QUELQU'UN, lui rendre l'honneur, rétablir, réparer son honneur : *peut-il lui restituer l'honneur qu'il lui a ôté ?* — Rétablir, remettre une chose en son premier état. On l'emploie surtout en parlant de textes anciens : *restituer un passage de quelque auteur.* — Archit. RESTITUER UN MONUMENT, UN ÉDIFICE, faire la représentation d'un monument, d'un édifice entièrement détruit : *ce monument a été restitué d'après la description des anciens écrivains.* — Palais. Remettre une personne dans l'état où elle était avant un acte ou un jugement qui est annulé : *il a obtenu un jugement qui le restitue en entier.*

RESTITUTEUR s. m. (lat. *restitutor*). Celui qui restitue, qui rétablit.

• **RESTITUTION** s. f. Action par laquelle on restitue, on rend : *vous êtes obligé à restitution.* — Action par laquelle on rétablit, on remet une chose en son premier état : *la restitution d'un texte, d'un passage de quelque auteur.* — Numism. MÉDAILLES DE RESTITUTION, ou MÉDAILLES RESTITUÉES, ou simplement, RESTITUTIONS, médailles qui reproduisent des médailles précédemment frappées, et qui portent le nom de celui qui les a renouvelées. Se dit aussi de médailles fabriquées pour rappeler le souvenir de quelques anciennes familles ou de quelques empereurs ; *j'ai une restitution de Gallien.* — Archit. LA RESTITUTION D'UN MONUMENT, D'UN ÉDIFICE, la représentation d'un monument, d'un édifice entièrement détruit. — Palais. Se dit des jugements qui relèvent quelqu'un d'un engagement qu'il avait contracté : *la restitution d'un mineur contre les actes qu'il a passé en minorité, et dans lesquels il a été lésé.*

RESTITUTOIRE adj. Qui sert à restituer.

RESTRAINT s. m. (mot angl.). Emploi des appareils contentifs dans le traitement de la folie — Philos. *Restraint moral,* continence.

• **RESTREINDRE** v. a. [rèss-train-dre] (lat. *restringere*). Resserrer : *médicament qui restreint.* N'est guère d'usage au sens propre. — Réduire, diminuer, borner, limiter : *c'est une maxime de droit, qu'il faut étendre les dispositions favorables, et restreindre celles qui sont dures et sévères.* — Se restreindre v. pr. SE RESTREINDRE A UNE CHOSE, s'y borner, s'y réduire : *il se restreint à des propositions très raisonnables.*

• **RESTRICTIF, IVE** adj. (lat. *restrictus, restreint*). Qui restreint, qui limite : *des termes restrictifs.*

• **RESTRICTION** s. f. [-ksi-on] (lat. *restrictio*). Condition qui restreint, modification : *l'édit fut vérifié sans restriction.* — RESTRICTION MENTALE, réserve qu'on fait d'une partie de ce que l'on pense, pour induire en erreur ceux à qui l'on parle : *la restriction mentale a été permise par quelques casuistes relâchés, mais elle est contraire à la morale.*

• **RESTRINGENT, ENTE** adj. (lat. *restringens*). Méd. Qui a la vertu de resserrer une partie relâchée : *médicament restringent.* — Substantiv. Appliquer un restringent. On dit plus ordinairement, ASTRINGENT.

• **RÉSULTANT, ANTE** adj. Qui résulte. Ne se dit guère qu'en termes de procédure : *les cas résultants du procès.*

• **RÉSULTANTE** s. f. Dynam. La force qui résulte de la composition de plusieurs forces appliquées à un même point.

• **RÉSULTAT** s. m. Ce qui résulte, ce qui s'ensuit d'une délibération, d'une conférence, d'un principe, d'une opération, d'une cause, d'un événement, etc. : *voilà tout le résultat de ce que l'on a dit.*

• **RÉSULTER** v. n. Se conjugue avec le

verbe *Avoir* et avec le verbe *Etre.* S'ensuivre. Ne se dit qu'à l'infinitif et à la troisième personne des autres temps, et il s'emploie pour marquer les inductions, les conséquences qu'on tire d'un discours, d'un raisonnement, d'un examen, d'une recherche, etc. : *de tous ces débats, que peut-il résulter ?* — Se dit également des suites, de certains événements, des effets de certaines causes : *de ces dissensions résulta une guerre civile.*

• **RÉSUMÉ, ÉE** part. passé de RÉSUMER — Substantiv. : *le résumé d'un discours.* — Particul. Précis ou abrégé : *résumé de l'histoire de France.* — Au résumé, en résumé loc. adv. En résumant, en récapitulant tout : *en résumé, j'ai plus à me louer de lui qu'à m'en plaindre.* — Législ. « Suivant les prescriptions du Code d'instruction criminelle, le président de la cour d'assises était obligé de faire, après la clôture des débats et avant la délibération du jury, un *résumé* de l'affaire, rappelant les moyens de l'accusation et ceux de la défense. Depuis la loi du 19 juin 1881, il est au contraire formellement interdit au président de faire ce résumé, à peine de nullité de l'arrêt prononcé. Ce magistrat doit même s'abstenir de donner au jury après la clôture des débats, aucune explication pouvant exercer une influence quelconque sur le verdict (Arr. cass. 16 mai 1885). » (CH. Y.)

• **RÉSUMER** v. a. [ré-zu-mé] (lat. *resumere*) Resserrer et rendre en peu de paroles ce qu'il y a de plus important dans une discussion, dans un discours, dans un argument : *il a fort bien résumé ce long discours, cette discussion.* — Se Résumer v. pr. Reprendre en peu de mots ce qu'on a dit, et en tirer un résultat : *je me résume, et je finis en demandant que...*

RÉSUMPTE s. f. [ré-zon-pte] (lat. *resumpta*). La dernière thèse qu'un docteur en théologie est obligé de soutenir après sept ans de doctorat, pour avoir le droit de présider aux thèses.

RÉSUMPTÉ adj. m Docteur qui a soutenu sa résumpte.

• **RÉSUMPTION** s. f. (lat. *resumptio*). Didact. Action de résumer : *la résumption d'un argument.* (Peu us.)

RÉSUPINATION s. f. Bot. Etat d'une fleur dont le pétale supérieur devient inférieur.

• **RÉSURRECTION** s. f. [ré-zu-rèk-si-on] (lat. *resurrectio*). Retour de la mort à la vie : *la résurrection de Notre-Seigneur.* — C'EST UNE RÉSURRECTION, UNE VÉRITABLE RÉSURRECTION, se dit d'une guérison surprenante, inopinée.

RÉSURRECTIONISTE adj. Qui ressuscite.

RÉTABLE s. m. (préf. re, lat. *stabilis,* fixé). Ornement d'architecture contre lequel est appuyé l'autel, et qui enferme ordinairement un tableau : *rétable doré.*

• **RÉTABLIR** v. a. Remettre une personne ou une chose en son premier état, en bon état, en meilleur état. Se dit au sens physique et au sens moral : *sa maison tombait en ruines, il l'a fait rétablir.* — RÉTABLIR UN PASSAGE D'UN AUTEUR, le restituer, le remettre dans l'état où il était «vant d'avoir été altéré par les copistes : *ce philologue a rétabli beaucoup de passages des auteurs anciens.* — Jurispr. RÉTABLIR UN HOMME DANS SA BONNE FAME ET RENOMMÉE, rendre un jugement par lequel un homme est réhabilité, est lavé de l'infamie dont il avait noté. (Vieux.) — Se rétablir v. pr. *Cet homme se rétablit à vue d'œil.*

• **RÉTABLISSEMENT** s. m. Action de rétablir ; état d'une personne, d'une chose rétablie : *le rétablissement d'un mur, d'un édifice.*

RETAILLAGE s. m. Second labour.

• **RETAILLE** s. f. [*ll* mll.]. Partie, morceau

qu'on retranche d'une chose en la façonnant : *retaille d'une étoffe, d'une peau,* etc.

RETAILLEMENT s. m. Action de retailler.

* **RETAILLER** v. a. Tailler de nouveau : *retailler sa plume.*

* **RÉTAMAGE** s. m. Action de rétamer ; résultat de cette action.

* **RÉTAMER** v. a. Pratiquer de temps en temps sur des ustensiles de ménage l'opération de l'étamage.

* **RÉTAMEUR** s. m. Ouvrier ambulant qui rétame.

RETAPE s. f. Guet; action de s'établir en un endroit pour faire le guet.

* **RETAPER** v. a. Retrousser les bords d'un chapeau en les serrant contre la forme. (Vieux.) — Remettre un chapeau à neuf : *ce chapeau a besoin d'être retapé.* — Perruq. RETAPER UNE PERRUQUE, la friser et la poudrer. RETAPER LES CHEVEUX, les peigner à rebours et les faire renfler. — IL A ÉTÉ BIEN RETAPÉ, il a été fort maltraité.

* **RETARD** s. m. [re-tar]. Retardement, délai, remise : *un débiteur qui est en retard de payer.* — LE RETARD D'UNE PENDULE, D'UNE MONTRE, la partie d'une pendule, d'une montre, qui sert à retarder ou à avancer son mouvement.

* **RETARDATAIRE** adj. Se dit des contribuables qui sont en retard de payer : *contribuable retardataire.* — Se dit aussi des jeunes soldats appelés sous le drapeau et qui ne s'y rendent pas à temps : *conscrit retardataire.* — s. m. *Les retardataires.*

* **RETARDATEUR, TRICE** adj. Phys. Qui retarde, qui rend plus lent le mouvement des corps.

RETARDATIF, IVE adj. Qui produit un retard.

* **RETARDATION** s. f. Ralentissement du mouvement d'un corps, lorsque ce ralentissement est l'effet d'une cause particulière : *Newton est le premier qui ait donné les lois de la retardation du mouvement des corps dans les fluides.*

* **RETARDEMENT** s. m. Délai, remise ; action de retarder : *causer, apporter du retardement à quelque chose.*

* **RETARDER** v. a. (rad. *tard*). Différer : *je retarde mon départ autant que je puis.* — Empêcher de partir, d'avancer, être cause qu'une chose vienne à être différée : *on a retardé le courrier.* — RETARDER UNE HORLOGE, UNE PENDULE, UNE MONTRE, faire qu'elle marque une heure moins avancée, ou qu'elle aille moins vite. — v. n. Se dit d'une horloge, d'une pendule, d'une montre qui va trop lentement : *l'horloge retarde.* — LA LUNE RETARDE TOUS LES JOURS DE TROIS QUARTS D'HEURE OU ENVIRON, tous les jours elle tarde de tant à paraître. On dit dans le même sens, LA MARÉE RETARDE, LA FIÈVRE RETARDE; et ainsi de plusieurs autres choses.

* **RETÂTER** v. a. Tâter de nouveau : *retâtez cette étoffe pour juger de sa qualité.* — RETOUCHEZ UNE CHOSE, y revenir, l'essayer, l'examiner de nouveau : *il a pris goût à cette étude, il en retâterait volontiers.* — Se retâter v. pr. S'examiner de nouveau : *ne vous prononcez pas encore, pensez-y bien, retâtez-vous.*

* **RETEINDRE** v. a. Teindre de nouveau, soit de la même couleur, soit d'une couleur différente : *elle a fait reteindre sa robe, dont la couleur était passée.*

* **RETENDRE** v. a. Tendre de nouveau : *il faut retendre ce cordage.*

* **RETENIR** v. a. (rad. *tenir*). Ravoir, tenir encore une fois : *si je puis retenir mes pa-*

piers je ne les lui donnerai plus. — Fam. IL VOUDRAIT BIEN RETENIR CE QU'IL A DIT, il voudrait bien ne l'avoir pas dit. — Garder par devers soi ce qui est à un autre : *retenir le bien d'autrui.* — Garder toujours, conserver ce que l'on a, ne point s'en défaire, ne point s'en dessaisir. Au Palais, on dit, DONNER ET RETENIR NE VAUT, une donation n'est point valable, si on ne se dessaisit pas en effet de ce que l'on donne. — Se dit, dans ce sens, en parlant des habitudes, des qualités bonnes ou mauvaises que l'on n'a point perdues : *retenir l'accent de son pays.* — Réserver : *il a vendu tout son vin, hormis tant de pièces, qu'il a retenues pour sa table.* — Arithm. RETENIR UN CHIFFRE, le réserver pour le joindre aux chiffres de la colonne qu'on doit calculer après. Ainsi, lorsque le total d'une colonne monte à 27, on dit vulgairement, *Je pose 7, et je retiens 2,* ou absol., *Pose 7 et retiens 2.* — Procéd. LES JUGES ONT RETENU CETTE CAUSE, ils s'en sont réservé la connaissance, en décidant qu'elle leur appartenait. RETENIR UNE CAUSE, la conserver au rôle pour qu'elle soit jugée à son rang et sans délai : *le président a refusé la remise qu'on lui demandait, et a retenu la cause.* — Prélever, déduire d'une somme : *retenir une somme qu'il m'avait prêtée.* — S'assurer par précaution de ce qu'un autre aurait pu prendre : *retenir une chaise au sermon, une place à la diligence, une loge à la comédie.* — Pop. JE RETIENS PART, J'EN RETIENS PART, se dit quand on voit quelqu'un ramasser quelque chose, et signifie, je prétends avoir part à ce que vous avez trouvé. — RETENIR DATE, indiquer à quelqu'un un jour, une époque où l'on exigera de lui telle chose. — RETENIR UN JOUR EN COUR DE ROME, prendre une date, s'assurer d'une date en cour de Rome. — CE CONSEILLER A RETENU LE BUREAU, il s'est assuré d'un jour fixe pour rapporter le procès dont il est chargé. — JE RETIENS CROIX, JE RETIENS PILE, se dit quand on joue à croix à pile, et signifie, je gage, je parie que le côté de la pièce de monnaie qui paraîtra, sera croix, sera pile. — JE RETIENS PAIR, JE RETIENS NON, se dit, quand on s'amuse à jouer à pair ou non. — Arrêter, faire demeurer, faire séjourner, ne pas laisser aller : *on l'a retenu plus longtemps qu'il ne pensait.* — S'opposer à l'effet prochain d'une action : *il serait tombé dans le précipice, si je ne l'eusse retenu.* — RETENIR UNE POUTRE, l'attacher avec un lien de fer pour l'empêcher de tomber. — Réprimer, modérer, empêcher de s'emporter : *si la crainte de Dieu ne me retenait...* — Mettre, imprimer, garder quelque chose dans sa mémoire : *il n'a entendu ces vers qu'une fois, et il les a retenus.* — Absol. Concevoir : *on a mené cette vache au taureau, mais elle n'a pas retenu.* — Se dit aussi, absol. des chevaux de carrosse ou de charroi qui sont au timon ou dans les limons, et qui empêchent la voiture d'aller trop vite à une descente : *il faut enrayer, car ces chevaux-là ne retiennent point.* — Se retenir v. pr. Se dit, en parlant des besoins, des mouvements naturels : *vous ne pouvez satisfaire ce besoin, retenez-vous, tâchez de vous retenir.* — S'arrêter avec effort : *se retenir au milieu de sa course.* — S'accrocher, s'attacher, se prendre à quelque chose, afin de ne pas tomber : *il s'est retenu aux branches.* — Man. Se dit des chevaux qui ne veulent point se porter librement en avant : *jamais on n'a vu un cheval se retenir comme celui-là.*

RÉTENTEUR, TRICE adj. [-tan] (lat. *retentum;* supin de *retinere,* retenir). Qui sert à retenir.

RÉTENTIF, IVE adj. Anat. Qui retient : *muscle rétentif.*

* **RÉTENTION** s. f. [ré-tan-si-on] (lat. *retentio*). Réservation, réserve : *rétention d'une pension sur un bénéfice.* — Méd. RÉTENTION D'URINE,

ou simplement, RÉTENTION, maladie dans laquelle la vessie ne peut se débarrasser de l'urine qu'elle contient : *avoir une rétention d'urine.*—Palais. LA RÉTENTIOND'UNECAUSE, l'action des juges qui retiennent une cause, en décidant que la connaissance leur en appartient. On dit dans le même sens, UN ARRÊT DE RÉTENTION. — LA RÉTENTION D'UNE CAUSE, se dit aussi de la décision par laquelle une cause est retenue, conservée au rôle et à son rang, pour y être jugée sans aucun délai ni remise. — DROIT DE RÉTENTION, faculté accordée à certains créanciers, de retenir la chose qui se trouve entre leurs mains jusqu'au payement de ce qui leur est dû. — ENCYCL. La rétention d'urine est l'accumulation de l'urine dans la vessie, soit par suite de la paralysie de cet organe (comme dans certains cas de fièvre typhoïde ou de chute grave), soit par inflammation du col (ce qui arrive surtout chez les vieillards à la suite d'excès de boissons alcooliques), soit par la compression que détermine sur le canal la tuméfaction de la prostate, glande qui embrasse le col de la vessie, soit enfin par l'obstruction que forment des tumeurs fongueuses ou polypeuses qui existent à l'intérieur, près du col. — Les symptômes de la rétention sont : une pesanteur au périnée avec envie d'uriner, sans pouvoir en venir à bout, des douleurs de plus en plus fortes et, au palper du bas-ventre, la sensation d'une tumeur dure, globuleuse, mate, s'étendant plus ou moins haut vers l'ombilic. La rétention est plus ou moins complète et parfois l'urine s'échappe par regorgement. Il ne faut pas confondre la rétention d'urine avec l'absence d'urine dans la vessie: dans ce dernier cas, il peut y avoir des besoins illusoires d'uriner (épreintes vésicales), mais au palper on ne sent pas la vessie distendue. — *Traitement.* Donner issue à l'urine. Si la rétention est récente et ne tourmente pas trop le malade, on tente les bains de siège tièdes prolongés, les lavements émollients, mais si l'on n'aboutit pas, on si les souffrances ne laissent pas de repos au malade, il faut pratiquer le cathétérisme. (Voy. ce mot.) On se sert indifféremment d'une sonde en métal ou en caoutchouc, mais le malade, qui veut se sonder lui-même, doit préférer la dernière et ne pas employer la violence pour la faire pénétrer. Si le cathétérisme a été difficile, il vaut mieux laisser la sonde à demeure pendant quelques jours, après l'avoir attachée. Ensuite on donne des boissons émollientes (tisane de graine de lin, de chiendent, etc.); il faut surtout s'abstenir de vin et de liqueurs. Les médicaments diurétiques sont plus nuisibles qu'utiles puisque ce n'est pas la sécrétion urinaire qui manque, mais la possibilité pour l'urine de sortir de son réservoir.

* **RÉTENTIONNAIRE** s. m. Jurispr. Celui qui retient ce qui appartient à d'autres. (Peu us.)

* **RETENTIR** v. n. [re-tan-tir] (préf. re ; lat. *tinnire,* tinter). Rendre, renvoyer un son éclatant : *cette chambre, ce cabinet a retenti du coup de fusil qu'on vient de tirer.* — TOUTE L'EUROPE, TOUTE LA TERRE RETENTIT DE SES LOUANGES, on le loue dans toute l'Europe, par toute la terre. On dit de même, TOUT RETENTIT DU BRUIT DE SES EXPLOITS, DE SES GRANDES ACTIONS. — Faire ou produire un bruit éclatant : *cette trompette retentit dans les airs.* — Fig. *Ses louanges retentissent dans tout l'univers.*

* **RETENTISSANT, ANTE** adj. Qui retentit : *voix retentissante.*

* **RETENTISSEMENT** s. m. Bruit, son rendu, renvoyé avec plus ou moins d'éclat : *quand ce canon a tiré, il s'est fait un grand retentissement dans le vallon.* — Fig. *Cet événement eut un grand retentissement.*

RÉTENTIVITÉ s. f. Physiol. Faculté de conserver les impressions reçues par l'esprit.

* RETENTUM s. m. [ré-tain-tomm] (lat. *retentum*, chose retenue). Procéd. crim. Se disait d'un article que les juges n'exprimaient pas dans un arrêt qu'ils rendaient, mais qui ne laissait pas d'en faire partie, et d'avoir son exécution : *l'arrêt portait qu'il serait rompu vif, mais il y avait un retentum qu'il serait étranglé auparavant.* — Ce qu'on retient, ce qu'on réserve en soi-même par duplicité, lorsqu'on traite d'affaires avec quelqu'un : *prenez garde quand vous traiterez avec lui, il a toujours quelque retentum.* (Fam.)

* RETENU, UE part. passé de RETENIR. *Retenu par la crainte.* — Adj. Circonspect, sage, modéré : *il est fort sage et fort retenu.*

* RETENUE s. f. Modération, discrétion, modestie : *il ne s'emporte jamais, j'admire sa retenue.* — Fin. et Compt. Ce qu'on retient, en vertu de la loi ou d'une stipulation convenue, sur un traitement, un salaire, ou sur une rente : *ses appointements montent à tant, sauf la retenue.* — UNE PENSION SANS RETENUE, EXEMPTE DE RETENUE, une pension sur laquelle on ne retient aucune imposition. — BREVET DE RETENUE, brevet par lequel le roi assurait au titulaire d'une charge non héréditaire, ou à ses héritiers, une certaine somme payable par celui qui devait posséder la charge après lui. — Anc. jurispr. Faculté accordée par quelques coutumes au seigneur, de retenir l'héritage qui était dans sa censive, et qui avait été vendu par le censitaire, en rendant à l'acquéreur le prix de la vente : *le droit de retenue n'avait pas lieu dans la coutume de Paris.* — Dans les collèges, ÊTRE EN RETENUE, se dit d'un écolier qu'on empêche de sortir, ou qu'on prive de la récréation, pour le punir de quelque faute. — Réservoir où l'on retient l'eau : *pour arroser son jardin, il avait une retenue d'eau.* — Espace entre deux écluses où l'eau est retenue. RETENUE DE CHASSE, ÉCLUSE DE CHASSE, sorte d'écluse dans certains ports de mer qui sert à retenir l'eau et que l'on ouvre tout à coup, de manière que le courant chasse les galets et le sable qui obstruent l'entrée du port.

* RETERÇAGE ou **Retersage** s. m. Agric. Action de retercer, ou résultat de cette action.

* RETERCER ou **Reterser** v. a. Agric. Donner un second labour à la vigne, pour détruire l'herbe : *retercer une vigne.*

RETHEL, *Castrum Retectum*, ch.-l. d'arr., à 42 kil. S.-O. de Mézières (Ardennes), sur la rive droite de l'Aisne, par 49° 30' 44" lat. N. et 2° 1' 43" long E.; 7,200 hab. Fabriques de cachemire, de mérinos, de flanelle, etc. C'était autrefois la capitale d'un comté, puis d'un duché (1581), et ses fortifications étaient redoutables. Turenne la conquit pour l'Espagne en 4650, et la reprit pour la France en 1655. Patrie de Jean Gerson.

RETHEL (Alfred), peintre allemand, né à Aix-la-Chapelle en 1816, mort en 1859. Ses œuvres principales sont les fresques illustrant l'histoire de Charlemagne à l'hôtel de ville d'Aix-la-Chapelle, ses dessins d'Annibal franchissant les Alpes, et ceux de la *Danse de la Mort.* Ses grands cartons de Charlemagne au concile de Francfort, et de l'ambassade du calife Haroun-al-Raschid à Charlemagne, se trouvent à Düsseldorf.

RETHELOIS, OISE s. et adj. De Rethel; qui appartient à cette ville ou à ses habitants.

RETHELOIS (Le), ancien pays de la Champagne, correspondant au S.-O. du dép. des Ardennes, et comprenant le Porcien. Son ch.-l. était Rethel. Il forma un comté en 974, passa à la maison de Bourgogne en 1384 et fut acheté par Mazarin en 1659.

* RÉTIAIRE s. m. [ré-si-è-re] (lat. *rete*, filet). Antiq. Espèce de gladiateurs dont l'arme principale était un filet qu'ils jetaient sur leur adversaire, pour l'envelopper de manière à lui ôter l'usage de ses membres et les moyens de se défendre : *on voit des rétiaires représentés sur quelques monuments publics.*

RÉTICELLE adj. (lat. *rete*, réseau; *cella*, cellule). Entom. Qui a les cellules en réseau.

* RÉTICENCE s. f. [ré-ti-san-se] (lat. *reticentia*; de *reticere*, se taire). Suppression ou omission volontaire d'une chose qu'on devrait dire; chose même qu'on n'a pas dite : *dans le récit qu'il m'a fait, il a mis beaucoup de réticence.* — Figure de rhétorique par laquelle l'orateur en s'interrompant fait entendre ce qu'il ne veut pas dire expressément : *la réticence en dit quelquefois plus que les paroles.* — La réticence, appelée aussi aposiopèse, diffère de l'ellipse en ce que la chose omise laisse l'auditeur dans l'incertitude. Voici quelques exemples de cette figure : Dans le *Misanthrope* (acte Ier, sc. 1re), Molière fait ainsi parler Alceste, indigné de l'excès d'indulgence de Philinte pour les vices de la société :

> Je me verrai trahir, mettre en pièces, voler,
> Sans que je sois... Morbleu ! je ne veux point parler.

Dans l'*Athalie* de Racine, cette princesse parla ainsi à Joad, qui l'a attirée dans le temple, sous prétexte de lui livrer Eliacin et les trésors :

> Je devrais, sur l'autel où ta main sacrifie,
> Je... mais du prix qu'on m'offre il faut me contenter.

Le même poète fait dire à Agrippine, dans *Britannicus* (acte IV, sc. 11) :

> Et ce même Senèque, et ce même Burrhus,
> Qui depuis... Rome alors estimait leurs vertus.

* RÉTICULAIRE adj. Anat. Qui ressemble à un réseau : *tissu réticulaire.*

RÉTICULATION s. f. État d'une surface réticulée.

RÉTICULE s. m. (lat. *reticulum*, petit filet). Phys. Disque percé d'une ouverture ronde, que coupent à angles droits deux fils très fins qui servent à viser.

* RÉTICULÉ, ÉE adj. Archit. antiq. Se dit d'une sorte de maçonnerie fo.t employée par les Romains, d'un revêtement de petites pierres ou de briquetage en carrés longs, dont la disposition offre à l'œil l'image d'un réseau : *mur de maçonnerie réticulée.* — Bot. Se dit également des parties qui sont marquées de nervures croisées en réseau.

RETIERCÉ adj. m. (préf. *re*; fr. *tiercé*) Blas. Se dit d'un écu divisé en trois parties égales, chaque partie étant partagée en trois émaux alternés, en sorte que la première partie de la première division correspond à la première partie de la seconde, et ainsi des autres.

* RÉTIF, IVE adj. Qui s'arrête ou qui recule au lieu d'avancer. Ne se dit au propre que des chevaux et autres bêtes de monture : *les mules sont ordinairement rétives et quinteuses.* — Fig. Difficile à conduire, à persuader : *C'est un homme d'un caractère rétif, d'un esprit rétif.* — Substantiv. *Il ne faut pas faire le rétif.*

RÉTIF DE LA BRETONNE (Nicolas-Edme RESTIF *de la Bretonne*), volumineux écrivain né à Sacy, près d'Auxerre, en 1735, mort en 1806. Fils de pauvres cultivateurs, il reçut une éducation incomplète, se rendit à Paris vers l'âge de 15 ans, y fit toute sorte de métiers, dut à son physique agréable et à son esprit original quelques succès de galanterie dans le demi-monde, débuta dans la carrière littéraire en 1764 par le roman licencieux de *Lucile*, suivi d'un grand nombre d'autres où règne une imagination désordonnée, se crut un grand génie et écrivit avec une fécondité prodigieuse sur les réformes politiques, sur l'éducation du genre humain, etc. Ses œuvres emplissent plus de 200 volumes. Son meilleur roman est le *Paysan perverti* (1776, 4 vol. in-12) Ruiné par la banqueroute des assignats, il vendit son imprimerie, et mourut dans la misère.

RÉTIFORME adj. (lat. *rete*, filet; fr. *forme*) Qui a la forme d'un réseau.

* RÉTINE s. f. Anat. Membrane formée dans le fond de l'œil par une expansion du nerf optique : *les objets se peignent sur la rétine.* (Voy. ŒIL.)

RÉTINERVE adj. (lat. *rete*, filet; fr. *nervure*). Bot. Qui présente des nervures réticulées.

RÉTINIEN, IENNE adj. Qui concerne la rétine.

RÉTINITE s. f. Inflammation de la rétine.

RÉTINOÏDE s. m. (gr. *rétiné*, résine; *eidos*, aspect). Pharm. Médicament qui a pour base un excipient résineux composé.

RÉTINOLÉ s. m. Pharm. Médicament qui a pour base un excipient résineux simple.

* RETIRADE s. f. Fortific. Retranchement fait derrière un ouvrage, et dans lequel les assiégés se retirent quand les assiégeants ont emporté l'ouvrage : *le bastion ayant été emporté, les assiégés se jetèrent dans une grande retirade qu'ils avaient faite.* (Vieux.)

* RETIRATION s. f. Typogr. Action d'imprimer le *verso* d'une feuille de papier. — MACHINE A RETIRATION, machine qui imprime simultanément les deux côtés de la feuille.

* RETIRÉ, ÉE part. passé de RETIRER. — Adj. Solitaire, peu fréquenté : *les lieux les plus retirés.* — ÊTRE RETIRÉ, VIVRE RETIRÉ, MENER UNE VIE FORT RETIRÉE, vivre dans une grande retraite, dans un grand éloignement du commerce des hommes. ÊTRE RETIRÉ, se dit aussi d'une personne qui est chez elle le soir, et qui ne reçoit plus de visite : *il est trop tard pour aller chez un tel; tout le monde maintenant est retiré.* IL EST TOUJOURS RETIRÉ EN LUI-MÊME, se dit d'un homme silencieux, qui fuit les communications, la société.

* RETIREMENT s. m. Contraction, raccourcissement. N'est usité qu'en terme de chirurgie, et dans ces phrases : *le retirement des nerfs, des muscles; un retirement de nerfs, de muscles.*

* RETIRER v. a. Tirer de nouveau : *cette loterie a été mal tirée, il faut la retirer.* — Tirer à soi ce que l'on avait poussé dehors, ou porté en avant : *retirer sa main.* — Fam. RETIRER SON HALEINE, faire rentrer de l'air dans sa poitrine. — RETIRER SA PAROLE, se dégager de la promesse qu'on avait faite, de la parole qu'on avait donnée. — Fig. RETIRER SON AMITIÉ, SA PROTECTION, SON ESTIME, SA CONFIANCE, etc., cesser de les accorder. On dit, dans un sens anal. en langage de dévotion, DIEU RETIRE SES GRACES. — RETIRER SON COMPLIMENT, ne pas faire un compliment qu'on voulait faire, ou le rétracter quand on l'a fait. — RETIRER UN MOT, demander qu'un mot qui vous est échappé soit regardé comme non avenu. — Tirer une chose, une personne d'un lieu où elle était mise, où elle était entrée: *retirer un seau du puits.* — Typogr. Imprimer le second côté d'une feuille ou *verso.* — RETIRER SON ÉPINGLE DU JEU, se dégager d'une affaire, d'une intrigue dangereuse. — RETIRER SON ENJEU, reprendre ce qu'on avait mis au jeu; et, fig., se retirer d'une entreprise, d'une affaire où l'on courait quelques risques. — Fig. RETIRER QUELQU'UN DU VICE, DE LA DÉBAUCHE, etc., faire en sorte qu'il ne s'y livre plus. — Percevoir, recueillir : *savez-vous combien il retirait de sa charge?* — S'emploie fig. dans cette acception, et le plus en bonne et en mauvaise part : *au lieu du profit qu'il en espérait, il n'en a retiré que de la honte et du mépris.*

— Donner asile, retraite, refuge : *il m'a retiré chez lui dans ma disgrâce, dans ma détresse.* — Palais. **Retraire**, rentrer dans la propriété et possession d'un héritage, d'un bien aliéné en rendant à l'acheteur le prix qu'il en avait donné : *retirer par retrait lignager, par retrait féodal, par retrait conventionnel.* — Se retirer v. pr. S'en aller, s'éloigner d'un lieu : *une visite plus longue pourrait vous importuner, je me retire.* — S'en aller, rentrer chez soi, dans son cabinet, dans sa chambre, etc. : *ils se retirèrent chacun chez eux.* — Se dit quelquefois, absol. d'une personne qui rentre chez elle, le soir, pour n'en plus sortir que le lendemain : *pourquoi vous retirer si tôt?* — Quitter la profession qu'on exerçait, le genre de vie qu'on menait : *il s'est retiré du barreau.* — IL S'EST RETIRÉ, IL S'EST TOUT A FAIT RETIRÉ, il a quitté le commerce du monde ou il mène une vie moins dissipée. — CET OFFICIER SE RETIRE, il quitte le service.—Jeu. CE JOUEUR SE RETIRE, il quitte le jeu.— SE RETIRER SUR SA PERTE, SUR SON GAIN, quitter le jeu lorsqu'on perd, lorsqu'on gagne. — Aller dans un lieu pour s'y établir, après avoir quitté un autre lieu : *les anciens solitaires se retiraient dans les déserts.* — Se mettre en sûreté, se réfugier : *quand il sut qu'on le poursuivait, il se retira dans tel pays.* — Procéd. SE RETIRER PAR DEVERS UN JUGE, UN MAGISTRAT, s'adresser à lui pour avoir justice : *il a été ordonné qu'il se tirerait par-devers les juges de tel tribunal.* — Se raccourcir : *le parchemin se retire au feu.* — Se dit en outre des eaux qui rentrent dans leur lit après s'être débordées, après avoir monté : *la mer se retire fort loin dans les grandes marées.*

RÉTIVETÉ s. f. Humeur rétive; caractère rétif.

* **RETOMBÉE** s. f. Archit. Naissance d'une voûte, de cette portion d'une voûte ou d'une arcade qu'on peut poser sans cintre, et qui porte sur le mur ou sur un pied-droit.

* **RETOMBER** v. n. Tomber encore : *il s'était relevé, il est retombé.* — Etre attaqué de nouveau d'une maladie dont on croyait être guéri : *il retombe, il en mourra.* — S'emploie plus ordinairement au sens moral : *retomber dans une faute qu'on avait déjà commise.* — Signifie quelquefois simplement tomber; et se dit des choses qui, ayant été élevées, tombent : *la balle est retombée en cet endroit.* — S'emploie, fig., en parlant de quelque perte, de quelque dommage, de quelque blâme, etc. : *la perte retombe sur moi.* — LE SANG QU'IL A VERSÉ RETOMBE SUR LUI, SUR SA TÈTE, il portera la peine du meurtre qu'il a commis. Par imprécation, PUISSE LEUR SANG RETOMBER SUR LUI, SUR SA TÈTE!

* **RETONDRE** v. a. Tondre de nouveau : *le poil de cette pièce de drap est encore trop long, il faut la retondre.* — Archit. Retrancher à la surface d'une construction les ornements inutiles ou d'un mauvais goût; ou seulement retrancher, recouper des ornements pour en rendre les arêtes plus vives.

RETORDAGE s. m. Action de retordre, résultat de cette action.

* **RETORDEMENT** s. m. Manufact. Action de retordre ou résultat de cette action. Ne se dit guère qu'en parlant des soies.

RETORDERIE s. f. Atelier de retordage.

RETORDEUR, EUSE s. Techn. Personne qui retord les fils.

RETORDOIR s. m. Techn. Machine dont on se sert pour retordre les matières filamenteuses.

* **RETORDRE** v. a. Se conjugue comme *Tordre.* Tordre de nouveau : *tordre et retordre du linge mouillé.* — Tordre, et ne se sens ne se dit guère qu'en parlant du fil ou de la ficelle, quand on tord deux ou trois brins ensemble : *retordre des fils de chanvre,*

de soie, etc. — Fig. DONNER DU FIL, DONNER BIEN DU FIL A RETORDRE A QUELQU'UN, lui causer bien de la peine, lui susciter bien des embarras : *il n'est pas encore au bout, je lui donnerai bien du fil à retordre.*

RÉTORQUABLE adj. Qui peut être rétorqué.

* **RÉTORQUER** v. a. (préf. ré; lat. *torquere*, tordre). Employer contre son adversaire les raisons, les arguments, les preuves dont il s'est servi : *rétorquer un argument, un raisonnement, une preuve, etc.*

* **RETORS, ORSE** adj. Qui a été retordu plusieurs fois : *de la soie retorse.* — C'EST UN HOMME RETORS, IL EST BIEN RETORS, ou substantiv. C'EST UN RETORS, se dit d'un homme fin, rusé, artificieux.

RÉTORSIF, IVE adj. Qui consiste à rétorquer; qui renferme une rétorsion.

* **RÉTORSION** s. f. Dialect. Emploi que l'on fait, contre son adversaire, des raisons, des arguments, des preuves dont il s'est servi : *cet argument est sujet à rétorsion.*

* **RETORTE** s. f. Chim. Cornue, vaisseau de terre ou de verre, qui a une bec recourbé pour se joindre au récipient. On dit plus ordinairement, CORNUE.

* **RETOUCHE** s. f. Peint. Se dit des endroits d'un tableau auxquels on a changé, corrigé quelque chose : *il y a bien des retouches maladroites à ce tableau.* — Se dit aussi des endroits qu'on a repeints, parce qu'ils étaient effacés ou gâtés. — Grav. Action de repasser le burin dans les tailles d'une gravure à demi usée, pour en raviver les traits.

* **RETOUCHER** v. n. Toucher de nouveau : *on dit dans ce sens à un enfant : ne touchez plus à cela; si vous y retouchez, vous serez puni.* — Corriger, réformer, perfectionner; et alors on peut l'employer activement, comme dans cet exemple : *il faut retoucher cet ouvrage, ces vers, ce tableau.* — RETOUCHER UNE PLANCHE, repasser le burin sur une planche gravée, qui commence à être usée.

* **RETOUR** s. m. Tour contraire ou presque contraire, tour multiplié. En ce sens, il ne s'emploie guère qu'au pluriel et avec le mot *tours* : *les tours et retours que fait cette rivière.* — Vén. Action du cerf qui revient sur lui-même, c'est-à-dire sur les mêmes voies pour les confondre et dérouter les chiens. — Fig. Ruse, artifice : *l'amour-propre est fécond en retours.* — Action de revenir, de retourner : *à mon retour de tel lieu, je le trouvai en chemin.* — IL A TOUJOURS L'ESPRIT DE RETOUR, se dit d'un homme qui, étant éloigné de chez soi, conserve le désir de s'y retourner. Droit. Se dit, par ext., des animaux domestiques, comme les pigeons, etc. On dit aussi, S'ÉTABLIR EN PAYS ÉTRANGER SANS ESPRIT DE RETOUR. — Etre SUR SON RETOUR, être près de partir pour retourner : *il n'est pas encore sur son retour.* — Etre SUR LE RETOUR, SUR SON RETOUR, commencer à déchoir, à vieillir, à décliner, à perdre de sa vigueur, de son éclat : *ces chênes sont sur leur retour.* — FAIRE RETOUR A DIEU, l'action d'un pécheur qui se convertit. On dit dans le même sens, FAIRE UN RETOUR A DIEU, VERS DIEU, se convertir : *après tous les désordres de sa vie, il a fait un bon, un sincère retour vers Dieu.* — FAIRE UN RETOUR SUR SOI-MÈME, faire de sérieuses réflexions sur sa conduite. — LE RETOUR SERA PIRE, SERA PIS QUE MATINES, ou, ironiq., VAUDRA MIEUX QUE MATINES, se dit pour exprimer qu'une mauvaise affaire sera suivie d'une plus mauvaise encore : *il croyait être hors de ce procès criminel, mais on le poursuit de nouveau; le retour vaudra mieux que matines.* On dit aussi dans le sens opposé, LE RETOUR VAUT BIEN MATINES, VAUT MIEUX QUE MATINES. — Arboric. ARBRE SUR LE RETOUR, période de décroissance et de caducité, que l'on reconnaît lorsque les branches sont peuchées vers la terre et lorsque

les pousses de la dernière année sont longues et vigoureuses. L'arbre sur le retour doit, si l'on veut l'employer en charpente, être scié en quatre, afin que le centre forme l'angle d'équarrissage. — Jeu de trictrac. JAN DE RETOUR, se dit lorsqu'on passe ses dames dans le jeu de l'adversaire pour y faire son plein : *faire son jan de retour.* — Arrivée au lieu d'où l'on était parti : *au retour de la campagne.* — ETRE DE RETOUR, être revenu. On dit, elliptiq., DE RETOUR CHEZ MOI, J'AI TROUVÉ VOTRE LETTRE. — Comm. mar. LES RETOURS D'UN NAVIRE, les marchandises qu'il a rapportées en échange de celles qu'il avait portées, et les bénéfices qui en résultent : *les retours n'ont pas été avantageux.* — RETOUR DE CHASSE, repas que l'on fait après la chasse, avant l'heure ordinaire du souper : *il leur donna un retour de chasse magnifique.* — Fig. Changement, vicissitude des affaires : *si vous laissez passer cette occasion, il n'y aura jamais de retour.* — IL A DE FACHEUX RETOURS, se dit d'un homme bizarre, fantasque. — IL N'Y A POINT DE RETOUR AVEC LUI, C'EST UN HOMME AVEC QUI IL N'Y A POINT DE RETOUR, c'est un homme qui conserve du ressentiment sans fin, avec lequel il n'y a point de réconciliation à espérer. — A BEAU JEU, BEAU RETOUR, se dit pour faire entendre qu'on saura bien rendre la pareille, ou même qu'on l'a déjà rendue. — Ce qu'on ajoute, ce qu'on joint à la chose qu'on troque contre une autre, pour rendre le troc égal : *quel retour me donnerez-vous?* — Fig. Réconnaissance, réciprocité de sentiments, de services, etc. : *l'amitié demande du retour.* — IL SEMBLE QU'ON LUI DOIVE DU RETOUR, se dit en parlant d'une personne qui par orgueil froidement les civilités qu'on lui fait, ou ne témoigne pas assez de reconnaissance des services qu'on lui rend. — Jurispr. Réversion, droit en vertu duquel les ascendants succèdent aux immeubles qu'ils ont donnés à leurs descendants, lorsque ceux-ci viennent à mourir sans enfants : les ascendants reprennent ce qu'ils ont donné, par droit de retour, sans charges ni hypothèques. — RETOUR CONVENTIONNEL, réversion qu'un donateur stipule à son profit, pour le cas de prédécès du donataire. — DOUAIRE SANS RETOUR, douaire préfixé stipulé payable à la femme, pour lui appartenir en toute propriété. — RETOUR OU SOULTE DE PARTAGE, ce qu'on ajoute au lot d'un des cohéritiers, pour le compléter : *l'inégalité des lots en nature se compense, par un retour, soit en rente soit en argent.* — Archit. Encoignure d'un bâtiment; angle formé par une partie de construction qui fait saillie ou avant d'une autre : *il y a un grand corps de logis en face, et une galerie en retour.* — Profil d'un entablement, d'une corniche, etc., qui ressaute. — RETOUR D'ÉQUERRE, retour à angle droit. — Législ. « On nomme *droit de retour* la clause par laquelle un donateur stipule que les objets par lui donnés lui seront restitués dans le cas où le donataire viendrait à décéder avant lui, ou en cas de prédécès à la fois du donataire et de ses descendants (C. civ. 951, 952). Ce droit de retour ou de réversion existe également au profit de l'ascendant donateur, lorsque le donataire décède avant lui sans laisser de postérité (id. 747). (Voy. SUCCESSION.) On donne aussi le nom de retour à une soulte de partage ou d'échange. » (CH. Y.)

* **RETOURNE** s. f. Carte qu'on retourne à certains jeux, quand chacun des joueurs a le nombre de cartes qu'il doit avoir : elle détermine la triomphe ou l'atout : *de quelle couleur est la retourne?*

RETOURNE, rivière qui prend sa source dans le canton de Machault (Ardennes) et se perd dans l'Aisne après un cours de 48 kil.

* **RETOURNER** v. n. Aller de nouveau en un lieu où l'on a déjà été : *il est retourné dans*

ton pays. — Fig. Retourner en arrière, abandonner une entreprise dont on est rebuté. — Fig. Retourner à Dieu, se convertir. — Recommencer à faire les mêmes choses, les mêmes actions : *retourner à l'ouvrage.* — N'y retournez pas, ne faites pas une autre fois la même faute. — Vous ne savez pas de quoi il retourne, vous ne savez pas ce qui se passe, quel est l'état des choses. Voyons de quoi il retourne, voyons de quoi il est question, voyons ce qui se passe. — Retourner v. a. Tourner d'un autre sens : *retourner un habit.* — Agric. Retourner un sol, le bêcher pour le disposer à recevoir une autre culture. On dit dans le même sens, Retourner de la luzerne, du gazon, bêcher un terrain semé de luzerne, etc. — Retourner quelqu'un, lui faire changer d'avis, de parti : *il était de notre avis, mais on l'a retourné.* On dit de même, Il s'est laissé retourner. — Je l'ai tourné et retourné de tous sens, et je n'en ai pu tirer aucun éclaircissement, j'ai pris différents biais, je lui ai tenu différents discours pour le faire parler, sans qu'il ait jamais voulu rien dire. — Se Retourner v. pr. *Quand je l'appelai, il se retourna vers moi.* — Fig. et fam. Prendre d'autres biais, prendre d'autres mesures, selon les différentes circonstances : *on l'a contrarié dans son entreprise; mais il saura bien se retourner.* — S'en retourner, s'en aller : *retourne-t'en.*

RETRACEMENT s. m. Action de retracer, résultat de cette action.

* **RETRACER** v. a. Tracer de nouveau, ou d'une manière nouvelle : *cela n'est pas bien tracé, il faut le retracer.* — Fig. Raconter les choses passées et connues, en renouveler la mémoire, les détailler : *retracer les glorieux exploits d'un héros, en retracer l'idée.* — Tout le retracé a mes yeux, tout me le rappelle, sert à me le rappeler. — Se retracer v. pr. Se rappeler une chose : *je ne saurais me retracer bien fidèlement ce fait trop éloigné de moi.* — Être retracé, être rappelé dans la mémoire : *cette aventure de ma jeunesse se retraça tout à coup dans mon esprit.*

* **RÉTRACTATION** s. f. Acte, discours, ou écrit contenant le désaveu formel de ce qu'on a fait, dit ou écrit précédemment : *rétractation publique, volontaire, forcée.*

* **RÉTRACTER** v. a. (lat. *retrahere*). Déclarer qu'on n'a plus l'opinion que l'on avait avancée, se dédire d'une chose qu'on avait dite ou écrite, la désavouer : *il avait avancé telle proposition, il l'a rétractée.* — Se rétracter v. pr. Il soutenait telle opinion, il s'est rétracté.

RÉTRACTEUR s. m. Chir. Instrument à l'aide duquel on relève les chairs après leur section, dans l'amputation de la cuisse.

RÉTRACTIF, IVE adj. Qui produit une rétraction.

* **RÉTRACTILE** adj. Hist. nat. Qui a la faculté de se retirer, de rentrer en dedans : *les lions, les tigres, les chats ont les ongles rétractiles, les griffes rétractiles.* On dit, dans un sens analogue, Force, mouvement rétractile.

* **RÉTRACTILITÉ** s. f. Hist. nat. Qualité de ce qui est rétractile.

* **RÉTRACTION** s. f. Méd. Raccourcissement, contraction d'une partie : *rétraction de la cuisse.*

* **RETRAIRE** v. a. Se conjugue comme Traire — Jurispr. Exercer un retrait : *les clauses du contrat de vente lui donnent le droit de retraire ce fonds.* On dit plus communément, Retirer.

* **RETRAIT, AITE** part. passé de Retraire. — Adj. Se dit des grains qui mûrissent sans se remplir, et contiennent beaucoup moins de farine que les grains bien conditionnés : *les blés versés sont sujets à être retraits.*

* **RETRAIT** s. m. Jurispr. Action en justice, par laquelle on retire un héritage qui avait été vendu : *il fut déclaré déchu du retrait, pour l'omission d'un seul mot dans son exploit.* — Retrait lignager, action par laquelle un parent du côté et ligne d'où était venu à un vendeur l'héritage par lui vendu, pouvait, dans un délai fixé et suivant certaines formalités, retirer cet héritage des mains de l'acquéreur, en lui remboursant le prix qu'il avait payé. Retrait féodal, celui qui s'exerçait par le seigneur d'un fief sur un héritage vendu dans sa mouvance. Retrait conventionnel, celui qui se fait en vertu des clauses portées sur le contrat de vente de l'héritage dont il est question : on l'appelle aussi Réméré. — Le retrait d'un projet de loi, l'action de retirer un projet de loi qui a été présenté à une assemblée législative. — Retrait d'emploi, mesure disciplinaire par laquelle un officier est privé de son emploi pour un temps déterminé. — Législ. « Nous avons déjà parlé du *retrait conventionnel* ou clause de réméré que la législation moderne a emprunté à l'ancien droit, mais dont elle a limité la durée. (Voy. Rachat.) Il existe aussi dans notre droit deux autres retraits qui sont plutôt des droits de subrogation. Ce sont : 1° le *retrait successoral,* qui permet aux héritiers d'une personne décédée, et même à chacun d'entre eux d'écarter du partage de la succession un étranger qui s'est rendu cessionnaire d'une part. Il est loisible à chacun des cohéritiers de se substituer aux droits de cet étranger en lui remboursant le prix de la cession, y compris les frais, intérêts courus et autres accessoires (C. civ. 841); 2° le *retrait litigieux,* qui permet à celui contre lequel existe un droit litigieux qui a été cédé à un tiers, de racheter ce droit en remboursant le prix réellement payé par le cessionnaire ainsi que tous les accessoires (id. 1699). — Dans l'ancien droit, il existait plusieurs autres retraits dont l'exercice était soumis à des conditions diverses selon les provinces. Le retrait de bienséance était une faculté accordée par quelques coutumes et qui permettait au propriétaire indivis d'un immeuble de racheter la part vendue par son co-propriétaire. Le *retrait féodal,* ou droit de prélation, et le *retrait censuel* donnaient au seigneur la faculté de reprendre, en cas d'aliénation, un fief relevant de lui, à la condition de rembourser le prix de la vente. On nommait *retrait lignager* la faculté de se substituer à l'acquéreur d'un immeuble que le vendeur recueillit par succession. Ce droit était exclusivement réservé aux parents faisant partie de la ligne d'où provenait l'héritage vendu. »

                     (Ch. Y.)

* **RETRAIT** s. m. Lieu secret d'une maison, où l'on va aux nécessités naturelles : *cureur des retraits.* (Peu us.)

* **RETRAIT** s. m. Diminution de volume du mortier, de la terre, etc., lorsqu'ils sont secs, et des métaux lorsqu'ils sont refroidis : *le retrait du mortier fait gercer les enduits.* On dit aussi, Retraite.

* **RETRAITE** s. f. Action de se retirer : *il est temps de faire retraite.* — Particul. Marche que font des troupes pour s'éloigner de l'ennemi après un combat désavantageux, ou pour abandonner un pays où elles ne peuvent plus se maintenir : *les ennemis ont fait une belle retraite.* — Retraite des Dix mille, retraite des mercenaires grecs à la solde de Cyrus le Jeune, révolté contre son frère Artaxerxès Mnemon. Les Grecs remportèrent la victoire de Cunaxa (401 av. J.-C); mais Cyrus périt vers la fin de l'action. Artaxerxès, ayant attiré les chefs grecs dans un guet-apens, les fit égorger. Xénophon, élu chef de l'armée grecque, dirigea la retraite de ses compatriotes, au milieu de continuelles alarmes, d'attaques sans cesse renouvelées, d'embûches incessantes, à travers des rivières rapides, d'immenses déserts, des montagnes escarpées, jusqu'à ce qu'il finit par atteindre la mer. Les Grecs rentrèrent dans leur pays après une marche de 1,155 parasanges (5,780 kil.) accomplie en 215 jours ; leur absence totale avait été de 15 mois. Cette retraite a été immortalisée par le récit que nous en a laissé Xénophon dans son *Anabase.* — Battre en retraite, se retirer. Se battre en retraite, se battre en faisant retraite. — Fig. et fam. Battre en retraite, céder, cesser de soutenir un avis, une prétention. — Obligation où sont les gens de guerre, dans les villes, de se retirer à une certaine heure, et signal qu'on leur donne en conséquence : *l'heure de la retraite.* — Vén. Sonner la retraite, rappeler les chiens et les faire retirer. — Action de se retirer du monde, de la cour, des affaires : *vous êtes vieux, il est temps de faire retraite, de songer à la retraite.* — État d'une personne retirée des affaires, éloignée du tumulte de la société : *il vit dans une grande, dans une profonde retraite.* — Éloignement où l'on se tient du commerce du monde pendant quelques jours, pour mieux se recueillir, et ne vaquer qu'aux exercices de piété : *ce religieux est en retraite.* — Lieu même où l'on se retire : *il s'est bâti une petite retraite.* — Lieu de refuge : *donner retraite à quelqu'un.* — Retraite de voleurs, de brigands, lieu où se retirent les voleurs, les brigands : *cette forêt n'est qu'une retraite de voleurs.* — Emploi tranquille, pension, récompense qu'on accorde à quelqu'un qui se retire d'un service. Se dit principalement en parlant des officiers et des employés d'administration : *cet officier, ce chef de bureau a demandé, a obtenu sa retraite.* — On dit de même, Pension de retraite. — La législation concernant les retraites des fonctionnaires, employés et militaires a été résumée plus haut au mot Pension. En ce qui concerne la caisse des retraites, voy. Caisse. — Récompense qu'on donne à un domestique à la fin de ses services : *donner une retraite à un domestique.* — Archit. Diminution progressive d'épaisseur qu'on donne à un mur en partant du pied ; le petit espace qui existe entre la ligne verticale et le plan d'une construction, lorsque celui-ci est légèrement incliné en arrière : *ce mur fait retraite, a une retraite de cinq centimètres à chaque étage.* — On dit aussi qu'Une partie est en retraite d'une autre, pour exprimer qu'elle est en dedans du plan de cette dernière : *les châssis de fenêtre sont ordinairement en retraite de la façade.* — Retrait, diminution de volume : *en modelant la terre, il faut estimer la retraite qu'elle éprouvera par la cuisson.* — Maréch. Pointe de clou demeurée dans l'ongle du cheval.

* **RETRAITE** s. f. Banque et Comm. Traite que le porteur d'une lettre de change proteste, faute d'acceptation ou de payement, fait sur celui qui avait donné la lettre. — Lettre de change qu'un négociant ou banquier tire sur le négociant ou banquier qui vient d'en tirer une sur lui.

* **RETRAITÉ, ÉE** adj. Qui est à la retraite, qui reçoit la pension de retraite : *officier retraité.* — Substantiv. Un retraité.

RETRAITER v. a. Traiter de nouveau la même matière. — Mettre à la retraite.

* **RETRANCHEMENT** s. m. Suppression de quelque partie d'un tout : *le retranchement d'une partie de sa pension l'incommode fort.* — Suppression totale : *par le retranchement de plusieurs fêtes, on a rendu autant de jours au travail, à l'industrie.* — Espace retranché dans un plus grand : *son domestique couche dans un retranchement.* — Travaux qu'on fait à la guerre pour se mettre à couvert contre les

attaques des ennemis : *nos gens avaient fait un grand retranchement, de grands retranchements.* — FORCER QUELQU'UN DANS SES RETRANCHEMENTS, DANS SES DERNIERS RETRANCHEMENTS, DANS SON DERNIER RETRANCHEMENT, détruire les dernières raisons, les plus fortes raisons de quelqu'un.

* **RETRANCHER** v. a. Séparer une partie du tout, Ôter quelque chose d'un tout : *il faut retrancher plusieurs branches de cet arbre.* — Ôter entièrement, supprimer : *on lui a retranché sa pension.* — LES MÉDECINS LUI ONT RETRANCHÉ LE VIN, les médecins lui ont interdit l'usage du vin. — RETRANCHER QUELQU'UN DE LA COMMUNION DES FIDÈLES, l'excommunier. — Absol. Diminuer sa dépense : *il s'est bien retranché.* — Guerre. Faire des lignes, des tranchées, et autres travaux, pour se mettre à couvert des attaques de l'ennemi : *les ennemis avaient retranché leur camp.* — Se retrancher v. pr. *Nos gens se retranchèrent à la vue de l'ennemi.* On dit de même, SE RETRANCHER DERRIÈRE UNE HAIE. — Fig. *Il se retranche toujours sur sa bonne intention.*

* **RETRANSCRIRE** v. a. Transcrire de nouveau : *cette page a été mal copiée, il faut la retranscrire.*

* **RETRAVAILLER** v. a. Travailler de nouveau : *il faut retravailler cette pièce d'argenterie.* (Fam.)

* **RETRAVERSER** v. a. Traverser de nouveau : *l'armée retraversa la plaine.*

* **RETRAYANT, ANTE** s. Jurispr. Celui, celle qui exerce un retrait.

* **RÈTRE** s. m. Voy. REITRE.

* **RÉTRÉCI, IE** part. passé de RÉTRÉCIR. — Adjectiv. Étroit, borné : *esprit rétréci.*

* **RÉTRÉCIR** v. a. Rendre plus étroit, moins large : *rétrécir un chemin, une rue.* — Fig. *La servitude rétrécit l'âme.* — Man. RÉTRÉCIR UN CHEVAL, le faire travailler, dans la leçon des cercles, soit dans la leçon des voltes, sur un terrain plus étroit, en resserrant insensiblement l'espace et l'étendue. — v. n. Devenir plus étroit : *cette toile a rétréci au blanchissage.* — Se rétrécir v. pr. *Cette toile se rétrécira au blanchissage.*

* **RÉTRÉCISSEMENT** s. m. Action par laquelle une chose est rétrécie, état d'une chose rétrécie : *le rétrécissement d'une pièce de toile, d'une pièce de drap.* — Fig. *Le rétrécissement de l'esprit.*

RETRAIGNEUR s. m. Celui qui retreint.

RETREINDRE v. a. Techn. Modeler au marteau.

RETREMPE s. f. Action de retremper; nouvelle trempe.

* **RETREMPER** v. a. Tremper de nouveau : *il faudra retremper plusieurs fois ce linge dans l'eau, pour le bien blanchir.* — Fig. Redonner de la force, de l'énergie : *le malheur a retrempé son âme, que la bonne fortune avait amollie.* — Se retremper. v. pr. *Il s'est retrempé dans l'adversité.*

* **RÉTRIBUER** v. a. Donner à quelqu'un le salaire, la récompense qu'il mérite : *il faut le rétribuer convenablement.*

RÉTRIBUTEUR s. m. Celui qui rétribue.

* **RÉTRIBUTION** s. f. Salaire, récompense du travail qu'on a fait, de la peine qu'on a prise pour quelqu'un, ou du service qu'on lui a rendu : *cela mérite rétribution, quelque rétribution.*

RÉTRO adv. Mot latin qui signifie, *En arrière;* sert de préfixe et entre dans la formation d'un certain nombre de mots français. — s. m. Au jeu du billard. Effet rétroactif : *amener ce rétro.*

* **RÉTROACTIF, IVE** adj. Qui agit sur le passé. S'emploie principalement avec le mot EFFET : *un effet rétroactif.*

* **RÉTROACTION** s. f. Effet de ce qui est rétroactif.

RÉTROACTIVEMENT adv. D'une manière rétroactive.

* **RÉTROACTIVITÉ** s. f. Qualité de ce qui est rétroactif : *la rétroactivité d'une loi.* — Législ. — « La loi ne dispose que pour l'avenir; elle n'a pas d'effet rétroactif (C. civ., art. 2). Ce principe souffre exception lorsque la loi elle-même ordonne la rétroactivité; car, excepté sous le régime de la constitution de l'an III, il a toujours été permis au législateur de statuer rétroactivement, notamment en cas d'amnistie. La règle générale est que la loi ne s'applique qu'aux faits qui se sont accomplis ou aux droits qui ont été établis postérieurement à sa promulgation. En matière criminelle, cette règle est rigoureusement appliquée, et nulle contravention, nul délit, nul crime ne peuvent être punis de peines qui n'étaient pas prononcées par la loi avant qu'ils fussent commis (C. pén. 4). Le principe de non rétroactivité des lois pénales fut d'abord formellement exprimé par la déclaration des droits de l'homme servant de préambule à la constitution du 3 septembre 1791; et il a été reproduit dans la constitution de l'an III. — Dans les contrats qui renferment une obligation conditionnelle, la condition accomplie a un effet rétroactif au jour du contrat et celui-ci produit alors tous ses effets, non seulement pour l'avenir, mais aussi pour le passé (C. civ. 1179). Cependant si le contrat contient aliénation conditionnelle d'un immeuble, la rétroactivité n'a lieu, à l'égard des tiers, que jusqu'à la date de la transcription. » (CH. Y.)

* **RÉTROCÉDER** v. a. Jurispr. Remettre à quelqu'un le droit qu'il nous avait cédé : *je lui ai rétrocédé la créance qu'il m'avait transportée.*

RÉTROCESSIF, IVE adj. Jurispr. Au moyen de quoi on rétrocède; qui a le caractère d'une rétrocession.

* **RÉTROCESSION** s. f. Jurispr. Acte par lequel on rétrocède : *faire rétrocession d'une créance.*

RÉTROCESSIONNAIRE adj. A qui l'on fait une rétrocession. — Substantiv. Personne à qui l'on a fait une rétrocession.

RÉTROFLEXION s. f. Inflexion en arrière.

* **RÉTROGRADATION** s. f. Astron. Mouvement par lequel les corps célestes vont ou paraissent aller contre l'ordre des signes : *la rétrogradation de Mars, de Jupiter.* — Mouvement des équinoxes.

* **RÉTROGRADE** adj. Qui se fait en arrière : *marche rétrograde.* — Se dit particul. des corps célestes, lorsqu'ils vont ou paraissent aller contre l'ordre des signes : *le soleil et la lune ne sont jamais rétrogrades.* — Polit. Se dit, fig., des hommes, des partis, des pouvoirs qui cherchent à revenir en arrière, à rétablir les institutions que l'on considère comme surannées : *une politique rétrograde.* — Se dit encore de phrases, de vers qui présentent les mêmes mots quand on les lit à rebours : *les vers rétrogrades sont un jeu d'esprit puéril.* — Substantiv. *C'est un rétrograde.*

* **RÉTROGRADER** v. n. Retourner en arrière : *l'armée a été obligée de rétrograder.* — Se dit particul. des corps célestes, lorsqu'ils vont ou paraissent aller contre l'ordre des signes : *Mercure commençait à rétrograder.* — Fig. *Il avait fait quelques progrès, maintenant il rétrograde.*

RÉTROGRESSION s. f. Mouvement en arrière.

* **RÉTROSPECTIF, IVE** adj. Qui regarde en

arrière; qui se rapporte à des événements passés : *revue rétrospective.*

RÉTROSPECTION s. f. Sorte de divination qui s'exerce sur des faits passés.

RÉTROSPECTIVEMENT adv. D'une manière rétrospective.

* **RETROUSSÉ, ÉE** part. passé de RETROUSSER. — AVOIR LE BRAS RETROUSSÉ JUSQU'AU COUDE, avoir ses manches retroussées de manière que le bras soit nu jusqu'au coude. — NEZ RETROUSSÉ, nez dont le bout est un peu relevé en haut : *elle a le nez retroussé.* — CE CHEVAL A LES FLANCS RETROUSSÉS, il a les flancs creux.

* **RETROUSSEMENT** s. m. Action de retrousser.

* **RETROUSSER** v. a. Replier, relever en haut ce qui est détroussé : *retroussez votre robe, votre jupe, votre manteau.* — A aussi la même signification que TROUSSER; mais outre cela, on l'emploie dans des sens auxquels TROUSSER convient moins : *retrousser ses cheveux.*

* **RETROUSSIS** s. m. La partie du bord d'un chapeau retroussée à l'ancienne mode, à la Henri IV : *il avait un gros diamant au retroussis de son chapeau.* — Partie des pans ou basques d'un uniforme, que l'on peut semble être retroussée : *les voltigeurs avaient un cor de chasse aux retroussis de leur uniforme.* — Pièce de cuir qui se rabat ou semble se rabattre sur le haut des bottes, et qui est ordinairement jaune : *bottes à retroussis.* On dit mieux, BOTTES A REVERS.

* **RETROUVER** v. a. Trouver de nouveau : *je l'ai retrouvé à la place où je l'avais laissé.* — Trouver ce qu'on avait perdu, oublié : *j'ai retrouvé ma montre.* — Reconnaître : *je ne le retrouve pas dans cette occasion.*

RÉTROVERSION s. f. Méd. État de renversement; action de se renverser.

* **RETS** [rè] s. m. (lat. *rete*, filet). Filet, ouvrage de corde, de fil, etc., noué par mailles et à jour, pour prendre du poisson, des oiseaux : *jeter le rets dans la mer, dans la rivière.* — Fig. PRENDRE QUELQU'UN DANS SES RETS, le faire tomber dans les pièges qu'on lui a tendus.

RETS, USE adj. Bot. Se dit d'une feuille terminée par un sinus peu profond.

RETZ, *Ratiatensis pagus*, ancien petit pays de France (Bretagne) qui avait pour villes princ. Pornic, Paimbœuf et Machecoul.

RETZ (Gilles DE LAVAL, *seigneur de*) [rèss ou ré]. (Voy. LAVAL.)

RETZ. I. (Albert DE GONDI, *maréchal de*), né à Florence en 1522, mort en 1602. Il était fils d'Antoine de Gondi, de Florence, qui passa en France avec Catherine de Médicis. En 1565, Albert de Gondi épousa Claude-Catherine de Clermont-Tonnerre, baronne de Retz; il prit le nom de maréchal de Retz en 1573 et fut un des favoris ou plus vicieux de Charles IX. Il fut l'un des instigateurs de la Saint-Barthélemy. — II. (Pierre DE GONDI, *cardinal de*), frère du précédent, né à Lyon, en 1535, mort en 1616. Évêque de Langres en 1565, il devint évêque de Paris en 1570 et fut fait cardinal par Sixte-Quint en 1587. — III. (Jean-François-Paul DE GONDI, *cardinal de*), homme politique français, né à Montmirail en 1614, mort à Saint-Denis le 29 août 1679. Il se distingua dans l'Église et devint coadjuteur de son oncle, l'archevêque Henri de Gondi. La régente, Anne d'Autriche, ayant dédaigné ses offres de service pendant les troubles de la Fronde, il employa sa popularité à susciter une révolte contre Mazarin. En 1651, il obtint le chapeau de cardinal en s'alliant momentanément à la cour; mais il finit par perdre pied et il fut arrêté par ordre de la reine. Il parvint cependant à s'échapper. Il eut l'autorisation de revenir en

France en 1661, à condition qu'il se démettrait de l'archevêché de Paris qu'il avait hérité de son oncle en 1654; il reçut en échange l'abbaye de Saint-Denis, la plus riche de France. L'édition la plus complète de ses mémoires est celle d'Aimé Champollion (1859, 4 vol.). Alphonse Feillet et J. Gourdault ont donné une édition de ses divers écrits (1872-76).

REUCHLIN (grécisé en Capnio [reulch'-linn] Johann), érudit allemand, né à Pforzheim en 1455, mort en 1522. A l'âge de 20 ans, il enseigna à Bâle la philosophie, le grec et le latin. Il étudia le droit à Orléans, et en 1481 il fut nommé professeur de jurisprudence et de belles-lettres à Tubingue. Il fut ensuite créé conseiller impérial et employé dans la diplomatie, et il présida pendant onze ans le tribunal confédéré de Souabe. On l'accusa de pencher vers le judaïsme pour avoir fait retirer à l'empereur Maximilien l'ordre de brûler tous les livres hébreux à l'exception de la Bible; malgré la défense qu'il publia, ses écrits furent brûlés par ordre d'un tribunal qu'avait organisé à Mayence son principal adversaire, l'inquisiteur Hoogstraaten. Mais le pape Léon ordonna de suspendre les poursuites contre lui, et la lutte finit réellement à l'avantage des études grecques et hébraïques qui, depuis cette époque, devinrent générales en Allemagne. En 1520, Reuchlin fut nommé professeur à Ingolstadt. Appelé à Wittenberg, il présenta pour le remplacer son cousin, Philippe Mélanchthon. Bien que suspect d'incliner au protestantisme, il n'abandonna jamais formellement l'Église catholique romaine. On a appelé son *Breviloquus, sive Dictionarium singulas voces latinas breviter explicans*, le premier dictionnaire latin (1478), et l'on croit que son édition des sept psaumes de la pénitence (1512) est le premier livre hébreu qui ait été imprimé en Allemagne. Il établit pour le grec un système de prononciation que l'on connaît sous le nom d'iotacisme ou reuchlinisme. Ludwig Geiger a publié sa biographie en 1871, et sa correspondance en 1876.

REUILLY [*ll* mll.]. I. *Romiliacum*, ancien faubourg de Paris, qui donne son nom au XIIᵉ arr. — II. ch.-l. de cant., arr. et à 17 kil. N. d'Issoudun (Indre), sur la rive gauche de l'Arnon; 1,560 hab. Château de la Ferté-Reuilly, reconstruit en 1659 par Mansart.

*** RÉUNION** s. f. (lat. *reunio*). Action de rapprocher, de réunir des parties qui avaient été divisées, éloignées, isolées; et effet qui résulte de cette action : *la réunion des lèvres d'une plaie.* — Se dit, fig., en parlant des volontés et des esprits, et signifie, réconciliation : *la réunion des deux partis.* — Action de rejoindre une chose démembrée au tout dont elle faisait partie; ou action de rejoindre pour la première fois une chose à une autre : *la réunion de la Bourgogne, de la Normandie à la couronne.* — Action de rassembler ce qui est épars, ou résultat de cette action : *la réunion des rayons du soleil par le moyen d'un verre convexe.* — Particul. Assemblée de personnes : *une réunion de savants, de gens de lettres*, etc. — Dᴅʀᴏɪᴛ ᴅᴇ ʀéᴜɴɪᴏɴ, droit accordé aux citoyens de se réunir pour traiter de matières politiques, économiques ou sociales. — Oʀᴅʀᴇ ᴅᴇ ʟᴀ Réᴜɴɪᴏɴ, ordre civil et militaire fondé par Napoléon Iᵉʳ, en 1811, en mémoire de la réunion de la Hollande à la France. Cet ordre fut supprimé en 1815. — Législ. « Le droit de réunion avait été accordé par la loi du 19 nov. 1790, puis confirmé par la constitution du 3 sept. 1791. Mais l'article 291 du Code pénal de 1810, qui est toujours en vigueur (car il a été abrogé seulement en ce qui concerne les syndicats professionnels, par la loi du 21 mars 1884), interdit les réunions périodiques lorsqu'elles sont tenues par des associations de

plus de vingt personnes, non autorisées par le gouvernement ; et la loi du 10 avril 1834, plus rigoureuse encore, rend cette interdiction applicable même lorsque les réunions ne sont pas périodiques, et lorsque les associations de plus de vingt personnes sont partagées en sections d'un nombre moindre. — Le droit de réunion fut reconnu de nouveau par le décret du 28 juillet 1848 sur les clubs, et par la constitution du 4 nov. suivant. Ces dispositions ont été abrogées par un décret dictatorial du 25 mars 1852, qui a déclaré applicables aux réunions publiques les articles 291 à 294 du Code pénal et les articles 1, 2 et 3 de la loi de 1834. — Le pseudo-libéralisme que l'on vit paraître à la fin du second Empire accorda le droit d'ouvrir une réunion publique, sans autorisation, sur la déclaration préalable signée par sept personnes ; mais il ne pouvait y être traité d'aucune matière politique ou religieuse. Les réunions électorales furent également autorisées sous certaines conditions (L. 6 juin 1868). — Enfin la liberté a été rendue aux réunions publiques par la loi du 30 juin 1881. La seule formalité requise est une déclaration faite au maire, vingt-quatre heures au moins avant la réunion et signée par deux personnes, dont l'une doit être domiciliée dans la commune. Le délai est réduit à deux heures pour les *réunions électorales* tenues par les électeurs pour l'audition des candidats à des fonctions électives, pendant la période comprise entre le décret ou arrêté portant convocation du collège électoral et le jour de l'élection exclusivement. Les clubs demeurent interdits. Aucune réunion ne peut être tenue sur la voie publique. Chaque réunion doit avoir un bureau composé de trois personnes au moins. Ce bureau est chargé de maintenir l'ordre, et ses membres sont responsables des infractions à la loi. Le préfet, le sous-préfet, ou le maire peuvent déléguer un fonctionnaire qui assiste à la réunion et y choisit sa place. Le représentant de l'autorité a le droit de dissoudre la réunion publique, s'il en est requis par le bureau, ou s'il se produit des collisions. Enfin, aux termes de la loi sur la presse du 29 juillet 1881 (art. 23 et s.), ceux qui, par des discours, cris ou menaces proférés dans des lieux ou réunions publics, ont provoqué à commettre une action qualifiée crime ou délit, sont punis comme complices de cette action et même s'il y a eu seulement tentative de crime. S'ils ont provoqué à commettre les crimes de meurtre, de pillage et d'incendie, ou l'un des crimes contre la sûreté de l'État, ils sont punis, dans le cas où cette provocation n'aurait pas été suivie d'effet, de trois mois à deux ans, d'emprisonnement et de 100 à 3,000 fr. d'amende. Tous cris ou chants séditieux proférés dans les lieux ou réunions publics sont punis d'un emprisonnement de six jours à un mois et d'une amende de 16 à 500 fr., ou de l'une des deux peines seulement. — Les *réunions privées* ne sont assujetties à aucune réglementation. »

(Cʜ. V.)

RÉUNION (Ile de la), autrefois Iʟᴇ Bᴏᴜʀʙᴏɴ, puis *Ile Bonaparte* (de 1809 à 1811), colonie française de l'océan Indien, à 141 kil. O.-S.-O. de l'Ile Maurice, à 645 kil. E. de Madagascar, à 3,000 kil. N.-E. du Cap, et à 16,250 kil. de Brest; entre 52ᵉ 56' et 53ᵉ 34' long. E. et entre 20ᵉ 50' et 21ᵉ 22' lat. S.; longue de 77 kil., large de 53 kil.; 2,345 kil. carrés; ch.-l., Saint-Denis. 207 kil. de côtes, généralement escarpées, offrant quelques rades foraines, mais pas de ports naturels. Au prix d'énormes sacrifices, on s'efforce de créer un port artificiel dans le bassin de Saint-Pierre. — Population : 185,000 hab., dont 65,000 sont des travailleurs immigrants, récemment amenés de l'Inde ou de l'Afrique. C'est à peine si 30,000 hab. appartiennent à la race blanche, le surplus se compose de nègres et

de coolies. — L'île forme les deux arr. du *Vent* (ch.-l. Saint-Denis) et *Sous-le-Vent* (ch.-l. Saint-Paul). Elle est administrée par un gouverneur assisté d'un conseil privé. — Territoire formé de deux chaînes de montagnes volcaniques, dont le point culminant est le Piton des Neiges. Un volcan encore en activité, le Piton de la Fournaise, s'élève à 2,500 m. — Climat relativement salubre, si on le compare à celui des autres pays des mêmes latitudes. La température, très élevée, varie sur la côte entre 36ᵉ et 42ᵉ, avec une moyenne de 24ᵉ. Les colons vont chercher un peu de fraîcheur sur les plateaux. — L'hivernage (de nov. à mai) est la saison chaude et pluvieuse; il tombe 1 m. 80 d'eau. Les ouragans et les raz de marée font quelquefois d'épouvantables ravages. — Les hauts plateaux de l'île de la Réunion produisent des vivres : embrevades, patates, légumes, maïs, manioc. Les flancs des montagnes, revêtus de 40,000 hect. de forêts, fournissent des bois à la construction et à l'exportation. Dans les vallées et sur les dernières pentes, près de 50,000 hect. sont en culture et produisent la canne à sucre, le vanillier (introduit en 1818), le giroflier (cultivé depuis que Poivre parvint à en dérober des plans aux Hollandais, 1770), le café (dont la culture, introduite au XVIIIᵉ siècle, tend à diminuer). Les cultures accessoires sont celles de la cannelle, de la muscade, du coton, du rocou et du cacao. — L'île de la Réunion entretient des relations étendues avec l'océan Indien (Ile Maurice, Inde, Madagascar) et avec la France (Nantes, Saint-Nazaire, Marseille et le Havre). — Le sucre forme, à lui seul, les neuf dixièmes de l'exportation. Ensuite viennent : la vanille, le caoutchouc, la gutta-percha, les lichens tinctoriaux, les peaux brutes et le café. Total, 30 millions, en comptant les marchandises importées, que la Réunion réexporte dans les colonies voisines (2 millions et demi). Tous droits de douane ont été supprimés en 1873. — Importations de denrées alimentaires, riz, froment, viande, que l'île ne produit pas en quantité suffisante; poissons salés, vins, liqueurs, tissus (guinées et cotonnades de Pondichéry), modes, confections, houille, meubles et machines françaises. Total, 30 millions. — Cette belle île fut découverte par le navigateur portugais Mascarenhas, vers l'an 1545. Elle était alors complètement inhabitée. Quelques Français s'y établirent vers 1642 et y jetèrent les premiers fondements d'une colonie européenne. Louis XIV la céda en 1664 à la compagnie des Indes Orientales. Le 21 sept. 1809, l'amiral anglais Rowley s'en empara et elle ne redevint française qu'en 1815. Le terrible ouragan de fév. 1829 y produisit des ravages épouvantables.

*** RÉUNIR** v. a. Rejoindre ce qui est désuni, séparé : *il faut essayer de réunir ces chairs.* — Se dit, quelquefois, de ce qui sert à unir une chose avec une autre : *cette galerie réunit les deux corps de logis.* — Fig. Réconcilier, remettre en bonne intelligence : *travailler à réunir les esprits, les volontés.* — Rejoindre une chose démembrée au tout dont elle faisait partie : *réunir des domaines aliénés.* — Joindre pour la première fois une chose à une autre : *ce sont des conquêtes, par son mariage, a réuni telle province à la couronne.* — Rassembler ce qui est épars : *réunir les rayons du soleil par le moyen d'un verre convexe.*

RÉUNISSEUSE s. f. Techn. Nom donné à des machines que l'on emploie dans les manufactures de laine peignée et de coton, pour réunir en une seule nappe continue les rubans venant des peigneuses ou de cardes et pour en former des bobines que l'on soumet ensuite à l'action des laminoirs.

REUS [ré-ouss], ville de Catalogne (Es-

à 18 kil. O. de Tarragona ; 25,000 hab. environ. Elle possède une majestueuse église gothique, un grand nombre de filatures de coton et de soie, de pressoirs à huile, de distillerie, de fabriques de faience, etc. Sa prospérité commerciale date de 1750, époque où des manufacturiers anglais vinrent s'y établir.

REUSS [reulss], rivière de Suisse. Elle naît dans le canton d'Uri, près des sources du Rhin, du Rhône et du Tessin, traverse le lac de Lucerne, et décrit ensuite des détours N.-N.-O., N.-E. et encore N.-N.-O., jusqu'à l'Aar où elle se jette, à Windisch, à l'est de Brugg, un parcours total d'environ 450 kil. La route du Saint-Gothard traverse le Reuss huit fois, et l'un des ponts est le fameux pont du Diable. (Voy. **Pont du Diable.**)

REUSS, territoire de l'Allemagne centrale, entre 50° et 51° lat. N. et entre 9° et 11° long. E ; 1,145 kil. carr. ; 439,360 hab., la plupart protestants. C'est une partie de l'ancien Voigtland, et il forme aujourd'hui deux principautés souveraines de l'empire allemand : la principauté de Reuss-Greiz et celle de Reuss-Schleiz. La première (316 kil. carr.; 46,985 hab.) est le patrimoine de la famille régnante ; la capitale est Greiz, sur l'Elster. La seconde (826 kil. carr.; 92,375 hab.), gouvernée par la ligne cadette, comprend les principautés de Schleiz, de Lobenstein-Ebersdorf et de Gera ; cap., Schleiz. Fabriques de toiles, de lainages et de cotonnades. La maison de Reuss date du XII° siècle ; depuis l'origine, tous ses membres mâles ont porté le prénom de Henri.

* **RÉUSSIR** v. n. (anc. fr., *réussir*; préf. *ré*; *issir*, sortir). Avoir un succès heureux. Se dit des personnes et des choses : *il a réussi dans son dessein, dans ce qu'il a entrepris.* — **Il a mal réussi**, il n'a point eu de succès. On dit de même, **Cela lui a mal réussi, lui réussira mal.** — **Les pommiers, les poiriers**, etc., **réussissent dans ce terrain**, ils y viennent bien. **Les vignes, les blés ont bien réussi cette année**, la récolte a été bonne. — Avoir un bon ou un mauvais succès : *il faut voir comment ce projet, cet ouvrage réussira.*

> Est-il un sort comme le mien !
> Disait un jour certaine puce :
> J'ai tâché d'amasser du bien,
> D'être toujours honnête femme :
> Je n'ai pu réussir à rien...
> * * *

* **RÉUSSITE** s. f. Bon succès. Ne se dit que des choses : *la réussite d'une affaire.* — Bon ou mauvais succès, issue : *il faut voir quelle sera la réussite de cette affaire.*

REUTER (Fritz) [reuf'-teur], romancier allemand, né dans le Mecklembourg-Schwerin, en 1810, mort en 1874. Il fut condamné à mort en 1834, comme révolutionnaire, en même temps qu'un membre de la *Burschenschaft* d'Iéna; mais il fut gracié après sept années de prison, et il devint professeur à Treplow. Ses œuvres, en allemand, ont été recueillies en 12 vol. (1863-'66).

REUTLINGEN [reuïll'-linng-enn], ville du Würtemberg, capitale du cercle de la Forêt-Noire, sur l'Echatz, à 30 kil. S. de Stuttgart ; 15,266 hab. L'église de Sainte-Marie passe pour la plus belle du Würtemberg. Importante fabrication de drap, de chapeaux, de poudre, etc. Reutlingen devint une ville libre impériale en 1240; elle souscrivit à la confession d'Augsbourg en 1530, et en 1803 elle fut réunie au Würtemberg.

REVACCINATION s. f. Action de revacciner.

* **REVACCINER** v. a. Vacciner de nouveau une personne chez qui l'on suppose qu'une première vaccination a perdu son effet préservatif : *il s'est fait revacciner.*

REVALENTA s. f. [-lan-] (corrupt. de *erva-*

lenta; de *ervum*, légume; *lens*, lentille). Syn. de **Revalescière.**

REVALESCIÈRE s. f. [-lèss-si-]. Substance alimentaire composée de diverses farines : pois, lentilles, haricots, maïs, sorgho, le tout assaisonné de sel, de gruau, et coloré avec de la teinture de cochenille.

* **REVALIDATION** s. f. Prat. Validation nouvelle d'un acte, d'une saisie.

* **REVALIDER** v. a Prat. Donner une nouvelle validité à un acte de procédure.

* **REVALOIR** v. a. Se conjugue comme **Valoir.** Rendre la pareille en bien ou en mal, et plus communément en mal : *cet homme m'a fait une injure, je lui revaudrai cela.*

* **REVANCHE** s. f. (rad. *venger*). Action par laquelle on se revanche du mal qu'on a reçu : *on l'avait maltraité, mais il a eu sa revanche, il a pris sa revanche.* — Se dit aussi en bonne part : *vous m'avez rendu de bons offices, je tâcherai d'en avoir ma revanche*, ou simpl., *d'avoir ma revanche.* (Fam.) — Jeu. Seconde partie que joue le perdant, pour se racquitter de la première : *jouer la revanche.* — Toute reprise de jeu demandée pour se racquitter de ce qu'on a perdu, pour regagner ce qu'on a perdu auparavant : *j'ai perdu mon argent au piquet; si vous voulez je prendrai ma revanche au trictrac.* — **En revanche** loc. adv. En récompense, pour rendre la pareille, soit en bien, soit en mal : *il m'a servi dans telle occasion et, en revanche, je l'ai servi dans une autre.*

* **REVANCHER** v. a. Défendre quelqu'un qui est attaqué, le soutenir, l'aider, le secourir dans une batterie, dans une querelle : *il a bien revanché son ami.* — **Se revancher** v. pr. Rendre la pareille d'une injure, d'un mal qu'on a reçu : *je sais tout le mal que vous avez dit de moi, je m'en revancherai.* — Se dit quelquefois en bien : *se revancher d'un bienfait.* — **Se défendre** : *il est venu m'attaquer, je me suis bien revanché.*

* **REVANCHEUR** s. m. Celui qui revanche, qui défend quelqu'un : *il a trouvé dans son camarade un bon, un excellent revancheur.*

* **RÉVASSER** v. n. Avoir de fréquentes et diverses rêveries pendant un sommeil inquiet : *il ne se porte pas bien, il n'a fait que rêvasser toute la nuit.* — Penser vaguement à quelque chose : *vous me trouvez rêvassant à mon affaire.* (Fam.)

* **RÊVASSERIE** s. f. Action de rêvasser; état de celui qui rêvasse : *ce n'était pas un véritable rêve, ce n'était qu'une rêvasserie.* — Fig. *C'est un homme à projets, qui débite bien des rêvasseries.* (Fam.)

* **RÊVASSEUR** s. m. Celui qui rêvasse. Il est familier, et ne s'emploie guère qu'au figuré.

* **RÊVE** s. m. (angl. *rave*, être en délire). Assemblage d'idées plus ou moins incohérentes que se présentent à l'esprit pendant le sommeil : *j'ai fait un singulier rêve.* — Fig. **Il a fait un beau rêve**, se dit d'un homme qui a joui d'un bonheur fort court, ou qui n'a eu qu'une espérance trompeuse et de peu de durée. — **Les histoires que vous nous contez là sont de beaux rêves**, n'ont pas plus de suite, de vraisemblance que les rêves étaient des rêves. — **C'est un rêve que de vous voir ici**, on s'y attendait si peu, qu'il semble qu'on rêve. — *ses espérances n'ont été qu'un rêve.*

* **RÊVÊCHE** adj. (lat. *reversus*, contraire). Rude, âpre au goût : *ces poires sont revêches.* — **Diamant revêche**, diamant auquel on ne peut faire prendre le poli dans toutes ses parties. — Se dit, fig., des personnes rudes, peu traitables, rébarbatives : *cet homme est bien revêche.*

* **RÉVEIL** s. m. [ré-vet; l mll.]. Cessation de sommeil : *un doux réveil.* — Fig. **Il a eu un fâcheux réveil**, se dit d'un homme qui a été détrompé cruellement de quelque espérance, de quelque illusion flatteuse. — Machine d'horlogerie appelée aussi quelquefois **Réveil-matin** : *il y a quelque chose à faire à ce réveil*, etc. — Poétiq. **Le réveil de la nature**, le printemps.

* **RÉVEILLABLE** adj. Qui peut être réveillé.

* **RÉVEIL-MATIN** s. m. Horloge, montre, ou partie d'une horloge, d'une montre qui sonne pendant un certain espace de temps, pour éveiller à l'heure sur laquelle on a mis l'aiguille en se couchant : *ce réveil-matin n'est pas juste.* — **C'est un fâcheux réveil-matin**, se dit du bruit qu'on fait la main de bonne heure un maréchal, un charron, un serrurier, etc. — **C'est un agréable réveil-matin**, **c'est un fâcheux réveil-matin**, se dit d'une bonne nouvelle, d'une mauvaise nouvelle, qu'on apprend en s'éveillant. — pl. *Des réveil-matin.*

* **RÉVEILLER** v. a. Faire cesser le sommeil de quelqu'un : *il a défendu qu'on le réveillât.* — **Réveiller quelqu'un d'un assoupissement, d'une léthargie**, tirer quelqu'un d'un assoupissement, d'une léthargie. — Fig. Exciter de nouveau, ranimer : *ce jeune homme a l'esprit un peu assoupi; il a besoin qu'on le réveille.* — Renouveler, faire renaître : *cela réveilla leur courage.* — **Se réveiller** v. pr. S'éveiller: *je me suis réveillé trois ou quatre fois cette nuit.* — Se ranimer, se renouveler : *il s'est réveillé au bruit des exploits de son rival.* — **Se réveiller de son assoupissement, de sa léthargie**, sortir de son assoupissement, de sa léthargie; cesser d'être assoupi, d'être en léthargie; et fig., sortir de son indolence, de son inaction.

* **RÉVEILLON** s. m. [ll mll.] Petit repas extraordinaire qui se fait vers le milieu de la nuit : *donner, faire un réveillon.* — Peint. Se dit de certaines touches claires et brillantes que le peintre place dans quelques endroits de son tableau, pour y faire sentir la lumière, et la rendre plus piquante.

RÉVEILLONNER v. n. Faire le réveillon.

REVEL, *Rebellum*, ch.-l. de cant., arr. à 30 kil. N.-E. de Villefranche (Haute-Garonne); 3,500 hab. Lainages, bonneterie, liqueurs.

REVEL ou **Reval**, ville de Russie, capitale de l'Esthonie, sur la baie de Revel, dans le golfe de Finlande, à 350 kil. O.-S.-O. de Saint-Pétersbourg; 31,400 hab. C'est une ville des bains de mer; elle a un palais fondé par Pierre le Grand, avec un beau parc public. Ce fut une des villes les plus prospères de la Hanse. Elle a encore un grand commerce d'exportation.

RÉVÉLANTISME s. m. Doctrine philosophique qui cherche dans la révélation chrétienne, interprétée par l'Eglise catholique, la solution des questions psychologiques et morales.

* **RÉVÉLATEUR, TRICE** s. Celui, celle qui fait la révélation d'un complot politique, ou de quelque association criminelle : *on lui avait proposé d'entrer dans cette conspiration, il en a été le révélateur.*

RÉVÉLATIF, IVE adj. Qui est de nature à révéler.

* **RÉVÉLATION** s. f. Action de révéler : *révélation d'un secret, d'un complot, d'une conspiration, d'un crime.* (Voy. **Secret.**) — Inspiration par laquelle Dieu a fait connaître surnaturellement aux prophètes, aux saints, à son Eglise, ses mystères, sa volonté, sa venue, etc.: *saint Paul a eu des révélations.* — Se dit quelquefois des choses révélées : *les révélations de saint Jean.* — Absol. Révélation divine, ou religion révélée : *l'autorité de l'Ecriture sainte est fondée sur la révélation.* —

C'est toute une **révélation**, se dit d'un fait qui, une fois connu, en explique un grand nombre d'autres. — Livre de la Révélation. (Voy. Apocalypse.)

* **RÉVÉLÉ, ÉE** part. passé de Révéler. — La religion révélée, le christianisme.

* **RÉVÉLER** v. a. (lat. *revelare*). Découvrir, déclarer, faire savoir une chose qui était inconnue et secrète : *révéler la conduite, les actions de quelqu'un.*

Il n'est point de secrets que le temps ne *révèle.*
Racine. *Britannicus*, acte IV, sc. IV.

— Se dit aussi en parlant des personnes, *Révéler ses complices.* — **Se révéler** v. pr. Se découvrir, se faire connaître : *son génie se révéla dans cette occasion.*

* **REVENANT, ANTE** adj. Qui plaît, qui revient : *physionomie revenante.*

* **REVENANT** s. m. Esprit q̄ 'on suppose revenir de l'autre monde : *il a peur des revenants.*

* **REVENANT-BON** s. m. Profit casuel et éventuel provenant d'un marché, d'une charge, etc. : *les revenants-bons de cette affaire, de cette charge.* — Deniers qui restent dans les mains d'un comptable après qu'il a rendu ses comptes : *on avait fait un fonds de cent mille francs, on n'en a employé que soixante; c'est quarante mille francs de revenant-bon.* On dit plus ordinairement, Boni. — Fig. Toutes sortes de profits et d'avantages qui viennent par une espèce de hasard : *le plaisir d'obliger est le revenant-bon de mon emploi.* —Prov. C'est le revenant-bon du métier, se dit des profits, des avantages attachés à telle profession, à telle situation. S'emploie aussi dans un sens ironique : *cet espion a été roué de coups, c'est le revenant-bon du métier.*

* **REVENDEUR, EUSE** s. Celui, celle qui revend, qui achète pour revendre : *revendeur de livres.* — Se dit, particul. au féminin, des femmes dont le métier est d'acheter de vieilles hardes pour les revendre : *il faut vendre ces vieilles nippes à une revendeuse.* — Revendeuse a la toilette, femme qui porte dans les maisons des hardes, des bijoux à vendre.

* **REVENDICATION** s. f. Jurispr. Action de revendiquer : *revendication d'un terrain.* — Action de réclamer ce qu'on regarde comme un droit : *la revendication d'une liberté.*

* **REVENDIQUER** v. a. (préf. *re*; lat. *vendicare*, venger, réclamer). Réclamer une chose qui nous appartient, et qui est dans les mains d'un autre : *revendiquer des meubles, un cheval.*

* **REVENDRE** v.a. Vendre ce qu'on a acheté : *c'est un homme qui achète pour revendre.* — Avoir d'une chose a revendre, en avoir abondamment : *il a du savoir, de l'esprit à revendre.* — Ne vous fiez pas a lui, il vous en revendra, il est plus fin que vous. — Procéd. Revendre a la folle enchère, vendre de nouveau une chose, aux risques et périls d'un premier adjudicataire qui n'en a pas payé le prix.

REVENEZ-Y s. m. Retour vers le passé : *c'est un revenez-y.*

REVENGER (Se) v. pr. Prendre sa revanche.

* **REVENIR** v. n. Venir une autre fois, de nouveau : *il est revenu vous chercher.* — Se dit des choses qui croissent de nouveau, qui repoussent après qu'elles ont été coupées, arrachées, etc. : *ces bois que l'on avait coupés reviennent bien.* — Se dit aussi de certaines choses qui reparaissent après avoir disparu, qui arrivent, se présentent ou se font sentir de nouveau : *le soleil revient sur l'horizon.* Cela me revient dans l'esprit, a l'esprit, cela me revient en mémoire, dans la mémoire, a la

mémoire, je m'en ressouviens à l'instant même; et absol., Ce nom ne me revient point, je ne m'en ressouviens plus — Retourner au lieu d'où l'on était parti : *il était parti ce matin, il est revenu.* — S'en revenir, se dit, fam., dans le même sens : *il s'en est revenu tout courant.* — Fig. Revenir au giron de l'Eglise, rentrer dans le sein de l'Eglise catholique. — Prov. et fam. Il revient de l'autre monde, il semble qu'il revienne de l'autre monde, se dit d'un homme qui n'est pas instruit d'un événement public et remarquable, arrivé depuis peu. — Prov. et fig. Revenir sur l'eau, rétablir sa fortune, recouvrer du crédit, rentrer en faveur. — Il revient des esprits, des esprits reviennent dans cet endroit, on croit y voir des fantômes, on y entend des bruits que le vulgaire attribue à des esprits. — Se dit, en outre, de certains aliments qui, lorsqu'on les a mangés, causent des rapports : *l'ail, l'échalotte revient.* — Recommencer à faire ou à dire les mêmes choses que l'on a faites ou dites précédemment. — Les troupes reviennent a la charge, après avoir plié, après avoir été battues, elles retournent au combat. — Fig. Revenir a la charge, réitérer ses instances, ses prières, ses reproches, ses invectives, etc. : *on a beau le rebuter, il revient toujours à la charge.* —Fig. Je reviens a ce que nous disions, pour en revenir a ce que nous disions, au sujet dont il était question, se dit quand, après une digression ou une interruption, l'on reprend son sujet. On dit simpl., dans le même cas, Revenons. — J'en reviens toujours la, qu'il faut... je persiste à penser, à représenter qu'il faut... — Revenir a ses moutons, reparler d'une chose qu'on a fort à cœur, retourner à son principal sujet après quelque digression : *il revient toujours à ses moutons.* — Revenir sur une matière, sur une affaire, en reparler, la traiter de nouveau. — Prov. A tout son compte revenir, on doit être toujours reçu à recommencer le calcul fait avec le plus de soin, et à s'assurer s'il est exact. — Se rétablir, se remettre, être rétabli, être remis dans même état où l'on était auparavant : *revenir en son premier état.* — Revenir a soi, ou simpl., Revenir, reprendre ses esprits après un évanouissement, une faiblesse, etc. (Voy. plus bas un autre sens de la même expression.) — Fam. Le vin, les liqueurs, etc., font revenir le cœur, le vin, les liqueurs, etc., réparent, rétablissent les forces. — Revenir d'une maladie, se rétablir, recouvrer sa santé : *il est bien revenu de sa maladie.* On dit absol., dans le même sens. Il revient a vue d'œil. On dit de même. En revenir, guérir d'une maladie, n'en pas mourir : *je crois qu'il en reviendra.* — Il en est revenu d'une belle, il a été dans un grand danger, il en est échappé. — La jeunesse revient de loin, les jeunes gens reviennent souvent des maladies les plus dangereuses. Se dit aussi pour faire entendre que la jeunesse peut revenir de grandes erreurs, de grands égarements. — Revenir d'une frayeur, d'un étonnement, d'une surprise, etc., reprendre ses esprits, reprendre le courage que la frayeur avait ôté, etc. : *elle n'est pas encore bien revenue de sa frayeur.* — Absol. Je n'en reviens pas, je ne reviens pas de mon étonnement. — Fig. Abandonner l'opinion dont on était, pour se ranger à l'avis d'un autre : *je reviens à l'avis d'un tel.* On dit aussi, Je reviens à ma première idée. — Revenir de ses erreurs, de ses opinions, des impressions qu'on a reçues, en désabuser. On dit, dans le même sens : *je suis bien revenu des choses du monde, de ce monde.* — Revenir de ses débauches, de ses emportements, des égarements de sa jeunesse, en corriger, y renoncer. — Revenir sur ce qu'on avait dit, sur ce qu'on avait promis, sur ses engagements, changer de sentiments, d'opinion, se dédire de ce qu'on avait promis. — Revenir sur le compte de quelqu'un, abandonner une mau-

vaise opinion qu'on avait de lui, pour en prendre une meilleure, une bonne : *je suis bien revenu sur son compte.* — Revenir a soi, prendre de meilleurs sentiments : *après de longs égarements, on peut encore revenir à soi.* Se calmer : *la colère l'emporta, mais il revint à lui presque aussitôt.* — Fig. Se réconcilier, s'apaiser : *quand on l'a fâché une fois, c'est pour toujours; il ne revient jamais.* — Résulter à l'avantage ou au désavantage de quelqu'un : *le profit qui m'en revient est médiocre.* — Coûter, et alors se joint à la préposition a : *cette ferme, tout compté, tout calculé, me revient à tant.* — Ces deux sommes réunies reviennent a celle de... elles font ensemble la somme de... — Avoir du rapport, être conforme, semblable : *cette couleur revient à celle de votre habit.* On dit, dans le même sens, Cela revient au même. — Plaire : *son humeur me revient fort.* — Il me revient de toutes parts que vous vous plaignez de moi; la même chose me revient de tous côtés, beaucoup de personnes me le rapportent, m'en informent; —Cuis. Faire revenir de la viande, la mettre en état d'être piquée ou bardée, pour la faire rôtir ensuite : *il faut faire revenir ces pigeons, ces poulets sur le gril, sur les charbons, dans l'eau bouillante.* On dit aussi, Faire revenir des légumes dans de la graisse, dans du beurre. — Jurispr. Revenir sur quelqu'un, exercer contre quelqu'un une action en garantie : *vous êtes garant de cette rente; ayez soin qu'elle soit bien payée, sans quoi j'en reviendrai sur vous.* — Procéd. Revenir par opposition contre un jugement, par requête civile contre un arrêt, se pourvoir en justice contre un jugement, contre un arrêt. On dit aussi, Revenir par la voie de la rescision contre un traité, un contrat, etc.

REVENOIR s. m. Techn. Outil servant à donner différents recuits ou à bleuir l'acier.

* **REVENTE** s. f. Seconde vente, nouvelle vente : *la revente d'un bien.* — Une tapisserie de revente, un lit de revente, etc., un lit, une tapisserie, etc., qu'on n'achète pas de la première main. — Revente a la folle enchère, nouvelle vente d'un bien dont le premier adjudicataire n'a pas payé le prix.

* **REVENU** s. m. Ce qu'on retire annuellement d'un domaine, d'un emploi, d'une pension, d'une constitution de rente, etc. : *cette dépense passe mon revenu, excède mon revenu.* — Revenus casuels, certains profits qui ne sont point compris dans les revenus ordinaires. — Revenus publics ou Revenus de l'Etat, tout ce que l'Etat retire, soit en contributions, soit de ses propriétés. — Impôt sur le revenu. « Si l'on excepte les impôts sur le capital (droits sur les ventes, les donations, les successions, etc.), et les impôts de fabrication, de douane et de consommation, la plupart des contributions sont des impôts sur le revenu. On a presque toujours, en France, préféré asseoir l'impôt sur des données fixes, plutôt que de l'établir sur des déclarations de revenu dont la sincérité peut être difficilement contrôlée. Nos quatre contributions directes ne sont autre chose que des impôts sur le revenu présumé. (Voy. Contribution.) L'impôt sur le revenu des actions et obligations est établi sur un revenu réel. (Voy. Société.) Mais on entend généralement par ces mots « impôt sur le revenu », une contribution directe basée sur l'ensemble des revenus nets de chacun. C'est ainsi qu'est appliqué en Angleterre l'income-tax, adopté d'abord en 1798, sur la proposition de Pitt, afin de subvenir aux charges de la guerre contre la France, aboli en 1803, aboli en 1816, après la paix générale, et rétabli définitivement le 22 juin 1842. Cet impôt, dont sont affranchis les revenus inférieurs à 2,500 fr., est basé sur les revenus nets déclarés par chaque contribuable. Il est plus

élevé pour le propriétaire que pour le fermier, et il frappe non seulement les revenus des immeubles, des valeurs mobilières et des fonds publics, mais aussi les traitements, les salaires et les profits de l'industrie ou du commerce. Après avoir été d'abord *progressif*, il est aujourd'hui purement *proportionnel*. Le taux en est fixé chaque année par le parlement, à raison d'un certain nombre de *pence* (0 fr. 09 c. 66) par *livre sterling* de revenu (25 fr. 22). Il s'est élevé plusieurs fois jusqu'à seize *pence par livre*. — En Prusse, l'impôt sur le revenu (*einkommensteuer*) s'applique à tous les revenus excédant 1,000 thalers ou 3,000 marks (3,750 fr.). Ces revenus sont divisés en trente classes et le tarif varie suivant la classe. — En Autriche, la taxe sur le revenu est plus ou moins abaissée selon que les produits qu'elle frappe sont déjà plus ou moins fortement frappés par d'autres impôts. — En France, l'impôt sur le revenu a été plus d'une fois appliqué. Louis XIV, par déclaration donnée à Marly le 14 octobre 1710, imposa la plupart des revenus jusqu'à concurrence d'un dixième, et cet impôt fut ultérieurement doublé; la déduction s'opérait aux dépens des créanciers, et au moyen d'une retenue sur les arrérages des rentes foncières. Déjà, auparavant, au XIIIe siècle, au XIVe et au XVIe, on avait, pour des besoins urgents, établi temporairement des contributions du dixième, du quinzième ou du vingtième sur les revenus. L'impôt de 1710 fut supprimé en 1717, puis rétabli dans les années 1733 et 1741. Il fut remplacé, en 1749, par l'impôt du vingtième qui frappait tous les revenus sans exception; on y ajouta un second vingtième en 1758. Un troisième fut imposé en 1759 et fut perçu jusqu'en 1785. Ces impôts furent pendant longtemps convertis en abonnement pour les pays d'États et pour le clergé. Par la loi du 18 janvier 1791, l'Assemblée constituante chercha à établir un impôt sur le revenu, et elle prit pour base la valeur locative de l'habitation; c'est cet impôt qui, à la suite de modifications successives, est devenu la contribution mobilière, aujourd'hui confondue avec la contribution personnelle. En 1848 et en 1849, des propositions de lois furent présentées par le gouvernement, dans le but de soumettre à l'impôt divers revenus mobiliers, et c'est en 1857 seulement (L. 23 juin) que fut établie la première contribution annuelle sur les actions et les obligations au porteur. Un impôt de 2 p. 100, créé par la loi du 23 juin 1872, frappait les intérêts des créances hypothécaires; mais cette taxe, qui se rait infailliblement retombée à la charge des emprunteurs, a été abolie par une autre loi du 20 décembre suivant, avant même qu'elle ait pu être appliquée. En 1876, à la Chambre des députés, la commission du budget chargea une sous-commission de préparer un plan de réforme du système financier de la France; et le rapport de cette sous-commission, fait par Gambetta, concluait à substituer aux quatre contributions directes et à une partie des contributions indirectes, un impôt sur tous les revenus. Suivant ce projet, les revenus seraient répartis en cinq classes ou *cédules* : la première, dite *foncière*, frappant les revenus des terres; la seconde, dite *immobilière*, frappant les revenus de la propriété bâtie; la troisième, dite *industrielle et commerciale*, comprenant tous les profits des industries agricole, manufacturière et commerciale; la quatrième, dite *mobilière*, comprenant tous les revenus de la propriété mobilière; et la cinquième, dite *personnelle et d'habitation*, comprenant, d'une part, les salaires, traitements et honoraires, et d'autre part la jouissance des habitations, des parcs d'agrément, des effets mobiliers, objets d'art. Ce système d'impôt ne fut même pas discuté au parlement, où le budget est presque toujours voté à la hâte; et l'impôt sur

le revenu semble être ajourné pour longtemps encore, ainsi que toutes les grandes réformes fiscales. La plupart des revenus sont déjà imposés : les revenus des immeubles par la contribution foncière et par celle des portes et fenêtres, et les revenus mobiliers au moyen de la contribution mobilière. Certains de ces revenus sont frappés deux ou trois fois au moins par l'impôt des patentes, par l'impôt sur les valeurs mobilières et par des taxes indirectes. On ne pourrait donc atteindre que des revenus déjà grevés, à l'exception des rentes sur l'État, de diverses créances et des traitements ou salaires. En outre, il est à craindre que les déclarations demandées aux contribuables afin d'établir les bases de l'impôt ne soient souvent fausses, et que ce système ne profite trop à ceux qui ne craindraient pas de faire des déclarations mensongères. L'*impôt progressif*, qui n'est équitable qu'en apparence, existe à Paris où le contingent personnel mobilier est réparti de manière à exempter les locaux d'une valeur locative de 499 fr., au-dessous, et à frapper respectivement d'une taxe de 6,50, de 7,50, de 8,50, de 9,50 ou de 9 fr. 88 p. 100 les loyers qui excèdent 499, 599, 699, 799 et 899 fr. » (Ch. Y.)

* REVENUE s. f. Eaux et Forêts. Se dit du jeune bois qui revient sur une coupe de taillis : *voilà une belle revenue.*

* RÊVER v. n. (rad. rêve). Faire des songes : *je n'ai fait que rêver toute la nuit.* — Fam. CET HOMME RÊVE TOUT ÉVEILLÉ, son imagination crée des chimères, des fantômes. — Être en délire, dans une fièvre chaude ou dans quelque autre maladie : *voilà le transport qui lui vient, il commence à rêver.* — Par ext. Dire des choses déraisonnables, extravagantes : *vous rêvez, quand vous dites telle chose.* — Être distrait, laisser aller son imagination sur des choses vagues, sans aucun objet fixe et certain : *il rêve toujours sans répondre à ce qu'on lui dit.* — Fam. RÊVER A LA SUISSE, avoir l'air de penser à quelque chose, et ne penser à rien. (Vieux.) — Penser, méditer profondément sur quelque chose : *cette affaire est de grande conséquence, il faut y rêver.* — v. a. Désirer quelque chose vivement, avec passion : *il ne rêve que fortune.* — VOUS AVEZ RÊVÉ CELA, se dit à une personne qui rapporte, qui raconte des choses que l'on se refuse à croire.

* RÉVERBÉRATION s. f. (rad. lat. *reverberare*, frapper). Réfléchissement, réflexion. Ne se dit guère que de la lumière et de la chaleur : *les rayons du soleil ne viennent jamais dans cette chambre que par réverbération.*

* RÉVERBÈRE s. m. Miroir réflecteur, ordinairement de métal, que l'on adapte à une lampe, pour ramener vers les objets que l'on veut éclairer, la portion de sa lumière qui se perdrait dans l'espace. — Se dit, par ext. et plus ordinairement, des lanternes de verre qui contiennent une lampe munie d'un ou de plusieurs réflecteurs, et qui servent à éclairer pendant la nuit les rues, les grandes cours et d'autres lieux : *allumer les réverbères.* — CHASSE AU RÉVERBÈRE ou AU FLAMBEAU, chasse que l'on fait aux canards sauvages pendant la nuit, au moyen d'une espèce de fanal placé au bout d'une perche en avant du bateau qui porte les chasseurs. — Chim. FEU DE RÉVERBÈRE, feu appliqué de manière que la flamme est obligée de se rabattre et de rouler sur les matières que l'on expose à son action, comme dans un four ou sous un dôme. — Métall. FOURNEAU A RÉVERBÈRE, fourneau dont les parois et la coupole sont disposés de manière à réfléchir fortement la chaleur.

* RÉVERBÉRER v. a. Réfléchir, repousser, renvoyer. Ne se dit proprement qu'en parlant de la lumière et de la chaleur : *cette muraille réverbère fortement les rayons du*

soleil. — v. n. *Les rayons du soleil réverbèrent contre cette muraille.*

REVERCHON (Jacques), conventionnel, né à Saint-Cyr-au-Mont-d'Or en 1746, mort en 1828. Envoyé à la Convention, il vota la mort du roi sans appel ni sursis, présida le club des Jacobins, devint secrétaire du comité de sûreté générale, fut nommé membre du conseil des Cinq-Cents, administra le département de Saône-et-Loire et entra au conseil des Anciens en 1799. Banni en 1816, il se retira en Suisse.

* REVERDIR v. a. Repeindre en vert : *ces barreaux ont perdu leur couleur, il faut les reverdir.* — v. n. Redevenir vert : *les arbres reverdissent au mois de mai.* — Se dit, fig., d'un vieillard dont les forces se raniment, qui semble rajeunir : *je l'ai trouvé tout reverdi.* — PLANTER LA QUELQU'UN POUR REVERDIR, laisser une personne en quelque endroit sans la venir reprendre, comme on le lui avait promis : *il s'en alla, et me planta là pour reverdir.*

* RÉVÉREMMENT adv. [-ra-man]. Avec respect, avec révérence : *parler révéremment de Dieu, des choses saintes.* (Peu us.)

* RÉVÉRENCE s. f. [-ran] (lat. *reverentia*). Respect, vénération : *il faut traiter les choses saintes avec révérence.* — Pop. SAUF RÉVÉRENCE, RÉVÉRENCE PARLER, EN PARLANT PAR RÉVÉRENCE, se dit quand on parle de quelque chose dont on craint que la liberté ou l'expression ne blesse. — Titre d'honneur qu'on donnait aux religieux qui étaient prêtres : *Votre Révérence veut-elle...* — Mouvement du corps qu'on fait pour saluer, soit en s'inclinant, soit en pliant les genoux : *faire la révérence bien bas.* — Pop. TIRER SA RÉVÉRENCE A QUELQU'UN, le saluer : *quand il passa, je lui tirai ma révérence.* Cette manière de parler s'emploie quelquefois dans le langage familier, et signifie, saluer en s'en allant, prendre congé : *tout bonnement ma façon de penser, et je lui tirai ma révérence.* Fig. Je vous tire ma révérence, ne *comptez pas sur moi.* — FAIRE LA RÉVÉRENCE, SA RÉVÉRENCE A QUELQU'UN, lui rendre ses respects, et le saluer pour la première fois, ou quand on a été longtemps sans le voir : *le seigneur, au retour de son voyage, eut l'honneur de faire la révérence au roi.* — Sorte d'hommage rendu aux souverains dans certaines occasions : *la reine a dispensé des révérences.*

* RÉVÉRENCIELLE adj. f. Ne s'emploie que dans cette locution, CRAINTE RÉVÉRENCIELLE, sentiment mêlé de crainte et de respect que les enfants doivent avoir pour leurs pères et mères : *vœux contractés par crainte révérencielle.*

* RÉVÉRENCIEUSEMENT adv. Avec respect, d'une manière humble et cérémonieuse.

* RÉVÉRENCIEUX, EUSE adj. Qui affecte de faire quantité de révérences : *voilà un homme bien révérencieux.* (Fam.) — Humble et cérémonieux : *il devient de jour en jour plus révérencieux.*

* RÉVÉREND, ENDE adj. [-ran] (lat. *reverendus*, qui doit être respecté). Digne d'être révéré. Ne s'emploie que comme un titre d'honneur qu'on donne aux prélats, aux religieux et aux religieuses : *révérend père en Dieu.* — Substantiv. *Mon révérend, mes révérends.*

* RÉVÉRENDISSIME adj. Titre d'honneur plus relevé que celui de très révérend, et que l'on donne aux évêques, aux archevêques et aux généraux d'ordre : *monseigneur l'illustrissime et révérendissime archevêque de...*

* RÉVÉRER v. a. (lat. *revereri*). Honorer, respecter : *révérer Dieu, les saints, les reliques, les images.*

* RÊVERIE s. f. État de l'esprit occupé

d'idées vagues qui l'intéressent, et pensées riantes ou tristes auxquelles se laisse aller l'imagination : *s'enfoncer dans une sombre rêverie.* — Idée extravagante, chimérique : *les rêveries des astrologues.* — Délire causé par une maladie, ou effet de ce délire : *il entre dans la rêverie.*

' **REVERQUIER** s. m. Voy. REVERTIER.

' **REVERS** s. m. [re-vèr] (lat. *reversus*, retourné). Côté d'une chose opposé à celui que l'on regarde ou qui se présente d'abord : *le revers de la main.* — UN COUP DE REVERS, ou simpl., UN REVERS, un coup d'arrière-main ; un coup donné de gauche à droite avec la main ou avec un instrument, avec une arme quelconque : *ce joueur de paume donne fort adroitement un coup de revers.* — FRAPPER DE REVERS, frapper de gauche à droite avec une arme, un bâton, etc., que l'on tient de la main droite. — Fig. UN REVERS DE FORTUNE, ou simpl., UN REVERS, une disgrâce, un accident qui change une bonne situation en une mauvaise : *il vient d'avoir un fâcheux revers de fortune.* — LES REVERS D'UN HABIT, se dit des deux parties d'un habit qui se joignent sur la poitrine, et qui sont ou qui semblent repliées en dessus de manière à montrer une portion du revers ou de la doublure de l'habit : *un habit d'uniforme à revers bleus.* — REVERS DE BOTTE, le haut de la tige d'une botte, lorsqu'il paraît se rabattre et montrer le côté du cuir qui n'est pas noirci : *bottes à revers.* — Monnaies. Côté opposé à celui où est l'empreinte de la tête du prince ou du personnage au nom ou en l'honneur duquel la médaille a été frappée : *cette médaille a d'un côté la tête d'Auguste, et sur le revers une Victoire.* — REVERS DE PAVÉ, partie inclinée du pavé d'une rue depuis les maisons jusqu'au ruisseau. — Fortific. LE REVERS DE LA TRANCHÉE, le côté de la tranchée qui est tourné vers la campagne, et qui est opposé à celui qui regarde la place. On dit de même, LE REVERS DU FOSSÉ, le bord extérieur, opposé à celui de l'enceinte. On appelle quelquefois, mais improprement et par abus, REVERS DE LA TRANCHÉE, le côté extérieur du parapet. — Guerre. VOIR, PRENDRE, BATTRE A REVERS OU DE REVERS UNE TROUPE, UN OUVRAGE DE FORTIFICATION, voir, prendre, battre une troupe ou cet ouvrage, soit en flanc, soit à dos. PRENDRE DES REVERS, occuper une position d'où l'on dirige obliquement son feu contre le dos de l'ennemi. — Mar. MANŒUVRES DE REVERS, les écoutes, boulines et amures de dessous le vent des basses voiles , c'est-à-dire, qui ne se trouvent pas du côté du vent.

' **RÉVERSAL, ALE, AUX** adj. S'est dit d'un acte d'assurance donné à l'appui d'un engagement précédent : *diplôme réversal.* — LETTRES RÉVERSALES, ou RÉVERSALES, se dit aussi de lettres par lesquelles on fait une concession en échange, en retour d'une autre.

REVERSE adj. Anat. Se dit de l'aile des insectes quand le bord de l'aile inférieure dépasse celui de l'aile supérieure.

' **REVERSEMENT** s. m. Mar. Action de reverser. On dit mieux, TRANSBORDEMENT.

' **REVERSER** v. a. Verser de nouveau : *reverser du vin dans son verre.* — Mar. Transporter la cargaison d'un bâtiment dans un autre : *reverser des munitions de guerre, de bouche, des marchandises*, etc. On dit plus ordinairement TRANSBORDER. — Fig., en termes de Fin. et de Comm. : *cet excédent sera reversé sur tel chapitre, sur tel article de compte.*

' **REVERSIS** ou **REVERSI** s. m. Sorte de jeu de cartes où celui des joueurs qui fait le moins de levées gagne la partie, et où le valet de cœur, qu'on nomme le QUINOLA, est la carte principale : *le reversi se joue à quatre*

personnes. — Coup qui consiste à faire toutes les levées, et qui, par une exception à la règle ordinaire, procure le gain de la partie : *faire le reversi.*

' **RÉVERSIBILITÉ** s. f. Jurispr. Qualité de ce qui est réversible : *la réversibilité des apanages.*

' **RÉVERSIBLE** adj. Jurispr. Se dit des biens, des terres qui doivent en certains cas retourner au propriétaire qui en a disposé : *tous les héritages donnés à bail emphytéotique sont réversibles après la fin du bail.* — Se dit aussi des rentes viagères constituées sur plusieurs têtes, ou d'une pension assurée à d'autres personnes après la mort du titulaire : *ces quatre sœurs ont obtenu des pensions qui seront réversibles d'une tête sur l'autre, jusqu'à la dernière.*

' **RÉVERSION** s. f. Jurispr. Retour, droit de retour, en vertu duquel les biens dont une personne a disposé en faveur d'une autre, lui reviennent quand celle-ci meurt sans enfants : *il est rentré dans ce bien par droit de réversion.*

' **REVERTIER** s m. (lat. *revertere*, revenir). Sorte de jeu qui se joue dans un trictrac, et qui consiste à faire revenir ses dames dans la même table d'où elles sont parties. On disait autrefois REVERQUIER.

REVESTIAIRE s. m. Lieu séparé dans l'église, où les prêtres se revêtent des habits sacerdotaux pour l'office divin. (VIEUX.)

' **REVÊTEMENT** s. m. Archit Espèce de placage de plâtre, de mortier, de bois, de marbre, etc., qu'on fait à une construction pour la rendre plus agréable, ou plus riche, ou même plus solide : *le revêtement de ce mur est de plâtre.* — Ouvrage de pierre, de brique, ou de quelque autre matière, servant à retenir les terres d'un fossé, d'un bastion, d'une terrasse : *les revêtements sont ordinairement en talus, afin de mieux soutenir la poussée des terres.*

' **REVÊTIR** v. a. Se conjugue comme *Vêtir*. Donner des habits à quelqu'un qui en a besoin : *revêtir les pauvres.* — Se dit aussi en parlant des habits de cérémonie ou des autres marques de dignité : *les chevaliers du Saint-Esprit étaient revêtus de leur grand collier de l'ordre.* — Se dit, fig., en parlant des emplois, des titres, des dignités, du pouvoir, de l'autorité qu'on reçoit, dont on est investi : *la charge dont je vous ai revêtu.* — S'emploie aussi fig., dans quelques autres acceptions. Ainsi on dit : REVÊTIR SES PENSÉES D'UN STYLE BRILLANT, les exprimer d'une manière brillante. REVÊTIR LE MENSONGE, L'ERREUR DES APPARENCES DE LA VÉRITÉ, donner au mensonge, etc., l'air de la vérité. — Jurispr. CET ACTE EST REVÊTU DE TOUTES LES FORMES, DE TOUTES LES FORMALITÉS REQUISES, toutes les formes nécessaires pour qu'il soit valide y ont été observées. CET ÉCRIT, CET ACTE EST REVÊTU DE LA SIGNATURE DE TELLE PERSONNE, il porte la signature de telle personne. — Prendre, se donner, s'attribuer telle ou telle apparence, telle qualité : *revêtir la figure de quelqu'un ; les formes que revêt la pensée.* On dit, dans le sens anal., REVÊTIR UN PERSONNAGE. — REVÊTIR UN CARACTÈRE, faire connaître la qualité, l'autorité qu'on possédait sans la montrer : *il ne passait que pour un voyageur, mais il a revêtu depuis peu un caractère d'envoyé.* — Archit. Faire un revêtement : *revêtir un fossé, un bastion.* — Recouvrir, enduire : *revêtir l'aire d'une grange d'une couche de sable et de terre battus.*

' **REVÊTU, UE** part. passé de REVÊTIR. — UN GUEUX REVÊTU, un homme de rien qui a fait fortune, et qui en est devenu arrogant. — Fig. Orné, décoré : *les vertus et les qualités aimables dont il était revêtu, le rendent digne de tous nos regrets.*

' **RÊVEUR, EUSE** adj. Qui rêve, qui s'entretient de ses imaginations : *cet homme est fort rêveur.* — s. *C'est un rêveur perpétuel.* — C'EST UN RÊVEUR, C'EST UN VIEUX RÊVEUR, se dit d'un homme qui fait ou qui dit des choses extravagantes, dont les idées sont hors du sens commun.

RÊVEUSEMENT adv. D'une manière rêveuse : *faire une revirade.*

' **REVIENT** s. m. [re-vi-ain] (rad. *revenir*). S'emploie dans cette phrase, LE PRIX DE REVIENT, le prix auquel un objet fabriqué revient pour le fabricant, ce qu'il coûte.

REVIGNY, ch.-l. de cant., arr. et à 17 kil. O.-N.-O. de Bar-le-Duc (Meuse), près de l'Ornain, 1,500 hab.

' **REVIRADE** s. f. Jeu de trictrac. Action d'un joueur qui, pour faire une case avancée, emploie une ou deux dames de cases déjà faites : *faire une revirade.*

' **REVIREMENT** s. m. Mar. Action de revirer : *revirement par la tête, par la queue.* — On dit mieux, VIREMENT. — Banque et Comm. REVIREMENT DE PARTIES, DE FONDS, DE DENIERS, et simpl., REVIREMENT, manière de s'acquitter envers une personne en lui faisant le transport d'une dette active équivalente à la somme qu'on lui doit : *ces négociants se sont acquittés par des revirements.* — Changement brusque et du tout au tout qui survient dans l'opinion, dans la conduite d'un homme, d'un parti, d'un peuple.

' **REVIRER** v. n. Mar. Tourner d'un autre côté : *revirer par la tête, par la queue.* — Fig. et fam., REVIRER DE BORD, changer de parti : *quand il vit la tournure que prenaient les affaires, il revira de bord.* — Jeu de trictrac. Faire une revirade.

' **REVISABLE** adj. Qui peut être revisé.

' **REVISER** v. a. Revoir, examiner de nouveau : *reviser une affaire, un compte, un procès ; un article de cette constitution fixe l'époque où elle pourra être revisée.*

' **REVISEUR** s. m. Celui qui revoit après un autre : *vous avez là votre reviseur.*

' **REVISION** s. f. Action par laquelle on revoit, on examine de nouveau : *la revision des lois, d'une constitution.* — Typogr. *Faire la revision d'une feuille*, pour s'assurer qu'il n'y reste plus de fautes. — Se dit particul., en matière de comptes et de procès : *demander la revision d'un procès.* — CONSEIL DE REVISION, tribunal militaire qui revise les jugements rendus par les conseils de guerre ; conseil chargé, lors du recrutement de l'armée, de statuer sur l'aptitude des sujets présentés. — Législ. « Nous avons parlé plus haut des conseils de guerre et des autres tribunaux militaires investis du pouvoir de statuer sur les recours formés contre les décisions des conseils de guerre, pour vices de formes ou pour fausse application de la loi. Nous avons parlé aussi d'autres conseils de revision qui sont chargés d'examiner les jeunes gens appelés chaque année pour le recrutement de l'armée. (Voy. CONSEIL et JUSTICE.) — La revision des procès criminels ou correctionnels peut être demandée dans les cas suivants : 1° lorsque, après une condamnation pour homicide, des pièces sont représentées, propres à faire naître de suffisants indices sur l'existence de la prétendue victime de l'homicide ; 2° lorsque, après la condamnation, un autre individu a été condamné pour le même fait ; 3° lorsque l'un des témoins entendus a été, postérieurement à la condamnation, condamné lui-même pour faux témoignage. Le droit de demander la révision appartient exclusivement au ministre de la justice, au condamné même, après sa mort à son conjoint, à ses enfants, à ses légataires universels ou à titre universel.

et à ceux qui ont reçu de lui la mission expresse de réclamer cette revision. Les demandes sont portées devant la chambre criminelle de la cour de cassation, par son procureur général, sur l'ordre exprès que donne le ministre de la justice, soit d'office, soit par suite de la réclamation des parties. L'exécution de l'arrêt ou du jugement dont la revision est demandée se suspende de plein droit jusqu'à ce que la cour de cassation ait prononcé C. inst. crim. 443 et s.; L. 29 juin 1867). On peut aussi considérer comme un cas de revision de procès criminel celui où, en vertu de l'article 352 du Code d'instruction criminelle, la cour d'assises, étant convaincue que les jurés, tout en observant les formes, se sont trompés au fond en déclarant l'accusé coupable, décide qu'il sera sursis au jugement et que l'affaire sera renvoyée à la session suivante pour être soumise à un nouveau jury dont ne peut faire partie aucun des jurés ayant pris part à la déclaration annulée. — La *revision de la constitution* ne peut être faite que dans certaines conditions. Aux termes de l'article 8 de la loi du 25 fév. 1875, il faut que les deux Chambres aient préalablement, par délibérations séparées prises dans chacune à la majorité absolue des voix, déclaré qu'il y a lieu de reviser les lois constitutionnelles. Ensuite les deux Chambres se réunissent en Assemblée nationale pour procéder à la revision, et les délibérations de cette assemblée doivent être prises à la majorité absolue des membres qui la composent. C'est ainsi qu'il a été procédé lors de la revision partielle qui a été faite le 14 août 1884. »   (Ch. Y.)

REVISIONNISTE adj. Qui procède à une revision. — s. m. Partisan de la revision de la constitution politique du pays.

* REVIVIFICATION s. f. Chim. Opération par laquelle on fait reparaître sous sa forme naturelle un métal qui était masqué sous une forme différente. (Voy. RÉDUCTION.)

* REVIVIFIER v. a. Vivifier de nouveau : *cette partie était presque morte, on l'a revivifiée en la frottant avec de l'alcool, en la frictionnant.* — Chim. REVIVIFIER LE MERCURE, le remettre en son état naturel, le rendre à sa forme métallique. — Théol. LA GRACE REVIVIFIE LE PÉCHEUR, elle lui donne une nouvelle vie spirituelle.

REVIVISCENCE s. f. [-viss-san-]. Retour à la vie des animaux réviviscents.

REVIVISCENT, ENTE adj. [-viss-san] (lat. *reviviscens*). Physiol. Se dit des animaux qui peuvent être ranimés après avoir perdu toutes les apparences de la vie.

REVIVISCIBLE adj. Qui peut être ramené à la vie.

* REVIVRE v. n. Se conjugue comme *Vivre.* Ressusciter, revenir à la vie : *Jésus-Christ fit revivre Lazare, qui était mort depuis trois jours.* — Fig. Vivre pour ainsi dire de nouveau : *les pères revivent dans leurs enfants.* — Se dit également des choses, et signifie, renaître, se renouveler : *à la paix, l'industrie doit revivre.* — Pour revivre a la grace il faut mourir au péché, il faut renoncer entièrement au péché, si l'on veut revenir en état de grâce. — Faire revivre une personne, lui rendre des forces, de la vigueur, lui redonner de l'espérance, de la vie : *il était dans une grande langueur, le remède qu'on lui a donné l'a fait revivre.* — Fig. Faire revivre une chose, la renouveler, la ranimer, ou la remettre de nouveau en honneur, en vogue, en crédit : *son amour, qu'elle croyait éteint, commence à revivre.* — Il fait revivre en lui la gloire de ses ancêtres, il imite les grandes actions de ses ancêtres. — Faire revivre des droits, des prétentions, etc., les faire valoir de nouveau. — Faire revivre une charge, rétablir une

charge qui avait été éteinte ou supprimée. — Le vernis fait revivre les couleurs, il leur donne un nouvel éclat. La noix de galle fait revivre les vieilles écritures, elle les fait reparaître, elle les rend lisibles.

RÉVOCABILITÉ s. f. Caractère de ce qui est révocable.

* RÉVOCABLE adj. Qui peut être révoqué, qui peut être destitué : *ordinairement une procuration est révocable.*

* RÉVOCATION s. f. Action de révoquer : *la révocation de l'édit de Nantes.* — Législ. « *La révocation des donations entre-vifs* ne peut avoir lieu que dans certains cas expressément déterminés par la loi (voy. DONATION), tandis que la *révocation d'un testament* peut toujours être faite, en tout ou en partie, soit par un testament postérieur, soit par acte notarié, soit implicitement par l'aliénation que fait le testateur de tout ou partie de la chose léguée (C. civ. 1035 et s.). *La révocation des conventions* ne peut avoir lieu que par consentement mutuel ou par les causes que la loi détermine (id. 1134). La *révocation d'un mandataire* peut être faite par le mandant quand bon lui semble ; elle résulte toujours implicitement de la constitution d'un second mandataire pour la même affaire, mais la révocation d'un mandataire ne peut être opposée aux tiers lorsque ceux-ci n'en ont pas eu connaissance (id. 2003 et s.). — Tout fonctionnaire public qui a eu connaissance de sa révocation et qui a continué néanmoins l'exercice de ses fonctions doit être puni d'un emprisonnement de six mois à deux ans et d'une amende de 100 à 500 fr Il doit être, en outre, interdit de toute fonction publique pendant cinq ans au moins et dix ans au plus, à compter du jour où il a subi sa peine (C. pén. 193). Les dispositions sont applicables, d'après la jurisprudence de la cour de cassation, aux officiers ministériels révoqués. »   (Ch. Y.)

* RÉVOCATOIRE adj. Jurispr. Qui révoque : *acte révocatoire.*

* REVOICI et REVOILÀ, prép. réduplic. qui signifient, voici et voilà de nouveau : *le revoici, le revoilà encore.* (Ces deux mots sont familiers.)

REVOIR v. a. Se conjugue comme *Voir.* Voir de nouveau : *je l'avais vu hier, je l'ai revu aujourd'hui.* — S'emploie substantiv. dans cette phrase familière, ADIEU JUSQU'AU REVOIR, ou simpl., AU REVOIR. — Vén., REVOIR D'UN CERF, prendre connaissance de la force du cerf; ce qui se fait par le pied, les fumées, les abattures, les portées, les foulées, le frayoir, etc : *le cerf a passé par ici, j'en ai revois, j'en ai revu.* — Examiner de nouveau : *corriger.* — A REVOIR. Locution dont on se sert pour dire qu'il faut faire un nouvel examen d'un compte, d'une citation, d'un écrit, etc. : *à côté de chaque article douteux de ce compte, j'ai mis : A revoir.*

* REVOLER v. n. Voler de nouveau, retourner quelque part en volant. Se dit au propre et au figuré : *cet oiseau revole vers son nid.*

* REVOLIN s. m. Mar. Effet du vent lorsqu'il est réfléchi, renvoyé par un objet quelconque : *les navires qui étaient à l'ancre près de ces terres élevées, furent tourmentés par des revolins.* On dit dans un sens anal. qu'Une voile fait revolin, lorsqu'elle est enflée par le revolin qu'occasionne une autre voile.

* RÉVOLTANT, ANTE adj. Qui révolte, qui choque excessivement, qui indigne : *procédé révoltant.*

* RÉVOLTE s. f. (rad. lat. *revolvere*, bouleverser), Rébellion, soulèvement des sujets contre le souverain, ou d'un inférieur contre son supérieur : *révolte générale.* — La révolte

des sens contre la raison, de la chair contre l'esprit.

* RÉVOLTÉ, ÉE part. passé de RÉVOLTER. — s. *Les révoltés ont repris la ville.*

* RÉVOLTER v. a. Soulever, porter à la révolte : *c'est lui qui a révolté ces provinces.* — Fig. *La volupté révolte les sens contre la raison.* — Choquer excessivement, indigner : *cet homme, par ses manières, par son procédé, par ses discours, a révolté tous les esprits contre lui.* — Se révolter v. pr. S'insurger. — S'indigner : *quelle âme ne se révolterait contre une telle injustice?*

* RÉVOLU, UE adj. (lat. *revolutus*). Se dit du cours des planètes et des astres, lorsque, par leur mouvement périodique, ils sont revenus au même point d'où ils étaient partis : *avant que le cours de Saturne soit révolu.* — Cela se dit aussi des périodes de temps, et signifie achevé, complet : *le mois, l'an, le siècle n'était pas encore révolu.*

RÉVOLUTÉ, ÉE adj. Bot. Qui est roulé en dehors et en dessous.

° RÉVOLUTIF, IVE adj. Bot. Se dit des feuilles qui se roulent en dehors.

RÉVOLUTIFOLIÉ, ÉE adj. Bot. Qui a des feuilles roulées sur elles-mêmes.

* RÉVOLUTION s. f. (lat. *revolutio*). Le retour d'une planète, d'un astre au même point d'où il était parti : *la révolution des planètes.* — RÉVOLUTION D'HUMEURS, mouvement extraordinaire dans les humeurs. — Cela m'a causé une révolution, se dit d'une émotion violente qui occasionne une révolution d'humeurs. — Fig. Changement qui arrive dans les choses du monde, dans les opinions, etc. : *le temps amène, le temps fait d'étranges révolutions.* — Changement brusque et violent qui a lieu dans le gouvernement des Etats : *il prévit la révolution qui se préparait, qui allait éclater.* — Se dit, absol., de la révolution politique la plus mémorable qui ait eu lieu dans un pays. Ainsi, en parlant de l'Angleterre, LA RÉVOLUTION désigne celle de 1688 ; en parlant de la Suède, celle de 1772 ; en parlant de la France, celle de 1789 : *histoire de la Révolution française.* — Les révolutions de la terre, du globe, les événements naturels par lesquels la face de la terre a été changée. — Encycl. « L'histoire de la *Révolution française* a été résumée plus haut (voy. FRANCE); nous ne devons pas néanmoins laisser ici la place vide, mais nous nous bornerons à quelques considérations générales, au point de vue politique et social. — Les immenses bienfaits dont l'humanité tout entière est redevable à la Révolution française sont encore souvent méconnus par ceux qui en jouissent ; et le nom des réformateurs de génie qui ont préparé l'avènement d'un monde nouveau est exécré par quelques égoïstes que la conservation des anciens privilèges eût favorisés aux dépens de la masse de la nation. La Révolution a été la révolte de l'esprit humain contre la théocratie, le régime féodal et la souveraineté de droit divin. Son histoire présente beaucoup de pages que l'on voudrait pouvoir effacer; mais, pour être équitable, il faut rechercher attentivement quelles sont les causes des excès commis et voir à qui en incombe la responsabilité. (Voy. TERREUR.) Il faut aussi, après avoir reconnu les erreurs commises, ne pas vouloir contester et renier les résultats acquis. La Révolution française a été pour le monde entier une ère nouvelle, un fait non moins important que l'avènement du christianisme. Afin de réfuter les détracteurs de la Révolution, nous nous bornerons à rappeler quelques jugements portés sur elle par les historiens les plus consciencieux et les plus impartiaux. « Elle a remplacé l'arbitraire par la loi, le privilège par l'égalité; elle a délivré

« les hommes des distinctions des classes, le « sol des barrières des provinces, l'industrie « des entraves des corporations et des ju- « randes, l'agriculture des sujétions féodales « et de l'oppression des dîmes, la propriété « des gênes des substitutions; et elle a tout « ramené à un seul Etat, à un seul droit, à « un seul peuple. » (Mignet. *Histoire de la ré-volution française*, Introd.) — « La Révolution, « c'est l'avènement de la loi, la résurrection « du droit, la réaction de la justice. » (Michelet. *Hist. de la Révolution française*, Introd.) « C'est la lumière elle-même. (*Ibid.*, liv. VIII, chap. II). — « Etablissement du jury, « gratuité de la justice égale et impartiale « pour tous, abolition des tribunaux d'excep-« tion qui réservaient une place d'honneur « aux crimes privilégiés et consacraient le « naissance et le rang jusque dans l'igno-« minie, hiérarchie de juridictions graduées « de manière à sauvegarder tous les droits et « à rassurer tous les intérêts, tribunaux de con-« ciliation destinés à prévenir par des tran-« sactions à l'amiable l'éclat fâcheux des luttes « judiciaires, institution d'un tribunal su-« prême appelé à maintenir dans toute la « France l'unité et l'intégrité de la législation, « toutes les grandes bases de cette œuvre ad-« mirable qui est restée debout au milieu de nos « bouleversements furent fixées par les savants « et profonds légistes de la Constituante, Thou-« ret, Tronchet, Duport, Target, Bergasse, Rœ-« derer, etc.: voilà ce qu'elle mettait à la place « de ce système dérisoire que lui laissait l'an-« cien régime, où la justice, tantôt vendue « comme un négoce, tantôt léguée comme « un patrimoine, jetait par ses empiètements « sur tous les pouvoirs, et principalement par « les prétentions du parlement en matière « législative et administrative, le trouble, le « désordre, l'inquiétude dans l'Etat, et ren-« dait stériles les meilleures intentions et les « plus heureuses réformes. » (Lanfrey, *Essai sur la Révolution française*, VIII.) — « 1789 a « conquis au monde des vérités; il a élargi le « domaine de l'homme. On est fier d'appar-« tenir à une race d'hommes à qui la Provi-« dence a permis de concevoir de telles pen-« sées, et d'être enfant d'un siècle qui a « imprimé l'impulsion à de tels mouvements « de l'esprit humain. » (Lamartine, *Hist. des Girondins*, liv. LXII, XVI). — « C'est, a dit Gœthe, « une ère nouvelle qui a commencé pour le « monde. » — « Ces vérités de 1789 qu'on « peut méconnaître, avant qu'elles soient ré-« vélées, une fois connues deviennent la lu-« mière à la lueur de laquelle on aperçoit « toutes choses. » (Thiers, *Hist. du Consulat et de l'Empire*, liv. 62.) — « Quand on s'écarte des « principes de 89, c'est la nuit. Quand on y « revient, c'est le jour. Les assurer, les dé-« velopper et les compléter, en nous aidant « des exemples de l'Amérique et en nous ins-« pirant du fond même du génie de la France, « c'est là l'œuvre à laquelle sont appelées les « générations nouvelles.... Les formes du pou-« voir ont maintes fois changé depuis : dix « constitutions ont passé; les principes de « 89, trop souvent violés, se relèvent avec « l'esprit public. Ils sont au-dessus de toutes « les constitutions et de toutes les formes. » (Henri Martin, *Hist. de France depuis 1789*, chap. I et IV.) — « L'Evangile est d'accord avec « la Révolution, mais le catholicisme non. « Cela tient à ce qu'au fond la papauté n'est « pas d'accord avec l'Evangile. » (Victor Hugo, *Histoire d'un Crime*, 2e journée, VII). Le dominicain Lacordaire, prêchant en 1848, dans la chaire de l'église Notre-Dame de Paris, déclarait aussi que la Révolution française a été l'épanouissement des principes évangéliques, l'égalité et la fraternité; mais on a entendu, depuis 1848, des hommes portant le même habit que Lacordaire, et prêchant dans la même église, énoncer des appréciations tout opposées, parce qu'ils se sont alliés aux

partis monarchiques, et qu'abusant de la liberté qui leur est donnée de parler sans contradicteurs, ils ont fait de la chaire catholique un moyen d'action politique. Nous rappellerons seulement quelques-unes des grandes institutions qui sont dues à la Révolution française. En outre de l'abolition de tous les privilèges oppressifs et de la proclamation des droits de l'homme, on lui doit notamment : l'organisation de la justice, de l'armée, des diverses administrations, l'établissement du grand-livre de la Dette publique, le contrôle des dépenses, le partage des biens communaux, le système décimal et l'uniformité des poids et mesures, le musée du Louvre, l'école normale supérieure, l'école polytechnique, l'Institut, le Bureau des longitudes, la réforme des législations civile et criminelle, les premières bases du Code civil, etc., etc. ».   (CH. Y.)

* **RÉVOLUTIONNAIRE** adj. Qui a rapport aux révolutions politiques, qui est favorable à ces révolutions : *gouvernement révolution-naire*.

L'audace est l'instrument *révolutionnaire*.
PONSARD *Charlotte Corday*, acte IV, sc. VII.

— Substantiv. Ami, partisan des révolutions: *c'est un révolutionnaire*.

* **RÉVOLUTIONNAIREMENT** adv. D'une manière révolutionnaire.

* **RÉVOLUTIONNER** v. a. Agiter un pays à l'aide de principes révolutionnaires.

* **REVOLVER** s. m. (ré-vol-vèrr; angl. ri-vôl'-veur) (mot angl. formé de *to revolve*, tourner; du lat. *revolvere*, revenir après une révolution). Sorte de pistolet avec lequel on peut tirer plusieurs coups sans recharger. Le premier revolver, ou revolver français, inventé en 1815, par l'armurier parisien Lenormand, se composait d'un seul canon et de cinq tubes groupés autour d'un tambour auquel le mécanisme communiquait un mouvement de rotation. Pendant que cette arme était complètement méconnue chez nous, les Américains imaginaient leur première forme de revolver, composée de 4, 5 ou 6 canons qu'un mécanisme fait tourner de manière que chacun d'eux s'offre successivement à l'action d'un chien unique, qui se relève et s'abat automatiquement. Pour charger ce pistolet, il fallait dévisser les canons, un à un, glisser une balle dans chacun d'eux, et sur celle-ci verser la poudre, opérations assez lentes. On en revint au revolver français, en lui attribuant, bien entendu, une origine américaine. Et, en 1836, Samuel Colt, du Connecticut, prit un brevet pour le revolver tel qu'il existe aujourd'hui. Il se compose d'un seul canon, à l'arrière duquel se trouve un cylindre percé de

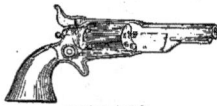

Revolver de Colt.

chambres au nombre de cinq ou six, ou davantage, dont les axes sont parallèles à l'axe du cylindre et parallèles également à l'axe du canon; le calibre des chambres est le même que celui du canon. A l'arrière du cylindre est taillé un rochet concentrique au cylindre, lequel rochet est mis en action par un cliquet attaché à la batterie. Le nombre de dents du rochet est le même que le nombre de chambres du cylindre. Le rochet et le cliquet sont arrangés de façon que, lorsqu'on arme la pièce, le cliquet force le cylindre à se mouvoir d'un cinquième, d'un sixième, etc., de la circonférence d'un cercle dont l'arc dépend du nombre de chambres du cylindre. Ce pistolet a été graduellement in-

troduit dans toutes les armées du monde, grâce à l'activité de son inventeur, et c'est le premier exemple d'une arme à répétition qui ait réussi. Cette invention a rendu l'usage des pistolets comme armes militaires beaucoup plus général, et la fabrication en est accrue considérablement. Vers 1845, Lefaucheux inventa un pistolet revolver auquel on adapta une cartouche métallique. Aux Etats-Unis, les grandes manufactures de pistolets revolvers sont celles de Colt, de Smith et Wesson, et de Remington. Les pistolets, fabriqués par ces diverses maisons, diffèrent peu en principe. La cavalerie et la marine des Etats-Unis sont armés du pistolet Colt. L'armée anglaise se sert du pistolet Adams, qui agit d'après le même principe que celui de Colt. L'armée russe a le pistolet de Smith et Wesson, et les autres armées européennes se servent de pistolets de fabrication française ou belge. Dans les 10 années finissant avec 1865, la maison Colt avait vendu plus de 550,000 de ces armes, toutes sans cartouche métallique. En 1877, la production des Etats-Unis a dépassé 250,000 revolvers de tout calibre; celle de la Belgique dépasse 300,000.

* **REVOMIR** v. a. Vomir ce qu'on a avalé : *il revomit son dîner*. — Vomir de nouveau : *en se levant, il vomit; une heure après, il revomit*.

* **RÉVOQUER** v. a. (lat. *revocare*). Rappeler, destituer. Se dit proprement de ceux à qui on ôte, par des raisons de mécontement, les fonctions, le pouvoir, l'emploi amovible qu'on leur avait donné : *le roi révoqua son ambassadeur*. — Se dit aussi en parlant des choses, et signifie, annuler, déclarer de nulle valeur à l'avenir : *révoquer un ordre, un pouvoir, une donation*. — RÉVOQUER EN DOUTE, mettre en doute.

* **REVUE** s. f. Recherche, inspection exacte : *avant de se coucher, il a fait la revue dans toute sa maison*. — Se dit principalement en parlant des troupes que l'on met en bataille, et que l'on fait ensuite défiler, pour voir si elles sont complètes, et en bon ordre : *revue d'un régiment*. — LA REVUE DU ROI, DU GÉNÉRAL, etc., celle que fait le roi, le général, etc. — Fam. NOUS SOMMES GENS DE REVUE, nous nous voyons souvent, nous avons souvent occasion de nous revoir. — Titre de certains écrits périodiques : *la Revue d'Edimbourg; la Revue de Paris*. — Théâtre. Pièce dans laquelle on reproduit ce qui s'est passé de plus remarquable dans l'année.

RÉVULSER v. a. Déplacer.

RÉVULSEUR s. m. Instrument à l'aide duquel on produit une irritation artificielle sur un point où l'on s'efforce d'attirer le siège d'une affection.

* **RÉVULSIF, IVE** adj. Méd. Se dit des médicaments et autres moyens employés pour détourner d'un organe le principe d'une maladie qui semble s'y être fixé : *saignée révulsive*. — s. m. Faire usage des *révulsifs*. — Les révulsifs détournent le principe d'une maladie, en l'attirant à la peau ou en l'attirant sur un organe éloigné du siège du mal. Ce sont ordinairement les cautères, les cautères volants, les sétons, des vésicatoires, des emplâtres stibiés, des sinapismes, et les purgatifs qui produisent sur le tube intestinal une action dérivative.

* **RÉVULSION** s. f. (lat. *revulsio*). Méd. Action par laquelle, au moyen de médicaments ou d'autres agents, on détourne la cause d'une maladie d'une partie du corps sur une autre ; il s'est fait une *révulsion* de l'humeur de la goutte, qui a pensé l'étouffer.

REWBELL (ré-bèll) (Jean-François), homme politique et conventionnel, né à Colmar le 8 oct. 1737, mort dans la même ville le 24 nov. 1807. Nommé à la Convention, il se

trouvait en mission à Mayence lors du procès du roi et écrivit pour hâter la condamnation. Il fit partie du Conseil des Anciens et disparut de la vie politique après le 18 brumaire.

REY (Jean), littérateur et industriel, né à Montpellier le 19 mai 1773, mort à Paris le 23 juillet 1849. Lorsque la mode des cachemires s'introduisit en France, il imagina de substituer aux dessins orientaux l'imitation des fleurs naturelles, innovation qui l'enrichit. Son *Histoire du drapeau, des couleurs et des insignes de la monarchie française* (1837, 2 vol. in-8°, avec atlas) a été couronnée par l'Académie des inscriptions. Il a laissé plusieurs autres ouvrages.

REYBAUD [ré-bô]. I. (Louis-Marie-Roch), publiciste et littérateur, né à Marseille le 15 août 1799, mort en oct. 1879. Destiné à la carrière commerciale, il fit, au sortir du collège de Juilly, plusieurs voyages en Orient et aux Indes. Rentré à Marseille, quand il eut acquis une certaine fortune, il s'occupa de littérature, écrivit des articles dans l'*Indépendant des Bouches-du-Rhône* et se lia avec Méry et Barthélemy. Il se fixa à Paris en 1829 et sema ses traits d'esprit dans les principales feuilles d'opposition de l'époque. Les premiers numéros de la *Némésis* et le poème héroï-comique intitulé *Dupinade* (1831) donnent l'expression la plus hardie de son style original et acéré. Il collabora à l'*Histoire de l'expédition d'Egypte* (1830-'36, 10 vol. in-8°), au *Voyage autour du monde*, de Dumont-d'Urville, au *Voyage dans les deux Amériques* d'Orbigny (1835), entra à la *Revue des Deux-Mondes* (1836) et réunit en 2 vol. in-8° ses divers articles d'*Etudes sur les réformateurs ou socialistes modernes* (1840-'43), ouvrage qui obtint le grand prix Monthyon en 1841, et qui lui ouvrit, en 1850, les portes de l'Académie des sciences morales et politiques. En 1843, Reybaud fit paraître, sous le voile de l'anonyme, son œuvre la plus populaire : *Jérôme Paturot à la recherche d'une position sociale* (3 vol. in-8°), roman satirique et social qui dut son immense succès à une grande rectitude de jugement et surtout au style neuf, plein de sel attique. Elu député de Marseille en 1846, Reybaud siégea au centre gauche et se montra favorable au ministère Guizot. Ses compatriotes le nommèrent représentant du peuple, lors des élections complémentaires du 4 juin 1848, et l'envoyèrent plus tard, à la Législative, où il appuya la politique de l'Elysée. C'est à cette période qu'appartient son roman *Jérôme Paturot à la recherche de la meilleure des républiques* (1848, 4 vol. in-18), où l'on ne retrouve ni l'esprit, ni le style, ni les opinions qui avaient si rapidement fait la vogue du roman précédent. Reybaud sortit de la vie politique après le coup d'Etat. Il a laissé, outre des ouvrages et des articles d'économie politique : *César Falempin ou les idoles d'argile* (1845); le *Dernier des Commis voyageurs* (1845); la *Comtesse de Mauléon* (1853), etc. — II. (Joseph-Charles), écrivain, frère du précédent, né à Marseille en 1800, mort à Ville-d'Avray en 1864. Après 1830, il se fit un instant saint-simonien et devint plus tard gérant du *Constitutionnel* (1833). Il a donné : *Révolution et République* (1848, in-8°); le *Brésil* (1856, in-8°), etc.

REYKIAVIK [raï-kia-vik] (isl. *Reikiavig*), port de mer et capitale de l'Islande, au fond d'une baie donnant sur la Faxafiord, sur la côte S.-O.; 4,400 hab. environ. Elle possède une église cathédrale, un collège avec sept professeurs, une école de théologie, un observatoire, une bibliothèque publique de 10,000 volumes, et deux journaux politiques. Elle a été fondée en 874, et c'est le premier établissement permanent qui ait été créé en Islande. Son millième anniversaire a été célébré le 7 août 1874.

REYNAUD [ré-nô]. I. (Antoine-Alexandre-Louis BARON), mathématicien, né à Paris en 1774, mort dans la même ville en 1844. Il entra à l'Ecole polytechnique en 1796, fut nommé professeur à cette même école en 1800 et en 1840 à Louis-le-Grand. Il a laissé : *Traité d'Algèbre; Trigonométrie analytique et octiligne; Tables de logarithmes*, etc. — II. (Jean), philosophe, né à Lyon en 1806, mort en 1863. Sorti de l'Ecole polytechnique, il devint ingénieur des mines en 1830; fonda en 1835 avec Pierre Leroux l'*Encyclopédie populaire*; devint représentant du peuple en 1848, sous-secrétaire d'Etat au ministère de l'instruction publique, puis conseiller d'Etat. Rentré dans la vie privée après le coup d'Etat, il a écrit *Ciel et Terre*, etc. — III. (Charles), littérateur, né à Vienne (Isère) en 1821, mort à Paris en 1853. Il fit un voyage en Orient vers 1845 et en publia le récit sous le titre *D'Athènes à Baalbeck* (1846), puis il fit paraître un volume de poésies intitulé : *Epîtres, Contes et Pastorales* (1853).

REYNIER [ré-nié]. I. (Jean-Louis-Antoine), naturaliste suisse, né à Lausanne en 1762, mort dans la même ville en 1824. Il a laissé : *Journal d'agriculture à l'usage des campagnes* (Paris, 1790); *De l'Egypte sous les Romains* (1807); *Des Persans et des Phéniciens* (1810); *Des Egyptiens et des Carthaginois* (1823); etc. — II (Jean-Louis-Ebenezer), frère du précédent, né à Lausanne en 1771, mort à Paris en 1814. Il embrassa la carrière des armes, devint chef d'état-major sous Moreau à l'armée du Rhin (1796), fit partie de l'expédition d'Egypte, contribua à la victoire des Pyramides, défit sous les murs d'El-Arisch, 20,000 Turcs avec 4 bataillons français, assiégea Saint-Jean-d'Acre, rentra en France et publia : *De l'Egypte après la bataille d'Héliopolis* (1802). Il reprit du service en 1805, se distingua à Wagram, fit la campagne de Russie et fut fait prisonnier à Leipzig. Il a laissé en outre : *Sur les sphinx qui accompagnent les pyramides d'Egypte* (1806, in-8°).

REYNOLDS (sir Josuah), célèbre peintre d'histoire et de portraits, né à Plympton (Devonshire) en 1723, mort en 1792. Les portraits qu'il a laissés de la famille royale d'Angleterre sont des chefs-d'œuvre. Les Anglais le considèrent comme leur plus grand peintre ; c'était aussi un orateur distingué.

REYSSOUSE, rivière qui prend sa source au pied du Revermont (Ain) et se jette dans la Saône auprès de Pont-de-Vaux, après un cours de 84 kil.

* **REZ** prép. [ré] (lat. *rasus*, rasé). Tout contre, joignant. N'est plus usité que dans ces locutions, REZ PIED, REZ TERRE, à fleur de terre, au niveau du sol : *on a abattu cette maison, cette place, ces fortifications, rez pied, rez terre.*

* **REZ-DE-CHAUSSÉE** s. m. Niveau du terrain : *le mur n'était encore qu'au rez-de-chaussée.* — Partie d'une maison qui est ou à peu près, au niveau du terrain : *être logé au rez-de-chaussée; des rez-de-chaussée.*

REZ-MUR s. m. Surface des gros murs, en dedans de l'œuvre. — pl. *Des rez-mur.*

REZONVILLE, village situé à 8 kil. de Metz, sur la route de Metz à Verdun ; 400 hab. Batailles des 16 et 18 août 1870, entre les Français et les Allemands. (Voy. MARS-LA-TOUR, METZ et GRAVELOTTE.)

REZ-TERRE s. m. Superficie d'un sol sans ressauts ni degrés : *des rez-terre.*

* **RHABDOLOGIE** s. f. Voy. RABDOLOGIE.

* **RHABDOMANCIE** s. f. Voy. RABDOMANCIE.

* **RHABILLAGE** s. m. Raccommodage : *voilà un méchant rhabillage.* (Fam.) — Se dit, fig. et fam., en parlant d'une affaire, d'un ouvrage qu'on a essayé de changer en mieux,

de corriger, sans y avoir réussi : *ce n'est qu'un rhabillage.*

* **RHABILLEMENT** s. m. Synon. de RHABILLAGE.

* **RHABILLER** v. a. Habiller une seconde fois : *il était déshabillé, il a fallu le rhabiller.* — Fournir de nouveaux habits : *il en a coûté tant pour rhabiller ce régiment.* — Fig. et fam. Rectifier ce qu'il y a de défectueux dans une affaire, tâcher de justifier, de pallier une faute : *il a rhabillé tout cela du mieux qu'il a pu.*

* **RHABILLEUR** s. m. Voy. RENOUEUR.

RHACOPHORE s. m. [-fo-] (gr. *rhakos*, chiffons, *phoros*, qui porte). Erpét. Genre de batraciens anoures, voisin des rainettes, dont il se distingue par des palmures qui permettent à ces animaux, lorsqu'ils élargissent leurs grandes pattes et lorsqu'ils enflent leur

Racophore de Bornéo (Rhacophorus).

corps, de voltiger en quelque sorte de branche en branche, ou de descendre lentement à terre comme si un parachute les soutenait. L'espèce type est le *rhacophore de Bornéo* (*rhacophorus*), que l'on appelle *rainette volante*; c'est un animal long de 10 centim., d'un vert profond sur le dos, jaune en dessous. A l'extrémité de chaque doigt se trouvent les disques qui caractérisent les rainettes.

RHACOSE s. f. (gr. *rhakôsis*). Pathol. Relâchement, distension excessive du scrotum.

RHADAMANTHE Myth. gr. L'un des trois juges des enfers, avec Minos et Æaque. Rhadamanthe jugeait les morts de l'Asie et de l'Afrique, Æaque ceux d'Europe, et Minos revisait les jugements de l'un et de l'autre.

RHADAMÈS ou Ghadamès, ville et oasis du Sahara tripolitain, par 6° 45' de long. E., et 30° 8' de lat. N.; en ligne droite; à 450 kil. S.-O. de Tripoli; à 587 kil. S.S.-E. de Biskra; à 400 kil. d'El-Oued, même direction, et à 385 kil. S.-E. d'Ouargla. — Chef-lieu du caïmacalik relevant du Djebel Nefouza, et dans lequel se trouvent comprises les oasis de Zaoufa, Sinaoun, Maters, Tefellaft, Djerd et Degoutta; 7,000 âmes environ. — L'un des principaux entrepôts de commerce entre le Soudan et l'Afrique méditerranéenne. — Rhadamès a été visitée par plusieurs voyageurs européens. Le colonel Mircher, qui y fut envoyé en mission en 1862, a rapporté un plan de la ville et de l'oasis. Henri Duveyrier (1860) et Largeau (1875), nous en ont donné d'intéressantes descriptions. — La ville est en partie enclavée dans l'oasis; les rues, couvertes par le 1er étage des maisons, ne reçoivent l'air et la lumière que par des échappées ménagées de distance en distance. La principale, qui peut donner passage à deux hommes de front, est bordée de divans en maçonnerie; les plus étroites sont tortueuses et très obscures. — Sa population se compose de Berbères, de Nègres sahariens et soudaniens et de quelques Arabes. Les femmes Berbères, dont les traits rappellent le type grec, sont coiffées d'un bonnet phry-

gien. — On trouve à Rhadamès des restes bien conservés de l'art égyptien dont Henri Duveyrier nous a donné des dessins dans son remarquable ouvrage les *Touareg du Nord;* le même voyageur a découvert, près de la ville, une inscription romaine; M. Vatone, membre de la mission Mircher, y a trouvé, de son côté, une inscription bilingue, avec caractères grecs, dont il a publié une reproduction; Largeau nous a donné, dans son livre le *Sahara algérien,* la description et les dessins d'anciens tombeaux de forme pyramidale qui s'élèvent au milieu d'un ancien cimetière, sur un plateau à l'O. de la ville. Une lampe en terre, trouvée dans l'un de ces tombeaux, et que le voyageur a déposée au musée de Niort, porte le monogramme du Christ. Le même voyageur parle d'une tour semblable aux anciens Nur-hags de Sardaigne et des Baléares, qui s'élève également sur le plateau, à un kil. de la ville, et des ruines encore indéterminées de Tekout couronnant un monticule ou *gara,* située au milieu d'une dépression aquifère, à 11 kil. environ de la ville. — Rhadamès fut, il y a lieu de le croire, fondée par des colons égyptiens dont les *Atrias* (nègres sahariens), qui composent encore plus de la moitié de sa population, seraient les descendants. *Atria* signifie, en effet, *origine* ou *race mère.* Ces nègres auraient été ensuite assujettis par des Berbères d'origine Phrygienne dont descendent les Rhadamésiens actuels. — Quoi qu'il en soit, il est certain que les Romains, sous la conduite de Cornelius Balbus, s'emparèrent de la ville en l'an 19 avant l'ère chrétienne et qu'ils l'occupèrent pendant 250 ans environ. En l'an 26 de l'hégire, Okba, fils de Nafé, s'en empara à son tour et obligea ses habitants à embrasser l'islam. La ville demeura ensuite plus ou moins indépendante jusque vers 1863 où les Turcs de Tripoli y envoyèrent une garnison. Depuis lors et malgré sa situation avantageuse, elle a beaucoup perdu de son importance; les maisons en ruines et les jardins abandonnés qui s'étendent à l'est de l'oasis, témoignent de sa rapide décadence.

* **RHAGADE** s. f. (gr. *rhagas,* rupture). Méd. Se dit de certaines gerçures, de certaines ulcères étroits et allongés qui se forment à l'origine des membranes muqueuses, et qui sont dus en général au virus vénérien. On ne l'emploie guère qu'au pluriel : *avoir des rhagades aux lèvres.*

RHAGOÏDE adj. (gr. *rhax,* grain de raisin ; *eidos,* aspect). Hist. nat. Qui ressemble à un grain de raisin. — Anat. **TUNIQUE RHAGOÏDE,** tunique de l'œil que l'on nomme aussi **UVÉE.**

* **RHAMNE, ÉE** adj. Bot. Qui ressemble ou qui se rapporte au rhamnus ou nerprun. — s. f. pl. Famille de plantes dicotylédones dialypétales périgynes ayant pour type le genre nerprun (rhamnus) et comprenant en outre les genres phylique, hovène, céanothe, jujubier, paliure, etc.

* **RHAPONTIC** s. m. Bot. Espèce de rhubarbe (*rheum rhaponticum*) qui purge très violemment.

* **RHAPSODE** s. m. Voy. **RAPSODE.**

* **RHAPSODIE** s. f. Voy. **RAPSODIE.**

* **RHAPSODISTE** s. m. Voy. **RAPSODISTE.**

RHÉ (Ile de). Voy. **Ré.**

RHEA SYLVIA, fille du roi d'Albe, Numitor, et mère de Romulus et de Rémus.

RHÉE (Rhea) Myth. gr. Voy. **Cybèle.**

REGIUM [ré-jiomm]. Voy. **Reggio di Calabria.**

RHEIMS. Voy. **Reims.**

RHÉNAN, ANE adj. Qui appartient au Rhin.

RHÉOMÈTRE s. m. (gr. *rheô,* je coule ; *metron,* mesure). — Phys. Appareil au moyen duquel on mesure les courants électriques et qui a été perfectionné sous le nom de galvanomètre.

RHÉOPHORE s. m. (gr. *rheô,* je coule ; *pheros,* qui porte). Phys. Chacun des fils d'une pile qui conduisent les courants électriques.

RHÉOSTAT s. m. (gr. *rheô,* je coule ; lat. *stare,* se tenir). Phys. Appareil au moyen duquel on rend constante l'intensité des courants électriques.

RHÉSUS, prince thrace qui vint au secours de Troie dans la dernière année du siège. Il fut tué par Ulysse et Diomède.

* **RHÉTEUR** s. m. (lat. *rhetor*). Celui qui enseigne l'art de bien dire, et qui ordinairement fait profession de donner des règles et des préceptes d'éloquence, soit de vive voix, soit par écrit : *parmi les plus célèbres rhéteurs de la Grèce, on compte Isocrate, Longin,* etc. — Homme dont toute l'éloquence consiste dans un style apprêté, emphatique et déclamatoire : *cet homme-là n'est point un orateur, ce n'est qu'un rhéteur*

RHÉTIE, province de l'empire romain, qui, sous le règne d'Auguste, était bornée au N. par la Vindélicie, à l'E. par la Norique, au S. par la Gaule Cisalpine, et à l'O. par le pays des Helvètes. Plus tard, la Vindélicie y fut ajoutée et la province s'étendit jusqu'au N. du Danube. Plus tard encore, on la divisa en Rhétie première, Vindélicie, Rhétie seconde. La Rhétie propre correspondait au pays des Grisons, au Tyrol et à quelques portions septentrionales de la Lombardie. Drusus et Tibère, en l'an 15 av. J.-C., en soumirent les populations, malgré leur résistance désespérée. Leurs descendants parlent le romanche La ville principale était Tridentum (Trente).

* **RHÉTORICIEN** s. m. Celui qui sait la rhétorique : *cet homme-là est rhétoricien.* — Ecolier qui étudie en rhétorique : *c'est un bon rhétoricien.*

* **RHÉTORIQUE** s. f. (lat. *rhetorica* ; du gr. *rheô,* je dis). Art de bien dire : *enseigner la rhétorique.* — **FIGURES DE RHÉTORIQUE,** formes particulières de langage, qui servent à donner ou de la force ou de la grâce au discours : *la métaphore est une figure de rhétorique.* (Voy. **FIGURE.**) — **LA CLASSE DE RHÉTORIQUE,** ou absol., **LA RHÉTORIQUE,** la classe où l'on enseigne la rhétorique : *être en rhétorique.* — Titre de certains traités de rhétorique : *la rhétorique d'Aristote.* — Fig. et fam. Tout ce qu'on emploie dans le discours pour persuader quelqu'un : *j'ai employé toute ma rhétorique pour essayer de le persuader.*

> Je vous écoute dire, et votre *rhétorique*
> En termes assez forts à mon âme s'explique.
> *Tartufe,* acte III, sc. III.

— Affectation d'éloquence, discours vains et pompeux : *tout cela n'est que de la rhétorique.* — **ENCYCL.** La rhétorique est, à strictement parler, l'art de bien dire. Aristote la définissait l'art de découvrir et d'employer les moyens propres à persuader ; mais la rhétorique ne doit pas être confondue avec l'éloquence ; celle-ci est le talent de persuader, celle-là est l'art qui développe ce talent ; l'éloquence est née avant la rhétorique, de même que le langage a précédé la grammaire ; la rhétorique a donc précisément pour objet de cultiver et de développer le talent de l'éloquence en traçant les règles qui doivent le diriger dans toutes les circonstances. Or, ces règles ont leur fondement dans la nature et dans l'expérience. Toutes les œuvres de l'esprit s'accomplissent par trois opérations successives : la recherche des idées, l'ordre dans lequel elles doivent se produire et enfin leur expression, de là les trois parties de la rhétorique : l'*invention,* la *disposition,* et l'*élocution.*

A ces trois parties ou en joint quelquefois une quatrième, l'*action;* mais cette dernière se rapporte seulement à l'art oratoire, tandis que les trois autres appartiennent à la rhétorique prise dans sa signification la plus étendue. — L'**INVENTION** consiste à se faire d'abord une idée générale du sujet que l'on traite, à rassembler tous les matériaux qui peuvent et doivent donner de la force à l'argumentation ; elle comprend les *preuves,* les *mœurs* et les *mœurs;* les *preuves* traitent des arguments directs ou indirects ; les *mœurs* des vertus nécessaires à l'orateur et des bienséances. Après ce travail d'invention, il faut disposer ces parties dans un ordre naturel et judicieux, c'est le but de la seconde partie de la rhétorique, la **DISPOSITION.** Si la fécondité de l'esprit brille dans l'invention, il faut surtout du jugement dans la disposition, c'est-à-dire dans le plan du discours. Le plan est cet arrangement méthodique et systématique par lequel l'orateur dispose avec ordre les grandes comme les plus petites divisions de son discours, démêle les pensées, les compare, cherche les idées principales et les idées accessoires, ainsi que l'ordre dans lequel il doit les présenter ; l'ordre et l'unité du plan sont des qualités essentielles. La disposition donne aussi des préceptes sur chacune des parties que doit avoir un discours, sur l'*exorde,* la *proposition,* la *division,* la *narration,* la *confirmation,* la *réfutation* et la *péroraison.* Ce sont là les six parties que les rhéteurs admettent comme devant former un discours ; mais elles n'entrent pas nécessairement dans tous les discours. La réfutation, par exemple, n'est pas nécessaire quand la confirmation a été jugée suffisamment bonne ; de même l'exorde et la péroraison ne se trouvent que dans les grands discours. La partie véritablement essentielle est la *confirmation,* c'est-à-dire la preuve forte et serrée de la vérité de ce que l'on avance. Quant à l'**ELOCUTION,** elle est la plus développée et la plus importante des divisions de la rhétorique ; c'est l'expression de la pensée par la parole, ou, encore, c'est l'art d'exprimer convenablement les pensées fournies par l'invention. Elle comprend la théorie du *style* et des *figures.* Le style sera, selon les circonstances, *sublime, tempéré* ou *simple.* Quant aux figures, on distingue les *figures de mots,* les *figures de pensées* et les *tropes* qui tiennent des deux premières. Les principales figures de mots sont : la *périphrase,* l'*ellipse* et l'*antithèse.* Parmi les figures de pensées, il faut mettre au premier rang la *prosopopée* et l'*ironie;* les principaux tropes sont la *métaphore* et la *métonymie.* (Voy. ces mots.) Enfin la quatrième et dernière partie de la rhétorique est l'**ACTION,** que Cicéron appelle l'éloquence du corps (*sermo corporis*) et qui comprend les règles du geste et de la prononciation ; elle est l'art de la déclamation. Les principaux auteurs qui ont traité de la rhétorique sont : Aristote, Longin, Cicéron, Quintilien, saint Augustin, Fénelon, Rollin, l'abbé Batteux, Marmontel, Maury et Victor Leclerc.

RHIGOLÈNE s. m. (gr. *rhigos,* froid). Le plus volatil des hydrocarbures extraits du pétrole. (Voy. **Pétrole.**)

RHIN [rain] (all. *Rhein;* holl. *Rijn* ou *Ryn;* anc. *Rhenus*), l'un des principaux fleuves d'Europe. Il prend sa source dans le canton des Grisons, en Suisse, et se jette dans la mer du Nord par un vaste delta de cinq branches en Hollande, après un cours d'environ 1,350 kil., dont la direction générale, malgré des détours considérables, est N.-N.-O. On divise d'ordinaire le Rhin en haut, moyen et bas Rhin, le premier en Suisse, et formant une partie des limites de ce pays; le second va de Bâle à Cologne, et le troisième court de Cologne à la mer. Le fleuve prend sa source par

46° 38' lat. N. et 6° 28' long. E., dans le petit lac de Toma, sur le flanc oriental des montagnes du groupe de Saint-Gothard, à 2,100 m. au-dessus du niveau de la mer, et il descend d'environ 1,000 m. dans les 18 premiers kil. de son cours. A Dissentis, il est. rejoint sur la droite par le Mittel Rhein, et à Reichenau par le Hinter Rhein. Il mesure alors environ 60 m., de large, est accessible à la navigation fluviale. Après être sorti du lac de Constance, il coule à l'O. pendant quelques kil. jusqu'à l'Untersee, et de là jusqu'aux chutes de Shaffhouse, où le fleuve, large de 150 m. est à 400 m. au-dessus du niveau de la mer, et où les chutes ont de 20 à 25 m. de haut. A 80 kil. plus loin, se trouve une vallée large de 50 à 80 kil., et de là jusqu'à Cologne (190 kil.), il est resserré entre deux lignes de montagnes dont les contreforts surplombent parfois ses rives. C'est là que croissent les fameuses vignes du Rhin ; un grand nombre de châteaux ruinés ajoutent au pittoresque du paysage. La navigation à vapeur s'y pratique librement, excepté par les temps brumeux, le long d'un banc de rochers appelé Binger Loch, près de Bingen. Dans cette partie de son cours, le seul tributaire considérable que le Rhin reçoive de l'O. est la Moselle. Sur la rive droite ou orientale, ses affluents sont beaucoup plus grands et plus nombreux : Neckar, Main, Lahn et Sieg. Le bas Rhin parcourt environ 500 kil. depuis Cologne jusqu'à son embouchure. Il est navigable pour de gros navires ; sa pente n'est plus que de 10 centim. par kil. Son cours est extrêmement lent. Un peu après être entré en Hollande, près de Pannerden, le Rhin se divise en deux branches ; celle du S. prend le nom de Waal, et celle du N. garde le nom de Rhin. Près d'Arnhem, à 18 kil. plus bas, ce dernier se divise en Yssel, qui coule au N. jusqu'au Zuyderzee et en Rhin proprement dit qui coule à l'O. A Wick, qui se trouve environ 50 kil. plus loin, le Rhin se divise pour la troisième fois, et forme le Leck et le Kromme Ryn (Rhin tortueux), plus petit que le Leck. Le Kromme Ryn court de la N.-O. jusqu'à Utrecht, où a lieu la dernière division : le Vecht, qui va se jeter dans le Zuyderzee, et l'Oude Ryn (Vieux Rhin) qui continue à l'O. au delà de Leyde. Avant de commencer son delta, le Rhin inférieur reçoit l'Erft, le Ruhr et la Lippe. Ce delta, protégé par des digues étendues, embrasse les provinces de la Hollande septentrionale, de la Hollande méridionale et d'Utrecht, et environ les deux tiers de la Gueldre. — On évalue le bassin du Rhin à 200,000 kil. carrés, dont 32,000 pour la partie supérieure, 100,000 pour le Rhin moyen, et 68,000 pour la partie inférieure de son cours. De nombreux canaux unissent les différents bras du Rhin, et le Rhin lui-même avec la Saône et le Rhône, l'Escaut, la Meuse et le Danube. Des traités entre les Etats qu'il traverse règlent l'important trafic dont il est la route, et chacun de ces Etats lève des taxes sur les navires et les marchandises qui franchissent ses frontières.

RHIN (Vins du). Voy. ALLEMAGNE.

RHIN (Confédération du) (all. Reinbund), confédération formée par la Bavière, le Wurtemberg, Bade, Berg, la Hesse-Darmstadt et d'autres Etats allemands, après leur scission d'avec l'empire, le 1er août 1806, à l'instigation, et sous le protectorat de Napoléon 1er. Les membres s'engageaient à coopérer

contre les ennemis de la France. L'adhésion du roi, jadis électeur de Saxe, et d'autres princes, donna au territoire de la confédération, à la fin de 1808, une superficie de plus de 5,000 kil. carr., avec près de 15,000,000 d'hab. Les revers de Napoléon en 1813 mirent fin à l'existence de la confédération du Rhin et ses membres se fondirent bientôt dans la confédération germanique.

RHIN (Province du) ou PRUSSE RHÉNANE (all. Rheinprovinz, Rheinpreussen, ou Rheinland), province occidentale de la Prusse, sur les deux rives du Rhin, limitrophe à la Bavière, à la Belgique et à la Hollande ; 26,975 kil. carr. ; 3,807,120 hab. Les principales chaînes de montagnes sont le Hohe Venne, l'Eifel, le Hunsrück, et les Siebengebirge. Après le Rhin, le plus grand cours d'eau est la Moselle. La province est riche en minéraux, et presque toutes les branches d'industrie y sont développées. Villes princip. : Coblentz (la cap.), Cologne, Dusseldorf, Trèves, et Aix-la-Chapelle.

RHIN (Haut-), anc. dép. de France ; ch.-l. Colmar. Il a été en partie réuni à l'Allemagne. — Nom conservé au territoire de Belfort : 610 kil. carr. ; 75,000 hab. (Voy. BELFORT.) Ce département, qui ne forme qu'un arrondissement, est situé entre l'Alsace-Lorraine, la Suisse et les départements français des Vosges, de la Haute-Saône et du Doubs.

RHIN (Bas-), ancien dép. de France ; ch.-l. Strasbourg ; il a été tout entier cédé à l'Allemagne.

RHIN-ET-MOSELLE, nom d'un dép. formé en 1801, après la paix de Lunéville ; il avait pour ch.-l. Coblentz. Il fait aujourd'hui partie de la Prusse Rhénane.

RHINALGIE s. f. (gr. rhin, nez ; algos, douleur). Pathol. Douleur qui a son siège dans le nez.

* **RHINGRAVE** s . m . (all. rheingraf). Comte du Rhin. Se disait des juges, des gouverneurs de villes situées le long du Rhin, et de quelques princes d'Allemagne. La femme du rhingrave était appelée MADAME LA RHINGRAVE.

* **RHINGRAVE** s. f. Nom qu'on donnait, au XVIe siècle, à une espèce de culotte ou haut-de-chausses fort ample, attaché par le bas avec plusieurs rubans.

RHINGRAVIAT s. m. Dignité, fonctions de rhingrave.

RHINITE s. f. (gr. rhin, nez). L'un des noms du rhume de cerveau ou coryza.

* **RHINOCÉROS** s. m. (-ross) (gr. rhin, rhinos, nez ; kéras, corne). Mamm. Genre de grands mammifères pachydermes, comprenant neuf espèces vivantes qui caractérisent la faune de l'Afrique, au S. du Sahara, de l'Indoustan, de Bornéo et de Java, plus un grand nombre de formes éteintes qui vécurent en Europe ou en Asie depuis l'époque postpliocène jusqu'à l'âge pliocène supérieur, et dans l'Amérique du Nord pendant la période pliocène. Pour la masse du corps, le rhinocéros n'est surpassé par aucun animal terrestre actuel, si ce n'est l'éléphant et peut-être l'hippopotame. La corne, simple ou double, qui est son caractère le plus particulier, mesure souvent plus d'un mètre de long ; elle se compose d'une masse solide de poils ou de fibres cornées, agglutinées, soutenue par les os nasaux sans s'y attacher, car elle est entièrement dépendante de la peau, et s'enlève avec elle. On trouve les rhinocéros dans les régions chaudes de l'Asie et de l'Afrique ; ils vivent dans les forêts avec l'éléphant, se nourrissent d'herbes et branches ou d'arbrisseaux feuillus. Leur naturel est paisible, mais, si on les irrite, ils s'élancent sur leurs ennemis la tête basse et la corne en avant ; bien qu'ils ne soient pas

très vifs, leur grand poids et leur force en font de terribles adversaires capables de lutter même avec l'éléphant. Le rhinocéros a les sens de l'odorat et de l'ouïe si sensibles que, pour l'approcher, le chasseur doit se tenir sous le vent et garder le plus profond silence. Les naturels mangent sa chair, et vendent sa peau aux trafiquants, pour en faire des cannes, des fouets et des pièces d'armure défensive ; les cornes servent à faire des bottes et des coupes. — L'espèce la plus répandue est le rhinocéros indien ou unicorne (rhinoceros unicornis, Linn. ; rhinoceros Indicus, Cuv.). Il mesure environ 4 m. de long, 4 m. de circonférence, et 2 m. de hauteur ; sa peau est très épaisse, disposée en larges plis, rude et tuberculeuse, d'un gris rougeâtre foncé. Il mène une vie tranquille et indolente, se vautrant sur les bords marécageux des rivières et des lacs et se baignant dans leurs eaux ; il a des mouvements lents et porte la tête basse, comme le porc. Sa force lui permet de traverser aisément les jungles les plus épaisses. On le trouve dans les parties les plus chaudes de l'Inde continentale. Le rhinocéros noir d'Afrique (rhinoceros bicornis, Linn. ; rhinoceros Africanus, Camper) possède deux cornes ; sa peau, plus lisse,

Rhinocéros noir d'Afrique (rhinoceros bicornis).

est ridée au lieu d'être repliée. Par la taille et les mœurs il ressemble, à l'espèce de l'Inde. On le trouvait autrefois jusque sur les pentes de la montagne de la Table, mais il s'est retiré dans l'intérieur, bien au delà des limites de la colonie du Cap, et il y est rarement troublé. Il se tient caché pendant le jour, et sort la nuit pour chercher sa nourriture et son breuvage. Il est ombrageux et sauvage, et attaque les voyageurs. Il est si maigre qu'on mange rarement sa chair. Le rhinocéros blanc (rhinoceros simus, Burch.), également africain, est le plus grand représentant du genre. Il est d'un blanc brunâtre pâle, avec des teintes pourprées sur les épaules et sur les parties postérieures. C'est une espèce rare. C'est un animal timide, aisément surpris et capturé à cause de la lenteur de ses mouvements. Les naturels estiment beaucoup sa chair, qui est grasse. Il se nourrit surtout d'herbes.

* **RHINOPLASTIE** s. f. (gr. rhin, rhinos, nez ; plastos, formé). Chir. Opération qui a pour but de refaire le nez à ceux qui l'ont perdu, au moyen d'un morceau de peau détachée du front, du bras, etc.

RHIPIPTÈRE adj. (gr. rhipis, éventail ; pteron, aile). Entom. Qui a les ailes en éventail.

RHIZAGRE s. m. (gr. rhiza, racine ; agra, prise). Chir. Instrument avec lequel on arrache les racines des dents.

RHIZOME s. m. (gr. rhiza, racine, omos, semblable). Bot. Sorte de tige souterraine et horizontale qui émet des racines sur les di-

vers points de sa longueur et qui se développe progressivement par son extrémité antérieure, tandis que l'autre se dessèche et périt à mesure. Le rhizome appartient aux fougères, aux liliacées frutescentes, aux iridées, aux convallariées, et à d'autres herbes vivaces.

RHIZOPHAGE adj. (gr. *rhiza*, racine; *phagein*, manger). Zool. Qui se nourrit de racines.

RHIZOPHORE adj. (gr. *rhiza*, racine; *phoros*, qui porte). Bot. Qui porte des racines. — s. m. Nom scientifique du genre palétuvier.

RHIZOPHORÉ, ÉE adj. Qui ressemble ou se rapporte au rhizophore. — s. f. pl. Famille de plantes ayant pour type le genre rhizophore.

RHIZOPODE adj. (gr. *rhiza*, racine; *pous, podos*, pied). Zool. Qui a les pieds semblables à des racines. — s. m. pl. Classe d'animaux invertébrés. (Voy. FORAMINIFÈRES, GLOBIGÉRINE, et PROTOZOAIRES).

RHIZOSPERME adj. (gr. *rhiza*, racine; *sperma*, graine). Bot. Qui a des graines naissantes sur les racines.

RHIZOSTOME adj. (gr. *rhiza*, racine; *stoma*, bouche). Zool. Qui a plusieurs bouches situées à l'extrémité de filaments semblables à des racines.

RHODANIEN, IENNE adj. (lat. *Rhodanus*, Rhône). Qui appartient au Rhône.

RHODE-ISLAND [ro-daï-lannd], l'un des treize états originaires de l'Union américaine, et le moins étendu de tous, entre 41° 9' et 43° 3' lat. N. et entre 73° 28' et 74° 43' long. O.; borné par le Massachusetts, l'Atlantique et le Connecticut; 3,237 kil. carr.; 277,000 hab., dont 14,000 Canadiens, 13,000 Anglais, 40,000 Irlandais, 5,000 Allemands, etc. Il forme 5 comtés seulement; mais il a deux capitales: Providence et Newport. Villes princ: Pawtucket, Woonsocket, Lincoln et Warwick. Territoire montueux partagé en deux parties inégales par la baie de Narragansett. — Fer, marbre, serpentine, granit. Climat doux; sol assez fertile; chênes, noyers, châtaigniers; orge, maïs, seigle, pommes de terre. Plus de 2,000 manufactures occupant 60,000 ouvriers. L'administration appartient à un gouverneur assisté d'un lieutenant gouverneur et de plusieurs autres officiers; les

Sceau de l'État de Rhode-Island.

36 sénateurs et les 72 représentants qui composent le pouvoir législatif sont élus annuellement. Les assemblées générales annuelles se tiennent à Newport; les juges sont élus. Dettes : 12 millions de fr.; recettes : 6 millions de fr.; dépenses : 5 millions. L'instruction est gratuite, laïque et obligatoire jusqu'à l'âge de 15 ans. L'état renferme 600 écoles, recevant 40,000 élèves; 300 bibliothèques renfermant 700,000 volumes. Principales dénominations religieuses : baptistes (110 organisations), congrégationalistes (37), épiscopaliens (43), méthodistes (18), catholiques

romains (25); 30 journaux périodiques, dont 6 quotidiens. — On pense aujourd'hui que les terres qui entourent la baie de Narragansett furent découvertes par les Northmen en l'an 1000 et reçurent de ces hardis navigateurs le nom de Vinland. (Voy. NORMAND.) Des colons anglais, chassés du Massachusetts en 1636, fondèrent Providence et achetèrent aux indigènes l'île d'Aquidneck ou Aquiday, aujourd'hui Rhode-Island. La nouvelle colonie se développa lentement, au milieu de guerres incessantes avec les Indiens, guerres qui ne se terminèrent qu'en 1676, à la mort de Philippe, sachem des Wampanoags. Pendant la guerre de l'Indépendance, le général américain Sullivan, soutenu par la flotte française du comte d'Estaing, essaya vainement de chasser les Anglais, qui se retirèrent d'eux-mêmes en 1779.

RHODES (gr. *rhodos*, de *rodon*, rose). I, île de la Turquie, dans la Méditerranée, sur la côte S.-O. de l'Asie Mineure, dont la sépare un canal large de 15 kil.; 1,424 kil. carr.; 34,000 hab. environ, en majorité Grecs. Elle est gouvernée par un pacha nommé à vie, qui en afferme les revenus. Une chaîne de montagnes, qui atteint environ 2,000 m., divise l'île dans sa longueur, du N. au S. Le cours

Rhodes, vue prise d'une colline située au N.-O. de la ville.

d'eau le plus important est le Fisco. Le climat est le plus beau de la Méditerranée. Commerce d'huile, d'oranges, de citrons, de corail, d'éponges, de cuir, et de marbre. — Rhodes fut une des stations commerciales des Phéniciens; elle envoya des colonies en Espagne, en Italie, en Sicile et sur les côtes de l'Asie Mineure. Les plus anciennes villes, Lindus, Ialysus et Camirus, appartenaient à l'hexapole dorienne. La ville de Rhodes fut fondée en 408 av. J.-C. Après la mort d'Alexandre le Grand, l'île acquit une grande puissance et étendit son autorité sur une partie de la terre ferme. Elle fut l'alliée de Rome depuis le temps d'Antiochus le Grand jusqu'aux guerres civiles; à cette époque, elle fut punie de son alliance avec César par la prise et le pillage de la ville de Rhodes. Dès lors, elle déclina, et finalement l'empereur Vespasien la priva de son autonomie. Pendant la décadence de l'empire d'Orient, l'île tomba successivement aux mains des califes, des croisés et des Génois; en 1309, les chevaliers de Saint-Jean de Jérusalem, qui avaient été obligés d'évacuer la Palestine, s'en emparèrent maîtres. Ils l'occupèrent pendant deux siècles; mais en 1522, après un siège héroïquement soutenu, qui dura tout un été, une

capitulation la livra à Soliman le Magnifique, et les Turcs l'ont gardée jusqu'à présent. (Voy. SAINT-JEAN DE JÉRUSALEM, *Chevaliers de*.) Il y a aujourd'hui dans l'île environ 44 villages peu peuplés. — II, capitale de l'île, sur la côte N.-E.; 20,000 hab. environ. Elle est bâtie sur une baie entre deux caps, et est encore entourée de murailles et de tours élevées par les chevaliers de Saint-Jean. Il y a deux ports, séparés par un quai étroit. Strabon représente Rhodes comme supérieure à toutes les autres villes par la beauté et la commodité de ses ports, de ses rues, de ses murailles et de ses édifices publics. Elle contenait une des sept merveilles du monde, qui était une statue d'Apollon, appelée le colosse de Rhodes. (Voy. COLOSSE.)

RHODES, Intérieure et Extérieure. Voy. APPENZELL.

RHODEZ. Voy. RODEZ.

RHODIEN, IENNE s. et adj. De Rhodes; qui appartient à cette île, à cette ville, ou à leurs habitants.

* **RHODIUM** s. m. [ro-di-omm] (gr. *rhodon*, rose, à cause de la couleur du métal). Chim. Métal très difficile à fondre et fort rare, qu'on n'a encore trouvé qu'allié au platine.

— Le rhodium appartient au groupe du platine, et fut découvert par Wollaston en 1803, dans le minerai de platine brésilien. Il est blanc, très dur, malléable après être entré en fusion sur de la chaux; il est alors son poids spécifique est de 12,1. Il a pour symbole Ro, et pour poids atomique 104 ou 104,3. Il résiste à l'action des plus forts acides, excepté lorsqu'il est allié à quelque autre métal; dans ce cas, il se laisse dissoudre dans l'acide nitromuriatique. Il forme quatre oxydes : un monno-oxyde, Ro O; un sesquioxyde, $Ro^2 O^3$; un bioxyde, Ro O^2 un trioxyde, Ro O^3. Ses sels n'ont pas encore d'importance.

RHODODENDRÉ, ÉE adj. Qui ressemble ou qui se rapporte au rhododendron. — s. f. pl. Tribu d'éricacées, ayant pour type le genre rhododendron.

* **RHODODENDRON** s. m. [ro-do-dain-dron] (gr. *rhodon*, rose; *dendron*, arbre). Bot. Genre de plantes à feuilles persistantes de l'ordre des éricacées ou de la famille des bruyères; il est très répandu. Quelques espèces se trouvent dans la zone arctique, d'autres dans les parties tempérées de l'Amérique du Nord, d'autres encore en Europe et en Chine, et d'autres enfin, très nombreuses, dans les

montagnes de l'Inde. Le *grand rhododendron* (*rhododendron maximum*) est très commun dans les montagnes du centre des Etats-Unis; il atteint de 2 à 6 m. et a le port d'un arbuste plutôt que celui d'un arbre. Le *rhododendron catawba* (*rhododendron catawbiense*) croît sur les plus hauts sommets des Alleghanies depuis la Virginie jusqu'à la Géorgie. C'est cette espèce qui, croisée avec des espèces plus délicates, a donné les belles plantes qui ornent nos jardins. Un des plus beaux

Hybride de rhododendron catawbiense.

rhododendrons est le *rhododendron du Pont* (*rhododendron Ponticum*), originaire, comme son nom l'indique, de l'Asie Mineure; il a quelquefois 6 m. de haut, mais d'ordinaire il n'atteint que la moitié de cette hauteur. C'est le rhododendron commun des jardins, et il sert souvent de sujet pour greffer d'autres espèces *plus rares*. Comme beauté de forme et de feuillage et comme abondance et variété de fleurs, nul autre arbuste n'égale le rhododendron. Le *rhododendron en arbre* (*rhododendron arboreum*) du Népaul est un arbre pyramidal à rameaux étagés, à feuilles luisantes en dessus, argentées en dessous; à fleurs écarlates grandes et belles, groupées en corymbe. Toutes ces espèces produisent de jolies variétés par les semis et l'hybridation.

RHODOPE, auj. *Despoto-Dagh*. Voy. BALKANS et THRACE. — Dans ces montagnes, environ 150,000 musulmans cherchèrent un refuge pendant la guerre russo-turque (déc. 1877, janv. 1878).

RHODORA s. m. (gr. *rhodon*, rose; *oraó*, je vois). Bot. Genre d'arbrisseaux originaires de l'Amérique du Nord; il n'y en a qu'une espèce, le *rhodora Canadensis*, haut de 33 centim.

Rhodora Canadensis.

à 1 m., à tige cuivrée, à feuilles persistantes et oblongues, d'un vert glauque et pâle en dessus, plus blanches et cotonneuses en dessous.

Ses fleurs, en petits bouquets à l'extrémité des branches, paraissent immédiatement avant les feuilles; elles sont d'un pourpre rosé brillant et font beaucoup d'effet. Il croît surtout dans les terrains marécageux.

*RHOMBE s. m. (gr. *rhombos*). Géom. Quadrilatère plan dont les côtés opposés sont parallèles entre eux, sans que ses angles soient droits : *tout rhombe est un parallélogramme à angles obliques.* — Hist. nat. Genre de coquillages univalves. — Se dit également de certains poissons, tels que le turbot.

RHOMBÉ, ÉE adj. Hist. nat. Qui a la forme d'un rhombe.

RHOMBIFORME adj. Qui a la forme d'un rhombe.

RHOMBIPORE adj. Qui a des pores en losange.

RHOMBIQUE adj. Qui a la forme d'un rhombe.

*RHOMBOÈDRE s. m. (gr. *rhombos*, rhombe; *edra*, base. Géom. Corps solide dont les faces sont des rhombes.

RHOMBOÉDRIQUE adj. Qui a la forme d'un rhomboèdre.

*RHOMBOÏDAL, ALE adj. Qui a la figure du rhombe ou du rhomboèdre. S'emploie principalement dans ce dernier sens : *cristal rhomboïdal.*

*RHOMBOÏDE s. m. Géom. Corps solide ayant six faces parallèles deux à deux, et dont chacune est un rhombe.

RHÔNE (anc. *Rhodanus*), grand fleuve de France qui prend sa source en Suisse, à 1,734 m. au-dessus du niveau de la mer, dans un glacier de la montagne de Saas, à l'O. du Saint-Gothard, entre le Furca, le Gallenstock et le Grimsel, à 24 kil. de la source du Rhin. Il traverse l'O. à l'E. le Valais, où il s'écoule d'abord avec violence dans un lit étroit et encombré de rochers; à Brieg, son cours devient plus modéré, mais la commencent les marais qui infectent le bas Valais; il passe à Sion, puis traverse une gorge étroite près de Martigny, tourne au N.-O. Saint-Maurice, et se jette dans le lac de Genève; il sort de ce grand réservoir à Genève même, pur et limpide. — A peu de distance de cette ville, il sépare la France de la Savoie, courant au sud dans une vallée étroite et encaissée; il passe à Fort-l'Ecluse (Fort-les-Cluses); sa vallée se resserre davantage; le fleuve n'a plus ici que 16 à 25 m. de large, au lieu de 78 à 117 m. qu'il avait à sa sortie du lac. — Le Rhône s'est creusé, dans les terrains peu solides de la montagne du Grand-Credo, un lit profond dans lequel il s'engouffre, et dont il sort bientôt, large, tranquille et profond; mais à 300 pas du gouffre à environ 1 kil. au-dessus de Belgarde, au village de Goupy, des éboulements de rochers ont formé une arche de 60 pas de longueur, sous laquelle coule le Rhône; c'est ce qu'on appelle *la perte du Rhône.* — Au sortir de ce gouffre, le lit du Rhône est très profond, très rapide, encaissé dans des berges à pic de 50 m. de hauteur, et à 300 pas plus loin, il reçoit la Valserine, dont le confluent augmente encore le bouleversement de cette contrée; enfin, à 6 kil. de là, il a encore à franchir le défilé de Malpertuis, étroit goulet hérissé de rochers, pour arriver au Parc, où il devient navigable, et où sa vallée s'élargit; il passe ensuite à Seyssel, à Pierre-Châtel, à Cordon, où il entre en France; il court alors de l'E. à l'O., sépare le département de l'Ain de celui de l'Isère; il entre enfin dans le département auquel il donne son nom, et à Lyon par les Brotteaux. A Lyon, il rencontre les hautes collines de la Croix-Rousse; il les contourne, prend une direction S.-O., reçoit la Saône, et coule au S. en arrosant encore

dans le département Givors et Condrieu; de là il gagne la Méditerranée, à laquelle il arrive après un cours total de 950 kil., en formant un delta. Le Rhône se charge, à Lyon, de tous les produits agricoles et des marchandises que lui apporte la Saône des parties centrales de la France; il les transporte à la mer avec une activité merveilleuse, desservant sur son passage les intérêts commerciaux de plusieurs villes importantes. Au-dessus de Lyon, de nombreux steamers le sillonnent et des canaux le font communiquer avec la Garonne, la Seine, la Loire et le Rhin. Son delta forme l'île de la Camargue. Il a pour principaux affluents : l'Arve, la Valserine, l'Ain, la Saône, le Gier, l'Ardèche, la Cèze, le Gard, le Guiers, l'Isère, la Drôme, la Sorgue et la Durance.

RHÔNE, dép. de la région orientale de la France, situé entre les dép. de Saône-et-Loire, de la Loire, de l'Isère, de l'Ain, et borné à l'E. par la Saône et le Rhône, formé d'une partie du dép. de Rhône-et-Loire et compris avant 1790 dans le Lyonnais; 2,790 kil. carr.; 744,470 hab. — Compris entre les montagnes du Beaujolais et du Lyonnais à l'O. et le cours du Rhône et de la Saône à l'E. ce dép. présente une pente générale de l'O. à l'E.; les montagnes qui le traversent font partie des Cévennes septentrionales et servent d'arête entre les bassins du Rhône et de la Saône; le point culminant (1,004 m.) est le massif de Tarare. — Sol fertile; peu de céréales; très abondants et estimés; pommes de terre, châtaignes; fabriques importantes de soieries; mousselines de Tarrare; coton; cuirs; bière; charcuterie. Princ. cours d'eau, le Rhône et la Saône. — Ch.-l., Lyon; 2 arr., 29 cant., 264 communes. Archevêché, cour d'appel, académie à Lyon. — Ch.-l. d'arr., Lyon et Villefranche.

RHÔNE (Bouches-du-). Voy. BOUCHES.

RHÔNE-ET-LOIRE, anc. dép. franç. formé en 1790; ch.-l., Lyon. Après le siège de cette ville (1793), la Convention divisa le dép. en Rhône, ch.-l. Lyon, et Loire, ch.-l. Feurs, plus tard Montbrison et depuis Saint-Etienne.

*RHUBARBE s. f. Plante médicinale dont la racine, qui porte le même nom, est très grosse, jaune, amère, tonique à de petites doses, et purgative à des doses plus élevées : *la rhubarbe nous vient surtout de la Chine et de la Tartarie.* — PASSEZ-MOI LA RHUBARBE, JE VOUS PASSERAI LE SÉNÉ, se dit en parlant de deux personnes qui se font mutuellement des concessions, qui ont l'une pour l'autre des complaisances intéressées. Cela se dit ordinairement en mauvaise part, ou pour plaisanter. — RHUBARBE DES MOINES, nom vulgaire d'une espèce de patience originaire des Alpes, dont les propriétés sont semblables à celles de la rhubarbe, mais dans un degré plus faible. — Bot. et méd. On donne le nom de rhubarbe à la racine du *rheum officinale* et de quelques autres espèces; mais, en horticulture, ce nom s'applique aux plantes mêmes. Le genre *rheum* appartient à l'Asie et à la Russie méridionale. La *rhubarbe commune des jardins* (*rheum rhaponticum*) a différents synonymes; *elle est originaire de Sibérie et de la vallée du Volga; elle fut introduite en Angleterre dès 1573, et au temps d'Elisabeth on employait ses feuilles comme herbes potagères, à la manière des épinards. On la cultive aujourd'hui pour ses pétioles ou tiges de ses feuilles, dont on fait des compotes ou des conserves. Ce n'est que de date que du XIXe siècle. Vers 1860, on fit de grands efforts pour en extraire une liqueur vineuse, mais le succès ne répondit pas à l'attente. La plus belle de toutes les espèces est celle de l'Himalaya (*rheum nobile*), décou-

verte par le Dr J.-D. Hooker ; elle forme une pyramide d'un mètre et plus de hauteur, dont la base se compose de feuilles vertes brillantes, aux pétioles et aux nervures rouges, et la partie supérieure des bractées d'un délicat jaune paille avec les bords roses. — Comme médicament la rhubarbe est connue depuis des temps très anciens, et l'on dit qu'il en est parlé dans un traité chinois écrit vers l'an 2700 av. J.-C. L'espèce plus spécialement employée en pharmacie est le *rheum*. Autrefois, la variété préférée était connue sous le nom de rhubarbe de Turquie, parce qu'elle était apportée par les caravanes de Tartarie, à travers la Perse, jusqu'aux ports du Levant, d'où elle passait en Europe. Il en

Rhubarbe officinale (Rheum officinale).

venait aussi par la Russie ; on l'appelait rhubarbe russe. La rhubarbe est astringente et amère ; son odeur est aromatique, quoique'elle soit désagréable pour beaucoup de personnes. On reconnaît les meilleures espèces à la couleur jaune et brillante de la poudre. Sa composition chimique est très compliquée, et l'on n'a pu découvrir dans cette drogue aucun principe particulier qui explique d'une façon satisfaisante ses propriétés purgatives. La rhubarbe agit d'abord sur le système comme cathartique, puis vient une action astringente qui arrête l'excès de l'influence purgative. C'est une médecine à la fois tonique et stomachique. Comme purgatif, elle est d'une action modérée, et affecte plutôt la fibre musculaire que les canaux sécréteurs. On l'emploie beaucoup en combinaison avec la magnésie, le calomel et d'autres cathartiques lorsqu'une action purgative plus énergique est nécessaire. — Poudre de 30 à 60 centigr., comme tonique ; de 2 à 3 gr. comme purgatif.

* **RHUM** ou **Rums.** m. [romm]. Liqueur alcoolique qui se distille de la mélasse fermentée, du jus et de l'écume de rebut que laisse la fabrication du sucre, et des lies de distillations précédentes. Il se produit, dans la première partie de l'opération, une huile volatile particulière qui donne au rhum son arome. On le fabrique depuis longtemps dans les plantations des Antilles où se font le sucre et la mélasse.

RHUMATALGIE s. f. (gr *rheuma*, fluxion ; *algos*, douleur). Pathol. Douleur dans la poitrine.

* **RHUMATIQUE** adj. Méd. A le même sens que rhumatismal : *goutte rhumatique.*

* **RHUMATISANT, ANTE** adj. Méd. Se dit d'une personne affectée de rhumatisme. — Substantiv. *Un rhumatisant.*

* **RHUMATISMAL, ALE, AUX** adj. Qui appartient au rhumatisme, qui est causé par le rhumatisme : *douleur rhumatismale.*

* **RHUMATISME** s. m. (gr. *rheumatismos*). Le rhumatisme est une affection essentiellement mobile, propre aux muscles et aux articulations, et occasionnée par le froid humide. Cette maladie se présente sous des formes si différentes que l'on serait tenté de les regarder comme des maladies distinctes ; mais elles coexistent, alternent, surviennent sous l'influence des mêmes causes et dépendent de la même diathèse. Il ne faut donc pas oublier que le rhumatisme est vagabond et protéiforme. Ses causes sont : une prédisposition spéciale, le refroidissement, surtout le froid humide et les habitations malsaines. On distingue le *rhumatisme articulaire* qui affecte les articulations, et le *rhumatisme musculaire*, qui affecte les muscles ; tous les deux sont aigus ou chroniques. — **Rhumatisme articulaire aigu.** Il est caractérisé par une douleur plus ou moins vive d'une articulation, avec de la chaleur, de la tuméfaction et de la fièvre. Cette douleur est parfois déchirante, arrache des cris aux malades, surtout quand ils font le moindre mouvement. Parfois ce rhumatisme reste fixé à une articulation ; mais, le plus souvent, il se porte sur une autre. La durée de cette maladie est de 2 à 3 semaines ; il n'est pas rare de la voir passer à l'état chronique et se prolonger de 2 à 3 mois. Elle est sujette à récidiver. Elle ne devient dangereuse que quand il y a métastase, c'est-à-dire migration sur un organe important, par exemple sur le cœur, les plèvres, les méninges. (Pour le diagnostic, voy. GOUTTE.) — TRAITEMENT. Sangsues dès le début sur les articulations malades, si le sujet est sain et vigoureux, frictions et applications calmantes (baume d'Opodeldoch, baume tranquille mélangé d'ammoniaque). Donner par jour de 5 à 10 milligr. de *vératrine* associée à l'opium ; c'est un des meilleurs remèdes contre le rhumatisme aigu, mais il faut en surveiller l'emploi et s'arrêter, s'il survient des coliques et des vomissements. On peut lui substituer le colchique à la dose de 1 à 4 gr. par jour ou le sulfate de quinine (75 centigr. par jour), ou le nitrate de potasse (5 à 10 gr. par jour dans de l'eau sucrée). On préconise aussi le kermès à la dose de 70 centigr. — Il est utile de donner chaque jour un lavement émollient et laxatif, surtout quand on emploie la vératrine.

R.	Vératrine, 4 centigr.	R.	Teinture de colchique	20 gr.
	Extrait d'opium, 6		Sirop diacode	60
Pour 20 pilules. En donner 2 le premier jour, 3 le 2me, 4 le 3me, et ainsi de suite jusqu'à 6.			Sirop simple	120
			Une demi-cuillerée matin et soir le 1er jour, 3 demi-cuillerées le 2me, et ainsi de suite jusqu'à 5.	

Pour frictions.

R.	Baume tranquille	30 gr.
	Essence de térébenthine	20 —
	Ammoniaque liquide	30 —

Agiter et ajouter peu à peu en agitant 80 gr. d'eau. — En cas de métastase, employer vésicatoire ou urtication à l'endroit qu'occupait le rhumatisme ; dérivatifs *intestinaux*. — **Rhumatisme articulaire chronique.** La forme chronique succède souvent à l'état aigu ; d'autres fois, elle est chronique d'emblée. Il y a de la gêne et de la difficulté dans les mouvements avec de légères douleurs, se prolongeant indéfiniment, s'améliorant par la chaleur et s'exaspérant par les temps humides. Parfois elle laisse dans les articulations des dépôts gélatino-albumineux ou des concrétions tophacées ; dans ce dernier cas, on l'appelle *rhumatisme goutteux*, et on le traite comme la goutte. Dans le rhuma-

tisme chronique, on emploie la teinture de colchique à la dose de 20 à 60 gouttes par jour, les bains de vapeur, le massage, les frictions avec une peau de chat, des chemises de flanelle, une saison aux eaux d'Aix (Savoie). — **Rhumatisme musculaire.** Il consiste dans une douleur fixe ou mobile siégeant dans les muscles et augmentant par la contraction des organes affectés ; il s'accompagne rarement de fièvre et il a une durée très variable. Il porte des noms différents suivant la région des muscles rhumatisés. Les plus fréquents sont : 1° le *rhumatisme de la tête*, occupant le muscle occipito-frontal et rendant les cheveux sensibles au toucher ; 2° le *rhumatisme des muscles du cou* (*torticolis*) qui rend le cou raide et douloureux dans les mouvements de la tête ; 3° la *pleurodynie* (voy. ce mot) ; 4° le *lumbago* (voy. ce mot) ; 5° le *rhumatisme pré-abdominal*, qui siège aux muscles du ventre et qu'augmentent la toux et les mouvements. — L'absence de fièvre, de nausées et de vomissements, le distingue assez d'une péritonite commençante. — Les *douleurs névralgiques* ont pour caractères distinctifs des *points* très sensibles et peu étendus et des *accès* périodiques, ce qui n'existe pas dans le rhumatisme. — TRAITEMENT. Le moyen le plus simple et le meilleur est de placer des ventouses scarifiées au niveau des muscles rhumatisés. — De larges cataplasmes de farine de moutarde suffisent dans les cas ordinaires et chez les personnes sensibles. On peut combattre les rhumatismes rebelles par de larges vésicatoires et par les eaux d'Aix et de Barèges. On a recours aux sangsues dans le rhumatisme du cou et des lombes, quand il affecte les parties tendineuses ou même ligamenteuses. — Le rhumatisme ne se présente pas toujours de la même façon. C'est tantôt un mal de tête opiniâtre ou des vertiges, tantôt de l'oppression, tantôt une douleur de ventre continue et sans tuméfaction, tantôt un mal d'estomac, tantôt un simple bourdonnement aux oreilles. On le reconnaît surtout à la cause, qui est un refroidissement ou un changement de température, ou au déplacement d'une précédente douleur. On le combat surtout par des vésicatoires, des préparations de colchique, et on prend des précautions contre le froid humide. (Voy. GOUTTE.)

RHUMATOÏDE adj. (fr. *rhumatisme*; gr. *eidos*, aspect). Pathol. Qui affecte la forme du rhumatisme : *douleur rhumatoïde.*

* **RHUME** s. m. (gr. *rheuma*, écoulement). Espèce de fluxion causée par l'irritation ou par l'inflammation de la membrane muqueuse qui tapisse la gorge, et accompagnée de toux, d'enrouement, d'expectoration, quelquefois d'un peu de fièvre : *grand rhume*. (Voy. BRONCHITE.) — RHUME DE CERVEAU, luxion causée par l'inflammation de la membrane muqueuse qui tapisse l'intérieur du nez. On l'appelle autrement CORYZA. — RHUME NÉGLIGÉ, commencement de plusieurs espèces de phtisies.

RHUNE (La), pic de France, entre Saint-Jean-de-Luz et Cambo (Basses-Pyrénées) ; il s'élève de 900 m. au-dessus du niveau de la mer. De ce point, on découvre tout le pays basque et une partie du Béarn. Au sommet de la Rhune, se livra en octobre 1813, entre les troupes de Soult et celles de Wellington, une sanglante bataille dans laquelle les Français furent vaincus ; mais les alliés subirent des pertes considérables.

* **RHUS** s. m. [russ] (gr. *rheus*). T. de bot. (Voy. SUMAC).

RHYNCHOPHORE adj. [-fo-] (gr. *rhugchos*, bec ; *phoros*, qui porte). Qui a un long bec. — s. m. Genre de charançons comprenant une douzaine d'espèces exotiques.

RHYNCHOPS s. m. [rain-kops] (gr. *rhugchos*, bec; *ops*, face). Nom scientifique du

Rhynchops nigra.

genre d'oiseaux appelés Coupeurs d'eau. (Voy. ce mot.)

RHYPAROCHROME s. m. (gr. *rhuparos*, sale; *chroma*, couleur). Entom. Petit insecte hémiptère (*rhyparochromus devastator*) qui se

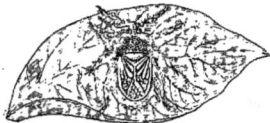

Rhyparochromus devastator.

trouve aux Etats-Unis, où il commet de grands ravages dans les champs de maïs et autres céréales.

* **RHYTHME** s. m. Voy. Rythme.

* **RHYTHMIQUE** adj. Voy. Rythmique.

* **RHYTON** s. m. (gr. *rhuton*). Antiq. Vase grec qui servait à boire et qui était en forme de corne.

RIAD Voy. Riyad.

RIAILLÉ, ch.-l. de cant., arr. et à 22 kil. N.-N.-O. d'Ancenis (Loire-Inférieure); 1,800 hab. Forges importantes.

RIALTO (Pont du). Voy. Venise.

RIANCEY (Henri-Léon Camusat de), publiciste et homme politique né à Paris le 24 oct. 1816, mort dans la même ville en 1870. Comme publiciste, il fut mêlé, à partir de 1845, à toutes les polémiques politiques et religieuses de l'*Univers*, de l'*Union*, du *Correspondant*, etc. Envoyé à l'Assemblée nationale par le département de la Sarthe, il fut arrêté au coup d'État et enfermé à Vincennes. Peu de temps après, il fut rendu à la liberté et devint rédacteur en chef de l'*Union*, poste qu'il conserva jusqu'à sa mort. On a de lui : *Histoire du monde, depuis la création jusqu'à nos jours* (1838-41, 4 vol., nouv. édit. 1863-'68, 9 vol.); *Histoire résumée du moyen âge* (1841), etc.

RIANS, ch.-l. de cant., arr. et à 45 kil. N.-O. de Brignoles (Var); 2,000 hab.

* **RIANT, ANTE** adj. [ri-an] (rad. *rire*). Qui annonce de la gaieté, de la joie : *un visage riant*. — Agréable à la vue, qui plaît aux yeux : *une maison riante*. — Gracieux, agréable à l'esprit : *des idées riantes*.

RIANZARES (Duc de) [ri-ann-za-rèss]. Voy. Muñoz.

RIAZAN [ria-zann']. I, l'un des gouvernements du centre de la Russie d'Europe; 42,098 kil. carr.; 1,695,000 hab. Le principal cours d'eau est l'Oka. Productions : céréales, fruits, houblon et tabac. — II, capitale de ce gouvernement, sur l'Oka, à 170 kil. S.-O.

de Moscou; 19,990 hab. C'est le siège d'un archevêque grec. On y fabrique du drap, de la toile et de la poterie de fer.

RIBADENEIRA (Pierre), jésuite, né à Tolède (Espagne) en 1527, mort en 1611. Il fut l'un des premiers compagnons d'Ignace de Loyola, dont il a écrit la vie, ainsi que celles de Lainez, de Salmeron, de François de Borgia, etc. Il a laissé en outre : *Fleur des Vies des saints*, qui n'est qu'une compilation de puériles légendes.

* **RIBAMBELLE** s. f. Se dit, fam. et en mauvaise part, pour signifier kyrielle, longue suite : *il m'a fait une ribambelle ennuyeuse de ses titres, de ses qualités*.

* **RIBAUD, AUDE** adj. Luxurieux, impudique : *c'est un homme fort ribaud*. — s. *C'est un ribaud, une ribaude*. — s. m. Soldat d'une garde royale créée par Philippe-Auguste pour la sûreté de sa personne menacée, disait-on, par les assassins du Vieux de la Montagne. Le chef de cette garde avait le titre de roi, cas unique dans l'histoire; il était chargé de rechercher les crimes et délits commis dans les maisons de jeu et de débauche, ainsi que ceux qui étaient commis par les gens à la suite du souverain.

> Comment ! le dieu d'amour retient
> Faux semblant qui du des siens devient,
> Dont les gens sont joyeux et beaux,
> Car il le fait roi des ribauds.
>
> *Roman de la Rose.*

RIBAUDAILLE s. f. [*ll* mll.] Ramassis de ribauds.

RIBAUDEQUIN s. m. Anc. art milit. Grand arc monté sur un fût. — Gros mousquet de rempart.

* **RIBAUDERIE** s. f. Action de ribaud, divertissement licencieux : *il a donné dans toutes sortes de ribauderies*. C'est un terme de mépris et de blâme, mais non pas un mot grossier comme Ribaud. L'un et l'autre sont peu usités. On disait autrefois Ribaudie :

> Après garde que tu ne dies
> Aucuns mots laids et ribaudies.
>
> *Roman de la Rose.*

RIBAULT (Jean) [ri-bô], navigateur dieppois, tué dans la Floride en 1565. Lorsque l'amiral Coligny eut obtenu l'autorisation royale pour envoyer une expédition en Floride, deux vaisseaux, sous le commandement de Ribault, partirent de Dieppe le 18 fév. 1562, et jetèrent l'ancre dans le port de Port-Royal, aujourd'hui dans la Caroline du Sud. Un fort y fut bâti, probablement près de l'emplacement du beau fort actuel, et appelé fort Charles. Ribault revint en France chercher de l'aide; mais les 26 colons qu'il avait laissés furent bientôt réduits par la famine et par les ennemis, et les quelques survivants prirent la mer dans une frêle barque qu'un vaisseau anglais recueillit. Une nouvelle expédition partit en avril 1564, sous René de Laudonnière, forma un établissement sur la rivière May, aujourd'hui Saint-Jean (Saint John), et bâtit le fort Caroline; ces colons cependant se préparaient à revenir lorsque arriva Ribault avec sept navires (1565). Il avait à peine jeté l'ancre que, le 4 sept., cinq vaisseaux espagnols, sous Pedro Menendez de Aviles, qui avait mission de tuer tous les Français protestants, donnèrent sans résultat la chasse à l'escadre de Ribault et entrèrent dans le port de Saint-Augustin. Ribault, malgré les avis contraires, voulut aller attaquer l'Espagnol, mais ses navires firent tous naufrage dans une tempête près du cap Canaveral. Menendez surprit le fort Caroline, et massacra près de 200 personnes des deux sexes. Ribault, ignorant ce de fait, traversa avec plus de 500 hommes un pays inconnu jusqu'au fort Charles. Sa première division, de 200 hommes, se rendit à Menendez à quelques lieues de Saint-Augustin,

et tous, à part quelques-uns qui se firent reconnaître pour catholiques, furent exécutés. La seconde partie de la troupe tomba aussi presque tout entière entre les mains de Menendez, qui les fit massacrer, y compris Ribault, non comme Français, mais comme luthériens. (Voy. Gourgues.)

RIBBONISME s. m. Nom donné en 1820 à une société secrète irlandaise ayant pour but de venger sur les grands propriétaires toute injure faite aux fermiers. Une loi pour réprimer le ribbonisme fut votée le 16 mai 1871.

RIBEAUVILLÉ (all. *Rappoltsweiler*), ville d'Alsace-Lorraine, à 16 kil. N.-O. de Colmar; 7,000 hab.

RIBÉCOURT, ch.-l. de cant., arr. et à 14 kil. S.-E. de Compiègne (Oise); 700 hab.

RIBEMONT, ch.-l. de cant., arr. et à 15 kil. S.-E. de Saint-Quentin (Aisne), sur la rive gauche de l'Oise; 3,096 hab. Lainages, calicots. Patrie de Condorcet et de l'architecte Blondel. Restes de fortifications.

RIBERA (José), célèbre peintre surnommé l'*Espagnolet*, né près de Valence en 1588, mort à Naples en 1659. Il fut élève de Michel-Ange et de Caravage, et devint bientôt un des plus célèbres peintres d'Espagne. Il affectionnait surtout les sujets sombres. On a de lui : *Caton se suicidant*, le *Martyre de saint Barthélemy*, *Saint Janvier sortant du four*, etc. Le Louvre possède une vingtaine de toiles de ce maître.

RIBÉRAC, ch.-l. d'arr., à 38 kil. N.-O. de Périgueux (Dordogne), dans un vallon entouré de vertes collines; par 45° 15' 13" lat. N. et 2° 0' 59" long. O.; 4,800 hab.; château du x⁰ siècle; église du x⁰ siècle (mon. hist.). Grand commerce de porcs.

RIBÉSIÉ, ÉE adj. [ri-bé-zié] (lat. *ribes*, groseillier). Bot. Qui ressemble qui se rapporte au groseillier. — s. f pl. Famille de plantes dicotylédones ayant pour type le genre groseillier.

RIBIERS, ch.-l. de cant., arr. et à 10 kil. S.-O. de Gap (Hautes-Alpes); 800 hab.

RIBLER v. n. Courir les rues, les mauvais lieux ; marauder.

RIBLETTE s. f. Tranche de viande mince frite dans la poête ou grillée.

* **RIBLEUR** s. m. Celui qui court les rues la nuit, comme les filous : *c'est un ribleur* (Pop. et vieux.)

RIBORD s. m. Mar. Bordage assemblé sur les gabords qui sont eux-mêmes assemblés sur la quille.

* **RIBORDAGE**. s. m. Mar. Dommage que le choc d'un bâtiment cause à un autre dans le port ou dans la rade, en changeant de place: *droit de ribordage*.

* **RIBOTE** s. f. Débauche, excès de table ou de boisson : *faire ribote*. Ce mot et ses dérivés sont populaires.

* **RIBOTER** v. n. (de *ribaud*). Faire ribote.

* **RIBOTEUR, EUSE**. s. Celui, celle qui aime à riboter : *c'est un grand riboteur*.

RIBOUTTÉ. I. (Charles-Henri), chansonnier, né à Commercy en 1708, mort en 1740. La plupart de ses chansons ont été imprimées, en 1843, dans le *Recueil des Chansons populaires de la France*. — **II.** (François-Louis), auteur dramatique né à Lyon en 1770, mort à Paris en 1834. Après avoir combattu les républicains à Lyon, il se rendit à Paris où il s'associa à la *Jeunesse dorée*; il acheta une charge d'agent de change et, s'occupant d'opérations financières il se mit à composer des pièces de théâtre : l'*Assemblée*

de famille (1803) comédie; le *Ministère anglais* (1812); l'*Amour et l'Ambition* (1822); le *Spéculateur ou l'École de la jeunesse* (1826).

RICAMARIE (La), comm. du cant. et à 9 kil. de Saint-Étienne (Loire), sur l'Ondaine; 5,000 hab.; importantes mines de houille. Ce village fut le théâtre, le 16 juin 1869, d'une collision entre les soldats du 4° de ligne et les ouvriers mineurs en grève.

° **RICANEMENT** s. m. Action de ricaner. Ce mot et les trois suivants sont familiers.

° **RICANER** v. n. Rire à demi, soit par sottise, soit par malice : *il ne fait que ricaner.*

° **RICANERIE** s. f. Ris moqueur.

° **RICANEUR, EUSE** s. Celui, celle qui ricane: *c'est un sot ricaneur, une impertinente ricaneuse.* — Adjectif. *Un air ricaneur*

RICARD (Amable), homme politique, né le 12 juin 1828, mort à Paris le 14 mai 1876. Il s'inscrivit au barreau de Niort et devint préfet des Deux-Sèvres après le 4 sept. Élu député en 1871, il appuya la politique de M. Thiers, combattit le gouvernement du maréchal de Mac-Mahon, fut nommé ministre le 9 mars 1876 et sénateur inamovible le 45 du même mois.

RICARD. I. (L'ABBÉ Dominique), helléniste, né à Toulouse en 1741, mort en 1803. Il a traduit Plutarque (*Œuvres morales,* 17 vol. in-12, et *Vies des hommes illustres,* 12 vol. in-12). Il a laissé en outre des traductions d'Aristote, de Démosthène et de Sophocle. — II. (Louis-Gustave), peintre français, né à Marseille le 1er sept. 1823, mort à Paris en 1873. Après un séjour en Italie, il débuta, au Salon de 1850, par une *Jeune bohémienne tenant un chat* et fut universellement admiré. Il a laissé une multitude de portraits.

RICARDO (David), économiste anglais de race juive, né en 1772, mort en 1823. Après avoir fait fortune comme agent de change à Londres, il étudia les mathématiques, la chimie et la minéralogie, et fut un des fondateurs de la Société géologique de Londres. En 1819, il fut envoyé au parlement. Son principal ouvrage a pour titre : *On the Principles of Political Economy and Taxation* (1817). J.-R. Mac Culloch a édité ses œuvres en y joignant sa biographie.

RICAREES. Voy. RICKARÉES.

° **RIC-A-RIC** loc. adv. et fam. [ri-ka-rik]. Avec une exactitude rigoureuse : *je te ferai payer ric-à-ric.*

RICASOLI (Bettino, BARON) [ri-ka-zo-li], homme d'État italien, l'un de ceux qui ont le plus contribué à fonder l'unité italienne, né en Toscane, le 9 mars 1809, d'une illustre famille, mort en oct. 1880. Il fut nommé maire de Florence en 1847 et élu au parlement italien en 1848; après la bataille de Novare (1849), il favorisa la restauration du grand-duc de Toscane, et vécut ensuite dans la retraite jusqu'en 1859, époque où il aida au renversement du grand duc et à l'union de la Toscane avec la Sardaigne, attitude qui lui valut le titre de gouverneur général de Florence. En juin 1861, il remplaça Cavour comme premier ministre; et se retira en mars 1862; il redevint premier ministre en 1866-'67.

RICCI (Federigo)[ri'-tchi], compositeur italien, né en 1809. En collaboration avec son frère Luigi (mort en 1859), il composa *Crispino e la Comare.* Il fut directeur d'opéra à Madrid, à Lisbonne et à Saint-Pétersbourg.

RICCI (Laurent) [rit-chi], jésuite italien, né à Florence en 1703, mort prisonnier au château Saint-Ange, à Rome, en 1775. Élu général des jésuites en 1758, il refusa d'apporter le moindre changement aux statuts de l'ordre, et répondit au pape ces fameuses

paroles : « *Sint ut sunt aut non sint* ». Les jésuites ayant été supprimés en 1773, Ricci et plusieurs de ses compagnons furent enfermés au château Saint-Ange.

RICCIO (Domenico) [ri-tcho], plus connu sous le nom de Bausasonci [brou-za-zor'-tchi], peintre italien, né à Vérone en 1494, mort en 1567. On l'avait surnommé le Titien de Vérone. Il a laissé surtout des fresques historiques et mythologiques.

RICCIOLI (Giovanni-Battista) [ri'-tcho-li], astronome italien, né à Ferrare en 1598, mort en 1671. Après avoir professé au collège des jésuites. il entreprit, dans un esprit amical, de réfuter Copernic dans l'*Almagestum Novum* (1651, 2 vol. fol.), dont son *Astronomia reformata* (1665, 2 vol.) est un complément.

RICEYS (Les), ch.-l. de cant., arr. et à 15 kil. de Bar-sur-Seine (Aube), dans une étroite vallée qu'arrose la Laigue et formé par la réunion de trois villages contigus : Ricey-Haut, Ricey-Haute-Rive et Ricèy-Bas; 2,800 hab. Fameux vignoble, produisant des vins fins, vifs, généreux, bouquetés, francs de goût.

RICH (Claudius-James) [ritch], voyageur anglais, né près de Dijon (France), en 1787, mort en Perse en 1821. En 1803, il devint cadet dans la compagnie des Indes Orientales, et en 1804 notaire à Bombay. Il voyagea ensuite en Égypte, en Syrie et en Palestine, et fut, pendant six ans environ, résident chez la compagnie des Indes à Bagdad. Il visita deux fois l'emplacement de Babylone, et publia une description de ses ruines. Sa femme a édité son ouvrage intitulé : *Narrative of a Residence in Kurdistan* (1839).

° **RICHARD** s. m. Celui qui a beaucoup de bien. Ne se dit ordinairement que des personnes d'une condition médiocre, qui ont fait fortune : *c'est un richard, un gros richard.* (Fam.)

RICHARD. I, surnommé CŒUR DE LION, second roi d'Angleterre de la famille des Plantagenets, né à Oxford, le 13 sept. 1457, mort en France, près de Limoges, le 6 avril 1499. C'était le second fils de Henri II et d'Éléonore d'Aquitaine, et l'arrière-petit-fils en ligne féminine de Henri Ier. Avec ses frères Henri et Geoffroy, il se révolta contre son père avant d'avoir accompli sa 16e année, et se réfugia en France, où il fut fait chevalier par Louis VII. Il réclamait l'Aquitaine et le Poitou; mais il finit par faire sa soumission à son père, qui lui céda le duché d'Aquitaine, où il s'était distingué dans une guerre contre des rebelles. La dernière révolte de l'Aquitaine fut appuyée par le frère de Richard, Henri, dont la mort mit fin à la guerre, et fit de Richard l'héritier présomptif. Jean et Geoffroy ravagèrent ses domaines, et Richard s'en vengea en envahissant la Bretagne, qui appartenait à Geoffroy. Richard prit part ensuite à la lutte entre Henri II et Philippe-Auguste, du côté de ce dernier. Philippe et Richard furent victorieux et imposèrent leurs conditions à Henri, qui mourut le 6 juillet 1189. Richard fut couronné à Westminster, le 3 sept. Dans l'été de 1190, les armées française et anglaise, destinées à la troisième croisade, se réunirent, chacune sous leur roi, dans les plaines de Vézelay, sur les confins de la Bourgogne (100,000 h. environ) et arrivèrent en Sicile au mois de sept. En 1191, Richard s'empara de Chypre, dont le souverain, Isaac Comnène, s'était conduit traîtreusement à son égard, et il épousa Bérengère, fille de Sancho, roi de Navarre. Le 4 juin, il fit voile vers Acre. Il trouva devant cette ville l'armée française; une rivalité éclata bientôt entre les deux rois, ce qui rendit cette croisade inutile; Philippe favorisait la faction de Conrad de Montferrat,

tandis que Richard soutenait celle de Guy de Lusignan. Acre se rendit le 12 juillet, et bientôt après, Philippe repartit pour Jaffa pour la France. Le 20 août, Richard fit massacrer ses prisonniers sarrasins parce que les termes de la reddition n'avaient pas été observés, et, le lendemain, il marcha sur Jérusalem. Il défit complètement les Sarrasins à Arsuf, le 7 sept., et s'empara de Jaffa. En janv. 1492, il atteignit Ascalon, où il fut rejoint par la plus grande partie des troupes françaises. Comme le sultan Saladin avait rendu Jérusalem imprenable, Richard revint à Acre en juillet, et il était sur le point de s'embarquer pour l'Angleterre, lorsqu'il apprit que Jaffa était en danger de tomber entre les mains des Sarrasins. Il se hâta d'aller à son secours, battit Saladin, et défendit ensuite la place contre une nouvelle attaque. Pendant son voyage de retour, Richard fit naufrage au fond de l'Adriatique et fut fait prisonnier par Léopold, duc d'Autriche, qu'il avait insulté en Palestine, et qui le livra à l'empereur Henri VI. Il dut à la fin payer rançon et il atteignit l'Angleterre le 13 mars 1194. Il passa la plus grande partie des dernières années de son règne en France, en état de guerre presque constant avec Philippe-Auguste, sur lequel il remporta de brillants succès. En 1199, il mit le siège devant Châlus et il y reçut une blessure mortelle. Il ne laissait pas d'enfant légitime. Son frère Jean lui succéda. Outre sa réputation de valeur militaire et de force physique, il était renommé pour son esprit, son éloquence, et ses poésies, qui le rangent parmi les meilleurs troubadours. — Richard Cœur de Lion, comédie en 3 actes et en prose, mêlée d'ariettes; paroles de Sedaine, musique de Grétry, représentée pour la première fois à Paris en 1784 et reprise en 1841. — II. Huitième roi d'Angleterre de la maison des Plantagenets, né à Bordeaux, en 1366, mort en fév. 1400. Il était le second et le seul survivant des enfants d'Édouard, le Prince Noir, fils aîné d'Édouard III, et de Jeanne, sœur du dernier comte de Kent. Le Prince étant mort le 8 juin 1376, Richard devint l'héritier présomptif, et succéda à la couronne le 21 juin 1377. La guerre entre l'Angleterre et la France se continua, au désavantage de l'Angleterre, dont l'Écosse hostile. Une taxe odieuse, qu'on voulait imposer, excita des soulèvements dans le Kent. À Dartford, dans le Kent, un Walter Le Tiler fut choisi pour chef par les insurgés, et c'est pourquoi ce mouvement populaire est connu sous le nom de rébellion de Wat Tyler. L'insurrection se propagea dans neuf comtés. Les insurgés marchèrent sur Londres, et se réunirent au nombre de 100,000, à Blackheath, 12 juin 1831. Ils entrèrent dans la cité, s'emparèrent de la Tour, mirent à mort l'archevêque de Canterbury, le trésorier et plusieurs autres grands personnages. Richard accéda à leur demande d'abolition de l'esclavage, de rachat des obligations des vilains, de libre-échange dans les villes à marché, etc. Ces concessions firent que beaucoup rentrèrent chez eux. Mais Tyler, devenu arrogant, fut tué dans une entrevue avec Richard par sir William Walworth, lord-maire de Londres. Les promesses faites au peuple ne furent pas tenues; et les insurgés furent punis avec une impitoyable sévérité. Richard épousa Anne de Bohême, fille aînée de Charles IV, empereur d'Allemagne. En 1385, le roi, à la tête d'une grande armée, envahit l'Écosse, mais sans rien accomplir de notable. Le duc de Gloucester, oncle du roi, se rendit maître du gouvernement, non sans que Richard tentât de secouer le joug. Gloucester l'emporta cependant, et fut mis, en 1386, à la tête d'un conseil de régence qui avait toute l'autorité. En 1387, le roi chercha vainement à recouvrer son pouvoir. Deux années plus tard, Richard fut plus heureux,

et changea ses ministres, y compris Gloucester lui-même. Une trève de 25 ans fut conclue avec la France, et la reine Anne étant morte en 1394, il fut convenu que Richard épouserait en 1396 Isabelle, fille de Charles VI, encore enfant. En juillet 1399, Henri de Bolingbroke, duc de Lancastre (que Richard avait d'abord banni pour dix ans, puis pour la vie), débarqua à Ravenspur, pendant que le roi était en Irlande. Richard revint, mais fut saisi, mis en prison, et déposé par le parlement, après qu'on eut obtenu de lui une renonciation à la couronne. Lancastre devint roi sous le nom de *Henri IV. Richard* fut détenu dans le château de Pontefract, et on suppose qu'il y fut assassiné par son gardien, sir Piers Exton. Il était faible de caractère; il dut sa chute à sa complaisance pour ses favoris, à son tempérament despotique et à ses folles prodigalités. — III. Dernier roi d'Angleterre de la famille des Plantagenets, né au château de Fotheringay le 2 oct. 1452, mort le 22 août 1485. Il était le onzième enfant et le huitième fils de Richard, duc d'York, et de Cecily Neville, fille du comte de Westmoreland. Le duc d'York descendait par les femmes de Lionel, duc de Clarence, troisième-fils d'Édouard III, et le trône d'Angleterre était alors occupé par Henri VI, arrièrepetit-fils de Jean de Gand, duc de Lancastre, quatrième fils d'Édouard III. York devint le chef de parti qui cherchait à écarter la ligne des Lancastre; mais il fut vaincu et pris à Wakefield à la fin de 1460, et immédiatement mis à mort. Lorsque le frère aîné de Richard devint roi en 1461, sous le nom d'Édouard IV, Richard fut créé duc de Gloucester, et ensuite lord grand amiral et premier connétable d'Angleterre; et le premier président des tribuniux de la Galles du Sud. En 1470, il accompagna le roi lorsque celui-ci s'enfuit en Flandre, après le triomphe de Warwick et du parti de Lancastre, et il fut mis hors la loi par le parlement. Lorsque Édouard revint, Gloucester était à sa suite. A la bataille de Barnet, le 13 avril 1471, il commandait l'avant-garde de l'armée yorkiste. On lui confia le même poste à la bataille de Tewkesbury, 20 jours plus tard, et il reçut, en récompense de ses services, de hautes charges et de grands domaines. En 1472, il épousa lady Anne Neville, la plus jeune fille de Warwick. En 1475, il accompagna Édouard dans son invasion de la France. La guerre ayant éclaté entre l'Angleterre et l'Écosse, Gloucester fut créé lieutenant général du royaume; pendant l'été de 1482, il s'empara de Berwick, entra dans Edimbourg à la tête d'une grosse armée et obligea les Écossais à accepter les conditions de paix, Édouard IV mourut le 9 avril 1483, et Richard prêta serment d'allégeance à son neveu, Édouard V. Mais, accourant dans le Midi, il s'empara de la personne du jeune roi et l'escorta dans la capitale. Le conseil d'État le nomma « protecteur et défenseur du royaume », titre que le parlement confirma. Il résolut dès lors de se faire roi, comme étant le seul moyen de ne pas devenir victime du parti de la reine. Les enfants d'Édouard IV furent déclarés illégitimes, et les états du royaume, ayant rejeté le jeune roi, demandèrent à Gloucester de monter sur le trône vacant. Il devint roi le 26 juin 1483, sous le nom de Richard III. La destinée des jeunes princes (voy. Édouard V) excita des murmures parmi le peuple, et le duc de Buckingham, qui avait été l'agent principal de l'élévation de Richard au trône, entra dans un complot pour le renverser. On devait prendre pour chef le comte de Richmond, chef du parti de Lancastre. La conspiration échoua, et Buckingham fut exécuté. La reine douairière se laissa persuader de se remettre, elle et sa famille, entre les mains de Richard. En 1484, le parlement lui confirma son titre de roi. Le comte de Richmond, malgré plu-

sieurs échecs, voulut cependant essayer de nouveau de conquérir la couronne. Avec l'aide du roi de France et du duc de Bretagne, il débarqua à Milford Haven, le 7 août 1485. Son armée, qui était considérable, en vint aux mains avec l'ennemi dans les champs de Bosworth, le 22 août. Plusieurs des officiers de Richard désertèrent sur le champ de bataille ou s'abstinrent de prendre part à l'action; il tomba en combattant vaillamment. Richmond lui succéda sous le nom de Henri VII, et fut le premier roi de la dynastie des Tudors.

RICHARD DE BURY. Voy. Aungerville.

RICHARD PLANTAGENET, comte de Cornouailles, empereur d'Allemagne, né à Winchester en 1209, mort en 1272. C'était le plus jeune fils du roi Jean d'Angleterre. Il prit part avec son frère Henri III aux guerres de France, et combattit avec les croisés en Palestine. En 1256, il fut élu au trône d'Allemagne et couronné à Aix-la-Chapelle en mai 1257; mais il ne parvint pas à se faire reconnaître généralement. Il se mêla aux troubles d'Angleterre, et fut fait prisonnier par Simon de Montfort à la bataille de Lewes, le 13 mai 1264. Il quitta définitivement l'Allemagne en 1269.

RICHARD-LENOIR (François), manufacturier, né à Épinay-sur-Odon (Calvados) le 16 avril 1765, mort le 19 oct. 1839. Le premier il créa en France des manufactures pour le filage et le tissage du coton. Il fut puissamment aidé par Napoléon Ier. Une statue lui a été érigée à Villers-Bocage (Calvados.)

RICHARDSON [ri-tchardd'-son]. I. (Charles), philologue anglais, né en 1775, mort en 1865. En 1815, parurent ses *Illustrations of English Philology,* où il soutenait les principes exposés par Horne Tooke. Son *New Dictionary of the English Language* fut commencé en janv. 1835, et terminé à la fin de 1837 (2 vol. in-4°). Il a aussi publié un volume sur l'étude des langues (*On the Study of Languages,* 1854), qui est une exposition des principes posés dans les *Diversions of Purley.* — II. (James), voyageur anglais, né en 1809, mort le 4 mars 1851. Il visita de bonne heure l'Algérie et les États barbaresques, traversa le désert du Sahara jusqu'à Ghadmès et Ghat, et publia *Travels in the Great Desert of Sak'ara* (1849, 2 vol.). A la tête d'une expédition gouvernementale, il quitta Tripoli avec Barth et Overweg en 1850, et fut le premier Européen qui visita le désert pierreux de Hammadah, où il s'avança jusqu'au Bornou, où il mourut. Bayle Saint-John a édité son ouvrage intitulé *Narrative of a Mission to Central Africa* (1853, 2 vol.). — III. (Sir John), naturaliste écossais, né en 1787, mort en 1865. Il fut chirurgien et naturaliste des expéditions arctiques de Franklin de 1819-'22, et de 1825-'27. En 1848, il commanda une des trois expéditions envoyées à la recherche de Franklin; il revint en 1849. Son ouvrage le plus important est la *Fauna Boreali-Americana* (1829-'37, 4 vol. in-4°), où il eut pour collaborateurs Swainson et Kirby. Il a aussi publié *The Arctic Searching Expedition, a Journal of a Boat Voyage through Rupert's Land and the Arctic Sea* (1851), et *The Polar Regions* (1861). — IV. (Samuel), romancier anglais, né en 1689, mort en 1769. Il fut imprimeur à Londres. A l'âge de 50 ans lorsqu'il écrivit *Pamela* (1741, 2 vol.) dont cinq éditions parurent dans la même année. En 1748-'49, il publia *The History of Clarissa Harlowe* (8 vol.), qui fut presque aussitôt traduite en français et en allemand. Son dernier ouvrage de fiction est *The History of sir Charles Grandison* (1753-'54, 6 vol.) Mrs Barbauld a publié sa correspondance en 1804 (6 vol. in-12).

RICHARD-TOL, poste militaire français, dans le Sénégal, sur la rive gauche du fleuve et à 130 kil. N.-E. de Saint-Louis; 400 hab.

* **RICHE** adj. (anc. haut all. *richi,* opulent).

Qui a beaucoup de bien, qui possède de grands biens : *un homme fort riche.* — Est assez riche qui ne doit rien, est assez riche qui est content. — Être riche comme Crésus, comme un Crésus, être extrêmement riche. On dit familièrement dans le même sens, Être riche comme un juif, riche comme un puits, riche a millions. — Cet homme a fait un riche mariage, il a épousé une femme fort riche. — C'est un riche parti, se dit d'un jeune homme et plus ordinairement d'une jeune fille très riche, qui est à marier. — Se dit, fig., en parlant des qualités personnelles : *riche en mérite, en vertus.* — Il est riche en ridicules, se dit d'un homme qui prête beaucoup à la raillerie. — Une riche taille, une taille-au-dessus de l'ordinaire, et qui est bien proportionnée : *cet homme, cette femme est d'une riche taille.* — Abondant, fertile : *la moisson a été riche.* — Fig. Une langue riche, une langue abondante en mots et en tours. — De grand prix, magnifique : *des meubles riches.* — Se dit en parlant de certains ouvrages de peinture, de sculpture et d'architecture, et signifie, accompagné d'ornements précieux par la matière ou par le travail : *ces rinceaux, ces arabesques sont riches.* — S'emploie, fig., en parlant des ouvrages d'esprit, et signifie, fécond en idées, en images : *comparaison riche.* — Versific. Rimes riches, celles qui vont au delà de l'exactitude exigée : *orage et courage, oreille et pareille, sévérité et témérité, couleur et douleur, utile et futile,* sont des rimes riches. — Peint. Composition riche, composition remarquable par le nombre des figures, par l'expression de leurs traits, par la beauté de leurs formes, par la justesse et la variété des leurs attitudes. — Substantiv. *Le riche et le pauvre.* — Un riche malaisé, un homme qui a de grands biens, mais beaucoup de dettes, ou de charges, et qui par conséquent n'a pas à sa disposition tout ce qu'il se trouve souvent à la gêne. — Le mauvais riche, celui dont Notre-Seigneur a parlé dans l'Évangile; et, par comparaison, Un mauvais riche, un homme fort riche qui n'a point de charité pour les pauvres.

RICHÉ (Jean-Baptiste), président de la république de Haïti, né au Cap-Haïtien vers 1780, mort à Port-au-Prince en 1847. Il appartenait à la race nègre et prit une part active à la guerre de l'Indépendance nationale. Porté au pouvoir le 1er mars 1846 par une portion du peuple, il eut à combattre des compétiteurs qu'il parvint à faire disparaître.

RICHEBOURG, un des meilleurs crus de la Bourgogne, voisin du Romanée-Conti.

RICHELET (César-Pierre), lexicographe, né en 1631, mort à Paris en 1698. Il a laissé : *Dictionnaire des rimes dans un nouvel ordre* (Paris, 1667, in-12); la *Versification française* ou l'*Art de bien faire et bien tourner des vers* (1671); *Dictionnaire français* (1680), etc.

RICHELIEU, ch.-l. de cant., arr. de 21 kil. S.-E. de Chinon (Indre-et-Loire), sur la Mable ; 2,000 hab. Le cardinal de Richelieu, l'érigea en duché-pairie (1631) et y construisit un magnifique château dont il reste à peine des restes.

RICHELIEU. I. (François du Plessis de), capitaine, père du célèbre cardinal de ce nom, né en 1548, mort à Gonesse en 1590. Il fut élevé à la cour de François II et de Charles IX, se distingua à la bataille de Montcontour, suivit le duc d'Anjou (depuis Henri III) en Pologne, et servit Henri IV qui le nomma capitaine de ses gardes. — II. (Alphonse-Louis du Plessis de), dit *Cardinal de Lyon,* frère du précédent, né à Paris en 1582, mort à Lyon en 1653. Évêque de Luçon à 22 ans, il se démit de sa charge en faveur de son frère et se retira à la Grande-Chartreuse, d'où le cardinal de Richelieu le fit sortir plus tard pour lui donner l'évêché d'Aix, puis celui de Lyon. Il devint cardinal et grand aumônier de France. — III. (Armand-Jean du Plessis, car-

dinal et duc de), homme d'Etat français, né à Paris le 5 sept. 1585, mort dans la même ville le 4 déc. 1642. Il commença son éducation militaire sous le nom de marquis du Chillon, mais en 1607 il succéda à son frère comme évêque de Luçon. En 1614 il devint député du clergé aux états généraux, en 1615 aumônier de Marie de Médicis, et en 1616 il entra au conseil comme secrétaire d'Etat pour l'intérieur et pour la guerre. Après le meurtre du maréchal d'Ancre, il partagea l'exil de la reine à Blois; mais ayant essayé de la réconcilier avec le roi son fils, il fut relégué dans son diocèse de Luçon, et en 1618 à Avignon, où il écrivit *De la perfection du Chrétien* et d'autres ouvrages. Marie de Médicis étant rentrée à la cour, rétablit Richelieu. Il fut créé cardinal en 1622, rentra au conseil d'Etat, et bientôt après, malgré l'aversion persistante de Louis XIII, devint premier ministre. Ses projets pour la consolidation de la monarchie et la grandeur de la France englobaient la destruction des derniers restes de la féodalité, la soumission complète de la haute noblesse à la couronne, l'affaiblissement du protestantisme et l'abaissement de la maison d'Autriche. A celle-ci il enleva les passages de la Valteline pour les donner à la Suisse (1626). La même année, il entama une guerre contre les protestants français et contre les Anglais, leurs alliés, et résolut de frapper un coup décisif en assiégeant la Rochelle, leur plus redoutable place forte. Après une résistance désespérée, dans laquelle périrent 25,000 des 50,000 habitants de la ville, la place se rendit le 28 oct. 1628, et l'édit de Nîmes mit fin au pouvoir politique des protestants en France. Pour mettre à exécution ses desseins sur la haute noblesse, il emprisonna le maréchal d'Ornano, favori de Gaston d'Orléans, frère du roi, ce qui amena les princes à conspirer contre sa vie. Richelieu déjoua le complot, et fit décapiter le comte de Chalais, pendant qu'on arrêtait ou dispersait ses complices. François de Montmorency, seigneur de Bouteville, et le comte des Chapelles, payèrent l'un et l'autre de leur vie, en 1627, la faute d'avoir transgressé la loi contre le duel que le cardinal avait fait promulguer. Richelieu donna à Charles de Gonzague, duc de Nevers, héritier du duché de Mantoue, les moyens de revendiquer ses possessions par la force des armes. Cette guerre fut cause que Marie de Médicis et Anne d'Autriche se réunirent contre lui, et il fut renvoyé (1630). Ce fut une grande joie à la cour. Mais Richelieu arracha à la timidité de Louis XIII une réconciliation, et il envoya en exil Marillac, qu'on avait désigné comme son successeur. Le plus influent de la famille des Marillac, le maréchal de ce nom, fut mis à mort. Marie de Médicis et Gaston d'Orléans formèrent contre lui de nouveaux complots, dont le résultat fut le bannissement de Marie en 1634; ses partisans partagèrent son sort ou furent jetés en prison, et le ressentiment de Richelieu les poursuivit pendant plusieurs années. En 1631, lorsqu'il fut élevé à la duché-pairie, le duc d'Orléans et le maréchal duc de Montmorency organisèrent une nouvelle révolte; mais ils furent vaincus à Castelnaudary, et Montmorency eut la tête décapité. Dans la guerre de Trente ans, qui sévissait alors en Allemagne, Richelieu se mit du côté des protestants contre la maison d'Autriche, et aida Gustave-Adolphe de ses subsides. Lorsque celui-ci tomba à Lutzen (1632), il assura à la France de nouvelles possessions sur la rive gauche du Rhin. Il déclara ensuite la guerre à l'Espagne, et assista à la prise de Perpignan (1642). A la fin l'Autriche se trouva humiliée, le Portugal séparé de l'Espagne, l'influence française prédominant en Catalogne, l'Angleterre en pleine révolution, et la France calme et prospère. Mais des intri-

gues de cour et des trahisons militaires menacèrent de nouveau Richelieu. La dernière conspiration de la noblesse fut un traité secret d'alliance conclu avec l'Espagne par les ducs de Bouillon et d'Orléans. Cinq-Mars y fut impliqué, et exécuté à Lyon, avec son ami de Thou, le 12 sept. 1642. Après avoir donné cette dernière preuve de son pouvoir, Richelieu, malade, revint à Paris triomphalement, deux mois avant sa mort, porté sur une litière qu'escortait une armée, et entouré d'une pompe extraordinaire. C'est lui qui fonda, entre autres institutions, l'Académie française, et qui agrandit la Sorbonne. On le regarde comme l'auteur de *Mémoires* dont la première édition complète parut en 1823, et de deux autres ouvrages autobiographiques. Ses *Lettres, Instructions diplomatiques*, etc., ont été éditées par Avenel (1853-'68, 6 vol.). — IV. (Louis-François-Armand DE VIGNEROD DU PLESSIS, *duc de)*, connu sous le nom de *maréchal de Richelieu*, arrière-petit-neveu du cardinal, né à Paris le 13 mars 1696, mort le 8 août 1788. Marié à 14 ans avec Mlle de Noailles pour laquelle il n'éprouvait aucun sentiment d'affection il parut à la cour et y brilla tellement que son père le fit mettre à la Bastille pour cause de galanterie et de séduction. Il en sortit 14 mois après, et alla faire ses premières armes sous Villars dont il fut l'aide de camp pendant la campagne de 1712. Sous la Régence, il fut enfermé deux fois à la Bastille à la suite de duels et d'aventures galantes. Délivré par le crédit de la marquise de Prie, il fut nommé ambassadeur à Vienne (1725), servit sous Berwick en 1733, se distingua aux sièges de Kehl et de Philippsbourg, épousa vers la même époque Mlle de Guise, princesse de Lorraine, fut fait maréchal de camp en 1738 et devint le favori de Louis XV, dont il sut à propos flatter les passions. Il contribua au gain de la bataille de Fontenoy (1745), reçut l'ambassade de Dresde, puis celle de Gênes (1748). En 1756, au début de la guerre de Sept ans, il donna le conseil de l'expédition de Minorque et s'empara de Port-Mahon. L'année suivante, il remplaça d'Estrées à l'armée du Rhin, repoussa le duc de Cumberland, conquit le Hanovre et pilla tout le pays. Il obtint alors le bâton de maréchal et le gouvernement de la Guienne. Devenu l'ennemi de Mme de Pompadour, il rentra dans la vie privée et s'y livra à tous les vices de sa jeunesse. A 84 ans, il épousa en troisièmes noces Mlle de Roth. Bien qu'il sût à peine l'orthographe, il était membre de l'Académie française depuis 1720. Il fut l'intime ami de Voltaire; on a publié: *Mémoires du maréchal de Richelieu* (Paris, 1790, 4 vol.), et *Vie du maréchal de Richelieu* (1790-92, 3 vol. in-8), — V. (Armand-Emmanuel DU PLESSIS, *duc de)* petit-fils du précédent, né à Paris en 1766, mort en 1822. Il prit d'abord le nom de comte de Chinon. A 16 ans, il épousa Mlle de Rochechouart qui mourut en 1830 sans lui laisser d'héritier. Le 6 oct. 1789, il se rendit à la cour de Russie, combattit la France dans les troupes russes et ne rentra qu'en 1814, après avoir refusé les offres brillantes du premier consul, et avoir été nommé par l'empereur de Russie gouverneur d'Odessa. En 1814, il fut fait pair de France et, en qualité de ministre des affaires étrangères, il signa le second traité de Paris (1815); c'est à son intercession auprès d'Alexandre, que l'on dut que le territoire français ne fût occupé que pendant 3 ans, et au congrès d'Aix-la-Chapelle, il obtint l'évacuation complète. Il rentra dans la vie privée en 1821.

* RICHEMENT adv. D'une manière riche, magnifiquement : *il est richement vêtu.* — MARIER UNE FILLE RICHEMENT, lui faire épouser un homme qui a de grands biens; et, POUVOIR RICHEMENT SES ENFANTS, leur donner des

établissements considérables. — CETTE FEMME EST RICHEMENT LAIDE, elle est fort laide. — CE POÈTE RIME RICHEMENT, il n'emploie ordinairement que des rimes très riches.

RICHEMONT (Artus DE BRETAGNE, *duc de)*, connétable, deuxième fils de Jean V, duc de Bretagne, né à 1393, mort en 1458. Il fut fait prisonnier à Azincourt (1415), recouvra sa liberté et contribua puissamment à chasser les Anglais de Normandie.

RICHEPANSE (Antoine), général, né à Metz en 1770, mort à la Guadeloupe en 1802. Il eut la plus grande part au gain de la bataille de Hohinlenden et réprima en 1802 l'insurrection de la Guadeloupe. Son nom a été donné à une rue de Paris.

RICHER, chroniqueur, mort vers l'an 1010. Il était moine de Saint-Remi de Reims et écrivit une *Chronique* assez exacte des événements qui ont eu lieu de 882 à 998. Son manuscrit, découvert dans une bibliothèque de Bamberg en 1833, a été publié à Paris avec une traduction de J. Guadet (1845, 2 vol. in-8°) et à Reims avec la traduction de Poinsignon (1855, in-8°).

RICHER (Édouard) [ri-ché], auteur français, né à Noirmoutiers en 1792, mort à Nantes en 1834. Il devint adepte des doctrines de Swedenborg, et ses écrits sur ce sujet ont été réunis en 8 vol. (1832-'36). Il a aussi écrit des poésies et un *Voyage pittoresque dans le département de la Loire-Inférieure* (Nantes, 1820-'23, 2 vol. in-4°). Ses *Œuvres littéraires* ont été publiées à Nantes, en 1838 (7 vol. in-8°) avec une notice biographique par Émile Souvestre.

RICHERAND (Anthelme, BARON), physiologiste français, né à Belley en 1779, mort à Paris en 1840. Professeur de pathologie chirurgicale à la Faculté de médecine, il assista généreusement les malades et les blessés de toutes les nationalités pendant l'occupation de Paris par les alliés, et fut créé baron et chirurgien en chef d'une partie de la garde nationale. Ses *Nouveaux éléments de Physiologie* (1801) ont été souvent réédités et traduits.

* RICHESSE s. f. Opulence, abondance de biens : *c'est le commerce qui fait la richesse de ce pays-là.* — Econ. polit. LA RICHESSE PUBLIQUE, le produit du sol, de l'industrie et du commerce d'un Etat. On dit, dans un sens anal., LA RICHESSE DES NATIONS. — Abondance des productions naturelles : *la richesse du sol.* — Se dit aussi en parlant de certaines choses dont la matière ou les ornements sont riches et précieux : *voyez la richesse de ce vêtement, il est couvert de perles, de diamants.* — Fig. RICHESSE DE RIMES, exactitude, justesse de rimes portée au delà de ce qui suffit : *la richesse des rimes contribue à la beauté des vers.* — LA RICHESSE D'UNE LANGUE, l'abondance d'une langue en expressions et en tours. — Peint. LA RICHESSE D'UNE COMPOSITION, le nombre, la belle ordonnance des figures, la beauté de leur expression, de leurs formes, de leurs attitudes. — pl. De grands biens : *l'embarras des richesses.*

* RICHISSIME adj. superlatif. Extrêmement riche : *c'est un homme richissime.* (Fam.)

RICHMOND, ville du comté de Surrey (Angleterre), à 16 kil. O.-S.-O. de Saint-Paul à Londres; 15,113 hab. On l'appelait, à l'origine, Schène ou Sheen, puis Sheen, où il a résidence royale sous Édouard Ier et Édouard II. C'est Henri VII qui lui donna le nom qu'elle porte actuellement, de son titre de comte de Richmond, dans le Yorkshire. Élisabeth en fit son séjour favori.

RICHMOND [ritch'-monndd], capitale de la Virginie (États-Unis), et la plus grande ville de l'E.-at, sur la rive septentrionale du James,

à l'endroit extrême où la marée se fait sentir et où se trouvent les dernières chutes de ce fleuve, à environ 230 kil. de son embouchure, et à 150 kil. S.-S.-O. de Washington, par 37° 32′ 17″ lat. N. et 79°47′38″ long. O. Le Capitole, sur la colline de Shockoe, au milieu d'un parc de 8 acres, contient la célèbre statue de Washington par Houdon. — Richmond, fondée par William Byrd en 1737, devint la capitale de l'état en 1779. En mai 1861, elle fut choisie pour siège du gouvernement des « États confédérés d'Amérique », et elle ne perdit ce titre qu'après la défaite de ces états, en avril 1865. Sa position en faisait le centre militaire le plus important pour les confédérés. Mc Clellan menaça Richmond en 1862, mais il ne l'atteignit pas. Grant dut, pour la réduire, mettre d'abord le siège devant Petersburg. La nuit du 2 au 3 avril 1865, les confédérés abandonnèrent à la fois Petersburg et Richmond. Ewell, qui commandait l'arrière-garde, fit détruire les ponts, sauter les navires cuirassés et mettre le feu à la ville. L'incendie dura tout un jour et dévora un grand tiers de la ville.

RICHMOND, ville de l'Indiana, sur la rive E. du bras oriental de Whitewater, à 110 kil. E. d'Indianopolis. C'est un lieu de jonction important pour les chemins de fer, et le commerce y est actif.

RICHOMME (Joseph-Théodore), graveur français, né à Paris en 1785, mort en 1849. Il séjourna en Italie de 1808 à 1813, grava, d'après Raphaël, la *Madone de Lorette,* puis *Adam et Ève.* Il a laissé en outre : *Thétis couronnant Vasco de Gama, Neptune et Amphitrite,* le *Triomphe de Galatée,* la *Sainte Famille,* etc.

RICHTER (Johann-Paul-Friedrich) [rich'-teur], connu *populairement* sous le nom de Jean-Paul; écrivain allemand, né près de Baireuth, le 21 mars 1763, mort le 14 nov. 1825. Pendant dix ans il fut précepteur dans des familles, mais en 1798 il alla auprès de Herder, à Weimar. En 1801, il épousa Karoline Mayer, à Berlin, et en 1804 il s'établit à Baireuth avec une pension de 1,000 florins. Ses écrits abondent en pensées badines, piquantes, pathétiques, puériles et sublimes, jetées avec une variété merveilleuse, et souvent exprimées si bizarrement que Reinhold a publié, en 1810, un ouvrage pour en expliquer le sens. Ses œuvres complètes ont été réunies en 65 vol. (1826-′38).

RICIMER, général romain, petit-fils de Wallia, roi des Goths. (Voy. EMPIRE D'OCCIDENT.)

RICIN s. m. (lat. *ricinus*). Entom. Genre de parasites aptères, voisin des poux et comprenant un grand nombre d'espèces qui vivent sur les oiseaux.

* **RICIN** s. m. (lat. *ricinus*). Bot. Genre d'euphorbiacées crotonées, comprenant un certain nombre d'espèces herbacées ou arborescentes, qui habitent surtout les régions chaudes de l'Asie et de l'Afrique. L'espèce la plus répandue est le *ricin commun* (*ricinus communis*) ou *palma-christi,* originaire d'Asie, mais répandu aujourd'hui dans tous les pays chauds et dans quelques contrées tempérées; on le cultive même quelquefois comme plante d'ornement. Dans les pays chauds, il croît à la hauteur des grands arbres; chez nous, il s'élève tout au plus à 2 mètres de haut. Toute la plante possède des propriétés purgatives; mais on ne fait usage que de l'huile extraite de ses semences, qui ressemblent un peu à la tique des chiens, autrefois nommée ricin. — Huile de ricin, purgatif doux que l'on peut donner alors même qu'il y a inflammation des voies digestives; c'est aussi un des meilleurs vermifuges. Il

faut ne l'employer que récente, autrement elle devient irritante et drastique (1 à 3

Ricin commun.

cuillerées dans du sirop ou du bouillon).

RICININE s. f. Chim. Alcaloïde extrait des semences du ricin.

RICKAREES ou **Ricarees** [rik-a-riss], appelés aussi Aricaras, Rees et Black Pawnees; tribu d'Indiens de la famille des Pawnees, sur le haut Missouri. Ils formaient à l'origine dix grandes tribus, mais la petite vérole de 1791 et l'hostilité des Tetons et autres Sioux réduisirent beaucoup leur nombre. Ils luttèrent contre les blancs dès avant 1810. Plus tard ils allèrent à la Platte, et les Sioux ayant pris possession de leur pays, ils devinrent errants. Vers 1825, on les retrouve sur le Missouri, où un traité de paix fut conclu avec eux, le 11 juillet. En 1876, il y avait environ 700 Rickarees à l'agence de Fort Berthold, dans le Dakota.

* **RICOCHER** v. n. Artill. Faire des ricochets: *ce boulet a bien ricoché.*

* **RICOCHET** s. m. Bond que fait une pierre plate et légère, ou quelque autre chose semblable, jetée obliquement sur la surface de l'eau : *faire quatre ricochets du même coup.* — Artill. BATTRE, TIRER A RICOCHETS, battre une place assiégée avec des pièces qui, au lieu d'être opposées perpendiculairement à la face d'un ouvrage, sont pointées haut, comme les mortiers, en sorte que le boulet puisse plonger sur le rempart derrière le parapet, où il fait plusieurs bonds et nuit beaucoup aux assiégés. On dit, dans le même sens, BATTERIE A RICOCHETS, FEUX A RICOCHETS. On dit aussi qu'UN BOULET FAIT DES RICOCHETS. — Espèce de petit oiseau qui chante continuellement son ramage. C'est dans ce sens qu'on dit pro v. et fig., C'EST LA CHANSON DU RICOCHET, c'est toujours le même discours. — Suite d'événements amenés les uns par les autres : *un personnage, dans Turcaret, parle très plaisamment d'un ricochet de fourberies.* — CETTE NOUVELLE EST VENUE PAR RICOCHET, se dit d'une nouvelle qu'on ne tient pas de la première main, et qu'on n'a reçue qu'après qu'elle a eu fait des circuits.

RICORD (Jean-François), conventionnel, né en Provence vers 1760, mort en exil en 1820. Envoyé à la Convention par le département du Var, il y vota la mort du roi sans appel ni sursis; banni comme régicide en 1816, il termina ses jours dans l'obscurité.

RICTUS s. m. [rik-tuss] (mot lat. formé de *ringi,* grogner). Ouverture de la bouche.

* **RIDE** s. f. Pli qui se fait sur le front, sur le visage, sur les mains, et qui est ordinairement l'effet de l'âge : *avoir des rides sur le visage.* — Fig. LE VENT FORME DES RIDES SUR L'EAU, il frise légèrement la surface de l'eau, et il y fait comme de petits plis. — Géol. LES RIDES

D'UN TERRAIN, les grands plis que forme ce terrain.

* **RIDEAU** s. m. Morceau d'étoffe, de toile, etc., qu'on emploie pour cacher, couvrir, entourer, ou conserver quelque chose, et auquel sont attachés des anneaux qui coulent sur une tringle, et qui servent à le tirer facilement, pour l'ouvrir ou pour le fermer : *rideau de taffetas.* — TIRER LE RIDEAU, fermer le rideau, cacher quelque chose avec le rideau : *tirer le rideau sur un tableau.* Ouvrir le rideau de devant quelque chose : *tirer le rideau de devant ce tableau.* — TIRER LE RIDEAU SUR UNE CHOSE, ne plus parler, ne plus s'occuper l'esprit de quelque chose de fâcheux, de désagréable : *c'est une chose sur laquelle il faut tirer le rideau.* — IL SE TIENT DERRIÈRE LE RIDEAU, se dit d'un homme qui a soin de ne pas se laisser apercevoir dans une affaire qu'il conduit. On dit dans le même sens, IL Y A QUELQU'UN DERRIÈRE LE RIDEAU. — Par ext. Toile qu'on lève ou qu'on baisse pour montrer ou pour cacher la scène aux spectateurs, à la place du rideau dont on se servait autrefois pour le même usage : *au lever du rideau.* — TIREZ LE RIDEAU, LA FARCE EST JOUÉE, c'en est fait; tout est fini. — Se dit aussi, fig., des arbres ou arbrisseaux plantés en haie ou en palissade, pour produire de l'ombre, ou pour rompre la violence des vents : *les cyprès, les thuyas, les peupliers d'Italie sont très propres à former des rideaux.* — Guerre. Petite élévation de terre qui a quelque étendue en longueur, et derrière laquelle on peut se cacher pour n'être pas vu : *il y avait dans cette plaine un rideau derrière lequel les troupes se mirent à couvert.*

* **RIDELLE** s. f. Chacun des deux côtés d'une charrette, qui sont faits en forme de râtelier : *la ridelle de la charrette empêche que ce qui est dedans ne tombe.*

RIDEMENT s. m. Action de rider.

* **RIDER** v. a. Faire des rides, causer des rides : *les années lui ont ridé le visage.* — LE VENT RIDE LA SURFACE DE L'EAU, il y cause de légères ondulations qui ressemblent à de petits plis.

> Le moindre vent qui, d'aventure,
> Fait rider la face de l'eau
> Vous oblige à baisser la tête.
>   LA FONTAINE.

* **RIDICULE** adj. (lat. *ridiculus*; de *ridere,* rire). Digne de risée, de moquerie : *que cela est ridicule!* — Substantiv. En parlant des personnes : *cet homme est un ridicule.* — s. Ce qui est ridicule, ce qu'il y a de ridicule dans une personne ou dans une chose : *ce serait un grand ridicule, un ridicule affreux.* — TOURNER, TRADUIRE QUELQU'UN EN RIDICULE, se moquer de lui, faire voir aux autres ce qu'il y a de ridicule dans sa personne, dans ses actions, dans ses discours : *on l'a tourné, on l'a traduit en ridicule.* — Actes, discours par lesquels on se moque d'une personne, on la fait rire les autres à ses dépens : *lancer des traits du ridicule.*

* **RIDICULEMENT** adv. D'une manière ridicule : *il chante, il danse ridiculement.*

* **RIDICULISER** v. a. Rendre ridicule, tourner en ridicule : *ridiculiser un homme.* (Fam.)

* **RIDICULITÉ** s. f. Qualité de ce qui est ridicule : *je lui ai fait sentir la ridiculité de sa demande.* — Action ou parole ridicule : *c'est une ridiculité de parler ainsi, d'agir de la sorte.* (Fam. et peu us.)

RIDOLFI (Roberto), conspirateur italien, né vers 1520. En 1554, il entra dans les affaires à Londres, où il servit d'agent secret au pape et à d'autres princes. En 1569, il fut mis en prison et condamné à l'amende. En 1571 il visita Bruxelles, Paris, Rome et Madrid, avec des lettres de créance non authentiques de Marie Stuart, reine d'Écosse, et

du duc de Norfolk, lui donnant pouvoir de solliciter des appuis pour détrôner Elisabeth, ainsi qu'un décret papal annulant le mariage de Marie avec Bothwell. Philippe II, à qui le pape l'avait recommandé, donna en partie son assentiment au plan qu'il avait formé pour assassiner Elisabeth; mais tout échoua, les chefs de la conspiration ayant été découverts et punis en Angleterre. Le reste de la carrière de Ridolfi est peu connu.

* **RIÈBLE** s. m. Voy. GRATERON.

RIEDESEL [ri'-de-zel]. I. (Friedrich-Adolph von), baron et général allemand au service de la Grande-Bretagne, né à Lauterbach (Hesse-Darmstadt) en 1738, mort en 1800. Le 1er juin 1776, il arriva à Québec comme major général des 4,000 mercenaires du Brunswick. Il accompagna Burgoyne dans sa marche sur Albany, participa à la prise de Ticonderoga, et assura la victoire des Anglais à Hubbardton. Dans la première action, à Sarratoga, (19 sept. 1777), il sauva, par une marche forcée à travers les bois, l'armée de Burgoyne de la destruction, et si ce dernier avait suivi son avis et battu en retraite, il eût échappé. Après le second engagement, le 7 oct. Riedesel resta prisonnier jusqu'en 1780; il fut alors échangé, et Plinton lui confia le commandement de Long-Island. Il revint en Allemagne en 1783. Max von Eelking a publié ses *Lettres et Journal militaire en Amérique*. — II. (Friederike-Charlotte-Louise), sa femme, née en 1746, morte en 1808. Elle fut constamment à ses côtés en Amérique. Les lettres pittoresques qu'elle adressait à sa mère ont été publiées en français par son gendre, le comte de Reuss(1799).

RIEGO Y NUÑEZ (Rafael del), général espagnol, né à Tuña (Asturies) en 1785, mort en 1823. Il prit une part active à la guerre contre les Français en 1808, entra dans la conspiration de Cadix en 1819, proclama en 1820 la constitution des cortès, fut nommé maréchal de camp et gouverneur de l'Aragon. Opposé en 1823 au gouvernement de Ferdinand, il fut pris et condamné à mort. — Hymne de Riego, chant guerrier qui fut considéré comme national en Espagne, depuis 1820 jusqu'en 1823; musique de Huerta; paroles d'Évariste San-Miguel.

* **RIEN** s. m. [rrain]; la consonne finale ne se fait sentir que dans *rien autre* [rrain-nô-tre], ou devant la préposition *à* suivie d'un infinitif; *rien à faire* [rrain-na-] (anc. franç. *ren*, altérat. du lat. *rem*, accusat. de *res*, chose). Néant, nulle chose : *Dieu a créé le monde de rien*. — Fam. NE SAVOIR RIEN DE RIEN, ne savoir absolument rien. NE DIRE RIEN DE RIEN, ne dire rien du fait principal, ni des circonstances qui peuvent y avoir rapport. — CELA NE FAIT RIEN, cela n'importe pas : *cela ne fait rien à l'affaire*. On dit, dans le même sens, CELA NE FAIT MOINS QUE RIEN. — CETTE AFFAIRE NE TIENT A RIEN, rien n'empêche qu'elle ne se fasse. IL NE TINT A RIEN QU'IL NE FIT TELLE CHOSE, il ne s'en fallut presque rien. — CELA S'EST RÉDUIT A RIEN, il n'en est presque rien resté. On le dit aussi d'une affaire dont on se promettait un grand succès, et qui n'a eu aucun. — CET HOMME NE FAIT RIEN, signifie quelquefois, cet homme n'a aucun emploi. IL NE FAIT PLUS RIEN, il n'a plus d'emploi. — CET HOMME EST VENU DE RIEN, S'EST ÉLEVÉ DE RIEN, il est d'une fort basse naissance. Ces phrases ont vieilli. On dit absol., dans le même sens, C'EST UN HOMME DE RIEN. — CET HOMME NE M'EST RIEN, il n'est point mon parent; et fam. CET HOMME NE N'EST DE RIEN, CELA NE M'EST DE RIEN, je n'y prends aucun intérêt. — CET UN HOMME QUI NE MET RIEN CONTRE LUI, se dit d'un homme très circonspect dans sa conduite et dans ses discours. — ON NE FAIT RIEN DE RIEN, on ne saurait réussir dans aucune affaire, dans aucune entreprise,

si on n'a quelque chose, quelques moyens, quelques secours pour y parvenir. ON NE FAIT RIEN POUR RIEN, il entre presque toujours quelques vues d'intérêt personnel dans les services que rendent les hommes. — IL FAIT DE CENT SOUS QUATRE LIVRES, ET DE QUATRE LIVRES RIEN, se dit d'un mauvais ménager qui n'entend pas ses affaires, d'un homme qui dissipe son bien mal à propos. — QUI NE RISQUE RIEN, N'A RIEN ; QUI PROUVE TROP, NE PROUVE RIEN. — Peu de chose : *il a eu cette maison, ce domaine pour rien*. — IL N'Y A RIEN QUE... il y a peu de temps que... *Il n'y a rien que nous l'avons vu*. — Quelque chose : *y a-t-il rien de si beau que...* — ∾ Jargon parisien Très; beaucoup : *c'est rien rigolo* (C'est très amusant, très gai). — Comme si de rien n'était loc. adv. Comme si la chose dont il s'agit n'était pas arrivée : *après une vive querelle, ils se sont embrassés comme si de rien n'était*. — En moins de rien loc. adv. Très promptement, en très peu de temps : *il a fait cela en moins de rien*.

* **RIENS** s. m. pl. Bagatelles, choses de nulle importance : *s'amuser à des riens, s'arrêter à des riens*.

RIENZI (Nicola-Gabrini), appelé souvent COLA DI RIENZI, « le dernier des tribuns de Rome », né à Rome vers 1312, mort le 8 oct. 1354. Il était notaire; mais il prétendait descendre en ligne illégitime de la maison impériale de Luxembourg; il était d'apparence majestueuse et singulièrement éloquent. A l'avènement de Clément VI, en 1342, il fut partie, avec Pétrarque, de la mission infructueuse qui alla à Avignon presser le pape de revenir à Rome. En 1347, il suscita une révolution à Rome, avec l'évêque d'Orvieto, le vicaire du pape, et d'autres encore qui se formèrent en procession, et, escortés de la multitude poussant des acclamations, montèrent au Capitole, où Rienzi prit le titre de tribun. Les nobles, frappés de terreur, rendirent leurs forteresses; des ambassadeurs de Florence et de beaucoup d'autres villes vinrent offrir des secours; et de puissants souverains traitèrent Rienzi avec une égale déférence. Le 1er août, il fut fait chevalier, et, le 15 août, couronné de sept couronnes symbolisant les sept dons de l'Esprit-Saint, sous l'inspiration duquel il prétendait agir. Ses extravagances créèrent peu à peu des mécontents, et les nobles, qu'il menaçait et flattait tour à tour, ayant repris possession de plusieurs de leurs places fortes, vinrent en armes devant la ville. Rienzi remporta une victoire où le surprit lui-même autant que les autres; plus de 20 des Colonna, les Orsini et d'autres membres de grandes familles périrent dans le combat ou dans la fuite; mais il laissa ses ennemis réparer leurs forces pendant qu'il perdait son temps dans des cérémonies aussi vaines que pompeuses. Le pape se déclara contre lui, et le peuple, alarmé de l'augmentation constante des taxes, commença à murmurer tout haut. Sur ces entrefaites, le comte de Minorbino, batailleur et pillard, se fortifiait dans un des palais des Colonna, et, Rienzi, abandonné du peuple, abdiqua le 15 déc. 1347. Il s'échappa déguisé en moine, et vécut deux ans et demi comme franciscain, dans le sud des Apennins. Il alla ensuite à la cour de Charles IV à Prague, et l'exhorta à faire la conquête de l'Italie. Finalement, l'empereur le livra au pape, à Avignon; mais on ne donna pas suite à son procès, et Innocent VI, successeur de Clément, le renvoya à Rome en 1354, en qualité de sénateur, pour restaurer l'autorité papale. Rienzi, reprenant son ancienne conduite extravagante et tyrannique, assiégea en vain dans leur château de Palestrina les Colonna qui l'avaient défié. Une tentative qu'il fit pour lever une taxe nouvelle, provoqua une insurrection du peuple. Il s'enfuit du Capitole

sous un déguisement; mais il fut arrêté comme artisan, nommé Cecco del Vecchio, le transperça, et, après lui, cent autres le frappèrent; on lui trancha la tête et on couvrit son cadavre d'outrages. On a publié en allemand ses lettres et à l'empereur et à l'archevêque de Prague (1841).

RIESENGEBIRGE [ri'-zenn-ghé-bir-ghe] (Montagnes des Géants), chaîne de montagnes d'une étendue de 120 kil. environ sur 50 kil. de large; elles appartiennent au système des monts Sudètes, et séparent en partie la Silésie prussienne de la Bohême. Elles forment avec la chaîne de Lusace, à l'E. de l'Elbe, la continuation de la chaîne des Erzgebirge, à l'O. de ce fleuve. Le sommet le plus élevé est le Schneekoppe, qui a plus de 5,000 pieds. Elles renferment du fer en abondance.

RIETSCHEL (Ernst-Friedrich-August) [rit'-chel], sculpteur allemand, né en Saxe en 1804, mort en 1861. Il était professeur à l'académie de Dresde. Parmi ses productions, on remarque un groupe colossal de Marie pleurant sur le corps du Christ.

RIEUMES, ch.-l. de cant., arr. et à 18 kil. O.-S.-O. de Muret (Haute-Garonne); 2,000 hab.

RIEUPEYROUX, ch.-l. de cant., arr. et à 25 kil. S.-E. de Villefranche (Aveyron); 1,500 hab.

* **RIEUR, EUSE** s. Celui, celle qui rit : *faites taire tous ces rieurs*. — Celui, celle qui aime à rire : *c'est un grand rieur, une grande rieuse*. — Celui, celle qui raille, qui se moque : *vous êtes un rieur*. — AVOIR LES RIEURS DE SON CÔTÉ, avoir pour soi l'approbation du plus grand nombre : *vous triomphez, vous avez les rieurs de votre côté*.

RIEUX, ch.-l. de cant., arr. et à 26 kil. de Muret (Haute-Garonne); 1,800 hab.

RIEUX I. (Jean de), maréchal de France, né en 1342, mort en 1417. Il se distingua surtout en Bretagne contre les Anglais (1404). — II. (Pierre de), seigneur de Rochefort, fils du précédent, né en 1389, mort en 1439. Il succéda à son père comme maréchal de France en 1417, se jeta dans le parti du Dauphin (Charles VII), défendit Saint-Denis contre les Anglais (1435), leur reprit Dieppe, leur fit lever le siège de Harfleur (1437), mais tomba au pouvoir du commandant de Compiègne, Guillaume Flavi, dévoué aux Anglais, qui le laissa mourir de faim dans sa prison.

RIEUX-MINERVOIS, village du cant. de Peyrac-Minervois (Aude); 1,500 hab. Magnifique église du IXe siècle. (Mon. hist.)

RIEZ, *Reii Albici*, ch.-l. de cant., arr. et à 32 kil. S.-O. de Digne (Basses-Alpes), sur le penchant du mont Saint-Maxime; 2,300 hab. Remarquables monuments gallo-romains. L'évêché de Riez fut supprimé par la Révolution.

RIF (Le), partie du Maroc, entre l'Atlas et la Méditerranée, le Garet à l'E. et l'Hasbat à l'O.; 545 kil. de long.

* **RIFLARD** s. m. Espèce de grand rabot à deux poignées, qui sert à dresser le bois de charpente. — Ciseau, en forme de palette, qui sert aux maçons pour ébarber les ouvrages de plâtre. — ∾ Pop. Grand parapluie. — Dans les *Mystères* du XVe siècle, les mots *riflard* et *truffar* étaient synonymes et servaient à désigner les sergents, huissiers, estafiers et recors, contre lesquels la malignité publique s'est toujours plu à s'exercer Le sobriquet finit par passer dans la langue judiciaire; et, en 1547, dans une charte royale citée par Ducange, le mot *riflard* fut employé au lieu de celui d'huissier. — Picard, dans la *Petite Ville*, ayant mis en scène un huissier ridicule, nommé François Riflard,

qui entrait en scène armé d'un énorme parapluie, le nom de Riflard passa du personnage à l'accessoire de mise en scène.

RIFLE s. m. [angl. raï'-fl] (dan. *rifle* ou *riffel*, cannelure; all. *reifeln* ou *riffeln*, creuser des cannelures). Mot anglais qui signifie carabine à balle forcée et fusil rayé.

RIFLEMAN s. m. (rad. *rifle*). Sorte de carabinier anglais armé d'un fusil rayé. — pl. Des RIFLEMEN.

RIFLER v. a. (même étym. que *rifle*). Égratigner, écorcher, blesser superficiellement.

RIFLOIR s. m. (rad. *rifler*). Nom donné à diverses sortes de limes.

RIGA, ville de Russie, capitale de la Livonie, sur la Düna, à 13 kil. environ du golfe de Riga, à 500 kil. S.-O. de Saint-Pétersbourg; 100,000 hab. C'est le siège des autorités des provinces Baltiques, et, après Saint-Pétersbourg et Odessa, le plus grand entrepôt commercial de Russie. Il ne reste des anciennes fortifications que le fort Dünamünde. On importe du charbon de terre, du sel et du fer; on exporte du lin, du chanvre, des bois, des grains et du tabac. Il y a de nombreuses fabriques de tissus de laine, de coton, etc., et on y construit beaucoup de navires. — Riga fut fondée en 1201 par l'évêque livonien Albert von Apeldern, qui y établit l'ordre des chevaliers Porte-Glaive. La ville entra dans la ligue hanséatique, et fut ensuite sous le protectorat de la Pologne, excepté de 1561 à 1581, période pendant laquelle elle jouit de l'indépendance. En 1621, elle fut prise par les Suédois et en 1710 par la Russie; mais elle conserva ses anciens privilèges.

RIGAUD. I. (Hyacinthe-François-Honorat Pierre-André-Jean RIGAU Y Ros, dit *Hyacinthe*), peintre de portraits, né à Perpignan le 20 juillet 1659, mort le 27 déc. 1743. Il s'attacha à Le Brun et fit de tels progrès dans son art qu'on le surnomma le *Van Dyck français*. Il a laissé plus de 200 portraits. — II. (Antoine-François), auteur dramatique, né à Paris en 1767, mort en 1836. Ses principales pièces sont: les *Deux Veuves*, 1 a., prose, Odéon, 1799; l'*Inconnu*, 5 a., vers, 1800; la *Femme à deux maris*, 5 a., vers; l'*École des belles-mères*, 3 a., vers, etc.

* **RIGAUDON** s. Voy. RIGODON.

RIGAULT. I. (Nicolas), *Rigaltius*, philologue, né à Paris en 1577, mort en 1654. Il a édité Phèdre, Martial, Juvénal, Tertullien, Minutius Félix, saint Cyprien, etc. Il a laissé en outre: *Vita sancti Romani* (Rouen, 1609-12); *Rei agrariæ scriptores*, etc. — II. (Ange-Hippolyte), littérateur et critique français, né à Saint-Germain-en-Laye le 2 juillet 1821, mort à Evreux le 21 déc. 1858. En 1852, il commença à écrire dans la *Revue de l'Instruction publique*, dont il devint bientôt le directeur littéraire, et collabora à divers journaux. Ses *Œuvres complètes* ont été publiées par Saint-Marc Girardin (1859, 4 vol. in-8°). — III. (Raoul-Georges-Adolphe), membre de la Commune, né à Paris le 16 sept. 1846, exécuté le 24 mai 1871. Après avoir terminé de bonnes études au collège de Versailles, il vécut au quartier Latin en donnant des leçons de mathématiques, écrivit dans différents journaux, fut un des organisateurs du congrès de Liège et se signala autant comme clubiste exagéré que comme agitateur ami du tumulte. Élu à la Commune le 26 mars 1871, il fut nommé délégué à la préfecture de police, puis délégué à la sûreté générale. Il démissionna après avoir commis plusieurs actes arbitraires blâmés par la Commune, mais il conserva la haute main sur la préfecture de police. Procureur de la Commune, il agit constamment avec une grande violence et fut, avec Régère, chargé de l'exécution du décret sur les otages. Le 23 mai, il vint chercher les prisonniers de Sainte-Pélagie et les fit fusiller devant ses yeux; mais le lendemain les rôles avaient changé, et Raoul Rigault dut songer à se cacher. Entré à l'hôtel Gay-Lussac, rue Gay-Lussac, n° 29, il fut aperçu par des soldats dont il suivait les mouvements avec une lunette. L'hôtel était déjà cerné. Des chasseurs s'emparèrent du propriétaire et le tenaient contre le mur pour le fusiller, lorsque Rigault lui sauva la vie en se livrant lui-même. On l'emmena. En route pour le Luxembourg, il se fit reconnaître à un officier qui lui ordonna de crier: « A bas la Commune! » Il répondit: « Vive la Commune! » et tomba le crâne fracassé d'un coup de revolver. Son cadavre, déchaussé et en partie dépouillé, resta jusqu'au lendemain, au coin de la rue Royer-Collard, en proie aux passants, civils et militaires, vinrent l'insulter et le frapper; le lendemain, une femme étendit une couverture sur les restes du procureur de la Commune et le surlendemain un fourgon les enleva.

RIGAULT DE GENOUILLY, marin et homme politique, né à Rochefort le 12 avril 1807, mort en 1873. En 1841, il était capitaine de corvette lorsqu'il prit la *Victorieuse* dans les mers de Chine; il fut acquitté par le conseil de guerre. Capitaine de vaisseau en 1848, contre-amiral en 1854, il commanda en cette qualité un détachement de marins devant Sébastopol; plus tard, il coopéra avec les Anglais à la prise de Canton. Vice-amiral en 1858, amiral et sénateur en 1864, il prit le portefeuille de la marine en 1867.

RIGHINI (Vincenzo) [ri-ghi'-ni], compositeur italien, né en 1756, mort en 1812. Il fut pendant huit ans au service de Joseph II, à Vienne, et ensuite maître de chapelle de l'électeur de Mayence et directeur de musique au théâtre royal de Berlin. Il a fait beaucoup d'opéras aujourd'hui oubliés. Le libretto de son *Don Giovanni* est le même que celui dont Mozart se servit ensuite.

RIGI ou **Righi** [ri'-ghi], montagne isolée de Suisse, dans le canton de Schwytz, entre les lacs de Zug et de Lucerne. En 1873, on acheva un chemin de fer qui arrive jusqu'au sommet le plus haut, le Rigi Kulm, à 1,800 m. au-dessus du niveau de la mer. De cet endroit on jouit d'une vue qui attire tous les ans 40,000 touristes.

* **RIGIDE** adj. (lat. *rigidus*; de *rigere*, raidir). Sévère, exact, austère : *c'est un homme rigide, trop rigide, qui ne pardonne rien ni aux autres, ni à lui-même*. — Se dit aussi de ceux qui, étant d'une secte religieuse ou philosophique, font profession publique d'en soutenir les dogmes sans la moindre altération : *un calviniste rigide*.

* **RIGIDEMENT** adv. Avec rigidité : *il a jeûné tout le carême rigidement*.

* **RIGIDITÉ** s. f. Grande sévérité, exactitude scrupuleuse : *les magistrats font observer cette loi avec une extrême rigidité*. — Hist. nat. Raideur : *rigidité cadavérique*.

RIGNAC, ch.-l. de cant., arr. et à 30 kil. N.-E. de Rodez (Aveyron); 900 hab.

* **RIGODON** ou **Rigaudon** s. m. Air à deux temps, très animé : *chanter un rigodon*. — Danse qu'on exécutait sur cet air : *danser un rigodon*. — Se dit encore d'un certain pas qui entre dans la danse ordinaire.

RIGOLADE s. f. Action de rigoler, amusement.

RIGOLAGE s. m. Action d'établir des rigoles.

RIGOLARD s. m. Individu qui aime à rigoler.

RIGOLBOCHE, nom sous lequel se fit con-

naître une danseuse des bals publics, dont les pas risqués, les attitudes voluptueuses et les déhanchements frénétiques eurent une vogue prodigieuse sous le second Empire. Rigolboche devint ballerine aux Délassements-Comiques et publia en avril 1860 des *Mémoires*, dont la paternité est attribuée à Ernest Blum.

* **RIGOLE** s. f. (bas all. *rige*, ruisseau). Petite tranchée, petit fossé qu'on fait dans la terre, ou petit canal qu'on creuse dans les pierres de taille, pour faire couler de l'eau dans un jardin, dans un pré, etc. : *faire une rigole*. — Petite tranchée qu'on fait pour planter des bordures de buis, de lavande, de thym, ou de palissades de charme, d'érable, etc. : *une rigole de tant de pouces de profondeur*.

RIGOLER v. a. Établir des rigoles. — v. n. S'amuser, se divertir.

RIGOLETTO, opéra italien en 3 actes, représenté à Venise le 11 mars 1851, au Théâtre-Italien de Paris le 19 janv. 1859 et au Théâtre-Lyrique (place du Châtelet) en 1863, d'après la traduction française de Duprez. Le livret, imitation du *Roi s'amuse* de Victor Hugo, est à Piave : la musique est de Giuseppe Verdi.

RIGOLEUR, EUSE s. Personne qui aime à rigoler.

RIGOLLOT s. m. Papier sinapisé.

RIGOLLOT (Jean-Paul), né à Saint-Étienne le 12 mai 1810, mort à Paris le 11 mars 1873. Il est l'inventeur du papier sinapisé qui porte son nom. Il a laissé plusieurs ouvrages.

RIGOLO, OTE adj. Jargon. Plaisant, amusant.

* **RIGORISME** s. m. Morale trop sévère : *il affecte le rigorisme*.

* **RIGORISTE** s. Celui, celle qui pousse trop loin la sévérité dans certains principes, et particulièrement dans ceux de la morale : *il y a des rigoristes dans toutes les religions*. — Adjectiv. Cet homme, cette femme, cette secte est très rigoriste.

* **RIGOUREUSEMENT** adv. Avec rigueur, d'une manière dure et sévère : *il l'a traité rigoureusement*. — CELA EST RIGOUREUSEMENT VRAI, cela est d'une vérité incontestable. On dit dans le même sens, CELA EST RIGOUREUSEMENT DÉMONTRÉ.

* **RIGOUREUX, EUSE** adj. Qui a beaucoup de sévérité dans sa conduite, dans ses maximes à l'égard des autres : *c'est un homme rigoureux qui n'excuse rien, qui ne pardonne rien*. — Se dit aussi des choses, et signifie, sévère, dur, difficile à supporter : *un arrêt rigoureux*. — Se dit, particul., de la température, et signifie, rude, âpre, dur à supporter : *hiver rigoureux*. — Rigide, austère, qui demande ou qui prouve une exactitude sévère : *subir un examen rigoureux*. — UNE DIÈTE RIGOUREUSE, un régime sévère, une abstinence presque entière : *on lui fait observer une diète rigoureuse*. — DÉMONSTRATION RIGOUREUSE, démonstration sans réplique. — PREUVES RIGOUREUSES, preuves incontestables.

* **RIGUEUR** s. f. (lat. *rigor*). Sévérité, dureté, austérité : *vous me traitez avec la dernière rigueur*.

La rigueur n'a jamais produit le repentir.
CRÉBILLON.

— Dureté, âpreté : *la rigueur de la saison*. — Grande exactitude, sévérité dans la justice : *les juges sont obligés de suivre la rigueur des lois*. — On dit en littérature, dans un sens anal., LA RIGUEUR DES RÈGLES, LA RIGUEUR DE LA RIME.

La mort à des rigueurs à nulle autre pareilles.
MALHERBE. Ode à Duperrier.

— LA LOI DE RIGUEUR, la loi de Moïse, par op-

position à LA LOI DE GRACE, qui est la loi nouvelle. — JUGES DE RIGUEUR, juges qui doivent prononcer selon la rigueur de la loi, à la différence des arbitres, qui peuvent se décider d'après l'équité naturelle. — JUGES DE RIGUEUR, s'est dit aussi des rimes, subalternes, à la différence des juges qui prononçaient en dernier ressort, et qui se permettaient quelquefois d'adoucir la rigueur de la loi. — CETTE CHOSE, CETTE RÈGLE EST DE RIGUEUR, elle est indispensable. — Au Jeu. JOUER DE RIGUEUR, jouer exactement suivant la règle. — A la rigueur, à la dernière rigueur, à toute rigueur, en rigueur loc adv. Dans la dernière exactitude, avec une extrême sévérité, sans faire aucune grâce : *observer les lois à la rigueur, à toute rigueur, en rigueur*. — CELA EST PROUVÉ EN RIGUEUR, EN TOUTE RIGUEUR, cela est prouvé d'une manière incontestable. — A la rigueur, à la lettre, sans modification, sans adoucissement : *expliquer une loi à la rigueur*.

RILLE ou **Risle**, rivière qui prend sa source à l'étang de Saint-Wandrille (Orne), passe à Laigle, Rugles, Beaumont-le-Roger, Brionne, Pont-Audemer et se jette dans la Seine au-dessous de Quillebeuf, après un cours de 140 kil.

* **RILLETTES** s. f. pl. [*ll* mll.]. Conserve de viande de porc hachée très menu et cuite dans la graisse : *rillettes de Tours*. — Résidu de la fonte du gras de porc, dans les pays où la graisse tient lieu de beurre. On dit aussi *grillons*.

RIMAILLE s. f. Mauvais vers.

* **RIMAILLER** v. n. [*ll* mll.]. Faire de mauvais vers : *il ne fait que rimailler*. (Fam.)

* **RIMAILLEUR** s. m. Celui qui fait de mauvais vers : *ce n'est qu'un rimailleur*. (Fam.)

> Griphon, *rimailleur* subalterne,
> Vante Siphon le barbouilleur ;
> Et Siphon, peintre de taverne,
> Vante Griphon le *rimailleur*.
> ROUSSEAU. *Épigrammes*.

RIMASSER v. n. Synon. de RIMAILLER.

* **RIME** s. f. (lat. *rhythmus*, rythme). Uniformité de son dans la terminaison de deux mots : *aimer* et *charmer*, *belle* et *rebelle*, sont de bonnes rimes. — METTRE EN RIMES, METTRE EN RIME, mettre en vers. Cela ne se dit plus que par plaisanterie. — Prov. IL N'Y A NI RIME NI RAISON DANS TOUT CE QU'IL DIT, DANS TOUT CE QU'IL FAIT, il n'y a point de bon sens dans ce qu'il dit, dans ce qu'il fait. — s. f. pl. Vers : *je vous envoie mes rimes*. — ENCYCL. La rime, ou retour des mêmes sons, est la condition essentielle de la versification dans les langues qui n'ont ni longues ni brèves et qui, par conséquent, ne possèdent pas de mesure naturelle. On employa une sorte de rime dans les vers latins du moyen âge (voy. LÉONIN), parce que la quantité des syllabes s'oubliait et s'altérait ; et il fallut l'admettre dans la poésie des différents dialectes wallons et romans qui manquent d'accent prosodique ; c'est ainsi qu'elle s'imposa, dès la formation de la langue française. Vers le commencement du XVIe siècle fut établie par Jean Bouchet la règle de succession et d'alternance des rimes féminines et des rimes masculines. La *rime féminine* est celle qui se termine par une syllabe sonore suivie d'un e muet qui ne compte pas dans la mesure du vers ; ex. :

> Penses-tu que, sensible à l'honneur de Thésée,
> Il lui cache l'ardeur dont je suis embrasée ?
> RACINE. *Phèdre*, acte II, sc. III.

> Le maître qui prit soin d'instruire ma jeunesse
> Ne m'a jamais appris à faire une bassesse.
> CORNEILLE.

L'e muet peut être suivi d'un *s*, comme dans ces vers :

> C'est aux gens mal tournés, c'est aux amants vulgaires
> A brûler continuellement pour des beautés sévères.
> MOLIÈRE.

Il peut être également suivi des consonnes *nt* (mais non précédé alors de *ai* ou *oi*) ; ex. :

> J'ai vu beaucoup d'hymens ; aucuns d'eux ne me tentent,
> LA FONTAINE, liv. VII, fable II.

On appelle *rime masculine* celle dans laquelle l'e muet ne se trouve pas pour former une dernière syllabe muette ou nulle :

> Et pour surcroît de maux, un sort malencontreux
> Conduit en cet endroit un grand troupeau de bœufs.
> BOILEAU. *Sat.* VI.

> Insensible à la vie, insensible à la mort,
> Il ne sait quand il veille, il ne sait quand il dort.
> L. RACINE. *La Religion*, chap. II.

Ent ne marquant pas la troisième personne du pluriel des verbes et se prononçant *ant* forment des rimes masculines :

> Cependant Rome entière, en ce même moment,
> Fait des vœux pour Titus...
> RACINE. *Bérénice*, acte Ier, sc. V.

Les rimes en *aient* et *oient* sont masculines.

> Quatre Mathusalem bout à bout ne pourraient
> Mettre à fin ce qu'un seul désire.
> LA FONTAINE. *Les deux Chiens et l'Ane mort*.

Toute fin de vers, masculine ou féminine, doit trouver une autre désinence du même genre, qui la précède ou la suit immédiatement ou qui n'en est séparée que par des vers de l'autre genre ; et deux désinences du même genre ne rimant pas entre elles ne doivent pas se succéder immédiatement ; les rimes masculines *aimer* et *tourbant* ne peuvent se suivre immédiatement ; les rimes *France* et *livre* ne doivent venir l'une après l'autre que si elles sont séparées par une rime masculine ; mais voici une succession régulière de rimes : France, naissance; aimer, former; père, coeur, père, bonheur ; etc. — La rime est dite *pauvre* ou *insuffisante*, quand il n'y a pas identité complète du son, comme dans : ennui, ami; haie, vie; évêque, Sénèque; Jupiter, vanter. Elle est *suffisante* ou *commune* quand il y a identité dans le son final seulement, comme dans gloire et victoire; reçu, vécu :

> . . . . Heureux qui vit chez soi
> De régler ses désirs faisant tout son emploi.
> LA FONTAINE. *L'Homme qui court après la Fortune*.

Elle est *riche* ou *heureuse* quand il y a identité complète de son et d'articulation, comme dans *régence* et *urgence*; *fleur* et *Honfleur* :

> Celui que vous voyez, vainqueur de Polyphonte,
> C'est le fils de vos rois ; c'est le sang de Cresphonte.
> VOLTAIRE. *Mérope*, acte V, sc. VII.

Elle est *surabondante* quand l'assonance se compose de deux ou trois syllabes comme dans *rimasse*, et *rime assez*; *rimailleurs* et *rime ailleurs*; *université*, et *univers cité*; *Rome antique* et *romantique*. La rime surabondante est admise dans les exemples suivants :

> En s'enivrant de vapeur de la flûte vantée,
> Des fleurs, des lustres d'or de la fête enchantée.
> V. HUGO.

> De cette nuit, Phénice, as-tu vu la splendeur ?
> Tes yeux ne sont-ils pas tout pleins de sa grandeur ?
> RACINE. *Bérénice*, acte Ier, sc. V.

mais, en général, il faut éviter de pousser trop loin la richesse et de tomber dans la charge ou le calembour. Les rimes *vulgaires* sont celles qui se composent d'adverbes en *ment* accouplés, ou d'épithètes en *able*, en *ible*, etc. On appelle *défectueuses* celles qui ne donnent qu'une vague assonance, comme *linceul* et *cercueil*. — Les mots terminés en *s*, *x* ou *z* ne peuvent rimer qu'entre eux ; l'usage permet pourtant des licences.

> Ce discours te surprend, docteur, je l'aperçoi.
> L'homme de la nature est le même et le roi.
> BOILEAU. *Sat.* VIII.

> La mort a respecté ces jours que je te dois,
> Pour me donner le temps de m'acquitter vers toi.
> RACINE. *Alzire*, acte II, sc. II.

— Voici, pour terminer, les noms que l'on donne à différents genres de rimes : RIME

ANNEXÉE, rime qui consiste à commencer le vers par la rime du vers précédent.

> Dieu gard'ma maîtresse et régente,
> Gente de corps et de façon ;
> Son cœur tient le mien en sa tente,
> Tant et plus d'un ardent frisson.
> MAROT.

— RIME BATTELÉE. (Voy. *Battelée*.) — RIME BRISÉE, celle où l'on fait rimer entre eux les hémistiches, de manière qu'en les brisant ils fassent d'autres vers :

> De cœur parfait,   Chasses toute douleur,
> Soyez soigneux ;   N'usez de nulle feinte ;
> Sans vilain fait   Entretenez douceur,
> Vaillant et preux   Abandonnez la feinte.
> O. DE SAINT-GELAIS.

— RIME COURONNÉE. (Voy. *Couronné*.) — Rimes CROISÉES, rimes masculines et féminines mêlées et entrelacées, de façon qu'une rime ne trouve sa correspondante qu'après une ou plusieurs rimes de genre différent :

> Non, mes amis, non, je ne veux rien être ;
> C'est là ma gloire ; adressez-vous ailleurs ;
> Pour l'Institut Dieu ne m'a pas fait naître,
> Vous avez tant de poètes meilleurs.
> Béranger et l'Académie.

> J'ai la chambre de Sainte-Aulaire,
> Sans en avoir les agréments :
> Peut-être à quatre-vingt-dix ans
> J'aurai le crédit de vous plaire ;
> Il faut tout attendre du temps
> Et surtout du désir de plaire.
> VOLTAIRE.

Ce genre de rimes convient à l'ode, au sonnet, au rondeau et à la ballade. — RIME EMPÉRIÈRE. (Voy. *Empérière*.) — RIME ENCHAINÉE, celle qui consiste à reprendre le dernier mot du vers précédent pour former le premier mot du vers suivant :

> Pour dire au temps qui court
> Cour est un périlleux passage,
> Pas sage n'est qui va en cour.
> DES ACCORDS.

— RIME ÉQUIVOQUÉE, jeu de mots fait sur la rime, soit dans le même vers, soit dans le vers suivant :

> De ces vins verds, Atropos a trop de
> Des corps humains rués en vers envers,
> Dont un quidam, âpre aux pots à propos,
> A fort blâmé ses tours pervers par vers.
> G. CRÉTIN.

> En m'ébattant je fais rondeaux en rime,
> Et en rimant, bien souvent je m'enrime ;
> Bref, c'est pitié entre mes rimasseurs,
> Car vous trouvez assez de rime ailleurs ;
> Et quand vous plaît, mieux que moi rimassez,
> Des biens avez, et de la rime assez.
> CL. MAROT.

— RIME FRATERNISÉE, jeu qui consiste à répéter en entier ou en partie le dernier mot d'un vers au commencement du vers suivant :

> Mets voile au vent, cingle vers nous, Caron,
> Car on t'attend, etc.

— RIME KYRIELLE, celle qui consiste à répéter les mêmes vers dans un couplet :

> Qui voudra savoir la pratique
> De cette rime logique,
> Saura que bien mise en effet,
> La kyrielle ainsi se fait ;
> De plates, de triolets huit,
> Uses-en donc si bien vous duit,
> Pour faire le couplet parfait,
> La kyrielle ainsi se fait.

— RIMES NORMANDES, celles qui riment pour les yeux et non pour l'oreille :

> Et quand avec transport je pense m'approcher
> De tout ce que les dieux m'ont fait avoir de plus cher.

— RIMES MÊLÉES, mélange de vers où l'on ne garde aucune règle ou de même que dans la suite plus de deux vers masculins ou plus de deux féminins ; c'est le genre qui convient aux fables, aux madrigaux, aux chansons, à certaines idylles, aux cantates, etc. — RIMES PLATES, suite de vers composés alternativement de deux rimes de chaque genre. — La combinaison qui convient surtout aux grands vers de 10 et de 12 syllabes, à la

tragédie, à la comédie, à l'élégie, à l'églogue. à la satire, etc.

> Voilà l'homme, en effet, il va du blanc au noir;
> Il condamne au matin ses sentiments du soir.
> Importun à tout autre, à soi-même incommode,
> Il change à tous moments d'esprit comme de mode;
> Il tourne au moindre vent, il tombe au moindre choc;
> Aujourd'hui dans un casque et demain dans un froc.
> BOILEAU. Sat. VIII.

— RIMES REDOUBLÉES, trois ou quatre rimes pareilles à la suite l'une de l'autre :

> L'avenir, l'avenir, mystère!
> Toutes les choses de la terre,
> Gloire, fortune militaire,
> Couronne éclatante des rois,
> Victoire aux ailes embrasées,
> Ambitions réalisées
> Ne sont jamais sur nous posées
> Que comme un oiseau sur nos toits.
> V. HUGO.

— RIME RÉTROGRADE, nom donné aux vers qui donnent encore une mesure et une rime quand on les lit à rebours, comme les suivants :

> Triomphamment chercher honneurs et prix,
> Désolés cœurs, méchants infortunés
> Terriblement êtes moqués et pris.

— RIME SÉNÉE, vers où tous les mots commencent par la même lettre.

> Ardent amour, adorable Angélique.

* **RIMER** v. n. Se dit des mots dont les dernières syllabes ont la même terminaison, et forment le même son : ces deux mots riment bien, ces deux autres ne riment pas, riment mal. — CES DEUX MOTS RIMENT A LA FOIS AUX YEUX ET AUX OREILLES, les syllabes qui les terminent ont le même son, et sont orthographiées de même. — Fig. et fam. CES DEUX CHOSES NE RIMENT PAS ENSEMBLE, elles n'ont aucun rapport entre elles. CELA NE RIME A RIEN, cela ne signifie rien; cela est dépourvu de sens, de raison. — Se dit aussi du poète, du versificateur même, par rapport à l'obligation, au soin de faire rimer les mots : ce poète rime bien, rime mal, rime richement. — Par ext. Faire des vers : il emploie tout son temps à rimer. Se dit alors avec quelque sorte de mépris. — v. a. Mettre en vers : il a rimé ce conte.

* **RIMEUR** s. m. Mauvais poète. — Homme qui n'emploie que des rimes très riches dans ses vers : c'est un excellent rimeur.

RIMINI (anc. Ariminum), ville de l'Italie centrale, à l'embouchure de la Marecchia, sur l'Adriatique, à 50 kil. S.-E. de Forli; 33,886 hab. Elle possède un des plus grands et des plus beaux théâtres d'Italie, et des antiquités célèbres, entre autres un pont de beau marbre blanc, à l'endroit où se joignent la via Flaminia et la via Æmilia. L'église remarquable de San Francesco fut construite par Pandolfo Malatesta, dont la famille eut le pouvoir du XIIIᵉ au XVIᵉ siècle.

RIMINI (Francesca de), femme de Malatesta, seigneur de Rimini, devenue célèbre par sa beauté. Elle était fille de Guido da Polenta, seigneur de Ravenne, et fut mariée à Lanciotto Malatesta, seigneur de Rimini, pour terminer une querelle de famille. Elle aima Paolo, frère de son époux, et Lanciotto ayant surpris les deux amants, les perça de son épée (1289). Cette aventure est le sujet d'un touchant épisode de l'Enfer du Dante et d'une tragédie de Silvio Pellico.

* **RINCÉ, ÉE** part. passé de RINCER. — Pop. IL A ÉTÉ BIEN RINCÉ, se dit d'un homme qui a été fort mouillé. Se dit aussi, fig. et pop., d'un homme qui a été fortement réprimandé ou battu.

* **RINCEAU** s. m. (lat. ramicellus, dimin. de ramus, rameau). Archit. et Peint. Ornement sculpté ou peint, composé de branches et de fruits, ou de feuilles d'acanthe disposées par enroulement : dans ce plafond il y a des rinceaux bien peints, bien sculptés. — Blas. Branches chargées de feuilles.

RINCE-BOUCHE s. m. Sorte de verre ou de bol où l'on met l'eau tiède pour se rincer la bouche après le repas. — pl. DES RINCE-BOUCHE.

RINCÉE s. f. Volée de coups.

* **RINCER** v. a. Nettoyer en lavant et en frottant. Ne se dit qu'en parlant des bouteilles, des verres, des tasses, et de quelques autres vases : rincez ces verres. — RINCER SA BOUCHE ou SE RINCER LA BOUCHE, laver sa bouche : il se rince la bouche tous les matins.

RINCETTE s. f. Petite quantité de vin ou d'eau-de-vie que l'on prend après avoir vidé son verre ou sa tasse, sous prétexte de le rincer.

RINCEUR, EUSE s. Personne qui rince.

RINÇOIR s. m. Vase dans lequel on met de l'eau pour rincer.

* **RINÇURE** s. f. L'eau avec laquelle on a rincé un verre, une bouteille, etc. : jetez ces rinçures. — Par exag. DE LA RINÇURE, DE LA RINÇURE DE VERRE, du vin dans lequel on a mis trop d'eau.

* **RINFORZANDO** adv. [rinn-for-dzann-do] (part. du verbe ital. rinforzare, renforcer). Mus. Mot qui indique qu'il faut passer par gradation du piano au forte.

RING s. m. [rinng] (gaël. rian; sax. hrinc, course). Mot anglais qui signifie proprement anneau et que l'on emploie dans le langage du turf pour désigner l'ensemble des parieurs contre : l'échec du favori a mis le ring en perte. — On emploie aussi le mot ring dans l'exercice du patinage artificiel. (Voy. PATIN.)

RINGARD s. m. Barre de fer avec laquelle on attise le feu.

RINGOT s. m. Mar. Bague de ligne double adaptée à l'estrope d'une poulie pour y fixer le dormant d'un garant du palan.

* **RINGRAVE** s. m. Voy. RHINGRAVE.

RIO, mot espagnol qui signifie rivière et qui entre dans la formation d'un certain nombre d'autres mots.

RIO-BAMBA, ville de la république de l'Équateur, au pied du mont Altar, à 190 kil. S. de Quito; 25,000 hab. 40,000 hab. y périrent, par suite d'un tremblement de terre en 1797.

RIO BRAVO DEL NORTE. Voy. RIO GRANDE DEL NORTE.

RIO DE JANEIRO [ri-o dé ja-né'-ro]. I, province du Brésil, bornée au N. par Espirito Santo; au N.-O. par Minas Geraes; au S.-O. par São Paulo, à l'E. et au S. par l'Atlantique ; 68,292 kil. carr.; 95,000 hab., dont 27,000 esclaves. Cap., Nictheroy. La province est traversée par la Serra dos Orgãos ou monts de l'Orgue (qui est le nom local de la Serra do Mar), et bornée à l'O. par la Serra Mantiqueira. Les plaines sont basses et marécageuses, mais hérissées d'un grand nombre de collines isolées. Le seul cours d'eau important est le Parahyba do Sul, navigable pendant 50 kil. De nombreux lacs salés bordent la côte. La baie de Rio de Janeiro, une des plus belles du monde, est un bassin irrégulier qui s'enfonce de 25 kil. dans les terres, et qui a de 3 à 15 kil. de largeur. L'entrée est commandée par deux montagnes escarpées de 1,900 et 1,270 pieds de haut. Le climat de la province est salubre sur les hauts plateaux, mais il est chaud et malsain dans les basses terres et sur la côte. On y cultive sur une grande échelle le café, la canne à sucre, le coton, le manioc et le tabac; viennent ensuite le thé, le riz, le cacao et la pomme de terre. Il y a d'immenses troupeaux de bêtes à cornes. On trouve de l'or, des grenats, des améthystes; du fer, du granit, du marbre, de la terre à potier, du kaolin. — II, Municipe (Municipio Neutro), dans les limites de la province, borné

au S. par l'Atlantique, et à l'E. par la baie de Rio de Janeiro; 1.394 kil. carr. y compris les îles; 450,000 hab., dont 40,000 esclaves. Il se compose de la ville de Rio de Janeiro et d'un certain nombre de petites communes, et est gouverné directement par les autorités exécutives et législatives de l'empire. — III, capitale du Brésil et la plus grande ville de l'Amérique du Sud, dans le Municipio Neutro, sur la rive occidentale de la baie de Rio de Janeiro, par 22° 54' lat. S. et 45° 30' long. O.; 360,000 hab. environ. L'aspect de la ville est pittoresque ; les vieilles rues sont très étroites et mal bâties; mais les rues récentes sont plus larges et les maisons y ont meilleure apparence; beaucoup sont peintes de couleurs voyantes, ornées de briques de différentes nuances, ou recouvertes de stuc. Un aqueduc de 20 kil. de long amène l'eau potable du mont Corcovado. Il n'y a point de ville où l'éclairage des rues soit plus complet, surtout dans les quartiers suburbains. La ville possède un théâtre, un opéra italien, un musée, un hôtel des monnaies, une académie des beaux-arts, un observatoire, un collège national, une école militaire et du génie, une académie navale, une école commerciale, une école de médecine et de chirurgie, un institut géographique et historique, une école polytechnique, une école d'agriculture, 30 églises et chapelles et 6 couvents et monastères. La bibliothèque impériale contient plus de 100,000 vol. On publie à Rio de Janeiro 70 feuilles ou revues périodiques en langue nationale, et des journaux quotidiens en anglais, en français et en allemand. Il y a deux jardins publics, le Passeio publico dans l'enceinte de la ville, et le jardin botanique aux portes de la ville. Le climat est humide et malsain; la fièvre jaune y règne à l'état constant; mais elle prend rarement un caractère malin. Les maladies des organes respiratoires y sont très communes. La température moyenne est 28° C., et il y tombe 1 m. 10 centim. de pluie par an. Des lignes de steamers à départ presque journalier relient le port aux principales villes maritimes de l'empire et de l'Europe, avec laquelle un câble télégraphique sous-marin met Rio de Janeiro en communication directe. Nombreux chantiers de contruction pour les navires; coton, tabac, papier, savon, verre, carrosserie. — Juan Diaz de Solis entra dans la baie de Rio de Janeiro le 1ᵉʳ janvier 1516; il lui donna ce nom, croyant que c'était l'entrée d'un fleuve (rivière de janvier). La première colonie s'y établit en 1531; mais le lieu fut abandonné au bout de quatre mois. Le premier établissement stable y fut fondé par les huguenots français en 1555. En 1565, les Portugais chassèrent les Français et y fondèrent, en 1567, São Sebastião. En 1763, Rio de Janeiro devint la capitale de la vice-royauté du Brésil.

RIO DE LA PLATA. Voy. PLATA (Rio de la).

RIO DE SEGOVIA. Voy. SEGOVIA.

RIO GRANDE [ri-'o grann'-dé], ou Guapey, rivière de Bolivie, qui prend sa source près de Cochabamba, coule d'abord au S.-E., puis décrit une grande courbe vers le N.-O., et rejoint le Mamoré, au S. de la Trinité, par 15° lat. S. environ. Les petits steamers peuvent remonter une partie de son cours, qui, sans tenir compte de ses sinuosités, a une longueur d'environ 1,100 kil.

RIO GRANDE D'L NORTE, ou Rio Bravo del Norte, appelé simplement d'ordinaire Rio Grande; fleuve de l'Amérique du Nord, 3,000 kil. de long. Il prend sa source dans la partie S.-O. du Colorado, coule à l'E., puis au S. traverse New Mexico et va se jeter finalement au S.-E. entre le Mexique et le Texas, dans le golfe du Mexique, à 55 kil. au-dessous de Brownsville et de Matamoros. Pendant la plus grande partie de l'année, il est guéable.

partout au-dessus du point où la marée se fait sentir. Le seul tributaire important est le Rio Pecos, qui a 4,100 kil. de long, prend sa source dans le N.-E. du Nouveau-Mexique, et coule au S. et au S.-E. jusqu'à sa jonction avec le fleuve, à environ 800 kil. au-dessus du golfe. Son lit devient sec en certaines saisons.

RIO GRANDE DO NORTE, province du Brésil septentrional, bornée au N. et à l'E. par l'Atlantique; 57,485 kil. carr.; 270,000 hab. — Cap., Natal, le seul bon port. Des ramifications des montagnes de Borborema s'étendent dans la province. Le sol est sablonneux près de la mer, et aride à l'intérieur, excepté sur les hauts plateaux et le long des rivières. Quantité de bon bois de construction, gomme, résine, baume, quinquina, racines médicinales, miel sauvage, cochenille et cire. On y trouve en abondance le sucre, le coton, le manioc, le riz, les fèves et le tabac. Grands troupeaux de bœufs. On récolte beaucoup de sel marin le long de la côte septentrionale. Le climat est très chaud, et malsain; l'intérieur du pays est sujet à de cruelles sécheresses.

RIO GRANDE DO SUL. Voy. São Pedro do Sul.

RIOJA (La) [ri-o'-jha]. I, province orientale de la république Argentine sur la frontière du Chili; 408,692 kil. carr.; 48,746 hab. Entre les chaînes des montagnes (point culminant, pic de Nevado, 17,050 pieds) sont de vastes plateaux et des vallées. Le seul cours d'eau important est le Bermejo. Or, argent, cuivre, fer, étain, pierres précieuses, nickel, plomb, antimoine, sel gemme. On y cultive le maïs, le blé, le coton, les arbres à fruits Abondance de bois, de gomme, de miel, de cire, de cochenille et autres plantes tinctoriales. On s'occupe beaucoup de l'élève des bestiaux. Fabriques de tissus de laine et de coton, cuirs, dentelles, rhum, liqueurs, conserves de fruits. — II, ville capitale de la province, près du pied oriental des monts Rioja, à 4,400 kil. N.-O. de Buenos-Ayres; 4,489 hab. Elle est bâtie dans une grande plaine d'une fertilité remarquable, où l'on cultive sur une grande échelle la vigne et le blé.

RIOLE s. f. Partie de plaisir, de débauche.

RIOM, Ricomagus ou Ricomum, ch.-l. d'arr., à 14 kil. N. de Clermont-Ferrand (Puy-de-Dôme), sur une éminence au pied de laquelle coule l'Ambène, par 45° 53' 39" lat. N. et 0° 46' 31" long. O.; 1,000 hab. Riom est le siège d'un cour d'appel. Eglise Saint-Amable; Sainte-Chapelle (mon. hist. de la fin du XIVe siècle). Tour de l'Horloge (XVIe siècle). Au XIVe siècle, Riom fut la capitale du duché d'Auvergne. Toiles, tissus, eaux-de-vie, pâtes d'abricots, de coings et de pommes; blé, vin, chanvre, etc. Patrie de Rouher, d'Antoine Dubourg, d'Anne Dubourg, de Chabrol et du baron de Barante.

RIOM-ÈS-MONTAGNE, ch.-l. de cant., arr., et à 29 kil. E.-N.-E. de Mauriac (Cantal), sur la Véronne; 900 hab. Bestiaux, chevaux et fromages.

RIO-NEGRO. I, rivière de l'Amérique du Sud. Elle prend sa source dans la Colombie, tient une direction générale vers le S.-E. sur un parcours de 2,000 kil., jusqu'à l'Amazone, où elle se jette à Manaos (Brésil). Les steamers remontent jusqu'à São Gabriel, à 1,000 kil. Le Cassiquiare la fait communiquer avec l'Orinoco. (Voy. Cassiquiare.) — II, fleuve de l'Amérique du Sud, formant la plus grande partie de la frontière entre la république Argentine et la Patagonie. Il naît entre 38e et 39e lat. S., sur le versant oriental des Andes du Chili, court au sud jusqu'à 40e, 30' lat., puis au N.-E., en formant une série de rapides jusque vers 71e long. O., et à l'E. jusqu'à 63e, où il embrasse deux îles,

Rosas et Cholechel, dont la dernière, à 315 kil. de la mer, mesure 45 kil. de long sur 5 kil. de large. De là il coule en général au S.-E. jusqu'à l'Atlantique, qu'il atteint par 41e, 2' lat., et 65° 5' long. O.

* RIOTER v. n. Rire à demi : *elle ne fait que rioter.* (Pop.)

* RIOTEUR, EUSE s. Celui, celle qui ne fait que rioter : *une rioteuse perpétuelle.* (Pop.)

* RIOTTE s. f. Petite querelle, dispute. (Vieux.)

RIOZ, ch.-l. de cant., arr. et à 27 kil. S. de Vesoul (Haute-Saône), sur le Buthier; 900 hab.

* RIPAILLE s. f. [ll mll.] (de Ripaille n. pr.). N'est usité que dans cette locution familière, Faire ripaille, faire grande chère, faire la débauche à table.

RIPAILLE, village de l'arr. et à 2 kil. N.-E. de Thonon (Haute-Savoie), sur les bords du lac de Genève. Fameux château flanqué de sept tours, bâti par Amédée VIII de Savoie, qui s'y retira et y mena une existence joyeuse, d'où est venue l'expression populaire Faire ripaille.

RIPAILLER v. n. Faire ripaille.

RIPAILLEUR, EUSE s. Personne qui aime à faire ripaille.

* RIPE s. f. Outil qu'emploient les maçons, les tailleurs de pierre, les sculpteurs, et qui sert à gratter un enduit, de la pierre, une figure, etc.

RIPEMENT s. m. Bouillonnement de la mer occasionné par deux courants sous-marins qui se rencontrent.

* RIPER v. a. Ratisser avec la ripe. — Glisser.

RIPOIRE s. m. Mar. Bout de corde fait de chanvre et de crin entre les torons duquel on fait passer les fils qui sortent du goudron afin d'en retirer ce qu'ils ont pris de trop.

* RIPOPÉE s. f. Mélange que les cabaretiers font de différents restes de vin : *ce vin n'est que de la ripopée* (fam.), et ne se dit que par mépris. — Mélange de différentes liqueurs, de différentes sauces : *quelle ripopée faites-vous là?* — Fig. et fam. Ouvrage, écrit composé d'idées communes, incohérentes ou mal liées entre elles :

Vertjus est parent à verdure,
A rosin bois, à vigne dure,
A verdelet, quand il'hyver dure,
A vincenet, à pisse-aigret,
A ripaupé qui tout endure,
Et à messire Jehan Maigret.

Le Ducroy.

* RIPOSTE s. f. (ital. *riposta*). Réponse vive faite sur-le-champ, répartie prompte pour repousser quelque raillerie : *avoir la riposte prête, la riposte en main.* (Fam.). — Fig. et fam. Ce qui se fait sur-le-champ pour repousser quelque injure : *il lui donna un démenti; la riposte fut un soufflet.* — Escr. Botte que l'on porte en repart.

* RIPOSTER v. n. Répondre, repartir vivement et sur-le-champ pour repousser quelque raillerie : *on lui fit une plaisanterie, il riposta fort à propos.* — Repousser vivement une injure, un coup, etc. : *on avait fait une satire contre lui, il riposta par une satire plus vive.* — Escr. Parer et porter la botte du même mouvement. — v. a. Riposter quelque chose de désagréable.

* RIPUAIRE adj. (bas lat. *ripuarius*; du lat. *ripa*, rive). Se disait des anciens peuples des bords du Rhin et de la Meuse, et se dit encore du code de leurs lois : *les francs Ripuaires,* ou substantiv., *Les Ripuaires.*

RIQUET (Pierre-Paul de), *baron de Bonrepos,* célèbre ingénieur et créateur du canal du Languedoc, né à Béziers en 1604, mort à

Toulouse le 1er octobre 1680. Il conçut le projet d'unir l'Océan à la Méditerranée, fit adopter ses plans par Colbert et exécuta en grande partie le canal du Midi, qui fut achevé par ses deux fils. — Les Riquet français descendaient des Arrighetti, gibelins chassés de Florence; une des branches de cette famille donna naissance à Mirabeau.

RIQUIER (Saint), *Richarius,* abbé de Centule en Ponthieu, mort vers 645. Fête le 26 avril.

RIQUIQUI s. m. [ri-ki-ki]. Liqueur alcoolique quelconque : *un verre de riquiqui.*

* RIRE v. n.(lat. *ridere*). *Je ris, tu ris, il rit; nous rions,* etc. *Je riais; nous riions, vous riiez. Je ris. J'ai ri. Je rirai. Je rirais. Ris ou Ri, riez. Que je rie. Que je risse. Riant. Ri.* Faire un certain mouvement de la bouche, souvent accompagné d'éclat, et causé par l'impression qu'excite en nous quelque chose de gai, de plaisant : *éclater de rire.*

Mieux est de ris que de larmes escrire,
Pour ce que rire est le propre de l'homme.
Rabelais. *Gargantua.* Aux lecteurs.

— Il n'y a pas le mot pour rire, on ne trouve pas le mot pour rire dans cet ouvrage, se dit d'un ouvrage qui a été fait pour réjouir, et où il n'y a rien de plaisant. — Et de rire, se dit quelquefois en terminant un récit, et signifie, alors on se mit à rire. — Pincer sans rire, dire quelque chose de piquant contre quelqu'un, sans paraître en avoir l'intention. On dit, substantiv., d'un homme que son caractère porte à plaisanter ainsi, C'est un pince-sans-rire. — Il n'y a pas a rire pour tout le monde, se dit en parlant d'une chose qui donne de la joie à quelques personnes, mais qui fait de la peine à d'autres. On dit, dans un sens anal. : Il n'y a pas trop a rire pour vous, de quoi rire pour vous : *il n'y a pas tant à rire.* On dit aussi, en parlant d'une chose affligeante, Nous n'avons pas sujet de rire, il n'y a pas la de quoi rire. — Rire du bout des dents, ne rire que du bout des dents, que du bout des lèvres; rire jaune, rire sans en avoir envie, à contre-cœur. — Rire sous cape, rire dans sa barbe, éprouver une satisfaction maligne, qu'on cherche à dissimuler : *j'étais dans l'embarras, et je vis fort bien qu'il me riait sous cape.* — Il rit aux anges, se dit de celui dont le visage marque l'épanouissement de la joie, de celui qui est tellement transporté de joie, qu'il paraît comme extasié. Se dit aussi de celui qui rit seul, niaisement, et sans sujet connu. — Se dit, au fig., en parlant de ce qui est agréable, de ce qui plaît : *tout rit dans cette maison de campagne.*

Quand tout *rit* de bonheur, d'espérance et d'amour.
Delille. *Les Jardins,* Ch. 1er.

— Fig. La fortune lui rit, tout lui rit, tout rit a ses désirs, se dit d'un homme heureux, à qui tout réussit. — Se divertir, se réjouir : *nous serons en joyeuse compagnie, nous rirons bien.* — Rire aux dépens d'autrui, se divertir à relever les défauts, les ridicules de quelqu'un. — Rire de quelqu'un, se moquer de quelqu'un.

..... Qui rit d'autrui
Doit craindre qu'en revanche on *rie* aussi de lui.
Molière.

— Rire au nez de quelqu'un, se moquer de quelqu'un en face. — Apprêter a rire, se dit d'une personne qui donne sujet de se moquer d'elle. — Vous me faites rire, se dit à une personne qui tient des discours ou qui fait des propositions déraisonnables ou ridicules. — Se chatouiller pour se faire rire, s'exciter à la gaieté, à la joie, pour un faible ou même sans sujet. — Rira bien qui rira le dernier, se dit en parlant de quelqu'un sur le point de succès, dans un état où l'on compte l'emporter sur lui. — Tel qui rit vendredi, dimanche pleurera, souvent la tristesse succède en peu de temps à la joie.

— Railler, badiner, ne parler pas tout de bon. n'agir pas sérieusement : *est-ce que vous riez, ou si c'est tout de bon?* — Fam. Vous voulez rire, se dit à quelqu'un qui fait une proposition peu convenable, ou qui dit des choses peu croyables. — Ne se point soucier de quelque chose; témoigner qu'on n'en tient point de compte, qu'on ne s'en soucie pas; s'en moquer : *il rit de toutes les remontrances qu'on lui fait.* — Se rire v. pr. *Il se rit de vous.*

À votre nos, mon frère, elle se rit de vous.
            Molière. *Tartufe*, acte 1er, sc. vi.

Ha.s si je vais parler, vous vous rirez de moi.
            Destouches. *Le Glorieux*, acte II, sc. II.

* **RIRE** s. m. Action de rire : *cette femme a le rire agréable, charmant.* — Un rire inextinguible, un rire qui ne peut être arrêté. — Un gros rire, un rire bruyant et prolongé : *il riait d'un gros rire.* — Un rire sardonique ou sardonien, espèce de rire convulsif causé par une contraction dans les muscles du visage. — Il a un rire sardonique, se dit d'un homme qui rit à contre-cœur ou d'un homme dont le rire amer annonce beaucoup de malignité.

RIRH ou **Righ** (Oued-), nom arabe d'un ancien fleuve du Sahara septentrional formé par les eaux réunies de l'Igharghar et de l'oued Miya, et l'un des trois principaux cours d'eau qui se déversaient dans le lac Triton. (Voy. Melrhia.) L'oued Rirh est aujourd'hui desséché à ciel ouvert, c'est-à-dire que les eaux d'infiltration des plateaux du Sahara central (Hhoggar et Tidikelt) se sont frayé des voies souterraines par lesquelles elles alimentent encore l'ancien lac sous la croûte salsugineuse d'épaisseur variable qui recouvre sa surface. — Large vallée d'érosion dans laquelle coulait autrefois le fleuve du même nom. Elle commence au confluent des aouad Igharghar et Miya, près de la ville de Temacine, par 33° de lat. N. et 3° 24' de long. orient. Inflêchissant légèrement au N.-E., elle débouche dans le chotth Melrhir (partie occidentale de l'ancien lac Triton), près de l'oasis d'El-Mrhayer, à 104 kil. S. de Biskra, c'est-à-dire par 34° de lat. N. et 3° 37' de long. orient. — Partie septentrionale de l'ancien pays de Rirha et ancienne principauté du Sahara algérien ayant Touggourt pour capitale et comprenant toutes les oasis situées, dans la vallée, entre cette ville et le chotth Melrhir. Si l'on en croit la tradition, l'Oued-Rirh aurait d'abord été habité par des peuples de petite taille comme on en rencontre encore dans l'intérieur de l'Afrique; leur existence, dans le Sahara septentrional, à une époque très reculée, paraît confirmée par certains récits d'Hérodote. Au dire des Arabes, des restes de ces pygmées auraient été découverts dans des cavernes creusées dans les bords de la vallée. Nous avons, pour notre part, traversé six fois l'Oued-Rirh sans pouvoir vérifier cette assertion; mais nous avons trouvé, sous des tertres qui bordent des îlots entourés par les bras multiples d'un fleuve, de nombreux fragments de silex taillés, des débris de poteries grossières, qui prouvent bien le passage, dans ces lieux, d'un peuple préhistorique. Quoi qu'il en soit, une race supérieure, celle des Nègres sahariens, les Mélano-Gétules des Romains, les modernes Rouarha, émigrés probablement des oasis de l'ancienne Egypte, s'établirent dans le pays à une époque indéterminée. Ils furent, à leur tour, assujettis par des Berbères Zenata, descendus de l'Atlas. Une tribu de cette race, celle des Beni-Badinn, était maîtresse du pays durant les Arabes nomades y firent irruption vers le milieu du xie siècle de notre ère (ve siècle de l'hégire). Ces barbares, qu'aucun frein ne retenait, dévastèrent cruellement cette florissante contrée. Sous la conduite d'Ibn Ghania, émir de Mayorque,

ils anéantirent un grand nombre de villages et décimèrent la population (1204-'33 de J.-C.; 601-'31 de l'hégire). Après la mort du terrible Mayorqui, l'émir Bou-Zékéria rattacha l'Oued-Rirh au gouvernement du Zab (1236-'37 de J.-C.; -634 de l'hégire), et ce malheureux pays put jouir, pendant quelques années, d'une paix relative. Mais les Douaouida, fraction des Hhillal, chassés de l'Ifrikia (Tunisie), l'envahirent de nouveau en 1257 (666 de l'hégire). Irrité de leurs brigandages. El-Mostancer, premier successeur de Bou-Zékéria, les en expulsa; mais ils y retournèrent et s'y fixèrent de nouveau vers 1281 (680 de l'hégire). Cependant les émirs de Tunis ne se résignèrent pas volontiers à laisser les nomades jouir en paix de leur conquête. En 1338 (739 de l'hégire), Ibn el Hhakim, général de Bou-Yahia le Hhafside, pénétra dans l'Oued-Rirh et s'empara de Touggourt, sa capitale, dont il pilla le trésor et les magasins. Le pays resta ensuite plongé dans le trouble et l'anarchie jusqu'à l'avènement des Benou-Djellab, sur lesquels nous devons à M. Cherhonneau, notre vénéré maître, de précieux renseignements historiques. La dynastie des Benou-Djellab fut indépendante tout en payant un faible tribut aux gouverneurs turcs de Constantine; les habitants du Souf, archipel d'oasis situé à l'O. de Touggourt, furent assujettis à leur domination. Le premier de cette famille qui régna sur l'Oued-Rirh fut le cheikh Slimann, issu de l'illustre dynastie berbère des Beni-Mérinn, laquelle régna sur le Maghreb du xiiie au xve siècle de notre ère. Ce prince se fixa à Touggourt et son autorité ne tarda pas à s'étendre sur toutes les oasis de la contrée (1679 de J.-C.; 1092 de l'hégire). Il pacifia le pays et gouverna en s'appuyant sur la djemâa (assemblée de notables) dont il se réserva de choisir les membres. Une déïra (garde du corps) de 500 cavaliers, sortes de janissaires fournis par la tribu arabe des Oulad-Moulat, forma le noyau de ses armées. Il fut assassiné par sa fiancée. Son successeur, Mohammed bên Slimann, tomba sous les coups des Oulad-Moulat dont il voulait détruire les privilèges. Mohhammed el Akbal, qui régna après, se vautra dans la débauche et tomba, également assassiné, dans la chambre d'une de ses favorites. Vinrent ensuite : El Akhal, frère du précédent, qui eut le privilège de régner et de mourir en paix; Ibrahim bên Djellab, qui fut détrôné; Khaled, qui mourut à Ouargla, au cours d'un voyage; Abd-el-Qader, fils d'Ibrahim bên Djellab qui, en 1724 (1137 de l'hégire), rentra en possession de la succession de son père; Ahhmed bên Ibrahim bên Djellab, frère du précédent, qui régna neuf années à partir de 1734 (1144 de l'hégire). Les relations d'amitié que ce prince entretenait avec les beys de Constantine ne l'empêchèrent pas d'être détrôné par son cousin, Omar bên Djellab. Il se réfugia dans le Zab tunisien, auprès de Bou Aziz, chef des Hhanénchas, lequel, après lui avoir promis son appui, le trahit en faveur de l'usurpateur qui lui offrit une somme plus forte. Omar régna de 1740 à 1756 (1453 de l'hégire). Ses deux frères s'étant révoltés contre lui, il les fit traîtreusement assassiner après leur avoir promis le pardon. Mohhammed bên Djellab, son successeur, partit en pèlerinage en 1756 (1170 de l'hégire); Amrann, son fils, qui gouvernait pendant son absence, marcha contre le Souf dont les habitants soulevés interceptaient le commerce; il mourut de la fièvre à El Oued, au cours de l'expédition. L'armée, privée de son chef, commença à se démoraliser lorsque le cheikh Mohhammed revint de la Mecque. Ayant rétabli la paix dans le désert, il consacra les dernières années de son règne à améliorer le sort de ses sujets en affermissant la justice et en allégeant les impôts. Il mourut en 1765 (1179 de l'hégire). — Son autre fils et successeur le suivit dans la tombe

au bout de sept mois. Omar bên Djellab, deuxième du nom, régna ensuite pendant cinq mois à partir de châbann 1179; il mourut de la fièvre à Sidi-Khaled, près des Oulad-Djellal, au cours d'une expédition. Ahhmed bên Djellab, fils aîné du précédent, se fit remarquer par la sagesse de son gouvernement et par l'énergie avec laquelle il réprima les rapines des grands; il mourut après dix ans de règne, à la Mecque, au cours d'un pèlerinage. Son second fils Abd-el-Qader, fut salué cheikh des oasis en 1776 (1190 de l'hégire); il mourut sans postérité vers la fin de 1782 (1197 de l'hégire). Son frère Ferhhat lui succéda; jusqu'à son avènement, l'Oued-Rirh n'avait payé au gouvernement turc qu'un tribut dérisoire; le nouveau cheikh ayant refusé de souscrire aux arrangements que lui proposait le bey Salahh, gouverneur de la province, celui-ci se mit en marche en octobre 1788 (1204 de l'hégire) pour châtier le vassal récalcitrant. Une neige épaisse, phénomène excessivement rare dans le Sahara, faillit l'engloutir avec son armée. Il arriva néanmoins sous les murs de Touggourt, qui se rendit après plusieurs semaines d'un siège meurtrier. Il fut stipulé que l'Oued-Rirh paierait les frais de la guerre et, en outre, un impôt annuel de 300,000 réaux bécétas (environ 750,000 fr.). Les gens du Souf, auxquels on réclama une forte partie de l'impôt, se révoltèrent contre le malheureux Ferhhat qui, ayant marché contre eux, mourut à El Oued après un règne de dix ans, en 1792 (1207 de l'hégire). Son fils El Khazenn ayant d'abord été évincé du trône, le cheikh Ibrahim s'empara du gouvernement; mais il fut obligé de prendre la fuite après une année de règne. La djemâa élut à sa place Ibrahim el Hhadj bên Gana, musulman fanatique, qui obligea les Juifs établis à Touggourt à embrasser l'islam. Leurs descendants existent encore de nos jours : on les appelle Mehadjeria, c'est-à-dire séparés (de leurs coreligionnaires). Vers la fin de l'année 1794 (1209 de l'hégire), le cheikh Ibrahim partit en pèlerinage à la Mecque; son neveu, Ali bên Khaïdoun, profita de son absence pour s'emparer du pouvoir; mais, peu sympathique à la population, il s'empressa de prendre la fuite au retour de son oncle. Celui-ci se trouva bientôt en présence d'un compétiteur autrement redoutable vers la fin de 1803 (1220 de l'hégire), El Khazenn, fils de Ferhhat, s'empara de Touggourt et y fit reconnaître son autorité; mais il fut mis à mort, l'année suivante, par l'aîné des fils du feu cheikh Ahhmed bên Djellab, Mohhammed, qui, grâce à l'appui des grands et des Oulad-Moulat, établit son autorité sur toutes les oasis de l'Oued-Rirh. Après dix-sept années d'un règne paisible, Mohhammed faillit lui-même être détrôné par un membre de la puissante famille des Bou-Akkaz, Ferhhat bên Saïd, auquel Ahhmed el Mamelouk, bey de Constantine, avait promis son appui moyennant 50,000 bécétas payables seulement après ensuite; mais l'argent promis du cheikh Mohhammed fut plus apprécié par le bey que les promesses de son compétiteur. Le siège de Touggourt fut levé moyennant 100,000 bécétas (250,000 fr.), les Turcs se retirèrent, et Ferhhat, abandonné à lui-même, disparut de la scène. Le cheikh Mohhammed mourut en 1822 (1237 de l'hégire). Après lui Ibrahim bên Djellab (1832, — 1248 de l'hégire), qui fit bâtir la grande mosquée (Djama Kebir) de Touggourt, et partit ensuite pour le Hedjaz. Le cheikh Ali, qui lui succéda, fut proclamé le 20 du mois de redjeb 1249 (3 déc. 1833). Sous son règne, un aventurier italien se présenta à Touggourt pour y fabriquer des canons, puis se mit à fondre de l'artillerie; mais le cheikh Ali fit tuer cet instructeur, le cheikh lui fit trancher la tête. La fille de ce malheureux devint la femme d'un courtisan. Le cheikh

Ali fut détrôné vers la fin de 1249 (1834) par Ahhmed bèn Djellab, fils du feu cheikh Ibrahim, auquel succéda Abd-er-Rahhmann, qui eut lui-même pour successeur Si Selmann, le dernier cheikh de Touggourt. Abd-er-Rahhmann avait accepté, en 1847, le burnous d'investiture, signe de soumission à la France; mais son successeur crut pouvoir, aidé des gens du Souf, se soustraire au joug des nouveaux maîtres. Les Français marchèrent sur Touggourt et s'emparèrent de la ville, le 1er déc. 1854, après le combat du chotth Mgarinn. Malheureusement ils ne s'établirent pas dans leur nouvelle conquête; ils en abandonnèrent l'administration à l'aristocratie locale, et l'on vit se continuer, sous un régime arbitraire, tous les abus, toutes les exactions qui avaient épuisé le pays sous la domination tyrannique des Benou-Djellab. Ali-Bey qui, en 1871, au moment de nos désastres, exploitait le pays à son profit, fut chassé par les Rouarha, et Touggourt ouvrit ses portes au faux chérif Bou-Choucha, déjà maître d'Ouargla; une petite garnison de tirailleurs algériens, qui occupait la qasba, fut massacrée. L'usurpateur fut chassé la même année, par le général de Lacroix-Vaubois. A partir de cette époque, l'administration de l'Oued-Rirh fut confiée, sous l'autorité du commandant supérieur du cercle de Biskra, à des officiers indigènes étrangers au pays, auxquels on donna le titre d'agha. Si les choix ne furent pas toujours excellents, le système inauguré eut du moins pour effet de détacher les Rouarha de leur ancienne aristocratie et de la leur mieux oublier. L'Oued-Rirh se compose, outre Touggourt, sa capitale, de 28 décheras ou villages entourés de délicieuses oasis échelonnées sur les deux rives de la vallée. La population sédentaire et agricole, composée à peu près exclusivement de Nègres sahariens aborigènes, peut être évaluée à 30,000 âmes; ces nègres sont sobres, laborieux, pacifiques et intelligents. Plusieurs tribus d'Arabes nomades, au nombre desquels se trouvent les fameux Ouad-Moulat, campent avec leurs troupeaux dans les steppes environnantes. Le sol des oasis de l'Oued-Rirh est d'une fertilité prodigieuse; on y compte plus de 600,000 palmiers et quantité d'autres arbres fruitiers. On y cultive aussi l'orge, la luzerne, le béchena, le tabac, etc. Le coton y pousse spontanément. Ici comme dans toutes les oasis du Sahara, les sources naturelles (behhour, cheriâat, aïoun), sans aménagement, du reste, sont insuffisantes. Les Rouarha, à l'instar des anciens habitants des oasis égyptiennes, dont ils descendent, il y a lieu de le croire, ont longtemps paré à cette insuffisance en creusant des puits jaillissants. Les eaux de l'ancien fleuve, absorbées en amont par le sol spongieux, coulent, dans la vallée, en nappes souterraines superposées; mais avec leur outillage rudimentaire (une petite pioche appelée fdss) ils ne pouvaient atteindre que la première nappe qui est d'un faible débit; les roches des plateaux circonvoisins étant venues à se désagréger par suite de la dénudation, les sables, de plus en plus abondants et transportés par les vents, depuis longtemps déjà envahissaient les jardins et obstruaient les puits. Vainement les Nègres essayaient-ils de lutter; la plupart de leurs oasis étaient condamnées à disparaître dans un temps donné. Ce que voyant, un officier français dont les Rouarha apprendront un jour à vénérer la mémoire, le général Desvaux, eut l'idée de faire, dans la vallée, des essais de sondage au moyen de nos appareils perfectionnés. Le premier coup de sonde fut donné, le 1er mai 1856, dans l'oasis de Tamerna-Djedida, par M. le maréchal des logis Lehaut. Le succès dépassa toutes les prévisions; le 19 juin suivant, l'eau jaillit tout à coup à raison de 4,010 litres par minute. Les malheureux

Rouarha se sentirent sauvés. Depuis cette époque et jusqu'à ce jour, les opérations de sondage n'ont pas discontinué dans l'oued-Rirh. D'immenses étendues désertes ont été transformées en jardins; c'est au tour du désert à reculer devant les cultures. Nous avons pu constater par nous-même, dans nos différents voyages à travers l'Oued-Rirh, les progrès journellement réalisés. Déjà, en 1877, 86 puits artésiens français ou puits indigènes curés au moyen de nos appareils, donnaient un débit de 95,028 litres par minute, à une profondeur moyenne de 66 m. Y compris les puits indigènes en activité, le débit total des eaux employées à l'irrigation des oasis, pouvait .être évalué à 490,000 litres par minute. Dans un avenir peu éloigné, le pays présentera, d'El Mrhayer, près du chotth Melrhir, à Touggourt, une forêt continue de palmiers de plus de 30 lieues. Tandis que les eaux des sources naturelles (aïoun), relativement douces, ne présentent qu'une température moyenne de 19° à 21° centigr., celles des puits artésiens, très amères, n'ont pas moins de 24° centigr. en moyenne. Quantité de petits poissons, des crabes mêmes sortent, avec les eaux jaillissantes, des voies souterraines traversées par la sonde. M. Lehaut, devenu lieutenant, ne cessa de diriger les sondages de l'Oued-Rirh jusqu'en 1860; il mourut à l'hôpital de Batna, victime de son dévouement, empoisonné par les miasmes délétères des bas-fonds sahariens. Un petit monument, érigé dans l'oasis d'Ourhlana, près d'un puits creusé par ses soins, consacre sa mémoire. Le capitaine Zickel lui succéda et continua son œuvre jusqu'en 1864. Après eux se sont distingués, dans la direction des sondages, MM. les lieutenants de Lillo et Bourote, que nous avons vus à l'œuvre dans différentes oasis et qui nous ont rendu plus d'une fois service en nous ravitaillant au retour des voyages d'exploration. M. Bourote, auquel nous étions attaché par les liens d'une étroite amitié, est, lui aussi, mort à la peine en 1880, après plusieurs années d'un travail opiniâtre. — La température de l'Oued-Rirh, est ordinairement tempérée en hiver, mais avec des écarts considérables entre le jour et la nuit. Cependant, les habitants .gardent le souvenir d'hivers exceptionnellement rigoureux; nous avons vu qu'il y tomba de la neige en 1788; les pluies y sont rares mais violentes; on parle d'inondations subites qui ont dévasté des oasis et emporté des maisons. L'été, la chaleur y est excessive; le thermomètre monte souvent, à l'ombre, jusqu'à 50° centigr. Une fièvre pernicieuse, le tehem, due surtout à l'incurie des habitants et engendrée par la stagnation des eaux dans les bas-fonds, sévit alors sur les individus de race blanche qui s'attardent dans la vallée; les Nègres y sont réfractaires. Les sites élevés sont à l'abri du fléau. — L'Oued-Rirh, actuellement en pleine voie de prospérité, est, croyons-nous, appelé à un brillant avenir : sol fertile, eaux abondantes, population sédentaire paisible, laborieuse et relativement nombreuse, il y a là tous les éléments d'une grande richesse agricole. Au point de vue commercial, son importance n'est pas moins grande. La large vallée débouche, au S., à l'extrémité occidentale de la mer intérieure projetée par le regretté colonel Roudaire, et à une faible distance au S. de Biskra, l'une des trois grandes portes du désert au S. de l'Algérie, et qu'un chemin de fer, actuellement en construction, reliera bientôt à Constantine et au port de Philippeville. La vallée se bifurque en amont, près de Touggourt et de Temacine : directement au S., l'Ighargbar conduit au djebel Rhoggar, pays des Touaregs blancs et, en raison de son altitude et de sa salubrité, futur centre de colonisation au cœur même du grand désert; au S.-O., l'oued Miya con-

duit au Touât et au Tidikelt, vastes archipels d'oasis des plus peuplés. Du plateau central, d'autres voies d'eau souterraines, non moins abondantes que celles du N., se dirigent vers le Niger. Le fleuve Noir est déjà sillonné par nos canonnières, et sur ses rives flotte triomphalement, planté par de hardis pionniers, l'étendard aux trois couleurs. C'est par l'Oued-Rirh, par Ouargla et par l'une des deux autres routes naturelles que nous venons d'indiquer que passera, nous l'espérons du moins, le chemin de fer destiné à relier un jour et à rapprocher, à travers le Sahara, les deux portions de la France africaine qu'actuellement d'immenses déserts séparent : le Sénégal et l'Algérie. (V. LARGEAU.)

RIRHA ou **Righa**, État berbère du Sahara septentrional qui comprenait l'Oued-Rirh, la principauté de Témacine et le pays d'Ouargla. (Voy. ces mots.)   (V. L.)

* **RIS** s. m. [ri] (lat. *risus;* de *ridere*, rire). Synon. de RIRE : *ris agréable.* — LES GRACES ET LES RIS. LES AMOURS, LES RIS ET LES JEUX. Dans ces phrases, le ris sont personnifiés.

* **RIS** s. m. Corps glanduleux qui est placé sous la gorge du veau, et qui est un manger assez délicat : *un ris de veau.*

* **RIS** s . m. pl. Mar. Œillets qui sont à une voile, au-dessous de la vergue, et dans lesquels on passe de petites cordes qu'on nomme GARCETTES, pour raccourcir la voile quand le vent est trop fort : ce qui s'appelle PRENDRE DES RIS. Se dit également, au singulier, de chaque bande ou rangée de ris : *prendre le premier ris, le second ris, le troisième ris.*

* **RISBAN** s. m. Fortific. Terre-plein garni de canons pour la défense d'un fort : *le risban de Dunkerque.*

RISBERME s. f. Constr. Intervalle entre les pieux jointifs et le mateireau. — Fortific. Retraite garnie de fascinage, que l'on ménage au pied d'un mur de verre.

* **RISDALE** s. f. Voy. RIXDALE.

* **RISÉE** s . f. [ri-zé]. Grand éclat de rire que font plusieurs personnes ensemble, en se moquant de quelqu'un ou de quelque chose : *il s'éleva une grande risée, une risée universelle de toute l'assemblée.* — Moquerie : *vous vous êtes exposé à la risée du public.* — Objet de la risée, de la moquerie : *il est devenu la risée de tout le monde.* — Mar. Augmentation subite et momentanée de la force du vent.

RISER v. a. Mar. Amener, pour éviter l'effet d'une risée.

* **RISETTE** s . f. Petit ris enfantin et gracieux.

RISIA s. m. Dixième sous-genre des antilopes, d'après Chenu. Cornes plus ou moins bifurquées, implantées à l'angle postérieur des orbites. (Voy. ANTILOPE.)

* **RISIBILITÉ** s. f. Didact. Faculté de rire : *dans l'ancienne philosophie scolastique, on regardait la risibilité comme la faculté distinctive de l'homme.*

* **RISIBLE** adj. Didact. Qui a la faculté de rire. — N'est usité qu'en parlant de l'homme: *les philosophes scolastiques disaient que l'homme est un animal risible.* — Qui est propre à faire rire : *cette farce est une des plus risibles qu'on ait encore vues.* — Digne de moquerie : et alors il se dit aussi bien des personnes que des choses : *c'est un homme risible.*

* **RISIBLEMENT** adv. D'une manière qui excite le rire.

RISORIUS adj. Anat. Se dit d'un petit muscle peaucier des lèvres.

* **RISQUABLE** adj. Où il y a du risque :

une affaire, un projet risquable. — Qu'on peut risquer avec quelques chances de succès : *cette entreprise n'est pas sûre, mais elle est risquable.*

* **RISQUE** s. m. (esp. *risco,* écueil). Péril, danger : *il n'y a nul risque à cela.* — ENTRE-PRENDRE UNE CHOSE A SES RISQUES ET PÉRILS, A SES RISQUES, PÉRILS ET FORTUNES, l'entreprendre en courant volontairement le hasard de tout ce qui peut en arriver. — A TOUT RIS-QUE, à tout hasard.

* **RISQUER** v. a. Hasarder, mettre en danger : *risquer sa vie, son honneur, sa réputation, son argent.* — RISQUER LE TOUT POUR LE TOUT, risquer beaucoup, dans un cas difficile ou désespéré, pour tâcher de se tirer d'affaire. — Courir le risque, le hasard de : *risquer le passage.* — Absol. *Je crains de risquer.* — RISQUER LE PAQUET, s'abandonner au hasard, tenter la fortune. — RISQUER L'ABOR-DAGE, hasarder une démarche, une proposition embarrassante. — **Se risquer** v. pr. *Se risquer dans une affaire.*

RISQUE-TOUT s. m. Personne audacieuse ou hasardeuse.

RISSE s. f. Mar. Cordage avec lequel on attache une embarcation sur le pont.

* **RISSOLE** s. f. Sorte de menue pâtisserie qui est faite de viande hachée, enveloppée dans de la pâte, et frite dans du saindoux.

* **RISSOLÉ, ÉE** part. passé de RISSOLER. — Fam. IL A LE VISAGE RISSOLÉ, se dit d'un homme fort hâlé, et à qui le soleil a brûlé la peau du visage. — Substantiv. *Donnez-moi du rissolé.*

RISSOLEMENT s. m. Action de faire rissoler.

* **RISSOLER** v. a. Cuire, rôtir de manière que ce que l'on rôtit prenne une couleur dorée et appétissante : *le feu a bien rissolé ce cochon de lait.* — Se rissoler v. pr. *Cette viande commence à se bien rissoler.*

RISSOLETTE s. f. Art culin. Rôtie de pain couverte de viande hachée que l'on passe au four.

* **RISTORNE** ou Ristourne s. f. (ital. *ristorno;* de *ristornare,* retourner). Comm. Annulation d'une police d'assurance, lorsqu'elle fait double emploi avec une autre police, d'une date antérieure, ou lorsqu'elle se trouve sans objet : *ce navire était déjà assuré à Boston, quand on l'a fait assurer au Havre; il y a lieu à ristorne sur la police de France.* — Diminution qui doit se faire sur la somme que l'armateur a fait assurer d'après un avis de chargement, lorsque cette somme, mentionnée dans la police, se trouve excéder la valeur de l'objet chargé.

RISUM TENEATIS, paroles d'Horace, tirées de l'*Art poétique* et signifiant : *Retiendriez-vous votre rire.*

Spectatum admissi, risum teneatis, amici?
(Admis à ce spectacle, retiendriez-vous votre rire, mes amis?)

* **RIT** ou Rite s. m. [ritt] (lat. *ritus*). Ordre prescrit des cérémonies qui se pratiquent dans une religion. Se dit surtout en parlant de ce qui regarde la religion chrétienne, et ne s'emploie guère que dans le dogmatique : *le rit de l'Église romaine est différent de celui de l'Église grecque.* — Se dit quelquefois, au pluriel, des cérémonies mêmes d'un culte : *les rites du paganisme.* — Au pl. S'écrit toujours RITES. — Congréga-tion des rites, nom d'un comité de cardinaux, dans l'Église catholique romaine, institué par Sixte-Quint. Il connaît exclusivement des questions de liturgie, des rites de l'administration des sacrements, des rubriques du Missel et du Bréviaire, des cérémonies publiques de l'Eglise et de la procédure pour la béatification et la canonisation des saints.

RITARDANDO, Ritenendo adv. (mot ital.)

Mus. En ralentissant progressivement la mesure.

* **RITOURNELLE** s. f. (ital. *ritornello;* dimin. de *ritorno,* retour). Petit morceau de musique instrumentale qui précède un chant, et qui quelquefois le suit : *cette ritournelle ne convient pas au chant.* — Fam., par ext., et fig. un sens iron. Retour fréquent des mêmes choses, des mêmes idées dans le discours : *il a parlé longtemps pour dire toujours la même chose; ce n'était qu'une ritournelle*

RITTE s. f. Agric. Sorte de charrue sans oreilles.

RITTER v. a. Labourer avec la ritte.

RITTER (Carl) [rit'-teur], géographe allemand, né à Quedlinburg en 1779, mort le 28 sept. 1859. Il était professeur à l'université et à l'académie militaire de Berlin. C'est lui qui créa la science de la géographie générale comparée. Son ouvrage le plus fameux est *Die Erdkunde im Verhaeltnisse zur Natur und Geschichte des Menschen* (2e édit. 1822-'59, 19 vol., dont 18 sont consacrés à l'Asie).

RITTER (Heinrich), philosophe allemand, né en 1794, mort en 1869. Il fut professeur à Halle, à Berlin, à Kiel et, à partir de 1837, à Goettingue. Il était éclectique. Son principal ouvrage a pour titre *Geschichte der Philosophie* (1829-'53, 12 vol.).

RITUALISME s. m. Science des rites exposée dans un rituel. On applique communément ce terme à un mouvement qui s'est produit dans les Églises de la communion anglicane, et aux trois périodes duquel ses adversaires ont donné les noms de « puscyisme », de « tractarianisme » et enfin de « ritualisme ». Ses partisans y virent une renaissance catholique. Ils reconnaissent trois principes : 1° celui qui est proclamé dans la déclaration de Canter-bury (1571), où il est dit que « les prédicateurs doivent, avant tout, avoir soin de n'enseigner dans la chaire que ce qui est conforme à l'Ancien et au Nouveau Testament, et à ce qu'en ont tiré les pères catholiques et les premiers évêques »; 2° celui qui est formulé dans le 30e canon de l'Eglise anglaise, lequel désa-voue l'intention de rejeter les Églises d'Italie, de France, d'Espagne, d'Allemagne et toute autre Eglise semblable; 3° celui qui se trouve dans le livre de prières (*Prayer book*) anglais, à propos des ornements, et qui enjoint de conserver les ornements de l'Eglise et des ministres du culte tels qu'ils étaient en usage dans la seconde année de règne d'Edouard IV. Or cette année-là, il n'y eut aucun changement dans la pratique catholique. De ces principes découlent : 1° la position prise par le célé-brant dans le sacrement de l'eucharistie, lequel se tourne vers l'orient et montre le dos aux fidèles; 2° l'usage des vêtements eucharistiques; 3° les lumières brûlant pen-dant la célébration; 4° l'encens; 5° le calice mélangé, par l'addition d'un peu d'eau au vin; 6° le pain sans levain, ou azyme. L'Eglise anglicane est partagée à ce sujet en deux camps; à plusieurs reprises, les pratiques des ritualistes ont été condamnées par les tribu-naux, ce qui leur a ainsi donné le prestige de la persécution. Les ritualistes encouragent la restauration des ordres religieux, surtout de ceux qui se consacrent aux œuvres de charité ou de prédication.

RITUALISTE s. m. Auteur qui traite des différents rites. — ⌣ Partisan du ritua-lisme.

RITUEL, ELLE adj. (lat. *ritualis*). Qui tient au rit, qui a rapport au rit : *livre rituel.*

* **RITUEL** s. m. Livre contenant les cérémo-nies, les prières, les instructions, etc., qui re-gardent l'administration des sacrements, et particulièrement les fonctions curiales : *le rituel romain.*

* **RIVAGE** s. m. (lat. *ripa*). Les rives, les bords de la mer : *le long du rivage.* — Les *vages de la mer* sont des dépendances du do-maine public (C. civ. 538). — Se dit quelque-fois en parlant des fleuves, des rivières, des lacs : *sur le rivage de la Seine.* — Par ext. et fig. Pays, contrée : *il erra longtemps de rivage en rivage.*

* **RIVAL, ALE, AUX** s. (lat. *rivalis*). Con-current, celui qui aspire, qui prétend aux mêmes avantages, au mêmes succès qu'un autre : *ils aiment tous deux la même personne, ils sont rivaux.* — Adjectiv. *Deux peuples ri-vaux.*

> Un homme qui s'aimait sans avoir de rivaux.
> LA FONTAINE.

* **RIVALISER** v. n. Disputer de talent, de mérite, etc., avec quelqu'un, en approcher, l'égaler : *ce peintre rivalise en certaines parties avec Raphaël.*

* **RIVALITÉ** s. f. Concurrence de deux ou de plusieurs personnes qui aspirent, qui pré-tendent à la même chose : *il n'y a point de ri-valité entre eux.*

RIVAROL (Antoine RIVAROL, dit *comte de*), écrivain, né à Bagnols (Languedoc) le 26 juin 1753, mort à Berlin le 13 avril 1801. Fils d'un pauvre aubergiste qui lui fit recevoir un peu d'instruction à l'école des frères de Saint-Joseph, à Bagnols, il changea tour à tour son nom de famille pour ceux de Longchamp, de Deparcieu et de comte de Rivarol. C'est sous ce dernier titre qu'il se faufila dans les sociétés aristocratiques, où il se fit remarquer par son esprit railleur, caustique, prodigue de bons mots. Quoique plein de mépris pour les gens de lettres, il ne dédaigna pas d'écrire; mais il ne le fit que comme un grand sei-gneur qui veut s'abaisser. Son *Discours sur l'universalité de la langue française* fut cou-ronné par l'académie de Berlin en 1784 et sa traduction libre de l'*Enfer* du Dante reproduit assez bien les principaux passages de l'ori-ginal; son *Petit Almanach de nos grands hommes* (1788, 1 vol. in-16) donne, par ordre alphabétique, l'éloge ironique des écrivains de son époque. Peu après, Rivarol, soudoyé par la cour, attaqua les révolutionnaires dans le *Journal politique national* et dans les *Actes des apôtres*; mais le temps de rire était passé. Menacé d'être arrêté, Rivarol passa en Bel-gique, puis en Angleterre et ensuite en Prusse. Ses *Œuvres* ont été recueillies en 1805 (Paris, 5 vol. in-8°). Sous le titre d'*Esprit de Rivarol,* Chénedollé et Fayolle ont donné une édition de ses bons mots (1808, 2 vol. in-12). Sa femme, qui était Anglaise, a écrit sa bio-graphie (1802, 2 vol.).

RIVAS (Angel DE SAAVEDRA, *duc de*) [ri-vass], écrivain espagnol, né en 1791. Il dé-fendit aux cortès le gouvernement constitu-tionnel et fut exilé de 1823 à 1834. En 1836, il devint ministre de l'intérieur dans le cabinet éphémère d'Isturiz, fut de nouveau banni en 1837, revint avec Marie-Christine en 1843 et fut ambassadeur à Naples jusqu'en 1848, époque où il publia un ouvrage sur la révolu-tion qui venait d'y éclater. En 1854, il fit en-core partie du cabinet de peu de durée, fut ensuite ambassadeur à Paris, et en 1864 pré-sident du conseil d'Etat. Il a écrit des tragé-dies, des comédies, des romans historiques, les poèmes épiques *Florinda, El Moro esposito,* et d'autres poésies.

* **RIVE** s. f. (lat. *ripa*). Le bord d'un fleuve, d'une rivière, d'un étang, d'un lac : *la rive de ce fleuve est fort basse de côté de la prairie.* — Prov. et fig. C'EST UNE AFFAIRE, UNE QUES-TION QUI N'A NI FOND NI RIVE, c'est une affaire, une question fort embrouillée. — Par ext. LA RIVE D'UN BOIS, le bord, la lisière d'un bois. — LA RIVE DROITE D'UNE RIVIÈRE, D'UN FLEUVE, la rive qui est à droite d'une personne qui des-

cend le cours de l'eau; LA RIVE GAUCHE, la rive qui est à gauche.

RIVE-DE-GIER [jié], ch.-l. de cant., arr. et à 24 kil. N.-E. de Saint-Etienne (Loire), sur le Gier; 13,946 hab. — Fabriques de machines à vapeur, d'acier, de verre (surtout de bouteilles) et de rubans. Importantes mines de houille, auxquelles cette ville doit la plus grande partie de son importance.

* **RIVER** v. a. (anc. haut all. *riban*, frotter). Abattre la pointe d'un clou sur l'autre côté de l'objet qu'il perce, et l'aplatir pour la fixer : *on ne saurait arracher ce clou, il est rivé.* — RIVER A QUELQU'UN SON CLOU, lui répondre fortement, vertement, en sorte qu'il n'ait rien à répliquer : *je lui ai bien rivé son clou.* — RIVER LES FERS, LES CHAINES DE QUELQU'UN, rendre son esclavage plus assuré, plus durable. N'est usité que dans le style soutenu.

* **RIVERAIN** s. m. Celui qui habite le long d'une rivière : *les riverains de la Garonne, de la Loire.* — Ceux qui ont des héritages le long d'une forêt, d'une rue, d'un chemin, etc. : *il faut, dans certains cas, indemniser les riverains.* — Adj. *Les propriétaires riverains.* On dit de même, LES TERRES, LES PROPRIÉTÉS RIVERAINES.

RIVES, ch.-l. de cant., arr. et à 30 kil. N.-N.-E. de Saint-Marcellin (Isère), près de la Fure ; 2,000 hab.

RIVESALTES, ch.-l. de cant., arr. et à 10 kil. N. de Perpignan (Pyrénées-Orientales); 5,000 hab. Fameux vin muscat. Laines, farines, eaux-de-vie.

* **RIVET** s. m. Maréchal. Extrémité inférieure, tronquée et relevée, du clou broché dans la corne du pied d'un cheval : *le rivet doit être noyé* (enfoncé) *dans la corne.*

RIVET DE LA GRANGE (Dom Antoine). Voy. LA GRANGE.

RIVEUR s. m. Techn. Ouvrier qui fait des rivets.

RIVIÈRA, mot ital. qui signifie *rivière* et qui désigne une étroite langue de terre, située sur le golfe de Gênes, entre Nice et la Spezzia, avec les Alpes liguriennes comme limite. De Nice à Gênes, la côte se nomme *Rivièra di Ponente*, rivière occidentale ; et de Gênes à la Spezzia, *Rivièra di Livante*, rivière orientale. Partout elle est remarquable par la beauté de ses paysages.

* **RIVIÈRE** s. f. (bas lat. *riperia*). Cours naturel et abondant d'eaux qui coulent dans un lit plus ou moins étendu en largeur et en longueur, et qui se jette dans une autre rivière, ou dans un fleuve, ou dans la mer : *rivière navigable.* — La législation concernant les rivières navigables et les rivières non navigables a été résumée du mot : RIVIÈRE. (Voy. COURS D'EAU.) — CETTE VILLE EST SUR TELLE RIVIÈRE, elle est située sur les bords de cette rivière. — LA RIVIÈRE EST MARCHANDE, se dit d'une rivière lorsqu'elle n'est ni trop haute, ni trop basse, et que le transport des marchandises est facile par la navigation. — OISEAUX DE RIVIÈRE, canards sauvages et autres oiseaux qui fréquentent les rivières, et qui se nourrissent de poissons et d'insectes aquatiques. VEAUX DE RIVIÈRE, veaux qui sont élevés en Normandie, dans les prairies voisines de la Seine. VINS DE RIVIÈRE, vins de Champagne qu'on recueille sur les bords de la rivière de Marne. — Prov. et fig. C'EST PORTER DE L'EAU A LA RIVIÈRE, se dit lorsqu'on porte en un lieu des choses qui s'y trouvent en abondance. — IL NE TROUVERAIT PAS DE L'EAU A LA RIVIÈRE, se dit d'une personne malhabile qui ne trouve pas les choses les plus faciles à trouver. — LES PETITS RUISSEAUX FONT LES GRANDES RIVIÈRES, plusieurs petites sommes réunies en font une grande. — LA RIVIÈRE DU GÊNES, la côte de l'ancien État de Gênes. (Voy. RIVIÈRA.) — Joaill. UNE RIVIÈRE

DE DIAMANTS, un collier composé de plusieurs chatons enchaînés les uns aux autres, et dans lesquels sont enchâssés des diamants.

RIVIÈRE (Henri-Laurent), marin, né à Paris le 12 juillet 1827, mort à Hanoï le 19 mai 1883. Il entra à l'École navale en 1843, fut nommé capitaine de frégate en 1870 et capitaine de vaisseau à la suite de la part énergique qu'il prit, en 1878-'79, à la suppression de l'insurrection kanake, en Nouvelle-Calédonie. A la tête d'une poignée de Français, il se maintint, pendant plus d'une année, au cœur même du Tonkin, malgré les efforts de nombreuses bandes chinoises à la solde de l'Annam. Enfermé dans Hanoï, il fut tué au milieu d'une sortie malheureuse qu'il fit pour dégager cette place. — Littérateur distingué, le commandant Rivière a laissé d'émouvantes nouvelles, entre autres : le *Meurtrier d'Albertine Renouf*, *Caïn*, des études remarquables, telles que *la Marine française sous Louis XV* et *la Nouvelle-Calédonie.*

RIVOIR s. m. Techn. Outil qui sert à river.

RIVOLI, anc. *Ripula*, village de Vénétie, en Italie, sur la rive occidentale de l'Adige, à 20 kil. N.-O. de Vérone ; 1,000 hab. environ. Les 14 et 15 janv. 1797, Bonaparte y gagna une grande victoire sur les Autrichiens commandés par Alvinzy, qui y perdit 20,000 prisonniers. Cette défaite fut suivie de la reddition de Mantoue. Masséna reçut, en 1807, le titre de duc de Rivoli pour la part qu'il avait prise à cette bataille.

RIVOYEUR, EUSE adj. Qui fréquente les bords de la rivière.

RIVULAIRE adj. Hist. nat. Qui vit ou croît dans les eaux des ruisseaux ou sur leurs bords.

* **RIVURE** s. f. Serrur. Broche de fer qui entre dans les charnières des fiches, pour en joindre les deux ailes.

* **RIXDALE** s. f. Monnaie d'argent qui a cours dans quelques États du Nord, et dont la valeur n'est pas partout la même.

* **RIXE** s. f. [ri-kse] (lat. *rixa*). Querelle entre deux ou plusieurs personnes, accompagnée d'injures, de menaces, et quelquefois de coups : *cette rixe a fini par un meurtre.* — Débat, dispute vive, discussion orageuse : *les rixes des joueurs, des buveurs, des amants.*

RIYAD ou **Riad** [ri-iadd'], ville d'Arabie, capitale du sultanat de Nedjed, dans la province d'Aared, par 24° 38' 34" lat. N. et 44° 21' 34" long. É. Palgrave estimait, en 1862, la population à 40,000 hab. La ville est presque carrée, entourée de bosquets de palmiers et de jardins bien irrigués. Les murailles, massives et solides, sont défendues par un fossé profond et par un parapet. Riyad est le plus grand centre du wahabitisme. Elle est la capitale du Nedjed depuis 1818.

* **RIZ** s. m. [ri] (gr. *oruza*; lat. *oryza*). Bot. Genre de graminées, type de la petite tribu des oryzées, comprenant quatre espèces de plantes, dont la principale, nommée *riz commun* (oryza sativa), cultivée dans les terres humides et marécageuses des pays chauds, produit un grain farineux qu'on appelle également *riz*, qu'on mange en substance ou en farine avec différents apprêts : *semer du riz.* — FAIRE DU RIZ, faire cuire du riz. — ENCYCL. Le riz commun est une céréale qui atteint de 2 à 4 pieds, à feuilles linéaires lancéolées, à la surface supérieure rugueuse; fleurs en panicules. On le cultive depuis les temps les plus reculés dans l'Inde, où il croît spontanément, soit sur le bord des rivières. On est très incertain sur son pays d'origine. Soit à l'état sauvage, soit à l'état cultivé, le riz présente de nombreuses variétés, différant

pour la grosseur, la forme et la couleur des grains. Le riz ordinaire exige une abondante irrigation ; mais dans les parties montagneuses de l'Inde, dans la Chine septentrionale et au Japon, il y a une variété, ou espèce, communément cultivée, qui n'a que 3 pieds de haut et qui croît comme le grain ordinaire. Dans certaines parties de l'Inde, particulièrement le long de la côte d'Orissa, le riz est non seulement le produit principal, mais encore le seul objet de culture. En Chine et dans les îles de l'Archipel oriental, c'est la principale nourriture de la population. On le cultive beaucoup dans certaines contrées de l'Afrique, dans l'Europe méridionale et dans les régions chaudes de l'Amérique du Nord et du Sud. Les meilleures terres à riz sont sur les bords des rivières ayant un humus profond, formé surtout de matières végétales en décomposition, et situées de manière à être inondées à volonté, au moyen d'écluses, mais à l'abri des inondations naturelles qui pourraient se produire en temps inopportun. — L'analyse donne comme composition moyenne du riz : albuminoïdes, 7,5 ; carbo-hydrates, 76,5 ; eau, 14,6 ; cendre, 0,5. On voit que, comparé au froment, le riz n'a pas autant d'albuminoïdes,

Riz commun (Oryza sativa). Variétés barbue et sans barbes. Fruit et grains séparés et grossis.

c'est-à-dire de principes qui forment la chair ; il est très facilement digestible, et spécialement propre à servir de nourriture dans les climats chauds ; l'absence de gluten le rend impropre à la fabrication du pain. On dit que le riz nouveau donne des indigestions et de la diarrhée, et qu'il ne faut l'employer qu'au bout de six mois après la récolte. La décoction du riz, fermentée et distillée, produit la liqueur spiritueuse appelée *arrack.* On prépare une colle en mêlant la farine de riz à l'eau froide et en faisant bouillir. L'amidon trouvé dans le riz, mais on n'a pas encore trouvé le moyen de l'exploiter avec fruit. La farine de riz porte improprement le nom de *crème de riz.* La paille de la plante sert à fabriquer certains objets, principalement des chapeaux. — Riz indien, aussi appelé riz d'eau, riz du Minnesota, et avoine d'eau (*zizania aquatica*), herbe aquatique annuelle, qui une tige de 3 à 10 pieds de haut, qui croît aux États-Unis sur les bords marécageux des cours d'eau, dont elle forme souvent la seule végétation sur de longues étendues. Ce genre appartient à la même tribu que le riz. Les grains de cette plante fournissent une nourriture abondante aux oiseaux, surtout au gibier d'eau, et l'époque de leur maturité est une époque giboyeuse pour les amateurs, surtout sur la rivière Delaware.

RIZE s. m. Ancienne monnaie de compte dans les États du Grand Seigneur : *le rize est de quinze mille ducats.*

* **RIZIÈRE** s. f. Terre dans laquelle on cultive du riz : *tout ce pays est plein de rizières.*

RIZ-PAIN-SEL s. m. Armée. Sous-officier chargé de la distribution des vivres. — Econome dans un collège.

RIZZIO ou Riccio [ri'-dzio; ritt'-chio], favori de Marie Stuart, reine d'Ecosse, né vers 1533, mort le 9 mars 1566. Il était fils d'un pauvre musicien de Turin, et il se rendit en Ecosse avec la suite d'un ambassadeur. Marie le mit parmi ses pages, et, en 1564, elle en fit son secrétaire de langue française. Lors de son mariage avec Darnley, il fut nommé gardien du trésor privé. Son rapide avancement, son arrogance, son avidité et sa basse naissance excitèrent l'envie et la colère des nobles, qui éveillèrent la jalousie de Darnley en l'accusant de commerce coupable avec la reine. Un complot se forma, et Rizzio fut poignardé pendant qu'il soupait avec Marie; on traîna son corps dans l'antichambre, où il reçut plus de 50 blessures.

ROANNAIS, AISE s. et adj. De Roanne; qui appartient à cette ville ou à ses habitants.

ROANNE, Rodumna, ch.-l. d'arr., à 80 kil. N.-N.-O. de Saint-Etienne (Loire), sur la rive gauche de la Loire, à l'endroit où elle devient navigable et au point de départ du canal de Roanne à Digoin; par 46° 2' 36" lat. N. et 4° 44' 8" long. E.; 25,000 hab. Filatures de cotons, calicots, mousselines, indiennes; faïences, quincaillerie. — Roanne devint ch.-l. d'un duché en 1556. Son importance commerciale ne date que de la fin du siècle dernier. Sources minérales. Roanne est le grand entrepôt des houilles du bassin de la Loire.

* ROB s. m. [robb] (mot esp. venu de l'arabe *arrobe*). Pharm. Suc dépuré des fruits cuits en consistance de miel ou de sirop très épais : *rob de mûres, de noix,* etc.

* ROB ou Robre s. m. (angl. *rubber,* partie liée). Jeu de whist, formé par corruption de l'anglais *rubbers,* qui signifie, partie double, ou parties liées: *le rob se compose de trois parties; le joueur qui en gagne deux, gagne le rob. Nous avons fait deux, trois robs.*

" ROBE s. f. Sorte de vêtement long, ayant des manches, qui est différent selon les personnes qui le portent : *robe d'enfant.* — ARRÊTS RENDUS EN ROBES ROUGES, arrêts solennels que rendent les juges étant en robes rouges. — RENDRE VISITE EN ROBE DÉTROUSSÉE, rendre visite en grande cérémonie. — Se dit de la queue d'une robe de femme : *cette petite bourgeoise se faisait porter la robe.* — ROBE DE CHAMBRE, robe que les hommes portent dans la chambre : *il était en robe de chambre et en pantoufles.* — Habit long des anciens Romains : *César, lorsqu'il fut assassiné, se couvrit le visage d'un pan de sa robe.* LA ROBE PRÉTEXTE. Les antiquaires ne font guère usage de ce mot, et disent, TOGE ou TUNIQUE, selon le vêtement qu'ils veulent désigner. — Particul. Profession des gens de judicature : *les gens de robe.* — Les gens de judicature : *les prétentions de la robe.* LA HAUTE ROBE, se disait autrefois des premiers magistrats; et L'ANCIENNE ROBE, des familles anciennes de la robe. — JUGE DE ROBE COURTE, se disait des prévôts, des maréchaux, de leurs lieutenants, et de quelques autres officiers non gradués, qui jugeaient l'épée au côté : *il était lieutenant criminel de robe courte.* — JÉSUITE DE ROBE COURTE, séculier que l'on suppose affilié à la société de Jésus; celui qui, sans être affilié à cet ordre est censé embrasser les opinions, les maximes que l'on attribue aux jésuites. — Profession des ecclésiastiques, des religieux; mais alors il est toujours précédé d'un adjectif possessif: *c'est un prêtre, un religieux; qui oseroit croire qu'un homme de sa robe feroit une pareille action.* — Enveloppe de certains légumes ou de certains fruits : *la robe d'une fève.* — Poil

de quelques animaux, par rapport à sa couleur. — ROBES DU CHEVAL : 1° *poils simples* : blanc, noir, bai, alezan, rubican, zain ; 2° *poils composés* : gris (pommelé, moucheté, tigré, tisonné, truité, tourdille, souris, étourneau, porcelaine); rouan (ordinaire, clair, foncé, vineux, cap-de-more); aubère {fleur de pêcher, isabelle, zébré, soupe au lait, pie}; 3° *marques* : étoile ou pelote (chanfrein blanc, tache herminée), balzane, épi, coup de lance et ladre. (Voy. ces différents mots.)

ROBER v. a. Dépouiller de sa robe, de son écorce, de son poil.

ROBERT (Saint), abbé de Molêmes, fondateur de l'ordre de Cîteaux (1024-1110). Fête le 29 avril.

ROBERT, dit LE FORT, regardé comme la tige des Capétiens : il descendait du Saxon Witikind ou, selon d'autres, de Childebrand, frère de Charles Martel. Nommé par Charles le Chauve gouverneur du duché de Paris (864), il prit part à la guerre contre les Normands et fut tué devant Brissarthe (Anjou), en 866. Son fils aîné, Eudes, fut roi de France avec Charles le Simple.

ROBERT, nom de deux rois de France. — I, fils de Robert le Fort ; fut élu roi à Soissons par quelques seigneurs révoltés contre Charles le Simple, mais périt dans une bataille que lui livra le prince. Il est l'aïeul de Hugues Capet. — II. (Le Pieux), né à Orléans vers 970, nommé roi en 996, mort en 1031. Fils de Hugues Capet, il fut associé de bonne heure à la couronne. Le pape Grégoire V l'excommunia en 998 pour avoir épousé Berthe de Bourgogne, sa cousine. Abandonné de tout le monde, il fit sa soumission (1000), répudia Berthe et épousa Constance, fille du comte de Toulouse. Ce prince a composé un certain nombre d'hymnes religieuses.

ROBERT, nom de deux ducs de Normandie. — I. (Le Diable ou LE MAGNIFIQUE), 6° duc de Normandie, mort à Nicée en 1035, et père de Guillaume le Conquérant, qu'il eut d'une jeune fille de Falaise nommée Arlette. La légende raconte qu'un jour, à son retour de la chasse, il la rencontra près d'un ruisseau, lavant du linge avec ses compagnes: Sa beauté frappa le duc, qui, souhaitant de l'avoir pour maîtresse, envoya, dit Benoit de Sainte-Maure, l'un de ses plus discrets chevaliers faire des propositions à la famille. Le père reçut d'abord dédaigneusement de pareilles offres; mais, par réflexion, il alla consulter un de ses frères, ermite à la forêt voisine, homme de grande réputation religieuse; et l'homme de Dieu fut d'avis qu'on devait faire, en toutes choses, la volonté de l'homme puissant. La chose fut accordée, dit le vieux poète, et la jeune fille fut portée dans le lit du duc. Son amant couronné l'aima avec passion, et fit élever son enfant avec autant de sollicitude que s'il eût été le fils d'une épouse légitime. — Robert le Diable, opéra en 5 actes, représenté à Paris (Opéra), le 21 nov. 1831 ; musique de Meyerbeer, livret de Scribe et C. Delavigne, qui trouvèrent leur sujet dans une légende du moyen âge. Cette pièce, souvent reprise, a toujours obtenu du succès. — II. (Courte-Heuse), fils aîné de Guillaume le Conquérant. Il se révolta contre son père pour le contraindre à lui abandonner la Normandie, disputa la couronne d'Angleterre à son frère Guillaume le Roux, mais se vit bientôt refuserent de le seconder. Ayant pris part à la première croisade, il se couvrit de gloire à Antioche et à Jérusalem. A son retour, il tenta de s'emparer de la couronne anglaise laissée vacante par la mort de son frère, Guillaume le Roux; mais, attaqué par son autre frère Henri Beauclerc, il fut battu et pris à Tinchebray (1106) et enfermé au château de Cardiff, où il mourut en 1136.

ROBERT GUISCARD. Voy. GUISCARD.

ROBERT Ier, roi d'Ecosse. Voy. BRUCE.

ROBERT (Antoinette-Henriette-Clémence), romancière française, née à Mâcon le 6 déc. 1797, morte en 1872. Elle a publié un assez grand nombre de poésies, de feuilletons et de romans dont les plus populaires furent les *Quatre Sergents de la Rochelle, Mandrin* et le *Tribunal secret.*

ROBERT (Hubert), peintre graveur, né à Paris en 1733, mort dans la même ville le 15 avril 1808. Il passa 12 ans en Italie, fut reçu à l'Académie de peinture en 1767, devint garde des tableaux du roi et fut incarcéré pendant la Terreur. Il devint, en 1801, conservateur du musée du Louvre. On a de lui : *Vue du pont du Gard,* les *Catacombes de Rome,* etc.

ROBERT (Louis-Léopold), peintre suisse, né en 1794, mort en 1835. Il étudia sous David et Gérard, à Paris, vécut en Italie, et se tua à Venise par désespoir d'amour. Ses chefs-d'œuvre sont : les *Moissonneurs,* l'*Improvisateur napolitain,* la *Madonna dell' Arco,* et les *Pêcheurs de l'Adriatique,* etc.

ROBERT (Pierre-François-Joseph), conventionnel, né à Gimnée, près de Givet, en 1763, mort à Bruxelles en 1826. Danton le recommanda aux électeurs de Paris qui l'envoyèrent à la Convention. Robert vota la mort du roi sans appel ni sursis, et s'associa à tous les actes de la Montagne. On l'avait surnommé *Robert Rhum* parce qu'il se livrait au commerce des denrées coloniales.

ROBERT-MACAIRE, type de la friponnerie adroite et audacieuse, créé par Frédéric Lemaître dans l'*Auberge des Adrets.* (Voy. AUBERGE).

ROBERTSON (Thomas-William) [rob'-eurtt-sonn], auteur dramatique anglais, né en 1829, mort en 1871. Son premier drame original, *A Night's Adventure,* fut représenté en 1851. Son *David Garrick,* imité du français, fit sensation en 1864. On cite encore de lui : *Society* (1865), pièce à laquelle il dut sa célébrité, *Ours, Caste, Play, School, M. P.* (abréviation pour *Member of Parliament,* membre du parlement), et *War.*

ROBERTSON (William), historien écossais, né en 1721, mort en 1793. En 1762, il fut nommé principal de l'Université d'Edimburg, et en 1764 historiographe d'Ecosse. Ses ouvrages rivalisent avec ceux de Hume et de Gibbon pour le style et le libéralisme des sentiments, et les surpassent en impartialité. En voici les titres: *History of Scotland during the Reigns of Mary and James VI* (1759, 2 vol. in-4°) ; *History of the Reign of the Emperor Charles V* (1769, 3 vol. in-4°); *History of America* (1777, 2 vol. 4°) et *An Historical Disquisition concerning the Knowledge which the Ancients had of India* (1791). Dugald Stewart et lord Brougham ont écrit sa vie.

ROBEWAL (Gilles-Personne ou PERSONNIER DE), mathématicien français, né à Roberval (Beauvais), en 1602, mort à Paris en 1675. Il était professeur de philosophie et de mathématiques à Paris. De bonne heure il découvrit une méthode analogue à la « méthode des indivisibles », mais il la garda pour lui afin de pouvoir résoudre les problèmes mieux que ses rivaux, et il perdit ainsi l'honneur de l'avoir trouvée le premier. Torricelli a donné le nom de lignes de Roberval à des courbes à branches infinies qui admettent une expression pour l'aire comprise entre elles. Roberval a découvert les règles pour trouver le volume des solides formés par la révolution d'un cycloïde autour de sa base et de son axe. — Balance de Roberval, inventée en 1670 et employée dans le commerce de détail. Les bassins, au lieu d'être suspendus au-dessous du fléau, comme dans la balance or-

dinaire, sont portés au-dessus par des tiges de fer qui descendent verticalement dans le pied de l'appareil. Les extrémités inférieures des tiges sont retenues par un second fléau parallèle au premier, situé au-dessous de lui et caché dans le pied. Cet appareil, souvent peu sensible, devient quelquefois infidèle quand les poids ne sont pas placés exactement au centre des plateaux.

ROBESPIERRE 1. (Maximilien-Marie-Isidore de), révolutionnaire français, né à Arras le 6 mai 1758, mort le 28 juillet 1794. Il se distingua comme élève au lycée Louis-le-Grand, où il eut pour camarades Danton et Desmoulins, et il devint avocat à Arras, où il défendit, en 1783, l'introduction du paratonnerre de Franklin contre l'accusation d'impiété. Tout imprégné des théories de Rousseau, il épousa peu à peu la cause du peuple. A la convocation des états généraux en 1789, il fut élu député du tiers état. Dans l'Assemblée constituante, il s'opposa énergiquement au veto suspensif du roi et défendit plusieurs mesures libérales. Après l'adoption de la déclaration des Droits de l'homme, il rappela constamment l'Assemblée aux principes qui s'y trouvent formulés. Le 19 juin 1790, il fut élu l'un de ses secrétaires. Il n'avait d'autres ressources que son indemnité de député, 18 francs par jour, dont il envoyait le quart à sa sœur; il était pauvrement logé et chichement vêtu. Son aspect ne prévenait pas en sa faveur, et sa voix était criarde et monotone. Studieux et sobre, il ne manquait pas une séance du club des Jacobins et de l'Assemblée. Mirabeau mort (1791), il devint plus en vue. De juin 1791, à avril 1792, il remplit les fonctions d'accusateur public. Entre autres mesures radicales, il demanda l'abolition de la peine capitale et réclama les droits politiques pour les noirs des colonies. Il fut, le 14 et le 17 juillet 1794 un des chefs de l'émeute, dont le but était de forcer l'Assemblée à accepter l'abdication du roi, et il y montra de la couardise. Néanmoins, lorsque l'Assemblée constituante se sépara, le 30 sept. 1791, le peuple l'acclama avec enthousiasme. Plus tard, il fut le seul à s'opposer aux réquisitions pour préparatifs de guerre. Il ne tarda pas à devenir membre de la municipalité nouvelle et il provoqua l'établissement, pour le jugement sommaire des ennemis de la liberté, d'un tribunal qui fut le germe du tribunal révolutionnaire. Il reprocha à Danton les épouvantables massacres dans les prisons du 2 au 5 sept. 1792, et cessa de paraître à la Commune; mais Paris l'envoya à la Convention. Tous les vendredis il publiait une feuille intitulée *Lettres de Maximilien Robespierre à ses commettants*. Il fut à la tête des jacobins pour condamner le roi et demander sa mort; après quoi, il proposa le décret établissant le comité de Salut public, investi de pouvoirs exécutifs supérieurs à ceux de la Convention. Comme membre de ce comité, il institua le règne de la Terreur, bien qu'Hébert et ses partisans l'accusèrent de modération parce qu'il aspirait au règne de la paix et de la justice. Il sacrifia Hébert et d'autres « impurs » pour se rendre maître de la Commune, et Danton pour se rendre maître de la Convention; aux jacobins, son influence dominait, incontestée. Charlotte Corday le délivra de son rival Marat. Bien qu'il formât, avec Saint-Just et Couthon, une sorte de triumvirat, tous les yeux étaient alors fixés sur lui. Il signala son autorité prépondérante en organisant la fête de l'Etre suprême le 8 juin 1794. Le 10 juin, il fit proposer par Couthon la réorganisation du tribunal révolutionnaire, pour se débarrasser des « grands coupables » dans la Convention. Cette assemblée s'alarma dès lors pour sa sûreté, et Robespierre, ne pouvant soumettre les comités à son contrôle, se retira et chercha à les renverser. Dans la Convention, le 26 juillet, il

demanda si, durant son absence, les factions avaient été moins audacieuses, et le pays plus heureux. Il s'en suivit un tumulte et, sous l'influence de Tallien et de ses amis, la Convention refusa d'ordonner l'impression de son discours. Les jacobins le sollicitèrent vainement de se mettre à la tête d'une insurrection, et le 27 juillet (9 thermidor), il reparut à la Convention qui le décréta d'arrestation, avec son frère Augustin, Couthon, Lebas et Saint-Just. La Commune le délivra aussitôt; mais les troupes de la Convention le poursuivirent à l'hôtel de ville; il fut saisi et blessé à la figure d'un coup de pistolet, que lui tira un gendarme nommé Merda. Son procès fut mené rapidement et, dans la soirée du 28, il fut guillotiné ainsi que ses plus dévoués partisans. Voy. *La Révolution de thermidor, Robespierre devant le Comité de Salut public de l'an II*, d'après des documents inédits, par Ch. d'Héricourt (1876, 2ᵉ édit. 1877). Voy. aussi *Histoire de Robespierre* (Paris, Lacroix, 1865-'67, 3 vol. in-8º). Les Œuvres choisies de Robespierre ont été publiées en 1842 (4 vol. in-8º). — (Augustin-Bon-Joseph), frère du précédent, né à Arras en 1764, mort en 1794. L'influence de son frère le fit nommer membre de la Convention, il remplit quelques missions dans les départements et fut nommé commissaire à l'armée d'Italie. Il revint partager le sort de son frère et périt sur l'échafaud le 10 thermidor.

* **ROBIN** s. m. (rad. *robe*). Terme de mépris, de dénigrement ou de plaisanterie, dont on se servait en parlant des gens de robe : *elle avait épousé un gros robin*.

* **ROBIN** s. m. Nom propre employé dans quelques phrases proverbiales et figurées. — TOUJOURS SOUVIENT A ROBIN DE SES FLUTES, on se rappelle volontiers les goûts, les penchants de sa jeunesse; on revient facilement à d'anciennes habitudes. — C'EST UN PLAISANT ROBIN, c'est un homme sans considération, un homme dont on fait peu de cas.

ROBIN DES BOIS, opéra en 3 actes, représenté à l'Odéon le 7 déc. 1824; paroles de Castil Blaze et de Sauvage; musique de Weber. (Voy. BLAZE.)

ROBIN HOOD. Voy. HOOD.

ROBINE s. f. Femme ou fille d'un robin, d'un homme de robe.

* **ROBINET** s. m. Pièce d'un tuyau de fontaine, qui sert à retenir l'eau, et à la faire couler quand on veut : *robinet de cuivre*. — ROBINET DE DEUX POUCES, DE TROIS POUCES, robinet par où passent deux pouces, trois pouces d'eau. ROBINET DE DEMI-PIED, robinet par où il passe un demi-pied d'eau. — Tout tuyau qui sert à donner et à retenir la liqueur contenue dans un vase ou ailleurs : *le robinet d'un tonneau, d'une fontaine de cuisine, d'une cuve*, etc. — LE ROBINET D'UNE MACHINE PNEUMATIQUE, ce qui sert à retenir l'air contenu dans la machine, et à l'en faire sortir. — Se dit quelquefois de la seule clef d'un robinet : *tourner le robinet*. — QUAND UNE FOIS LE ROBINET EST LACHÉ, IL A DE LA PEINE A FINIR, se dit d'un grand parleur qui ne sait pas s'arrêter. — C'EST UN ROBINET D'EAU TIÈDE, se dit d'un homme qui parle longuement et ne dit que des choses communes, d'un écrivain qui a de la facilité à produire des ouvrages médiocres.

ROBINETIER s. m. Fabricants de robinets.

ROBINETTERIE s. f. Techn. Fabrication des robinets.

* **ROBINIER** s. m. Bot. Genre de légumineuses, qui comprend des arbres et des arbrisseaux, originaires de l'Asie et de l'Afrique septentrionale, parmi lesquels on remarque particul. l'*acacia blanc* ou *faux acacia* (robinia pseudo-acacia), aujourd'hui si commun dans

nos contrées où on l'appelle improprement *acacia*. — C'est un grand et bel arbre, originaire de Virginie et introduit chez nous vers l'an 1600 par Jean Robin, savant botaniste, garde du jardin du roi. On le trouve aujourd'hui partout; c'est l'un de nos plus beaux arbres d'ornement; il atteint jusqu'à 25 ou 30 m. de haut. Il croît avec rapidité, bien que son bois soit dur, compact et résistant. Ses fleurs blanches, d'une odeur agréable, forment des grappes qui donnent à l'arbre un aspect charmant; son feuillage est élégant. Il existe plusieurs variétés dont une sans épines (*robinia inermis*). Le *robinier pyramidal* a les rameaux redressés comme le peuplier d'Italie. Le *robinier hispide* (*robinia hispida*), vulgairement appelé *acacia rose*, est le plus petit; ses fleurs, grandes, d'un beau rose, produisent le plus bel effet.

ROBINSON s. m. (de *Robinson Crusoé*). Grand parapluie.

ROBINSON, hameau du cant. et à 2 kil. de Sceaux (Seine), dans un site plein de fraîcheur, au pied de hauteurs boisées; très fréquenté par les promeneurs parisiens.

ROBINSON CRUSOÉ, célèbre roman de Daniel de Foë. (Voy. DE FOE.) — Le Robinson suisse, roman dédié aux enfants par Rodolphe Wyss (Zurich, 1812), traduit en français par Mᵐᵉ de Montolieu (Paris, 1813, 2 vol. in-12) et très souvent réimprimé.

ROBIQUET (Pierre-Jean), chimiste, né à Rennes en 1780, mort à Paris en 1840. Il a contribué aux découvertes les plus utiles de la chimie organique; et fut admis à l'Académie des sciences en 1833. On a de lui : *Annales de chimie et de physique*.

ROBISON [rob'-i-sonn], physicien écossais, né en 1739, mort en 1805. De 1774 à sa mort, il fut professeur de physique à l'université d'Edimbourg. On a publié ses œuvres sous le titre de *A System of Mechanical Philosophy*, avec des notes par David Brewster (1822, 4 vol.)

ROBOAM, roi de Juda, fils et successeur de Salomon. Ce fut sous son règne qu'eut lieu le schisme des 10 tribus. (Voy. JUIFS.)

ROBORANT, ANTE adj. (lat. *roborans*; part. prés. de *roborare*, fortifier). Qui fortifie.

* **ROBORATIF, IVE** adj. Méd. Qui fortifie : *remède roboratif; propriété roborative*. (Peu us.) On dit, CORROBORANT.

* **ROBRE** s. m. Jeu. Voy. ROB.

ROB ROY [rob-roi] (littéralement, Robert le Rouge), bandit écossais mis hors la loi (*outlaw*), né vers 1660, mort vers 1738. Son nom était Robert Macgregor; après la mise hors la loi du clan Macgregor en 1693, il le changea pour celui de sa mère, Campbell.

Loch Lomond.

Avant la rébellion de 1715, il était marchand de bestiaux; mais ayant pris parti pour le prétendant, il vit confisquer ses biens et

pendant plusieurs années il continua à rançonner ses ennemis. Le pays montagneux
situé entre Loch Lomond et Loch Katrine est
associé à l'histoire de ce célèbre proscrit, dont
Walter Scott a raconté les exploits légendaires.

* **ROBUSTE** adj. (lat. *robustus; de robur,
force*). Fort, vigoureux. Se dit principalement des personnes : *c'est un homme robuste.*
— Se dit quelquefois des animaux et même
des végétaux : *ce cheval est peu robuste.* —
AVOIR UNE FOI ROBUSTE, avoir une foi ferme,
inébranlable. Cette phrase s'emploie plus
souvent par plaisanterie, et signifie alors,
avoir trop de crédulité.

* **ROBUSTEMENT** adv. D'une manière robuste. (Peu us.)

* **ROC** s. m. [rok] (mot celt.) Masse de pierre
très dure, qui tient à la terre : *ce roc est fort
dur.* — Nom qu'on donnait autrefois à la
pièce du jeu des échecs, appelée aujourd'hui
TOUR.

ROCA (Cap), *Magnum Promontorium*, cap de
Portugal, le plus occidental de l'Europe, au
N.-O. de Lisbonne. Il forme l'extrémité des
monts Cintra.

* **ROCAILLAGE** s. m. [*ll* mll.]. Travail qui
donne à une construction une apparence
rocailleuse.

* **ROCAILLE** s. f. Décoration, ouvrage fait
avec des coquillages et des pierres irrégulières et brutes ou des cailloux incrustés :
des grottes de rocaille. — Genre de petits
meubles à la mode sous Louis XV, dont l'extérieur imite des grottes, des rochers, des
amas de coquillages : *une pendule de rocaille.*
— Adjectiv. *Le style rocaille.*

* **ROCAILLEUR** s. m. Celui qui travaille en
rocaille.

* **ROCAILLEUX, EUSE.** adj. Plein de petits
cailloux : *un chemin rocailleux.* — Fig. UN
STYLE ROCAILLEUX, un style dur, désagréable
à l'oreille.

ROCAMADOUR, comm. du cant. de Gramat,
arr. et à 25 kil. N.-E. de Gourdon (Lot),
sur l'Alzon, 2,000 hab. Au sommet d'un rocher qui domine cette petite ville, se trouve
un oratoire formé de deux chapelles superposées, dédiées l'une à la Vierge, l'autre à
saint Amadour; on y accède par un escalier
de 200 marches taillé dans le granit. On y
conserve une épée qu'on dit être la *Durandal*
du paladin Roland. C'est encore un lieu de
pèlerinage fréquenté.

* **ROCAMBOLE** s. f. Espèce d'ail moins fort
que l'ail ordinaire, et qu'on appelle aussi
ÉCHALOTE D'ESPAGNE : *mettre de la rocambole,
un peu de rocambole dans un ragoût.* — Ce
qu'il y a de plus piquant dans quelque chose :
la rocambole de la galanterie. — Lieu commun
facétieux, mauvaise plaisanterie.

ROCANTIN s. m. Littér. Nom que l'on
donnait autrefois à des chansons composées
de fragments d'autres chansons.

ROCCA (Angiolo), savant italien, né en 1645,
mort en 1720; il fut préposé par Sixte-Quint
à la surveillance de l'imprimerie du Vatican.
Il a fondé à Rome la bibliothèque dite *Angélique*, et a laissé, en latin, une description
de la *Bibliothèque du Vatican* (Rome, 1591,
in-4°).

ROCCELLE s. f. [rok-sè-le] (dimin. de l'ital.
rocca, rocher). Bot. (Voy. ORSEILLE.)

ROCH (Saint) [rok], né à Montpellier en
1205, mort dans la même ville en 1327. Il se
distingua par sa charité dans la peste qui
désola l'Italie en 1315. On l'invoque spécialement contre ce fléau. Fête le 16 août. On
le représente toujours accompagné d'un
chien. — Le nom de ce saint entre dans
quelques locutions : BÉNÉDICTIONS DE SAINT

ROCH, malédictions.—SAINT ROCH ET SON CHIEN,
deux personnes inséparables.

ROCHAGE s. m. Phénomène par lequel
l'argent en fusion, au moment de se solidifier,
est quelquefois en partie projeté et se couvre
d'excroissances irrégulières.

ROCHAMBEAU, château de la commune de
Thoré (Loir-et-Cher), sur la rive gauche du
Loir.

ROCHAMBEAU. I. (Jean-Baptiste-Donatien
DE VIMEUR, *comte de*), homme de guerre
français, né à Vendôme, le 1er juillet 1725,
mort le 10 mai 1807. Il entra dans l'armée
en 1742, devint lieutenant général, et reçut,
en 1780, le commandement de l'armée envoyée en Amérique. En 1781, il coopéra
activement avec Washington aux opérations
qui amenèrent la capitulation de Cornwallis.
Revenu en France en 1783, il fut fait gouverneur de la Picardie et de l'Artois, et en 1791
maréchal. Emprisonné pendant la Terreur,
il n'échappa à la guillotine que grâce à la
mort de Robespierre. Il a laissé des *Mémoires* (1809, 2 vol.). — II. (Donatien-Marie-
Joseph DE VIMEUR, *vicomte de*), son fils, né au
château de Rochambeau en 1750, mort le
18 oct. 1813. Général en 1792, il combattit
les Nègres à Saint-Dominique, et en 1793,
battit à la Martinique les royalistes français
et les Anglais leurs alliés; mais ceux-ci ayant
reçu des renforts, il fut obligé de se rendre,
le 22 mars 1794. En 1796 il fut nommé gouverneur général de Saint-Domingue; mais,
à la suite d'un conflit local, il fut reconduit
prisonnier en France. Revenu avec Leclerc,
il contribua à la défaite de Toussaint-L'Ouverture, et, à la mort de Leclerc, il lui succéda comme gouverneur (2 nov. 1802); mais
il fut écrasé par des forces supérieures, et,
comme il revenait en France, les Anglais le
prirent et le gardèrent jusqu'en 1811. Il fut
tué à Leipzig.

ROCHDALE [rotch'-dèle], ville du Lancashire (Angleterre), sur le Roch, à 15 kil.
N.-N.-E. de Manchester ; 68,000 hab. L'église
paroissiale date du XIIe siècle. Grandes fabriques de flanelle, de serge, de couvertures
et de gros draps; filatures de coton, calicots
imprimés, chapellerie, machines, fonderies
de cuivre et de fer. C'est à Rochdale qu'existe
la société coopérative la plus prospère d'Angleterre, sous le nom d'*Equitable Pioneers'
Society*; elle a été fondée en 1844.

* **ROCHE** s. f. (rad. *roc*). Il a la même signification que *roc*, avec cette différence que
la roche entre moins avant dans la terre, et
qu'il est quelquefois isolé : *ce pays est tout
couvert de roches.* — Minéral. Se dit des
substances minérales considérées en masse :
le granit est une roche composée. — CRISTAL DE
ROCHE, pierre transparente qui est une cristallisation du quartz ou de la terre siliceuse
pure. — Carrier et maçon, PIERRE DE ROCHE,
ou simplement, ROCHE, pierre la plus dure
d'une carrière : *on emploie la roche, la pierre
de roche dans les fondations.* — UN CŒUR DE
ROCHE, un cœur dur, insensible. — ROCHE
D'ÉMERAUDES, ROCHE DE TOPAZES, etc., roche
contenant des émeraudes, des topazes, etc.
— TURQUOISES DE LA VIEILLE ROCHE, turquoises
tirées d'une mine ancienne. — UN HOMME DE
LA VIEILLE ROCHE, c'est un homme d'une
probité reconnue. — Fig. au mot NOBLESSE DE
LA VIEILLE ROCHE, DE VIEILLE ROCHE, noblesse
ancienne; et, AMIS DE LA VIEILLE ROCHE, amis
sûrs, éprouvés. — LA ROCHE TARPÉIENNE, lieu
élevé de l'ancienne Rome d'où l'on précipi-
tait certains criminels. — Fig. LA ROCHE TAR-
PÉIENNE EST PRÈS DU CAPITOLE, se dit pour dire
à entendre qu'il n'y a souvent pas loin
du jour du triomphe à celui de la chute. —
Géol. On donne le nom de roches aux masses
minérales solides qui constituent la croûte
de la terre, qu'elles se composent de pierre

dure ou de couches sablonneuses, glaiseuses
ou autres. L'étude et la classification des
roches s'appelle lithologie. On peut les considérer géologiquement et minéralogique-
ment. La minéralogie est l'histoire naturelle
des corps qui n'appartiennent pas aux règnes
organiques de la nature. En géologie, l'on
considère les roches, d'abord quant à leur
structure et à leur mode de disposition dans
la croûte terrestre, si elles sont stratifiées ou
non, si elles se présentent en couches, en
veines, ou en masses isolées; ensuite quant à
leur origine et à leur mode de formation.
(Voy. GÉOLOGIE.)

ROCHECHOUART, *Rupes Cavardi*, ch.-l.
d'arr. à 42 kil. O. de Limoges (Haute-Vienne),
sur le penchant d'un rocher que baigne la
Graine, par 45° 27' 27'' lat. N. et 1° 30' 59''
long. O.; 2,000 hab. Poteries, porcelaines
et papier paille. Ancien prieuré célèbre, érigé
en duché-pairie au 1650. Château (mon. hist.
du XVe siècle) qui a donné son nom à une
famille issue des comtes de Limoges et qui
devint la propriété de Mme de Pompadour.

ROCHECHOUART-MORTEMART (Marie-Ma-
deleine-Gabrielle-Adélaïde de), née à Paris
en 1645, morte en 1704. Elle était fille du
duc Gabriel de Mortemart et sœur de MMmes de
Montespan et de Thianges; elle fut nommée
abbesse de Fontevrault en 1670. Elle traduisit avec Racine le *Banquet* de Platon.

ROCHEFORT. I, ch.-l. de cant., arr. à
28 kil. O.-S.-O. de Clermont-Ferrand (Puy-
de-Dôme), sur la Sioule; 800 hab. Ruines
d'un château des comtes d'Auvergne. — II.
ch.-l. de cant., arr. et à 7 kil. N.-E. de Dôle
(Jura); 600 hab.

ROCHEFORT-EN-TERRE, ch.-l. de cant.,
arr. et à 34 kil. E. de Vannes (Morbihan);
800 hab.

ROCHEFORT-SUR-MER, *Rupefortium*, ch.-l.
d'arr., à 35 kil. S.-E. de la Rochelle (Charente-Inférieure), sur une colline qui domine
la rive droite de la Charente et à 8 kil. de
l'embouchure de ce fleuve; par 45° 56' 37'' lat.
N. et 3° 18' 4'' long. O.; 29,000 hab. Place de
guerre et ch.-l. du 4er arr. maritime. Arsenal;
place Colbert; port marchand nommé *Cabane
carrée*. Hôpital de la marine (800 lits); église
Saint-Louis (style grec); tour des signaux (ancien clocher). Mouvement du port : 2,700 navires; 150,000 tonneaux. Patrie de La Galissonnière, de Latouche-Tréville, d'Audebert et
de Lesson. — Rochefort ne fut d'abord qu'un
village de pêcheurs. Colbert en déposséda le
seigneur de Rochefort et y fonda une place
maritime devenue indispensable sur la côte
occidentale de France. La direction des travaux fut confiée au chevalier Clerville qui y
vint en 1666. La nouvelle ville fut percée de
rues qui se coupent à angle droit et rayonnent vers la place d'armes, où s'élève une
fontaine monumentale. Dix ans plus tard, la
ville comptait 20,000 hab. Le port est accessible aux navires du plus fort tonnage. Les
constructions militaires s'étendent jusqu'à
2 kil. et comprennent un arsenal qui peut
occuper jusqu'à 10,000 ouvriers. La ville fut
entourée de murs par Vauban.

ROCHEFOUCAULD. Voy. LA ROCHEFOUCAULD.

ROCHEJAQUELEIN. Voy. Mme ROCHEJAQUELEIN.

ROCHELLE (La), *Rupella, Santonum portus*,
ville maritime et ch.-l. de la Charente-Inférieure, à 467 kil. S.-O. de Paris,
sur le golfe de Gascogne; par 46° 9' 23'' lat.
N. et 3° 29' 61'' long. O.; 20,000 hab. Cette
ville, ancienne capitale de l'Aunis, se trouve
à une époque assez reculée autour d'un château qui fut détruit par les Normands. Elle
s'agrandit au XIe siècle et eut sa charte communale en 1199. Éléonore de Guyenne la fit
passer par son mariage sous la domination
anglaise. Louis VIII de France s'en empara
en 1224 et elle resta française jusqu'au fatal

traité de Brétigny (1360) ; mais ses magistrats déclarèrent alors qu'ils seraient aux Anglais des lèvres et non de cœur. En 1371, le maire de la ville, Jean Chaudrier, profitant de la sortie d'une partie de la garnison anglaise, se rendit maître de la Rochelle et y appela du Guesclin. Charles V accorda à la ville des privilèges qui lui donnèrent tous les avantages d'une république autonome, privilèges qui furent encore augmentés par les autres rois de France. C'est alors que commence la brillante histoire de cette république de marins qui remplit un rôle important pendant plusieurs siècles et qui s'illustra par la hardiesse de ses navigateurs : ce fut de la Rochelle que partit Jean de Bétencourt, qui conquit une partie des îles Canaries. (Voy. BÉTENCOURT.) La ville accueillit la réforme religieuse ; la reine de Navarre y tint sa cour. Le refus d'exécuter les massacres qui suivirent la Saint-Barthélemy fut considéré par Charles IX comme une révolte ouverte, et une armée commandée par le duc d'Anjou (Henri III) vint assiéger la ville que défendit un vaillant capitaine nommé Lanoue. Après un siège de 8 mois, les troupes royales durent se retirer laissant autour de la ville plus de 20,000 morts, dont 60 officiers généraux. La Rochelle conserva sa quasi-indépendance jusqu'à Richelieu. Louis XIII l'assiégea vainement en 1622, mais le cardinal, ayant résolu d'enlever aux protestants l'appui de cette république maritime, voulut de nouveau l'attaquer (10 août 1627) et dirigea lui-même les travaux. La ville fut entourée d'une tranchée de 12 kil., armée de 11 forts et de 18 redoutes. La mer fut fermée par une digue prodigieuse, longue de 740 toises, large de 12 à la base et de 4 au sommet. De leur côté, les Rochellois se montrèrent dignes de tenir tête à un si redoutable ennemi. Ils élurent pour maire un capitaine de navire nommé Guiton (voy. ce mot) et résistèrent pendant 14 mois et demi. Le 29 oct. 1628, la ville, livrée à toutes les horreurs de la famine et ayant perdu tout espoir de secours extérieur (voy. BUCKINGHAM), dut ouvrir ses portes au roi qui n'y trouva que 150 personnes en état de porter les armes. Elle fut traitée en place conquise et ne se releva jamais complètement de ce désastre. Ses principaux monuments sont l'hôtel de ville (Renaissance); la tour de l'Horloge, remarquable édifice du XVIᵉ siècle ; la tour de Saint-Nicolas, haute de 29 m. et datant de 1384; la tour ronde de la Chaîne (1476); la tour de la Lanterne (mon. hist. du XVᵉ siècle); la lourde cathédrale, de style grec. Patrie de Tallemant des Réaux, de Réaumur, de Billaud-Varennes, de Bonpland, de Dupaty, de l'amiral Duperré et du marquis de Beauharnais. Grand commerce de vins, de farine, de sardines à l'huile, etc. Avant-port protégé par la digue de Richelieu (1,454 m.) et par une jetée de 655 m.; bassin de carénage et nouveau bassin. — Conspiration de la Rochelle, célèbre complot libéral qui éclata en 1822 et qui comptait parmi ses membres 4 sous-officiers du 45ᵉ de ligne : Raoulx, Bories, Goubin et Pommier. Ces jeunes gens furent arrêtés à la Rochelle et traduits devant le jury de la Seine, avec 24 co-accusés. Marchangy demanda leur tête avec acharnement. Parmi leurs défenseurs, on remarquait Barthe, Boulay (de la Meurthe), Plougoulm, Dolangle, Berville, Chaix-d'Est-Ange, Mocquart, etc. Après 15 jours de débats, les quatre sergents de la Rochelle furent condamnés à mort ; sept autres conspirateurs, à la détention, les autres furent acquittés. — Sel de la Rochelle ou SEL DE SEIGNETTE, appelé aussi tartrate de potasse et de soude, ou tartrate sodi-potassique, tartrate double de potassium et de sodium, découvert par Seignette, pharmacien à la Rochelle. C'est l'élément principal des poudres de Seidlitz ou de la Rochelle.

ROCHELLOIS, OISE s. et adj. De la Rochelle ; qui appartient à cette ville ou à ses hab.

ROCHEMAURE, Rupemorus, ch.-l. de cant., arr. et à 22 kil. S.-E. de Privas (Ardèche), sur les flancs d'un rocher escarpé ; 1,100 hab.

* ROCHER s. m. Il a la même signification que Roc et Roche, avec cette différence que le rocher est ordinairement très élevé, très escarpé, et terminé en pointe : un grand rocher. — ROCHER ARTIFICIEL, amas de pierres disposées de manière à imiter un rocher naturel. — PARLER AUX ROCHERS, parler à des gens qui ne sont point touchés de ce qu'on leur dit. — UN CŒUR DE ROCHER, UN ROCHER, un cœur dur, insensible.

ROCHESTER [rotch'-è-steur], ville et port de l'état de New-York, à 12 kil. de l'embouchure du Genesee, et à 330 kil. O.-N.-O. d'Albany ; 81,673 hab. Le Genesee la partage en deux parties à peu près égales, et présente une chute perpendiculaire de 96 pieds vers le centre de la ville, et deux autres de 25 et de 84 pieds, à l'extrémité nord.

ROCHESTER, ville du Kent, en Angleterre, sur le Medway, près de Chatham, à 19 kil. du Nore et à 50 kil. S.-E. de Londres ; 18,352 hab. Le commerce y est considérable, mais l'industrie insignifiante. La cathédrale était, à l'origine, un prieuré fondé vers 604. L'église de Saint-Nicolas date de 1420.

ROCHE-SUR-YON (La), ch.-l. du dép. de la Vendée, à 433 kil. S.-O. de Paris, sur une colline que baigne l'Yon : par 46° 40' 17" lat. N. et 3° 45' 46" long. O. ; 8,900 hab. Ancienne seigneurie qui eut le titre de principauté au XVᵉ siècle et qui appartint successivement aux seigneurs de Bourbon, d'Orléans et de Conti. La ville fut détruite en 1793, pendant les guerres de Vendée. Dix ans plus tard, Napoléon, désireux de placer le ch.-l. du dép. au centre du Bocage, choisit cet emplacement, le nomma Napoléon-Vendée, et consacra 3 millions de francs à l'érection de monuments publics. Sous la Restauration, la ville prit le nom de Bourbon-Vendée. Napoléon III lui rendit son appellation primitive ; depuis la chute de ce souverain, elle est redevenue la Roche-sur-Yon.

* ROCHET s. m. Sorte de surplis à manches étroites, que portent les évêques et plusieurs autres ecclésiastiques : les évêques prêchent en rochet et en camail. — Mécan. ROUE À ROCHET, roue dentée dont les dents sont recourbées.

ROCHETTE (Désiré-Raoul), appelé RAOUL-ROCHETTE, archéologue français, né à Saint-Amand (Cher), vers 1790, mort en 1854. En 1826, il succéda à Quatremère de Quincy dans la chaire d'archéologie. On remarque parmi ses nombreux ouvrages l'Histoire critique de l'établissement des colonies grecques (1815, 4 vol. in-8°).

* ROCHEUX, EUSE adj. Géol. Qui est couvert de rochers. N'est guère usité que dans cette expression, MONTAGNES ROCHEUSES, nom général et mal défini donné à une longue suite de chaînes de montagnes de l'Amérique du Nord, à l'O. du Mississipi. Ces montagnes forment un massif de 1,600 kil., ou davantage, à l'E. des États-Unis, le long de la côte du Pacifique, et se prolongent au S., jusqu'à l'isthme de Darien, et au N. jusqu'à l'océan Arctique. La chaîne des Andes, dans l'Amérique du Sud, est une extension du même groupe. — Les chaînes de la Cascade, de la Côte, de la Sierra Nevada, qui font face à l'océan Pacifique, forment une division à part que certains géographes appellent aujourd'hui les Cordillères.

ROCHOIR s. m. Techn. Petite boîte dans laquelle certains ouvriers mettent du borax pour en saupoudrer leur ouvrage.

ROCHON (Alexis-Marie), astronome et navigateur, né à Brest en 1741, mort en 1817. Nommé bibliothécaire de l'académie de marine de Brest en 1765, et astronome de la marine l'année suivante, il alla reconnaître en 1768 les îles et les écueils qui se trouvent entre l'Inde et les îles de France et Bourbon. Il découvrit, en 1777, le micromètre à double image. Il entra à l'Institut en 1795. Il a laissé plusieurs ouvrages.

ROCHON DE CHABANNES (Marc-Antoine-Jacques), auteur dramatique, né à Paris en 1730, mort en 1800. Ses pièces les plus connues sont : la Coupe enchantée (1753), l'École des tuteurs, (1754). Heureusement (1762), le Jaloux (1784). Elles ont été réunies sous le titre de Théâtre (Paris, 1775-'86, 2 vol. in-8°).

* ROCK ou ROUC s. m. Nom donné, dans les Mille et Une Nuits, à un oiseau fabuleux d'une force et d'une grandeur prodigieuses.

ROCK-ISLAND [rok-aï-'lanndd], ville de l'Illinois (États-Unis), sur le Mississipi, sur lequel on a jeté un pont, au bas des rapides supérieurs, en face Davenport dans l'état d'Iowa, à 5 kil. au-dessus du confluent du Rock, et à 250 kil. S.-O. de Chicago ; 7,890 hab.

ROCKLAND [rok'-lanndd], ville du Maine (États-Unis), sur la côte occidentale de la baie de Penobscot, à 40 kil. S.-E. d'Augusta ; 7,074 hab.

* ROCOCO adj. Se dit d'un genre d'architecture, d'ameublement fort à la mode sous le règne de Louis XV et qui est caractérisé par la profusion des ornements. — Subst. Tout ce qui est hors de mode dans les arts, la littérature, le costume, les manières : tomber dans le rococo.

RUCOLES (Jean-Baptiste de), historien, né à Béziers en 1620, mort en 1696. D'abord pourvu de plusieurs bénéfices ecclésiastiques, il renia le catholicisme, s'enfuit à Genève, obtint plus tard sa réintégration dans l'Église romaine, se fit de nouveau protestant, puis encore catholique et mourut moine. Ses meilleurs ouvrages sont : Introduction générale à l'histoire (Paris, 1662, 2 vol. in-12); Histoire du calvinisme (Amsterdam, 1683, in-12); Zizim (Leyde, 1683, in-12); Fortune marâtre ou plusieurs personnages (Leyde, 1684, in-12); Ziska (Leyde, 1685, in-12).

* ROCOU s. m. (port. Rucu). Matière tinctoriale d'un rouge orange qu'on obtient par la fermentation et la cuisson de la pulpe qui enveloppe les graines du rocouyer. — Désigne quelquefois le rocouyer même. — Dans l'Amérique du Sud, les indigènes emploient le rocou pour se peindre le corps. En Europe, il sert à colorer le fromage, les chocolats inférieurs et le beurre. Les teinturiers en font un grand usage pour la teinture de la soie et de la laine, et les fabricants de vernis pour donner une riche teinte orange à quelques-uns de leurs produits.

* ROCOUER v. a. Peindre en rouge avec du rocou. — Se rocouer v. pr. Les sauvages aiment à se rocouer.

ROCOUX, village de Belgique, province et à 6 kil. N.-O. de Liège ; 500 hab. Victoire du maréchal de Saxe sur les Impériaux et leurs alliés, le 11 oct. 1746.

* ROCOUYER s. m. Bot. Genre de bixacées comprenant plusieurs espèces d'arbrisseaux dont le type est le rocouyer commun (bixa orellana), de l'Amérique du Sud, à feuilles grandes, d'un vert foncé ; à fleurs assez semblables aux roses sauvages, cependant presque deux fois l'an par des gousses moins grandes, mais aussi piquantes que celles de la châtaigne. Ces gousses renferment de petites graines

V.

couvertes d'une pellicule incarnate qui compose le rocou.

ROCQUENCOURT, village de l'arr. et à 3 kil. de Versailles (Seine-et-Oise); 300 hab. Excelmans y battit les Prussiens le 1er juillet 1815.

ROCROY ou **Rocroi**, ville forte et ch.-l. d'arr., à 30 kil. N.-O. de Mézières (Ardennes), à 20 kil. de la frontière belge; par 49° 55' 32" lat. N. et 2° 11' 5" long. E.; 2,300 hab. Cette ville fut fondée au XVIe siècle et assiégée par les Impériaux en 1555, puis par les Espagnols en 1643. Condé vint à son secours et remporta le 19 mai, cinq jours après la mort de Louis XIII, une brillante victoire, qui porta à l'Espagne un coup dont elle ne se releva pas. Plus tard, passé aux Espagnols, le même Condé prit Rocroi (1658); l'année suivante, le traité des Pyrénées rendit cette ville à la France. Les fortifications, dues à Vauban, ne purent résister aux Allemands qui se présentèrent devant la ville le 5 janvier 1871, la bombardèrent et la forcèrent à capituler le jour même.

RODAGE s. m. Action de roder; état de ce qui est rodé.

RODER v. a. (lat. *rodere*, ronger). Techn. User par le frottement mutuel de deux objets. — **Se roder** v. pr. S'user : *cet habit commence à se roder.*

* **RÔDER** v. n. (lat. *rotare*, tourner). Tournoyer, courir; errer çà et là. Ne se dit guère qu'en mauvaise part : *il y a des voleurs qui rôdent dans cette forêt.*

RODERIC, dernier roi visigoth d'Espagne, mort en 711. Il devint roi vers 709, après avoir chassé Witiza du trône. Les fils de celui-ci invoquèrent le secours des Arabes. Les forces de Roderic étaient de beaucoup supérieures à celles des envahisseurs, commandées par Tarik; mais à la bataille de Jerez de la Fontera, qui dura, dit-on, huit jours, il fut trahi et périt sur le champ du combat.

* **RÔDEUR** s. m. Celui qui rôde : *si la patrouille attrape ces rôdeurs, elle les mènera au corps de garde.* — ~~ s. f. *une rôdeuse.*

RODEZ [ro-dè ou rodèss], *Segodunum* ou *Civitas Ruthenorum*, ch.-l. du dép. de l'Aveyron, à 607 kil. S. de Paris, sur un promontoire élevé que couronne l'Aveyron (rive droite); par 44° 21' 5" lat. N. et 0° 15' 45" long. E.; 11,000 hab. Ancienne cité des Ruthènes, Rodez devint la capitale du Rouergue. Belle cathédrale commencée au XIIIe siècle. Draps communs, cadis, serges, bougies, grains. — Patrie de J. de Serres et d'Alexis Monteil.

RODILARD s. m. (lat. *rodere*, ronger; ronge lard). Nom de chat que La Fontaine a emprunté à Rabelais.

RODNEY (George-Brydges) [rodd-ney], baron, amiral anglais né en 1748, mort en 1792. Il devint capitaine en 1742 et gouverneur de Terre-Neuve de 1748 à 1752. En 1759, il fut créé contre-amiral; en 1761 commandant en chef aux Barbades et aux Sous-le-Vent, et il s'empara de la Martinique, de Sainte-Lucie et de Grenade. En 1762 il fut fait vice-amiral, et de 1771 à 1774 commandant en chef à la Martinique. En 1779, il fit voile, avec le rang d'amiral, pour la station des Barbades, où il fut de nouveau commandant en chef. Après avoir capturé plusieurs transports et des vaisseaux de guerre espagnols, il rencontra une flotte espagnole commandée par don Juan de Langara, au large du cap Saint-Vincent, lui prit un vaisseau et en détruisit sept vaisseaux. En déc. 1780, il fit une tentative qui échoua contre l'île Saint-Vincent. La guerre ayant éclaté entre la Grande-Bretagne et la Hollande, il prit l'île Saint-Eustache, puis Demerara, Essequibo et Berbice. En 1781, il eut le commandement des Indes occidentales. En 1782, il attaqua la

flotte française sous le comte de Grasse et prit 7 vaisseaux de ligne et deux frégates, en récompense de quoi il fut élevé à la pairie. Il avait été plusieurs fois élu au parlement. — Voy. *Life and Correspondence of lord Rodney,* par son gendre, le général G.-B. Mundy (1830, 2 vol.).

RODOGUNE, reine de Syrie, vivant au IIe siècle de notre ère. — Tragédie de Corneille en 5 actes et en vers, représentée pour la première fois en 1656.

RODOIR s. m. Tech. Outil dont on se sert pour roder.

RODOLPHE Ier DE HAPSBOURG, empereur d'Allemagne, fondateur de la maison impériale d'Autriche, fils du comte Albert IV de Hapsbourg; né en 1218, mort le 15 juillet 1291. Il fit la guerre en Italie sous son oncle, l'empereur Frédéric II. A la mort de son père, en 1240, il lui succéda dans la Haute-Alsace et dans ses autres possessions. Il étendit ses domaines par conquêtes et par un mariage, et acquit une si haute réputation de justice et de prouesse chevaleresque qu'un grand nombre de villes le choisirent pour protecteur et chef militaire. En conflit avec l'évêque de Bâle, il assiégeait cette ville en 1273, lorsqu'il fut unanimement choisi pour le trône d'Allemagne de préférence à Alphonse de Castille et à Ottocar de Bohême. Bâle ouvrit ses portes, Alphonse reconnut Rodolphe et Ottocar ne tarda pas à être réduit. Ce dernier, après avoir violé une trêve, périt dans une bataille sur le Marchfeld, le 26 août 1278. Rodolphe rendit la Bohême et la Moravie à Wenceslas, fils d'Ottocar; mais il garda l'Autriche, la Styrie et la Carniole pour ses propres fils. Il établit dès lors dans ses Etats l'ordre et la tranquillité avec la rigueur la plus sévère, et il publia tant de décrets qu'on l'appelait « la loi vivante ». Sous lui, l'allemand remplaça le latin dans les documents publics. La diète de Francfort ayant refusé en 1294 de choisir son fils Albert pour lui succéder, il eut pour successeur Adolphe de Nassau. — Rodolphe II, empereur d'Allemagne, né en 1552, mort le 20 janv. 1612. Il était fils de Maximilien II de Hapsbourg, et de Marie, fille de Charles-Quint. En 1564, il fut envoyé à la cour d'Espagne. En 1576, il succéda à son père dans tous ses Etats. Rodolphe, dirigé par la cour espagnole et par les jésuites, travailla immédiatement à défaire l'œuvre de tolérance du règne précédent. Les dissensions religieuses éclatèrent dans toute leur violence; Aix-la-Chapelle, l'électorat de Cologne (où s'éleva la querelle des réserves ecclésiastiques) et l'évêché de Strasbourg devinrent des théâtres de guerre. En 1608, un certain nombre d'Etats protestants formèrent l' « Union », et en 1609, les Etats catholiques fondèrent la « Ligue ». En Hongrie, son intolérance provoqua une insurrection commandée par Bocskay (1604). En 1608, il fut contraint de céder la Hongrie, l'Autriche et la Moravie à son frère Matthias, et les protestants de Bohême lui arrachèrent une *Majestätsbrief* ou lettre de majesté leur garantissant le libre exercice de leur religion. La succession de Juliers alluma une nouvelle guerre en Allemagne. En 1611, une tentative pour rétablir les libertés de la Bohême, dont la capitale, Prague, était sa résidence favorite, lui coûta ce royaume qui passa à Matthias. Rodolphe aimait la science et les arts mécaniques; mais il était superstitieux et adonné à l'alchimie et à l'astrologie.

* **RODOMONT** s. m. (nom d'un personnage du *Roland amoureux* et du *Roland furieux*). Fanfaron qui vante de prétendus actes de bravoure pour se faire valoir et se faire craindre : *il fait trop le rodomont.*

> Il faut que je sois bien possédé du démon
> Pour souffrir les hauteurs d'un pareil *rodomont.*
> DESTOUCHES.

* **RODOMONTADE** s. f. Fanfaronnade, van-

terie en fait de bravoure : *il se vante d'avoir tué dix hommes de sa main, c'est une rodomontade.*

RODRIGUES (Benjamin-Olinde), célèbre économiste, né à Bordeaux en 1794, mort à Paris le 17 déc. 1851. Après avoir été répétiteur de mathématiques à l'Ecole polytechnique, puis directeur de la caisse hypothécaire, il fonda, pour continuer l'œuvre de Saint-Simon, le journal *le Producteur*, qui devint l'organe d'un groupe de socialistes parmi lesquels se distinguèrent Enfantin et Bazard. Il prit parti contre Enfantin et se fit le zélé protecteur des sociétés de secours mutuels. Il a laissé plusieurs ouvrages.

RODRIGUEZ ou **Diego-Ruyz**, l'une des îles Mascareignes, dépendance de Mauritius, à l'E. de Madagascar; elle est longue d'environ 18 kil. et large de 4 à 10 kil.; 1,500 hab.

RODRIGUEZ (Alfonso) [ro-dri-ghèss], écrivain religieux espagnol, né en 1526, mort en 1616. Il appartenait à l'ordre des Jésuites, et enseigna la théologie morale au collège de Monterey pendant 12 ans. Il fut ensuite pendant 30 ans maître des novices à Valladolid et à Montilla. Sa *Pratique de la perfection chrétienne* a été traduite dans la plupart des langues de l'Europe.

ROEBLING (John-Augustus) [rou-bling], ingénieur américain, né en Prusse en 1806, mort en 1869. Il établit près de Pittsburgh, en 1831, une manufacture de cordages en fil de fer, et plus tard une autre à Trenton (New-Jersey), et en introduisit l'usage pour les ponts suspendus. En 1855, il termina le pont suspendu du Niagara, et en 1867, celui de Cincinnati. Son fils a mis à exécution son dernier projet, par lequel sont reliés New-York à Brooklyn au moyen du pont de la rivière orientale (*East River bridge*). Il a publié *Long and Short Span Bridges* (1869).

RŒDERER (Le comte Pierre-Louis), économiste et publiciste, né à Metz en 1754, mort en 1835. Député aux états généraux, il prépara le nouveau système d'impôts. Il devint professeur d'économie politique à l'Ecole centrale, approuva le coup d'Etat de brumaire, fut fait conseiller d'Etat, puis sénateur de l'Empire et devint, en 1806, ministre des finances du roi Joseph à Naples. Il fut créé pair de France en 1832. Son livre intitulé *Mémoires pour servir à une nouvelle histoire de Louis XII* (1820), réimprimé sous le titre de *Louis XII et François Ier* (1825, 2 vol. in-8°), renferme une diatribe contre le prince auquel l'histoire a conservé le titre de Père des lettres. Sa *Chronique de cinquante jours, du 20 juin au 10 août 1792* (1832, in-8°), fournit d'utiles renseignements sur cette période de la révolution.

RŒDIGER (Emile) [reu'-di-gheur], orientaliste allemand, né en 1801, mort en 1874. Il fut professeur de langues orientales à Halle de 1835 à 1860, puis à Berlin; et il a écrit des ouvrages sur la langue syriaque, sur les inscriptions himyarites, etc. — Après la mort de Gesenius, Rœdiger donna de sa grammaire plusieurs éditions, depuis la treizième jusqu'à la vingt et unième.

RŒMER (Olaüs), astronome, né à Copenhague en 1644, mort en 1710. Amené en France en 1672, il fut placé auprès du dauphin pour lui enseigner les mathématiques et entra à l'Académie des sciences. On lui doit la grande découverte de la vitesse de la lumière obtenue par l'observation du premier satellite de Jupiter. Il a inventé la lunette méridienne.

ROER [all. *rour*], *Rhur*, *Rura*, rivière de la Prusse rhénane qui arrose Juliers et se perd dans la Meuse à Ruremonde, après un cours sinueux de 140 kil. Elle donna, de 1809 à 1814, son nom à un département qui avait pour ch.-l. Aix-la-Chapelle.

ROERMONDE [reur-]. Voy. RUREMONDE.

RŒSKILÉE [reuss'-kil-dé], ville du Seeland (Danemark), sur un bras de l'Issefiord, à 30 kil. S.-O. de Copenhague ; 5,000 hab. environ. C'était la plus ancienne capitale du royaume ; mais elle a cessé, en 1443, d'être une résidence royale. La cathédrale, qui date de 1084, contient plus de 70 tombes de rois danois, et de membres de la famile royale.

* ROGATION s. f. (lat. rogare, demander). Antiq. rom. Projet de loi présenté au peuple.
— s. f. pl. Lit. cathol. Prières publiques accompagnées de processions, que l'Église fait pour les biens de la terre pendant les trois jours qui précèdent la fête de l'Ascension : la semaine des Rogations.

* ROGATOIRE adj. Procéd. N'est usité que dans cette phrase, COMMISSION ROGATOIRE, commission qu'un juge adresse à un autre juge, et par laquelle il l'invite à faire quelque acte de procédure, d'instruction, dans l'étendue de son ressort.

* ROGATON s. m. (lat. rogatum, aumône). Se dit des restes de viandes ramassés : ce mendiant avait sa besace pleine de rogatons. — Se dit aussi des plats composés de choses qui ont déjà été servies : il ne nous a donné à dîner que des rogatons. — Par ext. Petit ouvrage de rebut : ce recueil ne contient que des rogatons.

ROGER Iᵉʳ [ro-jé], comte de Sicile, né en 1031, mort en 1101. En 1058, il entreprit avec son frère Robert Guiscard, la conquête de la Calabre, puis de la Sicile. En 1060, il s'empara de Messine, en 1061, il fit un grand carnage des Sarrazins à Enna; mais ce ne fut qu'en 1072 qu'il prit possession de l'île, grâce à la conquête de Catane et de Palerme. En 1085 il succéda à Robert comme chef des Normands en Italie. En 1090, il soumit Malte.

ROGER II, premier roi de Sicile, fils du précédent, né vers 1095, mort le 26 février 1154. Il succéda à son père étant encore en tutelle. A la mort de son cousin Guillaume, duc de Pouille et de Calabre, il s'empara de tous ses domaines. De son beau-père, l'anti-pape Anaclet, il reçut le titre de roi de Sicile et fut couronné à Palerme (1430); il établit Anaclet à Rome, en en chassant Innocent II. En 1137, il fut battu par Lothaire II qu'avaient appelé ses vassaux révoltés, mais il reconquit le terrain perdu après le départ de l'empereur. Innocent II étant tombé en son pouvoir en 1139, Roger l'obligea à lui confirmer le titre de roi, et, en retour il le reconnut pour pape. Il prit Naples au duc Serge, et Capoue et Aversa au prince Robert. En 1146, il ravagea l'Épire et la Dalmatie, prit Corfou, pilla la Grèce, et étendit ensuite sa domination sur une grande partie de la côte barbaresque. Il introduisit en Sicile la sucre et la fabrication de la soie.

ROGER (Jean-François), auteur dramatique et homme politique, né à Langres en 1776, mort en 1842. Il fut membre du Corps législatif en 1807 et secrétaire général des postes sous la Restauration. Il entra à l'Académie française en 1817. Ses principales pièces sont : l'Avocat (1809), la Revanche (1809). Une édition de ses Œuvres diverses a été donnée, en 1836, par Ch. Nodier (Paris, 2 vol. in-8°).

ROGER (Gustave-Hippolyte), chanteur, né à la Chapelle-Saint-Denis le 27 août 1815, mort le 12 septembre 1879. Il suivit d'abord les cours de l'École de droit, puis ceux du Conservatoire, d'où il sortit en 1839, avec les premiers prix; reçut dix ans à l'Opéra-Comique, entra à l'Opéra en 1849. Il se fit applaudir à Berlin, dans les Huguenots et dans la Dame blanche, à Munich dans la Juive et à Hambourg dans le Prophète. Un accident de chasse l'ayant privé d'un bras en 1859,

il ne reparut sur la scène qu'en 1861, dans la Lucia (Italiens). Il se retira peu après et se consacra à l'enseignement du chant au Conservatoire.

* ROGER-BONTEMPS s. m. Personne de belle humeur et qui vit sans aucune espèce de souci : un gros Roger-Bontemps.

ROGLIANO, ch.-l. de cant., arr. et à 50 kil. N. de Bastia (Corse); 700 hab.

ROGNAGE s. m. Action de rogner.

* ROGNE s. f. [gn mll.](lat. robigo, rouille). Gale invétérée : ce n'est pas une simple gale, c'est une rogne.

ROGNEMENT s. m. Techn. Action de rogner.

° ROGNE-PIED s. m. Espèce de couteau avec lequel le maréchal rogne et retranche les portions inutiles de l'ongle du cheval.

* ROGNER v. a. [gn mll.]. Retrancher, ôter quelque chose des extrémités, de la longueur ou de la largeur d'une étoffe, d'un cuir, d'un morceau de bois, d'un morceau de fer-blanc, etc. : il faut rogner ce bâton, il est trop long. — ROGNER LES ONGLES A QUELQU'UN, LUI ROGNER LES ONGLES DE PRÈS, lui diminuer ou même lui retrancher ses profits, son autorité. — Fig. et fam. Oter, retrancher à quelqu'un une partie de ce qui lui appartient : on lui rogne sa portion.

* ROGNEUR, EUSE s. Celui, celle qui rogne. Ne se dit guère que de ceux qui rognent les pièces de monnaie : les rogneurs et les faux monnayeurs. — Jargon. ∿ Exécuteur des hautes œuvres.

* ROGNEUX, EUSE adj. Qui a la rogne : un enfant rogneux.

ROGNIAT (Le vicomte Joseph), lieutenant général, du génie, né en 1767 à Vienne (Dauphiné), mort en 1840. Il fit les campagnes d'Espagne, et laissa une Relation des sièges de Saragosse et de Tortose (1814, in-4°).

ROGNOIR s. m. Techn. Appareil dont on se sert pour rogner.

ROGNON, rivière qui naît dans le canton de Nogent-le-Roi (Haute-Marne), passe à Doulaincourt et se jette dans la Marne après un cours de 45 kil.

* ROGNONNER v. n. [gn mll.]. Gronder, grommeler, murmurer entre ses dents : cette vieille ne fait que rognonner. (Pop.)

* ROGNURE s. f. [gn mll.]. Ce qu'on retranche, ce qu'on enlève quand on rogne quelque chose : rognure de papier, de livres. — pl. Restes des matériaux qui ne sont point ou très dans un grand ouvrage pour lequel ils avaient été préparés : je m'enrichirais des rognures de cet écrivain.

* ROGOMME s. m. Eau-de-vie ou autre liqueur forte : boire le rogomme. (Pop.) — VOIX DE ROGOMME, voix rauque d'une personne qui fait abus de liqueurs fortes.

ROGOMMEUX, EUSE adj. Pop. Devenu rauque par l'abus du rogomme.

* ROGUE adj. [-ghe] (celt. rok, fier). Fier, arrogant, superbe : que vous êtes rogue! (Fam.)

ROGUE s. f. Œufs de poisson salé que l'on emploie comme appât dans la pêche de la sardine.

ROHAN, ch.-l. de cant. arr. et à 32 kil. N.-O. de Ploërmel (Morbihan), sur l'Oust ; 700 hab. Jadis titre de vicomté érigée par Henri IV en duché-pairie.

ROHAN, ancienne et illustre famille de France qui tire son origine d'Alain, quatrième fils d'Eudon, vicomte de Porrhoët et de Rennes et premier prince de Léon. — Par ses alliances, cette famille s'est divisée en branches de Guémenée, de Mont-Bazon, de Soubise, de Gié et de Chabot. — HENRI de Rohan, gendre du grand Sully, devint, après la mort de Henri IV (1610), le chef du parti protestant et soutint trois guerres contre Louis XIII Il finit par entrer au service du duc de Saxe-Weimar et mourut des suites de ses blessures en 1638.

ROHAN (Louis-René-Édouard, PRINCE DE), cardinal français, né en 1734, mort en 1803. Son luxe scandaleux et ses intrigues politiques le firent rappeler en 1774 de Vienne, où il était ambassadeur. En 1778, il devint cardinal, et en 1779 évêque de Strasbourg. Emprisonné en 1785 pour la part qu'il avait prise dans l'affaire du collier (voy. LAMOTTE-VALOIS), il fut relâché en 1786, mais renvoyé de la cour dans une complète disgrâce. Eu 1789, il fut député du clergé de Haguenau aux états généraux, où on l'accusa de déloyauté; il donna sa démission. Il résigna son évêché en 1801, en conséquence du concordat.

ROHILCUND [-il-kunndd'], pays des Rohillas, dans l'Inde britannique, compris aujourd'hui dans le commissariat des provinces du N.-O. qui porte le même nom, et dans la principauté indigène de Rampoor; 30,574 kil. carr.; 5,437,000 hab. Le pays est traversé par la Rumganga et d'autres tributaires du Gange. Les Rohillas sont les descendants des soldats afghans qui s'établirent dans le voisinage de Delhi et se rendirent indépendants au milieu du XVIIIᵉ siècle. En 1774, le Rohilcund fut assujetti au vizir d'Oude, et, en 1801, cédé aux Anglais.

* ROI s. m. (lat. rex). Monarque, prince souverain d'un état ayant le titre de royaume : la puissance des rois.

L'intérêt de l'État est de n'avoir qu'un roi.
J. RACINE, La Thébaïde, acte 1ᵉʳ, sc. v.

— On dit, dans un sens anal., DIEU EST LE ROI DES ROIS, EST LE ROI DU CIEL ET DE LA TERRE. — ROI DES ROMAINS, titre que l'on donnait, dans l'empire germanique, à celui qui était désigné par les électeurs pour succéder à la dignité d'empereur. — LE ROI TRÈS CHRÉTIEN, le roi de France; LE ROI CATHOLIQUE, le roi d'Espagne; LE ROI TRÈS FIDÈLE, le roi de Portugal. — C'ÉTAIT DU TEMPS DU ROI GUILLOT, c'était dans l'ancien temps. — Absol. S'entend presque toujours du roi qui règne dans le pays où l'on est. — Prov. et pop. ALLER OÙ LE ROI NE VA QU'EN PERSONNE, OU LE ROI VA A PIED, OU LE ROI N'ENVOIE PERSONNE, aller à la garde-robe. — DE PAR LE ROI, formule qui signifiait, de la part du roi, au nom du roi, et qui se mettait au commencement de divers actes portant sommation, injonction, etc. On mettait aussi en tête des jugements qui autorisentla saisie ou la vente des biens meubles et immeubles, DE PAR LE ROI, LA LOI ET JUSTICE. — VIVE LE ROI ! acclamation publique pour la longue vie et la prospérité du roi. — LES LIVRES DES ROIS, les quatre livres de l'Ancien Testament qui contiennent l'histoire du peuple de Dieu depuis Samuel jusqu'à la captivité de Babylone. — Lit. et Cathol. LE JOUR DES ROIS, le jour de l'Épiphanie. — FAIRE LES ROIS, dîner ou souper en famille ou avec des amis pour partager le gâteau de papier, de livres. On appelle GATEAU DES ROIS, ce même gâteau; et ROI DE LA FÈVE, ou simpl. ROI, celui à qui échoit la part où se trouve la fève : tuire les

Roi en famille. On nommait autrefois CHAN-
DELLES DES ROIS, une grosse chandelle cannelée, dont les marchands chandeliers faisaient
présent à leurs pratiques le jour des Rois.
— Se dit aussi en parlant de certains animaux
qu'on regarde comme le plus noble de tous:
le lion est le roi des animaux. — Jeux de cartes. La principale figure de chaque couleur:
roi de cœur. — Jeu du piquet à écrire, division de la partie qui comprend deux ides :
*une partie complète est composée de douze rois
ou de vingt-quatre ides.* — Echecs. La principale pièce du jeu : *on ne prend point le roi,
il faut lui donner échec et mat pour gagner.*
— Le Roi de Lahore, opéra en 5 actes et 6 tableaux, représenté à Paris en avril 1876,
poème de Gallet, musique de Massenet.

* **ROIDE** adj. Voy. RAIDE.

* **ROIDEUR** s. f. Voy. RAIDEUR.

* **ROIDILLON** s. m. Voy. RAIDILLON.

* **ROIDIR** v. a. Voy. RAIDIR.

ROISEL, ch.-. de cant., arr. et à 12 kil. E.
de Péronne (Somme); 1,800 hab. Fabriques
de coton et de laine.

* **ROITELET** s. m. Petit roi; roi d'un
très petit Etat. Ne se dit que par dénigrement, et pour déprimer la puissance du roi
dont on parle : *ce n'est pas un roi, ce n'est
qu'un roitelet.* — Ornith. Genre de passereaux
voisin des mésanges, des pouillots et des troglodytes, comprenant plusieurs espèces de
très petits oiseaux : le bec grêle, aigu, parfaitement conique et finement entaillé à la
base; à queue très échancrée. Le *roitelet
d'Europe (regulus cristatus),* le plus petit de
nos oiseaux, est olivâtre en dessus, blanc
jaunâtre en dessous, avec deux bandes transversales blanchâtres sur les ailes et une
tache de plumes longues effilées, d'un beau

Roitelets. — 1. Regulus satrapa; 2. Regulus calendula.

jaune d'or, bordée de noir sur la tête, chez
le mâle. Son petit cri aigu, semblable à celui
de la sauterelle, et ses mouvements vifs et
continuels, décèlent seuls sa présence, qui
passerait inaperçue au milieu du feuillage des
arbres. Il passe l'été dans le nord de l'Europe
et n'arrive guère chez nous qu'à l'arrière
saison. Il fait sur les arbres un nid en boule,
dont l'ouverture se trouve sur le côté, et y
dépose de 6 à 8 œufs rosés, gros comme des
pois. On trouve dans l'Amérique du Nord le
roitelet satrape (regulus satrapa) et le *roitelet
souci (regulus calendula).*

ROJAS (Francisco de), poète castillan du
xviᵉ siècle; il a laissé la tragi-comédie de
Calisto et Melibœa ou la *Célestine,* traduite en
français par Germond Delavigne en 1841.

ROLAND [-lan] (appelé par les Italiens
Orlando), paladin de la cour de Charlemagne,
et l'un des plus fameux héros des romans de
chevalerie du moyen âge. Suivant la tradition, il étoit neveu de Charlemagne, et fut

tué à Roncevaux. Le récit de sa défaite et de
sa mort a été développé en une histoire
pleine de détails pittoresques et merveilleux;
il figure dans plusieurs chroniques et poèmes,
comme le modèle accompli de la chevalerie
du moyen âge. On croit que ce personnage
presque entièrement imaginaire. Le Roland amoureux *(Orlando innamorato),* poème
romanesque de Boïardo, un des plus importants de la littérature italienne. Il est tiré de
la fameuse chronique de Turpin et étale le
merveilleux de la féerie dans tout ce qu'elle
a de plus brillant. L'auteur a créé une foule
de caractères qui sont restés des types, tels
sont : Agramant, Sacripant, Rodomont, So-
brin, Mandricart. La mort, qui surprit Boïardo
en 1494, empêcha ce poète de donner un dénouement à son chef-d'œuvre. Le Berni osa
entreprendre de refondre entièrement le
Roland amoureux et son ouvrage est, après
le *Roland furieux* de l'Arioste, le roman épique italien qu'on lit le plus. Le Sage en a
donné une traduction française en 1717. —
Le Roland furieux *(Orlando furioso),* chef-
d'œuvre de l'Arioste, immortel poème héroï-
comique, dont les 40 premiers chants furent
publiés en 1515 et les 6 derniers en 1532.
C'est une suite du *Roland amoureux;* mais
il obtint bien plus de succès que ce dernier.
Les héros de ce poème sont : Roger, Brada-
mante, Charlemagne, Roland, Renaud de
Montauban, le traître Ganelon, Angélique,
Marfise, Ferragut, Sacripant, Rodomont, etc.
Le *Roland furieux* a été traduit en vers français par Creuzé de Lesser et Duvau de Cha-
vagne; en prose par J.-B. Mirabaud, 1741;
Dussieux, 1775; Tressan, 1780; Panckoucke
et Framery; A. Mazuy, 1839; A. Delatour,
1842; Philippon de la Madeleine, 1863. —
La Chanson de Roland ou CHANSON DE RON-
CEVAUX, la plus ancienne et la meilleure de
nos chansons de geste, attribuée à Théroulde,
trouvère du ixᵉ siècle, et publiée par Francisque Michel en 1837, in-8°; et par Génin
en 1850, in-8°. — Roland. I, tragédie lyrique
en 5 actes avec un prologue, représentée devant le roi le 18 janv. 1695, et à Paris le
8 févr. suivant; paroles de Quinault, musique
de Lulli, qui considérait cet opéra comme le
meilleur qu'il eût écrit. — II. opéra en
3 actes représenté à Paris (Académie de musique) en 1778; paroles de Marmontel, musique de Piccini. — III. Roland à Roncevaux, opéra en 5 actes, représenté à Paris
(Académie de musique) le 3 oct. 1864, paroles
et musique de Mermet.

**ROLAND I. (Jean-Marie ROLAND DE LA PLA-
TIÈRE),** révolutionnaire français, né à Thizy,
près de Villefranche (Rhône) le 18 janv. 1734,
mort le 15 nov. 1793. Il fut inspecteur des
manufactures à Amiens, puis à Lyon, et publia plusieurs ouvrages sur l'industrie et l'é-
conomie agricole. En 1791, la municipalité
de Lyon l'envoya comme délégué à l'Assemblée nationale; il se lia avec les Girondins,
et le 23 mars 1792, il devint ministre de l'intérieur dans le cabinet de Dumouriez.
Louis XVI le congédia pour lui avoir lu, en
plein conseil, une lettre de remontrances
écrite par Mᵐᵉ Roland et avertissant le roi
qu'il n'occuperait le trône qu'autant qu'il
se conformerait à la volonté du peuple. L'Assemblée ordonna la publication de la lettre
dans toute la France, et elle suscita un mouvement qui aboutit à l'insurrection du 20
juin, laquelle ouvrit la voie à celle du
10 août, moment où Roland et d'autres Girondins reprirent le ministère. Son collègue
Danton excita contre lui les Jacobins et la populace, et il fut accusé d'avoir soustrait quelques-uns des documents importants qu'il
avait trouvés dans l'armoire secrète du palais
pendant les journées du roi. Le 22 janv. 1793,
il donna sa démission; le 31 mai, il fut arrêté
et s'échappa. Il se cacha à Rouen, et se tua
en apprenant l'exécution de sa femme. —

II. (Marie ou Manon-Jeanne PHLIPON), femme
du précédent, née à Paris le 17 mars 1754,
morte le 9 nov. 1793. Elle reçut dans sa jeunesse une instruction supérieure, épousa
Roland en 1780, collabora à tous ses ouvrages littéraires; au moment où éclata la Révolution, elle dirigeait presque exclusivement
un journal démocratique qu'elle avait fondé.
A Paris, son salon devint le point de ralliement des chefs girondins, dont elle a été
appelée l'âme inspiratrice. Elle fut arrêtée le
2 juin 1793, et, dans sa prison, elle écrivit
ses Mémoires, intitulés Appel à la postérité.
Elle fut condamnée à la guillotine, et supporta avec le plus grand héroïsme pendant
son procès et au moment de son exécution.
Outre ses œuvres complètes (1800, 3 vol.), on
a publié trois volumes de ses lettres.

* **RÔLE** s. m. (lat. *rotulus,* roulé). On appelait autrefois ainsi une ou plusieurs feuilles de
papier, de parchemin collé bout à bout, sur
lesquelles on écrivait des actes, des titres :
grand rôle. — Prat. Un feuillet ou deux pages
d'écriture : *il y a tant de rôles de minute, tant
de rôles à cette grosse.* — Liste, catalogue : *le
rôle, les rôles des contributions, des impositions.* — Particul. Palais. Etat, liste sur laquelle on inscrit les causes dans l'ordre où
elles doivent se plaider : *rôle ordinaire.* —
Fig. A TOUR DE RÔLE, chacun à son tour ou à
son rang : *les membres de cette société littéraire y lisent des ouvrages à tour de rôle.* —
Chancell. Registre sur lequel étaient portées
toutes les oppositions faites au sceau des
provisions des offices, et qui avaient été
signifiées à des officiers nommés GARDES DES
RÔLES. — Ce que doit réciter un acteur dans
une pièce de théâtre : *l'auteur a distribué les
rôles de sa pièce aux comédiens.* — Personnage représenté par l'acteur : *il joue toujours
les premiers rôles.* — Personnage a bien saisi
SON RÔLE, L'ESPRIT DE SON RÔLE, il en a bien
exprimé le sens. IL A OUTRÉ SON
RÔLE, il en a chargé, il en a forcé l'expression.
— CRÉER UN RÔLE, être le premier à jouer
un rôle. — Manière dont on agit dans les
affaires du monde, dans certaines occasions,
personnage qu'on y fait, ou caractère qu'on
y montre : *cet ambassadeur a bien joué son
rôle dans la négociation dont on l'avait chargé.*

* **RÔLER** v. n. Faire des rôles d'écriture :
cet avoué aime à rôler. Il est familier, peu
usité, et ne se dit qu'en mauvaise part.

ROLET, procureur au parlement de Paris,
dont Boileau a dit :

    J'appelle un chat un chat et Rolet un fripon.

— Son nom est resté synonyme de fripon
insigne.

* **RÔLET** s. m. Petit rôle. N'est plus guère
d'usage qu'au figuré dans ces deux phrases
proverbiales, JOUER BIEN SON RÔLET, jouer bien
son personnage; et ETRE AU BOUT DE SON RÔ-
LET, ne savoir plus que dire ni que faire.

ROLLIER s. m. [ro-lié]. Ornith. Genre de

Rollier commun (Coracia gracula).

passereaux conirostres, à bec fort, long,

comprimé vers le bout, à pointe un peu crochue. Les rolliers habitent l'ancien continent; ils ressemblent au geai par les mœurs et par les plumes lâches de leur front; ils sont peints de couleurs vives, mais rarement harmonieuses. Le *rollier commun (coracia gracula)* se trouve en Angleterre, en Allemagne et en Italie; il est gros comme un geai, mais d'une forme plus élégante, avec le bec et les piéds rouges, le corps vert, le dos et les scapulaires fauves et du bleu au fouet de l'aile, à la tête et au cou. Il se nourrit de baies, d'insectes et de petits reptiles, niche dans les rochers, les cavernes, les tours en ruine, et s'apprivoise facilement

ROLLIN (Charles), historien français, né à Paris en 1661, mort en 1741. Il fut professeur de rhétorique et d'éloquence à Paris, recteur de l'Université de 1694 à 1696, et directeur du collège de Beauvais de 1696 à 1712. Les jésuites l'accusèrent de jansénisme et le firent congédier. Son ouvrage le plus populaire, *l'Histoire ancienne* (1730-'38, 13 vol.) a été souvent réimprimé, ainsi que son *Traité des Études* (1726-'28, 4 vol.). Les quatre derniers vol. de son *Histoire romaine* ont été écrits par son élève Crevier (dernière édit., Didot, 1862, 10 vol.).

ROLLIN (Ledru-). Voy. LEDRU-ROLLIN.

ROLLON ou Hrolf, premier duc de Normandie, fils de Rogwald, roi de la Norvège septentrionale. Il était d'une stature colossale et d'une force prodigieuse. Exilé de son pays en 875, il rassembla une troupe de pirates scandinaves et aborda sur les côtes de Neustrie qu'il ravagea en 876. Il prit Rouen, Meulan, Bayeux, Evreux, etc. Trois ans plus tard, il reparut, s'empara de Nantes, d'Angers, du Mans, dévasta l'Orléanais et la Bourgogne, et contraignit Charles le Simple à lui acheter la paix, par le traité de Saint-Clair-sur-Epte. (Voy. NORMAND, NORMANDIE, etc.)

ROMAGNE. Voy. PONTIFICAUX (*États*).

ROMAGNOL, OLE s. et adj. [*gn* mll.]. De la Romagne; qui appartient à cette province ou à ses habitants.

ROMAGNOSI (Gian-Domenico) [ro-ma-nio'-zi], juriste italien, né en 1761, mort en 1835. Il était premier magistrat civil à Trente, et pendant qu'il subissait une arrestation de la part des Autrichiens en 1799, il observa la déviation de l'aiguille aimantée sous l'influence d'un courant galvanique. Sa découverte, publiée en 1802, n'éveilla guère l'attention jusqu'aux découvertes d'Oersted en 1849-'20. Il fut ensuite professeur de droit à Parme, à Pavie et à Milan. Son ouvrage le plus célèbre est *Introduction allo studio del diritto publico universale* (5ᵉ édit. 1836). On a recueilli ses œuvres en 19 vol.

* **ROMAIN, AINE** s. et adj. De Rome; qui appartient à cette ville ou à ses habitants. —CHIFFRES ROMAINS, lettres numérales, comme I. D. I. L. M. V. X : les *cadrans des horloges et des pendules portent ordinairement des chiffres romains*, de dit, fig., de ce qui rappelle la grandeur d'âme, le courage, l'austérité, le patriotisme des anciens Romains : *c'est un trait romain*.

Vous voilà, jeune fille au courage romain!
PONSARD. *Charlotte Corday*, acte V, sc. III.

— C'EST UN ROMAIN, se dit d'un homme connu par de grands sentiments de probité et par son amour pour la patrie. C'EST LE DERNIER DES ROMAINS, il a une vertu qui n'est plus de son temps; il est le dernier défenseur qui reste à une cause perdue. — BEAUTÉ ROMAINE, se dit d'une femme qui a de grands traits bien marqués, et un air, un port majestueux. — Se dit aussi des personnes et des choses qui appartiennent à la Rome moderne considérée surtout comme le siège de la religion catholique, dont le pape est le

chef : *l'Eglise, la religion catholique, apostolique, et romaine.*—LAITUE ROMAINE, ou simpl., ROMAINE. (Voy. *Laitue.*) — Epître aux Romains, l'un des livres du Nouveau Testament. Cette épître fut écrite par l'apôtre saint Paul, d'après la plupart des critiques, en l'an 58, pendant son séjour à Corinthe. Les passages les plus importants se trouvent du chap. XIII au chap. XVI, où Paul montre à la fois aux Juifs et aux Gentils la gloire du christianisme en tant que seule religion, et où ils s'efforce surtout de confirmer dans la foi les convertis du judaïsme. On a rarement contesté l'authenticité de cette épître. Les travaux auxquels elle a donné lieu sont en grand nombre; on cite surtout ceux de Hodge, de Tholuck, de Stuart, de Jowett, de Vaughan, etc. — Rois des Romains. Le couronnement d'Othon Iᵉʳ d'Allemagne à Rome en, 962, fut considéré comme ayant transféré la dignité impériale des successeurs italiens aux successeurs germaniques de Charlemagne. Avant ce couronnement à Rome, les monarques allemands, jusqu'à l'époque de Maximilien Iᵉʳ, prenaient le titre de rois d'Allemagne, bien que les historiens les désignent indistinctement du nom d'empereur, et aussi, mais improprement, de celui de rois des Romains. Dans un sens plus rigoureux, ce dernier titre appartenait aux princes élus pendant la vie de l'empereur pour lui succéder. Ces successeurs élus, depuis le règne de Maximilien Iᵉʳ, furent appelés rois des Romains jusqu'à Joseph II.

* **ROMAIN** s. m. Typogr. Nom de deux caractères : 1° *gros romain*, entre le petit parangon et le gros texte; sa force de corps est de 15 ou 16 points; 2° *petit romain*, entre la philosophie et la gaillarde; 9 points. — Nom que l'on donne, dans chaque corps de caractère, à un caractère dont les traits sont perpendiculaires, à la différence de l'*italique*, dont les traits sont inclinés. Dans notre dictionnaire encyclopédique, les définitions sont imprimées en romain, les exemples sont en italique. — Adjectif. : *caractère romain*. Ce caractère, d'un usage si général, fut inventé, vers 1460, par le graveur français Nicolas Jenson, alors établi à Venise. « Mettant à profit son talent pour la gravure, il imagina les caractères romains, dont il emprunta les majuscules ou capitales à l'écriture latine, et il donna aux minuscules une forme qui participait de celles des lettres latines, lombardes, saxonnes et françaises. Ce caractère fut appelé romain, parce que c'était avec l'écriture romaine qu'il avait le plus d'analogie, et c'est celui qui est aujourd'hui universellement en usage dans l'imprimerie; caractère dont les formes sont si agréables, si amies de l'œil, lorsqu'elles ne sont pas tourmentées par le burin des artistes, lorsque les pleins n'en sont ni trop grêles ni trop gras, lorsque les lettres ne sont ni trop serrées ni trop larges, ni trop rondes ni trop anguleuses, lorsqu'enfin elles réunissent la justesse des proportions à l'élégance et à la simplicité des traits. » (G.-A. Crapelet.) Le romain ne fut mis en usage à Paris que dans l'année 1501, par Josse Bade.

ROMAIN (Giulio-Romano) [djou'-lio-ro-mâ'-no] (*dit* JULES), peintre et architecte italien, dont le nom de famille était PIPI, né à Rome en 1492, mort en 1546. Il fut l'élève le plus distingué de Raphaël, qui le choisit pour achever ses travaux. Après la mort de son maître, il exécuta plusieurs ouvrages pour les édifices publics de Rome, il peignit la *Lapidation de saint Etienne* pour l'église de San Stefano à Gênes. Plus tard, il fut choisi comme architecte et peintre du palais del Tè, à Mantoue

ROMAIN, nom de plusieurs saints. : I, Romanus, soldat romain qui se convertit à la vue du martyre de saint Laurent et souffrit

lui-même pour la foi en 258. Fête le 9 août. — II, solitaire, né en 390, mort en 460. Il se retira au milieu des gorges du Jura et y fonda le monastère de Condat (auj. Saint-Claude). Fête le 28 février. — III, évêque de Rouen, mort en 639. Suivant la légende, il délivra la campagne de Rouen d'un dragon monstrueux. Fête le 23 octobre. — IV, patron des Moscovites. Fête le 29 juillet.

ROMAIN-DE-COLBOSC (Saint-), ch.-l. de cant., arr. et à 20 kil. N.-E. du Havre; 4,000 hab.

* **ROMAINE** s. f Espèce de laitue. Voy. LAITUE.

* **ROMAINE** s. f. Peson, instrument dont on se sert pour peser avec un seul poids : *peser avec la romaine.* — La romaine ou *statera* des Romains est une sorte de balance à bras inégaux, composée d'un levier prismatique en fer suspendu par un point autour duquel il peut tourner. Vers l'extrémité du plus petit bras se trouve suspendu un crochet (ou un plateau) destiné à recevoir l'objet à peser. L'autre bras porte, sur son arête supérieure, des divisions sur lesquelles glisse un anneau supportant un poids constant. Cet appareil peu sensible est peu employé.

* **ROMAIQUE** adj. (gr. *rómaïkos,* romain). Qui appartient à la Grèce moderne : *langue romaïque.* — s. m. La langue grecque moderne. (Voy. GRÈCE.)

* **ROMAN, ANE** adj. (lat. *romanus,* romain). Se dit de la langue qui s'est formée de la corruption du latin, et qui a été parlée et écrite dans le midi de l'Europe, depuis le Xᵉ siècle jusqu'à la fin du XIIIᵉ : *le langage roman.* — s. m. Ensemble des langues romanes : *des histoires écrites en roman.* — LE ROMAN PROVENÇAL, la langue d'oc. — B.-arts. Style qui a précédé le gothique au moyen âge et dont les voûtes à plein cintre forment le principal caractère.

* **ROMAN** s. m. Se dit proprement des histoires, des narrations, vraies ou feintes, écrites en vieux langage, soit en vers, soit en prose; et, par ext., de toute histoire feinte, écrite en prose, où l'auteur cherche à exciter l'intérêt, soit par le développement des passions, soit par la peinture des mœurs, soit par la singularité des aventures : *le roman de la Rose.* — ROMAN HISTORIQUE, roman dont le fond est tiré de l'histoire : *ses romans historiques n'ont ni l'utilité de l'histoire, ni l'intérêt du roman.* Se dit, par allusion, des aventures extraordinaires, et des récits dénués de vraisemblance : *cela tient du roman.* — UN HÉROS DE ROMAN, un homme qui affecte d'agir et de parler à la manière des héros de roman. — PRENDRE LE ROMAN PAR LA QUEUE, vivre maritalement avant le mariage. — Le Roman de la Rose, poème allégorique et galant dont la 1ʳᵉ partie est de Guillaume de Lorris, (XIIIᵉ siècle), et la 2ᵉ partie de Jean de Meung (XIVᵉ siècle).

ROMANA (Pedro-Caro Y SUREDA, *marquis de la*), homme de guerre espagnol, né en 1764, mort en 1811. Il servit successivement sur la flotte et dans l'armée. Lorsque Napoléon força le gouvernement espagnol à lui fournir des troupes, La Romana eut un commandement de 15,000 hommes et fut en 1807 envoyé en Poméranie. En apprenant la conduite de Napoléon vis-à-vis de Charles IV et de Ferdinand, il embarqua ses troupes, qui étaient alors dans l'île de Fuenen, sur des navires de guerre anglais (17-20 août 1808), débarqua à la Corogne et organisa ensuite les bandes de guérillas qui furent si fatales aux Français.

* **ROMANCE** adj. f. N'est usité que dans cette locution, LA LANGUE ROMANCE, qui signifie la même chose que LA LANGUE ROMANE.

* **ROMANCE** s. f. Ancienne histoire écrite

en petits vers simples et naïfs, dont le sujet est ordinairement touchant, et qui est faite pour être chantée. — Par ext. Toute chanson tendre ou plaintive : *c'est un tel qui a fait les paroles, qui a composé l'air de cette romance; une jolie romance; chanter une romance; il chante bien la romance.* — Air sur lequel se chante une romance. ROMANCE SANS PAROLES, morceau de musique instrumentale, court et sur un motif gracieux.

    * ROMANCERO s. m. [ro-man-sé-ro]. Recueil de poèmes espagnols semblables à nos anciennes romances. — Auteur de poèmes de ce genre.

    ROMANCHE s. m. Langue parlée dans le canton suisse des Grisons et dans les districts limitrophes du Tyrol, comprenant une partie de l'ancienne Rhétie. Les Allemands l'appellent *Churwaelsch,* d'après l'ancien nom du territoire, Churewala; les habitants lui donnent le nom de *rumonsch.* On distingue deux dialectes principaux : le romanche proprement dit, et le latin, qui ont chacun plusieurs variétés. Cette langue disparaît peu à peu devant l'allemand, mais elle est encore parlée par environ 70,000 personnes, dont 15,000 habitent le Tyrol. — On dit aussi RHÉTO-ROMANIQUE.

    * ROMANCIER s. m. On appelle ainsi les auteurs des anciens romans écrits en vieux langage : *les vieux romanciers.*

Villon fut le premier, dans ces siècles grossiers,
Débrouiller l'art confus de nos vieux romanciers.
                 BOILEAU.

— Se dit aussi des auteurs de romans modernes : *les meilleurs romanciers anglais sont Richardson, Fielding, Goldsmith,* etc. — ◆◆ Romancière s. f. Femme auteur de romans.

    ROMANCISTE s. m. Auteur de romances.

    ROMANÈCHE, comm. de l'arr. et à 17 kil. S. de Mâcon (Saône-et-Loire); 600 hab. Vins fins et délicats.

    ROMANÉE s. m. (de *Romanée,* n. pr.). Vin de la Côte-d'Or.

    * ROMANESQUE adj. Qui tient *du roman;* qui est merveilleux comme les aventures de roman, ou exalté comme les personnages de roman, comme les sentiments qu'on leur prête : *aventure romanesque.* — Substantiv. *Il y a du romanesque dans cet ouvrage, dans cette aventure.*

    * ROMANESQUEMENT adv. D'une manière romanesque.

    ROMANIQUE adj. Syn. de ROMAN.

    ROMANISER v. a. Donner les mœurs, les habitudes des Romains.

    ROMANISME s. m. Nom donné par le sectes dissidentes aux doctrines de l'Eglise romaine.

    ROMANISTE adj. Partisan du romanisme.

    ROMANO (Giulio). Voy. ROMAIN (Jules).

    ROMANO-GALLICAN adj. Qui appartient à la fois à Rome et à la France.

    ROMANO-RUSTIQUE adj. Linguist. Qui appartient à la langue romane vulgaire.

    ROMANOFF. Voy. RUSSIE.

    ROMANS, *Romanum,* ch.-l. de cant., arr. et à 18 kil. N.-E. de Valence (Drôme), sur la rive droite de l'Isère; 12,000 hab. Forges, moulins, culture du mûrier et élevage des vers à soie; vins muscats.

    * ROMANTIQUE adj. Se dit des lieux, des paysages qui rappellent à l'imagination les descriptions des poèmes et des romans : *aspect, site romantique.* — Se dit encore de certains écrivains qui affectent de s'affranchir des règles de composition et de style établies par l'exemple des auteurs classiques. — Se dit également des ouvrages de ces écrivains: *auteur, écrivain, poète romantique.* —

S'emploie substantiv. au masculin, et se dit du genre romantique : *le romantique est un genre nouveau.* — LES CLASSIQUES ET LES ROMANTIQUES, les partisans du genre classique et ceux du genre romantique.

    * ROMANTISME s. m. Système, école littéraire des écrivains romantiques.

    * ROMARIN s. m. (lat. *ros,* rosée; *marina,* marine). Bot. Genre de labiées, ne comprenant qu'une seule espèce, le *romarin officinal* (*rosmarinus officinalis*), arbrisseau haut de 4 à 5 pieds. Toutes les parties de la plante ont une odeur et un goût aromatiques dus à une huile essentielle. Ses qualités aromatiques étaient connues des anciens qui lui attribuaient de nombreuses vertus. Autrefois

Romarin officinal (rosmarinus officinalis).

on faisait des guirlandes de romarin pour les enterrements et pour les mariages, parce qu'on le regardait comme la plante du souvenir et de la fidélité. Il est surtout utile à cause de l'huile volatile, limpide et odorante qu'on en retire et qui se fabrique en grande quantité sur les côtes méridionales de la France et sur celles de l'Italie. Le romarin croît à l'état sauvage le long de la Méditerranée. — Le romarin de mars est le *statice limonium,* plante vivace dont la racine est grasse et extrêmement astringente.

    ROME (lat. et ital. *Roma*), principale cité de l'Italie ancienne, plus tard capitale de l'empire romain, et aujourd'hui capitale du royaume d'Italie. Son origine se perd dans la nuit des temps. Il y a des raisons de supposer que de petites villes fortifiées s'élevaient sur chacune des sept collines comprises aujourd'hui dans l'enceinte de Rome. Une ville et un Etat plus développés semblent s'être formés de l'union, environ cinq siècles et demi av. J.-C., des habitants du mont Palatin avec les Etrusques, les Sabins, les Pélasges, et peut-être d'autres peuples établis depuislongtemps sur les collines avoisinantes. Voy. ITALIQUES (*races et langues*), et LATINS (*langue et littérature*). Avant cet événement un Etat romain avait grandi (gouverné successivement, d'après la légende, par Romulus, son fondateur supposé, vers 753 av. J.-C., Numa Pompilius, Tullus Hostilius, Ancus Martius, Tarquin l'Ancien, Servius Tullius et Tarquin le Superbe) et semble avoir été une monarchie puissante. La population se composait alors des patriciens et de leurs clients, et des plébéiens. Les patriciens étaient les Romains primitifs; ils étaient divisés en trois tribus, les Ramnenses, les Titienses et les Luceres, qui représentaient les éléments latin, sabin et étrusque de la population. Les clients étaient dépendants des patriciens. Les plébéiens, ou le bas peuple, étaient des hommes libres; mais, à l'origine, ils n'avaient pas de droits politiques. Ils devaient leur existence à la conquête et à d'autres causes, et étaient pour la plupart d'origine latine. La mythologie de

ce peuple ressemblait à celle des Grecs. (Voy. MYTHOLOGIE.) Le régime républicain s'établit, suppose-t-on, vers 510 av. J.-C. La Rome républicaine des premiers temps était un Etat faible, qui, pendant un siècle et demi, n'eut que peu d'influence en Italie. La lenteur de ses progrès avait pour cause des dissensions intestines. Les plébéiens sortirent de Rome vers 494, avec l'intention de fonder une nouvelle cité; mais on en vint à un compromis et les tribuns du peuple furent créés. En même temps on accorda aux plébéiens l'élection de deux édiles. La première élection libre se fit vers 470. C'est à cette période qu'appartiennent les légendes du premier Brutus, de Coriolan, de Cincinnatus, etc. Le décemvirat fut établi en 451, et ne dura que deux ans, qui furent une période de despotisme patricien. D'après quelques-uns, les premiers consuls furent élus en 449. La questure devint accessible aux plébéiens en 421, et elle leur donna l'entrée du sénat. Vers 390, Rome fut prise par les Gaulois de Brennus, et détruite, à l'exception de la citadelle du mont Capitolin. Le dictateur Furius Camillus (Camille) rétablit la cité, et empêcha la population d'émigrer à Véies, récemment conquise. Les rogations liciniennes (pour le soulagement des débiteurs, la limitation de l'usage du domaine public, et l'établissement de l'obligation de choisir un des deux consuls parmi les plébéiens), que présentèrent en 376 les tribuns C. Licinius Stolon et L. Sextius, furent adoptées après dix ans de lutte, et L. Sextius fut le premier consul plébéien. C'est à cette époque que l'on créa l'édilité curule, dignité à laquelle les citoyens des deux ordres étaient éligibles. Ces changements contribuèrent puissamment à l'union des deux ordres et à la fin de ces dissensions civiles qui avaient arrêté les progrès militaires des Romains. En 172 les deux charges de consul purent être occupées à la fois par des plébéiens. Le premier dictateur plébéien fut C. Marcius Rutilus (356), qui fut élu censeur cinq ans après. La première guerre Samnite, commencée en 343, ne dura guère plus d'un an, et fut suivie de la guerre du Latium, qui se termina par le triomphe de Rome (339). La seconde guerre Samnite commença en 326 et dura près de 22 ans; c'est dans le cours de cette guerre qu'eut lieu le désastre des Fourches Caudines; mais les Romains finirent par être vainqueurs. La troisième guerre Samnite, de 298 à 290, se termina par la soumission du Samnium à Rome. Pendant ces guerres, différentes mesures politiques furent prises à Rome, qui tendaient à établir l'égalité entre les plébéiens et les patriciens. L'adoption en 300 de la loi Ogulnia, qui ouvrait le pontificat et l'augurat aux plébéiens, est regardée comme marquant l'établissement de la constitution romaine. La dernière scission tentée par les plébéiens eut lieu en 286, et fut apaisée par les lois hortensiennes qui revêtirent le peuple du pouvoir législatif suprême, et enlevèrent au sénat son *veto* sur les décrets populaires. Fabricius et Curius Dentatus firent avorter l'invasion de Pyrrhus d'Epire (181-275). Vers 264, les Romains s'étaient rendus maîtres de toute l'ancienne Italie. *Cette même année* éclata la première guerre Punique qui dura 23 ans, avec des succès divers. La première victoire navale des Romains fut gagnée par C. Duilius en 260. En 256, M. Regulus et son collègue Manlius défirent les Carthaginois dans la plus grande bataille sur mer de l'époque; puis ils débarquèrent en Afrique, où Regulus fut à la fin vaincu; les Romains ayant remporté plusieurs avantages, la paix se fit, et la Sicile devint la première province romaine. Pendant la guerre avec Carthage il s'était fondé des colonies, et le nombre des tribus avait été porté à 35. Dans la guerre gallique, qui commença en 225 et dura

4 ans, les armées romaines avancèrent dans la direction des Alpes. Rome déclara de nouveau la guerre à Carthage en 219. L'année suivante, Annibal entra en Italie, où il resta jusqu'en 204, battant les Romains dans plusieurs grandes batailles, et menaçant Rome elle-même. Scipion envahit l'Afrique, Annibal fut rappelé, et la guerre se termina par la victoire des Romains à Zama en 202. Philippe V de Macédoine ayant attaqué Rome pendant qu'elle luttait avec Annibal, eut à soutenir la guerre en 200. Flaminius le défit à Cynoscéphale (197) et rendit nominalement la liberté aux Grecs; mais, en réalité, il établissait sur la Grèce l'influence romaine. Une guerre contre la Syrie, commencée en 191, se termina par la défaite d'Antiochus le Grand à Magnésie. En Espagne, la domination romaine s'était considérablement étendue. La dernière guerre de Macédoine commença en 171, et finit au bout de trois ans, par la victoire de L. Emilius Paulus sur Persée à Pydna. Rome était virtuellement alors la maîtresse de l'Orient et de l'Occident. Les légions franchirent les Alpes Maritimes en 166 et firent ainsi le premier pas vers la conquête de la Gaule, achevée 12 ans après: La Dalmatie fut soumise en 155. La ligue Achéenne fut vaincue en 146, et la Grèce devint une province romaine, appelée Achaïe. La troisième guerre Punique, de 149 à 146, aboutit à la prise et à la destruction de Carthage par le second Scipion l'Africain, qui réduisit aussi Numance en Espagne (133). La Lusitanie fut annexée vers 140. En Asie, les Romains acquièrent le royaume de Pergame, par le testament du dernier monarque, Attale III. Le tribun Tibérius Gracchus commença à exécuter ses plans de réforme de législation agraire en 133. Il fut massacré dans un soulèvement excité par le parti de l'aristocratie ou des *optimates*. Caïus Gracchus reprit les projets de son frère, mais il échoua également, et fut assassiné en 121. L'élection de Marius au consulat, pendant la guerre contre Jugurtha, fut un triomphe du peuple sur les *optimates*. La Numidie fut conquise en 107, et Marius extermina les envahisseurs Teutons et Cimbres en 102 et 101. Dans la guerre sociale, ou marsique (90-88), les Romains furent vainqueurs, mais ils accordèrent volontairement aux Italiens le droit de cité romaine pour lequel ceux-ci avaient pris les armes. La nomination de Sylla au commandement dans la guerre contre Mithridate, roi du Pont, amena une guerre civile sanglante entre lui et Marius, laquelle eut pour résultat de faire tomber entre les mains de Sylla tout le pouvoir de la république. Les conquêtes des Romains furent poursuivies en Orient par Sylla, et ensuite par Lucullus et Pompée. Pompée convertit la Syrie en province romaine, et rendit dépendante la Judée. La grande insurrection des esclaves, ou guerre servile, qui éclata sous Spartacus en 73, fut écrasée après une lutte de près de trois années. La conspiration de Catilina (63) fut déjouée par Cicéron. Pompée eut bientôt à se défendre contre la rivalité de Jules César. Par le premier triumvirat, César, Crassus et Pompée devinrent les vrais maîtres de leur pays (60); mais la défaite et la mort de Crassus, dans une expédition contre les Parthes, laissa le pouvoir suprême à disputer entre ses associés. Sous prétexte de se porter champion du sénat, Pompée rompit avec César, qui avait conquis la Gaule, mais la victoire resta à ce dernier (48). Il avait concentré tous les pouvoirs entre ses mains, lorsqu'il fut assassiné en 44. Son autorité passa à son neveu Octave, qui avec l'aide d'Antoine, battit Brutus et Cassius (42), se retourna contre Antoine (34), devint le maître du monde romain et prit le titre d'Auguste. L'Egypte fut réduite en province romaine. Rome était dès lors un empire monarchique. A Auguste succéda en 14 ap. J.-C.,

Tibère, son fils adoptif, qui eut à son tour pour successeur, en 37, son petit-neveu Caïus, connu sous le nom de Caligula. Après celui-ci régna Claude, puis Néron (54-68). La tyrannie et la corruption avaient atteint leur apogée. Les empereurs Galba, Othon et Vitellius se suivirent dans une succession rapide, et le trône fut occupé par la famille Flaminienne dans la personne de Vespasien (69), à qui succéda son fils Titus (79-81), le conquérant de Jérusalem, qui eut pour successeur son frère Domitien. Après l'assassinat de ce tyran, le bon Nerva fut fait empereur. Son successeur Trajan (98) ajouta la Dacie à l'empire, et porta les armes romaines jusqu'au golfe Persique. Adrien (117-'38), qui abandonna les conquêtes en Orient, eut pour successeur Antonin le Pieux, dont l'héritier fut Marcus-Aurelius-Antoninus (161-'80). Les 84 années des règnes de Nerva, de Trajan, d'Adrien et des deux Antonins sont regardées comme la période la plus heureuse de l'empire romain; et c'est de l'année de l'avènement de Commode (180) que Gibbon date le commencement de sa décadence. A ce moment l'empire comprenait l'Italie, l'Espagne, la Gaule, la Bretagne, la Rhétie, la Norique et la Pannonie, la Dalmatie, la Mésie et la Dacie, la Thrace, la Macédoine et la Grèce; l'Asie Mineure, la Syrie, la Phénicie et la Palestine; l'Egypte et tout le nord de l'Afrique avec les îles de la Méditerranée. On estime sa population à 120 millions d'hab. Commode, fils de Marc-Aurèle, fut assassiné en 192. Son successeur, Pertinax, fut égorgé par les prétoriens, qui rendirent l'empire à Didius Julianus, à qui succéda Septime-Sévère (193-211). Le fils de Sévère, Caracalla, ou successeur de celui-ci, Elagabale, ou Héliogabale, rivalisèrent avec Caligula et Néron en infamies. La plupart des empereurs qui vinrent ensuite furent des hommes de peu de mérite jusqu'à Dioclétien. Alexandre Sévère (222-'35), Dèce, et Aurélien sont les exceptions les plus remarquables. Dioclétien (284-305) s'associa, comme collègue à l'empire, Maximien, et plus tard deux autres, avec le titre subalterne de César, tandis que les deux souverains s'appelaient Auguste. Rome cessa alors d'être le siège du gouvernement, Dioclétien résidant principalement à Nicomédie en Bithynie, et Maximien à Milan. Constantin le Grand, fils de Constance Chlore, fit du christianisme la religion de l'empire, et transféra officiellement la capitale à Byzance, qui s'appela dès lors Constantinople. C'est de ce moment (330) que doit dater l'arrêt du progrès de la puissance romaine, bien que les restes de l'empire continuèrent à exercer leur influence sur le monde jusqu'au milieu du XVe siècle, époque où Constantinople tomba entre les mains des Turcs. En mourant, Constantin divisa l'empire entre ses trois fils; mais le second, Constance, en resta seul maître en 351. Julien, qui lui succéda en 361, restaura le paganisme, et périt en 363, dans une expédition en Perse. Le paganisme périt avec lui. L'armée donna la couronne à Jovien, qui mourut avant d'arriver à Constantinople. Son successeur, Valentinien 1er, prit pour collègue son frère Valens. Le règne infortuné de Valens (364-'78) se termina par la défaite que lui firent subir à Andrinople les Goths qui ravagèrent tout le pays jusque sous les murs de Constantinople. Gratien, son successeur, se choisit comme collègue Valens-Théodose, le nomma empereur d'Orient (379). Après un règne qui ne fut pas sans gloire (367-'83), il eut pour successeur Maxime, qui chassa d'Italie Valentinien II. Théodose battit l'usurpateur (388) et le fit mettre à mort. Valentinien fut assassiné peu après, et Théodose, qui mérita le surnom de Grand, fut reconnu en 394, sans rival et sans collègue, dans toute l'étendue de l'empire romain. A sa mort, en 395,

la souveraineté se partagea entre ses fils Arcadius et Honorius; il y eut dès lors deux empires distincts, dont on trouvera l'histoire subséquente à nos articles ORIENT et OCCIDENT. — DESCRIPTION DE L'ANCIENNE ROME. L'ancienne ville de Rome avait pour site principal la rive gauche du Tibre, à 26 kil. de la mer. On la désignait souvent sous le nom de *Urbs septicollis*, la ville aux sept collines; ces collines étaient les monts Palatin, Capitolin, Esquilin, Cœlius, Aventin, Quirinal et Viminal. Les murailles, attribuées à Servius Tullius enfermaient les sept collines et avaient environ 12 kil. de circonférence. Servius Tullius, divisa la cité en quatre *regiones*, correspondant aux quatre tribus dans lesquelles les citoyens étaient classés; elles se nommaient Suburana, Esquilina, Collina et Palatina. Le Capitole, comme étant le séjour des dieux, restait en dehors. Auguste porta à 14 le nombre des *regiones*. L'empereur Aurélien (270-'75) commença une nouvelle enceinte de murailles qui fut achevée sous Probus en 276. Le quartier Transtévérin, sur la rive droite, ne fut enclos de murs que par le pape Urbain VIII (1623-'44). La région appelée Borgo, sur la même rive, fut protégée par d'autres murailles que construisit le pape Léon IV (847-'55); et ce quartier, comme si c'était une ville à part, s'appela *Civitas Leonina*, ou Cité Léonine. Les murs d'Aurélien et d'Honorius, tels qu'ils existent aujourd'hui, ont de 16 à 18 kil. de circonférence. Le nombre des rues était, dit-on, de 245. Çà et là se trouvaient des lieux découverts appelés *Fora* et *Campi*, les premiers destinés au commerce, les autres à l'agrément. Le Forum romanum, appelé quelquefois simplement le Forum, ou *Forum Magnum*, ou *Forum Vetus*, était le plus important des 19 que possédait Rome. (Voy. FORUM.) Le *Campus Martius*, ou Champ de Mars, au N.-O. de la vieille ville, était presque entièrement occupé par des édifices publics, des temples et des promenades. Cette région est celle où la population est le plus dense aujourd'hui. Les maisons de Rome se divisaient en deux catégories : les *domus*, ou résidences des nobles, correspondant aux *palazzi* modernes, et les *insulæ*, demeures de la classe moyenne et du bas peuple. On suppose que la ville avait atteint son plus grand développement au temps de Vespasien; elle avait alors 20 kil. de circuit, et contenait une population qui ne devait pas être inférieure à 2 millions d'hab., dont la moitié environ étaient esclaves. Le mont Capitolin était presque entièrement couvert d'édifices publics, et sur son point culminant, la roche Tarpéienne, s'élevait l'*arx* ou citadelle. Le plus magnifique des nombreux temples de cette colline était celui de Jupiter Capitolin. La résidence du mont Palatin, qui s'agrandit jusqu'à devenir le vaste palais des Césars, était habitée par Auguste, et fut rebâtie pour son usage aux frais du trésor public. L'immense palais de Néron, la Maison Dorée (*Domus Aurea*), fut presque totalement démoli par Vespasien. Il y avait plusieurs *curiæ* ou lieux de réunion du sénat, et plusieurs basiliques ou bourses. On ne trouve mentionnées que deux prisons, dont la plus ancienne avait été fondée par Ancus Martius. Les soldats étaient distribués dans deux grands camps, entourés de murs et défendus comme des forteresses, les *castra prætoria*, à l'extrémité N.-E. de la ville, pour la garde prétorienne, et les *castra peregrina*, sur le mont Cœlius, pour les légions étrangères. Les aqueducs et les égouts de Rome étaient les ouvrages les plus étonnants dans leur genre qui fussent au monde. Il n'y avait guère d'édifices publics qui fussent plus beaux que les thermes (*thermæ*), ou bains. Les thermes d'Antonin pouvaient recevoir 2,300 baigneurs en même temps, et ceux de Dioclétien 3,000. Il n'y avait que trois théâtres

proprement dits, ceux de Pompée, de Cornélius Balbus et de Marcellus. Le premier avait des sièges pour 40,000 spectateurs, le second pour 11,600 et le troisième pour 20,000. Le premier amphithéâtre de pierre fut construit par Statilius Taurus en 30 av. J.-C. Le grand

Arc de Titus.

amphithéâtre Flavien, fondé par l'empereur Vespasien vers l'an 72 de notre ère, et appelé, à cause de ses vastes dimensions, le Colysée (*Colosseum*), compté encore parmi les ruines les plus imposantes de Rome. (Voy. COLYSÉE.) De tous les temples, les deux plus magnifiques étaient ceux de Jupiter Capitolin et de Vénus à Rome; le premier était certainement le plus grand, mais il est probabl

Forum et colonne Trajane.

que l'autre avait des décorations plus riches. Le Panthéon (voy. ce mot) était un autre temple remarquable. Les arcs de triomphe, élevés en commémoration de victoires, étaient un des principaux traits architecturaux de la cité : on en cite 21, dont les plus

importants sont : l'arc de Titus, qui existe encore, l'arc de Septime-Sévère, l'arc de Constantin, et ceux de Dolabella, de Gallicinus et de Drusus. La plus intéressante des colonnes érigées en différentes parties de la ville est celle de Trajan, dans le forum de Trajan, dédiée à cet empereur en commémoration de sa victoire sur les Daces. Sans compter la statue qui la surmonte, elle a 41 m. 58 de hauteur. La colonne de Marc-Aurèle, dans la piazza Colonna, érigée en 174 de notre ère, est semblable, bien qu'elle lui soit inférieure en dessin et en exécution. Sa hauteur est de 40 m. Des nombreux obélisques de Rome, le plus élevé est celui de Latran. (Voy. OBÉLISQUE.) — *Rome moderne.* La ville moderne occupe, à très peu de chose près, le même emplacement que la ville ancienne; latitude, à l'observatoire du *Collegio romano*, 44° 53' 52" N.; long. 10° 8' 26" E.; 304,000 hab. Le Tibre a un cours d'environ 5 kil. à l'intérieur des murailles, et il est traversé par neuf ponts. Les murs ont un circuit de près de 20 kil. A l'extérieur, ils ont 30 pieds de haut, mais moins de 30 pieds en général à l'intérieur. Ils sont défendus par

plus de 300 tours et percés de 13 portes, dont on se sert encore aujourd'hui. Le niveau général du sol s'est sensiblement élevé par suite de l'accumulation de décombres, de sorte que les parties les plus basses sont de 15 pieds plus hautes, au moins, qu'elles ne l'étaient au temps des Césars. La cité moderne s'étend surtout dans les fonds, tandis que les collines sont d'ordinaire couvertes de vignobles, de champs de blé et de villas. Les rues sont en général étroites et tortueuses. Elles ont rarement un trottoir et sont souvent sales, offrant dans leur architecture un mélange de magnificence et de misère. La plupart des maisons sont élevées et bâties de briques et de tuf. Les trois plus belles rues, le Corso, et les *strade* del Babbuino et di Ripetta, rayonnent de la piazza del Popolo, près de la porte du Nord. La ville se divise en 14 *rioni* ou quartiers, dont 12 sur la rive gauche et 2 sur la rive droite du fleuve. Ces deux derniers sont le *rione* di Borgo, où se trouve le château Saint-Ange, aujourd'hui employé surtout comme prison d'État, et le Vatican. (Voy. VATICAN.) Outre la grande collection de livres du Vatican, il y a 10 ou 11 bibliothèques publiques. On compte dans la ville environ 360 églises. La principale et

la plus belle de l'univers est l'église Saint-Pierre. (Voy. PIERRE (*saint*.) Au point de vue de l'antiquité et de la dignité ecclésiastique, l'église principale est celle de Saint-Jean de Latran. (Voy. LATRAN.) Parmi les palais, on remarque les *palazzi* Doria, Ruspoli, Corsini, Orsini, Guistiniani, Altieri, Cicciaporci, Farnese, Barberini et Colonna. Le Quirinal, jadis résidence ordinaire du pape, est aujourd'hui le palais du roi; le pape réside au Vatican. Sur le mont Capitolin sont trois palais affectés aux assemblées des magistrats à l'observatoire et aux collections des beaux-arts. Plusieurs palais, à cause des grands jardins qui les entourent, prennent le nom de villas. Le plus remarquable, dans cette catégorie, est la villa Borghese, dont les jardins sont la promenade à la mode de Rome. La ville contient un grand nombre de squares et de fontaines. Les catacombes forment un des plus curieux restes de la Rome antique. (Voy. CATACOMBES.) Le Ghetto, quartier où les Juifs étaient confinés jadis, est un reste du moyen âge. Les principales industries à Rome sont : les lainages, les soies, les velours, les chapeaux, les gants, les

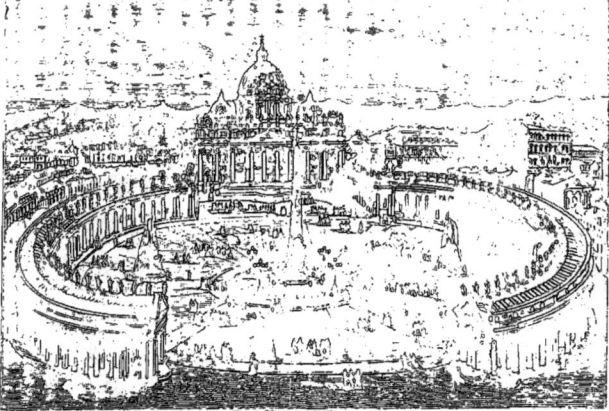

Saint-Pierre et le Vatican.

bas, les cuirs, la colle-forte, les bouteilles, les liqueurs, la pommade, les fleurs artificielles, les mosaïques, la joaillerie et les articles qui se rapportent aux beaux-arts. Le climat est doux, mais débilitant et accablant en été. La fièvre appelée *malaria* y est très redoutable et doit être évitée par des précautions particulières. La moyenne annuelle de la mortalité est d'environ 34 sur 4,000. La première institution enseignante de Rome est l'université, qui a de 400 à 500 étudiants. Il y a plusieurs autres collèges et beaucoup de sociétés savantes. Le nouveau gouvernement a fait beaucoup pour l'instruction publique. — Pendant les siècles qui suivirent la chute de l'empire d'Occident, Rome tomba lentement dans un état de décadence qui atteignit son extrême limite vers la fin du VIIIe siècle. On estime qu'à cette époque la population avait baissé jusqu'au chiffre de 13,000 hab. Les papes (voy. PAPE et PONTIFICAUX) ne tardèrent pas à s'efforcer de restaurer et d'agrandir leur capitale, et à la fin du XIe siècle la population arrivait à 35,000 hab. Au XIVe siècle, le transfert du siège papal à Avignon arrêta les progrès de la ville. Après le retour des papes, en 1377, commença une longue période de troubles et de luttes ci-

viles; mais, vers 1417, l'autorité pontificale prévalut, et, au milieu du xvi° siècle, Rome avait atteint en fait de population et de magnificence le plus haut point auquel elle soit parvenue dans les temps modernes. En 1798, elle fut occupée par les Français qui envoyèrent le pape en France, et proclamèrent une république; mais elle fut remise en son ancien état par les alliés, en 1799. En 1808, les troupes de Napoléon occupèrent de nouveau la ville, et, en 1809, elle fut annexée à l'Empire. Le pape fut restauré encore une fois en 1814, et Rome resta en paix jusqu'en 1848, époque où des mouvements révolutionnaires aboutirent à l'expulsion du pape et à l'établissement de la république en fév. 1849. Cette république fut détruite par les Français qui occupèrent la ville jusqu'à la fin de 1866. En 1867, l'occupation fut rétablie par suite de l'invasion du territoire pontifical par Garibaldi, qui fut défait à Mentana, le 3 nov. En 1870, la guerre franco-allemande força les troupes françaises d'évacuer Rome. Peu après la déposition de Napoléon III, la ville fut occupée par une armée italienne (20 sept. 1870), et la souveraineté temporelle du pape fut abolie. Rome fut déclarée capitale du royaume d'Italie, et devint le siège du nouveau gouvernement.

ROME, ville de l'état de New-York (Etats-Unis), sur le Mohawk, à la jonction des canaux de l'Erie et de la rivière Noire (*Black river*), à 470 kil. O.-N.-O d'Albany; 11,923 hab.

ROME, ville de Géorgie (Etats-Unis), au confluent de l'Etowah et de l'Oostenaula, dont la réunion forme la Coosa, à 120 kil. N.-O. d'Atlanta; 2,748 hab., dont 1,005 de couleur.

ROME-DE-TARN (Saint-), ch.-l. de cant., arr. et à 16 kil. N. de Saint-Affrique (Aveyron), sur la rive gauche du Tarn; 1,200 hab. Vins et amandes.

ROMÉO ET JULIETTE, titre d'une des plus belles comédies de Shakespeare, qui a fourni le sujet de plusieurs opéras : 1° celui de Steibelt (Paris, 1793); 2° celui de Zingarelli (Milan, 1796; Paris, 1812); 3° celui de Vaccaï (Milan, 1825; Paris, 1827); 4° celui de Bellini (Paris, 1859); 5° celui de Gounod, paroles de Barbier et Carré (Paris, 27 avril 1869).

ROMIEU (Auguste), littérateur, né à Paris le 17 sept. 1800, mort le 16 nov. 1855. Il débuta en 1823 par un vaudeville, le *Bureau de loterie*, collabora ensuite aux pièces des vaudevillistes à la mode, donna divers ouvrages de savoir-vivre, fut nommé sous-préfet en 1831, et préfet en 1833. Rentré dans la vie privée en 1848, il occupa ses loisirs à traîner dans la boue la république et les républicains. Son *Ère des Césars* (1850, in-8°), prédit le retour de l'Empire et son *Spectre rouge* (1851, in-8°), écrit pour effrayer la bourgeoisie, prépara les esprits à acclamer le coup d'Etat, après la réussite duquel il fut nommé à une grasse sinécure.

ROMILLY-SUR-SEINE, ch.-l. de cant., arr. et à 20 kil. N.-E. de Nogent-sur-Seine (Aube); 4,500 hab. Verreries, bonneteries; commerce de bois; laines, abeilles.

ROMME. I. (Charles), savant français, né à Riom vers 1744, mort à Rochefort en 1805. Il a laissé entre autres deux ouvrages : *Nouvelle méthode pour déterminer les longitudes en mer* (1777, in-8°); *Art de la mâture* (1778), *Art de la voilure* (1781); *Art de la marine* (1787. in-4°); *Dictionnaire de la marine française* (1792); *Dictionnaire de la marine anglaise* (1804, 2 vol. in-8°), etc. — **II.** (Gilbert), conventionnel montagnard, frère du précédent, né à Riom en 1750, mort le 17 juin 1795. Savant mathématicien, il fut appelé à Saint-

Pétersbourg comme précepteur du jeune comte Strogonoff, et perdit cet emploi, au bout de quelques années, pour avoir inculqué des principes révolutionnaires à son élève qu'il avait été chargé de faire voyager en France. Le département du Puy-de-Dôme l'envoya successivement à l'Assemblée législative et à la Convention. Il attacha son nom à la création du calendrier républicain et composa, pour l'instruction du peuple, un *Annuaire du cultivateur*, dont la Convention décréta l'impression. Compromis dans l'insurrection de prairial an III, Romme fut arraché de son siège, conduit d'abord en Bretagne, puis ramené à Paris, où une commission militaire le condamna à mort. Il évita, en se poignardant, l'infamie de la guillotine.

ROMNEY (George) (romm'-nè], peintre anglais, né en 1734, mort en 1802. En 1762, il vint à Londres, et y obtint, en 1763 un prix pour sa *Mort du général Wolfe*. Revenu d'un voyage en Italie (1775), il acquit de la popularité comme peintre de portraits et fut un rival de sir Joshua Reynolds.

ROMORANTIN, ch.-l. d'arr., à 41 kil. S.-E. de Blois (Loir-et-Cher), au confluent de la Sauldre et du Morantin; par 47° 21' 26" lat. N. et 0° 35' 32" long. O.; 6,500 hab. Importantes filatures et fabriques d'étoffes. Patrie de Claude de France, épouse de François I°. Cette ville, capitale de la Sologne, fut prise par le prince Noir en 1356 et fut réunie à la couronne par Claude de France. Elle a conservé quelques tours du xvi° siècle, un joli château construit par François I° et une église classée parmi les monuments historiques. — Edit de Romorantin, édit célèbre que le chancelier de L'Hospital fit rendre en mai 1560, pour empêcher l'établissement de l'inquisition, que l'on voulait introduire en France pour poursuivre les protestants.

* **ROMPEMENT** s. m. (fr. rompre). Ne s'emploie que dans cette locution peu usitée, ROMPEMENT DE TÊTE, fatigue que cause le grand bruit, ou un discours importun, ou une forte application, etc. : *on fait un bruit effroyable, c'est un rompement de tête continuel.*

ROMPEUR, EUSE s. Personne qui rompt.

* **ROMPRE** v. a. (lat. *rumpere*). Je romps, tu romps, il rompt; nous rompons, etc. Je rompais. Je rompis. Je romprai. Je romprais. Romps. Que je rompe. Que je rompisse. Rompant. Rompu. Briser, casser, mettre en pièces : *rompre un coffre, une porte.* — Ecrit. ROMPRE LES PAINS, faire la cène, la communion. On dit de même, fig., ROMPRE LE PAIN DE LA PAROLE DE DIEU, prêcher la parole de Dieu. — ROMPRE UN CRIMINEL, rompre les os des bras et des jambes à un criminel avec un barre de fer : *on l'a rompu vif.* — Fig. ROMPRE EN VISIÈRE A QUELQU'UN, lui dire en face et brusquement quelque chose de désobligeant : *il m'a rompu en visière.* — Fig. ROMPRE SES FERS, SES CHAINES, s'affranchir, s'évader, mettre en liberté. ROMPRE SES FERS, SES CHAINES, SES LIENS, se dégager d'une passion, d'un attachement : *il s'est délivré de cette passion, il a rompu ses liens.* — ROMPRE LES CHEMINS, gâter les chemins : *les pluies, le dégel, les charrois ont rompu les chemins.* On dit aussi, ROMPRE LES PASSAGES, ROMPRE LES PONTS, ROMPRE LES GUÉS, les rendre impraticables, pour n'être pas atteint, lorsqu'on est poursuivi par l'ennemi : *comme la cavalerie ennemie nous suivait, nous rompîmes les ponts.* — Fig. ROMPRE UNE ASSEMBLÉE, UNE DIÈTE, faire cesser, congédier une assemblée, empêcher que la diète ne continue. — Guerre. ROMPRE LE CAMP, renvoyer les troupes dans leurs quartiers. — ROMPRE SA MAISON, SON TRAIN, congédier son train, sa maison; ROMPRE SA TABLE, cesser de tenir table; et, ROMPRE SON MÉNAGE, cesser de tenir ménage. — ROMPRE

L'EAU A UN CHEVAL, interrompre un cheval quand il boit, l'obliger à boire à différentes reprises : *rompez l'eau à votre cheval, qui a trop chaud.* — Jeu de trictrac. ROMPRE SON PLEIN, être obligé de lever une des deux dames qui complètent chaque case du plein. — Arrêter, détourner le mouvement droit de quelque corps : *rompre le vent.* — ROMPRE UN COUP, en amortir l'effet : *il se serait tué en tombant, sans une botte de paille qui a rompu le coup.* — Jeux de dés. ROMPRE LE COUP, arrêter, détourner une chance des dés, en empêchant de rouler librement : *je vous romps ce coup-là.* On dit de même, empêcher le succès d'une entreprise : *je réussissais, si quelqu'un n'avait secrètement rompu le coup.* — Escr. ROMPRE LA MESURE A SON ADVERSAIRE, se mettre hors d'état de porter le coup qu'il voulait; et simpl., ROMPRE LA MESURE, reculer en parant. On dit aussi, ROMPRE LA SEMELLE, reculer de la longueur du pied. — Chasse. ROMPRE LES CHIENS, les arrêter, les empêcher de suivre une voie. — ROMPRE LES CHIENS, empêcher qu'un discours qui pourrait avoir quelque inconvénient, ne continue : *il allait continuer, mais quelqu'un a su rompre les chiens.* — ROMPRE LE DESSEIN, LES DESSEINS DE QUELQU'UN, LUI ROMPRE SES MESURES, empêcher qu'il n'exécute son dessein, qu'il ne réussisse dans les mesures qu'il avait prises. — ROMPRE UN ENCHANTEMENT, en détruire l'effet, s'en délivrer, ou en délivrer quelqu'un. — En parlant d'amitié, de relations, d'alliance, de traité, etc., signifie, fig., détruire, faire cesser, rendre nul : *rompre la paix.* — Absol. Renoncer à l'amitié, aux liaisons qu'on avait avec quelqu'un : *ils ont rompu.*

Oui, je *romps* avec vous, et je *romps* pour jamais.
MOLIÈRE. Le *Dépit amoureux*, acte II, sc. III.

— Fig. ROMPRE UN MARIAGE, rompre un projet de mariage. ROMPRE SON VOYAGE, ne point faire un voyage qu'on avait résolu de faire. — Fig. ROMPRE UN TÊTE-A-TÊTE, survenir dans la compagnie de deux personnes : *nous dînons rarement seuls; il vient toujours quelqu'un qui rompt le tête-à-tête.* — Fig. ROMPRE LE SOMMEIL DE QUELQU'UN, éveiller quelqu'un, troubler le sommeil de quelqu'un. — Fig. ROMPRE LE SILENCE, cesser de se taire. — Fig. Manquer à une obligation, cesser pour toujours ou momentanément de la remplir : *rompre son serment, ses engagements.* — ROMPRE SON BAN, s'évader; et, ROMPRE SON BAN, ne pas garder son ban, sortir des lieux où l'on était banni, rentrer dans le pays d'où l'on était banni. — Styler, dresser, exercer, accoutumer : *on l'a mis dans tel emploi pour le rompre aux affaires, au travail.* — ROMPRE LA VOLONTÉ, L'HUMEUR, LE CARACTÈRE D'UN ENFANT, l'accoutumer à être doux et docile. — Equit. ROMPRE UN CHEVAL, le débourrer, l'assouplir. — Phys. Se dit des milieux qui occasionnent la réfraction, qui obligent les rayons de lumière à se détourner de leur première direction : *tous les corps transparents ont la propriété de rompre les rayons de lumière qui y entrent.* — ROMPRE LES COULEURS, les mêler avec d'autres pour en adoucir l'éclat : *dans la nature, les reflets rompent les couleurs; ces ruptures forment l'harmonie de la couleur.* Rompre v. n. Se casser, se briser : *cet arbre est si chargé de fruits, qu'il en rompt.* — Vous verrez beau jeu, si la corde NE ROMPT, vous verrez des choses qui vous surprendront, si les moyens ne manquent pas. — Théorie. Se dit d'une troupe qui passe de l'ordre en bataille à l'ordre en colonne : *rompre par divisions, par pelotons, par sections.* — A tout rompre loc. adv. Tout au plus, à toute extrémité : *cette terre, à tout rompre, ne vaut pas dix mille francs de rente.* Ce sens familier a vieilli. — A tout rompre, se dit plus ordi-

nairement en parlant d'un acteur, d'une pièce de théâtre, et, en général, d'un ouvrage lu ou prononcé en public, qui a été applaudi avec transport : *cet acteur, cet orateur a été applaudi à tout rompre.*

*ROMPU, UE part. passé de ROMPRE. — ÊTRE ROMPU, TOUT ROMPU DE FATIGUE, être extrêmement fatigué. — ÊTRE ROMPU AUX AFFAIRES, AUX CALCULS, etc., y être fort exercé. On dit de même, ÊTRE ROMPU A FAIRE UNE CHOSE. — Arithm. NOMBRE ROMPU, fraction, partie d'unité : *un quart, un tiers, deux tiers, trois quarts, quatre cinquièmes, sont des nombres rompus.* On dit plus ordinairement, FRACTION. — BATONS ROMPUS, se dit de certaines pièces de compartiment dans des vitres et dans d'autres ouvrages. On dit aussi d'une sorte de tapisserie où l'on représente plusieurs bâtons rompus, et entremêlés les uns dans les autres. — À bâtons rompus, loc. adv dont on se sert en parlant des choses qui se font ou qui se disent avec de fréquentes interruptions et à diverses reprises : *travailler à quelque chose à bâtons rompus.*

ROMPURE s. f. Techn. Opération consistant à détacher du pied de la lettre un excédent de matière qui est nécessaire pour la fonte, mais qui ne doit pas subsister après cette opération.

ROMUALD (Saint), fondateur de l'ordre des Camaldules, né à Ravenne vers l'an 956, mort vers 1027. Fête le 7 fév.

ROMULUS [ro-mu-luss], fondateur légendaire de Rome (vers 753 av. J.-C.). Amulius, roi d'Albe la Longue, dépouilla son frère Numitor des droits au trône, et fit de Rhéa Silvia, fille de ce prince, une vestale. Rhéa Silvia eut du dieu Mars deux enfants, Romulus et Rémus, qu'Amulius ordonna de jeter dans le Tibre. Le panier dans lequel ils étaient placés atterrit lorsque les eaux baissèrent. Une louve les nourrit de son lait. Faustulus, le berger du roi, les trouva et les éleva avec ses propres enfants. Lorsqu'ils furent grands, une querelle avec les bergers de Numitor amena la découverte de leur naissance, le meurtre d'Amulius et la restauration de Numitor. Les deux frères résolurent de bâtir une ville sur le mont Palatin, et ils s'en rapportèrent aux augures pour savoir lequel des deux lui donnerait son nom. Rémus vit d'abord six vautours, mais Romulus en vit ensuite douze, ce qui décida en sa faveur. Rémus, s'étant moqué des remparts de la ville nouvelle, fut tué par son frère. Romulus fit de Rome un lieu d'asile; mais les peuples voisins ne voulaient pas donner aux Romains leurs filles en mariage. Romulus publia alors que des jeux allaient être célébrés à Rome, et les jeunes Romains enlevèrent les femmes des Sabins et des autres peuples qui étaient venus à la fête. Une guerre s'ensuivit. La trahison de Tarpeia permit aux Sabins de se rendre maîtres de la forteresse du mont Saturnius, et une bataille se livra au pied de cette colline. Au plus fort de la lutte, les femmes enlevées descendirent en courant du mont Palatin et implorèrent leurs maris d'un côté, leurs pères et leurs frères de l'autre, d'arrêter le carnage. La paix se fit, et les deux peuples se fondirent en un seul, sous Romulus et le roi sabin Titus Tatius. Peu après, Tatius fut massacré par les habitants de Laurentum, et Romulus fut seul roi. Il divisa le peuple en trois tribus, et fit de nombreuses guerres, toujours avec succès. Après un long règne, il disparut dans une tempête. Le peuple, pensant qu'il était devenu dieu, l'adora sous le nom de Quirinus. Il eut pour successeur Numa Pompilius (vers 716).

ROMULUS-AUGUSTULE. Voy. AUGUSTULE et OCCIDENT (*Empire d'*).

* RONCE s. f. (lat. *rumex, rumicis*). Bot. Genre de rosacées dryadées, comprenant un

grand nombre d'espèces d'arbrisseaux ou de sous-arbrisseaux sarmenteux, à rameaux grêles, ordinairement très épineux. L'espèce cultivée ou ronce du mont Ida (*rubus Idæus*)

Ronce du mont Ida ou framboisier (Rubus Idæus).

est très répandue sous le nom de *framboisier.* (Voy. ce mot.) On trouve dans toutes nos haies la *ronce frutescente* (*rubus fruticosus*) dont les fruits glabres, noirs et luisants, sont bien populaires sous le nom de *mûres sauvages*, et dont les feuilles et les bourgeons légèrement astringents sont employés en gargarismes dans les angines simples. Cette espèce est tellement variable qu'elle a été décrite sous plus de vingt noms différents; une variété double est cultivée pour l'ornement. La principale espèce des Etats-Unis

Grande ronce (Rubus villosus).

est la *grande ronce* (*rubus villosus*). — Se dit, fig., des difficultés, des désagréments qu'on trouve dans les études, dans les affaires : *il trouve partout des ronces et des épines.*

RONCER v. a. Pousser, faire avancer en glissant dans le sens de la longueur, en parlant d'une pièce de bois.

RONCERAIE s. f. Terrain où croissent des ronces.

RONCEUX, EUSE adj. Se dit d'un bois qui a des ronces.

RONCEVAUX (esp. *Roncesvalles*), hameau de la Navarre (Espagne), dans la vallée de Valcarlos, à 35 kil. N.-E. de Pampelune; il commande l'entrée d'un des passages des Pyrénées. Charlemagne y fut défait par les montagnards basques en 778. Les nombreux ouvrages relatifs aux légendaires Bernardo del Carpio, Roland et autres héros, qui tombèrent dans cette rencontre, ont rendu Roncevaux célèbre dans la littérature du moyen âge.

RONCHONNER v. n. Gronder, murmurer. (Pop.)

RONCINÉ, ÉE adj. Bot. Dont les feuilles sont oblongues, à lobes aigus, dirigés vers la base.

* ROND, ONDE adj. (lat. *rotundus*). Qui est de telle figure, que toutes les lignes droites tirées du centre à la circonférence sont égales. Se dit des surfaces comme des solides : *un cercle est rond*. — Se dit quelquefois de ce qui est cylindrique : *un bâton bien rond*. — CHEVALIERS DE LA TABLE RONDE, les douze chevaliers qu'un vieux roman dit avoir été compagnons d'Artus, ancien roi des Bretons. — TÊTE RONDE, nom donné dans l'histoire d'Angleterre aux partisans de Cromwell. — Sculpt. FIGURES DE RONDE BOSSE, figures dont les différentes parties ont tout leur contour, par opposition aux figures de demi-bosse et de bas-relief. — Par exag. IL EST TOUT ROND, IL EST ROND COMME UNE BOULE, se dit d'un homme gros et court. — IL EST ROND, BIEN ROND, se dit de quelqu'un qui a le ventre bien plein, pour avoir beaucoup bu ou beaucoup mangé. — CET HOMME EST ROND ET FRANC, IL EST TOUT ROND, il agit sans façon, sans artifice, avec sincérité. On dit de même, C'EST UN HOMME ROND EN AFFAIRES, TRÈS ROND EN AFFAIRES. — Mus. VOIX RONDE, voix pleine, égale, unie. — PÉRIODE RONDE, période qui est pleine, nombreuse, bien tournée, et d'une agréable cadence. On dit, plus ordinairement, UNE PÉRIODE BIEN ARRONDIE. — COMPTE ROND, compte dont la somme est parfaite sans fraction : *vous me demandez cinquante-deux francs, faisons un compte rond; je vous en donnerai cinquante*. — FIL ROND, fil un peu retordu; et, par ext., TOILE RONDE, toile dont le fil est un peu retordu. — LETTRE RONDE, ou simpl., RONDE, sorte d'écriture dont les traits sont presque perpendiculaires : *écrire en lettre ronde, en ronde.*

* ROND s. m Figure circulaire, cercle : *faire un rond.* — ROND D'EAU, grand bassin rond rempli d'eau, et servant quelquefois de décharge ou de réservoir. — ROND DE JAMBE, se dit, en termes de danse, d'une certaine manière d'avancer ou de reculer une jambe en lui faisant décrire un demi-cercle, tandis que l'autre jambe pose à terre.

RONDA [rônn-da] (anc. *Arunda*), ville d'Espagne, dans la province de Malaga, sur un rocher élevé, presque entouré par le Guadiaro, à 130 kil. O.-S.-O. de Grenade; 20,000 hab. environ. Tissus de coton et de laine, coutellerie et fabrication de crucifix. Sous les Maures, Ronda était la principale forteresse de Grenade. En 1485, les Espagnols s'en emparèrent.

* RONDACHE s. f. Espèce de grand bouclier dont on se servait autrefois : *il entra au combat avec l'épée et la rondache.*

* RONDE s. f. (rad. fr. *rond*). Visite qui se fait la nuit autour d'une place, dans une ville, dans un camp, pour observer si les sentinelles, les corps de garde font leur devoir, et si tout est en bon état : *ronde d'officier supérieur.* — Se dit, dans un sens anal., en termes de marine militaire : *il y a des embarcations armées pour faire les rondes.* — Visites de nuit que font les employés des douanes, des octrois, etc. — Se prend aussi pour la troupe ou la personne même qui fait la ronde : *quand la ronde passe.* — Fig. FAIRE LA RONDE, SA RONDE, tourner autour d'un jardin, d'une maison, etc., pour observer, pour épier. — Visiter toutes les parties d'un appartement, pour voir si tout est en ordre, en sûreté : *il fait tous les soirs sa ronde, de crainte des voleurs.* — FAIRE SA RONDE, boire à la santé de chacun des convives l'un après l'autre. (Peu us.) — RONDE DE TABLE, ou simpl., RONDE, chanson à refrain, où chacun chante tour à tour. — Chanson qu'une personne chante seule, et dont le refrain est répété par tous en dansant en rond : *une ronde villageoise.* — Lansquenet. Se dit de l'argent que chaque joueur paye pour les cartes avant de se mettre au

jeu : *j'ai payé ma ronde.* — A la ronde loc. adv. Alentour : *cent pas à la ronde.* — Boire A LA RONDE, boire tour à tour, les uns après les autres. PORTER DES VERRES A LA RONDE, en porter à tous ceux qui sont à une même table, suivant le rang dans lequel ils sont assis. — Prov. et pop. A LA RONDE MON PÈRE EN AURA, se dit en faisant passer quelque chose de main en main.

* **RONDE** s. f. Mus. La plus longue de toutes les notes, celle qui a le plus de valeur : elle a la figure d'un O incliné à droite (◯) : *la ronde vaut deux blanches, ou quatre noires, ou huit croches,* etc.

* **RONDE** s. f. Sorte d'écriture. Voy. ROND, adj., *dernier alinéa.*

* **RONDEAU** s. m. Petite pièce de poésie particulière aux Français, composée de treize vers à deux rimes, avec une pause au cinquième et une au huitième, et dont le premier mot, ou les premiers mots se répètent après le huitième vers et après le dernier, sans faire partie des vers ; ex. :

*Entre deux draps de toile belle et bonne,
Que très souvent on rechange, on savonne,
La jeune Iris au coeur sincère et haut,
Aux yeux brillants, à l'esprit sans défaut,
Jusqu'à midi volontiers se mitonne.
Je ne combats de goût contre personne;
Mais, franchement, sa paresse m'étonne !
C'est demeurer seule plus qu'il ne faut
Entre deux draps.*

*Quand à rêver enfin l'on s'abandonne,
Le traître Amour rarement la pardonne ;
A soupirer on s'exerce bientôt.
Et la vertu soutient un grand assaut,
Quand une fille au coeur faignasse
Entre deux draps.*

Mᵐᵉ DESHOULIÈRES.

— RONDEAU REDOUBLÉ, pièce de poésie de vingt vers, disposés par cinq quatrains, en sorte que les quatre vers du premier quatrain font, l'un après l'autre, le dernier vers des autres quatrains : le cinquième de ces quatrains doit être suivi de la répétition du premier mot ou de l'hémistiche du premier vers de l'ouvrage ; ex. :

*Epris d'amour pour la jeune Climène,
J'ai soupiré pour elle un jour ou deux:
Si l'insensible eût partagé ma peine,
J'aurais longtemps brûlé des mêmes feux.

Depuis l'instant qu'un dépit courageux
M'ôta du coeur cette passion vaine,
Je ne saurais que plaindre un langoureux
Epris d'amour pour la jeune Climène.

Elle croyait me tenir dans sa chaîne :
Mais quelque soit pourquoi perdre des voeux?
Je sais trop bien qu'elle est fière, inhumaine;
J'ai soupiré pour elle un jour ou deux.

Je ne dis pas que mon coeur amoureux
N'eût soupiré pour elle une semaine ;
J'aurais nourri cet amour dangereux,
Si l'insensible eût partagé ma peine.

Divin Bacchus, la liqueur souveraine,
M'a garanti d'un incendie affreux ;
Sans ton secours, élève de Silène,
J'aurais longtemps des mêmes feux.

ENVOI

Garder six mois une fièvre quartaine
Est, à mon sens, un mal moins rigoureux
Que d'adorer une fille hautaine
Qui de mépris relance un malheureux
Epris d'amour.*

— Se dit improprement d'autres petites pièces de poésie qu'on met ordinairement en musique, et dont le premier vers, ou les premiers vers sont répétés à la fin. — Mus. Air à deux ou à plusieurs reprises, dans lequel, après chaque reprise, on recommence la première avant de passer à celle qui suit, et qu'on termine par cette même première reprise : *chanter un rondeau.*

* **RONDELET, ETTE** adj. (Dimin. de *rond*). Ne se dit que des personnes, et signifie, qui a un peu trop d'embonpoint : *il est rondelet.* — Soies RONDELETTES, les moindres et les plus communes des soies.

RONDELET (Jean), architecte, né à Lyon en 1734, mort à Paris en 1829. Elève de Souf-flot, il eut la gloire de terminer le Panthéon,

après la mort du maître (1781). Son *Traité de l'art de bâtir* (1802-17, 5 vol. in-4°) est resté longtemps le guide des architectes. Il a laissé plusieurs autres savants ouvrages.

* **RONDELETTES** s. f. pl. Toiles à voiles qui se fabriquent en Bretagne.

* **RONDELLE** s. f. Petit bouclier rond, dont les gens de pied armés à la légère se servaient autrefois. — Se dit, en termes d'arts, de certaines pièces rondes, de métal, de cuir, etc., qui sont percées dans le milieu, et qui entrent ordinairement dans la construction de certains appareils, de certaines machines : *rondelle de plomb, de cuir, de carton, de chapeau,* etc. — Espèce de ciseau arrondi dont on se sert en sculpture.

* **RONDE-MAJOR** s. f. Ronde que fait le major.

* **RONDEMENT** adv. Uniment, également : *il travaille rondement.* — Promptement, avec vitesse : *nous avons fait ce voyage rondement.* — MENER RONDEMENT UNE AFFAIRE, la conduire avec suite et activité. — Fig. Sincèrement, franchement, sans artifice, sans façon : *il n'est point trompeur, il y va rondement.*

* **RONDEUR** s. f. Figure de ce qui est rond, de ce qui est sphérique, circulaire ou cylindrique : *la rondeur de la terre.* — Fig. CETTE PHRASE, CE STYLE MANQUE DE RONDEUR, il n'y a point assez de nombre, assez d'harmonie dans cette phrase, etc. — Se dit, fig., en parlant d'une personne qui a de la franchise, qui est sans façon : *c'est un homme qui a de la rondeur.* — CE COMÉDIEN A DE LA RONDEUR, il joue franchise et naturel.

* **RONDIN** s. m. Morceau de bois de chauffage, qui est rond : *un petit rondin.* — Gros bâton : *il lui a donné sur les épaules avec un rondin.*

* **RONDINER** v. a. Donner à quelqu'un des coups de rondin : *on l'a rondiné d'importance.*

* **RONDON** s. m. Fauconn. N'est usité que dans cette phrase, FONDRE EN RONDON, qui se dit d'un oiseau lorsqu'il fond avec impétuosité sur sa proie.

* **ROND-POINT** s. m. Archit. Partie demi-circulaire qui termine quelquefois le rond d'une église. — Grande place circulaire, à laquelle aboutissent plusieurs avenues ou allées : *le rond-point des Champs-Elysées, à Paris ; des ronds-points.*

* **RONFLANT, ANTE** adj. Sonore et bruyant : *un instrument ronflant.* — Se dit, particul., des phrases, des mots, etc. : *style ronflant.* — Fig. PROMESSES RONFLANTES, grandes et vaines promesses.

* **RONFLEMENT** s. m. Bruit qu'on fait en ronflant : *ton rhume est cause de son ronflement.* — Fig. Certain bruit qu'a quelque rapport avec le ronflement d'un homme : *le ronflement de l'orgue.*

* **RONFLER** v. n. Faire un certain bruit de la gorge et des narines en respirant pendant le sommeil : *cet homme n'a fait que ronfler toute la nuit.* — Se dit aussi d'un cheval, quand la peur, la vivacité, la colère, etc., lui font faire un certain bruit des narines : *tout à coup mon cheval s'effraye, ronfle et se cabre.* — Se dit, fig. et par ext., de certaines choses qui font un bruit prolongé, comme le tonnerre, le canon, l'orgue, etc. : *on entend ronfler le tonnerre.* — FAIRE RONFLER DES VERS, les déclamer avec une certaine emphase.

* **RONFLEUR, EUSE** s. Celui, celle qui ronfle, qui a l'habitude de ronfler : *on ne saurait dormir dans la même chambre que lui, c'est un ronfleur insupportable.*

* **RONGE** s. m. Vén. N'est usité que dans cette phrase, LE CERF FAIT LE RONGE, il rumine.

* **RONGE-MAILLE** s. m. Nom que La Fontaine donne au rat.

RONGEOTER v. a. (dimin. de *ronger*). Ronger petit à petit. — v. n. Manger sans appétit : *il ne fait que rongeoter.*

* **RONGER** v. a. (lat. *rodere*). Couper avec les dents à plusieurs et à fréquentes reprises : *un chien qui ronge un os.* — Se dit, fig., de certaines choses qui minent, corrodent ou consument peu à peu d'autres choses : *la mer ronge insensiblement ses bords.* — Se dit aussi, fig., des choses qui inquiètent, qui tourmentent l'esprit, la conscience, etc. : *les soucis rongent l'esprit.* — Se dit encore, fig., de ceux qui consument le bien d'autrui : *cet avoué ronge ceux qui ont affaire à lui.*

* **RONGEUR** adj. Qui ronge. S'emploie surtout dans cette expression figurée, LE VER RONGEUR, le remords qui tourmente le coupable. On dit aussi, LES REMORDS, LES SOUCIS RONGEURS. — s. m. pl. (lat. *rodentia*). Ordre de mammifères caractérisés par la forme et les ciseaux des incisives, particulièrement propres à ronger les dures matières végétales dont ils se nourrissent, comme le bois et l'écorce des arbres, les noix, etc., et quelquefois des tissus osseux, comme l'ivoire. Les rongeurs sont la plupart de petite taille, très prolifiques, et se trouvent dans toutes les parties du globe. L'ordre comprend des animaux comme le capybara, le castor, le porc-épic, l'écureuil, la marmotte, le loir, le hamster, le lemming, la gerboise, le rat, le lièvre, le lapin, le rat musqué, le cochon d'Inde, l'agouti et le chinchilla. Les naturalistes contemporains distribuent les rongeurs en familles de la manière suivante : *muridés* (rats, souris, etc.), *spalacidés* (rats-taupes), *dipodidés* (gerboises), *myoxidés* (loir), *saccomyidés* (rats à poche), *castoridés* (castors), *sciuridés* (écureuils), *haploodontidés, chinchillidés* (chinchillas et viscache), *octodontidés, échimyidés* (échimys), *cercolabidés, hystricidés* (porc-épic), *caviidés* (agouti), *léporidés* et *lagomyidés* (pica).

RONRON s. m. (onomat.) Sorte de grondement de satisfaction que fait entendre le chat.

RONRONNER v. n. Faire des ronrons.

RONSARD (Pierre de), célèbre poète français, né au château de la Poissonnière (Vendômois) le 10 sept. 1524, mort au prieuré de Saint-Côme (Touraine) le 27 déc. 1585. Il fut au service du duc d'Orléans, puis pendant quelque temps, à celui de Jacques V d'Ecosse; plus tard, il fut secrétaire d'ambassade à la diète de Spire et dans le Piémont. Une précoce surdité mit fin à sa carrière politique ; il se voua dès lors à la poésie. Il projetait de faire subir à la langue française des améliorations dont Joachim du Bellay publia, en 1549, un exposé qui fut considéré comme le manifeste des novateurs littéraires. Il devint le poète national de la cour de France et le chef de la fameuse pléiade ; Charles IX voulut qu'il l'accompagnât dans ses voyages; il le combla de bénéfices et d'abbayes, bien qu'il ne fût pas prêtre. Ses oeuvres comprennent 3 livres d'*Amour*, 5 livres d'*Odes*, la *Franciade*, épopée nationale à laquelle il travailla vingt-cinq ans et qu'il laissa inachevée ; le *Bocage royal*, recueil de poésies; les *Eglogues*; les *Mascarades*, les *Elégies*, 2 livres d'*Hymnes*; 2 livres de *Poèmes*, les *Sonnets*, les *Gaietés*, le *Discours sur les misères de son temps* et les *Epitaphes*. Ces oeuvres furent réunies en 1567 (4 vol. in-4°); on les a réimprimées en 1587 (10 vol. in-12), avec une vie du poète, par Claude Binet; en 1604 (10 vol. in-12); en 1609 (2 vol. in-fol.), etc. Elles ont paru dans la collection Jannet (1859, 4 vol. in-12). Sainte-Beuve a publié, en 1828, une édition de ses oeuvres choisies, avec une notice biographique

En 1872, la ville de Vendôme a élevé à Ronsard une statue en bronze due à M. Irvoy.

RONSARDISER v. n. Ecrire à la façon de Ronsard.

RONSARDISME s. m. Emploi de mots grecs et latins francisés.

RONSARDISTE s. m. Ecrivain de l'école de Ronsard.

RONSIN (Charles-Philippe), auteur dramatique, né à Soissons en 1752, guillotiné à Paris le 24 mars 1794. Révolutionnaire enthousiaste, il donna des pièces patriotiques qui firent fureur. La plus populaire fut la *Ligue des fanatiques et des tyrans*, tragédie en 3 actes et en vers (1791). Il fut condamné à mort comme hébertiste.

ROOKE (sir John) [rou'-ke], amiral anglais, né en 1650, mort en 1709. Créé contre-amiral par Guillaume III, il dirigea, à la bataille du cap de la Hogue, le 19 mai 1692, une attaque de nuit dans les bateaux de la flottille, et brûla 13 vaisseaux français. Il fut élu 2 fois au parlement, et en 1702, on le créa « vice-amiral et lieutenant de l'amirauté d'Angleterre, quoique lieutenant des flottes et des mers ». Dans la guerre de la succession d'Espagne, il échoua dans une attaque navale contre Cadix. Il prit ensuite Vigo d'assaut avec le duc d'Ormard, et détruisit 17 vaisseaux. En août 1704, il se distingua par la prise de Gibraltar.

ROPALIQUE adj. Se dit de vers latins dans lesquels le premier mot est d'une syllabe, le second de deux et ainsi de suite jusqu'au dernier qui a autant de syllabes qu'il y a de mots dans le vers.

ROQUE (Cap San) Voy. SAN ROQUE.

ROQUE (Pointe de la), pointe qui s'avance sur la gauche de l'estuaire de la Seine, à l'embouchure de la Risle.

ROQUEBROU (La), ch.-l. de cant., arr. et à 22 kil. O. d'Aurillac (Cantal), sur la Cère; 1,200 hab. — Ruines d'un ancien château.

ROQUEBRUNE. I, village de l'arr. et à 22 kil. S.-E. de Draguignan (Var); 2,000 hab. — **II**, village du dép. des Alpes-Maritimes, près de Monaco; 850 hab.

ROQUEBRUSSANE (La), ch.-l. de cant., arr. et à 13 kil. S.-O. de Brignoles (Var); sur l'Issole; 1,200 hab.

ROQUECOURBE, ch.-l. de cant., arr. et à 9 kil. S.-E. de Castres (Tarn), sur l'Agout; 1,300 hab.

ROQUEFAVOUR, village de l'arr. et à 20 kil. O. d'Aix (Bouches-du-Rhône), dans la vallée de l'Arc; 30 hab. Donne son nom au magnifique aqueduc construit de 1842 à 1846 pour faire traverser la vallée de l'Arc au canal qui conduit l'eau de la Durance à Marseille. Cet aqueduc, long de 400 m., haut de 80 m., se compose de 3 rangs d'arches superposées : le premier de 12 arches, le second de 15 et le troisième de 53.

* **ROQUEFORT** s. m. Fromage très estimé, qui tire son nom d'un lieu du Languedoc où il se fabrique : *le roquefort est fait de lait de brebis; il acquiert sa qualité dans les caves de Roquefort qui n'est reste environ quarante jours.*

ROQUEFORT, village de l'arr. et à 9 kil. N.-E. de Saint-Affrique (Aveyron); 800 hab. Le village est situé sur le penchant d'une colline dominée par d'immenses rochers dans lesquels sont creusées des caves profondes où se fabrique le fromage de Roquefort.

ROQUEFORT, ch.-l. de cant., arr. et à 22 kil. N. de Mont-de-Marsan (Landes), sur la Douze; 1,500 hab.

ROQUEFORT (Jean-Baptiste-Bonaventure), érudit, né à Mons en 1777, mort à la Guadeloupe

en 1834. Il fit les campagnes de la Révolution comme officier d'artillerie; refusa de servir l'Empire et publia en 1808 un *Glossaire de la langue romane* (2 vol. in-8°), ouvrage remarquable qui établit sa réputation. Il écrivit aussi sur l'archéologie.

ROQUELAURE, nom d'une célèbre famille française, dont un membre (Antoine, BARON DE), maréchal de France, né en 1560, mort en 1625, serviteur fidèle de Henri IV, se trouvait dans la carrosse du roi lorsque celui-ci fut assassiné; et dont un autre membre (Gaston-Jean-Baptiste, MARQUIS, PUIS DUC DE), fils du précédent (1647-'83), surnommé « l'homme de France », se distingua par son esprit. On a publié : *Le Momus français ou les aventures divertissantes du duc de Roquelaure* (Cologne, 1727, in-12), recueil des plates bouffonneries qu'on lui attribue. Son fils (Antoine-Gaston-Jean-Baptiste, DUC DE), né en 1656, mort en 1738, devint aussi maréchal de France. Avec lui s'éteignit la maison de Roquelaure.

ROQUEMAURE, ch.-l. de cant., arr. à 29 kil. N.-E. d'Uzès (Gard), sur un bras du Rhône; 2,800 hab.

* **ROQUENTIN** s. m. Terme burlesque dont on se sert pour désigner un vieillard ridicule : *voyez ce vieux roquentin.*

ROQUEPLAN. I. (Joseph-Étienne-Camille), peintre, né à Mallemort (Bouches-du-Rhône) en 1802, mort dans les Pyrénées en 1855. Parmi ses œuvres, on remarque des illustrations des romans de Walter Scott : l'*Antiquaire amateur*, et le *Puits près du grand figuier*, son dernier et son meilleur tableau (1852). — **II. (Louis-Victor-Nestor)**, littérateur, né à Mallemort (Bouches-du-Rhône) en 1804, mort à Paris, le 24 avril 1870. Il débuta dans le journalisme et devint rédacteur en chef de l'ancien *Figaro*, puis successivement directeur de différents théâtres. Il dirigea l'Opéra de 1847 à 1854, l'Opéra-Comique de 1857 à 1860 et le Châtelet de 1860 jusqu'au moment de sa mort. Ses chroniques théâtrales et ses Nouvelles à la main étaient ravissantes. Sa *Parisine* est une glorification de la vie de Paris.

* **ROQUER** v. n. (rad. *roc*, ancien nom de la tour, au jeu d'échecs). Jeu des échecs. Mettre sa tour, son roc auprès de son roi, et faire passer le roi de l'autre côté de la tour : *on ne peut roquer qu'une fois à chaque partie.*

ROQUESTÉRON ch.-l. de cant., arr. et à 12 kil. de Puget-Théniers (Alpes-Maritimes), sur les deux rives de l'Estéron; 500 hab.

* **ROQUET** s. m. Sorte de petit chien très commun : *un vilain petit roquet.* — C'EST UN ROQUET QUI ABOIE, se dit d'un homme méprisable et sans valeur qui use de paroles insultantes.

ROQUE-TIMBAUT (La), ch.-l. de cant., arr. et à 20 kil. N.-E. d'Agen (Lot-et-Garonne); 500 hab.

ROQUETIN s. m. Techn. Petit roquet, petite bobine servant au dévidage des fils d'argent.

* **ROQUETTE** s. f. Plante crucifère, espèce de chou d'une odeur forte, que l'on cultive dans les potagers, et qui se mange en salade. — ROQUETTE SAUVAGE, plante crucifère à fleurs jaunes et d'une odeur très fétide, qui croît abondamment sur les murailles et dans les lieux incultes.

ROQUETTE (Place de la), place située en face de la prison de ce nom, rue de la Roquette. C'est là qu'ont lieu les exécutions capitales.

ROQUEVAIRE, ch.-l. de cant., arr. à 23 kil. N.-E. de Marseille (Bouches-du-Rhône); sur l'Huveaune; 4,800 hab.

* **ROQUILLE** s. f. (*ll* mll.). Petite mesure de vin, contenant le quart du setier : *on ne lui donne que roquille à son déjeuner.* (Vieux.)

RORAGE s. m. (lat. *ros*, rosée). Blanchiment des toiles, opéré en les exposant à la rosée.

RORAIRE s. m. Antiq. Soldat armé à la légère.

RORET (Nicolas-Edme), éditeur, né à Vendeuvre-sur-Barse (Aube) en 1797, mort à Paris en 1860. Son nom est devenu populaire grâce aux *Manuels* dont il commença la publication en 1825 et qui forment une immense encyclopédie méthodique de plus de 400 volumes.

RORIFÈRE adj. (lat. *ros*, rosée; *fero*, je porte). Qui produit ou qui retient la rosée.

RORQUAL s. m. [ror-koual]. Le plus grand animal de la famille des baleines. Son nom est d'origine norvégienne et signifie « baleine à plis ». Cet animal a reçu de Lacépède, en 1804, le nom de *balænoptera*. Les dents du rorqual sont absentes et ses baleines ou fanons sont très courtes. La plus grande espèce est le *grand rorqual du Nord* (*balænop-*

Grand rorqual du Nord (Balænoptera boöps).

tera [*physalus*] *boöps*, Flem.), probablement le plus énorme et le plus puissant des animaux existants; il atteint une longueur de 100 à 140 pieds. Sa tête fait environ le quart du corps, qui est plus long, plus mince et moins cylindrique que dans la baleine franche; son lard est beaucoup plus mince, ayant rarement plus de 6 pouces; il ne donne guère que 10 barils d'huile, et les fanons n'ont relativement que peu de valeur; aussi les pêcheurs n'attaquent-ils que rarement ce hardi, turbulent et formidable hôte de l'Océan. La voûte postérieure du palais est assez grande pour recevoir un homme, mais l'ouverture de l'œsophage peut à peine laisser passer une morue; et le crible formé par les fanons est moins serré, le gosier est plus large que dans la baleine franche, ce qui indique que le genre de nourriture tout différent; le rorqual dévore non seulement des méduses et des crustacés, mais des quantités immenses de harengs, de sardines, de saumons, de cabillauds et de morues. Il est d'un gris bleuâtre et sombre, plus clair en dessous, rosé. Il souffle si violemment qu'on l'entend de loin par les temps calmes. Les rorquals abondent dans les mers Arctiques, surtout sur la côte du Spitzberg, au 80° degré de lat. N., en plein été, lorsque la mer est libre. Généralement, il évite les glaces; la baleine franche fuit leur voisinage, de sorte que leur apparition est de mauvais augure pour les baleinières. Ils nagent avec une vitesse moyenne de 18 kil. à l'heure. Ils sont hardis, mais non malfaisants, bien qu'ils attaquent et détruisent souvent les baleines lorsque l'un des leurs parents ou leurs petits sont blessés. L'espèce de la Méditerranée (*balænoptera antiquorum*) et celle du Sud (*balænoptera australis*) sont beaucoup plus petites.

ROS ou **Rot** s. m. Techn. Peigne à tisser, sorte de râteau qui garnit le battant du métier et dont chaque intervalle entre les dents contient un ou plusieurs fils de la chaîne. Le ros fixe la largeur de l'étoffe.

ROSA ou **Rose (Mont)**, massif montagneux qui s'étend à l'extrémité orientale des Alpes Pennines, sur la frontière de l'Italie et du Valais. C'est, après le mont Blanc, la plus haute montagne des Alpes, son pic le plus

élevé étant à 4,636 m. au-dessus du niveau de la mer. Tous les sommets du mont Rosa sont composés de gneiss et de schiste micacé blanc. On les a tous gravis dans ces dernières années.

ROSA (Sainte), communément appelée sainte Rose de Lima, la seule sainte canonisée de naissance américaine, née à Lima en 1586, morte en 1617. Ses parents étaient des Espagnols opulents ; mais ils perdirent leur fortune, et Rosa les fit vivre de son travail tout en suivant son penchant pour l'ascétisme. Elle prit l'habit du tiers ordre de Saint-Dominique, et vécut en recluse. Sa canonisation date de 1671. Sa fête se célèbre le 30 août.

ROSA (Salvator). Voy. SALVATOR.

* **ROSACE** s. f. Ornement d'architecture en forme de grande rose, qu'on place dans le renfoncement des caissons d'une voûte ou d'un plafond.

***ROSACÉ, ÉE** adj. Bot. Qui est disposé à la manière des pétales d'une rose. — s. f. pl. Grande famille de plantes dont les corolles se composent de pétales disposés comme ceux de la rose : *le pommier, le poirier, la ronce, le fraisier, sont des rosacées.* — Adjectiv. *Une fleur rosacée.* — Les rosacées comprennent environ 71 genres et 1,100 espèces de plantes largement distribuées dans les deux hémisphères, particulièrement dans le Nord. Leur famille est divisée par les botanistes contemporains en 7 tribus, savoir : 1° *pomacées* (pomme, poire etc.); 2° *rosées* (rose); 3° *potentilles* (potentille, fraise); 4° *amygdalées* (amande, pêche, etc.); 5° *spirées* (corête, spirée, etc.); 6° *rubées* (ronce, framboise, etc.); 7° *potérides* ou *dryadées* (aigremoine, etc.).

* **ROSAGE** s. m. Voy. RHODODENDRON.

* **ROSAIRE** s. m. [ro-zè-re] (bas lat. *rosarium*; de *rosa*, rose). Grand chapelet qu'on dit à l'honneur de la Vierge : il est composé de quinze dizaines d'AVE, chacune précédée d'un PATER : *dire son rosaire.* — Le mot rosaire fut d'abord appliqué par les catholiques romains à certaines formules de prières récitées sur les grains d'un chapelet ; puis il fut donné aux grains eux-mêmes. Cette forme de prière fut instituée au XIIIᵉ siècle par saint Dominique, comme un moyen populaire de méditer sur les principaux mystères de la vie de Christ.

ROSALIE (Sainte), patronne de Palerme, morte en 1160. Fête le 4 sept.

ROSAMONDE, reine lombarde. Voy. ALBOIN.

ROSAMONDE (angl. *Rosamond*), appelée d'ordinaire la Belle Rosamonde; maîtresse de Henri II, roi d'Angleterre, et fille de Walter, lord Clifford ; morte en 1177. Elle demeurait à Woodstock, où Henri allait fréquemment la voir. Elle lui donna deux fils, William Longsword, comte de Salisbury, et Geoffroy, qui fut nommé à l'évêché de Lincoln.

ROSANILINE s. f. Chim. Substance obtenue en traitant l'aniline par le tétrachlorure de carbone. C'est l'une des couleurs d'aniline les plus anciennes et les plus importantes. (Voy. ANLINE.) Combinée avec des acides, elle forme des sels d'une couleur très brillante qui constituent les magentas ordinaires du commerce.

ROSANS ou **Roxans**, ch.-l. de cant., arr. et à 60 kil. S.-O. de Gap (Hautes-Alpes); 700 hab.

ROSARIO, ville de la république Argentine, province de Santa-Fé, sur la rive droite du Parana, à 250 kil. N.-O. de Buénos-Ayres; 40,000 hab. environ. Ville bien bâtie, pavée, éclairée au gaz et pourvue d'omnibus. C'est le centre commercial d'une vaste région, et, à ce point de vue, la seconde cité de la ré-

publique. Deux lignes de chemins de fer la font communiquer avec l'intérieur.

ROSAS (anc. *Rhoda*), ville forte d'Espagne, à 70 kil. N.-N.-E. de Girone; 2,000 hab. On croit que cette ville fut fondée au Iᵉ siècle av. J.-C. par une colonie rhodienne. Les Français s'en emparèrent en 1645 et la gardèrent jusqu'en 1695. Ils l'occupèrent de nouveau de 1808 à 1814.

ROSAS (Don Juan-Manuel de) [ro'-zass], premier président de la république Argentine, né à Buénos-Ayres en 1793, mort à Southampton (Angleterre) le 14 mars 1877. Il fut président de 1835 à 1851. Pendant son administration, il entra en lutte avec le Brésil et plus tard, avec la France et l'Angleterre. Son ambition personnelle et son horrible cruauté le firent chasser ; il se cacha en Angleterre et y vécut dans des transes continuelles. Ses ennemis, ayant découvert le lieu de sa retraite, l'assassinèrent.

* **ROSAT** adj. Se dit de quelques compositions dans lesquelles il entre des roses : *onguent rosat.*

ROSÂTRE adj. Qui a une teinte rose sale : *une fleur rosâtre.*

ROSBACH, village de la Saxe prussienne, à 25 kil. S.-O. de Halle. Frédéric le Grand y remporta une mémorable victoire sur les armées française et impériale alliées, sous le commandement du prince de Soubise, le 5 nov. 1757.

ROSBECQUE ou **Roosebeke**, village de Belgique, à 14 kil. N.-N.-E. de Courtrai (Flandre occidentale), où Charles VI de France sur les Flamands révoltés contre leur comte, le 27 nov. 1382.

* **ROSBIF** s. m. [ross-bif] (angl. *roast*, rôti ; *beef*, bœuf). Du bœuf rôti : *servir un rosbif.*

ROSCIUS (Quintus) [ross-siuss], acteur comique de Rome, mort en 62 av. J.-C. Il donna des leçons à Cicéron, qui le défendit plus tard dans un procès. Il avait écrit un traité où il comparait l'éloquence et l'art du comédien. Pline dit qu'il gagnait par an 50,000,000 de sesterces (environ 6,100,000 fr.).

ROSCOE [ross'-kô]. I. (William), historien anglais, né en 1753, mort en 1831. Il était procureur à Liverpool, où il prit une part active au mouvement en faveur de l'abolition de la traite, publiant *A General view of the African Slave Trade* (1787), et *An Inquiry into the Causes of the Insurrection of the Negroes in the Island of Saint-Domingo* (1792). En 1796, il fit paraître *The Life of Lorenzo de' Medici* (2 vol. in-4°), qui a été traduite en français, en allemand et en italien; et, en 1805, *The History of the Life and Pontificate of Leo X.* Un volume supplémentaire, intitulé : *Illustrations, Historical and Critical, of the Life of Lorenzo de' Medici* (1822), répond à différentes critiques. En 1806, il fut élu au parlement comme whig. — Trois de ses fils se sont fait un nom en littérature. ROBERT (1790-1850) a écrit des poésies, et achevé le poème épique posthume de son ami Fitchett, intitulé *Alfred* (6 vol., 1844). — THOMAS (1791-1871) se distingua surtout comme traducteur et éditeur d'ouvrages italiens, et a écrit une *Vie de Guillaume le Conquérant* (1846). — HENRY (1799-1836), avocat, a publié une Vie de son père (1833, 2 vol.), et a écrit *Lives of Eminent Lawyers* pour l'Encyclopédie de Lardner, outre des ouvrages de droit.

ROSCOMMON [ross-komm'-onn], comté de l'Irlande centrale, dans le Connaught ; 2,444 kil. carr.; 161,266 hab. Le Shannon borde, avec le Suck, le comté sur les deux tiers de sa frontière environ, et forme de nombreux lacs ; la partie septentrionale est montagneuse. On s'y adonne surtout au pâturage et à l'agri-

culture. Les villes principales sont la capitale Roscommon, Boyle et Elphin.

ROSCOMMON (Wentworth-Dillon, COMTE DE), poète anglais, né en Irlande vers 1634, mort en 1684. Il était neveu du comte de Strafford; et, après la restauration, il occupa de nombreux emplois à la cour. On a publié en 1717 une édition de ses poésies et son *Essay on Translated Verse.*

* **ROSE**. s. f. (lat. *rosa*). Fleur odoriférante, qui est ordinairement d'un rouge un peu pâle, et qui croît sur un arbuste épineux : *rose simple.* — C'est la plus belle des fleurs et elle est devenue, sur la lyre des poètes, l'emblème de la grâce et de l'amour :

Lis, bluet, jasmin, pervenche, verveine,
Paraissent ramper aux pieds de leur reine,
La rose, orgueil du jardin.
T. DE M***

Barbaroux, si j'en crois mes sentiments secrets,
N'effeuillons pas la rose; effeuillons le cyprès.
PONSARD. *Charlotte Corday,* acte Iᵉʳ, sc. 1ᵉʳ.

Et Rose, elle a vécu ce que vivent les roses,
L'espace d'un matin
MALHERBE.

— EAU DE ROSE, et plus communément, EAU ROSE, eau qu'on tire des roses par distillation, et, LIT DE ROSES, couche de feuilles de roses qu'on étend pour en tirer de l'essence.

— C'EST LA PLUS BELLE ROSE DE SON CHAPEAU, se dit du plus grand honneur, de l'avantage le plus considérable qu'ait une personne : *en perdant cette place, il a perdu la plus belle rose de son chapeau.* — LA ROSE D'OR, rose artificielle à feuilles d'or, que le pape bénit et qu'il envoie en certaines occasions à des princes ou à des princesses. — Fig. LA ROSE BLANCHE et LA ROSE ROUGE, noms des anciennes factions d'York et de Lancastre, en Angleterre. — S'emploie au propre et au figuré, en parlant d'un teint frais et vermeil, d'un teint mêlé de blanc et d'incarnat : *cette jeune fille est vermeille, est fraîche comme la rose.* — Se dit aussi de diverses fleurs qui ressemblent plus ou moins à la rose : *les roses d'Inde.* — Se dit encore de plusieurs choses artificielles dont la forme a quelque ressemblance avec celle d'une rose. Ainsi on dit, en joaillerie, UNE ROSE DE DIAMANTS, DE RUBIS, etc., qui sont montés, assemblés en forme de rose. DIAMANT EN ROSE, ou simpl., ROSE, diamant taillé par-dessus en facettes pointues, et plat en dessous : *ce n'est pas un brillant, c'est une rose.* — Luthier. ROSE DE LUTH, ROSE DE GUITARE, ouverture qui est au milieu de la table d'un luth ou d'une guitare. — Archit. Petit ornement à feuilles et circulaire, qu'on place dans les plafonds des corniches, ou dans le milieu de l'abaque du chapiteau corinthien. — Se dit aussi de grands vitraux circulaires et à compartiments, placés, dans les églises gothiques, aux extrémités de la grande nef, et au-dessus des portails latéraux : *la rose principale de cette église est la plus belle qui soit en France.* — ROSE DE COMPARTIMENT, ornement formé au milieu d'un pavé de marbre ou d'un parquet de menuiserie, et entouré d'une figure circulaire. — Mar. ROSE DES VENTS OU DU COMPAS, figure où sont marqués les trente-deux vents. — BOIS DE ROSE, nom sous lequel se trouvent dans le commerce plusieurs espèces précieuses de bois d'ébénisterie. Ils sont d'ordinaire d'une couleur rose foncé, veinés et teintés d'un pourpre sombre qui devient presque noir à l'air; ils ont une odeur de rose qui se manifeste surtout lorsqu'on travaille le bois. Les bois de rose les plus connus viennent du Brésil et d'autres parties de l'Amérique du Sud. Ce sont différentes espèces de *dalbergia* et de *machærium*, qui sont des arbres légumineux.

* **ROSE** adj. Qui est de la couleur de la rose : *la couleur rose est agréable.* — s. m. *Cette robe est d'un joli rose.* — Fig. et fam. VOIR TOUT COULEUR DE ROSE, voir tout en beau;

On dit, dans le même sens : *tout lui paraît couleur de rose.*

ROSE [ro'-zé]. I. (Heinrich), chimiste allemand, né à Berlin en 1795, mort en 1864. Son grand-père et son père, Valentin le vieux et Valentin le jeune, avaient été aussi des chimistes distingués. Il fut professeur à Berlin à partir de 1823. Son ouvrage principal a pour titre : *Handbuch der analytischen chemie* (1829). — II. (Gustav), son frère; minéralogiste né en 1798, mort en 1873. Il devint professeur à Berlin en 1826. On a de lui plusieurs ouvrages sur la cristallographie, et *Reise nach dem Ural, dem Altaï*, etc. (1837-'42, 2 vol.), où il décrit un voyage fait avec Humboldt et Ehrenberg en 1829.

* **ROSÉ, ÉE** adj. Qui est d'un rouge faible approchant de la couleur de la rose : *vin rosé.*

* **ROSEAU** s. m. [ro-zô]. Bot. Genre de graminées arundinacés, comprenant des plantes herbacées ou frutescentes, dont la tige fort lisse et fort droite est ordinairement creuse et remplie de moelle : *couvrir une maison de roseaux.*

> L'arbre tient bon, le roseau plie.
> La Fontaine.

— Fig. IL S'APPUIE SUR UN ROSEAU, celui en qui il met sa confiance n'a pas la force, le crédit, l'autorité nécessaire pour le soutenir. — Encycl. La principale espèce indigène de roseau est le *roseau à quenouille* (*arundo donax*), appelé quelquefois *canne de Provence, grand roseau* et *roseau des jardins*. Sa tige est creuse, ligneuse, haute quelquefois de plus de 5 m.; ses panicules, qui atteignent souvent 50 centim., sont plus ou moins rougeâtres. Cette belle espèce croît en abondance dans toute la région méditerranéenne; ses tiges servent à faire des tuteurs, des échalas, des quenouilles, des lignes à pêcher, des anches de clarinette, de hautbois, de basson, des chalumeaux, des peignes, des étuis, des navettes, etc. Une variété à feuilles panachées est cultivée dans nos jardins d'agrément. On donne souvent le nom de roseau à des plantes qui appartiennent à des genres voisins, bambou, saccharum, calamagrostis, etc.

ROSEAU ou Charlotte-Town, ch.-l. de la Dominique (Antilles anglaises), sur la côte S.-O., par 45° 18' lat. N. et 63° 52' long. O; 6,000 hab. Bon port.

* **ROSE-CROIX** s. m. (de *Rosenkrenz*, n. pr.). Nom d'une certaine secte d'empiriques qui prétendaient posséder toutes les sciences, avoir la pierre philosophale, rendre les hommes immortels, etc. — Les rose-croix formèrent une société secrète dont l'existence se révéla au XVIIe siècle. Dans un livre intitulé : *Chymische Hochzeit Christiani Rosenkreuz* (1816), on trouve l'histoire d'un certain Christian Rosenkreuz, noble Allemand du XIVe siècle, qui, après avoir passé une grande partie de sa vie en Orient, fonda en Allemagne une société secrète qui tenait des réunions une fois par an pour admettre des membres nouveaux et pour délibérer sur des questions secrètes. Il n'est nullement prouvé que cette association ait existé jamais. — Titre d'un grade de la franc-maçonnerie qui est immédiatement au-dessus de celui de maître.

* **ROSÉE** s. f. (lat. *ros, roris*). Vapeur qui s'élève dans l'air le matin ou le soir, et qui retombe sur la terre, où elle se résout en petites gouttes d'eau : *la rosée du matin*. — Prov. et fig. CETTE VIANDE, CETTE SALADE EST TENDRE COMME LA ROSÉE, comme ROSÉE, elle est fort tendre. — Bot. ROSÉE-DU-SOLEIL. (Voy. ROSSOLIO.) — Se dit des petites gouttelettes de sang qui sortent à travers les pores de la sole, lorsqu'on pare le pied du cheval trop

près du vif : *le pied a été paré jusqu'à la rosée.*

* **ROSELÉ, ÉE** adj. (rad. *rose*). Qui est disposé en rose, en rosace.

* **ROSELIÈRE** s. f. Lieu où croissent des roseaux.

* **ROSELLINI** (Ippolito), égyptologue italien, né en 1800, mort en 1843. Il était professeur de langues orientales à Pise; devenu l'élève de Champollion, il se joignit à lui en 1827, à la tête d'une commission toscane, pour explorer les monuments de l'Egypte. Après la mort de Champollion, il rédigea l'exposé de leurs travaux dans *I monumenti dell' Egitto e della Nubia* (9 vol. et 3 vol. de planches, 1832-'43).

ROSEN (Friedrich-August) [ro'-zenn], orientaliste allemand, né dans le Hanovre, en 1805, mort en 1837. Il devint professeur de langues orientales à l'université de Londres en 1829, et, plus tard, professeur de sanscrit. La Société asiatique (*Asiatic Society*) a publié, en 1838, l'édition du Rig Veda jusqu'au point où il l'avait préparée.

* **ROSÉOLE** s. f. Méd. Sorte d'éruption cutanée de peu d'importance. — La roséole est un exanthème caractérisé par de petites taches rosées, non saillantes, de formes variées et d'une durée éphémère. La roséole se distingue : 1° de l'*érythème* par des taches plus nombreuses et moins grandes, et par une couleur moins foncée; 2° de la *rougeole* par l'absence des phénomènes catarrhaux des yeux, du nez et des bronches qui accompagnent celle-ci; 3° de la *scarlatine* par une éruption moins générale, moins uniforme et par l'absence de fièvre et d'angine. C'est une maladie légère dont le traitement consiste dans un régime doux et dans quelques boissons tempérantes.

* **ROSERAIE** s. f. Terrain qui n'est planté que de rosiers.

* **ROSETTE** s. f. Petite rose. N'est point usité au propre, mais se dit au figuré de certains ornements qui sont faits en forme de rose, et que l'on emploie dans la broderie et dans la sculpture. — Se dit également des petits fleurons de métal que les couteliers emploient pour monter les rasoirs, les lancettes, etc. : *rosettes de cuivre, d'argent*, etc. — Nœud de ruban, d'un ruban noué en forme de rose : *les rosettes de ses souliers*. — Réseau qu'une lingère fait aux petits trous qu'un accident a causés dans le linge. — Horlog. Petit cadran pour avancer ou retarder le mouvement d'une montre.

* **ROSETTE** s. f. Sorte d'encre rouge faite avec du bois de Brésil : *écrire avec de la rosette*. — Sorte de craie teinte en rouge, qui sert à peindre. — CUIVRE DE ROSETTE, ou simpl., ROSETTE, cuivre rouge pur.

ROSETTE (arabe, *Rashia*), ville et port de mer de la basse Egypte, sur la branche occidentale du Nil, à 40 kil. de la Méditerranée; 15,002 hab. C'est là qu'on a trouvé la *Pierre de Rosette*. Voy. EGYPTE (LANGUE ET LITTÉRATURE DE L'.) Les Français ont pris Rosette en 1798, et les Turcs en 1801.

* **ROSIER** s. m. [ro-zié]. Bot. Genre type de la famille des rosacées, comprenant près de 200 espèces d'arbres ou d'arbustes presque toujours munis d'aiguillons, dont les fleurs sont ordinairement nommées *églantines*, quand elles sont simples ou composées de cinq pétales, et *roses* quand elles sont doubles ou pleines, par suite de la transformation des étamines en pétales ou par une simple multiplication des pièces de la corolle. Le rosier sauvage ou églantier (*rosa rubiginosa*) a d'ordinaire 6 pieds de haut, quoiqu'il puisse dépasser de beaucoup cette hauteur. Ses folioles, doublement dentelées, ont leur

surface inférieure couverte de duvet et de glandes roussâtres qui, lorsqu'elles sont froissées, exhalent une odeur caractéristique et agréable. Ses petites fleurs roses sont presque toujours solitaires, avec un fruit en forme

Rosier églantier (Rosa rubiginosa).

de poire. Parmi les rosiers sauvages exotiques, on distingue : le *rosier nain d'Amérique* (*rosa lucida*); le *rosier de la Caroline* (*rosa Carolina*), aime les terrains humides et marécageux; le *rosier des prairies* ou *rosier grimpant* (*rosa setigera*); le *rosier de Chine* (*rosa Sinica*), qui grimpe jusqu'au sommet des plus grands arbres et laisse pendre ses fleurs en guirlandes de 20 à 40 pieds de long. — Ce sont là des espèces botaniques avec leurs formes normales, et des fleurs simples. Les roses de nos jardins et de nos serres sont presque toutes des variétés obtenues par la sélection ou le croisement, et cela depuis si longtemps qu'il est souvent impossible de remonter aux espèces primitives. Aussi, quand il s'agit de roses cultivées,

Rosier de la Caroline; section de fleur et de fruit.

est-il plus commode d'adopter le classement des horticulteurs qu'une classification rigoureusement scientifique. 1. ROSIERS GRIMPANTS. La rose des prairies, dont il a déjà été question, croisée avec d'autres espèces, a donné les variétés les plus vigoureuses et les plus belles des rosiers grimpants. Ses fleurs sont éclatantes et très nombreuses, mais sans odeur. Le rosier sauvage d'Italie (*rosa sempervirens*), qui garde toujours son feuillage vert dans les climats chauds, est l'origine d'une autre race de rosiers grimpants dont certaines espèces sont rustiques, tandis que d'autres sont délicates. A l'état sauvage, il donne une profusion de fleurs blanches simples. La rose musquée (*rosa moschata*), originaire d'Asie, donne à la culture des variétés grimpantes dont les fleurs blanches, ou d'un blanc jaunâtre, réunies en gros bouquets sont très odorantes, surtout le soir. La *rose multiflore* (*rosa multiflora*), du Japon et de la Chine, donne aussi des variétés grimpantes avec de gros

bouquets de petites fleurs blanches ou d'un rouge pâle, mais sans odeur. — 2. Rosiers de jardin. Sous ce nom sont comprises les espèces non grimpantes qui ne fleurissent qu'une fois par saison. Quelques-unes sont même très rapprochées de leur forme normale, comme la rose écossaise, dérivée de la rose de Burnet (*rosa pimpinellifolia*) de l'Europe tempérée et de l'Asie. Elle est plus précoce que les autres, a les fleurs petites et très abondantes, distribuées tout le long de la tige qui est extrêmement épineuse. On en compte de 200 à 300 variétés. L'*églantier jaune* (*rosa eglanteria*), proche parent de l'églantier odorant, produit des variétés doubles jaunes, chamois et oranges. La *rose blanche* (*rosa alba*) a donné plusieurs variétés blanches et roses. Les roses communes, d'été ou de juin, viennent de la rose française ou provençale, ou la *rose de Provins* (*rosa gallica*), ou la *rose chou* ou à *cent feuilles* (*rosa centifolia*), et de la *rose de Damas* (*rosa Damascena*). Bien que ces anciennes variétés aient été remplacées de nos jours par des formes plus nouvelles, nulle ne les surpasse en beauté, en parfum et en abondance de fleurs pendant leur courte saison. La *rose pompon* est une forme naine et à petites fleurs de la rose à cent feuilles. Les variétés les plus curieuses sont celles que

Rosier double (Noisette).

l'on connaît sous le nom de *roses moussues*, chez lesquelles les glandes et les poils de la tige florale, surtout sur le calice, se développent en une substance qui ressemble à de la mousse. Ces variétés, au nombre de plus de 100, ont leur origine en Hollande. — 3. Rosiers remontants. Leurs roses sont produites par des rosiers qui fleurissent deux fois par saison, en juin d'abord et plus abondamment, et de nouveau pendant l'automne. On les a obtenus par des croisements d'autres variétés dérivées de la rose de Chine ou de l'*Inde* (*rosa Indica*) et de la rose de Damas. Elles ont de grandes dimensions, les plus brillantes couleurs, une odeur exquise et d'une rusticité parfaite. — 4. Roses des quatre saisons. Les *roses thé* sont une classe parmi celles qui fleurissent toute l'année; mais leur floraison est moins constante que chez les rosiers chinois qui sont les variétés de la *rosa Indica*, prisée à cause de l'abondance et de l'éclat de ses fleurs. La *rose noisette*, obtenue par un horticulteur de Charleston (Etats-Unis) en croisant la rose musquée avec le polium d'une rose thé, est en général grimpante, et fleurit en bouquets comme la musquée. Les roses thé sont une variété de la rose de Chine (*rosa Indica*, var. *odorata*). Elles ont de longs boutons, des fleurs mi-doubles, et un parfum qui ressemble à celui du thé vert. On les cultive sur une grande échelle dans les serres pour servir de fleurs décoratives en hiver; leurs couleurs sont le blanc, le chamois, le saumon, différentes nuances

de jaune et de rose, la même fleur combinant souvent plusieurs de ces teintes. Les plus en vogue sont: le *Bon Silène*, la *Gloire de Dijon*, l'*Isabella Sprunt*, le *Pactole*, le *Safrano*, et la *rose thé blanche*; la splendide rose jaune appelée *Maréchal Niel* est tantôt mise parmi les roses thé, tantôt parmi les roses noisette; elle est d'une croissance vigoureuse, et donne abondamment d'énormes fleurs d'une belle couleur d'or qui s'assombrit vers le centre. — *Usages*. Les roses sont depuis longtemps employées en médecine, et les pharmacopées de notre temps reconnaissent deux genres de feuilles ou pétales de rose. Les feuilles de roses rouges sont les fleurs non encore complètement épanouies de la rose de Provins, recueillies et séchées; elles ont une propriété doucement astringente. La conserve de rose se fait avec ces pétales réduits en poudre, du miel et de l'eau de rose; elle sert de base aux pilules bleues et de véhicule à d'autres médicaments. On utilise quelquefois la rose à cent feuilles pour la préparation de l'eau de rose; mais la plus grande quantité de l'eau de rose dont on fait usage aujourd'hui se prépare avec l'huile de rose, qui est de beaucoup le plus important produit de cette plante. — Les rosiers se multiplient par semis (quand on veut avoir des variétés nouvelles), par bouture (pour les espèces à bois tendre: Bengale, thé, noisette), par greffes (pour les variétés à bois dur: Portland, Provins, cent feuilles). Les greffes préférées sont en écusson ou en fente sur églantier. Les principaux ennemis des rosiers sont les chenilles et les pucerons. — Voy. *The Book of Roses*, par Francis Parkman (1866); *Propagation, cultivation and History of the Rose*, par Samuel-B. Parsons, 1869).

ROSIER (Joseph-Bernard), auteur dramatique, né à Béziers en 1804, mort à Marseille, le 15 octobre 1880; on a de lui: *Le Mari de ma femme* (1830), (*la Mort de Figaro* (1833), la *jolie Voyageuse* ou *les Deux Giroux* (1834), (*la Lune rousse* (1839), la *Foi*, l'*Espérance et la Charité* (1847), etc.

* **ROSIÈRE** s. f. Celle des jeunes filles qui, dans certains villages, a obtenu la rose destinée à être le prix de la sagesse : *la rosière de Salency*.

ROSIÈRES-EN-SANTERRE, ch.-l. de cant., arr. et à 24 kil. N.-E. de Montdidier (Somme); 2,000 hab.

ROSIÉRISTE s. m. Horticulteur qui s'occupe spécialement de la culture des roses.

ROSINI (Giovanni), écrivain italien, né en 1776, mort en 1855. Il était professeur de littérature à Pise. On a de lui: *Storia della Pittura italiana* (2e édit., 1848-'52, 7 vol.); des romans : *La Monaca di Monza* et *Luisa Strozzi*, et d'autres ouvrages.

ROSMINI-SERBATI (Antonio), philosophe italien, né en 1797, mort en 1855. Il prit la prêtrise, et devint, en 1836, abbé de San Michele della Chiusa, où il fonda l'ordre des sœurs de la Providence. En 1848, Pie IX le désigna pour le chapeau de cardinal, mais il en fut privé à cause de son ouvrage intitulé : *Les cinq Plaies de l'Eglise* et d'un autre traité politique. On a de lui : *Introduzione alla Filosofia* (1827), *Il nuovo Saggio sull' origine dell' Idee* (1829), 33 autres volumes, dont 14 sont posthumes.

ROSNY, village du cant. et à 7 kil. O. de Mantes (Seine-et-Oise), sur la rive gauche de la Seine; 800 hab. Beau château qui appartint à Sully et où se retira Henri IV après la journée d'Ivry; magnifique parc.

ROSOLIO, Rosoglio ou Rosolis s. m. Sorte de ratafia obtenu en faisant macérer des pétales de roses rouges dans de l'alcool, avec d'autres substances aromatiques, en distillant et en ajoutant du sirop à l'alcoolat ainsi

obtenu. Le rosolio se fabrique surtout en Italie et en Turquie.

ROSOLIQUE adj. Chim. Se dit d'un acide produit par l'oxydation du phénol.

* **ROSON** s. m. Voy. Rosace.

ROSPORDEN, ch.-l. de cant., arr. et à 22 kil. S.-E. de Quimper (Finistère); 800 hab.

ROSS. I. (sir John), navigateur anglais, né en Ecosse, en 1777, mort en 1856. Lieutenant de vaisseau en 1805, il partit en 1818 pour un voyage arctique avec le lieutenant Parry. A son retour, il fut fait capitaine, et partit une seconde fois pour les régions arctiques en 1829. Il resta quatre ans bloqué par les glaces, et fut secouru en août 1833; il avait abandonné son vaisseau en avril 1832. Voy. Arctiques (*Découvertes*.) En 1850, il alla à la recherche de sir John Franklin. On le nomma contre-amiral le 8 juillet 1851. Il a publié les relations de ses voyages et *A Treatise on Navigation by Steam* (1828). — II. (sir James Clark), son neveu, né en 1800, mort en 1862. Il fut sous les ordres de Parry pendant les quatre voyages polaires de celui-ci, entre 1819 et 1827. Il accompagnait son oncle dans sa seconde expédition de 1829 à 1833; en 1834, il fut fait capitaine de vaisseau. En 1835, il visita de nouveau la baie de Baffin à la recherche de baleiniers perdus. En 1839, il partit sur l'*Erebus* pour un voyage antarctique, de conserve avec le commandant Crozier sur la *Terror*. Il découvrit le continent antarctique qui avait déjà été découvert quelques mois auparavant par le commandant Wilkes, de la marine des Etats-Unis; mais il le signala sur un point différent qu'il nomma Terre Victoria (*Victoria Land*). Il revint en 1843. En 1848, il alla jusqu'au détroit de Barrow à la recherche de sir John Franklin. Il a publié *A Voyage of Discovery and Research in the Southern and Antarctic Regions* (1847, 2 vol.).

ROSS (sir William-Charles), peintre anglais, né en 1794, mort en 1860. En 1837, il fut nommé peintre en miniature de la reine Victoria, et en 1842, fut fait chevalier. Parmi ses œuvres, on remarque le *Jugement de Salomon*.

ROSS-AND-CROMARTY (ross-anndd-krom'-ar-té), deux comtés du N. de l'Ecosse, réunis au point de vue politique, entre l'Atlantique et la mer du Nord; 8,160 kil. carr.; 80,955 hab. Cromarty se compose de petites parties détachées en bordure ou en enclaves du Ross-shire. Le pays est généralement montagneux, et certains pics atteignent une hauteur de 3,500 pieds. Les pêcheries occupent plus de 20,000 personnes. Les capitales de ce deux comtés sont Dingwall et Cromarty.

ROSSANO (anc. *Roscianum*), ville de l'Italie méridionale, près du golfe de Tarente, au pied des Apennins, à 45 kil. N.-E. de Cosenza; 14,818 hab. C'est le siège d'un archevêché; il y a une belle cathédrale. Commerce d'huiles, de câpres et de safran. Pendant les guerres des Goths, c'était un des places les plus forts du Brutium.

* **ROSSE** s. f. (anc. haut all. *hross*). Cheval sans force, sans vigueur : *une vieille rosse*. — Il n'est bon cheval qui ne devienne rosse, il n'y a point d'homme si robuste, si vigoureux, ou d'un esprit si fort, qui ne s'affaiblisse par l'âge. On dit, dans un sens contraire, Jamais bon cheval ne devint rosse.

ROSSE s. f. (ital. *rosso*, rouge). Icht. Poisson de la famille des carpes (*ciprinidæ*) et du genre *leuciscus* (Klein). Le *gardon commun* d'Europe (*leuciscus rutilus*, Klein) mesure de 25 à 40 centim.; la partie supérieure de la tête et du dos est d'un vert sale à reflets bleus qui devient plus clair sur les flancs, et d'un blanc d'argent sur le ventre et les côtés de la tête. On le trouve en bancs consi-

dérables dans les rivières et les lacs paisibles de l'Europe tempérée ; il se nourrit de vers et de plantes aquatiques. La vaudoise argentée

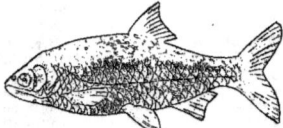

Rosse (Leuciscus rutilus).

(silvery dace) de la Nouvelle-Angleterre (leucosmus pulchellus) ressemble au gardon d'Europe, et reçoit souvent le même nom.

ROSSE (William Parsons, comte de), astronome anglais, né à York en 1800, mort en 1867. En 1826, il éleva sur ses terres, au château de Birr, en Irlande, un observatoire pour lequel il fit faire des instruments dont il dirigea lui-même la construction. Le plus important était un énorme télescope à réflexion, terminé vers 1844, et qui avait coûté environ 300,000 fr. Il a été spécialement utile pour réduire les nébuleuses, service auquel il était surtout destiné.

ROSSÉE s. f. Volée de coups : recevoir une rossée.

ROSSEL (Louis-Nathaniel), officier français, né à Saint-Brieuc (Côtes-du-Nord) le 9 sept. 1844, mort le 28 nov. 1871. Il sortit de l'école d'application de Metz avec le grade de lieutenant du génie en 1866. En 1870, il fut arrêté à Metz comme ayant voulu s'opposer à la capitulation que méditait Bazaine. Tombé ensuite entre les mains des Allemands, il s'échappa et fut nommé colonel par Gambetta. Il organisa le camp de Nevers ; puis il prit parti pour la Commune, et fut nommé chef de légion. Le 1er mai 1871, il devint délégué à la guerre ; mais il ne tarda pas à donner sa démission dans une lettre où il critiquait sévèrement la Commune. Il fut arrêté, et ne s'échappa que pour être pris par les troupes de Versailles et ensuite fusillé, malgré la sympathie générale qu'il inspirait. On a publié ses écrits posthumes (1871, in-18).

° **ROSSER** v. a. Battre quelqu'un violemment : si je vais là, je te rosserai bien.

ROSSETTI. I. (Gabriele), poète italien, né en 1783, mort à Londres en 1854. Il vint en Angleterre en 1824, et fut professeur de littérature italienne à King's college, à Londres, de 1834 à 1845, époque où il perdit la vie. Il a publié : Commento analitico sulla Divina Commedia (1826-'27), Il Mistero dell' amor platonico svelato (1840) ; La Beatrice del Dante ; et, parmi ses œuvres politiques, Dio e l'Uomo (1840) ; Il veggente in solitudine (1843) ; Poesie (1847), et L'Arpa evangelica (1852). — II. (Gabriel-Charles Dante), fils du précédent, né à Londres en 1828, mort à Birchington-on-the-Sea le 9 avril 1882 ; se rendit célèbre comme artiste et comme poète. Il exposa, en 1850, la Coiffure de la Vierge, toile dans le style préraphaélique dont il fut l'un des premiers promoteurs. En 1860, il donna Fair Rosamond. Il a publié des traductions de Dante et un volume de poésies.

ROSSI (Pellegrino, comte), homme d'Etat italien, né en 1787, mort le 15 nov. 1848. Il fut successivement professeur de droit à Bologne et à Genève, et professeur d'économie politique et de droit public à Paris. Louis-Philippe le fit pair en 1839, et ambassadeur à Rome en 1845. En 1848, Pie IX le prit pour premier ministre (16 sept.) et il s'efforça d'établir une confédération des Etats italiens. A l'ouverture du parlement, une cohue l'entoura et il fut tué d'un coup de stylet. Son principal ouvrage est un Traité du droit pénal (1829, 3 vol.).

° **ROSSIGNOL** s. m. [gn mll.] (lat. luscignolo ; dimin. de luscinia). Ornith. Genre de passereaux du grand genre fauvette, comprenant deux espèces de petits oiseaux très semblables pour le plumage, et habitant l'Europe, l'Asie occidentale et le nord de l'Afrique. — Iron. Un rossignol d'Arcadie, un âne. — Sorte de petite flûte à piston, qui se fait ordinairement avec un tuyau d'écorce détaché d'une branche de bois vert dans le temps de la sève : les enfants jouent du rossignol. — Un des jeux de l'orgue, qui imite le chant du rossignol. — Serrur. Crochet dont on se sert pour ouvrir toutes sortes de serrures : les voleurs s'introduisirent dans sa chambre à l'aide d'un rossignol. — Encycl. L'espèce la plus répandue chez nous est le rossignol ordinaire (luscinia philomela), le chantre exquis des nuits, dont la mélodie est célèbre de temps immémorial. « La chanson de chacun des autres oiseaux, prise dans toute son étendue, a dit Buffon, n'est qu'un couplet de celle du rossignol. Le rossignol charme toujours et ne se répète jamais ; il réussit dans tous les genres, il rend toutes les expressions, saisit tous les caractères et

Rossignol ordinaire (Luscinia philomela).

sait en augmenter l'effet par les contrastes. Il commence par un prélude timide, par des tons faibles, presque indécis, comme s'il voulait essayer son instrument et intéresser ceux qui l'écoutent ; mais ensuite, prenant de l'assurance, il s'anime par degrés, il s'échauffe et bientôt il déploie, dans leur plénitude, toutes les ressources de son incomparable organe : coups de gosier éclatants ; batteries vives et légères ; fusées de chant où la netteté est égale à la volubilité ; murmure inférieur et sourd ; roulades précipitées, brillantes et rapides, articulées avec force et même avec une dureté de bon goût ; accents plaintifs cadencés avec mollesse ; sons filés sans art, mais enflés avec âme ; vrais soupirs d'amour et de volupté qui semblent sortir du cœur et causent une émotion douce, une langueur touchante. » Cet artiste des bois ne brille pas par l'éclat de son plumage. Il présente des couleurs fort simples : les parties supérieures sont d'un brun chaud, avec une teinte rougeâtre sur le dos et le rump ; en dessous, il est d'un brun grisâtre avec la gorge et l'abdomen blanchâtres. Il arrive dans le centre de la France vers la première semaine d'avril, et, en Angleterre une semaine, ou dix jours plus tard. Les mâles viennent quelques jours avant les femelles, voyageant isolés, et la nuit ; ils s'accouplent au bout d'une semaine, à peu près, et commencent à faire leurs nids à terre, dans les fourrés. Ce sont des oiseaux migrateurs ; ils passent l'hiver dans l'Afrique septentrionale ; mais en été, on les trouve dans la plus grande partie de l'Europe, jusqu'en Suède et dans la Russie tempérée. Ils commencent à chanter dès qu'ils sont accouplés, et ils continuent jusqu'à l'éclosion de leurs petits. Leurs notes sont de la plus grande richesse au commencement de l'été ; vers la fin, ils ne donnent plus qu'une seule note basse et croassante. Bien qu'on les entende par intervalles chanter pendant le jour, c'est par les soirs tranquilles, une heure ou deux après le coucher du soleil, que leurs accents excitent le plus d'admiration. Lorsque la lune est presque pleine et que le temps est serein et tranquille, le rossignol se fait entendre pendant une partie de la nuit. Les mâles seuls chantent ; et, comme les autres oiseaux voyageurs, ils restent muets en cage pendant l'hiver et ne commencent guère en captivité, parce qu'on les y tient trop chaudement et qu'ils n'y ont pas une nourriture convenable ; celle-ci devrait surtout consister en insectes, ou en petits morceaux de viande et de fruits. — Le nid du rossignol est profond, peu solide et formé de feuilles et d'herbes à l'extérieur, de crin et de bourre à l'intérieur ; il est construit sous un buisson ou sous un arbre ; la femelle y dépose 4 ou 5 œufs d'un brun verdâtre. La nourriture des petits que l'on a dénichés doit se composer d'une pâtée de cœur de bœuf, de mie de pain et de chènevis, le tout broyé ensemble ; on peut y ajouter un peu de persil ; on leur donne la becquée d'heure en heure, depuis le lever jusqu'au coucher du soleil, et on les fait boire toutes les 5 heures, au moyen d'une petite éponge trempée dans l'eau. Quand ils mangent seuls, on les met séparément dans une cage, avec de la mousse, de la pâtée, quelques vers de farine, des œufs de fourmi et de l'eau. Le jeune rossignol apprend facilement les airs qu'il entend siffler ou jouer près de sa cage ; mais rien ne peut remplacer son chant naturel, qu'il perfectionne quand on le met à portée d'entendre un autre rossignol dans la plénitude de son talent d'artiste. On prend quelquefois au trébuchet le rossignol adulte ; il se laisserait mourir de faim, si on ne lui faisait avaler de force quelques morceaux de cœur de bœuf cru et haché menu, qu'on lui introduit dans le bec, à l'aide d'une brochette, après les avoir trempés dans l'eau ; on lui fait boire de temps en temps quelques gorgées d'eau. On doit placer d'abord sa cage dans un lieu tranquille et un peu sombre, et la couvrir d'une toile verte ou d'un drap vert. Dès que le captif manifeste l'intention de manger, au bout de quelques jours, on lui donne d'abord des vers de farine et des œufs de fourmi, et l'on y ajoute ensuite la pâtée indiquée ci-dessus. — Rossignol de muraille. (Voy. Rubiette.)

ROSSIGNOL (Jean-Antoine), général républicain, né à Paris en 1759, mort à Anjouan en 1802. Placé par un décret de la Convention à la tête de l'armée des Côtes de la Rochelle, il fut arrêté le 13 janv. 1795, recouvra la liberté le 13 vendémiaire, prit part à la conspiration de Babeuf, fut arrêté après l'explosion de la machine infernale et transporté à Anjouan.

ROSSIGNOLADE s. f. Action de rossignoler ; chant orné de roulades.

ROSSIGNOLE s. f. Femelle du rossignol.

° **ROSSIGNOLER** v. n. Imiter le chant du rossignol. (Fam.)

ROSSIGNOLET s. m. Ornith. Petit rossignol.

° **ROSSINANTE** s. f. Nom que Cervantes donna au cheval maigre et efflanqué de don Quichotte, et que l'on applique par plaisanterie à un cheval ruiné et de mauvaise mine. L'usage a rendu féminin ce mot ; il n'est masculin qu'en parlant du cheval de don Quichotte.

ROSSINI (Giaacchino), compositeur italien, né à Pesaro en 1792, mort à Paris le 13 nov. 1868. Fils d'un musicien ambulant, il débuta comme chanteur dans une église de Bologne ;

quelques protecteurs le mirent à même d'étudier son art. Il donna *Demetrio e Polibio* à Rome en 1811, et en 1812 composa cinq opéras qui tombèrent tous rapidement dans l'oubli, excepté l'*Inganno felice*. En 1813, il fit représenter à Venise 3 opéras, dont l'un, *Tancredi*, souleva un enthousiasme presque sans précédent. L'*Italiana in Algieri* eut aussi un grand succès. En 1814, il donna *Aureliano in Palmira* et *Il Turco in Italia* à Milan, et en 1815 *Elisabetta regina d'Inghilterra* au théâtre San-Carlo, à Naples. Son *Barbiere di Siviglia*, opéra bouffe resté populaire, fut représenté à Rome en 1816. De 1816 à 1817, il composa au moins sept opéras, parmi lesquels *Otello*, *La Cenerentola* et *La Gazza ladra* ont gardé la faveur du public. Son *Mosè in Egitto* (1818) est une de ses belles compositions dans le genre sérieux. Il produisit ensuite en quelques années *La Donna del Lago*, *Maometto secondo*, *Zelmira* et d'autres ouvrages de moindre importance. En 1821, il épousa Mlle Colbran, princesse donna à San-Carlo. Il prit congé du théâtre italien en 1828 avec l'opéra de *Semiramide*, l'ouvrage le plus achevé qu'il eût encore composé. En 1824-'25, il donna des concerts à Londres; puis il vint à Paris où Charles X le nomma « inspecteur général du chant », aux appointements de 30,000 francs. La révolution de 1830 lui fit perdre ce poste. Après avoir fait représenter son *Maometto* sous le nom de *Le Siège de Corinthe*, il donna, en 1829, *Guillaume Tell*, que l'on considère généralement comme son chef-d'œuvre. Pendant plusieurs années, il ne produisit plus rien, à l'exception de son *Stabat Mater*, et en 1836, il se retira dans son élégante villa près de Bologne. Il revint à Paris en 1855, et sa *Messe Solennelle* y fut exécutée en 1869. Outre ses opéras, qui sont au nombre de 60 environ, il a écrit des cantates, des hymnes et différents morceaux de musique vocale et instrumentale. Une statue a été élevée à sa mémoire dans sa ville natale en 1864.

ROSSINISME s. m. Genre musical adopté par Rossini.

ROSSINISTE s. Partisan de la musique de Rossini.

* **ROSSOLIS** s. m. (altér. de l'ital. *rosolio*). Liqueur composée d'eau-de-vie, de sucre et de quelques parfums. (Voy. Rosolio.) — Bot. Nom que l'on donne quelquefois aux Drosères.

ROSTAN (Louis-Léon), chirurgien français né en 1790, mort en 1866. A partir de 1833, il fut professeur à la Faculté de médecine et occupa une chaire de clinique médicale à l'Hôtel-Dieu. On a de lui : *Recherches sur le ramollissement du cerveau* (2e édit., 1823), et un *Traité élémentaire de diagnostic* (2e édit., 1839, 3 vol.).

ROSTOCK, ville forte du Mecklembourg-Schwerin, sur le Warnow, à 16 kil. de la Baltique, et à 140 kil. de Hambourg; 34,172 hab. Son université, fondée en 1419, compte 34 professeurs et 140 étudiants environ. Rostock faisait partie de la ligue hanséatique, et a encore un commerce considérable.

ROSTOPCHINE (Fedor, comte), homme de guerre russe, né vers 1765, mort en 1826. Ministre des affaires étrangères, il fut fait comte par Paul Ier. Sous Alexandre Ier, il devint grand chambellan, et, en 1812, gouverneur militaire de Moscou. Lors de l'évacuation de Moscou, qu'il déconseillait, il fit mettre le feu à ce palais suburbain; mais dans *La Vérité sur l'incendie de Moscou* (1823), il nie avoir brûlé la ville. Il fut congédié en 1814, et résida à Paris jusqu'en 1823.

* **ROSTRALE** adj. f. Antiq. N'est usité que dans ces expressions, COURONNE, COLONNE ROSTRALE, couronne, colonne ornée de proues de navires : *on décernait la couronne rostrale à celui qui s'était élancé le premier dans le vaisseau ennemi.*

ROSTRE s. m. (lat. *rostrum*, bec, éperon de navire). (Voy. * Rostres.)

ROSTRÉ, ÉE adj. (fr. *rostre*). Qui est allongé en forme de bec.

* **ROSTRES** s. m. pl. (lat. *rostra*, becs, éperons de navire). Antiq. Tribune aux harangues, chez les Romains; espèce de plate-forme située au milieu de la place publique de Rome, et dont la base était ornée de becs ou éperons de navires pris sur les Antiates. — Archit. et Sculpt. Ornements ayant la forme de becs ou éperons de navires antiques.

ROSTRENEN, ch.-l. de cant., arr. et à 45 kil. S.-O. de Guingamp (Côtes-du-Nord); 1,800 hab.

* **ROT** s. m. (lat. *ructus*). Vent qui sort de l'estomac par la bouche avec bruit : *gros rot*. Il est bas, et l'on évite de s'en servir.

* **RÔT** s. m. Rôti, viande rôtie à la broche. On appelle Gros RÔT, la grosse viande rôtie, comme longe de veau, dindon, etc.; et Petit RÔT, menu RÔT, les poulets, les perdrix, bécasses, bécassines, ortolans, etc. — Manger SON PAIN A LA FUMÉE DU RÔT, être témoin, spectateur d'un divertissement, d'un plaisir auquel on ne peut avoir part. — Etre A POT ET A RÔT DANS UNE MAISON, y vivre, y manger quand on veut. — Service qui suit immédiatement celui des potages et des entrées; se dit également en maigre et en gras : *on vient de servir le rôt.*

    Et le citadin de dire:
    Achevons tout notre *rôt*.
                La Fontaine.

ROTA (Bernardin), poète italien, né en 1500, mort en 1575. Il a laissé des *Élégies*, des *Epigrammes*, des *Sonnets*, etc.

ROTA, ville d'Espagne, dans la province de Séville, en face de Cadix; 10,000 hab.

* **ROTANG** s. m. Voy. Rotin.

* **ROTATEUR, TRICE** adj. (lat. *rotator*; de *rotare*, faire tourner). Qui fait tourner : *force rotatrice*. — adj. m. Anat. Se dit des muscles qui font tourner sur leur axe les parties auxquelles ils sont attachés : *muscle rotateur*. — Substantiv. : *le grand rotateur*. — ⤙ s. m. pl. Zool. Syn. de Rotifères.

ROTATIF, IVE adj. Qui agit en tournant.

* **ROTATION** s. f. (lat. *rotatio*). Phys. Mouvement circulaire d'un corps qui tourne sur lui-même : *la rotation de la terre autour de son axe*. — Anat. Mouvement en rond qui peut être exécuté par certaines parties du corps.

* **ROTATOIRE** adj. Qui cause la rotation, qui est en forme de rotation : *mouvement rotatoire*

* **ROTE** s. f. (lat. *rota*, roue). Juridiction de Rome, composée de douze docteurs ecclésiastiques nommés Auditeurs de rote, et pris dans les quatre nations d'Italie, France, Espagne et Allemagne : *les décisions de la rote*.

* **ROTER** v. n. Faire un rot, des rots : *c'est un vilain, il ne fait que roter*. Ce mot est bas, on évite de s'en servir.

ROTGANS (Lucas), auteur néerlandais, né à Amsterdam en oct. 1654, mort à Kromwyk, près d'Utrecht, le 3 nov. 1710. Il publia quelques tragédies, telles que *Scilla*, *Eneas et Turnus*, un poème épique, et la *Bœrekermis* (Fête villageoise), qui est considérée à juste titre comme son chef-d'œuvre. Ses pièces, publiées en 1721 sous le titre : *Poezy van verscheiden mengelstoffen* le signalèrent comme un imitateur de l'art français.

ROTHE (Richard) [ro'-té], théologien allemand, né à Posen en 1799, mort en 1867. Il professa la théologie à Wittenberg, à Bonn et à Heidelberg. Ses vues avaient une teinte de la philosophie de Schleiermacher et de

Hegel. Ses œuvres comprennent *Theologische Ethik* (édit. revue par Holtzmann, 1867-'71, 5 vol.).

ROTHELIN (Charles d'Orléans de), littérateur, de la famille de Dunois, né à Paris en 1691, mort en 1744. Il entra dans les ordres, se passionna pour la numismatique, fut reçu à l'Académie française en 1728 et à celle des Inscriptions en 1732.

ROTHESAY [roth'-sè], ville d'Écosse, capitale du Buteshire, dans l'île de Bute, à 50 kil. O. de Glasgow ; 7,800 hab. Contructions navales, tanneries, distilleries, filatures de coton. Une grande partie de la population se livre à la pêche et au cabotage. C'est une station sanitaire pour les poitrinaires. Le titre de duc de Rothesay est possédé par le prince de Galles.

ROTHOMAGO s. m. Argot. Nom donné par les saltimbanques aux ludions dont ils se servent pour dire la bonne aventure.

ROTHSCHILD (Mayer-Anselm) [rott'-chilt], banquier allemand, né à Francfort en 1743, mort en 1812. D'humble extraction juive, il se distingua comme banquier par une intégrité et une habileté qui le mirent en relations avec les princes allemands. En 1806, Guillaume, électeur de Hesse, déposa chez lui, au moment de l'invasion de ses États par les Français, environ 25 millions de fr. pour huit ans sans intérêt; mais il reçut ensuite 2 p. 100, et le capital fut remboursé à son fils en 1823. C'est le placement judicieux de ce capital qui fut la source de la colossale fortune de Rothschild. Il eut cinq fils, dont l'un, Anselm, resta à la tête de la maison de Francfort, les quatre autres, Salomon, Nathan, Charles et James devinrent respectivement les chefs de maisons nouvelles à Vienne, à Londres, à Naples et à Paris; et l'empereur François les fit tous barons. Le baron Lionel, chef actuel de la maison de Londres, fut élu au parlement par la cité du Londres en 1847. Il refusa de prêter le serment d'un chrétien, et ne prit son siège que lorsque l'incapacité politique des Juifs eut été supprimée en 1858. C'est le premier Juif qui ait siégé à la chambre des communes.

* **RÔTI** s. m. Viande rôtie : *il a toujours du rôti à son dîner.* — S'endormir sur le rôti, trop se reposer sur son succès.

* **RÔTIE** s. f. Tranche de pain qu'on fait rôtir sur le gril ou devant le feu : *rôtie au vin, à l'huile, au beurre.* — Par ext. Tranche de pain sur laquelle on a étendu des confitures ou quelque autre chose d'agréable à manger : *donnez à cet enfant une rôtie de gelée de groseilles.*

* **ROTIFÈRE** s. m. (lat. *rota*, roue; *fero*, je porte). Zool. Classe d'infusoires souvent placés parmi les articulés, comprenant plusieurs espèces de petites créatures qui vivent dans les eaux douces et dans les mousses humides, et dont le corps allongé est pourvu, à son extrémité antérieure, autour de la bouche, d'un ou plusieurs cercles de cils vibratiles qui présentent, lorsqu'ils sont en mouvement, l'aspect d'une petite roue tournant avec rapidité. La plupart des espèces de rotifères sont invisibles à l'œil nu et aucune espèce n'a pu atteindre plus de trois quarts de millim. de long; néanmoins leur corps, parfaitement organisé, se compose d'une tête, d'un tronc, d'une queue avec des organes internes pour la mastication, la digestion, etc. Quand on les regarde au microscope, on admire l'extrême élégance de leurs formes; leur enveloppe ressemble à un tissu transparent d'argent à travers lequel on aperçoit distinctement leur organisation intérieure. Plusieurs espèces sapent librement dans l'eau; mais les mélicertes, les stéphanocères et les flosculaires vivent attachés à la végétation aquatique. Le mâle et la femelle se distinguent

parfaitement, le premier étant généralement plus petit. La vibration des cils produit un courant qui non seulement amène la nourriture à la bouche, mais permet en outre, aux espèces qui vivent dans l'eau, de se mouvoir facilement.

ROTIFORME adj. (lat. *rota*, roue; fr. *forme*). Qui a la forme d'une roue.

* ROTIN ou Rotan s. m. Bot. Genre de palmiers, type de la 'tribu des calamées, comprenant une cinquantaine d'espèces plantes des Indes, à tige articulée et percée d'une infinité de très petites tubulures longitudi-

Rotin fossile.

nales : *il y a une espèce de rotin dont on se sert pour battre les habits, et que l'on fend pour en faire des meubles de cannes.* — Partie de la tige du rotin dont on fait ordinairement des cannes.

* RÔTIR v. a. (anc. haut all. *rostan*, griller). Faire cuire de la viande à la broche en la tournant devant le feu : *rôtir de la viande.* — N'ÊTRE BON NI A RÔTIR, NI A BOUILLIR, n'être propre à rien. — Griller, faire cuire sur le gril : *rôtir de la viande, du pain sur le gril.* — Se dit encore en parlant de certaines choses qu'on fait cuire dans la braise et dans les cendres : *rôtir des marrons.* — RÔTIR AU FOUR, faire cuire de la viande dans le four. — Se dit encore de l'effet que cause la trop grande chaleur du soleil; et il est quelquefois actif, quelquefois neutre quelquefois aussi pronominal : *il a gelé cette nuit; si le soleil vient à donner maintenant, il rôtira tous les bourgeons, toutes les fleurs.* — v. n. Faire rôtir de la viande à la broche. — Se rôtir v. pr. *Prenez garde que votre poulet ne se rôtisse trop.* — Se chauffer de trop près, ou être toujours auprès du feu : *cet enfant se rôtit.*

RÔTISSAGE s. m. Action de faire rôtir; résultat de cette action.

* RÔTISSERIE s. f. Lieu où les rôtisseurs vendent leurs viandes rôties ou prêtes à rôtir : *aller à la rôtisserie chercher quelque chose pour dîner.*

* RÔTISSEUR, EUSE s. Celui, celle qui vend des viandes rôties ou prêtes à rôtir : *il y a beaucoup de rôtisseurs dans cette rue.* — RÔTISSEUR EN BLANC, rôtisseur qui vend et fournit les viandes lardées prêtes à rôtir, mais qui ne les vend point toutes rôties.

* RÔTISSOIRE s. f. Ustensile de cuisine qui sert à rôtir la viande.

ROTOMAGIEN, IENNE s. et adj. De Rouen; qui appartient à cette ville à ses habitants.

ROTOMAGUS, ville métropole de la Lyonnaise II*, dans la Gaule. Auj. Rouen.

* ROTONDE s. f. (lat. *rotundus*, rond). Archit. Édifice de forme circulaire à l'extérieur comme à l'intérieur, et surmonté d'une coupole : *le Panthéon, à Rome, s'appelle mainte-

nant la Rotonde.* — Abri formé d'une petite coupole ou toit circulaire, porté par des colonnes, et ordinairement placé dans un jardin : *la rotonde du Palais-Royal.* — Modes. Manteau taillé en rond et formant de grands plis.

* ROTONDITÉ s. f. Qualité de ce qui est rond. Ne s'emploie guère que dans le style familier, en parlant d'une personne fort grosse : *il remplit un grand fauteuil de sa rotondité.*

ROTONDO (Monte), montagne de l'île de Corse, à 12 kil. S.-O. de Corte, par 42° 43' lat. N. et par 6° 43' long. E.; 2,672 m. de haut.

ROTROU (Jean), poète, né à Dreux le 21 août 1609, mort à Paris le 28 juin 1650. Il fut l'ami de Corneille et l'un des créateurs de notre théâtre. Lieutenant civil du bailliage de Dreux, il mourut victime de son dévouement en portant secours à ses compatriotes pendant le plus fort d'une épidémie. Une statue en bronze lui a été élevée dans sa ville natale en 1867. Ses pièces sont très nombreuses; voici les principales : L'*Hypocondriaque*, tragi-comédie (1628); la *Bague de l'oubli*, comédie (1628); *Cléagénor et Doristhée*, tragi-comédie (1630); *Diane*, comédie (1630); les *Ménechmes*, comédie (1632); *Céliméne*, comédie (1633); les *Sosies*, comédie (1636); *Antigone*, tragédie (1638); les *Captifs*, comédie (1638); *Iphigénie en Aulide*, tragi-comédie (1640); *Bélisaire*, tragi-comédie (1643); *Venceslas*, tragédie (1647); *Chosroès*, tragédie (1649). Ses Œuvres ont été publiées en 1820 (5 vol. in-8°).

ROTTERDAM [rot'-ter-damm], ville de la Hollande méridionale, dans les Pays-Bas, sur la Maas, à 29 kil. de la mer et à 56 kil. d'Amsterdam; 132,054 hab. Elle est remarquable par ses canaux, dont le dernier fait est le Nieuwe Singel. Le jardin zoologique est un des plus beaux de l'Europe. La foire annuelle de Rotterdam, célèbre par ses réjouissances bruyantes, se tient en août. On a construit un canal navigable jusqu'à Maassluis, et le pont de Mordeck (Moerdyk), terminé en 1871, l'un des plus longs de l'Europe, porte le chemin de fer jusqu'à Fyenoord, en face de Rotterdam. Grands chantiers de constructions navales, docks, magasins d'entrepôt. Environ 2,500 steamers et 4,200 vaisseaux à voile entrent annuellement dans le port. On importe beaucoup de pétrole raffiné et de coton. Nombreuses raffineries de sucre et distilleries d'eau-de-vie. Rotterdam eut beaucoup à souffrir pendant la lutte avec l'Espagne; mais ensuite, spécialement depuis une trentaine d'années, sa prospérité a rapidement augmenté.

ROTULAIRE adj. Qui a la forme d'une petite roue.

* ROTULE s. f. (lat. *rotula*, dimin. de *rota*, roue). Anat. Os placé en avant du genou, à l'endroit où le fémur s'articule avec les os de la jambe : *il a la rotule cassée.*

ROTULEUX, EUSE adj. Qui est marqué de petites taches en forme de roue.

ROTULIEN, IENNE adj. Anat. Qui appartient à la rotule.

ROTUNDIFOLIÉ, ÉE adj. (lat. *rotundus*, rond; *folium*, feuille). Bot. Qui a des feuilles rondes.

* ROTURE s. f. (lat. *ruptura*, rupture). État d'une personne ou d'un héritage qui n'est pas noble : *il étoit né dans la roture.* — Se dit aussi, collectiv., des roturiers : *en France, la roture était sujette à la taille.*

* ROTURIER, IÈRE adj. Qui n'est pas noble : *famille roturière.* — Qui tient du roturier, qui n'a rien de noble, qui est grossier : *cet homme a l'air roturier.* — Substantiv. *C'était un roturier.*

* ROTURIÈREMENT adv. A la manière des roturiers, selon les lois qui concernent la roture : *il n'y avait ni fief, ni seigneurie à cette terre, elle devait se partager roturièrement.* — D'une manière basse et ignoble : *cet homme-là pense roturièrement.* (Vieux.)

* ROUAGE s. m. (rad. *roue*). Réunion, ensemble des roues d'une machine : *tout le rouage de cette machine est rompu.* — Se dit quelquefois des roues mêmes : *les rouages de cette machine sont trop nombreux, trop compliqués.* — Fig. *Les rouages de cette administration sont trop nombreux.* — BOIS DE ROUAGE, celui qu'on emploie à faire des roues.

* ROUAN, ANNE adj. (ital. *roano*). Se dit des chevaux dont le poil est mêlé de blanc, de gris et de bai. ROUAN VINEUX, se dit lorsque le bai domine; et, ROUAN CAP DE MORE, lorsque la tête et les extrémités sont noires.

* ROUANNE s. f. (rad. *roue*). Instrument dont les employés des contributions indirectes se servent pour marquer les pièces de vin.

* ROUANNER v. a. Marquer avec la rouanne : *rouanner une pièce de vin.*

* ROUANNETTE s. f. Instrument dont les charpentiers se servent pour marquer les bois.

ROUARHA ou Rouagha (sing. *Rerhi* ou *Reghi*), en général, les habitants de l'Oued-Rirh. — Nom donné plus particulièrement aux Nègres aborigènes de l'Oued-Rirh, de la principauté de Temacine et du pays d'Ouargla. Les Arabes nomades de ces contrées rejettent pour eux ce nom qui, dans leur bouche, est devenu synonyme de *race inférieure*.
(V. LARGEAU.)

ROUARIE (Armand TAFFIN, marquis de la), homme de guerre français, né en 1756, mort en 1793. A la suite d'un duel, il alla en Amérique où il se congrès le fit colonel sous le nom de Charles-Armand. Il servit contre Cornwallis sous le général Gates, et prit part aux opérations devant Yorktown. En 1783, il fut fait brigadier général et revint en France en 1784. En 1788, il fut emprisonné pour avoir défendu les privilèges de la Bretagne, et en 1791, il se mit à la tête d'une organisation royaliste qui fut trahie. Il n'en poursuivit pas moins jusqu'à la fin des plans d'insurrection royaliste.

ROUBAISIEN, IENNE s. et adj. De Roubaix; qui appartient à cette ville ou à ses habitants.

ROUBAIX [rou-bè] (lat. *rubetum*, lieu couvert de ronces), ch.-l. de cant., à 10 kil. N.-E. de Lille (Nord); 95,000 hab. C'est l'une de nos plus grandes villes industrielles. On y fabrique des lainages, des soieries, des cotonnades, connues sous le nom d'*articles de Roubaix*, et le produit annuel de ces manufactures dépasse 150 millions de fr. L'importance de cette ville date du xv* siècle. Pierre de Roubaix y bâtit un château dont il fit sa résidence. Au siècle suivant, l'enceinte de la ville fut agrandie. Charles le Téméraire favorisa la fabrique de draps, qui l'emporte aujourd'hui sur celles de Sedan et d'Elbeuf.

ROUBILIAC (Louis-François), sculpteur, né à Lyon, 1695, mort à Londres en 1762. Fixé à Londres en 1720, il passa la plus grande partie de sa vie en Angleterre, où il exécuta de nombreuses statues. On considère comme des chefs-d'œuvre le buste de George II (dans Golden Square), la statue de Shakspeare (pour Garrick, qui la légua au British Museum), et celle de Newton (Trinity collège, Cambridge).

* ROUBLE s. m. Monnaie d'argent et unité de compte en Russie, qui vaut environ quatre francs de France. C'est aussi une monnaie de compte et un papier-monnaie.

* **ROUC.** Voy. Rocx.

* **ROUCHE** s. f. Mar. Carcasse d'un navire sur le chantier, sans mâture et sans manœuvres.

ROUCHER (Jean-Antoine), poète, né à Montpellier en 1745, mort sur l'échafaud le 25 juillet 1794. D'abord partisan de la Révolution, il ne tarda pas à s'élever contre ses excès; sa modération fut cause de sa mort. On a de lui : les *Mois*, poème en 12 chants.

* **ROUCOU** s. m. Voy. Rocou.

* **ROUCOUER** v. a. Voy. Rocouer.

* **ROUCOULEMENT** s. m. Bruit que font les pigeons et les tourterelles en roucoulant.

* **ROUCOULER** v. n. (onomat.). Se dit en parlant du bruit, du murmure triste et tendre que les pigeons et les tourterelles font avec le gosier. — Se dit quelquefois, fig. et par plaisant., d'un homme qui tient à une femme des propos tendres et langoureux : *il passe sa vie à roucouler aux pieds de sa maîtresse.* — v. a. Roucouler ses plaintes.

* **ROUCOUYER** s. m. Voy. Rocouyer.

* **ROUDOU** ou Redoul s. m. Bot. Plante dont les feuilles, réduites en poudre, sont fort employées pour la teinture des étoffes et le tannage des cuirs, et dont les fruits sont vénéneux. On lui donne aussi le nom d'*Herbes aux tanneurs.*

* **ROUE** s. f. (lat. *rota*). Machine de forme circulaire qui, en tournant sur son essieu, sert au mouvement de quelque chose : *voiture à quatre roues.* — Fig. et fam. FAIRE LA ROUE, se dit des enfants et des sauteurs qui font le moulinet avec leur corps, au moyen de leurs mains et de leurs pieds qu'ils posent par terre alternativement. — FAIRE LA ROUE, se dit aussi de certains oiseaux qui déploient les plumes de leur queue de manière à en former une espèce d'éventail : *ce paon, ce coq d'Inde fait la roue.* — CET HOMME FAIT LA ROUE, il se pavane, il fait le beau. — Se dit aussi des pièces, des objets en forme de roue, qui entrent dans la construction des machines, et qui servent à les faire mouvoir : *les roues d'une machine.* — Mar. ROUE DE CABLE, chacun des cercles ou cerceaux qu'on fait faire à un câble pour le plier. On dit aussi, PLI DE CABLE.—Loterie. ROUE DE FORTUNE, le tambour en forme de roue, où l'on enferme les numéros pour les *tirer* au sort. — Supplice où, après avoir rompu les bras, les jambes et les reins au criminel, on l'attache sur une roue : *ce crime mérite la roue, va à la roue.* — Fig. ETRE SUR LA ROUE, souffrir de grandes douleurs, ou être dans une grande inquiétude, dans une extrême anxiété. — **Législ.** anc. « Le supplice de la roue était connu dans l'empire romain d'Occident; il fut usité en Allemagne pendant le moyen âge, puis il a été introduit en France par un édit du 4 fév. 1534. Appliquée d'abord aux voleurs de grands chemins, il le fut ensuite aux assassins; même en cas de simple meurtre (Ord. de Blois de 1579, art. 194 et 195); mais cette peine était exclusivement réservée aux hommes, de même que celle des galères. Le coupable condamné à être roué était conduit sur un échafaud dressé au milieu d'une place publique; là, on l'attachait avec des cordes sur une croix de Saint-André; puis, au moyen d'une masse de fer, on lui rompait successivement les bras, les avant-bras, les cuisses, les jambes et les reins. Ensuite on étendait le corps sur une roue placée à l'extrémité supérieure d'un poteau. En cet état, le patient, ayant les membres repliés sous lui et la face tournée vers le ciel, tardait rarement à mourir; et lorsque la vie avait cessé, l'exécuteur de la haute justice portait le corps sur un chemin public désigné par la sentence. Les juges ajoutaient quelquefois, au bas de l'arrêt ou du jugement, un *retentum*,

c'est-à-dire une mention en vertu de laquelle le condamné devait être secrètement étranglé, soit avant le supplice, soit après un ou plusieurs coups vifs, soit après tous les coups. Les biens du supplicié étaient confisqués au profit du trésor royal, même dans le cas où, le condamné étant coutumace, le supplice de la roue avait été exécuté sur une mannequin habillé. La peine de la roue n'a été abolie qu'en 1789. »   (Ch. Y.)

* **ROUÉ, OUÉE** part. passé de Rouer. — Adjectiv. Se dit du bois du cerf, lorsqu'il est serré et peu ouvert. — Substantiv. Homme sans principes et sans mœurs, dont la conduite est désordonnée : *c'est un roué qui ne respecte rien.* (Vieux.)

* **ROUELLE** s. f. (rad. roue). Tranche de certaines choses coupées en rond : *rouelle de citron, de pomme, de betterave.* — ROUELLE DE VEAU, partie de la cuisse d'un veau coupée en travers, et qui se trouve ainsi de figure ronde.

ROUELLE (Guillaume-François), chimiste, né à Mathieu, près de Caen, en 1703, mort en 1770. En 1744, il entra à l'Académie des sciences, et eut le premier les idées nettes sur les sels, qu'il distingua en sels neutres, acides et basiques.

ROUEN [rou-an], *Rotomagus, Rudomum*, belle et grande ville, ancienne capitale de la Normandie, aujourd'hui ch.-l. du dép. de la Seine-Inférieure, sur les deux rives de la Seine et sur l'Aubette et la rivière de Robec, à 126 kil. N.-O. de Paris, par 49e 26' 29" lat. N. et 1° 14' 32" long. O.; 106,000 hab. Archevêché; port important sur la Seine; industries des rouenneries, des indiennes, des calicots, des toiles et coutils, de la bonneterie, des sucreries, etc.; la ville et les districts environnants produisent à peu près le tiers de toutes les cotonnades manufacturées en France. Entrées moyennes annuelles : 2,000 navires jaugeant 220,000 tonnes. Nombreuses sociétés savantes. Rouen s'élève sur la déclivité d'un plateau qui s'abaisse en un amphithéâtre de riantes collines. De larges rues et de magnifiques boulevards ont remplacé les anciens remparts; le voisinage des quais, qui ont un développement de 2,000 m., offre encore l'aspect d'une ville du moyen âge avec ses hautes et vieilles maisons de bois et de pierre, séparées par des rues tortueuses et étroites. Sur la rive gauche de la Seine s'étend le faubourg Saint-Sever, habité par une population essentiellement ouvrière, et relié à la ville par deux ponts, l'un suspendu et l'autre en pierre, au rond-point duquel s'élève la statue en bronze de P. Corneille, érigée en 1834. Rouen est remarquable par le nombre et la beauté de ses monuments, surtout de ceux qui appartiennent à l'architecture gothique. Le principal est la cathédrale Notre-Dame, bâtie du XIIIe au XVIe siècle, longue de 125 m., large de 34 m.; sa façade, richement ornée, présente trois magnifiques portails flanqués de tours élevées (tour de Beurre et tour Saint-Romain); dans l'intérieur de cet édifice religieux, on remarque les monuments funéraires de Rollon, de Guillaume Longue-Epée, de Richard Cœur de Lion, des deux cardinaux d'Amboise et du cardinal de Bonnechose, etc. Non loin de la cathédrale, se dresse la curieuse église abbatiale de Saint-Ouen, merveille de l'art gothique, commencée en 1310, restaurée en 1852; longue de 138 m., large de 26 m. Citons encore les églises de Saint-Maclou, du Saint-Patrice, de Saint-Vincent et la chapelle de Bon-Secours, lieu de pèlerinage, sur le sommet d'une colline escarpée près de la ville. Les monuments civils dignes de remarque sont : le palais de Justice, vaste édifice gothique très délicat, terminé en 1499, retouche en 15..,

et enfin agrandi et terminé en 1885; l'hôtel de ville, bâtiment moderne, le palais archiépiscopal, la tour de la Grosse-Horloge, la douane, le tribunal de commerce, l'hospice général, l'hôtel-Dieu, l'hôtel Bourgtheroulde (XVe siècle), plusieurs fontaines; les statues de Jeanne d'Arc, de Boïeldieu, de Corneille, de l'abbé de La Salle. Musée riche en chefs-d'œuvre des grands maîtres. Deux théâtres, pour lesquels le public se montre tellement exigeant que les comédiens disent *aller à Rouen* comme synonyme d'*être sifflé.* — Avant la conquête romaine, Rouen était la capitale des Véliocasses ou Vellocasses; elle devint sous J.-César la métropole de la 2e Lyonnaise. Le christianisme y fut prêché au IIIe siècle par saint Nicaise et saint Mellon (260), qui y fondèrent le siège épiscopal. Les Francs s'en emparèrent en 497 et les Normands en firent le point de mire de leurs incursions. En 841, Rouen fut prise par ces pirates et ruinée de fond en comble. En 911, une partie de la Neustrie ayant été cédée par Charles le Simple à Rollon, ce premier duc de Normandie fit de Rouen sa résidence et la capitale de ses Etats. La ville fut entourée de fortifications et, à partir de cette époque, son histoire se lie intimement à celle de la Normandie. Louis VII de France l'assiégea vainement en 1174; mais Philippe-Auguste l'enleva à Jean sans Terre en 1204. Louis VIII et Louis IX l'entourèrent d'une nouvelle enceinte, qui suivait la ligne décrite aujourd'hui par la ceinture des nouveaux boulevards. Henri V d'Angleterre, profitant de la démence de Charles VI, parvint à s'emparer de Rouen le 19 janv. 1419, après un siège de six mois qui coûta la vie à plus de 30,000 hab., et la capitale de la Normandie resta pendant 30 ans au pouvoir des étrangers. Jeanne d'Arc y subit son martyre. Charles VII reprit la ville en 1449, fit réhabiliter, par un tribunal d'évêques, la mémoire de la Pucelle en 1450, et ordonna d'élever sur la place où avait eu lieu son exécution, une croix remplacée depuis par une fontaine surmontée de la statue de l'héroïne. Plus tard, Rouen, devenu le quartier général de Coudé, chef des huguenots, fut assiégé par le duc de Guise, qui s'en empara en oct. 1562. Henri IV, désespérant de Rouen le livra en 1593, se la fit livrer par le gouverneur catholique, de Villard, moyennant 477,800 livres. Sous la première République et sous l'Empire, on y exécuta 257 des chauffeurs, qui jetèrent à cette époque la terreur dans toute la Normandie. Cette grande ville, si importante par son commerce, son industrie et sa position, fut l'objectif d'un corps de l'armée allemande en 1870. Après des combats assez vifs, livrés dans ses environs, les 4 et 5 déc. 1870, elle se rendit sans résistance, le 6 déc., au général Manteuffel, et fut imposée d'une contribution de 17 millions de fr., qui fut payée intégralement. Les Allemands l'évacuèrent le 22 juillet 1871. Depuis cette époque, elle n'a cessé d'accroître son importance commerciale, et l'on vient d'entreprendre la construction d'un canal qui doit la relier directement à la mer. — Rouen a vu naître : les deux Corneille, Benserade, Saint-Amant, Pradon, Fontenelle, le P. Daniel, Bochart, les Basnage, Berruyer, la Champmeslé, Jean Jouvenet, Restout, le peintre Géricault, Boïeldieu, le physicien Dulong, le chimiste Adam, Armand Carrel, le général Duvivier, Pouchet, etc. — Bibliogr. *Histoire de Rouen*, par A. Lefort, in-18. Rouen, Augé, 1881.

ROUENNAIS, AISE s. et adj. [rou-a-nè]. De Rouen; qui appartient à cette ville ou à ses habitants.

* **ROUENNERIE** s. f. [rou-a-ne-rî]. Se dit dans le commerce, des toiles de coton peintes que l'on tire des fabriques de Rouen, ou

qu'on fabrique ailleurs par imitation : *ce marchand tient la rouennerie, ne vend que de la rouennerie.*

* **ROUER** v. a. (rad. *roue*). Punir du supplice de la roue : *on l'a roué vif.* — IL A PENSÉ ÊTRE ROUÉ, IL SE FERA ROUER, se dit de quelqu'un qui a pensé être écrasé, qui est près de se faire écraser entre des roues, ou sous les roues d'une charrette, d'un carrosse. — Mar. ROUER UN CABLE, UNE MANŒUVRE, plier un câble, une manœuvre en rond, en cerceaux.

ROUERGUE, *Rutenicus pagus*, ancien pays de France, qui formait l'extrémité N.-O. du gouvernement de Guyenne - et - Gascogne. Ch.-l. Rodez. On le divisait en . *comté de Rouergue*; v. pr. Rodez, Saint-Geniez, Entraigues; *Haute-Marche*; v. pr. Milhau, Espalion, Saint-Affrique; et *Basse-Marche*; v. pr. Villefranche, Saint-Antonin, Najac, Sauveterre. Le Rouergue, habité d'abord par les Rutènes, fut réuni à la couronne par Henri IV en 1589. Il forme aujourd'hui le dép. de l'Aveyron et quelques parcelles de celui de Tarn-et-Garonne.

* **ROUERIE** s. f. [rou-rî]. Action de roué, tour de roué : *c'est une rouerie.*

* **ROUET** s. m. [rou-è] (rad. *roue*). Machine à roue, qui sert à filer : *un rouet à filer de la soie.* — Petite roue d'acier qui, étant appliquée sur la platine de l'arquebuse, et montée avec une clef, fait du feu en se débandant sur une pierre de mine : *rouet d'arquebuse.* — Plate-forme circulaire, de bois de chêne, qu'on place sous la fondation d'un puits.

ROUFFACH, *Aqua Rubbeæ, Rubiacus*, ville de l'Alsace-Lorraine, à 15 kil. S. de Colmar, sur la Lauch; 4,000 hab.

* **ROUGE** adj. (lat. *ruber*). Qui est d'une couleur semblable à celle du feu, du sang, etc. : *la couleur rouge est la première du prisme.* — PERDRIX ROUGE, espèce de perdrix qui a les pieds et le bec rouges. — FER ROUGE, TOUT ROUGE, fer qui est devenu rouge au feu. On dit dans le même sens, BOULETS ROUGES, boulets de canon qu'on fait rougir avant que d'en charger le canon, et qui mettent le feu aux matières combustibles qu'ils frappent: *tirer à boulets rouges.* — UN ROUGE BORD, un verre de vin plein jusqu'aux bords : *boire un rouge bord.* — On dit, dans le même sens, BOIRE A ROUGE BORD. Ces phrases ont vieilli. — ROUGE AU SOIR, BLANC AU MATIN, C'EST LA JOURNÉE DU PÈLERIN, le ciel rouge au soir, et blanc au matin, présage un beau temps. — Se dit quelquefois en parlant des cheveux, du poil; et alors il signifie extrêmement roux: *il a les cheveux rouges.* — Rouge s. m. Couleur rouge : *drap teint en rouge.* — LE ROUGE LUI MONTE AU VISAGE, se dit en parlant d'une personne a qui le sang monte subitement au visage, par un effet de la pudeur, de la honte ou de la colère. — SE FACHER TOUT ROUGE, se fâcher sérieusement : *il s'est fâché tout rouge.* Dans cette phrase, ROUGE est employé adverbialement. — Se dit aussi de certaines substances minérales ou végétales, qu'on emploie à divers usages, et qui sont de couleur rouge : *le rouge d'Angleterre sert à polir.* — Espèce de fard rouge dont les femmes usaient beaucoup autrefois, et qui n'est plus guère employé qu'au théâtre. On le prépare avec du carmin et les feuilles sèches du safran bâtard ou carthame. C'est ainsi qu'on obtient ce qu'on appelle le *rouge végétal.* — Dans les arts, pigment connu sous le nom de rouge anglais, dont on se sert aussi comme de poudre à polir, et qui est fait avec du peroxyde de fer. La perfection des miroirs d'un télescope dépend de la finesse et de la qualité du rouge employé pour les polir. Voici la recette que donne lord Rosse pour le préparer. On précipite par l'ammoniaque le peroxyde de fer d'une solution pure de sulfate de fer; le précipité, après

avoir été lavé, est passé à la presse jusqu'à ce qu'il soit presque sec; on l'expose ensuite à une chaleur qui, dans l'obscurité, n'arrive qu'au rouge sombre. On doit ainsi obtenir une couleur rouge brillante, tendant au jaune.

° **ROUGE** s. m. Oiseau de rivière qui ressemble à un canard, et qui a les pieds rouges. C'est le SOUCHET.

ROUGE (Mer), *sinus Arabicus, mare Rubrum*, bras de l'océan Indien, s'étendant du détroit de Bab-el-Mandeb, par 12° 40' lat. N., dans une direction presque N.-N.-O. jusqu'à Suez, par 29° 57' 30" lat. N. et séparant l'Arabie à l'E. de l'Egypte, la Nubie et l'Abyssinie à l'O.; longueur, environ 2,600 kil.; largeur maximum, près du 16° degré de lat. N., 350 kil.; superficie, 465,000 kil. carr. Au détroit de Bab-el-Mandeb, la mer Rouge n'a que 30 kil. de large. Par 27° 45' lat., elle est séparée en deux branches par la péninsule rocheuse du mont Sinaï ou Jebel Musa. La branche occidentale, le golfe de Suez, est le véritable prolongement de la mer Rouge, a environ 300 kil. de long, et une largeur moyenne de 20 kil. A son extrémité septentrionale, le canal de Suez le fait communiquer avec la Méditerranée, dont l'isthme de Suez le sépare. (Voy. CANAL et SUEZ.) La branche orientale, le golfe d'Akabah s'enfonce d'environ 180 kil. au N.-N.-E. et a une longueur moyenne de 120 kil. environ. La profondeur de la mer Rouge varie beaucoup, de 80 à 2,104 m. (par 21° 30' lat.). Des deux côtés, le rivage est généralement bordé de bas-fonds, et un grand nombre d'îles rocheuses, d'écueils et de récifs de corail rendent la navigation dangereuse. L'absence de fleuves se déchargeant dans la mer Rouge et la température élevée de l'eau qui est rarement au-dessous de 26° C. et qui, en mai, atteint 30°, expliquent la présence de récifs de corail dans une latitude plus septentrionale qu'ailleurs. Ce corail est généralement blanc, mais souvent rouge aussi, et on en trouve une variété noire sur la côte de l'Arabie, à 75 kil. N. et S. de Jiddah. On pêche en abondance des éponges fines le long du rivage oriental du golfe de Suez, et il y a en différents endroits des huîtres perlières. Les vents sont en général assez constants. D'octobre à mai, ils soufflent S.-S.-E., et sont le plus forts en février; le reste de l'année, ils soufflent N.-N.-O. et sont le plus forts en juin et juillet. La marée n'entre que peu dans la mer Rouge, et il n'y a aucun mouvement de flux ou de reflux sensible à l'extrémité N. Les courants paraissent être absolument gouvernés par les vents. L'atmosphère est très accablante pendant les mois des chaleurs. Les principaux ports sont : sur le golfe de Suez, Suez et Tir; sur la côte africaine, Kosseir, Suakin et Massowa; et sur la côte arabe, Yambo (port de Médine), Jiddah (port de la Mecque), Lohela, Hodeida et Moka. Un télégraphe sous-marin traverse la mer Rouge d'Aden à Suez. Les livres hébreux appellent la mer *Rouge Yam Suph*, la mer des algues. On rattache ordinairement ce nom de rouge au *rubrum* latin et à l'ἐρυθρά grec, noms qu'Hérodote et d'autres anciens écrivains appliquent à cette mer, ainsi qu'au golfe Persique et à l'océan Indien. (Voy. ÉRYTHRÉE(mer). On en attribue l'origine tantôt à la teinte rouge des collines voisines, tantôt à celle des récifs de corail, ou des algues marines, ou de l'eau même par suite de la présence d'animalcules de cette couleur; quelquefois à des colons phéniciens; *p_oινιξ, rouge), établis dans ces temps très reculés sur les rivages de la mer Erythrée; tantôt enfin au nom hébreu et phénicien d'un pays touchant au golfe d'Akabah, le pays d'*Edom* (rouge). — L'événement historique le plus intéressant qui se rapporte à la

mer Rouge est le passage des Israélites, quand ils s'enfuirent de l'Egypte. (Voy. Exode.) C'est par la mer Rouge que, dans les temps anciens et modernes, s'est fait le commerce entre l'Inde et les pays méditerranéens. Après la découverte de la route par le cap de Bonne-Espérance, la mer Rouge perdit de son importance ; mais l'ouverture du canal de Suez la lui a rendue.

ROUGÉ, ch.-l. de cant., arr. et à 9 kil. N.-O. de Châteaubriant (Loire-Inférieure); 2,000 hab.

* **ROUGÉ** (Olivier-Charles-Camille-Emmanuel de), égyptologue français, né à Paris le 11 avril 1811, mort au château de Bois-Dauphin (Sarthe), en 1873. Il fut professeur d'archéologie au collège de France, édita la *Revue archéologique* et écrivit de nombreux ouvrages sur les antiquités égyptiennes, entre autres : *Chrestomathie égyptienne* (1867-'68), et *Moïse et les Hébreux d'après les monuments égyptiens* (1869).

* **ROUGEÂTRE** adj. Qui tire sur le rouge : *l'or faux devient rougeâtre.*

* **ROUGEAUD, AUDE** adj. Qui a naturellement le visage rouge, un peu haut en couleur : *il est rougeaud.* — s. m. *Un gros rougeaud.*

* **ROUGE-GORGE** s. m. Ornith. Espèce de rubiette ou gris brun en dessus, avec la gorge et la poitrine rousses et le ventre blanc. C'est un charmant petit oiseau, commun en Europe, très familier, qui se rapproche des habitations pendant l'hiver et

Rouge-gorge.

qui égaye alors nos jardins et nos vergers par son chant gracieux. Il se nourrit de vers, d'insectes et quelquefois de baies. Il niche dans les buissons, près de terre, ou dans les trous d'arbres. On l'élève comme le rossignol, mais il vit difficilement en cage.

* ROUGEMONT, ch.-l. de cant., arr. et à 13 kil. N. de Baume-les-Dames (Doubs); 1,200 hab.

ROUGEMONT (Michel-Nicolas BALISON, baron de), auteur dramatique, né à la Rochelle le 7 fév. 1781, mort à Paris le 16 juillet 1840. Il servit dans la marine, puis dans l'armée vendéenne et se retira à Paris où il se mit à écrire des pièces de théâtre. Il réussit surtout dans le vaudeville, composa des stances sur le mariage de Napoléon 1er, et chanta ensuite la Restauration. Ses principales pièces sont : la *Romance* (1800); *Célestine* (1800); le *Mariage de Charlemagne* (1810); *Henri IV et d'Aubigné*, comédie (1814); *Marcel*, tragédie en 5 actes et en vers (Comédie-Française, 1826); *Jeanne Vaubernier*, drame en 5 actes (1832), souvent reprise; la *Duchesse de la Vaubalière*, drame en 5 actes (1836), etc.

* ROUGEOLE s. f. Maladie contagieuse qui

se manifeste par une éruption universelle de petites taches rouges, et qui est accompagnée de fièvre : *mon enfant a eu la rougeole.* — La *rougeole* est une fièvre éruptive, débutant par des frissons, de la fièvre, de l'éternuement, du larmoiement, du rhume de cerveau et une toux brève et sèche auxquels se joignent, du troisième au quatrième jour, une multitude de taches rouges, semblables à des morsures de puces se réunissant pour former des groupes très irréguliers. Ces taches disparaissent quatre ou cinq jours après leur apparition; cette affection est contagieuse et épidémique; elle éclate surtout sur les enfants de 2 à 10 ans. Elle n'est pas grave par elle-même, mais elle s'accompagne souvent d'une bronchite intense dont il faut se défier. Dans les premiers jours, avant l'éruption, cette affection ressemble à la fièvre catarrhale dont il n'est guère possible de la distinguer. Elle ressemble aussi par plusieurs points à la scarlatine. Comme *traitement*, dans les cas légers, il suffit de conseiller la diète, des boissons pectorales et diaphorétiques et une chaleur modérée. Dans les cas plus graves, on met des sinapismes et on combat la toux par un mélange de sirop diacode et de sirop d'aconit (deux ou trois demi-cuillerées par jour) et par un vésicatoire entre les épaules.

* **ROUGE-QUEUE** s. m. On donne ce nom à plusieurs oiseaux à bec fin, de différents pays et de diverses grandeurs.

* **ROUGET** s. m. On donne ce nom, en Provence, au *surmulet*, petit poisson rouge qui a deux longues barbes sous la mâchoire inférieure; mais, à Paris, il désigne le *grondin rouge*, poisson à tête cuirassée et épineuse.

ROUGET (Georges), [rou-jé], peintre français, né en 1781, mort en 1869. Il copia le *Couronnement de Napoléon*, de David, avec une telle fidélité, que sa copie a été vendue pour l'original. Il a exécuté beaucoup de beaux tableaux historiques, entre autres *La mort de Napoléon*[er].

ROUGET DE L'ISLE (Claude-Joseph) [rou-jé-de-li-le], né à Lons-le-Saulnier le 10 mai 1760, mort à Choisy-le-Roi, près de Paris, le 26 juin 1836. Il était officier du génie quand éclata la Révolution, dont il adopta les principes avec ardeur. En 1792, lors de la déclaration de guerre à l'Autriche, il composa à Strasbourg, pour l'armée du Rhin dont il faisait partie, les paroles et la musique d'un hymne qu'il appela *Chant de guerre*. Cet hymne reçut plus tard le nom de *Marseillaise* et devint le chant national de la France. Arrêté en 1793, Rouget de l'Isle fut rendu à la liberté, combattit sous Hoche en Vendée et fut blessé à Quiberon. Une statue lui a été érigée en 1882 à Choisy-le-Roi. (Voy. ce mot.) Il a laissé, outre la *Marseillaise*, un grand nombre d'œuvres littéraires et poétiques assez médiocres. Nous citerons : *Souvenirs de Quiberon* (1797); *Essais en vers et en prose* (1796, in-8°); *Cinquante chants français*; plusieurs romances, etc.

* **ROUGETTE** s. f. Hist. nat. Sorte de chauve-souris. (Voy. **Roussette**.)

* **ROUGEUR** s. f. Couleur rouge : *la rougeur des joues, des lèvres.* — s. f. pl. Taches rouges qui viennent au visage, et en général sur la peau : *il lui est venu des rougeurs au front.*

* **ROUGI, IE** part. passé de **Rougir**. — De l'eau rougie, de l'eau où il n'y a que fort peu de vin : *il ne boit que de l'eau rougie.*

* **ROUGIR** v. a. Rendre rouge; peindre ou teindre en rouge : *le soleil rougira les fruits.* — Ne faire que rougir son eau, ne boire que très peu de vin avec beaucoup d'eau. — Fig. Rougir ses mains de sang, assassiner, exercer des prescriptions sanglantes. — v. n. Devenir rouge : *les cerises rougissent, commencent à*

rougir. — Se dit aussi des personnes : *cette fille rougit aussitôt qu'on lui parle.* — Fig. Avoir honte, confusion : *il n'a fait que ce qu'il devait, il n'en rougira point.*

D'ailleurs, il ne faut pas *rougir* de votre histoire.
P. Ponsard. *Charlotte Corday.* Prologue.

ROUHER (Eugène)[rou-èr], homme politique, né à Riom le 30 nov. 1814, mort en fév. 1884. Il fut envoyé à la Constituante en 1848 et à la Législative en 1849. Trois fois ministre de la justice de 1849 à 1852, vice-président du conseil, ministre de l'agriculture, du commerce et des travaux publics, sénateur, président du conseil (1863-'67), premier ministre (vice-empereur) avec le portefeuille des finances jusqu'au 13 juillet 1869, et enfin président du Sénat, il fut intimement mêlé à toutes les affaires étrangères ou intérieures, qui amenèrent la chute du second Empire. Il prit la fuite après le 4 sept. Il fut ensuite élu à l'Assemblée nationale en fév. 1872 et à la Chambre des députés en 1876.

* **ROUI, IE** part. passé de **Rouir**. — Du chanvre roui. — Substantiv. Action de rouir : *la chaleur hâte le roui, le froid le retarde.* — Cette viande sent le roui, elle a un mauvais goût, qui vient de la malpropreté du vase où elle a été cuite.

ROUILLAC, ch.-l. de cant., arr. et à 24 kil. N.-O. d'Angoulême (Charente); 4,000 hab.

* **ROUILLE** s. f. [ll mll.] (lat. *rubigo*). Oxyde, espèce de crasse brune ou rougeâtre qui se forme sur la partie du fer ou de l'acier la plus exposée à l'air, à l'humidité : *la rouille mange, ronge le fer.* — Se dit quelquefois de l'oxyde qui se forme sur le cuivre, et sur quelques autres métaux : *la rouille du cuivre se nomme vert-de-gris.* — Se dit aussi des parties d'une glace où la lame est altéré, terni par l'humidité : *il y a des taches de rouille à cette glace.* — Se dit, fig., des traces d'ignorance et de grossièreté qu'on remarque dans certains siècles ou dans certains écrits : *la rouille des vieux préjugés.* — Bot. et Agric. Maladie qui attaque les tiges et les feuilles de plusieurs plantes, et qui se manifeste par une substance pulvérulente de la couleur du fer rouillé : *ces froments sont chargés de rouille.*

* **ROUILLÉ, ÉE** part. passé de **Rouiller** : *il est bien rouillé sur cette matière.* — Adjectiv. Se dit, des plantes attaquées de la rouille : *orge, avoine rouillée.*

* **ROUILLER** v. a. [ll mll.] Produire de la rouille sur la surface d'un corps : *l'humidité, l'eau rouille le fer.* — Se dit, fig., des facultés intellectuelles qui s'altèrent, qui s'affaiblissent faute d'exercice : *l'oisiveté rouille l'esprit.* — Se rouiller v. pr. S'altérer : *l'esprit se rouille dans l'oisiveté.*

ROUILLEUX, EUSE adj. Qui a la couleur de la rouille.

* **ROUILLURE** s. f. Effet de la rouille.

* **ROUIR** v. a. [rou-ir] (anc. haut. all. *rozjan*, pourrir). Ne se dit qu'en parlant du lin et du chanvre que l'on fait tremper dans l'eau, afin que les filets puissent aisément se séparer de la partie ligneuse : *rouir du lin, du chanvre.* — v. n. Faire rouir du lin.

* **ROUISSAGE** s. m. Action de faire rouir le lin ou le chanvre.

ROUISSEUR s. m. Celui qui rouit.

ROUISSOIR s. m. Syn. de **Routoir**.

ROUJAN, ch.-l. de cant., arr. et à 19 kil. N.-E. de Béziers (Hérault); 1,800 hab.

ROUJOUX (Louis-Julien), conventionnel, né à Landerneau en 1753, mort en 1819. Il fut député à l'Assemblée législative et à la Convention, abandonna son siège et rejoignit les Vendéens insurgés. Pendant la réaction, il entra aux Anciens, au Tribunat et fut ensuite nommé préfet de l'Empire.

* **ROULADE** s. f. Action de rouler de haut en bas : *nous avons fait une belle roulade.* (Fam.) — Mus. Agrément de chant formé de plusieurs inflexions de voix sur une même syllabe : *ce chanteur fait de belles roulades.*

* **ROULAGE** s. m. Facilité de rouler : *aplanir les chemins pour le roulage des voitures, du canon.* — Transport des marchandises sur des voitures à roues : *ces ballots coûteront tant pour le roulage, coûteront tant de roulage.* — Se dit aussi des établisssments où l'on se charge de ce transport : *une maison de roulage.* — Législ. « La police du roulage comprend les règlements concernant la circulation des voitures servant au transport des personnes, et passant sur les routes nationales, sur les routes départementales ou sur les chemins vicinaux de grande communication. Ces règlements, autrefois très rigoureux, fixaient, avant 1851, une largeur minima pour les jantes des roues et un poids maximum de chargement que l'on vérifiait au moyen de ponts à bascule. Depuis la loi du 30 mai 1851, toute voiture peut circuler sur les routes sans aucune condition de largeur des jantes ou de poids de chargement. Le règlement d'administration publique du 10 août 1852 et les règlements postérieurs renferment, sur la police du roulage, diverses dispositions dont les principales sont les suivantes : 1° limitation de la longueur des essieux à 2 m. 50, et de leur saillie au delà des moyeux, à 6 centim.; la saillie des moyeux ne pouvant excéder de plus de 12 centim. le plan passant par le bord extérieur des bandes de roues; 2° défense d'employer des clous de bande à tête de diamant; les clous devant au contraire être rivés à plat et former une saillie de 5 millim. au plus; 3° limitation du nombre des chevaux attelés à une voiture (voy. **Cheval**); 4° prescriptions relatives aux barrières de dégel (voy. **Barrières**); 5° mesures relatives à la protection des ponts suspendus; 6° règles concernant l'ordre de marche des voitures circulant sur les routes, lesquelles règles obligent tout conducteur de voiture à se ranger à sa droite à l'approche de tout autre voiture, de manière à laisser libre au moins la moitié de la chaussée; 7° limitation de la largeur des chargements laquelle largeur ne peut excéder 2 m. 50, sauf en cas d'une autorisation spéciale donnée par les préfets des départements traversés, et limitation de la largeur aux colliers, laquelle ne peut dépasser 90 centim.; 8° règles à suivre pour la conduite des voitures en convois; 9° obligation de pourvoir d'une lanterne allumée pendant la nuit toute voiture marchant isolément ou à la tête d'un convoi; 10° obligation imposée (sauf quelques dispenses) à tout propriétaire de voitures ne servant pas au transport des personnes, de faire placer, en avant des roues et au côté gauche de la voiture, une plaque métallique portant en caractères apparents et lisibles, d'au moins 5 millim de hauteur, ses nom, prénoms et profession, les noms de la commune, du canton et du département de son domicile. Les entrepreneurs de messageries et autres voitures publiques allant à destination fixe sont assujettis à des règlements particuliers. (Voy. **Voiture**.) Les contraventions aux prescriptions sur la police du roulage sont constatées par les employés du service des ponts et chaussées ou du service des chemins vicinaux commissionnés à cet effet, par les gendarmes, les gardes champêtres, les agents des forêts, ceux des contributions indirectes, des douanes, des poids et mesures ou des octrois, ayant le droit de verbaliser. Quelques-unes de ces infractions sont de la compétence des conseils de préfecture; les autres sont jugées par les tribunaux ordinaires. Les règlements particuliers concernant les entrepreneurs de roulage font loi

entre ceux-ci et les autres citoyens (C. civ. 1786). Le roulage sur les chemins vicinaux ordinaires est réglementé par les préfets, en vertu de l'art. 21 de la loi du 21 mai 1836, et conformément aux modèles d'arrêtés tracés par le ministère de l'intérieur. L'autorité municipale est chargée de la police des voies urbaines, et des chemins ruraux (L. 20 août 1881, art. 9, et L. 5 avril 1884). Le Code pénal (art. 475, 3° et 4°) punit d'une amende de 6 à 10 fr., les rouliers, les charretiers et conducteurs de voitures ou de bêtes de charge qui ont contrevenu aux règlements sur la police du roulage, lorsque ces contraventions ne sont pas punies par d'autres lois, notamment par celle du 30 mai 1851. » (Voy. Chemin, Voirie, etc.) (Ch. Y.)

ROULANCE s. f. Argot typogr. Action de faire du bruit avec tous les instruments dont disposent les compositeurs.

ROULAND (Gustave), magistrat et homme politique, né à Yvetot (Seine-Inférieure) en 1806, mort à Paris le 12 déc. 1878. Il fut nommé procureur général à la cour impériale de Paris en 1853, ministre de l'instruction publique et des cultes en 1856, sénateur en 1859, président du Conseil d'État en 1863, gouverneur de la banque de France en 1864 jusqu'au moment de sa mort.

ROULANS-L'ÉGLISE, ch.-l. de cant., arr. et à 12 kil. N.-O. de Baume-les-Dames (Doubs); 300 hab.

* **ROULANT, ANTE** adj. Qui roule aisément : *un carrosse bien roulant.* — Chir. Vaisseau roulant, veine roulante, vaisseau, veine qui vacille, qui change de place quand on met le doigt dessus : *on a de la peine à le saigner, parce que ses vaisseaux sont roulants.* — Guerre. Feu roulant, feu de mousqueterie continu : *l'ennemi fit un feu roulant.* — Un feu roulant de saillies, d'épigrammes, etc., plusieurs saillies, plusieurs épigrammes, etc., qui sont dites, lancées coup sur coup. — Typogr. Presse roulante, presse qui travaille, qui est en activité : *cet imprimeur a dix presses roulantes.*

* **ROULEAU** s. m. Paquet de quelque chose, qui est roulé : *un rouleau de papier.* — Un rouleau d'orgeat, de sirop de guimauve, etc., une fiole de forme cylindrique, contenant du sirop d'orgeat, de guimauve, etc. — Être au bout de son rouleau, avoir épuisé tous ses arguments, tous ses moyens, toutes ses ressources. — Cylindre de bois, de pierre, etc., servant à divers usages : *rouleau de pâtissier pour étendre la pâte.* — Typogr. Cylindre de bois sur lequel on a coulé une composition de colle et de mélasse, et qui sert à étendre l'encre sur les formes : *les huiles sont aujourd'hui abandonnées pour faire place au rouleau.* Le rouleau d'imprimerie fut inventé en 1819 par le docteur Gannal. Il est formé d'une pâte composée de colle forte et de mélasse. Cette composition, fondue et coulée sur un mandrin, conserve une certaine élasticité qui, jointe au mordant de sa surface, offre toutes les qualités nécessaires à la bonne typographique. Avant cette invention, on avait essayé de remplacer l'ancien tampon par des rouleaux en peau de veau. — Se dit également de certaines pièces de bois cylindriques sur lesquelles on fait rouler des fardeaux : *transporter un bloc de marbre à l'aide de rouleaux.* — Hist. nat. S'est dit des coquillages qu'on nomme maintenant Volutes.

* **ROULÉE** s. f. Coups donnés à quelqu'un : *il a reçu une roulée.* (Pop.)

* **ROULEMENT** s. m. Mouvement de ce qui roule : *le roulement de cette voiture fait grand bruit sur le pavé.* — Roulement d'yeux, mouvement par lequel on tourne les yeux de côté et d'autre, en sorte que la vue paraît égarée. *il faisait des grimaces et des roulements d'yeux*

à *faire peur.* — Se dit aussi d'un mouvement d'yeux où l'on remarque de l'affectation : *cet hypocrite faisait des roulements d'yeux.* — Mus. Se dit de plusieurs tons différents poussés d'une même haleine, soit en montant, soit en descendant : *il fait de fort beaux roulements, de longs roulements.* — Bruit formé par un ou plusieurs tambours que l'on bat continuellement à coups égaux et pressés : *faire un roulement.* — Fig. Action de se remplacer alternativement dans certaines fonctions, à un certain rang, etc. : *il se fait un roulement annuel dans les tribunaux, entre les diverses chambres dont ils sont composés.*

* **ROULER** v. a. Faire avancer une chose d'un lieu à un autre en même temps qu'elle tourne sur elle-même : *rouler une boule.* — Rouler les yeux, tourner les yeux de côté et d'autre avec violence, effort, ou affectation : *il roulait les yeux comme un possédé.* — Rouler doucement sa vie, passer sa vie dans une fortune médiocre, sans être ni riche ni pauvre. Rouler sa vie comme on peut, mener une vie assez pauvre, assez malheureuse. — Rouler de grands projets dans sa tête, méditer de grands desseins. — Plier en rouleau : *rouler un tableau, une pièce d'étoffe, un papier.* — v. n. Avancer en tournant sur soi-même : *une boule qui roule.* — Le ciel, les astres roulent sur nos têtes, se dit en parlant du mouvement circulaire apparent du ciel et des astres. — Argot typogr. Travailler. — Rouler dur, travailler fort. — Rouler le train de la presse, faire aller la manivelle de la presse à bras. — Faire rouler la presse, faire imprimer des ouvrages. On dit, en termes d'imprimerie, qu'une presse roule, lorsque la mise en train est terminée et que le tirage se continue sans interruption. — Fig. L'argent roule dans cette maison, l'argent y est en abondance ; et, l'argent roule dans ce pays, l'argent circule dans le commerce, il passe fréquemment d'une main à l'autre. — Fig. Tout roule là-dessus, c'est là le point principal, l'affaire principale dont tout le reste dépend. — Fig. L'affaire roule sur lui, il en est principalement chargé, ou il y aura la principale influence. Tout roule sur lui dans cette maison, il est y chargé de toutes les affaires. — Fig. Le revenu de sa terre, de son emploi roule, bon an, mal an, entre telle et telle somme, il revient à une somme moyenne entre telle et telle somme. — Fig. Mille pensées différentes lui roulent dans l'esprit, mille projets lui roulent dans la tête, lui passent et lui repassent dans l'esprit, sans qu'il s'arrête, sans qu'il se fixe à aucun. — Fig. Errer sans s'arrêter, sans se fixer en un lieu : *il y a longtemps qu'il roule par le monde.* — Subsister, trouver moyen de subsister : *il n'a point de bien, mais il ne laisse pas de rouler.* — Se dit encore, fig., de plusieurs personnes qui ont quelque commandement, quelque séance, quelque rang, quelque fonction alternatif : *un tel roule avec un tel.* — Mar. Se dit d'un bâtiment qui, étant agité par les vagues, lorsque la mer est grosse, se balance alternativement de l'un et de l'autre côté, dans le sens de sa largeur : *le vaisseau fut longtemps à ne faire que rouler.* On dit aussi, Nous roulâmes toute la nuit, notre vaisseau roula toute la nuit.

* **ROULETTE** s. f. Petite roue ou petite boule de bois, de fer, de cuivre, etc., servant à faire rouler la machine ou le meuble auquel elle est attachée : *les canons des vaisseaux sont posés sur des roulettes.* — Fig. et fam. Cela va comme sur des roulettes, se dit d'une affaire qui marche facilement, sans lenteur et sans obstacle. — Roulette d'enfant, machine roulante où de petits enfants se tiennent debout sans pouvoir tomber, et qui aide à marcher. — Petite chaise à deux roues, dans laquelle on allait autrefois

par la ville, en se faisant tirer par un homme, et qu'on appelait plus ordinairement Brouette ou Vinaigrette : *aller par la ville dans une roulette.* — Se dit également de certains petits lits fort bas qu'on peut mettre sous de grands lits. — Relieur. Instrument de fer en forme de petite roue, pour tracer un filet sur le bord des reliures. — Géom. Ligne courbe que décrit un point de la circonférence d'un cercle qui marche en roulant sur un plan. On dit aussi Cycloïde.

* **ROULETTE** s. f. Espèce de jeu de hasard, où une petite boule d'ivoire, lancée dans un grand cercle divisé en soixante-seize cases numérotées en rouge et en noir, décide de la perte ou du gain, suivant qu'elle s'arrête dans une case du numéro pair ou impair et de la couleur rouge ou noire : *jouer à la roulette.* — Appareil qui sert à ce jeu.

ROULEUR, EUSE adj. Qui roule.—s. f. Femme de mauvaise vie. — s. m. Ouvrier allant d'atelier en atelier pour demander de l'ouvrage.

* **ROULEUR** s. m. On appelle ainsi le charançon de la vigne : *le rouleur s'est mis dans nos vignes.*

* **ROULEUSE** s. f. On appelle ainsi des chenilles qui roulent des feuilles, dans lesquelles elles subissent leur métamorphose.

ROULIER, IÈRE adj. Qui appartient au roulage, aux rouliers.

* **ROULIER** s. m. Voiturier par terre, qui transporte des marchandises sur des chariots, charrettes, fourgons, et autres voitures roulantes de cette espèce : *faire transporter des marchandises par des rouliers.*

* **ROULIS** s. m. Mar. Agitation d'un navire qui penche alternativement de droite à gauche et de gauche à droite : *le roulis d'un vaisseau.*

* **ROULOIR** s. m. Cirier. Outil qui sert à rouler sur une table les bougies et les cierges

ROULON s. m. Techn. Barreau de bois tourné que l'on place entre les deux longues pièces de bois d'un râtelier.

ROULOTTAGE s. m. Argot. Vol de ballots et de paquets, soit dans l'intérieur des maisons de roulage, soit sous les portes cochères ou dans les allées où les marchands les ont fait déposer.

ROULOTTE s. f. Argot. Charrette, camion.

ROULOTTER v. n. Voler au roulottage.

ROULOTTIER s. m. Voleur au roulottage.

ROULOUL s. m. Ornith. Genre de gallinacés phasianidés, comprenant deux espèces d'oiseaux qui habitent Malacca, Java et Sumatra.

ROULURE s. f. Action de rouler ; état de ce qui est roulé. — Arboric. Solution de continuité entre les couches concentriques d'un arbre. La surface se dessèche et les nouvelles couches annuelles sont désagrégées. Le bois d'un arbre atteint de la roulure n'est plus propre à la charpenterie ; mais il peut faire du merrain. — Jargon paris. Personne qui a roulé un peu partout.

C'est du veau, c'est de la roulure...
Chanson populaire.

ROUMAIN, AINE s. et adj. De la Roumanie ; qui appartient à ce pays ou à ses hab.

ROUMANIE, royaume de l'Europe orientale, formé de la réunion des principautés de Moldavie et de Valachie (jadis connues sous le nom de *Principautés danubiennes*) et de la portion de la Bulgarie appelée *Dobrudja*; borné par la Russie, l'Austro-Hongrie, la Serbie, la Turquie (Bulgarie) et la mer Noire ; entre 43° 38' et 48° 46' lat. N. et entre 20° 40' et 27° 15' long. E. ; 129,947 kil. carr. ; 5,376,000 hab., dont 4,529,000 chrétiens orthodoxes (grecs), 114,000 catholiques romains, 400,000 israélites, 200,000 gypsies et

quelques musulmans. La population comprend 380,000 étrangers dont 200,000 Bohémiens, 85,000 Slaves, 40,000 Allemands, 30,000 Hongrois, 2,000 Français, etc. Cap. Bucharest (221,000 hab.); villes princ. : Jassy (90,000), Galatz (80,000), Botochani (40,000), Ploesti (33,000), Braïla (29,000), Berlad (27,000), Craïova (23,000), Giurgevo (21,000), Focsani (21,000), Piatra (20,000). Les deux tiers de la population s'occupent d'agriculture et de l'élève du bétail; le sol est plat et très fertile; mais c'est à peine si 68,7 p. 100 de la superficie totale sont productifs. Le monopole gouvernemental sur le tabac date de 1872. La Roumanie produit beaucoup de pétrole, de blé, de maïs, de vin, de fruits de toute sorte; elle renferme de vastes forêts; son climat est rude, très chaud en été et très froid en hiver. Son industrie est sans importance, mais les produits de son agriculture sont riches et variés. — Le principal cours d'eau qui arrose la Roumanie est le Danube, qui la sépare de la Serbie et en grande partie de la Bulgarie, devient exclusivement roumain à partir de Silistrie, traverse le territoire du S.-E. au N.-E., et sert ensuite de limite du côté de la Russie; son delta et ses bouches se trouvent dans la Roumanie, qui appartient entièrement au bassin danubien. Les autres cours d'eau sont : le Chyl, l'Aluta, l'Ardjich, la Dombovitza, la Jalomnitza, le Sereth et le Pruth, qui sépare la Roumanie de la Russie. — Principaux ports : Galatz et Braïla. — Le gouvernement est une monarchie constitutionnelle et héréditaire, dont le chef porte, depuis le 14/26 mars 1881, le titre de roi. La loi fondamentale est la constitution élaborée en 1866 par une assemblée constituante convoquée à cet effet; elle a été modifiée en 1884 par les chambres de revision; elle délègue la représentation nationale à deux assemblées, dont les membres, au nombre de 120 pour le Sénat et de 183 pour la chambre des députés, sont élus par les collèges électoraux de chaque district. Tout habitant qui paie une taxe est électeur. Recettes, 208 millions de fr.; dépenses, 205 millions; dette, 750 millions. Tout Roumain valide est tenu de servir 3 ans dans l'armée active permanente, puis dans la territoriale, dans la réserve et dans la levée en masse. En temps de paix, l'armée permanente est de 20,000 hommes, l'armée territoriale de 120,000; la levée en masse n'est pas organisée. — La religion d'État est le culte grec orthodoxe, formant une Église autocéphale avec deux archevêques, l'un primat de Roumanie, l'autre archevêque de Valachie. Il y a un archevêque catholique romain à Bucharest. Les propriétés monastiques ayant été sécularisées en 1864, on ne rencontre aujourd'hui peu de moines et de religieuses. Le pays ne compte pas plus de 3,000 écoles primaires et 2 universités (Bucharest et Jassy). Pour d'autres détails géographiques, historiques et littéraires, voy. MOLDAVIE et VALACHIE. — Les habitants de la Roumanie prétendent descendre d'une colonie romaine établie dans leur pays au temps de l'empereur Trajan; de là le nom de Roumanie qu'ils ont donné à leur nouveau royaume. Les deux principautés turques de Moldavie et de Valachie furent réunies, le 23 déc. 1861, sous l'administration d'Alexandre-Jean Ier, de la maison de Couza, élu hospodar de Moldavie le 17 janv. 1859 et de Valachie le 5 fév. de la même année. Forcé d'abdiquer le 23 fév. 1866, ce prince fut remplacé par un gouvernement provisoire, et ensuite par le prince Carol (Charles) Ier de Hohenzollern, élu par le peuple le 14 avril, et accepté par la législature le 12 mai. Jusqu'en 1877, les principautés, quoique à peu près indépendantes, furent soumises à payer un tribut d'environ 500,000 fr. à la Turquie. Dès le commencement de la guerre russo-turque, le prince

Carol conclut avec la Russie une convention militaire en vertu de laquelle les armées russes entrèrent dans le pays, et le 21 mai 1877, la législature passa un acte de complète indépendance. Le congrès de Berlin (13 juin 1878) reconnut cette indépendance, mais remania le territoire roumain : une partie de la Bessarabie, enlevée à la Russie par le traité de Paris (1856), fut rendue à cette puissance; la Roumanie reçut, en compensation, le territoire important de la Dobrudja, qui lui donne accès à la mer. — Le territoire est sillonné par 2,000 kil. de chemin de fer; il possède 4,750 kil. de lignes télégraphiques (10,000 kil. de fils). Pour la commission européenne du Danube, qui siège à Galatz, voy. DANUBE. — Le système décimal français a été introduit en Roumanie en 1876; l'unité monétaire est le lei, qui équivaut au franc. — BIBLIOGR. Commerce de la Roumanie avec les puissances étrangères pendant l'année 1883 (Bucharest, 1884); Mémoire sur la situation de la Moldo-Valachie depuis le traité de Paris, par J.-C. Bratiano (Paris, 1863, in-8°); la Roumanie considérée sous le rapport physique administratif et économique, par E. Crelzulesio (Bucharest, 1876, in-8°); la Roumanie économique, par M.-G. Obédénare (Paris, 1876); les Provinces roumaines, par J.-H.-A. Ubicini (Paris, 1856, in-8°).

ROUMÉLIE (turc Roum ili, pays des Roumi, ou chrétiens), nom général donné par les Turcs d'abord à la plus grande de leurs provinces européennes, comprenant leurs possessions en Grèce et au N. de ce pays jusqu'aux Balkans. Plus tard, ils appliquèrent ce terme à un territoire comprenant des portions de l'Albanie et la Macédoine (cap. Monastir ou Bitolia). Les géographes européens appelèrent généralement Roumélie les provinces formées de la Macédoine et de la Thrace. — Roumélie orientale, province de la Turquie d'Europe, placée sous l'autorité immédiate du sultan, mais jouissant d'une administration autonome et gouvernée d'après un statut organique, conformément aux stipulations du traité de Berlin (1878); entre la Bulgarie au N., la Macédoine à l'O., la Thrace au S. et la mer Noire à l'E.; 35,900 kil. carr.; 860,000 hab., dont 575,000 Bulgares, 175,000 Turcs, 44,000 Grecs, 20,000 Bohémiens, etc. Cap. Philippopoli (25,000 hab.) Territoire couvert, au N. par les Balkans, à l'O. par le Despoto-Dagh, au centre par diverses ramifications des chaînes de montagnes; arrosé par la Maritza et par son tributaire la Tondscha. L'agriculture, principale occupation du peuple, est encore des plus primitives. On produit du blé, de l'orge, de l'avoine, de l'essence de rose, de la soie, du tabac, etc. D'après le traité de Berlin, la Roumélie orientale doit avoir un gouverneur général appartenant à la religion chrétienne. Le sultan, chargé de la défense du territoire, a le droit d'y élever des fortifications et d'y entretenir des troupes (sauf des bachi-bouzouks et des Circassiens). L'ordre intérieur est maintenu par une gendarmerie indigène et par une milice locale, à l'exclusion des troupes turques qui ne peuvent séjourner ailleurs que dans les forteresses et ne doivent jamais loger chez l'habitant. Le gouverneur général est nommé par le sultan, avec l'assentiment des grandes puissances, pour un terme de 5 ans. Il est assisté d'une assemblée provinciale, dont 36 membres sont élus par les habitants de nationalité rouméliane et 10 sont nommés par le gouverneur. Cette nouvelle organisation n'a guère été favorable aux habitants, accablés d'impôts pour payer le tribut annuel qui avait été fixé d'abord à 50 millions de fr. et que l'on a dû abaisser à 40 millions de fr.

ROUMÉLIEN, IENNE s. et adj. De Roumélie; qui appartient à ce pays ou à ses habitants.

ROUMOIS, Rotomagensis ager, ancien petit pays de Normandie, entre la Seine et la Risle; ville pr., Quillebeuf.

* ROUPIE s. f. (anc. haut all. tropho, goutte). Humeur qui découle du cerveau et qui pend au nez par gouttes : avoir la roupie au nez. (Fam.)

* ROUPIE s. f. (sanscr. rûpya, monnaie). Monnaie des Indes orientales, dont la valeur n'est pas partout la même : roupie d'or.—La roupie d'or des Indes vaut environ 38 fr. 70, celle de Perse 36 fr. 75.

* ROUPIEUX, EUSE adj. Qui a souvent la roupie au nez : avoir le nez roupieux. —Substantiv. Un vieux roupieux. (Peu us.)

ROUPILLE s. f. [ll mll.]. Manteau dont s'enveloppaient autrefois les Espagnols pour dormir.

* ROUPILLER v. n. [ll mll.] (rad. roupille). Dormir à demi : il n'a fait que roupiller pendant toute la conversation. (Fam.)

* ROUPILLEUR, EUSE s. Celui, celle qui roupille fréquemment : c'est un vieux roupilleur. (Fam.)

* ROURE s. m. Voy. ROUVRE.

* ROUSSÂTRE adj. Qui tire sur le roux : ce drap est roussâtre.

* ROUSSE s. f. Police : il est de la rousse.

* ROUSSEAU s. m. Homme qui a les cheveux et le poil roux : c'est un vilain rousseau. — Adjectiv. cet homme est rousseau. (Fam.)

ROUSSEAU (Jean-Baptiste), poète français, né à Paris en 1670, mort à Bruxelles en 1741 Attribuant des échecs littéraires à des auteurs jaloux, il écrivit contre eux des satires, et, en 1712, il fut condamné au bannissement perpétuel pour des écrits licencieux et calomniateurs, et se fixa à Bruxelles. Il amassa une fortune en publiant ses œuvres en Angleterre; mais il la perdit et fut secouru par le duc d'Arenenberg. Ses premières comédies, le Café (1694), le Flatteur (1696), eurent peu de succès. Il a laissé un livre d'Odes sacrées, d'Odes profanes, des Cantates, des Epîtres, des Allégories, des Epigrammes et quelques volumes de Correspondances. Les plus belles éditions de J.-B. Rousseau sont: celle de 1743, in-4°, et celle dite du Dauphin (Didot, 1790). Manuel a donné une nouvelle édition des Œuvres lyriques (Paris, 1852, in-12).

ROUSSEAU (Jean-Jacques), auteur français, né à Genève le 28 juin 1712, mort à Ermenonville, près de Chantilly, le 2 juillet 1778. Il descendait de réfugiés protestants. Il embrassa de nom le catholicisme sous l'influence de Mme de Warens, qui l'envoya dans une institution, à Turin, où il ne resta pas longtemps. Il essaya de gagner sa vie de différentes manières, puis il retomba plus d'une fois dans le vagabondage, et il fut renvoyé du séminaire comme incapable de faire un prêtre. Il vécut après cela chez Mme de Warens, à Chambéry, et fut plusieurs années son amant à sa maison de campagne des Charmettes. Il la quitta en 1740, dans un accès de jalousie. Se fiant à son talent musical, il vint à Paris en 1741, et y resta pendant une longue période de temps, excepté de 1744 à 1745, où il fut attaché à l'ambassade française à Venise. Il fit la connaissance de Mme d'Épinay, de Diderot, de Grimm et de d'Holbach, et en 1750, il reçut le prix de l'Académie de Dijon pour son discours sur la question de savoir si le progrès des sciences et des arts a contribué à corrompre ou à améliorer les mœurs du genre humain. Il y déclarait la guerre à toute civilisation, et dès lors il s'érigea en censeur et en réformateur de la société, dédaignant toutes les élégances de la vie, et attirant l'attention par ses excentri-

cités. En 1752, il donna *le Devin du village*, opéra, dont la naïve musique excita l'admiration générale, et *Lettre sur la musique française*, en faveur de la musique italienne. Il fit une sensation plus grande encore, en attaquant, dans son *Discours sur l'origine de l'inégalité parmi les hommes*, l'ordre social existant. En 1756, il s'établit avec sa maltresse, Thérèse Le Vasseur (cuisinière dont il finit par faire sa femme), à l'Ermitage, charmante retraite que lui avait offerte Mme d'Epinay, dans la vallée de Montmorency. C'est là qu'il écrivit *Julie ou la Nouvelle Héloïse* (1760, 6 vol.) et sa *Lettre sur les Spectacles*, adressée à d'Alembert. Son amour pour Mme d'Houdetot porta ombrage à Mme d'Epinay, pendant qu'il devenait, de son côté, jaloux des relations de Mme d'Epinay avec Grimm, Diderot et d'Holbach. Il dut à la fin se retirer à Montmorency où il trouva des amis dans le duc et la duchesse de Luxembourg. Pendant qu'il habitait l'un des châteaux du duc, il écrivit le *Contrat social*, où il proclamait les principes du suffrage universel et de la souveraineté du peuple, et *Emile, ou de l'Education*, que Gœthe a appelé l'évangile de la nature en fait d'éducation. Ce dernier ouvrage fut imprimé à Amsterdam aux dépens du duc (1762, 4 vol.); ayant été aussi publié en France contre le gré de Rousseau, il fut condamné par le parlement et l'auteur s'enfuit de France. Chassé de Genève et du canton de Berne, il se réfugia à Neufchâtel, sous la protection de lord Keith, le gouverneur prussien ; mais le départ de ce dernier le laissant à la merci des fanatiques, il accompagna David Hume en Angleterre (1766), et ne tarda pas à se brouiller avec lui. Il revint en France en 1767, et à Paris en 1770. Les craintes que lui inspiraient ses ennemis avaient complètement ruiné sa santé, et la police avait interdit les lectures que l'on voulait faire de ses *Confessions* chez Mme d'Epinay, il devint encore plus abattu. Au commencement de 1778, il alla chez M. de Girardin, à Ermenonville, et y mourut subitement, probablement d'apoplexie. En 1794, on transporta ses restes au Panthéon. Il avait envoyé ses cinq enfants à l'hospice des Enfants-Trouvés. Aucun écrivain n'a été plus violemment attaqué que Rousseau ; mais son style est sans rival dans la littérature française, et ses théories ont préparé la route à de grandes réformes et à de grandes révolutions. Le plus célèbre de ses ouvrages posthumes a pour titre *Les Confessions* (1782, 4 vol.), et, comme ses autres écrits, il a été traduit dans la plupart des langues cultivées. Une des meilleures éditions complètes de ses œuvres est celle de Musset-Pathay (1823-'26, 23 vol.). Une vie de J.-J. Rousseau, par Saint-Marc-Girardin, a paru en 1875.

ROUSSEAU (Théodore), peintre français, né à Paris le 15 avril 1812, mort à Barbizon le 22 déc. 1867. Il apprit la peinture presque sans maître, s'adonna au paysage et devint l'un des chefs de l'école réaliste. On remarque parmi ses toiles principales : *Marais dans les Landes* (1859), *Côtes de Granville*, *Sortie de forêt*, *Bords de la Loire au printemps*, *Coucher de soleil*, *Bornage de la forêt de Fontainebleau*, *Une Mare sous les chênes* (1868), *Coup de soleil par un temps orageux*, *Métairie sur les bords de l'Oise*, etc.

* **ROUSSELET** s. m. Sorte de poire d'été, qui a la peau rougeâtre, et qui est d'un parfum agréable : *des poires de rousselet*, ou simpl., *du rousselet*.

ROUSSELLE (André), avocat et publiciste, né à Blicourt (Oise), le 30 nov. 1831, mort en nov. 1881. Il se signala comme républicain militant sous l'Empire, consacra son ardeur à la cause de l'instruction populaire et lutta, pendant vingt ans par ses conférences et par ses écrits. Il a laissé : *Instruction primaire sous la Convention nationale ; Manuel des réunions publiques et privées*, etc.

ROUSSEROLLE s. f. Ornith. Sous-genre de fauvettes, caractérisé par un bec droit, en forme d'alène, par des ailes courtes, obtuses, par une queue longue étagée et par l'ongle du pouce recourbé ; et comprenant un grand nombre d'espèces d'oiseaux chanteurs qui fréquentent, presque tous, les lieux bas et humides et le bord des eaux où se trouvent des plantes aquatiques. La *grande rousserole* ou *rossignol de rivière* (*turdus arundinaceus*) est

Grande rousserolle (*Turdus arundinaceus*).

roussâtre en dessus, jaunâtre en dessous, avec la gorge blanche et un trait pâle sur l'œil ; elle est un peu moins grosse que l'alouette ; elle niche parmi les joncs et ne mange guère que des insectes aquatiques. Elle pond de 4 à 6 œufs un peu plus gros que celui du moineau. La *petite rousserolle* ou *effarvate* (*motacilla arundinacea*) ressemble à la précédente pour les mœurs et les couleurs, mais elle est d'un tiers moins grosse. La *fauvette de roseau* (*motacilla salicaria*), encore plus petite que l'effarvate, est d'un gris olivâtre dessus, jaune pâle dessous, avec un trait jaunâtre entre l'œil et le bec. La *fauvette tachetée* (*motacilla nævia*), qui habite aussi les roseaux, est encore plus petite que la précédente ; elle est fauve, tachetée de noirâtre en dessus, blanchâtre teintée de fauve en dessous et tachetée de gris sur la poitrine.

ROUSSES (Les), place forte et comm. du cant. de Morez, arr. et à 22 kil. de Saint-Claude (Jura), sur un plateau qui forme le point de partage des eaux de l'Océan et de la Méditerranée ; 1,800 hab. (Voy. PLACES FORTES.)

ROUSSET (Ildefonse-François-Louis), publiciste, né à Paris le 18 juin 1817, mort dans la même ville en mars 1878. Il collabora à différents journaux, et publia le *Tour de Marne* (1864, in-4°), le *Bois de Vincennes* (1865) et créa le *National* en 1869.

* **ROUSSETTE** s. f. Espèce de squale ou

Roussette à collier (*Pteropus rubricollis*).

chien de mer, dont la peau sert aux gainiers

à couvrir des étuis, des boîtes, etc. — Petit oiseau à plumage presque entièrement roux, qui habite les forêts, et qu'on nomme aussi FAUVETTE DES BOIS. — Genre de chéiroptères, tribu des chauves-souris, comprenant une trentaine d'espèces de mammifères volants, répandues dans les régions chaudes de l'Afrique et de l'Asie, auxquelles les récits exagérés des voyageurs ont attribué des mœurs carnassières. Leur organisation démontre au contraire qu'elles sont essentiellement frugivores. La *roussette à collier* ou *rougette* (*pteropus rubricollis*), longue de 30 centim., a poils longs et touffus, porte un large collier de couleur rouge orangé. On la trouve à l'île de la Réunion et à Madagascar. Sa tête ressemble à celle du renard, d'où vient son nom de *renard volant*.

* **ROUSSEUR** s. f. Qualité de ce qui est roux : *la rousseur de son poil*. — Se dit, particul., de certaines taches rousses qui viennent au visage et sur les mains : *il a des rousseurs au visage*.

* **ROUSSI** s. m. Cuir qui vient de Russie, qui est teint en rouge ou en brun, et qui a une odeur forte : *cuir de roussi*. On dit aussi. CUIR DE RUSSIE. (Voy. le participe du verbe ROUSSIR.)

* **ROUSSI**, IE part. passé de ROUSSIR. — s. m. Odeur d'une chose que le feu a roussie, et qui est près de brûler : *cela sent le roussi*.

ROUSSILLER v. a. Brûler superficiellement.

ROUSSILLON (Le), ancienne province du sud de la France, qui forme aujourd'hui la plus grande partie du dép. des Pyrénées-Orientales. Pépin le Bref le conquit sur les Sarrasins en 759 ; il fut gouverné par des comtes jusqu'en 1172, et ensuite par les rois d'Aragon, excepté de 1462 à 1493, période pendant laquelle il appartint à la France. Louis XIII s'en empara en 1642 et l'annexa en 1659. Cap., Perpignan.

ROUSSILLON, ch.-l. de cant., arr. et à 20 kil. S. de Vienne (Isère), sur la rive gauche du Rhône ; 1,000 hab. Château construit en 1533 et dans lequel Charles IX signa en 1564 l'édit qui fixa au 1er janv. le commencement de l'année civile.

ROUSSILLONNAIS, AISE s. et adj. Du Roussillon ; qui appartient à ce pays ou à ses habitants.

* **ROUSSIN** s. m. Cheval entier, un peu épais, et entre deux tailles : *un attelage de roussins*. — .x. Agent de police ; mouchard.

ROUSSIN (Albin-Reine, BARON), marin français, né à Dijon en 1781 ; il s'engagea comme mousse et, en 1814, il était capitaine de vaisseau. Ses explorations hydrographiques sur les côtes d'Afrique et du Brésil lui valurent d'être nommé baron en 1820. Devenu contre-amiral et membre du conseil de l'amirauté, il organisa le *Borda*, vaisseau-école de Brest. En 1831, il força l'entrée du Tage, fut nommé pair de France, ambassadeur à Constantinople, et ministre de la marine le 1er mars 1840. A sa sortie du ministère, il fut fait amiral. C'est lui qui créa les premiers paquebots transatlantiques, donnant ainsi à la marine française une grande impulsion. Il a écrit : *le Pilote du Brésil*.

* **ROUSSIR** v. a. Faire devenir roux : *c'est le feu qui a roussi cette étoffe*. — v. n. Devenir roux : *les perruques roussissent avec le temps*.

ROUSTAN, mameluk de Napoléon 1er, né en Géorgie vers 1780, mort à Dourdan le 7 déc. 1845. Il s'attacha à Bonaparte en qualité de valet de confiance, et ne le quitta plus un instant jusqu'en 1814 ; mais il refusa de le suivre à l'île d'Elbe.

ROUSTISSURE s. f. Pièce sans valeur qui ne saurait avoir aucun succès ; rôle sans importance.

* **ROUT** s. m. [routt ou raoutt] (mot angl.). Assemblée nombreuse de personnes du grand monde : *aller à un rout.*

* **ROUTAILLER** v. a. Chasse. Suivre une bête avec le limier, pour la faire tirer par les chasseurs armés de fusils : *routailler un cerf.*

* **ROUTE** s. f. (lat. *rupta*, brisée, sous-ent. *via*, route). Voie pratiquée pour aller d'un lieu à un autre : *route fréquentée.* — Direction qu'on suit ou qu'on peut suivre, par terre ou par mer, pour aller en quelque lieu : *la route de terre est de dix lieues plus longue que la route par eau, que la route par mer.* — LA ROUTE DE TEL LIEU A TEL AUTRE EST TRÈS BONNE, TRÈS MAUVAISE, DANGEREUSE, PEU SURE, etc., se dit en parlant des commodités ou des incommodités qu'on trouve sur une route. — Mar. FAIRE FAUSSE ROUTE, se détourner de la route qu'on avait prise, et en prendre une différente, pour se dérober à la poursuite d'un ennemi. S'écarter de son droit chemin, sans le vouloir. — FAIRE FAUSSE ROUTE, se tromper dans quelque affaire, employer des moyens contraires à la fin qu'on se propose. — Guerre. Chemin et logement qu'on marque aux gens de guerre en voyage : *donner une route à des troupes.* — Particul. Grande allée percée dans un bois, dans une forêt, pour la commodité du charroi, de la chasse, de la promenade, etc. : *les routes de telle forêt.* — Espace que parcourent les astres les eaux, etc., en se dirigeant d'un point vers un autre : *la route du soleil.* — Conduite qu'on tient dans la vue d'arriver à quelque fin, les moyens qui mènent à quelque fin : *il a pris la bonne route pour arriver à son but.* — A vau-de-route, loc. adv. Précipitamment et en désordre. On ne l'emploie qu'avec les verbes FUIR, ALLER, et en parlant des gens de guerre : *les ennemis s'enfuirent, s'en allèrent à vau-de-route.* (Vieux.) — ENCYCL. « Les anciens Égyptiens ont dû avoir des routes pavées et résistantes pour le transport des immenses blocs de pierre dont ils se servaient pour élever leurs pyramides et leurs autres constructions. Les Grecs donnaient beaucoup de soin aux routes, mais ce sont les Carthaginois, dit-on, qui y introduisirent le plus de perfectionnements. La voie Appienne, que Stace appelle la reine des routes. (Voy. APPIENNE (voie), la voie Aurélienne (route de la côte de la mer Tyrrhénienne), et la voie Flaminienne (voy. FLAMINIENNE (voie), furent les premières grandes routes romaines ; mais bientôt l'empire romain se sillonna de routes pavées construites à grands frais. Elles existent encore en beaucoup d'endroits. Dans l'Inde, on fit de bonne heure d'excellentes routes qui mettaient en communication Agra avec Lahore et Lahore avec Cachemire ; mais après la mort d'Auring-Zile, elles se dégradèrent, et les seules bonnes routes de l'Inde ont été, celles-ci, construites par les Anglais ; parmi celles-ci, on cite la route de Calcutta à Peshawer. Les incas du Pérou avaient construit des routes magnifiques dont il reste encore des traces remarquables. — Législ. « Les grandes routes de l'ancienne France étaient peu nombreuses avant le XVIIᵉ siècle, et elles présentaient encore des lacunes considérables à la fin du siècle suivant. Ces routes n'étaient ni pavées ni convenablement empierrées ; et elles étaient à peu près impraticables pendant les saisons humides. « Un pareil état des communications « condamnait les pays aux disettes périodiques ; « à côté de la petite vérole qui sur huit morts « en causait une, on trouvait alors une maladie « endémique, aussi régnante, aussi meurtriè- « re, la faim. » (M. Taine, *L'Ancien Régime.*) On divisait autrefois les grandes routes en quatre classes, selon leur importance. La largeur des routes de première classe était au moins de 42 pieds (13ᵐ,63) en vertu d'un arrêté du conseil du roi du 6 fév. 1776. Sous Louis XV, la largeur des vingt principales routes avait

420

été portée jusqu'à 60 pieds. Ces dimensions excessives ont privé l'agriculture d'une grande superficie de terrain devenue inutilement improductive. — Les routes proprement dites sont ou *nationales* ou *départementales*, selon qu'elles appartiennent et que leur entretien incombe à l'État ou au département. Elles sont des dépendances du domaine public, et elles sont en conséquence imprescriptibles et inaliénables (C.civ.538). Les routes nationales sont divisées en trois classes. (Décr. 16 déc. 1811). Elles ne peuvent être créées que par une loi, après une enquête ouverte dans les formes prescrites par l'ordonnance du 18 fév. 1834 ; mais les déviations ou redressements de ces routes et l'achèvement des lacunes peuvent être autorisés par le président de la République. Une loi du 25 juillet 1882 a affecté, une somme de 120 millions de francs, en dehors des crédits ordinaires, à l'achèvement des lacunes des routes nationales, à leurs rectifications et à la reconstitution des chaussées. Les routes nationales ne peuvent être déclassées que par une loi ; mais un déclassement partiel peut avoir lieu en vertu d'un décret délibéré en Conseil d'État (L. 24 mai 1842). Les routes départementales sont ouvertes, classées ou déclassées en vertu de délibérations des conseils généraux (L. 10 août 1871, art. 46) ; s'il y a lieu à expropriation, l'utilité publique doit être déclarée par décret. (Voy. CHEMIN, ROULAGE, VOIRIE, etc.) — Par suite du développement des chemins de fer, quelques routes ont vu diminuer leur circulation ; mais la plupart sont au contraire plus fréquentées qu'elles ne l'étaient autrefois, et leur entretien est devenu plus coûteux, à cause du renchérissement des prix de la main d'œuvre et des matériaux. » (CH. Y.)

* **ROUTIER** s. m. Livre qui marque, qui enseigne les chemins, les routes de mer, les caps, les mouillages, les ancrages, les gisements des côtes, etc., particulièrement pour les voyages de long cours : *le routier de la Méditerranée.* — Adjectiv. CARTE ROUTIÈRE, carte de géographie où les routes sont marquées avec un soin particulier, et qui sert de guide aux voyageurs.

* **ROUTIER** s. m. Celui qui sait bien les routes et les chemins. N'est guère d'usage qu'au figuré, dans cette expression familière, UN VIEUX ROUTIER, un homme exercé aux affaires par une longue expérience, un homme fin et caut eleux.

> C'était un vieux *routier*, il savait plus d'un tour.
> LA FONTAINE.

— s. m. pl. Bandes de pillards, de troupes légères.

* **ROUTINE** s. f. Capacité, faculté acquise plutôt par une longue habitude, par une longue expérience, que par le secours de l'étude et des règles : *il n'a jamais étudié cet art à fond, mais il a acquis une sorte de routine.* — Usage depuis longtemps consacré de faire une chose toujours de la même manière : *il ne connaît que la vieille routine.*

* **ROUTINER** v. a. Habituer quelqu'un à faire une chose, la lui faire apprendre par routine : *il faut la routiner à tricoter, à coudre.*

* **ROUTINIER, IÈRE** s. m. Celui, celle qui agit par routine, qui se conforme à la routine : *ce médecin n'est qu'un vieux routinier.* — Adjectiv. Esprit routinier.

* **ROUTOIR** s. m. Lieu où l'on fait rouir le chanvre. — Les routoirs sont soumis à la réglementation de l'autorité municipale. S'il s'agit d'établissements permanents, ils ne peuvent être installés qu'après enquête et en vertu d'une autorisation administrative. En effet, ils sont classés, par le décret du 31 déc. 1866, dans la nomenclature des établissements dangereux, insalubres ou incommodes.

ROUTOT, ch.-l. de cant., arr. et à 21 kil. E. de Pont-Audemer (Eure) ; 900 hab. Marchés importants.

* **ROUVERIN** adj. m. Métall. On ne l'emploie que dans cette locution, FER ROUVERIN, fer rempli de gerçures, et qui est cassant lorsqu'on le fait rougir au feu.

* **ROUVIEUX** ou Roux-Vieux s. m. Art vétér. Maladie cutanée du cheval, espèce de gale qui se montre ordinairement dans les plis de l'encolure, près de la crinière, et qui cause la chute du crin et du poil. On le dit aussi de la gale invétérée des chiens : *ce cheval, ce chien a le rouvieux.* — Adjectiv. *Mon cheval devient rouvieux.*

* **ROUVRE** ou Roure s. m. Espèce de chêne qui s'élève moins droit et moins haut que le chêne ordinaire : *le rouvre fournit des pièces courbes propres aux constructions.*

* **ROUVRIR** v. a. Ouvrir de nouveau : *rouvrez la porte, les fenêtres.* — ROUVRIR LA PLAIE, LA BLESSURE DE QUELQU'UN, renouveler son chagrin.

> Je sais que vos regards vont *rouvrir* mes blessures.
> J. RACINE. *Andromaque*, acte II, sc. II.

* **ROUX, OUSSE** adj. (lat. *russus*). Qui est d'une couleur entre le jaune et le rouge : *poil roux.* — UN HOMME ROUX, UNE FEMME ROUSSE, un homme, une femme qui a les cheveux roux. On dit de même, substantiv. et fam UN ROUX, UNE ROUSSE. — BEURRE ROUX, beurre fondu de telle sorte qu'il devient roux : *des œufs au beurre roux.* — Agric. VENTS ROUX, ou Roux vents, vents d'avril froids et secs, qui font tort aux arbres fruitiers. — LUNE ROUSSE, la lune d'avril. — s. Couleur rousse : *il est d'un roux ardent.* — Sauce faite avec du beurre ou de la graisse qu'on a fait roussir : *faire un roux.*

ROUX (Jacques), révolutionnaire français, mort à Paris en 1794. Lorsque la Révolution éclata, il était prêtre attaché à la paroisse Saint-Nicolas ; il devint membre de la Commune du 10 août 1792 et fut un des commissaires chargés de conduire Louis XVI à l'échafaud et de dresser procès-verbal de l'exécution. Ses extravagances le firent citer devant le tribunal révolutionnaire qui le condamna à mort le 15 janv. 1794. Il se frappa de cinq coups de couteau en entendant son arrêt et mourut dans sa prison.

ROUX (Louis), conventionnel montagnard, né en Champagne en 1756, mort en Belgique en 1817. Il était dans les ordres en 1789, adopta avec ardeur les principes de la Révolution, fut envoyé à la Convention par le dép. de la Haute-Garonne, vota la mort du roi sans appel ni sursis, fit partie du comité de sûreté générale et devint membre des Cinq-Cents. Il quitta la France en 1816, comme régicide.

ROUX-FAZILLAC, conventionnel, né à Exideuil en 1750, mort à Nanterre en 1833 Envoyé à la Convention par le dép. de la Dordogne, il vota la mort du roi sans appel ni sursis, fut un adversaire acharné des Girondins et disparut après le 18 brumaire. Exilé en 1816, il rentra en 1830. Il a laissé : *Recherches historiques et critiques sur l'homme au masque de fer* (1802, in-8°) ; *Histoire de la guerre d'Allemagne pendant les années 1756 et suivantes* (Lausanne, 1784, in-4°).

* **ROUX-VIEUX**. s. et adj. m. Voy. ROU VIEUX.

ROUZET DE FOLMON (Jacques-Marie), conventionnel, né à Toulouse en 1743, mort à Paris en 1820. Député de la Haute-Garonne à la Convention, il se prononça contre la mise en jugement de Louis XVI et vota pour l'appel au peuple, le sursis et la détention jusqu'à la paix. En 1797, il devint membre des Cinq-Cents, et plus tard intendant de la du-

V.

chesse d'Orléans, qu'il avait réussi à faire sortir de prison.

ROVEREDO, *Roboretum*, ville du Tyrol, sur l'Adige et le Léno, à 20 kil. S. de Trente; 12,000 hab. Bonaparte s'en empara le 4 sept. 1796, après une brillante victoire.

ROVIGO. I, province du N.-E. de l'Italie, dans la Vénétie, sur l'Adriatique; 1,685 kil. carr.: 200,835 hab. Elle est arrosée par le Pô et l'Adige. Blé, maïs, chanvre, vin et laine. L'industrie séricicole y est en progrès. — II, cap. de cette province, sur l'Adigetto, à 50 kil. S.-O. de Venise: 7,452 hab. Elle est entourée de vieilles murailles flanquées de tours. La rivière divise la ville en deux parties, San Stefano et San Guistino. On y fabrique surtout des cuirs et du salpêtre. Le titre de duc de Rovigo fut donné par Napoléon au général Savary.

ROWE Elizabeth (Singer) [rō], femme auteur anglaise, née en 1674, morte en 1737. Elle a écrit *Poems on Several Occasions*, par Philomela (1696): *Twenty Letters from the Dead to the Living* (1728): *Devout Exercises of the Heart*, etc. Ses *Miscellanées*, en prose et en vers, ont paru en 1739 (2 vol.).

ROWE (Nicholas), auteur dramatique anglais, né en 1673, mort en 1718. Parmi ses œuvres, on a ses tragédies intitulées *The Ambitious Stepmother*, *Tamerlane*, *The Fair Penitent*, *Ulysses*, *The Royal Convert*, *Jane Shore*, *Lady Jane Grey*, et la comédie *The Biter*. C'est à lui qu'on doit la première biographie de Shakspeare. Il fut nommé poète lauréat en 1715.

ROWLEY (Villiam) [rô'-lè], auteur dramatique anglais du siècle d'Elizabeth, mort sous Charles Ier. Il appartenait à la compagnie royale des comédiens. Il a écrit: *A Fair Quarrel*, en collaboration avec T. Middleton; *The Witch of Edmonton*, avec Decker et Ford; *The Old Law*, avec Massinger et Middleton: et *Fortune by Land et Sea*, avec Heywood. On dit que Shakspeare l'aida dans son drame intitulé : *Naissance de Merlin* (*The Birth of Merlin*).

ROXANE, femme d'Alexandre le Grand, mise à mort l'an 311 av. J.-C.

ROXBURGHSHIRE [ro'-beur-reu-chire], comté du S.-E. de l'Ecosse, sur la frontière de l'Angleterre; 1,734 kil. carr.: 53,974 hab. Les principales villes sont : Jedburgh, la capitale; Kelso, Hawick et Melrose. Les principaux cours d'eau sont le Tweed et le Teviot. Les monts Cheviot fournissent d'excellents pâturages. Le comté est très riche en ruines monastiques.

ROXBURY [rox'-be-ré], naguère ville du comté de Norfolk, dans le Massachusetts (Etats-Unis): depuis 1867, ce n'est plus qu'une partie de Boston : 34,772 hab. La langue de Boston, ou *Boston neck*, l'unit à Boston proprement dit.

ROXELANE, sultane favorite de Soliman II, née vers 1505, morte en 1564. Elle fut mère de Bajazet, de Sélim II et de la sultane Mirmah. Voulant donner le trône à son fils Bajazet, elle fit périr Mustapha, fils de Soliman. — Nez à la Roxelane, nez retroussé.

ROY (Pierre-Charles), poète dramatique, né à Paris en 1683, mort dans la même ville en 1764. Il a laissé quelques livrets d'opéras, des ballets, etc. On a publié, sous le titre d'*Œuvres diverses* (Paris, 1727, 2 vol., gr. in-8°), ses odes et ses élégies.

ROY (William) [rol], géomètre anglais, né en Ecosse en 1726, mort en 1790. Il était général. De 1783 à 1788, il fit un relevé trigonométrique de Greenwich à Douvres, le premier qui ait été fait en Grande-Bretagne. Il a écrit *The military antiquities of the Romans in North Britain* (1793).

---

* **ROYAL, ALE, AUX** [roi-ial] adj. Qui appartient, qui a rapport à un roi: *château royal*. — Maison royale, tous les princes et toutes les princesses du sang royal : *toute la maison royale était réunie à ce festin*. — Famille royale, les enfants et petits-enfants du roi régnant, en ligne masculine. Se dit aussi des enfants et petits-enfants du roi défunt, nés avant sa mort. — Prince royal, titre de l'héritier présomptif de la couronne, dans quelques Etats. — Se dit aussi de certains établissements qui sont, d'une manière spéciale, sous la surveillance ou sous la protection du roi: *musée royal*. — Qui est digne d'un roi : *magnificence royale*. — C'est un royal homme, c'est une royale femme, c'est un homme, une femme digne d'affection, de respect, par ses excellentes qualités. (Vieux.) — Fortific. Bastion royal, grand bastion. — Chemin royal, route royale, grand chemin, grande route qui menait à une ville considérable, et dont l'entretien était à la charge de l'administration centrale. — Tigre royal, aigle royal, tigre, aigle de la plus grande espèce.

* **ROYALE** s. f. Sorte de moustache, bouquet de barbe qu'on laisse croître sous la lèvre inférieure.

ROYALE (Ile), île du lac Supérieur, appartenant au Michigan, à 70 kil. N.-O. de la pointe de Kewecnaw et à 25 du Canada ; sa longueur du N.-E. au S.-O. est d'environ 70 kil., sa plus grande largeur de 14.

* **ROYALEMENT** adv. D'une manière royale, noblement, magnifiquement : *c'est un homme qui vit royalement*.

* **ROYALISME** s. m. Parti du roi, ou attachement au parti du roi : *Monk, en Angleterre, servit le royalisme*.

* **ROYALISTE** adj. Qui soutient les droits et les intérêts du roi, qui est attaché au parti du roi : *le parti royaliste*. — Substantiv. *C'est un royaliste*.

ROYAN, ch.-l. de cant. et station balnéaire maritime, arr. et à 25 kil. S. de Marennes (Charente-Inférieure) ; à l'embouchure de la Gironde ; 4,000 hab. Petit port de mer où l'on se livrait autrefois en grand à la pêche de la sardine. Belle plage à pente douce et d'un sable fin.

ROYANS, ancien petit pays de France, dans le Dauphiné, sur la rive gauche de l'Isère; 1,734 kil. Pont-en-Royans.

ROYAT, *Rubiacum*, village et station minérale du cant., et à 4 kil. S.-O. de Clermont-Ferrand (Puy-de-Dôme), sur la Tiretaine ; 1,200 hab. Eaux bicarbonatées sodiques chlorurées. — Affections nerveuses et utérines, chlorose, anémie, gastralgie, dyspepsie, maladies cutanées et affections des voies respiratoires.

* **ROYAUME** [roi-ô me] s. m. Etat régi, gouverné par un roi: *l'étendue du royaume*. — Ecrit. sainte. Le royaume des cieux, le royaume de Jésus-Christ, le paradis : *les méchants n'entreront point dans le royaume des cieux*. — Par exag. et fam. Je ne ferais pas cela pour un royaume, je n'irais pas là pour un royaume, je ne ferais pas cela, je n'irais pas là pour quelque récompense que ce fût.

* **ROYAUTÉ** s. f. Dignité de roi : *parvenir à la royauté*. — Se dit aussi en parlant du roi de la fève. Le a payé sa royauté, il a donné un repas à ceux avec qui il avait fait les Rois.

ROYBON, ch.-l. de cant., arr. et à 19 kil. N.-O. de Saint-Marcellin (Isère), près du confluent du Grignon et de la Galaure ; 4,500 hab.

ROYE, ch.-l. de cant., arr. et à 18 kil. E.-N.-E. de Montdidier (Somme), sur l'Ayre; 3,500 hab.

ROYER-COLLARD (Pierre-Paul) [roi-ié-kotiar], homme d'Etat français, né à Sompuis (Champagne) en 1763, mort le 4 sept. 1845. Proscrit comme modéré en 1792, il fut élu au Conseil des Cinq-Cents en 1797, et fit partie de la Chambre des députés sous la Restauration et sous Louis-Philippe. Il était royaliste libéral, et il a fondé le parti des *doctrinaires*. De 1811 à 1814, il fut professeur d'histoire de la philosophie à la Sorbonne. Il fut le maître de Cousin et de Jouffroy en philosophie spéculative, et de Guizot et de de Tocqueville dans la science politique; mais il n'a laissé aucun écrit qui réponde en aucune façon à sa réputation et à son autorité personnelle. Sa biographie a été écrite par de Barante (2e édit. 1833, 2 vol.) et par Philippe (1857).

ROYÈRE, ch.-l. de cant., arr. et à 17 kil. E. de Bourganeuf (Creuse), sur le Taurion ; 1,200 hab.

ROZOY, ch.-l. de cant., arr. et à 15 kil. S.-O. de Coulommiers (Seine-et-Marne) ; 1,500 hab.

ROZOY-SUR-SERRE, ch.-l. de cant., arr. et à 45 kil. N.-E. de Laon (Aisne); 1,405 hab.— Tanneries, corroiries. — Pays essentiellement agricole.

* **RU** s. m. (lat. *rivus*, ruisseau). Canal fourni par le petit ruisseau, ou par une seigle faite à une rivière : *cette rivière est partagée en différents rus qui fertilisent le pays*.

* **RUADE** s. f. Action d'un cheval, d'un mulet, etc., qui jette un pied ou les pieds de derrière en l'air, en baissant le devant : *ce cheval lui cassa la jambe d'une ruade*. — Fig. et fam. Brutalité inattendue de quelque homme grossier et emporté.

RUAULT (Jean), *Rualdus*, savant, né à Coutances vers 1580, mort à Paris en 1636. Il a laissé : *Vie de Plutarque* (Paris, 1624) ; *Recueil de poésies latines* (Paris, 1610); *Controversia de duellis* (Paris, 1625); *Preuves de l'histoire du royaume d'Ivetot* (1631, in-4°), etc.

* **RUBACE** ou **Rubabelle** s. f. (rad. *rubis*). Joaill. Espèce de rubis d'une couleur claire.

* **RUBAN** s. m. Tissu de soie, de fil, de laine, etc., qui est plat et mince, et qui ordinairement n'a guère plus de trois ou quatre doigts de large : *ruban large*; *ruban étroit*. — Archit. Ornement en forme de ruban tortillé qu'on taille dans les baguettes et les rudentures. — Bot. Ruban-d'eau, plante qui croît dans les ruisseaux, et dont les feuilles flottantes ont quelquefois plusieurs pieds de longueur ; ce qui lui a fait donner son nom. — Encycl. On donne le nom de ruban à une étroite bande d'étoffe tissée, soit unie, soit façonnée. C'est au xvie siècle que la manufacture des rubans de soie prit une grande importance. La ville de Saint-Etienne est aujourd'hui le principal centre du monde pour la fabrication des ces rubans. Les quatre cinquièmes des rubans viennent de France, c'est-à-dire que ce sont les plus beaux et les plus lourds. On y emploie environ 30,000 ouvriers, et la valeur des marchandises fabriquées annuellement monte à environ 70 millions de fr Bâle en Suisse vient en seconde ligne après Saint-Etienne, pour la fabrication des rubans unis ou rayés. En France et en Suisse, tous les rubans, de même que les soies de Saxe, se font sur des métiers à main. Crefeld en Prusse est aussi un lieu important pour cette manufacture ; mais il ne produit guère que des rubans noirs et unis. En Angleterre, on fait surtout des rubans à Coventry, avec des métiers à vapeur. C'est aussi de cette façon qu'on y fabrique la plupart des galons, et des forts et épais rubans à trame de coton.

RUBANÉ. ÉE adj. Garni de rubans.

RUBANER v. a. Orner de rubans. — Techn. Disposer en forme de ruban.

* **RUBANERIE** s. f. Profession du rubanier ; commerce de rubans.

RUBANEUR, EUSE adj. Tech. Qui sert à mettre en rubans.

* **RUBANIER, IÈRE** s. Personne qui fait du ruban.

* **RUBARBE** s. f. Voy. RHUBARBE.

* **RUBÉFACTION** s. f. (lat. *ruber*, rouge; *facere*, faire). Méd. Inflammation, rougeur de la peau, causée par des médicaments irritants.

* **RUBÉFIANT, ANTE** adj. Méd. Se dit des médicaments qui, appliqués sur la peau, y causent de l'inflammation, de la rougeur : *un emplâtre rubéfiant.* — s. m. *Un rubéfiant.* — Les principaux rubéfiants sont : les frictions, l'insolation, le feu à distance, certaines douches, l'eau chaude, les stimulants appliqués sur la peau, la farine de moutarde, les feuilles de clématite, les solutions faibles d'ammoniaque ou de sulfures alcalins, les teintures de cantharide, d'euphorbe, etc. L'action des rubéfiants produit une dérivation souvent très efficace dans plusieurs maladies aiguës.

* **RUBÉFIER** v. a. Méd. Rendre rouge, enflammé par l'application des rubéfiants.

RUBEN, fils aîné de Jacob ; il empêcha ses frères de tuer Joseph et leur conseilla de le jeter dans une citerne. Son nom a été donné à une tribu des Hébreux, en Palestine.

RUBENS (Peter-Paul) [rou-benns], peintre flamand, né probablement à Anvers en 1577, mort dans la même ville le 30 mai 1640. Son père était secrétaire de Guillaume le Taciturne, qui, en découvrant l'intimité de Rubens avec sa femme, le bannit à Siegen. En 1588, Rubens alla avec sa mère (Maria Pypelinex) à Anvers, où il devint page de Marguerite de Ligne, comtesse de Lalaing, mais il la laissa bientôt pour étudier l'art. En 1600, il alla à Venise, et s'attacha plus tard à la cour de Vincent de Gonzague, duc de Mantoue, qui l'envoya en mission diplomatique en Espagne. Après avoir vécu à Rome, à Milan et à Gênes, il revint à Anvers en 1608 et fut nommé peintre de la cour par l'archiduc Albert, vice-roi des Pays-Bas. En 1620, on l'appela à Paris pour décorer la galerie du Luxembourg de peintures allégoriques sur Marie de Médicis. Pendant son séjour en France, le duc de Buckingham lui acheta toute sa collection d'œuvres d'art pour 100,000 florins. En 1628, Philippe IV le fit secrétaire de son conseil privé. Il peine était-il de retour en Flandre, en 1629, qu'il eut une mission diplomatique pour l'Angleterre, où il fut créé chevalier. Les tableaux attribués en tout ou en partie à Rubens, dont le nombre s'élève, d'après le catalogue raisonné de Smith, à 1,800, comprennent des portraits, des sujets d'histoire, de paysage, de nature animale et de nature morte ; la collection de Laure est particulièrement riche en œuvres de Rubens. Ses chefs-d'œuvre pourtant sont à Anvers ; ainsi, sa *Descente de Croix* et son *Élévation de la Croix* se trouvent dans la cathédrale de cette ville. La Pinacothèque de Munich conserve près de cent de ses œuvres, entre autres son célèbre *Combat des Amazones*. La galerie nationale britannique possède l'*Enlèvement des Sabines*, qu'on a appelé un parfait bouquet de couleurs, et le *Jugement de Pâris*. L'énergie de la vie animale, dans la représentation de laquelle il excellait, se remarque surtout dans ses kermesses et ceux de ses tableaux mythologiques dont le sujet est le plus grossier. Il a vainement tenté d'idéaliser la figure humaine. Ses madones, etc., sont des reproductions exactes du type féminin flamand. — Son fils Albert

(1614-'57) a publié plusieurs ouvrages d'archéologie.

RUBÉOLE s. f. (lat. *ruber*, rouge). Pathol. synon. de ROSÉOLE.

* **RUBÉOLIQUE** adj. Qui se rapporte à la rubéole.

* **RUBESCENT, ENTE** adj. [ru-bèss-san]. Un peu rouge ; qui commence à rougir.

RUBIACÉ, ÉE adj. Qui ressemble ou qui se rapporte à la garance. — * s. f. pl. Famille de plantes dicotylédones gamopétales périgynes, ayant pour type le genre *garance* (rubia) et comprenant un grand nombre d'autres genres, qui fournissent une teinture rougeâtre, et dont la plupart ont leurs feuilles disposées en étoiles ou verticillées. — On divise ordinairement les rubiacées en 12 tribus : 1° *cinchonées;* 2° *gardénidées;* 3° *hédyotidées;* 4° *isertiées;* 5° *hamélidées;* 6° *guettaridées;* 7° *pædéridées;* 8° *cofféacées;* 9° *spermacocées;* 10° *anthrospermées;* 11° *aspérulées* et 12° *operculariées.*

* **RUBICAN** adj. m. (lat. *ruber*, rouge; *canus*, blanc). Se dit de tout cheval noir, bai ou alezan, dont la robe, et surtout les flancs, sont semés çà et là de poils blancs : *un cheval rubican.* — Substantiv. Couleur de la robe d'un cheval : *à proprement parler, le rubican n'est pas un poil; ce n'est qu'un accident.*

* **RUBICON** s. m. Petit fleuve d'Italie qui séparait la Gaule Cisalpine de l'Italie proprement dite, et qu'il n'était pas permis de franchir à la tête d'une armée : de là on a dit : PASSER LE RUBICON, pour signifier prendre un parti hasardeux, décisif, irrévocable. Le Rubicon se jette dans l'Adriatique un peu au N. de Rimini (Ariminum). L'action de César, lorsqu'il le franchit dans sa marche vers Rome (49 av. J.-C.), équivalait à une déclaration de guerre contre la république. (Voy. CÉSAR.)

* **RUBICOND, ONDE** adj. (lat. *rubicundus*). Rouge. Ne s'emploie que dans ces locutions, VISAGE RUBICOND, FACE RUBICONDE; et se dit presque toujours en plaisantant.

RUBIDIUM s. m. [ru-bi-di-omm] (lat. *rubidus*, rouge sombre). Métal de la famille des alcalins, découvert par Bunsen et Kirchhoff, au moyen du spectroscope, en 1860. Il présente pour lignes caractéristiques deux bandes remarquables de rouge sombre, au delà de l'A de Fraunhofer. On le trouve dans un grand nombre de variétés de potasses minérales, parmi lesquelles on peut mentionner les dépôts de mines de sel de Stassfurt. Il est d'un blanc d'argent, avec un reflet légèrement jaune; il s'oxyde rapidement à l'air et prend feu spontanément. Mou comme de la cire à — 10° C., il fond à 38°, et à la chaleur rouge émet une vapeur bleue. Symbole, Rb; poids spécifique, 1,52.

RUBIETTE s. f. (lat. *ruber*, rouge). Ornith. Genre de passereaux, groupe des becs-fins, distingué par un bec mince, un peu étroit à la base, évidé dans les tarses longs, les tarses minces, écailleux en avant, la queue légèrement échancrée; et comprenant plusieurs espèces d'oiseaux essentiellement insectivores, dont le chant est agréable. L'espèce principale est le *rouge-gorge.* (Voy. ce mot.) Le *queue-rouge* (*motacilla erithacus*) a la poitrine et la gorge noires, la queue d'un roux ardent qu'il élargit en volant et qu'il agite avec rapidité; c'est un oiseau très sauvage qui vit difficilement en captivité. Ses œufs sont tout blancs. La *gorge-noire* ou *rossignol de muraille* (*motacilla phænicurus*), brun dessus, avec la gorge noire, la poitrine et le croupion d'un roux clair, niche dans les vieux murs; ses œufs sont bleus. La *gorge-bleue* (*motacilla succica*) a la gorge bleue et la poitrine rousse; elle niche au bord des bois; ses œufs d'un vert bleuâtre.

RUBIGINEUX, EUSE adj. (lat. *rubiginosus*). Plein de rouille; qui est de la couleur de la rouille.

* **RUBINE** s. f. (lat. *rubens*, rougissant). Chim. Se dit de certaines préparations de métaux, dont la couleur est d'un rouge approchant de celui du rubis: *rubine d'argent, d'arsenic, de soufre,* etc.

RUBINI (Giovanni-Battista) [rou-bi'-ni], chanteur italien, né en 1795, mort en 1854. Il fit ses débuts à Brescia en 1815, et à Paris en 1825, et il acquit promptement une grande réputation de ténor. Il chanta surtout à Londres, à Paris et à Saint-Pétersbourg, de 1831 à 1846, époque où il se retira avec une grande fortune. Il excellait surtout à rendre la musique de Bellini.

* **RUBIS** s. m. [ru-bi] (lat. *ruber*, rouge). Pierre précieuse, transparente, et d'un rouge plus ou moins vif : *rubis d'Orient.* — RUBIS BALAIS, celui qui est d'un rouge léger. RUBIS SPINELLE, celui qui est d'un rouge mêlé d'une légère teinte de jaune. —

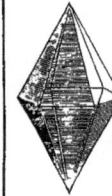

Cristal de rubis.

Se dit, fig. et pop., des boutons ou élevures rouges qui viennent au visage, sur le nez: *il a des rubis sur le nez.* — FAIRE RUBIS SUR L'ONGLE, vider son verre de manière qu'en le renversant sur l'ongle, il n'en tombe qu'une gouttelette. — PAYER RUBIS SUR L'ONGLE, payer exactement. — Des rubis artificiels ont été préparés par les chimistes français Fremy et Feil, en faisant fondre à une très haute température un mélange de parties égales d'alumine et de fluorure de barium, avec 2 ou 3 p. 100 de bichromate de potasse. (Voy. SAPHIR).

RUBLE s. f. Bot. Nom vulgaire de la cuscute.

RUBORD s. m. Premier rang de planches d'un bateau foncet.

* **RUBRICAIRE** s. m. Homme qui sait bien les rubriques de bréviaire : *il est grand rubricaire.*

* **RUBRICATEUR** s. m. Artiste qui écrivait les mots en couleur dans les manuscrits du moyen âge; celui qui, dans les manuscrits, peignait les miniatures.

* **RUBRIQUE** s. f. (lat. *rubrica*). Espèce de terre rouge dont les chirurgiens se servaient autrefois pour étancher le sang, et pour faire des emplâtres siccatifs. — Sorte de craie rouge dont les charpentiers frottent la corde avec laquelle ils marquent ce qu'il faut ôter des pièces de bois qu'ils veulent équarrir. — Se dit, en outre, des titres qui sont dans les livres de droit civil, de droit canon, parce qu'autrefois on les écrivait en rouge. — Se dit également, au pluriel, de certaines règles qui sont au commencement du Bréviaire et du Missel, et qui enseignent la manière dont il faut dire l'office divin : *il sait ses rubriques par cœur.* — Se dit de même, au pluriel, de certaines petites règles qui sont imprimées ordinairement en rouge dans le corps du bréviaire, et qui marquent ce qu'il faut dire dans les divers temps de l'année à chacune des heures canoniales. — Par ext. Titre, date qui indique le lieu d'où une nouvelle est venue : *ce fait est sous la rubrique de Londres, de Madrid,* etc. — Se dit, fig. et fam., des méthodes, des règles, des pratiques anciennes : *il a suivi une vieille rubrique, de vieilles rubriques.* — Fig. et fam. Ruse, détour, adresse, finesse : *voilà une plaisante rubrique.*

* **RUCHE** s. f. (celt. *rusken*). Sorte de panier en forme de cloche, où l'on met les mouches à miel, et qui est fait ordinairement d'osier,

de paille, etc. : *ruche de paille, d'osier.* — RUCHE DE VERRE ou RUCHE VITRÉE, boîte vitrée, en forme de pyramide tronquée, dans laquelle on met les abeilles, pour observer leurs travaux. — Se dit quelquefois du panier et des mouches qui sont dedans : *il a tant de ruches.* — CHATRER UNE RUCHE, enlever, avec un couteau de fer fait exprès, la cire et le miel d'une ruche. — Prov. et fig. IL NE FAUT POINT FACHER UNE RUCHE, il ne faut point s'attirer une foule de petits ennemis. — Cost. Bande d'étoffe ou de dentelle plissée qui sert à orner un vêtement de femme. – – ENCYCL. On emploie ordinairement, dans nos petites exploitations agricoles, la *ruche simple,* d'une seule pièce, soit en paille, soit en bois, posée sur un tablier soutenu par un pied assez élevé pour protéger la colonie contre les attaques des petits animaux. Pour la culture perfectionnée, on a imaginé des ruches à divisions, dont le principe repose sur ce fait que la provision de miel est déposée par les abeilles dans la partie de la ruche la plus éloignée de l'entrée. Il y a la ruche à *cabochon,* la ruche à *calotte,* dite normande, les

Ruche à divisions.

Rucher couvert.

ruches à *nausse,* les ruches à *rayons mobiles,* etc. — Les ruches sont immeubles par destination lorsqu'elles dépendent d'une exploitation agricole (C. civ. 524). Il peut être interdit par l'autorité municipale de placer des ruches près d'une voie publique.

RUCHÉE s. f. Population d'une ruche, produit d'une ruche.

* **RUCHER** s. m. Endroit où sont les ruches : *ce rucher est bien situé.*

RUCHER v. a. Garnir d'une ruche.

* **RUDANIER, IÈRE** adj. Qui est rude à ceux à qui il parle : *beauté rudanière.*

* **RUDE** adj. (lat. *rudis*). Apre au toucher, et dont la superficie est inégale et dure : *la toile grosse et neuve est extrêmement rude.* — Ce qui est âpre au goût, au palais : *voilà du vin qui est rude.* —Raboteux ; et, en ce sens, se dit, au propre, des chemins qui sont âpres et difficiles : *les chemins en ce pays-là sont fort rudes.* — Se dit pareillement de tout ce qui cause de la peine, de la fatigue : *il a entrepris une rude tâche.* — CE CHEVAL EST RUDE, il a le train rude, fatigant. — Se dit, par ext., de plusieurs autres choses qui, par leur dureté, sont choquantes, désagréables à voir, à entendre, à lire, etc. : *avoir le visage rude, l'air rude.* — CE PEINTRE A LE PINCEAU RUDE, il peint d'une manière dure et sans grâce. CE BARBIER A LA MAIN RUDE, il ne rase pas légèrement, CE CAVALIER A LA MAIN BIEN RUDE, il mène durement son cheval. — DES MŒURS RUDES, des mœurs d'une simplicité grossière. — Violent, impétueux : *un rude assaut.* — Difficile à supporter, rigoureux : *un temps rude.* — Fig. LES TEMPS SONT RUDES, se dit des temps où l'on a beaucoup à souffrir, surtout des temps où il y a peu de travail et beaucoup de misère. — C'EST UN RUDE COUP POUR LUI, cet événement est très fâcheux pour

lui. — UNE RUDE ÉPREUVE, une situation difficile et délicate : *sa vertu fut mise à une rude épreuve, à de rudes épreuves.* — UNE RUDE TENTATION, une tentation à laquelle il est difficile de ne pas succomber : *j'eus une rude tentation de le confondre en public.* — CELA ME PARAÎT RUDE, se dit d'une chose difficile à croire. — CE TRAIT EST UN PEU RUDE, se dit d'un propos ou d'un procédé difficile à supporter, à dissimuler. — Fâcheux, dure, extrêmement sévère : *cet homme a l'humeur rude, l'esprit rude.* — Prov. et pop., IL EST RUDE AUX PAUVRES GENS, A PAUVRES GENS, se dit d'un homme qui traite avec dureté, avec hauteur ceux qui ont affaire à lui. — Rigide, austère : *la règle de ces religieux, de cet ordre est bien rude.* — Redoutable : *vous avez là un rude adversaire.*

RUDE (François), statuaire célèbre, né à Dijon le 4 janv. 1784, mort à Paris le 3 nov. 1855. En 1812, il remporta le grand prix de Rome; trois ans plus tard, il alla à Bruxelles, où il fit la protection de David lui fit obtenir la décoration de la salle des peintures et le fronton du théâtre de la Monnaie. Revenu à Paris, il donna successivement : *Un jeune Pêcheur napolitain jouant avec une tortue* (1832), *le Départ,* groupe qui orne la façade orientale de l'arc de triomphe (1833), le *Baptême du Christ, Jeanne d'Arc,* le *Tombeau de Godefroy Cavaignac,* les bustes de *David,* de *La Pérouse,* du *Maréchal de Saxe,* de *Poussin,* de *Houdan,* de *Caton d'Utique ;* les statues colossales de *Monge* à Beaune, du général *Bertrand* à Châteauroux, du maréchal *Ney,* etc.

* **RUDEMENT** adv. D'une manière rude : *il lui a parlé bien rudement.* — Fam. ALLER RUDEMENT EN BESOGNE, travailler vigoureusement et sans relâche. — Fam. IL Y A RUDEMENT, se dit d'un homme qui fait quelque chose avec un excès d'ardeur, avec violence : *il lui a donné des coups ; il y allait rudement.*

* **RUDENTÉ, ÉE** adj. Archit. Se dit des pilastres et des colonnes dont les cannelures sont remplies, jusqu'au tiers de leur hauteur, d'une espèce de bâton uni ou sculpté.

RUDENTER v. a. Archit. Orner de rudentures.

* **RUDENTURE** s. f. Archit. Espèce de bâton uni ou sculpté dont les cannelures d'une colonne ou d'un pilastre sont remplies dans leur partie inférieure.

* **RUDÉRAL, ALE** adj. (lat. *rudera,* décombres). Bot. Qui croît sur les masures, dans les décombres : *plante rudérale.*

RUDÉRATION s. f. Constr. Pavage en cailloux.

* **RUDESSE** s. f. Qualité de ce qui est rude, âpre au toucher : *la rudesse de la barbe, de la peau.* Se dit, par ext., en parlant de diverses choses qui, par leur dureté, sont choquantes, désagréables à voir, à entendre, à lire, etc. : *les traits ont de la rudesse.* — Fig. Ce qu'il y a de rude dans l'esprit, dans le caractère, dans l'humeur, dans les manières d'agir de certaines gens : *il a une grande rudesse d'esprit.*

* **RUDIMENT** s. m. (lat. *rudimentum*). Élément, principe, première notion de quelque science, de quelque art que ce soit : *ne lui parlez pas de géométrie, il n'en sait pas les premiers rudiments.* — Particul. Petit livre qui contient les premiers principes de la langue latine : *un enfant qui apprend le rudiment.* — Fig. et fam. CET HOMME EN EST ENCORE AU RUDIMENT, IL FAUT LE RENVOYER DU RUDIMENT, il est encore novice dans l'art, dans la profession dont il se mêle ; il faut le renvoyer aux premiers principes de cet art, de cette profession. — Hist. nat. Premier linéament de la structure des organes : *les rudiments de l'or-*

ganisation. — Se dit aussi d'organes réduits, dans certaines espèces, à de très petites dimensions : *un rudiment de queue.*

* **RUDIMENTAIRE** adj. Hist. nat. Qui a le caractère d'un rudiment, d'une ébauche.

* **RUDOYER** v. a. Se conjugue comme EMPLOYER. Traiter rudement. Ne se dit ordinairement que du mauvais traitement qui se fait en paroles : *il ne faut pas rudoyer les enfants.* — RUDOYER UN CHEVAL, le mener rudement, en le frappant du fouet, en le piquant de l'éperon, etc.

* **RUE** s. f. (lat. *ruta*). Bot. Genre de rutacées, comprenant plusieurs espèces de plantes ligneuses, d'une odeur forte, dont les feuilles ont un goût âcre et amer, et auxquelles on attribue diverses propriétés médicales. — La *rue officinale* (*ruta graveolens*) est un sous-arbrisseau à feuilles d'un vert bleuâtre, alternées, divisées, pennées, marquées de points ou glandes transparentes qui contiennent une huile à odeur forte et désagréable ; fleurs d'un jaune verdâtre, fleurissant tout l'été en petits corymbes ; fruit en gousse à graines nombreuses. On l'a cultivée longtemps, et on la voit encore dans quelques vieux jardins. On lui attribuait une grande réputation ; on croyait qu'elle empêchait la contagion. Aujourd'hui on s'en sert peu. On la range parmi les antispasmodiques, et elle a été employée dans l'hystérie, les coliques et la dysménorrhée. On s'en est aussi servi pour provoquer des avortements, et à cet égard elle agit comme la plupart des drogues du même genre, avec une violence dangereuse. On la mange dans certains pays en salade ou comme condiment. La rue s'employait autrefois dans les cérémonies religieuses, comme le romarin, ce qui l'a fait appeler deux fois par Shakspeare « l'herbe de grâce ».

* **RUE** s. f. Chemin dans une ville, dans un bourg, dans un village, entre des maisons, ou entre des murailles : *grande rue.* — CE CHEVAL A PRIS UN CLOU DE RUE, en marchant, il a rencontré un clou qui lui est entré dans le pied, et qui le fait boiter. — ÊTRE FOU A COURIR LES RUES, être extrêmement fou. — CETTE NOUVELLE, CETTE AVENTURE, CETTE HISTOIRE COURT LES RUES, elle est sue de tout le monde. L'ESPRIT COURT LES RUES, l'esprit est commun, tout le monde en a. — ÊTRE VIEUX COMME LES RUES, être fort vieux. Se dit des personnes et des choses : *cette personne est vieille comme les rues.* — LES RUES EN SONT PAVÉES, se dit en parlant de choses extrêmement communes. — Législ. « Les rues des villes sont soumises aux règles particulières à la voirie urbaine. Celles qui forment la traverse des routes nationales ou du départe mentales font partie de la grande voirie ; mais c'est l'autorité municipale qui est chargée d'assurer la sûreté et la commodité du passage dans toutes les rues de la commune, et aussi de ce qui concerne le nettoiement, l'éclairage, etc. Toutes les rues de Paris sont comprises dans la grande voirie. (Voy. VOIRIE.) Les rues ouvertes par les compagnies de chemins de fer, pour donner accès à leurs gares, sont considérées comme des dépendances de ces chemins, et elles sont en conséquence soumises aux règlements de la grande voirie. La dénomination des rues appartient aujourd'hui au conseil municipal de la commune, sauf l'approbation du préfet (L. 5 avril 1884, art. 68, 7e). »   (CH. V.)

* RUE, ch.-l. de cant., arr. et à 24 kil. N.-O. d'Abbeville (Somme), sur la Maie ; 1,200 hab.

RUEIL ou Ruel, *Rotalgensis pagus,* ville du cant. de Marly-le-Roi, à 12 kil. N.-E. de Versailles (Seine-et-Oise), et à 10 kil. O. de Paris ; 10,000 hab.

* **RUELLE** s. f. Petite rue : *une ruelle qui*

aboutit dans une grande rue. — Fig. La RUELLE DU LIT, ou simpl., LA RUELLE, espace qu'on laisse entre un des côtés du lit et la muraille : *il n'y a pas assez de ruelle.* — Fig. et fam. CET HOMME PASSE SA VIE DANS LES RUELLES. IL VA DE RUELLE EN RUELLE, il est souvent chez les dames, et il se plaît dans leur conversation. IL BRILLE DANS LES RUELLES, il brille dans la conversation des dames. Ces phrases, et autres semblables, ont vieilli, et ne s'emploient que par dénigrement. — LES RUELLES. Se disait particul. sous Louis XIV des chambres à coucher, des alcôves de certaines dames de qualité, qui servaient de salon de conversation.

RUELLE, comm. de l'arr. et à 8 kil. N.-E. d'Angoulême (Charente), sur la Touvre; 1,700 hab. Vaste fonderie de canons pour la marine, créée en 1750 par l'illustre Montalembert et appartenant aujourd'hui à l'État.

* RUELLER v. a. Agric. est usité que dans cette phrase, RUELLER LA VIGNE, y faire une ruelle, un petit chemin, en relevant d'un et d'autre côté la terre contre les ceps.

* RUER v. a. (lat. *ruere*). Jeter avec impétuosité : *ruer des pierres.* — Fam. RUER DE GRANDS COUPS, frapper de grands coups. — Fam., RUER A TORT ET A TRAVERS, frapper de tous côtés dans une foule. Dans cette phrase. RUER, s'emploie neutralement. — Prov. et fig. SES PLUS GRANDS COUPS SONT RUÉS, se dit en parlant d'un homme qui, après s'être signalé en quelque chose après s'être porté à quelque chose avec ardeur, commence à se modérer, à se relâcher. On dit aussi, LES PLUS GRANDS COUPS SONT RUÉS, les plus grands efforts sont faits dans l'affaire dont il s'agit. L'une et l'autre phrases ont vieilli. — Absol. Jeter une pierre : *il gagne qu'il ruera plus loin que vous.* Ce sens a vieilli. — v. n. Se dit d'un cheval, d'un mulet, etc., qui jette le pied ou les pieds de derrière en l'air avec force et en baissant le devant : *prenez garde à ce cheval, à ce mulet, il rue.* — RUER EN VACHE. se dit d'un cheval qui porte le pied de derrière sous la poitrine jusqu'à la jambe de devant, et en frappe la personne occupée au pied ou à la jambe de devant, sous les vaches. — SE RUER v. pr. Se jeter impétueusement sur quelqu'un, sur quelque chose.

* RUEUR, EUSE adj. Man. Qui a l'habitude de ruer : *ce cheval est rucur.*

RUFFEC, ch.-l. d'arr., à 42 kil., N.-E. d'Angoulême (Charente), sur une colline près de la forêt de son nom ; par 46° 1' 64' lat. N. et 2° 8' 17" long. O.; 3,000 hab. Ancienne baronnie érigée en marquisat par Henri III et qui appartint à la famille de Broglie. Commerce de truffes; terrines de perdreaux et de foies gras ; grains, marrons, bétail.

RUFFIEUX, ch.-l. de cant., arr. de Chambéry (Savoie), entre le Rhône et le lac du Bourget ; 950 hab.

* RUFIEN s. m. Homme débauché, qui vit avec des femmes de mauvaise vie, ou qui en procure aux libertins : *c'est un rufien; un vieux rufien.* (Vieux.)

RUFIN, *Rufinus.* ministre de Théodore et d'Arcadius, né d'une famille obscure à Elusa (Eauze), dans la Gascogne ; il devint l'un des hommes d'État les plus fameux du bas empire. (Voy. STILICON).

RUFISQUE, comptoir français de l'arr. de Gorée (Sénégambie), sur la baie de Rufisque, au S. de l'île de Gorée; 1,500 hab.

RUGBY [reugg'-bé], ville du Warwickshire, en Angleterre, sur l'Avon, à 125 kil. N.-O. de Londres ; 8,385 hab. Foires importantes pour les chevaux, le bétail, la laine et le fromage.

RÜGEN [ru'-ghènn], île de Poméranie (Prusse), dans la Baltique séparée de la terre

---

ferme par un canal large de 1 à 3 kil.; 966 kil. carr. ; 50,000 hab. environ. Des baies peu profondes et des bras de mer nombreux la divisent en plusieurs péninsules. On y va beaucoup à la saison des bains de mer. Cap., Bergen.

* RUGINE s. f. (lat. *runcina*, rabot). Instrument dont les chirurgiens se servent pour ratisser les os : *rugine pour enlever le tartre des dents.*

* RUGINER v. a. Chir. Racler, ratisser un os avec la rugine : *ruginer un os, pour en détacher le périoste.*

* RUGIR v. n. (lat. *rugire*). Se dit du cri du lion, du tigre, de la panthère et de plusieurs autres animaux féroces : *un lion qui rugit.*

* RUGISSANT, ANTE adj. Qui rugit : *un lion rugissant.*

* RUGISSEMENT s. m. Cri du lion, du tigre, de la panthère, et de quelques autres animaux féroces : *le rugissement des lions.*

RUGLES, ch.-l. de cant., arr. et à 54 kil. S.-O. d'Évreux (Eure), sur la rive gauche de la Risle ; 1,500 hab. Épingles, aiguilles, clous. Laminoir et tréfilerie de cuivre.

* RUGOSITÉ s. f. (rad. lat. *rugosus*, rugueux). Science. Se dit des espèces de rides qu'on voit sur une surface raboteuse.

* RUGUEUX, EUSE adj. Qui a des rugosités : *les feuilles de la sauge sont rugueuses.*

RÜHL (Philippe-Jacques), conventionnel, né près de Strasbourg, mort à Paris, le 30 mai 1795. Envoyé à la Convention par le département du Bas-Rhin, il vota la mort du roi, devint membre du comité de Salut public et, en 1794, président de la Convention. Délégué à Reims, il assembla le peuple pour développer devant lui les principes du républicanisme et brisa, au milieu des applaudissements, la sainte ampoule conservée pour le sacre des rois. Il devint ensuite orateur des clubs, après le 9 thermidor. Mis en état d'arrestation, il se donna la mort.

* RUILÉE s. f. Bordure de plâtre ou de mortier que les couvreurs mettent sur une rangée de tuiles ou d'ardoises, pour les lier avec les murs ou avec les joues de lucarnes : *ruilée de plâtre, de mortier.*

RUILER v. a. Raccorder avec du plâtre pour remplir un joint entre un toit et un mur.

* RUINE s. f. (lat. *ruina*). Dépérissement, destruction d'un bâtiment : *un bâtiment qui est en ruine.* — BATTRE UNE PLACE EN RUINE, la battre avec la grosse artillerie, la bombarder, etc. — Fig. BATTRE QUELQU'UN EN RUINE, l'attaquer avec tant de force dans une discussion dans une contestation, qu'il ne lui reste aucun moyen de se défendre. — Fig. CE N'EST PLUS QU'UNE RUINE, se dit d'une femme qui était belle, d'un acteur qui avait du talent, etc., et qui ont beaucoup perdu en vieillissant.

Les ruines d'une maison
Se peuvent réparer ; que n'est cet avantage
Pour les ruines du visage
LA FONTAINE.

— Perte du bien, des richesses, de la fortune : *cette affaire a causé sa ruine.* — Perte de l'honneur, de la réputation, du crédit, du pouvoir, etc. : *cette aventure a causé la ruine de sa réputation.* — LA RUINE D'UN ÉTAT, sa chute, son entière décadence : *cet empire est bien près de sa ruine.* — Ce qui est cause de la ruine de quelque chose, et particul. ce qui entraîne une grande dépense : *Hélène a été la ruine de Troie.* — pl. Débris d'un édifice abattu, restes d'un édifice détruit : *on y voit encore de vieilles ruines.* — PIERRES DE RUINES, certaines pierres sur lesquelles il y a naturellement des représentations de vieilles ruines, qui semblent avoir été faites au pinceau. — *S'élever sur les ruines d'un autre.*

---

* RUINER v. a. Abattre, démolir, détruire : *ruiner un édifice, un château, une ville.* — Se dit aussi du ravage que fait la tempête, la grêle sur les biens de la terre : *la tempête a ruiné tous les vergers du pays.* — Causer la perte du bien, des richesses, de la fortune : *ruiner un homme entièrement, complètement.* — Causer la perte de l'honneur, du crédit, de la santé, etc. : *ce libertin a ruiné l'honneur de vingt familles.* — Se dit, particul., des causes qui usent et détériorent les chevaux : *la chasse a ruiné ce cheval.*

RUINES, ch.-l. de cant., arr. et à 11 kil. S.-E. de Saint-Flour (Cantal); 500 hab.

* RUINEUSEMENT adv. D'une manière ruineuse.

* RUINEUX, EUSE adj. Qui menace ruine : *édifice ruineux.* — Fig. BATIR SUR DES FONDEMENTS RUINEUX, fonder ses espérances sur des choses peu solides, ou établir un système sur des bases qui manquent de consistance. — Qui cause du dommage par des dépenses excessives : *c'est un emploi très brillant, mais il est ruineux.*

RUINIFORME adj. (lat. *ruina*, ruine, fr. *forme*). Qui offre des dessins imitant des ruines : *calcaire ruiniforme.*

* RUINURE s. f. Charpent. Entaille faite dans la charpente avec le ciseau ou la cognée, pour recevoir la maçonnerie.

* RUISSEAU s. m. (lat. *rivicellus*, dimin. de *rivus*). Courant d'eau d'une largeur trop peu grand : *le ruisseau est à sec.* — Se dit aussi, dans les villes, dans les bourgs, etc., de l'eau qui coule ordinairement au milieu des rues : *il tomba dans le ruisseau, tout au beau milieu du ruisseau.* — Endroit par où l'eau s'écoule dans les rues : *ces paveurs n'ont pas donné assez de pente au ruisseau.* — Se dit, fig., de toutes ces choses liquides qui coulent en abondance : *des ruisseaux de vin, des ruisseaux de sang coulaient dans les rues, par les rues.*

* RUISSELANT, ANTE adj. Qui ruisselle : *des eaux ruisselantes.*

* RUISSELER v. n. Couler en manière de ruisseau : *on voyait l'eau ruisseler au travers des murs du réservoir.* — Se dit, quelquefois, des corps sur lesquels un liquide coule en manière de ruisseau : *son corps, son visage ruisselle de sueur.*

Doit-on délibérer, lorsque le sang ruisselle ?
PONSARD. *Charlotte Corday*, acte 1er, sc. 1re.

RUISSELLEMENT s. m. Action de ruisseler.

RULHIÈRE (Claude-Carloman de), historien et poète, né à Bondy en 1735, mort en 1791. Il suivit d'abord la carrière des armes, puis celle de la diplomatie, fut secrétaire d'ambassade à Saint-Pétersbourg, et réunit les matériaux de ses *Histoires* ou *Anecdotes sur la révolution de Russie* de 1762 (Paris, 1797, in-8°). Son *Histoire de l'anarchie de Pologne et du démembrement de cette république*, écrite en 1768 pour l'instruction du dauphin, lui valut une pension de 6,000 livres et lui ouvrit les portes de l'Académie française en 1787. Cette histoire fut publiée en 1807 (4 vol. in-8°). Les *Œuvres complètes* de Rulhière ont été données par Auguis (Paris, 1819, 6 vol. in-8°).

* RUM s. m. [romm]. Voy RHUM.

* RUMB s. m. [rombb]. Se dit de chacune des trente-deux parties de la boussole, pour l'horizon desquelles part l'un des trente-deux vents : *rumb de vent.*

RUMBÉ, ÉE adj. (rad. *rumb*). Mar. RÈGLE RUMBÉE, instrument à l'aide duquel on résout pratiquement certains problèmes de navigation.

RUMEN s. m. [ro-mènn] (lat. *rumen*, ma-

melle). **Mamm.** Panse, premier estomac des ruminants.

* RUMEUR s. f. (lat. *rumor*). Bruit sourd et général, excité par quelque mécontentement, et annonçant quelques dispositions au soulèvement, à la sédition : *il y a rumeur, il y a quelque rumeur dans la ville, parmi le peuple.* — Bruit qui vient à s'élever tout à coup, et qui est l'effet de la surprise que cause quelque accident, quelque événement imprévu : *cet événement fut suivi d'une rumeur générale.* — Bruit confus de plusieurs voix qui paraissent animées : *quelle est cette rumeur que j'entends ?* — Réunion des opinions ou des soupçons du public contre quelqu'un : *il était accusé par la rumeur publique d'avoir commis un assassinat.*

RUMEX s. m. [ru-mèkss] (lat. *rumex*, pique, par allusion à la forme des feuilles). **Bot.** Genre de polygonées comprenant plus de cent espèces de plantes herbacées, réparties dans les deux sections nommées *oseille* et *patience*.

RUMFORD (Benjamin Thompson, *comte*), [reumm'-fortt], physicien américain, né à Woburn (Massachusetts) en 1753, mort à Auteuil, près de Paris, en 1814. En 1770, il enseignait dans une école de Rumford (auj. Concord), dans le New-Hampshire. Le gouverneur royal le fit major dans la milice ; cette nomination excita la jalousie des autres officiers ; on l'accusa de trahir la cause des colonies, et il dut se réfugier à Boston. Lorsque cette ville fut reprise par les patriotes, il alla en porter la nouvelle en Angleterre. De retour en Amérique en 1781, il commanda un régiment royaliste de dragons avec le grade de lieutenant-colonel. Après la guerre, il entra au service de l'électeur de Bavière, qui le créa chevalier. Vers la fin de 1784, il se fixa à Munich, avec les fonctions d'aide de camp et de chambellan de l'électeur. Il fut successivement élevé au rang de major général dans l'armée et membre du conseil d'État, de lieutenant général, de commandant en chef de l'état-major général, de ministre de la guerre, et de comte du saint empire romain ; à cette occasion, il choisit pour titre le nom de la ville d'Amérique où il avait vécu. En 1796, il fut nommé président du conseil de régence. Le climat ne lui convenant pas, il quitta l'Angleterre en 1798, et s'intéressa beaucoup aux commencements de la Société royale, dont il fut le véritable fondateur. Il vint ensuite à Paris, épousa en 1804 la veuve de Lavoisier et passa le reste de sa vie à Auteuil. Il consacra ses études d'une façon spéciale à la question de la chaleur, et ce qu'on a fait pour démontrer expérimentalement la doctrine de la « corrélation des forces », a été commencé par lui dans une série d'expériences qui lui furent suggérées par la chaleur développée dans le forage d'un canon à l'arsenal de Munich. Il s'occupa beaucoup de la construction des cheminées, et des moyens de les empêcher de fumer, et il publia des articles populaires sur ce sujet. Il a fait beaucoup d'expériences et de découvertes relatives à la résistance des matériaux, à la force de la poudre à canon, à la lumière, etc. On a recueilli ses écrits, avec une biographie par le rév. G.-E. Ellis (Philadelphie, 1871, 4 vol.).

RUMIANTZEFF [rou-miann-tseff] ou Romantzoff (Pstr, *comte*), général russe, né en 1725, mort en 1796. Pendant la guerre de Sept ans, il continua, avec Soltikoff, à battre Frédéric le Grand à Kunersdorf (1759), et il s'empara de Colberg. En 1770, ses victoires sur les Turcs donnèrent à la Russie toute la rive gauche du Danube ; en 1774, il conclut la paix à Koutchouk-Kaïnarji, et il fut créé feld-maréchal.

RUMIGNY, ch.-l. de cant.- arr. et à 25 kil. S.-O. de Rocroy (Ardennes), sur l'Aube; 500 hab.

RUMILLY, ch.-l. de cant., arr. et à 12 kil. S.-O. d'Annecy (Haute-Savoie), sur le Chéran ; 3.000 hab.

* RUMINANT, ANTE adj. Hist. nat. Qui rumine : *les animaux ruminants ont plusieurs ventricules.* — s. m. *Les ruminants.* — Les ruminants forment un groupe de mammifères ongulés, comprenant le chameau, le cerf, la girafe, l'antilope, le gnou, la chèvre, le mouton et le bœuf. Presque tous les animaux de ce groupe sont pourvus de cornes solides et caduques chez le cerf, creuses et permanentes chez le bœuf et le mouton. Ils sont de taille grande ou moyenne, et, en général, rapides à la course ; ils vivent en troupeaux sous la conduite d'un vieux mâle, et sont exclusivement herbivores ; chez la plupart, les formes sont légères et élégantes, et les membres longs et déliés. La peau est recouverte de poils ou de laine ; les oreilles sont longues, droites, très mobiles, plus ou moins pointues ; la queue a une grande variété de pelage et de longueur. Ils habitent de vastes plaines, les forêts du Nord, et les deserts secs des tropiques. Ils ne se battent pas entre eux, ni avec les autres animaux, si ce n'est pendant la saison du rut. Très timides et prenant la fuite à la moindre alarme, ils luttent énergiquement, avec leurs cornes et leurs andouillers, quand ils sont aux abois, et donnent des coups redoutables avec leurs sabots de devant. La langue est d'ordinaire chez eux un organe de préhension aussi bien que de déglutition ; la partie antérieure saisit et juge par le tact la nature de la nourriture ; la portion suivante prépare le bol alimentaire et le pousse vers l'œsophage, et la base de la langue règle les mouvements de l'organe

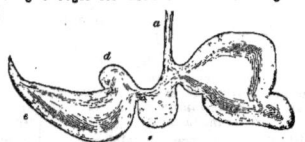

Estomac d'un mouton. — *a*, Œsophage ; *b*, rumen, panse ou premier estomac : *c*, second estomac, bonnet ou reticulum ; *d*, feuillet ou psalterium ; *e*, quatrième estomac ou abomasum.

entier Les glandes salivaires sont grosses avec de longs conduits, les amygdales sont volumineuses, et l'œsophage est épais et musculeux. L'estomac est quadruple ; les trois premières cavités (la panse ou *rumen*, le bonnet ou *reticulum*, et le feuillet ou *psalterium*) sont essentiellement des dilatations de l'œsophage adaptées à l'acte de la rumination et conduisant à la quatrième ou véritable cavité digestive. Celle-ci, appelée caillette ou *abomasum*, et qui est la seule qui soit développée dans l'animal nouveau-né, sécrète chez le veau un acide organique possédant la propriété de faire cailler l'albumen du lait, et dont on se sert sous le nom de présure. Le canal intestinal est très long et très simple ; le gros intestin est souvent à peine plus large que le grêle ; le cœcum est toujours grand, uni, et dépourvu de saillies latérales. Les yeux sont écartés et saillants, de manière à ce que le champ de la vision soit très étendu. Les sens de l'ouïe et de l'odorat sont très développés et les sinus craniaux considérables. Les mamelles sont inguinales, avec quatre mamelons, excepté chez le mouton et la chèvre qui n'en ont que deux. Le poil est généralement grossier et ne ressemble en rien à ce qu'on peut appeler fourrure; néanmoins, il présente de grandes variétés, depuis le pelage dur et hérissé du chameau jusqu'à la fine laine du mouton et passant par la robe déjà plus douce du lama. Ces animaux se nourrissent d'aliments dans lesquels les propriétés nutritives sont très faibles pour un gros volume, de là la nécessité de ruminer.

— On trouve des ruminants à l'état indigène dans toutes les parties du monde, excepté en Australie.

* RUMINATION s. f. Action de ruminer.

* RUMINER v. a. (lat. *ruminare*) Remâcher. Ne se dit au propre que de certains animaux à plusieurs estomacs, qui font revenir du premier les aliments qu'ils ont avalés, pour les mâcher de nouveau : *les bœufs ruminent ce qu'ils ont mangé.* On l'emploie presque toujours absolument : *les brebis, les chameaux ruminent.* — Fig. et fam. Penser et repenser à une chose, la tourner et retourner dans son esprit : *il y a longtemps qu'il ruminait ce dessein.*

RUMMEL (Le), rivière d'Algérie, qui prend sa source dans le grand Atlas, passe à Constantine et se jette dans la Méditerranée entre Bougie et Djidgelly, après un cours de 150 kil.

RUMSEY (James) [reumm'-zé], inventeur américain, né dans le Maryland (Etats-Unis) vers 1743, mort en 1792. En mars 1786, il fit marcher un bateau sur le Potomac au moyen d'un propulseur à vapeur placé à l'arrière. Une nouvelle et heureuse expérience eut lieu sur une plus grande échelle en 1787, et l'année suivante il se forma à Philadelphie une *Rumsey Society.* Peu après il alla en Angleterre, et obtint des brevets d'invention en Grande-Bretagne, en France et en Hollande. En 1792, une excursion sur la Tamise réussit pleinement.

* RUNES s. f. pl. (anc. norse, *runir*, signes secrets ; teutonique *run*, mystère). Ancien système graphique employé surtout par les races teutoniques de l'Europe septentrionale,

Ⅴ.	**F**
ᚨ.	**U**
ᚦ.	**O**
ᚱ.	**R**
Ⅴ.	**K**
✕.	**H**
ᛁ.	**I**
Ⅴ.	**S**
ᛐ.	**T**
Ᏼ.	**B**
ᚱ.	**L**
Ⅴ.	**M**
ᚴ.	**W**

Alphabet runique.

quoiqu'on trouve aussi des traces de son usage en France et en Espagne. Les runes, remplacées peu à peu par l'alphabet romain, n'en restèrent pas moins usitées dans certaines parties de la Scandinavie jusqu'à la fin du siècle dernier. Il y a plusieurs variétés d'écritures runiques ; l'allemand et le norse. On croit que ce dernier représente la forme le plus ancienne. L'alphabet n'y est que de 15 à 16 lettres, tandis que celui de l'anglo-saxon finit par en avoir 40. L'usage des runes était à peu près limité aux inscriptions sur le roc, les pierres, les ustensiles de ménage, les armes et les ornements. On leur attribuait une puissance mystérieuse, et on les gravait sur des baguettes, appelées *baguettes runiques*, le plus souvent de bois de hêtre, dont on se servait pour la divination. On les gravait encore sur des anneaux, sur des monnaies, sur des lames d'épée, etc. L'inscription runique suivante se trouve sur une pierre de la muraille occidentale du transept sud de la cathédrale de Carlisle :

Tolfinn. Hraîsa. ab (uî) õhara. (th) îs. (at) aîn.
(Les lettres entre parenthèses sont en runes composées.)

Les lettres de cette inscription appartiennent à l'espèce particulière de runes scandinaves appelée *norse* ou *islandique*, en usage parmi le Danois. On suppose qu'elle signifie : « Tolfinn » = » Dolfin (gouverneur de Carlisle -ous le règne de Guillaume II), « hraîta » = grava. « at Ulfhara » = » à la mémoire d'Ulfhar, « îhis slaine » = cette pierre. — Voy. Grimm, *l s Runes allemandes* (1821) et *Littérature runique* (1828).

* RUNIQUE adj. Qui a rapport aux runes : *alphabet runique*. — Se dit aussi des ouvrages qui ont été primitivement écrits en caractères runiques : *poésies runiques.*

RUNJEET SINGH [reunn-djitt'-singg], rajah ou souverain des Sikhs, dans le Pundjaub, né vers 1780, mort en 1839. Il était fils de Maha Singh, sirdar ou gouverneur de l'un des états des Sikhs. Celui-ci laissa à sa mort (1794) sa province à Ranjeet sous la régence de sa mère, que le jeune sirdar empoisonna, dit-on, lorsqu'il fut arrivé à l'âge de 17 ans. Il devint rapidement le chef reconnu de la confédération des Sikhs, à l'O. du Sutlej. En 1807, ayant solidement assis son autorité comme souverain des Sikhs du Pundjaub, il s'efforça de l'étendre sur les territoires sikhs situés entre le Sutlej et la Jumma; mais en 1809 les Anglais le forcèrent à faire du Sutlej sa frontière. Dix ans plus tard, il avait réduit tout le Pandjaub, et avait pris le titre de *maharajah* (roi des rois). Ses conquêtes dans l'Afghanistan l'occupèrent plusieurs années. En 1838, il entra en négociation avec les Anglais pour former une alliance plus étroite, mais il mourut avant d'avoir rien conclu.

RUOLZ s. m. [ru-olz] (de *Ruolz*, nom d'un chimiste français contemporain). Métal argenté par le procédé Ruolz : *couvert en ruolz; de beau ruolz.* — Fig. Se dit, par dénigr., de toute chose fausse : *noblesse en ruolz.*

RUPERT (Prince) [riou'-peurtt] (le prince Robert de Bavière), chef royaliste, pendant les guerres civiles anglaises, né à Prague en 1619, mort en 1682. Sa mère, Elizabeth, était la fille aînée de Jacques Ier d'Angleterre, et la femme de Frédéric V, électeur palatin. Au commencement de la guerre civile en Angleterre, on lui donna le commandement d'un régiment de cavalerie. Il s'empara de Hereford, de Lichfield, et de Cirencester, et fut créé duc de Cumberland. Avec le prince Maurice, il emporta d'assaut Bristol, le 25 juillet 1643. Il dispersa ensuite les forces parlementaires à Newark, et se distingua dans le nord de l'Angleterre. Mais la perte de la bataille de Marston Moor fut due à sa témérité; il n'en fut pas moins fait commandant de toutes les forces royales, et il prit la ville de Leicester. A Naseby, le 14 juin 1645, à la tête de l'aile gauche, il se laissa entraîner à la poursuite de quelques fuyards, et quand il revint, la bataille était perdue. Il eut ensuite le commandement de Bristol, qu'il rendit à Fairfax et à Cromwell. Il fut alors révoqué de tout office militaire; cependant, en 1648, il obtint le commandement de la partie de la flotte qui tenait pour la cause royale. Bloqué dans le port de Kinsale par Blake et la flotte du parlement jusqu'en octobre 1649, il força le blocus et sortit du port. Blake le poursuivit jusqu'à Malaga, et en janvier 1651, détruisit toute sa flotte à l'exception de deux vaisseaux. Rupert fit voile vers les Indes occidentales, puis pour la France. Après la Restauration, il fut fait conseiller privé. En 1666, il commandait avec lord Albemarle, la flotte contre les Hollandais. Il devint en 1670, le premier gouverneur de la compagnie de la baie d'Hudson. Il était artiste, mécanicien et chimiste.

RUPESTRE adj. (lat. *rupestris;* de *rupes,* roche). Qui croît sur les rochers

RUPICAPRA s. m. (lat. *rupes,* roche; *capra,* chèvre). Troisième sous-genre des antilopes, dans la classification de Chenu. Cornes un peu arquées en arrière, implantées tout à fait sur l'orbite. Distribution des couleurs à peu près comme dans les dorcas. (Voy. ANTILOPE.)

RUPICOLE adj. (lat. *rupes,* rocher; *colo,* j'habite). Hist. nat. Qui vit ou croît sur les rochers. — s. m. Ornith. Genre de passereaux voisin des cotingas, dont l'espèce la plus connue est le *rupicole orangé (rupicola crocea),* appelé aussi *coq de roche;* son plumage est jaune safran, avec du blanc et du brun aux grandes plumes et une singulière crête

Rupicole orangé (Rupicola crocea).

de plumes, qui s'élève sur la tête et retombe sur le bec. Cet oiseau habite les rives rocheuses des torrents de la Guyane.

RUPIN s. m. Homme mis avec une grande élégance : *il n'est que cela rupin!* (Pop.)

RUPTILE adj. (lat. *ruptus,* rompu). Bot. Se dit d'un organe qui s'ouvre en se déchirant d'une manière irrégulière.

RUPTILITÉ s. f. Etat de ce qui est ruptile.

RUPTION s. f. Solution de continuité.

* RUPTOIRE s. m. Chir. Nom qu'on a donné au cautère potentiel, parce qu'il corrode, brûle et produit une solution de continuité. — Adjectiv. *Des médicaments ruptoires.*

* RUPTURE s. f. Fracture, action par laquelle une chose est rompue; état d'une chose rompue : *la rupture d'une porte, d'un coffre, d'un cabinet,* etc. — Hernie, descente de boyau : *il est fort incommodé d'une rupture.* — Division qui arrive entre des personnes qui étaient unies par traité, par amitié, etc. : *lequel des deux est l'auteur de la rupture?* — Annulation, résolution des traités et des actes publics ou particuliers : *depuis la rupture de la paix.* — RUPTURE D'UN MARIAGE, rupture d'un projet de mariage. — Peint. Action de mélanger les couleurs, les teintes sur la palette. — LÉGISL. Rupture de ban. « Avant la loi du 27 mai 1885, qui a supprimé la peine de la surveillance de la haute police, le délit de rupture de ban était commis lorsque le surveillé quittait sans autorisation la résidence qu'il avait choisie ou qui lui était assignée. (Voy. SURVEILLANCE.) Aujourd'hui la rupture de ban a lieu lorsque le condamné libéré paraît dans les communes dont le séjour lui a été, en vertu du jugement de condamnation, interdit par le gouvernement; et ce délit est puni d'un emprisonnement qui ne peut excéder cinq ans (C. pén. 45). Le relégué qui se rend coupable d'évasion n'est pas dit en rupture de ban, et il est passible de peines particulières. (Voy. RELÉGATION.) » (CH. V.)

* RURAL, ALE, AUX adj. Qui appartient aux champs, qui concerne les champs, la campagne : *fonds rural.* — DOYEN RURAL, curé commis par l'évêque pour avoir inspection sur les curés d'un certain district. — « S'est dit du second Empire et, plus tard, de l'Assemblée de Versailles. En 1869, après le plébiscite qui avait affirmé le dévouement d'environ huit millions de paysans, Rochefort publia dans la *Marseillaise* un article intitulé *l'Empereur rural;* le mot fit fureur et entra dans le vocabulaire politique. Deux ans plus tard, Rochefort, reprenant l'épithète pour l'appliquer aux députés élus en un jour de malheur, fit insérer dans le *Mot d'Ordre* un article ayant pour titre : l'*Assemblée rurale,* et le lendemain de l'apparition de cet article, Gaston Crémieux, se trouvant dans une tribune de l'Assemblée de Bordeaux, s'écria tout à coup : « Assemblée de ruraux, honte de la France... »

RURALEMENT adv. A la manière des paysans.

RUREMONDE (holl. *Roermond*), ville du Limbourg, dans les Pays-Bas, au confluent de la Meuse et de la Roer, à 50 kil. N.-N.-E. de Maestricht; 9,000 hab. environ. Belle cathédrale du moyen âge, et église paroissiale renfermant de précieuses œuvres d'art. Lainages, coton et papier.

RURIK, fondateur de la première dynastie russe. (Voy. RUSSIE.)

RUROGRAPHIE s. f. (lat. *rus,* campagne gr. *graphô,* je décris). Traité sur les champs sur la culture des champs.

* RUSE s. f. Finesse, artifice, moyen dont on se sert pour tromper : *vieille ruse.* — RUSES INNOCENTES, certaines petites finesses dont on se sert à bon dessein. — Détour dont le lièvre, le cerf, le renard, etc., se sert quand on les chasse.

* RUSÉ, ÉE adj. Fin, adroit, qui a de la ruse, qui est plein de ruses : *c'est un homme bien rusé.* — C'EST UN RUSÉ COMPÈRE, se dit d'un homme adroit, subtil et artificieux. — On dit de même, UNE RUSÉE COMMÈRE. — Qui annonce de la finesse, de la ruse : *elle a une mine rusée.* — Substantiv. *C'est un fin rusé.*

* RUSER v. n. Se servir de ruses : *ce chicaneur vous donne bien de la peine, il ruse, il ne fait que ruser.* — Se dit particul. du cerf, du lièvre, du renard, etc., qui se servent de toutes sortes de détours et de ruses pour se dérober aux chiens qui les poursuivent : *c'est un vieux cerf, un vieux lièvre qui ruse.*

RUSSE s. et adj. De la Russie; qui appartient à ce pays ou à ses habitants.

RUSSELL (John, COMTE) [reuss'-el], homme d'Etat anglais, troisième fils du sixième duc de Bedford, né en 1792, mort en 1878. En 1813, il fut élu au parlement comme whig, et en 1819, il commença sa carrière de réformateur parlementaire. En 1828, il obtint le rappel des actes du Test et sur les corporations. Dans le ministère Grey de nov. 1830, il fut payeur général de l'armée, et conduisit dans la chambre des communes le mouvement en faveur du bill de réforme qu'il proposa en mars 1831. Il se retira avec le ministère Melbourne en 1834; mais celui-ci étant revenu au pouvoir en 1835, il fut secrétaire d'Etat aux affaires intérieures jusqu'en 1839, puis à la guerre et aux colonies jusqu'en 1841, avec la position la plus influente dans le ministère. Pendant une année, il dirigea l'opposition contre le ministère Peel, et, en 1846, il devint premier ministre et premier lord de la trésorerie. Il se démit en 1852; mais à la fin de l'année, il devint ministre des affaires étrangères, poste qu'il échangea bientôt après pour celui de lord président du conseil. Il quitta le ministère Aberdeen en janv. 1855, et bientôt après prit le portefeuille des colonies dans le ministère Palmerston. Sa conduite comme plénipotentiaire à la conférence de Vienne n'ayant pas été approuvée, il se retira du cabinet le 16 juillet. En 1859, il fut encore nommé aux affaires étrangères, et en juillet 1861, créé earl (comte) Russell of Kingston-Russell. De nouveau premier ministre en 1865, il se retira en juin 1866. Ses œuvres comprennent : *Life of William lor Russell* (1819), *Memoirs of the affairs of Europe from the Peace of Utrecht* (1824-'29, 2 vol. in-4°); *Correspondence of John, fourth Duke of Bedford, with an introduction* (1842-'46, 3 vol.); *Memorials and Correspondence of Charles James Fox* (1853-'57, 4 vol.); *Life and Times of*

Charles James Fox (1859-'66, 3 vol.); *Memoirs, journal and Correspondence of Thomas Moore* (1852-'56, 8 vol.); *Selections from the Speeches of earl Russell*, 1847 to 1841, *and from Despatches*, 1859 *to* 1865, *with Introductions* (1870); *Rise and Progress of the Christian Religion in the West of Europe* (1873); et *Recollections and Suggestions*, 1813-'73 (1875).

RUSSELL (William, LORD), homme d'État anglais, second fils de William, cinquième comte (*earl*) de Bedford, né en 1639, décapité le 21 juillet 1683. Envoyé au parlement en 1660, il se rangea en 1673 du côté des protestants ou du « parti des paysans », dont il fut un des chefs tant qu'il vécut. A la mort de son frère aîné, en 1678, il devint lord Russell. Il demanda à la chambre des communes que le duc d'York fût éloigné de la personne et des conseils du roi. Lorsque le nouveau conseil fut formé, lord Russell fit partie de ses 30 membres; mais il le quitta en 1680, parla en faveur des mesures dirigées contre le papisme et destinées à empêcher l'arrivée d'un papiste au trône, et appuya la motion du colonel Titus tendant à déclarer le duc d'York incapable de devenir roi d'Angleterre. Lorsque la réaction contre les whigs se déclara, le gouvernement de Charles II résolut de se défaire des chefs du parti. Lord Russell fut accusé d'avoir pris part au complot de Rye House, et condamné à mort, bien que les preuves fussent assurément insuffisantes. La sentence qui avait frappé Russell fut annulée aussitôt après la révolution, et son père fut créé duc de Bedford en 1694. — Sa femme, lady Rachel Russell, mourut en 1723, à l'âge de 87 ans. Ses lettres ont été publiées en 1819. Une édition plus complète a été donnée par John Russel en 1854.

RUSSEY, ch.-l. de cant., arr. et à 49 kil. S. de Montbéliard (Doubs); 800 hab.

RUSSIE (Cuir de), cuir préparé en Russie avec du bois de santal et corroyé avec une huile empyreumatique tirée du bouleau. Ce cuir passe pour être inattaquable aux vers. On l'emploie pour la confection des portefeuilles, des porte-monnaie, pour la reliure, etc. On l'imite parfaitement en France et en Angleterre.

RUSSIE (angl. *Rossiya*; all. *Russland*; angl. *Russia*), l'empire le plus étendu qui soit au monde comme territoire non interrompu; il va, en Europe et en Asie, de 38° 10' à environ 77° 30' lat. N. et de 15° 48' long. E., à environ 172° long. O. Limites : au N.-O. la Norvège; au N. l'océan Arctique; à l'E. le Pacifique; au S. l'empire de la Chine, la Perse, la Turquie d'Asie, et la mer Noire; au S.-O. et à l'O. la Roumanie, l'Autriche, la Prusse, la mer Baltique et la Suède. Sa plus grande longueur de l'O. à l'E. est d'environ 9,00 kil.; sa plus grande largeur, sans y comprendre le ïles, de 3,600 kil. On estime que sa surface totale est égale à 1/26 de celle de tout le globe, et à un sixième de celle de toute la terre ferme. L'océan Arctique enfonce de larges bras dans les côtes septentrionales, y formant des golfes, dont ceux d'Obi et de Kara sur les confins de l'Europe et de l'Asie, et la mer Blanche au N.-O., sont les plus importants. Les fleuves sont nombreux et d'une grandeur remarquable. Ceux de la Russie européenne (c'est à elle surtout que nous limiterons nos descriptions dans cet article, renvoyant le lecteur pour la Russie d'Asie aux articles CAUCASE, SIBÉRIE et TURKESTAN, etc.) appartiennent aux quatre grands bassins de l'océan Arctique, de la Baltique, de la mer Noire, et de la mer Caspienne. L'océan Arctique reçoit directement la Petchora, et, par la mer Blanche, la Mezen, la Dwina et l'Onega. La Baltique reçoit la Tornea et la Kemi dans le golfe de Bothnie, la Neva et la Narva dans le golfe de Finlande, et la Düna

et l'Aa dans le golfe de Riga. Le Niemen et la Vistule ne passent qu'en partie sur le territoire russe. La mer Noire reçoit le Pruth, le Dniester, le Bog, le Dnieper, le Don (par la mer d'Azof), et le Kuban. La mer Caspienne reçoit le Volga, qui est le plus grand fleuve de l'Europe, et l'Oural. Parmi les principaux lacs sont : le Ladoga, le plus grand de l'Europe, l'Onéga, le Peïpus, et l'Ilmen, dans le nord. La Russie d'Europe forme en majeure partie une immense plaine. On n'y rencontre que rarement des plateaux peu élevés, comme les collines de Valdaï dans les gouvernements de Novogorod et de Tver, dont le sommet le plus élevé a environ 400 m. Au S., dans la presqu'île de Crimée, on trouve la chaîne des monts Yaïla, qui, à un endroit, atteint une élévation d'environ 1,200 m. A l'E., les monts Oural, et au S.-E. le Caucase, qui dépasse parfois 5,000 m., forment en grande partie une frontière naturelle entre l'Europe et l'Asie. Les plaines sont çà et là couvertes de marécages, et plus fréquemment de forêts. Au S., ce sont des étendues sèches et dépourvues de bois, qu'on appelle steppes. Tout à fait au N., les *tundras* sont, de même, des déserts sans arbres. Quelques provinces ne se composent presque que de plaines arides et sablonneuses ou de vastes marais. La partie la plus fertile de l'empire est celle qui est au S. des monts Valdaï et de Moscou, et qui s'étend à l'E. jusqu'au Volga et à l'O. jusqu'à la frontière de Galicie, et en y comprenant la région du Don presque jusqu'à la mer d'Azof. Tout ce pays est très productif en céréales. La moyenne de la température, en hiver, est au-dessous du point de congélation; même dans les districts les plus méridionaux. Au S. de 58° de lat., la moyenne de la température varie de 4° à 12° C.; les hivers sont longs et rigoureux, et les étés courts et chauds. La région froide commence à 58° lat. et la région arctique à 65°. A Saint-Pétersbourg, le thermomètre tombe, en déc. et en janv. à 10° ou 15° au-dessous de zéro, et quelquefois beaucoup plus bas, tandis qu'en été il monte jusqu'à 30° et 32°. Le climat est généralement sain. — L'empire russe se divise en gouvernements, et en quelques portions de territoire désignées d'un nom différent. Le tableau suivant montre la superficie et la population des grandes divisions :

DIVISIONS	KIL. CARR.	POPULATION.
Russie d'Europe............	4.888.713,7	76.589.965
Royaume de Pologne........	127.319,6	7.319.980
Grand-duché de Finlande...	373.603,8	2.111.240
Caucase....................	472.666	6.449.850
Territoire transcaspien....	522.500	650.000
Asie centrale..............	3.011.140	5.191.354
Sibérie....................	12.495.110	3.965.300
Lac d'Aral................	66.999	—
Mer Caspienne.............	430.418	—
Totaux............	22.397.460,	102.107.600

Nous donnons, ci-dessous, le tableau des *gouvernements* de l'empire, sauf ceux de la Finlande et du Caucase que l'on trouve dans notre dictionnaire, aux articles FINLANDE et CAUCASE.

Russie d'Europe et Pologne

GOUVERNEMENTS	KIL. CARR.	HABITANTS
Arkhangel.............	858.560,2	299.929
Astrakhan.............	236.5:6,7	780.911
Bessarabie............	45.630,8	1.397.842
Courlande.............	27.285,5	635.887
Prov. de l'armée du Don..	160.277,3	1.424.779
Esthonie..............	20.247,3	375.908
Grodno...............	38.668,3	1.204.150
Iaroslaw.............	35.512,6	1.013.665
Iékaterinoslaw........	67.719,5	1.661.524
Kalus................	11.273,5	765.403
Kalouga..............	30.929,0	1.123.069
A reporter........	1.532.830,7	10.692.064

GOUVERNEMENTS	KIL. CARR.	HABITANTS
Report............	1.532.830,7	10.692.064
Kasan................	63.714,8	1.931.154
Kharkow..............	54.493,9	2.082.051
Kherson..............	71.282,3	1.603.155
Kielce...............	10.092,6	6:2.841
Kiew.................	50.998,1	2.624.222
Kostroma.............	84.094,9	1.269.162
Koursk...............	46.454,3	2.308.214
Kovno................	40.640,1	1.496.672
Livonie..............	47.028,5	1.149.300
Lomza...............	12.086,9	538.468
Lublin...............	16.851,7	860.382
Minsk................	91.405,7	1.544.160
Mohilew..............	48.045,7	1.136.814
Moscou...............	33.302,3	1.948.784
Nijni-Novgorod.......	51.278,5	1.297.992
Novgorod.............	122.337,9	1.107.571
Olonetz..............	148.760,9	321.223
Orel.................	46.725,6	1.877.061
Orenbourg............	191.175,6	1.120.666
Oufa.................	122.015,7	1.685.866
Penza...............	38.829,6	1.356.571
Perm................	333.054,2	2.520.090
Piotrkow.............	12.240,0	837.758
Plock...............	10.877,7	538.144
Podolie..............	42.017,6	2.344.614
Poltawa..............	49.895,0	2.418.871
Pskow...............	44.208,1	895.713
Radom...............	12.353,0	843.715
Riasan..............	42.098,9	1.693.327
St-Pétersbourg.......	53.767,0	1.563.250
Samara..............	151.043,1	2.259.631
Saratow.............	84.492,1	2.044.117
Siedlce.............	14.334,1	616.849
Simbirsk............	49.493,6	1.466.890
Smolensk............	56.041,3	1.177.412
Souwalki............	12.550,9	583.174
Tambow..............	66.589,0	2.466.828
Tauride.............	63.559,5	931.779
Tchernigow..........	52.402,3	1.903.471
Toula...............	30.989,2	1.327.900
Tver...............	65.329,7	1.644.000
Varsovie............	14.562,2	1.303.158
Viatka..............	153.106,5	2.702.738
Vilna...............	42.539,9	1.189.064
Vitebsk.............	45.166,4	1.135.412
Vladimir............	48.855,7	1.400.000
Volhynie............	71.851,0	2.050.929
Vologda.............	402.735,0	1.143.714
Voronège............	65.893,0	2.401.878
Total.........	5.015.024,3	
Mer d'Azof.........	37.496,0	
Total.........	5.052.520,3	83.909.945

Territoire transcaspien

GOUVERNEMENTS, ETC.	KIL. CARR.	POPULATION
Territoire transcaspien de l'étendue antérieure............	365.500	200.000
Merw et le reste du territoire turkmène..................	157.000	450.000
Total...........	522.500	650.000

Asie centrale

GOUVERNEMENTS	KIL. CARR.	HABITANTS
a. Steppe des Kirghiz.		
Ouralsk.............	359.303	525.332
Tourgaï.............	523.656	376.706
Akmolinsk...........	545.340	462.347
Semipalatinsk.......	487.673	578.385
Nouv. territ. sur l'Irtysh noir..	24.167	—
a...	1.940 139	1.853.770
b. Gouvernement général de Turkestan		
Sémirétchensk.......	402.203	685.945
Partie russe du territoire de l'Ili	11.288	70.000
Ferganah............	73.113	808.000
Syr-daria...........	50.931	351.897
Syr-Daria...........	429.931	1.109.542
Amou-Daria..........	103.535	222.200
b...	1.071.001	3.247.584
Asie centrale.......	3.011.140	5.191.354

Sibérie

GOUVERNEMENTS, ETC.	KIL. CARR.	HABITANTS
Province du Littoral.	1.590.677	74 000
Province de l'Amour.	449.300	40.532
Transbaïkalie........	573.656	497.700
Irkoutsk............	800.768	388.143
Yakoutsk............	3.939.193	243.443
Iénisséisk..........	2.571.428	481.010
Tomsk...............	852.172	1.051.551
Tobolsk.............	1.277.775	1.248.755
Sibérie.............	12.495.110	3.965.195

Les géographes divisent la Russie proprement dite en Grande Russie, embrassant les gouvernements du centre et du nord (ceux-ci sont aussi appelés Russie du Nord), depuis Koursk et Voronezh jusqu'à Archangel; elle comprend ce qu'on appelait autrefois la Moscovie, du nom de la ville centrale, Moscou; en Petite Russie, ou Ukraine (Kiev, Tchernigov, Poltava et Kharkov); en Russie méridionale ou Russie nouvelle, qui comprend la Bessarabie, la Chersonèse, la Tauride, Yekaterinoslav, et le territoire des Cosaques du Don; en Russie occidentale, avec la Lithuanie, la Volhynie, la Podolie (partie de la Russie Rouge, dont la portion la plus considérable appartient à la Galicie, en Autriche), Vitebsk et Mohilev (Russie Blanche) et Minsk (Russie Noire); en provinces baltiques, comprenant: la Courlande, la Livonie, l'Esthonie, et Saint-Pétersbourg (Ingrie); en provinces du Volga, et en provinces de l'Oural. Saint-Pétersbourg et Moscou, la capitale actuelle et l'ancienne capitale de l'empire (cette dernière garde du reste son rang à certains égards), ont l'une 930,000 et l'autre 750,000 hab. Il y a sept autres villes qui en ont plus de 100,000 : Varsovie (410,000); Odessa (218,000); Riga (170,000); Kasan (435,000); Kishenev (130,427); Karkow (128,000); Kiew (127,000); Saratow (110,000). Seize autres en comptent de 30 à 100,000. — La Russie produit toutes les céréales en abondance. Le maïs vient surtout autour de la mer Noire. Le lin, le chanvre, le houblon, les pommes de terre, les betteraves (à sucre), prospèrent également. La culture de la vigne en Crimée, dans la Bessarabie et d'autres provinces méridionales, donne une moyenne de 200 millions de litres de vin. On cultive le tabac sur le Volga, dans la Petite Russie et sur le Don. On comptait en 1874, en fait d'animaux domestiques, 20 millions de chevaux, 29 millions de bêtes à cornes, 64 millions de moutons et 11 millions de porcs. L'agriculture se fait sur une grande échelle. L'élève du ver à soie a été introduite par Pierre le Grand et s'est surtout développée dans le gouvernement d'Astrakhan et dans le sud de la Crimée. Une maladie qui s'est déclarée chez les vers à soie a causé beaucoup de ravages depuis 1864. Dans la Transcaucasie, on produit annuellement pour 4 millions de roubles de soie environ. On trouve des rennes au N. de 66° lat., et des chameaux dans le midi. Les fourrures sont un important article d'exportation. Les pêcheries les plus productives sont celles du Volga, de l'Oural et de la mer d'Azof. On trouve en Russie presque tous les métaux, dont la plupart d'excellente qualité. Les mines principales sont dans les monts Oural et Altaï, et près de Nertchinsk, en Sibérie. On en extrait surtout de l'or, de l'argent, du platine, du cuivre et du fer. On a découvert de riches mines de houille dans presque toutes les provinces méridionales. Le pays est très riche en sel gemme et en sources salées, dont les plus importantes sont dans la Tauride. L'industrie prend une extension prodigieusement rapide. Le nombre total des établissements industriels, y compris une très grande quantité de brasseries et de distilleries, grandes et petites, est d'environ 90,000, employant 1,200,000 ouvriers, et produisant pour une valeur de 750 millions de roubles. Moscou est la ville la plus industrielle de l'empire. Les produits les plus importants sont: les tissus de laine, de soie et de coton, les toiles en tout genre, le cuir, le suif, les chandelles, le savon et les articles en métal. Les ports de mer sont peu nombreux : il n'y a guère qu'Archangel sur la mer Blanche, Saint-Pétersbourg et Riga sur les golfes de la Baltique, Odessa, Nikolayev et quelques autres sur la mer Noire, Taganrog sur la mer d'Azof, Astrakan, Bakou et Kizliar sur la mer Caspienne, et Nikolayevsk à l'embouchure de

l'Amour. On exporte surtout des céréales, du lin, de la graine de lin, de la laine, du suif, des bois de construction, du chanvre, des soies de porc, des bestiaux, de l'étoupe, des peaux, des cordages et des fourrures. Importations : 528 millions de roubles; exportations : 667 millions. La flotte commerciale de la Russie se compose de 4,000 navires à voiles (400,000 tonneaux) et 300 steamers (80,000 tonnes). Le commerce intérieur se fait en grande partie au moyen de foires annuelles, dont la plus remarquable est celle de Nijni-Novogorod. Il y a 106,000 kil. de lignes télégraphiques, et 25,000 kil. de chemins de fer en exploitation. — Le gouvernement de l'empire russe est une monarchie absolue. L'empereur a le titre de samoderzhets (autocrate) de toutes les Russies. Le corps consultatif le plus élevé est le conseil d'Etat, que l'empereur préside fréquemment. Il se compose des ministres et d'autres dignitaires nommés par le souverain, et il se divise en trois départements : législatif, administratif et financier. Après lui, vient le sénat, qui est sert chargé de la promulgation et de l'exécution des lois et qui forme aussi une cour suprême. Le nombre de ses membres ne dépasse généralement pas 120. Le troisième grand corps est le saint synode, qui a dans son ressort les affaires de l'Eglise russe. Le cabinet se compose de dix ministres et d'un département de contrôle général des finances. Les dix ministres sont: ceux de la maison impériale, des affaires étrangères, de la guerre, de la marine, de l'intérieur, des finances, de l'instruction publique, de la justice, du domaine impérial et des travaux publics. — Nul empire au monde ne contient une si grande variété de nations et de tribus que la Russie; il y en a plus de cent, parlant plus de de 40 langages différents. Les tribus les plus petites et les moins civilisées se fondent avec la race dominante, les Russes; mais les Polonais, les Lithuaniens, l'élément allemand dans les provinces baltiques, les Finnois et quelques autres nationalités de moindre importance, ne semblent pas avoir jusqu'ici perdu de leur caractère propre. L'immense majorité de la population se compose de Slaves : Russes (57,000,000) ou Polonais (5,100,000). Les Russes forment presque la seule population de la Grande et de la Petite Russie; ils forment aussi la partie prépondérante, sinon la plus nombreuse, de la population dans la Russie méridionale et occidentale, et dans les provinces du Volga et de l'Oural. Les Russes se subdivisent en Grands et Petits Russes. Ces derniers, appelés aussi Russes Rouges, Ruthènes, ou Russins, comprennent une grande partie des Cosaques; ils habitent la Petite Russie et la Russie méridionale, et (mêlés aux Polonais), quelques districts de la Russie occidentale. Les Grands Russes forment la race dominante, et dans tout l'empire, c'est leur langue qui est employée par le gouvernement et par la majorité de la population. Parmi les nations non slaves, les plus importantes sont : 1° les Lètes ou Lithuaniens, dans les provinces Baltiques et aux environs; 2° les Allemands, qui, sans être en majorité, forment la race prépondérante dans les mêmes provinces; 3° les Finnois (voy. Finnois); 4° les Tartares, avec leurs différentes tribus dans le S.-E. de l'Europe et en Asie; 5° les Mongols, divisés en plusieurs tribus, en Asie; 6° de nombreuses tribus caucasiennes, entre autres les Circassiens, les Lesghiens, les Géorgiens dans la Transcaucasie. Les Juifs sont surtout nombreux en Pologne et dans la Russie occidentale. On trouve les Grecs principalement à Odessa et dans quelques autres grandes villes. Comme organisation sociale, la population se divise en nobles, citadins et paysans. Les fonctions de l'empire sont accessibles à tous. Suivant le règlement des classes

(tchin) établi par Pierre le Grand, il y a 16 classes de fonctionnaires, militaires et civils, dont les 8 premières donnent la noblesse héréditaire, et les autres la noblesse personnelle. Avant l'émancipation, les paysans se divisaient en paysans libres, paysans relevant immédiatement de la couronne et serfs. Les serfs étaient au nombre de 22 millions et appartenaient en partie à la couronne, et en partie aux nobles. Le servage russe date du commencement du xviie siècle, époque où les travailleurs des champs furent graduellement privés de la liberté de changer de maître à leur gré. Ils étaient attachés au sol, qu'ils ne pouvaient quitter sans le consentement du maître; le maître, de son côté, n'avait pas le droit de disposer des serfs indépendamment de la terre où ils vivaient. Le manifeste impérial (ukase) du 3 mars (19 fév., vieux style) 1861 proclama leur émancipation. Un trait particulier du système social russe, c'est le communisme. Là où il est en vigueur, la terre appartenant à la classe des paysans n'est point possédée par des individus, mais par la communauté dans son ensemble, et elle est divisée, à périodes déterminées, entre les chefs de famille, qui gèrent en assemblée générale les affaires de la commune. — La grande majorité des habitants appartient à l'Eglise russe, dont les doctrines s'accordent complètement avec celles des autres branches de l'Eglise grecque, mais qui s'en sépare par son administration. Depuis Pierre le Grand, elle est gouvernée par un saint synode, qui est un des grands corps de l'empire. Le droit de l'empereur pour les questions d'administration, mais non pour celles du dogme ou des rites. Il y a en Russie 62 archevêques ou évêques, 385 monastères avec 5,750 moines, 454 couvents de femmes avec 3,226 religieuses, 1,334 archiprêtres, 40,852 prêtres, 11,852 diacres, et 70,280 clercs faisant fonction de lecteurs, chantres, sacristains et bedeaux. On comptait 40,100 églises, y compris 59 cathédrales. On a récemment réorganisé les 4 académies ecclésiastiques de Saint-Pétersbourg, de Moscou, de Kiev et de Kazan; elles comptent 120 professeurs et 440 élèves; il y a aussi 60 séminaires avec 15,585 élèves. Les catholiques et les protestants jouissent des mêmes droits civils que les membres de l'Eglise officielle, et peuvent également parvenir aux plus hautes fonctions. Les Juifs sont soumis à différentes restrictions, et les Tartares idolâtres sont admis aux charges militaires. La séparation politique de l'Eglise russe du corps principal de l'Eglise grecque se produisit après la fuite du patriarche grec de Constantinople à Moscou, au xvie siècle. On estime que, dans tout l'empire, la population appartenant à l'Eglise officielle dépasse 64 millions de fidèles. Il y a cependant un grand nombre de sectes, dont quelques-unes sont reconnues par le gouvernement. La plus considérable de celles dont le gouvernement ne reconnaît pas l'existence est la secte des raskolniks, dont on fait remonter l'origine à certaines réformes introduites au xviie siècle par le patriarche Nikon, et spécialement à des changements apportés à la traduction slave de la Bible et aux livres liturgiques en slave. Ils s'appellent eux-mêmes Staroverts ou Vieux Croyants. Comme leur antipathie contre tout changement s'étend souvent aux mesures politiques, ils sont d'ordinaire persécutés par le gouvernement. Les uns évaluent leur nombre à 1 million, les autres à 17 millions. On porte le nombre des Arméniens grégoriens à 37,000 dans la Russie d'Asie, et à 561,000 dans le Caucase; la population catholique romaine, à 3 millions de fidèles dans la Russie propre, et à 6 millions en Pologne, les protestants, dont la grande majorité est luthérienne, à 2,500,000 dans la Russie propre, 350,000 en Pologne, et 1,900,000 en

V.

Finlande. Les réformés, les mennonites et les moraviens forment des Églises moins importantes. Les mahométans sont au nombre de 8 millions, dont 2,500,000 dans la Russie d'Europe, 2 millions dans le Caucase, 64,000 en Sibérie, et 3 millions dans l'Asie centrale. Les Juifs sont au nombre de 2,800,000 (1,900,000 dans la Russie propre, environ 800,000 en Pologne, et le reste dans le Caucase et la Sibérie). Les bouddhistes sont les plus nombreux des idolâtres, dont le nombre total est évalué à 550,000. — C'est Pierre le Grand qui donna la première impulsion vigoureuse à l'instruction publique en Russie, et qui fit faire à son pays le premier pas dans la voie de la civilisation européenne. Les intérêts de l'éducation en général, en mettant à part les écoles militaires, sont sous la direction du ministère de l'instruction publique, établi en 1802. Au point de vue de l'instruction, l'empire, moins la Finlande, est divisé en dix cercles, dont chacun est dirigé par un curateur. Il y a huit universités : à Saint-Pétersbourg, à Moscou, à Dorpat, à Kiev, à Varsovie, à Kazan, à Khartov et à Odessa. La Finlande a son université particulière à Helsingfors. Dorpat est la seule qui possède une faculté de théologie. Ces huit universités comptent 650 professeurs, et 10,000 étudiants. Il y a 326 gymnases et lycées, et 32 progymnases, avec une population scolaire de 79,000 élèves. Les écoles primaires sont au nombre de 22,800 avec 1,150,000 enfants. Il y a, en outre, 206 écoles spéciales avec 41,583 élèves. On a établi dans tout le pays des gymnases pour les filles; il y en a plus de 200, fréquentés par plus de 23,000 élèves. — Les finances de l'empire eurent beaucoup à souffrir des guerres d'Alexandre Ier, et, depuis le commencement du siècle, elles ont généralement été en déficit. Les recettes et les dépenses pour 1885 étaient estimées respectivement à 802 millions de roubles. La dette consolidée est de 930 millions de roubles, dont 669 millions pour la dette étrangère; la dette non inscrite, de 700 millions de roubles, et la dette de la banque impériale, de 840 millions de roubles formant un total de 2,440 millions de roubles. On peut en déduire 650 millions des roubles avancés aux compagnies de chemins de fer, aux corporations et aux villes, ce qui laisse, pour la dette proprement dite, environ 1,790 millions de roubles. Le gouvernement a avancé aux propriétaires fonciers dépossédés par l'acte d'émancipation 700 millions de roubles. Ce sont les paysans affranchis qui doivent payer, capital et intérêt, tout le montant des compensations pour les terres qui leur ont été allouées; mais, en attendant, l'État en assume la responsabilité. — Les forces de l'empire consistent en une armée permanente et une milice. L'armée permanente se compose de troupes de terre et de mer. Les troupes de terre comprennent : 1° l'armée active, qui s'entretient par des recrutements annuels; 2° une armée de réserve, formée des hommes dont le service dans l'armée active est arrivé à son terme; 3° les cosaques et autres contingents irréguliers des différentes tribus asiatiques. La milice se compose de tous les hommes valides de 20 à 40 ans, qui n'appartiennent pas à l'armée proprement dite. Tout sujet russe qui a atteint sa vingtième année et qui n'a pas d'incapacité physique doit le service, sans pouvoir le faire remplacer; la période du service est fixée à 15 ans, dont six dans l'armée active, et neuf dans la réserve. Tous les cosaques doivent le service pendant toute leur vie. On évalue l'armée à 750,000 hommes; mais, en cas de guerre, la Russie peut mettre en ligne 2 millions d'hommes et 300,000 chevaux; la moitié de ces forces propres à être employées aux opérations offensives, et l'autre moitié aux opérations défensives seulement.

Année active.	PIED DE PAIX		PIED DE GUERRE	
	officiers	hommes	officiers	hommes
État-major.........	1,850	1,608	3,150	3,694
192 régiments d'infanterie.........	12,096	365,568	15,168	764,925
54 bataillons de carabiniers.........	320	27,939	1,120	52,722
56 régim. et 2 escadr. de cavalerie.........	2,121	59,462	3,043	53,862
51 brigades d'artillerie..	1,016	57,285	1,818	74,481
30 batteries montées...	149	4,171	154	6,208
Génie.........	742	16,731	765	23,609
Total.........	19,774	532,764	35,228	986,273
Réserve				
Infanterie.........	3,116	60,770	5,611	537,878
Artillerie.........	39	6,978	576	19,800
Génie.........	2	1,036	104	5,698
Total.........	3,536	68,786	9,291	563,372
Dépôt.........	351	11,864	2,544	79,088
Troupes locales.....	1,625	59,625	1,083	99,067
Troupes d'instruction..	59	1,122	6	295
Cosaques.........	1,984	49,962	3,336	141,969
Troupes irrégulières...	129	3,637	143	6,188
Total général.....	27,468	729,770	41,531	1,876,353

NAVIRES	NOMBRE	CANONS	TONNAGE	CHEVAUX ...
1. Dans la Baltique				
Navires blindés.........	31	325	115,017	10,910
Vapeurs armés.........	37	311	54,631	15,227
Vapeurs.........	59	—	17,415	4,155
Navires à voiles.........	8	—	3,610	—
Bateaux porte-torpilles ..	93	—	2,316	3,366
2. Dans la mer Noire				
Navires blindés.........	7	61	37,261	5,780
Vapeurs armés.........	27	105	25,732	3,440
Vapeurs non-armés.....	59	—	6,520	2,100
Bateaux porte-torpilles...	16	—	512	760
3. Dans la mer Caspienne				
Vapeurs armés.........	12	26	4,215	845
Vapeurs.........	4	—	720	—
4. Au lac d'Aral				
Vapeurs.........	6	13	759	227
5. En Sibérie				
Vapeurs armés.........	8	42	3,782	860
Vapeurs.........	13	—	537	247
Torpilleurs.........	6	—	144	210
Total.........	388	893	272,162	48,651

— L'empire russe est divisé en 13 circonscriptions militaires : Saint-Pétersbourg, Vilna, Finlande, Varsovie, Kiev, Odessa, Kharkov, Moscou, Kazan, Caucase, Omsk, Sibérie orientale, Turkestan. Les Cosaques sont commandés par des hetmans. — L'immense frontière russe est défendue par un grand nombre de forteresses. A l'O., la Pologne possède un système de quatre places fortes formant le quadrilatère polonais : Novogeorgievsk, sur la rive droite de la Vistule; Varsovie et Ivangorod, sur les deux rives de la Vistule et Brest-Litovski, sur le Bug. Entre la Pologne et la Duna se dresse la citadelle de Vilna; et l'on construit d'autres travaux sur le Niémen. L'embouchure de la Duna est protégée par Riga, à Dunaburg et à Vitebsk. La frontière méridionale de Pologne renferme quelques forteresses que l'on doit restaurer. Le cours inférieur du Dniester est défendu à Binder et à Akkermann; en arrière de cette ligne se trouve Bobruisk et Kiev. A l'entrée du Dniéper et du Bug, nous trouvons Kinburn et Ochakov; sur les côtes de la Baltique, Dunamunde, Revel, Narva, Cronstadt, Viborg, Fredrickshamm, l'île Rochtensalm, les îles Sveaborg, Hangœud, Abo et Aland; sur les côtes de mer Noire, Odessa, Nikolaieff, Sébastopol, Pérékop, Kertch, Yenikalé, Kaffa, Azov et Taganrog; sur la côte caucasienne, Poti, à l'embouchure du Rion; dans le Caucase, Yekaterinodar sur le Kouban, et Adagum, Krymskaya et Bakan sur les affluents gauches de ce fleuve; Vladikavkaz, Nalchik, Derbend; dans le Daghestan, Gunib et Deshlagar; Tiflis, Akalchik, Alexandropol, Erivan et les récentes annexions de Kars, Ardahan et Batoum; dans les possessions asiatiques, Krasnovodsk, Chikishlar, Chat, Kizil-Arvat, Askabad, Sarakhs, Nukuss, Petro-Alexandrovsk, Katy-Kurgan, Samarkand, Uratiube, Khojent, Karakol et Naryn; sur la frontière chinoise, Bakhta et Borokhudzyr; dans le Turkestan, Kazalinsk, Karamakchi et Tashkent; sur le Pacifique, Nikolaievsk et Vladivostok. — L'armée navale se compose de la flotte et de la réserve. La durée du service dans la marine est fixée à 10 ans, dont 7 ans de service actif et 3 ans de réserve. Le personnel se compose de 140 amiraux et généraux, 1,603 officiers, 461 officiers-pilotes, 191 officiers d'artillerie, 119 officiers constructeurs de navires, 37 officiers mécaniciens, 34 officiers architectes des ports, 205 officiers de l'amirauté, 298 médecins, 503 fonctionnaires civils; total, 3,930 officiers. Le nombre d'hommes de l'équipage est de 25,806.

— MONNAIES. On compte par roubles = 3 fr. 95 = 100 kopecks. Les monnaies réelles sont : en or, la demi-impériale = 5 roubles = 20 fr. 67, et la pièce de 3 roubles = 12 fr. 40; en argent : la rouble, la demi-rouble (poltinnik); le quart de rouble (tchetvertah), etc. — Poins. L'unité est la livre dorée = 409 grammes. — MESURES. Longueur : archine (aune) = 0. m. 71119; la sachine (toise) = 2 m. 4336 ; la werste = 500 sachines = 1 kil. 06678. Superficie : de-sactine = 109 ares; capacité : tschetvert = 2 hectol. 09726, etc. — HISTOIRE. L'histoire ancienne de la Russie est enveloppée d'une grande obscurité. Les écrivains grecs et latins font mention des Scythes et des Sarmates comme habitant les vastes régions inconnues du nord, particulièrement le pays entre le Don et le Dniéper. Les Grecs entamèrent des relations avec eux et établirent quelques colonies sur leur territoire. Pendant les migrations du IVe siècle et des siècles suivants, la Russie fut le théâtre des mouvements des hordes des Goths, des Alains, des Huns, des Avares, des Bulgares, et peut-être même après que pour la première fois apparaît le nom des Slaves, race identique aux Sarmates, d'après la plupart des historiens, et que l'on croit s'être étendue au N. jusqu'au haut Volga. Les Slaves trouvèrent des tribus finnoises vivant éparses dans cette immense contrée. Ils les chassèrent au N., vers la Finlande et les régions de la mer Arctique. Les peuples connus aujourd'hui sous le nom de Russes sont un composé de différentes tribus slaves, d'un grand nombre de tribus scythes, au premier rang desquelles figurent les Tartares qui, au moyen âge, opprimèrent la Russie pendant des siècles, et enfin des Finnois. Voy. SLAVES (race et langues.) Les Slaves fondèrent Novogorod et Kiev, qui devinrent chacune la capitale de principautés slaves indépendantes. Après une période d'un siècle environ, dont on ne sait absolument rien, la principauté de Novogorod, dont on ignore les limites d'alors, apparaît entourée de tribus finnoises, de la branche tchudique, et luttant contre l'invasion des Varanges, qu'ils appelaient Rus, tribu de Scandinaves qui réussit à rendre tributaire: Slaves et Finnois. Les Slaves s'affranchirent pendant un temps du joug des Varanges, mais, tombés dans l'anarchie, ils appelèrent, avec quelques-unes des tribus finnoises avoisinantes, Rurik, prince des Varanges, à Novogorod, où il arriva vers 862 et jeta les fondements de l'empire russe. Pendant près de 700 ans, le pays resta sous le pouvoir autocratique des descendants de Rurik. Son

cousin et successeur, Oleg (879-912), réunit la principauté de Kiev à la sienne, et fit d'autres conquêtes, auxquelles ajouta Igor, fils de Rurik (912-'43). Pendant la minorité du fils d'Igor, Sviatoslav (945-'72), sa veuve, la célèbre Olga, gouverna avec sagesse et énergie. Sous son règne, le christianisme commença à se propager à Kiev. Sviatoslav, qui resta païen, étendit les bornes de son empire jusqu'à la mer d'Azof, et, en 970, il le partagea entre ses trois fils. Une guerre s'ensuivit entre les frères, et à la fin Vladimir resta le seul maître de toute la Russie. Vladimir, surnommé le Grand, conquit la Russie Rouge et la Lithuanie, et fit la Livonie tributaire. En 988, il embrassa le christianisme, et bientôt après, en ordonna l'introduction dans tout l'empire. Il partagea la Russie entre ses 12 fils. Il en résulta une guerre à succès divers ; mais Yaroslav (1019-'54) se rendit le maître incontesté en 1036. Il agrandit considérablement l'empire, introduisit beaucoup de réformes utiles et divisa ses États entre ses quatre fils. Les quatre divisions furent subdivisées de nouveau, et la monarchie russe finit par se changer en confédération. Des guerres intérieures affaiblirent la nation ; elle eut encore à souffrir des agressions des Polonais, des Lithuaniens, des Danois, des chevaliers teutoniques, et de l'invasion des hordes innombrables des Mongols, sous Genghis Khan et sous ses fils, au commencement du xiiie siècle, et ensuite sous Batu. Alexander Newski (1247-'63), prince de Novogorod, état qui avait conservé son indépendance presque entière, remporta des victoires signalées sur les Suédois, les Livoniens et les Lithuaniens. Vis-à-vis des envahisseurs tartares, une ère meilleure ne commença qu'avec Ivan 1er Kalita, prince de Moscou (1328-'40). Un de ses successeurs, Dimitri (Demetrius), mit les Mongols en déroute en 1378, et de nouveau en 1380, sur le Don. Mais ils revinrent en 1382, et brûlèrent Vladimir et Moscou. Dimitri fut obligé d'acheter la paix aux prix de lourds sacrifices, puis il prit sa revanche sur les princes russes à la défection desquels il devait sa défaite. La puissance de la grande principauté (improprement appelée Grand-Duché) de Moscou s'agrandit pendant les règnes de Vasili II (1389-1425) et de Vasili III (1425-'62). Une nouvelle période s'ouvrit dans l'histoire de la Russie lorsqu'elle fut totalement délivrée du joug et de l'influence des Mongols, grâce à Ivan III, surnommé le Grand (1462-1505). Il conquit et annexa plusieurs principautés russes, et en 1499, une partie de la Sibérie. Mais dans une guerre contre la Livonie, il améliora les lois, régla les taxes publiques, et fut le premier qui prit le titre d'autocrate de toutes les Russies. Sous le règne de Vasili IV (1505-'33), l'annexion définitive de Pskov, en 1510, mit fin à la dernière principauté semi-indépendante. Son fils, Ivan IV (1533-'84), surnommé le Terrible, contribua plus, malgré sa cruauté sanguinaire, à la grandeur de la Russie qu'aucun de ses prédécesseurs. En 1552, il s'empara de Kazan ; en 1554, il soumit Astrakhan, et en 1570 il réunit la région du Don à l'empire. La même année, il massacra 60,000 des habitants de Novogorod pour satisfaire sa vengeance de tyran offensé. En 1581-'82, un bandit cosaque, Yermak Timofeyeff, conquit la Sibérie au nom d'Ivan. Ce prince encouragea puissamment, le commerce. Son fils, Féodor, ou Fédor 1er (1584-'98) était faible de corps et d'esprit ; et en 1588, son beau-frère, Boris Feodorovitch Godunoff, prit la souveraine direction de toutes les affaires d'État. On croit que Féodor mourut empoisonné, et avec lui s'éteignit la dynastie des Rurik. Les boyards appelèrent au trône Boris Godunoff (mort en 1605).

Il établit le servage ; son règne fut cependant utile à bien des points de vue. Les Polonais soutinrent ensuite successivement deux imposteurs, prétendant être Dimitri, fils d'Ivan ; ils détrônèrent Féodor, fils de Godunoff, et Vasili V, que les grands avaient placé sur le trône. En 1612, les Polonais furent contraints d'évacuer la Russie. L'année suivante, les Russes élevèrent au trône Michael Feodorovitch Romanoff, le premier czar de la famille impériale régnante. Il était fils de Féodor, archevêque de Rostov, et plus tard patriarche de Moscou, sous le nom de Philarète, dont le grand-père avait été allié par mariage à la maison de Rurik. Michel (1613-'45) conclut la paix en 1617 avec Gustave-Adolphe de Suède et avec les Polonais, et il consacra toutes ses forces au développement de la prospérité intérieure de son empire. Les limites de ses possessions asiatiques furent reculées jusqu'au Pacifique (1639). Sous son fils, Alexis (1645-76), les cosaques, qui s'étaient soulevés, avec Chmielnicki à leur tête, contre la Pologne, reconnurent, en 1664, la souveraineté du czar. Une guerre avec la Pologne se termina par la reprise ou l'annexion de Tcheringov, de Smolensk, de Kiev et de l'Ukraine. Le règne de son fils, Féodor III (1676-'82), fut signalé par d'importantes réformes. Le frère imbécile de Féodor, Ivan, était son héritier naturel ; mais il légua le trône à son demi-frère, Pierre, connu dans l'histoire sous le nom de Pierre le Grand. Néanmoins, Pierre n'obtint le pouvoir sans partage qu'en 1689, après avoir renversé Sophie, la sœur d'Ivan. En peu de temps il eut transformé toute la nation, tout en laissant-éclater jusqu'à sa mort des instincts de cruauté barbare. La Russie devint le plus puissant empire de l'Europe septentrionale. En 1703, Pierre fonda Saint-Pétersbourg, dont il fit sa capitale. Après des défaites répétées, sa victoire sur Charles XII à Poltava (1709) porta le coup mortel à la supériorité de la Suède, et lui permit des agrandissements de territoire. Il eut un égal bonheur contre les Persans, qui lui cédèrent plusieurs pays sur la Caspienne. Sa femme, Catherine 1re, qui lui succéda (1725-'27), guidée et soutenue par deux favoris de Pierre, Menshikoff et Buturlin, réalisa aussi de nombreux et importants progrès. Sous son successeur Pierre II, petit-fils de Pierre 1er, âgé de 11 ans seulement ; durant son court règne (1727-'30), les princes Menshikoff et Dolgorouki dirigèrent successivement les affaires. Après sa mort soudaine, la couronne échut à Anne, fille d'Ivan Alexeyevitch, demi-frère de Pierre le Grand. En 1731, les tribus Kirghiz acceptèrent le protectorat de la Russie ; mais celle-ci perdit les provinces persanes. Sous le règne d'Anne, on découvrit la côte N.-E. de la Sibérie, et les îles Aléoutiennes. Après Anne (1740), son petit-neveu, Ivan, à peine âgé de quelques mois, fut proclamé czar sous la régence du duc Biron de Courlande ; mais il ne tarda pas à être détrôné par Élisabeth (1741-'62), fille de Pierre le Grand et de Catherine 1re, qui soutint l'Autriche pendant la guerre de Sept ans. Elle eut pour successeur Pierre III, fils de sa sœur, qui, après un règne de quelques mois, perdit la couronne et la vie dans une courte révolution, à la suite de laquelle sa femme celle-ci monta sur le trône avec le nom de Catherine II (1762-'96). Pendant son règne, la Russie atteignit une influence directrice et décisive sur les affaires politiques de l'Europe, et fut généralement reconnue comme une des grandes puissances du continent. Catherine II joua un rôle prépondérant dans les démembrements de la Pologne, en 1772, 1793 et 1795, et eut pour sa part près des deux tiers du royaume polonais. Dans une série de guerres heureuses, elle arracha aux Turcs la Crimée, Azof et plusieurs autres territoires. Le com-

merce, la navigation et l'industrie firent de grands progrès sous Catherine. Son fils, Paul 1er (1796-1801) joua un rôle actif contre la France, dans la guerre allumée par la Révolution. Le fils de celui-ci, Alexandre 1er (1801-'25), penchait fortement vers une politique pacifique, mais reconnut qu'il était impossible de se tenir en dehors de la guerre générale. Son armée fut défaite à Austerlitz (2 déc. 1805) et à Friedland (14 juin 1807), après quoi il fut forcé de conclure la paix de Tilsitt (7 juillet). Après une courte lutte, la Suède dut, en 1809, céder la Finlande et autres territoires. La Russie gagna la Bessarabie et une partie de la Moldavie sur la Turquie en 1812, et le Daghestan et le Shirvan sur la Perse en 1813. En 1812, Napoléon entreprit sa désastreuse campagne de Russie. En 1814, et une seconde fois en 1815, Alexandre entra à Paris comme le premier des monarques alliés. Avec les territoires polonais nouvellement acquis, il forma le royaume de Pologne sous sa propre domination. Il s'appliquait à propager la civilisation dans son empire, et à en développer les ressources. Sa mort, 1er déc. 1825, accéléra l'explosion d'une conspiration ramifiée dans toute la Russie, et surtout dans l'armée. Son successeur, Nicolas (1825-'55), la réprima avec une grande énergie. Une guerre, qui se déclara aussitôt avec la Perse et se termina victorieusement en 1828, assura à la Russie la domination exclusive sur la Caspienne et des territoires considérables. La guerre contre la Turquie, commencée en 1828, fut également heureuse. Les efforts de la nation polonaise en 1830-'34 pour recouvrer son indépendance, furent réprimés. En 1849, l'armée russe aida l'Autriche à écraser la révolution hongroise. En 1853, la Russie demanda au gouvernement turc certaines garanties des droits des chrétiens grecs de Turquie, que la Porte refusait d'accorder, comme impliquant une abdication de sa souveraineté. C'est ce qui amena, la même année, le commencement de la guerre de la France, l'Angleterre et la Sardaigne prirent parti (1854) pour la Turquie, parce que l'existence de ce dernier empire et l'équilibre européen étaient, à leurs yeux, mis en danger par la Russie. Cette guerre, dont l'événement le plus important fut le siège et la prise de Sébastopol, se termina sous le fils et successeur de Nicolas, Alexandre II, qui monta sur le trône le 2 mars 1855. (Voy. Crimée.) Par le traité de Paris (30 mars 1856), la Russie perdit une bande de terres dans la Bessarabie. Le règne d'Alexandre II s'ouvrit par une série de réformes libérales. Une longue guerre, dans le Caucase aboutit à la prise du chef révolté, Schamyl (1859). (Voy. Caucase.) Un nouveau soulèvement en Pologne (1863-'64), fut écrasé. On acheta la Chine un territoire étendu sur le fleuve Amour. D'un autre côté, la Russie vendit aux États-Unis le territoire d'Alaska (1867), qu'elle occupait depuis le règne de Pierre. Les conquêtes des Russes dans l'Asie centrale ont récemment attiré l'attention générale, dans ces contrées dit commencé il y a des siècles, lorsque les czars de Moscou, débarrassés des invasions tartares, entrèrent à leur tour chez leurs anciens envahisseurs. Plus tard, les agressions des tribus nomades de Kirghiz contre les établissements des frontières causèrent un état d'hostilité sans cesse renouvelée. Les traitements subis par les marchands russes dans le Boukhara et le Khiva donnèrent aussi naissance à des difficultés. La première expédition contre les Khanats fut celle du comte Perovsky (1839-'40) ; elle échoua. Mais, vers la fin du règne de Nicolas, on en vint d'une façon ou d'une autre à considérer les steppes au delà de l'Oural comme territoire russe, et des établissements d'avant-poste furent créés, non seulement dans la

steppe, mais au delà, sur les bords du Sir-Darya. Les tribus nomades exterminaient de temps en temps des postes entiers, et les troupes réunies du khan de Khokan et de l'émir de Boukhara mirent un siège régulier devant un grand nombre de ces forts avancés. En conséquence, on résolut de « joindre la nouvelle ligne d'avant-poste sur le Sir-Darya avec les postes avancés de la frontière méridionale de la Sibérie ». Après la guerre de Crimée, on exécuta cette résolution en érigeant de nouvelles places fortes et en s'emparant de postes qui appartenaient aux Khanats ; la ligne fut complète en 1864. Les souverains de Boukhara et de Khokan, et plus tard de Khiva, obligèrent, par leurs constantes attaques, les Russes à s'avancer encore. Tashkend fut prise en 1865, Khojend en 1866, et Samarcande, par le général Kaufmann, en 1868. Le même général vainquit le khan de Khiva en 1873, et en 1875, après une nouvelle victoire, s'empara de la ville de Khokan. L'insurrection de l'Herzégovine (1875) éveilla les sympathies de la Russie, qui encouragea la Serbie et le Monténégro à entamer une guerre contre la Turquie (juillet 1876). Elle sauva la Serbie, en lui ménageant un armistice (31 oct.), et finalement, après diverses négociations, elle déclara la guerre à la Porte (24 avril 1871), qu'elle attaqua à la fois en Europe et en Asie. (Voy. Russo-Turque.) A la suite de cette guerre, la Russie s'agrandit d'une partie de la Bessarabie et de plusieurs territoires en Asie. (Voy. Berlin.) Tournant son besoin d'expansion vers l'Asie centrale, elle y acquit de vastes possessions qui s'étendent aujourd'hui de la Caspienne aux monts Hindou-Kouch ; elle soumit le Turkestan, s'établit à Merv (1882), envahit le nord de l'Afghanistan, et menaça Hérat, mais dut s'arrêter pour ne pas effrayer davantage le gouvernement britannique. A l'intérieur, le pays fut troublé par la conspiration des Nihilistes (voy. ce mot), dont l'empereur Alexandre II fut victime. (Voy. Alexandre.) — Langue et littérature. — La langue russe, et, à plus forte raison, la langue slavone des livres d'église, dont elle est une simple modification, dérivent du sanscrit. Procope, le premier, au VIᵉ siècle, en fait mention ; mais il parle comme d'un patois barbare de cet idiome des Slavenôn. Depuis fort longtemps, en Russie, la langue française, parlée couramment dans les villes, est la langue favorite des réunions du grand monde ; on évalue à 30 le nombre des idiomes qui ont cours dans l'Empire russe. La langue russe est la plus répandue et la plus importante des langues de la famille slave, dont elle constitue la branche la plus orientale. Elle se distingue par sa régularité, sa flexibilité, un heureux mélange de douceur et de force, et surtout par sa richesse, s'étant assimilé un nombre immense de racines scandinaves, tartares, finnoises, et d'autres langues étrangères à la langue slave. L'alphabet se compose de 36 lettres. La structure grammaticale de la langue est semblable à celle du polonais, mais l'accent diffère. Les pronoms personnels sont : ya, je ; tai, tu ; on, il ; ona, elle ; ono, il ou elle (neutre) ; mat, nous ; vui, vous ; oni, onye, ils. Les 10 premiers nombres, au masculin, sont : odin, dva, tri, tchetaire ; piat ; chest ; sem ; osem ou vosem ; deviat ; desiat. — Les premiers germes de vie littéraire paraissent en Russie à l'époque de l'introduction du christianisme par Vladimir le Grand (vers 990). Avant cette époque, la traduction slave de la Bible et l'introduction chez les Slaves des livres liturgiques en vieux slave par Cyrille et Méthodius, firent adopter le vieux slave comme langue écrite, tandis que le russe vulgaire commençait à se former des différents dialectes des populations mélangées. Le Russkaya Pravda (justice russe), composé

vers 1020, est un ouvrage important écrit en vieux slave. Nestor, le père de l'histoire russe, appartient à la même période (mort vers 1114). On peut encore citer les Annales de Simon, évêque de Suzdal (mort en 1226), un ouvrage du métropolitain Cyprien (mort en 1406), une partie des Chroniques de Sophie, et un nombre considérable de fables et de légendes, roulant pour la plupart sur Vladimir et ses chevaliers, et ayant une grande analogie avec les histoires de la Table Ronde. Parmi les anciens poèmes russes les plus célèbres, on cite la Pesnia o polkou igorevom (sur l'expédition d'Igor contre Polotzk), écrit vers 1200. Le métropolitain Macarius (mort vers 1564) a écrit des biographies de saints, de théologiens russes, etc. A la même époque vivait Matvieyeff, auteur de plusieurs ouvrages historiques. Nikan, patriarche de Russie (mort en 1681) fit faire une nouvelle traduction de la Bible, et une revision des livres liturgiques. Pierre le Grand abolit l'usage du vieux slave comme langue officielle, et fit d'énergiques efforts pour l'éliminer également dans la littérature. Il fixa l'alphabet de la langue populaire. Le premier livre en langue russe fut publié à Amsterdam en 1699. Parmi les principaux auteurs du temps, sont Démétrius, métropolitain de Rostov (1651-1709), qui écrivit des biographies de saints ; Théophane Procopovitch (1681-1736), métropolitain de Novogorod, qui a laissé environ 60 ouvrages de théologie et d'histoire ; Basile Nikititch Tatishtcheff (1686-1750), historien ; le prince Cantemir, poète satirique ; les deux poètes cosaques Klimovski et Daniloff ; l'historien prince Khilkoff (mort en 1718) ; Ivan Kyriloff, statisticien et géographe, et Basile Grigorovitch. Trediakovski fit des progrès la prosodie russe. Elisabeth et Catherine II poursuivirent l'œuvre commencée par Pierre le Grand. A la tête des auteurs de cette époque se place Lomonosoff (mort en 1765), le père du russe moderne. C'est lui qui a écrit la première grammaire russe critique ; il fut aussi le premier à écrire le pur et vrai russe en prose, et il est encore estimé comme poète lyrique. Le premier auteur dramatique a noter est Summarokoff (mort en 1777). Parmi les poètes distingués, on trouve Kheraskoff (1733-1807), et Bogdanovitch. Derzhavin (1743-1816) montra une plus grande originalité que les autres poètes, ses prédécesseurs. On cite encore, comme poètes et auteurs dramatiques : Von-Vizin (mort en 1792) ; Kapnist, Kniazhnin (mort en 1791) ; le comte Khvostoff, et le prince Dolgorouki (1764-1823). Au nombre des écrivains d'histoire et de mélanges sont : Platon, métropolitain de Moscou ; Chtcherbatoff (1733-'90), Boltin (1735-'92) ; Tchulkoff, Golikoff, Plechtcheyeff et Mouraview (1757-1807). Un Dictionnaire comparé de la langue russe (1787-'89) fit faire de grands progrès à l'étude critique de cette langue. L'histoire de la littérature au XIXᵉ siècle manifesta un mouvement en avant ininterrompu. Sous Nicolas Iᵉʳ, elle s'émancipa complètement de l'influence jusque-là prépondérante des éléments étrangers ; elle prit un caractère profondément national, et puisa de nouvelles idées dans les idées panslaviques. L'historien Karamsine (1765-1826) affranchit la prose russe de l'exagération et de l'emphase, en suivant les modèles allemands. Une réaction contre l'influence germanique se déclara avec Chichkoff (1754-1841). On peut nommer parmi les poètes : Dmitrieff (1760-1837), Delvig (1798-1831), Pouchkine (1799-1837), Zhoukovski (1783-1852), Kryloff, Khomiakoff, Koltzoff, Baratynski (mort en 1844), Benedictoff, Podolinski, Lermontoff (1814-'41), Viazemski (né en 1792) et Gneditch ; parmi les auteurs dramatiques : Ozeroff (1770-1816), le prince Chakhovski (mort en 1846), Glinka, Polevoi, Koukolnik, et Gogol

(mort en 1852). Boulgarine, Zagoskine, le comte Solohoub, le prince Odoyevski, Malalski, Senkovski et Dahl furent les romanciers les plus en vue. Le côté idyllique de la vie des cosaques a été décrit dans les œuvres de Gogol, de Grebenka et de Kvitka, qui employèrent quelquefois le dialecte de la Petite Russie, ou ruthène. Novikoff, Maximovitch, Makaroff, Sakharoff et Afanasieff ont collectionné les légendes et les chants populaires. Au nombre des historiens éminents sont : Oustrialoff, Pogodine, Polevoi, Danilevski, Bestujeff-Rioumine, Sniegireff, Sreznevski, Solovieff et Arsenieff. Les études philosophiques sont encore dans l'enfance et s'appuient en général sur la philosophie allemande contemporaine. La théologie scientique est encore moins cultivée. Les Nihilistes, école de radicaux extrêmes en philosophie et en politique, qui se forma peu après la guerre de Crimée, ont immensément contribué à répandre les connaissances dans la Russie. Les œuvres de Buckle, de Huxley, de Darwin, de Tyndall, de John Stuart Mill, de Helmoltz, de Virchow et de bien d'autres, ont été traduits et ont eu plusieurs éditions. Parmi les plus célèbres auteurs russes contemporains sont : les romanciers Ivan Tourgueneff, Gontcharoff, Dostoyevsky, Avdeyeff, le comte Tolstoï jeune, Krestovski, Khvostchinski et Panayell : les poètes Neckrassoff et Polonski ; les auteurs dramatiques Ostrovski, et le comte Tolstoï ainé ; les historiens Solovieff, Pypine et Kovalevsky ; enfin les statisticiens Semenoff et Korsak. Le grand philosophe est Lavroff. — Voy. Specimens of Russian Poets, par Bowring. Historical view of the Languages and Literature of the slavic Nations, par Talvi (Mrs. Robinson) ; Sketch of Russian Literature, par Petroff, traduit en français par Romald (1872), et La Russie épique, par Rambaud (1876). — Bibliogr. Annuaire des finances russes, budget, crédit, commerce, chemins de fer, par A. Vesséovsky (Saint-Pétersbourg, 1884, in-8°) ; Recueil de données statistiques sur les chemins de fer en Russie (Saint-Pétersbourg, 1883) ; Tableau du commerce extérieur de la Russie de 1861 à 1878 (Saint-Pétersbourg, 1881, in-8°) ; l'Instruction publique en Russie, par C. Hippeau (Paris, 1878, in-12) ; l'Empire des Tsars et les Russes, par Leroy-Beaulieu (Paris, 1882, 2 vol.) ; Lettres sur la Russie, par Gustave de Molinari (nouv. édit. Paris, 1878) ; les Finances de la Russie depuis la dernière guerre d'Orient (1876-'83, par Arthur Raffalovich (Paris, 1883) ; Géographie universelle, par Elisée Reclus (t. V, l'Europe scandinave et russe ; t. VI, l'Asie russe, Paris, 1880-'81).

RUSSIEN, IENNE s. et adj. Synon. de Russe.

RUSSIFICATION s. f. Action de russifier.

RUSSIFIER v. a. Rendre russe.

RUSSO, préfixe exprimant l'association ou le rapport de la Russie ou des Russes avec un autre pays ou un autre peuple : russopolonais. — Guerre russo-turque, guerre qui éclata entre la Russie et la Turquie et qui dura du 24 avril 1877 jusqu'au traité de San-Stefano (3 mars 1878). En juillet 1875, les chrétiens de l'Herzégovine s'étant soulevés à la suite du traitement subi par deux femmes de leur religion, la révolte se répandit en Bosnie et fut soutenue par les volontaires du Monténégro et de la Serbie. Liubibratitch et Péko Pavlovitch, chefs des insurgés, repoussèrent les forces envoyées contre eux. En juillet 1876, le chancelier d'Autriche, comte Andrassy, émit une circulaire signée par la Russie, l'Angleterre, l'Allemagne, la France et l'Italie, demandant à la Porte ottomane d'établir religieuse et différentes réformes. Le sultan rendit le 11 fév. un décret plein de promesses. Mais les insurgés répondirent

qu'ils n'y avaient aucune confiance et demandèrent purement et simplement leur indépendance. Néanmoins l'intervention des puissances européennes avait amené la suspension des hostilités, lorsque le 7 mai, pendant une émeute que causa à Salonique l'enlèvement d'une fille bulgare par un officier turc, la populace massacra les consuls de France et d'Allemagne. La Porte eut beau payer une lourde indemnité aux familles des victimes, les gouvernements outragés ne se déclarèrent pas satisfaits. Les chanceliers de Russie, d'Allemagne et d'Autriche se réunirent à Berlin et formulèrent un *memorandum* déclarant que la Turquie était incapable d'accomplir les réformes promises et que le massacre de Salonique prouvait son impuissance. L'Angleterre refusa de s'associer aux autres nations et envoya une flotte dans la baie de Besika, à l'extrémité méridionale des Dardanelles. Pendant la nuit du 30 au 31 mai, le sultan Abdul-Aziz ayant été déposé par une conspiration de palais, fut remplacé par Mourad-Effendi. L'insurrection chrétienne se propagea en Bulgarie et fut réprimée avec une grande atrocité par les bachis-bouzoucks et les Circassiens. Ces faits excitèrent une grande indignation. La Serbie et le Monténégro déclarèrent la guerre à la Turquie le 2 juillet. Un grand nombre de volontaires russes se joignirent aux Serbes et l'un d'eux, le général Tchernayeff, prit le commandement en chef des quatre armées qu'ils se précipitèrent sur le territoire turc. Mais les Serbes, repoussés sur le Timok et sur l'Ibar, durent rentrer dans leur pays au bout de quelques jours. Attaqués autour de la forteresse d'Alexinatz, ils demandèrent la médiation des puissances. La Turquie proposa la paix, mais à des conditions trop dures pour être acceptées. Sur ces entrefaites, le sultan Mourad fut déposé à son tour le 31 août et remplacé par son frère Abdul-Hamid II. La lutte reprit en Serbie à la fin de sept.; les lignes de Tchernayeff furent brisées à Junis le 29 oct. et les Turcs entrèrent à Alexinatz deux jours plus tard. Après de longs pourparlers, une paix éphémère fut signée entre la Turquie et la Serbie le 4 mars 1877; mais le Monténégro continua les hostilités, et les propositions de la Russie ayant été repoussées, le prince Gortchakoff fit savoir à la Porte que, si elle ne se soumettait pas, l'heure de l'action militaire était arrivée. La Turquie ayant répondu avec colère à ce protocole, l'empereur de Russie lança le 24 avril, de Kisheneff, quartier général de l'armée qu'il massait depuis six mois sur la frontière roumaine, un manifeste à son peuple, lui annonçant qu'il déclarait la guerre et, le jour même, 50,000 hommes de troupes russes traversèrent le Pruth et entrèrent en Roumanie. En même temps, l'armée russe en Asie, forte de 70,000 hommes, et commandée par le grand duc Michel et par le général Loris-Melikoff, passa la frontière turque en Transcaucasie et marcha sur Kars et Batoum. L'armée, qui se mit en mesure d'occuper les rives du Danube était commandée par le grand-duc Nicolas et forte d'environ 200,000 hommes. Il fallut deux mois pour transporter les hommes et les munitions sur les rives du Danube; cette opération aurait pu être sérieusement contrariée par les Turcs, si ces derniers n'avaient pas été commandés par le vieux et incapable Abdul-Kerim-Pacha. Le 24 juin, une troupe russe le Danube sur des ponts de bateaux à Braïla et à Galatz et occupa Matchin. Trois jours plus tard, la grande armée franchit le fleuve à Simnitza et s'empara de Sistova; un petit corps de cavalerie, poussé en avant, entra à Tirnova, ancienne capitale de la Bulgarie, où l'on établit un gouvernement civil. Le 16 juillet, Nicopolis se rendit au général Krüdener après un bombardement de 24 heures. Le général Gurko avec une colonne

volante traversa les Balkans par un passage difficile que lui avaient indiqué les Bulgares et prit à revers la passe de Chipka. — Osman-Pacha, qui avait quitté Widin pour secourir Nicopolis, occupa Plevna, où il commença la construction de défenses qui en peu de temps devinrent formidables. Méhémet-Ali (d'origine allemande) et Suleiman-Pacha furent rappelés de Monténégro qu'ils avaient presque entièrement soumis pendant le mois précédent. Le premier remplaça Abdul-Kérim tandis que Suleiman reçut un commandement en Roumélie. Le 20 juillet, les Russes subirent leur premier échec en Europe devant Plevna dont le général Schilder-Schuldner dut abandonner le siège après de grandes pertes. La lutte continua avec acharnement autour de cette ville. (Voy. PLEVNA.) Le général Gurko, qui avait pénétré jusqu'à 50 kil. d'Andrinople, dut s'arrêter devant Suleiman dans les passes de Chipka où, après une lutte désespérée de 10 jours, les Russes commandés par Radetzki, eurent beaucoup de peine à se maintenir. Sur le Lom, le cesarevitch fut repoussé par Méhémet-Ali, qui resta maître de la rive gauche de ce cours d'eau. La Turquie semblait donc victorieuse lorsque la garde impériale russe fut appelée sur le champ de la lutte, et la Russie, ordonna la mobilisation de 188,000 hommes. Toute l'armée roumaine traversa le Danube sous le prince Charles. Le 11 sept., une nouvelle attaque sur Plevna fut repoussée, mais le général Gurko, à la tête de la garde impériale, s'empara de Dubnitsk de Telish et d'Etropol, et coupa les communications méridionales d'Osman. La chute de Plevna fut le premier grand succès de la Russie, et la Serbie, qui n'attendait que la victoire des Russes pour reprendre les hostilités, déclara aussitôt la guerre. Ses troupes traversèrent la frontière le 15 déc. Pendant ce temps, le prince Nicolas de Monténégro, profitant du départ des Turcs, s'était emparé de Niksitch, de Presieka, de Bilek (Herzégovine), de Spuz et d'Antivari (Albanie). — Trois armées russes opéraient dans la Turquie d'Asie : l'une prit d'assaut Ardaban (17 mai 1877); la seconde entra à Bayazid abandonné(30 avril); celle du centre investit Kars (3 juin). Mais, de ce côté aussi, les Turcs reprirent un moment l'offensive. Débarquant des forces sur le territoire russe, ils s'emparèrent de Sukhum-Kaleh et excitèrent une révolte parmi les Circassiens; Faik-Pacha assiégea Bayazid; et Mukhtar-Pacha battit en plusieurs rencontres, l'armée russe du centre et délivra Kars, si bien que les Russes furent obligés d'évacuer l'Arménie turque. La lutte reprit avec plus de vigueur lorsque les Russes eurent reçu des renforts. Mukhtar, affaibli par l'envoi de troupes en Europe, fut à son tour écrasé à Aladja-Dagh (15 oct.), défaite qui fut suivie de la prise de Kars (18 nov.) et de l'investissement d'Erzeroum. — En Europe, les désastres se succédèrent rapidement après la chute de Plevna. Le général Gurko, tournant le flanc gauche de l'armée turque, occupa le 5 janv. 1878, la ville de Sophia qui vit une armée chrétienne entrer pour la première fois dans ses rues depuis 1434. L'armée turque des Balkans, forte de 32,000 hommes et de 93 canons, fut mise en complète déroute à Chipka par Skobeleff et se rendit le 9 janv. à Radetzky, au moment où Nissa (Nich) recevait une garnison serbe, où Antivari devenait ville monténégrine (10 janv.), et où Gurko occupait Philippopoli. Le 20 janv. Radetzky entra à Andrinople sans tirer un coup de fusil. C'en était fait de la Turquie, écrasée au point de son ennemie, si l'Angleterre, dont la médiation avait été réclamée par le sultan, n'eût fait avancer une flotte pour protéger Constantinople (13 fév.). Skobeleff dut s'arrêter à Tchatalja, près de la capitale ottomane, où il n'osa entrer, de crainte d'y rencontrer les

troupes britanniques, prêtes à se battre. Le 3 mars fut signé le traité de San-Stefano, petit village où le grand-duc Nicolas avait établi son quartier général, à 18 kil. de Constantinople, traité léonin que l'Autriche et l'Angleterre déclarèrent incompatible avec leurs intérêts. Le ministère anglais ordonna de réunir à Malte un contingent de troupes indoues, et la guerre semblait inévitable, quand intervint un accord secret entre la Russie et l'Angleterre; cette dernière accédait à certaines prétentions de la Russie en Europe, à la condition que son adversaire s'engagerait à ne plus avancer vers la frontière britannique en Asie. On finit par s'entendre pour la réunion d'un congrès à Berlin (voy. BERLIN); mais la paix qui y fut signée, tout en démembrant la Turquie d'Europe, ne mit aucune entrave à la marche des Russes vers l'Hindou-Kouch et le Sindh.

RUSSOPHILE adj. (préf. *russo; gr. philos,* qui aime). Qui aime les Russes. — Substantiv. *Un russophile.*

RUSSOPHOBE adj. (préf. *russo; gr. phobos,* craint). Qui hait les Russes. — Substantiv. *Un russophobe.*

* **RUSTAUD, AUDE** adj. (vieux fr. *rustre,* grossier). Qui est grossier, qui tient du paysan : *il n'a point de politesse, il est fort rustaud.* — s. C'est un gros rustaud, c'est un gros paysan; et, fig., C'EST UN RUSTAUD, c'est un homme impoli, grossier, brutal. (Fam.)

RUSTAUDEMENT adv. Grossièrement, à la manière des rustauds.

RUSTAUDERIE s. f. Grossièreté, extérieur rustique.

RUSTCHUK [rouss-tchouk'], ville forte de Bulgarie, sur le Danube, presque vis-à-vis Giurgevo, à 450 kil. N.-O. de Constantinople; 30,000 hab. environ. Soies, lainages et autres industries. Il s'y est livré un grand nombre de combats entre les Turcs et les Russes. Les fortifications, rasées en 1829, et reconstruites après 1853, firent de cette place l'une des forteresses du quadrilatère turc, jusqu'au traité de Berlin (13 juillet 1878), qui ordonna de démanteler Rustchuk.

* **RUSTICITÉ** s. f. (lat. *rusticitas*). Grossièreté, rudesse : *il y a de la rusticité dans ses manières, dans son langage.*

* **RUSTIQUE** adj. (lat. *rusticus; de rus,* campagne). Champêtre, qui appartient aux manières de vivre de la campagne : *vie rustique.* — Inculte, sauvage, sans art : *au sortir du jardin, on trouve des promenades rustiques et solitaires.* — Archit. OUVRAGE, GENRE RUSTIQUE, ouvrage, genre d'ouvrage fait de pierres brutes ou de pierres taillées à l'imitation des pierres brutes : *l'ordre rustique,* ou substantiv, LE RUSTIQUE, l'ordre dont les colonnes et les membres de l'entablement sont ornés de bossages vermiculés, etc. : *ce soubassement est d'un genre rustique.* — Fig. Grossier, impoli, rude : *avoir l'air rustique, la physionomie rustique.* — s. m. Paysan :

C'est assez, dit la rustique,
Demain vous viendrez chez moi.
LA FONTAINE.

RUSTIQUE (Saint), un des compagnons de saint Denis, martyrisé avec lui au commencement du IIIe siècle. Fête le 9 oct.

* **RUSTIQUEMENT** adv. D'une manière grossière : *il parle, il agit rustiquement.*

* **RUSTIQUER** v. a. Archit. Travailler ou crépir la surface d'une construction, d'un édifice dans le genre rustique : *rustiquer un château.* — RUSTIQUER DES PIERRES, les tailler, les travailler de manière à leur donner une apparence brute.

* **RUSTRE** adj. (lat. *rusticus,* rustique). Fort rustique, fort grossier : *il a l'air rustre.*

la mine rustre. — s. m. *C'est un rustre, un vrai rustre.*

RUSTRERIE s. f. Habitudes, manières d'un rustre.

* **RUT** s. m. [rutt] (lat. *rugitus*, rugissement, à cause des cris que pousse alors l'animal). Se dit en parlant des cerfs et de quelques autres bêtes fauves quand elles sont en amour : *le mois de septembre est le temps du rut.* — LES CERFS NE TIENNENT PAS, NE DURENT PAS DANS LE RUT, PENDANT LE RUT, ils sont aisés à prendre quand ils sont en amour.

* **RUTABAGA** s. m. Plante alimentaire du genre chou, originaire des pays du Nord, et cultivée à peu près uniquement pour la nourriture des ruminants domestiques.

RUTACÉ, ÉE adj. (lat. *ruta*, rue). Bot. Qui ressemble ou qui se rapporte à la rue. — s. f. pl. Famille de plantes dicotylédones dialypétales hypogynes, ayant pour type le genre rue et comprenant en outre les genres fabagelle, simarouba, quassier, ptélée, fraxinelle, diosma, barosma, etc.

RUTEBEUF, Rutebuef ou RUDEBUES, trouvère du XIIIᵉ siècle, né probablement en Champagne. Il réussit particulièrement dans le genre des fabliaux. M. Ach. Jubinal a donné une édition de ses œuvres (Paris, 1840, 2 vol. in-8º).

RUTÈNES, *Ruteni*, peuple de l'Aquitaine Iᵉ, qui occupait le pays, appelé depuis Rouergue, et qui avait pour capitale Segodunum, aujourd'hui Rodez.

RUTÉNOIS, OISE s. et adj. De Rodez; qui appartient à cette ville ou à ses habitants.

RUTH, belle-fille de Noémi et héroïne d'un livre de la Bible, le Livre de Ruth, l'un des livres canoniques du Vieux Testament. Il contient l'histoire de Ruth, femme moabite, qui, après la mort de son mari, émigré hébreu de Juda, suivit sa belle-mère Noémi à Bethléem, où Booz, parent de son défunt mari, la voyant glaner dans son champ, fut charmé de sa grâce et l'épousa. Elle fut mère d'Obed, dont le fils, Jessé, fut le père de David.

RUTHÈNES ou Rusniaks, branche de la famille slave. Les Ruthènes habitent la Galicie orientale et la Bukowine, les parties adjacentes de la Pologne et de la Russie occidentale, et le N.-E. de la Hongrie. En Galicie et en Bukowine, ils sont au nombre de 2,500,000 à peu près; il y en a 500,000 en Pologne et autant en Hongrie. En Russie, on les confond généralement avec les Petits Russes, dont ils se rapprochent extrêmement. Leur langue est plus douce et plus mélodieuse que le russe et le polonais. En Galicie, où ils sont les antagonistes des Polonais, il s'est produit des efforts considérables pour développer une littérature ruthène.

RUTHÉNIUM s. m. [ru-té-ni-omm], métal du groupe du platine, étroitement allié à l'osmium dans un grand nombre de ses relations chimiques. C'est le professeur Osann qui l'observa le premier dans des minerais des montagnes de l'Oural, et qui lui donna son

nom, en le tirant de Ruthenia, synonyme de Russie. Il a été plus tard décrit en détail par le professeur Claus. Les minerais de platine de la Russie, de l'Amérique et de Bornéo le contiennent, et Wœhler l'a découvert en combinaison avec l'osmium et le soufre dans le laurite minéral trouvé dans l'Orégon et à Bornéo. Le poids spécifique du métal en fusion est 11.4. Il a pour symbole Ru.

RUTIÈRE s. f. Fille publique qui vole dans la rue l'individu qu'elle a accosté.

RUTILANCE s. f. État, qualité de ce qui est rutilant.

* **RUTILANT, ANTE** adj. Didact. Qui est d'un rouge brillant. — Chim. Se dit de l'acide nitreux et des vapeurs qu'il exhale.

RUTILATION s. f. État de ce qui rutile.

RUTILE s. m. (lat. *rutilus*, brillant). Acide titanique naturel.

RUTILER v. n. (lat. *rutilare*). Briller d'un vif éclat.

RUTIQUE adj. (lat. *ruta*, rue). Se dit de divers corps extraits de la rue.

RUTLAND [reutt'-lanndd], ville de l'état de Vermont (États-Unis), sur l'Otter-Creek, à l'embranchement de plusieurs chemins de fer, à 80 kil. S.-S.-O. de Montpellier; 9,834 hab. La ville a été fondée en 1770, et a été une des capitales de l'état de 1784 à 1804.

RUTLANDSHIRE, le plus petit comté de l'Angleterre, touchant aux comtés de Lincoln, de Northampton et de Leicester; 366 kil. carr.; 22,070 hab. La campagne est très belle. Cap., Oakham.

RÜTLI. Voy. GRUTLI.

* **RUTOIR** s. m. Voy. ROUTOIR.

RUTULES (lat. *Rutuli*), peuple pélasgique de l'Italie ancienne, sur la côte du Latium. Leur ville principale, Ardée (*Ardea*), devint colonie romaine vers 490 av. J.-C. Leur nom disparaît après l'époque des rois de Rome.

RUYSDAEL [roïss-dâl], peintre hollandais, de Haarlem, né vers 1630, mort en 1681. Il débuta par être chirurgien, mais il acquit un haut degré de perfection comme peintre de paysage et de marine.

RUYSSELEDE [roïss'-sé-lè-dé], ville de la Flandre occidentale (Belgique), à 22 kil. S.-S.-E. de Bruges; 7,000 hab. environ. Elle possède une célèbre maison de correction ouverte en 1849. Cette maison, tout en n'ayant qu'une seule direction, est divisée en trois établissements : deux écoles de garçons à Ruysselede et à Wynghene, voisines l'une de l'autre, et une école de filles à Beernem. On y reçoit les petits vagabonds, les petits mendiants et autres enfants de ce genre. On s'y livre surtout à l'agriculture. En hiver, on y exerce différents métiers. De 1849 à 1873, on y a reçu environ 5,000 garçons; presque aucun de ceux qui en sont sortis n'a mal tourné. L'institution se suffit amplement à elle-même.

RUYTER (Michael-Adriaenszoon de) [roï'-teur], amiral hollandais, né en 1607, mort le

29 avril 1676. Il s'éleva des derniers rangs de la flotte aux grades élevés. En 1617, il coula une escadre algérienne quatre fois plus forte que la sienne, au large de Salé. En 1652, il repoussa les Anglais à la hauteur de Plymouth, et, sous Van Tromp, il prit part à deux batailles navales dans l'une desquelles les Hollandais furent vainqueurs. En 1655, il opéra de nouveau contre les pirates d'Alger, et pendit à la grande vergue le renégat Armand de Diaz. En 1659, on l'envoya secourir le Danemark contre la Suède, et le roi de Danemark l'anoblit. En juin 1666, il livra une bataille de trois jours aux Anglais dans la mer d'Irlande; mais à la fin il dut se retirer. En 1667, il remonta l'estuaire de la Tamise jusqu'au Medway, brûla les navires à Sheerness, et obligea les Anglais à signer un traité de paix à Breda. Il livra un combat acharné, mais indécis, à la flotte anglo-française en 1672, et en 1676, il défait dans une lutte désespérée contre une force française bien supérieure, commandée par Duquesne, sur la côte orientale de Sicile, et y fut mortellement blessé.

RYES, ch.-l. de cant., arr. et à 9 kil. N.-E. de Bayeux (Calvados); 500 hab.

RYMER (Thomas), [raï'-meur], archéologue anglais né vers 1640, mort en 1713. Il fut choisi pour éditer les documents relatifs aux relations politiques contre l'Angleterre et les autres pays; de là la collection appelée *Rymer's Fœdera*, complétée par Robert Sanderson (1704-'35, 20 vol. in-fol.).

RYSCOYCK (Jean-Theodore van), poète flamand, né à Anvers le 8 juillet 1811, mort à l'hôpital des aliénés à Anvers, le 7 mai 1849. Sa vie mouvementée est un reflet exact de son humeur changeante et légère. Toutefois, il fut constant dans son amour pour sa langue et dans son aversion pour les « Fransquillons », nom qu'il donne à ses compatriotes qui se servent de préférence de la langue française. Parmi ses *Œuvres complètes*, éditées par la chambre de rhétorique d'Anvers, de Olyftak, il convient de citer ses *Ballades* et ses *Refrains politiques*.

RYSWICK [riss'-vik], village de la Hollande méridionale (Pays-Bas), à 4 kil. S.-E. de la Haye; 2,900 hab. environ. Louis XIV y conclut, le 30 oct. 1697, un traité de paix avec la Hollande et d'autres puissances, par lequel il reconnaissait Guillaume d'Orange comme roi de la Grande-Bretagne et de l'Irlande, et rendait à l'Espagne ses conquêtes en Catalogne avec une grande partie des Flandres, et à l'empire allemand la Lorraine et d'autres conquêtes sur le Rhin; mais Strasbourg et d'autres places en Alsace furent définitivement acquises à la France.

* **RYTHME** s. m. (gr. *ruthmos*, cadence). Nombre, cadence, mesure : *rythme harmonieux.* — Mus. Succession régulière des sons forts et des sons faibles. — Méd. Se dit du battement du pouls pour exprimer la proportion convenable entre une pulsation et les suivantes.

* **RYTHMIQUE** adj. Qui appartient au rythme : *harmonie rythmique.*

S

S s. m. et f. Quinzième consonne et dix-neuvième lettre de l'alphabet. Lorsqu'on la nomme Esse, suivant la prononciation ancienne et usuelle, le nom de cette lettre est féminin : *une S (esse)*. Lorsqu'on l'appelle Se, suivant la méthode moderne, ce nom est masculin : *Un S (se) majuscule. S, mis à la fin des noms, est, dans notre langue, le signe ordinaire du pluriel.* — En général, cette consonne se prononce comme C des mots Cerf, ici : 1° lorsqu'elle est initiale ; 2° lorsque, placée dans le corps d'un mot, elle est double ou accompagnée d'une autre consonne : *session, sensible* (prononcez : *cession, cencible*). — Elle a, au contraire, le son du Z : 1° lorsqu'elle se trouve placée entre deux voyelles, ou entre une voyelle et une *h* muette ; 2° lorsqu'elle termine un mot suivi d'un autre commençant par une voyelle ou une *h* muette : *gentilshommes, des rosiers en fleur* (prononcez : *genti-z-hommes, des rozier-z-en fleur*). — S finale ne se prononce point devant les consonnes *sans peur et sans reproche* (prononcez : *san peur et san reproche*). — Pour les exceptions assez nombreuses que souffrent ces diverses règles, et pour certains emplois particuliers de la lettre S, on est obligé de renvoyer aux traités de grammaire et de prononciation, qui comportent mieux les détails et les explications de ce genre. Voyez, au reste, Sceau, Shérif, Asthme, Asbeste, Balsamine, Transiger ; Désuétude, Parasol, Préséance, Présupposer ; As, Vis, Laps, Rébus, Pathos, etc., etc. — Comme toutes les consonnes, S double fait prendre à l'e non accentué qui la précède, le son de l'é fermé ou de l'è ouvert, selon les cas ; excepté dans les mots Dessus, Dessous, et dans la plupart de ceux qui sont formés avec la particule Re, tels que *Resserrer, ressembler, ressort,* etc. (Prononcez : *deçus, deçous ; recerrer, recemblant, recort,* etc.) — S se joint, comme lettre euphonique, à l'impératif des verbes dont l'infinitif est en e, lorsqu'il est suivi des particules en ou y : *manges-en la moitié ; touches-y.* — Fig. et fam. Faire des S, se dit d'une personne que l'ivresse ou quelque vertige empêche de marcher droit devant elle, et qui va tantôt à droite, tantôt à gauche. Voy. aussi l'article Esse, dans la lettre E.

SA adj. poss. fém. de la troisième personne. Le masculin est Son. (Voy. Son.)

SAADI (Sheik Molish ed-Din) [sâ'-di], poète persan, né à Schiraz, mort en 1291, à l'âge de 102 ans ou davantage. Il est au premier rang des écrivains de son pays. Parmi ses productions se trouvent le *Gulistan* (Jardin des Fleurs) trad. en franc. par Durier (Paris, 1634) et par Semelet (1834) ; le *Bostan* (Jardin des Fruits) ; le *Pend Nameh* (Livre des Conseils), traduit par Garcin de Tassy (1832) ; un grand nombre de *gazels* ou odes, d'élégies, etc.

SAADIA ou **Saadiah** (Ben Joseph), écrivain juif, né en Égypte en 892, mort à Babylone en 941 ou 942. Il a traduit les Écritures d'hébreu en arabe. Son principal ouvrage, *Sur les Religions et les Doctrines*, écrit en arabe, a été traduit en hébreu sous le titre de *Emunoth vedeoth*, par Judah ben Tibbon.

SAALE, nom de plusieurs rivières. — I. (Saale saxonne ou Thuringienne), née dans le Fichtelgebirge (Bavière) ; se jette dans l'Elbe après un cours d'environ 400 kil. et après avoir arrosé Iéna, Naumbourg, Merse-bourg, Halle, etc. Elle reçoit l'Elster, l'Orla, la Roda, etc. Elle a donné son nom pendant le premier Empire à un département de la Westphalie, qui avait pour ch.-l. Halberstadt. — II. (Saale franconienne), rivière qui naît en Bavière et se jette dans le Mein après un cours de 110 kil. — III. (Saale autrichienne), affluent de la Salza ; cours, 100 kil.

SAALES, ch.-l. de cant., arr. et à 20 kil. N.-E. de Saint-Dié (Vosges) ; 1,400 hab.

SAARBRÜCK [zär-bruk]. Voy. Sarrebruck.

SAARDAM ou **Zaandam** [sâr'-damm ; zänn'-damm], ville de la Hollande septentrionale (Pays-Bas), au confluent du Zaan et de l'Y, à 9 kil. N.-O. d'Amsterdam ; 13,000 hab. environ. Il y a dans le voisinage de nombreux moulins à vent qui font de la farine, de l'huile et du papier.

SAAVEDRA (Angel de). Voy. Rivas.

SAAVEDRA Y FAXARDO (Diego). Voy. Faxardo.

SABA. Voy. Arabie et Sheba.

SABAÏSME s. m. Voy. Sabéisme.

SABAOTH, mot hébreu signifiant : *des armées*, et qui sert souvent à qualifier Jéhovah.

SABAS (Saint), abbé, né en 439, mort en 532. Il fonda un grand nombre de monastères dans la Palestine. Fête le 5 déc.

SABBAT s. m. (hébr. *shabbath*, jour du repos). Nom donné chez les Juifs au dernier jour de la semaine : *les Juifs observent fort exactement le sabbat.* — Assemblée nocturne que, suivant l'opinion populaire, les sorciers tiennent pour adorer le diable : *le bruit était que les sorciers tenaient leur sabbat dans cette forêt.* — Fig. et fam. Grand bruit qui se fait avec désordre, avec confusion, tel que l'on s'imagine celui du sabbat des sorciers : *ces ivrognes ont fait un sabbat, un terrible sabbat.*

Voyez le beau *sabbat* qu'ils font à notre porte.
J. Racine.

— Se dit aussi, fig. et pop., des criailleries d'une femme contre son mari, ou d'un maître contre ses valets : *si sa femme vient à savoir cela, elle lui fera un beau sabbat.* — Le sabbat, chez les Juifs, était consacré à une abstention complète de tout travail profane. Il commençait le vendredi soir et se prolongeait jusqu'au soir suivant. La grande majorité des chrétiens célèbrent le premier jour de la semaine, le dimanche, au lieu du septième ; mais il y a quelques sectes qui conservent l'observation du septième jour.

SABBATINE s. f. (rad. *sabbat*). Petite thèse de controverse que les écoliers de philosophie soutenaient au milieu de la première année de leur cours : *il a soutenu une sabbatine.*

SABBATIQUE adj. f. N'est usité que dans cette locution, Année sabbatique, qui se disait, chez les Juifs, de chaque septième année, pendant laquelle on ne labourait ni n'ensemençait les terres. Lors de l'année sabbatique, les produits du sol appartenaient à tout le monde : les débiteurs étaient libérés de leurs dettes.

SABBATISER v. n. Célébrer le sabbat.

SABBATISME s. m. Observation du sabbat.

SABÉEN s. m. Celui qui professe le sabéisme. — Adjectiv. Qui appartient, qui a rapport au sabéisme : *le culte sabéen.*

SABÉISME, Sabisme ou **Sabaïsme** s. m. Nom de la religion qui a pour objet l'adoration du feu, du soleil, des astres : *le sabéisme était la religion des anciens mages : c'est aujourd'hui celle des Guèbres.* — Le sabéisme régna autrefois, sous différentes formes, dans une grande partie de l'Asie occidentale ; il donna naissance à l'astrologie, et en Mésopotamie, il se conserva jusqu'à une période relativement rapprochée.

SABELLIANISME s. m. (de *Sabellius*, n. pr.). Hérésie de Sabellius qui niait les personnes de la Trinité, et prétendait que le Verbe et le Saint-Esprit sont des attributs de Dieu.

SABELLIEN, IENNE adj. Qui concerne Sabellius ou sa doctrine. — Substantiv. Partisan de Sabellius.

SABELLIQUE adj. (lat. *Sabellicus ;* de *Sabinus, sabia*). Qui concerne les Sabelliens ou les Sabins.

SABELLIUS [sa-bel-liuss], fondateur de la doctrine appelée sabellianisme. Il était prêtre de l'Église de Ptolémaüs en Libye, et vivait vers le milieu du IIIe siècle. Il rejeta la conception des termes : « Père, Fils et Saint-Esprit », comme impliquant une trinité d'existences personnelles distinctes en Dieu, et opposa à cette théologie dominante une théorie de manifestations ou de fonctions. D'après lui, Dieu devient Père, Fils et Saint-Esprit suivant qu'il se manifeste comme créateur, comme rédempteur ou comme sanctificateur du genre humain ; ces trois formes historiques n'étant pas des personnes, mais simplement des aspects de la divinité. La secte des sabelliens s'éteignit vers la fin du IVe siècle ; leurs opinions se sont cependant perpétuées sous d'autres noms.

SABIN, INE s. et adj. Se dit d'un peuple latin voisin de Rome.

SABIN (Saint) martyrisé sous Dioclétien. Fête le 30 déc.

SABINE s. f. Bot. Espèce de genévrier qui croît en Tartarie, en Grèce et dans la France méridionale, dont la saveur est âcre, l'odeur très forte, et qui contient beaucoup d'huile volatile : *la sabine est souvent employée comme emménagogue.* (Voy. Genièvre.)

SABINE, fleuve qui prend sa source dans le N.-E. du Texas, court au S.-E. pendant 430 kil. environ, puis généralement au S., en séparant le Texas de la Louisiane jusqu'au lac Sabine; longueur, 800 kil. environ. Le lac Sabine est à 8 kil. à peu près du golfe du Mexique, avec lequel il communique par la passe Sabine.

SABINE (Sainte), dame romaine, née dans l'Ombrie; subit le martyre à Rome en 125. Fête le 9 août.

SABINS (lat. *Sabini*), ancien peuple de l'Italie, qui joue un rôle dans les légendes et l'histoire de Rome. Il formait trois groupes principaux : les Sabins proprement dits ; les *Sabelli*, divisés en Vestini, Marsi (Marses), Marrucini, Peligni, Frentani et Hirpini; et les Samnites. Les Sabins proprement dits, les moins guerriers de tous, habitaient un district montagneux dans l'Apennin central, entre le Tibre, le Nar (aujourd'hui Nera) et l'Anio (Teverone). Leurs villes principales étaient Amiternum sur l'Aternus (Pescara), Cures, Reate (Rieti) sur le Nar, Nursia (Norcia) et Nomentum. Au commencement du IIIᵉ siècle av. J.-C., ils reçurent le droit de cité romaine et se fondirent finalement dans la *république*.

SABINUS (Julius), Gaulois, né dans le pays des Lingones ou Lingons, qui tenta avec Civilis d'affranchir son pays de la domination romaine (69-70 après J.-C.). Vaincu, il se cacha dans une grotte, au fond d'une forêt druidique. Sa femme, la généreuse Éponine, vécut avec lui 9 années dans cette sorte de tombeau. Sabinus, ayant été trahi, fut livré à Vespasien; celui-ci l'envoya au supplice malgré les supplications d'Éponine, qui demanda à partager son sort.

SABIR s. m. Jargon algérien, composé de mots français, espagnols, turcs et italiens, prononcés à l'arabe et formant un pot-pourri à la fois détestable et pittoresque. *Mucache, bézef* et plusieurs autres expressions du sabir ont passé dans le jargon de nos soldats d'Afrique : *parler sabir; comprendre la langue sabir.*

* SABISME s. m. Voy. SABÉISME.

SABLAIS, AISE s. et adj. Des Sables-d'Olonne; qui appartient à cette ville ou à ses habitants.

* SABLE s. m. (lat. *sabulum*). Gravier réduit en poudre ou en petits grains. Se dit aussi d'une sorte de terre argileuse, sans aucune consistance, et souvent mêlée de petits grains de gravier : *sable de terre; sable de mer.* — Fig., SABLE SUR LE SABLE MOUVANT, ou simpl., BÂTIR SUR LE SABLE, fonder des projets, des établissements, des entreprises sur quelque chose de peu solide. — AVOIR DU SABLE DANS LES YEUX, éprouver une envie de dormir qui appesantit les paupières. — Chim. BAIN DE SABLE, sable dont on entoure un vaisseau qu'on veut chauffer : *distiller au bain de sable.* — Gravier qui s'engendre dans les reins, et qui forme la gravelle : *ses urines sont pleines de sable.* — Synonyme peu usité de SABLIÈRE. (Voy. ce dernier mot.) — Fondeur. Composition faite avec du sable ou de la poussière d'os desséchés, etc., où l'on jette en moule des monnaies, des médailles, etc. : *jeter une médaille en sable.* — Blason. Nom de la couleur noire : *il porte de sable à un lion d'or.*

SABLE (Île de) [angl. *Sable Island*], île basse et sablonneuse de l'Atlantique, à environ 150 kil. S.-E. de la Nouvelle-Écosse, à laquelle elle appartient; longueur, 40 kil.; largeur, de 2 à 8 kil.; 27 hab.

SABLE (Cap), I, extrémité méridionale de la Nouvelle-Écosse, par 46° lat. N. et 57°58' long. O. — II, pointe méridionale de la Floride, par 26° 55' lat. N. et 83° 35' long. O.

* SABLÉ, ÉE part. passé de SABLER. — FONTAINE SABLÉE, vaisseau de cuivre ou de quelque autre matière, dans lequel on fait filtrer de l'eau à travers le sable, pour la rendre plus claire, pour l'épurer.

SABLÉ, *Sabolotium, Sabulium*, ch.-l. de cant., arr. et à 30 kil. N.-O. de la Flèche (Sarthe), sur une colline baignée par la Sarthe; 6,000 hab. Lainages, serges; anthracite, ardoises, marbre noir, grains, fruits, bestiaux, etc. Ruines d'un antique château du moyen âge, qui a joué un certain rôle pendant les guerres de Bretagne. Traité du 21 août 1488 entre Charles VIII et François II, duc de Bretagne, qui prit l'engagement de renvoyer ses États les troupes étrangères, et de ne marier ses filles que du consentement de son suzerain.

SABLÉ (Madeleine DE SOUVRÉ, marquise de), femme célèbre, née en 1598, morte en 1678. Elle vécut d'une manière fort régulière et son salon fut le rendez-vous des beaux esprits de son temps. Ses *Maximes* ont été publiées à Paris en 1678, in-12.

* SABLER v. a. Couvrir de sable : *sabler les allées d'un jardin.* — Fig. et fam. Boire tout d'un trait, fort vite; par allusion à la promptitude avec laquelle un fondeur doit opérer lorsqu'il jette en sable : *sabler un verre de vin.*

SABLES-D'OLONNE (Les), *Arenæ Olonenses*, ch.-l. d'arr., à 36 kil. N.-O. de la Roche-sur-Yon (Vendée), sur une presqu'île qui s'avance dans l'Océan, par 46°29'47" lat. N. et 4°7'27" long. O.; 8,500 hab. École d'hydrographie; bains de mer; pêche de la sardine. Belle église. Port creusé par Louis XI. Cette ville, fondée par des pêcheurs bretons et espagnols, appartint à Philippe de Comines. Les protestants la prirent en 1577 et en 1578. Une flotte anglo-batave la ruina en 1696. Les Vendéens l'assiégèrent vainement du 25 au 29 mars 1793.

SABLÉSIEN, IENNE s. et adj. De Sablé; qui concerne cette ville ou ses habitants.

SABLEUR, EUSE s. Personne qui boit beaucoup.

* SABLEUX, EUSE adj. Qui contient du sable. — FARINE SABLEUSE, celle dans laquelle se trouve mêlé du sable.

* SABLIER s. m. Espèce d'horloge de verre, composée de deux fioles ajustées de manière que du sable fin qui est dans l'une, s'écoule dans l'autre, par une petite ouverture, et sert à mesurer un certain espace de temps : *sablier d'une heure, de demi-heure, d'un quart d'heure.* — Petit vaisseau contenant du sable propre à être répandu sur l'écriture pour la sécher : *un sablier de cuivre, de fer-blanc.* — Bot. Petit arbre d'Amérique, dont le fruit, qui est une capsule dure et très sèche, peut s'employer en guise de sablier, de vase à mettre du sable pour sécher l'écriture.

* SABLIÈRE s. f. Lieu creusé dans la terre, duquel on tire du sable pour bâtir : *une grande sablière.*

* SABLIÈRE s. f. Charpent. Pièce de bois posée horizontalement, et destinée à recevoir, à porter l'extrémité de certaines autres pièces de charpente : *la sablière ou plate-forme qui reçoit le pied des chevrons du comble.*

SABLIÈRE (La). Voy. LA SABLIÈRE.

* SABLON s. m. Sable fin, sable très menu : *du sablon d'Étampes.*

* SABLONNER v. a. Écurer avec du sablon : *sablonner de la vaisselle.*

* SABLONNEUX, EUSE adj. Où il y a beaucoup de sable : *pays sablonneux.*

* SABLONNIER s. m. Celui qui vend du sablon : *un sablonnier d'Étampes.*

* SABLONNIÈRE s. f. Lieu d'où l'on tire du sablon, du sable fin.

* SABORD s. m. [sa-bor]. Mar. Ouverture ou embrasure faite à un vaisseau, et par laquelle le canon tire : *ouvrir, fermer les sabords.*

SABORDEMENT s. m. Action de saborder.

SABORDER v. a. Percer au-dessous de la flottaison pour faire couler à fond : *saborder une frégate.*

* SABOT s. m. (lat. *sapinus*, sapin). Chaussure de bois faite toute d'une pièce, et creusée de manière à contenir le pied : *beaucoup de paysans se servent de sabots, portent des sabots.* — ON L'A VU VENIR A PARIS AVEC DES SABOTS, se dit en parlant d'un homme qui, d'une origine obscure ou d'une extrême pauvreté, est parvenu à une fortune considérable. — Fig. et pop. ELLE A CASSÉ SON SABOT, se dit d'une fille qui, par sa conduite, a donné quelque atteinte à son honneur. — Corne du pied du cheval et de plusieurs autres animaux : *le sabot de ce cheval est bon, est usé.* — Se dit aussi des ornements, ordinairement du métal, qui sont au bas des pieds d'un bureau, d'une commode, etc. : *les pieds de cette table ont des sabots de cuivre.* — Toute garniture de métal ou de bois qui entoure l'extrémité inférieure d'une pièce de charpente, d'un poteau, etc. : *les sabots sont armés d'un sabot de fer pointu, afin qu'ils percent plus facilement les terrains durs.* — Baignoire faite en forme de sabot. — Plaque de fer un peu courbe et à rebords qu'on met sous l'une des roues d'une voiture, pour qu'elle ne tourne pas et ne fasse que glisser : *nous voici à la descente, mettez le sabot.* — Hist. nat. Genre de mollusques à coquille univalve, épaisse et dure. — Mauvais violon : *ce violon n'est qu'un sabot.* — Jouet d'enfants, qui est de figure cylindrique, se terminant en pointe par le bas, et que l'on fait pirouetter en le frappant avec un fouet, avec une lanière : *faire aller un sabot.* — LE SABOT DORT, se dit quand le sabot, à force d'avoir été fouetté, tourne si vite sur un même point, qu'il paraît immobile.

* SABOTER v. n. Jouer au sabot, faire aller un sabot : *des enfants qui sabotent dans une cour.*

SABOTEUR, EUSE s. Personne qui sabote.

* SABOTIER s. m. Ouvrier qui fait des sabots. — Celui qui porte des sabots : *ces sabotiers-là font un bruit à fendre la tête.*

SABOTIÈRE s. f. Sorte de danse qu'exécutent des gens en sabots : *danser la sabotière.*

SABOULADE s. f. Action de sabouler.

* SABOULER v. a. Tourmenter, tirailler, renverser, houspiller une personne de côté et d'autres plusieurs fois : *sabouler quelqu'un.* — Fig. Réprimander, tancer quelqu'un avec véhémence : *il a été sabouló d'importance par son père.*

SABOULEUX s. m. Nom donné, au XVIᵉ siècle, à de faux épileptiques qui se laissaient tomber sur le pavé avec des contorsions affreuses et jetaient de l'écume au moyen d'un peu de savon qu'ils avaient dans la bouche.

* SABRE s. m. (all. *sæbel*). Cimeterre, espèce de coutelas recourbé que l'on tranche que d'un côté : *un sabre qui a le fil.* — Sorte d'épée droite et large, qui a un dos et un tranchant : *la grosse cavalerie porte des sabres.* — COUPS DE PLAT DE SABRE, coups appliqués avec le plat de la lame; par opposition à COUPS DE SABRE, ceux qui sont donnés avec le tranchant.

* SABRE-BAÏONNETTE s. m. Sorte de sabre court qui peut être placé au bout du fusil en guise de baïonnette. (Voy. BAÏONNETTE.)

SABRE-BRIQUET s. m. Sabre court à l'usage de l'infanterie et de l'artillerie à pied.

SABRENAS s. m. [-na]. Artisan qui travaille malproprement, grossièrement.(Pop. et vieux.)

SABRENASSER ou Sabrenauder v. a. Travailler mal quelque ouvrage que ce soit. (Pop.)

SABRE-POIGNARD s. m. Sabre court et droit qui était en usage dans l'infanterie.

° SABRER v. a. Donner des coups de sabre : *il sabrait à droite et à gauche.* — Fig. et fam. SABRER UNE AFFAIRE, l'expédier avec précipitation, sans se donner la peine de l'examiner : *on a sabré son affaire.*

SABRES, ch.-l. de cant., arr. et à 35 kil. N.-O. de Mont-de-Morsan (Landes), sur la Leyre; 1,800 hab.

° SABRETACHE s. f. (all. *sæbeltasche;* de *sæbel,* sabre, et de *tasche,* poche). Mot emprunté de l'allemand. Espèce de sac plat qui pend à côté du sabre d'un hussard, d'un lancier, et qui lui sert de poche : *mettre son mouchoir dans sa sabretache.*

° SABREUR. s. m. Militaire qui ne sait point l'art de la guerre, mais qui est brave et qui se bat bien : *c'est un bon sabreur.*

SABULAIRE adj. Zool. Qui vit dans le sable.

° SABURRAL, ALE adj. (fr. *saburre*). Méd. Qui appartient à la saburre : *maladie saburrale* — LANGUE SABURRALE, langue couverte d'une matière jaunâtre.

° SABURRE s. f. (lat. *saburra,* gravier). Méd. Se dit des sucs altérés qui se trouvent dans les premières voies, et qui proviennent de mauvaises digestions.

° SAC s. m. [sak] (lat. *saccus*). Sorte de poche faite de cuir, de toile ou d'étoffe, que l'on coud par le bas et par les côtés, laissant seulement le haut ouvert pour mettre dedans ce qu'on veut : *un sac de velours.* — SAC DE PAPIER, sorte de poche de papier, en forme de sac, dont le bas et les côtés sont collés au lieu d'être cousus, et qui sert à mettre des épiceries, des drogues, des bonbons, etc.: *mettre de la cassonade dans un sac de papier gris.* — SAC A BLÉ, SAC A CHARBON, SAC A AVOINE, SAC A TERRE, sac à mettre du blé, du charbon, de l'avoine, de la terre; et, SAC DE BLÉ, DE CHARBON, D'AVOINE, DE PLATRE, DE FARINE, DE NOIX, DE POMMES, etc., sac plein de blé, de charbon, d'avoine, de plâtre, de farine, de noix, de pommes, etc. On dit, dans le même sens, UN SAC D'ARGENT, UN SAC D'ÉCUS, UN SAC DE SOUS, UN SAC DE MILLE FRANCS, etc. — SAC A POUDRE, sac dans lequel les perruquiers mettent leur poudre. — SAC DE BLÉ, SAC DE FARINE, se disent aussi d'une certaine mesure de blé, de farine: *les munitionnaires doivent fournir tant de sacs de blé, tant de sacs de farine.* — AUTANT PÈCHE CELUI QUI TIENT LE SAC, QUE CELUI QUI MET DEDANS, le receleur n'est pas moins coupable que le voleur. — Prov. UN HOMME DE SAC ET DE CORDE, un scélérat, un filou, un mauvais garnement. — UN SAC A VIN, un ivrogne. — PRENDRE QUELQU'UN LA MAIN DANS LE SAC, le prendre sur le fait, le surprendre au moment où il commet quelque vol, quelque infidélité. — IL NE SAURAIT SORTIR D'UN SAC QUE CE QUI Y EST, un sot ne peut dire que des impertinences, un méchant homme ne peut faire que de méchantes actions. — METTRE QUELQU'UN AU SAC, le mettre hors d'état de répondre aux objections qu'on lui fait. — CET HABIT RESSEMBLE A UN SAC, EST UN SAC; ON EST DANS CET HABIT COMME DANS UN SAC, se dit d'un habit mal fait, mal taillé et trop large. — LE SAC D'UN SOLDAT, de la pièce de peau dans lequel chaque fantassin renferme les objets à son usage, et qui se porte sur le dos à l'aide de deux bretelles : *donner des sacs aux soldats* — Tous-

SER SON SAC ET SES QUILLES, PRENDRE SON SAC ET SES QUILLES, prendre ses hardes et s'en aller. DONNER A QUELQU'UN SON SAC ET SES QUILLES, lui donner son congé, le chasser. — SAC DE NUIT, sac où l'on met, en voyage, ses hardes de nuit. SAC A OUVRAGE, sac où les femmes renferment l'ouvrage auquel elles travaillent. SAC D'ÉGLISE, sac où les femmes mettent leurs livres de dévotion et de prières pour aller à l'église. — Guerre. SAC A TERRE, sac plein de terre dont on se sert en faisant les tranchées, logements, batteries, etc., pour mettre les soldats à couvert du feu des ennemis : *chaque soldat portait un sac à terre.* — SAC DE PROCÈS, et, absol., SAC, sac contenant les pièces d'un procès : *mettre le sac au greffe.* On dit plus ordinairement aujourd'hui, LES PIÈCES DU SAC, LE DOSSIER. — C'EST LA MEILLEURE PIÈCE DE SON SAC, se dit en parlant d'un homme qui sollicite quelque grâce, qui entreprend quelque affaire, c'est la raison, la chose la plus avantageuse pour lui, celle qui doit le plus sûrement lui procurer le succès qu'il désire. — VOTRE AFFAIRE EST DANS LE SAC, tout est préparé pour qu'elle réussisse, on peut la regarder comme terminée. — VOIR LE FOND DU SAC, pénétrer dans ce qu'une affaire a de plus secret, de plus caché. — Fig. VIDER SON SAC, dire tout ce qu'on a à dire sur tel sujet, dans telle occasion : *il n'a plus rien à dire, il a vidé son sac.* — Prov. et fig. JUGER SUR L'ÉTIQUETTE DU SAC, prononcer sur une question difficile, sans se donner la peine de s'en instruire suffisamment. Cette phrase signifie quelquefois juger sur-le-champ une question qui ne présente point de difficulté : *cela peut se juger sur l'étiquette du sac.* — Habit de pénitence, d'affliction, d'humiliation : *faire pénitence sous le sac et la cendre.* — Grande robe dont se couvrent les pénitents dans leurs cérémonies, dans leurs processions : *tous les pénitents étaient revêtus de sacs noirs, blancs, bleus,* etc. — Dépôt d'humeurs, de matière, qui se forme en quelque partie du corps auprès d'une plaie ou d'un abcès : *quand une plaie est mal pansée, il s'y fait un sac.* — Anat. SAC LACRYMAL, petite cavité qui est placée au côté interne de l'orbite de l'œil, et qui sert de réservoir à l'humeur fournie par la glande lacrymale. — Chir. SAC HERNIAIRE, portion de membrane qui enveloppe une hernie extérieure. — Fig. et pop. Estomac, ventre : REMPLIR SON SAC, manger beaucoup. VIDER SON SAC, se décharger le ventre ou se purger. — CUL-DE-SAC. (Voy. CUL.) — AVOIR LE SAC, avoir de l'argent. — DONNER LE SAC A QUELQU'UN, le congédier.

° SAC s. m. Pillage entier d'une ville : *le sac de Troie.*

SAC-A-VIN s. m. Ivrogne.

° SACCADE s. f. [sa-ka-]. Brusque et rude secousse qu'on donne à un cheval en lui tirant la bride : *les saccades gâtent la bouche d'un cheval.* — Fig. Secousse violente qu'on donne à quelqu'un en le tirant : *il le prit au collet et lui donna deux ou trois saccades.* — Rude réprimande, correction rude : *il y a eu une rude, une furieuse saccade.* — Tout mouvement brusque et irrégulier : *n'aller, n'avancer que par saccades.*

° SACCADÉ, ÉE part. passé de SACCADER. — Fig. MOUVEMENTS SACCADÉS, mouvements brusques et irréguliers. — STYLE SACCADÉ, style dont les phrases sont courtes et peu agréables à l'oreille.

° SACCADER v. a. Man. Donner des saccades à un cheval : *vous saccadez trop votre cheval.*

° SACCAGE s. m. (rad. fr. *sac*). Bouleversement, confusion : *les enfants ont fait un saccage horrible dans le jardin.* — Amas confus : *un saccage de vieilles marmites, de meubles cassés.*

° SACCAGEMENT s. m. Sac, pillage : *empêcher le saccagement d'une ville.*

° SACCAGER v. a. Mettre à sac, mettre au pillage : *saccager une ville, un château, une maison, une province.* — ON A TOUT SACCAGÉ CHEZ LUI, on y a tout bouleversé.

SACCAGEUR, EUSE. s. Personne qui saccage.

SACCATOO. Voy. SACKATOO.

° SACCHARATE s. m. [sak-ka-] (lat. *saccharum,* sucre). Chim. Se dit de certaines combinaisons que le sucre fait avec les oxydes métalliques : *saccharate de chaux.*

SACCHAREUX, EUSE adj. Chim. Qui tient de la nature du sucre.

SACCHARIDÉ, ÉE adj. [sak-ka-] (gr. *sakkar, sakkaros,* sucre; *eidos,* aspect). Qui ressemble au sucre. — s. m. Pharm. Préparation qui a le sucre pour base.

SACCHARIFÈRE adj. (lat. *saccharum,* sucre; *fero,* je porte). Qui produit ou contient du sucre.

SACCHARIFIABLE adj. Qui peut être saccharifié.

SACCHARIFICATION s. f. Action de saccharifier.

SACCHARIFIER v. a. Chim. Convertir en sucre.

° SACCHARIMÈTRE s. m. [sak-ka] (gr. *sakkar, sakkaros,* sucre; *metron,* mesure). Polariscope arrangé de manière à déterminer la force des solutions de sucre en mesurant l'angle dont elles font dévier un rayon de lumière polarisée. L'opticien parisien Soleil employait, en 1847, un appareil que Duboscq perfectionna dans la suite.

SACCHARIMÉTRIE s. f. Ensemble de procédés employés pour déterminer soit la richesse du sucre, soit la richesse en sucre de la canne à sucre ou de la betterave.

° SACCHARIN, INE adj. Qui contient du sucre, qui a les caractères du sucre, qui se rapporte au sucre.

SACCHARINÉ, ÉE adj. Se dit des organes qui contiennent du sucre.

SACCHARIQUE adj. Se dit d'un acide organique formé par l'action sur le sucre de l'acide nitrique dilué.

SACCHAROÏDE adj. (gr. *sakkaron,* sucre; *eidos,* aspect). Qui a l'apparence du sucre.

SACCHAROKALI s. m. Mélange de sucre et de bicarbonate de soude employé comme absorbant.

SACCHAROLÉ s. m. Pharm. Médicament qui a le sucre pour excipient.

° SACCHARURE s. m. Pharm. Médicament qu'on obtient en versant une teinture d'alcool ou d'éther sur du sucre blanc cassé ou morceaux.

SACCHINI (Antonio-Maria-Gasparo) [sak-ki'-ni], compositeur italien, né vers 1735, mort vers 1786. Il fit de nombreux opéras en Italie, en Allemagne et en Angleterre, où il demeura de 1772 à 1784, et enfin à Paris. Son meilleur ouvrage est *Œdipe à Colonne.*

SACCIFÈRE adj. [sak-si-] (lat. *saccus,* sac; *fero,* je porte). Hist. nat. Qui est muni d'un organe en forme de sac.

SACCIFORME adj. [sak-si-] (lat. *saccus,* sac; fr. *forme*). Qui a la forme d'un sac.

° SACERDOCE s. m. (lat. *sacerdotium;* de *sacerdos,* prêtre). Prêtrise : *la sainteté, la puissance, la dignité, l'excellence du sacerdoce.* — Ministère de ceux qui, dans l'Ancien Testament, avaient le pouvoir d'offrir à Dieu des victimes pour le peuple : *le sacerdoce de Melchisédech.* — Se dit également en parlant

de ceux qui, chez les anciens, offraient les sacrifices aux faux dieux : *le sacerdoce se trouvait quelquefois uni avec l'empire, avec la royauté.* — Corps ecclésiastique : *les querelles du sacerdoce et de l'empire.*

* **SACERDOTAL, ALE, AUX** adj. Appartenant au sacerdoce : *les ornements sacerdotaux.*

SACERDOTALISME s. m. Influence prédominante des prêtres.

* **SACHÉE** s. f. (rad. *sac*). Ce qu'un sac peut contenir : *une sachée de noix, de pommes, de châtaignes, de pois,* etc.

* **SACHET** s. m, (dimin. de *sac*). Petit sac : *mettre des herbes médicinales ou d'autres drogues dans un sachet, pour l'appliquer sur une partie malade.* — Sorte de petit coussin où l'on met des parfums, des senteurs : *elle a toujours des sachets sur son lit.*

SACHS (Hans) [zàks], poète allemand, né à Nuremberg en 1494, mort en 1576 Il était savetier. Il composa, dit-on, 6,000 poésies de toute espèce, dont le quart environ est imprimé, et parmi lesquelles 53 pièces sacrées, 78 pièces profanes, 64 farces et 59 fables. Beaucoup de ses comédies sont pleines de satires grossières et vigoureuses sur son temps. On trouve ses œuvres choisies dans la collection des *Deutsche Dichter des 16 Jahrhunderts*, de Goedeke et Tittmann (nouv. édit., 1874, 3 vol.)

SACKATOU [sa-ka-tou'] ou Sokoto. l, monarchie Foulah de l'Afrique centrale, dans le Soudan, à l'E. du Niger, s'étendant de 6° 30' à 14° lat. N. environ, et de 3° long. E.; 420.000 kil. carr. environ, y compris l'Adamawa ; Behm estime la population à 12,000,000 d'hab.; mais d'autres donnent un chiffre beaucoup moindre. Les Foulahs, qui y sont en minorité, forment la race dominante depuis 1800 environ. On y produit du fer de bonne qualité, du coton, du riz, du tabac et du sorgho. Au moment de la visite de Barth (1853), le sultan résidait à Wurno, à 23 kil. de Sackatou. — Il, ancienne capitale de ce pays, sur le Sackatou ou Rima, par 12° 59' lat. N., et 3° long. E.; plus de 20,000 hab. Grand trafic d'esclaves, de chevaux, de bestiaux, de cuir, de fer et de denrées. On y fabrique beaucoup d'articles en cuir renommés par leur qualité. L'explorateur anglais Clapperton mourut près de Sackatou en 1827.

SACO, port du Maine (Etats-Unis), sur la rive orientale du Saco, à 6 kil. de son embouchure environ, en face de Biddeford, à 45 kil. S.-O. de Portland ; 5,753 hab.

* **SACOCHE** s. f. (rad. *sac*). Nom qu'on donne à deux bourses de cuir jointes ensemble par une large courroie, et dont les courriers et autres personnes se servent en voyageant. — Sac de toile forte ou de peau, dans lequel les porteurs d'argent des maisons de banque et de commerce mettent les espèces qu'ils sont chargés de donner ou de recevoir en payement. Se dit de même du sac et de ce qu'il contient : *une lourde sacoche.*

SACQUER v. a. Congédier. (Pop.)
SACRAL, ALE adj. Du sacrum.

* **SACRAMENTAIRE** s. m. (rad. lat. *sacramentum*, sacrement). Nom d'une secte de réformés qui ont publié des opinions contraires à celles des catholiques, touchant l'eucharistie. — Livre qui contient les prières en usage dans l'administration des sacrements.

* **SACRAMENTAL, ALE, AUX** ou Sacramentel, elle adj. Qui appartient à un sacrement : *les mots sacramentaux.* — Mots sacramentaux, paroles sacramentelles, mots essentiels pour la conclusion d'une affaire, d'un traité : *l'affaire est conclue, il a dit les mots sacramentaux, les paroles sacramentelles.*

* **SACRAMENTALEMENT** ou Sacramentellement adv. D'une manière sacramentelle : *selon les catholiques, le corps de Jésus-Christ est réellement et sacramentellement dans l'Eucharistie.*

SACRAMENTO [sa-cra-ménn'-to], fleuve de Californie; il naît sur la pente orientale du mont Shasta. Après un cours de 550 kil., il se jette dans la baie de Suisun. Les steamers peuvent le remonter jusqu'à Tebama, à 410 kil. de son embouchure. La rivière Pitt, qui prend sa source dans l'angle N.-E. de l'état, est quelquefois considérée comme le Haut Sacramento.

SACRAMENTO, capitale de la Californie, la seconde ville de l'état comme importance, à 128 kil. E.-N.-E. de San Francisco, par 38° 33' lat. N. et 123° 40' long. O. ; 20,000 hab., dont 1,500 Chinois. La ville est bâtie dans une grande plaine, sur la rive orientale du Sacramento, immédiatement au S. de l'embouchure du fleuve américain. C'est une des villes les plus élégantes de l'O. des montagnes Rocheuses. Le climat est à demi tropical, et, à toutes les époques de l'année, la végétation et la floraison y sont très luxuriantes. Le seul

Sacramento. Capitole de l'état de Californie.

édifice public important est le Capitole de l'état, l'une des plus belles constructions de ce genre qui soient aux Etats-Unis. Sacramento a un grand commerce ; on y remarque des usines pour la fonte et l'épuration des minerais, et les magasins du chemin de fer Central Pacifique. La ville possède un collège de filles, une école normale, un collège catholique romain, et 4 journaux quotidiens. Le premier établissement de blancs s'y créa en 1839. Ce n'est qu'en 1848 que Sacramento commença à acquérir de l'importance, après la découverte de l'or. Elle est devenue la capitale de l'état en 1854, et elle a été classée comme cité en 1863.

* **SACRE** s. m. (lat. *sacer*, sacré). Grand oiseau de proie du genre des faucons : *lorsque le sacre fond sur sa proie...* — En termes de fauconnerie, ne se disait que de la femelle. (Voy. Sacret.) — Fig. Un sacre, un homme capable de toutes sortes de rapacités.

* **SACRE** s. m. Action par laquelle on sacre un roi : *les pairs assistaient au sacre du roi.* — Action par laquelle on sacre un évêque : *assister au sacre d'un évêque.*

* **SACRÉ, ÉE** part. passé de Sacrer. — Adj. Se dit, par opposition à profane, des choses qui concernent la religion, qui ont pour objet le culte de Dieu : *les vases sacrés.* — Ordres sacrés, la prêtrise, le diaconat, le sous-dia-

conat, par opposition aux Ordres mineurs. — Les livres sacrés, l'Ancien et le Nouveau Testament. Les lettres sacrées, l'étude et la connaissance de ces livres, et de la religion. L'histoire sacrée, l'histoire sainte, par opposition à l'histoire profane. — Le sacré collège, le collège des cardinaux. On a dit de même, La sacrée faculté, la faculté de théologie. — Se dit également des choses qui concernaient la religion, le culte chez les païens : *le bœuf sacré des Egyptiens.* — Le feu sacré, se dit de certains sentiments nobles et passionnés qui se conservent et se communiquent, chez les nations et les individus : *le feu sacré de la liberté.* On dit aussi : Ce porte est animé du feu sacré, il a du génie : *cet écrivain manque du feu sacré, n'a pas le feu sacré.* — Il est encore des choses auxquelles on doit une grande vénération, qu'on ne doit point violer, enfreindre, ou qu'on ne doit point divulguer, auxquelles on ne doit point toucher ou ne veut point toucher, etc. : *les lois les plus sacrés.* — Le Sacré-Cœur. (Voy. Sacré-Cœur.) — C'est un homme pour lequel il n'y a rien de sacré, qui n'épargnerait pas ce qu'il y a de plus sacré au monde, dans le monde, se dit d'un homme qui n'est retenu par rien par aucun respect de religion ni de morale. — Se dit aussi des personnes que leur qualité rend inviolables : *la personne du roi est inviolable et sacrée.* — Sacrée Majesté, titre que l'on donne à l'empereur d'Autriche, mais seulement quand on lui parle. — Est quelquefois une épithète ajoutée à des termes d'injure, pour leur donner plus de force. Ce sens est du langage le plus bas, le plus grossier, et ne doit jamais être employé. On ne l'indique ici que parce qu'il sert à faire comprendre une acception du verbe Sacrer. (Voy. ci-dessous.) — Anat. Se dit de ce qui appartient ou a rapport à l'os sacrum : *nerfs sacrés.* — Substantiv. *Il mêle le sacré et le profane.*

SACREBLEU interj. Sorte de juron qui paraît être une atténuation de Sacredieu.

* **SACRÉ-CŒUR** s. m. Nom de deux fêtes de l'Eglise catholique : l'une, le Sacré-Cœur de Jésus, se célèbre. le deuxième dimanche de juillet voy. Alacoque (*Marie*); l'autre, le Sacré-Cœur de Marie, se célèbre le dimanche qui précède la Septuagésime. — Dames du Sacré-Cœur, congrégation religieuse de l'Eglise catholique romaine, vouée à l'éducation et fondée à Paris le 21 nov. 1800. Les règles et les constitutions de l'ordre sont fidèlement imitées de celles des jésuites : mais il n'y a point de lien entre les deux sociétés. La maison centrale, résidence de la supérieure générale, est à Paris, boulevard des Invalides.

* **SACREMENT** s. m. (lat. *sacramentum*). Signe visible d'une chose invisible, institué de Dieu pour la sanctification des âmes : *les sacrements de l'ancienne loi.* — Se dit particul., chez les catholiques, des sept sacrements de la loi nouvelle, institués par Jésus-Christ, pour conférer la grâce dont ils sont le signe : *administrer les sacrements.* — S'approcher des sacrements, se confesser et communier, et, Fréquenter les sacrements, se confesser et communier souvent. — Il a eu, il a reçu, on·

LUI A DONNÉ TOUS SES SACREMENTS, LES DERNIERS SACREMENTS, se dit d'un homme extrêmement malade qui a reçu le sacrement de pénitence, de l'eucharistie et de l'extrême-onction. — LE SAINT SACREMENT DE L'AUTEL, ou, absol., LE SAINT SACREMENT, l'eucharistie : adorer le saint sacrement. — LE SAINT SACREMENT, l'ostensoir, le soleil d'or ou d'argent qui est destiné à renfermer l'hostie : donner un saint sacrement à une église. — Se dit quelquefois absol. et par plaisant., du sacrement de mariage, ou du mariage même : ils vivaient ensemble longtemps avant le sacrement. — ENCYCL. Les Églises grecque et latine admettent sept sacrements : le baptême, la confirmation, la pénitence, l'eucharistie, l'extrême-onction, l'ordre et le mariage. Le baptême, la confirmation et l'ordre ne peuvent se recevoir qu'une fois, et sont considérés comme imprimant à l'âme un sceau ou caractère indélébile. Les protestants ne croient en général qu'à deux sacrements, le baptême et la cène, parce que le Nouveau Testament ne fait mention que de ces deux sacrements comme ayant été institués par le Christ.

* SACRER v. a. (lat. sacrare). Conférer un caractère de sainteté par le moyen de certaines cérémonies religieuses : sacrer un roi, un empereur, un évêque.

* SACRER v. n. Jurer, blasphémer, faire des imprécations : il ne fait que jurer et sacrer. (Fam.)

* SACRET s. m. Fauconn. Tiercelet ou mâle du sacre.

* SACRIFICATEUR s. m. (lat. sacrificator). Celui qui sacrifie, ministre préposé pour faire les sacrifices. Ce mot n'est usité qu'en parlant des Hébreux et des païens : le grand sacrificateur.

SACRIFICATOIRE adj. Qui appartient au sacrifice.

* SACRIFICATURE s. f. Dignité, office, fonction du sacrificateur. N'est usité qu'en parlant des Hébreux et des païens : exercer la sacrificature.

* SACRIFICE s. m. (lat. sacrificium). Action par laquelle on offre certaines choses à Dieu avec certaines cérémonies, pour rendre hommage à sa souveraine puissance : sacrifice solennel. — Se dit aussi en parlant du culte qu'on rendait aux idoles, aux fausses divinités, en leur offrant des victimes ou des dons : les païens faisaient des sacrifices aux faux dieux, aux idoles. — Écrit. sainte. OFFRIR UN SACRIFICE DE LOUANGES, célébrer les louanges de Dieu. — OBÉISSANCE VAUT MIEUX QUE SACRIFICE, rien ne plaît à Dieu autant qu'une entière soumission à ses volontés. — Abandon de quelque chose de considérable, d'agréable, etc., privation que l'on s'impose, ou à laquelle on se résigne, pour l'amour de Dieu ou d'une personne, ou en considération de quelque chose : faire à Dieu le sacrifice de soi-même.

* SACRIFIÉ, ÉE part. passé de SACRIFIER. Fig. Un RÔLE, UN PERSONNAGE SACRIFIÉ, un rôle, un personnage peu important.

* SACRIFIER v. a. Offrir quelque chose à Dieu avec certaines cérémonies, pour lui rendre un hommage souverain : sacrifier des victimes, un taureau, un agneau. — Se dit aussi en parlant des sacrifices offerts aux idoles, aux fausses divinités : il refusa de sacrifier aux idoles, aux faux dieux. — SACRIFIER AUX GRACES, avoir quelque chose de la grâce dans ses manières, dans ses discours, dans son style : il n'a pas sacrifié aux Grâces. — SACRIFIER AUX PRÉJUGÉS, A LA MODE, AU GOUT DE SON SIÈCLE, se conformer par faiblesse, avec excès, à ce que veulent les préjugés, la mode, etc. — SACRIFIER QUELQUE CHOSE A DIEU, A UNE PERSONNE, se priver de quelque chose, y renoncer, en considération, pour

l'amour de Dieu ou d'une personne : il a sacrifié ses intérêts à son ami. On dit SACRIFIER POUR, dans un sens analogue : j'ai tout sacrifié pour vous. — SACRIFIER UNE CHOSE, UNE PERSONNE A UNE AUTRE, perdre, délaisser une chose, une personne, pour en acquérir ou en conserver une autre : j'ai sacrifié deux mille écus à mon repos. — SACRIFIER TOUT SON TEMPS, TOUT SON LOISIR A QUELQUE CHOSE, employer tout son temps, tout son loisir. — SACRIFIER SON REPOS, SON BONHEUR, etc., A CELUI D'UN AUTRE, renoncer au repos, au bonheur, etc., pour assurer le repos, le bonheur de quelqu'un. — SACRIFIER TOUT A SES INTÉRÊTS, faire céder toutes choses à ses intérêts, préférer ses intérêts à tout. — Absol. SACRIFIER QUELQU'UN, le rendre victime de quelque vue ou de quelque intérêt : ce général, ce ministre a été sacrifié. — Se sacrifier v. pr. Se dévouer : se sacrifier pour son pays.

* SACRILÈGE s. m. (lat. sacrilegium). Action impie par laquelle on profane les choses sacrées : l'usage indigne des sacrements est un sacrilège. — Toute action par laquelle on attente sur une personne sacrée, on outrage une personne digne de vénération, d'égards : c'est un sacrilège que d'offenser son père. — CE SERAIT UN SACRILÈGE DE RETOUCHER A CE TABLEAU ; CE SERAIT UN SACRILÈGE D'ABATTRE CE BEL ARBRE, il y aurait une sorte de profanation à retoucher ce tableau, à abattre cet arbre, que sa beauté doit faire ménager, respecter. — Législ. « Dans l'ancien droit, la profanation des choses ou des personnes considérées comme saintes par l'Église catholique, constituait le crime de sacrilège. Tels notamment : le vol d'objets destinés au culte, le vol d'objets profanes dans un lieu saint, les voies de fait ou insultes envers une personne engagée dans les ordres. La peine infligée dans les cas les moins graves était laissée à l'arbitraire du juge ; dans les autres cas, le coupable, après avoir fait amende honorable, avait le poing coupé ; puis il était brûlé vif, ou bien il était pendu et son corps était jeté sur un bûcher. En 1789, le sacrilège ne cessa d'être considéré comme un crime que la loi doit punir. Mais, sous la Restauration, la loi du 20 avril 1825 qui fut votée par les Chambres, malgré l'opposition de Chateaubriand, de Royer-Collard, de M. de Broglie, etc., ressuscita le crime de sacrilège et assimila au parricide la profanation des hosties consacrées ; en conséquence, l'individu coupable de ce manquement à la foi catholique devait être décapité, après avoir fait amende honorable devant l'église où le sacrilège avait été commis. Cette loi de réaction religieuse fut abrogée par celle du 11 octobre 1830, aussitôt après la révolution de Juillet. — En vertu des articles 261 et suivants du Code pénal, ceux qui ont interrompu les exercices d'un culte en causant des troubles dans le temple, et ceux qui, par paroles ou par gestes, ont outragé, soit les ministres d'un culte reconnu par l'État dans leurs fonctions, soit les objets de ce culte, peuvent, suivant la gravité, être punis de peines correctionnelles. (Voy. OUTRAGE.) Le vol commis dans les édifices consacrés à l'un des cultes légalement établis en France est puni de la réclusion par l'article 386 du même code. » (CH. Y.)

* SACRILÈGE adj. Qui commet un sacrilège : homme sacrilège. — Se dit aussi des choses qui participent du sacrilège, qui en ont le caractère : pensée, dessein, action sacrilège. — Substantiv. La morale condamne les sacrilèges.

* SACRILÈGEMENT adv. Avec sacrilège, d'une manière sacrilège : communier sacrilégement.

* SACRIPANT s. m. (nom d'un personnage de Boïardo). Rodomont, faux brave, tapageur : c'est un vrai sacripant. (Fam.) — Mauvais garnement : quel sacripant !

* SACRISTAIN s. m. (bas lat. sacrista). Celui qui a soin de la sacristie d'une église : le sacristain de telle paroisse.

SACRISTI interj. (altér. de sacristie). Sorte de juron familier.

* SACRISTIE s. f. Lieu destiné pour serrer les vases sacrés, les ornements d'église, et où les prêtres, les diacres, tous ceux qui servent à l'autel, vont se revêtir des habits d'usage pour le service divin : entrer dans la sacristie. — Ce qui est contenu dans la sacristie : la sacristie de telle paroisse est très riche. — Profit qu'on tire de ce qui est donné pour faire dire des messes, des services et des prières : la sacristie de cette paroisse rapporte tant chaque année.

* SACRISTINE s. f. Celle qui, dans un monastère de filles, a soin de la sacristie : la sacristine de l'abbaye.

* SACRO, préfixe qui, joint à un autre terme anatomique, indique que la partie ainsi désignée a un rapport avec le sacrum : muscle sacro-lombaire ; articulations sacro-iliaques.

* SACRUM s. m. [sa-kromm] (lat. sacrum, sacré). Anat. On appelle OS SACRUM, ou simpl. SACRUM, la dernière des vertèbres, celle qui termine l'épine dorsale, et qui forme la partie postérieure du bassin.

SACS ou Sauks, tribu d'Indiens Algonquins, jadis sur la rivière Detroit et la baie de Saginaw, puis chassés par les Iroquois au delà du lac Michigan. Errants et inquiets, ils étaient constamment en guerre avec les Sioux et les Iroquois ; ils aidèrent les Français dans leur lutte contre ces derniers. Ils prirent parti pour Pontiac, et, pendant la guerre d'indépendance, ils se laissèrent guider par les Anglais. Des traités furent conclus en 1804 et en 1815-16, portant cession de territoire. Ils ont toujours été étroitement liés aux Foxes (Renards). En 1876, on comptait 417 Sacs et Foxes en territoire Indien, 341 dans l'Iowa, 200 dans le Kansas, et 100 dans Nébraska.

SACY. I. (Antoine-Isaac, BARON SYLVESTRE DE), orientaliste français, né à Paris le 21 sept. 1758, mort le 19 fév. 1838. En 1795, il fut nommé professeur d'arabe à l'Académie orientale, en 1806 professeur de persan au collège de France, en 1815 recteur de l'académie universitaire de Paris. Il a publié une christomathie arabe en 3 vol., et une grammaire en 2 vol. ; Exposé de la religion des Druses (1838, 2 vol.), des éditions annotées et des traductions d'écrivains orientaux ; ses ouvrages ont une grande valeur. — II. (Samuel-Ustazade SYLVESTRE DE), journaliste, fils du précédent, né à Paris le 17 oct. 1801, mort le 14 fév. 1879. Rédacteur politique au Journal des Débats depuis 1828, il y écrivit des articles d'une rare distinction qui lui ouvrirent les portes de l'Académie française en 1854. Il fut conservateur de la bibliothèque Mazarine de 1836 à 1848, puis administrateur du même établissement. En 1864, il devint membre du conseil de l'instruction publique, et en 1867 sénateur. Ses œuvres comprennent Variétés littéraires, morales et historiques (2e édit., 1861, 2 vol.), et une édition des Lettres de Madame de Sévigné (1861-'64, 11 vol.).

SACY (Louis-Isaac LE MAISTRE, dit DE), l'un des savants solitaires de Port-Royal, né à Paris en 1613, mort en 1684. Il était neveu du grand Arnauld. Il embrassa l'état ecclésiastique, adopta les doctrines de Saint-Cyran et d'Arnauld et dut se cacher lors de la persécution contre les jansénistes (1661) ; découvert en 1666, il passa trois ans à la Bastille où il commença sa traduction de la Bible. Il a laissé des traductions de Phèdre (1647, in-12), des Adelphes et du Phormion, de Térence (1667, in-12), de l'Imitation de Jésus-

Christ (1662), de *l'Ancien Testament* avec des explications (1672, 30 vol. in-8°), du *Nouveau Testament* (Mons, 2 vol.), traduction condamnée par Clément IX, etc.

SADE. 1. Jacques-François-Paul-Alphonse, ABBÉ DE), littérateur, né à Avignon en 1705, mort en 1778. Il a laissé des *Mémoires pour la vie de François Pétrarque* (Amsterdam, 1764-'67. 3 vol. in-4°). — II. (Donatien-Alphonse-François, COMTE DE), écrivain plus connu sous le nom de *Marquis de Sade*, né à Paris le 2 juin 1740, mort à Charenton le 2 déc. 1814. Il fut d'abord officier et se livra à une vie de débauches. Il épousa, en 1766, la fille du président de Montreuil, fut plusieurs fois arrêté, à la suite d'affaires scandaleuses, et n'échappa à la justive que grâce à l'influence de sa femme. Il finit par être enfermé à la Bastille en 1784 et profita de ses loisirs forcés pour écrire des ouvrages d'une monstrueuse obscénité. Transféré à Charenton en 1789, il fut délivré l'année suivante et s'occupa de publier ses affreuses productions : *Justine ou les malheurs de la vertu*(1791, 2 vol. in-18); *Juliette* (1798, 6 vol. in-18), roman tout à fait immonde, et plusieurs autres ouvrages du même genre. En 1801, une édition de ses œuvres, illustrées de gravures ignobles, motiva son arrestation. Il fut enfermé à Charenton comme fou incurable et dangereux.

SADO, île du Japon, à quelques kil. O. de l'île principale; longueur, 65 kil.; largeur moyenne, environ 14 kil.; 130,000 hab. environ. Elle est connue pour ses mines d'or, découvertes au XVII° siècle. L'île tout entière est une masse de roc aurifère. Les mines, pour la plupart à l'E. de l'île, donnent en outre du plomb, de l'argent, du cuivre et de l'or.

SADOC ou Zadoch, juif, disciple d'Antigone de Socho; vivait au III° av. J.-C. Il fut le fondateur de la secte des Saducéens. (Voy. ce mot.)

SADOLET (Jacopo SADOLETO), ecclésiastique italien, né en 1477, mort en 1547. Il fut attaché au service de différents cardinaux, et devint secrétaire de Léon X en 1513, puis évêque de Carpentras en 1517. Médiateur entre Luther et les théologiens romains, il n'aboutit à aucune conciliation, mais on croit qu'il empêcha Erasme de se joindre aux réformateurs. Secrétaire de Clément VII en 1523, il se retira dans son diocèse dix jours avant le sac de Rome par les troupes espagnoles (1527). En 1536, parut son commentaire sur saint Paul, présentant un terme moyen entre les opinions extrêmes sur la grâce et le libre arbitre; et, en 1538, son *Hortensius, sive de Laudibus Philosophiæ*(dernière édit. 1853, avec une traduction française). Fait cardinal à cette époque, il s'efforça d'effectuer des réformes et de ramener les convertis au catholicisme, et il protégea les Vaudois. Son livre *De Extructione Ecclesiæ catholicæ* est presque le seul exemple d'une discussion théologique exempte de passion à cette époque. En 1542, il essaya vainement, comme légat de François I°', d'amener un accord entre celui-ci et l'empereur; et il se démit de son évêché. Paul III le choisit pour présider le concile de Trente, mais il refusa, alléguant sa pauvreté. On a recueilli ses lettres, avec la correspondance et les poésies latines de son neveu Paolo Sadoleto, son successeur au siège de Carpentras (1759, 5 vol.). Fiordibello a écrit sa vie, dont une édition a paru à Paris en 1855 avec son Traité sur l'éducation.

SADOWA [sa'-do-va], petit village de Bohème, sur le Bistritz, à 14 kil. N.-O. de Kœniggrætz. La bataille qui s'y est livrée, le 3 juillet 1866, où les Prussiens commandés par le roi Guillaume I°', et les Autrichiens sous Benedek, est souvent nommée bataille

de Kœniggrætz. Plus de 400,000 hommes furent engagés dans cette action, qui dura huit heures. Les Autrichiens perdirent en tout 60,000 hommes, et les Prussiens environ 10,000. Cette victoire, due surtout à l'emploi des fusils à aiguille, décida du résultat de la double guerre italo-allemande de 1866.

*** SADUCÉEN** ou Sadducéen s. m. His. et Antiq. Membre d'une secte fameuse chez les Juifs. — ENCYCL. Les saducéens formaient une secte juive dont l'origine remontait, d'après la tradition, à Zadoch, son fondateur supposé, au III° siècle av. J.-C. Les saducéens apparaissaient pour la première fois dans l'histoire sous le Macchabée Jonathan, vers 144 av. J.-C. Ils ne reconnaissaient que la loi écrite, professaient que l'âme meurt avec le corps, niaient toute intervention providentielle, et ne faisaient dépendre toutes les actions humaines que de la seule et libre volonté de l'homme. Vers la fin de l'existence de la nation juive, ils furent rejetés du judaïsme et disparurent peu à peu; mais les caraïtes firent revivre quelques-uns de leurs principes. (Voy. PHARISIENS.)

SADUCÉISME s. m. Doctrine des saducéens.

SAËNS (Saint-), ch.-l. de cant., et à 15 kil. S.-O. de Neufchâtel (Seine-Inférieure). Belle église du XI° au XVI° siècle, détruite en partie par la foudre, en juin 1883.

*** SAETTE** s. f. Voy. SAGETTE.

SAFFI ou Asfi, port maritime du Maroc, sur la côte occidentale, à 120 kil. N.-E. de Mogador; 10,000 hab. environ. Un mur massif haut de 30 pieds entoure la ville. Le port est vaste et assez sûr; mais il est exposé aux vents de l'O. Principaux objets d'exportation : grains, fèves, œufs, peaux de chèvre, laine, oranges et babouches. Saffi est sur l'emplacement du Portus Rhusibis de Ptolémée.

*** SAFRAN** s. m. (ar. *zafarân*, jaune). Bot. Genre d'iridées comprenant une quarantaine d'espèces de petites plantes herbacées, à bulbes peu volumineux, sans tige. Le safran cultivé (*crocus sativus*), de l'Europe méridionale, cultivé en France, est une plante bulbeuse qui fleurit au commencement de l'automne, et qui porte une fleur bleue mêlée de rouge et de purpurin, du milieu de laquelle sort une houppe partagée en trois filets, que l'on recueille, que l'on fait sécher, et qu'on emploie à une multitude d'usages en médecine, en teinture, et même dans la cuisine. — Se dit plus ordinairement de cette même houppe séchée et réduite en poudre, qui, étant délayée, jaunit la liqueur où on la met : *couleur de safran.* — Se dit abusiv. de certaines plantes qui ont quelque rapport avec le safran : *safran bâtard, ou carthame.* — Fam. ÊTRE JAUNE COMME DU SAFRAN, AVOIR LE TEINT JAUNE COMME DU SAFRAN, COMME SAFRAN, avoir la maladie ictérique, la jaunisse. — Chim. S'est dit de quelques préparations brunes, jaunes ou rouges, faites avec du fer ou de l'antimoine : *safran de Mars.* — ENCYCL. Le safran cultivé ressemble au crocus printanier des jardins; mais il fleurit en automne. Le safran est mentionné par Salomon (Cantiques 1V, 14); il est connu et cultivé depuis les temps les plus reculés, de sorte que son lieu d'origine reste incertain. C'est l'Aragon inférieur et d'autres régions de l'Espagne qui en fournissent le plus. On en récolte cependant beaucoup et d'une excellente qualité dans le département du Loiret, en France; l'Autriche en produit un peu, et il est cultivé sur une petite échelle, par des Allemands, aux États-Unis, dans le comté de Lancaster (Massachusetts). Ce produit a toujours été d'un prix élevé à cause du travail qu'il faut pour recueillir les stigmates; aussi lui fait-on souvent subir des falsifications. Le safran n'a aucun effet médical; on ne l'emploie guère

aujourd'hui en pharmacie, si ce n'est comme colorant. Sa saveur est chaude et un peu amère, son odeur douce et pénétrante; il a une riche couleur orange foncée. Un seul grain de safran réduit en poudre fine avec un peu de sucre donnera une teinte jaune très sensible à 40 litres d'eau.

*** SAFRANÉ, ÉE** part. passé de SAFRANER. *Du riz safrané.* — AVOIR LE TEINT, LE VISAGE SAFRANÉ, avoir le visage jaune.

SAFRANER v. a. Apprêter avec du safran, jaunir avec du safran.

SAFRANIER s. m. Celui qui cultive le safran. — Homme ruiné.

SAFRANIÈRE s. f. Plantation de safran.

SAFRANINE s. f. Chim. Base colorée qu'on prépare à l'aide des amines aromatiques.

SAFRANUM s. m. Nom pharmaceutique du carthame ou safran bâtard.

*** SAFRE** adj. Goulu, glouton, qui se jette avec avidité sur le manger. Se dit, particul., des animaux domestiques, quelquefois des personnes, et surtout des enfants : *il faut prendre garde à ce chien, il est si safre qu'il emporte tout.* (Pop.)

SAFRE s. m. Chim. Oxyde de cobalt impur mêlé à du sable pulvérisé, et avec lequel on prépare le bleu d'azur.

SAFREMENT adv. Avec avidité, goulûment: *cet homme mange safrement.*

SAF-SAF, rivière d'Algérie, province de Constantine; arrose El-Arouch et se jette dans la Méditerranée non loin de Philippeville.

*** SAGA** s. f. On donne ce nom aux traditions mythologiques et historiques des peuples scandinaves : *beaucoup de sagas ont été rédigées au treizième siècle.*

SAGA, ville du Kioushiou (Japon), province de Hizen, au fond de la baie de Shimabara; 400,000 hab. environ. C'est le centre du commerce de la région; la célèbre porcelaine de Hizen s'y fabrique. C'était autrefois la capitale du prince de Nabeshima, un des 48 daïmios quasi indépendants; les missionnaires jésuites en avaient fait un actif foyer de propagande au XVI° et au XVII° siècle.

*** SAGACE** adj. (lat. *sagax*). Doué d'une pénétration d'esprit propre aux affaires et aux sciences : *c'est un homme fort sagace.* On dit de même, ESPRIT SAGACE.

SAGACEMENT adv. D'une manière sagace.

*** SAGACITÉ** s. f. Pénétration d'esprit, perspicacité qui fait découvrir et démêler promptement et sûrement ce qu'il y a de plus caché, de plus difficile dans les sciences, dans une intrigue, dans une affaire : *c'est un homme d'une grande sagacité.*

SAGAN [za-gann], ville de la Silésie prussienne, sur le Boher, à 75 kil. N.-O. de Liegnitz; 10,541 hab. C'est la capitale d'une principauté médiatisée, qui, en 1862, est devenue la propriété du prince Louis Talleyrand, duc de Sagan et de Valençay. Fabriques de drap et autres industries.

SAGAPÉNUM s. m. [sa-ga-pé-nomm], gommerésine d'origine végétale inconnue, qui a été employée en médecine. Ses propriétés étaient connues des anciens. Aujourd'hui on peut à peine se la procurer pure, même à Bombay, où on en apporte quelquefois de Perse. Elle a une odeur alliacée, mais moins désagréable que l'assa-fœtida, et n'est, du reste, d'aucune valeur médicale.

*** SAGE** adj. (lat. *sapiens*). Prudent, circonspect, judicieux : *un homme sage.* — Modéré, retenu, qui est maître de ses passions, réglé dans ses mœurs, dans sa vie : *il s'est point emporté, il a été fort sage dans cette rencontre.* — CET ENFANT EST SAGE, EST BIEN SAGE,

il est posé, il n'est point turbulent. On dit proverb. et pop., dans le même sens, IL EST SAGE COMME UNE IMAGE. — MONTREZ-VOUS LE PLUS SAGE, se dit à un homme qui a une querelle, pour l'engager à être modéré, ou à cesser le premier la dispute. — SOYEZ SAGE, SOYEZ PLUS SAGE A L'AVENIR, se dit, par manière d'avertissement, à une personne qui a commis quelque faute. C'EST POUR VOUS APPRENDRE A ÊTRE SAGE, se dit à une personne à qui l'on vient d'infliger une correction. — Se dit aussi des animaux, CE CHEVAL EST SAGE, il est doux, il n'a pas trop d'ardeur. CE CHIEN EST SAGE, il est obéissant, il ne s'emporte point à la chasse. — Se dit quelquefois par opposition à fou, extravagant; et alors il signifie, qui a sa raison, qui a de la raison : *il se croit sage, et il est fou.* — Quand on parle d'une fille ou d'une femme, signifie ordinairement, modeste, chaste, pudique : *cette fille, cette femme a toujours été sage.* — IL EST SAGE COMME UNE FILLE, se dit d'un jeune homme timide, modeste et d'une bonne conduite. — Se dit encore des actions, des paroles, etc., où la prudence, la sagesse se fait remarquer : *une conduite sage.* —Sage s. m. Homme sage :

Le *sage*, grand comme les dieux,
Est maître de ses destinées,
Et de la fortune et des cieux,
Tient les puissances enchaînées;
Il règne absolument sur la terre et sur l'onde;
Il commande aux tyrans, il commande au trépas;
Et s'il voyait périr le monde,
Le monde, en périssant, ne l'étonnerait pas.
Imité d'HORACE.

— Nom qu'on donne à ceux qui se sont distingués autrefois par une profonde connaissance de la morale ou des sciences : *les sages de la Grèce.* — LE SAGE, titre donné à certains souverains renommés pour leur savoir : *Charles V de France fut surnommé le Sage.*

Certain roi qui régnait sur les rives du Tage
Et que l'on surnomma *le Sage*,
Non parce qu'il était prudent,
Mais parce qu'il était savant.
FLORIAN.

— Absol. LE SAGE, se dit de Salomon, pour exprimer qu'il a mérité le nom de sage par excellence : *le Sage dit, dans ses Proverbes...*

* **SAGE-FEMME** s. f. Celle dont la profession est d'accoucher les femmes : *habile sage-femme; des sages-femmes.* — **Législ.** « Aucune sage-femme ne peut exercer sa profession avant d'avoir fait enregistrer son diplôme au greffe du tribunal et au secrétariat de la sous-préfecture de l'arrondissement dans lequel elle s'établit. Les diplômes de sage-femme sont délivrés par les facultés ou les écoles de médecine, après que les candidates ont suivi des cours d'accouchements dans des hôpitaux renfermant une *maternité*. (Voy. ce mot.) Les sages-femmes de 1re classe sont exclusivement formées par la Maternité de Paris; et elles ont le droit d'exercer dans toute la France. Les autres sont de 2e classe, et ne peuvent s'établir en dehors du département pour lequel elles ont été reçues. Dans les accouchements laborieux, les sages-femmes ne peuvent employer les instruments sans appeler un docteur en médecine (L. 19 ventôse an XI, art. 30 et s.). Les sages-femmes sont tenues au secret professionnel. Lorsqu'elles ont opéré un accouchement, elles doivent, à défaut du père de l'enfant, faire la déclaration de naissance à l'officier de l'état civil. (Voy. NAISSANCE.) » (CH. Y.)

* **SAGEMENT** adv. D'une manière sage, prudente, avisée, correcte : *vous avez fait sagement.*

* **SAGESSE** s. f. (lat. *sapientia*). Prudence, circonspection, bonne conduite dans le cours de la vie : *il a une grande réputation de sagesse.* — Modération, retenue : *il faut beaucoup de sagesse pour ne pas s'emporter en pareille occasion.* — CET ENFANT A DE LA SAGESSE, il est posé, docile, studieux. LE PRIX DE SAGESSE, le prix qu'on donne, dans les écoles, à l'élève le plus sage. — Modestie, pudeur, chasteté; et, en ce sens, se dit plus ordinairement des filles et des femmes : *elle a un air de sagesse dans tout ce qu'elle dit, dans tout ce qu'elle fait.* — Se dit quelquefois en parlant des ouvrages d'esprit ou des ouvrages d'art; et alors signifie, le soin que l'on met à éviter ce qui est outré, extravagant, à se renfermer dans les bornes prescrites par la raison et par le goût : *ce style, cette composition manque de sagesse.* — Connaissance naturelle ou acquise des choses, lumières de l'esprit : *les règles de la sagesse humaine.* — Connaissance inspirée des choses divines et humaines : *le don de sagesse est un des sept dons du Saint-Esprit.* — LE LIVRE DE LA SAGESSE, ou simpl. LA SAGESSE, un des livres de l'Ecriture sainte. — LA SAGESSE ÉTERNELLE, LA SAGESSE INCRÉÉE, le Verbe, ou la seconde personne de la Trinité; et, LA SAGESSE INCARNÉE, le Verbe revêtu de notre humanité.

* **SAGETTE** ou **Saette** s. f. (lat. *sagitta*). Flèche. (Vieux et peu us.)

SAGHALIEN, Saghalin ou KARAFTO, île de Russie, sur la côte orientale d'Asie, entre 45° 56' et 54° 25' lat. N., et coupée par les 139e et 141e méridiens E. Longueur : 900 kil. environ; largeur : de 30 à 130 kil. ; 60,000 kil. carr.; 16,000 hab. environ. Elle est séparée de la terre ferme par le détroit de Mamio Rinzo et d'Yézo par celui de La Pérouse. La côte ne présente aucun mouillage sûr. Les deux principaux cours d'eau sont le Baronai et le Tymi. Le climat est froid, humide et brumeux. La population se compose de Russes, de Japonais, de Chinois et d'Aïnos. Outre la houille et le pétrole, les richesses naturelles de l'île sont les bois, les fourrures et les pêcheries. On envoie au Japon de grandes quantités de saumons et de harengs séchés et salés. Une grande partie des fourrures vont à la Russie, d'autres au Japon, et un peu aux Etats-Unis. Les postes commerciaux les plus importants sont à la baie d'Aniva, et à l'extrémité méridionale de l'île. Jusqu'en 1875, Saghalien était occupée conjointement par les Russes et les Japonais; mais à cette époque le Japon céda sa part à la Russie. En 1873, cette puissance y a établi un pénitencier.

SAGIEN, IENNE s. et adj. De Séez; qui appartient à cette ville ou à ses habitants.

SAGII, Saii ou ESSUI, peuple de la Gaule, qui habitait dans la Lyonnaise IIe et dont le territoire forme aujourd'hui une grande partie du dép. de l'Orne. Cap. Seez.

SAGINAW, ou **Saginaw City** [sè'-ghi-nâ], ville du Michigan (Etats-Unis), sur la rive occidentale du Saginaw, à 30 kil. au-dessus de la baie de Saginaw, et presque en face de East Saginaw, à 170 kil. N.-O. de Detroit; 10,064 hab.

SAGINAW (East). Voy. EAST SAGINAW.

SAGINAW (Baie). Voy. HURON (*Lac*).

* **SAGITTAIRE** s. m. (rad. lat. *sagitta*, flèche). Archer. — Astron. Le neuvième des douze signes du zodiaque, représenté ordinairement sous la figure d'un centaure qui tient un arc prêt à tirer : *le soleil était dans le signe du sagittaire.*

* **SAGITTAIRE** s. f. Bot. Plante à fleurs blanches, appelée aussi FLÈCHE D'EAU, qui croît au bord des rivières, dans les étangs, etc., et dont les feuilles flottantes sont taillées en fer de flèche; d'où lui est venu son double nom.

* **SAGITTALE** adj. f. Anat. Se dit d'une des sutures du crâne, celle qui sépare les deux pariétaux : *la suture sagittale.*

* **SAGITTÉ, ÉE** adj. Bot. Se dit des feuilles, des stipules qui ont la forme d'un fer de flèche : *feuilles sagittées.*

SAGONTE (lat. *Saguntum*, ou *Saguntus*), ancienne ville d'Espagne, dont on voit encore les ruines à Murviedro (du lat. *muri veteres*, anciens murs), dans la province de Valence. Elle fut fondée, d'après la tradition, par une colonie grecque venue de Zacynthus (Zante). Annibal la détruisit en 219 av. J.-C., et amena ainsi la seconde guerre punique. Elle fut rebâtie par les Romains qui en firent une colonie militaire.

SAGOSKIN. Voy. ZAGOSKIN.

* **SAGOU** s. m. (nom indigène du sagoutier). Fécule qu'on retire de plusieurs espèces de palmiers des Indes orientales : *le sagou est bon pour la poitrine.* — ENCYCL. Le sagou des épiciers est surtout produit par le *sagus levis*, ou sagoutier lisse et par le *sagus Rumphii*, ou sagoutier épineux; l'un et l'autre originaires de l'archipel Indien et des autres îles de cette même partie du monde. Le sagoutier lisse atteint de 8 à 15 m. de hauteur; l'autre arrive rarement à 10 m. Le sagou se vend ordinairement sous forme granulée ou perlée. La farine de sagou qui n'a pas subi de préparation, c'est-à-dire la fécule à l'état naturel, présente au microscope une grande quantité de granules alongés, arrondis à un bout et tronqués à l'autre; les granules de sagou perlé sont plus gros et moins réguliers. Le sagou a les propriétés générales des autres aliments amylacés; on en fait des gâteaux et des potages. On rencontre quelquefois une imitation de sagou.

* **SAGOUIN** s. m. Sorte de petit singe. — Fig. et fam. Homme malpropre : *c'est un vrai sagouin.* Dans ce sens, il peut se dire au féminin : *c'est une sagouine.*

SAGOUTIER ou **Sagouier** s. m. Bot. Genre de palmiers, tribu des calamées, comprenant plusieurs espèces d'arbres de moyenne grandeur, qui présentent un stipe assez épais,

Sagoutier épineux (Sagus Rumphii).

terminé par un bouquet de feuilles pennées. Les espèces principales sont : le *sagoutier lisse* (*sagus levis*) et le *sagoutier épineux* (*sagus Rumphii*). (Voy. SAGOU.)

SAGUENAY [sé'-gue-nè], rivière de la province de Québec (Canada). Elle sort du lac Saint-Jean par deux bras qui se réunissent à 15 kil. E. du lac; elle se jette dans le Saint-Laurent à Tadousac, à 170 kil. au-dessous du Québec, après un cours de 160 kil. environ dans une direction S.-E. Elle est navigable jusqu'à Chicoutimi, à 110 kil. de son confluent. Elle est remarquable par sa profondeur et par la beauté de ses sites.

*SAGUM s. m. ou Saie s. f. [sa-gomm] (mot lat. venu du celt. *sag*, habit). Vêtement court, qui ne passait pas les genoux, et que les Perses, les Romains et les Gaulois portaient en temps de guerre. On n'emploie le mot Sagum qu'en parlant des Romains, par opposition à Toga, habilement long qu'ils portaient en temps de paix.

SAHAPTINS ou Saptins, famille d'Indiens de l'Amérique du Nord, vivant à l'O. des montagnes Rocheuses et s'étendant des Dalles de la Colombie jusqu'aux monts Bitter Root. Cette famille comprend les Nez Percés ou Sahaptins proprement dits, les Palus, les Tairtla, les Wallawallas, les Yakamas, les Klikitats, et, suivant quelques-uns, les Wailatpus ou Cayuses.

SAHARA (racine arabe Çahhara, *être vaste*), nom donné par les Arabes à toute plaine *vaste, nue* et *déserte*. N'est usité, dans les langues européennes, que pour désigner le grand désert de l'Afrique septentrionale. — Le Sahara ou Grand Désert a pour limites : au N., du cap Noun au golfe de Gabès, l'Atlas et les chotths tunisiens ; plus à l'E., ses sables inondant la Tripolitaine, la Cyrénaïque et le désert Libyque, vont se perdre dans la Méditerranée ; au S., il s'étend jusqu'aux rives du Sénégal et du Moyen Niger, jusqu'aux contrées soudaniennes connues sous les noms de Hhaoussa, Bornou, Ouad-Aï, Darfour et Kordofan ; de l'O. à l'E., il est compris entre l'océan Atlantique et la mer Rouge. Sa partie orientale est traversée par le Nil qu'on lui assigne généralement pour limite de ce côté. Cette immense surface est comprise, en moyenne, entre 15° et 32° de lat. N., et 17° 30' de long. O. et 32° 45' de long. orientale. Sa longueur, sur le 25° degré de lat. N., est de 5,025 kil., et sa largeur moyenne de 1,750 kil. — Aspect général. Le Sahara est loin d'être complètement exploré ; néanmoins, les renseignements que nous possédons nous permettent déjà d'en déterminer l'aspect général. Si un homme pouvait s'élever assez haut dans les airs pour en embrasser la surface entière, il verrait se dérouler d'immenses plaines fauves s'étendant en pentes plus ou moins sensibles autour de massifs montagneux ou nœuds de soulèvements, d'altitudes, d'étendues et d'aspects variables, et montrant de loin en loin, au-dessus des plaines qu'ils dominent, leurs pics granitiques, noircis, déchiquetés par les météores. L'homme verrait, partant de ces squelettes où elles prennent naissance, de larges et profondes vallées d'érosion, rayonnant vers tous les points de l'horizon comme les tentacules de pieuvres gigantesques. En suivant des yeux les nombreux méandres qu'elles décrivent dans les plaines dénudées, il verrait que quelques-unes de ces vallées débouchent directement dans la mer, tandis que d'autres disparaissent, comblées par les sables, à des distances variables de leurs points d'origine. De loin en loin, sur les bords des vallées profondes, des points verdoyants indiqueraient cependant au spectateur que la vie ne s'est pas encore entièrement retirée de cette terre de désolation. — Orographie. Sans parler de la chaîne Atlantique, gigantesque muraille qui protège les riches contrées telliennes contre le souffle dévorant des vents du S. et oppose un obstacle infranchissable aux sables qu'ils transportent, les principaux massifs montagneux du Sahara sont les suivants : en premier lieu, et directement au S. de l'Algérie, s'élève le djebel Hhoggar ou Ahhaggar, sur lequel M. Henri Duveyrier nous a fourni les premiers renseignements et que la mission Flatters a également visité ; sa partie centrale est comprise entre 23° et 27° de lat. N. et 2° et 5° de long. E. ; il projette en tous sens de nombreuses ramifications. A l'O.. s'élève. en face du cap Blanc, le massif

granitique de Tiris et celui connu sous le nom d'Adrar, dont le centre est traversé par les 21° degré de lat. N. et le 14° degré de long. O. Panet en 1850 et Vincent en 1860 ont visité ces contrées, renommées pour leurs mines de sel gemme. Au S.-E. de l'Adrar, se trouvent aussi les pays montagneux de Tagannt et de Birou où les maisons sont, dit-on, construites avec des blocs de sel. Au N.-O. du Hhoggar et également au S. de l'Algérie, l'aride Tidikelt montre ses roches érodées ; tandis qu'au S.-E., par 48° de latitude N. et 6° 30' de long. E., les montagnes d'Ashenn, décrites par Barth et Richardson, cachent, entre des pics dénudés de 1,200 à 1,500 mètres, des vallées abondamment arrosées et riches en pâturages. Ces montagnes, se prolongeant vers le. S., forment le pays montueux du Damerghou, qui confine au Soudan, et sur lequel nous n'avons que de vagues renseignements. Plus à l'E., directement au S. de la Grande Syrte, au S.-E. du Fezzann, s'élève, dans l'angle N.-O. formé par les 20° degré de lat. N. et 15° degré de long. orientale, le massif tourmenté du Tibesti, que le Dr Nachtigal nous a fait connaître ; ses ramifications se projettent au N.-O. jusqu'à Rhât, et au S.-E. jusqu'aux confins de l'Ouad-Aï. Au S. également de la Grande Syrte et au N. du Fezzann, se montre le djebel es Sôda ou *montagne Noire*, bord de plateau dont les pointes calcinées et déchiquetées paraissent se prolonger en demi-cercle du 12° au 18° degrés de long. E., et dont les contre-forts les plus septentrionaux s'appuient sur le 29° degré de latitude N. Denham, Richardson, Claperton, Beurmann et Rohlfs ont successivement et sur différents points gravi les pentes abruptes du plateau Noir. Le djebel Douirat, dans le Sahara tunisien, au S. du golfe de Gabès, qui se prolonge dans la Tripolitaine sous le nom de djebel ed Dhahar, le djebel Nefouza et ses ramifications, au N. de la Tripolitaine, et enfin le djebel Djerfeh, entre le Nil et la mer Rouge, par 22° 30' de lat N., peuvent encore être classés au nombre des massifs sahariens proprement dits. — Hydrographie. Les eaux qui descendent du versant méridional de l'Atlas et des divers massifs sahariens que nous venons de citer peuvent être classées en plusieurs bassins, dont cinq, parmi les principaux, sont déjà suffisamment déterminés ; ce sont ceux du Triton, du Niger, de l'oued Noun et de l'oued Drâa, du Tchad et du Nil. Le bassin du Triton, situé directement au S. de l'Algérie et aussi le mieux connu, a pour ceinture : au N., l'Atlas oriental à partir du djebel Amour ; à l'O., une chaîne de hauteurs laquelle descendant de l'Amour à l'O. de Laghouat, va, par El Goléa, se confondre avec le djebel Samani, à l'E. du Gourara ; au S.-O. le Tidikelt ; le S. Hhoggar et ses ramifications ; à l'E. enfin le bord du plateau appelé Hamadat el Hhômra, le djebel Nefouza, le djebel ed Hhahar et le djebel Douirat. Dans ce bassin principal, remarque, convergent vers un même point, les cours d'eau suivants : 1° l'oued Djeddi (ancien Nigris) qui, après avoir drainé les eaux de l'Atlas depuis le djebel Amour, au N.-O. de Laghouat, jusque près de Biskra, disparaît dans les sables un peu au-dessous de cette ville ; 2° l'oued Rirh, formé par la réunion, entre Temacine et Touggourt, de deux cours d'eau importants : l'oued Miya, le *fleuve aux cent affluents*, par lequel s'écoulent les eaux du djebel Tidikelt et des plateaux situés plus au N., et l'oued Igbarghar, qui reçoit les eaux de tout le versant septentrional du Hhoggar ; 3° plus à l'E., l'oued Souf (ancien fleuve Triton) dont le lit principal, aujourd'hui comblé par les sables, reçoit néanmoins souterrainement les eaux des hauteurs situées à l'E. et au S. de Rhadamès, ainsi que le débit des sources qui s'échappent des flancs

du djebel ed Dhahar et du djebel Douirat. Les eaux de ces différents fleuves, réunies dans la vaste dépression située au S. de l'Atlas entre 3° 45' de long. E. et le golfe de Gabès, formaient le lac Triton, lequel se déversait dans la Méditerranée par un canal aujourd'hui comblé par les sables. (Pour le projet de mer intérieure, voy. Melrhir.) Le bassin saharien du Niger a pour cadre : au N.. l'Atlas central depuis le djebel Amour jusqu'aux rameaux qui descendent de la chaîne principale vers 6° 30' de long. O. pour former la limite orientale du bassin de l'oued Drâa ; à l'O. le massif de l'Adrar et les rameaux qu'il projette vers le N. ; au S.-O. les hauteurs de Tagannt et de Birou ; au N.-E., il est limité par les hauteurs qui encadrent, à l'O., le bassin de l'oued Miya ; à l'E. par le Tidikelt, le Hhoggar, les montagnes d'Aïr et les hauteurs du Damerghou. Le grand collecteur de cet immense bassin est l'oued Saoura ou Messaoud qui reçoit, dans son parcours de l'Atlas au Niger, à ciel ouvert ou souterrainement, les eaux des hauteurs que nous venons de citer. L'oued Saoura est formé par la réunion, un peu au-dessus d'Igli, dans le Sahara marocain (par 30° 44' de lat. N. et 1° 29' de long. O.), de deux rivières importantes : l'oued Zousfana, qui descend du djebel Dough, au S.-E. du chotth Tigri, et l'oued Ghir qui descend des montagnes des Aït Ayach. Ces deux rivières reçoivent elles-mêmes de nombreux affluents, la dernière entre autres l'oued Qenadsa, qui descend du djebel Bou Grouz. A partir d'Igli, l'oued Saoura coule d'abord directement au S. jusqu'à l'oasis des Beni Abbès ; il se dirige ensuite vers le S.-E. jusque vers l'extrémité méridionale du Touât. Dans ce trajet, il reçoit souterrainement les eaux d'un bassin secondaire également considérable : celui du Gourara, formé par le aoued Namous, Seggueur, Zergoun et autres qui descendent de l'Atlas depuis le djebel Amour, au N.-O. de Laghouat, jusqu'aux frontières du Maroc. Ces eaux se réunissent dans le chotth (improprement appelé sebkha) du Gourara, vaste réservoir dont les communications avec l'oued Saoura n'ont plus lieu, de nos jours, qu'à travers l'épaisse couche de sable qui le sépare de cette rivière. Au S. du Touât l'oued Saoura, qui a pris le nom d'oued Messaoud, reçoit encore, à gauche, l'oued Akaraba, qui lui amène les eaux du versant méridional du Tidikelt et celles du djebel Mouydir. A partir de ce point, nous sommes obligé de nous en rapporter exclusivement aux renseignements qui nous ont été fournis par les voyageurs arabes. D'après eux, l'oued Messaoud, se dirigeant vers le S.-O., se dilate vers 25° de lat. N. et 2° 30' de long. O., pour former les marais d'Ez Ziza où se trouvent, au dire des indigènes, 110 lacs d'eau douce ; ceux-ci sont, en outre, alimentés par les eaux de l'oued Tirhejirt, venues du versant méridional du djebel Mouydir, et par des sources abondantes qui jaillissent d'une montagne voisine appelée Ez Ziza (la Mamelle). Les caravanes d'Aïn Çalahh à Tombouktou, marchant S.-S.-O., suivent ensuite presque constamment le lit de l'oued Messaoud jusqu'à seize journées de marche plus au S., au lieu appelé Takankat ; il s'y montre sous la forme d'une large vallée d'érosion qui nourrit beaucoup de plantes ; au fond on trouve de l'eau douce en abondance à un mètre sous le sable. L'oued Messaoud se confond, croyons-nous, avec le Niger, au coude formé par ce fleuve vers 1° de long. O., à peu près sous la lat. de Tombouktou. Il reçoit encore, à gauche, à partir d'Ez Ziza, les eaux des versants O. et S. du Hhoggar par les aoued Tarhit, El Imkam, Taïassasset et autres. Quant à ses affluents de droite, le principal est assurément l'oued Ziz, qui descend des montagnes des Aït Isdeg, dans l'Atlas marocain, et qui arrive les fertiles oasis du Tafilalt,

visitées par Caillié et Rohlfs. L'oued Ziz reçoit lui-même, à droite, l'oued el Malahh grossi de l'oued Rhis; puis, se dirigeant vers le S., ses eaux s'étendent dans un bas-fond pour former le chotth (improprement appelé sebkha) de Daoura; il va ensuite se confondre avec l'oued Messaoud probablement dans les environs d'Ez Ziza. — Les bassins de l'oued Drâa et de l'oued Noun, situés au S. du Maroc, sont de longues et étroites vallées parallèles resserrées entre le djebel Saghern, ramification de l'Atlas qui les sépare de l'oued Sous et une chaîne rocheuse peu élevée dont les rameaux se perdent, au S., dans l'immensité déserte. L'oued Drâa prend sa source non loin et à l'O. de celles de l'oued Ziz, dans les montagnes des Aït Kibatiressann, par environ 6° 40' de long. O. et 32° 25' de lat. N. Il coule d'abord dans une direction S.-O. jusque vers 34° 40' de lat. N., puis directement vers le S. jusqu'à 27° 15'; il se dirige ensuite à l'O. pour aller se jeter dans l'Océan à 70 kil. au S. du cap Noun. L'oued Noun, dont le cours est beaucoup moins étendu, naît par environ 10° 30' de long. O., coule d'abord du N.-E. au S.-O., puis à l'O., jusqu'à son embouchure qui s'ouvre un peu au S. du cap auquel il a donné son nom. — Le bassin saharien du Tchad, bien moins connu que les précédents, comprend les eaux qui descendent du versant méridional de Tassilt (prolongement oriental du Hhoggar), du versant oriental des montagnes d'Aïr, du Damerghou, des versants méridionaux des monts de Tibesti et du pays de Borgou, prolongement de ces derniers. Ces eaux sont recueillies, chemin faisant, par trois grands collecteurs : l'un venant du Tassili et coulant entre les monts d'Aïr et les hauteurs du Tebbou occidental; un autre descendant du Tibesti; le troisième enfin venant du Borghou vers le S.-O., dont la partie inférieure est connue sous le nom de Bahhar el Ghazal (la mer des Gazelles). — Quant au bassin du Nil, auquel un article spécial est consacré, nous ne le citons ici que pour mémoire. Ce grand fleuve africain sert de déversoir aux grands lacs équatoriaux; il conduit aussi vers le N., à travers le Grand-Désert, les eaux du pays des Niam-Niam, celles des monts de l'Abyssinie et du Choa, du Darfour et du Kordofan, et celles moins abondantes des montagnes de Nubie. La vallée dans laquelle il coule et qu'il fertilise par des inondations périodiques, et le delta formé par ses alluuions, constituent l'Égypte. (Voy. ce mot.) — Il existe encore, dans le Sahara, quelques bassins d'une moindre étendue, notamment celui de l'oued Segra el Hhâmra, qui se déverse dans l'océan Atlantique, au cap Youbi, et plusieurs autres qui débouchent dans la Méditerranée, comme l'oued Bardaï, qui descend du Tibesti septentrional; mais les renseignements que nous possédons en ce qui les concerne sont trop vagues pour que nous en parlions ici. —

DÉBOISEMENTS. *Formation des sables et des dunes. — Comblement des vallées.* Dans les temps anciens, les massifs, ou nœuds de soulèvements du Grand-Désert africain, étaient couverts d'épaisses forêts; des pluies périodiques y entretenaient, en outre, une végétation herbacée à travers laquelle les eaux pénétraient lentement dans les profondeurs du sol pour aller jaillir, dans les vallées, en sources abondantes. Ces sources réunies formaient des masses d'eau considérables qui rayonnaient en tous sens autour des massifs où elles prenaient naissance. Il faut bien qu'il en ait été ainsi, car comment expliquer autrement la formation de ces vallées d'érosion, larges de six kil., aux parois taillées à pic et hautes de 100 m., que les voyageurs étonnés rencontrent aujourd'hui dans l'immense désert? D'autre part, les plateaux à travers lesquels ces masses d'eau se frayaient passage étaient eux-mêmes couverts de broussailles et

même de végétaux arborescents dont on retrouve aujourd'hui les troncs pétrifiés sur le sol dénudé. Enfin les bords des vallées, les plaines basses et même certains points relativement élevés où les eaux d'irrigation pouvaient être dirigées, étaient couverts de forêts alternant avec de florissantes cultures dont nous avons partout retrouvé des restes dans nos différents voyages, jusque dans les contrées actuellement les plus arides et les plus désertes. S'il y avait, dans ces temps reculés, des déserts dans le Sahara, le Sahara, dans son ensemble, n'était pas un désert. Mais c'est dans cette contrée, de toutes celles habitées par les Noirs la plus à proximité des peuples civilisés de l'antiquité, que furent inaugurées les premières chasses à l'homme Les colons de l'antique Égypte, et recrutèrent leurs légions d'esclaves. Évidemment, il se passa là ce qui a lieu de nos jours dans certaines parties du Soudan : enlèvement ou massacre des habitants et incendie des forêts; le résultat fut le dépeuplement et le déboisement. Peu accidenté, le Sahara n'a jamais cessé d'être, en outre, comme certaines contrées de l'Asie, le champ de prédilection des nomades; or, les peuples pasteurs sont les ennemis nés de toute végétation arborescente; il leur faut des pâturages aux vastes horizons au lieu de forêts qui, tout en réduisant leurs champs de parcours, servent de refuge aux animaux féroces. Les troupeaux, du reste, ne sont pas moins grands destructeurs que les hommes : l'écorce des troncs, les jeunes tiges sont, en général, la nourriture préférée des chèvres, des moutons et des chameaux. Les effets observés dès lors; les nous à la suite du déboisement de nos montagnes et de nos plateaux se produisirent donc là-bas dès les temps anciens : déboisés, les massifs sahariens ne tardèrent pas à être dépouillés par les eaux de la couche végétale qui recouvrait leur ossature de granit; les terres furent entraînées dans les vallées dont le comblement commença dès lors; les plaines élevées (hamad) se dépouillèrent à leur tour; là, l'humus entraîné laissa directement exposée aux rayons solaires une carapace de grès tendre ou molasse jaune, formée de sables fins agglomérés et soudés par du sulfate de chaux. Cette dénudation eut pour résultat une grande sécheresse de l'air et un rayonnement excessif; les hamad (plaines pierreuses) furent en été transformées en fournaises, tandis que par les nuits d'hiver, sur les mêmes plaines, la température descendit jusqu'à la congélation. Ces températures extrêmes amenèrent la désagrégation des roches; le sable ainsi produit, soulevé ensuite par le vent du S.-E., (simoum), ou entraîné par les eaux pluviales, fut transporté dans les vallées, dans les bas-fonds et dans toutes les parties encore boisées du Sahara où il s'arrêta, ici fixé par l'humidité, là arrêté par les reliefs du sol et par les végétaux. On rencontre actuellement, dans le Désert, des vastes étendues de hamad en voie de désagrégation; dans d'autres le grès, entièrement disparu, a laissé à découvert des couches de grès ou de calcaire grossier, lesquelles s'effritent plus ou moins rapidement, suivant leur nature, pour disparaître à leur tour. Dans la plaine usée qui s'étend au N., à l'E. et au S.-E. de Rhadamès, ces deux couches supérieures, emportées successivement et dont il ne reste çà et là que quelques débris, ont laissé à nu des marnes argileuses vertes et jaunes, dans lesquelles il suffit de creuser à 2 ou 3 m. pour trouver de l'eau fraîche et douce en abondance. Dans les plaines basses et unies, dans les vallées et surtout dans les chotths et les sebkhas (voy. ces mots), partout enfin où les eaux ont été le principal véhicule, les sables et les poussières provenant des hamud se sont étendus

généralement en couches unies et régulières; tandis que dans les régions accidentées et boisées, ils se sont amassés en dunes dont la forme, la couleur, la hauteur et la disposition actuelles varient suivant l'abondance et la nature des matériaux apportés et les reliefs du sol primitif. Dans les plaines ondulées, ces dunes affectent la forme de longs sillons parallèles, se dirigeant généralement du N.-E. au S.-O.; dans ce cas, elles sont appelées *eurg*, c'est-à-dire *veines*. Lorsque les sillons sont très élevés (10 à 20 m.) et que leur sommet est aminci par le vent en forme de crête, ils prennent le nom de *siouf* (sabres). La région du Souf est couverte de dunes de ce genre. Dans les environs du puits de Bolthinn (rive droite de l'Igharghar), nous avons marché pendant plusieurs jours dans des vallées généralement unies, de 1,000 à 1,500 m. de largeur, bordées de pics de sable de forme le plus souvent triangulaire, hauts de 150 à 300 m. et reliés entre eux par des *siouf*, lesquels sont le prolongement des arrêtes descendues du sommet. Plus loin, vers le S.-E., dans la direction de Rhadamès, nous avons traversé la région la plus sauvage et la plus tourmentée qui se puisse rencontrer, croyons-nous, dans le Grand-Désert. Ce sont des masses arénacées, sans forme déterminée, hautes de 500 m. en moyenne et se touchant par la base. Parfois, ce sont des masses, la vue plonge dans des précipices aux bords réguliers et arrondis comme des entonnoirs, au fond desquels se montre à nu le sol primitif. Plus loin encore, en approchant de la *hamada* qui entoure Rhadamès, ce sont des masses allongées, hautes de 100 à 200 m., aux sommets plats, laissant entre elles des passages assez spacieux, mais souvent barrés par des *siouf* de hauteur variable. Ces grandes dunes, appelées *oughroud*, sont fixes et traversées de la base au sommet par des végétaux. Il n'existe point de dunes mobiles dans le Sahara. Il résulte, en résumé, du travail météorologique que nous venons de décrire après l'avoir longuement observé sur place, que les *hamad*, c'est-à-dire les plaines élevées et pierreuses du Grand-Désert, s'usent, se creusent, pour exhausser les plaines basses et combler les vallées au moyen des matériaux dont elles se dépouillent. Ce phénomène se continuera, sans doute, tant qu'il restera, dans le Sahara, des roches sédimentaires exposées à l'*influence des agents atmosphériques*. Cependant, il n'est pas rare de rencontrer de grandes étendues pierreuses encore intactes : c'est que, dans ces plaines, le grès saharien se trouve protégé par une carapace de pierres dures, le plus communément siliceuses, qui l'empêche de se désagréger; mais cette carapace, peu épaisse du reste, ne résiste pas elle-même complètement à l'action des agents destructeurs; presque partout elle est brisée, fragmentée en morceaux irréguliers : là ce sont des rognons de silex rosés et taillés au point de présenter en tous sens des pointes et des tranchants acérés que lesquels la marche est un supplice; plus loin, ce sont des blocs de grès lustré, vert ou lie de vin, ou des pierres noires scorifiées comme si elles venaient d'être vomies par la bouche d'un volcan, que l'on trouve éparses sur le sol tourmenté. C'est surtout à ces plaines que s'applique le nom caractéristique de hamad (sing. *hamada*, voy. ce mot), c'est-à-dire *lieux brûlés et stériles*. On aperçoit aussi, isolées au milieu des plaines usées, des masses sombres plus ou moins considérables, affectant tantôt la forme de cônes tronqués, tantôt celle de longues murailles de roches érodées. Ces derniers, appelés *gour* (sing. *gara*), sont des parties de *hamad* demeurées intactes; protégés également par les bancs de silex ou de grès siliceux, qui recouvrent encore leurs

sommets, ils indiquent l'ancien niveau des plaines au milieu desquelles ils se dressent. — Flore. *Végétation des montagnes, des hamad, des dunes et des vallées.* Ainsi que nous l'avons déjà fait pressentir, le Grand-Désert est loin d'être dépourvu de végétation : entre les pics dénudés des montagnes du centre se rencontrent encore des vallées fertiles, arrosées par des sources vives et délicieusement ombragées; on y distingue l'acacia arabica, le thuya articulata, le mimosa, le figuier, etc. Les hamad même, ces plaines « brûlées et stériles », se couvrent parfois, dans leurs parties déprimées et usées, d'une végétation herbacée assez abondante pour servir de champs de pâturage aux herbivores sauvages de la contrée; même dans les endroits pierreux, pourvu que les vents y aient laissé tomber un peu de sable et d'humus, la coloquinte trouve le moyen de nourrir ses fruits amers; le *chihh* (artemisia pontica) y balance, au-dessus des pierres noires, ses tiges d'un vert tendre en forme de panache; le *réséda arabica* y exhale son parfum; d'autres petites fleurs y étalent leurs brillantes corolles. Dans les *aouad* (ravins ou vallons creusés par l'action des eaux pluviales) croissent, en outre, des plantes ligneuses pauvres, il est vrai, et peu variées, mais formant parfois des bosquets assez épais pour donner une ombre suffisante au voyageur accablé. La végétation des plaines unies, là où le sable recouvre un fond humide, est autrement active et abondante; sous l'action des pluies, ces plaines se transforment en verdoyantes prairies; quelques-unes nourrissent une abondante végétation de *hhalfa* (arthratherum pungens) poussant par touffes épaisses autour desquelles le sable s'amasse en forme de mamelons; des végétaux arborescents s'y couvrent au printemps de fleurs éclatantes et parfumées; des tamarix aux fleurs rouge sang, couronnant des monticules de sable et d'humus, font ressembler, de loin, les parties les plus humides de ces plaines à d'épaisses forêts. Non moins fertile est la région des grandes dunes : les *oughroud* les plus élevés sont, avons-nous dit, traversés à la base au sommet par les premiers grains de sable qui leur ont servi de base; la croissance de ces végétaux, vigoureusement doués, a été en rapport avec celle des dunes elles-mêmes; ils ont pris de nouvelles racines à mesure que les sables s'amoncelaient autour de leurs tiges. On aperçoit maintenant leurs têtes feuillues, d'un beau vert sombre, formant de loin en loin des bosquets ombreux sur les dunes les plus élevées. Quant aux espaces qui séparent les *oughroud*, la partie des grandes dunes comprise entre le hhassi Botlhinn et Rhadamès, ils sont couverts d'une épaisse végétation de *hhadh*, de *hhelma* ou de *hhenna*, arbustes gonflés de sucs et très aimés des chameaux, alternant avec le hhalfa et le *çbéit*, grandes graminées dont les touffes croissent épaisses et serrées comme celles du blé dans nos champs cultivés. Toutes les vallées sahariennes sont plus ou moins boisées; quelques-unes disparaissent littéralement sous des flots de broussailles à travers lesquelles il est impossible de se frayer un chemin; de loin en loin des acacias, des palmiers sauvages, restes d'anciennes cultures, dominent le flot broussailleux. — Les oasis. Mais c'est sur les pentes de ces vallées, là où les eaux souterraines coulant à de faibles profondeurs sous le sol spongieux peuvent être facilement captées au moyen de l'outillage rudimentaire des indigènes, que se rencontrent aussi ces oasis tant poétiques et après lesquelles soupire toujours, il est vrai, le voyageur altéré et fatigué par les longues marches du Désert. Les oasis (voy. ce mot) sont rarement isolées; elles

sont, le plus souvent, groupées en archipel. Elles se succèdent le long des vallées comme de larges bordures d'un vert sombre, çà et là interrompues par des espaces incultes; autour des chotths (anciens lacs) elles forment des ceintures d'émeraude au milieu desquelles brillent d'un vif éclat les couches de sel formées par l'évaporation des eaux pluviales descendues des plateaux environnants. Dans ces oasis, se cachent parfois de populeuses cités, centres agricoles, entrepôts de commerce et ports de relâche des caravanes qui traversent le Désert. Les *qçour* ou *décherat* (noms des cités sahariennes) s'élèvent en général sur des éminences rocheuses qui dominent les cultures; ils sont toujours entourés de murailles et de fossés, précautions nécessaires dans des contrées trop souvent troublées par des scènes de meurtre et de pillage. — Dans les oasis, le palmier-dattier (nakhela) est l'arbre par excellence; si l'eau est rare, toutes les autres cultures lui sont sacrifiées. Son fruit savoureux est la nourriture préférée et presque exclusive de ceux qui le cultivent; les nomades s'en régalent dans leurs déserts, et les caravanes, elles-mêmes, dans leurs longues marches à travers le *pays de la soif*, n'ont souvent que des dattes pour apaiser leur faim. A côté du palmier croissant, suivant les lieux et l'abondance des eaux d'irrigation, le figuier, le grenadier, l'amandier, l'abricotier, le jujubier, la vigne, le bananier, l'oranger, le citronnier, etc.; le cotonnier y donne des produits supérieurs; l'orge, la luzerne, le maïs, le héchena, les haricots, le millet, le tabac, diverses espèces de choux, le navet, la carotte, l'oignon, la fève, le piment, le melon, la pastèque, se rencontrent partout où la moindre parcelle du sol saharien est fécondée par le travail de l'homme. — Les eaux. On a déjà pu voir, d'après ce qui précède, que le Sahara est loin d'être entièrement privé d'eau. Les périodes de sécheresse y sont, il est vrai, fréquentes; on en a vu de deux et trois années dans certaines régions; mais les parties montagneuses sont, par contre, assez régulièrement arrosées; la neige même tombe en hiver et se maintient pendant plusieurs mois dans le djebel Hhoggar; aussi les vallées des massifs sahariens sont-elles sillonnées de cours courantes, et les *fleuves morts* du Désert sont-ils *vivants*, c'est-à-dire coulent-ils encore à ciel ouvert, jusqu'à des distances plus ou moins considérables de leurs sources; plus bas, les eaux disparaissent sous des masses alluviales qui emplissent les thalwegs et se dirigent vers la mer par des voies souterraines; quelquefois elles filtrent, chemin faisant, à une si faible profondeur sous les sables qu'un trou (hhassi) creusé avec les mains ne tarde pas à s'emplir. Certains réservoirs naturels (rhedaïr) ne tarissent que par les sécheresses prolongées; enfin, on rencontre, dans le Désert, des lacs permanents, très poissonneux, alimentés par des sources abondantes. Nous avons dit, à l'article *Oasis*, comment les Nègres sahariens s'y prennent pour capter les eaux souterraines, et à l'article *Oued-Rirh* comment, avec nos appareils perfectionnés, il est facile de faire jaillir, dans le *pays de la soif*, des quantités d'eau vraiment extraordinaires en traversant avec la sonde deux ou trois nappes superposées. Il serait possible, à l'aide de ces appareils, de rendre la vie à toutes les vallées sahariennes, et, dans un temps très court, de créer une ligne d'oasis non interrompue de l'Atlas au Niger. En dehors des oasis, existent des puits ascendants : assez rapprochés les uns des autres dans les régions fréquentées par les nomades, ils sont plus clairsemés sur les routes des caravanes; on n'en trouve plus en dehors de ces routes; il nous est arrivé de marcher dix, onze et quatorze jours sans pouvoir re-

nouveler notre provision d'eau, et cependant nous avons rencontré, dans ces trajets, nombre de dépressions humides où il eût suffi de creuser à 2 ou 3 mètres pour en trouver en abondance. C'est souvent par insouciance que les Arabes négligent de creuser des puits même où le besoin s'en fait le plus sentir; mais quelquefois aussi des raisons sérieuses les empêchent de le faire : c'est, en effet, à proximité des puits, où elles doivent fatalement passer, que les pillards s'embusquent pour attendre les caravanes; de même, le manque d'eau, sur de grandes étendues autour des pâturages qu'elles fréquentent, fait la sécurité des tribus nomades. La profondeur des eaux ascendantes, comme celle des eaux jaillissantes, est très variable dans le Sahara; elle est de 1 à 10 mètres sur les pentes des vallées et dans les plaines basses; dans la plaine usée qui entoure Rhadamès, on a de l'eau à volonté à moins de 3 mètres de profondeur; par contre, elle est profonde de 13 mètres dans le bir el Djedid, à quatre journées S.-E. du Souf; de 23 mètres dans le Bir es Çof, un peu à l'E. du précédent, et de 24 mètres dans le puits de Botlhinn, situé dans les grandes dunes, au S.-E. d'Ouargla; celui appelé *Ett Thouil* (le Long), creusé au 38e jour de marche sur la route d'Aïn Çalahh à Tombouktou, n'a pas moins de 60 coudées; c'est le plus profond dont nous ayons entendu parler. Les eaux des sources naturelles et celles que l'on capte en creusant avec la main dans le sable des vallées, sont généralement fraîches (16 à 18°) et douces; cependant celles de la grande source de Rhabamès n'ont pas moins de 30° C.; celles des puits artésiens, plus ou moins magnésiennes et amères, ont 24° en moyenne. La température des eaux des puits ascendants est toujours en rapport avec leur profondeur et le degré d'échauffement du sol; elles sont douces dans certaines régions, très saumâtres dans d'autres; dans les lieux peu fréquentés, elles sont rendues détestables par les débris végétaux que les vents précipitent dans les puits et qui s'y décomposent. — La Faune. La faune saharienne est assez variée. Disons d'abord que le *lion du désert*, comme le *palmier de la montagne*, n'a jamais existé que dans l'imagination des poètes; le lion, comme l'hyène, le chacal et le sanglier ne se rencontre que dans les parties montagneuses sillonnées de cours d'eau permanents, comme, par exemple, le pays d'Aïr et, par conséquent, habitées. L'agile léopard, cependant, se trouve dans toutes les vallées touffues où souvent il doit attendre, pour se désaltérer, que l'eau du ciel ait rempli les *rhedaïr* (bassins) cachés dans les broussailles. L'*antilope oryx* (petit bœuf à bosse) et la timide gazelle paissent, par nombreux troupeaux dans les steppes herbeux du Désert, mais surtout dans la région des grandes dunes, à cause de la sécurité qu'elles y trouvent; ces animaux étanchent leur soif en mangeant les racines gorgées de suc de certains arbrisseaux. L'*antilope mohor*, le mouflon à manchettes et l'ouagre, s'éloignent rarement des sites élevés. L'avide fenec (fenecus Brucei ou anonyme de Buffon), le chat sauvage, le lièvre isabellin, la gerboise, le *nettinn* (zorilla variegata), plusieurs espèces de rats presque tous de couleur fauve, pullulent dans les parties de l'Erg où la végétation est abondante. Les reptiles y sont des plus dangereux : la vipère cérasie (efâa) se rencontre partout; la vipère zorrèïg se tient dans les endroits broussailleux; le python préfère les bords éroulés des vallées où il se cache entre les blocs de grès. Nous citerons, parmi les lézards : l'*ourann* (varanus arenarius), long parfois d'un mètre, et le *dheb* (lacerta stelho), gros, court et trapu, qui se rencontrent un peu partout. Mais, il a parti-

culièrement, avec l'horrible jecko, dans les endroits pierreux; le *hhout-er-remel* ou poisson des sables (*scincus officinalis*), ne se tient que dans les dunes; le caméléon habite les oasis. Le scorpion, partout commun, préfère les lieux pierreux et humides; l'espèce *la* plus dangereuse (*scorpio tunetatus*) se trouve plus communément dans les oasis. Nous avons constaté que sa piqûre est quelquefois mortelle. Parmi les oiseaux, nous citerons : l'autruche, paissant par troupeaux dans les plaines basses que des pluies récentes ont fait reverdir; le corbeau et le faucon *bou djerad* (mangeur de sauterelles), qui planent dans les airs à la recherche de leur proie; le hibou, qui se nourrit de rats; la pie-grièche, qui empale les lézards au bout des branches sèches des arbrisseaux et s'élance ensuite dans les airs en poussant des cris stridents pour jouir des tortures de ses victimes; le *malurus Saharæ*, qui fréquente les parties broussailleuses du Désert, et d'autres espèces, parmi lesquelles quelques-unes, particulières aux oasis, ont le plumage d'un beau vert, tandis que d'autres, qui habitent les régions de l'Erg, ont la couleur fauve des sables. Les insectes pullulent dans le Sahara; les mouches et les moustiques sont, en été, le fléau des oasis. Parmi les animaux domestiques, le chameau dromadaire vient en première ligne; il en existe deux variétés : le *bahir* ou chameau porteur, dont le nom signifie *vaisseau*, et le *mahari* (l'agile) qui est le chameau de course. La force, la patience et la sobriété du chameau sont proverbiales; nous avons vu ceux de notre caravane, chargés de 150 kilos, marcher au printemps, par des températures moyennes de + 25° à 30° C., dix, onze et quatorze jours sans boire; quant à leur nourriture, elle consistait en quelques touffes d'herbe qu'ils saisissaient au passage; le soir seulement ils paissaient pendant une heure. En été, le chameau porteur ne peut marcher que trois ou quatre jours sans boire, selon la température. Le *mahari* peut fournir au besoin des courses journalières de 200 kilom.; mais sa marche moyenne est de 100 kilom.; il demande plus de soins que le *bahir* et résiste moins longtemps à la soif. Les chèvres et les brebis sont aussi une source de richesses pour les nomades; mais les chevaux sont aujourd'hui très rares chez eux à cause des soins spéciaux qu'ils exigent; cependant, nous avons vu de ces animaux rester trois jours sans boire en hiver, et ne pas paraître souffrir. Quelques tribus berbères des régions montagneuses en possèdent un grand nombre. L'âne est commun dans les oasis; le bœuf domestique, comme le cheval, n'existe que dans les contrées montagneuses et fertiles. — CLIMAT. Le climat du Sahara a été diversement apprécié par les voyageurs suivant les contrées qu'ils ont explorées, les misères qu'ils ont endurées, et la rapidité plus ou moins grande avec laquelle ils ont effectué leurs voyages. Les vents jouent un grand rôle dans la climatologie saharienne. Celui du N. domine en hiver, mais il souffle trop rarement, hélas! en été, où il est pourtant si agréable par les abaissements de température qu'il produit. Celui du S.-E., appelé *bahhari* ou *marin*, également frais, alterne en hiver avec celui du N. Le *simoum* (le pestilentiel) vient également du S.-E.; c'est surtout sous l'action de ce vent chaud et violent que se forment les dunes; lorsqu'il passe sur les plaines en désagrégation, il soulève les sables nouvellement formés et les transporte en nuages épais vers le N.-O. où ils grossissent les anciennes dunes et en forment de nouvelles. Ce vent, si redouté des caravanes, souffle surtout au printemps et en été. Le sable qu'il soulève et transporte forme dans l'air comme un épais brouillard interceptant les rayons solaires et à travers lequel

les voyageurs ne peuvent se diriger; il leur semble marcher dans les nuages; des tourbillons furieux les renversent quelquefois; les particules arénacées leur pénètrent dans les yeux, dans le nez, dans la bouche et jusqué dans la poitrine; ils sont aveuglés, étouffés, et, pour comble de maux, éprouvent une soif ardente qu'ils ne peuvent calmer: le *simoum* dessèche en même temps les outres, et la plus stricte économie s'impose en pareil cas. Il importe cependant de réfuter une erreur trop répandue : le *simoum*, quelle que soit sa violence, ne saurait engloutir des caravanes en marche; mais, il arrive que celles-ci, presque toujours mal approvisionnées, manquent d'eau si la tempête est de quelque durée; les voyageurs marchent tant qu'ils peuvent; mais, brisés de fatigue et dévorés par une soif ardente, ils s'arrêtent enfin épuisés et s'endorment de l'éternel sommeil. Ces accidents sont toujours le résultat de l'imprévoyance de ceux qui en sont victimes. Viennent ensuite les vents du S.-O. qui rafraîchissent le Désert et leurs ondées bienfaisantes, quoique ordinairement violentes. Ces ondées ne sont malheureusement pas assez générales; tandis qu'il pleut assez régulièrement, en automne, dans les régions montagneuses, les sécheresses de deux et trois années ne sont pas rares dans les plaines sahariennes. L'air est si sec au-dessus des *hamad* qu'il peut pleuvoir pendant plusieurs heures avant qu'une goutte d'eau touche le sol; mais lorsque l'atmosphère est suffisamment imprégnée d'humidité, ce sont de véritables torrents qui s'abattent sur les plaines altérées; l'eau ruisselle sur le sol pierreux; le moindre ravin devient un torrent mugissant; les vallées dans lesquelles ils se déversent s'emplissent jusqu'aux bords. Le flot impétueux refoule les sables amoncelés qui lui opposent un premier obstacle, déracine les arbres, emporte parfois des troupeaux et même des caravanes attardées, détruit des oasis et des villages; mais cette énorme masse liquide disparaît bientôt, absorbée par le sol spongieux, pour aller sourdre doucement plus loin, dans les chotths et dans les parties basses de la vallée. Les vents du N.-O., très violents, laissent aussi tomber quelques gouttes de pluie. Mais c'est en été que souffle le vent du S., le dévorant *chihili*, dont le nom signifie *nuisant*, et sous l'action duquel le Désert se transforme en fournaise. Un ciel gris, par suite des particules de sable soulevées dans les hautes régions de l'atmosphère, des lueurs blafardes à l'horizon annoncent ordinairement l'approche de ce vent redouté. Les caravanes en marche s'arrêtent alors; celles qui traversent la région des dunes se garantissent de leur mieux derrière les arbrisseaux les plus touffus; celles qui franchissent les *hamad* tâchent de trouver quelques crevasses où elles s'abriteront en attendant la fin de la tempête. Bien plus rapidement encore que le *simoum*, le *chihili* dessèche les outres; bien plus ardente est la soif qu'il allume dans la poitrine des voyageurs. Sous son action se produisent aussi des mirages éblouissants et des déviations lumineuses qui déplacent les sites et font égarer les caravanes. Combien de cadavres n'a-t-il pas semés dans le désert? Nous avons vu des malheureux, morts de soif par l'effet de ce vent terrible, plus desséchés que des momies dans l'espace de quelques heures. Mais pas plus que le *simoum*, le *chihili* ne peut occasionner la perte d'une caravane bien organisée et approvisionnée. Les gens prudents qui traversent le *hamad* en été ne voyagent que la nuit; ils s'abritent, le jour, dans les bas-fonds, où ils ont soin de couvrir leurs outres d'herbes sèches, et si leur provision d'eau est assez abondante pour leur permettre de satisfaire la soif qui les dévore, ils sortiront certainement sains et saufs

de la tourmente. — On comprendra sans peine que, sous l'action combinée des rayons solaires échauffant les *hamad* et des vents terribles dont nous venons de parler, le Sahara soit, en été, un des pays les plus chauds du monde. En hiver, par contre, le froid y est quelquefois rigoureux; en oct. 1788, il tomba de la neige dans l'Oued-Rirh; le même phénomène se produisit, en 1852, dans le pays d'Ouargla. Nous y avons constaté, pour notre part, les extrêmes de température suivants : le 4 fév. 1875, près du puits de Bottbinn, dans les grandes dunes entre Ouargla et Rhadamès, notre thermomètre descendit, au moment du lever du soleil, à 5° C. au-dessous de zéro; nous mesurâmes, dans une *satla* (petit seau en fer battu) une couche de glace de 8 millimètres d'épaisseur; le ciel était pur, sans un souffle de vent. Le 23 juillet 1877, notre thermomètre à maxima, exposé à l'ombre sur une terrasse, dans l'oasis d'Ouargla, marqua 55° 4 C. par le vent du S. Qu'on se figure ce que pouvait être, ce jour-là, la température au soleil dans les plaines de pierres environnantes!... Mais en hiver, tandis qu'il gèle parfois la nuit, la température diurne se maintient entre + 15 et 20° à l'ombre par les vents du N.; dans la même saison, le *simoum* la fait souvent monter à 35 et 40°. Malgré les vents chauds qui y règnent et les extrêmes de température dont nous venons de parler, le climat du Sahara est, en général, des plus salubres; les maladies épidémiques y sont inconnues; les quelques infirmités dont souffrent les nomades (maladies de peau, maux d'yeux) sont surtout dues au manque de propreté. La plupart des oasis font exception à la règle générale. Leurs habitants, au lieu de chasser au loin les eaux d'irrigation, les laissent croupir dans les bas-fonds; il s'en dégage, en été, des miasmes qui produisent, chez les individus de race blanche, des maladies de foie et des fièvres pernicieuses appelées *tehem* (poison). Les Nègres sont réfractaires à ces maladies; mais ils sont sujets à des obstructions intestinales causées par l'usage trop exclusif de la date. Les nomades, qui boivent du lait en mangeant le fruit du palmier, ne sont pas exposés à ces inconvénients. — ESSAI HISTORIQUE. Nous avons déjà émis l'opinion que le Sahara avait été habité, dans les temps reculés, par des Nègres de races inférieures. Cette opinion s'appuie sur les récits des anciens, sur les traditions locales, sur l'existence de grottes profondes creusées dans les bords abrupts de plateaux dominant les vallées et sur les vestiges d'habitations grossières, en pierres brutes, que nous avons trouvés dans les îles de quelques anciens fleuves. Ces races inférieures firent place à des peuples plus avancés venus des oasis de l'ancienne Égypte; les auteurs anciens appelaient ces derniers Mélano-Gétules; assez lédérés comme des sang-mêlé provenant de croisements entre Berbères ou Arabes et Nègres soudaniens; revenus de cette erreur, nous les appelons aujourd'hui Nègres sahariens. C'est à eux que sont dus les restes de style égyptien dont M. Henri Duveyrier a parlé et que nous avons également remarqués dans un cimetière de Rhadamès. Ce peuple appliqua, en outre, dans le Sahara, le système d'irrigation en usage dans les oasis égyptiennes par le moyen des puits artésiens, système encore usité de nos jours. C'est aux premiers émigrants de cette race qu'il faut attribuer aussi, du moins nous le croyons, les figures d'animaux que l'on trouve gravées sur des rochers dans certaines parties du Sahara; ce sont, entre autres, des éléphants, des girafes, des hippopotames, des rhinocéros, etc., animaux qui, vraisemblablement vivaient en même temps qu'eux dans ces contrées et qui, depuis, ont disparu avec les eaux cou-

rantes auxquelles ils se désaltéraient; ce sont eux également qui ont dû façonner les silex taillés dont nous avons rapporté de nombreux et remarquables échantillons. Ces silex, qui tous appartiennent à l'âge paléolithique, sont particulièrement abondants dans le bassin du Triton; on les rencontre par tas sur les pentes de la vallée de l'Oued-Miya; ils sont, en outre, épars dans toutes les plaines basses, autour de dépressions plus ou moins grandes, qui sont d'anciens étangs ou lacs desséchés; sur l'Igharghar, on en trouve surtout dans les îles du *fleuve mort*. A leur tour, ces Nègres supérieurs eurent à subir les invasions successives des Berbères, peuples mêlés de race blanche venus dans le N. de l'Afrique, les uns (les bruns) par l'Egypte, les autres (les blonds) par le détroit de Gibraltar. On doit attribuer aux premiers les remarquables monuments des environs de Rhadamès, aux autres les dolmens du N. de l'Afrique. D'autres caractères les distinguent encore : les bruns sont généralement sédentaires et commerçants, ils séquestrent leurs femmes ; les blonds sont surtout nomades et pillards, parmi eux le sexe faible est libre et considéré. Les Nègres furent, par les uns, assujettis à une sorte de servage et cultivèrent le sol pour leurs maîtres ; par les autres ils furent vendus comme esclaves, exterminés ou refoulés vers le S. Les Romains envoyèrent quelques expéditions dans le Sahara; mais ils ne paraissent pas avoir exercé une grande influence sur les destinées de ce pays. M. Henri Duveyrier a découvert une inscription latine à Rhadamès; c'est la seule trace connue laissée par le peuple-roi dans ces contrées. Vint ensuite l'invasion musulmane : elle commença par les Arabes dits de la troisième race, sous le commandement d'Okba bèn Nafi (VIIᵉ siècle) et se borna au Sahara septentrional; elle se continua par l'irruption des Arabes hilaliens ou nomades (XIᵉ siècle). Ceux-ci, après avoir ravagé le Maghreb, se ruèrent sur le Sahara comme un torrent destructeur. Nègres et Berbères semblèrent également voués, par ces barbares, à une complète extermination; des nations entières furent anéanties et des contrées qu'elles habitaient transformées en déserts. Les auteurs arabes, d'accord en cela avec les traditions locales, nous apprennent qu'à l'époque de cette invasion, les vallées sahariennes, abondamment arrosées, étaient encore couvertes de riches cultures au milieu desquelles s'élevaient des cités florissantes. Les palmiers isolés dans les vallées au milieu des broussailles, les débris de canaux, les ruines de *qçour* que l'on rencontre partout prouvent bien, en effet, que ce sont les Arabes nomades qui ont complété la ruine de ces malheureuses contrées. Cependant les parties occidentales du Maghreb et du Sahara, où l'invasion fut moins intense, les Berbères gardèrent la suprématie du maître et de la force; devenus musulmans, ils s'emparèrent même de la puissance politique et religieuse. Déjà, dès le VIIIᵉ siècle, les Lemtouna (voilés), de la nation des Senhadja, avaient fondé, dans le Sahara occidental, un puissant empire s'étendant du Maroc au Soudan. En 990, après la chute des Edrissites, les Zénèta donnèrent un sultan au Maghreb dans la personne de Ziri bèn Athiya; plus tard, au XIᵉ siècle, les *Marabouthinn* (Almoravides), sortant des profondeurs du Désert dont ils avaient fait la conquête, ainsi que celle d'une partie du Soudan, englobèrent le Maghreb et l'Andalousie dans leur immense empire; les *Mouahhedoun* (Almohades) leur succédèrent au XIIᵉ siècle; puis vinrent les Béni Mérinn, des Zénèta, au XIIIᵉ siècle, et les Ouatases de la même famille. Au XVIᵉ siècle enfin, la souveraineté retourna aux Arabes par l'usurpation du chérif Moulay Mohhammed; mais déjà les Berbères sahariens s'étaient rendus

indépendants. Ils n'ont jamais reconnu aux chérifs qu'une autorité purement honorifique et religieuse. Actuellement leurs tribus, dispersées sur d'immenses territoires et sans lien entre elles, sont incapables de s'unir pour former une puissance sérieuse. — PEUPLES SAHARIENS. Ce sont ces trois races d'hommes : Nègres sahariens, Berbères et Arabes nomades que l'on rencontre encore de nos jours dans le Sahara. Toujours en guerre, elles continueront de s'épuiser dans des luttes barbares jusqu'à ce qu'une puissance supérieure vienne enfin leur imposer la paix sous une commune domination. Nous ne citerons que pour mémoire les Nègres soudaniens, enlevés aux riches contrées équatoriales et transportés comme esclaves dans toutes les parties du Sahara; ils sont employés par les nomades à la garde de leurs troupeaux et par les Berbères sédentaires à la culture du sol ou au service intérieur de la maison. Un grand nombre, aujourd'hui émancipés, se livrent dans le qçour à diverses industries. Les Nègres sahariens se rencontrent encore partout dans le Sahara, mais dans des conditions diverses; dans quelques contrées reculées et d'accès difficile, ils ont pu se défendre avec avantage et n'ont jamais connu le joug des conquérants; au milieu des Berbères blonds, leur condition rappelle celle de nos anciens serfs, tandis que là où les Arabes dominent soit par le nombre, soit par l'influence, ils sont fermiers et même propriétaires des terres qu'ils cultivent. Ainsi dans le pays d'Aïr, où ils prennent le nom de Kaïlaouis, ils sont sédentaires et commerçants, faisant garder leurs troupeaux et cultiver leurs terres par les descendants d'une race noire inférieure. Les Kaïlaouis, ou Touareg noirs, n'ont jamais accepté des Arabes qu'une suprématie purement morale et religieuse; ils sont en guerre perpétuelle avec les Touareg blancs. Dans le Tibesti les contrées circonvoisines, les Nègres sahariens proprement dits sont surtout nomades et guerriers ; une race agricole, qu'ils tiennent en servage, paraît descendre des anciens Ethiopiens troglodites. Dans le Fezzaan, ils sont agriculteurs et libres propriétaires de leurs oasis. Dans ces différentes contrées, ils ont reçu des Arabes le nom de *Tebbous*, c'est-à-dire *pillards*. Dans le djebel Hhoggar, où ils gardent les troupeaux et cultivent les terres des Touareg blancs, on les appelle *Imrhad*, mot équivalent à celui de *serfs*. A Rhadamès, au milieu de Berbères bruns ayant subi l'influence romaine, ils sont plutôt à l'état de clients ; leurs patrons les désignent sous le nom d'*Atrias* qui signifie : *issus d'une race mère*. Les gens d'El Goléa les appellent *Qrefann*, c'est-à-dire *descendants d'une race inférieure*. Dans le Tidikelt et le Touât, on les appelle *Hharatinn* (affranchis), parce que, dans ces contrées, ils ont été délivrés par les Arabes du joug des Berbères et élevés à l'état de fermiers. Dans l'Oued-Rirh et le pays d'Ouargla, où ils sont pour la plupart propriétaires, on les appelle *Rouarha*, c'est-à-dire *habitants d'un pays gras et fertile* (en arabe : *Rirh*). Sur l'Oued-Saoura enfin, où ils sont fermiers des Arabes cheurfa, ils sont connus sous les noms de *Binema* et de *Graout*, c'est-à-dire *coupeurs de route*. Les Nègres sahariens ont généralement adopté la langue des peuples qui les ont assujettis; cependant dans l'oasis de Rhadamès ils parlent encore un ancien dialecte égyptien; leur religion est un islamisme grossier mélangé d'anciennes pratiques. — Quant aux Berbères, ils existent à l'état nomade dans tout le Sahara, notamment dans le Hhoggar, où on les appelle Touareg (réprouvés), et dans le Sahara occidental où ils sont plus connus sous le nom de *Maures*; ils n'ont jamais cessé d'être en lutte avec les Arabes. Ceux du Hhoggar, de leur vrai nom *Imouchar*, rayonnent dans tout le Sahara central et occidental,

des confins de la Tripolitaine et du pays d'Aïr à l'Atlantique ; ils escortent les caravanes marchandes, les pillent souvent et les massacrent quelquefois. Leur principale richesse consiste en chameaux dont ils font commerce; leurs troupeaux sont confiés à la garde des *Imrhad;* ceux-ci cultivent aussi quelques oasis pour le compte de leurs maîtres. Les Touareg du Hhoggar, autrefois unis, sont aujourd'hui divisés en deux confédérations ennemies : les Hhoggarenn et les Azguer. Ils ont toujours le visage couvert d'un voile noir; leur armement consiste en une longue épée, un javelot barbelé, un large poignard et un bouclier en cuir. Montés sur leurs légers *mahara*, ils se transportent rapidement d'un lieu dans un autre. Leurs femmes, généralement très belles, ne sont jamais voilées, mais elles ont la déplorable habitude de se teindre le visage et le reste du corps avec de l'indigo. Les Oulad Delim (Fils de la Nuit), qui errent à l'O., vers le Tiris et l'Adrar, ont à peu près les mêmes mœurs que les Touareg du Hhoggar et ne sont pas moins redoutés des caravanes marchandes. D'autres Berbères sont sédentaires et propriétaires, par exemple dans l'Adrar, les Mzab, l'oasis de Rhadamès et dans la Tripolitaine; les qçour qu'ils habitent, ainsi que les oasis qui en dépendent, leur appartiennent ; mais, considérant les travaux agricoles comme dégradants, ils font cultiver leurs terres par des Nègres sahariens ou par des esclaves soudaniens. Les Berbères sédentaires s'adonnent aussi au commerce ; ce sont eux surtout les organisateurs des grandes caravanes qui transportent au Soudan les produits manufacturés du Nord en échange des produits naturels du pays des Noirs; c'est à eux qu'appartiennent les principaux entrepôts de commerce du Grand-Désert. Les Berbères sahariens parlent différents idiomes; tous ont accepté l'islamisme, mais avec plus ou moins de restrictions; ceux du Hhoggar paraissent même à peu près indifférents en matière religieuse. — Les Arabes nomades, enfin, se rencontrent surtout dans le Sahara septentrional; ils ne descendent guère, si ce n'est dans l'Est, au-dessous du 27ᵉ de lat. N. Divisés en tribus, subdivisées elles-mêmes en *douars* ou *nezlas*, ils errent tout l'été, avec leurs troupeaux, dans les steppes du Désert, mais sans dépasser un certain terme. Quand vient l'automne, ils laissent le gros de leurs troupeaux dans le Désert et vont se réunir, par groupes de plusieurs tribus, autour des oasis qui leur servent de centre de ralliement et dans lesquelles les plus riches possèdent des jardins de palmiers. Là, ils vendent le croît de leurs chameaux, les laines de leurs brebis et les tissus fabriqués par leurs femmes; ils se procurent, en échange, des armes, du blé, des dattes et les menus objets qui leur sont nécessaires; ils louent aussi des chameaux aux caravanes et se chargent quelquefois des transports d'un lieu à un autre. Il est rare qu'ils fassent le grand commerce par leur compte. Les Arabes sédentaires que l'on rencontre dans les oasis, sont, pour la plupart, des *marabouthinn*, descendants abâtardis des premiers conquérants (voy. ce mot) en sont peuplées. De nombreuses familles de soi-disant *cheurfa* (descendants du Prophète) sont établies dans tout le Sahara marocain; un grand nombre d'oasis dans le Tafilalt et presque toutes celles de l'Oued-Saoura leur appartiennent. — DIVISIONS POLITIQUES. A part l'Egypte, il n'existe guère, dans le Sahara, d'Etats constitués dans le sens que nous l'entendons. Dans l'E., la Tripolitaine et le Fezzaan sont placés sous la suzeraineté de la Turquie, qui se borne à en tirer des impôts, laissant chaque ville s'administrer à peu près comme elle l'entend; le Tibesti est presque toujours dans l'anarchie; le pays d'Aïr est gouverné par plusieurs sul-

tans souvent en guerre les uns contre les autres; le djebel Hhoggar est aujourd'hui, avons-nous dit, divisé en deux confédérations de Touareg toujours en lutte; le Tidikelt, le Touât, l'Aouguerout, le Gourara, groupes d'oasis importants qui prétendent reconnaître la suzeraineté de l'empereur du Maroc, sont, en réalité, divisés en autant de petites républiques qu'ils renferment de villages; elles sont administrées par des *cheiks* (vénérables) sous le contrôle de *djemâas* (assemblées de notables); des *qçour* même, comme par exemple celui d'Aïn Çalahh, sont scindés en deux fractions s'administrant séparément et souvent en guerre l'une contre l'autre. Nous avons vu que la plus grande partie de l'Oued-Saoura est gouvernée par des cheurfa indépendants; les oasis du Tafilalt et des autres vallées du Sahara marocain, y compris celles de l'Oued-Drâa, ne reconnaissent au sultan du Maroc qu'une autorité purement nominale; Berbères et Arabes s'y font une guerre d'extermination et l'anarchie y est permanente. L'Oued-Noun est une sorte de confédération de qçour ordinairement divisés en temps de paix, mais qui savent cependant s'unir pour résister aux prétentions des Marocains. Seuls, les groupes d'oasis du Sahara tunisien et du Sahara algérien (voy. ces mots), soumis à la domination française, sont aujourd'hui en état de paix et en voie de prospérité. — POPULATION. Le chiffre de la population du Sahara est inconnu; nous l'évaluons approximativement à 5 millions d'individus, sur lesquels 3 millions de Nègres sahariens, 500,000 Nègres de provenance soudanienne ou descendants des anciennes races inférieures sahariennes, 1 million de Berbères et 500,000 Arabes. La population de l'Egypte n'est pas comprise dans cette évaluation. — CARAVANES. *Centres commerciaux.* Le Sahara est traversé, dans la saison hivernale, par un grand nombre de caravanes marchandes. Ces caravanes s'organisent, en automne, dans les principaux centres commerciaux; elles transportent au Soudan les produits manufacturés de l'Europe et du littoral africain, et s'en retournent, au printemps, chargées des produits naturels de l'Afrique centrale. Les têtes de ligne des caravanes sont actuellement au Maroc (Tafilalt et Oued-Drâa), à Tripoli et en Egypte. Les grandes caravanes vont directement trafiquer au Soudan : dans le Bornou, le Hhaoussa, sur les rives du Niger et du Sénégal; mais un plus grand nombre se bornent à faire leurs échanges dans les entrepôts sahariens, lesquels sont en même temps des relais commerciaux. Les principaux de ces entrepôts sont actuellement : Ouadann dans l'Adrar, à l'O.; Tombouctou, sur le Niger, but du voyage de l'intrépide Caillié; Abouam, dans le Tafilalt; Aïn Çalahh, dans le Tidikelt; Agadès dans le pays d'Aïr; Rhadamès, au S.-O. de la Tripolitaine; Rhât, à l'E. du Tassili du Hhoggar, et enfin, Mourzouk dans le Fezzaan. Le plus important de tous ces entrepôts est celui d'Aïn Çalahh; c'est le grand carrefour du Désert, le point de croisement de toutes les grandes voies commerciales; celui de Rhât a aussi une importance considérable. Les négociants d'Aïn Çalahh exploitent, pour leur compte, tout le Soudan septentrional; les caravanes de la Tripolitaine qui s'organisent à Rhadamès pour aller trafiquer à Tombouctou et dans le Bambara passent nécessairement par cette oasis; celles du Maroc qui vont au Hhaoussa et au Bornou ne sauraient l'éviter. De même les marchands de Rhadamès et de Mourzouk qui vont directement au Bornou et au Hhaoussa sont obligées de passer par Rhât. Araouann, au N.-O. de Tombouctou, et Aghadès, dans le pays d'Aïr, sont, dans le sud, les points de séparation des caravanes qui, remontant vers le N., se dirigent vers les différents points stratégiques du Sahara

central et septentrional. (Voy. TRANSSAHARIEN.) — **Sahara Algérien.** Partie septentrionale du Sahara située directement au S. de l'Algérie et soumise aujourd'hui à la domination française. Le Sahara algérien comprend plusieurs archipels d'oasis qui sont : ceux des Ziban et des Oulad-Djellal dont le chef-lieu est Biskra; du Souf, ville principale El Oued; de l'Oued-Rirh, chef-lieu Touggourt; de l'Ouargla, entourant la ville du même nom; des Beni Mzab, ville principale Ghardaya; en outre, un grand nombre de qçour au S. de la province d'Oran, lesquels relèvent du commandement supérieur de Laghouat, et dont les principaux sont : Aïn Madhi, El Abiodh Sidi Cheikh, Tiout, etc. Plus au S., se trouve le *qçor* d'El Goléa (ou mieux, *Qelâa*, le *petit Château*), jadis chef-lieu d'un important territoire, aujourd'hui isolé sur son rocher qu'entoure encore une oasis de 17 mille palmiers. Le Sahara algérien s'étend jusqu'au 30° de lat. N., limite extrême des pâturages parcourus par les tribus nomades qui se réunissent, en automne, autour des oasis et des qçour que nous venons de citer. — **Sahara Marocain.** Partie septentrionale du Sahara dont les habitants reconnaissent ou sont censés reconnaître l'autorité de l'empereur du Maroc. Ses principaux qçour sont ceux du Tidikelt, du Touât, du Gourara, de l'Oued-Messaoud, du Tafilalt, de l'Oued-Sous et de l'Oued-Drâa. — **Sahara Tunisien.** Partie du Sahara septentrional qui confine à la Tunisie. Ses principales oasis sont celles de Nefta, dans le Belad el Djerid où réside le grand maître de l'ordre des Khouann, de Touzer, de Gabès, de Douz, etc.   (V. LARGEAU.)

SAHARIEN, IENNE s. et adj. Du Sahara; qui appartient au Sahara.

SAHEL (ar. *sahhel*, bord, rivage), nom donné particulièrement au massif sur un contre fort duquel s'élève la ville d'Alger et qu'entoure, au S., la plaine de la Mitidja.

SAÏDA (anc. *Sidon* ou *Zidon*), ville de Syrie, à 38 kil. S.-S.-O. de Beyrouth, sur un promontoire qui s'avance dans la Méditerranée; 6,000 hab. environ. Le port n'est accessible qu'aux bateaux. Un château en ruine, qu'on suppose avoir été bâti vers le commencement

Saïda.

de l'ère chrétienne, couvre un gros rocher artificiel ou sorte de môle, à l'entrée du port, et est réuni à la ville par un pont de neuf arches. Le principal commerce est celui de la soie. Les ruines de Sidon sont à 2 kil. environ dans l'intérieur des terres. (Voy. SIDON.)

SAÏD-PACHA, vice-roi d'Egypte. Voy. EGYPTE.

SAIDSCHÜTZ ou Seidschütz, station minérale bohémienne, à 12 kil. de Teplitz, à

7 kil. S.-O. de Bilin. Sources sulfatées magnésiques froides, amères, dont les propriétés laxatives sont utilisées à la dose d'un ou deux verres, matin et soir. On exporte annuellement 300,000 cruchons de ces eaux, assez semblables à celles de Bilin et de Pulna.

* **SAIE** s. f. Voy. SAGUM et SAYON.

* **SAIGNANT, ANTE** adj. Qui dégoutte de sang : *avoir le nez tout saignant, la bouche toute saignante.* — VIANDE SAIGNANTE, ENCORE TOUTE SAIGNANTE, viande rôtie qui n'est pas assez cuite. — LA PLAIE EST ENCORE SAIGNANTE, l'injure est encore toute récente, toute nouvelle; le malheur est encore tout nouveau.

* **SAIGNÉE** s. f. Ouverture de la veine pour tirer du sang : *pratiquer la saignée.* — Sang qu'on tire par l'ouverture de la veine: *grande, abondante saignée.* — C'EST UNE GRANDE SAIGNÉE, UNE RUDE SAIGNÉE QU'ON LUI A FAITE, QU'ON A FAITE A SA BOURSE, se dit quand on a tiré de quelqu'un beaucoup d'argent, quand on a exigé de lui une somme considérable qu'il ne devait pas ou qu'il espérait ne pas payer. — Pli formé par le bras et l'avant-bras, et qui est l'endroit où l'on ouvre ordinairement la veine: *il a reçu un coup sur la saignée.* — Rigole que l'on fait pour tirer de l'eau de quelque endroit: *on fit une grande saignée aux fossés de la place.* — ENCYCL. On donne le nom de *saignée* à l'évacuation artificielle du sang. Elle ne se pratique pas sur les artères (artériotomie), mais uniquement sur les veines (phlébotomie), soit au pied, soit au pli du bras, à la médiane basilique et mieux à la médiane céphalique, parce qu'elle est plus éloignée de l'artère. Après avoir bien choisi le lieu de la saignée de façon à ne pas s'exposer à blesser l'artère, on fait une ligature en haut du coude, puis d'une main on fixe la veine pour qu'elle ne fuie pas devant la lancette, pendant que de l'autre main on enfonce perpendiculairement cette lancette de deux millimètres environ; en la retirant, on agrandit l'ouverture par un mouvement d'élévation. Quand le malade prend mal au cœur, le sang cesse de couler pour revenir à mesure que finit la syncope. On accélère l'écoulement en faisant remuer la main.

Après la saignée, on détache la ligature, on lave la plaie avec de l'eau froide et on y fixe une compresse. Pratiquement, il faut, avant de saigner, tenir compte : 1° de l'*âge* : chez les enfants et chez les vieillards on doit être sobre d'émissions sanguines. On préfère généralement pour les premiers les émissions locales; 2° du *sexe* : le menstruel supprimé indique quelquefois des émissions locales à la vulve; 3° du *tempérament* : les sujets pléthoriques supportent mieux la sai-

gnée que les sujets lymphatiques, mais surtout que les sujets nerveux: 4° de l'*habitude*: les saignées habituelles créent une condition fâcheuse et à laquelle on ne peut se soustraire que très difficilement; 5° du *climat*: en général, les saignées conviennent peu dans les pays chauds. — Les saignées agissent comme déplétives, comme antiphlogistiques et comme révulsives, mais il est toujours bon de n'en user que lorsque leur indication est bien formelle, car elles affaiblissent les malades.

ˈ SAIGNEMENT s. m. Ecoulement, épanchement de sang, principalement par le nez: *arrêter un saignement de nez.*

ˈ SAIGNER v. a. Tirer du sang en ouvrant la veine: *saigner un malade.* — Saigner la viande, la purger de sang grossier: *on n'a pas assez saigné cette viande* — Par anal. Saigner un fossé, Saigner un marais, faire écouler par des rigoles une partie de l'eau d'un fossé, d'un marais; et, Saigner une rivière, faire prendre un autre cours à une partie de l'eau d'une rivière. — Boucherie et Cuis. Tuer, égorger: *saigner un porc, un veau, un mouton.* — Fig. et fam. Exiger, tirer de quelqu'un une somme considérable qu'il ne devait pas, ou qu'il espérait ne pas payer: *il y a eu des temps où le pouvoir saignait arbitrairement certaines classes de gens riches.* — v. n. Perdre du sang. Se dit tant de la personne ou de l'animal, que de la partie d'où le sang coule: *saigner du nez; son front saigne.* — Saigner comme un bœuf, rendre beaucoup de sang par la partie qui a été coupée, blessée. — Saigner du nez, manquer de résolution, de courage dans l'occasion: *il fit d'abord le fanfaron, puis il saigna du nez.* Manquer à un engagement pris: *il avait promis de me vendre sa maison, maintenant il saigne du nez.* — La plaie saigne encore, c'est une plaie qui saignera longtemps, se dit en parlant d'une offense, d'une injure, d'un malheur dont on conserve encore, tout on conservera longtemps le souvenir. — Le cœur me saigne, le cœur lui saigne, se dit en parlant d'une chose dont on est sensiblement touché: *quand je pense à ce malheur-là, le cœur m'en saigne encore.* — Se saigner v. pr. Donner jusqu'à se gêner: *c'est un père qui se saigne pour ses enfants.*

SAIGNES, ch.-l. de cant., arr. et à 25 kil. N.-E. de Mauriac (Cantal); 600 hab.

ˈ SAIGNEUR s. m. Ne se dit guère que d'un médecin qui aime à ordonner la saignée: *c'est un rude saigneur, un grand saigneur.* (Fam. et peu us.)

ˈ SAIGNEUX, EUSE adj. Sanglant, taché de sang: *il a le nez saigneux.* — Bout saigneux de veau, de mouton, le cou d'un veau ou d'un mouton, tel qu'on le vend à la boucherie; et absol., Bout saigneux, le cou d'un mouton.

SAIGON, cap. de la Cochinchine française, sur le Donnal, à 90 kil. de la mer, par 10° 50′ lat. N. et 104° 22′ long. E.: 115,000 hab., dont 700 Européens. Port français, sûr et accessible aux navires du plus fort tonnage. Evêché catholique, suffragant d'Aix. Dans la citadelle se trouvent les casernes, les quartiers des officiers, et la résidence du gouverneur. Il y a un grand chantier de constructions navales et un arsenal. C'est un centre commercial important. Les Français prirent Saigon à l'Annam le 17 fév. 1859, et le traité du 5 juin 1862 le reconnut pour territoire français.

SAIL-LES-BAINS, station minérale et commune du cant. de la Pacaudière, arr. et à 32 kil. de Roanne (Loire): 600 hab. Eaux bicarbonatées mixtes. Six sources. — Vices du sang, dartres, scrofules, syphilis anciennes, affections utérines, stérilité, goutte, rhumatismes,

maladies des yeux, de la vessie. Etablissement avec cabinets de bains et douches.

SAILLAGOUSSE, ch.-l. de cant., arr. et à 47 kil. S.-O. de Prades (Pyrénées-Orientales), sur la rive gauche de la Sègre; 800 hab.

SAILLANS, ch.-l. de cant., arr. et à 25 kil. S.-O. de Dié (Drôme), sur la rive gauche de la Drôme: 1,800 hab.

ˈ SAILLANT, ANTE adj. Qui avance, qui sort en dehors: *corniche saillante.* — Angle saillant d'une figure, d'une fortification, celui dont le sommet est dirigé en dehors, et dont l'ouverture regarde le dedans: *les angles saillants d'un polygone.* Il est opposé à Angle rentrant. — Ce qui est vif, brillant, frappant: *une pensée, une idée saillante.* — Blas. Se dit d'une chèvre, d'un mouton ou d'un bélier en pied.

SAILLER v. a. (*ll.* mll.]. Mar. Faire glisser dans le sens de sa longueur.

ˈ SAILLIE s. f. (rad. *saillir*). Elan, mouvement, sortie qui se fait avec impétuosité, mais avec interruption: *cet animal ne marche que par bonds et par saillies.* — Fig. Emportement, boutade, échappée: *dans sa colère il a de fâcheuses saillies.* — Trait brillant et surprenant qui semble échapper soit dans la conversation, soit dans un ouvrage d'esprit: *une saillie vive, spirituelle, agréable.* — Se dit encore, surtout dans le langage didactique, des éminences, des bosses qui sont à la surface de certains objets: *cet os a une saillie à sa partie postérieure.* — Archit. Avance qui forment les différents membres d'architecture, tels que corniches, moulures ou ornements, balcons, trompes, etc.; et celle qu'une pièce ou partie de l'édifice forme sur une autre: *cette corniche a trop de saillie.* Les architectes nomment aussi, et absol. tout ment Projecture, la saillie ou avance horizontale des divers membres d'architecture. — Peint. Relief apparent des objets représentés dans un tableau: *cette figure n'a pas assez de saillie.* — ⁓ Action de saillir une femelle.

ˈ SAILLIR v. n. (*ll* mll.] (lat. *salire*). Je saillis, tu saillis, il saillit; nous saillissons, etc. Je saillissais. J'ai sailli. Je saillis. Je saillirai. Je saillirais. Que je saillisse. Saillissant. On ne l'emploie guère qu'à l'infinitif et à la troisième personne de quelques temps. Jaillir, sortir avec impétuosité et par secousses. Ne se dit, en ce sens, que des choses liquides: *quand Moïse frappa le rocher, il en saillit une source d'eau vive.* On dit plus ordin., Jaillir. — Archit. Se dit de ce qui est en saillie, de ce qui déborde le nu du mur. Dans ce sens, il se conjugue ainsi: *il saille, il saillait, il saillera,* etc.; *cette corniche saille trop, saillera trop.* — Peint. Se dit des objets qui paraissent avoir beaucoup de relief, qui semblent sortir de la toile: *les ombres bien ménagées font saillir plus ou moins les objets.* — v. a. Se dit pour exprimer l'action de quelques animaux lorsqu'ils couvrent leurs femelles; alors il se conjugue comme dans la première acception: *faire saillir une jument.*

SAIL-SOUS-COUZAN, station minérale, arr. et à 15 kil. N.-O. de Montbrizon (Loire). Eaux bicarbonatées sodiques ferrugineuses froides. Deux sources: une source médicinale, une source de table. — Dyspepsie, gastralgie, névrose, maladies des femmes, chloro-anémie, gravelle, maladie du foie, de la vessie. — Etablissement avec 26 baignoires munies d'un tube pour l'aspiration de l'acide carbonique, douches de toutes sortes, bains de vapeur, appareils pour bains de gaz, hydrothérapie.

ˈ SAIN, AINE adj. (lat. *sanus*). De bonne constitution, qui n'est point sujet à être malade: *un corps bien sain.* — Revenir sain et

sauf, réchapper de quelque péril; ou, après avoir essuyé quelque grande fatigue, être en parfaite santé. — Ces marchandises sont arrivées saines et sauves, elles sont arrivées sans avoir éprouvé d'avarie, de dommage. — Se dit aussi des parties du corps, et signifie, qui n'est point altéré, gâté, qui est en bon état: *on lui a trouvé les parties nobles fort saines, saines et entières.* — Se dit dans le même sens des fruits, des plantes et d'autres choses inanimées: *voilà des pommes, des poires encore fort saines pour la saison.* — Se dit aussi du jugement, de l'esprit, et de leurs opérations, de leurs conceptions: *malgré sa grande vieillesse, il a encore la tête saine.* — La saine raison, la droite raison. La saine critique, la critique judicieuse. — Saine doctrine, la doctrine qui est orthodoxe et conforme aux décisions de l'Eglise: *ce livre de théologie ne contient qu'une saine doctrine.* Se dit aussi, en morale et en littérature, des doctrines conformes à la vertu, à la raison, au bon goût: *ce livre respire la plus saine doctrine.* — Salubre, qui contribue à la santé: *l'air de cette ville est fort sain.*

ˈ SAINBOIS s. m. Se dit, dans les pharmacies, de l'écorce du garou (*daphné paniculé (daphne gnidium)* et *daphné mézéréon*), qui sert à faire des vésicatoires, et entre dans la composition d'une pommade épispastique: *pommade de sainbois.*

ˈ SAINDOUX s. m. (de *sain* et de *doux*). Graisse de porc fondue: *friture au saindoux.*

ˈ SAINEMENT adv. D'une manière saine: *pour vivre sainement, il faut éviter toute sorte d'excès.* — Fig. Juger sainement des choses, en bien juger, le juger selon la droite raison. On dit de même: Raisonner sainement: *cela est sainement pensé.*

ˈ SAINFOIN s. m. Bot. Genre de légumineuses, type de la tribu des hédysarées, comprenant plusieurs espèces de plantes, dont la principale, nommée *sainfoin commun* (*onobrychis sativa*), bourgogne ou esparcette, est vivace et sert à former des prairies artificielles: *le sainfoin veulent un printemps pluvieux; le sainfoin échauffe la bouche des chevaux.* — Le sainfoin est un excellent fourrage, qui possède la faculté précieuse de prospérer dans des terrains très médiocres, pourvu qu'ils ne soient ni compacts ni marécageux. Les terrains calcaires, graveleux ou pierreux sont spécialement propres à sa culture. On le sème au printemps, dans la proportion de 5 à 6 hectolitres par hectare, en employant toujours des graines de la dernière récolte. Il existe des variétés de sainfoin qui ne fournissent qu'une coupe par an; d'autres fournissent deux coupes. On cultive de préférence ces dernières variétés. — Le sainfoin d'Espagne ou sainfoin à bouquets (*hedysarum coronarium*) est une espèce d'ornement quelquefois cultivée comme fourrage.

SAINS. I, ch.-l. de cant., arr. et à 14 kil. O. de Vervins (Aisne): 2,188 hab. Tissage de laine et de coton. — II. Ch.-l. de cant., arr. et à 18 kil. S. d'Amiens (Somme): 1,100 hab.

ˈ SAINT, AINTE adj. (lat. *sanctus*). Essentiellement pur, souverainement parfait. Ne se dit en ce sens que de Dieu: *la sainte Trinité.* — Se dit, par ext., des créatures les plus parfaites et des esprits bienheureux: *la sainte Vierge; les saints anges.* — Par abréviation, on écrit, S. Jean ou St Jean, Ste Geneviève, les SS. Pères, etc. — Sainte famille, se dit aussi des tableaux qui représentent la sainte Vierge, saint Joseph et l'enfant Jésus: *la sainte Famille de Raphaël.* — Se dit également des hommes qui vivent selon la loi de Dieu, et qui suivent fidèlement ses préceptes et ses conseils: *un saint homme.* — Se dit de même des choses qui sont conformes à la loi de Dieu, à la piété: *une action sainte.* Se dit aussi de ce qui appartient à la reli-

gion, de ce qui est dédié, consacré à Dieu, ou qui sert à quelque usage sacré : *toutes les églises sont des lieux saints.* — LES LIEUX SAINTS, LES SAINTS LIEUX, les lieux où se sont opérés les principaux mystères de notre rédemption. LA TERRE SAINTE, la Palestine : *visiter les saints lieux, la terre sainte.* — TERRE SAINTE, terre qui a été bénite pour inhumer les fidèles : *il n'a pas été enterré en terre sainte.* — LE SAINT SÉPULCRE, le sépulcre où Notre-Seigneur fut déposé après sa mort : *gardien du saint sépulcre.* — LA SEMAINE SAINTE. On nomme ainsi la semaine qui précède le jour de Pâques; et tous les jours de cette semaine s'appellent SAINTS : *l'office du lundi saint.* — SEMAINE SAINTE, livre qui contient l'office de la quinzaine de Pâques : *acheter une Semaine sainte.* — L'ANNÉE SAINTE, l'année du grand jubilé, qui est la dernière année de chaque siècle; et même l'année de chaque jubilé, qui arrive de vingt-cinq en vingt-cinq ans. — Se dit, par ext., d'une chose qui est digne d'un grand respect, d'une vénération particulière : *la sainte union conjugale.* — Saint, ainte s. *C'est un saint, une sainte.* — LA COMMUNION DES SAINTS, la société des fidèles. — LA SAINT-JEAN, LA SAINT-MARTIN, etc., le jour où l'on célèbre la fête de saint Jean, de saint Martin, etc. — L'ÉGLISE SAINT-GERMAIN, L'ÉGLISE SAINT-GERVAIS, etc., et absol. SAINT-GERMAIN, SAINT-GERVAIS, etc., l'église consacrée à Dieu sous l'invocation de saint Germain, de saint Gervais, etc. — En général, le mot *saint* prend une majuscule et se joint par un trait d'union au substantif qu'il modifie, lorsqu'il forme avec ce dernier un nom qui ne s'applique point à un saint, ou qui ne s'y rapporte plus que d'une manière indirecte : *le village de Saint-Cloud,* ou absol., *Saint-Cloud; le faubourg Saint-Jacques.* — *C'EST UN PAUVRE SAINT, C'EST UN SAINT QUI NE GUÉRIT DE RIEN,* se dit d'un homme qui a peu de mérite, ou peu de crédit, qui ne peut être d'aucun secours. — IL NE SAIT A QUEL SAINT SE VOUER, il n'a plus de ressource, il ne sait plus a qui avoir recours. — A CHAQUE SAINT SA CHANDELLE, pour s'assurer le succès d'une affaire, il faut se rendre favorable chacun de ceux qui peuvent contribuer à la faire réussir. — COMME ON CONNAÎT SES SAINTS ON LES HONORE, quand on veut se rendre quelqu'un favorable, on se conforme à ses goûts, à ses opinions. — SELON LE SAINT, L'ENCENS, il faut proportionner l'hommage au mérite, à la dignité. — IL VAUT MIEUX S'ADRESSER A DIEU QU'A SES SAINTS, il vaut mieux s'adresser au roi qu'à ses ministres; et, en général, à un homme puissant qu'à ses subalternes. — DÉCOUVRIR SAINT PIERRE POUR COUVRIR SAINT PAUL, remédier à un inconvénient par un autre. — — PRÊCHER POUR SON SAINT, louer, vanter une personne, une chose dans ses points d'intérêt personnel. — LE SAINT DU JOUR, se dit d'un homme mis à la mode ou en crédit depuis peu. — ÊTRE DANS LA PRISON DE SAINT CRÉPIN, porter une chaussure trop étroite. — C'EST SAINT ROCH ET SON CHIEN, se dit de deux personnes qu'on voit toujours ensemble. — EMPLOYER TOUTES LES HERBES DE LA SAINT-JEAN, employer, pour réussir en quelque affaire, tous les moyens dont on peut s'aviser. — MAL SAINT-JEAN, et plus communément, MAL DE SAINT, le haut mal, le mal caduc, l'épilepsie. On appelait autrefois FEU SAINT-ANTOINE, une espèce d'érésypèle qui brûlait et desséchait la partie attaquée. — LE SAINT DES SAINTS, la partie la plus intérieure et la plus sacrée du tabernacle, et ensuite du temple de Salomon, celle où l'arche était renfermée : *le grand prêtre seul pouvait entrer dans le saint des saints.*

SAINT-ALLAIS (Viton de), généalogiste, né à Langres en 1773, mort en 1842. Il a laissé entre autres ouvrages : *Histoire générale des ordres de chevalerie civils et militaires existant en Europe* (1811, in-4°); *Nobiliaire universel*

de France (1815-'20, 18 vol. in-8°); *Dictionnaire de la noblesse* (1816). Il commença, en 1819, une nouvelle édition de l'*Art de vérifier les dates,* qui fut achevée par Fortia d'Urban.

SAINT-AMANT (Marc-Antoine-Gérard, SIEUR de), poète, né à Rouen en 1594, mort en 1660. Il fut un des premiers membres de l'Académie française. Ch. Livet a donné en 1855 une nouvelle édition des *Œuvres* de Saint-Amant (Paris, 2 vol. in-16).

SAINT-ANDRÉ (Jacques d'ALBON, *seigneur de*), maréchal de France, né vers 1505, tué à la bataille de Dreux en 1562. Il servit sous Henri III et ses successeurs, fut créé maréchal en 1547, tomba au pouvoir des Espagnols à la bataille de Saint-Quentin, recouvra la liberté après la paix de Cateau-Cambresis (1559), et, adversaire acharné des calvinistes, forma avec le connétable de Montmorency et le duc de Guise l'association connue sous le nom de triumvirat.

SAINT-ANGE (Ange-François FARIAU DE), littérateur, né à Blois en 1747, mort en 1810. Il a donné des traductions en vers des *Métamorphoses,* des *Fastes,* de l'*Art d'aimer,* du *Remède d'Amour,* d'Ovide. Il entra à l'Académie française en 1810. Ses *Œuvres complètes* ont été réunies en 1823 (9 vol. in-12).

SAINT-ARNAUD (Jacques-Achille LEROY DE), maréchal de France, né à Paris le 20 août 1801, mort à la mer le 29 sept. 1854. Son nom de famille était Leroy; mais il se fit connaître sous celui de Saint-Arnaud. Il entra dans la garde royale à l'âge de 16 ans et devint officier d'infanterie. En 1820, il fut cassé pour avoir pris part à une manifestation, s'engagea dans une troupe d'acteurs et mena une vie précaire jusqu'en 1831, époque où il fut réintégré dans l'armée. En 1833, il devint sous Bugeaud, geolier adjoint de la duchesse de Berry dans la citadelle de Blaye. Il montra ensuite une grande bravoure en Algérie. En 1851, il devint général de division et en octobre ministre de la guerre. Il fut l'un des acteurs les plus ardents du coup d'État du 2 déc.; il en fut richement récompensé, et nommé maréchal et grand écuyer. En avril 1854, il prit le commandement des forces françaises en Turquie. Il insista énergiquement pour débarquer en Crimée et, bien que souffrant considérablement de maladie et de ses blessures, il resta sur le champ de bataille de l'Alma pendant 12 heures. Il fut forcé d'abandonner son commandement le 26 sept. et il mourut du choléra pendant son retour à Constantinople.

SAINT-AUBIN D'ÉCROSVILLE. Voy. ÉCROSVILLE.

* SAINT-AUGUSTIN s. m. (de saint Augustin, parce que Conrad Swenheym et Arnold Pannartz imprimèrent pour la première fois avec ce caractère le *Livre de la cité de Dieu,* de cet illustre père de l'Église, en 1467). Typogr. Caractère qui est entre le gros texte et le cicéro et dont le corps est de douze ou treize points.

SAINT-CYR (Laurent GOUVION). Voy. GOUVION SAINT-CYR.

SAINT-CYRAN (Abbé de). Voy. DUVERGIER.

SAINT-CYR. Voy. CYR.

SAINT-CYRIEN, IENNE s. et adj. De Saint-Cyr; qui appartient à Saint-Cyr ou à ses habitants.

SAINT-DOMINGUE. Voy. HAÏTI et DOMINGO (Santo-).

SAINTE-ALDEGONDE (Philip VAN MARNIX, baron de), homme d'État hollandais, né à Bruxelles en 1538, mort à Leyde le 15 déc. 1598. D'un vaste érudition, poète, prosateur, mêlé à toutes les affaires politiques de son

temps, ami de Guillaume le Taciturne, il mit tous ses talents au service de la Réformation et de la libération des Pays-Bas du joug espagnol. Bourgmestre d'Anvers, il soutint, pendant un siège à jamais mémorable de 14 mois, les attaques du prince de Parme (1585). Il est l'un des auteurs auxquels on attribue le chant célèbre *Wilhelmus van Nassauwe* (voy. WILHELMUS); il a écrit la fameuse satire, la *Ruche de la sainte Église romaine,* qui a été traduite en allemand (par luimême), en anglais et en français. Les *Œuvres* de Sainte-Aldegonde ont été publiées par Lacroix (1855-'59, 7 vol.). Sa biographie a été publiée par Juste (1858.)

SAINTE-AULAIRE. I. (François - Joseph DE BEAUPOIL, *marquis de*), lieutenant général et littérateur, né dans le Limousin en 1643, mort en 1742. Quelques jolis vers qu'il publia dans sa vieillesse le firent entrer à l'Académie française, en dépit de Boileau (1706). — II. (Louis-Clair DE BEAUPOIL, *comte de*), homme politique et littérateur, né près de Dol (Bretagne) en 1778, mort en 1854. Napoléon le nomma chambellan en 1811 et préfet de la Meuse en 1812. Nommé député de la Meuse en 1815, il se rangea parmi les partisans de la royauté constitutionnelle, fut ambassadeur à Rome, à Vienne, à Londres et pair de France. Il publia en 1827 une *Histoire de la Fronde* (3 vol.) qui lui ouvrit les portes de l'Académie. — Voy. DE BARANTE, *Notice sur le comte de Sainte-Aulaire.* (Paris, 1856, in-8°.)

* SAINTE-BARBE s. f. Mar. Endroit d'un vaisseau où l'on serrait la poudre et les ustensiles d'artillerie : *le feu prit à la saintebarbe.* Partie du vaisseau où l'on serre les poudres et que l'on nomme aujourd'hui *soute aux poudres.*

SAINTE-BEUVE (Charles-Augustin), écrivain français, né à Boulogne le 23 déc. 1804, mort le 13 oct. 1869. Il se rendit fameux comme critique littéraire. En 1837, il fit à Lausanne une série de conférences qui furent le canevas de son histoire de Port-Royal (3° édit. 1867, 6 vol.). Thiers lui donna un emploi à la Bibliothèque Mazarine. En 1848-'49, il fit des conférences à Liège sur *Chateaubriand et son groupe littéraire sous l'Empire* (1860, 2 vol.). Il revint à Paris en 1850, et écrivit successivement dans le *Constitutionnel* et dans le *Moniteur.* C'est dans le premier de ces journaux que parurent ses célèbres *Causeries du lundi* (1851-'62, 15 vol.). En 1852, il fut nommé professeur de poésie latine au collège de France, mais sifflé comme impérialiste, il donna sa démission. De 1857 à 1861, il fut maître de conférences à l'école normale. En 1865, il entra au Sénat, où l'appui qu'il donna à Renan lui attira l'animosité des ultramontains. Au point de vue de la subtilité et de la sagacité de la critique, il n'a été surpassé par personne. Parmi ses œuvres, on distingue : *Portraits littéraires* (nouv. édit. 1864, 3 vol.); *Portraits de femmes* (nouv. édit. 1855); *Galerie des femmes célèbres* (1858); *Nouvelle galerie des femmes célèbres* (1858); *Nouveaux lundis* (1863-'68, 10 vol.) et les *Causeries du lundi,* posthumes (1875, 3 vol.). Sa vie a été écrite par d'Haussonville (1875); outre les ouvrages déjà cités, il a laissé : *Tableau historique et critique de la poésie française au xvi° siècle* (nouv. édit. 1876); *Poésies et pensées de Joseph Delorme* (1829); *Consolations* (1830); *Pensées d'août* (1837); *Monsieur Jean, maître d'école* (1837), roman; *Volupté* (9° édit. 1877).

SAINTE-CLAIRE DEVILLE. I. (Charles), géologue et météorologiste, né à l'île Saint-Thomas (Antilles) en 1814, mort à Paris le 10 oct. 1876. Élève libre de l'École des mines (1837-'38), il explora à ses frais les Antilles et les îles du Cap-Vert (1839-'43),

voyagea en Italie, suppléa Elie de Beaumont dans sa chaire de géologie au collège de France, fut reçu à l'Académie des sciences en 1857, fonda et dirigea l'Observatoire de Montsouris, établit le service d'observations météorologiques des stations qui y sont reliées dans toute la France et en Algérie. On lui doit de savantes recherches sur les variations de densité qu'éprouve un corps en changeant d'état moléculaire et des découvertes sur les propriétés du soufre. Il a publié : *Voyage géologique aux Antilles et aux îles de Ténériffe et de Fogo* (1856-'64); *Lettres sur l'éruption du Vésuve*; *Modifications éprouvées par le soufre sous l'influence de la chaleur* (1852). — II. (Henri-Etienne), célèbre chimiste, frère du précédent, né le 11 mars 1818 à Saint-Thomas des Antilles, mort le 4 juillet 1881. Il fut d'abord professeur de chimie à l'Ecole normale de Paris et, en 1859, succéda à Dumas à la Faculté des sciences. Parmi ses belles découvertes, on cite sa méthode d'analyse minérale au moyen de gaz et de réactifs volatils. Il est connu surtout par ses recherches sur la variation des affinités chimiques à des températures différentes, par sa théorie de la *dissociation*, et par la découverte du moyen de produire l'aluminium à bon marché. Il a publié des ouvrages sur le platine, sur l'aluminium (1859), sur les découvertes chimiques, etc.

SAINT-EDME (Edme-Théodore Bourg, *dit*), littérateur, né à Paris en 1785, mort en 1852. Il embrassa d'abord la carrière des armes et, à la chute de Napoléon, suivit son penchant pour la littérature. On a de lui : *De l'Empereur et du Comte de Lille ou Réfutation de l'écrit de Bonaparte et des Bourbons* (Paris, 1815); *Amours et galanteries des rois de France* (1830, 2 vol.); *Biographie des hommes du jour*, avec Sarrut (1837-'42, 6 vol. in-8°).

SAINT-ELIAS (Mont-) [e-liass], pic volcanique sur les confins de l'Alaska et de l'Amérique anglaise, par 60° 15' lat. N. et 143° long. O. On estime sa hauteur à environ 5,545 m.

SAINT-ELME (Ida), nom de guerre d'une courtisane française (Elselina Vanayl de Yongh), née près de Florence en 1778, morte à Bruxelles en 1846. Elle fut la maîtresse de plusieurs généraux de Napoléon Ier. Ses *Mémoires d'une Contemporaine* (1827, 8 vol.; nouv. édit. 1863) sont présentés comme contenant ses souvenirs sur les personnages éminents de la République, du Consulat, de l'Empire et de la Restauration.

SAINTE-MARTHE I. (Charles de), poète français, né à Fontevrault en 1512, mort à Alençon en 1555. On a de lui : *Poésie françoise divisée en trois livres; le premier contenant des épigrammes; le deuxième des rondeaux, des ballades, des chants royaux; le troisième des épitres, des élégies, plus un livre de ses amys* (Lyon, 1540, in-12). Il a laissé aussi quelques paraphrases sur les psaumes. — II. (Gaucher II, *dit* Scévole), poète, neveu du précédent, né à Loudun en 1536, mort dans la même ville en 1623. Ses *Œuvres*, composées d'odes, d'élégies, d'épigrammes et de ballades, ont été imprimées à Paris en 1569 et en 1576. — III. (Gaucher III *dit* Scévole II, et Louis de), frères jumeaux, fils du précédent, nés à Loudun en 1571, morts, le premier en 1650, le second en 1656. Historiographes du roi, ils ont rédigé *Histoire généalogique de la maison de France*.

* **SAINTEMENT** adv. D'une manière sainte: *il a vécu saintement.*

SAINTE-PALAYE. Voy. Lacurne.

SAINTES, *Santones, Mediolanum*, ch.-l. d'arr., à 72 kil. N.-E. de la Rochelle (Charente-Inférieure), sur la rive gauche de la Charente, par 45° 44' 46'' lat. N. et 2° 58' 55'' long. O., 11,000 hab. Restes d'un amphithéâtre et d'un ancien arc de triomphe. Belle cathédrale Saint-Pierre; églises romanes de Saint-Eutrope et de Sainte-Marie-des-Dames. Grains, esprits, eaux-de-vie dites de Cognac. — Saintes fut d'abord la capitale des Santones, puis de la Saintonge et ch.-l. du département de la Charente-Inférieure jusqu'en 1810. — Cette ville, embellie par les Romains, fut prise par les Visigoths, et saccagée par les Normands en 850. Louis IX y battit Henri III d'Angleterre en 1242. Statue érigée en 1868 à Bernard de Palissy, qui habita cette ville pendant plusieurs années, et qui y découvrit l'art d'émailler. — Patrie de Denis Amelotte.

SAINTES (Les), groupe de 5 îlots montagneux situés dans les Antilles françaises, à 12 kil. S. de la Guadeloupe; 14 kil. carr.; 1,250 hab. Bon mouillage, très fortifié pour les vaisseaux de guerre.

* **SAINT-ESPRIT** s. m. Troisième personne de la sainte Trinité. (Voy. Esprit.)

* **SAINTE NITOUCHE** s. f. Voy. Nitouche.

* **SAINTETÉ** s.f. Qualité de ce qui est saint: *grande sainteté*. — Se dit par excellence en parlant de Dieu : *Dieu est la sainteté même*. — Titre d'honneur et de respect, dont on se sert en parlant au pape ou du pape, dont on se servait autrefois en parlant ou en écrivant aux évêques, et même aux prêtres: *le jubilé que Sa Sainteté nous a accordé*.

SAINT-ÉVREMOND (Charles de Marguetel de Saint-Denis, seigneur de), écrivain français, né à Saint-Denis-du-Guast (Cotentin) en 1613, mort à Londres en 1703. Officier supérieur dans l'armée, il fut, en 1661, banni pour avoir critiqué le traité des Pyrénées. A Londres, où il établit sa résidence, il devint l'oracle du monde élégant et du monde politique, et Charles II lui fit une pension. La première édition authentique de ses écrits, principalement sur des sujets relatifs à l'antiquité, parut à Londres en 1705, avec une traduction anglaise et une notice biographique (3 vol.). M. Hippeau a publié les *Œuvres choisies de Saint-Evremond* avec une introduction critique.

SAINT-GELAIS. I. (Octavien de), poète, né à Cognac vers 1466, mort à Angoulême en 1502. Il fut nommé évêque d'Angoulême en 1494; mais il mena une existence tout à fait mondaine. Il a laissé des traductions en vers de l'*Enéide* de Virgile, et des *Epîtres* d'Ovide. On a aussi de lui quelques poèmes qui eurent du succès lors de leur apparition. — II. (Mellin de), poète et musicien, neveu du précédent, né à Angoulême en 1491, mort à Paris en 1558. Il entra dans les ordres, fut homme de cour, jouit de la faveur de François Ier, devint aumônier du Dauphin (1544) et garde de la bibliothèque de Fontainebleau. Il fut l'ami de Clément Marot, il écrivit des contes, des madrigaux, des épigrammes, etc. On lui attribue l'introduction dans la poésie française du sonnet et du madrigal, imités des Italiens. La meilleure édition de ses *Poésies latines et françaises* est celle de 1719 (Paris, in-12).

SAINT-GEORGES (Le chevalier de), mulâtre, né à la Guadeloupe en 1745, mort en 1801. Amené fort jeune en France, il entra dans les mousquetaires, devint capitaine des gardes du duc de Chartres (duc d'Orléans), adopta les principes de la Révolution, leva un corps de chasseurs à cheval à la tête desquels il servit sous Dumouriez. Arrêté comme suspect en 1794, il recouvra la liberté après le 9 thermidor. Il était habile dans plusieurs arts d'agrément et fut sans rival pour l'escrime.

* **SAINT-GERMAIN** s. m. Sorte de poire, grosse, fondante et très sucrée : *un beau saint-germain*.

SAINT-GERMAIN (Comte de), aventurier du XVIIIe siècle, d'origine inconnue. Il produisit une sensation incroyable dans la société parisienne la plus choisie par ses talents oratoires, ses connaissances variées et la possession de diamants d'une grande valeur. On suppose qu'il était espion au service de différents gouvernements. Voltaire appelle sa vie *un conte pour rire*, faisant allusion à son titre de comte et aux contes qu'il débitait.

SAINT-HILAIRE (Auguste de), botaniste français, né à Orléans en 1799, mort en 1853. Il explora le Brésil et publia *Flora Brasiliæ meridionalis* (1825-'32, 3 vol.), et plusieurs autres ouvrages.

SAINT-HILAIRE (Geoffroy). Voy. Geoffroy Saint-Hilaire.

SAINTINE, pseudonyme de Joseph-Xavier Boniface, écrivain français né à Paris le 10 juillet 1798, mort en 1865. Il acquit de la célébrité avec ses livres intitulés : *Picciola*, (37e édit., revue, 1864), *Seul!* (1857, in-16), les *Deux Pigeons*, etc. Il collabora à la composition de centaines de pièces de théâtre.

SAINT-JEAN-D'ACRE. Voy. Acre.

SAINT-JUST (Antoine-Louis-Léon de), révolutionnaire français, né à Decize le 25 août 1767, guillotiné le 28 juillet 1794. En 1791, il publia *Esprit de la révolution et de la constitution de la France*. Grâce à l'influence de Robespierre, il fut à la Convention en 1792, et se plaça au premier rang parmi les révolutionnaires. Après la chute des girondins, il devint membre du comité de Salut public, et, en fév. 1794, président de la Convention. En mars, il fit, contre Danton et ses partisans, le rapport qui causa leur mort. Avec Robespierre et Couthon, il forma le triumvirat du règne de la Terreur, et il fut exécuté avec eux le 10 thermidor. On a recueilli ses écrits politiques (1833-'34); sa vie a été écrite par Fleury (1852, 2 vol.) et par Hamel (1859).

SAINT-LAMBERT (Jean-François de), poète français, né à Nancy en 1716, mort en 1803. Attaché à la cour de l'ex-roi Stanislas, il y rencontra Voltaire et la marquise du Châtelet, qui devint sa maîtresse et mourut en donnant le jour à un enfant. Son autre maîtresse, qu'il garda jusqu'à la mort, fut Mme d'Houdetot, qui fut aussi aimée de Rousseau. Saint-Lambert était un des hommes les plus recherchés de la société littéraire de Paris. Il a publié différents ouvrages, dont les meilleurs sont des poésies légères.

SAINT-LUC (François d'Epinay de), maréchal de France, né vers 1580, mort en 1641. Il accompagna Sully dans son ambassade en Angleterre, entra ensuite dans la marine, se signala pendant la guerre contre la Rochelle, fut nommé vice-amiral et maréchal de France en 1628.

SAINT-MARC GIRARDIN (Girardin Marc *dit*), célèbre journaliste et homme politique, né à Paris le 12 fév. 1801, mort à Paris le 11 avril 1873. Il fut rédacteur politique du *Journal des Débats* de 1827 à 1859, succéda à Guizot en 1830 comme professeur d'histoire à la Faculté des lettres, devint maître des requêtes, fut professeur de poésie française à la Sorbonne (1834-'63) et membre de la Chambre des députés, du conseil d'Etat et du conseil public de l'instruction. En 1839, il succéda à Sainte-Beuve comme gérant du *Journal des Savants*. En fév. 1871, il fut nommé à l'Assemblée nationale. Ses œuvres comprennent : *Tableau de la littérature française du XVIe siècle* (nouv. édit. 1862); *Cours de littérature dramatique* (11e édit. 1875-'77, 5 vol.), reproduction augmentée de ses conférences); *Essais de littérature et de morale*

(nouv. édit. 1877), *Souvenirs et Voyages; La Fontaine et les fabulistes* (1867, 2 vol.); J.-J. Rousseau (1875, 2 vol.). Sa biographie a été écrite par Tamisier (1876).

SAINT-MARTIN (Louis-Claude, MARQUIS DE), métaphysicien français, né à Amboise en 1743, mort en 1803. Pendant qu'il était à l'armée, d'où il sortit en 1771, il étudia les ouvrages de Jacob Bœhm et de Swedenborg. On a de lui, entre autres : *Des Erreurs et de la Vérité, par un philosophe inconnu* (1775), livre dirigé contre le matérialisme; *Tableau naturel des rapports qui existent entre Dieu, l'homme et l'univers* (1783), où il montre que les choses doivent être expliquées par l'homme et non l'homme par les choses; et *Le Ministère de l'homme-esprit* (1802).

SAINT-MICHEL (port. *Sâo Miguel*), la plus grande des Açores; long., 80 kil.; larg. de 9 à 18 kil.; 555 kil. carr.; 115,000 hab. environ. Sol d'origine volcanique, montagneux et fertile. On y cultive beaucoup l'orange, l'ananas, la banane et la canne à sucre. Cap., Ponta Delgada.

SAINT-MORITZ [mo-'ritss], station balnéaire du canton des Grisons (Suisse), dans la vallée de l'Engadine, à environ 2,000 m. au-dessus de la mer, près du lac Saint-Moritz. Eau chalybée, riche en acide carbonique, employée en boisson et en bain. Dyspepsies, états chloro-anémiques et névropathics qui en dépendent. Station climatérique d'été.

* **SAINT-OFFICE** s. m. Congrégation de l'inquisition établie à Rome; tribunal de l'inquisition : *il fut jugé par le saint-office.*

SAINTONGE, *Santonia, Santonensis Tractus*, ancienne province de France, dépendant du gouvernement de Saintonge-et-Angoumois et formant aujourd'hui la partie S. du dép. de la Charente-Inférieure. Caps., Saintes; villes princ. : Marennes, Royan, Barbezieux, Pons, Saint-Jean-d'Angely, Taillebourg et Tonnay-Charente. — La Saintonge, après avoir appartenu à l'Aquitaine, fut confisquée par Philippe-Auguste et réunie à la couronne par Charles V. Elle fut souvent ravagée pendant la guerre de Cent ans.

SAINTONGEAIS, AISE s. et adj. De la Saintonge: qui appartient à ce pays ou à ses habitants.

SAINT-PAVIN (Denis SANGUIN DE), poète, né à Paris vers 1600, mort en 1670. Il fut abbé de Livry et se distingua par son incrédulité, comme on peut s'en convaincre en lisant les vers suivants de Boileau :

> On pourra voir la Seine à la Saint-Jean glacée,
> Saint-Sorlin jansséniste et Saint-Pavin bigot.

Les œuvres de Saint-Pavin ont été éditées à Amsterdam (1759, in-12).

* **SAINT-PÈRE** s. m. Titre que l'on donne au pape : *notre saint-père le pape.*

SAINT-PIERRE (Charles-Irénée CASTEL, *abbé de*), philanthrope français, né à Saint-Pierre-Église en 1658 et mort en 1743. Il fut membre de l'Académie française, chapelain de l'évêque d'Orléans et abbé de Tiron. Il suivit le cardinal de Polignac au congrès d'Utrecht, publia son *Projet de paix perpétuelle* (1713-'17, 3 vol.) Dans ses *Discours sur la synodie*, il juge sévèrement Louis XIV, et préconise le gouvernement constitutionnel. Chassé de l'Académie, il exposa ses vues au *Club de l'Entre-Sol*, qui devint le noyau de la future académie des sciences morales et politiques. Beaucoup de ses ouvrages sont compris dans le recueil intitulé : *Ouvrages de politique et de morale* (18 vol. 1738-'44). La langue française lui doit les mots *bienfaisance* et *gloriole*.

SAINT-PIERRE (Jacques-Henri BERNARDIN DE), écrivain français, né au Havre le 19 janv. 1737, mort le 21 janv. 1814. Il eut à traver-

ser beaucoup de vicissitudes, servit comme ingénieur dans les armées française et russe, et, après des aventures en Pologne et en Saxe, fut pendant cinq ans ingénieur à l'Ile de France, et ne revint à Paris qu'en 1771. Il s'y lia avec Rousseau, se fit remarquer par ses excentricités, et, en 1794, fut nommé professeur de morale à l'École normale. Ses ouvrages les plus célèbres sont : *Paul et Virginie* (1788) et *Études de la nature* (1784, nouv. édit. 1835-'36, 6 vol.). Aimé Martin, qui épousa sa veuve, publia ses *Œuvres complètes* avec notice biographique (nouv. édit. 1835, 9 vol.). ses œuvres posthumes (1833-'36, 2 vol.), et ses *Romans, Contes et Opuscules* (1834, 2 vol.). Bernardin de Saint-Pierre a laissé, en outre : *Voyage aux îles de France et de Bourbon* (1772-'73).

SAINT-POL (Louis DE LUXEMBOURG, *comte de*), connétable de France, né en 1418, mort en 1475. Il avait servi tour à tour Louis XI et Charles de Bourgogne, et passait pour les avoir trahis tous les deux. Il fut livré au roi qui le fit décapiter en place de Grève.

SAINT-PRIEST (Alexis, COMTE DE), écrivain et diplomate, né à Saint-Pétersbourg en 1805, mort en 1851. Il fut successivement ministre plénipotentiaire à Rio de Janeiro à Lisbonne et à Copenhague. Après dix années passées ainsi à l'étranger, il fut nommé pair de France. En 1842, il publia *Histoire de la royauté* (2 vol.); puis *Histoire de la chute des jésuites au XVIIIe siècle* (1844); *Histoire de la conquête de Naples par Charles d'Anjou* (1848, 4 vol.); *Études diplomatiques et littéraires* (1850, 2 vol.). Il avait été admis à l'Académie française en 1849.

SAINT-RÉAL (César VICHARD, *abbé de*), historien, né et mort à Chambéry (1639-'92). Il appartenait à l'ordre des Jésuites, vécut pendant quelque temps à Paris, retourna à Chambéry en 1676, suivit à Londres Hortense Mancini dont il rédigea les *Mémoires* et revint à Paris en 1690. La meilleure édition de ses *Œuvres complètes* a été publiée à Paris (1757, 8 vol. in-12). Une édition de ses *Œuvres choisies* a paru en 1819 (Paris, in-12).

SAINT - RENÉ - TAILLANDIER (René-Gaspar-Ernest), écrivain, né à Paris en 1817, mort le 27 février 1879. Après avoir visité l'Allemagne et suivi les cours de l'université d'Eidelberg, il fut successivement professeur de littérature à Strasbourg (1844), à Montpellier (1843) et à Paris (1863). Il suppléa Saint-Marc Girardin dans la chaire d'éloquence française et entra à l'Académie le 17 juin 1873. On lui doit : *Béatrix* (1840); *Histoire de la jeune Allemagne* (1849); *Allemagne et Russie* (1856); *Maurice de Saxe* (1865); il fut un collaborateur assidu de la *Revue des Deux-Mondes.*

* **SAINT-SIÈGE** s. m. Siège du chef de la religion catholique; la cour de Rome; le pape : *les décisions du Saint-Siège.*

SAINT-SIMON (Claude-Henri, COMTE DE), socialiste français, né à Paris le 17 oct. 1760, mort le 19 mai 1825. Il servit en Amérique dant la Révolution française, il s'enrichit en spéculant sur les biens fonciers, se ruina ensuite et resta onze mois en prison. En 1801, il épousa Mlle de Champgranc, avec laquelle il divorça en 1802, dans l'espoir, déçu du reste, de devenir l'époux de Mme de Staël. En 1807, parut sa célèbre *Introduction aux travaux scientifiques du XIXe siècle*, qui visait à la réorganisation de la science, et à la reconstruction de la société. Avec Augustin Thierry, son plus dévoué disciple, il publia *De la réorganisation de la société européenne* (1814) et *Opinions sur les mesures à prendre contre la coalition de 1815* (1815). Il eut Thierry, Saint-Aubin et d'autres pour collaborateurs dans l'*Industrie ou Discussions poli-

tiques, morales et philosophiques* (1817-'18, 4 vol.). Après une carrière remarquable par ses luttes contre l'adversité, il attenta à sa vie en mars 1823, mais ne put se tuer et véçut encore assez pour terminer son *Catéchisme industriel* (1824) et *Le nouveau Christianisme* (1825), qui est son ouvrage capital. Ses doctrines socialistes sont connues sous le nom de saint-simonisme. (Voy. SOCIALISME.) — S'il faut en croire Saint-Simon, il fut poussé dans la voie de la régénération du genre humain par son propre ancêtre, Charlemagne, qui, dit-il, lui apparut pendant une nuit, qu'il était temporairement prisonnier dans le Luxembourg, et qui l'exhorta à relever l'honneur de la maison à laquelle il appartenait. C'est pourquoi il s'appliqua à l'étude des sciences physiques et des phénomènes de la nature humaine, en faisant sur lui-même des expériences qu'il appliquait aux autres; mais, ne rencontrant que la misère, il s'attaqua à elle et crut la combattre par ses spéculations qui semblèrent d'abord absurdes et enfantines, mais auxquelles se ralièrent bientôt une multitude d'adeptes, parmi lesquels on distingua l'historien Thierry et Auguste Comte, le futur philosophe positiviste. Saint-Simon fut le premier qui proposa l'institution d'un congrès international pour régler les différends européens. Ses idées communistes, quoique impraticables telles qu'il aurait voulu les appliquer, ont eu une certaine influence sur le développement social en France et à l'étranger.

SAINT-SIMON (Louis DE ROUVROI, *duc de*), écrivain français, auteur de mémoires, né à Paris en 1675, mort le 2 mars 1755. Après s'être distingué dans l'armée, il la quitta en 1702, mais garda son influence à la cour. Il se montra l'adversaire acharné des jésuites, et ses idées sur la manière de terminer la guerre de la Succession d'Espagne furent en partie admises dans la rédaction du traité de paix d'Utrecht. Après la mort de Louis XIV, en 1715, il aida le duc d'Orléans à obtenir la régence, et fut nommé membre du conseil. En 1721, il négocia à Madrid le mariage entre l'infante d'Espagne et Louis XV; mais son opposition au cardinal Dubois l'obligea à se retirer des affaires. La première publication authentique à peu près complète de ses *Mémoires* parut, à cause de la hardiesse et de l'amertume de ses traits satiriques, qu'en 1829-'30. Chéruel en a donné une meilleure édition en, 20 vol. (1856-'59). En 1874, Armand Baschet a publié *Le duc de Saint-Simon, son cabinet et l'histoire de ses manuscrits.*

* **SAINT-SIMONIEN, IENNE** s. Partisan des doctrines du philosophe réformateur Saint-Simon : *une saint-simonienne.* — Adj. Se dit de ce qui se rapporte à Saint-Simon, de ce qui appartient à ses doctrines : *l'école saint-simonienne.*

SAINT-SIMONISER v. a. Rendre saint-simonien.

* **SAINT-SIMONISME** s. m. Système de Saint-Simon, lequel avait pour objet la réforme de la société et sa réorganisation.

SAINT-THOMAS (Chrétiens de). Voy. CHRÉTIENS DE SAINT-THOMAS.

SAINT-VALLIER (Jean DE POITIERS, *seigneur de*), capitaine français, né dans le Dauphiné vers 1475 ; arrêté comme complice du connétable de Bourbon, il fut condamné à mort et, d'après une tradition, dut la vie aux prières de sa fille Diane de Poitiers. (Voy. DIANE.)

SAINT-VICTOR. I. (Jacques-Benjamin-Maximilien BINS, *comte de*), littérateur, né à Saint-Domingue en 1772, mort à Paris en 1858. Il collabora à plusieurs journaux catholiques et a laissé, entre autres ouvrages :

Les grands Poëtes malheureux (Paris, 1802, in-12); le *Musée des antiques* (Paris, 1818, 3 vol. in-fol.); *Œuvres poétiques* (Paris, 1822, in-12); *Tableau historique et pittoresque de Paris* (1808, 3 vol. in-4°), etc. — II. (Paul Bins, *comte de)*, littérateur, connu populairement sous le nom de *Paul de Saint-Victor*, fils du précédent, né à Paris en 1827, mort en juillet 1881. Il se fit une grande renommée par des feuilletons d'art et de théâtre du style le plus brillant, et a laissé en volumes : *Hommes et Dieux* (1867, in-8°), les *Dieux et les demi-dieux de la peinture*, etc.

SAINT-VINCENT (Cap). Voy. Vincent.

SAINT-VINCENT (Comte de). Voy. Jervis (Sir John).

* SAÏQUE s. f. Mar. Bâtiment de charge dont on se sert sur la Méditerranée : *monter sur une saïque.*

SAÏS, ville de l'ancienne Égypte, dans le Delta, près du village moderne de Sa-el-Hadjar.

* SAISI, IE part. passé de Saisir : *les biens, les objets, les effets, les meubles saisis.* — Le voleur a été trouvé saisi du vol, on a trouvé sur lui le vol qu'il avait fait. On dit dans le même sens, On l'a trouvé saisi d'une lettre qui a découvert toute l'intrigue, etc. — Substantiv. Débiteur sur lequel on a fait une saisie, la partie saisie : *le saisi et le saisissant.* — Tiers saisi, celui entre les mains duquel on a fait une saisie-arrêt, une opposition : *les tiers saisis ont été assignés à fin de déclaration affirmative.*

* SAISIE s. f. Procéd. Acte d'un créancier qui, pour la sûreté de sa créance et afin d'en avoir le payement, arrête et met sous la main de la justice, les biens meubles ou immeubles de son débiteur. Se dit également de l'acte par lequel on arrête juridiquement des biens meubles qu'on prétend avoir droit de revendiquer : *saisie immobilière*, ou *saisie réelle.* — Action de s'emparer provisoirement des choses qui sont l'objet d'une contravention, ou qui peuvent fournir la preuve d'un crime, d'un délit : *saisie d'objets prohibés, de marchandise de contrebande, de livres défendus.* — Législ. « Les saisies sont : tantôt des actes conservatoires; tantôt des moyens d'exécution qu'un créancier emploie par le ministère d'un huissier, en vertu de la grosse exécutoire d'un acte ou d'un jugement et après un commandement préalable de payer; tantôt des actes de l'autorité publique ayant pour but d'assurer la découverte et la répression de fraudes, de contrefaçons ou de toutes autres infractions à la loi. Une saisie est, dans son acception la plus étendue, toute mise de biens ou objets sous la main de la justice. Voici quelles sont les applications des principales espèces de saisie. — Par la *saisie-arrêt* dite aussi *opposition*, le créancier arrête entre les mains d'un tiers les sommes ou effets appartenant à son débiteur, sauf à faire valider la saisie par le tribunal à obtenir que les sommes ou objets lui soient délivrés jusqu'à concurrence de ce qui lui est dû. Le saisissant doit, dans la huitaine, et à peine de nullité, dénoncer la saisie-arrêt au débiteur saisi. Dans un même délai, à compter de la demande en validité, il doit dénoncer la demande en validité au tiers-saisi. Si cette dernière dénonciation n'a pas été faite dans ledit délai, les paiements faits par le tiers saisi sont valables jusqu'au jour où la dénonciation a eu lieu (C. pr. 557 et s.). Les traitements et pensions payés par l'État ou par des établissements publics ne peuvent être saisis que dans certaines proportions fixées par la loi. La portion saisissable est en général limitée au cinquième. — Par la *saisie-brandon*, le créancier fait mettre sous la main de justice les récoltes non détachées du sol et appartenant à son débiteur, afin que ces récoltes soient vendues et que le prix en soit attribué à ceux qui y ont droit. Les fruits détachés ne sont saisissables qu'au moyen de la saisie-exécution (id. 626 et s.). La saisie-brandon est ainsi nommée parce qu'autrefois, on plaçait, autour du champ dont la récolte était saisie, des pieux portant des faisceaux de paille ou brandons. — La *saisie-conservatoire* des effets mobiliers du débiteur peut être opérée sans titre, dans certains cas dé terminés par la loi, lorsque le président du tribunal l'a autorisée; mais cette saisie doit être validée ou convertie en saisie-exécution par le tribunal (id. 417; C. comm. 472). — La *saisie-exécution* est celle qui est exercée à la requête d'un créancier sur les objets mobiliers corporels du débiteur, afin de faire vendre ces objets aux enchères publiques et d'obtenir, sur le prix, le paiement de la créance. Cette créance doit être certaine, liquide et exigible. Ne peuvent être l'objet de la saisie-exécution : 1° les objets qui sont immeubles par destination (voy. Immeuble); 2° le coucher nécessaire du saisi, celui de leurs enfants vivant avec eux et les habits dont les saisis sont vêtus et couverts ; 3° les livres relatifs à la profession du saisi, jusqu'à une valeur de 300 fr. et à son choix ; 4° les machines et instruments servant à l'enseignement pratique des sciences et arts, jusqu'à concurrence de la même somme et au choix du saisi; 5° les équipements des militaires ; 6° les outils des artisans; 7° les farines et menues denrées nécessaires à la consommation du saisi et de sa famille pendant un mois; 8° une vache, ou trois brebis, ou deux chèvres, au choix du saisi, avec les pailles, fourrages et grains nécessaires pour la litière et la nourriture desdits animaux pendant un mois. Sont également insaisissables les rentes sur l'État français, les pensions alimentaires (voy. Rente), enfin les sommes ou objets déclarés insaisissables par celui qui les a donnés ou légués au débiteur. Les actions et obligations au porteur sont saisissables ; mais les valeurs nominatives et les créances ne sont susceptibles de la saisie-arrêt (C. pr. 583 et s.). — La *saisie-foraine* est celle qui s'exerce sur les effets que le créancier trouve dans sa commune et qui appartiennent au débiteur, dans le cas où celui-ci n'a, dans ladite commune, ni domicile ni habitation (id. 822 et s.). — La *saisie-gagerie* est faite à la requête du propriétaire d'un immeuble, pour le paiement des loyers ou fermages qui lui sont dus, et s'exerce sur les effets mobiliers, ainsi que sur les fruits récoltés et trouvés dans les bâtiments habités ou sur les terres exploitées par le locataire ou fermier, et même sur les meubles qui ont été enlevés des bâtiments sans le consentement du propriétaire (id. 819 et s.). — La *saisie immobilière* ou *saisie réelle* prend aussi le nom d'*expropriation forcée*. Elle a pour but la mise en vente d'un ou de plusieurs immeubles appartenant à un débiteur, afin d'arriver au paiement des créances (id. 673 et s.). — La *saisie des navires* peut être pratiquée sur tout bâtiment amarré dans le port ou flottant sur ses ancres; mais lorsque le navire est prêt à faire voile, il n'est plus saisissable, si ce n'est à raison des dettes contractées pour le voyage qu'il va faire (C. comm. 197 et s.). — La *saisie des rentes constituées sur particuliers* est soumise à quelques règles spéciales (C. pr. 636 et s.). — La saisie des objets mobiliers sur lesquels on prétend avoir un droit de propriété ou de gage se nomme *saisie-revendication*. Elle ne peut avoir lieu qu'en vertu d'une ordonnance du président du tribunal (C. civ. 2102, 1°; 2279, C. proc. 826 et s.). — La *saisie en matière de crimes, délits et contraventions* est opérée par les magistrats ou sur leur ordre (C. inst. crim.; 35, etc.; C. p. 318, 627 et s.).

Les agents des douanes, des contributions indirectes et des octrois sont investis du droit de pratiquer des saisies, en cas de fraude. »   (Ch. Y.)

° **SAISIE-ARRÊT** s. f. Opposition par laquelle un créancier arrête dans les mains d'un tiers les sommes ou effets appartenant à son débiteur.

° **SAISIE-BRANDON** s. f. Saisie des fruits pendants par racines.

° **SAISIE-EXÉCUTION** s. f. Saisie des meubles.

° **SAISIE-GAGERIE** s. f. Saisie des objets qui peuvent servir de gages pour le prix d'une ferme, d'un loyer, tels que les meubles meublants.

° **SAISIE-REVENDICATION** s. f. Saisie des effets mobiliers sur lesquels on prétend un droit de propriété ou de gage privilégié.

° **SAISINE** s. f. Jurispr. Possession qui appartient de plein droit à un héritier; et, en général, possession où l'on est d'un bien immeuble : *les créanciers d'une succession doivent s'adresser à celui qui en a la saisine.* — Complainte en cas de saisine et de nouvelleté, action qu'on intente pour être maintenu dans la possession d'un immeuble, ou pour y être réintégré. (Voy. Complainte.) — Jurispr. féod. Droit de saisine, droit qui était au seigneur pour la prise de possession d'un héritage qui relevait de lui : *payer le droit de saisine.* — Législ. « La saisine est la mise en possession de plein droit des biens d'une succession, à l'instant où elle s'ouvre. L'héritier naturel a la saisine de la succession et il en est de même du légataire universel, lorsqu'il n'y a pas d'héritier à réserve auquel il puisse demander l'envoi en possession (C. civ. 724, 1006). (Voy. Succession.) — Un testateur peut nommer un ou plusieurs exécuteurs testamentaires et leur donner la saisine du tout ou seulement d'une partie de son mobilier; mais cette saisine cesse de plein droit, après un an et un jour, à compter du décès. L'héritier peut la faire cesser en offrant de remettre la valeur des legs mobiliers (id. 1026, 1027). »   (Ch. Y.)

* SAISIR v. a. Prendre tout d'un coup et avec vigueur ou avec vitesse : *saisir quelqu'un au collet.* — Prendre quelque chose pour le tenir ou le porter : *saisir par l'anse une marmite qui est sur le feu, pour l'en retirer.* — Fig. Saisir l'occasion, saisir le moment favorable, en profiter. Saisir un prétexte, s'en servir, sans se donner le temps d'examiner s'il est bon ou mauvais. — Discerner, comprendre, interpréter : *vous n'avez pas bien saisi, vous avez mal saisi ce que j'ai dit.* — Se dit, fig., des maux du corps, des maladies et des passions, des sentiments qui s'emparent vivement et fortement d'une personne : *le froid l'a saisi.* — Absol. Être saisi, être frappé subitement, touché de plaisir, pénétré de douleur : *quand on lui dit cette nouvelle, elle fut tellement saisie, qu'elle perdit connaissance; j'en suis encore saisi, tout saisi.* — Procéd. Faire une saisie, arrêter, retenir par voie de saisie : *saisir des meubles et des immeubles.* — Jurispr. Le mort saisit le vif, à l'instant où quelqu'un meurt, son héritier devient propriétaire de son bien, sans qu'il soit besoin de formalités de justice. — Saisir d'une affaire un tribunal, une juridiction, procéder devant un tribunal, porter devant lui une affaire : *il a saisi la cour de son affaire.* — Se saisir v. pr. Être surpris : *quand on lui apprit la mort de son fils, il se saisit tellement, qu'il en mourut.* — Se saisir de, s'emparer, se rendre maître d'une personne ou d'une chose : *il faut se saisir de cet homme-là, c'est un voleur.*

SAISIR-ARRÊTER v. a. Faire une saisie-arrêt. (Voy. Saisir.)

SAISIR-BRANDONNER v. a. Faire une saisie-brandon.

SAISIR-EXÉCUTER v. a. Opérer une saisie-exécution.

SAISIR-REVENDIQUER v. a. Opérer une saisie-revendication.

SAISISSABILITÉ s. f. Qualité de ce qui est saisissable.

* **SAISISSABLE** adj. Qui peut être saisi. Ne s'emploie guère qu'en termes de procédure : *cette rente n'est pas saisissable.*

* **SAISISSANT, ANTE** adj. Qui saisit, qui surprend tout d'un coup. En ce sens, ne se dit guère que du froid : *froid saisissant.* — Se dit des objets qui exercent une vive impression sur les personnes : *spectacle saisissant.* — Procéd. et Adm. fiscale. Se dit de celui qui saisit, au nom de qui se fait une saisie : *cette femme est créancière et première saisissante.* — Substantiv. Dans le même sens : *le saisissant.*

* **SAISISSEMENT** s. m. Impression subite et violente causée par le froid : *en se jetant à la nage dans la rivière, il a éprouvé un saisissement qui l'a rendu malade.* — S'emploie plus ordinairement au sens moral : *il est mort d'un saisissement.*

* **SAISON** s. f. L'une des quatre parties de l'année, qui contiennent chacune trois mois, et dont il y en a deux qui commencent aux solstices, et deux aux équinoxes : *les quatre saisons de l'année sont le printemps, l'été, l'automne et l'hiver.* Ces périodes sont déterminées par les mouvements apparents du soleil dans l'écliptique. Le passage du soleil à l'équateur, amenant des jours plus longs que les nuits marque l'équinoxe du printemps, et se présente vers le 21 mars pour l'hémisphère boréal et vers le 23 sept. pour l'hémisphère austral. Ces mêmes dates marquent aussi l'équinoxe d'automne ou le commencement de cette saison pour les deux hémisphères, dans l'ordre inverse. Le solstice d'été, où le jour est le plus long et où l'été astronomique commence dans l'hémisphère boréal, est aux environs du 21 juin, et le solstice d'hiver vers le 21 déc. Les divisions vulgaires de l'année ne correspondent pas exactement à celles des astronomes et ne sont pas les mêmes dans les différents pays. — LA SAISON NOUVELLE, le printemps. — L'ARRIÈRE-SAISON, l'automne, le commencement de l'hiver. — LA BELLE SAISON, la partie de l'année où le temps est beau, c'est-à-dire, la fin du printemps, l'été et le commencement de l'automne. LA MAUVAISE SAISON, la fin de l'automne, l'hiver et le commencement du printemps. — Temps où dominent, où se font le plus remarquer certains états, certains changements de l'atmosphère : *la saison des frimas, des pluies, des orages.* — Temps où paraissent certaines productions de la terre, où l'on a coutume soit de semer, soit de recueillir certains grains, certains fruits : *la saison des fleurs.* — LA SAISON EST AVANCÉE, les fruits de la saison sont plus avancés, plus mûrs qu'ils ne le sont ordinairement à pareille époque. — LA SAISON DES PERDREAUX, DES CAILLES, DES BÉCASSES, etc., le temps où il y a une plus grande quantité de ces oiseaux, et où ils sont meilleurs à manger. — Temps propre pour faire quelque chose : *faire ses provisions dans la saison.* — Se dit, dans un sens anal., en parlant des choses morales : *ce que vous dites est hors de saison.* — Se dit, par ext., des âges de la vie. LA PREMIÈRE SAISON DE LA VIE, la jeunesse. LA DERNIÈRE SAISON DE LA VIE, la vieillesse. On dit, dans le même sens, LA BELLE SAISON ; LA SAISON DES PLAISIRS, DES AMOURS ; L'ARRIÈRE-SAISON, etc.

SAISONNER v. n. Donner des récoltes abondantes de fruits.

SAISONNIER, IÈRE adj. Qui se rapporte aux saisons.

SAISSAC, ch.-l. de cant., arr. et à 25 kil. N.-O. de Carcassonne (Aude); 1,200 hab. Laines, bois, bestiaux.

SAISSET (Émile-Edmond), philosophe, né à Montpellier en 1814, mort à Paris en 1863. Il fut d'abord professeur de philosophie au collège de Caen puis à l'Ecole normale supérieure et au collège de France (1853). On a de lui : *Essai sur la philosophie et la religion au XIXe siècle* (1845) ; une traduction de *Spinosa* (1843, 2 vol.), *Essai de philosophie religieuse* (1860), etc.

SAÏTIQUE (Branche), l'un des nombreux petits bras que le Nil formait autrefois dans le Delta ; son nom lui vint de Saïs.

SAJOU s. m. (de *çay-gouazou*, nom indigène). Mamm. L'un des noms du sapajou.

SAKALAVE s. m. Idiome malgache. — Sakalaves, anciens habitants de Madagascar repoussés par les Hovas et qui forment une population de 15,000 hab. établis à Nossi-Bé et sur les rivages avoisinants.

SAKI s. m. Voy. SINGE.

SAKO, fleuve de la Nouvelle-Angleterre, qui naît dans les montagnes Blanches (*White Mountains*), New-Hampshire, court au S.-E. dans le Maine, tourne brusquement au N., retourne au S.-E. et se jette dans l'Océan au-dessous de Saco, après un cours d'une longueur de 250 kil. environ.

SÂKYAMUNI, Sakya-Mouni ou CAKYA-MOUNI (*saint Sâkya*), fondateur du bouddhisme, considéré, par quelques-uns, comme la neuvième incarnation de Vichnou, et par d'autres comme un simple réformateur du brahmanisme corrompu, devenu d'une intolérable cruauté. L'histoire de Sâkyamuni, presque entièrement légendaire, se divise en 12 sections, savoir : 1° se trouvant au 4e ciel, il se détermine à sauver le monde, et choisit de naître comme un prince d'Oude, au génie Sâkya, appartenant à la caste kchattriya; 2° il descend des cieux sur un éléphant blanc; est conçu comme un rayon quinquecolore de lumière; 3° il naît et proclame sa mission; 4° il perd sa mère le septième jour et est élevé par sa tante (sœur de sa mère), appartenant au génie brahmanique Gotama, d'où il fut appelé Gautama; 5° il obtient pour épouse Gopâ, du génie Sâkya; 6° il devient ascète et ermite; 7° il va au trône d'intelligence à Gâya et siège sous le Bodhidruma ou *ficus religiosus* (banian); 8° tenté par Mâra, dieu de l'amour, du péché et de la mort, il résiste; 9° il se ressouvient de toutes ses naissances antérieures et de celles de tous les êtres, atteint ainsi jusqu'à *Bodhi* (intelligence) et brille aux yeux du monde comme le Bouddha « l'éveillé, l'intelligent, l'éclairé » (en chinois *Fothu* ou *Fo*; le nombre de ses noms est de 12,000 à Ceylan et de 5,453 dans une région du Thibet). Tous les êtres se ressentent de sa présence; 10° il « tourne la roue de la foi » ou devient prédicateur et arrive à Varânâsi (Bénarès). Des sculptures, non loin de Gâya, et d'autres monuments à Patna et aux environs, prouvent que ce réformateur a réellement existé. Des hommes et des femmes de toutes les classes accourent en foule autour de lui; les chefs se convertissent, aussi bien que leurs sujets. Srâvasti (ville de l'entendement) sur la rive N. du Gange, devient la la rivale de Gâya. Sâkyamuni y désigne ses élèves et ses apôtres et y accomplit des miracles. Il admet les femmes aux offices ecclésiastiques. L'opposition, la calomnie, les conspirations et les embûches de Mâra, tout est impuissant contre lui; 11° peu avant sa mort, dans la 80e année de son âge, sa ville natale fut détruite, par un roi de Kosala, ainsi que toute sa parenté; 12° son corps est consumé,

la « flamme de contemplation » s'échappant de sa poitrine et brûlant ses restes humains. — Telle est l'histoire légendaire de ce réformateur. Quant à l'époque où il a existé, il y a, parmi les peuples bouddhistes, une différence de plus de 2,000 ans relativement à la date de sa naissance. Les Cingalais le font naître vers l'an 543 av. J.-C. (Voy. BOUDDHISME.)

SALACE adj. (lat. *salax*). Lascif, lubrique. (Vieux.)

SALACITÉ s. f. Lubricité, lascivité.

* **SALADE** s. f. (rad. *sel*). Mets composé de certaines herbes ou de certains légumes assonnés avec du sel, du vinaigre et de l'huile; quelquefois avec du poivre, de la moutarde, etc. : *bonne salade.* — Se dit même des herbes avant qu'elles soient assaisonnées : *cueillir une salade.* — Se dit aussi de plusieurs autres mets composés de fruits, ou de viandes froides ou de poissons salés et assaisonnés comme les salades d'herbes et de légumes : *salade de câpres.* — SALADE D'ORANGES, oranges coupées par tranches et assaisonnées avec du sucre et de l'eau-de-vie. — Mélange de pain et de vin qu'on donne aux chevaux pour les rafraîchir, quand on veut qu'ils fassent de suite une grande traite, sans entrer dans l'écurie.

* **SALADE** s. f. (lat. *cælata cassis*, casque ciselé). Sorte de casque et d'habillement de tête pour la guerre. Ce mot n'est d'usage qu'en parlant des derniers siècles. (Voy. CASQUE.)

* **SALADIER** s. m. Jatte où l'on sert la salade : *saladier d'argent.* — Panier à jour dans où se sert pour secouer la salade, après qu'elle a été lavée.

SALADIN ou Salah ed-Din (MALEK AL-NASIR SALAH ED-DIN ABU MODHAFER YUSUF), sultan d'Égypte et de Syrie, né en 1137, mort le 4 mars 1193. Il était fils d'Ayub, kurde au service de Noureddin, souverain de Syrie, et en 1163 il accompagna son oncle Shirkuh en Égypte, où il déploya de grands talents militaires. A la mort de Shirkuh, en 1168, Saladin le remplaça comme lieutenant de Noureddin. La mort de Noureddin, en 1173 ou 1174 le laissa maître absolu de l'Égypte. Il conquit la Syrie en deux expéditions, et en 1185, son empire s'étendait de Tripoli, en Afrique, jusqu'au Tigre, et de l'Yemen, sur la mer Arabique, jusqu'au Taurus; seul, le royaume latin de Jérusalem restait indépendant de lui. Il envahit la Terre Sainte en 1185, culbuta l'armée chrétienne à Tibériade, en 1187, s'empara d'Acre, d'Ascalon et d'autres villes, et le 2 oct. 1187, Jérusalem se rendit à lui après un siège de deux semaines. Lors de la troisième croisade, il déjoua pendant deux ans (1189-91) tous les efforts faits pour reprendre Acre, qui cependant finit par capituler. Ascalon tomba également, et les croisés s'avancèrent (1192) jusqu'à un jour de marche de Jérusalem, mais les dissensions qui s'étaient élevées parmi eux les obligèrent à la retraite.

SALADO, rivière. Voy. ARGENTINE (République).

* **SALAGE** s. m. Action de saler, ou résultat de cette action : *le salage d'un porc coûte tant.*

* **SALAIRE** s. m. (lat. *salarium*). Payement, récompense pour travail ou pour service : *recevoir le salaire de son travail.* — Se dit, fig., du châtiment, de la punition que mérite une mauvaise action : *il a fait une méchante action, il en a reçu le salaire.* — Législ. « Les salaires des gens de service sont garantis par un privilège général sur les meubles du débiteur, mais seulement pour l'année échue et pour l'année courante (C. civ. 2101, 4°). Les ouvriers qui ont travaillé à la conservation

d'une chose mobilière ont un privilège spécial sur cette chose pour le paiement de leurs salaires (id. 2102, 3⁰). La prescription libératoire qui s'applique aux salaires des ouvriers et gens de travail est d'un mois; mais, s'il s'agit des gages des domestiques qui se louent à l'année, l'action se prescrit par un an (id. 2271, 2272). En ce qui concerne les salaires d'ouvriers qui ont travaillé à la construction ou à la réparation d'un navire, l'action est prescrite un an après la réception des ouvrages (C. comm. 433). — Nous n'entreprendrons pas de traiter ici les nombreuses questions très controversées concernant la fixation du taux des salaires. Le travail est une marchandise dont le prix est nécessairement soumis aux fluctuations des marchés, et dont le taux doit être débattu entre les contractants. Suivant l'expression triviale mais exacte de l'économiste anglais Cobden, « les salaires haussent quand deux patrons « courent après un ouvrier; et ils baissent « quand deux ouvriers courent après un pa- « tron ». Les salaires s'étant accrus depuis longtemps dans une proportion plus forte que le prix des subsistances, il en résulte que la situation de l'ouvrier est meilleure qu'elle ne l'a jamais été. C'est une utopie que de prétendre fixer le taux des salaires et en déterminer le minimum ou le maximum : ce serait là porter atteinte à la liberté du travail et du commerce. Les séries de prix qui ont été dressées dans quelques villes, notamment à Paris, pour fixer le taux des salaires des ouvriers en bâtiment, ont eu pour résultat de porter préjudice aux ouvriers habiles et actifs en favorisant les autres, ce qui est évidemment injuste. Ces séries de prix ne sont devenues obligatoires qu'en vertu de l'usage, et il peut y être dérogé par des conventions particulières; mais l'entente qui s'établit entre les ouvriers médiocres impose ces tarifs à tout le monde pendant les périodes où la main d'œuvre est recherchée. C'est là une cause fréquente de l'arrêt des travaux; et de là vient aussi le renchérissement général dont les ouvriers eux-mêmes ont à souffrir. D'un autre côté, les grèves ne sont plus interdites depuis la loi du 25 mai 1864, lorsqu'elles ont lieu sans violences ni manœuvres; et la loi du 21 avril 1884, en abrogeant l'article 416 du Code pénal, a facilité les coalitions d'ouvriers; mais ce moyen d'obtenir la hausse des salaires a souvent pour effets de paralyser le capital dont le concours est indispensable au travail, d'encourager l'insouciance de l'ouvrier et d'amener tôt ou tard des crises industrielles. — En Angleterre, où il semble que toutes les libertés aient été pratiquées depuis plusieurs siècles, l'industrie au contraire a été longtemps soumise aux entraves que comportait le régime des corporations; et, à partir du règne d'Elisabeth, le taux des salaires était réglé par les magistrats. Les idées vraies se répandirent seulement après que les grands économistes eurent publié leurs admirables ouvrages, savoir : en 1776, la Richesse des nations, d'Adam Smith; en 1798, l'Essai sur la population, de Malthus; en 1817, les Principes d'Economie politique, de Ricardo; en 1848, l'Economie politique, de Stuart-Mill, etc. Alors les anciennes lois de restriction furent successivement abolies; mais celle concernant les coalitions ne disparut qu'en 1875, neuf ans après que la même réforme eût été adoptée en France. Cependant, les Trades-Unions avaient été légalisées en 1871, et l'ouvrier anglais avait dès lors conquis son indépendance. Aujourd'hui, en Angleterre, les questions relatives aux salaires sont presque toujours réglées à l'amiable, parce que les ouvriers comprennent, aussi bien que les patrons, que l'entêtement aveugle amène la ruine de tous, et que c'est folie de lutter contre la force des choses par d'autres

moyens que la patience et la conciliation des intérêts. »   (Ch. Y.)

* SALAISON s. f. Action de saler les viandes ou autres provisions, pour les conserver longtemps : la saison du beurre, du porc frais, se fait en tel temps. — Se dit aussi des viandes salées, du poisson salé qu'on embarque pour la nourriture des équipages dans les voyages de long cours : on embarque beaucoup de salaison dans ce vaisseau.

* SALAMALEC s. m. (mot arabe qui signifie : La paix soit avec vous). Révérence profonde : il m'a fait un grand salamalec, de grands salamalecs. (Fam.)

* SALAMANDRE s. f. (gr. salamandra). Reptile amphibie, à quatre pieds, à longue queue, et sans écailles, auquel on attribuait anciennement la faculté de vivre dans le feu: l'espèce commune à la peau noire et semée de grandes taches jaunes : le corps de la devise de François Iᵉʳ était une salamandre dans les flammes. — En langage cabalistique, se disait des prétendus esprits du feu. — Nom qu'on donnait autrefois, pareil., à l'amiante flexible. (Voy. Amiante.) — Encycl. On donne vulgairement le nom de salamandre à la plupart des reptiles batraciens à queue persistante (urodela), qui perdent les branchies à l'état adulte (caducibranchiés). Les espèces aquatiques sont mentionnées au mot Triton. Les espèces terrestres appartiennent au vieux genre salamandra (Laurenti), qui a donné naissance

Salamandre commune d'Europe (Salamandra maculata).

à plusieurs genres nouveaux. A l'état adulte, les salamandres vivent sur terre, et ne vont à l'eau que pendant la saison de la reproduction. Elles hantent les lieux humides, et ne se trouvent que dans l'hémisphère septentrional, plus nombreuses dans l'Amérique du Nord qu'en Europe. Les jeunes vivent dans l'eau et respirent par des branchies extérieures, qui disparaissent avec leurs ouvertures lorsque la respiration devient pulmonaire. De grosses glandes derrière les yeux et le long du corps sécrètent une matière jaune si abondamment et si rapidement que ce fait a donné naissance à la croyance populaire, naguère fort répandue, que les salamandres ont la propriété d'éteindre le feu et d'y rester sans en souffrir. Elles sont rarement plus de 17 centim. de longueur totale. Elles sont colorées de noir, de rouge, de bleu, de jaune, d'orange et de violet, couleurs disposées en taches et en bandes variées. Non seulement ce sont des animaux inoffensifs, mais elles rendent positivement des services en dévorant un grand nombre d'insectes et de larves nuisibles. La salamandre d'Europe (salamandra maculata, Merrem) est noire avec des plaques jaunes plus ou moins larges. On la trouve dans l'Europe centrale et dans les régions montagneuses du S., dans les lieux frais et humides. Elle se nourrit d'insectes, de vers et de petits mollusques, et atteint une longueur de 18 à 20 centim. Elle est vivipare, et donne naissance à 20 ou 30 petits, qui subissent

leurs transformations dans l'oviducte et ne quittent qu'à l'état parfait le sein de leur mère.

SALAMANQUE (esp. Salamanca). I, province occidentale de l'Espagne, dans le royaume de Léon, sur la frontière du Portugal; 12,793 kil. carr.; 285,270 hab. Collines dans le N., et montagnes dans le S. On y trouve de l'or, du fer, du cuivre et du plomb. Les céréales et les fruits sont abondants; mais la plus grande partie de la province est partagée entre les forêts et les pâturages. — II. Cap. de cette province (anc. Salmantica), bâtie sur trois collines, sur la rive droite du Tormes, à 180 kil. O.-N.-O. de Madrid; 18,000 hab. environ. Elle est entourée d'anciennes murailles. Les rues sont généralement très irrégulières; mais les places et les jardins publics sont beaux, vastes et nombreux. Elle est renommée pour le nombre et la beauté de ses édifices. L'université, fondée vers 1200, était jadis une des plus célèbres de l'Europe. Fabrique de lainages, de cuirs, de chapeaux et de faïence. La bataille de Salamanque, où les Français commandés par Marmont, après avoir pillé et détruit plusieurs monuments publics, furent défaits par Wellington, se livra le 22 juillet 1812, à 6 kil. S.-E. de la ville. Marmont laissa aux ennemis 7,150 prisonniers, 11 pièces de canon, 6 drapeaux et 2 aigles.

SALAMINE (Salamis, auj. Kuluri), île de Grèce, dans le golfe d'Egine, près de l'Attique, dont elle est séparée par un étroit canal, à 18 kil. O. d'Athènes; 75 kil. carr.; 5,000 hab. environ. La ville principale est Kuluri sur la côte occidentale. Sur la côte orientale sont les ruines de l'ancienne cité de Salamis ou Salamine. Télamon, père d'A-

Salamine.

jax, en fit, dit-on, la capitale de son royaume. Elle est fameuse par la grande victoire navale que les Grecs, commandés par Thémistocle, y remportèrent sur la flotte de Xerxès, le 20 oct. 480 av. J.-C. — Salamis est aussi le nom d'une ancienne cité de Chypre, sur la côte orientale, et à l'époque, la plus importante ville de l'île. On en voit encore les ruines près de l'antique Famagouste.

* SALANGANE s. f. Espèce d'hirondelle de l'archipel des Indes, dont le nid comestible paraît en Chine et dans tout l'Orient comme mets de luxe sur les tables des riches.

* SALANT adj. m. N'est guère usité que dans ces locutions, Marais salant, puits salant, marais, puits d'où l'on tire du sel par évaporation.

SALARIAT s. m. Etat, condition d'une personne salariée.

* SALARIÉ, ÉE part. passé de Salarier. Qui reçoit des gages, un salaire : un homme salarié par les ennemis de l'Etat. — Substantiv L : salariés du gouvernement.

SALARIER v. a. Récompenser, donner le salaire qui est dû : *il a été mal salarié.*

SALAT, rivière qui prend sa source aux Pyrénées dans le dép. de l'Ariège, coule au N.-O., entre dans le dép. de la Haute-Garonne et se jette dans la Garonne, après un cours de 90 kil.

SALAUD, AUDE s. Celui, celle qui est sale, malpropre : *c'est un salaud, une salaude.* — Adj. *Cet homme est bien salaud.* Ce terme est injurieux et familier.

SALAUDERIE s. f. Action ou qualité de salaud.

SALBANDE s. f. (all. *shahlband,* lisière). Minér. Couche de substances diverses et d'épaisseur variable qui sépare les filons de la roche dure. On dit aussi *falt-band.* (Voy. MINE.)

SALBRIS, ch.-l. de cant., arr. et à 26 kil. N.-E. de Romorantin (Loir-et-Cher), sur la Sauldre ; 4,100 hab.

SALCES ou **Salses**, comm. du cant. de Rivesaltes, arr. et à 16 kil. N. de Perpignan (Pyrénées-Orientales), près de l'étang de Leucate. Eaux minérales salines froides. Récolte d'excellent vin blanc dit *de Grenache.*

SALDANHA (João-Carlos-Oliveira E DAUN, *duc de*) [sàl-dâ-nia], homme d'Etat portugais, né en 4791, mort en 1876. Sa mère était une fille de Pombal. Il acquit de la notoriété en 1825 comme ministre des affaires étrangères, et en 1826-'27, il fut ministre de la guerre. Après une vaine révolte contre dom Miguel, il débarqua en Portugal avec dom Pedro, et devint maréchal et généralissime. Avec l'aide du duc de Terceira, il termina la guerre en s'emparant de Lisbonne et en obligeant dom Miguel à capituler à Evora. En 4835, il fut ministre de la guerre et président du conseil ; après quoi il se retira à l'étranger jusqu'en 1846, où il fut rétabli au pouvoir. Costa-Cabral le renversa en 4849. En 1854, il fit une nouvelle révolution, et fut de nouveau premier ministre jusqu'à l'avènement de Pedro V. Il fut ministre à Rome de 4862 à 4864 et de 4866 à 4869. Le 19 mai 4870, il fit une révolution de palais qui le remit à la tête des affaires ; mais les élections nouvelles se prononcèrent contre lui, et il eut pour successeur, le 30 août, Sa da Bandeira. Il fut ensuite ambassadeur à Londres.

SALDÉ, ville du Sénégal, commandée par par un petit fort construit en 1859 sur la rive gauche du Sénégal ; 600 hab.

SALE adj. (anc. haut all. *salo*). Qui est malpropre, qui n'est pas net, qui est plein d'ordures. Se dit des personnes et des choses : *être toujours crasseux et sale.* — Il s'emploie aussi substantiv. : *Fi, le sale!* — Mar. VAISSEAU SALE, vaisseau dont le fond extérieur est couvert de coquillages, d'herbes qui s'y sont attachées. CÔTE SALE, côte le long de laquelle il y a beaucoup de roches ou d'écueils cachés sous l'eau. — GRIS SALE, gris terne qui n'a pas l'œil du gris ordinaire : *ces boiseries sont peintes en gris sale.* — SON PINCEAU EST SALE, se dit en parlant d'un peintre dont les teintes sont embrouillées, confuses, mal fondues : *le pinceau de Rembrandt est sale, mais d'un grand effet.* Se dit dans un sens anal., LA COULEUR DE CE TABLEAU EST SALE. — Deshonnête, obscène, qui blesse la pudeur et la modestie : *des paroles sales.* — Se dit aussi, fig., de certaines choses qui sont contraires à l'honneur, à la délicatesse : *c'est une affaire bien sale.* — Prov. et fig. SON CAS EST SALE, se dit en parlant d'un homme qui a commis quelque crime, qui a eu part à quelque mauvaise action, et qui doit craindre les poursuites de la justice.

SALE (George) [sèle], orientaliste anglais, né en 1680, mort en 4736. Il était homme de loi. Il a collaboré au *General Dictionary* (4734,

10 vol. in-fol.) et a traduit le *Coran* en anglais.

SALÉ, ÉE part. passé de SALER : *viande salée.* — Adj. EAUX SALÉES, SOURCES SALÉES, eaux, sources dont on retire du sel par évaporation. — UNE SAILLERIE, UNE ÉPIGRAMME SALÉE, où il y a du sel, qui est piquante, vive, offensante. — UN PROPOS SALÉ, un propos libre, un peu obscène. — s. m. Chair de porc salée : *voilà de bon salé.* — PETIT SALÉ, chair de cochon nouvellement salée. — Argot typogr. Synon. d'AVANCES, ce que les ouvriers comptent, à la banque, d'ouvrage en plus de ce qu'ils ont fait, et dont ils touchent le payement.

SALÉ. Salee ou **SLA**, ville du Maroc, sur l'Atlantique, à l'embouchure du Bu Regreg, vis-à-vis de Rabat ; 40,000 hab. environ. C'était, au XVIIIe siècle, un nid de pirates fameux.

SALÉBREUX, EUSE adj. (lat. *salebrosus ;* de *salebræ,* aspérités). Raboteux, rocailleux.

SALÈGRE s. m. Techn. Sels qui s'attachent au fond des poêles pendant la cuisson des eaux servant à la préparation du sel.

SALEM [sè'-lemm]. I, ville du Massachussetts (Etats-Unis), sur une langue de terre resserrée entre deux bras de mer qu'on appelle la rivière du Nord et la rivière du Sud, à 25 kil. N.-E. de Boston ; 25,955 hab. C'est à Salem que le commerce de l'Amérique du Nord avec les Indes orientales, l'Afrique et le Brésil, prit naissance, et y eut son centre pendant longtemps. Aujourd'hui, il s'est déplacé ; mais le trafic du cabotage y est important et en progrès. Il en est de même de la pêche et de l'industrie, dont les cuirs forment la branche principale.—Salem est la plus ancienne ville du Massachussetts après Plymouth ; elle a été fondée en 1628 par John Endicott, et Roger Conant y avait déjà bâti une maison en 4626. En 1692, éclatèrent les affaires de sorcellerie qui amenèrent l'exécution de 49 personnes de Salem et des villes voisines sur une éminence appelée la colline du Gibet (*Gallows Hill*). — II, ville de New-Jersey (Etats-Unis), sur le Salem Creek, à 5 kil. S.-S.-O. de Philadelphie ; 4,459 hab. La région avoisinante est d'une grande fertilité. La ville contient des fabriques de verrerie, de toile cirée ; des ateliers de carrosserie, et des chantiers de constructions navales. — III, ville de la Virginie (Etats-Unis), sur le Roanoke, est desservie par le chemin de fer de l'Atlantique, Mississipi et Ohio ; à 225 kil. S.-O. de Richmond ; 4,365 hab. dont 500 de couleur. Elle se trouve à l'extrémité supérieure de la vallée de la Virginie, entre les montagnes Bleues (*Blue ridge*) et les monts Alleghany, est renommée pour la beauté de ses sites, et pour la douceur et la salubrité de son climat. Il y a des sources minérales dans le voisinage. — IV, ville de l'Orégon (Etats-Unis), cap. de l'état, dans une belle situation, sur la rive orientale de la Willamtta, à 85 kil. de Portland ; la population, qui n'était que, 1,439 hab. en 1870, arrivait en 4875 à près de 6,000. La rivière est navigable jusqu'à Salem pendant les trois quarts de l'année. Moulins à farine, tanneries, fonderies, etc. Il y a à Salem l'université de Willametta, le pénitencier de l'état, l'école des sourds-muets et l'institut pour les aveugles.

SALEM, district de l'Inde anglaise, province de Madras ; 19,400 kil. carr.; 4,963,243 hab. Le Cavery est le cours d'eau principal. Abondant minerai de fer; c'est là que se manufacturent surtout les aciers de l'Inde. Grandes cultures de coton, de tabac, d'indigo, de café et de riz. Cap. Salem, à 250 kil. S.-O. de Madras; 25,000 hab. environ ; manufactures de soie et de coton.

SALEMENT adv. D'une manière sale : *il mange salement.*

SALENTE. ville de l'Italie ancienne, capitale des Salentins.

SALENTINS, *Salentini,* peuple de l'ancienne Italie, dans la partie méridionale de la Grande Grèce, appelée Japygie.

SALEP s. m. [sa-lèpp] (pers. *sahaleb*). Substance nourrissante qu'on tire des racines bulbeuses et mucilagineuses de certains orchis: *on prend ordinairement le salep sous forme de gelée.* C'est surtout de Smyrne que nous vient le salep employé depuis longtemps en Orient, où on croit qu'il restaure les forces viriles affaiblies. Mais ce n'est en réalité qu'un aliment sans propriétés spéciales, qui, mêlé avec 40 parties d'eau, produit une épaisse gelée.

SALER v. a. (rad. lat. *sal, salis,* sel). Assaisonner avec du sel : *saler une soupe, une sauce.* — Absol. *Ce cuisinier sale trop.* — SALER LE POT, mettre du sel dans le pot où cuit la viande. — Mettre du sel sur des chairs crues pour les préserver de corruption et les garder longtemps : *saler du bœuf, du cochon.* — CE MARCHAND SALE BIEN CE QU'IL VEND, il vend sa marchandise trop cher.

SALERNE (ital. *Salerno;* anc. *Salernum*), ville de l'Italie méridionale, capitale de la province de Principato Citeriore ou de Salerno, au fond du golfe de Salerne, dans la Méditerranée, à 48 kil. S.-E. de Naples; 27,759 hab. Le port, longtemps comblé par les sables, a été amélioré depuis 4866. La cathédrale contient les restes de Grégoire VII. L'université de Salerne, célèbre au moyen âge par son école de médecine, a été, en 1847, remplacée par un lycée. — La ville a été fondée par les Grecs ou Tyrrhéniens, et reçut une colonie romaine en 194 av. J.-C. Elle fut prise par Robert Guiscard en fit la capitale du duché d'Apulie (Pouille).

SALERNES, ch.-l. de cant., arr. et à 26 kil. O. de Draguignan (Var), sur la rive gauche de la Bresque; 2,500 hab. Tuileries, sucreries, draperies.

SALERON s. m. Partie supérieure et creuse d'une salière, celle où l'on met le sel.

SALERS, ch.-l. de cant., arr. et à 18 kil. S.-E. de Mauriac (Cantal), au confluent de l'Aspre et de la Maronne; 4,000 hab.

SALES, château situé près d'Annecy (Savoie) et où naquit saint François de Sales le 21 août 4567. (Voy. FRANÇOIS.)

SALETÉ s. f. (fr. *sale*). Qualité de ce qui est sale, malpropre : *je suis ennemi de la saleté.* — Se dit aussi des ordures, des choses qui sont sales par elles-mêmes : *il y a ici de la saleté, des saletés qu'il faut ôter.* — Obscénité : *la saleté de cette chanson.* — Parole, image sale et obscène : *ce que vous dites est une saleté, vous devriez en rougir.*

SALETTE-FALLAVAUX (La), village du cant. de Corps, arr. à 68 kil. S.-E. de Grenoble (Isère); 700 hab. Ce village est devenu célèbre comme lieu de pèlerinage depuis que la sainte Vierge y est apparue à deux jeunes bergers, Maximin Giraud et Mélanie Mathieu, le 49 sept. 4846. L'eau d'une source voisine, née des larmes de la Vierge, fait l'objet d'un certain commerce d'exportation.

SALEUR s. m. Celui qui sale : *saleur de morue.*

SALICAIRE s. f. (lat. *salix,* saule) Bot. Genre de lythrariés, dont l'espèce principale, la *salicaire commune* (*lythrum salicaria*) est une plante à fleurs rouges et verticillées, qui croit parmi les saules, sur les bords des ruisseaux et des mares, et dont la décoction est légèrement astringente.

SALICINE s. f. (lat. *salix, salicis,* saule)

Glucoside renfermée dans l'écorce de saule qui se résout en glucose et en saligénine sous l'influence des agents d'hydratation qui la saponifient. — La salicine est une substance amère et cristallisable, contenue dans les feuilles et dans la jeune écorce du saule, du peuplier et de plusieurs autres arbres, et découverte par Leroux en 1830. Elle a pour formule $C^{18} H^{18} O^7$. Elle est soluble dans 5-6 parties d'eau froide, et dans une bien moindre quantité d'eau chaude. Distillée avec un mélange de bichromate de potasse et d'acide sulfurique, elle donne, entre autres produits, une huile jaune et doucement parfumée, appelée salicylol, dont la composition s'exprime par $C^7 H^6 O^2$.

SALICINÉ, ÉE adj. (rad. lat. *salix, salicis*, saule). Qui ressemble ou se rapporte au saule. — s. f. pl. Famille de plantes dicotylédones dialypétales périgynes, ayant pour type le genre saule et comprenant, en outre, le genre peuplier.

* **SALICOLE** adj. (lat. *sal*, sel; *colo*, je cultive). Qui a rapport à la culture, à la production du sel : *terrains salicoles*

* **SALICOQUE** s. f. Genre de crustacés décapodes macroures, dont l'espèce type est la crevette.

* **SALICOR** s. m. ou **Salicorne** s. f. Bot. Genre d'atriplicées cyclolobées, comprenant plusieurs espèces de plantes qui croissent sur le bord de la mer, dans les marais salants, et dont on retire de la soude : *salicorne herbacée*.

SALICYLAMATE s. m. Chim. Sel produit par la combinaison de l'acide salicylamique avec une base.

SALICYLAMIQUE adj. Chim. Se dit d'un acide dérivé de l'acide salicylique.

SALICYLATE s. m. Sel produit par la combinaison de l'acide salicylique avec une base.

SALICYLE s. m. Chim. Corps qui résulte de l'action du perchlorure de phosphore en excès sur le salicylate de sodium ou sur l'acide salicylique.

SALICYLIQUE adj. Chim. Se dit de plusieurs corps dérivés du salicyle. — *Acide salicylique*, produit de la salicine, de l'acide carbolique et d'autres substances. Quand on traite le salicylol par l'acide chromique ou par l'hydrate de potassium, il s'oxyde et forme du salicylate de potassium, avec dégagement d'hydrogène $(C^7 H^6 O^3 + HOK = C^7 H^5 KO^3 + H^2)$. Le salicylate de potassium se décompose à l'action de l'acide hydrochlorique, et met en liberté l'acide salicylique, $C^7 H^6 O^3$, avec production de chlorure de potassium $(C^7 H^5 KO^3 + HCl = C^7 H^6 O^3 + KCl)$. L'acide salicylique peut aussi s'obtenir en faisant passer du bioxyde de carbone sec dans du phénol (acide phénique ou carbolique) chaud, auquel on ajoute en même temps de petits morceaux de sodium. La réaction forme du salicylate de sodium, d'où l'on peut tirer l'acide salicylique par l'action de l'acide hydrochlorique. On a accordé récemment beaucoup d'attention à l'acide salicylique comme à un énergique anti-putride, remplaçant l'acide phénique ou phénol dans le pansement des blessures et des ulcères, et, en général, comme antiseptique.

SALICYLITE s. m. Chim. Dérivé métallique du salicylol ou acide salicyleux.

* **SALIEN, IENNE** s. Membre d'une tribu des Francs. — Les Saliens ou Francs Saliens formaient une tribu germanique qui, au ve siècle, envahit la Gaule, et qui, par ses conquêtes sous Clovis, fonda la monarchie française. (Voy. Francs.) Leur code de lois fut appelé la loi salique. (Voy. Codex.) On appelait terre salique (*terra salica* ou *dominicata*), une terre n'ayant aucune charge, ne

dépendant d'aucun suzerain, et sur laquelle était situé le manoir du maître. Plus tard, on appliqua ce titre aux propriétés foncières reçues d'héritage, pour les distinguer des propriétés d'acquêt, et, en vertu de la loi d'hériter de cette sorte de propriété. Cette dernière disposition de la loi salique a toujours été suivie en France pour la succession au trône, de même qu'elle l'a été en Espagne sous les Bourbons, jusqu'en 1830.

* **SALIENS**, adj. m. pl. Antiq. Nom par lequel on désignait, à Rome, les prêtres de Mars et les poèmes chantés en l'honneur de ce dieu : *les chants des prêtres saliens étaient accompagnés de danses qui leur étaient particulières*. — Substantiv. *Le collège des Saliens.*

* **SALIÈRE** s. f. Pièce de vaisselle pour mettre le sel et qu'on sert sur la table : *salière de faïence, de cristal*. — Ustensile de cuisine, ordinairement de bois, où l'on met le sel, et qu'on pend dans la cheminée pour le tenir sèchement : *salière de bois*. — Se dit, par anal., de certains creux qui se forment au-dessus des yeux des chevaux quand ils vieillissent : *les vieux chevaux ont ordinairement des salières au-dessus des yeux*. Il se dit quelquefois en parlant des personnes. — Se dit aussi, pop., de certains creux que les femmes ont quelquefois vers les clavicules : *cette femme commence à maigrir, elle a des salières, il lui vient des salières.*

SALIERI (Antonio), compositeur italien, né en 1750, mort en 1825. Il fut maître de chapelle de la cour et directeur du théâtre de Vienne. Il a écrit 43 opéras, et de la musique instrumentale et d'église.

SALIES. I, ch.-l. de cant., arr. et à 24 kil. S.-E. de Saint-Gaudens (Haute-Garonne); 900 hab. Deux sources minérales froides, dont l'une salée et l'autre sulfurée calcique. — Scrofules, lymphatisme, dyspepsie, gastralgie, gravelle, goutte, rhumatismes, affections nerveuses. — Pont sur le Salat. — II, ch.-l. de cant., arr. et à 16 kil. O. d'Orthez (Basses-Pyrénées); 3,000 hab. Deux sources minérales : 1° *source du Bayaa*, eaux chlorurées sodiques, bromoiodurées. Maladies de la peau, affections scrofuleuses, affections du système lymphatique, maladie des os, épanchements articulaires, nécroses, caries, abcès froids, névroses; 2° *Source de Carsalade*, eaux bicarbonatées chlorurées.

SALIFÈRE adj. (lat. *sal*, sel; *fero*, je porte). Qui contient du sel.

SALIFÉRIEN, IENNE adj. Géol. Qui contient du sel commun ou chlorure de sodium.

* **SALIFIABLE** adj. Chim. Se dit des substances qui jouissent de la propriété de former des sels en se combinant avec les acides : *base salifiable.*

SALIFICATION s. f. Chim. Production d'un sel.

SALIFIER v. a. Chim. Convertir en sel.

SALIGAUD, AUDE s. Celui, celle qui est sale, malpropre. (Pop.)

SALIGÉNINE s. f. (lat. *sal*, sel; gr. *genos*, naissance). Chim. Corps de nature à la fois alcoolique et phénique d'où dérive par oxydation l'acide salicylique.

SALIGNAC, ch.-l. de cant., arr. et à 47 kil. N.-O. de Sarlat (Dordogne); 4,100 hab.

* **SALIGNON** s. m. Pain de sel fait d'eau de fontaine salée : *on met des salignons dans les colombiers pour attirer les pigeons.*

° **SALIN, INE** adj. Qui contient du sel, qui est de la nature du sel : *substance, concrétion saline*. — s. m. Une saline : *les salins de Peccais*. — Le produit brut qu'on obtient en faisant évaporer jusqu'à siccité la lessive des cendres végétales : *la bruyère, le buis, le gend-*

vrier, la vigne, etc., fournissent beaucoup de salin.

SALINAGE s. m. État de l'eau salée qui n'est pas suffisamment concentrée pour que le sel se dépose. — Opération consistant à pousser la concentration de l'eau de sources salées au point convenable pour que le sel se dépose.

* **SALINE** s. f. Chair salée, poisson salé : *la saline ne vaut rien aux goutteux, aux graveleux*. — Particul. Poisson salé, comme morues, harengs, etc.: *de la saline*. — Se dit aussi des lieux où l'on fabrique le sel en évaporant l'eau des puits ou des marais salants, ou celle des sources, des fontaines salées, soit par la chaleur du soleil, soit par le moyen du feu : *les salines de Brouages; la saline de Marsal*. — Se dit également des rochers, des mines de sel gemme : *la saline de Cardonne.*

SALINER v. a. Procéder à l'opération du salinage.

* **SALINIER** s. m. Celui qui fabrique le sel.

SALINITÉ s. f. Qualité de ce qui est salin.

SALINOMÈTRE s. m. (fr. *saline*; gr. *métron*, mesure). Instrument à l'aide duquel on détermine la quantité proportionnelle de sel en dissolution dans l'eau.

SALINS, *Salinæ*, ch.-l. de cant., arr. et à 29 kil. N.-E. de Poligny (Jura), sur la Furieuse, dans une gorge étroite; 8,000 hab. Eaux chlorurées sodiques bromurées froides. Anémie, rhumatisme, stérilité. — C'est à Salins que fonctionna, pour la première fois en France, un mont-de-piété (1363).

SALINS-DE-MOUTIERS, station minérale de Moutiers (Savoie); 500 hab. Eaux chlorurées sodiques fortes. — Lymphatisme et scrofules, débilité générale des enfants et des femmes, anémie, ulcères atoniques, tumeurs blanches, plaies d'armes à feu, rhumatismes, paralysie. — Établissement thermal.

* **SALIQUE** adj. Ne s'emploie guère que dans ces expressions : Terres saliques, terres qui furent distribuées aux guerriers francs après la conquête de la Gaule; et, La loi salique, ancienne loi, qui, entre autres dispositions, déclarait les femmes incapables de posséder les terres saliques, et sur laquelle fut fondé l'usage qui excluait de la succession au trône de France les filles et leurs descendants. Le plus souvent on donne le nom de Loi salique à cette seule partie de la loi. (Voy. Salien.)

* **SALIR** v. a. Rendre sale : *salir son linge*. — Fig. Salir l'imagination, présenter à l'imagination des idées obscènes : *ce conte, cette description, cette idée salit l'imagination*. — Salir la réputation de quelqu'un, y porter atteinte par des discours, par des calomnies. — Se salir v. pr. *Cet enfant s'est sali*. — Il s'est sali, se dit d'un homme qui a fait quelque action fort nuisible à sa réputation : *je ne dis pas qu'il s'est déshonoré, mais il s'est sali.*

SALISBURY [sälz'-ber-i] ou **New-Sarum** [niou-ser-omm], ville d'Angleterre, capitale du Wiltshire, au confluent de l'Aron, du Wilz et de la Bourne, à 118 kil. O.-S.-O. de Londres; 12,903 hab. La cathédrale date du xiiie siècle, de 1220 à 1260. (Voy. Sarum.)

* **SALISSANT, ANTE** adj. Qui salit : *le drap noir est salissant, quand il est neuf*. — Qui se salit aisément : *le blanc est une couleur fort salissante.*

* **SALISSON** s. f. Petite fille malpropre : *c'est une petite salisson.* (Pop.)

* **SALISSURE** s. f. Ordure, souillure, ce qui rend une chose sale : *ce n'est pas une tache, ce n'est qu'une salissure.*

° **SALIVAIRE** adj. Anat. Qui a rapport à la

salive : *glandes salivaires.* — Glandes salivaires, glandes qui sécrètent la salive. Les principales sont les parotides, les sous-maxillaires et les sub-linguales, disposées par paires. La glande parotide, qui est la plus grosse et pèse de 15 à 30 gr., est immédiatement au-dessous et en avant de l'oreille et de l'arcade zygomatique, et descend jusqu'à l'angle de la mâchoire inférieure. Sa surface extérieure, légèrement lobée, est couverte par la peau et les fascias, et sa surface interne s'étend profondément dans le cou par deux appendices, dont l'un s'enfonce derrière l'appendice styloïde et au-dessous de l'apophyse mastoïde de l'os temporal et du muscle sterno-mastoïde, et l'autre en avant de l'appendice styloïde. L'artère carotide externe et d'autres vaisseaux sanguins traversent cette glande, ainsi que le nerf facial avec ses ramifications et le nerf auditif. Le conduit de la glande parotide (conduit de Steno), a environ 6 centim. de long, et s'ouvre à la surface interne de la joue par un petit orifice vis-à-vis de la seconde molaire de la mâchoire supérieure. La glande sous-maxillaire est située au-dessous de la mâchoire inférieure, dans l'angle même qu'elle forme. Son conduit (conduit de Wharton), a environ 5 centim. et s'ouvre par un orifice étroit sur le côté du frein de la langue. La glande sub-linguale, la plus petite, est sur la paroi de la bouche, au bas du frein de la langue. Elle a de 8 à 20 conduits, très courts, qui s'ouvrent sur la saillie que forme la glande même. Le professeur Dalton a obtenu de la salive pure de la glande parotide en introduisant un tube d'argent dans le conduit. Dans une observation, 25 gr. de liquide sécrété coulèrent du tube en 20 minutes. On croit généralement aujourd'hui que la fonction de la salive de la parotide est surtout d'aider à la mastication et à la déglutition. La salive pure des sous-maxillaires est plus visqueuse que celle de la parotide ; mais elle est parfaitement claire, et en refroidissant devient gélatineuse. La matière organique dont elle se compose ne se coagule pas à la chaleur. Bernard croit qu'elle sert uniquement à la dégustation ou à l'organe du goût. — Calcul salivaire, calcul qui se forme dans les canaux des glandes salivaires.

SALIVAL, ALE adj. Qui appartient à la salive.

' **SALIVATION** s. f. Méd. Ecoulement de la salive, provoqué par quelque remède ou occasionné par quelque maladie : *on lui a procuré une abondante salivation.* — La sécrétion surabondante de salive ou *ptyalisme* peut dépendre de la grossesse ou de l'usage des préparations mercurielles. Dans ce dernier cas il est accompagné d'un goût cuivreux avec gonflement et ulcération des gencives et fétidité de l'haleine. On la combat par des potions au chlorate de potasse (2 à 3 gr. par jour).

' **SALIVE** s. f. (lat. *saliva*). Humeur aqueuse et un peu visqueuse qui coule dans la bouche : *la salive est très utile à la digestion.* (Voy. DIGESTION et SALIVAIRE.)

' **SALIVER** v. n. Rendre beaucoup de salive : *le tabac mâché fait beaucoup saliver.*

SALIVEUX, EUSE adj. Qui ressemble à la salive.

SALLANCHES, ch.-l. de cant., arr. et à 35 kil. S.-E. de Bonneville (Haute-Savoie), dans la vallée de l'Arve, 4,800 hab.

' **SALLE** s. f. Grande pièce dans un appartement : *un appartement composé d'une antichambre, d'une salle, d'une chambre et d'un cabinet.* — SALLE DE POLICE. (Voy. Police.) — Se dit encore de certains grands lieux couverts, destinés pour l'usage et pour le service, ou pour le plaisir du public : *la salle des au-*

diences *d'un tribunal.* On dit, dans un sens anal. : LES SALLES D'UN MUSÉE. — Se dit également, dans les hôpitaux, des dortoirs où sont les lits des malades : *il est dans telle salle.* — Lieu planté d'arbres qui forment un couvert, une espèce de salle dans un jardin : *on dansa dans une salle de marronniers.* — SALLE DE VERDURE, SALLE VERTE, réduit particulier entouré de charmilles épaisses ou d'arbrisseaux serrés, et dont la grandeur et la forme sont ordinairement celles d'un salon de compagnie : *une salle de verdure ombragée de grands arbres.* — SALLE D'ASILE, établissement aujourd'hui nommé *école maternelle.* Les salles d'asile reçoivent les enfants âgés de deux à sept ans; elles dépendent de l'Université, et elles sont le premier échelon de l'enseignement primaire. (Voy. ENSEIGNEMENT.)

SALLE (Jean-Baptiste de la). Voy. LA SALLE.

SALLERANT s. m. Techn: Ouvrier chargé des diverses manipulations du papier après le travail à la cuve.

SALLES (Jean-Baptiste), girondin, né en Lorraine vers 1760, décapité à Bordeaux le 20 juin 1794. Envoyé à la Convention, il vota pour l'appel au peuple et pour le sursis. Adversaire acharné des Montagnards, il fut enveloppé dans la proscription des girondins, erra longtemps dans les dép. de l'Eure et du Calvados, rentra dans celui de la Gironde et fut arrêté chez Guadet.

SALLES-CURAN, ch.-l. de cant., arr. et à 36 kil. N.-O. de Milhau (Aveyron); 1,500 hab.

SALLES-SUR-L'HERS, ch.-l. de cant., arr. et à 22 kil. S.-O. de Castelnaudary (Aude); 900 hab.

SALLUSTE (Caius-Sallustius CRISPUS), historien romain, né en 86 av. J.-C., mort en 34. Il appartenait à une famille plébéienne, et, vers 27 ans, il obtint la questure. En 47, il était préteur, et en 46, il accompagna César dans son expédition en Afrique, fut nommé gouverneur de Numidie et acquit une immense fortune par ses exactions sur les habitants. Il a écrit *Bellum Catilinarium*, histoire de la conspiration de Catilina : *Bellum Jugurthinum*, histoire de la guerre contre Jugurtha; et *Historiarum Libri V*, comprenant la période qui va de 78 av. J.-C., année de la mort de Sylla, à l'an 66, et formant, avec les deux autres ouvrages, une histoire continue des affaires romaines pendant 45 ans. On n'a que des fragments du dernier ouvrage. Les principales éditions de Salluste sont celles de Rome (1470); d'Elzévir (Amsterdam, 1634); de Cortius (Leipzig, 1724); de Barbou (Paris, 1744 et 1761); de Burnouf (Paris, 1821); de Planche (Paris, 1825). Les principales traductions françaises sont celles de Dotteville, de Beauzée, de Mollevaut, de Billecocq (1808); de Parisot (1837-'38, 2 vol. in-12); de Gomont (1835, 2 vol.) et de Moncourt (1835, 1 vol.).

SALMANASAR, roi de Ninive (730-712 av. J.-C.). Il renversa le royaume d'Israël et envoya le peuple juif en captivité.

' **SALMIGONDIS** s. m. Ragoût de plusieurs sortes de viandes réchauffées : *il fit un salmigondis de toutes les viandes qui étaient restées de la veille.* — Fig. et fam. Conversation, discours, écrit mêlé confusément de toutes sortes de choses disparates : *il nous a fait un salmigondis tout à fait risible.*

' **SALMIS** s. m. Ragoût de certaines pièces de gibier déjà cuites à la broche : *salmis de perdrix.*

SALMONIDÉ, ÉE adj. (lat. *salmo*, saumon; gr. *eidos*, aspect). Icht. Qui ressemble ou se rapporte au saumon. — s. m. pl. Famille de poissons ayant pour type le genre saumon et comprenant en outre les genres truites, éperlan, ombre.

SALNAVE, président de la république d'Haïti, né au Cap vers 1827, fusillé à Port-au-Prince en janv. 1870. Il débuta dans la carrière des armes, se mêla à diverses insurrections militaires, fut plusieurs fois condamné à mort, parvint à renverser Geffrard, appliqua une constitution très démocratique (1867), fut proclamé dictateur à vie et fut vaincu par le général Saget, qui l'amena prisonnier à Port-au-Prince.

SALO (Gaspare da), luthier italien, né vers 1540, mort vers 1614. Il était contemporain des Amatis. Il travailla à Brescia pendant 50 ans, et fut un des premiers à porter à leur perfection les instruments de la famille du violon. Un de ses meilleurs violons, orné de figures gravées par Benvenuto Cellini appartient à Ole Bull.

' **SALOIR** s. m. Vaisseau de bois dans lequel on met le sel : *il reste peu de sel dans le saloir.* — Vaisseau, communément de bois, destiné à recevoir les viandes qu'on veut saler : *un saloir pour deux, pour trois cochons.*

SALOMÉ. I, fille d'Hérodiade et d'Hérode Philippe; elle plut à son oncle Hérode Antipas lors d'un bal qu'elle déploya en dansant devant lui et demanda comme récompense la tête de Jean-Baptiste. — II, mère de saint Jacques le Majeur et de saint Jean l'Evangéliste; elle fut du nombre des saintes femmes qui trouvèrent vide le sépulcre du Sauveur.

SALOMON, troisième roi des Hébreux (1016-976 av. J.-C.). Il était fils de David et de Bethsabée, et succéda à son père à l'âge de 17 ans. (Voy. JUIFS.)

SALOMON (Iles), groupe de l'océan Pacifique du S., au S.-E. de la Nouvelle-Bretagne et à l'E. de la Papouasie, de 4° 50' à 11° 50' lat. S. et de 452° 40' à 160° 10' long. E.; 32,000 kil. carr., 350,000 hab. Ce groupe se compose de sept grandes îles (Bougainville, Choiseul, Malayta, Santa Isabella, Nouvelle-Géorgie, Guadalcanar, San Cristoval) et de plusieurs îles plus petites, les unes et les autres couvertes de montagnes très élevées. Température rafraîchie par des pluies copieuses. Culture du bananier, de l'igname, de la canne à sucre et du gingembre; grande abondance d'artocarpes (arbres à pain), de cacaoyers et de giroffiers. La population se compose de Nègres et de Malais, dont quelques-uns ont été récemment convertis par des missionnaires. — Quelques-unes des plus petites îles de ce groupe ont acquis, en 1882, une triste célébrité. Un aventurier français, le marquis de Rays, se prétendit cessionnaire de ces îles; il leur donna le nom de *Nouvelle-Bretagne* et fonda, sur le papier, une colonie catholique dont il distribua les terres à des actionnaires, moyennant argent comptant. Non seulement il recueillit ainsi plusieurs millions de francs qu'il employa pour la plus grande partie à ses plaisirs, mais il équipa, en France et en Espagne, plusieurs navires qui transportèrent un certain nombre d'émigrants dans la Nouvelle-Bretagne. La plupart de ces colons moururent d'inanition sur un sol aride, étant abandonnés par les chefs de l'expédition; plusieurs de ces transportés purent être rapatriés en France et y firent connaître les manœuvres d'escroquerie dont ils avaient été les dupes. Le marquis de Rays fut condamné à l'emprisonnement en 1883, ainsi que quelques-uns des ses complices, par jugement du tribunal correctionnel de la Seine.

SALOMON BEN GABIROL (peut-être plus exactement *Salomon ben Judah ben Gabirol*), philosophe et poète juif, né en Espagne vers 1020, mort vers 1075. Comme poète, il a composé *la Couronne de la Royauté*, hymne didactique sur le Cosmos, qui a été incorporé dans la liturgie juive. Il a écrit ses ouvrages philosophiques en arabe, et il en

existe plusieurs incomplètes traductions en hébreu. Les philosophes chrétiens du moyen âge citent sa *Source de Vie*, et donnent son nom sous les formes corrompues d'Avicebron, d'Avencebrol, etc., dérivées de l'arabe Aben Gebrol.

SALOMON BEN ISAAC, rabbin, surnommé par erreur Yarhi ou Jarchi, et généralement connu sous le nom abrégé *Rashi*, composé des initiales de *Rabbi Shelomoh Yitz'haki*. Commentateur juif de la Bible et du Talmud, né en France vers 1040, mort en 1105. On n'a jamais surpassé ses commentaires sur le Talmud, et ils accompagnent toujours le texte. Ses commentaires sur la Bible ont été traduits en latin.

' **SALON** s. m. Pièce, dans un appartement, qui est ordinairement plus grande et plus ornée que les autres, et qui sert à recevoir compagnie : *la compagnie était assemblée dans le salon*. — Fig. Bonne compagnie, gens du beau monde : *il a lu son ouvrage dans tous les salons*. — Absol. Galerie du Louvre, où se faisait l'exposition périodique des ouvrages de peinture, sculpture, gravure, etc., des artistes vivants : *ce peintre, ce sculpteur a mis plusieurs ouvrages au Salon*. — Par ext. L'exposition même : *il a exposé ce tableau au dernier Salon*. — Compte rendu de l'exposition : *ce critique fait le Salon dans tel journal*. — Salon des Refusés, Salon ouvert, en 1863, à côté du Salon officiel, pour l'exposition des œuvres repoussées par les jurys.

SALONA, cap. de la Dalmatie au temps des Romains, près de la Spalato actuelle (anc. *Spalatum*). (Voy. Spalato.)

SALONIQUE ou Saloniki (turc *Selanik*; anc. *Therma*, puis plus tard *Thessalonica*), ville de la Turquie d'Europe, cap. du vilayet du même nom, au fond du golfe de Salonique, appelée autrefois golfe Thermaïque, à 475 kil. S.-O. de Constantinople; 70,000 hab. environ, y compris 20,000 Juifs, et autant de Grecs. L'église Saint-Georges ressemble au Panthéon de Rome, et l'on dit que saint Paul a prêché dans celle de Sainte-Sophie, qui est aujourd'hui une mosquée. Fabrique de tissus de soie et de quincaillerie. Le commerce, quoique considérable encore, décline depuis quelques années. — Salonique tira son premier nom, *Therma*, des sources chaudes qui sont dans le voisinage; elle s'appela plus tard Thessalonique, du nom de la fille de Philippe, femme de Cassandre de Macédoine. Les Athéniens l'occupèrent vers 432 av. J.-C. Elle devint ensuite la principale station navale de la Macédoine. Elle se rendit aux Romains après la bataille de Pydna, et elle fut alors la capitale des provinces illyriennes. Une émeute y ayant éclaté, l'empereur Théodose en tira un châtiment terrible (390). Les Sarrasins s'en emparèrent au xiiie siècle, et les Turcs en 1430. Les Grecs insurgés y furent massacrés en 1822. La populace turque y assassina, en 1876, les consuls français et allemand.

SALONNIER s. m. Ecrivain qui rend compte des Salons, des expositions artistiques.

' **SALOPE** adj. Sale, malpropre. N'est guère employé que substantiv., au féminin : *c'est une vraie salope*. — Fig. et par injure. Une salope, une femme de mauvaise vie. — Mar. Marie-salope, petit bâtiment d'une construction particulière, destiné à porter, à une certaine distance des ports, les vases et les sables qu'on en retire : *des maries-salopes*.

' **SALOPEMENT** adv. D'une manière salope : *il mange salopement*. (Fam. et peu us.)

' **SALOPERIE** s. f. Saleté, grande malpropreté : *il n'y a pas moyen de manger dans cette auberge, tout y est d'une saloperie dégoûtante*. — Discours, propos ordurier : *dire des saloperies*.

' **SALORGE** s. m. (rad. lat. *sal*, sel). Comm. Amas de sel.

SALOUM, fleuve de la Sénégambie, sur les rives duquel s'étend un royaume du même nom, placé sous l'influence des Français.

SALPA s. m. Genre de mollusques nommés aussi *bifores*. (Voy. ce mot.)

' **SALPÊTRAGE** s. m. Formation du salpêtre dans les nitrières artificielles.

' **SALPÊTRE** s. m. (lat. *sal*, sel; *petræ*, de pierre). Sel neutre formé de potasse et d'acide nitrique : on le prépare ordinairement en décomposant par la potasse les nitrates tirés des plâtras de vieilles murailles, des étables, des écuries, des vieilles démolitions, etc. (Voy. Nitrate et Poudre.) — Prov. et fig. Faire peter le salpêtre, faire beaucoup de décharges de canons, de fusils et autres armes à feu, à *la naissance de ce prince*, à cet exercice, on a bien fait peter le salpêtre. — Ce n'est que salpêtre, que ça salpêtre, il est pétri de salpêtre, se dit d'un homme, d'un enfant extrêmement vif et prompt. — La fabrication du salpêtre qui, pendant longtemps, était un monopole de l'État, a été rendue libre par la loi du 10 mars 1819. Le ministère de la guerre exploite directement neuf raffineries de salpêtre, afin de fournir à la fabrication des poudres de guerre et des autres poudres à feu. (Voy. Poudre.)

' **SALPÊTRER** v. a. Mettre du salpêtre sur un espace de terrain, le mêler avec la terre, qu'on frappe ensuite fortement, pour rendre ce mélange dur et impénétrable à la pluie : *vous voulez faire sabler cette allée de jardin, cette petite cour, cela ne suffirait pas; il faut la faire salpêtrer*. — Se couvrir de salpêtre : *l'humidité commence à salpêtrer ce mur*.

SALPÊTRERIE s. f. Fabrique de salpêtre.

SALPÊTREUX, EUSE adj. Qui contient du salpêtre.

' **SALPÊTRIER** s. m. Ouvrier qui travaille à faire du salpêtre : *les salpêtriers de l'arsenal*.

' **SALPÊTRIÈRE** s. f. Lieu où l'on fait le salpêtre. — A Paris, la Salpêtrière, vaste hôpital de femmes, qui était en même temps maison de correction, et qui est aujourd'hui un hospice pour les femmes âgées et pour les femmes en démence. La Salpêtrière fut commencée par Louis XIII pour servir d'arsenal.

SALPÊTRISATION s. f. Action de salpêtrer, de se salpêtrer; résultat de cette action.

SALPICON s. m. Art. culin. Ragoût composé de plusieurs sortes de viandes coupées en petits cubes et mélangées avec des truffes, ou des champignons ou des fonds d'artichaut également coupés en forme de dés

SALSE ou Salze s. f. (lat. *salsus*, salé). Géol. Volcan de gaz, d'eau ou de boue. (Voy. Geysza.)

SALSEPAREILLE s. f. [*s-è mll.*] (esp. *sarza parilla*; de *sarza*, mûrier, ronce; *Parillo*, nom du médecin qui a, le premier, fait usage de cette plante). Bot. Genre de smilacées, comprenant un certain nombre de plantes américaines, la plupart arborescentes et souvent épineuses, qui grimpent à l'aide de vrilles. Elles sont abondantes dans les climats chauds. La plus connue est le *smilax rotundifolia*, qui s'étend du Canada aux états du Sud. Il forme, en poussant au milieu des autres arbustes et arbres, auxquels il s'attache, d'impénétrables fourrés. Sa tige, simple et forte, s'élance d'un arbre à l'autre à des intervalles de 30 ou 40 pieds. Ses baies forment des petites grappes appétissantes à l'œil, mais d'un goût nauséabond. Parmi les autres espèces plus méridionales, le *smilax pseudo-china* mérite d'être cité. Ses jeunes pousses se mangent comme des as-

perges; sa tige, en pleine croissance, à de la réputation comme médicament altérant; ses rhizomes contiennent une grande quantité de fécule et on en fait une sorte de bière avec de la mélasse, du blé rôti et du sassafras; sa racine est légère, poreuse, facilement mise en œuvre, et très employée pour faire des pipes. Les autres espèces les plus importantes sont celles qui fournissent le médicament appelé salsepareille. — On désigne en médecine, sous le nom de salsepareille, les racines ou plutôt le rhizome de plusieurs espèces de smilax. Mais on n'est pas d'accord sur ces plantes ni sur les propriétés médicales du rhizome. On pense que ce médicament est produit surtout par le *smilax sarsurilla* et par le *smilax officinalis*. — La

Salsepareille à feuilles rondes (Smilax rotundifolia).

salsepareille se recueille dans le Mexique occidental, l'Amérique centrale et le N. de l'Amérique du Sud. On en distingue les variétés par les noms des pays qui les produisent à des ports d'exportation. Elle a été introduite en Espagne dès 1545 et est devenue, à certaines époques, un médicament très populaire. Les médecins qui croient à son efficacité la rangent parmi les altérants, et l'emploient dans les cas vénériens invétérés, dans le rhumatisme chronique, dans les maladies de peau tenaces, et lorsqu'il y a une générale dépravation du système (de 30 à 60 gr. en décoction dans un litre d'eau). Beaucoup de préparations vendues sous le nom de salsepareille n'en contiennent pas une parcelle.

SALSETTE (portug. *Salsetta*), nom indigène, *Sahsti*), île de la présidence de Bombay (Inde), reliée à l'île de Bombay par un pont de pierre et par une chaussée, et avec la terre ferme par le viaduc du chemin de fer péninsulaire; 50,000 hab. environ. Elle contient de fameux temples souterrains taillés dans le roc. La principale ville est Thanah. Les Anglais ont pris possession de cette île en 1774.

' **SALSIFIS** s. m. [sa-si-fi] (ital. *sassefrica*). Bot. Genre de chicoracées, dont l'espèce principale, le *salsifis commun* (*tragopogon porrifolius*) est une plante indigène potagère bisannuelle, que l'on cultive dans nos jardins pour sa racine fusiforme, comestible et délicate. Ses feuilles, longues d'un pied ou plus, sont étroites, élancées et verticales; leur couleur est d'un vert tendre. La seconde année, il pousse des tiges florales de 3 à 5 pieds de haut, qui se séparent à l'extrémité, et dont chaque division se termine par une grosse pomme de fleurs pourprées. On cultive exactement les salsifis comme les carottes et autres racines semblables. — La racine de cette plante est facilement utilisable comme entremets. La façon la plus ordinaire de l'accommoder est à la sauce blanche ou bien frite à la poêle; on peut encore assaisonner

les salsifis au fromage comme le macaroni, ou les servir en salade avec des câpres, des

Salsifis commun (Tragopogon porrifolius).
1. Fleur. 2. Racine.

anchois ou même des betteraves. — SALSIFIS NOIR. (Voy. *Scorsonère*.)

SALSOLACÉ, ÉE adj. (rad. *salsola*, nom scientifique de la soude). Qui ressemble ou qui se rapporte à la soude. — s. f. pl. Syn. de CHÉNOPODÉES.

SALSUGINEUX, EUSE adj. (lat. *salsugo*, saumure). Qui est imprégné de sel marin.

SALTA. I, province du N.-O. de la république Argentine, confinant à la Bolivie; 84,491 kil. carr.; 88,933 hab. — II, capitale, dans la basse vallée de Chicoana, entre deux chaînes de montagnes, à 1,500 kil. environ N.-O. de Buenos-Ayres; 11,716 hab.

SALTARELLE s. f. (ital. *saltarella*). Sorte de tarentelle, danse vénitienne et romaine à trois temps; air sur lequel se danse la saltarelle.

*SALTATION s. f. (lat. *saltatio*). Antiq. rom. Art qui comprenait la danse, la pantomime, l'action théâtrale, l'action oratoire, etc.

SALTIGRADE adj. (lat. *saltus*, saut; *gradus*, marche). Qui marche par sauts.

SALTILLO [sal-til'-lio], ville du Mexique, cap. du Coahuila, sur le Rio Tigre, à 700 kil. N.-O. de Mexico; 15,000 hab. environ. Près de là, s'est livrée la bataille de *Buena Vista*. (Voy. BUENA VISTA.)

* **SALTIMBANQUE** s. f. (ital. *saltimbanco*, qui saute sur un banc). Jongleur, bateleur; charlatan ordinairement placé sur un théâtre dans une place publique, pour y faire ses exercices, et y débiter ses drogues. — Fig. Bouffon de société et mauvais orateur qui débite, avec des gestes outrés, des plaisanteries déplacées : *cet homme croit être un bon plaisant, ce n'est qu'un saltimbanque.* — Législ. « Les saltimbanques, c'est-à-dire les bateleurs, baladins, escamoteurs, faiseurs de tours, charlatans ou musiciens ambulants, ne peuvent exercer leur profession s'ils ne sont porteurs d'une autorisation délivrée par le préfet du département dans lequel ils sont domiciliés. Cette autorisation est donnée en tête d'un carnet sur lequel les maires apposent leur visa. L'autorité municipale est chargée de la surveillance des saltimbanques [Circ. minist. 10 oct 1829, 13 déc. 1853, 6 janv. 1863). Il est interdit aux saltimbanques d'expliquer les songes et de pronostiquer (C. pén. 479, 480). Ils ne peuvent se faire accompagner d'enfants âgés de moins seize ans; et, quant à leurs propres enfants, ils ne peuvent les employer dans les représentations avant l'âge de douze ans (L. 7 déc. 1874). »   (CH. Y.)

SALTIQUE s. m. (lat. *saltus*, saut). Arachn.

Genre d'aranéides, dont une espèce, la *saltique chevronnée* (*aranea scenica*), longue de 5 millim., porte trois lignes blanches en forme de chevron sur l'abdomen.

SALT-LAKE CITY [sât-lék-si-ti] (cité du Lac Salé), cap. du territoire de l'Utah, au pied du versant occidental d'en contrefort des monts Wahsatch, à 1,200 m. au-dessus du niveau de la mer, à 19 kil. de l'extrémité S.-E. du grand Lac Salé (*Great Salt-Lake*), à 3 kil. E. de la rivière Jordan (Jourdain), et à 950 kil. N.-E. de San Francisco; par 40° 46' lat. N. et 114° 26 long. O.; 20,000 hab. environ, dont un tiers sont des Gentils ou des Mormons apostats. Les rues y ont 128 pieds de large et se croisent à angle droit; elles

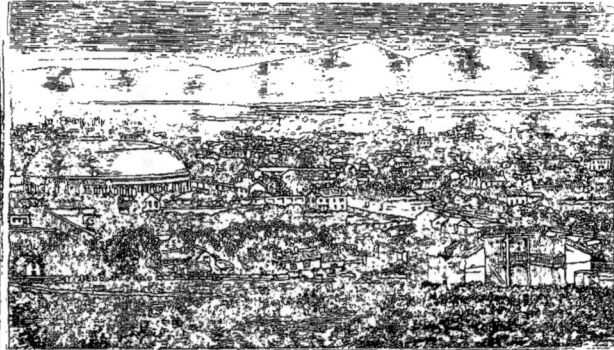

Salt-Lake-City et le Tabernacle.

sont bordées d'arbres ombreux et de ruisseaux d'eaux courantes; un verger est attaché à presque toutes les maisons. Celles-ci sont surtout faites d'adobe. Le Tabernacle, où 15,000 personnes peuvent prendre place, est recouvert d'un toit qui ne s'appuie que sur les murs extérieurs. Le théâtre est très vaste. Il y a une université mormone (l'université de Deseret) et des institutions protestantes et catholiques. Salt-Lake-City fut fondée en 1847 par les Mormons, sous la conduite de Brigham Young.

SALTZBURG. Voy. SALZBURG.

* **SALUADE** s. f. Action de saluer en faisant la révérence. On ne le dit guère que dans la conversation et avec une épithète : *il me fait une grande saluade.* (Vieux.)

* **SALUBRE** adj. (lat. *saluber*; de *salus*, salut.) Qui contribue à la santé : *ces eaux minérales sont fort salubres.*

* **SALUBRITÉ** s. f. Qualité de ce qui est salubre : *la salubrité de l'air de tel pays.* — Se dit, particul., en parlant des soins que l'administration prend de la santé publique : *mesures de salubrité.* — La police municipale est chargée d'assurer la *salubrité publique* et de faire faire les vérifications concernant la *salubrité des comestibles* exposés en vente (L. 5 avril 1884, art. 97).

SALUCES, *Augusta Vagiennorum, Salutiæ, Salutium;* en ital. *Saluzzo* [sâ-loutt'-so], ville du Piémont (Italie) à 50 kil. S.-S.-O. de Turin; 9,796 hab. Soies, cuirs, chapeaux, etc. Le *marquisat de Saluces* devint, vers la fin du XIVe siècle, une dépendance de la Savoie. Les Français le possédèrent de 1529 à 1601; il fut alors rendu à la Savoie en échange de la Bresse, du Bugey et du pays de Gex.

* **SALUER** v. a. (lat. *salutare*). Donner à quelqu'un une marque extérieure de civilité, de

déférence ou de respect, en l'abordant, en le rencontrant, ou en quelques autres occasions : *les manières de saluer sont différentes, selon les différentes nations.* — JE VOUS SALUE, J'AI L'HONNEUR DE VOUS SALUER, JE VOUS SALUE TRÈS HUMBLEMENT, se dit quelquefois, par civilité, à une personne que l'on aborde. — Prov. NOUS NOUS SALUONS, MAIS NOUS NE NOUS PARLONS PAS, nous sommes froidement ensemble. — ALLER SALUER QUELQU'UN, aller lui faire visite, lui rendre ses devoirs : *les officiers de la garnison sont allés saluer le gouverneur.* — Se dit aussi des marques de respect qu'on donne à de certaines choses : *saluer de loin le lieu de sa naissance.* On le dit particul., dans certaines occasions de cérémonie : *saluer l'autel.* — On

disait de même autrefois : SALUER LES ARMES. — Faire ses compliments par lettre : *je vous prie de le saluer de ma part, quand vous le verrez.* — S'emploie aussi pour signifier les marques de civilité, de déférence, de respect que l'on en usage dans les troupes de terre et dans la marine : *on salue à la mer en tirant le canon.* — En parlant des anciens Romains qu'on élevait à l'empire, signifie proclamer : *Vespasien fut salué empereur par toute l'armée.*

SALUEUR, EUSE s. Personne qui prodigue ses saluts.

* **SALURE** s. f. Qualité que le sel communique : *la salure de la mer.*

* **SALUT** s. m. (lat. *salus*). Conservation ou rétablissement dans un état heureux, dans un état convenable : *le salut du peuple, de la république.* — Cessation de danger, recouvrement de sûreté : *il a cherché son salut dans la fuite.* — Félicité éternelle : *le salut des âmes.* — Fig. POINT DE SALUT, se dit quelquefois en parlant d'une condition indispensable pour obtenir un succès : *sans imagination, point de salut dans les arts.*

* **SALUT** s. m. Action de saluer : *il lui doit le salut comme à son supérieur.* — SALUTS DE MER, coups de canon que tire un vaisseau pour rendre honneur à un autre vaisseau, à une flotte, à une place, etc., ou pour en reconnaître la supériorité : *les ordonnances de marine règlent les saluts de mer.* — Terme qu'on emploie dans le préambule des lois et ordonnances, dans les lettres patentes du roi, dans les bulles des papes, dans les mandements des archevêques et évêques, etc., envers ceux auxquels ils sont adressées : *à tous ceux qui ces présentes verront, salut.* Léon XIII *à tous fidèles, salut et bénédiction apostolique.* — A certaines époques, on a terminé quelquefois les lettres et les billets par des formules ana-

logues : *salut et amitié.* — S'emploie souvent, dans le style élevé ou poétique, comme une exclamation de respect ou d'admiration : *salut, jeune héros.* — Liturg. cathol. Se dit des prières qu'on chante le soir en de certains jours dans quelques églises, après l'office, et qui se terminent par la bénédiction du saint sacrement : *chanter le salut.*

SALUT (Îles du), groupe de trois îles de la Guyane française, à la hauteur de la rivière de Kourou, à 7 milles en mer, à 27 milles N.-N.-O. de Cayenne. Bon ancrage. Lieu de transportation. (Voy. GUYANE.)

* **SALUTAIRE** adj. (lat. *salutaris*). Utile, avantageux pour la conservation de la vie, des biens, de l'honneur, de la santé, pour le salut de l'âme : *remède, médicament salutaire.*

* **SALUTAIREMENT** adv. Utilement, avantageusement pour la conservation de la vie, des biens, etc. : *cela a été salutairement inventé, institué, établi.*

* **SALUTATION** s. f. (lat. *salutatio*). Action de saluer. Il n'est guère usité, en ce sens, que dans la conversation familière et en parlant d'une manière de saluer un peu extraordinaire : *je l'ai rencontré dans la rue, et il m'a fait de grandes salutations.* — SALUTATION ANGÉLIQUE, les paroles que l'ange dit à la sainte Vierge, en lui annonçant qu'elle serait mère de Notre-Seigneur JÉSUS-CHRIST. — RECEVEZ MES SALUTATIONS, MES HUMBLES SALUTATIONS, MES SALUTATIONS RESPECTUEUSES, AFFECTUEUSES, AMICALES, etc., formules dont on se sert quelquefois pour terminer des lettres ou des billets. — ENCYCL. Chez les anciens Grecs naturellement portés au plaisir la formule était : Χαῖρε (Réjouis-toi); chez les anciens Romains, pour qui la santé était le bonheur : *Salve, vale* (Sois sain, sois fort), et *Quid agis?* (Que fais-tu?) Nous disons : *Comment vous portez-vous?* les Allemands : *Wie befinden Sie sich?* (Comment vous trouvez-vous?); les Anglais, toujours actifs : *How do you do?* (Comment faites-vous? comment agissez-vous?); les Italiens obséquieux : *Come sta ella* (Comme se tient-elle? sous-entendu : Sa Seigneurie); les Grecs modernes : Τί κάμνετε (Que faites-vous?); les Hollandais : *Hoe vaart gij?* (Comment vous nourrissez-vous?); les Suédois : *Huru mar ni?* (Comment pouvez-vous?). En Égypte, une des formules de salutation est : *Comment va la transpiration? Suez-vous copieusement?* En Chine, on se salue communément par ces mots : *Avez-vous mangé votre riz? Votre estomac est-il en bon ordre?*, et en Hollande : *Smakelijk eten?* (Avez-vous fait un bon repas?). Une formule polonaise est : *Czy's wesol* (Es-tu gai?), et une autre : *Jak sie masz?* (Comment t'as-tu?). En Russie deux salutations communes sont : *Zdrastvui* (Soyez bien), et *Kak pozhivayete?* (Comment poursuivez-vous la vie?). Les Turcs disent : *Sois sous la garde de Dieu; Mes frères sont pour toi, ne m'oublie pas dans tes prières.* Une vieille forme de salutation anglaise, dans la société bien élevée était *Save you, sir,* abréviation évidente de *God save you, sir* (Que Dieu vous sauve, monsieur!), de même que *Good bye,* que l'on emploie comme nous employons « Au revoir », est une contraction de *God be with you* (Dieu soit avec vous). La poignée de mains est le signe de salutation le plus ordinaire chez les nations civilisées, bien qu'elle vienne probablement de la plus antique barbarie, lorsque deux hommes, en se rencontrant, se donnaient mutuellement la main qui sert au combat, en gage de sécurité contre une trahison ou une attaque soudaine. On s'embrasse entre amis intimes et proches parents; mais en Angleterre aux États-Unis, cette coutume est réservée exclusivement aux femmes. Dans l'Orient et chez les nations slaves, les formes de salutation portent l'empreinte de

l'avilissement des personnes et de l'absence de dignité individuelle.

* **SALVAGE** s. m. (rad. lat. *salvare,* sauver). Mar. N'est usité que dans cette locution, DROIT DE SALVAGE, droit qui se perçoit sur ce qu'on a sauvé d'un bâtiment naufragé. On dit maintenant, DROIT DE SAUVETAGE.

SALVAGNAC, ch.-l. de cant., arr. et à 25 kil. O. de Gaillac (Tarn); 500 hab.

SALVANDY (Narcisse-Achille, COMTE DE), écrivain français, né à Condom (Gers), le 11 juin 1795, mort au château de Graveron (Eure) le 15 déc. 1856. Après avoir servi dans l'armée et avoir rempli des fonctions civiles, il combattit les ultra-royalistes dans le *Journal des Débats,* fut ministre de l'instruction publique de 1837 à 1839, fut fait comte et envoyé ambassadeur à Turin en 1843, rentra au ministère en 1845, et se retira de la politique après le 2 déc. 1854. Il a écrit *Alonzo ou l'Espagne* (1823-'24, 4 vol.), *Histoire de Pologne avant et sous le roi Jean Sobieski* (1827-'29, 3 vol.), etc.

* **SALVANOS** s. m. [-noss] (lat. *salve,* sauve; *nos,* nous). Mar. Bouée de sauvetage. (Voy. BOUÉE.)

SALVATELLE s. f. (lat. *salvare,* sauver, parce que l'on pratiquait jadis la saignée par cette veine). Anat. Veine de la surface dorsale des doigts de la main.

* **SALVATIONS** s. f. pl. Prat. Écritures par lesquelles on répondait aux réponses à griefs : *fournir des salvations.*

SALVATOR ROSA, peintre italien, né à Arenella près de Naples en 1615, mort à Rome le 15 mars 1673. De bonne heure il explora les plus sauvages régions de la Calabre, se mêlant aux bandits dans l'intérêt de son art, qu'il pratiqua ensuite à Naples, à Florence et à Rome; il se fit aussi une réputation de poète, de musicien et d'acteur. En 1647, il prit part à l'insurrection de Masaniello. Parmi ses œuvres les plus célèbres, on compte la *Conspiration de Catilina, Saül* et *la pythonisse d'Endor, Attilus Regulus,* et des tableaux d'autel. On le connaît surtout comme peintre de paysage; il se plaît aux effets dramatiques et terribles, aux violents contrastes de lumière et d'ombre, et aux formes romantiques. Il excella aussi comme graveur. — Voy. *The Life and Times of Salvator Rosa,* par lady Morgan (1824, 2 vol.).

* **SALVE** s. f. Décharge d'un grand nombre de canons ou de fusils tirés en même temps, soit en l'honneur de quelqu'un, soit dans des occasions de réjouissance : *quand il arriva, on fit trois salves de mousqueterie, on tira plusieurs salves d'artillerie.* — Se dit également de plusieurs coups de canon tirés successivement, dans les mêmes occasions : *une salve de vingt et un coups de canon.* — Se dit, par ext., de plusieurs coups de fusil ou de canon, qui se tirent en même temps à l'exercice ou dans le combat : *en approchant de la contrescarpe, de la redoute, il fut accueilli par une salve de mousqueterie.* — LE CANON TIRE EN SALVE, se dit quand plusieurs pièces de canon tirent en même temps.

* **SALVÉ** s. m. (lat. *salve,* sauve). Prière que l'Église catholique chante en l'honneur de la sainte Vierge, et que le peuple chantait autrefois à l'exécution d'un criminel : *chanter un Salvé.*

SALVE REGINA s. m. [sal-vé-ré-ji-na]. Antienne à la Vierge : *composer un Salve regina.*

SALVETAT (La), ch.-l. de cant., arr. à 14 kil. N. de Saint-Pons (Hérault), près de l'Agout; 3,000 hab. Eaux alcalines, gazeuses et digestives, que l'on expédie en grandes quantités.

SALVETAT-PEYRALÈS (La), ch.-l. de cant., arr. et à 51 kil. S.-O. de Rodez (Aveyron); 2,500 hab.

SALVI (Giambattista). Voy. SASSOFERRATO.

SALVIAC, ch.-l. de cant., arr. et à 13 kil. S.-O. de Gourdon (Lot); 2,000 hab.

SALYES ou **Salluvii,** le plus puissant et le plus célèbre de tous les peuples ligures de la Gaule Narbonnaise, entre le Rhône et les Alpes. Villes princ. : Arelate (Arles) et Glanum. Le voisinage des Salyes fut souvent très gênant pour Marseille, qui, ne pouvant les forcer à se tenir en paix, finit par appeler les Romains à son secours. Ceux-ci les réduisirent, en 123 av. J.-C., après une longue lutte; et la colonie d'Aquæ Sextiæ fut fondée par Sextus sur le territoire de cette tribu.

SALYLIQUE adj. Chim. Se dit d'un acide ainsi nommé par Kolbe et Lautemann et qui serait un isomère de l'acide benzoïque.

SALZACH ou **Salza.** Voy. SALZBURG.

SALZBURG [zàltss-bourg]. I, duché d'Autriche faisant partie des terres de la couronne et confinant à la Bavière; 7,166 kil. carrés; 153,386 hab. Les principales sources minérales sont à Gastein. Le pays produit en quantité du cuivre, du fer, du plomb et de l'arsenic; le sel se trouve surtout à Hallein, sur le Salzach. La grande industrie est la bonneterie. — Ce pays faisait autrefois partie de la province romaine de Noricum (Norique). Le duché doit son origine à un évêché qui y fut fondé au vie siècle. L'archevêque Gebhard devint, en 4088, légat pour toute l'Allemagne. Le siège archiépiscopal fut sécularisé en 1802, et cédé au grand-duc Ferdinand de Toscane, puis à l'Autriche (1805), et en 1809, à Napoléon qui le donna à la Bavière. L'Autriche en recouvra la plus grande partie en 1814. En 1849, Salzburg devint un domaine de la couronne. La première ville s'y réunit en 1861. — II, Cap. de ce duché (anc. *Juvavia* ou *Juvavum*), sur le Salzach, à 235 kil. S.-O. de Vienne; 20,336 hab. Elle est bâtie au sein d'une région magnifique, dans l'étroit défilé que forment le Mønchsberg et le Kapuzinerberg. Les rues sont tortueuses, mais il y a de grandes places et de beaux édifices, parmi lesquels on remarque la cathédrale. L'université, qui datait de 1620, a été supprimée au commencement du même siècle. C'est à Salzburg que l'empereur d'Autriche et le roi de Prusse ratifièrent la convention de Gastein (19 août 1865).

SAMANA [sâ-ma-nâ'], ville, rade et baie de la république Dominicaine. (Voy. DOMINICAINE.)

SAMAR. Voy. PHILIPPINES (Îles).

SAMARA. I, gouvernement oriental de la Russie d'Europe; 155,914 kil. carrés; 1,837,081 hab. Le Volga la limite à l'O., et il est arrosé par le Samara, tributaire du Volga, et d'autres rivières. — II, cap., au confluent du Volga et du Samara, à 800 kil. E.-S.-E. de Moscou; 51,947 hab. C'est le marché principal du Volga pour les grains.

SAMARANG [sa-ma-ranng'], province de la côte septentrionale de Java; 1,001,252 hab., dont 5,162 Européens. Nombreux cours d'eau; pays très fertile, qui exporte de grandes quantités de café, de sucre, de coton, d'indigo, de tabac, de poivre et de riz. — II, cap., près de l'embouchure du fleuve Samarang, à environ 400 kil. S.-E. de Batavia. 30,000 hab. environ. C'est un centre commercial important.

SAMARCANDE (anc. *Maracanda*), ville russe de l'Asie centrale, à 275 kil. S.-E. de Boukhara, par 59° 40' lat. N. et 64° 2' long. E.; 30,000 hab. Elle est située dans la fertile vallée du Zerafshan, à 6 kil. S. de cette rivière, et elle passe pour la plus belle cité du Turkestan. Ses principaux monuments : sont le palais d'été de Tamerlan, sa mosquée, sa salle d'au-

dience contenant la fameuse pierre bleue appelée *Kœktash*, sur laquelle son trône était placé, et son sépulcre, en dehors de la ville. On y fait un commerce considérable, surtout en cuirs. Lorsqu'elle était la capitale de Tamerlan, Samarcande était la plus renommée, la plus luxueuse, la plus magnifique cité de l'Asie centrale. Les Russes en ont acquis la possession en 1868, dans leur guerre avec Boukhara.

SAMARE s. f. (lat. *samara*, graine d'orme). Bot. Sorte de fruit sec, indéhiscent, divisé en une ou deux loges qui contiennent plusieurs fruits, comme chez l'orme, l'érable, le frêne, etc.

SAMARIE (hébr. *Shomeron*), ancienne ville du centre de la Palestine, dans la tribu d'Ephraïm, fondée en 925 av. J.-C. par Omri qui en fit la capitale du royaume d'Israël. Les Assyriens s'en emparèrent en 721. En 109, Jean Hyrcan la rasa, mais elle ne tarda

Samarie.

pas à être rebâtie. Auguste la donna à Hérode le Grand, qui la fortifia et l'appela Sébaste. Sur son emplacement existe aujourd'hui un petit village, Sebustieh, avec quelques ruines. Sous les Romains, une grande division de la Palestine, entre la Judée et la Galilée, portait le nom de Samarie.

SAMARITAIN, AINE s. et adj. De Samarie; qui appartient à cette ville ou à ses habitants. — BAUME DU SAMARITAIN, baume pharmaceutique relâchant, dont on se sert avec succès dans les ulcères douloureux, suites de plaies d'armes à feu. Il se compose d'un mélange par parties égales d'huile et de vin, qu'on fait bouillir à petit feu. — s. m. Langue samaritaine.

SAMARITAINS (hébr. S*homeronim*, et plus tard *Kuthim*, Cuthéens), population qui doit son origine, suppose-t-on, après la conquête de Samarie par Salmanazar, au mélange des naturels avec des colons étrangers, venant de Babylone, de Cuthah, d'Ava, de Hamath et de Sepharvaïm. Leur religion était mélangée comme leur race. Lors du retour des Juifs de la captivité de Babylone, les Samaritains demandèrent à participer à la restauration du temple; ce qu'il leur refusa. De là (535 av. J.-C.) date l'hostilité entre les Juifs et les Samaritains. Elle augmenta à la fin du vᵉ siècle av. J.-C. lorsque le gouverneur perse Sanballat érigea, sur le mont Gerizim, près de Sichem, un temple à Jehovah, avec un corps de prêtres indépendant. Alexandre le Grand emmena une armée samaritaine avec lui en Egypte, et beaucoup de ces soldats s'établirent dans la Thébaïde. Des restes de cette colonie formrent une congrégation au Caire. En Palestine, où les Samaritains furent écrasés par Jean Hyrcan, en 109 av. J.-C., on trouve quelques familles à Nablus, l'ancienne Sichem. Les Samaritains

ne reconnaissent que le Pentateuque et rejettent tous les autres livres canoniques hébreux. La langue samaritaine est un dialecte araméen mêlé à un grand nombre de formes et de mots hébraïques.

SAMATAN, ch.-l. de cant., arr. et à 31 kil. N.-E. de Lombez, sur la rive gauche de la Save; 1,000 hab.

SAMBLEU interj. (corrupt. de *sang de Dieu*). Sorte de juron. — PAR LA SAMBLEU, synon. de *palsambleu* :

*Par la sambleu! messieurs, je ne croyais pas être
Si plaisant que suis......*
              MOLIÈRE.

SAMBRE, *Samara*, rivière de France et de Belgique, prend sa source à 4 kil. N.-E. de Nouvion (Aisne), coule au N. et au N.-E., passe à Landrecies, à Maubeuge et à Marchiennes, entre en Belgique, baigne Charleroi et se jette dans la Meuse à Namur après un cours de 200 kil., dont 150 navigables. Elle reçoit en France les deux Helpe et en Belgique l'Heure, le Piéton et l'Orneau.

SAMBRE-ET-MEUSE, ancien département, formé en 1795 du comté de Namur et d'une partie du Luxembourg. Ch.-l. Namur; ch.-l. d'arr. : Dinant, Marche et Saint-Hubert.

SAMBUCÉ, ÉE adj. (lat. *sambucus*, sureau). Bot. Qui ressemble ou qui se rapporte au sureau.

SAMBUQUE s. f. (lat. *sambucus*, sureau). Mus. Tétracorde employé chez les Hébreux. — Art milit. anc. Sorte d'échelle portée sur un chariot et surmontée d'une plate-forme, pour escalader les murailles.

SAMEDI s. m. (lat. *Saturni dies*, jour de Saturne, ou *Sabbati dies*, jour du sabbat). Septième jour de la semaine. — SAMEDI SAINT, celui qui précède immédiatement le jour de Pâques.

SAMER, ch.-l. de cant., arr. et à 16 kil. S.-E. de Boulogne (Pas-de-Calais); 2,000 hab. Ruines d'une abbaye fondée au vⁱⁱᵉ siècle par saint Walmer.

SAMIEN, IENNE s. et adj. De Samos; qui appartient à Samos ou à ses habitants.

SAMNITE s. et adj. Du Samnium; qui appartient à ce pays ou à ses habitants.

SAMNIUM [samm-ni-omm], division de l'Italie ancienne, comprenant la plus grande partie des provinces actuelles de Campobasso et de Bénévent, avec quelques districts avoisinants. Les localités principales étaient Beneventum (Benevento ou Bénévent), Caudium (Airola), près de laquelle étaient les défilés qu'une défaite des Romains a rendus fameux, voy. CAUDINES (Fourches), Aufidena (Alfidena), Bovianum (Bojano), et Æsernia (Isernia). Les Samnites étaient un peuple guerrier de race sabine, qui conquit le pays sur les Opicains avant la fondation de Rome. Ils soutinrent contre cette république une série de guerres (343-290 av. J.-C.) dans lesquelles Valérius Corvus, Curius Dentatus, Papirius Cursor, Fabius Maximus Rullianus, et d'autres Romains brillent de la gloire des héros au milieu de fréquents désastres. Ils finirent par être subjugués; cependant ils s'unirent à Pyrrhus en 280, succombèrent de nouveau, et, en 216, prirent parti pour Annibal, mais sans résultat durable pour leur indépendance. Ils essayèrent de la recouvrer pendant la guerre entre Sylla et Marius; mais Sylla anéantit leur armée sous les murs de Rome, devant la porte Colline; leur pays fut saccagé et les habitants vendus comme esclaves (82).

SAMOA (Iles) ou DES NAVIGATEURS, groupe d'îles dans l'océan Pacifique du Sud, entre 13° 27' et 14° 18' lat. S. et entre 171° 48' et 175° 8' long. O. Il comprend neuf îles habitées : Manoua, Olosinga, Ofou, Anouou,

Toutouila, Oupolou, Manono, Apolima et Savaii, et cinq îlots; 3,041 kil. carr.; 37,000 hab., dont 3,000 étrangers (500 blancs, presque tous Allemands). Ces îles sont de formation volcanique. Manoua, la plus orientale (50 kil. carr.), s'élève en forme de dôme à une hauteur de 800 m. Toutouila (125 kil. carr.) est haute et montagneuse, avec des falaises s'élevant à pic au-dessus de l'Océan, jusqu'à 700 m. Sur la côte septentrionale sont plusieurs bons mouillages. Cependant le meilleur est Pango-Pango ou Pago-Pago, sur la côte méridionale. Oupolou, l'île la plus importante du groupe, mesure 850 kil. carr., et renferme 16,610 hab. environ. Apia, sur la côte septentrionale, est la ville principale (300 hab. environ) et la résidence officielle des différents consuls, des membres de la société missionnaire de Londres et de l'évêque catholique romain de l'Océanie. Son port n'est surpassé que par celui de Pango-Pango. Savaii est la plus occidentale et la plus grande du groupe (1,900 kil. carr.; 14,000 hab.). Une chaîne de montagnes, qui atteint jusqu'à 1,500 m., en occupe l'intérieur, et descend en pente douce vers la mer. Elle contient des cavernes très remarquables. — Le climat de ces îles est très égal; le thermomètre y monte rarement au delà de 31° et tombe rarement au-dessous de 20°. Les pluies sont distribuées avec assez d'égalité pendant toute l'année, excepté dans les mois de janvier, de février et de mars, où règnent des tempêtes de pluies avec des vents du Nord. L'intérieur est couvert de forêts épaisses d'une luxuriance tropicale, contenant une grande variété de bois précieux. On remarque le banian, deux variétés de pendanus, plusieurs espèces de palmiers, l'anauli, l'ava (espèce de poivre), le bambou, le rotang, l'arbre à pain, le cocotier, l'oranger sauvage, le citron, le limon, la banane, le plantain, le yam, le taro, le mûrier à papier, le tacca (avec lequel se fait l'arrowroot), l'ananas, la goyave, le manguier, etc. La canne à sucre y croît abondamment à l'état sauvage, ainsi que deux variétés de coton. On y cultive un peu de tabac et de coton. Parmi les habitants des îles polynésiennes, ceux du groupe des Navigateurs ne le cèdent en apparence extérieure qu'à ceux des îles Tonga. La taille moyenne des hommes est de 5 pieds 10 pouces. Leur peau est d'un olive foncé; leurs cheveux sont noirs et droits. Tous sont chrétiens de nom; il y a des écoles et une église dans chaque village. Presque tous les enfants de sept ans savent lire, et la plus grande partie de la population adulte sait lire et écrire. Le commerce de ces îles est peu considérable On exporte du *coppra*, ou pulpe sèche de noix de coco avec laquelle on fait de l'huile, et une petite quantité de coton. — Bougainville, qui visita les îles Samoa en 1768, les appela l'*archipel des Navigateurs*, à cause de l'habileté des indigènes à manœuvrer leurs canots. Les premiers missionnaires débarquèrent à Savaii en 1830. Les îles furent gouvernées par différents chefs indigènes jusqu'en 1875, époque où l'un d'eux fut élu roi de tout le groupe et prit pour premier ministre le colonel Steinberger, ancien agent du président Grant. Les Etats-Unis obtinrent un traité de commerce en 1878, et acquièrent le port de Pango-Pango, dans l'île de Toutouila. Le 14 janv. 1879, l'empire d'Allemagne se fit céder le port de Salouafata, mais par un traité du 28 août 1879, l'Angleterre parvint à s'assurer les mêmes droits, ce qui lui permit de contrebalancer l'influence allemande. La convention du 2 sept. 1879 a placé la ville et le district d'Apia sous une municipalité à la tête de laquelle se trouvent les consuls d'Allemagne, de Grande-Bretagne et des Etats-Unis. Mais les Allemands se sont emparés de presque tout le commerce.

. **SAMOËNS**, ch.-l. de cant., arr. et à 31 kil. E. de Bonneville (Haute-Savoie), à l'entrée de la vallée de Clévieux ; 2,000 hab. ; sites pittoresques.

SAMOGITIE (lithuan. *Szamait*), ancienne contrée de l'Europe septentrionale, entre la Baltique, la Courlande, la Prusse et la Lithuanie ; cap., Rossieny.

SAMOS [sa-moss] (appelée par les Turcs *Susam-Adassi*), île de l'archipel grec appartenant à la Turquie, séparée de l'Asie Mineure par le détroit du Petit Boghaz, et de l'île de Nicaria (anc. *Icaria*) par le Grand Boghaz ; 550 kil. carr. ; 45,000 hab. environ, presque tous Grecs. La ville princ. est Chora. Il y a plusieurs bons ports. On cultive l'olivier, la vigne, les céréales, le coton, le figuier, et on en exporte les différents produits. Il y a du marbre, du fer, du plomb, de l'argent et de l'émeri ; mais ces richesses minérales ne sont pas exploitées. — Au vi° siècle av. J.-C., la flotte des Samiens était la plus puissante dans les eaux de la Grèce, et leur cap., Samos, près de l'emplacement de la ville actuelle de Chora, était une des plus belles cités du monde hellénique. Après la mort du célèbre tyran Polycrates, l'île appartint à la Perse, de 522 à 479 av. J.-C. ; elle fit ensuite partie de la ligue athénienne. Depuis 1835, elle est gouvernée par la famille grecque des Vogorides. Le gouverneur, qui s'intitule prince de Samos, paie au sultan un tribut annuel de 90,000 fr.

SAMOSATE, ville de la Syrie ancienne, sur l'Euphrate. Patrie de Lucien.

SAMOTHRACE (grec moderne, *Samathraki*; turc *Semendrek*), île de l'archipel Grec, appartenant à la Turquie, entre Lemnos et la côte de Thrace ; 185 kil. carr. ; 1,800 hab. environ. Elle est élevée, stérile et dépourvue de ports. Dans l'antiquité elle porta les noms de Dardanie, Electris, Melite et Leucosia ; c'était un des centres du culte des cabires.

SAMOYÈDES, peuple nomade du nord de la Russie d'Europe et d'Asie ; il forme une branche de la division ouralo-altaïque du genre humain. Les Samoyèdes étaient primitivement répandus des monts Altaï jusqu'à l'océan Atlantique, et de la mer Blanche presque jusqu'à la Léna. Aujourd'hui, on les trouve surtout entre l'Obi et l'Yenisèi. On estime leur nombre total à moins de 20,000, divisés en trois grandes et plusieurs petites tribus qui parlent des dialectes différents. La plupart sont idolâtres, vivent sous la tente, sont petits et d'aspect repoussant, mais paisibles.

SAMPIERO CORSO, patriote corse, né à Bastelica en 1498, mort le 17 janvier 1567. Après avoir servi dans les troupes de François 1er de France (1533), en qualité de colonel d'un régiment corse, il entreprit de délivrer sa patrie que les Génois opprimaient. Avec le secours des Français, il chassa de l'île ses ennemis ; mais il finit par être vaincu en 1559. Pendant qu'il parcourait l'Europe pour chercher du secours, il apprit que sa femme, circonvenue par des espions, était partie pour Gênes. Il revint à la hâte, se mit à sa poursuite, la ramena à Marseille et la poignarda ; puis il débarqua en Corse à la tête de 37 hommes ; presque toute l'île se souleva et elle allait devenir libre lorsque Sampiéro fut assassiné par les d'Ornano, parents de sa femme.

* **SAMSCRIT, ITE** adj. et s. Voy. SANSCRIT, ITE.

SAMSON s. m. (de *Samson*, n. pr.). Homme qui possède une grande force musculaire : *c'est un Samson.*

SAMSON (hébr. *Shimshon*), juge d'Israël, célèbre pour sa force corporelle. Il était fils de Manoah, de la tribu de Dan ; et il naquit vers le milieu du xiii° siècle av. J.-C. Il fut

voué à la vie de Nazaréen dès sa naissance, et manifesta de bonne heure une force surhumaine. Les exploits qu'on rapporte de lui se rattachent à son amour pour son épouse de nation philistine et pour deux femmes de vie dissolue, dont l'une, Dalilah, de Sorek, causa sa perte en lui coupant les cheveux, que le fer n'avait jamais touchés ; elle avait appris que là résidait le secret de sa force.

SAMSON (Joseph-Isidore) [san-son], acteur français né en 1793, mort en 1871. De 1832 à 1863, époque de sa retraite, il fut attaché au Théâtre-Français, et se distingua surtout dans les comédies de Molière et de Beaumarchais. Il fut professeur d'élocution au Conservatoire pendant plus de 30 ans. Il a écrit des drames, des vaudevilles, et un poème didactique, *L'Art théâtral.*

SAMUEL, voyant ou prophète hébreu, le dernier juge d'Israël. Il était fils d'Elkanah et de Hannah, de la tribu de Lévi, et il naquit vers la fin du xii° siècle av. J.-C. Il demeurait à Ramah. Il fut juge pendant 20 ans, et, dans sa vieillesse nomma deux de ses fils pour le suppléer dans la judicature à Bersaba. Le peuple fut mécontent et demanda un roi. Samuel ne céda qu'avec une grande répugnance et, sur l'ordre divin, il sacra Saül comme premier roi d'Israël. Il réprimanda Saül en plusieurs occasions, et enfin, au nom du Seigneur, il donna l'onction à David comme second roi d'Israël, avant la mort de Saül. Il mourut avant l'an 1060 av. J.-C. — On donne le nom de LIVRES DE SAMUEL à deux livres canoniques de l'Ancien Testament, que les Juifs ne comptent que pour un. Dans les Septante et la Vulgate, ils sont appelés le 1er et le 2e livre des Rois. Ils se composent des biographies suivies de Samuel, de Saül et de David. L'auteur en est inconnu. La plupart des commentateurs tombent d'accord qu'ils sont l'œuvre d'un seul compilateur, lequel s'est servi de plusieurs livres plus anciens. L'ouvrage semble porter en lui des preuves qu'il a été écrit entre 975 et 622 av. J.-C.

SANA ou **Sanaa**, ville de l'Yemen (Arabie), autrefois capitale d'un imannat, à 480 kil. E.-N.-E. de Hodeida ; 20,000 hab. environ. Elle est entourée d'un mur en ruine ; c'est le centre du commerce du café du Yémen. Les Turcs s'en emparèrent en 1872.

SANATOIRE adj. (rad. lat. *sanare*, guérir). Qui est propre à guérir.

* **SAN-BENITO** s. m. [san-bé-ni-to] (mot esp.) Sorte de casaque de couleur jaune, que l'inquisition faisait revêtir à ceux qu'elle a condamnés.

SANCERGUES, ch.-l., cant., arr. et à 26 kil. S. de Sancerre (Cher), sur la Vaumoise ; 1,100 hab.

SANCERRE, *Sacrum Cæsaris*, ch.-l. d'arr., à 47 kil. N.-E. de Bourges (Cher), près du canal latéral à la Loire, sur une colline couverte de vignobles, par 47° 19' 32" lat. N. et 0° 30' 7" long. O. ; 3,000 hab. Chanvre, vins, laines, grains, bestiaux. Patrie de Macdonald. — Ancien ch.-l. de comté que Louis IX acquit de Thibaut de Champagne en 1226. Les calvinistes s'en emparèrent en 1573, qu'après 9 mois de siège et une affreuse famine.

SANCERRE (Louis de), connétable de France, né vers 1342, mort en 1402. Dès l'âge de 17 ans, il se distingua au siège du Melun, devint le frère d'armes de du Guesclin et de Clisson, fut nommé maréchal de France en 1369, reconquit sur les Anglais le Poitou, la Saintonge et une partie de la Guienne, reçut le titre de connétable en 1397, et affranchit le comté de Foix et le Périgord de la domination étrangère.

SANCHONIATHON [san-ko-ni-a-ton], nom qui se trouve, comme si c'était celui de l'auteur, en tête d'une histoire de Phénicie et

d'Egypte, publiée au ii° siècle, av. J.-C., par Herennius Philon de Byblus, comme une traduction grecque faite du phénicien. La plupart des critiques croient aujourd'hui, après beaucoup de savantes controverses, que l'histoire de la prétendue Sanchoniathon a été d'abord écrite par Philon. Il en reste des fragments, publiés par Orelli (Leipzig, 1826, in-8°) et par F. Wagenfeld (Brême, 1837, in-8°) ; trad. franç. de Court de Gébelin, sous le titre d'*Allégories orientales* (Paris, 1773).

SANCHO PANÇA, écuyer de don Quichotte, type du serviteur bavard et ignorant ; mais loyal et pourvu d'un grand bon sens. Son âne est, comme Rossinante, passé à l'état de légende.

* **SANCIR** v. n. (lat. *sancire*). Mar. Se dit d'un navire qui coule bas en plongeant sor avant le premier : *ce navire a sanci sous voiles a sanci à l'ancre, sous ses amarres.* (Fam.)

SANCOINS, ch.-l. de cant., arr. et à 37 kil. N.-E. de Saint-Amand (Cher), sur la rive gauche de l'Allier et sur le canal du Berri ; 3,500 hab.

SANCROFT (William) [sann'-krofft], prélat anglais, né en 1616, mort en 1693. En 1678, il devint archevêque de Cantorbéry. Lorsque Jacques II publia sa déclaration en faveur de la liberté de conscience et invita le clergé à la signer, Sancroft y refusa, et, avec six autres évêques, présenta contre elle une pétition au roi. Les sept prélats furent mis à la Tour sous l'inculpation d'outrage au gouvernement ; mais ils furent acquittés. Sancroft refusa de prêter serment à Guillaume et à Marie, et fut déposé.

* **SANCTIFIANT, ANTE** adj. (rad. lat. *sanctificare*, sanctifier). Qui sanctifie : *l'esprit sanctifiant.*

* **SANCTIFICATEUR, TRICE** s. et adj. Celui, celle qui sanctifie.

* **SANCTIFICATION** s. f. (lat. *sanctificatio*). Action et effet de la sanctifier ou d'être sanctifié : *la sanctification des fidèles.* — LA SANCTIFICATION DES DIMANCHES, DES FÊTES, la célébration des dimanches, des fêtes, suivant la loi et l'intention de l'Eglise.

* **SANCTIFIER** v. a. (lat. *sanctificare*). Rendre saint : *la grâce nous sanctifie.*

* **SANCTION** s. f. [san-ksi-on] (lat. *sanctio*). Acte par lequel le roi, exerçant une partie de l'autorité législative, donne à une loi l'approbation, la confirmation sans laquelle elle ne serait point exécutoire : *cette loi n'a pas encore reçu la sanction, attend encore la sanction.* — Par ext. Simple approbation que l'on donne à une chose : *le public n'a pas donné sa sanction à cet établissement.* — Peine ou récompense qu'une loi porte, décerne pour assurer son exécution : *sanction pénale.* — En matière de religion, ordonnance sur les matières ecclésiastiques ; ne se dit guère qu'avec le mot de Pragmatique : *La pragmatique sanction de saint Louis.* Absol. LA PRAGMATIQUE SANCTION. (Voy. *Pragmatique.*)

* **SANCTIONNER** v. a. Donner la sanction, approuver, confirmer : *sanctionner une loi.*

* **SANCTUAIRE** s. m. (lat. *sanctuarium*). On appelait ainsi, chez les Juifs, le lieu le plus saint du temple, où reposait l'arche, et l'on nommait autrement LE SAINT DES SAINTS : *le grand prêtre seul pouvait entrer dans le sanctuaire.* — Endroit d'une église où est le maître-autel, et qui est ordinairement enfermé d'une balustrade : *il se réfugia dans le sanctuaire de telle église.* — Se dit, dans un sens anal., en parlant des temples consacrés aux divinités du paganisme : *la pythie rendait ses oracles du fond du sanctuaire.*

SANCTUS s. m. [san-ktuss]. Partie de la

messe qui se trouve entre la préface et le canon et où l'on répète trois fois le mot *Sanctus* (Saint).

SANCY (Le Puy de), la plus haute montagne du centre de la France (Puy-de-Dôme), à 5 kil. des bains du Mont-Dore; 1,886 m.

SANCY (Nicolas Harlay de), homme d'Etat français, né en 1546, mort en 1629. Conseiller au parlement, ambassadeur en Angleterre et en Allemagne, puis surintendant des finances. Il a donné son nom au diamant dont il était possesseur et qu'il mit en gage chez les Juifs de Metz pour venir en aide à Henri IV.

SAND (Armandine-Lucile-Aurore Dupin, baronne Dudevant, connue, dans la littérature, sous le pseudonyme de George), célèbre femme de lettres, née à Paris le 5 juillet 1804, morte en son château de Nohant, près de la Châtre (Indre), le 8 juin 1876. Son grand-père, Dupin de Francueil, avait épousé la veuve du comte de Horn, fille naturelle de Maurice de Saxe. Elle-même faillit venir illégitimement au monde, étant née un mois seulement après le mariage de Maurice Dupin, son père. avec Antoinette Delaborde, sa mère. Orpheline dès son bas âge, elle fut élevée au château de Nohant, par sa grand'mère la comtesse de Horn, femme lettrée et libre penseuse. qui lui inculqua d'abord ses sentiments voltairiens. Plus tard, la comtesse mit Aurore au couvent des Dames anglaises à Paris, dans le but secret de lui faire prendre le voile. La jeune fille sortit du couvent dès que sa grand'mère fut morte, en 1820. Deux ans plus tard, ses parents la forcèrent d'épouser un officier retraité, le baron Dudevant, avec qui elle demeura jusqu'en 1831. Elle eut deux enfants, l'un connu sous le nom de Maurice Sand, et une fille, qui épousa Clesinger. Ayant quitté le château de Nohant pour suivre, à Paris, le jeune étudiant Jules Sandeau, elle se procura des ressources en écrivant, avec la collaboration de son ami, divers articles qui parurent dans le *Figaro*, sous le pseudonyme de Jules Sand, et qui passèrent absolument inaperçus. *Rose et Blanche*, roman dû à la même collaboration, n'obtint guère plus de succès. Mais *Indiana* (1831), œuvre personnelle de Mme Dudevant, fut la révélation d'un puissant génie; elle le signa d'un nom qu'elle devait illustrer, celui de George Sand, adopté en souvenir de son affection pour Sandeau. *Valentine*, qui parut l'année suivante, n'esquisse pas avec des formes moins nobles le portrait d'une femme idéale. *Lélia* (1833), dans laquelle l'auteur dépeint, comme dans ses romans précédents, un amour chaste et un amour charnel, effraya l'opinion publique par ses descriptions peu morales. A la même époque, George Sand partit pour l'Italie, en compagnie d'Alfred de Musset, qu'elle quitta à Venise, où elle resta jusque vers 1835. (Voy. Musset.) Elle donna successivement : le *Secrétaire intime* (1834), André (1834), *Lettres d'un Voyageur* (1834-'36, 1 vol. in-8°), *Leone Leoni* (1834), *Jacques* (1834). Ensuite elle vécut cinq ans dans la plus grande intimité avec le compositeur Chopin (voy. ce mot) et résida principalement dans son château de Nohant, quand l'hiver de 1838, qu'elle passa avec Chopin dans l'île de Majorque. Elle donna, dans son style fascinant : *Mauprat* (1836), *Simon* (1836), *Pauline*, (1840), *Horace* (1841), le *Compagnon du tour de France* (1841), *Consuelo* (1842) le plus admiré de ses romans; la *Comtesse de Rudolstadt* (1843), *Jeanne* (1844); *Isidora* (1845); *François le Champi* (1846), la *Mare au Diable* (1847), la *Petite Fadette* (1848), et plusieurs autres œuvres du même genre, où elle se complait à idéaliser les classes populaires et à les mettre en contact avec les classes supérieures et où brille d'un vif éclat son amour de la liberté et du progrès social. En 1848, George Sand se mêla à la politique, écrivit

dans différents journaux républicains avancés et fonda la *Cause du peuple*, feuille antibonapartiste qui ne tarda pas à être supprimée par ordre supérieur. Dès 1840, elle avait débuté au théâtre par *Cosina*, qui avait été une chute; le *Roi attend* (1848) ne fut pas plus heureux; mais *François le Champi* (1849) obtint autant de succès comme pièce que comme roman. Son *Histoire de ma vie* (1854 et suiv., 20 vol.) rend compte de ses impressions, mais ne renferme que peu de détails sur certains incidents de son existence si accidentée. Citons encore parmi ses nombreux romans : *Flavie* (1860), les *Beaux messieurs de Bois-Doré* (1862), Mlle *de la Quintinie* (1864), *Confession d'une jeune fille* (1865), *Monsieur Sylvestre, le lys du Japon* (1866), le *Dernier amour* (1867), *Pierre qui roule* (1869), le *Beau Laurence* (1870), etc. Pendant la guerre, elle écrivit les *Lettres sur les événements de 1870*, sanglante satire du gouvernement de la Défense nationale. Comme pièces de théâtre, elle a laissé, outre celles dont nous avons déjà parlé, le *Mariage de Victorine* (1851), composé pour faire suite au *Philosophe sans le savoir*, de Sedaine, et repris avec succès, en 1876; le *Démon du foyer* (1852), *Mauprat* (1853), le *Marquis de Villemer* (1864), son œuvre théâtrale la plus estimée, etc. Ses derniers écrits comprennent *Marianne* (1875) et la *Tour de Percemont* (1876). La statue de George Sand, exécutée par Clesinger, a été placée au foyer du Théâtre-Français en juin 1877.

SAND (Karl) [zannt], fanatique politique allemand, né en Franconie en 1795, mort le 20 mai 1820. Pendant qu'il étudiait la théologie à Iéna, il s'affilia à la société teutonique, avant-coureur des *Burschenschaften*, et assassina à Manheim, le 18 mars 1819, le dramaturge Kotzebue, que ses écrits et ses relations avec la cour de Russie rendaient un objet de haine pour les patriotes allemands. Sand se poignarda ensuite; mais il se rétablit de sa blessure, et fut exécuté.

* **SANDAL** ou **Santal**, aux s. m. Bois des Indes, dont on fait de petits meubles, et dont on se sert pour faire une couleur, une teinture rougeâtre, qui porte le même nom : *bois de sandal*. Il y a aussi du *sandal jaune* et du *sandal blanc*, qui ont l'un et l'autre une odeur fort agréable. — Encycl. Le bois de sandal est fourni par plusieurs espèces de *santalum*, spécialement par le *S. album* des Indes orientales. D'autres espèces des îles Hawaï et Fidji et de l'Australie en produisent également. L'arbre indien atteint une hauteur de 7 à 10 m., avec un tronc de 15 à 30 centim. de diamètre. Son bois est très lourd, d'un brun pâle, qui varie suivant les différents individus. Il se fend aisément, possède une odeur persistante généralement agréable, et un goût fortement aromatique. Cet arome du bois dépend d'une huile volatile, épaisse et légèrement jaune, qui entre en ébullition à 175° C. Le bois contient aussi une résine. — Le *bois de santal rouge*, ou bois de saunders est fourni par le *pterocarpus santalinus*, arbre légumineux, originaire de différentes parties de l'Inde méridionale, haut de 7 à 10 m. On lui supposait naguère des vertus médicinales, mais il ne sert plus aujourd'hui que de teinture. L'esprit composé de lavande, appelé vulgairement eau de lavande rouge, lui doit sa couleur.

* **SANDALE** s. f. (gr. *sandalion*; lat. *sandalium*). Espèce particulière de chaussure qui ne couvre qu'une partie le dessus du pied, et dont se servent principalement certains religieux : *porter des sandales*.

SANDALIER s. m. Celui qui fait des sandales. (Peu us.)

* **SANDARAQUE** s. f. (lat. *sandaraca*). Résine odorante qui coule d'une espèce de

thuya (*thuya articulata*), par les incisions que l'on y fait en été : *on emploie la sandaraque dans la composition du vernis*. — La sandaraque du commerce provient presque toute d'Algérie et des contrées voisines. Elle est en larmes jaune-pâle, recouvertes d'une poussière fine; soluble dans l'alcool, avec lequel elle forme un beau vernis. Pulvérisée, elle donne une poudre blanche, qui sert à frotter l'endroit du papier où l'on a gratté, quand on veut l'empêcher de boire.

SANDEAU (Léonard-Sylvain-Jules), littérateur, né à Aubusson le 19 fév. 1811, mort à Paris en 1883. Il était fils d'un employé aux droits réunis, qui l'envoya à Paris pour y faire son droit; bientôt il préféra faire de la littérature. Pendant les vacances. il visita le château de Nohant et se lia avec la baronne Dudevant, qui le suivit à Paris en 1831. (Voy. Sand.) La liaison des deux amoureux cessa en 1833, époque où Jules Sandeau partit pour l'Italie. De retour à Paris, il publia l'année suivante : Mme *de Sommerville*, puis les *Revenants* (1836), *Un jour sans lendemain* (1836) et *Mariana* (1839), qui commença vraiment sa réputation d'écrivain. Il donna successivement un grand nombre de romans dont les plus connus sont : *Le Docteur Herbeau* (1841), *Vaillance et Richard* (1843), *Fernand* (1844), *Catherine* (1845), *Valcreuse* (1846), Mlle *de la Seiglière* (1848), dont il tira en 1851, avec l'aide du comédien Régnier, une pièce qui est restée au répertoire; *Madeleine* (1848), la *Chasse au roman* (1849), un *Héritage* (1849), *Sacs et Parchemin* (1851), dont Emile Augier a tiré la ravissante comédie la *Gendre de M. Poirier* (Gymnase, 1854); le *Château de Montsabrey* (1853), *Olivier* (1854), la *Maison de Penarvan* (1858), dont la transformation en comédie est restée celèbre par le sifflet à roulettes de Pipe-en-Bois; un *Début dans la magistrature* (1862), etc. Jules Sandeau entra à l'Académie française en 1858. Il avait été nommé bibliothécaire à la bibliothèque Mazarine en 1853.

SANDHURST [sanndd'-heurstt] (autrefois Bendigo), ville de la province de Victoria en Australie; à 125 kil. N.-N.-O. de Melbourne; 25,000 hab. environ. C'est une des principales stations du chemin de fer de Victoria, et le centre d'une riche région minière pour l'or. Elle a le rang de cité depuis 1871.

* **SANDJIAK** s. m. Voy. Sangiac.

* **SANDJIAKAT** s. m. Voy. Sangiacat.

SAN-DOMINGE Voy. Domingue (Saint) et Dominicaine.

SANDOVAL (Prudencio de), historien espagnol, né vers 1560, mort en 1621. Il fut historiographe officiel d'Espagne, et évêque de Tuy, puis de Pampelune. Ses principaux ouvrages sont : *Historia de la Vida y Hechos del emperador Carlos V* (1604-'06, 2 vol.); *Historia de los reyes de Castilla y de Leon* (1616), et *Las Cronicas de los quatro obispos*, édition des œuvres de quatre chroniqueurs du moyen âge.

SANDRART (Joachim van) [sann''-drartt], peintre allemand, né à Francfort en 1606, mort en 1688. Il fut employé par l'empereur Ferdinand III et Maximilien de Bavière. Il a publié *Academia Artis Pictoriæ, Romæ Antiquæ et Novæ Theatrum*, et autres ouvrages latins qui ont été traduites en allemand (1769-'75, 8 vol. in-fol.).

SANDUSKY (sandd-euss'-ké), ville et port de l'Ohio (Etats-Unis), sur la côte méridionale de la baie de Sandusky, à 5 kil. du lac Erie et à 80 kil. S.-S. de Toledo; 20,000 hab. environ. Port excellent; commerce considérable.

SANDWICH s. m. [san-douitch] (mot anglais). Minces tranches de pain beurré entre lesquelles on a intercalé une tranche de

jambon ou d'autre viande. — Au plur. des SANDWICHES ou des SANDWICHS.

SANDWICH [sanndd'-ouitch], ville du Massachusetts (Etats-Unis), sur la presqu'île du cap Cod, à 95 kil. S.-S.-E. de Boston; 3,447 hab. Importantes verreries.

SANDWICH (Iles). Voy. HAWAI (Iles).

SAN FERNANDO [sann-fer-nann'-do], ville d'Andalousie (Espagne), à 14 kil. S.-E. de Cadix, dans l'île de Leon; 18,000 hab. Un ancien pont romain la relie à la terre ferme. Sel, rhum, liqueurs, cuir et savon. La ville a été fondée vers 1750.

SAN-FRANCISCO, la principale ville de la Californie, et le grand entrepôt commercial de la côte du Pacifique, en Amérique; par 37° 46' lat. N. et 124° 44' long. O. Elle est située à l'extrémité septentrionale d'une presqu'île de 50 kil. de long, qui sépare la baie de San-Francisco de l'océan Pacifique. La ville est entourée d'un pays stérile qui s'étend à 30 kil. à la ronde. Elle est bâtie dans un amphithéâtre formé par trois collines. Parmi les édifices publics, on remarque l'hôtel du Palais (Palace Hôtel), les banques de Nevada et de Californie, la bourse, la douane, la monnaie, le théâtre de Californie, le grand

San-Francisco. Nouvel hôtel de ville.

opéra et le nouvel hôtel de ville. A l'entrée de la baie se trouve Fort-Point, principale défense du port. En janv., la température moyenne est de 10° et en juillet de 13°. On y porte souvent des vêtements fourrés en août; mais on n'y voit jamais de neige en déc. Les plantes tropicales y croissent en pleine terre. En 1846, la population était de 600 âmes; aujourd'hui, elle est d'environ 300,000, dont 20,000 Chinois. La moitié de la population est composée d'étrangers de toutes les nationalités. Il y a environ 50 lignes de steamers faisant le service entre San-Fancisco et le Japon, l'Australie, Panama, le Mexique, Victoria, et les ports de l'Orégon et de la Californie. La ville exporte du froment, de la farine, de l'orge, de l'avoine, du vin, du vif-argent, de la laine, des métaux précieux. Le mouvement d'entrée du port est d'environ 4,300 vaisseaux par an. — Le 9 oct. 1776 des moines franciscains fondèrent la mission Dolores à San-Francisco de Asis. En 1834, les missions de Californie ayant été sécularisées, celle-ci tomba en décadence et il n'en resta bientôt plus que les bâtiments. Mais en même temps s'élevait non loin le village du Yerba-Buena. En 1846, un vaisseau de guerre américain prit, au nom des Etats-Unis, possession de ce lieu qui garda le nom du Yerba-Buena jusqu'au 30 janv. 1847, époque où il fut changé en celui de San-Francisco, par l'*ayuntamiento* ou conseil municipal. L'or fut découvert en 1848, dans ses environs et, l'année suivante, San-Francisco devint un grand centre de commerce. Elle a pris rang de cité en 1850.

SANG s. m. (lat. *sanguis*). Liqueur rouge qui circule dans les veines et dans les artères de l'homme et des animaux vertébrés : *sang artériel, sang veineux.* — FOUETTER, PINCER, MORDRE JUSQU'AU SANG, jusqu'à entamer la chair et en faire sortir le sang. — SUER SANG ET EAU, faire de grands efforts, se donner beaucoup de peines, souffrir beaucoup :

> *Je suis sang et eau pour voir si ce Japon*
> *Il viendrait à bon port au fait de son chapon.*
>   RACINE. *Les Plaideurs.*

— Hist. nat. ANIMAUX A SANG BLANC, les mollusques et autres animaux dont le sang est blanc, par opposition aux ANIMAUX A SANG ROUGE, les quadrupèdes, les oiseaux, les reptiles et les poissons. — Ecrit. sainte. Nature corrompue; et, dans cette acception, il est ordinairement joint au mot *Chair* : JÉSUS-CHRIST *a dit à saint Pierre : Ce n'est point la chair et le sang qui vous l'ont révélé.* On dit, dans une acception anal., LES AFFECTIONS DE LA CHAIR ET DU SANG, les sentiments naturels. — Race, extraction, famille : *être de noble sang, d'un sang vil, d'un sang abject.* — Se dit quelquefois, dans un sens moins étendu, des enfants par rapport à leur père : *c'est votre fils, c'est votre sang.* — En France, PRINCES DU SANG, princes qui sont de la maison royale. — DROIT DU SANG, droit que la naissance donne : *il parvint à la couronne par le droit du sang.* — LA FORCE DU SANG, LA VOIX DU SANG, les sentiments secrets qu'on prétend que la nature donne quelquefois pour une personne de même sang, quoiqu'on ne la connaisse pas. — CELA EST DANS LE SANG, se dit quand une personne a quelque bonne ou quelque mauvaise qualité, qu'elle tient de famille. Se dit aussi d'une bonne ou d'une mauvaise qualité qui vient du tempérament. — C'EST UN BEAU SANG, se dit d'une famille composée de personnes belles et bien faites. — LE SANG EST BEAU DANS CE PAYS, les habitants en sont ordinairement beaux et bien faits. — Se dit aussi, dans le sens de race, en parlant des chevaux : *un cheval de sang arabe.* — ENCYCL. On appelle sang le liquide rouge qui, chez l'homme et chez les animaux supérieurs, circule dans le cœur, dans les artères, dans les veines et dans les vaisseaux capillaires. Il est plus ou moins épais et plus ou moins opaque et varie de couleur dans les différentes parties du corps, depuis l'écarlate brillant jusqu'au pourpre sombre ou presque noir. Il se compose d'un liquide alcalin, transparent, presque incolore appelé *plasma*, où il y a grand nombre de cellules ou globules microscopiques qui flottent dans cet élément. Le *plasma*, qui forme environ 60 p. 100 de la masse, est une solution de fibrine et d'albumine dans un liquide salin; gravité spécifique, environ 1,03. Les globules, qui forment environ 40 p. 100 de la masse, sont de deux sortes, blancs ou rouges, et d'une gravité spécifique d'environ 1,088.

Les globules rouges sont de beaucoup les plus nombreux; environ 5 millions d'entre eux sont contenus dans chaque centimètre cube de sang. Ce sont des disques aplatis, biconcaves, circulaires, leur diamètre étant trois ou quatre fois leur épaisseur.(Voy. fig. 1.)

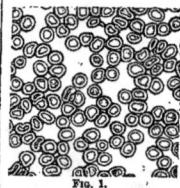

Fig. 1.

Leurs bords sont ronds, et la portion concave occupe environ la moitié du diamètre. Quand le sang qui a été tiré des vaisseaux se coagule lentement, les corpuscules rouges s'enfoncent à une certaine distance, si bien que la partie du liquide qui se trouve à la surface est presque transparente et présente une couleur jaune paille formant la couche appelée *serum*, l'autre partie étant le *coagulum* (caillot). Si l'on examine les corpuscules au microscope par la lumière transmise, ils paraissent d'une couleur ambrée pâle, n'étant d'un couleur décidé que lorsqu'ils sont réunis en masse. Ils prennent différentes positions; quelquefois on les voit de côté, ou bien ils présentent leur disque à l'observateur; souvent les globules tendent à se mettre en rangées, comme le montre la fig. 2. La cause de cet arrangement n'a été

Fig. 2.

expliquée d'une manière satisfaisante que récemment par Robin, qui a démontré que, peu après que le sang a été tiré, une substance adhésive exsude des corpuscules et cause l'agglutination. Le diamètre de ces corps varie suivant les animaux; il est chez l'homme presque uniformément de $\frac{1}{7777}$ de centimètre. Cette variation de grosseur est un point de grand intérêt parce que les questions légales ne peuvent le plus souvent être tranchées que par l'examen des globules. Chez tous les mammifères, sauf le chameau et le lama dont les corpuscules du sang sont ovales, le sang ressemble, pour les caractères anatomiques, à celui de l'homme; l'éléphant et l'animal sont les seuls dont les corpuscules rouges soient plus larges que chez l'homme. — Dans le 2° numéro de l'*Orosi* (1880), le Dr Vincenzo Pecet et Cervera établit les distinctions caractéristiques entre le sang de l'homme et celui des animaux. Lorsque le sang est mélangé avec une petite quantité de bile, il se forme des cristaux qui servent à déterminer à quel animal appartient le sang, parce que, dans celui de l'homme, ils forment des prismes rectangulaires; dans celui du cheval, des cubes; dans celui du bœuf, des rhomboïdes; dans celui du mouton, des tablettes rhomboïdales; dans celui du chien, des prismes rectangulaires, ressemblant beaucoup aux cristaux produits dans le sang de l'homme; dans celui du lapin, des tétraèdres; dans celui de l'écureuil, des tablettes hexagonales; dans celui de la souris, des octaèdres; dans celui de la volaille commune, des cubes plus ou moins parfaits. — Lorsque le sang a été tiré depuis quelque temps, si on l'examine au microscope, les globules présentent un aspect rétréci, mais si l'on y ajoute de l'eau pure, ils reprennent leur forme primitive. Les corpuscules du sang se développent dans l'ovaire dès la première période de la for-

mation, vers le temps de l'apparition des vaisseaux sanguins, c'est-à-dire quand l'embryon mesure à peine un quart de centimètre de long. Depuis ce moment jusqu'à la fin de la huitième semaine, ces corpuscules sont de 30 p. 100 à 100 p. 100 plus gros que chez l'adulte. Presque tous sont circulaires, quelques-uns ovoïdes, un petit nombre globulaires, un grand nombre ont un nucléus. A mesure que le fœtus se développe, les globules à nucléus disparaissent peu à peu, et il n'en reste presque plus au 4e mois. Les globules rouges du sang ont une fonction importante. Des expériences ont démontré que le sang possède le pouvoir d'absorber de 10 à 13 fois autant d'oxygène que le ferait une égale quantité d'eau et que cette propriété repose entièrement sur la présence des corpuscules rouges. Les tissus du corps absorbent constamment l'oxygène et dégagent constamment l'acide carbonique, et les corpuscules sont considérés comme ayant la vertu de conduire l'oxygène aux tissus et d'en ramener l'acide carbonique. La matière colorante des corpuscules rouges est appelée hémoglobine ; c'est une substance qui donne, à ce que l'on suppose, aux globules leur propriété d'absorber l'oxygène, et quand elle est ainsi combinée, on l'appelle oxyhémoglobine. L'oxygène peut être enlevé du composé par un courant d'hydrogène ou d'acide carbonique ; l'oxyde carbonique le déplace aussi, formant un composé très stable avec la matière colorante, par laquelle est détruit son pouvoir de réabsorber l'oxygène ; fait qui explique les propriétés vénéneuses du gaz oxyde carbonique. D'après de récentes observations, l'oxygène se trouve dans l'oxyhémoglobine à l'état d'ozone. L'hématine et l'hématocine dérivent de l'hémoglobine et ne sont pas des principes immédiats. Les solutions d'hémoglobine pure et celles des globules du sang produisent un spectre particulier bien distinct, qui contient deux bandes entre les lignes D et E situées l'une dans le jaune et l'autre au commencement du vert, ce qui forme une pierre de touche très délicate pour la matière colorante du sang. — Les corpuscules incolores ou blancs appelés aussi leucocytes sont bien moins nombreux que les corpuscules rouges et ne se trouvent que dans la proportion de 1 à 300. Ils sont presque sphériques et ont un diamètre moyen de $\frac{1}{1200}$ de centimètre. Depuis que de grands perfectionnements ont été apportés au microscope, on a prouvé que ces corps, tels qu'ils se trouvent dans le sang, ne présentent aucune différence perceptible avec ceux que l'on rencontre dans la lymphe, dans le chyle, dans le pus et dans plusieurs autres liquides. — Le plasma du sang présente, suivant Lehmann et Robin, la constitution moyenne suivante :

Eau.	902,00
Albumine.	75,00
Fibrine.	2,00
Matières grasses.	2,50
Matières nitrogénées cristallisables	4,00
Autres ingrédients organiques	5,00
Sels minéraux [le chlorure de sodium, le chlorure de potassium, le carbonate de soude, les sulfates de soude et de potassium, les phosphates de soude et de potassium et les phosphates de chaux et de magnésium	8,50
	1,000,00

Les deux ingrédients les plus importants du plasma sont l'albumine et la fibrine, la première ayant surtout de l'importance par rapport aux procédés de la nutrition ; elle coagule dès qu'on la chauffe à 72° C. ou quand on la soumet à l'action de l'alcool, des acides minéraux ou de leurs sels métalliques ; elle existe parfaitement unie à l'eau dont elle ne se sépare pas quand on la coagule ; elle forme alors un solide gélatineux. La fibrine, bien que ne formant que la $\frac{2}{1000}$ partie du plasma, est sans aucun doute

d'une grande importance en raison de la propriété qu'elle possède de se coaguler spontanément, ce qui a lieu dans les conditions ordinaires peu après que le sang a été tiré. On l'obtient en agitant pendant quelque temps du sang frais avec des baguettes en faisceau. Notre fig. 3 montre l'aspect que présente la fibrine coagulée. La coagulation du sang est influencée par différentes conditions physiques. Si on le tire dans un vase étroit enveloppé d'un mélange réfrigérant, la coagulation n'aura pas lieu tant que la température ne s'élèvera pas au-dessus du point de congélation ; et on peut la prévenir par divers sels neutres. Elle peut aussi être influencée par la manière dont le sang est tiré des veines : s'il coule rapidement d'un large orifice, il reste liquide pendant un temps comparativement long, mais s'il coule lentement d'une petite blessure, il se coagule rapidement ; et, en général, plus il entre en contact avec les surfaces pendant qu'il coule, plus il se coagule vite. L'arrêt de circulation dans les vaisseaux sanguins produit aussi la coagulation, et c'est sur cette propriété que repose le succès de plusieurs opérations chirurgicales. Le sang est d'abord produit par les matériaux pris à la nourriture et sa plus grande partie dérive directement du chyle qui entre dans la circulation par le canal thoracique ; mais une quantité considérable de sang dérive immédiatement des liquides absorbés au moyen des enveloppes des vaisseaux sanguins. (Voy. CIRCULATION, OXYGÈNE et RESPIRATION.) — On s'imaginait autrefois qu'en buvant du sang humain, les vieillards pouvaient recouvrer la jeunesse ; Hénault accuse Louis XI d'avoir bu, pendant sa dernière maladie, le sang encore chaud de jeunes enfants (1483). — Au XVe siècle prévalut l'opinion que la vigueur des vieillards pouvait être réparée au moyen de la transfusion dans leurs veines du sang de jeunes personnes. Ce genre de médication fut remis en honneur par les médecins français, vers 1668 et en 1797 ; on ne l'a pas complètement abandonné et des expériences ont encore été faites à Londres, le 10 mai 1877 ; elles n'ont produit aucun bon résultat.

SANG-DE-DRAGON s. m. Bot. Plante qui est une espèce de patience, le *patience sanguine* (rumex sanguineus), dont les feuilles rendent un suc rouge comme du sang.

SANG-DE-RATE s. m. Maladie contagieuse des moutons qui paraît être de nature charbonneuse ; elle est ainsi nommée parce que l'animal atteint, après s'être débattu convulsivement, urine quelques gouttes de sang avant de mourir.

SANG-GRIS s. m. Boisson faite avec du vin, du jus de citron, du sucre, de la cannelle, de la muscade, etc., etc., qui est en usage aux Antilles françaises.

SANG-FROID s. m. État de l'âme lorsqu'elle est calme, lorsqu'elle se maîtrise. — TUER QUELQU'UN DE SANG-FROID, le tuer de dessein prémédité et sans être emporté par aucun de ces mouvements de colère qui peuvent diminuer l'atrocité du crime.

SANGIAC s. m. On appelle ainsi, dans l'empire ottoman, chacun des districts ou arrondissements territoriaux qui forment les principales subdivisions des provinces : *le sangiac de Widdin, en Bulgarie ; de Salonique, en Macédoine ; de Négrepont, en Livadie,* etc. — Gouverneur d'un sangiac.

SANGIACAT s. m. Titre, dignité du gouverneur d'un sangiac ; sangiac même, territoire d'un sangiac.

SANGLADE s. f. Grand coup de fouet, de sangle.

SANGLANT, ANTE adj. Taché de sang, souillé de sang : *on lui apporta la robe de son fils toute sanglante.* — SACRIFICE NON SANGLANT, le sacrifice de la messe. — Outrageux, très offensant : *un sanglant affront.*

SANGLE. f. (lat. *cingula*, petite ceinture). Bande plate et large, faite de cuir, de tissu de chanvre, etc., qui sert à ceindre, à serrer et à divers autres usages : *une sangle de cuir.* — LA SANGLE D'UNE SELLE, sangle qui passe sous le ventre du cheval, et qui est fixée à la selle des deux côtés, de manière à la maintenir. On dit de même, LA SANGLE D'UN BAT.

SANGLER v. a. Ceindre, serrer avec une sangle, avec des sangles : *sangler un cheval.*

SANGLIER s. m. (bas lat. *singularis*, solitaire ; sous-ent. *porcus*, porc). Mamm. Espèce type du genre cochon (sus). — Prov. AU CERF LA BIÈRE, AU SANGLIER LE BARBIER, les blessures que l'on fait aux défenses du sanglier sont moins dangereuses que celles des andouillers du cerf. — Poisson de mer dont le museau a quelque ressemblance avec celui d'un cochon. — ENCYCL. Le sanglier (*sus aper, sus scrofa*), que plusieurs naturalistes considèrent comme la souche sauvage de notre cochon domestique, se distingue de celui-ci par une tête plus allongée, des défenses plus grandes et plus tranchantes, des oreilles plus courtes, dressées et un peu arrondies, des soies plus grosses, plus dures, entremêlées, sur différentes parties du corps, d'une sorte de laine jaunâtre ou noirâtre.

Sanglier (Sus aper).

Il est encore très répandu dans les parties tempérées de l'Europe et de l'Asie ; c'est l'habitant le plus grossier de nos forêts, où on le rencontre au milieu des fourrés humides. Retiré pendant le jour dans sa *bauge*, il n'en sort, la nuit venue, que pour se vautrer dans quelque mare voisine, et pour chercher sa nourriture, qui se compose de glands, de châtaignes, de fruits et de racines trouvées dans le sol en *fougeant*, à l'aide du puissant *boutoir* qui termine sa *hure* A l'occasion, il dévore les levrauts et les perdrix ; il va aussi arrive même de fouiller les terriers pour atteindre les jeunes lapins. Il vit de 25 à 30 ans. Vers le mois de décembre, les mâles se livrent de rudes combats pour la possession des *laies*. Celles-ci mettent bas, au bout de 119 jours, une portée de 3 à 8 petits qu'elles allaitent de 3 à 4 mois. Jusqu'à

l'âge de 6 mois, les *marcassins* portent une *livrée* spéciale, rayée de bandes longitudinales, alternativement d'un fauve clair et d'un fauve brun, sur un fond mêlé de blanc, de fauve et de brun. De 6 mois à 1 an, ils deviennent *bêtes rousses* ; puis *bêtes de compagnie* jusqu'à 2 ans ; *ragots* jusqu'à 3 ans ; *sangliers à leurs tiers*, d'un an jusqu'à 4 ans ; *quartaniers* jusqu'à 5 ans. Passé ce dernier âge, leurs défenses, moins tranchantes, se recourbent un peu et *décousent* moins profondément. L'animal est alors appelé *sanglier miré* ; il devient *vieux sanglier, porc entier, ermite* ou *solitaire* quand il a plus de 9 ou 10 ans. Le mâle abandonne la femelle peu après la mise bas ; mais la mère reste avec ses petits, et au bout de quelques mois, plusieurs familles s'assemblent en troupes composées de laies, de marcassins et de jeunes mâles de moins de 3 ans. — La chasse du sanglier n'est pas sans danger, en raison de la force de cet animal violent, hardi et assez intelligent, qui ne quitte sa bauge qu'à la dernière extrémité et qui, dans sa fuite, se retourne de temps en temps pour découdre un à un les chiens assez hardis pour l'approcher. Il ne fuit avec toute la rapidité dont il est capable que lorsqu'il est effrayé par le bruit de la chasse ou par le bruit des armes à feu ; alors il est plus difficile à forcer qu'un cerf. On reconnaît qu'il arrive sur ses fins, quand il n'avance plus que par bonds et par sauts. Épuisé ou blessé, il s'accule à un arbre et arrête les chiens qui arrivent à sa portée, à moins que l'un d'eux ne parvienne à le *coiffer*, c'est-à-dire à lui saisir une oreille et à le maintenir dans sa gueule. On ne doit l'approcher que le fusil et le couteau au poing. Quand il est mort, on en fait la *fouaille* ou *curée*, on en enlève les *suites*, qui communiqueraient à la chair un goût désagréable. — Sa chair ferme, plus savoureuse que celle du cochon domestique, reçoit les mêmes préparations que celle-ci, mais les filets et les cuisses, qui se font ordinairement braiser, après avoir longtemps mariné.

SANGLON s. m. Petite sangle.

* SANGLOT s. m. (lat. *singultus*). Soupir redoublé, poussé avec une voix entrecoupée. Son plus grand usage est au pluriel : *sanglots continuels.*

* SANGLOTER v. n. Pousser des sanglots : *on l'entend sangloter à tout moment.*

SANGRADO, personnage comique du *Gil Blas* de Le Sage, type du médecin systématique, particulièrement de celui qui a pour théorie d'affaiblir le malade par des saignées et une diète sévère

* SANGSUE s. f. [san-sû] (lat. *sanguisuga*; de *sanguis*, sang ; *sugere*, sucer). Ann. Grand genre d'abranches sans soies, type de la famille des *hirudinées*, comprenant un grand nombre d'espèces d'annélidés mous, à corps cylindrique ou déprimé, sans pieds ni branchies, et rampant au moyen de deux ventouses, l'une à la partie antérieure et l'autre à la partie postérieure du corps, à l'aide desquelles l'animal se fixe à la surface des objets. — Fig. Celui qui tire de l'argent du peuple par de mauvaises voies, par des exactions : *ce sont les sangsues des peuples.* — Se dit aussi de ceux qui dans leur profession exigent une plus forte rétribution que celle qui leur appartient légitimement : *cet homme de loi est une sangsue pour ses clients.* — ENCYCL. Les sangsues ont une peau coriace et visqueuse ; elles s'avancent ordinairement en tirant tour à tour chaque ventouse et en étendant et raccourcissant successivement le corps ; quelques-unes nagent par un gracieux mouvement d'ondulation. Leur corps se compose de 18 à 110 anneaux, avec de 1 à 5 paires d'yeux simples; leur respiration s'opère par la peau ; leur vie est assez peu ac-

tive pour, qu'après un copieux repas, elles puissent supporter un jeûne de plusieurs mois et même, dit-on, de plusieurs années ; elles sont hermaphrodites. Trois espèces de sangsues sont employées pour les usages de la médecine, en raison de la facilité qu'elles ont à sucer le sang des parties du corps sur lequel elles appliquent leur bouche armée de 3 mâchoires cartilagineuses. Il résulte de leur succion une petite blessure en forme d'étoile à 3 branches. On préfère la *sangsue grise* (*sanguisuga medicinalis*), répandue dans nos marais et cultivée dans les départements

Sangsue grise (Sanguisuga medicinalis). 1. Sangsue. — 2. Extrémité antérieure. — 3. Mâchoire détachée et grossie. — 4. Partie grossie du ventre.

de l'Ouest et du Centre. Elle est d'un gris olivâtre, avec 6 bandes rousses continues sur le dos, les bords olivâtres et le ventre taché de noir. On emploie aussi la *sangsue verte* (*sanguisuga officinalis*), vert olivâtre, avec 6 bandes rousses continues sur le dos, et le ventre olivâtre ; elle se trouve dans les mêmes lieux que la précédente. L'Algérie nous fournit la *sangsue dragon* ou *truite* (*sanguisuga troctina*), verdâtre, avec 6 rangs de

Sangsues dragons.

points oculiformes sur le dos, les bords orangés et le ventre souvent taché de noir. — Les sangsues forment l'un des principaux agents de la médication antiphlogistique ; elles agissent spécialement sur le système capillaire. On les préfère à la saignée dans les cas où une évacuation sanguine locale est nécessaire, dans les fluxions et chez les enfants. On doit éviter de les appliquer aux paupières, au scrotum et chez les tout petits enfants. Il est bon de les rendre plus avides en les tirant de l'eau une heure à l'avance et en se servant d'une pomme creusée pour avec de l'eau sucrée, du lait ou du sang. Elles tombent d'elles-mêmes quand elles sont gorgées ou bien on les fait détacher avec une pincée de sel ou quelques gouttes de vinaigre. On fait saigner les morsures avec des lotions d'eau chaude ou avec des cataplasmes émollients. On arrête le sang, s'il y a lieu avec de l'amadou. Si une sangsue avait pénétré dans une cavité, on l'en dégagerait avec de l'eau salée. On fait dégorger les sangsues avec de la cendre ou en les pressant légèrement entre les doigts en allant de l'extrémité caudale à la bouche. Une fois dégorgées, on peut les conserver dans de l'eau souvent renouvelée. Il est utile

de jeter dans le bocal quelques racines de jonc.

* SANGUIFICATION s. f. [san-gui-fi-ka-si-on]. Physiol. Changement de la nourriture ou du chyle en sang.

SANGUIFIER v. a. [san-gui-fi-é] (lat. *sanguis*, sang ; *facere*, faire). Physiol. Convertir en sang.

* SANGUIN, INE adj. [san-ghain] Qui appartient au sang. On appelle, en termes d'anatomie, VAISSEAUX SANGUINS, les vaisseaux qui servent à la circulation du sang ; et, SYSTÈME SANGUIN, l'ensemble de ces vaisseaux. — En qui le sang prédomine : *les gens sanguins sont ordinairement d'une humeur gaie.* — Qui est de couleur de sang : *un rouge sanguin. de couleur sanguine.*

* SANGUINAIRE adj. [san-ghi-]. Qui se plaît à répandre le sang humain : *il est cruel et sanguinaire.* — Se dit aussi des actions cruelles, et des sentiments, des opinions qui portent à la cruauté : *des exploits sanguinaires.*

SANGUINAIRE s. f. Bot. Genre de papavéracées argémonées, comprenant plusieurs espèces d'herbes vivaces, acaulés, ayant pour type la *sanguinaire du Canada* (*sanguinaria Canadensis*), abondante au Canada et aux États-Unis dans les sols riches. La souche de cette plante est rampante, noueuse, souterraine et remplie d'un suc rouge sang. Sa hampe cylindrique, porte en mars ou en avril, une seule fleur blanche. Ses feuilles,

Sanguinaire du Canada (Sanguinaria Canadensis).

profondément lobées, sont marquées de veines couleur orange. Son *rhizome* est employé en médecine comme expectorant ; à forte dose, il devient narcotique et émétique et peut même causer la mort ; sur les surfaces fongueuses, il agit comme escarotique ; il renferme un principe particulier appelé *sanguinarine.*

SANGUINARINE s. f. Chim. Alcaloïde extrait de la racine de sanguinaire du Canada.

* SANGUINE s. f. [-ghi-]. Mine de fer, sorte de schiste, d'un rouge foncé, qui sert à polir certains métaux, et dont on fait des crayons. — Sorte de pierre précieuse de couleur de sang.

* SANGUINOLENT, ENTE adj. Teint de sang. Ne se dit guère qu'en médecine et dans ces locutions : FLEGMES, CRACHATS SANGUINOLENTS.

SANGUISORBE adj. [san-gui-sor-be] (lat. *sanguis*, sang ; *sorbeo*, j'absorbe). Qui suce le sang. — s. f. Genre de rosacées dryadées, comprenant plusieurs espèces d'herbes vivaces. La *sanguisorbe officinale* (*sanguisorba officinalis*) se trouve en France dans les prés ---s ; elle produit un fourrage sain et jouit

de propriétés analogues à celles de la pimprenelle.

* **SANHÉDRIN** s. m. Nom donné aux tribunaux des Juifs : *les affaires importantes étaient soumises au grand sanhédrin, qui les jugeait en dernier ressort.*

* **SANICLE** s. f. (lat. *sanicula*). Bot. Genre d'ombellifères saniculées, dont l'espèce type, la *sanicle d'Europe* (*sanicula Europæa*), commune dans nos bois, est une plante vivace, à fleurs blanches en ombelles et à tige rougeâtre ; elle passe pour astringente et résolutive.

SANICULÉ, ÉE adj. Bot. Qui ressemble ou qui se rapporte à la sanicle. — s. f.,pl. Tribu d'ombellifères ayant pour type le genre sanicle.

* **SANIE** s. f. (lat. *sanies*). Chir. Pus séreux qui sort des ulcères : *le pus véritable est plus épais et plus blanc que la sanie.*

* **SANIEUX, EUSE** adj. Chir. Chargé de sanie : *ulcère sanieux.*

SANIFIER v. a. (lat. *sanus*, sain ; *facere*, faire). Rendre sain, purifier.

* **SANITAIRE** adj. Qui a rapport à la santé, et particulièrement à la conservation de la santé publique : *police sanitaire.* — CORDON SANITAIRE, ligne de troupes placées de manière à empêcher toute communication entre une ville, avec un pays infecté de la peste ou de quelque autre maladie contagieuse.

SANITÉ s. f. (lat. *sanitas*). Etat de ce qui est sain.

SAN-JACINTO [sann-jha-sinn'-to], fleuve du Texas, qui va se jeter dans la baie de San-Jacinto. Longueur, 190 kil., dont 80 de navigables. Près de son embouchure, le 21 avril 1836, se livra la décisive bataille de San-Jacinto.

SAN-JOAQUIN [sann-jhoua-kinn'], rivière de Californie, longue d'environ 550 kil. Elle naît dans la Sierra Nevada, et s'unit au Sacramento près de l'embouchure de ce dernier dans la baie de Sinsan. Le lac Tulare s'y décharge lorsque les eaux sont hautes.

SAN-JOSÉ [-jho-sé], ville de Californie, à 13 kil. S.-E. de San-Francisco; la population, qui n'était que de 9,089 hab. en 1870, atteint plus de 15,000 hab. aujourd'hui.

SAN-JOSÉ, cap. de Costa-Rica, près des sources du Rio Grande, presque à moitié chemin entre l'Atlantique et le Pacifique; par 9° 54' lat. N., et 86° 23' long. O. ; 26,000 hab. environ. Elle est bâtie dans une vallée pittoresque à 4,500 pieds au-dessus du niveau de la mer.

SAN-JUAN [-jhouann], île du territoire de Washington (Etats-Unis), dans le détroit ou *sound* de Washington. Elle a 24 kil. de long. et 14 kil. de larg. maximum; 440 kil. carr. ; 500 hab. La possession de San-Juan a été longtemps disputée aux Etats-Unis par l'Angleterre. L'empereur d'Allemagne, pris pour arbitre, a prononcé en faveur des Etats-Unis en 1871. Depuis 1859, l'île était occupée conjointement par les deux puissances.

SAN-JUAN DE NICARAGUA, San-Juan del Norte ou GREYTOWN [nor'-té; gré'-taounn], port du Nicaragua, sur un promontoire près de l'embouchure du fleuve San-Juan, sur la mer des Caraïbes; 300 hab. environ.

SAN-JUAN DE PUERTO-RICO [-dé pou'-erto-ri-co], ville forte, capitale de l'île de Porto-Rico, sur un petit îlot de la côte septentrionale; 20,000 hab. environ. Le port est d'accès difficile, quoiqu'il soit regardé comme un des plus importants des Antilles. On exporte surtout du sucre, dont la plus grande partie va aux Etats-Unis, et du café.

SAN-LUCAR DE BARRAMEDA [-lou'-kar],

ville d'Andalousie (Espagne), à l'embouchure du Guadalquivir, à 30 kil. N.-O. de Cadix ; 16,000 hab. Tissus de soie et de coton; cuirs, savons et barille. On exporte surtout des vins. San-Lucar sert de port à Séville.

SAN-LUCAS (Cap), extrémité méridionale de la péninsule de Californie, par 22° 44' lat. N. ; et 112° 44' long. O.

SAN-LUIS [-louïss]. I, province centrale de la république Argentine, bornée par la Rioja, Cordova, les pampas à l'O. de Buenos-Ayres, Mendoza et San-Juan; 60,679 kil. carr.; 55,000 hab. Elle contient le grand lac salé de Bebedero. Les plantes européennes y trouvent un sol favorable. Commerce de peaux, de laine de mouton et de guanaco, de plumes d'autruche et de condor; or, cuivre aurifère, pierres précieuses, sel. — II, cap. de cette province, à 800 kil. O.-N.-O. de Buenos-Ayres; 3,748 hab.

SAN-LUIS POTOSI. I, état du Mexique, à l'E., borné par Nuevo Leon, Tamaulipas, Vera Cruz, Hidalgo, Querétaro, Guanajuato et Zacatecas ; 71,210 kil. carr. ; 500,000 hab. environ. Les principaux cours d'eau sont le Santander et le Tampico. Froment, maïs, orge, bestiaux ; mines de cuivre. — II, cap. de cet état, à plus de 2,000 m. au-dessus du niveau de la mer; à 360 kil. N.-O. du Mexique; 31,389 hab. Fabriques de chaussures, de chapeaux et de quincaillerie.

SAN-MARTIN (José de) [-mar-tinn'], général argentin, né en 1778, mort en France en 1850. Elevé en Espagne, il y devint colonel. Lorsque la guerre d'indépendance éclata, il revint dans l'Amérique méridionale et organisa les forces argentines. Il battit plusieurs fois les royalistes, notamment à Chacabuco, le 12 fév. 1817, et à Maypu le 5 avril 1848, victoire qui assura l'indépendance du Chili. En 1820, il entra dans le Pérou, refoula les Espagnols, déclara le pays indépendant (1821) et prit le titre de protecteur, dont il fut forcé de se démettre en 1822. Il passa le reste de sa vie en Europe.

SAN-MIGUEL (mi-ghël) (Evariste, DUC DE), général espagnol, né en 1780, mort en 1862. Entré dans l'armée en 1808, il devint promptement lieutenant-colonel, et fut envoyé aux cortès. Il prit part à l'insurrection de 1820, fut exilé à Zamora en 1821, et, en 1822, rappelé et fait ministre des affaires étrangères. Pendant l'invasion française en 1823, il fut fait prisonnier et exilé. Il résida en Angleterre jusqu'en 1834. En 1854, il devint président de la junte révolutionnaire de Madrid, ministre de la guerre, feld-maréchal, et président provisoire des cortès. Il a écrit plusieurs ouvrages sur l'histoire d'Espagne.

SANNAZARO (Jacopo) [sann-na'-dza-ro], peintre napolitain, né en 1458, mort en 1530. Ses principales œuvres sont *Arcadia* (1502), et six Eglogues publiées avec *De Partu Virginis Libri III* (1526).

SAN-REMO, ville du Porto Maurizio (Italie), sur la côte, à 40 kil. E.-N.-E. de Nice; 9,017 hab. Pittoresquement située sur une pente qui descend vers la mer, et qui est couverte d'épais bosquets d'oliviers, elle rivalise avec Nice et Menton comme résidence pour les malades.

SAN-ROQUE [-ro-ké], ville d'Andalousie (Espagne), à 10 kil. S.-E. de Cadix, non loin de la baie de Gibraltar; 8,000 hab. environ. Beau site et séjour salubre.

SAN-ROQUE (Cap), promontoire qui forme l'extrémité N.-E. de la province de Rio Grande do Norte (Brésil); par 5° 28' lat. S., et 37° 36' long. O. Ce cap est le point le plus oriental du continent américain.

* **SANS** [san] (lat. *sine*), préposition exclusive : *être sans argent, sans place, sans res-*

source. — Se met assez souvent au commencement des phrases. Ainsi on dit : SANS ARGENT, SANS PROTECTEURS, QUE POUVAIS-JE FAIRE? n'ayant point d'argent, de protecteurs, etc. SANS ARGENT, POINT D'AFFAIRES, à moins de donner de l'argent, etc. — Il est quelquefois suivi de QUE et du subjonctif : *sans que cela paraisse.* — Entre aussi dans plusieurs manières de parler adverbiales : *sans doute, sans difficulté, sans contredit, sans faute, sans vanité.*

SANSAL s. m. Agent de change ou de banque : *les sansaux négocient les lettres de change.*

SAN-SALVADOR. I, la plus petite, mais la plus peuplée des cinq républiques de l'Amérique centrale, entre 13° et 14° 30' lat. N. et entre 89° 50' et 92° 40' long. O. Limites : au N. et à l'E. le Honduras ; au S.-E. la baie de Fonseca ; au S. le Pacifique, et au N.-O. le Guatemala; 18,997 kil. carr.; 600,000 hab. dont 9,000 blancs, 300,000 Indiens, 290,000 métis, et 1,000 nègres. A l'exception du port de la Union, sur la baie de Fonseca, il n'y a que des rades ouvertes. L'intérieur est traversé par plusieurs chaînes de montagnes de médiocre hauteur, où l'on remarque une série de volcans, à 18 ou 25 kil. de la côte. Le fleuve principal est le Lempa, profonde et rapide, de 230 kil. de long. Sol fertile, parfois riche; il produit de l'indigo, la grande source de richesse du pays, du maïs, des oranges, des limons, des ananas, des bananes, du sucre, du cacao, du café, du coton, du tabac, du baume du Pérou. On y élève beaucoup d'excellent bétail. Il y a de riches mines d'argent, presque entièrement négligées. On trouve, près de Metapa, de très bon minerai de fer. Les prés sont sains, excepté le long des côtes. La république est divisée en 8 départements : San-Miguel, San-Vicente, la Paz, Chalatenango, Cuscatlan, San-Salvador, Sonsonate et Santa-Ana. Le président de la république est élu pour quatre ans. Le corps législatif se compose d'un sénat de 12 membres et d'une chambre de représentants de 24 membres, élus les uns et les autres, pour deux ans. L'état reconnaît l'Eglise catholique romaine; mais toutes les autres cultes ont sa protection. La république de San-Salvador est, au point de vue de l'éducation, à la tête des autres états de l'Amérique centrale et a, dans sa capitale, une bonne université. Lorsque Pedro de Alvarado envahit cette région en 1524, elle avait une population nombreuse et des villes bien bâties. En 1528, San-Salvador s'éleva sur l'emplacement de l'ancienne Cuscatlan, et, sous la domination espagnole, cette province fut une partie florissante du royaume de Guatemala. Elle se rendit indépendante en 1821, presque sans effusion de sang. Les cinq républiques actuelles se constituèrent en république confédérée de l'Amérique centrale. San-Salvador se sépara en état autonome en 1839, et prit le titre de république en 1856. Sa position géographique la forcée de prendre une part active à toutes les révolutions de l'Amérique centrale. — II, capit. de cette république, sur l'Acelhuate; 20,000 hab. environ. Elle fut fondée en 1528, dans une délicieuse vallée, à plus de 600 m. au-dessus du niveau de la mer, à 5 kil. environ du volcan de San-Salvador, dont les nombreuses et désastreuses éruptions sont fameuses. Les tremblements de terre les plus terribles ont été ceux de 1854 et du 16 avril 1872. La ville ayant été entièrement détruite ce jour dernier, la plupart des habitants construisirent leurs habitations dans un nouveau site, aujourd'hui appelé *Nueva-San-Salvador.* — Voy. J. Laferrière : *de Paris à Guatemala* (Paris, 1877, in-8°).

SAN-SALVADOR ou **Ile-du-Chat** (angl. *Cat-Island*), île du groupe de Bahama, à 50 kil. E.-S.-E. d'Eleuthera. Elle a près de 80 kil. de

long. et de 5 à 12 kil. de large; 4,000 hab. environ. On supposait que c'était la même que Guanabani, la première terre que Colomb vit dans le Nouveau-Monde (12 oct. 4492) ; mais Becher et Petermann pensent que Guanabani est l'île Watling, appartenant au même groupe.

SAN-SALVADOR, ville du Brésil. Voy. BAHIA.

SANS-CAMELOTE s. m. Marchand qui, au moyen d'une ruse quelconque, vend dans les maisons ou sur la voie publique des marchandises beaucoup au-dessus de leur valeur réelle.

* **SANS-CŒUR** s. m. Personne qui manque de cœur, de sensibilité : *des sans-cœur*.

* **SANSCRIT, ITE** adj. [san-skri] (sansc. *sanskrita*, parfait). Se dit de l'ancienne langue des brahmanes, qui est restée la langue sacrée de l'Indoustan. On le dit également de ce qui a rapport à cette langue : *la langue sanscrite*. — Sanscrit s. m. Langue littéraire des Indous, qui fut à l'origine, l'idiome vulgaire de l'Indoustan, mais qui, depuis 2,000 ans ou à peu près, est artificiellement conservée, comme le latin en Europe, par les travaux des grammairiens et des lexicographes, pour l'usage de la caste élevée, comme langue de la convention polie et de la composition littéraire. Son nom (*sañskrita*) signifie complet, parfait, en opposition avec les dialectes non cultivés, appelés prâkrit (*prakrit*, nature), dérivés contemporains du sanscrit. C'est la plus ancienne des langues indo-européennes et celle qui se rapproche le plus de l'idiome primitif. Les premiers ouvrages traduits du sanscrit ont été la *Bhagavad-Gitâ* (1785), le *Hitopadesa* en 1787 et le *Sakuntala* en 1789. William Jones, Colebrooke et Wilson en Angleterre, les Schlegel en Allemagne et Chézy en France, furent les premiers à donner de l'impulsion à l'étude du sanscrit en Europe C'est par le sanscrit que Bopp a fondé la science nouvelle de la grammaire comparée des langues indo-européennes. Le sanscrit est d'ordinaire écrit en caractères *dévanâgari*, ou de la cité divine, lesquels, dans leurs formes actuelles, datent de plusieurs siècles avant l'ère chrétienne. L'ancien alphabet d'où ces caractères sont sortis, dérivait, d'après les meilleurs autorités, d'une source sémitique. Le dévanâgari s'écrit de gauche à droite. — LITTÉRATURE. On a parlé, à l'article INDE (*Religions et littérature religieuse de l'*) de la littérature védique, la plus ancienne de ce pays, ainsi que des deux poèmes épiques, le *Mahâbhârata* et le *Râmayâna*. Parmi les poèmes épiques ou quasi-épiques, on cite le *Raghuvanza* (Race de Raghu), le *Kumâra-Sambhâva* (Naissance du dieu de la guerre), et le *Nalodaya* (Elévation de Nala), tous par Kâlidâsa; la mort de Sisupala, par Magha et le *Naishadhîya*, par Harsha. Dans la poésie lyrique et érotique, on a le *Ritusanhâra* (les Saisons), et le *Meghadûta* (Messager du Nuage), par Kalidasa, et le *Gita-Govinda*, par Jayadeva. Les « Centuries » de Bhartrihari, et autres ouvrages semblables, sont des recueils d'aphorismes. Entre les collections de fables, le *Panchatantra*, grâce à des traductions persanes et arabes, a pénétré dans toute la littérature occidentale, de même que les fables de Bidpaï ou Pilpay. La collection de légendes la plus remarquable est la *Kathâsaritsâgara* (l'Océan des fleuves de la narration). Les drames les plus célèbres sont le *Mrichhakati* (le Chariot jouet), de Sudraka, et d'autres de Kalidara, comme *Sakuntala*, *Urvasi*, *Malakiva* et *Agnimitra*, qui tous ont été édités et traduits. Les *Purânas* forment une catégorie à part ; ils contiennent la littérature religieuse de l'époque moyenne, postérieur aux *Védas*, mais précédant les *Tantras* et les *Shâstras* modernes.

Les livres de droit sont un développement de la littérature védique. Le plus ancien et le plus fameux de ceux-ci est le code attribué à Manou. Dans la littérature scientifique, la grammaire a droit à la première place. L'autorité la plus ancienne, Pânini, est aussi l'autorité suprême, tout le reste n'est que commentaires et continuation de son œuvre. Il y a six systèmes de philosophie principale : le *Mimânsa*, de Jaimini et le *Vedânta*, de Bâdarâgâna, fondés directement sur les Védas et ainsi particulièrement orthodoxes ; le *Nyâya*, de Gautama, et le *Vaiseshika*, de Kanada, qui a un caractère spécial de force logique ; le *Sânkhya*, de Kapila et le *Yoga*, de Patanjalli , branches athéistes ou théistes d'une école qui affecte une précision particulière dans l'énoncé de ses principes. La littérature sanscrite du bouddhisme est immense. Presque tout ce qu'il y a de véritable science dans l'astronomie des Indous a été emprunté aux Grecs. Ils ont fait faire à l'arithmétique et à l'algèbre des progrès considérables et originaux, et leur système de notation décimale a été, en passant par les Arabes, exclusivement adopté par les nations civilisées; nos chiffres ne sont originairement que des lettres de l'alphabet sanscrit. La littérature médicale des Indous est encore peu connue, mais on pense qu'elle mérite d'être étudiée de près. La rhétorique, la poétique, la musique font le sujet de traités spéciaux. Pour les arts pratiques et les beaux-arts, on ne connaît pas grand'chose de réelle valeur. — Les meilleures grammaires sanscrites sont celles de Monier Williams, de Max Müller, de Benfey, d'Oppert et de Bopp ; les meilleurs dictionnaires, ceux de Benfey et de Williams et le grand lexique de Boehtlingk et Roth (Saint-Pétersbourg, achevé en 1875). — Voy. aussi la *Méthode pour étudier la langue sanscrite*, par E. Burnouf et L. Leupol (Paris, 1859, 4 vol. in-8°).

SANSCRITIQUE adj. Qui a rapport au sanscrit.

* **SANS-CULOTTE** s. m. Nom injurieux donné aux révolutionnaires de 1792-94, et qu'ils voulurent conserver comme un titre de gloire, synonyme de patriote, de bon citoyen : *des sans-culottes*.

SANS-CULOTTERIE s. f. Part. Classe, opinions des sans-culottes.

SANS-CULOTTIDE s. f. Chacune des fêtes célébrées pendant les jours complémentaires, lors de l'apparition du calendrier républicain.

SANS-CULOTTISME s. m. Parti des sans-culottes.

* **SANS-DENT** s. f. Vieille femme qui a perdu ses dents · *deux ou trois sans-dents qui médisent de tout le monde*.

* **SANS-FAÇON** s. m. Habitude de prendre ses aises sans s'inquiéter de l'embarras qu'elles peuvent causer : *la sans- façon de cet homme est insupportable*. — ⁓ Personne qui ne se gêne pas : *c'est un sans-façon*. — pl. *Des sans-façon*.

* **SANS-FLEUR** s. f. Sorte de pomme appelée aussi POMME-FIGUE : *des sans-fleur*.

* **SANS-GÊNE** s. m. Syn. de SANS-FAÇON. — ⁓ Personne qui ne se gêne pas : *c'est un sans-gêne, une sans-gêne; des sans-gêne*.

SANSON (Nicolas), géographe français, né à Abbeville en 4600, mort à Paris en 1667. Vers 1640, il fut nommé géographe royal. Il a dressé des cartes nombreuses, plus correctes que celles d'Ortelius et de Mercator; mais il conserve les longitudes de Ptolémée. Il a aussi publié plusieurs ouvrages sur la géographie ancienne et la géographie sacrée. Ses trois fils furent également géographes.

* **SAHSONNET** s. m. Ornith. L'un des noms

de l'étourneau. — Nom des petits maquereaux en Normandie.

* **SANS-PEAU** s. f. Sorte de poire d'été qui est une variété du rousselet : *des sans-peau*.

* **SANS-SOUCI** s. Personne qui ne se tourmente de rien, que rien n'empêche de se divertir : *c'est un vrai sans-souci; une sans-souci; des sans-souci*. — ⁓ Adject. : *Une personne sans-souci*. — s. m. Absence de souci, caractère d'une personne sans souci : *il est d'un sans-souci incroyable*.

SANTA-ANNA (Antonio LOPEZ DE), général mexicain, né en 1798, mort en 1876. Il commença sa carrière militaire en 1821 contre les royalistes; il prit part ensuite aux mouvements révolutionnaires qui renversèrent Iturbide, Pedraza, Guerrero et Bustamante. Président en 4833, il écrasa la formidable insurrection de 1835 et suivit une politique de centralisation. Une insurrection ayant éclaté au Texas au commencement de 1836, Santa-Anna prit d'assaut Alamo et en massacra les défenseurs, mais à San-Jacinto, Houstan et l'armée du Texas le mirent en complète déroute (21 avril). Le lendemain, il était fait prisonnier et aussitôt suspendu de ses fonctions par le gouvernement mexicain. Il revint au Mexique en 4837, et perdit une jambe en défendant Vera-Cruz contre les Français. Sous le titre de président provisoire il exerça réellement la dictature du 10 oct. 1841 au 4 juin 1844, moment où il devint président constitutionnel. Le 20 sept. il fut déposé, le 15 janv. 1845 il fut banni, et il alla se fixer à Cuba. Rappelé en 1846 et nommé généralissime, il fut fait en déc. président provisoire. En 1847, il fut battu par le général Taylor à Buena-Vista (22 fév.) et par le général Scott à Serro-Gordo (18 avril). Après la chute de Mexico (14 sept.), il abdiqua la présidence, et, après avoir fait une vaine tentative pour rétablir sa réputation militaire par le siège de Puebla, il partit pour la Jamaïque le 5 avril 1848. Il revint au Mexique en 1853, et reprit la direction des affaires, avec le titre de président à vie. Après une lutte de deux ans contre Alvarez, il fut obligé d'abdiquer, et se retira à la Havane, le 16 août 1855. Il résida ensuite dans le Venezuela, et à Saint-Thomas. Lors de l'invasion française, il revint au Mexique; Maximilien le fit grand maréchal de l'empire; mais il dut plus tard se retirer. En 1867, il fit une dernière tentative pour regagner le pouvoir au Mexique, mais il fut fait prisonnier à Vera Cruz et condamné à mort. Juarez lui fit grâce à condition qu'il quitterait pour toujours le territoire mexicain. Il se rendit alors aux Etats-Unis; et après la mort de Juarez, il put rentrer dans sa patrie.

SANTA-BARBARA. Voy. ABROLHOS.

SANTA-CRUZ. Voy. CRUZ.

SANTA-FÉ, province de la république Argentine, à l'E., confinant au Gran Chaco et au Parana ; 97,134 kil. carrés; 89,117 hab. Pays plat, excepté au N.; nombreux lacs et grandes forêts. On exporte du froment, du maïs, du tabac, des peaux, de la cire, du miel, des oranges et autres fruits. On s'y adonne surtout à l'agriculture et à l'élève du bétail. Cap., Santa-Fé (11,070 hab.); v. princ. Rosario.

SANTA-FÉ, cap. du Nouveau-Mexique, sur la Santa-Fé Creek, qui, non loin de là, va se jeter dans le Rio Grande. La ville est à 2,000 m. au-dessus du niveau de la mer, à 445 kil. environ S.-O. de Denver, Colorado; 6,000 hab. environ, dont la grande majorité de race et de langue espagnoles. Climat très agréable. Centre du commerce de la région. Dès 1542, les Espagnols, c'était un important *pueblo* indien. Elle est la capitale du Nouveau-Mexique depuis 4640

SANTA-FÉ DE BOGOTA. Voy. Bogota.

* **SANTAL** s. m. Voy. Sandal.

SANTALACÉ, ÉE adj. Bot. Qui ressemble ou qui se rapporte au santal. — s. f. pl. Famille de plantes dicotylédones, ayant pour type le genre santal.

SANTA-MARIA (esp. *Puerto de Santa-Maria*), ville d'Andalousie (Espagne), à l'embouchure du Guadalete, 9 kil. E.-N.-E. de Cadix; 21,000 hab. Elle vient après Cadix pour l'exportation des vins fins, et après Xérès pour l'étendue de ses caves et de ses celliers.

SANTA-MARIA, ville des Etats-Unis de Colombie; cap. de l'état de Magdalena, sur la baie de Santa-Marta, à 750 kil. N. de Bogota; 4,000 hab. environ; au milieu de marais sablonneux, près de la bouche de Manzanares. Port spacieux et commode. On exporte du quinquina, des peaux, des bois de teinture, etc.

SANTANDER [sann-tann'-dèrr]. I, province de la Vieille-Castille (Espagne), sur le golfe de Biscaye; 5,471 kil. carr.; 241,581 hab. Pays montagneux, donnant du fer, du plomb, du cuivre, des pierres calcaires, du marbre, du gypse, de l'argile à potier; pêcheries importantes. — II, cap. de la province (anc. *Portus Blendium*), sur la baie de Biscaye, à 390 kil. N. de Madrid; 35,000 hab. Manufacture de tabac très importante; tanneries, raffineries de sucre. Port excellent.

SANTAREM [sann-ta-remm'], ville de l'Estramadure (Portugal), sur le Tage, à 70 kil. N.-N.-E. de Lisbonne; 8,000 hab. Grand commerce de grains, d'huile d'olive et de vin. Alphonse Ier prit Santarem aux Maures en 1146.

* **SANTÉ** s. f. (lat. *sanitas*). Etat de celui qui est sain, qui se porte bien : *bonne santé.* — On dit de même Flanelle de santé. — Se dit quelquefois en parlant du moral : *la santé de l'esprit.* — A votre santé, façon de parler dont on se sert à table, lorsqu'on boit à quelqu'un. On dit de même, A la santé de monsieur un tel, de madame une telle; et en des sens anal., Boire a la santé de quelqu'un, *porter la santé de quelqu'un.*

SANTEE [sann-ti'], fleuve de la Caroline du Sud, formé par la Congaree et le Wateree, vers le centre de l'état. Après un cours de 225 kil., il se jette dans l'Atlantique par deux embouchures.

SANTERRE, *Sancteriensis pagus,* petit pays de l'ancienne France, dans la Picardie; cap. Péronne. Il est aujourd'hui compris dans les dép. de la Somme et de l'Oise.

SANTERRE (Antoine-Joseph), révolutionnaire, né à Paris le 16 mars 1752, mort le 6 fév. 1809. Il possédait une grande brasserie de bière à Paris; il fut commandant de la garde nationale, et prit part à l'attaque de la Bastille et aux troubles du Champ-de-Mars. Le 20 juin 1792, il conduisit le peuple aux Tuileries; il se fit aussi remarquer à la journée du 10 août, et c'est lui qui commandait la garde nationale qui escorta Louis XVI à la guillotine. Il commanda ensuite une division en Vendée, et essuya une défaite signalée à Coron, près de Cholet, le 18 sept. 1793. Mis en prison, il y resta jusqu'à la chute de Robespierre. Par égard pour sa popularité, Napoléon le confirma dans son grade; mais il ne fut plus jamais employé. Sa biographie a été écrite par Carro (1847).

SANTEUL ou **Santeuil** (Jean de), poète latin moderne et chanoine de Saint-Victor, à Paris, né en 1630, mort en 1697. Il traita d'abord quelques sujets profanes, puis composa la plus grande partie des hymnes religieuses en usage dans toute la France avant l'introduction de la liturgie romaine. Ses *Hymnes* (Paris, 1685, 4 vol. in-12) ont été traduites en français par l'abbé Saurin (Paris, 1842).

Ses *Œuvres profanes* forment 3 vol. in-12 (Paris, 1729).

SANTIAGO [sann-ti-a'-go]. I, province centrale du Chili, limitée par le Pacifique et par la république Argentine; 20,064 kil. carr.; 380,000 hab. Pays extrêmement montagneux. L'argent et le cuivre y abondent, et sont activement exploités. L'élève du bétail y constitue une industrie importante. — II, cap. de cette province et du Chili, sur le Rio-Mapocho, à 115 kil. S.-E. de Valparaiso, par 33° 27' lat. S., et 73° long. O.; 160,000 hab. On y admire le fronton de la cathédrale, fondée en 1750, l'hôtel des mines, le théâtre, etc. 1,500 étudiants environ fréquentent l'université, avec son institut national préparatoire. Bibliothèque nationale de 40,000 vol. Un chemin de fer relie Santiago à Valparaiso et à Talca. Minoteries, tanneries, ateliers d'épuration pour l'argent. — La ville a été fondée en 1541; elle a eu beaucoup à souffrir d'inondations et de tremblements de terre. Lors de l'incendie de l'église des Jésuites (1863) plus de 1,600 personnes périrent victime de cette catastrophe.

SANTIAGO ou **Santiago del Estero,** province centrale de la république Argentine, confinant au N.-E. au Gran Chaco; 90,070 kil. carr.; 135,000 hab. Plaine fertile, entrecoupée de lacs et de lagunes, la plupart salés. Climat chaud, mais non insalubre. Vastes pâturages. Froment, maïs, canne à sucre, fruits. Grandes forêts. Cap., Santiago (7,775 hab.).

SANTIAGO DE COMPOSTELA (lat. *Campus Stellæ*), ville de Galice (Espagne), à 55 kil. S.-O. de la Corogne, 29,000 hab. On s'y rendait jadis de toutes les parties de l'Europe en pèlerinage à la châsse de saint Jacques le Majeur, que l'on croit inhumé dans la cathédrale. Université, bibliothèque publique, hôpital, hôtel des monnaies.

SANTIAGO DE CUBA (appelée dans le pays Cuba), ville de Cuba, ancienne capitale, sur la côte S.-E., à 250 kil. de Puerto Principe; 45,000 hab. Les miasmes qui s'échappent des marais voisins font de cette ville le séjour le plus malsain des Antilles. Elle exporte du cuivre, du café, du sucre et de la mélasse. Fondée en 1514, elle a été classée comme cité en 1522, et elle fut pendant quelque temps la capitale de l'île.

SANTIAGO DE LOS CABALLEROS [dé loss ca-ba-lié'-ross], ville de San-Domingue, capitale d'une province, sur le Yaqui, à 35 kil. de Puerto Plata; 8,000 hab. Climat sain, région très productive, tant au point de vue de l'agriculture qu'à celui des mines. Elle a été fondée en 1504 et a eu beaucoup à souffrir de la guerre.

SANTILLANE (Marquis de). Voy. Mendoza.

* **SANTOLINE** s. f. (lat. *santolina*). Bot. Genre de composés sénécionidées, dont l'espèce type, la *santoline petit-cyprès* (santonina chamæ-cyparissus) , appelée aussi *aurone femelle, citronnelle* et *garde-robe*, est un sous-arbrisseau très odorant qui croît sur les collines sèches de la Provence et du Languedoc.

* **SANTON** s. m. Nom d'une sorte de moines chez les mahométans.

SANTONES ou **Santoni,** peuple puissant de la Gaule Aquitaine, fixé sur la côte de l'Océan, au N. de la Garonne. Sa ville principale était Mediolanum, plus tard Santones (Saintes). Le territoire de Santones produisait une armoise très estimée, d'où est venu le mot *santonine.*

* **SANTONINE** s. f. (lat. *santonicus*, qui appartient aux santones). Nom d'une sorte d'armoise dont les semences sont vermifuges. — Chim. Substance solide, cristalline blanche que l'on obtient des boutons non épanouis

de certaines espèces d'armoises qui croissent dans l'Afrique occidentale. La santonine jaunit quand on l'expose à l'air. Elle constitue un excellent vermifuge, mais il faut l'administrer à petites doses et avec beaucoup de soin, parce qu'elle peut produire des convulsions, particulièrement chez les enfants.

SANTONIQUE adj. Chim. Se dit d'un acide qui résulte de l'hydratation de la santonine.

SANTORIN. Voy. Thera.

SANTORINI (Giovanni-Domenico), anatomiste italien, professeur à Venise, né en 1680, mort en 1736. Il a découvert et décrit deux petits cartilages attachés à l'*apex* des cartilages aryténoïdes du larynx; on les appelle cartilages de Santorini. Il a publié beaucoup d'ouvrages en latin et en italien.

* **SANVE** s. f. Nom vulgaire du sénevé sauvage.

SÃO-FRANCISCO, rivière du Brésil. Voy. Brésil.

SAÔNE [sô-ne], *Arar, Segona* ou *Saucona,* fleuve de France, qui prend sa source dans le canton de Bains (Vosges), entre dans le dép. de la Haute-Saône, traverse ensuite les dép. de la Côte-d'Or et de Saône-et-Loire, sépare ceux du Rhône et de l'Ain et finit à Lyon où il se perd dans le Rhône après un cours total de 540 kil. — Princ. affluents : le Coney, l'Amance, la Lougeotte, la Superbe, la Lanterne, la Durgeon, la Romaine, la Gourgeonne, le Vannon, le Salon, la Tille, la Morthe, l'Ouche, la Tenise, l'Oignon, le Doubs, la Seille, la Reyssouse et la Veyle. — La Saône arrose Châtillon-sur-Saône, Port-sur-Saône, Gray, où elle devient navigable, Pontarlier, Auxonne, Saint-Jean-de-Losne, Verdun-sur-Saône, Châlon, Tournus, Mâcon et Trévoux.

SAÔNE (Haute-), dép. de la région orientale de la France, situé entre les dép. des Vosges, de la Haute-Marne, de la Côte-d'Or, du Jura, du Doubs et le territoire de Belfort; doit son nom à sa position sur le cours supérieur de la Saône; formé d'une partie de la Franche-Comté; 5,339 kil. carr.; 295,905 hab. Le dép. de la Haute-Saône forme un plan incliné qui s'appuie au N.-E. sur l'extrémité méridionale de la chaîne des Vosges. Les ramifications et les contre-forts de cette chaîne de montagnes couvrent tout le N.-E. du dép. et présentent leur plus haute sommité au Ballon de Servance (1,189 m.) A l'O. se trouvent des coteaux couverts de vignes et de forêts, de vastes prairies et des champs fertiles. Céréales, vins ordinaires, abondants; élève du gros bétail. Fer, tourbe, houille, sel, granit, sources salées et eaux thermales. Le dép. a pour capit., quincaillerie, faïencerie, briqueterie, etc.—Ch.-l. Vesoul; à 3 arr., 28 cant.. 583 comm. Ce dép. forme avec celui du Doubs le diocèse de Besançon, siège de l'archevêché. Les tribunaux ont leur cour d'appel et les établissements d'instruction publique leur académie à Besançon. — Ch.-l. d'arr. : Vesoul, Gray et Lure.

SAÔNE-ET-LOIRE, dép. de la région centrale de la France; doit son nom aux deux principaux fleuves qui l'arrosent; situé entre les dép. de la Côte-d'Or, de la Nièvre, de l'Allier, de la Loire, du Rhône, de l'Ain et du Jura; formé du Charolais, du Mâconnais, de l'Autunois et du Châlonnais; 8,554 kil. carr.; 625,589 hab. Le dép. de Saône-et-Loire est traversé du N. au S. par la grande ligne de chemin de fer, sous le nom de monts du Charolais, y sépare le bassin du Rhône de celui de la Loire et qui relie les monts du Beaujolais à ceux de la Côte-d'Or. Le point culminant du dép. (905 m.) est le Bois-du-Roi, dans l'arr. d'Autun. Princ. cours d'eau :

la Loire, l'Arroux, la Saône, la Seille et le Doubs. Sol fertile; vins, chanvre, fruits; peu de céréales; horlogerie, verrerie, poterie. — Ch.-l. Mâcon; 5 arr., 49 cant., 586 comm. Evêché à Autun, suffragant de Lyon. Les tribunaux relèvent du ressort de la cour d'appel de Dijon et les établissements d'instruction publique relèvent de l'académie de Dijon. — Ch.-l. d'arr. : Mâcon, Autun, Châlon-sur-Saône, Charolles et Louhans.

SÂO-PEDRO DE RIO-GRANDE DO SUL (appelée autrefois par abréviation RIO-GRANDE DO SUL, et aujourd'hui Sâo-Pedro). I, la province la plus méridionale du Brésil, touchant à l'Atlantique, à l'Uruguay et à la république Argentine. 236,553 kil. carr.; 450,000 hab. Cap. Porto-Alegre. Parallèlement à la côte, et sur presque toute sa longueur s'étendent le lac Mirim (180 kil. de long sur 23 de large), et la lagune dos Patos (230 kil. de long sur 65 de large). — II, ville de cette province, près de l'embouchure du Rio-Grande do Sul, à 225 kil. S.-S.-O. de Porto-Alegre; 18,000 hab. environ. Le port est le seul bon dans la province. Grande exportation de peaux.

SAORGE, *Saorgio,* comm. de l'arr. et à 74 kil. N.-E. de Nice (Alpes-Maritimes), près de la rive gauche de la Roya . 2,500 hab.

SAOSNOIS (Le), *Sagonensis Pagus,* petit pays de l'ancienne France, dans la province du Maine, ville princ., Saint-Calais. Auj. compris dans le dép. de la Sarthe.

* **SAOUL, SAOULER.** Voy. SOUL, SOULER.

SAP s. m. (abrév. de *sapin*). Nom donné au sapin et aux autres conifères.

* **SAPA** s. m. Pharm. Moût, suc de raisin évaporé jusqu'à consistance de miel : *le sapa est laxatif.* (Voy. RAISINÉ.)

* **SAPAJOU** s. m. (altér. de *çayouvassou*). Genre de singe d'Amérique, qui a la queue prenante, et qui est fort petit : *vous avez là un joli sapajou.* (Voy. SINGE.) — Fig. et fam. Petit homme laid et ridicule : *c'est un vrai sapajou.*

* **SAPAN** s. m. Nom d'un bois de teinture fourni par la *Cæsalpinia sapan,* des Indes orientales. On l'emploie pour teindre le coton en rouge. On le trouve aussi dans l'Amérique centrale, l'Amérique du Sud et les Antilles.

* **SAPE** s. f. (esp. *zapa,* pioche). Se dit du travail de la tranchée, lorsque les assiégeants arrivés à portée de mousqueton de la place, emploient, pour se couvrir, des paniers cylindriques appelés gabions : *il a été commandé pour la sape.* — Ouvrage même qu'on fait en sapant : *la sape est fort avancée.*

SAPEMENT s. m. Action de saper.

* **SAPER** v. a. Travailler avec le pic et la pioche à détruire les fondements d'un édifice, d'un bastion, etc.: *saper une muraille, la saper par le pied, par le fondement.* — Se dit, fig., en parlant de religion, de morale, de politique : *saper les fondements d'un État, le saper par les fondements.*

* **SAPEUR** s. m. Celui qui est employé à la sape : *on commanda les sapeurs.* — Espèce de soldats armésd'une hache et portant un grand tablier de peau, qui marchent en tête des régiments d'infanterie : *sapeurs et musique en tête.*

* **SAPEUR-POMPIER** s. m. Celui qui fait partie d'un corps organisé pour porter des secours dans les incendies et faire agir les pompes : *des sapeurs-pompiers.* — Légist. « C'est seulement en 1722 que la ville de Paris a été pourvue d'un service public de pompes à incendie. Les pompiers de la capitale furent soumis à une organisation militaire en vertu de la loi du 9 ventôse an III ; puis ils furent réorganisés sous le nom de

sapeurs-pompiers de la ville de Paris, par un décret du 18 sept. 1811. Ils se recrutent exclusivement parmi les anciens soldats, et ils forment un régiment qui est placé sous les ordres du ministre de la guerre, bien que le service des incendies soit sous la direction du préfet de police (Décr. 27 mai 1850). Dans les autres communes, les sapeurs-pompiers sont organisés par arrêtés préfectoraux, sur la demande des conseils municipaux. Les sapeurs-pompiers d'une commune forment une compagnie, lorsque l'effectif est de 51 à 250 hommes; si l'effectif est inférieur à 51, ils forment seulement une subdivision de compagnie; s'il est supérieur à 250, cet effectif est réparti en plusieurs compagnies, et il peut même former un bataillon. Les sapeurs-pompiers se recrutent au moyen d'engagements volontaires souscrits par des hommes jouissant de leurs droits civils et ayant satisfait à la loi du recrutement. Tout sapeur-pompier doit s'engager par écrit à faire le service pendant cinq années; et, en cas de non-exécution de cet engagement, il doit subir les peines disciplinaires que lui infligent ses chefs ou le conseil d'administration du corps. Les engagements sont renouvelables. Les sapeurs-pompiers relèvent du ministre de l'intérieur, et tous leurs officiers sont nommés par le président de la République. Il leur est interdit de se réunir en armes sans en avoir obtenu l'autorisation du général commandant la subdivision territoriale. Les corps de sapeurs-pompiers . peuvent être suspendus pendant deux mois par le préfet; ils peuvent l'être pendant un année lorsque le ministre approuve l'arrêté de suspension; ils ne peuvent être dissous que par décret. Le service des sapeurs-pompiers est réglé par un arrêté municipal approuvé par le préfet. La commune doit prendre à sa charge les dépenses d'achat, de logement et d'entretien du matériel, l'habillement des sous-officiers, caporaux et soldats, lorsque ceux-ci n'y ont pas pourvu, la solde s'il y en a une, et en général, toutes les dépenses relatives au service des incendies. Telles sont les principales dispositions du règlement d'administration publique du 29 déc. 1875.» (C. Y.)

* **SAPHÈNE** s. f. [sa-fè-ne] (ar. *safine*). Anat. Nom donné à deux veines de la jambe que l'on aperçoit aisément sous la peau, près de chaque malléole, et à l'une ou l'autre desquelles se pratique la saignée du pied : *la grande saphène ou saphène interne.*

* **SAPHIQUE** adj. et s. m. [sa-fi-ke]. Se dit d'une sorte de vers composé de onze syllabes, qui était fort en usage chez les Grecs et les Latins, et qu'on prétend avoir été inventé par Sapho : *une ode en vers saphiques.*

* **SAPHIR** s. . m. [sa-fir] (lat. *sapphirus*). Pierre précieuse moins dure que le diamant, brillante et de couleur bleue : *saphir bien net.* — ENCYCL. Le saphir vient, pour la valeur et pour la dureté, immédiatement après le diamant. C'est une variété transparente de corindon, composée d'alumine presque pure. Il reçoit différents noms suivants sa couleur. Le saphir rouge s'appelle rubis oriental; le violet, améthyste; le jaune, topaze; le vert, émeraude; et le terme saphir est réservé à la variété bleue. Le saphir des Grecs (σάπφειρος) était, non la pierre dont on parle ici, mais le lapis-lazuli, comme il paraît d'après les descriptions de Théophraste et de Pline. Le saphir bleu est le ὑάκινθος des Grecs et le *hyacinthus* de Pline. Le rubis était probablement indiqué par l'*anthrax* de Théophraste et par le *carbunculus* et le *lychnis* de Pline. Le saphir a par formule chimique Al² O³, qui, par les proportions diverses dans lesquelles il s'y trouve, donne à la pierre ses différentes couleurs. Le saphir cristallise dans le système rhomboédrique; il a un éclat vi-

treux, souvent perlé dans les plans de la base, et quelquefois, lorsqu'on le regarde dans la direction de son axe vertical, il montre un vif rayonnement opalescent. Tous les saphirs, ou variétés pures de corindon, sont d'une dureté excessive, ne le cédant que d'un dixième au diamant. On trouve cette pierre dans plusieurs contrées et dans diverses formations géologiques. Les plus beaux rubis viennent du Pégou, de Burmah et de Siam; les plus beaux saphirs bleus, de Ceylan.

SAPHIRIN, INE adj. Qui ressemble au saphir.

* **SAPHIRINE** s. f. Variété de calcédoine, qui a la couleur du saphir : *un cachet de saphirine.*

SAPHISME s. m. Pathol. Dépravation semblable à celle qu'on a imputée à Sapho et aux Lesbiennes en général.

SAPHO [sa-fo], femme poëte grecque, qui florissait vers 600 av. J.-C. De Mytilène, son pays, elle fut forcée de fuir en Sicile. La légende commune raconte qu'étant amoureuse sans espoir d'un jeune homme nommé Phaon, elle se jeta dans la mer du haut du rocher de Leucade. Cette légende a probablement son origine dans .le .mythe de l'amour d'Aphrodite pour Adonis, que les Grecs appelaient Phaon. Les poésies de Sapho sont surtout érotiques et destinées à être chantées; mais elle avait aussi écrit des poëmes sérieux et satiriques. Il ne nous en reste qu'une ode complète à Aphrodite, et quelques.fragments. La meilleure édition se trouve dans le 3° vol. des *Poetæ lyrici græci* de Bergks (1867).

* **SAPIDE** adj. (lat. *sapidus*). Didact. Qui a de la saveur : *les corps, les substances sapides.*

* **SAPIDITÉ** s. f. Qualité de ce qui est sapide : *la sapidité d'un corps.*

* **SAPIENCE** s. f. [sa-pi-an-se] (lat. *sapientia*). Sagesse. Ne s'emploie guère que dans cette phrase proverbiale, LE PAYS DE SAPIENCE, la Normandie. — LA SAPIENCE, se dit quelquefois, en style théologique, du livre de Salomon qu'on appelle autrement LA SAGESSE : *Salomon dit, dans la Sapience...*

* **SAPIENTIAUX** adj. m. pl. [-pi-an-si-ô] (rad. *sapience*). Ne se dit que de certains livres de l'Ecriture sainte : *les Proverbes, l'Ecclésiaste, l'Ecclésiastique sont du nombre des livres sapientiaux.*

* **SAPIN** s. m. (lat. *sapinus*). Bot. Genre de conifères abiétinées, comprenant un certain nombre d'espèces de grands arbres à forme conique , à tronc extrêmement droit, à feuilles persistantes, linéaires, à fleurs les unes mâles, les autres femelles, produites dans des chatons, Les chatons femelles constituent, après maturité, un cône d'une forme ordinairement cylindrique, composé d'un certain nombre d'écailles ligneuses, se recouvrant les unes les autres, mais amincies au bord, ce qui les distingue de celles du pin, qui sont épaisses. — IL SENT LE SAPIN, se dit d'un homme qui a mauvais visage, qui paraît devoir mourir bientôt. On dit aussi, SA TOUX, SA PTHISIE, SON ASTHME SENT LE SAPIN. — Fig. et fam. Voiture de place, fiacre : *nous avons pris un sapin.* — ENCYCL. Le genre sapin compte environ 20 espèces d'arbres dont plusieurs sont européennes. Le sapin blanc ou en peigne (*abies pectinata*) couvre de magnifiques forêts les montagnes de l'Europe tempérée et méridionale, entre 650 m. et 1,300 m. d'altitude. Il vit jusqu'à 100 ans et atteint 50 m. de hauteur. Son bois blanc élastique, à fibres très droites, est employé dans la marine pour la confection des mâts et des vergues;il fournit aussi des poutres larges, épaisses et d'une parfaite rectitude. Il donne des matières résineuses estimées, particulièrement la térébenthine de Strasbourg; son écorce peut servir à tanner les

cuirs. Ses jeunes pousses, appelées *bourgeons de sapin*, sont employées en pharmacie comme antiscorbutiques. On l'appelle quelquefois *sapin argenté*, à cause de ses feuilles qui sont blanchâtres à leur surface inférieure ; elles sont linéaires, obtuses, creusées d'un sillon

Sapin baumier (Abies balsamea).

à leur surface supérieure et déjetées vers deux côtés opposés. Le *sapin baumier (abies balsamea)*, originaire du Canada et du N. des Etats-Unis, produit un bois de peu de valeur, mais il est précieux comme fournissant le baume du Canada. (Voy. CANADA.) On l'a introduit chez nous comme arbre d'ornement ; ses cônes sont d'une couleur rougeâtre.

Sapin noble (Abies nobilis).

Le *sapin de Fraser (abies Fraseri)*, très voisin du précédent et souvent confondu avec lui, se trouve dans les mêmes contrées. Le *sapin noble (abies nobilis)* est également un arbre

Sapin élevé (Abies grandis).

américain ; on le rencontre dans les montagnes de la côte du Pacifique, dans l'Amérique du Nord, à une altitude de 2,000 m.

On le recherche surtout comme arbre d'ornement. Le *sapin élevé (abies grandis)*, autre espèce de la côte du Pacifique, fournit d'excellent bois de construction. Le *sapin du Canada (abies Canadensis)* est originaire des Etats-Unis et du Canada où on l'appelle *hemlock*

Sapin du Canada (Abies Canadensis).

spruce ; il y atteint de 25 à 30 m. et forme des forêts considérables. On l'a introduit en 1736 dans nos plantations d'ornement ; mais il a perdu ses dimensions. Son bois est grossier et de mauvaise qualité ; mais son écorce est très bonne pour la tannerie.

SAPINDACÉ, ÉE adj. (lat. *sapindus*, savonnier). Qui ressemble ou qui se rapporte au savonnier). — s. f. pl. Famille de plantes dicotylédones dialypétales hypogynes, comprenant des arbres, des arbrisseaux ou des lianes dont la tige présente une structure bizarre, simulant parfois l'aspect de plusieurs branches soudées entre elles. Genres principaux : paullinie, savonnier, etc.

** **SAPINE** s. f. Solive ou planche de bois de sapin.

SAPINETTE s. f. (dimin. de *sapine*). Bot. Genre de conifères, voisin des sapins (voy. EPICEA) et qui est représenté en Europe par la *sapinette de Norvège (abies excelsa)*, appelée aussi *epicea de Norvège* ou *pin de Norvège*, grand arbre qui forme de vastes forêts dans les montagnes de l'Europe, particulièrement en Suède et en Norvège, jusqu'à la lat. de 67° et à une alt. moyenne de 1,300 à 2,200 m. On le rencontre au S. jusqu'aux Alpes et aux Pyrénées. Il peut atteindre une hauteur de 40 à 50 m., avec 6 m. de circonférence à la base. Il lui faut un siècle pour arriver à

Sapinette noire (Abies nigra).

son complet développement. Son bois, scié en planches, sert à faire des planchers et des boiseries, des caisses, des meubles à bon marché ; arrondi, il produit des mâts, des espars, des échafaudages, des charpentes

légères. Il est très durable, surtout quand on laisse l'écorce. Cette écorce à part fait du tan. La résine est une de ces térébentines qu'on appelle encens, et lorsqu'elle est fondue dans de l'eau bouillante et passée au tamis, elle donne la véritable poix de Bourgogne. Les jeunes bourgeons de la sapinette et de plusieurs espèces voisines produisent, quand on les fait bouillir dans l'eau, l'*essence de sapinette*, que l'on emploie pour fabriquer la *bière de sapinette* ou *spruce beer*. La *sapinette noire (abies nigra)* se trouve aux Etats-Unis, depuis le Maine jusqu'au Visconsin, et atteint au Canada 63° de lat. N. Son bois

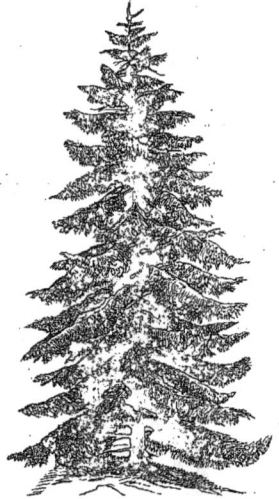

Sapinette de Norvège (Abies excelsa).

est très fort, très léger et très durable ; on s'en sert beaucoup dans les constructions navales et pour les charpentes légères dans les bâtisses. Les pousses nouvelles peuvent servir à faire de la bière économique. La couleur du feuillage est sombre. La *sapinette rouge* n'est qu'une variété à cônes plus larges et rougeâtres, et dont le bois est aussi teinté de rouge. La *sapinette blanche (abies alba)* croît dans les mêmes régions, mais s'avance davantage au N. Le bois en est bon ; avec les racines les Indiens fabriquent une sorte de fil qui leur sert à coudre leurs canots en écorce de bambou.

** **SAPINIÈRE** s. f. Lieu planté de sapins.

SAPOJOK, ville de la Russie d'Europe, gouvernement et à 124 kil. S.-E. de Riazan ; 5,000 hab.

SAPONACÉ, ÉE adj. (lat. *sapo*, savon). Qui a les caractères du savon ; qui peut être employé aux mêmes usages que le savon.

** **SAPONAIRE** s. f. (lat. *sapo*, savon). Bot. Genre de silénées caryophyllées, voisin des œillets, comprenant plusieurs espèces de plantes vivaces dont les feuilles contiennent une substance qui mousse dans l'eau comme le savon. L'espèce type, la *saponaire officinale (saponaria officinalis)*, vulgairement savonnière, croît communément au bord de nos champs, le long des fossés et des haies ; elle porte, en août et juillet, de grandes fleurs d'un blanc rosé. On lui attribue des vertus fondantes : ses feuilles, broyées dans de

l'eau, y forment une écume semblable à celle du savon, et la rendent propre à blanchir le

Saponaire officinale (Saponaria officinalis).

linge, les dentelles, etc. Cette propriété bizarre est due à la présence de la saponine.

SAPONÉ s. m. Pharm. Médicament dans lequel il entre du savon.

SAPONIFIABLE adj. (lat. *sapo*, savon; *facere*, faire). Qui peut être saponifié.

* **SAPONIFICATION** s. f. Didact. Opération par laquelle une substance grasse se convertit en savon.

* **SAPONIFIER** v. a. Transformer un corps gras en savon. — Se saponifier v. pr. *Toutes les graisses ne se saponifient pas également bien.*

SAPONIFORME adj. (lat. *sapo*, savon; fr. *forme*). Qui ressemble à du savon.

SAPONINE s. f. (lat. *sapo*, savon). Composé organique particulier que l'on extrait de la racine de saponaire, de l'écorce du quillaia, des graines de la nielle du blé (*lychnis githago*), du marron d'Inde et de plusieurs autres plantes. On la trouve dans le commerce sous forme de poudre non cristalline qui lorsqu'on la prise fait éternuer violemment. Elle se dissout dans l'eau et encore mieux dans l'alcool dilué, et forme alors une solution qui ressemble à celle du savon, mais dont la mousse plus abondante et plus permanente.

SAPONINÉ, ÉE adj. Pharm. Qui contient de la saponine.

SAPONIQUE adj. Se dit d'un acide qui se précipite quand on fait agir des acides minéraux sur la saponine.

SAPONULE s. m. Savon de soude dissous dans l'alcool.

SAPONURE s. m. Pharm. Composé de savon en poudre et d'une substance médicamenteuse.

SAPOR. Voy. **Pæss.**

SAPORATION s. f. (lat. *sapor*, saveur). Action de goûter, d'éprouver une sensation de saveur.

* **SAPORIFIQUE** adj. Didact. Qui produit la saveur : *les particules saporifiques d'une substance.*

SAPOTACÉ, ÉE adj. Qui ressemble ou qui se rapporte au sapotier. — s. f. pl. Famille de plantes dicotylédones gamopétales hypogynes comprenant des arbres et des arbrisseaux intertropicaux à suc laiteux. Principaux genres : bassie, sapotier, gutta-percha, bumélie, imbricaire, minusops, etc.

* **SAPOTE** ou **Sapotille** s. f. Fruit du sapotier ou sapotillier.

* **SAPOTIER** ou **Sapotillier** s. m. (esp. *sapodilla*). Bot. Genre de sapotacées, renfermant 8 ou 10 espèces d'arbres à suc laiteux. Le sa-

potier commun (*achras sapota*), originaire de la Jamaïque et introduit aux Antilles, est un grand arbre dont le fruit très recherché, de la grosseur d'une pomme, n'est bon à manger que lorsqu'il est blet à l'instar des nèfles; aussi lui donne-t-on quelquefois le nom de nèfle d'Amérique. Le suc laiteux de ce sapotier se concrète à l'air, prend une apparence résineuse et dégage en brûlant une odeur d'encens.

SAPRISTI interj. Sorte de juron familier.

* **SAQUEBUTE** s. f. (lat. *sambucus*, sureau). Mus. Sorte de grande trompette autrefois en usage. — Lance armée d'un crochet, dont on se servait pour démonter les cavaliers.

* **SARABANDE** s. f. (esp. *zarabanda*). Danse grave sur un air à trois temps : *danser une sarabande.* — Air sur lequel on danse une sarabande : *jouer une sarabande.*

SARAGOSSE (esp. *Zaragoza*). I, province du N.-E. de l'Espagne, en Aragon; 47,112 kil. carr.; 404,894 hab. Le pays est accidenté, et traversé du S. à l'E. par l'Ebre. Les autres cours d'eau sont le Jalon, le Gallego et la Jiloca. Plomb, cuivre, étain et soufre. On récolte du froment, du lin, du chanvre, de la soie, du vin et de l'huile. — II, cap. de cette province (anc. *Cæsarea Augusta*), sur l'Ebre, à 260 kil. N.-E. de Madrid; 86,000 hab. Deux cathédrales; une académie des beaux-arts et une université datant de 1474. — Saragosse fut fondée par Auguste an 27 av. J.-C. ; les Maures s'en emparèrent en 712, et Alphonse Ier d'Aragon en 1118. Elle est fameuse par les deux sièges qu'elle soutint en 1808-'09. Elle se rendit, le 21 fév. 1809, après avoir perdu 54,000 personnes, enlevées la plupart par une épidémie. (Voy. **Palafox** et **Lannes.**) Les Français la conservèrent jusqu'en 1813.

SARAH ou **Sara**, fille de Tharé et nièce d'Abraham que l'épousa 1965 av. J.-C. Restée longtemps sans enfants, elle engagea Abraham à épouser sa servante Agar, qui lui donna Ismaël. Quelque temps après, Sara eut elle-même un fils qu'elle appela Isaac.

SARAMON, ch.-l. de cant., à 25 kil. S.-E. d'Auch (Gers), sur la Gimone ; 700 hab.

SARANCOLIN s. m. Marbre à fond rouge de sang, avec de larges taches d'un jaune sale et des veines d'un blanc pur.

SARATOV. I, gouvernement de la Russie d'Europe, au S.-E., avec le Volga pour limite à l'E.; 84,492 kil. carr.; 1,760,000 hab. — II, cap. de ce gouvernement, sur le Volga, à 700 kil. S.-E. de Moscou ; 95,000 hab. Grand centre d'industrie et de commerce.

SARAWAK [sa-ré-ouak]. I, Etat indépendant, sous le contrôle anglais, dans l'île de Bornéo, occupant environ 500 kil. de côtes au N.-O., entre 0° 30' et 3° 20' lat. N. et entre 107° 20' et 109° 20' long. E. L'intérieur contient de vastes forêts, des plaines et des vallées fertiles, de nombreux cours d'eau et des montagnes hautes de 2,000 m. Antimoine. On estime la population à 300,000 hab., dont 40,000 Malais et 3,000 Chinois. Le fondateur du gouvernement actuel est sir James Brooke (voy. **Brooks**), à qui le sultan de Bornéo céda, en 1841, la ville de Kuching, avec le titre de rajah. Lorsqu'il mourut, son neveu, Charles Brooke, lui succéda, et Sarawak a continué de prospérer sous le nouveau rajah. — II, cap. de cet Etat, autrefois appelée *Kuching*, située sur la Sarawak, à 27 kil. de la mer, par 4° 28' lat. N. et 107° 52' long. E.; 25,000 hab. C'est un port franc, qui fait un grand commerce, surtout avec Singapore.

* **SARBACANE** s. f. ((ital. *sarbacana*). Long tuyau par lequel on peut jeter quelque chose en soufflant : *jeter des pois avec une sarbacane.*

— Fig. et fam. **Parler par sarbacane**, parler par des personnes interposées : *je ne veux point parler par sarbacane dans cette affaire, je veux traiter avec lui directement.* (Vieux.)

* **SARBOTIÈRE** s. f. Voy. **Sorbétière.**

* **SARCASME** s. m. [sar-kass-me] (lat. *sarcasmus*). Raillerie amère et insultante : *ce trait passe la plaisanterie; c'est un sarcasme.*

* **SARCASTIQUE** adj. Qui tient du sarcasme : *un ton sarcastique.*

* **SARCELLE** s. f. (altér. du lat. *querquedula*). Nom d'un groupe de petits canards sauvages qui ne diffèrent guère du canard commun que par la taille. La *sarcelle ordinaire* (*anas querquedula*) est commune sur nos étangs au printemps et en automne ; elle couve dans le Nord. Elle est maillée de noir sur fonds gris, avec un trait blanc autour de l'œil. La *petite sarcelle*

Petite sarcelle (Anas crecca).

(*anas crecca*) fait sa ponte chez nous, où elle est beaucoup plus commune. Son corps est finement rayé de noirâtre: sa tête est rousse avec une bande verte bordée de deux lignes blanches à la suite de l'œil, la poitrine d'un blanc roussâtre varié de taches rondes et un miroir noir et vert sur les ailes. — Les sarcelles ont la chair plus délicate que le canard sauvage; elles reçoivent les mêmes préparations que celui-ci.

SARCEUX, EUSE adj. (gr. *sarx, sarkos*, chair). Anat. Qui est de la nature des chairs.

SARCINE s. f. (gr. *sarx, sarkos*, chair). Composé organique contenant du carbone, de l'hydrogène, de l'oxygène et de l'azote, et qui existe dans les muscles ainsi que dans plusieurs tissus et sucs animaux dont on l'extrait. La sarcine est un solide cristallin, blanc, peu soluble dans l'eau.

* **SARCLAGE** s. m. Action de sarcler, ou résultat de cette action : *faire le sarclage.*

* **SARCLER** v. a. (lat. *sarculare*). Arracher avec la main, ou couper entre deux terres, avec un instrument tranchant, les mauvaises herbes qui croissent dans un champ, dans un jardin : *sarcler les mauvaises herbes d'un jardin.* — On dit aussi **Essarer.**

* **SARCLEUR** s. m. Homme de journée qu'on emploie à sarcler un champ, un jardin : *il lui faut trente sarcleurs pour arracher les mauvaises herbes de son champ, de son jardin*, etc.

* **SARCLOIR** s. m. Instrument propre à sarcler : *un bon sarcloir.*

* **SARCLURE** s. f. Ce qu'on arrache d'un champ, d'un jardin en le sarclant : *les sarclures d'une allée de jardin.*

SARCO (gr. *sarx, sarkos*, chair), préfixe qui entre dans la formation d'un grand nombre de mots.

SARCOCARPE adj. (préf. *sarco*; gr. *karpos*, fruit). Dont le fruit est charnu.

* **SARCOCÈLE** s. m. (préf. *sarco*; gr. *kêlé*, tumeur). Chir. Tumeur charnue et dure, qui se forme au scrotum : *le squirre ou cancer du testicule.* — Le sarcocèle est une

tumeur formée par l'altération du testicule ou de ses annexes. Cette tumeur est cancéreuse, syphilitique ou tuberculeuse; les antécédents, le tempérament et l'état général du malade peuvent renseigner à cet égard. C'est généralement une masse dure, compacte, bosselée et indolente. On la traite, selon les cas, par les fondants, l'iodure de potassium ou l'ablation.

* **SARCOCOLLE** s. f. (préf. *sarco;* lr. *collé*). Matière végétale résineuse que l'on employait autrefois comme astringente et détersive, et que l'on croyait propre à hâter la consolidation des plaies.

* **SARCOCOLLIER** s. m. Bot. Genre de pénéacées, comprenant des arbrisseaux, dont l'espèce principale (*penæa sarcocolla*) est un arbuste de l'Ethiopie et des bords de la mer Rouge, duquel découle la matière résineuse appelée SARCOCOLLE.

SARCODE s. m. (gr. *sarcôdès ; de sarx,* chair). Anat. Substance animale, sans téguments ni vaisseaux. (Voy. INFUSOIRE et PROTOPLASME.)

SARCOÏDE adj. (préf. *sarco;* gr. *eidos,* aspect). Qui a l'aspect de la chair musculaire.

* **SARCOLEMME** s. m. [sar-ko-lè-me] (préf. *sarco;* gr. *lemma,* enveloppe). Anat. Tube transparent qui contient chaque fibrille musculaire.

* **SARCOLOGIE** s. f. (préf. *sarco;* gr. *logos,* discours). Partie de l'anatomie qui traite des chairs et des parties molles : *traité de sarcologie.*

* **SARCOMATEUX, EUSE** adj. (rad. *sarcome*). Chir. Qui tient du sarcome : *tumeur sarcomateuse.*

* **SARCOME** s. m. (gr. *sarx, sarkos,* chair). Chir. Toute excroissance ou tumeur qui a la consistance de la chair.

* **SARCOPHAGE** s. m. (préf. *sarco;* gr. *phagein,* manger). Tombeau dans lequel les anciens mettaient les corps qu'ils ne voulaient pas brûler, et qui était fait, dit-on, d'une sorte de pierre caustique propre à consumer les chairs en peu de temps. — Se dit aujourd'hui du cercueil ou de sa représentation dans les grandes cérémonies funèbres.

* **SARCOPHAGE** adj. Méd. Se dit des médicaments qui brûlent les chairs, et qu'on nomme aussi CATHÉRÉTIQUES : *médicaments sarcophages.* — s. m. *Les sarcophages*

SARCOPTE s. m. (gr. *sarx,* chair; *koptô,* je coupe). Arachn. Genre d'arachnides acariens, comprenant un petit nombre d'espèces qui provoquent la gale chez l'homme et chez les mammifères. La gale de l'homme est causée par le *sarcoptes hominis* ou *acarus scabiei,* dont la femelle, visible à l'œil nu, est longue d'environ $\frac{1}{14}$ de centim., et large de $\frac{1}{17}$ de centim. Sa couleur est blanchâtre. Le sarcopte a 4 paires de pattes; les deux paires antérieures sont armées de disques suceurs et les deux postérieures sont hérissées de petites griffes. Le mâle, moitié moins gros que la femelle, est d'une couleur noirâtre et porte des disques suceurs aux quatre paires de pattes. La tête de ces animaux renferme deux mandibules en forme de ciseaux et trois mandibules articulées. Lorsqu'elle communique la maladie, la femelle se creuse un sillon dans la peau, s'y attache fortement et pénètre l'épiderme au moyen de ses mâchoires, jusqu'à ce qu'elle attaque le *rete mucosum,* ou couche supérieure du *corium* (peau), où elle trouve sa nourriture. Elle continue d'avancer en dessous de l'épiderme et y forme un canal dans lequel elle dépose ses œufs (de 20 à 50). Ceux-ci se développent en deux semaines et donnent naissance à de jeunes acarus qui courent rapidité sur la surface, et ne tardent pas à s'enfoncer

dans la peau où ils produisent les pustules de la gale. Le mâle reste dans les vésicules. (Voy. GALE.)

SARCOSPERME adj. (préf. *sarco;* gr. *sperma,* graine). Bot. Qui a des graines charnues.

* **SARCOTIQUE** adj. Méd. S'est dit des remèdes que l'on croyait propres à accélérer la régénération des chairs, et que l'on appelait aussi INCARNATIFS. — S'emploie substantiv. au masculin : *les sarcotiques.*

SARDAIGNE (ital. *Sardegna ;* anc. *Ichnusa* et *Sardinia*), île la plus grande et la plus importante de la Méditerranée (après la Sicile), au S. de la Corse, dont elle est séparée par un détroit appelé les Bouches de Bonifacio, entre 38° 52' et 44° 16' lat. N. et entre 5° 52' et 7° 30' long. E.; longueur : 255 kil. ; largeur maximum : 140 kil.; 24,342 kil. carr.; 683,000 hab. Cap., Cagliari. Les côtes sont en général escarpées et sauvages, avec des dentelures profondes, qui forment de nombreux caps et baies. Au S., on distingue le golfe de Cagliari, grand enfoncement semi-circulaire entre les caps Carbonara et Spartivento. Beaucoup de petites îles sont disséminées sur la côte, parmi lesquelles, le groupe de Maddalena, où se trouve Caprera. Les montagnes couvrent plus des quatre cinquièmes de la surface; le plus haut sommet est d'environ 6,200 pieds. Il y a, surtout au N.-E., beaucoup de volcans éteints. Les principaux lacs sont ceux de Cagliari, de Sarno, de Saint-Giusta. Les cours d'eau sont nombreux, mais petits. Les minéraux abondent; le pays contient de la houille, et produit du plomb; mais les anciennes mines sont abandonnées. Le sol est particulièrement fertile; il donne surtout du maïs, mais on récolte aussi du froment, de l'orge, des fruits, et des vins remarquables pour leur arome et leur force. On cultive le tabac, le coton, le lin, le chanvre, le safran; on a fait de grandes plantations de mûriers blancs. Exportation considérable de peaux de lièvres, de lapins, de renards et de martres. Enorme fabrication de fromages de lait de chèvre et de brebis. Les thons, les anchois, les sardines peuplent les eaux des côtes; grandes pêcheries de corail. L'île est salubre et agréable, excepté dans les terres basses et marécageuses, où règne en automne une mortelle malaria. La Sardaigne fut un des greniers de Rome; mais l'agriculture y a plutôt rétrogradé, et est aujourd'hui à l'état primitif. La féodalité n'y a été abolie qu'en 1836. Les manufactures royales de poudre à canon, de sel et de tabac, sont les principaux établissements industriels. L'île est divisée en deux provinces: Cagliari et Sassari. — La Sardaigne fut d'abord colonisée par les Phéniciens et les Etrusques, puis par les Grecs, au vi° siècle av. J.-C. On méprisait ses habitants, race mêlée, qu'on appelait *Surdi,* Sardes. Les Carthaginois, les Romains, les Vandales, les Byzantins et les Sarrasins s'en emparèrent successivement. Ces derniers en firent un royaume au viii° siècle. Les Pisans et les Gênois la chassèrent en 1022, et se disputèrent longtemps la possession de l'île. Frédéric Barberousse la divisa entre eux en 1175. En 1238, Enzio, fils naturel de Frédéric II, en devint roi, et 1296 le pape Boniface VIII donna la couronne à Jacques II d'Aragon, comme fief relevant du pape. La Sardaigne resta sujette de l'Espagne jusqu'en 1713, où elle fut cédée à Charles VI d'Autriche. En 1720, celui-ci l'échangea pour la Sicile avec le duc Victor Amédée II de Savoie. Voy. SARDES (*Etats*.)

* **SARDANAPALE** s. m. (de *Sardanapale,* n. pr.). Homme riche et puissant qui mène une vie languissante et efféminée.

SARDANAPALE, dernier roi de la monarchie assyrienne de Ninus, d'après Ctésias. Ses débauches excitèrent une révolte dirigée

par Arbacès, satrape de Médée, et Bélésys, prêtre chaldéen. Il soutint, dans Ninive, un siège de deux ans; lorsqu'il fut réduit à l'extrémité, il se mit avec ses trésors et ses femmes sur un bûcher et périt au milieu des flammes. Beaucoup d'historiens considèrent ce récit comme un mythe. Rawlinson pense que Sardanapale représente à la fois Assurbanipal, et son successeur Assur-emit-ilin.

SARDANAPALESQUE adj. Qui convient à Sardanapale, à un sardanapale.

SARDANAPALISME s. m. Vie de Sardanapale, vie efféminée.

SARDE s. et adj. De la Sardaigne; qui concerne cette île ou ses habitants. — Etats Sardes ou ROYAUME DE SARDAIGNE, ancien royaume d'Italie, comprenant l'île de Sardaigne, le Piémont (avec Saluzzes, Montferrat, et l'O. du duché de Milan), Gênes, la Savoie et Nice; 96,000 kil. carr.; 5,167,000 hab. Les deux dernières parties nommées ci-dessus ont été annexées à la France, et toutes les autres, de même que la Lombardie qui fut réunie à la Sardaigne en 1859, appartiennent aujourd'hui au royaume d'Italie. Victor Amédée II, de Savoie, fut le premier qui prit le titre de roi de Sardaigne en 1720; il abdiqua en 1730 en faveur de son fils Charles-Emmanuel, et après avoir fait d'inutiles efforts pour recouvrer la couronne, il mourut prisonnier en 1732. Charles-Emmanuel III mort en 1773, ajouta de nombreux territoires à la Sardaigne. Son fils, Victor Amédée III, fut vaincu par Napoléon en 1796 et lui céda la Savoie et Nice. Le fils de celui-ci, Charles-Emmanuel IV, fut forcé de se retirer dans l'île de Sardaigne. En 1802, le Piémont fut annexé à la France, et la Sardaigne continentale resta française jusqu'en 1814. Lorsque Charles-Emmanuel abdiqua, en juin 1802, il eut pour successeur son frère Victor-Emmanuel, lequel, rétabli en 1814, fit renaître l'absolutisme. La Savoie fut de nouveau annexée à la Sardaigne, et on y ajouta Gênes en 1815. Pendant une insurrection militaire (1821), Victor-Emmanuel Ier abdiqua en faveur de son frère, Charles-Félix, en l'absence duquel Charles-Albert, de la branche cadette de Savoie-Carignan, prit la régence et proclama la constitution espagnole de 1820. Cependant, avec l'aide de la Russie et de l'Autriche, Charles-Félix fut installé sur le trône. La branche aînée s'éteignit avec lui le 27 avril 1831, et Charles-Albert lui succéda. En 1848, il proclama le *statuto fondamentale,* base de la constitution italienne actuelle, et se fit le champion de l'Italie contre l'Autriche. Après avoir été battu par Radetzky, il recommença la guerre en 1849 et il fut écrasé à Novare le 23 mars. Il abdiqua, et son fils Victor-Emmanuel II, finit par devenir roi de toute l'Italie. (Voy. ITALIE.)

ROIS DE SARDAIGNE

SARDES (*Sardis*), ancienne cité de l'Asie Mineure, capitale de la Lydie, dans une plaine au N. du mont Tmolus, sur le Pactole, près de son confluent avec l'Hermus, à environ 75 kil. de Smyrne. Il n'y a plus que quelques débris de la demeure de Crésus, à l'époque duquel Sardes était une des villes les plus opulentes du monde. (Voy. LYDIE.)

SARDIEN, IENNE s. et adj. De Sardes; qui appartient à cette ville ou à ses habitants.

* **SARDINE** s. f. (lat. *sarda, sardina*). Ichty. Espèce de petit hareng très commun sur les côtes de France et qui ne mesure pas plus de 12 à 15 cent. de long. La chair de la sardine (*clupea sardina*) est très délicate; c'est

pourquoi la pêche de ce poisson occupe un grand nombre d'hommes et de femmes sur les côtes de Bretagne, de Saintonge, de Portugal et dans la Méditerranée. On sale la sardine et on la fume, ou bien on la conserve dans l'huile ou dans le beurre et on la met en boîtes pour l'exportation. — Les sardines se nourrissent de menu poisson, de vers marins et de frai. Habituellement plongées à de très grandes profondeurs, elles viennent pendant les trois mois de l'automne pondre sur les côtes en bancs innombrables qui servent de proie aux grands poissons. — Les sardines fraîches ou salées se font cuire sur le gril et se mangent accompagnées d'une sauce. Elles se servent en hors-d'œuvre ainsi que les sardines en conserve.

SARDINERIE s. f. Endroit où l'on prépare les sardines que l'on veut conserver.

SARDINIER s. m. Filet employé à la pêche de la sardine.

SARDIQUE, *Sardica*, *Ulpia Sardica*, ancienne ville de la basse Mésie ou Dacie Inférieure, près du mont Hémus. auj. *Sophia*. Un concile célèbre y fut tenu en 347.

* **SARDOINE** s. f. Sorte d'agate, non transparente, qui est de deux ou trois couleurs : *sardoine orientale.* — La sardoine est une variété de cornaline ou de chalcédoine, dont le nom dérive soit de la ville de Sardes en Lydie, où l'on la trouva pour la première fois, soit de grec σάρξ, chair, à cause de la couleur de chair qu'elle présente parfois.

SARDONIE s. f. (lat. *Sardonia*, sardaigne). Nom donné par les Romains à la renoncule scélérate (*ranunculus sceleratus*), qui avait, disait-on, la propriété d'exciter le rire sardonique.

* **SARDONIEN** ou Sardonique adj. m. (rad. *sardonie*). Ne s'emploie que dans la locution, Ris SARDONIEN ou SARDONIQUE, sorte de ris convulsif causé par une contraction dans les muscles du visage.

SARDONS, ancien peuple de la Narbonnaise 1re. On suppose qu'ils tiraient leur nom d'une colonie qui venait de l'île de Sardaigne. Leur pays forma le Roussillon et ensuite le dép. des Pyrénées-Orientales.

SARDONYX s. m. [-nikss]. Espèce de sardine.

* **SARGASSE** s. m. (esp. *sargazo*). Sorte de varech des mers tropicales. — Mer des Sargasses, immense espace de l'Atlantique, entre les Açores et les îles du Cap-Vert occupé par une agglomération de sargasses.

SARGON. Voy. ASSYRIE.

SARGUE s. m. [sar-ghe] (gr. *sarx*, chair). Icht. Genre d'acanthoptérygiens sparoïdes, comprenant plusieurs espèces de poissons à dorsale épaisse. Le *sargue mouton* (*sargus*

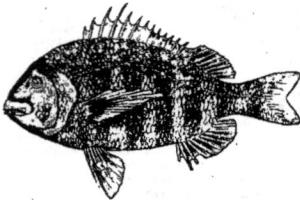

Sargue mouton (Sargus ovis).

ovis, Cuv.) mesure environ 50 centim. de long ; quelques individus atteignent cependant une bien plus grande taille. Son corps est court et épais, son dos arrondi, sa couleur générale claire. La forme de sa tête et

sa couleur noire lui donnent une certaine ressemblance avec celle du mouton. On estime beaucoup sa chair.

SARI, ville de Perse, capitale de la province de Mazanderan, par 36° 35' lat. N. et 50° 54' long. E., à 23 kil. environ de la côte méridionale de la Caspienne ; 20,000 hab. Elle contient une remarquable tour en briques, de 400 pieds de haut, et cinq collèges.

SARI-D'ORCINO, ch.-l. de cant., arr. et à 25 kil. N.-E. d'Ajaccio (Corse) ; 4,000 hab.

* **SARIGUE** s. m. [sa-ri-ghe] (de *carigueya*, nom que les indigènes du Brésil donnent à l'espèce principale). Mamm. Genre de marsupiaux dont les différentes espèces reçoivent, suivant les pays, les noms de *Micouré* (Paraguay), de *manicou* (îles de l'Amérique du Nord), d'*opossum* (Etats-Unis) et de *thlaquatzin* (Mexique). (Voy. OPPOSSUM.)

* **SARISSE** s. f. (gr. *sarissa*). Antiq. gr. Longue lance dont étaient armés les soldats de la phalange.

SARK ou SERCQ, plus petite des îles anglo-normandes, à environ 43 kil. au S.-O. de Guernesey ; 5 kil. carr.; 600 hab. Elle se compose de deux parties : le Grand et le Petit Sark, réunis par une chaîne de rochers qui mesure plus de 200 pieds de haut et seulement 5 pieds de large. Côte d'un difficile accès; mer très dangereuse.

SARLADAIS, AISE s. et adj. De Sarlat; qui appartient à cette ville ou à ses habitants.

SARLADAIS (Le), *Sarlatensis pagus*, petit pays du haut Périgord, comprenant le territoire de Sarlat.

SARLAT, ch.-l. d'arr., à 70 kil. S.-E. de Périgueux (Dordogne), au fond d'une étroite vallée, par 44° 53' 22'' lat. N. et 4° 7' 14'' long. O.; 5,500 hab. Truffes, vins, huile de noix, bestiaux. Minerai de fer, houille, etc. Vieilles églises, dont l'une fut cathédrale. Patrie de La Boétie.

SARMATE s. et adj. De la Sarmatie; qui appartient à ce pays ou à ses habitants.

SARMATIE. Géogr. anc. Nom d'une vaste région de l'Europe orientale et de l'Asie occidentale. Ptolémée distingue la Sarmatie européenne et la Sarmatie asiatique. La première s'étend, d'après lui, depuis la Vistule, et sans doute, le golfe de Dantzick, jusqu'à la Chersonès Taurique (Crimée) et au Tanaïs (Don). La Sarmatie asiatique, à l'E. et au S.-E. de celle-ci, allait jusqu'à la Caspienne et au Rha (Volga). La division orientale était habitée par les Sarmates proprement dits, les Sauromates et d'Hérodote, qu'il fait descendre des Scythes et des Amazones; la division occidentale, ou Scythie d'Hérodote, par les Venedi, les Alani, les Hamaxobii, les Roxolani, les Jazyges, et autres tribus de races diverses.

SARMATIQUE adj. Qui a rapport aux Sarmates ou à la Sarmatie.

* **SARMENT** s. m. [sar-man] (lat. *sarmentum*). Bois que pousse un cep de vigne : *cette vigne a poussé beaucoup de sarment cette année.* — Prov. et pop. DU JUS DE SARMENT, du vin.

* **SARMENTEUX, EUSE** adj. Se dit d'une vigne qui pousse beaucoup de sarments : *vigne sarmenteuse.* — Bot. Se dit, des plantes dont la tige est longue, flexible et grimpante comme le sarment : *plante sarmenteuse*

SARNO, ville de l'Italie méridionale sur le Sarno (anc. *Sarnus*), à 20 kil. N.-O. de Salerne; 10,933 hab. Ville d'une grande antiquité, qui contient les ruines d'un puissant château, une belle cathédrale, des sources minérales et des manufactures de papier et de soie.

SARON (Jean-Baptiste BOCHART DE), mathématicien et astronome, né à Paris en 1730, mort sur l'échafaud en 1794. Il fut membre de l'Académie des sciences et premier président du Parlement. Il fut le protecteur de La Place et fit imprimer à ses frais le premier ouvrage de ce savant. Paris a donné son nom à une de ses rues.

* **SARONIDE** s. m. (gr. *saronidai*; de *sarón*, chêne). Nom d'une classe de prêtres gaulois : *les saronides étaient des espèces de druides.*

SARONIQUE (Mer), nom donné autrefois à la partie de la mer Égée qui s'enfonce entre le cap Sunium et la pointe de l'Argolide. On dit auj. golfe d'Égine ou golfe d'Athènes. Cette mer était jadis bordée d'une forêt de chênes (gr. *sarón*).

SÁROS [cha-roch], comté du nord de la Hongrie; 3,791 kil. carr.; 175,292 hab., en majorité Slovaques et Ruthènes. Les Carpathes, qui marquent la frontière, poussent leurs ramifications sur presque tout le pays. Grande exploitation de sel à Sóvár, près d'Esperies, la capitale. On y trouve des opales de valeur.

SARPER v. a. Couper avec une petite faux à manche cintré.

SARPI (Paolo), souvent appelé FRA PAOLO, historien italien, né à Venise en 1552, mort en 1623. Après plusieurs années passées au couvent, il fut nommé professeur de théologie à Mantoue, puis à Venise, et devint, en 1579, provincial de son ordre. Il étudia les sciences naturelles et fit des découvertes importantes, notamment, d'après Griselfini, la circulation du sang, et l'inclinaison de l'aiguille aimantée. Le pape Paul V n'ayant pu obtenir de Venise l'abrogation d'une loi qu'il regardait comme contraire à la liberté de l'Église, menaça la république d'interdict. Sarpi, nommé canoniste d'État en 1605, publia, l'année suivante, un *Trattato dell' interdetto*, où il exhortait les Vénitiens à ne pas se laisser effrayer, et une longue controverse s'ensuivit avec la cour papale. En même temps, Sarpi poussait énergiquement à une alliance entre Venise et la nouvelle république hollandaise. Il fut alors dénoncé comme schismatique et protestant. Il est surtout connu aujourd'hui par son « Histoire du concile de Trente » (*Istoria del concilio Tridentino*), Londres, 1619. La meilleure édition de ses écrits est celle de Naples (1789, 24 vol.). A.-A. Bianchi-Giovini (1836) et A.-G. Campbell (1875) ont écrit sa vie d'après les manuscrits originaux.

SARRACÉNIE s. f. (lat. *sarracenus*; de *Sarrazin*, médecin français). Bot. Genre type de la famille des sarracéniées, comprenant 6 ou 7 espèces de plantes herbacées qui croissent

Sarracénie pourpre (Sarracenia purpurea).

dans les lieux marécageux de l'Amérique du Nord et de la Guyane. La *sarracénie pourpre* (*sarracenia purpurea*), très commune dans les marécages tourbeux, depuis Terre-Neuve jus-

qu'à la Floride, et, à l'O., jusqu'au Minnesota, porte les noms populaires de *pitcher plant* (plante pot), *huntsman's cup* (coupe du chasseur) et *side-saddle flower* (fleur en selle d'amazone). Ses feuilles, longues de 10 à 15 centim., sont recourbées en haut, et ont une aile large et un capuchon court, droit et ouvert; elles sont souvent veinées et nuancées de pourpre; la fleur, sur un pédoncule d'un pied de haut, est d'un pourpre foncé. — Ce qui donne un grand intérêt à l'observation des sarracénies, c'est que ces plantes sont de véritables insectivores. Leur proie vivante est attirée par un suc mielleux qui se trouve à l'ouverture du tube qui forme la feuille. La chute de l'insecte est facilitée par la disposition de poils qui hérissent l'intérieur du tube; il tombe dans un liquide aqueux dont est rempli le fond de ce tube, et les poils l'empêchent de s'échapper.

SARRACÉNIÉ, ÉE adj. Qui ressemble ou qui se rapporte à la sarracénie. — s. f. pl. Famille de dicotylédones dialypétales hypogynes ayant pour type *le genre sarracénie* et comprenant plusieurs autres genres de plantes pour la plupart insectivores.

SARRACÉNIQUE adj. Qui a rapport aux Sarrasins.

SARRACOLETS, peuple de la Sénégambie, formant plusieurs tribus musulmanes.

SARRASIN, INE s. et adj. [sa-ra-zain] (lat. *saraceni*; du gr. *sarakenos*, oriental; quelques étymologistes le font venir de l'ar. *sahra*, désert; d'autres de *sharkeyn* ou *sharakyoun*, peuple oriental, par opposition à *moghreb*, pays occidental). S'est dit, à l'origine, d'une tribu arabe. — Fut ensuite appliqué, pendant le moyen âge, aux Musulmans de Syrie et de Palestine, aux Bédouins qui envahirent le N. de l'Afrique, aux Arabes qui conquirent l'Espagne et désolèrent les côtes europcennes de la Méditerranée, aux populations mauresques ou mahométanes qui combattirent les croisés, et plus tard, aux Turcomans qui renversèrent l'empire d'Orient.

* **SARRASIN** s. m. Bot. Genre de polygonées comprenant plusieurs espèces de plantes herbacées annuelles, originaires de l'Asie centrale. — Adjectiv. *Blé sarrasin*. ENCYCL. Le *sarrasin commun (fagopyrum esculentum)*, vulgairement appelé *blé noir*, est une plante

Sarrasin commun (Fagopyrum esculentum).

rameuse à fleurs blanches, quelquefois légèrement purpurines, réunies en grappes; à graine triangulaire qui fournit une farine blanche dont on fabrique un gruau populaire en Allemagne et en Pologne, des galettes, des gâteaux et des bouillies partout ailleurs. Les fleurs du sarrasin sécrètent une grande quantité de miel, ce qui fait qu'elles sont très fréquentées par les abeilles; mais le miel produit par ces dernières est rougeâtre et de qualité inférieure. Les graines de sarrasin sont recherchées par la volaille, sur-

tout par les pigeons; elles échauffent et font pondre les poules, mais elles produisent une maladie cutanée chez le cochon. Le sarrasin est cultivé surtout en Bretagne, dans certaines parties de la Normandie, de la Picardie et de la Flandre; il est d'une grande ressource pour les contrées où les céréales, et surtout le blé, feraient défaut. Le *sarrasin de Sibérie* ou *de Tartarie (fagopyrum Tartaricum)* craint moins le froid que le précédent et produit davantage. On le cultive en Normandie.

SARRASIN (Jean-François), poète, né à Hermanville (Calvados) en 1603, mort à Pézénas en 1654. Il a laissé : *Défaite des bouts rimés; Poésies*, etc. Ses Œuvres ont été publiées à Paris en 1656 (in-4°) et rééditées en 1658, 1694, etc., et à Caen en 1824 (in-8°); ses *Œuvres choisies*, par Nodier, à Paris, en 1826 (in-12).

* **SARRASINE** s. f. Fortific. Herse formée de gros pieux de bois ferrés en pointe par le bas, que l'on suspend entre le pont-levis et la porte d'une ville, d'un château fort, etc., pour la baisser au besoin.

* **SARRAU** s. m. [sa-rô]. Espèce de souquenille que portent les paysans, les rouliers, etc., et qui faisait autrefois partie de l'équipement des soldats : *un sarrau de toile*.

SARRE, *Sara* ou *Saravus*; (all. *Saar*). Rivière de France et d'Allemagne, qui prend sa source dans les Vosges, arrose ce dép., celui de Meurthe-et-Moselle et se jette dans la Moselle après avoir baigné Sarrebrück et Sarrelouis; cours 200 kil. Son nom fut donné à un dép. français créé en 1795 et ayant pour ch.-l. Trèves. Depuis 1815, ce dép. appartient à l'Allemagne.

SARREBOURG, *Saræ, castrum*, all. *Saarburg*), ville d'Alsace-Lorraine, sur la Sarre, à 35 kil. E. de Nancy; 3,400 hab.

SARREBRÜCK, *Saræ pons*), ville de la Prusse rhénane, sur la Sarre, à 60 kil. S.-E. de Trèves; 9,047 hab. Les mines voisines produisent jusqu'à 60 millions de quintaux de charbon de terre, et occupent environ 15,000 personnes. La ville, réunie à la France en 1794, forma un ch.-l. d'arr. du dép. de la Sarre jusqu'en 1814. Le 2 août 1870, entre 11 heures et 1 heure de l'après-midi, le général Frossard la bombarda et en délogea, à l'aide des mitrailleuses, les Prussiens qui s'y trouvaient en petit nombre; elle fut aussitôt occupée par le général Bataille. C'est au sujet de cette action que l'empereur envoya à l'impératrice sa fameuse dépêche dans laquelle il dit : « Louis a conservé une balle qui est tombée tout auprès de lui ». Sarrebrück fut repris par les Allemands, le 6 août, au début de la bataille de Forbach.

SARREGUEMINES (all. *Saargemünd*), ville d'Alsace-Lorraine, ancien ch.-l. d'arr. du dép. de la Moselle, à 75 kil. E. de Metz, sur la rive gauche de la Sarre; 6,000 hab.

SARRELOUIS, all. *Saarluis*, ville de Prusse, sur la Sarre, à 64 kil. S.-E. de Trèves. 8,000 hab. Importantes fortifications. Cette ville, réunie à la France par Louis XIV, fut fortifiée par Vauban, et pendant quelque temps fut le boulevard de la France. On la nomma *Sarre libre* en 1793. Elle nous fut enlevée à la seconde Restauration. Patrie du maréchal Ney.

* **SARRETTE** ou **Serrette** s. f. [sa-rè-te] (lat. *serratula*). Bot. Genre de composées cynarées, dont l'espèce type, la *sarrette des teinturiers (sarratula tinctoria)*, est une herbe vivace qui croît dans les lieux humides et ombragés; elle fournit une couleur jaune assez solide, mais moins brillante que celle de la gaude, et qu'on emploie rarement aujourd'hui dans les manufactures.

* **SARRIETTE** s. f. [sa-ri-è-te]. Bot. Genre

de labiées saturéinées, comprenant plusieurs espèces d'herbes ou de sous-arbrisseaux. L'espèce la plus intéressante, la *sarriette des jardins (satureia hortensis)*, qui croît naturellement dans les lieux arides du midi de la France, est souvent cultivée dans les potagers. Son odeur et sa saveur aromatiques très agréables la rendent utile pour assaisonner les ragoûts; c'est l'assaisonnement ordinaire des fèves de marais.

SARROLA-CARCOPINO, ch.-l. de cant., arr. et à 17 kil. N.-E. d'Ajaccio (Corse); 800 hab.

* **SARROT** s. m. Voy. SARRAU.

SARSINA, bourg du roy. d'Italie, province de Forli, à 26 kil. S.-E. de Cesena. 3,000 hab. Patrie de Plaute.

SARTÈNE, *Sartena*, ch.-l. d'arr., à 56 kil. S.-E. d'Ajaccio (Corse); par 41° 37' 11" lat. N. et 6° 38' 10" long. E.; 5,000 hab. Elève de bestiaux et d'abeilles. Grains, huile, cire, peaux de chèvre et de mouton. Patrie du général Abatucci.

SARTHE. I, rivière qui prend sa source au village de Somme-Sarthe (Orne), entre dans le dép. de la Sarthe, y baigne Fresnay, Beaumont, le Mans, la Suze, Malicorne, Sablé, pénètre dans le dép. de Maine-et-Loire et va finir dans la Mayenne à 3 kil. au-dessus d'Angers après un cours total de 376 kil. Princ. affluents : le Sarthon, le Merdereau et la Vegre à droite; à gauche, l'Orne saosnoise, l'Huisne et l'Oir. — II, dép. de la région N.-O. de la France; doit son nom à la rivière principale qui le traverse; situé entre les dép. de l'Orne, de la Mayenne, de Maine-et-Loire, d'Indre-et-Loire, de Loir-et-Cher et d'Eure-et-Loir; formé du Haut-Maine et d'une portion de l'Anjou et du Perche; 6,206 kil. carr.; 438,917 hab. Sol fertile; bois, céréales, vins, cidre, marrons, chanvre, etc.; volailles estimées. — Territoire peu élevé; le point culminant du dép. se trouve au lieu dit *le Signal*, dans la forêt de Perseigne (340 m.). — Ch.-l., le Mans; 4 arr., 33 cant., 386 comm. Evêché au Mans, suffragant de Tours. Les tribunaux ressortissant à la cour d'appel d'Angers et les établissements d'instruction publique relèvent de l'académie de Caen. — Ch.-l. d'arr. : le Mans, la Flèche, Mamers et Saint-Calais.

SARTHOIS, OISE s. et adj. De la Sarthe, qui appartient ou à ce pays ou à ses habitants.

SARTI (Giuseppe), compositeur italien, né en 1729, mort en 1802. Il fut maître de la chapelle impériale et directeur du conservatoire de Saint-Pétersbourg, de 1785 ou à peu près, jusqu'à 1801. Il a composé des opéras, de la musique d'église, et a inventé une machine pour mesurer les vibrations des tons.

SARTILLY, ch.-l. de cant., arr. et à 11 kil. N.-O. d'Avranches (Manche); 1,000 hab.

SARTINE (Antoine-Raymond-Jean-Gualbert-Gabriel de), homme d'Etat, né à Barcelone en 1729, mort à Tarragone (Espagne) en 1801. En 1759, il fut nommé lieutenant-général de la police française, emploi dans lequel il se rendit célèbre autant par son habileté que par les mesures utiles dont on lui fut redevable. De 1774 à 1780, il fut ministre de la marine. Il émigra à la Révolution.

SARTO (Andrea VANUCCHI DEL), appelé communément ANDREA DEL SARTO, peintre italien, né à Florence vers 1488, mort en 1530. En 1514, il peignit son *Epiphanie* et sa *Naissance de la Vierge*. Ses œuvres manquent de dignité et de grandeur de conception; mais son coloris est admirable, ses reliefs singulièrement hardis, et ses illustrations de la vie de saint Jean (1514-'26) montrent quel maître c'était dans les effets à tirer du clair-obscur. Il exécuta pour François Ier de France

la *Pietà*, ou figure du Christ mort, avec la Vierge, saint Jean et Marie Madeleine. Le roi l'invita à venir à Paris où il peignit la *Charité*. En 1525, il donna, dans le cloître des Servites à Florence, une de ses fresques les plus célèbres, la *Madonna del Sacco*. Parmi ses autres grands ouvrages, on cite le *Sacrifice d'Abraham*, aujourd'hui à Dresde. On confond toujours avec l'original sa copie du portrait de Léon X par Raphaël. Sa vie dissolue, dit Vasari, le fit tomber d'une position éminente à la situation la plus misérable.

SARZEAU, ch.-l. de cant., et petit port sur l'Océan, arr. et à 24 kil. S. de Vannes (Morbihan); 4,000 hab. Marais salants et commerce de cabotage. Patrie de Le Sage. Aux environs se trouvent la *Butte de Grandmont*, l'un des plus grands tumulus qui soient en France.

* **SAS** s. m. [sâ] (bas lat. *sedatium*; du lat. *seta*, soie). Tissu de crin, de soie, etc., qui est entouré d'un cercle de bois, et qui sert à passer de la farine, du plâtre, des liquides, etc. : *de la farine passée au gros sas.*

* **SAS** s. m. [sâ] (ital. *sasso*). Archit. hydraul. Bassin ménagé, dans la longueur d'un canal de navigation, pour y retenir les eaux, qu'on verse, suivant le besoin, dans la chambre d'écluse au-dessus de laquelle il est situé.

* **SASSAFRAS** s. m. [sa-sa-frâ]. Bot. Genre de laurinées, voisin des lauriers et comprenant plusieurs espèces d'arbres. L'espèce type est le *sassafras officinal* (*sassafras officinale*), jadis *laurus sassafras*. Il dépasse 18 m. de hauteur, et plus on va au N. plus il devient petit. On le trouve du Canada à la Louisiane, et au delà du Mississipi. Toutes ses parties sont plus ou moins aromatiques, à cause d'une huile volatile, plus abondante dans l'écorce de la racine que dans les autres portions. Son bois, qui est cassant chez le jeune arbre, devient d'une résistance et d'une légèreté remarquable, et sert à faire

Sassafras officinale. — Feuilles, fleurs et fruit.

des lignes pour la pêche. On scie quelquefois le tronc en planches, dont on fait des malles et des tiroirs; on dit que les insectes ne se mettant pas dans les lits faits de sassafras; on plante des pieux de sassafras dans les poulaillers, pour que l'odeur chasse les parasites de la volaille. Le bois, beaucoup moins aromatique que l'écorce, est encore employé en Angleterre où on l'importe en bûches de 15 à 30 centim. d'épaisseur, non écorcées. On les coupe en petits fragments et on les mêle avec du gaïac et de la salsepareille, pour faire un sudorifique dans les maladies de peau. On en fait une sorte de bière avec de la levure et de la mélasse dans le midi des Etats-Unis.

SASSAGE s. m. Techn. Action de sasser.

SASSANIDES, dynastie des rois de Perse,

fondée par Ardechir, regardé comme le petit-fils de Sassan, vers 226 av. J.-C. et renversée par la conquête arabe vers 641. (Voy. ARDECHIR et PERSE.)

SASSARI. I, province d'Italie, formant la partie septentrionale de l'île de Sardaigne; 10,727 kil. carr.; 243,452 hab. — II, cap. de la province, près du Turritano, à 18 kil. du golfe de Sassari, à 160 kil. N.-N.-O. de Cagliari; 34,000 hab.

* **SASSE** s. f. Mar. Sorte de pelle creuse qui a une anse ou poignée, et qui sert à jeter l'eau hors des navires, et surtout hors des petites embarcations. (Voy. ESCOPE.)

* **SASSENAGE** s. m. Fromage qui tire son nom d'un lieu du Dauphiné où il se fait.

SASSENAGE, ch.-l. de cant., arr. et à 9 kil. O. de Grenoble (Isère), sur le Furon; 1,500 hab.

* **SASSER** v. a. Passer au sas : *sasser de la farine, du plâtre*. — Fig. et fam. Discuter, examiner, rechercher avec exactitude : *on a bien sassé cette affaire, on l'a sassée et ressassée.*

SASSEUR, EUSE s. Personne qui sasse.

SASSOFERRATO (Giovanni-Battista SALVI), peintre italien, né près d'Urbin en 1605, mort en 1685. On le confond souvent avec un autre Sassoferrato plus ancien, qui imita Raphaël.

SASSOLINE s. f. ou sassolin s. m. (rad. Sasso, en Italie). Acide borique naturel, $O^3 B^2 + 3 OH^3$. Matière solide, blanche écailleuse, nacrée, pesant 1,4791, que l'on trouve en dissolution dans les eaux des lagunes (Toscane) ou solidifiée sur leurs bords. En s'échappant de la terre jusqu'à une certaine hauteur avec de la vapeur d'eau et de l'hydrogène carboné, la sassoline constitue les *fumerolles*. Voy. BORIQUE, (*Acide*.)

SASSURE s. f. Ce qu'on sépare d'une matière en la passant au sas.

* **SATAN** s. m. (mot hébreu qui signifie *ennemi*). Nom que l'Ecriture donne ordinairement à l'esprit tentateur : *renoncer à Satan et à ses pompes.* — Relig. LE ROYAUME DE SATAN, le monde; et, LES FILS DE SATAN, les pervers. — Prov. et fam. UN ORGUEIL DE SATAN, un orgueil extrême. On dit de même, ORGUEILLEUX COMME SATAN.

* **SATANAS** s. m. [-nass]. Satan. (Fam. et par plaisant.)

* **SATANÉ, ÉE** adj. Terme d'injure ou de plaisanterie familière : *quel satané farceur !*

* **SATANIQUE** adj. De Satan. Il est synonyme de DIABOLIQUE, et plus fort, Satan étant réputé le chef des démons : *esprit satanique.* (Fam.)

SATANISME s. m. Caractère de ce qui est satanique.

* **SATELLITE** s. m. [sa-tèl-li-te] (lat. *satelles*). Tout homme armé qui est aux gages et à la suite d'un autre, comme le ministre et l'exécuteur de ses violences : *il se fait toujours accompagner de deux ou trois satellites.* Ne se prend qu'en mauvaise part. — Astron. Petit astre qui tourne autour d'une planète, comme la lune autour de la terre. (Voy. PLANÈTE, MARS, JUPITER, SATURNE, URANUS et NEPTUNE.) — Anat. VEINES SATELLITES, veines qui avoisinent les artères. Dans cette phrase, SATELLITES est employé adjectiv.

* **SATIÉTÉ** s. f. [sa-si-é-té] (lat. *satietas*). Répletion d'aliments qui va jusqu'au dégoût : *manger jusqu'à satiété, jusqu'à la satiété.* — Fig. La satiété des plaisirs, des honneurs.

SATIF, IVE adj. (lat. *sativus*). Qui vient de graines qu'on a semées.

SATILLIEU, ch.-l. de cant., arr. et à 26 kil.

N.-O. de Tournon (Ardèche), sur l'Ay; 4,800 hab. Commerce de draps et de bois de charpente.

* **SATIN** s. m. (rad. lat. *seta*, soie). Etoffe de soie plate, qui est fine, douce, moelleuse et lustrée : *satin de Gênes, de Tours, de Lyon, de Bruges, de la Chine.* — Prov. AVOIR LA PEAU DOUCE COMME UN SATIN, COMME DU SATIN, avoir la peau fort douce et fort unie. On dit fig., dans le même sens, AVOIR UNE PEAU DE SATIN. — Bois de satin, nom de plusieurs bois de commerce, qui, une fois polis, présentent un éclat particulier; les espèces principales viennent de l'Inde, des Antilles et de Bahama. Le bois de satin de l'Inde est donné par le *chlorozylon swietania*, qui est parent de l'acajou et ressemble quelque peu au buis. Celui des Antilles est supérieur aux autres qualités; il a une couleur jaune serin clair. On a pensé que c'était le bois d'une espèce de *maba*, arbre de la famille de l'ébène.

* **SATINADE** s. f. Petite étoffe de soie très mince qui imite le satin : *il ne faut pour doublure à cet habit que de la satinade.*

* **SATINAGE** s. m. Action de satiner, ou résultat de cette action : *le satinage rend le papier plus lisse et plus fin.* — Typogr. Opération qui a pour but d'abattre le foulage du papier imprimé.

* **SATINÉ, ÉE** part. passé de SATINER. — UNE PEAU SATINÉE, une peau douce comme du satin. UNE TULIPE SATINÉE, une tulipe d'un très beau blanc de satin. — Spath satiné, nom donné à deux minéraux distincts, qui ont l'un et l'autre une structure fibreuse analogue, et que l'on trouve dans certaines parties de la Grande-Bretagne. L'un est une variété de gypse, et l'autre un carbonate de chaux.

* **SATINER** v. a. Donner à une étoffe, à un ruban; à du papier, l'œil du satin. — CETTE TULIPE SATINE, elle approche, par sa blancheur, de l'éclat du satin. Dans cette phrase, SATINER est neutre.

SATINEUR, EUSE s. Personne qui satine.

* **SATIRE** s. f. (lat. *satira*). Ouvrage en vers fait pour reprendre, pour censurer, pour tourner en ridicule les vices, les passions déréglées, les sottises, les impertinences des hommes : *satire d'Horace, de Juvénal, de Boileau.* — Se dit aussi de certains autres ouvrages, ordinairement mêlés de prose et de vers, qui sont faits dans la même intention : *la Satire de Pétrone; la Satire Ménippée.* — Fig. SA CONDUITE FAIT LA SATIRE DE LA VÔTRE, l'honnêteté, la régularité de sa conduite fait remarquer davantage les torts de la vôtre. Tout écrit ou discours piquant, médisant, contre quelqu'un : *il a fait une longue satire contre vous.*

* **SATIRIQUE** adj. Qui appartient à la satire, qui tient de la satire : *ouvrage satirique.* — Enclin, porté à la médisance : *homme satirique.* — s. m. Auteur de satires : *Boileau, Régnier, Gilbert, Barbier, Victor Hugo (Châtiments) sont nos premiers satiriques.*

* **SATIRIQUEMENT** adv. D'une manière satirique : *cela est dit satiriquement.*

* **SATIRISER** v. a. Railler quelqu'un d'une manière piquante et satirique : *c'est un homme qui satirise ses meilleurs amis.* — v. n. Il ne fait autre chose que satiriser. (Peu us.)

SATIRISTE s. m. Auteur de satires.

* **SATISFACTION** s. f. (lat. *satisfactio*). Contentement : *j'ai eu bien de la satisfaction dans son entretien.* — Action par laquelle on satisfait quelqu'un, en réparant l'offense qu'on lui a faite : *il t'avait offensé, il est obligé de lui faire satisfaction, de lui donner satisfaction.* — Relig. Ce qu'on est obligé de faire à

l'égard de Dieu, pour réparation des péchés qu'on a commis : *il faut jeûner et faire l'aumône en satisfaction de ses péchés.*

* **SATISFACTOIRE** adj. (lat. *satisfactorius*). Dogmat. Qui est propre à réparer, à expier les fautes commises. Dans cette acception, il ne se dit que de la mort de Jésus-Christ, et des œuvres de pénitence qu'on fait en satisfaction de ses péchés : *la mort de Notre-Seigneur est satisfactoire pour tous les hommes.*

* **SATISFAIRE** v. a. (lat. *satisfacere*). Se conjugue comme Faire. Contenter, donner sujet de contentement : *un enfant qui satisfait son père et sa mère.*

Vous aurez *satisfait* une mère, une sœur,
Et vous aurez surtout *satisfait* votre honneur.
J. Racine. *La Thébaïde*, acte II, sc. III.

— v. n. Faire ce qu'on doit par rapport à quelque chose. En ce sens, et lorsqu'il reçoit un complément, il est toujours suivi de la prép. A : *satisfaire à son devoir; satisfaire à ses obligations.* — Se satisfaire v. pr. Contenter le désir qu'on a de quelque chose : *il y a longtemps qu'il avait envie de voir l'Angleterre, enfin il s'est satisfait.* — Se satisfaire soi-même, tirer soi-même raison d'une offense, d'une injure : *il dit que vous l'avez offensé, et que, si vous ne le satisfaites, il trouvera moyen de se satisfaire lui-même.*

* **SATISFAISANT, ANTE** adj. Qui contente, qui satisfait : *ce discours n'est guère satisfaisant.*

* **SATISFAIT, AITE** part. passé de Satisfaire. — Adj. Content : *Dieu merci, le voilà satisfait.*

* **SATISFECIT** s. m. [sa-tiss-fé-sitt] (mot lat. qui signifie *il a satisfait*). Attestation donnée en témoignage de satisfaction : *montrez-moi votre satisfecit.*

SATORY, comm. de l'arr. et à 3 kil. S.-O. de Versailles (Seine-et-Oise); 100 hab. Vaste champ de manœuvres pour les troupes. C'est sur le plateau de Satory qu'on exécuta la plupart des membres de l'insurrection communaliste condamnés à mort par les conseils de guerre de Versailles.

* **SATRAPE** s. m. (gr. *satrepés*). Titre des gouverneurs de provinces chez les anciens Perses : *le luxe et l'orgueil des satrapes avaient passé en proverbe chez les Grecs.* — Fig. C'est un satrape, un vrai satrape, se dit d'un grand seigneur orgueilleux, voluptueux et despote.

* **SATRAPIE** s. f. Gouvernement d'un satrape.

SATRAPIQUE adj. Qui appartient à un satrape.

SATTARA. I, district fiscal, dans la division méridionale de la province de Bombay (Inde), dans le Deccan; 28,000 kil. carr.; 1,028,520 hab. — II, cap de district, à 170 kil. S.-S.-E. de Bombay; 23,000 hab.

SATURABILITÉ s. f. Chim. Qualité de ce qui peut être saturé.

SATURABLE adj. Chim. Qui est susceptible de saturation.

SATURATEUR s. m, Chim. Appareil qui sert à saturer certains liquides de certains gaz.

* **SATURATION** s. f. (lat. *saturatio*). Chim. État d'un liquide qui est saturé : *l'acide est au point de saturation.* — Action de saturer.

* **SATURÉ, ÉE** part. passé de Saturer. — Eau de chaux saturée, eau dans laquelle on a mis un quantité de chaux suffisante pour que cette eau ne puisse en dissoudre davantage. — Le public est saturé de ce genre d'ouvrages, on en a tant publié, qu'il n'en veut plus lire, plus acheter.

* **SATURER** v. a. (lat. *saturare*). Chim. Dissoudre dans un liquide le plus de matière qu'il est possible ; mettre dans un liquide

427

---

tout ce qu'il peut dissoudre d'une matière, en sorte que ce qu'on ajoute au delà reste libre et ne se dissout point : *saturer un acide avec un alcali.*

SATURITÉ s. f. État de ce qui est saturé.

* **SATURNALES** s. f. pl. Fêtes en l'honneur de Saturne : *les saturnales se célébraient à Rome au mois de décembre.* — Certains temps de licence, de désordre : *les jours gras sont de véritables saturnales.* — Les saturnales, célébrées à l'origine par les populations rurales de l'ancienne Italie dans le mois de décembre, furent plus tard converties en une époque de repos et de réjouissances. On en attribue l'origine à Janus, à Hercule et à d'autres. Sous la république, on les célébrait pendant un seul jour réservé, en décembre. Sous les empereurs, elles avaient fini par durer sept jours, et elles comprenaient trois fêtes distinctes : le Saturnales proprement dites, les *Opalia* et les *Sigillaria*. Les réjouissances par lesquelles on célébrait ces fêtes ressemblaient beaucoup à celles de notre carnaval.

SATURNE (lat. *Saturnus*), ancien roi mythique ou divinité d'Italie. On lui attribue l'introduction de l'agriculture et de la civilisation. Suivant la tradition, il régna au mont Capitolin, appelé de la mont de Saturne; et, après sa mort, il fut transféré au séjour des dieux. Son règne a été appelé l'âge d'or de l'Italie. Le dieu grec Cornos (χρόνος, temps), avec laquelle on l'identifia dans les derniers temps, fut le plus jeune fils du Ciel et de la Terre, et le père de Jupiter, de Junon, de Neptune et de Pluton.

* **SATURNE** s. m. (de *Saturne*, n. pr.). Astron. Nom donné à une des planètes du système solaire : *la planète de Saturne.* — Anc. chim. Saturne, le plomb. Sel de Saturne, combinaison de l'acide du vinaigre avec l'oxyde de plomb, quand cette combinaison est solide; et, Extrait de Saturne, cette même combinaison, quand elle est à l'état de sirop. — Saturne est la sixième planète, par ordre de distance du soleil, la troisième des planètes supérieures, et, dans les anciens systèmes d'astronomie, la plus extérieure du système planétaire ; aujourd'hui, l'on sait qu'elle voyage dans l'intérieur de l'orbite de deux autres planètes au moins, Uranus et Neptune. Saturne se meut à une

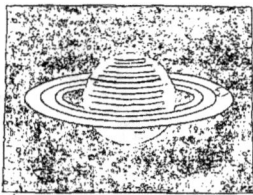

Saturne et ses anneaux.

distance moyenne du soleil d'environ 1 milliard 400 millions de kil. L'excentricité de son orbite étant considérable, la plus grande et la plus petite distance sont respectivement de 1 milliard 490 millions de kil. et de 1 milliard 330 millions de kil., ce qui fait une différence de 160 millions de kil. L'excentricité de son orbite est 0. 055996. Puisque sa distance moyenne de la terre au soleil est de 145 millions de kil., il se trouve que, lorsque Saturne est en opposition à la terre relativement au soleil, sa distance de notre planète est alors d'environ 1 milliard 195 millions de kil. quand il est le plus rapproché du soleil, et d'environ 1 milliard 345 millions de kil. quand il est le plus éloigné. — Saturne achève le circuit de son orbite en

---

10,759 jours 2,495, ou 29 ans 167 jours 2, dans un orbite incliné d'environ 2° 29' 58" sur le plan de l'écliptique. Comme volume et comme masse, il vient après Jupiter; il surpasse d'environ trois fois le volume des autres planètes, sauf Jupiter. Son diamètre moyen est d'environ 115,000 kil.; son diamètre polaire de 5,000 kil. de moins environ, et son diamètre équatorial de 5,000 kil. de plus. Son aplatissement est d'environ $\frac{4}{42}$; le volume de Saturne excède à peu près 697 fois celui de la terre; mais sa densité n'est que 0,13 de celle de la terre, de sorte que sa masse n'est que 87 fois celle de notre planète. Saturne tourne sur son axe en 10 heures et demie, et son équateur est incliné de 21° sur le plan de son orbite. Huyghens a découvert un anneau opaque, plat, mince et circulaire, régnant autour de l'équateur de Saturne, mais ne touchant nulle part le corps de la planète. Cet anneau étant incliné sur l'écliptique et se mouvant toujours dans son propre plan, il en résulte que, pendant la moitié de l'année saturnienne, un côté de l'anneau est éclairé tandis que l'autre côté est éclairé pendant la seconde moitié. Cassini, Bell, W. Herschel, Bonds, Dawes et Lassell ont depuis observé cet anneau, et il résulte de leurs travaux qu'il est formé de deux anneaux lumineux principaux séparés par une lacune circulaire; chacun de ces deux anneaux est lui-même probablement divisé en plusieurs anneaux secondaires. Mais ce qu'il y a peut-être de plus remarquable dans Saturne, c'est l'existence d'un anneau obscur au milieu des anneaux lumineux. Cet anneau obscur est tellement visible, même avec un télescope de puissance médiocre, qu'il est naturel de penser qu'il se trouve en face d'une formation récente. Saturne a huit satellites, dont le plus grand, Titan, le sixième par ordre de distance à partir de la planète, est le satellite le plus volumineux du système solaire et est probablement aussi gros que la planète Mercure. Voici, du reste, le tableau des huit satellites de cette planète:

SATELLITES	DÉCOUVREURS	ANNÉES	DISTANCE de la planète	DURÉE DES RÉVOLUTIONS
Mimas...	Herschel..	1789	192.000 k.	1 j. 22 h. 37 m. 21 s.
Encelade	Id...	1789	245.000	1 8 53 6
Téthys...	Cassini..	1684	305.000	1 21 18 25
Dioné...	Id...	1684	390.000	2 17 41 9
Rhéa...	Id...	1672	545.000	4 12 25 10
Titan...	Huyghens.	1655	1.265.000	15 22 41 25
Hypérion	Bond & Lassell	1848	1.772.000	21 7 12 8
Japhet...	Cassini	1671	3.890.000	79 7 53 40

— Extrait de Saturne, solution d'acétate de plomb. (Voy. Acétate, extrait.)

* **SATURNIEN, IENNE** adj. Qui appartient à Saturne. Ne s'emploie que dans cette expression Vers saturnien, espèce de vers latin très ancien, rythmique et non métrique.

* **SATURNIN, INE** adj. Méd. Qui a rapport au plomb ou à ses composés. Maladies saturnines, maladies qui se développent chez les ouvriers qui manient les ouvrages de plomb.

SATURNIN ou **Sernin** (Saint), premier évêque de Toulouse. Il prêcha l'Évangile dans les Gaules et subit le martyre vers l'an 250. Fête le 29 novembre.

SATUROMÈTRE s. m. (fr. *saturé*; gr. *metron*, mesure). Mar. Instrument dont on fait usage pour mesurer les quantités de sel contenues dans l'eau de mer. Son degré d'enfoncement dans. l'eau indique le degré de saturation, parce qu'il est construit sur ce principe d'hydrostatique que les corps flottants s'enfoncent d'autant plus profondément dans les liquides que la densité de ces liquides est plus faible. Il en résulte donc que plus l'eau de mer contient de sel, plus sa densité augmente, et moins l'aréomètre y plonge. L'instrument de ce nom dont on fait emploi

V.

à bord des bâtiments à vapeur est celui de Baumé. Son zéro correspond à la densité de l'eau distillée, c'est-à-dire que lorsqu'on le plonge dans cette eau, il s'y enfonce jusqu'à sa partie supérieure marquée de zéro, parce que l'eau distillée ne contient aucun corps étranger *en suspension*.

* SATYRE s. m. (lat. *satyrus*). Sorte de demi-dieu qui, selon la Fable, habitait les bois, et qui avait les jambes et des pieds de bouc : *les faunes et les satyres*. — Fig. et fam. C'est un satyre, se dit d'un homme extrêmement adonné aux femmes. — D'après la mythologie, les satyres étaient une classe de divinités rustiques, sous la direction de Bacchus, dont elles composaient en partie l'escorte. On les représente avec des têtes et des corps d'hommes; mais leurs oreilles sont pointues comme celles de certains animaux, et ils ont des cornes courtes et une queue. Les plus vieux s'appelaient *Sileni*. Pline emploie le mot pour désigner une sorte de singe.

* SATYRE s. f. Antiq. Ce nom désignait, chez les Grecs, certains poëmes mordants, espèce de pastorales ainsi nommées, parce que les satyres en étaient les principaux personnages : ces poëmes n'avaient point de ressemblance avec ceux que nous appelons Satires, d'après les Romans : *les satyres grecques étaient des farces, ou des parodies de pièces sérieuses*.

SATYRIAQUE adj. Qui tient du satyriasis.

° SATYRIASIS s. m. [-ziss] (rad. *satyre*). Méd. Maladie qui consiste en une érection continuelle.

SATYRIASME s. m. Pathol. Mal de reins résultant de l'abus des plaisirs vénériens.

* SATYRION s. m.(gr. *saturion*). Bot. Plante de la famille des orchis, qui exhale une odeur de bouc fort désagréable, et dont les racines tuberculeuses imitent un scrotum.

* SATYRIQUE adj. Antiq. Qui appartient aux satyres. — Danse satyrique, danse qui consistait en postures indécentes et lubriques. — Jeux satyriques, espèce de farces qu'on jouait à Rome avant les grandes pièces, et qui étaient une imitation des satyres grecques. — Drames satyriques, petites pièces que l'on désigne aussi sous le nom de Satyre : *le Cyclope d'Euripide est un drame satyrique*.

* SAUCE s. f. (lat. *salsa*). Assaisonnement liquide où il entre du sel, et ordinairement quelques épices pour y donner du goût : *tremper son pain dans la sauce*. — Sauce verte, sauce faite avec du miel vert, avec du jus d'herbes crues. — Sauce douce, sauce faite avec du sucre et du vinaigre ou du vin. Sauce-Robert, sauce faite avec de la moutarde, de l'oignon et du vinaigre. — Sauce a ou au pauvre homme, sauce froide, faite avec de l'eau, du sel et de la ciboule. — Sauce courte, sauce peu abondante. — Fam. Donner ordre aux sauces, dans la cuisine prendre soin que tout soit bien apprêté : *il est allé donner ordre aux sauces*. — Il n'est sauce que d'appétit, quand on a faim, on trouve bon tout ce qu'on mange.

* SAUCÉ, ÉE part. passé de Saucer. — Numism. Médailles saucées, médailles de cuivre couvertes d'une feuille d'étain. — ∾ Mouillé jusqu'aux os : *j'ai été joliment saucé*.

* SAUCER v. a. Tremper du pain, de la viande, etc., dans la sauce : *saucez votre pain, la sauce est bonne*. — Fig., fam. et par plaisant. Cet homme a été saucé dans la boue, dans le ruisseau, dans la rivière, il est tombé dans la boue, il a été traîné dans le ruisseau, etc. Il a été saucé dans la boue, dans le ruisseau, se dit aussi, fig., de quelqu'un qui a été raillé durement, traité avec un grand mépris. — Saucer quelqu'un, le gronder, le réprimander fortement : *il a été saucé d'importance*.

SAUCIER s. m. Officier de cuisine chargé de préparer les sauces. — Cuisinier habile à faire les sauces.

* SAUCIÈRE s. f. Vase creux dans lequel on sert des sauces sur la table : *saucière d'argent, de porcelaine*.

* SAUCISSE s. f. (bas lat. *salcitia*). Boyau de porc ou d'autre animal, rempli de viande crue, hachée, et assaisonnée : *saucisse de porc*.

° SAUCISSON s. m. Sorte de saucisse qui est fort grosse et de très haut goût : *saucisson de Bologne, de Lyon*.—Artific. Sorte de grosse fusée. — Guerre. Long rouleau de toile rempli de poudre dont on se sert pour porter le feu à un fourneau de mine : *mettre le feu d'un saucisson, au saucisson*. — Se dit aussi de fagots très longs qu'on emploie pour revêtir les talus intérieurs et les embrasures des batteries.

SAUDRE, *Sedera*, rivière qui prend sa source dans le dép. de Loir-et-Cher, passe à Romorantin et se jette dans le Cher près de Selles, après un cours de 130 kil.

* SAUF, AUVE adj. (lat. *salvus*). Qui n'est point endommagé, qui est hors de péril. On le joint souvent avec sain : *il en est revenu sain et sauf*. — Sauf. prépos. Sans blesser, sans donner atteinte à : *sauf le respect de la compagnie; sauf votre honneur; sauf votre respect; sauf le respect que je vous dois*. Ces phrases ont vieilli; on se sert quelquefois pour adoucir, pour excuser des paroles trop hardies ou trop libres. — Sans exclure, sans préjudice, avec réserve de : *sauf meilleur avis*. On l'emploie dans un sens anal. avec la préposition a, suivie d'un infinitif : *sauf à changer*. — Hormis, excepté, à la réserve de : *il lui a cédé tout son bien, sauf ses rentes*.

* SAUF-CONDUIT s. m. Sorte de passeport par lequel il est permis à une personne d'aller en quelque endroit, d'y demeurer un certain temps, et de s'en retourner librement, sans crainte d'être arrêtée : *donner un sauf-conduit, des sauf-conduits*. — Particul. Sauvegarde temporaire que les magistrats accordaient, en certains cas, aux débiteurs exposés à la contrainte par corps : *il fut appelé à déposer comme témoin, et le président du tribunal lui accorda un sauf-conduit*. — Permission qu'en temps de guerre un général donne à un ennemi de passer, librement et en sûreté, sur le terrain qu'occupe son armée. — Avant la loi du 22 juillet 1867 qui a aboli la contrainte par corps en matière civile et en matière commerciale, le débiteur contraignable ou le failli pouvait obtenir un sauf-conduit pendant la durée duquel les huissiers n'étaient pas en droit de l'arrêter. Aujourd'hui encore, en matière criminelle, un sauf-conduit peut être accordé, par le président d'une cour d'assises, à un individu qui est poursuivi pour crime ou délit, et qui est en même temps appelé à déposer comme témoin dans une affaire.

* SAUGE s. f. (lat. *salvia*). Bot. Genre de labiées comprenant plus de 500 espèces d'herbes ou de sous-arbrisseaux. La *sauge commune* ou *sauge des jardins* (salvia officinalis), est une espèce robuste, presque arborescente, originaire du S. de l'Europe, douée d'un odeur aromatique vive, et d'une saveur chaude et amère. On s'en sert en médecine depuis des temps très reculés. C'est un stimulant aromatique, mais elle a, en outre, des propriétés toniques et astringentes. On en fait un gargarisme utile dans les maux de gorge avec relâchement de la luette. Elle sert surtout comme de condiment ou d'assaisonnement pour les farces, les saucisses et autres préparations culinaires; on en aromatise certains fromages. Une autre espèce (salvia sclarea), avec des feuilles beaucoup plus larges que la sauge commune, et une saveur plus

forte, que beaucoup de personnes trouvent désagréable, sert quelquefois à donner du goût aux potages. La *sauge écarlate* (salvia splendens) du Brésil, est très répandue et très appréciée dans les jardins d'agrément.

SAUGRENÉE s. f. (lat. *sal*, sel; *granum*, grain). Art culin. Se dit de pois, fèves ou pommes de terre accommodés avec du beurre, des herbes fines, de l'eau et du sel : *pommes de terre à la saugrenée*.

* SAUGRENU, UE adj. (lat. *sal*, sel; fr. *grenu*). Impertinent, absurde, ridicule. Ne se dit que des choses : *question saugrenue*.

SAUGRENUITÉ s. f. Qualité de ce qui est saugrenu; chose saugrenue.

SAUGUES, ch.-l. de cant., arr. et à 42 kil. S.-O. du Puy (Haute-Loire); 2,500 hab. Fromages estimés; élève de bestiaux.

SAUJON, ch.-l. de cant., arr. et à 26 kil. S.-O. de Saintes (Charente-Inférieure), sur la Seudra; 2,000 hab. Toiles, étoffes de laine. Vins, eaux-de-vie, sel, bois.

SAÜL [sa-ul] (hébr. *Shaul*), premier roi d'Israël, fils de Cis, de la tribu de Benjamin, mort vers 1055 av. J.-C. (Pour l'histoire de son règne, voy. Juifs.)

SAULAIE s. f. Lieu planté de saules.

SAULCY (Louis-Félicien-Joseph Caignart de)[sô-si], voyageur, antiquaire et numismate distingué, né à Lille le 19 mars 1807, mort le 14 nov. 1880. Au sortir de l'École polytechnique, il entra dans l'artillerie (1827), et commença ses études en numismatique. En 1836, il remporta le prix de l'Institut affecté à cette branche de l'archéologie. En 1850, il fit le voyage de Palestine et explora la mer Morte, annonça qu'il avait découvert les ruines de Sodome, et édifia les *tombes des rois* à Jérusalem avec les sépultures royales de Juda. Il a laissé : *Essai de classification des sortes monétaires byzantines* (1836), *Voyage autour de la mer Morte et dans les terres bibliques* (Paris, 1852-'54, 2 vol. in-4°), *Histoire de l'art judaïque* (1858), les *Derniers jours de Jérusalem* (1868), *Expéditions de César dans la Grande-Bretagne* etc. De Saulcy fut nommé conservateur du musée d'artillerie en 1840, et sénateur en 1859; au 4 Sept., il accompagna l'impératrice en Angleterre.

SAULDRE ou **Saudre**, rivière qui se forme dans l'arr. de Romorantin par la jonction de la grande et de la petite Sauldre, et qui se jette dans le Cher après un cours de 56 kil.

* SAULE s. m. [sô-le] (lat. *salix*). Bot. Genre de salicinées amentacées, réunissant environ 150 espèces d'arbres et d'arbrisseaux, qui croissent ordinairement dans les terres fraîches et humides et qui sont couverts d'un feuillage gracieux, supporté par des rameaux élégants et flexibles. — Encycl. Les saules sont dioïques; le mâle porte groupées en chatons, à l'aisselle de ses feuilles, des fleurs composées seulement d'une écaille et de deux ou trois étamines; la femelle porte une fleur d'une façon analogue des chatons de fleurs formées chacune d'une écaille et d'un pistil à stigmate bifide. Les saules varient de grandeur, depuis les espèces alpines qui n'ont pas plus d'un ou deux pouces de haut, jusqu'aux arbres élevés de 15 à 30 m. L'espèce la plus importante est le *saule blanc* (salix alba), commun dans toute l'Europe et dans l'Asie occidentale; ses jeunes pousses sont vertes; ses fleurs s'épanouissent en mai et en juin; il borde habituellement nos prairies marécageuses et plonge ses racines dans la terre humide des rives des ruisseaux. L'habitude où l'on est de l'éteter, c'est-à-dire de retrancher ses branches, tous les 3 ou 4 ans, altère entièrement les formes. Son tronc se gonfle alors en une tête noueuse, et finit par se creuser. Le bois de cet arbre sert à faire des échalas, des

palissades; le tronc n'est bon qu'à brûler. Plusieurs autres espèces produisent de l'osier : nous citerons le *saule jaune (salix vitellina)* et l'*osier blanc* ou *saule viminal (salix viminalis)*. Ce dernier est un arbre haut de 5 à 6 m., à rameaux effilés, bien droits; à écorce

Saule luisant (Salix lucida).

verte, blanche ou noirâtre; à feuilles très allongées et pointues, vertes et glabres en dessus, argentées et soyeuses en dessous. Nous citerons encore, comme susceptible de produire du bois propre aux usages de vannerie, l'*osier rouge* ou *osier franc*, appelé aussi

Saule pleureur (Salix Babylonica).

osier pourpre (salix purpurea), à écorce pourpre foncé, à longues feuilles élargies dans le bout, à rameaux qui ont une rectitude très précieuse dans leur longueur, ce qui permet

Saule viminal (Salix viminalis). Chatons et fleurs mâles et femelles.

de les utiliser pour lier les cercles, et pour attacher les arbres. Le *saule marceau (salix capræa)*, commun dans nos forêts, donne de bon bois pour les échalas, les cercles, les fagots, etc. La plus belle espèce du genre

est le *saule luisant (salix lucida)*, originaire de Pennsylvanie et recherché comme arbre d'ornement. Au XVIIe siècle, on introduisit d'Asie en Angleterre la célèbre espèce appelée *saule pleureur (salix Babylonica)*, arbre pittoresque qui s'est répandu chez nous à partir de 1710. C'est celui dont parle Alfred de Musset dans les vers suivants, gravés sur sa tombe :

Mes chers amis, quand je mourrai,
Plantez un *saule* au cimetière ;
J'aime son feuillage éploré ;
La pâleur m'en est douce et chère,
Et son ombre sera légère
A la terre où je dormirai.

— Le saule pleureur atteint de 12 à 15 m. de haut; ses longs rameaux flexibles et ses feuilles étroites pendent mélancoliquement vers la terre. De même que les autres saules, il se reproduit par boutures, mais, à la longue, il perd sa puissance de propagation, parce que nous ne possédons en Europe que des pieds femelles.

SAULÉE s. f. Rangée de saules.

SAULGE (Saint-), ch.-l. de cant., arr. et à 43 kil. S.-E. de Nevers (Nièvre), dans un vallon; 2,000 hab. Pendant la révolution, ce village s'appela *Marat-les-Forêts*.

SAULIEUE, *Sedelaucum*, ch.-l. de cant., arr. et à 28 kil. S.-S.-O. de Semur (Côtes-d'Or); 3,000 hab. Autrefois place forte. Chanvre, bois, tanneries. Ruines d'un temple druidique.

SAULT, ch.-l. de cant., arr. et à 43 kil. E. de Carpentras (Vaucluse); 2,500 hab. Eaux minérales sulfureuses. Jadis titre d'un comté, dont le maréchal de Villeroy fut le dernier titulaire.

SAULT-SAINTE-MARIE ou **Sault de Sainte-Marie**, [sô-]. I, village du Michigan, sur le détroit de Sainte-Mary, à 370 kil. N.-O. de Detroit; 1,617 hab., en majorité Français et Indiens, qui font le commerce des fourrures, du poisson et du sucre d'érable. — II, port du Canada (Ontario), vis-à-vis du précédent; 879 hab.

SAULX, I. rivière qui prend sa source dans le cant. de Soissons (Haute-Marne) et se jette dans la Marne au-dessous de Vitry-le-François, après un cours de 118 kil. — II, ch.-l. de cant., arr. et à 22 kil. O. de Lure (Haute-Saône); 900 hab.

SAULXURES ou **Saussure**, ch.-l. de cant., arr. et à 25 kil. S.-E. de Remiremont (Vosges), près de la forêt de Longegoutte; 3,000 hab. Filatures de coton.

SAULZAIS-LE-POTIER, ch.-l. de cant., arr. et à 17 kil. S. de Saint-Amand (Cher); 800 hab.

SAUMAISE (Claude de), latinisé en CLAUDIUS *Salmasius*, érudit français, né à Saumur en 1588, mort à Maestricht en 1653. Il était protestant et fut professeur à Leyde. A l'instigation de Charles II, alors réfugié en Hollande, il écrivit, en 1649, *Defensio regia pro Carolo Primo*, qui provoqua la célèbre réplique de Milton, *Pro Populo anglicano Defensio* (1650). Son ouvrage le plus important est *Plinianæ Exercitationes in Solinum* (1629, 2 vol. in-fol.), dont l'érudition est immense. — Le nom de Saumaise est quelquefois employé comme synonyme de commentateur :

Et déjà vous croyez, dans vos rimes obscures,
Aux *Saumaises* futurs préparer des tortures.
BOILEAU.

* **SAUMÂTRE** adj. Ne s'emploie que dans ces expressions : EAU SAUMÂTRE, eau qui a un goût approchant de celui de l'eau de mer : et, goût SAUMÂTRE, saveur qui ressemble au goût de l'eau de mer.

* **SAUMON** s. m. (lat. *salmo*). Icht. Genre type des salmonidés, comprenant un grand nombre d'espèces de poissons à chair délicate et nourrissante, que l'on trouve dans

les eaux de mer et dans les eaux douces de l'hémisphère nord : une *darne*, une *tranche de saumon*. — Masse de plomb ou d'étain telle qu'elle est sortie de la fonte : *de l'étain en saumons*. — ENCYCL. Les noms de saumon et de truite ont été donnés de la manière la moins bien définie et la plus contradictoire par différents auteurs aux poissons de ce genre. Nous ne parlons ici que de ceux qui portent universellement le nom de saumon, laissant pour l'article TRUITE les espèces plus brillamment tachetées, d'ordinaire plus petites et vivant dans l'eau douce. Au premier rang des vrais saumons ou de ceux qui ont le vomer uni, se place le *saumon commun*

Saumon commun (Salmo salar).

(*salmo salmo*, Val.; *salmo salar*, des auteurs). Les saumons qu'on voit sur le marché n'ont généralement pas plus de 3 pieds de long, bien qu'ils atteignent souvent une plus grande taille. Venant des mers septentrionales, ils entrent dans les fleuves lorsque ceux-ci sont grossis par les pluies et plus ou moins troublés; ils séjournent quelque temps dans les estuaires saumâtres; ils suivent la marée avec une vitesse de 23 à 49 kil. par jour, et se reposent dans les trous lorsque l'eau n'est pas propice à leur marche. Les femelles remontent avant les mâles. Arrivés à une hauteur convenable, quand le temps froid arrive, ils se préparent à déposer leur frai. L'opération dure de 8 à 12 jours; après quoi les poissons sont très émaciés et ont perdu leurs écailles; ils se retirent alors dans quelque lieu tranquille pour reprendre leurs forces. Dans cette condition ils sont impropres à servir d'aliment. Cette espèce est très répandue dans l'Europe septentrionale et en Amérique. Elle ne se trouve pas dans les fleuves de la Méditerranée, et ne dépasse pas le 45e parallèle de latitude. Le saumon nage avec une grande rapidité, remontant les cours d'eau, et franchissant des barrages et des chutes d'une hauteur considérable. On en a vu sauter jusqu'à 14 pieds hors de l'eau et décrire des courbes de 20 pieds au moins pour franchir une cascade. S'ils ne réussissent pas du premier coup, ils persévèrent jusqu'à ce qu'ils y arrivent, à moins que l'obstacle ne soit réellement insurmontable. Leurs muscles actifs et puissants et particulièrement leur queue robuste et charnue, leur donnent les moyens de faire de grands efforts. Le saumon est très vorace ; sa croissance est fort rapide ; en mer il se nourrit principalement de petits poissons, de lançons, de crustacés, d'œufs d'échinodermes, etc. Il mord rarement à l'hameçon alors; mais dans les fleuves et les estuaires, il se laisse prendre aux mouches artificielles. Sa chair est extrêmement délicate, et a une nuance rosée qu'on a appelée couleur saumon. Le saumon est un des poissons dont les pisciculteurs se sont occupés le plus de succès. Bloch et d'autres naturalistes regardent le *salmo hæmatus* de Cuvier comme le vieux mâle de l'espèce commune. Sa chair est plus pâle et plus sèche, et par conséquent moins estimée. On le trouve dans les fleuves de l'Europe occidentale, et Agassiz en a pris un spécimen en 1860 dans le Merrimack. Le *salmo hucho* (Val.), saumon du Danube, a le corps plus long et plus arrondi que le saumon commun, et atteint 30 à 40 livres. Sa chair est blanche, mais molle et moins agréable que celle de l'espèce commune. La saison du frai est en juin. — Le saumon se fait cuire

au court bouillon et se mange ordinairement accompagné d'une sauce aux câpres.

* **SAUMONÉ, ÉE** adj. Se dit de certains poissons, particulièrement des truites, quand la chair en est rouge comme celle des saumons : *truite saumonée.*

* **SAUMONEAU** s. m. Dimin. Petit saumon, saumon qui n'a pas encore acquis toute sa croissance : *des saumoneaux du Rhin.*

SAUMUR, *Salmurium*, ch.-l. d'arr. à 48 kil. S.-E. d'Angers (Maine-et-Loire), sur la rive gauche de la Loire, par 47° 15' 34" lat. N. et 2° 24' 40" long. O. ; 13,000 hab. Ecole militaire de cavalerie établie en 1763. Vins rouges et blancs, eaux-de-vie, chanvre, lin, pruneaux. Fabrique d'émaux.— Henri III donna Saumur aux protestants comme place de sûreté. Les Vendéens s'emparèrent de cette ville le 9 juin 1793. On donne le nom de *complot de Saumur* à l'insurrection du général Berton en 1822. Patrie de Mᵐᵉ Dacier.

SAUMURAGE s. m. Action de mettre dans la saumure.

* **SAUMURE** s. f. (lat. *sal*, sel ; *muria*, saumure). Liqueur qui se fait du sel fondu et du suc de la chose salée : *la saumure n'est pas encore faite.*

SAUMURÉ, ÉE adj. Mis dans la saumure.

SAUMUROIS, OISE s. et adj. De Saumur ; qui appartient à cette ville ou à ses habitants.

* **SAUNAGE** s. m. Débit, trafic de sel : *faire le saunage.* — FAUX-SAUNAGE. (Voy. *Faux.*)

* **SAUNER** v. n. Faire du sel.

* **SAUNERIE** s. f. Nom collectif qu'on donne au lieu, aux bâtiments, puits, fontaines et instruments propres à la fabrication du sel.

* **SAUNIER** s. m. Ouvrier qui travaille à faire le sel : *il y a tant de sauniers en cet endroit.* — Celui qui débite, qui vend le sel. — Prov. SE FAIRE PAYER COMME UN SAUNIER, se faire payer avec exactitude, avec rigueur. (Peu us.)— FAUX-SAUNIER. (Voy. *Faux.*)

* **SAUNIÈRE** s. f. Vaisseau, espèce de coffre où l'on conserve le sel.

* **SAUPIQUET** s. m. Cuis. Sauce ou ragoût qui pique, qui excite l'appétit : *faire un saupiquet, un excellent saupiquet.*

* **SAUPOUDRÉ, ÉE** part. passé de SAUPOUDRER. — Fig. et fam. UNE CRITIQUE SAUPOUDRÉE DE QUELQUES ÉLOGES, mêlée de quelques éloges. UN ÉCRIT SAUPOUDRÉ D'ÉRUDITION, où il y a une érudition superficielle.

* **SAUPOUDRER** v. a. Poudrer de sel : *saupoudrer de la viande.* — Se dit aussi en parlant de ce qu'on poudre d'autre chose que de sel, comme de farine, de poivre, etc. : *saupoudrer des soles avec de la farine, pour les frire.*

* **SAUR** adj. m. (celt. *saur*, roux). Voy. SAURE.

* **SAURAGE** s. m. Fauconn. Première année d'un oiseau avant qu'il ait mué.

* **SAURE** adj. (rad. *saur*). De couleur jaune qui tire sur le brun. Ne se dit guère que des chevaux : *un cheval saure.* — HARENG SAUR, par abréviation de *Saure*, hareng salé, demi-séché à la fumée. On dit aussi, HARENG SAURET; mais on écrit, sans accent, HARENG SAUR. — Fauconn. Se dit de l'oiseau pendant sa première année, où il porte encore son premier pennage, qui est roux.

* **SAURER** v. a. Faire sécher à la fumée : *saurer des harengs.*

* **SAURER** adj. m. Voy. SAURE.

SAURIEN, IENNE adj. (gr. *sauros*, lézard). Erpét. Qui ressemble ou se rapporte au lézard. — * s. m. pl. Ordre de reptiles écailleux, comprenant ceux qu'on appelle vulgairement lézards, scinques, geckos, iguanes, agames, caméléons, etc., ainsi que les espèces éteintes : iguanodons, ichtyosaures, ptérodactyles et plésiosaures. Les sauriens respirent tous l'air directement et ont les deux poumons également développés. Les petits ne subissent aucune métamorphose, et les œufs sont recouverts d'une peau en coque résistante; quelques-uns sont vivipares. Par leurs mouvements, ils se rapprochent des mammifères.

SAURIN s. m. Hareng laité, nouvellement sauré.

SAURIN (Élie), théologien protestant, né en 1639 à Usseaux (Dauphiné), mort en 1703. Ministre à Utrecht, il eut de vifs démêlés avec Jurieu. On a de lui : *Examen de la théologie de Jurieu* (La Haye, 1694, 2 vol. in-8°); *Défense de la véritable doctrine de l'Eglise réformée* (Utrecht, 1697, 3 vol. in-8°) ; *Traité de l'amour de Dieu* (1701).

SAURIN (Jacques), ministre protestant français, né à Nîmes en 1677, mort à la Haye en 1730. Il fut pasteur à Londres, de 1701 à 1705, et ensuite à la Haye, où il se rendit célèbre comme prédicateur. Outre ses sermons, on a de lui : *Discours sur les événements les plus mémorables du Vieux et du Nouveau Testament*, ouvrage connu vulgairement sous le nom de Bible de Saurin (1720, 2 vol. in-fol.). Roques et Beausobre y ont ajouté quatre volumes.

SAURIS s. m. [sô-ri]. Saumure de harengs bouillie avec les laitances du poisson et employée à le conserver.

SAURISSAGE s. m. Action de saurir les harengs, de les fumer.

SAURISSERIE s. f. Endroit où l'on saurit les harengs.

SAURISSEUR s. m. Ouvrier qui saurit les harengs.

SAUROÏDE adj. (gr. *sauros*, lézard ; *eidos*, aspect). Ichtyol. Qui ressemble à un lézard. — s. m. pl. Famille de ganoïdes, comprenant les espèces dont la forme se rapproche de celle du lézard.

SAUROLOGIE s. f. (gr. *sauros*, lézard ; *logos*, discours). Traité sur les sauriens.

SAURURE s. m. (gr. *sauros*, lézard ; *oura*, queue). Bot. Genre type de saururées, dont les principales espèces croissent dans les marais de l'Amérique du Nord et dont l'es-

Queue-de-lézard (Saururus cernuus).

pèce européenne, appelée *saurure penché* (*saururus inclinatus*), porte le nom vulgaire de lézardenle. La principale espèce américaine (*saururus cernuus*) est nommée queue-de-lézard.

SAURURÉ, ÉE adj. Qui ressemble ou qui se rapporte au saurure. — s. f. pl. Famille de plantes dicotylédones ayant pour type le genre saurure.

* **SAUSSAIE** s. f. Lieu planté de saules : *il se promenait dans la saussaie.*

SAUSSURE (Horace-Bénédict de), naturaliste suisse, né à Conches, près de Genève, le 17 fév. 1740, mort à Genève le 22 janv. 1799. Il enseigna longtemps la philosophie à Genève, construisit le meilleur hygromètre ou plutôt hygroscope et perfectionna ou inventa plusieurs autres instruments, dont le plus connu est le cyanomètre. En 1787-'89, il fit l'ascension du mont Blanc, du Col du Géant et du mont Rosa. Cuvier faisait grand cas de son *Essai sur l'hygrométrie* (1783) et de ses travaux en géologie et en minéralogie. Ses *Voyages dans les Alpes* (1779-'96, 4 vol.) lui ont valu la qualification de « premier peintre des Alpes ». — Son fils, Nicolas-Théodore (1767-1845), se distingua dans la chimie végétale. Sa fille, Albertine-Adrienne (1766-1841), épousa Jacques Necker, cousin de Mᵐᵉ de Staël, dont elle écrivit une notice biographique. Elle a traduit le cours de littérature dramatique de Schlegel, et a publié *L'Education progressive* (4ᵉ édit. 1866, 2 vol.).

* **SAUT** s. m. (lat. *saltus*). Action de sauter, mouvement par lequel on saute : *il s'élança tout d'un saut, de plein saut, d'un seul saut sur l'autre bord du fossé.* — Man. SAUT DE MOUTON, saut capricieux par lequel un cheval, en s'enlevant, baisse la tête, voûte l'épine dorsale en contre-haut, ramène les extrémités sous le ventre, et se jette de côté, de manière souvent à désarçonner son cavalier : *ce cheval vient de faire le saut de mouton.* — PAS ET LE SAUT, air relevé qui s'exécute en trois temps : le premier est un temps de galop raccourci, ou terre à terre, le second une courbette, et le troisième une cabriole ; ainsi alternativement. — Se dit aussi d'un homme qui, d'un petit ou médiocre emploi, parvient tout d'un coup à une place importante : *cet homme a fait, vient de faire un grand saut.* — FAIRE LE SAUT, se déterminer enfin à prendre un parti, une résolution où il y a de la difficulté, du péril : *il a balancé s'il entrerait dans cette affaire, mais enfin il a fait le saut.* — En mauvaise part : *cette belle veuve a délibéré longtemps si elle épouserait ce jeune homme qui n'a ni état ni fortune; enfin elle a fait le saut.* — Chute : *tomber d'un troisième étage, c'est un terrible saut.* — SAUT DE BRETON, le saut, la chute d'un homme qu'on fait tomber par un certain tour de lutte : *il lui a fait faire le saut de Breton.* — Chute d'eau qui se rencontre dans le courant d'une rivière : *il y a dans cette rivière des sauts en trois ou quatre endroits.* — SAUT DE MOULIN, chute d'eau qui fait aller un moulin. — SAUT DE LOUP, fossé que l'on fait au bout d'une allée, à l'extrémité d'un parc ou d'un jardin, pour en défendre l'entrée sans l'ôter, sans borner la vue. — Haras. Action d'un étalon qui couvre, qui saillit une jument : *l'étalon a donné trois sauts à cette jument.*

SAUTAGE s. m. Action de sauter, de faire sauter.

* **SAUTE** s. f. Mar. Ne s'emploie que dans l'expression, SAUTE DE VENT, changement: subit de plusieurs quarts dans le vent régnant : *les sautes de vent causent quelquefois des avaries considérables.*

* **SAUTÉ** s. m. Cuis. Sorte de ragoût : *on nous servit un sauté de chevreuil.* — Adjectiv. *Rognons sautés au vin de Champagne.*

SAUTÉE s. f. Espace que l'on franchit d'un seul saut.

SAUTE-EN-BARQUE s. m. Manteau court à l'usage des femmes. — Grosse veste de canotier.

SAUT-EN-BAS s. m. Veste courte dont on se sert pour aller en barque, à cheval, etc.

SAUTELER v. n. Faire de petits sauts. — Fig. Tressaillir de joie.

* **SAUTELLE** s. f. Agric. Sarment que l'on transplante avec sa racine.

* **SAUTER** v. n. S'élever de terre avec effort, ou s'élancer d'un lieu à un autre : *sauter de bas en haut, de haut en bas.* — Se dit particul. en parlant des choses que l'explosion d'une mine ou d'un amas de poudre, détruit, renverse, brise et fait voler en éclats : *pratiquer une mine pour faire sauter un ouvrage de fortification.* — On dit aussi, SE FAIRE SAUTER, pour faire sauter son vaisseau. — S'élancer et saisir avec vivacité quelqu'un, quelque chose : *sauter au collet, à la gorge, au visage, aux yeux de quelqu'un.* — Parvenir d'une place inférieure à une autre plus élevée, sans passer par les degrés intermédiaires : *il a sauté de la troisième classe en rhétorique.* — Passer subitement, rapidement d'une chose à une autre qui est différente de la première, qui n'a point de liaison avec elle : *sauter d'une matière à une autre.* — Mar. LE VENT A SAUTÉ DU NORD A L'EST, il y a passé subitement. — Sauter v. a. Franchir : *sauter un fossé.* — Omettre, passer quelque chose, en lisant, soit en transcrivant : *il ne sait pas lire le grec; quand il en trouve, il le saute.* — Haras. Se dit d'un étalon qui saillit, qui couvre une jument : *cet étalon a sauté tant de juments.*

* **SAUTEREAU** s. m. Petite pièce de bois, garnie d'une languette de plume, qui, en sautant par le mouvement de la touche, fait sonner la corde d'un clavecin, d'une épinette : *il manque deux ou trois sautereaux à cette épinette, à ce clavecin.*

* **SAUTERELLE** s. f. Entom. Genre d'orthoptères sauteurs, comprenant un grand nombre d'espèces d'insectes ordinairement ailés, qui sautent à l'aide de leurs deux pattes postérieures, beaucoup plus longues que les autres : *les sauterelles ont pour ennemis les astomes et les trombidions.* — Maçonn. Charpent. Se dit de la fausse équerre mobile; instrument qui est formé de deux règles assemblées à l'aide de leurs extrémités par une charnière, et qui sert à prendre et à tracer toutes sortes d'angles. — Chasse. Piège que l'on tend dans les passages étroits des haies, dans les sillons, dans les rigoles, etc., pour prendre les oiseaux. — ENCYCL. Les *sauterelles* proprement dites ou locustes vivent dans les prairies, dans les champs et souvent sur les arbres; elles dévorent les feuilles des végétaux et sont par conséquent très nuisibles. Nous avons en France la *grande sauterelle* (*locusta viridissima*), longue d'environ 5 centim. et demi, entièrement verte, avec une ligne longitudinale brunâtre sur l'abdomen; à sabre droit. Le jour, elle se tient sur les arbres; le soir, elle descend dans les champs et le mâle fait entendre sa mélodie monotone. Nous avons aussi la *sauterelle brune* (*xiphidion fuscum*), longue de 2 centim., d'un vert tendre, avec une ligne noirâtre sur la tête, les élytres d'un vert brunâtre et de longues antennes brunes; la *sauterelle tachetée* (*locusta verrucivora*), longue de 4 centim., verte, avec des taches brunes ou noirâtres sur les étuis, un sabre recourbé. On assure que si on lui donne à mordre une verrue, la liqueur noire et bilieuse qu'elle dégorge fait sécher et disparaître cette excroissance. On la trouve dans les blés, au moment de leur maturité. Une autre espèce très commune, surtout dans les paysvignobles, est la *sauterelle porte-selle* ou *sauterelle porte-cimbale* (*locusta ephippiger*), appelée aussi, suivant les pays, *seguin, jeudi,* etc. C'est l'hôte le plus bruyant de nos vignes et de nos baies. Elle se distingue par un ventre gros, l'absence d'ailes, et des élytres très

courts, épais, voûtés, ridés, qui produisent, en se frottant l'un contre l'autre, un son aigu, strident et fort. Il y a une variété à raies transversales vertes, et une à raies transversales brunes. La femelle chante presque autant que le mâle. — Parmi les espèces américaines des Etats-Unis, nous citerons la *sauterelle des prairies* (*orchelimum vulgare*, Harris), verte, avec une bande brune sur la tête et le tho-

Sauterelle à ailes en feuilles oblongues (Phyllloptera oblongifolia).

rax; et la *sauterelle à ailes en feuilles oblongues* (*phylloptera oblongifolia*, de Geer), d'un vert brillant. — On donne le nom particulier de *criquets* ou d'acridies à un groupe de sauterelles qui vont par troupes et qui, outre la faculté de sauter, ont encore celle de voler longtemps. Les ailes des criquets sont souvent colorées d'une manière agréable, particulièrement de rouge et de bleu. Quelques

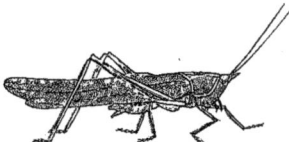

Sauterelle des prairies (Orchelimum vulgare).

espèces, qui reçoivent le nom vulgaire de *sauterelles de passage*, se réunissent par bandes dont le nombre est au-dessus de tout calcul, émigrent, paraissent dans les airs comme un nuage épais et convertissent en déserts les lieux où elles s'arrêtent. Souvent même leur mort est un nouveau fléau, l'air étant

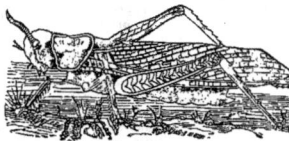

Criquet occidental (locusta migratoria).

corrompu par l'effroyable quantité de cadavres restés sur le sol. Dans diverses contrées de l'Afrique, on mange ces insectes conservés dans de la saumure après qu'on leur a ôté les élytres et les ailes; on les fait quelquefois bouillir dans l'eau salée ou griller sur de la braise. Suivant l'explorateur Largeau, le goût

Criquet des montagnes Rocheuses (Caloptenus spretus).

n'en est pas désagréable. Une partie de l'Europe est souvent ravagée par le *criquet de passage* (*gryllus migratorius*), long de 6 centim. ordinairement vert, avec des taches obscures, les mandibules noires, les étuis d'un brun clair, tachetés de noir, une crête peu élevée sur le corselet. Les œufs sont enveloppés d'une matière écumeuse et glutineuse, couleur de chair, et formant une coque, que l'in-

secte colle, dit-on, sur les plantes. Le N. de l'Afrique est souvent ravagé par quelques espèces un peu plus grandes (*gryllus ægyptius, tartaricus*), qui diffèrent peu du *gryllus kincola* du midi de la France. C'est à ce même groupe qu'appartiennent la *sauterelle à ailes rouges* (*gryllus stridulus*), d'un brun foncé ou noirâtre, avec les ailes rouges terminées par du noir, et la *sauterelle à ailes bleues* (*gryllus cærulescens*), dont les ailes d'un bleu pâle portent une bande noire. L'Amérique compte aussi plusieurs espèces de criquets, parmi lesquelles nous distinguerons le *criquet occidental* (*locusta migratoria*), qui désole les parties occidentales des Etats-Unis, et le *criquet des montagnes Rocheuses* (*caloptenus spretus*), qui coûte près de 100 millions par année aux régions qu'il habite.

SAUTERIE s. f. Danse sans caractère. — Soirée intime où l'on danse sans façon.

SAUTERNE ou **Sauternes** s. m. Vin blanc produit à Sauternes et dans les environs.

SAUTERNES, comm. du cant. de Langon, arr. et à 19 kil. N.-O. de Bazas (Gironde); 1,000 hab. Vins blancs renommés.

* **SAUTE-RUISSEAU** s. m. Petit clerc d'avoué, de notaire, etc., qui fait les courses : *des saute-ruisseau.*

* **SAUTEUR, EUSE** s. Celui, celle qui saute, dont la profession est de faire des sauts et des tours de force : *grand sauteur.* — Homme d'un caractère équivoque et qui se vante ridiculement. (Peu us.) — Man. Cheval dressé à exécuter les différents sauts et qu'on fait monter aux personnes qui apprennent l'équitation : *il y a dans les manèges deux espèces de sauteurs : le sauteur entre les piliers ou dans les piliers, et le sauteur en liberté.* — s. f. Nom d'une sorte de danse. — Entom. Grande division des orthoptères. (Voy. ORTHOPTÈRES.)

SAUTILLAGE s. m. Action de faire de petits sauts.

* **SAUTILLANT, ANTE** adj. Qui sautille, qui ne fait que sautiller : *des enfants sautillants.* — STYLE SAUTILLANT, style saccadé qui manque de suite et de gravité.

* **SAUTILLEMENT** s. m. Action de sautiller, d'avancer en faisant de petits sauts : *la plupart des oiseaux vont par sautillement.*

* **SAUTILLER** v. n. Sauter à petits sauts : *les pies, les moineaux sautillent au lieu de marcher.*

SAUTILLON s. m. Serrur. Partie de la gâche du demi-tour qui est munie d'un biseau.

* **SAUTOIR** s. m. Figure que présentent deux ou plusieurs objets disposés de manière à imiter une croix de Saint-André ✕. On ne l'emploie guère que dans la loc. adv. EN SAUTOIR : *deux pièces de bois mises en sautoir.* — Se dit, particul., en parlant d'armoiries : *deux clefs passées en sautoir.* On dit de même, PORTER D'ARGENT AU SAUTOIR DE GUEULES. — PORTER UN ORDRE EN SAUTOIR, en porter le ruban, le cordon en forme de collier tombant en pointe sur la poitrine : *l'ordre de la Toison-d'Or et celui de Saint-Lazare se portent en sautoir.* — PORTER QUELQUE CHOSE EN SAUTOIR, le porter sur le dos à l'aide de deux bretelles ou cordons qui se croisent sur la poitrine, ou même à l'aide d'une seule bretelle ou d'un seul cordon qui passe de gauche à droite ou de droite à gauche : *porter son bagage en sautoir.*

* **SAUVAGE** adj. (rad. lat. *silva*, forêt). Se dit proprement de certains animaux qui vivent dans les bois, qui se tiennent dans les déserts, dans les lieux éloignés de la fréquentation des hommes : *les lions, les tigres, les ours sont des animaux sauvages et carnassiers.* — Qui n'est point apprivoisé. En ce sens, se dit généralement de tous les animaux qui ne

sont point domestiques : *les animaux sauvages et les animaux domestiques.* — Se dit, par ext., des lieux incultes et inhabités : *un pays sauvage.* — Se dit encore de certains peuples qui vivent ordinairement dans les bois, presque sans religion, sans loi, sans habitation fixe, et plutôt en bêtes qu'en hommes : *les peuples sauvages de l'Amérique, de l'Afrique,* etc. — Se dit fig., d'une personne qui se plaît à vivre seule; et qui, soit par bizarrerie, soit par timidité, évite la fréquentation du monde : *c'est un homme fort sauvage, d'une humeur sauvage.* — Qui a quelque chose de rude, de farouche : *ce savant n'avait quelque chose de dur et de sauvage dans toutes ses manières.* — Se dit aussi de certaines plantes, de certains fruits qui viennent naturellement, sans qu'on prenne soin de les greffer, de les cultiver : *olivier sauvage.* — HUILE SAUVAGE, huile qui a un petit goût amer, ce qui ne la rend que meilleure. — FEU SAUVAGE, sorte de gale qui vient quelquefois au visage des enfants : *cet enfant a du feu sauvage.* — Substantiv. *Cet homme est un sauvage; les sauvages de l'Afrique.*

SAUVAGE (Pierre-Louis-Frédéric), inventeur de l'hélice appliquée à la navigation, né à Boulogne-sur-Mer le 19 sept. 1785, mort misérablement dans la maison de santé de Picpus le 17 janv. 1857. C'est en 1832, qu'après avoir déjà fait des inventions importantes, dont il n'avait personnellement tiré aucun profit, il prit son brevet pour l'hélice sous-marine, qui a produit une révolution dans l'usage de la vapeur comme force motrice des navires. Son appareil fut incompris en France; mais les Américains l'adoptèrent en 1836; et l'hélice (voy. ce mot), revenant de l'étranger, fut aussitôt adoptée par les ingénieurs français. Cette admirable invention enrichit une foule d'exploiteurs, tandis que Sauvage, qui y avait consacré pendant dix ans ses veilles et ses ressources, se vit arrêter pour dettes et jeter dans une prison du Havre. Au sortir de cette prison, il aperçut dans le port un navire américain à hélice ! Il devint fou à l'instant même. Son fils employa sa vie à payer les dettes qu'il avait contractées pour le triomphe de son idée. La ville de Boulogne a rendu, en 1881, un tardif hommage au génie de Sauvage, en lui érigeant une statue inaugurée le 11 sept.

* SAUVAGEMENT adv. D'une manière sauvage : *il vivait fort retiré et sauvagement.*

* SAUVAGEON s. m. Agric. Jeune arbre venu sans culture : *un beau sauvageon.* — Arbre venu de semis, et qui n'a pas été greffé. (Voy. FRANC.)

* SAUVAGERIE s. f. Manière, humeur, habitudes sauvages : *il est d'une sauvagerie peu commune.* (Fam.)

* SAUVAGESSE s. f. Femme sauvage. — Fig. et par plaisant. Femme d'un caractère rude, sans culture, sans habitudes du monde : *c'est une sauvagesse.*

* SAUVAGIN, INE adj. N'est guère usité que dans cette loc., GOUT SAUVAGIN, certain goût, certaine odeur qu'ont quelques oiseaux de mer, d'étang, de marais : *un beau sauvagin qui me déplaît.* — s. m. *Cela sent le sauvagin.*

* SAUVAGINE s. f. Coll. Se dit des oiseaux de mer, d'étang et de marais qui ont le goût sauvagin : *c'est un pays de lacs et d'étangs, tout y est plein de sauvagine, on y trouve beaucoup de sauvagine.* — Odeur de ces oiseaux : *cela sent la sauvagine.* — Toute pelleterie commune et non apprêtée, telle que peaux de renards, de blaireaux, de fouines, etc.

SAUVE, ch.-l. de cant., arr. et à 37 kil. E. du Vigan (Gard), sur le Vidourle; 2,000 hab.

* SAUVEGARDE s. f. Protection accordée par le souverain, par une autorité quelconque : *il est en la protection et sauvegarde du roi.* — Lettre que l'on accorde à quelqu'un pour l'exempter de loger des gens de guerre : *demander, obtenir, expédier une sauvegarde.* (Vieux.) — Garde, détachement qu'un général ou autre chef militaire envoie dans une maison, dans un château, dans un village, pour les garantir de pillage et d'insulte. — Titre, écrit par lequel une sauvegarde est accordée. — Chose ou personne qui sert de garantie, de défense contre un danger qu'on redoute : *venez avec moi; comme je redoute sa colère, vous me servirez de sauvegarde, vous serez ma sauvegarde.*

SAUVEGARDER v. a. Protéger, défendre.

* SAUVE-QUI-PEUT s. m. Déroute, débâcle fuite en désordre : *ce fut un sauve-qui-peut général; des sauve-qui-peut.*

* SAUVER v. a. (lat. *salvare*). Garantir, tirer du péril, mettre en sûreté : *il a sauvé la ville, sauvé son pays.*

> *J'écoute, comme vous, ce que l'honneur m'inspire,*
> *Seigneur ; mais il m'engage à sauver mon empire.*
>   J. RACINE, *Alexandre,* acte Ier, sc. II.

— Se construit quelquefois avec un régime indirect et un régime direct, l'un désignant la personne et l'autre la chose que la personne était menacée de perdre ou de subir : *vous m'avez sauvé la vie.* — Epargner une chose à quelqu'un, l'en exempter : *cela lui a sauvé beaucoup de dépense.* — Excuser, justifier : *on ne peut sauver sa conduite.* — Mus. SAUVER UNE DISSONANCE, la faire suivre d'un accord convenable, c'est-à-dire la faire descendre d'un degré, soit d'un ton plein, soit d'un demi-ton. — Rendre éternellement heureux dans le ciel : *Dieu a envoyé son Fils pour sauver tous les hommes, pour sauver le genre humain.* — Se sauver v. pr. S'échapper : *pendant que les geôliers dormaient, il se sauva de prison.* — Fig. et fam. SE SAUVER A TRAVERS LES BROUSSAILLES, SE SAUVER DES VIGNES, PAR LES MARAIS, se tirer d'embarras comme on peut. — SE SAUVER D'UN PÉRIL, D'UN DANGER, etc., s'en tirer, s'y dérober par la fuite ou autrement :

> ...... Il va tout conserver,
> 'Et par ce seul conseil Thèbes se peut sauver.
>   J. RACINE, *La Thébaïde,* acte Ier, sc. V.

— On dit de même, SE SAUVER DE L'OUBLI, DE L'INFAMIE, etc. — Se retirer promptement : *il se fait tard, il va pleuvoir, je me sauve.* — Aller dans un lieu pour y chercher un asile, s'y réfugier : *après avoir commis ce meurtre, il se sauva dans les pays étrangers.* — Faire son salut éternel : *il faut travailler à se sauver.* — Se dédommager : *ce marchand vend à bas prix; mais il vend beaucoup, et il se sauve sur la quantité.* — Par ellipse. Sauve qui peut, se sauve qui pourra, se tire du péril qui pourra.

* SAUVETAGE s. m. Mar. milit. et march. Action de retirer des flots et de recueillir les débris d'un naufrage, les marchandises et les effets naufragés : *faire le sauvetage d'un navire à la côte.* — Action de retirer de l'eau des personnes en péril de se noyer dans la mer, dans un fleuve, etc. — ∞ Dans un sens beaucoup plus large, action de tirer d'un péril quelconque : naufrage, incendie, inondation, tempête, explosion, asphyxie, attaque d'un homme ou d'un animal et secours de quelque nature qu'il soit. — Bateau de sauvetage, embarcation spécialement destinée à secourir les naufragés, quand la mer est très mauvaise. On dit aussi *life-boat.* — Canot qui sert à porter secours à une personne en danger de se noyer : *on a inventé des bateaux de sauvetage insubmersibles.* — Ceinture de sauvetage (Voy. CEINTURE). Les ceintures de sauvetage sont faites en liège ou en matières creuses qu'on remplit d'air. La plupart des navires en sont pourvus

aujourd'hui. Voici, d'après la *Nature* (1881), la description d'un appareil américain qui, non seulement peut soutenir un naufragé, mais qui met à sa disposition un moteur destiné à la propulsion : « Cet appareil se compose d'un flotteur central fait d'une plaque de liège assez épaisse pour racheter la différence de poids entre le corps du nageur et le volume d'eau qu'il déplace. Ce flotteur est traversé par un arbre rigide que termine à chaque extrémité une roue dentée munie de deux manivelles que l'on fait agir avec les mains et les pieds. Par le jeu de ces manivelles, les roues dentées font tourner une tige centrale terminée par une hélice. L'homme étant couché sur le flotteur, les mains posées sur les poignées des manivelles de devant, les pieds sur les pédales des manivelles d'arrière, règle ses mouvements aussi régulièrement que possible, comme fait un nageur, et imprime à l'appareil propulseur une rotation rapide qui pousse tout l'ensemble en avant. » — Bouée de sauvetage, plateau de liège garni de bouts de cordes ou

Bouée de sauvetage en liège.

muni de cordages comme le montre notre gravure, qu'on jette par-dessus bord quand un homme tombe dans l'eau. — * Société de sauvetage, société fondée pour porter secours aux naufragés ou aux navires en danger. La première société de ce genre fut fondée en Angleterre en 1824. Nous avons, en France, depuis 1865, la *Société centrale de sauvetage des naufragés,* qui possède sur les côtes de l'Océan et de la Méditerranée plus de 70 stations de canots de sauvetage. — « La *Société centrale de sauvetage des naufragés,* fondée en 1865, a pour objet de porter assistance aux naufragés, à tous navires en détresse sur les côtes de France. Elle s'occupe aussi de propager les meilleurs procédés concernant la sécurité des navigateurs et les moyens de sauvetage en pleine mer. Depuis sa fondation jusqu'au 1er janv. 1885, cette société avait dépensé la somme de 2,385,471 fr. A cette époque, elle possédait 67 stations de canots de sauvetage, chacune avec chariot, maison-abri et accessoires, et 398 postes de porte-amarres. Pendant ces vingt années, et grâce à l'intrépidité des marins qui les ont conduits, les canots insubmersibles de la *Société centrale de sauvetage* ont porté secours à plusieurs centaines de navires et ont arraché à la mort 3,338 personnes. La société a été, dès son origine, reconnue établissement d'utilité publique. Aucune institution n'y avait plus de droits, et l'on peut espérer qu'elle arrivera un jour à décupler le nombre de ses stations, au moyen des dons qui lui sont adressés et des cotisations de ses membres. »

      (CH. Y.)

* SAUVETÉ s. f. État d'une personne, d'une chose mise hors de péril. (Vieux.)

SAUVETER v. a. Opérer un sauvetage.

SAUVETERRE. I, ch.-l. de cant., arr. et à 20 kil. d'Orthez (Basses-Pyrénées); le gave d'Oloron; 1,200 hab. — II, ch.-l. de cant., arr. et à 13 kil. N.-N.-E. de la Réole (Gironde); 800 hab. — III, ch.-l. de cant., arr. et à 36 kil. S.-O. de Rodez (Aveyron); 800 hab.

* SAUVETEUR s. m. Celui qui prend part à un sauvetage. — Adj. UN BATEAU SAUVETEUR, une embarcation employée au sauvetage. — ∞ « Nous adoptons comme suit la définition du sauveteur : l'homme qui, en exposant ses jours, se dévoue pour tirer son semblable des dangers courus en mer, sur les lacs, les rivières, des dangers occasionnés par les inondations, les tempêtes, l'action du feu,

les explosions, les émanations délétères, ou causés par l'attaque des hommes, des animaux et enfin de toutes les situations o il est en péril. » A. de Brissy et O. Dubus, *Catéchisme du sauveteur* (Namur, 1885).

* **SAUVEUR** s. m. (lat. *salvator*). Celui qui sauve, libérateur : *Joseph fut appelé le sauveur de l'Égypte.* — Se dit, par excellence, de Notre-Seigneur Jésus-Chist : *la Madeleine se jeta aux pieds du Sauveur.* — Adjectiv. *Un dieu sauveur.*

SAUVEUR (Joseph), mathématicien français, né en 1653, mort en 1716. Il fut muet jusqu'à l'âge de 7 ans, et ses organes de la parole et de l'ouïe restèrent longtemps imparfaits. Néanmoins, il créa la science de l'acoustique musicale, et, en 1686, devint professeur de mathématiques au collège de France. Il a déterminé le nombre de vibrations correspondant à chaque son donné.

SAUVEUR (Saint-). I, ch.-l. de cant., arr. de Puget-Théniers (Alpes-Maritimes); 800 hab. — II, ch.-l. de cant., arr. et à 18 kil. S.-O. d'Auxerre (Yonne); près du Loing; 1,800 hab. — III, comm. de l'arr. et à 22 kil. S.-E. d'Argelès (Hautes-Pyrénées), dans la vallée de Barèges. Bains d'eaux thermales sulfureuses.

SAUVEUR-LENDELIN (Saint-), ch.-l. de cant., arr. et à 10 kil. N. de Coutances (Manche); 500 hab.

SAUVEUR-LE-VICOMTE (Saint-), ch.-l. de cant., arr. et à 18 kil. S. de Valognes (Manche); 900 hab.

* **SAUVE-VIE** s. f. Nom vulgaire d'une espèce de petite fougère qui croît à l'ombre dans les fentes des vieux murs et des rochers, et qui a beaucoup de rapport avec les capillaires. On la nomme aussi Rue de muraille (*asplenium ruta muraria*).

SAUXILLANGES, ch.-l. de cant., arr. et à 11 kil. E. d'Issoire (Puy-de-Dôme), sur la Couze ; 2,000 hab. Ancien couvent de bénédictins.

SAUZÉ-VAUSSAIS, ch.-l. de cant., arr. et à 27 kil. S.-E. de Melle (Deux-Sèvres); 1,500 hab.

SAUZET (Jean-Pierre-Paul), avocat, homme politique, né à Lyon en 1800, mort le 11 juillet 1876 ; député après 1830, il devint ministre de la justice en 1836 et président de la Chambre des députés de 1839 à 1848. Il ne voulut jamais rien accepter de l'Empire.

SAVACOU s. m. Ornith. Genre d'échassiers cultrirostres, tribu des hérons, qui se distin-

'Savacou huppé.

guent des hérons proprement **dits** par un bec très large qui semble formé de deux cuillers appliquées l'une contre l'autre. Le *savacou*

huppé (*cancroma cochlearia*) se trouve dans les parties tropicales de l'Amérique du Sud. Il fréquente les lieux marécageux et les rives des rivières où l'eau de mer ne remonte pas. Il perche sur les arbres surplombant les eaux douces, et il se précipite sur tout poisson qui passe à sa portée. Il est gros comme une poule.

SAVAGE (Richard) [sav'-édje], poète anglais, né en 1698, mort en 1743. S'il faut croire ce qu'il raconte de lui-même, il était fils illégitime d'Anne, comtesse de Macclesfield, et de Richard Savage, comte Rivers. En 1723, il donna une tragédie qui réussit : *Sir Thomas Overbury*, et dans laquelle il jouait le principal personnage. En 1727, ayant tué un homme dans une rixe après boire, il fut condamné à mort, puis gracié malgré les efforts de sa mère pour le faire exécuter, sous le prétexte qu'il avait une fois attenté à sa vie. En sortant de prison, il publia son poème *The Bastard*. Vers la fin, il ne vivait plus que de charité, et il mourut dans la prison pour dettes, à Bristol. Il considérait son poème intitulé *The Wanderer* comme son chef-d'œuvre. On a publié en 1775 ses œuvres avec sa vie, par le Dr Samuel Johnson (2 vol. in-8°).

* **SAVAMMENT** adv. D'une manière savante : *il écrit, il parle savamment sur un grand nombre de sujets.*

* **SAVANE** s. f. (esp. *savana*). Nom que l'on donne dans diverses contrées de l'Amérique à de vastes plaines où l'on ne trouve pas de forêts, mais qui sont couvertes d'une herbe abondante. — Se dit, au Canada, de terrains humides parsemés d'arbres résineux.

SAVANNAH, la plus grande ville et la plus commerçante de la Géorgie (États-Unis), sur la rive droite de la Savannah, à 30 kil. de la mer et à 160 kil. S.-O. de Charleston; 28,235 hab., dont 13,068 de couleur. — Savannah fut fondée en fév. 1733 par le général Oglethorpe. Les Anglais l'attaquèrent le 3 mars 1776 et furent repoussés, mais il s'en emparèrent le 29 déc. 1778. En oct. 1779, l'armée franco-américaine essaya vainement de la reprendre. Pendant la guerre de sécession, Savannah servit aux confédérés de dépôt militaire. Le 10 déc. 1864, le général Sherman l'investit ; il y entra le 21 déc. après la retraite du général Hardee sur Charleston.

SAVANNAH RIVER, fleuve qui naît dans la chaîne des Appalaches, sur la frontière de la Géorgie et de la Caroline du Nord, et qui à partir de la jonction de ses deux branches, le Tugaloo et le Keowee, coule S.-S.-E. sur un espace de 450 kil. jusqu'à l'Atlantique, séparant la Géorgie de la Caroline du Sud.

* **SAVANT, ANTE** adj. Qui sait beaucoup en matière d'érudition ou de science : *cet un homme fort savant.* — Se dit aussi des ouvrages où il y a de la science, de l'érudition : *un livre savant.* — Qui est bien instruit, bien informé de quelque chose, de quelque affaire : *où avez-vous appris cela? vous êtes bien savant.* — Cette jeune fille est trop savante, est bien savante, elle sait des choses qu'elle devrait ignorer. — Se dit encore de certaines choses où il y a de l'art, de l'habileté : *ce général a fait une marche savante, une retraite savante.* — Savant, ante s. Celui, celle qui a de la science : *les savants disent; elle fait la savante.*

* **SAVANTASSE** s. m. En poésie, on écrit quelquefois, Savantas, homme qui affecte de paraître savant, mais qui n'a qu'un savoir confus : *c'est un savantasse.*

SAVANTISSIME adj. (superl. de *savant*). Très savant : *homme savantissime.* — Substantiv. *C'est un savantissime.*

SAVARIN s. m. (de *Brillat-Savarin*, n. pr.). Sorte d'entremets sucré chaud.

SAVARY (Anne-Jean-Marie-René), duc de Rovigo, général, né à Marc (Ardennes), le 26 avril 1774, mort le 2 juin 1833. Au sortir du collège de Metz, il s'engagea dans le régiment de Royal-Normandie (1789); la Révolution le fit officier et il devint capitaine en 1793. Il assista à la bataille de Marengo (1800) comme aide de camp de Desaix, après la mort duquel il fut attaché à la personne de Bonaparte avec le même titre. En 1802, le premier consul le mit à la tête de la police secrète, et c'est en cette qualité qu'il présida à l'assassinat du duc d'Enghien (1804). Nommé général de division en 1805, il se distingua à Austerlitz, à Eylau, à Ostrolenka (1807) et à Friedland, ce qui lui valut le titre de duc. Il fut ensuite envoyé en mission en Russie et en Espagne. En 1810, il succéda à Fouché comme ministre de la police, mais il ne découvrit pas le complot de Malet. Il essaya vainement d'accompagner Napoléon à Sainte-Hélène ; les Anglais le transportèrent à Malte, d'où il s'enfuit à Smyrne. Il y perdit dans le commerce la plus grande partie de sa fortune. La condamnation à mort portée contre lui en 1816, fut rappelée lors de son retour à Paris en 1819. En 1831, on lui donna un commandement en Algérie. Ses *Mémoires pour servir à l'histoire de l'empereur Napoléon* (1828, 8 vol.) ont une certaine valeur.

* **SAVATE** s. f. (esp. *zapata*). Vieux soulier fort usé : *il n'a que des savates.* — Fam. Traîner la savate, être dans l'indigence. — Pop. Espèce de gymnastique et de lutte où le pied joue le principal rôle : *tirer la savate.* — Espèce de correction donnée par des soldats à un camarade laquelle consistait à frapper le dos nu du patient avec un soulier ferré. — Jeu de la savate, amusement populaire qui consiste à faire passer une savate de main en main dans un cercle de joueurs, tandis qu'une personne, placée, au milieu s'efforce de la saisir. — Adm. des postes. Se disait autrefois de celui qui va à pied porter les lettres dans les endroits éloignés des grandes routes : *les savates s'appellent aujourd'hui piétons.* — ↝ Personne gauche et maladroite : *c'est une savate.*

* **SAVATERIE** s. f. Lieu où l'on vend de vieux souliers : *se fournir de souliers à la savaterie.*

SAVE, rivière de France; prend sa source dans le dép. des Hautes-Pyrénées, coule au N.-E. et se jette dans la Garonne au-dessous de Grenade, après un cours de 148 kil.

SAVE (anc. *Savus*; all. *San*; hongr. *Szdva*), rivière d'Autriche et de Turquie, qui naît dans les Alpes Carniques, traverse la Carniole et la Croatie, longe la frontière méridionale de la Slavonie, qu'elle sépare de la Bosnie et de la Serbie, et se jette dans le Danube entre Belgrade et Semlin, après un cours E.-S.-E. de 850 kil. environ. Elle reçoit la Kuipa, l'Unna, le Verbas, la Bosna et la Drina, tous venant du sud.

SAVENAY, ch.-l. de cant., arr. et à 16 kil. N. de Saint-Nazaire (Loire-Inférieure), sur la rive droite de la Loire; 2,500 hab. Défaite des Vendéens par les généraux Kléber et Marceau (13 déc. 1793).

SAVERDUN, ch.-l. de cant., arr. et à 15 kil. N.-O. de Pamiers (Ariège), sur la rive gauche de l'Ariège; 3,000 hab. Patrie du pape Benoist XII.

SAVERNE, ville d'Alsace-Lorraine, à 38 kil. N.-O. de Strasbourg, sur la Zorn et sur le canal de la Marne au Rhin; 5,000 hab.

* **SAVETER** v. a. Gâter un ouvrage en le faisant ou en le raccommodant malproprement : *voyez comme il a saveté cet habit!* (Pop.)

* **SAVETIER** s. m. Ouvrier dont le métier

est de raccommoder de vieux souliers : *le savetier du coin de la rue.* — Fig. et pop. C'EST UN SAVETIER, CE N'EST QU'UN SAVETIER, se dit d'un mauvais ouvrier en quelque métier que ce soit.

* **SAVEUR** s. f. (lat. *sapor*). Qualité qui est l'objet du goût, qui se fait sentir au goût : *un mets sans saveur.*

SAVIGNAC-LES-ÉGLISES, ch.-l. de cant., arr. et à 21 kil. N.-E. de Périgueux (Dordogne), sur la rive droite de l'Isle ; 900 hab.

SAVIGNY, ch.-l. de cant., arr. et à 23 kil. N.-O. de Vendôme (Loir-et-Cher), sur la Braye ; 2,000 hab.

SAVIN (Saint-), ch.-l. de cant., arr. et à 16 kil. N. de Montmorillon (Vienne), sur la Gartempe ; 1,300 hab. — II, ch.-l. de cant., arr. et à 20 kil. E.-N.-E. de Blaye (Gironde) ; 500 hab.

SAVINES, ch.-l. de cant., arr. et à 10 kil. S.-O. d'Embrun (Hautes-Alpes), sur la Durance ; 4,000 hab. Ruines d'une ancienne abbaye.

SAVINIEN (Saint-), ch.-l. de cant., arr. et à 15 kil. S.-O. de Saint-Jean-d'Angély (Charente-Inférieure), sur la Charente ; 3,000 hab.

SAVOIE, *Sabaudia, Saboia,* pays du S.-E. de la France, sur la frontière de la Suisse et de l'Italie, autrefois duché indépendant, et ensuite partie du royaume de Sardaigne ; 10,076 kil. carr. ; 543,000 hab. Les Alpes Pennines, qui la séparent du Piémont et du Valais, contiennent les pics les plus élevés (notamment le mont Blanc) et les glaciers les plus magnifiques du système alpin. Le pays est coupé par plusieurs ramifications de cette chaîne : les Alpes de Savoie, qui se divisent en deux branches à partir du Petit-Saint-Bernard, qui s'étendent jusqu'au lac de Genève ; et la Vanoise qui se détache du mont Iséran. Les rivières principales sont la Dranse, l'Arve et l'Isère. Outre la partie du lac de Genève qui lui appartient, la Savoie a plusieurs autres lacs plus petits et quelques lacs souterrains. Les sources minérales y abondent ; celles d'Aix sont les plus renommées. Il y a des mines de plomb argentifère, de cuivre, de fer et de houille. Les vallées, parmi lesquelles celle de Chamounyx est célèbre, présentent une suite de champs cultivés, de vergers et de jardins. On récolte beaucoup de céréales, de chanvre, de fruits, et de vin. La population pauvre se nourrit en grande partie de châtaignes. Les eaux sont très poissonneuses et la truite de Savoie est renommée. Les habitants ont toujours été Français, par leurs mœurs, leur langue et leurs sympathies. 30,000 d'entre eux environ vont chercher du travail au loin pendant l'hiver. Bien que l'agriculture soit l'industrie principale, il y a un grand nombre de fonderies et de forges, et des fabriques de toile, de tissus de coton et de laine, etc. Avant son annexion à la France, la Savoie était divisée en sept provinces : Chablais, Faucigny, Genevois, Maurienne, Savoie propre, Haute-Savoie et Tarantaise. Aujourd'hui elle forme les départements de la Savoie et de la Haute-Savoie. Elle était habitée à l'origine par les Allobroges, les Nantuates, et autres tribus de la Gaule Transalpine. Sous les Romains, elle fit partie de la Gaule Narbonaise. Plus tard, elle appartint aux royaumes des Francs et des Burgondes. Le dernier roi d'Arles, Rodolphe III, au commencement du XI° siècle, nomma Bervald, descendant du comte de Saint-Maurice, gouverneur de la Savoie ; mais le comte Humbert, beau-fils de Rodolphe III, est celui qu'on regarde comme le véritable fondateur de la maison de Savoie. Il reçut de Conrad II, après que la Savoie eût été incorporée à

l'Allemagne, en 1032, des fiefs considérables, y compris le Chablais et Vaud. Il mourut vers 1048. Son neveu, Amédée II, ajouta à ses domaines une bonne partie du Piémont. Sous Amédée III (1103-'48), le pays devint un comté de l'empire (1111) et Amédée III fut le premier comte de Savoie. Le comte Amédée V le Grand (1285-1323), agrandit encore beaucoup ses domaines. Turin en était déjà devenu la capitale. Amédée VI, prince chevaleresque et aventureux, annexa Coni et autres territoires, et Amédée VII, Nice. Sous Amédée VIII (1391-1434), la Savoie devint un duché (1416) ; ce prince s'annexa de nouveau une partie du Piémont, qui, depuis 150 ans environ, avait échu à la branche cadette. Charles I°r (1482-'89) conquit le marquisat de Saluces. Charles III (1504-'53) se trouva compromis dans la lutte entre François I°r et Charles-Quint et perdit presque toutes ses possessions, que son fils, Emmanuel-Philibert, prince guerrier et éclairé, reconquit et augmenta (1553-'80). L'ambition de son successeur, Charles-Emmanuel I°r le Grand (1580-1630), gendre de Philippe II d'Espagne, amena de nouvelles spoliations de la part de la France, et son fils, Victor-Amédée I°r (1630-'37), fut obligé de conclure avec son beau-frère, Louis XIII, la paix désastreuse de Cherasco. Victor-Amédée II, qui succéda à Charles-Emmanuel II, en 1675, non seulement regagna toutes ses possessions, mais acquit, en 1713, une partie du duché de Milan et le royaume de Sicile, qu'il échangea en 1720 pour l'île de Sardaigne ; il prit en même temps le titre de roi de Sardaigne. Voy. SARDES (*États.*) Excepté pendant la domination française, sous la République et sous Napoléon I°r, la Savoie resta partie intégrante des États sardes jusqu'en 1850, époque où, en vertu du traité de Turin (24 mars), elle fut cédée par Victor-Emmanuel II à la France, avec la plus grande partie du territoire de Nice ; après le vote, en majorité favorable des populations, elle fut formellement annexée à la France le 12 juin, et la maison de Savoie devint bientôt la dynastie royale de toute l'Italie.

COMTES ET DUCS DE SAVOIE

Bertold.	999-1027
Humbert I°r.	1027-1048
Amédée I°r.	1048-1060
Humbert II.	1060-1072
Amédée II.	1072-1103
Amédée III.	1103-1149
Humbert III.	1149-1188
Thomas I°r.	1188-1233
Amédée IV.	1233-1253
Boniface.	1253-1263
Pierre.	1263-1268
Philippe I°r.	1268-1285
Amédée V.	1285-1323
Edouard.	1323-1329
Aymon.	1329-1343
Amédée VI.	1343-1383
Amédée VII.	1383-1391

DUCS

Amédée VIII.	1391-1459
Louis.	1459-1465
Amédée IX.	1465-1472
Philibert I°r.	1472-1482
Charles I°r.	1482-1489
Charles II.	1489-1496
Philippe II.	1496-1497
Philibert II.	1497-1504
Charles III.	1504-1553
Emmanuel-Philibert.	1553-1580
Charles-Emmanuel.	1580-1675

SAVOIE, département frontière de la partie S.-E. de la France ; doit son nom à l'ancien duché de Savoie dont il a été formé ; situé entre les départements de la Haute-Savoie, de l'Ain, de l'Isère, des Hautes-Alpes et le royaume d'Italie ; 5,759 kil. carr. ; 266,438 hab. C'est un de nos départements les plus montagneux ; point culminant, le mont Iseran (4,045 m.). Princ. cours d'eau : le Rhône, l'Isère, l'Arc, le Guiers. Céréales, vins, etc., nombreuses sources minérales. — Ch.-l. Chambéry ; 4 arr., 29 cant., 326 communes. — Archevêché à Chambéry, ayant pour suf-

fragants dans le même département les évêques de Tarantaise et de Saint-Jean-de-Maurienne. Chambéry est également le siège de la cour d'appel et de l'académie universitaire. — Ch.-l. d'arr. : Chambéry, Albertville, Moutiers, Saint-Jean-de-Maurienne.

SAVOIE (Haute-), département frontière de la région S.-E. de la France ; doit son nom à sa position par rapport à l'ancien duché de Savoie, dont il occupe la partie septentrionale, situé entre le lac de Genève, le canton de Vaud (Suisse), les départements de l'Ain et de la Savoie, le Piémont et le canton du Valais (Suisse) ; formé des provinces de Faucigny, du Chablais et du Genevois ; 4,314 kil. carr. ; 274,087 hab. Département montagneux (point culminant, le mont Blanc, voy. ce mot). Froment, maïs, sarrasin, pommes de terre. Vastes forêts, où se trouvent en abondance le chêne, le chêne-liège, le châtaignier, le bouleau, le mélèze, etc. Eaux minérales à la Caille et à Evian. — Ch.-l. Annecy ; 4 arr., 28 cant., 315 communes. — Evêché à Annecy, suffragant de Chambéry. Cour d'appel à Chambéry. Les établissements d'instruction publique relèvent de l'académie de Chambéry. — Ch.-l. d'arr. : Annecy, Bonneville, Saint-Julien, Thonon.

* **SAVOIR** v. a. (lat. *sapere*). *Je sais, tu sais, il sait, nous savons, vous savez, ils savent. Je savais. Je sus. J'ai su. Je saurai. Je saurais. Sache, sachez. Que je sache. Que je susse. Sachant. Su.* Connaître, avoir connaissance de : *il ne savait rien de ce qui se passait.*

Les dieux *savent* trop bien connaître l'innocence.

J. RACINE. *La Thébaïde,* acte II, sc. II.

— Subst. et fam. UN JE NE SAIS QUI, un homme dont la personne ne connaît ou ne considère. On dit, dans le même sens, UN JE NE SAIS QUEL HOMME EST VENU ME TROUVER. — JE NE SAIS QUOI, ou substantiv. UN JE NE SAIS QUOI, LE JE NE SAIS QUOI, se dit d'une qualité ou d'un sentiment indéfinissable : *il y a dans ces vers, dans ce morceau de musique, un je ne sais quoi qui me charme.* — DIEU SAIT, loc. fam. dont on se sert pour donner une grande idée de quelque chose sous le rapport de la quantité ou autrement : *il a des écus, Dieu sait.* — QUE JE SACHE, se met à la fin d'une phrase pour signifier que, si l'on sait est autrement qu'on ne le dit, on l'ignore : *il n'y a personne à la maison, que je sache.* — Posséder quelque science, quelque art, être instruit, habile en quelque profession, en quelque exercice : *il sait la grammaire, la théologie, les mathématiques, l'histoire,* etc. — Etre accoutumé, exercé à une chose, la bien faire : *savoir parler aux hommes.* — SAVOIR BIEN LE MONDE, savoir bien la manière de vivre dans la société : *il sait bien le monde.* Dans le même sens, on dit fam., IL SAIT SON MONDE, IL SAIT BIEN SON MONDE. — Avoir dans la mémoire : *il sait sa leçon.* — Fig. et fam. SAVOIR QUELQU'UN PAR CŒUR, connaître parfaitement son caractère, ses habitudes. — Absol. Avoir l'esprit orné et rempli de choses utiles : *c'est un homme qui sait.* — Avoir le pouvoir, la force, le moyen, l'adresse, l'habilité de faire quelque chose : *savoir bien le réduire.*

Vous ferez plus tout seul que nous ne *saurions* faire.

J. RACINE. *La Thébaïde,* acte III, sc. V.

— Apprendre, être instruit, être informé de quelque chose : *vous saurez que...* — FAIRE A SAVOIR. (Voy. ASSAVOIR.) — C'EST A SAVOIR, A SAVOIR, et plus ordinairement, SAVOIR, façons de parler dont on se sert pour spécifier les choses dont il s'agit : *on a vendu pour dix mille francs de meubles ; c'est à savoir : deux tapisseries pour tant,* etc. On s'en sert aussi, fam., pour marquer qu'on doute de quelque chose : *vous me dites qu'ils contribueront tous également à cette affaire, c'est à savoir s'ils le pourront, à savoir s'ils le vou-

dront. En ce sens, on dit substantiv. C'EST UN A SAVOIR. Cette phrase est peu usitée. — Nota. SAVOIR ne régit pas les personnes. Cependant, on lit dans la x° épître de Boileau :

Pour savoir mes parents, ma vie et ma fortune,

et dans Piron (*Métromanie*, acte II, sc. IV) :

Un valet veut tout voir, voit tout et *sait* son maître
Comme à l'Observatoire, un savant *sait* les cieux ;
Et vous-même, monsieur, ne vous *savez* pas mieux.

˚ SAVOIR s. m. Erudition, connaissance acquise par l'étude, par l'expérience.

Laissez dire les sots ; le *savoir* a son prix.
LA FONTAINE.

— Il n'est d'usage qu'au sing.

˚ SAVOIR-FAIRE s. m. Habileté, industrie pour faire réussir ce qu'on entreprend ·

L'industrie et le *savoir-faire*
Valent mieux que des biens acquis.
CH. PERRAULT. *Le Chat botté.*

— Ne s'emploie pas au plur.

˚ SAVOIR-VIVRE s. m. Connaissance des usages du monde et des égards de politesse que les hommes se doivent en société : *il manque de savoir-vivre.*

SAVOISIEN, IENNE s. et adj. De la Savoie; qui appartient à ce pays ou à ses habitants.

˚ SAVON s. m. (lat. *sapo*). Pâte ou composition faite avec de l'huile ou autre matière grasse, et un alcali, et qui sert à blanchir le linge, à nettoyer, à dégraisser : *un pain de savon.* — Fig. et pop. DONNER UN SAVON A QUELQU'UN, le réprimander, le tancer fortement. — ENCYCL. Certains produits naturels possèdent les qualités du savon ; par exemple les baies de l'arbre à savon (*sapindus saponaria*) de l'Amérique du Sud et des Antilles, l'écorce de la *quillaja saponaria*, le suc de la *saponaria officinalis*, et les racines du *phalongium punaridianum* de la Californie. Les savons durs sont faits de stéarine et de soda; les mous, d'oléine et de potasse. La combinaison naturelle de la glycérine avec les acides gras est détruite par l'action de l'alcali, et la glycérine reste à l'état libre dans le savon, ou peut en être extraite comme produit séparé. Les principales graisses et huiles employées dans la fabrication du savon, sont: le suif, les huiles de palme, des noix de coco, de colza, de pavot, de lin, de chanvre et d'olive; c'est celle-ci qui fait les célèbres savons de Castille, de Marseille, et les autres savons marbrés ou unis de l'Europe méridionale. La méthode ordinaire de saponification (c'est ainsi qu'on appelle la conversion des graisses en savons) consiste à faire bouillir ces graisses dans des solutions de potasse caustique ou de soude. La plupart des graisses demandent une longue ébullition avec un excès d'alcali; mais d'autres, comme le saindoux, la moelle de bœuf et l'huile d'amandes douces, peuvent se saponifier par simple agitation dans de l'alcali caustique à la température ordinaire. Le savon est complètement insoluble dans une solution de sel commun contenant plus d'une partie de sel pour 400 parties d'eau ; on se sert de cette propriété pour séparer du savon les sels alcalins et la glycérine. C'est en Grande-Bretagne qu'on fabrique le plus de savon. La France produit par grandes quantités les savons de toilette; c'est la Provence qui est le centre de cette fabrication. Le savon dur dit *de Marseille* jouit d'une réputation universelle. — On appelle *savon marbré* celui dont la pâte blanche est mêlée de veines différemment colorées, et que l'on produit par une addition de sulfate de fer: *savon blanc*, celui qui est blanc et non marbré; *savon noir* ou *savon vert*, celui qui est fait avec de la potasse et de l'huile de chènevis ou de colza; *savon de toilette*, celui qui est fait avec du suif, de l'huile

d'amande ou de graisse, de la soude ou de la potasse et qui est parfumé avec une essence; *savon ponce*, le savon à dégraisser dans la composition duquel il entre de la pierre ponce. — Législ. « L'impôt de consommation de 5 p. 400 par 400 kil. qui avait été établi sur les savons par la loi du 30 déc. 1873 a été supprimé par celle du 28 mars 1878. Ce dégrèvement a coûté à l'État un produit annuel de plus de 6,000,000 de fr. Les fabricants de savons restent soumis au droit de licence qui est de 20 fr. par an en principal. Ils sont en outre assujettis, pour la patente, à un droit fixe de 70 cent. par hectolitre de capacité brute des chaudières, et à un droit proportionnel qui est du vingtième de la valeur locative de la maison d'habitation et du quarantième sur celle de l'établissement industriel. Les droits de douane sur les savons importés en France sont aujourd'hui, d'après les traités de commerce de 4882, de 8 fr. par 100 kil. pour les savons de parfumerie et de 6 fr. pour les autres. » (CH. Y.)

SAVONAROLE (Girolamo) (ital. *Savonarola*), réformateur italien, né en 1452, mort le 23 mai 1498. Il acquit tant de réputation comme orateur de la chaire à Brescia, qu'en 1489, il fut rappelé à Florence où sa petite taille et sa voix dure l'avaient une première fois empêché de réussir. Se posant en prophète, il appliquait les passages de l'Apocalypse aux vices et aux corruptions de l'Italie. Devenu, en 1493, vicaire général de l'ordre de saint Dominique dans l'Italie septentrionale, il fut bientôt après mis par le pape à la tête des dominicains réformés de Toscane. A la mort de Laurent le Magnifique, en 1492, il salua Charles VIII, roi de France, comme le libérateur de l'Italie, et l'invita à venir à Florence (1494). Après l'évacuation de Florence par les Français, on y proclama, par son avis, une république théocratique où le Christ devait être seul souverain; il proscrivit tous les plaisirs et alla jusqu'à demander la déposition du pape. Excommunié, il ne devint que plus populaire; mais enfin, il fut condamné au bannissement; il se renferma dans son couvent et ne se rendit qu'après une lutte violente. Alexandre VI ne put obtenir que lui et ses compagnons, Domenico Buonvicini et Silvestro Maruffi, fussent envoyés à Rome; mais on permit à ses légats de prendre part au procès. Les prisonniers furent condamnés à mort et étranglés; leurs cadavres furent brûlés. Dans son *Triumphus Crucis*, Savonarole s'efforce de prouver les vérités de la religion par des arguments philosophiques, et de concilier le naturel et le surnaturel. Dans son *De Divisione omnium Scientiarum*, il rejette tous les auteurs païens. Sa vie a été écrite par Madden (Londres, 4853), par Villari (Florence, 4859-'64, 2 vol.) et par d'autres.

˚ SAVONNAGE s. m. Nettoiement, blanchissage par le savon : *mettre du linge au savonnage.*

˚ SAVONNER v. a. Nettoyer, dégraisser, blanchir avec du savon : *savonner du linge.* — Frotter, couvrir d'écume de savon le menton d'un homme, avant d'y passer le rasoir : on *vient de le savonner, on va le raser.* — Fig. et pop. SAVONNER QUELQU'UN, lui faire une réprimande. — Se savonner v. pr. Se dit des différents tissus qui peuvent supporter le savonnage, qui n'y perdent point leur couleur, leur consistance : *cette étoffe, cette dentelle se savonne, peut se savonner, ne se savonne pas.*

˚ SAVONNERIE s. f. Lieu où l'on fait le savon. — Absol. LA SAVONNERIE, manufacture à Chaillot, dans Paris, où l'on fabriquait autrefois des ouvrages de tapisserie veloutée, et des tapis façon de Perse, qui se font maintenant aux Gobelins, mais qu'on nomme toujours TAPIS DE LA SAVONNERIE. Aujourd'hui, on fabrique à la Savonnerie des étoffes de laine longue et brillante : *popeline de la Savonnerie.*

˚ SAVONNETTE s. f. Petite boule de savon purifié, préparé, et ordinairement parfumé, dont on se sert pour rendre la barbe plus tendre au rasoir : *savonnette de Grasse.* — Prov. et fig. SAVONNETTE A VILAIN, s'est dit des charges qu'on achetait pour s'anoblir : *il a acheté une savonnette à vilain.*

SAVONNEUR, EUSE s. Personne qui savonne.

˚ SAVONNEUX, EUSE adj. Qui tient de la qualité du savon : *il y a quelques eaux minérales qui sont savonneuses.* — TERRE SAVONNEUSE, terre argileuse, très fine et douce au toucher, telle que la terre à foulon.

˚ SAVONNIER s. m. Fabricant de savon. — Bot. Arbre du Brésil et des Antilles, dont le fruit rend l'eau blanche, écumeuse, et propre à blanchir le linge.

SAVONNOIR s. m. Feutre dont on se sert pour savonner les cartes à jouer.

˚ SAVOUREMENT s. m. Action de savourer: *le savourement des viandes.*

˚ SAVOURER v. a. Goûter avec attention et avec plaisir : *savourez bien ce vin-là.* — Fig. Jouir de quelque chose avec délectation, avec toute sorte de lenteur qui prolonge le plaisir : *savourer les plaisirs.*

SAVOURET s. m. Gros os de trumeau de bœuf, que les pauvres gens mettent dans leur pot, pour donner du goût, de la saveur au bouillon; os de porc salé qu'on fait cuire dans les choux pour leur donner de la saveur.

SAVOUREUSE (La), rivière de France, prend sa source dans les Vosges, à 4 kil. de Giromagny, coule au S., arrose Belfort et se jette dans l'Allaine près de Montbéliard, après un cours de 42 kil.

˚ SAVOUREUSEMENT adv. En savourant : *manger savoureusement.* (Peu us.)

˚ SAVOUREUX, EUSE adj. Qui a une bonne saveur, une saveur agréable : *un mets savoureux.*

˚ SAVOYARD, ARDE s. et adj. De la Savoie; qui appartient à ce pays ou à ses habitants. — Pop. Homme grossier : *quel savoyard!* — Ramoneur.

SAX s. m. [saks] (de *Saxe*, nom d'un fabricant d'instruments, né à Dinan en 1814, fixé à Paris depuis 1836 et inventeur de divers instruments de cuivre). Mus. Famille d'instruments à vent dont Sax est l'inventeur : *flûte Sax.*

˚ SAXATILE adj. [sa-ksa-ti-le] (lat. *saxatilis*). Hist. nat. Qui se trouve, qui croît parmi des pierres : *poisson saxatile.*

SAXE s. m. [sa-kse]. Porcelaine de Saxe : *service de vieux saxe.*

SAXE (lat. *Saxonia*; all. *Sachsen*), royaume de l'empire d'Allemagne, borné au N. et au N.-E. par la Prusse; au S.-E. et au S. par la Bohême; au S.-O. par la Bavière, et à l'O. par la Thuringe et la Prusse; 44,892 kil. carr.; 2,960,342 hab. Des contreforts des Fichtelgebirge et des Erzgebirge en traversent la partie méridionale, et ces derniers forment la frontière du côté de la Bohême. La région pittoresque où ces contreforts approchent l'Elbe s'appelle la Suisse saxonne. Les montagnes de Lusace sur la rive droite unissent les Erzgebirge aux Riesengebirge

La partie S.-O. de la Saxe prend le nom de Voigtland. Les principaux cours d'eau sont : l'Elbe et ses tributaires, l'Elster, le Mulde et la Spree. Pays fertile, produisant beaucoup de céréales, de fruits, de lin, de bestiaux. L'industrie minière y est très importante. Les laines fines de la Saxe sont particulièrement renommées. Plus de la moitié de la population travaille aux manufactures; tissus de toile fine, de soie et de laine, passementeries et broderies, porcelaine, quincaillerie, machines, etc. Le commerce de librairie et les foires de Leipzig sont fameux. L'instruction publique est aussi avancée en Saxe qu'en Prusse. L'université de Leipzig et l'école des mines de Freiberg jouissent d'une célébrité universelle. La Saxe se divise en districts de : Dresde, Leipzig, Zwickau et Bautzen; cap., Dresde. Le gouvernement, depuis 1831, est une monarchie héréditaire constitutionnelle. Le roi est catholique romain, mais 98 p. 100 de la population sont protestants. Les Wendes, de race slave (50,000 environ) habitent presque tous en Lusace, et il n'y a guère que 3,400 Juifs. Le corps législatif se compose d'une chambre haute et d'une seconde chambre, où siègent 35 représentants. Le pouvoir exécutif appartient au roi, assisté d'un conseil d'État et de six ministres. Le Saxe a quatre votes au conseil fédéral d'Allemagne, et 23 députés au reichstag. La dette publique est d'environ 405,000,000 fr.; les revenus et les dépenses se balancent à peu près à 55,000,000 de fr. — On regarde les Hermunduri germaniques comme les habitants primitifs. Après aux vinrent les Sorabes slaves, qui, au IXᵉ et au Xᵉ siècles, furent écrasés par les Saxons. Ceux-ci fondèrent le margraviat de Meissen (Misnie), qui au XIIᵉ siècle, sous la famille de Wettin, devint un des États les plus florissants de l'Allemagne. Après une longue lutte, le margrave Frédéric le Mordu fut, en 1308, reconnu comme souverain de Meissen et de Thuringe. Il y ajouta une partie de la Franconie, et pour les services rendus pendant la guerre des Hussites, la maison de Wettin obtint, en 1423, la dignité électorale, qui avait été portée par la maison de Saxe-Wittemberg. (Voy. Saxons.) Les fils de Frédéric le Batailleur, le premier électeur (1428), se partagèrent ses possessions, qui, réunies pendant un temps, furent encore partagées par ses petits-fils (1485). Ernest eut les parties occidentales, y compris le Wittemberg et la Thuringe, avec la dignité électorale; et Albert eut l'Orient, avec la plus grande partie de la Saxe actuelle. Frédéric le Sage et Jean le Constant, fils d'Ernest, furent les protecteurs zélés de Luther. Le fils de Jean, Jean-Frédéric, un des chefs de la ligue de Smalcalde, succomba à Mühlberg (1547) devant une alliance entre son cousin Maurice et Charles-Quint. Maurice succéda à l'électorat, prenant possession en même temps de la plupart des domaines de la branche Ernestine, tandis que le reste passait fusionné à la Thuringe. Jean-George Iᵉʳ (1611-'56) pendant la guerre de Trente ans, plongea la Saxe dans des difficultés inextricables. Frédéric-Auguste Iᵉʳ (1694-1733) se fit catholique romain pour pouvoir se faire élire au trône de Pologne (Auguste II dans ce pays). Sa guerre avec Charles XII amena l'invasion suédoise. Le règne de son fils, Frédéric-Auguste II en Saxe, et Auguste III en Pologne (1733-'63), et les guerres avec la Prusse, durant la guerre de Sept ans, causèrent des désastres plus grands encore. Une ère meilleure commença sous la régence du prince Xavier (1763-'68), pendant la minorité de Frédéric-Auguste III (électeur : 1763-1806; roi, premier du nom, 1806-'27) et pendant le règne de ce dernier, qui fut surnommé le Juste. S'étant alliée avec la Prusse contre la France en 1806, la Saxe fut conquise par Napoléon, qui en fit un royaume, au souverain duquel (1807) il donna aussi le grand-

duché de Varsovie. Le congrès de Vienne ne lui laissa que la moitié de ses possessions allemandes; l'autre moitié fut distribuée à la Prusse, et au duché russe de Varsovie. Son frère, Antoine Iᵉʳ (1827-'36) accorda en 1831 une constitution, et l'état se joignit au Zollverein. Sous le règne de son neveu, Frédéric-Auguste II (1836-'54), une révolution éclata, que les troupes prussiennes étouffèrent (1849). Son frère et successeur, Jean, prit parti pour l'Autriche en 1866, et vit les Prussiens envahir la Saxe le 16 juin. La Prusse fit la paix le 21 oct., moyennant une grosse indemnité et le droit de mettre garnison dans le Kœnigstein. Beust, le principal instigateur de la guerre, laissa le service de la Saxe pour celui de l'Autriche, et la Saxe entra dans la confédération de l'Allemagne du Nord. En 1871, elle fut incorporée à l'empire, après avoir vaillamment pris part à la guerre franco-allemande, sous le prince Albert, qui monta sur le trône à la mort de son frère Jean (29 oct. 1873).

SAXE, province de la Prusse centrale, sur les frontières de la Saxe; 25,240 kil. carr.; 2,171,858 hab. Le pays est généralement plat; néanmoins à l'O., s'élèvent les montagnes du Hartz, et au S., la forêt de Thuringe. Les principaux cours d'eau sont : l'Elbe, la Saale, le Mulde, l'Unstrut, la Bode et la Havel. Tissus de laine et de coton, cuirs, toiles, etc. Jusqu'en 1845, la plus grande partie de cette province appartenait au royaume de Saxe. Cap., Magdebourg.

SAXE (Maurice, COMTE DE), maréchal de France, né à Dresde (Allemagne) en 1696, mort au château de Chambord en 1750. Il était fils naturel d'Auguste le Fort, électeur de Saxe et roi de Pologne, et de la comtesse de Kœnigsmark. Il apprit de bonne heure le métier des armes sous son père et sous le prince Eugène. En 1720, il entra au service de la France. En 1726, il était élu duc de Courlande, mais l'opposition de la Russie et de la Pologne l'obligèrent à se réfugier en France. Il fut rappelé en 1728 par la duchesse Anna Ivanovna, et il ne dut qu'à sa propre inconstance de ne pas partager avec elle le trône de Russie. Après de brillantes actions, il fut fait maréchal de France en 1743. En 1744, il défendit les conquêtes françaises en Flandre contre un nombre triple d'ennemis, et en 1745, il y fut nommé général en chef avec 100,000 hommes. La campagne commença par le siège de Tournay, et finit malgré sa mauvaise santé et les efforts des ennemis, par sa mémorable victoire de Fontenoy (11 mai 1745) sur les alliés que commandait le duc de Cumberland, et par la conquête rapide de presque tous les Pays-Bas autrichiens. Louis XV lui donna la propriété de Chambord, valant 100,000 fr. de revenu, et après la victoire de Raucoux sur Charles de Lorraine et les alliés (11 oct. 1746), il fut fait maréchal général. Ses succès dans les campagnes de 1747-'48 amenèrent la paix d'Aix-la-Chapelle (1748). Il a écrit *Mes Rêveries* (1757, 5 vol. in-4°) qui contiennent beaucoup de vues précieuses sur l'art de la guerre.

SAXE-ALTENBURG. Voy. ALTENBURG.

SAXE-COBOURG. Voy. COBOURG.

SAXE-COBOURG-GOTHA, duché de l'empire d'Allemagne, se composant de l'ancien duché de Gotha au N., et du duché de Cobourg au S.; 1,968 kil. carr.; 1,925,999 hab., presque tous protestants. Partout on trouve de belles vallées et de belles forêts, et c'est dans le duché de Saxe-Cobourg-Gotha que se trouvent les plus élevées de la forêt de Thuringe. Les cours d'eau sont : la Gera, le Nesse, l'Unstrut et l'Ilm. Céréales, lin et bois de charpente. Fabriques de toiles, de lainage, de coutellerie, de porcelaine, de sucre de canne, d'objets en fer, etc. La diète se com-

pose d'une chambre, comptant 21 membres, dont Gotha choisit 15, et Cobourg 7. Le duc actuel, Ernest II (né en 1818) étant sans enfants, l'héritier présomptif est son neveu, le duc d'Edimbourg.

SAXE-LAUENBURG. Voy. LAUENBURG.

SAXE-MEININGEN-HILDBURGHAU-SEN [mai'-ninng-eun-bildd'-bourg-hao-zeun], duché de l'empire d'Allemagne, en Thuringe, comprenant l'ancien duché de Meiningen, les principautés de Hildburghausen et de Saalfeld et quelques autres territoires plus petits; 2,468 kil. carr.; 207,494 hab. presque tous protestants. Pays montagneux, coupé de vallées fertiles et traversé par la Werra, la Saale et l'Ilm. Cotonnades grossières, toiles, poterie de fer et de terre, verreries. La diète se compose d'une chambre de 24 membres. Le duc régnant est Georges II, né en 1826. Princip. villes : Meiningen, la capitale, sur la Werra; Saalfeld, Hildburghausen, Sonneberg et Eisfeld.

SAXE-WEIMAR-EISENACH [val-'mar-aï'-zé-nakh], grand-duché de l'empire d'Allemagne, composé des principautés de Weimar et d'Eisenach, et du district de Neustadt; 3,592 kil. carr.; 302,933 hab., en majorité protestants. Il est traversé par des prolongements de la forêt de Thuringe, et par les cours d'eau la Saale, l'Ilm, la Gera et la Werra. Céréales, lin et chanvre; le grand article de production et de commerce est la laine. La diète se compose d'une chambre de 31 membres. Le grand-duc régnant est Charles-Alexandre (né en 1818). C'est dans ce grand-duché que se trouve la ville d'Iéna avec son université. Cap., Weimar.

SAXHORN s. m. [sa-ksorn] (de *Sax*, n. pr. all. *horn*, corne, cornet). Instrument de cuivre à embouchure et à pistons, inventé par Sax.

SAXIFRAGE adj. [sa-ksi-fra-je] (lat. *saxum*, pierre; *frangere*, briser). Méd. Se dit des médicaments qu'on a crus propres à dissoudre la pierre dans la vessie. Est synonyme de LITHONTRIPTIQUE, mais beaucoup moins usité.

SAXIFRAGE s. f. Bot. Genre de saxifragées comprenant environ 160 espèces de plantes grasses, le plus souvent vivaces, les unes servant d'ornement, les autres employées en médecine. Les saxifrages croissent ordinairement dans les crevasses des rochers et passaient naguère pour les désagréger; elles

Saxifrage ombreuse (Saxifraga umbrosa).

se tiennent dans les régions tempérées et arctiques, surtout aux altitudes alpestres. — Nous avons en France plus de 40 espèces de saxifrages; nous citerons la *saxifrage granulée* (*sasifraga granulata*), appelée aussi *saxicie de montagne* ou *casse-pierre*, haute de 30 centim., à fleurs blanches terminales, ré

pandue dans les pâturages et au bord des bois; la *saxifrage à longues feuilles* (*saxifraga longifolia*), à fleurs jaunâtres; elle se trouve dans les montagnes. Une des plus répandues aux Etats-Unis est la *saxifraga Virginiensis* ou *saxifrage précoce*, qui fleurit abondamment dès les premiers jours du printemps. Citons aussi la *saxifraga crassifolia*, originaire de Sibérie, à feuilles charnues et presque toujours vertes, et à haute tige florale qui porte au printemps une grosse grappe de brillantes fleurs roses. La *saxifrage ombreuse* (*saxifraga umbrosa*) se trouve en Angleterre. — On donne le nom de *saxifrage dorée* à la dorine à feuilles alternes (*chrysosplenium alternifolium*).

Saxifrage de la Virginie
(Saxifraga Virginiensis).

SAXIFRAGÉ, ÉE adj. Qui ressemble ou qui se rapporte à la saxifrage. — s. f. pl. Famille de plantes dicotylédones dialypétales périgynes ayant pour type le genre saxifrage.

SAXO (Grammaticus, ou Longus), historien danois, mort vers 1204. Il fut, croit-on, prévôt de la cathédrale de Rœskilde. A la prière de l'archevêque Absalon, il écrivit *Historia Regum Heroumque Danorum*, dont la 1re édit. parut à Paris en 1514.

SAXON, ONNE s. et adj. De la Saxe; qui appartient à ce pays ou à ses habitants. — Saxons, nom donné d'abord par Ptolémée à une petite tribu *germanique*, résidant entre l'Eider, la Trave et l'Elbe, et dans plusieurs des îles voisines. Plus tard, Eutrope les montre unis au Francs et redoutables aux provinces romaines, par leurs entreprises sur mer. Carausius, Belge qui usurpa la pourpre en 287, encouragea leurs déprédations sur les côtes de tous les pays qui répudiaient son autorité. Magnence, qui avait mis la main sur l'Italie et la Gaule, et assassiné l'empereur Constance, fit avec eux une alliance en 350. D'autres tribus se joignirent à eux, et ils formèrent à la fin une ligue puissante, rivale de celle des Francs. Au ve et au vie siècles, ils s'établirent dans la Grande-Bretagne, et s'avancèrent sur le continent; ils combattirent les Thuringiens, attaquèrent le Haut-Rhin, et étendirent leurs ravages au loin dans l'intérieur. A la fin, Charlemagne, après la guerre la plus acharnée et la plus destructive (772-804), les réduisit à l'impuissance et les força de recevoir le christianisme. Les principales tribus saxonnes étaient alors les Westphaliens, les Eastphaliens, les Ditmarsiens et les Holsatiens. Au milieu du ixe siècle se forma le duché de Saxe, auquel la Thuringe fut annexée. Henri l'Oiseleur, duc de Saxe, devint roi d'Allemagne en 919, et son fils, Othon Ier, donna le duché à Hermann Billung, dont la maison y régna pendant un siècle et demi. C'est surtout sous son influence que furent fondés les margraviats de Meissen, de la Saxe orientale, et autres, avec des territoires enlevés aux Slaves et aux Danois. Lothaire, de la famille de Supplinburg, étant devenu empereur en 1125, donna la Saxe à Henri le Fier, de Bavière, sous le fils duquel Henri le Lion, le duché fut aboli. — Le plus important monument du texte saxon du vieux langage saxon est le *Héliand* (le Sauveur), du ixe siècle, qui donne en vers allitérés le récit évangélique de la vie du Christ. La première édition a été donnée par Schmeller (1830-'40). — Voy. ALLEMAGNE (*Races et langue de l'*), ANGLO-SAXONS et SAXE. — Baume saxon,

baume pharmaceutique, âcre, odorant, employé en frictions; on en prend quelquefois 3 ou 4 gouttes sur du sucre, dans les dyspepsies. Il se compose d'un mélange à froid d'huile concrète de muscade avec des huiles essentielles de lavande, de succin, d'origan, de sauge, de menthe, de rue, etc.

SAXONIQUE adj. Qui a rapport aux Saxons.

SAXOPHONE s. m. (de *Sax*, n. pr. et du gr. *phôné*, voix). Mus. Instrument de cuivre à clefs et à embouchure à bec de clarinette.

SAY (Jean-Baptiste) [sè], économiste français, né à Lyon le 5 janv. 1767, mort à Paris le 15 nov. 1832. Après avoir collaboré au *Courrier de Provence*, de Mirabeau, et avoir été secrétaire du ministre des finances, le girondin Clavière, il contribua en 1794, à fonder *La Décade philosophique, littéraire et politique*. Après le 18 brumaire, il devint membre du tribunat; mais Bonaparte l'élimina bientôt de la vie politique. De 1824 à 1832, il professa l'économie industrielle et politique à Paris. Son fils a publié une nouvelle édition de ses leçons en 1852. Son fils, Horace-Emile (1794-1860), fut aussi un économiste distingué.

SAYE s. f. Etoffe de laine, sorte de serge légère.

SAYETTE s. f. Etoffe de laine pure ou de laine mélangée de soie.

SAYETTERIE s. f. Fabrication des sayes ou sayettes.

SAYETTEUR, EUSE s. Personne qui travaille à la fabrication des étoffes de laine.

* **SAYNÈTE** s. f. (esp. *sainete*, assaisonnement). Petite pièce bouffonne qu'on joue en guise d'intermède, après la pièce principale.

* **SAYON** s. m. [sè-ion]. Saie, espèce de casaque ouverte, que portaient anciennement les gens de guerre.

SAYORNIS s. m. [sa-ior-niss] (de Thomas *Say*, nom d'un entomologiste américain, né en 1787, mort en 1834; et du gr. *ornis*,

Pewee (Sayornis fuscus).

oiseau). Ornith. Genre de passereaux dentirostres, voisin des tyrans, dont l'espèce principale est le *pewee* [pi-oui] des Etats-Unis (*sayornis fuscus*, Baird).

* **SBIRE** s. m. (ital. *sbirro*). Nom qu'on donne en différents pays, et surtout à Rome, à un archer. — Se dit, par ext. et par mépris, des hommes armés qui sont chargés de protéger l'exécution des sentences judiciaires et des mesures de police.

* **SCABELLON** s. m. (lat. *scabellum*). Archit. Sorte de piédestal ou de socle sur lequel on pose des bustes, des girandoles, etc.

* **SCABIEUSE** s. f. [ska-bi-eu-ze] (lat. *scabies*, gale). Bot. Genre de dipsacées, renfermant plusieurs espèces herbacées ou sous-frutescentes, à racines vivaces, qui croissent surtout dans les régions tempérées de l'ancien continent. La *scabieuse morgue* (*scabiosa succisa*), est vulgairement appelée *mors du diable*, d'après la croyance que le diable la rongeait

pour la faire périr, afin de priver les hommes des qualités merveilleuses qu'on lui attribuait, c'est-à-dire de guérir la gale, etc. On le trouve dans nos bois et dans nos pâturages humides. Ses fleurs sont pourpres ou blanches. On cultive dans nos jardins la *scabieuse*

Scabiosa succisa.

du Caucase (*scabiosa Caucasica*) et la *scabieuse des champs* (*scabiosa arvensis*). Cette dernière est indigène. Ses fleurs, rougeâtres ou bleuâtres, sont portées sur de longs pédoncules.

* **SCABIEUX, EUSE** adj. Méd. Qui ressemble à la gale : *éruptions scabieuses*.

SCABIN s. m. Synon. de ECHEVIN.

SCABINAL, ALE adj. Qui a rapport aux scabins ou échevins. — LETTRES SCABINALES, lettres émanant des échevins.

SCABRE adj. (lat. *scaber*). Hist. nat. Rude au toucher.

SCABREUX, EUSE adj. (lat. *scaber*). Rude, raboteux : *un chemin scabreux*. — Fig. Dangereux, périlleux, difficile : *c'est une entreprise bien scabreuse*. JE NE SAIS COMMENT JE POURRAI VOUS FAIRE CE CONTE, IL EST BIEN SCABREUX, il est difficile à raconter décemment.

SCABROSITÉ s. f. Etat de ce qui est rugueux, raboteux.

SCAËR, ch.-l. de cant., arr. et à 21 kil N.-O. Quimperlé (Finistère), sur la rive droite de l'Isole; 3,000 hab.

SCÆVOLA (sé-vo-la], surnom de plusieur Romains. — I. (Caius-Mucius), héros légendaire de la fin du vie siècle av. J.-C. Porsenna, de Clusium, ayant assiégé Rome et l'ayant réduite à l'extrémité, Mucius se rendit au camp ennemi, où il tua le secrétaire de Porsenna, le prenant pour le roi lui-même. Celui-ci le condamna à être enterré vivant, à moins qu'il ne livrât le nom de ses complices. Mucius, pour montrer combien il était peu ému de cette menace, mit sa main sur un brasier jusqu'à ce qu'elle fût consumée. Porsenna, étonné d'un telle énergie, le fit mettre en liberté, et sur l'assurance que 300 jeunes Romains avaient juré de se défaire de lui, il fit la paix. Mucius reçut à cette occasion le surnom de Scævola, ou *le gaucher*. — II. (Quintus-Mucius), appelé l'*Augure*, tribun du peuple en 128 av. J.-C., édile plébéien en 125, préteur en 121, et consul avec L. Cæcilius Metellus en 117. Il se distingua par son érudition de jurisconsulte et par sa modestie. — III. (Quintus-Mucius), *le Pontife*, fut tribun du peuple en 106 av. J.-C., édile curule en 104, consul avec L. Licinius Crassus en 95, et ensuite grand pontife. Les partisans de Marius le massacrèrent en 82. Il est le premier qui composa un traité scientifique sur le *Jus civile*, traité aujourd'hui perdu.

SCALA (lat. *Scaligeri*), famille italienne dont le pouvoir fut établi à Vérone en 1260 par

Mastino Ier della Scala, assassiné en 1279. Son successeur le plus célèbre fut l'ami de Dante, Cane Ier, le Grand (Cangrande), né en 1291, qui gouverna comme podestà jusqu'à sa mort en 1329. Il vainquit les Padouans, et, en 1348, fut fait capitaine général de la ligue gibeline de la Lombardie. Sa cour était la plus brillante de l'époque. Alberto II et Mastino II (mort en 1354), qui gouvernèrent ensemble, étendirent leur puissance jusqu'à Lucques, mais se compromirent dans des querelles avec Venise et Florence. Cangrande II et d'autres personnages sans talent hâtèrent la chute des Scala, qui fut consommée en 1387 par Giovanni Galeazzo Visconti.

SCALA-SANTA s. f. (mots ital. signifiant escalier saint). Escalier qui se trouve à Rome et que les pèlerins montent à genoux pour gagner des indulgences.

* **SCALDE** s. m. (scandin. skalld, poète). Nom que les anciens Scandinaves donnaient à leurs poètes.

* **SCALÈNE** adj. (gr. skalénos, boiteux). Géom. Se dit d'un triangle dont les trois côtés sont inégaux : triangle scalène.

SCALIGER [ska-li-jerr]. I. (Julius-Cæsar), philologue italien, né à Vérone en 1484, mort à Agen en 1558. Il prétendait descendre des Scala de Vérone; mais, d'après Tiraboschi, il était fils de Benedetto Bordone, de Venise, qui avait pris le nom de Della Scala. En 1525, Scaliger fut attaché comme médecin à l'évêque d'Agen. Sa réputation attira dans cette ville une multitude d'étudiants. Mais sa vanité était aussi grande que son érudition, et une de ses premières publications fut une virulente attaque contre Erasme. Parmi ses œuvres, il faut citer De causis Linguæ latinæ (1540), le premier traité moderne important sur la grammaire latine, et Poetices Libri VII (1561). — II. (Joseph-Justus) le 10e fils du précédent, né en 1540, mort en 1609. Il embrassa le protestantisme en 1562, se fit précepteur particulier et voyagea beaucoup. En 1593, il succéda à Juste-Lipse comme professeur de belles-lettres à Leyde. Il surpassait son père en érudition, et avait la même vanité, surtout en ce qui regardait sa prétendue descendance de la famille Scala, sujet qui l'entraîna dans une controverse amère avec Scioppius. Ses meilleurs ouvrages sont ceux qui traitent de chronologie : Opus de emendatione Temporum (1583) et Thesaurus Temporum (1609).

SCALIGERANA s. m. Recueil d'anecdotes concernant Scaliger.

SCALPE s. m. Action ou manière de scalper.

* **SCALPEL** s. m. Anat. Couteau d'une forme particulière, dont on se sert pour disséquer, etc. : bien manier le scalpel.

* **SCALPER** v. a. (lat. scalpere, inciser). Se dit des sauvages qui arrachent la peau du crâne à un ennemi vaincu, après l'avoir coupée circulairement avec une espèce de couteau : ces hommes féroces scalperont de malheureux prisonniers.

SCAMANDRE, petit cours d'eau de la Troade, célébré par Homère, qui dit que les dieux l'appelaient Xanthe, et les hommes Scamandre. (Voy. Troie.)

* **SCAMMONÉE** s. f. Matière méd. Sorte de gomme-résine concrète, très purgative, qui nous vient de l'Orient, et qu'on tire de la racine d'une espèce de liseron : scammonée d'Alep. — Plante qui fournit cette substance : racine de scammonée. — La scammonée ou liseron scammonée (convolvulus, scammonia) est une espèce vivace à racines ligneuses, qui, dans les vieux sujets, atteint deux ou trois pieds de long et de 7 à 10 centim. d'épaisseur. On la trouve en Asie Mineure, en Syrie et dans les contrées voisines; Smyrne et Alep sont les

principaux ports d'exportations. La scammonée a, depuis longtemps, sa place dans les différentes pharmacopées. C'est un purgatif drastique puissant; elle s'administre pure à la dose de 60 centigr. à 1 gr. On l'associe ordinairement au jalap.

* **SCANDALE** s. m. (lat. scandalum). Ce qui est occasion de tomber dans l'erreur, dans le péché : il est dit dans l'Ecriture sainte que la prédication de la croix a été un scandale pour les Juifs. — Occasion de chute que l'on donne par quelque mauvaise action, par quelque discours corrupteur : il faut craindre le scandale. — On dit de même, Etre, devenir une occasion de scandale. — Indignation qu'on a des actions et des discours de mauvais exemple : il avança des propositions impies, au scandale, au grand scandale de tous ceux qui l'écoutaient. — Eclat que fait une action honteuse : cette affaire fut d'un grand scandale dans tout le voisinage.

* **SCANDALEUSEMENT** adv. D'une manière scandaleuse : cet homme vit scandaleusement.

* **SCANDALEUX, EUSE** adj. Qui cause du scandale : une action scandaleuse.

SCANDALISATEUR, TRICE s. Celui, celle qui scandalise.

* **SCANDALISER** v. a. Donner, exciter du scandale :

Un rien presque suffit à la scandaliser.
Tartufe, acte Ier, sc. v.

— Se scandaliser v. pr. Prendre du scandale, s'offenser : il se scandalise de tout.

* **SCANDER** v. a. (lat. scandere). Versific. Mesurer un vers dont les pieds sont composés de longues et de brèves, comme sont les vers latins et les vers grecs, pour juger s'il est selon les règles : scandez ce vers, vous verrez qu'il y manque un pied. — En parlant de quelques langues modernes, signifie, mesurer les vers par le nombre de leurs syllabes.

SCANDERBEG (turc. Iskander Beg ou Bey), prince albanais, dont le vrai nom était George Castriota, né vers 1410, mort le 17 janv. 1467. Son père était le prince chrétien d'un petit district d'Albanie, avec Croia pour capitale. Il devint tributaire d'Amurath II, et George lui fut livré comme otage et élevé dans la religion musulmane; il reçut le nom d'Iskander (Alexandre) et s'éleva au premier secrétaire du sultan un rang. Sa principauté ayant été confisquée à la mort de son père, en 1432, il résolut de la recouvrer. En 1443, dans le désordre causé par une défaite qu'il avait ménagée lui-même, il arracha au premier secrétaire du sultan un firman qui le nommait gouverneur d'Albanie, et immédiatement après le massacra lui et sa suite, et courut à Croia, avec quelques centaines de partisans. Il abjura l'islamisme, appela les Albanais aux armes, et, trente jours après, il était maître de toutes les forteresses. Il se maintint contre plusieurs armées turques supérieures en nombre jusqu'en 1461, où Mohammed II conclut avec

lui une paix qui lui reconnaissait ses possessions. En 1462, il aida Ferdinand de Naples à chasser Jean d'Anjou d'Italie. Le pape Pie II, ayant, en 1463, proclamé une croisade contre les Turcs, Scanderberg reprit la guerre avec de brillants succès, et les Turcs ne réduisirent l'Albanie qu'après sa mort. Ses descendants eurent un duché napolitain. Sa vie, par son ami Marinus Barletius, a été traduite en beaucoup de langues; le Dr C.-C. Moore a aussi écrit sa biographie (New-York, 1850).

SCANDICINÉ, ÉE adj. (rad. scandix, du gr. skandix, cerfeuil). Bot. Qui ressemble ou se rapporte au cerfeuil. — s. f. pl. Tribu d'ombellifères ayant pour type le genre cerfeuil

SCANDINAVE s. et adj. De la Scandinavie; qui appartient à ce pays ou à ses habitants.

SCANDINAVIE, ancien nom de cette partie de l'Europe qui comprend aujourd'hui le Danemark, la Norvège, la Suède et l'Islande.

* **SCAPHANDRE** s. m. [ska-fan-dre] (gr. skaphé, nacelle; andr, homme). Espèce de corset garni de liége, au moyen duquel un homme peut facilement se soutenir sur l'eau. (Voy. Plongeur.)

SCAPHANDREUR ou **Scaphandrier** s. m. Ouvrier qui travaille sous l'eau à l'aide du scaphandre. — Adjectiv. Un ouvrier scaphandreur. — Encycl. A notre article Plongeur, nous avons décrit le costume du scaphandreur. Notre gravure représente des plongeurs revêtus de leur costume et éclairés par une lanterne que les ouvriers tiennent à la main. On a proposé de remplacer cette lanterne

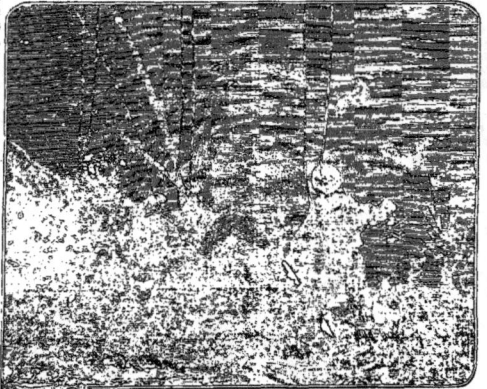

Scaphandreurs.

par une petite lampe électrique à incandescence qui serait fixée sur le sommet du casque du scaphandrier.

SCAPHISME s. m. (gr. skaphé, barque). Nom que les historiens ont donné au supplice de l'auge chez les anciens Perses.

SCAPHOCÉPHALE adj. (gr. skaphé, barque; kephalé, tête). Anthrop. Se dit d'un crâne en forme de nacelle.

SCAPHOÏDE adj. (gr. skaphé, barque; eidos, aspect). Hist. nat. Qui a la forme d'une barque. — Anat. Se dit d'un des os du tarse et du carpe.

* **SCAPIN** s. m. (ital. scapare, s'échapper). Personnage de la comédie italienne transporté sur la scène française. — Fig. Fourbe, intrigant de bas étage : un tour de Scapin.

SCAPINADE s. f. Fourberie à la façon de Scapin.

SCAPULA (Jean), lexicographe, né en Allemagne, mort à Paris au commencement du XVIIe siècle. Il fut correcteur chez Henri Estienne et fit un abrégé furtif de son *Thesaurus linguæ græcæ*, abrégé publié à Bâle en 1579, sous le titre de *Lexicum greco-latinum* (in-fol.) et souvent réimprimé, tandis que l'œuvre de Henri Estienne n'obtint plus aucun succès. Scapula a laissé en outre : *Primogeniæ Voces, seu radius linguæ grecæ* (Paris, 1612, in-8e).

* **SCAPULAIRE** s. m. (rad. lat. *scapula*, épaule). Pièce d'étoffe qui descend depuis les épaules jusqu'en bas, tant par devant que par derrière, et que portent plusieurs religieux sur leurs habits : *les bernardins portent un scapulaire noir sur un habit blanc.* — Se dit aussi de deux petits morceaux d'étoffe bénite, qui sont joints ensemble et qu'on porte sur la poitrine à l'aide d'un ruban passé autour du cou : *le scapulaire de la Vierge.* — Chir. Bande qui s'appuie sur les épaules, et dont les extrémités sont fixées à un bandage appliqué sur le corps de manière à l'empêcher de descendre, de glisser. — Adj. f. Anat. Se dit de diverses parties qui appartiennent au qui ont rapport à l'épaule : *aponévrose scapulaire.*

SCAPULALGIE s. f. (lat. *scapula*, épaule; gr. *algos*, douleur). Pathol. Douleur à l'épaule.

SCAPULO, préfixe venant du latin *scapula*, épaule, et entrant dans la formation d'un grand nombre de mots, tels que *scapulo-huméral; scapulo-radial; scapulo-rachidien.*

* **SCARABÉE** s. m. (lat. *scarabæus*). Se dit en général des coléoptères, des insectes dont les ailes sont recouvertes par des étuis cornés; particulièrement de ceux qui ont des antennes terminées par plusieurs feuillets: *le hanneton est un scarabée.* — Grand genre type d'une nombreuse famille d'insectes coléoptères. Les *scarabéides* proprement dits, ou *coprophagi*, comprennent ceux qui vivent dans les excréments et s'en nourrissent. Ils sont généralement de formes courtes et épaisses; leur couleur est d'un noir brillant, à éclat métallique. Ils sécrètent une matière huileuse qui enveloppe les substances au milieu desquelles ils vivent et s'attacher à eux. Ils peuvent creuser ce sol rapidement. Au printemps, ils enveloppent leurs œufs dans de petites boules d'ordures qu'ils roulent avec leurs pattes de derrière jusqu'à des trous où ils les déposent. On donne le nom de scarabées aux insectes des genres ateuchus, bousier, géotrupe, dytique, hydrophile, lucane, dermeste, nécrophore, coccinelle, charançon, mélioé, etc.

SCARABÉIDE adj. (fr. *scarabée*; gr. *eidos*, aspect). Entom. Qui ressemble ou qui se rapporte au scarabée. — s. m. pl. Tribu de coléoptères lamellicornes ayant pour type le genre scarabée. (Voy. LAMELLICORNE.)

* **SCARAMOUCHE** s. m. Personnage bouffon de l'ancienne comédie italienne, qui est habillé de noir de la tête aux pieds : *se déguiser en scaramouche.*

SCARBOROUGH [skar'-bo-ro'], port de mer du Yorkshire (Angleterre), sur une baie ouverte de la mer du Nord, à 59 kil. N.-E. d'York; 24,259 hab. Eaux minérales estimées; bains de mer fréquentés.

* **SCARE** s. m. (gr. *skairein*, sauter). Nom d'un poisson de mer connu des anciens, et auquel ils attribuaient la faculté de ruminer. Les naturalistes l'appliquent aujourd'hui à un genre de poissons labroïdes qui ont de larges mâchoires semblables à un bec de perroquet.

SCARIEUX, EUSE adj. (bas lat. *scara*, épineur). Se dit des organes membraneux, secs, minces et translucides.

* **SCARIFICATEUR** s. m. Chir. Espèce de boîte dans laquelle sont renfermées dix à douze pointes de lancettes qui en sortent par la détente d'un ressort, et qui font d'un même coup autant de scarifications à la peau : *le scarificateur n'est employé aujourd'hui que par un petit nombre de praticiens.* — Agric. Instrument que l'on emploie pour ouvrir la terre dans les défrichements.

* **SCARIFICATION** s. f. Opération de chirurgie, par laquelle on fait plusieurs incisions à la peau avec une lancette ou un bistouri : *il en faudra venir à la scarification.*

* **SCARIFIÉ, ÉE** part. passé de SCARIFIER. VENTOUSES SCARIFIÉES, celles que l'on applique sur un endroit de la peau où l'on a fait des scarifications ou des mouchetures.

* **SCARIFIER** v. a. (lat. *scarificare*). Chir. Faire des scarifications en quelque partie du corps : *on lui a scarifié les épaules.*

* **SCARIOLE** s. f. Voy. ESCAROLE.

* **SCARLATINE** s. f. (rad. fr. *écarlate*). Méd. Maladie contagieuse dont le phénomène le plus remarquable est la couleur écarlate que prend toute la peau : *la scarlatine n'attaque guère que les enfants.* On la nomme aussi FIÈVRE SCARLATINE; et alors SCARLATINE est pris adjectivement. — La *fièvre scarlatine* ou *fièvre pourprée* est une fièvre éruptive, contagieuse et souvent épidémique, caractérisée par une angine et par des taches d'un rouge écarlate. Elle affecte les personnes de 5 à 30 ans. Elle débute par le mal de tête, des frissons, du malaise, de la fièvre, et un mal de gorge plus ou moins intense. Il s'y joint parfois des nausées et des vomissements. Vers le deuxième jour paraît une éruption de petites taches rosées pointillées, comparable à une surface que l'on aurait enduite de jus de framboises. Cette éruption est accompagnée d'une forte chaleur à la peau et quelquefois d'agitation et de délire. Alors la peau est rugueuse, le pouls fort et fréquent, la soif vive, le sommeil agité. Après deux ou trois jours, ces symptômes diminuent avec l'éruption qui se termine par une desquammation de la peau, non furfuracée comme dans la rougeole, mais par écailles souvent très larges. Dans la scarlatine dite *maligne*, il y a exagération des symptômes précédents, une grande prostration, des signes d'adynamie et souvent une terminaison funeste. La scarlatine est assez souvent suivie d'anasarque ou d'hydrothorax, surtout lorsque le malade n'a pas été suffisamment préservé du froid. Elle expose aussi à la méningite et à la pneumonie. — Lorsque la scarlatine est *légère*, il suffit d'entretenir une chaleur douce autour du malade et de l'empêcher de sortir pendant 15 jours après l'éruption, de donner quelques boissons tempérantes (coquelicots et violettes édulcorées avec du sirop de groseilles), de mettre des sinapismes et d'agir ensuite selon les symptômes. Dans la forme *maligne*, on combat l'adynamie par le quinquina, par le chlorate de potasse, etc. On regarde la belladone à petites doses comme un préservatif de la scarlatine.

SCARLATTI I. (Alessandro), compositeur italien, né en Sicile en 1649, mort en 1725. Il passe pour avoir introduit l'accompagnement du violon dans les airs, la ritournelle et le *da capo*. Il a composé, dit-on, 100 messes, 100 opéras et 3,000 cantates. — II. (Domenico), fils du précédent, né en 1683, mort vers 1759, maître de chapelle de la reine d'Espagne; il fit de nombreux opéras, et 42 morceaux célèbres pour le piano.

SCARPA (Antonio), anatomiste italien, né en 1747, mort en 1832. Il fut successivement professeur à Padoue, à Modène et à Paris, où,

en 1814, il devint directeur de la Faculté de médecine. C'est dans ses ouvrages qu'on trouve la première exposition claire de l'anatomie chirurgicale.

SCARPANTO [skar-pann'-to] (anc. *Carpathus*), île de Turquie, dans la Méditerranée, à 42 kil. S.-O. de Rhodes; long. 40 kil.; larg. 10 kil.; 5,000 hab. Elle est occupée en grande partie par des montagnes stériles, et la côte n'est accessible que pour les petits bateaux.

SCARPE, rivière qui prend sa source dans le département du Pas-de-Calais, près du village de Berles, baigne Arras, Douai, Marchiennes, Saint-Amand et se jette dans l'Escaut à Mortagne, près de la frontière belge, après un cours de 112 kil.

SCARRON (Paul), littérateur, né à Paris en 1610, mort dans la même ville le 6 oct. 1660. Son père était conseiller au parlement. Le jeune Scarron revêtit d'abord le costume particulier aux clercs, sans pour cela prendre les ordres, voyagea en Italie où il mena joyeuse existence, et, à l'âge de 27 ans, pendant une mascarade de carnaval, il contracta un refroidissement d'où résulta une paralysie qui le priva de l'usage de ses jambes, fit de lui une sorte de cul-de-jatte et, comme il le dit lui-même, « un raccourci de toutes les misères humaines ». Son corps était replié en forme de Z. De ce jeu cruel de la nature naquit en France la poésie burlesque, car la douleur, loin d'altérer l'esprit bouffon de Scarron, sembla au contraire donner plus d'essor à son caractère aussi noble qu'enjoué. Pendant 22 ans, Scarron resta sur sa chaise ne conservant que l'usage de ses doigts, de sa langue et de son estomac. Il usa et abusa de ces restes. En 1652, il épousa une générosité dont la pitié fut la source, Mlle d'Aubigné, qui fut plus tard Mme de Maintenon. Il était dans la misère; il avait été frustré de son patrimoine par suite d'un second mariage de son père. Quelques amis généreux vinrent à son aide. Il mourut gai comme il avait vécu, laissant sa veuve dans la plus complète pauvreté. On sait comment elle s'en tira. (Voy. MAINTENON.) Scarron a créé chez nous le genre burlesque dont la vogue fut immense et dans lequel il eut tort de mêler trop souvent le grotesque au comique. Il a laissé : *Nouvelles tragi-comiques*, *Roman comique* (1651, 2 vol. in-8e); quelques comédies, entre autres *Jodelet* (1645), *Don Japhet d'Arménie* (1653), *l'Ecolier de Salamanque* (1654). *L'Énéide travestie* (1648-'52), sous les dehors de la Louffonnerie, est pleine de fines et de mordantes critiques. Sa *Mazarinade* fut le plus célèbre des pamphlets de la Fronde. On considère le *Roman comique* comme son chef-d'œuvre. La meilleure édition de ses *Œuvres* est celle de Bruzen de la Martinière (Paris, 1737, 10 vol. in-12). Une nouvelle édition a paru en 1877 (2 vol.).

* **SCASON** ou **Scazon** s. m. [ska-zon] (gr. *skadsein*, boiter). Sorte de vers latin, dont le cinquième pied est un iambe, et le sixième un spondée : il est d'ailleurs semblable au vers iambe.

SCATOPHAGE adj. (gr. *skatos*, excrément; *phagein*, manger). Zool. Qui se nourrit d'exeréments.

SCAURUS (Marius-Æmilius) [skô-russ]. I, sénateur et consul romain, né av. J.-C., mort entre 90 et 88. Il se distingua dans l'armée et fut élu édile curule en 123, préteur urbain en 120, consul en 115, censeur en 109 et consul une seconde fois en 107. Il amassa une grande fortune par péculat et corruption, étant un de ceux qui se laissèrent acheter par Jugurtha. — II, fils du précédent, qui se rendit célèbre par ses malversations. Dans la troisième guerre contre Mithridate, il servit comme questeur sous Pompée. En 58 av. J.-C., il fut élu édile curule, et dépensa toute sa fortune pour la célébration des jeux.

bâtissant à ses frais un théâtre provisoire capable de contenir 80,000 personnes. Il fut préteur en 56 ; puis, en 55, gouverneur de la Sardaigne, qu'il pilla pour se procurer les moyens de payer ses dettes et s'assurer le consulat. Poursuivi de ce chef, Cicéron, Hortensius et d'autres avocats obtinrent son acquittement. — Son fils, Marcus-Æmilius, accompagna Sextus Pompée en Asie, et le livra aux généraux d'Antoine. Son petit-fils, Mamercus, orateur et poète corrompu, fut accusé, au commencement du règne de Tibère, d'adultère avec Livie, et se donna la mort.

SCAZON s. m. Voy. Scason.

* **SCEAU** s. m. [sô] (lat. *sigillum*). Lame de métal qui a une face plate, ordinairement de figure ronde ou ovale, dans laquelle sont gravées en creux la figure, les armoiries, la devise d'un roi, d'un prince, d'un Etat, d'un corps, d'une communauté, d'un seigneur particulier, et dont on fait des empreintes avec de la cire ou autrement sur des lettres, des diplômes, des actes publics, etc., pour les rendre authentiques : *les sceaux de l'Etat.* — Empreinte même faite par le sceau : *le sceau était presque tout effacé.* — Absol. Les sceaux, les sceaux du roi, de l'Etat, ceux qu'on oppose à tous les actes émanés directement de la puissance royale, de l'autorité souveraine. La cassette des sceaux, la cassette où ils sont renfermés. Garde des sceaux, le ministre à qui ils sont confiés : *le garde des sceaux, ministre de la justice.* — Par ext. Action de sceller, temps et lieu où l'on scelle, où l'on appose les sceaux de l'Etat aux actes qui en doivent être revêtus : *il y aura sceau tel jour.* On dit dans ce sens anal., La division du sceau au ministère de la justice. — Encycl. Chez les Grecs et les Romains, le sceau était ordinairement monté en bague, de sorte que le mot *annulus* sert en latin à désigner un sceau. Le mot *bulla* ou *bulle* a toujours été employé en Europe pour indiquer particulièrement une empreinte sur métal, et a fini par s'appliquer aux instruments scellés de cette manière. Tels sont, par exemple, les édits et les brefs des pontifes romains. (Voy. Bulle papale.) Les empereurs byzantins scellaient avec des bulles de plomb, et quelquefois d'argent et d'or. La cire la plus anciennement employée était blanche ; vers le ix° ou le x° siècle, on employa différentes couleurs. Les sceaux portant armoiries ne furent pas communs avant le xiii° siècle. La manière primitive de sceller consistait sans doute à appliquer la cire directement sur le parchemin ; mais quelquefois il était fixé aux extrémités de bandes de parchemin passées à travers tous les feuillets du document. Les bulles de plomb, d'argent ou d'or étaient, presque nécessairement, attachées à une corde ou cordon. Les sceaux pendants sont encore généralement employés pour les lettres patentes, les traités et autres importants documents publics. Du viii° au x° siècle, l'usage des sceaux fut presque exclusivement en France l'apanage des rois. Vers le xii° et le xiii° siècle, il devint général, et il garda son importance jusqu'à ce que la diffusion de l'instruction et de l'écriture en eût diminué l'utilité. — Législ. « Les copies en forme, grosses, expéditions ou ampliations des actes authentiques doivent être revêtues du sceau ou cachet de l'autorité de laquelle elles émanent. Les empreintes de ces sceaux étaient autrefois faites sur de la cire et attachées à la copie par des rubans ; elles sont aujourd'hui frappées sur la copie elle-même, soit à sec, au moyen d'une presse à vis, soit à l'encre grasse, au moyen d'un cachet. Les sceaux ou marques que les agents des douanes apposent sur les colis admis à circuler en transit sont fixés sur des cordes au moyen de plomb malléable. La forme des sceaux des autorités administra-

tives ou judiciaires est déterminée par la loi ou par des décrets. Le sceau des notaires doit être aux armes de France (L. 6 pluviôse an XIII). La contrefaçon des sceaux de l'Etat entraîne la peine des travaux forcés à perpétuité ; et ceux qui ont contrefait le sceau d'une autorité quelconque sont punis d'emprisonnement. (Voy. Contrefaçon.) — Des *droits de sceau* sont perçus au profit de l'Etat pour tout décret autorisant un changement de nom, accordant une dispense d'âge ou de parenté, conférant l'admission à domicile, la naturalisation, etc. ; mais il est fait remise de ces droits aux personnes qui sont hors d'état de les acquitter. La procédure relative à ces divers actes est faite, au nom des parties, par des officiers ministériels attachés au ministère de la justice et que l'on nomme *référendaires au sceau*. Le *conseil du sceau des titres*, qui avait été d'abord institué en 1808, supprimé en 1814 et rétabli en 1859, avait pour attribution d'instruire les demandes en reconnaissance ou en vérification de titres honorifiques. Ce conseil a été de nouveau supprimé par un décret du 13 fév. 1872, et ses attributions ont été dévolues au conseil d'administration du ministère de la justice. »
(Ch. Y.)

* **SCEAU-DE-SALOMON** s. m. Bot. Espèce de muguet. (Voy. Grenouillet.)

* **SCEAU-DE-NOTRE-DAME** s. m. Voy. Taminier.

SCEAUX, *Cellæ*, ch.-l. d'arr., à 12 kil. S. de Paris (Seine), sur une colline près de la Bièvre, au milieu d'un charmant paysage ; par 48° 46' 39" lat. N. et 0° 2' 25" long. O. ; 3,000 hab. Parc magnifique, seul reste de l'immense jardin qui appartenait au château construit par Colbert, qui fut détruit pendant la Révolution.

* **SCEL** s. m. (lat. *sigillum*). Sceau. N'était usité que dans ces phrases de palais et de chancellerie : Sous le scel du Chatelet de Paris : *le scel secret du roi.* En parlant du petit sceau, on disait, Scel et contre-scel.

* **SCÉLÉRAT, ATE** adj. (lat. *sceleratus*; de *scelus*, crime). Coupable ou capable de grands crimes : *c'est le plus scélérat de tous les hommes.* — Se dit quelquefois des choses, et signifie, perfide, noir, atroce : *une conduite scélérate.* — Substantiv. *C'est un franc scélérat.*

SCÉLÉRATEMENT adv. D'une manière scélérate.

* **SCÉLÉRATESSE** s. f. Méchanceté noire : *il y a de la scélératesse à cela.*

SCÉLÉTOGRAPHIE s. f. (gr. *skeletos*, squelette; *graphô*, je décris). Anat. Description du squelette.

SCÉLITE s. f. (gr. *skelos*, jambe). Pierre figurée qui représente la jambe humaine.

* **SCELLÉ** s. m. Procéd. et Police. La cire empreinte d'un cachet qu'on a apposé à des serrures, à un cabinet, etc., par autorité de justice, pour empêcher de les ouvrir : *mettre, apposer le scellé, les scellés.* — Bris de scellé, délit que l'on commet en brisant illégalement le scellé : *il y a eu dans cette succession un bris de scellé.* « L'apposition des scellés a lieu, soit judiciairement, soit administrativement. — En cas, soit de décès, soit de faillite, soit de demande en divorce ou en séparation de corps, soit d'absence, etc., les scellés sont apposés, à la requête des intéressés, par le juge de paix assisté de son greffier. Il est dressé procès-verbal de toute apposition et de toute levée de scellés. Les formes à suivre sont détaillées par les articles 907 à 940 du Code de procédure civile. En matière criminelle, le procureur de la République, le juge d'instruction et tout officier de police judiciaire peuvent apposer les scellés sur des objets saisis ou

sur ce qui les renferme (C. inst. crim. 38, 89, etc.). Après le décès d'un officier général ou d'un officier supérieur en activité de service ou non, les scellés sont apposés sur les papiers, cartes, plans et mémoires trouvés en sa possession, sauf sur ceux dont le décédé est l'auteur. Cette apposition a lieu d'office le juge de paix, en présence du maire de la commune ; et ces deux fonctionnaires sont respectivement tenus d'en informer le général commandant la division militaire ou le ministre de la guerre. Un officier est alors délégué pour être présent à la levée des scellés et pour réclamer, au nom de l'Etat, les documents qui lui appartiennent (Décr. 13 nivôse an XIII). Le *bris de scellés* entraîne, pour le coupable et pour le gardien responsable, des peines qui sont plus ou moins rigoureuses suivant les circonstances. (Voy. Bais.) Tout vol commis à l'aide d'un bris de scellés est puni comme vol commis à l'aide d'effraction (C. pén. 253) ».   (Ch. Y.)

* **SCELLEMENT** s. m. Maçonn. Action de sceller, ou l'ouvrage qui en résulte : *un bon scellement.* — Se dit aussi de l'extrémité même d'une pièce de bois ou de métal, qui est engagée dans un trou et retenue par du plomb, du plâtre ou du mortier.

* **SCELLER** v. a. (rad. *scel*). Mettre, appliquer le sceau à une lettre de chancellerie, etc. : *les papes scellent en plomb dans quelques occasions.* — Apposer, appliquer, par autorité de justice, un cachet, un sceau à une porte, à un cabinet, à une armoire, etc., pour empêcher d'en rien enlever : *dès qu'il fut mort, le juge de paix alla chez lui sceller son cabinet, ses armoires.* — Maçonn. Arrêter, fixer l'extrémité d'une pièce de bois ou de métal, dans un mur, dans la pierre ou le marbre, avec du plomb, du plâtre ou du mortier : *sceller des gonds, des crampons, des crochets,* etc., *dans une muraille.* — Fermer hermétiquement un vase ; boucher avec un mastic. — Fig. Confirmer, affermir : *ils ont fait un traité ensemble, et l'ont scellé par un double mariage de leurs enfants.*

* **SCELLEUR** s. m. Celui qui scelle, qui appose le sceau : *le scelleur de la chancellerie.*

SCÉNARIO s. m. (mot ital.). Mise en scène. — Fig. Ensemble de moyens qu'on prépare pour tromper, séduire, etc.

* **SCÈNE** s. f. (lat. *scena*). Partie du théâtre où les acteurs représentent devant le public : *on applaudit cet acteur dès qu'il parait sur la scène, dès qu'il entre en scène.* — Décoration du théâtre : *la scène représentait le palais d'Auguste.* — Action même qu'on représente sur le théâtre, ou représentation d'une pièce de théâtre. Ainsi on dit : La scène est à Rome, est à Babylone, à Paris, etc. L'action qui fait le sujet de la pièce s'est passée ou est supposée se passer à Rome, à Babylone, à Paris, etc. — Ouvrir la scène, commencer la représentation, paraître le premier sur le théâtre : *dans l'Œdipe à Colone de Sophocle, la scène s'ouvre par Œdipe arrivant, avec sa fille Antigone, dans un lieu qu'il ne connait pas.* — Fig. Art dramatique : *les plaisirs, les jeux de la scène.* — Chaque partie d'un acte du poème dramatique, où l'entretien des acteurs n'est interrompu, ni par l'arrivée d'un nouvel acteur, ni par la sortie d'un de ceux qui sont sur le théâtre : *le poème dramatique se divise en actes, les actes se divisent en scènes.* — Par ext. Ensemble d'objets qui s'offre à la vue : *l'assemblage des glaciers de la Suisse forme une scène terrible, imposante.* — Toute action qui offre quelque chose de vif, d'animé, d'intéressant, d'extraordinaire : *je viens d'être témoin d'une scène bien attendrissante.* — Faire une scène a quelqu'un, l'attaquer violemment de paroles.

* **SCÉNIQUE** adj. Qui a rapport à la scène, du théâtre : *les jeux scéniques des anciens.*

SCÉNOGRAPHE s. m. (fr. *scène* ; gr. *graphein*, décrire). Artiste qui s'occupe de scénographie.

* **SCÉNOGRAPHIE** s. f. Peint. Art de mettre, de représenter les objets en perspective, particulièrement les sites et les édifices. On l'applique surtout à l'art de peindre les décorations scéniques. — Se dit également des représentations mêmes, des objets représentés : *la scénographie d'un palais et de ses jardins, d'une ville, d'un vallon,* etc.

* **SCÉNOGRAPHIQUE** adj. Peint. Qui a rapport à la scénographie : *représentation scénographique.*

* **SCÉNOPÉGIE** s. f. (gr. *skênê*, tente ; *pêgnuô*, je fixe). Nom que les Grecs donnaient à une des plus grandes solennités de l'année juive. C'était la fête des Tabernacles : elle rappelait aux Hébreux qu'ils avaient erré et campé longtemps en terre étrangère. Comme elle durait sept jours, on employe quelquefois le mot SCÉNOPÉGIES, au pluriel, pour la désigner.

* **SCEPTICISME** s. m. (fr. *sceptique*). Doctrine, sentiment d'une secte de philosophes anciens, dont le dogme principal était de douter, de n'affirmer rien, de tenir leur jugement en suspens sur chaque chose. — Se dit aussi en parlant des personnes qui affectent de douter de tout : *cet homme se pique de scepticisme.*

* **SCEPTIQUE** adj. (gr. *skeptikos*, qui examine). Se dit d'une secte de philosophes anciens qui établissaient pour principe qu'il n'y a rien de certain : *Pyrrhon est considéré comme l'auteur de la philosophie sceptique.* — Se dit aussi des personnes qui affectent de douter de tout ce qui n'est pas prouvé d'une manière évidente, incontestable : *c'est un homme sceptique, un écrivain sceptique.* — s. Les sceptiques ne niaient ni n'affirmaient rien.

SCEPTIQUEMENT adv. D'une manière sceptique.

* **SCEPTRE** s. m. (lat. *sceptrum*) Espèce de bâton de commandement, qui est une des marques de la royauté : *le roi avait la couronne sur la tête et le sceptre à la main.* — Fig. Supériorité, prééminence en quelque chose que ce soit : *cette nation a le sceptre des mers, de l'industrie, du commerce.*

SCEY-SUR-SAÔNE, ch.-l. de cant., arr. et à 19 kil. N.-O. de Vesoul (Haute-Saône); 1,500 hab.

* **SCHABRAQUE** s. f. (chabra-ke] (all. *schabrake*). Housse, sorte de couverture qu'on étend sur la selle des chevaux de cavalerie, et qui, à l'endroit du siège, est garnie ordinairement d'une peau de mouton : *avant de schabraquer un charge, on fait rabattre les schabraques sur les cuisses, pour découvrir les pistolets.*

SCHÆFER (Heinrich), historien allemand, né en 1794, mort en 1869. Il fut professeur d'histoire à Giessen à partir de 1833. Ses principaux ouvrages sont des histoires du Portugal et de l'Espagne, qui font partie de la collection d'Ukert et Heeren, intitulée *Geschichte der Europaeischen Staaten.*

SCHAFFOUSE (all. *Schaffhausen*[chaf-haourènn]). I, canton septentrional de la Suisse, confinant à Bade et au Rhin; 300 kil. carr.; 37,721 hab., principalement protestants et d'origine allemande. L'agriculture est la grande industrie du pays. Le gouvernement est démocratique. Ce canton entra dans la Confédération suisse en 1501. — II, capitale du canton, sur le Rhin, à 45 kil. N.-E. de Zurich; 10,303 hab. Objets d'acier, wagons, produits chimiques, tabac. A 3 kil. plus bas environ se trouvent les célèbres chutes du Rhin dont 60 à 75 pieds de haut.

SCHAMYL (Samuel), chef caucasien, né vers 1797, mort à Médine en 1871. Dans sa jeunesse, il embrassa les doctrines de Kasi Mollah, sorte de mysticisme énergique fondé sur le Soufisme. En 1834, à la mort de Hamsad bey, successeur de Kasi Mollah, Schamyl fut choisi comme chef de la secte. Il organisa une sorte de théocratie parmi les montagnards du Caucase oriental, et entreprit contre la Russie une guerre qu'il poursuivit pendant plusieurs années avec des succès divers. Après 1852, l'indifférence religieuse toujours croissante, et les dissensions politiques, sapèrent son pouvoir ; affaibli par la défection d'un grand nombre de tribus, il finit par être accablé et fait prisonnier au siège du Gunib, dans les montagnes, le 6 sept. 1859. (Voy. CAUCASE). Alexandre II le traita avec égard, et lui assigna sa résidence à Kaluga, avec une pension de 10,000 roubles. Avec l'autorisation du gouvernement russe, il partit pour la Mecque en 1870 et mourut à Médine.

* **SCHAH** s. m. (châ]. Titre que les Européens donnent au souverain de la Perse : *le schah de Perse.*

* **SCHAKO** s. m. Voy. SHAKO.

* **SCHALL** s. m. Voy. CHALE.

SCHAPSKA ou **Tchapska** s. m. Shako polonais dont la partie supérieure est carrée.

SCHAUMBURG-LIPPE [chaomm'-bourglip'-pé], principauté de l'empire allemand, enclavée dans la Prusse; 443 kil. carr.; 33,133 hab. Arrosée par des affluents du Weser. Sa diète se compose d'une chambre de 15 membres. Le prince régnant s'appelle Adolphe Ier (1817). Cap., Bückeburg.

SCHEELE (Karl-Wilhelm)[ché-le], chimiste suédois, né en Poméranie en 1742, mort en 1786. Il était apothicaire à Kœping. Après Priestley, c'est sans doute lui qui découvrit le plus grand nombre de corps nouveaux, entre autres l'acide tartrique, le manganèse, le chlore, la baryte et le vert de Scheele. Dans ses *Observations chimiques et Expériences sur l'air et le feu,* il donne à l'oxygène le nom d'« air empyréen ». Son *Traité de l'air et du feu* (Upsal, 1777) a été traduit en français par Diétrich (1785). — Vert de Scheele, arsénite de cuivre obtenu en dissolvant 3 parties de carbonate de potasse et 1 partie d'acide arsénieux joint à environ 7 parties d'eau, dans une dissolution bouillante de 3 parties de sulfate de cuivre et de 20 d'eau. C'est un violent poison dont on doit éviter l'emploi, particulièrement dans l'impression des papiers de tenture.

SCHEFFER [chefr']. I. (Ary), peintre français, né à Dort (Hollande) le 10 févr. 1795, mort à Argenteuil le 15 juin 1858. Il eut Guérin pour maître, et se fixa à Paris. Ses œuvres les plus caractéristiques sont des tableaux de piété, par exemple son *Christ mort,* sa *Mater dolorosa,* sa *Tentation.* La gravure en a popularisé beaucoup d'autres, et surtout *Dante et Virgile, Faust, Françoise de Rimini, Mignon, Dante et Beatrice,* etc. Il a peint les portraits de Lafayette, de Talleyrand, etc. Sa vie a été écrite par Grote (2 vol. 1860).— II. (Henri), son frère, peintre, né en 1798, mort en 1862. Parmi ses nombreuses toiles, il faut citer *Charlotte Corday, Jeanne d'Arc à Orléans,* les portraits de Carrel, d'Arago, d'Augustin Thierry, etc.

* **SCHELLING** s. m. [che-lain](angl. *shilling*; all. *schilling*). Monnaie d'argent en usage en Angleterre, qui vaut environ un franc vingt centimes de France : *vingt schellings font la livre sterling.* — Nom de diverses monnaies de Hollande, de Flandre et d'Allemagne, qui ne sont ni du poids ni au titre du schelling d'Angleterre : *le schelling de Danemark est de cuivre, et vaut trois centimes.*

SCHELLING (Friedrich-Wilhelm-Joseph von) [chel'-linng], philosophe allemand, né près de Stuttgart en 1775, mort le 20 août 1854. Son premier essai métaphysique (1795) fut bientôt suivi de sa fameuse dissertation *Vom Ich als Princip der Philosophie* et de ses *Philosophische Briefe über Dogmatismus und Kriticismus,* où il exposait son système particulier, destiné à remplacer la philosophie critique de Kant et l'idéalisme subjectif de Fichte. Après avoir quitté l'université de Tubingue, il enseigna pendant deux années à Leipzig, et écrivit, à propos des doctrines de Fichte, ses *Illustrations de l'Idéalisme de la Théorie de la science.* En 1799, il alla à Iéna, où, se séparant tout à fait de l'idéalisme de Fichte, il donna une suite de brillantes leçons qui excitèrent le plus vif enthousiasme. Il publia avec ses collègues Fichte et Hegel le *Kritisches Journal der Philosophie.* C'est que se développa la seconde phase des spéculations de Schelling, sa philosophie de la nature et son idéalisme transcendant. Il fit paraître coup sur coup : *Ideen zu einer Philosophie über Natur* (Ier vol., 1797); *Von der Weltseele* (1798; les éditions postérieures sont augmentées de : *Ueber das Verhaeltnisse des Realen und Idealen in der Natur*; *Erster Entwurf eines Systems der Naturphilosophie* (1799) avec une introduction, et *System des transcendantalen Idealismus* (1800). Le choix qu'il faisait de la nature comme sujet de ses spéculations indiquait la révolte de son esprit contre les tendances subjectives. Il soutenait que tout est comme pénétré par une loi, la loi d'évolution et que c'est une loi de polarité, ou de forces polaires. Ces forces agissent et réagissent perpétuellement, comme on le voit dans les phénomènes du magnétisme, de l'électricité et des agents chimiques. Il appliqua la même principe de polarité en un sens plus universel dans son « Idéalisme transcendant ». La troisième division de ce traité, est consacrée à la philosophie de l'art, où il développe dans leurs conséquences les suggestions contenues dans la critique du jugement de Kant, et où il déifie presque l'art. Il exposa plus au long les mêmes vues dans un remarquable essai *Ueber das Verhaeltniss der bildenden Künste zur Natur* (1807). La troisième phase de l'évolution de son système philosophique a reçu le nom de philosophie de l'identité. Il pose son système d'après la méthode géométrique, suivant l'exemple de Spinoza, et, en fait, le pôle réel et le pôle idéal sont parallèles aux deux « modes » de la pensée et de l'extension dans l'éthique de Spinoza. En 1803, il fut appelé à Würzbourg, où il professa deux ans. En 1808, il fut nommé secrétaire de l'académie des arts du dessin à Munich, et en 1820, il se retira à Erlangen pour écrire sa *Philosophie der Mythologie* et sa *Philosophie der Offenbarung.* Lorsque l'université de Landshut fut transférée à Munich, en 1826, il y accepta une chaire et attira des étudiants de mains pays. Dans *Darlegung des wahren Verhaeltnisses der Naturphilosophie zur verbesserten Fichte'schen Lehre* (1806), il donne une place plus prépondérante à l'élément théosophique. Dans l'écrit contre Jacobi intitulé *Denkmal* (1812), il nie qu'il puisse y avoir deux sortes de philosophies; et il insiste sur la nécessité d'un théisme scientifique. Pendant près de 20 ans, il ne publia rien d'important, mais rompit enfin le silence en écrivant une préface pour la traduction allemande, où il accusait Hegel de construire tout son système sur une mauvaise conception du véritable sens et de la valeur du système d'identité. En 1841, il fut appelé à la chaire autrefois occupée par Hegel à Berlin. Les leçons de Schelling furent publiées, sans son consentement, par Frauenstaedt et Paulus;

et il ne tarda pas à se retirer de la vie active pour perfectionner les détails de son système. Deux de ses fils, Karl-Friedrich-August et Hermann, ont publié une édition de ses œuvres réunies (1856-'64, 14 vol.); Schelling a eu beaucoup de disciples et de partisans, et le développement qu'ils ont donné à ses principales doctrines a fait donner à leur école le nom de néo-schellingisme.

SCHÈME s. m. [skè-me] (gr. *skéma*). Figure de mots. — Théol. Proposition rédigée pour être soumise à un concile.

SCHEMNITZ [chemm'-nitss] (hongr. *Selmecz-Banya*), ville minière du N.-O. de la Hongrie, dans le comté de Hont, sur le Schemnitz, à 98 kil. N.-O. de Pesth; 14,029 hab. Elle est étroitement entourée de collines. Les mines d'or, d'argent, de plomb, de cuivre, de fer, de soufre et d'arsenic, autrefois parmi les plus importantes de l'Europe, ont beaucoup décliné, bien qu'elles emploient encore environ 8,000 personnes.

SCHEN (Louis), architecte allemand, né le 1er août 1830, mort en 1881; il restaura la cathédrale d'Ulm et plusieurs autres monuments du Würtemberg.

* **SCHÈNE** s. m. [skè-ne] (gr. *schoinos*, corde de jonc). Antiq. Mesure itinéraire en usage chez les anciens, surtout en Égypte, et qui valait environ 10,500 mètres.

SCHENECTADY, ville de l'état de New-York, sur la rive méridionale du Mohawk, et sur le canal de l'Érie, à 30 kil. N.-O. d'Albany; 12,748 hab. Ville très industrielle, possédant de grandes usines, des fonderies, des filatures, des fabriques de tricot, des fabriques de machines, etc. Le 9 févr. 1690, les Indiens et les Français massacrèrent les habitants, n'épargnèrent que 60 vieillards et enfants; et, en 1748, elle fut reprise et un nouveau massacre eut lieu.

SCHÉRER (Barthélemy-Louis-Joseph), général, né à Delle, près de Belfort, le 18 déc. 1747, mort à Chauny le 19 août 1804. Il s'engagea dans les troupes autrichiennes, déserta au bout de 11 ans et entra dans l'armée française, avec le grade de capitaine, fit toutes les guerres de la Révolution, passa général de division en 1794, prit Landrecies, le Quesnoy, Condé et Valenciennes, commanda l'armée des Pyrénées-Orientales, puis celle d'Italie, gagna la bataille de Loano, céda le commandement à Bonaparte, prit le portefeuille de la guerre (1797), commit des malversations, se retira en 1799, reçut un instant la direction des troupes d'Italie, se laissa battre à Magnano, prit la fuite pour éviter une mise en accusation, et se retira, après le 18 brumaire, dans sa terre de Chauny.

SCHERIA, dans l'*Odyssée*, était une île située à l'extrémité occidentale de la terre et habitée par les Phéaciens. Les anciens l'identifiaient avec Corcyre.

* **SCHÉRIF** s. m. Voy. CHÉRIF et SHÉRIF.

* **SCHERZO** s. m. [sker-zo] (mot. ital. qui signifie : *badinage*). Mus. Morceau de musique léger et badin qui fait partie d'une symphonie où il remplace ordinairement le menuet.

SCHEVENINGEN [skè'-venn-inng-enn], ville balnéaire des Pays-Bas, sur le rivage de la mer, à 5 kil. N.-O. de la Haye; 8,000 hab. La flotte anglaise, commandée par Monk, a battu, non loin de là, Van Tromp, qui y périt (10 août 1653).

SCHICK (Gottlieb) [chik], peintre allemand, né à Stuttgart en 1779, mort en 1842. On cite de lui *David devant Saül irrité*, les *Actions de grâce de Noé*, et *Apollon parmi les bergers*.

SCHIEDAM [ski-'damm], ville de la Hollande méridionale (Pays-Bas), près du confluent de la Meuse et de la Shie, à 6 kil. O. de Rotterdam;

21,532 hab. Près de 300 distilleries, surtout de gin ou genièvre, connu sous le nom de schiedam.

* **SCHITE** s. m. [chi-i-te]. Voy. ~ CHIITES.

SCHILLER (Johann-Christoph-Friedrich von), poète allemand, né à Marbach (Würtemberg), le 10 nov. 1759, mort à Weimar, le 9 mai 1805. En 1780 il fut nommé chirurgien dans l'armée. En 1781, sa tragédie *Die Ræuber* causa une immense sensation. Le duc de Würtemberg, craignant l'influence de cette pièce, qui idéalisait le brigandage, ordonna à l'auteur de s'en tenir à sa profession de chirurgien. Schiller cependant refondit son drame; il fut arrêté à Stuttgart, s'échappa, et trouva un refuge chez Mme von Wolzogen, près de Meiningen. Il fut attaché pendant 18 mois au théâtre de Mannheim, traduisit *Macbeth*, écrivit les tragédies *Die Verschwœrung des Fiesco*, et *Kabale und Liebe*, fondée sur la *Rheinische Thalia*, et publia *Philosophische Briefe*. En 1785, il alla à Leipzig, puis à Dresde, où il termina la tragédie de *Don Carlos*, et, enfin, en 1787, à Weimar. Il y rencontra Charlotte von Lengefeld (qui devint sa femme), Herder, Wieland et Goethe. En 1788 parut le premier et seul volume de sa *Geschichte des abfalls der Niederlande*. En 1789, il fut nommé professeur d'histoire à Iéna, et, en 1791, il termina son *Histoire de la guerre de Trente ans*, qui est, d'après Carlyle, « la meilleure œuvre historique que l'Allemagne puisse se vanter ». La philosophie de Kant le poussa à de profondes recherches esthétiques. Il collabora aussi aux *Horen*, et édita le *Musenalmanach*, où Goethe et lui ripostaient à leurs critiques en épigrammes rythmées (*Xenien*). Pendant quelque temps, il écrivit presque pendant toute la nuit, ce qui mina sa santé. C'est à cette époque que parurent presque toutes ses belles ballades. En 1799, fut publié son drame de *Wallenstein*, une de ses œuvres les plus considérables, divisée en *Wallenstein's Lager, Die Piccolomini*, et *Wallentein's Tod*. Bientôt après, il se transporta à Weimar. De 1799 à 1801, il produisit les drames de *Marie Stuart, Die Jungfrau von Orleans*, et *Die Braut von Messina*, et *Das Lied von der Glocke*, sans compter bien d'autres exquises poésies. En 1804, il acheva *Guillaume Tell*, la dernière et la plus noble de ses œuvres dramatiques. L'édition la plus complète de ses œuvres a été publiée sous la direction de Goedeke (1867-75). Sa correspondance avec le duc Frédéric-Charles de Schleswig-Holstein a été éditée par Max Müller (1876). Ses *Poésies* ont été traduites par Marmier et son *Théâtre* par de Barante (Paris, 1824, 6 vol. in-8°.)

SCHINDERHANNES, surnom de Johann Pückler, chef d'une bande de chauffeurs, qui tint la dernière, dans les départements situés sur les bords du Rhin, à cause de la facilité qu'elle avait de se transporter sur l'une ou l'autre rive du fleuve. Bückler fut pris enfin et exécuté à Mayence, avec 19 de ses complices, en nov. 1803. Il était né à Stuttgart, près de Katzen-Ulbogen en 1779. (Voy. CHAUFFEURS.)

SCHINAS (Constantin-Démétrius), littérateur et homme politique grec, né vers la fin du siècle dernier, mort en 1870. Il publia à Paris en 1829 une *Grammaire élémentaire du grec moderne*, devint, en 1843, ministre de la justice à Athènes, puis ambassadeur à Munich et à Vienne. On lui doit aussi un *Dictionnaire français-grec*.

SCHINE s. f. Bot. Genre d'anacardiées, voisin des pistachiers, dont la principale espèce, la *schine molle* (*schinus molle*), appelée aussi *poivrier d'Amérique*, est originaire de l'Amérique du Sud et est aujourd'hui cultivée en Californie. Toutes ses parties sont aromatiques; son fruit possède presque exactement l'odeur et le goût du poivre noir.

Au Pérou, on se sert de sa racine en médecine, et l'on mâche une sorte de résine qui suinte de sa tige, pour se raffermir les

Schine molle (Schinus molle).

gencives. C'est aussi un purgatif. Ses baies servent à fabriquer une sorte de vin.

SCHINKEL (Karl-Friedrich) [chinn'-kèul], architecte allemand, né en 1781, mort en 1841. Il a exécuté quelques-uns des plus beaux travaux de Berlin, où il devint professeur à l'académie des beaux-arts en 1820. Il excellait aussi comme peintre d'histoire et de décors. Le *Schinkel Museum*, à Berlin, contient beaucoup de ses ouvrages.

SCHIPKA (Passe de), passage des Balkans, entre Gabrowa en Bulgarie et Kesanlyk en Roumélie, célèbre comme ayant été le théâtre de luttes sanglantes pendant la guerre russo-turque de 1877-'78. En juillet 1877, Suleiman Pacha y livra plusieurs assauts aux positions des Russes. (Voy. SULEIMAN PACHA.)

SCHIRAZ. Voy. CHIRAZ.

SCHIRMECK, village de l'Alsace-Lorraine, à 39 kil. N.-E. de Saint-Dié; 900 hab.

* **SCHISMATIQUE** adj. [chiss-ma-]. Qui fait schisme, qui est dans le schisme, qui se sépare de la communion d'une religion : *la plupart des Grecs sont schismatiques par rapport à l'Eglise romaine.* — Substantiv. *Les schismatiques.*

SCHISMATISER v. a. Rendre schismatique.

* **SCHISME** s. m. [chiss-me] (gr. *skisma*, division). Division, séparation dans la communion d'une religion. Se dit surtout en parlant de ceux qui se détachent ou se sont détachés d'une communion pour en former une nouvelle : *les Turcs regardent en leur nouvelle : les Persans comme ayant fait schisme dans la religion mahométane.* — Le GRAND SCHISME D'OCCIDENT, la division qui eut lieu, dans l'Eglise catholique, durant une partie du XIVe et du XVe siècle, et pendant laquelle il y eut à la fois plusieurs papes qui se prétendaient légitimes. — Se dit, par anal., en matière de politique, de morale, de littérature, etc. : *il est l'auteur du schisme qui divise en ce moment la littérature.*

* **SCHISTE** s. m. [chiss-te] (gr. *schistos*, fendu). Minéral. Se dit de certaines pierres qui peuvent aisément se partager en lames ou feuilles, comme l'ardoise. Les schistes se composent surtout de quartz et ne contiennent pas de feldspath. La roche la plus importante de cette classe est le micaschiste. On distingue parmi les schistes argileux l'*ardoise* (voy. ce mot), le *mica* (voy.), le hornblende et le *schiste bitumineux* ou hydrosilicate d'alumine, espèce de houille grise, ordinairement associée au charbon de terre et produisant à la distillation de la paraffine et de l'huile d'éclairage appelée *huile de schiste.*

* **SCHISTEUX, EUSE** adj. Minéral. Qui peut

se diviser en lames ou feuilles : *roche schisteuse.*

* SCHLAGUE s. f. [chla-ghe] (all. *schlagen,* battre). Mot emprunté de l'allemand. Il se dit en parlant des coups de baguette qu'on donne aux soldats de certains pays du Nord, quand ils ont commis une infraction à la discipline : *donner, recevoir la schlague.*

SCHLAGUER v. a. Donner une schlague.

SCHLAGUEUR s. Celui qui schlague.

SCHLEGEL [chlé-gheul]. I. (August-Wilhelm von), érudit allemand, né à Hanovre en 1767, mort en 1845. Il devint professeur à léna, avec son frère, Friedrich, il écrivit des essais qui en littérature mirent en avant l'école romantique. Séparé de sa femme, fille de Michaélis, il se retira en 1802 à Berlin, et en 1806 il accompagna Mme de Staël dans ses voyages. En 1808, il fit à Vienne des conférences sur l'art dramatique, et manifesta son culte pour Shakespeare (1809-'11, 3 vol.). Ayant visité Stockholm en 1812, il devint secrétaire de Bernadotte. Il rejoignit Mme de Staël à Paris en 1815, et resta avec elle jusqu'à sa mort, en 1817. En 1819, il devint professeur d'histoire à Bonn. Son second mariage, cette même année, avec une fille de Paulus de Heidelberg, aboutit également à une séparation. Il a traduit 17 pièces de Shakespeare, les 5 principales pièces de Calderon, des poésies espagnoles, italiennes et portugaises, et il est, dit-on, le premier qui ait composé des sonnets en allemand. Il fut aussi un orientaliste remarquable. Ses écrits comprennent *Saemmtliche Werke* (1846-'47, 12 vol.), *Œuvres écrites en français* (1856, 3 vol.), et *Opuscula Latina* (1848), où se trouve sa traduction de *Ramayana*. — II. Friedrich-Karl-Wilhelm von), son frère, né en 1772, mort en 1829. En 1800, il devint maître de conférences et de philosophie à Iéna ; puis il professa à Iéna. S'étant converti au catholicisme, il alla en 1808 à Vienne et, en 1809, il accompagna à la guerre l'archiduc Charles en qualité de secrétaire. Il fut plus tard attaché à l'ambassade autrichienne à Francfort, ensuite il professa à Vienne, puis à Dresde (1828-'29). Il fut, avec son frère et Tieck, un des chefs de l'école romantique, et se distingua comme critique et comme penseur. Ses œuvres, réunies en 15 vol. (1822-'46) comprennent une histoire de la poésie grecque et romaine et de la littérature ancienne et moderne. Il a publié plusieurs ouvrages écrits par sa femme, fille de Moses Mendelsohn.

SCHLEIERMACHER (Friedrich-Daniel-Ernst) [chlaï'-eur-makh-eur], théologien allemand, né à Breslau en 1768, mort en 1834. Il fut aumônier de l'hôpital de la Charité à Berlin de 1796 à 1802. En 1799, il publia *Reden über die Religion an die Gebildeten unter ihren Verächtern* (nouv. édit., 1867), qui marque le passage de la théologie allemande de la spéculation à la foi positive. Sa piété était cependant fortement teintée de panthéisme spinozista. Dans ses *Monologen* (1800), il reproduit l'idéalisme subjectif de Fichte. En 1802, il fut nommé prédicateur de la cour à Stolpe ; c'est là qu'il commença sa traduction de Platon (1804-'28, 6 vol.), œuvre inachevée, mais qui suffit pour le placer au premier rang des hellénistes de l'Allemagne. Ses *Grundlinien einer Kritik der bisherigen Sittenlehre* (1803) ouvrirent une voie nouvelle à la philosophie morale. En 1804, il devint professeur extraordinaire de philosophie et de théologie à Halle, et, en 1806, il retourna à Berlin comme pasteur de l'église de la Trinité. En 1810, il fut élu premier professeur de théologie à l'université de Berlin. Il contribua puissamment à soulever dans toutes les classes les sentiments de patriotisme qui aboutirent à la libération

de son pays et à la chute de Napoléon ; et dès lors il se déclara l'adversaire de l'absolutisme. Il aida à l'union de la confession luthérienne et de la confession réformée en Prusse (1847). Il a écrit sur la morale philosophique, la dialectique, la psychologie, la politique, la pédagogie, l'histoire de l'Église, l'herméneutique, la morale chrétienne, la dogmatique, la théologie pratique, sans compter ses sermons. On a publié la collection complète de ses œuvres en 31 vol. (1835-'64.)

SCHLEIZ [chlaïtts]. Voy. REUSS.

SCHLESWIG [chléss'-vijh], ou Sleswick (dan. *Slesvig*). I, autrefois duché indépendant gouverné par le roi de Danemark ; aujourd'hui partie de la province prussienne du Shleswig-Holstein. Henri Ier d'Allemagne y créa vers 934 un margraviat, qu'Othon le Grand réorganisa en 948, et qui fut cédé à Canut le Grand de Danemark en 1027, lorsque l'Eider devint la frontière entre les deux pays. Le roi Waldemar II (1202-'41) le donna à son fils Abel, dont les descendants le gouvernèrent jusqu'en 1375. Après l'extinction de la ligne d'Abel, les comtes de Holstein élevèrent des prétentions sur le Schleswig, et en 1386, Gerhard VI le reçut en qualité de fief danois. Bien que le Holstein fût un fief de l'empire, l'histoire des deux pays est depuis lors intimement unie. — II. ville, jadis capitale du Schleswig, au fond d'une baie étroite appelée le Schlei, à 35 kil. de la Baltique, et à 110 kil. N.-N.-O. de Hambourg ; 14,574 hab. Elle est presque complètement entourée d'eau. Lainages, cuirs, dentelles et porcelaine. Le port, en se comblant peu à peu, a grandement diminué l'importance commerciale de la ville.

SCHLESWIG-HOLSTEIN [hol-chtaïnn], province de Prusse, formée en 1866 et composée des anciens duchés de Schleswig, de Holstein et de Lauenbourg, ce dernier ayant été incorporé aux deux autres en 1876. Elle est limitée par le Danemark, la Baltique et la mer du Nord ; 18,287 kil. carr. ; 1,074,812 hab., la plupart protestants. Dans le N. du Schleswig, près de 150,000 personnes parlent le danois ; Dans le S. et dans le Holstein, on parle surtout l'allemand. Villes princ. : Altona, Kiel (la capitale), Rendsburg, et Glückstadt dans le Holstein ; Schleswig et Flensburg, dans le Schleswig. Outre l'Elbe, on remarque, parmi les cours d'eau, l'Eider, qui sépare le Schleswig du Holstein, la Trave et le Stoer. La province contient plusieurs îles, entre autres Alsen et Femern. Le pays est plat et très fertile. Les chevaux sont renommés pour le service de la grosse cavalerie, et on en exporte un grand nombre. — En 1836, les comtes de Holstein reçurent le Schleswig comme fief danois. Leur famille s'étant éteinte, les États du Schleswig-Holstein élurent pour souverain (1460) Christian d'Oldenbourg, roi de Danemark. En 1490, malgré les conventions qui garantissaient l'unité du Holstein, deux maisons souveraines se fondèrent. Elles fur 2t réunies sous Frédéric Ier, mais en 1544, il s'en forma jusqu'à trois, et, depuis 1580, il y a eu trois branches principales : la branche royale danoise, appelée Holstein-Glückstadt ; la branche de Holstein-Gottorp, dont, depuis 1762, le czar de Russie est le chef ; et celle de Holstein-Sunderbourg, qui n'a aucune importance territoriale. En 1616, les États abandonnèrent leur droit d'élection, et la succession fut réglée suivant la loi de primogéniture, avec réversion aux branches collatérales. En 1802-'06, les États furent formellement abolis. En 1815, le roi de Danemark entra dans la confédération germanique comme duc de Holstein, et en 1834, on créa des chambres pour les deux duchés. Mais des mesures répressives, faites pour repousser la langue alle-

mande, continuèrent à créer du mécontentement. La maison royale était sur le point de s'éteindre dans la ligne mâle, lorsque le roi étendit les lois saliques danoises à tous ses domaines (8 juillet 1846), et, malgré une opposition générale, Frédéric VII incorpora le Schleswig au Danemark, le 24 mars 1848. Une guerre de trois années s'ensuivit où les duchés furent un moment secourus par la Prusse. En janvier 1851, l'Autriche et la Prusse intervinrent, licencièrent l'armée du Schleswig-Holstein et le Holstein au Danemark. A la conférence de Londres, en mai 1852, le prince Christian de Schleswig-Holstein-Sunderbourg-Glücksburg fut désigné comme héritier de la couronne ; mais ni les duchés ni la diète germanique n'y donnèrent leur assentiment. En 1854, on accorda des constitutions au Schleswig-Holstein, sans satisfaire les populations ; et, en nov. 1863, le parlement danois incorpora formellement le Schleswig au Danemark. Le même mois, le roi mourut et le prince de Sunderbourg-Glücksburg lui succéda sous le nom de Christian IX, tandis que le prince de Schleswig-Holstein-Sunderbourg-Augustenburg, que les duchés regardaient comme l'héritier légitime, prenait le gouvernement à Kiel. La diète germanique déclara que le traité de Londres était violé par le Danemark, et une armée austro-prussienne entra dans le Holstein. Les Danois furent chassés du Schleswig et les Allemands occupèrent même le Jutland. Une seconde conférence de Londres n'aboutit à rien, et, au traité de Vienne, le 30 oct. 1864, Christian IX renonça à tous ses droits sur le Schleswig-Holstein, et aussi sur le Lauenbourg. La convention de Gastein, le 14 août 1865, assigna le Holstein à la garde de l'Autriche et le Schleswig à celle de la Prusse ; mais après la guerre de 1866, la Prusse s'annexa les deux duchés. L'article du traité de Prague stipulant que les populations du Schleswig de langue danoise seraient rendues au Danemark si elles votaient dans ce sens, a été mis de côté jusqu'ici.

SCHLETTSTADT [chlett'-statt], ou Schelestadt, ou SCHLESTADT, ville d'Allemagne, dans la basse Alsace, sur l'Ill, à 40 kil. S.-S.-O. de Strasbourg ; 9,094 hab. Cuirs, cotonnades, potasse. Schlettstadt devint cité impériale au XIIIe siècle ; elle fut prise par les Suédois en 1632, annexée à la France en 1648 et prise, en oct. 1870, par les Allemands qui en démolirent les fortifications.

* SCHLICH s. m. [chlik] (mot. all.) Minerai écrasé, lavé et préparé, pour être porté au fourneau de fusion.

SCHLITTAGE s. m. Opération qui consiste à faire descendre les pentes aux troncs d'arbres coupés dans les forêts en se servant de la schlitte.

SCHLITTE s. f. [chli-te] (all. *schlitten,* traîneau). Traîneau en usage dans les Vosges.

SCHLITTER v. a. Faire descendre au moyen de schlittes.

SCHLITTEUR s. m. Ouvrier chargé de la manœuvre des schlittes.

SCHMID (Christoph von) [chmitt], dit LE CHANOINE SCHMID, écrivain allemand né à Dinkelsbühl (Bavière), le 15 août 1768, mort à Augsbourg le 3 sept. 1854. Il était prêtre catholique et écrivit, pour les enfants, des contes moraux : remplis de charme : *Histoires bibliques* (Augsbourg, 1801, 6 vol.; trad. franç. de Haguenau, 1828, 3 vol. in-18), *Contes moraux* (1810-'20), *Petit Théâtre*, etc. Parmi les trad. franç., nous citerons celle de Cerfbeer de Medelsheim, avec illustrations de Gavarni (1863, 2. vol. in-8°).

* SCHNAPAN s. m. Voy. CHENAPAN.

SCHNAPS s. m. [chnapss] (mot. all.) Eau-de-vie.

SCHNEIDER (Eugène) [chnè-dèrr], industriel et homme politique, né à Nancy en avril 1805, mort le 27 nov. 1875 ; il fut chargé de la direction des forges de Bazeilles, devint ensuite avec son frère (mort en 1845) gérant des établissements métallurgiques du Creuzot, qui atteignirent, sous leur administration, au plus haut degré de prospérité; il fut élu député en 1845, ministre du commerce en 1851, plusieurs fois président du Corps législatif de 1867 à la chute de l'Empire. Une statue lui a été élevée au Creuzot en 1878.

SCHNEIDER (Eulogius), révolutionnaire, né à Wipfeld, près de Schweinfurt, le 20 oct. 1756, guillotiné à Paris le 1er avril 1794. Il fut tour à tour récollet, prédicateur catholique à Augsbourg, prédicateur à Stuttgard, et professeur de grec à Bonn. Chassé d'Allemagne, en raison de ses sympathies pour la Révolution française, il se rendit à Strasbourg, y fut nommé grand-vicaire de l'évêque constitutionnel (1791), quitta la prêtrise, publia l'*Argus*, journal dirigé contre les prêtres et les nobles, devint maire de Haguenau, puis accusateur public près le tribunal criminel du Bas-Rhin. Accusé de conspiration par Lebas et Saint-Just, il fut conduit à Paris et condamné à mort. Il a laissé quelques ouvrages en allemand. Sa biographie a été écrite par Lersch (1845) et par Heitz (1862).

SHNETZ (Jean-Victor) [chness], peintre, né à Versailles en 1787, mort à Paris en 1870. Il fut pendant longtemps directeur à l'Académie française à Rome. Parmi ses productions les plus populaires, on cite : le *Christ appelant à lui les petits enfants; le Médecin capucin; le Moine priant.*

SCHNICK s. m. Autre orthographe de Chenique.

SCHNORR VON KAROLSFELD (Julius) [chnor-fonn-ka'-rolss-felt], peintre allemand, né à Leipzig en 1794, mort en 1872. Élève de son père, *Veit Hans von Schnorr*, il fut employé à Rome de 1818 à 1827. Il devint ensuite professeur à Munich, puis à Dresde en 1846. Il fonda une nouvelle école qui adhérait, au contraire de celle de Kaulbach, aux règles strictes de l'art. Ses œuvres les plus célèbres sont les fresques et les peintures des *Nibelungen*, et ses peintures historiques à l'encaustique, toutes dans le palais royal de Munich; *Luther à la diète de Worms*, également à Munich; ses dessins pour les fenêtres de la cathédrale de Saint-Paul à Londres, et pour la *Bibel in Bildern* et les *Nibelungenlied.* — Son frère, Ludwig-Ferdinand (1788-1853), directeur en chef de la galerie du belvédère à Vienne, fut un bon peintre de l'école romantique et a admirablement illustré le *Faust* de Gœthe.

SCHŒFFER (Pierre), *Pietrus Opilio* ou *Pierre de Gernsheim*, l'un des créateurs de l'art typographique, né à Gernsheim (landgraviat de Darmstadt), vers 1430, mort vers 1500. Il exerça d'abord le métier de scribe à Paris, entra au service de Fust, de Mayence, et inventa, à l'insu de celui-ci, les poinçons, les matrices, l'entonnoir et le moule, ce qui lui permit de fondre des caractères mobiles en métal. Lorsqu'il montra à son maître le premier abécédaire, résultat de son inspiration, Fust en fut tellement ravi que dans le transport de sa joie, il promit sur-le-champ sa fille unique, Christine, à l'ingénieur inventeur, qui l'épousa peu de temps après (1453). Plus heureux que Gutenberg, dont il avait perfectionné la divine invention, et qui fut forcé d'abandonner à son jeune rival le résultat de ses longs travaux (voy. Gutenberg), Schœffer resta en société avec son riche beau-père, auquel il succéda vers 1466.

Il établit un dépôt considérable de livres à Paris, d'où ses agents se répandaient dans les provinces. Tous ses ouvrages sont remarquables par la beauté de l'impression et la netteté des caractères. Son fils, Johann, lui succéda (1503-'34) et imprima principalement des livres religieux.

SCHŒNBEIN (Christian - Friedrich) [cheunn'-bainn], chimiste allemand, né à Mitzengen (Wurtemberg) en 1799, mort à Baden-Baden le 30 août 1868. Il fut nommé professeur à Bâle en 1828. En 1839, il découvrit l'ozone, et en 1845 il trouva la fabrication du coton-poudre. Il a publié de nombreux ouvrages, dont l'un sur l'ozone.

SCHŒNBRUNN [cheunn-brounn], village d'Autriche, à 6 kil. S.-O. de Vienne; 400 hab. Fameux palais construit par Marie-Thérèse (1744), avec grand jardin botanique et ménagerie.

SCHŒPFLIN (Johann-Daniel), historien, né à Salzbourg, margraviat de Bade-Hochberg, le 8 sept. 1694, mort à Strasbourg le 7 août 1771. Il fut professeur d'histoire à Strasbourg. Sa réputation repose sur son *Alsacia illustrata* (1751-'61, 2 vol.), traduit en français, par Ravenez, sous le titre d'*Alsace illustrée* (Mulhouse, 1849-'52, 5 vol. in-8°).

* **SCHOLAIRE**, Scholie, et leurs dérivés. (Voy. Scolaire, Scolie, etc.)

SCHOLASTIQUE (Sainte) [sko-], sœur de saint Benoît de Nursie, morte en 543. Retirée au mont Cassin, elle fonda l'ordre des Bénédictines. Fête le 10 févr.

SCHOMBERG. I. (Gaspard de)[chon-bèr], officier français, né en Saxe en 1540, mort à Paris en 1599. Il étudiait à l'université d'Angers, quand les catholiques vinrent assiéger cette ville, qu'il défendit, à la tête des huguenots. Il entra ensuite au service de Henri III et de Henri IV, comme capitaine des reitres. — II.(Georges de), frère du précédent, tué dans un duel en 1578, à l'âge de 18 ans. Il n'est connu que par sa liaison avec les mignons de Henri III. — III. (Henri, comte de), maréchal de France, né à Paris vers 1574, mort en 1632. Il descendait des Schomberg allemands. Il fut nommé surintendant des finances et grand-maître de l'artillerie en 1619, et de 1621 à 1624 il fut tout-puissant comme premier ministre. Richelieu le supplanta, mais le fit maréchal (1625). Il chassa les Anglais de l'île de Ré en 1627, se distingua à la Rochelle, se couvrit de gloire dans la campagne d'Italie, dont il a écrit la *Relation* (Paris, 1630, in-6°), fit le duc de Montmorency prisonnier à Castelnaudary, le 1er sept. 1632, et fut nommé gouverneur du Languedoc. — IV (Charles, duc d'Halluin), fils du précédent, maréchal de France, né en 1601, mort à Paris en 1656. Successeur de son père dans le gouvernement du Languedoc, il fut créé maréchal de France, prit Perpignan en 1642 et commanda l'armée qui envahit la Catalogne en 1648. Sa seconde femme, Marie de Hautefort (1616-'94), favorite de Louis XIII, est célèbre sous le nom de maréchale de Schomberg. (Voy. Hautefort.)

SCHOMBERG (Frederick-Hermann, duc de) [chomm'-bèrg], maréchal de France, né à Heidelberg vers 1616, mort le 1er juillet 1690 (vieux style). Son père était le comte allemand Johann-Meinhardt von Schomberg, et sa mère une fille de sir Edward Sutton, lord Dudley. Il se distingua dans les armées hollandaises et françaises, et en 1675 Louis XIV le fit maréchal. Il quitta le service de la France après la révocation de l'édit de Nantes, en 1685. Le prince d'Orange lui donna le commandement en second à son départ pour l'Angleterre en 1688, et en 1689 il le créa duc de Schomberg et maître de l'artillerie. Il périt à la bataille de la Boyne.

— Son second fils, Meinhardt, duc de Leinster, fut le troisième duc de Schomberg, et mourut sans descendant mâle en 1719.

SCHOMBURGK (Sir Robert-Hermann) [chomm'-beurk], voyageur anglais, né en Prusse en 1805, mort en 1865. Il commença comme associé dans une manufacture de tabac de la Virginie. En 1830, il alla aux Indes occidentales, et rendit de tels service que les Anglais lui donnèrent les moyens d'aller explorer la Guyane anglaise, où il découvrit le grand lys, *Victoria regia*. En 1841-'44, il fût mis à la tête d'une commission anglaise pour relever la frontière entre la Guyane et le Brésil. En 1845, il fut fait chevalier, et de 1848 à 1857, il fut consul et chargé d'affaires près de la république Dominicaine, et ensuite, jusqu'en 1864, consul général à Bangkok. Il a publié *Description of British Guiana* (Lond., 1840); *Views in the Interior of Guiana* (1840); *History of Barbadoes* (1847); *The Discovery of the Empire of Guiana*, par sir Walter Ralleigh (1848), etc. — Son frère, Moritz-Richard, qui l'accompagnait dans sa dernière expédition, en a publié la relation en allemand (1847-'48, 3 vol.)

* **SCHOOLCRAFT** (Henry Rows) [skoul-krafft], écrivain américain, né dans l'État de New-York en 1793, mort en 1864. Géologiste, il explora le lac Supérieur et le haut Mississipi en 1820, et fut pendant longtemps agent du gouvernement chez les Indiens. Il épousa la fille d'un de leurs chefs (1823). En 1832, il découvrit la source du Mississipi, et en 1836 négocia avec les Indiens la cession de 16 millions d'acres de terre aux États-Unis. En 1847, résidant à Washington, il fut chargé par le gouvernement de rédiger un ouvrage intitulé *Historical and Statistical Information respecting the History, condition and Prospects of the Indian tribes of the United States* (Philadelphie, 1851-'57, 6 vol. in-4°). Il a tiré de lui de nombreuses relations de ses explorations et de ses négociations avec les Indiens.

* **SCHOONER** s. m. [chou-nèrr] (mot hollandais signifiant *plus beau*). Petit bâtiment.

Schooner.

gréé comme une goélette, et ayant deux mâts *inclinés*, qui portent, outre deux voiles, une voile de plus particulièrement supérieure.

SCHOPENHAUER (Arthur) [cho'-pénn-haoeur], philosophe allemand, né à Dantzig en 1788, mort le 21 sept. 1860. Sa mère, Johanna Frosina (1770-1838), était une romancière de talent. En 1813, à Iéna, il soutint une thèse qui contenait en germe sa philosophie future. Gœthe l'initia à Weimar à ses études sur les couleurs, et, en 1816, il publia *Ueber Sehen and Farben.* De 1814 à 1818, il demeura à Dresde et systématisa ses vues philosophiques qu'il exposa dans *Die Welt als Wille und Vorstellung* (1819). (Voy. Philosophie.) En 1831, il se fixa à Francfort. Son ouvrage le plus connu a pour titre *Parerga und Paralipomena* (1851). Julius Frauenstaedt a publié

une édition complète de ses œuvres avec sa biographie (1874, 6 vol.). Helen Zimmer a aussi écrit sa vie (1876).

SCHORL s. m. [chorl] (mot all.). Nom donné à un très grand nombre de minéraux fusibles au chalumeau.

SCHREVELIUS ou **Schrevel** (Cornalius) [skré-vé'-liuss], érudit hollandais, né en 1615, mort en 1664. Il fut recteur du collège de Leyde. Son *Lexicon manuale græco-latinum et latino-græcum* (1654) a été longtemps en usage.

SCHUBART (Christian - Friedrich - Daniel) [chon'-bartl], poète allemand, né en 1739, mort en 1791. Chassé d'Augsbourg pour ses sarcasmes contre le clergé, il subit près de 10 années de prison pour avoir annoncé faussement la mort de Marie-Thérèse. Il devint, en 1787, directeur du théâtre à Stuttgart, et y continua une publication périodique commencée à Augsbourg et à Ulm. Il a écrit un grand nombre de chants religieux et autres poésies. Ses *Gesammelte Schriften und Schicksale* ont paru en 8 vol. (1839-'40).

SCHUBERT (Franz) [chou'-bertt], compositeur allemand, né près de Vienne en 1797, mort en 1828. Il fut l'élève favori de Salieri. En 1813-'16, il aida son père dans l'école que celui-ci dirigeait, et composa plus de 100 chants, 6 opéras et opérettes, des pièces symphoniques, sans compter de la musique d'église et de chambre. En 1818, il entra comme précepteur dans la famille du comte Esterházy, et c'est alors qu'il composa un grand nombre de ses meilleurs quatuors et chants; mais les Viennois préféraient des ouvrages inférieurs aux siens. Au printemps de 1828, il donna son premier et unique concert, qui excita le plus vif enthousiasme; mais les encouragements venaient trop tard. Il a laissé un nombre étonnant de compositions. Le *Lied* allemand a été élevé par lui à un rang musical qu'il n'avait jamais occupé. Sa gloire, presque entièrement posthume, n'a fait que s'accroître depuis sa mort. Kreissle von Hellborn (1864) et Reissmann (1874) ont chacun écrit une vie de Schubert.

SCHUBERT (Gotthilf-Heinrich von), mystique allemand, né en Saxe en 1780, mort en 1860. Après avoir tenté bien des carrières, il devint professeur de sciences naturelles à Erlangen (1819), puis à Munich. Disciple de Schelling, il publia de nombreux ouvrages où il interprète les phénomènes naturels à un point de vue mystique et où il expose un système d'idéalisme objectif. Il a aussi publié des manuels d'histoire naturelle, des récits de voyage, des nouvelles, des biographies et une autobiographie (1853-'56, 3 vol.).

SCHULTZ-SCHULTZENSTEIN (Karl-Henrich) [choultss-choultts'-enss-stain], physiologiste allemand, né en 1798, mort en 1871. Il était professeur à l'université de Berlin. Il a beaucoup écrit sur la micrographie, sur le mouvement de la sève et l'organisation intérieure des plantes, sur la physiologie, sur un nouveau système de psychologie qu'il s'efforçait de créer et dont le rajeunissement de la vie au moyen des influences morale était un des traits particuliers, et sur l'histoire de la médecine et la théorie de la maladie.

SCHULTZE (Max) [choul'-tsé], anatomiste allemand, né vers 1825, mort en 1874. Il était professeur à Bonn. Il a développé, dans plusieurs ouvrages, la théorie du protoplasme.

SCHULZE (Ernst-Konrad-Friedrich) [choul'-tsé], poète allemand, né à Celle en 1789, mort en 1817. Après avoir combattu contre la France en 1814, il écrivit *Die bezauberte Rose* (11ᵉ édit., 1867), ouvrage traduit en français et en anglais. Ses œuvres, y compris

son poème romantique *Cæcilie*, ont été éditées par Bouterwek (1822, 4 vol.) et par Marggraff (1855, 3 vol.).

SCHULZE-DELITZSCH (Hermann), philanthrope allemand, fondateur des banques coopératives (voy. Coopération), né à Delitzsch (Saxe prussienne), le 29 août 1808, mort le 30 avril 1883. Il fut magistrat dans sa ville natale, qui l'envoya à l'Assemblée nationale de Berlin, en 1848. Il fut élu en 1861, à la chambre des députés par la ville de Berlin, puis au reichstag, en 1871. Désireux de combattre l'influence des communistes et des socialistes d'État, dirigée par Karl Marx, il créa d'abord des sociétés coopératives de consommation et imagina ensuite le système des banques populaires, dont le succès fut immense. L'ouvrage le plus remarquable de Schulze-Delitzsch est son *Cours d'économie politique à l'usage des ouvriers et des artisans*, traduit en français par Rampol (Paris, 1874, 2 vol. in-12).

SCHUMACHER (Heinrich-Christian) [chou'-makh-eur], astronome danois, né en 1780, mort en 1850. Il fut directeur et directeur de l'observatoire de Copenhague ; en 1821, il alla se fixer à Altona, et fit partie de plusieurs commissions scientifiques, entre autres celle de 1824, chargée de déterminer la différence de longitude entre Greenwich et Altona, et celle de 1830 pour déterminer la longueur du pendule à secondes. En 1822, il publia des calculs exacts établissant les distances de Vénus, de Jupiter, de Mars et de Saturne à la lune.

SCHUMANN (Robert) [chou'-mann], compositeur allemand, né à Zwickau en 1810, mort en 1856. En 1821, il écrivit de petits ouvrages pour chœur et orchestre; mais ce ne fut qu'en 1828 qu'il reçut une véritable instruction musicale à Leipzig. Pour rendre les muscles de ses mains flexibles, il soumit ses doigts à une machine de son invention qui en paralysa un pour toujours. En 1834, il fonda la *Neue Zeitschrift für Musik*, qu'il dirigea longtemps dans un esprit large et généreux. En 1840, il écrivit, malgré la vive opposition de Friedrich Wieck, son professeur, la fille de cet artiste, qui était, elle-même, une éminente pianiste (1840). A partir de ce moment, il ne s'était borné jusque-là, 138 chants ou romances, dont beaucoup sont devenus classiques. Entre 1840 et 1854 apparurent ses symphonies, sa quintette 44, et son quatuor 47, le *Paradis et la Peri*, le *Pèlerinage de la Rose*, et beaucoup d'autres ouvrages de premier ordre. De 1850 à 1853, il fut directeur de musique à Düsseldorf. Il avait déjà donné des signes de dérangement mental, et, en fév. 1854, il se jeta dans le Rhin. On le sauva, mais il ne recouvra jamais la raison. Une seconde édition de ses *Gesammelte schriften uber Musik und Musiker* a paru en 1875 (2 vol.).

SCHURMAN (Anne-Marie von), femme savante néerlandaise, née à Cologne, de parents anversois, le 5 novembre 1607, morte à Wieuwert (Frise), le 4 mai 1678. Outre sa connaissance des langues modernes, elle parlait et écrivait le latin, le grec, l'hébreu et était très versée dans plusieurs langues orientales. A de vastes connaissances dans tout le domaine de la science : théologie, histoire, médecine, mathématiques, astronomie, physique, elle alliait le don de la poésie et des arts. Elle sculptait, peignait, gravait sur verre, etc., et trouvait encore le temps de correspondre avec les savants les plus célèbres de son époque. Ses ouvrages les plus remarquables sont *Eυλαπρια, sive melioris partis electio* (1673 et 1685); *Paelsteen van de lyd onzes Levens* (1639). *De capacitate muliebris ingenii ad scientias*, etc. *Opuscula*, etc.

SCHUYLKILL [skoul'-kil], rivière de l'E. de la Pennsylvanie, qui va du comté de Schuylkill se jeter au S.-E. dans le Delaware, à Philadelphie, après un parcours de 190 kil.

SCHWALBACH ou **Langenschwalbach** [lang'-enn-chval'-bakh], ville d'eaux de la Hesse-Nassau (Prusse), à 13 kil. N.-O. de Wiesbaden; 3,000 hab. Elle touche à Schlangenbad et possède les plus fortes de toutes les sources chalybées. Ces eaux sont un important objet d'exportation.

SCHWANTHALER (Ludwig-Michael) [chvann'-ta-leur], sculpteur allemand, né à Munich en 1802, mort en 1848. Il devint professeur à Munich en 1835. Ses œuvres comprennent les douze statues de la « bataille d'Arminius », pour le Walhalla; la statue colossale de la Bavière, à Munich, restée inachevée, et la statue de Mozart, à Salzburg.

SCHWARTZENBERG. Voy. Schwarzenberg.

SCHWARZ (Berthold) [chvartss], alchimiste allemand du XIVᵉ siècle, dont le vrai nom était probablement Konstantin Ancklitzen, né à Freiburg, dans le Brisgau. C'était un moine franciscain connu sous le nom de Berthold. Le surnom de Schwarz (noir), lui vint de ce qu'il cultivait l'art noir, l'alchimie. Il découvrit, dit-on, la poudre à canon pendant qu'il était emprisonné sous une accusation de sorcellerie ; mais cette composition était indubitablement connue avant lui.

SCHWARZBURG-RUDOLSTADT [chvartss'-bourg-rou'-dol-chtatt], principauté de l'empire allemand, en Thuringe, sur les frontières de la Prusse; 942 kil. carr. ; 76,676 hab., presque tous luthériens. Pays en partie montagneux, traversé par la Saale, l'Ilm et la Schwarza. Il produit surtout des minéraux et des bois. La diète se compose de 16 membres. Cap. : Rudolstadt, sur la Saale, à 30 kil. S. de Weimar ; 7,638 hab. Le prince régnant est George-Albert (né en 1838), qui a succédé au pouvoir en 1869.

SCHWAZBURG-SONDERSHAUSEN [zonn'-deurss-haô-zenn], principauté de l'empire allemand, au N. du précédent, entourée par la Prusse et Gotha ; 862 kil. carr. ; 67,680 hab. Arrosée par le Gera et l'Ilm. Lin, bois et minéraux. La diète est de 15 membres. Le prince régnant est Gunther-Frederick-Charles (né en 1801, prince depuis 1835). Cap. ; Sondershausen, à 65 kil. N.-N.-O. d'Erfurt ; 5,723 hab.

SCHWARZENBERG [chvar'-tsen-berrg]. I. (Karl-Philipp), prince et duc de Krumau ; général autrichien, né en 1771, mort en 1820. Il se distingua contre les Turcs et contre les Français et, en 1794, à Cateau-Cambrésis, il se fraya, à la tête de son régiment et de 12 escadrons anglais, un chemin à travers une ligne de 27,000 hommes. Il fut envoyé comme ambassadeur en Russie en 1808, et en France, après la bataille de Wagram et la paix de Vienne. En 1812, il commanda le contingent autrichien de l'armée française contre la Russie, et, à la demande de Napoléon, l'empereur François le créa maréchal. En 1813, il reçut le commandement en chef des troupes alliées de la Russie, de l'Autriche et de la Prusse; et, après la victoire de Leipzig, il marcha sur Paris. Pendant les Cent-Jours, il commanda sur le Haut-Rhin. — II. (Felix-Ludwig-Johann-Friedrich, Prince de), neveu du précédent; homme d'État, né en 1800, mort en 1852. Étant à Londres, avec une fonction diplomatique, il enleva lady Ellenborough (1830), qui fut divorcée d'avec son mari. En 1848, il commanda en Italie sous Nugent. Après la répression de la révolution d'octobre à Vienne, il devint premier ministre. Pendant son administration, il obtint l'aide de la Russie pour réduire la

révolution hongroise, et il inaugura en Allemagne une politique d'audace et d'énergie.

SCHWARZWALD [chvartss-valtt]. Voy. Forêt Noire.

SCHWEGLER (Albert) [chvegg-lerr], historien allemand, né en 1819, mort en 1857. Il devint un partisan de Baur, et un des principaux propagateurs des principes de l'école de Tübingen. Mais son *Montanismus* (1841) ayant déplu au gouvernement, il abandonna la théologie et professa la philosophie, la philologie classique, et plus tard l'histoire à Tübingen. On a de lui, entre autres, une histoire de la philosophie (7ᵉ édit. 1870) et une histoire romaine, qui ne conduit le lecteur que jusqu'aux lois liciniennes.

SCHWEIDNITZ [chvaïdd'-nitss], ville forte de la Silésie prussienne, sur la Weistritz, à 50 kil. S.-O. de Breslau; 19,892 hab. Elle a subi plusieurs sièges pendant la guerre de Sept ans, dont le plus mémorable fut celui de 1762, contre les Prussiens. Les Français s'en emparèrent en 1807. De 1290 à 1353, la principauté de Schweidnitz fut gouvernée par des princes locaux; elle devint une dépendance de la Bohême jusqu'en 1744, puis elle passa à la Prusse.

SCHWEIGGER (Johann-Salomon-Christoph) [chvaïgh'-eur], physicien allemand, né en 1779, mort en 1857. A partir de 1819, il fut professeur de physique et de chimie à Halle. Après la découverte faite par Oersted, de l'électro-magnétisme, il inventa un multiplicateur électro-magnétique qui porte son nom. On revendique quelquefois pour lui l'honneur de la découverte de l'électromagnétisme.

SCHWEINFURT [chvaïnn'-fourtt], ville de la Basse-Franconie (Bavière), sur le Mein, à 62 kil. N.-N.-E. de Wurzbourg; 11,250 hab., en majorité protestants. Cuirs, toiles, tissus de laine. De 1130 à 1803, Schweinfurt a été une ville libre impériale.

SCHWERIN [chvé-rinn], ville d'Allemagne, cap. du Mecklembourg-Schwerin, sur le lac du même nom, à 32 kil. S. de Wismar, son port; 27,989 hab. Le fameux palais, qui

Palais de Schwerin.

s'élève sur une île du lac, est entouré de beaux jardins. La principale industrie est la culture du tabac. Le grand-duc Paul-Frédéric (1837-'42) a beaucoup contribué à embellir Schwerin.

SCHWERIN (Kurt-Christoph von, comte), général allemand, né dans la Poméranie suédoise en 1684, mort le 6 mai 1757. Il se rendit célèbre (sous Frédéric le Grand, lequel le fit feld-maréchal et comte), en gagnant la bataille de Mollwitz (1741), qui donna la Silésie à la Prusse. En 1744, il s'empara de Prague,

et, pendant la guerre de Sept ans, il fut tué dans la grande bataille qui se livra devant cette ville.

SCHWIND (Moritz von) [chvinntt], peintre allemand, né à Vienne en 1804, mort en 1871. En 1847, il devint professeur à Munich. Il excella dans les sujets féeriques et de fantaisie. Son dernier et son meilleur ouvrage est *la Belle Mélusine*.

SCHWYTZ [chvittss], cant. du N.-E. de la Suisse; 908 kil. carr.; 47,705 hab., presque tous de race allemande et catholiques romains. Il appartient au bassin du Rhin. Il contient de hautes montagnes, telles que le Drusberg (4,582 m.), le Mythen (1,903) et le Rigi (1,800). On s'y livre presque exclusivement au pâturage, et c'est là que s'élève le meilleur bétail de Suisse. Le canton de Schwytz est un des trois qui commencèrent la résistance à l'Autriche et formèrent la confédération primitive; c'est lui qui a donné son nom au pays entier. Les habitants se défendirent vaillamment contre les Français en 1798, et eurent beaucoup à souffrir en 1799. Schwytz, la capitale, est bâtie au pied des monts Kaken et Mythen, à 85 kil. N.-E. de Berne; 6,154 hab.

SCIACCA [châk'-ka], ville de Sicile, sur la côte S.-O., à 50 kil. N.-O. de Girgenti; 18,896 hab. Sa cathédrale possède un écho fameux. Fabriques de faïence. Le mont Selinus, qui est dans le voisinage, et les sources thermales soufrées et salées du mont San Calogero lui avaient fait donner autrefois le nom de *Thermæ Selinuntiæ*.

* **SCIAGE** s. m. (fr. *scier*). Action, travail de celui qui scie du bois ou de la pierre : *il en a coûté tant pour le sciage de ce bloc de marbre, de cette voie de bois.* — Bois de sciage, celui qui provient d'une pièce de bois refendue dans sa longueur.

SCIATÈRE s. m. (gr. *skia*, ombre; *terein*, tourner). Aiguille dont l'ombre marque une ligne oraire.

* **SCIATÉRIQUE** adj. Gnomon. Qui montre l'heure par le moyen de l'ombre du style : *cadran sciatérique.*

* **SCIATIQUE** adj. [si-a-ti-ke] (gr. *ischiadikos;* de *ischion*, hanche). Anat. Qui a rapport à la hanche, à l'os ischion : *artères, veines sciatiques.*

* **SCIATIQUE** s. f. (gr. *ischion*, hanche). Douleur fort vive qui affecte le grand nerf sciatique, et qui se fixe principalement à la hanche, à l'emboîture des cuisses. On la regardait autrefois comme une espèce de goutte : *il a une sciatique qui le tourmente depuis longtemps.* — Adjectiv. *Goutte sciatique, névralgie sciatique.* — La sciatique est surtout produite par le froid humide. La douleur se fait d'abord sentir au pli de la fesse, puis elle s'étend comme un cordon à la partie postérieure de la cuisse jusqu'au genou et même jusqu'au pied; elle offre de temps en temps des élancements violents spontanés ou provoqués par les mouvements. Quelques malades peuvent encore marcher; d'autres sont réduits à une immobilité complète. On n'aperçoit ni gonflement ni rougeur et la santé générale n'en est pas troublée. Cette maladie se prolonge souvent fort longtemps. Le traitement

est le même que celui des névralgies en général avec quelques modifications. Lorsque la sciatique est légère, il suffit d'employer des ventouses sèches, des sinapismes, des frictions avec parties égales d'ammoniaque et d'essence de térébenthine; on le masser souvent les parties douloureuses avec une flanelle chaude. Lorsqu'elle est plus intense, on a recours aux ventouses scarifiées, aux larges frictions d'huile de croton, ou bien on met coup sur coup sur le trajet douloureux plusieurs vésicatoires qu'on saupoudre de 4 centigr. d'acétate de morphine; on pratique la cautérisation transcurrente avec un fer rouge promené lentement très près de la peau, dans la direction du nerf. Les eaux thermales d'Aix-en-Savoie ont une réputation méritée dans les sciatiques chroniques. — Huile de croton, 20 gr.; essence de térébenthine, 50 gr. Mêler; en frictions matin et soir. Après trois jours, on remplace le mélange précédent par l'huile de morphine.

* **SCIE** s. f. [si]. Lame de fer longue et étroite, qui est ordinairement taillée d'un de ses côtés en petites dents, et dont on se sert pour diviser certaines matières solides, comme le bois, la pierre, etc. : *le manche, la monture d'une scie.* — Le trait de la scie, la marque que l'on fait sur l'endroit du bois ou de la pierre qu'on veut scier. — Le trait de la scie, se dit aussi de ce que la scie emporte du bois ou de la pierre qui est sciée. — Trait de la scie, chaque coupe qui est faite dans un morceau de bois, dans un bloc de pierre. Cette voie de bois a été coupée a trois traits de scie, c'est-à-dire que chaque bûche a été partagée en quatre morceaux. — C'est une scie, c'est une chose ennuyeuse. Se dit aussi des personnes. — Hist. nat. Poisson de mer dont le museau se prolonge en une sorte de lame plate garnie de pointes des deux côtés. — Encycl. Les anciens Égyptiens se servaient de scies en bronze. L'inventeur de la scie fut déifié par les Grecs; son nom était Talus, d'après les uns, Perdix d'après les autres. — La fabrication des scies demande beaucoup de précaution dans le choix du métal et dans les différentes opérations de la trempe et du dentelage. Les dents diffèrent de forme avec les différentes espèces de scies. Dans les plus simples, elles sont taillées à angles de 60°. On se servait déjà de scies circulaires en 1790; mais c'est M.-I. Brunel qui, le premier, en tira de grands services dans ses machines à débiter le bois pour les constructions navales. Aujourd'hui, les grandes scies sont généralement pourvues de dents mobiles que l'on peut remplacer quand elles sont usées. C'est probablement en Californie que l'on se sert des plus grandes scies qui soient au monde, pour débiter les troncs gigantesques des arbres de ce pays.

* **SCIE** s. f. Icht. Genre de chondroptérygiens à branchies fixes, famille des sélaciens, tenant le milieu entre les requins et les raies, et caractérisé par un museau allongé, aplati, étroit et droit, garni sur les côtés de dents ou fortes épines osseuses, qui forment une

Scie commune (Pristis antiquorum).

sorte d'arme semblable à une scie double. On en connaît une demi-douzaine d'espèces qui se trouvent dans les mers arctiques, tropicales et antarctiques, et une qui habite les côtes de la Nouvelle-Angleterre jusqu'à la Floride. Ce sont des nageurs rapides. Leur museau atteint le quart et le tiers de la longueur totale du corps; il est recouvert d'une peau rude, et se rétrécit en s'arrondissant à

l'extrémité ; on a trouvé de ces scies profondément enfoncées dans la charpente des navires. Les Polynésiens s'en servent comme d'épée. La scie commune est le *pristis antiquorum* (Lath.), qui atteint une longueur de 12 à 15 pieds, dont un tiers pour l'arme, qui a de 20 à 30 dentelures de chaque côté ; elle est d'un gris noirâtre sur le dos, et plus pâle en dessous.

* **SCIEMMENT** adv. [si-a-man]. (fr. *science*). Avec connaissance de ce que l'on fait, avec réflexion : *il a fait cela sciemment.*

* **SCIENCE** s. f. [si-an-se] (lat. *scientia*). Connaissance qu'on a de quelque chose : *je sais cela de science certaine.* — Particul. Ensemble, système de connaissances sur quelque matière : *les sciences naturelles ; les sciences exactes.* — Savoir qu'on acquiert par la lecture, par la méditation : *il a beaucoup de science.* — Connaissance de certaines choses qui servent à la conduite de la vie ou à celle des affaires :

.... La défiance
Est toujours d'un grand cœur la dernière *science*.
       J. RACINE.

— Encycl. « Ce qu'on nomme la science est « une conquête de l'esprit humain ; elle se « fait lentement et laborieusement par le « concours de tous, et procède toujours de la « même manière. Elle commence par l'obser- « vation des faits particuliers, puis elle les « groupe, résume leurs conditions communes, « en un mot découvre les lois plus ou moins « générales qu'ils suivent ; enfin, s'élevant « toujours du particulier au général, découvre « un principe qui embrasse toutes les lois, « tous les faits d'observation. Alors la science « est faite, puisqu'on peut redescendre du « général au particulier, expliquer et calculer « les lois et les faits, et résoudre tous les pro- « blèmes que l'on rencontre. » (M. Jamin, *Les Comètes, Revue des Deux-Mondes*, 1ᵉʳ oct. 1881). — « L'enfant se plaît dans le rêve, et « il en est de même des peuples qui commen- « cent ; mais rien ne sert de rêver si ce n'est « à se faire illusion à soi-même. Aussi tout « homme, préparé par une éducation suffi- « sante, accepte-t-il d'abord les résultats de « la science positive comme la seule mesure « de la certitude. Ces résultats sont aujour- « d'hui devenus si nombreux que, dans « l'ordre des connaissances positives, l'homme « le plus ordinaire, pourvu d'une instruction « moyenne, a une science infiniment plus « étendue et plus profonde que les plus grands « hommes de l'antiquité et du moyen âge. » (M. Marcellin Berthelot, *Revue des Deux-Mondes*, 15 nov. 1863.) « L'univers est reven- « diqué par la science, et personne n'ose plus « résister en face à cette revendication. La « notion du miracle et du surnaturel s'est « évanouie comme un vain mirage, un pré- « jugé suranné. ») Même auteur, *Les Origines « de l'Alchimie*. préface, 1885). — « Les chemins « qui conduisent à la vérité sont longs et diffi- « ciles ; mais, confiante dans la sûreté de ses « méthodes, la science a le pressentiment « que l'avenir lui appartient ; elle est patiente, « car elle a le temps pour elle. Un siècle à « peine nous sépare de l'époque mémorable « où s'est ouverte la voie féconde qu'elle par- « court aujourd'hui, et les découvertes ne « cessent de succéder aux découvertes ; tout « progrès accompli enfante un progrès nou- « veau, et chaque jour voit éclore d'éclatantes « merveilles. Domptées et disciplinées par le « génie de l'homme, les forces aveugles de la « nature ont été mises au service de la rai- « son ; les germes de mort qui nous entourent « et nous pénètrent sont devenus des germes « de vie. Créée par la science, défendue par « protégée par elle, la vie de l'homme de- « vient plus longue, plus douce, plus heureuse; « la loi se fait plus juste et plus humaine ; la « science est l'âme du corps social. » (M. Bé-

clard, *Eloge de Claude Bernard, lu à l'Académie de médecine le 19 mai 1885*.) — Que pourrions-nous ajouter à ces éloquentes paroles, et que dire qui ne paraît terne et incolore à côté du langage des maîtres de la science. »   (CH. Y.)

SCIÈNE s. f. (lat. *sciæna*). Icht. Genre d'acanthoptérigiens sciénoïdes, caractérisé par une tête bombée que soutiennent des os caverneux ; la principale espèce est le *maigre d'Europe* (*sciæna aquila*), poisson qui atteint quelquefois 1 mètre de long et qui abonde sur nos côtes ; sa chair est délicate. Le *maigre de l'Aunis* (*sciæna umbra*) atteint souvent plus de 2 mètres.

SCIÉNOÏDE adj. (fr. *sciène* ; gr. *eidos*, aspect). Icht. Qui ressemble ou se rapporte à la sciène. — s. m. pl. Famille d'acanthoptérigiens, qui se distinguent des percoïdes par l'absence de dents au vomer et aux palatins. Cette famille comprend les genres principaux suivants : sciène, ombrine, tambour, chevalier, etc.

* **SCIENTIFIQUE** adj. Qui concerne les sciences : *s'occuper de matières scientifiques.*

* **SCIENTIFIQUEMENT** adv. D'une manière scientifique : *il a traité cette matière scientifiquement.*

* **SCIER** v. a. (lat. *secare*, couper). Couper, fendre avec une scie : *scier du bois, de la pierre, du marbre*, etc. — Se dit aussi en parlant des blés qu'on coupe avec la faucille : *c'est le temps de scier les blés.* — Mar. Ramer à rebours pour rétrograder, revenir sur son sillage.

* **SCIERIE** s. f. [si-rî]. Espèce d'usine où plusieurs scies, mises en mouvement par quelque agent naturel ou mécanique, scient le bois en long pour en faire des planches.

* **SCIEUR** s. m. Celui dont le métier est de scier : *scieur de bois à brûler.* — Celui qui scie les blés : *on a mis les scieurs dans les blés.*

SCIGLIO ou Scilla [chi'-lio ; chil'-la] (anc. *Scyllæum*, ou *Scylla*). I, promontoire de l'Italie méridionale, se projetant hardiment sur une hauteur de 200 pieds à l'endroit le plus resserré du détroit de Messine, en face des rochers et des écueils de Charybde. C'était la terreur des marins de l'antiquité. — II, ville sur ce promontoire, à 14 kil. N.-E. de Reggio; 5,914 hab. Grandes manufactures de soie ; pêcheries importantes ; vin fameux. Le tremblement de terre du 5 fév. 1783 ensevelit près de la moitié de ses habitants et la détruisit presque.

* **SCILLE** s. f. [*ll* mll.] (lat. *scilla*). Bot.

Scille maritime (Urginea [scilla] maritima).

Genre de liliacées dont l'espèce principale, la *scille maritime* (*scilla maritima*) croît dans les

pays chauds, sur les plages sablonneuses, et a une racine fort grosse qui passe pour un puissant diurétique : *oignon, bulbe de scille.* — Cette plante est aujourd'hui l'*urginea maritima* de Baker. Elle est originaire de la région méditerranéenne. Elle a un gros bulbe ressemblant à un oignon, en forme de poire et pesant quelquefois 2 kilog. Ce bulbe, coupé en tranches et séché, forme un médicament diurétique et expectorant, qui, à larges doses, devient émétique et purgatif. On attribue ses effets à un principe qu'on appelle scillitine, mais qu'on n'a pas encore pu isoler. On s'en sert quelquefois, macéré dans du vinaigre ou de l'acide acétique dilué.

— On le recommande contre l'hydropisie et l'hydrothorax, à l'intérieur de 10 à 50 centigr. en poudre ; de 10 à 30 gouttes de teinture ; de 8 à 30 gr d'oxymel scillitique.

* **SCILLITIQUE** adj. [sil-li-]. Pharm. Qui est fait ou modifié avec la scille : *vinaigre scillitique.*

SCILLY (Îles) [sil'-li], groupe d'îles à l'entrée occidentale de la Manche, appartenant à la Cornouailles (Angleterre), à environ 50 kil. O.-S.-O. du *Land's End* (Finistère); 2,090 hab. Le groupe a une forme circulaire, et contient environ 140 îles et îlots, outre de nombreux rochers. Le sol est généralement stérile, et les arbres ne croissent que dans certaines places abritées. Les habitants sont pour la plupart pêcheurs, pilotes et marins. La plus grande du groupe est Saint-Mary, ayant pour cap. Hughtown. — Les îles Scilly sont généralement regardées comme identiques aux Cassitérides ou îles d'Etain des anciens ; mais comme on n'y trouve pas de ce métal aujourd'hui, l'on pense que l'extrémité O. de la Cornouailles était aussi comprise sous ce nom.

SCINCOÏDIEN, IENNE adj. (fr. *scinque*; gr. *eidos*, aspect). Qui ressemble ou qui se rapporte au scinque. — s. m. pl. Famille de sauriens, caractérisée par des membres courts, une langue non extensible et des écailles égales se recouvrant comme des tuiles. Cette famille comprend les genres scinque, seps, bipède, chalcide, bimane, etc.

* **SCINDER** v. a. [sain-dé] (lat. *scindere*). Couper, diviser. N'est d'usage que dans ces phrases : SCINDER UNE QUESTION, SCINDER UNE PROPOSITION.

SCINDIA ou Sindia. Voy. GWALIOR.

* **SCINQUE** s. m. [sain-ke] (lat. *scincus*). Erpét. Genre de scincoïdiens. dont l'espèce type, le *scinque des pharmaciens* (*scincus officinalis*) est une sorte de lézard du Levant, couvert d'écailles luisantes; on l'employait beaucoup autrefois en médecine contre les poisons et comme aphrodisiaque. Il mesure de 20 à 22 centim. de long ; son corps est gros, ses

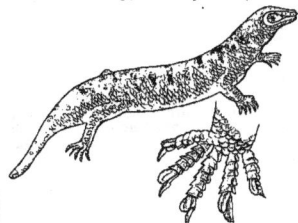

Scinque des pharmaciens (Scincus officinalis).

membres sont courts et épais, et sa queue, relativement petite, est très épaisse à la base. Ses yeux sont petits, placés haut et très en arrière. Ses couleurs varient depuis le jaune d'argent jusqu'au brunâtre, avec sept ou

hnit bandes transversales. Il est originaire d'Egypte, de Nubie, d'Arabie et de l'Afrique septentrionale et occidentale.

* **SCINTILLANT, ANTE** adj. [sain-til-lan]. Qui scintille.

* **SCINTILLATION** s. f. [sain-til-la-si-on]. Astron. Vif mouvement d'agitation qu'on observe dans la lumière des étoiles, surtout lorsque l'atmosphère n'est pas tranquille, et dont la rapidité produit l'illusion de véritables étincelles : *la scintillation des étoiles.*

* **SCINTILLEMENT** s. m. [-le-man]. Action de scintiller : *le scintillement d'une pierre précieuse.*

* **SCINTILLER** v. n. [sain-til-lé] (lat. *scintillare*). Astron. Avoir un mouvement de scintillation, étinceler : *les étoiles scintillent.*

SCIO [chi-o] (gr. anc. *Kios* ou *Chios*; gr. mod. *Khio*; ital. *Scio*; turc *Saki-Adassi* ou *île du Mastic*). (Voy. Chio.)

* **SCIOGRAPHIE** s. f. (gr. *skia*, ombre; *graphô*, je décris). Archit. Représentation de l'intérieur d'un bâtiment.

SCIOLTO adj. m. [chiol-to] (mot. ital.)· Littér. Qui a pas rimé : *les Italiens ont des vers blancs qu'ils appellent sciolti.*

* **SCION** s. m. [si-on] (lat. *sectiô*, section). Agric. Petit brin, petit rejeton tendre et très flexible d'un arbre, d'un arbrisseau : *un scion de pêcher.*

SCIONE, anc. ville de la péninsule macédonienne de Palène. Possession athénienne, lors de la guerre du Péloponnèse, elle se révolta, reçut le secours de Brasidas et résista à Cléon, qui la prit, fit égorger tous ses défenseurs, vendit comme esclaves les femmes et les enfants, et donna son territoire aux Platéens.

SCIONNER v. a. Frapper avec un scion.

SCIOPTIQUE adj. (gr. *skia*, ombre; fr. *optique*). Qui a rapport à la vision dans l'ombre.

SCIOTE s. et adj. De Scio; qui appartient à cette île ou à ses habitants.

SCIOTO [si-o'-to], rivière de l'Ohio, qui naît dans le comté de Hardin, coule d'abord à l'E. puis au S.-E. jusqu'à Colombus, et de là au S. jusqu'à l'Ohio, qu'elle atteint à Portsmouth, après un cours de 320 kil., dont 200 sont navigables. — Le petit Scioto est un petit cours d'eau qui se jette dans l'Ohio, à 14 kil. au-dessus de Portsmouth.

SCIPION (lat. *Scipio*), famille patricienne appartenant à la gens Cornelia. — I. (Publius-Cornelius, Scipio Africanus Major), né vers 234 av. J.-C., mort vers 183. Il était fils de P.-Cornelius Scipion, qui fut défait et tué en Espagne par les généraux carthaginois Magon et Asdrubal (241). En 212, il fut fait édile curule. Après la mort de son père, il prit le commandement des armées romaines en Espagne, comme proconsul. Il s'empara de Carthagène en 210, et, en 209, il gagna, dit-on, une grande victoire à Bæcula sur Asdrubal, sans cependant pouvoir l'empêcher d'aller au secours d'Annibal en Italie. En 207, une nouvelle victoire de Scipion mit fin à la puissance des Carthaginois en Espagne. En 206, il revint à Rome et fut nommé consul pour l'année suivante. En 204, il alla en Afrique et mit le siège devant Utique, mais fut contraint de le lever. L'année suivante, il anéantit presque, grâce à un stratagème, les armées qu'on lui opposait. Les Carthaginois réunirent de nouvelles troupes qui furent encore complètement battues, et alors ils rappelèrent d'Italie Annibal et Magon. La grande victoire remportée par les Romains près de Zama (202) mit fin à la seconde guerre Punique et à la puissance de Carthage. Scipion revint à Rome en 201, et reçut le surnom d'Africain. Il fut censeur en 189,

consul de nouveau en 194, et plusieurs fois *princeps senatus*. Il eut pour fille Cornélia, la mère des Gracques. Son frère Lucius (Asiaticus) vainquit Antiochus le Grand, de Syrie, à Magnésie, en 190. — II. (Publius-Cornelius, Scipio-Æmilianus Africanus Minor), né vers 185 av. J.-C., mort en 127. Fils de L.-Æmilius Paulus, le conquérant de la Macédoine, il fut adopté par P. Scipion, fils du premier Africain. En 151, il alla en qualité de tribun militaire en Espagne, où il acquit une grande réputation. En 149, lorsque éclata la troisième guerre Punique, il suivit l'armée en Afrique avec la même charge. En 147, il fut élu consul, et au printemps de 146, il prit la ville de Carthage et mit fin à la troisième guerre Punique. Il revint à Rome, où on lui décerna le triomphe et le surnom d'Africain. En 142, il fut fait censeur. En 134, il fut élu censeur pour conduire la guerre en Espagne, et en 133, il prit Numance et reçut le surnom de Numantin. L'approbation qu'il donna au meurtre de Tibérius Gracchus lui aliéna le peuple, et en 129, le lendemain du discours qu'il prononça contre la loi agraire, on le trouva mort dans sa chambre. Il fut un des littérateurs les plus accomplis de son temps. — III. (Quintus-Cæcilius, Metellus Pius), mort en 46 av. J.-C. Il était fils de P.-Cornelius Scipion Nasica, et le fils adoptif de Metellus Pius. Il devint tribun en 60. Lorsque le sénat permit que Pompée fût le seul consul, ce chef de parti qui était son gendre, le choisit pour collègue (52). Il administra fort mal la province de Syrie, et, après la bataille de Pharsale, il s'enfuit en Afrique, où il prit le commandement de l'armée d'Attius Varus. En 46, César mit en déroute les troupes de Scipion et de Juba, roi de Numidie, à Tapsus, et Scipion se poignarda et se jeta dans la mer pour ne pas être fait prisonnier.

* **SCIPIONIEN, IENNE** adj. Qui concerne Scipion.

* **SCISSILE** adj. [siss-si-le] (lat. *scissilis*). Minéral. Qui peut être fendu : *l'alun de plume est scissile.*

* **SCISSION** s. .. [siss-si-on] (lat. *scissio*). Séparation, division dans une assemblée politique, dans un parti, etc. : *il y eut scission dans l'assemblée le lendemain même de son installation.* — Partage des opinions ou des voix dans les compagnies : *il y a eu une grande scission entre les opinants.*

* **SCISSIONNAIRE** adj. Se dit de ceux qui font scission dans une assemblée politique : *les membres scissionnaires.* — Substantiv. Les scissionnaires.

* **SCISSIPARE** adj. [siss-si-] lat. *scissus*, coupé; *pario*, j'enfante). Synon. de Fissipare.

SCISSIPARITÉ s. f. Voy. Fissiparité.

* **SCISSURE** s. f. [siss-su-] (lat. *scissura*). Se dit de certaines fentes qu'on observe sur les os et sur divers organes : *la scissure glénoïdale* ou *Scissure de Glaser.*

* **SCIURE** s. f. Espèce de poussière qui tombe du bois ou de toute autre matière dure que l'on scie : *de la sciure de bois.*

SCIURIEN, IENNE adj. (lat. *sciurus*, écureuil). Qui ressemble ou qui se rapporte à l'écureuil. — s. m. pl. Famille de rongeurs ayant pour type le genre écureuil.

SCLÉRECTOMIE s. f. (fr. *sclérotique*; gr. *tómé*, section). Chir. Section de la sclérotique.

SCLÉREUX adj. (gr. *skleros*, dur). Se dit des·tissus fibreux, cartilagineux et osseux, qui sont les plus durs de l'organisme.

SCLÉRODERME adj. (gr. *skleros*, dur; *derma*, peau). Qui a la peau dure.

SCLÉROMÈTRE s. m. (gr. *skleros*, dur; *metron*, mesure). Phys. Instrument dont on se sert pour mesurer la dureté des corps par

l'effort qu'il faut pour les rayer à l'aide d'une pointe. — Instrument qui sert à mesurer la densité des poteries.

* **SCLÉROPHTALMIE** s. f. (gr. *skleros*, dur; fr. *ophtalmie*). Méd. Ophtalmie avec rougeur, douleur, dureté et difficulté de mouvement dans le globe de l'œil.

SCLÉROSE s. m. (gr. *skleros*, dur). Pathol. Induration des tissus.

* **SCLÉROTIQUE** s. f. (gr. *skleros*, dur). Anat. Nom d'une membrane fibreuse qui enveloppe l'œil entier.

SCLÉROTITE s. m. Pathol. Inflammation de la sclérotique.

SCLOPIS DE SALERANO (Paolo-Federigo, comte) [sklo-piss dé sâ-lé-râ-no], magistrat, écrivain et homme d'Etat italien, né à Turin en 1798, mort à Turin le 8 mars 1878. Il prépara le code civil sarde de 1837, fut, en 1848, ministre de la justice et du culte, devint en 1849 membre du sénat qu'il présida, jusqu'en 1861, pour prendre ensuite la présidence du sénat d'Italie jusqu'en 1864. En 1872, Victor-Emmanuel le nomma arbitre à Genève, en vertu du traité de Washington, et il présida la cour d'arbitrage. Le gouvernement américain lui fit don d'un service en vaisselle plate en 1874. Son ouvrage principal est une histoire de la législation italienne (1840-'57, 3 vol.).

SCOBIFORME adj. (lat. *scobs*, sciure; fr. *forme*). Bot. Qui ressemble à la sciure de bois.

SCODINGUE (Pays de), *Pagus Scudensis*, petit pays de l'ancienne France, dans la Franche-Comté; ch.-l., Salins.

* **SCOLAIRE** ou **Scholaire** adj. (lat. *schola*, école). Qui a rapport aux écoles : *année scolaire.*

* **SCOLARITÉ** s. f. Jurispr. N'est guère usité que dans cette locution, Droit de scolarité, droit que les écoliers des universités avaient d'en réclamer les privilèges. Se dit aujourd'hui d'un certain temps d'études obligatoires : *une scolarité de quatre années est exigée pour être reçu docteur en médecine.*

* **SCOLASTIQUE** adj. Appartenant à l'école. Ne se dit guère que de ce qui s'enseigne suivant la méthode ordinaire de l'école : *théologie scolastique.* — s. f. La théologie scolastique : *il était plus savant dans la scolastique que dans la positive.* (Voy. Philosophie.) — s. m. Celui qui traite de la théologie scolastique : *c'est l'opinion des plus savants scolastiques.*

* **SCOLASTIQUEMENT** adv. D'une manière scolastique : *cela est écrit trop scolastiquement.*

* **SCOLIASTE** s. m. Celui qui a fait des scolies sur quelque ancien auteur classique : *le scoliaste d'Aristophane.*

* **SCOLIE** s. f. (lat. *scolium*). Philol. Note de grammaire ou de critique, pour servir à l'intelligence, à l'explication des auteurs grecs classiques, et particulièrement des auteurs grecs : *les anciennes scolies sur Aristophane sont très estimées.* — s. m. Géom. Remarque qui a rapport à une proposition précédente : *premier scolie.*

* **SCOLIE** s. f. Antiq. gr. Chanson de table chez les anciens grecs : *la scolie de Callistrate sur Harmodius et Aristogiton.*

SCOLIOSE s. f. (gr. *skolios*, courbe). Pathol. Déviation naturelle de l'épine du dos.

SCOLOPACIDÉ, ÉE adj. (gr. *skolopax*, bécasse; *eidos*, aspect). Ornith. Qui ressemble ou qui se rapporte à la bécasse. — s. m. pl. Famille d'échassiers ayant pour type le genre bécasse.

* **SCOLOPENDRE** s. f. [-pan-dre] (gr. *skolo-*

pendra). Bot. Espèce de capillaire dont les feuilles sont larges d'un à deux pouces, longues de douze à quinze, et qui croît dans les puits, les fossés humides, etc. — Entom. Genre d'insectes sans ailes, de la famille des myriapodes qui ont le corps long et très étroit, et qui vivent sous les pierres, dans le bois pourri, etc. : *on trouve aux Indes et aux Antilles des scolopendres qui ont plusieurs pouces de longueur.*

SCOLOPISE s. f. [-pi-ze] (gr. *skolops*, pieu). Anat. Suture d'une forme particulière qui existe dans le crâne.

· **SCOLYTE** s. m. (gr. *skoluptô*, je déchire). Genre de coléoptères tétramères xylophages, comprenant plusieurs espèces de petits insectes de forme cylindrique et de couleur sombre. Les larves des scolytes vivent dans le bois et y pratiquent des boyaux circulaires dont elles augmentent le diamètre à mesure qu'elles grossissent. L'espèce la plus nuisible, le *scolyte typographe*, est aujourd'hui classé dans le genre bostryche.

SCOMBÉROÏDE adj. (lat. *scomber*, scombre; gr. *eidos*, aspect.) Icht. Qui ressemble ou qui se rapporte au maquereau. — s. m. pl. Famille d'acanthoptérygiens ayant pour type le genre scombre ou maquereau et comprenant, en outre, les genres espadon, centronote, vomer, dorée, coryphène, etc.

· **SCOMBRE** s. m. (lat. *scomber*). Icht. Grand genre de scombéroïde, caractérisé par un corps épais, fusiforme et comprenant, entre autres espèces, le maquereau, le thon, etc.

SCOPAS [sko-pass] sculpteur grec du IVᵉ siècle av. J.-C., né à Paros. Il était contemporain de Praxitèle et fut avec lui à la tête de la plus récente école attique de sculpture. Le *groupe de Niobé* à Florence et la *Vénus de Milo* à Paris lui sont attribués, bien que le dernier morceau appartienne probablement à l'école de Phidias. Son chef-d'œuvre, d'après Pline, était un groupe représentant Achille conduit à l'île de Leucé par des divinités marines.

SCOPS s. m. [skopss] (gr. *skôps*, chouettes). Ornith. Genre d'oiseau de proie nocturne, caractérisé par des oreilles à fleur de tête, des disques de plumes imparfaits autour des yeux, les doigts nus, et sur la tête des aigrettes analogues à celles des hiboux et des

Scops d'Amérique (Scops asio).

ducs. Nous avons en France le *petit duc* (*strix scops*), qui habite les collines boisées près des habitations; il se rend utile en détruisant une multitude de mulots, de chenilles et d'insectes. Son plumage est cendré, nuancé de fauve et marqué de raies noires. Le *scops d'Amérique* (*scops asio*) se trouve aux États-Unis.

· **SCORBUT** s. m. [scor-bu] (holl. *scheurbuik*). Sorte de maladie qui corrompt la masse du sang, et qui se manifeste ordinairement par l'enflure et le saignement des gencives : *les*

matelots, dans les voyages de long cours, sont sujets au scorbut. — Le scorbut est une affection cachectique non fébrile, caractérisée par un affaiblissement remarquable, par la tuméfaction fongueuse et le saignement des gencives, par des ecchymoses livides à la peau, et par une grande disposition aux hémorragies diverses. Cette affection consiste dans une sorte d'appauvrissement ou d'altération du sang, résultant de causes débilitantes, telles que l'air froid et humide, les affections morales tristes, la mauvaise nourriture, l'agglomération d'individus. Elle est commune surtout chez les gens de mer. L'invasion du scorbut est annoncée par une grande faiblesse musculaire; les individus atteints se fatiguent et s'essoufflent au moindre exercice. Leur visage prend une teinte plombée. Les gencives deviennent livides, molles, saignantes au moindre contact; l'haleine est fétide; ce sont là, pour beaucoup de personnes, les principaux ou les seuls caractères de la maladie. A un degré plus avancé, on observe des ecchymoses, des pétéchies, l'œdème aux extrémités, des hémorragies passives, la chute des dents, des syncopes, etc. — Comme traitement, il faut commencer par soustraire les malades aux causes de la maladie et les mettre dans l'entourage de soins hygiéniques (bon air, propreté, exercice, habitation salubre, nourriture reconstituante), donner des antiscorbutiques, surtout le perchlorure de fer, le cochléaria, le cresson, la teinture de quinquina, le jus de citron; toucher les gencives tous les deux jours avec la pierre infernale ou avec l'acide hydrochlorique.

· **SCORBUTIQUE** adj. Qui tient de la nature du scorbut : *il est attaqué d'une maladie scorbutique.* — Qui est malade du scorbut; dans cette acception, est souvent employé comme substantif : *c'est un scorbutique.*

SCORFF, rivière qui prend sa source à 5 kil. N. de Guéméné (Morbihan) et se jette dans la rade de Lorient, après un cours de 63 kil.

· **SCORIE** s. f. (gr. *skôria*, crasse). Chim. et Minéral. Substance terreuse ou pierreuse vitrifiée, qui nage comme une écume à la surface des métaux en fusion : *le mâchefer est une scorie.* — SCORIES VOLCANIQUES, se dit de certains produits des volcans, qui ressemblent aux scories des métaux, et particul. d'une espèce de lave du genre de la pierre ponce. On dit aussi simpl. SCORIES.

· **SCORIFICATION** s. f. Action de réduire en scories, ou résultat de cette action : *une matière parvenue au dernier degré de scorification.*

· **SCORIFICATOIRE** s. m. Têt ou écuelle à scorifier, dont on se sert dans la coupelle en grand.

· **SCORIFIER** v. a. (lat. *scorificare*). Séparer d'un métal les scories que la fusion y a produites : *scorifier une mine.*

· **SCORPIOÏDE** s. f. (fr. *scorpion*; gr. *eidos*, aspect). Bot. Plante légumineuse dont la gousse est hérissée, roulée sur elle-même, et à quelque ressemblance avec la queue d'un scorpion.

· **SCORPIOJELLE** s. f. Huile de scorpion.

· **SCORPION** s. m. (lat. *scorpio*). Arach. Genre d'arachnides pulmonaires pédipalpes, comprenant plusieurs espèces d'animaux venimeux, dont le venin se communique par la blessure qu'ils font avec un crochet dont leur queue est armée : *la piqûre du scorpion est dangereuse.* — HUILE DE SCORPION, huile dans laquelle on a fait mourir des scorpions. — Nom d'un des douze signes du zodiaque, de celui qui est entre la Balance et le signe du Sagittaire. — ENCYCL. Les scorpions se nourrissent d'insectes, qu'ils retien-

nent avec leurs pinces et qu'ils tuent de leur aiguillon avant d'en sucer le sang. On les trouve dans les climats chauds, dans les lieux obscurs; et dans quelques régions tropicales du vieux monde, ils rendent inhabitables des districts entiers; ils vivent à l'état du sol, se cachant sous les pierres, dans les ruines, dans l'intérieur des maisons et jusque dans les lits. Ils courent très vite, tenant la queue relevée et prête à frapper dans toutes les directions; les femelles sont plus grosses et moins nombreuses que les mâles. Le *scorpio Europæus* (Linn.) de l'Europe méridionale, est long d'environ 2 centim. et demi, brun, avec les pattes et le bout de la queue jaunâtres; son aiguillon est inoffensif. Le *scorpion noir* (*scorpio afer*, Linn.) est d'un brun noirâtre, avec les pattes rudes et un peu velues. On le trouve à Ceylan et dans d'autres parties des Indes Orientales. Il atteint 12 à

Scorpion noir (Scorpio afer).

15 centim.; sa piqûre est quelquefois mortelle. Le meilleur remède qu'on y ait trouvé est l'ammoniaque employée à l'intérieur et à l'extérieur. Le *scorpion blond* (*scorpio occinatus*) se trouve dans le midi de la France, en Espagne et en Algérie; il mesure de 8 à 9 centim. de long. Le *scorpion tunisien* (*scorpio tunetanus*), commun dans l'Afrique septentrionale, atteint 15 centim. de long. « Ces scorpions du désert sont de curieux insectes; ils semblent uniquement composés de dards et de pinces, et leur petit corps rougeâtre, toujours en mouvement, n'excède pas un quart de pouce de longueur. Ils fourmillent dans le sol sablonneux; cachés pendant le jour, ils sortent à l'heure du crépuscule pour jouir de l'air frais de la nuit. Leur piqûre cause une douleur pareille à celle que produirait la pointe d'un fer rouge; quand je sentis cette impression désagréable, je me levai avec une extrême vivacité, appréhendant, d'après la croyance populaire, vingt-quatre heures de souffrances; mais je fus agréablement détrompé : au bout d'une heure, la cuisson diminua, et bientôt après, il ne restait plus de mon accident d'autre trace qu'un point noir à peine visible. » (Palgrave. *Voyage dans l'Arabie centrale.*)

· **SCORSONÈRE** s. f. (esp. *escorzonera*). Bot. Genre de composées chicoracées, voisin du salsifis et comprenant plusieurs espèces d'herbes vivaces. L'espèce principale la *scorsonère d'Espagne* (*scorzonera Hispanica*), vulgairement appelée *salsifis noir* ou *salsifis d'Espagne*, est une plante haute d'environ 70 centim., à tige rameuse, à feuilles ondulées, un peu dentelées ou entières, garnies de quelques poils; à rameaux nus portant à leur extrémité un capitule de fleurs jaunes. Sa racine, noire en dessus, blanche en dedans, se mange cuite, comme le salsifis.

SCOT ou **Scotus** (Duns). Voy. DUNS SCOT.

SCOT ou **Scotus** (Jean ou John). Voy. ÉRIGÈNE.

· **SCOTIE** s. f. [sko-tî] (lat. *scotia*). Archit. Moulure concave qui fait le plus souvent partie de la base de la colonne.

SCOTS, peuplade. Voy. ÉCOSSE.

SCOTT (sir Walter), écrivain écossais, né à Édimbourg le 15 août 1774, mort le 21 sept. 1832. Il était fils cadet de Walter Scott,

avoué. Il fut élevé à la haute école et à l'université d'Edimbourg, entra comme clerc dans l'étude de son père en 1786, et fut inscrit au barreau écossais en 1792. Il publia d'abord des traductions en vers de la *Lénore* et du *Chasseur farouche* de Bürger (1796). En 1799, il fit paraître une traduction de *Gœtz de Berlichingen*. Il avait épousé (1797) Charlotte Margaret Carpenter, et jouissait d'une fortune indépendante. En 1802, parurent les deux premiers volumes de *Minstrelsy of the Scottish Border*, suivis en 1803 du 3ᵉ volume, et en 1804 d'une édition annotée de *Sir Tristrem*, Le *Lay of the Last Minstrel* (1805) eut un succès d'enthousiasme. Déjà shériff substitut du Selkirkshire, il fut nommé en 1806 à l'une des charges de judicature les plus grassement payées. Cette même année il donna une collection de *Ballads and Lyrical Pieces*, et, en 1808, une édition complète des œuvres de Dryden, avec une vie de ce poète. *Marmion, a Tale of Flodden Field* est de la même époque, et fut suivi en 1810 de *The Lady of the Lake*. Les autres poèmes, *The Vision of Don Roderick* (1811), *Rokeby* (1812), *The Bridal of Triermain* (1813), *The Lord of the Isles* (1814), *The Field of Waterloo* (1815) et *Harold the Dauntless* (1847), sont bien inférieurs, quoiqu'ils renferment des passages d'une grande beauté. Il avait publié anonymement en 1814 son premier roman, *Waverley, or'tis Sixty Years since*, qui excita une admiration et une curiosité très vives; mais il garda soigneusement son incognito. En 1811, il acheta une petite ferme sur la Tweed; il lui donna le nom d'Abbotsford, et, par des acquisitions successives, il en fit peu à peu un vaste domaine, en même temps qu'il changeait sa modeste demeure des premiers jours en un grand château gothique crénelé. Ses romans se succédèrent dès lors avec rapidité : *Guy Mannering* (1815), *The Antiquary, The Black Dwarf* et *Old Mortality* (1816), *Rob Roy* (1817), *The Heart of Mid-Lothian* (1818, *The Bride of Lammermoor, A Legend of Montrose; Ivanhoe* (1819), *The Monastery, The Abbot* (1820), *Kenilworth, The Pirate* (1821), *The Fortunes of Nigel* (1822), *Peveril of the Peak, Quentin Durward, Saint-Ronans' Well* (1823), *Redgauntlet* (1824), *Tales of the Crusaders*, qui comprennent *The Betrothed* et *The Talisman* (1825). Tous, cinq exceptés, étaient signés « par l'auteur de *Waverley* ». En 1809, il édita les *State Papers and Letters of sir Ralph Sadlier*; en 1809-'12 la *Collection of Tracts de Lord Somer* (13 vol.), et en 1814 les œuvres de Swift, en 19 vol., avec une biographie de l'auteur. Il menait à Abbotsford la vie d'un grand propriétaire à la campagne, sans paraître se laisser éblouir par sa renommée littéraire. Le titre de baronnet, que lui conféra George IV en 1820, lui causa sans doute plus de plaisir que toutes les louanges du public. En 1825, la faillite de ses éditeurs, Constable et Cⁱᵉ, et celle de ses imprimeurs, James Ballantyne et Cⁱᵉ, le laissèrent à découvert de 150,000 liv. sterling par suite d'avances et d'engagements souscrits aux premiers et de son association avec les seconds. Il refusa le concordat que ses créanciers lui offraient, et à 55 ans entreprit de les rembourser intégralement par ses travaux littéraires. En 1826, parut *Woodstock* et en 1827, la première série des *Chronicles of Canongate* et *Life of Napoleon Bonaparte*. C'est en 1827 qu'il se reconnut comme le seul auteur des *Waverley Novels*, vérité dont le public était convaincu depuis longtemps. Ses autres œuvres sont : la seconde série des *Chronicles of Canongate* (1828), *Tales of a Grandfather* (1827-'29), consacrés à l'histoire de l'Ecosse; *Anne of Geierstein* (1829), *The Doom of Devorgoil; The Auchindrane Tragedy* (1830); une *History of Scotland* (1829-'30, 2 vol.); *Letters on Demonology and Witchcraft* (1830), une autre série des *Tales of a Grandfather*, con-

sacrée à l'histoire de France (1830); une quatrième série des *Tales of my Landlord*, qui comprenaient déjà les cinq ouvrages restés en dehors des *Waverley Novels*, et qui s'enrichirent alors de *Count Robert of Paris* et de *Castle Dangerous*. Dans l'hiver de 1830-'31 des symptômes de paralysie de plus en plus forts commencèrent à se manifester. On lui interdit tout travail intellectuel, et en octobre 1831, il partit pour l'Italie. Il visita Rome, Naples et d'autres villes, et, sentant ses forces rapidement décroître, il demanda à être ramené sans retard dans sa patrie. Il arriva à Abbotsford le 11 juillet 1832, et retomba bientôt dans un état d'insensibilité dans lequel il mourut, après quelques intervalles de lucidité. Il avait payé plus de 100,000 livres de ses dettes, et peu après sa mort tous ses créanciers furent intégralement désintéressés. Lockhart, gendre de Walter Scott, a écrit une complète biographie du grand romancier. — Les œuvres de Walter Scott ont été traduites en français par Defauconpret (1830-'32, 30 vol. in-8º), Albert Montémont (1837, 30 vol. in-8º), etc.

SCOTTISH s. f. [sko-tich] (angl. *scottish*, écossais). Danse qui tient à la fois de la valse et de la polka et qui fut importée en France vers 1845.

SCOTTISME s. m. Ensemble des opinions philosophiques de Duns Scott.

SCOTTISTE adj. Qui concerne Duns Scot. — Substantiv. Partisan des doctrines de Scott.

SCRANTON [scrann'-tonn], ville de Pennsylvanie (Etats-Unis), à 160 kil. N.-O. de Philadelphie; 35,092 hab. Elle doit son importance à la situation dans le plus septentrional des bassins d'anthracite. Exportation de houille; sa prospérité date de 1844.

* **SCRIBE** s. m. (lat. *scriba*). Parmi les Juifs, on appelait ainsi les docteurs qui enseignaient la loi de Moïse, et qui l'interprétaient au peuple : *les scribes et les pharisiens*. — Copiste. Homme qui gagne sa vie à écrire, à copier : *c'est un bon, un mauvais scribe*. — Chez les Juifs, les scribes formaient un corps savant. Leur devoir était de tenir les annales officielles du royaume, de faire des transcriptions de la loi, de l'exposer et de l'enseigner. Dans le Nouveau Testament ils apparaissent comme un corps de fonctionnaires élevés, membres du sanhédrin.

SCRIBE (Augustin-Eugène), auteur dramatique français, né à Paris le 24 déc. 1791, mort le 20 févr. 1861. Après les échecs répétés, il trouva le succès en collaboration avec Poirson dans *Une Nuit de la Garde nationale*, et surtout, en 1816, dans *Le Nouveau Pourceaugnac* et *Le Solliciteur*. De 1821 à 1830, il mit au jour plus de cent pièces pour le théâtre de Poirson, et il en est plusieurs telles que *La Reine de seize ans* et *Le Mariage de raison* que l'on regarde encore comme des chefs-d'œuvre. Dans beaucoup de ces ouvrages, il eut pour collaborateur Germain Delavigne, Mélesville, Dupin, Varner, Carmouche, Bayard et autres. Plus tard, parmi ses pièces les mieux connues, on cite *Le Verre d'eau* (1842) et *Adrienne Lecouvreur*, en collaboration avec Legouvé, 1849. Il a écrit les libretti de *La Dame Blanche, Fra Diavolo, Le Domino Noir, Robert le Diable, Les Huguenots, Le Prophète, L'Africaine*, etc. Il a aussi composé plusieurs romans qui ont eu du succès. Il fut reçu à l'Académie en 1836. Ses pièces de théâtre, au nombre de plus de 350, lui assurèrent une grande fortune. On a entrepris la publication de ses œuvres complètes en 60 vol. (1874-'77).

SCRIBITUR AD NARRANDUM, NON AD PROBANDUM, loc. lat. qui signifie : *On écrit l'histoire pour raconter, non pour prouver*.

* **SCRIPTEUR** s. m. (lat. *scriptor*, écrivain). Chancell. rom. Officier qui écrit les bulles : *il y a cent scripteurs à Rome, qui sont comme étaient les secrétaires du roi en France*.

SCRIPTURAIRE adj. (rad. lat. *scriptura*, écriture). Qui a rapport à l'écriture.

SCRIPTURAL, ALE adj. Qui se rapporte à l'Ecriture sainte, à la Bible.

SCRIVERIUS ou **Schrijver** (Pierre), savant néerlandais, né à *Haarlem* le 12 janv. 1576, mort aveugle à *Oudewater*, 30 avril 1660. Historien et poète, il a écrit : *Oud-Batavië* (1606), *Batavia illustrata* (1609), *Gedichten* (1738), etc. Il a édité les œuvres de beaucoup d'autres auteurs, tels que *Douza, Scaliger, Heinsius, Janus Secundus*, etc.

* **SCROFULAIRE** s. f. (rad. *scrofule*). Bot. Genre de scrofulariées, comprenant plusieurs espèces d'herbes ou de sous-arbrisseaux, dont la principale, la *scrofulaire noueuse* (*scrofularia nodosa*), est une plante vivace, à tige carrée, haute de deux ou trois pieds, qui croît dans les lieux ombragés, les taillis, etc., et qu'on a beaucoup vantée autrefois contre les écrouelles ou scrofules. — SCROFULAIRE AQUATIQUE (*scrofularia aquatica*), plante qu'on appelle encore HERBE DU SIÈGE, et dont les propriétés sont les mêmes que celles de la scrofulaire terrestre.

SCROFULARIÉ, ÉE ou **Scrophularié, ée** adj. (rad. fr. *scrofule*). Bot. Qui ressemble ou se rapporte à la scrofulaire. — s. f. pl. Famille de plantes dicotylédones gamopétales hypogynes ayant pour type le genre scrofulaire, et comprenant, en outre, les genres molène, celsie, muflier, linaire, paulownia, gratiole, digitale, véronique, euphraise, mélampyre, pédiculaire, rhinanthe, etc.

SCROFULE s. f. (lat. *scrofula*). Pathol. Nom que les médecins donnent aux écrouelles. — L'Académie admet ce mot au pluriel seulement. — Les scrofules ou humeurs froides sont une affection constitutionnelle ayant des manifestations diverses, telles que l'engorgement des ganglions lymphatiques, des abcès froids, des ulcères strumeux, l'ophtalmie scrofuleuse, le gonflement des os, le rachitisme et la phtisie. Cette affection a pour causes principales tout ce qui peut détériorer la constitution : l'allaitement artificiel, le virus syphilitique, le manque de soins, l'habitation des lieux humides, l'habitude de dormir sur terre et surtout l'hérédité. Les personnes qui y sont prédisposées ont les lèvres épaisses, les ailes du nez tuméfiées et écrasées, les yeux bleus ternes, des chairs blanches et molles. Les sujets scrofuleux ne sont pas toujours atteints dès leur enfance, mais tôt ou tard ils auront des maladies scrofuleuses et ils mourront probablement scrofuleux. Les scrofules se manifestent d'abord par des tumeurs indolentes, dures, mobiles, qui se forment aux glandes du cou, de l'aisselle, de l'aine; ces tumeurs s'accroissent, se ramollissent, donnent lieu à des ulcères blafards et suppurent longtemps. Les abcès se forment et s'ouvrent à plusieurs reprises; ils forment des trajets fistuleux et enfin des cicatrices indélébiles. En même temps, il y a presque toujours de la bouffissure au visage, des yeux à bords rouges, des écoulements purulents par les oreilles, une haleine fétide, une altération des dents, puis de la maigreur. Souvent les articulations du genou, de la hanche, du coude s'engorgent et constituent des tumeurs blanches où l'on voit des caries diverses. La marche de cette maladie est généralement lente. — Traitement. Il n'est pas possible de guérir tout à fait la diathèse scrofuleuse ou lymphatique, mais on peut en moyenne en retarder l'évolution et même la contenir indéfiniment. Les principaux antiscrofuleux dont il faut faire usage, non pas toute la vie, mais de temps en temps, quand

la constitution faiblit, surtout l'hiver et au printemps, sont : l'huile de foie de morue (de une à trois cuillerées par jour), les préparations iodo-iodurées, l'arséniate de soude, l'extrait de ciguë, l'hypophosphite de chaux, les pastilles de Lavie, la fucoglycine, les ferrugineux. On les alterne ou on les prend en même temps. On y ajoute les soins hygiéniques : bon air, exercice au soleil, habitation saine, régime fortifiant (viande, œufs, café), bains salins à l'eau de feuilles de noyer et, s'il est possible, bains de mer; eaux d'Uriage et de la Bourboule. — Le public est porté à regarder ces tempéraments comme ayant une provision d'humeurs; il pense qu'une fois cette provision épuisée par des vésicatoires, le sujet sera guéri. Il n'en est pas toujours ainsi. Les vésicatoires sont parfois très utiles pour détourner le principe scrofuleux, mais ils ne peuvent en prévenir la formation incessante dépendant du sang même qu'il faut modifier par les antiscrofuleux.

R. Iodure de potassium	10 gr.	R. Houblon.	20 gr.
Teinture d'iode.	40	Racine de gentiane,	
Eau distillée.	350	coupé.	50

En donner 10 à 40 gouttes matin et soir, dans un peu d'eau sucrée. En frictions et en compresses sur les engorgements.

Faire macérer 5 jours dans une litre d'eau-de-vie ; ajouter 40 gr. de carbonate de potasse, passer et sucrer à volonté et en prendre deux ou trois cuillerées par jour.

˙ SCROFULEUX, EUSE adj. Méd. Qui cause ou accompagne la maladie nommée ÉCROUELLES ou SCROFULES : *humeur scrofuleuse.* — Se dit aussi des personnes qui ont des écrouelles. Dans ce sens, on l'emploie souvent comme substantif : *régime propre aux scrofuleux.*

SCROFULIDE s. f. Pathol. Affection cutanée résultant du vice scrofuleux. — La peau peut aussi être le siège des manifestations scrofuleuses; elles reçoivent alors le nom de scrofulides et sont dites, suivant la forme, phlegmoneuses, érythémateuses, tuberculeuses, etc.

SCROFULOSE s. f. Pathol. Ensemble d'affections se rattachant d'une manière quelconque au vice scrofuleux.

SCROTAL, ALE adj. (rad. *scrotum*). Anat. Qui appartient au scrotum.

SCROTIFORME adj. (fr. *scrotum* et *forme*). Bot. Qui a la forme du scrotum.

˙ SCROTOCÈLE s. f. (fr. *scrotum*; gr. *kêlé*, tumeur). Chir. Hernie complète qui descend jusqu'au scrotum.

˙ SCROTUM s. m. [skro-tomm] (lat. *scrotum*, bourse). Anat. Enveloppe commune des testicules : c'est ce qu'on appelle vulgairement LES BOURSES.

˙ SCRUPULE s. m. (lat. *scrupulum*). Petit poids de vingt-quatre grains, c'est-à-dire, du tiers d'un gros : *un scrupule de rhubarbe.* — Astron. Très petite partie de la minute.

˙ SCRUPULE s. m. Peine, inquiétude de conscience, qui fait regarder comme une faute ce qui n'en est pas une, ou comme une faute légère ce qui n'en est qu'une légère : *il faut porter la probité jusqu'au scrupule.* — Grande exactitude à observer la règle, à remplir ses devoirs : *il s'attache aux moindres règles avec scrupule.* — Grande sévérité d'un auteur, d'un artiste dans la correction d'un ouvrage : *il corrige, il retouche ses ouvrages avec beaucoup de scrupule.* — Grande délicatesse en matière de procédés, de mœurs : *cette action peut n'être pas répréhensible, mais je m'en ferais scrupule, un scrupule.* — Reste de difficulté, nuage qui reste dans l'esprit après l'éclaircissement d'une question, d'une affaire : *vous n'avez pas encore assez instruit votre rapporteur, il lui reste quelques scrupules dans l'esprit.*

˙ SCRUPULEUSEMENT adv. D'une manière scrupuleuse : *il s'attache scrupuleusement aux formalités.*

˙ SCRUPULEUX, EUSE adj. Qui est sujet à avoir des scrupules : *il est fort scrupuleux.* — Substantiv. *C'est un scrupuleux, une scrupuleuse.*

SCRUPULOSITÉ s. f. Etat ou caractère de de ce qui est scrupuleux.

˙ SCRUTATEUR s. m. (lat. *scrutator*). Celui qui scrute : *un sage scrutateur de la nature, des merveilles, des secrets de la nature.* — Se dit, dans les assemblées, dans les compagnies où l'on fait des élections par suffrages secrets, de ceux qui sont désignés pour prendre part à la formation du scrutin, à sa vérification et à son dépouillement : *le président et les scrutateurs d'une assemblée électorale.* — Adjectiv. *Des regards scrutateurs.*

˙ SCRUTER v. a. (lat. *scrutare*). Sonder, examiner à fond, chercher à pénétrer dans les choses cachées : *l'Ecriture dit : Celui qui scrute la majesté divine en sera accablé.*

˙ SCRUTIN s. m. Manière dont les assemblées, les compagnies donnent leurs suffrages secrets dans les élections ou dans les délibérations, soit par billets pliés, soit par petites boules : *on procède à l'élection d'un pape, d'un député par voie de scrutin.* — SCRUTIN INDIVIDUEL, OU UNINOMINAL, où les votants ne désignent chacun, sur leur bulletin, qu'une seule personne. SCRUTIN DE LISTE, celui où les votants écrivent chacun, sur leur bulletin, autant de noms qu'il y a de nominations à faire. —Législ. « Le *scrutin de liste par département*, et le *scrutin uninominal par arrondissement* ou par circonscription électorale ont tour à tour été adoptés en France, pour la nomination des députés. Le premier de ces modes donne à l'élu plus d'indépendance, tandis que le scrutin uninominal laisse trop de force aux influences locales et fait du député l'agent d'affaires exclusif de la circonscription. Celui-ci est alors porté à oublier qu'il est député de la France pour se considérer comme le représentant des intérêts particuliers de ses mandants. L'auteur de la constitution de 4852 eut soin d'abolir le scrutin de liste et de le remplacer par le scrutin uninominal, afin de fausser le suffrage universel au moyen des candidatures officielles. Sous la constitution de 1875, la majorité de l'Assemblée nationale appuya aussi le scrutin uninominal, dans l'espoir que la restauration d'une monarchie en serait facilitée ; mais la nation ne répondit pas à cette attente. En 1882, le rétablissement du scrutin de liste avait été proposé par Gambetta; mais cette proposition fut rejetée, et c'est seulement depuis la loi du 46 juin 4885 que les députés sont élus au scrutin de liste par département. L'élection des sénateurs a lieu aussi au scrutin de liste par département, conformément aux dispositions de la loi constitutionnelle du 24 fév. 4875, modifiée par celle du 9 décembre 1884. En ce qui concerne les élections des conseillers généraux et des conseillers d'arrondissement, on a recours au scrutin uninominal par canton; mais les élections municipales se font au scrutin de liste dans chaque commune, excepté à Paris (L. 5 avril 4884, art. 44).(Voy. ÉLECTION, etc.) Tout citoyen qui, étant chargé dans un scrutin du dépouillement des suffrages, a été surpris falsifiant des billets ou en soustrayant de la masse, ou y ajoutant, ou inscrivant sur les billets des votants non lettrés des noms autres que ceux qui lui ont été déclarés, est puni de la dégradation civique (C. pén. 444 ». (CH. Y.)

SCUBAC s. m. Liqueur spiritueuse dont le safran est à la base. Quelques-uns disent USCOBAC, et USQUEBAC.

SCUDÉRY ou **Scudéri.** I. (GEORGES DE), écri-

vain français, né au Havre vers 4601, mort en 1667. Il attaqua le *Cid* de Corneille, et se mit dans les bonnes grâces de Richelieu, qui fit de lui un académicien et lui donna le gouvernement d'une petite forteresse près de Marseille. Il se prétendait l'auteur des livres de sa célèbre sœur. Boileau porta le dernier coup au prestige éphémère de ses pièces de théâtre et de son poème épique intitulé *Alaric.* — II. (Madeleine de), sœur du précédent, née au Havre en 1607, morte en 1701. On l'appelait une autre Sapho, et la dixième muse, mais Boileau satirisa son maniérisme exagéré et sa sentimentalité excessive. Ses volumineux romans, où se retrouvent des caractères contemporains, eurent néanmoins une très grande popularité, surtout *Artamène*, qui servit de base à Cousin dans son livre sur la *Société française* du XVIIe siècle. Parmi ses autres ouvrages, on a le *Discours sur la Gloire* (1671) et les *Conversations* (1680-'88, 8 vol.). Ses lettres, qui n'ont jamais été recueillies, sont pourtant, peut-être, les plus brillantes productions de sa plume. Un choix de ses écrits, sous le titre d'*Esprit de Mademoiselle de Scudéry* (1766), a eu de nombreuses éditions.

SCULPTABLE adj. Qui est susceptible d'être sculpté.

SCULPTAGE s. m. Action de sculpter.

˙ SCULPTÉ, ÉE part. passé de SCULPTER. Taillé avec le ciseau. — Qui est orné de sculptures : *un meuble sculpté.*

˙ SCULPTER v. a. [skul-té] (lat. *sculptare*). Tailler, faire avec le ciseau quelque figure, quelque image ou ornement de pierre, de marbre, de bois, de métal, etc. : *voilà qui est bien sculpté.*

˙ SCULPTEUR s. m. [skul-teur] (lat. *sculptor*). Celui qui fait avec le ciseau des statues, des bas-reliefs, des ornements, etc., de quelque matière que ce soit : *sculpteur en marbre.*

˙ SCULPTURAL, ALE, AUX adj. Qui appartient à la sculpture.

˙ SCULPTURE s. f. [skul-tu-re] (lat. *sculptura*). Art. de sculpter : *il s'adonne à la sculpture.* — Ouvrage du sculpteur : *la sculpture de cette bordure est fort belle.* — ENCYCL. La sculpture est, à proprement parler, l'art de tailler ou de découper une substance quelconque en figures. On emploie généralement ce mot pour désigner tout procédé par lequel les formes des objets sont représentées au moyen de substances solides; il comprend, par conséquent, outre la sculpture proprement dite, le modelage, la fonte ou moulage, soit de métal, soit d'autre matière, et la gravure en pierres fines. Les figures sculptées sont ou complètes et isolées, ou partielles, en groupes, et c'est ce qu'on appelle celles en ronde bosse; ou bien ce sont des figures attachées à un fond sur lequel elles saillent plus ou moins, formant, suivant le degré de relief qu'elles affectent, le haut relief, le bas-relief ou le moyen relief; enfin les figures, au lieu de faire saillie sur le fond, peuvent avoir leurs linéaments creusés dans le bas-relief; cette méthode se présente surtout dans la sculpture égyptienne et peut être désignée du nom de gravure en intaille. Le sculpteur emploie presque toutes les matières susceptibles d'être taillées, fondues ou moulées. Comme matières à tailler, le porphyre, le basalte, le granit, les différents marbres l'albâtre, l'ivoire, l'os et le bois sont en usage depuis les temps très reculés; les Égyptiens se servaient surtout des trois premières de ces substances, et les Grecs principalement du marbre. Celui que les anciens estimaient le plus était le marbre blanc pur de l'île de Paros, après lequel venaient ceux de «

monts Pentélique et Hymette, dans les environs d'Athènes. Le plus beau marbre italien était et est encore le Carrare; mais beaucoup de sculpteurs romains travaillaient des marbres venus d'*Afrique*. Pour modeler, dès les premiers jours de l'art, on s'est servi d'argile, de stuc, de plâtre et de cire; les figures d'argile cuite, ou terre cuite, furent indéfiniment multipliées au moyen de moules de même matière, dans lesquels on comprimait de l'argile molle. La terre cuite fut employée à une infinité d'usages, en dehors de la statuaire, principalement à faire de petits objets, d'ordinaire revêtus de couleurs, et qui, par la cuisson, acquéraient une dureté presque égale à celle de la pierre. Les métaux employés pour la fonte sont: l'or, l'argent, le fer, l'étain, le cuivre, le plomb et leurs alliages. L'*electrum*, matière formée d'une partie d'or et de quatre parties d'argent, était déjà en usage aux temps homériques; mais la composition appelée par les Grecs Χαλκος, par les Romains *æs* et par les modernes *bronze*, a été préférée de tout temps à tous les autres métaux, et c'est de cette matière que sont faits la plupart des statues et des ornements sculptés antiques subsistant encore aujourd'hui. Les sculpteurs de l'antiquité avaient, comme leurs ouvrages l'attestent, une habileté pour jeter en bronze qui n'était pas inférieure à l'art moderne. Cependant les statues de métal, au moins celles des époques les plus reculées, n'étaient pas toules jetées au moule; on les faisait de petites plaques battues au marteau et attachées par des rivets. — La sculpture a probablement été le premier des arts d'imitation que se soit développé. Elle ne semble pas avoir eu de lieu d'origine spécial; mais elle se manifesta spontanément dans toutes les contrées du monde. Les Égyptiens, plus peut-être qu'aucune autre nation de l'antiquité, associaient la pratique de la sculpture au culte religieux; c'est ce qui fait que la plupart de leurs ouvrages sont des représentations, suivant des types convenus et invariables, de divinités, ou des attributs de celles-ci. De récentes découvertes montrent cependant que *leurs plus anciennes sculptures* étaient libres de toute contrainte hiératique, et représentaient avec une grande exactitude les formes animées et inanimées. La statue de bois de Ra-em-ke, conservée au musée de Boulacq, près du Caire, et assignée à l'ère de la cinquième dynastie (4000 av. J.-C., d'après Mariette) en est un remarquable exemple. Cet art primitif disparut avec la sixième dynastie. A partir de la onzième, c'est-à-dire de la formation du moyen empire, vers 3000 av. J.-C., la sculpture égyptienne est ordinairement peinte; les artistes égyptiens forment une sorte de corporation héréditaire, dont le travail est soumis à un code de lois rigides prescrites par l'autorité sacerdotale. La sculpture étrusque est une transplantation de la sculpture grecque. Entre les mains des Grecs, la sculpture fut portée à un degré de perfection rarement atteint dans les temps modernes; ils y excellèrent comme dans la littérature et dans les autres arts d'imitation. Les œuvres de la bonne époque ont presque toutes un caractère entièrement public, et sont destinées à l'instruction morale ou religieuse du peuple, ou à exciter dans les cœurs le désir des nobles actions. Lorsque le sculpteur cessa de sentir ces influences, son art commença à décliner, de même qu'en des conditions semblables l'art italien languit dans la brillante époque de Raphaël et de Michel-Ange. On peut distinguer dans la sculpture grecque plusieurs périodes: une période semi-mythique ou archaïque, une période de grandeur et de puissance, une période de raffinement ou de beauté précieuse, et une période de décadence. On exécutait, dès les *temps homériques*, des figures sculptées sur les monuments

architecturaux, tels que les deux lions en relief de l'ancienne porte de Mycène. La plus ancienne statue grecque de métal dont les auteurs fassent mention est une statue de Zeus, en bronze, par Learchus de Rhégium, qui florissait, suppose-t-on, en 700 av. J.-C. Elle était construite de plaques minces rivées ensemble. La culture héréditaire de la sculpture, sous l'influence de laquelle les types conventionnels se transmettaient soigneusement de génération en génération, cessa vers le milieu du vi° siècle, époque où se termina la première période, et dès lors les artistes furent individuellement libres de suivre les inspirations de leur propre génie. Les désastreuses conséquences qu'eut pour l'art asiatique la révolte ionienne contre Darius, fils d'Hystaspe, et l'esprit patriotique éveillé par l'invasion des Perses, donnèrent une vigueur croissante à la sculpture dans la Grèce propre, où la dureté et la raideur de la première période s'effacent sous la grandeur et l'idéale beauté des productions de Phidias et de ses contemporains. C'est surtout par leurs statues de dieux et de héros, par leurs groupes historiques pour les temples, les portiques, les théâtres et les gymnases que sont connus les grands sculpteurs de cette période: Hegias, Pythagoras de Rhégium, Calamis, Ageladas, Phidias et ses deux élèves, Agoracritus et Alcamenes, Myron, Polyclète. Leurs œuvres portent l'empreinte de la dignité et du calme presque impassible qui sont les caractères des âges héroïques, aussi bien que du but élevé pour lequel travaillait l'artiste. Phidias d'Athènes, dont le nom est attaché aux plus grandioses monuments de l'ère de Périclès, est généralement considéré comme le premier de tous les sculpteurs pour la sublimité de l'inspiration et la beauté sévère de l'exécution. Polyclète, le chef de l'école argienne, rivalisa avec son grand contemporain d'Athènes, en tout, hors pour la représentation des dieux, pour laquelle Phidias n'eut jamais d'égal. Il l'emporta même sur lui avec une statue d'amazone. Ses athlètes passaient pour réaliser la perfection même de la beauté mâle, et comme celle du jeune porteur de lance, servaient de modèles aux autres sculpteurs. La prospérité et le luxe amenèrent une période de raffinement et de recherche de la beauté sensuelle, qui commence vers l'an 400 av. J.-C., et pendant laquelle fleurirent Scopas, Praxitèle et Lysippe. L'art y atteint une perfection presque absolue au point de vue de la grâce des formes et de l'expression et des qualités techniques d'exécution. Scopas excellait dans les figures isolées ou les groupes, combinant la force de l'expression et la grâce, plutôt que dans la sculpture architecturale. On lui attribue le célèbre groupe de Niobé du musée de Florence. Quant à la *Venus Victrix* ou Vénus de Milo, du Louvre, il est plus vraisemblable de la regarder comme appartenant au style sublime de l'époque de Phidias. Les écoles de Praxitèle et de Lysippe étaient en pleine prospérité vers 320 av. J.-C., bien que les artistes se contentassent d'imiter leurs prédécesseurs plutôt que d'ouvrir à l'art des voies originales. Aussi la sculpture commença-t-elle à décliner, et la décadence fut hâtée encore par les troubles qui suivirent le démembrement de l'empire d'Alexandre. Il ne semble pas, cependant, qu'il y ait eu pénurie de bons artistes jusqu'au milieu du III° siècle av. J.-C.; de nouvelles écoles se fondèrent à Rhodes, à Alexandrie, à Pergame, à Ephèse et en d'autres lieux de l'Orient; mais trop souvent dès lors le talent des sculpteurs servit à flatter grossièrement les souverains ou pour qu'il à d'autres buts aussi indignes. L'école de Rhodes se glorifiait de le Chârès, le sculpteur qui fit le Colosse. C'est à cette période qu'on assigne généralement le *Laocoon* d'Agesander, l'*Apollon du Belvédère*,

l'*Hercule Farnèse*, et le *Gladiateur mourant*. La réduction de la Grèce en province romaine porta à l'art le dernier coup; il n'y eut plus dès lors que de l'habileté manuelle. Les Grecs, n'ayant plus les moyens de pratiquer la sculpture dans leur pays, transportèrent, au 1ᵉʳ siècle après J.-C., l'exercice de leur art en Italie. — Dès le consulat de P. Cornelius Scipion Nasica, en 162 av. J.-C., Rome possédait de nombreuses statues de dieux et d'hommes publics, œuvres de sculpteurs grecs. Jules César était un amateur éclairé de la statuaire, et, sous Auguste, cet art fut libéralement encouragé par de puissants protecteurs. La nature énergique de Trajan donna une vie nouvelle aux arts en Grèce et à Rome, et l'on a appelé son règne et ceux de ses successeurs, Adrien et Antonin le Pieux, l'âge d'or de la sculpture italienne. La sculpture à Rome fut une continuation de la sculpture grecque; les meilleurs artistes étaient Grecs, et l'on ne cite pas une œuvre de mérite par un sculpteur de race latine. L'Italie peut pourtant revendiquer l'honneur d'avoir été le foyer de la renaissance, non seulement de la sculpture, mais de tous les arts d'imitation, dans les temps modernes. C'est avec les Pisani, au XIII° siècle, que commence proprement l'histoire de la sculpture moderne. Ils furent suivis d'Orcagna, de Masucci, de Ghiberti et de Donatello (mort en 1466). Au commencement du XVI° siècle, l'artiste le plus extraordinaire des temps modernes produisit ses chefs-d'œuvre de formes. Les œuvres de Michel-Ange Buonarrotti sont, sans comparaison, les grands efforts de l'art plastique moderne, et son colossal *Moïse* du monument de Jules II, ses statues monumentales de Laurent et de Julien de Médicis, son groupe appelé *La Pietà* à Saint-Pierre, montrent que l'influence de l'antique, réveillée à la fin du XV° siècle, était impuissante à détruire ses conceptions originales pour le caractère et le dessin. A partir de ce temps l'art, bien qu'illustré encore par des talents éminents, déclina graduellement en Italie; et, au commencement du XVII° siècle, il était devenu uniquement ornemental, l'habileté mécanique y ayant plus de part que le goût ou l'originalité. Dans la dernière moitié du siècle, les efforts éclairés des papes Clément XIV et Pie VI, et du cardinal Albani, les publications de Winckelmann, et les fouilles de Pompéi et d'Herculanum, eurent pour effet de ranimer l'amour de l'antique. Quelques-uns des premiers ouvrages de Canova (1757-1822) reflètent le véritable esprit de l'antiquité; mais il recherche plus tard une grâce sensuelle et corrompue des formes, surtout dans ses figures de femme, et tomba dans un maniérisme frivole et bas. — L'histoire de la sculpture italienne peut être regardée dans ses traits généraux comme l'histoire de cet art chez les autres nations. Partout il reçut l'impulsion d'artistes italiens; il suivit des phases presque semblables de progrès et de décadence, il fut influencé par les mêmes modes, et ne porta que trop légèrement l'empreinte particulière de l'esprit national pour qu'il soit nécessaire de l'indiquer ici. C'est encore en Italie que se trouvent les principaux chefs-d'œuvre de l'art antique et moderne; aussi est-ce là que se rendent, pour étudier, les sculpteurs des autres pays. Dans le cours du présent siècle, les sculpteurs allemands ont su mettre dans leurs œuvres monumentales et dans leurs portraits une certaine dose de sain réalisme. Parmi eux, l'on peut citer: Rauch, Danneker et Schwanthaler. Le Danemark a produit Thorwaldsen, qui joint le sentiment religieux à la sévère simplicité de l'art antique. En Angleterre, la sculpture a été jusqu'ici pratiquée surtout par des étrangers; le premier sculpteur anglais de vrai talent a été Flaxman, qui, dans l'exécution de ses conceptions idéalement pures, manifesta

une étroite affinité avec l'esprit de l'antiquité. Ses dessins pour illustrer Homère sont, à ce point de vue, une des plus remarquables productions de l'art moderne. — Les débris de sculpture que l'on a découverts dans l'Amérique centrale et dans l'Amérique du Sud, ont, comme ceux de l'Asie orientale et de l'Inde, de la valeur, surtout pour l'archéologue; elles se distinguent par la grandeur de leurs proportions, une certaine fantaisie grotesque, et, quelquefois, par une beauté et une symétrie de formes remarquables chez des peuples à demi civilisés. — La sculpture française ne date guère que du règne de François Ier. Parmi nos premiers artistes, il faut citer : Jean Goujon, Germain Pilon, Jean Cousin, Fr. Sarrazin, Fr. Anguier, Michel Anguier, Puget, Girardon, Coysevox, les Coustou. Le xviiie siècle a produit : Bouchardon, Falconet, Houdon, Allegrain, Pigalle, Moitte, Cartellier, Chaudet, Dupaty, Lemot. Le xixe siècle a été illustré par des maîtres qui ont placé l'art français au premier rang : Pradier, Rude, David d'Angers, etc.

SCURRILITÉ s. f. (lat. *scurrilitas*). Plaisanterie basse et de mauvais goût.

SCUTARI I, ville de la Turquie d'Asie (turc, *Uskuder;* anc. *Chrysopolis*), sur le Bosphore, vis-à-vis de Constantinople, et le plus grand faubourg de cette ville; 70,000 hab. Elle est bâtie sur plusieurs collines, contient un palais impérial et des cimetières célèbres, et est un grand centre de commerce entre la capitale et les provinces asiatiques. — II, ville forte de la Turquie d'Europe (alban., *Skodra;* turc, *Iskenderieh*), dans l'Albanie septentrionale, sur la Boyana, à l'extrémité S.-E. du lac de Scutari, à 24 kil. de la côte de l'Adriatique; 25,000 hab. Cotonnades, armes à feu, constructions navales. Le commerce y est considérable. — Le lac de Scutari ou de Zanta (anc. *Labeatis*), qui s'étend jusqu'à la frontière S.-O. du Monténégro, à environ 30 kil. de long du S.-E. au N.-O. et 10 kil. de large. Il reçoit la Moratcha, qui vient du Monténégro; il abonde en poissons et surtout en carpes.

SCUTELLAIRE adj. [sku-tèl-lè-re] (lat. *scutellum*, écusson). Qui est en forme d'écusson. — s. f. Genre de labiées, comprenant une quarantaine d'espèces, largement répandues dans les pays tempérés et sous-tropicaux. La *scutellaire commune* (*scutellaria galericulata*) vient fréquemment dans les lieux humides et ombragés, et a beaucoup d'éclat; elle a eu quelque réputation comme plante médicinale, ainsi qu'une espèce plus fréquente encore, la *scutellaria lateriflora*, que l'on a cru être un

Scutellaire commune (Scutellaria galericulata).

remède pour l'hydrophobie. La vérité est que ces plantes ont de l'intérêt pour le botaniste, mais n'ont aucune valeur en médecine.

SCUTELLE s. m. (lat. *scutellum*, écusson). Bot. Forme particulière du réceptacle des lichens.

SCUTELLIFORME adj. [-tèl-li-] (lat. *scutellum*, écusson ; fr. *forme*). Hist. nat. Qui a la forme d'un bouclier.

SCUTIBRANCHE adj. (lat. *scutum*, bouclier ; *branchie*, branchies). Qui a les branchies protégées par une coquille en forme de bou-

clier. — s. m. pl. Ordre de mollusques gastéropodes, dont les branchies sont protégées par un *scutum* ou bouclier.

SCUTIFOLIÉ, ÉE adj. (lat. *scutum*, bouclier; *folium*, feuille). Bot. Dont les feuilles sont en forme de bouclier.

SCUTIFORME adj. (lat. *scutum*, bouclier; fr. *forme*). Qui a la forme d'un bouclier.

SCUTUM s. m. [sku-tomm] (mot. lat.). Bouclier romain de forme rectangulaire convexe. — Entom. Pièce de l'écusson des insectes.

* **SCYLLA** s. m. Nom d'un écueil situé sur le littoral de la Calabre. (Voy. CHARYBDE et SCIGLIO.)

SCYROS, île de la mer Egée (auj. *Skyro*), au N.-E. de l'Eubée.

* **SCYTALE** s. f. [si-ta-le] (gr. *skutalè;* de *skutos*, peau). Antiq. gr. Chiffre dont les Lacédémoniens se servaient pour écrire des lettres mystérieuses; il consistait en une bande étroite de parchemin sur laquelle on écrivait après l'avoir roulée en spirale autour d'un cylindre de bois; on l'envoyait déroulé, et ceux auxquels il était adressé ne pouvaient le lire qu'en l'appliquant de la même manière sur un cylindre d'égal diamètre.

* **SCYTALE** s. m. Genre de serpents venimeux, comprenant trois espèces qui habitent l'Inde et l'Egypte.

SCYTALIDE s. f. (gr. *skutalis*). Antiq. gr. Espèce de dard enflammé.

SCYTHE s. et adv. De la Scythie, qui appartient au pays ou à ses habitants.

SCYTHIE [si-tî] (Géogr. anc.), vaste pays, aux limites indéterminées, dans l'Europe orientale et l'Asie occidentale. Telle que la décrit Hérodote, elle comprenait probablement le pays depuis les Carpathes orientales jusqu'au bas Don. Les Sarmates ayant imposé leur autorité aux autres tribus scythes, le nom de Sarmatie fut donné à la Scythie d'Hérodote, et les Grecs appliquèrent ce dernier nom à la région asiatique au N. de l'Oxus et du Jaxartes, depuis la Caspienne jusqu'aux confins de la Chine. Hérodote représente les Scythes comme des tribus nomades, vivant de chair, entretenant de grands troupeaux de chevaux, et excellant dans l'art du cavalier et de l'archer. Ils envahirent l'empire mède vers la fin du viie siècle av. J.-C. Darius Ier fit contre eux une expédition désastreuse. On croit que les Parthes étaient de race scythe. Les hordes qui, vers 200 av. J.-C., vinrent des confins occidentaux de la Chine, et ravagèrent le Turkestan et la Perse moderne, étaient aussi des Scythes. Quelques savants soutiennent que les Scythes étaient des populations touraniennes, d'autres qu'ils étaient Indo-Européens. Rawlinson pense que les Grecs et les Romains donnaient ce nom à toutes les races nomades. Parmi les principales tribus que nomment les anciens sont les Sacæ, les Massagètes, les Dahæ, les Agathyrsi et les Neuri. — Pour la famille de langues à laquelle beaucoup de philologues appliquent le terme scythique, voy. TOURANIEN.

SCYTHIQUE adj. Qui appartient aux Scythes ou à la Scythie. — GOLFE SCYTHIQUE, nom donné par les anciens à l'océan glacial Arctique.

SCYTHOPOLIS [si-to-po-liss], ancienne ville de Palestine, à 20 kil. environ S. de la mer de Galilée et à 7 kil O. du Jourdain. Le village qui occupe aujourd'hui cet emplacement s'appelle Beisan, nom où l'on retrouve l'ancienne dénomination biblique, Bethshean. Elle appartenait à la tribu de Manassé, mais ne fut jamais une véritable cité juive. Son nom grec lui fut donné sans doute après l'invasion des Scythes. C'était une des

villes de la Décapole. On y trouve des ruines de temples, de murailles, etc.

* **SE** (lat. *se*), pronom de la troisième personne, qui est de tout genre et de tout nombre. Il précède toujours le verbe dont il est le régime direct ou indirect. Il est régime direct dans ces phrases : *se rétracter, s'embarrasser, se perdre;* et il est régime indirect dans les phrases suivantes : *se donner du mouvement, se faire une loi, se prescrire un devoir.* — S'emploie avec les verbes pronominaux, réciproques, réfléchis, et quelques grammairiens lui donnent aussi le nom de pronom réfléchi de la troisième personne. (Voy. PRONOMINAL, RÉCIPROQUE, RÉFLÉCHI.) — Sert aussi à donner au verbe actif une signification passive : *il se trouve là de belles choses.*

* **SÉANCE** s. f. (rad. *seoir*). Droit de s'asseoir, de prendre place dans une compagnie réglée : *sa place lui donne le droit de séance dans cette assemblée.* — Temps pendant lequel un corps politique, un conseil, un tribunal ou autre compagnie réglée est assemblée pour s'occuper de ses travaux, et réunion assemblée même des membres de ce corps, de cette compagnie, etc. : *cette affaire occupa la Chambre des députés pendant une séance entière.* — SÉANCE TENANTE, dans le cours de la séance, avant que la séance soit terminée : *il fut décidé que la loi serait discutée et votée séance tenante.* — Temps pendant lequel un dessinateur, un peintre travaille de suite d'après une personne pour faire son portrait : *ce peintre fait un portrait en trois séances.*

* **SÉANT**, participe présent de SEOIR, verbe qui n'est plus en usage. Se dit dans certaines phrases de chancellerie et de palais, où il signifie qui siège, qui tient actuellement ou habituellement séance en quelque lieu : *le parlement était alors séant à Tours.* Quelques-uns le font adjectif, et disent, au féminin, SÉANTE : *la cour royale séante à...* — s. m. Situation, posture d'un homme qui est assis dans son lit. On ne l'emploie qu'avec l'adjectif possessif : *il était couché, on le fit mettre sur son séant, en son séant.*

* **SÉANT, ANTE**. Décent, qui sied bien, qui est convenable : *il n'est pas séant à un homme de sa dignité, de faire telle chose.*

* **SEAU** s. m. [sô] (lat. *sitellus*). Vaisseau ordinairement fait de bois, qui sert à puiser, tirer, porter de l'eau : *des seaux de bois.* — Vaisseau de toute sorte de matière propre à contenir de l'eau : *mettre, rafraîchir du vin dans un seau d'argent, dans un seau de porcelaine.* — SEAUX DE LA VILLE, ou SEAUX A INCENDIE, seaux d'osier garnis de cuir en dedans, dont on se sert pour porter de l'eau dans les incendies. — Quantité de liquide contenue dans un seau : *un seau d'eau.*

* **SÉBACÉ, ÉE** adj. (lat. *sebum*, suif). Anat. Se dit de certaines glandes qui filtrent une humeur dont la consistance est à peu près semblable à celle du suif. Se dit aussi de cette humeur : *glandes sébacées; humeur sébacée.*

SÉBASTIANI (François-Horace-Bastien, COMTE), maréchal de France, né à Porto (Corse), le 10 nov. 1772, mort le 21 juillet 1851. Il se distingua dans les campagnes de Bonaparte en Italie, et assista celui-ci au 18 brumaire. Après Austerlitz (1805), il fut nommé général de division. En 1806, il fut envoyé comme ambassadeur à Constantinople, et ensuite il servit en Espagne. Pendant la campagne de Russie (1812), et dans les batailles de 1813 et de 1814, il déploya une grande valeur. Après la première révolution de Napoléon, il se rallia aux Bourbons, puis tard revint à l'empereur. En 1849, il fut élu à la Chambre dont il resta membre pendant longtemps.

Sous Louis-Philippe, il fut successivement ministre de la marine et ministre des affaires étrangères (1830). Son dévouement aveugle à la politique de paix à tout prix préconisée par le roi amena sa retraite en 1832, mais il rentra sans portefeuille dans le cabinet. Il prit définitivement sa retraite le 1er avril 1834, au sujet de son traité d'indemnité avec les Etats-Unis. Il fut ambassadeur à Londres de 1835-'40, et, après son ambassade, il fut créé maréchal.

SÉBASTIEN (Saint), martyr romain, né en Gaule vers 255, mort en 288. Capitaine de la garde prétorienne et zélé chrétien, il fut appelé devant l'empereur Dioclétien et sommé d'abjurer le Christ: sur son refus, il fut exposé à une volée de flèches et laissé pour mort; mais les soins d'une femme chrétienne le rendirent à la vie. Ayant osé reparaître devant Dioclétien pour lui reprocher ses cruautés, il périt sous le bâton. Les artistes le représentent d'ordinaire attaché à un arbre et percé de flèches. Sa fête se célèbre le 20 janv.

SÉBASTIEN (Dom), roi de Portugal, né en 1554, mort en 1578. Il succéda à son grand-père Jean III, en 1557. En 1578, il fit voile vers l'Afrique avec une grande flotte portant de 15 à 20,000 soldats, pour soutenir Muley Mohammed, que son oncle, Muley Maleck, avait renversé du trône du Maroc. Les forces alliées mirent le siège devant Alcazar. Muley Maleck attaqua le 4 août, et, après une bataille acharnée, l'armée de Sébastien fut mise en déroute et presque totalement détruite; lui-même disparut dans le combat. Les Portugais ne voulurent pas croire que leur roi avait été tué, et un grand nombre d'aventuriers se firent ensuite passer pour Sébastien.

SÉBASTIEN (Saint-) (Esp. San Sebastian), ville maritime très forte d'Espagne, cap. de Guipuzcoa, sur la baie de Biscaye, à 60 kil. N.-N.-O. de Pampelune; 14,000 hab. environ. Elle fut prise par les Français en 1719, 1794 et 1808. Les Anglais, qui y essuyèrent de grandes pertes, y entrèrent le 31 août 1813. A la suite de cette bataille, la plus grande partie de la ville fut brûlée.

SÉBASTOPOL ou Sévastopol, ville forte de Russie, en Crimée, sur une péninsule, du côté sud de la rade du même nom, qui est une expansion de la mer Noire, à 290 kil. S.-E. d'Odessa; 27,000 hab. Son port célèbre mesure 5 kil. de long et de 600 m. à 1 kil. et demi de large. Au lieu où se dresse aujourd'hui Sébastopol, il y avait jadis un petit village nommé Aktiar; Catherine II y fonda une ville qui fut, plus tard, fortifiée par le colonel anglais Upton. Sébastopol est célèbre surtout par la résistance de 11 mois qu'il opposa aux armées alliées pendant la guerre de Crimée. Aussitôt après la bataille de l'Alma (20 sept. 1854), l'armée franco-anglaise marcha sur Sébastopol et prit position sur le plateau qui se trouve entre cette ville et Balaclava. Le bombardement commença le 17 oct. 1856, mais sans succès. Après de nombreuses attaques de jour et de nuit, un grand assaut fut résolu pour le 8 sept. 1855 sur la tour Malakoff et sur les Redans, fortifications les plus importantes du sud de la ville. (Voy. Malakoff.) Les Français réussirent à s'emparer de Malakoff et à le conserver, pendant que les Anglais étaient repoussés devant le petit et le grand Redan, après une lutte désespérée. Pendant la nuit, les Russes abandonnèrent la principale partie de la ville qui se trouve au sud du port et se retirèrent dans la portion septentrionale, après avoir détruit ou brûlé le reste de leur flotte. Depuis la guerre de 1870-'71, Sébastopol a été de nouveau fortifié d'après un plan perfectionné.

SEBDOU ou Tafraoua, port militaire et point stratégique de l'Algérie, formant avec Dhaya, Saïda et Frenda, la ligne de défense du Tell oranais, sur la limite des hauts plateaux; ch.-l. d'un cercle et d'une commune mixte; à 958 m. d'altitude, sur l'oued Sebdou, affluent de droite de la Tafna; à 50 kil. S. de Tlemcen, à 56 kil. S.-E. de Lalla-Marhnia et à 83 kil. O. de Dhaya. Sebdou, entourée d'une belle forêt de chênes verts, ne se compose encore que d'un fort à double enceinte renfermant le bureau arabe, les casernes et l'hôpital, et de quelques maisons de colons. Il s'y tient, tous les jeudis, un marché assez fréquenté. L'hiver y est froid et l'été fiévreux malgré l'altitude du lieu. La commune mixte dont Sebdou est le ch.-l. comprend environ 1,250 hab., dont 60 Européens, presque tous Français, et 1,190 Arabes. Au S. de Sebdou s'étendent, à perte de vue, d'immenses plaines d'alfa.   (V. L.)

*   **SÉBESTE** s. m. (ar. *sebesten*). Fruit du sébestier.

*   **SÉBESTIER** s. m. Bot. Genre d'arbres de la famille des borraginées dont une espèce, le *sébestier officinal (cordia myxa)*, croît en Égypte et porte un fruit semblable à une petite prune, qu'on employait beaucoup autrefois pour les tisanes pectorales.

*   **SÉBIFÈRE** adj. (lat. *sebum*, suif; *fero*, je porte). Qui produit le suif ou de la graisse.

*   **SÉBILE** s. f. Vaisseau de bois qui est rond et creux : *les boulangers mettent la pâte dans des sébiles, quand elle est pétrie*.

SEBKHA s. f. (ar. *terrain salsugineux*). Nom donné, dans le Sahara, à des cuvettes naturelles plus ou moins vastes dans lesquelles s'amassent les eaux pluviales. Ces eaux, imprégnées de sels provenant du lavage des plaines environnantes, disparaissent promptement par le double fait de leur absorption par le sol spongieux et de leur évaporation; en s'évaporant elles déposent les sels qu'elles contiennent en dissolution et ceux-ci, s'accumulant avec le temps, forment des couches souvent très épaisses. La sebkha est, par le fait, une sorte de lagune ou de lac sans écoulement; c'est ce qui la différencie du *chotth*. (Voy. ce mot ou Melrhir.) Par extension on donne aussi le nom de *sebkhas* aux bas-fonds des chotths dans lesquels les sels s'amassent en plus grande quantité, comme aussi à toutes les parties basses et salsugineuses des plaines sahariennes. C'est improprement toutefois que la grande dépression du Gourara est appelée *sebkha*; considérée dans son ensemble, cette dépression est un *chotth* formé par la réunion de plusieurs cours d'eau descendus de l'Atlas, et qui se déverse souterrainement dans l'oued Saoura. C'est dans les *sebkhas*, dans les *chotths* et dans toutes les plaines basses et salées du grand désert que se produisent les plus beaux effets de mirage.   (V. L.)

SÉBONCOURT, village de l'arr. et à 20 kil. de Saint-Quentin (Aisne); 2,390 hab. Châles, nouveautés, fils et cotons.

SÉBUSÉEN s. m. [sé-bu-zé-ain]. Membre d'une secte de Samaritains qui avaient changé le temps prescrit pour lui pour la célébration de certaines grandes fêtes.

*   **SEC, ÈCHE** adj. [sèk] (lat. *siccus*). Aride, qui a peu ou point d'humidité : *sec comme du bois*. — Est quelquefois opposé à vert, frais, récent, lorsqu'on parle des herbes, des plantes : *des herbes sèches*. — Se dit également de certaines choses que l'on rend par art moins humides qu'elles ne l'étaient : *des fruits secs*. — Confitures sèches, fruits confits, conservés hors du sirop. — Se dit encore par opposition à *liquide*, à *mouillé*, à *onctueux*, à gaz, etc. : *avoir la bouche sèche, la langue sèche, la gorge sèche, le gosier sec, les lèvres sèches*. —

Ce vin est sec, il n'est point liquoreux. — Ce cheval a la tête sèche, il n'a pas la tête chargée de chair; et, Il a les jambes sèches, il a les jambes nerveuses, peu chargées de chair; ce dernier se dit aussi des hommes. On dit, dans un sens anal., Un homme sec, un grand homme sec, et même substantiv., dans le langage familier, Un grand sec. — Pain sec, pain tout sec, du pain pour tout aliment : *manger son pain sec*. — Messe sèche, récitation des prières de la messe qui n'est point accompagnée de la consécration. — Maçon. Muraille de pierres sèches, muraille faite de pierres mises l'une sur l'autre, sans chaux, sans plâtre, sans mortier. On dit de même, Construire en pierres sèches. — Par ext. Un habit sec, un habit râpé, qui montre la corde. Il est peu usité. — Fig. Un coup sec, un coup donné avec promptitude, sans appuyer ni rester sur l'objet frappé. — Graveur. Graver a la pointe sèche, faire des traits ou des hachures sur la planche avec une pointe aiguë, au lieu de se servir du burin, et sans employer l'eau-forte. — Fig. Argent sec, argent comptant. — Peint. et Sculpt. Un ouvrage sec, un ouvrage où les contours sont marqués durement, sans agrément et sans moelleux. On dit dans un sens anal., Des contours secs, un coloris sec, un faire sec, une manière sèche, etc. — Fig. Un esprit sec, un esprit dénué d'agrément. Cet auteur, ce poète est sec, il n'a ni douceur ni grâce. Ce style est sec, il est dépourvu d'ornements, il est sans charme. On dit, dans un sens anal., Cette narration est bien sèche. — Fig. Cette matière est sèche, elle offre peu de ressources, pour la traiter avec agrément, avec intérêt. — Fig. Une ame sèche, une âme froide et peu sensible. On dit de même, Un cœur sec. — Cet homme est sec, il a une humeur un peu dure, il n'est point affable, gracieux, riant. — Fig. Mine sèche, mine froide, qui annonce quelque mécontentement, quelque dépit : *il m'a fait une mine sèche, une mine assez sèche, fort sèche*. — Fig. Réponse sèche, réprimande sèche, réponse, réprimande froide, désobligeante et brève. On dit de même, Parler, Répondre d'un ton sec. — Sec s. m. *Le sec et l'humide*. — Du fourrage sec, c'est-à-dire, le foin, la paille et l'avoine : *établir des magasins de sec*, — Prov. et fig. Employer le vert et le sec, employer toutes sortes de moyens pour réussir à quelque chose. — Tirer des confitures au sec, les tirer de leur sirop. Une corbeille, une assiette de sec, une corbeille, une assiette remplie de confitures sèches, et que l'on sert au fruit dans un repas. — S'emploie comme adverbe dans les phrases : Boire sec, bien boire, boire sans eau; et, Répondre sec, parler sec a quelqu'un, lui faire une réponse rude, brusque, rebutante. — A sec loc. adv. Sans eau : *mettre un étang, un fossé à sec*. — Fig. et fam. Etre a sec, se trouver a sec, n'avoir plus de bien, avoir perdu tout son argent : *le pauvre homme est à sec*. — Mar. Aller a sec, aller à mâts et à cordes, sans aucune voile, comme on fait durant les tempêtes. — Tout sec loc. adv. et fam. Uniquement, absolument : *son revenu consiste tout en cinquante écus de rente*.

*   **SÉCABLE** adj. (lat. *secabilis*). Qui peut être coupé : *les atomes ne sont sécables que par la pensée*.

SÉCANT, ANTE adj (lat. *secans*). Qui coupe.

*   **SÉCANTE** s. f. Géom. Ligne ou surface qui coupe une autre. — Droite menée du centre d'un cercle à l'extrémité d'un arc, et terminée à la tangente de cet arc.

*   **SÉCATEUR** s. m. Instrument de jardinage composé de deux branches croisées se terminant en forme de ciseaux courbes, qui sert à tailler les arbres.

SECCHI (Pietro Angelo [sèb'-kil] astro-

nome italien, né à Reggio en 1818, mort à Rome le 26 février 1878. Il s'affilia aux jésuites en 1833, enseigna la physique à Lorette, étudia la théologie à Rome et au collège de Georgetown, où il professa la physique et les mathématiques jusqu'en 1850. Il devint alors directeur de l'observatoire du collège romain, le reconstruisit sur un nouvel emplacement et d'après un plan nouveau, inventa et perfectionna un système d'observations météorologiques et publia un bulletin mensuel jusqu'en 1873. Il acheva le relevé trigonométrique des États du Pape, commencé par Boscovich en 1754. Après la fermeture du collège romain et l'expulsion des jésuites (1870-'73), Secchi fut autorisé à conserver son poste, et continua à faire des cours d'astronomie dans les écoles ecclésiastiques de Rome. Ses découvertes en analyses spectroscopiques et dans la physique solaire et stellaire, sont particulièrement remarquables. Parmi ses œuvres, il faut citer un savant ouvrage en français sur le soleil (1870) et *Dell' unità delle forze fisiche* (1875).

* **SÉCESSION** s. f. Action de se retirer, de se séparer. Se dit en parlant des états de la confédération américaine qui se séparèrent du gouvernement fédéral en 1861 et furent ramenés de force dans l'Union après une longue résistance : *la guerre de la sécession dura quatre ans.* .

SÉCESSIONNISTE adj. Qui fait sécession. — Substantiv. *Les sécessionnistes.*

* **SÉCHAGE** s. m. Action de faire sécher.

* **SÈCHE** ou **Seiche** s. f. (lat. *sepia*). Moll. Genre de céphalopodes, voisin des poulpes, caractérisé par une plaque large, oblongue et ovalaire, spongieuse, friable et de nature calcaire, qui est entièrement cachée dans une grande lacune de la peau du dos. Cette plaque protège les viscères ; on l'appelle vulgairement *biscuit de mer*. Elle sert à polir les métaux peu durs et à aiguiser le bec des oiseaux. La sèche est pourvue de 8 bras et de 2 tentacules longs qui rayonnent les uns et les autres autour de la bouche. Les

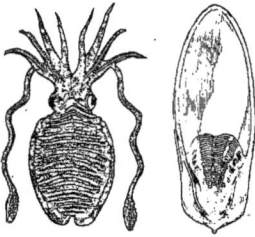

Sèche officinale et son os.

tentacules sont pourvus de ventouses. Les bras sont les moyens de locomotion pour ces animaux qui marchent la tête en bas au fond de la mer ; ces mêmes organes leur servent à nager ; mais les sèches ont une plus grande force de propulsion quand elles rejettent l'eau par leurs branchies. Elles ont pour moyen de défense une poche à encre. En cas d'alarme, la sèche obscurcit l'eau qui l'environne, se dissimule aux regards et s'esquive. La *sèche officinale* (sepia officinalis), longue de 35 à 40 centim., se trouve abondamment sur toutes les côtes d'Europe. Sa chair molasse sert d'appât. Son encre forme une belle couleur connue sous le nom de *sépia*.

* **SÈCHEMENT** adv. D'une manière sèche, en lieu sec : *il faut tenir les confitures sèchement.* — D'une manière froide et peu agréable : *il lui parla, il lui répondit sèchement, bien sèchement.* — Fig. ÉCRIRE SÈCHEMENT, avoir un style sec, dénué d'agrément. — PEINDRE SÈCHEMENT, peindre en marquant durement les contours.

* **SÉCHER** v. a. (lat. *siccare*). Rendre sec : *le soleil sèche les prairies.* — Mettre à sec : *la chaleur a été si violente, qu'elle a séché les ruisseaux.* — v. n. Devenir sec : *la plupart des arbres sèchent à cause du grand hâle, des grandes chaleurs.* — Fig. SÉCHER SUR PIED, se consumer d'ennui de tristesse, ou être agité d'une vive impatience, d'une grande inquiétude, qui cause une sorte d'abattement. La même chose se dit, par plaisanterie, d'une fille qui ne trouve point à se marier. — Se sécher v. pr. *Ses habits commencent à se sécher.*

* **SÉCHERESSE** s. f. État, qualité de ce qui est sec : *la sécheresse de la terre fait grand tort aux moissons.* — Disposition de l'air et du temps quand il fait trop sec : *il fit une grande sécheresse cette année-là.* — Manière de répondre avec une froideur marquée à quelqu'un, soit de vive voix, soit par écrit : *on lui avait parlé, on lui avait écrit avec beaucoup d'honnêteté, il a répondu avec sécheresse.* — Se dit aussi, fig., en parlant des ouvrages d'esprit qui manquent de douceur, de grâce et d'ornements : *il y a beaucoup de sécheresse dans ce discours.* — Se dit également en parlant des ouvrages de peinture, où les contours manquent de moelleux, et sont marqués durement : *cela se peint avec une grande sécheresse.* — État de l'âme qui ne sent point de consolation dans les exercices de piété : *Dieu le laissa longtemps dans cette sécheresse pour l'éprouver.*

* **SÉCHOIR** s. m. Lieu où l'on étend, où l'on suspend les toiles, les cuirs, les papiers, etc., pour les faire sécher. — Carré de bois où les parfumeurs font sécher leurs pastilles, leurs savonnettes, etc.

SECKER (Thomas)[sé'-keur], prélat anglais, né en 1693, mort en 1768. Il fut d'abord médecin, se distingua comme prédicateur, et fut nommé à l'évêché de Bristol en 1736, à celui d'Oxford en 1737 et à l'archevêché de Canterbury en 1758. On a recueilli ses écrits en 6 vol. (1811).

SECLIN, ch.-l. de cant., arr., et à 11 kil. S. de Lille (Nord) ; 4,000 hab. Brasseries, tanneries, filatures.

* **SECOND, ONDE** adj. ordinal. [se-gon] (lat. *secundus*). Deuxième, qui est immédiatement après le premier : *il n'est pas le premier, il n'est que le second.*

Jupin, pour chaque état, mit deux tables au monde ;
L'adroit, le vigilant et le fort sont assis
À la première, et les petits
Mangent leur reste à la *seconde*.
LA FONTAINE.

— Chim. EAU SECONDE, eau-forte affaiblie. — AVOIR, ACHETER UNE CHOSE DE LA SECONDE MAIN, l'acheter à celui qui l'a lui-même achetée au producteur : *je n'ai ces marchandises que de la seconde main.* — NE TENIR UNE NOUVELLE QUE DE LA SECONDE MAIN, ne l'avoir apprise que par un intermédiaire. — Poétiq. VALEUR, BEAUTÉ SANS SECONDE, À NULLE AUTRE SECONDE, valeur, beauté sans égale, sans pareille. — Second s. m. Second étage d'une maison : *j'occupe le second.* — Celui qui tient le second lieu d'un côté : *il ne prime pas bien, mais il est bon second.* — Jeu de paume. Ouverture de la galerie qui est entre le dernier et la porte : *la chasse est au second.* — Celui qui accompagnait un homme dans un duel, et se battait contre l'homme amené par l'adversaire : *celui qu'il avait pris pour second.* Il n'est plus en usage dans ce sens : on dit aujourd'hui, LES TÉMOINS, lesquels ordinairement ne se battent pas. — Mar. Officier qui est immédiatement après le capitaine : *le capi-*laine et le second. — Quelqu'un qui en aide un autre dans une affaire, dans un emploi : *vous pourrez bien réussir dans cette entreprise, vous avez un bon second.* — En second loc. adv. Qui marque subordination, infériorité, et qu'on emploie surtout en parlant d'un homme qui sert sous un autre : *il ne tient pas la première place, il n'est qu'en second.* — CAPITAINE EN SECOND, capitaine qui doit commander au défaut du capitaine en pied. On dit, dans le même sens, COLONEL EN SECOND, LIEUTENANT EN SECOND. — SIGNER EN SECOND, se dit d'un notaire qui signe avec celui qui a reçu, qui a dressé l'acte.

SECONDAIRE adj. [se-gon-dè-]. Accessoire, qui ne vient qu'en second : *motifs secondaires.* — Astron. PLANÈTES SECONDAIRES, se dit quelquefois par généralisation, pour désigner les satellites : *la lune est une planète secondaire.*

* **SECONDAIREMENT** adv. D'une manière secondaire, accessoirement.

* **SECONDE** s. f. [se-gonde-de]. Classe qui précède la rhétorique : *un écolier qui est en seconde.* — Mus. INTERVALLE DE SECONDE, ou simplement SECONDE, intervalle compris entre deux sons différents à distance l'un de l'autre d'un seul degré, tels que UT, RÉ ; MI, FA, etc. : *l'intervalle de seconde se compte toujours en montant.* — ESCR. ESTOCADE DE SECONDE, ou simplement SECONDE, botte semblable à la botte de tierce, excepté que la lame passe sous le bras de l'adversaire. On la nomme aussi TIERCE BASSE. — 60e partie d'une minute, soit heure soit degré. Les minutes étant la première division de ces unités, s'appellent dans les vieux traités de mathématiques, *primes*, et sont marquées ; les secondes (*minutæ secondus*), par ''.

SECONDE (Sainte), vierge et martyre, morte dans le IIIe siècle de notre ère. Fête le 10 juillet.

* **SECONDEMENT** adv. En second lieu : *Je vous dirai premièrement que... secondement que...*

* **SECONDER** v. a. Aider, favoriser, servir quelqu'un dans un travail, dans une affaire : *seconder les vœux de quelqu'un.* — Jeu de paume. Servir de second dans une partie : *prenez ce joueur-là, il secoua seconde bien.*

SECONDIGNY, ch.-l. de cant., arr. et à 14 kil. S.-O. de Parthenay (Deux-Sèvres). 500 hab.

* **SECONDINES** s. f. pl. Accouch. L'arrière-faix.

SECOUADE s. f. Action de secouer. Fig. Vive réprimande.

* **SECOUEMENT** s. m. ou **Secoûment**. Action de secouer.

* **SECOUER** v. a. (lat. *succutare*). Remuer quelque chose fortement et à plusieurs reprises, en sorte que toutes les parties en soient ébranlées : *secouer un arbre pour en faire tomber les fruits.* — SECOUER LA TÊTE, faire un mouvement de la tête, pour refuser quelque chose, ou pour se moquer de quelqu'un. SECOUER LES OREILLES, se moquer de quelque chose, s'en moquer : *quand on lui représente son devoir, il secoue les oreilles.* Se dit aussi d'un homme en place qui ne veut point accorder quelque chose qu'on lui demande : *à cette proposition il secoua l'oreille, les oreilles.* — IL NE FAUT QU'EN SECOUER LES OREILLES, se dit d'un homme à qui il arrive un accident fâcheux, qui reçoit quelque injure, quelque affront, et qui témoigne n'y être pas sensible. — Se défaire de quelque chose par un mouvement violent : *le taureau a secoué le joug.* — ◊ Rudoyer : *il l'a bien secoué.* — Se secouer, s. v. pr. Se remuer fortement pour faire tomber quelque chose qui vous incommode : *les chiens se secouent quand ils sont mouillés.* — Fig. et fam. IL FAUT SE

secoue, se dit à une personne à qui l'exercice, le mouvement est nécessaire. Dans un sens plus figuré, cette phrase signifie, il faut agir dans cette circonstance, il ne faut pas demeurer oisif et spectateur indifférent.

SECOUEUR, EUSE s. Personne qui secoue.

* **SECOURABLE** adj. (fr. *secours*). Qui aime à secourir les autres, à les soulager dans leurs besoins : *c'est un homme fort secourable.* — Se dit passivement d'une place de guerre qui peut être secourue; et, en ce sens, il s'emploie plus ordinairement avec la négation : *cette place est si bien investie, qu'elle n'est plus secourable.*

SECOUREUR, EUSE s. Celui, celle qui porte secours.

* **SECOURIR** v. a. (lat. *succurrere*). Se conjugue comme COURIR, aider, assister, donner aide, prêter assistance à qui en a besoin : *secourir les pauvres.*

* **SECOURS** s. m. Aide, assistance dans le besoin : *secours considérable.*

> N'appelons pas le peuple au secours des partis,
> Si nous ne voulons pas être tous engloutis.
> Ponsard. *Charlotte Corday*, acte Ier, sc. II.

— Se dit particul., des troupes qu'on envoie ou qui viennent secourir, défendre, seconder ceux qui sont trop faibles pour résister avec avantage à des ennemis : *envoyer du secours.* — Corps d'armée qui vient secourir une place assiégée : *le secours est entré dans la place.* — PORTE DE SECOURS, porte d'une citadelle qui donne dans la campagne, et par laquelle on peut recevoir du secours ou se retirer. — Église bâtie pour la décharge d'une paroisse, à cause du grand nombre des paroissiens, ou de la distance des lieux, ou de la difficulté des chemins : *cette église n'est pas une paroisse, ce n'est qu'un secours.* On dit, plus ordinairement SUCCURSALE. — Secours aux blessés militaires. ENCYCL. « Les sociétés de secours aux blessés militaires, dont l'origine remonte à peu d'années, ont une mission reconnue de tous les peuples civilisés. Par la *Convention de Genève* du 22 août 1864, seize gouvernements se sont engagés à respecter et à protéger les représentants de ces sociétés. Par suite d'adhésions postérieures, trente-trois puissances sont liées par cette convention. — Les ambulances et les hôpitaux militaires sont déclarés neutres, et le bénéfice de cette neutralité est conféré à tout le personnel affecté au service des blessés. Il en est de même de toute maison qui a recueilli des blessés et de toute voiture qui les transporte. Le signe distinctif adopté pour les ambulances, les hôpitaux et les objets consacrés au transport, est un drapeau portant croix rouge sur fond blanc, lequel doit être accompagné du drapeau national. Les personnes attachées au service des blessés secourus par les sociétés portent un brassard qui, de même que le drapeau, se distingue par la croix rouge sur fond blanc. Les sociétés de secours aux blessés militaires ont déjà rendu de grands services à l'humanité, en apportant dans plusieurs guerres un concours précieux, qui a suppléé jusqu'à un certain point, à l'insuffisance des moyens dont les armées disposent. En France, la *Société nationale de secours aux blessés des armées de terre et de mer* (dont le siège est à Paris, rue Matignon, 19) a été reconnue comme établissement d'utilité publique, et un décret du 3 juillet 1884 l'a autorisée à donner son concours au service de santé militaire. Cette société se charge aussi de distribuer aux militaires malades les dons qui lui sont adressés dans cette intention. Nous devons citer encore d'autres sociétés de secours aux blessés militaires, lesquelles sans se borner, comme la précédente, la mission d'organiser et de desservir des ambulances portant la croix de Genève, rendent néanmoins de très grands services en recueillant les dons

en nature et les souscriptions destinés aux militaires malades ou blessés, et en les faisant parvenir aux armées en campagne. Telles sont : l'*Union des Femmes de France* (à Paris, rue du Faubourg-Poissonnière, 40 bis), et l'*Association des Dames françaises* (rue J.-J. Rousseau, 15). — Sociétés de secours mutuels. Les sociétés de secours mutuels semblent tenir lieu à notre époque des anciennes corporations de métiers qui étaient établies autrefois dans toute la France et que la loi du 14 juin 1791 a définitivement supprimées et interdites. Elles n'ont pas les graves inconvénients que présentaient ces corporations fondées sur le privilège, et dont les règlements oppressifs apportaient tant d'entraves à la liberté du travail et à celle du commerce et de l'industrie; mais elles offrent de très grands avantages à leurs membres, en leur permettant de ne pas rester dans l'isolement et en leur assurant les moyens d'être secourus sans avoir recours à l'aumône ou à l'assistance publique. (Voy. ASSISTANCE.) Pendant longtemps après la Révolution, le souvenir de la contrainte tyrannique à laquelle avaient été assujettis les membres des anciens corps de métiers, fut un obstacle à la constitution des sociétés de secours mutuels. D'un autre côté, les gouvernements monarchiques, se défiant de ces associations, leur imposaient une réglementation trop rigoureuse; et il ne leur était pas permis de se constituer librement, en présence de l'article 291 du Code pénal et de la loi du 10 avril 1834. Néanmoins, on comptait en 1847, dans toute la France, plus de 2,000 sociétés de secours mutuels organisées. La liberté d'association ayant été proclamée en 1848, ces sociétés se multiplièrent alors très rapidement; mais la loi du 15 juill. 1850 et surtout le décret-loi du 26 mars 1852 leur ont retiré en grande partie les droits dont elles jouissaient. En 1870 (Décr. 27 oct.), le gouvernement de la Défense nationale leur a rendu la faculté d'élire leurs présidents; mais il est urgent qu'une loi nouvelle vienne apporter en cette matière les changements nécessités par le progrès des mœurs. Suivant la législation aujourd'hui en vigueur, il existe trois classes de sociétés de secours mutuels. Ce sont : 1° les sociétés *reconnues* comme établissements d'utilité publique par décrets rendus en Conseil d'État (L. 15 juill. 1850, et décr. 26 avril, 14 juill. 1851). Ces sociétés, en très petit nombre, ont la faculté d'être propriétaires d'immeubles, et celle de recevoir, sauf autorisation administrative, des dons ou legs, quelle qu'en soit la valeur. 2° les sociétés *approuvées* par le préfet, dans les conditions du décret du 26 mars 1852. Lorsqu'elles ont leur siège dans le département de la Seine, elles doivent être approuvées par le ministre de l'intérieur. Ces dernières sociétés ont le droit de prendre des immeubles à bail et de posséder des valeurs mobilières; mais elles ne peuvent, à moins d'y être autorisées spécialement par un décret, recevoir un don ou un legs dont la valeur excéderait 5,000 fr. 3° Les sociétés simplement *autorisées* à se réunir en vertu d'une permission que le préfet accorde conformément aux articles 291 et 292 du Code pénal. Ces dernières sociétés n'ont qu'une existence de fait et ne sont aptes à faire aucun des actes pour lesquels la personnalité civile est indispensable. Elles jouissent seulement d'un privilège qui leur est commun avec les précédentes et qui consiste à pouvoir faire des dépôts d'argent dans les caisses d'épargne, jusqu'à concurrence de 8,000 fr. (L. 30 juin 1851, art. 4). Les sociétés de secours mutuels ont pour but d'assurer des secours temporaires à leurs sociétaires malades, blessés ou infirmes, et de pourvoir à leurs frais funéraires. Non seulement elles fournissent les secours médical et pharmaceutique aux hommes, femmes ou enfants qui ont été

admis au titre d'associé participant; mais la plupart d'entre elles allouent une indemnité journalière à celui qui chôme de travail par suite de maladie. Les sociétés reconnues ou approuvées peuvent, par des versements à la caisse des dépôts et consignations, constituer un fonds de retraites et au moyen du revenu spécial que produit ce fonds, elles servent alors des pensions à ceux de leurs sociétaires qui y ont droit. Chaque pension ne peut être inférieure à trente francs, ni excéder le décuple de la cotisation annuelle. Les membres honoraires sont des personnes qui versent à la société une cotisation annuelle mais ne prennent aucune part aux avantages de l'association. Une dotation constituée par l'État, et dont le capital excède aujourd'hui dix millions, sert à répartir chaque année des subventions entre toutes les sociétés reconnues ou approuvées, dans la proportion des sommes que chacune d'elles a versées à son fonds de retraites pendant l'année précédente. Tous les capitaux et les excédents de recettes mis en réserve par une société approuvée, et qui sont versés à la caisse des dépôts et consignations, produisent un intérêt de 4 1/2 p. 100 par an. La commune est tenue de procurer gratuitement à toute société de secours mutuels régulièrement constituée un local pour les réunions des sociétaires, de fournir les livrets et les registres, et de consentir une réduction des deux tiers du droit municipal perçu sur les convois funéraires. Les sociétés approuvées sont dispensées de tout droit de timbre (sauf de celui des quittances) et de tout droit d'enregistrement, pour les actes qui les concernent. Une société peut être suspendue ou dissoute par le préfet, lorsqu'elle viole les règlements ou ses propres statuts; mais une société reconnue ne peut être dissoute que par décret ou par une délibération de l'assemblée générale des sociétaires. »   (CH. Y.)

* **SECOUSSE** s. f. Agitation, ébranlement de ce qui est secoué : *rude secousse.* — Fig. Atteinte portée à la santé, à la fortune, au crédit, à l'ordre établi dans un État, etc. : *la colique lui a donné de violentes secousses.*

* **SECRET, ÈTE** adj. (lat. *secretum*). Qui n'est connu que d'une ou de fort peu de personnes; que l'on tient caché, dont on dérobe la connaissance aux autres : *affaire secrète.* — SCIENCES SECRÈTES, prétendues connaissances que quelques gens se vantent d'avoir, principalement sur l'alchimie, sur la magie et sur la nécromancie. — MALADIE SECRÈTE, maladie honteuse, qui est ordinairement le fruit du libertinage : *le médecin s'occupe particulièrement des maladies secrètes.* — PARTIE SECRÈTE, se dit d'une personne qui agit, qui sollicite contre une autre, soit dans un procès, soit dans quelque autre affaire, et qui ne veut point paraître : *c'est sa partie secrète.* — On dit, dans le même sens, C'EST SON ENNEMI SECRET. — Se dit aussi des personnes qui savent se taire, et tenir une chose secrète : *c'est un homme à qui vous pouvez tout confier, il est fort secret.* — Secret s. m. Ce qui doit être caché ou tenu secret à l'égard d'une personne : *garder un secret.* — ÊTRE DU SECRET, DANS LE SECRET, avoir part à quelque résolution, à quelque délibération où peu de gens sont admis, à quelque dessein caché. — AVOIR LE SECRET DE QUELQU'UN, savoir son secret. On dit de même, AVOIR LE SECRET DE TELLE NÉGOCIATION, ou absol., IL A LE SECRET, il est le seul des ministres employés dans cette négociation, qui connaisse les véritables intentions du prince. — C'EST LE SECRET DE LA COMÉDIE, se dit d'une chose qui est sue de tout le monde, et dont quelqu'un veut faire un secret. On dit à peu près dans le même sens, C'EST LE SECRET DE POLICHINELLE. — C'EST MON SECRET, se dit à une personne pour refuser de lui donner connaissance d'une chose. — Dis-

crétion, silence sur une chose confiée : *je vous demande le secret.* — Moyen connu d'une seule personne ou de peu de personnes pour faire de certaines choses, pour produire de certains effets : *secret pour guérir la goutte.* — Moyens qu'on met en usage pour venir à bout de quelque chose, pour y réussir : *le secret de plaire.* Par plaisant., IL A TROUVÉ LE SECRET DE SE RUINER. — Se dit encore, dans quelques arts mécaniques, de certains ressorts particuliers, qui servent à divers usages : *on ne peut ouvrir ce coffre-fort, si l'on n'en sait le secret.* — Cache pratiquée dans un coffre-fort, dans un secrétaire, dans un cabinet. — Lieu séparé où on enferme le prisonnier, en ne lui laissant de communication qu'avec le geôlier : *mettre un prisonnier au secret.* — En secret loc. adv. En particulier, sans témoin : *je lui ai parlé en secret.* — D'une manière secrète, cachée : *il feint de l'aimer, mais en secret il le déteste.* — Législ. « Il est des cas où l'obligation morale du secret est sanctionnée par la loi. Le secret des délibérations intérieures, soit des jurys, soit des cours et tribunaux, est rendu obligatoire par la loi sur la presse, sous peine d'une amende de 400 à 2,000 fr. La même peine est appliquée à ceux qui ont rendu compte, soit du procès en diffamation dans lesquels la preuve des faits n'est pas autorisée (voy. DIFFAMATION), soit des procès civils, lorsque les cours ou tribunaux en ont formulé l'interdiction, soit du procès en divorce ou en séparation de corps; mais ces défenses s'appliquent aux débats et non au texte des arrêts ou jugements (L. 29 juillet 1881, art. 34; L. 27 juillet 1884, art. 3). — Les secrets de fabrique sont garantis par l'article 418 du Code pénal, lequel punit d'un emprisonnement de trois mois à deux ans et d'une amende de 16 à 200 fr., tout directeur, commis ou ouvrier qui a communiqué à autrui les secrets de la fabrique dans laquelle il est employé. Si le secret a été communiqué à des étrangers ou à des Français résidant à l'étranger, l'emprisonnement doit être de deux à cinq ans et l'amende de 500 à 20,000 fr. Le secret des lettres confiées à la poste est assuré par l'article 187 du Code pénal. (Voy. LETTRE.) Cet article s'applique également à la correspondance télégraphique (L. 29 nov. 1850, art. 5). — Le secret professionnel est imposé à toute personne, à l'égard des faits dont elle est instruite à cause de sa fonction ou de sa profession. Ainsi, tout fonctionnaire public, tout agent, tout préposé du gouvernement, ou toute autre personne qui, étant chargée ou instruite officiellement, ou à raison de son état du secret d'une négociation ou d'une expédition, a livré ce secret aux agents d'une puissance étrangère, doit être condamnée à la déportation dans une enceinte fortifiée. Avant la loi du 16 juin 1850, ce crime était puni de la peine de mort (C. pén. 80). Les médecins, les sages-femmes et toutes les autres personnes qui sont dépositaires par état ou par profession des secrets qu'on leur confie et qui ont révélé ces secrets, sont punis d'un emprisonnement d'un mois à six mois et d'une amende de 100 à 500 fr. (id. 378). Les notaires ne peuvent, à moins d'une ordonnance du président du tribunal, donner connaissance des actes dont ils ont la garde à d'autres personnes qu'à celles intéressées en nom direct dans ces actes, à leurs héritiers ou à leurs ayants droit, sous peine des dommages-intérêts, d'une amende de 20 fr. pour la première fois, et d'une suspension de trois mois en cas de récidive (L. 25 ventôse an XI, art. 23; L. 16 juin 1824, art. 10). Les agents de change doivent garder le secret le plus inviolable aux personnes qui les ont chargés de négociations, à moins que les parties ne consentent à être nommées, ou que la nature des opérations ne l'exige (Arr. 27 prairial an X, art. 19; Arr. cass. 29 juin 1885). — *La mise au secret* d'un in-

culpé est l'interdiction de communiquer, prescrite par le juge d'instruction ou par le président de la cour d'assises. Cette interdiction ne doit pas être ordonnée pour plus de dix jours, mais elle peut être renouvelée. (C. inst. crim., art. 613, modifié par L. 11 juill. 1865). »   (CH. Y.)

SECRETA s. m. pl. [sé-kré-ta] (mot lat. qui signifie *choses secrètes*). Méd. Sécrétions : excréments, urine, exhalation cutanée ou transpiration et perspiration, crachats, mucosités.

* **SECRÉTAIRE** s. m. Celui dont l'emploi est de faire et d'écrire des lettres, des dépêches pour une personne à laquelle il est attaché, dont il dépend : *il m'a fait écrire par son secrétaire.* — SECRÉTAIRE D'ÉTAT, titre de chacun des ministres qui ont un département, et qui contresignent les ordonnances ou les décrets du chef de l'État : *le secrétaire d'État ministre de l'intérieur.* — SECRÉTAIRE D'AMBASSADE, celui qui est nommé par le chef du gouvernement, et qui reçoit un traitement du Trésor public, pour faire et pour écrire les dépêches de l'ambassade. — Celui qui rédige par écrit les délibérations de quelque assemblée : *secrétaire de la Chambre des députés.* — SECRÉTAIRE GÉNÉRAL DU CONSEIL D'ÉTAT, D'UN MINISTÈRE, D'UNE PRÉFECTURE, employé supérieur qui a principalement le soin de entretenir les archives, d'entretenir la correspondance, et d'expédier les actes du Conseil d'État, d'un ministère, d'une préfecture : *le secrétaire général de la préfecture de la Seine.* — SECRÉTAIRE D'UNE MAIRIE, celui qui est chargé de tenir les registres de la mairie, et d'en donner des extraits. On dit également, dans les places de quelque importance, SECRÉTAIRE DE PLACE; et, au Palais, SECRÉTAIRE DU PARQUET. — Bureau sur lequel on écrit et où l'on renferme des papiers : *secrétaire d'acajou, de noyer.* — Adm. « Le cadre des *secrétaires d'ambassade* ne comprend pas seulement des fonctionnaires attachés aux principaux dignitaires diplomates, qui représentent la France à l'étranger; il comprend aussi des fonctionnaires de l'administration centrale du ministère des affaires étrangères. L'équivalence des grades est déterminée par un décret du 21 fév. 1880. — Les *secrétaires d'État* ne sont autre chose que les ministres. (Voy. MINISTRE.) — Les *secrétaires généraux de préfecture* ont pour attribution de remplacer le préfet, soit en cas d'absence ou d'empêchement, soit en vertu d'une délégation spéciale; ils remplissent en outre les fonctions de ministère public auprès des conseils de préfecture. Ces fonctionnaires ont été institués par la loi du 28 pluviôse an VIII. Ils ont été supprimés trois fois : en 1817 (Ord. 14 avril), en 1832 (Ord. 8 mai), et en 1848 (Décr. 18 nov.); et ils ont été rétablis en dernier lieu par un décret du 2 juillet 1853, lequel a été confirmé par la loi du 21 juin 1865. Les secrétaires généraux des préfectures pourraient être, sans inconvénient, remplacés par les membres des conseils de préfecture. » (CH. Y.)

* **SECRÉTAIRE** s. m. Ornith. Genre d'oiseaux de proie ignobles, dont l'espèce la mieux connue est le *secretarius reptilivorus*, Daud. (*gypogeratrus serpentarius*, III). Il mesure environ 3 pieds de long, et habite les plaines sablonneuses de l'Afrique du Sud; sa couleur générale est un gris bleuâtre, les pennes, les cuisses, la crête et l'abdomen plus ou moins marqués de noir. Sa tête est surmontée d'une longue crête érectile, qui, lorsqu'elle est basse, ressemble aux plumes que les commis portent derrière l'oreille; de là son nom de secrétaire. Il se nourrit surtout de serpents; il court à grands pas, d'une allure rapide. On voit ordinairement ces oiseaux par couples. On les domestique à demi et on les introduit dans les basses-cours où ils dévorent les rats, les serpents et

autres ennemis des jeunes oiseaux et des œufs; ils s'attaquent rarement aux volailles,

Secrétaire (Serpentarius reptilivorus).

tant qu'ils sont fournis de viande et de reptiles.

* **SECRÉTAIRERIE** s. f. Lieu où les secrétaires d'un vice-roi, d'un gouverneur, etc., font et délivrent leurs expéditions, et où ils en gardent les minutes : *aller à la secrétairerie.*

* **SECRÉTARIAT** s. m. Emploi, fonction de secrétaire; temps durant lequel on l'exerce : *il a tenu le secrétariat tant d'années.* — Lieu où le secrétaire d'une administration, d'une compagnie, d'un ambassadeur, etc., fait et délivre ses expéditions, et conserve les registres, les archives dont la tenue et la garde lui sont confiées : *passez au secrétariat.*

* **SECRÈTE** s. f. Liturg. cathol. Oraison que le prêtre dit tout bas à la messe, immédiatement avant la préface.

* **SECRÈTEMENT** adv. En particulier, en secret, d'une manière secrète, sans être aperçu : *il le fit avertir secrètement.*

* **SÉCRÉTER** v. a. (lat. *secretare*). Physiol. Opérer la sécrétion : *telle glande est destinée à sécréter telle espèce d'humeur.*

* **SÉCRÉTEUR** adj. m. Physiol. Qui est l'agent d'une sécrétion : *vaisseaux sécréteurs.*

* **SÉCRÉTION** s. f. (lat. *secretio*). Physiol. Filtration et séparation qui se fait des humeurs alimentaires, excrémentitielles et récrémentitielles : *la sécrétion du chyle dans les intestins grêles.* — Se dit aussi des urines et des matières qui sortent du corps : *le médecin a jugé les sécrétions mauvaises.*

* **SÉCRÉTOIRE** adj. Physiol. Qui a rapport à la sécrétion : *action sécrétoire.* On l'a employé aussi dans la même acception que SÉCRÉTEUR.

* **SECTAIRE** s. m. Celui qui est d'une secte religieuse condamnée par la communion principale dont elle s'est détachée. Se dit surtout en parlant d'une secte encore nouvelle, qui s'efforce, par des prédications ou autrement, de faire prévaloir ses opinions, sa doctrine : *un sectaire fougueux, opiniâtre.* — Polit. Celui qui professe des opinions étranges et violentes.

* **SECTATEUR** s. m. (lat. *sectator*). Celui qui fait profession de suivre l'opinion de quelque philosophe, de quelque docteur, de quelque hérésiarque : *les sectateurs de Platon.*

Voilà le train du monde et de ses *sectateurs.*
On s'y sert du bienfait contre les bienfaiteurs.
           LA FONTAINE.

— ᴥ Au fém. SECTATRICE.

* **SECTE** s. f. (lat. *secta*). Coll. Se dit de plusieurs personnes qui suivent les mêmes opinions, qui font profession d'une même doctrine : *la secte d'Épicure.* — Se dit aussi,

en matière de religion, de ceux qui suivent une opinion regardée comme hérétique ou erronée : *la secte des sacramentaires.* — Fig. **FAIRE SECTE, FAIRE SECTE A PART,** se distinguer des autres par des opinions singulières.

* **SECTEUR** s. m. (lat. *sector*). Géom. Partie d'un cercle qui est comprise entre deux rayons quelconques et l'arc qu'ils renferment : *secteur de cercle.* — **SECTEUR SPHÉRIQUE,** solide engendré par un secteur de cercle tournant autour du rayon qui passe par le milieu de l'arc. — Instrument d'astronomie qui a moins d'étendue que le quart de cercle. — Fortific. Portion d'une enceinte fortifiée qui est sous les ordres d'un commandant particulier.

SECTILE adj. (lat. *sectilis*). Qui est susceptible de se partager.

* **SECTION** s. f. [sèk-si-on](lat. *sectio*). L'une des divisions ou subdivisions dans lesquelles se partage une collection, un compte, un ouvrage, un livre, un traité, etc. : *ce livre est divisé en tant de sections.* — Se dit quelquefois des divisions d'une ville, d'un tribunal, d'un conseil, etc. : *au commencement de la Révolution, Paris fut divisé en quarante-huit sections.* — Art milit. La moitié d'un peloton ou d'une compagnie d'infanterie : *dans les manœuvres, lorsqu'on rompt le peloton, le capitaine commande la première section, et le lieutenant la seconde.* — Coupe, endroit où une chose est coupée, tranchée. Dans cette acception, on l'emploie surtout en géométrie, et il se dit des parties de l'espace où des lignes, des plans, des surfaces courbes se coupent mutuellement : *deux surfaces qui se rencontrent ont pour section une ligne droite, ou une ligne courbe, ou un point.* — **SECTIONS CONIQUES, CYLINDRIQUES,** se dit particulièrement des diverses figures qui naissent des différentes coupes d'un cône, d'un cylindre. — **POINTE DE SECTION,** endroit où deux lignes s'entrecoupent.

* **SECTIONNEMENT** s. m. Action de sectionner : *le sectionnement d'une ville en plusieurs collèges électoraux.*

* **SECTIONNER** v. a. Diviser en plusieurs parties ou sections : *on sectionna les départements en plusieurs circonscriptions électorales.*

* **SÉCULAIRE** adj. (lat. *sæcularis*). Qui se fait de siècle en siècle, de cent ans en cent ans. N'est guère usité qu'en parlant des jeux séculaires des anciens, et des poèmes que l'on faisait dans les occasions : *le poème séculaire d'Horace.* — Qui est âgé d'un siècle, qui a beaucoup d'années : *un chêne séculaire.* — Astron. **VARIATIONS SÉCULAIRES,** variations dont les périodes embrassent plusieurs siècles, par opposition à **VARIATIONS PÉRIODIQUES,** celles dont les périodes n'embrassent qu'un petit nombre d'années. — **ANNÉE SÉCULAIRE,** année qui termine un siècle : *on ouvre la porte sainte à Rome à chaque année séculaire.* — **JEUX SÉCULAIRES** (Hist. rom.). Jeux célébrés à des intervalles longs et irréguliers en l'honneur de Pluton et de Proserpine, pour détourner de l'État quelque grande calamité. Sous la république, on les appelait jeux Tarentins, à cause de la partie du champ de Mars appelée Tarentum, où ils étaient célébrés. Avant Auguste, on ne l'avaient été que trois fois ; il les fit renaître avec une grande pompe en 17 av. J.-C. C'est pour cette occasion qu'Horace écrivit sa *Carmen sæculare.*

SÉCULAIREMENT adv. D'une manière séculaire ; de siècle en siècle.

* **SÉCULARISATION** s. f. Action de séculariser un religieux, un bénéfice régulier, une communauté régulière : *bulle de sécularisation.* — Acte par lequel on fait passer dans le domaine séculier une principauté, un établissement ecclésiastique : *la Prusse s'est*

formée en grande partie par la sécularisation de principautés ecclésiastiques. — Se dit de celles des fonctions publiques qui étaient un privilège du clergé et qui sont rentrées dans le domaine public : *la sécularisation de l'enseignement public.*

* **SÉCULARISER** v. a. Rendre séculier : *ce chapitre, ce monastère a été sécularisé.* — Faire rentrer dans le domaine du pouvoir civil des fonctions qui étaient un privilège du clergé : *on sécularisa l'enseignement public.*

* **SÉCULARITÉ** s. f. Juridiction séculière d'une église épiscopale ou autre, pour le temporel qui en dépend : *le juge de la sécularité de telle église.*

* **SÉCULIER, IÈRE** adj. (lat. *sæcularis*). Qui vit dans le siècle. Se dit tant des ecclésiastiques que des laïques, par opposition aux vœux dans une communauté religieuse : *vie séculière.* — Mondain : *une vie séculière et nullement chrétienne.* — **JURIDICTION SÉCULIÈRE,** la justice temporelle. — Fig. **LE BRAS SÉCULIER,** la puissance de la justice temporelle : *livrer un ecclésiastique au bras séculier.* — S. Ne se dit que des laïques : *c'est un séculier.*

* **SÉCULIÈREMENT** adv. D'une manière séculière.

* **SECUNDO** adv. [sé-kon-do]. Mot latin qui signifie secondement, en second lieu et qui s'emploie dans une série, lorsqu'on a commencé d'une série, lorsqu'on a commencé à compter par *primo.*

SÉCURIFÈRE adj. (lat. *securis*, hache ; *fero,* je porte). Qui porte un organe en forme de hache.

SÉCURIFORME adj. (lat. *securis*, hache ; fr. *forme*). Qui a la forme d'une hache.

* **SÉCURITÉ** s. f. (lat. *securitas*). Confiance, tranquillité d'esprit qui résulte de l'opinion, bien ou mal fondée, qu'on n'a pas à craindre de danger : *au milieu de tant de périls, vous ne craignez rien ? votre sécurité m'étonne.*

SEDAINE (Michel-Jean), auteur dramatique, né et mort à Paris (1719-'97). Fils d'un architecte ruiné, il se fit tailleur de pierres pour subvenir aux besoins de sa famille, entra ensuite dans l'atelier de l'architecte Buron, dont il devint l'associé et dont il éleva le petit-fils, David, qui devait devenir si célèbre comme peintre. Il attira l'attention par quelques pièces de vers pleines de naturel, parmi lesquelles l'*Epître à mon habit* est restée classique. Après la publication de ses *Poésies fugitives* (1752, in-12), il débuta au théâtre par le *Diable à quatre* (1756) et mérita d'être considéré comme le créateur de l'opéra-comique. Il donna successivement *Blaise le Savetier* (1759), l'*Huître et les Plaideurs* (1759), les *Troqueurs dupés* (1760), le *Jardinier et son Seigneur* (1761), *On ne s'avise jamais de tout* (1761), le *Roi et le Fermier* (1762), *Rose et Colas* (1764), le *Déserteur* (1769), *Félix ou l'Enfant trouvé* (1777), *Aucassin et Nicolette* (1780), *Richard Cœur de Lion* (1784), le *Faucon* (1782), *Aline reine de Golconde* (1766), *Amphitryon* (1788), *Guillaume Tell* (1791). Il fit représenter au Théâtre-Français le *Philosophe sans le savoir,* comédie en 5 actes et en prose (1765, repris en 1875) et la *Gageure imprévue,* 1 acte et en prose (1766). Il appartint à l'Académie française en 1786. Ses *Œuvres choisies* ont été publiées en 1813 (3 vol. in-18).

* **SEDAN** s. m. Sorte de drap fin qui se fabrique dans la ville de Sedan : *habit de sedan.*

SEDAN, *Sedanum,* ch.-l. d'arr., autrefois place forte, sur la rive droite de la Meuse, à 21 kil. E.-S.-E. de Mézières (Ardennes) ; par 49° 42' 0" lat. N. et 2° 36' 40" long. E. ; 15,000 hab. Sedan fut, pendant longtemps le

siège d'une principauté qui appartenait aux ducs de Bouillon. Dans son château, naquit Turenne, auquel on a élevé une statue. Dans le bois de la Marfée, près de la ville, les troupes du comte de Soissons, du duc de Bouillon et de plusieurs autres princes français remportèrent le 6 juillet 1641, une victoire signalée sur celles de Richelieu ; mais le duc fut arrêté quelque temps après et forcé de céder Sedan à la couronne. Draps noirs fins, casimirs, toiles, bonneterie, cuirs, quincailleries, armes à feu. La ville posséda une université protestante fameuse, supprimée en 1685. — Entourée d'une enceinte, mais dominée par des hauteurs, d'où elle résista aux Hessois en 1815. Les 29, 30 et 31 août 1870, l'armée française du Nord sous Mac-Mahon (environ 150,000 hommes), fut rejetée dans Sedan, après une série de sanglantes batailles livrées aux trois armées allemandes du roi de Prusse, du prince de la couronne de Prusse et du prince de la couronne de Saxe (environ 250,000 hommes). Le 1er sept., elle tenta un effort désespéré pour se dégager ; mais inutilement. Le cercle de fer et de feu se resserra ; la formidable artillerie allemande couronna toutes les hauteurs, d'où elle plongea sur la ville qu'elle pouvait détruire en quelques heures, ainsi que toute l'armée française. Mac-Mahon, qui avait été blessé à la cuisse, fut remplacé, dans le commandement général par de Wimpffen. Celui-ci rejeta d'abord avec indignation les propositions de capitulation faites par le vainqueur. Napoléon eut une infructueuse entrevue avec Bismarck pour tâcher d'en adoucir les termes. Pendant ce temps, le carnage était affreux. 600 pièces de canons allemands vomissaient la mort dans la ville où l'on marchait sur une épaisse masse de brisés, de chairs déchiquetées, d'uniformes déchirés et sanglants. Le 2 sept. l'empereur adressa l'autographe suivant au roi de Prusse : « Mon frère, n'ayant pu mourir à la tête de mes troupes, je dépose mon épée aux pieds de Votre Majesté. NAPOLÉON ». La capitulation fut signée par les généraux von Moltke et de Wimpffen, au château de Bellevue, près Frenoy, à 11 heures et demie du matin ; à 2 heures, le roi de Prusse se fit amener son impérial prisonnier. Pendant la lutte, 25,000 Français avaient été pris par les Allemands ; la capitulation leur en livra 83,000 autres, avec 70 mitrailleuses, 400 pièces de campagne et 150 pièces de siège. 14,000 Français blessés furent recueillis autour de la ville ; 3,000 hommes valides parvinrent à passer la frontière belge. Ainsi finit la grande armée du Nord. Par une lettre, datée du 12 mai 1872, l'empereur accepta pour lui seul la responsabilité de la capitulation de Sedan.

SEDANAIS, AISE s. et adj. De Sedan ; qui appartient à ce pays ou à ses habitants.

* **SÉDANOISE** s. f. Typogr. Petit caractère entre la parisienne et le diamant et dont la force de corps est de quatre points. On la confondait autrefois avec la parisienne.

* **SÉDATIF, IVE** adj. (rad. lat. *sedare*, apaiser). Méd. Se dit des remèdes qui calment les douleurs ; synon. de calmant : *sel sédatif de Homberg* (acide borique). — Substantiv. La digitale est un sédatif. — **EAU SÉDATIVE,** médicament inventé par Raspail pour être employé en lotions et en compresses dans tous les cas d'inflammation. C'est un remède populaire des plus efficaces contre la migraine les transports au cerveau, les fièvres, les éruptions cutanées ou érysipélateuses, les piqûres venimeuses, les douleurs rhumatismales, etc. On l'obtient en mêlant de l'ammoniaque liquide avec de l'eau salée et en ajoutant de l'alcool camphré. Il y a trois formules : 1° *eau sédative ordinaire* ; eau, 1 litre ; sel de cuisine, 30 gr. ; alcool camphré, 10 gr. ; ammoniaque liquide à 22° B, 60 gr. ; 2° *eau sédative*

moyenne; mêmes quantités d'eau, de sel et de camphre, ammoniaque, 80 gr.; 3° *eau sédative forte;* comme ci-dessus, sauf pour l'ammoniaque, dont on emploie 100 gr.

SÉDATION s. f. (lat. *sedatio;* de *sedare*, apaiser). Action de calmer; effet produit par les sédatifs.

SÉDÉCIAS, dernier roi de Juda avant la captivité, mort à Babylone vers l'an 587 av. J.-C. Après une résistance héroïque dans Jérusalem, il tomba entre les mains de Nabuchodonosor Il qui lui fit arracher les yeux et l'emmena captif à Babylone.

* **SÉDENTAIRE** adj. (lat. *sedentarius;* de *sedere*, être assis). Qui demeure ordinairement assis; et, par ext., qui se tient presque toujours chez soi : *cet homme ne fait point assez d'exercice, il est trop sédentaire.* — Fixe, attaché à un lieu, par opposition à ambulatoire: *Philippe le Bel rendit le parlement sédentaire.* — Se dit, particul., des troupes qui ne changent point de garnison, qui ne se mettent jamais en campagne : *troupes sédentaires.*

SÉDENTAIREMENT adv. D'une manière sédentaire.

SEDHIOU, établissement français de la Sénégambie; arr. de Gorée, sur la rive droite de la Casamance, fondé en 1837.

* **SÉDIMENT** s. m. [sé-di-man]. (lat. *sedimentum*). Ce qu'il y avait de plus grossier dans une liqueur, et qui s'est précipité au fond du vaisseau : *il y a d'ordinaire beaucoup de sédiment dans cette liqueur.* — Géol. **SEL ou TERRAIN DE SÉDIMENT,** terrain, les couches formées par les matières que les mers ont laissées en se retirant de certaines parties du globe.

* **SÉDIMENTAIRE** adj. Qui a le caractère d'un sédiment; qui est le produit d'un sédiment : *couches sédimentaires.*

SÉDIMENTATION s. f. Formation de sédiments.

SÉDIMENTEUX, EUSE adj. Qui est de la nature des sédiments.

* **SÉDITIEUSEMENT** adj. D'une manière séditieuse: *il parla séditieusement à la place publique.*

* **SÉDITIEUX, EUSE** adj. [sé-di-si-eû] (lat. *seditiosus*). Se dit de ceux qui font une sédition, qui ont part à une sédition : *une populace séditieuse mit le feu aux maisons des principaux de la ville.* — Mutin, enclin à faire sédition : *c'est un esprit séditieux.* — Qui tend, qui provoque à la sédition : *des discours, des écrits, des libelles, séditieux.* — Substantiv. *Les séditieux firent des attroupements.* — Les cris ou chants séditieux proférés dans les lieux ou réunions publics donnent lieu à l'application de peines correctionnelles. (Voy. CRI. Voy. aussi EMBLÈME et SIGNE.)

* **SÉDITION** s. f. (lat. *seditio*). Emeute populaire, révolte, soulèvement contre la puissance établie : *exciter, allumer, fomenter, entretenir la sédition.* — La législation concernant les séditions se trouve résumée plus haut. (Voy. ATTENTAT, ATTROUPEMENT, BANDE, etc.)

SEDLITZ [sé-dlits], village de Bohême, près de Bilin, à 30 kil. S.-O. de Tœplitz; 1,600 hab. Célèbres sources minérales salines, purgatives et apéritives dont les eaux font l'objet d'une exportation considérable. On prépare de l'eau de Sedlitz artificielle en faisant dissoudre de 25 gr. à 45 gr. de sulfate de magnésie dans trois fois son poids d'eau; après avoir filtré, on ajoute de l'eau chargée d'acide carbonique. — **POUDRE DE SEDLITZ.** Voy. **LA ROCHELLE** (*sel de.*)

* **SEDUCTEUR, TRICE** s. (lat. *seductor*). Celui, celle qui séduit, qui fait tomber en erreur ou en faute : *séducteur de jeunes gens.*

— Absol. Celui qui corrompt l'innocence, la vertu des filles ou des femmes : *c'est un séducteur.* — Adj. *Un discours, un ton séducteur.* — L'ESPRIT SÉDUCTEUR, le diable.

* **SÉDUCTION** s. f. [sé-duk-si-on] (lat. *séductio*). Action par laquelle on séduit : *séduction de la jeunesse.* — Attrait, agrément qui rend certaines choses propres à séduire : *la séduction des richesses, de la jeunesse, de l'esprit, du pouvoir.*

* **SÉDUIRE** v. a. (lat. *seducere*). Se conjugue comme **RÉDUIRE.** Tromper, abuser, faire tomber dans l'erreur par ses insinuations, par ses écrits, par ses discours, par ses exemples, etc. : *cet hypocrite séduisait les peuples.* — Faire tomber en faute, suborner, corrompre, débaucher : *séduire des témoins.* — Toucher, plaire, persuader : *cet homme m'a séduit par la franchise de son langage.* — Absol. *Ces discours sont dangereux et propres à séduire.*

* **SÉDUISANT, ANTE** adj. Qui séduit, qui est propre à séduire. Se dit ordinairement en bonne part : *conversation séduisante.*

SÉDUM s. m. [sé-dom] (lat. *sedare*, calmer). Bot. Genre de crassulacées, comprenant plus de 125 espèces d'herbes charnues, succulentes, qui croissentdans les lieux stériles, sur les rochers et sur les murailles. Le *sédum commun* (*sedum telephium*), appelé aussi *herbe à la coupure* ou *verge d'Aaron*, est originaire d'Europe; il multiplie au point de devenir gênant. Le *sédum brûlant* (*sedum acre*) croît naturellement sur les rochers et sur les murs; il a l'apparence d'une sorte de mousse, et donne, en juillet, de nombreuses fleursjaunes. Son goût est d'une âcreté excessive; à large dose, il est émétique et cathartique, et ses feuilles écrasées, mises en contact prolongé avec la peau, ont des propriétés vésicantes. En Amérique, une des plus belles espèces est le *sédum pulchellum.* Les jardiniers estiment particulièrement le *sédum spectabile,* que leurs catalogues nomment *sédum Fabaria,* et le *sédum Sieboldii,* l'un et l'autre originaires du Japon, et fleurissant le premier en septembre et le second en automne.

SEELAND (dan., *Sjælland*, chel'-lann), île du Danemark, entre la Baltique et le Cattégat, séparée de la Suède par le Sund : 6,875 kil. carr.; 560,510 hab. La Baltique et le Cattégat y enfoncent profondément leurs bras et en rendent la côte irrégulière et dentelée. Le pays est généralement plat. Il produit surtout du grain. La partie nouvelle de Copenhague, Frederiksburg, est bâtie sur cette île qui, avec Mœen et Samsœ, forme une des divisions principales du Danemark.

SÉEZ ou Sées (sé; ou sèz], *Sagium,* *civitas Sagiorum,* ch.-l. de cant., arr. et à 21 kil. N.-E. d'Alençon (Orne); 4,000 hab. Evêché. Belle cathédrale gothique, l'une des plus remarquables de France. Patrie de Gautier-Garguille.

SÉFERRIQUE adj. (lat. *sex,* six ; fr. *ferrique*). Chim. Se dit d'un sel qui contient six fois autant d'oxyde de fer que d'acide.

SÉGESTE, ancienne ville de la Sicile septentrionale, entre Palerme et Trepani.

* **SEGMENT** s. m. [sèg-man] (lat. *segmentum;* de *seco,* je retranche). Géom. Partie d'un cercle comprise entre un arc quelconque et sa

Segment.

corde, qui est quelquefois appelée *base* du segment. Dans notre fig., la partie du cercle comprise entre la corde A L et l'arc A C B est un segment de cercle. — **SEGMENT SPHÉRIQUE,** solide engendré par un segment de cercle tournant autour de la partie du rayon qui passe par le milieu de l'arc. — Anat. Partie d'un organe distincte d'une autre partie bien que continue avec elle : *les segments de la trachée.*

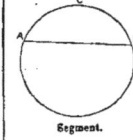

* **SEGMENTAIRE** adj. Didact. Qui est formé de plusieurs segments.

SEGNERI (Paolo) [sé-nié'-ri], prédicateur italien, né en 1624, mort en 1694. Jésuite missionnaire en Italie de 1665 à 1692, il devint prédicateur à la cour papale. Son *Il Cristiano istruito* a été traduit en français (1836, 5 vol.).

SÉGO ou **Ségon,** ville principale du district de Bambara (Afrique occidentale), sur le Niger, à 750 kil. au-dessus de Tombouctou ; cap. d'un royaume dont le chef a signé avec la France un traité relatif au commerce sur le Niger supérieur (1881).

SÉGOBRIGES, *Segobrigii,* ancien peuple de la Gaule, qui habitait le territoire de Marseille avant l'arrivée des Phocéens.

SEGODUNUM, ville de l'Aquitaine Ire, dans la Gaule ; aujourd'hui RODEZ.

SEGONZAC, ch.-l. de cant., arr. et à 13 kil. S.-E. de Cognac (Charente) ; 2,000 hab. Segonzac se trouve au centre du pays appelé Champagne.

SEGOVIA (Rio de), **CAPE RIVER** ou *Vaunks,* rivière de l'Amérique centrale, formant la frontière entre le Nicaragua et le Honduras. Après un cours de 350 à 500 kil., le Rio de Segovia se jette dans la mer Caraïbe au cap Gracias a Dios.

SÉGOVIE (esp. *Segovia*). I, province de

L'Alcazar, à Ségovie.

l'Espagne centrale, dans la Vieille-Castille; 7,027 kil. carr.; 150,812 hab.; ro.dragons

v

au S.-E. Elle est arrosée par les tributaires du Douro Climat généralement froid; sol très fertile. On y récolte beaucoup de vin et de fruits. — II, cap. de la province, sur l'E-resma, à 70 kil. N.-O. de Madrid ; 12,000 hab. Une muraille démantelée l'entoure : ses rues sont étroites et tortueuses, bordées de hautes et vieilles maisons. Ségovie est surtout fa-meuse par son ancien *Alcazar*, ou château mauresque, qui sert d'école d'artillerie, et par son magnifique aqueduc attribué à Tra-jan, avec 160 arches à deux galeries, dont trois ont plus de 100 pieds de haut. Le grand article de commerce est la laine, mais les industries qui s'y rapportent sont en déca-dence. Ségovie est antérieure à la conquête romaine.

* **SÉGRAIRIE** s. f. Eaux et Forêts. Bois pos-sédé par indivis ou en commun, soit avec l'État, soit avec des particuliers.

* **SÉGRAIS** s. m. Eaux et Forêts. Bois sé-paré des grands bois, et qu'on exploite à part.

SEGRAIS (Jean REGNAULD DE), poète fran-çais né à Caen le 22 août 1624, mort le 25 mars 1701. Il a laissé un poème pastoral, *Athis*, et une tragédie, la *Mort d'Hippolyte ;* il a donné aussi une traduction des *Géorgiques* et de l'*Enéide* de Virgile. Ses *Poésies diverses* (Amsterdam, 1723, 2 vol.) contiennent des *Églogues*, qui eurent un grand succès lors de leur apparition. Il fut reçu à l'Académie fran-çaise en 1662.

SÈGRE, *Sicoris*, rivière qui est formée au pied du pic de Sègre (Pyrénées-Orientales), par la réunion de plusieurs ruisseaux, entre en Espagne et se jette dans l'Ebre (Espagne), après un cours de 240 kil.

SEGRÉ ch.-l. d'arr., à 36 kil. N.-O. d'An-gers (Maine-et-Loire), sur la Verzée et l'Ou-don; par 47° 41' 44" lat. N. et 3° 12' 35" long. O. ; 2,500 hab. Toiles, fil, chanvre, grains, bestiaux.

SÉGRÉGATIF, IVE adj. (rad. lat. *segregare*, partager). Qui divise, qui sépare.

* **SÉGRÉGATION** s. f. (lat. *segregatio*). Di-dact. Action par laquelle on met quelqu'un ou quelque chose à part, on le sépare d'un tout, d'une masse.

SEGUE [sé-goué] (ital. *segue*, suis). Mus. S'emploie les partitions pour indiquer de continuer l'exécution de ce qui suit comme on a exécuté le passage précédent, bien que cela ne soit indiqué qu'en abrégé.

SÉGUIDILLE s. f. [sé-ghi-di-ieu; *ll* mll] esp. *siguidilla*). Genre de chanson espagnole. — Air à trois temps avec une ritournelle. — Danse exécutée sur cet air.

SÉGUIER. I. (Pierre), chancelier de France, né à Paris le 28 mai 1588, mort dans la même ville le 28 janvier 1672. Il appartenait à une famille du Languedoc. En 1624, il devint président à mortier au parlement de Paris, et, en récompense de son dévouement, Louis XIII lui accorda les honneurs de la pairie et le titre de duc de Villemor. Il de-vint garde des sceaux en 1633 et chancelier en 1635. Il perdit sa charge pendant les guerres de la Fronde. Louis XIV lui rendit les sceaux en 1656, et il les garda jusqu'à sa mort. Il fut l'un des premiers fondateurs de l'Académie française, dont il avait donné l'idée et le plan à Richelieu. — II. (Antoine-Jean-Mathieu, BARON), d'une autre branche que le précédent, né à Paris le 20 sept. 1768, mort dans la même ville le 3 août 1848. Il avait suivi son père dans l'émigration, revint en France après le 9 thermidor, fut protégé par Cambacérès, devint en 1802 commissaire près le tribunal de la Seine et en 1810 fut nommé premier président de la cour impé-riale de Paris. Il fut créé peu après baron

de l'Empire. Bien qu'il eût exprimé à l'empe-reur ses sentiments de dévouement inalté-rable, il s'empressa, en 1814, de déposer aux pieds de Louis XVIII l'hommage de sa fidé-lité à toute épreuve. Il en fut récompensé par la pairie. Toutefois, il fit preuve d'im-partialité et d'indépendance dans tous les procès politiques ; et comme le garde des sceaux, Peyronnet, l'engageait un jour à prendre en mains les intérêts de l'accusation, ajoutant que c'était là un service qu'il lui demandait au nom du roi. « La cour, répon-dit Séguier, rend des arrêts et non pas des services. » La révolution de Juillet, non plus que celle de Février ne changea rien à sa situation et il mourut en laissant la réputa-tion d'un magistrat intègre entre tous.

SÉGUIN (Marc), célèbre ingénieur, né à Annonay, le 20 avril 1786, mort dans la même ville le 24 fév. 1875. Élève de son oncle, Joseph Montgolfier, il fit de rapides progrès. En 1824, il inventa les ponts suspen-dus en fil de fer; en 1829, il construisit le premier chemin de fer français (de Saint-Étienne à Lyon); sa plus grande invention est celle des chaudières tubulaires qui ont donné aux locomotives toute leur puissance et toute leur vitesse. Séguin a été surnommé le *Stephenson français.*

SÉGUR. I. (Philippe-Henri, MARQUIS DE), maréchal de France, né à Paris en 1724, mort en 1801. Il prit part à différentes ba-tailles en 1746-'47 et perdit un bras, puis à la guerre de Sept ans, où il fut fait prison-nier. En 1763, il fut nommé inspecteur gé-néral de l'infanterie. En 1780, il devint mi-nistre de la guerre, et en 1783, maréchal. Il donna sa démission en 1787. Le règne de la Terreur lui coûta la liberté et la fortune. Napoléon lui accorda une pension de 1,800 fr. — II. (Louis-Philippe, COMTE DE), son fils, historien, né à Paris en 1753, mort en 1830. Il servit en Amérique (1782), devint ambas-sadeur à Saint-Pétersbourg en 1784, et fut un favori de Catherine II, pour le théâtre de laquelle il écrivit des pièces. Il fut ensuite envoyé à Berlin. En 1812, il entra au Sénat. Louis XVIII le fit pair; il revint néanmoins à Napoléon pendant les Cent-Jours. Ses œuvres, complètes en 33 vol. (1824-'30), sont surtout historiques, avec 2 vol. de pièces de théâtre, et trois vol. de *Mémoires*. — III. (Philippe-Paul, COMTE DE), fils du précédent, historien né à Paris en 1780, mort en Fév. 1873. Napoléon lui donna des missions confi-dentielles, et le fit son aide de camp pendant la campagne de Russie (1812). En 1813, il contribua à assurer le salut de l'armée à Hanau. Sous Louis-Philippe, il devint lieute-nant général et pair. Son *Histoire de Napo-léon et de la Grande Armée pendant l'année 1812* (1824, 2 vol.) l'entraîna à de nombreu-ses controverses et à un duel avec le général Gourgaud. On a aussi de lui une *Histoire de Charles VIII* (2ᵉ édit. 1842), continuation de l'*Histoire de France* de son père, une *Histoire de la Russie et de Pierre le Grand* (1829, 2 vol.), *Campagne du général Macdonald dans les Gri-sons* (1802). — Sa biographie a été écrite par Saint-René Taillandier.

SEIBOUSE ou **Seybouse**, RUBRICATUS, rivière d'Algérie; prend sa source au S.-E. de Cons-tantine et se jette dans la Méditerranée près de Bône après un cours tortueux de 150 kil.

* **SEICHE** s. f. Voy. **SÈCHE**.

SEICHES, ch.-l. de cant., arr. et à 20 kil. O. de Baugé (Maine-et-Loire); 800 hab.

SEID s. m. [sé-idd]. Mot arabe qui signifie seigneur.

* **SÉIDE** s. m. [sé-i-de] (nom d'un person-nage du *Mahomet* de Voltaire). Sectaire fa-natique, aveuglément dévoué à un chef poli-tique ou religieux.

* **SEIGLE** s. m. [sè-gle]. Bot. Genre de graminées hordéacées comprenant cinq es-pèces de plantes dont l'une, le *seigle cultivé* (*secale cereale*), est une sorte de blé plus menu, plus long et plus brun que le froment : un *setier de seigle*. — Se dit aussi du seigle avec la paille : une *gerbe de seigle*. — ENCYCL. Le seigle est une céréale que l'on cultive beau-coup dans les climats tempérés. Son origine est incertaine. De Candolle pense que l'on doit considérer comme son pays natal la contrée qui s'étend entre les Alpes et la mer

Seigle cultivé (Secale cereale).

Noire. La paille de seigle a souvent plus de valeur que le grain; aussi en prend-on un grand soin à la moisson. On s'en sert pour la literie, pour faire des liens et des nattes de jardinage, pour rembourrer les colliers de cheval et pour d'autres usages. En vert, le seigle est un fourrage précieux. Son grain donne une farine avec laquelle on fait un pain sain et léger; bien que moins nourris-sant que le pain de froment, il fut en usage en beaucoup de localités. On sème quelque-fois deux ou trois parties de froment avec une de seigle : ce mélange, appelé méteil (bas lat. *mistellum*, de *mixtum*, mêler), donne un pain plus nourrissant que celui que four-nissent les froments de qualité inférieure. En Russie, on distille du seigle un alcool appelé *quass*; en Hollande, on l'emploie avec la drèche pour faire le genièvre ou gin, et en Angleterre et en Amérique on en fait du whisky.

SEIGNELAY [sè-nieu-lè; *gn* mll.], ch.-l. de cant., arr. et à 13 kil. N. d'Auxerre (Yonne); 1,300 hab. Ancien marquisat qui appartint à Colbert. (Voy. ce mot.)

* **SEIGNEUR** s. m. [sè-nieur; *gn* mll,] (lat. *senior*, vieillard). Maître, possesseur d'un pays, d'un État, d'une terre. Il est principa-lement d'usage en termes de jurisprudence féodale : *seigneur souverain*. — Titre qu'on donnait à quelques personnes distinguées par leur dignité ou par leur rang, pour leur faire plus d'honneur : *haut et puissant seigneur*. (Voy. MONSEIGNEUR.) — VIVRE EN SEIGNEUR, EN GRAND SEIGNEUR, vivre sans faire et magni-fiquement. — VÊTU, LOGÉ COMME UN SEIGNEUR, très bien vêtu, très bien logé. — C'EST UN PETIT SEIGNEUR, se dit d'un homme qui affecte de l'importance, et qui n'en a point. — Par excell. LE SEIGNEUR, Dieu; le NOTRE-SEIGNEUR, Jésus-Christ. — LE GRAND SEIGNEUR, l'empereur des Turcs, le sultan.

SEIGNEURESSE s. f. Féod. Femme possé-dant un fief.

* **SEIGNEURIAGE** s. m. Droit qu'un souve-rain prenait sur la fabrication des monnaies : *droit de seigneuriage*.

* **SEIGNEURIAL, ALE, AUX** adj. Qui appar-tient au seigneur : *titre seigneurial*. — MAISON

SEIGNEURIALE, maison affectée à l'habitation du seigneur du lieu. — Qui donne des droits de seigneur : *terre seigneuriale.*

SEIGNEURIALEMENT adv. D'une manière seigneuriale ; comme un seigneur.

* SEIGNEURIE s. f. Droit, puissance, autorité qu'un homme a sur la terre dont il est seigneur, et sur tout ce qui en relève : *cette seigneurie avait de beaux droits.* — Se dit quelquefois des mouvances, des droits féodaux d'une terre, indépendamment de la terre même : *il vendit sa terre, et il s'en réserva la seigneurie.* — Terre seigneuriale : *il acheta une belle seigneurie.* — En parlant de la république de Venise, se dit de l'assemblée de ceux qui avaient la principale part au gouvernement : *le doge accompagné de toute la seigneurie.* — Titre d'honneur qu'on a donné à des personnes investies de certaines dignités, et, entre autres, aux pairs de France sous la Restauration : *votre seigneurie.* — Se dit quelquefois par plaisanterie à des gens avec qui l'on est familier : *n'en déplaise à votre seigneurie.*

SEILHAC, ch.-l. de cant., arr. et à 15 kil. N.-O. de Tulle (Corrèze) ; 1,500 hab. Aux environs, ancien château fort de Pissevache.

* SEIME s. f. [sè-me] (lat. *segmen,* segment). Art vétér. Fente qui se fait au sabot du cheval, et qui s'étend quelquefois depuis la couronne jusqu'à la pince. — SEIME QUARTE, ou simpl. SEIME, celle qui affecte un des quartiers. — SEIME EN PIED DE BŒUF, celle qui partage le sabot par le milieu, et qu'on appelle autrement SOIE.

* SEIN s. m. [sain] (lat. *sinus*). Partie du corps humain où sont les mamelles, et qui forme l'extérieur de la poitrine : *il lui a plongé un poignard dans le sein.* IL CACHAIT UN POIGNARD DANS SON SEIN, c'est-à-dire, dans la partie de son vêtement qui lui couvrait le sein. — Se dit, particul., des mamelles des femmes : *cette femme a le sein découvert.* — Chacune des mamelles : *le sein droit, le sein gauche d'une femme.* — DONNER LE SEIN A UN ENFANT, lui donner à teter. — Partie où les femmes conçoivent, et où elles portent leur fruit : JÉSUS-CHRIST *fut conçu dans le sein de la Vierge.* — Ecrit. sainte. LE SEIN D'ABRAHAM, le lieu de repos où étaient les âmes des élus avant la venue de JÉSUS-CHRIST. — Théol. LE SEIN DE LA GLOIRE, le séjour des bienheureux. — Fig. LE SEIN DE L'ÉGLISE, la communion de l'Eglise catholique : *il est rentré dans le sein de l'Eglise.* On dit aussi, MOURIR DANS LE SEIN DE L'HÉRÉSIE. — Fig. LE SEIN DE LA TERRE, LE SEIN DE LA MER, ce qui est au-dessous de la surface de la terre, de la mer : *ouvrir le sein de la terre pour en tirer des métaux.* — Milieu : *il est né au sein de l'opulence, des grandeurs.*

Au faîte du bonheur on pousse des soupirs,
Et l'amertume naît dans le *sein* des plaisirs.

LONGEPIERRE, *Médée,* acte III, sc. II.

— Esprit ou cœur de l'homme : *il y a longtemps qu'il a conçu cette trahison dans son sein.* — PORTER QUELQU'UN DANS SON SEIN, le chérir tendrement. — S'est dit aussi d'un golfe principalement dans cette phrase, LE SEIN PERSIQUE. Il a vieilli : GOLFE est maintenant le seul terme en usage. — ENCYCL. Le sein de la femme peut être sujet à diverses affections : 1° *mamelon trop court* ; on ne fait former au moyen d'un bout de sein en caoutchouc ou d'une pompe, par la succion ; 2° *excoriations ou gerçures du mamelon* ; elles sont fréquentes chez les jeunes femmes qui ont la peau fine et qui allaitent pour la première fois. Ces gerçures causent de vives douleurs et peuvent être encore l'origine d'une inflammation du sein. On fait usage de pommade de concombre, de cold-cream, de beurre de cacao et surtout de taffetas-collodion alterné avec la poudre de lycopode et de

tannin. Si cela ne suffit pas, on cesse pendant quelques jours l'allaitement du côté malade ; 3° *eczéma du mamelon et de l'aréole* ; ce sont des croûtes particulières qui se forment autour du mamelon et qui laissent suinter un liquide prurique ; elles sont souvent produites par le frottement de la chemise. Le traitement est long et souvent infructueux ; on fait d'abord tomber les croûtes au moyen de cataplasmes de fécule, puis on badigeonne les surfaces excoriées avec une légère solution de sulfure de potasse (5 gr. pour 100 d'eau); on panse avec la pommade au calomel ou au goudron, ou on les cautérise avec l'azotate d'argent ; 4° *contusions de la mamelle.* On les combat, suivant la violence du coup et l'âge de la malade, par les sangsues et les résolutifs (voy. PLAIES CONTUSES) ; 5° *inflammation et abcès du sein.* Cette inflammation est plus ou moins profonde ; elle débute par du gonflement, de la dureté, de la douleur, par une coloration rosée de la peau qui devient brûlante et tendue. On cherche alors à en obtenir la résolution par des frictions fondantes suivies de cataplasmes émollients tièdes (farine de lin, fécule, miel). Si l'on ne peut prévenir l'accès, il faut de bonne heure l'ouvrir par une ponction à la partie la plus déclive. Le pus peut fuser dans toutes les directions et donner lieu à des abcès multiples ; 6° *engorgement laiteux simple.* C'est un gonflement dur et bosselé chez une femme qui allaite. On en favorise le dégorgement par la position, par une succion plus forte, en même temps qu'on emploie les cataplasmes émollients, les dérivatifs intestinaux et les pommades fondantes s'il passe à l'état chronique. — Quant aux engorgements cancéreux, voy. CANCER.

SEIN (Ile du) *Sena,* ile de l'Atlantique, vis-à-vis la baie de Douarnenez, à 4 kil. O. de la côte du Finistère ; par 48° 2' 39" lat. N. et 7° 12' 18" long. O ; 500 hab. Beau phare. C'était jadis un sanctuaire mystérieux des druidesses.

* SEINE s. f. [sè-ne]. Pêche. Sorte de filet qui a souvent un sac dans son milieu, et que l'on traine sur les grèves : *pêcher à la seine.*

SEINE, *Sequana,* l'un des grands fleuves de France; elle prend sa source au mont Tasselot, commune de Chanceaux (Côte-d'Or), à 445 m. au-dessus du niveau de la mer. D'abord petit ruisseau dont la pente générale est de 3 m. par kil. ; sa vitesse se grossit peu à peu, et sa pente n'est plus que de 15 centim. par kil. Elle traverse successivement les dép. de la Côte-d'Or, de l'Aube, de Seine-et-Marne, de Seine-et-Oise, et pénètre ensuite sur le territoire de celui de la Seine, aux environs de la petite ville de Choisy-le-Roi qu'elle baigne. Ses eaux, encore pures, ne tardent pas à entrer, un peu au-dessous de Charenton, dans la capitale, qu'elle sépare en deux villes distinctes. Elle s'y divise en deux bras et y forme plusieurs iles, aujourd'hui réunies en deux seulement : iles Saint-Louis et Cité. Elle reprend alors son cours en un seul lit, incline vers le N.-O., et sort, impure et troublée, de Paris ; elle revient vers le S.-E., limite le dép. et pénètre définitivement sur le territoire de celui de Seine-et-Oise, au-dessus de Chatou. Elle passe ensuite dans ceux de l'Eure et de la Seine-Inférieure, dans la Manche, entre le Havre et Honfleur. A vol d'oiseau, son cours est de 400 kil., mais ses méandres l'allongent jusqu'à 800 kil. Des canaux la font communiquer à la Loire, à la Saône, au Rhône, à l'Escaut à d'autres rivières. La Seine arrose : Châtillon-sur-Seine, Bar-sur-Seine, Troyes, Romilly-sur-Seine, Nogent-sur-Seine, Montereau, Melun, Corbeil, Paris, Saint-Denis, Saint-Germain, Poissy, Meulan, Mantes, Vernou, Pont-de-l'Arche, Elbeuf, Rouen, Caudebec, Lillebonne et Quil-

lebeuf. Ses principaux affluents sont : à droite, l'Ource, l'Aube, la Marne, l'Oise, l'Epte, l'Andelle: à gauche, l'Yonne, le Loing, l'Essonne, l'Yèvre, la Bièvre, l'Eure et la Risle.

SEINE, dép. de la région septentrionale de la France; doit son nom au fleuve qui la traverse; entièrement entouré par le dép. de Seine-et-Oise; formé d'une partie de l'ancienne Ile-de-France; 478 kil. carr. ; 2,800,000 hab. Ch.-l. Paris; 3 arr. 28 cant. et 73 communes. Diocèse de Paris, siège d'un archevêque. — Ch.-l. d'arr. : Sceaux et Saint-Denis. (Voir. PARIS.)

SEINE-ET-MARNE, dép. de la région septentrionale de la France; doit son nom aux deux principaux cours d'eau qui la traversent; situé entre les dép. de l'Oise, de l'Aisne, de la Marne, de l'Aube, de l'Yonne, du Loiret et de Seine-et-Oise; formé d'une partie de la Brie et du Gâtinais; 5,736 kil. carr.; 349,000 hab. Le sol de ce dép. est fertile; céréales, plantes oléagineuses, légumes, vins ordinaires; vastes forêts (Fontainebleau, Crécy, Valence). Tissus, toiles, cotons. Fromages de Brie très estimés. Territoire peu élevé; le point culminant du dép. se trouve sur les hauteurs qui dominent Coulommiers (150 m.). Princip. cours d'eau : la Seine, la Marne, l'Yonne, l'Ourcq, le Loing et le Grand-Morin. — Ch.-l. Melun; 5 arr. ; 29 cant. ; 529 comm. Evêché à Meaux, suffragant de Paris. — Ch.-l. académique et universitaire à Paris. — Ch.-l. d'arr. : Melun, Coulommiers, Fontainebleau, Meaux et Provins.

SEINE-ET-OISE, dép. de la région septentrionale de la France; doit son nom aux deux principaux cours d'eau qui l'arrosent; situé entre les dép. de l'Oise, de la Marne, du Loiret, de l'Eure et d'Eure-et-Loir; formé d'une partie de l'Ile-de-France; 5,603 kil. carr.; 577,800 hab. Sol montueux (point culminant, coteau de Montmorency, 174 m.); céréales, vins médiocres. Légumes, fruits. Filatures, briqueteries, bonneleries, savonneries, pierres meulières et lithographiques. Princip. cours d'eau : la Seine, l'Essonne, la Marne et l'Oise. — Ch.-l. Versailles; 6 arr. ; 36 cant. ; 684 comm. Evêché à Versailles, suffragant de Paris. Les tribunaux sont du ressort de la cour d'appel de Paris et les établissements d'instruction publique relèvent de l'académie de Paris. — Ch.-l. d'arr. : Versailles, Corbeil, Etampes, Mantes, Pontoise et Rambouillet.

SEINE-INFÉRIEURE, dép. maritime de la région N.-O. de la France; doit son nom à sa position sur le cours inférieur de la Seine; formé d'une partie de la haute Normandie; situé entre les dép. de la Somme, de l'Oise, de l'Eure et la mer de la Manche; 6,035 kil. carr.; 814,065 hab. Sol peu montagneux, fertile et bien cultivé. (Point culminant, Conteville, 247 m.). Céréales, légumes, colza, pommes à cidre; riches prairies; élève de chevaux, moutons, etc. Lainages, toiles, cotonnades, rouenneries. Industrie considérable. Ports principaux : le Havre, Rouen, Dieppe et Fécamp. — Ch.-l., Rouen; 6 arr. ; 50 cant.; 759 comm. Archevêché à Rouen; cour d'appel à Rouen; les établissements d'instruction publique relèvent de l'académie de Caen. — Ch.-l. d'arr. : Rouen, Dieppe, le Havre, Neufchâtel et Yvetot.

SEINE (Saint-), ch.-l. de cant., arr. et à 26 kil. N.-O. de Dijon (Côte-d'Or) ; 600 hab.

* SEING [sain] (lat. *signum*). Le nom de quelqu'un écrit par lui-même au bas d'une lettre, d'une promesse, d'un contrat, ou autre acte, pour le certifier, pour le confirmer, pour le rendre valable : *mettez-là votre seing.* — SEING PRIVÉ, signature d'un acte qui n'a point été reçu par un officier public : *une promesse sous seing privé.* — BLANC-SEING, papier ou parchemin signé, que l'on écrira à

quelqu'un pour le remplir à sa volonté : *ils ont donné leurs blancs-seings aux arbitres.*

SEISMOGRAPHE s. m. (gr. *seismos*, secousse; *graphô*, je décris). Phys. Appareil qui sert à analyser et à mesurer les mouvements du sol. Le seismographe dont Bouquet de la Grye a fait la description à l'Académie des sciences en 1884, se compose de deux parties : un peudule et une balance multiplicatrice. Le pendule est formé d'un boulet suspendu à un fil d'acier porté par une équerre fixée dans un mur épais. Au bas du boulet est vissée une pièce en cuivre dans laquelle glisse à frottement doux, une tige en acier poli, dont la longueur est réglée au moyen d'une vis de serrage. La balance a son couteau remplacé par une pointe d'acier reposant sur une cornaline insérée dans une équerre fixée au mur. Quatre poids compensateurs, vissés sur les branches supérieures, servent à faire coïncider le centre de gravité de la balance avec la pointe sur laquelle elle repose. — Le contact entre la tige portée par le boulet et la balance se fait en engageant la tige d'acier dans une ouverture triangulaire formée de deux parties taillées en biseau, et dont l'une est mobile. La tige placée dans cette ouverture est maintenue par la pression d'un ressort. Quand le boulet se meut, ses mouvements se trouvent amplifiés, dans le rapport des longueurs des bras du levier, à l'extrémité de la tige verticale de la balance. On arrive ainsi à multiplier les déviations dans une très forte proportion. L'instrument, qui a été construit sur les dessins de M. Bouquet de la Grye par M. Demichel, est d'une très grande délicatesse : le pendule installé à Puebla avait une longueur de 3 m. 60, la balance multipliait cette longueur par 55 m. 5. Un papier quadrillé venait affleurer la pointe de l'aiguille. Cet appareil permettait de constater les mouvements du pendule dus à l'influence solaire, pendant les 24 heures, ainsi que les mouvements dus à l'influence de la lune. Mais nous nous attacherons surtout ici ce moment aux mouvements anormaux du pendule; en 29 jours, ces mouvements ont rendu apparentes 22 oscillations du sol; et, en les analysant, M. Bouquet de la Grye a conclu que la moyenne des mouvements se fait dans la direction du N.-E. au S.-E., direction qui est celle de la chaîne du volcan de Popocatepetl. Pendant la durée des observations, les habitants de Puebla n'ont ressenti qu'une seule secousse de tremblement de terre. On voit donc que l'instrument de M. Bouquet de la Grye est assez délicat pour révéler des mouvements du sol qui échappent à nos sens. Dans certaines régions, de tels mouvements sont presque continuels; l'enveloppe de la terre n'a point de stabilité absolue, elle jouit d'une sorte d'élasticité qui est sans cesse mise en jeu. Un long pendule, semblable à celui que nous venons de décrire, observé d'une manière continue dans un observatoire, fournirait peut-être d'utiles notions sur le mouvement de la croûte terrestre et sur le phénomène des marées.

SEISMOGRAPHIE s. f. [s4lss-mo-gra-fî]. (gr. *seismos*, secousse; *graphô*, je décris). Phys. Étude des mouvements du sol, à l'aide d'appareils spéciaux. On connaît aujourd'hui l'étroite connexité des mouvements du sol avec les phénomènes volcaniques, et, comme on cherche à prévoir les tempêtes par l'observation quotidienne des courants atmosphériques, on cherche, dans les pays de nature volcanique, à prévoir les convulsions qui, si fréquemment, y apportent la ruine et la mort. Une fois qu'on s'est mis à étudier scientifiquement les mouvements du sol, on est arrivé à des résultats extrêmement intéressants. La seismographie est devenue une science organisée, ayant ses méthodes et ses instruments propres : il y a des observatoires seismogra-

phiques dans les colonies néerlandaises et au Japon. On est étonné, quand on étudie les observations, de voir comment des mouvements très faibles produisent des effets puissants. Un tremblement de terre agita, par exemple, en 1880, la ville de Yokohama et y secoua nombre de bâtiments. On constata pourtant que la distance maximum de l'écartement des points terrestres superficiels, dans cette circonstance, ne dépassa nulle part 3 centim. L'importance d'un tremblement de terre ne dépend pas seulement de cet élément, de la course dans le sens vertical des points de la surface terrestre, de l'étendue du déplacement; il dépend aussi d'un second élément, qui est la vitesse de ce déplacement. La vitesse, on le comprend, a une influence considérable dans la force vive qui se trouve dépensée, puisqu'elle entre pour son carré. Quelquefois, en Japon, notamment à Tokio, il y a des tremblements de terre qui durent de 30 à 40 secondes et qui sont à peine remarqués parce que le mouvement de soulèvement ou de déplacement pendant ces 30 à 40 secondes se fait avec une extrême lenteur. D'autre part, il arrive que le sol ne bouge pas d'un demi-centimètre, mais d'une façon si soudaine que tout est ébranlé. On a quelquefois songé à mesurer la force des tremblements de terre par la distance à laquelle certains corps se trouvent rejetés; mais on doit comprendre combien une telle mesure est difficile; il y a dans le mouvement d'une certaine étendue de la masse terrestre une force vive, qui se dissipe dans les chocs, des ruptures, des projections extrêmement variables. Souvent on ne sent pas dans les profondeurs des mines les mouvements de la surface; la force vive, dans ce cas, se perd, comme l'électricité, par les pointes, dans les édifices les plus élevés, et dans les parties les plus élevées de ces édifices. Dans le dernier tremblement du comté de Sussex, on sentit fort peu de chose à Londres, au sommet de cette grosse tour de Westminster qui marque l'heure pour une partie de Londres et qui domine les Chambres du Parlement. L'étude de la seismographie, il faut bien le dire, est encore fort peu avancée; mais croyons-nous devoir signaler un travail fait par M. Bouquet de la Grye, pendant le séjour de la mission du passage de Vénus au fort Loreti, à Puebla. M. Bouquet de la Grye a installé pendant son séjour un seismographe multiplicateur dont il a récemment fait la description à l'Académie des sciences. (Voy. SEISMOGRAPHE.)

SEISMOLOGIE s. f. (gr. *seismos*, secousse; *logos*, discours). Traité sur les tremblements de terre.

SEISMOMÈTRE s. m. (gr. *seismos*, secousse; *metron*, mesure). Phys. Appareil qui sert à mesurer les mouvements du sol.

SEISTAN [sess-tann°] (anc. *Sacastane*, pays des *Sacæ*), province du S.-O. de l'Afghanistan, dont une partie est comprise dans la Perse, entre 30° et 32° lat. N. et entre 59° et 64° long. E., dans le bassin inférieur du Helmund. Elle contient le lac de Seistan, ou Hamoon, qui reçoit le Helmund et plusieurs autres cours d'eau. Le Seistan propre, qui appartient en grande partie à la Perse, est une plaine d'alluvion fertile et bien arrosée, à l'O. du Helmund ; 2,400 kil. carr.; 46,000 hab. environ, dont 20,000 sont indigènes et présentent le type le plus pur des Persans aryens. Cap., Sekuha. On y rencontre à chaque pas des traces d'une civilisation avancée, qui a duré longtemps.

* **SEIZE** adj. num. [sé-ze] (lat. *sexdecim*). Nombre formé de dix et de six : *seize personnes.* — Généal. FAIRE PREUVE DE SEIZE QUARTIERS DE NOBLESSE, prouver sa noblesse tant du côté des pères que du côté des mères, en

remontant jusqu'à la quatrième génération. — Seizième. *Louis seize.* On écrit ordinairement, *Louis XVI.* — s. m. *Le produit de seize multiplié par deux.* — LE SEIZE DU MOIS, le seizième jour du mois. — LES SEIZE, nom donné aux seize principaux factieux qui ont joué un grand rôle du temps de la Ligue : *la faction des Seize.* — LE SEIZE MAI. (Voy. *France.*)

* **SEIZIÈME** adj. Qui suit immédiatement le quinzième : *il n'est que le seizième sur la liste.* — LA SEIZIÈME PARTIE, chaque partie d'un tout qui est une de seize parties, d'un seize parties. — s. m. Le seizième jour d'une période, ou la seizième partie d'un tout : *il n'est dans cette affaire que pour un seizième.*

* **SEIZIÈMEMENT** adv. En seizième lieu.

SÉJAN (Lucius-Ælius, SEJANUS), conspirateur romain, mort en 31 ap. J.-C. Sous Tibère, il devint commandant de la garde prétorienne, et, sa popularité croissant sans cesse, il aspira à la pourpre impériale. En 26, il persuada à Tibère de demeurer dans l'île de Caprée et de s'adonner à tous les plaisirs des sens, en se déchargeant sur lui du fardeau du pouvoir. Cela dura près de cinq ans; il était sur le point de précipiter l'exécution complète de son plan, lorsque Tibère, ayant conçu des soupçons, le fit mettre à mort.

* **SÉJOUR** s. m. Demeure, résidence plus ou moins longue dans un lieu, dans un pays : *il a fait un long séjour dans ce pays-là.* — Se dit quelquefois, par anal., en parlant des eaux qui restent plus ou moins longtemps en quelque endroit; du sang, des humeurs dont la circulation est arrêtée, etc. : *le séjour des eaux dans un terrain.* — Repos que l'on prend en voyage : *dans les longs voyages, on est obligé de faire quelque séjour de temps en temps.* — Temps qu'un bâtiment de guerre passe en relâche : *le séjour de cette frégate, dans tel port, a été d'une semaine, d'un mois,* etc. — Lieu considéré par rapport à l'habitation, la demeure qu'on y fait ou qu'on y peut faire : *un séjour champêtre.* — Poétiq., LE SÉJOUR DES DIEUX, LE CÉLESTE SÉJOUR, LE SÉJOUR DU TONNERRE, le ciel. — LE SÉJOUR INFERNAL, les enfers. — L'HUMIDE SÉJOUR, la mer, l'onde, etc.

SÉJOUR (Victor), auteur dramatique français, né à Paris en 1816, mort le 20 sept. 1874. Parmi ses drames, on a *Richard III* (1852), *Les Noces vénitiennes* (1855), *André Gérard,* écrit pour les soirées d'adieu de Frédérick Lemaître (1857) et *les Fils de Charles-Quint* (1864).

* **SÉJOURNÉ, ÉE** adj. Reposé, qui a pris du repos : *gras et séjourné.* (Vieux.)

* **SÉJOURNER** v. n. Demeurer quelque temps dans un lieu, ou s'y arrêter, s'y reposer lorsqu'on est en voyage : *il est allé à Paris, où il doit séjourner cinq ou six mois.* — Se dit, fig., d'une masse d'eau qui reste plus ou moins longtemps dans un endroit, et, en général, d'un liquide stagnant : *les eaux de la mer ont séjourné longtemps sur cette partie de la terre.*

* **SEL** s. m. [sèl] (lat. *sal*). Substance plus ou moins dure, sèche, friable, soluble dans l'eau, et composée de petites parties qui agissent sur l'organe du goût. Se dit, dans l'usage ordinaire, du sel qui se trouve mêlé avec l'eau de la mer, et qui reste après l'évaporation, ou qui se rencontre dans de certaines terres, et dont on se sert surtout pour assaisonner les aliments : *sel gris; sel blanc.* — FAUX SEL, SEL DE CONTREBANDE, sel qui, dans les provinces où la gabelle était établie, n'avait point été pris dans les greniers du roi : *il fut puni pour avoir vendu, pour avoir acheté de faux sel.* — VIANDE AU GROS SEL, sel dit de la viande servie dans son bouillon, et qu'on a parsemée de gros sel : *chapon au gros sel.* — PROV. ILS NE MANGERONT POINT UN MINOT DE SEL ENSEMBLE, ils seront bientôt brouillés. —

Fig. Ce qu'il y a de fin, de vif, de piquant dans les discours, dans les ouvrages d'esprit : *il y a du sel dans cet ouvrage.* — SEL ATTIQUE, manière fine et délicate de penser et de s'exprimer qui était ordinaire aux Athéniens et à leurs écrivains. On applique souvent cette expression aux auteurs des autres nations qui ont écrit dans le même goût. — ENCYCL. Le sel commun, appelé aussi sel gris, sel marin ou simplement sel, reçoit des savants le nom de chlorure de soude et quelquefois celui de muriate de soude. On peut l'obtenir en brûlant du sodium dans du chlore à l'état gazeux, ou en neutralisant l'acide hydrochlorique avec du carbonate de soude et en faisant évaporer. Il se trouve abondamment dans la nature, soit à l'état solide sous forme de sel gemme, soit en solution dans l'eau, comme dans les sources et les lacs salés; il est aussi contenu en petite quantité dans l'eau de rivière. Les eaux libres de l'Océan renferment en moyenne ¹⁄₃₂ de sels, dont 26,8 de sel commun; soit environ 32 gr. par litre. Les eaux des mers intérieures, comme le golfe du Mexique ou la Méditerranée en contiennent davantage. — Le sel cristallise en cristaux incolores, transparents, anhydres, appartenant au système isométrique; il a un clivage parfaitement cubique qui se manifeste même dans les grosses masses de sel gemme, dont les parties sont cependant fréquemment massives et granuleuses, et rarement fibreuses ou en forme de colonnes. Le poids spécifique du sel varie de 2,4 à 2,257; par la dureté, il tient le milieu entre le gypse et le spath calcaire. Il est d'une grande transparence, et même translucide, et sa couleur varie du blanc au jaunâtre, au rougeâtre, au bleuâtre, ou au purpurin. C'est de toutes les substances la plus parfaitement diathermane ou perméable à la chaleur de n'importe quel degré de réfrangibilité. A 0° C. 100 parties d'eau dissolvent 35,32 parties de sel pur; et à 110° C., point d'ébullition d'une solution saturée, elles n'en dissolvent que 40,35. Cette solubilité, presque uniforme à toutes les températures, permet de la séparer d'un grand nombre de sels étrangers avec lesquels il se trouve dans l'eau de mer et dans les salines. Les points de congélation et d'ébullition des solutions s'élèvent avec le degré de concentration. Le sel fond à la chaleur rouge, et se volatilise à une température plus haute. On met à profit cette propriété de se volatiliser pour vernir au sel la faïence et la poterie commune. (Voy. POTERIE.) Le sel est un composé d'un atome de chlore combiné avec un atome de sodium ; son symbole chimique est Na Cl; son poids moléculaire, 58,5. On ne l'obtient presque jamais pur. Dans le sel gemme, les impuretés principales sont surtout du sulfate de chaux, de l'oxyde de fer et de l'argile; dans le sel marin, les sels de magnésie et un peu de sulfate de chaux. Le sel gemme le plus pur est le meilleur de tous; ensuite vient le sel marin, puis le sel de qualité ordinaire qu'on extrait des salines. 3 p. 100 de matières étrangères rendent le sel impropre aux usages domestiques, surtout si ces matières sont des chlorures de calcium ou même de magnésium. On rencontre des couches de sel gemme et des sources salées des formations géologiques de presque toutes les périodes. Le minéral le plus invariablement associé au sel est le gypse ou sulfate de chaux hydraté. — Géographiquement le sel se rencontre à peu près partout. A l'exception de la Norvège, du Danemark et de la Hollande, toutes les contrées de l'Europe peuvent se fournir dans une certaine mesure de sel tiré de leur propre fonds. Les principales mines de sel gemme sont celles de Wieliczka en Galicie; de Hall dans le Tyrol, des montagnes d'Aussee en Styrie; d'Ebensee, d'Ischl, et de Hallstadt dans la haute Autriche; de Hallein, dans le

Salzburg; de Reichenhall en Bavière; du comté de Marmaros en Hongrie; de Transylvanie, de Moldavie et de Valachie; de Vic et de Dieuze, en Lorraine; de Bex en Suisse; de la vallée de Cardona en Espagne; des environs de Northwich, dans le Cheshire, en Angleterre; de Carrickfergus, en Irlande; et du gouvernement de Perm, en Russie; du Jura, de la Haute-Saône, de l'Ariège et des Basses-Pyrénées, en France Les principales sources salines se trouvent dans le Cheshire, le Worcestershire et le Stafferdshire, en Angleterre; dans le Würtemberg et la Saxe prussienne; dans l'Italie méridionale; à Salins, à Montmorot (Jura), à Arc (Doubs), et Saulnot (Haute-Saône). La Russie est à peu près le seul pays qui tire de grandes quantités de sel des lacs salés. La France, l'Espagne, le Portugal, l'Italie et un certain nombre d'îles de la Méditerranée sont les pays où on produit le plus de sel marin. Les mêmes pays avec l'Angleterre et l'Autriche sont ceux qui exportent le plus de sel. Les mines de sel de Wieliczka, à 11 kil. S.-E. de Cracovie, s'étendent sur une longueur d'environ 3 kil. et sur une largeur de près de 2 kil., avec une profondeur d'environ 1,000 pieds. Elles donnent annuellement environ 1,250,000 à 1,500,000 tonnes. L'Angleterre est aujourd'hui le pays qui produit le plus de sel; Northwich et Winsford, dans le Cheshire, sur le Weaver, fournissent les six septièmes de la production totale. Le sel du Cheshire est connu dans le commerce sous le nom de sel de Liverpool. On a calculé, en 1824, que le rendement de toutes les mines et de toutes les sources de l'Europe était de 1,250,000 à 1,500,000 tonnes. Aujourd'hui, il est probablement de 5 millions. — En Asie, le sel n'est pas moins abondant qu'en Europe. Il y a, en Sibérie et en Tartarie, des plaines entières couvertes d'incrustations salines. On a, dès les anciens temps, exploité des mines de sel gemme considérables à Nakhitchevan, en Arménie. Ce sel se trouve en quantité en Perse, où il y a aussi de nombreux lacs salés sans issue. Le lac Urumiah, long de 135 kil. sur 30 à 50 kil. de large, est d'une salure très forte, la proportion de sel pur étant de 18-116, et celle des autres sels de 2-434. Les puits salins de la Chine sont remarquables par leur multitude et leur grande profondeur. L'Afrique contient de grandes étendues de terrains salés, et des couches de sel gemme dans le Sahara, surtout dans les régions du N. et du N.O. Le trafic du sel avec le Soudan est une ressource pour une grande partie de la population du désert. On y rencontre aussi des lacs salés, ainsi qu'en Abyssinie. Ce sel est peut-être l'article le plus important du commerce de l'afrique centrale. — Dans l'Amérique du Sud on trouve le sel gemme au Brésil, au Pérou, dans la Colombie et dans le Vénézuéla; dans les pampas du sud et les hautes plaines du Pérou, il se présente sous la forme d'incrustations. La Patagonie et la république Argentine contiennent des lacs salés très productifs; dans la Colombie on extrait le sel des sources; au Brésil, des lagunes de la côte. Dans les hautes plaines de Tarapaca, et surtout autour d'Iquique (Pérou), existent des couches de sel de diverse nature qui sont parmi les plus remarquables du monde. Les îles hollandaises de Curaçao et de Buen Ayre, au N. de Vénézuéla, produisent annuellement par l'évaporation plusieurs centaines de mille de barils de sel de la plus fine qualité. Un grand nombre des Antilles en donnent aussi, particulièrement les Bahamas du sud, Cuba, Porto-Rico, Saint-Martin et Saint-Christophe. L'île du Turc, au S.-E. des Bahamas, était autrefois la source principale d'où les Etats-Unis tiraient leur sel. Dans le Mexique, l'état d'Oajaca a des salines très riches qui s'étendent sur 30 à 40 lieues du Pacifique, et qui fournissent à la consomma-

tion de tout le pays. Dans l'Amérique anglaise, la Nouvelle-Ecosse, le Nouveau-Brunswick, l'île du Cap-Breton, Terre-Neuve et les îles Chaudières contiennent des sources salées. A Goderich, sur le lac Huron, il y a des puits très productifs. — *Fabrication du sel.* La séparation du sel des eaux de saline ou de l'eau de mer se fait de trois manières : 1° par l'évaporation au soleil dans des réservoirs peu profond. Cette méthode est surtout employée pour l'eau de mer dans les régions méridionales des pays tempérées, ou sous les tropiques; 2° par la chaleur artificielle, soit dans des bassins très longs et peu profonds comme dans le Cheshire; soit dans des chaudières comme aux salines d'Ouardaga (New-York); 3° en soumettant l'eau de mer à un froid intense par lequel la glace se forme presque pure, laissant une eau-mère concentrée que l'on traite ensuite par l'un des deux premiers procédés. Cette méthode est pratiquée dans l'Europe septentrionale. La qualité du sel, spécialement sa finesse, dépend moins de la nature de l'eau-mère que du soin et de la rapidité avec lesquels s'effectue l'évaporation. — *Usages et statistique.* D'énormes quantités de sel sont nécessaires pour conserver les viandes et le poisson; pour les besoins de l'agriculture, la nourriture des bestiaux, l'industrie, et particulièrement pour la fabrication de la soude. On l'emploie comme remède dans la dyspepsie; une cuillerée de sel sec arrête quelquefois l'hémorragie pulmonaire. A petites doses, il agit comme stimulant tonique; à doses plus élevées, comme purgatif et émétique. On s'en est aussi servi avec de bons résultats dans la fièvre intermittente. A l'état de santé, c'est un stimulant nécessaire qui passe rapidement dans le sang et s'échappe par les urines. Son excès amène la pléthore avec accroissement dans le poids et le volume du corps. On l'applique quelquefois en fomentation dans les foulures et les meurtrissures. Les bains d'eau salée, naturelle ou artificielle, sont considérés comme stimulants et toniques. — Législ. « Nous avons déjà parlé du monopole odieux dont le sel a été l'objet sous l'ancien régime. (Voy. GABELLE.) On payait le sel environ vingt-cinq fois sa valeur réelle; car les fermiers de la gabelle percevaient, en sus du prix d'achat, plus de cent vingt millions de livres dont la moitié à peine était versée au trésor royal. Selon Mercier (*Tableau de Paris*, 1780), « le sel que l'on vendait au peuple était « non seulement falsifié dans son origine; « mais, de plus, il était rempli de mille or- « dures qui en composaient presque la moi- « tié ». Le sel fut exempt de tout impôt depuis l'abolition de la gabelle (L. 21-30 mars 1790) jusqu'à la loi du 24 avril 1806 qui établit sur cette denrée une taxe de consommation de deux décimes par kilogramme. Ce droit fut élevé à quatre décimes en 1813, puis abaissé à trois décimes en 1816. Un décret du gouvernement provisoire du 16 avril 1848 abolit entièrement l'impôt sur le sel; mais la loi du 28 décembre suivant rétablit de nouveau une taxe de consommation fixée à 10 fr. par 100 kilogr. ; c'est le droit qui est encore aujourd'hui en vigueur. Les deux décimes et demi qui avaient été ajoutés à la taxe par la loi du 1er juillet 1875 ont été supprimés par celle du 26 décembre 1876. Sont délivrés en franchise, savoir : les sels destinés à l'amendement des terres, à la nourriture des bestiaux, à la tannerie, à la fabrication de la poterie, des limes, etc., sous la condition que ces sels soient dénaturés par un mélange préalable à l'enlèvement. La dénaturation des sels destinés à l'amendement des terres peut s'opérer par le mélange de 1,000 kilog. de sel en petits cristaux ou pulvérisé avec 250 kilog. de chaux éteinte, en poudre (L. 17 juin 1840, art. 12 et 13; Décr 8 nov. 1869; Décr. 25

mai 1882); 2° les sels destinés à la fabrication de la soude, sous la condition de la surveillance des fabriques (L. 2 juillet 1862; Déc. 13-18 décembre 1862); 3° les sels destinés à la salaison des poissons de mer, sous les conditions prescrites par les règlements (L. 47 juin 1840, art. 12; Décr. 23 et 28 juill. 1883). Les marais-salants et les fabriques de sel sont soumis à la surveillance des agents de l'administration, afin que la perception de l'impôt soit assurée. Les mines de sel et les sources d'eau salée ne peuvent être exploitées qu'en vertu d'une concession accordée par un décret délibéré en conseil d'État. Les sels sont soumis à l'impôt au moment de la déclaration de l'enlèvement, sauf lorsqu'ils sont transportés par mer ou admis à l'entrepôt. Il est accordé, à titre de déchet, une remise de droits qui varie selon les lieux de production et qui ne peut dépasser 5 p. 100. Dans un rayon de 15 kilom. des côtes de France et des mines ou fabriques de sel, les sels ne peuvent circuler sans être accompagnés d'un congé ou d'un acquit à caution; et tout dépôt de plus de 50 kilog. de sel trouvé dans ce rayon peut être saisi. Les infractions aux dispositions de la loi ou des règlements concernant l'impôt sur le sel sont punies, les unes d'une amende de 100 fr. et de la confiscation des objets saisis, les autres d'une amende de 500 à 5,000 fr. — Les sels de provenance étrangère qui sont importés en France doivent acquitter, en outre de la taxe de consommation, un droit de douane qui est de 4 fr. par 100 kilog. pour les sels raffinés blancs, et de 3 fr. pour les autres. Ce droit de douane est réduit à 74 cent. pour les sels introduits par les frontières de l'Est ou du Midi de la France. On voit, par cette différence de droit, que le législateur a voulu surtout protéger contre l'importation les marais salants des côtes de l'Océan, parce que leur production est plus coûteuse. Le produit annuel de la taxe de consommation sur les sels dépasse 34 millions. »   (Ch. Y.)

SEL. Chim. Toute substance sapide ou non, formée par la combinaison d'un acide avec une base, laquelle est le plus souvent un oxyde métallique : *on divise les sels en sels acides, sels alcalins ou alcalis, et sels neutres.* — SEL ESSENTIEL, sel qui se trouve tout formé dans les végétaux, et qu'on en tire par l'évaporation de leur jus ou de leur décoction : *le sel essentiel d'oseille.* — RESPIRER DES SELS, respirer l'odeur d'un sel volatil pour ranimer ses esprits : *elle était près de s'évanouir, on lui fit respirer des sels.* — ENCYCL. Dans l'état actuel de la chimie, on ne peut donner une définition exacte du terme sel. Les anciens chimistes regardaient les sels comme le produit de l'« union » d'un acide avec une base, par exemple l'acide nitrique (N O⁵) (nous nous servons de la vieille notation aussi bien que des poids atomiques) s'unit à la potasse (K O) pour former du nitrate de potasse (K O, N O⁵). Cette définition est encore souvent adoptée, mais, d'après la théorie moderne, elle n'est pas rigoureusement exacte. Dire qu'un sel est produit par l'« action » d'un acide sur une base est exact, mais incomplet; car il se forme quelquefois des sels par l'union directe de deux éléments dont ni l'un ni l'autre n'est ni un acide ni une base. Par le terme base, on entend un corps composé de deux ou plusieurs éléments (les bases inorganiques n'en ont ordinairement que deux); c'est le plus souvent un oxyde de métal, capable d'opérer une double décomposition avec un acide, pendant laquelle l'échange des éléments forme de l'eau et un sel, comme lorsque l'oxyde d'argent et l'acide nitrique (Ag²O + 2H N O³ = 2Ag N O³ + H² O), et que l'oxygène de l'oxyde d'argent s'unit à l'hydrogène de l'acide nitrique pour former

de l'eau, tandis que l'argent métallique basique s'unit au radical (N O³) pour former du nitrate d'argent. — Il y a trois variétés de sels qui dépendent des proportions relatives du radical au basique ou, en termes ordinaires, de l'acide à la base. On les appelle sels neutres ou normaux, sels acides, et sels basiques ou sous-sels : 1° *sels neutres.* On dit communément qu'un sel est neutre lorsque les caractéristiques de l'acide et de la base se sont neutralisés les uns les autres; on admet généralement que cette condition existe lorsque le sel n'a les effets ni des acides ni des alcalins sur certaines couleurs végétales. Mais il y a quelques sels qui sont regardés comme neutres à cause de leur composition, ou, pour employer un terme plus approprié, comme normaux et qui cependant ont la propriété de rougir les bleus végétaux, et *vice versâ.* Il y a quelques acides (on les regarde aujourd'hui comme des sels d'hydrogène) qui ne contiennent qu'un atome d'hydrogène lequel peut être déplacé par un atome d'un métal monadique. Ces acides sont dits monobasiques, et parmi eux, se trouvent l'acide hydrochlorique H Cl, l'acide nitrite H N O³, et l'acide acétique H C² H³ O². Lorsque ces acides s'unissent à des bases, ils ne peuvent former que des sels monobasiques, c'est-à-dire contenant un seul atome de base. D'autres acides contiennent deux atomes d'hydrogène, qui peuvent être déplacés par deux atomes d'un métal monadique ou par un atome d'une dyade; on les appelle tribasiques, tel que l'acide phosphorique H³ P O⁴, et l'acide citrique H³ C⁶ H³ O⁷. Les acides et les sels qui contiennent plus d'un équivalent de basique sont dits polybasiques. En général, lorsque tous les atomes de l'hydrogène basique de l'acide sont, dans la formation du sel, remplacés par un nombre équivalent d'atomes du basique métallique, le sel ainsi formé sera normal, ou, pour employer le langage ordinaire, neutre; 2° *sels acides.* Lorsque les atomes de l'hydrogène basique ne sont remplacés que partiellement par une base métallique, le sel ainsi formé un sel acide; 3° *sels basiques.* Ce sont ceux qui contiennent un plus grand nombre d'atomes de métal basique qu'il n'y avait d'atomes d'hydrogène basique dans l'acide. Il n'y a que certains acides et certaines bases qui aient de la tendance à la formation des sels basiques. Les monades basiques ne forment pas de sels basiques; 4° *sels polybasiques.* En considérant les acides et les sels polybasiques, on a vu qu'un des atomes d'hydrogène basique d'un acide bibasique peut être remplacé par un atome d'un métal basique monadique. Un sel acide semblable peut être regardé comme un véritable double sel d'un métal et d'hydrogène. Mais on peut former un double sel normal, en remplaçant une moitié de l'hydrogène basique par un métal monadique, et l'autre moitié par un autre métal monadique. Un exemple de ces doubles sels est le sel de la Rochelle (tartrate de potasse et de soude), K Na C⁴ H⁴ O⁶ + 4 Aq.

SEL (Le), ch.-l. de cant., arr. et à 50 kil. N.-E. de Redon (Ille-et-Vilaine); 900 hab.

SÉLACIEN, IENNE adj. (gr. *selachos*, poisson cartilagineux). Icht. Synon. de Chondropterygien. — s. m. pl. Nom appliqué, depuis Aristote jusqu'à nos jours, aux familles de poissons cartilagineux à branchies fixes, tels que les raies et les roquins. (Voy. PLAGIOSTOMES et CHONDROPTÉRYGIENS.)

* SÉLAM ou Sélan s. m. [sé-lamm] (ar *salam*, salut). Bouquet de fleurs dont l'arrangement est une sorte d'écriture, de langage muet : *chez les Orientaux, les amants se servent de sélams pour correspondre ensemble.*

SELDJOUCIDES, tribu turco-tartare, habitant, à l'origine, la plaine qui s'étend au N. de la Caspienne. Ils tiennent leur nom de Seldjouk, un de leurs chefs, sous lequel, au x° siècle, ils s'établirent dans le Boukhara et embrassèrent le mahométisme. Le petit-fils de Seldjouk, Togrul Beg, conquit le Khorassan et d'autres provinces persanes, et, en 1055, il se rendit maître de Bagdad, en se donnant comme le serviteur du caliphe, mais exerçant en réalité le souverain pouvoir, sous le titre d'*emir el-omra,* ou « commandeur des croyants ». Il eut pour successeur en 1063 son neveu, Alp Arslan. (Voy. ALP ARSLAN.) Le fils d'Alp, Malek Shah, étendit ses États des frontières de la Chine jusqu'aux environs de Constantinople. Sa mort en 1092, peu de temps avant la première croisade, fut suivie d'une série de guerres civiles qui aboutirent à la division de l'empire entre les quatre branches de la famille impériale, dont la principale régna en Perse, et les autres à Kerman, à Damas et à Iconium. Le sultanat d'Iconium ou de Roum (Romains) survécut aux autres, et dura jusqu'à la fin du XIII° siècle, où les Seldjoucides furent remplacés par les Ottomans. Dans ce siècle, les sultans seldjoucides étaient devenus tributaires des empereurs mongols.

SÉLECTIF, IVE adj. (lat. *selectus*, choisi). Qui a rapport à la sélection.

* SÉLECTION s. f. Action de choisir. — Écon. rur. Choix bien entendu de reproducteurs doués des caractères que l'éleveur désire fixer dans une espèce animale. — Zool. SÉLECTION NATURELLE, prédominance d'une espèce qui est en rapport complet avec le milieu où elle est, sur d'autres espèces, qui sont moins bien adaptées à ce milieu. Cette expression peut s'appliquer aussi au règne végétal.

SÉLÉNÉ. Voy. LUNE.

SÉLÉNIATE s. m. Chim. Sel qui résulte de la combinaison de l'acide sélénique avec une base.

SÉLÉNIEN, IENNE adj. (gr. *seléné,* lune). Qui appartient, qui a rapport à la lune.

* SÉLÉNIEUX adj. m. Chim. Se dit d'un des acides que le sélénium produit avec l'oxygène : *acide sélénieux.*

SÉLÉNIQUE adj. Chim. Se dit d'un des acides du sélénium. — Astron. Qui concerne la lune.

* SÉLÉNITE s. f. Chim. Sel formé par l'union de la terre calcaire et de l'acide vitriolique.

* SÉLÉNITEUX, EUSE adj. Chim. Qui a rapport à la sélénite : *matière séléniteuse.* — EAU SÉLÉNITEUSE, eau qui contient de la sélénite.

* SÉLÉNIUM s. m. [sé-lé-niomm] (gr. *seléné,* lune). Chim. Corps élémentaire découvert par Berzélius, en 1817, dans les résidus d'une fabrique d'acide sulfurique, près de Fahlun. Il ressemble au soufre par beaucoup de ses caractères physiques, et au tellure par beaucoup de ses caractères chimiques. Symbole, Se; poids atomique, 79·5; poids spécifique, lorsqu'il est cristallisé, 4,788; vapeur observée, à 1,420° C., 5,68. Il forme, avec l'oxygène et l'eau, l'acide sélénieux, H² Se O³ et l'acide sélénique H² Se O⁴, dont la composition correspond respectivement à celle des acides sulfureux et sulfuriques.

SÉLÉNIURE s. m. Chim. Combinaison d'un métal ou d'un radical positif avec le sélénium.

SÉLÉNOGRAPHE s. m. Auteur d'une sélénographie.

* **SÉLÉNOGRAPHIE** s. f. (gr. *seléné*, lune ; *graphô*, je décris). Astron. Description de la lune : *la sélénographie d'Hévélius.*

* **SÉLÉNOGRAPHIQUE** adj. Qui a rapport à la description de la lune : *cartes sélénographiques.*

SÉLEUCIDE adj. Qui appartient à la dynastie des Séleucus.

SÉLEUCIE (lat. *Seleucia*), nom de plusieurs anciennes villes de l'Asie. — I. (Séleucie-sur-le-Tigre), fondée par Séleucus Ier de Syrie, sur la rive droite de ce fleuve, un peu au S. de la ville moderne de Bagdad. Elle grandit rapidement en richesses et en éclat, éclipsant Babylone, jusqu'à ce qu'elle fut à son tour éclipsée par Ctésiphon, que les Parthes avaient bâtie sur la rive opposée. Pendant les guerres contre les Parthes, elle fut brûlée par Trajan et Lucius Aurelius Verus, et prise par Septime Sévère ; et lors de la campagne de Julien en Perse, au IVe siècle, on la trouva déserte. — II. (Seleucie Pieria), forteresse du N. de la Syrie, fondée par Séleucus Ier, au pied du mont Pieria, en même temps qu'Antioche à qui elle servait de port. Dans la dernière période du royaume syrien, elle devint indépendante. Sous les Romains, elle déclina. On voit encore les ruines de son port, de ses fortifications et de sa nécropole.

SÉLEUCUS. I. (Nicator). (sé-leu-kuss). fondateur de la monarchie syrienne, né en Macédoine vers 358 av. J.-C., mort en 280. Il accompagna Alexandre le Grand en Asie, et, après sa mort, s'attacha à Perdiccas, pour se mettre bientôt à la tête des assassins de celui-ci à Péluse (321). Au second partage de l'empire, il reçut la Babylonie et s'allia à Antigone ; mais plus tard, s'étant enfui en Égypte, il forma une ligue contre lui avec Ptolémée, Lysimaque et Cassandre. Il recouvra la Babylonie en 312, et c'est du 1er oct. de cette année que l'on compte l'ère des Séleucides. En 306, il prit le titre de roi, et, en 302, entra dans la nouvelle ligue contre Antigone ; après la mort de celui-ci à Ipsus, en 301, il obtint presque tout le territoire asiatique conquis par les Grecs. Son empire s'étendait de la Phrygie à l'Inde, sur près de 2 millions et demi de kil. carr. Il fonda Séleucie sur le Tigre, en en fit sa capitale ; mais, après la bataille d'Ipsus, il transporta le siège de son gouvernement à Antioche. Ce changement mécontenta la plupart des populations d'Asie. La désaffection augmenta lorsqu'il divisa l'empire en 72 satrapies, à la tête de chacune desquelles il mit un Macédonien ou un Grec. Il s'allia à Démétrius Poliorcète, fils d'Antigone, dont il avait épousé la fille, Stratonice ; mais en 288 il entra dans une ligue contre lui, et occupa la plus grande partie de ses possessions d'Asie. Il fit ensuite la guerre à Lysimaque, qu'il défit et tua dans la plaine de Corus, en Phrygie (281). Il résolut alors de s'annexer la Macédoine et franchit l'Hellespont à la tête d'une grande armée ; mais il fut assassiné à Lysimachie par Ptolémée Céraunus. — La dynastie des Séleucides dura jusqu'en 65 av.-J.-C. (Voy. SYRIE.)

SELF-GOVERNMENT s. m. (sèlf-gheuv'-eurn-mènnt) (mot angl. formée de *self*, soi-même, et *government*, gouvernement). Gouvernement direct, exercé par les citoyens en personne ou par leurs délégués immédiats, en dehors de toute tutelle administrative. Voy. Gneist. *Histoire de l'organisation communale anglaise et du self-government*, trad. franç. de Hippert. — Le self-government existe en Angleterre et en Allemagne ; on peut dire qu'il a contribué pour la plus grande partie à développer les forces de ces deux nations.

SELINONTE, *Selinus*, la plus occidentale des anciennes colonies grecques, sur la côte S.-O. de la Sicile, à l'embouchure du Selinus (auj. Madiuni). Fondée au VIIe siècle av. J.-C., elle fut détruite par les Carthaginois en 409, puis rebâtie ; mais ses habitants s'étant transportés à Lilybée en 249, elle tomba en ruines. Ces ruines (auj. Sélinonte, ou en ital. Sélinunte, et quelquefois Madiuni), sont à 80 kil. S.-O. de Palerme.

SELKIRK (Alexander) [sel'-keurk]. Marin écossais, né vers 1676, mort en 1723. Il partit d'Angleterre en 1703 comme maître matelot sur un corsaire, et en sept. 1704, à la suite d'une querelle avec son capitaine, il fut, sur sa demande, mis à terre dans l'île de Juan Fernandez, où il vécut isolé pendant quatre ans et quatre ~mois. Il entra ensuite dans la marine royale, et il était lieutenant quand il mourut. John Howell a écrit sa vie et ses aventures (1829). (Voy. JUAN FERNANDEZ.)

SELKIRKSHIRE, comté du S. de l'Écosse ; 674 kil. carr. ; 14,005 hab. Pays très accidenté, arrosé par le Tweed et ses affluents, l'Yarrow et l'Ettrick. Selkirk, la capitale, est sur l'Ettrick, à 3 kil. de son confluent avec la Tweed, à 50 kil. S.-S.-E. d'Édimbourg ; 4,640 hab.

SELLAGE s. m. Action ou manière de seller.

* **SELLE** s. f. (sè-le] (lat. *sella*). Petit siège de bois à trois ou quatre pieds et sans dossier, sur lequel une seule personne peut s'asseoir : *selle de bois de chêne.* (Vieux et peu us.) — DEMEURER ENTRE DEUX SELLES LE CUL A TERRE, se dit lorsque, de deux choses auxquelles on prétendait, on n'en obtient aucune ; ou lorsque, ayant deux moyens de faire réussir une affaire, on ne réussit par aucun des deux. — Sorte de siège qu'on met sur le dos d'un cheval, d'une mule, etc., pour la commodité de la personne qui monte dessus : *selle à l'anglaise.* — ÊTRE BIEN EN SELLE, être bien à cheval. — ÊTRE BIEN EN SELLE, être bien affermi dans son poste, dans sa place : *ce ministre a été longtemps menacé de perdre sa place ; aujourd'hui il est bien en selle.* — SELLE A TOUS CHEVAUX, selle faite de telle manière qu'on la peut faire servir à toutes sortes de chevaux quand on court la poste. Se dit, fig. et fam., d'une citation, d'une maxime, d'un lieu commun qu'une personne fait entrer dans toutes sortes de discours : *il n'a fait aucun discours où il n'ait employé ce lieu commun ; c'est une selle à tous chevaux.* — Compliment banal, éloge vague qui ne caractérise point celui dont on parle, remède qu'on applique à toutes sortes de maladies, etc. — COURIR A TOUTES SELLES, courir la poste sans avoir une selle à soi, et en se servant indifféremment des selles que la poste fournit. — LA PREMIÈRE SELLE, le meilleur bidet de l'écurie. — CHEVAL DE SELLE, cheval propre à être monté par un cavalier. CHEVAL DE SELLE ET DE TRAIT, cheval qu'on peut, à volonté, monter ou atteler à un cabriolet, à une voiture. — Évacuation qu'on fait de une fois quand on va à la garde-robe : *ce médicament lui a fait faire deux ou trois selles.* — ALLER A LA SELLE, aller à la garde-robe : *cette médecine l'a fait aller deux ou trois fois à la selle.*

* **SELLER** v. a. Mettre et affermir une selle sur un cheval, sur une mule, etc. : *vite, sellez mon cheval.*

* **SELLER (Se)** v. pr. Agric. Se dit d'un terrain qui se serre, se tasse, s'endurcit : *ce terrain commence à se seller.*

* **SELLERIE** s. f. Lieu où l'on serre les selles et les harnais des chevaux : *il faut porter ces harnais à la sellerie.* — Se dit aussi des ouvrages qui se font pour l'équipement et

le harnachement des chevaux : *ouvrier en sellerie.*

SELLES-SUR-CHER, ch.-l. de cant. arr. et à 18 kil. S.-O. de Romorantin (Loir-et-Cher), sur la rive gauche du Cher ; 4,500 hab.

* **SELLETTE** s. f. Petit siège des plus fort bas, sur lequel on obligeait un accusé de s'asseoir quand on l'interrogeait pour le juger, et que les conclusions du ministère public tendaient à une peine afflictive : *il fut bien effrayé quand il se vit sur la sellette.* — Fig. et fam. TENIR QUELQU'UN SUR LA SELLETTE, lui faire plusieurs questions pour l'obliger à déclarer quelque chose qu'il voudrait tenir secret : *on l'a tenu longtemps sur la sellette.* — Partie d'une charrue sur laquelle le timon est appuyé. — Morceau de planche qui forme le fond des crochets du crocheteur. — Sorte de botte où le décrotteur met ses brosses, son cirage, etc., et sur laquelle ceux qui se font décrotter posent leurs pieds l'un après l'autre.

* **SELLIER** s. m. Ouvrier qui fait des selles, des carrosses, etc. : *maître sellier.*

SELLIÈRES, ch.-l. de cant., arr. et à 20 kil. N. de Lons-le-Saulnier (Jura) ; 1,700 hab.

SELLING-STAKE s. m. [sé-linng-sté-ke] (angl. *selling*, vente ; *stake*, enjeu). Course dans laquelle les chevaux engagés sont destinés à être vendus un prix proportionné à celui qu'ils ont gagné dans cette course.

SELMA, ville de l'état d'Alabama (États-Unis), sur l'Alabama, à 65 kil. O. de Montgomery ; 10,000 hab. Grand commerce de coton.

SELOMMES, ch.-l. de cant., arr. et à 13 kil. E. de Vendôme (Loir-et-Cher) ; 700 hab.

* **SELON** prép. Suivant, eu égard à, conformément à, à proportion de : *selon mon sentiment.* — SELON MOI, selon ce que je pense, selon mon sentiment. On dit de même, SELON VOUS ; SELON CET AUTEUR, etc. — L'ÉVANGILE SELON SAINT MATHIEU, L'ÉVANGILE SELON SAINT JEAN, etc., l'évangile écrit par saint Mathieu, l'évangile écrit par saint Jean, etc. — Selon les occurrences, selon les différentes dispositions des personnes, etc. ; et alors, il ne s'emploie guère que pour marquer quelque doute, quelque incertitude à quelqu'un qui nous interroge : *réussira-t-il dans cette entreprise ? Pensez-vous qu'il gagne son procès ? C'est selon.*

SELONGEY, ch.-l. de cant., arr. et à 34 kil. N.-N.-E. de Dijon (Côte-d'Or), sur la Venelle ; 4,500 hab. Vins, miel.

SELTZ, Selters ou NIEDERSELTERS, village de Hesse-Nassau (Allemagne), à 40 kil. N.-O. de Mayence, sur l'Ems ; 1,400 hab. On y trouve les sources minérales gazeuses les plus célèbres de l'Europe. Plus de deux millions de bouteilles d'eau de Seltz sont exportées chaque année. — EAU DE SELTZ ARTIFICIELLE. Voy. MINÉRALES. (Eaux artificielles.)

SEM [sèmm], l'un des trois fils de Noé, l'aîné d'après les commentateurs. Il fut le père des nations qui ont peuplé le S.-O. de l'Asie. Voy. SÉMITIQUES (Races et langues.)

* **SEMAILLE** s. f. [se-ma-ieu, ll mll.]. Action de semer les grains. Ne s'emploie guère qu'au pluriel : *nous avons fait nos semailles.* — Grains semés : *les grandes pluies ont gâté toutes les semailles.* — Saison, temps durant lequel on ensemence les terres : *semailles d'automne.*

* **SEMAINE** s. f. (lat. *septimana*; de *septimus*, septième). Suite de sept jours, à commencer par le dimanche jusqu'au samedi inclusivement : *une semaine entière.* — SEMAINE SAINTE, livre qui contient l'office qu'on dit

dans l'église pendant la semaine sainte, pendant la quinzaine de Pâques : *imprimer une Semaine sainte.* — PRÊTER A LA PETITE SEMAINE, tirer un intérêt exorbitant d'une petite somme remboursable à un terme très court. — Se dit souvent en parlant de certaines fonctions dont on est chargé à son tour pendant une semaine : *il est de semaine pour servir au réfectoire.* — Suite de sept jours que l'on commence à compter de quelque jour que ce soit : *j'ai passé à la campagne une semaine entière.* — Travail que des ouvriers font pendant une semaine : *cette réparation serait la semaine de quatre hommes.* — Payement que les ouvriers reçoivent du travail de leur semaine : *cet ouvrier recevra demain sa semaine.* — Petite somme que l'on donne à un enfant pour ses menus plaisirs de la semaine.

* **SEMAINIER, IÈRE** s. Celui, celle qui est de semaine pour officier dans un chapitre ou dans une communauté religieuse. — Comédien qui est chargé pendant une semaine de tous les détails relatifs à la composition et à l'exécution du répertoire : *les deux semainiers de la Comédie-Française.*

SEMAISON s. f. Action de semer ; temps des semailles : *à l'époque de la semaison.*

* **SÉMAPHORE** s. m. (sè-ma-fo-re) (gr. *séma,* signe ; *phoros,* qui porte). Sorte de télégraphe établi sur les côtes, pour servir à faire connaître l'arrivée, les manœuvres, etc., des bâtiments venant du large, navigant ou croisant à la vue des côtes et devant les ports.

* **SEMBLABLE** adj. (fr. *sembler*). Pareil, qui ressemble, qui est de la même nature, de même qualité : *ces deux choses sont semblables.* — Géom. TRIANGLES SEMBLABLES, ceux qui ont leurs angles égaux, chacun à chacun ; et, FIGURES SEMBLABLES, celles qui ont leurs angles égaux, chacun à chacun, et dans lesquelles, outre cela, les côtés qui comprennent ces angles sont proportionnels. — Se joint toujours avec l'adj. poss. : *c'est un homme qui n'a pas son semblable.* — Se dit souvent d'un ou de plusieurs hommes, par rapport aux autres hommes, au sens de l'humanité : *l'humanité nous oblige à avoir pitié de notre semblable, de nos semblables.*

* **SEMBLABLEMENT** adv Pareillement, aussi : *vous êtes de cet avis, et moi semblablement.* (Peu us.)

SEMBLANÇAY (Jacques DE BEAUNE; *seigneur de*), surintendant des finances, né à Tours en 1445, pendu à Montfaucon en 1527. Il remplit les fonctions de surintendant des finances sous Charles VIII, Louis XII et François Ier. Louise de Savoie, ayant détourné l'argent destiné aux troupes du Milanais, accusa Semblançay de malversation ; ce dernier se disculpa auprès de François Ier, mais il perdit sa charge en 1525 pour avoir refusé de prêter au roi la somme nécessaire à une nouvelle expédition dans le Milanais. Louise de Savoie, qui conservait au surintendant une haine implacable, profita de l'absence du roi pour suborner les témoins, fit accuser Semblançay de péculat et le fit traduire devant une commission composée par son confident Duprat. Il fut condamné et pendu. Fort de son innocence il marcha au supplice avec courage et fermeté, ainsi que l'attestent les vers de Marot :

> Lorsque Maillard, juge d'enfer, menoit,
> A Montfaucon Semblançay l'âme rendre,
> A votre avis, lequel des deux tenoit
> Meilleur maintien ? Pour vous le faire entendre,
> Maillard sembloit homme que mort va prendre ;
> Et Semblançay fut si ferme veillard,
> Que l'on cuidoit pour vrai qu'il mena pendre
> A Montfaucon le lieutenant Maillard.

Le roi fit réhabiliter sa mémoire et rétablit son fils dans tous ses biens.

SEMBLANCE s. f. Apparence d'une chose, ressemblance.

* **SEMBLANT** s. m. Apparence. Ne se dit qu'en parlant des personnes : *il m'a trahi sous un semblant d'amitié.* — FAIRE SEMBLANT DE, FAIRE SEMBLANT QUE, feindre de, feindre que : *cet homme fait semblant de dormir.* — Fam. NE FAIRE SEMBLANT DE RIEN, prendre un air indifférent, avoir attention à ne rien dire, à ne rien faire qui puisse donner à connaître ce que l'on pense, le dessein qu'on a : *si vous voulez réussir dans cette affaire, ne faites semblant de rien.*

* **SEMBLER** v. n. (lat. *simulare*). Paraître avoir une certaine qualité ou une certaine manière d'être. Se dit des personnes et des choses : *ces choses-là me semblent belles et bonnes.* — Est souvent impersonnel : *il semble à vous entendre parler que vous m'ayez rendu service.* — Par manière de parenthèse, CE ME SEMBLE, selon moi, à mon avis : *il faudrait, ce me semble, user d'indulgence.* On dit quelquefois dans le même sens, CE SEMBLE. — IL ME SEMBLE, IL VOUS SEMBLE, etc., QUE, je crois, vous croyez, etc., que, IL ME SEMBLE QUE JE LE VOIS, je crois que je le vois. — IL ME SEMBLAIT QUE CELA ÉTAIT AINSI, je croyais que cela était ainsi. — IL VOUS SEMBLE DONC ? vous croyez donc ? — A CE QU'IL VOUS SEMBLE, à ce que vous croyez. — Se joint aussi avec la prép. DE : *que vous semble de cette affaire? Que vous semble-t-il de ce tableau? Que vous en semble? Je lui ai dit ce qu'il m'en semblait.* Dans ces phrases, *que vous semble? que vous en semble? ce qu'il m'en semblait,* peuvent se rendre par, Que croyez-vous? qu'en croyez-vous? ce que j'en croyais; ou par, Quelle est votre opinion, quel est votre avis? etc. — Se joint quelquefois avec le mot BON : *si bon lui semble ; si bon leur semble.*

* **SEMÉ, ÉE** part. passé de SEMER. — Un DISCOURS, UN ÉCRIT SEMÉ D'INJURES, DE POINTES, où il y a beaucoup d'injures, de pointes, etc., etc. — Blas. UN ÉCU SEMÉ DE FLEURS DE LIS, SEMÉ DE TRÈFLES, etc., cela ne se dit que lorsque les pièces dont on parle sont répandues sur l'écu de telle sorte, vers ses bords, elles ne sont point entières. — Vén. UN CERF MAL SEMÉ, un cerf qui a plus d'andouillers d'un côté que de l'autre.

SÉMÉIOGRAPHIE s. f. (gr. *semeion,* signe ; *graphein,* décrire). Méthode sténographique en usage chez les anciens.

* **SÉMÉIOLOGIE** ou Séméiotique s. f. Partie de la médecine qui traite des signes indicatifs des maladies et de la santé.

SÉMÉLÉ (Mythol. gr.), fille de Cadmus, aimée de Jupiter. Junon, jalouse, lui persuada de demander à son amant qu'il lui apparût revêtu des attributs de sa puissance. Il y consentit à regret, et se montra à elle sous les traits du dieu du tonnerre, et elle fut consumée par les éclairs qui l'entouraient. Mais Jupiter sauva l'enfant qu'elle portait dans son sein, en l'enfermant dans sa propre cuisse jusqu'au terme de sa naissance. Cet enfant fut Dionysios, ou Bacchus.

* **SEMELLE** s. f. Pièce, ordinairement de cuir, qui fait le dessous du soulier, de la botte, de la pantoufle : *soulier à simple semelle.* — Morceau d'étoffe dont on garnit le pied d'un bas de laine, de coton, de soie, etc. : *les semelles des semelles d'un bas.* — SEMELLES DE LIÈGE, DE FEUTRE, morceaux de liège, de feutre taillés en semelles, qu'on met dans les souliers pour garantir les pieds de l'humidité. SEMELLES DE CRIN, espèce de coussinets de crins qui ont la même forme et qui servent au même usage. — SAUTER UNE SEMELLE, sauter un espace de terre qui contient tant de fois la longueur du pied d'un homme. — Escr. RECULER D'UNE SEMELLE, ROMPRE LA SEMELLE, reculer de la longueur du pied. — Pop. BATTRE LA SEMELLE, voyager à pied. Se dit ordinairement des artisans qui courent le pays en exerçant leur métier,

et quelquefois des vagabonds : *il a bien battu la semelle.* — Charpent. Pièce de bois couchée horizontalement sous le pied d'un étai, ou servant d'entrait dans un comble : *semelle d'étai.* — Mar. Pièces de bois plates mises sous un corps pesant, pour servir à le faire glisser : *on met des semelles sous les bigues destinées à mâter et démâter, afin de pouvoir les faire glisser de l'avant à l'arrière quand il le faut.* — Artill. Planchette de bois fort épaisse, qui se place entre les deux flasques d'un affût, et sur laquelle le canon pose.

* **SEMENCE** s. f. (se-man-ce) (lat. *semen*). Grain que l'on sème. Ne se dit proprement que du froment, du seigle, de l'orge, de l'avoine et de quelques autres plantes céréales : *blé de semence.* — Tout ce qui se sème, par la main de l'homme ou naturellement, graios, graines, noyaux, pepins, etc. : *les graines sont la semence des herbes et des légumes.* — LES QUATRE SEMENCES FROIDES, les graines de melon, de citrouille, de concombre et de courge. LES QUATRE SEMENCES CHAUDES, les graines d'anis, de fenouil, de cumin et de carvi. — Fig. Cause d'où il doit naître, avec le temps, de certains effets : *les instructions qu'on donne à cet enfant, à ce jeune homme, sont des semences de vertu.* — Sperme, matière dont les animaux sont engendrés. SEMENCE DE PERLES, très petites perles dont ordinairement quatre ou cinq ne pèsent qu'un grain : *la semence de perles se vend à l'once.* — SEMENCE DE DIAMANTS, se dit de très petites parcelles de diamants, dont on orne les bagues. — Espèce de clous fort petits.

* **SEMENCINE** s. f. Pharm. L'une des trois principales sortes de semen-contrat.

* **SEMEN-CONTRA** s. m. (sé-mèn-kon-tra) (lat. *semen,* semence ; *contra,* contre, sous-entendu *vermes,* les vers). Nom pharmaceutique d'une graine âcre et aromatique fort usitée comme vermifuge et qui est produite par diverses espèces d'armoises. On la nomme autrement *santoline.* Le semen-contra est un vermifuge estimé contre les lombrics et les ascarides vermiculaires. On l'associe à des substances sucrées pour en masquer l'odeur désagréable. Poudre, 2 à 5 gr. en pilules. On lui préfère son principe actif, la *santonine,* à la dose de 20 à 40 centigr. en potion ou en dragées.

SEMENDRIA (serbe *Smederevo*), ville forte de Serbie, sur le Danube à 45 kil. E.-S.-E. de Belgrade ; 5,000 hab. On y fait de bonnes armes à feu. C'était autrefois la capitale de la Serbie, et après l'avoir prise et perdue maintes fois, les Turcs l'ont gardée jusqu'en 1867.

* **SEMER** v. a. Épandre de la graine ou du grain sur une terre préparée, afin de les faire produire et multiplier ; mettre des semences en terre : *semer du blé, de l'orge.* — Absol. *C'est le temps de semer.* — Se dit, fig., en parlant de certaines choses que l'on répand, que l'on jette çà et là, que l'on dissémine : *il semait son argent le long des chemins sans s'en apercevoir.* — Fig. SEMER DES PIÈGES SUR LES PAS DE QUELQU'UN, lui tendre de secrètes embûches. — Fig. Répandre : *semer de mauvaises doctrines.*

SEMESTRAL, ALE adj. Qui se fait, qui a lieu chaque semestre.

* **SEMESTRE** s. m. (lat. *semestris*). Espace de six mois consécutifs : *il rend compte de sa gestion à la fin de chaque semestre.* — Se dit aussi des rentes mêmes, des traitements, etc., qui se payent par semestre, à la fin de chaque semestre : *payer le semestre échu.* — SEMESTRE DE JANVIER, le semestre qui commence le premier jour de janvier. SEMESTRE DE JUILLET, le semestre qui commence le premier jour de juillet. — Se dit, particul., en parlant de certains emplois qu'on est obligé de remplir pendant la moitié de l'année :

servir par semestre. — Se dit, par ext., de ceux qui ont obtenu un congé de semestre : *rappeler les semestres.* On les nomme autrement SEMESTRIERS. — Chaque moitié d'une compagnie judiciaire qui servait par semestre : *assembler les semestres, les deux semestres.* (Vieux.)

* SEMESTRE adj. S'est dit des compagnies qui servaient par semestre, comme le grand conseil, la chambre des comptes de Paris, etc. : *on rendit tel parlement semestre.* — S'est dit également de certains fonctionnaires publics qui ne servaient que par semestre dans une compagnie : *conseiller d'État semestre.*

* SEMESTRIEL, ELLE adj. Qui se fait, qui a lieu par semestre, à la fin de chaque semestre : *paiements semestriels.*

* SEMESTRIER s. m. Militaire absent de son corps par un congé de six mois : *les semestriers vont rejoindre leur corps, leur régiment.*

* SEMEUR s. m. Celui qui sème du grain. — Fig. SEMEUR DE DISCORDE, SEMEUR DE ZIZANIE, etc., celui qui se plaît à brouiller, à diviser les esprits ; et, SEMEUR DE FAUX BRUITS, celui qui répand de fausses nouvelles.

* SEMI, mot pris du latin, et qui signifie, demi. Il se joint toujours à un autre mot, et n'entre guère que dans les expressions suivantes : *les semi-pélagiens ; les semi-ariens ; un semi-ton, en musique ; os, cartilage semilunaire ; les canaux semi-circulaires ; une fête semi-double ; une semi-prébende ; un semi-prébendier ; une semi-pile ; une semi-preuve ; une fleur semi-double, semi-flosculeuse ; un recueil semi-périodique.*

* SÉMILLANT, ANTE adj. [*ll* mll.]. Remuant, extrêmement vif : *enfant sémillant.* — Fig. *Un esprit sémillant.*

SÉMILLER v. n. [*ll* mll.]. Être sémillant.

Cet étourdi qui court, saute, *sémille.*

VOLTAIRE.

* SÉMINAIRE s. m. (lat. *seminarium*). Lieu destiné pour élever, instruire, former des ecclésiastiques dans la piété et dans les autres devoirs de leur état : *le séminaire de tel diocèse.* — Se dit aussi de tous les ecclésiastiques qui demeurent dans un séminaire : *tout le séminaire assistait à ce sermon.* — Temps déterminé qu'on doit passer dans un séminaire, pour être admis aux ordres sacrés : *il commence, il finit son séminaire.* — Se dit quelquefois, par ext., des lieux où l'on se forme à une profession quelconque : *cette école est un séminaire de bons officiers.* — Législ. « L'article 11 du concordat du 26 messidor an IX porte que « les évêques pour-« ront avoir un séminaire dans leur diocèse, « sans que le gouvernement s'oblige à les « doter ». Les règlements intérieurs de chaque séminaire diocésain doivent être approuvés par le chef de l'État. Les professeurs doivent avoir souscrit la déclaration faite par le clergé de France en 1682 et s'être soumis à enseigner la doctrine qui y est contenue ; les évêques sont tenus d'adresser au directeur des cultes une expédition en forme de cette soumission, et de luienvoyer chaque année le nom de tous les élèves (L. 18 germinal an X, art. 23, 24, 25). Ces séminaires diocésains, que l'on nomme aussi grands séminaires, sont capables de posséder, d'acquérir, etc. Tout autre établissement public (voy. ÉTABLISSEMENT) ; mais ils sont soumis à quelques règles particulières (Décr. 6 nov. 1843, art. 67 et s.). Il y a aujourd'hui, en France, 84 séminaires catholiques diocésains. Un décret du 30 septembre 1807, institua dans ces séminaires des bourses payées par l'État ; mais, par suite de l'inexécution des conditions imposées par la loi organique de l'an X, ces bourses ont été d'abord réduites, puis elles ont été supprimées par prétérition au budget de 1865. Ce budget a seu-

lement conservé un crédit de 20,000 fr. pour bourses dans les séminaires protestants, et un crédit de 6,500 fr. pour celles du séminaire israélite. La loi du 23 ventôse an XII accordait une maison nationale à chacun des séminaires métropolitains destinés à donner une instruction théologique supérieure ; ces séminaires ont été remplacés par les facultés de théologie que le décret du 17 mars 1808 a créées et qui ont été supprimées par prétérition lors du vote du budget de l'exercice 1885. — Les écoles secondaires ecclésiastiques, auxquelles on donne aussi le nom de *petits séminaires* doivent être gérées par le bureau d'administration du séminaire diocésain (Décr. 6 nov. 1843, art. 63). Une ordonnance royale du 16 juin 1828 porte que « nul ne peut être chargé soit de la direction « soit de l'enseignement dans une école se-« condaire ecclésiastique, s'il n'a affirmé par « écrit qu'il n'appartient à aucune congré-« gation religieuse non légalement établie « en France ». Une seconde ordonnance du même jour limitait le nombre des élèves des petits séminaires, et exigeait que leurs directeurs eussent été agréés par le gouvernement. Cette ordonnance créait dans lesdites écoles, 8,000 demi-bourses de 150 fr. chacune, lesquelles ont été supprimées par une ordonnance du 30 septembre 1830. Les législateurs de 1850, plus favorables au clergé que ne l'avait été le gouvernement de Charles X, accordèrent les plus grandes facilités pour la fondation d'établissements particuliers d'enseignement secondaire. En outre les petits séminaires n'ont plus été astreints à aucune condition, sauf à celle de rester soumis à la surveillance de l'État (L. 15 mars 1850, art. 60 et s.). Cette surveillance est réglementée par les instructions ministérielles des 10 mai 1850, 28 janv. 1852, et 30 sept. 1885. Depuis 1850, les écoles secondaires tenues par le clergé séculier et par les congrégations se sont multipliées, sans que les petits séminaires aient cessé de subsister. Tous ces établissements préparent leurs élèves aux examens de l'Université et à ceux d'admission dans les écoles spéciales du gouvernement. Les dangers que cette direction congréganiste ou séculière présente pour l'avenir se sont déjà manifestés. Une partie de la jeunesse ainsi élevée se trouve nécessairement imbue des doctrines ultramontaines, et portée à combattre les principes sur lesquels repose l'existence des sociétés modernes et que condamne le *Syllabus.* Il est donc urgent que l'on mette en vigueur des lois qui sont depuis longtemps préparées dans le but d'arrêter le développement de ces levains de guerre civile. (Voy. UNIVERSITÉ.)» (Cu. Y.)

* SÉMINAL, ALE, AUX adj. Anat. Qui a rapport à la semence : *les vésicules séminales.* — Bot. LOBES SÉMINAUX, les deux corps charnus qui sortent de la semence des dicotylédones, lorsqu'elle germe ; et qui, dans plusieurs de ces plantes, se transforment en deux feuilles, appelées FEUILLES SÉMINALES.

SEMINARA, ville du royaume d'Italie, à 36 kil. N.-E. de Reggio ; 4,000 hab. En 1495, les Français, commandés par d'Aubigny, y battirent les troupes de Gonzalve de Cordoue et y furent défaits par ce même général en 1503. En 1807, ils y remportèrent une victoire sur les Napolitains. Deux tremblements de terre, l'un en 1638, l'autre en 1783, détruisirent cette ville.

* SÉMINARISTE s. m. Celui qui est élevé, instruit dans un séminaire : *un séminariste de Saint-Sulpice, de Saint-Nicolas,* etc.

SÉMINATION s. f. (lat. *seminatio*). Bot. Phénomène naturel par lequel les semences ou graines des végétaux se dispersent et germent.

SÉMINIFÈRE adj. (lat. *semen, seminis* ;

fero, je porte). Bot. Qui porte des semences, des graines.

SÉMINOLES (*Vagabonds*), nation d'Indiens de la Floride, composée de bandes de Creeks et de nègres. Ils prirent parti pour les Anglais pendant la guerre de l'indépendance. Ils renouvelèrent la guerre en 1812, et y perdirent leur chef, Ring Payne. Après des luttes prolongées, les Séminoles abandonnèrent, par le traité de Fort Moultrie (18 sept. 1823), presque tout leur territoire. A la fin, au printemps de 1837, ils se décidèrent à émigrer. Un de leurs chefs, cependant, Osceola, se retira dans les forêts et recommença la guerre, mais il ne tarda pas à être fait prisonnier. En 1842, les Séminoles de la Floride n'étaient plus qu'au nombre de 300. Le traité du 7 août 1856, entre les États-Unis, les Creeks et les Séminoles, reconnaît ceux-ci comme nation et leur donne des terres à l'O. des Creeks. En 1870, il y avait environ 2,550 Séminoles sur le territoire Indien, et 350 dans les Everglades de la Floride.

SÉMINULE s. f. (dimin. du lat. *semen,* semence). Bot. Petite semence. — Physiol. Atome séminal.

SÉMINULIFÈRE adj. (fr. *séminule* ; lat. *fero, je porte*). Qui porte, qui produit des séminules.

SÉMIPALATINSK [sé-mi-pa-la-tinnsk']. 1, province de la Russie d'Asie, dans la division de l'Asie centrale, confinant à la Sibérie et à la Chine ; 487,673 kil. carr. ; 540,163 hab. Elle comprend une partie du pays des Kirghiz. — Il, cap. de la province, sur l'Irtish, à 750 kil. S.-O. de Tomsk ; 10,140 hab. Ville fortifiée et où il se fait un grand commerce.

SÉMIRAMIS [sé-mi-ra-miss], reine d'Assyrie, qui, d'après les traditions fabuleuses, régnait vers 2000 av. J.-C. Les assyriologues supposent que c'est la reine Sammuramit, femme d'Iva-Lush, qui vivait vers 800 av. J.-C. La Sémiramis légendaire, femme de Ninus et mère de Ninyas, après avoir bâti Babylone, soumit l'Égypte et la plus grande partie de l'Éthiopie ; et elle aurait conquis l'Inde si les éléphants de guerre du roi Stratobatis n'avaient mis en fuite son armée. La réelle Sammuramit fit exécuter quelques grands travaux à Babylone, mais son règne n'eut que peu d'importance politique. — Cette reine puissante et belliqueuse a prêté son nom à une cinquantaine de pièces de théâtre, parmi lesquelles nous citerons une tragédie de Crébillon (1717), une tragédie de Voltaire (1748), un opéra de Gluck et Métastase (1748), un opéra de Rossini et Rossi (1823 ; Paris, 1825)

SÉMIRIETCHENSK, province de la Russie d'Asie, dans le Turkestan, sur les frontières de l'empire chinois et du Turkestan oriental ; 402,202 kil. carr., 543,094 hab. Pays montagneux, arrosé par l'Ili et la Naryn. On y trouve le lac Issikkoul. Cap., Viernoye.

* SEMIS s. m. (fr. *semer*). Agric. et Jardin. Plant d'arbrisseaux, de plantes, de fleurs, venant de graines et qui ont été semés. Se dit aussi du travail que fait le *jardinier* pour former cette sorte de plant : *j'ai un beau semis d'œillets.*

SÉMITE s. m. (de *Sem,* fils de Noé). Homme d'une race comprenant tous les peuples qui parlent ou ont parlé l'hébreu, l'arabe ou une langue antique de la Syrie.

* SÉMITIQUE adj. Se dit des langues qu'on regarde comme ayant été parlées par les enfants de Sem, et par leurs descendants. — ENCYCL. La race sémitique forme une des plus considérables divisions de la grande famille caucasique. Le nom de *sémitique* (proprement shémitique) a été étendu de nos jours au delà du cercle des peuples que la Genèse représente comme descendants de

V.

Sem ou Shem. Les Araméens (Syriens et Chaldéens), les Hébreux et les Phéniciens de la dernière époque sont classés comme Sémites septentrionaux, et les Arabes du centre ou Ismaélites, les Arabes du Sud ou Joktanites, et les Ethiopiens ou Abyssiniens, comme Sémites du Sud. On les appelle tous ensemble Sémites propres ou Eusémites. Mais le terme sémite embrasse en outre presque tout le grand groupe de peuples appelés d'ordinaire Chamites, en raison des généalogies bibliques. Les Sémites chamitiques, ou Dyssémites, comprennent, outre les Assyriens primitifs, les Babyloniens et les Phéniciens, les trois branches suivantes : égyptienne (ou les Coptes); libyenne (Berbères, Touaregs, Kabyles, etc.), et l'éthiopienne (Bogos, Foulahs, Gallas, etc.). Les lacunes énormes que l'on trouve dans les commencements historiques des diverses divisions de la famille chamito-sémitique, rendent futiles tous les efforts pour établir une ligne de migration les reliant toutes les unes aux autres, ou pour leur assigner un berceau commun. Les Chamites furent une race surtout agricole. Ils s'organisèrent promptement en états et en empires avec un pouvoir exécutif centralisé. Ils érigèrent des monuments et des édifices colossaux. Leur matérialisme trouva son expression dans les rites lascifs de Babylone et dans les cultes étranges de l'Egypte. Les peuples désignés sous le nom de Sémites propres étaient généralement nomades, et vivaient sous un gouvernement patriarchal. Les Hébreux et les Arabes cependant ont manifesté une souplesse de nature particulière, qui leur a permis d'édifier des Etats sous des formes diverses, de s'approprier les arts et les sciences des autres nations, d'avoir de grandes littératures et de produire des religions dominantes du monde. Le mahométisme est l'idée maîtresse des conceptions religieuses des Sémites propres, et le lyrisme est l'élément essentiel de leur poésie. C'est aux peuples chamito-sémitiques que le monde civilisé doit l'art de l'écriture. (Voy. ÉCRITURE.) — Langues. L'opinion que la langue assyrio-babylonienne des inscriptions cunéiformes est le sanscrit de la famille sémitique repose sur des bases très incertaines. Le lien réciproque des idiomes sémitiques est très fort et très marqué. Ce qui le caractérise avant tout, c'est la trilitéralité des racines qui, dans les langues indo-européennes, sont presque toujours monosyllabiques. Dans le sémite, la voyelle est subordonnée et l'inflexion est changeante, tandis que la consonne ne l'est pas. La voyelle détermine seulement la manière d'être ou la forme de l'idée ou de la chose conçue, qui est en elle-même représentée par les consonnes. Il y a des raisons de croire qu'à l'origine, les racines ne comptaient que deux consonnes. Tous les systèmes graphiques phonétiques des Sémites, dans lesquels ne sont pas compris les hiéroglyphes égyptiens et les caractères cunéiformes assyriens ne sont composés que de consonnes. (Voy. ALPHABET.) Outre les modifications de voyelles pour modifier le sens du même mot, les langues sémitiques font un grand usage d'éléments formatifs extérieurs, préfixes et suffixes; ils emploient aussi, mais plus rarement, des infixes ou lettres et syllabes insérées dans le corps d'un mot. La conception sémitique de l'ordre du temps diffère tellement de la conception aryenne tout à fait dissemblable. Il n'y a, pour les Sémites, que deux temps, l'un dénotant l'action complète à un point de vue général, et l'autre l'action incomplète; mais l'un et l'autre sont capables d'exprimer certaines circonstances du présent, du passé et du futur. Les langues sémitiques sont presque entièrement dépourvues de véritables expressions modales.

A leur place, le verbe admet un grand nombre de conjugaisons qui lui donnent un sens transitif, causal, intensif, itératif, connectif, réfléchi, etc. Chaque conjugaison a ses formes spéciales de noms et d'adjectifs verbaux, d'infinitifs et de participes. Ce système n'est pas toujours également développé; mais, comme on le voit dans l'arabe, un verbe peut avoir jusqu'à quinze formes de conjugaisons. Excepté l'arabe, aucune langue sémitique ne distingue de cas, et l'arabe n'indique que le nominatif, le génitif et l'accusatif. D'ailleurs, les noms sont ou masculins ou féminins, et admettent le singulier, le pluriel et le duel.

SÉMITISME s. m. Caractère sémitique.

SÉMITISTE s. m. Savant versé dans la connaissance des langues et des peuples sémitiques.

SEMI-VOYELLE s. f. Nom donné par les Grecs aux consonnes l, m, n, r, v, x, ps; par les Romains aux consonnes f, l, m, n, r, s, x; par les grammairiens français à la première voyelle des diphtongues proprement dites.

SEMLER (Johann-Salomo) [zemm'-leur], théologien allemand, né en 1725, mort en 1791. Professeur à Halle en 1752, il fut nommé directeur du séminaire en 1757. D'abord piétiste, il devint un des chefs du rationalisme; mais il combattit toujours le déisme. Ses œuvres comprennent : Selecta capita historiæ ecclesiasticæ(1767-'69, 3 vol.); Commentationes historiæ de antiquo christianorum statu (1771-'72, 2 vol.); Abhandlung von der Untersuchung der Kanons (1771-'75, 4 vol.); Apparatus ad liberalem Veteris Testamenti interpretationem(1773), et une autobiographie (1781-'82, 2 vol.).

SEMLIN [zemm-linn'] (slave Zemun; hongr. Zimony), ville du royaume de Hongrie, en Slavonie, au confluent de la Save et du Danube, à 5 kil. N.-O. de Belgrade en Serbie; 8,915 hab. C'est le principal entrepôt de commerce entre l'Autriche et la Turquie.

SEMMERING ou Sœmmering [zemm'-mé-ring; zeumm'-mé-ring], branche de la chaîne Norique des Alpes, entre l'Autriche propre et la Styrie; 4,500 m. de haut. Elle contient les principaux passages entre la basse Autriche et les provinces plus méridionales de l'empire autrichien. On a construit, en 1848-'54, un chemin de fer de 45 kil. qui la franchit à une élévation de 2,893 pieds, par un tunnel long de 1,500 m. et qui est un ouvrage très remarquable.

* SEMOIR s. m. Agric. Sac où le semeur met le grain qu'il répand sur la terre. — Se dit aussi de machines inventées pour distribuer la semence avec plus d'exactitude et d'économie qu'il n'est possible de le faire quand on sème à la main.

* SEMONCE s. f. (de semons, anc. part. passé de Semondre). Invitation faite dans les formes d'un simple jour d'une cérémonie publique : les cours supérieurs se trouvèrent à la cérémonie, après la semonce qui leur en avait été faite. (Vieux.) — Avertissement mêlé de reproches, fait par quelqu'un qui a autorité : il lui a fait une semonce, une forte, une verte semonce.

* SEMONCER v. a. Faire une semonce, une réprimande : sa mère l'a semoncé d'importance.

* SEMONDRE v. a. (lat. submonere). Inviter, convier à quelque cérémonie, à quelque acte public : semondre à des obsèques. Ne s'emploie qu'à l'infinitif. (Vieux.)

* SEMONNEUR s. m. Celui dont la fonction est de porter des billets pour certaines convocations : semonneur d'enterrement; semonneur de confrérie. (Vieux.)

SÉMONVILLE (Charles-Louis Huguet, mar-

quis de), homme d'Etat, né en 1754, mort en 1839. Il entra à 18 ans au parlement de Paris en qualité de conseiller aux enquêtes, fut élu député suppléant aux états généraux, fut nommé ambassadeur de la République à Gênes, à Turin, et, en 1792, à Constantinople. L'Autriche le fit arrêter pendant sa route en 1793 et le retint captif à Kufstein (Tyrol) jusqu'en 1795, époque où il fut échangé avec d'autres Français contre la fille de Louis XVI. Ambassadeur en Hollande, sénateur (1805), il adhéra à la déchéance de Napoléon. La Restauration le créa pair de France et grand référendaire de la Chambre. Il conserva ses fonctions jusqu'en 1834.

* SEMOULE s. f. [se-mou-leu; l mll] (ital. semola; du lat. simila, fleur de farine). Pâte faite avec la farine la plus fine, réduite en petits grains.

SEMOY, rivière qui naît dans le Luxembourg, à 4 kil. O. d'Arlon et se jette dans la Meuse près de Monthermé (Ardennes) après un cours de 170 kil.

SEMPACH [zemm'-pakh], ville de Suisse, sur le lac du même nom, à 18 kil. N.-O. de Lucerne; 1,109 hab. — 1,300 Suisses y battirent une grosse armée autrichienne, grâce à l'héroïsme d'Arnold de Winkelried, le 19 juillet 1386. Le duc d'Autriche Léopold, 1,400 chevaliers et des milliers d'hommes de pied y périrent.

* SEMPER VIRENS (sain-pèr-vi-rainss) (lat. semper, toujours; virens, verdoyant). Se dit, parmi les jardiniers-fleuristes, pour distinguer une sorte de chèvre-feuille qui, pendant toute l'année, porte des feuilles et des fleurs.

SEMPERVIVÉ, ÉE adj. Bot. Qui ressemble ou qui se rapporte à la joubarbe. — s. f. pl. Synon. de CRASSULACÉES.

SEMPITERNEL, ELLE adj. [sain-pi-tèr-nèl] (lat. sempiternus). Qui dure toujours. N'est plus guère usité que dans cette expression de dédain, UNE VIEILLE SEMPITERNELLE, une femme très vieille. (Fam.) — Continuel : un bruit sempiternel.

SEMPITERNELLEMENT adv. Eternellement, toujours.

SEMPLICE adj. [semm-pli-tché] (mot ital.) Mus. Simplement, sans ornement, sans fioritures.

SEMPRE adv. [sèmm-pré] (ital. sempre, toujours). Mus. S'emploie dans les partitions pour indiquer qu'il faut conserver au mouvement le même caractère.

SEMUR-EN-AUXOIS, Sinemurum, ch.-l. d'arr., à 70 kil. O.-N.-O. de Dijon (Côte-d'Or), sur une colline granitique que l'Armançor baigne de tous côtés; par 47° 29' 27" lat. N. et 1° 59' 48" long. E.; 5,000 hab. Vins, grains, laine, miel, bestiaux. Deux beaux ponts sur l'Armançon. Restes imposants d'un ancien château. Eglise paroissiale qui remonte au XIIIe siècle. Semur ayant pris parti pour Marie, fille de Charles le Téméraire, fut pris et pillé par les troupes de Louis XI en 1478. Patrie de Saumaise.

SEMUR-EN-BRIONNAIS, ch.-l. de cant., arr. et à 38 kil. S.-O. de Charolles (Saône-et-Loire); 900 hab. Ruines d'un château féodal dont s'empara le prince Noir (1364). Eglise paroissiale gothique.

SÉNAC. I. (Jean-Baptiste), médecin français, né près de Lombez en 1693, mort à Paris en 1770. Il fut successivement médecin du maréchal de Saxe et de Louis XV, qui en fit un conseiller d'Etat et un surintendant général des sources minérales de France. Son principal ouvrage est un Traité de la structure du cœur(1748-'49, 2 vol.; agrandi par Portal 1774). — II. Gabriel SÉNAC DE MEILHAN, son fils, écrivain né en 1736, mort en 1803. Il remplit

plusieurs fonctions publiques ; son meilleur ouvrage traite de la condition de la France avant la Révolution (dern. édit., 1862.)

SÉNAIRE adj. (lat. *senarius*). Disposé par six.

SÉNANCOUR (Etienne Pivert de), littérateur et philosophe, né à Paris en 1770, mort en 1846. Il devint un disciple exalté de J.-J. Rousseau et un admirateur de la nature. Il a laissé : *Rêveries sur la nature primitive de l'homme* (Paris, 1799, in-8°), *Oberman* (1804, 2 vol. in-8°), *De l'amour selon les lois primordiales et selon les convenances des sociétés modernes* (1805), *Libres méditations d'un solitaire inconnu sur le détachement du monde* (Paris, 1819) ; *Isabelle*, roman (1833), etc.

· SÉNAT s. m. (lat. *senatus*). s. m. Assemblée de patriciens qui formait le conseil suprême et perpétuel de l'ancienne Rome. Ce nom se donne aussi, dans quelques États à diverses assemblées dont les membres sont appelés à en faire partie par un droit de naissance ou par le choix du prince, ou par l'élection des citoyens, et dont la puissance, les attributions sont plus ou moins étendues : *convoquer le sénat*. — Lieu où le sénat s'assemble : *on força les portes du sénat*. — Par ext. Assemblée des personnes dont est composé un tribunal de justice qui juge en dernier ressort : *le sénat de Chambéry*. (Vieux.) — Encycl. On donnait le nom de sénat à l'assemblée délibérante de l'ancienne Rome. Au nombre de 100 à l'origine, ses membres étaient 1,000 pendant le second triumvirat. Auguste les réduisit à 600. Ils étaient d'abord trois patriciens (voy. Patriciens) ; plus tard, les plébéiens furent admis (*conscripti ;* d'où la formule *patres conscripti*, c'est-à-dire *patres et conscripti*). La charge des sénateurs était à vie ; sous les rois, ils étaient élus par les décuries ; sous la république, par les consuls et les tribuns consulaires, et, après l'établissement de la censure, exclusivement par les censeurs. Pendant la république, les attributions du sénat comprenaient le soin général des affaires publiques, la direction de toutes les affaires religieuses, les relations avec les nations étrangères, et la disposition des finances destinées à ces différents services. L'institution du tribunat réduisit considérablement son autorité, et ce ne fut plus, après l'établissement de l'empire, qu'un pouvoir absolument subordonné, dont les fonctions et l'existence dépendaient de la volonté de l'empereur ; mais comme haute cour de justice, il conserva encore un rôle très imposant. — Le terme sénat est fréquemment employé de nos jours pour désigner la Chambre haute du pouvoir législatif dans les gouvernements républicains ou monarchiques constitutionnels. Le sénat des États-Unis se compose de deux membres de chacun des états de l'Union, élus par les législatures de chaque état et restant en charge six ans. Outre ses fonctions législatives, il a le pouvoir de ratifier les traités avec l'étranger et les nominations faites par le président ; il est aussi la haute cour de justice dans les accusations portées contre les fonctionnaires publics. Chaque état de l'Union a une chambre législative qui exerce des fonctions de même nature, mais en ce qui concerne l'état seulement. — Législ. « Le Sénat de la République française exerce le pouvoir législatif concurremment avec la Chambre des députés. Il peut être constitué en cour de justice pour juger soit le président de la République, soit les ministres, et pour connaître des attentats commis contre la sûreté de l'État (Lois constitutionnelles du 24 et du 25 février 1875). Il se compose de 300 membres élus. Chaque département et chaque colonie élit un nombre de sénateurs qui a été déterminé en dernier lieu par la loi du 9 décembre 1884.

Les élections sont faites au scrutin de liste par un collège réuni au chef-lieu du département ou de la colonie et composé : 1° des députés ; 2° des conseillers généraux ; 3° des conseillers d'arrondissement ; 4° des délégués élus par chaque conseil municipal parmi les électeurs de la commune, dans les proportions suivantes. Pour un conseil municipal composé de 10 membres, un seul délégué ; pour 12 membres, 2 délégués ; pour 16 membres, 3 délégués ; pour 21 membres, 6 délégués ; pour 23 membres, 9 délégués ; pour 27 membres, 12 délégués ; pour 30 membres, 15 délégués ; pour 32 membres, 18 délégués ; pour 34 membres, 21 délégués ; pour 36 membres, 24 délégués ; et pour le conseil municipal de Paris, 30 délégués. Chaque conseil municipal élit en même temps un certain nombre de délégués-suppléants. Les délégués qui ont pris part aux scrutins reçoivent sur les fonds de l'État, s'ils le requièrent, une indemnité de placement, calculé à raison de 2 fr. 50 par myriamètre, aller et retour. Tout délégué, qui, sans cause légitime, n'a pas pris part aux scrutins, ou qui, étant empêché, n'a pas averti son suppléant en temps utile, est condamné à une amende de 50 fr. Les sénateurs sont élus pour neuf années ; mais le Sénat se renouvelle par tiers tous les trois ans, et par séries, conformément à l'ordre réglé par le tirage au sort effectué entre les départements et les colonies. Nul ne peut être sénateur, s'il n'est Français, âgé de 40 ans au moins, et s'il ne jouit de ses droits civils et politiques. Les membres des familles qui ont régné sur la France sont inéligibles au Sénat. Les militaires ne peuvent, sauf quelques exceptions, être élus sénateurs. Les dispositions de la loi électorale qui sont relatives aux cas d'indignité et d'incapacité sont applicables à l'élection des sénateurs. Les membres du Sénat reçoivent la même indemnité que ceux de la Chambre des députés. (Voy. Député.) Les 75 sièges de sénateurs dont le titre avait été créé à vie, pour lesquels la nomination avait été faite en premier lieu par l'Assemblée nationale en 1875, et qui ensuite, en cas de vacance par décès ou démission, étaient remplis par le Sénat lui-même, et par cooptation, ont été conservés à leurs titulaires par la loi du 9 décembre 1884. Mais, depuis cette dernière loi, lorsque l'un de ces titulaires vient à décéder, le remplacement a lieu par élection, dans la forme ordinaire ; et le département auquel l'élection est attribuée est déterminé par un tirage au sort. Ce tirage a lieu, au Sénat, en séance publique, dans la huitaine de la vacance, entre les départements dont le nombre des sénateurs doit être accru en vertu de la loi de 1884. Il est pourvu, dans le délai de trois mois, à toute vacance survenue dans le Sénat par suite de décès ou de démission. Toutefois, si la vacance survient dans les six mois qui précèdent le renouvellement triennal, il n'y est pourvu qu'au moment de ce renouvellement. Le Sénat n'a, aux termes de la loi constitutionnelle du 24 février 1875, aucun droit d'initiative en ce qui concerne les lois de finances, ces lois devant être d'abord votées par la Chambre des députés. Le Sénat peut donc refuser ou réduire les crédits ou les charges que la Chambre des députés a votés ; mais son droit s'arrête là, et il ne peut proposer aucune augmentation ni aucune ouverture de recette ou de dépense. Le Sénat peut être constitué en cour de justice, par un décret rendu en conseil des ministres, pour juger toute personne prévenue d'attentat contre la sûreté de l'État. Enfin les ministres et le président de la République ne peuvent être jugés que par le Sénat lorsqu'ils ont été mis en accusation par la Chambre des députés (L. 16 juillet 1875, art. 12). »

(Ch. Y.)

· SÉNATEUR s. m. Celui qui est membre d'un sénat : *sénateur romain*. — A Rome. La sénateur, le magistrat qui était à la tête du corps de ville : *le sénateur de Rome était toujours un étranger*.

· SÉNATORERIE s. f. Dotation ou majorat d'un sénateur.

· SÉNATORIAL, ALE, AUX adj. Qui appartient au sénateur : *la dignité sénatoriale*.

· SÉNATORIEN, IENNE adj. Qui appartient aux sénateurs. N'est guère usité que dans ces locutions, Maison sénatorienne ; famille, race sénatorienne.

· SÉNATRICE s. f. Femme de sénateur. Se dit des femmes des sénateurs de Pologne et de Suède : *les reines de Pologne faisaient asseoir chez elles les sénatrices*. — Se dit aussi, à Rome, de la femme du sénateur : *Madame la sénatrice*.

· SÉNATUS-CONSULTE s. m. [sé-na-tuss-kon-sul-te](lat. *senatus consultum ;* de *senatus, sénat ; consultum*, décret). Décision, décret du sénat : *un recueil de sénatus-consultes* — Ne se dit guère qu'en parlant des actes émanés de l'ancien sénat de Rome ; et de ceux du sénat qui a existé en France sous le 1er et le 2e empire : *les sénatus-consultes du 18 floréal an X, du 14 thermidor an X, du 28 floréal an XII, du 15 brumaire an XIII, du 19 août 1807, du 6 avril 1814, du 7 nov. 1852, du 45 décembre 1852, du 23 mai 1857, du 15 février 1858, du 2 février 1861, du 10 juillet 1866, du 8 septembre 1869, du 20 avril 1870.*

· SENAU s. m. (anc. haut all. *snaga*). Mar. Grand bâtiment à deux mâts, dont on se sert principalement pour la course.

· SÉNÉ s. m. Espèce de casse, arbrisseau qui croît dans le Levant, et dont les feuilles, que l'on nomme aussi séné, sont employées comme purgatives : *faire infuser du séné dans de l'eau*. — Séné bâtard, ou Emérus, arbrisseau de la famille des légumineuses, qui croît naturellement dans la plupart des contrées méridionales de l'Europe, et que l'on cultive dans les jardins pour l'ornement. (Voy. Coronille.) — Séné d'Europe, ou Faux séné, le baguenaudier. Ces plantes sont ainsi nommées parce qu'elles ont des vertus analogues à celles du séné d'Orient. — Encycl. On appelle *séné* une drogue faite avec les feuilles sèches de différentes espèces de

Séné d'Amérique (Cassia Marilandica).

cassia. Les cassias qui fournissent le séné sont des arbrisseaux buissonneux de 2 à 4 pieds, à feuilles inégalement pennées, dont les folioles inégales à la base, sont au nombre de 4 à 8 paires ; les fleurs jaunes sont en grappes axillaires verticales ; les gousses, larges et aplaties, contiennent six graines ou davantage. Les principales variétés du commerce sont celles d'Alexandrie (*cassia acutifolia*) que l'on récolte

dans divers districts de la Nubie ; l'espèce de Bombay ou des Indes Orientales, donnée par la *cassia angustifolia* de l'Arabie du Sud et de différentes parties de l'Inde, et par le Tinnevelly, qui n'est que l'espèce ci-dessus cultivée aux Indes. Le séné est un cathartique actif et l'on s'en sert fréquemment en médecine. Le *séné américain (cassia Marylandica)* est une espèce herbacée vivace qui croît dans l'Amérique du Nord. — Méd. Le séné produit souvent des coliques si on ne l'associe pas à des substances aromatiques, telles que l'anis, la cannelle — 8 à 15 gr. en infusion.

SENECA FALLS (Chutes de Sénèque), village de l'état de New-York, à l'issue du lac Seneca, sur le canal Cayuga et Seneca, et sur le chemin de fer Central, à 250 kil. N.-O. d'Albany ; 6,125 hab. Ateliers de construction de machines à vapeur ; tissus de laine, etc.

SENECA (Lac), lac situé à l'O. de l'état de New-York ; il a environ 57 kil. de long sur 4 à 7 de large, et se trouve au milieu d'un pays pittoresque. Il se décharge dans le lac Ontario par les rivières Seneca et Oswego. Il a 630 pieds de profondeur, et a gelé, pour la première fois de mémoire d'homme, le 22 mars 1856.

SENECAS [sé-né-kaz], l'une des cinq nations iroquoises, dans l'état de New-York, à l'O. de la baie de Sodus, du lac de Seneca et d'Elmira. Ils se donnaient le nom de Tsonnundawaono ; ce sont les Hollandais qui les ont nommés Senecas (Sinnekaas). Seuls des six Nations, ils suivirent Pontiac dans sa ligue générale contre les Anglais. Ils furent du côté de ceux-ci pendant la guerre d'indépendance. Le général Sullivan ravagea leur pays, et ils firent la paix à Fort Stanwix en 1784. Ils vendirent une partie de leur territoire en 1818 et en 1831. En 1876, il y avait environ 3,000 Senecas dans l'état de New-York, sur des réserves de 66,000 acres, et 240 sur territoire Indien.

* SÉNÉCHAL s. m. (lat. *seniscalcus*). Officier qui dans un certain ressort était chef de la justice, et qui était aussi chef de la noblesse quand elle était convoquée pour l'arrière-ban : *le sénéchal d'Anjou.* — Se disait aussi d'un officier royal de robe longue, qui était chef d'une justice subalterne : *sénéchal de Rennes.* — Se disait également, en quelques endroits, du principal officier de justice des seigneurs particuliers qui avaient haute, moyenne et basse justice : *le sénéchal de tel seigneur.* — GRAND SÉNÉCHAL DE FRANCE. Titre d'un emploi dans l'hôtel du roi qui était en même temps une charge militaire. — Hist. « Le titre de *sénéchal* fut d'abord attribué à de grands officiers de la couronne, avant d'être celui d'un chef de justice. Du X° au XIII° siècle, la dignité de sénéchal était attachée héréditairement à la maison des comtes d'Anjou. « Le grand sénéchal, qui remplit « la plus haute fonction militaire jusqu'au « XIII° siècle, malgré son titre qui semble « énoncer des fonctions purement civiles, « était désigné en latin sous le règne même « de Philippe-Auguste par le mot de *dapifer* « (celui qui porte les mets). Aux repas de cé-« rémonie, il était le seul qui reçût le plat « qu'il faisait passer par les mains du comte « ou maire (major) au roi et à la reine. Il « demandait l'eau aux chambellans pour la-« ver les mains du roi, etc. Il avait la haute « main en tout temps sur la table royale, ce « qui ne l'empêchait pas d'exercer un com-« mandement supérieur dans l'armée. Le « sénéchal ordinaire du roi, de moindre « rang, servait le prince à table, portant une « baguette blanche à la main et sa tête haute « une couronne de roses. » (H. Baudrillart, *Histoire du luxe,* t. III, liv. II, ch. VIII). Plus tard, les sénéchaux étaient, ainsi que les baillis, des officiers ayant pour attributions

de représenter le roi dans les provinces, et dans les assemblées de la noblesse qu'ils convoquaient. Les baillis et sénéchaux furent chargés de juger les affaires civiles et criminelles dans leur ressort. L'appel de leurs jugements pouvait être porté au parlement dans certaines affaires criminelles, et aussi dans les causes personnelles qui excédaient 40 livres. Les baillis et sénéchaux devaient être gentilshommes de nom et d'armes, c'est-à-dire d'une noblesse antérieure à Philippe le Bel, sous lequel les anoblissements ont commencé ; et comme la plupart de ces officiers à titre héréditaire étaient très peu versés dans la connaissance des lois, ils commettaient des lieutenants de robe longue, pour rendre la justice en leur nom. Jusqu'en 1719, les titulaires purent assister aux audiences et y occuper la présidence ; mais les lieutenants, dont les charges avaient été rendues vénales, avaient seuls le droit de délibérer et de recevoir les émoluments attribués aux juges (Ord. de Blois, mai 1579, art. 263 et s.). (CH. Y.)

* SÉNÉCHALE s. f. Femme d'un sénéchal : *madame la sénéchale.*

* SÉNÉCHAUSSÉE s. f. (rad. *sénéchal*). Étendue de la juridiction d'un sénéchal : *la sénéchaussée d'Anjou.* — Lieu où se tenait le tribunal dont le sénéchal était le chef. — Se disait encore du tribunal même : *il y avait dans cette ville une sénéchaussée.*

SENECIONIDÉ, ÉE adj. (lat. *senecio*, seneçon ; gr. *eidos*, aspect). Bot. Qui ressemble ou qui se rapporte au seneçon. — s. f. pl. Grande tribu de composées ayant pour type le genre seneçon et comprenant en outre les genres doronic, érigéuliaire, cinéraire, tanaisie, armoise, chrysanthème, pyrèthre, matricaire, santoline, achillée, ptarmique, camomille, gaillardie, hélianthe, coréopsis, calliopsis, zinnie, iva, ambroisie, lampourde, etc.

* SENEÇON s. m. (lat. *senecio*, diminut. de *senex*, vieillard, par allusion aux poils blancs des aigrettes). Bot. Genre type des sénécionidées, comprenant plus de 600 espèces de plantes herbacées ou frutescentes, à feuilles alternes. Le seneçon commun (*senecio vulgaris*), indigène chez nous, est annuel et remarquable par la mollesse de toutes ses parties, presque charnues. Sa tige droite, haute de 30 à 35 centim. porte des feuilles épaisses et de nombreuses petites fleurs jaunes, formées

Seneçon d'Allemagne (Senecio scandens).

de fleurons tubulés. On l'a employé en médecine comme émollient. Les oiseaux de volière mangent avec avidité ses graines et ses feuilles charnues. Le seneçon jacobée (*senecio jacobœa*), vivace, commun dans nos prairies, dans nos terrains rocailleux et le long des chemins, atteint plus de 1 m. de hauteur et porte des corymbes de capitules jaunes rayonnés. On cultive dans nos jardins le *seneçon d'Afrique (senecio elegans*), originaire du Cap,

à fleurs jaunes avec des rayons cramoisis, roses lilas ou blancs ; le *seneçon agréable (senecio venustus)*, arbuste du Cap ; le *seneçon cinéraire (senecio cruentus)* des Canaries ; le *seneçon d'Allemagne (senecio scandens)*, également du Cap, à petites fleurs jaunes ; c'est une plante d'appartement et de fenêtre.

SENEF ou Seneffe, ville du Hainaut (Belgique), à 18 kil. N. de Charleroi ; 3,000 hab. Victoire du grand Condé sur le prince d'Orange (plus tard Guillaume III d'Angleterre), le 11 août 1674 ; victoire de Moreau sur les Autrichiens le 2 juillet 1794.

SENEFELDER (Aloys) [zé-né-fel-deur], l'inventeur de la lithographie, né à Prague en 1771, mort en 1834. Après avoir échoué comme acteur et comme auteur dramatique, il essaya d'un nouveau procédé d'imprimerie, et finit par faire accidentellement sa grande découverte. (Voy. LITHOGRAPHIE.) Il lithographia d'abord de la musique. En 1809, il fut nommé inspecteur de la lithographie royale à Munich. Il a composé un cours complet de lithographie.

SÉNÉGAL, fleuve de la Sénégambie, dans l'Afrique occidentale, formé par la junction du Ba-Fing et du Ba-Oulé, par 14° 10' lat. N. et 12° 50' long. O. Il coule au N.-N.-O., puis au S.-O., et se jette dans l'Atlantique à Fort-Saint-Louis par 16° 7' lat. N. et 18° 50' long. O. Il est accessible à la navigation fluviale pendant la saison des pluies. Cours, 1,575 kil.; bassin, 258,000 kil. carr. Il arrose les possessions françaises de Médine, de Bakel, de Damga, de Saldé, de Podor, de Dagana, de Richard-Toll, de Lampsar et de Saint-Louis. Son principal tributaire est la Falémé, qui afflue sur la rive gauche, dans le royaume de Gallam, et dont les eaux font de ce fleuve un cours d'eau d'une grande importance. Après avoir traversé le Gallam, le Sénégal coule dans une plaine unie, et, à 190 kil. de son embouchure, le niveau est si parfait que les eaux descendent à peine d'un mètre avant d'arriver à la mer. Le fleuve est bordé d'épaisses forêts, qu'habitent de nombreuses espèces de singes, d'oiseaux, d'amphibiens, de crocodiles, etc. Il forme de grandes îles et, à son embouchure, un vaste delta. Son entrée est obstruée par une barre formidable, formée de sable qui s'élève presque à fleur d'eau. C'est dans une île formée par le Sénégal, près de sa principale embouchure, que se trouve la ville de Saint-Louis, ch.-l. des établissements français dans cette région.

SÉNÉGAL, établissement colonial français sur le Sénégal et sur son affluent, la Falémé, y compris l'île et la ville de Saint-Louis, à l'embouchure du Sénégal, et Gorée, au large du cap Vert ; 250,000 kil. carr.; 195,000 hab. — La colonie du Sénégal comprend principalement le cours du fleuve et les établissements de la côte situés entre le cap Blanc, au N., et le cap Sierra-Leone, au S. Mais la France exerce, en outre, une suzeraineté sur 5 ou 6 royaumes noirs de la rive gauche du Sénégal, depuis Médine, notre port le plus oriental, jusqu'à Sénoudébou, sur la Falémé. De plus, nous possédons au S. du fleuve, la province de Dirnar, celle de Dualo, la côte du Cayor, défendue contre une invasion et sauvée par la victoire de Coki en 1875. Au delà, nous n'avons que des comptoirs. Indépendamment des militaires, marins et employés, qui sont au nombre de 1,500, on compte à peine 300 Européens établis au Sénégal. — La colonie se divise en deux arr.: celui de Saint-Louis, comprenant le fleuve, et celui de Gorée ou du Sud, comprenant nos possessions de la côte jusqu'à Sierra-Leone. Bakel forme un troisième arr. militaire et politique, comprenant nos établissements sur le haut du fleuve. L'administration est confiée à un gouverneur, assisté d'un conseil d'admi-

nistration. — Commerce, 40 millions de fr., dont 20 millions avec la France et ses colonies; le reste avec l'Angleterre, les Etats-Unis et l'Espagne. Importations de tissus de coton, de farine, de riz, de vins, d'eaux-de-vie, de liqueurs, de charbons de terre, de vêtements confectionnés, d'armes, de tabac, de verroteries, etc. Exportation de graines oléagineuses (arachide, bæref, sésame, noix de touloucouna, noix de palme), de gomme, de peaux de bœuf, de cire jaune, de bois de teinture, d'un peu de coton courte soie,

Gambie (179 kil. carr.; 15,000 hab., ch.-l., Bathurst) et des établissements portugais sur le Rio-Grande et dans l'intérieur (70 kil. carr.; 10,000 hab.), les uns et les autres d'une nature exclusivement commerciale. Le pays s'élève graduellement et atteint une hauteur de 1,000 à 2,000 m. Les riches forêts au S. de la Gambie donnent une grande quantité d'essences tropicales précieuses. Sur la côte la température moyenne est d'environ 25° C. et dans presque tout le pays, la saison des pluies dure de juin à décembre. Le sol est,

pendant lesquels il écrivit *Consolatio ad Helviam* et *Consolatio ad Polybium*. L'authenticité de ce dernier ouvrage a été mise en question Rappelé en 49 et fait préteur, il devint précepteur du jeune Domitius, le futur Néron, dont il resta le conseiller intime. En 6³, Sénèque, sentant que Néron convoitait ses richesses, lui offrit ses biens en lui proposant de se retirer. Néron refusa; mais bientôt après il accusa Sénèque de complicité dans la conspiration de Pison, et lui ordonna de se donner la mort, ce qu'il fit. Outre les deux traités déjà cités, Sénèque a écrit *De Ira, De Consolatione ad Marciam, De Providentia, De animi Tranquillitate, De Constantia Sapientis, De Beneficiis*, 124 *Epistolæ ad Lucilium*, contenant des maximes et des observations morales, etc. On lui attribue aussi 10 tragédies, mais il est douteux qu'il en soit l'auteur. Les principales éditions de Sénèque sont celles d'Erasme (Bâle, 1515 et 1529 in-fol.), de Juste-Lipse (Anvers, 1605), de Gronovius (Leyde, 1649), des Deux-Ponts (1782), de Bouillet (1827-'32, 5 vol. in-8°), de Fickert (Leipzig, 1842-'47, 6 vol. in-8°). La principale traduction française est celle de Lagrange (Paris, 1773, 6 vol. in-12, 1819, 14 vol. in-12, avec la *Vie de Sénèque* par Diderot). Des éditions particulières des tragédies ont été données par Ascensius (Paris, 1514), par Gronovius (Leyde, 1661), par Pierrot (1829-'32, 3 vol. in-8°). Ces tragédies ont été traduites en français par Coupé (1795), par Levée (1822). (Voy. Diderot, *Essai sur la vie de Sénèque*; Fleury, *Saint Paul et Sénèque* ou *Recherches sur les rapports du philosophe avec l'apôtre* (Paris, 1853, 2 vol. in-8°).

* **SÉNESTRE** adj. (lat. *sinister*). Blas. Gauche : *le côté sénestre*. — Adverb. A **SÉNESTRE**, à gauche.

SÉNESTRÉ, ÉE adj. Blas. Se dit de l'écu parti au tiers quand la partition se trouve à sénestre.

* **SÉNEVÉ** s. m. Menue graine dont on fait la moutarde, et la plante même qui produit cette graine : *un boisseau de sénevé*.

SENEZ, *Civitas Saniciensium*, ch.-l. de cant., arr. et à 19 kil. N.-E. de Castellane (Basses-Alpes), sur l'Asse; 700 hab. Senez fut autrefois le siège d'un évêché fondé au vᵉ siècle. Belle cathédrale gothique (mon. hist.)

* **SÉNIEUR** s. m. (lat. *senior*, plus ancien). Nom qu'on donnait autrefois dans plusieurs communautés au plus ancien, au doyen : *le séniur de Sorbonne*.

SENIOR (Nassau-William) [si'-nieur], économiste anglais, né en 1790, mort en 1864. Il fut professeur d'économie politique à Oxford de 1825-'30 et de 1847-'52. Parmi ses œuvres on a : *Introductory Lectures on Political Economy* (1826), *Treatise on Political Economy* (1850), *American Slavery* (1862), *Historical and Philosophical Essays* (1865); *Journals, Conversations and Essays relating to Ireland* (1868); *Journal kept in France and Italy in* 1848-'52 (1871), et *Correspondence and Conversations with Alexis de Tocqueville* (1872).

* **SÉNILE** adj. (lat. *senilis*). Méd. Qui est dû, qui tient à la vieillesse: *débilité sénile*.

* **SÉNILITÉ** s. f. Affaiblissement du corps et de l'esprit produit par la vieillesse: *donnes des marques de sénilité*.

SENLIS [san-liss], *Augustomagus*, puis *Civitas Sylvanectensium*, ch.-l. d'arr. à 52 kil. S.-E. de Beauvais (Oise), sur la Nonette et près des bois de Senlis, de Chantilly et d'Ermenonville. Pop. agglom. 6,872; — pop. tot. N. et Oᵉ 14' 57" long. E.; 7,000 hab. Belle cathédrale gothique, construite du xııᵉ au xvıᵉ siècle, avec tours carrées, dont l'une est surmontée

Saint-Louis du Sénégal

d'ivoire, d'or, de nattes et de plumes. La culture de l'arachide, introduite seulement en 1840, produit aujourd'hui plus de 30 millions de kilog. de graines. Les Français établirent des comptoirs à l'embouchure du Sénégal dès le commencement du xvᵉ siècle. Ce sont des navigateurs dieppois et rouennais qui, les premiers, ouvrirent des relations commerciales avec la Sénégambie; Saint-Louis date du xvᵉ siècle. Les Anglais s'emparèrent de notre colonie en 1756 et la firent céder par le traité de 1763; mais les Français la reprirent en 1779. Ils la perdirent de nouveau pendant les guerres de la Révolution et se la firent restituer en 1814.

SÉNÉGALAIS, AISE s. et adj. Du Sénégal; qui concerne ce pays ou ses habitants: *tirailleurs sénégalais*.

SÉNÉGALI s. m. *Ornith.* Genre de fringillidées, voisin des moineaux et des bengalis, comprenant une cinquantaine d'espèces à bec court, pointu, aigu, presque dilaté en dessus. Presque toutes ces espèces sont originaires du Sénégal, d'où vient leur nom. On élève chez nous le *sénégali rouge*, un peu moins gros que le tarin, avec des ailes et une queue courtes. Son ramage rappelle le murmure d'un petit ruisseau. Le *sénégali rayé* ou *bec de cire à-l*. bec rougeâtre et le plumage rayé transversalement de gris, de brun clair, de rose ou de rouge.

SÉNÉGALIEN, IENNE adj. Qui est propre au Sénégal.

SÉNÉGAMBIE, région de l'Afrique occidentale, sur l'Atlantique. Elle ne comprenait autrefois que le pays entre le Sénégal et la Gambie, d'où son nom; mais aujourd'hui, elle s'étend du Sénégal à Sierra-Léone. Elle n'a pas moins de 500,000 kil. carr, on évalue sa population à 9 millions d'hab. Elle contient la colonie française du Sénégal, et l'influence française y est dominante. Il y a des établissements anglais le long de la

en beaucoup de lieux, d'une fertilité extrême On y cultive surtout du riz, du maïs et du millet. Les pâturages nourrissent beaucoup de bestiaux. Les habitants appartiennent aux tribus nègres aborigènes, aux Maures et aux métis de ces deux races, qui forment une population de taille moyenne, d'une couleur de cuivre clair, bien faite et active. C'est la religion mahométane qui domine chez eux. Il y a environ 20 Etats indigènes, dont le plus important est l'Etat foulah de Fouta-Djallon. (Voy. FOUTADJALLON.) Les établissements anglais sur la Gambie datent de 1631 Les principaux articles d'exportation sont : l'huile de palme, la gomme, les peaux, la cire, le café sauvage, etc. — On considère comme exclusivement française tout le côte depuis l'embouchure du Sénégal jusqu'à celle du Saloum; c'est là que se trouvent nos établissements de Saint-Louis, de Dakar, de Gorée, de Portudal, de Joal, etc. Plus au S., l'embouchure de la Gambie appartient aux Anglais; celle de la Casamance est aux Français; en face de celle du Rio-Grande, se trouvent les établissements portugais des Bissagos. Nous avons aussi des comptoirs à l'embouchure des autres cours d'eau, tels que le Rio-Nunez et le Rio-Pongo.

SÉNÉGAMBIEN, IENNE s et adj. De la Sénégambie; qui appartient à ce pays ou à ses habitants.

SENELLE s. f. Voy. CENELLE.

* **SÉNÈQUE** (Marcus-Annæus SENECA), rhéteur romain, né en Espagne vers l'an 61 av. J.-C., mort vers 35 ap. Il appartenait à l'ordre équestre. Il rédigea, dit-on, à la demande de ses enfants, l'ouvrage intitulé *Oratorum et Rhetorum Sententiæ*, etc., dont il ne reste que des fragments. — II. (Lucius Annæus), son fils, philosophe stoïque, né en Espagne, mort en 65. Il étudia à Rome, voyagea en Grèce et en Egypte, devint avocat, et plus tard questeur. Accusé d'adultère avec Julie, nièce de l'empereur Claude, il fut banni en Corse pour 8 ans,

d'une magnifique flèche haute de 78 m. Eglise de l'abbaye de Saint-Vincent (XIIIᵉ siècle). Antiques murailles de la cité, épaisses de 4 m.; 16 tours saillantes en dehors du mur d'enceinte. Château royal; hôtel de ville du XVᵉ siècle. La ville a joué un rôle remarquable dans l'histoire des guerres françaises. Il s'y conclut, en 1493, un traité entre le futur empereur Maximilien et Charles VIII de France, pour régler l'héritage de la Bourgogne. Patrie de Simon Goulart et de Baumé.

SENNAAR [senn-nâr], pays d'Afrique, faisant partie de la Nubie, et aujourd'hui compris parmi les provinces du Nil qui dépendent officiellement de l'Egypte, et qu'on appelle le Soudan. Il est borné à l'E. par l'Abyssinie et à l'O. par le Cordofan, et s'étend au S. depuis la jonction du Nil Bleu et du Nil Blanc jusqu'à environ 10° lat. N., sans avoir de frontières bien délimitées; 130,000 kil. carr.; 4,500,000 hab. de différentes races. Le sol se compose presque partout d'une riche terre végétale noire, et il y a de grandes forêts le long de la vallée du Nil Blanc. Le climat est extrêmement chaud. Les principales récoltes sont le durra et les fèves. On élève beaucoup de chevaux et de bestiaux. On exporte du miel, de l'ivoire, des plumes d'autruche, et, dans les pays voisins, des articles de cuir et de coton. Le gouverneur réside à Kartoum. D'autres villes importantes sont Sennaar et Wat Medineh sur le Nil Bleu.

SENNACHÉRIB ou Sargon, roi d'Assyrie. En 712 av. J.-C., il succéda à son père Salmanazar, assiégea Jérusalem (707), perdit devant cette place 160,000 hommes et fut assassiné par deux de ses fils. Il bâtit le palais de Koyoundjek, découvert en 1851 par M. Layard.

* **SENNE** s. f. Voy. SEINE.

SENNE, rivière de Belgique qui prend sa source au S.-E. de Soignies (Hainaut), traverse Bruxelles et se jette dans la Dyle près de Malines, après un cours de 110 kil.

SENNECEY-LE-GRAND, ch.-l. de cant., arr. et à 18 kil. S. de Châlou-sur-Saône (Saône-et-Loire); 4,500 hab. Ruines d'un ancien château; antiquités.

SÉNONAIS, AISE s. et adj. De Sens; qui appartient à cette ville ou à ses habitants.

SÉNONAIS (Le), petit pays de l'ancienne France entre l'Ile-de-France, l'Orléanais, le Nivernais et la Bourgogne. Cap., Sens. Villes princ.: Joigny, Montereau, Tonnerre, Chablis, Nogent-sur-Seine, etc. Il est aujourd'hui partagé entre les dép. de l'Yonne et de l'Aube.

SENONCHES, ch.-l. de cant., arr. et à 36 kil. S.-O. de Dreux (Eure-et-Loir), près de la forêt de son nom; 1,500 hab. Restes d'un vieux château.

SENONES, puissant peuple de la Gaule Lugdunensis, borné au N. par les Parisii, à l'O. par les Carnutes, au S. par les Eduens, à l'E. par les Lingons. Les Senones avaient pour villes principales Senones (Sens), leur capitale; Melodunum (Melun), Antissiodurum (Auxerre), etc. Ce furent ces Gaulois qui, sous la conduite de Brennus, battirent les Romains à l'Allia et s'emparèrent de Rome (389 av. J.-C.). En 358, ils se fixèrent dans l'Ombrie. Vaincus à leur tour au lac Vadimon par Volabella (283), ils tentèrent vainement de recouvrer leur indépendance. Une bande de Senones envahit la Grèce en 279 et fut vaincue par Antigone Gonatas en 278.

SENONES, ch.-l. de cant., arr. et à 25 kil. N. de Saint-Dié (Vosges); sur les deux rives du Rabodeau; 3,000 hab. Ancienne abbaye de bénédictins, illustrée par les tra-

vaux de dom Calmet, et dont il reste une tour de l'église, renfermant un bel escalier.

SE NON E VERO E BENE TROVATO, expression italienne qui signifie, Si ce n'est pas vrai, c'est bien trouvé. Se dit des contes et des racontages bien présentés.

SÉNOUDÉBOU, établissement français de la colonie du Sénégal, sur la Falémé, arr. et au S. de Bakel; 200 hab.

* **SENS** s. m. [sanss; mais en poésie peut se prononcer san, pour la rime](lat. sensus). Faculté de l'homme et des animaux, par laquelle ils reçoivent l'impression des objets extérieurs et corporels : la vue, l'ouïe, l'odorat, le toucher, le goût, sont les cinq sens. — CELA TOMBE SOUS LE SENS, SOUS LE SENS, se dit d'une chose claire, évidente. — Fig. METTRE, APPLIQUER TOUS SES SENS, TOUS SES CINQ SENS DE NATURE A QUELQUE CHOSE, y employer tous ses soins, toute son industrie. — Concupiscence, sensualité; et alors il ne s'emploie qu'au pluriel : il ne refuse rien à ses sens. — Faculté de comprendre les choses, et d'en juger selon la droite raison : c'est un homme de sens, de bon sens, de grand sens.

Il n'est rien d'inutile aux personnes de sens.

LA FONTAINE.

— SENS COMMUN, faculté par laquelle la plupart des hommes jugent raisonnablement des choses : cela est contre le sens commun. — Signification d'un discours, d'un écrit, d'une phrase, d'un mot : prenez bien le sens de ce que je vous dis. — Avis, opinion, sentiment : vous ne donnez pas dans mon sens. — Un des côtés d'une chose, d'un corps : mettez cette table, cette couverture, etc., de ce sens-là. — Se dit, fig., en parlant des affaires, et même des personnes : il a pris cette affaire de tous les sens qu'on peut imaginer. — Sens dessus dessous loc. adv., qui se dit en parlant de la situation d'un objet tourné de manière que ce qui devrait être dessous se trouve dessous en bas : cette botte est sens dessus dessous. — Cette locution s'emploie aussi, fam., en parlant de ce qui est dans un grand désordre et tout bouleversé : tous mes papiers sont sens dessus dessous. — Sens devant derrière loc. adv. dont on se sert en parlant de la situation d'un objet tourné de telle façon que ce qui devait être devant se trouve derrière : elle a mis son bonnet sens devant derrière. — A contre-sens loc. adv. (Voy. CONTRE-SENS.)

SENS [sanss], Agendicum ou Civitas Senonum, ch.-l., d'arr. à 75 kil. N.-N.-O. d'Auxerre (Yonne), sur la rive droite de l'Yonne, par 48° 11' 54'' lat. N. et 0° 56' 49'' long. E.; 11,000 hab. Archevêché. Belle cathédrale gothique. Il s'est tenu dans cette ville plusieurs conciles, entre autres celui où saint Bernard fit condamner Abélard (1140). Grains, vins, chanvre, laine, serge, bois, filatures, tanneries, coutellerie, clouterie, faïence. — Sens, ville princ. des Senones, fut conquise par César, et devint la capitale de la 4ᵉ Lyonnaise. Clovis s'en empara en 486. Une commune y fut établie par Louis VII, ensuite supprimée, et rétablie par Philippe-Auguste. Sens entra avec ardeur dans la Ligue, résista à Henri IV (1590) et ne soumit qu'en 1594. En 1814, elle soutint un siège de 15 jours contre les alliés.

* **SENSATION** s. f. [san-sa-si-on] (lat. sensatio). Impression que l'âme reçoit des objets par les sens : il est impossible d'expliquer comment se fait la sensation. — Fig. FAIRE SENSATION, se dit de ce qui produit une impression marquée dans le public, dans une assemblée, dans un spectacle, etc. : cet événement, ce livre a fait sensation, une grande sensation.

SENSATIONALISME s. m. Philos. Théorie de ceux qui font des sensations la base de toute morale.

* **SENSÉ, ÉE** adj. Qui a du bon sens, qui a de la raison, du jugement : c'est un homme sensé. — Conforme à la raison, au bon sens : un discours sensé.

SENSÉE, rivière qui prend sa source près de Mory (Pas-de-Calais), à 4 kil. N. de Bapaume, et se jette dans l'Escaut à Bouchain, après un cours de 62 kil.

* **SENSÉMENT** adv. D'une manière sensée, d'une manière judicieuse : il parle sensément.

SENSIBILISABLE adj. Qui peut être sensibilisé.

SENSIBILISATEUR, TRICE adj. Qui facilite la sensibilisation de la plaque photographique.

SENSIBILISATION s. f. Action de sensibiliser.

SENSIBILISER v. a. Rendre sensible à l'action de la lumière.

* **SENSIBILITÉ** s. f. (lat. sensibilitas). Qualité par laquelle un sujet est sensible aux impressions des objets : il est d'une grande sensibilité à toutes les impressions de l'air. — Se dit de même en parlant des choses morales : sa sensibilité sur le point d'honneur, sur tout ce qui regarde la réputation, est extrême. — Se dit, absol., des sentiments d'humanité, de pitié, de tendresse : il a beaucoup de sensibilité. — Phys. LA SENSIBILITÉ D'UNE BALANCE, D'UN THERMOMÈTRE, etc., la propriété qu'ont ces instruments de marquer les plus légères différences, les moindres variations.

* **SENSIBLE** adj. [san-si-ble] (lat. sensibilis). Qui se fait sentir, qui fait impression sur les sens : un objet sensible. — S'emploie aussi, fig, en parlant des choses morales.

<blockquote>Ce qu'entre à mon cœur le plus sensible,
Lisette, ce n'est pas son infidélité;
 COLLIN D'HARLEVILLE. L'Inconstant, acte III, sc. 1ʳᵉ. </blockquote>

— Qui a du sentiment, qui reçoit aisément l'impression que font les objets : les êtres sensibles et des êtres inanimés. — S'emploie également au sens moral : sensible aux maux d'autrui.

<blockquote>Aux larmes de sa mère il a paru sensible.
 J. RACINE. La Thébaïde, acte II, sc. III. </blockquote>

<blockquote>On dit que, peu sensible aux charmes d'Hermione,
Mon rival porte ailleurs son cœur et sa couronne.
 J. RACINE. Andromaque, acte 1ᵉ, sc. 1ʳᵉ. </blockquote>

— C'EST SON ENDROIT SENSIBLE, SA PARTIE SENSIBLE, se dit en parlant des choses dont quelqu'un a plus été touché. — Qui est aisément ému, touché, attendri : un homme sensible. — Qui se fait apercevoir, qui se fait remarquer aisément : le flux de la mer n'est sensible que près des côtes. — Phys. CETTE BALANCE, CE THERMOMÈTRE, etc., EST SENSIBLE, cette balance, ce thermomètre, etc., marque les plus légères différences, les plus légères variations. — Mus. NOTE SENSIBLE, note qui est à un demi-ton au-dessous de la tonique : dans le ton d'ut, la note sensible est si. — Substantiv La sensible.

* **SENSIBLEMENT** adv. D'une manière sensible et perceptible : cela se connaît, se voit sensiblement. — D'une manière sensible, et qui affecte le cœur : il a été sensiblement touché de cette perte.

* **SENSIBLERIE** s. f. Sensibilité fausse et outrée, affectation de sensibilité : cette femme est ridicule par sa sensiblerie.

SENSITIF, IVE adj. Didact. Qui a la faculté de sentir : qui dit animal, dit sensitif. On dit de même : LA VERTU, LA FACULTÉ SENSITIVE.

* **SENSITIVE** s. f. Bot. Espèce d'arbrisseau du genre mimeuse, qu'on appelle ainsi parce que, dès qu'on la touche, elle replie ses feuilles. (Voy. MIMOSA.)

* **SENSORIAL, IALE, IAUX** adj. [sain-]. Qui appartient au sensorium : fonctions sensoriales.

* **SENSORIUM** s. m. [sain-so-ri-omm] (mot lat. formé de *sensus*, sens). Didact. Le point, la partie du cerveau que l'on suppose être le centre commun de toutes les sensations.

SENSUALISER v. a. [san-]. Attribuer aux sens.

* **SENSUALISME** s. m. Philos. Système dans lequel on fait dériver des sensations tous les autres phénomènes intellectuels : *le sensualisme de Condillac.*

* **SENSUALISTE** adj. Qui appartient au sensualisme. — Substantiv. Partisan du sensualisme : *les sensualistes.* — Démocrite, Leucippe, Epicure, Lucrèce, Gassendi, Condillac, Helvétius, Broussais, Cabanis sont les plus connus des sensualistes.

* **SENSUALITÉ** s. f. Attachement aux plaisirs des sens : *vivre avec sensualité.* — pl. Plaisirs sensuels : *il se livre aux sensualités les plus recherchées.*

* **SENSUEL, ELLE** adj. Voluptueux, fort attaché aux plaisirs des sens : *c'est un homme sensuel.* — Qui flatte les sens : *les plaisirs sensuels.* — On dit également, LES APPÉTITS SENSUELS.—S'emploie quelquefois, substantiv., en parlant des personnes : *les privations qu'éprouvent les sensuels.*

* **SENSUELLEMENT** adv. D'une manière sensuelle : *c'est un homme qui vit fort sensuellement.*

* **SENTE** s. f. Voy. SENTIER.

* **SENTENCE** s. f. [san-tan-se] (lat. *sententia*). Dit mémorable, apophthegme, maxime qui renferme un grand sens, une belle moralité: *les proverbes de Salomon sont autant de sentences.* — Prov. NE PARLER QUE PAR SENTENCES, affecter de parler gravement, et à tout propos des moralités générales. — Jugement rendu par des juges inférieurs : *sentence contradictoire.* Peu usité aujourd'hui dans le langage de la jurisprudence; on dit presque toujours, JUGEMENT; mais, dans le langage ordinaire, il est souvent employé, particulièrement lorsqu'il s'agit d'un jugement qui prononce la peine capitale : *une sentence de mort.* —Se dit aussi des jugements rendus dans les différents degrés de la juridiction ecclésiastique, et dont l'appel est toujours recevable, à moins qu'il n'y ait trois sentences conformes : *sentence du primat, de l'évêque.* — En parlant de quelques tribunaux des pays étrangers, se dit de toutes les décisions, de tous les jugements qui s'y rendent : *les sentences de la rote.* — Jugement de Dieu contre les pécheurs : *les pécheurs recevront leur sentence au jour du jugement.*

* **SENTENCIER** v. a. Condamner quelqu'un par une sentence. Ne se disait qu'en matière criminelle, et n'était guère d'usage qu'au . participe et aux temps qui en sont formés : *il a été sentencié.*

* **SENTENCIEUSEMENT** adv. D'une manière sentencieuse : *parler sentencieusement.* Se prend ordinairement en mauvaise part et ironiquement.

* **SENTENCIEUX, EUSE** adj. Qui contient des maximes, des traits remarquables : *discours sentencieux.*— Se dit aussi des personnes qui s'expliquent ordinairement par sentences, par maximes: *écrivain sentencieux.* — UN TON SENTENCIEUX, un ton qui annonce une affectation de gravité : *il parle toujours d'un ton sentencieux.*

* **SENTÈNE** s. f. Voy. CENTAINE.

* **SENTEUR** s. f. Odeur, ce qui frappe l'odorat : *la rose a une senteur agréable.* (Vieux.) — Parfum, composition qui rend une odeur agréable : *des eaux de senteur.* AIMER LES SENTEURS. PORTER DES SENTEURS. Ces deux dernières phrases vieillissent; on dit plus ordinairement AIMER LES ODEURS, PORTER DES ODEURS.

---

* **SENTI, IE** part. passé de SENTIR. — CELA EST BIEN SENTI, CELA EST SENTI, cela est rendu, exprimé avec vérité, avec âme. — Autrefois on disait *sentu* au lieu de *senti.*

> Les oiseaux qui tant se sont teus,
> Pour l'hyver qu'ils ont tous *sentus.*
>
> Roman de la Rose.

SENTIENS, *Santii*, peuple de la Gaule, qui avait pour ville principale Sanitium (Senez) et Dinia (Digne).

* **SENTIER** s. m. [san-tié] (lat. *semita*). Chemin étroit à travers des champs, des bois, etc. : *il y a un sentier qui abrège le chemin.* — Fig. *Suivre les sentiers de la vertu.*

* **SENTIMENT** s. m. (lat. *sensus*). Perception de l'âme à des objets, par le moyen des sens : *sentiment douloureux.* — Faculté qu'a l'âme de recevoir l'impression des objets par les sens : *avoir le sentiment exquis, vif, prompt, délicat.* — Faculté que nous avons de connaître, de comprendre, d'apprécier certaines choses sans le secours du raisonnement, de l'observation ou de l'expérience, et qui est en nous comme une sorte de tact ou d'instinct naturel : *il y a des choses que nous ne connaissons que par sentiment.* — JUGER PAR SENTIMENT, juger d'un ouvrage d'esprit, ou d'un ouvrage de l'art par l'impression qu'on en reçoit. — Sensibilité physique : *il n'y a plus de sentiment dans son bras.*

> Je le pris tout sanglant ; en baignant son visage,
> Mes pleurs du *sentiment* lui rendirent l'usage.
>
> Athalie, acte Iᵉʳ, sc. u.

— Se dit en outre des affections, des passions, et de tous les mouvements de l'âme : *sentiment d'honneur, de probité.*

> Les sentiments humains, mon frère, que voilà !
>
> Tartufe, acte Iᵉʳ, sc. vi.

— Absol. AVOIR DES SENTIMENTS, avoir des sentiments d'honneur, de générosité, de probité, etc. ETRE CAPABLE DE SENTIMENT, SE PIQUER DE SENTIMENT, avoir l'âme sensible, délicate, se piquer de sensibilité, de délicatesse d'âme. — SENTIMENTS NATURELS, certains mouvements qui sont inspirés par la nature : *la tendresse des pères envers leurs enfants, et celle des enfants envers leurs pères, sont des sentiments naturels.* — POUSSER LES BEAUX SENTIMENTS, affecter de dire des galanteries recherchées, d'exprimer des sentiments passionnés. — Sensibilité morale, disposition à être facilement ému, touché, attendri : *cet homme se pique de sentiment.* — TRAIT DE SENTIMENT, VERS DE SENTIMENT, trait, vers qui exprime un mouvement du cœur. — Opinion qu'on a de quelque chose, ce qu'on en pense, ce qu'on en juge : *je ne suis pas de son sentiment.*

> Je ne demande pas ton *sentiment*, bavard.
>
> COLLIN D'HARLEVILLE. L'Inconstant, acte III, sc. xIII.

* **SENTIMENTAL, ALE, AUX** adj. Où il y a du sentiment, qui annonce du sentiment. Il ne s'emploie guère qu'ironiquement : *un ton sentimental.* — Se dit aussi des personnes qui affectent une grande sensibilité : *un homme sentimental.*

* **SENTIMENTALEMENT** adv. D'une manière sentimentale.

> Le chapeau sur l'oreille et la canne à la main,
> *Sentimentalement* je poursuis mon chemin.

SENTIMENTALISME s. m. Affectation de sentiment. — Genre sentimental.

SENTIMENTALISTE adj. Qui a rapport au sentimentalisme.

* **SENTIMENTALITÉ** s. f. Affectation de sentiment : *il y a dans son roman plus de sentimentalité que de vraie passion.*

* **SENTINE** s. f. [san-ti-ne] (lat. *sentina*). Mar. Partie basse de l'intérieur d'un navire, dans laquelle les eaux s'amassent et croupissent : *il faut avoir soin de nettoyer la sentine.* — Fig. C'EST LA SENTINE DE TOUS LES

VICES, se dit d'un lieu où se rassemblent toutes sortes de gens de très mauvaise conduite. On dit, dans un sens anal., CET HOMME EST UNE SENTINE DE VICES.

* **SENTINELLE** s. f. [san-ti-nè-le] (ital. *sentinella*). Soldat qui fait le guet pour la garde d'un camp, d'une place, d'un palais, etc., et qui est détaché pour cela d'un corps, d'un poste de gens de guerre : *poser la sentinelle.* Quelques poètes ont fait SENTINELLE masculin : *vigilant sentinelle.* — SENTINELLE PERDUE, soldat placé dans un poste avancé, et par conséquent dangereux. — Fonction de la sentinelle : *faire sentinelle.* — METTRE QUELQU'UN EN SENTINELLE, le mettre dans un endroit où il puisse observer ce qui se passe. — FAIRE SENTINELLE, attendre, guetter : *j'ai fait sentinelle pendant une heure pour vous voir passer.* — RELEVER QUELQU'UN DE SENTINELLE, lui reprocher vivement la faute où il est tombé. — ᴠ Typogr. Lettre qui tombe accidentellement et qui se tient debout lorsqu'on lève une forme.

SENTINUM, ville de l'Italie ancienne (Ombrie). Les Romains sous les ordres de Fabius Rullianus y défirent les Ombriens, les Samnites et les Etrusques en 295 av. J.-C.

* **SENTIR** v. a. [san-tir] (lat. *sentire*). *Je sens, tu sens, il sent; nous sentons,* etc. *Je sentais. Je sentis. Je sentirai. Que je sente. Senti.* Recevoir quelque impression par le moyen des sens; éprouver en soi quelque chose d'agréable ou de pénible : *sentir le chaud, le froid.*

> Je *sentis* tout à coup un homicide acier
> Que le traître au mon sein a plongé tout entier.
>
> RACINE. Athalie.

— Ne se dit point des simples perceptions de la vue et de l'ouïe. — Absol. *La faculté de sentir.* — Se dit également en parlant des différentes affections que l'âme éprouve : *il a senti une grande joie de la nouvelle qu'il a reçue.* — Etre ému, touché, affecté de quelque chose d'extérieur : *il sent comme il doit le bien qu'on lui fait.* — SENTIR QUELQUE CHOSE POUR QUELQU'UN, l'aimer, être disposé à l'aimer : *je ne sens rien pour elle.* — Flairer : *sentir une rose.* — Fig. et fam. JE NE PUIS PAS SENTIR CET HOMME-LA, j'ai pour lui beaucoup de répugnance, d'aversion. On dit mieux, JE NE PUIS SOUFFRIR CET HOMME-LA. — Exhaler, répandre une certaine odeur : *cela sent le brûlé.* — Se dit, dans un sens anal., du goût, de la saveur d'un aliment ou d'une boisson : *cette soupe ne sent rien.* — Fig. et fam. CELA NE SENT PAS BON, se dit d'une affaire qui prend une mauvaise tournure, qui peut avoir des suites fâcheuses. — S'apercevoir, connaître : *je sens bien qu'on me trompe.* — JE LE SENTIS VENIR DE LOIN, je connus, je pénétrai où il en voulait venir. — SENTIR DE LOIN, découvrir, prévoir les choses de loin — Fig. CET HOMME SENT LE TERROIR, il a les défauts qu'on attribue aux gens du pays d'où il est. SENTIR LE TERROIR, se dit de même des ouvrages d'esprit, quand ils ont des défauts qu'on peut attribuer aux habitudes du pays où l'auteur a vécu. — Fig. et fam. CETTE CHANSON SENT LE CORPS DE GARDE, se dit d'une chanson libre ou grossière. — CETTE ACTION SENT LE GIBET, LA ROUE, LA HART, LES COUPS DE BATON, celui qui l'a commise court risque d'être pendu, roué, bâtonné. — Fig. CET OUVRAGE SENT L'HUILE, SENT LA LAMPE, il paraît avoir coûté beaucoup de veilles, beaucoup de travail à son auteur. — Avoir les qualités, les manières, l'air, l'apparence de : *il sent l'enfant de bonne maison.*

> Pourquoi tant de parfums à table,
> Quand le repas est affamé ?
> Ne point manger être embaumé :
> Cela me *sent* le mort en diable.
>
> La HONNOYE.

— Sentir v. n. Exhaler une certaine odeur : *cela sent trop fort.* — Absol. *Cette viande*

commence à sentir. — Impers. *Il sent bon.*
— **Se sentir** v. pr. Connaître, sentir en quel état, en quelle disposition on est : *je me sens bien, je ne suis pas si malade qu'on croit.* — Se sentir, se bien sentir, connaître bien les qualités, les forces, les ressources qu'on a, ou ce que l'on a droit d'exiger à raison de son rang, de son mérite : *il se sentait bien, quand il a entrepris une affaire si difficile.* — Ce jeune homme, cette jeune fille commence a se sentir, commence à éprouver les premières impressions de la puberté. — Se sentir de quelque chose, sentir, éprouver quelque chose : *depuis quand commence-t-il à se sentir de la goutte?* — Se sentir de quelque mal, de quelque bien, en avoir quelque reste : *il a eu une fièvre quarte dont il se sent encore.* — Ne pas se sentir de joie, être si pénétré, si occupé de sa joie, que l'on perd tout autre sentiment.

> A ces mots, le corbeau ne se sent pas de joie.
> La Fontaine.

— Avoir part au bien ou au mal : *s'il y a du bien ou du mal, il s'en sentira.*

* **SEOIR** v. n. [souar] (lat. *sedere*). Être assis. Il n'est plus guère en usage qu'à ses participes *séant* et *sis*. (Voy. Séant et Sis.) — S'employait autrefois avec le pronom personnel, Se seoir; mais il a également vieilli : on dit, S'asseoir. Quelquefois on dit encore, en poésie et dans le langage familier, Sieds-toi.

* **SEOIR** v. n. (souar). Être convenable à la personne, à la condition, au lieu, au temps, etc. Ce verbe, dont l'infinitif n'est plus en usage, ne s'emploie que dans certains temps, et toujours à la troisième personne du singulier ou du pluriel; *il sied, ils siéent, il seyait, il siérait, il siéra.* Il n'a point de temps composés. S'emploie aussi au participe présent : *ces couleurs vous seyant si bien, vous devez les préférer à d'autres.* — Impers. *Il sied mal à un homme en place d'être léger dans ses discours.*

SEP s. m. [sèpp]. Pièce de bois dans laquelle le soc de la charrue est emboîté.

SÉPALE, s. m. (lat. *separ*, divisé). Bot. Nom scientifique des folioles du calice.

SÉPALOÏDE adj. (fr. *sépale*; gr. *eidos*, aspect). Bot. En forme de sépale.

* **SÉPARABLE** adj. (fr. *séparer*). Qui peut se séparer : *il n'y a pas de corps dont les parties ne soient séparables.*

SÉPARATEUR, TRICE adj. Qui a la propriété de séparer.

SÉPARATIF, IVE adj. Qui produit, qui opère la séparation.

* **SÉPARATION** s. t. (lat. *separatio*). Action de séparer, ou le résultat de cette action ; *ce fossé fait la séparation des deux héritages.* — La chose même qui sépare. Ainsi on dit, Il faut ôter cette séparation, il faut ôter cette cloison, cette haie, cette planche qui fait la séparation. — Chim. La séparation des métaux, l'opération par laquelle on sépare des métaux qui étaient mêlés ensemble. — Fig. Mur de séparation, cause, division, sujet d'inimitié : *cet intérêt est un mur de séparation, élève un mur de séparation entre les deux frères, entre les deux familles.* — Jurispr. Séparation de corps entre mari et femme, jugement ou l'arrêt par lequel il est permis à un mari de ne plus habiter avec sa femme, et à une femme de ne plus habiter avec son mari. Séparation de biens contractuelle, stipulation du mariage suivant laquelle il n'y a pas communauté de biens; et, Séparation de biens par jugement, arrêt qui rompt cette communauté : *demande, action en séparation de biens.* « Sous l'ancien droit, la loi religieuse rendait le mariage indissoluble; mais on pouvait, par l'un des nombreux

moyens canoniques, en faire prononcer la nullité par les juges ecclésiastiques. La femme avait aussi la faculté de demander aux tribunaux la *séparation de corps et d'habitation*, dans le cas où son mari se livrait envers elle à des sévices donnant lieu de craindre pour la vie. La femme pouvait encore demander seulement la séparation de biens, pour cause de péril de sa dot ou pour mauvaise administration du mari. La séparation de corps entraînait de plein droit la séparation de biens; et les effets des deux séparations étaient plus ou moins étendus suivant les dispositions de la coutume locale. — La *séparation de corps* fut interdite par la loi des 20-25 septembre 1792 qui a institué le divorce en France (voy. Divorce); mais elle fut rétablie en l'an XI par le Code civil; et pendant toute la longue période écoulée depuis la loi du 8 mai 1816 qui a aboli le divorce jusqu'à celle du 27 juillet 1884 qui l'a rétabli (voy. Mariage), elle a été l'unique et insuffisant recours accordé à l'époux trompé ou maltraité. Cette dernière loi a introduit diverses modifications aux articles du Code civil concernant la séparation de corps. Chacun des époux peut former une demande en séparation de corps pour les causes qui donnent lieu à une demande en divorce, savoir : 1° dans le cas d'adultère du conjoint; 2° lorsqu'il y a eu excès, sévices ou injures graves de l'un des époux envers l'autre ; 3° dans le cas où l'autre époux a été condamné à une peine afflictive et infamante. La séparation de corps emporte toujours la séparation de biens (C. civ. 306 et s.; C. pr. 875 et s.). Elle produit d'autres effets qui sont les suivants : la femme est libre d'avoir un domicile autre que celui de son mari; les enfants sont confiés à celui des époux qui a obtenu la séparation, sauf au tribunal à en disposer autrement; l'époux contre lequel la séparation a été prononcée perd son droit aux avantages que l'autre époux lui avait faits (C. civ. 299 et s.) et même au préciput que le père peut désavouer l'enfant dont sa femme vient à accoucher après la séparation. (Voy. Désaveu.) Mais la séparation n'a pas tous les effets du divorce. Après la séparation, le mariage subsiste, les époux conservent le droit de se réunir par un consentement mutuel et sans nouveau mariage; ils ne cessent de se devoir mutuellement fidélité et assistance; ils sont aptes à recueillir la succession l'un de l'autre, à défaut de parents au degré successible; ils conservent leur droit à la jouissance légale des biens de leurs enfants âgés de moins de 18 ans; enfin la femme séparée est toujours tenue à demander l'autorisation du mari pour aliéner ses immeubles et pour tout autre acte que ceux de simple administration. Lorsque la séparation de corps a duré trois ans, le jugement qui l'a prononcée peut être converti en jugement de divorce, sur la demande de l'un des époux (C. civ. 310 modifié). — La séparation de biens entre les époux est ou *contractuelle* ou *judiciaire*. Lorsque ce régime a été stipulé par le contrat de mariage, la femme conserve, pendant la durée du mariage, l'entière administration de ses biens meubles et immeubles et la jouissance libre de ses revenus; mais, dans aucun cas, elle ne peut aliéner ses immeubles sans le consentement donné par son mari pour chaque aliénation, ou, s'il le refuse, sans une autorisation de justice. Si le contrat de mariage n'a pas fixé la part que chaque époux doit prendre aux charges du ménage, la femme y contribue jusqu'à concurrence du tiers de ses revenus. (C. civ. 1536 et s.). La séparation de biens judiciaire ne peut être demandée que par la femme et seulement dans les cas suivants : 1° lorsque la dot est en péril; et 2° lorsque le désordre des affaires du mari donne lieu de

craindre que ses biens deviennent insuffisants pour remplir les droits et reprises de la femme. La demande ne peut être formée sans une autorisation préalable que le président du tribunal accorde sur requête; et cette demande doit, à peine de nullité, être rendue publique dans les formes prescrites par le Code de procédure civile. Le mari et ses créanciers peuvent contredire à la demande formée par la femme. Le jugement qui prononce la séparation est rendu public ; et il doit être ensuite, dans la quinzaine de sa date, mis à exécution par le paiement de ses droits fait à la femme, ou au moins par des poursuites commencées dans ce délai et non interrompues; le tout à peine de nullité dudit jugement. L'effet de la séparation prononcée remonte au jour de la demande; et la communauté qui pouvait exister entre les époux est considérée comme dissoute depuis la date de cette demande. Toutefois, la séparation de biens qui résulte d'un jugement prononçant la séparation de corps ne remonte pas au delà de ce jugement. La femme séparée de biens judiciairement a les mêmes droits que celle dont la séparation a été établie dans le contrat de mariage; et elle doit contribuer, dans la proportion de ses facultés et de celles de son mari, à toutes les charges du ménage et à l'entretien des enfants communs. Les époux séparés de biens judiciairement ont la faculté de rétablir, d'un commun accord et par un acte notarié rendu public, la communauté que la séparation a dissoute, et cette communauté reprend alors son effet du jour du mariage (C. civ. 1443 et s.; C. pr. 865 et s.). — On nomme *séparation des patrimoines* une mesure conservatoire qui a pour but d'empêcher la confusion des biens d'une succession avec ceux de l'héritier. Cette séparation peut être demandée par les créanciers de la succession et par les légataires; mais les créanciers de l'héritier ne sont pas admis à la demander contre ceux de la succession. Pour ce qui concerne les meubles, la séparation des patrimoines doit être demandée dans le délai de trois ans à compter du jour de l'ouverture de la succession; mais, à l'égard des immeubles, l'action peut être exercée tant qu'ils existent dans la main de l'héritier (C. civ. 878 et s.). L'acceptation de la succession sous bénéfice d'inventaire entraîne de plein droit la séparation des patrimoines (id. 802). »   (Ch. Y.)

* **SÉPARATISTE** s. m. Qui se sépare d'un État, d'une confédération dont il faisait partie : *les séparatistes en Amérique soutinrent une guerre contre le gouvernement de l'Union.* — Adjectiv. *État séparatiste.*

SÉPARATOIRE s. m. Chim. Vase dont on se sert pour opérer la séparation des liqueurs.

SÉPARÉ, ÉE part. passé de Séparer. Partagé. — Équit. Mener un cheval les rênes séparées, le guider en tenant une rêne de chaque main. — Adjectiv. Différent, distinct: *ils n'habitent point ensemble, ils ont des logements séparés.*

* **SÉPARÉMENT** adv. A part l'un de l'autre: *ils sont leur ordinaire séparément.*

* **SÉPARER** v. a. (lat. *separare*). Désunir des parties d'un même tout, qui étaient jointes : *un seul coup lui sépara la tête du corps.* — Se dit aussi en parlant des choses qui étaient mal rangées, et qu'on n'a fait qu'ôter les unes d'auprès des autres, pour les mettre dans un meilleur ordre : *voilà des livres qu'on a mis pêle-mêle, il faut les séparer et les ranger par ordre de matières.* — Se dit également en parlant de certaines choses de différente espèce, pour établir sans distinction les unes avec les autres : *séparer dans la cave le vin vieux du nouveau.* — Diviser un corps, un tout par quelque chose qu'on place entre ses parties : *séparer une cour en deux par un

mur. — Se dit, dans le même sens, de ce qui fait une séparation entre deux choses : *le mur qui sépare ces deux maisons.* — On le dit quelquefois au figuré : *la ligne qui sépare le naïf du trivial, le sublime du boursouflé,* etc. — CETTE RIVIÈRE SÉPARE CES DEUX PROVINCES; LES PYRÉNÉES SÉPARENT LA FRANCE DE L'ESPAGNE, etc., cette rivière sert de bornes communes à ces deux provinces; les Pyrénées servent de bornes communes à la France et à l'Espagne, etc. — Partager : *séparer les cheveux sur le front.* — Considérer à part, mettre à part : *peu de gens savent séparer l'homme de son vêtement.* — Rendre distinct : *la raison sépare l'homme de tous les animaux.* — Faire que des personnes, des animaux, des choses ne soient plus ensemble : *la fortune, l'absence, la mort les a séparés.* — SÉPARER DEUX HOMMES, DEUX ANIMAUX, etc., QUI SE BATTENT, faire cesser leur combat, en les éloignant l'un de l'autre : *séparez-les, ils vont se tuer.* — SÉPARER DEUX AMIS, faire cesser leur amitié : *on travaillerait en vain à le séparer d'avec moi.* — Jurispr. SÉPARER DE BIENS UN MARI ET UNE FEMME, ordonner en justice qu'il n'y aura plus entre eux de communauté de biens; et, LES SÉPARER DE CORPS, ordonner en justice qu'ils n'habiteront plus ensemble. — SE MARIER SÉPARÉS DE BIENS, convenir, par le contrat de mariage, qu'il n'y aura point de communauté de biens entre les époux. — Vénerie. SÉPARER LES QUÊTES, distribuer aux valets de limier une forêt par cantons, pour y détourner le cerf. — Se séparer v. pr. Se partager. — Se dit, particul., d'un corps, d'une compagnie régulière qui cesse de rester assemblée, ou de tenir ses séances, par quelque cause que ce soit : *immédiatement après cette délibération, l'assemblée se sépara.* — L'ARMÉE SE SÉPARA, elle cessa de tenir la campagne, et les divers corps retournèrent dans leurs quartiers, dans leurs cantonnements, etc. — Jurispr. SE SÉPARER DE CORPS OU DE BIENS, se dit lorsqu'un mari ou une femme obtient en justice sa séparation de corps ou de biens d'avec son conjoint. — Vénerie. LE CERF CHERCHE PAR DES BONDS A SE SÉPARER DE SA VOIE, ou simpl., A SE SÉPARER, à interrompre la trace, les émanations odorantes qui dirigent les chiens.

* **SÉPIA** s. f. Nom latin de la seche. Se dit, en français, de la matière colorante noire que répand cet animal, et qui sert pour le dessin au lavis : *un dessin lavé à la sépia.* — Les anciens se servaient de la sépia comme d'encre. La plus recherchée des différentes espèces qui fournissent ce colorant est la *sépia officinalis* de la Méditerranée. On prépare la sépia naturelle desséchée pour les peintres en la faisant bouillir dans un caustique et en neutralisant avec un acide.

* **SEPS** s. m. [sèpss] (mot lat. tiré du gr. *sèps;* de *sèpein,* pourrir). Hist. nat. Lézard scincoïdien (*seps chalcides*), dont les jambes et les pieds sont si courts et si peu apparents, qu'il ressemble à un serpent.

* **SEPT** adj. num. [*se* devant une consonne : *sept femmes,* sè-fa-; sètt devant une voyelle : *sept ennemis,* sè-tè-ne-; sètt quand le mot n'est suivi d'aucun autre : *nous étions sept,* latt. *septem*). Nombre impair qui suit immédiatement le nombre six : *les sept sages de la Grèce.* — Septième : *page sept; Charles sept.* On écrit plus ordinairement, *Charles VII.* — s. m. *Sept multiplié par trois donne vingt et un.* On dit de même. LE NOMBRE SEPT. — LE SEPT DU MOIS, le septième jour du mois. *Sa lettre est datée du sept, est du sept; le sept juin dernier.* (Voy. SEPTIÈME.) — Caractère qui marque en chiffre le nombre sept : *le chiffre sept* (7). — Jeu de cartes. Une carte marquée de sept points : *le sept de cœur manque à ce jeu.* — Guerre de Sept ans. Guerre entre les grandes puissances européennes, qui dura de 1756 à 1763, et s'étendit sur les trois quarts du globe. L'impéra-

trice Marie-Thérèse, bien que contrainte par le traité de Dresde (1745) de confirmer Frédéric le Grand dans la possession de la Silésie, n'avait pas abandonné l'espoir de la recouvrer. Elle se concilia la cour de France en flattant Mme de Pompadour. George II d'Angleterre, déjà en guerre avec la France, conclut, pour protéger ses Etats du Hanovre, une alliance avec Frédéric. Elisabeth de Russie, que Frédéric avait blessée de ses satires, Auguste III de Pologne et de Saxe, la masse des États allemands et la Suède se joignirent à l'Autriche et à la France. Les principaux événements de cette lutte en Europe ont été rappelés dans l'article consacré à FRÉDÉRIC II. La Saxe, la Bohême, la Silésie et le Brandebourg furent les principaux théâtres de la guerre. C'est là que le roi de Prusse, secondé par son frère le prince Henri, par Schwerin, Seydlitz, Ziethen, etc., eut pour adversaires les Autrichiens Daun, Laudon, Browne, Charles de Lorraine, et les généraux russes Apraxin, Fermor, Soltikoff et Tchernitcheff. Dans l'O. de l'Allemagne, où le duc de Cumberland se montra incapable de résister aux Français, la gloire des armes prussiennes fut soutenue par le duc Ferdinand de Brunswick contre Soubise, Broglie et d'autres à Crefeld (23 juin 1758), à Minden (1er août 1759) et ailleurs. Cependant Frédéric était sur le point d'être accablé lorsque la mort d'Elisabeth le sauva (5 janv. 1762). La France, bien que victorieuse en Amérique au début, fut dépouillée de sa puissance coloniale. Elle perdit successivement Louisbourg (1758), Québec (1759), la Guadeloupe (1759), la Martinique (1762) et d'autres îles des Antilles. Hawke battit la flotte française à la hauteur de Quiberon en 1759, et Belle-Isle fut prise en 1761. Clive abattit la puissance française dans l'Inde. Sur la côte africaine, les Anglais furent également heureux. En vain Choiseul conclut-il, en 1761, le « pacte de famille » qui unit les différentes branches de la maison de Bourbon. Pendant que Charles III d'Espagne attaquait sans succès le Portugal, les Anglais s'emparaient de la Havane (1762) et des Philippines. La guerre se termina par le traité de Paris (10 fév. 1763) entre l'Angleterre, la France et l'Espagne, dont les préliminaires avaient été signés le 3 nov. 1762, et par celui de Hubertsbourg (15 fév. 1763) entre la Prusse et l'Autriche. La Silésie resta à Frédéric. L'Angleterre garda le Canada et une partie des îles conquises aux Antilles et sur le Sénégal; elle acquit en outre la Floride de l'Espagne à laquelle la France céda, comme compensation, la Louisiane.

SEPTAIN s. m. [sè-tain] (fr. *sept*). Littér. Pièce, stance, strophe ou couplet de sept vers.

SEPTAINE s. f. [sè-tè-ne]. Nombre de sept ou environ : *une septaine de mouchoirs.*

* **SEPTANTE** adj. num. [sè-ptan-te] (lat. *septuaginta*). Soixante et dix, nombre composé de sept dizaines. (Vieux.) — Substantiv. LES SEPTANTE, les soixante et dix interprètes qui, suivant l'opinion commune, traduisirent d'hébreu en grec, par ordre de Ptolémée Philadelphe, roi d'Égypte, les livres de l'Ancien Testament : *la version des Septante.*

SEPTANTIÈME adj. [sè-ptan-ti-è-me]. Qui occupe le rang marqué par le nombre soixantedix. On dit mieux SOIXANTE-DIXIÈME.

SEPTEMBRAL, ALE adj. [sè-ptan-]. Qui a rapport au mois de septembre.

* **SEPTEMBRE** s. m. [sè-ptan-bre] (lat. *september*). Le mois qui était le septième de l'année, quand elle commençait au mois de mars, et qui est maintenant le neuvième : *l'automne commence le 21 ou le 22 septembre.* — Quatre-Septembre. On appelle de ce nom la révolution que l'on pourrait qualifier de pacifique et qui eut pour résultat de subs-

tituer au régime impérial le gouvernement de la Défense nationale dans la journée du 4 sept. 1870. — Ce jour-là, la déchéance fut proposée au Corps législatif par Jules Favre et fut proclamée aux applaudissements du peuple. (Voy. FRANCE.) Dans la soirée, le Sénat fut dissous sans résistance, et l'impératrice prit la fuite.

SEPTEMBRISADES s. f. pl. [sè-ptan-briza-de]. Nom donné quelquefois aux événements plus connus sous le nom de MASSACRES DE SEPTEMBRE.

* **SEPTEMBRISEUR** s. m. [sè-ptan-bri-zeur]. Auteur des massacres des 2, 3, 4 et 5 septembre 1792. (Voy. FRANCE.)

SEPTEMVIR s. m. [sè-ptèmm-vir] (lat. *septem, sept; vir,* homme). Antiq. rom. Nom donné à chacun des prêtres qui étaient chargés de surveiller les banquets offerts aux dieux ou donnés à la suite des jeux publics.

* **SEPTÉNAIRE** adj. [sè-ptè-nè-re] (lat. *septenarius*). Qui vaut, qui contient sept : *nombre septénaire.* — s. m. Un des espaces de la vie de l'homme, quand on en divise tout le cours en plusieurs parties, chacune de sept ans, à compter du jour de la naissance : *premier septénaire.*

* **SEPTENNAL, ALE, AUX** adj. [sè-ptènn-nal] (lat. *septennalis*). Qui arrive ou qui est renouvelé tous les sept ans : *l'année sabbatique des Juifs était septennale; assemblée, chambre septennale.*

* **SEPTENNALITÉ** s. f. [sè-ptènn-na-]. Se dit en parlant des assemblées politiques dont la durée est de sept ans : *la septennalité d'une chambre législative.*

SEPTENNAT s. m. [sè-ptènn-na]. Gouvernement d'une durée de sept ans. On désigne particulièrement sous ce nom le mode de gouvernement voté par l'Assemblée nationale, dans la nuit du 20 oct. 1873. (Voy. FRANCE.)

* **SEPTENTRION** s. m. [sè-ptan-tri-on] (lat. *septentrio,* pôle arctique; de *septem,* sept; *triones,* étoiles de la Grande Ourse). Le nord, celui des pôles du monde qui dans nos climats est élevé sur l'horizon : *l'aiguille aimantée se tourne toujours du côté du septentrion, vers le pôle du septentrion.* — CE PAYS EST AU SEPTENTRION DE TEL AUTRE, il est plus proche du septentrion que cet autre pays : *l'Angleterre est au septentrion de la Normandie.* — On dit plus ordin., CE PAYS EST AU NORD DE TEL AUTRE. — Astron. Constellation que l'on appelle plus communément LA PETITE OURSE.

* **SEPTENTRIONAL, ALE, AUX** adj. Qui est du côté du septentrion : *le pôle septentrional.* — Substantiv. Les Septentrionaux.

SEPT-ET-LE-VA s. m. [sè-tè-le-va]. Jeu de cartes. Sept fois la première mise.

SEPTFONS ou **Sept-Fonts** [sè-fon], comm. du cant. de Dompierre, à 23 kil. E. de Moulins (Allier). Ancienne abbaye de l'ordre de Cîteaux, fondée en 1152 et reconstruite au XVII° siècle; aujourd'hui colonie agricole très prospère dirigée par les trappistes. Elle doit son nom à sept sources qui se trouvent en cet endroit.

SEPTICÉMIE s. f. (fr. *septique;* gr. *aima,* sang). Pathol. Altération du sang par les matières putrides.

SEPTICITÉ s. f. [sè-pti-]. Caractère de ce qui est septique.

* **SEPTIDI** s. m. [sè-pti-] (lat. *septimus dies*). Le septième jour de la décade, dans le calendrier républicain.

* **SEPTIÈME** adj. [sè-tiè-me]. Nombre ordinal, qui suit immédiatement le sixième : *le septième enfant.* — LA SEPTIÈME PARTIE D'UN TOUT, chaque partie d'un tout est sept ou que

l'on conçoit divisé en sept parties. — s. m. La septième jour d'une période, ou la septième partie d'un tout: *le septième du mois.* — CETTE FEMME EST DANS SON SEPTIÈME, OU DANS SON SEPT. elle est dans le septième mois de sa grossesse.—En parlant de certaines maladies, LE MALADE EST DANS SON SEPTIÈME OU DANS SON SEPT, DANS LE SEPT, il est dans le septième jour de sa maladie. — s. f. Jeu de piquet. Suite de sept cartes de même couleur : *une septième majeure, une septième de roi.* On dit plus ordin., DIX-SEPTIÈME. — Mus. Intervalle de deux sons différents, à distance l'un de l'autre de sept degrés, comme *ut si, ré ut, sol fa*, etc. *Il y a trois espèces de septième : la majeure*, comme ut *naturel et si naturel ; la mineure*, comme ut *naturel et si bémol ; et la diminuée*, comme ut *naturel et si double bémol.*

* SEPTIÈMEMENT adv. En septième lieu : *septièmement, je dis que...*

* SEPTIER s. m. [sè-tié]. Voy. SETIER.

SEPTIFÈRE adj. [sè-pti-] (lat. *septum*, cloison ; *fero*, je porte). Bot. Qui porte des cloisons.

SEPT-ÎLES, groupe de sept îles françaises de la Manche, près du rivage du département des Côtes-du-Nord, arr. de Lannion.

SEPTIMANIE, nom donné vers la chute de l'empire romain d'Occident, à un territoire comprenant les sept villes de Narbonne, Agde, Carcassonne, Maguelonne, Elne, Nîmes et Uzès, des Pyrénées au Rhône et des Cévennes à la Méditerranée. (Voy. LANGUEDOC.)

SEPTIME SÉVÈRE. Voy. SÉVÈRE.

SEPTIMO (mot lat.). Septièmement.

* SEPTIQUE adj. (gr. *séptikos*, corrompu). Méd. Qui produit de la putréfaction.—POISONS SEPTIQUES, poisons qui déterminent une décomposition du sang, des tissus et produisent des affections gangréneuses : *le charbon est un poison septique.* — Se dit aussi des topiques qui font pourrir les chairs sans causer beaucoup de douleur.

* SEPTUAGÉNAIRE adj. [sè-ptu-a-]. Âgé de soixante et dix ans : *il est septuagénaire.* — s. *Les septuagénaires sont exempts de certaines charges publiques.*

* SEPTUAGÉSIME s. f. [sè-ptu-a-jé-zi-me] (lat. *septuagesimus*, soixante-dixième). Le dimanche qui précède la Sexagésime, et qui est le troisième avant le premier dimanche de carême: *c'est aujourd'hui la Septuagésime.*

SEPTUAGÉSIMO adv. [sè-ptu-a-jé-zi-mo]. Soixante-dixièmement.

* SEPTULE s. f. [sè-ptu-] (dimin. du lat. *septum*, cloison). Bot. Petite cloison qui sépare les loges de l'anthère des orchidées.

SEPTUM s. m. [sè-ptomm] (lat. *septum*, enceinte). Hist. rom. Chacune des enceintes où le peuple se plaçait par curies, avant le vote.

* SEPTUOR s. m. [sè-ptu-or] (mot lat.). Mus. Morceau pour sept voix ou pour sept instruments.

* SEPTUPLE adj. [sè-ptu-] (lat. *septuplu*). Qui vaut sept fois autant : *quatorze est septuple de deux.* — s. m. *Il a tiré de cette entreprise le septuple de ce qu'il espérait.*

* SEPTUPLER v. a. Rendre sept fois plus grand, multiplier un nombre par sept.

* SÉPULCRAL, ALE, AUX adj. Qui appartient, qui a rapport au sépulcre : *inscription sépulcrale.* — CHAPELLE SÉPULCRALE, chapelle destinée à contenir des tombeaux, le cendre dans le genre funéraire ou sépulcral.—STATUE, FIGURE SÉPULCRALE, statue destinée à l'ornement d'un tombeau. — Fig. CET HOMME A UNE FIGURE SÉPULCRALE, sa figure est pâle, triste, sombre. — Fig. VOIX SÉPULCRALE, voix sourde,

comme serait celle qui sortirait d'un souterrain.—ORGANE SÉPULCRAL, l'organe de la voix, lorsqu'il est rauque et sourd.

* SÉPULCRE s. m. (lat. *sepulcrum*). Tombeau, monument, lieu particulier destiné pour y mettre un corps mort. Ne se dit plus, dans le style ordinaire, que pour signifier les tombeaux des anciens : *sépulcre souterrain.*

* SÉPULTURE s. f. (lat. *sepultura*). Inhumation : *les pyramides d'Égypte étaient destinées à la sépulture des rois.* — ÊTRE PRIVÉ DE SÉPULTURE, RESTER SANS SÉPULTURE, n'être point inhumé. — ÊTRE PRIVÉ DES HONNEURS DE LA SÉPULTURE, ou simpl., ÊTRE PRIVÉ DE LA SÉPULTURE, n'être pas inhumé avec les cérémonies convenables, usitées.—ÊTRE PRIVÉ DE LA SÉPULTURE ECCLÉSIASTIQUE, n'être point inhumé en terre sainte. — DROIT DE SÉPULTURE, droit qu'on a d'être enterré en tel lieu ; et, DROITS DE SÉPULTURE, ce qui est dû au curé ou à son église pour l'inhumation d'un mort. — Lieu où l'on enterre un corps mort : *cette famille a sa sépulture dans tel cimetière.* — Législ. « Aucune sépulture ne peut avoir lieu, à moins d'une autorisation spéciale du gouvernement, dans les églises, temples, synagogues, hôpitaux, chapelles publiques, et généralement dans les édifices clos et fermés où les citoyens se réunissent pour la célébration de leurs cultes, ainsi que dans l'enceinte des villes et bourgs. Il doit y avoir, hors de ces villes ou bourgs et à la distance de 35 m. au moins des habitations, des terrains spécialement consacrés à l'inhumation des morts. Toute personne peut être inhumée sur sa propriété, pourvu que cette propriété soit à la distance de 35 m. de l'enceinte des villes ou bourgs. Les lieux de sépulture, soit qu'ils appartiennent aux communes, soit qu'ils appartiennent à des particuliers, sont soumis à la police et à la surveillance des administrations municipales. Ces administrations sont spécialement chargées de maintenir l'exécution des lois et des règlements qui prohibent les exhumations non autorisées, et d'empêcher qu'il ne se commette dans les lieux de sépulture aucun désordre, ni aucun acte contraire au respect qui est dû à la mémoire des morts (Décr. 23 prairial an XII). Il n'est plus permis d'établir, dans les lieux de sépulture, des distinctions particulières à raison soit des croyances ou du culte du défunt, soit des circonstances qui ont accompagné sa mort (L. 14 nov. 1881; L. 5 avril 1884, art. 97, 4°). Aucune sépulture ne peut avoir lieu sans l'autorisation d'inhumer délivrée par l'officier de l'état civil (Décr. 6 thermidor an XIII; C. civ. 77). Les inscriptions placées sur les pierres tumulaires ou autres monuments funèbres doivent avoir été préalablement soumises à l'approbation du maire (Ord. 6 déc. 1843, art. 6). Quiconque s'est rendu coupable de violation de sépulture est puni d'un emprisonnement de trois mois à un an et d'une amende de 16 à 200 fr. (C. pén. 360). (Voy. CIMETIÈRE, CRÉMATION, INHUMATION, POMPES FUNÈBRES, etc.) »

(Cu. Y.)

SEPULVEDA (Juan-Gines de) [sé-poul'-vé-da], historien espagnol, né en 1490, mort en 1574. Il fut chapelain et historiographe de Charles V, et écrivit l'histoire de ce prince et de Philippe II, et celle des conquêtes espagnoles au Mexique. L'académie royale d'histoire de Madrid a publié ses œuvres (1780, 4 vol. in-4°).

SEQUANAIS ou Sequaniens, *Sequani*, puissant peuple celtique de la Gaule Belgique, répandu dans les pays appelés plus tard Franche-Comté et Bourgogne. Ils devaient leur nom à la *Sequana* (Seine) qui avait sa source sur leur frontière N.-E. Ville pr., Vesontio (Besançon).

SÉQUANAISE ou Séquanie (GRANDE),

Maxima Sequanorum, nom donné par les Romains au pays habité par les Séquanais.

SÉQUANIEN, IENNE adj. [sé-koua-ni-ain] (rad. lat. *Sequana*, Seine). Qui appartient à la Seine ou au bassin de la Seine : *climat séquanien.*

* SÉQUELLE s. f. Coll. [sé-kè-le] (lat. *sequela*, suite). Se dit par mépris d'un nombre de gens qui sont attachés au parti, aux sentiments, aux intérêts de quelqu'un : *je me moque de lui et de toute sa séquelle.* — Se dit quelquefois des choses : *cet homme est venu me faire une longue séquelle de questions ridicules.*

* SÉQUENCE s. f. [sé-kan-se] (lat. *sequentia*). Jeux de cartes. Suite de trois cartes au moins, de la même couleur et dans le rang que le jeu leur donne : elle prend son nom de la carte la plus haute : *séquence de roi de cœur.* — Arrangement particulier que chaque cartier a coutume de donner à ses jeux de cartes.

* SÉQUENCE s. f. Mus. Pièce de plain-chant en vers mesurés et rimés que l'on chante aux messes solennelles après le graduel et l'alléluia et que l'on appelle aussi PROSE.

* SÉQUESTRATION s. f. [sé-kè-stra-si-on]. Action par laquelle on séquestre ; état de ce qui est séquestré : *séquestration de biens...* La séquestration des personnes, lorsqu'elle n'est pas prescrite par la loi ou régulièrement ordonnée par les autorités, est un crime qui est puni plus ou moins rigoureusement selon les circonstances. (Voy. ARRESTATION.)

* SÉQUESTRE s. m. [sé-kè-stre] (lat. *sequestrum*). Jurispr. État d'une chose litigieuse remise en main tierce par ordre de justice, ou par convention des parties, jusqu'à ce qu'il soit réglé et jugé à qui elle appartiendra : *sequestre conventionnel.* — Se dit de même en parlant des personnes : *les parents demeurèrent d'accord de mettre cette fille en séquestre dans tel monastère, chez telle dame.* (Voy. SÉQUESTRER.) — Celui entre les mains de qui les choses sont mises en séquestre : *il faut choisir un sequestre solvable.* — Chose sequestrée : *on a mis un gardien infidèle qui a pillé le séquestre.* — Législ. « Le séquestre conventionnel est le dépôt fait par plusieurs d'une chose litigieuse, meuble ou immeuble, entre les mains d'un tiers, à charge par celui-ci de la conserver et de la rendre à la personne qui sera jugée y avoir droit. Ce séquestre est presque toujours gratuit; et il est soumis aux règles du dépôt volontaire. (Voy. DÉPÔT.) Le séquestre judiciaire est ordonné par justice et peut s'appliquer, comme le précédent, soit à des choses mobilières ou immobilières dont la propriété ou la possession est litigieuse, soit à des choses (autres que des sommes d'argent) qu'un débiteur offre à son créancier pour se libérer et que celui-ci refuse de recevoir, soit au cas où un usufruitier ne peut fournir caution de sa gestion. Il y a aussi séquestre judiciaire lorsqu'un huissier, après avoir procédé à une saisie mobilière, établit un gardien de cette saisie. Le gardien de ce dernier séquestre a droit à un salaire qui est fixé, suivant les communes, par le tarif civil (C. civ. 60°, 1956 et s.). Le sequestre des biens d'un condamné contumace, prescrit par l'article 471 du Code d'instruction criminelle, est confié à l'administration de l'enregistrement. (Voy. CONTUMACE.) »

(Cu. Y.)

* SÉQUESTRER v. a. Mettre quelque chose en séquestre : *les revenus furent séquestrés.* — Renfermer illégalement une personne; la mettre en chartre privée : *la loi inflige la peine des travaux forcés à ceux qui, sans ordre ni mandat de justice, ont arrêté, détenu ou séquestré des personnes quelconques.* — Écarter, séparer des personnes d'avec quelques autres : *c'est un homme fâcheux, il faut le séquestrer d'entre nous.* — Mettre à part, mettre de côté.

il avait séquestré les meilleurs effets, pour frauder les héritiers de sa femme.

* **SEQUIN** s. m. [se-kain] (ar. *sekkah*, coin; ital. *zecchino*; de *zecca*, hôtel des monnaies). Monnaie d'or qui a cours dans le Levant : *en Turquie, le sequin vaut environ neuf francs.* — Le sequin toscan vaut un peu plus de 10 fr. La valeur du sequin turc varie suivant l'époque où il a été frappé.

SEQUOIA s. m. [sé-ko-ia] (mot indien), nom botanique d'un genre de grands conifères abiétinés, à feuilles persistantes, qui ne contient que deux espèces, l'une et l'autre originaires des côtes américaines du Pacifique. La plus anciennement connue est le *bois rouge* (*redwood*) des Californiens, (*sequoia sempervirens*), découvert par Menzies en 1796, et nommé par Endlicher. Cet arbre se trouve au N. de la frontière de Mexique et jamais loin de la côte. Il atteint parfois un diamètre de

Groupe d'arbres mammouths.

5 m. et une hauteur de 100 m. Son bois est léger et d'un grain serré, mais peu fort; il ressemble beaucoup à celui du cèdre rouge, quoiqu'il soit plus foncé; il se fend avec une facilité remarquable, ce qui l'a souvent fait employer pour les palissades; on peut le débiter en planches et en chevrons sans le secours de la scie. Éminemment durable et inattaquable aux insectes, il sert aux constructions et à la menuiserie. — On dit qu'il sèche sans se contracter. — La seconde et seule autre espèce est le *sequoia gigantea* (Torrey), vulgairement connu sous les noms *d'arbre gigantesque de la Californie*, et *d'arbre mammouth*. Avant la découverte, relativement récente, de l'eucalyptus d'Australie, cet arbre était regardé comme le géant des végétaux; il a souvent 10 m. de diamètre, et de 90 m. à 173 m. de hauteur. Son écorce, qui a fréquemment 45 centim. d'épaisseur, est d'une couleur brune ou cannelle. Cet arbre n'a pas réussi dans les états de l'E., mais il croît remarquablement bien dans l'Europe occidentale, où on l'appelle *Wellingtonia* (Lindley) ou *sequoia Wellingtonia*.

* **SÉRAIL** s. m. [sé-raï; l mll.] (ital. *seraglio*). Nom particulièrement affecté au palais qu'habitent l'empereur des Turcs, les grands du pays, et plusieurs autres princes mahométans : *le sérail de Constantinople.* — Palais. Partie du palais où les femmes sont renfer-

mées, et dont le véritable nom est HAREM : *les eunuques du sérail.* — Par ext. Toutes les femmes qui sont dans le sérail, et leur suite : *le Grand Seigneur a marché, mais son sérail n'a pas suivi.* — Maison où quelqu'un tient des femmes de plaisir, et réunion même de ces femmes : *cette maison est un vrai sérail.*

SERAIN, rivière qui prend sa source dans le canton de Pouilly (Côte-d'Or), baigne Chablis, Ligny-le-Château et se jette dans l'Yonne à 42 kil. S.-E. de Joigny, après un cours de 140 kil.

SERAING [se-rin], ville de Belgique, à 3 kil. S.-O. de Liège; 31,000 hab. Mines de fer et de charbon; célèbres ateliers de vente et de construction de machines établis en 1816, par John Cockerill.

SERAMPORE [sé-ramm-poré], ville du Bengale, dans l'Inde, sur la rive occidentale du Hoogly, à 13 kil. N. de Calcutta, avec laquelle elle est reliée par un chemin de fer; 15,000 hab. Ce fut une colonie du Danemark, de 1676 à 1845. La grande industrie y est la fabrication du papier.

SÉRAN s. m. Sorte de peigne qui sert à sérancer le chanvre et le lin.

SÉRANÇAGE s. m. Action de sérancer le lin ou le chanvre. — Atelier où se fait ce travail.

SÉRANCER v. a. Agric. Diviser la filasse du lin ou du chanvre après qu'elle a été séparée de la chènevotte.

* **SÉRANCOLIN** s. m. Sorte de marbre de couleur d'agate, qui tire son nom du lieu des Pyrénées où se trouve la carrière.

* **SÉRAPÉUM** s. m. [sé-ra-pé-omm] (mot lat. dérivé de *Sérapis*, n. pr.). Nom donné aux temples de Sérapis. — ENCYCL. Lorsque, en 1851, Auguste Mariette fit la découverte du Serapéum, au milieu des ruines de Memphis, on trouva dans cette vaste nécropole souterraine les tombeaux des bœufs Apis (au nombre de soixante-quatre), inhumés en ce lieu depuis le XVIIIe siècle av. J.-C. jusqu'au premier siècle de l'ère chrétienne. On recueillit, soit sur les pierres, soit sur les papyrus renfermés dans la crypte, un grand nombre d'inscriptions qui ont agrandi le domaine de l'histoire politique et religieuse de l'ancienne Égypte. Il a été rendu compte de ces découvertes dans diverses publications qui ont été résumées notamment par M. Ernest Desjardins, auteur d'un article sur l'Égyptologie française, publié dans la *Revue des Deux-Mondes* (nº du 15 mars 1874). Il résulte des documents trouvés dans le Sérapéum que, si la religion des Égyptiens a été d'abord panthéiste, elle se transforma jusqu'à devenir presqu'un monothéisme; et cela concorde avec plusieurs passages jusqu'alors mal expliqués de Strabon, de Pline, d'Ammien Marcellin et d'autres historiens de l'antiquité. D'après les textes hiéroglyphiques, Osiris est le dieu suprême, le principe de toutes choses. Apis est l'incarnation d'Osiris : c'est Osiris fait chair sous la forme d'un taureau marqué de certains signes et qui a été enfanté par une génisse devenue mère sans cesser d'être vierge. Suivant Hérodote, « Apis ou Epaphos « est engendré par une génisse qui ne doit « porter dans son sein aucun autre fruit. Les « Égyptiens disent qu'un éclair descend du « ciel sur cette génisse, et que c'est de cette « naissance à Apis » Selon Plutarque, Apis est enfanté par le contact de la lune. Les hiéroglyphes du Sérapéum portent que Phtah, c'est-à-dire l'esprit de Dieu, est intervenu pour produire cet enfantement. Enfin, on lit sur une table à libations qu'Apis est à la fois l'incarnation d'Osiris et le souffle vivant de Phtah. Osiris, Apis et Phtah sont trois dieux en un seul ou trois manifestations de la divinité. Apis vit parmi les hommes et il

doit mourir de mort violente à un âge marqué d'avance. Après sa mort, il ressuscite et retourne dans le sein de Dieu sous le nom de Sérapis. La génisse, vierge-mère d'Apis, était elle-même l'objet d'un culte, et, suivant Strabon, une partie du temple de Memphis lui était réservée. Mariette a aussi trouvé dans le Sérapéum le tombeau d'un personnage qualifié prophète de la mère d'Apis.

* **SÉRAPHIN** s. m. [se-ra-fain] (hébr. *seraphin*; de *seraph*, brûler). Esprit céleste de la première hiérarchie des anges : *les séraphins et les chérubins.*

* **SÉRAPHIQUE** adj. Qui appartient aux séraphins : *ardeur séraphique.* —LE DOCTEUR SÉRAPHIQUE, saint Bonaventure. — LE SÉRAPHIQUE SAINT FRANÇOIS, saint François d'Assise. — L'ORDRE SÉRAPHIQUE, l'ordre des religieux franciscains.

SÉRAPIS [sé-ra-piss], divinité égyptienne, dont le culte était dominant au temps des Ptolémées. On suppose que ce nom est un composé d'Osiris et d'Apis, ou une interversion du nom Osir Hapi donné à l'Apis mort Le culte de Sérapis fut un *instant* en vogue à Rome en 146; mais il fut bientôt supprimé. Le sérapéum ou temple de Sérapis à Alexandrie fut détruit par ordre de Théodose en 389. En 1850, Mariette découvrit l'emplacement du sérapéum de Memphis. On l'a complètement remis à jour.

* **SÉRASQUIER** s. m. (pers. *ser*, chef; ar. *asker*, armée). Nom que les Turcs donnent à un général d'armée, à un commandant.

SERAYEVO ou **Bosna-Séral**, cap. de la Bosnie, et de l'Herzégovine, à 900 kil. N.-O. de Constantinople; à 190 kil. S.-O. de Belgrade; 50,000 hab. Entrepôt de commerce pour la Turquie, la Dalmatie et la Croatie. Fabrication de coton, de lainages, de fer, de cuivre, de cuirs, de coutellerie et d'armes à feu. Elle fut fondée par les Hongrois en 1263. Le prince Eugène prit la ville, mais non la citadelle en 1697. Les Autrichiens la bombardèrent et la prirent de vive force, le 19 août 1878; elle fut encore plus rudement éprouvée, en août 1879, par un incendie à la suite duquel 20,000 personnes se trouvèrent sans domicile.

SERBATI. Voy. ROSMINI-SERBATI.

SERBE s. et adj. De la Serbie; qui appartient à ce pays ou à ses habitants.

SERBIE (slav. *Serbia*; turc, *Syrp*; all. *Serbien*; serbe *Knjažestvo Srbija*), royaume de l'Europe orientale, borné au N. par la Hongrie (dont il est séparé par la Save et le Danube), à l'O. par la Bosnie (avec la Drina, affluent du Danube, pour limite naturelle sur une grande partie de la frontière), au S. par la Turquie; à l'E. par la Bulgarie, et au N.-E. par la Roumanie (avec le Danube pour frontière); entre 42° 20' et 45° lat. N. et entre 17° et 20° 45' long. O.; 48,582 kil. carr.; 1,900,000 hab., dont 130,000 Valaques et 25,000 Bohémiens ou Gypsies. Cap., Belgrade (38,000 hab.); villes princ. : Nich ou Nissa, Aleiniacz, Kraguyevatz, Semendira, etc. Territoire accidenté, traversé par des ramifications des Carpathes, des Balkans et des Alpes Dinariques, où l'on trouve de vastes forêts et de nombreuses terres incultes. Le Danube et son affluent, la Save, marquent en partie ses limites au N. et à l'E. Les autres cours d'eau de la Serbie, tributaires de ceux ci, sont la Drina, sur la frontière occidentale, la Morava et le Timok. Les terres basses, très fertiles; les céréales y abondent; on récolte aussi de bon vin blanc, du tabac, du chanvre et des fruits; mais ce sont les chevaux, bœufs, moutons et porcs qui sont la grande source des richesses du pays. On exporte des grains, des peaux, de la laine, des bestiaux et surtout des pourceaux Les

mines y sont riches et abondantes, mais incomplètement exploitées. L'industrie n'y produit guère que pour la consommation intérieure.—Les Serbes offrent l'un des types les plus caractéristiques de la race slave. Il n'y a pas de noblesse chez eux, et les paysans sont propriétaires du sol. Une sorte de patriarcale communauté d'intérêts règne parmi les classes laborieuses. La religion établie est la religion grecque, et il est rigoureusement interdit de s'en séparer. Cependant les catholiques romains (4,500), les protestants (500) et les juifs (4,000) jouissent de la liberté religieuse. Le gouvernement pourvoit aux besoins de l'enseignement supérieur mieux que ne le font les communes pour l'enseignement primaire; cependant, l'instruction élémentaire est gratuite et obligatoire. — En vertu de la constitution de 1869, le pouvoir exécutif appartient à un souverain héréditaire, assisté d'un conseil de 4 ministres responsables. L'autorité législative est exercée par deux corps indépendants, le sénat et la skoupschtina ou assemblée nationale. Le premier se compose de 15 membres nommés par le roi; la seconde comprend 178 membres, dont les trois quarts sont élus et les autres sont nommés par le souverain. Le roi peut, dans des circonstances particulières, convoquer une grande assemblée nationale de 512 membres, pour décider sur les questions constitutionnelles. Tout Serbe âgé de 21 ans et payant une taxe est éligible et électeur. L'armée nationale ou milice compte environ 200,000 hommes; l'armée active ou permanente, 50,000 hommes environ. — Les habitants primitifs de la Serbie furent surtout des Thraces. Conquis par les Romains dès les premiers temps de l'empire, ce pays forma une partie de l'Illyrique, sous le nom de Mœsie supérieure. Parcouru et ravagé par les Huns, les Ostrogoths et autres barbares, il tomba sous la domination byzantine au 9e siècle et, au commencement du 6e, fut dévasté par les Avares. Ceux-ci furent chassés par les Serbes slaves du N. des Carpathes, dont l'empereur Héraclius avait invoqué le secours. Ils reçurent en récompense les contrées ravagées, et embrassèrent le christianisme. La Serbie resta vassale des empereurs d'Orient; mais les pouvoirs locaux y entretinrent un esprit de liberté. L'autorité impériale fut rétablie dans son entier, au 9e siècle, par Basile 1er, surnommé le Macédonien. Plus tard, les Bulgares y furent longtemps les maîtres; mais leur pouvoir fut battu en brèche par Jean Zimiscès et complètement détruit par Basile II, en 1018. Stephen Bogislas fonda une principauté serbe indépendante en 1043. Son fils, Michel (1030-'80), s'appela roi (kral) et fut reconnu par le pape. Stephen Nemania fonda une nouvelle dynastie en 1463, conquit la Bosnie et autres territoires, et fit de Rassa (auj. Novibazar) sa capitale, et son royaume reçut le nom de Rascien. Son fils, Étienne 1er, fut couronné en 1217. Le plus illustre de ses successeurs est Étienne Dushan (1336-'56), qui conquit presque toute la Macédoine, l'Albanie, la Grèce septentrionale et la Bulgarie. Mais son fils, Urosh V, perdit presque toutes ses conquêtes; l'assassinat d'Urosh, en 1367, mit fin à la dynastie. Son successeur, le waywode (gouverneur) Vukashin, périt dans une bataille contre les Turcs en 1371. Lazare 1er forma une nouvelle dynastie en 1374. En 1389, il fut battu, dans les hautes plaines de Kosovo, par Amurat 1er, qui le fit mettre à mort, ayant lui-même reçu une blessure mortelle de la main du beau-frère du roi serbe. Le fils de celui-ci, Étienne, eut, en 1427, George Brankovitch pour successeur. Avec Jean Hunyade, il fit la guerre à son gendre, Amurat II; Hunyade, après des victoires réitérées, fut battu, en oct. 1448, de nouveau dans les plaines de Kosovo. Mahomet II

acheva la conquête de la Serbie en 1454; mais en 1456, Hunyade le contraignit à lever le siège de Belgrade. Lazare II, fils de George, obtint sa succession en 1455 en empoisonnant sa mère et en chassant ses deux frères. Il mourut en 1458, et avec lui finit sa dynastie. En 1459, Mahomet II incorpora la Serbie dans l'empire turc, à l'exception de Belgrade que les Hongrois possédèrent jusqu'à la prise de cette ville par Soliman le Magnifique, en 1521. Les Turcs réduisirent en esclavage 200,000 Serbes et exterminèrent des familles entières; enfin, ces pachas avides réduisirent presque le pays à l'état de désert. L'Autriche reçut Belgrade et une grande partie de la Serbie septentrionale à la fin de sa guerre avec la Turquie, en 1718; mais la paix de Belgrade (1739) y rétablit la domination turque. Le paysan Czerny George se mit, en 1805, à la tête d'une révolte, et obligea le sultan à le reconnaître comme chef des Serbes (1807). (Voy. CZERNY GEORGE.) Après le traité du Bucharest (1812), la Russie et la France abandonnèrent la Serbie qui retomba sous le joug des Turcs (1813). Mais, en 1815, Milosh Obrenovitch mit définitivement fin à leur tyrannie. Le jour des Rameaux de 1815, il donna le signal de l'insurrection. Il battit les Turcs à plusieurs reprises, s'assura une indépendance partielle en 1816, et finit par devenir hospodar ou prince, en nov. 1817. Il fut contraint d'abdiquer le 13 juin 1839, en faveur de son fils Milan, qui mourut le 7 juillet, et eut pour successeur son plus jeune frère, Michel. Celui-ci fut chassé de Serbie le 7 sept. 1842 par les partisans de la Turquie, sa dynastie déclarée déchue, et Alexandre Karageorgevitch, fils de Czerny (ou Kara) George, élu prince le 24 sept. Sa complaisance pour la Turquie, pendant la guerre de Crimée, engagea cette puissance à consentir à ce que la Serbie fût placée, par le traité de Paris en 1856, sous la protection collective des puissances européennes. Mais il fut déposé le 23 déc. 1858, et Milosh, bien que presque octogénaire, fut rétabli. Il mourut en 1860, et Michel redevint le prince régnant. En 1867, Michel obtint le retrait des garnisons turques de Belgrade et de toutes les autres forteresses. Il fut assassiné le 10 juin 1868. Il avait adopté son neveu, Milan (né en 1854), qui fut élu prince le 2 juillet 1868 sous le nom de Milan Obrenovitch IV, et pourvu d'une régence de trois membres jusqu'au 22 août 1872, époque où il fut déclaré majeur. Au commencement de juillet 1876, la Serbie, faisant cause commune avec les insurgés de l'Herzégovine et de la Bosnie, déclara, en même temps que le Monténégro, la guerre à la Turquie et prit l'offensive avec trois corps d'armée. Ceux-ci ne tardèrent pas à être repoussés, et, après plusieurs défaites, essuyées par leur général, le Russe Tchernayeff, qu'avaient suivi quelques milliers de volontaires russes, la Serbie ne dut son salut qu'à l'intervention de la Russie. (Voy. RUSSO-TURQUE.) Les Serbes furent heureux d'accepter une paix ratifiée le 4 mars 1877; ils avaient perdu 8,000 tués et 20,000 blessés. Mais la Serbie rentra bientôt dans la mêlée (14 déc.) et obtint, lors du traité de Berlin, un agrandissement de territoire et son indépendance absolue. Le prince Milan fut proclamé roi le 6 mars 1882, sous le titre de Milan 1er. — Dette nationale, 200 millions de dinars; recettes et dépenses, chacune 35 millions de dinars. — Chemin de fer, 300 kil. — Télégraphes, 2,300 kil. de lignes. — La Serbie a accepté, par la loi du 20 juin 1875, le système décimal français en matière de monnaies et les poids et mesures. L'unité monétaire serbe est le dinar qui équivaut à 1 fr. Le milan d'or est égal aux pièces d'or de 20 fr. de France. Il y a aussi des pièces d'argent de 50 centimes (para) et des pièces de cuivre de nickel de 10 cent., de 10 cent.

et de 5 cent. — Langue et Littérature. La langue serbe forme, avec le russe et le bulgare, le rameau oriental des langues slaves. Dans le sens le plus large du terme, on l'appelle souvent l'illyrien ou l'illyrico-serbe. Le serbe comprend les idiomes des Serbes propres (Serbie, Bosnie, Herzégovine, Dalmatie et Hongrie), des Croates et des Sloventzi ou Wendes. Les Serbes qui appartiennent à l'Église grecque se servent de l'alphabet de Cyrille; tandis que les catholiques romains (Dalmates, Croates et Wendes) ont adopté l'alphabet latin. Schafarik estime qu'en tout, la langue serbe est parlée par 7,250,000 individus, dont plus de 4,500,000 vivent sous la loi de l'Autriche, plus de 2.500,000 sous la loi turque, et environ 100,000 sous la loi russe. — Parmi les plus anciens écrivains serbes, on cite Etienne, le premier roi (1217), son frère, l'archevêque Sava (mort en 1237), Domet	ien (vers 1263), et surtout l'archevêque Daniel (1291-338), auteur du principal ouvrage sur l'histoire ancienne de la Serbie, intitulé Rodoslov « Registre généalogique ». Pendant les trois siècles suivants, le seul ouvrage important fut une histoire de la Serbie par Brankovitch (1643-1711). J. Raitch (1726-1801) acquit de la réputation avec son histoire des Slaves (Vienne, 1792-'95, 4 vol.). Le premier qui écrivit sa langue vulgaire fut le moine Dosithée Obradovitch (1739-1811), dont les œuvres ont été publiées à Belgrade en 1833 (9 vol.). Demetrius Davidovitch, de 1811 à 1822, rédigea, à Vienne, le premier journal serbe, et publia une histoire de la Serbie par Brankovitch (1643-'33, 4 vol.) contient des beautés qui attirèrent l'attention des étrangers. Parmi les meilleurs écrivains serbes contemporains se placent Simeon Milutinovitch, auteur de la pensée nationale Serbianka (1826) et d'une histoire de la Serbie de 1813 à 1814 (1837), et l'archevêque Mushitzki de Carlovitz, dont les œuvres ont été publiées à Pesth en 1838. Les principaux centres de la littérature serbe sont Pesth, Neusatz et Belgrade. Tchubar Tchoikovitch a publié des collections de poésies populaires du Monténégro. Aujourd'hui, grâce à l'étude des anciens et aux efforts de Karajitch et de L. Gaj, éditeur de la Gazette illyrienne, à Agram, la langue littéraire de tous les Serbes est, à peu de chose près, la même, quel que soit l'alphabet employé. — Bibliogr. Statistique de la Serbie (Belgrade, 1875-'80, in-4e); M. Balme, La Principauté de Serbie (Paris, 1880, in-8e); H. Thiers, La Serbie, son passé et son avenir (Paris, 1862, in-8e).

* **SERDEAU.** s. m. Officier de la maison du roi, qui recevait, des mains des gentilshommes servants, les plats que l'on desservait de la table royale. — Lieu où l'on portait les plats de cette desserte, et où mangeaient les gentilshommes servants. — Endroit où se faisait la revente de cette desserte des tables : un poulet froid acheté au serdeau.

* **SEREIN, EINE** adj. [se-rain] (lat. serenus). Qui est clair, doux et calme. Se dit proprement de la constitution de l'air : un temps serein. — Qui annonce une grande tranquillité d'esprit, ou qui est exempt de trouble et d'agitation : quoique malade, il conserve un esprit tranquille et serein. — DES JOURS SEREINS, des jours paisibles, heureux. — Méd. GOUTTE SEREINE, privation de la vue, causée par la paralysie de la rétine ou du nerf optique.

* **SEREIN** s. m. (lat. serum, soir). Vapeur humide et froide, ordinairement malsaine, qui se fait sentir au coucher du soleil : le serein est plus dangereux en été que dans d'autres saisons.

* **SÉRÉNADE** s. f. (ital. serenata, concert

du soir). Concert de voix ou d'instruments, que l'on donne, le soir, la nuit, dans la rue sous les fenêtres de quelqu'un : *il donna une sérénade à sa maîtresse.*

* **SÉRÉNISSIME** adj. (lat. *serenissimus*, superlat. de *serenus*, serein). Très serein. Titre que l'on donne à quelques princes : *Votre Altesse Sérénissime.*

* **SÉRÉNITÉ** s. f. (lat. *serenitas*). Etat du temps, de l'air, qui est serein : *la sérénité de l'air, du temps, du ciel.* — Etat ou marque d'un esprit tranquille, d'une âme exempte de trouble et d'agitation : *la sérénité de l'esprit, de l'âme.* — RIEN NE TROUBLE LA SÉRÉNITÉ DE SES JOURS, le calme, le bonheur dont il jouit. — Titre d'honneur qu'on donnait à quelques souverains et à quelques princes : *on traitait le doge de Venise, le doge de Gênes de Sérénité.*

* **SÉREUX, EUSE** adj. (lat. *serosus*; de *serum*, petit lait). Méd. Aqueux : *humeur séreuse.* — Trop chargé, trop plein de sérosité : *sang séreux.* — MALADIES SÉREUSES, celles dans lesquelles l'exhalation séreuse est très abondante. — Anat. MEMBRANES SÉREUSES, certaines membranes minces et transparentes, qui sont humectées d'un fluide séreux, telles que la plèvre, le péricarde, les tuniques vaginales, le péritoine, l'arachnoïde. — SYSTÈME SÉREUX, ensemble des membranes séreuses.

* **SERF, ERVE** adj. [serf] (lat. *servus*, serviteur, esclave). Dont la personne ou les biens sont assujettis à des droits contraires à la liberté naturelle ou à la propriété : *en Russie, les paysans sont pour la plupart de condition serve.* — s. *Les serfs de Russie.* — ENCYCL. Le nom de serfs est appliqué aux personnes qui étaient dans la condition servile où se trouva une grande partie de la population de l'Europe au moyen âge et dans les temps plus modernes. Cette condition fut en une grande mesure le résultat des changements apportés par les invasions des barbares dans l'empire romain. L'esclavage et différentes formes de servitude existaient dans tout l'empire, et une partie des populations agricoles étaient dans une condition intermédiaire entre la servitude et la liberté. C'étaient les colons, *coloni*, cultivateurs attachés à la glèbe, que les jurisconsultes appelaient vilains. L'établissement du système féodal mit fin à l'esclavage proprement dit, et les serfs furent serfs de père en fils, employés sur le sol et transmis avec lui. Aussi les serfs sont-ils. quelquefois considérés comme une classe inférieure de vilains, ceux-ci occupant une position intermédiaire contre les serfs proprement dits et les hommes libres. D'après Beaumanoir, le seigneur d'une terre pouvait prendre à ses serfs tout ce qu'ils avaient, vifs ou morts, et les emprisonner à son plaisir, sans être responsable devant personne que devant Dieu ; mais il ne pouvait exiger des vilains que les redevances accoutumées, bien qu'à leur mort tout ce qu'ils avaient lui fît retour. En Angleterre, les vilains disparurent longtemps avant ceux de France, sans aucune loi pour les supprimer. En France, on commença de bonne heure à sortir individuellement de la condition servile, et beaucoup de vilains possédaient des fiefs au milieu du XIIIᵉ siècle. Les croisades favorisèrent beaucoup cette émancipation, car le serf qui prenait la croix devenait libre. Le servage cependant ne fut pas complètement aboli en France avant la Révolution française. En Italie, le peuple fut libre dans le cours du XIIᵉ siècle ; dans certaines contrées de l'Allemagne, les paysans acquirent leur liberté avant la fin du XVᵉ siècle ; dans d'autres, ils sont restés dans une condition de servage modifié jusqu'au siècle présent. Le servage fut inconnu en Russie jusqu'à la

fin du XVIᵉ siècle, époque où il fut introduit par Boris Godunof, bien que l'esclavage personnel y existât depuis longtemps. Cet état de choses a été aboli par l'empereur Alexandre II, qui publia le 3 mars (19 fév. v. s.) 1861 un acte émancipant les serfs de son empire avec un intervalle de transition de deux années. (Voy. RUSSIE et SERVAGE.)

* **SERFOUETTE** s. f. Jard. Outil de fer, à deux branches ou à dents renversées, dont les jardiniers se servent pour donner un léger labour aux plantes potagères, telles que pois, chicorées, laitues.

* **SERFOUIR** v. a. (préf. lat. *sub*; et *fodere*, creuser). Jard. Gratter, remuer légèrement la terre avec la serfouette.

* **SERFOUISSAGE** s. m. Action de serfouir.

* **SERGE** s. f. Etoffe légère, ordinairement de laine : *serge fine.*

SERGE (Saint), un des patrons de la Russie (1314-1392). L'Eglise grecque l'honore le 25 septembre.

* **SERGENT** s. m. [sèr-jan] (lat. *serviens*). Officier de justice dont la fonction était de donner des exploits, des assignations, de faire des exécutions, des contraintes, des saisies, d'arrêter ceux contre lesquels il y avait contrainte par corps : *les sergents sont à ses trousses.*

Oui, vous êtes *sergent*, monsieur, et très *sergent.*
                        J. RACINE.

— Sous-officier dans une compagnie d'infanterie : *le grade de sergent.* — SERGENT DE BATAILLE ou SERGENT GÉNÉRAL DE BATAILLE, se disait autrefois d'un officier général de l'armée, dont la fonction était de ranger les troupes en bataille sous les ordres du général. — SERGENT D'ARMES, se disait d'une sorte d'officier qui servait dans les cérémonies, dans les tournois. — SERGENT DE VILLE, agent de police, et qui est principalement chargé de maintenir le bon ordre dans les lieux publics. — Menuis. Instrument de fer qui sert à tenir serrées l'une contre l'autre les pièces de bois qu'on a collées et celles qu'on veut cheviller.

* **SERGENTER** v. a. Presser par le moyen des sergents : *c'est un mauvais payeur, il le faut sergenter.* — Fig. Presser, importuner, fatiguer pour obtenir quelque chose : *il vous sergentera tous les jours, jusqu'à ce que vous lui ayez accordé ce qu'il a demandé.* (Vieux.)

* **SERGENTERIE** s. f. Office de sergent : *sergenterie héréditaire.* (Vieux.)

* **SERGENT-MAJOR** s. m. Premier sous-officier d'une compagnie, après l'adjudant sous-officier.

* **SERGER** ou **Sergier** s. m. Ouvrier qui fait, qui fabrique des serges.

* **SERGERIE** s. f. Fabrique ou commerce de serge : *établir une sergerie.*

SERGINES, ch.-l. de cant., arr. et à 17 kil. N. de Sens (Yonne); 1,200 hab.

SERGIPE [serr-ji'-pé], province orientale du Brésil, la plus petite de l'empire, bornée par l'Atlantique et le Rio São Francisco ; 39,090 kil. carr.; 245,000 hab. La partie occidentale est en général un désert stérile ; l'E. donne des bois de valeur. Sur la côte le climat est chaud et le sol fertile ; on y récolte du coton, des cannes à sucre, du tabac, du manioc, du riz, du millet, des mangues et des oranges. On exporte du coton, du sucre, du tabac, du rhum et de l'ipécacuanha. Cap., Aracajú.

SERGIUS, nom de 4 papes. I. (687-701). Il s'exila de Rome pendant 7 ans, à cause des persécutions dirigées contre lui. On lui doit l'introduction de l'*Agnus Dei* dans la messe. — II. (844-847), Romain de naissance, il suc-

céda à Grégoire IV ; sous son pontificat, les Sarrasins pillèrent les environs de Rome. — III. (904-911). Baronius le représente comme un homme pervers, qui eut un commerce criminel avec Théodora, de laquelle il eut un fils qui fut pape sous le nom de Jean XI. —IV. (1009-1012), il fut le premier qui changea son nom en arrivant au souverain pontificat. Il s'appelait *Bocca di Porco*, bouche de porc.

* **SÉRICICOLE** adj. (lat. *sericum*, soie ; *colo*, je cultive). Qui concerne la culture de la soie.

SÉRICICULTEUR s. m. Celui qui se livre à la sériciculture.

* **SÉRICICULTURE** s. f. (lat. *sericum*, soie ; fr. *culture*). Ensemble des opérations qui ont pour objet la production de la soie.

SÉRICIQUE adj. (rad. lat. *sericum*, soie). Chim. Se dit d'un acide incristallisable qui prend naissance lorsqu'on chauffe la soie avec une solution concentrée de baryte caustique.

* **SÉRIE** s. f. (lat. *series*). Suite, succession : *une série de propositions, de questions.* — Se dit aussi des différentes divisions dans lesquelles on classe, on distribue des objets nombreux : *cette loterie est divisée en tant de séries.* — Mathémat. Suite de grandeurs qui croissent ou décroissent suivant une certaine loi : *trouver la somme d'une série.*

SÉRIER v. a. Disposer par séries.

* **SÉRIEUSEMENT** adv. (fr. *sérieux*). D'une manière grave et sérieuse : *il m'a écrit une lettre badine, mais je lui répondrai fort sérieusement.* — Sans plaisanterie : *je vous parle sérieusement.* — Froidement; comment vous a-t-il reçu ? Très sérieusement. — Tout de bon, avec suite, avec ardeur : *il travaille sérieusement à sa fortune.* — PRENDRE UNE CHOSE SÉRIEUSEMENT, se formaliser d'une chose, quoiqu'elle ait été dite en badinant et sans aucun dessein d'offenser : *je vous ai dit cela pour rire, et vous le prenez sérieusement.*

* **SÉRIEUX, EUSE** adj. (bas lat. *seriosus*). Grave. Est opposé à enjoué, à gai : *c'est un homme très sérieux.* — Solide, important ; et alors il est opposé à frivole, léger, de peu de conséquence : *cet homme n'a rien de sérieux dans le caractère.* — Qui peut avoir des suites fâcheuses : *ce combat semblait n'être qu'une escarmouche, mais l'affaire devint sérieuse.* — Sincère, vrai : *ce que je vous dis là est sérieux.* — Jurispr. UN CONTRAT, UN TRAITÉ SÉRIEUX, un contrat, un traité qui n'est pas simulé. — UNE DETTE SÉRIEUSE, une dette qui n'est point feinte, point simulée. — UNE INTERVENTION SÉRIEUSE, une intervention qui n'est point mendiée, ou qui est faite par une personne ayant un véritable intérêt dans l'affaire. — s. m. Gravité dans l'air, dans les manières : *il affecta un grand sérieux.* — CET ACTEUR, CE COMÉDIEN N'EST BON QUE POUR LE SÉRIEUX, IL N'EST PAS BON POUR LE SÉRIEUX, IL JOUE BIEN DANS LE SÉRIEUX, dans les rôles sérieux. — PRENDRE UNE CHOSE DANS LE SÉRIEUX, pour vraie, quoiqu'elle n'ait été dite que par plaisanterie et par jeu. — PRENDRE UNE CHOSE AU SÉRIEUX, se formaliser d'une chose qui a été dite en badinant et sans aucun dessein d'offenser.

SÉRIGÈNE adj. (gr. *sér*, soie ; *genos*, origine). Qui produit la soie.

* **SÉRIMÈTRE** s. m. (gr. *sér*, soie ; *métron* mesure). Instrument qui sert à apprécier la ténacité et l'élasticité des fils de soie.

* **SERIN, INE** s. (lat. *siren*, sirène, cause du chant mélodieux de cet oiseau). Ornith. Genre de fringillidées, dont l'espèce type, le *canari* (*fringilla canaria*, Linn.), a produit un grand nombre de variétés d'oiseaux qui sont, par excellence, les chanteurs

de nos cages et de nos volières : *si le rossignol est le chantre des bois, le serin est le musicien de la chambre* (Buff.). — ～ Pop. Niais, niaise : *Quel serin.* — Adjectiv. JAUNE SERIN, jaune pâle. — ENCYCL. Le serin paraît être originaire des IlesCanaries. A l'état sauvage, il est un peu plus gros que son congénère domestique, d'un gris verdâtre, avec des taches oblongues brunes ; il construit son nid dans les buissons épais et sur les arbres et y dépose de 4 à 6 œufs d'un bleu pâle. La femelle pond 5 ou 6 fois par an. On le rencontre à Madère, où il fréquente les jardins ; c'est un hôte familier qui se rend aimable par son chant varié. Nous avons en France le *cini (fringilla serinus)* qui habite le Midi jusqu'en Bourgogne. Son plumage est olivâtre en dessus et jaunâtre en dessous, avec des taches brunes et une bande jaune sur l'aile ; la gorge et la poitrine d'un beau jaune. Il chante pendant presque toute l'année, niche sur les grands arbres et pond 4 ou 5 œufs d'un blanc azuré, légèrement tiqueté. Il se nourrit de petites graines de plantain, de séneçon, etc. — Le *canari* ou serin domestique paraît descendre du serin des Canaries ;

Canari ordinaire.

mais il est probable qu'il a subi des croisements soit avec le cini, soit avec d'autres espèces du même genre. Il est ordinairement d'un beau jaune, avec le bord des plumes de l'aile d'un blanc jaunâtre. Domestique depuis 4 siècles à peine, il a déjà subi plus que tous les autres oiseaux, sauf la poule et le pigeon, l'influence de la captivité, des croisements, de la sélection et des soins divers auxquels il a été soumis. Il a produit plus de 50 variétés bien caractérisées, sans compter les simples accidents de plumage : vert, vert et jaune, jaune citron, doré, jonquille, café au lait, isabelle, cannelle, panaché (bigarré de jaune et de noir), *lézard* (magnifique oiseau argenté ou doré, marqué sur le dos de couleurs foncées en forme d'écailles ; il est coiffé de jaune clair), etc.

Serin lézard.

Les serins peuvent être huppés de différentes manières ; le plus original est le *coppy*, oiseau de taille relativement très grande, assez répandu en Angleterre. Géant de la famille, il est beaucoup plus gros que le canari belge ou hollandais, si recherché en France, à cause de son élégance, de sa belle couleur jaune, et de la sonorité de sa voix ;

Coppy.

malheureusement l'un et l'autre sont délicats,

et mauvais parents ; on est obligé d'élever à la brochette leurs petits auxquels ce procédé d'alimentation ne réussit pas toujours. Il existe, en Belgique, pour l'élève du canari,

Canari belge.

de nombreuses sociétés d'amateurs placées sous la surveillance directe des autorités civiques des principales villes ; des concours annuels ont lieu entre ces sociétés. Le *canari écossais de fantaisie* descend du belge. Les variétés *allemandes* et *norwich* (Angleterre) sont considérées comme surpassant toutes les autres pour la variété, l'étendue et la sonorité du chant. Les meilleurs canaris allemands proviennent aujourd'hui d'Andreasberg, dans le Hartz ; le Tyrol en exporte également des quantités considérables qui vont surtout aux États-Unis. Un

Canari écossais de fantaisie.

bon serin chanteur, bien instruit et dans la force de l'âge (2 ans), atteint en Allemagne des prix très élevés ; c'est ainsi qu'un grand éleveur d'Andreasberg ne cède pas ses artistes à moins du 75 fr. et que les marchands de Berlin qui les lui achètent à ce prix, ne s'en dessaisissent que moyennant 150 fr. Il faut dire que ce sont des chanteurs exquis, dont la voix possède une étendue de 4 octaves et que l'on a instruits. pendant 5 ou 6 mois, à imiter des airs de flageolet et de flûte douce, des trilles, des passages de mélodie, etc. — A défaut de

Cage à compartiments.

serinette ou d'autres instruments, on peut avoir recours, pour le dressage des serins, à un vieux moniteur de leur espèce, ou bien à un rossignol. Il faut alors avoir une

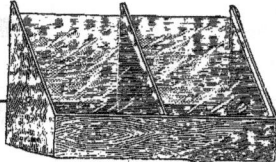
Mangeoire.

cage à compartiments. Le moniteur se place, seul, dans l'un des petits compartiments ; les élèves sont ensemble ou séparément, dans les autres. — On nourrit les serins avec du millet, auquel on ajoute de l'alpiste, de la navette et un peu de chènevis ; on place ces graines dans des mangeoires de diverses formes. En été, on approvisionne les captifs de séneçon, de mouron, de laitue et de plantain. En toute saison, on leur donne du co-

lifichet ou de l'échaudé et un os de sèche. Une eau propre et fraîche leur est nécessaire ; on la met ordinairement dans un abreuvoir particulier appelé canari ; mais alors, il est indispensable de placer une ou plusieurs baignoires dans la cage. Vers la fin de l'hiver, on sépare les couples, à chacun desquels on donne un nid tout préparé, composé d'une carcasse, dans l'intérieur de laquelle on coud une toile de coton et une flanelle. On

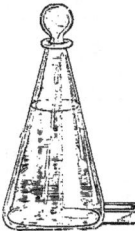
Canari.

doit rejeter les carcasses d'osier, qui donnent asile aux mites des oiseaux ou dermanysses. (Voy. ce mot.) On leur préférera les nids en fils de fer galvanisé ou en étain ; et encore les surveillera-t-on. Les mites trouvent moyen de s'y établir et de tourmenter la couveuse, qui abandonne alors ses œufs ou ses petits ; les jeunes serins attaqués par ces acarides dé-

Carcasse d'étain pour nid.

périssent et meurent au bout de quelques jours. La présence des mites est facile à constater : ce sont de petits animaux rougeâtres ou jaunâtres, assez semblables à des poux et qui se réunissent pendant le jour, dans les plis de la flanelle ou dans les joints de la carcasse ; il faut de suite changer un nid qui en est infesté ; on le nettoie en plaçant une nouvelle flanelle et une nouvelle toile sur la carcasse passée à l'eau de lessive bouillante. La durée de l'incubation est de 12 à 14 jours. Au moment de la naissance des petits, on ajoute à la nourriture ordinaire des parents, de l'échaudé, un quartier d'œuf durci (blanc et jaune), et un peu de verdure. Pour les petits élevés à la brochette, on fait une pâtée de biscuit, de jaune d'œuf et de navette bien écrasée. — Le serin produit avec plusieurs autres fringilles, particulièrement avec le chardonneret et la linotte, des mulets excellents chanteurs ; les plus estimés s'obtiennent du chardonneret et de la serine. On a tenté des croisements avec le bouvreuil ; l'accouplement s'obtient très difficilement.

SERINAGE s. m. Action de seriner ; de faire apprendre une chose à force de la répéter, comme on agit à l'égard d'un serin.

SERINAGUR, ville de l'Inde, capitale du Cachemire, dont on lui donne quelquefois le nom ; par 34° 6' lat. N. et 72° 35' long. E., sur le Jhylum, près du centre de la vallée de Cachemire à 5,246 pieds au-dessus du niveau de la mer, à 170 kil. N.-N.-E. de Lahore ; 135,000 hab. On l'a appelée la Venise de l'Asie, à cause de sa situation délicieuse et de ses innombrables canaux. C'est le centre de la manufacture de châles de Cachemire. On y fait aussi des soieries.

* SERINER v. a. Instruire un serin au moyen de la serinette : *J'ai beau le seriner, il n'apprend rien.* — Jouer un air avec la serinette : *seriner un air à un oiseau.* — SERINE-

UNE CHOSE A QUELQU'UN, la lui mettre dans la mémoire à force de la lui répéter.

* **SERINETTE** s. f. Instrument enfermé dans une boîte, duquel on joue par le moyen d'une manivelle, et dont le principal usage est d'instruire les serins. — Chanteur ou chanteuse qui ne fait que répéter les airs qu'il a appris, sans y mettre aucune expression : *ce n'est pas là une contatrice, ce n'est qu'une serinette.*

* **SERINGA** s. m. (altér. du lat. *syringa,* lilas). Bot. Genre de saxifraginées, type de la famille des philadelphées, comprenant diverses espèces d'arbrisseaux à fleurs blanches en corymbes, ordinairement très odorantes. Le *seringa des jardins (philadelphus coronarius),* originaire des montagnes de l'Europe centrale, a ses feuilles oblongues qui possèdent exactement l'odeur et le *goût* du concombre ; ses grands corymbes de fleurs d'un blanc crémeux, sont odorants au point de porter à la tête quand on respire de trop près leur parfum, qui rappelle celui de la fleur d'oranger. Le *seringa inodore (philadelphus inodorus),* introduit chez nous vers 1734, est originaire de la Caroline, ainsi que le *seringa à grandes feuilles (syringa latifolius),* cultivé en France depuis 1815. Ces arbrisseaux forment des bosquets d'ornement dans les jardins ; on les multiplie par boutures marcottes, rejetons et éclats.

SERINGAGE s. m. Action de seringuer les plantes dans les jardins ou les serres.

SERINGAPATAM, ville de l'Inde, dans le Mysore ; elle est bâtie dans une île de la rivière Cavery, à 12 kil. N.-E. de la ville de Mysore, à 2,412 pieds au-dessus du niveau de la mer ; 43,000 hab. Ville très forte autrefois, elle fut la capitale de Hyder Ali et de Tippoo Sahib, et, en 1799, subit un siège fameux contre les Anglais et les forces du Nizam, commandés par le général Harris. Elle fut prise d'assaut le 4 mai, après quatre jours de bombardement. Tippoo Sahib y fut tué, et l'on y fit un butin immense.

* **SERINGUE** s. f. (lat. *syringa*). Petite pompe portative qui sert à attirer et à repousser l'air et les liquides : *seringue d'étain.* — Instrument avec lequel on donne ou l'on prend soi-même des lavements : *il a toujours la seringue à la main.*

* **SERINGUER** v. a. Pousser une liqueur avec une seringue : *seringuer de l'eau-de-vie, de l'esprit-de-vin.* — SERINGUER UNE PLAIE, jeter, pousser avec une seringue quelque liqueur dans une plaie pour la nettoyer, pour la rafraîchir. — Hortic. Arroser les feuilles des plantes à l'aide d'une seringue ou d'une pompe.

SÉRIOSITÉ s. f. Caractère de ce qui est sérieux.

SERMAIZE, station minérale du cant. de l'Hiéblemont, arr. et à 26 kil. N.-E. de Vitry-le François (Marne). Eaux bicarbonatées calciques et sulfatées magnésiennes froides. —Gravelle, chlorose, dyspepsie, engorgements abdominaux, affection des voies urinaires. — Importante sucrerie.

* **SERMENT** s. m. (lat. *sacramentum*). Affirmation ou promesse en prenant à témoin Dieu, ou ce que l'on regarde comme saint, comme divin : *serment solennel.*

> Essayes, en prenant notre amitié pour gage,
> Ce que peut une foi qu'aucun *serment* n'engage.
>   J. RACINE, *Alexandre,* acte II, sc. II.

— Prov. SERMENT DE JOUEUR, SERMENT D'IVROGNE, SERMENT D'AMANT, se disent d'un serment sur lequel il ne faut pas compter. — Jurement : *il fait des serments exécrables, quand il est en colère.* — Légist. « Le serment est un acte qui conserve toujours, plus ou moins, un caractère religieux : c'est pourquoi il tend à disparaître des législations modernes. La liberté

de conscience et la diversité des croyances sont opposées à l'obligation du serment. Le *serment politique,* qui pendant si longtemps a dû être prêté au souverain ou à la constitution, par les fonctionnaires et par les membres des grands corps de l'État, avait son origine dans les institutions féodales. Ce serment, aboli en 1848, fut rétabli en janvier 1852, puis définitivement aboli par le décret-loi du 5 septembre 1870. Les évêques prêtent encore aujourd'hui un serment de fidélité entre les mains du président de la République en vertu du concordat de l'an IX et de la loi organique du 18 germinal an X ; mais les dispositions des mêmes lois qui imposent aux curés de canton l'obligation de prêter serment entre les mains du préfet avant leur entrée en fonctions sont tombées en désuétude sous la Restauration. — Le serment que la Constituante exigea des prêtres en fonctions et salariés par l'État, consistait seulement à promettre « d'être fidèles à la nation, à la « loi et au roi et de maintenir la constitu- « tion » ; et néanmoins, ce serment servit de prétexte aux privilégiés de l'ancien régime pour combattre avec acharnement la Révolution, c'est-à-dire l'affranchissement de l'humanité. — Le *serment professionnel* consiste à jurer de remplir avec honneur et fidélité les fonctions dont on est investi par le gouvernement. Ce serment doit être prêté par les magistrats de l'ordre judiciaire, devant le corps auquel ils appartiennent (Décret-loi 11 sept. 1870). Les membres des tribunaux de commerce, les avocats, les officiers ministeriels, les officiers de police judiciaire, sont tenus à prêter serment ; et il en est de même de tous les agents commissionnés auxquels la loi donne le droit de constater par procès-verbaux les contraventions ou des délits. Ces prestations de serment sont presque toujours reçues par le tribunal civil du ressort. Tout fonctionnaire public obligé au serment et qui est entré en fonctions sans l'avoir prêté, peut être poursuivi, et il est puni d'une amende de 16 à 150 fr. (C. pén. 496). — Le *serment des jurés* doit être prêté entre les mains du président de la cour d'assises avant l'ouverture des débats et pour chaque affaire (C. inst. crim. 312). — Le *serment des experts* commis par justice consiste dans la promesse de dire la vérité ; il est reçu par le juge qui ordonne l'expertise ou par un juge commissaire (C. pr. 35, 305, etc.). — On nomme *serment judiciaire* celui qui est déféré en cours d'instance comme moyen de preuve sur un fait contesté. Ce serment est *décisoire* lorsqu'il est déféré par l'une des parties à l'autre partie afin d'en faire dépendre le jugement de la cause ; il est dit *d'office* ou *suppletoire* lorsqu'il est déféré par le juge à l'une des parties, dans le but de justifier une demande ou une exception dont la preuve, paraît insuffisante (C. civ. 1357 et s.). — Enfin, on donne le nom de *serment extrajudiciaire* à celui qui est prêté hors de justice pour assurer l'exécution d'une convention arrêtée à l'amiable entre deux parties, dans le but de terminer un différend. Le serment décisoire peut être référé à la partie qui l'a proposé par la partie à laquelle il a été d'abord déféré. Celui à qui le serment a été déféré ou re-féré en matière civile et qui a fait un faux serment, peut être puni par le tribunal correctionnel d'un emprisonnement d'un an à cinq ans et d'une amende de 100 à 3,000 fr. Il peut être aussi privé de ses droits civiques, civils et de famille pendant une durée de cinq à dix ans après l'expiration de sa peine, et être placé pendant le même temps sous la surveillance de la haute police (C. pén. 366). — Hist. Sous l'ancien régime, il était fait un usage des serments beaucoup plus fréquent que de nos jours, et on leur donnait plus de solennité. Attendu que le Décalogue des Hébreux avait interdit les vains serments on

jurements, on punissait comme blasphémateurs ceux qui avaient juré. Philippe-Auguste les condamna seulement à quatre amende ; et ceux qui ne pouvaient payer étaient plongés dans la rivière, quelle que fût la saison (Ord. de 1241). L'ordonnance du 22 fév. 1347 est beaucoup plus rigoureuse : celui qui avait juré était exposé pendant neuf heures au pilori (voy. ce mot) ; à la première récidive, on lui fendait la lèvre supérieure ; à la seconde, la lèvre inférieure ; à la troisième récidive, on coupait la lèvre supérieure ; à la quatrième, la lèvre inférieure ; enfin à la cinquième récidive, on coupait la langue ».
         (CH. Y.)

* **SERMENTÉ, ÉE,** part. passé du verbe SERMENTER, qui n'est point en usage. Qui a prêté le serment requis pour l'exercice d'une charge, d'une place, etc. On dit plus ordinairement, ASSERMENTÉ.

SERMOCINATION s. f. (lat. *sermocinatio*). Rhét. Figure par laquelle on rapporte un discours que l'on attribue à quelque personne, en ayant soin de lui faire parler un langage convenable à son caractère et à son rang.

SERMOLOGE s. m. Recueil de sermons.

* **SERMON** s. m. (lat. *sermo,* discours). Prédication, discours chrétien, qui ordinairement se prononce en chaire, dans une église, pour instruire et pour exhorter le peuple : *beau sermon.* — Remontrance ennuyeuse et importune : *il m'est venu faire une sermon.*

* **SERMONNAIRE** s. m. Recueil de sermons : *sermonnaire pour l'Avent.* — Se dit plus communément des prédicateurs dont on a de. recueils de sermons : *il y a dans sa bibliothèque beaucoup de sermonnaires.* — Adj. Qui convient au sermon : *cette éloquence n'est pas dans le genre sermonnaire.*

* **SERMONNER** v. a. Faire des remontrances ennuyeuses et hors de propos : *il vient nous sermonner à toute heure.*

* **SERMONNEUR, EUSE** s. Celui, celle qui fait des remontrances ennuyeuses et hors de propos : *c'est un sermonneur, un sermonneur éternel.*

SERNÈS (Le), *Sarnensis pagus,* petit pays de l'ancien Bordelais, aujourd'hui réparti entre les arr. de Bordeaux et de Bazas (Gironde).

SERNIN (Saint-), ch.-l. de cant., arr. et à 32 kil. S.-O. de Saint-Affrique (Aveyron) ; 4,500 hab.

* **SÉROSITÉ** s. f. (rad. *séreux*). Didact. Partie la plus aqueuse des humeurs animales : elle est exhalée par les membranes séreuses, et fait partie constituante du sang, du lait, etc. : *un sang plein de sérosités.*

SÉROTIN, INE adj. (lat. *serotinus*). Bot. Se dit des plantes qui fleurissent tard et des animaux qui sortent tard de leur sommeil d'hiver.

SÉROUX D'AGINCOURT (Jean - Baptiste - Louis-George), antiquaire, né à Paris en 1730, auteur d'une *Histoire de l'art par les monuments, depuis sa décadence au* v° *siècle, jusqu'à son renouvellement au* xv°. (Paris 1809-'23, 6 vol. in-fol.), et d'un *Recueil de fragments de sculpture antique en terre cuite.* (Paris, 1814, in-8°.) D'Agincourt mourut à Rome en 1814.

* **SERPE** s. f. (rad. lat. *sarpere,* émonder). Instrument de fer, large, plat et tranchant qui est recourbé vers la pointe, emmanché de bois, et dont on se sert pour émonder des arbres, pour les tailler, etc. : *une serpe bien emmanchée.* — IL SEMBLE QUE CET HOMME AIT ÉTÉ FAIT AVEC UNE SERPE, se dit en parlant d'un homme mal fait, malbâti.

* **SERPENT** s. m. [sèr-pan] (lat. *serpens*). Reptile ophidien allongé, cylindrique et sans

pieds, tel que la vipère, la couleuvre, l'aspic, etc.: *la peau d'un serpent.*

Un gros *serpent* mordit Aurèle.
Que croyez-vous qu'il arriva?
Qu'Aurèle en mourût? Bagatelle.
Ce fut le *serpent* qui creva.

* * *

— C'est un serpent que j'ai réchauffé dans mon sein, c'est un ingrat qui s'est servi du bien que je lui ai fait pour me faire du mal. — Le serpent est caché sous les fleurs, se dit en parlant de choses dangereuses, dont les apparences sont séduisantes. — Les serpents de l'envie, de la Calomnie, l'envie, la calomnie. Bois de serpent. (Voy. Serpentine, *subst.*) — Instrument à vent et à clefs, dont on se sert dans les chœurs de musique d'église, pour soutenir les voix de basse, et qui est fait à peu près en forme de gros serpent: *le serpent fut inventé, en 1590, par un prêtre d'Auxerre, on le remplace ordinairement par l'ophicléide.* — Celui qui joue de cet instrument: *il y a dans cette église un excellent serpent.* — Encycl. Les serpents comprennent, d'après les anciens naturalistes, tous les vertébrés ovipares pourvus de poumons, dont le corps est arrondi et allongé, qui n'ont pas de membres et qui rampent sur le ventre. Quelques-uns sont ovovivipares. Les petits ne subissent pas de métamorphoses une fois sortis de l'œuf. Ils ont rarement plus de 100 vertèbres; chez quelques boas et quelques pythons, il y en a jusqu'à 400, ce qui est le plus grand nombre que présente aucun animal. Les mouvements de locomotion des serpents se font toujours par des ondulations latérales; les côtes avec les plaques ventrales dont elles sont pourvues jouent le rôle de paires de pattes, analogues à celles des myriapodes, qui atteignent, dans certains boas, un nombre supérieur à 300 paires. Les membres antérieurs manquent chez quelques boas et chez plusieurs pythons; il y a des saillies cornées en forme de croc, visibles à l'extérieur et supportées par une arcade pelvienne rudimentaire; mais, à part ces quelques exceptions, les membres postérieurs manquent aussi. La plupart des muscles sont spécialement organisés pour agir sur la colonne vertébrale, et ils sont disposés d'une manière très compliquée. Le cerveau est petit, et la moelle épinière très longue avec un nombre extraordinaire de nerfs vertébraux. Les serpents rampent, s'élancent, grimpent, nagent, étreignent, se suspendent par la queue, se creusent des terriers, se dressent presque tout droit. Comme la plupart des reptiles, ils sont très sensibles au froid, et tombent en léthargie pendant l'hiver; leur irritabilité musculaire est d'une force et d'une persistance remarquables; elle dépend de l'action nerveuse de l'épine dorsale et de la propriété inhérente au tissu musculaire. Le cœur palpite longtemps après qu'il a été retiré du corps, et les mâchoires s'ouvrent et se referment dans la tête séparée du tronc. Les sens de l'odorat, de l'ouïe et du goût sont imparfaits; les yeux, sans paupières, et toujours ouverts, semblent immobiles. Le principal siège du toucher réside dans la langue, qui est molle et extensible. Les écailles présentent des couleurs et des dessins divers; mais, en général, elles ont la teinte des objets au milieu desquels les animaux vivent habituellement. Les serpents sont divisés ordinairement en deux groupes: les serpents venimeux et les non venimeux. Les premiers, comme le cobra, le serpent à sonnette et la vipère, ont dans la mâchoire supérieure, des crochets mobiles communiquant à une glande pleine de poison. Tous se nourrissent de proie vivante, qu'ils avalent presque toute entière. Les uns poursuivent leur proie avec rapidité, d'autres la broient dans leurs replis, ou l'empoisonnent, ou l'a-

mènent jusqu'à la portée de leur gueule par une sorte de fascination. Ils mangent et boivent rarement, et sont capables de supporter de très longs jeûnes. La digestion se fait chez eux très lentement, et la sécrétion des grosses glandes salivaires est fort abondante. — D'après Cuvier, les serpents ou ophidiens doivent être divisés en 3 familles: 1° anguis (voy. ce mot); 2° vrais serpents, sans sternum ni vestiges d'épaule, mais dont les côtes entourent une grande partie de la circonférence du tronc, et où les corps des vertèbres s'articulent par une facette convexe; on les subdivise en 2 tribus: *doubles marcheurs* (amphisbène, typhlops) et *serpents proprement dits* (non venimeux: boas, couleuvres, acrochorde; venimeux: bongare, crotales, acanthophis, vipères, trigonocéphales, plature, naïa, élaps); 3° serpents nus, ne comprenant que le singulier genre aquatique des *cécilies* (*cæcilia*), voisin des batraciens, et ainsi nommé parce que ses yeux, extrêmement petits, sont à peu près cachés sous la peau. Les animaux de ce genre vivent dans les marécages de l'Amérique du Sud; quelques espèces atteignent à peine la grosseur d'un ver de terre. — Serpent de mer, animal fabuleux et, qui, dit-on, habite surtout les mers du Nord, principalement aux environs des côtes de la Norvège et de la Nouvelle-Angleterre. Bien que des centaines de témoins affirment avoir vu cet animal, les naturalistes n'ont pas réussi à découvrir aucune trace certaine de son existence. On dit qu'il se montre par les temps calmes, qu'il a un corps flexible de 60 à 100 pieds, une tête longue et large en forme de tête de serpent, aussi grosse que celle d'un cheval, de grands yeux, un cou long et mince, et d'une couleur où le brun foncé domine. Quelques-uns lui donnent des nageoires. On le voit nager à la surface, la tête et le cou élevés hors de l'eau, et s'avançant rapidement par un mouvement d'ondulation verticale. Les naturalistes les plus sérieux déclarent que l'existence du serpent peut bien être une vérité, et qu'il peut se faire que ce soit quelque type modifié des énaliosauriens secondaires, ou quelque forme intermédiaire entre ceux-ci et les cétacés allongés.

* SERPENTAIRE s. f. Nom vulgaire d'une espèce de caclier à grandes fleurs rouges et à tiges rampantes. — Serpentaire de Virginie, espèce d'aristoloche (*aristolochia serpentaria*), à tige flexueuse et marbrée, qui croît principalement dans la Virginie, et dont la racine est employée comme tonique et stimulante. Sa racine sèche et broyée a une odeur et un goût marqués qu'on a comparés à ceux du camphre, de la valériane et de la térébenthine combinés; elle contient une huile essentielle et une résine. La serpentaire de la Virginie a une grande réputation chez les Indiens pour guérir les morsures des serpents et on l'adopta en Europe comme remède contre les morsures des reptiles et des chiens enragés. On ne s'en sert aujourd'hui que comme stimulant tonique et diaphorétique; on l'a aussi employée dans le traitement des fièvres intermittentes. — La serpentaire du Canada, qu'on appelle aussi gingembre sauvage ou gingembre indien, est *l'asarum Canadense*. Sa racine sèche forme de petits morceaux contournés de la grosseur d'une plume d'oie, qui ont une odeur et un goût tenant à la fois du gingembre et du cardamome. C'est un stimulant aromatique, qu'on emploie quelquefois pour modifier l'action d'autres médicaments. On s'en sert dans la médecine domestique contre la colique; certaines personnes le mâchent pour dissimuler une mauvaise haleine.

* SERPENTAIRE s. m. Astron. Constellation de l'hémisphère boréal, qu'on figure par Esculape tenant un serpent.

* SERPENTAIRE s. m. Ornith. Genre de rapaces dont les principales espèces se nourrissent surtout de serpents. (Voy. Secrétaire.)

SERPENTAL, ALE adj. Sinueux.

SERPENTARIÉ, IÉE adj. Qui ressemble ou qui se rapporte à la serpentaire.

* SERPENTE s. f. Sorte de papier très fin et transparent: *grande serpente.* — Adjectiv. *Papier serpente.*

* SERPENTEAU s. m. Petit serpent éclos depuis peu: *une couvée de serpenteaux.* — Artificier. Se dit de petites fusées enfermées dans une grosse, d'où elles sortent avec un mouvement tortueux comme celui d'un serpent: *il y a des fusées à serpenteaux et des fusées à étoiles.*

* SERPENTER v. n. Se dit des choses qui ont un cours tortueux, une direction tortueuse: *un ruisseau qui serpente dans la prairie.*

* SERPENTIN adj. m. N'est guère usité que dans cette locution, Marbre serpentin, marbre dont le fond est vert avec des taches rouges et blanches.

* SERPENTIN s. m. Pièce de la platine d'un mousquet, à laquelle on attachait autrefois la mèche: *mettre la mèche sur le serpentin.* — Chim. Tuyau d'étain ou de cuivre étamé qui va en spirale depuis le chapiteau d'un alambic jusqu'au bas, et qui sert à condenser le produit de la distillation: *eau-de-vie coupée au serpentin.*

* SERPENTINE s. f. Pierre fine tachetée comme la peau d'un serpent: *un vase, une tasse de serpentine.* — Marbre serpentin. — Bot. Nom d'une plante exotique dont le bois, appelé Bois de serpent, était employé autrefois en médecine comme sudorifique, fébrifuge, etc.

* SERPENTINE adj. f. Man. Se dit de la langue du cheval, lorsqu'elle remue sans cesse au dehors ou au dedans de sa bouche, ce qui déplace ordinairement le vrai point d'appui du mors: *ce cheval a la langue serpentine.*

SERPENTINEUX, EUSE adj. Minér. Qui est formé de serpentin.

* SERPETTE s. f. (dimin. de serpe). Petite serpe qui sert à tailler la vigne, à couper les raisins en vendanges, à émonder les arbres, et à d'autres usages: *emmancher une serpette.*

SERPIGINEUX, EUSE adj. (du lat. *serpo*, je rampe). Qui rampe en serpentant. — Pathol. Se dit des dartres et des ulcères qui rampent en se déplaçant.

* SERPILLIÈRE s. f. [*ll* mll.]. Toile grosse et claire dont se servent les marchands pour emballer leurs marchandises: *serpillière neuve.* — Se dit aussi des grosses toiles que les marchands mettent au devant de leurs boutiques pour se garantir du soleil. — Morceau de grosse toile que certains marchands et leurs garçons mettent devant eux en forme de tablier, et qui est attaché par derrière avec une espèce d'agrafe.

* SERPOLET s. m. Petite plante odoriférante, du genre thym (*thymum serpyllum*), qui vient dans les lieux extrêmement secs: *les lapins et les moutons qui se nourrissent de serpolet, ont ordinairement meilleur goût que les autres.*

SERPULE s. f. (lat. *serpula*, serpent). Annél. Genre d'annélides tubicoles, comprenant plusieurs espèces vivantes ou fossiles de vers divisés en nombreux segments, dont la partie antérieure s'élargit en un disque rétractile où se trouvent la bouche et un double panache de branchies filamenteuses étalées en éventail. Les serpules se construisent, par une sécrétion de leur peau, des tubes calcaires.

entortillés et sinueux, que l'on trouve adhé-rents à la surface des corps submergés : pierres, coquillages, pièces de bois, etc.

Serpule contournée (Serpula contortiplicata).

Quand l'animal veut se renfermer dans son tube, il ferme l'ouverture de celui-ci au moyen d'un opercule.

SERRA-DI-SCOPAMENE, ch.-l. de cant., arr., et à 25 kil. N.-E. de Sartène (Corse); 600 hab.

SERRAGE s. m. Action de serrer; résultat de cette action.

SERRAGGIO, ch.-l. de cant., arr., et à 13 kil S. de Corte (Corse); 1,200 hab.

SERRAN s. m. [sè-ran] (lat. *serra*, scie). Icht. Genre de percoïdes à sept rayons branchiaux et à une seule dorsale. Nous avons, dans la Méditerranée, le *serran écriture* (*serranus scriba*), à traits irréguliers bleus sur la tête, à couleurs variées, à chair savou-

Serran d'Amérique (Ctenolabrus cœruleus).

reuse; le *serran commun* (*serranus cabrilla*), à 3 bandes obliques sur la joue; le *barbier* (*anthias sacer*), rouge, nuancé d'or; et le *mérou* (*serranus gigas*), brun, long d'un mètre, à chair recherchée. Le serran d'Amérique (*ctenolabrus cæruleus*), est long de 15 à 40 centim. (Voy. Perche.)

SERRATE adj. [sé-ra-te] (lat. *serratus*; de *serra*, scie). Numism. Se dit de certaines monnaies romaines en argent dont les bords sont découpés en scie.

SERRATIFORME adj. (lat. *serra*, scie; fr. *forme*). Qui est en forme de scie.

SERRATULÉ, ÉE adj. Bot. Qui ressemble ou qui se rapporte à la sarrette (*serratula*). — s. f. pl. Section de carduacées ayant pour type le genre sarrette ou serratule.

* **SERRE** s. f. Lieu clos et couvert où, pendant l'hiver, on renferme les orangers et autres arbres ou plantes qui ont le plus besoin d'être à l'abri de la gelée. — Serre froide, celle où la température varie entre 0° et 8° ou 40°; on y conserve, en hiver, les plantes originaires du cap de Bonne-Espérance, de Chine, du Japon, de l'Australie. — Serre tempérée, celle où l'on entretient une chaleur de 15° à 20° pendant le jour, et de 12° à 15° pendant la nuit, en hiver. On y rentre les orangers, les plantes grasses, les cactus et autres plantes qui demandent la température de l'oranger. — Serre chaude, celle dans laquelle on tient une température de plus de 20° en hiver. C'est ordinairement un grand bâtiment, exposé au midi, garni de vitraux dans toute sa largeur, et chauffé soit par un ventilateur à air chaud (serre sèche), soit par le thermosiphon ou le calorifère. On y entretient les plantes tropi-

cales, quelquefois on y joint un aquarium. — Serre a forcer, serre chaude établie dans le but de faire produire aux végétaux leurs fleurs ou leurs fruits à une époque autre que celle que leur assigne la nature. — Fig. Cela est venu en serre chaude, c'est un fruit de serre chaude, se dit des talents précoces auxquels on n'a pas laissé le temps de se développer naturellement, dont on a hâté la maturité par des moyens extraordinaires. — Se dit aussi du pied des oiseaux de proie, qui s'appelle main en termes de fauconnerie : *le milan a les serres bonnes*. — Fam. Il a la serre bonne, se dit d'un homme qui a la main extrêmement forte. Se dit aussi, fig., d'un avare, d'un larron, d'un concussionnaire, etc. — Action de serrer, de presser les raisins et autres fruits qu'on met au pressoir, et qu'on serre à diverses reprises : *la première serre*.

SERRE (Pierre-François-Hercule, comte de), homme politique, né à Pagny-sous-Prény, près de Pont-à-Mousson, le 12 mars 1776, mort à Castellamare le 21 juillet 1824. Il émigra à la Révolution, rentra en France en 1801; s'inscrivit au tableau des avocats de Metz et, en 1811, devint avocat général à la cour de cette même ville, puis premier président à la cour de Hambourg. Nommé par la Restauration premier président à la cour royale de Colmar, il se prononça contre Napoléon pendant les Cent-Jours et alla rejoindre Louis XVIII à Gand. Envoyé à la Chambre en 1815 par le département du Haut-Rhin, il en fut élu président en 1817, et devint garde des sceaux dans le ministère Decazes. Il accepta plus tard l'ambassade de Naples.

* **SERRÉ, ÉE** part. passé de Serrer. — De la toile bien serrée, du drap bien serré : de la toile, du drap qui a été bien frappé, bien battu avec le peigne. — Avoir le cœur serré de douleur, de tristesse, etc., ou absol., Avoir le cœur serré, avoir le cœur saisi de douleur, etc. — Avoir le ventre serré, être constipé, ne pas aller facilement à la garde-robe. — Cheval serré du devant, du derrière, cheval étroit du devant, du derrière. — Un homme serré, un homme avare qui a peine à donner du sien, qui dépense avec regret. — Trictrac. Jeu serré, jeu qui n'est pas étendu, et où l'on ne se découvre point. — Serré. Bien fort. Alors il est ordinairement précédé d'un de ces adverbes Bien, Si : *il a gelé bien serré cette nuit; il lui a donné sur les oreilles bien serré, si serré que...* (Fam.) — Mentir bien serré, mentir impudemment, effrontément, etc. — Jouer serré, ne jouer qu'à beau jeu, et ne se point hasarder. Fig. Agir avec beaucoup de prudence, de réserve, de manière à ne pas donner prise sur soi.

* **SERRE-FILE** s. m. Théor. milit. Se dit des officiers et des sous-officiers placés derrière une troupe en bataille, sur une ligne parallèle au front de cette troupe : *se placer en serre-file; les serre-files*. — Mar. Vaisseau qui marche le dernier de tous : *être le serre-file*. Adjectiv. Vaisseau serre-file.

SERRE-FINE s. f. Chir. Petite pince à pression constante, employée en chirurgie pour maintenir en contact les deux lèvres d'une plaie : *des serres-fines*. — Nom vulgaire de la mésange charbonnière.

* **SERRE-FREIN** s. m. Employé chargé de serrer le frein dans un convoi de chemin de fer : *des serre-freins*.

* **SERREMENT** s. m. Action par laquelle on serre : *il lui a témoigné son amitié par un serrement de main*. — Serrement de cœur, état où se trouve le cœur quand on est saisi de tristesse : *cette nouvelle lui a donné un serrement de cœur*.

* **SERRÉMENT** adv. D'une manière trop ménagère, avec trop d'économie : *il vit fort serrément*. (Peu us.)

* **SERRE-NEZ** s. m. Petit appareil pour assujettir les chevaux. (Voy. Torche-nez) : *des serre-nez*.

SERRE-NŒUD s. m. Chir. Instrument dont on se sert pour serrer progressivement des ligatures qui ont pour but de détacher certaines tumeurs : *des serre-nœud*.

* **SERRE-PAPIERS** s. m. Arrière-cabinet où l'on serre des papiers. — Sorte de tablette divisée en plusieurs compartiments, qui se met ordinairement au bout d'un bureau, et où l'on range des papiers. — Petit meuble de marbre, de plomb, etc., qu'on pose sur les papiers d'un bureau pour les empêcher de se disperser : *des serre-papiers*.

SERRE-POINTS s. m. Techn. Outil dont se sert le bourrelier pour serrer les points : *des serre-points*.

* **SERRER** v. a. (bas lat. *serare*, du lat. *sera*, serrure). Eteindre, presser : *serrer la main à quelqu'un*. — Joindre près à près, mettre près à près : *vous nous avez trop serrés*. — Fig. Serrer son style, retrancher ce qu'il y a de superflu dans le style. Ecrire d'une manière très concise. — Art milit. Serrer les rangs, se dit d'une troupe en bataille dont les rangs étaient ouverts, et qui les rapproche : *serrez vos rangs : marche*. On dit quelquefois simplement, Serrez, à des troupes qui marchent, et qu'on veut faire avancer plus diligemment. — Serrer quelqu'un de près, le poursuivre vivement. Serrer de près une ville, un port, en presser le siège. — Mar. Serrer les voiles, plier les voiles. Serrer la terre, ranger la terre. Serrer le vent, aller au plus près du vent. Serrer la ligne, tenir très près les uns des autres les vaisseaux qui forment une ligne de combat : *chaque vaisseau doit serrer sur son matelot d'avant, pour empêcher l'ennemi de couper la ligne*. — Trictrac. Serrer son jeu, le presser, ne pas l'étendre, pour ne pas se découvrir : *il serre trop son jeu*. — Escr. Serrer la mesure, presser vivement son ennemi. Presser son adversaire dans la dispute. On dit aussi dans le même sens, Serrer la botte, tant au propre qu'au figuré. — Equit. Serrer l'éperon a un cheval, lui donner de l'éperon pour le faire aller à toute bride. Serrer la demi-volte, faire revenir un cheval avec justesse sur le terrain où il commence la demi-volte. — Mettre quelque chose en lieu où il ne soit exposé ni à être volé, ni à s'égarer, ni à être gâté : *serrer des hardes*.

Laurent, *serres* ma haire avec ma discipline,
Et priez que toujours le ciel vous illumine.
Tartufe, acte III, sc. II.

— Serrer les foins, serrer les blés, les mettre à couvert dans le grenier, dans la grange.

SERRE-RAIL s. m. Nom d'un système particulier d'attache des rails sur les traverses, qui se compose de deux cales en bois debout maintenant le rail, une de chaque côté, et fixées elles-mêmes à la traverse par des tire-fond.

SERRES, ch.-l. de cant., arr. et à 39 kil. S.-O. de Gap (Hautes-Alpes), sur le Buech; 4,100 hab.

SERRES (Olivier de, seigneur du Pradel), agronome, né au Pradel, près de Villeneuve-de-Berg (Vivarais), en 1539, mort au même lieu, le 2 juillet 1619. Pour se distraire du triste spectacle des guerres religieuses auxquelles il se trouva mêlé, il étudia l'agriculture et publia le résultat de ses observations. Il a laissé : *Théâtre d'agriculture et mesnage des champs*, ouvrage extrêmement curieux et d'une grande valeur dont la 20° édit. a paru en 1804 (2 vol. in-4°).

* **SERRE-TÊTE** s. m. Ruban ou coiffe dont on se serre la tête : *des serre-tête de nuit*.

* **SERRETTE** s. f. Voy. Sarrette.

SERRICORNE adj. (lat. *serra*, scie; fr. *corne*). Entom. Qui a les antennes dentelées en scie. — s. m. pl. Famille de coléoptères pentamères dont les antennes sont dentelées en scie. Cuvier divise cette famille en sept tribus : 1° BUPRESTIDES (bupreste, richards, cérophytes, etc.); 2° ÉLATÉRIDES (taupin); 3° CÉBRIONITES (cébrions, rhipicères, élodes); 4° LAMPYRIDES (lycus, omalises, lampyres, téléphores); 5° MÉLYRIDES (mélyres, dasytes, malachies, driles); 6° PTINIORES (ptines, gibbies, vrillettes); 7° LIME-BOIS (cupe, etc.).

SERRIÈRES, ch.-l. de cant., arr. et à 32 kil. N. de Tournon (Ardèche), sur la rive droite du Rhône; 1,500 hab.

* **SERRON** s. m. (fr. *serrer*). Botte dans laquelle on apporte des drogues des pays étrangers : *un serron de baume*. (Vieux.)

SERRULÉ, ÉE adj. (lat. *serra*, scie). Dentelé en scie.

* **SERRURE** s. f. (lat. *sera*). Machine ordinairement de fer ou de cuivre, qu'on applique à une porte, à une armoire, etc., pour servir à la fermer et à la ouvrir, et qui s'ouvre et se ferme par le moyen d'une clef ou d'un secret: *une bonne serrure.* — ENCYCL. Il y a des milliers d'années que les Chinois et les Égyptiens connaissent l'usage de serrures plus ou moins compliquées. La construction générale des anciennes serrures bénardes, dites à ressort est représentée dans notre fig. 1. Une porte *b* passe dans un trou rectangulaire percé à chaque extrémité de la serrure et se trouve maintenu par l'un des deux crans *c* et *e* que le ressort *a* presse contre le bord de l'ouverture. La clef s'introduit dans une entaille demi-circulaire pratiquée sur le bord inférieur du pêne et, par ce moyen, elle le fait aller en avant ou en arrière. Plusieurs garnitures circulaires nommées *gardes* entourent la tige de la clef et empêchent l'usage de toute autre clef n'ayant pas dans leur panneton des encochures et des fentes correspondantes. La serrure à gâchette, qui n'est guère en usage que depuis un siècle, est représentée, sous sa forme la plus simple, dans notre fig. 2. Le pêne se pousse dans la clef de la même manière que dans la serrure à ressort, mais il est ensuite maintenu par des saillies nommées *ergots* qui se trouvent dans une gâchette

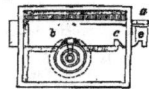
Fig. 1.

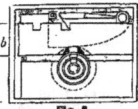 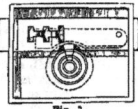
Fig. 2. Fig. 3.

a, et qui sont lancées par un ressort dans les crans ou encoches du bord supérieur du pêne. Il faut donc que cette gâchette soit levée avant que le pêne puisse se mouvoir. La serrure de l'Anglais Barron, brevetée en 1778, est faite de telle sorte que les ergots doivent être soulevés à une certaine hauteur pour que le pêne puisse se mouvoir; si on les soulève davantage, ils s'engrènent dans des encoches opposées (fig. 3). Cette serrure fut considérée pendant quelque temps comme incrochetable; mais les voleurs se chargèrent de détruire sa réputation, si bien qu'il fallut la perfectionner. La serrure à gorge et à délateur de Chubb (fig. 4) est une modification de la précédente; *b* est le pêne, *t* représente les gâchettes (au nombre de 6 dans notre dessin) qui tournent autour d'une cheville *a*; *d* montre 6 ressorts qui appuient fortement sur les 6 gâchettes; *n* sont les

rainures dans lesquelles s'engagent le tronçon *s* quand les gâchettes sont soulevées à la hauteur convenable. Le principe de la serrure de Bramah est identique; mais, au *lieu* de gâchettes tournant autour d'une cheville commune, il y a des coulisses indépendantes avec des encoches à différentes hauteurs, soulevées à une hauteur commune par une clef ayant des élévations correspondantes sur

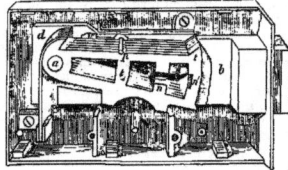
Fig. 4.

son panneton. Cette serrure fut, elle aussi, considérée comme incrochetable, et lors de l'exposition universelle de 1851 (Londres), un défi fut porté par MM. Bramah, qui offrirent une récompense de 200 guinées à toute personne capable de la crocheter. Le gant fut relevé par l'Américain Hobbs, qui triompha des obstacles après 51 heures d'efforts. Le même Hobbs inventa la serrure appelée

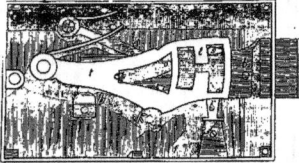
Fig. 5.

la *Protectrice* (fig. 5). C'est, à peu près, la serrure de Chubb, sauf que le tronçon *s*, au lieu d'être rivé au pêne, est rivé dans une pièce détachée (fig. 6) qui tourne sur un centre *h*, quand le tronçon *s* est pressé par le pêne. Ce mouvement conduit le bras ou levier attaché contre l'enveloppe de la serrure (palastre), et par ce moyen les gâchettes

Fig. 6. Fig. 7.

sont garanties de la pression par le tronçon, si bien que leur position ne peut plus être certifiée par le crocheteur. La clef (fig. 7) tourne sur une broche *k* et les gâchettes reposent sur la pièce *r*. Cette serrure, après avoir défié l'adresse des crocheteurs anglais, finit par être ouverte par Linus Yale, de Philadelphie, qui inventa ensuite la serrure Yale, aujourd'hui adoptée dans l'univers entier. Un perfectionnement des serrures de Hobbs et de Chubb, dans lesquelles les com-

Fig. 8. Fig. 9.

binaisons ne changent pas, consiste à y ajouter un artifice par lequel la position des rainures et des chevilles et le panneton de la clef peuvent être changés à volonté. Une serrure de ce genre fut imaginée par An-

drews, de Perth Amboy (New-Jersey); on en comprendra le principe en considérant les clefs de nos fig. 8 et 9, dont il est facile de changer le panneton en *variant les positions* des pièces séparées dont il se compose. Cette serrure fut employée, pendant longtemps, pour la fermeture des coffres-forts et des grands magasins, et son succès donna lieu à plusieurs compétitions, parmi lesquelles il faut citer celle de Newell, inventeur de la serrure *parautoptique* de Day et Newell. — On fait usage aujourd'hui, pour les coffres forts, de serrures à cadrans dites *à permutation* et *à combinaison*. Le principe général sur lequel reposent ces serrures est facile à saisir. Supposons que, dans une serrure de Chubb ou de Hobbs, les gâchettes, au lieu de tourner sur un pivot placé vers l'une de leurs extrémités, soient converties en disques tournant sur un axe, et que les rainures, au lieu d'être amenées à coïncider, par le moyen de la clef, s'ajustent quand on tourne les disques alternativement dans un sens et dans l'autre, autour de l'axe sur lequel ils se meuvent d'une manière indépendante. Les disques, séparés par des rondelles, ne se communiquent le mouvement que lorsque certaines chevilles, qui peuvent, à volonté, prendre diverses positions, viennent à se frotter l'une contre l'autre; alors, un disque entraîne son voisin et le fait tourner d'une quantité déterminée. On amène ainsi, par différents mouvements, toutes les rainures à coïncider, comme dans notre fig. 10, où a, b, c et d sont les quatre roues ou disques placés dans la serrure, au lieu de gâchettes. Chaque

Fig. 10. Fig. 11.

disque possède une cheville (on ne voit ici que celle du disque *d*) qui peut être placée, à volonté, sur un rayon quelconque. Un cadran (fig. 11), tournant, à l'aide d'un bouton, sur une plaque à index, est placé à l'extérieur du coffre-fort. Une tige traverse la porte et l'axe d'une virole à laquelle elle est fixée; elle traverse aussi les axes des disques a, b, c, d, qui tournent librement autour d'elle. La virole fixe est pourvue, à sa partie intérieure, d'une cheville qui peut être poussée contre la cheville du disque a; on peut donc faire correspondre la rainure de ce disque avec un nombre quelconque du cadran, au moyen de cette cheville; et à l'aide du cadran, on peut placer la rainure dans une position déterminée quelconque. On en arrive à produire, avec les quatre disques, des combinaisons que ne peuvent être découvertes qu'après des millions de tentatives. Pour plus de sécurité encore, Sargent et Greenleaf ont imaginé une serrure à horloge dans laquelle le pêne n'est libre d'agir qu'après un nombre déterminé d'heures; si bien que, lorsque le coffre-fort est fermé, nul ne peut l'ouvrir, pas même la personne possédant la combinaison, avant que le mouvement d'horlogerie ne permette de le faire.

SERRURE (Constant-Philippe), auteur flamand, né à Anvers le 22 sept. 1805, mort à Aboutzeele-lez-Gand, le 6 avril 1872. Professeur à l'université de Gand, il rédigea, de concert avec Blommaert, les *Vaderlandsche Letteroefeningen* et fit la publication d'anciens poèmes flamands, tels que le *Grimbergsche oorlog* (1852-'54), le *Wapene.Martyn* de J. van Maerlant (1855). Il

fonda aussi le *Vaderlandsch Museum voor Nederduitsche Letterkunde* (1855-'63, 5 vol.), dans lequel son fils, CONSTANT-A. SERRURE, qui acquit une juste renommée par deux ou-vrages sur *J. van Maerlant* et son histoire de la *Littérature néerlandaise et française dans les Flandres*, écrivit aussi quelques études remarquables.

* **SERRURERIE** s. f. Art du serrurier : *connaître la serrurerie*. — Se prend aussi pour les ouvrages mêmes des serruriers : *il y a bien de la serrurerie dans cette maison*.

* **SERRURIER** s. m. Artisan, ouvrier qui fait des serrures et plusieurs autres ouvrages de fer : *la boutique d'un serrurier*.

* **SERTIR** v. a. Joaill. Enchâsser une pierre dans un chaton.

SERTISSAGE s. m. Action ou manière de sertir.

SERTISSEUR s. m. Celui qui sertit.

. **SERTISSOIR** s. m. Instrument dont on se sert pour sertir.

* **SERTISSURE** s. f. Manière dont une pierre est sertie : *sertissure à griffe, à filet*, etc.

SERTORIUS (Quintus) [ser-to-riuss], général romain, né vers 124 av. J.-C., mort en 72. Il se distingua dans la campagne de Marius contre les Cimbres et les Teutons, et lorsque Marius fut chassé d'Italie, il leva de nou-velles troupes avec Cinna et poursuivit la lutte. Après la mort de Marius, il réprima les désordres avec une rigueur impitoyable. En 83, il obtint le poste de proconsul d'Espagne; là, il brava les armées envoyées contre lui par Sylla et le sénat, se mit à la tête des Lu-sitaniens et gouverna avec justice, dans le dessein de s'établir comme puissance indé-pendante. Après avoir défait à plusieurs re-prises les troupes romaines commandées par Pompée, il fut égorgé par des traîtres ache-tés, dans un banquet, que lui donnait son général Porsenna.

SERTULAIRE s. f. (dimin. du lat. *sertum*, couronne). Zooph. Genre de polypiers hy-draires, qui ont l'aspect de petits arbustes très élégants.

SÉRULLAS (Georges-Simon), chimiste, né à Poncin (Ain) en 1774, mort en 1832. Après avoir participé à toutes les guerres de l'Em-pire, il devint professeur de chimie à l'hôpi-tal militaire de Metz en 1814, puis au Val-de-Grâce, et entra à l'Académie des sciences en 1829. Il a créé les iodures de carbone et de cyanogène, l'éther bromhydrique; isolé l'acide cyanique, fait connaître le bromure de silicium, le bromhydrate d'hydrogène phosphoré; étudié les chlorates de divers al-calis et complété l'histoire des acides chlo-rique, perchlorique, etc.

* **SÉRUM** s. m. [sé-romm] (mot lat.). Sérosité : *sérum du lait, du sang*, etc.

SÉRURIER (Jean-Mathieu-Philibert, COMTE), maréchal de France, né à Laon en 1742, mort en 1819. Après avoir été lieutenant de milice dans sa ville natale, il servit en 1759 dans la guerre de Hanovre, fit la cam-pagne de Portugal (1772) et celle de Corse (1771). Il embrassa les principes de la Révolution, fut fait colonel et, en 1794, général de bri-gade. Promu général de division l'année sui-vante, il se signala à l'armée des Alpes sous Kellermann et Schérer, participa glorieuse-ment à la campagne d'Italie, seconda Bona-parte au 18 brumaire et fut fait successivement sénateur, maréchal, comte et gouverneur des Invalides. Il vota la déchéance de Na-poléon en 1814, fut créé pair de France à la Restauration, se rallia à l'empereur pen-dant les Cent-Jours, perdit le gouvernement des Invalides et rentra dans la vie privée.

* **SERVAGE** s. m. (rad. *serf*). État de celui qui est serf, esclave : *mettre en servage*. — Poétiq. L'AMOUREUX SERVAGE, l'attachement qu'un amant a pour sa maîtresse. Il est vieux. — Encycl. « Le servage féodal peut être, jusqu'à un certain point, assimilé à l'es-clavage antique; car, durant plusieurs siècles, il fut tout aussi barbare et inhumain. Le serf, étant *attaché à la glèbe*, appartenait au sol plutôt qu'au seigneur; mais, pendant long-temps, celui-ci eut le droit de vendre les serfs de son domaine, d'en disposer comme de bêtes de somme et de les revendiquer partout où ils se réfugiaient. « Au VIIIᵉ siècle, les serfs de la « glèbe pouvaient être distribués arbitraire-« ment sur le domaine, transférés d'une por-« tion de terre à l'autre, réunis dans la même « case, ou séparés l'un de l'autre, selon les « convenances du maître, sans égard aux « liens de parenté, s'il en existait entre eux. » (Aug. Thierry, *Essai sur l'histoire du Tiers-Etat*, chap. Iᵉʳ). Ainsi, le pouvoir du seigneur sur ses serfs était alors sans limites; il pou-vait les punir à son gré, les frapper, les tor-turer et les faire mourir. « Celui-là était serf, « qui était le fils d'un père ou d'une mère « serfs. Celui-là était encore *serf* qui était le « fils d'un noble et d'une femme non affran-« chie. Celui-là était encore serf qui était « libre, mais qui avait habité un an et un « jour dans des terres de le domicile faisait « perdre la franchise. » (Alexis Monteil, *Hist. des Français des divers états*, XIVᵉ siècle, Ep. 29). Les serfs ne possédaient rien en propre, en conséquence ils ne pouvaient succéder ni tester. Il était interdit au serf de se marier avec une personne qui n'était pas de sa con-dition ou qui n'appartenait pas au même domaine. S'il en obtenait la permission du sei-gneur, il devait payer le droit de *formariage*. Quant à l'infâme droit de prélibation, que l'on nommait aussi *droit de marquette* ou *droit du seigneur*, s'il a été nié par quelques panégy-ristes du bon vieux temps; mais des docu-ments irréfutables constatent qu'il était pra-tiqué dans plusieurs pays de France. Le serf vivait de son travail sur la portion du sol dont la jouissance lui était concédée; il était tenu de cultiver les terres du seigneur, de suivre ce dernier à la guerre et de lui fournir gratuitement tous les services requis. La servitude corporelle fut interdite plusieurs fois par des édits sans qu'elle disparût. L'af-franchissement des *main-mortables* fut pro-noncée en 1141 par Suger, régent du royaume, en 1315 par Louis X, en 1553 par Henri II, et néanmoins le servage a subsisté jusqu'à la Révolution. Les conditions de cette servi-tude différaient selon les coutumes locales; elles furent peu à peu adoucies, à partir du XIIIᵉ siècle, dans les domaines du roi et dans ceux de quelques seigneurs. Les serfs restèrent cependant dans un état de vassalité plus ou moins rigoureux, et ils étaient soumis à de nombreux services gratuits ou corvées et à des redevances de toutes sortes. Eux et leurs biens, quand ils en eurent, étaient imposables à volonté ou, comme l'on disait alors, *tail-lables à merci* (ad *misericordiam domini*). Un grand nombre de serfs obtinrent leur affran-chissement à prix d'argent, et ils constituè-rent des familles libres. Quelques villes jouis-saient du privilège d'affranchir de la servi-tude ceux qui venaient y demeurer. L'ano-blissement et les charges de la magistrature produisaient les mêmes effets. (Voy. NOBLESSE.) Louis XVI, par un édit du 8 août 1779, ac-corda la franchise complète à tous les ha-bitants des terres de la Couronne. Cependant le servage existait encore dans un certain nombre de seigneuries et sur les terres de quelques couvents, lorsqu'il fut aboli par les décrets que rendit l'Assemblée nationale, dans la nuit du 4 août 1789. Ces décrets n'é-taient qu'à l'état de déclaration générale, et le servage ne fut expressément détruit qu'en mars 1790. Grâce au rayonnement des prin-cipes d'humanité que la Révolution française a apportés au monde (voy RÉVOLUTION), le servage a disparu aujourd'hui de l'Europe entière. Il a été supprimé successivement : en Bavière (1808), en Westphalie (1809), en Prusse (1811), en Autriche (1848); et enfin, il a été aboli en Russie (1863) par un ukase du 19 fév. 1861. On trouve, à la fin du livre plein de verve et d'agrément, *Impressions de voyage en Russie* d'Alexandre Dumas père, une his-toire abrégée, fort intéressante, du servage tel qu'il a existé chez les Romains, en France et en Russie. »   (CH. Y.)

SERVAIS (Saint), évêque de Tongres, mort en 384. Fête le 13 mai.

* **SERVAL** s. m. Mamm. Carnassier du genre chat *(felis serval)*, originaire de l'Afrique du S. Il mesure 1 m. 30 de long environ, dont 40 cen-tim. pour la queue; son pelage est d'un jaune d'ocre, plus foncé sur le dos et semé de taches brunes, et s'éclaircissant jusqu'au blanc sous le ventre. Il a presque la taille du lynx, et se nourrit de petits mammifères et d'oiseaux. Il n'est pas très sauvage, et ses petits sont pleins de gentillesse comme ceux du chat or-dinaire.

* **SERVAN** (Saint-), ch.-l. de cant., arr. et à 2 kil. E. de Saint-Malo (Ille-et-Vilaine), sur la rive gauche de l'embouchure de la Rance; 14,000 hab. Saint-Servan, autrefois ALET (voy. ce mot), a conservé la vieille tour de Solidor et une chapelle de l'ancienne ca-thédrale d'Alet. Armements pour la pêche de la morue et le cabotage.

* **SERVANT** adj. m. (fr. *servir*). Qui sert. On ne l'emploie que dans certaines dénominations particulières. — GENTILSHOMMES SERVANTS, offi-ciers qui servaient à table par quartier : *les gentilshommes servants portaient les plats sur la table du roi*. — FRÈRES SERVANTS, qui jadis autre-fois, CHEVALIERS SERVANTS, ceux qui entraient dans l'ordre sans faire preuve de noblesse, et qui étaient d'un rang inférieur aux autres chevaliers. — Ordres relig., FRÈRES SERVANTS, les frères convers employés aux œuvres ser-viles du monastère. — Jurispr. féod. FIEF SERVANT, celui qui relève d'un autre fief ap-pelé FIEF DOMINANT. — Artill. PREMIER ET SE-COND SERVANT DE DROITE, DE GAUCHE, les deux artilleurs qui se tiennent à droite et à gauche d'une pièce pour la servir. Dans cette déno-mination, SERVANT est employé comme subs-tantif.

* **SERVANTE** s. f. Femme ou fille qui est employée aux travaux du ménage, aux bas offices d'une maison, et qui sert à gages : *jeune servante*. — SERVANTE-MAITRESSE, ser-vante qui a pris autorité dans la maison. — Terme de civilité dont se servent les femmes, soit en parlant, soit en écrivant : *je suis votre servante*. — JE SUIS VOTRE SERVANTE, phrase familière dont une femme se sert pour mar-quer à quelqu'un qu'elle n'est pas de son avis qu'elle ne saurait faire ce qu'il désire. — Espèce de table qu'on met dans les repas tout près de la grande table, et sur laquelle on place des assiettes, des bouteilles, etc., pour suppléer au service des domestiques. — Typogr. Petite planche de la presse à bras, sur laquelle repose la frisquette, pendant que l'ouvrier étend sur le tympan la feuille qu'il va imprimer.

SERVERETTE, ch.-l. de cant., arr. et à 24 kil. N.-E. de Marvejols (Lozère); 800 hab.

SERVET (Michel), *Michael Servetus*, célèbre controversiste religieux, né en 1509, à Villa-nova (Aragon), brûlé vif à Genève le 27 oct. 1553. Son nom espagnol était Miguel Servedo. Venu fort jeune en France, il étudia le droit à Toulouse, la médecine à Lyon, édita sous le pseudonyme de *Michael Villanovanus*, une Bible de Pagninus qu'il amplifia et falsifia. Ayant adopté les idées des ariens, il publia

en 1531, contre les doctrines de la Trinité, son fameux traité *De Trinitatis erroribus libri VII*, qui souleva contre lui les protestants comme les catholiques. Il fut forcé de se cacher et de changer de nom. En 1536, il se fit recevoir docteur en médecine à Paris, et se fixa ensuite chez le cardinal de Tournon, archevêque de Vienne, qui avait été son élève. C'est à Vienne qu'il fit imprimer, en 1553, son *Christianismi Restitutio*, ouvrage qui le brouilla avec le cardinal. Arrêté, il allait passer en jugement, lorsqu'il parvint à s'évader sous un déguisement et s'enfuit à Genève, avec l'intention de se réfugier à Naples. Calvin, dont il avait attaqué les opinions, le fit arrêter, sous l'inculpation de panthéisme et de matérialisme. Les différentes Eglises suisses voulaient le condamner comme hérétique; plusieurs penchaient vers l'indulgence; les autres différaient sur le genre de châtiment à lui infliger. L'implacable Calvin trancha la question en le faisant condamner à être brûlé. Ses derniers mots, sur le bûcher, furent : « *Credo Christum esse verum Dei filium, sed non æternum* ». On attribue à Servet la première idée de la circulation du sang. Il a laissé une édition de la *Géographie* de Ptolémée (Lyon, 1535). Sa vie a été écrite par Mosheim : *Nouvelles recherches sur Michel Servet* (1750, in-4°); par Brunneman : *M. Servetus* (1863); par Trechsel (1839); par Drummond (1848) et Willis (1877).

SERVEUR, EUSE adj. Personne qui sert : *garçon serveur*. — Substantiv. *Les serveurs*.

SERVIABILITÉ s. f. Qualité d'une personne serviable.

* **SERVIABLE** adj. Qui est prompt et zélé à rendre service, qui aime à rendre de bons offices, qui est officieux : *c'est un homme serviable*.

SERVIAN, ch.-l. de cant., arr. et à 13 kil. N.-E. de Béziers (Hérault), près de la Tongue; 2,000 hab.

* **SERVICE** s. m. (lat. *servitium*). Etat ou fonctions d'une personne qui sert en qualité de domestique : *être au service de quelqu'un*. — Le service d'un domestique, la manière dont un domestique s'acquitte de ses fonctions : *il est content du service de son domestique*. — Le service d'un maître, la manière dont un maître se fait servir : *le service de ce maître est dur et pénible*. — Le service de la chambre, de l'office, des écuries, etc. les fonctions particulières d'un domestique attaché à la chambre, à l'office, aux écuries, etc. : *il n'était pas propre au service de la chambre, on l'a fait passer au service des écuries*. — Fam. Qu'y a-t-il pour votre service? se dit à une personne qui se présente à nous et qui paraît vouloir nous demander quelque chose. — Je suis à votre service, tout à votre service, formule de civilité dont on se sert pour dire à quelqu'un qu'on est à sa disposition, qu'on est prêt à faire ce qui pourra lui être utile ou agréable. On dit de même : Ma voiture est à votre service. — Emploi, fonction de ceux qui servent l'Etat dans la magistrature, dans les finances, etc. : *ce président, ce maître des requêtes a tant d'années de service*. — Absol. Service militaire : *il a vieilli au service*. — Le service de la marine, de l'artillerie, du génie, etc., les fonctions particulières d'un officier de marine, d'artillerie, du génie, etc. : *le service de l'artillerie, du génie et de la marine exige des connaissances mathématiques qui ne sont pas nécessaires aux officiers des autres armes*. — Etre de service, être dans le temps où l'on est obligé de faire les fonctions de sa charge, de sa place, où on les exerce réellement, à moins d'un empêchement légitime. En termes de guerre, il signifie particulièrement monter la garde, être de piquet, etc. : *il est de service après-demain*. On dit, dans

un sens analogue à l'une et à l'autre acception, Faire son service. — Service féodal, les devoirs auxquels un vassal était obligé envers son seigneur. — Jurispr. Services fonciers, se dit quelquefois des servitudes. — Ensemble d'opérations, de travaux, etc., pour lesquels sont nécessaires différentes personnes et différentes choses, dans certaines administrations, dans certains établissements publics ou particuliers : *le service de la poste* — Usage qu'on tire de certains animaux et de certaines choses : *ce cheval est d'un bon service*. — L'estomac, les jambes lui refusent le service, son estomac, ses jambes, ne font plus leurs fonctions qu'avec peine. — Assistance qu'on donne, bon office qu'on rend à quelqu'un : *il m'a rendu de bons services*. — Rendre un mauvais service, de mauvais services a quelqu'un, lui nuire, lui faire perdre l'estime d'autrui; ou simplement, lui susciter de l'embarras : *vous m'avez rendu un mauvais service de m'amener cet homme*. — Liturg. Célébration solennelle de l'office divin, de la messe, et de toutes les prières publiques qui se font dans l'église : *le service est fort bien fait, le service se fait fort bien dans cette église, dans cette paroisse*. — Se dit aussi des messes hautes et des prières publiques qui se disent pour un mort : *nous avons été au service d'un tel*. — Service du bout de l'an, service qu'on célèbre pour une personne, au premier anniversaire de son décès. — Nombre de plats qu'on sert à la fois sur table, et que l'on ôte de même : *repas à trois services*. — Assortiment de vaisselle ou de linge qui sert à table : *service d'argent*. — Jeu de la paume. Se dit du côté où est celui à qui on sert la balle : *être du côté du service*. — Action de celui qui sert et jette la balle sur le toit : *un mauvais service*. — Théâtre. Se dit des entrées gratuites attribuées dans quelques circonstances à certaines personnes : *le service de la presse*.

* **SERVIETTE** s. f. Linge qui fait partie du couvert que chacun trouve devant soi en se mettant en table, et dont on se sert aussi à divers autres usages : *serviette unie*. — Portefeuille qui ne ferme pas.

* **SERVILE** adj. (lat. *servilis*). Qui appartient à l'état d'esclave, de domestique : *homme de condition servile*. — Bas, rampant : *une âme servile*. — Théol. Crainte servile, se dit par opposition à Crainte filiale. — Littér. Qui s'attache trop à l'imitation d'un modèle, ou à la lettre d'un original : *traducteur servile*. On dit, dans un sens anal. : Imitation servile.

* **SERVILEMENT** adv. D'une manière servile : *il fait servilement sa cour aux grands*. — Trop exactement, trop à la lettre : *cet artiste ne fait qu'imiter servilement les ouvrages de son maître*.

SERVILISME s. m. Esprit de servilité systématique.

* **SERVILITÉ** s. f. Esprit de servitude, bassesse d'âme : *la servilité de son caractère le rend méprisable*. — Exactitude servile ou trop scrupuleuse : *cette traduction a trop de servilité*.

SERVIN (Louis), avocat général au parlement de Paris, né dans le Vendômois en 1555, mort à Paris en 1626. Ayant osé faire d'énergiques remontrances au roi Louis XIII au sujet des édits bursaux, la colère et les récriminations du monarque lui causèrent une si vive impression qu'il en mourut sur la place. Il a laissé : *Actions notables et plaidoyers* (1631, in-4°), *Vindici secundum libertatem Ecclesiæ Gallicanæ* (1590), *Plaidoyer contre les jésuites* (1611), etc.

* **SERVIR** v. a. (lat. *servire*). *Je sers, tu sers, il sert, nous servons, vous servez, ils servent. Je*

servais. Je servis. Je servirai, etc. Etre à un maître comme domestique : *servir un maître*.

Je n'aime point nos plus la façon de servir.

Collin d'Harleville. *L'Inconstant*, acte Ier, sc. viii.

— Rendre à quelqu'un les mêmes services qu'un domestique rend à son maître : *elle servait son amie malade, sa vieille mère infirme*. — Culte cathol. Servir le prêtre, le célébrant a l'autel, être auprès de lui pour répondre la messe, pour lui présenter l'eau et le vin, etc.; ce qui, aux grand'-messes, est la fonction des diacres et des sous-diacres. Servir la messe, servir le prêtre qui dit la messe. — Absol. Se dit seulement du service militaire : *il y a vingt ans qu'il sert*. — Guerre. Servir une batterie, servir l'artillerie, servir une pièce de canon, un mortier, etc., faire les manœuvres nécessaires pour tirer le canon, etc. : *à ce siège, l'artillerie a été bien servie, mal servie*. — Servir une pompe, la faire jouer : *il faut trois hommes pour servir cette pompe*. — Se dit aussi en parlant des mets qu'on place sur la table : *servir les viandes sur table*. — Servir un dîner, signifie quelquefois, donner un dîner : *il nous servit un fort beau dîner*. — Servir une table, la couvrir de plats, de mets, etc. : *dans le temps de cette fête, on servait six tables à la fois*. — Servir a quelqu'un d'une viande, d'un mets, donner d'une viande, d'un mets à quelqu'un avec qui on est à table : *on m'a servi un excellent morceau*. — Absol. Servir quelqu'un, lui donner de ce qui est sur la table : *vous ai-je servi?* — Fin. Servir une rente, payer le revenu, l'intérêt d'une somme constituée en rente. — Jurispr. Servir une redevance, acquitter la redevance convenue. — Jeux de dés. Mettre les dés dans le cornet de celui qui doit jouer : *c'est à vous à servir*. — Se dit, en outre, d'un marchand, d'un ouvrier, relativement aux personnes qu'il fournit, pour qui il travaille : *il y a dix ans que le même épicier sert notre maison*. — Rendre de bons offices à quelqu'un, l'aider, le seconder, l'assister : *servir ses amis*. — A quelquefois pour sujet un nom de chose : *les circonstances, les événements l'ont bien servi*. — Servir de v. n. Tenir lieu de, tenir la place de, faire l'office de : *servir de mentor à un jeune homme*. — Fig. Servir de jouet, de raroute, de plastron, être en butte à toutes les railleries d'une ou de plusieurs personnes. — Servir de plastron, signifie aussi être exposé aux attaques, aux importunités de quelqu'un. — Fig. et fam. Servir de couverture, servir de prétexte. Servir à v. n. Etre destiné à tel usage ; ou servir à quelque chose, propre, bon à quelque chose : *ce bateau sert à passer la rivière*. On dit souvent dans le même sens, avec la préposition de, *cela ne sert de rien; de quoi cela sert-il?* surtout quand on veut exprimer l'inutilité absolue. — Etre d'usage : *ces gants, ces souliers pourront vous servir*. — Se servir v. pr. Joint à la préposition de, faire usage de : *il s'est servi de mon argent*. — Se dit, quelquefois, en parlant des personnes : *il se sert depuis longtemps de ce tailleur*.

SERVITES, ou **Serviteurs** de la Vierge Marie, ordre de moines de l'Eglise catholique romaine, fondé en 1233 par sept patriciens de Florence. Leur objet principal est de propager la dévotion à la vierge Marie.

* **SERVITEUR** s. m. Celui qui est au service, aux gages d'autrui, qui est salarié par autrui pour quelque fonction subalterne. Se dit surtout des domestiques, et ne s'emploie guère, dans le style ordinaire, qu'avec une épithète, ou en certaines phrases : *bon serviteur*. — C'est un grand serviteur de Dieu, c'est un homme de grande piété, d'une grande charité, uniquement occupé de la prière et des bonnes œuvres. — Serviteur des serviteurs de Dieu, qualification que le pape se donne dans ses bulles. — Attaché à, disposé à

à rendre service : *j'ai toujours été serviteur de votre père.* (Vieux.) — VOTRE SERVITEUR, VOTRE TRÈS HUMBLE ET TRÈS OBÉISSANT SERVITEUR, formule de politesse dont on se sert pour finir les lettres. — JE SUIS VOTRE SERVITEUR, ou elliptiquement, VOTRE SERVITEUR, et quelquefois, SERVITEUR, formule de civilité dont on se sert en saluant quelqu'un. — JE SUIS VOTRE SERVITEUR, JE SUIS SON SERVITEUR, se dit à quelqu'un ou de quelqu'un, pour marquer qu'on refuse ce qu'il demande ou ce qu'il propose, ou que l'on n'est point du même avis : *il prétend que je lui dois faire des excuses, je suis son serviteur.* On dit aussi, elliptiquem., SERVITEUR, je n'en veux rien faire. je n'en ferai rien.

*SERVITUDE s. f. (lat. *servitudo*). Esclavage, captivité, état de celui qui est serf, qui est esclave : *mettre en servitude.* — LA SERVITUDE DU DÉMON, LA SERVITUDE DU PÉCHÉ, LA SERVITUDE DES PASSIONS, l'état d'un homme assujetti au péché, livré à ses passions. — Contrainte, assujettissement : *il est obligé de se rendre là tous les jours à telle heure, c'est une grande servitude.* — Jurispr. Assujettissement imposé sur un fonds, un champ, une maison, etc., par lequel le propriétaire est obligé d'y souffrir certaines charges, certaines incommodités, comme l'écoulement des eaux, un passage, une vue, etc. : *imposer une servitude.* — SERVITUDE RÉELLE, servitude qui regarde les choses, les immeubles; par opposition à SERVITUDE PERSONNELLE, celle qui concerne les personnes. — Législ. « Les servitudes ou services fonciers sont des charges imposées sur un immeuble pour l'utilité d'un autre immeuble ou pour l'utilité publique. Les unes dérivent de la situation respective des lieux : ce sont les charges naturelles; d'autres sont établies par la loi, sont dites légales; d'autres enfin sont créées soit par convention, soit par testament, soit par prescription, etc., et ont ainsi leur origine dans le fait de l'homme. — Les servitudes naturelles sont celles relatives aux eaux courantes ou au passage des eaux qui découlent naturellement d'un fond supérieur (C. civ. 637 à 648 ; L. 29 avril 1845 ; L. 11 juillet 1847; L. 10 juin 1854; Code rural, etc.). On y comprend aussi le droit de bornage. (Voy. ce mot.) — Les servitudes légales sont très nombreuses. Les unes sont imposées par la loi pour l'utilité de l'État : telles sont les servitudes de halage et de marchepied. (Voy. CHEMIN), et les servitudes militaires dont il sera parlé ci-après. D'autres sont établies pour l'utilité communale et sont réglementées par l'autorité municipale; telles sont les charges de voirie, l'obligation du balayage des rues, etc. D'autres enfin ont été légalement reconnues pour l'utilité des particuliers : telles sont les obligations qui résultent de la mitoyenneté des clôtures (voy. MITOYENNETÉ, CHEMINÉE, etc.), les restrictions apportées au droit de vue sur la propriété du voisin (voy. JOUR), le droit de passage sur la loi aux fonds enclavés (voy. PASSAGE). (C. civ. 649 à 685). — Les servitudes établies par le fait de l'homme sont toutes celles qui ont été acquises, par titre ou par prescription, sur une propriété, au profit non d'une personne mais d'une autre propriété. Ces servitudes ne peuvent exister qu'autant qu'elles ne sont pas contraires aux lois ou à l'ordre public. On appelle servitudes *continues* celles dont l'usage est ou peut être continuel sans le fait de l'homme : telles sont les égouts, les conduites d'eau, les vues sur le voisin, etc. Les servitudes *discontinues* sont celles qui ne peuvent être exercées que par le fait actuel de l'homme : tels sont les droits de passage, de puisage, de pacage, etc. On nomme servitudes *apparentes* celles qui s'annoncent par des ouvrages extérieurs, telle une porte, une fenêtre, un aqueduc. Les servitudes *non apparentes* sont celles qui n'ont pas de signes extérieurs

de leur existence; par exemple, la prohibition de bâtir sur un fonds ou de ne bâtir qu'à une hauteur déterminée. Les servitudes du fait de l'homme s'établissent: 1° par titre ; 2° à défaut de titre, par la seule destination du père de famille, c'est-à-dire par la preuve que, les deux fonds ayant appartenu au même propriétaire, c'est par lui que les choses ont été mises dans l'état duquel résulte la servitude; 3° par la prescription de trente ans. Ces deux derniers modes d'acquisition ne peuvent s'appliquer qu'aux servitudes à la fois continues et apparentes. Les servitudes résultant du fait de l'homme s'éteignent, savoir : 1° lorsque les choses se trouvent en tel état que l'on ne peut plus user de la servitude; 2° lorsque le fonds dominant et le fonds servant se trouvent réunis dans la même main; 3° lorsqu'il n'est pas fait usage de la servitude pendant trente années consécutives. Ce délai de trente ans commence à courir du jour où l'usage a cessé, s'il s'agit de servitudes discontinues, et du jour où il a été fait un acte contraire à la servitude, s'il s'agit de servitudes discontinues (id. 686 à 710). Les servitudes actives doivent être considérées comme des biens immobiliers (id. 526); elles se transmettent, ainsi que les servitudes passives, à tous les possesseurs de l'immeuble, et l'usufruitier a le droit de jouir des premières, et l'obligation de supporter les autres, comme le propriétaire lui-même (id. 597). Les servitudes militaires sont de trois sortes. 1° il ne peut être élevé, à une distance moindre de 25 m. des murs d'enceinte des magasins à poudre de la guerre ou de la marine, aucune construction autre que des murs de clôture. Sont prohibés, dans la même étendue, l'établissement de conduits de becs de gaz, les clôtures en bois, les haies sèches, les dépôts de bois, fourrages ou matières combustibles et les plantations d'arbres à haute tige. Sont prohibés, jusqu'à une distance de 50 m. des mêmes murs d'enceinte, les usines et les établissements pourvus de foyers (L. 22 juin 1854). 2° dans la zone dite *frontière* et dont l'étendue est déterminée par décrets, aucuns travaux de routes autres que ceux de réparation et d'entretien ne peuvent être exécutés qu'autant qu'ils ont été autorisés par l'administration de la guerre, après qu'une commission spéciale les a jugés sans inconvénients pour la défense du territoire (L. 19 janv. 1791; Décr. 22 déc. 1812; L. 7 avril 1851). Les limites actuelles de la zone frontière sont fixées par un décret du 8 sept. 1878. 3° autour des places de guerre et des postes militaires classés par décrets, il existe trois zones de servitudes défensives qui sont limitées respectivement par des rayons s'étendant à 250, à 487 et à 974 m. des ouvrages extérieurs de fortification pour les places, et à 250, 427 et 584 m. pour les postes militaires. Dans la première zone, autour des places et postes, les propriétaires des terrains ne peuvent élever aucune construction, faire aucune plantation, ni établir aucune clôture, si ce n'est en haies sèches ou en planches à claire-voie. Dans la deuxième zone, il est permis seulement d'élever des constructions en bois et en terre, à la charge de les démolir et les matériaux sans indemnité, à la première réquisition de l'autorité militaire. Dans la troisième zone, il est interdit de faire aucun chemin, aucun exhaussement de terrain, aucune excavation ou carrière, ni aucun dépôt de matériaux sans une permission de l'autorité. En outre, aucune opération de levé de plans ou d'arpentage ne peut être pratiquée par d'autres que les officiers du génie militaire, sans une autorisation spéciale. Les contraventions sont constatées par les gardes du génie ou d'artillerie et par les gardiens de batterie; et le conseil de préfecture, en ordonnant aux contrevants la démolition à leurs frais des

travaux exécutés, peut en outre prononcer les peines applicables en matière de grande voirie (L. 10 juillet 1851 ; Décr. 10 août 1853). »
(CH. Y.)

SERVIUS TULLIUS [ser-viuss tul-liuss], sixième roi de Rome; régna de 578 à 534 av. J.-C. environ. Il agrandit la cité les monts Viminal, Esquilin et Quirinal, divisa le peuple en tribus, classes et centuries, et fit une nouvelle constitution qui était destinée à prendre l'indépendance politique aux plébéiens. L'intérêt qu'il leur portait éveilla la jalousie des nobles, et il fut assassiné à l'instigation de son gendre, Lucius Tarquin. Une grande partie de son histoire est fabuleuse.

SERVOMOTEUR s. m. Mar. Appareil qui sert à diriger le mouvement d'un moteur : *servomoteur Furcot.*

SERVUM PECUS loc. lat. tirée d'Horace et qui signifie *Troupeau servile.* Cette expression désigne les flatteurs, les courtisans et les plagiaires.

*SES pl. de l'adj. possessif Son, sa. Voy ces mots.

*SÉSAME s. m. [sé-za-me] (lat. *sesamum*). Bot. Genre de bignoniacées, comprenant plusieurs espèces de plantes herbacées, annuelles, qui croissent dans les régions tropicales des deux hémisphères. Le *sésame oriental* (*sesamum oleiferum*), cultivé en Egypte et dans le Levant, est une plante à fleurs blanches ponctuées de pourpre, dont les graines, un peu plus grosses que celles du millet, sont alimentaires, et fournissent une huile bonne à brûler : *la farine de graine de sésame sert à faire de la bouillie, des galettes; l'huile de sésame entre dans la fabrication du savon.* — SÉSAME, OUVRE-TOI, se dit proverbial. et par allusion à un conte des *Mille et une Nuits*, de paroles dont on attend un effet magique, de quelque difficulté grave.

*SÉSAMOÏDE adj. m. Anat. Se dit de certains petits os que l'on a comparés à la graine de sésame, et qui se trouvent dans les extrémités de quelques tendons : *os sésamoïdes.*

*SÉSÉLI s. m. [sé-zé-li]. Bot. Genre d'ombellifères sésélinées, dont l'espèce française, le *séséli de Marseille* (*seseli tortuosum*), très commun aux environs de Marseille, porte une graine longue et âcre, employée dans la composition de la thériaque.

SÉSÉLINÉ, ÉE adj. Bot. Qui se rapporte au séséli. — s. f. pl. Tribu d'ombellifères ayant pour type le genre séséli et comprenant, en outre, les genres ænanthe, fenouil, livèche, bacile, etc.

SÉSOSTRIS [sé-zoss-triss]. Voy. ÉGYPTE.

SESQUI [sèss-kui], préfixe qui signifie une fois et demie et qui entre dans la formation d'un grand nombre de mots.

*SESQUIALTÈRE adj. Mathém. Se dit de deux quantités dont l'une contient l'autre une fois et demie : *nombres sesquialtères.*

SESQUIBASIQUE adj. (préf. sesqui; fr. basique). Chim. Se dit d'un sel contenant une fois et demie autant de base que le sel neutre correspondant.

*SESSILE adj. [sèss-si-le] (lat. *sessilis*). Se dit des parties qui sont immédiatement fixée, et comme assises sur celles d'où elles naissent, qui ne sont point portées par un pédicule, par un pétiole, etc. : *feuilles sessiles.* — S'emploie quelquefois, dans un sens anal., en termes de zoologie.

*SESSION s. f. [sè-si-on] (lat. *sessio*). Temps pendant lequel un corps délibérant est assemblé : *session annuelle.* — Séance d'un concile : *la première session.* — Article qui renferme les décisions publiées dans la séance du concile.

* SESTERCE s. m. (lat. *sestertius*). Antiq. rom. Monnaie d'argent qui faisait originairement le quart d'un denier, et valait deux as et demi. C'est ce qu'on appelle PETIT SESTERCE, pour le distinguer du GRAND SESTERCE, qui était une monnaie idéale, comme le talent chez les Grecs, la livre sterling chez les Anglais, la livre tournois en France. Le grand sesterce valait mille petits sesterces. — ENCYCL. Le sesterce monnaie d'argent romaine, était le quart du denier, et il valait lui-même deux as et demi, d'où le nom de *sestertius*. Sa valeur, calculée suivant le poids des divers types que l'on a recueillis au musée de l'hôtel des Monnaies de Paris, a varié de 15 à 28 centimes de notre monnaie, pendant l'espace compris entre l'an 513 et l'an 707 de la fondation de Rome. En effet, le denier, qui égalait quatre sesterces, avait une valeur de 1 fr. 12 au temps de Jules César, de 1 fr. 08 sous Auguste, de 1 fr. sous Tibère, de 1 fr. 05, sous Claude, de 1 fr. 02 sous Néron, et de 1 fr. à l'époque des Antonins.

SESTOS ou **Sestus** [sess-toss; sess-tuss]. Dans l'antiquité, la ville principale de la Chersonèse de Thrace (auj. presqu'île de Gallipoli) sur l'Hellespont, à 2 kil. environ et en face d'Abydos. Elle doit surtout sa célébrité à l'histoire romanesque de Héro et de Léandre; Héro était prêtresse du temple de Vénus, à Sestos. On appelle aujourd'hui ce lieu Yalova.

SÉTACÉ, ÉE adj. (rad. lat. *seta*, soie de cochon). Hist. nat. Se dit de tout organe qui a la forme d'une soie, d'un poil de cochon.

SÉTEUX, EUSE adj. (lat. *seta*, soie de cochon). Bot. Qui est garni de poils rudes.

SETH, un des fils d'Adam et d'Eve. Il mourut à l'âge de 912 ans, d'après la Bible.

SÉTICÈRE adj. (lat. *seta*, soie; gr. *keras*, corne). Crust. Qui a les antennes en forme de soie.

SÉTICORNE adj. (lat. *setas*, soie; fr. *corne*). Entom. Qui a les antennes en forme de soie.

* SETIER s. m. (lat. *sextarius*). Ancienne mesure de grains ou de liqueurs, différente selon les lieux : *un setier de blé*. — On entend communément par DEMI-SETIER, la moitié d'une chopine. — UN SETIER DE TERRE, autant de terre labourable qu'il en faut pour y semer un setier de blé.

SÉTIF, Sitifis, ch.-l. d'arr. et de subdivision militaire, prov. et à 130 kil. O.-S.-O. de Constantine (Algérie), sur un plateau à 400 m. au-dessus du niveau de la mer ; 5,000 hab., dont 1,200 indigènes. Rues bien alignées ; superbe mosquée ; territoire fertile et climat salubre. Très importante sous la domination romaine, la ville de Sitifis donna son nom (*Sitifensis*) à la Mauritanie. Elle a été détruite par les Vandales, et de ce brillant passé, il ne reste plus que quelques ruines. Les Français s'en emparèrent en 1839.

SÉTIFÈRE adj. (lat. *seta*, soie ; *fero*, je porte). Hist. nat. Qui porte des soies.

SÉTIFORME adj. (lat. *seta*, soie ; fr. *forme*). Qui a la forme de la soie.

SÉTIGÈRE adj. (lat. *seta*, soie ; *gero*, je porte). Qui porte une ou plusieurs soies.

* SÉTON s. m. (lat. *setone*; du lat. *seta*, soie). Petit cordon fait de plusieurs fils de soie ou de coton, ou petite bandelette de linge, effilée sur les bords, dont on se sert dans plusieurs opérations de chirurgie, en les passant au travers des chairs, pour y déterminer ou y entretenir un écoulement d'humeurs : *on lui a appliqué un séton au cou pour détourner la fluxion qui lui tombait sur les yeux.* — Exutoire même qu'on entretie-t au moyen du séton.

SÉTOPHAGE s. m. (lat. *cetonia*, cétoine : gr. *phagô*, je mange). Ornith. Genre de gobe-mouches, comprenant plusieurs espèces

Setophaga ruticilla.

américaines. Le *sétophage des Etats-Unis* (*setophaga ruticilla*) est un joli oiseau sans cesse en mouvement à la recherche des insectes et des larves.

SÉTUBAL [sé-tou-bal], ou **Saint-Ubes**, ou SAINT-ELBES, *setobriga*, ville de l'Estramadure (Portugal), sur une baie, à 30 kil. S.-E. de Lisbonne ; 15,000 hab. C'est là qu'on fabrique le sel, bien connu dans le commerce sous le nom de saint-ubes. On exporte des sardines, les fruits particuliers au midi, des vins de moscatel, et du liège.

* SEUIL s. m. [seul ; l mll.] (ital. *soglio*). Pièce de bois ou de pierre qui est au bas de l'ouverture de la porte, et qui la traverse : *il était sur le seuil de la porte.*

* SEUL, EULE adj. (lat. *solus*). Qui est sans compagnie, qui n'est point avec d'autres : *je l'ai trouvé seul.* — Fig. VIVRE SEUL DANS LE MONDE, ÊTRE SEUL SUR LA TERRE, n'être uni à personne par les liens de l'affection, de l'amitié, vivre dans l'isolement. — CELA VA TOUT SEUL, sans difficulté. — UN MALHEUR NE VIENT JAMAIS TOUT SEUL. — Mus. VOIX SEULE, voix qui n'est point mêlée à d'autres, qui chante pendant que les autres se taisent. — Unique : *un seul Dieu.* — LA SEULE PENSÉE DE CETTE ACTION EST CRIMINELLE, la simple pensée de cette action est criminelle. — Substantiv. LE GOUVERNEMENT D'UN SEUL, la monarchie absolue. On dit de même, LE POUVOIR, L'AUTORITÉ D'UN SEUL.

* SEULEMENT adv. Rien de plus, pas davantage : *je vous demande seulement votre parole.* — S'emploie aussi dans quelques autres acceptions : CET HOMME, QUE L'ON DISAIT MORT, N'A PAS SEULEMENT ÉTÉ MALADE, n'a pas même été malade. LE COURRIER EST ARRIVÉ SEULEMENT D'AUJOURD'HUI, le courrier n'est arrivé que d'aujourd'hui. — Non seulement loc. adv. (Voy. NON.)

* SEULET, ETTE adj., dimin. de Seul, N'est plus guère en usage que dans de petites chansons pastorales : *je n'irai plus au bois seulette.*

SEURRE, Sarrogium, Surugium, ch.-l. de caot., arr. et à 26 kil. E. de Beaune (Côte-d'Or), près de la Saône ; 2,500 hab.

SÉVASTOPOL. Voy. SÉBASTOPOL.

* SÈVE s. f. (lat. *sapa*, jus). Humeur nutritive qui se répand par tout l'arbre, par toute la plante, et qui lui fait pousser des fleurs, des feuilles, de nouveau bois : *la sève de mars.* — ARBRE EN SÈVE, arbre dans lequel la sève fermente, circule avec force : *il ne faut pas couper les arbres quand ils sont en sève.* — Certaine force, certaine vigueur qui est dans le vin, et qui le rend agréable : *ce vin*

est trop vieux, il n'a plus de sève. — Se dit, fig., dans un sens anal., en parlant des ouvrages d'esprit : *il y a de la sève dans cet ouvrage.*

SEVER (Saint-). I, *Castrum Cæsaris*, ch.-l. d'arr., à 16 kil. S. de Mont-de-Marsan (Landes), près de la rive gauche de l'Adour, par 43° 45' 38" lat. N. et 2° 54' 42" long. O. ; 2,200 hab. Saint-Sever doit son origine à une abbaye de bénédictins fondée en 983. Les Anglais s'en emparèrent en 1296 ; les Français en 1426 ; elle souffrit beaucoup des guerres de religion. Elle fut, un instant, la cap. de la Gascogne, puis celle de la Chalosse. Aux environs, sur le coteau de Morlan, se trouvent les ruines de l'édifice romain appelé *Palestrion*. Vins, huile, grains, jambons, oies, grasses, marbres, pierres à bâtir et pierres lithographiques. Patrie de Léon Dufour et du général Lamarque. — II, ch.-l. de cant., arr. et à 43 kil. O. de Vire (Calvados) ; 800 hab. Il doit son nom à saint Sever, évêque d'Avranches, qui y fonda une abbaye de bénédictins en 560.

SEVERAC-LE-CHÂTEAU, ch.-l. de cant., arr. et à 31 kil. N. de Milhau (Aveyron) ; 1,100 hab. Ruines imposantes d'un ancien château féodal, sur une colline qui domine le village.

* SÉVÈRE adj. (lat. *severus*). Rigide, qui exige une extrême régularité, et qui pardonne peu ou point : *un prince sévère.* — Se dit aussi des choses : *un jugement, un arrêt sévère.* — Austère, fort régulier : *une vertu sévère.* — Litter. Se dit de ce qui est noble et régulier, sans élégance affectée, sans ornements recherchés : *ouvrage d'un genre sévère.* — Se dit également d'une figure qui a plus de régularité que d'attrait : *une beauté sévère, d'un genre sévère.*

SÉVÈRE (Sainte-), ch.-l. de cant. arr. et à 15 kil. S.-S.-E. de la Châtre (Indre), sur la rive droite de l'Indre ; 800 hab.

SÉVÈRE (Alexandre-) (MARCUS-AURÉLIUS-ALEXIANUS), empereur romain, né en Phénicie vers l'an 209, mort en 235. Après la mort d'Héliogabale, les prétoriens proclamèrent empereur son fils adoptif, Alexandre, alors âgé de 13 ans. Il entreprit, en 232, une expédition assez heureuse contre les Perses et fut assassiné, probablement à l'instigation de son successeur Maximin, au moment où il préparait une campagne contre les Germains.

SÉVÈRE (Septime-) (LUCIUS SEPTIMIUS SEVERUS), empereur romain né près de Leptis, en Afrique, en 146, mort à Eboracum (York), en Grande-Bretagne, le 4 fév. 211. Il remplit plusieurs fonctions sous Marc-Aurèle et sous Commode, et s'y concilia l'affection du peuple. Lorsque Commode fut assassiné (192), il commandait l'armée de Pannonie et d'Illyrie ; et, après le court règne de Pertinax et la vente à l'encan de l'empire par la garde prétorienne à Didius Julianus, il fut proclamé empereur par ses troupes et marcha sur Rome. Julianus fut déposé et tué (193). Sévère désarma la garde prétorienne, et mit à mort tous ceux qui avaient trempé dans le meurtre de Pertinax. Clodius Albinus, commandant en Grande-Bretagne, et Pescennius Niger, commandant en Syrie, avaient, chacun de leur côté, été proclamés empereurs en même temps que Sévère. Il s'accocia le premier des deux comme César, et il battit le second d'abord près de Nicée, puis sur le golfe d'Issus, où il fut tué. Il essaya ensuite de faire assassiner Clodius Albinus, qui, l'ayant appris, passa en Gaule. Sévère marcha contre lui, et les deux armées, fortes chacune de 150,000 hommes, se rencontrèrent près de Lugdunum (Lyon), le 19 février 197. Le choc fut terrible, et la victoire disputée avec acharnement ; mais

l'armée d'Albinus fut mise en déroute et il se tua de sa propre main. Sévère marcha peu après contre les Parthes et prit Ctésiphon et d'autres villes, qu'il livra au pillage. Il fut moins heureux contre les Arabes. Revenu à Rome en 202, il donna des spectacles et fit des distributions d'argent avec une profusion sans exemple. Les dernières années de son règne furent troublées par les désordres et les débauches de ses fils, Caracalla et Géta, qu'il s'associa à l'empire avec le titre d'Auguste. En 208, une guerre ayant éclaté en Grande-Bretagne, il s'y rendit avec eux. Son armée parcourut la Calédonie ; mais le plus grand nombre de ses soldats périt sous la rigueur du climat et sous les attaques d'ennemis difficiles à saisir ; il se retira donc vers le sud, et bâtit la muraille qui porte son nom. Il se préparait à une nouvelle campagne, lorsqu'il mourut.

* **SÉVÈREMENT** adv. D'une manière sévère, avec sévérité : *châtier sévèrement.*

SÉVERIN (Saint). I, pape ; il succéda à Honorius en 640 et ne gouverna l'Eglise que deux mois. — II, abbé d'Agaune, mort en 508. Il vint à la cour de Clovis et se retira ensuite dans une solitude près de Sens. Une église de Paris a été placée sous son vocable. Fête le 11 février.

* **SÉVÉRITÉ** s. f. Rigidité, rigueur : *la sévérité des lois.* — Austérité, grande régularité : *la sévérité de son caractère, de ses mœurs.*

SEVERN [sev'-eurnn], le plus grand fleuve de l'Angleterre après la Tamise, long de 320 kil. Il naît dans le pays de Galles, a une direction N.-E.-S., et S.-O. et tombe dans le canal de Bristol, à 17 kil. S.-O. de Bristol. Il est navigable pendant 275 kil.

SÉVEUX, EUSE adj. Bot. Qui a rapport à la sève ; qui constitue la sève.

* **SÉVICES** s. m. pl. (lat. *sævitia* ; de *sævus*, cruel). Jurispr. Mauvais traitement que fait un mari à sa femme, ou un père à ses enfants, ou un maître à ses serviteurs, et qui va jusqu'aux coups : *cette femme veut se faire séparer de corps et de biens d'avec son mari, pour cause de sévices.*

SÉVIGNÉ (Marie DE RABUTIN-CHANTAL, marquise de), connue sous le nom de Mme de Sévigné, femme auteur française, célèbre par ses lettres ; née à Paris le 6 fév. 1626, morte à Grignan (Provence) le 14 janv. 1696. En 1644, elle épousa le marquis Henri de Sévigné (tué dans un duel en 1651), et lui donna un fils et une fille. Ses relations avec la famille de Retz la compromirent pendant les troubles de la Fronde. Sa beauté et ses talents lui valurent un grand nombre d'admirateurs, dont quelques-uns parmi les personnages les plus illustres. Elle quitta la cour après la mort de son mari et se consacra à l'éducation de ses enfants. Ses fameuses lettres à sa fille, la marquise de Grignan, sont considérées comme des modèles de style épistolaire, et font connaître les mœurs, les modes et l'étiquette de la cour de Louis XIV ; elles ne furent imprimées qu'en 1726. Une des éditions les plus complètes est celle des *Grands écrivains de la France*, sous la direction de M. Régnier (1862-'66, 14 vol.). On a publié à Paris, vers le commencement de 1877, une nouvelle série de lettres à Mme de Grignan, dont on venait de découvrir le manuscrit (2 vol.).

SÉVILLAN, ANE s. et adj. De Séville ; qui appartient à cette ville ou à ses habitants.

SÉVILLE (esp. *Sevilla* [se-vi'-lia]). I, province du S.-O. de l'Espagne, dans l'Andalousie ; 14,061 kil. carr. ; 542,011 hab. Le N. et le S. sont montagneux ; le reste consiste principalement en plaines fertiles arrosées par le

Guadalquivir et ses affluents. On y trouve de l'argent, du fer, du cuivre, du plomb, de la houille, du marbre et des pierres calcaires. Vins et huile de qualité supérieure. Après la capitale, la ville principale est Ecija. — II, ville capitale de la province du même nom et de l'Andalousie, sur le Guadalquivir, à 95 kil. N.-N.-E. de Cadix : 135,000 hab., y compris les faubourgs. Elle est enceinte de murailles mauresques ruinées, de 66 tours et de 14 portes. Les rues sont presque toutes étroites et tortueuses, mais bien éclairées. La cathédrale, une des plus grandes et des plus belles de l'Espagne, terminée en 1519, contient des tableaux célèbres, par Murillo et d'autres artistes. La tour principale, la Giralda, élevée en 1196, était à l'origine la

La Giralda de Séville.

tour du muezzin de l'ancienne mosquée ; elle n'avait alors que 250 pieds ; mais on y a ajouté en 1568 un superbe beffroi, et elle a aujourd'hui 350 pieds environ. Citons encore l'*Alcazar* ou château mauresque, le palais archiépiscopal, l'hôtel de ville et les autres édifices du gouvernement. Séville possède une université, des écoles de droit, de médecine et de commerce, et une académie nautique. Elle exporte surtout de l'huile, des oranges, du vin, de la soie, des cuirs, du vif-argent, du cuivre et du plomb. — Séville (appelée par les Phéniciens *Sephela*, et par les Romains *Hispalis*) fut prise par Jules César en 45 av. J.-C. Les Maures s'en emparèrent en 711, et sous eux sa population s'éleva jusqu'à 300,000 âmes. Ferdinand III de Castille et de Léon, s'en rendit maître après un long siège en 1248, et ce fut dès lors la résidence ordinaire de la cour jusqu'au règne de Charles V. Elle appartint aux Français commandés par Soult, le 1er fév. 1810, et fut mise au pillage. Les Anglo-Espagnols la reprirent le 27 août 1812.

* **SÉVIR** v. n. (lat. *sævire*). Traiter avec rigueur, punir, châtier un coupable : *on a justement sévi contre ce scélérat.* — Se dit aussi en parlant des choses : *les lois ne sauraient trop sévir contre ce genre de crimes.* — Jurispr. Se dit des mauvais traitements d'un supérieur à l'égard d'un inférieur ; comme d'un père à l'égard de son fils, d'un mari à l'égard de sa femme, d'un maître à l'égard d'un domestique : *cette femme se plaint que son mari a sévi plusieurs fois contre elle.*

* **SEVRAGE** s. m. Action de sevrer un enfant : *je remettrai le sevrage de mon enfant au mois de mai.* — Temps nécessaire pour accoutumer un enfant à se passer de teter et à prendre une autre nourriture : *mon fils est en

sevrage.* — **MAISON DE SEVRAGE**, pension où l'on prend des petits enfants pour les sevrer, pour les soigner au temps du sevrage.

SÈVRE, nom de deux rivières, dont l'une, la Sèvre Nantaise, *Suavedria*, prend sa source dans le dép. des Deux-Sèvres, arrose les dép. de la Vendée et de la Loire-Inférieure, passe à Mortagne et à Clisson et se jette dans la Loire à Nantes après un cours de 120 kil. L'autre, la Sèvre Niortaise, *Separa*, prend sa source à Sepvret (Deux-Sèvres), passe à Saint-Maixent, à Niort et à Marans et se jette dans l'océan Atlantique, à 6 kil. O. de Marans après un cours d'environ 170 kil., dont 82 navigables.

* **SEVRER** v. a. (lat. *separare*). Oter à un enfant l'usage du lait de sa nourrice, pour le faire passer à une nourriture plus solide : *on n'a sevré cet enfant qu'à deux ans.* — Se dit aussi en parlant des animaux : *sevrer un veau, un chien,* etc. — **SEVRER UNE MARCOTTE**, la séparer de l'arbre, de la plante qui l'a produite. — Priver, frustrer quelqu'un de quelque chose : *on l'a sevré des avantages que cette place lui procurait.* — Se sevrer v. pr. *Le malheur des temps l'a obligé à se sevrer de bien des choses.*

* **SÈVRES** s. m. Porcelaine faite à la fabrique de Sèvres : *un service de sèvres.* — **VIEUX SÈVRES**, porcelaine fabriquée dans l'ancienne fabrique de Sèvres au XVIIIe siècle.

SÈVRES, ch.-l. de cant. et ville du dép. de Seine-et-Oise, sur la Seine ; à 10 kil. S.-O. de Paris, sur la rive gauche de la Seine ; 7,996 hab. On y trouve la célèbre manufacture de porcelaine, qui est une propriété de l'Etat depuis 1756. Un établissement nouveau y a été ouvert en 1876. Un musée et une école de mosaïque sont attachés à la manufacture. Les Allemands occupèrent Sèvres le 19 sept. 1870. Les Français la bombardèrent le 5 oct. et les troupes de la Commune l'attaquèrent le 4 avril 1871. Le riche musée céramique, contenant les spécimens de tous les temps et de tous les pays, a été détruit en 1870 ; mais on l'a rétabli.

SÈVRES (Deux-), dép. de la région occidentale de la France ; entre les dép. de Maine-et-Loire, de la Vienne, de la Charente, de la Charente-Inférieure et de la Vendée ; doit son nom aux deux principales rivières qui y prennent leur source ; formé de diverses parties des provinces du Poitou, de l'Aunis et de la Saintonge et des Marches ; 5,999 kil. carr. ; 350,100 hab. Une chaîne de collines sépare le dép. en deux parties : celle du N., dite la *Gâtine* ou *Bocage*, est montueuse et coupée de vallées profondes ; celle du S. est traversée par une chaîne saillante qui forme le partage des eaux de la Loire et de la Sèvre Niortaise (point culminant, 272 m.) ; celle du S., dite la *Plaine*, est marécageuse et très fertile en céréales. Bœufs, chevaux, mulets. Fer, marbre, granit, salpêtre. — Ch.-l., Niort ; 4 arr., 31 cant., 356 comm. Ce département forme avec celui de la Vienne le diocèse de Poitiers, suffragant de Bordeaux. Les tribunaux sont du ressort de la cour d'appel de Poitiers ; ch.-l. académique, Poitiers. — Ch.-l. d'arr. : Niort, Bressure, Melle et Parthenay.

* **SEVREUSE** s. f. Femme qui a le soin de sevrer un enfant ; un bonne sevreuse.

* **SEXAGÉNAIRE** adj. [sé-gza-jé-nè-re] (lat. *sexagenarius* ; de *sexaginta*). Qui a soixante ans ; *un homme sexagénaire.* — Substantiv. : *C'est un sexagénaire.*

* **SEXAGÉSIMAL, ALE, AUX** adj. (lat. *sexagesimus*). Mathém. Qui se rapporte au nombre soixante. — **FRACTIONS SEXAGÉSIMALES**, fractions dont le dénominateur est une puissance de soixante. — **DIVISION SEXAGÉSIMALE**, la division du cercle en 360 degrés. — **DEGRÉ SEXAGÉSIMAL**, la trois cent soixantième partie de la circonférence.

* SEXAGÉSIME s. f. [ség-za-jé-zi-me] (lat. *sexagesima*, soixantième; sous-entendu *dies*, jour). Calendrier ecclésiastique. Le dimanche qui précède le premier dimanche de carême : *le dimanche de la Sexagésime.*

SEXAGESIMO adj. Soixantièmement.

SEXANGLE adj. [sè-gzan-gle] (lat. *sex*, six; fr. *angle*). Qui a six angles.

* SEX-DIGITAIRE s. Celui ou celle qui est né avec six doigts : *c'est un sex-digitaire.* — Adjectiv. *Un enfant sex-digitaire.*

* SEX-DIGITAL, ALE adj. Se dit d'une main ou d'un pied qui, par une monstruosité, a six doigts : *un pied sex-digital.*

* SEXE s. m. [sè-kse] (lat. *sexus*). Différence physique et constitutive du mâle et de la femelle : *sexe masculin, féminin.* — S'emploie collectiv. pour désigner les hommes ou les femmes : *des personnes des deux sexes, de l'un et de l'autre sexe.* — Le BEAU SEXE, ou absol., LE SEXE, LES PERSONNES DU SEXE, les femmes.

Car je faisais alors injure au *sexe* entier.
COLLIN D'HARLEVILLE. *L'Inconstant*, acte III, sc. III.

— Se dit aussi en parlant des plantes : *beaucoup d'un pied qui réunissent les deux sexes dans leurs fleurs.*

SEXENNAL, ALE, AUX adj. [sè-ksènn-nal] (lat. *sex*, six; *annus*, année). Qui a lieu tous les six ans.

SEXIFÈRE adj. (lat. *sexus*, sexe, *fero*, je porte). Hist. nat. Qui est muni d'organes sexuels.

SEXTAN, ANE adj. [sèk-stan] (lat. *sextus*, sixième). Pathol. Se dit d'une fièvre qui revient tous les six jours.

* SEXTANT s. m. [sèk-stan] (lat. *sextans*, sixième partie). Astron. Instrument qui contient la sixième partie d'un cercle, c'est-à-dire soixante degrés, et que l'on emploie, surtout en mer, pour mesurer l'angle que forment deux objets éloignés. Il se compose essentiellement d'un secteur de cercle ayant un arc gradué de 60 degrés (d'où son nom). Au secteur est attaché un petit télescope; et l'appareil porte, en outre, deux petits miroirs, dont l'un est fixe et étamé dans sa moitié inférieure seulement, de manière que l'observateur, en regardant dans la lunette,

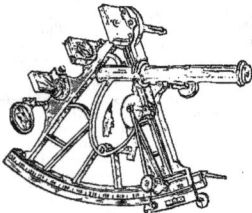

Sextant.

peut voir un objet éloigné à travers la moitié supérieure du miroir. Le second miroir, plus grand que l'autre, se trouve au centre du secteur et est attaché à un bras mobile dont l'extrémité opposée porte un index qui se meut le long de l'arc gradué. Quand les deux miroirs sont exactement parallèles, l'index se trouve sur le O de l'échelle. L'observateur tient l'appareil dans sa main ; il vise l'un des objets éloignés à travers le premier miroir, et alors, en faisant tourner le grand miroir, il amène l'image du second objet, réfléchie par les deux miroirs, en coïncidence avec l'image du premier objet. Il résulte des lois de la réflexion que l'angle

formé par les deux objets est le double de l'inclinaison des deux miroirs ; cet angle est montré par l'index sur l'arc gradué. On attribue l'invention de cet instrument à John Hadley (voy. HADLEY) ; mais le principe en était connu avant lui. On l'appela d'abord *quadrant* ou *octant*, parce que l'arc gradué avait parfois 90° et parfois 45°. — Pour les grandes mesurations terrestres, on préfère un cercle complet, qui peut avoir les formes suivantes : 1° un simple cercle à réflexion fait en prolongeant l'arc du sextant jusqu'à former la circonférence entière, et en établissant l'index de manière à ce qu'il puisse porter un vernier à chaque extrémité ; 2° le cercle répétiteur à réflexion, qui ne diffère du précédent qu'en ce qu'il a sa lunette d'horizon et son télescope fixés au bras qui tourne autour du centre de l'instrument, au lieu d'être attachés à un point immobile du châssis ; 3° les cercles prismatiques répétiteurs et à réflexion, qui ne diffèrent des seconds qu'en ce qu'ils substituent à la lunette d'horizon un prisme de verre, fixé sur la ligne visuelle derrière, et non devant le verre de l'index.

* SEXTE s. f. [sèk-ste] (lat. *sextus*, sixième). Liturg. cathol. Une des heures canoniales, appelées ordinairement LES PETITES HEURES, laquelle, selon l'institution, devait se dire à la sixième heure du jour, à compter depuis le soleil levé : *prime, tierce, sexte, none.*

* SEXTE s. m. Nom donné dans le moyen âge au sixième livre des Décrétales, rédigé par ordre de Boniface VIII.

* SEXTIDI s. m. [sèk-sti-di] (lat. *sextus*, sixième; *dies*, jour). Le sixième jour de la décade, dans le calendrier républicain.

* SEXTIL, ILE adj. [sek-stil] (lat. *sextilis*). Astrol. Se dit pour marquer la distance de deux planètes éloignées l'une de l'autre de soixante degrés : *aspect sextil.*

SEXTILLION s. m. [-li-on], Nombre de mille quintillions.

SEXTO adv. (rad. lat. *sextus*, sixième). Sixièmement.

* SEXTULE s. m. (lat. *sextula*). Poids de droguiste, qui pesait une drachme et un scrupule, ou quatre scrupules.

* SEXTUOR s. m. [sek-stu-or] (du lat. *sextus*, sixième). Mus. Morceau de musique pour six voix ou pour six instruments.

* SEXTUPLE adj. (lat. *sextuplex*). Qui vaut six fois autant : *douze est sextuple de deux.* — s. m. *Le sextuple de deux est douze.*

* SEXTUPLER v. a. Rendre six fois plus grand, multiplier un nombre par six.

SEXTUS EMPIRICUS [sek-stuss an-pi-ri-kuss], philosophe grec de la première moitié du IIIe siècle, né à Mytilène. Il ne reste de lui que ses Pyrrhoniæ Hypotyposes, exposition des doctrines des sceptiques, et en même temps traité contre les mathématiciens, où il attaque toutes les sciences physiques et métaphysiques. Ce qui nous reste de Sextus Empiricus a été traduit en français par Huart (Amsterdam, 1725).

SEXUALISME s. m. Physiol. Etat d'un être ayant des organes sexuels.

SEXUALITÉ s. f. Caractère sexuel.

* SEXUEL, ELLE adj. [sè-ksu-èl] - (lat. *sexualis*). Qui caractérise le sexe dans les animaux et dans les plantes : *les qualités sexuelles.* — Qui tient au sexe : *instinct sexuel.*

SEYCHELLES (Iles). Voy. MAURITIUS.

SEYMOUR [sè'-meur]. I. (Edward), duc de Somerset; homme d'Etat anglais, connu sous le nom de « protecteur de Somerset », né vers 1500, mort le 22 janvier 1552.

Après le mariage de sa sœur, Jane Seymour, avec Henri VIII, il fut fait vicomte Beauchamp et comte de Hertford, et il devint par degrés un des nobles les plus puissants de la cour. En 1547, il fut créé duc de Somerset, et nommé par lettres patentes protecteur et gouverneur du roi (Edouard VI) et de ses royaumes. Il remporta une brillante victoire sur les Ecossais à Pinkie, le 10 sept. Mais il se perdit auprès de la noblesse par ses essais de réforme sociale, et auprès du peuple, par son ardeur à pousser à l'exécution de son frère, lord Thomas Seymour, accusé de haute trahison. Le 14 oct. 1549, il fut dépouillé du protectoral et enfermé à la Tour, d'où il fut relâché le 16 fév. 1550. Arrêté de nouveau en oct. 1551, par l'influence de Warwick, et convaincu de félonie pour avoir tenté de faire emprisonner celui-ci, il fut exécuté. — II. (Lady Jane), sa sœur, troisième femme de Henri VIII, née vers 1510, morte en 1537. Elle était demoiselle d'honneur de la reine Anne Boleyn lorsque le roi devint amoureux d'elle ; elle l'épousa le lendemain de l'exécution d'Anne, et elle mourut 12 jours après avoir donné naissance à Edouard VI.

SEYNE, ch.-l. de cant., arr. et à 43 kil. N. de Digne (Basses-Alpes); 2,000 hab.

SEYNE (La) [sè-ne], ville maritime du cant. d'Ollioules (Var), à 6 kil. S.-O. et au fond de la rade de Toulon ; 11,000 hab. Vastes chantiers de construction navale, les plus importants de la Méditerranée.

SEYSSEL. I, ch.-l. de cant., arr. et à 29 kil. N.-E. de Belley (Ain), sur la rive droite du Rhône, en face de Seyssel (Haute-Savoie) ; 1,200 hab. Beau pont suspendu traversant la Rhône, et réunissant les deux Seyssel ; sphalte, bitume. — II. (Haute-Savoie), ch.-l. de cant., arr. et à 35 kil. S.-O. de Saint-Julien (Haute-Savoie), sur la rive gauche du Rhône, en face de Seyssel (Ain) ; 1,500 hab.

SÉZANNE, *Sezannia*, ch.-l. de cant., arr. et à 43 kil. S.-O. d'Epernay (Marne) ; 4,000 hab. Ruines pittoresques du château féodal de Broyes. Eglise Saint-Denis, mon. hist. du XIIe siècle.

SFAX, ville maritime de Tunisie, sur la côte sept. du golfe de Cabès, à 225 kil. S.-E. de Tunis ; 15,000 hab., dont 1,500 chrétiens. Grande production de burnous ; culture en grand du jasmin dont la fabrication de l'essence de cette plante.

SFORZA [sfor'-tsa], famille italienne, dont plusieurs membres furent ducs souverains de Milan au XVe et au XVIe siècle. I. (Giacomuzzo-Attendolo), fils d'un paysan et le fondateur de la maison, né en 1369, mort en 1424. Devenu un redoutable chef de mercenaires (*condottiere*), il reçut le surnom de Sforza à cause de sa force musculaire. La reine Jeanne II de Naples le fit grand connétable, et le pape Martin V comte. En 1420, il secourut Louis III d'Anjou contre la reine, mais à la fin il protégea Jeanne contre Alphonse d'Aragon. — II. (Francesco), duc de Milan, fils naturel du précédent, né en 1401, mort en 1466. Il succéda à son père en 1425 dans le commandement des mercenaires, s'enrôla au comte de Filippo-Maria Visconti, duc de Milan, et fut battu par Carmagnola en 1427 ; mais il le défit à son tour en 1431. Il enleva Ancône au pape, et, après avoir combattu avec succès au service de différents gouvernements, il battit Visconti en 1440, envahit son territoire, épousa sa fille naturelle, Bianca, et lui procura la paix de Capriana (1441). Visconti forma traîtreusement une ligue contre lui avec presque tous les princes italiens ; mais Sforza les mit en déroute (1444) et Cosme de Médicis lui envoya des secours suffisants pour lutter contre le nombre de ses ennemis. Sforza, après avoir

servi la république établie à la mort de Visconti en 1447, se retourna contre elle, et, en 1450, fut proclamé duc de Milan. Il battit les Vénitiens, qui refusaient de le reconnaître, fit alliance avec Alphonse d'Aragon, roi de Naples, s'empara de Gênes en 1464, et acquit une influence dominante sur toute l'Italie. Il encouragea les sciences, les lettres, les travaux publics et patronna les savants grecs, exilés de Constantinople. — III. (Galeazzo-Maria), fils et successeur du précédent, né en 1444, mort en 1476. Il s'adonna à la débauche, et fut accusé d'avoir empoisonné sa première femme et sa mère. Sa seconde femme fut Bonne de Savoie. Il fut assassiné, et son fils, Giovanni Galeazzo, âgé d'environ huit ans, fut proclamé duc sous la régence de sa mère. — IV. (Ludovico) surnommé IL Moro (Ludovic le More), frère du précédent, né en 1451, mort vers 1510. En 1479, il prit le titre de régent. Ferdinand de Naples armait contre lui, lorsqu'il invita Charles VIII à la conquête de Naples. Galeazzo (Galéas) étant mort peu après, Ludovic se proclama duc. Il forma alors une ligue entre tous les États septentrionaux de l'Italie, pour empêcher Charles de revenir de Naples, mais Charles déjoua ses efforts. En 1499, Louis XII, qui prétendait au duché de Milan comme descendant des Visconti, attaqua Ludovic, qui se réfugia à Innspruck, auprès de l'empereur Maximilien. Les Français exaspérèrent les habitants des Milanais, et Ludovic, avec l'appui des mercenaires, reconquit son duché. Mais, lors d'une nouvelle invasion des Français en 1500, Ludovic fut fait prisonnier et confiné pour la vie dans le château de Loches. — V. (Massimiliano), fils du précédent, né en 1491, mort en 1530. Il fut fait duc par la « sainte ligue » en 1512, après l'expulsion des Français ; mais il fut renversé quand ils revinrent en 1513. Après la défaite de l'armée française, à Novare, il rentra dans Milan ; mais la victoire de François Ier à Marignan, en 1515, eut pour résultat son abdication en faveur du vainqueur, qui lui fit une pension pour le reste de sa vie en France. — VI. (Francesco II), frère cadet du précédent, né en 1492, mort en 1535. Il reçut le duché de Milan en fief de Charles-Quint en 1522, et se rendit odieux par la lourdeur des taxes qu'il imposa à ses sujets. Il mourut sans postérité, et le duché fit retour à Charles.

SFORZANDO adv. [sfor-dzan-do] (mot ital). Mus. Se met sur les partitions pour indiquer que l'on doit passer graduellement du piano au forte.

S. G. D. G., abréviation des mots *sans garantie du gouvernement;* on place ces lettres à la suite du mot breveté.

* **SGRAFFITE** s. m. *Voy.* GRAFFITE.

SHAFTESBURY [chaftss'-ber-i]. I. (Anthony ASHLEY-COOPER, *premier comte de*), homme d'État anglais, né en 1621, mort en 1683. Pendant la guerre civile, il soutint d'abord Charles Ier ; mais, en 1644, il combattit pour le parlement. Il siégea dans les parlements de Cromwell ; et le parlement Barebone le nomma au conseil d'État. Il se retira du conseil en 1654, s'employa activement à la restauration de Charles II, et fut nommé gouverneur de l'Ile de Wight, lord lieutenant du Dorsetshire, chancelier de l'échiquier et conseiller privé. En 1661, il fut créé baron Ashley, et en 1667 un des commissaires de la trésorerie, en même temps qu'un des membres du ministère de la cabale. (*Voy.* CABALE). En 1672, il fut créé comte de Shaftesbury et lord chancelier. Mais ayant commencé à faire de l'opposition, le roi le renvoya en 1673. Son opposition prit alors un caractère très violent, et, en 1677, il fut renfermé à la Tour, où il resta plus d'un an. Il reprit le pouvoir à l'occasion du complot

papiste d'Oates, rédigea le bill du test de 1678, devint le chef nominal du gouvernement comme président du nouveau conseil permanent, et prépara la loi d'*habeas corpus* de 1679. Le parlement fut dissous, et Shaftesbury congédié. Dans le parlement de 1679, il fit passer des résolutions contre le duc d'York, et proposa de nouveau le bill d'exclusion, qui passa facilement à la chambre basse, mais fut rejeté par la chambre des lords. Le roi prononça de nouveau la dissolution du parlement. Un autre parlement se réunit à Oxford. Mais comme Shaftesbury était encore tout puissant à la chambre des communes, il fut bientôt dissous (1681). Le comte fut arrêté sous l'inculpation de haute trahison, puis remis en liberté. Il se retira alors à Amsterdam, où il mourut. — II. (Anthony ASHLEY-COOPER, *troisième comte de*), petit-fils du précédent, né en 1671, mort en 1713. Il entra au parlement en 1693, et à la chambre des lords en 1700 ; il soutint les actes de Guillaume III, et, à la mort du roi, se retira. C'était un philanthrope et un libre-penseur. On a publié la collection complète de ses œuvres sous le titre : *Characteristics of Men, Manners, Opinions and Times* (1713, 3 vol.).

SHAKER s. m. [ché'-k'r], membre d'une secte religieuse américaine, qui s'intitula « Société unie de croyants dans la seconde apparition du Christ ». Les shakers prirent naissance en Angleterre vers 1770, mais on ne les trouve plus qu'aux États-Unis, où ils ont 17 sociétés comptant environ 4,000 membres. Leur secte fut fondée par une certaine Ann Lee, membre d'une congrégation dissidente de la société des Amis, et qui prétendait recevoir des révélations. Ses sectateurs regardent *Mother Ann* (la mère Anne) comme ayant été inspirée par le Christ de l'ordre femelle, de la même manière que Jésus avait été inspiré par le Christ de l'ordre mâle. Leurs établissements se composent de deux à huit « familles » ou « ménages », comprenant chacun de 30 à 130 personnes des deux sexes. Chaque ménage possède en communauté. Un des anciens prononce une harangue sur un sujet de doctrine ou sur quelque vertu pratique ; après quoi ils chantent une hymne ; puis ils se forment en cercle autour d'un chœur de chanteurs, les deux sexes séparés et placés en face l'un de l'autre, et ils se mettent à danser. Ils se croient souvent sous l'influence directe d'un esprit supérieur ; aussi tiennent-ils en haut honneur Swedenborg, et ont-ils salué l'apparition du spiritisme comme une préparation à leurs propres doctrines.

SHAKESPEARE ou **Skakspeare** (WILLIAM) [chèkss'-pirr], le plus illustre des poètes dramatiques anglais, né à Stratford-sur-Avon (Warwickshire), en avril 1564, et mort au même lieu le 23 avril 1616. Son père, John Shakespeare, était un riche bourgeois, qui devint premier alderman de la ville, mais qui ne savait pas écrire son nom. On a beaucoup discuté pour savoir quel degré d'instruction Shakespeare avait reçu avant d'entrer dans la vie active. Il est probable qu'il avait quelques notions de latin, et peut-être même de grec. Il semble avoir appris un peu d'italien et de français dans sa jeunesse et dans les premières années de sa vie d'homme. Un document, en avril 1578, les affaires de John Shakespeare devinrent très embarrassées, et la tradition nous dit qu'il travailla d'abord avec son père comme marchand de laine et comme boucher, et qu'il fut ensuite maître d'école et clerc d'avoué. En 1582, il épousa Anne Hathaway, de huit plus âgée que lui, qui, six mois plus tard, lui donna une fille. Nous ne savons rien de positif sur Shakespeare, depuis sa naissance jusqu'à son mariage, et à partir de ce moment, nous ne connaissons

que la naissance de trois enfants, jusqu'à ce que nous le trouvions acteur à Londres, vers 1589. Il y arriva probablement en 1585 ou 1586, et entra bientôt dans la troupe d'acteurs du théâtre des Blackfriars, connus sous le nom de « serviteurs du lord Chambellan ». Il s'éleva rapidement à une grande réputation, non comme acteur cependant, car il ne paraît pas avoir jamais dépassé sur le théâtre ce qu'on appelle les utilités. La tradition le fait jouer le Spectre dans son *Hamlet* et aussi des rôles de roi, pour lesquels son élégance et sa carrière le rendaient particulièrement propre. Il fut sans doute employé de bonne heure comme écrivain, mais non pas dans des compositions originales. De son temps, les pièces dont le sujet était populaire étaient fréquemment récrites pour être mises au niveau d'un goût et d'une critique plus avancés. Il y a quelque lieu de croire qu'il commença sa carrière d'auteur dramatique en collaborant avec Robert Greene et Christopher Marlowe, lesquels écrivaient surtout pour une autre compagnie appelée les « serviteurs du comte de Pembroke ». C'est avec eux qu'il semble avoir écrit une partie de *Taming of a Shrew*, de *The First Part of the Contention betwixt the two famous Houses of York and Lancaster*, et de *The true Tragedy of Richard Duke of York*, qu'il récrivit plus tard seul, et donna en son propre nom, sous le titre de *The Taming of the Shrew* et la seconde et troisième partie de *King Henry VI*. A l'âge de 28 ans, six ou sept ans après son départ de Stratford, il était déjà devenu célèbre. De ce moment jusqu'à la fin de son séjour à Londres, on ne sait guère de lui que ce que nous apprennent ses pièces de théâtre et ses poèmes, et encore la date de ces productions est-elle, dans la plupart des cas, matière à conjecture. Avant cette époque, laissant de côté ses travaux de collaboration et de rajeunissement des pièces anciennes, il avait sûrement écrit *Titus Andronicus, Love's Labor's Lost, The two gentlemen of Verona, The comedy of Errors* et peut-être une première version, non publiée, de *Romeo and Juliet* et une partie de *A Midsummer Night's Dream*. En 1593, il publia son premier poème : *Venus and Adonis*, dédié au comte de Southampton, qui aimait la littérature et le drame, et patronnait les hommes de lettres et les auteurs. En 1594, il publia *Lucrèce*, aussi dédiée au comte de Southampton. Entre 1592 et 1596, il écrivit probablement, dans l'ordre où nous les donnons, ses pièces intitulées *Richard III, All's Well that Ends Well*, qui semble s'être appelé d'abord *Love's Labor's Won, A Midsummer Night's Dream* dans sa forme définitive, *King Richard II*, et *The Merchant of Venice*. — *King John, Romeo and Juliet*, tels que nous l'avons, la première et la seconde partie de *King Henry IV, The Merry Wives of Windsor, As You Like It, Much Ado about Nothing, King Henry V, Twelfth Night et Hamlet*, dont il trouva probablement le sujet dans une vieille pièce, paraissent s'être succédé rapidement de 1596 à 1600. Ses grandes tragédies furent composées, avec deux comédies, entre 1600 et 1610, probablement dans l'ordre suivant : *Troilus and Cressida, The Taming of the Shrew, Measure for Measure, Othello, King Lear, Macbeth, Julius Cæsar, Anthony and Cleopatra, et Coriolanus* ; cependant, cette dernière fut peut-être écrite après 1610. *King Lear*, la plus majestueuse production de son génie, peut être attribué avec certitude à l'année 1605. De 1610 à 1613, il compose *Cymbeline, Timon of Athens, The Winter's Tale, The Tempest et King Henry VIII*. A partir de cette dernière année Shakespeare cessa à peu près d'écrire. *Pericles*, pièce de son vivant comme étant de lui, est indubitablement l'œuvre d'un autre, qu'il entreprit d'embellir. Outre les ouvrages que nous avons énumérés, Shakespeare a écrit : *A Lover's Complaint*, char-

mante élégie d'amour, quelques pièces détachées, publiées dans un recueil appelé The Passionate Pilgrim, et enfin ses sonnets. Ces sonnets, malgré les concetti qui les déparent parfois, dépassent de beaucoup toutes les poésies du même genre de la langue anglaise. A qui étaient-ils adressés, ou pour qui furent-ils écrits? C'est là un des problèmes littéraires les plus difficiles à résoudre. Ils furent publiés en 1609. On croit généralement que Shakespeare a été négligé et méprisé de son temps, et qu'il doit sa gloire à la découverte que les critiques postérieurs auraient faite de son génie. Il en est tout autrement. Ses sonnets eurent 5 éditions dans les 10 années qui suivirent leur apparition, et nous savons que ces pièces étaient aussi goûtées du public que des critiques qui n'étaient pas ses rivaux. Ses succès lui assurèrent naturellement la fortune. Dès 1597, il avait acheté, dans sa ville natale, une belle maison appelée New-Place. Nous ne savons rien de ses relations avec les acteurs et les hommes de lettres de son temps, si ce n'est qu'il mérita de le bourru Ben Jonson dit de lui dans ses Discoveries : « J'ai aimé cet homme, et j'honore sa mémoire, en deçà des bornes de l'idolâtrie, autant que pas un ». On suppose que Shakespeare abandonna le théâtre vers 1604, et qu'il retourna à Stratford pour y demeurer entre 1610 et 1613. Il fut enterré le second jour après sa mort dans le chœur de l'église de Stratford, du côté du nord. Sur son tombeau se trouve une pierre plate avec cette inscription, qu'il écrivit, dit-on, lui-même :

Good frend for Iesus sake forbeare
To digg the dust encloased heare ;
Blest be y° man y¹ spares thes stones,
And curst be he y¹ moves my bones.

(Doux ami, pour l'amour de Jésus, abstiens-toi de fouiller la poussière enclose ici : béni soit l'homme qui épargne ces pierres, et maudit soit celui qui remue mes os !) On lui a élevé, avant 1623, le long du mur septentrional du chœur, un monument composé de son buste encadré dans une arche. Ce buste, de grandeur naturelle, était jadis peint. C'est, avec le portrait gravé par Droeshout pour la première édition de ses œuvres, le seul portrait authentique que l'on ait de lui. Sa femme lui survécut sept ans. Son fils Hamnet était mort en 1596, à l'âge de 11 ans. Sa fille aînée épousa le Dr John Hall, à qui elle donna une fille qui se maria à Thomas Nash, et, après la mort de celui-ci, à sir John Barnard et mourut sans enfant (1670). Sa seconde fille, Judith, épousa Thomas Quiney et eut trois enfants qui, tous, moururent sans postérité. — Le monde civilisé tout entier s'accorde à placer Shakespeare au premier rang de la littérature de tous les peuples et de tous les temps. L'imagination, la fantaisie, la connaissance de l'homme, la sagesse, l'esprit, l'humeur, le pathétique, la force, la souplesse, le bonheur de l'expression, la musique du vers, et ce je ne sais quoi qui fond toutes les facultés en une et les fait tendre à la même fin, sont portés chez lui à un degré que nul n'a surpassé ni ne surpassera. Si, suivant la coutume de son temps, le sujet de la plupart de ses drames est emprunté à d'autres pièces, il excelle dans l'unité et la consistance de ses caractères. Tous les personnages de son théâtre ont leur vie propre, leur âme individuelle; ils expriment leurs pensées et leurs sentiments, non ceux du poète. Il a, de ce côté, une puissance presque surnaturelle. De ses 37 pièces, 17 furent imprimées de son vivant, à part, en format in-4°, et, semble-t-il, sans sa participation, le plus souvent sur des copies frauduleusement obtenues. Aussi le texte en est-il généralement très corrompu et imparfait. En 1623, deux de ses compagnons de théâtre, John Heminge et Henry Condell, préparèrent la

première édition collective de ses Comedies, Histories, and Tragedies, dans lesquelles ils ne comprirent pas Pericles. Ce volume, connu sous le nom du « premier in-folio », contient le seul texte authentique des pièces de Shakespeare. Malheureusement le peu de soins apporté à l'impression et les mauvais textes sur lesquels on travaillait ont laissé beaucoup de fautes et de passages erronés dans cette première édition. Une troisième, qui parut en 1664, contient, en outre, Pericles et six pièces attribuées à Shakespeare par des libraires de son temps, mais répudiées par ses amis et ses camarades de théâtre ; ce sont : The London Prodigal, Thomas lord Cromwell, Sir John Oldcastle, The Puritan Widow, A Yorkshire Tragedy et Locrine. Le quatrième in-folio date de 1685. On a, de notre temps, reproduit en fac-simile, par les procédés nouveaux, les premières éditions de Shakespeare. — L'émondation du texte de Shakespeare occupe depuis plus d'un siècle et demi les érudits et les critiques et a enfanté toute une littérature,

Tombeau de Shakespeare.

où beaucoup de science, d'ingéniosité, d'esprit philologique et philosophique, se mêle à l'ignorance, à la sottise, à la frivolité et à l'intolérance. Le meilleur index pour guider dans la connaissance de la littérature shakespearienne est celui de Franz Thimm (2e édit., 1872). Parmi les récentes éditions remarquables par le texte ou les commentaires, citons celles de Knight, de Collier, de Hudson, de Dyce, de Halliwell, de Mary Cowden Clarke, de Richard Grant White et de Clark et Wright. Les œuvres de Shakespeare ont été traduites dans toutes les langues, mais on a réussi surtout en allemand. La version qui a été donnée par Schlegel et Tieck est sans doute le plus parfait exemple de la transfusion de la pensée d'une langue dans une autre. — On trouve, dans les manuscrits du temps, le nom de Shakespeare épelé de toutes les différentes manières qui peuvent représenter un son approchant ; mais lui-même et son ami Ben Jonson, quand ils l'imprimaient, l'épelaient comme il l'est ici. Les Œuvres complètes de Shakespeare ont été traduites par Letourneur, Catuelan et Malherbe (Paris, 1776-'82, 20 vol. in-8°; nouv. édit., 1821, 13 vol. in-8°) ; par Francisque Michel (1839-'40) ; par Benjamin Laroche (1841-'43); par François-Victor Hugo (1860, 8 vol. in-8°); par E. Montégut (1867, 2 vol. in-4°).

SHAKESPEARIEN, IENNE adj. [chék-spi-ri-ain]. Qui concerne Shakespeare.

* **SHAKO** s. m. [cha-ko] (mot hongr.). Sorte de bonnet à l'usage des hussards et qu'ont porté longtemps la plupart des corps d'infanterie. Son introduction dans l'infanterie date de 1792; il devint la coiffure des grenadiers en 1804 et celui de toute l'infanterie en 1806. Il a perdu peu à peu de la largeur qui le distinguait à l'origine.

* **SHALL** s. m. Voy. Châle.

SHANGHAI [chang'-haï], orthographe anglaise de Chang-Haï. (Voy. ce mot.)

SHANNON [cha'-nonn], le plus grand fleuve d'Irlande ; il prend sa source au pied du mont Cuilcagh, dans le N.-O. du comté de Cavan, et se dirige au S.-O., à travers Loughs Ree et Derg, jusqu'à l'Atlantique, qu'il atteint au-dessus de Limerick, en formant un large estuaire. Sa longueur est d'environ 400 kil. Son plus grand affluent est le Suck ; il reçoit aussi la Boyle, le Fergus, l'Inny, la Brosna, le Mulkear et le Maig. Les vaisseaux de 400 tonneaux remontent jusqu'à Limerick.

SHARJA [char'-ja], ville de l'Oman (Arabie), sur le golfe Persique, à 350 kil. N.-O. de Mascate ; 25,000 hab. C'est le principal port d'exportation pour les marchandises de la Perse, et son trafic est considérable, quoique ce soit un médiocre mouillage. La ville est indépendante de fait.

SHARON SPRINGS [ché-ronn sprinngz], village de l'état de New-York, à 80 kil. N.-O. d'Albany ; 520 hab. Ville d'eaux à la mode, qui possède quatre sources minérales, l'une chalybée, l'autre contenant de la magnésie, l'autre du soufre blanc, et l'autre du soufre bleu.

SHARP (Granville) [charpp], philanthrope anglais, né en 1734, mort en 1843. En 1772, dans une affaire où l'on réclamait un nègre comme esclave, il fit décider par la cour du banc du roi qu'un esclave ne pouvait être ni possédé en Angleterre, ni transporté hors de ce pays ; et il consacra dès lors tous ses efforts à détruire l'esclavage et la traite. Il fut un des fondateurs de la colonie anglaise de Sierra-Leone. Il combattit aussi le recrutement des matelots par la presse, et soutint la réforme parlementaire et l'émancipation politique de l'Irlande. Il a publié : Representation of the Injustice and dangerous Tendency of tolerating slavery in England (1772) ; Remarks on the Uses of the definitive Article in the Greek Testament (1798) ; Three Tracts on the Syntax and Pronunciation of the Hebrew Tongue (1804), etc.

SHAWNEES [chä'-niss], tribu erratique de la famille algonquine. Une légende d'origine récente les identifie à l'origine avec la nation Kickapoo. On sait que les Iroquois les ayant rencontrés au S. du lac Erie les chassèrent et qu'ils se dispersèrent en plusieurs directions sous des noms divers, Savannah, Yemassees, tantôt se réunissant, tantôt se dispersant de nouveau. Penn fit des traités avec eux en 1682 et en 1701. Après la chute du Canada, ils suivirent Pontiac. Bien qu'ayant figuré à la paix de 1786, ils prirent part à la guerre des Miami ; mais ils furent réduits par le général Wayne, et se soumirent au traité de Greenville (1795). Les Shawnees du Missouri cédèrent leurs terres au gouvernement en 1825, et ceux de l'Ohio en 1831. En 1854, il y en avait 800 sur une réserve du Kansas ; ceux-ci abandonnèrent leur vie indienne et divisèrent leurs terres. En 1876, il en restait environ 750 sur le territoire indien.

SHEBA ou **Saba** (Géogr. anc.), capitale des Sabéens dans l'Arabie heureuse. Son emplacement exact est inconnu. Le territoire des

Sabéens se trouvait près de la mer Morte et allait jusqu'aux confins du désert. Ils eurent pendant des siècles le monopole du commerce entre l'Europe et l'Inde, et entre l'Egypte et la Syrie, et ils étaient célèbres par leur opulence et leur luxe. La renommée de Salomon attira une reine de Saba à Jérusalem (I Rois, X, 1-13). Les Sabéens finirent par être soumis par les Himyarites.

SHEBOYGAN [chi-boï'-gann], ville du Wisconsin (Etats-Unis) sur le lac Michigan, .à l'embouchure du Sheboygan, à 80 kil. N. de Milwaukee; 6,828 hab. Bon port, qui expédie annuellement à Buffalo environ 500,000 boisseaux de froment.

SHEERNESS [chir-ness'], ville du Kent (Angleterre), dans l'île de Sheppey, à l'embouchure de la Medway, à 60 kil. S.-E. de Londres, 13,956 hab. Grand arsenal défendu par des batteries comptant 400 canons. Cet établissement a coûté, pendant 1815, 45,000,000fr.

SHEFFIELD [che'-fildd], ville du Yorkshire (Angleterre), au confluent de la Sheaf et de trois autres cours d'eau plus petits avec le Don ; à 220 kil. N.-N.-O. de Londres ; 274,914 hab. L'église de la paroisse primitive a été bâtie sous Henri Ier. L'école gouvernementale des arts et métiers est une des meilleures d'Angleterre. Sheffield est célèbre depuis des siècles pour la coutellerie ; c'est le grand centre de l'industrie de l'acier dans tous les genres, aussi bien que de la fabrication du métal blanc, et des métaux plaqués de toute espèce. Grandes fonderies de fer et de bronze; fabriques d'instruments d'optique et particulièrement de lorgnettes de théâtre.

* **SHELING** s. m. Voy. Schelling.

SHELLEY [ché-lè]. I. (Percy Bysshe) poète anglais, né en 1792, mort le 8 juillet 1822. Il était fils de sir Timothy Shelley, gentilhomme du comté de Sussex. Etant à Eton, il écrivit avec sa cousine, miss Grove, dont il était amoureux, un roman intitulé Zastrozzi (1810). Il écrivit aussi Saint Irvyne, or the Rosicrucian (1811), traduisit une partie de l'histoire naturelle de Pline, et composa en collaboration avec le capitaine Medwin, le poème Ahasuerus, or the Wandering Jew. En 1810, il alla à Oxford, d'où il ne tarda pas à être chassé pour avoir publié une brochure sur la Nécessité de l'athéisme. Repoussé par son père, il alla à Londres, et épousa à Gretna Green, la fille d'un maître d'hôtel retiré, Harriet Westbrook. En 1812 il publia à Dublin An Address to the Irish People, qui lui valut les persécutions de la police. On le retrouve à Londres en 1813, où naquit sa fille, Ianthe-Eliza, et où sa femme et lui se séparèrent d'un commun accord; sa femme retourna chez son père, où elle mit au monde un second enfant qui mourut en 1826. Il voyagea ensuite sur le continent avec Mary, fille de William Godwin et de Mary Wollstonecraft, qui regardaient le mariage comme une institution inutile. Son père, ayant alors retiré des biens de la famille, lui assura une pension de mille livres par an. En 1816, sa femme se noya; il se maria alors avec sa compagne de voyage et se fixa près de Marlow, dans le Buckinghamshire. Il avait terminé, en 1812, le poème intitulé Queen Mab, imprimé à petit nombre en 1813. En 1815, il écrivit Alastor, or the Spirit of Solitude. A Marlow, il composa The Revolt of Islam. Les tribunaux lui refusant la garde de ses enfants du premier lit, il alla vivre en Italie en 1818. A Lucques, il termina Julian and Maddalo, dialogue entre lui et lord Byron, et il commença son Prometheus Unbound, qu'il finit à Rome en 1819. Il composa ensuite sa tragédie The Cenci, son œuvre la plus achevée. La même année (1819), il avait écrit The witch of Atlas, et en 1821, il produisit Epipsychidion, adonais, et Hellas. Il se noya en allant de Livourne à

Lerici, seul dans un petit bateau à voile qui chavira. Son corps fut brûlé sur un bûcher en présence de lord Byron, de Leigh Hunt et de Trelawney. — II. (Mary Wollstonecraft Godwin), seconde femme du précédent, née en 1797, morte en 1851. Elle avait reçu une éducation soignée, mais singulière. En 1818, elle publia son roman intitulé Frankenstein, dont le héros, au moyen des ressources de la science, crée un homme qui se trouve être un monstre puissant et dangereux. On a d'elle, en outre, Valperga, The Last Man, Lodore et The Fortunes of Perkin Warbeck. Elle a édité les œuvres de Shelley (1839-'40, 2 vol.).

SHENANDOAH [chenn-ann-do'-a], rivière de Virginie (Etats-Unis), longue de 260 kil., formée par la réunion de trois cours d'eau près de Port Républic; elle coule au N.-E., à travers la vallée de la Virginie, à l'O. du Blue Ridge et presque parallèlement à lui; elle reçoit le North Fork à Front Royal et se jette dans le Potomac à Harper's Ferry (Virginie occidentale).

SHERIDAN [cher'-idd-ann]. I. (Thomas), ministre protestant irlandais, né vers 1684, mort en 1738. Il était fort distingué par son esprit et sa gaieté; mais il se ruina par ses imprudences. Il a publié une traduction de Perse en prose, et une de Philoctète et de Sophocle, en vers. Les Miscellanées de Swift contiennent un grand nombre de ses lettres. — II. (Thomas) son fils, auteur, né en 1721, mort en 1788. En 1744, il jouait au théâtre de Covent Garden, et, en 1745, à celui de Drury Lane, où il était regardé comme un rival de Garrick. Il administra le théâtre de Dublin pendant 8 ans, puis fit des conférences sur l'élocution à Londres, à Oxford, à Cambridge et en Ecosse. Il reparut au théâtre en 1770, quitta la scène en 1776, et, pendant les trois années suivantes, administra le théâtre de Drury Lane. En 1780, il publia son Complete Dictionary of the English Language, both with regard to Sound and Meaning. On a aussi de lui Lectures on the art of Reading, Course of Lectures on Elocution, et une Vie de Swith. — III. (Frances), femme du précédent, romancière, née en 1724, morte en 1766. A 45 ans, elle écrivit Eugenia and Adelaide, qu'elle arrangea plus tard pour la scène. On apprécie encore ses romans Sidney Biddulph et Nourjahad. Elle a aussi écrit deux comédies à succès, The Discovery et The Dupe. — IV. (Richard-Brinsley), fils des précédents; auteur dramatique et homme politique, né à Dublin en 1751, mort en 1816. Le 17 janvier 1775, sa comédie The Rivals fut représentée à Covent Garden, et suivie, la même année, de la farce Saint Patrick's Day, or the Scheming lieutenant, et de l'opéra comique The Duenna, qui eut 75 représentations. En 1776, il acheta, avec son beau-père Linley et le Dr Ford, la part de Garrick dans le théâtre de Drury Lane. En 1777, il donna The School for Scandal, qui le plaça d'un coup à la tête des auteurs dramatiques. En 1779, il produisit une farce, The Critic. Elu au parlement en 1780, il fit de l'opposition au gouvernement de lord North. En 1782, il fut secrétaire d'Etat dans le ministère Rockingham. Dans le ministère de coalition de Fox et North, en 1783, Sheridan fut secrétaire de la trésorerie, mais il se retira à l'arrivée de William Pitt. Le 7 février 1787, Sheridan porta devant le parlement une accusation contre Warren Hastings au sujet de la spoliation des bégums ou princesses d'Oude. Son discours, dont il n'existe aucun texte connu, fut le triomphe oratoire de sa vie. Il ne prononça dans la même affaire un autre qui dura quatre jours. En 1799, il donna la pièce intitulée Pizarro, en grande partie traduite de Kotzebue. Sous

le ministère Greenville et Fox, il fut trésorier de la flotte. En 1812, il ne fut pas réélu au parlement. Des excès de boisson avaient détruit sa santé; ses dépenses folles et l'incendie du théâtre de Drury Lane en 1809, l'avaient réduit à la dernière misère. Thomas Moore a écrit sa vie (1825).

* **SHÉRIF** s. m. [ché-rif] (angl. sheriff; de l'anglo-saxon scyre, shire ou comté; et gerefa ou refa, gardien, intendant). Officier municipal en Angleterre, chargé de différentes fonctions de police et de justice. — C'est, en Grande-Bretagne et aux Etats-Unis, le titre du principal magistrat d'un comté. Jusqu'à Edouard II, le shérif était élu par les habitants des comtés; depuis, sauf de rares exceptions, il a été nommé par les conseillers royaux et les juges d'un rang supérieur, sous réserve de l'approbation du souverain. Le shérif est le juge criminel et le chef de la police du comté; il peut, en outre, connaître de certains cas civils peu importants. Aux Etats-Unis, où il a à peu près les mêmes attributions qu'en Angleterre, il est élu au suffrage universel et pour un temps limité.

SHETLAND (îles)[chett'-lanndd] ou Zetland, groupe de l'océan Atlantique, formant le comté le plus septentrional de l'Ecosse, entre 59° 50' et 60° 50' lat. N. et 3° 5' et 4° 5' long. O; 4,543 kil. carr.; 35,000 hab. Il y a environ 100 îles, dont le quart seulement est habité. La plus grande est Mainland, qui contient environ les trois cinquièmes de la superficie et les deux tiers de la population. La capitale est Lerwick, sur la côte orientale. Les côtes sont en général rudes et abruptes, s'élevant de 500 à 1,200 pieds, et dentelées de nombreuses baies profondément enfoncées dans les terres et de longs et étroits bras de mer appelés voes. Le sol est presque partout raboteux ou couvert de mousse. Le climat n'est pas extraordinairement froid, mais il est très humide, et les tempêtes et les brouillards y sont fréquents. Il n'y a que très peu de sol qui soit arable. On récolte de l'avoine, de l'orge, des pommes de terre et des navets. Les animaux y sont très petits; les petits chevaux, ponies ou shetties, s'élèvent à l'état sauvage dans les bruyères et les pâturages. La pêche emploie environ 4,000 des habitants. On y prend surtout du hareng, de la morue, etc. On exporte du poisson, de l'huile, des bestiaux, des chevaux, des œufs et des tricots de laine, pour une valeur d'environ 2,500,000 francs. — Quelques-uns pensent que le groupe des Shetland fut la Thulé des anciens. Les premiers habitants connus de ces îles étaient d'origine scandinave, et leur race s'est perpétuée jusqu'à nos jours. Lorsque Jacques III d'Ecosse épousa la princesse Marguerite de Danemack en 1469, il reçut, comme gage de la dot, les îles Orkney et Shetland, qui ne furent jamais rachetées.

SHIELDS (North et South) [childdz], deux villes d'Angleterre, situées l'une dans le comté de Northumberland, l'autre dans celui de Durham, sur les deux rives de la Tyne, près de son embouchure dans la mer du Nord, à 9 kil. au-dessous de Newcastle et à 400 kil. N.-N.-O. de Londres; population de North Shields : 8,649 hab. ; de South Shields : 45,336. Verre, faïence, alun, objets d'équipement pour les navires. On a découvert d'intéressantes ruines romaines à South Shields en 1875.

SHIITE. Voy. Chiites.

SHIKARPOOR [chik-ar-pour'], ville de l'Inde anglaise, dans le Sinde, à 25 kil. O. de Sukkur, sur l'Indus; 30,030 hab. Grande importance commerciale; fabrique de cotonnades fines.

SHILOH [chal'-lô], localité près de Pittsburg Landing, sur le Tennessee, dans l'état

de Tennessee, où une bataille se livra les 6 et 7 avril 1862, entre le général Grant et les généraux A.-S. Johnston et Beauregard. On appelle quelquefois cette bataille, bataille de Pittsburgh Landing. Grant, battu d'abord, reprit l'offensive le lendemain et obligea les confédérés à la retraite.

SHIMONOSEKI [chi-mo-no-sé-ki], port de mer du Japon, dans la province de Nagato (Choshu), à la pointe S.-O. de la grande île; 10,000 hab. Cette ville commande le détroit de Shimonoséki, qui relie la mer intérieure à la mer du Japon. La ville ne se compose que d'une longue rue. En 1864, les forts avoisinant Shimonoséki furent détruits par une flotte composée d'un navire des Etats-Unis, de cinq navires anglais, de trois français et de quatre hollandais, en représailles d'attaques faites sur des vaisseaux étrangers.

SHINGKING [chinng-king'] ou **Liaotung** [li-aô-teunng'], province de la Mandchourie méridionale, comprise dans la Chine propre, touchant à la Mongolie, à la Corée, à la baie de Corée, au golfe de Liaotung et à la grande muraille; 2,167,286 hab. Bois de construction, fer, houille, chevaux, bestiaux, moutons, céréales, soie, ginseng et rhubarbe; ces deux derniers produits sont monopolisés par le gouvernement. La ville principale est Mukden ou Shinyang.

SHINTO ou **Sinto**. Voy. Japon.

SHIRE [chaîre]. Voy. Comté.

SHIRÉ [chi-ré]. rivière navigable du S.-E. de l'Afrique. Elle sort de l'extrémité méridionale du lac Nyassa, et, après un cours de 500 kil. environ, dans la direction du midi, se jette dans le Zambèse, à 150 kil. au-dessus de son embouchure. Sa vallée supérieure est séparée de l'inférieure par une série de rapides formant une descente de 1,200 pieds, au-dessous desquels son cours est marécageux et ses eaux peu profondes. Livingston l'a exploré le premier en 1859.

SHIRLEY [cher'-lé] (James), auteur dramatique anglais, né vers 1594, mort en 1666. Après avoir pris les ordres dans l'Eglise protestante, s'être fait catholique, avoir été maître d'école à Saint-Albans, il vint à Londres vers 1625. Il avait composé 33 pièces, lorsque le parlement prohiba toutes les représentations théâtrales. Il a publié une suite de grammaire, et écrit les notes pour la traduction de Virgile et d'Homère d'Ogilly. Gifford et Dyce ont recueilli ses œuvres (1833, 6 vol.).

SHIROUA [chir'-oua], lac du S.-E. de l'Afrique, à 50 kil. S.-E. du lac Nyassa; il a 90 kil. de long du N. au S., 40 kil. de large, et est à environ 600 m. au-dessus du niveau de la mer.

SHOCKING interj. [cho-kinng]. Mot anglais qui signifie choquant, offensant, repoussant, et que l'on emploie chez nous dans le style plaisant de : *oh! shocking!*

SHOSHONES [cho-cho-ne]. Voy. Chochones.

SHREVEPORT [chrev-i'pôrtt], ville de la Louisiane, à l'angle N.-O. de cet état, sur la rivière Rouge, à 500 kil. au-dessus de son embouchure, d'après Humphreys et Abbot, et à 780, d'après les autorités locales; 12,000 hab. environ.

SHREWSBURY [chreous'-bé'-ri], capitale du Shropshire, sur la Severn, à 225 kil. N.-O. de Londres; 23,400 hab. On y voit encore des restes de l'ancien château et des anciennes murailles. On y fabrique surtout du fil et de la toile à voile. Shrewsbury fut importante au Vᵉ siècle, et a été à plusieurs reprises la résidence momentanée des rois d'Angleterre.

SHROPSHIRE ou **Salop** [chropp'-chire; sel'-

op], comté de l'O., de l'Angleterre; 3,464 kil. carr.; 248,064 hab. Le sol est très mouvementé. La Severn, qui le traverse sur une longueur de 120 kil., est partout navigable. Plusieurs petits lacs, entre autres Ellesmere. On y élève beaucoup de bétail. Cap., Shrewsbury.

SHUMLA. Voy. Choumla.

SHYLOCK, personnage du *Marchand de Venise*, de Shakespeare; type de l'usurier impitoyable.

* **SI** (mot lat.) conj. conditionnelle, qui signifie, en cas que, pourvu que, à moins que, supposé que : *je vous donnerai tant, si vous faites ce que vous m'avez promis.* — Cette conj. s'emploie aussi dans plusieurs phrases où il s'agit, non d'une condition, d'une pure supposition, mais d'une chose certaine. Ainsi on dit : Si je suis gai, si je suis triste, c'est que j'en ai sujet, je ne suis gai, je ne suis triste, que parce que j'en ai sujet. Si cet homme est pauvre, est-ce une raison pour le mépriser? cet homme est pauvre, sans doute; mais, pour cela, doit-on le mépriser? — Dans certains cas, cette conjonction ne sert qu'à marquer opposition, comme quand on dit, Si l'un est vieux et faible, l'autre est jeune et fort. — Devant le pronom Il, perd son *i*, qui est remplacé par une apostrophe; mais il ne le perd devant aucun autre mot, par quelque voyelle que le mot commence, quand même ce serait par un : *il viendra, s'il peut, s'il fait beau. Si Irène avait tenu une autre conduite.* — Si ce n'est, excepté : *si ce n'est eux, quels hommes eussent osé l'entreprendre?* On dit de même, Si ce n'était la crainte de vous déplaire, je ferais telle chose, sans la crainte de vous déplaire, etc. — Elliptiq. Il parle comme si il était le maître, comme il parlerait s'il était le maître. Il est plus content que si on lui donnait un trésor, qu'il ne le serait si on lui donnait, etc. — Que si, s'emploie quelquefois pour Si, au commencement des phrases : *que si vous alléguez telle raison, je répondrai que.* — Si tant est que, s'il est vrai que : *si tant est que la chose soit comme vous le dites, il faudra que.* — Néanmoins : *vous avez beau reculer, si faudrait-il que vous en passiez par là.* (Vieux.) — Précédé de la conj. Et, s'emploie quelquefois dans la conversation familière, pour dire, cependant, avec cela, néanmoins; et alors il ne perd jamais sa voyelle, pas même devant le pronom Il : *je souffre plus que vous, et si je ne m'en plains pas.* (Vieux.) — Employé comme particule affirmative, ils'oppose à non : *vous dites que non, et je dis que si.* — Si fait, façon de parler familière dont on se sert pour affirmer le contraire de ce qu'un autre a dit : *je crois qu'il n'a pas été là; si fait, il y a été.* — Si ferai, si ferai-je, autres façons d'affirmer. On dit plus ordinairement, Je le ferai. — Est quelquefois particule dubitative : *je ne sais si cela est vrai.* — Combien : *vous savez si je vous aime.* Adv. Tellement, à tel point; alors il est suivi de Que : *le vent est si grand qu'il rompt tous les arbres.* — Absol. *Je ne connais jamais un si brave homme.* — Quelque : *si petit qu'il soit.* — Autant, aussi; alors il ne s'emploie qu'avec la négation : *il n'est pas si riche que vous.* — Cependant on dit quelquefois familièrement, sans négation, Si peu que vous voudrez, si peu que rien, aussi peu que possible, très peu. — Si s. m. Action de dire si. Il a toujours un si ou un mais; il ne donne jamais de louange qui ne soit suivie d'un si, à la fin il y a toujours quelque chose qui rabat de ce qu'il, ou qui le détruit. On dit de même : *il a toujours des si, des mais.* — Pop. Marque un défaut dans la chose dont il s'agit : *voilà un bon cheval, il n'y a point de si.* — Prov. Avec un si on mettrait Paris dans une bouteille, avec de certaines suppositions, on rendrait tout possible. — Si bien que loc. adv. Tellement que, de

sorte que : *la nuit nous surprit en chemin, si bien que nous nous égarâmes.*

* **SI** s. m. Mus. Septième note de la gamme. Nom du signe qui représente cette note.

SIALE s. m. Ornith. Genre de merles américains, dont l'espèce la plus connue est l'*oiseau bleu, le blue bird* des Etats-Unis (*sialia Wilsonii*, Swains). C'est un joli oiseau de la

L'oiseau bleu (Sialia Wilsonii).

grosseur et de la forme de notre merle, dont il se distingue par son riche plumage bleu de ciel, avec les pattes et le bec noirs. Il se nourrit de gros insectes et chante agréablement pendant la plus grande partie de l'année.

* **SIALAGOGUE** adj. [si-a-la-go-ghe] (gr. *sialon,* salive; *agd, je conduis*). Méd. Se dit des remèdes qui provoquent l'excrétion de la salive. — Substantiv. *Le pyrèthre, le mercure sont des sialagogues.*

SIALOLOGIE s. f. (gr. *sialon,* salive; *logos,* discours). Traité de la salive; partie de l'anatomie et de la physiologie qui concerne la production et le rôle de la salive.

* **SIALISME** s. m. (gr. *sialon,* salive). Méd. Evacuation abondante de salive.

SIAM [siamm], le principal royaume de la péninsule appelée Indo-Chine. Les habitants lui donnent le nom de Muang T'hai (autrefois Siyam). Avec ses dépendances de Laos, de Cambodge et de la péninsule Malaise, il gît entre 4° et 22° lat. N. et entre 95° et 104° long. E.; 800,359 kil. carr.; 7 millions d'hab. Cap., Bangkok. Le golfe de Siam, entre Siam propre et la péninsule malaise, contient de nombreuses îles et plusieurs ports. Les cours d'eau principaux sont : le Menam Kong, Mekong ou Cambodge, Saluen, et le Menam Chow P'ya, Menam Bangkok, ou simplement Menam. Le Salwen coule sur la frontière du Burmah anglais. Il y a deux saisons, la chaude ou humide, qui commence en mars, et la sèche ou froide, qui commence en octobre. La hauteur annuelle moyenne des pluies est de 1 m. 50; la température moyenne, 27°, avec un écart de 8°. La végétation est luxuriante, et le sol rend beaucoup, malgré la grossièreté de la culture. Les principaux produits sont : le riz, le sucre, le coton et le chanvre. Nulle part on ne trouve des fruits, des légumes et des épices plus abondants, plus variés, ni meilleurs. Les forêts contiennent une grande quantité de bois précieux, et des plantes médicinales. Le plus remarquable de tous les animaux dont le pays fourmille est l'éléphant blanc, prisé surtout à cause de son extrême rareté; lorsqu'on en capture un, il appartient de droit au roi. Le drapeau national représente un éléphant blanc sur un fond rouge; le sceau royal, les médailles, les monnaies portent la

même empreinte. L'or, le cuivre, le fer, l'étain, le plomb y abondent dans un grand état de pureté; il y a aussi de l'antimoine, du zinc, du soufre, de l'arsenic et des minerais argentifères. On fabrique beaucoup de sel par l'évaporation naturelle. On trouve des rubis et d'autres pierres précieuses. — D'après Garnier, consul français à Bangkok (1874), la population de Siam et de ses dépendances de Laos se décompose en 1,800,000 Siamois, 1,500,000 Chinois, 1,000,000 de Laos, 200,000 Malais, 50,000 Cambodgiens, 50,000 Péguens, et 50,000 Karens et divers. Les Siamois sont d'origine mongolique. Leur teint est olivâtre et leur taille moyenne. Ils se teignent les dents en noir et quelquefois les dentellent en scie. On arrache les poils de la barbe aux jeunes gens, et la plus grande partie du crâne est rasée deux fois par mois; mais ils gardent sur le sommet une touffe droite de 10 à 12 centim. de large sur 5 centim. de haut. Ils ont pour costume un justaucorps de coton (les femmes y ajoutent une écharpe de soie), une jaquette contre le froid et un chapeau de paille contre le soleil. Les hommes se marient à 18 ans et les filles à 14. Les grands ont jusqu'à des centaines de femmes; mais, dans le reste du peuple, on se contente généralement d'une; dans tous les cas, la première épousée est la femme en titre et a autorité sur les autres. Les distinctions sociales sont très nombreuses; la loi les exprime par des chiffres allant de 100,000 pour le second roi, jusqu'à 5 pour l'esclave de la classe la plus infime. Les esclaves forment un tiers de la population, et il y a des villages entiers peuplés de captifs étrangers. Les garçons reçoivent gratuitement dans les temples une instruction superficielle, de sorte que 80 ou 90 pour 100 savent lire. C'est au Siam que le bouddhisme est le plus puissant et qu'il s'est maintenu le plus pur. Les protestants américains et anglais y ont établi de nombreuses missions. — Commercialement Bangkok était naguère la troisième ville de l'extrême Orient, après Calcutta et Canton. Les principaux articles d'exportation sont : le riz, le sucre, le poivre, le sésame, le bois de sapan, les peaux et le cardamome. Le trafic se fait surtout avec la Chine. Les exportations sont d'environ 42,250,000 fr., et les importations de 32,000,000. — En théorie, le gouvernement est une dyarchie, mais, en pratique, c'est une monarchie. Il y a un second roi, ou vice-roi, mais le premier est réellement le souverain. Les lois importantes ne s'appliquent qu'après consultation du conseil d'État et des ministres. Le pays est divisé en 41 provinces, gouvernées chacune par un p'hraya ou conseiller de première classe. Il y a aussi plusieurs territoires tributaires qui ont leurs princes particuliers. Le roi est le « possesseur de toutes choses »; il dispose à son gré des biens et des existences. L'épouse royale, celle qui est la première au milieu des centaines de femmes du roi, doit être indigène et de sang royal. Elle ne peut être régente, et ne prend jamais part aux affaires publiques; mais on la traite avec la plus grande déférence. Elle a une cour séparée, et une garde de femmes en uniforme et armées. Le second roi a aussi son palais à part. Sa position paraît être celle d'un conseiller, mais non d'un co-gouvernant, ni d'un successeur. L'armée est peu nombreuse; elle est instruite par des officiers européens. La flotte se compose de 16 vapeurs portant 51 canons. — L'histoire de Siam remonte à quelques siècles av. J.-C., mais elle ne devient authentique qu'à partir de 1350. Au XVIe siècle, l'État de Siam s'étendait jusqu'à Singapore. En 1604, les Hollandais établirent des relations avec ce pays, et, en 1662, le premier navire anglais y aborda. En 1683, un Grec de Céphalouie, nommé Constantin Phaulcon, devint premier ministre de Siam et intrigua auprès de Louis XIV pour

se faire protéger par la France. Louis XIV envoya des jésuites auprès de lui et une ambassade dont fit partie le chevalier de Forbin (1685), qui a laissé une spirituelle relation de cet événement. Le résultat de toutes ces intrigues fut le soulèvement des Siamois, la mort du ministre européen, et l'expulsion des jésuites. La dynastie actuelle arriva au trône en 1782; c'est elle qui transféra le siège du gouvernement à Bangkok, après le sac d'Ayouthia par les Birmans. Les princes de cette dynastie ont fait les plus grands efforts pour civiliser leurs sujets. Le 15 juillet 1867, un traité reconnut le protectorat français sur le Cambodge. — Langue et Littérature. Le siamois se parle depuis la Birmanie à l'O. jusqu'à l'Annam et au Cambodge à l'E., et depuis l'état malais de Keddah au S., jusqu'aux confins de la Chine au N. Les dialectes sont nombreux, et la langue ne se parle dans sa pureté qu'à Bangkok ou par les personnes qui y sont élevées. Voy. INDO-CHINE (Races et Langues de l'). L'alphabet siamois, qu'on suppose dérivé des anciennes lettres cambodgiennes, et postérieurement de l'alphabet pali primitif, se compose de 44 consonnes et de 20 voyelles, y compris les diphtongues et les demi-voyelles. La gradation des sons des voyelles est très délicate, et certaines consonnes ne sont que de légères modifications de la forme d'une seule lettre, indiquant le ton dans lequel cette lettre doit être prononcée dans certaines syllabes. D'après les différences de ton, le même mot prend différents sens. Les meilleures productions de la littérature siamoise sont des œuvres de fiction, des poésies et des drames. — Voy. Garnier, Voyage dans l'Indo-Chine (Paris, 1869, 2 vol. in-4e); A. Gréhan, Le Royaume de Siam (Paris, 1868, in-8e); Elisée Reclus, Nouv. Géogr. univ.; l'Inde et l'Indo-Chine (1883).

SIAMOIS, OISE s. et adj. De Siam; qui concerne ce pays ou ses habitants. — Les **frères Siamois**. (Voy. Monstre).

* **SIAMOISE** s. f. Étoffe de coton fort commune, imitée des toiles de coton fabriquées à Siam : *siamoise de Rouen.*

° **SIBARITE** s. m. Voy. Sybarite.

SIBÉRIE, partie des États russes embrassant toute l'Asie septentrionale; limites : au N. l'océan Arctique; à l'E. et au S.-E., le détroit de Behring, la mer de Behring ou de Kamtchatka, et les mers d'Okhotsk et du Japon (formées par l'océan Pacifique septentrional); au S., la Chine et les provinces russes de l'Asie centrale, et à l'O., la Russie d'Europe, dont elle est séparée par les monts Oural. Elle s'étend de 41° 30' à 77° 50' lat. N. et de 57° 10' à 188° long. E.; sa longueur est d'environ 5,500 kil., sa largeur, de 3,000 kil.; 12,495,110 kil. carr.; 4 millions d'hab. Elle est divisée administrativement en quatre gouvernements : Toboljsk, Tomsk, Yeniseisk, et Irkoutsk; et en quatre provinces : Transbaïkal, Yakoutsk, Amour et Primorsk ou province du littoral. Géographiquement, cependant, les quatre provinces septentrionales de l'Asie centrale russe, Semipolatinsk, Akmolinsk, Turgaï, et Ouralsk, et des parties des gouvernements de Perm et d'Orenbourg appartiennent aussi à la Sibérie et seront comprises dans la présente description. Au point de vue militaire, le pays est divisé en deux circonscriptions, la Sibérie orientale, et la Sibérie occidentale, cette dernière comprenant les territoires Kirghiz de l'Asie centrale; capitales : Irkoutsk et Omsk. — Toutes les côtes sont profondément encaissées. Sur celles de la mer Arctique, les eaux sont prises par les glaces pendant plus de la moitié de l'année, et dans la saison chaude, les masses de glaces flottantes rendent la navigation toujours dangereuse, et souvent impossible. Le point le plus oriental est le

cap Est, à l'extrémité de la presqu'île Tchouktchi, qui se projette dans le détroit de Behring. La Sibérie est, dans son ensemble, une vaste plaine diluvienne, légèrement ondulée, et descendant graduellement des monts Altaï au S. jusqu'à l'océan Arctique. A l'O., se trouvent les steppes d'Ischim et de Baraba, larges étendues de terres basses, où les prairies herbeuses alternent avec les marécages pleins de roseaux, les lacs d'eau douce avec ceux d'eau salée, et un fertile sol arable avec de vastes forêts. A l'E., la plaine sibérienne est plus fréquemment coupée de collines; mais elle n'a que peu de terre cultivable. Toute la côte N. est une région désolée de steppes salées et de marécages glacés, appelés tundra, où le sol reste constamment gelé à des centaines de pieds de profondeur. La surface ne dégèle jamais avant la fin de juin, et elle est reprise par la glace vers le milieu de septembre. La principale chaîne des montagnes de la Sibérie est celle qui forme, à l'E., sa frontière de Chine, c'est-à-dire l'Altaï, lequel prend différents noms. Le long de la mer d'Okhotsk il s'appelle monts Stanovoï; à l'O. de l'Amour, monts Yablonnoï; plus à l'O., monts Daouriens et Sayaniens, et enfin mont Altaï proprement dits. Voy. ALTAÏ, AMOUR (Pays de l') et KAMTCHATKA. A l'exception de l'Amour et de quelques cours d'eau de moindre importance, les fleuves de Sibérie se jettent tous dans l'océan Arctique. L'Obi, l'Yenisseï, et la Léna sont parmi les plus grands du globe. Il y a beaucoup de lacs, mais tous petits, excepté le lac Baïkal. (Voy. Baïkal.) Sur les rives de l'océan Arctique gît un nombre immense de restes fossiles d'éléphants et d'autres animaux d'espèces éteintes, d'où l'on retire une très grande quantité d'ivoire. (Voy. Mammouth). Les productions minérales comprennent : l'or, l'argent, le platine, le cuivre, le fer, le plomb, le zinc, l'antimoine, l'arsenic, la malachite, les émeraudes, les topazes, etc. C'est dans l'Oural, l'Altaï et le Yablonnoï que les mines se trouvent, à l'E. de 148° long. Les stepps et quelques lacs donnent du sel en abondance. Le climat est beaucoup plus froid que sous les latitudes correspondantes en Europe, et sa rigueur s'accroît vers l'E. A Irkoutsk, la température moyenne est de 0°, en hiver; le mercure y reste gelé pendant environ deux mois. Les étés sont courts, mais chauds. Des forêts couvrent une grande partie de la Sibérie méridionale et centrale, mais les tundra de la côte du N. sont dépourvus d'arbres. Les principales essences sont : le bouleau, le mélèze, le sapin, le pin, le saule, le peuplier, l'orme et l'érable de Tartarie. On y cultive : le froment, l'orge, le seigle, le blé noir, l'avoine et le chanvre. Les navets et d'autres légumes des climats tempérés y prospèrent en certaines localités favorables. De vastes troupeaux de rennes parcourent tout le nord de la Sibérie. Les animaux à fourrures y abondent. On se sert du chien du pays, qui ressemble beaucoup au loup, pour tirer les traîneaux. Les Kalmouks et quelques autres tribus nourrissent des chameaux. Il y a deux espèces de moutons distinctes : le mouton russe, et le mouton kirghiz à queue large. — La population se compose de races et de tribus diverses. Plus de la moitié est russe, exilés ou descendants d'exilés pour la plupart. Ces exilés se divisent en trois classes : les criminels de droit commun, les condamnés politiques et les condamnés pour religion. Les plus sévèrement frappés sont envoyés aux mines; d'autres sont employés à des travaux moins durs, et le reste forme des colonies sous la surveillance de la police, et reçoivent des concessions de terre à cultiver. Parmi les tribus indigènes à demi civilisées sont les Samoyèdes au N.-O., les Ostiaks au S. de ceux-ci, et qui s'étendent

à l'E. jusqu'à l'Yenissei; les Kirghiz au S.-O.; les Kalmouks dans les portions occidentales des monts Altaï; les Buriats, principalement aux environs du lac Baïkal; les Yakouts, le long de la Léna; les Tougouses et tribu alliées que l'ont rouve à l'O. jusqu'à l'Yenissei, et à l'E., jusqu'à Anadyrsk, par 158° long. E. Les Tchouktchis et les Koriaks, à l'extrémité orientale de la Sibérie, entre le 158° méridien et le détroit de Behring, ressemblent beaucoup aux Indiens de l'Amérique du Nord. Au point de vue religieux, la population se divise comme suit : Grecs orthodoxes, 2,875,533 ; Ruskolniks, 65,505 ; Grecs Arméniens, 9 ; catholiques romains, 24,754 ; protestants, 5,722 ; Juifs, 11,400 ; mahométans, 61,083; païens, 283,621. Les habitants des villes sont au nombre de 113,236. Le commerce intérieur est très important ; il consiste en peaux, fourrures, bétail, poisson sec et salé, caviar, savon, suif. Le trafic entre la Chine et la Russie d'Europe a lieu en grande partie par la Sibérie; il y a aussi un commerce de caravane considérable avec Ili l'achkend, Khokan, etc. Une grande partie des transactions commerciales se font à des foires qui se tiennent à époques fixes dans certains lieux déterminés. — Genghis Khan conquit une partie de la Sibérie, et ses successeurs ouvrirent le pays des deux côtés de l'Irtish. Les conquêtes russes, commencées vers 1580, par le chef cosaque Yermak Timofeyeff, aboutirent, en 1587, à la soumission du kanat de Sibir, ainsi nommé d'une ville qu'il contenait ; d'où le nom même de Sibérie. Bientôt après, Tobolsk, Tiumen, Pelymsk et Berezov furent fondées et colonisées par des Européens. En 1604, Tomsk se fonda, et les Cosaques, poussant vers l'E., créèrent successivement Kuznetsk, Yenissei, Irkoutsk, Selenginsk et Nertchinsk, et finirent par atteindre le détroit de Behring. En 80 ans environ, tout le pays fut ainsi soumis.

SIBÉRIEN, IENNE s. et adj. De la Sibérie; qui appartient à ce pays ou à ses habitants.

SIBILANCE s. f. Pathol. Caractère sibilant.

SIBILANT, ANTE adj. (lat. *sibilans*). Pathol. Qui produit un sifflement. — Gramm. : *son sibilant.*

SIBILATION s. f. Action ou manière de siffler.

SIBOUR (Marie-Dominique-Auguste), prélat français, né en 1792, mort le 3 janv. 1857. En 1840, il fut fait évêque de Digne; en 1848 archevêque de Paris, et en 1852, sénateur. En 1857, comme il ouvrait la neuvaine en l'honneur de sainte Geneviève dans l'église de Saint-Etienne-du-Mont, un prêtre nommé Verger, qu'il avait frappé de suspense, le poignarda. Il a publié des *Institutions diocésaines* (1845, 2 vol.).

SIBYLLE s. f. [si-bi-le] (lat. *sibylla*). Antiq. Femme à laquelle on attribuait la connaissance de l'avenir et le don de prédire : *la sybille de Cumes.* — Fig. et fam. *C'est une vieille sibylle*, se dit d'une femme âgée qui a quelque prétention à l'esprit, ou qui est méchante. — ENCYCL. Certains auteurs comptent quatre sibylles, d'autres dix, savoir : la babylonienne, la libyenne, la delphienne, la cimmérienne, l'érythréenne, la samienne, la cuméenne (confondue quelquefois avec celle d'Erythrée), l'hellespontienne ou troyenne, la phrygienne et la tiburtine. La plus fameuse est la sibylle de Cumes qui, d'après la légende, vendit à Tarquin l'Ancien les livres sibyllins que l'on conservait dans le temple de Jupiter Capitolin, et que leurs gardiens seuls pouvaient consulter lorsqu'ils en étaient requis par le sénat. Ces livres périrent dans l'incendie du temple, en 83 av. J.-C.; mais on en rédigea une nouvelle collection qui fut placée dans le nouveau temple.

SIBYLLIN adj. m. N'est guère usité qu'au pluriel, et dans ces locutions : *les oracles, les livres, les vers sibyllins*, les prétendus oracles, les livres et les vers des sibylles.

SIBYLLIQUE adj. [si-bil-li-ke]. Qui a rapport aux sibylles.

SIBYLLISME s. m. Croyance aux oracles des sibylles.

SIBYLLISTE s. m. Nom donné aux chrétiens qui croyaient trouver dans les oracles des sibylles des prédictions relatives à J.-C.

SIC adv. [sik] (mot lat.). Ainsi; textuellement.

SICAIRE s. m. (lat. *sicarius*; de *sica*, poignard). Assassin gagé : *il fut tué par des sicaires.*

SICAMBRES ou **Sygambres**, peuple germanique dont parle César et qui fut conquis par Tibère, sous le règne d'Auguste. *Un grand nombre de Sicambres furent amenés en Gaule et dispersés ; le reste demeura, insoumis en Germanie, mais ne forma plus de corps de nation. Quelques-uns entrèrent dans la confédération des Lombards ; d'autres s'allièrent aux Francs, ce qui explique les paroles de l'évêque Remi à Clovis : « Courbe la tête, fier Sicambre ».

SICARD (Roch-Ambroise Cucurron, *abbé*) [si-kar], philanthrope français, né à Fousseret (Haute-Garonne), en 1742, mort en 1822. Élève de l'abbé de l'Épée, il ouvrit une école de sourds-muets à Bordeaux, en 1786. Après avoir été vicaire général de Condom et chanoine de Bordeaux, il succéda à l'abbé de l'Épée à la tête de l'institution de Paris en 1789, et perfectionna sa méthode en y ajoutant des signes plus ou moins métaphysiques. Il a publié plusieurs ouvrages sur l'éducation des sourds-muets.

SICCATIF, IVE adj. [sik-ka-tif] (lat. *siccatus*, part. passé de *siccare*, sécher). Se dit des substances qui ont la propriété de faire sécher en peu de temps les couleurs auxquelles on les mêle : *huile siccative.* (Voy. HUILE.) — Siccatif s. m. Substance siccative : *cette huile est un bon siccatif.*

SICCITÉ s. f. [si-ksi-té] (lat. *siccitas*). Didact. Qualité, état de ce qui est sec : *faire évaporer jusqu'à siccité.*

SICHEM [si-chemm], ville de l'ancienne Palestine, appelée aussi Sychem, Shechem, et Sychar, à 50 kil. N. de Jérusalem, près de l'emplacement sur le remplacement même de la moderne Nablus. Elles devint la capitale du royaume d'Israël, à l'époque de la scission sous Jéroboam. Après la captivité, Sichem fut le siège principal du culte samaritain. Vespasien la détruisit; elle fut rebâtie plus tard et nommée Neopolis. (Voy. NABLUS.)

SICILE (anc. *Trinacria*, à cause de sa forme triangulaire; *Sicania* et *Sicilia*), la plus grande île de la Méditerranée, partie du royaume d'Italie, séparée de la Calabre par le détroit de Messine; 29,244 kil. carr.; 2,698,672 hab. Elle comprend les provinces de Caltanissetta, de Catane, de Girgenti, de Messine, de Palerme, de Syracuse, et de Trapani. Cap., Palerme. Les meilleurs ports sont ceux de Palerme, de Messine, d'Agosta et de Syracuse. Le courant de la Méditerranée produit à l'extrémité N. du détroit de Messine, le tourbillon appelé Charybde par les anciens. On regarde la plupart des montagnes de l'île comme appartenant au système des Apennins. Le mont Etna s'élève à plus de 10,800 pieds sur la côte E., à moitié chemin entre les extrémités N. et S. de l'île. Presque tous les cours d'eau (Salso, Simeto, etc.) ne sont que des torrents, rarement navigables, même à leurs embouchures. Les principales productions minérales sont : le marbre, le pétrole, l'émeri, l'alun, le sel gemme, les agates, et le soufre qui est le produit le plus important de tous. On cultive sur une grande échelle

la vigne et l'olivier, les mélangeant souvent l'une avec l'autre. Parmi les autres produits, on peut citer le sucre, la barille, le coton, le sumac, le safran, la manne que l'on tire d'une espèce y frêne, les fruits, les bois de constructions, les mûres. — Les aborigènes de la Sicile étaient les Sicanes et les Sicules; mais la population actuelle est un mélange d'un grand nombre de races, parlant un dialecte fortement teinté d'arabe et d'autres langues. La distribution inégale de la propriété foncière, le gouvernement fatal des Bourbons, la négligence complète de l'instruction, et d'autres circonstances fâcheuses ont produit une grande misère. L'île cependant devient peu à peu plus prospère, bien que le brigandage y règne encore, surtout grâce à l'abominable organisation appelée la *Mafia*. On exporte beaucoup de vin, d'oranges et d'autres fruits, des céréales, de l'huile, du soufre, de la soie, de la laine, du sumac, etc. Les pêcheries sont parmi les plus productives de la Méditerranée. Les ruines antiques abondent dans l'île. — On suppose que les premiers habitants de la Sicile vinrent de l'Italie continentale. Les Phéniciens y fondèrent de bonne heure des colonies, entre autres Panorme (auj. Palerme) et Eryx. Les Grecs les refoulèrent dans l'intérieur, et, entre le VIIIe et le VIe siècle av. J.-C., établirent sur les côtes des colonies dont Syracuse et Messana (Messine) furent les plus célèbres. Les Carthaginois envahirent l'île au Ve siècle, y établirent aussi des colonies, qui, après de longues guerres, tombèrent au pouvoir de Syracuse (Voy. SYRACUSE.) La Sicile fut conquise par les Romains pendant les guerres puniques, et devint le grenier de l'empire. Les Ostrogoths, qui s'en emparèrent à la fin du Ve siècle de notre ère, en furent chassés en 535 par Bélisaire. Les Sarrasins l'occupèrent vers 830 ; mais ils durent, au XIe siècle, céder la place aux Normands qui réunirent la Sicile à Naples. Voy. SICILES (*Royaume des Deux-*).

SICILES (Royaume des Deux-), ancien royaume de l'Italie méridionale, comprenant la Sicile et plusieurs autres îles plus petites, et le royaume de Naples, c'est-à-dire toute l'Italie au S. des Etats pontificaux. En 1860, quand il fut incorporé dans les Etats de Victor Emmanuel, sa superficie était de 111,900 kil. carr., et sa population de 8,703,130 hab. Aujourd'hui, il forme six des principales divisions du royaume d'Italie, et contient plus d'un tiers de sa population. Après la chute de l'empire d'Occident, l'Italie méridionale fut successivement au pouvoir des Goths, de l'exarchat byzantin de Ravenne et des Sarrasins; mais plusieurs petites républiques ou duchés, comme Naples, Salerne, Amalfi, Gaëte, Bénévent, finirent par s'assurer l'indépendance. Pendant le XIe siècle, beaucoup d'aventuriers normands s'engageraient comme mercenaires au service de ces petits Etats, pour leur propre compte, et, sous Guillaume Bras-de-Fer, Drogo et Robert Guiscard, ils conquirent presque toute la Pouille. En 1053, ils battirent l'armée du pape Léon IX à Civitella, le firent prisonnier, et le contraignirent à reconnaître leurs conquêtes comme fiefs du Saint-Siège. Robert Guiscard prit le titre de duc d'Apulie, et soumit la Calabre pendant que son jeune frère Roger s'emparait de la Sicile. En 1127, Roger II réunit toutes les possessions normandes, et reçut, en 1130, de l'antipape Anaclet II, le titre de roi de Sicile et d'Apulie, sous condition de payer tribut au Saint-Siège ; il conquit ensuite Capoue et Naples. Il eut pour successeur, en 1154, son fils Guillaume Ier, le Mauvais, qui laissa sa couronne à Guillaume II, le Bon (1166-'89). Celui-ci étant mort sans postérité, sa tante Constance, belle-fille de Frédéric Barberousse, réclama le royaume. Son mari,

Henri VI soutint ses droits contre l'usurpateur Tancrède, et finit, en 1194, par réunir le royaume de Naples et de Sicile à l'empire. A sa mort, en 1197, sa couronne italienne passa à son fils, le futur empereur Frédéric II. Pendant la minorité de Conradin, petit-fils de Frédéric, le pape mit la main sur le royaume. Manfred, fils naturel de Frédéric, d'abord régent pour son neveu Conradin, puis roi lorsque le bruit de la mort de ce jeune prince eut été répandu (1258), fut défait et tué à Bénévent (26 fév. 1266) par Charles d'Anjou, qui avait été couronné par Clément IV, et qui usurpa alors le pouvoir dans les deux pays. Conradin, le dernier des Hohenstaufen, fut écrasé à Tagliacozzo, le 23 août 1268, et eut la tête tranchée à Naples le 29 oct. L'exaspération causée par le despotisme de Charles amena le massacre des Vêpres Siciliennes (30 mars 1282) et l'expulsion des Français de Sicile, où Pedro III d'Aragon devint roi. Charles s'efforça vainement de recouvrer la Sicile. Pendant plus d'un siècle et demi, l'île, gouvernée par une branche cadette de la maison d'Aragon, fut séparée du royaume continental, et les deux souverains prenaient chacun le titre de roi de Sicile. Les destinées de la maison d'Anjou à Naples, obscurcies pendant les dernières années de l'île et le règne de son fils Charles II le Boiteux, devinrent plus brillantes sous Robert le Sage (1309-'43), mais le règne de sa petite-fille, Jeanne Iʳᵉ, fut désastreux. Lorsque le roi de Hongrie l'eut fait mettre à mort en 1382, une lutte sanglante s'éleva entre Louis Iᵉʳ, chef de la seconde maison d'Anjou, fils adoptif de Jeanne, et Charles de Durazzo, son légitime héritier, pour finir par le triomphe de celui-ci; mais il fut appelé en Hongrie en 1385 et assassiné peu après. Son jeune fils, Ladislas, fut chassé par Louis II d'Anjou en 1389; mais en 1399, Ladislas remonta sur le trône et écrasa les partisans de son rival. Le règne suivant, celui de sa sœur Jeanne II (1414-'35), fut aussi infâme que le règne de Jeanne I. Après avoir adopté Alphonse V d'Aragon, puis Louis III d'Anjou, elle légua, à la mort de ce dernier, la couronne des Deux-Siciles, à son frère René. Au bout de quelques années de guerre, Alphonse V chassa René, et, sous les auspices du pape Eugène IV, réunit les deux États. Il mourut en 1458, laissant Naples à son fils naturel Ferdinand Iᵉʳ, qui maintint victorieusement son droit contre Jean de Calabre, fils du roi René, tandis que la Sicile et l'Aragon échurent à son frère Jean II. En 1494, Charles VIII, roi de France, conquit le royaume de Naples, lequel fut reconquis en 1503 par Ferdinand le Catholique, successivement connu sous les noms de Ferdinand III de Naples et de Ferdinand II de Sicile. L'oppression des vice-rois espagnols suscita, en 1647, le soulèvement de Masaniello à Naples. Masaniello fut assassiné dès le début (16 juillet), mais les troubles durèrent longtemps encore. Pendant la guerre de la succession d'Espagne, la population prit parti pour Philippe V, de la maison de Bourbon, mais en 1707, elle accepta Charles d'Autriche, plus tard empereur sous le nom de Charles VI, dont les droits sur Naples furent confirmés par le traité d'Utrecht en 1713, tandis que la Sicile était donnée à Victor-Amédée de Savoie. Celui-ci échangea la Sicile pour la Sardaigne en 1720, et les deux royaumes restèrent à Charles VI jusqu'à ce qu'ils furent conquis, en 1734-'35, par don Carlos, fils de Philippe V d'Espagne, qui fut couronné en 1735, sous le nom de Charles III, roi des Deux-Siciles. En 1759, lors de son avènement au trône d'Espagne, son fils Ferdinand IV devint roi de Naples et de Sicile. Sous l'influence de sa femme, la reine Caroline, et de son favori, le premier ministre Acton, il entra dans la première coalition contre la

France, et en 1799, les Français établirent la république parthénopéenne à la place du royaume de Naples. Ferdinand, toutefois, ne tarda pas à être restauré. Il garda la Sicile, grâce à l'appui de l'Angleterre; mais pour le punir d'avoir violé le traité de Paris de 1801, Napoléon déposa les Bourbons, et donna le trône de Naples à son frère Joseph (1806), puis à Murat (1808). Après la chute de Murat (1815), Ferdinand fut restauré de nouveau, et le 12 déc. 1816, prit, sous le nom de Ferdinand Iᵉʳ, le gouvernement du royaume uni des Deux-Siciles. Le soulèvement, dirigé par Pepe en 1820, l'obligea à adopter la constitution libérale espagnole de 1812, mais l'Autriche l'aida à la supprimer. Le règne de son fils, François Iᵉʳ (1821-'30), fut remarquable par sa soumission à l'Autriche. Les excès tyranniques de Ferdinand II, fils et successeur de François Iᵉʳ (1830-'59) soulevèrent l'esprit national; son fils, François II, ne s'en montra pas moins également despotique. En 1860, Garibaldi conquit la Sicile, et, à son approche, François s'enfuit de Naples à Capoue, où il réunit une armée, qui se rendit avec la place le 2 nov. Les Deux-Siciles furent fondues dès lors dans les États de Victor-Emmanuel. La fuite de François Iᵉʳ de Gaëte et la reddition de cette forteresse, le 13 fév. 1861, enlevèrent les derniers obstacles qui s'opposaient à l'unité nationale, et Victor-Emmanuel reçut, le 26 fév., le titre de roi d'Italie.

SICILIEN, IENNE s. et adj. De la Sicile; qui appartient à cette île ou à ses habitants. — **Vêpres Siciliennes,** nom donné à l'assassinat des Français, qui fut perpétré par le peuple de Sicile, après avoir été commencé à Palerme, dans l'après-midi de la journée de Pâques (30 mars 1282), à l'heure des vêpres, et qui se continua, dans l'île entière, pendant plusieurs semaines. D'après les légendes locales, les soudards français, au lieu de sanctifier le jour de Pâques, s'étaient enivrés pendant la matinée; l'un d'eux, nommé Drochet, aurait insulté une jeune mariée qui se rendait à l'église. Aussitôt les habitants, qui, par parenthèse, se préparaient depuis longtemps à se massacrer, se précipitèrent sur leurs ennemis désarmés et sans défiance. 200 Français furent égorgés en quelques minutes; pas un ne put se défendre. Cette Saint-Barthélemy se répandit dans toute la Sicile, et 8,000 Français furent traîtreusement mis à mort. — La vérité sur ce massacre, la voici : A l'instigation de Pierre III d'Aragon et de son agent, le moine Procida (voy. ce mot), le peuple sicilien avait préparé une insurrection pour le jour de Pâques. Le Français Drochet, moins confiant que ses compatriotes, s'aperçut qu'une troupe d'hommes et de femmes se dirigeant vers une église, portait des armes cachées; il s'approcha de la première femme, habillée en mariée, et lui fit observer en termes très brusques, que l'on distinguait la forme d'un poignard sous sa robe; il tomba aussitôt percé de coups; et les Vêpres Siciliennes commencèrent. Après ce lâche égorgement, Pedro parvint, sans difficulté, à s'emparer du trône de Sicile, que Charles d'Anjou occupait légitimement. Cette honteuse exécution de gens surpris et désarmés, marqua l'heure où la Sicile disparut de l'histoire en tant que peuple et tomba sous le joug sanglant de l'Espagne. Six siècles plus tard, le roi Humbert, devenu souverain de l'Italie entière, n'y trouva pas, dans toute l'histoire monarchique de son pays, de date plus glorieuse, et le jour de Pâques est devenu la fête nationale de son royaume.

* **SICILIQUE** s. m. (lat. *sicilicus*; de *Sicilia*, Sicile). Poids de droguiste, qui pèse un sextule et deux scrupules.

SIC ITUR AD ASTRA loc. lat. qui signifie : *Ainsi l'on monte aux astres,* et que l'on em-

ploie fig., pour dire : *Ainsi l'on parvient à la gloire.*

* **SICLE** s. m. (hébr. *shekel*, poids). Unité de poids, chez les anciens Hébreux, et, par suite, unité de monnaie en usage particulièrement chez les Hébreux : on dit que le sicle du sanctuaire était plus pesant que le sicle commun. La plus ancienne monnaie connue de ce nom, le sicle d'argent de Simon Macchabée, valait de 2 fr. 50 à 3 fr. 12 c. Le sicle d'or pesait un peu plus de la moitié du sicle d'argent, et valait environ 20 fr.

* **SICOMORE** s. m. Voy. SYCOMORE.

SIC TRANSIT GLORIA MUNDI loc. lat. qui signifie : *Ainsi passe la gloire du monde.*

SIC VOS NON VOBIS loc. qui signifie, *Ainsi vous non pour vous* et que l'on emploie, fig., pour dire que ce n'est pas toujours celui qui travaille qui en reçoit la récompense. Ces mots sont le commencement de 4 vers que Virgile écrivit à Auguste :

> *Sic vos non vobis nidificatis, aves;*
> *Sic vos non vobis vellera fertis, oves;*
> *Sic vos non vobis mellificatis, apes;*
> *Sic vos non vobis fertis aratra, boves.*

vers que l'on a traduits ainsi :

> Ainsi, mais non pour lui, l'agneau porte sa laine ;
> Ainsi, mais non pour lui, le bœuf creuse la plaine ;
> L'oiseau bâtit son nid pour d'autres que pour lui ;
> Et le miel de l'abeille est formé pour autrui.

SICYONE (auj. *Vasilika*), l'une des plus anciennes cités de la Grèce, dans le Péloponèse; elle était primitivement dans une plaine près du golfe de Corinthe ; mais elle fut rebâtie par Démétrius Poliorcète sur une colline entre l'Asopus et l'Helisson, à 10 kil. N.-O. de Corinthe environ. On appelait son territoire *l'art grec;* l'école de Sicyone était célèbre et le goût des habitants dans le costume servait de modèle à toute la Grèce.

SICYONIEN, IENNE s. et adj. De Sicyone; qui appartient à cette ville ou à ses habitants.

* **SIDÉRAL, ALE** adj. (lat. *sideralis*; de *sidus*, astre). Astron. N'est guère usité que dans ces locutions : RÉVOLUTION SIDÉRALE, retour à la même étoile ; JOUR SIDÉRAL, temps de la révolution de la terre, d'une étoile à la même étoile, par son mouvement diurne; et, ANNÉE SIDÉRALE, temps de la révolution de la terre, d'une étoile à la même étoile, par son mouvement annuel. — Intervalle compris entre les retours successifs de la terre dans la même position *héliocentrique* parmi les étoiles fixes; période dans laquelle la terre, vue du centre du soleil, semblerait avoir fait le tour du cercle de l'écliptique. Si l'on considère la route de la terre sans avoir égard à sa direction ni à la forme de notre globe, on peut établir le rapport de son mouvement avec le soleil comme centre et avec la sphère étoilée qui l'enveloppe. Supposons une ligne tirée du centre de la sphère étoilée, cette ligne tourne dans l'espace comme l'aiguille d'un immense cadran, dont le soleil forme le centre; et le temps qu'elle met à faire une révolution est nommé année sidérale. Cette période n'est pas absolument constante, parce que la terre est exposée à l'influence perturbatrice des autres planètes. Sa valeur moyenne est de 365 jours, 6 heures, 9 minutes, 9 secondes et 6 dixièmes de seconde.

SIDÉRANT, ANTE adj. Qui produit la sidération; qui nuit à la santé.

SIDÉRATION s. f. Influence attribuée à un astre sur la santé ou la vie d'une personne.

SIDÉRIQUE adj. Qui vient des astres.

SIDÉRISME s. m. Culte, adoration des astres.

SIDÉRITE s. f. (lat. *sideritis*, aimant).

Nom que les anciens donnaient à l'aimant ou *minerai spathique.*

* SIDÉRITIS s. m. Voy. CRAPAUDINE.

SIDÉRO, préf. formé du gr. *sidéros*, fer, et qui désigne le fer, dans un certain nombre de mots.

SIDÉROGRAPHIE s. f. Art de graver sur fer ou sur acier.

SIDÉROSE s. f. Fer carbonaté spathique.

SIDÉROSTAT s. m. (lat. *sidus*, étoile ; *stare*, s'arrêter). Appareil construit par Léon Foucault, peu de jours avant sa mort (1868), pour observer la lumière des étoiles de la même manière que la lumière du soleil peut être observée par la chambre obscure. Le sidérostat se compose d'un miroir mû par un mouvement d'horlogerie et d'un objectif fixe pour concentrer les rayons dans un foyer.

SIDI-BEL-ABBÈS, ville d'Algérie, prov. et à 75 kil. S. d'Oran, sur l'oued Meheria ; 6,000 hab., dont 4,000 Français. Territoire très fertile. Sidi-bel-Abbès, créé en 1849, a pris une rapide extension.

SIDI-BRAHIM, village situé à 15 kil. S. de Djemma-Ghazaouat (prov. d'Oran) et tristement célèbre par le massacre de la colonne du commandant de Montagnac, le 22 sept. 1845. (Voy. ALGÉRIE.)

SIDI-CHEIKH (El Abiodh), oasis et groupe de cinq qçour du Sahara oranais (Algérie), sur l'oued el Abiodh ou oued Gharbi, à 864 m. d'alt. ; par environ 32° 53' de lat. N. et 4° 45' de long. O. ; en ligne droite : à 90 kil S.-S.-O. de Géryville et à 242 kil. S.-O. de Laghouat. Lieu de pèlerinage très fréquenté et en même temps l'un des principaux marchés du Sahara oranais. Les qçour sont groupés autour des ruines de la qoubba qui abritait le tombeau de Sidi Abd-el-Qader ben Mohhammed, surnommé *Sidi Cheikh*, l'un des plus grands saints de l'islam. La qoubba fut détruite, le 25 août 1881, par M. le colonel Colonieu, commandant d'une colonne expéditionnaire, et les cendres du marabout transportées à Géryville. (Voy. l'article ci-après).
V. L.

SIDI-CHEIKH (Oulad), puissante famille de marabouts et tribu nomade du Sahara oranais dont l'aire de parcours s'étendait, avant la conquête française, principalement entre l'oued Gharbi et l'oued Seggueur, depuis les sources de ces rivières, au sud de Géryville jusqu'au 32e degré de lat. N. Les qçour de cette région leur appartenaient ou leur étaient tributaires. Leur influence religieuse s'exerçait dans le Tell oranais et dans le Sahara algérien et marocain depuis Laghouat et Ouargla jusqu'au Touât et au Tafilalt. Leurs tentes se distinguent de celles des autres Arabes par une touffe de plumes d'autruche qui les surmonte. Chacun d'eux porte, dit-on, la grâce et la bénédiction de Dieu dans les plis de son burnous. — Les Oulad Sidi-Cheikh prétendent descendre de la tribu des Koréïch et avoir pour ancêtre Bou Beker-es-Çadiq, beau-père du Prophète. Un descendant de Bou Beker, chassé de Tunis vers la fin du XIIIe siècle, se dirigea vers le S.-O. et alla se fixer au lieu où s'élèvent aujourd'hui les qçour d'El Abiodh. Il laissa trois fils ; le dernier, Sidi Mohhammed ben Slimann, donna le jour à Sidi Abd-el-Qader ben Mohhammed qui, le troisième de cinq enfants, fut néanmoins, à la mort de son père, considéré comme le chef de la famille. On lui attribue des miracles dès le sein de sa mère. A peine adolescent, il se mit à parcourir le Maghreb à étudier dans les écoles les plus renommées du pays. Instruit, éloquent, humain et hospitalier, animé d'une foi profonde et d'un grand amour de la justice, sa réputation ne tarda pas à s'étendre au loin. Un

grand nombre de familles, chassées des contrées environnantes par l'injustice et le manque de sécurité, vinrent s'établir sous sa protection. Le pays qu'il habitait fut alors appelé *Blad el Hhaqq* (pays de la vérité) et sous le nom de *Sidi Cheikh* (vénérable seigneur), que lui décerna la reconnaissance publique, il en fut le chef incontesté. Pris pour arbitre dans toutes les causes, sa fortune, quoique considérable, se trouva insuffisante pour assurer l'hospitalité à ses nombreux clients ; ce que voyant, les tribus circonvoisines se cotisèrent pour augmenter ses ressources : ce fut l'origine du tribut volontaire que les nomades sahariens ont payé, jusqu'à nos jours, à ses descendants. Sidi Cheikh fut enseveli à El Abiodh où son tombeau devint un but de pèlerinage très fréquenté. Il laissa, dit-on, dix-huit fils. L'aîné, Sidi El-Hhadj bou Ahhous, hérita de son autorité religieuse ; mais le sage marabout, craignant que de trop grandes richesses ne corrompissent sa descendance ; confia à des esclaves qu'il avait affranchis et pour lesquels il avait fondé la zaouïa des *Abid Sidi Cheikh*, le soin de l'administrer et d'en distribuer les revenus aux pauvres. El Hhadj bou Ahhous s'inspira des vertus de son père et se fit également une grande réputation de justice et de sainteté. Il laissa neuf enfants ; mais trouvant l'aîné trop jeune pour commander, il transmit l'autorité à son frère Sidi El Hhadj Abd-el-Hhakem ; celui-ci, en mourant, la restitua à son neveu Sidi El Hhadj Ed-Dine ; mais son propre fils aîné, Sidi Slimann, soutenu par un assez grand nombre de partisans, prétendit lui succéder ; de là la division des Oulad Sidi-Cheikh en deux fractions : les *Gharaba* (Occidentaux) qui se retirèrent à l'O. avec Sidi Slimann, et les *Cheraga* (Orientaux) qui demeurèrent fixés autour d'El Abiodh, sous l'autorité de Sidi El-Hhadj Ed-Dine. Les successeurs de ce dernier jusqu'à l'invasion française furent : Sidi Cheikh ben Ed-Dine, Sidi El-Arbi Moulay-El-Hhofra, Sidi Bou Beker ben Sidi El-Arbi, surnommé *El Kébir* (l'aîné), Sidi El Arbi ben Bou Beker et Sidi Bou Beker ben Sidi El-Arbi, surnommé *Es Cerhir* (le jeune). — A ce dernier succéda son fils, Sidi Hhamza ben Sidi Bou-Beker, qui lutta avec l'émir Abd-el-Qader contre l'invasion française. Il parut se soumettre à la chute de l'émir (23 déc.1847), mais sans vouloir entrer en relations directes avec les vainqueurs. En 1852, le général Pélissier l'obligea néanmoins à se rendre à Oran, où il resta six mois ; il reçut ensuite le titre de khalifa du Sud, et exerça son commandement sous la surveillance d'un officier français installé à Géryville, poste nouvellement créé ; mais Sidi Slimann ne cessa point de nourrir contre nous une haine profonde ; il le prouva plus d'une fois après son retour dans le Sahara, en faisant piller les tribus soumises. Cependant il n'osa pas se révolter ouvertement, parce que sa famille et ses trésors étaient retenus en otage à Brezina. En 1853, il combattit le chérif Mohhammed ben Abd-Allah, le défenseur de Laghouat, qui s'était réfugié à Ouargla, s'empara de cette ville (23 déc.) et obligea le perturbateur à chercher un refuge au Tidikelt ; mais il agit bien plus dans l'intérêt de sa propre cause, dans le but de se défaire d'un concurrent politique et religieux que par dévouement pour la France. Mohhammed ben Abd-Allah ayant repris l'offensive en 1860, Sidi Bou Beker, fils et héritier de Sidi Hhamza, prit ses partisans et finit par s'emparer de sa personne après une longue poursuite à travers les dunes. A Sidi Bou Beker succéda, en 1861, tant comme bach-agha des Oulad Sidi-Cheikh que comme khalifa du Sud, son frère, Sidi Slimann ben Hhamza, homme riche, fier et courageux. Le chef du bureau arabe de Géryville ayant, en 1864, fait bâtonner un de ses secrétaires, Sidi Slimann

fut lui-même menacé de la bastonnade et reçut un soufflet pour avoir voulu s'opposer à l'exécution. Blessé dans sa fierté, il se révolta et marcha sur Géryville à la tête de nombreux partisans. Le colonel Beauprêtre, commandant du cercle de Tiaret, s'étant porté à sa rencontre avec une troupe d'hommes, se laissa surprendre, le 8 avril, à l'Aïn Bou-Beker ; comme il sortait à la hâte de sa tente, il se trouva en présence de Sidi Slimann qui lui brisa l'épaule d'un coup de pistolet. Le colonel expirant eut encore la force de tuer son adversaire ; mais sa troupe fut entièrement massacrée. — Sidi Mohhammed ben Hhamza, frère de Sidi Slimann, prit la direction de la révolte. Tous les Oulad Sidi-Cheikh, les Laghouatis et d'autres tribus répondirent à son appel ; l'insurrection gagna le Tell algérien, où la grande tribu des Flittas se souleva également sous la direction de Si El Azreg. Le général Deligny battit les rebelles le 12 mai 1864, dégagea Géryville menacée, puis marcha sur le qçar de Stitten, qu'il détruisit. Sans renoncer à la lutte, Sidi Mohhammed ben Hhamza s'enfonça dans le désert où il fut bientôt rejoint par son lieutenant Si Lalla. Les rebelles revinrent sur notre territoire dans les derniers jours de septembre 1864 ; le général Jolivet, qui s'était porté contre eux avec des forces insuffisantes, essuya un échec le 30 septembre ; mais renforcé, le 11 octobre, par le général Legrand, il défit complètement Si Lalla à Ras-el-Mâ. Le 4 février suivant (1865), le général Deligny, surprenant à son tour les insurgés à Gâret-Sidi, tua Sidi Mohhammed ben Hhamza, et obligea Si Lalla à s'enfoncer plus avant dans le désert. Sidi Qaddour ben Hhamza, frère de Sidi Mohhammed et son successeur, continua la rébellion avec l'aide de Si Lalla ; celui-ci ayant réussi à entraîner les Châamba, tribu belliqueuse de l'Ouargla, remonta vers le Tell en février 1866 ; le lieutenant-colonel de Sonis sortit de Laghouat à la tête d'une colonne légère, le battit le 25 mars et dispersa ses contingents. En 1867, pendant la famine, Sidi Qaddour et son lieutenant renouvelèrent vainement leurs attaques. En 1869, ils envahirent le djebel Amour et s'avancèrent jusqu'à Tagguine, sur le haut Chéliff ; mais ils furent défaits le 1er février par le colonel de Sonis, et de nouveau refoulés. En 1870, les Oulad Sidi-Cheikh ayant armé contre nous plusieurs tribus marocaines de la frontière, les généraux de Wimpffen et Chanzy marchèrent contre eux et les défirent, le 14 avril, à Bachariat, sur l'oued Ghir. Plusieurs tribus se soumirent aussitôt ; les autres se réfugièrent dans le qçar d'Aïn-Châïr et durent se rendre à discrétion, le 26 avril, après la prise de l'oasis. Sidi Qaddour et Si Lalla qui s'étaient, comme toujours, réfugiés dans le désert, reprirent l'offensive dans l'Ouest pendant la guerre franco-allemande, en 1871, tandis que, de son côté, le faux chérif Bou Choucha s'emparait d'Ouargla et de Touggourt. Ils furent encore battus à Mégoub, le 23 décembre, par le général Osmont, et de nouveau refoulés dans le Sahara. Sidi Qaddour, toujours vaincu mais jamais dompté, se mit, pour se procurer des ressources, à pressurer les qçour du Sahara oranais ; on parlementa avec lui au lieu de lui donner la chasse ; son arrogance s'en accrut. L'occupation d'El Goléah, en 1873, ne gêna nullement ses opérations. En décembre 1879, il rhazia le qçar de Brezina, au sud de Géryville, et put se retirer sans être inquiété, tandis que son frère, Sidi Hhamza ben Bou-Beker, allait impunément enlever des troupeaux jusqu'aux portes de Touggourt. — On accuse les Oulad Sidi-Cheikh d'avoir été les instigateurs du massacre de la mission Flatters en 1881. Notre avis est que leur influence ne s'est guère exercée qu'à l'égard de la mission Pouyanne, qui opérait en 1880,

dans le Sahara marocain. Il n'en est pas moins profondément regrettable que le massacre de la mission Flatters soit, jusqu'à présent, resté impuni. — En 1881 et 1882, une nouvelle insurrection, coïncidant avec la prise de la Tunisie, troubla le Sahara oranais. Un aventurier du djebel Amour, Bou Amena, leva l'étendard de la révolte et réussit à entraîner plusieurs tribus nomades. Des officiers, des soldats, des travailleurs isolés, furent massacrés. Le colonel Innocenti, envoyé contre les rebelles, essuya même une sorte d'échec qui augmenta leur audace. Les Oulad Sidi-Cheikh ne jouèrent, dans cette circonstance, qu'un rôle assez effacé. Ils ne pouvaient, sans compromettre leur dignité et leur prestige, marcher sous les ordres d'un roturier; de son côté, Bou Amena, maître un moment du Sahara oranais, n'entendait pas rétablir, dans ce pays, une autorité rivale qui bientôt eût éclipsé la sienne. Les fils de Sidi Cheikh durent donc opérer séparément et pour leur propre compte; mais confinés dans le Sahara marocain, affaiblis par leurs propres divisions et sans action sur leurs anciens sujets algériens, maintenant pleins d'enthousiasme pour leur nouveau chef, ils essayèrent vainement d'entraîner les tribus de leur voisinage; celles-ci furent retenues par les autorités marocaines et surtout par les chérifs d'Ouazzane, amis de la France, qui, eux-mêmes, ne se souciaient nullement de voir leurs concurrents religieux se faire une clientèle dans les contrées de leur obédience, et y prendre de l'influence à leurs dépens. Ils n'avaient donc pu faire, sur notre territoire, que quelques incursions sans importance, lorsque le colonel Colonieu, commandant l'une des colonnes envoyées dans le Sud, arriva à El Abiodh le 25 août 1881. Dans le double but de frapper l'imagination des rebelles et de supprimer un centre de fanatisme, il fit détruire la qoubba de Sidi Cheikh après avoir soigneusement recueilli, dans une caisse, les ossements du saint. Les précieuses reliques furent placées sur le dos d'un chameau richement caparaçonné et transportées, avec beaucoup de solennité, mais sous bonne escorte, dans la mosquée de Géryville, avec les nombreux ornements ou ex-voto que la piété des fidèles avait accumulés dans l'ancienne qoubba. — Cette exécution produisit précisément des effets contraires à ceux qu'en espérait son auteur. Plusieurs tribus algériennes et marocaines jusque-là indécises, exaspérées par ce qu'elles considéraient comme un sacrilège, allèrent se grouper autour des Oulad Sidi-Cheikh. Ceux-ci se trouvant enfin en mesure de prendre l'offensive, Sidi Slimann put impunément, le 18 novembre 1881, pousser une pointe jusque près de Saïda, où il razia les tribus soumises. Le 16 avril 1882, 8,000 Marocains se ruèrent sur un détachement français auquel ils enlevèrent un convoi. De son côté, Bou Amena, malgré de nombreux échecs, continuait à tenir la campagne. — Cependant la répression, mal conduite au début, devint plus active et plus énergique sous l'habile direction du général Saussier; les colonnes envoyées dans le Sud chassèrent devant elles les rebelles démoralisés et finirent par former, sur les limites de notre territoire, une barrière infranchissable; les tribus insurgées, fatiguées d'une lutte sans issue, décimées par le feu et réduites à la misère par la perte de leurs troupeaux se tournèrent contre leurs propres chefs; Sidi Qaddour ben Hhamza dut s'enfuir sur l'oued Ghir après avoir été battu et rhazié par les Douî Menîâ; son oncle, Sidi Lalla et son frère, Sidi Ed-Dine, furent eux-mêmes blessés et pillés. A la voix des chérifs d'Ouazzane, les Marocains regagnèrent leurs campements et les tribus algériennes demandèrent l'amann (pardon). L'insurrection se trouva complètement éteinte vers la fin d'août 1882. Le prestige des Oulad Sidi-Cheikh venait

de recevoir une atteinte dont il semblait ne pas devoir se relever; d'autre part, leurs querelles intérieures, augmentant de violence après la défaite, une scission définitive se produisit dans la fraction des Cheraga. Nous en voyons la preuve dans la venue à Paris, en juillet 1885, de deux des principaux chefs de cette fraction, Sidi Ed-Dine ben Hhamza et Sidi Hhamza ben Bou-Beker, tous deux héritiers : le premier de la puissance militaire, le second du pouvoir religieux de leurs ancêtres, et qui s'étaient distingués par leur acharnement contre nous en 1881-'82. Mais les détenteurs actuels de ces pouvoirs, Sidi Qaddour et Sidi Lalla, irréconciliables, sont restés dans le Sahara marocain avec le gros de leur tribu. On a cru devoir nommer Sidi Ed-Dine khalifa de Géryville avec autorité sur les çour et les tribus nomades du Sahara oranais; l'avenir nous apprendra s'il était de bonne politique de lui rendre le commandement de tribus qui non seulement avaient perdu l'habitude d'obéir à sa famille, mais qui l'avaient lui-même battu, blessé et rhazié pour n'avoir pas su les conduire à la victoire. Quant à Sidi Hhamza, si son autorité religieuse vient à être de nouveau acceptée par les Arabes du Sahara oranais (ce qui est à craindre), ce ne sera qu'au détriment de notre propre influence. La qoubba de Sidi Cheikh à El Abiodh devra être rééditiée. Nous ajouterons qu'à notre point de vue, le moyen le plus prompt et le plus sûr d'assurer la tranquillité de l'Ouest algérien consisterait, non pas à ressusciter, dans cette contrée, la puissance expirante des Oulad Sidi-Cheikh, mais plutôt à reculer notre frontière jusqu'à l'oued Zousfana et à l'oued Saoura, ses limites naturelles, en englobant dans notre territoire l'oasis de Figuig, le Gourara et le Touât. Quatre postes militaires, établis à Figuig, à Igli, à Karsas et à Tamentit, suffiraient pour garantir cette frontière contre toute incursion venant de l'ouest. Quant aux Oulad Sidi-Cheikh, refoulés définitivement dans le Sahara marocain, où ils sont déjà en lutte avec les anciens chefs religieux de la contrée, ils ne tarderaient pas à tomber tout à fait dans l'impuissance et dans l'oubli.

(V. Largeau.)

SIDI-FERRUCH, presqu'île à 26 kil. O. d'Alger, où débarquèrent les Français le 14 juin 1830.

SIDI-MOHAMMED [mo-amm'-medd], empereur du Maroc, né en 1803, mort le 20 sept. 1873. Il succéda à son père Abderrahman en 1859, et se trouva bientôt engagé dans une guerre sérieuse avec l'Espagne à cause des déprédations des pirates du Rif. Il fut battu, et eut, en vertu du traité du 27 avril 1860, à payer une grosse indemnité à l'Espagne et à lui céder quelques territoires. Il favorisa les étrangers, et cette tendance faillit lui faire perdre le trône en 1862. En 1864, il accorda la liberté du commerce à tous les trafiquants européens; il s'ensuivit des soulèvements, dont il étouffa le plus formidable en 1867.

SIDMOUTH (Lord). Voy. Addington.

SIDNEY (Algernon), homme d'État anglais, petit-fils de sir Philip Sidney, né vers 1622, mort le 7 déc. 1683. Après avoir été officier dans l'armée du parlement, il fut nommé lieutenant général de la cavalerie en Irlande et gouverneur de Dublin, et il entra au parlement. Juge du roi, il s'abstint de signer l'ordre d'exécution. Il se retira en 1653, étant opposé au protectorat de Cromwell. Conseiller d'État en 1659, il était absent d'Angleterre au moment de la Restauration, et resta à l'étranger, principalement en France, pendant près de 18 ans; il revint en 1677, fit une active opposition à la cour, et fut arrêté comme complice de la conspiration de Rye House, en 1683. Le juge Jeffreys le condamna à mort, presque sans débats. Le premier parlement de Guillaume

et de Mary le réhabilita. On a de lui : *Discourses concerning Government* (1698; 4° édit. avec son « apologie », des lettres et des mélanges, 1772); *Essay on virtuous Love* (collection Somers, 1742), etc.

SIDNEY ou **Sydney** (sir Philip), écrivain anglais, né en 1554, mort le 7 oct. 1586. Étant allé à la cour de France en 1572, Charles IX le nomma gentilhomme ordinaire de la chambre; mais il reprit bientôt ses voyages, revint en Angleterre en 1575, et se plaça aussitôt au premier rang des Anglais les plus accomplis de son temps. La reine lui témoignait une faveur particulière. En 1576, il fut nommé ambassadeur à Vienne, avec des instructions secrètes pour cimenter une alliance des États protestants contre l'Espagne, mission dont il s'acquitta avec succès. De retour en 1577, il vécut plusieurs années dans la retraite. Son roman pastoral *Arcadia*, en prose semée de courtes poésies, circula longtemps en manuscrits, et fut enfin publié par sa sœur, la comtesse de Pembroke, en 1590; et bien qu'il fût resté inachevé, il y en avait eu plus de 10 édit. avant le milieu du xviii° siècle. Sa *Defence of Poesie* parut en 1595. En 1583, il avait épousé la fille de sir Francis Walsingham, et avait été créé chevalier. En 1585, il fut nommé gouverneur de Flessingue, et mis, sous son oncle le comte de Leicester, à la tête de la cavalerie qu'on envoya avec un corps d'armée pour soutenir les Hollandais dans leur guerre d'indépendance. Il se distinguait comme général, lorsqu'il fut mortellement blessé le 22 sept. 1586. La dernière édition de ses œuvres est celle du révérend A. Grosart, dans *Fuller Worthies Library* (1873, 2 vol.). — Sa sœur Mary, comtesse de Pembroke (morte en 1621), a composé une élégie sur son frère, un poème pastoral en l'honneur d'Astrée (Élisabeth), et un poème sur la passion de Notre-Seigneur (1862).

SIDOINE APOLLINAIRE (Caius-Sollius Sidonius-Apollinaris), écrivain latin et saint, né à Lyon (Gaule), vers 431, mort à Clermont en 482 ou 484. Il épousa une fille de Flavius Avitus, plus tard empereur; il était préfet de Rome lorsque Avitus fut détrôné par Majorien. Celui-ci le fit comte et l'envoya gouverner la province d'Arles. En 467, il alla à Rome comme ambassadeur des Arvernes, et fut fait patricien et, pour la seconde fois, gouverneur de la cité. Bien que laïque, il fut élu à l'évêché d'Arvernum (Clermont) en 472; il remplit ses fonctions avec zèle et s'opposa énergiquement à la propagation de l'arianisme. Il a laissé neuf livres d'un grand intérêt historique et de nombreuses poésies. Aussi fut-il célèbre le 21 août. Ses *Œuvres* ont été publiées à Utrecht (1473, in-fol.); elles ont été traduites en français par Sauvigny (1787, 2 vol. in-4°) et par Grégoire et Collombet (1836, 3 vol. in-8°). Voy. Germain, *Essai historique et littéraire sur Sidoine Apollinaire* (Paris, 1840, in-8°).

SIDON ou **Zidon** (auj. *Saïda*), ancienne ville de Phénicie, sur la côte, à 23 kil. N. de Tyr. On l'appelle, à cause de son antiquité, la métropole de la Phénicie. L'époque de sa plus grande prospérité va de 1600 à 1200 av. J.-C. environ. Son histoire est, jusqu'à un certain point, celle de la Phénicie tout entière, du moins jusqu'à ce que Tyr eût pris la suprématie. Elle fut détruite par les Perses en 351 av. J.-C., mais elle resta capitale de province jusqu'à la conquête romaine. Les chrétiens l'occupèrent de 1110 à 1187, et de 1197 à 1291, époque où le sultan Malek Ashraf la fit raser. (Voy. Phénicie et Saïda.)

SIDRE (Golfe de la). Voy. Syrtes.

SIEBOLD [zi'-bòltt] (Philipp-Franz von), voyageur allemand, né à Würzbourg en 1796, mort en 1866. Il était médecin; il fut attaché à l'ambassade hollandaise au Japon en 1823-'29 et demeura encore dans ce pays de 1759 à 1862. Il a publié : *Nippon, Archiv zur Beschrei-*

bung von Japon (1832-'57, 2 vol.); Fauna Japonica; Flora Japonica, etc.

* **SIÈCLE** s. m. (lat. *sæculum*). Espace de temps composé de cent années: *nous sommes dans le dix-neuvième siècle de l'ère chrétienne.* — LES SIÈCLES FUTURS, la postérité: *cet ouvrage excitera l'admiration des siècles futurs.* — LES SIÈCLES LES PLUS ÉLOIGNÉS, LES SIÈCLES LES PLUS RECULÉS, les siècles qui ont précédé de beaucoup le nôtre, ou ceux qui viendront longtemps après: *sa réputation ira jusqu'aux siècles les plus reculés.* — Se dit aussi des quatre différents âges du monde, tels que les poètes les supposent: *le siècle d'or; le siècle d'argent; le siècle d'airain; le siècle de fer.* — Fig. SIÈCLE D'OR, temps heureux où règnent l'abondance et la paix: *ce temps-là était le siècle d'or.* On appelle au contraire SIÈCLE DE FER, un temps rempli de malheurs, de guerres, de misères, etc.: *on peut dire que c'était alors le siècle de fer.* — Grand espace de temps indéterminé: *les mœurs de notre siècle.* — Temps célèbre par le règne de quelque grand prince, ou par les actions, les ouvrages de quelque grand homme: *le siècle de Périclès, de Léon X, de Louis XIV.* — Se dit également par rapport au degré de civilisation, aux bonnes ou mauvaises qualités des hommes qui vivent ou qui ont vécu dans le temps dont on parle: *Charlemagne était au-dessus de son siècle.* — Quelque espace de temps que ce soit, lorsqu'on le trouve trop long: *il y a un siècle qu'on ne vous a vu.* — Écrit. sainte. A TOUS LES SIÈCLES, AUX SIÈCLES DES SIÈCLES, DANS TOUS LES SIÈCLES DES SIÈCLES, éternellement, dans toute l'éternité. — LE SIÈCLE FUTUR, la vie future: *il ne faut pas sacrifier les espérances du siècle futur pour les plaisirs du siècle présent.* — Etat de la vie mondaine, en tant qu'il est opposé à l'état d'une vie chrétienne, de la vie religieuse: *les gens du siècle.*

SIEDLCE [cheld'l'-tsé]. I, gouvernement de la Pologne russe, limité par la Volhynie et le Grodno; 14,333 kil. carr.; 617,000 hab. Grande plaine fertile arrosée par le Bug. Il comprend presque tout l'ancien gouvernement de Podlachia. — II, cap., à 51 kil. E.-S.-E. de Varsovie; 10,013 hab. Pendant les guerres russo-polonaises, cette ville a été plusieurs fois prise et reprise.

* **SIÈGE** s. m. (lat. *sedes*). Meuble fait pour s'asseoir: *un siège pliant.* — SIÈGES DE PAILLE, DE JONC, DE CANNES, DE TAPISSERIE, etc., sièges dont le fond est garni de paille, de jonc, de cannes, de tapisserie, etc. Il y a aussi des sièges qui ne sont que de bois. — SIÈGES DE PIERRE, DE MARBRE, DE GAZON, bancs de pierre ou de marbre, petites élévations de gazon qu'on pratique quelquefois dans des jardins. On dit dans un sens anal., SIÈGE RUSTIQUE. — LE SIÈGE D'UN COCHER, l'espèce de coussin sur lequel le cocher est assis pour conduire les chevaux et mener la voiture: *la housse qui couvre le siège du cocher.* — LE SIÈGE D'UNE SELLE, la partie de la selle sur laquelle le cavalier est assis. — Place où le juge s'assied pour rendre la justice: *le juge était dans son siège, sur son siège.* — Lieu où l'on rendait la justice, dans les juridictions subalternes: *vous le trouverez au siège.* — Se dit de même, par ext., du corps et de la juridiction des juges subalternes: *ce siège était composé de tant d'officiers.* — Evêché et sa juridiction: *siège patriarcal.* — Ville capitale de certains empires: *Rome était le siège de l'empire romain.* — Lieu où certaines choses résident, principalement, où elles dominent: *Athènes était le siège des sciences et des beaux-arts.* — Fondement, que les médecins appellent l'anus. Il a vieilli, excepté dans cette phrase, METTRE DES SANGSUES AU SIÈGE, et dans cette loc., BAIN DE SIÈGE. — Etablissement et opérations d'une armée devant une place, pour l'attaquer, la prendre: *mettre le siège devant une place.* — Fig. et fam. LEVER LE SIÈGE,

s'en aller, se retirer d'une compagnie. — ÉTAT DE SIÈGE, état où se trouve une place de guerre, lorsque par suite de son investissement, l'autorité supérieure est remise au chef militaire, qui peut, en ce cas, faire telles réquisitions et prendre telles mesures qu'il juge convenables pour la défense de la place: *l'état de siège est une exception aux lois ordinaires.* En temps de paix, on met quelquefois, par mesure de haute police, une ville, même une province, en.état de siège, pour punir la révolte, pour réprimer l'esprit de sédition, c'est-à-dire qu'on y suspend l'action des lois, et qu'on la met sous le régime militaire. L— ENCYCL. On divise les sièges en anciens et en modernes, suivant qu'ils ont été faits avant ou après l'invention de la poudre à canon. — *Sièges anciens.* Les anciens fortifiaient une place en l'entourant d'une muraille de brique ou de pierre, assez haute pour rendre l'escalade difficile, et assez épaisse pour résister aux coups de bélier. On attaquait par surprise, avec l'aide d'une trahison ou de la connaissance de certains points mal gardés; par escalade, après avoir surpris la place; par escalade, après avoir repoussé les défenseurs; par blocus, en interceptant les vivres, et par les opérations d'un siège régulier. D'ordinaire les assiégeants assuraient leur position par une double ligne d'ouvrages, une ligne de circonvallation et une ligne de contrevallation. On poussait en avant des approches couvertes, faites de charpentes montées sur des roues. Une fois qu'on avait atteint les fossés, on les remplissait de terre, de pierres, de troncs d'arbres, sur lesquels on plaçait le bélier pour battre le mur en brèche. D'ordinaire le bélier était placé dans une tour mobile assez élevée pour commander le point de l'attaque. On employait aussi souvent, comme auxiliaires, d'autres tours indépendantes. Pour leur défense, les assiégés suspendaient des sacs et des matelas en face des béliers, et parfois employaient des machines qui saisissaient la tête du bélier ou l'engin tout entier et le rejetaient de côté. Le plus souvent la reddition, ou la prise de la ville était due à l'épuisement des assiégés plutôt qu'aux assauts. — *Période de transition.* L'introduction de la poudre à canon dans les opérations militaires conduisit à substituer les tranchées en terre aux abris de bois et aux autres anciens stratagèmes, et remplaça le bélier par la grosse artillerie. Pendant cette période, grâce à l'imperfection de l'artillerie, au manque de communication entre les approches, et à d'autres défauts dans les mesures prises par l'attaque, les assiégés furent souvent à même de faire des défenses vigoureuses et prolongées, et les sièges devinrent les opérations militaires les plus importantes du temps. Avant 1741, il y avait plus de sièges que de batailles; de 1741 à 1783, la proportion fut de 67 sièges pour 100 batailles; pendant la Révolution française elle tomba à environ 25 pour 100; et pendant le premier Empire, il n'y eut guère que seize sièges pour cent batailles. Dans les guerres récentes, ces proportions ont encore diminué. Mais la nécessité des sièges ne subsiste pas moins, et les règles et la pratique des sièges tiennent toujours une place importante dans l'art militaire. La méthode actuelle d'attaquer une place forte par des approches régulières est son fond celle qu'inaugura Vauban. Avant son époque, c'est-à-dire vers le milieu du XVIIe siècle, il n'y avait pas d'uniformité dans la méthode d'attaque. C'est Vauban qui inventa réellement le tir par ricochet, la concentration des batteries aux feux enfilants, et l'arrangement systématique des parallèles. — *Sièges modernes.* Supposons que le front à attaquer ait les ouvrages extérieurs ordinaires (voy. FORTIFICATIONS), qu'il soit placé horizontalement, et que l'artillerie employée par les assiégeants comme par les assiégés soit l'artillerie de siège or-

dinaire à âme lisse. Comme les murs d'escarpe sont masqués aux assiégeants par des terrassements, l'objet des travaux du siège est d'atteindre, à couvert, les positions où l'on puisse pratiquer des ouvertures dans la muraille, soit par des batteries de brèche, soit par des mines; il faut aussi qu'à l'abri de ces approches on puisse conduire les troupes assez près pour donner l'assaut par les ouvertures pratiquées. On classe ordinairement les opérations d'un siège en trois périodes. La première période comprend l'investissement de la place, et le campement de l'armée assiégeante autour de la ville assiégée; la seconde, tous les travaux depuis l'ouverture des tranchées jusqu'à l'achèvement de la troisième parallèle; et la troisième, toutes les opérations qui suivent jusqu'à la prise de la place. L'investissement s'effectue en détachant un gros corps de troupes qui, par des mouvements rapides et dissimulés, entoure à l'improviste la place, se saisit de toutes les avenues et des approches, coupe toutes les communications, et prend possession de tout ce qui pourrait servir à la défense. Le gros de l'armée vient ensuite, et se retranche autour de la place hors de la portée du canon. Ordinairement, les retranchements forment deux lignes, entre lesquelles l'armée assiégeante place son camp; on les appelle lignes de circonvallation et de contrevallation. Elles sont ou continues ou coupées d'intervalles; la ligne extérieure est destinée à arrêter les secours, et la ligne intérieure à résister aux attaques de la garnison. Cette méthode, usitée chez les anciens, tomba en désuétude pendant le moyen âge. Elle fut reprise au XVIe siècle par les princes de Nassau, en l'a toujours pratiquée depuis, plus ou moins. La seconde période commence par l'ouverture des tranchées, ce qui se fait en creusant un fossé à une distance plus ou moins grande du point de plus avancé des fortifications, profond de 3 à 4 pieds et large de 10 à 12, et en rejetant la terre en forme de parapet du côté de la place assiégée. Comme tous les travaux de campagne, la tranchée doit offrir un abri contre le feu de l'ennemi et permettre à ceux qui l'occupent d'employer leurs armes efficacement. On ménage des communications entre les parallèles et les dépôts, à l'arrière, au moyen de tranchées d'une forme analogue, mais disposées de façon à éviter les feux d'enfilade; et les approches se font par des tranchées en zigzag, n'ayant, en règle générale, pas plus de 100 m. de long, et qui, débutant à la première parallèle par un front de 60 m., n'en ont plus que 30 à la troisième. Ces parallèles relient les tranchées d'approche. Vauban veut qu'il y en ait au moins trois. Elles servent de places d'armes où stationnent des soldats pour protéger les ouvriers, et de communications entre les approches, en permettant d'empêcher les ouvriers d'être inquiétés dans leur travail. A Sébastopol, les Français en firent sept; à Fort Waguer, le général Gillmore en employa cinq. Jusqu'à ce point, les travaux de siège se poursuivent sans grande difficulté et sans grand danger. A partir de ce moment, il faut avancer sous le feu des assiégés. On procède alors par assaut ou par approches régulières. L'assaut part de la troisième parallèle que l'on dispose intérieurement de manière à permettre aux assaillants d'en sortir brusquement au signal donné. Mais ce procédé n'est indiqué que dans les cas très pressants, lorsqu'un jour de gagné peut décider du sort de la ville. Autrement, on pratique des approches régulières en faisant partir de la troisième parallèle des sapes, des tranchées avancées, ou des galeries souterraines aboutissant au fossé et permettant d'y descendre. La brèche est considérée comme praticable lorsque l'intérieur de l'ouvrage est à découvert sur une largeur égale au front de la colonne d'attaque, et

que les débris forment une pente de facile accès. — Parmi les sièges les plus célèbres de l'histoire sont ceux de Babylone, de Tyr, de Syracuse, de Carthage, de Numance et de Iérusalem dans l'antiquité, et, depuis la découverte de la poudre à canon, ceux de Constantinople, d'Anvers, de Berg-op-Zoom, de Stralsund, de Candie, de Lille, de Bude, de Schweidnitz, de Saragosse, de Sébastopol, de Vicksburg, de Strasbourg, de Metz et de Paris. — Le Siège de Corinthe, tragédie lyrique en 3 actes, en vers, représentée à Paris (Opéra) en 1826 ; paroles de Balocchi et Soumet; musique de Rossini Cette pièce avait déjà paru à Naples en 1820, sous le titre de *Mahometto*.

SIEGEN [zi'-ghenn], ville de Westphalie (Prusse), sur le Sieg, à 60 kil. S. d'Arnsberg; 12,992 hab. C'est le centre de l'industrie des cuirs en Westphalie ; on y fabrique aussi des objets de fer et d'acier, et des tissus de fil, de coton et de laine.

SIEGENBECK (Mathieu), auteur néerlandais, né à Amsterdam, le 23 juill. 1774, mort à Leide, le 28 nov. 1854. Pendant son professorat à l'université de cette dernière ville, il publia un grand nombre d'ouvrages traitant pour la plupart des questions de linguistique et d'histoire. Il est surtout connu comme auteur du traité de l'*Orthographe néerlandaise*, dont les règles furent presque universellement observées jusqu'à la publication de l'*Orthographe néerlandaise* par de Vries et Te Winkel.

* SIÉGER v. n. Tenir le siège pontifical ou épiscopal : *tel pape, tel évêque siégea tant d'années*. — Se dit aussi des juges, des tribunaux : *la cour de cassation siège à Paris*. — Ce n'est pas là que le mal, ce n'est pas là qu'il est établi.

* SIEN, IENNE adj. possessif et relatif de la troisième personne (lat. *suus*): *ce n'est pas mon livre, c'est le sien.* — Sens. Un sien neveu, un sien ami, son neveu, son ami, ou un de ses neveux, de ses amis. — Sien s. m. Son bien : *il ne demande que le sien.* — Prov. Chacun le sien n'est pas trop. — Fig. Mettre du sien dans quelque chose, y contribuer de son travail, de sa peine : *il tire vanité de cet ouvrage comme s'il y avait mis beaucoup du sien.* Il signifie quelquefois fam., ajouter à un récit des faits, des détails imaginaires : *il a mis du sien dans cette histoire.* — Siens s. m. pl. Se dit des parents, des héritiers, des descendants, des domestiques, des soldats de celui dont on parle, et en général de tous ceux qui lui appartiennent, à quelque titre que ce puisse être : *c'est un bon prince, il a soin des siens.* — Prov. On n'est jamais trahi que par les siens, se dit lorsqu'on éprouve quelque mauvais procédé de la part de ses parents, d'un de ses parents. — Écrit. Dieu connaît, protège les siens, éprouve les siens, ceux qui se consacrent, qui se dévouent à lui. — Siennes s. f. pl. S'emploie dans l'expression faire les siens, faire des folies, des fredaines, des tours, soit de jeunesse, soit de friponnerie : *ce jeune homme a bien fait des siennes.*

SIENNE (ital. *Siena* ou *Sienna*). I, province centrale d'Italie, dans la Toscane; elle est arrosée par l'Ombrone, l'Orcia, etc.; 3,794 kil. carr.; 207,000 hab. Le N.-E. est très montagneux. Une grande partie du sol est inculte. Le pays produit cependant du froment, de l'huile d'olive et du vin. L'élevage des bestiaux est une des principales industries. — Il, ville capitale de la province, sur deux collines, au milieu d'une plaine stérile, à 50 kil. S.-E. de Florence; 22,963 hab. Belle cathédrale gothique; université italia fameuse, et nombreuses sociétés savantes. Au moyen âge, Sienne fut une république puissante, rivale de Florence, avec laquelle elle était

souvent en guerre. Elle fut réunie à la Toscane après une longue guerre civile en 1557.

SIERRA-LEONE, colonie anglaise, sur la côte occidentale de l'Afrique. Elle comprend surtout une petite presqu'île montagneuse, terminée par le cap Sierra-Leone, par 8° 30' lat. N. et 15° 38' long. O., et s'étendant jusqu'à l'estuaire du même nom; 1,212 kil. carr.; 60,000 hab., dont 107 Européens. Le climat est mortel pour ceux-ci. La moyenne des pluies est de 4 m., et celle de la température avoisine 27° C. On exporte de l'huile de palme, des noix, des peaux et du bois de construction. Le gouverneur colonial, qui a le titre d'administrateur en chef, est nommé par la couronne. Cap., Free-Town. Cette colonie fut fondée en 1787 par des philanthropes anglais, dans le but de donner asile aux nègres des différentes parties du monde, et de faire progresser la civilisation africaine.

SIERRA MADRE. Voy. Mexique.

SIERRA MORENA. Voy. Espagne.

SIERRA NEVADA. Voy. Californie, montagnes Rocheuses, et Espagne.

* SIESTE s. f. (esp. *siesta*). Mot emprunté de l'espagnol. Sommeil auquel on se livre après le dîner, pendant la chaleur du jour : *faire la sieste.*

* SIEUR s. m. [sieurr] (contract. de seigneur). Espèce de titre d'honneur, dont l'usage ordinaire est renfermé dans les plaidoyers, dans les actes publics, et autres écritures de la même sorte : *je plaide pour le sieur un tel, pour les sieurs tels.* — Titre qu'un supérieur donne quelquefois à un inférieur dans les lettres missives et autres écritures particulières : *vous direz au sieur un tel qu'il fasse...* — Un sieur, se dit quelquefois par une sorte de mépris : *un sieur Paul est venu me faire je ne sais quelle réclamation.*

SIEYÈS (Emmanuel-Joseph, comte, mieux connu sous le titre d'Abbé) (si-iéss), homme politique français, né à Fréjus (Var), le 3 mai 1748, mort à Paris, le 20 juin 1836. Étant vicaire général et chancelier de l'évêché de Chartres, il publia trois brochures: *Vues sur les moyens d'exécution dont les représentants de la France pourront disposer en 1789 ; Essai sur les privilèges*, où il revendiquait les droits du peuple; *et Qu'est-ce que le Tiers-État?* C'est la nation, répondait-il comme résumé; cette réponse le rendit fameux et le fit regarder comme l'oracle de la Révolution. Aux états généraux il insista pour que le tiersétat se déclarât « Assemblée nationale ». Il provoqua l'organisation de la garde nationale, et il proposa dans une brochure l'institution du jury dans les affaires civiles comme dans les affaires criminelles. Il devint président de l'Assemblée en 1790. Dans la Convention, il s'opposa d'abord au procès du roi, mais finit par voter sa mort sans appel. Pendant le règne de la Terreur, il renonça à son caractère de prêtre et s'évita soigneusement de se mettre en vue. Il fit partie du conseil des Cinq-Cents. En 1798, ministre à Berlin, il assura la neutralité de la Prusse. En 1799, il devint membre du Directoire, et bientôt après président; et il poussa au coup d'État du 18 brumaire. La Constitution libérale qu'il avait préparée fut modifiée suivant les vues ambitieuses du jury dans les affaires civiles il s'emparait du pouvoir absolu, Sieyès, d'abord un des consuls provisoires, fut relégué au Sénat, qu'il présida pendant quelque temps; il reçut le domaine princier de Crosne. Bien que du nombre de ceux que Bonaparte appelait les idéologues, il fut fait comte, et pair pendant les Cent-Jours. A la seconde Restauration des Bourbons, il s'enfuit à Bruxelles, et resta à l'étranger jusqu'après la révolution de Juillet 1830.

* SIFFLABLE adj. Qui mérite d'être sifflé : *une pièce sifflable.*

* SIFFLANT, ANTE adj. Qui siffle; qui fait, qui produit un sifflement, ou qui est accompagné d'un sifflement : *une respiration sifflante.* — Phrase sifflante, vers sifflants, phrase, vers où il y a beaucoup d'S, et qu'on ne peut prononcer qu'avec une sorte de sifflement.

* SIFFLEMENT s. m. Bruit qu'on fait en sifflant : *le sifflement d'un cocher.* — Bruit que quelques animaux font en sifflant : *le sifflement des serpents.* — Bruit aigu que fait le vent ou une flèche, une balle de fusil, une pierre lancée avec force, etc. : *le sifflement du vent, d'une flèche*, etc. — Bruit que l'homme et quelques animaux font lorsqu'ils respirent avec peine.

* SIFFLER v. n. (lat. *sifflare*). Former un son aigu, soit en serrant les lèvres en rond, et en poussant son haleine, soit en soufflant dans un sifflet, dans une clef forée, etc. : *il siffle bien fort.* — Fig. et fam. Il n'a qu'à siffler, il n'a qu'à faire connaître sa volonté pour être obéi. — Il siffle en parlant, sa prononciation est accompagnée d'un certain sifflement. — Se dit aussi du son aigu que font quelques animaux, comme les serpents, les cygnes, les oies, etc., quand ils sont en colère : *on entendait siffler les serpents.*

Le perroquet, dans l'embarras,
Se gratte un peu la tête, et finit par leur dire :
— Messieurs, je siffle bien, mais je ne chante pas.
Florian.

— Se dit également du bruit aigu que fait le vent, ou une flèche, une balle de fusil, une pierre lancée avec force, etc. : *écoutes le vent comme il siffle.* — Se dit encore du bruit que font naturellement ceux qui n'ont pas la respiration libre : *on l'entend siffler quand il dort.* — Siffler v. a. Chanter un air en sifflant : *il siffle toutes sortes d'airs.* — Siffler un oiseau, siffler près de lui pour lui apprendre à siffler des airs : *qui est-ce qui a sifflé votre linotte, votre serin?* — Siffler la linotte, boire plus que de raison, faire la débauche. Il signifie aussi, être en prison. — Siffler quelqu'un, l'instruire de ce qu'il aura à dire ou à faire en certaines occasions : *on l'a bien sifflé, il ne fera pas d'imprudence.* — Témoigner sa désapprobation d'une chose, son mécontentement d'une personne, soit à coups de sifflet, soit par quelque autre bruit, et fig., désapprouver avec dérision, avec mépris : *si vous faites cette proposition, on vous sifflera; on a sifflé sa pièce.* Il

SIFFLERIE s. f. Action de siffler; coups de sifflet répétés.

* SIFFLET s. m. Petit instrument avec lequel on siffle : *sifflet de bois, d'argent*, etc. — Un coup de sifflet, action de souffler dans cet instrument, et bruit qui en résulte : *je viens d'entendre un coup de sifflet.* — Fig. On les rassemblerait d'un coup de sifflet, se dit en parlant de plusieurs personnes qui sont éloignées les unes des autres, mais qui se peuvent rassembler facilement, au premier signal. — S'il n'a point d'autre sifflet, ses chiens sont perdus, s'il n'a pas d'autre moyen que celui-là pour réussir dans telle affaire, il y perdra sa peine. — Fig. Improbation manifestée par des coups de sifflet ou par quelque autre marque de mépris : *cette pièce a essuyé les sifflets.* — La trachéeartère, ou le conduit par lequel on respire; et il n'est usité que dans ces phrases populaires : Couper le sifflet, serrer le sifflet a quelqu'un. — Couper le sifflet à quelqu'un, le rendre comme muet, le mettre hors d'état de répondre.

* SIFFLEUR, EUSE s. Celui, celle qui siffle : *voilà un siffleur importun.* — Adjectiv. S'emploie en parlant de certains oiseaux : *les oiseaux siffleurs.* — Art vétér. Cheval sif-

FLEUR, cheval qui fait entendre en respirant une espèce de sifflement. On dit autrement, CHEVAL CORNEUR.

SIFFLOTER v. n. Siffler doucement, légèrement. — v. a. *Siffloter un air.*

SIGEAN, ch.-l. de cant., arr. et à 25 kil. S. de Narbonne (Aude), près de l'étang poissonneux du même nom, qui a son embouchure dans la Méditerranée; 3,500 hab. Sigean fut fondé vers l'an 29 après J.-C. sous la protection de *Séjan*, au bord du lac *Rubrescus*. En 822, les salines de Séjan furent données à l'abbaye d'Aniane par Louis le Débonnaire. C'est près de cette petite ville que Charles Martel défit, en 734, les Sarrasins commandés par Omer ben Amrou. Sigean fut détruit par les Espagnols en 1505.

SIGEBERT, nom de trois rois d'Austrasie : I, troisième fils de Clotaire Ier, né en 534, roi d'Austrasie en 561, épousa Brunehaut en 566, fut assassiné en 575, par les émissaires de Frédégonde. (Voy. ce mot.) — II, fils de Thierry II, né en 601, roi en 613, mis à mort quelques jours plus tard par ordre de Clotaire II. — III. (Saint) deuxième fils de Dagobert Ier, né en 630, roi en 638, abandonna le gouvernement au maire du palais Grimoald et ne s'occupa que de fonder des monastères. Il mourut en 656. Fête le 1er fév.

SIGILLAIRE adj. [si-jil-lè-re] (lat. *sigillaris*; de *sigillum*, sceau). Qui a rapport aux sceaux. — s. f. Genre de plantes fossiles que l'on trouve en grand nombre dans les roches carbonifères. (Voy. FOSSILE.)

SIGILLARIÉ, ÉE adj. Bot. Qui ressemble ou qui se rapporte à la sigillaire. — s. f. pl. Famille de végétaux dicotylédones gymnospermes, ayant pour type le genre sigillaire.

• **SIGILLÉ, ÉE** adj. (lat. *sigillatus*; de *sigillum*, sceau). N'est guère usité que dans cette locution, TERRE SIGILLÉE, sorte de terre glaise qui vient des îles de l'Archipel, et qui ordinairement est marquée d'un sceau.

SIGILLOGRAPHIE s. f. (lat. *sigillum*, sceau; gr. *graphô*, je décris). Description des sceaux.

• **SIGISBÉE** s. m. (ital. *cicisbeo*). Homme qui fréquente régulièrement une maison, qui rend des soins assidus à la maîtresse, et qui est à ses ordres Quelques-uns écrivent et disent, CICISBÉE. On l'appelle aussi CAVALIER SERVANT.

SIGISMOND (all. *Sigismund*) [zi'-ghismonnti], empereur d'Allemagne, le dernier de la ligne de Luxembourg, né en 1368, mort le 9 déc. 1437. Il était le second fils de l'empereur Charles IV, et frère de l'empereur Wenceslas, et devint électeur du Brandebourg. Il épousa Marie, fille de Louis le Grand de Hongrie et de Pologne, et fut couronné roi de Hongrie en 1387. Battu par le sultan Bajazet à Nicopolis en 1396, il se réfugia en Grèce, et ne revit qu'au bout de plusieurs années. Il eut alors à lutter contre Ladislas de Naples, qui se désista de ses prétentions en 1403. Après la mort de l'empereur Rupert (1400-'10), successeur de Wenceslas et celle de Jodocus de Moravie, son rival, Sigismond fut élu empereur (1411). Il convoqua un concile œcuménique à Constance, viola le sauf-conduit accordé à Huss et provoqua la grande guerre des hussites. Il succéda à Wenceslas en Bohême, devint roi des Lombards en 1434, et fut couronné à Rome en 1433.

SIGISMOND I, II et III, rois de Pologne. (Voy. POLOGNE.)

• **SIGLE** s. m. ou s. f. (bas lat. *sigla*, abréviations). Paléogr. Lettres initiales employées comme signes abréviatifs sur les médailles, les monuments et dans les anciens manuscrits.

SIGMA s. m. Dix-huitième lettre de l'alphabet grec correspondant à notre S.

SIGMARINGEN [zig'-ma-rinng-enn]. Voy. HOHENZOLLERN.

SIGMATIQUE adj. Qui est caractérisé par le sigma.

SIGMATISME s. m. Emploi fréquent de la lettre S ou des autres sifflantes.

• **SIGMOÏDE** adj. (gr. *sigma; eidos*, aspect). Anat. Qui a la forme de la lettre grecque appelée SIGMA. On ne l'emploie guère que dans ces dénominations : CAVITÉS ou FOSSES SIGMOÏDES, les deux échancrures que présente l'extrémité supérieure du cubitus; et, VALVULES SIGMOÏDES, valvules qui garnissent l'artère pulmonaire et l'aorte.

• **SIGNAL** s. m. (rad. fr. *signe*). Signe convenu entre deux ou plusieurs personnes, pour servir d'avertissement : *faire un signal, donner le signal.* — Fig. DONNER LE SIGNAL, se dit de celui qui donne le premier *l'exemple de quelque chose : c'est lui qui a donné le signal de la révolte.* — Ce qui annonce et provoque une chose : *cette émeute fut le signal de la révolution.* — ENCYCL. A bord des navires français, on a adopté le système de signaux établi par du Pavillon (voy. ce nom) et consistant dans la combinaison d'une série de guidons, de flammes, de trapèzes, etc., dont le nombre, la couleur, et l'arrangement forment des mots d'après un code convenu. Il y a aussi le télégraphe marin, représentation des 10 chiffres, de 0 à 9 inclusivement, par des pavillons de diverses couleurs. Au moyen de ces dix chiffres, on peut exprimer tous les nombres; et l'on a établi un dictionnaire numéroté dans lequel chaque mot correspond à un nombre. Dans les temps de brume et pendant la nuit, on a recours aux feux (fanaux, coups de canon, fusées et flammes de Bengale), dont les diverses combinaisons se traduisent par un grand nombre de phrases convenues. Les nations maritimes ont adopté une espèce de langue universelle, au moyen de laquelle les marins de tous les pays peuvent s'entendre entre eux; ce langage sémaphorique a été fixé dans le *Code international des signaux.* La phrase :

QCB-FCPR-DFKN-FBKS

sera traduite dans toutes les langues par : *« Notre navire partira demain soir ».* — D'après un autre système, il n'est besoin que de quatre cônes attachés à un mât de manière à pouvoir être ouverts, fermés et changés de position relative, à la volonté de l'opérateur. Les différents signes peuvent être combinés d'une infinité de façons, chaque combinaison ayant sa signification particulière. Pour faire des signaux pendant le jour, on emploie avec succès des jets de vapeur, les uns longs, les autres courts; pendant la nuit, on a recours à des jets de lumière. On a souvent combiné les jets de vapeur et de lumière de différente durée. (Voy. PHARE, SIRÈNE, etc.) — A terre, on a imaginé différents systèmes de signaux; le plus nouveau consiste à employer l'appareil nommé *héliographe* (gr. *hélios*, le soleil; *graphô*, j'écris), qui sert à correspondre au moyen des rayons solaires. Dans sa forme la plus simple (fig. 1),

Fig. 1. Héliographe.

c'est un héliostat monté sur un pied portatif et qui porte aussi une lentille au moyen de laquelle le rayon de lumière peut être dirigé vers une station éloignée. En tournant le miroir sur un pivot, on peut produire des jets de lumière qui paraissent et disparaissent d'après un système convenu. Ordinairement, on adopte un code de signaux semblable à celui que l'on emploie dans la télégraphie Morse, de façon que les traits et les points de la télégraphie soient remplacés par des intervalles, les uns longs, les autres courts, entre les éclats successifs de lumière. Cet instrument fut employé avec beaucoup de succès par les Anglais pendant leurs guerres du Zoulouland et de l'Afghanistan. Lors de leur campagne d'Egypte en 1882, des signaux furent ainsi envoyés de la grande pyramide au Caire. Le grand avantage, c'est que l'on peut communiquer par-dessus la tête des ennemis et que la ligne de communication ne peut être interceptée. Dans la pratique, l'application de l'héliographe présente quelques difficultés, surtout quand il s'agit de diriger bien exactement le rayon le lumière vers la station amie. L'*héliographe*

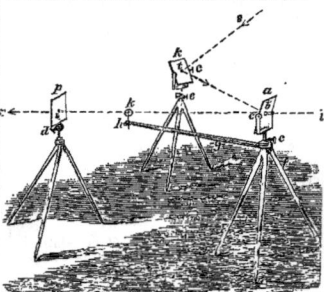

Fig. 2. Héliographe militaire.

militaire (fig. 2) obvie. Dans notre dessin, a représente le miroir à signaux; p, l'écran destiné à l'éclipser; c, une vis permettant au miroir de prendre diverses positions; g, une tige horizontale portant à son extrémité h des fils de fer en croix, k. L'observateur regarde par le trou b du miroir, tandis qu'un assistant amène la croix de fils de fer k dans une position telle que le point d'intersection des fils de fer et la station éloignée forment une ligne droite avec l'œil, en b. On immobilise alors g, on déplace le mvis, le bras g et la croix de fils de fer. Un disque blanc est alors placé au centre de la croix de fils de fer, et un disque noir dans le trou b du miroir. Si les rayons solaires de a étaient réfléchis sur un écran tenu tout près de ce miroir, ils y formeraient un point noir, au centre, et une portion de lumière ayant été absorbée par le disque noir. On fait donc tourner le miroir à signaux jusqu'à ce qu'il envoie cette ombre du disque noir sur le disque blanc placé au milieu de la croix de fils de fer k, c'est-à-dire dans la direction *i x*. Si la position du miroir ne permet pas de faire réfléchir les rayons lumineux de a dans la direction *i x* de la station amie, on a recours à un second miroir r qui reçoit les rayons solaires et les renvoie en a. Enfin, au moyen de l'écran p, mis dans une position telle qu'il intercepte les rayons de a, tout est prêt pour envoyer les jets lumineux au camp ami. Un homme se tient près de l'écran p qu'il fait agir à l'aide de la vis d. En France, on a proposé d'employer le télégraphe au lieu de l'héliographe (Voy. TÉLÉGLOGUE.) — Pour les chemins de fer, chaque pays à son système de signaux

On appelle signaux manuels ceux qui se font à l'aide des bras. Ordinairement le bras droit étendu horizontalement à partir de l'épaule signifie : « tout va bien »; verticalement : « attention! » les deux bras élevés au-dessus de la tête : « danger ». On emploie aussi des *sémaphores :* « ce sont des bras attachés dans des positions élevées de manière à pouvoir tourner autour d'un centre, à être élevés, abaissés ou inclinés. Le signal est donné par la couleur et la position du bras, tandis que sa direction indique à quelle ligne se rapporte l'indication donnée. Pendant la nuit on emploie des feux rouges, verts et blancs, dans des disques ou des lampes mis à la place des sémaphores. Il y a aussi les coups de sifflet et la machine, le son d'une trompe, etc.

* **SIGNALÉ, ÉE** part. passé de SIGNALER. Marqué : *ce jour signalé par tant de victoires.* — Adj. Remarquable : *un service signalé.*

* **SIGNALEMENT** s. m. Description que l'on fait de tout l'extérieur d'une personne qu'on veut faire reconnaître : *faire un signalement.*

* **SIGNALER** v. a. Faire par écrit une espèce de description de la personne d'un soldat qu'on enrôle, indiquant son âge, sa taille, la couleur de ses cheveux, etc. : *signaler les soldats de recrue.* (Vieux.) — Donner le signalement d'une personne qu'on veut faire connaître : *cet homme est signalé à la police.* — Appeler, attirer l'attention de quelqu'un sur une personne ou sur une chose : *il fut signalé à l'autorité comme un homme très dangereux.* — Donner avis, par des signaux, qu'on aperçoit un vaisseau, une flotte, etc : *signaler l'ennemi.* — Rendre remarquable : se dit en bonne et en mauvaise part : *il a signalé son courage, sa valeur dans cette occasion.* Se signaler v. pr. Se distinguer, se rendre célèbre : on le dit en bonne et en mauvaise part : *il s'est signalé en diverses occasions.*

SIGNALÉTIQUE adj. Qui donne le signalement, la description propre à faire reconnaître.

* **SIGNATAIRE** s. Celui, celle qui a signé : *les signataires d'une pétition, d'une protestation.*

* **SIGNATURE** s. f. [gn mll.] (lat. *signatura*). Le seing, le nom d'une personne écrit de sa main, mis à la fin d'une lettre, d'un billet, d'un contrat, ou d'un acte quelconque, pour le certifier, pour le confirmer, pour le rendre valable : *je connais sa signature.* — Action de signer : *ce ministre emploie par semaine plusieurs heures à la signature.* — METTRE, ENVOYER UN ARRÊT, UNE ORDONNANCE, UN BREVET, UN ACTE A LA SIGNATURE, les mettre là où les faire signer : *l'ordonnance est à la signature.* — SIGNATURE EN COUR DE ROME, minute originale d'un acte par lequel le pape accorde un bénéfice ou quelque autre grâce : *obtenir une signature en cour de Rome.* — Typogr. Se dit des lettres ou des chiffres que l'on place au bas de la première page de chaque feuille ou de chaque cahier, pour en reconnaître l'ordre quand il s'agit de les assembler et d'en former un volume. La signature contient en outre la tomaison, lorsque l'ouvrage fait plusieurs volumes.

* **SIGNE** s. m. [gn mll.] (lat. *signum*). Indice, marque d'une chose présente, passée ou à venir : *signe certain.* — IL NE NOUS A DONNÉ AUCUN SIGNE DE VIE, IL N'A PAS DONNÉ LE MOINDRE SIGNE DE VIE, IL N'A PAS DONNÉ SIGNE DE VIE, se dit d'un homme absent qui n'écrit point, qui n'a donné aucune marque de son souvenir, dans les occasions où il aurait pu le faire; — Certaine marque que l'on tient relle qu'on a sur la peau : *avoir un signe au visage, un signe sur la main.* — Certaine démonstration extérieure que l'on fait pour donner à connaître ce que l'on pense ou ce

que l'on veut : *ils ont établi entre eux de certains signes, pour s'entendre l'un l'autre sans parler.* — LE SIGNE DE LA CROIX, l'action que les catholiques font en portant la main de la tête à l'estomac, puis de l'épaule gauche à l'épaule droite, en forme de croix : *faire le signe de la croix.* — Écrit. sainte. Miracle : *cette nation demande des signes, et elle n'aura que celui de Jonas.* — Se dit encore, surtout au pluriel, des phénomènes que l'on voit quelquefois dans le ciel, et qu'on regarde comme des espèces de présages : *le jugement universel sera précédé de plusieurs signes dans le ciel.* — Ce qui sert à représenter une chose : *les mots sont les signes de nos idées.* — Astron. La douzième partie de l'écliptique, c'est-à-dire, du grand cercle de la sphère céleste que le soleil semble parcourir dans l'intervalle d'une année tropique; par extension, on l'emploie aussi pour désigner un douzième de la zone zodiacale : *les douze signes du zodiaque.* — Législ. « L'enlèvement ou la dégradation des signes de l'autorité du gouvernement républicain, opérés en haine ou mépris de cette autorité, sont punis d'un emprisonnement de quinze jours à deux ans, et d'une amende de 16 à 4,000 fr. Il en est de même du port public de tous signes extérieurs de ralliement non autorisés, de l'exposition, dans les lieux ou réunions publics, de la distribution et de la mise en vente de tous signes ou symboles propres à propager l'esprit de rébellion et à troubler la paix publique (Décr. 11 août 1848). » (CH. Y.)

* **SIGNER** v. a. Mettre son seing à une lettre, à une promesse, à un contrat, ou à un autre acte, pour le certifier, pour le confirmer, pour le rendre valable et pour s'engager soi-même : *signer un contrat.* — SIGNER A UN CONTRAT, mettre sa signature, comme témoin ou par honneur : *le roi lui a fait l'honneur de signer à son contrat de mariage.* — JE VOUS LE SIGNERAIS DE MON SANG, JE SUIS PRÊT A VOUS LE SIGNER DE MON SANG, se dit lorsqu'on veut marquer que ce qu'on dit est très vrai, ou qu'on tiendra infailliblement ce que l'on promet. — LES MARTYRS ONT SIGNÉ LEUR CONFESSION DE LEUR SANG, ils ont souffert la mort pour la défense de leur religion. — SIGNER SON NOM, écrire son nom, sa signature : *il signe son nom tant bien que mal.* — Se signer v. pr. Faire le signe de la croix : *signer dévotement.*

* **SIGNET** s. m. [si-nè]. On appelle ainsi plusieurs petits rubans ou filets liés ensemble, qu'on tient à un bouton ou peloton, et qu'on met au haut d'un bréviaire, d'un missel, etc., pour marquer les endroits qu'on veut retrouver aisément : *signet de bréviaire.* — Petit ruban que les relieurs attachent à la tranchefile du haut d'un livre, pour servir à marquer l'endroit du livre où l'on a interrompu sa lecture : *le relieur a oublié de mettre des signets à tous ces volumes.*

SIGNIFIANCE s. f. [gn mll.] (fr. *signifier*). Signification, indice.

* **SIGNIFIANT, ANTE** adj. Qui signifie. Théol. LES SACREMENTS SONT SIGNES SIGNIFIANTS ET EFFECTIFS DE LA GRACE, ils la signifient et l'opèrent. — CELA EST TRÈS SIGNIFIANT, cela veut dire beaucoup. CETTE EXPRESSION N'EST PAS ASSEZ SIGNIFIANTE, elle n'exprime pas assez ce qu'on veut dire. CETTE PLAISANTERIE EST PEU SIGNIFIANTE, elle est insipide.

SIGNIFICATEUR, TRICE adj. Astrol. Se dit des planètes qui avaient un sens, un rôle dans l'existence.

* **SIGNIFICATIF, IVE** adj. Qui signifie, qui exprime bien, qui contient un grand sens : *ce terme, ce mot est bien significatif.* — UN GESTE, UN SOURIS, etc., FORT SIGNIFICATIF, qui exprime sensiblement la pensée, l'intention de celui qui le fait.

* **SIGNIFICATION** s. f. Ce que signifie une

chose : *dites-moi la signification de ces hiéroglyphes, de ce symbole.* — Notification que l'on fait, connaissance que l'on donne d'un arrêt, d'un jugement, d'un acte, par voie judiciaire et légale, par ministère d'huissier : *la signification d'un arrêt, d'un jugement, d'un exploit, d'une requête, etc.* — Législ. « La signification d'un jugement ou d'un acte est faite soit à personne ou à domicile par exploit d'huissier, soit par acte d'avoué à avoué, selon les cas. La signification d'un acte administratif, faite par un agent de l'autorité, prend le nom de notification; et ce mot est fréquemment employé dans la loi comme synonyme de signification. Aucune signification ne peut être faite, depuis le 1er octobre jusqu'au 31 mars, avant six heures du matin et après six heures du soir, et depuis le 1er avril jusqu'au 30 sept., avant quatre heures du matin et après neuf heures du soir, non plus que les jours de fête légale, si ce n'est en vertu d'une permission du juge, dans le cas où il y aurait péril en la demeure (C. pr. 1037). Si l'huissier qui signifie l'exploit ne trouve au domicile ni la partie ni la partie elle-même, ni aucun de ses parents ou serviteurs, il remet de suite la copie à un voisin qui signe l'original; si ce voisin ne peut ou ne veut signer, l'huissier remet la copie au maire ou à l'adjoint, lequel doit viser l'original sans frais (id. 68). En cas de refus par le maire, l'original de la signification est visé par le procureur de la République, et le refusant peut être condamné à une amende de cinq francs au moins (id. 1039). Dans certains cas, la signification doit être faite par un huissier commis par le juge; dans d'autres, et notamment quand il s'agit de jugements par défaut, elle est faite par un huissier audiencier du tribunal. » (CH. Y.)

SIGNIFICATIVEMENT adv. D'une manière significative.

* **SIGNIFIER** v. a. [gn mll.] (lat. *significare*). Dénoter, marquer quelque chose, être signe de quelque chose : *il comprit ce que signifiait ce geste, ce regard.* — CELA NE SIGNIFIE RIEN, ses paroles on n'en veut point au fait, et dont on ne peut rien induire, rien conclure : *tout ce qu'il dit là ne signifie rien.* — En parlant de langue et de grammaire, se dit pour exprimer ce qu'on entend par un mot, par une locution, par une phrase : *ce mot latin signifie telle chose en français.* — Notifier, déclarer, faire connaître quelque chose par paroles expresses : *je lui ai déjà signifié ce que je voulais que l'on mit le pied chez moi.* — Notifier par voie de justice, par ministère d'huissier : *signifier un arrêt, un jugement.*

SIGNY-L'ABBAYE, ch.-l de cant. et à 30 kil. de Mézières (Ardennes); 2,510 hab. Laines, châles, usines métallurgiques.

SIGNY-LE-PETIT, ch.-l. de cant., arr. et à 20 kil. O. de Rocroy (Ardennes); 2,000 hab. Noir animal.

SIGOULÈS, ch.-l. de cant., arr. et à 15 kil. S.-O. de Bergerac (Dordogne); 700 hab.

SIGOVÈSE, chef gaulois, qui vivait dans le vie siècle av. J.-C. Pendant que son frère Bellovèse (voy. ce mot) envahissait l'Italie, il conduisit les Volces Tectosages en Germanie (588 av. J.-C.).

SIGÜENZA Y GÓNGORA (Carlos de) [si-gouaînn'-za i gônn'-go-ra], savant mexicain, né en 1645, mort en 1700. Il enseigna pendant 20 ans l'astronomie et les mathématiques à l'université de Mexico. Le roi d'Espagne Charles II le nomma cosmographe et mathématicien royal, et il dirigea pendant plusieurs années l'école militaire de Mexico. Il prit part à l'expédition d'Andrès de Pés, contre les établissements français du golfe du Mexique en 1693, fit le plan des fortifications

de Pensacola, et publia des cartes des baies de Pensacola (Santa-Maria de Galve) et de Mobile, et du Mississipi. On a de lui : *Expositio philosophica adversus Cometas, Libra astronomica et philosophica, et des histoires du Texas et de la reprise du Nouveau-Mexique après la révolte de 1680.

SIHON, nom donné par quelques géographes au Sir-Daria au Jaxartes. (Voy. JAXARTES.)

SIKHS (hind. *sikh*, disciple), peuple de l'Inde, répandu surtout dans le Pendjaub. C'était, à l'origine, une secte religieuse fondée par Nanak, de la caste des guerriers, né en 1469, près de Lahore. Il prêchait la tolérance universelle, et une fusion du brahmanisme et du mahométisme, sur les bases du monothéisme pur et de la fraternité humaine. Arjoun, un de ses successeurs, rédigea les doctrines des Sikhs dans un volume appelé *Adi-Granth*, et organisa ses sectateurs en une confédération dont il fut le chef unique (1581). Les Musulmans les chassèrent de Lahore, et ils durent chercher un refuge dans les montagnes du Nord. En 1675, Guru Govind, leur dixième chef théocratique, les organisa en Etat. Il lutta sans succès contre les empereurs mogols. Son successeur recommença la lutte au début du XVIII° siècle; mais, en 1716, les Sikhs furent presque anéantis. Ils réussirent cependant à rallier leurs bandes errantes et ils chassèrent les Afghans du Pendjaub en 1764. Pendant les 30 années suivantes ils furent divisés en 12 petites confédérations gouvernées par des *sirdars*, petits chefs dont Maha-Singh fut le plus puissant. Après sa mort (1794), son fils, Runjeet-Singh, réduisit tout le Pendjaub sous sa domination. (Voy. RUNJEET-SINGH). Lorsqu'il mourut (1839), l'anarchie se mit dans ses Etats, et une guerre éclata avec les Anglais en 1842. (Voy. GOUGH, HUGH). En 1846, la plus grande partie du territoire sikh fut cédé à la compagnie des Indes. Une seconde guerre (1848-'49) aboutit à l'incorporation du Pendjaub dans les possessions anglaises. Les neuf petits Etats de Sirhind sont la seule portion du territoire des Sikhs qui reste encore indépendante. En 1868, leur nombre dans l'Inde anglaise fut recensé à 1,429,319. Leurs caractères ethnologiques les rapprochent des Jats. Amritsir est leur capitale spirituelle.

SIKKAKE, rivière d'Algérie, qui prend sa source dans la province d'Oran, passe à l'E. de Tlemcen et se jette dans la Tafna. Sur ses bords, le général Bugeaud défit les Arabes le 6 juillet 1836.

SIKKIM (sik'-kimm), Etat indigène indépendant de l'Inde anglaise, sur le versant méridional de l'Himalaya, borné par le Thibet au N., Bhotan à l'E., le Bengal au S., et le Népaul à l'O.; 6,875 kil. carr.; 7,000 hab. environ. Le pays est abrupt et entrecoupé de ravins. Il est traversé par le Teesta, tributaire du Gange. On y parle un dialecte du thibétain. Les beaux bois de construction y sont abondants. Le principal produit minéral est le cuivre. On y récolte du millet, du maïs et du riz. La capitale du rajah est Tumloong. — Le district anglais de Sikkim ou de Darjeeling, appartenant à la présidence du Bengale, a 3,090 kil. carr. de superficie et 94,712 hab.

SIL s. m. Terre minérale dont les anciens faisaient des couleurs rouges ou jaunes, selon ses diverses préparations.

SILAH ou **Shiloh** (hébr. *repos, paix*), ville de l'ancienne Palestine, dans la division d'Ephraïm, sur une haute montagne, au N. de Bikel. Ce fut là que resta l'arche d'alliance depuis Josué jusqu'à Elie. On en met aujourd'hui son emplacement à Seïlun, petite localité à 30 kil. N. de Jérusalem.

SILBERMANN (Gustave), célèbre imprimeur

de Strasbourg, né en 1801, mort en août 1876. On lui doit les chefs-d'œuvre de la polychromie typographique.

SILENCE s. m. [si-lan-se] (lat. *silentium*). Ne se dit proprement qu'en parlant de l'homme, et sert à marquer l'état où est une personne qui se tait, qui s'abstient de parler : *garder le silence*.

L'honneur, pour quelque temps, me condamne au silence.
COLLIN D'HARLEVILLE. *Monsieur de Crac*, sc. XVII.

— S'emploie quelquefois elliptiq., par forme d'interjection, au lieu de faites silence, faisons silence : *silence, messieurs*. On dit aussi quelquefois : DU SILENCE; UN PEU DE SILENCE. — LE SILENCE DES PASSIONS, se dit de l'état opposé au trouble où les passions nous jettent, et qui nous empêche de bien juger des choses. On dit de même, IMPOSER SILENCE A SES PASSIONS, les réprimer, empêcher qu'elles ne troublent l'âme, qu'elles ne l'agitent. — IMPOSER SILENCE AUX MÉDISANTS, A LA COLOMNIE, AU MENSONGE, etc. LES RÉDUIRE AU SILENCE, faire que leurs médisances, que leurs calomnies, etc., ne trouvent plus de crédit, et qu'ils soient par là forcés de se taire. — LE SILENCE DE LA LOI, pour dire, pour signifier que le cas dont il s'agit n'est pas prévu par la loi. — Cessation de commerce de lettres entre personnes qui étaient dans l'habitude de s'écrire : *il y a longtemps que je n'ai reçu de vos nouvelles; quelle est la cause de votre silence, de ce long silence?* — Se dit encore pour faire connaître qu'un auteur n'a rien dit sur le fait ou le sujet dont on parle : *il n'y a rien sur cet événement dans les auteurs contemporains; leur silence prouve que cet événement n'a pas eu lieu.* — PASSER UNE CHOSE SOUS SILENCE, n'en point parler. — Calme, cessation de toute sorte de bruit : *le silence des bois*. — FAIRE QUELQUE CHOSE DANS LE SILENCE, secrètement, avec mystère : *ils concertèrent dans le silence la perte de leur oppresseur.* — Mus. Se dit de certains signes qui répondent aux diverses valeurs des notes, et qui, mis à la place des notes, marquent que tout le temps de la valeur doit être passé en silence : *observer les silences*. (Voy. MUSIQUE.)

SILENCIEUSEMENT adv. D'une manière silencieuse.

SILENCIEUX, EUSE adj. Qui ne parle guère, qui garde habituellement le silence : *les hommes méditatifs sont silencieux*. — Se dit aussi des lieux où l'on n'entend pas de bruit : *bois silencieux*.

SILÈNE (lat. *Silenus*), dans la mythologie grecque et romaine, nom d'un satyre principal de la suite de Bacchus. On le dit indifféremment fils de Mercure ou de Pan, et on le représente sous la figure d'un vieillard jovial, à tête chauve, à oreilles de bouc, avec une face grasse et sensuelle, toujours ivre et monté sur un âne. (Voy. SATYRE.)

SILÉSIE AUTRICHIENNE (all. *Schlesien*), [chlé'-zi-ènn], duché comprenant la partie de la Silésie restée à l'Autriche après la paix de 1763. Limites : la Silésie prussienne, la Galicie, la Hongrie et la Moravie; 5,107 kil. carr.; 560,000 hab. Les Carpathes et les monts de Moravie la traversent et elle est arrosée par la Vistule qui y prend sa source, par l'Oder qui y prend d'autres cours d'eau. C'est une des plus importantes provinces de l'Autriche pour la richesse des pâturages. L'industrie minière et le tissage des étoffes y sont très développés. C'est une des provinces cisleithanes représentées dans le reichsradh autrichien. Cap., Troppau.

SILÉSIE PRUSSIENNE, province formant l'extrémité S.-E. de la Prusse, confinant à la Pologne russe, à l'Autriche et à la Saxe; 40,289 kil. carr.; 3,850,000 hab. Sur sa frontière S.-O. se trouvent les montagnes des Géants (*Riesengebirge*) et de la Glatz; elle est tra-

versée par l'Oder et ses tributaires, et par la haute Vistule. Ses richesses minérales sont considérables, le fer surtout. On y élève beaucoup de bestiaux et de moutons; la laine y est de qualité supérieure, et est, après la toile, le grand article d'exportation. Tissus de toile, de coton et de laine, fer, papier, cuir, verre, porcelaine, tôle. Villes principales : Breslau (la capitale), Glogau, Liegnitz; et les forteresses de Schweidnitz, de Kosel et de Glatz. — La Silésie fut soumise par la Pologne au X° siècle. Après avoir été divisée en petits Etats qui devinrent, les uns après les autres, tributaires de la Bohême, elle tomba avec celle-ci au pouvoir de l'Autriche en 1526. Frédéric le Grand, s'appuyant sur un vieux traité de succession, fit trois guerres en 1740-'42, 1744-'45 et 1756-'63 (guerre de Sept ans), pour s'assurer la possession de la Silésie, qu'il obtint à l'exception de la partie connue sous le nom de Silésie autrichienne. On y ajouta une partie de la Lusace en 1815.

SILÉSIEN, IENNE s. et adj. De la Silésie; qui appartient à ce pays ou à ses habitants.

SILEX s. m. [si-lèkss] (mot lat.). Minér. Pierre dure à base de silice; c'est une variété amorphe particulière de quartz presque pur. On le trouve dans la craie, en masses nodulaires ou par couches, sa fracture est conchoïdale et unie; on peut, à l'aide du marteau, rendre ses bords très tranchants. Sa gravité spécifique est 2,59. Berzélius trouva dans un spécimen 0,117 p. 100 de potasse, 0,113 de chaux, des traces de fer, d'alumine et de matières carbonatées. On distingue le *silex pyromatique* ou *pierre à fusil*. (Voy. PIERRE, FUSIL, etc.)

SILEXÉ, ÉE adj. Se dit des pâtes dans la composition desquelles le silex entre pour une proportion notable.

SILHOUETTE s. f. (Nom d'un contrôleur des finances sous Louis XV, dont la caricature excita la raillerie des Parisiens). Espèce de dessin qui représente un profil tracé autour de l'ombre du visage : *dessiner à la silhouette.*

SILICATE s. m. Chim. Se produit par la combinaison de l'acide silicique avec une base. Les principaux silicates naturels sont le feldspath, le kaolin, la hornblende, l'olivine, la serpentine, l'albite, l'écume de mer, etc. Tous les silicates, sauf ceux de potasse et de soude, sont insolubles. Ce sont d'importants minéraux, très abondants dans la formation des roches; la plupart ont une composition compliquée, parce que plusieurs des oxydes métalliques peuvent se remplacer dans diverses proportions : la classification des silicates est, par conséquent, l'un des problèmes les plus difficiles de la minéralogie. Les silicates d'alumine constituent les différentes espèces d'argile et de kaolin.

SILICE s. f. Hist. nat. Terre, substance siliceuse : *la silice entre dans la composition des pierres gemmes et de presque tous les quartz.* On dit aussi ACIDE SILICIQUE.

SILICÉ, ÉE adj. Qui contient de la silice; qui en a le caractère.

SILICEUX, EUSE adj. Hist. nat. Qui est de la nature du silex ou caillou : *terre siliceuse.*

SILICIÉ, IÉE adj. Se dit d'une série de corps qui représentent des composés organiques dont le carbone est remplacé par le silicium.

SILICIQUE adj. Chim. Se dit d'un acide et de quelques autres combinaisons qui ont pour base le silicium. — ACIDE SILICIQUE. (Voy SILICIUM.)

SILICIUM s. m. [si-li-ciomm] (mot. lat. formé de *silex*, caillou). Elément qui, combiné avec l'oxygène, forme le silex ou silice;

symbole, Si; poids atomique, 28. On l'obtient en poudre amorphe d'un brun terne, en faisant passer de la vapeur de chlorure de silicium sur du potassium ou du sodium chauffé et contenu dans un tube de verre. On l'obtient aussi avec la solution aqueuse de fluorure gazeux de silicium. Par ses propriétés chimiques, le silicium montre des analogies frappantes avec le carbone et le bore. Le silicium amorphe a été découvert par Berzélius en 1824, et, sous sa forme cristallisée, par Deville en 1855. Le silicium cristallin forme de brillantes écailles noires, ayant un lustre analogue à celui du minerai de fer spéculaire, quelquefois prismatiques, d'autres fois octaédriques, foliés, graphitiques; poids spécifique, 2,49. Le silicium appartient à la classe des tétrades, étant l'équivalent, dans la plupart de ses combinaisons, à quatre atomes d'hydrogène. Il n'y a qu'un oxyde anhydre de silicium, que l'on appelle communément acide silicique ou silice; formule : Si O². Il est dimorphe, et existe en prismes hexagonaux avec pyramides non tronquées, comme le quartz, le cristal de roche, l'améthyste, etc., en cristaux en forme de coin, à angles vifs, ou en plaques hexagonales, ou en couples, incolores, et clairs comme de l'eau; poids spécifique des premiers : 2,6; des derniers : 2,3. Le seul acide qui le dissolve est l'acide hydrofluorique, qui le décompose, et il se forme avec sa base et l'acide un composé gazeux. Lorsqu'on fait passer ce composé dans l'eau, la combinaison se détruit, et le silice se reproduit à l'état d'hydrate, sous forme de petites bulles et de *floculi* blancs, lesquels, par le lavage et l'ignition, deviennent de la silice parfaitement pure et d'un blanc de neige. La silice se combine avec les bases pour former des silicates, parmi lesquels on trouve une grande proportion des minéraux. Ces silicates forment un constituant important dans les tiges des graminées; c'est la tunique vernissée qui les recouvre. Il y a des silicates hydratés et anhydres; les premiers comprennent, outre ceux qui ont été déjà nommés, les serpentines, les chlorites, et les derniers les augites, les grenats, les micas et les feldspaths.

* **SILICULE** s. f. (dimin. de *silique*). Bot. Silique dont la longueur n'excède pas la largeur : *la passerage porte des silicules.*

* **SILICULEUX, EUSE** adj. Bot. Se dit des plantes dont le fruit est une silicule. — Substantiv., au féminin, LES SILICULEUSES.

* **SILIQUE** s. f. (lat. *siliqua*). Bot. Enveloppe de fruit, sorte de péricarpe sec et allongé, formé de deux pièces unies par des sutures longitudinales où les semences sont attachées, et divisé en deux loges par une cloison membraneuse; ce qui distingue la silique de la capsule et de la gousse, c'est sa cloison mitoyenne. Ce genre d'enveloppe caractérise la famille des crucifères.

* **SILIQUEUX, EUSE** adj. Bot. Se dit des plantes dont le fruit est une silique. — Substantiv., au féminin, LES SILIQUEUSES.

SILISTRIE (turc, *Dristra*), ville de Bulgarie, sur le Danube, à 91 kil. N.-N.-E. de Choumla et à 350 kil. N.-N.-O. de Constantinople; 20,000 hab. Comm. de laine et de bétail. Elle a été, à plusieurs reprises, assiégée et quelquefois occupée par les Russes. En mai 1854, Silistrie fut investie par Paskévitch; mais, après un bombardement de 30 jours, les Russes se retirèrent, ayant perdu environ 12,000 hommes et la plus grande partie de leur matériel. Leurs batteries et leurs mines avaient néanmoins fait de la ville un tas de décombres. Les formidables fortifications de Silistrie ont été détruites en vertu du traité de Berlin (1878).

SILIUS ITALICUS (Caïus), poète épique latin, né vers l'an 25 de notre ère, mort vers l'an 100. Il fut consul sous Néron, puis se livra à la culture des lettres. Tourmenté par une maladie incurable, il se laissa mourir de faim. Il a laissé un *Poème sur la seconde guerre punique*, ouvrage longtemps perdu, puis retrouvé en 1416 à l'abbaye de Saint-Gall. Les meilleures éditions sont celles de Rome (1471), d'Ernesti (Leipzig, 1791-'92, 2 vol. in-8°). Il a été traduit en français par Lefèvre de Villebrune (Paris, 1781) et par Corpet et Dubois (1837-'38, 3 vol. in-8°).

* **SILLAGE** s. m. [si-ia-je; *ll* mll.] Mar. Trace que fait un bâtiment lorsqu'il navigue : *les vagues étaient si hautes, qu'on ne pouvait remarquer le sillage.* — FAIRE GRAND SILLAGE, BON SILLAGE, naviguer heureusement et avec rapidité : *pendant quelques jours, nous fîmes bon sillage.* — CE BATIMENT DOUBLE LE SILLAGE DE TEL AUTRE, il va une fois plus vite, il a une marche très supérieure. — MESURER LE SILLAGE D'UN BÂTIMENT, mesurer la vitesse de sa marche.

* **SILLE** s. m. [si-le] (gr. *sillos*, nez camus). Poème mordant en usage chez les anciens Grecs : *le sille des Grecs répond à la satire des Romains; les silles de Timon de Phlionte, surnommé le Sillographe.*

SILLÉ-LE-GUILLAUME, ch.-l. de cant., arr. et à 37 kil. N.-O. du Mans (Sarthe); 3,500 hab. Le général Chanzy y livra combat aux Allemands le 15 janv. 1871.

* **SILLER** v. n. [*ll* mll.] Mar. Se dit d'un bâtiment qui coupe, qui fend les flots en avançant : *ce vaisseau sille bien.*

* **SILLER** v. a. Fauconn. Coudre les paupières d'un oiseau de proie, afin qu'il ne se débatte point.

SILLERY, comm. de l'arr. et à 10 kil. de Reims, canton de Verzy (Marne); 500 hab. Ancien marquisat, créé en 1631. Fameux vin ambré, sec, spiritueux et tonique.

* **SILLET** s. m. [*ll* mll.]. Luthier. Petit morceau d'ivoire appliqué au haut du manche d'un violon, d'une guitare, ou autre instrument à cordes, et sur lequel portent les cordes : *la longueur des cordes se mesure du sillet au chevalet.*

SILLON s. m. [si-ion; *ll* mll.]. Longue trace que le soc, le coutre de la charrue fait dans la terre qu'on laboure : *ces sillons ne sont pas assez profonds.* — Fig. FAIRE SON SILLON, faire l'ouvrage qu'on s'est tenu de faire, qu'on s'est imposé l'obligation de faire chaque jour. — Prov. et fig. C'EST UN BŒUF QUI FAIT BIEN SON SILLON, se dit d'un homme médiocre et laborieux. — pl. Se dit quelquefois, absol. et poétiq., des campagnes, des champs : *trop de sang a inondé, abreuvé nos sillons.* — Se dit aussi, fig. et poétiq., des traces que de certaines choses laissent en passant : *le navire laissait derrière lui un large sillon.* — Hist. nat. Raie ou strie profonde : *les valves de cette coquille ont des sillons.* — Anat. Certaine fente ou rainure que présente la surface de quelques os et de divers organes : *sillon longitudinal.* — Rides qui se trouvent au palais des quadrupèdes, et particulièrement des chevaux.

* **SILLONNÉ, ÉE** part. passé de SILLONNER. *Des montagnes sillonnées de ravins.* — Adjectiv. Anat. et hist. nat. Se dit des organes, des parties qui sont marquées de stries profondes, de fentes ou raies creuses.

* **SILLONNER** v. a. Faire des sillons. Dans le sens propre, il n'est guère d'usage qu'au propre. — Plus souvent au fig. — Se dit, fig., de certaines choses qui font des traces en passant; qui laissent des traces de leur passage : *un reptile qui se meut en sillonnant la vase, le limon.*

* **SILO** s. m. Cavité pratiquée dans la terre pour y conserver le blé, des graines : *des silos.*

* **SILOUETTE** s. f. Voy. SILHOUETTE.

* **SILPHIUM** [sil-fi-omm] (du gr. *silphion*, sorte de gomme). Bot. Genre de plantes grossières, robustes, vivaces de la famille des composées, ayant un suc résineux abondant et fleurissant en gros bouquets. Le genre comprend environ 20 espèces, toutes particulières à l'Amérique du Nord. La plus connue est le *silphium laciniatum*, appelée vulgairement herbe à résine. Le suc résineux de ces plantes sort spontanément, ou sous la piqûre des insectes, en petites larmes transparentes sur la tige et les feuilles. On a considéré cette résine et la plante elle-même comme un remède utile dans l'asthme et autres maladies des voies respiratoires chez les chevaux. On se sert quelquefois comme tonique et diaphorétique d'une teinture de la racine et des feuilles.

* **SILURE** s. m. (gr. *silouros*; de *seiein*, agiter, et *oura*, queue). Hist. nat. Genre de poissons à nageoires pectorales et dorsales munies de rayons épineux. Il y a une espèce de silure (*siluris glanis*) qui est, après l'esturgeon, le plus grand des poissons d'eau douce d'Europe. On le trouve surtout dans les lacs de Suisse, dans le Rhin, l'Elbe, le Danube et en Russie.

* **SILURIEN, IENNE** adj. (de *Silures*, nom d'un peuple celte qui habitait le pays de Galles). Géol. Se dit d'un terrain qui est placé au-dessous du vieux grès rouge : *le terrain silurien est riche en fossiles.* — L'âge géologique silurien est celui des mollusques et des autres invertébrés. On tire ce nom des anciens Silures, qui habitaient la partie de l'Angleterre et du pays de Galles, où ces roches abondent. Cette formation gît sur le terrain cambrien de Sedgwick, d'après quelques classifications, et immédiatement au-dessous du dévonien. Les subdivisions de l'âge silurien diffèrent en Europe et en Amérique, et même dans les différentes parties d'un même continent. Dans l'Amérique du Nord, la transition entre les roches et les animaux du silurien inférieur au silurien supérieur est absolument brusque. En Grande-Bretagne, la stratification des roches change, mais les animaux ménagent, en se perpétuant de l'un à l'autre, une transition graduée. Le silurien supérieur d'Europe, outre les fossiles invertébrés, contient les vestiges des premiers poissons, dont quelques-uns appartiennent à la tribu des requins; de sorte que si l'âge dévonien est proprement l'âge des poissons, c'est à l'époque silurienne qu'ils apparaissent d'abord.

SILUROÏDE adj. (fr. *silure*; gr. *eidos*, aspect). Ichtyol. Qui ressemble ou qui se rapporte au silure. — s. m. pl. Famille de poissons malacoptérygiens, ayant pour type le genre silure.

SILVANECTES, peuple de la Gaule, dans la II° Belgique. — Ville pr. Augustomagus ou Silvanecte (auj. Senlis).

SILVANÈS, station minérale, et comm du cant. de Camarès, à 25 kil. S.-E. de Saint-Affrique (Aveyron). Eaux ferrugineuses bicarbonatées. Anémie, chlorose, affections nerveuses, maladies des voies digestives, des intestins, des organes de la génération, engorgement du foie, rhumatismes.

* **SILVES** s. f. pl. Voy. SYLVES.

* **SIMAGRÉE** s. f. (rad. lat. *simulacrum*, simulacre). Se dit de certaines manières affectées, de certaines minauderies : *cette femme fait bien des simagrées.*

SIMAISE s. f. Voy. CYMAISE.

SIMANCAS, *Septimanca*, ville d'Espagne, province et à 15 kil. S.-O. de Valladolid; 1,200 hab. Victoire de Ramirez II, de Léon et Fernand de Castille, sur Abder-Rahman, roi maure de Cordoue, le 6 août 938.

SIMAROUBA s. m. (nom guyanais). Bot. Genre de simaroubées, voisin des quassiers, et dont l'espèce principale, le *simarouba officinal* (*quassia simaruba* ou *simaruba amara*), est un arbre qui croît dans l'Amérique méridionale, surtout à la Jamaïque et à Cayenne, et dont l'écorce est d'un grand usage en médecine contre le flux dysentérique, les scrofules, etc.

SIMAROUBÉ, ÉE adj. Bot. Qui ressemble ou qui se rapporte au simarouba.—s. f. pl. Famille de plantes dicotylédones, dialipétales hypogynes, pourrapportant les genres principaux simarouba, quassier, simaba, etc.

SIMARRE s. f. (lat. *zimarra*). Habillement long et traînant, dont les femmes se servaient autrefois : *une simarre magnifique*. — Espèce de soutane que certains magistrats portent sous leur robe : *le chancelier devait être toujours en simarre*.

SIMART (Pierre-Charles), sculpteur, né à Troyes le 27 juin 1806, mort à Paris le 27 mai 1857. Grand prix de Rome (1833) et membre de l'Institut (1852) ; il a laissé entre autres : *Vénus* (Luxembourg) ; statue de *Napoléon* (Invalides) ; le *fronton* et les *cariatides* du Louvre, etc.

SIMBIRSK [simm-birsk']. I, gouvernement de la Russie d'Europe, à l'E. ; 49,494 kil. carr.; 1,205,881 hab. Le pays est généralement plat ; le Volga et son affluent le Sura l'arrosent. Céréales, chanvre, lin et tabac, lainages et toiles, suif, potasse, verre. — II, Cap. de ce gouvernement, sur le Volga, à 675 kil. E.-S.-E. de Moscou ; 26,822 hab. Grand commerce de grains et de poisson.

SIMBLEAU s. m. Cordeau avec lequel les charpentiers tracent de grandes circonférences.

SIMCOE (Lac) [simm-kô]. Voy. ONTARIO.

SIMÉON, second fils de Jacob et de Lia. Sa tribu eut pour territoire un petit district enclavé dans le pays de Juda, et quelques parties du mont Seir et du district de Gédor.

SIMÉON, vieillard juif qui fut averti par le Saint-Esprit qu'il ne mourrait pas sans avoir vu le Messie. Il reçut l'enfant Jésus dans ses bras, lorsque la sainte Vierge le présenta au Temple, et chanta le *Nunc dimittis*.

SIMÉON (Saint), disciple du Christ et évêque de Jérusalem après saint Jacques ; il était neveu de la sainte Vierge. Il fut crucifié à l'âge de 120 ans, vers l'an 107.

SIMÉON STYLITE (Saint), anachorète, mort vers l'an 460. Il finit par se retirer au haut d'une colonne, d'où son surnom (gr. *stylos*, colonne) ; il y resta, dit-on, pendant 36 ans.

SIMFÉROPOL, ville de la Russie d'Europe, capitale de la Tauride, dans la Crimée, à 59 kil. N.-E. de Sébastopol ; 17,429 hab., en majorité Tartares et Russes.

SIMIEN, IENNE, adj. (lat. *simius*, singe). Qui ressemble ou qui se rapporte au singe. — s. m. Synon. de SINGE.

SIMIESQUE adj. Qui tient du singe.

SIMILAIRE adj. (lat. *similis*, semblable). Se dit d'un tout dont la même nature que chacune de ses parties, ou de parties qui sont chacune de la même nature que leur tout : *une masse d'or est un tout similaire, parce que chacune de ses parties est or*.

SIMILARITÉ s. f. (rad. lat. *similis*, semblable). Qualité, état de choses similaires.

SIMILI adj. m. pl. (mot ital. qui signifie : *semblable*). Mus. Se place sur une partition pour signifier que des groupes, des arpèges indiqués en abrégé sont semblables à ceux qui les précèdent.

SIMILIA SIMILIBUS CURANTUR, expression latine qui signifie *Les semblables sont*

guéris par les semblables. C'est la devise de l'homœopathie. (Voy. CONTRARIA CONTRARIIS CURANTUR.)

SIMILIFER s. m. Zinc de Silésie contenant 25 p. 100 de fer.

SIMILIMARBRE s. m. Stuc coloré. On fait du similimarbre avec la composition suivante : une partie de plâtre aluné avec addition de chaux grasse ; une partie d'argile pétrie ; une partie de chanvre haché ; trois parties de poudre de marbre ou d'albâtre. On gâche ce mélange en pâte ferme, on le pousse et on le tamponne dans les moules. Cette matière a été inventée, en 1859, par Lippmann.

SIMILITUDE s. f. (lat. *similitudo*). Ressemblance, rapport exact entre deux choses : *il n'y a point de similitude entre ces deux objets*. — Fig. de rhétorique, rapport par laquelle on fait voir quelque rapport entre deux choses de différentes espèces : *il nous fit comprendre cette vérité par une belle similitude*.

Et nous aimons bien mieux, nous autres gens d'étude,
Une comparaison qu'une *similitude*.
              Molière. Le *Dépit amoureux*, acte II, sc. III.

SIMILOR s. m. Mélange de cuivre et de zinc, qui a l'aspect de l'or.

SIMLA, ville du Pendjaub, dans l'Inde, sur une crête de l'Himalaya, à 7,000 pieds au-dessus du niveau de la mer ; à 272 kil. de Delhi ; au fort de la saison chaude, la population atteint un chiffre d'environ 16,500, dont 1,500 Européens. Les Anglais l'achetèrent vers 1822 à l'État indigène de Koonthal, et y établirent une station sanitaire. Depuis 1866, c'est la résidence d'été du vice-roi et autres hauts fonctionnaires britanniques.

SIMON (Saint), l'un des douze apôtres, surnommé le *Chananéen*. On ne sait rien de sa vie, sinon qu'il évangélisa la Perse où il subit le martyre. Fête le 28 oct. avec saint Jude.

SIMON LE MAGE ou *Magus*, magicien du temps des apôtres, si habile, qu'il acquit le surnom de *grande force de Dieu*. Lorsque Philippe l'Évangéliste prêchait à Samarie (36), les sectateurs de Simon se convertirent, et il reçut lui-même le baptême. Les récits des écrivains ecclésiastiques touchant le reste de sa vie sont contradictoires. Vers le milieu du IIe siècle, ses partisans étaient encore nombreux et Eusèbe, au IVe siècle, en parle comme d'une secte puissante.

SIMON (Richard), exégète français, né en 1638, mort en 1712. Il enseigna la philosophie à Paris, et se trouva engagé dans une controverse avec Port-Royal par son *Fides Ecclesiæ Orientalis* (1671). Son *Histoire critique du Vieux Testament* (1678), où il attribue le Pentateuque à des scribes du temps d'Esdras, fut violemment attaquée par Bossuet. Le livre fut supprimé, et l'auteur exclu de l'Oratoire. Beaucoup de théologiens rationalistes ont depuis adopté ses vues. Il a aussi écrit des ouvrages de critique sur le texte du Nouveau Testament et sur son interprétation.

SIMON (Saint-), ch.-l. de cant., arr. et 16 kil. S.-O. de Saint-Quentin (Aisne), sur le canal Crozat ; 718 hab. Autrefois titre de duché.

SIMONE DI MARTINO [si-mo-né di mar-ti'-no]. Voy. MEMMI.

SIMONIAQUE adj. (de *Simon*, n. pr.). Se dit des choses où il entre, où il y a de la simonie : *contrat simoniaque*. — Se dit aussi des personnes qui commettent simonie : *dans ce siècle, il y avait beaucoup d'ecclésiastiques simoniaques*. — Substantiv. C'est un simoniaque.

SIMONIDE, poète lyrique grec, né dans l'île de Céos, vers 556 av. J.-C., mort vers 467. Il alla de bonne heure à Athènes, et fut

ensuite, à l'âge de plus de 80 ans, vivre à la cour de Hiéron de Syracuse. Pindare lui reproche son avidité ; c'est le premier poète que l'on cite comme ayant écrit pour de l'argent. Il fut le plus fécond et probablement le plus populaire de tous les poètes lyriques de la Grèce. Il ne reste que quelques fragments de ses écrits, dont le plus célèbre est intitulé : *Les Lamentations de Danaé*. — Simonide le Jeune, que quelques-uns regardent comme le petit-fils du précédent, a écrit un Traité sur les inventions. — Il reste quelques fragments des poésies de Simonide le Vieux, d'Amorgos, qui florissait vers 650 av. J.-C.

SIMONIE s. f. Convention illicite par laquelle on donne ou on reçoit une récompense temporelle, une rétribution pécuniaire, pour quelque chose de sain et de spirituel : *le trafic dont vous parlez est une franche simonie, une pure simonie*. — Encycl. « Le mot simonie vient de Simon le Magicien dont il est parlé dans les *Actes des Apôtres* et qui, selon la légende, voulut acheter de saint Pierre le pouvoir de faire des miracles. La simonie était considérée comme un crime sous l'ancien droit. Les juges ecclésiastiques prétendaient en connaître exclusivement ; mais le parlement de Paris rejeta cette prétention et reconnut aux juges ordinaires le droit de punir les coupables. « La « simonie dit Amédée Thierry (*Saint Jérôme*, « liv. XII), était dès le Ve siècle la plaie de « l'Église catholique ; tout s'y achetait, tout « s'y vendait ; la papauté s'enlevait à prix « d'argent, quand on ne l'arrachait pas par « les armes ; plus d'un épiscopat fut mis à « l'encan, et les grades inférieurs du sa- « cerdoce donnaient lieu aux mêmes calculs « de corruption. Electeurs et élus n'avaient « d'ailleurs rien à se reprocher ; les pra- « tiques simoniaques étaient mutuelles... Il « faut ajouter que les biens des corporations « étaient mis au pillage par les clercs. » Plus tard, le trafic si fréquent des bénéfices ecclésiastiques, bien que toléré par les mœurs, a toujours été considéré comme une simonie punissable (Ord. de 1579, 1610, 1629, etc., »

(CH. Y.)

SIMOUN ou **SIMOUM** s. m. (ar. *semoun*, *le pestilentiel*, de la racine *samma*, empoisonner). Vent chaud et violent qui, dans le Sahara et dans les plaines de l'Arabie, soulève les sables et rend très périlleuse la situation des caravanes en marche. (Voy. SAHARA.) Ce vent du désert se fait aussi sentir sur le littoral africain et jusque sur les côtes méridionales de l'Europe où on l'appelle *sirocco*.

(V. L.)

SIMPLE adj. (lat. *simplex*). Qui n'est point composé. Saison est un nom *simple* ; arrière-saison est un nom composé. Dire est un verbe *simple* ; redire, prédire, contredire, sont des verbes composés. — Chim. CORPS SIMPLES, corps que, jusqu'à présent, il a été impossible de décomposer ; on les appelle aussi CORPS ÉLÉMENTAIRES ou ÉLÉMENTS. — Qui n'est pas double ou multiple : *des souliers à simple semelle*. — BÂTIMENT SIMPLE, bâtiment qui n'a qu'un rang de chambres ; par opposition à BÂTIMENT DOUBLE, celui qui renferme deux rangs de chambres. — Bot. CALICE SIMPLE, celui qui n'est point environné d'un second calice extérieur. TIGE SIMPLE, celle qui n'est pas ramifiée ; et, dans un sens anal., STIGMATE SIMPLE, AIGRETTE SIMPLE, etc. — FLEUR SIMPLE, celle dont la corolle n'a que le nombre de pétales qu'elle doit avoir naturellement ; à la différence des fleurs doubles ou semi-doubles, qu'on obtient ordinairement par la culture : *la rose simple n'a que cinq pétales*. Les botanistes appellent FLEUR SIMPLE, par opposition à FLEUR COMPOSÉE. — Liturg. FÊTE SIMPLE, OFFICE SIMPLE, se dit par opposition à fête ou office double ou semi-double ; et, SIMPLE VIGILE, d'une vigile sans

ieûne. — Seul, unique : *il n'a qu'un simple valet pour le servir.* — Qui n'est point compliqué, qu'il est très facile d'employer ou de comprendre, etc. : *une méthode, un procédé, un moyen très simple, fort simple.* — LE SUJET, L'INTRIGUE DE CETTE PIÈCE DE THÉATRE EST FORT SIMPLE, l'action y est peu chargée d'incidents. — Fam. C'EST TOUT SIMPLE, cela est naturel, convenu, cela va sans dire. — Qui est sans ornement, sans faste, sans recherche, sans apprêt, sans affectation : *je ne veux point de broderie ni de galons, je ne veux qu'un habit tout simple.*

> Ayant mis ce jour-là, pour être plus agile,
> Cotillon *simple* et souliers plats.
> LA FONTAINE.

— ÊTRE SIMPLE DANS SES HABITS, DANS SES MEUBLES, éviter la recherche, le luxe dans ses habits, dans ses meubles. — Qui est sans déguisement, sans malice : *simple comme un enfant. Dieu aime les humbles et les simples.* Dans cette dernière phrase, il est employé substantivement. — Niais, qui se laisse facilement tromper : *il est si simple que le premier venu le trompe.* — Simple s. m. Ce qui est simple : *le simple et le composé.* — Mus. Air, chanson, pièce de clavecin, de piano, de harpe, chantée et jouée suivant le chant naturel et tout uni, par opposition à DOUBLE, qui se dit du même air, de la même chanson, de la même pièce, quand on y ajoute des variations : *on ne chante guère le double d'un air, qu'on n'ait chanté le simple.*

* SIMPLE s. m. Nom générique et vulgaire des herbes et des plantes médicinales : *la mélisse est un simple d'une grande vertu.* — Est plus usité au plur. : *cet homme connaît bien les simples.*

* SIMPLEMENT adv. D'une manière simple. Cet adverbe reçoit différentes significations. Ainsi on dit : IL EST VÊTU BIEN SIMPLEMENT, sans ornement, sans recherche ; JE VOUS RACONTERAI LA CHOSE SIMPLEMENT, naïvement, sans déguisement ; C'EST UN BON HOMME, IL Y VA, IL Y PROCÈDE SIMPLEMENT, BIEN SIMPLEMENT, TOUT SIMPLEMENT, bonnement, sincèrement, sans finesse ; CETTE PIÈCE DE THÉATRE EST CONDUITE SIMPLEMENT, l'action n'en est point compliquée, point surchargée d'incidents ; IL NE S'AGIT POINT DE DISCUTER, MAIS SIMPLEMENT DE S'ENTENDRE, mais seulement de s'entendre. — PUREMENT ET SIMPLEMENT, uniquement, sans réserve et sans condition : *il a donné sa démission purement et simplement.*

* SIMPLESSE s. f. Simplicité naturelle, ingénuité accompagnée de douceur et de facilité : *elle a de la simplesse.*

* SIMPLICITÉ s. f. (lat. *simplicitas*). Qualité de ce qui est simple : *simplicité naturelle.* — Niaiserie, trop grande facilité à croire, à se laisser tromper : *je ne vis jamais une si grande simplicité.*

SIMPLICIUS (Saint), pape de 468 à 483. Il a laissé quelques lettres. Fête le 2 mars.

SIMPLIFIABLE adj. Qui peut être simplifié.

SIMPLIFICATEUR, TRICE adj. Qui simplifie.

* SIMPLIFICATION s. f. Action de simplifier, ou résultat de cette action : *travailler à la simplification d'une affaire.*

* SIMPLIFIER v. a. (lat. *simplx*, simple ; *facere*, faire). Rendre simple, moins composé : *simplifier le récit d'un fait, un raisonnement.* — SIMPLIFIER UN BÉNÉFICE, faire d'un bénéfice à charge d'âmes, ou qui demande résidence, un bénéfice simple.

SIMPLISME s. m. Philos. Vice de raisonnement consistant à négliger un ou plusieurs des éléments nécessaires à la solution.

SIMPLISTE adj. Qui est entaché de simplisme.

SIMPLON (Le), *mons Cæpionis* ou *Scipionis*,

all. *simpeln ;* montagne des Alpes helvétiques, à l'E. du cant. de Valais (Suisse). Son point culminant s'élève à 3,518 m. Il donna, pendant le premier Empire, son nom à un département dont le chef-lieu fut Sion. La route du Simplon, entre Brigg (Suisse) et Domo-d'Ossola (Italie), construite de 1801 à 1807, est l'un des plus beaux travaux du premier Empire ; elle traverse 8 ponts principaux, plusieurs cataractes, des tunnels creusés dans le rocher ; on y occupa jusqu'à 60.000 ouvriers à la fois.

SIMPSON (SIR James-Young) [simmpp'sonn], médecin écossais, né en 1811, mort en 1870. En 1840, il fut élu professeur d'obstétrique à l'université d'Edimbourg. Il appliqua le premier, le 19 janv. 1847, la découverte nouvelle de l'anesthésie aux accouchements. Il trouva plus tard les propriétés anesthésiques du chloroforme, plus maniable et plus puissant que l'éther. Parmi ses œuvres, on a : *Homœopathy* (3e édit., 1853) ; *Obstetric memoirs and contributions,* qui contiennent ses travaux sur l'anesthésie (1855-'56, 2 vol.) ; et des essais sur les anciens rochers sculptés de la Grande-Bretagne, et autres sujets d'archéologie. Il fut fait baronet en 1866. On a publié en 1871 une nouvelle édition de ses œuvres. — Voy. *Memoir,* par J. Duns (1873).

SIMROCK (Karl), écrivain allemand, né à Bonn en 1802, mort en 1876. En 1830, son poème sur la révolution française de Juillet le fit révoquer de son emploi dans l'administration judiciaire. En 1850, il devint professeur de littérature allemande ancienne à Bonn. Ses traductions des *Nibelungen* (récente édit., 1874), et d'un grand nombre de poèmes teutons et scandinaves, y compris l'*Edda* (4e édit. 1871), lui ont donné de la célébrité. On a aussi de lui : *Die Quellen des Shakespeare in Novellen, Maerchen und Sagen* (1834 ; nouvelle édit., 1872), et une traduction des poèmes de Shakespeare (1867).

* SIMULACRE s. m. (lat. *simulacrum*). Image, statue, idole, représentation de fausses divinités. Ne se dit guère qu'au pluriel : *les simulacres des dieux.* — Spectre, fantôme. En ce sens, il se met ordinairement avec l'épithète de VAIN : *de vains simulacres.* — Vaine représentation de quelque chose ; et, dans ce sens, n'est guère d'usage qu'au singulier : *dans les derniers règnes des Mérovingiens, il n'y avait qu'un simulacre de puissance royale.* — Se dit également des actions par lesquelles on feint d'exécuter quelque chose, on l'imite, on se le représente : *un simulacre de débarquement, de combat,* etc.

SIMULATEUR, TRICE s. Personne qui simule.

* SIMULATION s. f. Jurispr. Déguisement, fiction : *il y a bien de la simulation dans ce contrat.*

* SIMULER v. a. (lat. *simulare*). Jurispr. Feindre, faire paraître comme réelle une chose qui n'est point : *simuler une vente.* — S'emploie quelquefois dans le langage ordinaire : *simuler un combat.*

* SIMULTANÉ, ÉE adj. (du lat. *simul*, ensemble). Se dit de deux ou plusieurs actions qui se font dans un même instant : *mouvement simultané.*

* SIMULTANÉITÉ s. f. Didact. Existence de deux ou plusieurs choses dans le même instant : *la simultanéité de ces actions diverses.*

* SIMULTANÉMENT adv. En même temps, au même instant : *ces deux coups de fusil sont partis simultanément.*

SIN (Côte de), pays de la Sénégambie, au S.-E. du cap Vert. Cap., Joal.

SINAÏ, groupe de montagnes de l'Arabie Pétrée, dans la partie sud de la presqu'île du même nom, qui s'avance au fond de la

mer Rouge, entre le golfe de Suez et le golfe d'Akabah. De forme triangulaire, longue et large de 140 kil. ; cette péninsule est aride et sablonneuse au N., et s'élève au S. de 29° 20' de lat., en plusieurs lignes de montagnes, contenant des pics dont quelques-uns dépassent 2,000 m. Parmi ceux-ci, le Jebel Musa (mont de Moïse), haut de 2,219 m. ; à l'extrémité méridionale, est le Sinaï de la tradition biblique. Burckhardt, Lepsius et d'autres ont essayé de démontrer que le vrai Sinaï est le Jebel Serbal (haut de 1,948 m.),

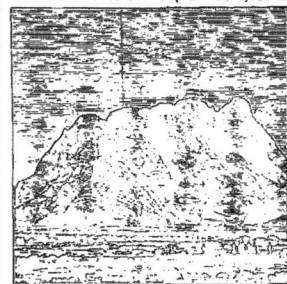

Sinaï et Horeb.

un peu à l'O. du Jebel Musa ; mais Robinson et d'autres croient que c'est sur l'extrémité N. du Jebel Musa, appelé Horeb par les moines, que la loi fut donnée aux Hébreux. Sur son flanc occidental, on trouve un monastère célèbre par son antiquité, par ses trésors manuscrits et par l'hospitalité des moines. Quant à l'Horeb des Ecritures, il semble que tout le désert de Sinaï ait été appelé ainsi (héb. *'hareb*, brûlé), et que ce nom ait été appliqué parfois plus spécialement au mont Sinaï même.

SINAÏTE s. f. Minér. Sorte de roche qui constitue le mont Sinaï.

SINAÏTIQUE adj. Qui se rapporte au Sinaï : *presqu'île sinaïtique.*

SINALOA. I, état du Mexique, au N.-O., confinant aux états de Sonora, de Chihuahua, de Durango, de Jalisco, au Pacifique et au golfe de Californie ; 74,269 kil. carr. ; 480,000 hab. La partie orientale est traversée par une branche de la Sierra Madre ; à l'O., s'étend une grande plaine qui descend en pente douce vers la côte. Les principaux cours d'eau sont : le Fuerte et le Cañas, sur les frontières N. et S., et le Sinaloa et le Culiacan. Les productions minérales sont : l'or, l'argent, le platine, le cuivre, le fer, le plomb et le zinc. Le climat est excessivement chaud, et presque partout malsain. Le sol est généralement fertile, et produit du café, du riz, des cannes à sucre. On y fabrique de l'huile de ricin, et il y a des pêcheries de perles et de tortues. On exporte du bois du Brésil, des perles, de l'or et de l'argent. La capitale est Culiacan et le port principal Mazatlan. — II, ville à l'intérieur de l'état, sur la rivière du même nom, au milieu d'un district aurifère ; à 352 kil. N.-N.-O. de Mazatlan ; 9,000 hab. C'était autrefois la capitale.

SINAPATE s. m. Chim. Sel qui résulte de l'acide sinapique avec une base.

SINAPINE s. f. (lat. *sinapis*, moutarde). Chim. Base organique qui existe à l'état de sulfocyanate dans les graines de moutarde blanche.

SINAPIQUE adj. Chim. Se dit d'un acide qui prend naissance lorsqu'on fait bouillir le sulfocyanate de sinapine avec la potasse ou avec l'eau de baryte.

SINAPISATION s. f. Action de sinapiser.

* **SINAPISÉ, ÉE** adj. Méd. Se dit des médicaments, des remèdes où l'on met de la farine de graine de moutarde, pour les rendre plus actifs : *un bain de pied sinapisé.*

SINAPISER v. a. Additionner de moutarde.

* **SINAPISME** s. m. Méd. Médicament topique composé de substances chaudes et âcres, dont la graine de moutarde fait ordinairement la base et que l'on applique sur la peau pour la rubéfier et produire une action révulsive. On la prépare en délayant de la farine de moutarde dans de l'eau tiède.

* **SINCÈRE** adj. (lat. *sincerus*). Vrai, franc, qui est sans artifice, sans déguisement. Se dit des personnes et des choses : *c'est un homme sincère dans ses discours.*

* **SINCÈREMENT** adv. D'une manière sincère : *je vous parle sincèrement.*

* **SINCÉRITÉ** s. f. Candeur, franchise, qualité de ce qui est sincère : *il paraît une grande sincérité dans ses actions.*

* **SINCIPITAL, ALE** adj. Anat. Qui a rapport au sinciput : *artère sincipitale.*

* **SINCIPUT** s. m. [sain-si-putt] (mot lat.). Anat. Partie supérieure de la tête, qu'on appelle aussi LE SOMMET.

SINDE ou **Scinde** [sinndd], division administrative ou commissariat de la province de Bombay, dans l'Inde anglaise, bornée par le Béloutchistan, le Pendjaub, le Rajpoutana, le Runn de Cutch et l'océan Indien; 127,700 kil. carr.; 2,493,000 hab. La côte est basse et marécageuse. L'intérieur forme une plaine aride de sable et de galets, traversée par l'Indus, que borde de chaque côté une bande fertile. Le Sinde et l'Indus sont l'un relativement à l'autre, comme l'Égypte et le Nil. (Voy. INDUS.) Les jungles du Nord servent aujourd'hui au gouvernement de réserves de bois de chauffage. Villes princ. : Kurrachee, le port maritime de l'Indus, Hydrabad, la capitale, Sukkur, Shikarpoor et Larkhana. Le climat est chaud, sujet à des changements brusques et prononcés, et d'une sécheresse remarquable. Le sel est le principal produit minéral de la contrée. L'irrigation est indispensable à la culture, et les canaux ne peuvent être entretenus qu'à grands frais à cause de l'accumulation des vases. On expérimente la culture du coton; la canne à sucre et le tabac réussissent, outre le riz, le froment, l'orge, le sénevé et les autres plantes ordinaires sous un tel climat; mais la culture est arriérée et négligée. Les naturels du Sinde sont un mélange de races, où dominent les Jats et les Bélouchis. L'industrie de la laine est importante. On fabrique de grossières étoffes de soie, des cuirs souples et de bonne durée, des draps, de la faïence et de la coutellerie. Un chemin de fer relie Kurrachee et Hydrabad. Le gouvernement est représenté par un commissaire spécial. — Les désastres des Anglais dans l'Afghanistan ayant engagé les *ameers* ou souverains du Sinde à commettre des actes d'hostilité, sir Charles Napier y fut envoyé avec une armée (1843) et remporta la brillante victoire de Meeanee, qui fut suivie rapidement de la conquête du pays et de l'établissement de l'autorité anglaise.

* **SINDON** s. m. (lat. *sindo, sindonis*, linceul). Chir. Petit morceau de toile ou petit plumasseau arrondi, soutenu par un fil, qu'on introduit dans l'ouverture faite avec le trépan. — Linceul dans lequel JÉSUS-CHRIST fut enseveli.

* **SINÉCURE** s. f. (lat. *sinecura*; de *sine*, sans; *cura*, soin). Place ou titre qui produit des émoluments, et qui n'oblige à aucune fonction, à aucun travail : *cette place est une sinécure.*

SINÉCURISME s. m. Système gouvernemental qui multiplie les sinécures.

SINÉCURISTE s. m. Celui qui jouit d'une ou de plusieurs sinécures.

SINE NOMINE VULGUS, expression latine qui signifie le *Vulgaire sans nom*, et que nous traduisons ordinairement par le *Commun des martyrs.*

* **SINE QUÂ NON**, mots latins qui signifient : *Sans quoi non*. — CONDITION SINE QUÂ NON, condition sans laquelle une chose n'aura pas lieu.

SINGALAIS, AISE s. et adj. De Ceylan; qui appartient à cette île ou à ses habitants.

SINGAPOUR [angl. *Singapore*]. I, province de la colonie anglaise des *Straits Settlements* (établissements des Détroits); elle se compose de l'île de Singapour et d'environ 50 îlots au S. et à l'E., dans le détroit de Singapour; 97,111 hab. L'île de Singapour se trouve à l'extrémité méridionale de la presqu'île Malaise, dont elle est séparée par un détroit d'environ 64 kil. sur 800 m. à 3 kil. de large; 580 kil. carr. Noix de muscade, clous de girofle, gingembre, poivre, gambir, tapioca, canne à sucre. Le climat est sain et la température varie de 24° à 32°. — II, cap. des Straits Settlements, sur la côte méridionale de l'île de Singapour, par 1°16'13" lat. N. et 101° 33' 4" long. E.; 90,000 hab. Un

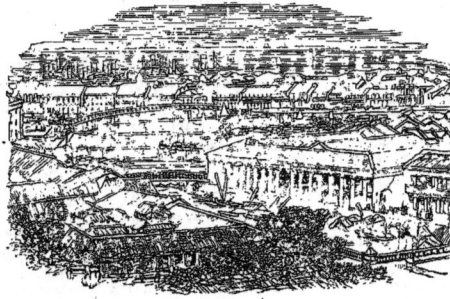

Singapour.

bras de mer, appelé rivière de Singapour, la divise en deux parties : à l'O., se trouve le quartier chinois et les grands entrepôts de marchandises; à l'E., sont les édifices officiels et un grand nombre de maisons européennes; plus loin, du même côté, le quartier malais. La partie est vaste et peut recevoir les plus gros vaisseaux; c'est un port franc; sa situation géographique en fait l'entrepôt du commerce entre l'Asie méridionale et l'archipel Indien, et il est fréquenté par des navires de toutes les nations. — La ville de Singapura (ville du Lion), cap. d'un royaume malais, occupait, au XIIe siècle, le site de Singapour. Elle tomba en décadence et, en 1819, époque où les Anglais y construisirent une factorerie, l'île entière n'avait que 150 hab. En 1824, le sultan de Johore céda la souveraineté de l'île aux Anglais.

SINGE s. m. (lat. *simius*). Mamm. Nom donné vulgairement aux quadrumanes, mais réservé par les naturalistes à la famille des quadrumanes les plus voisins de l'homme. — Qui contrefait, qui imite les gestes, les actions, les manières, le style de quelque parole de tous ceux qu'il voit; c'est un vrai singe. — Instrument avec lequel on peut copier mécaniquement des dessins, des es-

tampes, sans savoir dessiner. C'est ce qu'on appelle autrement PANTOGRAPHE. — Machine qui sert à élever et à descendre des fardeaux, et qui est formée d'un treuil tournant sur deux chevalets ou sur deux montants. — Argot typogr. Nom donné aux compositeurs, à cause du mouvement de leurs mains et de leurs doigts quand ils lèvent la lettre. — ENCYCL. Dans la méthode du Cuvier, le nom de *singe* désigne la première famille des quadrumanes, caractérisée par 4 dents incisives droites à chaque mâchoire, des ongles plats, des dents molaires à tubercules mousses comme celles de l'homme; des canines plus longues que les autres dents et conformées en crocs plus ou moins forts. Cette famille se subdivise en SINGES PROPREMENT DITS ou de l'ANCIEN CONTINENT (5 dents molaires de chaque côté à chaque mâchoire; narines séparées par une cloison mince) et SINGES DU NOUVEAU CONTINENT (6 dents molaires de chaque côté à chaque mâchoire; narines séparées par une large cloison). La première subdivision comprend les genres orang, gibbon, cercopithèque ou guenon, semnopithèque, macaque, magot, cynocéphale, mandrill; la deuxième subdivision se compose des genres alouate, atèle, lagothriche, sapajou, saki, saïmiri, sagouin ou callithriche, nocthore ou nyctipithèque. La classification aujourd'hui admise est celle d'Isidore Geoffroy, d'après laquelle la grande famille des singes comprend 4 tribus : les PITHÉCIENS, les CYNOPITHÉCIENS, les CÉBIENS et les HAPALIENS. P. Gervais a classé les singes de la façon suivante, en 3 tribus : 1° PITHÉCIENS, comprenant 5 sections, savoir : *singes anthropomorphes* ou *anthropoïdes* (genres chimpanzé, gorille, orang, gibbon, pliopithèque); *singes semnopithèques* (semnopithèque, colobe); *guenons* (cercopithèque); *macaques* (mangabey, macaque, magot, cynocéphale); *cynocéphales* (mandrill, cynocéphale); 2° CÉBIENS (genres hurleur, lagotriche, ériode, atèle, sajou, callitriche, saïmiri, nyctipithèque et saki); 3° HAPALIENS (ouistiti).

* **SINGER** v. a. Imiter, contrefaire : *singer les manières d'un autre.*

* **SINGERIE** s. f. Grimace, gestes, tours de malice : *il a fait mille singeries.* — Imitation gauche ou ridicule : *toute cette gravité apparente n'est qu'une singerie.*

SINGEUR, EUSE ou **GERESSE** adj. Qui singe, qui imite servilement. — Substantiv. *De vils singeurs.*

* **SINGULARISER** v. a. (rad. lat. *singularis*, singulier). Rendre singulier, extraordinaire : *ayez une conduite qui vous distingue, et non qui vous singularise.* — Se singulariser v. pr. Se distinguer, se faire remarquer par quelque singularité, par des opinions, des actions, des manières singulières. Ne se dit guère qu'en mauvaise part : *il est dangereux de se singulariser.*

* **SINGULARITÉ** s. f. (lat. *singularitas*). Ce qui rend une chose singulière : *la singularité de cet événement.* — Manière extraordinaire d'agir, de penser, de parler, etc., différente de celle de tous les autres : *il croit se faire admirer par cette singularité.*

SINGULIER, IÈRE adj. (lat. *singularis*). Particulier, qui ne ressemble pas aux autres : *un cas singulier.* — Rare, excellent : *vertu,*

piété singulière. — Bizarre, capricieux. affectant de se distinguer : *il est singulier dans ses opinions, dans ses expressions, dans sa manière d'agir, de s'habiller*, etc. — Extraordinaire, et se dit pour marquer, en bonne ou en mauvaise part, son étonnement de quelque chose : *voilà un fait bien singulier, une aventure singulière*. — COMBAT SINGULIER, combat d'homme à homme : *autrefois, en matière judiciaire, on permettait les combats singuliers pour découvrir la vérité*. — Gramm. NOMBRE SINGULIER, ou substantiv. SINGULIER, par opposition à NOMBRE PLURIEL, ou PLURIEL, nombre qui ne marque qu'une seule personne, qu'une seule chose : *ce n'est pas là un pluriel, c'est un singulier.*

* SINGULIÈREMENT adv. Particulièrement, spécialement, principalement, beaucoup, sur toutes choses : *il nous a recommandé ses enfants, et singulièrement l'aîné, qui est d'une santé délicate*. — D'une manière affectée, d'une manière bizarre : *il parle, il marche, il s'habille singulièrement*. — IL S'EST CONDUIT SINGULIÈREMENT DANS CETTE AFFAIRE, d'une manière extraordinaire, difficile à expliquer.

SINGULTUEUX, EUSE adj. (rad. lat. *singultus*, sanglot). Qui a le caractère des sanglots.

SINIGAGLIA [si-ni-ga'-lia] (anc. *Sena Gallica*), ville forte de l'Italie centrale, sur l'Adriatique, à 30 kil. N.-O. d'Ancône; 23,197 hab. Il s'y tient annuellement une foire fameuse pour la fête, qui dure du 20 juillet au 8 août. Le port n'admet que de petits navires.

* SINISTRE adj. (lat. *sinister*). Malheureux, funeste; qui cause des malheurs, ou qui en fait craindre : *un événement sinistre*. — Chirom. LIGNE SINISTRE, ligne qui présage des malheurs. On disait, dans le même sens, en astrologie, L'ASPECT SINISTRE DES ASTRES. — AVOIR UNE PHYSIONOMIE SINISTRE, AVOIR QUELQUE CHOSE DE SINISTRE DANS LA PHYSIONOMIE, avoir dans la physionomie quelque chose de sombre et de méchant. On dit aussi, AVOIR LE REGARD SINISTRE. — Méchant, pernicieux : *cet homme a des projets sinistres*. — s. m. Se dit des pertes et dommages qui arrivent aux objets assurés, surtout des incendies : *évaluer le sinistre.*

SINISTRÉ, ÉE adj. Qui a subi un sinistre. — Substantiv. *Les sinistrés.*

* SINISTREMENT adv. D'une manière sinistre : *vous jugez toujours sinistrement de l'état de vos affaires.*

SINNAMARI, fleuve de la Guyane française, qui se jette dans l'Atlantique, à 90 kil. N.-O. de Cayenne, après un cours de 250 kil. Il dine son nom à un quartier de la colonie.

SINOLOGIE s. f. (lat. *Sina*, Chine; gr. *logos*, discours.) Philol. Étude de la langue, de l'écriture et des mœurs de la Chine.

* SINOLOGUE s. m. Qui connaît la langue, la littérature des Chinois.

* SINON conj. (contract. de *si* et de *non*). Autrement, faute de quoi, sans quoi : *faites ce qu'il souhaite, sinon n'en attendez aucune grâce*. — Si ce n'est : *il ne lui répondit rien, sinon que...*

SINOPE (turc, *sinub*), ville forte de l'Asie Mineure, sur la rive méridionale de la mer Noire, à 520 kil. E.-N.-E. de Constantinople; 10,000 hab. Elle est bâtie sur un isthme à l'extrémité du cap Sinope, qui forme une rade présentant le meilleur mouillage de la côte. Elle a un arsenal, et la seule cale de construction pour les navires qu'il y ait en Turquie, à l'exception de celle de Constantinople. — Sinope, dans l'ancienne Paphlagonie, devint importante vers 630 av. J.-C., et resta indépendante jusqu'à sa prise par Pharnace, roi de Pont, qui en fit sa capitale (183).

Mithridate le Grand l'embellit, Rome s'en empara, et César y établit une colonie. Les Turcs la prirent en 1461. Les Russes, commandés par Nakhimoff, y détruisirent la flotte turque tout entière à l'exception d'un seul bateau à vapeur, le 30 nov. 1853. La ville elle-même fut bombardée et eut beaucoup à souffrir.

* SINOPLE s. m. (portug. *sinopla*). Blas. Couleur verte : *il porte de sinople à l'aigle d'argent.*

SINTO ou Shinto. Voy. JAPON.

SINTOÏSME s. m. Culte japonais qui a précédé le bouddhisme.

SINT UT SUNT, AUT NON SINT, loc. lat. qui signifie : *Qu'ils soient comme ils sont ou qu'ils ne soient pas*. (Voy. RICCI.)

* SINUÉ, ÉE adj. (lat. *sinus*, cavité). Bot. Se dit des parties, et particulièrement des feuilles dont le bord a des sinuosités : *feuilles sinuées.*

* SINUEUX, EUSE adj. (lat. *sinus*, cavité). Tortueux, qui fait plusieurs tours et détours. N'est guère usité que dans la poésie : *les replis sinueux d'un serpent, d'une couleuvre*. — Chir. ULCÈRE SINUEUX, ulcère étroit, profond et tortueux.

SINUOLÉ, ÉE adj. Se dit des organes qui ont les bords légèrement sinués.

* SINUOSITÉ s. f. Tours et détours que fait une chose sinueuse; état de ce qui est sinueux : *cette rivière a beaucoup de sinuosités, fait beaucoup de sinuosités*. — Chir. CETTE PLAIE A BEAUCOUP DE SINUOSITÉS, elle fait des tours et des détours.

SINUPALÉAL, ALE adj. Dont le manteau présente une cavité.

* SINUS s. m. [si-nuss] (mot lat. qui signifie *pli*). Mathémat. La perpendiculaire menée d'une des extrémités d'un arc, sur le rayon qui passe par l'autre extrémité : *table des sinus, des tangentes et des sécantes*. — SINUS VERSE, partie du rayon comprise entre le sinus et l'extrémité de l'arc. — SINUS TOTAL, sinus d'un arc ou d'un angle de quatre-vingt-dix degrés, lequel est égal au rayon.

* SINUS s. m. [si-nuss]. Anat. Se dit de diverses parties qui forment une cavité, ou qui se courbent et se recourbent en divers sens. Ainsi on appelle SINUS FRONTAUX ou SOURCILIERS, les deux cavités situées entre les deux tables de l'os frontal au-dessus du nez et des sourcils; SINUS MAXILLAIRES, les cavités des os de la mâchoire supérieure, au-dessus des alvéoles de cette mâchoire; SINUS DE LA VEINE PORTE, le tronc de la veine porte; SINUS LAITEUX, réunion de tous les canaux excréteurs des glandes qui forment les mamelles; SINUS DE LA DURE-MÈRE, canaux veineux, plus ou moins considérables, qui parcourent la dure-mère dans plusieurs points de son étendue. — Chir. Cavité, espèce de poche, de petit sac qui se fait aux côtés ou au fond d'une plaie, d'un ulcère, et où s'amasse du pus, de la matière : *en sondant sa plaie, on trouva, on découvrit un sinus.*

SION, *Sedunum, Civitas Sedunorum*; all. *Sitten*, ch.-l. du cant. du Valais (Suisse), sur la Sionne, à 90 kil. E. de Genève; 5,000 hab. Evêché, cathédrale. Le goitre et le crétinisme affligent sa population. Les Valaisiens y battirent les Savoisiens en 1415. Les Français la prirent en 1798 et en firent le ch.-l. du dép. du Simplon.

SION, une des montagnes de Jérusalem et, par ext., Jérusalem.

SIOUA ou Syouah (anc. *Ammon* ou *Ammonium*), oasis dans le N.-O. de l'Egypte, à 528 kil. O.-S.-O. du Caire, et à 256 kil. de la Méditerranée; 8,000 hab. Elle se compose de plusieurs bandes de terrain détachées, dont la plus grande peut avoir 12 kil. sur 4. Dans

l'E. le sol est très fertile; on y récolte surtout des dates. Le climat est délicieux. Les habitants sont des Berbères et des nègres, tous mahométans. La ville principale, Siouah, est défendue par une citadelle, sur un roc, et par de fortes murailles. A environ 3 kil. au S.-E., sont les ruines de l'ancien temple de Jupiter Ammon, qu'Alexandre le Grand visita en 331 av. J.-C.

SIOULE (La), rivière qui prend sa source dans le dép. du Puy-de-Dôme, au lac de Servières, coule au N., entre dans le dép. de l'Allier et se jette dans l'Allier, après un cours de 160 kil.

SIOUT ou Osiout [si-outt'] (anc. *Lycopolis*), ville d'Egypte, cap. de la province du même nom et résidence du gouverneur de la haute Egypte, près de la rive gauche du Nil, à environ 400 kil. au-dessus du Caire; 27,500 hab. Siout était autrefois très fréquentée par les caravanes de l'intérieur. Sa grande industrie est la fabrication des fourneaux de pipe. Il y a de vastes tombeaux dans le roc et d'autres antiquités. La ville était jadis vouée au culte du loup; de là son ancien nom grec.

SIOUX ou Dakotas, tribu d'Indiens, qui habitaient près des sources du Mississipi (1640). Ils combattirent les Français avec les Renards; les Chippeways en repoussèrent un grand nombre le long du Mississipi. Quelques-uns restèrent sur le Saint-Pierre ou dans les environs. En 1851, la nation céda aux Etats-Unis toutes ses terres à l'E. d'une ligne tirée du lac Otter Tail au confluent du Rig Sioux et du Missouri. Des guerres successives les repoussèrent au N. et jusque sur le territoire anglais. En 1875, on comptait encore 50,000 Dakotas. En 1876, on obligea avec beaucoup de difficulté les Sioux à céder leurs droits sur les collines noires. Le général Custer trouva la mort dans la lutte qui eut lieu à ce sujet.

SIOUX CITY, ville de l'Iowa (Etats-Unis), sur le Missouri, à 275 kil. N.-O. de Des Moines; 4,290 hab. Grand commerce avec le N.-O. de l'Iowa, le N.-E. du Nébraska et le S. du Dakota.

* SIPHILIS s. f. Voy. SYPHILIS.

* SIPHILITIQUE adj. Voy. SYPHILITIQUE.

SIPHNOS, auj. *Siphno* ou *Sifanto*, l'une des Cyclades septentrionales, à l'O. de Paros, 8,000 hab. Elle fut colonisée par les Ioniens, et après avoir appartenu aux Romains et à l'empire grec, Siphnos fit partie du duché de Naxos. Elle est auj. comprise dans le nome des Cyclades.

* SIPHON s. m. [si-fon] (lat. *sipho*). Tuyau recourbé, dont les branches sont inégales, et dont on se sert principalement pour pomper une liqueur dans un vase et la faire passer dans un autre : *siphon de verre*. — Tourbillon ou nuage creux qui descend sur la mer en forme de colonne, et qu'on appelle ainsi dans l'idée qu'il enlève et pompe l'eau dans la mer. (Voy. TROMBE.) —

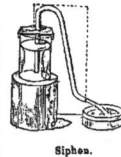

Siphon.

Vase de grès ou de verre en forme de bouteille, dans lequel on met du gaz chargé d'acide carbonique et que l'on tient hermétiquement fermé.

SIPHONIE s. f. (rad. *siphon*). Bot. Genre d'euphorbiacées crotonées, comprenant plusieurs espèces d'arbres dont le suc laiteux renferme du caoutchouc. Ces végétaux croissent au Brésil et à la Guyane. La *siphonie élastique* (*siphonia elastica*), de la Guyane et des régions voisines, est l'espèce la plus remarquable du genre. On la trouve sur les bords des lacs et des rivières. Elle apparte-

nait jadis au genre *jatropha*, et quelques botanistes la plaçaient dans le genre *hevea*.

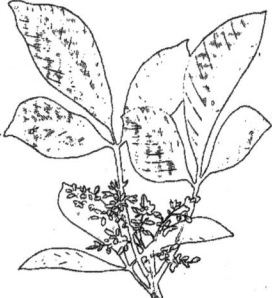

Siphonie élastique (Siphonia elastica).

Elle produit la plus grande partie du caout-chouc du commerce.

SIPHONOBRANCHE adj. (de *siphon* et de *branchies*). Moll. Qui a des branchies communiquant avec un siphon. — s. m. pl. Ordre de mollusques gastéropodes comprenant les genres dont la coquille est canaliculée ou échancrée à la base.

SIPHONOÏDE adj. (fr. *siphon*; gr. *eidos*, aspect). Qui a la forme d'un siphon.

SIPHONOPHORE adj. (fr. *siphon*; gr. *phoros*, qui porte). Zool. Qui est muni d'un siphon.

SIPHONOSTOME adj. (fr. *siphon*; gr. *stoma*, bouche). Zool. Qui a la bouche munie d'un siphon.

SIPHORIN, INE adj. (fr. *siphon*; gr. *rin*, nez). Ornith. Qui a le bec marqué d'un sillon.

SIR s. m. (angl. *seur*). Titre d'honneur chez les Anglais, équivalent de notre mot *monsieur*.

SIRAUDIN (Paul), vaudevilliste, né à Paris en 1812, mort à Enghien en septembre 1883. Il a donné, seul ou en collaboration, plus de 130 pièces (vaudevilles, comédies, parodies, librettos d'opérettes), dont les plus populaires furent : *Faction de nuit* (1842); *Tricorne enchanté* (1843, avec Th. Gautier); *Lorette* (1849), *la Société du doigt dans l'œil* (1850), *le Misanthrope et l'Auvergnat* (1852), *le Bourreau des crânes* (1853), *Un Mari qui ronfle* (1854), *le Gendre de M. Pommier* (1855), *la Queue de la poêle* (1856), *les Deux Frontins* (en vers; Français, 1858; en collaboration avec Méry); *les Femmes sérieuses, Paris tohubohu, Grassot embêté par Ravel, l'Homme aux soixante-seize femmes, Nos bons petits camarades* (1861), *le Déluge* (février 1865), *la Fille de Madame Angot* (1873), *Canaille et Cie* (1874), *la Revue à la vapeur* (1875). A la fin de 1860, Siraudin s'établit confiseur, sans cesser de collaborer à de nombreux vaudevilles. Pendant longtemps, ses bons mots firent le tour de la presse littéraire.

SIR-DARYA. Voy. JAXARTES.

* **SIRE** s. m. (du lat. *senior*, aîné). Titre qu'on donne aux empereurs et aux rois, en leur parlant ou en leur écrivant : sire, Votre Majesté est très humblement suppliée. — On se disait autrefois dans le sens de seigneur ou de sieur : *le sire de Joinville a écrit l'histoire de saint Louis.* On dit encore dans le discours amilier et en plaisantant : *oui, sire.* — Fam. C'EST UN PAUVRE SIRE, c'est un homme sans considération, sans capacité.

SIREDON Voy. AXOLOTL.

* **SIRÈNE** s. f. (gr. *seirên*). Se dit de certains êtres fabuleux qui, selon les poètes, étaient moitié femme, moitié poisson ; et qui, par la douceur de leur chant, attiraient les voyageurs sur les écueils de la mer de Sicile : *les poètes disent que les sirènes étaient trois sœurs, filles d'Achéloüs et de Calliope.* — ELLE CHANTE COMME UNE SIRÈNE, ELLE A UNE VOIX DE SIRÈNE, se dit d'une femme qui chante très bien. — C'EST UNE SIRÈNE, se dit d'une femme qui séduit par ses attraits, par ses manières insinuantes. — ENCYCL. Les sirènes jouent un rôle dans le voyage d'Ulysse raconté par Homère. Le héros grec, avant de passer près de leurs îles, boucha les oreilles de ses compagnons avec de la cire et se fit attacher au mât du vaisseau, jusqu'à ce qu'ils fussent hors de la portée de leurs voix. Homère ne mentionne que deux sirènes ; mais des écrivains postérieurs en élèvent le nombre à trois ou à quatre.

SIRÈNE s. f. Batracien à longue queue de l'Amérique du Nord ; son corps est gros, de la forme de celui de l'anguille ; sa peau est nue, et il n'a que les deux membres antérieurs. L'espèce la mieux connue, *sirena lacertina* (Linn.), ou anguille de boue, mesure de 75 centim. à 1 m. de long ; le dessus de son corps est de couleur sombre avec de nombreuses taches blanches, et le dessous pourpre. Cette sirène vit surtout dans la boue et dans les eaux boueuses des champs de riz de la Caroline ; elle ne vient à terre que rarement. Sa nourriture consiste en vers, insectes et œufs de poissons et de grenouilles.

SIRÈNE s. f. Instrument qui sert à déterminer le nombre de vibrations correspondant à chaque son. La sirène fut inventée à Paris, en 1819, par Cagniard de la Tour. Elle consiste aujourd'hui en un tambour cylindrique, de métal, dont le fond est percé par un tube à travers lequel on force de l'air dans le cylindre. Le sommet du cylindre est percé d'un certain nombre de trous. Juste au-dessus du sommet et presque y touchant, un disque métallique tourne sur un axe vertical. Ce disque est percé d'un nombre de trous égal à celui du cylindre. La section de la figure montre la forme de ces trous. Ils ne traversent pas les parois perpendiculairement, mais en biais et dans des sens opposés, de sorte que l'air, lorsqu'il est introduit violemment dans les trous du sommet du cylindre, appuie sur un côté des trous de la plaque tournante, et la pousse ainsi dans une direction déterminée. Le disque, en faisant une révolution, ouvre et ferme les trous autant de fois qu'il y en a dans le disque et le cylindre ; d'où il suit que l'air s'échappe du cylindre par bouffées successives, dont la fréquence dépend de la rapidité de la rotation. Il se se produit ainsi un son ayant un diapason qui s'élève avec l'accroissement de rapidité de la rotation. L'axe vertical est muni d'un engrenage qui fait mouvoir une roue en communication avec le cadran, lequel montre le nombre de rotations du disque. Pour déterminer le diapason d'un son au moyen de cet

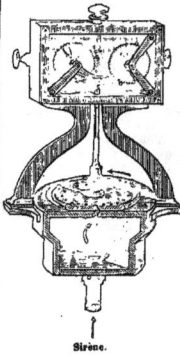

Sirène.

instrument, on active graduellement la rotation du disque jusqu'à ce que le son émis se rapproche du diapason du son dont on veut déterminer le nombre de vibrations. Lorsque les deux sons se trouvent presque au même diapason, l'oreille perçoit des battements distincts produits par l'action combinée des deux sons sur l'air. On augmente alors doucement la rapidité de la rotation jusqu'à ce que ces battements disparaissent. A ce moment, on fait manœuvrer le compteur, et on laisse le disque courir pendant un nombre donné de secondes ; puis le compteur est arrêté, et on relève le nombre des révolutions du disque. En multipliant ce nombre de révolution par le nombre des trous, en divisant le produit par le nombre des secondes, on a le nombre des vibrations par seconde correspondant au son donné. — La sirène peut marcher à l'air comprimé et que l'on entend à une grande distance. C'est le meilleur des signaux en temps de brouillard.

SIRÉNIEN, IENNE adj. Qui ressemble aux sirènes. — s. m. pl. Ordre de mammifères à placenta, comprenant le dugong et le lamantin, autrefois appelés cétacés herbivores.

SIRÉNOÏDE s. m. (fr. *sirène* ; gr. *eidos*, aspect). Erpét. Synon. de SIRÈNE.

SIRET I (Louis-Pierre), grammairien, né à Evreux, en 1745, mort en 1798. Il a laissé : *Eléments de la langue anglaise* (Paris, 1773), *Grammaire italienne* (1797), *Grammaire française et portugaise* (1799), etc. — II (**Charles-Joseph-Christophe**), né à Reims en 1760, mort en 1838. Il est auteur de l'*Epitome historiæ græcæ* (Paris, 1798, in-12).

SIRHIND [sir-haïnndd]. I, désignation géographique s'appliquant à la partie de l'Inde entre les sources supérieures de Sutlej et la Jumna. Elle comprend les districts suivants : Pundjaub, Ambala, Loodiana, Ferozepoor, Sirsa, Hissar et Kurnaul, et neuf Etats indépendants du Cis-Sutlej, alliés du gouvernement anglais. Dans sept de ceux-ci, les Sikhs prédominent. Le pays est bien arrosé. — II, ville de Patiala, par 30° 36' lat. N. et 74° 05' long. E. Elle est aujourd'hui presque toute en ruine.

SIRIASE s. f. (gr. *sierias*, qui brûle). Pathol. Coup de soleil ; inflammation du cerveau causée par une insolation.

* **SIRIUS** s. m. [si-ri-uss] (mot lat.). Astron. La plus brillante des étoiles fixes, dans la constellation du grand Chien (*Canis Major*). Examinée au spectroscope, elle paraît posséder une constitution analogue à celle de notre soleil. Elle est accompagnée d'un satellite qui opère autour d'elle sa révolution en un peu plus de 49 ans, et qui en est éloignée d'environ 28 fois la plus grande distance de la terre au soleil.

SIRMOND (Jacques), écrivain français, né à Riom en 1559, mort à Paris en 1651. Il fut jésuite, secrétaire du général de son ordre à Rome, et, à partir de 1637, confesseur de Louis XIII : On a de lui *Concilia antiqua Galliæ* (1629, 3 vol. in-fol.), *Historia Pænitentiæ publicæ* (1651), et beaucoup d'éditions des auteurs anciens.

* **SIROCO** s. m. (ital. *seiroco*). Nom qu'on donne sur la Méditerranée au vent du S.-E. qui apporte une chaleur suffocante et desséchante. A certains intervalles, et surtout au printemps et à l'automne, il souffle avec une grande violence sur les îles de la Méditerranée et sur les côtes méridionales de l'Italie, pendant 36 ou 48 heures de suite, et quelquefois pendant une semaine ou davantage, et il exerce une influence très pernicieuse sur la vie des végétaux et des animaux. On le regarde comme

analogue au simoun, bien qu'il dure plus longtemps et qu'il se tempère en passant sur la Méditerranée.

*SIROP s. m. [si-ro] (ital. *siroppo*). Liqueur formée d'une dissolution de sucre, à laquelle on ajoute le suc de certains fruits, de certaines herbes, de certaines fleurs, etc., et qu'on fait cuire jusqu'à certaine consistance : *sirop de groseilles, de mûres, de grenades, de limons*, etc. — Les sirops sont des liquides visqueux formées par une solution concourée de sucre, simples ou chargés de principes médicamenteux. Les plus employés sont : le sirop *antiscorbutique* ; le sirop des *cinq racines* (diurétique) ; le sirop de *chicorée* (purgatif des enfants) ; le sirop de *cuisinier* (dépuratif) ; le sirop *diacode* et le sirop de *morphine* (calmants) ; le sirop d'*hypophosphate de chaux* (reconstituant) ; le sirop de *groseille* (tempérant) ; le sirop de *gomme* (émollient) ; le sirop de *capillaire* (expectorant) ; le sirop d'*erisymum* (pectoral) ; le sirop de *quinquina*, le sirop de *rhubarbe* et le sirop d'*écorces d'oranges amères* (toniques).

SIROPER v. a. Edulcorer avec un sirop.

*SIROTER v. n. Boire avec plaisir, à petits coups et longtemps : *il se plaît à siroter*. — v. a. Siroter son vin.

*SIRSACAS s. m. [sir-sa-ka]. Etoffe de coton fabriquée aux Indes : *une robe de sirsacas*.

*SIRTES s. f. pl. (gr. *surtis*). Mar. Sables mouvants, tantôt amoncelés, tantôt dispersés et souvent très dangereux.

*SIRUPEUX, EUSE adj. Pharm. Qui est de la nature ou de la consistance du sirop.

*SIRVENTE s. m. [sir-van-te] (du lat. *servire*, servir). Sorte de poésie ancienne des troubadours et des trouvères, ordinairement satirique, et qui est presque toujours divisée en strophes ou couplets propres à être chantés : *les sirventes et les tensons*.

*SIS, ISE [si] (bas lat. *sessus*). Participe du verbe *Seoir*, qui n'est plus en usage. Ne s'emploie guère que comme adjectif en style de pratique, où il signifie, situé, située : *un domaine sis à tel endroit, dans telle commune.*

SISMAL, ALE (gr. *seismos*, choc). Phys. Se dit de la ligne qui suit l'ordre d'ébranlement, dans un tremblement de terre.

SISMIQUE adj. Qui a rapport aux tremblements de terre : *mouvement sismique.*

SISMOGRAPHE s. m. (gr. *seismos*, choc ; *graphein*, décrire). Instrument qui sert à mesurer l'intensité des oscillations produites par les tremblements de terre.

SISMOLOGIE s. f. (gr. *seismos*, choc ; *logos*, discours). Science qui s'occupe de l'étude des tremblements de terre.

SISMOLOGIQUE adj. Qui se rapporte à la sismologie : *société sismologique.*

SISMONDI (Jean-Charles-Léonard SISMONDE DE), historien français, né à Genève le 9 mai 1773, mort le 25 juin 1842 ; il fut exilé avec son père, pasteur protestant, pour avoir donné asile à un réfugié politique. Revenu à Genève en 1800, il devint secrétaire de la chambre de commerce, et publia le *Traité de la richesse commerciale*, ou *principes d'économie politique* (1803, 2 vol.), où il soutient les principes d'Adam Smith, qu'il répudia plus tard. Mme de Staël, qu'il accompagna en Allemagne et en Italie, et les amis de Mme de Staël lui inspirèrent de l'intérêt pour les travaux historiques, et il y révéla son goût et amour de l'humanité. Les principaux ouvrages sont : *Histoire des républiques italiennes du moyen âge* (1807-'18, 16 vol.), nouv. édit. 1840, 10 vol.), *La Littérature du midi de l'Europe* (1813, 4 vol., 4e édit. 1840, 4 vol.), *Nouveaux principes d'économie politique* (1819, 2 vol.;

nouv. édit., 1827, 2 vol.), *Histoire des Français* (1821-'44, 31 vol. ; les deux derniers par Amédée Renée), *Histoire de la renaissance de la liberté en Italie* (1832, 2 vol.), *Chute de l'empire romain* (1835, 2 vol.).

*SISON s. m. [si-zon] (gr. *sisôn*). Bot. Genre d'ombellifères, dont deux espèces sont employées en médecine comme aromatiques.

SISTERON, *Segustero* ou *Secustero*, ch.-l. d'arr., à 40 kil. N.-O. de Digne (Basses-Alpes), sur un rocher qui domine le confluent du Buech et de la Durance, par 44°41'57'' lat. N. et 3°36'25'' long. O. ; 5,000 hab. Sa citadelle couronne pittoresque le rocher sur la déclivité duquel s'élève la ville. Restes des vieilles murailles ; église Notre-Dame (XIe siècle) ; pont jeté sur la Durance pour relier la ville au faubourg de la Baume. Patrie de Deleuze.

SISTOVA ou *Shistov*, ville de Bulgarie, sur une hauteur dominant le Danube, à 55 kil. O.-S.-O. de Rustchuk ; 15,000 hab. La citadelle ou château tombe en ruine. Une paix entre l'Autriche et la Turquie fut conclue à Sistova le 4 août 1791. En 1877, une partie du gros de l'armée russe traversa le Danube à cet endroit, les 26 et 27 juin, et força les Turcs à la retraite. Sistova fut ainsi leur première base d'opération dans la région des Balkans.

*SISTRE s. m. (lat. *sistrum*). Antiq. Instrument de musique dont les Egyptiens se servaient à la guerre et dans les cérémonies religieuses d'Isis : *le sistre était un petit cerceau de métal, traversé de plusieurs baguettes, qui produisaient un son, lorsqu'on les agitait.*

*SISYMBRE s. m. [si-zaim-bre] (lat. *sisymbrium*). Bot. Genre de plantes de crucifères, auquel appartiennent le CRESSON DE FONTAINE et la ROQUETTE SAUVAGE.

*SISYPHE s. m. [si-zi-fe] (de *Sisyphe* n. pr.). Se employé dans ces phrases : LE ROCHER DE SISYPHE, une tâche ingrate, interminable. UN TRAVAIL DE SISYPHE, un travail qui se défait et qu'il faut sans cesse recommencer.

SISYPHE (Myth. gr.) [si-zi-fe], fondateur légendaire de Corinthe et des jeux isthmiques fils d'Eole et d'Enarète, mari de Mérope, et père de Glaucus, etc. Sisyphe et les membres de sa famille passaient pour le type de la fausseté parmi les hommes. Il fut puni dans les enfers par l'obligation de rouler jusqu'au sommet d'une colline un énorme bloc de marbre, qui retombait sans cesse.

*SITE s. m. (lat. *situs*). Partie de paysage considérée relativement à l'aspect qu'elle présente : *un site agréable, riant, sauvage, pittoresque.*

SITIOLOGIE s. f. [si-ti-o-] (gr. *sition*, aliment ; *logos*, discours). Traité sur l'alimentation.

SITKA. Voy. ALASKA.

SITOPHAGE adj. (gr. *sitos*, blé ; *phagein*, manger). Qui se nourrit de blé.

*SITÔT adv. de temps (de si et tôt). Aussi promptement : *je n'arriverai pas sitôt que vous*. — De sitôt loc. adv. Si prochainement : *il ne viendra pas de sitôt*. — Sitôt que loc. conj. Dès que, du moment que : *sitôt qu'il apprit cette nouvelle, il partit.*

> Ah ! c'est un beau joueur, un joueur admirable;
> Sitôt qu'il est assis, on fait cercle à sa table.
>   BARTHÉLEMY.

SITTÈLE s. f. [si-tè-le] (dimin. du gr. *sitté*, pic). Ornith. Sous-famille d'oiseaux ténuirostres de la famille des grimpeurs, ré-

pandue dans l'Amérique du Nord, dans l'Europe, l'Inde et son archipel. On connaît près de 20 espèces du genre type *sitta* (Linn.). L'espèce américaine la plus grosse est la *sittèle à ventre blanc* (sitta Carolinensis, Gmel.) ; elle a 6 pouces de long, 11 pouces d'envergure, et un bec de 5 sixièmes de pouce. Sa couleur générale est, en dessus, d'un bleu cendré, avec le sommet de la tête et le cou noirs. Elle est hardie, active et familière, quoique vivant généralement dans les bois écartés. Elle fait son nid dans le trou d'un arbre pourri. Son vol est rapide, et parfois

Sittèle commune d'Europe (Sitta Europæa).

prolongé. Cette espèce est répandue dans l'est de l'Amérique du Nord jusqu'aux plaines les plus élevées du centre. La *sittèle d'Europe* (sitta Europæa, Linn.) est un des oiseaux les plus gros du genre ; elle a 6 pouces de long, 10 pouces 1/4 d'envergure, un bec de 3/6 de pouce ; sa partie supérieure est d'un gris bleuâtre ; sa gorge et les joues sont blanches ; ses parties inférieures sont d'un jaune clair et rougeâtre, et ses flancs d'un rouge brun. Le bec puissant de la sittèle lui sert à briser les coquilles de noix qu'elle fixe dans une fente ou un trou de rocher ; ce qui la fait appeler quelquefois casse-noisettes, nom qui appartient proprement au genre *nucifraga.*

SIT TIBI TERRA LEVIS! loc. lat. qui signifie : *que la terre te soit légère !*

*SITUATION s. f. (fr. *situer*). Assiette, position d'une ville, d'une place de guerre, d'une maison, d'un château, d'un jardin, etc. : *situation avantageuse, commode, agréable*. — Se dit aussi en parlant des hommes et des animaux, et signifie, la position, la posture où ils sont : *ce malade est dans une situation fort incommode*. — Etat, disposition de l'âme : *j'ai laissé son esprit dans une situation fort tranquille*. — Etat, disposition des affaires : *ses affaires sont maintenant dans une bonne, dans une heureuse situation*. — Théât. Moment de l'action qui excite vivement l'intérêt : *situation tragique*. — CE PERSONNAGE EST EN SITUATION, il est placé en scène, en action dans la pièce, de manière à exciter une vive attention, à produire de l'effet sur les spectateurs. — VERS DE SITUATION, MOT DE SITUATION, vers ou mot qui tire de la situation sa force et son mérite. On dit dans le même sens, BEAUTÉ DE SITUATION. — Politiq. LA SITUATION, l'état général des affaires.—Fin. et Adm. Etat où se trouve une caisse, un approvisionnement, etc. : *j'ai examiné la situation de sa caisse, de son magasin ; tout était en règle.*

*SITUER v. a. (fr. *site*). Placer, poser en certain endroit soit par rapport aux environs, soit par rapport aux aspects du ciel, aux différentes expositions : *vous avez dessein de bâtir une maison, où voulez-vous la situer ?*

SIVA, l'un des dieux de la triade indoue. Voy. INDOUSTAN *(Religion de l'.)*

SIVAÏSME s. m. Adoration de Siva.

SIVAÏSTE s. m. Nom sous lequel on désignait les adorateurs de Siva.

SIVAS (si-vass). I, vilayet de Turquie, dans l'Asie Mineure, sur la mer Noire ; 64,275 kil. carr. ; 600,000 hab. Son principal port est Samsun. Des branches de l'Anti-Taurus le traversent, et il est arrosé par le Kizil Irmak (anc. *Halys*), l'Yeshil Irmak (*Iris*) et d'autres cours d'eau. Le sol est presque partout excessivement fertile, mais mal cultivé. Les pâturages y sont abondants ; le sel aussi. Ce pays faisait autrefois partie du Pont et de la Cappadoce. — II, ville capitale (anc. *Sebastia*), sur le *Kizil Irmak*, à 704 kil. E.-S.-E. de Constantinople ; 25,000 hab. Commerce actif par la mer Noire.

SIVEL (Henri-Théodore), célèbre aéronaute, né à Sauve (Gard), le 9 nov. 1834, mort dans le ballon le *Zénith*, le 15 avril 1875. Il entra dans la marine en qualité de mousse, devint capitaine au long cours, et s'occupa de navigation aérienne. Il fit plus de 200 ascensions, pendant l'une desquelles il périt, ainsi que Crocé-Spinelli. (Voy. ASCENSION.) On lui doit l'invention du cône-ancre et du guiderope à flotteurs à arrêt progressif, dont nous avons parlé au mot AÉROSTATION.

SI VIS PACEM, PARA BELLUM loc. lat. qui signifie : *Si vous voulez la paix, préparez-vous à la guerre.*

SIX adj. num.[si devant une consonne ou une h aspirée : *si-pains* ; siz devant une voyelle ou une h muette : *si-zhommes* ; siss quand il est pris substantiv. : *le siss du mois*] (lat. *sex*). Nombre pair composé de deux fois trois, et qui se place entre cinq et sept. — Sixième : *page six*. — s. m. *Le produit de six multiplié par deux.* On dit de même, LE NOMBRE SIX. — LE SIX DU MOIS, LE SIX DE SA MALADIE, le sixième jour du mois, etc. : *sa lettre est datée du six janvier.* — CETTE FEMME EST DANS SON SIX, dans le sixième mois de sa grossesse. — Caractère qui marque en chiffre le nombre six : *le chiffre six* (6). — Jeu. Carte, côté du dé marqué de six points : *un six de cœur, de carreau.* — DOUBLE-SIX, le dé qui porte deux fois le point six : *poser le double-six.* — Mus. MESURE A SIX-QUATRE, mesure composée de six noires ; MESURE A SIX-HUIT, mesure composée de six croches ; et, MESURE A SIX-SEIZE, mesure composée de six doubles croches formant un temps.

SIX NATIONS (Les). Voy. IROQUOIS.

SIXAIN s. m. [si-zain]. Voy. SIZAIN.

SIXAINE s. f. [si-zè-ne]. *Collection de six choses.*

SIXENER v. n. [si-ze-né]. Durer six ans en parlant des plantes ou des semences.

SIXIÈME adj. [si-zi-è-me]. Nombre ordinal de six : *le sixième rang.* — LA SIXIÈME PARTIE D'UN TOUT, chaque partie d'un tout qui est ou que l'on conçoit divisé en six parties. — Sixième s. m. La sixième jour d'une période : *le sixième de janvier.* — On dit plus ordinairement, LE SIX DE JANVIER. — La sixième partie d'un tout : *il est héritier pour un sixième.* — Sixième s. f. Jeu de cartes. Suite de six cartes de même couleur : *une sixième de roi.* On dit plus ordinairement, SEIZIÈME. — Absol. LA SIXIÈME, la sixième classe d'un collège, par laquelle on commence ordinairement le cours de ses études ; et la salle où se tient cette classe : *un élève entre en sixième.* On dit aussi, C'EST UN SIXIÈME, pour désigner un écolier qui est dans cette classe : *ce rhétoricien a fait une faute de sixième.*

SIXIÈMEMENT adv. En sixième lieu ; *cinquièmement, sixièmement.*

SIXTE s. f. [si-kste]. Mus. Intervalle de deux sons différents, à distance l'un de l'autre de six degrés en montant, comme DT, RÉ, MI, FA, SI, MI, UT : *il y a trois espèces de*

sixtes : la sixte majeure, comme d'ut naturel à la naturel ; la sixte mineure, comme d'ut naturel à la bémol ; et la sixte augmentée, appelée autrefois sixte superflue, comme d'ut naturel à la dièse.

SIXTE, nom de cinq papes : I. (Saint), pape de 119 à 125. Fête le 6 avril. — II. (Saint), pape de 257 à 259. Il était Athénien de naissance et subit le martyre sous Valérien. Fête le 6 août. — III, pape de 432 à 440. Il travailla avec saint Cyrille à la réunion des Eglises d'Orient et d'Occident. — IV. (Francesco D'ALBESCOLA DELLA ROVERE), né en 1414, mort le 13 août 1484. Il devint général des franciscains en 1464, et fut élu pape le 9 août 1471. Il leva une dîme sur toutes les propriétés de l'Eglise dans tous les pays chrétiens, pour équiper une flotte contre les Turcs, laquelle, grossie des contingents de Venise et de Naples, ne réussit qu'à prendre Smyrne. Il éleva successivement au cardinalat cinq de ses neveux. Deux de ceux-ci l'entraînèrent dans les affaires politiques de Florence, et il mit cette ville sous l'interdit. La France, Venise et Milan soutenaient la république ; les autres souverains italiens prirent le parti du pape ; la lutte se termina en 1480. Sixte s'engagea aussi dans une guerre peu heureuse avec Hercule d'Este, duc de Ferrare, qu'il aurait voulu déposséder en faveur de l'un de ses neveux ; mais il dut céder en 1484. Pendant ces dissensions les Turcs assiégeaient Rhodes et ravageaient la côte méridionale de l'Italie, prenant la ville d'Otrante et y massacrant 12,000 hab. Sixte a construit de nombreux édifices publics, parmi lesquels la chapelle Sixtine, au Vatican. On lui a attribué *Regulæ cancellariæ Romanæ.* Il a aussi laissé des traités et des lettres en latin. — V. (Sixte-Quint). (FELICE PERETTI), né en 1521, mort le 27 août 1590. Franciscain et auteur d'ouvrages mystiques et philosophiques, il devint inquisiteur général à Venise en 1557 et cardinal en 1570, et fut élu pape à l'unanimité le 24 avril 1585. Il se distingua également comme pape et comme prince séculier par sa prudence, sa sévérité et son énergie. Il rétablit l'ordre dans les Etats pontificaux avec une impitoyable rigueur. Il évita les guerres avec les princes chrétiens autant qu'il le put, bien qu'il soutînt Henri III contre les Huguenots et Philippe II contre l'Angleterre, et qu'il lançât des anathèmes contre le roi de Navarre et contre Elizabeth d'Angleterre. Il laissa un trésor considérable dans le château Saint-Ange, avec des instructions précises pour son emploi.

SIXTINE (Chapelle), célèbre chapelle du palais du Vatican, décorée de fresques par les plus grands artistes de la Renaissance. Son nom lui vient de son fondateur Sixte IV, qui la fit construire vers 1480.

SIZAIN s. m. Petite pièce de poésie composée de six vers : *un tel a mis plusieurs maximes de morale en sizains.* — Paquet de six jeux de cartes.

SIZERIN s. m. (onomat. du chant de l'oiseau). Ornith. L'un des noms de la petite linotte ou cabaret. (Voy. LINOTTE.)

SIZETTE s. f. Sorte de jeu de cartes, ainsi nommé parce qu'il se joue à six personnes, et à chaque joueur y reçoit six cartes : *jouer à la sizette.*

SIZUN, ch.-l. de cant., arr. et à 32 kil. S.-O. de Morlaix (Finistère) ; 3,000 hab.

SKAGER-RACK, bras de la mer du Nord, entre la péninsule danoise du Jutland et la côte de Norvège ; il réunit le Cattegat à la mer du Nord. Sa direction est du N.-E. au S.-O. ; il a environ 256 kil. de long et près de 132 kil. de large.

SKATING s. m. [ske'-tinng] (mot angl. qui signifie *patinage*). Est employé dans la loc.

SKATING RING, patinage au moyen de patins à roulettes.

SKIERNIEWICE, petite ville de la Pologne russe, sur la Bzura, à 65 kil. de Varsovie ; 3,000 hab. Etoffes de laines et toiles de lin. Victoire des Russes sur les Français en 1801. Château dans lequel les empereurs d'Allemagne, d'Autriche et de Russie eurent une entrevue le 16 sept. 1884.

SKIRITE ou **Scirite** s. m. (gr. *skirités* ; de *Skiros*, *Sciros*, nom de ville). Ant. gr. Soldat d'un corps particulier, distinct de la phalange.

SKOPTZI s. m. pl. Nom russe (au sing. *Skopetz*) qui s'applique aux adeptes d'une secte religieuse, issue, vers 1757, d'une autre secte, les *khlisti* ou flagellants. Comme moyen d'atteindre à leur idéal de sainteté, les *skoptzi* pratiquent des mutilations qui portent sur les organes de la génération. D'abord persécutés, ces sectaires furent tolérés un instant par Alexandre 1er. Aujourd'hui, la loi les condamne aux travaux forcés ; mais ils ont encore de nombreux adeptes (environ 5,000, dont 3,500 hommes et 1,500 femmes), dans toutes les classes de la société. Suivant leur degré de sainteté, c'est-à-dire suivant qu'ils sont plus ou moins complètement mutilés, ils se donnent les noms d'*agneaux blancs*, de *blanches colombes*, de *petits pères*, de *petites mères*, etc. Les néophytes sont des *nouveaux agneaux* ou des *nouvelles âmes.* — Bibliogr. : E. Teinturier, *Les Skopzy*, Paris, 1877.

SKRZYNECKI (Jean-Boncza) [skrji-nettas'-ki], homme de guerre polonais, né en Galicie en 1786, mort en 1860. Il se distingua dans les guerres napoléoniennes, et pendant la première partie de la révolution polonaise de 1830-'31 comme brigadier général. Il succéda à Radziwill dans le commandement en chef, et remporta plusieurs avantages ; mais il perdit la bataille d'Ostrolenka, le 26 mai 1831, fut privé de son commandement, et après la chute de Varsovie (8 sept.), s'enfuit en Autriche et ensuite en Belgique où il occupa pendant quelque temps un poste militaire élevé. Il fut autorisé, un peu avant sa mort, à retourner en Pologne.

SKYE [skaï], la plus grande des Hébrides intérieures, sur la côte occidentale de l'Ecosse. Elle est comprise dans l'Invernesshire et est séparée de la terre ferme par le mince détroit de Loch Alsh ; 4,384 kil. carr. ; 17,330 hab. Pays montagneux, aux rivages abruptes et pittoresques. Le sol est maigre et peu productif. On y élève cependant beaucoup de bestiaux et de moutons. Le daim et le gibier y abondent. Une race de chien terrier, connue en Angleterre sous le nom de *skye terrier*, est originaire de l'île. Le pays appartient presque tout entier à lord Macdonald et à la famille Macleod. Le port principal est Portree.

SLAVE s. (slave *Slovene, Slowianie*, etc. : de *slovo*, langue, c'est-à-dire hommes d'une même langue). Membre d'une race qui habite le nord et l'est de l'Europe : *les Russes et les Polonais sont des Slaves.* — Adjectiv. : *race slave* ; *peuples slaves.* — ENCYCL. Les Slaves forment un des plus vastes groupes de nations de la race indo-européenne ou aryenne. Ils semblent avoir été compris autrefois sous les dénominations de Scythes et de Sarmates. Les écrivains latins en parlent sous le nom de Venedi (Windes, Wendes) et les écrivains plus récents sous celui de Serbes. Leur plus ancienne résidence connue fut aux environs des Carpathes ; ils se répandirent en grandes masses dans toutes les directions, et se divisèrent en un grand nombre de tribus. On distingue généralement aujourd'hui les Slaves en branche orientale (ou du S.-E.) et en branche occidentale (ou du N.-O.). La première comprend : 1° les Russes (40,000,000

d'hab. environ) et les Ruthènes, c'est-à-dire les Petits Russiens (Russie occidentale, Galicie orientale et N.-E. de la Hongrie, 15,000,000); 2° le rameau illyrico-serbe (8,000,000) comprenant les Serbes, les Bosniens, les Herzégoviens, les Monténégrins, les Esclavons, les Dalmates, les Croates, et les Slovènes ou Wendes ; 3° le rameau bulgare (4,000,000). La branche occidentale ou du N.-O. comprend : 1° le rameau polonais (11,000,000), embrassant les Polonais, les Slaves de la Silésie et les Kassoubs de la Poméramie; 2° le rameau czècho-slovaque (7,500,000), avec les Bohémiens, les Moraviens et les Slovaques du N.-O. de la Hongrie; et 3° le rameau sorabo-wendique ou lusacien du N. de l'Allemagne (150,000). — De nos jours, le mouvement panslavique a acquis une grande importance. Un des premiers à en soutenir publiquement la cause fut le poète Slovaque Kollar. Les Czèches et autres Slaves d'Autriche saisirent avidement cette idée, espérant éviter, par une union des Slaves, d'être absorbés par les Allemands et les Hongrois. Depuis l'union fédérale de tous les Slaves sous un gouvernement démocratique, jusqu'à l'union sous le sceptre du czar, toutes les formes d'organisation possibles pour l'avenir ont trouvé des partisans ; mais c'est surtout l'influence de la Russie qui a entretenu ce mouvement. Il y a eu d'importantes assemblées panslaviques à Prague, en juin 1843, et à Moscou, à l'occasion de l'exposition ethnographique de mai 1867. — Le vieux slave, ou slave ecclésiastique, qui ne sert plus qu'au service religieux, est le plus ancien idiome slave. Cyrille et Méthodius traduisirent dans cet idiome certaines parties de la Bible au IXᵉ siècle. Cyrille inventa en outre un alphabet qui porte son nom et dont se servent encore les Serbes appartenant à l'Eglise grecque, et, sous une forme modifiée, les Russes, les Polonais, les Bohémiens, etc., emploient l'alphabet latin. (Voy. GLAGOLITIQUE.) Les Serbes et les Russes ont également conservé les livres ecclésiastiques écrits en vieux slave. Les évangiles comptent parmi les plus importants documents de cet ancien langage, qui possède aussi quelques œuvres purement littéraires. Le bulgare actuel est regardé comme le descendant direct du vieux slave. Parmi les langues slaves vivantes, le russe, le polonais, le bohémien et le serbe ont une littérature remarquable. On distingue dans ces langues certaines particularités: il y a trois genres; comme le latin, elles n'ont pas d'article, à l'exception du bulgare qui en attache un au nom, sous forme de suffixe. Les noms, pronoms et adjectifs ont sept cas. Certains dialectes ont un duel. Tous sont relativement pauvres en voyelles et manquent de diphtongues. Les consonnes sont en grande variété, surtout les sifflantes; mais on ne trouve dans aucun mot réellement slave la vraie lettre f. Les mots commencent très rarement par un a ; presque jamais par un e. — Voy. Schafarik, *Slawische Alterthümer* (1843, 2 vol.), et Miklosich, *Vergleichende Grammatik der slavischen Sprachen* (1852-71).

SLAVONIE ou Esclavonie (hongr. Tótorszag, all. *Slawonien*), province de la monarchie austro-hongroise, formant, avec la Croatie, un royaume qui est réuni à celui de la Hongrie; en y comprenant les parties des anciens confins militaires qui ont y été joints récemment, la superficie est de 15,000 kil. carr.; 600,000 hab. appartenant en majorité à l'Eglise grecque et au rameau illirico-serbe de la race slave. Le Danube et la Drave la séparent de la Hongrie, et la Save de la Turquie. Une branche des Alpes Carniques la traverse dans toute sa longueur. Les montagnes abondent en houille, marbre et sources minérales. Les plaines produisent des quantités d'excellents vins rouges et blancs. Exportation de bestiaux, de céréales, de chanvre, de lin, de tabac et de soie. La principale industrie est la fabrication du verre. Cap. Eszék. — Sous les Romains, l'Esclavonie s'appelait Pannonia Savia. Plus tard, elle appartint à l'empire byzantin jusqu'à ce qu'elle fût occupée par les Avares et les Slaves. Pendant le règne de Louis le Débonnaire, elle avait un prince spécial, qui se soumit aux Francs. Au XIᵉ siècle, elle fut incorporée à la Hongrie. Les Turcs la conquirent en 1524; elle leur fut cédée en 1562, mais, en 1699, par la paix de Carlovitz, rétrocédée à l'Autriche et rattachée en même temps à la Hongrie. Séparée de celle-ci en 1849, elle y fut réunie en 1867-'68, comme faisant partie du royaume de Croatie et de Slavonie.

SLAVISME s. m. Politique qui tend au groupement des Slaves en une nation unique. (Voy. PANSLAVISME.)

SLESVIG. Voy. SCHLESWIG.

SLIGO [slaï'-go], comté du N.-O. de l'Irlande, dans le Connaught ; 1,868 kil. carr.; 115,311 hab. Villes principales : Sligo, Dromore et Tobercurry. Le plus grand lac, Lough Gill, qui a environ 8 kil. de long sur 2 de large, est remarquable par la beauté de ses paysages. Une grande partie du pays est couverte de montagnes ou de marécages. — II. Capitale, au fond de la baie de Sligo, à 16 kil. de la mer, et à 171 kil. N.-O. de Dublin ; 9,340 hab. Commerce assez actif.

* **SLOOP** [sloup] ou Sloupe s. m. (angl. *sloop*, chaloupe). Mar. Petit bâtiment à un seul mât. — SLOOP DE GUERRE, grande corvette ayant moins de 20 canons.

SLOVAQUE s. Individu d'une branche de la famille slave. — Adjectiv. *Peuple slovaque.* — ENCYCL. Les Slovaques appartiennent à la branche occidentale de la race slave et habitent surtout les régions montagneuses de la Hongrie du N.-O. et les parties adjacentes de la Moravie. On estime leur nombre à 3 millions, dont plus des deux tiers sont catholiques ; les autres sont luthériens. Ils s'occupent surtout d'agriculture et de mines, et un grand nombre d'entre eux voyagent à travers l'Europe comme colporteurs. Leur langue est un sous-dialecte du bohémien ou czèche, idiome ordinairement employé chez eux comme langue littéraire et religieuse. Au IXᵉ siècle, ils formèrent le noyau de l'empire moravien jusqu'à sa destruction par les Magyars.

SLOVÈNE adj. Se dit d'une langue des Slaves méridionaux.

SLUYS [slouss]. Voy. ECLUSE.

* **SMALAH** ou ᴗᴗ Smala s. f. Chez les Arabes, réunion des tentes d'un chef puissant qui lui forment une sorte de capitale mobile : la *smalah d'Abd-el-Kader fut prise par le duc d'Aumale* le 15 mai 1843.

SMALCALDE (all. *Schmalkalden*), ville de Prusse, dans la province de Hesse-Nassau, à 55 kil. E.-N.-E. de Fulda ; 6,187 hab. Fer, acier et sel. — La ligue de Smalcalde y fut conclue en 1531 entre divers princes protestants et villes libres, contre Charles-Quint et les Etats catholiques de l'empire. L'électeur Jean-Frédéric de Saxe et le landgrave Philippe de Hesse en devinrent les chefs, et leur guerre contre l'empereur (1546-'47) se termina par la victoire de ce dernier à Muhlberg, le 24 avril 1547. (Voy. LIGUE.) En 1537, Luther avait rédigé une confession de foi qui fut appelée plus tard *Articles de Smalcalde*, et qui est devenue un des livres canoniques de l'Eglise luthérienne.

SMALT s. m. Verre bleu qu'on prépare en fondant des matières vitrifiables avec de la mine de cobalt.

SMALTINE s. f. Minér. Arséniure de cobalt.

SMEATON (John), ingénieur civil anglais, né en 1724, mort en 1792. Après l'incendie qui détruisit le phare d'Eddystone en 1755, Smeaton le rebâtit. Il construisit ensuite des canaux et des écluses, entre autres le grand canal de Forth à la Clyde, conduisit des eaux potables à Greenwich et à Deptford, répara le vieux pont de Londres, et bâtit plusieurs ponts en Ecosse. On a publié ses rapports officiels (1812-'14, 3 vol. in-4°).

SMECTIQUE adj. (gr. *smektikos*). Se dit de substances dont on se sert pour dégraisser la laine.

SMEGMA s. m. (gr. *smêgma*, savon). Matière blanche d'apparence savonneuse qui s'accumule dans les replis des organes génitaux.

SMIBERT ou Smybert (JOHN) [smaï'-beurtt], peintre écossais, né vers 1684, mort en 1751. Il accompagna Berkeley en Amérique (1728) et se fixa à Boston. Il a fait les portraits de la plupart des personnalités marquantes de l'époque dans la Nouvelle-Angleterre et l'état de New-York.

SMILACÉ, ÉE adj. Bot. Qui ressemble ou se rapporte au smilax. — s. f. pl. Famille de plantes monocotylédones, ayant pour type le genre smilax ou salsepareille et comprenant, en outre, les genres muguet, fragon, etc.

* **SMILAX** s. m. [smi-lakss] (nom gr. de l'*if*). Bot. Nom scientifique du genre SALSEPAREILLE.

* **SMILLE** s. f. [*ll* mll.] (gr. *smilé*, ciseau de sculpteur). Maçonn. Marteau avec lequel on pique le moellon et le grès.

* **SMILLER** v. a. Piquer du moellon ou du grès avec la smille.

SMITH (Adam), philosophe écossais, né en 1723, mort en 1790. Il fut en 1751 nommé professeur de logique à l'université de Glasgow et, en 1752, de philosophie morale. De 1763 à 1766, il accompagna comme précepteur le jeune duc de Buccleugh dans ses voyages, résidant surtout à Toulouse et à Paris. Dans sa *Theory of moral Sentiments* (1759), il soutint la doctrine que toutes les émotions et toutes les distinctions morales viennent de la sympathie. Son *Inquiry into the Nature and Causes of the Wealth of Nations* (1776); est le premier exposé complet et systématique des principes de l'économie politique. (Voy. ECONOMIE POLITIQUE.) Après un séjour de deux ans à Londres, il fut envoyé à Edimbourg (1778) comme un des commissaires des douanes pour l'Ecosse. En 1787, il fut élu lord recteur de l'université de Glasgow.

SMITH (Alexander), poète écossais, né en 1830, mort en 1867. A partir de 1854, il fut secrétaire de l'université d'Edimbourg. On a de lui : A *Life Drama* (1853); *Sonnets of the War*, en collaboration avec Sydney Dobell (1855); *City Poems* (1857), *Edwin of Deira* (1861); et comme ouvrages en prose: *Dreamthorp* (1863), *A Summer in Skye* (1865), *Alfred Hagart's House hold* (1866), et *Miss Oona Mc Quarrie* (1866).

SMITH (George), orientaliste anglais, né vers 1825, mort en 1876. En 1866, il découvrit, au Musée britannique, une inscription de Salmanasar II, rendant *compte de sa guerre contre Hazael*. Il s'adonna ensuite exclusivement à l'étude des textes cunéiformes. Il à fait plusieurs heureuses découvertes, entre autres une tablette contenant un récit chaldéen du déluge. En 1871, il publia l'histoire d'Assorbonapal (Asshur-bani-pal). En 1873-'74, il fit des voyages d'exploration jusqu'à Ninive et en rapporta plus de 3,000 inscriptions. Il en a publié le compte rendu en 1875, ainsi qu'un volume sur l'histoire de l'Assyrie, et *The Chaldean Account of Genesis*. Il est mort

dans le cours d'une troisième visite à la vallée de l'Euphrate.

SMITH (Joseph), fondateur de l'Eglise mormonne ou Eglise des Saints des Derniers Jours, né dans le Vermont en 1805, mort le 7 juin 1844. Aidé de Sidney Rigdon, il publia le *Book of Mormon*, ou Livre de Mormon, qu'il prétendait avoir découvert (sur les indications d'un ange), caché dans la terre et écrit sur des tablettes. C'est sur cette base qu'il établit et organisa son Eglise à Manchester, dans l'état de New-York, le 6 avril 1830. En 1834, il alla avec ses disciples à Kirtland et y éleva un temple à grands frais. Ils bâtirent ensuite une ville appelée Nauvoo dans l'Illinois, et construisirent un nouveau temple. C'est là que Smith, qui concentrait en sa personne les pouvoirs militaires, municipaux, et ecclésiastiques, introduisit la polygamie en vertu d'une prétendue révélation. Plusieurs maris outragés s'élevèrent contre lui, et imprimèrent un journal pour le combattre; mais Smith, à la tête de la populace, brisa leurs presses. Des mandats d'amener furent lancés contre lui, contre son frère Hyrum, etc. Obligés à la fin de se rendre, ils furent emprisonnés à Carthagène, où l'Illinois, où le peuple, craignant de les voir relâcher, força l'entrée de la prison et les massacra.

SMITH (Sydney), écrivain anglais, né en 1771, mort en 1845. Il était pasteur de Netheravon, dans la plaine de Salisbury (1794-'97); plus tard, devenu précepteur particulier à Edimbourg, il fut, en 1802, un des fondateurs et le premier rédacteur en chef de l'*Edinburgh Review*. Il prêcha et fit des conférences à Londres en 1804 à 1806, et en 1806 reçut la prébende de Foston-le-Clay, dans l'Yorkshire. En 1807-'08, parurent sous un pseudonyme ses *Letters on the Subject of the Catholics, by Peter Plymley*, où il demandait l'émancipation des catholiques, et qui, grâce à un admirable mélange de bon sens, d'ironie et de plaisanterie, eurent un immense succès. En 1828, lord Lyndhurst le nomma chanoine de Bristol et recteur de Combe-Florey, près de Taunton, et, trois ans plus tard, il devint prébendier de Saint-Paul. On a publié la collection de ses écrits en 4 volumes (1839-'40) et ses *Elementary Sketches of Moral Philosophy* en 1850. Sa fille Saba, femme de sir Henry Holland, a écrit sa vie (1855).

SMITH (William), surnommé le père de la géologie anglaise, né en 1769, mort en 1839. Il était géomètre et ingénieur civil et commença en 1794 une carte *Map of the Strata of England and Wales*; en 1799, il publia en tableaux *The Order of the Strata and their Organic Remains in the Vicinity of Bath*; en 1815, parut sa *Geological Map of England and Wales, with Part of Scotland*, accompagnée d'un traité; et entre 1819 et 1824, il donna 21 cartes géologiques des comtés d'Angleterre, représentant les couches par des couleurs; sans compter quelques travaux sur les restes organiques.

SMITH (sir William Sidney), amiral anglais, né en 1764, mort en 1840 Avant 20 ans, il était capitaine de vaisseau, et il servit en cette qualité jusqu'à la fin de la guerre d'Amérique. En 1793, il incendia l'arsenal de Toulon, fut pris en 1796, s'évada de la prison du Temple (24 mai 1798), et reçut aussitôt le commandement d'une escadre pour opérer contre les Français sur la côte d'Egypte; il dirigea la défense d'Acre contre le général Bonaparte. Ses blessures l'obligèrent à retourner en Angleterre en 1801. Il fut fait amiral en 1821. Sa vie a été écrite par sir John Barrow (1847, 2 vol.).

SMITHSONITE s. f. Carbonate de zinc. (Voy. CALAMINE.)

SMOGLEUR ou **Smuggler** s. m. (angl. *to*

smuggle, faire la contrebande). Bâtiment ou individu qui fait la contrebande.

SMOLENSK. I, gouvernement dans la Russie occidentale; 56,044 kil. carr.; 1,140,045 hab. Les principaux cours d'eau sont le Dnieper et la Desna. Il y a une foule de petits lacs et de marais et d'immenses forêts pleines de gibier. C'est là qu'on élève les fameux chevaux de Lithuanie. On exporte du miel, de la cire et de beaux tapis. — II, cap., sur les deux rives du Dnieper, à 368 kil. O.-S.-O. de Moscou; 24,332 hab. On la regarde comme la clef de Moscou, et elle est puissamment fortifiée. Sa cathédrale est remarquable. On y fabrique de la toile, des lainages, du cuir, des chapeaux et du savon. Au moyen âge, Smolensk était la capitale d'une principauté indépendante. Pendant les guerres entre les Russes, les Tartares, les Lithuaniens et les Polonais, elle passa plusieurs fois de maîtres. Le 17 août 1812, les Français et les Russes s'y livrèrent une grande bataille. Dans la nuit, les Russes abandonnèrent la ville qui fut le lendemain occupée par les Français; ceux-ci marchèrent sur Moscou, laissant la plus grande partie de Smolensk en cendres.

SMOLLETT (Tobias-George), écrivain anglais, né en Ecosse en 1721, mort en 1771. Il n'avait pas encore 19 ans lorsqu'il partit pour Londres, emportant une tragédie intitulée *The Regicide*, qu'il chercha vainement à faire représenter. En 1741, il prit part, en qualité

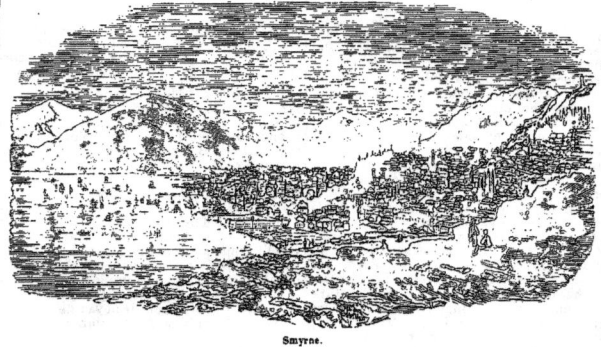

Smyrne.

d'aide-chirurgien de marine, à l'expédition contre Carthagène, qu'il a décrite dans *Roderick Random*. Il revint en Angleterre en 1746, après la bataille de Culloden, et publia anonymement *The Tears of Scotland*. De cette époque datent aussi *Advice*, a Satire (1746), *Reproof*, a Satire (1747) et *Alceste*, un Opera. En 1748, parurent *The Adventures of Roderick Random*, et en 1751, *The Adventures of Peregrine Pickle*. Il reprit alors l'exercice de la médecine, et s'établit à Bath. Mais ne trouvant point à se faire de clientèle, il se transporta à Chelsea et ne s'occupa plus que d'œuvres littéraires. Il écrivit successivement: *Adventures of Ferdinand Count Fathom* (1753), une traduction de *Don Quichotte* (1755), *Compendium of Authentic and Entertaining Voyages* (1757, 7 vol.), *Complete History of England* (1757-'64, 16 vol.), *The Adventures of sir Launcelot Greaves*, sorte de Don Quichotte travesti (1760-'61). et *Travels through France and Italy* (1766). Sa santé chancelante l'obligea à aller en Italie en 1770, et il commença en chemin à écrire *The Expedition of Humphrey Clinker*, qui parut en 1771, peu avant sa mort.

SMORZANDO adv. [smord-zan-do] (mot ital.).

Mus. Se place sur les partitions pour indiquer qu'un morceau doit être exécuté en affaiblissant le son,

SMYRNE (turc *Ismir*), ville de la Turquie d'Asie, dans le vilayet d'Aïdin, dont le gouverneur réside à Smyrne une partie de l'année, presqu'au fond du golfe du même nom, sur la côte occidentale de l'Asie Mineure, à 336 kil. S.-O. de Constantinople; 155,000 hab., dont 75,000 Grecs, 45,000 Turcs, 13,000 Juifs, 10,000 catholiques romains, 6,000 Arméniens et 4,000 Européens et Américains. Les Turcs l'appellent la ville des Giaours, à cause de la grande prépondérance de l'élément chrétien. Elle est située sur une plaine, entre l'ancien mont Pagus et la mer, et en partie sur la pente du mont même. C'est le siège d'archevêques grec, arménien, et catholique romain; les Américains ont des missionnaires, et des chanoinesses prussiennes y dirigent une excellente école. Les villages voisins de Burnabad et de Budja contiennent de belles villas. Smyrne est une escale importante pour les steamers, et un grand entrepôt commercial; le port est magnifique. Le mouvement y est annuellement de 1,400 navires, environ, dont la moitié à vapeur. Les importations consistent surtout en coton et en articles manufacturés, les exportations en coton brut, figues, raisins, opium et éponges. La guerre de sécession a donné une grande importance à l'exportation du coton. —

Smyrne fut probablement colonisée par des Eoliens de Cyme, mais elle tomba de bonne heure aux mains des Colophoniens, et au VIIᵉ siècle av. J.-C., elle forma la treizième ville de la ligue ionienne. Détruite par Sadyattes, roi de Lydie, elle resta en ruines pendant plusieurs siècles. Antigone et Lysimaque la rebâtirent. Elle ne tarda pas alors à devenir une des premières villes de l'Asie Mineure. Smyrne est une des sept églises citées dans l'Apocalypse : elle eut pour premier évêque Polycarpe. Elle a eu, à différentes époques, beaucoup à souffrir de la guerre, des tremblements de terre et des incendies.

SMYRNIOTE s. et adj. De Smyrne; qui appartient à Smyrne ou à ses habitants.

SMYTH. I. (William-Henry), officier de la marine anglaise, né en 1788, mort en 1865. L'amirauté l'employa pendant plusieurs années à relever exactement la Sicile et les autres îles de la même région. Il en résulta un atlas de la Sicile, qu'il accompagna d'un *Memoir descriptive of the Resources, Inhabitants and Hydrography of Sicily* (1824). Il fit d'autres travaux analogues par la suite, construisit un petit observatoire à Bedford, et publia *Sketch of Sardinia* (1828), *A Cycle of*

Celestial Objects (1844, 2 vol.), *The Mediterra-nean*, a *Memoir, Physical, Historical and Nau-tical* (1854). En 1853, il fut fait contre-amiral, et en 1857 hydrographe de l'amirauté.

SNAKE-RIVER [snèke'-riv'-eur] (aussi appe-lée Lewis Fork, Lewis River, Saptin River, et Shoshone River), affluent de la Colombie, naît dans les montagnes Rocheuses, à peu près par 44° lat. N. et 112° 50' long. O. Son cours est d'abord N.-O., puis S., puis de nouveau N.-O. jusqu'à sa jonction avec the Henry's Fork; il décrit alors une courbe de plus de 560 kil., court au N., tourne à l'O. dans l'état de Washington, et va se jeter dans la Colombie, à 20 kil. au-dessus de la frontière de l'Orégon, après un cours de plus de 900 kil. — Il est navigable sur une grande partie de son cours.

SNELL (Willebrord), mathématicien hollan-dais, né en 1591, mort en 1626. En 1613, il devint professeur à Leyde. Il fut le premier à faire la mensuration trigonométrique d'un arc du méridien, et il perfectionna les ins-truments qui servaient alors à cette opération. Il découvrit aussi la loi de la réfraction de la lumière. Son ouvrage le plus important a pour titre: *Eratosthenes Batavus, sive de Terræ Ambitus vera Quantitate* (1617).

SNELLAERT (Ferdinand-Augustin), auteur flamand, né à Courtrai, le 21 juillet 1809, mort à Gand, le 3 juillet 1872. Il consacra aux lettres les loisirs que lui laissa l'exercice de la médecine. Parmi ses œuvres, citons: *Schets eener Geschiedenis der Nederlandsche Letterkunde* (3e édit., 1855), *Bibliographie Fla-mande* (1851 et 1857), l'*édition des Alexanders Yeesten de Maerlant*, etc.

SNORRI STURLASON ou Snorre Sturluson, historien islandais, né en 1178, mort le 22 sept. 1241. Un mariage le rendit l'homme le plus riche de l'Islande. Sa somptueuse rési-dence à Reykholt était un véritable forte-resse, et il se montrait à l'Assemblée natio-nale avec une escorte de centaines d'hommes armés. Élu à la magistrature suprême, il déploya un grand savoir judiciaire; il excel-lait aussi dans la poésie. Reçu avec grande distinction en Norvège, il y retourna plus tard en fugitif à la suite de discordes intes-tines (1237). Il y encourut le déplaisir du roi et revint en Islande, où l'ordre arriva de le faire transporter en Norvège chargé de chaînes; mais son gendre, Gissur, l'assassina à Reykholt. Son ouvrage le plus important a pour titre *Heimskringla*, ou Chronique des rois de Norvège, dont le texte original fut imprimé pour la première fois à Perings-kiold en 1697, bien que la traduction danoise existât depuis cent ans.

SNYDERS ou Snyders ou Snyers (Francis), peintre flamand, né en 1579, mort en 1657. Il travailla avec Rubens, Jordaens et d'autres, ceux-ci exécutant les figures humaines, et Snyders les animaux, où il excellait, de même que dans les scènes de chasse.

SOBIESKI. Voy JEAN III SOBIESKI.

SOBOLE s. m. (lat. *suboli*, rejeton). Bot. Germe ou rudiment d'une plante ou d'un rameau. — Bulbille qui remplace les bour-geons, les fruits ou les graines, dans quelques végétaux.

SOBOLÉ, ÉE adj. Qui est de la nature du sobole.

* **SOBRE** adj. (lat. *sobrius*). Tempérant dans le boire et dans le manger. Est opposé à gourmand et à ivrogne: *c'est un homme fort sobre.* — IL A FAIT UN REPAS SOBRE, il a fait un repas où il a peu bu et peu mangé. On dit, dans un sens anal., UNE VIE, UN RÉGIME SOBRE. — Fig. Se dit de celui qui use de cer-taines choses avec discrétion, retenue, modé-ration: *cet homme est sobre en paroles, sobre*

à *parler*. — Se dit aussi des choses: *le style de cet écrivain est sobre.*

* **SOBREMENT** adv. D'une manière sobre: *il vit sobrement.* — Avec circonspection, avec retenue, avec discrétion: *il faut parler sobre-ment de certaines matières.*

* **SOBRIÉTÉ** s. f. (lat. *sobrietas*). Tempé-rance dans le boire et le manger: *la sobriété est utile à la santé.* — Réserve, retenue, modération: *il faut user avec sobriété des plaisirs de la vie.* — Fig. D'après saint Paul, IL FAUT ÊTRE SAGE AVEC SOBRIÉTÉ, il faut garder une certaine modération, même dans les meilleures choses, de peur de les outrer.

* **SOBRIQUET** s. m. Sorte de surnom, qui le plus souvent se donne à une personne par dérision, et qui est fondé sur quelque défaut de corps ou d'esprit, ou sur quelque singula-rité: *sobriquet offensant, injurieux.*

* **SOC** s. m. [sokk] (bas lat. *soccus*). Instru-ment de fer qui fait partie d'une charrue, et qui sert à fendre et à renverser la terre d'un champ qu'on laboure: *le bec d'un soc.*

SOCAGE s. m. Féod. Corvée consistant à labourer les terres du seigneur. Voy. PAYSANS (*Guerre des.*)

SOCCIA. ch.-l. de cant., arr. et à 37 kil. N.-E. d'Ajaccio (Corse); 700 hab.

SOCCOTRIN adj. m. Se dit d'une espèce d'aloès. (Voy. ALOÈS.)

SOCIABILISER v. a. Rendre sociable.

* **SOCIABILITÉ** s. f. Aptitude à vivre en société: *la sociabilité est une disposition natu-relle à l'espèce humaine.*

* **SOCIABLE** adj. (du lat. *socius*, compagnon). Qui est naturellement porté à chercher la société, qui est né propre à vivre en société: *l'homme est sociable.* — Avec qui il est aisé de vivre, qui est d'un bon et facile commerce: *c'est un homme sociable.*

* **SOCIABLEMENT** adv. D'une manière so-ciable: *il s'est conduit avec eux sociablement.*

* **SOCIAL, ALE, AUX** adj. (lat. *socialis*). Qui concerne la société: *l'ordre social, les rap-ports sociaux.* — Hist. rom. LA GUERRE SOCIALE, la guerre que les peuples de l'Italie, alliés de Rome, firent à la république du temps de Marius et de Sylla. — S'emploie aussi en par-lant des sociétés de commerce: *la raison so-ciale de cette maison.*

SOCIALEMENT adv. D'une manière sociale, dans l'ordre social.

SOCIALISER v. a. Rendre social, réunir en société.

* **SOCIALISME** s. m. Doctrine des hommes qui prétendent changer l'état de la société et la réformer sur un plan tout à fait nouveau, d'après des principes plus harmonieux et plus équitables. Le communisme et la coopé-ration sont les deux grandes divisions ou va-riétés principales du socialisme. Quelquefois on emploie les termes communisme et socia-lisme comme synonymes; mais générale-ment ce premier terme s'applique d'une manière spéciale aux plans de réforme sociale ayant pour base, ou du moins comprenant la doc-trine de la complète communauté des biens. La coopération est la branche du socialisme qui s'occupe exclusivement de la théorie du travail et des moyens de distribuer les pro-fits, et qui préconise l'association d'un grand nombre afin d'obtenir des avantages que n'atteindrait pas l'individu. Le socialisme simplifié d'aujourd'hui, ne vise guère qu'à protéger les droits du travailleur et à ga-rantir celui-ci contre l'oppression des capita-listes. Au nombre des plus anciens essais de vie communiste, il faut citer la secte juive des esséniens. Les carpocratiens, secte chré-tienne du mil[i]eu du VIe siècle, pratiquaient

aussi la communauté des biens et des femmes. Plusieurs siècles plus tard, différentes sociétés communistes et ascétiques s'élevèrent, telles que celle des Frères et Clercs de la vie com-mune, fondée par Gérard Groot, vers 1378, dans les Pays-Bas. En même temps, il existait des communautés dont les membres se li-vraient à la licence la plus excessive et qui finirent par être supprimées par les gouver-nements; tels étaient les adamites, qui allaient nus et avaient leurs femmes en com-mun. Lors de la réformation, les tendances communistes étaient répandues dans toute l'Allemagne, et amenèrent la révolte des serfs contre leurs seigneurs. Voy. PAYSANS (*Guerre des*). Certains anabaptistes, Storch et Münzer, les familistes, les niveleurs, et un grand nombre d'autres sectes fanatiques de cette période témoignent, à divers degrés, du même esprit d'hostilité contre le riche, du désir d'arriver à une meilleure distribution des biens, et de la lutte dans le but de réaliser un idéal d'état social. La première édition de l'*Utopie* de sir Thomas Morus, description d'une république imaginaire, fut imprimée en latin à Louvain en 1516. Campanella dé-crit une autre utopie dans sa *Civitas Solis* (1623). Des plans analogues se trouvent es-quissés par Hall dans son *Mundus Alter*, par Fénelon, Morelly, Defoe dans son *Essay on Projects* et Bacon dans la *New Atlantis*. En 1656, Harrington publia son *Oceana*, où il trace le modèle d'une république. Le premier plan complet d'une communauté industrielle destiné à une mise en pratique immédiate fut le projet de John Beller d'un collège de l'industrie (*college of Industry*; 1696). En France, il y a eu, à différentes époques, peut-être communautés dans lesquelles le travail fut divisé suivant les aptitudes des membres, lesquels reçurent part égale des profits. Aux Etats-Unis, il y a environ 70 sociétés commu-nistes, toutes fondées sur une croyance reli-gieuse quelconque. Les shakers furent établis dans les états septentrionaux vers 1780; les rappistes datent de 1805; les zoarites de 1817, les communistes d'Eben-Ezer ou d'A-mana de 1844, la communauté de Bethel de 1844, les perfectionnistes d'Oneida de 1848, les icariens de 1849, et la commune d'Aurora de 1852. La communauté des femmes n'est pratiquée que par les perfectionnistes, voy. SAINT-SIMON, FOURIER, shakers etc.; les rappistes gardent le célibat; à Icarie, à Amana, à Aurora, à Bethel et à Zoar les liens de famille sont en honneur. Les plus nom-breux sont les shakers. — Après le règne de la Terreur en France, Babœuf et ses amis formèrent une conspiration pour renverser l'État. Ils enseignaient que tous les hommes ont des droits égaux à posséder, et que toute appropriation exclusive du sol ou d'une bran-che d'industrie est un crime. Babœuf périt sur l'échafaud, mais Buonarroti fit revivre ses doctrines en 1831. Saint-Simon (1760-1825), est l'auteur d'un vaste plan de recons-truction de la religion, de la politique, de l'industrie et des relations sociales de l'hu-manité. A chaque homme suivant sa capacité, à chaque capacité suivant ses œuvres, telle était la grande formule de l'évangile de Saint-Simon. Il était réservé à Rodrigues, à Enfantin, à Bazard, à Buchez et autres de le répandre par toute la France; mais les dis-sensions et des excentricités empêchèrent d'arriver à un résultat pratique. Charles Fourier (1772-1837) vit que la société est un organisme en croissance et non une construc-tion, et il en conclut que la science de la société doit être comme la fleur et le cou-ronnement de toutes les autres sciences. Il se donna le rôle de philosophe et législateur social universel, et il se fit beaucoup de dis-ciples en France, en Angleterre et aux Etats-Unis. On a fait bien des efforts pour appliquer ses règles les plus pratiques, mais sans ob-

tenir aucun résultat décisif on signalé. Louis Blanc soutenait que le gouvernement devait acheter ou absorber graduellement les grandes entreprises industrielles du pays, afin que les salaires des travailleurs arrivassent à être tous égaux, et qu'avec le temps l'administration gouvernementale fût remplacée par les travailleurs se gouvernant eux-mêmes d'après les principes démocratiques. Proudhon (1809-'65) roulait exécuter ses reformes sans l'aide de l'Etat. Il proposait que tout citoyen réunlt en sa personne les quatre facteurs nécessaires de la production, et qu'il fût, en conséquence, travailleur, capitaliste, marchand et patron. Pour y arriver, il soutenait que le travail devait être garanti au travailleur, et qu'il fallait réorganiser le système du crédit, chose qu'il essaya d'accomplir en établissant la banque du peuple en 1849. Cette banque était une association de 20,000 travailleurs qui s'engageaient à la fermer pour violation du Code de commerce. — Législ. « Il est nécessaire de dire quelques mots du socialisme, avant de parler de la législation qui le concerne. Il nous semble que, sauf pour un petit nombre d'utopies anarchistes, on peut le définir ainsi : l'extension exagérée de la fonction gouvernementale. C'est une organisation artificielle de la société qui tend à faire violence, non seulement aux mœurs et aux habitudes de la population, mais aussi à la nature même de l'être humain et à ses instincts. Un tel régime, quel qui soit, ne peut être établi ni subsister que par la contrainte: c'est donc un attentat à la liberté. (Voy. PAOPÂRISME, SALAIRE, etc.) Distinguons le socialisme des gouvernements ou socialisme d'Etat et le socialisme clérical du socialisme révolutionnaire. On trouve des exemples des premiers dans les lois de Lycurgue, dans certains décrets de la Convention, et dans l'état social que les jésuites avaient fondé au Paraguay. Tout système qui s'écarte des principes de la liberté individuelle et de la constitution naturelle de la famille est plus ou moins empreint de socialisme. Aussi l'on peut dire que « l'Eglise catholique est une puissante forme « et une vivante figure du socialisme... Ces « traits généraux : l'inspiration supérieure, « le mépris de la réalité, le plan d'une so- « ciété nouvelle et la promesse d'un bonheur « inaltérable se retrouvent en tout socialisme. « Qui s'est jamais plus fortement emparé de « la famille que ne le fait l'Eglise, et ne l'a « plus profondément pétrie à son image?... « Quand vous avez vu le socialisme clérical « dans la famille, dans la commune et dans « l'Etat, revenez à l'Eglise elle-même, péné- « trez dans sa propre et intime organisation : « c'est là que vous verrez le socialisme vivant « et triomphant! Socialisme, est-ce assez dire? « Frappez à la porte du monastère; c'est le « communisme lui-même qui vous offre l'hos- « pitalité ». (H. Depasse, Le Cléricalisme, chap. III, § 2.) Parmi les modernes inventeurs de systèmes socialistes, on peut citer Babœuf, Robert Owen, Saint-Simon, Fourier, Enfantin, Aug. Comte, P.-J. Proudhon et leurs disciples. En 1848, les ouvriers de Paris réclamèrent la mise en pratique des théories du communisme que des utopistes avaient répandues parmi eux; l'égalité des salaires, le droit au travail, l'abolition de la propriété individuelle, etc. Ces théories étaient propagées par les sociétés secrètes et par divers écrits; et l'on sait quels résultats ont donné les essais qui furent tentés pour la réalisation des idées dont il s'agit. En Allemagne, Karl Marx cherchait à démontrer dans ses ouvrages que le travail doit avoir la prépondérance sur le capital; et il jetait les bases de l'Association internationale des travailleurs, qui fut définitivement fondée dans un meeting d'ouvriers, en Angleterre, le 28 sep-

tembre 1865. On a attribué à cette association un grand rôle dans le gouvernement de la Commune de Paris en 1871. En dehors du communisme allemand, qui prétend être basé sur la science et le pur raisonnement, il se fonda, parmi les ouvriers de divers pays, des associations divergentes : la fédération jurassienne, la fédération française, la fédération italienne, la fédération espagnole, la fédération américaine, etc. Les Trade's-Unions d'Angleterre réussirent à se donner une organisation puissante, soutenue par d'abondantes cotisations; mais les succès qu'elles ont quelquefois remportés en obtenant temporairement la hausse des salaires, ont été bien compensés par leurs échecs; et les ouvriers anglais, après avoir acquis à leurs dépens quelques notions d'économie politique, ont cessé de se nuire à eux-mêmes et à réclamer l'impossible. Les ouvriers français, moins éclairés et plus disposés à nourrir des chimères, ont vu se former parmi eux un nombre infini de sectes socialistes, et chaque jour en voit naître de nouvelles. Les systèmes et les moyens d'application diffèrent selon les groupes et souvent même selon les individus. Les mutuellistes sont une variété des communistes. Les collectivistes se subdivisent en marxistes ou guesdistes, possibilistes, égalitaires, blanquistes, etc. Ces divers groupes prétendent opérer, les uns par le rachat, les autres par la force, la prise de possession de tous les instruments de travail, usines, chemins de fer, etc., pour en faire la remise aux travailleurs exclusivement. Les anarchistes placent le bonheur parfait dans une révolution sociale qui détruirait à jamais tout pouvoir politique et tout gouvernement. Quelques-uns même repoussent l'idée de patrie et font du socialisme une doctrine de cosmopolitisme. Nous n'aurions jamais fini s'il fallait faire connaître ici tous les systèmes éclos dans des cerveaux mal équilibrés, chez lesquels font souvent défaut les notions les plus élémentaires de l'histoire et des besoins des sociétés humaines. Les nihilistes de la Russie ont aussi un programme socialiste; mais leur but immédiat est la destruction du pouvoir absolu dans leur pays. — En France, la dernière Assemblée nationale, effrayée par les excès auxquels les socialistes se sont livrés à Paris, en 1871, a voté la loi du 14 mars 1872. Aux termes de cette loi, tout Français convaincu d'être affilié, soit à l'Association internationale des travailleurs, soit à une autre société professant les mêmes doctrines et ayant le même but, doit être puni d'emprisonnement et d'amende. (Voy. INTERNATIONALE.) L'Allemagne, la Russie et l'Autriche ont mis en vigueur des lois draconiennes contre le socialisme, et ces trois puissances ont, pour le combattre plus sûrement, arrêté une convention et organisé un ensemble de moyens de surveillance. La loi autrichienne, qui a été votée en 1885 pour une durée de cinq années, donne au ministre de l'intérieur le droit de dissoudre les associations socialistes et d'en saisir les fonds au profit des pauvres. Les contraventions aux arrêtés de dissolution entraînent la peine de six mois à trois ans de travaux forcés. La même peine est prononcée contre les membres des sociétés secrètes convaincues de socialisme. Les journaux professant les doctrines socialistes sont supprimés administrativement, et leurs rédacteurs sont punis avec sévérité. Cette législation est évidemment excessive, et l'expérience prouve que de telles rigueurs produisent des effets tout opposés à leur but. C'est ainsi que sont dissimulées et ignorées les plaies internes dont une société peut être atteinte; et c'est par un tel système de compression que l'on excite la révolte dans les âmes les plus viriles. Pas plus que la liberté de religion, l'indépendance de la pensée ne doit être atteinte par les lois.

Lorsque les doctrines utopiques peuvent se faire connaître librement, elles s'évanouissent d'elles-mêmes devant l'examen et la contradiction, de même que la vapeur qui n'est pas comprimée. La libre publicité suffit presque toujours à discréditer les idées sans fondement. Ces doctrines si variées, souvent opposées les unes aux autres, se combattent entre elles et s'affaiblissent mutuellement, pourvu que l'autorité publique ne paraisse pas dans la lutte. Le gouvernement doit seulement, en faisant exécuter la loi commune à tous, prévenir ou réprimer les actes, lorsque son existence est menacée ou lorsque la paix publique est troublée. Aujourd'hui en France, non seulement la loi de 1872 sur l'Internationale n'est plus appliquée, bien qu'elle soit restée en vigueur; mais toutes les sectes socialistes sont absolument interdites (Décr. 28 juill. 1848, art. 13); mais la loi sur les réunions publiques (L. 30 juin 1881), tout en maintenant l'interdiction des clubs et celle des meetings tenus sur la voie publique, laisse à chacun la liberté de développer publiquement ses idées, quelles qu'elles soient. (Voy. RÉUNION.) La loi qui régit la presse (L. 29 juill. 1881, art. 23 et s.) n'autorise à poursuivre les individus que s'il prononce des discours dans les lieux ou réunions publics, ainsi que les auteurs d'écrits ou imprimés, dans le cas où ils sont de provocation à des crimes ou délits, soit de diffamation, soit d'outrages aux personnes ou aux bonnes mœurs. — Dans un pays où la constitution et le suffrage universel assurent à tout citoyen la garantie de ses droits naturels, les partisans d'aucune organisation sociale ne sont fondés à faire appel à la révolte; mais chacun a le droit de chercher à convaincre les autres, et le bulletin de vote est le seul moyen qui puisse amener les progrès désirés. Si l'on met à part quelques ambitieux dépourvus de sens moral, et un certain nombre de dupes, le socialisme ne peut avoir pour adhérents qu'une fraction minime de la population, dans un pays où l'esprit de famille s'est conservé et où la propriété est considérée comme la garantie la plus sûre contre la misère. Si le socialisme devenait un jour menaçant en France, la masse des électeurs chercherait de nouveau à y échapper en se mettant sous la protection d'un chef d'armée. Les adversaires du régime républicain le savent; c'est pourquoi ils font des vœux pour que le socialisme vienne à régner un seul jour. Aucun gouvernement durable ne pouvant sortir de cet épouvantail, il y aurait alors quelques chances que le pays retombât, une fois encore, pendant une certaine période, sous le sceptre d'une famille marquée du sceau divin. » (CH. Y.)

* SOCIALISTE adj. Qui a rapport au socialisme. — Substantiv. Les socialistes.

SOCIALITÉ s. f. Instinct social; caractère de l'être social.

* SOCIÉTAIRE s. et adj. Se dit d'une personne qui fait partie de quelque société. On ne l'emploie guère qu'en parlant de certaines sociétés littéraires, musicales, etc., et de certaines entreprises dramatiques : les sociétaires de la Comédie-Française.

SOCIÉTAIREMENT adv. En société, par société.

SOCIÉTARIAT s. m. Qualité de sociétaire.

* SOCIÉTÉ s. f. (lat. societas). Assemblage d'hommes qui sont unis par la nature ou par les lois; commerce que les hommes réunis ont naturellement les uns avec les autres;

l'homme est né pour la société. — Cès animaux vivent en société, ils vivent rassemblés, en troupes. — Compagnie, union de plusieurs personnes jointes pour quelque intérêt, ou pour quelque affaire, et sous de certaines conditions : *une société de financiers, de marchands.* — Société léonine, celle où tous les avantages sont pour un ou pour quelques associés aux dépens des autres : *toute société léonine est nulle.* — Compagnie de gens qui s'assemblent pour vivre selon les règles d'un institut religieux, ou pour conférer ensemble sur certaines sciences : *la société des jésuites.* — Société littéraire, association de plusieurs personnes qui se réunissent pour cultiver les lettres : *il est de plusieurs sociétés littéraires.* On dit de même, Société savante, en parlant d'une association dont le but est de cultiver les sciences ou une science. Quelquefois, dans un sens plus étendu, Sociétés savantes, au pluriel, comprend aussi les sociétés littéraires. — Compagnie de personnes qui s'assemblent ordinairement pour la conversation, pour le jeu, ou pour d'autres plaisirs : *société agréable, choisie.* — Se dit quelquefois de réunions qui ont un but politique : *sociétés secrètes.* — Se dit, en général, des rapports, des communications que les habitants d'un pays, d'une ville ont entre eux pour leurs amusements, pour leurs plaisirs : *il n'y a point de société dans cette ville.* — Vers de société, vers qui ont été faits pour le plaisir d'une réunion particulière, et qui ne sont point destinés au public. — Commerce ordinaire, habituel, que l'on a avec certaines personnes : *je trouve beaucoup de douceur, d'agréments dans sa société.* — Législ. « Nous avons traité plus haut des associations de personnes ayant un autre but que la production et le partage de profits communs. (Voy. Association.) En ce qui concerne la *société d'acquêts,* voy. Communauté. La législation relative aux *sociétés de secours mutuels* a été résumée au mot Secours. Il nous reste à parler ici des associations d'intérêts formées entre deux ou plusieurs personnes qui conviennent de mettre en commun des capitaux ou leur industrie, dans la vue de se partager le bénéfice qui pourra en résulter. Ces sociétés étaient autrefois peu nombreuses et elles n'ont commencé à se multiplier qu'après la promulgation du Code de commerce. Dans l'ancien droit, la constitution des sociétés civiles n'était soumise à aucune formalité particulière ; mais les *sociétés entre marchands* devaient être formées par un acte écrit. Il y avait deux sortes de ces dernières sociétés : la *société générale,* qui avait tous les caractères de la société en nom collectif, et la *société en commandite.* Les *sociétés de traitans* qui affermaient la perception des impôts étaient régies par des règles particulières. Dès le commencement du XVIIe siècle, on vit se fonder en France des sociétés coloniales, telles que la compagnie de Saint-Christophe (1628), celle de la Nouvelle-France ou du Canada (1628), etc. En 1664, deux grandes sociétés commerciales furent fondées sous les noms de *Compagnie des Indes occidentales* et de *Compagnie des Indes orientales.* Ces sociétés, dont le type se trouvait antérieurement en Hollande, reçurent le privilège de l'exploitation des pays d'outre-mer. Elles étaient autorisées non seulement à équiper et à armer des vaisseaux de guerre sous le pavillon de France, mais aussi à traiter au nom du roi avec les princes étrangers, et au besoin à leur déclarer la guerre (art. 28 et 30 des statuts de ces sociétés). La Compagnie des Indes orientales avait reçu en don de l'État l'île de Madagascar ; l'autre fut mise en possession du Canada, de l'Acadie, etc. Diverses sociétés se formèrent ensuite pour l'exploitation du Sénégal, de la Guinée, de la Louisiane, etc. Sous la Régence, le trop célèbre financier Law fonda la compagnie du Mis-

sissipi dont les actions enrichirent d'abord, puis ruinèrent les spéculateurs, après avoir excité au dernier point la passion du lucre, si facile à éveiller. La guerre soutenue par Louis XVI contre les Anglais causa la ruine des compagnies qui subsistaient encore à cette époque. — On distingue aujourd'hui deux classes de sociétés : les sociétés civiles et les sociétés commerciales. Ces dernières sont celles qui ont pour but de faire des actes de commerce (Voy. Commerce.) Les unes et les autres sont considérées par la loi comme des personnes civiles, non seulement à l'égard des tiers, mais aussi à l'égard de chacun de leurs sociétaires ; et l'on appelle *raison sociale* le nom donné à cette personne civile. Toute société doit avoir un objet licite. Chaque associé est tenu de faire un apport et de participer aux pertes et aux bénéfices. (Voy. Léonin.) — Sociétés civiles. Lorsque l'objet d'une société civile est d'une valeur qui excède 150 fr., elle doit être constituée par un acte écrit, et son existence ne peut être prouvée par témoins. Les sociétés civiles sont *universelles* ou *particulières.* Les premières peuvent comprendre tous les biens présents des associés et tous leurs gains à venir ; mais on ne pourrait pas, comme dans l'ancien droit, mettre en commun les biens que chaque associé est appelé à recueillir dans l'avenir par donation, succession, etc. Cela est seulement permis aux époux, suivant les conditions de la communauté légale ou conventionnelle. Les sociétés particulières sont celles qui s'appliquent à certaines choses déterminées ou qui ont pour objet l'exercice d'une profession. Toute société est régie par ses propres statuts, et, en cas d'insuffisance, par les prescriptions de la loi. La société commence à l'instant même du contrat, à moins qu'une autre époque ne soit déterminée. Elle finit, soit par l'expiration du temps fixé, soit par l'extinction de l'objet de la société, soit par la mort de l'un des associés, lorsqu'il n'a pas été stipulé que le continuerait d'exister, soit par l'interdiction ou la déconfiture de l'un des associés, soit par la volonté d'un seul ou de plusieurs des associés, lorsque la durée de la société n'a pas été limitée (C. civ., 1832 à 1873). — Sociétés commerciales. Ces sociétés sont, en principe, soumises aux règles ordinaires des sociétés civiles, et elles sont en outre régies par le Code de commerce et par des lois particulières. Elles peuvent être déclarées en faillite, et les contestations qui s'élèvent entre les associés sont de la compétence des tribunaux de commerce. Le Code reconnaissait seulement quatre espèces de sociétés commerciales, mais de lois postérieures en ont créé de nouvelles variétés. La *société en nom collectif* a pour caractère particulier la solidarité entre tous les associés, lesquels sont responsables personnellement de tout ce que ont avoir, des engagements qui ont été pris sous la raison sociale par l'un ou l'autre des associés. Cette raison sociale ne peut comprendre que les noms des associés ou l'un des noms suivis de « et compagnie » (C. comm. 18 à 22). Dans la *société en commandite simple,* il y a deux sortes de sociétaires : 1° des associés responsables et solidaires ; 2° un ou plusieurs associés bailleurs de fonds qui participent aux bénéfices, mais ne supportent les pertes que jusqu'à concurrence de leurs mises indiquées dans l'acte de société. La raison sociale de toute société en commandite doit être formée nécessairement et exclusivement des noms de l'un des noms des associés responsables. Les commanditaires ne peuvent faire aucun acte de gestion, sinon ils deviennent solidairement garants des engagements résultant de ces actes (id. 23 à 28 ; L. 6 mai 1863). — La *société en commandite par actions,* d'abord établie par la loi du 17 juillet 1856, est aujourd'hui régie par le

premier titre de la loi du 24 juillet 1867. — Dans la *société anonyme,* il n'y a pas d'associés personnellement responsables. Cette société est gérée par des administrateurs qui répondent seulement de l'exécution du mandat qu'ils ont reçu et des dérogations par eux commises soit à la loi, soit aux statuts de la société. La raison sociale est dénommée par l'objet même de l'entreprise. Le nombre des sociétaires ne peut être inférieur à sept, et le capital social est toujours divisé en actions. Les sociétés anonymes peuvent, depuis la loi de 1867, se constituer sans l'autorisation du gouvernement. — La *société à responsabilité limitée* a été importée d'Angleterre en France par la loi du 23 mai 1863 ; mais elle n'a plus raison d'être depuis que l'anonymat a été rendu libre, et la loi de 1863 a été abrogée par celle de 1867. Cette dernière loi a créé la *société à capital variable,* dite aussi *société coopérative,* et dont le capital est à la fois susceptible d'augmentation par des versements successifs ou par l'admission de nouveaux associés, et susceptible de diminution par le retrait total ou partiel des apports effectués. Ce genre de société se propage avec rapidité, dans des conditions à peu près semblables, parmi les ouvriers anglais, mais il n'a pas produit en France les résultats que l'on en espérait. Les *tontines* et les autres *sociétés d'assurances sur la vie* sont seules aujourd'hui soumises à l'autorisation du gouvernement. (Voy. Assurance et Tontine.) L'acte constitutif de toute société commerciale doit être publié dans le mois de sa date, par le dépôt d'une expédition ou de l'un des originaux dudit acte et des pièces annexes au greffe de la justice de paix et du tribunal de commerce du lieu dans lequel la société est établie. En outre, un extrait de l'acte et des annexes doit être inséré dans un journal d'annonces légales. Sont soumis aux mêmes formalités tous actes et délibérations ayant pour objet la prorogation de la société, sa dissolution avant le terme fixé, les modifications aux statuts ou à la raison sociale, et tout changement ou retraite d'associés. Faute de ces publications, les actes sont nuls à l'égard des intéressés, mais cette nullité ne peut être opposée aux tiers par les associés (C. comm., 29 et s. ; L. 24 juillet 1867). La loi reconnaît encore une espèce particulière de société, l'*association commerciale en participation,* laquelle s'occupe exclusivement et d'une façon temporaire d'une ou de plusieurs opérations de commerce engagées entre plusieurs commerçants ou sociétés commerciales. Cette association n'est pas soumise aux formalités prescrites pour les autres sociétés. Elle peut être constatée par la représentation des livres de commerce, par la correspondance, et même par la preuve testimoniale, si le tribunal juge qu'elle peut être admise. (C. comm. 47 à 50.) Les sociétés étrangères, par actions, ne peuvent exercer leurs droits en France que lorsque les sociétés de cette espèce de leur pays ont été autorisées à la faire par un décret rendu en conseil d'État (L. 30 mai 1857, art. 2). Les titres de ces sociétés sont soumis en France au droit de transmission établi par la loi du 23 juin 1867, et ils ne peuvent être négociés s'ils ont été admis à la cote de la Bourse de Paris par le ministre des finances et par la chambre syndicale des agents de change (Décr. 6 fév. 1880). Nous n'avons pas cru devoir analyser ici les règles légales concernant la constitution, le fonctionnement et la liquidation des diverses sociétés par actions ; car la loi de 1867 est l'objet d'un projet de révision dont la mise en vigueur paraît très prochaine. Cette dernière loi a pris de minutieuses précautions dans le but d'empêcher la création des sociétés peu sérieuses ; mais, tout en apportant des entraves, elle laisse néanmoins l'im-

prévoyance être trop facilement la dupe de la mauvaise foi. La liberté des sociétés commerciales doit être entière et soumise seulement aux règles de la loi commune (C. civ. 1134); mais la publicité des statuts, des comptes et des états de situation doit être le correctif de la liberté. Cette matière est aujourd'hui plus importante que jamais; l'union des capitaux est de plus en plus indispensable afin de faire progresser l'industrie, le commerce, le service des transports, et afin de lutter contre la concurrence étrangère, bien plus efficacement que par des tarifs de douane, en donnant le bon marché et la perfection des produits. Il importe aussi que la loi assure autant qu'il est possible la réalité des apports faits au fonds social, ainsi que la probité de la gérance, et qu'elle protège l'actionnaire, l'obligataire et le créancier par un contrôle qui soit facile et suffisant sans être une entrave pour les affaires. — Impôts sur les sociétés. Les sociétés civiles et commerciales sont assujetties à de nombreuses charges fiscales. I. Tout acte de formation ou de prorogation de société donne lieu à la perception d'un *droit d'enregistrement* fixe-gradué, lequel est ainsi calculé en principal sur le montant total des apports mobiliers et immobiliers, déduction faite du passif, savoir: pour 5,000 fr. et au-dessous, droit 7 fr. 50; de 5,000 à 10,000 fr., droit 15 fr.; de 10,000 à 20,000 fr., droit 30 fr.; au delà de 20,000 fr., droit 30 fr. par chaque somme de 20,000 fr. ou fraction de la dite somme. Les actes de partage ou liquidation de sociétés sont soumis au même tarif sur le montant net de l'actif partagé. Le tout, sauf les droits d'obligation, de vente, de quittance ou autres auxquels les dits actes pourraient donner ouverture (L. 28 fév. 1872; L. 19 fév. 1874). — II. La loi du 5 juin 1850 a établi sur les titres des actions des sociétés françaises un *timbre proportionnel* qui est en principal de 50 centimes par 100 fr. du capital nominal, pour les sociétés dont la durée n'excède pas dix ans, et de 1 fr. par 100 fr. pour les actions des sociétés dont la durée est plus longue. Un timbre de 1 p. 100 frappe aussi tous les titres d'obligations émis par les sociétés ou par des établissements publics. Ces droits peuvent être convertis en un *abonnement* annuel qui est de 6 centimes (y compris les décimes) par 100 fr. du capital nominal. Par *un privilège spécial*, le timbre des lettres de gage du Crédit foncier de France n'est que de 50 centimes par 4,000 fr. Les actions et obligations des sociétés étrangères sont assujetties au timbre, lorsqu'elles sont négociées en France. — III. Toute *transmission* d'un titre nominatif d'action ou d'obligation française ou étrangère donne lieu à la perception d'un droit proportionnel de 50 centimes (sans décimes) par 100 fr. sur le montant de la négociation. Le droit est converti, pour les titres au porteur, en une taxe annuelle de 20 centimes par 100 fr. Cette taxe, dite taxe de transmission, est calculée chaque année sur le cours moyen de la valeur à la Bourse de Paris pendant l'année précédente. Ces deux taxes sont encourues au Trésor par les sociétés, sauf leur droit de recouvrement sur les cessionnaires et les porteurs de titres (L. 23 juin 1857; L. 16 sept. 1871; L. 30 mars 1872). Toute *conversion* d'un titre au porteur en titre nominatif ou d'un titre nominatif en titre au porteur donne lieu à la perception du droit de transmission de 50 centimes par 100 fr. Le droit de transmission de 50 centimes par 100 fr. est dû pour toute négociation des titres de sociétés, compagnies ou entreprises étrangères, sans distinguer si les titres sont nominatifs ou au porteur (Décr. 17 juillet 1857, art. 10); il est perçu sur la moitié du capital représenté par les actions et sur la totalité pour les obligations (Décr. 11 déc. 1866). — IV. La loi du 29 juin 1872

a établi un *impôt de 3 p. 100 par an sur le revenu*, qui frappe sur tous les bénéfices annuels des sociétés civiles ou commerciales. Cet impôt doit être avancé par les sociétés elles-mêmes, sauf retenue sur le montant des coupons ou des répartitions; et il est prélevé non seulement sur les intérêts et dividendes servis aux actions et aux obligations, mais aussi sur les parts d'intérêt et commandites dans les sociétés dont le capital n'est pas divisé en actions, et même sur les intérêts des emprunts des départements, des communes et des établissements publics. Il s'applique aussi, en vertu des lois du 28 déc. 1880 et du 29 déc. 1884, sur les produits et bénéfices des sociétés dont les statuts prohibent la distribution et sur ceux des associations laïques ou religieuses, reconnues ou non, existant par contrat ou seulement de fait. A défaut de justifications suffisantes des revenus et bénéfices par les sociétés dont le capital n'est pas divisé en actions, la taxe est perçue sur un revenu calculé à 5 p. 100 de l'estimation de l'actif mobilier et immobilier. Dans toute société, les bénéfices mis en réserve sont soumis à l'impôt, ainsi que tout ce qui excède le capital social (Arr. cass., 7 juin 1880). Enfin la taxe de 3 p. 100 s'applique aux titres des sociétés étrangères qui sont cotés, négociés, exposés en vente ou émis en France. Sont exemptées du dit impôt: 1° les parts d'intérêt dans les sociétés commerciales en nom collectif; 2° les parts des associés en nom, dans les sociétés en commandite dont le capital n'est pas divisé par actions; 3° les parts d'intérêt dans les sociétés dites de coopération, formées exclusivement entre des ouvriers ou artisans au moyen de leurs cotisations périodiques (L. 1er déc. 1875). Toute contravention aux dispositions des lois et des règlements concernant la perception de la taxe de 3 p. 100 est punie d'une amende de 400 à 5,000 fr. (L. 23 juin 1857, art. 10), sans préjudice du droit en sus qui doit être perçu dans le cas d'omission ou d'insuffisance de déclaration. (L. 22 frimaire an VII, art. 39). — V. La même taxe de 3 p. 100, est prélevée par le fisc sur le montant des *lots* et des *primes* de remboursement attribués aux porteurs d'obligations des sociétés ou d'obligations des établissements publics. — VI. Les biens immeubles appartenant à des sociétés anonymes sont frappés de la taxe annuelle dite de *main-morte* (L. 20 fév. 1849). Le taux de cette taxe est aujourd'hui de 87 centimes et demi par franc de la contribution foncière frappant sur lesdits immeubles (L. 30 mars 1872). Sont exemptés de cette contribution supplémentaire, les immeubles achetés pour être revendus par les sociétés anonymes ayant pour objet exclusif l'achat et la vente des immeubles (L. 14 déc. 1875). — VII. Dans toutes les sociétés ou associations civiles qui admettent l'adjonction de nouveaux membres, les *accroissements* opérés par suite de clauses de réversion au profit des membres restants, de la part de ceux qui cessent de faire partie de la société ou association, sont assujettis au droit de mutation par décès (9 p. 100 en principal), si l'accroissement se réalise par le décès ou au droit de donation (même droit), s'il a lieu de toute autre manière, d'après la nature des biens existants au jour de l'accroissement, et nonobstant toutes cessions antérieures faites entre vifs au profit d'un ou de plusieurs membres de la société ou de l'association (L. 28 déc. 1880, art. 4). Cette disposition a pour but de faire contribuer aux charges communes les biens des associations religieuses, lesquelles sont si habiles à échapper à l'impôt. — VIII. Enfin l'impôt de la *patente* frappe plus lourdement les sociétés en nom collectif que sur les autres; car, en outre du droit fixe principal basé sur la nature du commerce ou de l'in-

dustrie qui fait l'objet de la société, il est dû une part du même droit par chaque associé autre que l'associé principal. (Voy. Patente.) Il existe, dans un grand nombre de pays, *des sociétés de secours aux blessés militaires*. Elles ont été l'objet d'une convention internationale signée à Genève en 1864. (Voy. Secours; voy. aussi Sauvetage.) » (Ch. Y.)

SOCIÉTÉ (Îles de la), archipel de l'océan Pacifique du Sud, entre 16° et 18° lat. S. et entre 450° et 157° long. O.; 1,691 kil. carr.; 18,000 hab. Il se compose de *deux groupes* d'îles, à 120 kil. l'un de l'autre. Ces deux groupes sont nommés: 1° Îles Sous-le-Vent ou Îles de la Société proprement dites (Indépendantes) et Îles du Vent ou Taïti ou Géorgiennes (à la France; voy. Taïti). Les premières mesurent 645 kil. carr. et renferment 4,000 hab., les principales sont : Raiatéa, Houanine, Borabora, Toubouaï, Otahou ou Taoua, Maroua ou Maupite. Les Îles du Vent (1,046 kil. carr.; 14,000 hab.) comprennent Taïti ou Otahite, Eimeo, Maïaoïti, Maïta et Tétouaroua, sans compter un grand nombre d'îlots. — Toutes ces îles sont montagneuses; le point culminant se trouve dans Taïti et mesure 2,500 m. de haut. Les côtes sont d'une grande fertilité. Elles sont entourées de ceintures de corail à des distances du rivage qui varient de quelques mètres à 8 kil., avec des ouvertures permettant le passage des canots et, quelquefois, offrant aux navires des eaux calmes et un mouillage sûr. Le climat est sain et très doux; c'est à peine si le thermomètre varie pendant l'année. Outre le fruit de l'arbre à pain, ces îles produisent presque tous les fruits et tous les végétaux des tropiques, avec quelques espèces qui leur sont particulières. On y a introduit des fruits et des légumes des pays tempérés; les orangers et les citronniers d'Europe y réussissent. On y a aussi acclimaté des animaux domestiques. Les naturels appartiennent à la race malaise, et sont généralement d'une taille au-dessus de la moyenne. Ils ont le teint d'un brun olivâtre ou rougeâtre, offrant une grande diversité de nuances. Les hommes ont l'aspect robuste et gracieux; leur abord est affable et courtois. Ils ont complètement abandonné aujourd'hui leur ancien costume. Importation d'étoffes, d'articles de mode, d'instruments et d'objets manufacturés; exportation d'huile de coco, d'oranges, de fruits, de jus de citron, de vanille, de fongus et de nacre. Le commerce se fait surtout avec San-Francisco, Valparaiso et Sydney. Le commerce se concentre presque tout entier à Papéiti. — Les Espagnols revendiquent la découverte de Taïti, en 1606, par Quiros. Le capitaine Wallis y arriva sur un navire anglais, en 1767. Bougainville y toucha en 1768. Le capitaine Cook découvrit, en 1769, la plupart des îles de la Société, et donna à tout l'archipel le nom d'Îles de la Société, en l'honneur de la Société royale de Londres. Les premiers missionnaires arrivèrent à Taïti au commencement de 1797. Après bien des efforts stériles, Pomaré II embrassa le christianisme. En 1846, l'autorité de la France fut définitivement établie sur Taïti (Voy. Dupetit-Thouars et Taïti.)

SOCIN (lat. *Socinus*; ital. *Sozzini*). I. (Lælius), théologien italien, né en 1525, mort en 1562. Ses études le conduisirent à douter de quelques-unes des doctrines fondamentales de l'Église, y compris celle de la Trinité. A Wittenberg, il se lia avec Melanchton, et à Genève avec Calvin; mais les réformateurs l'abandonnèrent quand ils connurent ses doctrines personnelles. Il finit par s'établir à Zurich, où il se fixa sa vie en latin (1814). — II. (Faustus), son neveu et son héritier, né en 1539, mort en 1604. Après avoir passé 12 ans à la cour brillante de Florence, il résolut de se faire réformateur religieux, et

vint s'établir, en 1574, à Bâle, où il s'occupa d'élaborer en système les vues non coordonnées et éparses dans les écrits de son oncle. En 1577, il soutint, dans un débat public, que la doctrine de la Trinité était une doctrine païenne, et que le Christ était un être créé et inférieur. Ne rencontrant pas le succès, il passa en Pologne, où les antitrinitaires étaient déjà puissants. Ses œuvres, contenues dans les deux premiers volumes de la *Bibliotheca fratrum Polonorum*, se composent de traités théologiques, d'exposés des Ecritures, d'écrits polémiques et d'un grand nombre de lettres. Les Sociniens formèrent pendant longtemps un corps religieux puissant en Pologne, en Hongrie et en Transylvanie. Leur catéchisme est connu sous le nom de catéchisme racovien, à cause du lieu de sa publication, Rakow, en Pologne. Les ouvrages de Socin forment les deux premiers volumes de la *Bibliotheca fratrum Polonorum* (Amsterdam, 1656, in-fol.).

* **SOCINIANISME s. m.** Hérésie des partisans de Socin, qui rejettent les mystères de la religion, particulièrement la divinité de JÉSUS-CHRIST.

* **SOCINIEN, IENNE s.** Nom des hérétiques qui suivent la doctrine de Socin, qui professent le socinianisme. — Adjectiv. *La doctrine socinienne.*

SOCIOLOGIE s. f. (lat. *socius*, qui appartient à la société; gr. *logos*, discours). Connaissance des questions politiques et sociales. La sociologie est une science qui traite des actions des hommes vivant ensemble en société, et des institutions qui en découlent. Platon découvrit le parallélisme qui existe entre les parties de la société et les facultés de l'esprit humain, et expliqua philosophiquement l'origine de la division du travail dans les sociétés. Hobbes, suivant les traces de Platon, essaya d'établir un parallèle, erroné du reste, entre la société et le corps humain; mais sa conception de l'État comme un organisme, comme un tout vivant, composé de parties entretenant des relations entre elles, fut un véritable progrès sociologique. Vico soutint que les peuples les plus séparés dans l'espace et dans le temps ont suivi à peu près le même cours de développement dans leur langue et leur condition politique. Vers le milieu du XVIII° siècle, l'école économique française des physiocrates professa qu'il y a des lois naturelles qui donnent à la société sa direction particulière, en dépit de l'intervention des lois. Turgot avait déjà vu que toutes les époques de l'histoire se rattachent les unes aux autres par une relation de cause à effet. Herder, dans ses *Ideen zur Philosophie der Geschichte der Menschheit*, considère l'humanité comme un individu qui tend, à travers beaucoup de vicissitudes, à la perfection qu'il n'atteint que dans un autre monde. Comte, le premier, soumit tout le cours de l'histoire à une soigneuse analyse, qui jeta un nouveau jour sur le développement de la société. Suivant l'impulsion du grand mouvement scientifique moderne, Herbert Spencer a essayé de changer la face de la sociologie. Reprenant l'analogie entre la société et l'homme, traitée d'une façon erronée par les écrivains précédents, Spencer a fait une série de généralisations qui montrent la correspondance entre les organismes individuels et les sociétés, et il a pris ces généralisations pour bases de cette nouvelle science.

* **SOCLE s. m.** [so-kle] (lat. *socculus*). Archit. Membre carré plus large que haut, et qui sert de base à toutes les décorations d'architecture et d'édifice. — Sorte de petit piédestal sur lequel on pose des bustes, des vases, etc. : *socle de bois.*

SOCOTRA, île de l'océan Indien, appartenant à l'Oman, à environ 208 kil. E.-N.-E. du cap Gardafui, l'extrémité orientale de l'Afrique; 3,386 kil. carr.; 3,000 hab. La capitale, Tamarida, gît par 12° 39' lat. N. et 54° 40' long. E. — Le sol de l'île est élevé, avec des pics hauts de 5,000 pieds. Socotra est particulièrement célèbre par ses aloès et par la gomme de dragonnier, dont elle fournit, dit-on, les meilleures qualités qui soient au monde. Il semble que le christianisme y ait été introduit dès les premiers temps apostoliques, sous la forme nestorienne. L'île est restée chrétienne jusqu'à la fin du XV° siècle.

* **SOCQUE s. m.** (lat. *soccus*). Chaussure de bois, haute de trois à quatre pouces, que portaient certains religieux. — Se dit encore de certaines chaussures de bois et de cuir, qui s'adaptent à la chaussure ordinaire, et qui servent à mieux garantir les pieds de l'humidité : *une paire de socques.* — Chaussure basse dont les acteurs de l'antiquité se servaient dans les pièces comiques; à la différence du COTHURNE, chaussure haute dont ils se servaient dans les tragédies. — Se dit quelquefois, au figuré, pour opposer la comédie à la tragédie *il a quitté le socque pour le cothurne.*

SOCRATE, philosophe grec, né près d'Athènes, entre 474 et 469 av. J.-C., mort en 399. Il était fils d'un sculpteur, Sophronisque, et il fut instruit dans l'art de son père. Philosophe, il se donnait comme s'étant instruit lui-même, et il reconnaissait avoir parfois puisé ses idées dans les livres; il en trouvait plus souvent la source dans ses conversations avec les hommes distingués. On ne rapporte que peu d'événements de sa vie. De sa femme Xanthippe, on sait seulement qu'elle lui donna trois fils, qu'elle avait une nature violente, et qu'il disait l'avoir épousée et la supporter pour se discipliner lui-même. Il ne chercha de l'influence ni comme soldat (bien qu'il combattit courageusement à Potidée, à Délium et à Amphipolis), ni comme homme d'Etat, et il ne remplit qu'une seule fois une fonction politique. Il s'était mis en garde contre toute participation aux affaires publiques pour suivre ce qu'il appelait son *daimonion*, c'est-à-dire une voix intérieure qu'il déclarait avoir entendue depuis son enfance, lorsqu'il avait besoin d'être retenu, et dont il avait l'habitude de parler familièrement tout en lui accordant une obéissance implicite. Des divinations, des songes, des oracles lui faisaient aussi croire qu'une mission particulière lui était imposée : lorsque la Pythie le déclara le plus sage des hommes, il se trouva très embarrassé entre la décision d'une autorité qu'il jugeait digne de tous les respects et sa propre opinion qu'il ne possédait nulle sagesse sur aucun sujet. Fort de cette sanction cependant, il se créa la carrière originale de parleur public sur tous les sujets indifféremment, en quête de savoir, ne fondant point d'école, n'enseignant en aucun lieu fixe et n'écrivant pas de livres. Mon affectation de se considérer lui-même comme un étudiant ignorant donnait du sel à ses discussions. Il ne laissait échapper aucune occasion de se mesurer avec les maîtres sophistes, de les suivre dans leurs subtilités, de démêler leurs questions captieuses, et de manier les armes d'une rhétorique adroite dans l'intérêt de la vérité. N'étant attaché à aucun parti politique, il fut tourné en ridicule, tantôt comme bouffon, tantôt comme corrupteur de la morale publique; il ne manquait qu'on prétexte décent pour attirer sur lui la vindicte de l'autorité, et on le trouva dans une accusation d'impiété. Il subit un procès sans espérer un acquittement, bien qu'il eût toujours obéi aux lois et que, même en ce qui concernait les opinions religieuses, il identifiât les siennes avec l'esprit public d'Athènes. Dans sa défense, il mit en avant sa sollici-

tude pour le bien des Athéniens plutôt que pour le sien propre, et il écouta sans surprise la sentence de condamnation, qui ne fut portée que par une majorité de 5 ou 6 voix sur les 557 membres du tribunal. La peine de mort prononcée, il se déclara satisfait à la fois de sa conduite et du résultat auquel elle aboutissait, et choisit la ciguë comme agent de mort. On lui accorda un répit de trente jours qu'il passa en prison, conversant avec ses amis. Les *Dialogues de Platon*, le *Criton* et le *Phédon*, peuvent être regardés comme ses derniers arguments sur l'obéissance due aux lois et sur les preuves de l'immortalité. On a vu, dans les *Memorabilia* de Xénophon et dans les *Dialogues de Platon*, un Socrate exotérique et ésotérique, et on a longuement controversé pour savoir laquelle de ces sources contient les documents les plus complets et les plus véridiques. — Parmi les disciples de Socrate, les uns conservèrent sa doctrine sans y rien changer; tels furent : Xénophon, Eschine, Criton, Simon, Cimmius, Phédon, etc.; les autres, en suivant l'impulsion qu'il avait donnée, développèrent ses idées en sens divers, comme Aristippe, Euclide, etc. — Voy. Xénophon, *Apologie*; Platon, *Criton, Phédon*, etc.; Plutarque, *Du démon de Socrate*; Diogène Laërce, *Vies des philosophes*; Mennius, *Dissertatio de Socratis methodo docendi*; de Gérando, *Histoire comparée des systèmes de philosophie* (1822); Besenbeck, *De genio Socratis* (Erlangen, 1802); Lélut, *Du démon de Socrate* (dernière édit., Paris, 1856, 1 vol. in-12); Duméril, *Aristophane et Socrate* (1846).

* **SOCRATIQUE** adj. Qui appartient à Socrate : *philosophie socratique.*

SOCRATIQUEMENT adv. A la manière de Socrate.

SOCRATISER v. a. Moraliser à la manière de Socrate.

SODA s. f. Nom scientifique de la soude cultivée. — s. m. Synon. de SODA-WATER.

SODA-WATER s. m. [so-da-oua-teur] (angl. *soda*, soude; *water*, eau). Eau gazeuse préparée avec le bicarbonate de soude dissous dans une eau saturée d'acide carbonique et, plus communément, boisson composée de sirop de groseille et d'eau de seltz.

SODIQUE adj. Qui a rapport à la soude ou à ses composés.

* **SODIUM s. m.** [so-di-omm]. Chim. Substance métallique qui, unie à l'oxygène, constitue la soude : *le sodium est une découverte récente.* — ENCYCL. Le sodium est le plus abondant des métaux alcalins; son chlorure fait la base de la matière saline de l'océan, et il existe en outre un littrès étendu dans certaines couches géologiques. On trouve de grandes quantités de nitrate et de carbonate de sodium en lits, et dans certaines roches en combinaison avec la silice. Sir Humphry Davis obtint ce métal peu après avoir découvert le potassium, et par la même méthode. Gay-Lussac et Thénard le préparèrent ensuite en décomposant l'hydrate de soude par le fer à la chaleur blanche. On le prépare facilement par le procédé de Brunner, qui consiste à distiller un mélange de carbonate avec du charbon de bois pulvérisé. Ce procédé a été perfectionné par Deville et autres et est employé industriellement sur une large échelle. Le sodium est un métal brillant, d'un blanc d'argent, ressemblant au potassium pour ses propriétés physiques et pour la plupart de ses propriétés chimiques. Il est bon conducteur de la chaleur et de l'électricité. Son poids spécifique est 0,972; son poids atomique est 23, et son symbole Na (*natrium*). Il est mou aux températures ordinaires, entre en fusion à 97° C, et s'oxyde rapidement à l'air. Au point de congélation de l'eau, il est

très ductile, et tout à fait dur à — 18° C. Si l'on fond une petite quantité de sodium dans un tube de verre bouché, rempli de gaz d'éclairage et qu'on le laisse refroidir jusqu'à ce que la cristallisation commence, on obtiendra en rejetant la partie liquide, des cristaux octaèdres brillants. Jeté dans l'eau froide, le sodium se décompose violemment, en dégageant le gaz hydrogène; mais sans produire assez de chaleur pour enflammer ce gaz, à moins que le métal ne soit maintenu en un seul point de manière que rien de la chaleur ne se perde. Si l'eau a été préalablement chauffée, le gaz prend feu et brûle avec une flamme caractéristique d'un jaune brillant. Le sodium est abondamment répandu dans les trois règnes; dans un grand nombre de minéraux, il est uni aux acides silicique et carbonique. Il forme une très notable quantité de portions salines des fluides animaux, et entre dans la composition des plantes marines. Il s'unit à l'oxygène pour former des oxydes bien connus : le monoxyde, Na² O, ou soude des chimistes, et le bioxyde, Na²O³. (Voy. SOUDE.) Ces deux oxydes se forment quand le sodium brûle à l'air libre. Brûlé dans l'oxygène jusqu'à ce qu'il n'y ait plus d'accroissement de poids, le sodium est entièrement converti en bioxyde. Avec l'eau il forme un hydrate Na HO, qui correspond en composition au monoxyde, une molécule d'hydrogène remplaçant une molécule de sodium. A l'air libre, le sodium se ternit rapidement et se combine avec l'oxygène pour former un oxyde; jeté sur de l'eau, il la décompose de suite, dégage l'hydrogène et forme une solution de soude caustique. Pour le conserver, on le place sous le pétrole ou le naphte qui ne contiennent ni oxygène ni eau. — Sels. Les sels de sodium comptent parmi les plus importants de tous les composés. Le principal est le chlorure, ou sel commun. (Voy. SEL.) L'iodure, Na I, et le bromure, Na Br, sont analogues aux composés de potassium correspondants. Les sulfures de sodium correspondent à ceux de potassium et se préparent par des procédés semblables. Le fluorure, Na F, existe en combinaison avec le fluorure d'alumine dans la cryolite minérale, 6 (Na F), Al² F⁴, qu'on trouve dans le Groënland et l'Oural, et qui est la source principale de l'aluminium métallique. Le sulfate de soude est bien connu sous le nom de sel de Glauber. Le nitrate se trouve à l'article NITRATES. Le bicarbonate de soude peut se former en saturant d'acide carbonique une forte solution du carbonate neutre ou sel de soude. On le fabrique aussi en grand en faisant passer un courant de gaz acide carbonique sur des cristaux broyés et mouillés de carbonate du commerce, déposés en couches de 5 à 8 centim. dans une chambre sur des draps étendus horizontalement les uns au-dessus des autres. On s'en sert beaucoup en médecine comme antiacide et pour provoquer les sécrétions muqueuses et la transpiration; il entre aussi dans la composition des poudres effervescentes. Le sodium forme avec les trois variétés d'acide phosphorique des orthophosphates, des métaphosphates et des pyrophosphates. Les silicates de sodium sont des verres de différents degrés de fusibilité et aussi de solubilité dans l'eau. Il y a plusieurs sels organiques de sodium, dont les principaux sont les acétates, les citrates, les oxalates, les tartrates et les valérianates.

SODOME. Hist. bibl. Une des cités de la vallée de Siddim, qui furent détruites à cause de la corruption de leurs habitants. (Voy. MER MORTE.)

* **SODOMIE** s. f. (de *Sodome*, n. pr.). Synon. de PÉDÉRASTIE. — Ce crime contre nature, très fréquent chez les Hébreux, entraînait la peine de mort pour les deux coupables. Dans l'ancien droit français, les tribunaux prononçaient la même peine, en se fondant sur plusieurs versets du Lévitique (chap. xx, 13, 15, 16). La législation actuelle ne prévoit pas cette nature de faits; et, ils doivent selon les circonstances, être considérés comme des attentats commis contre les outrages publics à la pudeur. (Voy. ATTENTAT et OUTRAGE.)

SODOMIQUE adj. Qui concerne la sodomie.

SODOMISER v. n. Se livrer à la sodomie.

SODOMISTE s. m. Voy. * SODOMITE.

* **SODOMITE** s. m. Celui qui est coupable de sodomie.

SODOR (anc. *Sudoreys*), nom donné jadis aux Hébrides.

SŒDERMANLAND ou Sudermanie, Læn ou province du S.-E. de la Suède, bornée au N. par le lac Mælar et au S.-E. par la Baltique; 6,843 kil. carr.; 141,000 hab. Elle est couverte de lacs et renferme une population agricole très active. Cap., Nykœping.

SŒMMERDA, ville de la Saxe prussienne, à 24 kil. N. d'Erfurt, sur l'Unstrut; 6,000 hab. Cette ville a vu naître et mourir le fameux Dreyse, qui y a fondé une importante fabrique de fusils à aiguilles. (Voy. DREYSE.)

SŒMMERING (Samuel-Thomas von) [zœmm-me-rinng], physiologiste allemand, né en 1755, mort en 1830. Il était médecin du roi de Bavière qui l'anoblit. Il a écrit de nombreux volumes en allemand et en latin sur la structure du corps humain et sur l'organe agent de l'âme, soutenant qu'il a son siège dans un fluide vaporeux répandu dans les cavités du cerveau.

SOEST [zeusstt], ville de Westphalie (Prusse), à 19 kil. N.-E. d'Arnsberg; 13,122 hab. Brosseries, fabriques; commerce actif de céréales. C'était jadis une ville hanséatique importante.

* **SŒUR** s. f. [seur] (lat. *soror*). Fille née de même père et de même mère qu'une autre personne, ou née de l'un des deux seulement : *sœur aînée, sœur cadette.* SŒUR DE PÈRE ET DE MÈRE ou SŒUR GERMAINE, celle qui est née de même père et de même mère qu'une autre personne. SŒUR DE PÈRE ou SŒUR CONSANGUINE, celle qui n'est sœur que du côté paternel. SŒUR DE MÈRE ou SŒUR UTÉRINE, celle qui n'est sœur que du côté maternel. Les expressions SŒUR GERMAINE, sœur CONSANGUINE, et SŒUR UTÉRINE ne s'emploient guère qu'en jurisprudence. — Fam. DEMI-SŒUR, celle qui n'est sœur que du côté paternel ou du côté maternel. — SŒUR NATURELLE, sœur BATARDE, celle qui est née de même père ou de même mère, mais hors du mariage. — SŒUR DE LAIT, celle qui n'est pas née des mêmes parents qu'une autre personne, mais qui a eu la même nourrice. Est surtout de la fille de la nourrice, par rapport au nourrisson qui a sucé le même lait : *elles sont sœurs de lait.* — BELLE-SŒUR. (Voyez ce mot composé à son rang alphabétique, dans la lettre B.) — Fig. LA POÉSIE ET LA PEINTURE SONT SŒURS, elles ont ensemble beaucoup de rapports; elles se ressemblent en beaucoup de points. — Poétiq. LES NEUF SŒURS, les Muses. — Titre que les rois de la chrétienté donnent aux reines en leur écrivant. — Par toute religieuse prend dans les actes publics, et que les religieuses qui ne sont point dans les charges, qui n'ont point encore atteint un certain âge, se donnent entre elles, et qu'on leur donne aussi ordinairement : *Sœur Marie de l'Incarnation.* — SŒURS LAIES, et, plus ordinairement, SŒURS CONVERSES, religieuses qui ne sont point du chœur, qui ne sont employées qu'aux œuvres serviles du monastère. — SŒUR ÉCOUTE, religieuse désignée pour accompagner une autre religieuse ou une pensionnaire qui va au parloir. — Nom que l'on donne à certaines filles qui vivent en communauté, sans être religieuses : *les*

sœurs de la Charité. — ENCYCL. Communautés de Sœurs. I. (CATHOLIQUES ROMAINES.) Les communautés de sœurs sont des associations de femmes liées entre elles par des vœux religieux, et vouées à des œuvres de charité. Les plus anciennes que l'on connaisse comme ayant exercé une véritable influence et comme vouées uniquement aux œuvres d'hospitalité ou au service des hôpitaux, sont : les sœurs de Saint-Jean de Jérusalem et les sœurs de Saint-Lazare. L'ordre de Saint-Lazare est contemporain de celui de Saint-Jean de Jérusalem; peu après que la cité sainte eût été conquise par les croisés, cet ordre fut organisé sous la règle de saint Augustin, particulièrement dans le but de soigner les lépreux ou tous ceux qui seraient attaqués de quelque maladie dégoûtante. Parmi les communautés d'augustines les plus connues en France, il faut citer celle des Hospitalières de l'Hôtel-Dieu à Paris, organisée sous Louis le Débonnaire en 844. Elles rendirent de grands services lors de la peste noire en 1348. Elles fondèrent des maisons en Amérique, à Québec, à Montréal, etc. Il a existé en France, en Italie et en Irlande quatre congrégations vouées aux œuvres hospitalières et au service des pauvres sous le titre de Sœurs de la Présentation. En Angleterre, les nonnes gilbertines, fondées vers 1170 par saint Gilbert de Sempringham, se consacraient à toutes les œuvres de charité publique. En 1100 se fonda en France l'ordre de Fontevrault, qui donnait des soins aux hôpitaux de lépreux et aux asiles pour les femmes perdues. Une foule de congrégations semblables s'élevèrent ensuite, parmi lesquelles les Sœurs de Charité, fondées à Marseille en 1290, la congrégation de Notre-Dame de la Charité fondée à Caen par le P. Eudes, les nombreuses communautés de dames nobles connues vulgairement sous le nom de Magdeleinettes. La congrégation des Sœurs de Notre-Dame de la Providence, fondée dans le même but, en 1830, par Mlle Lamourous dans le sud de la France, possède plusieurs grands établissements. Les Petites Sœurs des Pauvres, fondées en 1840 à Saint-Servan, en Bretagne, donnent asile aux vieillards des deux sexes, sans autres ressources que les aumônes recueillies de porte en porte, et le produit du travail de la communauté. Elles ont des établissements en Grande-Bretagne, aux Etats-Unis, en Algérie, dans l'Asie Mineure, à Constantinople. Les Sœurs des Pauvres de Saint-François, fondées à Aix-la-Chapelle dans le courant de ce siècle, soignent les vieillards et les malades des hôpitaux. Parmi les communautés qui se consacrent aux aliénés, on remarque les sœurs du Bon-Sauveur, fondées à Caen, en 1720, par deux pauvres filles. Une de leurs écoles, établie dans cette ville, par l'abbé Jamet, est devenue fameuse comme école normale pour les sourds-muets. La maison-mère, à Caen, compte plus de 300 sœurs, plus de 1,500 malades aliénés, et possède des succursales à Pont-l'Abbé (Manche) et à Albi. — (PROTESTANTES.) Dans l'Eglise d'Angleterre, miss Lydia Sellon fonda vers 1845, à Davenport, les Sœurs de la Merci, pour les écoles industrielles des pauvres et pour les tout petits enfants. Les sœurs n'étaient chargées que par leur promesse d'obéissance à la supérieure tant qu'elles resteraient dans la communauté. La maison-mère de la communauté des sœurs de Saint-Jean-Baptiste date de 1849, et s'occupe des orphelinats, des hôpitaux et des écoles pour toutes les classes. On a encore les sœurs de Sainte-Marie (1850), les sœurs de Sainte-Marie-la-Vierge (1859), les sœurs de Saint-Thomas-Martyr, avec sa maison-mère à Oxford, et les sœurs des Pauvres, fondées à Londres en 1851. Toutes ces congrégations se ramifient jusque dans les Etats-Unis. Dans l'Eglise épiscopale protestante de ce dernier pays s'est créée la communauté des sœurs de la Sainte-Com-

munion, qui soignent les malades et qui doivent leur existence au rév. W.-A. Muhlenberg (de New-York). (Voy. DIACONESSE.)

* **SŒURETTE** s. f. (dimin. de *sœur*). Petite sœur. Mot d'amitié que l'on emploie quelquefois dans le langage familier.

* **SOFA** ou **Sopha** s. m. (mot turc). Espèce d'estrade fort élevée, et couverte d'un tapis : *le grand vizir donne ses audiences sur un sofa.* — Espèce de lit de repos à trois dossiers, dont on se sert comme d'un siège : *on confond souvent les canapés avec les sofas.*

SOFALA. I, pays sur la côte orientale de l'Afrique, formant la moitié méridionale du territoire de Mozambique. Il s'étend sur 600 kil. de long, et à près de 310 kil. dans ses parties les plus larges. Il dépend nominalement du Portugal, qui n'y a que quelques postes près de la mer. Les villes principales sont : Sofala et Inhamban. On en exporte surtout de l'ambre, de la cire et de l'ivoire. Autrefois, on en exportait beaucoup de poudre d'or. — II, ville, à l'embouchure du fleuve Sofala, par 23°, 3' lat. S., et 32°, 19' long. E. Son commerce était considérable autrefois; mais ce n'est plus qu'une agglomération de quelques huttes de paille et de boue, avec un fort et une église.

* **SOFFITE** s. m. (ital. *soffito*). Archit. Plafond, dessous d'un plancher, d'un larmier, d'une architrave, orné de compartiments, de caissons, de rosaces, etc. : *le soffite du larmier, de l'architrave*, etc.

* **SOFI** ou **Sophi** s. m. Nom que les occidentaux donnaient aux rois de Perse, et qu'ils ont remplacé par le titre de *schah.*

* **SOFI** ou **Soufi** s. m. Nom de philosophes musulmans dont la doctrine est une sorte de panthéisme.

SOFIA ou **Sophia** (bulg. *Triaditza*), capitale de la principauté de Bulgarie, sur l'Iscker, à 520 kil. O.-N.-O. de Constantinople, à 260 kil. N.-O. d'Antinople, dans une plaine qui s'étend au bas de la pente septentrionale des Balkans, sur la grande route de Constantinople à Belgrade; 21,000 hab. Évêchés catholique romain et orthodoxe grec; magnifique église Sainte-Sophie. Sofia fut fondée par Justinien sur les ruines de l'ancienne Sardica. Les Bulgares s'en emparèrent en 809 et les Turcs en 1382; le traité de Berlin (1878) en fit la capitale de la Bulgarie.

SOGDIANE, ancienne contrée de l'Asie, au S.-E. de la mer d'Aral (*Oxianus Lacus*), comprenant une partie du Boukhara actuel. Les Perses la conquirent au temps de Cyrus. Alexandre l'envahit en 329 a. J.-C. et y établit quelques colonies. Après sa mort, elle échut à la Syrie, et tomba ensuite aux mains des Turcomans.

SOHAR, port du l'Oman, en Arabie, capitale de la province de Batina, sur la mer d'Oman, à 20° kil. N.-O. de Mascate; 20,000 h. Elle est entourée de murailles armées de quelques canons. On y fabrique des armes, des étoffes de laine, de coton et de soie, des tapis et des couvertures. La prospérité de Mascate a fait tort à son commerce.

SOI [soua] (lat. *se*), pronom singulier de la troisième personne, et des deux genres. Employé absolument, il est toujours accompagné d'une préposition, excepté dans la phrase *Être soi.* (Voyez plus bas.) Quand on le dit des personnes, il se rapporte ordinairement qu'à un sujet indéterminé : *on doit parler rarement de soi.* Quand on le dit des choses, il se rapporte à un sujet déterminé : *un bienfait porte sa récompense avec soi.* (Voyez plus bas les expressions *de soi, en soi.*) — ÊTRE A SOI, ne dépendre de rien, de personne, être maître de son loisir : *on n'est point à soi quand on prend beaucoup d'enga-*

gements. — N'ÊTRE PAS A SOI, avoir perdu le sens : *dans l'ivresse, dans le délire, on n'est plus à soi.* — RENTRER EN SOI, faire des réflexions plus sérieuses, plus sages. REVENIR A SOI, reprendre ses esprits; et, fig., reprendre son bon sens, son sang-froid. — RENTRER CHEZ SOI, rentrer dans sa maison; VIVRE CHEZ SOI, vivre sans liaison au dehors; et substantiv., AVOIR UN CHEZ-SOI, avoir une habitation en propre. Ce dernier est familier. - ÊTRE SOI, garder son propre caractère, ne pas prendre celui d'un autre : *il faut toujours être soi.* — DE SOI, de sa nature . *de soi le vice est odieux.* — EN SOI, dans sa nature : *la nature est aimable en soi.* — SUR SOI, sur son corps, sur sa personne : *la santé demande qu'on soit propre sur soi.* — Fam. A PART SOI, en son particulier, sans communication avec les autres : *faire des réflexions, une réflexion à part soi.* — Joint à MÊME par un tiret, ne signifie rien de plus que SOI mis absolument; mais il exprime avec un peu plus de force, et n'a pas toujours besoin d'être accompagné d'une préposition : *il faut, autant qu'on le peut, faire ses affaires soi-même.*

* **SOI-DISANT** loc. adv. Pratiq. On l'emploie quand on ne veut pas reconnaître la qualité que prend quelqu'un : *un tel, soi-disant héritier, soi-disant légataire*, etc. — Se dit aussi, par raillerie ou par mépris, dans le langage ordinaire : *un tel soi-disant docteur.* (Invar. au plur.)

* **SOIE** s. f. [soua] (lat. *seta*). Fil délié et brillant, produit par une espèce de ver, qu'on appelle ver à soie. — Poétiq. DES JOURS FILÉS D'OR ET DE SOIE, le cours d'une vie heureuse et brillante. — SOIE D'ORIENT, SOIE VÉGÉTALE, espèce de duvet qui couvre les semences de l'asclépias de Syrie, et dont on a essayé de faire des étoffes. — ENCYCL. On appelle soie le fil obtenu principalement du cocon de la chenille du bombyx de mûrier (*bombyx mori*). (Voy. plus bas VER A SOIE.) Les historiens chinois affirment que c'est la femme de l'empereur Hwang-ti (vers 2600 av J.-C.) qui, la première, dévida le cocon du ver à soie. Dès le temps d'Aristote, on tissait des étoffes de soie dans l'île de Cos; mais on ne connut pas le ver à soie en Europe avant le règne de Justinien (527-'65). Cette industrie fit des progrès rapides; elle avait pour centre Thèbes, Corinthe et Argos. Au XIIᵉ siècle, elle s'introduisit en Sicile, et de là se répandit en Italie. Les Maures l'apportèrent de bonne heure en Espagne ; mais en France elle ne commença réellement qu'au milieu du XVIᵉ siècle. En Angleterre, dès 1666, elle employait 40,000 personnes. Jacques Iᵉʳ fit de grands efforts pour établir la culture du ver à soie dans la Virginie, mais celle du tabac la supplanta. Dans la Louisiane, elle débuta en 1718. Elle se répandit dans d'autres provinces. Mais la guerre de l'indépendance la ruina tout à fait. Elle ne tarda pas à se relever, pour retomber en décadence. — *Manufacture de la soie.* Les cocons se composent d'un fourreau de filaments lâches attachés à l'appui qui supporte le tout, d'une coque extérieure de bourre de soie molle, et à l'intérieur de celle-ci, d'une balle compacte ou cocon proprement dit. Deux fibres sortent des deux orifices olfactifs du ver, et à mesure qu'elles paraissent, elles s'attachent ensemble grâce à la matière glutineuse qui les accompagne. La soie brute se compose d'un nombre quelconque de ces doubles filaments légèrement tordus ensemble pour former un fil, qu'on appelle fil simple. Il est d'ordinaire d'une couleur jaune d'or; c'est la plus résistante de toutes les fibres qui se tissent. Avant que la chrysalide soit à terme et que le papillon ait commencé à se frayer un chemin au dehors, on expose les cocons à une chaleur modérée, soit dans un four, soit dans un bain de vapeur, soit

dans de l'eau portée à 93° C. La bourre qui recouvre le cocon est ouverte à une extrémité, le cocon est retiré puis dévidé sur des bobines. Les moulineurs font alors de ces filaments bruts des fils moulinés. Les fils sont ensuite nettoyés et étirés. On les teint, après que la gomme en a été enlevée en les faisant bouillir trois ou quatre heures dans de l'eau de savon. Cette opération leur fait perdre un quart de leur poids environ, mais la teinture qu'ils absorbent leur fait retrouver d'ordinaire la moitié de ce qu'ils ont perdu. Les déchets sont préparés par le filage en les sérançant d'abord à la manière du chanvre. On leur donne ensuite l'aspect d'une sorte de duvet que celles dont on se sert dans les filatures de coton. — Ver à soie, larve d'un insecte lépidoptère, de la famille des *bombycides*, et du genre *bombyx* (Schrank). De toutes les larves qui produisent de la soie, celle du ver à soie commun (*bombyx mori*, Sch.,) est la plus importante, car c'est elle qui donne toute la soie européenne et presque toute la soie de Chine. Comme la plupart des chenilles, elle dépouille de peau quatre fois, à des intervalles qui dépendent de la température, ainsi que de la quantité et de la qualité de la nourriture. Dans les conditions ordinaires, la première mue a lieu le 4ᵉ ou le 5ᵉ jour après l'éclosion, la deuxième commence le 8ᵉ jour, la troisième se fait le 13ᵉ et le 14ᵉ jour, et la dernière le 22ᵉ ou le 23ᵉ jour; après quoi le 5ᵉ âge dure 10 jours, ce qui donne 32 jours environ pour la période complète. L'appétit s'accroît sa taille jusqu'après la quatrième mue; pendant les dix derniers jours, la gomme de la soie s'élabore, l'appétit diminue, et la larve commence à filer son cocon. Elle fabrique d'abord une enveloppe extérieure de bourre de soie pour se mettre à l'abri de la pluie; en dedans de cette enveloppe, elle file une soie fine, qui entoure la tête et le corps en haut et en bas et qui se croise de tous côtés, de manière à renfermer complètement le corps pour le protéger du vent et du froid; en dedans enfin, elle sécrète une soie plus délicate, solidement agglutinée, pour en faire sa chambre définitive, à l'épreuve de l'air froid et de l'eau : la durée de toute cette opération varie de quelques heures à trois jours. Après avoir construit son cocon, la larve se transforme en chrysalide, et sort papillon. Le cocon ressemble à un œuf de pigeon; il a de 3 à 4 demi pouce de long, d'un brun jaune brillant. Le papillon en sort au bout de 15 jours au plus tôt et de 56 jours au plus tard, suivant la température. — Tout le secret d'élever les vers à soie consiste à leur assurer chaleur, absence d'humidité, abondance de nourriture convenable et air pur. Le mûrier, dont la feuille constitue la nourriture du ver à soie, demande, pour prospérer, une longue continuation de temps sec et de chaleur; il souffre pendant les saisons pluvieuses en France et en Angleterre. Les vers à soie sont très délicats et peuvent périr sous l'influence de légers changements dans la température, de l'humidité, de l'impureté de l'air, d'une nourriture mal appropriée ou insuffisante. Les époques de mue sont des époques de maladie et de danger. — Araignée à soie (*Nephila plumipes*, Koch), araignée géométrique de la famille des *épéirides*, découverte par le Dᵣ B.-G. Wilder (1865) sur la côte et au large de la côte de la Caroline du Sud. La femelle a 4 centim. de long, et ses pattes embrassent une étendue de 8 centim. Le céphalo-thorax est noir en dessous, presque entièrement recouvert de poils argentés. L'abdomen est d'un olive sombre, avec des taches et des bandes jaunes et blanches. Les yeux sont noirs et au nombre de huit. Cette araignée a reçu son nom spécifique des touffes serrées de poils qu'on remarque sur ses jambes. On la trouve dans les forêts

où elles tissent de fortes toiles visqueuses, de 3 à 4 pieds de diamètre, et d'ordinaire à 10 pieds au-dessus du sol.

* **SOIE** s. f. Se dit surtout au plur. du poil long et rude de certains animaux : *des soies de cochon.* — Par ext. Poil doux et long d'un barbet, d'un épagneul, d'un bichon : *cet épagneul, ce bichon a de belles soies, de fort belles soies.*

* **SOIE** s. f. Partie du fer d'une épée, d'un sabre, d'un couteau, qui entre dans la poignée, dans le manche : *la soie d'une épée, d'un sabre.*

* **SOIE** s. f. Art vétér. Voy. SEIME.

* **SOIERIE** s. f. Se dit de toutes sortes de marchandises de soie : *les soieries du Levant; les soieries de Lyon.* — Fabrique de soie, manière de préparer la soie, et lieu où on la prépare : *établir une soierie.*

* **SOIF** s. f. [souaf] (lat. *sitis*). Altération; désir, envie, besoin de boire : *je n'ai ni faim ni soif.* — Prov. et fig. ON NE SAURAIT FAIRE BOIRE UN ANE S'IL N'A SOIF, QUI N'A PAS SOIF, on ne saurait obliger une personne entêtée à faire ce qu'elle n'a pas envie de faire. — Prov. et fig. C'EST LA FAIM QUI ÉPOUSE LA SOIF, se dit de deux personnes qui n'ont point de bien, et qui se marient l'une avec l'autre. On dit aussi de deux époux sans bien : C'EST LA FAIM ET LA SOIF. — Prov. et fig. GARDER UNE POIRE POUR LA SOIF, ménager, réserver quelque chose pour les besoins à venir. — Désir immodéré : *soif de biens, d'honneurs, de gloire, de vengeance,* etc.

Cette *soif* de régner que rien ne peut éteindre.
     RACINE. *Iphigénie,* acte IV, sc. IV.

SOIFFARD, ARDE s. Personne qui a toujours soif.

SOIFFER v. n. Avoir toujours soif; boire outre mesure.

SOIFFEUR, EUSE s. Celui qui boit outre mesure.

* **SOIGNER** v. a. [gn mll.]. Avoir soin de quelqu'un ou de quelque chose : *sa femme l'a bien soigné durant sa maladie.* — SOIGNER UN MALADE, l'assister comme médecin, lui prescrire des médicaments et un régime convenables : *c'est le docteur un tel qui l'a soigné dans sa dernière maladie.* — SOIGNER DES ENFANTS, avoir soin qu'ils soient propres, bien entretenus, etc. — Apporter de l'attention du soin à quelque chose : *il le soigne pas assez ses ouvrages.* — v. n. Veiller à quelque chose : *vous soignerez à cela.*

* **SOIGNEUSEMENT** adv. Avec soin, avec attention, avec exactitude : *j'ai examiné soigneusement cette affaire, ce livre.*

* **SOIGNEUX, EUSE** adj. Avec soin, avec attention ce qu'il fait : *un ouvrier, un domestique soigneux.* — Qui prend soin de quelque chose : *il est soigneux de son honneur, de sa réputation.*

* **SOIN** s. m. [souain]. Attention, application d'esprit, à faire quelque chose : *il y a mis tous ses soins.* — PRENDRE SOIN, AVOIR SOIN DE QUELQUE CHOSE, veiller à ce qu'il se conserve, à ce qu'il prospère, à ce qu'il réussisse : *il ne prend pas, il n'a pas assez de soin de sa santé.* — PRENDRE SOIN, AVOIR SOIN DE QUELQU'UN, pourvoir à ses besoins, à ses nécessités, à sa fortune. — Charge, fonction, devoir de prendre soin de quelque chose, d'y veiller : *je vous confie le soin de veiller sur mes affaires.*

Quoi ! je négligerais le *soin* de ma vengeance?
     J. RACINE. *La Thébaïde,* acte III, sc. VI.

— LES SOINS DU MÉNAGE, les détails du ménage, et l'attention qu'ils demandent. On dit de même, LES SOINS D'UNE MAISON, D'UNE FERME, etc. — Soins, au plur., attentions qu'on a pour quelqu'un, services qu'on lui rend, peines qu'on lui épargne : *il lui prodigue les soins les plus empressés.* — DONNER DES SOINS A UN MALADE, l'assister comme médecin : *ce médecin donne gratuitement ses soins à tous les malades indigents de son quartier.* — RENDRE DES SOINS A QUELQU'UN, le voir avec assiduité, et lui faire sa cour. EN ÊTRE AUX PETITS SOINS AVEC QUELQU'UN, avoir pour lui des attentions recherchées, délicates, se montrer officieux, empressé à lui épargner les moindres peines. — Inquiétude, peine d'esprit, souci : *la vie des grands est pleine de soins.*

* **SOIR** s. m. [souar] (lat. *serum*). La dernière partie du jour, les dernières heures du jour : *il travaille depuis le matin jusqu'au soir.* — A CE SOIR ! loc. fam. dont on se sert en quittant, dans le cours de la journée, une personne qu'on a l'intention de revoir dans la soirée. — LE SOIR DE LA VIE, la vieillesse.

* **SOIRÉE** s. f. L'espace de temps qui est depuis le déclin du jour jusqu'à ce qu'on se couche : *une belle soirée.* — Se dit aussi des assemblées, des réunions qui ont lieu dans les soirées d'hiver, ordinairement à jour fixe pour causer, jouer, faire de la musique, etc. : *il nous a donné une charmante soirée.* — SOIRÉE DANSANTE, soirée où l'on danse, bal sans cérémonie.

SOISSONNAIS, ancien pays de l'Ile-de-France, aujourd'hui compris dans le dép. de l'Aisne. Cap., Soissons; villes princ. : la Fère-en-Tardenois, Cœuvres, etc.

SOISSONS [soua-son] (anc. *Noviodunum* et ensuite *Augusta Suessionum*), ville forte et ch.-l. d'arr. du dép. de l'Aisne, sur l'Aisne, à 90 kil. N.-E. de Paris, et à 32 kil. S.-O. de Laon; par 49° 22' 53'' lat. N. et 0° 59' 18'' long. E. à la cathédrale ; 11,089 hab. Belle tapisserie, toiles de lin, bonneterie, cordages, poterie et cuirs, haricots renommés. Patrie de Caribert, de Chilpéric Ier, de Clotaire II, du duc de Mayenne, de Louis d'Héricourt, de Ronsin et de Quinette. Capitale des Gaulois Suessiones, cette ville fut prise par les Romains par Jules César en 57 av. J.-C., tenue par Egidius et son fils, Syagrius, jusqu'à la victoire que Clovis remporta sous ses murs en 486. Soissons, capitale de Clovis, donna son nom au royaume de son 4e fils (511). Plusieurs conciles se tinrent dans cette ville (744, 1092 et 1122. Dans ce dernier furent condamnés les doctrines d'Abélard). Ancien château, construit sur l'emplacement d'un palais des rois mérovingiens. Cathédrale (du XIIe au XIIIe siècle); église abbatiale Saint-Léger (XIIe siècle). Académie fondée en 1674 et fermée en 1789, institut de sourds-muets, dans l'ancienne abbaye de Saint-Médard, où fut couronné Pépin le Bref et fut enfermé Louis le Débonnaire. Près de Soissons, Charles Martel battit les Neustriens (719) et Hugues le Grand vainquit Charles le Simple (923). Devenue capitale du comté, cette ville soutint des sièges en 948, 1413, 1567, 1617 et 1814. Pendant la guerre franco-allemande, Soissons, après trois semaines d'investissement et quatre jours de bombardement, se rendit au grand-duc de Mecklembourg, le 16 oct. 1870. Cette capitulation livra aux Allemands (outre 99 officiers, 4,633 hommes 128 canons, etc.), la possession d'une seconde ligne de chemin de fer entre Châlons et Paris. Elle fut sévèrement blâmée par le conseil d'enquête sur les capitulations.

SOISSONS (Comtes de), titre porté dès le XIIe siècle par des seigneurs issus des ducs de France. Au XIIIe siècle, ce titre était la propriété de la maison de Chimay. Il passa à la maison d'Orléans en 1391. Dunois, le bâtard d'Orléans, le transmit aux d'Orléans-Longueville, dont l'héritière, Françoise d'Orléans-Longueville, épousa, en 1555, Louis Ier de Bourbon-Condé. (Charles DE BOURBON, comte de), né en 1556, mort en 1612. Il était fils de Louis Ier, prince de Condé et de Françoise d'Orléans-Longueville. Il s'attacha successivement à la Ligue, à Henri III, à Henri de Navarre avec lequel il se brouilla et se réconcilia sans cesse. Pendant la minorité de Louis XIII, il obtint le gouvernement de la Normandie. — (Louis DE BOURBON, comte de), fils du précédent, né à Paris en 1604, mort en 1641. Il se distingua au siège de la Rochelle et, pendant la guerre d'Italie, il entra dans un complot contre le cardinal de Richelieu et fut entraîné par les ducs de Bouillon et de Guise à prendre les armes contre la France. Il périt dans la bataille de la Marfée. — (Eugène-Maurice DE SAVOIE, comte de), né à Chambéry en 1633, mort en 1673. Il épousa Olympe Mancini et fut le père du célèbre prince Eugène de Savoie. (Olympe MANCINI, comtesse de). (Voy. MANCINI.)

* **SOIT** (lat. *sit*). Façon de parler elliptique, pour dire, que cela soit, je le veux bien : *vous le voulez : soit.* (Voy. ÊTRE.) — AINSI SOIT-IL, espèce de vœu par lequel on termine plusieurs prières religieuses. — Conj. alternative : *soit qu'il le fasse, soit qu'il ne le fasse pas.* Quelquefois, au lieu de répéter *soit*, on met ou : *soit qu'il le fasse, ou qu'il ne le fasse pas.* Supposons : *soit quatre à multiplier par six...* — Tant soit peu, loc. adv. Si peu que ce soit, très peu : *donnez-lui-en tant soit peu.*

* **SOIXANTAINE** s. f. [soua-san-tè-ne]. Coll. Nombre de soixante ou environ : *une soixantaine de personnes.* — Absol. et fam. LA SOIXANTAINE, soixante ans accomplis : *il a la soixantaine.*

* **SOIXANTE** adj. num. [soua-san-te] (lat. *sexaginta*). Nombre composé de six dizaines: *soixante hommes; soixante et un; soixante-trois.* On dit aussi, mais moins ordinairement et moins bien pour l'euphonie, *soixante-un, soixante-dix.* — Soixantième : *page soixante.* — s. m. Le produit de *soixante* multiplié par... On dit de même, LE NOMBRE SOIXANTE.

* **SOIXANTER** v. n. Jeu de piquet. Compter soixante avant que l'adversaire ait rien compté : *le point, une quinte basse, et quelques mauvaises tierces, l'ont fait soixanter.*

* **SOIXANTIÈME** adj. Nombre d'ordre : *soixantième chapitre.* — LA SOIXANTIÈME PARTIE, chaque partie d'un tout qui est ou que l'on suppose divisé en soixante parties. — s. m. La soixantième partie d'un tout : *il a un soixantième dans cette affaire-là.*

* **SOL** s. m. Monnaie. Voy. SOU.

* **SOL** s. m. (lat. *solum*). Terrain, terroir considéré quant à sa nature ou à ses qualités productives : *sol granitique, calcaire, argileux,* etc. — Superficie du terrain, place sur laquelle on bâtit, on marche : *qui est propriétaire du sol est maître d'élever sa maison tant qu'il veut.* — Muraille, partie de la roche sur laquelle une mine ou un filon est appuyé.

* **SOL** s. m. Mus. Cinquième note de la gamme d'*ut*. C'est aussi le nom du signe qui représente cette note : *sol dièse.*

* **SOLACIER** v. a. Consoler, soulager. — SE solacier v. pr. Se divertir. (Vieux.)

* **SOLAIRE** adj. (lat. *solaris*). Qui concerne le soleil, qui a rapport au soleil : *les rayons solaires.* — SYSTÈME SOLAIRE, l'ordre et la disposition des différents corps célestes qui font leurs révolutions autour du soleil, comme centre de leur mouvement. — Bot. FLEURS SOLAIRES, celles qui s'épanouissent ou se ferment pendant que le soleil est sur l'horizon. — Anat. PLEXUS SOLAIRE, réseau de nerfs qui appartiennent à la région abdominale du système nerveux sympathique, et qui est couché sur la colonne vertébrale, l'aorte et le diaphragme.

* SOLANDRE s. f. Art vétér. Maladie qui survient au pli du genou du cheval, à la différence de la malandre, qui affecte le pli des jarrets.

* SOLANÉ, ÉE adj. Qui ressemble ou qui se rapporte au *solanum*, ou morelle. — s. f. pl. Importante famille de plantes dicotylédones, ayant pour type le genre solanum ou morelle et comprenant, en outre, les genres : pétunia, nicotiane, datura, jusquiame, nicandre, coqueret, piment, auréliane, tomate, belladone, mandragore, etc. — Les solanées sont des plantes herbacées ou ligneuses, avec des fleurs régulières, dans lesquelles les sépales, les pétales et les étamines se trouvent ordinairement au nombre de cinq. Presque tous les membres de ce groupe possèdent des propriétés narcotiques, qui y sont quelquefois développées au point d'en faire des plantes essentiellement vénéneuses.

SOLANINE s. f. Chim. Alcaloïde trouvé dans les tiges, les feuilles et les fruits de la douce-amère et dans certaines parties des tubercules de la pomme de terre, deux plantes de la famille des solanées.

* SOLANUM s. m. [so-la-nomm] (lat. *solari*, soulager, à cause de ses propriétés médicales). Bot. Genre de solanées dont plusieurs espèces sont vénéneuses, et dont quelques autres fournissent des racines ou des tubercules propres à la nourriture. — Le genre *solanum*, type des solanées, comprend des plantes annuelles ou vivaces, que l'on appelle aussi morelles. On en cultive plusieurs espèces pour l'ornement des jardins et les serres ; un petit nombre d'espèces sauvages sont de mauvaises herbes redoutables pour l'agriculture, comme le *solanum carolinense*, par exemple. Le *solanum dulcamara*, plante vivace grimpante, originaire d'Europe, atteint jusqu'à 10 pieds de haut. On cultive surtout, comme plantes d'ornement, le *solanum crimitum*, le *solanum macranthum*, le *solanum marginatum* et le *solanum Warscewiezii*, ou morelle ornementale.

SOLAR (Félix), journaliste et financier français, né à Castelmorin le 11 fév. 1815, mort à Bordeaux le 19 nov. 1870. Il collabora d'abord à plusieurs journaux, fut, en 1845, un des fondateurs de l'*Époque*, devint en 1848, rédacteur en chef de la *Patrie* et, en 1861, l'un des principaux propriétaires de la *Presse*. Pendant ces entrefaites, il s'était associé avec Mirès, fut impliqué dans les poursuites dirigées contre ce dernier et condamné par défaut à 5 ans de prison et à une amende de 3,000 fr. Il resta en Italie jusqu'en 1869, époque où il vint se fixer à Bordeaux ; il y fonda le journal le *Libre-Échange* et mourut d'un accès de goutte.

* SOLBATU, UE adj. (fr. *sole*; et *battu*). Art vétér. Se dit d'un cheval dont la sole a été comprimée par le fer, ou par l'appui répété sur des corps durs.

* SOLBATURE s. f. Art vétér. Maladie d'un cheval solbatu. On dit plus ordinairement, SOLE BATTUE.

* SOLDANELLE s. f. (dimin. de l'ital. *soldo*, sou, à cause de la forme des feuilles). Bot. Genre de primulacées, comprenant trois espèces de petites plantes, à jolies fleurs bleues ou violacées, qui croissent sur le sommet de nos plus hautes montagnes, auprès des neiges et des glaciers. Les deux principales sont la *soldanelle des Alpes* (soldanella *Alpina*) ; et la *soldanelle de montagne* (soldanella *montana*). — Espèce de liseron qui croît sur les bords de la mer, et dont les feuilles et la racine sont très purgatives.

* SOLDAT s. m. (rad. *solde*). Homme de guerre qui sert sous le drapeau d'un prince, d'un État : *sa maison fut cernée par des soldats*. — Celui qui sert dans l'armée, et qui n'a

point de grade : *un simple soldat*. IL S'EST CONDUIT PLUTÔT EN SOLDAT QU'EN CAPITAINE, il a montré plus de courage que d'habileté. — Fig. IL N'EST QUE SOLDAT, CE N'EST QU'UN SOLDAT, il n'a que de la bravoure. — Se dit en général de la profession militaire, et de ce qui la caractérise : *la franchise d'un soldat*. — Adjectiv. *Il a l'air soldat*.

* SOLDATESQUE s. f. Coll. Se dit quelquefois, par mépris, des simples soldats ; et plus ordinairement, d'une troupe de soldats indisciplinés : *la bourgeoisie était exposée aux insultes de la soldatesque*. — Adj. Qui sent le soldat : *un ton, un maintien soldatesque*.

* SOLDE s. f. (lat. *solidus*, sou). Paye qu'on donne à ceux qui portent les armes pour le service d'un prince, d'un État : *payer la solde*.

* SOLDE s. m. Comm. et Comptab. Payement qui se fait pour demeurer quitte d'un reste de compte : *pour solde*. — Tenue des livres. SOLDE DE COMPTE, somme qui fait la différence du débit et du crédit, lorsque le compte est vérifié et arrêté.

* SOLDER v. a. Donner une solde à des troupes, les avoir à sa solde : *solder des troupes*.

* SOLDER v. a. Comm. et Comptab. Acquitter un compte, une dette, en faire l'entier payement : *solder un compte, un mémoire*.

* SOLE s. f. (lat. *solum*). Agric. Certaine étendue de champ, sur laquelle on sème successivement par années, des blés, puis des menus grains, et qu'on laisse en jachère la troisième année : *on divise ordinairement une terre en trois soles*.

* SOLE s. f. (lat. *solea*). Le dessous du pied d'un cheval, d'un mulet, d'un âne, d'un cerf, etc. : *ce cheval a la sole fort tendre, la sole battue, foulée, entamée*, etc.

* SOLE s. f. Icht. Sous-genre de pleuronectes, comprenant un petit nombre d'espèces de poissons très plats, dont les mâchoires sont cachées sous la peau écailleuse, et dont les deux yeux se trouvent du côté droit. La *sole commune* (solea *vulgaris*, Cuv.) a le corps plus allongé que ne l'ont d'ordinaire les poissons plats, avec un museau mousse et arrondi. Sa longueur est de 25 à 50 cent. et sa couleur d'un brun uniforme en dessus et blanche en dessous. Elle habite les côtes sablonneuses de l'Europe, se tenant près du fond et se nourrissant du frai des autres poissons et de petits coquillages. On la trouve depuis les mers de Scandinavie jusqu'à la Méditerranée. Sa chair est des plus délicates et des plus recherchées.

* SOLÉAIRE adj. (lat. *solea*, semelle). Anat. Se dit d'un muscle placé à la partie postérieure de la jambe, et qu'on a ainsi nommé parce que sa forme est comparée à celle d'une semelle de soulier : *le muscle soléaire étend le pied sur la jambe*, et vice versa.

* SOLÉCISME s. m. Faute contre la syntaxe : *faire un solécisme*.

Le moindre *solécisme* en parlant vous irrite,
Et vous en faites, vous, d'étranges en conduite.
MOLIÈRE.

— Fig. et par plaisant. Faute quelconque : *il fait dans cette science d'étranges solécismes*.

SOLEDAD (La), village du Mexique, à 25 kil. E. de Puebla ; célèbre par une convention qui y fut signée. (Voy. MEXIQUE.)

* SOLEIL s. m. [so-lèi, le dernier *l* est mouillé] (lat. *sol*, *solis*). Astre qui produit la lumière du jour : *le mouvement du soleil autour de son axe*.

Ô toi, soleil, ô toi qui rends le jour au monde,
J. RACINE, La Thébaïde, acte 1er, sc. 1re.

— LE SOLEIL SE LÈVE, il paraît au-dessus de l'horizon ; LE SOLEIL SE COUCHE il disparaît

pour nous ; et, LE SOLEIL SE LÈVE BIEN OU MAL, il se couche ou se lève d'une manière qui annonce un beau ou un mauvais temps. On dit de même : LE LEVER DU SOLEIL. — Fig., en poésie, LE CHAR DU SOLEIL ; LES CHEVAUX DU SOLEIL. — IL FAIT DÉJÀ GRAND SOLEIL, IL FAIT ENCORE GRAND SOLEIL, il est déjà grand jour, il est encore grand jour. LE SOLEIL EST ENCORE BIEN HAUT, le coucher du soleil est encore par aucun nuage. IL FAIT DU SOLEIL, le soleil n'est caché par aucun nuage. IL FAIT TROP DE SOLEIL, le soleil est trop ardent. — ENTRE DEUX SOLEILS, entre le lever et le coucher du soleil : *marcher, voyager entre deux soleils*. — SOUS LE SOLEIL, sur la terre, dans le monde : *tout est vanité sous le soleil*. — AVOIR DU BIEN AU SOLEIL, avoir des propriétés en terres, en maisons, en immeubles. — COUP DE SOLEIL, impression violente et quelquefois mortelle, que le soleil fait en certaines circonstances sur ceux qui s'y trouvent exposés : *il a reçu un coup de soleil*. — Dans les combats singuliers, PARTAGER LE SOLEIL ENTRE LES COMBATTANTS, c'était placer les combattants de telle sorte, que le soleil n'incommodât pas plus l'un que l'autre. — Fig. ADORER LE SOLEIL LEVANT, s'attacher, faire sa cour au pouvoir ou au crédit naissant.— Prov. et fig. LE SOLEIL LUIT POUR TOUT LE MONDE, il est des avantages dont tout le monde a le droit de jouir. — Personne remarquable entre toutes les autres par quelque grande qualité : *cette femme est un soleil de beauté*. — Écrit. LE SOLEIL DE JUSTICE, Dieu. — Pièce d'artifice qui tourne autour d'un axe, et jette des feux en forme de rayons. — Cercle d'or ou d'argent garni de rayons, dans lequel est enchâsse un double cristal, destiné à renfermer l'hostie consacrée, et qui est posé sur un pied ordinairement du même métal : *il a fait présent à cette église d'un magnifique soleil*. — ✶ FAIRE UN SOLEIL, dans l'argot des typographes signifie *éclater*, ou parler d'un paquet de caractères. — PIQUER UN SOLEIL, rougir. — ENCYCL. Le soleil est le corps central et directeur de notre système planétaire, la grande source de la lumière et de la chaleur. L'orbe visible du soleil, dégagé de la structure complexe dont cet orbe n'est qu'une partie, est un globe d'un diamètre de 1,364,800 kil. environ. Autant qu'on a pu l'observer, ce globe est sphérique, car on n'a découvert aucune différence entre le diamètre polaire et le diamètre équatorial. Le volume du soleil est près de 1,253,000 fois celui de la terre. Sa densité moyenne est presque exactement le quart de celle de la terre, la masse du globe solaire, dépasse la pesanteur à la surface de la terre environ 27,1 fois ; un corps qui tomberait près de la surface du soleil, parcourrait 140 m. dans la première seconde. La masse du soleil dépasse de 750 fois environ la masse combinée de toutes les planètes. Sa distance moyenne de la terre est d'environ 146,288,000 kil. Il a au milieu des étoiles un mouvement apparent de l'O. à l'E., suivant un grand cercle appelé écliptique, en 365 jours, 6 heures, 9 minutes et 9.6 secondes, quoique le passage d'un équinoxe de printemps à l'autre (premier signe du Bélier) occupe seulement 365 jours, 5 heures, 48 minutes, 48,6 secondes, à cause de la précession des équinoxes. Ces deux périodes s'appellent l'une l'année sidérale, l'autre l'année tropicale. Le soleil a, en outre, trois mouvements réels : 1° une rotation sur son axe, que nous décrivons tout à l'heure ; 2° un mouvement autour du centre de gravité de tout le système ; mais, en conséquence de la grande supériorité de sa masse sur celle de tous les autres corps, ce centre d'inertie est toujours en dedans du volume du soleil ; 3° un mouvement progressif dans l'espace vers les cons-

tellations d'Hercule et de la Lyre; la vitesse de ce mouvement n'est pas connue, mais on l'a estimée à 240 millions de kil. par an. — Examinée au télescope, la surface du soleil, qui à l'œil nu paraît être à très peu près uniforme, se montre plus brillante vers le centre et noircit vers la circonférence. Cette surface est aussi marquée de différentes irrégularités, de taches, de points éclatants *(faculæ)*, de mouchetures; sans compter d'autres particularités qu'on ne peut découvrir qu'avec des télescopes d'une grande force. Galilée, Fabricius, Scheiner et Harriot ont, chacun indépendamment des autres, découvert les taches du soleil. On s'aperçut bientôt qu'elles se meuvent de façon à prouver qu'elles sont de réelles marques à la surface, et non des corps passant entre la terre et le soleil, et que, par conséquent on peut mesurer la rotation du soleil en les observant. On a trouvé ainsi que le soleil accomplit sa rotation dans une période de 25 jours un tiers environ; et comme les taches ne passent pas toujours par des lignes droites à travers la surface du soleil, mais quelquefois suivant une direction inclinant légèrement en haut et d'autres fois suivant une direction inclinant légèrement en bas, on a vu que l'axe de rotation du soleil est légèrement incliné sur le plan de l'écliptique. Prenant deux parties de la surface solaire visible dans la même long., mais l'une dans le 45° degré de lat., par exemple, et l'autre à l'équateur, la dernière avancera de plus en plus en longitude sur la première, gagnant environ deux degrés par jour, de sorte qu'en 180 jours, environ, elle aura gagné une révolution complète. Cela revient à dire que l'équateur du soleil fait environ deux révolutions de plus par an que les régions qui sont situés 45° au N. et au S. de la lat. solaire. Les taches du soleil ont généralement une région centrale obscure appelée *umbra*, au dedans de laquelle se trouve une partie plus sombre encore appelée *nucleus*; le tout est entourée d'une sorte de frange de nuance plus claire appelée *pénombre*. Malgré l'apparence, on ne suppose pas que l'*umbra* et le *nucleus* soient réellement obscurs; en fait, le professeur Langley, de Pittsburgh, a réussi à observer la lumière qui vient du *nucleus* pris isolément, et il a trouvé que, bien que ce nucleus paraisse complètement noir par comparaison avec la surface générale, il brille en réalité d'une lumière insupportable par son éclat, lorsqu'on l'examine seul; d'un autre côté, ses mensurations thermales montrent que la chaleur du nucleus est proportionnellement plus grande que sa lumière, et non beaucoup au-dessous de celle qui provient de la surface environnante. L'étude du spectre solaire, en révélant beaucoup de détails relatifs à la constitution et à la condition physique de l'orbe solaire, a aussi jeté quelque lumière sur la *nature* des taches du soleil. Ces taches sont plus nombreuses dans certaines années que dans d'autres, et parfois aucune tache n'est visible pendant un grand nombre de jours successifs. Outre les taches, le télescope révèle l'existence de très petits points noirs flottants ou pores mouchetant la surface; on a récemment découvert que ce sont là les intervalles qui séparent des corps innombrables à apparence de nuages, lesquels semblent fort petits, mais qui ont en réalité de 100 à 300 m. de diamètre, et dont l'éclat surpasse tellement celui des espaces qui les séparent qu'on doit les considérer comme les principales sources de rayonnement de la lumière et de la chaleur solaires. — On observe différents phénomènes pendant les éclipses totales de soleil. Les « proéminences rouges » furent vues pour la première fois pendant l'éclipse solaire du 8 juillet 1842. Dans l'éclipse du 28 juillet 1851, il fut prouvé que ces proéminences appartiennent au soleil, puisque la lune, en avançant, couvrait

celles d'un côté et découvrait celles de l'autre. Pendant l'éclipse du 18 juin 1860, Secchi et de la Rue photographièrent les proéminences en deux stations d'Espagne, et depuis lors, la nature solaire de ces appendices est admise par tout le monde. On en vit s'étendre, dans cette occasion, à 3' de la périphérie du soleil; il est donc manifeste qu'elles ont des dimensions énormes, puis-

Fig. 1. — Couronne solaire et protubérances, telles qu'on les distingua pendant l'éclipse de 1860.

qu'une distance de 3' du soleil correspond à environ 128,000 kil. Ces proéminences ou protubérances ont été étudiées avec succès par Zœllner, Respighi, Secchi, Young et d'autres. On peut les diviser en trois catégories : amas, jets et panaches. Les proéminences en jet durent rarement une heure et ne durent souvent que quelques minutes; on ne les voit que dans le voisinage des taches.

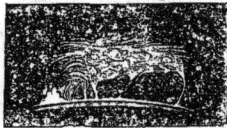

Fig. 2. — Protubérances solaires, telles qu'on les aperçut à midi et demi, le 7 septembre 1871.

Les proéminences en panache n'offrent aucun signe d'origine éruptive. Elles s'étendent souvent à des hauteurs énormes; elles durent plus longtemps que les jets, bien qu'elles soient sujettes à de brusques changements de forme. Le professeur Young observa, le 7 sept. 1871, une explosion solaire. La figure 2 représente une proéminence en nuage qu'il observa sur le côté oriental du soleil. Elle avait environ 460,000 kil. de long et 86,000 kil. de haut. Il interrompit son observation à midi 30, et, en la reprenant à midi 35, il « trouva que toute la masse avait littéralement sauté et avait été mise en pièces par l'action de quelque inexplicable poussée venue d'en dessous ». La figure 3 représente l'aspect du phénomène lorsque la poussée d'hydrogène eut atteint sa hauteur maximum, qui dépassait 320,000 kil. Pendant une éclipse

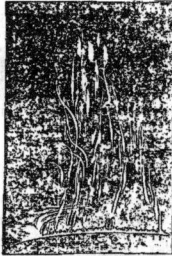

Fig. 3. — Protubérances solaires vues à une heure de l'après-midi, le 7 septembre 1871.

totale, il apparaît autour du corps obscur de la lune un halo, ou cercle lumineux brillant tout près du soleil caché, mais s'affaiblissant graduellement en s'en éloignant jusqu'à ce que sa lumière se perde dans la couleur générale du ciel. Dans ce halo, qu'on appelle couronne solaire, on voit quelquefois des rayonnements, et, dans des conditions atmosphériques favorables, on peut observer des séries compliquées de raies s'étendant à une distance considérable de la région des proéminences. On a anciennement avancé différentes théories pour expliquer la couronne solaire ou *corona* : l'un l'attribuait à la lumière solaire tombant sur l'atmosphère de la *terre*; un autre à l'atmosphère lunaire; d'autres (Leverrier et Foucault), à l'interférence de la lumière. Mais les recherches spectroscopiques ont montré que la couronne est un appendice du soleil, et qu'il y a, sans doute possible, autour du soleil une masse gazeuse lumineuse par elle-même, dont le spectre est caractérisé par la ligne verte 1474 de Kirchhoff. Il y a lieu de croire que la couronne solaire se fond graduellement dans la faible éclat de la lumière zodiacale. — Le besoin de rendre compte de la prodigieuse quantité de chaleur rayonnant constamment de la surface solaire a donné lieu à des hypothèses sans nombre. On a dit que le soleil abandonne la chaleur qui lui a été départie lors de la création, et qu'il se refroidissant par degrés; on a attribué sa chaleur à la combustion, puis à l'électricité. Newton et Buffon conjecturaient que les comètes pourraient bien servir à alimenter le soleil, et récemment une théorie analogue, avancée d'abord par M. Waterston en 1853, a été acceptée avec faveur : un courant de matière météorique tombant constamment dans le soleil des régions de l'espace lui fournirait sa chaleur par la conversion en chaleur du mouvement brusquement arrêté. Comme le soleil peut, en effet, tirer une petite quantité de chaleur de cette source, cette conjecture mérite plus d'attention que les précédentes. Mais on peut dire que les conjectures et les hypothèses cèdent aujourd'hui la place à des vues plus solides, car on commence à reconnaître généralement, d'accord avec les théories de la physique moderne sur la chaleur, que, dans la gravitation de la masse du soleil vers son centre, et dans la condensation qui en résulte, il peut se dégager une chaleur suffisante pour fournir au rayonnement actuel, tout énorme qu'il soit certainement.

* **SOLEIL** s. m. Bot. Nom vulgaire de plantes du genre *helianthus*, mot grec qui a la même signification. Ce genre, qui appartient

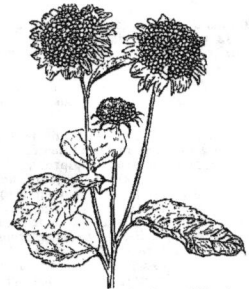

Soleil multiflore (Helianthus multiflorus).

à la famille des composées, comprend environ 50 espèces dont le plus grand nombre sont originaires de l'Amérique du Nord. Ce

sont des plantes robustes, annuelles ou vivaces, à la tige et au feuillage rude au toucher. Quelques espèces ont des tubercules. (Voy. ARTICHAUT.) L'idée que le soleil est ainsi appelé parce qu'il présente toujours sa fleur au soleil est erronée; ce nom est plutôt dû à la ressemblance de la fleur avec les vieilles peintures représentant le soleil comme un disque entouré de rayons flamboyants. Peu de plantes épuisent davantage le sol de la potasse qu'il contient et qui manque dans beaucoup de terrains; sa culture, qu'on recommande quelquefois, rendrait bientôt improductifs les sols les plus fertiles. Ce ne peut donc être une bonne plante de récolte, bien que ses graines (proprement *akènes*) et l'huile qu'elles contiennent soient utiles à plusieurs usages. Le meilleur soleil de jardin est le *helianthus multiflorus*, plante vivace, d'origine incertaine, qui atteint de 4 à 5 pieds. Vers la fin de l'été, il donne une abondance de fleurs qui, lorsqu'elles sont doubles, ont quelque ressemblance avec le dahlia.

* **SOLEN** s. m. [so-lènn] (gr. *solen*, canal). Hist. nat. Coquillage qui a la forme d'un étui, ou d'un manche de couteau. — Chir. Botte ronde et oblongue qui servait autrefois à maintenir un membre fracturé, après qu'on avait réuni les parties disjointes par la fracture.

* **SOLENNEL, ELLE** ou **Solemnel, elle** adj. [so-la-nèl] (lat. *solemnis*). Accompagné de cérémonies publiques et extraordinaires de religion : *fête solennelle.* — VŒU SOLENNEL, vœu fait en face de l'Eglise, avec les formalités prescrites par les canons; par opposition à *Vœu simple.* — Authentique, revêtu de toutes les formes, accompagné des formalités requises : *acte solennel.* — Célèbre, pompeux, accompagné de cérémonies : *audience solennelle.* — Fam. UN TON SOLENNEL, un ton trop emphatique, trop important : *il a un ton solennel.*

* **SOLENNELLEMENT** ou **Solemnellement** adv. [so-la-]. D'une manière solennelle : *ce mariage a été fait solennellement.*

* **SOLENNISATION** ou **Solemnisation** s. f. [so-la-ni-]. Action par laquelle on solennise : *la solennisation d'une fête.*

* **SOLENNISER** ou **Solemniser** v a. [so-la-ni-] Célébrer avec cérémonie : *c'est un jour de réjouissance, il faut le solenniser.*

* **SOLENNITÉ** ou **Solemnité** s. f. [so-la-ni-]. Cérémonie publique qui rend une chose solennelle : *la solennité de Pâques.* — Se dit aussi des formalités qui rendent un acte solennel authentique : *la solennité d'un testament, d'un serment.*

SOLÉNOÏDE s. m. (gr. *solén*, tuyau; *eidos*, forme). Phys. Fil voltaïque unique, contourné d'abord en hélice et revenant ensuite sur lui-même en ligne droite, dans l'axe de l'hélice.

SOLERET s. m. (lat. *solea*, semelle). Partie de l'armure qui couvrait et protégeait le pied.

SOLESMES [so-lè-me], comm. du cant. de Sablé, arr. et à 29 kil. N.-O. de la Flèche (Sarthe); 900 hab. Célèbre communauté de bénédictins. L'église de l'abbaye est classée parmi les monuments historiques.

SOLESMES, ch.-l. de cant., arr. et à 21 kil. E. de Cambrai (Nord), sur la rive droite de la Seele; 5,000 hab.

SOLEURE (all. *Solothurn*, zo'-lo tournn). l, canton de la Suisse, au N.-O.; 792 kil. carr.; 80,713 hab., en majorité catholiques romains, et de langue allemande. Le canton est traversé par l'Aar, et les montagnes du Jura le couvrent en partie. Le sol est d'une fertilité remarquable. — II, capitale de ce cant., au pied du Weissenstein, sur l'Aar, à 27 kil. N.-E. de Berne; 7,046 hab. Elle possède une des plus belles cathédrales de

Suisse, et d'intéressantes collections de fossiles et d'armes anciennes.

* **SOLFATARE** s. f. (ital. *solfatara*, soufrière). Géol. Terrain d'où se dégagent des vapeurs sulfureuses et où se dépose du soufre.

* **SOLFÈGE** s. m. (ital. *solfeggio*). Recueil de leçons de musique vocale, dans lequel les difficultés du chant sont graduées : *ce compositeur a fait un excellent solfège.*

SOLFÉRINO, village de Lombardie, à 9 kil. S.-E. de Castiglione, à 32 kil. S.-E. de Brescia, avec un château qui était autrefois la résidence d'un prince de Solférino. Les alliés franco-sardes y écrasèrent les Autrichiens le 24 juin 1859. La bataille, qui dura 16 heures, fut livrée sous la direction personnelle des empereurs François-Joseph et Napoléon III et du roi Victor Emmanuel. En réalité, les Autrichiens étaient commandés par le général Hess, et les Français durent leur victoire à l'artillerie du général Niel. D'abord les Autrichiens eurent l'avantage; mais la furieuse attaque des Français sur Cavriana et Solférino, changea le sort de la journée. Les Autrichiens attribuèrent leur défaite à la destruction de leur réserve par l'artillerie rayée des Français. Les vaincus perdirent 630 officiers et 19,341 soldats; les alliés 8 généraux, 936 officiers et 17,305 soldats, tant tués que blessés. Le 24 juin 1870, sur le lieu du combat, trois ossuaires contenant les ossements de plusieurs milliers de morts, furent solennellement consacrés, en présence des représentants de l'Autriche, de la France et de l'Italie.

SOLFIATION s. f. Action de solfier.

* **SOLFIER** v. a. Chanter, en les nommant, les notes d'un air, d'un morceau ou d'un exercice de musique : *il solfie déjà tout couramment.*

SOLIDAGE s. f. (rad. lat. *solidare*, consolider, à cause de ses propriétés vulnéraires). Bot. Genre de composées astérées comprenant environ 130 espèces de plantes herbacées ou sous-frutescentes, dont plusieurs sont

Solidage du Canada (Solidago Canadensis).

cultivées pour l'ornement, surtout dans les grands parterres. La plupart sont originaires de l'Amérique du Nord. Nous citerons la *solidage verge d'or* (solidago virga aurea), la *solidage du Canada* (solidago Canadensis) et la *solidage bicolore.*

* **SOLIDAIRE** adj. (lat. *solidarius*; de *solidus*, sou). Jurispr. Qui fait que, de plusieurs personnes, chacune est obligée directement au payement de la somme totale : *cette obligation est solidaire.* — Qui est obligé solidairement : *nous sommes tous solidaires.* — Se dit, fig., des personnes qui répondent en quelque sorte les unes des autres : *nous sommes solidaires ; les torts de l'un de nous retombent sur tous les autres.*

* **SOLIDAIREMENT** adv. Jurispr. D'une manière solidaire ; tous ensemble, et chacun pour tous : *ils sont obligés solidairement.*

SOLIDARISER v. a. Rendre solidaire.

* **SOLIDARITÉ** s. f. Jurispr. Engagement par lequel deux ou plusieurs personnes s'obligent les unes pour les autres, et chacune pour toutes, s'il est nécessaire : *ce contrat, cette obligation porte solidarité.* — Se dit également en parlant de. plusieurs créanciers dont chacun a le droit de réclamer seul la totalité de ce qui leur est dû. — Responsabilité mutuelle qui s'établit entre deux ou plusieurs personnes : *je ne veux point qu'il y ait de solidarité, qu'il y ait solidarité entre cet homme et moi.* — Législ. « La *solidarité* existe entre plusieurs créanciers, lorsque le *titre* donne expressément à chacun d'eux le droit d'exiger de leur débiteur commun le paiement intégral de la dette. A l'inverse, lorsqu'il y a solidarité entre les différents débiteurs d'une même obligation, chacun peut être contraint pour la totalité de la dette, et le paiement fait par un seul libère les autres envers le créancier. La solidarité ne se présume pas : elle n'existe entre les débiteurs que lorsqu'elle a été expressément stipulée, ou lorsqu'elle résulte d'une disposition expresse de la loi. Les poursuites faites contre l'un des débiteurs solidaires interrompent la prescription et font courir les intérêts à l'égard de tous. Le débiteur qui paie au créancier la portion dont il est tenu personnellement n'est pas déchargé de la solidarité, à moins que la quittance ne porte que c'est *pour sa part.* D'un autre côté, le créancier qui décharge l'un des débiteurs de la solidarité décharge en même temps les autres pour la part de celui qu'il a favorisé. Le co-débiteur d'une dette solidaire qui a payé cette dette en entier ne peut répéter contre les autres que la part due par chacun d'eux personnellement; mais si l'un des débiteurs se trouve insolvable, la perte qui en résulte se répartit entre tous les autres, y compris même celui au profit duquel le créancier aurait renoncé à la solidarité (C. civ. 1197 et s.). La solidarité existe encore jusqu'à un certain point entre les cocréanciers ou entre les codébiteurs d'une obligation qui est matériellement ou intellectuellement indivisible, c'est-à-dire non susceptible d'une exécution partielle ; mais cette solidarité s'applique seulement à l'exécution de l'obligation indivisible (id. 1217 et s.). La solidarité légale existe notamment : entre les associés en nom collectif (C. comm. 22), entre tous les signataires et endosseurs d'une lettre de change (id. 140), et en matière criminelle (pour le paiement des frais, amendes, restitutions et dommages-intérêts), entre tous les individus condamnés par un même crime ou délit, y compris les personnes déclarées civilement responsables du fait (C. pén. 55; Tarif crim. du 18 juin 1811, art. 156). »   (CH. Y.)

* **SOLIDE** adj. (lat. *solidus*). Qui a de la consistance, et dont les parties demeurent naturellement dans la même situation. Est opposé à fluide : *les corps solides et les corps fluides.* — ALIMENTS SOLIDES, aliments qui ont de la consistance, par opposition aux aliments liquides : *on l'a mis au bouillons, on lui a interdit toute sorte de nourriture solide, toutes sortes d'aliments solides.* — Qui a une fermeté capable de résister au choc des corps et à l'injure du temps. En ce sens, il est opposé à fragile et à peu durable : *cela n'est guère solide : si vous le laissez tomber, vous le casserez.*

Va, ma tête est *solide* encore sur mon épaule.
PONSARD. *Charlotte Corday*, acte IV, sc. VII.

— Qui est réel, effectif, durable. En ce sens, est opposé à vain, chimérique, frivole, de peu de durée : *les biens-fonds sont des biens solides.* — Substantiv. Corps ferme, corps qui a

de la consistance : *il faut creuser jusqu'au solide, avant de faire les fondations d'un bâtiment.* — Mathémat. Étendue considérée comme ayant les trois dimensions, longueur, largeur et profondeur. En ce sens, est opposé à ligne et à superficie, et il s'emploie aussi substantiv. : *la géométrie mesure les solides.* — S'emploie aussi substantiv., en ce sens : *chercher le solide.*

* **SOLIDEMENT** adv. D'une manière solide : *bâtir solidement.*

SOLIDIEN, IENNE adj. Qui appartient aux corps solides.

SOLIDIFICATION s. f. Rendre solide, ou passage de l'état liquide à l'état solide.

* **SOLIDIFIER** v. a. Didact. Rendre solide ce qui était liquide, fluide.

SOLIDISME s. m. Doctrine médicale opposée à l'humorisme et qui consiste à regarder les lésions des parties solides du corps comme causes exclusives des maladies.

SOLIDISTE s. m. Partisan du solidisme.

* **SOLIDITÉ** s. f. (lat. *soliditas*). Qualité de ce qui est solide : *la solidité des corps.* — Mesures de solidité, celles qui servent à mesurer les solides. — Jurispr. Solidarité. (Vieux.)

SOLIGNAC-SUR-LOIRE, ch.-l. de cant., arr. et à 12 kil. S. du Puy (Haute-Loire), près de la rive gauche de la Loire ; 1,000 hab.

SOLIGNI-LA-TRAPPE, comm. du cant. de Bazoches, arr. et à 12 kil. N. de Mortagne (Orne) ; 1,100 hab. Célèbre monastère de trappistes.

* **SOLILOQUE** s. m. (lat. *solus*, seule ; *loqui*, parler). Discours d'un homme qui s'entretient avec lui-même. Ne s'emploie guère que dans cette phrase : *Les Soliloques de saint Augustin.* Dans les pièces de théâtre, on dit **Monologue**.

SOLIMAN. Voy. **Solyman**.

* **SOLIN** s. m. (rad. *sol*). Archit. Intervalle qui est entre les solives. — Plâtre qu'on met sur la poutre pour séparer les solives. — Enduit de plâtre qu'on fait le long d'un pignon, pour y joindre et retenir les premières tuiles.

SOLINGEN [zo'-linng-enn], ville de la Prusse rhénane, près du Wupper, à 19 kil. S.-E. de Düsseldorf ; 15,200 hab. Elle est depuis longtemps célèbre par la fabrication des lames d'épée, de la coutellerie en général, et des objets en fer et en acier. Il y a plus de 2,700 établissements consacrés à ces industries dans l'intérieur ou dans le voisinage de la ville.

* **SOLIPÈDE** adj. (lat. *solus*, seul ; *pes*, *pedis*, pied). Hist. nat. Se dit des animaux qui n'ont qu'une corne ou un sabot à chaque pied : *le cheval, l'âne, le mulet, le zèbre, sont des animaux solipèdes.* — s. m. Famille de mammifères, voisine des pachydermes et comprenant des quadrupèdes qui n'ont qu'un doigt apparent et qu'un sabot à chaque pied ; cette famille ne comprend que le genre *cheval* ; l'hipparion (voy. ce mot) est une espèce fossile.

SOLIS (Antonio de) [so-liss], historien espagnol, dramaturge et poète , né en 1610, mort en 1686. Il devint historiographe officiel, et reçut les ordres sacrés en 1667. On a de lui une *Historia de la conquista de Mexico* (nouv. édit. 1838). Sa pièce la plus célèbre, *La Gitanilla*, est fondée sur celle que Montalvan avait empruntée à l'histoire de Cervantes.

SOLIS (Juan-Diaz de), navigateur espagnol, mort en 1516. Avec Yañez Pinzon, il découvrit le Yucatan en 1506. En 1508, ils explorèrent la côte de l'Amérique du Sud, depuis le cap Saint-Augustin jusqu'au 40° degré de lat. S. et prirent possession de ce continent

pour l'Espagne. Ils se brouillèrent et revinrent en Espagne en 1509 ; le procès qui suivit eut pour résultat l'emprisonnement de Solis. Relâché et indemnisé plus tard, il succéda à Americ Vespuce comme pilote major. En 1515, avec 3 vaisseaux, il explora la côte, du cap San-Roque à Rio-de-Janeiro, entra dans l'estuaire de la Plata, qu'il appela *Mar Dulce*, et remonta le fleuve. Accueilli d'abord amicalement par les Indiens, il finit par être tué et dévoré par eux. Quelques-uns prétendent qu'il découvrit la Plata en 1512, et qu'il y fit un second voyage.

* **SOLISTE** s. m. Mus. Celui qui exécute un solo.

* **SOLITAIRE** adj. (lat. *solitarius* ; de *solus*, seul). Qui est seul, qui aime à vivre dans la solitude, à être seul, qui fuit le monde : *homme solitaire.* — Se dit aussi des lieux déserts, des lieux éloignés du commerce du monde : *ce lieu est fort solitaire.* — Ver solitaire, ver blanc, plat, fort long et annelé, qui s'engendre dans les intestins, et qui est ordinairement seul. — Bot. Fleurs solitaires, fleurs qui naissent séparées les unes des autres sur la plante que les porte. — Archit. Colonne solitaire, colonne isolée, qui ne fait pas partie d'un ordre, qui ne porte pas un entablement. — Anachorète et moine qui vivent dans la solitude : *les solitaires d'Egypte, de la Thébaïde.* — Tout homme qui vit dans la solitude, qui vit très retiré : *vous l'avez vu fort répandu dans le monde, maintenant c'est un solitaire.* — Jeu qu'on joue seul au moyen d'une petite table percée de trente-sept trous, et avec trente-six chevilles pointues. — Joaill. Diamant détaché, monté seul : lorsque le diamant est petit, il se nomme étincelle : *il achète un beau solitaire.* — ⌁ Sanglier de 10 à 15 ans.

* **SOLITAIREMENT** adv. D'une manière solitaire : *il a toujours vécu solitairement.*

* **SOLITUDE** s. f. (lat. *solitudo*). État d'une personne qui est seule, qui s'est retirée du commerce du monde : *vivre dans la solitude.* — Lieu éloigné du commerce, de la vue, de la fréquentation des hommes : *affreuse solitude.* — Ce lieu est devenu une solitude, n'est plus qu'une solitude, se dit d'un lieu qui cesse d'être fréquenté. On dit fig., Depuis son départ, depuis sa mort, ma maison n'est plus qu'une solitude.

SOLIVAGE s. m. Mise en solives d'une pièce de bois.

* **SOLIVE** s. f. (rad. lat. *solum*, sol). Pièce de charpente qui sert à former et à soutenir le plancher d'une chambre, d'une salle, etc., et qui porte sur les murs ou sur les poutres : *solive de brin.* — Gruerie. Pièce de bois d'un cubage déterminé.

* **SOLIVEAU** s. m. Petite solive. — Homme sans énergie, sans caractère.

SOLLICEUR, EUSE s. Argot. Marchand, marchande.

SOLLICITABLE adj. Qui peut être sollicité.

* **SOLLICITATION** s. f. [sol-li-] (lat. *sollicitatio*). Action de solliciter : *c'est à la sollicitation d'un de ses amis qu'il a fait telle chose.* — Soin qu'on prend, démarches, diligences qu'on fait pour le succès d'une affaire : *un tel est chargé de la sollicitation de toutes les affaires de telle ville, de tel département.* — Recommandation qu'on fait à des juges : *puissante sollicitation.*

* **SOLLICITER** v. a. [sol-li-] (lat. *sollicitare*). Inciter, exciter à faire quelque chose : *qu'est-ce qui vous a sollicité à cela ?* — Solliciter quelqu'un de son déshonneur, lui proposer, exiger de lui quelque chose de déshonorant. (Vieux.) — Demander quelque chose fortement, avec instance : *solliciter son payement.* — Solliciter un procès, une affaire, faire

les démarches et les instances nécessaires pour arriver à la décision, pour obtenir un jugement, pour s'assurer un heureux succès. — Solliciter son rapporteur, ses juges, les prier d'être favorables. — S'emploie aussi absol. en parlant des procès, des places, des faveurs qu'on attend de personnes puissantes : *mes amis ont sollicité pour moi.* — Méd. Se dit, quelquefois, de ce qui provoque ou détermine quelque mouvement dans un corps, dans un organe : *tel médicament sollicite les intestins à se débarrasser des matières qui les surchargent.*

* **SOLLICITEUR** s. m. [sol-li-]. Celui qui est chargé de solliciter les procès, les affaires d'autrui : *un habile solliciteur.* — Se dit aussi, généralement, de tous ceux qui sollicitent un procès, une affaire, pour eux-mêmes ou pour leurs amis : *je me rendrai votre solliciteur.* — Se dit également de ceux qui postulent un emploi, qui demandent avec instance une place, une grâce, une faveur à quelque personne puissante : *il y a vingt solliciteurs pour cette place vacante.* — Dans les deux derniers sens, se dit aussi au féminin : *une solliciteuse pressante.*

* **SOLLICITUDE** s. f. [sol-li-] (lat. *sollicitudo*). Soin affectueux : *la sollicitude pastorale.* — Souci, soin inquiet : *cette affaire lui donne, lui cause beaucoup de sollicitude.* — Écrit. Les sollicitudes du siècle, les soins des choses temporelles.

SOLLIÈS-PONT, ch.-l. de cant., arr. et à 15 kil. N.-E. de Toulon (Var) ; 2,500 hab.

SOL LUCET OMNIBUS, loc. lat. qui signifie : *Le soleil luit pour tout le monde.*

SOLMIFIER v. a. Synon. de **Solfier**.

SOLMISATION s. f. Action de solfier la musique en nommant les notes.

SOLMISER v. a. Synon. de **Solfier**.

* **SOLO** s. m. (mot. ital. qui signifie : *seul*). Mus. Passage d'une pièce de musique qu'un instrument doit jouer seul. — Pièce ou morceau de musique qui se chante à voix seule, ou qui se joue sur un seul instrument avec un simple accompagnement de basse ou de basse : *ce violoniste a exécuté un beau solo, plusieurs solos.* — Plur. Des Solos ou des Soli.

SOLOGNE (La), *Secolaunia*, petit pays de l'ancien Orléanais ; ch.l., Romorantin. C'était jadis un pays prospère et florissant. Les guerres de religion commencèrent sa ruine et la révocation de l'édit de Nantes la consomma. Le départ des protestants laissa le pays inculte ; il a été depuis lors l'objet de travaux importants qui lui ont rendu un peu de salubrité et de vie.

SOLOGNOT, OTE s. et adj. De la Sologne, qui appartient à la Sologne ou à ses habitants.

SOLON, le législateur d'Athènes, né vers 638 av. J.-C., mort vers 559. Dans sa jeunesse, il visita, comme commerçant, une grande partie de la Grèce et de l'Asie ; il se distingua par ses poésies, et sa réputation de sagesse lui valut d'être mis au nombre des sept sages. Il commença sa carrière politique en reprenant Salamine aux Mégariens. En 594, il fut appelé à l'archontat, avec pouvoir de confirmer, de rappeler ou de modifier les lois de Dracon. Le gouvernement et le peuple s'engagèrent par un serment solennel à observer intégralement la constitution de Solon pendant 10 ans. (Voy. Arbènes.) Il obtint de s'absenter pendant cette période, et il visita l'Egypte et Chypre. Il revint à Athènes avant la première usurpation de Pisistrate (560), son parent, et au milieu des violentes discordes, il ne fut plus que citoyen.

SOLRE-LE-CHÂTEAU, ch.-l. de cant., arr. et à 16 kil. N.-E. d'Avesnes (Nord) ; 2,500 hab.

* SOLSTICE s. m. [sol-sti-ce] (lat. *sol*, soleil ; *stare*, s'arrêter). Astron. Temps auquel le soleil est arrivé à son plus grand éloignement de l'équateur, et paraît, pendant quelques jours, y être stationnaire. Il y a deux solstices : le solstice d'été, le 22 juin, lorsque le soleil semble franchir le tropique du Cancer ; et le solstice d'hiver, le 22 déc., lorsqu'il atteint sa plus grande déclinaison sud et semble traverser le tropique du Capricorne.

* SOLSTICIAL, ALE, AUX adj. Astron. Qui a rapport aux solstices : *points solsticiaux*.

* SOLUBILITÉ s. f. (lat. *solubilitas*). Didact. Qualité de ce qui est soluble : *la solubilité d'un sel*.

* SOLUBLE adj. Qui peut être résolu : *ce problème n'est pas soluble.* — Se dit aussi des substances qui ont la propriété de se fondre dans un liquide, de s'y résoudre en particules invisibles : *les sels alcalins sont solubles dans l'eau.*

SOLUTÉ s.m. (lat. *solutum*, chose dissoute). Pharm. Liquide résultant de la dissolution d'un solide dans un autre liquide.

° SOLUTION s. f. (lat. *solutio ; de solvere*, délier). Dénoûment d'une difficulté : *donnez la solution de cette difficulté.* — Chim. Action de se fondre dans un liquide : *un sel en solution dans l'eau.* — Pharm. Remède résultant de la fusion d'un solide dans un liquide. — Division, séparation des parties. N'est guère usité que dans cette phrase du langage didactique : SOLUTION DE CONTINUITÉ. — Jurispr. Libération, payement final : *jusqu'à parfaite solution et payement*, ou absol., *jusqu'à parfaite solution.*

SOLUTOIRE adj. Qui délivre, qui absout : *lettres solutoires.*

* SOLVABILITÉ s. f. Pouvoir, moyens qu'on a de payer : *doutez-vous de ma solvabilité ?*

* SOLVABLE adj. (du lat. *solvere*, payer). Qui a de quoi payer : *caution bonne et solvable.*

SOLWAY (Frith de) [sol'-ouè], bras de la mer d'Irlande, qui s'étend sur une longueur de 64 kil. N. E., entre l'Angleterre et l'Ecosse, avec une largeur variant de 38 à 39 kil.

SOLYMAN Ier, fils de Bajazet Ier. Il se fit proclamer empereur à Andrinople vers 1402 et fut tué en se rendant à Constantinople vers 1410. — II. (Le Magnifique), sultan ottoman, né vers 1495, mort en 1566. Il succéda à son père Sélim Ier en 1520. En 1521, il prit Belgrade, et en 1522 Rhodes. En 1526, il gagne la bataille de Mohacs (29 août) où périt Louis II de Hongrie. En 1529, il s'empare de Buda, et parut devant Vienne à la tête d'une grande armée ; il donna plusieurs assauts, mais dut se retirer après avoir perdu 80,000 hommes. Une seconde tentative échoua également en 1532. Plus tard il renouvela avec succès, la guerre contre la maison d'Autriche, soutenant Zapolya et son fils Jean Sigismond contre Ferdinand Ier, tandis que son amiral Khaï-red-Din (Chereddin) Barberousse balayait les côtes de la Méditerranée. En 1534, il envahit la Perse et soumit l'Arménie et l'Irak ; en 1538 ; il conquit l'Yemen, et en 1549-'50 réduisit Shirwan et la Géorgie. La trève de 1562 confirma ses conquêtes en Hongrie, mais sa flotte fut repoussée devant Malte en 1565. En 1566, il franchit la Drave avec une grande armée et mit le siège devant Sziget, défendu par une petite garnison sous le commandement de Zrinyi. Furieux d'être repoussé avec perte malgré des attaques réitérées, il mourut d'apoplexie peu avant le dernier et décisif assaut. Le code de Solyman a été longtemps la base de la législation turque.

SOMASQUE s. m. Clerc régulier de saint Maïeul.

SOMASQUE, *Somasca*, ville d'Italie, à 13 kil. N.-O. de Bergame, sur la rive gauche de l'Adda ; 2,000 hab. L'institution des frères Somasques y fut fondée par Jérôme Emilien en 1531.

SOMATIQUE adj. (gr. *sômatikos ; de sôma*, corps). Qui appartient, qui a rapport au corps.

* SOMATOLOGIE s. f. (gr. *sôma*, corps ; *logos*, discours). Méd. Traité des parties solides du corps humain : *la somatologie renferme l'ostéologie et la myologie.*

SOMAULI, Somal ou **Eesah**, nom général des tribus africaines habitant au S. du golfe d'Aden, depuis le cap Guardafui et le détroit de Bab-el-Mandeb jusqu'à Doho. Les tribus orientales sont appelées Burri, et les occidentales Gulbedh. Toutes sont musulmanes. Leur langue est un mélange d'arabe et de galla.

SOMBERNON, ch.-l. de cant., arr. et à 28 kil. O. de Dijon (Côte-d'Or) ; 1,000 hab.

* SOMBRE adj. Qui est peu éclairé, qui reçoit peu de lumière : *cette maison est bien sombre.* — IL FAIT SOMBRE, le temps est sombre. IL FAIT SOMBRE DANS CET APPARTEMENT, cet appartement est sombre, peu éclairé. — LUMIÈRE SOMBRE, lumière faible et qui éclaire mal. COULEUR SOMBRE, couleur qui est moins éclatante que les autres, et qui tire sur le brun, — Obscur, ténébreux : *cette nuit est bien sombre.* — LES ROYAUMES SOMBRES, LES RIVAGES SOMBRES, LES SOMBRES BORDS, les enfers selon la croyance des anciens païens. — Mélancolique, morne, taciturne, rêveur, chagrin : *un caractère, une humeur sombre.*

SOMBREMENT adv. D'une manière sombre.

* SOMBRER v. n. Mar. Se dit d'un bâtiment lorsque, étant sous voiles, il est renversé par un coup de vent qui le fait couler bas : *ce vaisseau a sombré sous voiles.* — Fig. *Il vit sombrer sa fortune.*

SOMBRERO s. m. [son-bré-ro]. Chapeau de feutre à larges bords que portent les Espagnols.

SOMBREUIL (Marie-Maurille VIROT DE), née à Limoges en 1774, morte à Avignon en 1823. Elle était fille de Charles-François Virot, marquis de Sombreuil, qui fut, en 1786, nommé gouverneur des Invalides, puis arrêté sous la prévention d'avoir défendu les Tuileries le 10 août 1793, et enfermé à l'Abbaye. Mlle de Sombreuil voulut partager et adoucir la captivité de son père, lors des massacres de Septembre, elle l'arracha à la mort par son énergie et la puissance de son amour. Quant au verre de sang que les septembriseurs lui auraient fait boire comme condition d'obtenir la vie de son père, c'est une pure fable qui n'a pas même le mérite de la vraisemblance. Repris l'année suivante, le marquis de Sombreuil fut de nouveau traduit devant le tribunal révolutionnaire et exécuté. Mlle de Sombreuil quitta la France en 1794 et n'y rentra qu'en 1815.

SOMERSETSHIRE, comté du S.-O. de l'Angleterre, sur le canal de Bristol ; 4,248 kil. carr. ; 463,412 hab. Il est arrosé par l'Avon, le Prome, l'Yeo, l'Axe, le Brue et le Parret. On y récolte surtout du froment et des pommes de terre ; et on y élève beaucoup de bestiaux et de moutons. Extraction considérable de houille, de fer et de plomb. Bristol se trouve en partie bâtie dans ce comté ; les autres villes principales sont Bath, la capitale; Wells, Taunton, Bridgewater et Frome.

SOMERSWORTH [seumm'-eurss-oueurth], ville du New-Hampshire, sur la rivière du Salmon Falls, à 420 kil. N. de Boston ; 4,505 hab. La principale localité est Great Falls, près des chutes de ce nom, où il y a d'importantes fabriques de tissus de coton et de laine, et de grandes fonderies.

SOMERVILLE, ville du Massachusetts sur la rivière Mystic, à 2 kil. N.-O. de l'hôtel du gouvernement de l'état à Boston ; 21,868 hab. Un grand nombre des habitants ont leurs affaires à Boston. La ville possède plusieurs établissements industriels et un asile pour les aliénés. Elle a été classée comme cité en 1872.

SOMERVILLE (Mary), physicienne anglaise, née en Ecosse en 1780, morte en 1872. Elle était fille du vice-amiral sir William Fairfax, et elle reçut une éducation très forte, surtout pour les mathématiques et la peinture du paysage. Elle épousa Samuel Greig en 1804, resta veuve en 1807, et, en 1812, se remaria avec son cousin William Somerville, docteur en médecine, qui en 1816 s'établit à Londres, comme membre de la commission médicale de l'armée. En 1831, elle publia un sommaire de la *Mécanique céleste* de Laplace, sous le titre le *Mechanism of the Heavens*, en 1834, *The Connection of the Physical Sciences*. Peu après, elle alla en Italie pour la santé de son mari et elle y demeura le reste de sa vie, tantôt à Florence, tantôt à Rome et tantôt à Naples. Elle publia encore *Physical Geography* (1848, 2 vol., et *Molecular and Microscopic Science* (1869, 2 vol.) Dans sa 92e année, elle étudiait les plus hautes mathématiques-quatre ou cinq heures par jour, et le jour même de sa mort, elle était occupée à revoir et à compléter un traité sur la *Théorie des Différences*. Sa fille, Martha Somerville, a publié ses *Personal Recollection, from Early Life to old Age* (1873).

* SOMMAIRE adj. [so-mè-re] (lat *summarium*). Succinct, court, abrégé, qui expose un sujet en peu de paroles : *traité sommaire.* — Procéd. MATIÈRES SOMMAIRES, certaines affaires qui doivent être jugées promptement et avec peu de formalités, telles que les demandes provisoires, les appels des sentences de juges de paix, etc. — s. m. Extrait, abrégé : *le sommaire d'un livre, d'un discours.*

* SOMMAIREMENT adv. D'une manière sommaire, succinctement, brièvement : *je vous rapporterai sommairement ce qui se passa en cette occasion.*

SOMMATEUR, TRICE s. Personne qui fait une sommation.

* SOMMATION s. f. Action de sommer : *sommation verbale.* — Acte par écrit contenant la sommation faite en justice : *voilà les trois sommations qui lui ont été faites.* — SOMMATION RESPECTUEUSE, acte extrajudiciaire qu'un fils de 25 ans ou une fille majeure de 21 ans sont tenus de faire signer à leur père et à leur mère ou à leurs aïeuls et aïeules, pour leur demander conseil sur leur mariage, lorsque ces parents n'ont pas donné leur consentement : *il peut être passé outre à la célébration du mariage un mois après la troisième sommation respectueuse, et même un mois après la première, lorsqu'on a plus de trente ans.* — Législ. « La *sommation* par exploit d'huissier ne doit pas être confondue avec le *commandement*. (Voy. ce mot.) Elle en diffère en ce qu'il n'est pas indispensable qu'elle soit faite en vertu de la grosse d'un titre exécutoire. Elle suffit pour opérer la *mise en demeure* et pour faire courir, soit un délai, soit les intérêts d'une dette. (V. DEMEURE.) Les juges et les heures auxquels une sommation peut-être faite sont les mêmes que pour une *signification* (Voy. ce mot.) — Lorsqu'il s'agit de disperser des attroupements, les trois *sommations préalables* le l'emploi de la force peuvent être faites, soit par le préfet, soit par le maire ou l'un de ses adjoints, soit par un commissaire de police. La formule de cette sommation est ainsi donnée par la loi du 3 août 1791 : « *Obéissance à la loi. On va faire usage de la force; que les bons citoyens se retirent.* » Chaque sommation doit être précédée d'un roulement de tambour ou du son de la trom-

pette. (Voy. ATTROUPEMENT.) — C'est par une tradition venue de l'ancien droit (Arr. régl. du Parlement de Paris du 27 août 1692) que l'on donne encore communément le nom de *sommations* aux actes respectueux signifiés par le ministère d'un notaire, au nom d'un enfant qui, avant de contracter mariage, demande le conseil de son père et de sa mère ou de ses aïeuls et aïeules, à défaut de leur consentement. (Voy. ACTE.) »   (CH. Y.)

* **SOMMATION** s. f. Mathémat. Opération par laquelle on trouve la somme de plusieurs quantités, on réduit à un petit nombre de termes un grand nombre de quantités : *la sommation des suites.*

SOMMATOIRE adj. Qui marque sommation.

* **SOMME** s. f. (lat. *summa*). Une quantité d'argent : *petite somme.* — SOMME TOTALE, quantité qui résulte de plusieurs sommes jointes ensemble : *la somme totale est de...* On dit aussi adverbial., SOMME TOTALE, en réunissant toutes les sommes : *somme totale, il en coûte tant.* — Quantité qui résulte de plusieurs quantités jointes ensemble : *la somme des unités, des dizaines, des centaines,* etc. — LA SOMME DES TERMES D'UNE ÉQUATION, l'assemblage de tous les termes d'une équation. — Fig. *Cela ne peut qu'ajouter à la somme de nos maux.* — Titre de quelques ouvrages, de certains livres qui traitent en abrégé de toutes les parties d'une science, d'une doctrine, etc. : *la somme de saint Thomas.* — Somme toute loc. adv. et fig. Enfin, en résumé, par conclusion : *somme toute, ce n'est pas un homme à qui vous deviez vous fier.* — On dit aussi. EN SOMME, dans le même sens : *en somme, c'est un bon domestique.*

* **SOMME** s. f. Charge, fardeau que peut porter un cheval, un mulet, un âne, etc. : *somme de blé.*

* **SOMME** s. m. Repos causé par l'assoupissement naturel de tous les sens : il ne se dit guère qu'en parlant de l'homme : *un long somme.*

> Rendez-moi, lui dit-il, mes anrons et mon *somme,*
> Et reprenez vos cent écus.
>   LA FONTAINE.

> C'est là que le prélat, muni d'un déjeuner,
> Dormant d'un léger *somme,* attendait le dîner.
>   BOILEAU.

— Fam. IL A FAIT LA NUIT TOUT D'UN SOMME, il a dormi toute la nuit d'un sommeil non interrompu. On dit, dans le même sens, IL N'A FAIT QU'UN SOMME TOUTE LA NUIT.

SOMME I, *Samara*, rivière de France qui naît à Font-Somme (Aisne), passe près de Saint-Quentin, arrose Ham, Péronne, Corbie, Amiens, Picquigny, Abbeville, où elle forme plusieurs îles et vient se jeter dans la Manche, au-dessous de Saint-Valéry, par un large estuaire, véritable bras de mer à la marée haute mais qui devient, à marée basse, un désert de sable mesurant plus de 10,000 hectares. Le cours total de la Somme est d'environ 230 kil. — II, département maritime de la région N. de la France; doit son nom au principal cours d'eau qui le traverse; situé entre le dép. du Pas-de-Calais, la mer de la Manche, les dép. de la Seine-Inférieure, de l'Oise, de l'Aisne et du Nord; formé de différentes parties des anciennes provinces de l'Artois et de la Picardie; 6,461 kil. carr.; 550,837 hab. La surface du sol du département est légèrement ondulée, et presque partout nue et découverte. Le point culminant (210 m.) est formé par la colline de Coppegueule. Le développement des côtes est évalué à 37 kil. Princ. ports : Saint-Valéry, le Crotoy, Berg, Cayeux, Hourdel et Abbeville. Agriculture florissante et industrie active; houblon, pommes à cidre, lin, chanvre, laines, soie, coton, rouenneries, tricots, gazes; blanchisseries, papeteries; etc. Élève de chevaux, bétail.

abeilles. — Ch.-l., Amiens; 5 arr., 41 cant. et 833 comm. Évêché à Amiens, suffragant de Reims. Cour d'appel à Amiens. Les établissements d'instruction publique relèvent de l'Académie de Douai. — Ch.-l. : d'arr. Amiens, Abbeville, Doulens, Montdidier et Péronne.

* **SOMMEIL** s. m. [so-mel; l mll.] (lat. *somnus*). Signifie la même chose que somme, mais il a des usages différents : par exemple on ne dirait pas, FAIRE UN SOMMEIL, comme on dit, FAIRE UN SOMME : *dormir d'un profond sommeil.* — S'emploie dans plusieurs phrases du style poétique ou oratoire, où le sommeil est personnifié : *s'arracher des bras du sommeil.* — S'emploie quelquefois, fig., en parlant de la mort : *il dort du sommeil éternel.* — Fig. État d'inactivité, d'inertie où se trouvent certaines choses : *le sommeil de la nature.* — Bot. SOMMEIL DES PLANTES, état dans lequel les plantes ont leurs feuilles et leurs fleurs pliées ou fermées, et que l'on attribue à l'absence de la chaleur et de la lumière, parce que ce phénomène a lieu ordinairement durant la nuit. — Grande envie, grand besoin de dormir : *accablé, abattu de sommeil.* — SOMMEIL D'HIVER, engourdissement qui saisit certains animaux pendant l'hiver. SOMMEIL D'ÉTÉ, espèce d'engourdissement qui, dans les pays chauds, saisit d'autres animaux durant la saison sèche. — ENCYCL. Le sommeil est, chez les animaux une période de repos, pendant laquelle il y a une suspension partielle de l'activité nerveuse et musculaire, nécessaire à la réparation des forces vitales. Le pouvoir réparateur du sommeil dépend de la rénovation nutritive qui s'effectue pendant sa durée; c'est une nécessité de l'organisme, et il faut s'y laisser aller périodiquement. Après 12 ou 16 heures de veille, on éprouve, dans les circonstances ordinaires, une sensation de fatigue qui montre que le cerveau a besoin de repos, et on ne peut s'en débarrasser qu'en employant quelque vigoureux stimulant, physique ou moral. Il faut plus de sommeil aux jeunes et moins aux vieux, en proportion de la rapidité avec laquelle s'usent les tissus. Les gens pléthoriques, ayant bon appétit et digérant bien, sont d'ordinaire de grands dormeurs; les personnes nerveuses dorment relativement peu; les lymphatiques, les individus froids et sans passions, qui végètent plutôt qu'ils ne vivent, dorment en général longtemps. Il faut, à la plupart des hommes, de six à huit heures de sommeil par jour, et l'on ne saurait diminuer ce temps sans que la santé en souffre. Dans le sommeil naturel, pendant que les muscles de la volonté, les sens, les facultés perceptives et intellectuelles se reposent, les fonctions de respiration, de circulation, de nutrition, de sécrétion et d'absorption, continuent. La fréquence de la respiration et du pouls diminue cependant, et la température du corps s'abaisse un peu.

* **SOMMEILLER** v. n. [so-nè-ié]. Dormir d'un sommeil léger, d'un sommeil imparfait : *il n'avait pu dormir depuis quinze jours, mais il a sommeillé cette nuit.* — Dormir profondément : *la nuit, quand tout sommeille.* — Se dit, fig., de certaines choses qui sont dans un état d'inactivité, d'inertie : *la nature sommeille.* — IL N'Y A GUÈRE D'AUTEURS QUI NE SOMMEILLENT QUELQUEFOIS, qui ne tombent dans quelque négligence.

* **SOMMELIER, IÈRE** s. Celui, celle qui, dans une communauté, dans une maison, a sa charge le linge, la vaisselle, le pain, le vin et les liqueurs : *bon, fidèle sommelier.*

* **SOMMELLERIE** s. f. [so-mè-le-]. Charge, fonction de sommelier : *il entend bien la sommellerie.* — Lieu où le sommelier garde le linge, la vaisselle qui lui sont confiés : *manger dans la sommellerie.*

SOMMEPUIS ou Somp*uis*, ch.-l. de cant.,

arr. et à 17 kil. S.-O. de Vitry-le-François (Marne); 500 hab.

* **SOMMER** v. a. Signifier, déclarer à quelqu'un dans les formes établies, qu'il ait à faire telle ou telle chose, sinon qu'on l'y obligera : *je l'ai sommé de payer, sommé de sortir de la maison qu'il tient de moi.* — SOMMER QUELQU'UN DE SA PAROLE, lui demander qu'il tienne sa parole. — SOMMER UNE PLACE, sommer le commandant de la rendre : *on envoya un trompette sommer la place.*

* **SOMMER** v. a. Mathémat. Trouver la somme de plusieurs quantités algébriques ou numériques : *sommer une suite.*

SOMMERARD. Voy. DU SOMMERARD.

* **SOMMET** s. m. [so-mè] (lat. *summus*). Le haut, la partie la plus élevée de certaines choses, comme d'une montagne, d'un rocher, d'une tour, de la tête, etc. : *sur le sommet d'une montagne.* — Poétiq. LE DOUBLE SOMMET, le Parnasse. — Fig., et dans le style soutenu, LE SOMMET DES GRANDEURS, DE LA GLOIRE, le comble des grandeurs, de la gloire. — Géom. LE SOMMET D'UN ANGLE, la pointe d'un angle. ANGLES OPPOSÉS AU SOMMET, angles dont les pointes ou sommets sont opposés. LE SOMMET D'UNE COURBE, le point de la courbe où sa courbure s'arrondit symétriquement, de manière à y former une pointe : *le sommet d'une parabole est au point où elle coupe son axe.* — Bot. Anthère. (Vieux.)

* **SOMMIER** s. m. (rad. fr. *somme*). Fin. et Comm. Gros registre où les commis inscrivent les sommes qu'ils reçoivent : *le sommier des aides, des gabelles,* etc.

* **SOMMIER** s. m. Cheval de somme : *les sommiers de tel messager.* — Matelas de crin servant de paillasse : *sommier de crin.* SOMMIER ÉLASTIQUE, sommier dont l'élasticité est due à un système de ressorts. — Espèce de coffre, dans lequel les soufflets des orgues font entrer le vent, qui de là se distribue dans les différents tuyaux : *ce sommier perd le vent. n'est pas bien clos.* — Archit. Pierre qui reçoit la retombée d'une voûte ; ou pièce de bois de charpente qui porte sur deux pieds-droits et sert de linteau à l'ouverture des portes, des croisées, etc. — TYPOGR. Se dit de deux pièces de bois qui soutiennent le poids ou le l'effort d'une presse en bois. — Pièce de bois dans laquelle entrent les fiches qui servent à tendre les cordes d'un clavecin, d'un piano.

SOMMIÈRES, ch.-l. de cant. arr. et à 24 kil. S.-O. de Nîmes (Gard), sur le bord de la Vidourle ; 3,500 hab.

* **SOMMISTE** s. m. [somm-mi]. Principal officier de la chambre des bulles, chargé d'en faire dresser les minutes.

* **SOMMITÉ** s. f. [somm-mi-té] (du fr. *sommet*). Le sommet, la partie la plus élevée de certaines choses : *la sommité d'une tour, d'un toit.* — Fig. *Cet auteur n'a traité que les sommités de son sujet.* — Bot. Extrémité de la tige fleurie de quelques plantes dont les fleurs sont trop petites pour être conservées isolément ; et extrémité, pointe des arbustes et des branches d'arbres : *ne prenez que la sommité de ces herbes, de ces fleurs,* etc.

* **SOMNAMBULE** s. et adj. [somm-nan-] (lat. *somnus*, sommeil ; *ambulare*, marcher). Celui ou celle qui se lève tout endormi, et qui marche, agit, parle, sans s'éveiller : *c'est un somnambule, une somnambule.*

SOMNAMBULIQUE adj. Qui a rapport au somnambulisme.

* **SOMNAMBULISME** s. m. État, affection, incommodité du somnambule. — SOMNAMBULISME MAGNÉTIQUE, espèce de sommeil dans lequel tombent quelques-unes des personnes que l'on magnétise. — ENCYCL. Littéralement,

le somnambulisme est l'acte de marcher pendant le sommeil. Dans l'usage, on applique ce terme à tous les mouvements d'une personne qui met, en dormant, ses rêves en action. Il y a trois genres de somnambulisme : 1° le simple, quand le somnambule, qui a les apparences ordinaires de la santé, se lève de son lit, marche, court, grimpe, parfois parle et écrit, pendant le sommeil; 2° le morbide, où il y a une condition maladive qui rend possible la manifestation de la dualité du système humain, le somnambule passant alternativement de l'état de santé à l'état morbide, et accomplissant souvent dans cette seconde condition des actes dont, éveillé, il serait incapable; 3° l'artificiel. (Voy. MAGNÉTISME ANIMAL.)

SOMNAUTH [somm-nàott], ville de l'Inde britannique, dans la presqu'île de Cattywar, à environ 320 kil. N.-O. de Bombay; 5,000 hab. Elle est fameuse par son magnifique temple de Siva, dont les portes furent enlevées par Mahmoud de Ghuzni en 1024, et rapportées de l'Afghanistan dans l'Inde en 1842 par les Anglais, qui les déposèrent dans le garde-meuble, à Agra.

SOMNIAL, ALE, AUX adj. (lat. somnium, songe). Qui a rapport aux songes.

* SOMNIFÈRE adj. [somm-ni-] (lat. somnus, sommeil; fero, je porte). Méd. Qui provoque, qui cause le sommeil : le pavot est somnifère. — s. m. le pavot est un somnifère très connu:

SOMNILOQUE adj. (lat. somnus, sommeil; loqui, parler). Qui parle en dormant. — Substantiv. Un somniloque.

* SOMNOLENCE. s. f. (lat. somno-lan-se] (lat. somnolentia). Méd. État intermédiaire entre le sommeil et la veille; disposition habituelle à dormir : état de somnolence.

* SOMNOLENT, ENTE adj. Méd. Qui a rapport à la somnolence : état somnolent.

SOMOGY [cho'-mo-di] (all. Schümegh), comté montagneux du S.-O. de la Hongrie, confinant à la Croatie et à la Slavonie; 6,371 kil. carr.; 289,555 hab. Les productions du pays sont : le grain, le vin, le tabac et le bois de charpente. Il contient une partie du lac Balaton. Cap., Kaposvar.

* SOMPTUAIRE adj. [som-ptu-è-re] (lat. somptus, frais). Se dit des lois qui restreignent et règlent la dépense dans les festins, dans les habits, dans les édifices, etc. : lois somptuaires.

* SOMPTUEUSEMENT adv. D'une manière somptueuse : vivre somptueusement.

* SOMPTUEUX, UEUSE adj. Magnifique, splendide, de grande dépense : somptueux édifice. — Se dit aussi des personnes : il est somptueux en habits, en équipages, en festins, en bâtiments.

* SOMPTUOSITÉ s. f. Grande et magnifique dépense : somptuosité en habits, en bâtiments, etc.

* SON, SA, SES (lat. suus, sua, suum). Adj. possessifs, qui répondent aux pronoms de la troisième personne SOI, SE, IL. On les met toujours devant le substantif. Le premier est du genre masculin, SON PÈRE, SON ARGENT, SON HABIT. Le second est du genre féminin, SA SŒUR, SA PATRIE, SA SANTÉ. Le troisième est des deux genres; il est le pluriel de SON et de SA : ses biens, ses amis, ses prétentions. — Quoique SON soit masculin, l'euphonie veut qu'il tienne lieu de féminin lorsque le nom qui suit commence par une voyelle, ou par un H sans aspiration : son amitié, son habitude, son héroïne. Mais quand ce nom commence par une H aspirée, on doit toujours employer le féminin SA : sa honte, sa haine. — Dans les discours familier, SON, SA, joint au verbe SENTIR, équivaut à l'article : IL SENT SON HOMME DE QUALITÉ; IL SENT SON HYPOCRITE, SON TARTUFE, il a l'air d'un homme de qualité, d'un hypocrite, etc. POSSÉDER SON HOMÈRE, SON CICÉRON, SES AUTEURS ANCIENS, etc., connaître bien Homère, Cicéron, les auteurs anciens, etc.

* SON s. m. (lat. summus). Partie la plus grossière du blé moulu : il faut donner de l'eau de son à ce cheval pour le rafraîchir. — Prov. et fig. HABIT DE VELOURS, VENTRE DE SON, se dit en parlant d'une personne qui épargne sur sa nourriture, pour faire de la dépense en habits.

* SON s. m. (lat. sonus). Bruit, ce qui frappe l'ouïe : son aigu, grave, perçant, éclatant, prolongé. — SONS HARMONIQUES, sons qui diffèrent des sons ordinaires, et que l'on tire d'instruments à cordes, tels que la harpe, le violon, le violoncelle, etc., en appuyant très peu le doigt sur certaines divisions de la corde. — ENCYCL. Le son est la sensation particulière à l'organe de l'ouïe. Cette sensation est le résultat final d'une série d'actions mécaniques, étroitement rattachées les unes aux autres, lesquelles ont leur origine dans un corps qui vibre rapidement, d'où elles se propagent successivement à travers l'air jusqu'à la membrane du tympan de l'oreille, et, de là, par une série de petits os articulés, jusqu'à la cavité interne. Cette cavité, contenue dans le rocher, est remplie d'un liquide dans lequel viennent aboutir les délicates fibrilles terminales du nerf auditif. Chacune de ces fibrilles semble être attachée au centre d'une délicate baguette ou corde vibrante. Ces cordes sont tendues, et comme elles sont de longueurs et de grosseurs diverses, on suppose généralement qu'elles sont accordées pour des sons embrassant une étendue de plusieurs octaves. L'analyse des sensations sonores les réduit à trois genres : le diapason, l'intensité et le timbre. — VIBRATION. Aucun son ne peut arriver à l'oreille sans qu'il y ait vibration du corps sonore et du fluide conducteur (gaz ou liquide), si bien qu'il n'y a pas de son dans le vide, ce que l'on démontre en plaçant un timbre sous une cloche de machine pneumatique; le bruit du timbre s'affaiblit à mesure que l'air devient plus rare sous la cloche. On démontre la vibration d'un corps sonore, par l'expérience suivante : Plaçons un timbre avec la lentille d'un pendule semblable au pendule électrique (fig. 1). Lorsque nous faisons résonner le timbre, nous voyons la lentille ou boule de cire s'agiter d'une manière très évidente : la vibration du timbre, que notre œil ne peut percevoir, existe donc néanmoins et est ainsi démontrée. Pour une autre expérience, ayons une plaque de verre passée sur la flamme d'une chandelle et recouverte, également, sur toute sa surface, d'une couche de noir de fumée. D'autre part, sur l'une des branches d'un diapason, fixons une aiguille à l'aide d'un peu de cire (fig. 2). Faisons résonner le diapason : il vibre trop rapidement pour que notre œil puisse percevoir ses mouvements; mais si, pendant qu'il résonne, nous passons en ligne droite la pointe d'aiguille sur la plaque de verre noirci, elle y formera la ligne ondulée b. Répétons l'expé-

Fig. 1.

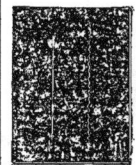
Fig. 2.

rience lorsque le diapason est au repos, et nous obtiendrons la ligne droite a. Voici une autre expérience encore plus facile à faire. Prenons un verre à boire : au moindre choc, il raisonne sans que nous puissions percevoir sa vibration. Emplissons-le d'eau aux deux tiers (fig. 3) et passons légèrement notre

Fig. 3.

doigt mouillé sur le bord supérieur; il résonnera de nouveau, avec d'autant plus de force que le mouvement du doigt sera plus rapide dans sa course autour du bord; le son du verre sera accompagné d'une commotion très apparente du liquide. Le mouvement d'une corde vibrante est facile à percevoir; néanmoins, pour le certifier davantage, il suffit de placer à cheval sur une corde horizontale

Fig. 4.

(fig. 4), un petit morceau de papier plié en deux. Aussitôt que la corde vibrera, on verra le papier exécuter une sorte de danse au-dessus de la corde. — Tout corps solide élastique, mis en état de vibration, se divise spontanément en parties dont chacune vibre indépendamment des autres, de telle façon que les molécules d'une partie se meuvent constamment dans une direction opposée à celle des molécules de la partie contiguë, avec des points de partage en repos. Chladni et Savart ont fait sur ce sujet des expériences extrêmement intéressantes. Celles de Chladni ont porté particulièrement sur les plaques élastiques minces, dans lesquelles la continuité des points en repos forme les lignes dites nodales, dont on reconnaît les positions en plaçant horizontalement la plaque vibrante et en répandant à sa surface un peu de sable fin, qui figure, en quelques instants, des dessins extrêmement variés, suivant la forme de la plaque, la position du point ou des points par où elle est fixée, la rapidité et la direction du mouvement (Voy. fig. 5 et 6.) — DIAPASON ET DÉTERMINATION DU NOMBRE DE VIBRATIONS D'UN CORPS SONORE. Le diapason est cette qualité de son qui fait que nous distinguons sa position dans l'échelle musicale. C'est ainsi qu'on dit qu'un son est plus haut ou plus bas qu'un autre, d'après la fréquence des vibrations. En France, on appelle vibration, le mouvement d'allée ou de venue; en Angleterre, en Allemagne et en Amérique, c'est le mouvement d'allée et de venue. Le son qui a le diapason le plus bas est produit par 40 vibrations à la seconde. Le son le plus élevé qui puisse être perçu par l'oreille est donné par 40,000 vibrations à la seconde; cependant, les limites de l'audibilité varient avec les individus. On peut déterminer le diapason d'un son par plusieurs méthodes. Dans la plus commune, on se sert d'un instrument appelé sirène, inventé par Cagniard

Fig. 5. Manière de produire les figures de Chladni : plaque carrée.

de Latour. (Voy. Sirène.) — Intensité du son. L'intensité du son dépend de l'énergie des vibrations de l'air contiguës à l'oreille. Pour les sons de même diapason, l'intensité varie comme le carré de l'amplitude des oscilla- tions aériennes. C'est le professeur Alfred-M. Mayer qui, le premier, a réussi à mesurer les intensités relatives des sons de même ton ou diapason (Voy. *American journal of science,* fév. 1873). Sa méthode est basée sur ce prin- cipe que, si deux impulsions sonores se ren- contrent en traversant un milieu élastique, et si, à l'endroit de leur rencontre, les molécules du milieu restent en repos, à cet endroit pré- cis de repos les deux impulsions doivent avoir des phases de vibrations opposées et être

Fig. 6. Figures de sable de Chladni : plaques circulaires

d'intensités égales. Les intensités relatives des sons seront en raison inverse des carrés de ces distances. Le professeur Mayer est arrivé à des mesures approximatives de l'intensité absolue des sons en mesurant la quantité de chaleur produite lorsque les vibrations so- nores sont absorbées dans du caoutchouc. — Timbre du son et analyse des sons. Le mot timbre désigne les caractères spéciaux qui font que nous distinguons entre deux ou plu- sieurs sons ayant le même ton et une inten- sité égale. Ainsi, si l'on donne la même note sur une flûte, sur un violon, sur une clarinette et sur un piano, l'oreille distinguera aussitôt l'instrument qui produit la note. Avant d'expli- quer la cause du timbre, il est nécessaire d'avoir quelques notions préliminaires sur les différences qui existent entre un son simple et un son composé. Un son simple et un son qui n'a qu'un seul ton. On produit un son de ce genre lorsque l'instrument appelé diapa- son, monté sur une boîte sonore, est douce- ment mis en vibration en faisant agir un ar- chet sur une de ses branches. Tous les sons simples sont semblables quant au timbre; les seules différences qu'il y ait entre eux, sont des différences de ton et d'intensité. Ainsi en supposant que quatre instruments, même très différents, donnassent des sons simples semblables de ton et d'intensité, l'oreille ne pourrait distinguer ces instruments les uns des autres. En examinant de près la nature des vibrations de l'air qui produisent une sensation sonore simple, on trouve que cette sensation n'est éprouvée que lorsque les par- ticules d'air oscillent de ci et de là, dans une réciprocité de mouvements analogues au libre mouvement d'un pendule. Ainsi, en écoutant attentivement, on peut distinguer plusieurs sons de tons différents dans le son d'une corde de piano ou dans celui d'un tuyau d'orgue. En analysant ces sons com- posés par des méthodes convenables, on peut toujours les séparer en deux ou plusieurs sons simples; et si l'on prend pour unité le nom- bre de vibrations qui produit le ton ou dia- pason le plus bas, les autres sons seront, dans l'ordre du ton ascendant, dans les mêmes relations avec le premier, au point de vue des vibrations, que 1 : 2, 1 : 3, 1 : 4, 1 : 5, etc. Le son le plus bas perçu est générale- ment le plus intense; on l'appelle son « fonda- mental ». C'est le ton qui est indiqué dans la notation musicale et qui désigne le ton du son composé. Mais en réalité, lorsqu'on pro- duit un des sons indiqués dans une notation musicale, ou donne lieu à la fois à une lon- gue série de sons dont les vibrations respec- tives sont dans les rapports de 1, 2, 3, 4, 5, 6, etc. Cette série de tons s'appelle la série har- monique, mais les éléments de cette série

ne coexistent pas toujours tous ensemble; ainsi la clarinette n'en a que les nombres impairs, 1, 3, 5, 7, etc. De ces faits, il suit évidemment qu'on peut former un nom- bre indéfini de sons composés différents en combinant des sons simples et en leur don- nant des intensités relatives diverses, et aussi que chacun de ces sons composés sera carac- térisé par son timbre particulier. Cette grande découverte que tous les sons simples ont un seul et même timbre, et que le timbre carac- téristique de tout autre son est dû seulement au nombre et aux intensités relatives de la série harmonique, a été faite par Helmholtz. Ce phénomène, dont il l'a démontré, repose sur une base dynamique, et est la con- séquence du célèbre théorème de Fou- rier, qu'on peut, dans la langue de la dynamique, expri- mer comme suit : tout mouvement vi- bratoire périodique peut toujours, et tou jours d'une seule façon, être regardé comme la source d'un certain nombre de vibrations du pendule. — Il y a plusieurs méthodes pour analyser un son composé. Elles sont générale- ment fondées sur le fait que, si l'on a deux corps qui donnent exactement le même nom- bre de vibrations à la seconde, et si l'on fait vibrer l'un d'eux, l'autre, bien que se trou- vant à quelque distance du premier, entrera aussi en vibration sous l'action des poussées d'air émanant du premier. Ceci doit néces- sairement se conclure, car les impulsions que le second corps reçoit de l'air sont synchro- niques avec le nombre de vibrations à la seconde que le premier corps seul peut don- ner. Ce phénomène peut s'appeler la « co- vibration ». Dans ses recherches, Helmholtz employait d'ordinaire comme corps co-vi- brants des masses d'air contenues dans des sphères creuses de diverses grandeurs. On appelle ces sphères des résonateurs; la fig. 7

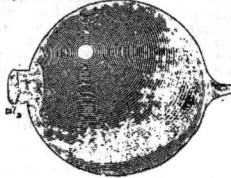

Fig. 7. Résonateur.

en montre une, construite par Kœnig, de Paris. On dispose ces masses sphériques d'air de manière à en faire des séries de volumes gradués. Voici comment on s'en sert : le son composé tombe sur la bouche ouverte du ré- sonateur, tandis que le tube en forme de mamelon qui se trouve du côté opposé à cette bouche est placé dans une oreille, et que l'autre oreille est hermétiquement bou- chée avec de la cire. Si le son auquel la masse d'air contenue dans ce résonateur peut en- trer en co-vibration, existe dans le son com- posé, l'oreille percevra ce son avec quelque intensité, à l'exclusion des autres sons for- mant le son composé. Ainsi, en mettant à l'oreille chaque résonateur de la série et en notant ceux qui résonnent, on s'assurera ai- sément des sons simples dont la réunion forme le son composé qu'il s'agit d'analyser. — Harmonie des sons. On appelle ton harmoni- que, le ton secondaire ou subsidiaire qui ac- compagne un ton primaire. Quand une note quelconque (soit C, fig. 8) est produite par plusieurs instruments de musique, le ton pri- maire n'est pas seul donné par ces instru-

ments, chacun d'eux étant d'une intensité moindre que celui qui le précède. En d'autres termes, si C, qui peut être appelé *ton primaire,* est produit, son octave devient susceptible d'être entendue, de même que la 5e note de l'échelle musicale de cette octave, de même que la 2e octave, les 3e et 5e notes et une note entre la 6e et 7e de la seconde octave, et ainsi de suite. Ces tons secondaires sont dits harmoniques du ton primaire. Par exemple, la corde AB est susceptible de vibrer soit dans son entier, soit en deux moitiés sé- parées, AC, CB, qui donnent les octaves de la note fondamentale. Mais il lui est possible aussi de vibrer comme on le voit en DFE, où les vibrations de l'octave sont marquées en- dessus et en dessous de la vibration de toute la corde. Dans ce cas, on entendra à la fois la note fondamentale et son octave. Quoique faibles, en comparaison de la note primaire, les tons harmoniques peuvent, avec un peu de pratique, être perçus quand le ton primaire est produit par la plupart des instruments de musique, comme, par exemple, sur les basses notes du piano. — Transmission du son. Si l'air était incompressible, un mouvement produit à un point quelconque de sa masse se transmettrait instantanément à tous les autres points de l'atmosphère. Ainsi, si l'on suppose un long tube, ouvert à une extré- mité et fermé à l'autre par un piston qui

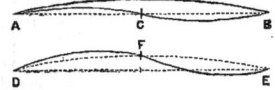

Fig. 8.

joue dans le tube sans frottement, il est évi- dent que si ce piston était poussé dans le tube jusqu'à une certaine distance, l'air sor- tirait en même temps du tube par l'extré- mité ouverte. Mais l'air est compressible et élastique, et, lorsque le piston aura été poussé dans le cylindre, il se passera un laps de temps appréciable avant que l'air sorte par l'extrémité ouverte du tube. Ce laps est jus- tement le temps mis par le son pour traverser la longueur du tube. La rapidité du son est de 336 m. par seconde à + 8e C, et elle croît presque exactement de 30 centim. par degré d'élévation de la température au-dessus de + 8e C. Lorsque le piston fait un mouvement en arrière, il crée dans le tube un espace vide où l'air se précipite en vertu de son élasticité, et par là une couche d'air d'une certaine pro- fondeur se trouve raréfiée : cette première colonne d'air raréfié en revenant à ses di- mensions naturelles cause une raréfaction dans une couche d'air d'une profondeur égale; cette seconde colonne d'air raréfié réagit alors sur la première, l'amène au repos et cause une raréfaction dans une troisième colonne d'air d'égale longueur, et ainsi de suite, de sorte que la raréfaction, comme la compression, se transmet dans toute la lon- gueur du tube. C'est une compression et une raréfaction semblables de l'air que produisent les corps vibrants, et les compressions et ra- réfactions suivent les vibrations du corps, lequel est sonore lorsque les vibrations sont suffisamment fréquentes. On entend par sur- face d'une onde sonore la surface qui est à une distance telle du point ou des points d'o- rigine du son que tous les points de cette sur- face sont dans la même phase de vibration au même instant. Ainsi, il est évident que, si l'on a une petite sphère d'air dont le volume augmente et diminue successivement et rapi- dement, on aura des couches sphériques al- ternées d'air comprimé et raréfié environnant la sphère vibrante. Si l'on considère dans une de ces couches concentriques une surface, dans chaque partie de laquelle les particules

de l'air se meuvent dans la même direction et avec la même rapidité, on aura la surface d'une onde sonore. — La vitesse du son dans l'eau pure, à la température de + 8°, est de 1,435 m. par seconde, au lieu de 336 m. dans l'air à la même température. Cette rapidité du son dans l'eau pure a été certifiée par de nombreuses expériences de Colladon et Sturm faites en 1826, sur le lac Léman. Voici d'après L. Figuier (*Nouvelles conquêtes de la science*), comment eurent lieu ces expériences : « Les *fig*. 9 et 10 représentent le *bateau expéditeur du son* et le *bateau récepteur*. Dans le bateau expéditeur est immergée une cloche, que peut faire résonner un marteau, et une poulie P, sur laquelle s'enroule une corde permettant simultanément de faire retentir la cloche et d'enflammer le petit tas de poudre B, qui sert de signal lumineux. Quand la main de l'opérateur placé dans le bateau abaisse le levier L, qui pousse le marteau contre la cloche, le mouvement de ce même levier, tirant la corde

Fig. 9. Bateau expéditeur du son.

qui s'enroule sur la poulie P', abaisse le corps enflammé A vers B, sur lequel est placé un tas de poudre, et la poudre s'allume à ce contact. La production du signal lumineux et le tintement du coup de cloche sont donc simultanés. L'observateur placé dans le bateau récepteur, dès qu'il aperçoit le signal lumineux, note la seconde sur le chronomètre qu'il tient à la main; puis il met l'oreille à l'embouchure du tube acoustique, immergé sous l'eau, qui se termine par un pavillon, et qui est fermé à sa partie inférieure par une petite *membrane* de tôle T. Les vibrations de cette membrane, sous l'influence des ondulations sonores, transmises par l'eau, résonnent, dans le tube acoustique, un son très net. L'observateur note alors la seconde marquée par le chronomètre, et connaissant la distance exacte entre les deux stations, on a la vitesse du son dans l'eau, à la température à laquelle on opère. Par le calcul, on ramène cette vitesse à la

température convenue, de + 8° C. ». — RÉFLEXION DU SON. Il résulte de la nature même des poussées du son que si une onde sonore rencontre une surface dure polie, ou la surface de séparation de deux milieux d'élasticité inégale, le son sera réfléchi, et les lois de cette réflexion seront les mêmes que pour la lumière, c'est-à-dire que l'angle de réflexion sera égal à l'angle d'incidence, et les deux rayons, incident et réfléchi, se trouveront dans un même plan qui sera à angles droits avec la surface réfléchissante. (Voy. IMPACT.) La réflexion du son peut se démontrer de la manière suivante : Prenons un réflecteur concave (*fig*. 11); tout son sonore en un point placé en face du centre du réflecteur — c'est-à-dire produit en w, où se trouve une montre, sur notre figure — sera réfléchi dans la direction des flèches; de sorte que si un autre réflecteur semblable r² est placé à une certaine distance, en face du premier, le son arrivera en e, où l'oreille pourra le percevoir presque aussi distinctement que si elle se trouvait en w. — RÉFRACTION DU SON. Les ondes sonores sont aussi réfractées, et leur réfraction est due à la cause même qui produit la réfraction des rayons lumineux, c'est-à-dire au changement de vitesse qui a lieu lorsque le rayon sonore entre dans un milieu d'élasticité différente. Lorsque la surface de l'onde sonore tombe sur le milieu réfringent de telle sorte qu'elle est parallèle à la surface réfringente, il n'y a pas réfraction, ou changement dans la direction du son, il n'y a qu'un changement dans sa vitesse. Mais, lorsque la surface de l'onde sonore forme un angle avec la surface du milieu réfringent, le changement de vitesse cause la réfraction du rayon sonore, de sorte que, si la vitesse du son est moindre dans le milieu réfringent qu'elle n'était avant d'y entrer, le son sera réfracté vers la perpendiculaire à la surface réfringente. La réfraction s'éloignera de la perpendiculaire lorsque la vitesse du son sera plus grande dans le milieu réfringent qu'elle n'était lorsqu'il y est entré. Il s'ensuit que, pour les mêmes milieux, il y a une proportion constante existant entre les sinus des angles d'incidence et de réfraction, et aussi que le rayon incident et réfracté est dans le même plan à angles droits avec la surface réfringente. — INTERFÉRENCE DU SON. Une autre conséquence nécessaire de la nature des vibrations sonores et de leur mode de propagation, c'est que, si la moitié condensée d'une onde sonore rencontre la moitié raréfiée d'une autre, et que ces ondes aient la même longueur et la même énergie de vibration, il ne pourra y avoir de mouvement vibratoire à leur point de rencontre; car les directions des vibrations dans les deux moitiés de ces deux ondes sont opposées, et les intensités de ces mouvements vibratoires opposés sont égales. On donne à ce phénomène le nom d'interférence du son. — CHANGEMENT DE TON CAUSÉ PAR LE CHANGEMENT DE PLACE DU CORPS SONORE. Un des phénomènes les plus remarquables de l'acoustique est le changement produit dans le ton par le mouvement d'un corps sonore qui se rapproche ou s'éloigne de l'oreille; ou, ce qui revient au même, par le mouvement de l'oreille qui se rapproche ou s'éloignant de la source du son. Lorsque le corps sonore et l'oreille se rapprochent, on perçoit une élévation dans le ton ; quand ils s'éloignent l'un de l'autre, un abaissement dans le ton se produit. Ceci est un fait connu de tous ceux qui ont écouté

le rapide changement qui se produit dans le ton du sifflet d'une locomotive au moment où elle passe devant nous. Le même phénomène est encore plus marqué si on l'observe d'un train qui en croise un autre pendant que le sifflet de celui-ci est en action. — PERCEPTION DES SONS ET LEUR ANALYSE PAR L'OREILLE. On peut diviser l'oreille en trois parties: l'oreille externe, l'oreille moyenne et l'oreille interne. L'organe de Corti est enfermé dans le *ductus cochlearis* (canal du limaçon) de l'oreille interne, canal d'une section triangulaire, qui forme une spirale ascendante de deux tours et demi autour du *modiolus* (columelle). Il est limité sur deux de ses côtés par les *scalæ* (rampes) et sur le troisième par les membranes tapissant la mu-

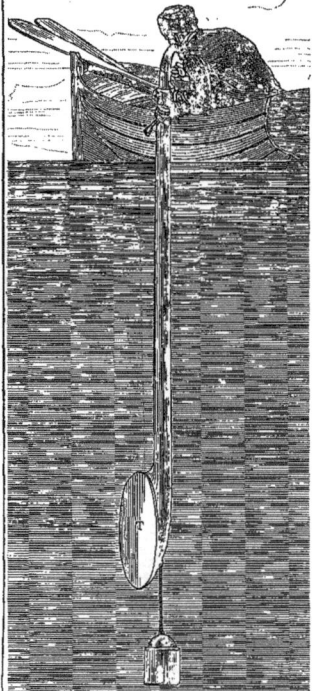

Fig. 10. Bateau récepteur du son.

raille extérieure du limaçon (*cochlea*). La paroi supérieure du *ductus cochlearis* est formée par la membrane de Reissner, qui la sépare de la *scala vestibuli* (rampe vestibulaire); et sa paroi inférieure est la *lamina spiralis* (lame spirale) et la membrane basilaire élastique qui la séparent de la *scala tympani* (rampe tympanique). Le canal est fermé à son extrémité supérieure ; et à son extrémité inférieure il communique avec le *sacculus hemisphericus* (saccule hémisphérique) au moyen d'un petit conduit. L'arche de Corti repose sur la membrane basilaire qui s'étend au delà de la base de l'arche jusqu'à la paroi membraneuse extérieure du limaçon, la paroi membraneuse extérieure du limaçon, et au-dessus de l'arche s'étend la *membrana tec-*

toria, recouvrant comme d'un toit les cordes de Corti et les cordes capillaires, mais laissant exposée la partie extérieure de la membrane basilaire élastique. L'effet de ces relations anatomiques est d'amener les vibrations sonores à agir avec le plus grand avantage sur les cordes capillaires, que l'on suppose être les parties de l'oreille interne accordées d'après la série des sons que l'oreille humaine apprécie comme musicaux. Si une simple vibration sonore entre dans l'oreille interne, une de ces cordes, vibrant synchroniquement avec elle, ébranlera la fibrille nerveuse qui lui est attachée et donnera ainsi la sensation d'un son simple ; mais si une vibration sonore composée pénètre dans l'oreille, plusieurs cordes entreront en vibration, chacune vibrant avec une des vibrations simples qui forment les éléments de ce son composé. Ces cordes capillaires peuvent se

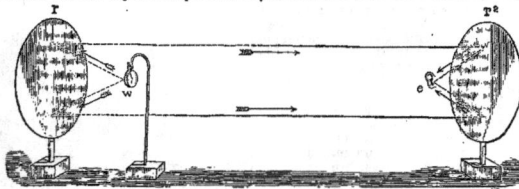

Fig. 11. — Réflexion du son.

comparer aux cordes d'un piano, qui répondent immédiatement à la note que l'on chante au-dessus. Si la note est formée d'un son simple, une seule corde du piano répondra. Si le son est composé, les cordes le décomposeront en ses éléments, et l'on pourra déterminer la position de ces sons simples dans l'échelle musicale en remarquant quelles cordes du piano sont entrées en vibration. Cette expérience montre comment on suppose que l'oreille apprécie un son simple et décompose un son composé. Les ouvrages les plus importants sur le sujet sont : Chladni, *Traité d'acoustique* (1809) ; Peirce, *An Elementary Treatise on Sound* (1836), qui contient un excellent catalogue d'ouvrages et de mémoires sur la question ; Airy, *On Sound and Atmospheric Vibrations, with the mathematical Elements of Music* (1868) ; Donkin, *Acoustics* (1870) ; le chapitre de l'acoustique dans le *Traité de physique de Daguin* (1870) ; *Akustik*, dans le volume de *Lehrbuch der Experimentalphysik*, par Wüllner (1870) ; Helmholtz, *Die Lehre von den Tonempfindungen* (3e édit., 1870) ; Sedley Taylor, *Sound and Harmony* (1873) ; Tyndall, *On Sound* (nouv. édit., 1875), et A. Guillemin, *Le Son : Notions d'acoustique physique et musicale* (1875).

* **SONATE** s. f. (ital. *sonata*; du lat. *sonare*, résonner). Pièce de musique instrumentale, composée de deux, trois ou quatre morceaux d'un caractère et d'un mouvement différents : *cette sonate est belle, mais d'une difficile exécution.* — ENCYCL. La sonate est une composition musicale consistant en mouvements indépendants, dont chacun est développé conformément à certaines règles établies. C'est dans la seconde partie du XVIe siècle que le mot fut employé d'abord ; il en vint à s'appliquer à une composition pour un ou deux instruments, et consistant en trois mouvements. Haydn ajouta un quatrième mouvement, le *minuetto*, qui en équivalent le *scherzo*. C'est, avec les trois autres mouvements (*allegro, minuetto* et *rondo*), ce qui constitue la forme sur laquelle sont basées la symphonie et toute la musique en quatuor et en quintette pour les instruments à cordes.

* **SONDAGE** s. m. (r. *sonder*). Action de sonder. Se dit surtout en parlant des terrains : *les opérations du sondage ont occasionné de grandes dépenses.*

* **SONDE** s. f. (lat. *subunda*, sous l'onde). Instrument qui consiste en un plomb attaché à une corde, et dont on se sert à la mer et dans les rivières pour connaître la profondeur de l'eau ou la qualité du fond : *jeter la sonde.* — Se dit aussi de certains instruments qu'on enfonce dans un jambon, dans un melon, dans un fromage de forme, etc., pour en retirer une petite partie, et s'assurer de sa qualité. — Espèce de tarière qu'on enfonce dans la terre, soit pour reconnaître les différentes couches du terrain, ou la présence et la qualité des mines, soit pour forer un puits artésien, etc. — Fer emmanché de bois, dont les commis aux barrières des villes se servent pour connaître s'il y a des marchandises de contrebande dans les voitures chargées qui entrent. — Chir. Instrument que l'on introduit dans la cavité de certains organes, pour découvrir la cause cachée de quelque mal, ou dans le trajet des plaies, des fistules, etc., pour en reconnaître l'état : *une sonde pour la pierre.*

SONDE (Iles de la), ancien nom des îles de l'archipel Indien qui entourent la mer de Java, y compris Sumatra, Bornéo, Célèbes et Java, et de la ligne d'îles plus petites qui est entre Java et la Papouasie.

SONDE (Détroit de la), bras de mer entre Sumatra et Java, conduisant de l'océan Indien à la mer de Java, et large de 110 à 130 kil. Sa longueur, du côté de Sumatra est d'environ 130 kil., et de 160 kil. de l'autre côté.

* **SONDER** v. a. (lat. *subundare*). Reconnaître par le moyen d'un plomb, attaché au bout d'une corde ou de quelque autre chose semblable, la qualité du fond ou la profondeur d'un lieu dont on ne peut voir le fond : *sonder le rivage, la côte.* — Enfoncer, introduire dans de certaines choses un instrument fait exprès, pour en connaître la nature ou la qualité : *sonder un jambon, un melon, un fromage, une tinette de beurre*, etc. — Fig. SONDER LE GUÉ, SONDER LE TERRAIN, tâcher de connaître s'il n'y a point de danger dans une affaire, et de savoir *comment* il faudra s'y prendre pour réussir. — Chir. Chercher la cause d'un mal dans quelque cavité du corps, observer et reconnaître l'état d'une plaie, etc., en y introduisant une sonde : *sonder un homme pour savoir s'il a une pierre dans la vessie.* — Se dit fig., au sens moral : *sonder les dispositions, les intentions, les inclinations de quelqu'un.* — Typogr. Soulever légèrement une forme, deux ou trois fois de suite, avant de l'enlever définitivement de dessus le marbre, pour écouter s'il n'y a pas de sonnettes et s'assurer qu'elle ne laissera pas de sentinelles.

SONDERSHAUSEN. Voy. SCHWARZBURG-SONDERSHAUSEN.

SONDRIO [sonn'-dri-o], province du N. de l'Italie (Lombardie), sur les confins de la Suisse et du Tyrol ; 3,267 kil. carr. ; 111,241 hab. Elle comprend la Valteline, vallée longue de 80 kil., l'ancien comté de Bor-

mio qui la continue et la vallée de Chiavenna. Elle est entourée par les Alpes Rhétiennes, qui ont là quelques-uns de leurs plus hauts sommets ; elle est extrêmement fertile et produit beaucoup de vin. On y fait du fromage qui est parmi les meilleurs de Lombardie. La capitale, Sondrio, près de l'Adda (4,496 hab.), possède une belle cathédrale.

* **SONDEUR** s. m. Celui qui sonde.

SONE, rivière de l'Inde britannique ; elle prend sa source dans les provinces centrales, par 22° 41' lat. N. et 80° 67' long. E., près de la source de la Nerbudda, et se jette dans le Gange à 28 kil. au-dessus de Patna, après un cours N.-E. de 450 kil. Elle est navigable jusqu'à Daudnugur.

* **SONGE** s. m. (lat. *somnium*). Rêve, idée, imagination d'une personne qui dort : *un beau songe.*

Un songe (me devrais-je inquiéter d'un *songe*?).
     Athalie, acte II, sc. v.

— Fig. LES CHOSES DE CE MONDE NE SONT QU'UN SONGE, LA VIE N'EST QU'UN SONGE, les choses du monde n'ont nulle solidité, la vie passe comme un songe. — Fam. IL ME SEMBLE QUE C'EST UN SONGE, QUE J'AI FAIT UN SONGE, ou fig., C'EST UN SONGE, se dit pour exprimer un grand étonnement d'une chose qui est arrivée. — En songe loc. adv. dont on se sert en parlant des songes qu'on a eus durant le sommeil : *j'ai vu cela en songe.*

* **SONGE-CREUX** s. m. Homme qui affecte d'avoir des pensées profondes, et qui déraisonne, ou homme qui rêve habituellement à des projets chimériques : *il se donne pour un grand penseur; mais ce n'est qu'un songe-creux.* — Celui qui rêve souvent à faire des malices ou des méchancetés : *défiez-vous d'un tel, c'est un songe-creux qui vous trompera.* (Fam.). — Des SONGE-CREUX.

* **SONGE-MALICE** s. m. Celui qui fait souvent des malices, de mauvais tours. (Vieux.) — Des SONGE-MALICE.

SONGEONS, ch.-l. de cant., arr. et à 25 kil. N.-O. de Beauvais (Oise), sur le Thérain ; 1,200 hab.

* **SONGER** v. n. Faire un songe : *je dormais, et je songeais que...* — Se construit quelquefois avec la préposition DE : *il songe toujours de fêtes, de chasse.* — Penser, considérer, faire attention, prendre garde : *quand j'y songe.* — VOUS N'Y SONGEZ PAS, A QUOI SONGEZ-VOUS ? phrases qui s'emploient quelquefois, par manière de reproche, en parlant à une personne qui fait ou qui dit quelque chose qui ne paraît pas raisonnable. — SONGEZ-Y, SONGEZ-Y BIEN, espèce de menace ou d'avertissement, suivant quelque vue, quelque dessein, quelque intention : *il songe à se marier.*

Un boucher moribond, voyant sa femme en pleurs,
   Lui dit : « Ma fille je meurs,
Comme en notre métier un homme est nécessaire,
Jacques, notre garçon, ferait bien ton affaire ;
C'est un fort bon enfant, sage, et que tu connais ;
Épouse-le, crois-moi ; tu ne saurais mieux faire. »
     — Hélas ! dit-elle, j'y songeais.

***

— CET HOMME SONGE TOUJOURS A MAL, A MALICE, A LA MALICE, il songe à faire quelque malice. Ces phrases signifient aussi, il prête, il suppose un sens trop libre à des choses dites très innocemment ; ou, en général, il interprète malignement tout ce qu'on dit. — CET HOMME SONGE CREUX, NE FAIT QUE SONGER CREUX, il rêve profondément à des choses chimériques, ou à quelque malice : *il ne fait que songer creux.* — Songer v. a. J'ai songé telle chose ; *il ne songe que fêtes*, etc.

SONGERIE s. f. Action de songer ; état de celui qui songe.

* **SONGEUR** s. m. Celui qui a raconté ses

songes. Ne se dit guère que dans la phrase de l'Ecriture, VOILA NOTRE SONGEUR, en parlant de Joseph. — Rêveur : *c'est un songeur perpétuel.* — Adjectiv. *Un esprit songeur.*

SONG-KOÏ ou **Hong-Kiang** (*Fleuve Rouge*), le plus grand cours d'eau du Tonkin; il prend sa source en Chine au N. de King-Tong, traverse le Tonkin et se jette dans le golfe du Tonkin après un cours de 660 kil. Il reçoit, à droite, le Song-bo ou Kin-tou, et à gauche, le Song-Ca ou Song-Bo-de, etc. A plus de 100 kil. de son embouchure, il commence à se diviser en plusieurs branches qui forment un vaste delta de 120 kil. dans sa plus grande largeur, près de la côte. Ce delta est lui-même arrosé par des canaux et par un grand nombre de bras du fleuve : canal des Rapides, Song-Ca-Bac, Cua-Cam, Cua-Tham-Binh, Pua-Tra-li, Ba-Lat, Song-Ca ou Rivière Rouge, Song-Hat ou Rivière Dai, etc. Avant de former son delta, le Song-Koï arrose dans le Tonkin, Lao-Kaï, Ba-ha, Hong-hoa et Son-Taï. Son delta renferme les villes de Hanoï, Hong-Hien, Nam-Dinh, Ninh-Binh, Bac-Ninh, Haï-Dzuong, Haï-Phong, etc.

* **SONICA.** Jeu de la bassette. Se dit d'une carte qui vient, ou en gain ou en perte, le plus tôt qu'elle puisse venir pour faire gagner ou pour faire perdre : *il a gagné sonica.* — Adverbial. et fig. A point nommé, justement, précisément : *on allait partir sans lui, il est arrivé sonica.*

* **SONNA** ou **Sunna** s. f. (sonn-na). Nom d'un livre qui contient les traditions de la religion mahométane. (Voy. SUNNA.)

* **SONNAILLE** s. f. Clochette attachée au cou des bêtes, lorsqu'elles paissent ou qu'elles voyagent.

* **SONNAILLER** s. m. Animal qui, dans un troupeau ou dans un attelage, va le premier avec la clochette.

* **SONNAILLER** v. n. Sonner souvent et sans besoin : *on ne fait que sonnailler dans ce couvent.* (Fam.)

* **SONNANT, ANTE** adj. Qui rend un son clair et distinct : *de l'étain sonnant.* — Théol. PROPOSITIONS MAL SONNANTES, propositions qui peuvent être prises dans un sens peu orthodoxe. On écrit plus ordinairement MALSONNANT en un seul mot.

* **SONNÉ, ÉE** part. passé de SONNER. — IL A CINQUANTE ANS SONNÉS, il a cinquante ans révolus.

SONNEBERG [sonn'-né-berg], ville de la Saxe-Meiningen, en Allemagne, à 60 kil. S.-E. de Meiningen ; 7,322 hab. Poupées et jouets en bois et en papier mâché, porcelaines, bonneterie de coton, gants de peau. Elle trafique beaucoup avec l'Amérique.

* **SONNER** v. n. Rendre un son : *les cloches sonnent.* — SONNER DE LA TROMPETTE, DE LA TROMPE, DU COR, ou absolument : SONNER, faire rendre des sons à ces intruments : *il sonne bien du cor.* — Gramm. FAIRE SONNER UNE LETTRE. L'exprimer pleinement dans la prononciation : *ne pas faire sonner une lettre,* ne la faire point ou presque point sentir : *dans le mot Mer, il faut toujours faire sonner l'R ; mais cette lettre, dans l'infinitif Aimer, ne doit sonner que devant une voyelle.* — CE MOT SONNE BIEN A L'OREILLE, le son en est agréable. — CE VERS, CETTE STANCE, CETTE PÉRIODE SONNE BIEN, l'arrangement des paroles en est harmonieux. — CETTE ACTION SONNE BIEN, NE SONNE PAS BIEN, SONNE MAL DANS LE MONDE, elle est bien ou mal reçue du public. — FAIRE SONNER BIEN HAUT UNE ACTION, UNE VICTOIRE, UNE CONQUÊTE, SA QUALITÉ, UN SERVICE, UN BON OFFICE, etc., vanter, exagérer, faire valoir beaucoup une action, une victoire, une conquête, sa qualité, un service qu'on a rendu, etc. — Être indiqué, marqué, annoncé par quelque

son : *les vêpres sonnent à la paroisse.* — **Sonner** v. a. Tirer du son d'une cloche, d'une sonnette, etc., lui faire rendre du son : *sonner les cloches.* — Indiquer, marquer, annoncer quelque office de l'église par le son des cloches : *sonner la messe.* — Absol. Sonner pour les morts. — SONNER SES GENS, SA FEMME DE CHAMBRE, etc., sonner la sonnette pour faire venir ses domestiques, sa femme de chambre, etc. — SONNER A LA PORTE DE QUELQU'UN, tirer un cordon suspendu à la porte extérieure d'un appartement, et mettre en mouvement par ce moyen une sonnette placée dans l'intérieur, afin de se faire ouvrir : *on sonne à votre porte.* — NE SONNER MOT, ne dire mot : *tel est mon projet, mais je vous prie de ne sonner mot.* — Chasse. Se dit des différentes manières de sonner du cor, de la trompe : *sonner le débucher.* — Se dit, de même, des différentes manière de sonner de la trompette : *sonner la charge.* — SONNER A CHEVAL, sonner pour faire monter à cheval la cavalerie.

SONNERAT (Pierre), naturaliste et voyageur, né à Lyon en 1745, mort à Paris en 1814. A partir de 1768, il explora les mers de l'Inde et de la Chine et revint en France en 1805. C'est lui qui a introduit l'arbre à pain, le cacao et le mangoustan aux îles de France et de Bourbon. Il a laissé : *Voyage à la Nouvelle-Guinée* (1776, in-4°) ; *Voyage aux Indes orientales et à la Chine de 1774 à 1781* (1806, 4 vol.)

* **SONNERIE** s. f. Son de plusieurs cloches ensemble : *il y a une bonne sonnerie dans telle église ; la grosse sonnerie ; la petite sonnerie.* — Totalité des cloches d'une église : *la sonnerie de cette église a coûté cher.* — Toutes les pièces qui servent à faire sonner une montre, une pendule : *il y a quelque chose à faire à la sonnerie.* — Différents airs que sonnent les trompettes d'un régiment : *les principales sonneries de la troupe.*

* **SONNET** s. m. [so-nè] (dimin. de son). Ouvrage de poésie, composé de quatorze vers distribués en deux quatrains et en deux tercets : les quatrains sont sur deux rimes seulement. Le sonnet anacréontique se compose de vers octosyllabiques. Les plus anciens spécimens des sonnets italiens sont dus à Lodovico Vernaccia (vers 1200), mais on fait remonter leur invention à Gui d'Arezzo (vers 1024) ; Pétrarque a porté cette forme poétique à sa plus haute perfection.

Despréaux dit que le dieu des vers (Apollon),

Voulant pousser à bout tous les rimeurs françois,
Inventa du sonnet les rigoureuses lois ;
Voulut qu'en deux quatrains de mesure pareille,
La rime avec deux sons frappât huit fois l'oreille ;
Et qu'ensuite six vers artistement rangés,
Fussent en deux tercets par le sens partagés.
Surtout de ce poëme il bannit la licence :
Lui-même en mesura le nombre et la cadence ;
Défendit qu'un vers faible y pût jamais entrer,
Ni qu'un mot déjà mis osât s'y remontrer.
Du reste il l'enrichit d'une beauté suprême :
Un sonnet sans défaut vaut seul un long poëme.

Il est impossible de donner plus élégamment la règle de la forme, de l'arrangement et des qualités des rimes du sonnet. Voici deux exemples de sonnets français, choisis parmi ceux qui passent pour des chefs-d'œuvre du genre :

SONNET DE JEAN HESNAULT (adressé à Colbert):

Ministre avare et lâche, esclave malheureux,
Qui gémis sous le faix des affaires politiques,
Victime dévouée aux chagrins publiques,
Fantôme respecté sous un titre onéreux ;

Vois combien des grandeurs le comble est dangereux !
Contemple de Fouquet les funestes reliques ;
Et tandis qu'à sa perte en secret tu t'appliques,
Crains qu'on ne te prépare un destin plus affreux !

Sa chute, quelque jour, te peut être commune ;
Crains ton poste, ton rang, la cour et la fortune ;
Nul ne tombe innocent d'où l'on te voit monté.

Cesse donc d'animer ton prince à son supplice,
Et, près d'avoir besoin de toute sa bonté,
Ne le fais pas user de toute sa justice.

SONNET SUR LA MORT DE M. LE CARDINAL DE RICHELIEU.

Impuissantes grandeurs, faibles dieux de la terre,
N'élevez plus au ciel vos triomphes divers;
La vertu des lauriers dont vous êtes couverts :
Ne peut vous garantir des coups de son tonnerre.

Le ministre fameux que cette tombe enserre
Ne témoigne que trop aux yeux de l'univers
Que la pourpre est sujette à l'injure des vers,
Et que l'éclat du monde est un éclat de verre.

Tous les autres veillaient au soin de sa grandeur,
Augmentaient chaque jour sa pompe et sa splendeur,
Et rendaient en tous lieux sa puissance célèbre ;

Cependant sa puissance a trouvé son écueil :
La pompe n'est plus rien qu'une pompe funèbre,
Et sa grandeur se borne à celle d'un cercueil.

* **SONNETTE** s. f. Clochette, ordinairement fort petite, dont on se sert pour appeler ou pour avertir : *sonnettes d'argent.* — ÊTRE AS-SUJETTI A LA SONNETTE, ÊTRE A LA SONNETTE, être obligé de quitter ses occupations, son sommeil, au bruit d'une sonnette, comme l'est un domestique. — Grelot, boulette de cuivre ou d'argent, creuse et fendue, dans laquelle il y a un petit morceau de métal qui sonne et fait du bruit quand on l'agite : *attacher des sonnettes aux oreilles, au cou d'un chien.* — Machine dont on se sert pour enfoncer des pilotis et des pieux : *la sonnette porte le mouton, et sert à l'élever et à le laisser retomber.* — SERPENT A SONNETTES. (Voy. CAOTALE.) — ∽ Typogr. Lettre qui s'échappe avec un léger bruit, lorsqu'on sonde les formes sur le marbre.

SONNETTIER s. m. Fabricant ou marchand de sonnettes.

* **SONNEUR** s. m. Celui qui sonne les cloches : *payer les sonneurs.* — Prov. BOIRE COMME UN SONNEUR, boire beaucoup et jusqu'à s'enivrer.

* **SONNEZ** s. m. [so-né]. Terme dont on se sert aux jeux des dés, particulièrement au trictrac, lorsque le coup de dés amène les deux six : *il a rempli par un sonnez.*

SONNINI DE MANONCOURT (Charles-Nicolas-Sigisbert) [sonn-ni-], naturaliste, né à Lunéville le 1er fév. 1751, mort à Paris le 9 mai 1812. Il était ingénieur de marine. Il explora l'Afrique et l'Orient, et fournit à l'*Histoire naturelle* de Buffon 13 vol. de poissons, 4 vol. de cétacés, et la basse Californie, 4 vol. de reptiles. Il a aussi édité un *Nouveau Dictionnaire d'Histoire naturelle* en 24 vol. et publié des récits de ses voyages.

SONOMÈTRE s. m. Instrument destiné à mesurer et à comparer les sons et les intervalles harmoniques.

SONORA (La), état du N.-O. du Mexique, borné par les États-Unis, le Chihuahua, le Sinaloa, le golfe de Californie, et la basse Californie; 204,600 kil. carr.; 410,000 hab. La partie E. est extrêmement montagneuse ; l'O. n'offre guère que de vastes plaines. L'or et l'argent, dont il y a plus de 144 mines exploitées, sont les productions minérales les plus importantes. L'agriculture n'est guère en honneur que dans les districts méridionaux, arrosés par le Mayo et le Yaqui. Le pays produit de copal, de la gomme arabique, de l'orseille, de la cochenille, et un grand nombre d'autres teintures et drogues. On y élève beaucoup de bétail. Cap., Ures; principal port, Guaymas.

* **SONORE** adj. (lat. *sonorus;* de *sonus,* son). Qui a un beau son, un son agréable et éclatant : *une voix sonore.* — Qui renvoie bien le son, ou qui rend un son, des sons : *cette église est sonore.*

SONORISER v. a. Rendre sonore.

* **SONORITÉ** s. f. Phys. Qualité de ce qui est sonore. Se dit surtout de la propriété qu'ont certains corps de renforcer les sons en les répercutant.

SONTAG (Henriette) [zonn'-tagg], comtesse Rossi; cantatrice allemande, née à Coblentz en 1806, morte en 1854. Arrivée de bonne heure à la plus grande réputation, elle épousa le comte italien Rossi en 1828, et se retira de la scène en 1830. Elle y reparut en 1849, à la suite des revers de fortune de son mari, et alla, vers la fin de sa vie, se faire entendre aux Etats-Unis et au Mexique, où elle mourut.

° **SOPEUR** s. f. Voy. Sopor.

° **SOPHA** s. m. Voy. Sofa.

° **SOPHI** s. m. Voy. Sofi.

SOPHIA. Voy. Sofia.

SOPHIA ALEXEYEVNA. Voy. Pierre Ier.

SOPHIE s. f. Argot. Ne s'emploie guère que dans cette expression : Faire sa Sophie; faire la prude.

SOPHIE (Sainte), martyre, morte vers l'an 140. Fête le 30 sept.

SOPHIE (Frédérique-Mathilde de Wurtemberg), reine de Hollande, née en 1818, morte en juin 1877, épousa en 1839 Guillaume III, roi des Pays-Bas; protégea les lettres et se fit vénérer par ses sujets.

SOPHIE-DOROTHÉE, princesse héritière du Hanovre, née en 1666, morte en 1726. Elle était fille du duc George-Guillaume de Brunswick. En 1682, elle épousa son cousin, le futur George Ier d'Angleterre, et devint mère de George II. Son prétendu amant, le comte Kœnigsmark, disparut dans la nuit du 1er au 2 juillet 1694, en sortant de l'appartement de la princesse. On crut qu'il avait été assassiné par ordre du beau-père de celle-ci. Elle fut divorcée en décembre et bannie pour le reste de sa vie au château d'Ahlden, près de Celle, où elle devint connue sous le nom de princesse d'Ahlden.

° **SOPHISME** s. m. (gr. sophisma). Argument captieux, qui pêche ou dans le fond ou dans la forme : prenez garde à cet argument, c'est un sophisme.

° **SOPHISTE** s. m. Nom qui se donnait chez les anciens aux philosophes et aux rhéteurs. Se prend aujourd'hui en mauvaise part, et signifie, celui qui fait des arguments captieux : ce n'est pas un philosophe, c'est un sophiste, un pur sophiste. (Voy. Philosophie.)

° **SOPHISTICATION** s. f. Frelaterie, action de sophistiquer des drogues, etc.: la sophistication des drogues.

° **SOPHISTIQUE** adj. (gr. sophistikos). Qui est de la nature du sophisme, qui contient des sophismes : un argument, un raisonnement sophistique. — Qui fait usage du sophisme : un esprit sophistique.

° **SOPHISTIQUER** v. a. Subtiliser avec excès : cet auteur sophistique tout, sophistique toutes ses pensées. — Absol. Il sophistique sans cesse. — Frelater, falsifier une liqueur, une drogue, et en y mêlant quelque chose d'étranger : sophistiquer du vin.

° **SOPHISTIQUERIE** s. f. Excessive subtilité dans le discours, dans le raisonnement : il y a bien de la sophistiquerie dans ces raisonnements-là. — Frelaterie, altération des drogues, etc. : il y a de la sophistiquerie dans ce vin, dans ces drogues. On dit mieux Sophistication.

° **SOPHISTIQUEUR** s. m. Celui qui falsifie, qui altère les drogues. Se dit aussi, fam., de celui qui subtilise avec excès.

SOPHOCLE, poète tragique grec, né en 496 ou 495 av. J.-C., mort probablement en 406. Il prit part, en 468, pour la première fois, à un concours dramatique, avec Eschyle pour concurrent, et il remporta le 1er prix. Depuis cette époque jusqu'en 441, on dit qu'il écrivit 24 pièces de théâtre. En 440, Antigone,

le plus ancien de ses drames encore existants, gagna le prix, et ravit tellement les Athéniens qu'ils l'élurent comme un de leurs dix stratèges pour l'année suivante. Pendant les 36 années qui suivirent, il produisit 81 drames, et remporta le 1er prix 20 ou 24 fois, et le second prix dans tous les autres concours. Avancé en âge, il remplit les fonctions de prêtre du héros attique Halon. Tout le monde s'accorde à donner à Sophocle la première place dans la littérature dramatique grecque. De tous ses ouvrages nous n'en avons conservé que sept : Antigone, Electre, les Trachiniennes, Œdipe-Roi, Ajax, Philoctète et Œdipe à Colone. Les principales éditions de Sophocle sont celles de Brunck (Strasbourg, 1786-'89, 4 vol. in-8°); de Wunder (Gotha, 1831-'44, 2 vol. in-8°); de Dindorf, dans la collection Didot. Les meilleures traductions françaises sont celles de Rochefort (1788, 2 vol. in-8°), de M. Artaud (1827, 3 vol. in-18). Il a été traduit en vers français par Faguet (1849) et par Guiard (1852).—Voy. Besenbeck, De Ingenio Sophoclis (Erlangen, 1799); Heuser, De Numine divino apud Sophoclem (Marbourg, 1845); Michelet, De Sophoclei Ingenii principio (Berlin, 1830); Lübker, Sur la théologie et la morale de Sophocle (Kiel, 1851).

SOPHONISBE. Voy. Massinissa.

° **SOPHORE** s. m. (ar. sophera). Bot. Genre de légumineuses, comprenant six on huit espèces, les unes herbacées, les autres ligneuses; toutes cultivées dans les jardins d'agrément.

° **SOPHRONISTES** s. m. pl. (gr. sophronistés; de sophrôn, sage). Ant. gr. Magistrats d'Athènes, dont les fonctions étaient les mêmes que celles des censeurs à Rome.

° **SOPOR** s. m. (mot lat. qui signifie : sommeil). Méd. Sommeil lourd et pesant dont le réveil est difficile.

° **SOPORATIF, IVE** adj. Qu. a la force, la vertu d'endormir, d'assoupir : l'opium est très soporatif. — s. m. Le laudanum est un grand soporatif.

° **SOPOREUX, EUSE** adj. Méd. Qui cause un assoupissement, un sommeil dangereux : affection soporeuse. On dit de même, État soporeux.

° **SOPORIFIQUE** ou **Soporifère** adj. Termes de méd., qui signifient la même chose que soporatif; mais soporifique est aujourd'hui le plus usité des trois. — Se prennent aussi substantiv. Un soporifique. — Fig. et fam. Un discours, un écrit soporifique, un discours, un écrit ennuyeux, qui endort.

SOPRANISTE s. m. Mus. Nom donné aux castrats qui ont des voix de soprano.

° **SOPRANO** s. m. Mus. Voix qu'on appelle autrement Dessus : les femmes, les enfants et les castrats ont la voix de soprano. — Chanteur qui a cette espèce de voix : ce chanteur n'est pas un ténor, c'est un soprano. Pour éviter toute équivoque avec le mot castrat, on dit ordinairement, Il a une voix de soprano. — Se dit, par euphémisme, d'un castrat. — Au plur. Des soprani.

° **SOR** adj. m. Voy. Saure.

SOR, île du Sénégal, sur la rive droite du fleuve, près de Saint-Louis.

SORACTE (auj. Monte di Sant' Oreste, et quelquefois Monte di San Silvestro). Montagne de l'ancienne Etrurie, à environ 45 kil. N. de Rome. Elle se dresse en une masse abrupte jusqu'à environ 2,250 pieds. Elle était consacrée à Apollon.

° **SORBE** s. f. (lat. sorbum). Fruit du sorbier domestique ou cormier. On l'appelle aussi Corme.

° **SORBET** s. m. Composition faite de citron, de sucre, d'ambre, etc. : une boîte de sorbet. — Breuvage que l'on fait de cette

composition battue avec de l'eau : un verre de sorbet. — Se dit également de certaines liqueurs à demi glacées : un sorbet au marasquin, au vin de Champagne.

° **SORBÉTIÈRE** s. f. Vase de métal dans lequel on prépare les liqueurs pour être servies en glaces ou en sorbets. On dit aussi quelquefois, mais improprement, Sarbotière.

° **SORBIER** s. m. (rad. sorbe). Bot. Genre de rosacées pomacées, comprenant plusieurs espèces d'arbres ou d'arbrisseaux, dont les principales sont : 1° le sorbier domestique ou cormier (pyrus sorbus ou sorbus domestica), très abondant en France et en Italie; on le trouve dans le N. de l'Afrique et dans l'Asie occidentale. Il a surtout de la valeur par son bois qui passe pour être plus dur et plus lourd que celui d'aucun autre arbre européen. On

Sorbier cormier (Pyrus sorbus).

s'en sert beaucoup pour faire des vis de pressoir, des dents de roue, des rouleaux, des poulies et des règles; c'est le meilleur remplaçant du buis que l'on puisse trouver pour la gravure grossière sur bois. On mange quelquefois le fruit, mais seulement lorsqu'il est prêt à se décomposer; lorsqu'il est nouveau, il est très acide et très âpre. Virgile et Pline parlent de la boisson fermentée qu'on en tire (voy. Cormier); 2° le sorbier des oiseleurs ou sorbier sauvage (sorbus aucuparia), haut de 8 m., à fruits ronds, mous, en corymbe, d'un rouge corail, assez agréables à manger et recherchés par les grives, les drennes, etc., à bois dur et compact; 3° le sorbier hybride (sorbus hybrida) appelé aussi sorbier de Laponie, à fruits plus gros et lavés de rouge à leur maturité.

SORBON (Robert de), fondateur de la Sorbonne, né à Sorbon, près de Rethel en 1201, mort à Paris en 1274. Il se fit prêtre, et devint docteur et chanoine de Cambrai. Nommé chapelain de Louis IX, il prit en pitié les pauvres étudiants de la classe indigente et institua une congrégation d'ecclésiastiques chargés de leur venir en aide. Telle est l'origine du collège de la Sorbonne.

° **SORBONIQUE** s. f. Une des trois thèses que les bacheliers étaient obligés de soutenir pendant leur licence, et qui devait être soutenue dans la maison de Sorbonne : la sorbonique devait durer douze heures.

° **SORBONISTE** s. m. Bachelier, docteur de la maison et société de Sorbonne.

° **SORBONNE** s. f. Ecole célèbre de théologie, qui avait été fondée à Paris par Robert de Sorbon, en 1252, et qui plus tard donna son nom à la faculté entière de théologie : étudier en Sorbonne. — Se dit aujourd'hui des facultés des sciences et des lettres établies dans les bâtiments de l'ancienne Sorbonne : un professeur de Sorbonne. — Encycl. La Sorbonne fut la grande école de théologie dans l'ancienne

université de Paris. Robert de Sorbonne ou Sorbon, chapelain de Louis IX, fonda en 1252, avec l'aide du roi, une école collégiale pour l'instruction *gratuite des pauvres étudiants en théologie*. Il fonda aussi près du collège un séminaire préparatoire, appelé la Petite Sorbonne, qui fut détruit en 1635, et sur l'emplacement duquel on éleva l'église actuelle de la Sorbonne. Les membres de la *maison de Sorbonne* étaient divisés en sociétaires ou agrégés (*socii*) et en hôtes ou simples membres (*hospites*). Les grands amphithéâtres de l'école étaient ouverts à tous les écoliers pauvres indistinctement, et les professeurs s'engageaient à ne jamais refuser l'instruction à aucun d'eux, tandis que les étudiants qui en avaient les moyens devaient payer les droits ordinaires de l'Université. Le niveau élevé de la faculté et le grand nombre d'hommes distingués qui sortaient de la Sorbonne, donnèrent à cette école une renommée et une influence sans rivales. Le cardinal de Richelieu la favorisa tout spécialement ; il rebâtit avec magnificence le collège, les salles de cours, l'église, et agrandit la bibliothèque. C'est des presses de la Sorbonne que sortirent les premiers livres imprimés en France. Le collège fut supprimé en 1789.

* **SORCELLERIE** s. f. Opération de sorcier : *il y a de la sorcellerie à cela.* — Se dit, fig. et par plaisant., en parlant de certains tours d'adresse, de certaines choses qui paraissent au-dessus des forces de la nature : *cela ne se peut faire sans sorcellerie.*

* **SORCIER, IÈRE** s. Celui, celle qui, selon l'opinion des temps d'ignorance, a un pacte avec le diable, pour opérer des maléfices, et qui va à des assemblées nocturnes, qu'on nomme le Sabbat : *il fut un temps où l'on brûlait les sorciers.* — C'EST UN VIEUX SORCIER, UNE VIEILLE SORCIÈRE, se dit d'un homme vieux et méchant, d'une vieille et méchante femme. — CET HOMME N'EST PAS SORCIER, N'EST PAS GRAND SORCIER, il n'est pas fort habile. IL NE FAUT PAS ÊTRE GRAND SORCIER POUR FAIRE, POUR DEVINER TELLE CHOSE, il ne faut pas avoir beaucoup d'habileté pour la faire, beaucoup de pénétration pour la deviner. — Hist. et Législ. « La magie et les sortilèges ont toujours été répandus chez les peuples primitifs ou ignorants. L'ancienne Égypte y ajoutait foi ; et c'est de là que cette croyance fut rapportée en Judée par les Hébreux, et s'est ensuite *répandue en Europe*. Les juges romains qui condamnaient les chrétiens au supplice, les traitaient comme coupables de sorcellerie ; parce que les rites et les croyances de ceux-ci rappelaient en partie les traditions égyptiennes. (Voy. SERAPEUM.) Le dogme-mystère de la résurrection et celui de la transubstantiation du pain et du vin en chair et en sang, paraissaient être de la pure magie. L'Église catholique, lorsqu'elle eut conquis le pouvoir de juridiction, poursuivit comme étant des suppôts de Satan, les sorciers, les devins, les magiciens et les enchanteurs ; et ce fut souvent un moyen dont elle se servit pour anéantir ses ennemis. Déjà, dans le bas Empire, on punissait de mort ou du bannissement ceux qui étaient convaincus de sorcellerie, et l'on sait que beaucoup de lois barbares édictées par les empereurs byzantins furent pendant longtemps appliquées en France. Les crimes de sortilège et de magie entraînaient le dernier supplice ; les individus qui en étaient déclarés coupables étaient pendus et leurs corps étaient ensuite brûlés ; d'autres, en grand nombre, furent brûlés vifs. Est-il besoin de rappeler, parmi tant de victimes, celle dont le nom est respecté et chéri par tous les Français, de l'incomparable patriote qui, après avoir sauvé son pays des mains des Anglais, fut brûlée comme sorcière à Rouen,

le 30 mai 1431. Les devins ou pronostiqueurs étaient seulement condamnés à la peine du fouet et à être bannis. La connaissance de tous ces crimes fut enlevée aux juges ecclésiastiques et attribuée aux juges royaux, excepté lorsque l'accusé était dans les ordres régulier ou séculier. Pendant longtemps, on démontrait l'innocence ou la culpabilité des personnes accusées de sorcellerie, au moyen de diverses épreuves, telles que l'attouchement d'un fer rougi au feu, et l'immersion ; et l'on croyait alors que les sorciers avaient le don de surnager sur l'eau. L'Église romaine fit usage de formules particulières pour exorciser les sorciers. Elle professe encore aujourd'hui que les sorciers sont possédés par l'esprit d'un démon, ce qui leur confère des pouvoirs surnaturels. C'est donc en vain que la science a démontré depuis longtemps que tous les prétendus sorciers sont des fourbes ou des malades. On abusa à un tel point de l'accusation de sorcellerie pour emprisonner des innocents, que Louis XIV ordonna un jour de mettre en liberté tous ceux que l'on avait arrêtés pour ce crime dans le ressort du parlement de Normandie ; et, par une déclaration de 1672, il défendit de condamner les sorciers au supplice du feu, à moins qu'ils ne fussent aussi des empoisonneurs. Néanmoins, un édit du mois de juillet 1682 infligeait encore la peine de mort à ceux qui avaient commis un sacrilège en opérant de prétendues magies. Le crime de sorcellerie était considéré comme un crime de lèse-majesté divine. La législation actuelle ne punit les prétendus sorciers que lorsqu'ils se sont rendus coupables d'escroquerie ou de tout autre délit, lorsqu'ils se livrent à l'exercice illégal de la médecine ou lorsqu'ils font le métier de deviner et pronostiquer, ou d'expliquer les songes (voy. DEVIN, ESCROQUERIE, MÉDECINE) ; mais les prestidigitateurs peuvent montrer publiquement leur adresse, sans craindre le bûcher dont ils étaient autrefois menacés. La magie noire n'est plus reconnue aujourd'hui que par l'Église romaine, dans l'enseignement qu'elle donne encore aux peuples. »
(CH. Y.)

* **SORDIDE** adj. (lat. *sordidus*). Sale, vilain. N'est d'usage qu'au figuré, et ne se dit des personnes que par rapport à l'avarice : *c'est un homme avare, vilain, sordide* — Se dit aussi de l'avarice et des choses qui s'y rapportent : *une avarice sordide.*

* **SORDIDEMENT** adv. D'une manière sordide : *il vit sordidement.*

* * **SORDIDITÉ** s. f. État de ce qui est sordide ; mesquinerie, avarice. (Peu us.)

SORE, ch.-l. de cant., arr. et à 59 kil. N. de Mont-de-Marsan (Landes), sur la petite Leyre ; 1,800 hab.

* **SORET** adj. m. Voy. SAURE et SAURET.

SOREL (Agnès), dite la *dame de Beauté*, née à Fromenteau (Touraine), vers 1409, morte en 1459, au Mesnil, près Jumièges. Vers l'âge de 22 ans, elle devint la maîtresse du roi Charles VII, sur qui elle exerça une salutaire influence. Le crédit dont elle jouissait lui créa de nombreux ennemis. Elle fut reléguée loin de la cour ; et, à sa mort subite, on soupçonna le dauphin, plus tard Louis XI, de l'avoir empoisonnée. « C'est peut-être la seule maîtresse de nos rois dont on puisse dire qu'elle ait allumé le flambeau de la gloire aux feux de l'amour. » Voici un quatrain que François Iᵉʳ composa en son honneur :

> Gentille Agnès, plus d'honneur tu mérite,
> (Ta cause étant de France recouvrer),
> Que ce que peut, dedans un cloître, ouvrer
> Close nonain ou bien dévot hermite.

SOREL, ville de la province de Québec (Canada), sur la rivière Richelieu ou Sorel, à son confluent avec le Saint-Laurent, à 70 kil. au-

dessus de Montréal ; 5,636 hab. On y fait beaucoup de constructions navales, des machines, des poêles, des charrues, des briques, etc.

SORÈZE, comm. du cant. de Dourgne, arr. et à 12 kil. S.-O. de Castres (Tarn) ; 2,909 hab. Ancienne abbaye de bénédictins, devenue, sous la direction du P. Lacordaire, un collège célèbre.

* **SORGHO** s. m. (bas lat. *sorgum*). Bot. Genre de graminées, tribu des andropogonées, souvent confondu avec le genre andropogon. (Voy. ce mot.) On donne vulgairement le nom de sorgho à une plante qui produit du sucre et qui est une variété du *sorghum vulgare*. Cette espèce n'est encore qu'imparfaitement définie, et elle offre tant de variétés que, si elles n'étaient pas reliées entre elles par des formes intermédiaires, on aurait peine à les regarder comme appartenant à une seule espèce. Une de ces variétés appelée *durra* par les Orientaux, et à laquelle nous donnons le nom hindou de millet, est cultivée dans l'Europe méridionale, l'Asie Mineure, l'Inde, etc., et y remplace les céréales des climats septentrionaux ; ses petites graines, rondes, dures et abondantes, donnent une farine très blanche qui fait du

Sorgho sucré (Sorghum vulgare, var. saccharatum)

bon pain ; elles servent aussi pour la nourriture des animaux domestiques. La variété appelée plus spécialement sorgho ou canne à sucre de Chine, le *sorghum vulgare*, var. *saccharatum*, est remarquable par son suc qui est très sucré. On la cultive en Chine et surtout en Afrique, où on l'appelle *imphee*; depuis des temps très reculés. Cette plante atteint de 8 à 18 pieds de haut, et, avant l'apparition de l'épi, ressemble beaucoup au maïs. Ses graines ne mûrissent guère au nord de 41° lat. Son sucre, peu après l'extraction, a toute l'apparence de glucose ; on la cultive surtout pour en faire du sirop ou de la mélasse. Comme fourrage, elle ne plaît pas toujours aux animaux, et elle paraît inférieure au maïs.

SORGUE s. f. Argot. Nuit.

SORIA. I. province du N. de l'Espagne, dans la Vieille-Castille ; 9,935 kil. carr. ;

158,699 hab. Elle est bordée de trois côtés par des montagnes, et le sol est très accidenté. Le Douro prend sa source près de la frontière septentrionale. Il y a de grandes forêts de pins, de chênes et de hêtres. Comme routes, il n'y a que des sentiers à mules. — II, capitale de cette province, à 170 kil. N.-E. de Madrid ; 5,500 hab. Elle est entourée de vieilles murailles. On suppose que l'emplacement de Numance se trouve à quelques kil. au N.

* **SORITE** s. m. (gr. *sôros*, monceau). Log. Raisonnement composé de plusieurs propositions si bien liées entre elles, que l'attribut de la première devient le sujet de la deuxième, l'attribut de la deuxième le sujet de la troisième, et ainsi de suite, en sorte que la dernière proposition doit être implicitement comprise dans la première, si le raisonnement est juste.

SORLINGUES (Iles). Voy. Scilly.

SORNAC, ch.-l. de cant., arr. et à 23 kil. N.-O. d'Ussel (Corrèze) ; 2,000 hab.

* **SORNETTE** s. f. Discours frivole, bagatelle : *il ne dit que des sornettes.* Ce mot est familier, et son plus grand usage est au pluriel.

SORORAL, ALE adj. Qui concerne la sœur.

SORRENTE (ital. *Sorrento*; anc. *Surrentum*), ville de l'Italie méridionale, sur le rivage sud du golfe, et à 25 kil. S.-E. de la ville de Naples ; 5,900 hab., sans compter les nombreux étrangers qu'y attirent le climat et la beauté pittoresque des environs. On y fait de la marqueterie célèbre, des tissus de soie, etc. C'était un lieu de villégiature pour les Romains.

* **SORT** s. m. (sor) (lat. *sors*). Dans le sens des anciens, la destinée considérée comme cause des divers événements de la vie : *le sort t'a ainsi ordonné.* — Effet de la destinée, rencontre fortuite des événements bons ou mauvais : *je plains votre sort.* — Condition, état d'une personne sous le rapport de la richesse : *cette succession améliorera son sort.* — Condition des choses : *tel fut le sort de son livre.* — Manière de décider quelque chose par le hasard : *le sort est tombé sur tel.* — Lot. EN EST JETÉ, le parti en est pris. — Fig. LE SORT DES ARMES, le combat, considéré relativement à l'incertitude du succès : *il a voulu tenter une troisième fois le sort des armes.* — LE SORT PRINCIPAL D'UNE RENTE, le fonds, la somme qui a été placée en rente. Il a vieilli ; on dit, LE PRINCIPAL, LE CAPITAL. — Se dit de paroles, de regards, de caractères, de maléfices par lesquels des gens très ignorants croient qu'on peut produire des effets extraordinaires, et presque toujours malfaisants, en vertu d'un pacte qu'ils supposent fait avec le diable : *ces pauvres gens disent qu'on a jeté un sort sur tel vignoble, sur les troupeaux d'un tel, sur les blés de tel pays.* — IL Y A UN SORT SUR TOUT CE QU'IL FAIT, rien ne lui réussit.

* **SORTABLE** adj. Convenable, qui convient à l'état et à la condition des personnes : *un mariage sortable.*

SORTABLEMENT adv. D'une manière sortable.

* **SORTANT** adj. m. Qui sort. On l'emploie surtout dans ces expressions : NUMÉROS SORTANTS, numéros qui sortent de la roue de fortune, à chaque tirage de la loterie. — Substantiv. LES ENTRANTS ET LES SORTANTS, les personnes qui entrent dans un lieu et celles qui en sortent — Se dit aussi des membres d'un corps, d'une assemblée qui cessent d'en faire partie, ou qui doivent être remplacés ou réélus : *député sortant.*

* **SORTE** s. f. (lat. *sors*, sort). Espèce, genre : *les différentes sortes de caractères qu'on*

emploie *dans l'imprimerie.* — UN HOMME DE SA SORTE, UN HOMME DE VOTRE SORTE, se dit également en bien et en mal, par estime et par mépris : *il appartient bien à un homme de sa sorte de vouloir s'égaler à vous.* — Façon, manière de faire une chose : *ceux-ci s'habillent d'une sorte, et ceux-là d'une autre.* — PARLER DE LA BONNE SORTE A QUELQU'UN, lui faire une réprimande, lui faire une correction : *je lui ai parlé de la bonne sorte, il n'y reviendra plus.* On dit, dans le même sens, JE L'AI TRAITÉ DE LA BONNE SORTE. — DE TELLE SORTE, de telle manière, tellement : *il s'est compromis de telle sorte, qu'on aura bien de la peine à le tirer d'embarras.* — De la sorte loc. adv. Ainsi, de cette manière : *quel droit avez-vous pour parler, pour agir de la sorte ?* — En quelque sorte loc. adv. Presque, pour ainsi dire : *se taire quand on est accusé, c'est en quelque sorte s'avouer coupable.* — De sorte que, en sorte que loc. conj. Tellement que, si bien que : *de sorte qu'il fut contraint de se retirer.*

* **SORTIE** s. f. Action de sortir : *il a toujours gardé la chambre depuis un mois, voilà sa première sortie.* — Théâtre. FAIRE UNE FAUSSE SORTIE, se dit lorsqu'un des personnages qui sont sur la scène feint d'en sortir, ou même en sort un instant, et y rentre aussitôt. — Se dit aussi en parlant des marchandises qu'on transporte, qu'on fait passer d'un lieu dans un autre : *l'entrée et la sortie des marchandises.* — Issue, endroit par où l'on sort : *cette maison a deux, trois sorties.* — Se dit quelquefois, fig., en ce sens : *l'affaire était embarrassante, mais il s'était d'avance ménagé une sortie.* — Jeu. Se dit de cartes basses qui donnent le moyen de cesser de faire des levées : *il n'avait pas de sortie, son quinola fut gorgé.* — Guerre, attaque que font des gens assiégés, lorsqu'ils sortent pour combattre les assiégeants, et pour ruiner les travaux : *les assiégés firent une grande sortie, une vigoureuse sortie.* — FAIRE UNE SORTIE A QUELQU'UN, lui faire une rude réprimande, lui dire brusquement quelque chose de très dur. FAIRE UNE SORTIE CONTRE QUELQU'UN, s'emporter violemment contre une personne présente ou absente : *je m'attendais pas à cette sortie.* On dit quelquefois, dans l'un et l'autre sens, FAIRE UNE UNE SORTIE SUR QUELQU'UN. — A la sortie de loc. préposit. Au moment où l'on sort de : *à la sortie du sermon, du dîner, du spectacle.*

* **SORTILÈGE** s. m. Maléfice dont se servent les prétendus sorciers : *on disait que ce berger avait fait mourir plusieurs bestiaux par sortilège.* (Voy. Sorcier.)

* **SORTIR** v. n. *Je sors, tu sors, il sort ; nous sortons, vous sortez, ils sortent. Je sortais. Je sortis. Je sortirai. Je sortirais. Que je sorte. Que je sortisse. Sortant. Sorti.* Passer du dedans au dehors : *sortir de la chambre.*

C'est promettre beaucoup, mais qu'en *sort*-il souvent ?
           Du vent.
                 LA FONTAINE.

— SORTIR DE LA MESSE, DU SERMON, DE VÊPRES, DU BAL, DU SPECTACLE, DU JEU, sortir du lieu où l'on a entendu la messe, le sermon, les vêpres, etc. Dans la même acception, l'on dit : SORTIR D'ENTENDRE LA MESSE ; SORTIR DE DÎNER, etc. On dit aussi, SORTIR DE TABLE. — SORTIR DE PRISON, en sortir par autorité de justice, être élargi. — CE JEUNE HOMME SORT DU COLLÈGE, SORT DE DESSUS LES BANCS, il vient d'achever ses études. — CET OUVRAGE SORT DE CHEZ L'OUVRIER, DES MAINS DE L'OUVRIER, il est tout neuf, il vient d'être achevé. — SORTIR, COMMENCER A SORTIR, se dit particul. d'une personne qui, ayant été malade, se porte assez bien pour ne plus garder la chambre : *les médecins ne lui ont pas encore permis de sortir.* — Peint. CETTE FIGURE SORT BIEN, elle semble être de relief et s'avancer hors du tableau. — CETTE PENSÉE NE SORT PAS ASSEZ,

il faut l'exprimer avec plus de force, la développer, la faire mieux sentir. — LES YEUX LUI SORTENT DE LA TÊTE, se dit d'une personne dont les yeux ont une ardeur, une vivacité extraordinaire, par l'effet de quelque passion violente. — CELA SORT DES PROPORTIONS ORDINAIRES, cela est au-dessus des proportions ordinaires. — Se dit, fig., en parlant d'un temps, d'une époque, d'un état, d'une condition où l'on cesse d'être : *sortir de l'hiver.* — S'emploie aussi fig., en parlant de choses morales : *sortir d'erreur.* — Se tirer, se dégager de quelque endroit difficile : *cette rue est si sale, qu'on aura peine à en sortir les boues.* — Se délivrer, s'affranchir, se tirer de quelque situation difficile, embarrassante, périlleuse : *sortir d'affaire.* — Danse. SORTIR DE CADENCE, ne plus danser en cadence. — Mus. SORTIR DE MESURE, ne plus chanter, ne plus jouer de mesure ; SORTIR DU TON, détonner, ou passer d'un ton dans un autre. — Escr., SORTIR DE MESURE, se mettre hors d'état de porter une botte de pied ferme à son adversaire. — Pousser au dehors, commencer à paraître : *les fleurs commencent à sortir.* — S'exhaler ; et alors s'emploie presque toujours impersonnellement : *il sort une agréable odeur de ces fleurs.* — Fig. LE FEU LUI SORT PAR LES YEUX, il a les yeux allumés de colère. — Etre issu : *il sort de bon lieu, de bonne race.* — Etre produit, en parlant des ouvrages de l'industrie, de l'art ou de l'esprit : *cela sort des mains d'un habile ouvrier.* — Sortir v. a. Faire sortir, tirer : *il est temps de sortir les orangers de la serre.* — Au sortir de loc. préposit. Au temps, au moment que l'on sort de : *au sortir de là.*

* **SORTIR** v. a. Se conjugue régulièrement comme finir : *il sortit. Ils sortissent. Il sortissait*, etc. Obtenir, avoir. N'est d'usage qu'en jurisprudence, et seulement à la troisième personne : *cette sentence sortira son plein et entier effet.* — Anc. prat. CETTE SOMME DE DENIERS, CET EFFET MOBILIER SORTIRA NATURE DE PROPRE, sera réputé et partagé comme propre.

* **SOSIE** s. m. (so-sî). Personne qui a une parfaite ressemblance avec une autre, par allusion au Sosie de l'*Amphitryon*, qui rencontre dans Mercure un autre Sosie, un autre lui-même.

SOSPEL, *Sospello*, ch.-l. de cant., arr. et à 22 kil. N.-E. de Nice (Alpes-Maritimes), sur la Bevère ; 3,000 hab.

SOSTENUTO adj. (soss-té-nou-to) (mot ital. qui signifie : *en soutenant*). Mus. Mot que l'on place sur un passage ou sur une note, pour indiquer que la forte doit être soutenu ou que la note doit continuer de se faire entendre.

* **SOT, OTTE** adj. (bas lat. *sottus*). Qui est sans esprit et sans jugement : *c'est un sot homme.* — Embarrassé, confus : *me voilà tout sot.* — Se dit aussi des choses faites sans esprit et sans jugement : *une sotte entreprise.* — Se dit également de certaines choses fâcheuses ou ridicules : *l'enlèvement de cette femme est une sotte affaire pour lui.* — S'est un sot. — C'EST UN SOT EN TROIS LETTRES, se dit d'un homme fort bête. — QUELQUE SOT quelque sot le dirait, le ferait, y croirait, serait trompé.

* **SOTIE** s. f. (so-tî). Nom de certaines pièces bouffonnes du théâtre français à sa naissance.

* **SOT-L'Y-LAISSE** s. m. Morceau très délicat qui se trouve au-dessus du croupion d'une volaille : *manger le sot-l'y-laisse.* — pl. DES SOT-L'Y-LAISSE.

* **SOTTEMENT** adv. D'une sotte façon : *il s'est allé sottement engager dans cette affaire.*

* **SOTTISE** s. f. Défaut d'esprit et de juge-

ment : *la sottise des hommes est si grande que...* — Se dit aussi des actions et des discours qui annoncent un manque d'esprit et de jugement : *cet homme se perdra par ses sottises.* — SOTTISE DES DEUX PARTS, se dit en parlant de deux personnes qui ont tort chacune de leur côté. — Se dit encore des paroles et des actions obscènes : *n'écoutez pas ce qu'il veut vous dire, c'est une sottise.* — Injure : *il m'a dit cent sottises.*

* **SOTTISIER** s. m. Recueil de sottises. Se dit, particul., d'un recueil de chansons et autres vers libres. — Celui qui débite des sottises, qui tient des propos libres : *cet homme est un grand sottisier.* Dans l'un et l'autre sens, il est familier.

SOTTO-VOCE adv. [sott-to-vo-tché] (mots ital. qui signifient : *Sous la voix*). Mus. A mi-voix.

* **SOU** s. m. (lat. *solidus*). Monnaie de compte, la vingtième partie de l'ancienne livre, valant douze deniers : *vingt sous.* — Monnaie de cuivre qui avait cette valeur : *un sou bien marqué.* — Pièce de cuivre valant cinq centimes. Dans ce sens, on appelle souvent PIÈCE DE CENT SOUS, une pièce de cinq francs. — Anc. prat. SOU TOURNOIS, sou de douze deniers ; et, SOU PARISIS, sou de quinze deniers : *Sous vingt parisis valaient vingt-cinq sous tournois* ou *vingt-cinq sous ordinaires.* — Fam. IL N'A PAS UN SOU, PAS LE SOU; IL N'A NI SOU NI DOUBLE, NI SOU NI MAILLE; IL N'A PAS LE SOU VAILLANT, IL N'A point d'argent; et, IL N'A PAS UN SOU DE BIEN, il n'a aucune propriété. — METTRE SOU SUR SOU, épargner sur les plus petites choses, pour amasser. — Fam. CETTE TERRE VAUT CENT MILLE FRANCS, COMME UN SOU, elle les vaut amplement. — Prov. FAIRE DE CENT SOUS QUATRE LIVRES, ET DE QUATRE LIVRES RIEN, se dit d'un mauvais ménager. — AU SOU LA LIVRE, au prorata de ce que chacun a mis de fonds dans une entreprise, ou de ce qui lui est dû dans une affaire commune : *dans une banqueroute, les créanciers colloqués sont payés au sou la livre sur le prix des meubles.* Cette expression a vieilli : on dit, AU MARC LE FRANC. — SOU POUR LIVRE, s'est dit de certains droits additionnels imposés sur différents objets, et qui étaient analogues à ce qu'on nomme aujourd'hui CENTIMES ADDITIONNELS et SUBVENTION DE GUERRE. — Sou à sou loc. adv. Par petites sommes : *il m'a payé sou à sou.*

SOUABE (all. *Schwaben*), duché de l'empire allemand pendant la première période de son histoire, et un peu plus tard un de ses grands cercles ou divisions. Ce cercle avait une superficie de 33,000 kil. carr., et coïncidait avec le royaume actuel de Wurtemberg, la partie sud du grand-duché de Bade et le district de Souabe de Neubourg en Bavière. Cette région s'appelait primitivement Alemannie, et reçut le nom de Souabe à cause des Suèves qui s'en habituèrent une partie, lorsque les Alemans furent vaincus par Clovis en 496. En 1080, l'empereur Henri IV rendit le duché de Souabe héréditaire dans la famille de Frédéric de Hohenstauffen. Il devint un des pays les plus puissants et les plus civilisés de l'Allemagne. Pendant les guerres italiennes, la maison régnante de Souabe fut à la tête des Gibelins; la famille se trouva éteinte après l'exécution de Conradin à Naples en 1268. Les différentes villes, les prélats, les comtes se rendirent alors indépendants, et la Souabe cessa de former un Etat à part. Cependant il s'établit, à différentes époques, des confédérations connues sous le nom de ligues de Souabe, dont la principale fut celle de 1488. Le cercle souabe fut définitivement organisé en 1563. — Le district bavarois de Souabe-et-Neubourg a une superficie de 9,491 kil. carr. et renferme 601,950 hab.; cap., Augsbourg.

SOUAKIN ou Souakim, ville maritime de la Nubie, sur la côte de la mer Rouge, à 285 kil. N.-N.-O. de Massowah; 6,000 hab. Elle est bâtie dans une île de 1 kil. et demi de circonférence, reliée par un pont à la terre ferme où s'étend un faubourg. Grand commerce de bestiaux, de peaux, de beurre, d'ivoire, de plumes d'autruche, de gomme arabique, de coton et de café. Elle était jadis directement soumise à la Turquie; mais, en 1865, elle a été cédée au vice-roi d'Egypte.

* **SOUBARBE** s. f. Voy. SOUS-BARBE.

* **SOUBASSEMENT** s. m. (fr. *sous* et *base*). Archit. Partie inférieure d'une construction, sur laquelle semble porter tout l'édifice. On le dit surtout en parlant des édifices à colonnes : *la hauteur du soubassement.* — Espèce de pente que l'on met au bas du lit, et qui descend jusqu'à terre : *mettre les soubassements à un lit.*

SOUBISE. I. (Benjamin DE ROHAN, *seigneur de*), capitaine protestant, né à la Rochelle en 1583, mort à Londres en 1642. Il était frère de Henri de Rohan, le célèbre chef huguenot. En 1624, l'assemblée protestante de la Rochelle le nomma commandant du Poitou, de la Bretagne et de l'Anjou. Il défendit, avec audace, mais sans succès, Saint-Jean-d'Angély. Ses tentatives pour renouveler la guerre en 1622 et pour obtenir des secours de Jacques Ier échouèrent également. En 1625, après avoir remporté quelques avantages, il fut chassé des îles de Ré et d'Oléron (15 sept.). Après avoir signé, par l'entremise de Charles Ier, la paix trompeuse de 1626, il s'unit aux Anglais en 1627 dans la tentative inutile de secourir la Rochelle. Il se fixa ensuite en Angleterre. — II. (Charles DE ROHAN, *prince de*), son descendant, né le 16 juillet 1715, mort le 4 juillet 1787. Il fut un des favoris débauchés de Louis XV, et son adjudant dans la Flandre, dont il devint gouverneur en 1748. En 1753, Mme de Pompadour fit marier sa fille avec le prince de Condé, qui obtint pour lui un haut commandement à l'armée du Rhin (1756). Il fut mis en déroute à Gotha, avec 8,000 hommes, par Seydlitz, qui n'en avait que 1,500; et, à la tête de l'armée française et des alliés, il se fit honteusement battre à Rosbach par Frédéric le Grand, le 5 nov. 1757. Il termina sa carrière par la perte de Cassel, 1er nov. 1761.

SOUBRE (du lat. *super*, sur), préfixe qui signifie *sous*, et qui entre dans la formation d'un certain nombre de mots.

° **SOUBRESAUT** s. m. (préf. *soubre;* fr. *saut*). Saut subit, inopiné et à contre-temps : *ce cheval à fait deux ou trois soubresauts qui m'ont pensé désarçonner.* — AVOIR DES SOUBRESAUTS DANS LES TENDONS, avoir des tressaillements, des mouvements convulsifs. — Fig. et fam. CETTE NOUVELLE M'A DONNÉ UN SOUBRESAUT, UN VIOLENT SOUBRESAUT, cette nouvelle m'a causé une vive, une grande et subite émotion.

SOUBRESAUTER v. n. Faire des soubresauts.

* **SOUBRETTE** s. f. Nom que l'on donne au théâtre, aux suivantes de comédie : *rôle de soubrette.* — Femme coquette et intrigante : *elle fait la dame, et ce n'est qu'une soubrette.*

* **SOUBREVESTE** s. f. Sorte de vêtement sans manches, qui se mettait par dessus les autres vêtements, par dessus la cuirasse.

SOUCHAU ou Suchau [sou-chô], ville du Kiang-sou (Chine), sur un lac qui traverse le canal impérial, à 80 kil. N.-O. de Shangaï; 500,000 hab. La ville est entourée d'une muraille de 17 kil. de circuit, et se prolonge en quatre grands faubourgs. Manufactures de soie, de toile, de coton, de quincaillerie et de verre. Elle a eu beaucoup à souffrir pendant la révolte des Taïpings.

SOUCHAY (Jean-Baptiste), chanoine de Rhodez, né en 1688, à Saint-Amand (Vendômois), mort en 1746; il a laissé des éditions d'Ausone, de Pellisson, de Boileau et de l'*Astrée;* entra à l'Académie des inscriptions en 1726.

* **SOUCHE** s. f. (bas lat. *soccus*). Partie d'en bas du tronc d'un arbre, accompagnée de ses racines, et séparée du reste de l'arbre : *ces souches ont repoussé.* — C'EST UNE SOUCHE, UNE VRAIE SOUCHE, se dit d'une personne stupide et sans activité. — Celui de qui sort une génération, une suite de descendants : *cet homme illustre a été la souche de plusieurs grandes familles.* — Celui qui est reconnu pour être le plus ancien dans une généalogie : *Robert le Fort, le quatrième fils de saint Louis, est la souche de la maison de Bourbon.* — FAIRE SOUCHE, commencer une branche dans une généalogie, être le premier d'une suite de descendants : *un tel eut trois enfants; le premier mourut sans lignée, les deux autres ont fait souche.* — Droit. SUCCÉDER PAR SOUCHE, succéder par représentation : *la succession par souche est opposée à la succession par tête.* — Se dit aussi du plus long des deux morceaux de bois ajustés, sur lesquels les boulangers et les bouchers font des entailles pour marquer la quantité de pain ou de viande qu'ils fournissent à crédit : *la souche reste entre les mains du marchand, et l'échantillon entre celles de l'acheteur.* — Adm. Partie qui reste des feuilles d'un registre, lorsqu'on les a coupées, dans leur longueur, en zigzag, de manière qu'en rapprochant la partie coupée et détachée du registre de celle qui y est restée, on reconnaisse si elles se correspondent exactement : *la souche d'un registre d'inscriptions.* — Maçonn. Corps de la cheminée qui sort du toit et s'élève au-dessus du comble, soit qu'il n'ait qu'un tuyau, soit qu'il en renferme plusieurs : *une souche de cheminée.*

* **SOUCHET** s. m. (rad. *souche*). Bot. Genre de cypéracées, comprenant un grand nombre d'espèces de plantes herbacées, qui croissent dans les endroits humides. Le *souchet à papier* (*cyperus papyrus*) était quelquefois considéré

Souchet à papier (Papyrus antiquorum).

comme le type d'un genre particulier nommé *papyrus* (*papyrus antiquorum*). (Voy. PAPYRUS.) Le *souchet comestible* (*cyperus esculentus*) du midi de l'Europe et du N. de l'Afrique, est cultivé en raison des tubercules de sa racine. Ces tubercules, gros comme une noi-

sette, contiennent une fécule douce et agréable. Le *souchet long* (*cyperus longus*) ou *souchet odorant*, du midi de la France, possède un rhizome long, noirâtre, dont on tire une poudre employée en parfumerie.

* **SOUCHET** s. m. Maçonn. Pierre qui se tire au-dessous du dernier banc des carrières : *le souchet est la moindre des pierres de taille.*

SOUCHET. Voy. CANARD.

* **SOUCHETAGE** s. m. Visite qui se fait dans un bois après la coupe des arbres, pour compter les souches.

* **SOUCHETEUR** s. m Expert nommé pour assister au souchetage.

* **SOUCI** s. m. (lat. *solsequium*; de *sol*, soleil; *sequi*, suivre). Bot. Genre de composées calendulées, comprenant plusieurs espèces de plantes herbacées, à feuilles entières, rudes au toucher; à capitules de fleurs jaunes, celles du rayon étant femelles et fertiles, celles du disque étant mâles. Ces plantes se rencontrent dans l'Europe moyenne et dans la région méditerranéenne. Le *souci des champs* (*calendula arvensis*) croît en abondance dans les vignes et dans les champs cultivés. On se sert souvent de ses fleurs pour colorer le beurre en jaune. Le *souci cultivé* (*calendula officinalis*), à fleurs grandes et d'un beau jaune orangé, a produit plusieurs belles variétés. Toutes ses parties exhalent une odeur forte. On a employé ses fleurs pour falsifier le safran. — Fam. ÊTRE JAUNE COMME UN SOUCI, COMME SOUCI, avoir le visage extrêmement jaune.

* **SOUCI** s. m. (rad. lat. *sollicitus*, inquiet). Soin accompagné d'inquiétude : *souci cuisant, léger souci.* — C'EST LA LE MOINDRE DE MES SOUCIS, LE CADET DE MES SOUCIS, se dit d'une chose dont on ne se met nullement en peine. — SANS-SOUCI. (Voy. *Sans.*)

* **SOUCIER** (Se) v. pr. S'inquiéter, se mettre en peine de quelque chose, prendre intérêt à quelque chose, faire cas de quelque chose : *de quoi vous souciez-vous?*

* **SOUCIEUX, EUSE** adj. Inquiet, pensif, chagrin, qui a du souci : *cet homme m'a paru bien soucieux, tout soucieux.* — Qui marque du souci : *air soucieux*

* **SOUCOUPE** s. f. (contract. de *sous-coupe*). Espèce de petite assiette de porcelaine, de faïence, etc., qui se place sous une tasse ou sous un gobelet de même matière, propre à prendre du café, du chocolat, etc. : *la tasse et la soucoupe sont d'ancienne porcelaine.* — Espèce d'assiette qui a un pied, et sur laquelle on sert les verres et des carafes : *soucoupe d'argent, de vermeil.*

SOUDABILITÉ s. f. Propriété que possèdent certains corps de s'unir entre eux.

SOUDABLE adj. Qui peut être soudé.

SOUDAGE s. m. Action de souder, résultat de cette action.

* **SOUDAIN, AINE** adj. (rad. lat. *subitus*, subit). Subit, prompt : *départ soudain.*

* **SOUDAIN** adv. Dans le même instant, aussitôt après : *il reçut l'ordre, et soudain il partit.*

> Jean, laissé pour mort, frappa soudain ma vue.
> Athalie, acte Ier, sc. II.

* **SOUDAINEMENT** adv. Subitement : *il mourut soudainement.*

* **SOUDAINETÉ** s. f. Qualité de ce qui est soudain : *la soudaineté de l'explosion les effraya.* (Peu us.)

* **SOUDAN** s. m. Nom qu'on donnait jadis à certains princes mahométans, et particulièrement au souverain d'Égypte : *le soudan d'Égypte.*

SOUDAN (ar. *Biled es-Sudan*, le pays des Noirs). I, bande de territoire, appelée aussi Nigritie, qui traverse presque l'Afrique, se tenant à peu près entre les 6° et 15° parallèles de lat. N., depuis les provinces du Nil en Égypte, à l'E., jusqu'au pays des Mandingues et à la Sénégambie à l'O. Dans le Waday et près de Tombouctou, sa limite septentrionale n'est pas loin. de 17° lat. N. Cette région est occupée par un grand nombre d'États indigènes, dont les principaux sont : l'Adamawa, le Baghirmi, le Bambarra, le Bornou, le Darfour, le Gando, le Houssa, le Sackatou et le Waday. L'altitude du Soudan et son aspect topographique varient beaucoup suivant les districts. Le centre du système hydrographique est le lac Tchad. Partout le climat a pour caractère une chaleur et une humidité extrêmes; le sol est généralement fertile. La population est presque entièrement nègre; à l'O. les Mandingues sont dominants, et les Foulahs sont les maîtres dans le Gando, le Sackatou et l'Adamawa. Le commerce se fait principalement par caravanes, avec le Maroc et l'Algérie. Les exportations comprennent l'eau de rose; la poudre d'or, la gomme arabique, l'indigo, l'ivoire, les plumes et les peaux d'autruche. — II, province d'Égypte, distincte de la région précédemment décrite, dont elle n'est pourtant que la continuation à l'E. Elle comprend le Kordofan, la Nubie propre, le Sennaar, le Taka à l'E., et quelques districts du Nil plus au S. On en estime la population à plus d'un million Cap., Khartoum. Grand commerce de plumes d'autruche, gommes, ivoire, peaux de veau, café, séné, cire, etc. L'Égypte se l'est peu à peu annexée depuis 1821.

SOUDANIEN, IENNE adj. Qui a rapport au Soudan.

* **SOUDARD** ou **Soudart** s. m. (rad. fr. *solde*). Vieux mot dont on ne sert dans la conversation familière, en parlant d'un homme qui a longtemps servi à la guerre : *c'est un vieux soudard.*

° **SOUDE** s. f. (lat. *solida*, fém. de *solidus.*) solide). Bot. Genre de chénopodées salsolées, comprenant une quarantaine d'espèces d'herbes ou de sous-arbrisseaux propres aux régions maritimes des régions tempérées du globe. Ces plantes contiennent de la soude que l'on en extrait par incinération. La principale espèce est la soude à *barille* (*salsola soda*), que l'on cultive en Espagne, surtout aux environs d'Alicante. — Chim. Espèce d'alcali, nommé aussi *alcali minéral*, qu'on tire de ces plantes ou que l'on extrait du sel marin : *la soude est employée dans la fabrication du verre et du savon.* — La soude est le monoxyde sodique ou oxyde de sodium commun, Na^2 O, qui est la base de l'importante série des sels de sodium; c'est aussi l'oxyde hydraté, ou soude caustique, Na HO, et dans le commerce, le carbonate normal, Na^2 CO^3 + 10 H^2 O. Le monoxyde sodique anhydre, ou soude des chimistes, Na^2 O, se forme lorsque le métal est brûlé dans l'air sec ou dans le gaz oxygène en exposant le bioxyde à une haute chaleur, et en chauffant l'hydrate sodique avec une quantité équivalente de sodium métallique, par ex., Na HO + Na se convertit en Na^2 O + H. Lorsque le sodium est brûlé dans le gaz oxygène jusqu'à ce que son oxyde soit un bioxyde constant, Na^2 O^2, se forme. Lorsqu'il est exposé à l'air, il se liquéfie, et, uni à du bioxyde de carbone, il se resolidifie comme carbonate. Les propriétés de la soude caustique ressemblent à celles de la potasse caustique, mais son action sur les acides est un plus moyen énergique. Son poids spécifique est 2,13. Le carbonate normal, qui existe dans certains lacs d'Égypte et de Hongrie et dans les sources volcaniques d'Islande et de l'Amérique du Nord, a été longtemps connu dans le commerce sous le nom de *natron*. On en trouve de grandes quantités, ainsi que d'autres sels de soude, sous forme d'efflorescence dans les « plaines alcalines » des territoires de l'O. aux États-Unis. On obtenait naguère artificiellement la soude des cendres des algues ou fucus marins, et aussi de la *barille*, qui est la cendre à demi fondue de la soude à *barille* (*salsola soda*), plante cultivée avec grand soin par les Espagnols, surtout dans les environs d'Alicante. La *barille* donne beaucoup plus de soude que l'algue. Aujourd'hui on se sert surtout de celle-ci pour obtenir de l'iode. Mais ces divers procédés ne sont rien en comparaison de celui de Leblanc, par lequel on commence par convertir le chlorure de sodium ou sel commun en sulfate de sodium ou sel de Glauber, puis on continue en convertissant ce sulfate en carbonate en le chauffant avec du carbonate de chaux et du charbon de terre. — Dans le commerce, les usages principaux de la soude sont : la préparation du bicarbonate de soude et de la soude caustique; la fabrication des savons durs, où elle convient mieux que la potasse, parce que cet alcali se liquéfie promptement; et enfin, en grandes quantités, dans la fabrication du papier. — Le bicarbonate de soude est fréquemment employé comme diurétique et pour empêcher la formation de graviers dans les reins et les concrétions dans la goutte antiacide; il rétablit les fonctions de l'estomac. Il rend plus alcalin le sang, dont il diminue la plasticité. A défaut d'eau naturelle de Vichy, qui le contient en dissolution, on prend une demi-cuillerée par jour de bicarbonate de soude dans un demi-litre d'eau. — Soude PURE, substance que l'on obtient en traitant la soude ordinaire ou du commerce, par la chaux vive, puis par l'alcool : *la soude pure n'est point employée dans les arts.*

* **SOUDER** v. a. (lat. *solidare*). Joindre des pièces de métal ensemble, au moyen de l'étain ou de cuivre fondu : *souder de la vaisselle d'argent.* — Se dit aussi en parlant des pièces de métal qu'on amollit au feu et qu'on bat ensemble de manière à les unir et à n'en faire qu'une même pièce. — Bot. On dit que DEUX PARTIES SE SOUDENT, SONT SOUDÉES, lorsque, étant d'abord ou ordinairement distinctes, elles se rejoignent ou se trouvent unies de manière à ne plus former qu'une seule pièce.

SOUDEUR, EUSE s. Personne qui soude ou qui sait souder.

SOUDIER, IÈRE adj. Qui a rapport à la soude.

° **SOUDIVISER** ou **Sous-Diviser** v. a. Voy. SUBDIVISER.

* **SOUDOYER** v. a. (rad. fr. *solde*). (Se conjugue comme *Employer*.) Entretenir des gens de guerre, leur payer une solde : *ce prince peut soudoyer vingt mille hommes.* On dit plus ordinairement, SOLDER. — Se dit, par ext., en parlant de tous ceux dont on s'assure le secours à prix d'argent : *soudoyer des spadassins.*

* **SOUDRE** v. a. (lat. *solvere*, résoudre). Didact. Donner la solution, résoudre : *soudre un problème, un argument.* N'est employé qu'à l'infinitif. (Vieux.)

* **SOUDRILLE** s. m. [*ll* mll.] (extens. péjorat. du lat. *soldarius*, soudard.) Soldat libertin, fripon. (Fam. et peu us.)

* **SOUDURE** s. f. Composition ou mélange de divers métaux et minéraux, qui sert à souder, à unir ensemble des pièces de métal. — Travail de celui qui soude : *ce tuyau est bon, mais la soudure en est mal faite.* — Endroit par où les deux pièces de métal sont soudées : *le tuyau est crevé à la soudure.* — ENCYCL. On donne le nom de soudure au métal ou à l'alliage dont on se sert pour joindre ensemble différents morceaux de métal de

même nature ou d'espèces différentes. Les soudures sont dures ou molles. Les soudures molles peuvent servir à joindre toute espèce de métal, mais plus particulièrement les métaux qui fondent à de basses températures. Les soudures dures sont mieux appropriées aux métaux moins fusibles, surtout lorsqu'il faut de la solidité. La soudure doit être plus fusible que les deux métaux à unir, mais plus son degré de fusibilité se rapproche du leur et plus l'union sera forte. Les soudures molles ont pour base l'étain, allié d'ordinaire avec le plomb. La soudure dure au zinc employée pour souder le cuivre est faite de 16 parties de cuivre et de 12 parties de zinc. La soudure molle au zinc pour le laiton est faite de cuivre et de zinc par parties égales. On se sert de fondants pour maintenir propres les surfaces des métaux pendant l'opération. Il y a aussi une soudure à base de laiton, que l'on compose de 9 parties de laiton et d'une partie d'étain.

SOUF (Oued-), 1° ancien fleuve saharien dont le lit est aujourd'hui comblé par les sables. C'est le Triton des anciens géographes ; les premiers conquérants arabes l'ont connu sous le nom générique de *Nil* (de *Nala, être bienfaisant*). (Voy. SAHARA.) — 2° Groupe d'oasis et district du Sahara algérien, situé au-dessous du chotth Mouya ett Thoflat, au S. de la province de Constantine et à l'E. de l'Oued-Rirh. Se trouve compris entre 4° 30' et 4° 45' de long. E. et 33° 20' et 33° 35' de lat. N. Le Souf s'étend sur une partie du delta formé jadis par le fleuve Triton avant de se déverser dans le lac du même nom. (Voy. MELRHIA.) Laprincipale ville du district est El Oued (7,500 hab.), située au point de bifurcation de la vallée. Les autres centres de population sont : Amiech, un peu au S. d'El Oued ; puis Bou Hermès, Kouninna, Tarhezout, El Guemar (4,000 hab.), situés sur l'embranchement de gauche ; enfin Zeggoum, Behima, Debila et Sidi Aoun, échelonnés sur l'embranchement droit. La population totale peut être évaluée à 20,000 âmes. La vallée du Souf est bordée de hautes dunes sur lesquelles sont plantées des haies de palmiers destinées à arrêter la marche envahissante des sables. D'un côté, s'élèvent les villes et les villages, reliés entre eux par une ligne non interrompue de coquettes habitations ; de l'autre sont les cultures. Les gens du Souf plantent leurs palmiers dans des fosses de dimensions variables, ayant généralement 15 mètres de profondeur, patiemment et intelligemment creusées, les racines des arbres, plongeant dans les sables à travers lesquels filtrent les eaux du fleuve enseveli, les habitants se trouvent dispensés de tout travail d'irrigation. Quelques jardins ainsi creusés contiennent jusqu'à 200 palmiers Les habitants du Souf sont divisés en deux tribus principales : les Throud et les Rebâla. Tout à la fois agriculteurs, pasteurs, chasseurs et commerçants, ils se distinguent par leur caractère jovial et franchement hospitalier. Leur soumission à la France date de 1854.　　　　(V. LARGEAU.)

SOUFFLABLE adj. Qui peut être soufflé.

SOUFFLAGE s. m. Art ou action de souffler le verre. — Se dit aussi du bois qu'on ajoute par dehors à un navire, pour lui faire mieux porter la voile.

SOUFFLARD s. m. Minér. Jet de gaz qui s'échappe quelquefois des fissures de la matière minérale en exploitation ou des fentes des roches.

* **SOUFFLE** s. m. (lat. *sufflatus*). Vent que l'on fait en poussant de l'air par la bouche : *le souffle ne suffit pas pour éteindre cette torche*. — Simple respiration : CET HOMME N'A QU'UN SOUFFLE DE VIE, ou simpl., N'A QUE LE SOUFFLE, il est extrêmement faible ; et, IL N'A

PLUS QUE LE SOUFFLE, il est agonisant. — Agitation de l'air causée par le vent : *il ne fait pas un souffle de vent*. — Inspiration, influence : *le poète semblait être animé d'un souffle divin*.

* **SOUFFLÉ, ÉE** part. passé de SOUFFLER. — OMELETTE SOUFFLÉE, omelette faite avec des blancs d'œufs, de la crème et du sucre, mêlés et battus ensemble. On dit substantiv., dans le même sens, UN SOUFFLÉ. — BEIGNET SOUFFLÉ, sorte de beignet dont la pâte renfle beaucoup. — ~ s. m. Sorte d'entremets préparé à peu près comme l'omelette soufflée : *servir un soufflé*.

SOUFFLEMENT s. m. Action de souffler.

* **SOUFFLER** v. n. (lat. *sufflare*). Faire du vent en poussant de l'air par la bouche : *souffler dans ses doigts*. — Se dit également de tout ce qui pousse l'air : *le vent de bise souffle rudement*. — Se dit aussi de l'homme et des animaux quand ils respirent avec effort : *dès que cet homme a monté six degrés, il souffle comme un bœuf*. — LAISSER SOUFFLER DES CHEVAUX, les faire arrêter pour reprendre haleine. — IL CROIT QU'IL N'Y A QU'A SOUFFLER ET A REMUER LES DOIGTS, se dit d'un homme qui s'imagine qu'une chose est aisée quoiqu'elle soit fort difficile. — L'ESPRIT SOUFFLE OU IL VEUT, Dieu communique ses grâces à qui il lui plaît. — Souffler v. a. Ainsi on dit : SOUFFLER LE FEU, souffler sur le feu pour l'allumer ; SOUFFLER UNE CHANDELLE, souffler sur la flamme d'une chandelle pour l'éteindre ; SOUFFLER LA POUSSIÈRE, souffler sur de la poussière, pour l'enlever du lieu où elle est ; SOUFFLER UN VEAU, UN MOUTON, souffler entre la chair et le cuir d'un veau, d'un mouton qu'on vient de tuer, afin d'en séparer plus aisément la peau ; SOUFFLER L'ORGUE, donner du vent aux tuyaux des orgues par le moyen des soufflets ; et, SOUFFLER LE VERRE, L'ÉMAIL, façonner quelque ouvrage de verre, d'émail, en soufflant dans un tube de fer au bout duquel est la matière que l'on travaille. — SOUFFLER QUELQUE CHOSE AUX OREILLES DE QUELQU'UN, lui dire quelque chose secrètement. — Prov. et fig. SOUFFLER LE CHAUD ET LE FROID, louer et blâmer une même chose, parler pour et contre une personne, être tour à tour d'avis contraires : *ne vous fiez point à cet homme-là, il souffle le chaud et le froid*. — Fig. SOUFFLER QUELQU'UN, être bas à quelqu'un les endroits de son discours, de son rôle où la mémoire lui manque : *souffler le prédicateur*. — Jeu de dames. SOUFFLER UNE DAME, l'ôter à celui contre qui l'on joue, parce qu'il ne s'en est pas servi pour prendre une autre dame qui était en prise. Un joueur dit dans le même sens à son adversaire, JE VOUS SOUFFLE. On dit aussi, SOUFFLER N'EST PAS JOUER, on souffle et ensuite on joue. — Fig. et fam. SOUFFLER A QUELQU'UN UN EMPLOI, UN MARCHÉ, etc., lui enlever un emploi, un marché, etc., sur lequel il comptait. — SOUFFLER UN EXPLOIT, se dit d'un huissier, qui ne remet pas la copie d'un exploit, quoique l'original porte qu'elle a été remise : *ce fripon d'huissier lui a soufflé un exploit*. — Chasse. Ce CHIEN A SOUFFLÉ LE POIL AU LIÈVRE, il a presque appuyé le museau dessus, il l'a manqué. On dit aussi, IL LUI SOUFFLAIT AU POIL, il le suivait de très-près. — Fig. et fam. SOUFFLER AU POIL DE QUELQU'UN, le poursuivre de très-près : *il faillit être pris, les hussards lui soufflaient au poil*. — Maréchal. LA MATIÈRE SOUFFLE AU POIL, se dit lorsque, par l'effet d'une suppuration dans la partie intérieure du sabot, le pus reflue et se fait jour à la couronne. — Mar. SOUFFLER UN NAVIRE, renforcer le bordage de la carène d'un navire, revêtir un navire par dehors de nouvelles et fortes planches, soit pour empêcher que les vers ne piquent le navire, soit pour augmenter sa stabilité, lorsqu'il est d'une construction défectueuse et qu'il porte mal la voile ;

il faut souffler ce vaisseau. — Absol. Chercher la pierre philosophale, chercher à faire de l'or, de l'argent par les opérations de l'alchimie : *il a dépensé tout son bien à souffler*.

* **SOUFFLERIE** s. f. Ensemble des soufflets de l'orgue : *la soufflerie de cet orgue a besoin d'être raccommodée, réparée*.

* **SOUFFLET** s. m. Instrument servant à souffler, à faire du vent : *soufflet d'orfèvre, de maréchal*. — SOUFFLET A DEUX VENTS, A DOUBLE VENT, A DOUBLE AME, soufflet dont une partie aspire l'air, pendant que l'autre le chasse, en sorte qu'il souffle sans interruption. — Se dit aussi du dessus d'une calèche, d'un cabriolet qui se replie en manière de soufflet : *cabriolet à soufflet ou à capote*. — Se dit également de certaines petites calèches qui ont un pareil dessus : *il a fait ce voyage dans un soufflet*. Ce sens a vieilli. — Un coup de plat de la main ou du revers de la main sur la joue : *donner un soufflet*. — Se dit, fig. et fam., d'un dégoût, d'une mortification qui arrive à quelqu'un relativement à une place, à un avantage qu'il avait lieu d'espérer, ou dont il jouissait : *on l'a frustré de la place qu'on lui avait promise ; voilà un vilain soufflet, il a reçu là un rude soufflet*. — Prov. et fig. DONNER UN SOUFFLET A VAUGELAS, faire une faute grossière contre la langue française. On a dit autrefois, dans le même sens, DONNER UN SOUFFLET A RONSARD. — Fig. DONNER UN SOUFFLET AU BON DROIT, A LA RAISON, AU SENS COMMUN, faire ou dire quelque chose de fort contraire au bon droit, à la raison, au sens commun. — Fig. DONNER UN SOUFFLET A QUELQU'UN SUR LA JOUE D'UN AUTRE, faire à celui-ci des reproches qui retombent sur le premier.

* **SOUFFLETADE** s. f. Plusieurs soufflets appliqués coup sur coup. (Peu us.)

SOUFFLETER v. a. Donner un soufflet, des soufflets à quelqu'un : *il faudrait souffleter ce fripon-là*.

SOUFFLETEUR s. m. Celui qui donne des soufflets. — Adjectiv. *Un maître souffleteur*.

SOUFFLETTE s. f. Portion d'air qui, dans le moulage, se trouve enfermée entre le moule et la couronne.

* **SOUFFLEUR, EUSE** s. Celui, celle qui souffle comme ayant peine à respirer : *c'est un souffleur perpétuel*. Il est familier. — Adjectiv. CHEVAL SOUFFLEUR, celui dont le flanc n'est pas agité au delà de ce qu'il doit être, quand l'animal a couru, mais qui souffle extraordinairement en courant. — Homme qui souffle continuellement le feu : *voilà un important souffleur*. — SOUFFLEUR D'ORGUES, celui qui fait mouvoir les soufflets de l'orgue. Celui qui, étant placé derrière une personne qui parle en public, lit en même temps et prononce, de manière à être entendu d'elle seule, les mots qu'elle ne retrouve pas dans sa mémoire : *sans le souffleur, il serait demeuré court en prononçant sa harangue*. — Théâtre. Homme ordinairement placé dans un trou, au milieu et sur le bord de l'avant-scène et qui, pendant la représentation, à la pièce sous les yeux, et la suit attentivement de manière de pouvoir secourir la mémoire des acteurs : *cet acteur a souvent besoin du souffleur*. Celui qui cherche la pierre philosophale par les opérations de l'alchimie : *c'est un mauvais métier que celui de souffleur, on s'y ruine toujours*.

* **SOUFFLEUR** s. m. Hist. nat. Mammifère de l'ordre des cétacés et du genre des dauphins : *les souffleurs vont d'ordinaire par bandes comme les marsouins*. — Se dit quelquefois des mammifères cétacés en général, parce qu'ils font jaillir l'eau de leurs narines en soufflant.

SOUFFLOT (Jacques-Germain), architecte, né à Irancy, près d'Auxerre, le 2: juillet 1713, mort à Paris le 19 août 1780. Il appar-

enait à une famille bourgeoise aisée, et il voyagea en Italie et en Orient pour y étudier les monuments de l'antiquité. Entre autres travaux remarquables, on lui doit les plans et une partie de l'exécution du Panthéon. Les critiques amères et les tracasseries de ses rivaux abrégèrent ses jours. Il a laissé un *Recueil de plusieurs parties d'architecture.* (Paris, 1767, in-fol. avec 230 planches.)

* **SOUFFLURE** s. f. Fonderie. Cavité qui se trouve dans l'épaisseur d'un ouvrage de fonte ou de verre; renflement du verre ou du métal occasionné par l'air qui n'a pu s'échapper.

SOUFFRABLE adj. Qui peut être souffert.

* **SOUFFRANCE** s. f. Douleur, peine, état de celui qui souffre : *cruelles souffrances.* — Jurisp. Tolérance qu'on a pour certaines choses que l'on pourrait empêcher : *ces vues, cet égout ne sont pas une servitude, c'est une souffrance du propriétaire; jour de souffrance.* — Comptab. Suspension par laquelle on diffère d'allouer ou de rejeter une partie mise en compte, jusqu'à ce que les pièces justificatives aient été rapportées : *cet article est en souffrance.* — Se dit, par ext., en parlant des différentes affaires en suspens : *cet homme laisse toutes ses affaires en souffrance.*

* **SOUFFRANT, ANTE** adj. Qui souffre : *il a le visage d'un homme souffrant.* — LA PARTIE SOUFFRANTE, la partie du corps qui est affligée, affectée, malade. — CET HOMME EST LA PARTIE SOUFFRANTE DE LA COMPAGNIE, DE LA SOCIÉTÉ, la perte, le dommage, la plaisanterie tombe sur lui. — L'ÉGLISE SOUFFRANTE, les âmes des fidèles qui sont dans le purgatoire : *l'Église triomphante, l'Église militante, et l'Église souffrante.* — Patient, endurant : *il n'est pas d'une humeur souffrante.*

* **SOUFFRE-DOULEUR** s. m. Personne qu'on n'épargne point, et qu'on expose à toutes sortes de fatigues : *ce valet est le souffre-douleur de la maison.* — Personne continuellement exposée aux plaisanteries, aux malices des autres: *cet homme est leur souffre-douleur.* — Cheval et autres choses qu'on sacrifie à toutes sortes d'usages : *je mets cet habit quand il fait mauvais, c'est le souffre-douleur.* — Pl. *Des souffre-douleur.*

* **SOUFFRETEUX, EUSE** adj. Qui souffre de la misère, de la pauvreté : *un vieillard souffreteux.* (Fam.) — Personne qui éprouve momentanément quelque douleur, quelque malaise : *je suis tout souffreteux aujourd'hui.*

* **SOUFFRIR** v. n. (lat. *sufferre*). *Je souffre, tu souffres, il souffre, nous souffrons, vous souffrez, ils souffrent. Je souffrais. Je souffris. Je souffrirai, etc.* Pâtir, sentir de la douleur : *l'armée a beaucoup souffert dans sa marche, faute de provisions.* — IL A CESSÉ DE SOUFFRIR, se dit quelquefois pour il est mort. — Éprouver de la peine, du dommage : *il souffre de votre humeur, de vos caprices.* — Se dit, fig., des choses qui éprouvent quelque dommage sensible : *les vignes, les blés ont souffert, ont souffert de la gelée.* — Souffrir v. a. Endurer : *il souffre de grands maux.*

Le moindre des tourments que mon cœur a *soufferts,*
Égale tous les maux que l'on *souffre* aux enfers.
J. RACINE. *La Thébaïde,* acte III, sc. II.

— SOUFFRIR MORT ET PASSION, éprouver de grandes douleurs, ou être très impatienté : *ce mal de dents m'a fait souffrir mort et passion.* — SOUFFRIR UNE RUDE, UNE FURIEUSE TEMPÊTE, être agité d'une rude, d'une furieuse tempête. SOUFFRIR UN COUP DE VENT, être battu d'un coup de vent; et, SOUFFRIR UN ASSAUT, soutenir un assaut. — Supporter : *c'est un corps qui souffre la fatigue, le froid, la faim,* etc. — NE POUVOIR SOUFFRIR UNE PERSONNE, UNE CHOSE, avoir pour elle de l'éloignement, de l'aversion : *cette marâtre ne peut souffrir les enfants de son mari.* — LE PAPIER SOUFFRE TOUT, on écrit sur le papier tout ce qu'on

veut, vrai ou faux, bon ou mauvais. — Tolérer, ne pas empêcher, quoiqu'on le puisse : *pourquoi souffrez-vous cela ?* — Permettre : *souffrez, monsieur, que je vous dise.*

Quoi qu'il en soit, *souffrez* que je lui parle encore.
L. RACINE. *Alexandre,* acte I⁰ʳ, sc. II.

— Admettre, recevoir, être susceptible ; ne se dit que des choses : *cela ne souffre point de retardement, de délai, de difficulté, de comparaison.*

SOUFI s. pl. SOUAFA, habitant du Souf.

SOUFI s. m. (ar., *suf*, laine, à cause du costume de ses sectaires). Membre d'une secte particulière de mahométans, qui prétendent avoir des relations surnaturelles avec l'Être suprême. Saïd Abul Khaïr les réunit et les organisa vers 820. Ils ont compté parmi eux quelques-uns des plus éminents savants et poètes mahométans.

SOUFISME s. m. Doctrine des soufis.

* **SOUFRAGE** s. m. Action de soufrer : *le soufrage du vin.*

* **SOUFRE** s. m. (lat. *sulphur*). Minéral non métallique, sec, friable, et de couleur jaune, qui brûle avec une flamme bleue, et qui exhale, en brûlant, une odeur forte et pénétrante : *odeur de soufre.* — FOIE DE SOUFRE, combinaison d'un alcali fixe et du soufre. — SOUFRE VÉGÉTAL, pollen des conifères ; poudre de lycopode. — SOUFRE DORÉ D'ANTIMOINE, oxyde d'antimoine. — FLEURS DE SOUFRE, soufre sublimé. — SOUFRE LAVÉ, soufre sublimé, débarrassé par les lavages de toutes espèces d'acide sulfurique. — SOUFRE EN CANON, soufre coulé en bâtons cylindriques. — SOUFRE ROUGE, arsenic sulfuré. — MAGISTÈRE DE SOUFRE, sulfure de potasse précipité par un acide. — ENCYCL. Le soufre est une substance élémentaire, de la base des métalloïdes. On le connaît depuis les temps les plus reculés, comme le produit sublimé des volcans, et comme un dépôt minéral naturel dans les couches d'argile ou de marne, dans les formations tertiaires. Il s'associe également au gypse, et c'est une des sources de ce minéral. On le rencontre dans certaines roches schisteuses, dans les dépôts de houille et de lignite, et dans certaines sources minérales où le déposent les eaux sulfurées. Il se trouve en Sicile dans les couches d'argile bleue qui gisent dans une matrice de sel gemme, de gypse et de strontium. Il existe aussi dans les roches primitives, telles que le granit et le mica ; il abonde dans les fissures à lave des cratères volcaniques, comme dans les solfatares près de Naples et à Popocatepetl, dans le Mexique. Il entre comme constituant dans un grand nombre de minéraux, tels que les pyrites de fer et de cuivre, la galène ou sulfure de plomb, le cinabre ou sulfure de mercure, l'antimoine gris et le sulfure d'arsenic ; il entre également dans la composition des sels ternaires des métaux, tels que les sulfates de cuivre et de fer, de strontium, de barium, de calcium ; et d'autres plus solubles contenus dans les eaux minérales, comme les sulfates de magnésium et de sodium. Il se trouve dans les composés protéens des animaux et végétaux, dans la taurine de la bile et dans la cystine de l'urine, dans certaines huiles volatiles, comme l'huile d'oignon et l'huile de moutarde. Le soufre se tire des dépôts naturels de soufre natif par dissolution ou distillation. Les dépôts riches sont simplement fondus dans de grands chaudrons de fer ou de terre ; on en retire la gangue et les petites pierres avec des cuillères perforées comme les écumoires. — Le soufre natif se présente soit à l'état de masses amorphes, soit en cristaux transparents jaunes, de l'octaèdre avec une base rhombique. Le soufre sublimé du commerce, connu sous le nom de fleur de soufre, est une poudre jaune à odeur légère, mais spéciale, et, par

suite de son insolubilité, presque insipide. Il n'est pas conducteur de l'électricité, et s'excite négativement lorsqu'il est frotté par la plupart des substances. Il a une forte affinité pour l'oxygène, prend feu lorsqu'il est chauffé à l'air à 235°, brûle avec une flamme bleue et émet des fumées suffocantes d'anhydride sulfureux. On le classe, par conséquent, parmi les substances éminemment inflammables. Le fond à 115° C., formant un liquide d'un jaune d'ambre et plus léger que le soufre solide. Il entre en ébullition à 445° environ, et forme alors une vapeur d'un jaune foncé, dont le poids spécifique est 6,617, et dont un volume contient trois atomes de soufre. Chauffée à environ 1000°, cette vapeur n'est plus que d'un tiers aussi dense qu'à 500°, et elle a alors le même volume atomique que l'oxygène. Le soufre, comme le phosphore, est remarquable par le nombre de modifications ou de conditions allotropiques qu'il peut prendre dans des circonstances diverses. Ces modifications forment deux variétés distinctes; celles de la première variété sont solubles et les autres insolubles dans le bisulfure de carbone. — Le soufre forme avec l'oxygène une série intéressante de composés : deux oxydes anhydres ou anhydrides, un anhydride sulfureux SO², et un anhydride sulfurique, SO³; deux acides, un sulfureux et un sulfurique, formés par l'union de ces anhydrides avec l'eau, et une autre série d'acides qui n'ont pas d'anhydrides correspondants. — Un des principaux usages du soufre est la fabrication de la poudre à canon. En thérapeutique, il est classé comme un laxatif, diaphorétique et altératif. On suppose qu'il est porté dans la circulation par les matières grasses dans le canal alimentaire. On sait qu'il est expulsé par la peau, car l'argent porté par ceux qui en prennent se noircit d'une couche de sulfure. On s'en sert dans les affections cutanées et d'autres maladies, comme médicament interne et externe.

* **SOUFRER** v. a. Enduire ou pénétrer de soufre : *soufrer des allumettes.* — SOUFRER UNE ÉTOFFE DE SOIE, DE LAINE, la passer en vapeur de soufre. — SOUFRER DU VIN, donner l'odeur de soufre au tonneau où on le met, par le moyen d'une mèche soufrée qu'on brûle dedans.

SOUFREUR, EUSE s. Personne qui soufre.

* **SOUFRIÈRE** s. f. Lieu où l'on recueille du soufre.

* **SOUGARDE** s. f. Voy. SOUS-GARDE.

* **SOUGORGE** s. f. Voy. SOUS-GORGE.

* **SOUHAIT** s. m. (fr. *sous;* et *huit,* vieux mot qui signifie gré). Désir, mouvement de la volonté vers un bien qu'on n'a pas : *souhait juste, légitime.*

Vous pouvez, dès celte heure, accomplir vos *souhaits*
Et le faire venir jusque dans ce palais.

— LES SOUHAITS DE BONNE ANNÉE, les vœux qu'on fait pour quelqu'un à la nouvelle année. — A VOS SOUHAITS, façon de parler familière dont on salue celui qui éternue. — A souhait loc. adv. Selon ses désirs : *tout lui vient, lui arrive, lui réussit à souhait.*

* **SOUHAITABLE** adj. Désirable : *c'est la chose du monde la plus souhaitable.*

* **SOUHAITER** v. a. Désirer : *souhaiter toutes sortes de prospérités à quelqu'un.* — S'emploie aussi dans les formules de compliments, et lorsqu'on fait des vœux pour quelqu'un : *souhaiter le bonjour, le bonsoir, la bonne année.* — Fam. JE VOUS EN SOUHAITE, se dit à une personne qui témoigne avoir envie d'une chose qu'elle n'aura pas : *vous espérez avoir cette place, je vous en souhaite.*

SOUIL s. m. (t mll.). Voy. SOUILLE.

SOUILLAC, ch.-l. de canton., arr. et à 23 kil. N.-E. de Gourdon (Lot), sur la rive droite de la Dordogne; 3,000 hab. Joli pont de sept arches; église byzantine du XI° siècle.

SOUILLARD s. m. Trou percé dans une pierre pour livrer passage à l'eau.

SOUILLARDE s. f. Baquet dans lequel on met les soudes lessivées.

* **SOUILLE s. f.** [Il mll.] (rad. lat. *sus*, cochon). Chasse. Lieu bourbeux où se vautre le sanglier. — Mar. Enfoncement, espèce de lit que forme, dans la vase ou dans le sable mou, un navire échoué momentanément : *le bâtiment fait sa souille.*

* **SOUILLER v. a.** Gâter, salir, couvrir de boue, d'ordure, de sang, etc. : *souiller ses habits, ses mains de boue, de sang,* etc.

Souillerai-je ma main d'un sang que je revère ?
J. Racine. *La Thébaïde,* acte III, sc. IV.

— Souiller ses mains du sang innocent, faire mourir un innocent. — Souiller le lit nuptial, souiller la couche nuptiale, commettre un adultère. — Fig. *Souiller sa conscience par une mauvaise action, par une injustice.*

Lorsque le déshonneur souille l'obéissance,
Les rois doivent douter de leur toute-puissance.
Corneille. *Don Sanche d'Aragon.*

* **SOUILLON s.** [Il mll.]. Celui ou celle qui tache, qui salit ses habits : *un petit souillon; une petite souillon.* Ne se dit guère que des enfants, et ordinairement des petites filles. (Fam.) — Souillon de cuisine, ou simpl. Souillon, servante employée à laver la vaisselle, et à d'autres bas services, qui exposent les vêtements à être salis.

SOUILLONNER v. a. Salir, comme le ferait un souillon.

* **SOUILLURE s. f.** Tache, saleté sur quelque chose. Ne s'emploie guère qu'au figuré : *c'est une souillure à son honneur, à sa réputation.* — Parmi les Juifs, Souillures légales, l'impureté contractée, soit par certaines maladies, soit par certains accidents qui, selon l'opinion des Juifs, rendent immonde.

SOUILLY, ch.-l. de cant., arr. et à 20 kil. S.-O. de Verdun (Meuse); 800 hab.

SOUK-AHRRAS (*le Marché du bruit*), ville d'Algérie, ch.-l. de cercle, à 163 kil. E. de Constantine et à 35 de la frontière tunisienne, dans une heureuse situation, au milieu d'un riche territoire; 2,500 hab. Ruines de l'antique Tagaste. Autour d'un poste militaire français établi en 1852, s'éleva rapidement la ville nouvelle.

* **SOÛL, OÛLE adj.** [sou] (rad. lat. *satur*). Pleinement repu, extrêmement rassasié : *il a bien dîné, il est bien soûl.* — Être soûl de quelque chose, en être rassasié jusqu'au dégoût : *cet homme est soûl de perdrix.* — Être soûl de musique, de vers, etc., en être rebuté, ennuyé. On dit, dans le même sens : Je suis si soûl de cet homme-là, de ces façons, que je ne puis le souffrir. — Ivre, plein de vin : *cet homme est toujours soûl.* — Soûl s. m. S'emploie avec les pronoms possessifs, Mon, ton, son, etc., pour dire autant qu'il suffit, autant qu'on veut : *tu peux manger ton soûl.* — Se met quelquefois avec l'article le : *il a eu du mal, de la peine, tout le soûl, tout son soûl.*

* **SOULAGEMENT s. m.** Diminution de mal, de douleur; adoucissement d'une peine de corps ou d'esprit : *donner, apporter, recevoir du soulagement.*

* **SOULAGER v. a.** (lat. *sublevare*). Délivrer, débarrasser d'une partie de quelque fardeau : *ce crocheteur est trop chargé, il faut lui ôter une partie de sa charge pour le soulager.* — Soulager une poutre, soulager un plancher, diminuer la charge que porte une poutre, un

plancher. — Soulager un navire dans une tempête, jeter à la mer une partie de sa plus grosse charge. — Diminuer et adoucir le travail, la peine, le mal, la douleur de quelqu'un : *il faut lui donner un aide pour le soulager dans son travail.* — Se soulager v. pr. Il avait un emploi qui l'accablait, il a pris deux commis pour se soulager. — Absol. Se soulager, satisfaire quelque besoin naturel.

SOULAINES, ch.-l. de cant., arr. et à 28 kil. N. de Bar-sur-Aube (Aube); 800 hab.

* **SOÛLANT, ANTE adj.** Qui soûle, qui rassasie : *c'est un mets bien soûlant.* (Bas et vieux.)

* **SOÛLARD s. m.** Homme qui a l'habitude de la plus grossière ivrognerie. — ᴠᴠ s. f. Soûlarde : *c'est une vraie soûlarde.*

* **SOULAS s. m.** [sou-la]. Soulagement, consolation. (Vieux.)

SOÛLAUD, AUDE s. et adj. Ivrogne, ivrognesse.

SOULAVIE (Jean-Louis Garaud), littérateur, né à Largentière (Ardèche) en 1752, mort à Paris en 1813. Après avoir été vicaire général du diocèse de Châlons, il embrassa avec ardeur les principes de la Révolution, et prêta le serment à la constitution civile du clergé. Il fut envoyé à Genève comme résident français, fut révoqué après le 9 thermidor et emprisonné jusqu'en 1795. Mis en liberté à cette époque, il ne s'occupa plus que de littérature. On lui doit : *Géographie de la nature* (Paris, 1780); *Histoire naturelle de la France méridionale* (1780-'83, 8 vol. in-8°); *Mémoires du maréchal de Richelieu* (Londres et Paris, 1790-'91, 9 vol. in-12); *Mémoires historiques et politiques du règne de Louis XVI* (Paris, 1802, 6 vol.), etc. Il a édité en outre un grand nombre de *Mémoires* et de *Correspondances.*

SOULCIE s. f. [soul-sî]. Ornith. Voy. Moineau.

SOULÉ (Pierre), homme d'État américain, né en France en 1801, mort en 1870. Avocat à Paris, il émigra à la Nouvelle-Orléans en 1825 et se distingua au barreau de cette ville. En 1847, il fut sénateur de la Louisiane, et, de 1853 à 1855, il fut envoyé comme ministre d'Espagne. En 1854, il prit part à la conférence d'Ostende. En 1861, il parcourut l'Europe comme agent du gouvernement confédéré, et, en 1862, il fut arrêté à la Nouvelle-Orléans par le général Butler. On ne le relâcha que sur sa promesse qu'il quitterait le pays. Il revint à la Nouvelle-Orléans peu avant sa mort.

* **SOÛLER v. a.** Rassasier avec excès, gorger de vin, de viande : *il aime le gibier, le poisson, on l'en a soûlé.* — Fig. Soûler ses yeux de sang, de carnage, prendre plaisir à voir répandre le sang. — Enivrer : *on l'a tant fait boire, qu'on l'a soûlé.* — Se soûler v. pr. Se rassasier : *j'aime ce mets, je m'en suis soûlé.* — S'enivrer : *cet homme aime à se soûler.*

* **SOULEUR s. f.** (corrupt. de *douleur*). Frayeur subite, saisissement : *son apparition subite m'a fait, m'a causé, m'a donné une souleur.* (Fam. et peu us.)

* **SOULÈVEMENT s. m.** (lat. *sublevatio*). Action de soulever. — Le soulèvement des flots, la grande agitation des flots; et Soulèvement de cœur, mal d'estomac causé par le dégoût et l'aversion qu'on a pour quelque chose : *cela me donna un soulèvement de cœur.* — Commencement de révolte : *le soulèvement d'une ville, d'une province.* — Mouvement d'indignation : *ces paroles causèrent dans l'assemblée un soulèvement général contre lui.*

* **SOULEVER v. a.** (lat. *sublevare*). Élever quelque chose de lourd, et ne le lever qu'à

une petite hauteur : *ce fardeau est si pesant qu'on a peine à le soulever.* — La marée soulève les navires qui sont sur la vase, elle les détache de la vase et elle les met à flot. — La tempête soulève les flots, elle les agite. — Le vent soulève la poussière, il la fait voler en tourbillon, etc. — Se dit quelquefois, au propre et au figuré, en parlant de choses légères qui en cachent d'autres : *il voulut soulever le voile qui couvrait la figure de cette femme.* — Exciter à la rébellion, à la révolte : *il a soulevé toute la province.*

Soulevez vos amis, tous les miens sont à vous.
J. Racine. *Andromaque,* acte IV, sc. III.

— Exciter l'indignation : *cette proposition souleva toute l'assemblée.* — Fig. Cela fait soulever le cœur, se dit d'une chose qui cause du dégoût : *ses flatteries sont si fades qu'elles font soulever le cœur.* — Soulever une question, la faire naître, la proposer, en provoquer la discussion : *vous auriez mieux fait de ne pas soulever cette question.* — v. n. Le cœur lui soulève. — Se soulever v. pr. *Soulevez-vous un peu.*

SOULEVEUR s. m. Celui qui soulève.

SOULIÉ (Melchior-Frédéric), romancier, né à Foix (Ariège) le 24 déc. 1800, mort à Bièvre, le 23 sept. 1847. Il fut d'abord avocat, mais avocat sans la moindre cause. En attendant les clients, il produisit une petite collection de poèmes qu'il fit paraître sous le titre d'*Amours françaises* (1824) et qui resta sans lecteurs. Le jeune auteur, à bout de ressources, accepta de diriger une entreprise de menuiserie mécanique. Il resta dans cette situation jusqu'en 1828, époque où le succès de son drame *Roméo et Juliette* lui permit de placer parmi les littérateurs de son époque. *Clotilde* (1832) fixa définitivement sa réputation comme dramaturge. Il devint, peu après, le feuilletoniste à la mode et ne fut supplanté dans cette position que lorsque Alexandre Dumas et Eugène Sue s'emparèrent de la vogue, après 1830. Les plus connus de ses romans sont : *Diane et Louise* (1840), *Le Maître d'École* (1839), *Si jeunesse savait, si vieillesse pouvait* (1841), et surtout *Les Mémoires du Diable* (1837). Il fut nommé sous-bibliothécaire à la bibliothèque de l'Arsenal (Paris). Sa pièce la plus populaire est la *Closerie des Genêts* (1846).

* **SOULIER s. m.** (rad. lat. *solea*, semelle). Chaussure qui est ordinairement de cuir, qui couvre tout le pied, ou seulement une partie du pied, et qui s'attache par-dessus : *ce soulier me gêne, me blesse.* — Fig. et fam. N'avoir pas de souliers, être fort pauvre. — Prov. et fam. Je ne m'en soucie non plus que de mes vieux souliers, se dit pour exprimer qu'on ne se soucie nullement de quelque personne ou de quelque chose. On n'en suis encore plus méprisant, Je n'en fais pas plus de cas que de la boue qui est sous mes souliers. — Prov. et fig. Être dans ses petits souliers, être dans une situation gênante, critique, embarrassante : *pendant qu'on lui faisait ce reproche, il était dans ses petits souliers.*

SOULIGNEMENT s. m. Action de souligner.

* **SOULIGNER v. a.** Tirer une ligne sous un mot, ou sous plusieurs mots : *on souligne dans une copie manuscrite ce qui doit être imprimé en italique.*

SOULIGNEUR, EUSE s. Personne qui souligne.

SOULIOTE s. et adj. De Souli, petit territoire de l'Albanie (Turquie d'Europe); qui appartient à ce territoire ou à ses habitants. — s. m. pl. Population formée d'Albanais et de Grecs, qui, fuyant les Turcs, prirent possession au XVII° siècle de la chaîne des monts Souli et des vallées adjacentes de l'Épire. Dans la seconde moitié du XVIII° siècle, ils étaient environ 18,000, habitant 79 villages, dont

le principal était Kako-Souli, à 1,200 pieds au-dessus de l'Acheron. Dans la guerre de 1787 a 1792 entre la Russie et la Turquie, les Souliotes donnèrent tout leur appui aux Russes. Après une lutte longue et acharnée contre les Ottomans, dans laquelle Ali, pacha de Janina, les extermina presque, ils devinrent les alliés de celui-ci lorsqu'il se révolta contre le sultan, et, lors de sa chute, en 1822, ils adhérèrent à la cause de l'indépendance grecque. Mais, en dépit des efforts héroïques de leur chef, Marco Botzaris, les Souliotes furent traqués dans leur inaccessible vallée; à la fin, Souli ayant été prise, le 4 sept. 1822, la masse de la population accepta l'offre d'un asile que leur faisait le gouverneur des îles Ioniennes, tandis que les autres se dispersaient.

*SOULOIR v. n. (lat. *solere*). Avoir coutume : *il soulait dire; il soulait faire*. (Vieux, et ne s'est guère dit qu'à l'imparfait.)

> Sous ce tombeau gît François de Foix,
> De qui tout bien un chacun *soulait* dire.
> Marot.

> Quant à son temps, bien le sut dispenser :
> *Deux parts en fit*, dont il *soulait* passer,
> L'une à dormir, l'autre à ne rien faire.
> Épitaphe de La Fontaine, faite par lui-même.

SOULOU ou Sulu, nom général d'un groupe pittoresque d'environ 150 îles dans l'archipel Indien, s'étendant sur une longueur de 375 kil. du S.-O. au N.-E., entre Bornéo et Mindanao, de 4° 40' à 6° 65' lat. N.-E. et de 117° à 120° long. E.; 3,300 kil. carr.; 200,000 hab. L'archipel comprend trois grandes îles : Tawi, près de la côte de Bornéo; Basilan, près de l'extrémité S.-O. de Mindanao, et Soulou, à mi-chemin entre elles deux à peu près. Celle-ci contient la capitale, qui est aussi le port principal, Sugh ou Soulou, dont chacune environ 60 kil. de long. sur 10 à 30 kil. de large; elles sont revêtues d'une riche végétation tropicale et hérissées de pics d'une considérable hauteur. On comprend quelquefois dans cet archipel l'île de Cagayan Soulou, à 220 kil. N.-O. du groupe principal. Les productions les plus importantes sont : les bois de teck et de santal, le riz, l'écaille de tortue, les perles, la nacre, les poissons, le trépang et les nids d'hirondelles. Elles sont habitées par les Malais mahométans renommés pour leurs habitudes de piraterie. Le sultan de Soulou commande à beaucoup de petits chefs.

SOULOUQUE (Faustin), empereur d'Haïti, sous le nom de Faustin Ier, né vers 1785, mort en 1867. Ex esclave, il fut émancipé par le décret de 1790 et se distingua comme soldat. Il commandait une division à la mort de Riché en 1847, lorsque le sénat l'élut à l'improviste président, le 1er mars. Il appartenait au parti des mulâtres; mais il se mit à faire des avances aux noirs et à poursuivre un système de terreur vis-à-vis des citoyens qu'il décima en 1868 par des confiscations, des proscriptions et des exécutions. En 1849, il provoqua la restauration de la monarchie, et fut presque unanimement élu empereur (26 août). Il s'entoura d'une cour nombreuse, fonda un ordre de noblesse, et promulgua une constitution, mais en se réservant un pouvoir arbitraire. En 1855, il fit une seconde tentative pour s'emparer de la Dominique, mais il fut battu par quelques centaines de Dominicains conduits par Santana, et put à grand'peine éviter d'être fait prisonnier. Son trésor et son trône tombèrent entre les mains de Santana. Une autre campagne, en 1856, aboutit aussi à des revers. Le général Geffrard se mit, en 1858, à la tête d'une révolte, et fut reconnu comme président de la république. Soulouque se retira à la Jamaïque, et revint après la chute de Geffrard, en 1867.

SOULT (Nicolas-Jean-de-Dieu), DUC DE DALMATIE, maréchal de France, né à Saint-Amans-la-Bastide (Tarn), le 29 mars 1769, mort à

Saint-Amans-Soult le 26 nov. 1851. Fils d'un notaire, il fut d'abord destiné à la même profession, mais il éprouva un tel dégoût pour les travaux de la plume, qu'on lui permit de suivre son inclination et il s'engagea (1785). Au moment de la Révolution, il était sergent; il passa sous-lieutenant en 1791, et, en moins de deux années, il parvint au grade de brigadier presque général. En 1799, il fut fait général de division pour la part qu'il avait prise à la bataille de Zurich, le 25 sept., bataille qui sauva la France de l'invasion. Pris par les Autrichiens au siège de Gênes, le 15 mai 1800, il fut échangé après la bataille d'Assaut, au prix de grands sacrifices, dans la nuit du 5 avril 1812. N'approuvant pas les actes du roi Joseph, Soult demanda à être rappelé; mais Napoléon lui ordonna de prendre le commandement en chef et de réparer la terrible défaite de Joseph à Vitoria, le 21 juin 1813. Battu à Orthez le 27 févr. 1814, et refoulé jusqu'à Toulouse, il y fit une héroïque résistance jusqu'à ce qu'il eût reçu la nouvelle de l'abdication de Napoléon. Après avoir accepté de Louis XVIII le ministère de la guerre, il se rallia à Napoléon, se battit à Waterloo, vécut en exil de 1816 à 1819, fut réintégré dans son maréchalat en 1820, et créa pair de France en 1827. Sous Louis-Philippe, il fut ministre de la guerre, de 1830 à 1831, premier ministre de 1832 à 1834, puis de 1839 à 1847, époque où il prit sa retraite comme maréchal général. Il a laissé des mémoires, dont on n'a publié que la première partie (1854, 3 vol.). Sa biographie a été écrite par Combes (1871). — Son fils, Napoléon-Hector, DUC DE DALMATIE, né en 1801, mort à Paris, le 31 déc. 1857, accompagna comme aide de camp le général Maison en Morée (1828), renonça au métier des armes après la révolution de Juillet et entra dans la diplomatie, fut successivement ministre plénipotentiaire à Stockholm (1834), à la Haye (1832), à Turin (1839), à Berlin (1843); il entra ensuite à l'Assemblée législative (1849) et se retira de la vie politique après le coup d'État du 2 décembre.

*SOULTE ou Soute s. f. (lat. *solutum*). Jurispr. S'emploie surtout en matière de successions et de partages, et signifie ce qu'un des copartageants doit payer aux autres, pour rétablir l'égalité des lots, lorsque celui qui lui est échu ne peut se diviser, et qu'il se trouve d'une plus grande valeur que les autres lots : *il a payé telle somme pour soulte de partage à son cohéritier, à ses cohéritiers*. — Se dit, dans un sens anal. en matière d'échanges, lorsque les héritages échangés ne sont pas d'égale valeur : *soulte d'échange*. — Se dit aussi du payement qu'on fait pour demeurer quitte d'un reste de compte : *il a payé dix mille francs pour soulte de compte, de tout compte*. On dit plus ordinairement, POUR SOLDE. — LÉGISL. (Voy. *Partage* et *Privilège*.)

SOULTZ-LES-BAINS ou Soultz-Baden, commune de l'Alsace-Lorraine, arr. à 22 kil. O. de Strasbourg; 800 hab. Eaux minérales.

SOULTZBACH, station minérale, à 14 kil. S.-O. de Colmar (Alsace), à l'entrée de la vallée de Munster. 3 sources d'eaux ferrugineuses bicarbonatées froides, recommandées contre les dispepsies, l'anémie, etc.

SOULTZMATT, station minérale de l'Alsace-Lorraine, arr. et à 23 kil. S.-O. de Colmar. Eaux bicarbonatées sodiques gazeuses froides. — Dyspepsie, gastralgie, gravelle, catarrhe vésical, rhumatisme, goutte, engorgements des organes utérins, etc.

SOUMET (Alexandre), poète français, né à Castelnaudary en 1788, mort en 1845. Il flatta tour à tour Napoléon et Louis XVIII, fut nommé par ce dernier bibliothécaire à Saint-Cloud, fut deux fois couronné par l'Académie française pour ses poèmes la *Découverte de la vaccine* et les *Derniers moments de Bayard*; donna au théâtre *Clytemnestre* et *Saül*, entra à l'Académie en 1824. Il écrivit les paroles de la *Norma*, de *Pharamond*, de *David*, etc.

*SOUMETTRE v. a. (lat. *submittere*). Se conjugue comme *Mettre*. Réduire, ranger sous la puissance, sous l'autorité, mettre dans un état d'abaissement et de dépendance : *soumettre à l'obéissance d'un souverain*.

> Vous n'aurez plus alors d'ennemis à *soumettre*,
> D'obstacle à surmonter, ni de crime à commettre.
> J. Racine. *La Thébaïde*, acte 1er, sc. III.

— SOUMETTRE SES IDÉES à CELLES DE QUELQU'UN, subordonner ses idées à celles d'un autre, être prêt à s'en désister, s'il y est contraire : *je soumets dans cette affaire mes idées aux vôtres*. — SOUMETTRE UNE CHOSE AU JUGEMENT, A LA CENSURE, A LA CRITIQUE DE QUELQU'UN, s'engager à déférer au jugement qu'il en porte : *je vous prie de lire toute la pièce, et la soumets à votre jugement*. — SOUMETTRE UNE CHOSE A QUELQU'UN, A L'ATTENTION, A L'EXAMEN DE QUELQU'UN, appeler l'attention de quelqu'un sur une chose, la lui faire examiner : *permettez-moi de vous soumettre une observation*. — SOUMETTRE UNE QUESTION A L'EXAMEN, la considérer en détail, pour la juger. SOUMETTRE UNE CHOSE AU CALCUL, la déterminer, la fixer à l'aide du calcul : *il y a des questions qu'on ne peut pas soumettre au calcul*. On dit de même, SOUMETTRE UNE CHOSE A L'ANALYSE, l'analyser, la décomposer, pour connaître de quels éléments elle est formée. — Se soumettre v. pr. Se conformer à : *se soumettre aux ordres de quelqu'un*.

> Il faut céder au grand maître,
> Et le plus obstiné fait par s'y *soumettre*.
> Laya, *L'Ami des Lois*, acte IV sc. III.

— No plus résister : *la ville s'est soumise*.

*SOUMIS, ISE part. passé de SOUMETTRE. Disposé à l'obéissance : *un fils soumis et respectueux*.

> Oh! dieux! à quel excès mon cœur s'est vu *soumis*.
> J. Racine. *La Thébaïde*, acte II, sc. 1er.

— FILLE SOUMISE, prostituée inscrite à la police.

SOUMISSION s. f. Disposition à obéir : *a toujours eu une grande soumission pour ses supérieurs*. — Action d'obéir : *j'ai été très content de sa soumission dans cette circonstance*. — Action par laquelle on déclare se soumettre, se ranger à l'obéissance : *cette ville a fait sa soumission tel jour*. — S'emploie quelquefois au pluriel, pour signifier les respects qu'un inférieur rend à ceux qui sont au-dessus de lui : *c'est un homme qui exige de grandes soumissions*. — Se dit aussi des démonstrations respectueuses dont un inférieur use à l'égard d'un supérieur, pour apaiser son indignation, pour lui faire satisfaction : *le roi reçut ses soumissions avec bonté*. — Acte, écrit par lequel on déclare faire une acquisition, ou se charger d'un ouvrage, d'une fourniture, d'une entreprise, à telles et telles conditions: *vente et adjudication sur soumissions cachetées*. — Action par laquelle on offre de payer, pour une certaine somme : *il fit sa soumission pour mille francs, dans le payement de la contribution*. (Voy. SOUSCRIPTION.) — Procéd. FAIRE SA SOUMISSION, déclarer qu'on s'oblige à l'exécution de ce qui est demandé ou de ce qui est jugé : *faire sa soumission au greffe*.

° SOUMISSIONNAIRE s. Adm. et Fin. Celui ou celle qui fait sa soumission pour quelque marché ou pour quelque payement : *il y a plusieurs soumissionnaires pour cette entreprise.*

° SOUMISSIONNER v. a. Adm. et Fin. Faire sa soumission pour quelque marché ou pour quelque payement : *soumissionner un marché, une fourniture, un emprunt.*

SOUND [sâonndd], détroit resserré formant un des passages entre le Cattegat et la Baltique, et séparant l'île danoise de Seeland de la Suède. Il a, du N. au S., 110 kil., et, en face Copenhague, il a environ 23 kil. de large. Le nom Sound s'applique plus spécialement à sa partie la plus étroite, entre Elsinore et Helsinbourg, où il n'a que 5 kil. Le Danemark tint autrefois les deux rives et, pendant longtemps, leva une taxe sur les navires qui y passaient. Mais ce droit a été racheté par les autres nations par des traités conclus en 1857.

SOUNGARIA. Voy. Dzoungarie.

° SOUPAPE s. f. (esp. *sopapo*). Mécan. Sorte de languette qui se lève dans une pompe pour donner passage à l'eau, et qui se referme pour empêcher que l'eau ne retourne au lieu d'où elle est sortie : *soupape de cuir, de cuivre, de bois*, etc. — Tout ce qui, dans une machine, donne passage à un fluide, et lui ferme le retour, lorsqu'il est une fois passé : *soupape de sûreté.* (Voy. Sûreté.) — Ce qui sert dans l'orgue et autres instruments semblables, pour donner passage au vent, et pour empêcher qu'il ne rentre. — Tampon de forme conique, qui sert dans un réservoir pour boucher le trou par lequel l'eau peut aller dans les canaux : *lever la soupape pour faire aller les jets d'eau.*

SOUPATOIRE adj. Qui appartient au souper : *dîner soupatoire.*

° SOUPÇON s. m. (lat. *suspicio*). Opinion, croyance désavantageuse, accompagnée de doute : *soupçon fondé.* — Un cœur exempt de soupçon, qui ne soupçonne pas; et, Une conduite exempte de soupçon, qui ne peut être soupçonnée. — Simple conjecture, simple opinion que l'on s'est faite de quelque chose : *ce n'est que par une certitude, ce n'est qu'un soupçon.* — Apparence légère, ou la plus petite quantité possible d'une chose : *donnez-moi un soupçon de cette liqueur.*

SOUPÇONNABLE adj. Qui peut être soupçonné.

° SOUPÇONNER v. a. Avoir une croyance désavantageuse, accompagnée de doute, touchant quelqu'un ou quelque chose : *soupçonner un homme d'un crime, d'une trahison.* — Former une simple conjecture, avoir une simple opinion touchant quelque chose que ce soit : *je soupçonne qu'il est l'auteur de ces vers.* — Fam. Vous ne soupçonnez pas ce que c'est que ce caractère, ce que c'est que cette entreprise, etc., vous n'en avez pas, vous ne pouvez en avoir une juste idée.

SOUPÇONNEUR, EUSE s. Celui, celle qui soupçonne.

SOUPÇONNEUSEMENT adv. D'une manière soupçonneuse.

° SOUPÇONNEUX, EUSE adj. Défiant, qui est enclin à soupçonner, qui soupçonne aisément : *c'est un homme soupçonneux.*

° SOUPE s. f. (all. *suppe*). Potage, sorte d'aliment, de mets ordinairement fait de bouillon et de tranches de pain, et qu'on sert au commencement du repas : *soupe grasse, soupe maigre.* — Venez manger ma soupe; j'irai demain manger votre soupe, venez dîner avec moi; j'irai demain dîner avec vous. — Ivre comme une soupe, fort ivre; et, Trempé, mouillé comme une soupe, très mouillé. — Dès la soupe, dès le commen-

cement du repas : *il était ivre dès la soupe.* — La soupe fait le soldat, le soldat nourri simplement, mais abondamment, est plus propre aux fatigues du métier. — S'emporter comme une soupe au lait, se mettre facilement et promptement en colère : *au moindre mot, il s'emporte comme une soupe au lait.* — Un cheval soupe de lait, soupe au lait; un pigeon soupe de lait, ou de plumage soupe de lait, un cheval qui est est d'un blanc tirant sur l'isabelle; un pigeon de la même couleur. — Soupe au vin, soupe au perroquet, soupe a perroquet, des tranches, des morceaux de pain dans du vin. — Se dit aussi d'une tranche de pain coupée fort mince : *une soupe de pain.* En ce sens, on dit Tailler la soupe, couper du pain par tranches pour en faire de la soupe.

° SOUPENTE s. f. (lat. *suspentio;* de *suspendere,* suspendre). Assemblage de plusieurs larges courroies cousues l'une sur l'autre, et servant à soutenir le corps d'une voiture : *une des soupentes du cabriolet est cassée.* Se dit également de longues et larges bandes de cuir croisées, qui servent à maintenir, à suspendre un cheval dans l'appareil qu'on nomme travail. — Retranchement pratiqué en planches ou en maçonnerie, dans la hauteur d'une cuisine, d'une écurie ou d'un autre lieu, pour loger des domestiques, ou pour quelque autre usage : *il couche dans une soupente.*

° SOUPER v. n. Prendre le repas ordinaire du soir : *on vous attend à souper.*

° SOUPER ou Soupé s. m. Repas ordinaire du soir : *on leur servit un magnifique souper.* — Après-souper. (Voy. Après-souper.)

SOUPÈSEMENT s. m. Action de soupeser.

° SOUPESER v. a. Lever un fardeau avec la main, et le soutenir pour juger à peu près combien il pèse : *vous croyez que cela n'est pas lourd, soupesez-le un peu pour en juger.*

° SOUPEUR s. m. Celui qui est dans l'usage de souper : *il y a aujourd'hui peu de soupeurs.*

° SOUPIED s. m. Voy. Sous-pied.

° SOUPIÈRE s. f. Vase large et profond, qui a ordinairement deux anses, et dans lequel on sert la soupe : *une soupière de faïence, de porcelaine, d'argent.*

° SOUPIR s. m. [sou-pirr] (lat. *suspirium*). Respiration plus forte et plus longue qu'à l'ordinaire, causée souvent par quelque passion, comme l'amour, la tristesse, etc. : *soupir de douleur, d'amour,* etc. — C'est l'objet de ses soupirs, se dit d'une fille, d'une femme dont quelqu'un est fort amoureux. — Dernier soupir, dernier moment de la respiration, le dernier moment de la vie : *je vous servirai, j'aurai de la reconnaissance jusqu'à mon dernier soupir, jusqu'au dernier soupir.* — Rendre le dernier soupir, les derniers soupirs, mourir. Recevoir, recueillir les derniers soupirs de quelqu'un, l'assister à ses derniers moments. — Mus. Pause, silence qui équivaut à une noire : *prenez garde en chantant à bien observer les soupirs.* — Signe ayant à peu près la forme d'une virgule, qui marque l'endroit où il doit faire un soupir : *il y a un soupir marqué en cet endroit-là.* — On dit aussi, Demi-soupir, quart de soupir, selon la différence des pauses. (Voy. Musique.)

° SOUPIRAIL, AUX s. m. (*l* mll.) (rad. *soupirer*). Ouverture pratiquée à la partie inférieure d'un édifice, pour donner de l'air, pour donner du jour à une cave ou à quelque autre lieu souterrain : *faire un soupirail.*

° SOUPIRANT s. m. Amant, celui qui aspire à se faire aimer d'une femme : *elle a beaucoup de soupirants.* (Fam.)

° SOUPIRER v. n. Pousser des soupirs, faire des soupirs : *soupirer de douleur, d'a-*

mour, de regret. — Désirer ardemment, rechercher avec passion; et, en ce sens, il est ordinairement suivi de la préposition Après : *il y a longtemps qu'il soupirait après cette place, qu'il soupirait après cela.* — S'emploie dans le même sens, avec la préposition Pour : *il soupire pour cette femme, pour cette fille.* — **Soupirer** v. a. Exprimer par des soupirs : *soupirer ses peines.* — Exprimer sur un m' *'* plaintif :

Et quoi ! c'est quand il faut redoubler d'energie
Que Barbaroux soupire une molle élégie.
     Ponsard. *Charlotte Corday,* acte III, sc. 10.

Tantôt vous soupirez mes peines,
Tantôt vous chantez mes plaisirs.
     Malherbe.

SOUPIREUR, EUSE s. Personne qui soupire.

° SOUPLE adj. (lat. *sub,* sous; *plicatus,* ployé). Flexible, maniable, qui se plie aisément sans se rompre, sans se gâter : *voilà du cuir fort souple; en voilà d'autre qui n'est guère souple.* — Se dit aussi des personnes et de certains animaux qui ont une grande facilité à se mouvoir : *il faut être bien souple pour faire de pareils tours.* — Docile, complaisant, soumis, qui a l'humeur accommodante, l'esprit flexible aux volontés d'autrui : *il a ruiné sa fortune, faute d'avoir été assez souple.* — Prov. Cet homme est souple comme un gant, il s'accommode à tout ce qu'on veut: presque toujours cela se dit en mauvaise part, pour signifier une complaisance servile.

° SOUPLEMENT adv. D'une manière souple, avec souplesse. (Peu us.)

° SOUPLESSE s. f. Flexibilité, facilité à se mouvoir, à se plier : *la souplesse du jonc, de l'osier.* — Fig. Tous de souplesse, moyens subtils, adroits, cachés, artificieux, dont certaines gens se servent pour arriver à leurs fins : *c'est un homme dangereux dans les affaires, dans le commerce, il faut se donner de garde de ses tours de souplesse.* — Se dit quelquefois, fig., en parlant de l'esprit, du style, de la voix : *il a beaucoup de souplesse dans l'esprit.* — Docilité, complaisance, soumission, flexibilité aux volontés d'autrui : *avoir de la souplesse dans les affaires, dans le commerce du monde.*

° SOUQUENILLE s. f. [sou-ke-ni-ieu; ll mll.]. Espèce de surtout fort long, fait de grosse toile, et qu'on donne ordinairement aux cochers et aux palefreniers, pour s'en couvrir quand ils pansent les chevaux : *donner une souquenille à un cocher.*

SOUQUER v. a. [sou-ké]. Mar. Raidir un cordage, une amarre pour lui donner plus de force.

° SOURCE s. f. (rad. lat. *surgere,* surgir). Eau qui commence à sourdre, à sortir de terre en certain endroit pour prendre son cours vers un autre; et endroit, lieu d'où l'eau sort : *ce ruisseau ne provient pas des pluies, c'est une eau de source, qui coule de source.* Source intermittente, source qui coule pendant un certain temps, et cesse ensuite de couler pendant un autre temps, pour recommencer à couler de nouveau, et ainsi de suite. — Se dit, fig., des pays qui sont abondants, fertiles, en certaines choses, et qui les répandent au dehors : *la Champagne et la Bourgogne sont les sources des bons vins.* — Principe, cause, origine, premier auteur de quelque chose, d'où quelque chose procède : *ce fatal événement est la source de tous nos maux.* — Je tiens cette nouvelle de bonne source, je la tiens de personnes qui doivent être bien informées. — Se dit, dans un sens particulier, des textes originaux : *cet historien a puisé dans les meilleures sources.* — Les sources de la vie, les principaux organes, nécessaires à la vie : *un mal qui empoisonne les sources de la vie.* — Théol. Les sources de la grâce, les sacrements. — Cela coule de source, se dit en parlant de ce qu'une per-

sonne dit ou écrit d'une manière naturelle, facile, ou conformément à son génie, au caractère de son esprit, aux sentiments de son cœur : *il écrit facilement, cela coule de source.* — Mar. LA SOURCE DU VENT, le point d'où il souffle. — Législ. « Lorsqu'une source vient à jaillir naturellement dans un fonds, sans que la main de l'homme y ait contribué, les propriétaires des fonds inférieurs sont tenus de recevoir les eaux de cette source, et ils ne peuvent élever aucun ouvrage pour en empêcher l'écoulement. Ils n'ont pas droit à réclamer une indemnité, à moins que la source ne soit due au travail de l'homme, par exemple, s'il s'agit d'un puits artésien. D'un autre côté, le propriétaire du fonds dans lequel se trouve une source n'est pas tenu de laisser écouler les eaux hors de ce fonds, et il a le droit de les absorber entièrement, sauf dans les deux cas suivants : 1° lorsque le propriétaire d'un fonds inférieur a acquis le droit de recevoir les eaux, soit en vertu d'un titre, soit par la prescription consistant en une jouissance non interrompue pendant trente années à partir du jour où il a terminé des ouvrages apparents destinés à faciliter la chute et le cours de l'eau dans sa propriété ; 2° lorsque la source fournit aux habitants d'une commune ou d'un hameau l'eau qui leur est nécessaire. Mais si les habitants n'ont pas acquis par titre ou par prescription l'usage de cette eau, le propriétaire de la source peut réclamer une indemnité, laquelle est réglée par experts (C. civ. 640 à 643). Dans le cas où la source artificielle créée sur un fonds résulte de travaux de drainage, le propriétaire des terrains drainés peut, moyennant une indemnité préalable, conduire les eaux souterraines ou à ciel ouvert sur les propriétés qui séparent ses terrains d'un cours d'eau ou de toute autre voie d'écoulement (L. 10 juin 1854). »   (CH. Y.)

* SOURCIER s. m. Celui qui prétend avoir des moyens particuliers pour découvrir des sources.

* SOURCIL s. m. [sour-si] (lat. *supercilium*). l'oil qui est en forme d'arc au bas du front, au-dessus de l'œil : *sourcil noir, clair, épais, touffu.* — SE FAIRE LES SOURCILS, les accommoder, les ajuster. — Fig. FRONCER LE SOURCIL, montrer sur son visage de la mauvaise humeur, du mécontentement : *aussitôt qu'on lui parle de cela, il fronce le sourcil.*

* SOURCILIER, IÈRE adj. [sour-si-li-é]. Anat. Qui a rapport aux sourcils : *muscle sourcilier.*

SOURCILLER v. n. [il mll.] (fr. *source*). Jaillir, sortir de terre en petites sources.

* SOURCILLER v. n. [il mll.]. Remuer le sourcil en signe de mécontentement, d'impatience, etc. Ne s'emploie ordinairement qu'avec la négative : *cet écolier n'ose pas sourciller devant son maître.* — IL A ENTENDU CETTE MAUVAISE NOUVELLE SANS SOURCILLER, IL N'A PAS SOURCILLÉ QUAND ON LUI A PRONONCÉ SON ARRÊT, il n'a laissé paraître alors aucune marque d'altération sur son visage.

SOURCILLEUSEMENT adv. En sourcillant.

* SOURCILLEUX, EUSE adj. Haut, élevé. Ne s'emploie que fig. et poétiq., et n'est guère usité que dans ces phrases : MONTS SOURCILLEUX ; MONTAGNES SOURCILLEUSES. — UN FRONT SOURCILLEUX, un front où se peint l'orgueil. Il veut dire aussi, un front empreint de tristesse, un front chagrin, inquiet.

* SOURD, OURDE adj. [sour] (lat. *surdus*). Qui ne peut entendre, par le vice, le défaut, l'obstruction de l'organe de l'ouïe : *il est devenu sourd.* — SOURD COMME UN POT, extrêmement sourd. On dit, dans le même sens, SOURD A N'ENTENDRE PAS DIEU TONNER. — ÊTRE SOURD AUX PRIÈRES, AUX CRIS, AUX RAISONS, AUX REMONTRANCES, être inexorable, insensible,

inaccessible aux prières, aux cris, etc. — Se dit aussi de certaines choses, pour marquer qu'elles ne retentissent pas autant qu'elles devraient, qu'elles ne rendent pas un son aussi fort qu'elles devraient : *cette église, cette salle est sourde.* — BRUIT SOURD, bruit qui n'est pas éclatant : *il sort un bruit sourd, on entend un bruit sourd qui sort de cette caverne.* — IL COURT UN BRUIT SOURD, on se dit à l'oreille une nouvelle qui n'est pas encore publique ni certaine. — DOULEUR SOURDE, douleur interne qui n'est pas aiguë. — LIME SOURDE, lime qui ne fait pas de bruit quand on l'emploie. Se dit, fig. et fam., d'une personne qui agit secrètement pour quelque mauvais dessein, ou qui, sous un air taciturne, cache de la malignité. — LANTERNE SOURDE, lanterne faite de telle façon, que celui qui la porte voit sans être vu, et qu'il en cache entièrement la lumière quand il veut. — Joaill. PIERRE SOURDE, pierre dure à quelque chose d'obscur, de sombre, de brouillé. — Se dit au figuré de certaines choses qui se font secrètement, sans bruit, sans éclat ; et, dans ce sens, il se prend toujours en mauvaise part : *des menées, des pratiques sourdes.* — Mathémat. QUANTITÉS SOURDES, quantités incommensurables, c'est-à-dire, celles qui ne peuvent être exprimées exactement, ni par des nombres entiers, ni par des fractions : *la racine carrée de deux est une quantité sourde.* — Substantiv. *Un sourd ; l'institution des sourds-muets.*

* SOURD s. m. Nom donné à la salamandre, dans quelques provinces.

* SOURDAUD, AUDE s. Celui, celle qui n'entend qu'avec peine : *c'est un sourdaud.* (Fam.)

SOURDÉAC (Alexandre DE RIEUX, *marquis de*), un des fondateurs de l'opéra en France, mort en 1695. Il fit construire, en son château du Neubourg (Normandie), une salle de spectacle dans laquelle on représenta pompeusement, en 1660, la *Toison d'Or* de Corneille. Sourdéac se ruina en peu de temps.

* SOURDEMENT adv. D'une manière sourde, peu retentissante, qui fait peu de bruit : *le tonnerre grondait sourdement.* — D'une manière secrète et cachée : *il a fait cela sourdement.*

SOURDEVAL, ch.-l. de cant., arr. et à 10 kil. N. de Mortain (Manche), sur la Sée ; 3,000 hab. Belle fontaine en granit.

* SOURDINE s. f. Ce qu'on met dans une trompette, à certains instruments de musique pour en affaiblir le son : *il faut mettre une sourdine dans cette trompette.* — En parlant d'une montre à répétition, se dit d'un ressort qui, étant poussé, retient le marteau, l'empêche de frapper sur le timbre ou sur la boîte de la montre. — A la sourdine loc. adv. et fig. Avec peu de bruit, secrètement : *les ennemis ont délogé à la sourdine.*

SOURDIS (Henri D'ESCLOUBEAU DE), prélat français, né en 1593, mort en 1645. Il succéda à son frère comme archevêque de Bordeaux en 1629, fut l'ami de Richelieu, accompagna Louis XIII au siège de la Rochelle en 1628, comme intendant des vivres et de l'artillerie et suivit également le roi en Piémont. Il se distingua également en Espagne (1633) en qualité de directeur du matériel de l'armée.

* SOURD-MUET, SOURDE-MUETTE adj. Qui, par suite de la surdité, est aussi privé de l'usage de la parole. — Substantiv. *Un sourd-muet ; une sourde-muette ; l'institution des sourds-muets.* — ENCYCL. Chez les sourds-muets, l'infirmité est la surdité ; la mutité n'en est que la conséquence. La mutité sans surdité est extrêmement rare, et quand elle n'est pas due à un vice de conformation, elle est invariablement un signe d'idiotie. On

peut naître sourd ou perdre l'usage de l'ouïe par maladie ou par accident ; mais la mutité ne suit ordinairement que la surdité de naissance. Quelques-uns pensent que la surdité est plus répandue dans les pays froids que dans les contrées chaudes et chez les races caucasiennes plus que chez les autres. Voici le tableau de la proportion des sourds-muets dans plusieurs États civilisés.

PAYS	1 POUR
Angleterre.	1.500 hab.
Belgique.	2.300
France.	1.300
Hollande.	2.000
Écosse.	1.400
Irlande.	1.100
Danemark.	2.000
Luxembourg	2.300
Prusse.	1.400
Sardaigne.	800
Suède.	1.600
Norvège.	1.000
Suisse.	1.000
États-Unis.	2.500

— CAUSES DE LA SURDITÉ. Les causes de la surdité sont ou anté-natales ou post-natales. Les causes anté-natales produisent non seulement la surdité congénitale, mais aussi la perte graduelle de l'ouïe, ou une faiblesse de cet organe qui prédispose à sa perte dès la moindre attaque. Les causes les plus incontestables sont la consanguinité des parents et la transmission héréditaire. C'est pourquoi la surdité, l'idiotie, le crétinisme et le goître dominent dans les districts montagneux, parce qu'ils sont dus aux intermariages, devenus inévitables dans une population recluse et stationnaire ; tandis que l'on observe le contraire, beaucoup moindre que partout ailleurs, aux États-Unis où les habitants voyagent facilement. La transmission héréditaire est beaucoup moins commune que l'on ne pense ; c'est à peine si l'on compte un enfant sourd sur 1,600 mariages entre sourds accidentellement ; quand un parent seul est congénitalement sourd, les chances de produire des enfants ayant la même infirmité sont de 1 pour 43u ; et quand l'un et l'autre parents sont congénitalement sourds, la moyenne des enfants sourds est de 1 pour 10. Les causes post-natales prédisposantes de la surdité sont : la fièvre scarlatine, les scrofules, les affections syphilitiques et la méningite cérébro-spinale. — La surdité est généralement incurable. Quand elle arrive graduellement, on peut l'arrêter par des soins chirurgicaux promptement appliqués ; quand elle est congénitale et qu'elle vient de l'hérédité, elle est souvent associée à d'autres infirmités corporelles et mentales. — HISTOIRE DE L'ÉDUCATION DES SOURDS-MUETS. Chez les peuples primitifs, les sourds furent considérés comme incapables de recevoir la moindre éducation. Le vénérable Bède décrit un alphabet manuel dans son livre *De loquela per gestum digitorum* (Ratisbonne, 1532), ouvrage dont les gravures sont probablement les plus anciennes illustrations existantes de dactylolalie. La première tentative systématique faite pour donner de l'instruction à cette classe de déshérités a été Pedro Ponce, moine bénédictin d'Espagne (mort en 1584). On prétend que ses élèves pouvaient à la fois parler facilement et comprendre sans difficulté d'après le seul mouvement des lèvres. Bonet écrivit le premier traité relatif à l'instruction des muets (Madrid, 1620). Un autre Espagnol, E.-R. de Carrion, qui vivait dans la seconde moitié du XVII° siècle, eut plusieurs élèves, parmi lesquels Emmanuel-Philibert, prince de Carignan, auquel il apprit à lire, à écrire et à parler quatre langues. En Italie, on s'occupa beaucoup de l'anatomie de l'oreille, de la physiologie du langage et de la phonologie, ou étude des sons vocaux. Les principaux

savants qui s'occupèrent de cette science furent : Eustachius (1563), et, plus tard, Fabricius de Padoue. En Angleterre il y eut John Wallis (1664), George Dalgarno qui publia, en 1664, *Ars signorum* et, en 1680, *Didascalocophus*. L'alphabet manuel imaginé par Dalgarno est la base de l'alphabet anglais à deux mains, en usage encore de nos

d'une manière frappante à ceux de quelques tribus sauvages : indication des objets avec le doigt, expression des émotions réelles ou simulées, imitation des actions et représentation avec les mains de la forme ou de l'emploi des objets; quant aux idées abstraites, il est beaucoup plus difficile de les exprimer. — Il existe deux alphabets manuels : l'un à

public alloue une subvention annuelle à chacune de ces maisons : elle est de 220,000 fr. pour Paris, de 100,000 fr. pour Bordeaux et de 50,000 fr. pour Chambéry. La durée de l'enseignement est de six années; elle est en même temps littéraire et professionnelle. Elle comprend depuis un certain temps l'enseignement de la parole articulée qui a eu tant de succès en Amérique et qui permet aux sourds-muets non seulement de s'exprimer par la parole, mais aussi de comprendre les mots parlés en regardant les mouvements des lèvres de la personne qui parle. Il existe, en outre, en France environ soixante maisons particulières de sourds-muets; ce qui est très insuffisant; car, sur 35,000 sourds-muets, il y en a à peine 2,500 qui reçoivent l'éducation dans les établissements publics ou privés. — Légis. Le sourd-muet qui sait écrire est apte à tous les actes de la vie civile; il peut faire ou accepter une donation; il peut tester dans la forme olographe, et il peut aussi faire un testament dans la forme mystique, pourvu que ce testament soit entièrement écrit, daté et signé de sa main, et que de plus le testateur écrive lui-même sur l'acte de suscription, en présence du notaire et des témoins, que le papier qu'il présente est son testament. Lorsque le sourd-muet ne sait pas écrire, il ne peut faire aucun acte valable, si ce n'est dans la forme authentique, devant un officier public et avec l'assistance d'un interprète assermenté. S'il s'agit d'accepter une donation, cette acceptation doit être faite, au nom du sourd-muet, par un curateur spécialement nommé à cet effet. Le sourd-muet ne sachant pas écrire ne peut disposer de ses biens par testament; car le notaire qui reçoit un testament public et les témoins présents à l'acte doivent entendre, sans intermédiaire, celui qui dicte ses dernières volontés. (Voy. Testament.) Le sourd-muet, appelé à déposer

Sourds-muets. — Alphabet à une seule main.

jours. En Allemagne, les premiers efforts sont dus à Joachim Pasch, de Brandenburg, qui instruisit sa propre fille au moyen de dessins et de peintures; mais Johann-Konrad Amman, médecin suisse de Harlem, est ordinairement considéré comme le fondateur du système allemand. Il enseigna l'articulation des sons et décrivit son procédé sous le titre de *Surdus loquens* (1692). Le Silésien Kerger (1704) fut le premier qui, sur le continent, subordonna l'articulation aux signes. O.-B. Lasius (1745), dans l'éducation qu'il entreprit de plusieurs sourds-muets, essaya de réduire cet art à la plus grande simplicité et d'établir une relation directe entre les idées et les signes. Il n'employait ni l'articulation, ni les signes, ni la dactylolalie. Samuel Heinicke (1729-'90) fonda à Leipzig la première institution publique allemande. La France fut la dernière des grandes nations européennes à s'occuper de l'éducation des sourds-muets. Un juif portugais, Jacob-Rodriguez Pereira, commença cet enseignement en 1743; mais, tant qu'il vécut, sa méthode resta secrète. Avant l'époque de l'abbé de l'Épée, l'articulation avait été, pour tous les professeurs, le principal moyen d'instruction, et quelquefois même le seul; et l'on avait employé très peu les gestes. De l'Épée commença gratuitement ses leçons en 1755. D'abord il imita Vanin, en enseignant au moyen de peintures, et ensuite il essaya de l'articulation; mais il abandonna bientôt ces deux méthodes pour adopter celle des gestes; son système a été perfectionné par l'abbé Sicard. L'introduction de l'éducation des sourds-muets dans les autres pays d'Europe a été effectuée généralement par des élèves de Heinicke ou de de l'Épée. — Il existe deux méthodes distinctes d'instruction pour les sourds-muets : la méthode d'articulation ou méthode labiale et la méthode par signes ou méthode manuelle. La plupart des professeurs ne sont pas d'accord sur les mérites de ces deux systèmes; d'autres les ont combinés. Dans le système élémentaire labial, on enseigne d'abord les sons et quand on a obtenu une parfaite obéissance des organes vocaux, on apprend aux élèves des combinaisons plus longues et ensuite des phrases. Le langage par signes est basé sur les gestes imaginés par les sourds-muets sans éducation, signes que l'on a trouvés ressemblant

deux mains, employé surtout en Grande-Bretagne et imaginé par Dalgarno. Il imite les formes des lettres capitales romaines, sauf pour les voyelles; l'autre, qui exige seulement l'emploi d'une main, imite les formes des lettres ordinaires; il est antérieur à Bonet et est employé partout sur le continent. — Adm. « L'institution des sourds-muets, fondée à Paris par l'abbé de l'Épée en 1760, et celle

Sourds-muets. — Alphabet à deux mains.

qui fut ouverte à Bordeaux en 1785 sous la direction de l'abbé Sicard, ont été mises au rang des établissements nationaux en vertu de la loi des 21-29 juillet 1791. Il en a été de même en 1860 de la maison des sourds-muets de Chambéry, à l'époque où la Savoie a été réunie à la France. L'établissement de Paris ne reçoit que des garçons (de 9 à 14 ans); celui de Bordeaux ne reçoit que des filles (de 9 à 15 ans); et celui de Chambéry admet, dans des quartiers séparés, des garçons et des filles (de 10 à 15 ans). Le prix de la pension est à Paris de 1,000 fr. par an; et l'État accorde des bourses entières, des demi-bourses et des quarts de bourse. Le Trésor

comme prévenu ou comme témoin dans une enquête, dans une procédure criminelle, etc., doit écrire sa déposition devant le juge ou être assisté d'un interprète ayant prêté serment (C. civ. 936, 979; C. inst. crim. 332, 333). »   (Ch. Y.)

* **SOURDRE** v. n. (lat. *surgere*, jaillir). Sortir de terre. Ne se dit que des eaux, et n'est guère en usage qu'à l'infinitif et à la troisième personne du présent de l'indicatif : *c'est un pays fort aquatique, l'eau y sourd partout.* — Sortir, résulter; est seulement d'usage à l'infinitif : *c'est une affaire, une entreprise dont on a vu sourdre mille malheurs, mille inconvénients.*

SOURIANT, ANTE adj. Qui sourit : *elle était toute souriante.*

SOURICEAU s. m. Le petit d'une souris : *un petit souriceau.*

SOURICIÈRE s. f. Piège, instrument pour prendre des souris : *souricière de bois.* — Fig. et fam. **SE METTRE, SE JETER DANS LA SOURICIÈRE**, se mettre inconsidérément dans quelque embarras dont on ne peut sortir. — Fig. Piège que la police dresse à des malfaiteurs dans quelqu'une de leurs retraites pour les y prendre l'un après l'autre. — Endroit public mal famé que reste ouvert pendant la nuit et que la police tolère.

SOURIQUOIS, OISE adj. Qui appartient à la souris ; qui tient de la souris.

SOURIRE v. n. (fr. *sous* et *rire*). Se conjugue comme *Rire.* Rire sans éclater et seulement par un léger mouvement de la bouche et des yeux : *il vint au-devant de moi en souriant.* — **SOURIRE A QUELQU'UN**, lui témoigner, par le sourire, de l'estime, de la complaisance, de l'affection, etc. : *cette dame lui souriait.*

Je reçus et je vois le jour que je respire
Sans que mon père ni mère ait daigné me sourire.
Racine, *Iphigénie*, acte II, sc. 1re.

— On dit, fig., LA **FORTUNE LUI SOURIT**, le favorise. — **SOURIRE A QUELQU'UN**, se dit aussi des choses qui présentent un aspect agréable, des idées riantes : *cette affaire lui sourit beaucoup.*

SOURIRE s. m. Action de sourire : *il avait toujours le sourire sur les lèvres.*

SOURIS s. m. (lat. *subrisus*). Signifie la même chose que sourire, substantif : *un doux souris.*

SOURIS s. f. (lat. *sorex*). Quadrupède de la famille des rongeurs, du même genre que le rat, mais plus petit, qui se retire dans les trous des maisons, et qui attaque les grains, la paille, les meubles, etc. : *guetter comme le chat fait la souris.* — Prov. **IL EST ÉVEILLÉ COMME UNE POTÉE DE SOURIS**, se dit d'un jeune enfant fort vif, fort remuant et fort gai. — **LA MONTAGNE A ENFANTÉ UNE SOURIS**, se dit lorsque de grands projets n'aboutissent à rien. — **SOURIS QUI N'A QU'UN TROU EST BIENTÔT PRISE**, quand on n'a qu'une ressource, qu'un expédient, il est difficile de réussir, de se tirer d'affaire. — **ON LE FERAIT CACHER DANS LE TROU D'UNE SOURIS, DANS UN TROU DE SOURIS**, se dit d'un homme qui a peur, ou qui est embarrassé. — Fam. **ON ENTENDRAIT TROTTER UNE SOURIS**, se dit pour exprimer un grand silence. — **COULEUR GRIS DE SOURIS**, se dit d'un

Souris commune (Mus musculus).

gris argenté ; et, **CHEVAL SOURIS**, d'un cheval de cette couleur. — Fortif. **PAS DE SOURIS**, escalier étroit et raide pratiqué à la gorge d'un ouvrage avancé, pour établir une communication entre cet ouvrage et le fossé qui se trouve en arrière. — Guerre. Appareil destiné à mettre le feu à un fourneau de mine. — Muscle charnu qui tient à l'os du manche d'un gigot de mouton, près de la jointure. — Maréchal. Cartilage des naseaux du cheval. — **ENCYCL.** La souris est le plus petit des *murinés*. On a décrit plus de 50 espèces du genre *mus* (Linn.), y compris les rats domestiques. La seule à laquelle on donne le nom de souris est le petit animal familier de nos maisons (*mus musculus*, Linn.). Sa couleur varie du noir presque absolu au blanc pur. Les souris blanches, ou albinos, ne sont qu'une variété de l'animal ordinaire, mais elles peuvent se reproduire entre elles avec leur particularité. Les « souris chanteuses » ne diffèrent pas d'aspect d'avec les souris ordinaires ; mais elles font entendre, surtout la nuit, un sifflement qui ressemble un peu au petit cri du serin. La souris domestique est

Nid et tête de la souris des moissons.

originaire d'Europe et de l'Asie centrale ; mais elle est aujourd'hui répandue sur la plupart des régions habitées du globe. Parmi les souris des champs d'Europe, on peut citer le *mus sylvaticus* (Linn.), qui se trouve dans les champs et les jardins, où il fait de grands dépôts de grain, de noix, de glands, etc., dans des chambres souterraines. La *souris des moissons* (*mus minutus*, Pall.) n'a que 2 pouces 1/4 de l'extrémité du nez à l'origine de la queue, laquelle a environ 2 pouces de plus. Ces souris minuscules font des

Cage à souris.

nids de feuilles et de paille dans les tiges du blé encore sur pied ou dans des chardons, et souvent on les met avec la moisson dans les granges, où elles vivent et multiplient. — On a domestiqué une espèce particulière, la *souris blanche*, que l'on peut considérer comme l'albinos de la souris commune, mais dont quelques naturalistes font une espèce particulière (*cypræa hirundo*). On enferme ordinairement les souris blanches dans des cages à double compartiment.

SOURNIA, ch.-l. de cant., arr. et à 19 kil. N. de Tarbes (Pyrénées-Orientales), sur la rive gauche de la Désix ; 900 hab.

SOURNOIS, OISE adj. Qui est caché et dissimulé : *cet enfant est bien sournois.* — Substantiv. : *c'est un sournois, une sournoise.*

SOURNOISEMENT adv. D'une manière sournoise : *il l'attaque sournoisement.*

SOURNOISERIE s. f. Humeur sournoise, conduite sournoise : *il y a bien de la sournoiserie dans son fait.*

SOURSOMMEAU s. m. Chacun des deux paniers qui composaient la charge d'un mulet.

SOUS [sou] (lat. *sub*). Préposition qui sert à marquer la situation d'une chose à l'égard d'une autre qui est par-dessus, qui est au-dessus : *les peuples qui sont sous la ligne.* — Fig. et fam. **CE MARIAGE A ÉTÉ FAIT SOUS LA CHEMINÉE**, il a été fait clandestinement, sans que les formalités légales aient été remplies. — Fam. **REGARDER QUELQU'UN SOUS LE NEZ**, le regarder curieusement et de près, avec quelque marque de mépris, ou un manque de respect. — **JE LE FERAI MOURIR SOUS LE BATON**, je l'assommerai à coups de bâton. — **CAMPER, SE RETIRER SOUS UNE VILLE, SOUS LE CANON D'UNE VILLE**, camper, se retirer auprès d'une ville dont on est le maître, et qui peut tirer sur ceux qui viendraient attaquer le camp. — **ÊTRE SOUS LE FEU D'UN BATAILLON, D'UN BASTION**, etc., être exposé au feu d'un bataillon, d'un bastion, etc. — **CELA S'EST PASSÉ SOUS MES YEUX**, se dit d'une chose dont on a été témoin oculaire. — **METTRE UNE CHOSE SOUS LES YEUX DE QUELQU'UN**, la lui présenter pour qu'il l'examine, ou qu'il en décide. **IL A VU ÉLEVER CET ENFANT SOUS SES YEUX**, dans sa maison, auprès de lui. — **CE CHEVAL EST SOUS LA MAIN DU COCHER**, ou simpl. : **EST SOUS LA MAIN**, se dit d'un cheval de carrosse qui est à la droite du timon. — Fig. **ÊTRE SOUS LES ARMES**, se dit des soldats, quand ils sont rangés en ligne ou en bataille avec leurs armes : *à son arrivée, le régiment se mit sous les armes.* — **ÊTRE SOUS LES ARMES**, se dit quelquefois d'une femme, d'une fille qui est parée à son avantage, et avec dessein de plaire. — **UN CHEVAL SOUS POIL NOIR, SOUS POIL GRIS**, etc., un cheval de poil noir, de poil gris, etc. — **ÊTRE SOUS LA CLEF, SOUS CLEF**, être dans un lieu fermé à clef. **ÊTRE SOUS LES VERROUS**, être en prison. **CE PAPIER EST SOUS LE SCELLÉ**, il est enfermé dans un meuble, dans une chambre où l'on a mis le scellé. — **CE PAPIER EST INVENTORIÉS SOUS LA COTE A, SOUS LA COTE B**, etc., elle est marquée de la lettre A, de la lettre B, et elle est énoncée ainsi dans l'inventaire. On dit de même : **ÊTRE INSCRIT SOUS TEL NUMÉRO**, avec tel numéro d'inscription. — Mar. **ÊTRE SOUS VOILES**, se dit d'un bâtiment qui a ses voiles déployées. **SOUS LE VENT**, se dit en parlant du côté opposé à celui d'où le vent souffle. **CETTE ILE NOUS RESTAIT SOUS LE VENT**, nous étions entre cette île et le vent ; cette île était pour nous d'un côté, et le vent nous venait de l'autre. **LES MANŒUVRES QUI SONT SOUS LE VENT**, les manœuvres du bord opposé à celui qui reçoit le vent, etc. — Man. **CE CHEVAL EST SOUS LUI**, se dit d'un cheval dont les quatre extrémités se rapprochent sous le ventre. — Sert aussi, fig., à marquer la subordination et la dépendance : *ceux qui ont vécu sous la loi de Moïse.* — **AVOIR QUELQUE CHOSE SOUS LA MAIN D'UN AUTRE**, être sa dépendance ou à son entière disposition. On dit à peu près dans le même sens : **ÊTRE SOUS LA FÉRULE DE QUELQU'UN.** — **ÊTRE SOUS LA PROTECTION DE QUELQU'UN**, en être protégé. On dit de même : **SE METTRE SOUS LA PROTECTION DE QUELQU'UN**, prendre QUELQU'UN SOUS SA PROTECTION. — **ÊTRE SOUS LES DRAPEAUX, SOUS LE DRAPEAU**, être en activité de service, être à son régiment, à son corps : *il y avait tant de soldats sous les drapeaux.* — Se joint à beaucoup de mots de la langue, pour en former d'autres qui indiquent une infériorité de position, d'ordre, de qualité, de rang, d'attributions, etc. : *sous-gorge, sous-ventrière, sous-tendante, sous-aide, sous-doyen, sous-doyenné, sous-chantre, sous-gouverneur, sous-gouvernante, sous-lieutenant, sous-lieutenance, sous-officier, sous-maitre, sous-précepteur, sous-prieur, sous-prieure, sous-bibliothécaire, sous-économe, sous-sacristain, sous-fermier, sous-chef*, etc. On a mis à leur place alphabétique ceux de ces mots dont l'intelligence pourrait à la définition qui précède est insuffisante. — Sert quelquefois à marquer le temps durant lequel un homme a vécu, un événement est arrivé, etc. : *il vivait sous tel*

roi, *sous le règne de tel roi.* — JE FERAI TELLE CHOSE SOUS PEU, SOUS PEU DE TEMPS, SOUS QUINZE JOURS, SOUS QUINZAINE, etc., dans peu de temps, dans quinze jours, etc. — Sert aussi à marquer la situation de deux lieux, dont l'un est plus élevé que l'autre : *la Ferté-sous-Jouarre.* — S'emploie dans plusieurs phrases fig. IL CACHAIT UNE BELLE AME SOUS L'EXTÉRIEUR LE PLUS GROSSIER, il avait un extérieur grossier qui n'eût pas fait soupçonner la noblesse de ses sentiments. — SOUS PRÉTEXTE DE CHARITÉ ; SOUS LE VOILE DE LA DÉVOTION, SOUS APPARENCE DE DÉVOTION, SOUS OMBRE, SOUS COULEUR DE LUI RENDRE SERVICE, en se servant du prétexte de la dévotion et du voile de la charité, en feignant de vouloir lui rendre service. — Sous TEL NOM, SOUS TEL TITRE, avec tel nom, avec tel titre, etc. : *il se présenta chez eux sous un faux nom, sous un nom supposé.* — SOUS CE RAPPORT, à cet égard : *il lui est inférieur sous ce rapport, sous plus d'un rapport.* — PASSER QUELQUE CHOSE SOUS SILENCE, n'en point parler. — AFFIRMER SOUS SERMENT, faire un serment pour attester la vérité de quelque chose. — Moyennant, avec : *sous le bon plaisir de la cour ; sous telle et telle condition.* — CELA EST DÉFENDU SOUS PEINE DE LA VIE, SOUS PEINE DE BANNISSEMENT, SOUS PEINE D'AMENDE, etc., on encourra la peine de mort, la peine du bannissement, etc., si on fait telle chose. — CELA EST ORDONNÉ SOUS PEINE DE DÉSOBÉISSANCE, on encourra les peines attachées à la désobéissance, si on ne fait pas telle chose. — Sous main loc. adv. En cachette, clandestinement : *il cherche à me nuire sous main.*

* SOUS-ACÉTATE s. m. Acétate contenant plusieurs équivalents de base pour un d'acide.

* SOUS-AFFERMER ou Sous-fermer v. a. [sou-za-]. Donner à sous-ferme, ou prendre à sous-ferme : *le fermier principal m'a sous-affermé, sous-fermé une partie des terres qu'il avait prises à ferme.*

* SOUS-ÂGE s. m. Age secondaire, subdivision d'une époque géologique et historique. — pl. *Des sous-âges.*

* SOUS-AIDE s. m. Adm. milit. Chirurgien militaire du grade le moins élevé. — pl. *Des sous-aides.*

* SOUS-AMBASSADE s. f. Ambassade déléguée par un ambassadeur en titre. — pl. *Des sous-ambassades.*

* SOUS-AMENDEMENT s. m. Amendement à un amendement : *on a rejeté tous les sous-amendements.*

* SOUS-AMENDER v. a. Amender un amendement.

* SOUS-ARBRISSEAU s. m. Bot. Toute plante ligneuse dont les branches ne naissent jamais de boutons formés l'année précédente, comme celles des arbres et des arbrisseaux : *des sous-arbrisseaux.*

* SOUS-ARRONDISSEMENT s. m. Adm. Subdivision d'un arrondissement maritime : *des sous-arrondissements.*

* SOUS-AUMÔNIER s. m. Aumônier placé sous un aumônier en chef : *des sous-aumôniers.*

* SOUS-AXILLAIRE adj. Bot. Se dit de tout organe inséré au-dessous de l'aisselle des feuilles : *feuilles sous-axillaires.*

* SOUS-BAIL s. m. Bail que le preneur fait à un autre, d'une partie de ce qui lui a été loué ou donné à ferme : *des sous-baux.*

* SOUS-BAILLEUR, EUSE s. Personne qui donne à sous-bail : *des sous-bailleurs.*

* SOUS-BARBE s. f. Man. Partie postérieure de la mâchoire inférieure du cheval, sur laquelle porte la gourmette : *des sous-barbes.*

* SOUS-BIBLIOTHÉCAIRE s. m. Employé

subordonné au bibliothécaire : *des sous-bibliothécaires.*

* SOUS-BRIGADIER s. m. Sous-officier de gendarmerie ou de douaniers qui est au-dessous du brigadier : *des sous-brigadiers.*

* SOUS-CARBONATE s. m. Carbonate dans lequel il entre plus d'un équivalent de base pour un d'acide.

* SOUS-CHEF s. m. Celui qui vient immédiatement après le chef : *des sous-chefs.*

* SOUS-CLAVIER, IÈRE adj. Anat. Qui est sous la clavicule : *artères sous-clavières.*

* SOUS-COMMISSAIRE s. m. Fonctionnaire faisant partie de l'administration de la marine : *des sous-commissaires.*

* SOUS-COSTAL, ALE, AUX adj. Anat. Qui est situé sous les côtes.

* SOUS-COUCHE s. f. Géol. Couche secondaire placée sous une autre couche : *des sous-couches*, on dit aussi *substratum.*

* SOUSCRIPTEUR s. m. Celui qui prend part à une souscription. Se dit surtout de ceux qui souscrivent pour quelque entreprise de librairie : *il y a beaucoup de souscripteurs pour cet ouvrage, pour cet atlas.*

* SOUSCRIPTION s. f. (lat. subscriptio). Signature qu'on met au-dessous d'un acte pour l'approuver : *ils ont approuvé cet acte par leur souscription, par leurs souscriptions.* — LA SOUSCRIPTION D'UNE LETTRE, la signature de celui qui l'a écrite, accompagnée de certains termes de civilité, comme, Votre très humble, etc. : *la souscription de cette lettre n'était pas assez respectueuse.* — Engagement que prennent plusieurs personnes de fournir chacune une certaine somme pour quelque entreprise, pour quelque dépense commune ; et quelquefois des sommes mêmes qui sont fournies : *on a déjà pour trois cent mille francs de souscriptions.* — Libr. Engagement de prendre, moyennant un prix convenu, un ou plusieurs exemplaires d'un livre, d'un ouvrage qui doit être publié dans un certain espace de temps : *cet ouvrage a été imprimé, publié par souscription.* — Reconnaissance que le libraire donne à celui qui a souscrit.

* SOUSCRIRE v. a. (lat. subscribere). Ecrire son nom au bas d'un acte pour l'approuver : *tels et tels ont souscrit ce contrat, je le souscrirai.* — Consentir, approuver ce qu'un autre dit : *en ce sens, il est toujours suivi de la préposition A : je souscris à tout ce que vous dites.*

A ces conditions vous daignates souscrire.
J. Racine, *La Thébaïde,* acte I[?], sc. III.

— Fournir, s'engager à fournir une certaine somme pour quelque entreprise, pour quelque dépense commune : *on proposa d'ériger une statue à Corneille, et un tel souscrivit pour deux cents francs.* — S'engager à prendre, moyennant un prix convenu, un ou plusieurs exemplaires d'un livre, d'un ouvrage qui doit être publié dans un certain espace de temps : *ceux qui souscrivent doivent payer moins cher que ceux qui attendent que l'ouvrage soit entièrement publié.*

qui vient immédiatement après le directeur : *des sous-directeurs.*

* SOUS-DIVISER v. a. Voy. SUBDIVISER.

* SOUS-DOMINANTE s. f. Mus. La quatrième note d'un ton, celle qui est immédiatement au-dessous de la dominante : *dans le ton d'ut naturel, la sous-dominante est fa ; des sous-dominantes.*

* SOUS-DOUBLE adj. Mathémat. Qui est la moitié : *deux est sous-double de quatre ; trois et quatre sont sous-doubles de six et de huit.*

* SOUS-DOUBLÉ, ÉE adj. Mathémat. N'e : usité que dans cette phrase, EN RAISON SOUS-DOUBLÉE, en raison des racines carrées.

* SOUS-ENTENDRE v. a. Ne point exprimer dans le discours une chose qu'on a dans la pensée : *quand je vous ai dit cela, j'ai sous-entendu que...* — CETTE CLAUSE, CETTE CONDITION SE SOUS-ENTEND, SE SOUS-ENTEND TOUJOURS, elle est réputée exprimée. On dit de même, CELA EST TOUJOURS SOUS-ENTENDU. — Gramm. Se dit de certains mots qu'on n'exprime pas, et qui peuvent être aisément suppléés. DANS CES LOCUTIONS, une bouteille de vin, un muid de vin, *les mots pleine et plein sont sous-entendus. Dans dormir toute la nuit, on sous-entend pendant.*

* SOUS-ENTENDU, UE part. passé de Sous-ENTENDRE. Qui n'est pas exprimé : *mot sous-entendu.* — m. Ce qu'on a dans la pensée et qu'on n'exprime pas : *il y a là quelques sous-entendus.*

* SOUS-ENTENTE s. f. Ce qui est sous-entendu artificieusement par une sous-entente à ce qu'il dit ; des sous-ententes.

* SOUS-ÉPINEUX, EUSE adj. Anat. Qui est placé au-dessous de l'épine dorsale.

* SOUS-ESPÈCE s. f. Division d'une espèce : *des sous-espèces.*

* SOUS-FAÎTE s. f. Charpent. Pièce d'un comble posée de niveau au-dessous du faîte, et liée par des croix de Saint-André : *des sous-faîtes.*

° SOUS-FERME s. f. Sous-bail, convention par laquelle un fermier général ou principal cède la totalité ou une partie de sa ferme à un fermier particulier : *les sous-fermiers ont gagné dans leurs sous-fermes.*

* SOUS-FERMER v. a. Voy. SOUS-AFFERMER.

* SOUS-FERMIER, IÈRE s. Celui, celle qui prend des biens ou des droits à sous-ferme : *des sous-fermiers.*

* SOUS-FRÉTER v. a. Fréter à un autre le bâtiment qu'on avait affrété pour soi.

SOUS-FRUTESCENT, ENTE adj. Bot. Qui ressemble à un sous-arbrisseau.

* SOUS-GARDE s. f. Arqueb. Morceau de fer en forme de demi-cercle, qui est au-dessous de la détente d'une arme à feu, et qui empêche que, quelque chose venant à la toucher, elle ne se débande : *des sous-gardes.*

* SOUS-GENRE s. m. Hist. nat. Section établie dans un genre et renfermant plusieurs espèces : *des sous-genres.*

* SOUS-GORGE s. f. Man. Morceau de cuir qui est attaché à l'un des côtés de la bride du licol d'un cheval, et qui passe sous sa gorge, pour venir se rattacher de l'autre côté : *des sous-gorges.*

* SOUS-GOUVERNEUR s. m. Gouverneur en second : *sous-gouverneur des enfants de France ; des sous-gouverneurs.*

* SOUS-INTENDANCE s. f. Charge, fonction de sous-intendant : *des sous-intendances.*

* SOUS-INTENDANT s. m. Intendant en second : *des sous-intendants militaires.*

* SOUS-JACENT, ENTE adj. Qui est placé dessous : *roches sous-jacentes.*

* SOUS-LIEUTENANCE s. f. Grade de sous-lieutenant : *des sous-lieutenances.*

* SOUS-LIEUTENANT s. m. Officier du grade inférieur au lieutenant : *des sous-lieutenants.*

* SOUS-LIGNEUX, EUSE adj. Bot. Qui n'a pas une consistance aussi solide que celle du bois.

* SOUS-LOCATAIRE s. Celui ou celle qui loue une portion d'une maison, et qui la tient du principal locataire : *des sous-locataires.*

* SOUS-LOCATION s. f. Action de sous-louer ; sous-bail : *des sous-locations.*

* SOUS-LOUER v. a. Donner à loyer une partie d'une maison ou d'une terre dont on est locataire ou fermier : *j'ai sous-loué deux chambres à mon ami.* — Prendre à loyer une portion de maison, non pas du propriétaire, mais du locataire principal : *j'ai sous-loué de monsieur un tel.*

* SOUS-MAÎTRE s. m. Celui qui, dans une maison d'éducation, aide et remplace le maître. — pl. *Des sous-maîtres.*

* SOUS-MAÎTRESSE s. f. Celle qui, dans une maison d'éducation, aide ou remplace la maîtresse : *des sous-maîtresses.*

* SOUS-MARIN, INE adj. Qui est au fond de la mer, sous les flots de la mer : *volcan sous-marin.* — NAVIGATION SOUS-MARINE, celle qui consiste à faire naviguer des bâtiments entre deux eaux : *on a fait récemment plusieurs essais de navigation sous-marine.* — BATEAU SOUS-MARIN, bateau destiné à naviguer sous l'eau : *des bateaux sous-marins.* .

* SOUS-MAXILLAIRE adj. Anat. Qui est placé sous la mâchoire inférieure : *glandes sous-maxillaires.*

* SOUS-MENTONNIÈRE s. f. Bride qui sert à attacher le shako sous le menton : *des sous-mentonnières.*

° SOUS-MULTIPLE adj. Arithm. Se dit d'un nombre qui se trouve compris plusieurs fois exactement dans un nombre plus grand : *trois est sous-multiple de douze.* — Substantiv. Trois n'est un des sous-multiples de neuf.

* SOUS-NITRATE s. m. Chim. Nitrate contenant plusieurs équivalents de base pour un d'acide : *des sous-nitrates.* Le sous-nitrate de bismuth est employé comme antispasmodique dans la gastralgie, la diarrhée, etc. ; de 2 à 5 gr. et au-dessus, en poudre mêlée à du sucre ou en pilules. (Voy. NITRATE.)

* SOUS-NOIX s. f. Econ. dom. Morceau du bœuf dans lequel se trouve le gîte à la noix.

* SOUS-NORMALE s. f. Géom. Partie de l'axe d'une courbe qui est comprise entre les deux points de l'ordonnée et la perpendiculaire à la courbe menée du point touchant, viennent rencontrer l'axe : *la sous-normale de la parabole est constante et égale à la moitié du paramètre ; des sous-normales.*

* SOUS-ŒUVRE (En) loc. adv. Voy. ŒUVRE.

* SOUS-OFFICIER s. m. Titre donné dans l'infanterie au fourrier, au sergent, au sergent-major et à l'adjudant ; et dans la cavalerie au fourrier, au maréchal des logis, au maréchal des logis chef et à l'adjudant : *des sous-officiers.*

* SOUS-ORBICULAIRE adj. Se dit des organes dont la forme est presque ronde.

* SOUS-ORBITAIRE adj. Qui est situé sous l'orbitre : *artères sous-orbitaires.*

* SOUS-ORDRE s. m. Procéd. Ordre ou distribution de la somme qui a été adjugée à un créancier dans un ordre, laquelle est répartie entre les créanciers de ce créancier opposants sur lui. — OPPOSANTS EN SOUS-ORDRE, CRÉANCIERS EN SOUS-ORDRE, ceux qui sont opposants, non pas sur la partie saisie, mais sur un créancier de la partie saisie. — Par ext. EN SOUS-ORDRE, se dit en général de tous ceux qui ne sont dans une affaire que subordonnément : *il n'est pas en chef dans cet affaire, il n'y est qu'en sous-ordre.* — Substantiv. Celui qui est soumis aux ordres d'un autre, ou qui travaille sous lui à une affaire quelconque : *ceux qui sont à la tête d'une administration, doivent veiller sur leurs sous-ordres.*

* SOUS-OXYDE s. m. Voy. OXYDE.

* SOUS-PERPENDICULAIRE s. f. Géom. Synon. SOUS-NORMALE.

* SOUS-PHOSPHATE s. m. Phosphate qui contient plus d'un équivalent de base pour un d'acide : *des sous-phosphates.*

SOUS-PIED s. m. Bande de cuir ou d'étoffe qui passe sous le pied et qui s'attache des deux côtés au bas d'une guêtre ou d'un pantalon, de manière à le retenir et à l'empêcher de remonter : *porter, mettre des sous-pieds.*

* SOUS-POPLITÉ adj. Anat. Se dit d'un muscle situé au-dessous du pli du jarret : *des muscles sous-poplités.* — Substantiv. Les sous-poplités.

* SOUS-PRÉFECTORAL, ALE, AUX adj. Qui appartient, qui a rapport à une sous-préfecture.

* SOUS-PRÉFECTURE s. f. Portion de département qui renferme plusieurs cantons, subdivisée en communes, et qui est administrée par un sous-préfet : *le chef-lieu d'une sous-préfecture.* — Se dit aussi des fonctions de sous-préfet, de la demeure du sous-préfet et du lieu où il a ses bureaux : *aller à la sous-préfecture.* — Chef-lieu de la sous-préfecture : *Mantes est une sous-préfecture ; les sous-préfectures.*

* SOUS-PRÉFET s. m. Fonctionnaire public chargé d'administrer un arrondissement communal, sous la direction immédiate du préfet : *le sous-préfet de Bernay ; des sous-préfets.* — Adm. « Depuis la loi du 28 pluviôse an VIII, dans chaque arrondissement autre que celui où se trouve le chef-lieu du département, il y a un sous-préfet qui administre sous l'autorité du préfet. Les sous-préfets sont nommés et révoqués par le président de la République, sur la proposition du ministre de l'intérieur. Aucune condition d'âge ni de capacité n'est requise pour cette fonction qui comporte trois classes. Le traitement est, selon la classe, de 7,000 fr., de 6,000 fr. ou de 4,500 fr. (Décr. 23 fév. 1872.) Les sous-préfets ont plusieurs attributions administratives ; mais, le plus souvent, leur fonction se borne à faire parvenir aux maires les instructions du préfet, et à transmettre à ce dernier les dossiers des affaires concernant l'arrondissement. Le sous-préfet n'est donc pas un organe indispensable, surtout depuis que la facilité des communications permet au préfet d'étendre au loin son action directe. La suppression des sous-préfectures, déjà effectuée pour le département de la Seine (L. du 2 août 1880), pourrait donc avoir lieu presque partout en France, sans que les services publics eussent à en souffrir. En cas d'absence, le sous-préfet peut être remplacé par un conseiller de préfecture délégué par le préfet ». (CH. Y.)

* SOUS-SECRÉTAIRE s. m. N'est guère employé que dans cette expression, SOUS-SECRÉTAIRE D'ÉTAT, haut fonctionnaire placé immédiatement au-dessous du secrétaire d'État ou ministre et qui le remplace au besoin : *des sous-secrétaires.* — Adm. « Le sous-secrétaire d'État est, à l'égard du ministre, ce qu'est le secrétaire général de la préfecture auprès du préfet d'un département. C'est seulement depuis l'ordonnance du 9 mai 1816 que cet emploi a été créé et occupé d'une façon intermittente dans quelques-uns des principaux ministères. Le sous-secrétaire d'État n'a d'autre attribution que celle que le ministre lui délègue. Il est toujours chargé de la direction supérieure d'un ou de plusieurs services généraux du ministère. En outre, il parle quelquefois dans les chambres législatives, soit au nom du ministre qu'il représente, soit comme commissaire du gouvernement, dans une discussion particulière.»
(CH. Y.)

* SOUS-SECRÉTARIAT s. m. Emploi d'un sous-secrétaire; bureau d'un sous-secrétaire : *des sous-secrétariats.*

* SOUS-SEING s. m. Acte fait entre des particuliers sans l'intervention d'un officier public : *des sous-seings.* (Voy. SEING.)

* SOUS-SEL s. m. Chim. Nom donné aux sels avec excès de base. On dit de même, SOUS-CARBONATE, SOUS-NITRATE, SOUS-PHOSPHATE, etc.

* SOUSSIGNÉ, ÉE part. passé de SOUSSIGNER. Dont la signature est ci-dessous. On ne l'emploie que dans ces sortes de phrases : *je, soussigné; je, soussigné reconnais, confesse... nous, soussignés, sommes convenus...*

* SOUSSIGNER v. a. Mettre sa signature au bas de.

* SOUS-SOL s. m. Agric. Couche du sol qui est au-dessous de la terre végétale : *le sol et le sous-sol.* — Partie d'une maison qui est au-dessous du rez-de-chaussée. — pl. *Des sous-sols.*

* SOUS-TANGENTE s. f. Géom. Partie de l'axe d'une courbe qui est comprise entre l'ordonnée et la tangente correspondante : *des sous-tangentes.*

* SOUS-TENDANTE s. f. Géom. La ligne droite qui, menée d'un point d'une courbe à un autre, forme la corde de l'arc compris entre eux : *des sous-tendantes.*

* SOUS-TENDRE v. a. Géom. Se dit de la situation d'une corde par rapport à un arc : *cette corde sous-tend un arc de soixante degrés.*

* SOUS-TITRE s. m. Titre placé après le titre principal d'un livre : *des sous-titres.*

SOUSTONS, ch.-l. de cant., arr. et à 27 kil. N.-O. de Dax (Landes) ; 3,000 hab.

SOUSTRACTIF, IVE adj. Mathém. Qui a rapport à la soustraction.

* SOUSTRACTION s. f. Action de soustraire : *soustraction de papiers, d'effets.* — Arithm. Opération par laquelle on ôte, on retranche un nombre d'un autre nombre : *faire une soustraction.* — ENCYCL. Le résultat de la soustraction s'appelle *reste, excès* ou *différence.* Pour soustraire un nombre d'un autre, on place le plus petit sous le plus grand, de manière que les unités de même ordre se correspondent et l'on commence l'opération par la droite. S'il arrive qu'un chiffre appartenant au nombre à soustraire soit plus grand que le chiffre correspondant du nombre supérieur, on emprunte une unité au chiffre voisin de gauche, unité qui vaut dix et que l'on ajoute au chiffre duquel on soustrait, et l'on a soin ensuite de diminuer d'une unité le chiffre suivant auquel cette unité a été empruntée. Le signe de la soustraction est — (moins). La soustraction des fractions se fait en réduisant au même dénominateur, en retranchant les numérateurs l'un de l'autre et en donnant à la différence le dénominateur commun.

* SOUSTRAIRE. v. a. (lat. *subtrahere*). Se conjugue comme *Traire.* Oter d'une quelque chose à quelqu'un, le priver de certaines choses par adresse ou par fraude : *il a soustrait du dossier les pièces les plus importantes.* — SOUSTRAIRE

LES ALIMENTS A UN MALADE, lui retrancher quelque chose de sa nourriture ordinaire. — *Dérober à*, préserver de : *rien ne peut le soustraire à ma fureur.* — SOUSTRAIRE DES SUJETS DE L'OBÉISSANCE, ou mieux, A L'OBÉISSANCE DU PRINCE, les faire révolter contre leur prince. — Arithm. Oter, retrancher un nombre d'un autre nombre : *l'arithmétique enseigne à additionner à soustraire, à multiplier et à diviser.* — Se soustraire, v. pr. S'affranchir, se délivrer de, se dérober à : *se soustraire de la puissance paternelle,* ou mieux, à la puissance paternelle.

* SOUS-TRAITANT s. m. Sous-fermier; celui qui se charge de quelque partie d'un travail, d'une fourniture, d'une entreprise concédée à un premier traitant : *des sous-traitants.*

* SOUS-TRAITÉ s. m. Sous-ferme. Voy. SOUS-TRAITANT.

* SOUS-TRAITER v. n. Prendre une sous-ferme d'un fermier général. (Voy. SOUS-TRAITANT.) — Prendre une entreprise, une ferme, une affaire de la seconde main, et de celui qui la lui cède : *il s'était rendu adjudicataire de cette fourniture, il en a sous-traité avec un tel.*

SOUSTRAYEUR, EUSE s. m. Personne qui soustrait.

* SOUS-TRIPLE adj. Mathémat. Se dit d'un nombre qui est compris trois fois dans un autre : *trois est sous-triple de neuf.* — Substantiv. *Des sous-triples.*

* SOUS-TRIPLÉ, ÉE adj. Mathémat. N'est usité que dans cette phrase, EN RAISON SOUS-TRIPLÉE, en raison des racines cubiques.

* SOUSTYLAIRE s. f. Gnomon. Ligne qui est la commune section du plan du cadran, et du méridien perpendiculaire à ce cadran.

* SOUS-VENTRIÈRE s. f. Courroie attachée par ses deux extrémités aux deux limons d'une charrette, et qui passe sous le ventre du limonier : *des sous-ventrières.*

* SOUS-VÉTÉRINAIRE s. m. Vétérinaire en second. — Terme injurieux donné par Gambetta à la majorité servile de la Chambre élue en 1884 : *des sous-vétérinaires.*

* SOUTACHE s. f. Tresse de galon dont on se sert pour l'ornement des costumes militaires et des vêtements de femme.

* SOUTACHER v. a. Garnir de soutaches.

* SOUTANE s. f (ital. *sottana*). Habit long à manches étroites, et boutonné du haut en bas, que portent les ecclésiastiques : *le pape porte une soutane blanche.* — Etat ecclésiastique : *il a pris la soutane.*

* SOUTANELLE s. f. Petite soutane qui ne descend que jusqu'aux genoux : *se mettre en soutanelle.*

* SOUTE s. f. Jurispr. Voy. SOULTE.

* SOUTE s. f. (lat. *subtus*, en dessous). Mar. Se dit des retranchements faits dans les étages inférieurs d'un navire, et qui servent de magasins pour les munitions de guerre, pour les provisions, etc. : *soute au charbon, aux vivres, aux câbles,* etc.

SOUTENABLE adj. Qui se peut soutenir par de bonnes raisons. Ne se dit guère que d'une opinion, d'une proposition, d'une cause, d'une affaire : *cette opinion, cette proposition, cette cause est soutenable, n'est pas soutenable.* — Qui se peut endurer, supporter : *ce genre de vie, ce procédé n'est pas soutenable.* — Guerre. CE POSTE N'EST PAS SOUTENABLE, il n'est pas possible de s'y défendre. On dit plus ordinairement : CE POSTE N'EST PAS TENABLE.

* SOUTENANCE s. f. Action de soutenir une thèse : *l'auteur de la thèse se distingua dans la soutenance.*

* SOUTENANT s. m. Celui qui soutient thèse : *le soutenant a bien répondu.*

* SOUTÈNEMENT s. m. Maçonn. Appui, soutien : *mettre un pilier, un étai, pour servir de soutènement à un mur, à un plancher.* — Procéd. Se dit des raisons que l'on donne par écrit, pour soutenir les articles d'un compte : *sa partie a fourni des débats, et il a fourni des soutènements.*

* SOUTENEUR s. m. Celui qui se fait le champion d'une maison de jeu ou de quelque autre mauvais lieu.

* SOUTENIR v. a. (lat. *sustinere*). Se conjugue comme *Tenir.* Porter, appuyer, supporter une chose : *cette colonne soutient tout le bâtiment.* — SOUTENIR LE FAIX, LE FARDEAU DES AFFAIRES, SOUTENIR UNE MAISON, SOUTENIR UNE FAMILLE, etc., avoir l'administration principale des affaires, faire subsister une maison, une famille, etc. — SOUTENIR UNE DÉPENSE, fournir ce qu'il faut pour une dépense : *il ne peut pas soutenir longtemps la dépense qu'il fait.* — SOUTENIR LA CONVERSATION, fournir à la conversation, empêcher qu'elle ne vienne à languir. — SOUTENIR SON RANG, SA DIGNITÉ, vivre, agir, parler d'une manière convenable à sa dignité, à son rang. On dit familièrement, dans le même sens, SOUTENIR NOBLESSE. — SOUTENIR SON CARACTÈRE, vivre, agir, parler d'une manière conforme à l'idée qu'on a donnée de soi. SOUTENIR SA RÉPUTATION, faire des actions ou des ouvrages qui répondent à la réputation qu'on s'est acquise. On dit de même, SOUTENIR L'HONNEUR, LA GLOIRE DE SA FAMILLE, DE SON PAYS, etc. — SOUTENIR LE COURAGE DE QUELQU'UN, l'empêcher de céder à la crainte, de se laisser aller au découragement. On dit, dans un sens analogue, CET ESPOIR, CETTE ILLUSION, CETTE PENSÉE LE SOUTIENT, l'empêche de tomber dans un entier découragement. — SOUTENIR UN ÉTAT, UN EMPIRE, en empêcher, en arrêter la chute, la décadence. — Mus. LA BASSE SOUTIENT LE DESSUS, elle lui sert de fondement ; LES INSTRUMENTS SOUTIENNENT LA VOIX, ils l'empêchent de fléchir ; CE CHANTEUR SOUTIENT BIEN SA VOIX, il prolonge le son avec la même force; et, IL SOUTIENT BIEN SES CADENCES, il fait des cadences longues et égales. — Guerre. SOUTENIR UNE TROUPE, l'appuyer, la secourir dans le besoin : *on détacha cent soldats pour commencer l'attaque, et tout le régiment avait ordre de les soutenir.* — Man. SOUTENIR UN CHEVAL, lui tenir la bride serrée pour l'empêcher de fléchir ou de tomber : *soutenez votre cheval dans cette descente.* — Assurer, affirmer qu'une chose est vraie : *il soutient un mensonge comme un autre soutiendrait une vérité.* — Fam. SOUTENIR SON DIRE, persister dans son affirmation : *malgré les objections, il a toujours soutenu son dire.* — Défendre, appuyer une opinion, une doctrine, etc. : *soutenir une proposition, un système.* — SOUTENIR UNE THÈSE, répondre dans une dispute publique à tous les arguments présentés contre la thèse. — Supporter, résister à quelque attaque, à quelque chose dont il est difficile de se défendre : *il soutint l'assaut des ennemis.* — SOUTENIR LA TORTURE, souffrir la torture sans rien avouer. — IL Y DES VINS QUI NE PEUVENT SOUTENIR LA MER, il y a des vins qui ne peuvent être transportés par mer, sans se gâter. — CET OUVRAGE M'A PU SOUTENIR LE GRAND JOUR DE L'IMPRESSION, il a paru beaucoup moins bon après avoir été imprimé et publié, qu'avant de l'être. — Supporter, endurer sans découragement, sans trouble, sans dépit, quelque chose de fâcheux, d'inquiétant, de mortifiant, etc. : *il n'a pu soutenir sa disgrâce, son malheur, son infortune.* — Favoriser quelqu'un, l'appuyer de crédit, d'argent, de recommandation : *il ne serait plus en place, si on ne le soutenait.* — Sustenter, donner de la force ; se dit des aliments : *les aliments qu'on lui fait prendre ne le soutiennent pas assez.*

Se soutenir v. pr. Se tenir debout, se tenir droit : *il est si incommodé, si faible, qu'il ne saurait se soutenir.* — Etre porté ou se retenir de manière à ne pas tomber ou s'enfoncer : *les oiseaux se soutiennent en l'air au moyen de leurs ailes.* — CE BATIMENT SE SOUTIENT BIEN, il demeure à plomb et dans son entier. — Fig. CETTE PERSONNE SE SOUTIENT BIEN, elle conserve sa santé, sa vigueur et sa fraîcheur plus longtemps que son âge ne semble le permettre. — LE MIEUX SE SOUTIENT, le malade continue d'aller mieux. — LE COURS DES EFFETS PUBLICS SE SOUTIENT, il reste au même taux, sans baisser. — CETTE PIÈCE DE THÉÂTRE SE SOUTIENT, elle continue d'être représentée. Le succès DE CET OUVRAGE SE SOUTIENT, il continue. — CETTE ÉTOFFE SE SOUTIENT, elle est ferme, elle ne s'amollit pas. CETTE COULEUR SE SOUTIENT, elle conserve son éclat, elle ne pâlit point, ne change point. — Fig. CE DISCOURS SE SOUTIENT BIEN, il est également bon d'un bout à l'autre.

* SOUTENU, UE part. passé de SOUTENIR. — Discours, LANGAGE, STYLE SOUTENU, discours langage, style constamment élevé, noble; par opposition à discours, langage, style familier. — DANS CE ROMAN, DANS CETTE PIÈCE DE THÉÂTRE, LES CARACTÈRES SONT SOUTENUS, BIEN SOUTENUS, les personnages y gardent constamment les mêmes mœurs et les mêmes caractères.

* SOUTERRAIN, AINE adj. Qui est sous terre, ou qui vient de dessous terre : *chemin souterrain.* — Fig. EMPLOYER DES VOIES SOUTERRAINES, employer des pratiques cachées pour parvenir à ses fins, et le plus qu'on mauvaise part. — s. m. Lieu voûté, pratiqué sous terre et ordinairement sous le rez-de-chaussée d'un édifice, pour différents usages: *les souterrains de cette place sont vastes.* — Se dit quelquefois, fig., des voies, des pratiques secrètes pour parvenir à quelque fin : *les souterrains de la politique.* (Peu us.)

SOUTERRAINE (La), ch.-l. de cant., arr. et à 36 kil. N.-O. de Guéret (Creuse), sur la Sedelle; 3,300 hab. Belle église de l'époque de transition (du XIe au XIIIe siècle). Débris d'un oppidum gaulois.

* SOUTERRAINEMENT adv. D'une manière souterraine : *on ne peut arriver à cet endroit que souterrainement.* — Fig. Cet homme n'arrive à ses fins que souterrainement.

SOUTHAMPTON [saôth-hampp'-toun], ville et port de mer du Hampshire (Angleterre), formant à elle seule un comté, en face de l'île de Wight, sur la presqu'île formée par les estuaires de l'Itchen et du Test, appelés Southampton Water, à 110 kil. S.-O. de Londres; 55,000 hab. Vastes docks; point de départ de plusieurs lignes de bateaux à vapeur; grand commerce de cabotage avec l'étranger. Brasseries, raffineries, fonderies de fer, carrosserie, constructions navales. Grande foire annuelle pour les bestiaux.

SOUTH BEND [saôth'-benndd], capitale du comté de Saint-Joseph, dans l'Indiana (Etats-Unis), sur le Saint-Joseph, qui y est navigable, et dans la courbure (*bend*) la plus méridionale de ce cours d'eau, à 86 kil. S.-E. de Chicago; 7,206 hab.

SOUTHEY [saô'-thi ou south'-i]. I. (Robert), écrivain anglais, né en 1774, mort en 1843. Elève du collège de Balliol, à Oxford, il accepta avec enthousiasme les idées libérales auxquelles la Révolution française avait donné l'essor, et commença dès lors une carrière littéraire qu'il devait poursuivre avec une incomparable activité. Intimement lié avec Coleridge et Lovell (ils épousèrent plus tard les trois sœurs), il quitta l'université en 1796, fit deux voyages en Espagne et en Portugal, et en 1804 se fixa à Greta, près de Keswick. A partir de ce moment, il se montre, dans ses écrits monarchiste décidé et ardent cham-

tion de l'Eglise anglicane. Pensionné en 1807 et en 1835, il fut nommé poète lauréat en 1813. Il usait généreusement de sa fortune; c'est ainsi qu'il soutint la famille de Coleridge pendant plusieurs années. Ses travaux excessifs amenèrent une prostration dans ses facultés mentales; il perdit la mémoire, et vers la fin de sa vie tout s'était éteint dans son cerveau. Il n'y a guère de genre littéraire où Southey ne se soit essayé. Ses trois meilleurs poèmes sont : *Thalaba, the Destroyer* (1801), *The Curse of Kehama* (1810), et *Roderick, the Last of the Goths* (1814). *Madoc*, un de ses plus longs, est fondé sur des traditions de voyages de Welsh en Amérique. Ses principales œuvres en prose sont : *History of Brazil*; *Life of Nelson*; *Life of John Wesley*; *History of the Peninsular War*; *Book of the Church*; *Sir Thomas More*; *Life of John Bunyan*; *Essays, Moral and Political*, et *The Doctor*, curieux mélange d'érudition et d'humour. Son fils, le révérend C.-C. Southey, a écrit sa vie (avec sa correspondance, 1849-'50, 6 vol.). — II. (Caroline-Anne BOWLES), sa seconde femme, née en 1787, morte en 1854. Elle a publié : *Ellen Fitz-Arthur*, poème (1820); *The Widow's Tale and other Poems* (1822); *Solitary Hours, Prose and Verse* (1826), et *Chapters on Churchyards* (1829, 2 vol.). Elle épousa en 1839, Southey avec lequel elle était depuis longtemps liée d'amitié.

· SOUTIEN s. m. [sou-tiain]. Ce qui soutient, ce qui appuie : *ce pilier est le soutien de toute la voûte, de toute la salle.* — Appui, défense, protection : *il est le soutien de sa famille.* — Palais et Adm. FOURNIR LES PIÈCES AU SOUTIEN, fournir les pièces justificatives.

· SOUTIRAGE s. m. Action de soutirer : *il lui en a coûté tant pour le soutirage de son vin.*

· SOUTIRER v. a. Transvaser du vin ou quelque autre liqueur d'un tonneau dans un autre, de manière que la lie reste dans le premier : *il faut soutirer le vin avant que la vigne soit en fleur.* — Se faire donner par adresse, obtenir par finesse ou par importunité : *cet homme lui a soutiré beaucoup d'argent.*

SOUVAROFF (écrit souvent SUWARROW; proprement SVOROFF) (Alexei-Vasilievitch, COMTE, et prince Italiski); homme de guerre russe, né en 1729, mort le 17 mai 1800. Après des services distingués, il fut nommé général en chef en 1783. En 1787-'89, il s'illustra contre les Turcs dont il mit la principale armée en déroute, à Rimnik, le 22 sept. 1789, et il reçut le titre de comte. Après plusieurs échecs il prit Ismaïl d'assaut en 1790, perdant 20,000 hommes et massacrant les 30,000 hommes de la garnison turque. En 1794, après avoir, avec Fersen, battu Kosciuszko, il emporta d'assaut le faubourg de Varsovie, Praga, qu'il noya dans le sang; il fut créé feld-maréchal. En 1799, il fut mis à la tête des armées austro-russes en Italie, remporta de brillantes victoires sur les Français à Cassano, sur la Trébie, et à Novi, et reçut le titre de prince Italiski. Il franchissait les Alpes pour faire sa jonction avec Korsakoff, lorsque la victoire décisive de Masséna sur ce dernier à Zurich (25 sept. 1799) changea entièrement la situation. Il fut rappelé avec le titre de généralissime. Glinka a publié son autobiographie en français (1849, 2 vol.).

· SOUVENANCE s. f. Souvenir, mémoire. (Vieux.)

L'Ane vint à son tour, et dit : « J'ai *souvenance*
Qu'en un pré de moines passant... »
           LA FONTAINE.

· SOUVENIR (Se v. pr. (lat. *subvenire*, venir sous). Se conjugue comme *Venir*. Avoir mémoire de quelque chose : *se souvenir de son enfance.* — QUI SE SOUVIENT ME LOIN, se souvient de choses qui sont arrivées il y a longtemps. — Garder la mémoire, soit d'un bienfait pour

le reconnaître, soit d'une injure pour s'en venger : *il m'a fait plaisir, je m'en souviendrai toute ma vie.* — JE M'EN SOUVIENDRAI, j'en marquerai mon ressentiment. IL S'EN SOUVIENDRA, il s'en repentira. On dit de même, SOUVENEZ-VOUS-EN. — Avoir soin, s'occuper de quelque chose : *je me souviendrai de votre recommandation.* — Impersonnell. *Il me souvient d'avoir lu.* — C'EST DU PLUS LOIN QU'IL ME SOUVIENNE, se dit d'une chose dont le souvenir est presque effacé.

· SOUVENIR s. m. Impression, idée que la mémoire conserve de quelque chose : *le triste souvenir m'en revient toujours dans l'esprit.* — Faculté même de la mémoire : *je ne saurais effacer cette action de mon souvenir.*

Tant d'États, tant de mers qui vont nous désunir,
M'effaceront bientôt de votre souvenir.
    J. RACINE. Alexandre, acte III, sc. III.

— Ce qui rappelle la mémoire de quelque chose : *ses blessures sont pour lui de glorieux souvenirs de ses victoires.* — Se dit aussi de certaines tablettes où l'on écrit les choses dont on veut se rappeler la mémoire : *je vais l'écrire sur mon souvenir.* — Espèce de planchette divisée en sept parties disposées en crans, portant chacune, sur une étiquette, le nom d'un des jours de la semaine, afin qu'on puisse placer différents *memento* sous le nom de chacun des jours où l'on aura besoin de se rappeler quelque affaire.

· SOUVENT adv. de temps. Fréquemment, plusieurs fois en peu de temps : *cela n'arrive pas souvent.*

On a *souvent* besoin d'un plus petit que soi.
    LA FONTAINE.

· SOUVENTEFOIS adv. Souvent, fréquemment. On écrit aussi, SOUVENTES FOIS. (Vieux.)

· SOUVERAIN, AINE adj. (ital. *sovrano*). Suprême, très excellent, qui est au plus haut point en son genre : *l'être souverain.* — On l'emploie quelquefois en mauvaise part : *il est ennuyeux au souverain degré.* — Se dit particul. de l'autorité suprême, et de ceux qui en sont revêtus : *puissance, autorité, dignité souveraine.* — COUR SOUVERAINE, tribunal qui juge sans appel; et, JUGEMENT SOUVERAIN, jugement en dernier ressort. — Souverain s. m. Celui qui possède ou qui réside l'autorité souveraine : *il faut obéir au souverain, aux lois du souverain.* — Se dit particul. des princes souverains, des monarques : *tous les souverains de l'Europe.* On peut employer SOUVERAINE, féminin, dans le même sens : *les ordres qu'il a reçus de sa souveraine.* — PETIT SOUVERAIN, prince qui a une domination peu étendue, et même subordonnée à une autre : *les petits souverains d'Allemagne.*

· SOUVERAINEMENT adv. Excellemment, parfaitement : *Dieu est souverainement bon.* — Se dit quelquefois en mal, dans le style familier : *cet ouvrage est souverainement mauvais.* — D'une manière souveraine, sans appel : *juger, décider souverainement.*

· SOUVERAINETÉ s. f. Autorité suprême; pouvoir de faire les lois et d'en assurer l'exécution : *souveraineté absolue.* — Qualité et autorité d'un prince : *on lui dispute la souveraineté.* — Etendue de pays où un prince exerce la souveraineté : *sa souveraineté s'étend depuis tel endroit jusqu'à tel point.* — LA SOUVERAINETÉ DU PEUPLE, doctrine politique qui attribue au peuple le pouvoir souverain. — LA SOUVERAINETÉ DE LA RAISON, l'autorité suprême que la raison devrait exercer sur nos actions.

SOUVESTRE (Émile), écrivain français, né à Morlaix le 15 avril 1806; mort le 6 juillet 1854. En 1848, il donna professeur à la nouvelle école des sciences administratives. Le cours qu'il y professa et des conférences qu'il fit plus tard en Suisse, ont été réunis sous le titre de *Causeries historiques et littéraires*

(1854, 2 vol.). Il excellait dans le roman et le récit à tendances morales. Le prix Lambert, consacré aux ouvrages les plus utiles aux mœurs, fut décerné pour lui à sa veuve, qui a aussi écrit et traduit divers ouvrages. Emile Souvestre a laissé : *Les Confessions d'un ouvrier* (1854, in-12); *Un philosophe sous les toits* (1850, in-12); *Le Mémorial de famille* (1854, in-12); *Derniers paysans*, etc.

SOUVIGNY (*Sub-Venetis*, Sous-Venise), ch.-l. de cant., arr. et à 12 kil. S.-O. de Moulins (Allier); 3,000 hab. Verreries, tuileries, forges. Avant la fondation de Moulins, Souvigny était la capitale du Bourbonnais.

SOUZA-BOTELHO (Adélaïde-Marie-Emilie FILLEUL, comtesse de Flahaut, puis marquise de). Voy. FLAHAUT.

SOY s. m. [soé] (japon. *sooja*). Sauce qu'on prépare au Japon et en Chine avec les graines d'une plante qu'on appelait autrefois *soja hispida*, mais qui porte maintenant le nom de *glycine hispida*. C'est un condiment d'usage général en Cochinchine, en Chine et dans les autres pays de l'extrême Orient. On en importe en Europe pour assaisonner le poisson.

SOYA s. m. [so-ia]. Voy. SOY.

SOYER, ÈRE adj. [so-ié]. Qui a rapport à la production de la soie.

SOYER (Alexis) [soua-ié], cuisinier français, né vers 1800, mort en 1858. Il fut pendant plusieurs années le chef du club de la réforme (*Reforme club*) à Londres. Il a publié : *Cookery for the People*; *Gastronomie Regenerator*; *The Modern Housewife*, etc.

· SOYEUX, EUSE adj. [soua-ieû]. Plein de soie, épais de soie, bien garni de soie. Ne se dit que des étoffes de soie : *taffetas bien soyeux.* — Fin et doux au toucher comme de la soie : *cet enfant a les cheveux soyeux.* — Bot. Qui est couvert de poils doux, fins et luisants comme de la soie : *les feuilles du saule blanc sont soyeuses en dessus.*

SPA ou **Spaa**, station balnéaire de Belgique, à 25 kil. S.-E. de Liège, dans une belle vallée des Ardennes; 5,000 hab. Il y a, depuis 1863, un bel établissement de bains. Les eaux sont chalybées. On en exporte 150,000 bouteilles annuellement. Il y vient par an plus de 16,000 étrangers.

· SPACIEUSEMENT adv. Au large, en grand espace : *il est logé fort spacieusement.*

· SPACIEUX, EUSE adj. (lat. *spatiosus*). Qui est de grande étendue : *un lieu spacieux.*

SPADA (Lionello), peintre italien, né en 1576, mort en 1622. Après avoir exécuté d'importants travaux à Reggio, à Modène et à Parme, il entra au service de Ranuccio, duc de Parme. Son chef-d'œuvre est *Saint Dominique brûlant les livres condamnés des hérétiques*

· SPADASSIN s. m. (ital. *spada*, épée). Bretteur, ferrailleur : *les gens braves méprisent les spadassins.*

SPADICE s. m. (gr. *spadix*, branche). Bot. Sorte d'épi, formé de fleurs unisexuées; les mâles au sommet de l'axe et les femelles à la base, le tout plus ou moins complètement enveloppé dans une spathe.

· SPADILLE s. m. [il mll.] (de l'esp. *spada*, épée). Jeu de l'hombre et à quelques autres jeux. L'as de pique, qui est la plus haute triomphe, en quelque couleur qu'on fasse atout : *il avait spadille sixième.*

SPAGNOLETTO [spa-nio-lètt'-to] ou l'ESPAGNOLET. (Voy. RIBERA.)

· SPAHI s. m. (du persan *sepahi*, soldat, dont les Indous ont fait *sepoy*, cipaye, fantassin, et les Turcs *spahi*, cavalier). Soldat turc qui sert à cheval : *les spahis forment le*

premier corps de cavalerie turque. — Soldat d'un corps de cavalerie indigène formé en Algérie : *un lieutenant de spahis.*

. **SPALATO** ou. **Spalatro** (anc. *Spalatum* ou *Spolatum*), ville de Dalmatie, en Autriche, sur une baie de l'Adriatique formée par des îles, à 120 kil. S.-E. de Zara ; 15,784 hab. Le commerce y est surtout actif avec la Turquie. Spalato appartint à Venise pendant plusieurs siècles ; pendant la période napoléonienne, elle fut à la France, et en 1815 elle échut à l'Autriche. Dans le voisinage est le village de Salona, qui conserve le nom de l'ancienne capitale de la Dalmatie. Quelques édifices et beaucoup de ruines y existent encore. Une partie de Spalato est sur l'emplacement du vaste palais de l'empereur Dioclétien, où se réfugia la population lorsque la ville fut détruite par les barbares. Spalatum est la corruption de *Salonæ Palatium.*

SPALAX s. m. [spa-laks] (gr. *spalax*, taupe). Mamm. Genre de rongeurs claviculés, comprenant trois ou quatre espèces d'animaux souterrains vulgairement appelés *rats-taupes.* Le *zemni* ou *rat-taupe aveugle* (*spalax typhlus*), un peu plus gros que notre rat ordinaire, habite tout le Levant.

SPALLANZANI (Lazaro) [spal-lannd-za'-ni], naturaliste italien, né en 1729, mort en 1799. Il professa successivement à Reggio, à Modène et à Pavie. En 1767, il fit paraître un ouvrage sur les phénomènes de la génération, où il démontrait l'existence des germes avant la fécondation, et en 1768, il publia ses recherches sur la production et la circulation du sang. En 1775, il contesta, contre Needham, la génération spontanée des infusoires, soutenant qu'ils viennent de germes répandus dans l'atmosphère. Il annonça ensuite des découvertes et des théories remarquables concernant les volcans et autres curieux phénomènes d'histoire naturelle. Il a laissé de nombreux écrits.

· **SPALME** s. m. Mar. Nom générique de toute espèce d'enduit employé à spalmer.

· **SPALMER** v. a. Mar. Enduire un navire de goudron, de brai, etc. On dit aussi ESPALMER.

· **SPALT** s. m. Pierre luisante dont les fondeurs se servent pour mettre les métaux en fusion.

SPANDAU [chpann'-daò], ville forte du Brandebourg, en Prusse, sur la Spree et le Havel, à 11 kil. O. de Berlin ; 27,037 hab. C'est dans la citadelle de Spandau qu'est déposé le trésor de l'empire allemand. La ville possède une fonderie royale de canons et divers autres manufactures. Elle fut à plusieurs reprises la résidence des électeurs de Brandebourg. Les Suédois l'occupèrent de 1631 à 1635. Elle se rendit aux Français le 25 oct. 1806, et les Prussiens la reprirent le 26 avril 1813.

SPANGENBERG (Friedrich) [chpanng'-ennberg], peintre allemand, né en 1843, mort en 1874. En collaboration avec le peintre belge Pauwei, il exécuta à Weimar *Le Triomphe de l'Union*, en commémoration de la fin de la guerre civile des États-Unis.

SPANHEIM (Exechiel) [chpann-halmm], écrivain suisse, né en 1629, mort en 1710. Il fut professeur à Genève, représenta l'électeur palatin dans différents pays, et plus tard l'électeur de Brandebourg à Paris, et, à partir de 1702, fut ambassadeur de Prusse à Londres. Parmi ses œuvres, on a *Dissertationes de Præstantia et Usu Numismatum antiquorum* (1664).

· **SPARADRAP** s. m. (bas lat. *sparadrapus*). Chir. et Pharm. Nom donné à tout emplâtre agglutinatif étendu sur un linge ou sur du papier : *le taffetas d'Angleterre est un sparadrap.*

· **SPARE** s. m (lat. *sparus*, *sparum*, lance).

Icht. Genre de poissons qui comprend les dorades et beaucoup d'autres espèces. (Voy. SPAROÏDE.)

SPAROÏDE adj. (fr. *spare*; gr. *eidos*, aspect). Icht. Qui ressemble ou qui se rapporte au spare. — s. m. pl. Famille d'acanthoptérygiens ayant pour type le genre spare et comprenant en outre les genres *dentés, canthères, bogues* et *oblades.*

SPARTACUS [spar-ta-kuss], gladiateur romain, Thrace de naissance, chef d'une insurrection d'esclaves en 73-71 av. J.-C. D'abord berger, il se mit à la tête d'une bande de brigands et fut pris par les Romains qui en firent un gladiateur. En 73, il persuada à 77 de ses compagnons de s'échapper avec lui de l'école des gladiateurs de Lentulus, à Capoue. Ils se réfugièrent dans le cratère du mont Vésuve, mirent Spartacus à leur tête, et taillèrent en pièces 3,000 hommes envoyés contre eux. Spartacus appela alors tous les esclaves à la liberté, et, en 72, à la tête de 70,000 hommes, il défit deux armées consulaires. Son armée s'accrut jusqu'à 100,000 hommes, et il remporta d'autres avantages; mais la division se mit dans ses rangs, et Crassus le battit deux fois. Il périt dans une dernière bataille contre Crassus, près des sources du Silarus.

· **SPARTE** ou **Spart** s. m. (gr. *spartos*). Bot. Genre de graminées panicées, dont la seule espèce connue, le *lygée spart* (*lygeum spartum*), est ordinairement appelée *alfa* (Voy. ce mot.)

SPARTE ou **Lacédémone.** Hist. gr. Capitale de la Laconie, et principale ville du Péloponèse. Elle était située sur l'Eurotas, à environ 33 kil. de la mer, dans une vallée bornée à l'O. et à l'E., par les chaînes du Taygète et du Parnon. Elle avait environ 10 kil. de circonférence et se composait de quartiers distincts qui étaient, à l'origine, des villages séparés, nommés Pitane, Cynosura, Limnæ et Mesoa. Elle renfermait plusieurs collines, sur la plus grande desquelles était le théâtre de marbre blanc, et dont les deux ailes, distantes l'une de l'autre de 430 pieds, existent encore. Les demeures particulières, y compris le palais, étaient simples ; mais peu de cités grecques égalaient Sparte pour la magnificence des temples et des statues. La ville moderne de Sparte occupe une des collines situées dans la partie méridionale de l'ancienne ville; 8,000 hab. La marque et les autres hauts fonctionnaires de la Laconie y ont leur résidence. — Suivant la tradition, Lacédémone, fils de Jupiter et de Taygète, épousa Sparta, de la famille de Lelex, roi des Lélèges, et donna le nom de sa femme à la ville qu'il fonda, en nom propre au peuple et au pays de Laconie. Un des rois de ces temps mythiques est Ménélas. Après la conquête dorienne, Sparte échut aux deux fils jumeaux d'Aristodème, Eurysthène et Proclès, et eut des lors deux lignées de rois à la fois, les Agides (d'Agis, fils d'Eurysthène) et les Proclides. D'abord moins puissante qu'Argos, Sparte ne devint la première des cités doriennes que lorsque les institutions de Lycurgue eurent fait de son peuple un peuple de soldats. Cette législation (avant 820 av. J.-C., probablement) reconnaissait trois classes de personnes : 1° les Spartiates, ou personnes de race dorienne, demeurant dans la ville, seuls éligibles aux emplois publics, et tous guerriers; 2° les Periœci ou Laconiens, hommes libres des cités voisines, sans pouvoir politique, adonnés à l'agriculture et à l'industrie, et fournissant en temps de guerre des soldats pesamment armés; et 3° les ilotes ou serfs, attachés à la glèbe, et parfois employés au service domestique ou militaire. La partie la plus importante de la législation de Lycurgue avait trait à la discipline

et à l'éducation des citoyens. L'individu était regardé comme existant exclusivement pour l'État, auquel il devait consacrer tout son temps, tous ses biens, toute son énergie ; par suite, chaque enfant mâle était, dès sa naissance, soumis à l'inspection des autorités publiques, et était élevé uniquement en vue des exercices militaires. S'il naissait faible ou difforme, on l'exposait, pour qu'il pérît ; autrement, il était, à l'âge de sept ans, enlevé aux soins de sa mère, et recevait son éducation dans les écoles publiques. A 30 ans, il était permis au Spartiate de s'occuper des affaires publiques et de se marier; mais il restait sous la discipline établie et n'était libéré du service militaire que dans sa 60° année. Les deux sexes étaient astreints à une rigoureuse éducation gymnastique, presque la même pour les garçons et pour les filles. C'est sous la constitution de Lycurgue que Sparte commença sa carrière de conquêtes. Les deux guerres de Messénie (743-723 et 685-668 av. J.-C.) doublèrent sa population et son territoire. La longue lutte entre les Spartiates et les Argiens se termina en faveur des premiers, grâce à des victoires décisives remportées en 547 et en 524. Sparte avait alors acquis l'hégémonie de la Grèce, et lorsque éclata la seconde guerre persique, on lui confia unanimement le commandement en chef. Léonidas mourut d'une mort glorieuse aux Thermopyles (480) et Pausanias remporta la grande victoire de Platée (479). Mais en 476, les alliés, irrités de l'arrogance de Pausanias, offrirent la suprématie à Athènes, et la rivalité de ces deux États se fit sentir dans toute l'histoire de la Grèce, jusqu'à l'ère macédonienne. La guerre du Péloponèse (431-404) se termina par la conquête d'Athènes et la restauration de l'hégémonie de Sparte. Les Spartiates, qui avaient à ce moment un grand général dans Agésilas, exercèrent une autorité sans conteste jusqu'à leur défaite par les Thébains et Épaminondas, à la fatale bataille de Leuctres. Il s'en suivit une invasion, et, dès lors, Sparte cessa d'être l'État dirigeant en Grèce. Les rois Agis IV (244-240) et Cléomène III (236-220) s'efforcèrent en vain de faire revivre l'antique vertu et restaurant les lois de Lycurgue. En 221, Sparte, pour la première fois, tomba entre les mains de conquérants. En 146, elle passa, avec toute la Grèce, sous la domination de Rome.

SPARTEL (Cap), *Ampelusia Romentorium*, cap formé sur l'Atlantique, à l'entrée du détroit de Gibraltar, par la côte septentrionale de l'Afrique.

· **SPARTERIE** s. f. Manufacture de tissus de Sparte. — Se dit aussi des ouvrages faits avec le sparte : *un chapeau de sparterie.*

SPARTIATE s. et adj. [spar-si-a-te]. De Sparte ; qui appartient à cette ville ou à ses habitants.

SPARTIVENTO (Cap), *Herculis Promontorium*, promontoire de l'Italie méridionale, formant l'extrémité S. de la Calabre, par 37° 57' lat. N. et 13° 45' long. E.

SPASMATIQUE adj. (fr. *spasme*). Pathol. Qui est sujet aux spasmes.

· **SPASME** s. m. (gr. *spasmos*, contraction). Méd. Contraction involontaire, mouvement convulsif des muscles ou des nerfs : *avoir des spasmes dans l'estomac.*

· **SPASMODIQUE** adj. Méd. Qui a rapport au spasme; qui tient du spasme, ou qui en est accompagné : *mouvement spasmodique.* — Se dit aussi des remèdes employés contre les spasmes ou convulsions, et que l'on nomme plus ordinairement ANTISPASMODIQUES.

· **SPASMOLOGIE** s. f. (fr. *spasme*; gr. *logos*,

discours). **Méd.** Traité des spasmes ou convulsions.

SPASTIQUE adj. Syn. de Spasmodique.

* **SPATH** s. m. Minér. Nom donné à différentes substances pierreuses qui se trouvent souvent unies aux mines, et que l'on caractérise par une épithète : *spath calcaire ; spath boracique.* S'applique plus particulièrement aux cristaux calcaires, ou carbonate de chaux cristallisé. Dans ce sens, on dit aussi Spath d'Islande. — **Spath fluor**, fluorure de calcium, espèce minérale consistant en fluorine 48'7 et en calcium 51'2 p. 100, (du lat. *fluere*, couler, en raison de ses propriétés, quand on l'emploie comme flux). On trouve ce spath en cristaux cubiques qui clivent facilement en octaèdres et en tétraèdres et fournissent quelques-uns des plus beaux spécimens minéralogiques. La dureté du minéral est 4 ; sa gravité spécifique 3'44 à 3'19. Grossièrement pulvérisé et chauffé, il émet une lumière phosphorescente de diverses couleurs. On le trouve en veines dans les roches métamorphiques, et dans les calcaires de formation aussi récente que le charbon. La plus célèbre localité où se rencontre le spath fluor est Castleton, Derbyshire (Angleterre). On travaille le spath pour en faire des vases, des encriers, des tasses, des tables, etc. Il présente de belles couleurs et un beau poli, que leur délicatesse rend susceptibles de se dégrader.

* **SPATHE** s. f. (lat. *spatha*). Bot. Partie membraneuse, et ordinairement sèche ou coriace, qui, dans certaines plantes, telles que les palmiers, les narcisses, les arums, enveloppe en forme de sac ou de cornet, toutes les parties de la fructification, et se fend ou se crève lorsqu'elles ont acquis un certain développement : *fleur à spathe.*

SPATHELLE s. f. (dimin. de *spathe*). Bot. Bractée qui enveloppe seulement une partie de l'inflorescence ou même une fleur unique.

SPATHIFORME adj. (fr. *spath*, et *forme*). Qui a l'apparence du spath.

* **SPATULE** s. f. (lat. *spatula*). Instrument de chirurgie et de pharmacie, qui est rond par un bout et plat par l'autre, et dont on se sert pour remuer ou étendre les électuaires, les onguents, les emplâtres, etc. : *étendre de l'onguent avec la spatule.*

* **SPATULE** s. f. Ornith. Genre d'échassiers cultrirostres, caractérisé par un bec très aplati, très large, et s'arrondissant à l'extrémité en forme de cuillère, et comprenant

Spatule (Platalea leucorodia).

une demi-douzaine d'espèces d'oiseaux que l'on trouve dans toutes les parties du globe et qui émigrent vers les climats chauds à l'approche de l'hiver. Les spatules fréquentent les bas-fonds marécageux des côtes, les bords des lacs et des rivières, cherchant les petits poissons, les vers, les grenouilles et les insectes aquatiques. Ce sont des nageurs et des plongeurs. La *spatule rosée* (platalea ajaja, Linn.) mesure environ 75 centim. de long et 1 m. 35 d'envergure ; sa couleur dominante est un rouge rose, plus pâle par devant, presque blanc sur le cou. On la trouve dans le sud de l'Atlantique et dans le golfe du Mexique. Ces oiseaux ont des habitudes essentiellement nocturnes, mais ils se nourrissent aussi pendant le jour lorsque la marée est favorable. Ils se perchent aisément et peuvent marcher sur les grosses branches. Leur chair est huileuse et médiocre à manger. Avec les belles plumes de leurs ailes, on fait des éventails en Floride. La *spatule d'Europe* (platalea leucorodia.) est à peu près de la même taille, blanche, avec des taches d'un jaune rougeâtre sur la poitrine. On la rencontre en grand nombre en Hollande, dans le S. de l'Europe et dans toute l'Afrique. On la trouve chez nous, pendant l'hiver, sur les rives des grands cours d'eau.

SPATULÉ, ÉE adj. Hist. nat. Qui a la forme d'une spatule.

SPATULIFÈRE adj. (fr. *spatule* ; lat. *fero*, je porte). Hist. nat. Qui porte des parties ayant la forme d'une spatule.

SPEAKER s. m. [spik-eur] (angl. *to speak*, parler ; *speaker*, orateur). Nom donné en Angleterre au président de chaque chambre du parlement, et aux États-Unis, au président de la chambre des représentants.

* **SPÉCIAL, ALE, AUX** adj. (lat. *specialis*). Exclusivement déterminé à quelque chose en particulier : *par grâce spéciale.* — Mathématiques spéciales, haute algèbre et application de l'algèbre à la géométrie. — Un homme spécial, un homme qui, par ses aptitudes, par son savoir, par son expérience, convient particulièrement à un emploi.

* **SPÉCIALEMENT** adv. D'une manière spéciale, qui désigne une personne, une chose particulière : *il lui a donné tous ses meubles, et spécialement ses livres.*

SPÉCIALISER v. a. Indiquer, désigner spécialement.

* **SPÉCIALISTE** s. m. Personne qui s'adonne à une spécialité ; médecin qui se livre à l'étude et à la cure d'un genre de maladies.

* **SPÉCIALITÉ** s. f. Désignation d'une chose spéciale. On dit, en matière d'hypothèques, Sans que la spécialité déroge à la généralité. — Fin. Application exclusive d'un certain fonds à une nature particulière de dépense. — On a dérogé a la spécialité, on n'a pas appliqué le fonds à la dépense, suivant ce qui avait été prescrit. — Comm. Branche spéciale : *spécialité de café.*

* **SPÉCIEUSEMENT** adv. D'une manière spécieuse, avec apparence de vérité : *il déguise les choses si spécieusement, que...*

* **SPÉCIEUX, EUSE** adj. (lat. *speciosus*, qui a de l'apparence). Qui a une apparence de vérité et de justice : *ce raisonnement est spécieux, mais il manque de solidité.* — Arithmétique spécieuse, celle qui a pour objet le calcul des quantités représentées par des lettres. Cette dénomination a vieilli : on dit maintenant Algèbre.

SPÉCIFICATIF, IVE adj. Gramm. Se dit des mots qui restreignent à une partie d'un tout ce qui semblait dit du tout dans son entier.

* **SPÉCIFICATION** s. f. (rad. lat. *species*, espèce). Expression, détermination des choses particulières, en les spécifiant : *il fut dit dans le contrat qu'il payerait en denrées, sans autre spécification.*

SPÉCIFICISTE s. m. Médecin qui fait principalement reposer l'étude des maladies sur la détermination de leur spécificité.

SPÉCIFICITÉ s. f. Caractère spécifique.

* **SPÉCIFIER** v. a. (rad. lat. *species*, espèce). Exprimer, déterminer en particulier, en détail : *il faut par le contrat spécifier les choses que vous voulez retenir.*

* **SPÉCIFIQUE** adj. (bas lat. *specificus*; de *species*, espèce). Propre spécialement à quelque chose : *différence spécifique.* — Hist. nat. Nom spécifique, nom substantif ou adjectif ajouté à un nom générique pour distinguer chaque espèce du genre. — Pesanteur ou gravité spécifique, ce que pèse un corps pris sous un volume déterminé, par rapport à un autre corps de même volume, pris pour unité de pesanteur. (Voy. Gravité.) — s. m. Remède propre à quelque maladie : *le quinquina est un spécifique contre la fièvre.*

* **SPÉCIFIQUEMENT** adv. D'une manière spécifique : *la propriété d'attirer le fer appartient spécifiquement à l'aimant.*

* **SPÉCIMEN** s. m. [spé-si-mènn] (mot lat.) Modèle, échantillon. Se dit surtout en parlant d'ouvrages scientifiques, d'éditions nouvelles, etc. : *il va publier un spécimen de son ouvrage sur les étymologies.*

SPÉCIOSITÉ s. f. (rad. fr. *spécieux*). Caractère spécieux : *la spéciosité d'une raison.*

* **SPECTACLE** s. m. (lat. *spectaculum*). Tout objet ou ensemble d'objets qui attire les regards, l'attention, qui arrête la vue : *les feux d'artifice, les illuminations sont des spectacles fort agréables au peuple.*

N'est-ce point à vos yeux un *spectacle* assez doux
Que la veuve d'Hector pleurant à vos genoux ?

J. Racine. Andromaque, acte III, sc. II.

— Être en spectacle, être exposé à l'attention publique : *quand un homme est dans un poste éminent, dans un emploi considérable, il doit songer qu'il est en spectacle à tout le monde.* — Se donner en spectacle, s'exposer aux regards et au jugement du public. — Servir de spectacle, être exposé à la risée, au mépris du public. — Représentation théâtrale donnée au public : *l'opéra est un spectacle fort coûteux.* — Légist. « Les spectacles publics, représentations, exhibitions ou jeux, ne peuvent avoir lieu sans une autorisation de l'administration municipale (L. 16-24 août 1790, tit. XI, art. 4). Il en est de même des représentations scéniques et musicales données dans les cafés-concerts (Circ. min. int. 27 nov. 1872). L'exploitation des théâtres est soumise à des conditions particulières. (Voy. Théâtre.) C'est à la police municipale qu'incombe le soin de maintenir le bon ordre dans tous les spectacles (L. 5 avril 1884, art. 97, 3°). Nous avons parlé plus haut (voy. Bienfaisance) des droits réservés aux pauvres sur la recette faite à l'entrée des spectacles. »   (Ch. Y.)

* **SPECTATEUR, TRICE** s. (lat. *spectator*). Celui, celle qui est témoin oculaire d'un événement, d'une action, de quoi que ce soit : *il n'a point eu de part à cette action, il n'en a été que simple spectateur.* — Celui, celle qui assiste à une représentation théâtrale, à quelque exercice, à quelque cérémonie ou réjouissance publique : *cette pièce a ravi les spectateurs.*

* **SPECTRAL, ALE, AUX** adj. (rad. *spectre*). Phys. Se dit de ce qui a rapport au spectre fourni par les rayons lumineux qui traversent le prisme. — Analyse spectrale, analyse qu'on fait d'une substance en examinant les raies qu'elle donne dans le spectre. C'est une méthode récente d'analyse chimique, inaugurée par l'allemand G. Kirchhoff, et dans laquelle la présence de certains éléments chimiques est déterminée par des séries correspondantes et particulières de bandes colorées,

données par ces éléments ou les composés qci les contiennent aux spectres projetés par les flammes dans lesquelles ces substances sont sublimées ou volatilisées. Le Suédois Angstroem, appliquant le principe de réciprocité d'Euler, avait été conduit à penser que tout corps, porté à la chaleur incandescente, émet les mêmes rayons de lumière et de chaleur qu'il en absorberait s'il était frappé de ces rayons. Les expériences de Kirchhoff, en 1859, avec des flammes chargées de lithium et de sodium, fournirent la première preuve décisive et générale de la vérité de ce principe. Un composé volatilisable d'éléments de cette espèce étant brûlé, les particules incandescentes communiquent à la lumière générale de la flamme un excès de certains rayons, lesquels apparaissent dans le spectre sous forme de bandes plus brillantes qui le croisent en certaines parties et qui présentent les couleurs exactes propres à ces parties ; ces bandes diffèrent généralement de situation et de nuance suivant les différents éléments introduits dans la flamme, mais elles sont toujours, ou le plus souvent, les mêmes pour chaque élément. Cependant, lorsqu'une flamme est ainsi colorée ou chargée en excès de certains rayons, si on y fait passer, pour l'analyser, une autre flamme colorée avec les mêmes éléments, mais plus brillante, on voit que, tandis que l'éclat général du spectre augmente, les lignes tout à l'heure lumineuses qui caractérisaient l'élément sont remplacées par des lignes obscures ou relativement pâles; en un mot le spectre caractéristique de l'élément donné se trouve exactement renversé. Ces expériences ouvraient un nouveau champ de recherches dans lequel Bunsen s'engagea aussi. Lorsqu'il existe à la fois dans la flamme plusieurs éléments produisant des spectres à bandes brillantes, il arrive, ordinairement tout au moins, que leurs différents spectres coexistent; et les cas où certaines lignes propres à différents éléments coïncident sont encore très peu nombreux. Le spectre du sodium consiste en deux bandes très rapprochées dans le jaune du spectre, près de l'orange, et en sept lignes relativement très pâles : or, Bunsen a pu découvrir sa présence dans la flamme avec une quantité moindre que la $\frac{1}{1 0,0.0,0.0}$ partie du grain. Pour le calcium, le baryum, le strontium, le potassium et le lithium, les plus petites quantités discernables varient de $\frac{1}{2 0,0.0,0.0}$ à $\frac{1}{1 0,0.0,0.0}$ de grain. Il n'est point d'autre moyen chimique d'épreuve qui approche de celui-ci en délicatesse. Entre autres résultats donnés par ce nouveau genre d'analyse, on a reconnu que le lithium est un élément très répandu dans la nature, et on a découvert plusieurs métaux nouveaux. (Voy. Cæsium, Indium, Rubidium et Thallium). — Cette méthode d'analyse a rendu de grands services dans les opérations métallurgiques. Kirchhoff s'étant assuré que les lignes brillantes caractéristiques de plusieurs métaux correspondent exactement pour la place à autant de lignes obscures du spectre solaire, en déduit que ces lignes obscures sont produites par une interversion analogue à celle que nous avons montrée plus haut, et qu'elles indiquent conséquemment l'existence d'éléments chimiques correspondants, à la vérité dans l'atmosphère lumineuse du soleil et incandescent dans son *nucleus*. — L'analyse spectroscopique appliquée aux étoiles a montré qu'elles ressemblent au soleil par leur constitution et leur condition générale. Mais il existe des différences caractéristiques, si bien que les étoiles ont été divisées en quatre ordres distingués par leurs spectres. Les nébuleuses donnent des spectres des deux ordres. Une classe, comprenant les groupes de nébuleuses résolubles en étoiles ou supposées telles, bien que le télescope n'en fasse

apercevoir aucun signe, donnent un spectre qui ressemble aux spectres stellaires dans ses caractères généraux , mais ordinairement trop pâle pour qu'on puisse le classer dans aucun des ordres de spectres stellaires reconnus. L'autre classe, qui comprend toutes les nébuleuses irrégulières et planétaires, sans compter la plupart des nébuleuses elliptiques irrésolubles, la nébuleuse annulaire de la Lyre, la nébuleuse de l'Haltère et d'autres, présentent le phénomène remarquable d'un spectre de trois lignes brillantes. Les comètes donnent un spectre mixte ; le noyau, la chevelure et la queue projetant chacun une combinaison d'un spectre interrompu ou à bandes, et d'un spectre continu, dû probablement à la lumière reflétée du soleil. Huggins, en Angleterre, analysa le premier avec le spectroscope une comète, celle de Tempel (1866). C'est le spectroscope seul qui peut révéler dans les planètes qui brillent d'une manière réfléchie, la présence possible de vapeurs absorbantes dans leur atmosphère. (Voy. Mars.)

SPECTRE s. m. (lat. *spectrum*, image). Fantôme, figure fantastique que l'on croit voir : *spectre hideux, effroyable*. — Fam. et par exag. C'EST UN SPECTRE, se dit d'une personne grande, maigre et maigre. — Phys. SPECTRE SOLAIRE, image colorée et oblongue qui se forme sur la muraille d'une chambre obscure, lorsqu'on y fait arriver un trait de lumière solaire, après l'avoir brisé et dispersé par la réfraction d'un prisme. — SPECTRE STELLAIRE, spectre fourni par la lumière des étoiles. — ENCYCL. On nomme spectre l'image ou la bande colorée formée par la décomposition d'un rayon de lumière en ses couleurs élémentaires. Ainsi lorsqu'un rayon de soleil entre dans une chambre obscure par une fente étroite, traverse un prisme de verre triangulaire, et tombe sur un écran, le rayon de lumière est déployé par le prisme en un rayon de diverses couleurs en forme de coin, lequel, en tombant sur l'écran, forme un spectre. Ce spectre de lumière solaire peut se diviser en sept couleurs : rouge, orange, jaune, vert, bleu, indigo et violet, nommées dans l'ordre de leur déflexion angulaire croissante de la direction du rayon lumineux avant de rencontrer le prisme. Si la lumière d'une lampe à alcool contenant du sel commun entre par la fente à la place de la lumière solaire, un examen attentif fera reconnaître que le spectre projeté sur l'écran ne se compose que de deux bandes jaunes étroitement rapprochées. Avec la lumière d'une flamme teintée par de la vapeur de lithium, on obtient un spectre formé de deux bandes, l'une rouge, l'autre orange. On a ainsi trouvé que les spectres présentent de grandes différences, suivant la nature des substances incandescentes dont ils émanent. Quelques-uns, chez les solides incandescents comme le platine, par exemple, sont continus et formés des sept couleurs au complet ; d'autres, comme ceux du sodium, du lithium et du potassium, sont formés de bandes séparées par des espaces obscurs. D'autres encore, ceux du soleil et des étoiles fixes, par exemple, sont continus comme dans le cas des solides incandescents, mais croisés transversalement par une multitude d'espaces très étroits privés de lumière, ou à peu près. Voy. SPECTRALE (Analyse.) Nous considérerons ici la lumière, la manière dont il se produit, les méthodes pour mesurer les longueurs des ondes des différents rayons qui le composent, et l'action de la lumière, de la chaleur, de la décomposition chimique et de la fluorescence produite par les différents rayons respectraux lorsqu'ils frappent des corps de nature à manifester cette action. — On obtient d'ordinaire le spectre, soit par l'action divergente d'un prisme, soit par la diffraction

d'une « grille » faite en traçant avec une pointe de diamant sur un verre ou sur un métal brillant plusieurs *milliers de lignes* droites parallèles et équidistantes dans un espace de 2 centim. et demi. Le spectre prismatique se *forme avec* pureté lorsque la lumière solaire pénètre par une fine fente à parois parallèles, large d'environ $\frac{1}{8}$, de centim. dans une chambre obscure, où, à une distance de 5 à 6 m., il passe à travers un prisme de verre clair et homogène, puis dans une lentille achromatique d'environ 6 pieds de foyer. Cette lentille est placée à une certaine distance d'un écran, de manière à former sur lui l'image de la fente par laquelle le soleil entre dans la chambre, lorsque le prisme est remplacé par un miroir plan qui réfléchit les rayons sur l'écran. Dans cette expérience, le prisme doit être placé à l' « angle de déviation minimum » ; c'est-à-dire qu'il doit être ajusté de telle façon que le rayon incident reçoive le minimum de déviation de l'action réfractive du prisme.

Fraunhofer substitua un télescope à la lentille et à l'écran, comme le montre la fig. 1. Son instrument s'appelle spectroscope. Le spectre, formé comme on vient de le dire, est croisé transversalement par des lignes obscures de différentes longueurs et plus ou moins noires.

Fig. 1. Spectroscope de Fraunhofer.

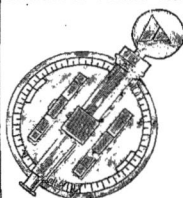

Ces lignes sont inégalement distribuées sur toute la longueur du spectre; mais la même ligne occupe toujours la même position par rapport à la couleur où elle existe. La fig. 2 donne les lignes spectrales telles que Fraunhofer les a relevées dans le vol. IV des Mémoires de l'Académie de Munich pour 1814-'45. Pour distinguer ces lignes, Fraunhofer les désigne par les lettres de l'alphabet en allant du rouge au violet. Ainsi A est au commencement du rouge, tandis que H se trouve dans le violet près de la limite du spectre visible. Fraunhofer releva dans le spectre 576 lignes ; depuis ce temps, ces lignes et celles qu'on a découvertes plus tard au delà des extrémités violette et *rouge* du spectre sont appelées « lignes de Fraunhofer ». On a modifié l'instrument de Fraunhofer en substituant à la fente éloignée, une lentille achromatique ayant la fente à son foyer principal. C'est avec cet appareil que Kirchhoff a dressé une merveilleuse carte du spectre, contenant plus de 3,000 lignes. Les positions relatives des lignes dans les spectres obtenus avec des prismes faits de matières réfringentes différentes, ou même de la même matière à des températures différentes, sont tellement dissemblables que les tableaux dressés par différents observateurs ne peuvent se comparer les uns aux autres ; c'est pourquoi l'on a eu recours à des spectres formés par la transmission de la lumière à travers des grilles. En mesurant ces spectres, connus sous le nom de spectres de diffraction ou d'interférences, on peut déduire les longueurs des ondes lumineuses correspondant à une teinte quelconque du spectre. Dans les observations qui ont été faites pour dresser ce que l'on appelle la carte du « spectre solaire normal », le plan de la grille est placé dans l'axe d'un cercle gradué, et il est d'ordinaire ajusté de façon que ce plan soit à angles droits avec la ligne de collimation du télescope collimateur qui porte la fente. Le télescope d'observation est placé de l'autre côté de la grille, et est muni de verriers ou mi-

croscopes indicateurs, qu'il porte sur le cercle gradué à mesure qu'il tourne autour de son axe. Mais il est difficile de se procurer des grilles toujours de la même dimension, et uniformément divisées. De là encore bien des différences dans les calculs des différents observateurs. Les plus parfaites que nous connaissions sont celles de Lewis M. Rutherford, de New-York. — ACTIONS DES RAYONS DU SPECTRE. Il est amplement prouvé que toutes les émanations connues du soleil consistent en vibrations rapides produites par ce corps lumineux dans un milieu très élastique appelé éther. La manière dont se manifestent ces vibrations éthérées dépend de la nature des corps sur lesquels elles tombent. Ainsi ce qui, dans son essence, est un simple mouvement vibratoire, paraîtra lumière si les vibrations frappent la rétine, chaleur si elles tombent sur notre peau, action chimique si elles touchent la plaque d'un photographe. Une fois ceci compris, on peut facilement expliquer les diverses actions du spectre sur les différents corps, pourvu que l'on tienne compte, en outre, de la manière dont ce spectre est formé, au moyen d'une grille ou au moyen d'un prisme et de la matière dont la grille ou le prisme se compose. La partie supérieure de la fig. 3 montre un spectre prismatique croisé par les principales lignes de Fraunhofer, de A à O. L'examen photométrique de ce spectre fait voir que la distribution de la lumière y est représentée par la courbe B, dont l'élévation au-dessus de points pris sur la ligne de base est proportionnelle à l'intensité de la lumière aux points correspondants du spectre. On trouve que le maximum de lumière existe

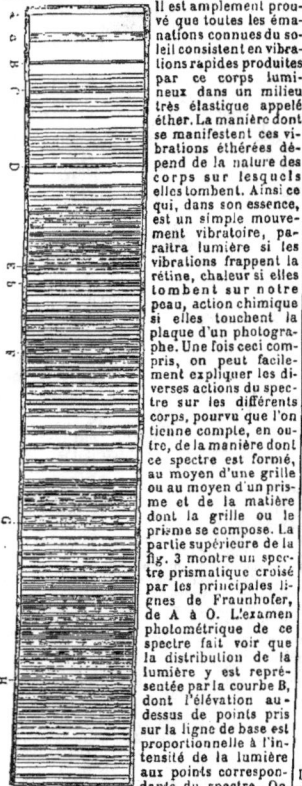

Fig. 1. Spectre solaire de Fraunhofer.

dans le jaune, à un point éloigné de la ligne supérieure D d'une distance égale à un tiers de la distance de cette ligne à la ligne E. L'examen thermométrique de ce spectre donnera une distribution de chaleur dans toute sa longueur, représentée par la courbe A ; et le maximum de chaleur se trouve à un point au delà de l'extrême rouge, à une distance égale à celle de la ligne A jusqu'à la ligne C. La courbe C donne la distribution de l'action chimique, telle qu'on l'observe quand le spectre tombe sur une surface de bromure d'argent. Le maximum de cette action gît à peu près à mi-chemin entre G et H. Il est important de faire remarquer que les courbes ici données ne s'appliquent qu'à un spectre formé par un genre de verre particulier et reçu sur les surfaces indiquées. Ainsi un prisme de verre différe-

rent changerait la place du maximum de chaleur, et la substitution d'une autre surface chimique changerait également le point du maximum de l'action chimique et produirait un rétrécissement ou un élargissement de l'aire chimiquement affectée. — ACTIONS CHIMIQUES DU SPECTRE. On n'a guère observé la distribution de l'action chimique du spectre que par rapport aux composés d'argent. La fig. 3 donne ce qu'on appelle souvent la courbe de la force chimique. On la considère

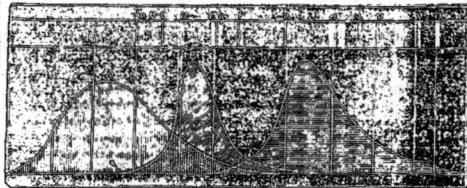

Fig. 3.

généralement comme montrant la distribution de l'action chimique dans tous les cas ; cependant, dès 1842, le Dr J.-W. Draper avait prouvé que : 1° loin que les influences chimiques soient restreintes aux rayons les plus réfrangibles, chaque partie du spectre, visible et invisible, peut produire des changements chimiques ou modifier l'arrangement moléculaire des corps ; 2° le rayon effectif, pour produire des changements chimiques ou moléculaires dans une substance spéciale quelconque est déterminé par la propriété absorbante de cette substance. — ACTION DE LA FLUORESCENCE SUR LES RAYONS DU SPECTRE.

Fig. 4.

La fluorescence est la propriété possédée par certaines substances d'absorber de la lumière composée de rayons d'une certaine longueur et de rendre ensuite cette lumière changée en rayons d'ondes plus longues ; ou, ce qui revient au même, en lumière d'une moindre réfrangibilité. Ce phénomène a été pour la première fois observé par Robert Boyle. Plus récemment, les Américains Newton et H.-C. Bolton en ont fait le sujet de soigneuses investigations. Ils ont surtout porté leur attention sur les propriétés fluorescentes des sels d'uranium. Nous ne signalons que les résultats les plus importants auxquels ils sont arrivés, renvoyant pour le reste à leurs publications dans l'*American Chemist*, vol. III et IV, et dans le *Chemical News*, vol. XVVIII

Fig. 5. Recomposition des couleurs du spectre.

4. La comparaison des spectres de 17 acétates et doubles acétates d'uranium à l'état solide et en solutions aqueuses, a montré que dans le cas de ces corps aucun sel double ne saurait exister en solution dans l'eau. Des expériences ultérieures ont étendu cette loi à tous les sels d'uranium connus. 2. Il a été prouvé que l'étude des spectres fluorescents pouvait faire découvrir l'existence de sels nouveaux, inconnus auparavant. Ainsi en chauffant le sulfate ammonio-uranique jusqu'à 100° C. pendant quelques instants, on a remarqué que son spectre fluorescent prend un caractère double (voy. le spectre 2 de la fig. 4) ; une nouvelle série de bandes s'ajoute à celles du sel normal. (Voy. spectre 1, fig. 4.) En continuant de chauffer jusqu'à ce que le sel cesse de perdre de son poids, on a obtenu une substance qui a donné le spectre n° 3, fig. 4. Ces résultats ont naturellement fait penser que les deux spectres 1 et 3 appartenaient au sel hydraté et au sel anhydre, et que le spectre 2 indiquait un mélange des deux. En chauffant au rouge sombre pendant quelques instants le sel séché, on a fait se développer un autre spectre double, n° 4, qui, en continuant le même traitement, a été réduit à un nouveau spectre simple, n° 5. L'analyse du produit ainsi obtenu a montré que c'était un sulfate ammonio-uranique, sel inconnu auparavant et qu'on n'aurait sans doute pas découvert par un autre moyen, car le contact avec l'eau le réduit immédiatement à n'être plus qu'un mélange du sel normal avec du sulfate d'uranium. — RECOMPOSITION DES COULEURS DU SPECTRE. Quand un rayon solaire a été décomposé par un prisme, on peut le recomposer de suite en plaçant un second prisme près du premier, de façon qu'ils aient leurs bases tournées réciproquement en sens inverse (fig. 5). Le rayon original de lumière blanche est reproduit en E.

SPECTROMÈTRE s. m. (fr. *spectre* ; gr. *metron*, mesure). Phys. Appareil au moyen duquel on prend sur le spectre lumineux les mesures nécessaires à connaître pour faire l'analyse spectrale.

SPECTROSCOPE s. m. (fr. *spectre* ; gr. *skopeô*, je vois). Phys. Goniomètre disposé pour les recherches d'analyse spectrale. Nous avons déjà donné à notre article SPECTRE une description

Spectroscope.

et une figure de spectroscope. Voici la description de l'appareil aujourd'hui le plus employé. Il se compose d'un pied de métal portant un prisme ou un arrangement de

prismes. Attachés à ce pied et susceptibles d'un mouvement horizontal autour de l'axe de lui se trouvent deux tubes, le collimateur et la lunette d'observation. A l'extrémité du collimateur opposée au prisme, se trouve une fente verticale étroite dont la largeur peut être réglée au moyen d'une vis et d'un petit fil, tandis qu'à l'extrémité la plus rapprochée du prisme se trouve une lentille appelée lentille de collimation qui rend parallèles les rayons avant qu'ils ne tombent sur le prisme. La lunette d'observation est une lunette ordinaire un peu grossissante. La lumière à examiner passe à travers la fente, puis à travers la lentille de collimation et enfin à travers le prisme, et le spectre formé par le prisme est examiné au moyen de la lunette d'observation. On emploie quelquefois deux, trois, quatre prismes et même davantage. La troisième lunette que l'on voit sur notre figure porte une échelle qui est réfléchie de la surface du dernier prisme employé, jusqu'à la lunette d'observation, de manière que cette échelle et le spectre se trouvent en même temps dans le champ visuel.

SPECTROSCOPIE s. f. Phys. Science des procédés mis en usage pour les recherches des phénomènes produits par le spectre solaire et par les spectres des autres lumières.

SPECTROSCOPIQUE adj. Phys. Qui a rapport à la spectroscopie ou au spectroscope.

* SPÉCULAIRE adj. (lat. *specularis*). Se dit de plusieurs minéraux à lames brillantes et réfléchissant la lumière : *fer spéculaire*. — SCIENCE SPÉCULAIRE, science qui traite de l'art de faire des miroirs. Dans cette acception, il a vieilli.

* SPÉCULATEUR s. m. (rad. lat. *speculari*, observer). Celui qui spécule, qui observe les astres et les phénomènes du ciel : *spéculateur des corps célestes*. On dit mieux auj. OBSERVATEUR. — Au fém. SPÉCULATRICE. — Se dit aussi de ceux qui font des spéculations de banque, de finance, de commerce, etc. : *cet homme est un hardi spéculateur*.

* SPÉCULATIF, IVE adj. Qui a coutume de spéculer, d'observer attentivement : *les philosophes spéculatifs*. — Qui s'attache à la spéculation, sans avoir la pratique pour objet : *écrivain spéculatif*. — s. Ne se dit guère que de ceux qui raisonnent bien ou mal sur les matières politiques, sans être obligés de s'en occuper, ou qui, en toute autre matière, poussent le raisonnement à l'excès, sans s'attacher assez aux faits, à la pratique : *les spéculatifs croient que toute cette négociation n'aboutira à rien; les spéculatifs ont débité là-dessus force rêveries*.

* SPÉCULATION s. f. Action de spéculer : *la spéculation des astres*. — Se dit aussi des observations faites, écrites par un spéculateur : *il nous a communiqué ses spéculations sur cette matière*. — Théorie ; et en ce sens est opposé à pratique : *cela est bon dans la la spéculation, et ne vaut rien dans la pratique*. — Se dit particul. des projets, des raisonnements, des calculs, des entreprises que l'on fait en matière de banque, de finance, de commerce, etc. : *se livrer à des spéculations hasardeuses*.

SPÉCULATIVE s. f. Théorie. Se dit par opposition à *pratique*.

SPÉCULATIVEMENT adv. D'une manière spéculative.

SPÉCULATOIRE s. f. Interprétation des phénomènes de la nature, dans les sciences occultes.

* SPÉCULER v. a. (lat. *speculari*). Regarder ou observer curieusement, soit avec des lunettes, soit à la vue simple, les objets célestes ou terrestres : *il vasse la nuit à spécu-*

ler les astres, ou simpl., à *spéculer*. — v. n. Méditer attentivement sur quelque matière : *ce n'est pas le tout que de spéculer, il faut réduire en pratique*. — Particul. Faire des projets, des raisonnements, des calculs, des entreprises, en matière de banque, de finance, de commerce, etc : *il a beaucoup spéculé sur les fonds publics*.

SPÉCULIFÈRE adj. Ornith. Se dit des oiseaux qui portent sur l'aile une tache appelée miroir.

* SPECULUM s. m. [spé-ku-lomm]. Mot latin, qui signifie miroir, et qui est adopté dans notre langue, pour désigner divers instruments de chirurgie propres à ouvrir, à dilater certaines cavités, et à faciliter l'examen qu'on en veut faire. Chacun de ces instruments prend le nom latin de la partie pour laquelle on l'emploie : ainsi il y en a un pour l'œil, *speculum oculi*; un pour le nez, *speculum nasi*; un pour l'utérus, *speculum uteri*; etc.

* SPÉE s. f. Eaux et Forêts. Bois d'un an ou deux. On dit aussi CÉPÉE.

SPEECH s. m. [spîtch] (mot. angl.). Discours de circonstance.

SPEISS s. m. [spéiss]. Minér. Minerai de nickel qui a subi un premier grillage.

SPEKE (John-Hanning), célèbre explorateur anglais, né en 1827, mort à Bath le 15 sept. 1864. Il a découvert le lac Tanganyika en 1856 et le lac Victoria Nyanza en 1858; mais il est célèbre surtout comme ayant trouvé avec le capitaine Grant, en 1862, la véritable source du Nil. Peu après son retour en Angleterre, il fut tué accidentellement d'un coup de fusil pendant un meeting de la British Association.

* SPENCER s. m. [spain-sèrr] (mot angl. tiré du nom de lady *Spencer*, qui mit ce vêtement à la mode). Sorte de vêtement qui a la forme qu'aurait un habit coupé entre la taille et les basques : *un spencer de drap, de velours*.

SPENER (Philipp-Jakob) [spé'-neur], théologien allemand, né en Alsace en 1635, mort en 1705. Après avoir été précepteur de plusieurs des princes palatins, il débuta dans la prédication à Strasbourg en 1663, entre 1666, il fut mis à la tête du clergé de Francfort où il établit des prières publiques sous le nom de *collegia pietatis*. C'est là l'origine de la secte des piétistes. En 1686, il se transporta à Dresde, comme premier prédicateur à la cour et membre du consistoire. Toutes les chaires de la nouvelle université de Halle, furent occupées par ses disciples qui en firent le foyer des doctrines piétistes. La faculté de Wittenberg releva dans ses écrits environ 300 propositions fausses; mais il se défendit efficacement, et en 1691, il devint à Berlin, prévôt, inspecteur de l'église Saint-Nicolas et assesseur au consistoire. Parmi ses œuvres, on cite *Pia Desideria* (nouv. édit. par Feldner, 1846).

SPENSER (Edmund) [spenn'-seur], poète anglais, né probablement en 1553, mort en 1599. Il prit ses grades à Cambridge en 1572, puis il visita le nord de l'Angleterre, où il composa le *Shepheard's Calendar*, dédié à sir Philip Sidney (1579). En 1580, il fut envoyé en Irlande comme secrétaire du vice-roi lord Grey de Wilton. C'est cette année-là qu'il publia les *Foure Epistles*. En 1586, il obtint une vaste domaine dans le comté de Cork, et il s'établit au château de Kilcolman, où il composa la plus grande partie de son poème *Færie Queen*. A la mort de Sidney, il écrivit l'élégie pastorale intitulée *Astrophel*. Raleigh devint alors son principal protecteur, et le fit venir à Londres pour la publication de *Færie Queen*, dont les 3 premiers livres, dédiés à la reine Élisabeth, parurent en 1590. Il reçut en re-

tour une pension de 50 livres, revint en Irlande et publia successivement *Colin Clout's come Home again* (1591); *Complaints* (1591); *Amoretti* et *Epithalamium* (1595), quatre hymnes (1596), et les quatrième, cinquième et sixième livres de *Færie Queen* (1596). La même année, il présenta à la reine son écrit intitulé *View of the State of Ireland*, qui fut publié en 1633. Lors de l'insurrection de Munster en 1598, le château de Kilcolman fut attaqué, et le poète prit la fuite avec sa femme. Quelques mois après, il mourait dans une auberge, à Londres. Son grand poème, *Færie Queen*, est resté inachevé; il a choisi pour l'écrire l'*ottava rima* des Italiens, à laquelle il ajouta un vers alexandrin : c'est ce qu'on a appelé depuis la stance spensérienne.

SPERANSKI (Mikhaïl), homme d'État russe, né en 1772, mort en 1839. Il occupa de hautes fonctions administratives, améliora les finances et fit adopter un nouveau code pénal. Banni de Saint-Pétersbourg en 1812, il revint en faveur en 1816, et en 1819, fut envoyé en Sibérie comme gouverneur. En 1825, il fut fait président de la chancellerie. Il a publié une collection de toutes les lois et édits à partir de 1694, en 45 vol. in-4°. On en a fait un abrégé en 15 vol. in-8°.

* SPERGULE s. f. (lat. *spergula*; de *spargere*, répondre; allusion à la dispersion des graines par ouverture spontanée du fruit). Bot. Genre de caryophillées alsinées, comprenant plusieurs espèces de plantes herbacées annuelles. L'espèce la plus remarquable est la *spergule des champs* (spergula arvensis), appelée aussi *spargoute* ou *sporée;* c'est une plante haute de 20 à 40 centim., à longs pédoncules, portant des fleurs petites et blanches qui s'épanouissent au commencement de juin. Elle croît spécialement dans nos terrains siliceux; elle donne un fourrage très estimé, vert ou sec, pour les vaches laitières.

* SPERMA CETI ou ʌʌ Spermacéti s. m. Graisse cristalline solide, extraite des liquides huileux qui se trouvent dans une cavité triangulaire, près du côté droit du nez et dans la partie supérieure de la tête du cachalot; elle existe aussi, mais en plus petite quantité, chez quelques autres cétacés. Un cachalot de 12 gros barils. En refroidissant, elle forme une masse spongieuse, d'où la plus grande partie de l'huile s'écoule, laissant le spermaceti brut, que l'on soumet au pressoir et que l'on fait refondre pour le débarrasser de toute l'huile qu'il peut encore conserver. Cette substance est d'une texture foliacée, d'un blanc délicat, semi-transparente, friable, onctueuse au toucher; elle ressemble à de la cire blanche pour l'éclat et la consistance. Elle est insipide et presque sans aucune odeur; insoluble, 940; point de fusion, 50° C. Elle se dissout rapidement dans l'éther et dans les huiles grasses et volatiles, dont elle se sépare en refroidissant. A de hautes températures, elle se sublime sans décomposition; si elle est à l'abri de l'air. On s'en sert principalement pour faire des bougies.

* SPERMATIQUE adj. Anat. Qui a rapport au sperme, à la semence : *vaisseaux, canaux spermatiques*. — ANIMAUX, VERS SPERMATIQUES, animalcules que l'on découvre dans la semence, avec le microscope.

* SPERMATOLOGIE s. f. (gr. *sperma*, *spermatos*, sperme; *logos*, discours). Anat. et Physiol. Traité ou dissertation sur le sperme.

SPERMATORRHÉE s. f. (gr. *sperma*, sperme; *rhéô*, je coule). Pathol. Écoulement involontaire du sperme. Cette maladie, qui est presque toujours la suite de la masturbation ou des excès vénériens, a également pour causes déterminantes les occupations sédentaires, l'équitation la lecture d'ouvrages li-

cencieux, la société des femmes, etc. Ces écoulements peuvent devenir fréquents, avoir lieu pendant le jour sans cause apparente et amener l'amaigrissement, la perte des forces et de la mémoire, la tristesse et un grand affaiblissement physique et moral. On conseille alors d'éloigner toutes les causes d'excitation génitale, d'éviter les spiritueux, de prendre beaucoup d'exercice, de se lever de bonne heure et de prendre le soir de 1 jà 3 gr. de bromure de potassium.

SPERMATOZOAIRE s. m. (gr. *sperma*, sperme; *zôon*, animal). Zool. Corps microscopique qui forme l'élément fécondateur chez les mâles et dont la fonction est de fertiliser l'ovule des femelles. Les spermatozoaires sont filiformes et se composent d'une tête, avec un élargissement à l'une de leurs extrémités ; ils ont ordinairement une forme ovalaire et sont terminés par une queue ou filament qui va graduellement en s'amincissant. Le mouvement de cette queue cause la motion rapide des spermatozoaires. Quelques naturalistes pensent que ces corps sont de véritables animaux ; d'autres les considèrent comme de simples éléments anatomiques. — Bot. Il existe également des spermatozoaires dans la *fovilla* des fleurs mâles.

SPERMATOZOÏDE s. m. Syn. de SPERMATOZOAIRE.

* **SPERME** s. m. (gr. *sperma*). Anat. et Physiol. Liqueur séminale, semence dont l'animal est engendré. — SPERME DE BALEINE, matière concrète, blanche et demi-opaque, qui se trouve liquide dans certaines cavités du crâne des cachalots, et qui prend de la consistance à l'air. On l'appelle aussi *blanc de baleine* ou *spermaceti* (prononcez *céti*).

SPERMÉ, ÉE adj. (gr. *sperma*, semence). Bot. Se dit des plantes qui ont des organes reproducteurs visibles.

SPERMIQUE adj. Bot. Qui a rapport à la graine des végétaux.

SPERMODERME s. m. (gr. *sperma*, graine; *derma*, peau). Bot. Tégument propre de la graine.

SPERMOPHILE s. m. (gr. *sperma*, graine; *philos*, qui aime). Mamm. Genre de rongeurs claviculés, voisin des marmottes, dont il se distingue par l'existence d'abajoues. On appelle vulgairement en Amérique ces animaux *écureuils de prairies* (*prairie squirels*). Les

Spermophile à treize lignes (Spermophilus tredecim-lineatus).

spermophiles se nourrissent des racines et des graines des plantes des prairies ; ils sont diurnes, et vivent en troupeaux, mais à un moindre degré que le chien des prairies. L'espèce la mieux connue est l'*écureuil des prairies à treize lignes* (*spermophilus tredecim-lineatus*, And. et Bach.), qui mesure 15 centim. de long et qui a une queue de 7 centim. Sa couleur est d'un brun sombre endessus ; ses parties inférieures et sa queue

sont d'un jaune brunâtre. On le rencontre dans les *prairies* de l'O. au-dessus de 40° lat, N. Dans l'Iowa, le Wisconsin, le Minnesota et l'Illinois septentrional, on l'appelle communément *gopher*. Les écureuils de prairie vivent dans des terriers peu profonds, et se nourrissent d'herbes, de graines, d'insectes et de mulots. Ils disparaissent devant la charrue, et s'attaquent rarement aux champs bien entretenus ou depuis longtemps cultivés.

SPET s. m. (spè) (esp. *espeto*, broche), Nom vulgaire de la sphyrène de la Méditerranée.

SPEUSIPPE, philosophe grec, né vers 380 av. J.-C., mort en 339. Il était neveu de Platon, et il lui succéda comme président de l'académie pendant huit ans (347-339). Il s'écarta du système philosophique de son maître en donnant une importance prépondérante à l'empirisme.

SPEZIA (La) (spé-dzi-a), ville de l'Italie septentrionale, à 80 kil. S.-E. de Gênes ; 26,000 hab. Elle se trouve à l'extrémité N.-O. du golfe de Spezia (anc. *Portus Lunæ*), un des plus grands et des plus beaux havres du monde, se subdivisant en plusieurs petits ports. C'est à la Spezia que se trouve le grand arsenal naval de l'Italie ; c'est aussi une station importante pour les escadres étrangères. On exporte de l'huile d'olive et du vin.

SPEZZIA ou Spetzia (anc. *Tiparenos*), île de Grèce, dans l'archipel, à l'entrée du golfe de Nauplie, à l'E. ; elle a 8 kil. de long et 5 de large ; 8,443 hab. Pendant la guerre de l'indépendance, ses habitants déployèrent un grand courage contre les Turcs. Cap., Spezzia (3,000 hab.).

* **SPHACÈLE** s. m. (gr. *sphakelos*). Chir. Gangrène profonde de la totalité d'un membre, d'un organe.

* **SPHACÉLÉ, ÉE** adj. Chir. Qui est affecté de sphacèle : *membre sphacélé*.

SPHACÉLER v. a. Gangrener profondément.

SPHACÉLISME s. m. Production du sphacèle.

SPHAGNÉ, ÉE adj. [gn mll.] (du lat. *sphagnum*, sphaigne). Bot. Qui ressemble ou se rapporte à la sphaigne. — s. f. pl. Tribu de mousses ayant pour type le genre sphaigne.

SPHAIGNE s. f. [gn mll.] (gr. *sphagnos*, mousse). Bot. Genre de sphagnées, comprenant une vingtaine d'espèces de petites plantes à rameaux grêles et élancés, à petites feuilles imbriquées, ordinairement blanchâtres. Les sphaignes végètent surtout dans les marais ; elles se carbonisent sans cesse dans leur partie inférieure, et contribuent ainsi à former les couches de tourbe. Quelques espèces abondent dans les régions polaires, où elles servent de nourriture aux rennes. La *sphaigne de la tourbe* (*sphagnum acutifolium*) se rencontre dans les tourbières. La *sphaigne des marais* sert, dans le nord de l'Europe, à garnir les berceaux des enfants.

Sphaigne de la tourbe (Sphagnum acutifolium).

SPHÉGIDÉ, ÉE adj. (de *sphex*; et du gr. *eidos*, aspect). Entom. Qui ressemble ou se rapporte au sphex. — s. m. pl. Tribu d'hyménoptères fouisseurs, ayant pour type le genre sphex et comprenant de nombreuses espèces, dont quelques-unes sont formées

d'énormes insectes mesurant jusqu'à 40 centim. de largeur quand ils ont les ailes étendues Mais sous nos climats, les sphex sont beaucoup moins gros.

SPHÉNO [sfé-no] (gr. *sphên*, sphenos, coin). Préfixe qui entre dans la formation d'un certain nombre de mots d'anatomie.

* **SPHÉNOÏDAL, ALE, AUX** adj. Anat. Qui a rapport au sphénoïde : *fente ou suture sphénoïdale.*

* **SPHÉNOÏDE** adj. et s. m. [sfé-no-i-de] (préf. *sphéno*; gr. *eidos*, aspect). Anat. Se dit d'un des os de la tête, qui forme une partie de la base du crâne : *la forme de l'os sphénoïde, du sphénoïde est très bizarre.*

* **SPHÈRE** s. f. [sfè-re] (gr. *sphaira*). Géom. Globe, corps solide dans lequel toutes les lignes tirées du centre à la surface sont égales : *les propriétés de la sphère.* — Espèce de machine ronde et mobile, composée de divers cercles qui représentent ceux que les astronomes imaginent dans le ciel : *acheter une sphère et un globe*. Les astronomes appellent cette sorte de sphère, SPHÈRE ARMILLAIRE ou ARTIFICIELLE. — *Disposition du ciel*, suivant les cercles imaginés par les astronomes : *la sphère céleste est représentée par la sphère artificielle.* — Connaissance des principes d'astronomie qu'on apprend par le moyen d'une sphère : *il a un maître qui lui enseigne la sphère.* — Espace dans lequel les astronomes conçoivent qu'une planète accomplit son cours : *Saturne parcourt sa sphère en trente années.* — Phys. SPHÈRE D'ACTIVITÉ, espace dans lequel la vertu, l'influence d'un agent naturel peut s'étendre, et hors duquel elle n'a plus d'action appréciable. — Fig. SPHÈRE D'ACTIVITÉ, l'étendue d'affaires, de travaux, d'intérêts, dans laquelle un homme communique son mouvement à ceux qui l'entourent : *sa sphère d'activité s'étend à toutes sortes d'objets.* — Étendue de pouvoir, d'autorité, de connaissances, de talent, de génie : *quand vous le mettez sur telle matière, sur telle science, il est hors de sa sphère.* — SORTIR DE SA SPHÈRE, se dit quelquefois d'une personne qui sort des bornes de son état, de sa condition.

C'est qu'on se croit toujours plus sage que sa mère,
C'est qu'on veut sortir de sa sphère.
FLORIAN.

— Fig. ÉTENDRE, AGRANDIR, ÉLARGIR LA SPHÈRE DES CONNAISSANCES HUMAINES, ajouter aux connaissances que les hommes possèdent : *cet homme était destiné à étendre la sphère de nos connaissances.* — ENCYCL. On donne, en géométrie, le nom de sphère à un corps limité par une surface, dont chaque point est également distant d'un point intérieur nommé centre. La surface d'une sphère est égale à la surface courbe d'un cylindre d'égal diamètre, et par conséquent égale à quatre fois l'aire d'un cercle de même diamètre, c'est donc $4 \pi R^2$; son volume est égal à celui d'une pyramide dont la base serait égale à la surface de la sphère, et la hauteur à son rayon ; de là il suit qu'il est égal à un tiers du produit de son rayon par sa surface, ou $\frac{4}{3} \pi R^3$.

* **SPHÉRICITÉ** s. f. Didact. État de ce qui est sphérique : *la sphéricité de la terre.*

* **SPHÉRIQUE** adj. Qui est rond comme un globe : *corps sphérique.* — Géom. Qui appartient à la sphère : *traité des triangles sphériques*, ou *trigonométrie sphérique.*

* **SPHÉRIQUEMENT** adv. D'une manière sphérique, en forme sphérique.

* **SPHÉRISTE** s. m. Antiq. Celui qui enseignait les différents exercices où l'on se servait de balles.

* **SPHÉRISTÈRE** s. m. Antiq. Lieu destiné aux différents exercices où l'on se servait de balles.

* SPHÉRISTIQUE adj. (gr. *sphairistikos*). Nom générique qui comprenait, chez les anciens, tous les exercices où l'on se servait de balles. On l'emploie presque toujours subtantiv.; et alors on le fait féminin : *la sphéristique était une partie de la gymnastique ancienne.*

SPHÉROCARPE adj. (fr. *sphère*; gr. *karpos*, fruit). Bot. Qui porte des fruits globuleux.

* SPHÉROÏDAL, ALE, AUX adj. Qui ressemble à un sphéroïde, qui en a la forme : *corps sphéroïdal.* — Phys. État sphéroïdal, expression proposée par Boutigny (d'Evreux) pour désigner l'état particulier que présentent les liquides mis en contact avec une surface chauffée à une température plus élevée que celle du point d'ébullition, lorsque ces liquides, au lieu de s'agiter et de bouillir, prennent une forme globulaire et conservent leur volume. Dans ses *Études sur les corps à l'état sphéroïdal* (1842; 4° édit., Paris, 1883, in-8°), Boutigny a établi et développé avec une grande autorité sa théorie extrêmement originale sur l'état sphéroïdal de la matière surchauffée; il en a tiré d'importantes conclusions, surtout relativement aux explosions foudroyantes des machines à vapeur, à la formation des satellites, etc.

* SPHÉROÏDE s. m. Géom. Solide dont la figure approche de celle de la sphère. — Sphéroïde allongé, celui dont la demi-ellipse génératrice tourne autour de son grand axe. — Sphéroïde aplati, celui dont la demi-ellipse génératrice tourne autour de son petit axe : *la terre est un sphéroïde aplati.*

SPHÉROÏDIQUE adj. Géom. Qui appartient aux sphéroïdes.

* SPHÉROMÈTRE s. m. (fr. *sphère*; gr. *metron*, mesure). Opt. Instrument qui sert à mesurer la courbure des surfaces sphériques.

SPHÉRULACÉ, ÉE adj. Zool. Qui a la forme d'une petite sphère. — s. f. pl. Famille de foraminifères ou rhizopodes, comprenant les genres saracénaire, mélonie, etc.

SPHEX s. m. [sfèkss] (gr. *sphéx*, guêpe). Entom. Genre de sphégides, comprenant un grand nombre d'espèces d'insectes caractérisés surtout par un corselet allongé et délié, une grande variété de couleurs, qui brillent souvent d'un splendide éclat métallique, et par un aiguillon d'une grande puissance. Ce sont des animaux très actifs, que l'on voit voler sans cesse au-dessus des terrains sablonneux. Ils sont solitaires et construisent un nid d'une ou de plusieurs cellules. Dans chaque cellule, la mère dépose, à côté de son œuf, une victime (chenille ou araignée), qu'elle perce de son aiguillon venimeux, de manière à la plonger dans l'engourdissement jusqu'à la naissance de la larve qui doit s'en nourrir. Nous avons en France le *sphex des sables* (*sphex sabulosa*).

Femelle du sphex des sables (Sphex sabulosa).

* SPHINCTER s. m. [sfain-ktèrr] (gr. *sphigktèr*; de *sphiggô*, je lie). Anat. Muscle circulaire, qui a la faculté de se contracter, et qui sert à rétrécir ou à fermer certaines ouvertures naturelles : *le sphincter de l'anus.*

* SPHINX s. m. [sfainkss] (gr. *sphigx*). Monstre imaginaire, que les poètes disent avoir eu le visage et les mamelles d'une femme, le corps d'un lion, et les ailes d'un aigle. — Sculpt. Figure qui a le visage et les mamelles d'une femme, et le reste du corps d'un lion (on *représente toujours les sphinx couchés sur le ventre, les jambes de devant étendues, et la tête droite.* — Encycl. Dans les légendes poétiques de la Grèce, on

raconte que le Sphinx était la fille d'Orthus et de la Chimère, ou de Typhon et de la Chimère, ou de Typhon et d'Echidna, et qu'il venait des contrées les plus lointaines de l'Éthiopie. Il ravageait Thèbes et dévorait ceux qui ne pouvaient résoudre l'énigme qu'il proposait, lorsque Œdippe la résolut, et obligea ainsi le sphinx à se donner la mort. (Voy. Œdippe.) — Chez les Égyptiens, les sphinx avaient la tête d'un homme, étaient barbus et coiffés, et présentaient le corps d'un lion, différant en cela des sphinx

Le grand Sphinx.

grecs qui avaient une tête de femme et le corps d'un lion ailé. Le grand sphinx des pyramides de Gizeh est près du bord oriental de la terrasse où s'élèvent les pyramides; il a la tête tournée vers le Nil. Cette tête mesure 9 m., du sommet du crâne au menton. Le corps, qui est celui d'un lion étendu à terre, a une longueur totale de 48 m. D'une épaule à l'autre, il mesure 12 m., et ses pieds s'étendent à 16 m. environ. Entre ses pieds, on avait bâti un petit temple en maçonnerie. Le corps du sphinx semble être taillé dans le roc vif; son visage est si mutilé qu'il est difficile d'en discerner les traits.

* SPHINX s. m. Mamm. Un des noms du babouin de Guinée (*cynocephalus papio*). Cet animal est d'une intelligence remarquable, et c'est probablement une des espèces que les Égyptiens représentaient sur leurs monuments. — Entom. Genre de lépidoptères crépusculaires, comprenant un certain nombre d'espèces de papillons à corps gros, avec les yeux grands et les ailes horizontales, ornées de couleurs vives et variées. Les chenilles des sphinx se rendent nuisibles en dévorant les feuilles des plantes; les papillons voltigent de fleur en fleur, avec une grande rapidité; le bruit de leurs ailes les a fait surnommer papillons-bourdons; ils planent au-dessus des fleurs, ce qui leur a valu le nom de papillons-éperviers. Les chenilles s'enfoncent dans la terre pour y subir leur métamorphose. Les chrysalides de quelques espèces ont le fourreau de la trompe saillant, en forme de nez; telle est celle du *sphinx de la pomme de terre* (*sphinx quinquemaculatus*), lépidoptère américain que représente notre figure. Le type du genre est le *sphinx du tithymale* (*sphinx euphorbiæ*), qui vit chez nous. L'espèce la plus remarquable est le *sphinx tête de mort* (*sphinx atropos*, Linn.; *acherontia atropos*), le géant de la famille dans nos pays, long de plus de 6 centim., large de 13 centim. avec ses grandes ailes étendues, bien reconnaissable à la tête humaine décharnée qui est grossièrement des-

sinée sur son dos, en lignes jaunes sur un fond noir. Cette funèbre figure, jointe au cri plaintif émis par l'insecte quand il est effrayé, l'a fait regarder chez les gens superstitieux comme le messager de la mort. Il

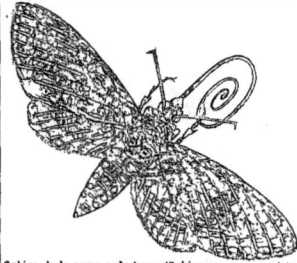

Sphinx de la pomme de terre (Sphinx quinquemaculatus).

ne se contente pas toujours de puiser le miel dans la corolle des fleurs; il s'introduit souvent dans les ruches pour piller les provisions des abeilles. (Voy. Apiculture, Insecte, etc.) Son énorme chenille est jaune citron, tournant au vert sur les côtés et sous

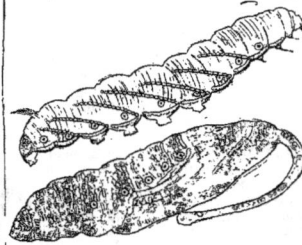

Larve et chrysalide du sphinx quinquemaculatus.

le ventre; elle est ornée de sept bandes obliques d'un bleu d'azur, teintées de violet et bordées de blanc sur les côtés; son corps, tacheté de noir, porte, à son extrémité, une corne jaune, courbée en arrière en forme de crochet; elle vit sur les feuilles de pommes de terre. Sa chrysalide est d'un brun marron brillant.

* SPHRAGISTIQUE s. f. (rad. gr. *sphragos*, sceau). Science des sceaux et des cachets.

SPHYGMIQUE adj. (gr. *sphugmos*, pouls). Qui a rapport au pouls.

SPHYGMOGRAPHE s. m. [sfi-gmo-gra-fe] (gr. *sphugmos*, pulsation; *graphô*, je décris). Méd. Instrument qui enregistre la vitesse et le caractère des battements du pouls. Le sphygmographe le plus répandu est celui que Marey imagina en 1863. (Voy. Pouls.)

SPHYGMOMÈTRE s. f. (gr. *sphugmos*, pouls; *metron*, mesure). Mesure, appréciation de la fréquence du pouls.

* SPIC s. m. (lat. *spica*, épi). Nom vulgaire de la grande lavande, qui fournit une huile odorante et volatile, appelée par corruption Huile d'aspic.

* SPICA s. m. Chir. Sorte de bandage dont les tours, se couvrant en partie les uns les autres, représentent en quelque sorte les rangs d'un épi d'orge.

SPICEWOOD s. m. [spaiss-oûdd] (angl. *bois d'épice*). Bot. Arbuste des États-Unis, haut de 2 à 3 m. et remarquable par sa forme gracieuse. Le *spicewood* (*benzoin odoriferum*),

porte de joli*petits fruits d'un rouge sombre;

épicewood (Benzoin odoriferum).

on l'a introduit dans nos jardins paysagers.

SPICHEREN, village près de Sarrebrück, qui a donné son nom à la grande bataille plus ordinairement appelée bataille de Forbach.

SPICIFÈRE adj. (lat. *spica*, épi; *fero*, je porte). Qui porte des épis.

SPICIFLORE adj. (lat. *spica*, épi; *flos*, fleur). Bot. Qui a les fleurs disposées en épis.

SPICIFORME adj. (lat. *spica*, épi; fr. *forme*). Bot. Qui a la *forme* d'un épi.

* **SPICILÈGE** s. m. (lat. *spicilegium*). Didact. Recueil, collection de pièces, d'actes, etc.

SPICULE s. m. (lat. *spiculus*, petit épi). Nom donné aux cristaux siliceux allongés que l'on rencontre dans le tissu des spongiaires.

SPICULIFÈRE adj. (lat. *spicula*, petit épi; *fero*, je porte). Bot. Dont les fleurs sont disposées en petits épis.

SPIEGHEL (Henri), poète néerlandais, né à Amsterdam, le 11 mars 1549, mort à Alkmaar en 1612. Quoique négociant, il cultiva avec succès les belles-lettres. Avec Coornhert et Roemer Visscher, il fut un des membres les plus illustres de la célèbre chambre de rhétorique « *de Eglantieren* ». Outre des essais sur la langue maternelle, il publia, et c'est son chef-d'œuvre, le *Hertspiegel* (Miroir au Cœur), 1644, qui renferme de belles pages, mais dont le style est le plus souvent dur et tellement obscur, qu'il n'est mal aisé de le comprendre, sans l'aide d'une édition remaniée par Bilderdijk (1828). Nous possédons encore de lui une édition de la *Rymkronijk* de Melis Stoke.

SPIESS (Heinrich) [chpiss], peintre allemand, né à Munich en 1832, mort en 1875. Il collabora avec Kaulbach. Il appartient à ce qu'on a appelé la jeune école de Munich. En 1856, il remporta un prix avec son *Jacob luttant avec l'Ange*. En 1861-'62, il a peint des fresques célèbres pour le musée de Munich.

* **SPINA-BIFIDA** s. m. (mots lat. qui signifient *épine bifide*). Méd. Maladie congénitale du rachis, dans laquelle les vertèbres sont déformées et séparées.

° **SPINAL, ALE** adj. (lat. *spina*, épine) Anat. Qui appartient à l'épine du dos : *le nerf spinal*.

* **PINA-VENTO A** s. m. [vain-to-za] (lat. *ventosa*, venteuse). Méd. Expression latine adoptée dans notre langue, pour désigner et caractériser une maladie du système osseux, dans laquelle le tissu des os se dilate comme s'il avait été soufflé, et qui, parvenue à un certain degré, cause une douleur vive et piquante.

SPINCOURT, ch.-l. de cant., ar. et à 32 kil. S.-E. de Montmédy (Meuse); 500 hab.

* **SPINELLE** adj. et s. m. Se dit d'un minéral qu'on range quelquefois parmi les pierres précieuses. Il se présente en octaèdres réguliers et en dodécaèdres, avec diverses modifications; dureté, 8 ; poids spécifique, de 3,5 à 4,9. Il est communément d'un mauve rouge, mais on le trouve quelquefois bleu, vert, jaune, brun, noir, et, mais rarement, presque blanc. Pur, c'est un composé de magnésie, 28, et d'alumine, 72. Mais la magnésie est souvent remplacée plus ou moins par un ou plusieurs des protoxydes de fer, de zinc ou de manganèse, ou par de la chaux; et l'alumine peut être remplacée de son côté par le peroxyde de fer. La variété noire s'appelle pléonaste; l'écarlate, rubis spinelle; la rouge rose, rubis balais; la jaune ou rouge orange, rubicelle; la violette, rubis almandin; et la verte, ceylonite. Les spinelles les plus précieuses se trouvent à Ceylan, à Siam et dans d'autres contrées de l'Orient, sous forme de cailloux roulés dans le lit des rivières.

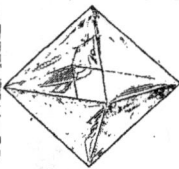

Spinelle.

SPINESCENCE s. f. Bot. Arrangement des épines à la surface d'un végétal.

SPINESCENT, ENTE adj. [-nèss-san]. Qui se change en épines.

SPINIFÈRE adj. Qui porte des épines.

SPINIFORME adj. Qui a la forme d'une épine.

SPINIGÈRE adj. Qui porte des épines.

SPINOLA (Ambrosio de), marquis, homme de guerre espagnol, né à Gênes en 1569, mort le 25 septembre 1630. Il s'unit à son frère Federigo, amiral de la marine espagnole, dans la guerre contre les Hollandais et les Anglais. En 1602, il arriva dans les Pays-Bas avec un corps de 9,000 vétérans, qu'il avait levé et équipé à ses frais, pour secourir les Espagnols sous l'archiduc Albert, contre Maurice de Nassau. En septembre 1604, comme commandant en chef, il amena la reddition d'Ostende, qui était assiégée depuis juillet 1601. En 1609, il favorisa la trève de 12 ans. En 1622, après avoir pris Julich (Juliers), il fut repoussé à Berg-op-Zoom (1622). Il opéra une savante retraite. En 1625, il s'empara de Bréda après un siège de dix mois. Plus tard, il prit à contre-cœur le commandement de l'armée espagnole en Italie, et mourut pendant le siège de Casale.

SPINOSA ou **Spinoza** (Baruch ou Bénédict), philosophe hollandais, né de parents juifs, à Amsterdam, le 24 novembre 1632, mort le 21 fév. 1677. Il latinisa en *Benedictus* son nom hébreu, *Baruch*. Son père, marchand portugais, avait fui la persécution et s'était établie en Hollande. Le fils fut élevé pour être rabbin, mais même avant d'avoir 15 ans, il était soupçonné de friser l'hérésie. Appelé devant un tribunal de rabbins, il fit défaut à plusieurs reprises, délaissa la synagogue, et, en 1656, fut frappé de l'excommunication majeure. Sur la demande des rabbins, les magistrats d'Amsterdam le bannirent de la ville, et, après avoir demeuré quelque temps chez un ami, dans le voisinage, il se fixa à la Haye, où il gagna sa vie en polissant des lentilles. En 1673, on lui offrit la chaire de philosophie à l'université de Heidelberg, à condition qu'il n'enseignerait rien de contraire à la religion établie. Il refusa. Son premier ouvrage, *Renati Descartes Principiorum Philosophiæ pars I et II, more geometrico demonstratæ* (1663), qui contient, dans un appendice, le germe de son *Ethique*, lui donna immédiatement la réputation d'un grand philosophe. Son second ouvrage, *Tractatus theologico-politicus*, publié anonymement en 1670, traite des rapports de l'Eglise et de l'Etat, et reste entièrement distinct de ses écrits philosophiques. Il en parut de nombreuses réfutations, surtout de la part des théologiens cartésiens. Ennemi de la controverse, Spinosa supprima le livre, et d'autres ouvrages des plus importants, que son ami Ludwig Meyer, ne publia qu'après sa mort. Dans la même année parurent, chez son éditeur d'Amsterdam, et conformément à ses instructions : *Ethica ordine geometrico demonstrata*, où se trouve l'exposé de sa philosophie panthéiste, et qu'il écrivit entre 1663 et 1666; *Tractatus de Intellectus Emendatione* et *Tractatus politicus*, deux fragments; une collection de lettres à Oldenburg, à Simon de Vries, à Ludwig Meyer et à Bleyenbergh, et une esquisse inachevée de grammaire hébraïque, où il cherchait à en démontrer le développement logique. Le système entier de Spinosa consiste en une démonstration tirée des huit définitions et des sept axiomes du premier livre de l'Ethique. D'après lui, de la définition même de la substance, il suit qu'elle est nécessaire et infinie, une et indivisible, et qu'elle est, par conséquent, Dieu, le seul être existant par soi, parfait et véritablement infini. Rien n'existe, hors la substance et le mode de ses attributs. La substance ne peut produire (la substance); il n'y a donc point de création, ni commencement, ni fin; mais toutes choses ont nécessairement découlé et découlent encore de l'Etre infini, et elles en découleront toujours, de la même manière que de la nature d'un triangle il résulte et il résultera, pour toute l'éternité, que ses angles sont égaux à deux droits. Dans le nombre infini des attributs infinis de la déité, deux seulement nous sont connus, l'extension et la pensée. Le corps est un mode de l'extension, laquelle étant illimitable, ne saurait être divisée; la pensée également est infinie et les arts intellectuels en sont les modes. — Les meilleures éditions complètes de Spinosa dans l'original latin sont celles : de Paulus (Iéna, 2 vol., 1802-'03), de Gfroerer (Suttgard, 1830) et de Bruder (Leipzig, 1843-46, 3 vol.). Il a été traduit en français par Saisset (Paris, 1843, 2 vol. in-12). On a inauguré, le 21 fév. 1877, à la Haye, à l'occasion du 200e anniversaire de sa mort, une statue de Spinosa.

* **SPINOSISME** s. m. [-zi-]. Doctrine professée par Spinosa, et suivant laquelle Dieu est un agent universel, une force répandue dans toute la nature.

* **SPINOSISTE** s. Celui ou celle qui admet les principes du spinosisme.

* **SPIRAL, ALE, AUX** adj. Qui a la figure d'une spirale : *forme spirale*. — Spiral s. m. Le spiral d'une montre.

SPIRALE s. f. Géom. Courbe qui fait une ou plusieurs révolutions autour d'un point où elle commence, et dont elle s'écarte toujours de plus en plus : *il y a une infinité de sortes de spirales, parmi lesquelles celle d'Archimède est la plus célèbre.* — EN SPIRALE, en forme de spirale : *la chaîne d'une montre se roule en spirale autour de la fusée.*

* **SPIRATION** s. f. (lat. *spiratio*). Théol. N'est d'usage que pour signifier comment le Saint-Esprit procède du Père et du Fils : *le Saint-Esprit procède du Père et du Fils par voie de spiration.*

* **SPIRE** s. f. (lat. *spira*). Géom. Se dit quelquefois de la ligne spirale en général ; et plus exactement d'un seul de ses tours. — Archit. Se dit de la base d'une colonne, en tant que la figure ou le profil de cette base va en serpentant.

SPIRE (all. *Speyer*, ou *Speier* ; anc. *Noviomagus* et *Augusta Nemetum*), ville de Bavière, capitale du district du Palatinat, sur le Rhin et la Speyerbach, à 25 kil. N.-E. de Landau ; 15,000 hab. Cathédrale remarquable par ses dimensions et son antiquité ; elle contient les tombes de 8 empereurs. Spire a été une station militaire des Romains. On dit qu'elle eut une congrégation chrétienne au ii⁰ siècle et un évêque au iii⁰. Elle devint la résidence ordinaire des empereurs d'Allemagne ; la chambre impériale, ou cour suprême d'appel, y siégea ainsi que plusieurs diètes, y compris celle de 1629, fameuse dans l'histoire de la Réformation. Après l'occupation française (1801-'14), elle fut donnée à la Bavière (1816). — Le premier évêque de Spire jouit longtemps des droits de la souveraineté. Mais en 1801-'02, son territoire fut divisé entre la France et Bade.

* **SPIRÉE** s. f. (lat. *spiræa*). Bot. Genre de rosacées, comprenant environ 50 espèces d'herbes et d'arbrisseaux dont plusieurs servent à l'ornement des jardins : *spirée ulmaire*, ou *reine-des-prés*. — Nous avons en France la *spirée ulmaire* (*spiræa ulmaria*) ou *reine-des-prés*, grande et belle plante herbacée vivace, haute d'un mètre, commune dans

1. Spirée à feuilles de saule (Spiræa salicifolia).
2. Spirée tomenteuse (Spiræa tomentosa).

nos prairies humides, à fleurs petites, blanches, en panicules ; la *spirée filipendule*, la *spirée à feuilles de sorbier*, la *spirée barbe-de-chèvre*, la *spirée à feuilles de saule*, la *spirée du Japon* ou *corète*, etc. — L'espèce la plus commune aux États-Unis est la *spiræa salicifolia*, qui abonde dans les prairies humides et sur le bord des marécages. Elle reste en fleurs de juillet en septembre et on la cultive quelquefois. Citons encore la *spiræa tomentosa*, et la *spiræa opulifolia*. La *spiræa tomentosa* est une plante très astringente, employée en médecine dans la diarrhée et autres maladies d'entrailles.

SPIRIFÈRE adj. Qui est muni d'une spire.

* **SPIRITE** s. m. (lat. *spiritus*, esprit). Partisan du spiritisme, celui qui y adopte la doctrine et en pratique les procédés. Se dit particulièrement de la personne qui passe pour se mettre en relation avec les esprits.

* **SPIRITISME** s. m. (rad. *spirite*). Terme qui désigne la croyance de ceux qui regardent certains phénomènes physiques ou psychologiques, auxquels ils ajoutent foi, comme le résultat de l'action des esprits exerçant leur influence sur des personnes d'une organisation particulièrement sensible dont ces esprits se servent comme d'intermédiaires, et que l'on connaît sous le nom de médiums. Les spirites affirment que des phénomènes presque identiques aux manifestations du spiritisme moderne se rencontrent en beaucoup d'endroits de l'histoire ancienne, dans les oracles delphiques, dans les vies des voyants et devins, dans les faits de sorcellerie de tous les temps, dans les événements de Tedworth racontés par Glanwill (1661), dans les prodiges des Camisards (1686-1707), dans l'histoire de la famille Wesley (1716), dans les prétendues communications de Swedenborg avec le monde des esprits et ses conversations journalières avec les esprits et les anges, dans les annales du somnambulisme et du mesmérisme, et dans les innombrables récits de rêves, de prédictions et de phénomènes physiques extraordinaires. — Le phénomène des *esprits frappeurs* apparut en mars 1848 dans la famille de John-D. Fox, à Hydeville, dans l'état de New-York. M. et Mᵐᵉ Fox étant seuls à la maison avec leurs 2 filles Margaret, âgée de 12 ans et Kate, âgée de 9, ils furent surpris et troublés par des coups mystérieux qui s'entendaient la nuit sur le plancher d'une des chambres à coucher, et quelquefois dans d'autres parties de la maison. Ils s'efforcèrent de remonter à la cause de ces bruits, mais sans succès. Dans la nuit du 31 mars, ils découvrirent que si l'on faisait des questions à l'agent invisible qui les produisait, on pouvait entrer en communication avec lui au moyen de ces coups en les employant, suivant diverses combinaisons, à désigner les lettres de l'alphabet. La famille s'étant transportée à Manchester, les bruits l'y suivirent et il se produisit de nouveaux phénomènes, entre autres la clairvoyance et le mouvement des corps pondérables sans agent appréciable à qui l'on pût les attribuer. En mai 1850, les filles Fox vinrent à New-York ; les prétendues manifestations spirites furent discutées dans les journaux en Amérique et en Europe ; des médiums surgirent de tous côtés par centaines et presque par milliers. C'est dans cette année que D.-D. Home, âgé de 17 ans, se révéla comme médium ; il acquit plus tard une réputation universelle en obtenant des phénomènes de matérialisation, de lévitation et bien d'autres qui surpassaient toutes les précédentes manifestations. Depuis, un grand nombre d'autres médiums ont gagné une célébrité presque égale ; mais, en plusieurs cas, on a pu dévoiler le caractère frauduleux de ces exhibitions. Voici quelques-uns des titres les plus importants publiés sur ce sujet : J. Kerner, *Die Seherin von Prevorst* (1829) ; Allan Kardec, *Le Livre des esprits* (1853), suivi du *Livre des médiums* (1863) ; John-W. Edmonds et G.-T. Dexter, *Spiritualisme* (1854-'55, 2 vol.) ; Robert Hare, *Experimental Investigations of the Spirit manifestations* (1856) ; Catharine Crowe, *Spiritualisme and the Age we Live in* (1859), R.-D. Owen, *Footfalls on the Boundary of Another World* (1860), et *The Debatable Land between this World and the Next* (1872) ; D.-D. Howe, *Incidents of my Life* (1862-'75, 3 vol.), et *Lights and Shadows of Spiritualism* (1877) ; William Crookes, *Researches in the phenomena of Spiritualism* (1874) ; A.-R. Wallace, *On Miracles and Modern Spiritualism* (1875).

SPIRITISTE adj. Qui a rapport au spiritisme.

SPIRITOSO adv. (mot. ital.). Mus. Avec entrain et expression.

* **SPIRITUALISATION** s. f. Chim. Action d'extraire des liqueurs spiritueuses des corps solides et liquides : *la spiritualisation se fait par la distillation*.

* **SPIRITUALISER** v. a. Chim. Extraire les esprits des corps mixtes : *on spiritualise les liqueurs, les sels par la distillation*. (Vieux.) — Convertir le sens littéral d'un passage en un sens spirituel, allégorique : *il y a des théologiens qui ont spiritualisé toutes les histoires de la Bible*.

* **SPIRITUALISME** s. m. Doctrine mystique, excès, abus de la spiritualité : *ses ouvrages sont remplis d'un spiritualisme obscur*. — Se dit aussi du sens opposé à celui de matérialisme : *le spiritualisme est enseigné par Descartes, par Leibnitz*, etc.

* **SPIRITUALISTE** s. Celui ou celle dont la doctrine est opposée au matérialisme. — Adjectiv. Se dit des opinions et des doctrines des spiritualistes.

* **SPIRITUALITÉ** s. f. Métaphys. Terme opposé à matérialité : *la spiritualité de l'âme*. — Se dit aussi de la théologie mystique, de celle qui regarde la nature de l'âme, la vie intérieure : *livre de spiritualité*.

° **SPIRITUEL, ELLE** adj. Incorporel, qui est esprit : *les anges sont des substances spirituelles*. — Qui a de l'esprit : *un homme fort spirituel*. — Ingénieux, où il y a de l'esprit : *une réponse spirituelle*. — Il a L'AIR SPIRITUEL, LA PHYSIONOMIE SPIRITUELLE, à son air, à sa physionomie, on présume qu'il a de l'esprit. — Peint. TOUCHE SPIRITUELLE, se dit de certains coups de pinceau par lesquels un peintre rend avec esprit les objets qu'il s'est proposé de représenter. — Qui regarde la conduite de l'âme, l'intérieur de la conscience ; par opposition à sensuel, charnel, corporel : *la vie spirituelle*. — Qui regarde la religion, l'église, par opposition à temporel : *poser des bornes entre la puissance spirituelle et la puissance temporelle*. — Allégorique, par opposition à littéral : *Jacob et Esaü, dans le sens spirituel, représentent les bons et les méchants*. — Substantiv. *Il ne se mêle que du spirituel*.

* **SPIRITUELLEMENT** adv. Avec esprit : *il lui répondit fort spirituellement*. — En esprit : *communier spirituellement avec le prêtre*.

* **SPIRITUEUX, EUSE** adj. Se dit des liqueurs qui contiennent de l'esprit-de-vin ou alcool : *ce vin est fort spiritueux*. — Substantiv. *Il fait abus des spiritueux*.

SPIRITUOSITÉ s. f. Chim. Qualité, état d'un liquide spiritueux.

SPIRIVALVE adj. Moll. Se dit d'une coquille enroulée oblique de bas en haut.

SPIROÏDE adj. Qui est contourné en spirale.

SPIROLOBÉ, ÉE adj. Qui a l'embryon contourné en spirale.

SPIROMÈTRE s. m. Instrument à l'aide duquel on mesure la quantité d'air aspiré.

SPIROPHORE s. m. [spi-ro-fo-re] (lat. *spirare*, respirer ; gr. *phoros*, qui porte). Méd. Appareil inventé par M. Woillez, pour introduire de l'air dans les poumons des asphyxiés.

SPISSIPÈDE adj. (lat. *spissus*, épais ; *pes*, *pedis*, pied). Qui a les pieds épais.

SPITZBERG (all. *Spitzbergen*), groupe d'îles dans l'océan Arctique, entre 76° 30' et 80° 30' lat. N. et entre 8° et 26° long. E. ; 100,000 kil. carr. Les îles principales sont : Spitzberg, la Terre du Nord-Est, l'île du Prince Charles, Edge et Barentz. L'île de Spitzberg, la plus grande, est presque séparée au N. et au S. par deux bras de mer, la baie de Weyde et le fjord de glace (*Ice fjord*). On appelle quelquefois l'une de ces divisions le Spitzberg occidental et l'autre le Spitzberg oriental ou New Friesland. On ne connaît que peu l'intérieur ; mais de la côte on aperçoit beaucoup de montagnes, quelquesunes de 3 à 4,000 pieds, avec des vallées comblées par les glaciers. Le climat est excessivement froid ; la température moyenne sur

la côte occidentale ne s'élève pas, pendant les mois les plus chauds, au-dessus de + 2° C. Dans le N., le jour le plus long est de quatre mois, et du 22 oct. au 22 févr., le soleil ne se lève pas au-dessus de l'horizon. Pendant la courte durée de l'été, une maigre végétation apparaît. La faune se compose de l'ours polaire, du renard polaire et du renne. Les oiseaux de mer sont nombreux, et les eaux abondent en baleines, phoques, morses et gros poissons. La Russie prétend à la souveraineté du pays; mais celui-ci n'a pas d'habitants à demeure. — On croit que c'est Willoughby qui, le premier, vit le Spitzberg en 1553. Barentz vint en vue de l'extrémité N. de la côte occidentale, par 77° 49' lat., le 19 juin 1596. Il nomma cette terre Greenland (Groëland, terre verte) et les navigateurs hollandais qui vinrent après lui l'appelèrent Nieuwland. Les Anglais lui donnèrent le nom de Nouvelle-Terre-du-Roi-Jacques (King James's Newland). Le nom Spitzbergen (montagnes pointues) apparaît pour la première fois dans un traité publié en 1613.

* SPLANCHNIQUE adj. [splan-kni-ke] (gr. splagchna, entrailles). Qui appartient, qui a rapport aux viscères : nerfs splanchniques. — CAVITÉS SPLANCHNIQUES, celles qui contiennent les viscères.

* SPLANCHNOLOGIE s. f. [splan-kno-lo-gi] (gr. splanchnon, viscère; logos, discours). Partie de l'anatomie qui traite des viscères contenus dans les diverses cavités du corps : organes de la respiration et de la digestion, et appareil génito-urinaire.

* SPLEEN s. m. [splinn] (mot angl. qui vient du gr. splén, rate). Mot emprunté de l'anglais. Maladie mentale qui consiste dans le dégoût de la vie : avoir le spleen.

SPLEENIQUE adj. Qui se rapporte au spleen : caractère spleenique. — s. Personne atteinte de spleen : un spleenique.

SPLÉNALGIE s. f. (gr. splén, rate ; algos, douleur). Pathol. Douleur qu'on éprouve à la rate.

SPLÉNALGIQUE adj. Qui concerne la splénalgie.

* SPLENDEUR s. f. [splan-deur] (lat. splendor). Grand éclat de lumière : la splendeur du soleil; la splendeur des astres. N'est usité au dans le style soutenu et en poésie. — Grand éclat d'honneur et de gloire : la splendeur de son rang, de son nom. — Magnificence, pompe : il vit avec beaucoup de splendeur.

* SPLENDIDE adj. Magnifique, somptueux : il nous donna un repas splendide.

* SPLENDIDEMENT adv. D'une manière splendide : il vit splendidement.

SPLÉNIFICATION s. f. (gr. splén, rate; lat. facio, je fais). Pathol. Dégénérescence d'un tissu organique devenu semblable à celui de la rate.

* SPLÉNIQUE adj. Anat. Qui appartient à la rate, qui a rapport à la rate : artère, veine splénique. — Se dit aussi des médicaments propres aux maladies de ce viscère.

SPLÉNITE s. f. (gr. splén, rate). Inflammation de la rate.

SPLÉNOGRAPHIE s. f. Description de la rate.

SPLÉNOÏDE adj. Qui a l'apparence de la rate.

SPLÜGEN (ital. Spluga), montagnes des Alpes Lépontines, dans le canton des Grisons (Suisse). La route du Splügen, construit par le gouvernement autrichien en 1823, réunit cette partie de la Suisse à l'Italie septentrionale; elle a son point culminant à une hauteur de 2,117 m.

* SPODE s. f. (gr. spodos, cendre). Chim.

Ancien nom de l'oxyde de zinc obtenu par sublimation en calcinant la tutie.

SPODITE s. f. Cendre volcanique.

SPODOMANCIE s. f. Divination que l'on pratiquait au moyen de la cendre.

SPOLÈTE (ital. Spoleto, anc. Spoletium), ville de l'Italie centrale, dans la province de Pérouse, sur la Mareggia, à 100 kil. N.-N.-E. de Rome; 20,748 hab. Citadelle au haut d'une colline, au centre de la cité; ruines, parmi lesquelles on remarque l'arche connue sous le nom de porte d'Annibal; ce dernier fut repoussé devant Spolète en 217 av. J.-C. Les principaux articles de commerce sont : le maïs, le vin, le fruit et la soie. — Spoletium était une colonie romaine florissante. Sous les rois Lombards, elle devint la capitale d'un duché qui domina bientôt une grande partie de l'Italie centrale. Au XIIIe siècle, elle fut annexée au siège papal, et forma une délégation des Etats du pape jusqu'en 1860.

* SPOLIATEUR, TRICE s. Celui, celle qui spolie. — Adj. Un acte spoliateur.

SPOLIATIF, IVE adj. Qui dépouille, qui allège.

* SPOLIATION s. f. Action par laquelle on dépossède par violence ou par fraude : il éprouve une véritable spoliation.

* SPOLIER v. a. (lat. spoliare). Dépouiller par force ou par fraude : il faut avant toutes choses rétablir, réintégrer celui qui a été spolié.

* SPONDAÏQUE adj. et s. m. Versif. lat. et gr. Se dit d'un vers hexamètre dont le cinquième pied est un spondée, au lieu d'être un dactyle, comme le veut la règle ordinaire : un vers spondaïque.

* SPONDÉE s. m. (lat. spondeus; gr. spondaios). Sorte de mesure ou de pied, dans les vers grecs et dans les vers latins, composé de deux syllabes longues : le vers hexamètre est composé de dactyles et de spondées.

* SPONDYLE s. m. (lat. spondylus). Anat. Vertèbre. Se dit, particul., de la deuxième vertèbre du cou. — Nom d'un genre de coquilles bivalves, très voisin de celui des huîtres : on mange, en Italie, les spondyles comme les huîtres.

SPONGIAIRE adj. et s. m. (rad. lat. spongia, éponge). Zooph. Qui ressemble ou qui se rapporte à l'éponge. — s. m. pl. Classe de polypes alcyoniens, comprenant, outre les éponges, toutes les productions animales qui leur ressemblent : éventail, plume, queue-de-paon, pied de lion, etc.

* SPONGIEUX, EUSE adj. Poreux, de la nature de l'éponge, semblable à l'éponge : le poumon est spongieux.

SPONGIFORME adj. Qui a la forme d'une éponge.

SPONGIOSITÉ s. f. État de ce qui est spongieux.

* SPONGITE s. f. Pierre remplie de plusieurs trous et qui imite l'éponge.

SPONGOÏDE adj. Qui a l'apparence de l'éponge.

* SPONTANÉ, ÉE adj. (lat. spontaneus). Se dit des choses que l'on fait volontairement : mouvement spontané. — Physiol. Se dit des mouvements qui s'exécutent d'eux-mêmes ou sans cause extérieure apparente : les mouvements du cœur, du cerveau, des artères, etc., sont des mouvements spontanés. — Méd. ÉVACUATION SPONTANÉE, celle qui n'est pas provoquée par un remède. LASSITUDE SPONTANÉE, celle qui ne résulte pas de la fatigue. MALADIE SPONTANÉE, celle qui n'a point de cause apparente, etc. — Bot. PLANTES SPONTANÉES, plantes qui croissent naturellement sans être semées par l'homme ni cultivées. — COMBUSTION SPONTANÉE. (Voy. Combustion.) — GÉNÉRATION SPONTANÉE. (Voy. Génération.)

SPONTANÉITÉ s. f. Didact. Qualité de ce qui est spontané : la spontanéité d'une action.

* SPONTANÉMENT adv. D'une manière spontanée : une résolution prise spontanément.

SPONTINI (Gasparo-Luigi-Pacifico) [spontini], compositeur italien, né en 1774, mort en 1851. Après avoir produit beaucoup d'opéras à Naples, il vint à Paris en 1803, où son premier grand ouvrage, La Vestale, fut représenté en 1807, et suivi, en 1809, de Fernando Cortez. Il fut directeur de l'opéra italien à Paris, de 1810 à 1820, puis, jusqu'en 1842, directeur général de la musique à la cour de Prusse.

* SPONTON s. m. Voy. ESPONTON.

* SPORADES (en grec, îles éparses), petites îles de l'archipel Grec qui entourent les Cyclades. Le groupe septentrional comprend Skiatho (anc. Sciathus), Scopelos, Khilidroni et Skyros, sur la côte N.-E. de Négrepont en Eubée. Elles appartiennent à la Grèce, ainsi que le groupe occidental, sur la côte E. de l'Argolide, qui comprend : Hydra, Spezzia (Tiparenos), Poros (Calauria), Ægina et Koulouri (Salamine). Le groupe oriental, sur la côte S.-O. de l'Asie Mineure, appartient à la Turquie et se compose de Psara ou Ipsara (Psyra), Scio (Chios), Samos, Nikaria (Icarus ou Icaria), Patmos, Leros, Calymno (Calymna), Stanko (Cos), Stampalia ou Astropalia (Astypalæa) et Scarpanto (Carpathus).

SPORADICITÉ s. f. Caractère des maladies qui se présentent à l'état sporadique.

* SPORADIQUE adj. (gr. sporadikos; de sporas, dispersé). Méd. Se dit des maladies qui ne sont point particulières à un pays, qui se montrent en tout temps, et qui attaquent chaque personne séparément par des causes particulières : le choléra-morbus sporadique. Est opposé à ÉPIDÉMIQUE. — Géol. BLOCS SPORADIQUES, blocs épars.

SPORADIQUEMENT adv. D'une manière sporadique.

SPORANGE s. m. (gr. sporu, semence; aggos; vase). Petit sac qui renferme les spores dans les cryptogames.

* SPORE s. f. (gr. spora, semence). Bot. Corps reproducteur par lequel se propagent les plantes de la classe des cryptogames. Les spores sont analogues aux graines des phanérogames.

SPORIDIE s. f. Syn. de SPORE.

SPORILLE s. f. Petite spore.

* SPORT s. m. [sporll] (mot. angl.). Toute sorte d'exercices et d'amusements en plein air, courses de chevaux, joûtes sur l'eau, chasse à courre, gymnastique. En France, se dit surtout des courses.

SPORTSMAN s. m. [sporll-smann]. Celui qui s'occupe du sport; amateur de courses. — Au plur. Des SPORTSMEN.

* SPORTULE s. f. (lat. sportula, dimin. de sporta, corbeille). Antiq. rom. Sorte de dons ou d'aumônes en comestibles que les grands de Rome faisaient distribuer à leurs clients, par portions.

* SPORULE s. f. Bot. Spore renfermée dans une sorte de poche.

SPOUT s. m. [spoutt] (angl. spout [spaoutt], tuyau). Appareil qui sert à transborder la houille quand ce travail se fait à des niveaux différents.

SPRÉE, riv. de l'Allemagne du Nord ; prend sa source à 7 kil. S.-O. de Lobau, passe à Berlin et se jette dans le Havel, après un cours de 373 kil.

SPRINGBOK s. m. [spring-bok] (holl. spring, sauteur; bok, bouc). Mamm. Nom de l'antidorcas euchore, véritable antilope des champs, se rapprochant de la gazelle par la taille et les habitudes. Il tire son nom des

sauts extraordinaires de 7 à 10 pieds de haut qu'il fait lorsqu'il est alarmé. D'immenses troupeaux de ces animaux errent dans les vastes plaines découvertes de l'Afrique du Sud. Leur couleur générale est d'un brun de cannelle en dessus, blanche en dessous, avec de longs poils blancs sur la croupe. On estime beaucoup leur chair, et leur peau a beaucoup de valeur. Chez les adultes, les cornes sont en forme de lyre.

SPRINGFIELD [springg'-flldd]. I, ville du Massachusetts, sur la rive orientale du Connecticut, à 150 kil. S.-O. de Boston, et à 220 kil. N.-N.-E. de New-York ; 31,053 hab. C'est une ville très industrielle, et remarquable par la richesse de ses églises. — Elle fut fondée en 1635 par des émigrants de Roxbury, et appelée Agawam jusqu'à 1638. En 1675, pendant la guerre du roi Philippe, les Indiens la brûlèrent. Elle a été classée comme cité en 1852. — II, capitale de l'Illinois, à 185 kil. S.-O. de Chicago ; par 39° 48' lat. N. et 91° 53' long. O. ; 25,116 hab. Larges rues, coupées à angles droits et ombragées d'arbres. A 3 kil. se trouve le cimetière d'Oak-Ridge, qui contient les restes de Lincoln et un monument à sa mémoire. Mines de charbon dans le voisinage. Le commerce et l'industrie y ont beaucoup d'importance. — Springfield, fondée en 1822, devint capitale de l'état en 1837, et fut classée comme cité en 1840. — III, ville de l'Ohio (Etats-Unis), au confluent du Lagonda-Creek et de la rivière Mad, à 130 kil. N.-E. de Cincinnati ; 12,652 hab. Grand commerce de produits agricoles et de bestiaux. Minoteries, fonderies de fer, ateliers de construction de machines, moulins à huile de lin, fabrique de papier. Carrières de calcaire et fours à chaux. — IV, ville du Missouri, sur Wilson-Creek et le chemin de fer de l'Atlantique et du Pacifique, à 300 kil. S.-O. de Saint-Louis ; 5,555 hab. Ville commerçante et industrielle. Elle possède Drury, collège fondé en 1873. Dans la première période de la guerre civile, il se livra plusieurs combats dans la ville et dans son voisinage ; le général fédéral Nathaniel Lyon fut battu et tué dans l'un d'eux (10 août 1861).

SPUMESCENT, ENTE adj. [-mèss-san] (lat. *spumescere*, écumer). Qui écume ; qui ressemble à de l'écume.

SPUMEUX, EUSE adj. (lat. *spumosus*). Didact. Qui est mêlé d'écume : *salive spumeuse.*

SPUMOSITÉ s. f. Etat spumeux.

SPURZHEIM (Johann-Gaspar) [spouratss'-halmm], phrénologue allemand, né près de Trèves, en 1776, mort à Boston (Massachusets) en 1832. Il fut à Vienne l'élève de Gall, qu'il aida plus tard dans le développement et la vulgarisation de ses doctrines. Il fit ensuite des cours à Londres et il démontra à Édimbourg, devant les élèves du Dr John Gordon, la nature fibreuse du cerveau que Gordon avait niée dans la *Revue d'Edimbourg.* Après avoir résidé plusieurs années à Paris, il alla de nouveau faire des conférences en Angleterre jusqu'en 1832, puis à Boston, où il mourut. Il a écrit en anglais : *The Physiognomical System of Dr Gall and Spurzheim* (1845), et *Outlines of Phrenology* (1827).

SPUTATION s. f. (lat. *sputare*, cracher). Méd. Action de cracher : *sputation fréquente.*

SQUALE s. m. [skoua-le] (lat. *squalus*). Hist. nat. Genre de poissons cartilagineux, sélaciens, allongés, vulgairement connus sous le nom de CHIENS DE MER, et dont le requin est une espèce. Les autres principales espèces de squales sont : les roussettes, les lamies, les sélaches, les aiguillats, les leiches, etc.

SQUAME s. f. [skoua-me] (lat. *squama*, écaille). Nom donné à de petites lames ou écailles qui se détachent de l'épiderme à la suite de certaines inflammations du tissu cutané.

SQUAMEUX, EUSE adj. [skoua-meû]. Anat. et Bot. Ecailleux, qui est couvert d'écailles, ou qui a la forme d'une écaille : *tige squameuse.*

SQUARE s. m. [skoua-re ; angl. skoué-re] (mot angl. qui signifie *carré*). Jardin entouré d'une grille, établi sur une place publique. « Quand on plantait d'arbres une place pour on faisait un jardin, on lui donnait souvent le nom de *carré*, témoins : le carré du Roi, le carré de la Reine, le carré Marigny, le carré Saint-Martin, etc. Les Anglais, en nous empruntant le mot, eurent le bon sens de le traduire en leur langue où *carré* se dit *square*; mais nous nous sommes bien gardés de retraduire leur *square*, sans quoi nous parlerions tout simplement en français. La grotesque histoire de ce néo-barbarisme municipal est, hélas ! celle des trois quarts des inventions et des idées françaises. »

(DE LA LANDELLE.)

SQUELETTE s. m. [ske-lè-te] (gr. *skeletos*, desséché ; de *skellein*, dessécher). Assemblage de tous les ossements d'un corps mort et décharné, dans leur situation naturelle : *un*

Fig. 1. *Squelette vu de face.* — 1, frontal ; 2, pariétal ; 3, temporal ; 4, apophyse mastoïde ; 5, os jugal ou malaire ; 6, maxillaire supérieur ; 7, orbite de l'œil ; 8, maxillaire inférieur ; 9, prolongement du maxillaire inférieur ; 12, vertèbres cervicales ; 13, clavicule ; 14, omoplate ; 15, sternum ; 16, première côte ; 17, septième côte ; 18, douzième côte ; 19, première vertèbre lombaire ; 20, dernière vertèbre lombaire ; 21, sacrum ; 22, ilion (voy. PELVIS) ; 24, humérus ; 25, tête de l'humérus ; 26, condyle externe de l'humérus ; 27, condyle interne du même ; 28, radius ; 29, tête du radius ; 30, extrémité inférieure du radius ; 31, cubitus ; 32, tête du cubitus ; 33, extrémité inférieure du cubitus ; 34, carpe ; 35, métacarpe ; 36, phalanges ; 37, fémur ; 38, tête du fémur ; 39, col du fémur ; 40, grand trochanter ; 41, petit trochanter ; 42, condyle externe du fémur ; 43, condyle interne du fémur ; 44, rotule ; 45, tibia ; 46, tête du tibia ; 47, extrémité inférieure du tibia ; 48, malléole interne ; 49, péroné ; 50, tête du péroné ; 51, extrémité inférieure du péroné formant malléole externe ; 52, les 7 os du tarse ; 55, les 5 os du métatarse ; 56, phalanges.

Fig. 2. *Crâne, tronc et bras gauches vus par derrière.* — 1, frontal ; 2, pariétal ; 3, occipital ; 4, temporal ; 5, maxillaire inférieur ; 18, tête de l'omoplate à sa jonction avec la clavicule ; 19, fosse sus-épineuse ; 20, fosse sous-épineuse ; 21, bord antérieur ; 22, bord postérieur ; 23, angle inférieur ; 24, apophyse olécrane du cubitus.

Fig. 3. *Base du crâne.* — 1, 1, portion orbitaire de l'os frontal, formant la plus grande partie de la fosse antérieure ; 2, lame criblée de trous de l'ethmoïde ; 3, apophyse crista-galli ; 4, 4, petites ailes de l'os sphénoïde ; 5, 5, grandes ailes de l'os sphénoïde ; 6, 6, grandes ailes de l'os sphénoïde ; 7, apophyse olivaire. Immédiatement en face de cette apophyse se trouve un sillon transverse, appelé rainure optique, et dans lequel gît le commissure ou le croisement des nerfs optiques ; ce sillon se termine dans le trou optique 4, 4 (fig. 4) ; 8, selle turcique, dans laquelle sont logées les glandes pituitaires ; 9, 9, portion pierreuse du temporal ou rocher ; 10, 10, trous ronds pour le nerf maxillaire supérieur ; 11, 11, trous ovales pour le nerf maxillaire inférieur ; à l'intérieur de ces ouvertures se trouve une large fente qui livre passage à l'artère carotide interne et plusieurs nerfs importants ; 13, 13, fosses postérieures de la base du crâne ; 14, trou occipital pour le cordon spinal ; 15, apophyse basilaire de l'os occipital ; 16, 16, cacal pour le nerf auditif ; 17, 17, méat auditif interne, transmettant les nerfs auditif et facial.

Fig. 4. *Os sphénoïde vu de derrière.* — 1, 1, grandes ailes de l'os sphénoïde ; 2, 2, petites ailes du même ; 3, selle turcique ; 4, 4, trous pour les nerfs optiques ; 5, 5, fissures sphénoïdales, pour les 3e, 4e et 6e paires de nerfs crâniaux, et pour une partie de la 5e paire ; 6, 6, trous ronds ; 7, 7, trous ovales ; 8, partie de l'apophyse basilaire de l'os occipital ; 9, 9, lames ptérygoïdes internes, se terminant en apophyses musculaires recourbées, sur lesquelles passent les tendons des muscles extenseurs du palais ; 10, 10, lames ptérygoïdes externes.

Fig. 5. *Os ethmoïde, vu de derrière.* — 1, lamelle centrale ; 2, lame criblée de petits trous ; 3, crista-galli ; 4, 5, 6, 7 masse latérale du côté gauche.

Fig. 6. *Hyoïde ou os de la langue vu de face.* — 1, corps ; 2, 2, grandes cornes ; 3, 3, petites cornes.

Fig. 7. *Surface palmaire du carpe droit et du métacarpe droit.* — 1, os scaphoïde ; 2, os semi-lunaire ; 3, os cunéiforme ; 4, os pisiforme ; 5, trapèze ; 6, trapézoïde ; 7, grand os ; 8, os cubital ou crochu ; c, les cinq os du métacarpe.

Fig. 8. *Tarse et métatarse.* — 1, astragale ; 2, calcanéum ; 3, scaphoïde ; 4, cuboïde ; 5, cunéiforme interne ; 6, cunéiforme moyen ; 7, cunéiforme externe. — a, b, c, d, e, les cinq os du métatarse.

squelette d'homme. — SQUELETTE ARTIFICIEL, celui dont les ossements sont rattachés avec du fil d'archal, de laiton ou de chanvre. Il y a aussi des squelettes artificiels d'ivoire. — Fig. et fam. C'EST UN SQUELETTE, UN VRAI SQUELETTE, UN SQUELETTE AMBULANT, se dit d'une personne extrêmement maigre et décharnée. — Se dit quelquefois fig., des ouvrages d'esprit où le sujet est présenté d'une manière sèche, aride : il a fait de ce poème un squelette en le traduisant. — ENCYCL. On appelle squelette, la charpente osseuse et cartilagineuse des animaux, et la structure ligneuse des feuilles dans les plantes. Chez les animaux d'ordre supérieur, le squelette est interne; tandis que dans beaucoup d'animaux inférieurs, il est externe. L'étude des squelettes des différents animaux appartient à l'anatomie comparée. Notre figure et les explications qui l'accompagnent montrent la structure du squelette humain et les relations qu'ont entre elles ses différentes parties.

SQUELETTIQUE adj. Qui a rapport; qui appartient au squelette.

SQUELETTISER (Se). Physiol. Se dit d'un fœtus extra-utérin qui s'incruste de sels calcaires et prend la consistance des os.

SQUELETTOLOGIE s. f. Traité du squelette, des os et des ligaments qui les unissent.

SQUILLE s. f. [ll mll.]. Genre de crustacés stomapodes unicuirassés, comprenant diverses espèces d'animaux maritimes.

* SQUINANCIE s. f. Voy. ESQUINANCIE.

* SQUINE s. f. Bot. Plante exotique, du genre des salsepareilles, dont la racine est employée en médecine, comme sudorifique, et qu'on appelle autrement ESQUINE ou CHINA.

* SQUIRRE ou Squirrhe s. m. Méd. Tumeur dure et non douloureuse qui se forme en quelque partie du corps : le squirre est le premier degré du cancer. (Voy. CANCER.)

* SQUIRREUX, EUSE ou Squirrheux adj. Méd. Qui est de la nature du squirre : tumeur squirreuse.

* ST, ST, terme invariable, signe qu'on emploie dans l'écriture pour exprimer un son que forme quelquefois la voix, lorsqu'on appelle quelqu'un : st, st, venez tot tout de suite. Il se prononce sit, sit, et on ne fait sentir l'i que très faiblement.

STAAL (Marguerite-Jeanne CORDIER DE LAUNAY DE). [staal], baronne; écrivain français, née à Paris vers 1690, morte en 1750. Femme de chambre de la duchesse du Maine, elle fut impliquée dans la conspiration de Cellamare, et emprisonnée de décembre 1718 à 1720. Elle rejoignit aussitôt la duchesse à Sceaux, et resta avec elle, même après son mariage avec le vieux baron de Staal (1735). On a compris dans ses œuvres complètes ses Mémoires (1755, 3 vol.), et sa correspondance (1821, 2 vol.).

* STABAT s. m. [sta-batt] (mot lat. qui signifie : Était debout). Liturg. Prose que l'on chante dans les églises catholiques romaines pendant la semaine sainte : le Stabat de Rossini; le Stabat mater est attribué à Jacopone, moine franciscain du XIIIe siècle.

STABILISATION s. f. Action de stabiliser, résultat de cette action.

STABILISER v. a. Rendre stable.

STABILISME s. m. Polit. Système d'immobilité dans les institutions.

STABILISTE s. m. Partisan du stabilisme.

* STABILITÉ s. f. Qualité de ce qui est stable : la stabilité d'un édifice. En ce sens, on dit plus ordinairement, solidité. — Fig. La stabilité d'un État. — État de permanence dans un lieu : faire vœu de stabilité dans une communauté religieuse. — Mécan. Propriété qu'un corps dérangé de son équilibre a d'y revenir : ce navire a peu de stabilité.

* STABLE adj. (lat. stabilis, du verbe stare, être debout). Qui est dans un état dans une assiette, dans une situation ferme : un édifice stable. En ce sens, on dit plus ordinairement, Solide. — Assuré, durable, permanent : le temps qu'il fait n'est pas stable.

STABULATION s. f. (lat. stabulatio). Séjour et entretien des animaux dans une étable.

STACCATO adv. [stak-ka-to] (mot. ital.). Mus. Passage qui doit être attaqué et exécuté brusquement.

STACE (Publius-Papinius STATIUS), poète latin, né probablement en 61, et mort probablement en 96. On a dit qu'il était chrétien et que l'empereur Domitien, son protecteur, le poignarda dans un moment de colère. On a de lui : Silvanum Libri V, collection de 32 morceaux poétiques; Thebaïdos Libri XII, poème épique ayant pour sujet l'expédition de sept chefs devant Thèbes, et Achilleidos Libri II, poème épique resté inachevé. Les meilleures éditions de ses œuvres sont celles de Gronovius (Amsterdam, 1653); de Dubner (Paris, 1837). Il a été traduit en français par Cormiliolle (1820, 7 vol. in-12), et par Rinn, Achaintre et Bouteville (1833, 4 vol. in-8°).

* STADE s. m. (gr. stadion; lat. stadium). Antiq. Carrière où les Grecs s'exerçaient à la course, et qui était de cent vingt-cinq pas géométriques de longueur, ou environ cent quatre-vingt-quatre mètres : courir dans le stade. — Longueur de chemin pareille à celle de cette carrière : les Grecs mesuraient les chemins par stades. — Méd. Chaque période ou degré d'une maladie, et particulièrement d'un accès de fièvre intermittente. — ENCYCL. Les stades les plus célèbres étaient ceux d'Olympie, de Delphes, de Thèbes et d'Epidaure, et le stade panathénaïque à Athènes. Le stade d'Olympie avait 600 pieds grecs (184 m. 97). Cette longueur devint pour toute la Grèce l'unité de mesure itinéraire, et fut aussi adoptée par les Romains, mais principalement pour les distances marines et astronomiques.

STADE s. m. [chta-dé], ville du Hanovre, en Prusse, à 35 kil. O. de Hambourg; 8,751 hab. Les droits de l'Elbe qu'on y percevait ont été définitivement abolis en 1861, contre une indemnité de 3,100,000 thalers, donnée au roi de Hanovre par les puissances intéressées. Les Prussiens s'emparèrent de la forteresse le 18 juin 1866.

STADIA s. m. Géod. Instrument à l'aide duquel on peut mesurer directement la distance entre deux points.

STAËL-HOLSTEIN (Anne-Louise-Germaine NECKER, baronne de) [stahol-stainn], appelée le plus souvent Mme de Staël. Écrivain français, née à Paris, le 22 avril 1766, morte dans la même ville le 14 juillet 1817. Elle était la seule enfant du ministre des finances Necker. En 1786, elle épousa l'ambassadeur suédois, baron de Staël-Holstein (mort en 1802), et elle devint le centre et l'oracle d'une société distinguée. Pendant la Révolution, elle sauva de la guillotine Mathieu de Montmorency et d'autres amis; elle n'y échappa elle-même qu'avec peine, et de 1793 à 1794, elle demeura à Londres. Sous le Directoire, elle se fit remarquer à Paris à la tête du parti constitutionnel, avec Benjamin Constant. Elle se montra irréconciliable ennemie de Bonaparte, qui l'obligea à quitter Paris; elle se réfugia auprès de Mme de Récamier. Elle revint dans le voisinage de Paris; mais un livre publié par son père servit de prétexte (1802) à son bannissement loin de la capitale. Elle partit pour l'Allemagne. La

mort de son père la plongea dans la douleur la plus vive (1804); elle alla en Italie chercher à rétablir sa santé détruite. Dans l'été de 1805, elle revint en Suisse avec A.-W. von Schlegel, et demeura alternativement à Genève et dans son château de Coppet. Napoléon la poursuivit partout en dehors de Coppet, et fit confisquer son livre sur l'Allemagne, bien que des milliers d'exemplaires en eussent été mis en vente avec l'autorisation de la censure. Lors de la naissance du fils de l'empereur (1811), comme on l'engageait à adoucir son ennemi en célébrant cet événement, elle répondit qu'elle désirait seulement que l'enfant eût une bonne nourrice. Ce mot et d'autres ayant été rapportés à Napoléon, il fit de sa demeure de Coppet une prison, lui interdisant de s'en éloigner de plus de 3 kil. Au printemps de 1812, elle s'enfuit à Vienne, et, ne s'y trouvant même pas en sûreté, elle alla à Saint-Pétersbourg, puis en 1813 à Londres. En 1816, elle tenta de nouveau sans succès de rétablir sa santé en Italie. Elle avait eu trois enfants de son premier mari; elle vécut séparée de lui pendant plusieurs années; mais elle le rejoignit pendant sa maladie dernière. De ces trois enfants, Auguste, l'auteur des Lettres sur l'Angleterre, lui survécut jusqu'en 1827, et Albertine, femme du duc Achille de Broglie, jusqu'en 1838. Le plus jeune, Albert, fut tué en duel en 1813. Elle eut un autre enfant de son second mari, Albert-Jean de Rocca (1787-1818), officier français et écrivain militaire, qu'elle épousa secrètement en 1811. Elle n'avoua ce mariage que dans son testament. Mme de Staël est surtout célèbre pour ses généralisations hardies et fécondes, pour la vigueur toute masculine de sa pensée, pour l'abondance de ses idées et de ses expressions, pour son amour de l'humanité et de la liberté constitutionnelle telle que l'Angleterre lui en fournissait le modèle. Ses œuvres les plus connues sont : Delphine, roman où elle fait, en l'idéalisant, son propre portrait (1802, 4 vol.); Corinne, ou l'Italie (1807, 3 vol.); De l'Allemagne (1813, 3 vol.) et Dix Années d'exil (1821). Son fils Auguste a édité ses Œuvres complètes avec une notice par Mme Necker de Saussure (1820-'21, 17 vol.).

STAFFA, petite île inhabitée de l'Argyleshire (Ecosse), faisant partie des Hébrides intérieures, à 12 kil. O. de Mull. Elle est irrégulièrement elliptique, d'une circonférence de 2 kil. La roche supérieure est composée d'une masse basaltique alternant, çà et là, avec de petites colonnes, appuyées sur un basalte cannelé. Cette colonnade de basalte, ressemblant très fort à des dessins

Staffa.

d'architecture, est entrecoupée de nombreuses cavernes, dont la plus remarquable est celle de Fingal. (Voy. FINGAL.) Une pile conique

de colonnes s'élevant à 30 pieds au-dessus de l'eau, s'appelle Buachaille ou le Herdsman. Entre le Herdsmann et la cave de Fingal s'étend la Chaussée des Géants, formée par des extrémités de colonnes hexagonales dressées verticalement.

STAFFARDE, village d'Italie, à 6 kil. N. de Saluces, sur les bords du Pô; célèbre par une victoire de Catinat (18 août 1690).

STAFFORD, capitale du Staffordshire, en Angleterre, sur la Saw, à 190 kil. N.-O. de Londres ; 14,437 hab. Grandes manufactures de cuir, de chaussures et de coutellerie.

STAFFORDSHIRE, comté du centre de l'Angleterre ; 2,964 kil. carr. ; 858,326 hab. Il est traversé par le Trent. Il contient une grande étendue de landes. Mines de houille, de fer, de cuivre et de plomb. C'est le centre de la fabrication de la faïence en Angleterre. Les brasseries de Burton-upon-Trent sont considérables et célèbres. Cap., Stafford.

˙ STAGE s. m. (bas lat. *stagium*). Résidence que doit faire chaque nouveau chanoine, afin de pouvoir jouir des revenus attachés à la prébende dont il a pris possession. — Espace de temps pendant lequel les avocats sont obligés de fréquenter le barreau avant d'être inscrits sur le tableau : *pendant le stage, on a la faculté de plaider*. — Fréquentation obligatoire d'une étude de notaire, d'un hôpital, etc., pour ceux qui se destinent à la profession de notaire, de médecin, etc.

˙ STAGIAIRE adj. m. Qui fait son stage : *avocat stagiaire*. — Substantiv. *Les stagiaires de la cour*.

˙ STAGIRE, d'abord **Stagirus**, ancienne ville de Macédoine, dans la Chalcidique, sur le golfe Strymonique. Cette ville, fondée vers le milieu du VIIᵉ siècle av. J.-C., est surtout connue pour avoir été le lieu de naissance d'Aristote.

˙ STAGNANT, ANTE adj. [sta-ghnan]. Se dit principalement des eaux qui ne coulent point : *une eau stagnante*. — Se dit aussi du sang et des humeurs lorsqu'ils cessent de circuler et s'accumulent dans quelque partie du corps; ce qui amène l'altération de ces liquides : *une humeur stagnante*.

˙ STAGNATION s. f. [-ghna-]. État de ce qui est stagnant : *la stagnation des eaux*. — Se dit, fig., en parlant des affaires de commerce ou de banque qui languissent, qui sont suspendues : *le commerce est dans un état de stagnation très affligeant*.

STAGNER v. n. [sta-ghné] (lat. *stagnare*). Séjourner, ne pas couler.

STAHL (Georg-Ernst), célèbre chimiste allemand, né à Anspach le 24 oct. 1660, mort à Berlin le 14 mai 1734. Il fut successivement médecin du duc de Weimar, professeur à Halle et premier médecin du roi de Prusse. Débarrassant la chimie des langes de l'alchimie, il l'éleva à la hauteur d'une science et créa, d'après Becher, la théorie du phlogistique. Il est encore l'auteur du système philosophique connu sous le nom d'*animisme*. Sa *Theoria medica vera* (1707; nouv. édit. par Choulant, 3 vol., 1831-'33; traduction allemande par Idcler, 1832-'33), développe cette théorie et explique les phénomènes de la vie animale par un principe immatériel, l'âme. Le premier de ses écrits chimiques, sa *Zymotechnia fundamentalis*, publiée en 1697, renferme, avec l'affirmation des idées de Becher, les fondements de la théorie du phlogistique. Après avoir donné, en 1702, une nouvelle édition de la *Physica subterranea* de Becher, il développa ses idées principalement dans les ouvrages suivants : *Specimen Becherianum, fundamenta, documenta et experimenta sistens*; *Experimenta, observationes, animadversiones, CCC numero, chymicæ et physicæ* (1731).

444

˙ STALACTITE s. f. (gr. *stalaktos*; de *stalazein*, tomber par gouttes). Concrétion pierreuse qui se forme à la voûte des cavités souterraines, et dont la forme ressemble à celle des glaçons qui pendent en hiver aux toits des maisons.

˙ STALAGMITE s. f. (gr. *stalagma*). Concrétion pierreuse qui se forme en mamelons sur le sol des cavités souterraines, par la chute des sucs lapidifiques.

STALAGMOMÈTRE s. m. (gr. *stalagmos*, goutte; *metron*, mesure). Chim. Instrument destiné à mesurer le volume des gouttes.

˙ STALLE s. f. (anc. haut all. *stal*, lieu, place). On appelle ainsi, dans les églises, les sièges de bois qui sont autour du chœur, dont le fond se lève et se baisse, et sur lesquels sont assis les chanoines, les religieux, et ceux qui chantent au chœur : *occuper une stalle*. Il était autrefois masculin, et quelques-uns le font encore de ce genre au pluriel : *les hauts stalles*. — Théâtre. Certains sièges, ordinairement placés à l'orchestre, dont le fond se lève et s'abaisse comme celui des stalles d'église : *le numéro d'une stalle*.

STAMBOUL ou **Istamboul**. Voy. CONSTANTINOPLE.

STAMFORD [stamm'-ford'], ville du Connecticut, sur le détroit de Long-Island, à 60 kil. N.-E. de New-York; 9,714 hab. Beaucoup de négociants et d'hommes d'affaires de New-York y ont leur résidence.

STAMINAL, ALE, AUX adj. (lat. *stamen*, étamine). Bot. Qui appartient ou qui se rapporte à l'étamine.

STAMINÉ, ÉE adj. Bot. Se dit des fleurs qui n'ont que des étamines.

STAMINEUX, EUSE adj. Bot. Qui a de longues étamines.

STAMINIFÈRE adj. Qui porte ou qui ne porte que des étamines.

STAMINIFORME adj. Qui a la forme d'une étamine.

˙ STANCE s. f. (ital. *stanza*). Nombre déterminé de vers formant un sens complet, et assujetti, pour la mesure des vers et le mélange des rimes, à une règle qui s'observe dans toute la pièce : *la seconde stance de cette pièce plus belle que les autres*. — pl. Pièce de poésie composée d'un certain nombre de stances : *de belles stances*. — STANCES IRRÉGULIÈRES, pièces de vers dont les stances diffèrent entre elles par le nombre ou la mesure des vers ou par l'entrelacement des rimes.

STANHOPE. I. (James), COMTE, général et homme d'État anglais, né en 1673, mort en 1721. Il servit en Flandre et en Espagne, et, en 1708 fut fait commandant en chef des forces britanniques en Espagne; il réduisit Minorque et s'empara de Port-Mahon. En 1710, il se rendit, avec environ 4,000 hommes, au duc de Vendôme à Brihuega. De retour en Angleterre, il siégea au parlement dans les rangs des whigs. George Iᵉʳ, à son avènement, le choisit pour un de ses principaux secrétaires d'État. En 1717, il fut nommé premier lord de la trésorerie, et élevé à la pairie sous le titre de baron Stanhope d'Elvaston et vicomte Stanhope de Mahon. En 1718, il reprit son poste de secrétaire, et fut créé comte Stanhope. — II. (Charles), troisième comte de Stanhope, petite-fils du précédent, né en 1753, mort en 1816. Il se fit remarquer par ses opinions radicales, et l'on finit par l'appeler « la minorité d'un seul ». Il a fait diverses inventions, entre autres la presse à imprimer qui porte son nom. Il avait aussi étudié l'électricité, et en 1779 il publia sa théorie du gaz en retour. — III. (Philippe-Henry), cinquième comte de Stanhope, écrivain; petit-fils du précédent, né en 1805, mort en 1875. De 1830 à 1852, il fut

˙ membre du parlement sous le titre de courtoisie de lord Mahon. Il fit partie momentanément des cabinets du duc de Wellington et de sir Robert Peel. Ses œuvres comprennent : *History of the War of succession in Spain* (1832); *History of England from the Peace of Utrecht to the Peace of Versailles, 1713-'83* (1836-'54, 4 vol.); *Spain under Charles II* (1840); *Life of William Pitt* (1861-'62, 4 vol.), et *History of England, comprising the Reign of Anne, until the Peace of Utrecht* (1870).

STANHOPE (LADY Hester-Lucy), Anglaise excentrique, née en 1776, morte en 1839. Elle était la fille aînée de Charles, troisième comte de Chatham. Elle servit pendant plusieurs années de secrétaire particulier à son oncle William Pitt. En 1810, elle visita Jérusalem, Damas, Baalbeck et Palmyre. Les Arabes, frappés de son extérieur et de son déploiement de richesses, la traitaient en reine. En 1813, elle s'établit au couvent abandonné de Mar-Elias, à côté du petit village de Jun, à moins de 5 kil. de Sidon. Là, vêtue du costume d'émir, sans oublier les armes, la pipe et le reste, elle commandait à ses gardes albanais et à ses serviteurs avec une autorité absolue. Sa résidence, convertie en forteresse, devint le refuge des persécutés et des misérables. Elle pratiquait l'astrologie et autres arts hermétiques, et elle faisait profession de certains sentiments religieux particuliers. Son médecin, le Dʳ Meryon, a publié ses *Memoirs as related by Herself*, et ses *Travels*, chacun en 3 vol.

STANISLAS I. (Saint), évêque de Cracovie et patron de la Pologne, né en 1030, mis à mort par Boleslas II, en 1079. Fête le 7 mai. — II. (Kotska, SAINT), né en 1550, mort en 1568. Il entra chez les jésuites et mourut 9 mois après; il est le patron de la jeunesse chrétienne. Fête le 13 novembre.

STANISLAS LESZCZYNSKI Iᵉʳ (lech-tchinn'-ski], roi de Pologne, né en 1677, mort en France, le 23 fév. 1766. Il était palatin de Posen, et officier à la cour de Pologne, lorsque, en 1705, Charles XII de Suède assura son élection au trône de Pologne; mais la défaite de Charles à Poltava, en 1709, lui fit perdre la couronne et amena la restauration d'Auguste II. En 1725, sa fille Marie épousa Louis XV, qui, après la mort d'Auguste II en 1733, commença une guerre pour assurer à son beau-père la succession de Pologne. Mais Auguste III garda le trône, grâce à l'intervention de la Russie, bien que Stanislas eût été élu roi. Stanislas se retira à Dantzig, où les Russes l'assiégèrent, et, après une vigoureuse résistance de plusieurs mois, il parvint à s'échapper en juin 1734. Par les préliminaires de la paix de 1735, il renonça à ses prétentions sur la couronne polonaise, mais garda son titre, rentra en possession de ses domaines, et reçut la Lorraine et le Bar, qui, après sa mort, devaient être réunis à la France. C'est à lui que Nancy doit ses plus beaux monuments. Il se fit imprimer sous le titre : *Œuvres du Philosophe bienfaisant* (1765, 4 vol.). Le feu prit à ses vêtements pendant qu'il lisait, et il mourut de ses blessures.

STANISLAS-AUGUSTE, roi de Pologne. (Voy. PONIATOWSKI et POLOGNE.)

STANNAGE s. m. [sta-na-je] (lat. *stannum*, étain). Opération qui consiste à imprégner une étoffe d'une dissolution d'étain avant de la teindre.

STANNATE s. m. Chim. Sel résultant de la combinaison de l'acide stannique avec une base.

STANNEUX, EUSE adj. Se dit d'un des oxydes de l'étain.

STANNIFÈRE adj. Qui contient de l'oxyde d'étain.

V.

STANNINE s. f. Substance qui contient des sulfures d'étain et de fer.

STANNIQUE adj. Se dit d'un acide qui s'obtient en précipitant un stannate soluble par un acide.

STAOUÉLI, village d'Algérie, à 24 kil. S.-O. d'Alger. Victoire des Français sur les Algériens le 19 juin 1830. Magnifique établissement agricole fondé par les trappistes en 1845.

STAPÉDIEN, IENNE adj. (lat. *stapes*, étrier). Anat. Se dit d'un muscle qui appartient à l'étrier de l'oreille interne.

* **STAPHISAIGRE** s. f. [-zè-gre] (gr. *staphis*, raison; *agrios*, sauvage). Bot. Plante du genre dauphinelle dont la semence, réduite en poudre, et incorporée avec du beurre, forme une espèce d'onguent dont on frotte la tête pour faire mourir la vermine. On l'appelle aussi *herbe aux poux*.

* **STAPHYLIN** s. m. [-fi-lain] (gr. *staphulé*, luette; proprem. grain de raisin). Entom. Genre de coléoptères, qui ont des antennes grenues, des élytres courts, et dont quelques espèces vivent dans le fumier, dans la carie des arbres, etc.

* **STAPHYLÔME** s. m. [-fi-lô-me] (gr. *staphulôma*). Chir. Tumeur qui se forme sur le globe de l'œil, et qui ressemble à un grain de raisin : *staphylôme de la cornée, de la sclérotite, de l'iris*.

STAPHYLOPLASTIE s. f. [-fi-lo-] (gr. *saphulé*, luette; *plassô*, je forme). Restauration du voile du palais aux dépens des tissus voisins.

STAPHYLOTOME s. m. (gr. *staphulé*, luette; *tômé*, section). Chir. Instrument dont on se sert pour exciser la luette et inciser le voile du palais.

STAPSS (Friedrich), patriote allemand né à Naumbourg, le 14 mars 1792, fusillé à Vienne le 17 oct. 1809. Il avait résolu d'assassiner Napoléon; mais il fut arrêté à Schœnbrunn, avant d'avoir pu s'approcher de l'empereur. Amené devant celui-ci, il lui avoua hardiment *que son dessein était de lui plonger un couteau dans le cœur pour délivrer l'Allemagne*. Devant la commission militaire assemblée à Vienne pour le juger, Stapss montra la même fermeté et fut condamné à mort.

STARGART [chtar'-gartt]. I. Ville de Prusse, autrefois la capitale de la Poméranie ultérieure, sur l'Ihna, qui y est navigable; à 35 kil. S.-E. de Stettin; 20,186 hab. — II. Preussisch Stargard [preul'-scich], ville de la province de Prusse, sur le Ferse, à 40 kil. S.-O. de Dantzig; 6,002 hab. La ville est entourée de murailles et de tours.

STARING (Antoine-W.-C.), poète néerlandais, né à Gendringen (Gueldre), le 24 janv. 1767, mort au château de Wildenborch près Vorden, le 48 août 1840. Il fut un des poètes les plus estimés de la Néerlande contemporaine. Ses *Œuvres complètes* ont été publiées par Beets (1862; édit. pop., 1869).

* **STAROSTE** s. m. [slave *staryi*, vieux, ancien). Gentilhomme polonais jouissant d'une starostie.

* **STAROSTIE** s. f. Fief faisant partie des anciens domaines de Pologne, cédé par les rois à des gentilshommes, pour les aider à soutenir les frais des expéditions militaires.

STARTER s. m. [star'-teur] (mot angl., formé de *to start*, lancer, faire partir). Turf. Celui qui est chargé, dans les courses, de donner le signal du départ en abaissant un drapeau qu'il tient à la main.

STARTER (Jean), poète néerlandais, né à Londres en 1896. Il reçut son éducation en Hollande, fut membre de la chambre de Eglentieren, et plus tard libraire à Leeuwarden. Des revers de fortune le forcèrent probablement à s'engager dans l'armée de Mansfeldt; après quoi l'on n'entendit plus parler de lui. Il est surtout connu comme chansonnier et est célèbre dans son *Friesche Lusthof* (6ᵉ édit. par van Vloten, 1864). Il a laissé en outre quelques tragédies et une comédie.

* **STASE** s. f. [sta-ze] (gr. *stasis*; de *staô*, je m'arrête). Méd. Stagnation; ne suppose pas une altération des liquides.

STASSFURT [chtass'-fourtt], ville de la Saxe prussienne, sur le Bode, à 30 kil. S.-S.-O. de Magdebourg; 11,256 hab. Elle possède une des plus considérables mines de sel du monde et de grandes fabriques de produits chimiques.

STATEN ISLAND [statt'-eunn aï'-lanndd], île de l'état de New-York, à 8 kil. S.-O. de la ville de New-York dont elle est séparée par la baie de New-York; longueur du N.-E. au S.-O., 20 kil.; largeur maximum, 13 kil.; 35,244 hab. On y trouve les villages ou petites villes de New-Brighton, Port-Richmond et Tottenville. Le sol est doucement ondulé, presque plat. Cette île sert de résidence à beaucoup de personnes engagées dans les affaires à New-York, ville avec laquelle elle est reliée par des bacs à vapeur (*ferries*).

* **STATER** ou **Statère** s. m. (gr. *statêr*; de *staô*, je suis fixe). Antiq. Petite monnaie d'argent de quatre drachmes.

* **STATHOUDER** s. m. [sta-tou-dèrr] (holland. *stadhouder*, qui tient ou gouverne la cité; de *stad*, État; et *houder*, qui tient). Titre que l'on donnait au chef de l'ancienne république des Provinces-Unies. Ce titre fut donné par certaines des Provinces-Unies des Pays-Bas à Guillaume d'Orange, comme magistrat suprême et commandant en chef. En 1587, Maurice, son fils, devint stathouder des Provinces-Unies. Cette dignité resta assez constamment dans la maison d'Orange, et en 1747, Guillaume IV fut déclaré stathouder héréditaire. Après la restauration de la famille d'Orange en 1814, ce titre fut échangé pour celui de roi.

* **STATHOUDÉRAT** s. m. Dignité du stathouder; temps pendant lequel elle était exercée: *on rétablit alors le stathoudérat*.

STATHOUDÉRIEN, IENNE adj. Qui appartient au stathoudérat.

* **STATICE** s. f. (lat. *statice*). Bot. Genre de plombaginées qui renferme un très grand nombre d'espèces. La plus connue, appelée vulgairement *gazon d'Olympe*, parce qu'elle forme de petites touffes arrondies, est cultivée en bordure dans les jardins, et porte des fleurs rouges et roses réunies en têtes à l'extrémité des longs pédoncules. On dit aussi **ARMÉRIA**. (Voy. ce mot.)

STATICÉ, ÉE adj. Bot. Qui ressemble ou qui se rapporte à la statice. — s. f. pl. Tribu de plombaginées ayant pour type le genre statice.

STATIF, IVE adj. (rad. lat. *status*, posé). Qui appartient à une station.

* **STATION** s. f. [sta-si-on] (lat. *statio*, arrêt). Pause, demeure de peu de durée qu'on fait dans un lieu : *je ne suis pas resté longtemps dans cet endroit, je n'y ai fait qu'une station*. — Se dit, particul., en parlant des églises, chapelles et autels désignés par le culte supérieur ecclésiastique, que l'on va visiter, pour y faire certaines prières afin de gagner des indulgences : *station pour gagner le jubilé*. — Se dit des différents lieux où l'on se place pour faire l'observation convenable : *un coup de niveau est compris entre deux stations*. — Astron. État d'une planète lorsqu'elle paraît n'avancer ni se reculer dans le zodiaque : entre la direction et la rétrogradation, il y a toujours une station. — Mar. ÊTRE EN STATION, se dit des vaisseaux auxquels on a assigné une certaine étendue de mer, un certain parage, pour y établir leur croisière pendant un temps fixé : *ce bâtiment est en station pendant tel parage*. — Physiol. Action de se tenir debout. — Station agronomiques. « On donne ce nom à des *champs d'expériences* installés d'une manière temporaire ou permanente sur un domaine agricole. Quelques-unes de ces stations sont des annexes d'écoles d'agriculture; mais, le plus souvent, elles sont fondées par des comices agricoles, avec le concours des départements d'une même région, et à l'aide de subventions de l'État. Les agriculteurs d'une contrée dans laquelle se trouve une station agricole sont invités à venir se rendre compte, de leurs propres yeux, des résultats obtenus par les méthodes nouvelles. Souvent un laboratoire est annexé au champ d'expériences, et l'on y fait l'analyse des engrais et des terrains dont les échantillons ont été apportés. Les syndicats qui se sont constitués parmi les cultivateurs, pour acheter en commun des engrais, ont recours à ces laboratoires pour se mettre à l'abri des fraudes. Les directeurs des stations ont soin de publier, chaque année, des comptes rendus de leurs travaux, et des extraits en sont insérés dans les *Annales agronomiques*. Ce sont là les moyens pratiques, incontestablement les meilleurs, lorsqu'il s'agit de lutter contre l'ignorance et la routine invétérée, et de répandre dans nos campagnes la vraie science agricole et les perfectionnements si nécessaires à la culture française. Ces moyens sont bien préférables à l'exhaussement des tarifs de douane, et ils ont obtenu déjà de très grands succès dans les pays où des stations ont été créées, notamment dans l'Est de la France et dans plusieurs départements du Midi. » (CH. Y.)

* **STATIONNAIRE** adj. Astron. Se dit d'une planète lorsqu'elle semble n'avancer ni ne reculer dans le zodiaque : *Jupiter était alors stationnaire, et Mercure rétrograde*. — Empire rom. SOLDATS STATIONNAIRES, soldats qui étaient distribués en différents lieux, pour avertir leur chef de ce qui s'y passait. — Méd. MALADIES STATIONNAIRES, maladies qui règnent plus généralement et plus constamment que les autres pendant une ou plusieurs années. — Se dit, fig. et au sens moral, de certaines choses qui semblent rester au même point, sans avancer ni rétrograder : *la science ne peut être stationnaire*. — Stationnaire s. m. Mar. Petit bâtiment de guerre mouillé en tête d'une rade, pour exercer une sorte de police sur les bâtiments qui entrent et qui sortent : *le capitaine du stationnaire*. — « Au moyen âge, on appelait stationnaire un libraire qui avait boutique et étalage.

* **STATIONNALE** adj. f. Se dit des églises où l'on fait des stations dans les temps du jubilé : *église stationnale*.

* **STATIONNEMENT** s. m. Action de stationner. Ne se dit qu'en parlant des voitures : *interdire le stationnement des voitures sur quelque partie de la voie publique*.

* **STATIONNER** v. n. Faire une station, s'arrêter dans un lieu. Ne se dit guère qu'en parlant des voitures : *les voitures de place ne peuvent stationner dans cette rue passé telle heure*.

* **STATIQUE** s. f. (gr. *statiké*). Partie de la mécanique qui a pour objet l'équilibre des corps solides. — Adjectiv. ÉLECTRICITÉ STATIQUE, celle qui est développée par le frottement dans une machine électrique, par opposition à l'électricité dynamique, celle que donne la pile de Volta.

* **STATISTICIEN, IENNE** s. Personne qui étudie la statistique.

* **STATISTIQUE** s. f. (du gr. *statizein*, établir). Science qui apprend à connaître un État sous les rapports de son étendue, de sa population, de son agriculture, de son industrie, de son commerce, etc. : *la statistique est une science nouvelle.* — Partie de cette science qui consiste à dénombrer les faits et à en tirer des conséquences. — STATISTIQUE MÉDICALE, dénombrement de faits relatifs aux morts, naissances, maladies, épidémie. — Description détaillée d'un pays relativement à son étendue, à sa population, à ses ressources agricoles et industrielles, etc. : *la statistique du département de la Seine.* — Ajectiv. *Description statistique du département du Rhône.* — ENCYCL. On donne ordinairement le nom de statistique à la collection et à la classification' systématique de faits se rapportant à la condition sociale et industrielle de la population. La science de la statistique a fait de grands progrès dans ce siècle. Les principaux pays de l'Europe ont organisé des bureaux, des administrations ou des commissions de statistique qui recueillent et publient périodiquement les faits relatifs à la condition de la population dans toutes les phases de la vie. Il y a eu plusieurs congrès statistiques en Europe depuis 1853, époque où Quetelet en assembla un à Bruxelles ; le 2e se tint à Paris en 1855, le 3e à Vienne en 1857, le 4e à Londres en 1860, le 5e à Berlin, le 6e à Florence, le 7e à La Haye, le 8e à Saint-Pétersbourg (1872), le 9e à Pesth (1876) — Adm. « La statistique a été définie : « la « science des faits sociaux par les termes nu-« mériques. » Elle s'occupe de constater par des nombres les faits de même nature, et, après avoir observé et recueilli ces renseignements, de les totaliser, de les assembler, de manière à pouvoir les comparer, à tirer de ces comparaisons les déductions logiques, et à déterminer enfin les lois générales qui en découlent. La statistique s'applique à une foule d'objets : naissances, décès, mariages, maladies, productions agricoles ou industrielles, commerce, finances, douanes, navigation, etc., etc. Cette science n'a commencé à se perfectionner que depuis un demi-siècle à peine ; elle est aujourd'hui en honneur dans tous les pays civilisés, et elle rend chaque jour d'inappréciables services aux législateurs, aux économistes, aux savants. Elle éclaire tout d'un coup les questions les plus obscures, et supplée à l'insuffisance du raisonnement. Cependant, il faut reconnaître que les résultats généraux de la statistique sont quelquefois faussés par la négligence ou le mauvais vouloir des personnes qui doivent fournir les renseignements. C'est pourquoi les administrations publiques sont presque toujours chargées exclusivement des constatations. Dans chacun des départements ministériels, des bureaux particuliers s'occupent de préparer les questionnaires, et de dépouiller les tableaux de statistique. Il existe, en outre, auprès du ministère du commerce, un *conseil supérieur de statistique*, qui a été institué par le décret du 19 fév. 1885. Ce conseil est composé de 37 membres, savoir : 12 pris dans le Parlement et dans les corps savants, et 25 délégués par les onze ministères. Chaque année, le ministère du commerce publie un *Annuaire statistique de la France*, lequel présente le résumé des données officielles. Paris renferme une *Société de statistique* qui compte parmi ses membres les plus savants économistes. Des congrès internationaux de statistique ont été tenus successivement : à Bruxelles (1853), à Paris (1855), à Florence (1867), à Saint-Pétersbourg (1872), et à la Haye (1879). — Un *droit de statistique* est perçu par l'administration des douanes, en vertu de la loi du 22 janv. 1872, sur toutes les marchandises importées en France et sur celles exportées. Ce droit est de 10 cent. par colis, et par tête d'animal

vivant ou abattu. Pour les marchandises en vrac, le droit est perçu par 1,000 kilog. ou par mètre cube. »   (CH. Y.)

STATOR (mot. lat. signifiant : *Qui arrête*). Surnom de Jupiter.

* **STATUAIRE** s. m. Sculpteur qui fait des statues : *un habile statuaire.* Se dit surtout des sculpteurs de l'antiquité. (Voy. SCULPTURE.) — s. f. Art de faire des statues : *les monuments de la statuaire et de l'architecture chez les anciens.* — Adjectiv. MARBRE STATUAIRE, marbre propre à faire des statues, qui est blanc et sans aucune tache ni veine ; à la différence de celui qu'on emploie aux ouvrages d'architecture.

* **STATUE** s. f. (lat. *statua* ; de *stare*, être debout). Figure de plein relief, représentant un homme ou une femme en entier : *statue de marbre, de bronze, d'or, d'argent, de bois, d'argile,* etc. ; *les plus magnifiques statues que nous ayons conservées de l'antiquité*

Statue de l'Apollon du Belvédère.

sont *l'Apollon du Belvédère et la Vénus de Milo.* — Fig. C'EST UNE STATUE, se dit d'une personne qui est ordinairement sans action et sans mouvement. C'EST UNE BELLE STATUE, se dit d'une femme qui est belle, mais froide, sans physionomie et sans esprit.

* **STATUER** v. a. Ordonner, régler, déclarer : *l'assemblée n'a rien statué sur cet objet.*

* **STATUETTE** s. f. Petite statue.

* **STATU QUO** (In) (inn-sta-tu-ko) (mots lat. signifiant : *En l'état où*). Dans l'état où sont actuellement les choses; s'emploie surtout en diplomatie, et dans le langage familier : *laissons les choses in statu quo.* — Statu quo s. m. Situation actuelle : *maintenir le statu quo.* — STATU QUO ANTE BELLUM, situation semblable à celle qui existait avant les hostilités.

* **STATURE** s. f. (lat. *statura*). Hauteur de la taille d'une personne : *il est de grande stature, de moyenne stature.*

* **STATUT** s. m. (sta-tu) (lat. *statutum*). Loi, règlement, ordonnance. STATUTS RÉELS, lois qui sont relatives aux biens-fonds ; et, STATUTS PERSONNELS, celles qui concernent les personnes. LES STATUTS DU PARLEMENT D'ANGLETERRE, les lois faites par ce parlement. (Peu usité en ce sens.) — Règle établie pour la conduite d'une compagnie ou d'une commu-

nauté, d'un ordre, etc. : *les statuts d'une confrérie.*

* **STATUTAIRE** adj. Qui est conforme aux statuts ; qui est prescrit par les statuts.

STAUNTON (stann'-teunn), rivière de la Virginie du Sud, longue de 300 kil. Elle naît dans les monts Alleghany, coule à l'E. et au S.-E. et forme, par sa réunion au Dan, le Roanoke, à Clarksville.

STAUNTON, ville de la Virginie, sur le Lewis-Creek, tributaire du Shenandoah, à 225 kil. O.-N.-O. de Richemond ; 5,120 hab.

STAVANGER [stâ-vanng'-gheur], ville de Norvège, province de Christiansand, sur le Bukkefiord, à 160 kil. S. de Bergen ; 17,058 hab. La cathédrale date du XIe siècle ; le port est bon et les pêcheries importantes.

STAVELOT, *Stabulum*, village de Belgique, sur l'Amblève, province et à 36 kil. S.-E. de Liège ; 4,000 hab.

STAVROPOL. I, gouvernement de Russie, dans la Circaucasie ; 69,014 kil. carr.; 437,118 hab. Le pays est presque partout plat et stérile. — II, capitale du gouvernement, sur l'Atchla, à 300 kil. S.-E. d'Azof ; 23,612 hab. Ville très forte. Son commerce avec les provinces asiatiques devient de plus en plus important. Dans le voisinage, se trouvent des sources sulfureuses.

STEAM-BOAT s. m. [stimme-bôtt] (angl. *steam*, vapeur ; *boat*, bateau). Mar. Bateau à vapeur.

* **STEAMER** s. m. [sti-meur]. Navire à vapeur.

* **STÉARATE** s. m. Chim: Sel produit par la combinaison de l'acide stéarique avec une base.

* **STÉARINE** s. f. (gr. *stear*, graisse, suif). Chim. Substance solide tirée des graisses de bœuf, de mouton, et qu'on emploie pour la fabrication de la bougie. — L'acide stéarique ou stéarine qui est employé à la fabrication des bougies, est assujetti à un impôt de consommation de 25 fr. par 100 kilog., en vertu de la loi du 30 décembre 1873. Les fabricants d'acide stéarique sont soumis à un droit annuel de licence et à l'exercice de la règle des contributions indirectes. (Voy. BOUGIE.)

* **STÉARIQUE** adj. Chim. Se dit d'un acide gras qui se tire du suif de mouton et d'autres graisses contenant de la stéarine, en saponifiant ces graisses et en décomposant à la solution chaude du savon avec de l'acide hydrochlorique, ou encore mieux, avec de l'acide tartrique. Les acides huileux sont ensuite soumis à la pression entre des plaques chaudes, pour expulser l'acide oléique, et le résidu solide est purifié par trois ou quatre recristallisations dans l'alcool. La formule est HC16 H32 O3. C'est avec cette matière que l'on fait les bougies dites de stéarine.

* **STÉATITE** s. f. (gr. *stear*, suif). Pierre onctueuse, d'un grain très fin, qui se dissout dans l'eau, et y fait l'écume comme le savon. (Voy. TALC.)

* **STÉATOCÈLE** s. f. (gr. *stear*, suif ; *kêlê*, tumeur). Chir. Tumeur du scrotum causée par l'accumulation d'une matière semblable au suif.

* **STÉATÔME** s. m. Chir. Tumeur enkystée, qui contient une matière grasse pareille à du suif.

STEELE (Sir Richard) [sti-le], écrivain anglais, né à Dublin en 1671, mort en 1729. Après avoir étudié à Oxford, il s'enrôla dans les gardes à cheval, et y devint capitaine. Il publia un certain nombre de comédies, et, en 1709, il commença la publication du *Tatler*. Addison lui procura une place de commissaire au bureau du timbre. En 1711,

au *Tatler* succéda le *Spectator*, rédigé surtout par Steele et Addison; plus tard vinrent le *Guardian*, dont 1713 vit la naissance et la mort, le *Lover*, le *Reader* et d'autres publications périodiques qui n'eurent qu'une brève existence. Envoyé au parlement en 1713, Steele en fut chassé pour avoir écrit des articles diffamatoires dans le *Crisis* et dans l'*Englishman*. A l'avènement de George Ier, il eut plusieurs charges bien rémunérées, fut fait chevalier, et réélu au parlement. En 1722, il produisit sa dernière et sa meilleure comédie : *The conscious Lovers*. Ses lettres à sa femme, au nombre d'environ 400, sont une des plus singulières correspondances qui aient jamais été publiées. — Voy. *Memoirs of the Life and Writings of sir Richard Steele*, avec sa correspondance, par H.-R. Montgomery (1865, 2 vol.).

STEEN (Jan) [stènn], peintre allemand, né en 1636, mort en 1689. Il a fait environ 300 tableaux, où il réunit, dit Kugler, tous les éléments de la véritable comédie populaire. On voit au musée de la Haye sa célèbre *Représentation de la vie humaine*.

STEENVOORDE, ch.-l. de cant., arr. et à 14 kil. N.-E. d'Hazebrouck (Nord), près de la frontière belge; 2,200 hab.

* STEEPLE-CHASE [sti-pl'-tchè-ss'] (angl. *steeple*, clocher ; *chase*, chasse). Turf. Course au clocher, sorte de course à travers la campagne, suivant une ligne déterminée, sur un chemin coupé de palissades, de fossés, etc.

STEFANO (San-), petit village situé sur la mer de Marmara, au S.-O. de Constantinople. Le grand-duc de Russie y établit son quartier général le 24 fév. 1878, et, le 3 mars suivant, les Russes et les Turcs y signèrent un traité qui fut modifié par celui de Berlin.

STÉGANOGRAPHE s. m. (gr. *steganos*, caché ; *graphô*, je décris). Appareil dont on se sert pour exécuter une sorte d'écriture cryptographique.

* STÉGANOGRAPHIE s. f. Art d'écrire en chiffres, et d'expliquer cette écriture : *traité de stéganographie*.

* STÉGANOGRAPHIQUE adj. Qui appartient à la stéganographie : *écriture stéganographique*.

STEIN (Heinrich-Friedrich-Karl), baron; homme d'Etat allemand, né à Nassau en 1757, mort le 29 juin 1831. Ministre de l'intérieur du royaume de Prusse, il s'efforça vainement, en prévision des événements prochains, d'effectuer l'union de tous les Etats allemands. En janv. 1807, Frédéric-Guillaume III le congédia; mais en juillet, il le mit à la tête du ministère. Il réorganisa tous les services civils, abolit les usages féodaux, adopta un nouveau plan de milice, et fraya la voie au zollverein et à l'unité de l'Allemagne. L'hostilité de Napoléon l'obligea à la retraite en 1808, et au mois de décembre l'empereur lui mettait hors de la loi, et confisquait ses biens. En 1813, il fut mis à la tête de l'administration des territoires allemands reconquis, et il exerça une grande influence sur les événements de 1814-'15. En 1827, il devint membre du conseil d'Etat prussien. Sa vie a été écrite par Petz (1849-'55, 6 vol.) et par plusieurs autres.

STEIN (Charlotte - Albertine - Ernestine von), baronne allemande, née à Weimar, en 1742, morte en 1827. En 1764, elle épousa le baron Friedrich von Stein (mort en 1793), à qui elle donna sept enfants. Elle fut l'amie intime de Gœthe et exerça sur lui une grande influence. En 1867, H. Düntzer, qui a écrit sa vie (1874, 2 vol.), a édité sa tragédie de *Dido*, qui se rapporte à Gœthe et à ses contemporains. On a publié les lettres de Gœthe à elle et à son fils, et ses propres lettres à la femme de Schiller.

STEINKERQUE ou Steenkerque, ville du Hainaut (Belgique), arr. et à 26 kil. N.-E. de Mons, sur la Senne; 1,300 hab. Victoire du maréchal de Luxembourg sur Guillaume III, le 3 août 1692.

STEIROSE s. f. [sté-ro-ze] (gr. *steiros*, stérile). Pathol. Stérilité de l'homme ou de la femme.

* STÈLE s. f. (gr. *stélé*, colonne). Archit. Monument monolithe ayant la forme d'un fût de colonne, d'un obélisque, d'un cippe.

* STELLAIRE adj. [stèll-lè-re] (lat. *stellaris*; de *stella*, étoile). Qui a rapport aux étoiles : *la lumière stellaire*.

STELLÉ, ÉE adj. [stèll-lé]. Qui a la forme d'une étoile.

STELLIFÈRE adj. [stèll-li-]. Hist. nat. Qui porte des taches en forme d'étoiles.

STELLIFORME adj. Qui est en forme d'étoiles.

STELLINERVÉ, ÉE adj. Bot. Se dit des feuilles dont les nervures rayonnent du centre vers le bord.

* STELLION s. m. [stèll-li-on] (lat. *stellio*). Erpét. Genre de sauriens iguaniens. Le *stellion commun* (*stellio vulgaris*, Daud.) a environ un pied de long, dont pas tout à fait la moitié pour la queue. Sa couleur est olive, ombrée et tachetée de noir en dessus et de jaune olive en dessous. Il est commun dans le Levant, et surtout en Egypte. C'est un animal très actif; il se nourrit d'insectes, et vit dans les ruines, les fentes des rochers et les trous du sol.

* STELLIONAT s. m. [stèll-li-o-na] (lat. *stellionatus*). Jurispr. Crime que commet un homme en vendant un immeuble qui n'est pas à lui, ou en déclarant par un contrat que le bien qu'il vend est franc de toute hypothèque, quoiqu'il ne le soit pas : *il est accusé de stellionat*. — Législ. « Le stellionat est un fait frauduleux qui consiste, soit à vendre un immeuble dont on sait n'être pas propriétaire, soit à consentir une hypothèque sur l'immeuble d'autrui, soit à dissimuler la situation hypothécaire d'un immeuble en faisant dans un acte une fausse déclaration. En vertu du Code civil (art. 2059) la personne lésée par un fait de stellionat obtenait des tribunaux que la contrainte par corps fût prononcée civilement contre le stellionataire, comme moyen d'exécution, et alors même qu'il se fût agi d'un septuagénaire, d'une femme ou d'une fille majeure (id. 2066). Depuis que la contrainte par corps a été abolie en matière civile et en matière commerciale (L. 22 juillet 1867), le stellionat n'existe plus que de nom; mais il peut être considéré comme un *dol*. (Voy. ce mot.) (Ch. Y.)

* STELLIONATAIRE s. Celui ou celle qui commet le crime de stellionat : *les stellionataires ne sont admis ni à la réhabilitation, ni au bénéfice de cession*.

STELLULE s. f. [stèll-lu-le] (lat. *stellula*, dimin. de *stella*, étoile). Bot. Disque foliacé qui, dans certaines mousses, termine les tiges.

STÉN, Sténéo ou Sténo (gr. *stenos*, étroit), préfixe qui entre dans la formation d'un grand nombre de mots.

STENAY, *Astenidum*, ch.-l. de cant., arr. et à 15 kil. S.-O. de Montmédy (Meuse); 2,500 hab. Louis XIV assiégea et prit Stenay en 1654.

STENDHAL. Voy. BEYLE.

STÉNÉLYTRE adj. (préf. *stén*; fr. *élytre*). Entom. Qui a les élytres étroits.

STENO (Nicolas), anatomiste danois, né en 1638, mort en 1686. Jeune encore, il découvrit l'existence, la situation et l'office du canal extérieur de la glande parotide, appelé

depuis « canal de Sténo ». Il fut successivement médecin du grand-duc de Toscane et professeur d'anatomie à Copenhague. En 1669, il se fit catholique, prit les ordres en 1677 et reçut ensuite le titre de vicaire apostolique du siège de Rome pour tout le nord.

STÉNOCHROMIE s. f. [sté-no-kro-mi] (préf. *sténo*; gr. *chrôma*, couleur). Procédé inventé par Otto Rade, de Hambourg, pour imprimer d'un seul coup des estampes et des dessins où il entre plusieurs couleurs.

* STÉNOGRAPHE s. m. (préf. *sténo*; gr. *graphô*, j'écris). Celui qui possède et exerce l'art de la sténographie : *ce discours a été recueilli par un sténographe*.

* STÉNOGRAPHIE s. f. Art d'écrire par abréviations, d'une manière aussi prompte que la parole. — La sténographie a été appelée tour à tour brachygraphie, tachygraphie, phonographie. Elle paraît avoir été pratiquée par les anciens et perfectionnée par Tiron (affranchi de Cicéron) et par Sénèque. L'*Ars scribendi caracteris*, composé vers 1412, est le plus ancien système existant. Depuis lors, il y a eu les systèmes de Bright (1588), de Willis (1602), de Byrom (1750), de T. Gurney (1740), de Taylor (1786), de Mavor (1789), de Pitman (phonographie, 1837). Le système de Bright fut introduit en France par Bertin. En 1787, Coulon de Thévenot fit paraître, dans les *Mémoires de l'Académie*, ses *Tableaux tachygraphiques*, dans lesquels il perfectionna tout ce qui avait été fait avant lui. D'autres méthodes furent imaginées dans la suite; nous citerons celles d'Astier, de Conen de Prépéan, de Grosselin, d'Aimé Paris, de Prévost, etc.

* STÉNOGRAPHIER v. a. Ecrire par abréviations d'après les règles de la sténographie.

* STÉNOGRAPHIQUE adj. Qui appartient à la sténographie : *écriture sténographique*.

* STENTOR s. m. [stan-tor]. Nom d'un guerrier qui était au siège de Troie, et qui avait, dit-on, une voix si éclatante, qu'elle faisait seule plus de bruit que celle de cinquante hommes criant tous ensemble. S'emploie comme nom appellatif dans l'expression fam. et fig. UNE VOIX DE STENTOR, une voix forte et retentissante.

STEPHENSON [sti'-fenn-s'n-]. I. (George), ingénieur des chemins de fer anglais ; né en 1781, mort en 1848. Après avoir occupé de bas emplois dans les mines de houille et sur les chemins de fer, il arriva à acquérir une connaissance approfondie des machines à vapeur, et en 1814 il construisit une locomotive, la première qu'on ait faite à roues lisses, et qui manœuvra avec succès sur le chemin de fer de Killingworth. Dans la seconde machine qu'il construisit, en 1815, il introduisit le souffle de la vapeur, le plus important perfectionnement apporté jusqu'alors à la locomotive. En 1815, presqu'en même temps que sir Humphry Davy, il inventa une lampe de sûreté encore en usage dans les mines de Killingworth. S'ensuivit une longue polémique, sir Humphry Davy ayant reçu la récompense à plus haute. Il appliqua ensuite ses efforts aux rails des chemins de fer, auxquels il apporta de grands perfectionnements. En 1824, avec Edward Pease, il fonda un établissement pour la construction des locomotives à Newcastle-upon-Tyne. En 1829, il obtint, avec son fils Robert, un prix de 500 livres pour la meilleure locomotive. Samuel Smiles a écrit sa vie. — II. (Robert), son fils, ingénieur des chemins de fer, né en 1803, mort en 1859. On lui doit le pont sur la Tyne à Newcastle, le viaduc sur la vallée de la Tweed à Berwick, le pont de Conway, le pont tubulaire qui franchit le détroit de Menai, les dessins d'un immense pont sur le Nil à Kaffre Azzayat, et

du grand pont tubulaire de Victoria qui traverse le Saint-Laurent à Montréal. De 1847 jusqu'à sa mort, il fut membre du parlement. Il a publié : *Description of the Locomotive Steam Engine* (1838) ; *Report on the Atmospheric Railway System* (1844), et *The Great Exhibition, its Palace and Contents* (1854). Sa vie a été écrite par Smiles, et aussi par J.-C. Jeaffreson et W. Pole (1864, 2 vol.).

* **STEPPE** s. m. ou s. f. (mot russe qui signifie *lande*). Plaine, vaste, élevée, souvent privée d'eau et stérile, ou offrant des ruisseaux et des pâturages : *les steppes de la Tartarie.*

STEPPEUR s. m. (angl. *to step*, marcher). Turf. Cheval qui a de l'action.

STÉRAGE s. m. Action de stérer.

STERCOLOGIE s. f. (lat. *stercus*, excrément ; gr. *logos*, discours). Traité sur les excréments.

STERCORAIRE adj. Qui a rapport aux excréments.

STERCORAL, ALE adj. Qui concerne les excréments.

STERCORATION s. f. Production des matières fécales.

STERCULIACÉ, ÉE adj. Qui ressemble ou qui se rapporte au sterculier. — s. f. pl. Famille de plantes dicotylédones ayant pour type le genre sterculier.

STERCULIER s. m. (lat. *stercus*, excrément, par allusion à l'odeur). Bot. Genre de sterculiacées, comprenant environ 70 espèces d'arbres qui croissent dans les régions tropicales.

* **STÈRE** s. m. (gr. *stéréos*, solide). Mesure égale au mètre cube, et destinée particulièrement à mesurer le bois de chauffage.

STÉRÉO (gr. *stéréos*, fixe, solide), préfixe qui entre dans la formation d'un grand nombre de mots.

* **STÉRÉOBATE** s. m. (préf. *stéréo* ; gr. *batês*, qui va). Archit. Espèce de soubassement sans moulure, qui supporte un édifice.

STÉRÉOCHROMIE s. f. (préf. *stéréo* ; gr. *krômê*, couleur). Peint. murale. Méthode de fixation des couleurs, dans laquelle les surfaces peintes sont recouvertes d'une solution de silicate de potassium. L'invention de la stéréochromie est attribuée à von Fuchs (mort à Munich le 5 mars 1856).

* **STÉRÉOGRAPHIE** s. f. (préf. *stéréo* ; gr. *graphein*, décrire). Perspective. Art de représenter les solides sur un plan.

* **STÉRÉOGRAPHIQUE** adj. Perspective. Qui a rapport à la stéréographie : *projection stéréographique de la sphère.*

STÉRÉOLOGIE s. f. (préf. *stéréo* ; gr. *logos*, discours). Etude des parties solides des corps vivants.

* **STÉRÉOMÈTRE** s. m. (préf. *stéréo* ; gr. *metron*, mesure). Instrument dont on se sert pour mesurer les solides, inventé vers 1530. — Appareil imaginé par Say en 1797, pour déterminer la gravité spécifique des liquides des corps poreux et des poudres aussi bien que des solides.

* **STÉRÉOMÉTRIE** s. f. Géom. Science qui traite de la mesure des solides : *traité de stéréométrie.*

STÉRÉORAMA s. m. (préf. *stéréo* ; gr. *orama*, vue). Carte topographique en relief.

* **STÉRÉOSCOPE** s. m. (préf. *stéréo* ; gr. *skopein*, examiner). Instrument au moyen duquel les deux yeux voient deux différentes images du même objet se combinent en une seule. Cette illusion se produit en présentant à chaque œil une image en perspective, ce qui peut aisément se faire à l'aide de la photographie. Les premiers stéréoscopes

furent construits par sir Charles Wheatstone (1838) ; on dit que le professeur Elliot, d'Edimbourg, en avait eu l'idée dès 1834 ; mais il ne la réalisa qu'en 1839. En 1849, sir David Brewster inventa un stéréoscope plus commode que celui de Wheatstone, et généralement en usage aujourd'hui. Les images sont placées côte à côte, séparées par une légère cloison, et observées à travers deux prismes lenticulaires qui les grandissent légèrement et qui les combinent en une seule. L'illusion du stéréoscope s'explique par ce fait que la vision binoculaire nous donne la perception de la solidité ou de la troisième dimension d'extension, dans tous les objets qui ne sont pas à plus de 200 pieds de l'œil. En effet, dans la stéréoscope nous avons les images formées sur la rétine de l'œil droit et du gauche, semblables aux images qui se formeraient dans l'œil si nous avions devant nous de réels objets solides, ayant la taille et les situations qu'ils semblent avoir dans l'illusion stéréoscopique.

* **STÉRÉOTOMIE** s. f. (préf. *stéréo* ; gr. *tomê*, section). Géom. Science de la coupe des solides, et particulièrement de la coupe des pierres : *traité de stéréotomie.*

* **STÉRÉOTYPAGE** s. m. Impr. Action de stéréotyper, ou ouvrage qui en résulte : *procédé de stéréotypage.*

* **STÉRÉOTYPE** adj. (préf. *stéréo* ; fr. *type*). Impr. Se dit des ouvrages imprimés avec des pages ou planches dont les caractères ne sont pas mobiles, et que l'on conserve pour de nouveaux tirages : *avec le temps, les éditions stéréotypes deviennent parfaitement correctes.* (Voy. IMPRIMERIE.)

* **STÉRÉOTYPER** v. a. Typogr. Obtenir au moyen d'un alliage métallique des plaques ou planches solides qui servent pour l'impression d'un livre au lieu de formes composées de caractères mobiles. — Imprimer un livre au moyen de planches ainsi obtenues.

STÉRÉOTYPEUR s. m. Celui qui stéréotype.

* **STÉRÉOTYPIE** s. f. Typogr. Art de stéréotyper. — Atelier où on stéréotype.

STÉRER v. a. Mesurer au stère.

* **STÉRILE** adj. (lat. *sterilis*). Qui ne porte point de fruit, quoiqu'il soit de nature à en porter : *champ stérile.* — Bot. FLEUR STÉRILE, celle où ne s'opère point la fécondation. — FEMME STÉRILE, femme qui ne peut pas avoir d'enfants, qui n'est point propre à la génération. — ANNÉE STÉRILE, année dans laquelle la récolte est mauvaise. — Fig. CE SIÈCLE A ÉTÉ STÉRILE EN GRANDS HOMMES, dans ce siècle-là, il y a eu peu de grands hommes. LA SAISON, LE TEMPS EST STÉRILE EN NOUVELLES, il y a peu de nouvelles en ce moment. — Fig. UN ESPRIT STÉRILE, UN AUTEUR, UN POÈTE STÉRILE, etc., qui ne produit rien de lui-même. — Se dit, aussi fig., de plusieurs autres choses. SUJET STÉRILE, sujet qui de lui-même fournit très peu de matière à l'écrivain. LOUANGES STÉRILES, celles qui ne sont accompagnées d'aucune récompense, quoiqu'elles dussent l'être. ADMIRATION STÉRILE, celle qui ne va point jusqu'à faire imiter ce qu'on admire. TRAVAIL STÉRILE, celui qui ne rapporte aucun avantage. SAVOIR STÉRILE, celui qu'on ne met point ou qu'on ne peut point mettre à profit. GLOIRE STÉRILE, celle dont on ne tire aucune utilité. PITIÉ STÉRILE, celle qui n'a aucun résultat pour la personne qui en est l'objet.

* **STÉRILEMENT** adv. D'une manière stérile.

STÉRILISATION s. f. Action de stériliser.

* **STÉRILISER** v. a. Frapper de stérilité ; rendre stérile.

* **STÉRILITÉ** s. f. (lat. *sterilitas*). Qualité de

ce qui est stérile : *la stérilité de ce champ, de ces terres.* — Fig. *La stérilité d'un auteur.*

* **STERLING** [stèr-lingh] s. m. Monnaie de compte en Angleterre. Il ne se dit point seul et il est invariable : *la livre sterling vaut environ vingt-cinq francs.*

STERLING [ster'-linng], ville de l'Illinois, sur le bord N. de la rivière Rock, à 170 kil. de Chicago ; 5,312 hab. Grande fabrication d'articles en bois, de mitaines, de machines, de couleurs minérales, de papier, de farine, etc. La comtesse d'Agoult a publié des ouvrages historiques, littéraires et philosophiques, qui sont au nombre des plus fermes et des plus purs écrits de notre temps. (Voy. AGOULT).

STERNAL, ALE adj. Qui a rapport au sternum.

STERNALGIE s. f. (fr. *sternum* ; gr. *algos*, douleur). Pathol. Angine de poitrine, névrose caractérisée par une douleur déchirante que le malade éprouve à la partie inférieure du sternum, d'où elle s'étend vers le côté gauche, jusqu'au bras et au cou. C'est une maladie rare, qui peut causer la mort en peu de temps. On doit, dès l'accès, qui se manifeste par la pâleur du visage, exprimant l'angoisse, une respiration d'abord suspendue, puis accélérée, quelquefois par des sueurs froides et des syncopes, faire respirer de l'éther ou du chloroforme, donner des cordiaux, des stimulants diffusibles, des opiacés, appliquer des révulsifs externes ; entre les accès, ordonner la poudre de digitale à petite dose, du sulfate de quinine et de l'arséniate de soude.

STERNBERG, ville de Moravie, à 16 kil. N. d'Olmutz ; 13,479 hab. C'est le centre de la fabrication des toiles, des cotonnades de la Moravie.

STERNE (Laurence), écrivain humoristique anglais, né en Irlande en 1713, mort en 1768. Il était dans les ordres et prébendaire de la cathédrale d'York. Son *Tristram Shandy*, publié sous le pseudonyme de « Mr Yorick » (1759-'67, 9 vol.) eut une vogue extraordinaire, et Sterne prit rang auprès de Fielding, de Richardson et de Smollett. En 1760 et en 1766 parurent 4 volumes de sermons, aussi par Mr Yorick. En 1767, il écrivit la première et unique partie de *The sentimental Journey.* En 1775, sa fille Lydia publia 3 volumes de ses lettres à ses amis (*Letters to his Friends*), et la même année parurent les *Letters to Eliza*, contenant dix lettres adressées par Sterne en 1767 à Mrs. Elizabeth Draper. Une autre correspondance dans le même volume. L'édition la plus complète des œuvres de Sterne est celle de James-P. Browne (1873, 4 vol.)

STERNO, préfixe qui désigne le sternum.

* **STERNUM** s. m. [stèr-nomm] (mot lat.). Anat. Partie osseuse et aplatie qui s'étend du haut en bas de la partie antérieure de la poitrine, et avec laquelle les côtes et les clavicules sont articulées.

STERNUTATIF, IVE adj. Qui provoque les éternuments.

STERNUTATION s. f. Action d'éternuer.

* **STERNUTATOIRE** adj. (du lat. *sternutatio*, éternument). Se dit des rem des, des substances qui excitent l'éternument : *poudre sternutatoire.* — Substantiv. *Le tabac, la bétoine, sont des sternutatoires.*

STERTOREUX, EUSE adj. (du lat. *sterto*, je ronfle). Méd. Qui tient du ronflement.

STÉSICHORE [sté-zi-kore], poète lyrique grec, né à Himère en Sicile, en 632 av. J.-C. mort vers 555. Son nom réel était, dit-on, Tisias ; il reçut celui de Stésichoros « conducteur de chœur », en reconnaissance de ses

efforts pour perfectionner la poésie chorale, où il introduisit la division en strophe, antistrophe et épode. Il prenait le plus souvent pour ses poésies des sujets héroïques. Cependant il est le premier poète érotique grec.

STÉTHIDION s. m. (gr. *stéthidion*). Entom. Partie du corps des insectes diptères comprenant le bouclier dorsal et l'écusson.

* **STÉTHOSCOPE** s. m. (gr. *stéthos*, poitrine ; *skopeô*, j'examine). Méd. Sorte de cornet acoustique, formé d'un cylindre de buis ou d'ébène, percé dans sa longueur ; on applique cet instrument sur la poitrine d'une personne malade, pour mieux entendre les sons que produisent, par leur mouvement, les organes contenus dans cette poitrine, et reconnaître ainsi les altérations qu'ils peuvent

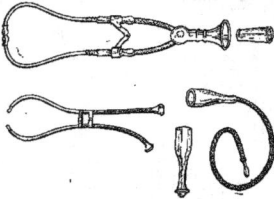

Stéthoscope

avoir éprouvées : *Laënnec est l'inventeur du stéthoscope* (1816). (Voy. AUSCULTATION.)

STETTIN [chtétt-tinn'], place forte de Prusse, capitale de la Poméranie, sur l'Oder, à 120 kil. N.-O. de Berlin ; 80,972 hab. Dans son ancien château se trouve une grande collection d'antiquités septentrionales. Commerce étendu ; fabriques de produits chimiques, de lainages, de toiles, de cotonnade de sucre, et d'ancres. Les vaisseaux tirant plus de 15 pieds s'arrêtent à Swinemünde, sur la Baltique, à 60 kil. Stettin était une ville importante au IXᵉ siècle ; elle faisait partie de la Hanse. Elle a appartenu à la Suède de 1648 à 1720.

STEUBEN (Frederick-William-Augustus, BARON) [chteuf'-benn], homme de guerre américain, né en Prusse en 1730, mort dans l'état de New-York en 1794. Il entra en 1747 dans l'armée prussienne, et se distingua à Prague, à Rosbach (1757), à Kay, à Kunersdorf (1759) et au siège de Schweidnitz. Après la guerre de Sept ans, il accompagna dans ses voyages le prince de Hohenzollern-Hechingen, qui le fit grand maréchal et général de sa garde (1764). En 1777, il s'engagea comme volontaire en Amérique sous les ordres de Washington. L'année suivante, il fut nommé inspecteur général avec le rang de major général, et il assistait à la bataille de Monmouth. Il rédigea un manuel militaire qui fut approuvé par le congrès en 1779, et introduisit dans l'armée la plus complète discipline. Il fut membre de la cour martiale qui jugea le major André, commanda en Virginie, fut attaché à la division de Lafayette et prit part au siège d'Yorktown. On trouve sa vie écrite par Francis Bowen dans l'*American Biography* de Sparks ; elle a été écrite aussi par Friedrich Kapp (1860).

STEUBENVILLE, ville de l'Ohio, sur l'Ohio, à 70 kil. O. de Pittsburgh (Pennsylvanie) ; 15,000 hab. Centre d'un important commerce. On trouve dans le voisinage abondance d'excellent charbon de terre. Grandes manufactures de fer, de machines, et de verrerie.

STEVENS [sti'-venns]. 1. (John), inventeur américain, né à New-York en 1749, mort en 1838. En 1804, il lança un propulseur à vapeur à hélice, et en 1805, il employa deux hélices accouplées. Il acheva le bateau à vapeur *Phœnix*, qui prit la mer et remonta la Delaware. En 1812, il fit le plan d'une batterie à vapeur blindée, circulaire et tournante. Il fit aussi les plans du chemin de fer de Camden et Amboy. — II. (Robert-Livingston), son fils, né en 1788, mort en 1856. Il s'occupa de bonne heure de la construction des bateaux à vapeur et y apporta de nombreux perfectionnements. En 1842, il proposa au gouvernement des Etats-Unis de construire un steamer de guerre cuirassé, à l'épreuve des obus, et mû par des hélices, qu'il commença en 1854, et qu'il laissa inachevé. — III. (Edwin-Augustus), frère du précédent, né en 1795, mort en 1868. Il fit plusieurs inventions et perfectionnements dans les constructions navales. Lors de la guerre civile, il ne put obtenir du gouvernement qu'on reprît la batterie flottante commencée par son frère ; il laissa 5 millions de fr. pour l'achever ; mais cette somme se trouva insuffisante. (Voy. NAVIRES CUIRASSÉS.) Il fit aussi des legs considérables pour la fondation d'écoles et d'instituts.

STEVINUS [ste-vi-nuss] ou **Stevin** (Simon), mathématicien flamand, né vers 1550, mort vers 1630. En 1586, il publia, en hollandais : *Statique et Hydrostatique*, et un nouveau système de fortifications ; en 1599, un traité sur la navigation, que Grotius a traduit en latin (1624).

STEWARD (Lord HIGH) [lôrdd-haï-stieu'-ârdd], la plus haute charge de la couronne en Angleterre. Sous les Plantagenets, elle était héréditaire. Depuis le règne de Henri IV, elle a été abolie en tant que dignité permanente, et on ne la confère plus que pour quelque occasion spéciale, telles qu'un procès devant la Chambre des pairs ou un couronnement. Dans le premier cas, c'est le *lord high steward* qui préside. — La charge de *steward* existait aussi depuis des temps très reculés en Ecosse ; de là le nom de la famille royale des Stuarts.

STEWART (Dugald), métaphysicien écossais, né en 1753, mort le 11 juin 1828. Son père était le rév. Dᵣ Matthew Stewart (1717-'85), professeur de mathématiques à l'université d'Edimbourg, et auteur de plusieurs ouvrages de mathématiques. Dugald fut élu professeur adjoint à son père en 1775, puis en 1785, professeur de philosophie morale. En 1792, il publia le premier volume de *Elements of the Philosophy of the Human Mind* ; en 1793, *Outlines of Moral Philosophy*, un une étude sur la vie et les écrits d'Adam Smith, en 1796, une biographie du Dᵣ Robertson, et en 1802 une du Dᵣ Reid. Il prit sa retraite de professeur, pour cause de santé en 1810, et publia ses *Philosophical Essays*. Ses dernières publications sont : *Elements of the Philosophy of the Human Mind*, vol. II (1814) et vol. III (1827), une dissertation préliminaire au supplément de l'*Encyclopædia Britannica*, intitulée *A General View of the Progress of metaphysical, Ethical and Political Science since the Revival of Letters* (1815-'21), et *The Philosophy of the Active and Moral Powers* (1828), qu'il termina quelques semaines avant sa mort. La collection de ses œuvres a été éditée par William Hamilton (1854-'58, 10 vol.; supplément, 1860).

STEWART (John), voyageur anglais, surnommé le Stewart Marcheur (*Walking Stewart*), né vers 1740, mort en 1822. Il alla à Madras en 1763, et commença en 1765, une série d'excursions pédestres à travers l'Indoustan, la Perse, la Nubie et l'Abyssinie. Il revint en Europe par le désert d'Arabie, parcourut tous les coins de la Grande-Bretagne et visita à pied une grande partie des Etats-Unis. Ses écrits parurent en 1810 (3 vol.), et on publia en 1822 un récit de sa vie et de ses aventures.

STEYER [chtaï'-eur], ville de la haute Autriche sur le Steyer et l'Enns, à 30 kil. S.-E. de Linz ; 13,392 hab. Fabriques de quincaillerie et de coutellerie. Jusqu'en 1192, elle appartint à la Styrie, d'où elle a tiré son nom (all. *Steyermark*).

STIBIAL, **ALE** adj. (rad. *stibié*). Qui appartient à l'antimoine.

* **STIBIÉ, ÉE** adj. (lat. *stibium*, antimoine). Méd. Se dit des remèdes où il entre de l'antimoine : *tartre stibié*.

STIBINE s. f. Sulfure d'antimoine.

* **STIGMATE** s. m. [sti-gma-te] (gr. *stigma*, marque). Marque que laisse une plaie, cicatrice : *il vient d'avoir la petite vérole, il en porte encore les stigmates*. — LES STIGMATES DE SAINT FRANÇOIS, les marques semblables à celles des cinq plaies de JÉSUS-CHRIST, que saint François avait aux pieds, aux mains et au côté. — LES STIGMATES DE LA JUSTICE, les marques du fer rouge imprimées sur l'épaule des voleurs. — IL EN PORTE ENCORE LES STIGMATES, se dit d'un homme qui vient d'être maltraité publiquement, d'essuyer en public des reproches humiliants. — Bot. Partie supérieure du pistil, dans les fleurs : *stigmate simple*. — Entom. Se dit de petites ouvertures placées aux deux côtés du ventre de plusieurs insectes, et qui sont les organes extérieurs de la respiration.

STIGMATIQUE adj. Bot. Qui appartient ou qui se rapporte au stigmate.

STIGMATISATION s. f. Action de stigmatiser; résultat de cette action.

* **STIGMATISER** v. a. Marquer une personne avec un fer rouge ou autrement : *on stigmatisait autrefois les esclaves fugitifs*. — Blâmer, critiquer quelqu'un avec dureté et publiquement : *on l'a cruellement stigmatisé dans ce pamphlet, dans cette satire.*

* **STIL DE GRAIN** s. m. Nom d'une couleur jaune que les peintres emploient.

STILICON (Flavius STILICHO), général romain, décapité le 23 août 408. Il était fils d'un officier de cavalerie vandale au service de l'empereur Valens. Pour les services rendus par lui en Perse en 384, Théodose lui donna la main de Serena, sa nièce et sa fille adoptive. Il devint ensuite maître général de l'armée, en 394, gouverneur de l'Occident, comme tuteur d'Honorius. Théodose mourut en 395, laissant à Honorius l'empire de l'Occident et à Arcadius celui de l'Orient. Après avoir assuré la paix des frontières, Stilicon se tourna vers l'Orient, ostensiblement contre Alaric, roi des Goths, mais en réalité pour abattre la puissance de Rufin, gouverneur de l'Orient, qu'il haïssait. Arrêté par un message de la cour de Byzance, il fit assassiner Rufin (395). En 398, Honorius épousa la fille de Stilicon, Maria. En 403, Stilicon battit deux fois Alaric. L'année suivante, reçut à Rome les honneurs du triomphe. En 405, l'Italie fut envahie par Radagaise à la tête d'une multitude de Vandales, de Suèves, de Burgundes, d'Alains et de Goths ; et malgré sa défaite et sa mort (406), une partie de ses hordes ravagèrent la Gaule, d'où Stilicon avait dû retirer les garnisons. Il en résulta du mécontentement contre Stilicon, dont l'eunuque Olympius sapait sourdement l'influence à la cour en faisant courir le bruit qu'il rêvait le meurtre d'Honorius. Stilicon se réfugia dans l'église de Ravenne ; mais il en fut bientôt tiré et mis à mort.

* **STILLATION** s. f. [still-la-si-on] (lat. *stillatio*). Phys. Action d'un liquide qui tombe goutte à goutte : *les stalagmites se forment par stillation.*

STILLATOIRE adj. Qui tombe goutte à goutte.

STILLINGIE s. f. [stil-lain-] (de *Stilling*, botaniste anglais). Bot. Genre d'euphorbiacées, comprenant plusieurs espèces d'arbres ou d'arbrisseaux qui croissent surtout dans les régions tropicales et qui laissent écouler un suc laiteux. La *stillingie sébifère* (*stillingia sebifera*) est un arbre chinois. Ses graines sont recouvertes d'une matière semblable au suif, ce qui vaut à l'arbre son nom vulgaire d'arbre à suif. Les Chinois en font des chandelles. Il est naturalisé dans la Géorgie

Stillingie sébifère (Stillingia sebifera).

et la Caroline du Sud, près des côtes, et dans la Floride sur le Saint-John. Ses graines donnent deux matières huileuses : la couche de suif qui les enveloppe, et une huile qui est contenue dans le noyau même. Quand il est frais, ce suif est d'un blanc crémeux, mais il brunit à l'air. Le *bois* est dur, et sert en Chine à faire des blocs pour l'imprimerie. — Une autre espèce, la *stillingia sylvatica*, est une plante de 2 à 3 pieds de haut qu'on trouve dans les sols légers et secs des Etats-Unis, depuis la Virginie jusqu'à la Floride. A grosses doses, sa racine est émétique et cathartique.

STILLWATER, ville du Minnesota, sur la rivière Sainte-Croix, à 25 kil. E.-N.-E. de Saint-Paul; 5,750 hab. C'est le centre du commerce de bois dans la vallée de Sainte-Croix. Scieries mécaniques, tonnelleries, etc.

STIMULANT, ANTE adj. Méd. Qui est propre à éveiller, à exciter : *potion stimulante.* — s. m. Ce qui excite l'action de l'économie animale. On appelle stimulants *diffusibles*, ceux dont l'absorption stomacale est rapide, comme l'éther, l'alcool, le vin, l'eau d'arquebuse, le camphre, les huiles volatiles; les stimulants *persistants* ont une action moins prompte mais plus durable ; tels sont le thé, la cannelle, le girofle, la muscade, la vanille, le café, la menthe, les résines et, en général, les sommités de plantes aromatiques. Les stimulants *spéciaux* agissent sur une partie spéciale de l'organisme, tels sont les aphrodisiaques, les emménagogues; les diurétiques, les sudorifiques, les expectorants, etc. — Ce qui excite, aiguillonne l'esprit : *l'émulation est un stimulant qu'il faut employer à propos et avec précaution.*

STIMULATEUR, TRICE adj. Qui stimule.

STIMULATION s. f. Action de stimuler. — Méd. Action des substances stimulantes.

STIMULE s. m. (lat. *stimulus*, aiguillon). Bot. Poil fin, un peu raide, dont la piqûre cause de la démangeaison.

STIMULER v. a. (lat. *stimulare*). Aiguillonner, exciter : *il a de bonnes intentions, mais il faut le stimuler.* — Méd. Exciter, animer : *ce remède est propre à stimuler des intestins paresseux.*

STIMULEUX, EUSE adj. Bot. Se dit des surfaces garnies de stimules.

STIMULUS s. m. [sti-mu-luss]. (Mot lat. qui signifie, *aiguillon*). Méd. Tout ce qui peut produire une excitation dans l'économie animal : *un puissant stimulus.*

STIPACÉ, ÉE adj. Bot. Qui ressemble ou se rapporte à la stipe. — s. f. pl. Tribu de graminées ayant pour type le genre stipe.

STIPE s. m. (lat. *stipes*). Bot. Nom que l'on donne à la tige des palmiers, des grandes fougères, etc.

STIPE s. f. (lat. *stipa*, paille). Bot. Genre de graminées stipacées, comprenant une soixantaine d'espèces vivaces qui croissent dans les régions tempérées. La *stipe pennée*

Stipe pennée (Stipa pennata).

(stipa pennata) se trouve sur nos coteaux. Ses tiges grêles, hautes de 50 centim., sont surmontées d'un long épi plumeux qui flotte gracieusement. Cette jolie plante se cultive en bordure.

STIPENDIAIRE adj. Qui est à la solde de quelqu'un : *troupes stipendiaires.*

STIPENDIER v. a. [sti-pan-dié] (rad. lat. *stipendium*, gage). Payer, gager quelqu'un (l'avoir à sa solde : *stipendier des troupes.* — Ne se dit plus guère qu'en parlant de gens qu'on veut employer à l'exécution de mauvais desseins : *stipendier des bandits.*

STIPULACÉ, ÉE adj. Bot. Qui donne naissance à des stipules.

STIPULAIRE adj. Bot. Qui a rapport aux stipules.

STIPULANT, ANTE adj. Jurisp. Qui stipule : *un tel stipulant et acceptant pour un tel.*

STIPULATION s. f. Jurispr. Se dit de toutes sortes de clauses, conditions et conventions qui entrent dans un contrat : *stipulation illicite.*

STIPULE s. f. (dimin. de lat. *stipa*, paille). Bot. Se dit de certains appendices membraneux ou foliacés qui, dans plusieurs plantes, accompagnent la base du pétiole ou de la feuille : *stipules caduques.*

STIPULÉ, ÉE adj. Entom. Se dit des cuisses des insectes lorsqu'elles sont munies à leur base d'une lame raide. — Bot. Muni de stipules.

STIPULER v. a. (lat. *stipulari*). Jurispr. Convenir de quelque chose dans un contrat, par un contrat ; demander, exiger, faire promettre à quelqu'un en contractant, l'obliger à telle et telle chose : *il a stipulé une garantie dans le contrat.*

STIRLING [steur'-linng], ville d'Ecosse, capitale du Stirlingshire, sur le Forth, à 50 kil. O.-N.-O. d'Edimbourg ; 14,279 hab. Son célèbre château s'élève sur une éminence de 210 pieds. L'ancien palais royal est encore debout ; il y a aussi un palais commencé par

Jacques V et fini par sa sœur Marie. Trafic considérable par le Forth ; lainages, cordes, cuirs, etc.

STIRLINGSHIRE, comté du centre de l'Ecosse, traversé par le Forth ; 1,208 kil. carr. ; 98,218 hab. Le Ben Lomond, au N.-O. s'élève à 3,192 pieds au-dessus du niveau de la mer. Immenses forges et hauts fourneaux, à Carron. Les principales villes sont : Stirling, la capitale; Falkirk, Alva, Bannockburn, et Denny.

STOBÉE (Jean), compilateur grec, né probablement à Stobi, en Macédoine, au vᵉ siècle. Il a fait des extraits de plus de 500 écrivains grecs, dont beaucoup ne nous sont pas connus autrement. Ce recueil précieux est divisé en deux parties : *Eclogæ* (Anvers, 1575, in-fol. ; Gœttingue, 1792-1801, 4 vol. in-8°), et *Anthologicon* ou *Florilegium* (Venise, 1535, in-4°; Leipzig, 1855-'56, 3 vol. in-12).

STOCK s. m. (angl. *stock*, couche). Quantité d'une sorte de marchandises qui se trouve en magasin ou sur les marchés d'une place de commerce.

STOCKBRIDGE, ville du Massachusetts, sur la rivière et le chemin de fer Housatonic, à 18 kil. S.-O. de Pittsfield ; 2,089 hab. Le pays est célèbre pour la beauté de ses sites, et la ville pour ses écoles.

STOCKFISCH s. m. [stok-fich] (mot emprunté de l'allemand). Toute sorte de poisson salé et séché. — Espèce de morue ou de merluche séchée à l'air.

STOCKHOLM, capitale de la Suède, par 59° 20' lat. N. et 15° 43' long. E., à 500 kil. N.-E. de Copenhague ; 152,582 hab. Elle est bâtie en partie sur des îles; des canaux la coupent en tous sens; du côté de la terre, elle est entourée de rochers, de forêts, de collines, et, du côté de l'eau par le lac Mælar, et le lac de Sel (*Salt Sjoe*), qui est un bras de la Baltique. Le palais royal, dans la plus haute et la plus centrale des trois îles qui formaient la ville à l'origine, est remarquable par ses grandes et magnifiques proportions et par le style pur, bien que massif, de son architecture italienne. Ces îles ont été agrandies par des chaussées et des quais bâtis sur pilotis; de là le nom de Stockholm qui signifie « île sur pilotis ». Après le palais du roi, le plus bel édifice est le nouveau musée national, à l'extrémité méridionale de l'île de Blasiiholm. L'intérieur de l'église de Sainte-Claire est d'une remarquable beauté. Les rois de Suède sont couronnés dans la vieille église de Saint-Nicolas. La plus vieille de toutes est celle de Solna, qui contient le tombeau de Berzélius, et la pluspittoresque, celle de Riddarholm, érigée en panthéon. L'institution la plus célèbre est la faculté de médecine, que fréquentent un nombre d'étudiants bien plus grand qu'à celle d'Upsal. Parmi les nombreuses promenades, on distingue le Djurgard ou parc aux Cerfs, qui occupe presque une île entière, de 3 kil. de circonférence, et qui contient le palais de Rosendal. Peu de villes offrent plus de beautés naturelles que Stockholm; les environs sont pleins de palais et de villas. Stockholm est aussi le centre de l'industrie et du commerce de la Suède. On y fabrique du sucre, du tabac, des machines, du drap, du cuir, de la soie, du savon, du drap, de la porcelaine. Le port reçoit les plus grands navires et est défendu par une forteresse. — On attribue la fondation de Stockholm à Birger Jarl, père et tuteur de Waldemar, élu roi en 1250. Elle devint la résidence des monarques suédois peu après la mort de Birger, bien qu'Upsal fût encore pendant longtemps le siège du gouvernement. En 1501, la citadelle fut défendue contre les insurgés par Christina, reine de Danemark, dont le mari, le roi Jean, régna sur les trois royaumes unis de Scandinavie. Elle capitula le 27 mai 1502, sa garnison de 1,000 hommes

étant réduite à 80. Christina Gylhenstjerna, veuve du régent Sten Sturé, fit encore une plus héroïque défense contre les Danois sous Christian II. Après un siège terrible de 6 mois,

Palais royal, à Stockholm.

la place se rendit le 7 sept. 1520 ; et bien que le roi eût garanti les droits des habitants, il ordonna un effrayant massacre, connu sous le nom du « Bain de sang de Stockholm ».

STOCKPORT [stok-pôrtl], ville du Cheshire (Angleterre), au confluent de la Mesey et de la Tamise, à 8 kil. S.-E. de Manchester ; 53,044 hab. Elle est bâtie sur une colline, dans le voisinage de riches mines de houille. Il y a dans la ville et ses faubourgs environ 100 filatures de coton, sans compter les établissements pour le blanchissage, la teinture et l'impression des cotonnades ; des fonderies de cuivre et de fer, etc.

STOCKTON [stok-tonn], ville de Californie, sur un large et profond bras du fleuve San-Joaquin, appelé Stockton, à 95 kil. N.-E. de San-Francisco ; 10,066 hab., dont 1,076 Chinois. Bon port ; le fleuve est navigable jusque-là en toutes saisons. C'est le centre d'approvisionnement des fermiers de la vallée du San-Joaquin ; on exporte du blé, de la laine, etc. Fonderies de fer, tanneries, etc. On y fait beaucoup de vin. L'asile pour les aliénés de l'État est à Stockton.

STOCKTON-UPON-TEES [eup'-onn-tizz'], ville du Durham (Angleterre), sur la Tees, à 16 kil. du point où elle se jette dans la mer du Nord, et à 350 kil. N.-N.-O. de Londres ; 27.598 hab. Grand centre de chemins de fer ; commerce considérable ; fabriques de toiles à voile, de corde, de fil, de laine filée, d'ouvrages en fer et en laiton.

* **STOFF** s. m. (angl. *stuff* [steuff], étoffe). Comm. Étoffe de laine sèche et brillante qui s'est d'abord fabriquée en Angleterre.

STOFFLET (Nicolas), général vendéen, né à Lunéville en 1751, fusillé à Angers en 1796. En 1793, il se mit à la tête de paysans vendéens soulevés contre la Convention, à l'appel des prêtres et des nobles. Sous les ordres de Cathelineau, il concourut à s'attaque de Cholet. Après s'être distingué à Saumur, à Montgaillard, à Cholet et à Beaupréau, il reçut le commandement des forces vendéennes dans l'Anjou. Ambitieux avant tout, Stofflet jeta la discorde et la désunion dans le camp royaliste et se brouilla avec Charette, dont il était jaloux et qu'il empêcha, par son inaction ou par sa trahison, de remporter de grands succès. Stofflet négocia une paix particulière (2 mai 1795) qui lui assura 2 millions et lui permit d'entretenir une armée de 2,000 hommes. Il se rapprocha de Charette et des deux chefs préparèrent un nouveau soulèvement, qui avorta. Stofflet, poursuivi dans l'Anjou par le général Hoche,

fut surpris dans une ferme et livré à une commission militaire réunie à Angers.

* **STOÏCIEN, IENNE** adj. [sto-i-si-ain]. Qui suit la doctrine de Zénon : *philosophe stoïcien.* — Se dit aussi des choses qui appartiennent à cette doctrine : *opinion stoïcienne.* — s. m. Philosophe de la secte de Zénon : *les stoïciens étaient de cet avis.* — Homme ferme, sévère et inébrantable : *c'est un vrai stoïcien.*

* **STOÏCISME** s. m. Philosophie de Zénon ; au point de vue moral, cette philosophie plaçait le bonheur dans l'accomplissement du devoir et la pratique de la vertu. — Fermeté, austérité, telle qu'était celle des stoïciens : *c'est par pur stoïcisme qu'il vit ainsi.*

STOÏCITÉ s. f. Fermeté, constance, égalité d'âme.

* **STOÏQUE** adj. [sto-i-ke](lat. *stoicus*, du gr. *stoa*, portique). Qui tient de l'insensibilité et de la fermeté qu'affectaient les stoïciens : *vertu stoïque.* — Les stoïques ou philosophes du Portique appartenaient à une des écoles spéculatives de l'antiquité, qui tirait son nom d'un lieu d'Athènes (*stoa poïkilé*) où enseignait son fondateur Zénon (vers 300 av. J.-C.). Outre Zénon, on compte parmi les plus illustres représentants de cette école : Ariston de Chios, Cléanthes, Chrysippe, Zénon de Tarse, Persée, Hérillus de Carthage, Sphœrus, Diogène le Babylonien, Antipater de Tarse, Posidonius et Pornœtius de Rhodes (vers 130 av. J.-C.) ; plus tard, Sénèque (65 ap. J.-C.), Épictète, Annœus Cornutus, Persius Flaccus, Musonius Rufus, Arrien, Marc-Aurèle, et beaucoup des plus distingués parmi les citoyens romains. (Pour les doctrines, voy. PHILOSOPHIE MORALE.)

* **STOÏQUEMENT** adv. En stoïcien, avec le courage et la fermeté d'un stoïcien.

* **STOKFICHE** s. m. Voy. STOCKFISCHE.

STOKE-UPON-TRENT [stôke-eup'-onn-trennt], ville et paroisse du Staffordshire (Angleterre), sur le Trent, à 215 kil. N.-O. de Londres ; 89,262 hab. C'est le centre du district appelé *The Poteries*, à cause de l'industrie principale ; elle est célèbre par ses porcelaines, ses faïences, ses statuelles et ses tuiles et briques d'ornements.

STOL (Jean), maître ès-arts de l'Université de Paris ; établit vers 1473 la seconde imprimerie à Paris. Il était associé avec Pierre Cæsaris.

STOLA s. f. (gr. *stolé*). Antiq. Robe que portaient les dames romaines.

STOLON s. m. (lat. *stolo*). Bot. Pousse grêle, flexible et allongée qui part du bas de la tige de certaines plantes (fraisier, renoncule rampante, saxifrage de Chine, etc.) et produit par intervalles des feuilles d'un côté et des racines de l'autre. On dit aussi *courant, coulant, rejet et gourmand.*

STOLONIFÈRE adj. Bot. Se dit des plantes qui émettent des stolons.

STOLPE[stolt'-pé], ville fortifiée de Poméranie (Prusse), sur la Stolpe, à 16 kil. de la Baltique, et à 190 kil. N.-E. de Stettin ; 18,356 hab. Ambre, laine, toiles, cuivre, etc.

* **STOMACAL, ALE, AUX** adj. [sto-ma-kall] (rad. lat. *stomachus*, estomac). Qui fortifie l'estomac : *vin stomacal.*

* **STOMACHIQUE** adj. [-chi-ke]. Anat. et Méd. Qui appartient à l'estomac : *veines stomachiques.* (Peu us.) — Bon à l'estomac : *élixir stomachique.* — s. m. C'est un bon stomachique.

STOMALGIE s. f. (gr. *stoma*, bouche ; *algos*, douleur). Douleur dans la bouche.

STOMATE s. m. (gr. *stoma*, bouche). Bot. Chacune des petites ouvertures qui se trouvent sur l'épiderme des parties vertes des végétaux et au moyen desquelles les tissus internes communiquent avec l'air extérieur.

STOMATIQUE adj. Se dit des médicaments employés dans les affections de la bouche.

STOMATITE s. f. (du gr. *stoma*, bouche). Inflammation de la membrane muqueuse de la bouche. (Voy. APHTE.)

STONINGTON [sto'-ning-tonn], ville du Connecticut, sur le détroit de Long-Island, à l'extrémité S.-E. de l'état ; 6,313 hab.

STONY POINT [ston-é-poïnntl], petit promontoire rocheux sur la rive droite de l'Hudson, dans l'état de New-York, à 63 kil. N. de New-York à l'entrée des Highlands ou Hautes Terres, où les Américains bâtirent un fort pendant la guerre de l'Indépendance.

* **STOP** interj. (angl. *stop*, arrête, arrêtez). Arrêtez.

* **STOPPER** v. a. (angl. *to stop*, arrêter). Arrêter : *stopper une machine.* — v. n. *Le capitaine ordonna de stopper.*

STOPPEUR s. m. Appareil servant à arrêter subitement une manœuvre.

STORA, port de la Méditerranée, à 3 kil. N.-O. de Philippeville (Algérie) ; 500 hab. Port vaste et sûr, mais d'un accès difficile par les gros temps.

* **STORAX** [sto-rakss] s. m. Espèce de résine odoriférante qui découle d'un arbre des Indes (voy. STYRAX), et qui s'emploie dans la pharmacie. Se dit également de diverses autres substances balsamiques. Le storax employé par les anciens est aujourd'hui inconnu. C'était une résine solide, assez semblable au benjoin. On l'obtenait du *styrax officinale* de l'Asie Mineure. Le storax liquide, dont on fait usage dans certaines préparations pour la toilette, est produit en faisant bouillir dans de l'eau l'écorce du *liquidambar orientale* de l'Asie Mineure. C'est une résine aromatique visqueuse.

* **STORE** s. m. (lat. *storea*, couverture tressée). Espèce de rideau de coutil, de taffetas ou d'autre étoffe, qui se lève et se baisse par un ressort, et qu'on met devant une fenêtre ou à une portière de carrosse, pour se garantir du soleil : *avoir des stores à ses fenêtres.*

STOURDZA ou **Sturdza (Michaël**, PRINCE), hospodar de Moldavie, né en 1795, mort en France vers la fin d'octobre 1881. Ministre des finances sous Kisseleff, il fut l'un des principaux rédacteurs de la constitution valaque (1829), devint hospodar à vie en 1834, mais fut remplacé le 16 juin 1849, par Grégor Ghika. (Voy. MOLDAVIE.) Il se réfugia en France.

STOUT s. m. [staoutï]. Bière anglaise, double, noire.

* **STRABISME** s. m. (lat. *strabismus*). Méd. Disposition vicieuse des yeux qui ne sont pas dirigés simultanément vers le même objet : *le strabisme rend louche, et fait regarder de travers.*

STRABON, géographe grec, né dans le Pont (Asie Mineure), vers 54 av. J.-C., mort vers 24 ap. J.-C. Il voyagea en Syrie, en Égypte, en Crète, en Grèce, en Italie. Il a écrit des *Mémoires historiques* qui sont perdus, et une *Géographie* qui contient toutes

les connaissances de l'époque. L'édition princeps de cette œuvre capitale est celle des Aldes (Venise, 1516) ; on estime aussi les suivantes : Casaubon, réimprimée par Morel (Paris, 1620), Coray (Paris, 1815-'19); bonne traduction française de Laporte du Theil, Gosselin, Coray et Letronne (1805-'19).

STRABOTOMIE s. f. (gr. *strabos*, louche; *tomé*, section). Chir. Opération qui consiste à couper un ou plusieurs des muscles moteurs de l'œil pour remédier au strabisme.

STRADELLA (Alessandro), musicien italien, né vers 1645, mort en 1678. A Venise, il eut pour élève une noble dame romaine, Hortensia, qu'il enleva, et emmena à Rome ; un noble Vénitien, qui aimait Hortensia, aposta des assassins pour le tuer ; mais ceux-ci furent tellement touchés de sa musique et de ses chants qu'ils l'épargnèrent. Il finit pourtant par être assassiné à Gênes, avec Hortensia, qu'il avait épousée. Ses principaux ouvrages sont l'*Oratorio di San Giovanni Battista* et *Le Forza dell' amor paterno, opera seria* (1678).

STRADIOT s. m. (ital. *stradiotto*). Nom que l'on donnait aux cavaliers albanais qui servaient en France et dans divers pays, à partir du XVᵉ siècle.

STRADIVARIUS (Antonio, plus connu sous le nom de STRADIVARI) [stra-di-va-riuss], luthier italien, de Crémone, né en 1644, mort en 1737. Il imita d'abord le violon de son maître Nicolo Amati; mais, vers 1686, il acquit un style particulier qui caractérise tous ses ouvrages ultérieurs. Il a fabriqué surtout des violons, des violes, et des violoncelles; il a cependant fait aussi des mandolines, des guitares et des luths. Ses instruments se distinguent à la fois par leur beauté et par la supériorité du ton. Il est le premier qui leur donna une véritable fini à l'intérieur. Les beaux spécimens de Stradivarius atteignent des prix qui varient entre 6,000 et 16,000 fr.

STRAFFORD (Thomas-Wentworth, COMTE DE), homme d'État anglais, né en 1593, mort en 1641. Élu au parlement en 1614, créé baron et vicomte Wentworth en 1628, il fut un des plus fidèles conseillers de Charles Iᵉʳ. En 1632, on l'envoya comme gouverneur en Irlande, où son administration, rigoureuse et injuste, contribua cependant à la prospérité matérielle de la population. En 1640, il fut fait comte de Strafford, et nommé *lord lieutenant* d'Irlande. La même année, Charles lui donna le commandement de l'armée contre les insurgés écossais, devant lesquels les troupes royales, frappées de terreur panique, avaient fui après la déroute de Newburn (28 août); malgré les conseils pressants de Strafford, le roi accepta les conditions imposées par les Écossais. En novembre, une accusation fut portée contre Strafford comme ayant attenté aux libertés du pays. Après deux procès, il fut condamné, mais la sentence fut annulée sous Charles II. Le Dʳ Knowler a édité ses *Letters and Despatches*; Élisabeth Cooper a écrit sa vie.

STRAITS SETTLEMENTS [straittss settl'eulmenntiss] (Établissements du Détroit), colonie anglaise en Asie, se composant d'îles dans le détroit de Malacca et de certains territoires de la presqu'île malaise qui touchent au détroit. On la divise en 3 provinces : Singapour, Malacca et Wellesley; cette dernière comprend l'île de Penang; 3,423 kil. carr.; 309,000 hab. La colonie est dirigée par un gouverneur résidant à Singapour, lequel relève directement de la métropole. Sous lui sont deux sous-gouverneurs, résidant à Malacca et à Penang.

STRALSUND [chtral'-zounndd], port de mer puissamment fortifié de Poméranie (Prusse), sur le détroit qui sépare l'île de Rügen de la

terre ferme, à 210 kil. N.-O. de Berlin ; 27,796 hab. On n'y arrive que par des ponts qui relient la ville à ses trois faubourgs sur la terre ferme. Toiles et lainages; amidon, sucre, tabac, savon et cuirs. On exporte surtout du froment, de la drèche, des bois de charpente, de la laine et de la toile. Au XIVᵉ siècle c'était une des plus importantes villes de la Hanse. Elle résista avec succès, dans un siège mémorable, à Wallenstein (1628); les Suédois en acquirent la possession par la paix de Westphalie. En 1807, elle se rendit aux Français. En 1814, elle fut cédée au Danemark, qui, en 1815, la rétrocéda à la Prusse.

STRAMOINE s. f. Voy. STRAMONIUM.

* **STRAMONIUM** s. m. [stra-mo-niomm] (mot lat.). Bot. Genre de solanées, type des daturées, dont l'espèce principale, la *stramoine commune* (*datura stramonium*) est une plante à feuilles larges et à grandes fleurs blanches. Son fruit, appelé *pomme épineuse*, est une capsule grosse comme une noix, et hérissée de pointes aiguës ; elle croît dans les endroits sablonneux, les chemins, etc. Toutes ses parties répandent une odeur vireuse et renferment un poison narcotico-âcre, dont l'action est analogue à celle de la belladone.(Voy. BELLADONE, DATURA, etc.)

STRANGHÉLO s. m. Ancien caractère syriaque, chaldéen et babylonien, en usage plus de trois siècles av. J.-C. Du stranghélo sont dérivés la nestorien et l'écriture des chrétiens de Saint-Thomas, aux Indes. On dit aussi ESTRANGHÉLO. (Voy. ce mot.)

STRANGULATEUR, TRICE s. Personne qui étrangle.

* **STRANGULATION** s. f. Didact. Action d'étrangler, étranglement.

STRANGULER v. a. (lat. *strangulare*). Étrangler.

* **STRANGURIE** s. f. (gr. *stragguria*). Méd. Difficulté extrême d'uriner, dans laquelle on ne peut rendre l'urine qu'en petite quantité, goutte à goutte, et avec douleur.

* **STRAPASSER** v. a. (ital. *strapazzare*). Maltraiter de coups. — Peint. Peindre ou dessiner à la hâte et sans correction, en affectant la négligence et la facilité.

STRAPASSON s. m. Peintre qui strapasse.

* **STRAPASSONNER** v. a. Peint. Syn. de *Strapasser*.

* **STRAPONTIN** s. m. (ital. *Strapontino*). Siège garni, que l'on met sur le devant dans des carrosses coupés, aux portières dans les grands carrosses, et qui peut se lever et s'abaisser : *s'asseoir, se mettre sur le strapontin*. — Sorte de stalle mobile dans les salles de spectacle et dans les chœurs d'église.

* **STRAS** s. m. [strass] (de Strass, nom de l'inventeur). Composition qui imite le diamant, et qui tire son nom de celui qui en est l'inventeur.

STRASBOURG (anc. *Argentina, Argentoratum; all. *Strassburg*), ville aujourd'hui allemande, capitale de l'Alsace-Lorraine, sur l'Ill, à environ un kil. et demi du Rhin, que traverse un pont construit en face de Kehl, à 440 kil. S.-S.-O. de Francfort; 94,346 hab. dont les deux cinquièmes sont protestants. Elle a près de 9 kil. de circuit et est défendue par des ouvrages d'une grande puissance. Sa cathédrale, l'un des plus beaux monuments gothiques de l'Europe, a un beaucoup à souffrir pendant le siège de 1870; elle est ornée d'une horloge astronomique, construite en 1570, et l'un des plus remarquables spécimens de ce genre. La bibliothèque de la ville a été brûlée en 1870, contenant 200,000 volumes. Aujourd'hui elle en contient plus de 350,000. L'université,

fondée en 1621, a été réouverte en 1872 par les Allemands; elle comptait plus de 700 étudiants en 1877. Fabriques de lainages, toiles et cotonnades ; d'horloges et de montres, de quincaillerie, de coutellerie, de porcelaine, de cuirs, etc. La ville est célèbre pour ses foies gras. — Strasbourg occupe l'emplace-

Cathédrale de Strasbourg

ment de l'ancienne Argentoratum. C'était une ville libre impériale au moyen âge ; elle fut annexée à la France par Louis XIV en 1681. En 1870, après un siège et un bombardement d'un mois environ, le général Ubrich, commandant de la place, capitula dans la nuit du 27 au 28 sept. Le traité du 10 mai 1871 incorpora Strasbourg à l'empire d'Allemagne. Depuis, les fortifications ont reçu beaucoup d'extension.

STRASBOURGEOIS, OISE s. et adj. De Strasbourg; qui appartient à cette ville ou à ses habitants.

* **STRASSE** s. f. (ital. *straccio*). Bourre ou rebut de la soie.

* **STRATAGÈME** s. m. (gr. *stratagéma*, tactique militaire, puis ruse de guerre). Ruse de guerre : *merveilleux stratagème*. — Fig. Finesse, tour d'adresse, subtilité, surprise dont on use dans toutes sortes d'affaires : *imaginer un stratagème*.

STRATE s. f. (lat. *stratus*). Couche de terrain de sédiment.

* **STRATÈGE** s. m. (gr. *stratégos*; de *stratos*, armée; *égeomai*, conduire). Antiq. gr. Nom que l'on donnait d'une manière générale à tout chef d'un corps d'armée. (Voy. ARMÉE.)

* **STRATÉGIE** s. f. (rad. *stratège*). Partie de l'art militaire qui s'applique aux grandes opérations de la guerre.

* **STRATÉGIQUE** adj. Qui appartient à la stratégie, ou auquel on applique la stratégie.

STRATÉGIQUEMENT adv. D'après les règles de la stratégie.

* **STRATÉGISTE** s. m. Celui qui connaît la stratégie.

* **STRATÈGUE** ou Stratège s. m. Antiq. Celui qui commandait les armées chez les Athéniens.

STRATFORD, ville de l'Ontario (Canada), sur l'Avon, à la jonction du chemin de fer *Grand Trunk* et de l'embranchement de Buf-

falo, à 135 kil. S.-O. de Toronto; 6,313 hab. Fonderies, machines, lainages, cuirs, minoteries, etc.

STRATFORD-UPON-AVON [stratt'-forddeup'-onn-è'-vonn], ville du Warwickshire (Angleterre), sur l'Avon, à 12 kil. S.-O. de Warwick et à 130 kil. N.-O. de Londres; 3,863 hab. Elle conserve des échantillons de l'architecture du xvi° et du xvii° siècle, et elle est célèbre pour avoir été le lieu de naissance de Shakespeare, sa résidence pendant

Maison où naquit Shakespeare à Stratford-upon-Avon.

son enfance et pendant sa vieillesse, et la lieu de sa mort et de son inhumation. Il existe encore une partie de la maison où l'on croit qu'il naquit, elle a été achetée par le gouvernement et est entretenue dans l'état où elle se trouvait de son vivant. Une belle église en forme de croix, près de la rivière, contient ses restes et ceux de sa femme, non loin du monument où se trouve son fameux buste en marbre.

* **STRATIFICATION** s. f. Chim. Arrangement de diverses substances qu'on place par couches dans un vaisseau. — Géol. Disposition du terrain par couches.

* **STRATIFIER** v. a. (lat. stratum, couche; facere, faire). Chim. Arranger des substances par couches dans un vaisseau. — Géol. Se dit des dispositions des substances qui sont arrangées par couches.

STRATIFORME adj. Qui est en couches superposées.

STRATIGRAPHIE s. f. (lat. stratum, couche; gr. graphô, je décris). Étude des roches stratifiées.

* **STRATOCRATIE** s. f. [-sî] (gr. stratos, armée; kratos, puissance). Gouvernement militaire.

* **STRATOGRAPHIE** s. f. (gr. stratos, armée; graphein, décrire). Description d'une armée, et de tout ce qui la compose, des différentes armes, de la manière de camper, etc.: Végèce a donné la stratographie des Romains.

STRATONICE, fille de Démétrius, roi de Macédoine, et femme de Séleucus Nicator, roi de Syrie. Elle inspira à Antiochus Soter, fils de son époux, une passion tellement violente, que ce jeune prince était sur le point de mourir, lorsque le roi, sacrifiant l'amour conjugal à l'amour paternel, rompit ses liens avec Stratonice et lui permit d'épouser son fils.

STRATUS m. [-tuss] (lat. chose que l'on étend). Météor. Nuage qui affecte la forme d'une longue bande et qui se forme au lever ou au coucher du soleil. Quand les cirrus descendent en s'épaississant, ils prennent le nom de cirro-stratus. On appelle cumulo-stratus le cumulus dont la forme se rapproche de celle des stratus.

STRAUBING [chtraô-binng], l'une des plus anciennes villes de Bavière, sur le Danube, à 40 kil. S.-E. de Ratisbonne; 11,614 hab. Eglise gothique contenant le célèbre monument du duc Albert II, et palais où résida Albert III avec sa femme, Agnès Bernauer.

STRAUSS [chtraôss], nom de quatre musiciens viennois, le père et les trois fils. Le père, Johann (1804-1849) organisa une troupe de musiciens, et rivalisa bientôt avec Lanner comme compositeur et comme chef d'orchestre. Joseph, le second fils, né en 1827, est mort en 1870, laissant près de 300 morceaux de musique dansante. Les deux autres sont Johann et Eduard. Les valses de Strauss ont une grande renommée.

STRAUSS (David-Friedrich), théologien allemand, né à Ludwigsburg, dans le Würtemberg, en 1808, mort en 1874. En 1831, il fut nommé professeur à Maulbronn, et en 1832, répétiteur (repetent) au séminaire de Tubingue, où il fit aussi des leçons à l'université sur la philosophie hégélienne. En 1835, parut sa célèbre Leben Jesu, qu'il republia en 1864, après l'apparition de l'ouvrage de Renan sur Jésus, sous le titre Das Leben Jesu für das deutsche Volk bearbeitet. Son plan est d'établir critiquement pour le christianisme une base mythique au lieu d'une base historique, et de résoudre les évangiles en légendes populaires et les miracles en symboles poétiques. Dans la seconde partie de son ouvrage, il attribue une nouvelle signification au Nouveau-Testament. Il prétend que la carrière du Christ symbolise l'histoire morale du genre humain; que le récit s'applique, non à un individu, mais à la race; et que les dogmes sont vrais, quoique l'histoire soit fausse. Privé de ses fonctions à Tubingue, il enseigna successivement à Ludwigsburg et à Stuttgart, et en 1839 fut nommé professeur de dogme et d'histoire de l'Eglise à Zürich; mais on le congédia bientôt avec une pension. En 1840, il épousa la cantatrice Agnès Schebest, de laquelle il se sépara plus tard. En 1848, il fut élu à la diète de Stuttgart; mais ses théories conservatrices en politique l'engagèrent à se retirer en décembre. Il résida ensuite pendant longtemps à Darmstadt, et en 1872, revint à Ludwigsburg. En autres œuvres de lui, on a: Ulrich von Hutten (2° édit., 1871, 3 vol.); Voltaire (3° édit., 1872) et Der alte und der neue Glaube (1872), où il adopte les résultats les plus récents des recherches scientifiques, et la donné matérialiste sur l'univers. Eduard Zeller a écrit sa biographie (1874).

* **STRÉLITZ** s. m. pl. Corps d'infanterie moscovite, qui avait à peu près la même organisation que celui des janissaires turcs : le corps des strélitz fut dissous par Pierre le Grand.

STRELITZ [chtré-littss]. Voy. MECKLEMBOURG.

* **STRETTE** s. f. (ital. stretto, étroit). Étreinte. — Mus. La dernière et la plus brillante partie d'une fugue, dans laquelle on ne rencontre plus que des fragments du sujet. — Toute terminaison (en ital. cauda) d'un morceau ou d'un air d'un rythme véhément et serré.

* **STRIBORD** s. m. Mar. Ancienne orthographe de TRIBORD.

* **STRICT, ICTE** adj. [strikt] (lat. strictus, serré). Étroit, resserré. Ne s'emploie qu'au sens moral, et signifie, rigoureux : obligation stricte. — Se dit quelquefois des personnes, et signifie, exact, sévère : il est strict en affaires.

* **STRICTEMENT** adv. D'une manière stricte.

STRICTURE s. f. (lat. strictus, serré). Chir. État d'un conduit naturel.

* **STRIDENT, ENTE** adj. (lat. stridens). Qui rend un son aigre et perçant : voix stridente.

STRIDEUR s. f. (lat. stridor). Cri aigre et perçant.

STRIDULANT, ANTE adj. Qui fait un cr perçant.

STRIDULATION s. f. Bruit strident que font entendre certains insectes.

STRIDULEUX, EUSE adj. (lat. stridere, grincer). Un peu strident.

* **STRIE** s. f. [stri] (lat. stria). Hist. nat. Petit sillon longitudinal, parallèle à un autre sillon semblable, dont il est séparé par une ligne saillante ou côte : stries des élytres d'un insecte; stries d'une coquille. — Archit. Désigne les cannelures avec listel qui ornent des colonnes ou des pilastres.

* **STRIÉ, ÉE** adj. Dont la surface présente des stries : tige striée. — Archit. Se dit des colonnes et des pilastres qui sont ornés, dans toute leur hauteur, de cannelures avec listel: pilastre strié.

* **STRIGE** s. f. ou **Stryge** s. m. (lat. striga, nom d'un oiseau de nuit). Nom que l'on donnait, dans certains pays orientaux, à des êtres chimériques appelés aussi vampires : d'après certaines superstitions populaires, les striges sont des morts qui sortent de leurs tombeaux dans la nuit et vont boire le sang des vivants.

* **STRIGIDÉ, ÉE** adj. (lat. strix, chouette). Ornith. Qui ressemble ou se rapporte à la chouette. — s. f. pl. Famille d'oiseaux de proie nocturnes comprenant les chouettes, les ducs et les effraies.

* **STRIGILE** s. m. [stri-ji-le] (lat. strigilis, étrille). Instrument dont les anciens se servaient dans le bain pour racler la peau et en détacher la crasse.

STRIGOPS s. m. [stri-gopss] (lat. strix, chouette; gr. ops, aspect). Ornith. Genre de perroquets, dont la seule espèce décrite, le kakapo ou perroquet de nuit (strigops habroptilus), est un oiseau étrange de la famille des cacatoès; il se trouve dans la Nouvelle-Zélande. Il mesure environ 90 centim. de

Strigops (Strigops habroptilus).

longueur; il est d'un vert sale, avec des bandes transversales noires et des taches brunâtres et jaunâtres. Sa forme générale est celle du perroquet, avec l'expression faciale, les habitudes nocturnes et le vol sans bruit des hiboux ; il habite les trous qu'il creuse dans le sol à la racine des arbres; il est solitaire, se laisse voir rarement, et recherche les bois humides et sombres. Sa voix est un croassement rauque.

* **STRIURES** s. f. pl. Syn. de Stries. Se dit surtout en parlant des coquilles ou des colonnes striées.

STROBILE s. m. (gr. *strobilos*, pomme de pin). Bot. Syn. de cône.

STROBIQUE adj. (du gr. *strobilos*, toupie). Qui tourne. — CERCLES STROBIQUES DE THOMPSON, cercles concentriques, tracés en noir, sur un carton blanc, de manière à laisser entre chacun d'eux un cercle blanc de la même épaisseur, comme dans notre fig. Ces cercles

Cercles strobiques de Thompson.

servent, dans une expérience sur l'optique, à produire une illusion due à la persistance des impressions. On tient le carton devant ses yeux et on lui imprime rapidement un mouvement circulaire. Les cercles semblent alors tourner sur leur centre commun en sens inverse du mouvement du carton.

STROMBOLI, anc. *Strongyle, Æoli insulæ*, la plus septentrionale des îles Lipari, par 38° 47′ 27″ lat. N. et 12° 52′ 51″ long. E. Volcan actif, qui s'élève à 921 m. de haut et dont la flamme rouge, visible à une grande distance pendant la nuit, a été surnommée le *fanal de la Méditerranée*. Près de Stromboli, Duquesne remporta, le 8 janvier 1676, la première de ses victoires sur Ruyter.

STRONTIANE s. f. [stron-si-a-ne] (de *Strontian*, village d'Écosse où l'on a trouvé cette substance). Minér. Oxyde de strontium.

STRONTIANITE s. f. Carbonate de strontium.

STRONTIQUE adj. Qui se rapporte au strontium.

STRONTIUM s. m. [stron-si-omm] (voy. STRONTIANE). Chim. Élément métallique appartenant au même groupe que le calcium et le barium, auxquels il ressemble dans ses relations chimiques. C'est l'un des trois métaux des terres alcalines, avec le barium et le calcium. Sir Humphry Davy, l'a d'abord tiré, en 1808, du carbonate de strontium natif (découvert en 1787 à Strontian en Écosse, d'où son nom de strontianite), de la même manière que le barium. Le métal pur s'obtient plus facilement, par l'électrolyse, du chlorure en fusion. Il est d'un jaune pâle, et a pour poids spécifique 87,6, pour symbole Sr, et pour poids atomique, 87,6. Chauffé à l'air, il brûle avec une flamme rouge en lançant des étincelles, et décompose l'eau avec dégagement d'hydrogène. Il est à peu près aussi dur que l'or, très ductile, et peut-être battu en feuilles très minces. Avec l'oxygène, il forme deux oxydes anhydres ; un monoxyde de strontium, Sr O, et un bioxyde, Sr O^2, qui, chacun, s'unissent avec l'eau pour former un hydrate. Ses principaux sels sont le chlorure (Sr Cl^2), l'iodure (Sr I^2), le bromure (Sr Br^2) et le nitrate (Sr^2 NO^3), dont on fait un grand usage pour produire les lumières rouges des feux d'artifice. Un mélange de 40 parties de nitrate de strontium avec de 5 à 10 parties de chlorate de potasse, 12 parties de soufre et 4 de sulfure d'antimoine, brûle avec une magnifique couleur rouge. On trouve le sulfate de strontium (célestine) à l'état natif dans beaucoup de localités, souvent en beaux

cristaux d'un bleu délicat ou autrement colorés.

STROPHE s. f. [stro-fe] (gr. *strophê*). Couplet ou stance d'une ode : *il y a de belles strophes dans cette ode*. — Anc. théâtre gr. Partie du chant qui répondait aux mouvements du chœur marchant de droite à gauche. (Voy. ANTISTROPHE.)

STRUCTURE s. f. (lat. *structura*). Manière dont un édifice est bâti : *la structure de ce bâtiment est agréable*. — LA STRUCTURE DU CORPS HUMAIN, la manière dont le corps humain est composé, dont les parties du corps humain sont arrangées entre elles. On dit de même, STRUCTURE DU CORPS DES ANIMAUX. — Fig. LA STRUCTURE D'UN DISCOURS, D'UN POÈME, l'ordre, la disposition, l'arrangement des parties d'un discours, d'un poème : *en examinant la structure de ce discours, on reconnaît l'habile orateur*.

STRUENSEE (Johann-Friedrick , COMTE) [strou-enn-zé], homme d'État danois, né à Halle en 1737, mort le 28 avril 1772. Il devint en 1768, le médecin et le favori du roi Christian VII, puis de sa femme, la reine Caroline-Mathilde, dont l'influence le fit premier ministre. Il inaugura d'importantes réformes, mais ses mesures arbitraires et les relations criminelles qu'on l'accusait d'entretenir avec la reine amenèrent sa perte. Il fut exécuté.

STRUMEUX , EUSE adj. (lat. *struma*, écrouelle). Syn. de SCROFULEUX.

STRUTHIONIDÉ, ÉE adj. (lat. *struthio*, autruche). Ornith. Qui se rapporte à l'autruche. — s. f. pl. Famille d'échassiers comprenant, outre le genre autruche, les genres aptéryx, outarde, etc.

STRUVE. I. (Georg-Adam), jurisconsulte allemand, né à Magdebourg, en 1619, mort en 1692. Il fut professeur de droit à Iéna de 1646 à 1648 et de 1674 à 1680, remplit dans l'intervalle des fonctions judiciaires et politique, et en 1690, devint président de la régence de Weimar, pendant la minorité du duc. Il a publié de savants traités : *Syntagma Juris Feudalis* (1653), *Syntagmata Jurisprudentiæ civilis* (1665) et *Jurisprudentia Romano-Germanica Forensis* (1670). — II. (Burkhard-Gotthelf), son fils, jurisconsulte, né en 1671, mort en 1738. Il fut professeur d'histoire et de droit à Iéna, et publia beaucoup d'ouvrages, y compris un *Corpus Juris Gentium* (1763).

STRUVE(Friedrich-Georg-Wilhelm)(strou'-vé), astronome russe, né à Altona en 1793, mort en 1864. Il fut professeur à Dorpat (1813-'39), puis directeur de l'observatoire de Pulkova, qui avait été bâti sous sa direction ; et ensuite conseiller d'État. Il fit faire de grands progrès à la connaissance des étoiles fixes et doubles ; il dirigea la triangulation de la Livonie et mesura les degrés de latitude dans les provinces baltiques et un arc du méridien entre la Norwège et la Russie du Sud. Ses œuvres principales sont : *Observationes Dorpatenses* (1817-'39, 8 vol.), *Études d'astronomie stellaire sur la voie lactée et la distance des étoiles fixes* (1847) et *Stellarum Fixarum imprimis Duplicium et Multiplicium Positiones mediæ pro Epocha*, 1830, etc. (1852).

STRYCHNINE s. f. [stri-knine] (rad. *strychnos*). Chim. Alcaloïde végétal très vénéneux, qui a été découvert en 1818 par Pelletier et Caventou dans la graine du *strychnos multiflora* ou fève de Saint-Ignace, et du *strychnos nux vomica*. (Voy. NOIX VOMIQUE.) Il est associé à la brucine, autre alcaloïde ayant des propriétés vénéneuses de la même nature, mais beaucoup plus faibles. (Voy. BRUCINE.) On dit que la strychnine est aussi contenue en quantité plus considérable dans les graines du *strychnos tieuté* originaire de Java, d'où

s'extrait le poison appelé upas tieuté. La strychnine est inodore ; mais elle a un goût excessivement amer, sensible même lorsqu'elle est dissoute dans un million de parties d'eau. C'est l'un des poisons les plus actifs et les plus violents. Les symptômes de l'empoisonnement par la strychnine sont : difficulté dans la respiration, et sensation de suffocation ; contractions des membres et convulsions tétaniques ; le corps s'arque en arrière, la tête arrivant souvent sur la même ligne que les pieds, condition connue sous le nom d'*opisthotonos*. Les traits se convulsent, avec spasme des mâchoires et étouffement. Le mal se présente par crises, dans l'intervalle desquelles l'intelligence est souvent nette au début, mais s'obscurcit après plusieurs accès. L'acide tannique, le chlore, et les teintures d'iode et de brome sont regardés par le professeur Bellini comme les meilleurs antidotes. Il faut, en tout cas, dégager l'estomac. On a, dit-on, employé le chloroforme avec de bons résultats. En petites doses, la strychnine agit comme tonique ; à doses plus hautes, son action porte sur les nerfs moteurs, probablement par l'intermédiaire de la moelle épinière.

STRYCHNIQUE adj. Se dit d'un acide contenu dans la strychnine.

STRYCHNISME s. m. Ensemble des accidents produits par l'ingestion de la strychnine ou de ses sels.

STRYCHNOS s. m. [strik-noss] (lat. *strychnus*, gr. *strychnos*, moelle). Bot. Genre d'apocynées, comprenant plusieurs espèces d'arbres ou d'arbrisseaux à longues feuilles fortement veinées et à cimes de fleurs blanchâtres odorantes. Les plantes de ce genre sont remarquables surtout comme contenant dans leurs racines et dans leurs graines les deux alcaloïdes nommés *strychnine* et *brucine*, associés à certains principes acides particuliers qui agissent puissamment sur le système nerveux et peuvent servir, suivant les circonstances, des médicaments utiles ou des poisons violents. Le *strychnos noix vomique* (*strychnos nux vomica*) ou *vomiquier*, se trouve dans les Indes orientales. (Voy. NOIX.) Une espèce américaine, le *strychnos toxifera*, produit l'alcaloïde nommé *curarine*, qui entre dans la composition du curare. La fève de Saint-Ignace (*strychnos multiflora* ou *strychnos ignatia*) se trouve dans l'Indoustan, où sa graine est employée contre le choléra.

STRYGE. Voy. STRIGE.

STUART ou Stewart [stieu'-ouartt], nom d'une famille royale d'Écosse et d'Angleterre. D'après la tradition, Fleanchus, fils de Banquo, lors du meurtre de son père par Macbeth, s'enfuit dans le pays de Galles (1055) ; son fils, Walter Ier (mort en 1143) revint en Écosse et devint *stewart* (intendant) de la maison de Malcolm III, charge qui fut rendue héréditaire dans sa famille, et dont on tira un surnom. En 1315, Walter IV épousa Marjery, fille de Robert Bruce, à laquelle, faute d'héritier mâle, le parlement donna la couronne par un acte passé à Ayr, le 26 avril 1315 Son fils Robert devint roi en 1371, sous le nom de Robert II, et eut pour successeur en 1390 son fils Robert III (mort en 1406). Les monarques successifs de cette dynastie, que l'on trouvera tous à leur article respectif, furent Jacques Ier, Jacques II, Jacques III, Jacques IV, Jacques V, Marie Stuart, Jacques VI (Jacques Ier en Angleterre), Charles Ier, Charles II et Jacques II. In la personne de qui la dynastie prit fin par la déposition et le bannissement. Le fils et le petit-fils de Jacques II essayèrent vainement de recouvrer le trône. La ligne mâle de la famille s'éteignit en 1807 avec Henry, cardinal d'York, autre petit-fils de Jacques II. Voy. CHARLES-EDWARD STUART, HENRY-BENEDICT-MARIA-CLÉMENT et STUART, JAMES-FRANCIS-EDWARD.

STUART(Arabella ou Arbella), appelée souvent lady Arabella, seule enfant de Charles Stuart, comte de Lennox, frère de Darnley et oncle de Jacques Iᵉʳ: née vers 1575, morte en 1615. Sa parenté avec Elizabeth, étant au même degré que celle de Jacques, la rendit l'objet d'intrigues constantes, et, en 1603, sir Walter Raleigh fut accusé de conspirer pour la mettre sur le trône. En 1610, on découvrit qu'elle avait secrètement épousé William Seymour, petit-fils du comte de Hertford. Seymour fut aussitôt mis à la Tour, et lady Arabella emprisonnée. En juin 1611, elle parvint à s'échapper en jouant la malade; mais elle fut reprise comme elle faisait voile pour la côte de France, et jetée à la Tour, où elle devint folle peu de temps avant sa mort. Elizabeth Cooper a publié, en 1866, sa vie et ses lettres.

STUART (Gilbert-Charles), peintre américain, né dans Rhode Island en 1756, mort en 1828. Il eut pour premier maître un peintre écossais du nom d'Alexandre; en 1778, il alla en Angleterre, où il fut protégé par West, et où il se distingua comme peintre de portraits au point de rivaliser avec Reynolds. Après avoir demeuré à Dublin et à Paris, il retourna en Amérique en 1793. Il alla à Philadelphie pour faire le portrait de Washington; il détruisit son premier travail, et finit par exécuter la tête bien connue d'après laquelle ont été faits depuis tous les portraits de Washington, et que l'on regarde comme sa ressemblance authentique. Il passa plusieurs années à Washington, s'établit à Boston en 1806. Il est, si l'on excepte Copley, le plus grand peintre de portraits américains, et le coloris de ses chairs n'a pas été surpassé.

STUART (Henry-Benedict-Maria-Clément), cardinal d'York, le dernier de la famille des Stuarts en ligne mâle, né à Rome en 1725, mort en 1807. Il était fils du prétendant James-Francis-Edward, qui le créa duc d'York et le frère cadet du « jeune prétendant » Charles-Edward. Il prit les ordres dans l'Eglise catholique romaine, et en 1747 reçut le chapeau de cardinal. A la mort de son frère en 1788, il prit le titre de roi d'Angleterre sous le nom de Henri IX. Lorsque les Etats du pape furent occupés par les Français, il se retira à Venise, et dans ses dernières années reçut une pension de la cour anglaise.

STUART (James) appelé quelquefois Stuart l'Athénien; archéologue anglais, né en 1713, mort en 1788. En 1750, il accompagna Nicolas Revett dans son voyage scientifique en Grèce, et resta à Athènes de mars 1751 jusqu'à la fin de 1753. De retour à Londres en 1755, il s'occupa d'architecture, et composa d'abord, en collaboration avec Revett, un ouvrage sur les Antiquités d'Athènes (1762, 1816, 4 vol. avec 384 pl.).

STUART (James-Francis-Edward), appelé le chevalier de Saint-Georges, prétendant au trône d'Angleterre; fils de Jacques II, né le 10 juin 1688, mort à Rome le 2 janvier 1766. Sa légitimité fut mise en doute même avant sa naissance; et un grand nombre de personnes crurent qu'on ne le présentait au peuple, comme membre de la famille royale, que pour qu'il y eût un prétendu héritier catholique romain. Son enfance se passa à Saint-Germain; à la mort de son père, il reçut le titre de Jacques III, roi de la Grande-Bretagne et fut reconnu comme tel par Louis XIV, par le roi d'Espagne, par le pape et par le duc de Savoie. En 1708, il s'embarqua à Dunkerque avec une flotte française pour envahir l'Ecosse, mais il revint bientôt, prit le nom de chevalier de Saint-Georges et rejoignit l'armée française en Flandre. En même temps le parlement anglais fixa le prix de sa tête à 100,000 couronnes. En 1743, il fut secrètement favorisé par Bolingbroke et par

d'autres ministres d'Anne, mais la mort subite de la reine mit fin à ce projet de restauration. En 1715, le comte de Mar et les principaux gentilshommes jacobites d'Ecosse jurèrent fidélité à Jacques III, et levèrent l'étendard de la révolte dans les higlands. Encouragé par l'appui de la France, il se trouva bientôt à la tête de 10,000 hommes; ayant reçu des secours, il livra au duc d'Argyle la bataille douteuse de Dunblane (13 nov.). L'armée de Mar fut bientôt réduite à la moitié. Jacques arriva en Ecosse à la fin de 1715, mais il retourna bientôt à Saint-Germain. La triple alliance (1717) l'obligea de quitter la France et, en 1718, il fut reçu à Madrid avec les honneurs royaux. En 1719, il épousa la princesse Sobieski de Pologne, et, en 1720, naquit son fils aîné Charles-Edward, le héros de l'entreprise de 1745. Pendant ses dernières années, Jacques mena une vie tranquille à Rome.

STUC s. m. (anc. haut all. *stucchi*, croûte). Espèce de mortier qui est fait de marbre blanc pulvérisé, mêlé avec de la chaux et diverses couleurs, et dont on fait quelquefois des enduits de muraille, des ornements d'architecture et des figures qui imitent le marbre: *ouvrages de stuc.*

STUCATEUR s. m. Ouvrier qui travaille en stuc.

STUD-BOOK s. m. [steud-bouk] (angl. *stud*, haras; *book*, livre). Registre où sont inscrits le nom, la généalogie, les progrès, les victoires des chevaux pur sang.

STUDIEUSEMENT adv. Avec soin, avec application: *studieusement travaillé.*

STUDIEUX, EUSE adj. (lat. *studiosus*). Qui aime l'étude: *une personne studieuse.*

STUFFING-BOX s. m. [steu-finngh-bokss] (angl. *stuffing*, bourrant; *box*, boîte). Mécan. Boîte remplie de matière compressible, employée pour empêcher les fuites dans les machines où l'on se sert de gaz ou de liquides.

STUHL-WEISSENBURG [chtoul-val'-sennbourg]. I. (hongr. *Fejér*), comté dans le S.-O. de la Hongrie, limité par le Danube à l'E; 4,156 kil. carr.; 196,234 hab. Tabac, vin et marbre. — II. Cap. du comté (hongr. *Szekes-Fejervar*), sur le Csorgo, à 60 kil. S.-O. de Buda; 22,683 hab. Lainages et toiles; quincaillerie, etc. C'est là qu'étaient couronnés les rois de Hongrie, jusqu'à Ferdinand Iᵉʳ, et la cathédrale contient plusieurs de leurs tombeaux.

STUPÉFACTIF, IVE adj. (fr. *stupéfier*). Méd. Syn. de Stupéfiant. (Peu us.)

STUPÉFACTION s. f. Engourdissement d'une partie du corps: *ce remède cause, produit la stupéfaction.* — Etonnement extraordinaire et extatique: *à cette nouvelle, il fut frappé de stupéfaction.*

STUPÉFAIT, AITE adj. Que la surprise rend comme interdit et immobile: *il demeura tout stupéfait.*

STUPÉFIANT, ANTE adj. Qui stupéfie: *remède stupéfiant.* — Substantiv. *Tous les narcotiques sont des stupéfiants.* (Voy. Narcotique.)

STUPÉFIER v. a. (rad. lat. *stupor*, stupeur; *facere*, faire). Méd. Engourdir, diminuer ou suspendre le sentiment et le mouvement: *le propre de l'opium est de stupéfier.* (Peu us.) — Causer une grande surprise: *cette nouvelle l'a stupéfié.*

STUPEUR s. f. (lat. *stupor*). Méd. Engourdissement, suspension des facultés intellectuelles, accompagnée d'une sorte d'immobilité et d'une expression d'étonnement ou d'indifférence dans la physionomie. — Espèce d'immobilité causée par une grande surprise ou par un grand effroi: *nous étions tous dans la stupeur.*

STUPIDE adj. (lat. *stupidus*). Hébété, d'un esprit lourd et pesant: *il est si stupide qu'on ne peut rien faire de lui.* — Se dit quelquefois des choses, dans un sens anal.: *silence stupide.* — s. *C'est un vrai stupide.*

STUPIDEMENT adv. D'une manière stupide: *il répond toujours stupidement.*

STUPIDITÉ s. f. Pesanteur d'esprit, privation d'esprit et de jugement: *il est d'une grande stupidité.* — Parole, action stupide: *il ne dit, il ne fait que des stupidités.*

STURIONIDÉ, ÉE adj. (lat. *sturio*, esturgeon; gr. *eidos*, aspect). Qui ressemble ou qui se rapporte à l'esturgeon. — s. m. pl. Famille de poissons cartilagineux, ayant pour type le genre esturgeon et comprenant, en outre, les genres chimère et polyodon.

STURNIDÉ, ÉE adj. (lat. *sturnus*, étourneau; gr. *eidos*, aspect). Qui ressemble ou qui se rapporte à l'étourneau. — s. f. pl. Famille de passereaux, ayant pour type le genre étourneau.

STUTTGART [chtoutt'-gartt], ville d'Allemagne, capitale du royaume de Würtemberg, à 2 kil. S.-O. de Canstatt, sur le Neckar, et à 450 kil. S.-E. de Francfort; 107,273 hab. Une belle église gothique se trouve dans le principal square de la ville. Le palais royal (jadis ducal) commencé en 1746 et fini en 1806, est remarquable par sa décoration et son ameublement. Le vieux palais, terminé en 1570, ressemble à un château du moyen âge, et est occupé aujourd'hui par des administrations publiques. Sur la même place est un monument à Schiller par Thorwaldsen. L'église de l'hôpital possède l'original du christ de Dannecker. La bibliothèque royale contient 300,000 volumes et 120,000 dissertations. Les musées et établissements d'enseignement sont nombreux; il y a entre autres: l'école polytechnique, l'école royale

Stuttgart, l'ancien palais.

des arts, le conservatoire de musique. L'industrie comprend la fabrication des étoffes de laine, de soie, de fil et de coton, la joaillerie, les instruments de musique et de précision, les cuirs, la poterie d'étain. Le commerce des bois est considérable; il y a plusieurs manufactures de papier, des fonderies de types d'imprimerie, et des établissements lithographiques. La ville se trouve au centre des chemins de fer du Würtemberg; sept lignes y rassemblent; la gare est peut-être la plus belle de l'Allemagne. Un tramway relie Stuttgart à Canstatt, faubourg élégant, plein de résidences d'été. Outre le jardin public, un des plus beaux de l'Allemagne, il y a dans le voisinage de nombreux parcs et jardins. — L'histoire fait mention de Stuttgart dès 1229; en 1320 le comte Eberhard le prit pour résidence. En 1482, le comte Ulric en fit la capitale du Würtemberg. Ce n'est que vers le milieu du XVIIIᵉ siècle que la ville a commencé à s'embellir.

STYLAIRE adj. Qui a rapport au style.

STYLE s. m. (lat. *stylus*). Antiq. Sorte de poinçon de grosse aiguille, avec la pointe de laquelle les anciens écrivaient sur des tablettes enduites de cire. L'autre bout était

aplati, et servait à effacer l'écriture, quand on voulait corriger ou supprimer ce qu'on avait écrit, d'où vient que RETOURNER LE STYLE voulait dire : *effacer, corriger*. — Aiguille d'un cadran solaire : *poser un style*. — Manière d'exprimer par écrit les pensées : *style sublime, noble, pompeux, soutenu, élevé*. — Il. N'A POINT DE STYLE, se dit d'un auteur qui n'a point une manière d'écrire qui soit à lui, ou qui écrit d'une manière commune, sans force et sans agrément. — STYLE BARBARE, manière d'écrire rude, grossière, incorrecte. — LES FINESSES, LES GRACES DU STYLE, certains arrangements d'expressions, certains tours qui donnent de la finesse et de la grâce au style. — STYLE DE L'ÉCRITURE, les formes de langage usitées dans l'Écriture sainte. — STYLE DU PALAIS, formules selon lesquelles on dresse les actes judiciaires. — STYLE DE PALAIS, termes dont on ne se sert que dans la procédure et dans les plaidoiries. — Manière de procéder en justice : *le style du parlement*. — VIEUX STYLE, manière dont on comptait dans le calendrier, avant sa ré formation par Grégoire XIII, et qui est encore suivie en Grèce et en Russie. NOUVEAU STYLE, manière dont on compte depuis cette réformation : *c'est aujourd'hui le quinze de janvier selon le vieux style, ou simpl., vieux style; et le vingt-six, nouveau style*. — VIEUX STYLE, s'est dit aussi de l'ère chrétienne, par opposition à l'ère républicaine des Français, commencée le 22 septembre 1792. — Manière d'agir, de parler : *il peut bien avoir parlé de la sorte, qui parle fait telle chose; c'est bien dans la son style*. — Dans les beaux-arts, tels que la peinture, la sculpture, l'architecture et la musique, se dit de la manière d'exécuter particulière à l'artiste : *ce tableau est dans le style de tel maître*. — Caractère de la composition : *cette peinture est de bon style, d'un bon style*. — Bot. Partie du pistil qui est entre l'ovaire et le stigmate, et qui est ordinairement allongée en forme de filet plus ou moins délié.

* STYLER v. a. Former, dresser, habituer : *il est fort stylé dans les affaires*. (Fam.)

* STYLET s. m. Sorte de poignard, dont la lame est très menue et ordinairement triangulaire : *il fut assassiné à coups de stylet*.

STYLISTE s. m. Écrivain qui soigne beaucoup son style.

* STYLITE adj. m. (gr. *stulites*, qui fait partie d'une colonne; de *stulos*, colonne). Surnom donné à quelques solitaires qui avaient placé leurs cellules au-dessus de portiques ou de colonnades en ruine : *saint Siméon Stylite*. — L'inaugurateur de ce mode de pénitence chrétienne fut Siméon, connu sous le nom de saint Siméon Stylite, Syrien, né à Sisan ou Sesan, vers 390, et mort près d'Antioche en 459. Il passa plusieurs années dans des couvents; mais la sévérité de cette discipline ne lui suffisant pas, il vécut avec austérité dans une cabane sur le mont Telanissa, et finit, pour éviter tout contact avec le monde, par vivre au sommet d'une colonne, haute de plus de 20 mètres. Il y resta plus de 30 ans. Son exemple trouva de nombreux imitateurs en Orient; mais cette singulière sorte d'ascétisme n'eut que très peu de vogue en Occident. Il y eut plusieurs stylites appelés Siméon.

STYLLAIRE s. f. [sti-lè-]. Bot. Genre d'algues de la tribu des bacillariées.

* STYLOBATE s. m. (gr. *stulos*, colonne; *bainô*, je m'appuie). Archit. Piédestal ou soubassement qui porte des colonnes.

STYLOGRAPHIE s. f. (gr. *stulos*, pointe; *grapho*, je grave). Procédé électrotypique qui permet d'obtenir des planches gravées en creux, imitant les dessins à la plume et les gravures à l'eau-forte.

STYLOPS s. m. [sti-lopss] (gr. *stulos*, stylet;

ops, opos, œil). Entom. Genre principal du groupe des insectes rhipiptères, comprenant plusieurs espèces de petits animaux dont les larves vivent en parasites sur les abeilles et les guêpes. Chez les stylops, la première paire d'ailes est transformée en un petit appendice, la seconde paire est relativement

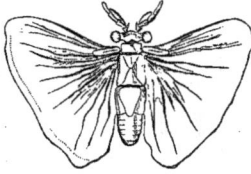

Stylops alterrimus (mâle), de grandeur naturelle et grossi.

large; les antennes présentent une forme singulière et les yeux sont grands et proéminents. La présence des larves de ces créatures dans le corps d'une abeille ou d'une guêpe se manifeste ordinairement par l'enflure de l'abdomen de l'insecte; et quand la larve parasite atteint toute sa grosseur, sa tête apparaît entre les segments.

STYPTICITÉ s. f. Qualité des astringents ou styptiques.

* STYPTIQUE adj. (gr. *stuptikos*, astringent). Méd. Qui a la vertu de resserrer : *plante astringente et styptique*. — s. m. Les styptiques.

STYRACÉ, ÉE adj. Qui ressemble ou qui se rapporte au styrax. — s. f. pl. Famille de plantes dicotylédones, ayant pour type le genre styrax et comprenant, en outre, les genres barberine, benjoin, épigénie, halésie, pamphilie, etc.

* STYRAX s. m. [sti-rakss] (gr. *sturax*, sorte de gomme). Espèce de résine odoriférante appelée aussi STORAX. — Bot. Genre de styracées, comprenant une cinquantaine d'espèces d'arbres ou d'arbrisseaux qui croissent dans la zone torride et la zone tempérée du Nord. Le *styrax benzoin* produit une résine nommée benjoin. Le styrax *officinal* porte vulgairement le nom d'aliboufier; et le styrax d'Amérique est le liquidambar oriental.

Styrax benzoin.

STYRIE (all. *Steiermark*), duché d'Autriche, sur les frontières de la Hongrie et de la Croatie; 22,454 kil. carr.; 1,169,512 hab., dont plus d'un tiers Wendes ou Slovènes. Cap., Gratz. Elle est traversée par trois chaînes appartenant à la branche norique du système alpin. La partie N.-O. porte le nom de haute Styrie, et la partie S.-E. celui de basse Styrie. Les principaux cours d'eau sont : le Mur, l'Enns, la Raab, la Save et la Drave. Les minéraux et les bois de construction y abondent ; ce dernier produit est le grand article d'exportation. — Sous les Romains, la partie orientale de la Styrie appartenait à la Pannonie, et la partie occidentale à la Norique. Elle fut annexée à l'Autriche en 1192, puis attachée à la Bohême, et en 1276, elle échut à Rodolphe Iᵉʳ de Hapsbourg. L'empereur Ferdi-

nand II, lorsqu'il gouvernait la Styrie en qualité de duc, y extermina le protestantisme (1598).

STYX (Myth. gr.), le grand fleuve des enfers, autour desquels il coule sept fois. Ce nom vient, dit-on, de celui de la nymphe Styx, que la théogonie d'Hésiode donne comme la fille d'Oceanus et de Téthys, et la mère de Zelos (le zèle), de Nikê (la victoire), de Bia (la force) et de Kratos (la puissance).

* SU, SUE part. passé de SAVOIR. — Substantiv. S'emploie surtout dans cette expression : AU VU ET AU SU DE TOUT LE MONDE.

SUAGE s. m. Action de suer.

* SUAIRE s. m. (lat. *sudarium*). Linceul dans lequel on ensevelit un mort : *un mort enveloppé de son suaire*. — SAINT SUAIRE, linge que l'on dit avoir servi à ensevelir Notre-Seigneur. — SAINT SUAIRE, petite représentation en peinture du saint suaire : *il m'a apporté de Turin un saint suaire*.

* SUANT, ANTE adj. Qui sue : *il est venu tout suant*.

SUAREZ (Francisco) [soua-ress], théologien espagnol, né en 1548, mort en 1617. Il était jésuite, et il fut successivement professeur à Alcala, à Salamanque, à Rome et à Coïmbre. Le parlement de Paris fit brûler en 1614, sa *Defensio Fidei*(Coïmbre, 1613), parcequ'elle revendiquait pour le pape la puissance coercitive sur les rois. La première édition de ses œuvres complètes parut à Lyon et à Mayence (1630 et s., 23 vol. in-fol.); une nouvelle édition a été publiée à Besançon (1856-'62).

* SUAVE adj. (lat. *suavis*). Qui est d'une douceur agréable aux sens, et particulièrement à l'odorat : *une odeur suave*. — Fig. Qui fait éprouver un sentiment doux et délicat :

J'aurai toujours pour vous, ô suave merveille,
Une dévotion à nulle autre pareille.
MOLIÈRE. *Tartufe*.

* SUAVEMENT adv. D'une manière suave.

* SUAVITÉ s. f. Qualité de ce qui est suave : *la suavité de cette odeur, de ces parfums*. — Certaine douceur qui se fait sentir à l'âme, quand Dieu la favorise : *sainte Thérèse éprouvait des suavités merveilleuses*.

Ces mots, dans tous nos sens, font couler à longs traits
Une suavité qu'on ne goûta jamais.
MOLIÈRE. *Tartufe*.

SUB, mot lat. qui signifie *sous* ou *qui entre* dans la formation d'un grand nombre de mots.

SUBALPIN, INE adj. (préf. *sub*; fr. *alpin*). Qui est situé au pied des Alpes.

* SUBALTERNE adj. (préf. *sub*; lat. *alter*, autre). Subordonné, inférieur, secondaire : *officier, magistrat subalterne*. — Fig. C'EST UN ESPRIT SUBALTERNE, se dit d'un homme dont l'esprit est médiocre, borné, incapable de grandes choses. — S'emploie aussi substantiv. en parlant des personnes : *ce n'est qu'un subalterne, un simple subalterne*.

SUBALTERNITÉ s. f. État de ce qui est subalterne.

SUBAPENNIN, INE adj. (préf. *sub*; fr. *apennin*). Qui est situé au pied des Apennins.

SUBBRACHIEN, IENNE adj. (préf. *sub*; lat. *brachium*, bras). Qui est situé sous les bras.

SUBCYLINDRIQUE adj. (préf. *sub*; fr. *cylindrique*). Presque cylindrique.

SUBCOSTAL, ALE adj. Qui est situé sous les côtes.

* SUBDÉLÉGATION s. f. Action de subdéléguer; commission par laquelle une personne est autorisée à agir en la place d'une autre. Se disait principalement en parlant de certains administrateurs qui étaient subordonnés aux intendants des provinces, et qui

remplissaient des fonctions à peu près semblables à celles qu'ont aujourd'hui les sous-préfets. — District-assigné à ces administrateurs, et dans lequel se renfermait leurs autorité : *cela se pratiquait dans cette subdélégation, et non dans le reste de l'intendance.*

* **SUBDÉLÉGUÉ, ÉE** part. passé de Subdéléguer. — s. m. *Il était subdélégué dans cette ville.*

* **SUBDÉLÉGUER** v. a. Commettre avec pouvoir d'agir, de négocier. Se dit lorsqu'un homme, investi de quelque autorité par son prince, par son gouvernement, commet quelqu'un pour agir en sa place : *l'intendant de la province subdélégua tel officier pour informer.*

* **SUBDIVISER** v. a. Diviser en plusieurs parties quelque partie d'un tout déjà divisé : *il a divisé son sermon en trois points, et subdivisé chaque point.* — Se subdiviser v. pr. *Les deux branches de cette rivière se subdivisent en plusieurs canaux.*

* **SUBDIVISION** s. f. Division d'une des parties d'un tout déjà divisé : *tant de divisions et de subdivisions embrouillent un discours plutôt qu'elles ne l'éclaircissent.*

SUBÉRATE s. m. (lat. *suber*, liège). Chim. Sel produit par la combinaison de l'acide subérique avec une base.

SUBÉREUX, EUSE adj. (du lat. *suber*, liège). Hist. nat. Qui a la consistance du liège.

SUBÉRIQUE adj. Chim. Se dit d'un acide qui se produit particulièrement quand on fait agir l'acide azotique sur le liège.

* **SUBHASTATION** s. f. (du lat. *subhastare*, vendre à l'encan). Vente publique au plus offrant et dernier enchérisseur, soit de meubles, soit d'immeubles. (Vieux.)

SUBINFLAMMATION s. f. Pathol. Engorgement des tissus, glandes ou ganglions lymphatiques, sans accumulation de sang et avec peu ou point de douleur.

* **SUBINTRANT, ANTE** adj. (préf. *sub.*, lat. *intrans*, entrant). Méd. N'est usité que dans cette locution, Fièvre subintrante, fièvre primitivement intermittente, dont un accès commence avant que le précédent soit fini.

* **SUBIR** v. a. (lat. *subire*). Souffrir, supporter de gré ou de force le commandement d'un supérieur, la nécessité, la peine qui est imposée, un mal, un mauvais traitement quelconque : *subir la loi du vainqueur.*

Nous n'aurions fait que perdre au change des tyrans,
S'il fallait qu'on subit le joug des ignorants.
         Ponsard. *Charlotte Corday,* acte Iᵉʳ, sc. Iʳᵉ.

* **SUBIT, ITE** adj. (lat. *subitus*). Soudain, qui arrive tout à coup : *mouvement subit.*

SUBITANÉITÉ s. f. Soudaineté, caractère de ce qui a lieu subitement.

* **SUBITEMENT** adv. Soudainement, d'une manière subite : *il partit si subitement, qu'il ne dit adieu à personne.*

* **SUBITO** adv. lat. qui signifie *subitement*, tout à coup; et qu'on emploie quelquefois en français, dans le langage familier : *il est parti subito.*

SUBJACENT, ENTE adj. (lat. *subjacens*). Placé au-dessous.

* **SUBJECTIF, IVE** adj. (lat. *subjectivus*; de *subjectus*, placé dessous). Philos. Qui a rapport au sujet. Se dit de ce qui se passe dans notre esprit, de ce qui est en nous. — Substantiv. Le subjectif, tout ce qui est au-dedans du sujet pensant, tout ce qui est le sujet même. Il est opposé à Objectif.

SUBJECTION s. f. [su-bjèk-si-on] (lat. *subjectio*). Rhét. Figure consistant à interroger soi ou les autres et à faire la réponse.

SUBJECTIVEMENT adv. D'une manière subjective.

SUBJECTIVER v. a. Philos. Rendre subjectif.

SUBJECTIVISME s. m. Système des philosophes qui n'admettent que la réalité subjective.

* **SUBJECTIVITÉ** s. f. Philos. Qualité de ce qui est subjectif.

* **SUBJONCTIF** s. m. (lat. *subjunctivus*; de *sub*, sous; et *junctus*, joint). Gramm. Mode du verbe, qui se place toujours après un autre verbe, ou une conjonction, et dans une phrase ou proposition subordonnée ou incidente : *le présent, l'imparfait, le plus-que-parfait du subjonctif.*

SUBJUGATION s. f. Action de subjuguer; résultat de cette action.

* **SUBJUGUER** v. a. [sub-ju-ghé] (lat. *subjugare*). Réduire en sujétion par la force des armes : *subjuguer une province, une nation,* — Prendre de l'empire, de l'ascendant, prendre le dessus : *il se laisse subjuguer par tous ses valets.*

SUBJUGUEUR s. m. Celui qui subjugue.

* **SUBLIMATION** s. f. Opération de chimie par laquelle les parties volatiles d'un corps, élevées par la chaleur du feu, s'attachent au haut du vaisseau. On a recours à la sublimation pour séparer les corps volatils des corps fixes, d'ordinaire afin d'obtenir les premiers dans un plus grand état de pureté.

* **SUBLIMATOIRE** s. m. Chim. Vaisseau dans lequel on recueille les parties volatiles élevées par le moyen du feu.

* **SUBLIME** adj. (lat. *sublimis*). Haut, relevé. N'est usité qu'en parlant des choses morales ou intellectuelles : *c'est un homme d'un génie sublime.*

Plus il fut criminel, plus il sera sublime.
        Ponsard. *Charlotte Corday,* acte Iᵉʳ, sc. Iʳᵉ.

— Substantiv. Ce qu'il y a de grand et d'excellent dans les sentiments, dans les actions vertueuses, dans le style : *il y a du sublime dans cette action.* On donne comme, exemple du plus beau sublime de sentiment les vers suivants de Corneille :

Que vouliez-vous qu'il fit contre trois?.. — Qu'il mourût,
Ou qu'un beau désespoir alors le secourût.
        Les Horaces, acte III, sc. vi.

— Sublime Porte (turc, *Babi humayun*), nom officiel du gouvernement ottoman, dérivé du nom que l'on donnait à l'entrée majestueuse du palais d'Orkhan (1326-'60) à Brousse, et aussi de la coutume orientale d'administrer les affaires publiques à la porte ou dans l'antichambre du palais.

* **SUBLIMÉ** s. m. Chim. Produit de la sublimation. Se dit particul. de certaines préparations de mercure : *il y a plusieurs sortes de sublimés.*

* **SUBLIMEMENT** adv. D'une manière sublime. (Peu us.)

* **SUBLIMER** v. a. Chim. Elever les parties volatiles d'un corps, d'une substance sèche, par le moyen du feu, dans un matras ou dans une cornue : *sublimer de la fleur d'antimoine, de soufre, de benjoin.*

SUBLIMISER v. a. Rendre sublime; élever jusqu'au sublime.

* **SUBLIMITÉ** s. f. Qualité de ce qui est sublime : *la sublimité du style.*

* **SUBLINGUAL, ALE** adj. [-goual]. Anat. Qui est placé sous la langue : *artère sublinguale.*

* **SUBLUNAIRE** adj. Didact. Qui est entre la terre et l'orbite de la lune : *les corps sublunaires.* — Le globe, le monde sublunaire, la terre.

SUBMERGEMENT s. m. Action de submerger.

* **SUBMERGER** v. a. (lat. *submergere*). Inonder, couvrir d'eau : *si l'on rompt .ces digues, on submergera tout le pays.* — Plonger, enfoncer entièrement dans l'eau. On l'emploie surtout dans ces phrases : Ce navire a été submergé, il a péri en enfonçant dans l'eau; Ceux qui étaient dans le navire ont été submergés, ils ont été noyés.

* **SUBMERSIBLE** adj. Qui peut être submergé : *terrain submersible.* — Bot. Se dit de certaines plantes aquatiques qui s'enfoncent dans l'eau après la floraison.

* **SUBMERSION** s. f. Grande et forte inondation qui couvre totalement le terrain inondé : *cela a causé la submersion de tout le pays.* — Se dit aussi en parlant d'un navire ou de quelque autre objet qui est entièrement enfoncé dans l'eau.

* **SUBODORER** v. a. (lat. *subodorari*). Sentir de loin, à la trace. (Peu us.)

* **SUBORDINATION** s. f. (lat. *subordinatio*). Certain ordre établi entre les personnes, et qui fait que les unes dépendent des autres : *établir, maintenir la subordination.* — Dépendance d'une personne à l'égard d'une autre : *il est toujours demeuré dans une grande subordination à l'égard d'un tel.* — Dépendance où certaines sciences et certains arts sont à l'égard de quelques autres : *la subordination de la gravure à la peinture, de la pharmacie à la médecine.*

* **SUBORDONNÉ, ÉE** part. passé de Subordonner. — Substantiv. *Cet homme est bien dur envers ses subordonnés.*

* **SUBORDONNÉMENT** adv. En sous-ordre : *il ne commande dans cette place que subordonnément au gouverneur.* (Peu us.)

* **SUBORDONNER** v. a. Etablir un ordre de dépendance de l'inférieur au supérieur : *les règlements de cette maison subordonnent tous les employés au directeur.* — Se dit aussi en parlant des choses : *Dieu a subordonné certaines causes à d'autres.*

SUBORNATEUR, TRICE s. Syn. de Suborneur.

* **SUBORNATION** s. f. Séduction par laquelle on engage quelqu'un à faire quelque chose contre son devoir : *subornation de témoins.* — Le coupable de subornation de témoins est passible des mêmes peines que le faux témoin. (Voy. Témoignage.) La subornation de mineur, que l'on nommait autrefois « rapt de séduction », est un crime auquel on donne aujourd'hui le nom d'enlèvement de mineur. (Voy. Enlèvement et Rapt.)

* **SUBORNER** v. a. (lat. *subornare*). Séduire, porter à faire une mauvaise action, une action contre le devoir : *suborner des enfants de famille.*

* **SUBORNEUR, EUSE** s. Celui, celle qui suborne : *suborneur de filles.* — Adjectiv. *Des discours, des conseils suborneurs.*

SUBOVALE adj. Presque ovale.

* **SUBRÉCARGUE** s. m. (esp. *sobrecargo*). Comm. maritime. Celui qui est chargé de gérer une cargaison, pour l'achat, la vente et les retours : *ce jeune homme est parti subrécargue à bord d'un navire allant à Bourbon.*

* **SUBRÉCOT** s. m. Le surplus de l'écot, ce qu'il en coûte au delà de ce qu'on s'était proposé de dépenser : *ils voulaient ne dépenser chacun que dix francs, il y a eu trois francs de subrécot par tête.* — Demande qui vient par-dessus les autres, et à laquelle on ne s'attendait point : *nous étions convenus de cela, il m'a demandé telle chose par subrécot, de subrécot.* (Fam.)

* **SUBREPTICE** adj. [su-brèp-ti-se] (lat. *subrepticius*). Jurispr. et Chancell. Se dit des

lettres, grâces, provisions, concessions, etc., qui sont obtenues sur un faux exposé ; à la différence d'Obreptice, qui se dit de celles qui sont obtenues sur un exposé où l'on a omis d'exprimer quelque chose d'essentiel : *lettres subreptices.* — Se dit, par ext., de certaines choses qui se font furtivement et illicitement : *édition subreptice.*

° **SUBREPTICEMENT** adv. D'une manière subreptice : *il a obtenu ces lettres subrepticement.*

° **SUBREPTION** s. f. [su-brèp-si-on]. Surprise qu'on fait à un supérieur, en obtenant de lui des grâces sur un faux exposé. — Moyens d'obreption et de subreption, moyens par lesquels on prouve que des lettres accordées en chancellerie sont obreptices et subreptices, pour en obtenir la nullité.

SUBROGATEUR s. m. Second rapporteur.

° **SUBROGATION** s. m. (lat. *subrogatio*). Jurispr. Acte par lequel on subroge : *requête de subrogation.* — Législ. « La subrogation est une fiction de droit, en vertu de laquelle le créancier qui est payé par un tiers est censé céder à celui-ci tous ses droits sur le débiteur. La subrogation est ou conventionnelle ou légale. La *subrogation conventionnelle* peut avoir lieu de deux manières : 1° entre le créancier et un tiers, même sans le consentement du débiteur, lorsque le créancier recevant son paiement d'une tierce personne déclare la subroger dans tous ses droits, actions, privilèges, etc.; mais, pour que cette subrogation soit valable, il faut qu'elle soit formellement consentie dans la quittance et à l'instant même du paiement ; 2° entre le débiteur et un tiers, même sans le consentement du créancier, lorsque le débiteur a emprunté pour payer sa dette. Il est nécessaire, pour la validité de cette dernière subrogation, que l'acte d'emprunt et la quittance soient passés devant notaires, que dans l'acte d'emprunt, il ait été déclaré expressément que la somme a été empruntée pour faire le paiement, et que dans la quittance il soit déclaré que le paiement a été fait au moyen des deniers fournis par le prêteur. — La *subrogation légale* est celle qui s'opère de plein droit dans les cas suivants : 1° au profit de tout créancier qui paie un autre créancier (du même débiteur) ayant sur le premier une cause de préférence; 2° au profit de l'acquéreur d'un immeuble qui emploie le prix de son acquisition au paiement des créances auxquelles cet immeuble est affecté par privilège ou hypothèque; 3° au profit de la personne qui, étant tenue avec d'autres ou pour d'autres au paiement d'une dette, avait intérêt à l'acquitter; 4° au profit de l'héritier bénéficiaire qui a payé de ses deniers les dettes de la succession. — Dans tous les cas de subrogation, lorsque le créancier primitif n'a été payé qu'en partie, il conserve, pour ce qui lui reste dû, un droit de préférence sur le subrogé. (C. civ. 1249 à 1252). — On donne quelquefois le nom de *subrogation judiciaire* à l'autorisation donnée par justice aux créanciers qui veulent exercer les droits et actions de leur débiteur (1166), par exemple s'il s'agit d'accepter une succession échue à ce dernier (id. 788). Enfin un second créancier saisissant peut obtenir du tribunal d'être *subrogé* dans la place du premier, en cas de négligence, de collusion ou de fraude (C. pr. 721 et s.). » (Ch. Y.)

° **SUBROGATOIRE** adj. Jurispr. Qui subroge : *acte subrogatoire.*

° **SUBROGÉ, ÉE** part. passé de Subroger. — Subrogé tuteur, celui qui est nommé par les parents et par le juge, pour empêcher que le tuteur ou la tutrice ne fasse rien contre les intérêts du mineur; et surtout pour soutenir les droits du mineur contre son tuteur, lorsque leurs intérêts sont opposés. — Législ.

« Dans toute tutelle, il doit y avoir un subrogé tuteur nommé par le conseil de famille. Les fonctions du subrogé tuteur consistent surtout à agir au nom et dans les intérêts du mineur, lorsque ces intérêts sont en opposition avec ceux du tuteur. Il y a lieu à la nomination d'un subrogé tuteur, non seulement dans les cas de minorité ou d'interdiction, mais aussi lorsqu'un tuteur est nommé pour gérer les biens d'un individu condamné aux travaux forcés, à la détention, à la réclusion ou à la déportation. Le tuteur à l'exécution d'une substitution, et le tuteur *ad hoc* ne pouvant avoir des intérêts opposés à leur mission, il n'y a pas lieu dans ces deux cas à la nomination d'un subrogé tuteur. Lorsque la tutelle n'a pas été déférée par le conseil de famille, le tuteur est tenu, avant d'entrer en fonctions, de faire convoquer ce conseil, pour procéder à la nomination du subrogé tuteur: et lorsque le tuteur est nommé par le conseil de famille, la nomination du subrogé tuteur a lieu immédiatement après celle du tuteur. En aucun cas, le tuteur n'est admis à voter dans le conseil de famille pour la nomination du subrogé tuteur. Celui-ci doit toujours être pris dans celle des deux lignes (paternelle ou maternelle) à laquelle le tuteur n'appartient pas; mais cette exclusion ne peut s'appliquer aux frères germains du pupille, puisqu'ils appartiennent à la fois aux deux lignes. Lorsqu'une tutelle devient vacante, le subrogé tuteur doit, sous peine de dommages-intérêts, provoquer sans retard la nomination d'un nouveau tuteur; il doit aussi demander la réunion du conseil de famille, lorsqu'il y a lieu à destitution du tuteur (C. civ. 420 et s., 505, 509; C. pén. 29; L. 8 juin 1850). Le subrogé tuteur est autorisé par le conseil de famille à contrôler l'administration du tuteur (que le père ou la mère), et à se faire remettre des états de la gestion, aux époques fixées par le conseil (id. 470). Le subrogé tuteur doit être présent aux inventaires, et est toujours appelé à assister à la vente aux enchères des biens de son pupille (id. 459; C. pr. 962). Il doit surveiller la conversion des titres au porteur en titres nominatifs et l'emploi des capitaux à faire par le tuteur dans les délais prescrits par la loi du 27 février 1880. Tout subrogé tuteur qui n'a pas obligé le tuteur légal (père ou mère) à faire inventaire après le décès de l'autre époux, est solidairement tenu avec le tuteur de toutes les condamnations qui pourraient être en conséquence prononcées contre ce dernier au profit du mineur (C. civ. 1442). Enfin le subrogé tuteur est tenu, sous sa responsabilité personnelle, de veiller à ce que les inscriptions d'hypothèque légale soient prises sur les biens du tuteur pour la garantie de sa gestion (id. 2437). Dans les causes de dispense, d'incapacité ou d'exclusion de la tutelle sont applicables au subrogé tuteur. (Voy. Tutelle.) » (Ch. Y.)

° **SUBROGER** v. a. (lat. *subrogare*). Jurispr. Substituer, mettre en la place de quelqu'un : *subroger quelqu'un en ses droits.*

° **SUBSÉQUEMMENT** adv. [-ka-man] Jurispr. Ensuite, après ; *il a déclaré verbalement qu'il ne voulait pas se prévaloir de cette donation, et subséquemment il y a renoncé en forme.*

SUBSÉQUENCE s. f. [su-bsé-kan-se]. Caractère ou état de ce qui est subséquent.

° **SUBSÉQUENT, ENTE** adj. [su-bsé-kan] (lat. *subsequens*). Qui suit, qui vient après : *par un acte subséquent.*

° **SUBSIDE** s. m. (lat. *subsidium*, réserve). Impôt, levée de deniers qu'on fait sur le peuple pour les nécessités de l'État : *nouveau subside.* — Se dit aussi de tous les secours d'argent que des sujets donnent à leur souverain : *on demandait au clergé, par forme de subside.* — Secours d'argent qu'un prince

donne à un autre prince son allié, en conséquence des traités faits entre eux : *cet État donne de grands subsides à ses alliés.*

° **SUBSIDIAIRE** adj. (lat. *subsidiarius*). Jurispr. Qui sert à fortifier un moyen principal dans une affaire contentieuse; qui vient à l'appui; ce qu'on allègue à la suite des raisons qu'on a déjà employées : *des moyens subsidiaires.* — Conclusions subsidiaires, conclusions conditionnelles, qu'on prend en second lieu, et pour le cas seulement où les conclusions principales ne seraient pas adjugées. — Hypothèque subsidiaire, seconde hypothèque qui sert à assurer davantage la première, et qui n'a d'effet qu'au défaut de l'autre. On dit dans le même sens, Caution subsidiaire. — Raison subsidiaire, raison qui vient à l'appui des précédentes, et qu'on donne par surcroît.

° **SUBSIDIAIREMENT** adv. Jurispr. D'une manière subsidiaire, en second lieu : *il aura subsidiairement recours contre son vendeur.*

° **SUBSISTANCE** s. f. [sub-siss-tan-se]. Nourriture et entretien : *pourvoir à la subsistance d'une armée.* — Tout ce qui est nécessaire à la subsistance d'une armée : *cette armée tire ses subsistances de tel pays.* — Adm. milit. Mettre un homme en subsistance dans un régiment, recueillir un soldat isolé dont le corps est éloigné, le nourrir et le solder jusqu'à ce qu'il puisse rejoindre son drapeau.

° **SUBSISTANT, ANTE** adj. Qui subsiste : *la partie subsistante.*

° **SUBSISTER** v. n. [sub-siss-té] (lat. *subsistere*). Exister encore, continuer d'être. Dans ce sens, se dit que des choses : *les pyramides d'Égypte subsistent depuis bien des siècles.* — Demeurer en force et en vigueur. Se dit particul. des lois, des coutumes, des traités qu'on invoque, des propositions qu'on avance, et autres choses semblables : *cette loi subsiste encore.* — Vivre et s'entretenir : *quoiqu'il ait peu de bien, il ne laisse pas de subsister honnêtement.*

° **SUBSTANCE** s. f. Philos. Être qui subsiste par lui-même, à la différence de l'accident qui ne subsiste qu'étant adhérent à un sujet : *substance spirituelle, corporelle.* — Toute sorte de matière : *ce fruit est d'une substance molle et aqueuse.* — Ce qu'il y a de meilleur, de plus succulent, de plus nourrissant en quelque chose : *les arbres, les plantes attirent la substance de la terre.* — Ce qu'il y a de plus essentiel dans un discours, dans un écrit, dans une affaire, etc. : *la substance d'un livre, d'une lettre,* etc. — Ce qui est absolument nécessaire pour la subsistance : *il s'est engraissé de la substance du peuple.* — En substance loc. adv. Sommairement, en abrégé, en gros : *voici en substance ce qu'il s'agit.* — Législ. « La loi et les règlements d'administration publique s'occupent de la fabrication et de la vente de diverses substances. Ceux qui ont falsifié des substances alimentaires ou médicamenteuses destinées à être vendues, et ceux qui ont mis en vente lesdites substances falsifiées ou corrompues, sont punis d'un emprisonnement de trois mois à un an et d'une amende qui ne peut excéder le quart des restitutions et dommages-intérêts ni être audessous de 50 fr. Si la marchandise contient des mixtions nuisibles à la santé, l'amende est de 50 à 500 fr., et l'emprisonnement de trois mois à deux ans. Le fait seul d'avoir dans ses magasins, sans motifs légitimes, des substances falsifiées ou corrompues, constitue pour le commerçant un délit punissable d'une amende de 16 à 25 fr. et d'un emprisonnement de six à dix jours, ou de l'une de ces deux peines seulement. En cas de récidive, les peines peuvent être élevées jusqu'au double du maximum. Dans tous les cas, les objets saisis sont confisqués, et le tribunal

peut ordonner l'affiche du jugement de condamnation et son insertion dans les journaux, aux frais du condamné. Les deux tiers des produits des amendes sont attribués aux communes dans lesquelles les délits ont été constatés (C. pén. 423 ; L. 27 mars 1851). La cour de cassation regarde comme une falsification passible des peines ci-dessus indiquées, l'introduction faite frauduleusement de substances ou denrées alimentaires d'une qualité inférieure dans des marchandises de même nature présentant extérieurement les apparences d'une qualité supérieure (Arr. du 11 mars 1859). — La fabrication des *substances explosives* est en principe réservée à l'Etat. (Voy. Poudre.) Celles qui sont à base de nitroglycérine peuvent être fabriquées et vendues par des particuliers, mais seulement sous les conditions déterminées par les règlements. (Voy. Dynamite.) — Les *substances liquides inflammables*, telles que pétrole, essences et autres hydrocarbures, ne peuvent être débitées et être emmagasinées chez le détaillant que sous les conditions prescrites par les décrets du 19 mai 1873, du 12 juillet 1884 et du 20 mars 1885. — Certaines *substances vénéneuses* doivent être constamment tenues sous clef par les fabricants, commerçants ou pharmaciens. Ces substances sont les suivantes : acide cyanhydrique, alcaloïdes végétaux vénéneux, et leurs sels, arsenic, belladone, cantharides, chloroforme, ciguë, coque du Levant, cyanure de mercure, cyanure de potassium, digitale, émétique, jusquiame, nicotiane, nitrate de mercure, opium, phosphore, seigle ergoté, stramonium, sublimé corrosif, et les extraits, teintures ou préparations desdites substances. Les commerçants, les chimistes et les manufacturiers qui détiennent et emploient quelqu'une des substances qui viennent d'être énumérées sont tenus d'en faire la déclaration, s'ils habitent Paris, au préfet de police, et, s'ils habitent ailleurs, au maire de la commune, en indiquant le lieu où est situé leur établissement. Ils doivent inscrire tous les achats et ventes desdites substances sur un registre spécial coté et paraphé par le maire ou par le commissaire de police. Les pharmaciens ont seuls le droit de vendre de ces substances lorsqu'elles sont employées pour l'usage de la médecine ; ils ne peuvent les délivrer que sur une prescription écrite par un médecin ou par un vétérinaire breveté. Les sages-femmes diplomées peuvent, en vertu d'un décret du 23 juin 1873, signer des prescriptions comprenant du seigle ergoté. Chaque prescription doit être signée et datée, énoncer en toutes lettres la dose et le mode d'emploi, et elle doit être transcrite par le pharmacien sur un registre coté et paraphé. Avant de délivrer la préparation médicale, le pharmacien est tenu d'y appliquer une étiquette indiquant son nom et son domicile et rappelant la destination interne ou externe du médicament. En vertu d'une circulaire ministérielle du 25 juin 1855, tout médicament prescrit pour l'usage externe doit en outre porter une étiquette de couleur rouge orangé, portant imprimés en noir ces mots : *Médicament pour l'usage externe.* Les infractions aux règlements concernant les substances vénéneuses donnent lieu à une amende de 100 à 3,000 fr., et à un emprisonnement de six jours à deux mois. Les substances saisies en contravention sont confisquées (L. 21 germinal, an XI, art. 34 ; L. 19 juillet 1845 ; Ord. roy. 29 oct. 1846 ; L. 5 juillet 1850). Celui qui a occasionné à autrui une maladie ou incapacité de travail personnel, en lui administrant volontairement, de quelque manière que ce soit, des substances qui, sans être de nature à donner la mort, sont nuisibles à la santé, est puni d'un emprisonnement d'un mois à cinq ans et d'une amende de 16 à 500 fr. Si la maladie ou l'incapacité de travail a duré plus de vingt jours, le coupable est puni de la réclusion (C. pén. 317). — A Paris, des ordonnances de police, dont les plus récentes sont celles du 8 juin 1881 et du 3 juillet 1883, portent qu'il est défendu, sous les peines légales, aux confiseurs, distillateurs, épiciers et à tous marchands en général, d'employer certaines matières vénéneuses pour colorier les bonbons, pastillages, dragées, liqueurs et autres denrées alimentaires, et de se servir, pour envelopper les substances alimentaires, de papiers coloriés au moyen desdites matières. D'autres ordonnances sont relatives aux matières servant à colorier les jouets d'enfants. »
(Ch. Y.)

SUBSTANTER v. a. (lat. *substentare*).Nourrir. (Voy. Sustenter.)

* **SUBSTANTIEL, ELLE** adj. [sub-stan-si-èl] (rad. lat. *substantia*, substance). Qui est succulent, nourrissant, rempli de substance : *on a tiré de cette viande ce qu'elle avait de substantiel.* — Se dit, fig., en parlant des ouvrages d'esprit : *on a extrait de ce livre, de ce discours, ce qu'il y a de plus substantiel.* — Formes substantielles, substance qui détermine la matière à être une certaine chose : *la nouvelle philosophie n'admet point de formes substantielles.*

* **SUBSTANTIELLEMENT** adv. Quant à la substance. N'est guère usité que dans cette phrase de la théologie catholique : *dans l'Eucharistie, on reçoit substantiellement le corps de Notre-Seigneur.*

* **SUBSTANTIF** adj. m. Gramm. Tout nom qui seul, et sans le secours d'aucun autre mot, signifie tout être, toute chose qui est l'objet de notre pensée : *homme, animal, oiseau, chaleur, beauté, pensée, vertu, abstraction, sont des noms substantifs.* — Substantiv. *Le substantif et l'adjectif doivent s'accorder en genre et en nombre.* — Verbe substantif, le verbe *Etre*, quand il n'est pas auxiliaire, c'est-à-dire, quand il ne sert pas à former les temps des autres verbes, comme dans ces phrases : *il a cessé d'être ; il vaut mieux être que paraître.*

SUBSTANTIFIER v. a. Donner une forme concrète.

* **SUBSTANTIVEMENT** adv. En manière de substantif : *il y a plusieurs adjectifs qu'on emploie quelquefois substantivement, qui se prennent substantivement.*

* **SUBSTITUER** v. a. (préf. *sub*; lat. *statuere*, placer). Mettre une chose, une personne à la place d'une autre : *substituer un mot à un autre.* — Jurispr. Appeler quelqu'un à une succession après un autre héritier, ou à son défaut : *il avait ses biens à son frère, et il lui substitua son neveu.* (Voy. Substitution.) — Se dit de même en parlant des héritages qu'on laisse à quelqu'un par testament, pour qu'il en jouisse après le premier héritier : *il avait substitué cette terre aux aînés de sa maison.*

* **SUBSTITUT** s. m. Celui qui tient la place d'un autre, qui exerce les fonctions d'un autre, en cas d'absence ou d'empêchement légitime : *il l'a nommé son substitut.* — Magistrat chargé de remplacer au parquet le procureur général, le procureur de la république : *le premier substitut du procureur général.* (Voy. Ministère public.)

SUBSTITUTIF, IVE adj. Qui substitue.

* **SUBSTITUTION** s. f. Action de mettre une chose, une personne à la place d'une autre : *la substitution d'un titre faux a fait perdre ce procès.* — Jurispr. Disposition par laquelle on appelle à sa succession ou un plusieurs héritiers successivement, après celui qu'on a institué, de manière que celui-ci ne peut aliéner les biens sujets à la substi-

tution : *substitution directe.* — Législ. « Le mot substitution a plusieurs acceptions dans le langage du droit. La *substitution d'un enfant à un autre*, est la supposition d'un enfant à une femme qui n'est pas accouchée sont punis de la réclusion (C. pén. 345). — Les *substitutions fidéicommissaires*, usitées chez les Romains et dans l'ancien droit français, sont aujourd'hui prohibées. En conséquence, est nulle toute disposition entre-vifs ou testamentaire par laquelle le donataire ou le légataire est chargé de conserver et de rendre, au moment de son décès, l'objet de la libéralité à un tiers désigné par le donateur ou par le testateur (L. 14 nov. 1792 ; C. civ. 896). Nous avons parlé, au mot Majorat, de l'exception qui avait été apportée à cette règle, en 1806, lorsque Napoléon Ier voulut constituer des dotations héréditaires au profit de familles qu'il avait gratifiées de titres de noblesse. Cette exception n'existe plus aujourd'hui ; mais le Code civil en contient deux autres que nous allons indiquer : 1° les pères et mères peuvent donner, à un ou plusieurs de leurs enfants, tout ou partie de la quotité disponible, en leur imposant la charge de rendre ces biens aux enfants nés ou à naître, au premier degré de descendance seulement, desdits donataires ; 2° est valable, en cas de mort sans enfants, la disposition que le défunt aura faite par acte entre-vifs ou testamentaire, au profit d'un ou de plusieurs de ses frères ou sœurs, de tout ou partie des biens dont il peut disposer, à charge de rendre ces biens, au décès desdits donataires, à tous leurs enfants, nés ou à naître, au premier degré seulement. Ces deux dispositions ne sont valables qu'autant que la charge de restitution est au profit de tous les enfants nés ou à naître du grevé, sans exception ni préférence d'âge ou de sexe. Si au moment de la mort du grevé, l'un de ses enfants est décédé, laissant lui-même des descendants, ceux-ci sont appelés, par représentation, à recueillir la part de l'enfant prédécédé. Un mois après la mort du donateur ou testateur et à moins que celui-ci n'y ait pourvu, un tuteur doit être nommé, à la diligence, du grevé sous peine de déchéance de son droit. Ce tuteur a pour mission de veiller à l'exécution des dispositions concernant la substitution, à la confection d'un inventaire, à l'emploi des deniers, etc. (C. civ. 4048 à 1074) Nous ne parlerons que pour mémoire de la loi du 17 mai 1826, qui avait modifié les dispositions du Code, et avait autorisé la substitution à deux degrés ; car cette loi a été abrogée par celle du 7 mai 1849, qui a aboli définitivement les majorats. Est valable la stipulation par laquelle un donataire ou un légataire est chargé, soit de rendre à un tiers, dans le cas où une condition déterminée viendrait à s'accomplir (id. 4040), soit de faire cette restitution à une époque fixe (id. 1121). Ces clauses n'ont pas le caractère de la substitution prohibée. La *substitution de pouvoirs* est l'acte par lequel un mandataire confère à une autre personne tout ou partie du mandat qui lui a été donné. Toute procuration emporte la faculté de substituer, si cette faculté n'a pas été expressément interdite. Lorsque le mandataire n'a pas reçu le pouvoir de substituer, il est responsable de celui qu'il a choisi. Dans tous les cas, le mandant peut agir directement contre la personne que le mandataire s'est substituée (C. civ. 1994). »

* **SUBSTRUCTION** s. f. (préf. *sub*; lat. *struere*, construire). Fondement d'un édifice, ou construction souterraine, construction d'un édifice sous un autre. Se dit particul. en parlant des édifices antiques ou les ruines desquels on en a élevé de modernes.

SUBSTRUCTURE s. f. Construction située au-dessous d'autres constructions.

* **SUBTERFUGE** s. m. (lat. *subter*, en dessous ; *fugio*, je fuis). Échappatoire, moyen détourné et artificieux pour se tirer d'embarras en matière d'affaires ou de discussion. Ne se prend qu'en mauvaise part : *trouver, chercher des subterfuges.*

* **SUBTIL, ILE** adj. (lat. *subtilis*). Délié, fin, menu. Il est opposé à grossier, à épais : *matière subtile.* — Se dit aussi de certaines choses qui sont de nature à pénétrer, à s'insinuer promptement : *venin subtil.* — Qui est adroit à faire des tours de main, et dont la dextérité ne laisse pas apercevoir la manière dont ils se font : *ce joueur de gobelets est fort subtil.* — Se dit également en parlant de l'adresse de l'esprit en certaines choses : *esprit subtil.* — Qui est trop raffiné, qui échappe à l'intelligence par un excès de finesse : *ce que vous dites là est trop subtil pour moi.*

* **SUBTILEMENT** adv. D'une manière subtile, très adroite : *dérober, escamoter subtilement.*

* **SUBTILISATION** s. f. Chim. Action de subtiliser certains liquides par la chaleur du feu : *la subtilisation des essences, des liqueurs.* (Vieux.)

* **SUBTILISER** v. a. Rendre subtil, délié, pénétrant : *le vin subtilise les esprits.* — Attraper, tromper subtilement : *si vous n'y prenez garde, il vous subtilisera.* — v. n. Raffiner, chercher beaucoup de finesse dans une question dans une affaire : *on s'éloigne quelquefois de la vérité à force de subtiliser.*

SUBTILISEUR, EUSE s. Personne qui aime à subtiliser.

* **SUBTILITÉ** s. f. Qualité de ce qui est subtil, ou de celui qui est subtil : *la subtilité des atomes, des parties de la matière.* — Se dit quelquefois, surtout au pluriel, des ruses qu'une personne emploie dans les affaires ; et plus ordinairement des raisonnements, des distinctions qui sont trop subtiles et qui échappent à l'intelligence : *je ne suis point la dupe de ses subtilités.*

* **SUBULÉ, ÉE** adj. (lat. *subula*, alène). Bot. Qui se termine insensiblement en pointe, comme une alène : *feuilles subulées.*

SUBULICORNE adj. Qui a les antennes subulées.

SUBULIROSTRE adj. (fr. *subulé* ; lat. *rostrum*, bec). Qui a le bec subulé.

* **SUBURBAIN, AINE** adj. (lat. *suburbanus*). Qui est tout auprès de la ville.

* **SUBURBICAIRE** adj. Se dit des provinces d'Italie qui composent le diocèse de Rome, et des églises établies dans ces provinces : *provinces suburbicaires.*

* **SUBVENIR** v. n. (lat. *subvenire*). S'emploie avec la préposition A, et se conjugue comme VENIR, avec cette différence que, dans les temps composés, il prend l'auxiliaire AVOIR, et non l'auxiliaire ÊTRE. Secourir, soulager : *il faut subvenir charitablement aux misérables.* — Pourvoir, suffire : *on ne peut pas subvenir à tout.*

* **SUBVENTION** s. f. (sub-van-si-on) (lat. *subventio*). Secours d'argent, espèce de subside accordé ou exigé pour subvenir dans un cas pressant à une dépense imprévue de l'État : *subvention de guerre.* — Se dit aussi des fonds que le gouvernement accorde pour soutenir une entreprise : *ce théâtre vient d'obtenir une subvention.*

SUBVENTIONNAIRE adj. Qui est astreint à payer une subvention :

SUBVENTIONNEL, ELLE adj. Qui a rapport à une subvention : *demande subventionnelle.*

* **SUBVENTIONNER** v. a. Donner une subvention.

* **SUBVERSIF, IVE** adj. Qui renverse, qui

détruit. N'est d'usage qu'au figuré : *principe subversif.*

* **SUBVERSION** s. f. Renversement. N'est d'usage qu'au figuré : *cela causa l'entière subversion de cet État.*

* **SUBVERTIR** v. a. (lat. *subvertere*). Renverser. N'est d'usage qu'au figuré : *subvertir les lois, la constitution de l'État.*

* **SUC** s. m. (lat. *succus*). Liqueur qui s'exprime de la viande, des plantes, des herbes, des légumes, des fleurs, etc., et qui contient ce qu'elles ont de plus substantiel : *le suc de ce fruit est acide.* — Se dit aussi de certaines liqueurs qui se trouvent dans le corps des animaux, ou dans la terre : *les sucs qui sont sécrétés dans l'estomac servent à la digestion.* — Ce qu'il y a de bon, de substantiel dans un livre : *il a bien profité de la lecture de ce livre, il en a tiré, il en a pris tout le suc.*

* **SUCCÉDANÉ, ÉE** adj. [suk-sé-da-né] (lat. *succedaneus*). Méd. Se dit des médicaments qu'on peut substituer à d'autres, parce qu'ils ont les mêmes propriétés. — s. m. *Un bon succédané.*

* **SUCCÉDER** v. n. [suk-sè-dé] (lat. *succedere*). S'emploie avec la préposition A. Venir après, prendre la place de : *la nuit succède au jour.* — Recueillir l'héritage d'une personne par droit de parenté : *les enfants succèdent au père.* — ÊTRE HABILE A SUCCÉDER, être capable de succéder, être propre à succéder. — Réussir, avoir une heureuse issue : *tout ce qu'il entreprend lui succède.* (Vieux.) — **Se succéder** v. pr. Se remplacer : *tous ceux qui se sont succédé dans telle place.*

SUCCENTURIÉ, ÉE adj. [suk-san-tu-ri-é] (lat. *succenturiatus*). Qui remplace un autre organe du même genre.

* **SUCCÈS** s. m. [suk-sè] (lat. *successus*). Ce qui arrive à quelqu'un de conforme ou de contraire au but qu'il se proposait dans une affaire, dans une entreprise, dans un travail : *bon, heureux, avantageux succès.* — Succès DE CIRCONSTANCE, succès dû presque entièrement aux circonstances pour lesquelles l'ouvrage qui l'obtient a été fait : *c'est un petit auteur qui n'a jamais eu que des succès de circonstance.* — Succès DU MOMENT, succès passager, qu'on doit surtout à la disposition où se trouvent les esprits dans le moment où on l'obtient : *il faut dédaigner le succès du moment.* — Succès D'ESTIME, succès sans éclat, qu'obtient un ouvrage estimable, mais dépourvu de grandes beautés. Succès DE VOGUE, succès bruyant qui n'est pas toujours une garantie du mérite d'un ouvrage. On dit, dans un sens anal., Succès D'ENTHOUSIASME, et Succès FOU.

* **SUCCESSEUR** s. m. (lat. *successor*). Celui qui succède et entre à la place d'un autre dans ses biens, dans une dignité, dans une charge, dans un emploi : *successeur légitime.*

* **SUCCESSIBILITÉ** s. f. [suk-sé-si-]. Jurispr. et droit polit. Droit de succéder : *l'ordre de successibilité au trône.*

* **SUCCESSIBLE** adj. Jurispr. Qui est ou qui rend habile à succéder : *à défaut de parents au degré successible dans une ligne, les parents de l'autre ligne succèdent pour le tout.*

* **SUCCESSIF, IVE** adj. Se dit de certaines choses dont les parties n'existent point ensemble, mais se succèdent les unes aux autres sans interruption : *mouvement successif.* — Se dit également de certaines choses qui se suivent de près, qui arrivent à peu d'intervalle l'une de l'autre : *cette place ne fut emportée qu'après plusieurs attaques successives.* — Jurispr. Droits successifs, droits qu'on a à une succession, à un héritage.

* **SUCCESSION** s. f. [su-ksé-si-on] (lat. *successio*). Suite, série de personnes ou de choses qui se succèdent les unes aux autres sans interruption, ou à peu d'intervalle l'une de l'autre :

dans cette maison souveraine, *il y a une succession de princes de mâle en mâle, non interrompue depuis plusieurs siècles.* — PAR SUCCESSION DE TEMPS, par une longue suite de temps : *par succession de temps, cet usage s'est converti en loi.* — Hérédité, biens, effets qu'une personne laisse en mourant : *grande, riche succession.* — Manière dont se fait la transmission des hérédités : *succession directe.* — GUERRE DE LA SUCCESSION D'ESPAGNE, guerre qui suivit la mort de Charles II d'Espagne (1er nov. 1700) et qui se termina, le 11 avril 1713, par le traité d'Utrecht. — Législ. « On nomme succession l'ensemble des droits et des obligations que laisse une personne à son décès, et qui sont transmissibles à ses héritiers. On distingue trois classes principales de successions : les successions *ab intestat*, les successions testamentaires, et les successions vacantes. — I. SUCCESSIONS AB INTESTAT. L'égalité du partage des successions entre tous les enfants légitimes, sans distinction de l'origine des biens, n'est qu'une application des principes reconnus et proclamés par la Révolution française. Sous l'ancien droit, le mode de partage différait suivant les provinces et selon qu'il s'agissait de la succession d'un noble ou d'un roturier. Au xiiie siècle, dans les pays soumis à la justice royale, le partage avait lieu, par portions égales, entre les enfants d'un roturier. Dans les classes nobles, le fils aîné avait droit aux deux tiers de la succession de ses parents (*Établissements de saint Louis*, liv. Ier, chap. 8 et 132). Dans le Vermandois, le Ponthieu, le Bourbonnais, etc., le fils aîné succédait à tous les fiefs, et chacun des autres enfants recevait seulement une pension viagère. Les cadets de Gascogne avaient droit à une part d'enfant dans les biens maternels seulement. En Normandie, la coutume, empruntant cette disposition à la loi salique, excluait les filles de toute succession, lorsqu'il existait des mâles aptes à succéder (Art. 248, 249) ; mais celles qui n'étaient pas mariées avaient droit à une dot. Le fils aîné pouvait choisir tel fief ou telle terre noble qu'il lui plaisait de prendre dans chacune des successions paternelle et maternelle, et les fils puînés se partageaient le reste (Art. 337 et s.). La coutume de Paris réformée (Art. 302) établit l'égalité entre tous les enfants légitimes, nobles ou roturiers, sauf le droit de préciput appartenant au fils aîné noble sur les héritages en fief ou en franc-aleu. Les veuves avaient presque partout droit à un douaire légal. (Voy. DOUAIRE.) Les successions étaient ouvertes non seulement par la mort naturelle, mais aussi par les vœux de profession (voy. RELIGIEUX) et par toute condamnation emportant mort civile ou mort civile. — Aujourd'hui, depuis que la mort civile est abolie, une succession ne peut être ouverte que par la mort naturelle. La loi classe dans l'ordre suivant ceux qu'elle appelle, les uns à défaut des autres et quelquefois concurremment, mais toujours sans distinction de sexe ni de progéniture, à recueillir une succession ouverte. 1er Les descendants directs du défunt. Les fils et les filles légitimes ou adoptifs partagent par portions égales. Si l'un d'eux est décédé, laissant des descendants, ceux-ci recueillent sa part, par représentation. (Voy. ce mot.) Tout enfant naturel reconnu qui se trouve en concurrence avec des enfants légitimes a droit à une part au tiers de la part qu'il aurait eue, s'il eût été légitime. Les enfants adultérins ou incestueux dont la filiation peut se trouver accidentellement constatée, n'ont d'autre droit que celui de réclamer une pension alimentaire, quels que soient ceux qui recueillent la succession. 2me A défaut de descendants légitimes, si le défunt a laissé à la fois ses père et mère ou l'un d'eux et ses frères ou

v.

sœurs ou *descendants d'eux, les père et mère* sont appelés, chacun pour un quart de la succession. Les frères et sœurs ou leurs descendants (venant par représentation) prennent le surplus; et, s'il n'y a ni père ni mère, ils recueillent toute la succession alors même qu'ils seraient seulement consanguins ou utérins. S'il existe des enfants naturels du défunt venant en concurrence avec les père et mère (ou tout autre ascendant) ou avec les frères et sœurs, chacun de ces enfants naturels a droit à une part égale à la moitié de celle qu'il aurait eue s'il eût été *enfant légitime*. 3ᵐᵉ S'il n'existe ni descendants directs du défunt, ni frère ou sœur ou descendants d'eux, la succession se divise en deux portions égales : l'une pour la ligne paternelle et l'autre pour la ligne maternelle. La part attribuée à chaque ligne est dévolue, sans que la représentation soit désormais admise, d'abord à l'ascendant le plus proche en commençant par le père ou la mère et en remontant dans chaque ligne. S'il y a des ascendants au même degré dans une ligne, ils partagent par tête. Lorsque dans l'une des deux lignes, il ne se trouve aucun ascendant, la part qui appartient à cette ligne est dévolue aux collatéraux (autres que les frères, sœurs ou descendants d'eux), mais jusqu'au douzième degré seulement, en comptant pour un degré chaque génération entre le défunt et l'appelé. La représentation n'étant pas admise parmi les collatéraux, le plus proche d'entre eux dans chaque ligne exclut tous les autres, et la part dévolue à cette ligne ne peut se diviser entre les collatéraux que s'il en existe plusieurs au même degré. Le père ou la mère survivant, qui se trouve en concours avec des collatéraux non privilégiés, a droit, en outre de la moitié qui lui est attribuée, à l'usufruit du tiers des biens auxquels il ne succède pas en pleine propriété. L'enfant naturel concourrant avec des collatéraux non privilégiés a droit aux trois quarts de ce qu'il aurait eu s'il eût été légitime; s'il concourt à la fois avec des ascendants et avec des collatéraux non privilégiés, il prend dans la première ligne la moitié, et dans la seconde les trois quarts de ce qu'il eût recueilli s'il eut été enfant légitime. 4ᵐᵉ Dans le cas où la succession a été divisée entre les deux lignes de parenté et où il n'existe, dans l'une de ces deux lignes, aucun parent au degré successible qui accepte de recueillir la part de cette ligne, les parents de l'autre ligne succèdent pour le tout. 5ᵐᵉ S'il n'existe, dans l'une et l'autre ligne, aucun parent au degré successible, la succession est dévolue tout entière aux enfants naturels reconnus ou à leurs descendants. Ces descendants peuvent aussi réclamer les droits de leur auteur, dans les divers cas où celui-ci n'aurait pu recueillir qu'une portion restreinte de la succession. 6ᵐᵉ A défaut de tous les appelés qui précèdent, le conjoint du défunt, s'il est survivant et non divorcé, est en droit de recueillir la succession. 7ᵐᵉ Enfin s'il n'existe aucun des appelés ci-dessus énumérés ou si aucun d'eux ne veut accepter la succession ouverte, cette succession doit être déclarée vacante, et l'Etat peut en prendre possession; sauf, toutefois, qu'il s'agit d'un enfant assisté décédé avant sa majorité, le droit que peut prétendre à sa succession l'hospice qui l'a élevé (C. civ. 734 et s.). — En dehors de l'ordre général ainsi réglé par la loi, il existe des règles particulières pour certaines successions. Ainsi, lorsqu'un enfant naturel décède sans postérité, sa succession est exclusivement dévolue au père ou à la mère qui l'a reconnu; et s'il a été reconnu par les deux, *elle appartient pour moitié à chacun*. Si l'enfant naturel ne laisse que des frères ou sœurs légitimes, *ces frères ou sœurs sont appelés* (mais non leurs descendants) à recueillir les biens que ledit

enfant naturel *avait reçus de leur auteur commun*, et le surplus de la succession est attribué aux frères et sœurs naturels ou à leurs descendants; et, à défaut de ceux-ci, ce surplus revient soit au conjoint, soit à l'Etat (id. 765,766). Les ascendants donateurs succèdent, à l'exclusion de tous autres, aux choses par eux données à leurs enfants ou descendants légitimes, naturels ou adoptifs, lorsque lesdits enfants ou descendants donataires meurent *sans postérité avant le donateur*. Ce droit de retour ou de réversion s'exerce sur la chose donnée, si elle existe *en nature*; mais lorsque l'objet a été aliéné, l'ascendant a droit au prix de la vente s'il est encore dû, et il peut exercer l'action en reprise, si elle existe (id. 747). — L'adopté a sur la succession de l'adoptant, les droits d'un enfant légitime, alors même que d'autres enfants ayant la qualité de légitimes seraient nés depuis l'adoption; mais l'adopté ne succède pas aux parents de l'adoptant, et il ne peut être lui-même représenté dans la succession de l'adoptant autrement que par ses descendants légitimes et non ses enfants adoptifs ou naturels. Lorsque l'adopté vient à *décéder sans laisser de descendants légitimes*, les choses données par l'adoptant ou recueillies dans sa succession font retour au donateur ou à ses descendants, à la charge de supporter les droits consentis par l'adopté sur lesdits biens, et de contribuer, en proportion de leur valeur, aux charges de la succession. Si les biens dont il s'agit ont été aliénés, le droit de retour s'applique encore au prix de l'aliénation, s'il est dû, ou à l'action en reprise, si elle existe. Le droit de retour dont il s'agit est exclusivement réservé à l'adoptant et à ses descendants, et le surplus des biens de l'adopté décédé est recueilli par ses propres parents. Enfin si l'adoptant donateur survit à l'adopté et que les héritiers de celui-ci viennent à décéder sans postérité, l'adoptant a encore le droit de succéder aux choses par lui données, mais ce droit lui est exclusivement personnel (id. 350 et s.). — Sont incapables de succéder : 1° ceux qui étaient déjà morts, lorsque la succession s'est ouverte; 2° ceux qui alors n'étaient pas encore conçus (voy. CONCEPTION); 3° ceux qui étaient conçus à ladite époque, mais ne sont pas nés viables. — Sont *indignes de recueillir* la succession : 1° l'héritier qui a été condamné, comme auteur principal ou complice, pour avoir donné ou tenté de donner la mort au défunt; 2° l'héritier qui a porté contre le défunt une accusation capitale, jugée calomnieuse; 3° l'héritier majeur qui, étant instruit du meurtre du défunt, n'en a pas fait connaître les auteurs à la justice, à moins que ledit héritier ne fût un ascendant ou un descendant, le conjoint, le frère ou la sœur, l'oncle ou la tante, le neveu ou la nièce du meurtrier (id. 725 et s.). Si plusieurs personnes appelées respectivement à *une succession* l'une de l'autre ont péri dans un même événement, sans que l'on ait pu reconnaître laquelle est décédée la première, la présomption de survie est déterminée par les circonstances du fait et à leur défaut, par la force de l'âge ou du sexe, selon les indications données par le Code (id. 720 et s.). (Voy. SURVIE.) L'acceptation pure et simple d'une succession a lieu d'une façon expresse, lorsque l'héritier prend cette qualité dans un acte authentique ou sous seing privé; elle est tacite lorsque l'héritier fait acte de propriétaire en ce qui concerne les biens de la succession (id. 778 et s.). L'acceptation d'une succession sous bénéfice d'inventaire et la renonciation doivent être faites par une déclaration de l'héritier au greffe du tribunal de première instance. (Voy. BÉNÉFICE et RENONCIATION.) Nul ne peut renoncer à une succession qui n'est pas encore ouverte, ni faire aucune stipulation qui

y soit relative, même du consentement de la personne de la succession de laquelle il s'agit (id. 1360, 1600). Toute convention faite, même dans un contrat de mariage, pour changer l'ordre légal de succession est nulle (id. 1389). La liquidation et le partage d'une succession peuvent avoir lieu à l'amiable entre majeurs; mais on doit employer les formes légales, lorsqu'il existe, parmi les héritiers, des mineurs ou d'autres incapables. (Voy. LIQUIDATION, PARTAGE, RAPPORT, etc.) — II. SUCCESSIONS TESTAMENTAIRES. Le legs universel, c'est-à-dire la disposition par laquelle un testateur donne à une ou plusieurs personnes l'universalité des biens qu'il laissera à son décès, n'investit ces légataires du droit de recueillir la succession et ne leur en donne la saisine (voy. ce mot) que s'il n'y a pas d'héritiers à réserve. Dans le cas contraire, ce sont ces héritiers qui sont saisis de plein droit par la mort du testateur, et le légataire universel doit leur demander la délivrance des biens légués. Si, au décès du testateur, il n'y a pas d'héritiers à réserve, le légataire est saisi de plein droit; néanmoins, il doit, dans le cas où le testament a été fait en la forme olographe ou mystique, se faire envoyer en possession par ordonnance du président du tribunal. Les légataires à titre universel et les légataires particuliers sont tenus de demander la délivrance de leur legs, aux héritiers à réserve; à leur défaut, aux légataires universels; et, à défaut de ceux-ci, aux héritiers appelés par la loi à recueillir la succession (id. 1002 et s.). (Voy. LEGS, TESTAMENT, etc.) — III. (SUCCESSIONS VACANTES). Lorsque après l'expiration des délais légaux pour faire inventaire et pour délibérer sur l'acceptation ou la renonciation (3 mois et 40 jours), il ne se présente aucun prétendant à la succession, qu'il n'y a pas d'héritier connu, ou que les héritiers connus y ont renoncé, cette succession est déclarée vacante. Le tribunal de première instance, sur la demande des personnes intéressées ou du procureur de la République, nomme un curateur (voy. ce mot), lequel est tenu de faire faire inventaire et de gérer et administrer la succession. Il doit verser tous les deniers à la caisse des dépôts et consignations, et rendre compte de ces versements au receveur des domaines du lieu; et c'est la caisse des dépôts qui est chargée d'acquitter le passif (id. 811 et s.; Décr. 21 nov. 1855). — Lorsque l'administration des domaines juge convenable de revendiquer au profit de l'Etat une succession vacante, elle demande à en être envoyée en possession par le tribunal dans le ressort duquel la succession s'est ouverte, et le jugement ne peut être rendu qu'après trois publications et affiches. Lorsque l'envoi en possession est prononcé, la succession est dite en *déshérence; la* mission du curateur est terminée, et ce dernier rend compte de sa gérance à l'administration des domaines, laquelle est ensuite chargée de liquider la succession. Les héritiers conservent le droit de revendiquer les biens et capitaux d'une succession en déshérence, pendant trente ans à dater du jour du décès (C. civ. 539, 713, 723, 724, 767 et s.; C. pr. 998 et s.; Ord. roy. 26 juil. 1844). — La caisse des Invalides de la marine a droit au produit non réclamé des successions des marins et autres personnes décédées en mer (L. 13 mai 1791).— Toutes les actions et contestations relatives au règlement d'une succession doivent être, jusqu'au partage inclusivement, jugées par le tribunal du lieu où *ladite succession* s'est ouverte, c'est-à-dire du lieu où le défunt avait son domicile (C. civ. 110, 824; C. pr. 50, 59). Les droits de succession doivent être payés aux receveurs d'enregistrement dans le délai de six mois à compter du jour du décès; nous en avons donné le tarif au mot MUTATION. (CH. Y.)

* **SUCCESSIVEMENT** adv. L'un après l'autre : *toutes ces choses arrivèrent successivement.*

SUCCESSORAL, ALE adj. Qui appartient aux successions.

* **SUCCIN** s. m. [su-ksain] (lat. *succinum*). C'est la même chose que l'ambre jaune : *huile de succin.*

SUCCINATE s. m. Sel obtenu par la combinaison de l'acide succinique avec une base.

* **SUCCINCT, INCTE** adj. [su-ksain] (lat. *succinctus*). Court, bref. Est opposé à prolixe, et ne se dit proprement que du discours : *un discours succinct.* — Se dit aussi des personnes, par rapport aux discours : *cet homme est succinct dans ses réponses.* — UN REPAS SUCCINCT, un repas léger ; un repas où il y a peu à manger.

* **SUCCINCTEMENT** adv.[su-ksain-te-man]. D'une manière succincte, en peu de mots : *il nous conta succinctement ses raisons.*

SUCCINIQUE adj. Chim. Se dit d'un acide qu'on trouve tout formé dans l'ambre et dans certains lignites, et quelquefois dans l'organisme animal. On peut l'obtenir en cristaux colorés en chauffant de l'ambre dans des cornues. On le forme artificiellement de différentes manières, comme par l'action de l'acide hydriodique sur l'acide malique ou l'acide tartrique, ou par l'oxydation de certains acides gras. On le prépare plus facilement en faisant fermenter de l'acide malique.

* **SUCCION** s. f. [su-ksi-on] (lat. *succio*). Didact. Action de sucer : *il y a des plaies qu'on guérit par la succion.*

SUCCIVORE adj. [su-ksi-] (lat. *succus*, suc; *voro*, je dévore). Qui vit de sucs aux animaux ou végétaux.

* **SUCCOMBER** v. n. [su-kom-bé] (lat. *succumbere*). Etre accablé sous un fardeau que l'on porte : *ce crocheteur succombait sous le poids.* — Ne pouvoir résister, être vaincu, céder : *succomber sous le faix, sous le poids des affaires.* — Mourir, périr : *le malade a succombé.* — Avoir du désavantage en quelque chose qu'on entreprend contre quelqu'un : *vous attaquez un homme trop puissant, vous succomberez, il vous fera succomber.*

SUCCOTRIN s. m. [su-ko-train] (de *socotora*, n. pr.) Nom d'un aloès et de la résine purgative qu'il fournit.

* **SUCCUBE** s. m. [su-ku-be] (préf. *sub*; lat. *cubare*, être couché). Démon qui, suivant l'opinion populaire, prend la forme d'une femme, pour avoir commerce avec un homme.

SUCCULEMMENT adv. [su-ku-la-man]. D'une manière succulente.

SUCCULENCE s. f. Caractère, état de ce qui est succulent.

* **SUCCULENT, ENTE** adj. [su-ku-lan] (lat. *succulentus*). Qui a beaucoup de suc, et qui est fort nourrissant. Ne se dit que des aliments : *viande succulente.*

* **SUCCURSALE** adj. f. (rad. lat. *succursus*, secours). Est usité surtout dans cette dénomination, EGLISE SUCCURSALE, qui supplée à l'insuffisance de l'église paroissiale : *ce n'est qu'une paroisse, ce n'est qu'une église succursale.* — Substantiv. *Une succursale.* — Etablissement subordonné à un autre, créé dans le même but : *cet hôpital a une succursale.*

* **SUCCURSALISTE** s. m. Prêtre desservant une succursale.

SUCCUSSION s. f. [suk-ku-si-on] (lat. *succutio*). Action de secouer.

* **SUCEMENT** s. m. Action de sucer.

* **SUCER** v. a. (lat. *suctus*, sucé). Tirer quelque liqueur, quelque suc avec les lèvres et à l'aide de l'aspiration. Se dit également en parlant de la liqueur qu'on attire, et du corps dont on attire la liqueur : *sucer un os, la moelle d'un os.* — Fig. SUCER AVEC LE LAIT UNE DOCTRINE, UNE OPINION, UN SENTIMENT, être de bonne heure imbu d'une doctrine, d'une opinion bonne ou mauvaise, d'un sentiment: *ce sont des principes qu'il a sucés avec le lait.* — Tirer peu à peu le bien, l'argent d'une personne : *il a des gens d'affaires, des solliciteurs qui le sucent.*

* **SUCEUR** s. m. Celui qui suce. Se disait particul. de certaines personnes qui suçaient les plaies pour les guérir. — Hist. nat. Insectes qui sont pourvus d'une espèce d'organe appelé SUÇOIR.

SUCHET (Louis-Gabriel), DUC D'ALBUFÉRA, maréchal de France, né à Lyon, le 2 mars 1770, mort le 3 janv. 1826. Il servit avec honneur en Italie et en Allemagne; il devint général de division, et se distingua à Austerlitz et à Iéna. Envoyé en Espagne en 1808, il y remporta plusieurs victoires, et fut fait maréchal en 1811. Le 9 janv. 1812, il défit Blake près de la lagune d'Alhufera, sous les murs de Valence, et le força à se rendre avec 18,000 hommes et d'immenses magasins. Louis XVIII le fit pair en 1814. Il a écrit des *Mémoires sur la guerre d'Espagne, 1808-14* (1829, 2 vol.; 2e édit. en 1834).

* **SUÇOIR** s. m. Hist. nat. Organe qui sert à sucer : *la cigale, la punaise, ont un suçoir.*

* **SUÇON** s. m. Espèce d'élevure qu'on fait à la peau en la suçant fortement : *faire un suçon.*

* **SUÇOTER** v. a. Sucer plusieurs fois et à plusieurs reprises. (Fam.)

* **SUCRE** s. m. (gr. *sakcharon*; lat. *saccharum*). Suc très doux, qui se tire de plusieurs végétaux, principalement d'une espèce de graminée appelée CANNE A SUCRE, et qui s'épaissit, se durcit, se cristallise par le moyen du feu : *sucre de canne.* — SUCRE BRUT, sucre qui, ayant été cuit, n'est pas encore raffiné. SUCRE RAFFINÉ, sucre brut qu'on a blanchi par le raffinage. SUCRE ROYAL, sucre qui a été raffiné deux fois. SUCRE DE POMME, sucre préparé avec du jus de pomme. SUCRE D'ORGE, espèce de pâte jaunâtre, transparente et solide, faite avec du sucre et de l'eau d'orge, et dont on se sert pour le rhume. SUCRE TORS, pâte faite de sucre et de jus de réglisse, à laquelle on donne la forme de petits bâtons tordus, et dont on se sert pour la même incommodité. SUCRE ROSAT, sucre blanc cuit dans de l'eau rose et réduit en tablettes. — CONFITURES A MI-SUCRE, confitures où l'on ne met que la moitié du sucre qu'on a coutume de mettre dans les autres. — ENCYCL. Le mot *sucre* est usité dans presque toutes les langues, avec des formes diverses, pour désigner un certain nombre de produits végétaux d'une saveur douce. Les chimistes donnent en outre ce nom à plusieurs composés organiques, dont beaucoup peuvent être tirés artificiellement de corps organiques similairement constitués. Les sucres se divisent, par conséquent, en naturels et artificiels. En termes généraux, on sait compris dans un groupe de composés appelés alcools hexatomiques. Deux alcools naturels, la mannite et la dulcite, dont la composition est C6 H14 O6, sont des alcools hexatomiques saturés, dérivés de l'hydrocarbure saturé C6 H14. Plusieurs autres, appelés glucoses, ont pour formule C6 H12 O6, et peuvent être considérés comme des aldéhydes de ces alcools. Il y a aussi des alcools diglucosiques, C12 H22 O11, dont les plus importants sont le sucre de canne et le sucre de lait. — Les glucoses forment un groupe de sucres ayant la formule commune C6 H12 O6, et comptant, autant qu'on le sait, huit représentants : 1. La glucose ordinaire ou dextro-glucose, ainsi nommée à cause de son pouvoir de faire dévier un rayon de lumière polarisée à droite, se forme en hydratant de la fécule par l'action d'acides dilués (diastase). On la trouve dans le miel, et dans différents fruits, surtout dans le raisin; aussi l'appelle-t-on souvent sucre de raisin. (Voy. FERMENTATION.) Son pouvoir de déviation est + 56° à toutes les températures. 2. La maltose se forme par l'action limitée de la diastase sur la fécule; elle diffère de la glucose ordinaire en ce qu'elle a un pouvoir de déviation à droite trois fois aussi grand. On la convertit en glucose ordinaire en le faisant bouillir avec des acides dilués. 3. La lévulose est isomérique avec les autres; mais elle s'en distingue en tournant à gauche le plan de polarisation. On la trouve, associée à la dextro-glucose, dans le miel et dans beaucoup de fruits. Le mélange de la lévulose et de la dextro-glucose, constitue le sucre de fruit ou fructose, qui dévie aussi à gauche, parce que le pouvoir de déviation de la lévulose, à une température ordinaire, est plus grand que celui de la dextro-glucose. 4. La mannitose, produite par l'oxydation de la mannite, ne cristallise pas; elle fermente; mais elle n'a pas d'action sur la lumière polarisée. 5. La galactose, formée par l'action des acides sur le sucre de lait, cristallise plus rapidement que la glucose ordinaire; elle a un pouvoir dextro-rotateur de 83° 3, et fermente facilement. 6. L'inosite se présente sous la substance musculaire du cœur et dans d'autres organes chez les animaux, dans les haricots verts et d'autres plantes. Elle n'a aucun pouvoir rotateur optique. 7. La sorbine se trouve dans le suc du fruit du hêtre sauvage. Elle a un pouvoir de déviation d'environ 47°. 8. L'eucalyne se rencontre, avec d'autres sortes de sucre dans ce qu'on appelle la manne d'Australie, laquelle tombe en gouttes opaques de différentes espèces d'eucalyptus. Son pouvoir de déviation est d'environ + 50°. — Outre ces glucoses, il y a des sucres que l'on peut regarder comme résultant de la combinaison de deux ou plusieurs molécules de glucose éliminant des molécules d'eau. On a appelé ces sucres alcools polyglucosiques; ils ont pour formule C12 H22 O11. Leur représentant le plus important, qui est aussi le plus important de tous les sucres, est le sucre de canne ou saccharose, lequel se trouve dans le suc de beaucoup d'herbes et dans la sève de plusieurs arbres forestiers, et particulièrement de l'érable dur, dans les racines de la betterave, du panais, de la mauve et de plusieurs autres plantes, ainsi que dans la plupart des fruits doux en association avec la lévulose et la dextro-glucose (sucre de groseille, fructose). Les noix, les noisettes, les amandes ne contiennent que la saccharose. Le miel et les nectaires des fleurs contiennent de la saccharose et de la fructose. La saccharose pure se sépare, dans une solution, par évaporation lente, en gros cristaux transparents et incolores, ayant la forme d'un prisme monoclinique modifié. Avec des solutions saturées, on l'obtient en masses de cristaux plus petits (sucre en pain). Son pouvoir de déviation optique est + 73° 8; son poids spécifique est 4,6, invariable à l'air. Chauffé un peu au-dessus de 160°, il se change, sans perte de poids, en un mélange de dextro-glucose et de lévulose; l'anhydride de lévulose (C12 H22 O11 == C6 H12 O6 + C6 H10 O5 ou lévulose). Il se transforme, avec perte d'eau, en d'autres substances, à mesure que la température s'élève, jusqu'à ce qu'il se forme à 240° une substance brune appelée caramel, qui consiste en un mélange de différents composés, résultant tous de l'élimination des éléments aqueux du sucre. Par une ébullition prolongée avec de l'eau, le sucre de canne se convertit en fructose; cette transformation

étant accélérée par la présence d'acides, surtout de l'acide sulfurique. Il n'est pas directement susceptible de fermentation; mais, sous l'action d'un ferment, il se résoud en dextrose et en lévulose, lesquelles entrent en fermentation. C'est un agent de réduction capable d'enlever promptement l'oxygène à plusieurs acides et sels métalliques. Les autres alcools polyglucosiques sont la parasaccharose, la mélitose, la mélézitose, la tréhulose, la mycose et le sucre de lait. — SACCHARIMÉTRIE. Il y a différentes méthodes pour estimer la proportion de sucre contenue dans une solution donnée; on les désigne toutes sous le nom générique de saccharimétrie. Les quatre principales sont : 1° par le poids spécifique de la solution; 2° par la quantité d'anhydride carbonique et d'alcool qu'elle dégage dans les fermentations; 3° par la quantité de sous-oxyde de cuivre précipitable dans une solution par l'action du sucre de raisin, en quoi le sucre de canne présent se convertit; 4° par le degré de déviation donné à un rayon de lumière solaire passant à travers la solution. Dans la première et dans la quatrième de ces méthodes, on emploie des instruments appelés saccharomètres; le mot saccharomètre est souvent donné néanmoins à l'instrument polarisant. Cet instrument a été inventé par Biot, modifié et perfectionné par Soleil. Il est démontré que plusieurs substances ont la propriété de faire tourner le plan d'un rayon polarisé, les unes à droite, les autres à gauche, et aussi que des substances qui ont la même composition chimique, peuvent faire tourner le rayon dans les deux directions. Une solution de dextrose a la propriété de donner une déviation à droite, tandis que la lévulose, de même composition chimique (C⁶ H¹² O⁶), fait tourner à gauche le plan de polarisation. Le quartz aussi, en raison de certaine différence dans sa structure moléculaire, fait, dans certains spécimens, dévier la lumière à droite, et dans d'autres à gauche. Le saccharimètre construit par M. Soleil ne mesure pas le degré de rotation produit directement, comme l'instrument de Biot; mais il emploie le principe de compensation, et en outre la comparaison des couleurs, se servant du blanc au lieu de la lumière homogène. Le degré de compensation est mesuré par un appareil attaché à l'instrument et appelé compensateur, qui se compose de deux morceaux de quartz en forme de coin dont l'épaisseur combinée peut être modifiée en les faisant glisser l'un sur l'autre. — SUCRE DE CANNE, le sucre de canne du commerce est obtenu de diverses espèces de saccharum, spécialement du saccharum officinarum, genre de plantes de la tribu des andropogoneæ, dont le sorgho est un exemple bien connu. La canne à sucre est une plante vivace, à tige solide, de 6 à 20 pieds de haut, avec des feuilles longues de 1 m. et plus, et larges de 9 centim. Ses fleurs forment de grosses panicules éclatantes longues de près de 2 pieds. Le jus de la plante contient de 16 à 20 p. 100 de sucre. On ne la trouvée à l'état sauvage dans aucune partie du monde; mais elle est probablement originaire du Bengale, où la fabrication du sucre a pris naissance. Si la canne de Chine (saccharum Sinense) est une espèce distincte, il se peut qu'elle ait été de son côté cultivée dans ce pays à la même époque. Au IX° siècle, la culture de la canne existe en Perse; au X° et au XI°, Avicenne et d'autres médecins orientaux s'en servent en médecine. Au X° siècle, on la cultivait en Espagne; et le sucre était un article de commerce, surtout entre les mains des Vénitiens. La canne fut introduite à Madère en 1420, et quelque temps après dans les Canaries. Après la découverte de l'Amérique, elle s'y propagea rapidement; Saint-Domingue, le Brésil, le Mexique, la Guadeloupe

en entreprirent successivement la culture. Dans les États-Unis, elle apparaît près de la Nouvelle-Orléans, vers 1751. Les progrès de cette culture furent rapides dans les états du Sud. La Louisiane est déjà un peu au nord pour permettre à la canne d'arriver à maturité parfaite. La canne se propage par boutures, et comme les parties basses de la tige sont les plus riches en sucre, ce sont ces parties supérieures que l'on emploie pour ces boutures. On attribue à cette pratique la dégénérescence des variétés. — FABRICATION. Dès que les cannes sont coupées on les broie dans un moulin. Ces moulins sont de diverses formes. Ceux dont on se sert dans les Indes Orientales, depuis les premiers temps, sont excessivement grossiers, bruts et de peu d'effet; les petits planteurs des Antilles se servent d'appareils qui ne valent guère mieux. Mais sur les grands domaines on a des moulins puissants mus par la vapeur, et dans

Canne à sucre.

lesquels l'appareil à écraser consiste en trois lourds rouleaux de fer fondu. On passe d'ordinaire les cannes deux fois dans le moulin. On en extrait ainsi les deux tiers du jus environ; cette liqueur à l'état brut contient, en outre du sucre, de la fibre ligneuse, des sels solubles, de l'albumen, de la caséine, de la cire, etc. Dans les pays chauds, le jus laissé à lui-même commence à fermenter au bout d'une heure; c'est pourquoi on le traite immédiatement avec de 1/1000 à 1/500 de son poids de chaux, et on le chauffe jusqu'à 60° dans de grands bassins de cuivre à fond plat appelés clarificateurs, contenant de 1,200 à 1,600 litres chacun. Certains planteurs traitent le jus par l'acide sulfurique, qui retarde la fermentation. Le liquide devenu clair, après avoir refroidi une heure ou deux, est soutiré pour le faire concentrer par l'ébullition; après quoi il est clarifié avec d'autre chaux et soumis à une ébullition nouvelle. Lorsqu'on le juge suffisamment concentré pour la granulation, on le fait passer dans des vases où il se refroidit, puis dans d'autres bassins où la granulation s'opère. Pour qu'elle se fasse bien, il faut que le refroidissement soit lent; l'opération dure environ 24 heures, au bout desquelles les cristaux forment une masse molle au milieu de la portion liquide ou mélasse. On laisse égoutter celle-ci pour effectuer la séparation des deux produits. — RAFFINAGE DU SUCRE. Ce n'est pas dans les pays de production que se pratiqua d'abord l'art d'amener le sucre à son plus parfait état de pureté. Il fut inventé par les Vénitiens, qui l'appliquèrent aux sucres bruts venus d'Égypte. Au XVI° siècle, on le pratiquait à Anvers, et de là il passa en Angleterre. Aujourd'hui, c'est une branche d'industrie importante dans la plupart des grandes villes commerciales de l'Europe et des États-Unis. Suivant l'ancienne méthode, on faisait dissoudre le sucre brut dans de

l'eau de chaux, dans une grande chaudière, et lorsque le mélange était chaud on y ajoutait du sang de bœuf qui, en se coagulant, entraînait la plus grande partie des impuretés les plus légères, et les maintenait à la surface en épaisse écume. Celle-ci enlevée, on faisait évaporer une partie du liquide par l'ébullition, on le filtrait dans une chausse de drap, on le concentrait et on le granulait par le refroidissement. Aujourd'hui les meilleurs-raffineurs ne se servent ni de sang ni d'aucune autre substance se coagulant pour enlever les matières en suspension; ils les séparent uniquement par filtration. Le sucre brut est dissous dans de l'eau chaude dans de grands réservoirs; on y ajoute assez d'eau pour amener le poids spécifique à 1.25 ou 29° Baumé environ; on y ajoute assez d'eau pour amener le poids spécifique à 1.25 ou 29° Baumé environ; la solution est alors montée par une pompe jusqu'à l'étage supérieur, dans des vaisseaux que l'on chauffe jusqu'à 49° ou 20° C.; on y ajoute du lait de chaux pour neutraliser les acides. Le sirop passe ensuite à l'étage d'en dessous dans des filtres qui le débarrassent complètement de toutes les particules solides en suspension. Ces filtres se composent d'un grand nombre de sacs de 4 à 5 pouces de diamètre et de 8 à 10 pieds de long, faits de tissus de deux épaisseurs, l'extérieur plus grossier que l'intérieur. Ils sont enfermés par séries d'environ 200 dans des boîtes pour empêcher le refroidissement. Lorsqu'ils sont encrassés, on les retourne et on les lave. En quittant ces filtres, à une température de 76° à 81°, le sirop passe à travers d'autres filtres de charbon ou de noir animal. Ce sont d'immenses cylindres, de 6 à 8 pieds de diamètre et de 20 à 25 pieds de haut, remplis de noir animal pulvérisé, substance qui a la propriété d'absorber toutes les matières colorantes. Le sirop en sort à une température d'environ 71°, et parfaitement incolore, pour être conduit dans des réservoirs et amené par la concentration au point de granulation ou de cristallisation. — SUCRE DE BETTERAVE. En 1747, Marggraf, chimiste de Berlin, trouva que la betterave blanche donnait 6,2 p. 100, et la betterave rouge 4,6 p. 100 de sucre; mais la fabrication de ce sucre ne se développa qu'à la fin de 1800. Les meilleures variétés de betteraves européennes pour la fabrication du sucre sont la silésienne blanche qui donne un jus plus riche en sucre et plus exempt de sels que toutes les autres espèces. La proportion de sucre contenue dans la racine varie de 5 à 12 p. 100; on peut évaluer en gros le rendement à 6 et quelquefois 7 1/2 p. 100. Pour extraire le jus, il est nécessaire, avant de faire passer la betterave sous la presse, de la réduire en pulpe à l'aide d'une râpe mécanique. — SUCRE D'ÉRABLE. Plusieurs espèces d'érables, lorsque la sève commence à couler au printemps, donnent un suc qui contient du sucre cristallisable. L'espèce la plus riche est l'acer saccharinum, l'érable à sucre. On a commencé à fabriquer ce sucre dans la Nouvelle-Angleterre, dit-on, vers 1752; on en fait aujourd'hui beaucoup dans le Canada, et plusieurs parties des États-Unis. Ceux-ci en produisent annuellement près de 30,000,000 de livres. — Législ. « Le régime fiscal des sucres est l'une des matières qui ont le plus varié depuis un demi-siècle. De même que, pour la plupart des mesures qui ont pour but le protectionnisme, les prévisions du législateur ont été bien souvent démenties par les faits, et l'on a cherché sans cesse à corriger artificiellement les conséquences d'un système dont le principe est défectueux. L'opposition existant entre les intérêts du commerce maritime et des colonies d'une part, et ceux de la production agricole du sucre indigène d'autre part, rend la solution du problème encore plus difficile. Tout d'abord, le sucre de canne fut seul l'objet d'un droit

le douane. Lorsque le sucre indigène arriva à faire au sucre exotique une concurrence sérieuse, le premier fut soumis, en 1837, à une taxe de consommation. Les droits sur les sucres étaient plus ou moins élevés selon leur provenance. En 1864, on adopta, comme bases de l'impôt, une série de types dont la richesse saccharine présumée était calculée d'après les nuances des sucres bruts; et l'on remplaça le régime du drawback par celui de l'admission temporaire en franchise des sucres destinés à être réexportés après raffinage. En 1875, on a renoncé aux types, parce que les nuances étaient souvent surchargées d'une manière frauduleuse; et l'on a adopté, pour apprécier la valeur relative des sucres bruts importés ou fabriqués en France, la méthode de l'analyse chimique ou saccharimétrie. — La taxe, après s'être élevée jusqu'à 73 fr. 32 par 100 kilogr., avait été abaissée à 40 fr., par la loi du 19 juillet 1880; puis elle a été relevée par celle du 29 juillet 1884, et les droits sur les sucres de toute origine sont aujourd'hui de 50 fr. par 100 kilogr. de raffiné qu'ils renferment; ils sont de 53 fr. 50 sur les sucres candis, et de 10 fr. sur les glucoses indigènes. La taxe est réduite à 20 fr. par 100 kilogr. de raffiné, pour les sucres bruts employés au sucrage des vins, cidres et poirés. A dater du 1er sept. 1887, le droit sur les sucres indigènes doit être calculé d'après le poids des betteraves mises en œuvre par les fabriques, système fiscal précédemment appliqué en Allemagne et en Autriche. Les fabriques et les raffineries de sucre sont nécessairement soumises à la surveillance constante de la régie des contributions indirectes, et aucune expédition de sucres bruts ne peut sortir des ports ou des fabriques qu'après la délivrance d'un acquit à caution. Les infractions aux règlements concernant la fabrication et la circulation des sucres sont punies d'une amende de 1,000 à 5,000 fr. et de la confiscation des matières. En cas de récidive, l'amende peut être doublée. »   (Ch. Y.)

SUCRE ou Chuquisaca (sou'-kré; tchou-ki-sa'-ka], capitale de la Bolivie et du département de Chuquisaca, sur un plateau au-dessus de la rivière Cachimayo, à environ 10,000 pieds au-dessus du niveau de la mer; par 19° 20' lat. S. et 67° 37' long. O.; 26,664 hab., la plupart Indiens.

SUCRE (Antonio-José de), homme de guerre de l'Amérique du Sud, né dans le Venezuela en 1793, mort en 1830. Il entra dans l'armée révolutionnaire en 1811, fut fait brigadier général en 1819, et, bientôt après, commandant d'une division. Sa victoire à Pichincha, en mai 1822, fut suivie de la capitulation de Quito. En 1824, il succéda à Bolivar dans le commandement de l'armée de délivrance, et le 9 déc. il gagna la victoire décisive d'Ayacucho. (Voy. Ayaccucho.) Il devint premier président de la Bolivie en mai 1825, fut chassé en 1828, puis commanda les troupes de Colombie contre les Péruviens, et fut assassiné comme il revenait à Quito, après une session du congrès constituant.

* SUCRÉ, ÉE part. passé de Sucrer. — Adjectiv. Se dit des fruits qui ont le goût du sucre : poire sucrée. — Faire la sucrée, se dit d'une femme qui, par des manières affectées fait la modeste, l'innocente, la scrupuleuse : on dit aussi Mettre à l'air sucrée.

* SUCRER v. a. Mettre du sucre en masse ou en poudre dans quelque chose.

* SUCRERIE s. f. Lieu destiné pour faire le sucre : il y a tant de sucreries dans l'île de la Martinique. — Lieu où l'on le raffine : il y a une belle sucrerie dans ce faubourg. Le mot de Raffinerie est plus usité. — Se dit encore de certaines choses où il entre beaucoup de sucre, comme dragées, confitures, tourtes,

massepains, etc.; et, en ce sens, il n'est guère d'usage qu'au pluriel : je n'aime point les sucreries.

SUCREUR s. m. Celui qui sucre les vins.

* SUCRIER s. m. Pièce de vaisselle dans laquelle on met du sucre en poudre ou en morceaux : sucrier d'argent.

* SUCRIER, IÈRE adj. Qui a rapport à la fabrication du sucre.

* SUCRIN adj. m. Qui a le goût du sucre. Ne se dit guère qu'en parlant des melons : melon sucrin.

SUD s. m. [sudd; les marins prononcent su] (anc. haut all. sund). Le midi, la partie du monde opposée au nord, au septentrion : le vaisseau courut tant de degrés vers le sud. — Adjectiv. Le pôle sud, le pôle antarctique ou austral. — Degrés de latitude sud, ceux qui vont de l'équateur au pôle. — Mar. Faire le sud, faire route vers le sud. — Absol. Vent du sud : le sud est bon pour passer de France en Angleterre.

SUDATION s. f. (lat. sudatio). Action de suer ou de provoquer la sueur.

SUDATOIRE adj. Accompagné de sueur.

SUDERMANIE. Voy. Sœdermanland.

* SUD-EST s. m.[su-dèsst]. Partie du monde qui est entre le sud et l'est : cette ville est au sud-est de Paris. — Vent qui tient le milieu entre le sud et l'est. — Adjectiv. Le vent est sud-est.

SUD-EST-QUART-EST s. m. Direction qui s'éloigne autant du sud que de l'est-sud-est. Vent qui souffle de cette direction.

SUD-EST-QUART-OUEST s. m. Direction qui s'écarte du sud autant que de l'est-sud-ouest. Vent qui vient de cette direction.

SUD-EST-QUART-SUD s. m. Direction qui s'éloigne du sud autant que du sud-sud-est. Vent qui souffle de cette direction.

SUDÈTES (Monts) Voy. Allemagne.

* SUDISTE adj. Que appartient aux Etats sécessionnistes du sud des Etats-Unis. — s. m. Partisan des Etats sécessionnistes.

* SUDORIFÈRE ou Sudorifique adj. (lat. sudor, sueur ; fero, je porte). Méd. Qui provoque la sueur : poudres sudorifiques. — s. m. Médicament qui excite la transpiration. — Les sudorifiques sont : la salsepareille, la squine, le sassafras, le galac, la bourrache, la fleur de sureau, les boissons aromatiques chaudes, les bains de vapeur, etc. (Voy. Diaphorétique.)

SUDORIPARE adj. (lat. sudor, sueur ; pario, j'enfante). Anat. Se dit des glandes qui sécrètent la sueur.

SUDORIQUE adj. Chim. Se dit d'un acide trouvé dans la sueur.

* SUD-OUEST s. m. (su-douèsst]. Partie du monde qui est entre le sud et l'ouest : la ville de Tours est au sud-ouest de Paris. — Vent qui tient le milieu entre le sud et l'ouest : le sud-ouest est ordinairement chaud et pluvieux. On dit adjectivement adjectiv. Le vent est sud-ouest.

SUD-OUEST-QUART-SUD s. m. Direction qui s'écarte du sud autant que du sud-sud-ouest. Vent qui vient de cette direction.

* SUD-SUD-EST s. m. Direction également distante du sud et du sud-est. Vent qui souffle de cette direction.

* SUD-SUD-OUEST s. m. Direction également distante du sud et du sud-ouest. Vent qui vient de cette direction.

SUE (Marie-Joseph-Eugène), célèbre romancier, né à Paris le 10 déc. 1804, mort à Annecy (Savoie) le 3 juillet 1857. Il fut chirurgien de l'armée et de la marine pendant

plusieurs années jusqu'en 1829. Enrichi par un héritage, il se mit à écrire des romans maritimes, entre autres Kernock le Pirate (18 30) La Salamandre (1832). Ses meilleurs ouvrages sont : Cécile (1835); Mathilde (1841); Les Mystères de Paris, qui présentent des peintures terribles du vice et de la corruption (1842-'43, 10 vol.), Le Juif Errant, attaque impitoyable contre les jésuites (1844-'45, 10 vol.), qui eut une popularité prodigieuse; Martin, l'enfant trouvé (1847, 12 vol.); Les Sept péchés capitaux (1847-'49, 16 vol.) et les Mystères du Peuple, publiés en série de 1849 à 1856, puis supprimés pour cause d'immoralité. Il fut élu à l'Assemblée nationale en 1850, et, après le coup d'Etat du 2 déc. 1851, il vécut à Annecy. — Le meilleur ouvrage historique d'Eugène Sue est son Histoire de la marine française sous Louis XIV (1835-'37, 5 vol.; 2e éd. 1845).

SUÉCO, préfixe qu'on ajoute à un nom de peuple pour marquer l'alliance de ce peuple avec la Suède : le royaume suéco-norvégien.

SUÈDE (suédois, Sverige), royaume de l'Europe septentrionale, formant avec la Norvège la péninsule scandinave; par 55° 20' et 69° lat. N. et 8° 50' et 21° 50' long. E. Il est borné au N. et à l'O. par la Norvège, au S.-O. par le Skager Rack, le Cattégat et le Sound, au S. par la Baltique, à l'E. par la Baltique et le golfe de Bothnie, et au N.-E., par la Finlande. Sa plus grande longueur est de 1,500 kil., sa largeur ordinaire de 325 kil. La côte, d'une étendue de 2,200 kil. environ, est profondément découpée par de nombreux fiords ou golfes. La chaîne de montagnes qui forme l'épine dorsale de la presqu'île scandinave a la plus grande portion de ses crêtes en Norvège. Les chaînes de Dovrefield et de Kioelen constituent la frontière entre les deux pays. En Suède, les montagnes forment un plateau de près de 1,200 m. de haut, hérissé de pics plus élevés, et s'abaissant graduellement, sur une largeur de 65 kil., à 800 ou 1,000 pieds; de là, le terrain descend de colline en colline jusqu'à la mer. Au S. de 59° lat., le pays est très uni. La partie septentrionale est rocheuse, hérissée de collines nues, arides, couvertes de neige, ayant pour toute végétation des bouleaux, des sapins et des pins rabougris; elle est coupée, dans les hautes terres, de lacs et de marécages désolés. Les régions des grandes forêts se trouvent au S. du 64e degré de lat., là où le sol est le moins élevé. La Suède contient beaucoup de beaux lacs; ils occupent plus de 35,000 kil. carr. Le lac Wener, qui a environ 5,000 kil. carr., est, après les lacs Ladoga et Onega en Russie, le plus grand de l'Europe. Le lac Wetter a 130 kil. de long et une superficie de 1,800 kil. carr. Le lac Mœlar, long de 110 kil., est formé d'une série de lacs reliés par des canaux et ayant beaucoup de ramifications. Il n'y a point de fleuve navigable, hors ceux qui ont été canalisés. Le plus grand est le Dal, qui se jette dans le golfe de Bothnie près de Gelle; au N. se trouvent l'Indals, l'Angerman, l'Umea, la Pitea, la Lulea et la Tornea, qui tous se déchargent dans le même golfe. Parmi les métaux du pays citons : le fer, le cuivre, le plomb, le zinc, l'argent, l'or, le nickel, le cobalt et le manganèse. On exploite activement les ardoises argilifères pour l'alun et la couperose. Elles fournissent en outre, de même que les gangues des différents minerais, une source de soufre presque inépuisable. Le fer de Suède n'a pas de supérieur au monde; on s'en sert beaucoup pour la fabrication de l'acier. On trouve près de Helsingborg, dans le Malmoe, une houille d'une qualité inférieure; on a en découvert de meilleure, en filons considérables dans d'autres parties du pays. On exploite le marbre dans l'Ostergoetland; à Elfdal, dans le Kopparberg, il y a de fameuses carrières de porphyre. Le sol n'est généralement pas très fertile. Il

n'y en a guère que 53 p. 100 de productif; le reste se compose de sables, de rochers et de bruyères. Sur la partie productive, 13 p. 100 environ sont des terres arables, 5 p. 100 des prairies et des pâturages, et 82 p. 100 des forêts. Le climat est en général plus doux que celui des autres pays sous la même latitude. A Stockholm, par 50° 20' lat., la température moyenne annuelle est d'environ — 6°; de — 2° en hiver, et de + 17° en été. Dans la Laponie suédoise, il y a à peine deux mois d'été. Les forêts de pins et de sapins donnent une grande quantité de bois de construction pour l'exportation. On cultive l'orge dans toutes les parties de la Suède; le seigle, le froment, l'avoine, les fèves, les pois, les pommes de terre viennent bien dans les provinces du centre et du S. On récolte aussi beaucoup de blé noir, de chanvre et de foin. Les principaux animaux domestiques sont l'ours brun, le loup, le lynx, le renard, le glouton, le daim, le renne, l'élan, la martre, la loutre, le castor, la zibeline et l'écureuil. Les lacs, les rivières et les mers abondent en poissons. Les animaux domestiques sont pour la plupart petits et de qualité inférieure, mais on fait des efforts pour améliorer les races, particulièrement le mouton. — Les trois grandes divisions de la Suède, le Gothland (suéd., *Goetaland*), le Svealand et le Norrland, se subdivisent en 24 laens ou districts; 450,574 kil. carr.; 4,700,000 hab. Outre les Suédois proprement dits, la population comprend : 6,641 Lapons, 27,079 Finnois et 12,015 étrangers. Presque toute la population est luthérienne. Le Gothland (pays d'origine des Goths) git au S. du 59° degré de lat. et comprend aussi les îlos d'Œland et de Gothland; le Svealand, pays primitif des Svenskar ou Suèdes, s'étend du Gothland vers le N. jusqu'à 60° 15' de lat. à son extrémité orientale, et à 62° 15' à son extrémité occidentale; le Norrland comprend toute la partie septentrionale jusqu'à la frontière de la Finlande norvégienne. Les villes principales sont : Stockholm, la capitale; Gothenburg, Norrkœping, Malmoe, Carlscrona, Gefle, Upsal, Lund et Joenkœping. La Suède ne possède plus de colonie, depuis qu'elle a cédé à la France l'île de Saint-Barthélemy. — La Suède a fait beaucoup de progrès industriels dans ces derniers temps. Elle exporte surtout des bois de construction, des métaux, des grains, des bestiaux, des comestibles, du suif et de l'huile, du papier, etc. La marine marchande compte plus de 4,368 vaisseaux, dont 649 steamers, jaugeant ensemble environ 508,000 tonneaux. Le pays offre beaucoup de facilités à la navigation intérieure, grâce à la suite des lacs, des rivières et des baies, réunis par plus de 475 kil. de canaux. Il y a ainsi communication directe entre la Baltique et la mer du Nord. Plus de 6,400 kil. de chemin de fer sont en exploitation, et plus de 8,600 kil. de lignes télégraphiques. — La Suède et la Norvège forment un seul royaume, mais elles ont des administrations intérieures séparées, et le roi réside alternativement dans chaque pays. (Voy. NORVÈGE.) Le gouvernement est une monarchie constitutionnelle, héréditaire de mâle en mâle. Le roi, en Suède, doit prendre l'avis d'un conseil d'État composé de 10 membres, dont deux, appelés ministres d'État, tiennent les portefeuilles de la justice et des affaires étrangères; 5 autres ont les départements de la marine, de la guerre, des finances, des affaires ecclésiastiques et de l'intérieur, et les trois derniers n'ont que voix consultative. Le pouvoir législatif appartient à une diète, divisée en chambre haute et chambre basse. La chambre haute compte 1 membre pour 30,000 habitants. Ils sont élus pour 9 ans, au suffrage indirect, dans les villes, par les municipalités, et dans les campagnes, par 26 assemblées provinciales. La chambre basse se compose d'un re-

présentant par 10,000 hab. ; dans les villes un député pour chaque district rural, dont la population est au-dessus de 40,000, et de deux pour ceux dont la population dépasse ce chiffre. Ils sont élus pour 3 ans. La dette publique, qui n'a été contractée que pour la construction des chemins de fer, est de 202 milliards de couronnes. L'armée, qui se divise en armée active, réserve et milice, comprend en tout un peu plus de 150,000 hommes. La flotte comprend 46 bâtiments à vapeur armés de 130 canons, 10 navires à voiles avec 140 canons, et 87 canonnières avec 113 canons. — L'Église luthérienne est l'église officielle en Suède, mais tous les cultes y sont tolérés. L'instruction publique est gratuite et obligatoire, et il est rare de rencontrer quelqu'un qui ne sache ni lire, ni écrire. Il y a près de cent écoles supérieures pour les garçons, fréquentées par 12 ou 13,000 élèves. Les universités d'Upsal et de Lund ont des facultés de théologie, de droit, de médecine et de philosophie. La première compte 1,600 et l'autre 600 étudiants environ. — L'histoire primitive de la Suède est obscure et mythique. Lorsque Odin et ses Suédois (hommes du Nord, Normans) entrèrent dans le pays (voy. ODIN), ils en trouvèrent une grande partie possédée par les Goths, qui avaient dépouillé les Lapons et les Finnois, et le royaume qu'ils fondèrent ne comprit qu'une portion du Svealand ou de la province centrale. En 829, Ansgar ou Anscarius, moine de Corbie, vint en Suède et convertit un grand nombre de païens, sans cependant réussir à établir définitivement le christianisme. Vers l'an 1000, Olaf Skotkonung reçut le baptême, et un évêché fut fondé à Skara; mais le Svealand resta encore plus d'un siècle sans vouloir recevoir l'enseignement chrétien. Des querelles constantes et souvent des guerres ouvertes existèrent pendant des siècles entre les Goths et les Suédois; leur union politique ne s'accomplit que sous le règne de Waldemar, fils de Birger Jarl, ou comte Birger, qui fut roi en 1250. Pendant ce temps, la Finlande avait été conquise et christianisée. (Voy. ÉRIC IX.) En 1397, par l' « union de Calmar », Marguerite, fille de Waldemar III de Danemark, et veuve de Haco de Norvège, devint reine de la monarchie confédérée de Suède, de Norvège et de Danemark. L'union se maintint avec de grandes difficultés pendant plus de cent ans. En 1520, Christian II de Danemark étant devenu roi, il exaspéra le peuple par sa cruauté; Gustavus Ericsson, noble de haute lignée, plus connu sous le nom de Gustave Vasa, se mit à la tête des mécontents, et fut élu roi en 1523. En 1529, Gustave Vasa introduisit la réformation en Suède. Son fils, Éric XIV, fut déposé en 1568. (Voy. ÉRIC XIV.) Sigismond, qui arriva au trône de Suède en 1592, après avoir été élu et réélu roi de Pologne, voulut rétablir le catholicisme romain et fut déposé en 1604. Son oncle, Charles IX, qui avait rempli les fonctions de régent, lui succéda au trône. Son règne assura la tranquillité au royaume, et en 1614 il mourut laissant pour successeur son fils, Gustave-Adolphe. (Voy. GUSTAVE II.) Après son règne de 21 ans, dont la plus grande partie se passa en guerres avec la Pologne et la Russie, et à défendre le protestantisme en Allemagne, pendant que les affaires de l'intérieur étaient administrées sagement par Oxenstiern, Gustave périt à la bataille de Lutzen en 1632, et sa fille Christine, alors âgée de 6 ans, lui succéda. Oxenstiern prit alors entièrement la direction des affaires (Voy. TRENTE ANS) (*Guerre de.*) Lorsque Christine eut atteint sa majorité, son manque de principes fixes et la mollesse de son caractère plongèrent le pays dans les dettes et le désordre, et, en 1654, elle abdiqua en faveur de son cousin Charles X. Le règne de celui-ci, qui dura 6 ans, fut marqué par de brillantes campagnes contre

le Danemark et la Pologne, mais ses victoires ne firent qu'épuiser les ressources de la Suède sans lui rapporter aucun avantage. Il mourut en 1660 et eut pour successeur son jeune fils Charles XI, qui, en 1693, persuada aux nobles et aux paysans (dans le but de régler les différends entre les deux ordres) de lui donner le pouvoir de changer la constitution à son gré: Il mourut en 1697, léguant à son fils Charles XII le pouvoir absolu. La carrière belliqueuse de ce roi remarquable, mais trop inquiet, qui humilia Frédéric IV de Danemark et Pierre le Grand de Russie, qui détrôna Auguste II de Pologne, qui succomba à Pultava, réduisit presque le pays à la ruine. A sa mort, en 1718, sa sœur Ulrique-Éléonore, femme de Frédéric de Hesse-Cassel, après avoir renoncé au pouvoir absolu et avoir accepté des nobles une constitution qui rétablissait leur puissance, fut élue par la diète pour lui succéder. Elle ne tarda pas à remettre le gouvernement à son mari, dont le règne fut une période d'humiliation pendant laquelle la Suède céda la plupart de ses possessions au delà de la Baltique (Livonie, Esthonie, etc.). La guerre avec la Russie en 1741 aboutit à la défaite et à la cession de la Finlande orientale (1743). Frédéric mourut sans enfants en 1751, et eut pour successeur Adolphe-Frédéric de Holstein-Eutin. L'influence française domina dans le sénat pendant son règne, et entraîna le pays dans une guerre désastreuse avec la Prusse. Il mourut en 1771; son fils, Gustave III, lui succéda. La révolution de 1772, par laquelle Gustave se rendit monarque absolu, les guerres avec la Russie et le Danemark en 1787, l'acte de sûreté de 1789 qui abolit le sénat, tels sont les événements les plus remarquables du temps. Gustave fut assassiné en 1792, et son fils Gustave IV monta sur le trône. En 1809, l'imprudence du roi et ses tendances à la folie amenèrent son abdication forcée, et son oncle fut déclaré roi, sous le nom de Charles XIII. La paix conclue avec la Russie enleva à cette époque la Finlande à la Suède. Bernadotte, prince de Ponte-Corvo (voy. BERNADOTTE), fut nommé prince héréditaire, et il devint cher au peuple pour avoir réussi à assurer la Norvège à la Suède (1814). En 1818, à la mort de Charles XIII, il monta sur le trône sous le nom de Charles XIV Jean. Son fils, Oscar Ier lui succéda en 1844. Celui-ci eut pour successeur, en 1859, son fils Charles XV sous lequel s'effectuèrent de grandes réformes constitutionnelles, et qui mourut sans enfant mâle en 1872, laissant la couronne à son frère Oscar II. — MONNAIES. (Voy. Danemark.) — POIDS, L'unité est la livre — 423 gr. 538 — 100 orts = 1,000 korns. — MESURES DE LONGUEUR. Le mille = 10 kil. 688 m. = 3,600 coudés. Le pied = 0 m. 29,687 = 10 pouces de 10 lignes. — *Nota.* La diète a prescrit, en 1876, l'introduction du système décimal métrique. — Langue et Littérature de la Suède. Le suédois est une des langues secondaires et, comme telle, elle appartient à la branche germanique (ou teutonique) de la famille des langues indo-européennes. (Voy. GERMANIQUES, *Races et langues*.) Il dérive du vieux norse, qui fut la langue de toute la péninsule scandinave jusqu'au XIe siècle. Son développement fut si lent que les chants et les sagas de l'Islande étaient encore compris à la cour suédoise au XIVe siècle. Il se divise aujourd'hui en plusieurs dialectes. Le suédois est aussi la langue des classes bien élevées et d'une partie de la presse dans le grand-duché russe de Finlande. — L'alphabet suédois a 28 lettres; les 3 lettres ajoutées à notre alphabet sont : des å et un o particuliers. Le w équivaut au v simple et est généralement remplacé par lui dans l'orthographe moderne. Autrefois, on se servait des caractères allemands; aujourd'hui, les caractères latins l'emportent. La lettre å se prononce presque comme l'o français dans

côte. Les voyelles *a, e, i, ä* et *ö* se prononcent comme en allemand; *o* a deux sons, l'un qui se rapproche de celui de notre diphthongue *ou,* l'autre guttural et ressemblant à *au.* Le son *u* tient le milieu entre l'*u* français et *ou.* *Y* se prononce presque comme notre *u.* *G* a le son de *notre y* devant *e, i, y, ä, ö;* il en est de même du *j.* *D, g, h,* et *l* devant *j,* et *h* et *f* devant *v* sont muets. *K* devant *e, i, y, ä, ö* a le son de *tch.* Devant les mêmes lettres, *sk, skj, sj, stj* se prononcent *ch.* Les substantifs n'ont d'inflexion casuelle que pour le génitif qui prend *s.* Les adjectifs suivent deux déclinaisons : la première a une forme distincte pour le neutre; la seconde a une seule forme pour les trois genres. Les verbes ont une conjugaison forte et une conjugaison faible, et deux temps simples, le présent et l'imparfait. Le passif se forme en ajoutant *s* à l'actif. Dans tous les verbes, le singulier n'a qu'une forme pour les 3 personnes; au pluriel, la première et la troisième sont semblables, et la seconde finit en *en.* — Littérature. Les plus anciens monuments de la langue suédoise sont les vieilles lois provinciales, dont la plus antique compilation, celle de la province de Westergoetland, fut probablement faite vers le milieu du xiiiᵉ siècle. Quelques *kaempavisor,* ou ballades héroïques, et *riddarvisor,* ou ballades de chevalerie, peuvent être attribuées peut-être à la dernière partie du xiiiᵉ siècle; mais le plus grand nombre est du xivᵉ et du xvᵉ. Beaucoup de romans de chevalerie ont été traduits entre 1300 et 1312. Au xivᵉ siècle parurent les Grandes et les Vieilles Chroniques; de la même époque et du siècle suivant, datent quelques légendes et d'autres ouvrages en prose. Les disputes religieuses du xviᵉ siècle donnèrent au ton théologique ou plutôt polémique à presque toute la littérature. Deux frères, Olaus Petri (1497-1552) et Laurentius Petri (1499-1573), ont fait des traductions de la Bible, des chroniques et des vers. Il y a aussi des chroniques du règne de Gustave Vasa par R. Ludviksson (mort en 1594), P. Svart (mort en 1562) et S. Elofsson, ainsi que quelques hymnes. Les écrits historiques d'Eric Tegel (mort en 1638), d'A. Girs (mort en 1639), de Widekindi (1620-'97), de Werwing (mort en 1697) et d'Adlerfeldt (1671-1709) témoignent d'un grand progrès dans le maniement du langage. En poésie, Georg Stjernhjelm (1598-1672) tint le premier rang à son époque. Quelques drames sans grande valeur apparaissent alors. Les poètes lyriques peuvent se classer en école italienne et école allemande. A la première appartinrent G. Dahlstjerna (1658-1709) et G. Rosenhane (1619-'84). Les principaux représentants de l'école allemande furent : S. Columbus (1642-'79, L. Johansson (mort en 1674), et P. Lagerloef (1648-'99). On peut encore citer, parmi les poètes, Spegel et C. Aroseli. Dans le xviiᵉ siècle, on écrivit beaucoup en latin. La période de 1718 à 1772 fut une période de grande activité littéraire. Les sciences naturelles, sous l'influence de Linné ou Linnæus, y occupent la première place. La théologie ne produisit aucune personnalité marquante, à l'exception de Swedenborg. Johan Ihre (1707-'80) se rendit célèbre par son *Glossarium sveogothicum,* lexique des dialectes suédois, et par ses recherches sur Ulfilas et la langue mœso-gothique. En histoire comme en littérature pure, Olof Dalin (1708-'63) occupe le premier rang des écrivains de son temps. On peut citer d'autres historiens; A. af Botin (1724-'90), P. Schoenstroem, et O. Celsius le jeune (1716-'94). Parmi les poètes, on a : H.-C. Nordenflycht (1718-'63), qui est une femme, le comte G.-P. Creutz (morten 1785), le comte G.-F. Gyllenborg (1731-1809), Odel (mort en 1773), U. Rudenschoeld (1698-1783), O. Bergklint (1733-1805) et O. Kolmodin (1690-1753). J.-H. Moerk (1714-'63). le premier romancier

suédois, a écrit des œuvres fort ennuyeuses. Dans l'époque suivante (1772-1809), différentes branches des sciences et de l'érudition furent cultivées, surtout par les disciples de Linné. Swen Lagerbring écrivit *Svea Rikes Historia,* qui, bien que souvent inexacte, fut regardée comme une œuvre nationale par les contemporains. E.-M. Fant (1754-1817) rédigea un *Diplomatarium* et une très précieuse collection de *Scriptores Rerum Svecicarum.* Jonas Hallenberg (1748-1834) écrivit un grand nombre d'ouvrages historiques, archéologiques et philologiques. H.-G. Porthan (1739-1804), C.-G. Nordin (1749-1812), O. Knoes (mort en 1804), J.-A. Rehbinder, S.-L. Gahm et U. von Troil (1746-1803) sont aussi des historiens. G. Gezelius (1736-'89) est l'auteur du premier dictionnaire biographique des Suédois célèbres, qui vaille la peine d'être cité. Sous l'influence directe de Gustave III, la goût français devint presque exclusivement prédominant. Les poètes favoris de sa cour étaient Kellgren, Léopold et Oxenstjerna. Il y en eut d'autres : M. Chorœus (1773-1806), B. Lidner (1759-'93), G.-G. Adlerbeth (1751-1818), Carl Michael Bellman (1760-'95), A.-M. Lenngren (1754-1817), C.-I. Hallman (1732-1800) et O. Kexël (1748-'96), furent des auteurs de comédie remarquables. La révolution politique de 1809 donna une nouvelle impulsion à la littérature suédoise, que l'usage général de la langue nationale, au lieu du latin ou du français, développa puissamment. Le chimiste Johan-Jakob Berzelius (1779-1848) fut une lumière du monde scientifique presque aussi brillante que Linné. La zoologie eut un adepte illustre dans Sven Nilsson, qui est aussi l'auteur d'ouvrages ethnographiques et archéologiques. La Suède a une école nationale de philosophie, dont le fondateur, C.-J. Bostroem (mort en 1866), a développé le système le plus purement idéaliste qu'on ait encore conçu. Cette philosophie a été, dans ces derniers temps, exposée avec talent par G. Nyblæus, dans un ouvrage très important sur l'histoire de la philosophie suédoise (1873). Il faut mentionner les ouvrages populaires de P. Vikner sur la religion. La première place parmi les historiens suédois appartient à Eric Gustaf Geijer (1783-1847), dont les ouvrages sont des modèles de composition historique. Anders Fryxell et Stninnholm occupent aussi une place éminente à côté de lui. On estime beaucoup les travaux de E. Sidenbladh et de C.-E. Ljungberg sur la statistique suédoise. L. Hammarskœid (1785-1827). P. Wieselgren (né en 1800), J.-E. Rydqvist, J. Lénstroem et Ljunggren ont publié des essais sur l'histoire littéraire de leur pays. Un *Biographisk Lexikon,* dictionnaire biographique des Suédois célèbres, a été édité par Palmblad, et, après lui, par Wieselgren, en 25 vol. Voici l'âge d'or de la poésie suédoise. A la première partie du siècle appartiennent : F.-M. Franzén (1772-1847), J.-O. Wallin (1779-1839), J.-D. Valerius, et J.-M. Silfverstolpe (1777-1831). Deux nouvelles écoles poétiques s'élevèrent au commencement de cette période, l'école romantique et l'école gothique. Les adeptes de la première s'appellent *Fosforister* ou phosphoristes, du journal *Fosforos,* leur organe. A leur tête étaient P.-D.-A. Atterbom (1790-1855), comme poète, et Palmblad et Hammarskoeld comme critiques. Avec eux est rangée C.-F. Dahlgren, (1791-1844), C.-E. Fahlcrantz (1790-1866), et J.-C. Nyberg (Svaerdstroem, née en 1785), plus connue sous le nom d'Euphrosyne. L'école gothique a marqué plus fortement son empreinte sur la poésie nationale. A sa tête, et à la tête de tous les poètes suédois, se trouve Esaias Tegnér (1782-1846); puis viennent l'historien Geijer, P.-H. Ling (1776-1839), et C.-A. Nicander (1799-1839). Subissant l'influence de ces deux écoles, mais jusqu'à un certain point indépendants, les poètes J.-E. Stagnelius (1793-1823), Erik Sjoeberg

(1791-1828) plus connu sous le nom de Vitalis, A. Lindeblad (né en 1800), et A.-A. Grafstroem (1790-1865). Parmi les poètes contemporains, le plus illustre est Johan-Ludvig Runeberg (né en 1804), de la Finlande, où il demeure; on cite après lui, C.-W. Boettiger (né en 1807), O.-P. Sturzen-Becker (1811-'69), W. von Braun (1813-'60), Nybom (mort en 1865), C.-W.-A. Strandberg, qui prend pour pseudonyme Talis Qualis, B.-E. Malmstroem (1486.-'66), Sætherberg, J.-M. Lindblab, Tek/a Knoes, G. Silfverstolpe, Wennstroem, V.-E. Norén, Z. Topelius, finlandais (né en 1818) et E. Sehlstedt (mort en 1874). J. Boerjesson (1790-1866), C.-E. Hylten-Cavallius, Dahlgren, et Kullberg ont écrit des tragédies et des drames historiques; comme auteurs comiques, on a A. Blanche (mort en 1868), Jolin, Cramér, F. Hedberg, Granlund, Beskow, etc. Les meilleurs romans ont pour auteurs trois femmes : Frederika Bremer (morte en 1865), E.-S. Carlén (née en 1807) et la baronne Knorring (morte en 1853). Parmi les autres romanciers, citons V.-F. Palmblad (1788-1852), J.-L. Almæquist (1793-1866), écrivains dont le souple talent s'est exercé dans plus d'un genre, le comte P.-G. Sparre, F. Cederborg, C.-F. Ridderstad (né en 1807), Kjellman-Goeranson, Zeipel, Bjursten, O.-P. Sturzen-Becker, C.-A. Wetterberg (Onkel-Adam, né en 1804), G.-H. Mellin (né en 1803) et Viktor Rydberg, homme d'Etat, métaphysicien et Mᵐᵉ M.-S. Schwartz (née en 1819) jouissent aujourd'hui de la plus grande popularité comme romanciers. — Bibliogr. Dʳ Elis Sidenbladh, *Royaume de Suède : exposé statistique* (Stockholm, 1878, in-8°)

SUÉDOIS, OISE s. et adj. De la Suède; qui appartient à ce pays ou à ses habitants.

* **SUÉE** s. f. (fr. *suer).* Inquiétude subite et mêlée de crainte : *on leur donna une terrible suée.* (Pop.)

* **SUER** v. n. (lat. *sudare).* Rendre par les pores une humeur aqueuse : *suer à grosses gouttes.* — Travailler beaucoup, se donner beaucoup de peine pour venir à bout de quelque chose : *j'ai bien sué pour cette affaire.* — C'est un homme qui fait suer, se dit d'un homme dont la conversation est pesante et importune. — Se dit, par ext., en parlant de l'humidité qui sort de certaines choses, ou qui s'attache à leur superficie : *les murailles suent pendant le dégel.* — Jargon. Faire suer, faire donner de l'argent.

* **SUER** v. a. Suer sang et eau.

SUESSIONES ou **Suessones,** puissant peuple de la Gallia Belgica, qui était réputé le plus brave des Gaulois belges, après *les* Bellovaques, et qui, au temps de César, pouvait mettre 50,000 hommes sous les armes. Le roi des Suessiones, Diviliacus, était le plus puissant chef de la Gaule; il avait étendu sa souveraineté jusque sur la Bretagne (auj. Grande-Bretagne). Ce peuple occupait un vaste et fertile pays, à l'E. des Bellovaci, au S. des Veromandui et à l'O. des Remi. Il possédait 12 villes, et la principale était Noviodunum (Soissons).

SUÉTONE (Caius-Suetonius-Tranquillus), historien romain, né vers 72, mort vers 140. Il fut révoqué des fonctions de *magister epistolarum* en 121. D'après la liste que Suidas donne de ses œuvres, il a dû être un des plus féconds des écrivains latins. Son principal ouvrage parmi ceux qui existent encore, est intitulé *Vitæ XII Cæsarum,* en huit livres, qui abonde en détails et qui ne respecte pas toujours les convenances. On lui attribue aussi *De illustribus Grammaticis* et *De claris Rhetoribus,* et quelques courtes biographies. Les principales éditions de Suétone sont celles de Rome (1470); *Ad usum delphini* (Paris, 1684); de Baumgarten-Crusius (1816-'18,

3 vol. in-8°), trad. franç. par La Harpe (1770), par Maurice Lévesque (1807), par Golbéry (1832-'33, 3 vol. in-4°), par Pessonneaux (1856, in-8°).

* **SUETTE** s. f. (rad. *suer*). Méd. Fièvre éruptive, contagieuse, presque toujours épidémique et qui a pour symptôme principal des sueurs très abondantes ; *la suette fit de grands ravages en Europe au xv° siècle.*

* **SUEUR** s. f. (lat. *sudor*). Humeur aqueuse qui sort par les pores de la peau : *sueur abondante.* — *Sortie de cette humeur : cela provoque la sueur.* — pl. Peines qu'on s'est données pour réussir à quelque chose : *après bien des fatigues et des sueurs, il est venu à bout de son entreprise.*

SUÈVES, groupe puissant de tribus germaines migratrices, qui, vers le commencement de l'ère chrétienne, occupèrent la plus grande partie de l'Allemagne. Au ııı° siècle, leur nom disparait comme dénomination collective. Plus tard , cependant, d'autres Suèves, peuple aventurier d'origine mélangée, apparaissent sur les bords du Neckar, où ils donnent naissance au nom moderne Souabe, et dans le nord de l'Espagne, où ils conquirent la Galice, au commencement du v° siècle. Ce royaume de Galice fut détruit par les Visigoths en 585.

SUEZ [su-ezz]. I, isthme qui sépare la Méditerranée de la mer Rouge et qui unit l'Asie et l'Afrique. Du golfe de Suez dans la mer Rouge au golfe de Péluse ou de Tineh dans la Méditerranée, la distance est d'environ 112 kil. ; suivant la ligne du canal de Suez, elle est d'environ 160 kil. Le sol n'est guère élevé que de 5 à 8 pieds au-dessus des mers adjacentes ; mais il y a plusieurs crêtes de 20 à 65 pieds, et quelques dépressions qui sont devenues des lacs depuis la construction du canal. A l'exception des lieux que l'irrigation a fertilisés, c'est un désert de sable stérile. — II, golfe formant le bras N.-O. de la mer Rouge, entre l'Egypte et la presqu'île du Sinaï. Il a environ 280 kil. de long, et une largeur moyenne de 32 kil. Dans l'antiquité on le nommait golfe Heroopolite. — III, ville d'Egypte, au fond du golfe de Suez, à 117 kil. E. du Caire ; 46,000 hab., dont 3,000 étrangers. Ce n'était qu'un village de pêcheurs avant la construction du chemin de fer du Caire, qui commença à lui donner de l'importance ; le canal de Suez ne tarda pas à en faire une place d'affaires actives. Les nouveaux quais et les ports, avec la gare et la cale sèche, sont à environ 3 kil. 1/2 sud de la ville, à laquelle les réunit un chemin de fer. Suez se trouve probablement sur l'emplacement de l'ancienne Clysma, la Kolzum des Arabes. — CANAL DE SUEZ, canal que traverse l'isthme de Suez et qui réunit la Méditerranée à la mer Rouge. — D'après Strabon et Pline, Sésostris (Rhamsès II, vers 1300 av. J.-C.) fit creuser une voie navigable entre la branche pélusiaque du Nil et la mer Rouge. Quelques écrivains, après avoir examiné les sculptures de Karnak, ont pensé que cette construction est due à Sesthos, père de Sésostris. Ce n'était, du reste qu'un canal d'irrigation, que Néchao, selon Hérodote, projeta, vers 600 av. J.-C., de rendre navigable ; mais il abandonna ce travail avant de l'avoir terminé, sur un oracle qui l'avertit que cette œuvre gigantesque devait servir à une invasion de ses ennemis. Darius Hystaspis le continua jusqu'aux Amers inférieurs. Vers 270 av. J.-C., Ptolémée Philadelphe le termina jusqu'à la mer Rouge, selon Diodore. Il avait environ 130 kil. de long, 50 m. de large et de 5 à 10 m. de profondeur. Après avoir été plusieurs fois réparé et avoir même subi des changements de tracé, il fut détruit, sur l'ordre du calife Al-Mansour en 767. Dans les temps modernes, le premier qui

appela l'attention publique sur l'utilité qu'il y aurait de rétablir un canal au travers de l'isthme de Suez fut Bonaparte, pendant l'expédition d'Egypte. Mais les ingénieurs qui l'accompagnaient furent à peu près unanimes à prétendre que le niveau de la mer Rouge se trouve à 10 m. plus haut que celui de la Méditerranée. Cette hérésie scientifique demeura indiscutée jusqu'en 1840, époque où une officier anglais prouva, au moyen d'un mesurage barométrique, que les deux mers sont identiquement de même niveau à marée moyenne. En 1854, le vice-roi d'Egypte, Saïd Pacha, accorda à M. Ferdinand de Lesseps, ingénieur appartenant au service diplomatique français en Egypte, et à la compagnie qu'il formerait pour cet objet, le droit exclusif de construire un canal navigable de Tineh, près des ruines de l'antique Pelusium, à Suez. La Compagnie fut organisée en 1858 sous le nom de *Compagnie universelle du canal maritime de Suez*; on lui garantit pendant 99 ans le droit à percevoir sur tout ce qui passerait par ce canal, moins 15 p. 100 des droits de péage à prélever pour le gouvernement égyptien. Le capital social fut d'abord de 200 millions de fr. ; mais il fut augmenté en 1867 par un emprunt de 100 millions. La longueur totale du canal est d'environ 160 kil., dont 120 pour le canal proprement dit et le surplus pour les lacs qu'il traverse. Sa largeur est de 100 m. à la surface (98 m. 50 dans les terrains élevés) ; sa profondeur est de 8 m. Les travaux à Port-Saïd, sur la Méditerranée, consistent en un bassin de 730 m. carr. et en deux jetées, l'une orientale, longue de 3,250 m., l'autre occidentale, longue de 2,775 m. ; ces deux jetées sont séparées par une distance de 400 m. ; elles sont construites en blocs de béton aggloméré. Les travaux de ce travail gigantesque ont duré de 1858 à 1869 ; et le canal fut ouvert le 17 nov. 1869, en présence de l'empereur d'Autriche, de l'impératrice des Français et du vice-roi d'Egypte ; il court de Port-Saïd (Méditerranée) jusqu'à la rive méridionale du lac Menzaleh, et ensuite à la ville de Suez ; il ne fut terminé que grâce à l'énergie de M. de Lesseps, qui sut renverser tous les obstacles que lui opposaient les Anglais. Il y passe annuellement environ 3,500 navires, jaugeant environ 6 millions de tonnes; les excédents de recettes sont aujourd'hui d'environ 36 millions de fr. par an. — La neutralité de ce canal a été violée par les Anglais, malgré les protestations de M. de Lesseps, en 1882.

* **SUFFÈTES** s. m. pl. (lat. *sufetus*). Antiq. Nom que portaient à Carthage les premiers magistrats de la république, qui étaient annuels, comme les consuls de Rome.

SUFFICIT [suf-fi-sitt], mot latin qui veut dire : *il suffit.*

* **SUFFIRE** v. n. (lat. *sufficere*). *Je suffis, tu suffis, il suffit; nous suffisons, vous suffisez, ils suffisent. Je suffisais. J'ai suffi. Je suffirai. Je suffirais. Suffis, suffisez. Que je suffise.* — Pouvoir fournir, pouvoir subvenir, pouvoir satisfaire à quelque chose. Quand il se dit des choses, signifie, qu'elles sont de la qualité ou dans la quantité nécessaire ; et quand il se dit des personnes, signifie qu'elles ont les talents et les moyens nécessaires pour faire ce qu'elles se proposent, ou ce qu'on exige d'elles : *cent écus par an lui suffisent pour sa subsistance.*

* **SUFFISAMMENT** adv. [-za-man]. Assez : *il a du bien suffisamment pour vivre.*

* **SUFFISANCE** s. f. [-zan-se]. Ce qui suffit, ce qui est assez : *avoir suffisance de blé, de vivres,* etc. — Prov. QUI N'A SUFFISANCE N'A RIEN, quelques biens que possède un homme, s'il ne sait pas s'en contenter, il est aussi malheureux que s'il n'avait rien. — Capacité,

aptitude pour quelque emploi : *le roi étant informé de sa capacité et suffisance.* (Vieux.) — Vanité, sotte présomption impertinente : *n'êtes-vous pas choqué de la suffisance de cet homme-là?* — A suffisance, en suffisance loc. adv. et fam. Suffisamment, assez *il y a eu cette année du blé et du vin en suffisance.*

* **SUFFISANT, ANTE** adj. (lat. *sufficiens*). Qui suffit : *cent hommes sont suffisants pour défendre ce château.* — Orgueilleux, vain, présomptueux : *je vous trouve bien suffisant, bien suffisante.* — Substantiv. *C'est un suffisant.*

SUFFITION s. f. [suf-fi-si-on](lat. *suffitio*). Antiq. rom. Sorte de purification à laquelle se soumettaient ceux qui avaient assisté à des funérailles et qui consistait à s'asperger d'eau et à s'exposer à la fumée.

* **SUFFIXE** s. m. [suf-fi-kse] (préf. *sub*; lat. *fixus*, fise). Gramm. Lettres ou syllabes qui s'ajoutent à la racine ou à la fin des mots pour en déterminer la signification. — Adjectiv. *Une lettre suffixe.*

* **SUFFOCANT, ANTE** adj. Qui suffoque, qui fait perdre ou gêne la respiration : *vapeur suffocante.*

* **SUFFOCATION** s. f. Etouffement, perte de respiration, ou grande difficulté de respirer : *si ce catarrhe lui tombe sur la poitrine, la suffocation est à craindre.*

SUFFOLK, comté du S.-E. de l'Angleterre, borné par la mer du Nord ; 3,844 kil. carr.; 348,479 hab. La côte a un développement de 80 kil. environ. La pêche y est active. Le Suffolk contient deux capitales de comté : Ipswich et Bury-St-Edmund's.

* **SUFFOQUÉ, ÉE** part. passé de SUFFOQUER. — VIANDES SUFFOQUÉES, chair des bêtes dont on n'a point fait couler le sang.

* **SUFFOQUER** v. a. [su-fo-ké] (lat. *suffocare*). Etouffer, faire perdre la respiration. Se dit ordinairement du manque de respiration qui arrive par quelque cause intérieure, ou par l'effet de quelque vapeur nuisible : *une esquinancie, un catarrhe l'a suffoqué.* — CELA SUFFOQUE, se dit d'un récit, d'un événement qui excite le trouble et l'indignation. — v. n. Perdre la respiration : *il est près de suffoquer.*

* **SUFFRAGANT** adj. m. (fr. *suffrage*). Se dit d'un évêque à l'égard de son métropolitain : *les évêques de Chartres, de Meaux, d'Orléans et de Blois sont suffragants de l'archevêque de Paris.* — s. *L'archevêque de Tours a pour ses suffragants les évêques d'Angers, du Mans, de Nantes,* etc. — Evêque qui, n'ayant que le titre d'un évêché *in partibus*, fait les fonctions épiscopales dans le diocèse d'un autre évêque.

* **SUFFRAGE** s. m. [su-fra-je] (lat. *suffragium*). Déclaration qu'on fait de son sentiment, de sa volonté, et qu'on donne, soit de vive voix, soit par écrit ou autrement, à l'occasion d'une élection, d'une délibération : *je lui ai donné, refusé mon suffrage.* — Approbation : *cette pièce a mérité, a enlevé les suffrages.* — pl. Liturg. cathol. Certaines prières qui se disent dans l'office à la fin de laudes et de vêpres, en certains jours de l'année, pour la commémoration des saints. — SUFFRAGES DE L'ÉGLISE, prières que l'Eglise universelle fait pour les fidèles ; et, SUFFRAGES DES SAINTS, prières que les saints font à Dieu en faveur de ceux qui les invoquent. — MENUS SUFFRAGES, certaines oraisons de dévotion particulière. Se prend toujours ironiquement. — Législ. « Le suffrage universel a été appliqué pour la première fois en France, après la Révolution de 1848 ; car la constitution de 1793, qui l'avait d'abord admis, n'a pas été mise en vigueur. Celle de 1791 établissait un

~uffrage à deux degrés et n'accordait le droit de vote qu'aux *citoyens actifs*, c'est-à-dire à ceux qui payaient une contribution directe au moins égale à la valeur de trois journées de travail. La Constitution de l'an hi conserva le·suffrage à deux degrés ; et celle de l'an VIII, qui créait trois degrés de suffrages, donnait seulement aux électeurs le droit de nommer des catégories d'éligibles, parmi lesquels le gouvernement consulaire devait choisir les citoyens appelés a remplir les fonctions publiques. Sous la Restauration, il faillait, pourêtre électeur, être âgé de 30 ans et être imposé annuellement à 300 fr. au moins de contributions directes. La Charte de 1830 abaisse l'âge requis à 25 ans ; puis le taux du cens électoral est réduit à 200 fr. par la loi du 19 avril 1831. La Constitution du 4 novembre 1848 accorde le suffrage universel, sans condition à tous les citoyens âgés de 21 ans ; et les représentants du peuple sont élus directement par les électeurs, au scrutin de liste départemental.(Voy. Scrutin.) De nombreuses restrictions, dont quelques-unes étaient alors justifiables, furent apportées au droit de suffrage par la loi du 31 mai 1850. Louis-Napoléon, sous le prétexte d'abroger cette loi, et de rétablir le suffrage universel, s'empare d'un pouvoir dictatorial et ramène la France au régime asservissant du premier Empire. Pendant son règne, le suffrage universel est constamment faussé par les candidatures officielles ; et il faut reconnaître que c'est la République seule qui peut en assurer le libre exercice, à la condition qu'elle soit fondée sur un ensemble de lois et d'institutions vraiment démocratiques, et pourvu que l'instruction publique soit suffisamment répandue. On doit observer qu'aujourd'hui en France, le suffrage direct est employé pour l'élection des députés, etc. ; mais que les sénateurs sont élus par un suffrage à deux et à trois degrés. (Voy. Sénat, Scrutin, etc.). Nous avons parlé ailleurs du vote cumulatif et du suffrage multiple.(Voy. Représentatif.) Dans toute élection, un candidat n'est élu au premier tour que s'il a obtenu à la fois *la majorité absolue des suffrages* (c'est-à-dire la moitié plus un des suffrages exprimés), et un nombre de suffrages égal au quart des électeurs inscrits sur la liste électorale. Au second tour de scrutin, l'élection a lieu à la majorité relative des suffrages, sauf lorsqu'il s'agit de l'élection des sénateurs. (Voy. Sénat.) On doit considérer comme nuls et défalquer du chiffre total des votes exprimés: 1º les bulletins blancs ; 2º les bulletins qui ne contiennent pas une suffisante désignation des candidats; 3º les bulletins sur lesquels sont inscrits les noms des votants. On annule également les bulletins de couleur et ceux qui portent un signe extérieur quelconque ; mais il en est tenu compte dans le total des suffrages exprimés. Il est interdit de voter à bulletin ouvert. Lorsque plusieurs bulletins sont liés entre eux et portent la même liste, un seul est valable, et les autres sont annulés. Si ces bulletins joints ne sont pas identiques, ils sont tous annulés. — Suivant la jurisprudence adoptée par les assemblées législatives et par le conseil d'Etat, lorsque le nombre des bulletins est supérieur à celui des noms émargés sur la liste électorale, on calcule la majorité des suffrages d'après le total des émargements, et on retranche à chacun des candidats un nombre de voix égal à celui des bulletins trouvés en plus dans l'urne. Mais si, au contraire, le nombre des émargements est supérieur à celui des bulletins, on n'a égard qu'à ce dernier nombre. »   (Ch. Y.)

SUFFREN DE SAINT-TROPEZ (Pierre-André de), ordinairement appelé le Bailly de Suffren, l'un des plus grands marins de France, né au château de Saint-Cannat (Provence) le 13 juillet 1726, mort en 1788.

Il entra dans la marine. royale en 1743, devint enseigne de vaisseau en 1745 et tomba entre les mains des Anglais au combat de Belle-Isle en 1748. Admis dans l'ordre de Malte l'année suivante, il y obtint le titre de bailli, servit sur l'escadre de La Galissonnière, contribua à la prise de Mahon (1756), fut encore fait prisonnier au combat de Lagos (1759), et en 1765 fit partie de l'expédition de Larache. Capitaine de vaisseau en 1772, il détruisit la flotte anglaise devant le Cap. Nommé chef de l'escadre des Indes en 1782, il livra en sept mois quatre combats à l'amiral anglais Hughes, prit Negapatam et Trinquemale et fut élevé à la dignité d'amiral en 1784. Blessé en duel à Versailles le 5 déc. 1788, il mourut trois jours après. —Voy. Cunat, *Histoire du bailli de Suffren.*

* **SUFFUMIGATION** s. f. [suf-fu-] (préf. *sub;* fr. *fumigation*). Signifie la même chose que Fumigation, et s'emploie particulièrement en médecine, en parlant de certaines cérémonies superstitieuses.

* **SUFFUSION** s. f. [suf-fu-] (préf. *sub;* fr. *fusion*). Méd. Epanchement. — Action d'une humeur qui se répand sous la peau et devient visible par son accumulation.

SUGER (L'abbé), homme d'Etat, né vers 1083, mort en 1152. Nommé abbé de Saint-Denis en 1122, il réforma ce monastère, devint ministre et conseiller de Louis VI et de Louis VII, fut régent du royaume pendant la 2ª croisade et mérita par sa justice le surnom de *Père de la patrie.* Il préparait et prêchait une 3ª croisade quand il mourut. On a de lui une *Vie de Louis VI.*

* **SUGGÉRER** v. a. [sug-jé-ré] (lat. *suggerere*). Mettre, insinuer, faire entrer dans l'esprit de quelqu'un, inspirer à une personne quelque chose, quelque dessein : *suggérer un bon expédient.* — Suggérer un testament, faire faire un testament par adresse, par artifice ou par insinuation, à l'avantage ou au désavantage de quelqu'un.

SUGGESTEUR, TRICE s. [sug-jèss-teur]. Personne qui fait des suggestions.

* **SUGGESTION** s. f. [sug-jèss-ti-on]. Instigation. Ne se dit qu'en mauvaise part : *il a fait telle chose à la suggestion d'un tel.*

SUGILLATION s. f. [su-jil-la-si-on]. Méd. Meurtrissure, tache ecchymose.

SUGILLER v. a. [su-jil-lé] (lat. *sugillare*). Méd. Faire une légère meurtrissure.

* **SUICIDE** s. m. (lat. *sui*, de soi ; *cædes*, meurtre). Action de celui qui se tue lui-même : *les suicides deviennent fréquents.* — Celui qui se tue lui-même : *autrefois le corps des suicidés était traîné sur la claie.* — Une analyse comparative des suicides en France a été faite en 1880 par M. Bertillon, de la Société anthropologique de Paris. Il en résulte que la mort volontaire est beaucoup plus commune dans la classe des veufs et des célibataires que dans celle des gens mariés. La présence des enfants diminue particulièrement l'inclination au suicide.

* **SUICIDÉ** s. m. Homicide de soi-même. ⁓ Suicidée s. f. Femme qui s'est donné la mort

SUICIDER (Se) v. pr. Se donner la mort.

SUICIDOMANIE s. f. Manie du suicide.

SUIDAS [sui-dass], lexicographe grec, que l'on place ou après le x° siècle. Son *Lexicon* contient des articles sur la géographie, la biographie et l'histoire, en même temps que des mots de la langue grecque et un grand nombre d'extraits des anciens auteurs grecs.

* **SUIE** s. f. [sui] (provenç. *suga*). Matière noire et épaisse que la fumée laisse, et qui s'attache au tuyau de la cheminée ou du poêle : *la cheminée est pleine de suie.*

* **SUIF** s. m. (lat. *sebum*). Graisse de certains animaux, dont on se· sert principalement pour faire de la chandelle : *suif de mouton.* — La mèche de cette chandelle n'a pas encore pris suif, le suif n'est pas encore liquéfié par la flamme, et n'a pas· encore monté dans la mèche. — Arbre a suif, espèce d'arbre de la Chine, dont le fruit a quelques-unes des qualités du suif, et sert à faire des chandelles. — Mar. Donner un suif a un batiment, enduire sa carène d'un mélange de suif, de brai et de soufre fondus ensemble. — ⁓ Jargon. Réprimande, blâme : *donner, recevoir un suif.*

SUIFFARD s. m. Argot. Espèce de grec qui sert de comparse et de collaborateur au philosophe.

* **SUIFFER** ou **Suiver** v. a. Enduire, oindre de suif.

SUIFFEUX, EUSE adj. Qui est de la nature du suif.

* **SUI.GENERIS** [su-i-jé-né-riss]. Expression latine qui signifie : *De sa propre espèce, de son genre.* — Particulier, spécial, qu'on ne peut comparer à rien d'autre : *odeur sui generis.*

SUINDINUM, ville de la Gaule, dans la 3° Lyonnaise (auj. le Mans).

* **SUINT** s. m. Humeur épaisse qui suinte du corps des bêtes à laine : *le suint de la laine des moutons.*

* **SUINTEMENT** s. m. Action de suinter : *le suintement d'une plaie.*

* **SUINTER** v. n. Se dit d'une liqueur, d'une humeur qui sort, qui s'écoule presque imperceptiblement : *l'eau suinte à travers ces rochers, à travers ce plafond.* — Se dit également du vase d'où la liqueur coule, de la plaie, du lieu d'où l'humeur sort : *ce tonneau suinte.*

SUIPPES, rivière qui prend sa source près du village de Somme-Suippes (Marne) et se jette dans l'Aisne, à Condé, après un cours de 78 kil.

SUISSE, SUISSESSE s. et adj. De la Suisse ; qui appartient à ce pays ou à ses habitants. — Suissesse s. f. Mélange d'absinthe et d'orgeat.

* **SUISSE** s. m. Nom donné au domestique à qui est confiée la garde de la porte d'une maison, parce qu'autrefois ce domestique était pris ordinairement parmi les Suisses : *le suisse d'un hôtel.* On dit maintenant, Portier ou Concierge.

     Point d'argent, point de suisse, et ma porte était close.
                               J. Racine.

— Le suisse d'une église, celui qui est chargé de la garde d'une église, et qui précède le clergé dans les processions, etc. : *la hallebarde, la canne d'un suisse d'église.*

SUISSE (lat. *Helvetia;* all. *Schweiz*), république fédérale de l'Europe centrale, entre 45° 50' et 47° 50' lat. N. et entre 3° 35' et 8° 40' long. E. Limités : au N., l'Allemagne à l'E., l'Autriche ; au S., l'Italie et la France ; à l'O., la France. C'est la région la plus montagneuse de l'Europe et, avec le Tyrol et la Savoie qui y touchent, l'une à l'E. et l'autre au S.-O., la plus élevée, si l'on en excepte certains pics du Caucase. Elle est, dans presque toute son étendue, occupée par les Alpes, dont les groupes suivants, avec leurs différentes branches, appartiennent en propre à son territoire : 1° les Alpes Pennines ; 2° les Alpes Lépontiennes ou Helvétiques, avec le rameau des Alpes Bernoises ; 3° les Alpes Rhétiques. Les principaux sommets, de 4,000à 4,300 m., font le sujet d'articles spéciaux dans notre Dictionnaire. A l'O. des Alpes, entre la France et la Suisse, s'étend la chaîne du Jura. (Voy. Alpes et Jura.) Entre les hauteurs qui dominent les panoramas les plus frappants, il faut citer le Rigi, d'un accès facile et d'où, bien qu'il ne soit pas très

élevé, on jouit peut-être de la plus belle vue. On voit des glaciers dans les vallées de l'Oberland bernois et dans celles qui descendent du mont Rosa au Valais. Le ravin de la Via Mala, sur le Haut-Rhin, dans les Grisons, présente un des plus sublimes paysages qui soient au monde. Les glaciers sont les réservoirs qui alimentent quelques-uns des plus grands fleuves de l'Europe, y compris le Rhin, qui coule d'abord en Suisse, puis sur sa frontière avant d'entrer en Allemagne, et le Rhône qui prend naissance parmi les glaciers du Saint-Gothard. (Voy. GLACIER.) Le plus grand cours d'eau après ceux-ci, l'Aar, arrose 14 cantons avant d'arriver au Rhin. Les chutes d'eau sont nombreuses; les plus célèbres sont celles du Rhin, à 5 kil. au-dessous de Schaffouse (Schaffhausen), de 20 à 25 m. de haut. Nous avons décrit dans des articles spéciaux les principaux lacs : Constance, Genève, Lucerne, Zürich, etc. Au point de vue géologique, le pays présente un merveilleux intérêt; mais les richesses minérales, fer, plomb et cuivre, y sont médiocres. Les mines de charbon de Bâle et celles de Bex (Vaud) sont les plus importantes. Parmi les sources minérales et les villes d'eaux célèbres, on compte : Leuk (Valais), Saint-Moritz dans la vallée de l'Engadine (Grisons), Plaefers (Saint-Gall), Baden et Schinznach (Aargau). Sur les plus hauts sommets, la neige et les glaces sont éternelles; et, cependant, dans le Valais, la figue et le raisin mûrissent au pied de monts revêtus de neige. Le climat est sujet à des variations considérables, mais il est, en somme, très sain. Les deux tiers de la surface du pays environ sont occupés par des lacs, des cours d'eau, des glaciers, des rochers, et des hauteurs inhabitables. Certains districts sont d'une grande fertilité; le grain récolté dans le pays ne suffit pas à la consommation. On cultive la vigne sur les pentes du Jura et dans les vallées du Rhin, du Rhône, de la Reuss, de la Limmat et du Thur; en certains lieux, le raisin mûrit à 600 m. au-dessus du niveau de la mer. On récolte beaucoup de lin et de chanvre. Les forêts couvrent environ les sept centièmes du sol, et donnent plus de bois qu'il n'en faut aux habitants. La pêche y est importante, dans la chasse est en décadence et même prohibée dans certains cantons. On trouve encore des chamois dans les Alpes; il y a aussi des ours, des loups, des sangliers, des chevreuils; les renards et les lièvres abondent, et l'on trouve des loutres dans quelques lacs. La Suisse est renommée pour l'excellence et la richesse de ses pâturages. Les plus belles races de bestiaux sont celles de Simmenthal et de Saanen (Berne), de Gruyère (Fribourg), de Zug et de Schwytz. Le meilleur fromage se fait à Gruyère et à Urseren (Uri), dans les vallées d'Emmen, de Saane et de Simmen. Le coton se manufacture principalement à Aargau, Appenzell, Saint-Gall, Zug et Zürich; les soies à Bâle et à Zürich; les montres à Berne, Genève, Neufchâtel, Solothurn et Vaud. Les lignes de chemin de fer ont un développement de plus de 2,800 kil. — La Suisse se compose de 22 cantons ou (comme trois d'entre eux, Unterwalden, Appenzell et Bâle, se subdivisent chacun en deux demi-cantons indépendants) de 25 états, comme suit :

CANTONS	KIL. CARR.	POPULATION
Zürich	1.724,7	317.576
Berne	6.888,1	506.164
Lucerne	1.509,8	134.806
Uri	1.076,0	23.694
Schwytz	908,5	51.225
Unterwalden-le-Haut	474,8	15.356
Unterwalden-le-Bas	290,5	11.992
Glaris	691,2	34.213
À reporter	13.554,6	1.121.036

CANTONS	KIL. CARR.	POPULATION
Report	13.554,6	1.121.036
Zug	239,2	22.994
Fribourg	1.669,0	115.480
Soleure	792,3	80.424
Bâle-Ville	35,8	65.101
Bâle-Campagne	421,6	59.371
Schaffhouse	294,2	38.348
Appenzell-Rh. Ext.	243,1	51.958
Appenzell-Rh. Int.	177,5	12.841
St-Gall	2.019,0	210.491
Grisons	7.132,8	94.991
Argovie	1.404,0	198.645
Thurgovie	088,0	99.555
Tessin	2.818,4	130.777
Vaud	3.222,8	238.730
Valais	5.248,0	100.216
Neuchâtel	807,8	103.732
Genève	279,4	101.595
Totaux	41.346,5	2.646.102

— Parmi les étrangers, on compte 96,000 Allemands, 54,000 Français, 42,000 Italiens, 13,000 Autrichiens, 3,000 Anglais, 1,300 Russes et Polonais, et un grand nombre de réfugiés de tous les autres pays. L'émigration varie annuellement de 10,000 à 14,000 Suisses, qui se rendent surtout dans l'Amérique du Nord. Depuis 1816, la population s'est accrue d'environ 50 p. 100. La plus grande partie s'adonne à l'agriculture; l'industrie et les arts manuels emploient près de 500,000 personnes. Les différences de langage se rapportent à des différences d'origine. Dans les cantons du N.-N.-E. et du centre, on parle un dialecte allemand (2,030,800 hab.), le français (609,000) domine dans le Vaud, Genève et Neufchâtel, et dans certaines parties du Valais, de Fribourg et de Berne; l'italien (162,000) dans le Tessin (Ticino) et une partie des Grisons; et le romanche, dialecte latin corrompu, dans le reste de ce dernier canton (40,000). Les protestants (1,668,000) appartiennent en majorité à l'Église réformée. Des facultés de théologie protestantes sont attachées aux universités de Berne, de Zürich et de Bâle; à Berne, il s'est établi depuis 1874 une faculté de théologie pour les vieux catholiques. Il y a environ 7,000 juifs en Suisse. Ce pays possède trois universités complètes, organisées sur le type allemand, celles de Bâle, de Berne et de Zürich, sans compter l'académie de Genève qui, à cause de la faculté de médecine qui y est jointe, s'appelle aussi université. Toutes les académies, excepté celle de Fribourg, sont protestantes; tous les lycées, catholiques. Le nombre des écoles publiques s'élève à 7,000 environ, et donnent l'instruction à plus de 450,000 élèves. Il y a une célèbre école polytechnique à Zürich, et une académie militaire à Thur (Berne). L'enseignement public est obligatoire pour tous les enfants de 7 à 14 ans. Il y a plus de 8,500 sociétés fédérales de chant. Les vallées des Alpes sont intéressantes à étudier au point de vue de leurs mélodies locales. — La première constitution fédérale du 7 août 1815 ne remplaça le contrat fédéral du 7 août 1815 et changea l'union fédérale des États en une république fédérale, fut promulguée le 12 sept. 1848. Une constitution revue et plus libérale fut mise en vigueur le 29 mai 1874. Elle assure la liberté complète et absolue de conscience et de religion; elle rend le mariage civil obligatoire et le mariage religieux facultatif; elle interdit la création de nouveaux évêchés à moins qu'ils ne soient approuvés par le gouvernement fédéral; elle exclut les jésuites et autres ordres envahisseurs de toutes les associations et de toutes les fonctions ecclésiastiques et pédagogiques; elle prohibe l'établissement de nouveaux couvents (en 1874, il n'y en avait plus que 88); elle donne au gouvernement le pouvoir d'expulser les étrangers dangereux. Le pouvoir législatif est remis à l'assemblée fédérale (bundes-ver-

sammlung), qui se compose d'un conseil national et d'un conseil des états (all. Staenderath). Les 145 membres du conseil national sont élus pour trois ans (1 par 20,000 hab.). Tout citoyen âgé de 20 ans a le droit de vote, et tout votant, non ecclésiastique, est éligible. Les citoyens naturalisés sont éligibles au bout de 5 ans. Le conseil des états se compose de 44 membres (2 par canton). Les membres du conseil national sont payés par le gouvernement général, ceux du conseil des états par les cantons. Le pouvoir exécutif est exercé par un conseil fédéral (bundesrath) de 7 membres choisis pour trois ans par l'assemblée fédérale, c'est-à-dire par le conseil national et le conseil des états siégeant ensemble. Le président et le vice-président de la confédération, qui sont aussi président et vice-président du conseil fédéral, sont choisis pour un an seulement, et par le conseil lui-même, dans son propre sein; ils ne sont rééligibles qu'à l'expiration d'une autre année. La cour fédérale, choisie par l'assemblée fédérale pour six ans, se compose de neuf membres titulaires et de neuf suppléants; elle a son siège à Lausanne. Chaque canton possède ses lois particulières; ceux d'Uri, d'Appenzell, d'Unterwalden et de Glarus, sont des démocraties pures, où les droits de la souveraineté sont exercés par l'assemblée générale de tous les citoyens, laquelle se réunit une fois l'an, vote les lois, fixe les taxes et élit les fonctionnaires cantonaux. Les autres sont des démocraties représentatives, où le peuple élit une assemblée législative appelée le grand conseil; celle-ci choisit parmi ses membres l'exécutif, appelé le petit conseil. L'institution du jury existe dans plusieurs cantons. La capitale fédérale est Berne. Depuis 1848, il y a un tarif de douanes sur les frontières de la république. Recettes et dépenses, chacune 50 millions de fr. La dette publique est d'environ 31 millions et demi, et la propriété fédérale vaut près de 36 millions. Dans la plupart des cantons, la propriété publique dépasse la dette. L'armée régulière se compose des citoyens de 20 à 32 ans, et la landwehr de ceux qui ont de 33 à 44 ans; toute cette force armée monte à un peu plus de 200,000 hommes. Les Suisses sont d'excellents tireurs; les clubs et sociétés militaires sont en grand nombre, et chaque année il y a un concours fédéral de tir. — On suppose que la Suisse fut d'abord habitée par des Celtes, dont le nom collectif était Helvètes. Les hautes vallées du canton actuel des Grisons étaient occupées par les Rhétiens, parents des Tyrrhéniens ou Étrusques. En 113 av. J.-C., les Tigurini et les Tugeni (d'où Zürich et Zug) se joignirent aux Cimbres et aux Teutons dans leurs invasions en Italie. Dans cette guerre, l'Helvète Divico, en 107, écrasa les Romains. Après la défaite des Cimbres en 101, les Helvètes rentrèrent chez eux, suivis, pense-t-on, par les restes dispersés des Cimbres, auxquels on attribue la fondation de Schwytz. Toute une tribu des Helvètes, sous Orgétorix, alla détruire les villes et les villages en Gaule; sous la conduite de Divico, ils franchirent la Saône, mais César les battit à Bibracte (Autun), et peu à peu les Romains soumirent toutes les tribus, jusqu'aux obstinés Rhétiens. L'Helvétie resta pendant plusieurs siècles une province romaine. Rome y introduisit ses lois et sa civilisation, et fonda Bâle, Coire et d'autres villes. Les Alemani et d'autres tribus germaniques ravagèrent souvent le pays dans les IIe, IIIe et IVe siècles, et les éléments celtiques et romains disparurent en grande partie. Au Ve siècle, les Burgundes, les Alemani et les Goths se partagèrent la contrée; mais au VIe, ils furent tous soumis et évangélisés par les Francs; les évêques et les abbés y prirent bientôt une grande influence politique. Il y eut alors deux divisions

administratives, l'une comprenant la Rhètie et le Thurigau, et l'autre qu'on appelait la Petite Burgundie. Sous le faible règne de Charles le Gros (mort en 888), le N. de la Suisse passa au duc d'Alemanie (Souabe) et devint ainsi part intégrante de l'empire allemand, tandis que le S. appartenait à la Bourgogne. Beaucoup de familles nobles qui, sous les empereurs de la maison de Saxe, avaient gouverné dans le pays comme vassales de l'empire, s'éteignirent pendant les croisades, et la puissance et la prospérité des villes s'accrurent énormément ; Berne et Fribourg devinrent des villes libres impériales. Ce ne fut pourtant pas des villes que vint l'indépendance de la Suisse, bien que Zürich, Berne et Bâle eussent formé une alliance dans ce but ; elle vint des anciens cantons de Schwytz, d'Uri et d'Unterwalden, dont les habitants descendaient, croit-on, d'émigrants venus de la Suède, et qu'in'avaient jamais été conquis. Ils étaient seulement sous la protection de l'empereur d'Allemagne, auprès duquel leurs droits étaient gardés par un vogt, d'abord le comte de Lenzbourg et plus tard le comte de Hapsbourg. Mais, après l'avènement de Rodolphe de Hapsbourg au trône impérial (1273), son fils Albert tenta d'incorporer la Suisse à l'Autriche. Berne et Zürich résistèrent avec succès ; mais dans Schwytz, Uri et Unterwalden, il réussit pendant quelque temps. Les traditions helvétiques nous parlent d'une convention faite par 33 patriotes des trois cantons sur le Grütli ou Rüli, prairie placée sur leurs communes frontières, pendant la nuit du 7 au 8 nov. 1307, qui aboutit, le 1er janv. 1308, à l'expulsion des fonctionnaires autrichiens et à la destruction de leurs châteaux. C'est à cette période qu'appartient la légende de Guillaume Tell. Les relations des trois cantons vis-à-vis de l'empire d'Allemagne restèrent d'abord les mêmes ; mais la guerre faite par l'Autriche, pour rétablir son autorité sur les cantons émancipés, guerre qui, avec de nombreuses interruptions, dura environ 200 ans, finit par briser tout à fait les liens qui rattachaient la Suisse à l'Allemagne. La ligue des trois anciens cantons, établie pour la première fois en 1291, fut changée en confédération perpétuelle en 1315, après la grande victoire remportée à Morgarten sur les Autrichiens. En 1332, Lucerne entra dans la confédération, qui reçut le nom de Cantons des Quatre Forêts (Vierwaldstaette). Zürich s'y joignit en 1331, Glarus et Zug en 1352, et Berne en 1353. Alors les huit cantons formèrent « la ligue perpétuelle des huit vieux lieux de la confédération ». On n'en admit pas d'autre jusqu'en 1481, et ces huit cantons jouirent des privilèges jusqu'en 1798. Les Suisses battirent encore les Autrichiens à Sempach (Lucerne), le 9 juillet 1386, et à Naefels (Glarus) le 9 avril 1388 ; ils prirent alors l'offensive et, à la fin, malgré leurs défaites en 1422 et 1445, ils s'annexèrent des portions considérables du territoire autrichien. Ces conflits prolongés avaient rendu la population belliqueuse, et beaucoup de Suisses s'enrôlaient comme mercenaires dans les armées étrangères. De 1440 à 1450, Zürich se sépara de la confédération. A cette époque, comme Schwytz avait une influence prépondérante, ses couleurs (blanc et rouge) devinrent le drapeau de la confédération, et tout le pays prit le nom de Suisse (Schwytz). En 1475, les cantons s'allièrent à la France, à l'Autriche et aux villes libres d'Alsace contre la Bourgogne ; et les Suisses infligèrent une défaite signalée à Charles le Téméraire en mars 1476, à Granson ; ils anéantirent son armée à Morat, en juin, et la guerre se termina par la défaite et la mort du duc à Nancy, en janv. 1477. L'admission de Solothurn et de Fribourg en 1481 fut sur le point

d'amener une guerre civile que conjura l'ermite Nicholas von der Flue. D'autres dissensions intérieures se terminèrent par une guerre contre l'empereur allemand (1498), laquelle aboutit à la paix de Bâle en 1499. Bâle et Shaffhouse furent admis dans la confédération et on y ajouta Appenzell en 1513. Ainsi le nombre des cantons s'était élevé à 13 ; il resta sans changement jusqu'en 1798. Les Suisses, prenant parti dans les querelles italiennes, furent heureux d'abord, mais en 1516 perdirent la grande bataille de Marignan contre François 1er de France. — La réformation suscita la guerre entre les cantons réformés et les cantons catholiques ; mais peu après la bataille de Kappel (Zürich), en 1531, dans laquelle Zwingle périt, la paix se rétablit et chaque canton resta libre d'admettre ou de repousser la réforme. — Genève, avec l'aide de Berne, s'affranchit de la Savoie et, en 1536, devint une république protestante, sans cependant être admise dans la confédération. Berne conquit Vaud sur la Savoie en 1536 et l'acquit à la réformation. En 1586, les cantons catholiques de Lucerne, d'Uri, de Schwytz, d'Unterwalden, de Solothurn et de Fribourg, formèrent la « ligue d'or » pour la défense de la religion catholique. En 1597, Appenzell, pour prévenir une guerre de religion, fut séparé en deux demi-cantons indépendants. A la paix de Westphalie (1648), la Suisse fut déclarée entièrement indépendante de l'empire allemand. Dans la seconde guerre de Toggenburg, en 1712, 150,000 Suisses en rent aux uns contre les autres. La forme oligarchique du gouvernement à Berne, à Fribourg, à Solothurn et à Lucerne, et l'état d'oppression où se trouvaient les territoires conquis amenèrent d'autres commotions intérieures. Le 5 mars 1798, les Français s'emparèrent de Berne, le 12 avril, ils proclamèrent à Aarau la république helvétique, une et indivisible, avec 18 cantons, et Aarau pour capitale. Genève, Bienne (Berne) et d'autres portions du territoire suisse étaient incorporés à la république française. Bientôt après, la Suisse fut un des principaux centre de la guerre entre les Français et les alliés. Le retrait des troupes françaises en 1802 amena immédiatement des révolutions ; mais une armée française de 12,000 hommes soumit de nouveau les vieux cantons, et, le 19 fév. 1803, Bonaparte transmit aux députés suisses, assemblés à Paris, l'acte de médiation, par lequel l'ancien système cantonal était rétabli, bien que la situation des territoires conquis vis-à-vis des cantons demeurât abolie. Aux 13 vieux cantons, on en ajouta 6, savoir : Saint-Gall et les Grisons, qui étaient jadis des alliés de la confédération sans en être des membres, et Aargau (Argovie), Thurgau, le Tessin et Vaud qui étaient des territoires soumis. Après la bataille de Leipzig, les troupes des puissances alliées traversèrent la Suisse. La nouvelle constitution de 1845 reconnut les 19 cantons constitués par l'acte de médiation et en ajouta trois autres : Genève, le Valais et la principauté prussienne de Neufchâtel. Les grandes puissances ratifièrent cette constitution qui déclarait aussi la neutralité et l'inviolabilité perpétuelle de la Suisse, dont le territoire se trouvait accru de cessions de la part de la France, de la Savoie et de l'Autriche. En 1817, la Suisse, sur l'invitation d'Alexandre de Russie, entra dans la Sainte-Alliance, et de 1823 à 1828, elle restreignit la liberté de la presse et le droit d'asile. La révolution française de juillet 1830 excita plusieurs des districts ruraux à se soulever contre les villes capitales et les força à rendre plus libérales les constitutions particulières des cantons.

Bâle fut divisé en deux demi-cantons indépendants, Bâle-ville et Bâle-campagne, en 1832. En nov., quelques-uns des cantons les plus conservateurs, Uri, Schwytz, Unterwalden, Neufchâtel et Bâle-ville, formèrent la « ligue de Sarnen » ; mais ils durent céder. Finalement, des réformes libérales furent introduites dans les deux tiers environ des cantons suisses. L'Argovie (Aargau) abolit tous les couvents en 1841, et à la diète de 1844 demanda l'expulsion des jésuites. Aussi, lorsque Lucerne décida, le 24 oct., d'appeler les jésuites dans une institution cantonale, une grande effervescence s'en suivit. Deux expéditions de volontaires tentèrent vainement (déc. 1844 et mars 1845) de renverser le gouvernement de Lucerne. D'un autre côté, Vaud, Berne et Zürich votèrent pour l'expulsion après s'y être opposés. Le danger qui menaçait les collèges des jésuites se trouvait ainsi augmenté. Les cantons qui les patronaient, Lucerne, Uri, Schwytz, Unterwalden, Zug, Fribourg et le Valais, resserrèrent les liens d'une alliance particulière (Sonderbund) qu'ils avaient déjà formée en 1843. Cependant, la diète de 1847 prononça l'expulsion des jésuites de toute la Suisse. La diète rassembla une armée de près de 100,000 hommes sous le général Dufour. Le Sonderbund avait, de son côté levé, 36,000 hommes, qui devaient être appuyés par un landsturm de 17,000 hommes. Le 3 nov., l'armée du Sonderbund fut mise en déroute à Giliskon, près du canton de Lucerne ; les jésuites et leurs partisans les plus en vue prirent la fuite, et les sept cantons se soumirent. Pendant la guerre, l'Autriche, la France et la Prusse avaient montré ouvertement leurs sympathies pour le Sonderbund, mais la révolution de 1848 détourna de la Suisse l'attention des puissances, et donna à cette dernière une occasion de précipiter ses réformes constitutionnelles. La nouvelle constitution fédérale fut votée à une grande majorité. La même année, Neufchâtel se déclara indépendant de la Prusse, et la tentative des royalistes en 1855 pour restaurer cette souveraineté fut immédiatement réprimée. En 1857, la Prusse, à la conférence des grandes puissances à Paris, abandonna toute prétention sur Neufchâtel. La question de délimitation de frontières entre la Suisse et l'Italie, soumise à l'arbitrage de George-P. Marsh, ministre des États-Unis en Italie, a été décidée en 1875 en faveur de l'Italie, et la frontière suisse a été définitivement fixée au point qu'on appelle les Alpes de Cravariola. — Chemin de fer, 2,900 kil. Télégraphes, 6,900 kil. de lignes. — Système de monnaies, de poids et de mesures comme en France. — BIBLIOGR. Message du conseil fédéral à la haute assemblée fédérale concernant le recensement fédéral du 11 déc. 1880 (Berne, 1881, in-8°) ; Almanach fédéral suisse pour 1884 (Berne, 1884) ; Dr H.-C. Lombard, Répartitions mensuelles des décès dans quelques cantons de la Suisse (Berne, 1868, in-4°) ; H. Maguin, Notes et documents sur l'instruction populaire en Suisse (Paris, 1878, in-8°) ; Rapport du chemin de fer du Gothard (Zürich, 1883).

SUISSERIE s. f. Logement d'un suisse d'hôtel.

*SUITE s. f. (fr. suivre). Coll. Ceux qui suivent, ceux qui sont là présents : on laissa passer les trois premiers, et on ferma la porte à toute la suite. — Fam. N'AVOIR POINT DE SUITE, n'avoir point d'enfants, ni de proches parents. — Ceux qui accompagnent quelqu'un par honneur, qui sont autour de lui, devant ou après lui, pour lui faire honneur : il a une belle suite.

> Oui, de la suite, ô roi, de ta suite, j'en suis.
>
> V. Hugo. Hernani, acte 1er.

— Ce qui suit, ce qui est après : pour bien entendre ce passage, il faut lire la suite. —

Continuation, ce qui est ajouté à un ouvrage pour le continuer : *la suite de Don Quichotte.* — Série. Se dit surtout en parlant de plusieurs choses arrivées les unes après les autres , soit par enchaînement , soit par simple succession: *la vie de cet homme n'a été qu'une suite de disgrâces, de fautes.* — LA SUITE DES TEMPS, la succession des siècles. — LA SUITE D'UNE AFFAIRE, la série des événements, des incidents qui arrivent les uns après les autres dans le cours d'une affaire : *j'ai vu toute la suite de cette affaire.* — Certain nombre de choses de même espèce, que l'on range selon l'ordre des temps ou des matières : *une belle suite de médailles, de monnaies, d'estampes, de portraits.* — Certain nombre de personnes qui ont succédé les unes aux autres : *une longue suite de rois.* — Mathémat. Termes qui se succèdent suivant une loi quelconque. SUITE ARITHMÉTIQUE, suite de nombres dont chacun surpasse de la même quantité celui qui précède. — Se dit en outre des événements causés par quelque chose qui a précédé : *ce qui lui arrive est une suite naturelle, nécessaire, inévitable de sa mauvaise conduite.* — Absol. CELA PEUT AVOIR DES SUITES, il en peut arriver quelque chose de fâcheux. — Se dit quelquefois des temps qui suivent une époque déterminée : *la suite a fait voir ce qu'on pouvait attendre de leur zèle.* — Ordre, liaison : *il n'y a point de suite dans ce discours.* — Jurispr. Les MEUBLES N'ONT PAS DE SUITE PAR HYPOTHÈQUE, il ne peut point y avoir d'hypothèque sur les meubles. — A la suite loc. prépos., qui s'emploie dans plusieurs phrases différentes. ÊTRE A LA SUITE D'UN AMBASSADEUR, l'accompagner, être de son cortège. ÊTRE A LA SUITE DE LA COUR, suivre la cour partout où elle va. ÊTRE A LA SUITE DU TRIBUNAL, suivre sa tribunal pour quelque affaire que l'on y a; et, ÊTRE A LA SUITE D'UNE AFFAIRE, la poursuivre, la solliciter. Cette dernière phrase signifie aussi, être attentif à tout ce qui se passe dans le cours d'une affaire, en observer tous les incidents : *il est depuis dix ans à la suite de cette affaire, personne n'en sait mieux que lui tous les détails.* — Absol. OFFICIER A LA SUITE, officier qui attend son tour pour être mis en activité. — Se construit encore avec quelques autres verbes, et signifie, après. — MARCHER, ENTRER A LA SUITE DE QUELQU'UN, marcher, entrer après lui. — De suite loc. adv. l'un après l'autre, sans interruption : *faites-les marcher de suite.* — Se dit encore de l'ordre dans lequel les choses doivent être rangées : *ces livres, ces médailles, ne sont point de suite.* — Tout de suite loc. adv. Sur-le-champ, aussitôt, sans délai : *il faut que les enfants obéissent tout de suite.* — Sans interruption : *il but trois rasades tout de suite.* — Par suite loc. adv. et prépos. Par une conséquence naturelle, par un résultat nécessaire : *on rejeta cet article du projet, et par suite toutes les dispositions qui s'y rapportaient.*

SUITÉE adj. fém. Se dit d'une jument suivie d'un poulain.

* **SUITES** s. f. pl. Vénerie. Testicules d'un sanglier; par corruption de LUITES, qui est le vrai nom.

SUIVABLE adj. Qu'on peut ou qu'on doit suivre.

* **SUIVANT, ANTE** adj. Qui est après, qui va après : *le livre suivant contient l'histoire de...* — s. Celui, celle qui suit, qui accompagne, qui escorte une personne : *elle avait de nombreux suivants.* — Poétiq. LES SUIVANTS D'APOLLON, les poètes, les hommes qui cultivent les lettres. — Prov. et fam. IL N'A NI ENFANTS, NI SUIVANTS, se dit d'un homme qui n'a ni enfants, ni parents fort proches.

* **SUIVANT** prép. Selon, conformément à : *suivant votre sentiment.* — A proportion de, en raison de : *travailler suivant ses forces.*

— Suivant que loc. conj. Selon que : *je le récompenserai suivant qu'il m'aura servi.*

* **SUIVER** v. a. Voy. SUIFFER.

* **SUIVIE, IE** part. passé de SUIVRE. — CE PRÉDICATEUR, CE PROFESSEUR EST FORT SUIVI, il attire un grand nombre d'auditeurs. — Adjectif. Se dit de ce qui est continu, sans interruption : *un travail suivi.* — UN DISCOURS, UN RAISONNEMENT, UNE PIÈCE BIEN SUIVIE, etc., un discours, un raisonnement, une pièce, etc., dont toutes les parties ont entre elles l'ordre et la liaison qu'elles doivent avoir.

* **SUIVRE** v. a. (lat. *sequi*). *Je suis, tu suis, il suit ; nous suivons, vous suivez, ils suivent. Je suivais. Je suivis. J'ai suivi. Je suivrai. Je suivrais. Suis, suivez. Que je suive,* etc. Aller, venir après : *il marchait le premier, et les autres le suivaient.* — Prov. QUI M'AIME ME SUIVE, que celui qui a de l'amitié, de l'attachement pour moi, fasse ce que je ferai, qu'il m'imite, qu'il prenne mon parti, qu'il se déclare pour moi.

Regarde autour de toi pour voir si l'on te suit.
PONSARD. *Charlotte Corday*, acte III, sc. IV.

— Aller après pour atteindre , et pour prendre : *suivre un lièvre.* — Observer, épier : *il faut suivre cet homme-là.* — Accompagner, escorter, aller avec : *il a suivi ce prince dans tous ses voyages, dans les occasions les plus périlleuses.* — Aller, continuer d'aller dans une direction tracée, ou en prenant quelque objet pour direction : *suivre un chemin, un sentier.* — Lorsqu'on dicte , ou lorsqu'on prépare un manuscrit pour l'imprimeur, etc., on se sert quelquefois des expressions EN SUIVANT, ou FAITES SUIVRE, qui signifient, ne faites point d'alinéa et continuez la ligne commencée. — SUIVRE SA POINTE, continuer son entreprise. — SUIVRE LE PARTI DE QUELQU'UN, être du parti de quelqu'un : *les uns suivaient le parti des Guelfes, les autres celui des Gibelins.* — SUIVRE UNE DOCTRINE, UNE OPINION, faire profession d'une doctrine, d'une opinion; et, SUIVRE ARISTOTE, SUIVRE PLATON, SUIVRE DESCARTES, être du sentiment d'Aristote, du sentiment de Platon, du sentiment de Descartes. — S'abandonner à, se laisser conduire par : *suivre son imagination, sa pensée, son idée, sa fantaisie.* — Se conformer à : *suivre la mode, l'usage, les coutumes d'un pays.* — Être après, par rapport au temps, au lieu, à la situation, au rang, etc. : *l'été suit le printemps.* — Se dit, fig., d'une chose qui résulte d'une autre, qui en est la conséquence : *l'envie suit la prospérité.*

La crainte suit le crime, et c'est son châtiment.
VOLTAIRE, *Sémiramis*, acte V, sc. Ire.

— Suivre v. n. L'une de ces propositions ne suit pas toujours de l'autre, ne suit pas nécessairement de l'autre. — Impersonnel. *Il suit de ce que vous dites, que je n'avais pas tort.*

* **SUJET, ETTE** adj. (lat. *subjectus*). Soumis, subordonné, qui est dans la dépendance, qui est obligé d'obéir : *nous sommes tous sujets aux lois et aux coutumes du pays où nous vivons.* — Obligé à supporter quelques charges, et à payer certains droits: *tout propriétaire est sujet à l'impôt foncier.* — Astreint à quelque nécessité inévitable : *tous les hommes sont sujets à la mort.*

Le riche et l'indigent, l'impudent et le sage
Sujets à même loi, subissant même sort.
J.-B. ROUSSEAU. *Ode III.*

— ÊTRE SUJET A' L'HEURE, être obligé de se trouver en quelque endroit, de faire quelque chose à certaine heure précise. — CE MAITRE TIENT SES DOMESTIQUES FORT SUJETS, il exige d'eux un service fort assidu. CE PÈRE TIENT SON FILS DE COURT ET FORT SUJET, il ne lui laisse presque aucune liberté. — Se dit de même en parlant d'un emploi, d'un métier qui oblige à une grande assiduité : *c'est un emploi, un métier, une place où il faut être extrêmement sujet, où l'on est fort sujet.* — Qui a coutume de faire quelque chose, qui s'y trouve porté par inclination ou par habitude : *il est sujet à boire, à s'énivrer.* — Qui est exposé à éprouver fréquemment de certains accidents : *tout homme est sujet à se tromper.* — Prov. IL EST SUJET A CAUTION, se dit d'un homme auquel il ne faut pas trop se fier. — Sujet. s. Celui, celle qui est soumis à une autorité qui gouverne, soit qu'il s'agisse d'un roi, d'une république, ou de quelque autre souverain : *il est né sujet du roi.*

* **SUJET** s. m. Cause, raison, motif : *il vous a querellé sans sujet, pour un sujet fort léger.*

Le chêne un jour dit au roseau:
Vous avez bien sujet d'accuser la nature.
LA FONTAINE.

— Matière sur laquelle on compose, sur laquelle on écrit, sur laquelle on parle : *quel est le sujet de son livre ?* — ÊTRE PLEIN DE SON SUJET, l'avoir bien médité, en être bien instruit, bien pénétré. — Se dit également en parlant des arts : *le sujet de ce tableau est l'Entrée de Notre-Seigneur dans Jérusalem.* — Objet d'une science : *les corps naturels sont le sujet de la physique.* — Mus. Air sur lequel on fait les parties ; et surtout phrase qui commence une fugue, et qui lui sert de thème, de motif : *il y a dans une fugue plusieurs reprises du sujet et de la réponse.* — Log. et Gramm. Terme de toute proposition duquel on affirme ou l'on nie quelque chose : *dans cette proposition : Le soleil est grand, Soleil est le sujet, et Grand est l'attribut.* — Se dit en outre d'une personne, par rapport à sa capacité, à ses talents, ou à ses mœurs : *l'homme dont vous parlez n'est pas un sujet capable de remplir cet emploi.* — C'EST UN BON SUJET, il a tout le talent, toute la capacité nécessaire pour cet emploi ; ou il est d'une conduite sage et réglée. — Anat. Se dit d'un cadavre que l'on dissèque : *la difficulté de se procurer des sujets nuit beaucoup, dans ce pays, au progrès des études anatomiques.* — Méd. CE MALADE EST UN BON SUJET, UN MAUVAIS SUJET, il est d'une bonne ou d'une mauvaise constitution. — Jard. Se dit d'un végétal sur lequel on pose, ou sur lequel on veut greffe, et particulièrement des sauvageons qu'on élève en pépinière, pour les transplanter et les greffer : *pour qu'une greffe réussisse, il faut qu'il y ait beaucoup d'analogie entre elle et le sujet.*

* **SUJÉTION** s. f. (lat. *subjectio*). Dépendance, état de ce qui est astreint, de ce qui est obligé à quelque chose, à quelque nécessité : *vivre dans la sujétion.* — Assiduité d'un domestique auprès de son maître , d'une femme auprès de son mari, d'une garde auprès d'un malade, etc. : *c'est un homme auprès duquel il faut une grande sujétion.* — Assiduité que demande une charge, un emploi : *c'est un emploi d'une grande sujétion.* — Se dit encore de certaines incommodités et de certaines servitudes auxquelles une maison est sujette : *c'est une maison fort incommode, et où il y a de grandes sujétions.*

SULAMITE, nom de la femme en l'honneur de qui Salomon a composé le *Cantique des Cantiques.*

SULCIFORME adj. (lat. *sulcus*, sillon; fr. *forme*). Qui est en forme de sillon.

SULEIMAN PACHA, général turc, né en 1838, mort à Bagdad en avril 1883. Il entra dans l'armée turque en 1860, se distingua au Monténégro, puis en Crète, devint professeur à l'école militaire de Constantinople et reçut le grade de général de division en 1875. Lors du soulèvement de l'Herzégovine, il déploya de grands talents militaires, battit les Monténégrins et dégagea un

instant la ville de Niksich, qu'ils assiégeaient (mai 1877). Considéré comme le premier général turc, il fut rappelé pour être mis à la tête de l'armée destinée à s'emparer des passes de Schipka (juillet). Il remporta d'abord quelques succès sur les généraux Gourko et Radetzky. Mais ensuite il gaspilla ses forces dans des attaques infructueuses sur les redoutes de Schipka et finit par ne plus pouvoir s'opposer à la marche des Russes. Sa conduite fit naître des soupçons; on supposa qu'il obéissait à son ambition personnelle et à sa jalousie pour Osman Pacha, le héros de Plevna. Après avoir fait couler des torrents de sang pour s'emparer du fort Saint-Nicolas, il l'abandonna presque sans le défendre (17 sept.). On le remplaça dans son commandement (3 oct.) et on le rappela en Roumélie. Il concentra ses troupes autour de Constantinople et fut complètement vaincu par Gourko près de Philippopoli (17 janv. 1878). Il se retira, avec les débris de ses troupes à Karala, sur la mer Egée. Après la signature de la paix, il fut exilé à Bagdad.

SULF ou **Sulfo** (lat. *sulfur*, soufre). Préfixe qui entre dans la formation d'un grand nombre de mots.

SULFACÉTATE s. m. (préf. *sulf; fr. acétate*). Chim. Nom donné aux sels qui renferment les éléments des acétates et de l'acide sulfurique anhydre ou anhydride sulfurique.

SULFACÉTIQUE adj. Chim. Se dit d'un acide qui dérive de l'acide acétique par la substitution du résidu monoatomique de l'acide sulfurique à l'hydrogène.

SULFATAGE s. m. Sorte de chaulage dans lequel on emploie du sulfate de chaux ou plâtre.

* **SULFATE** s. m. Chim. Nom générique des sels formés par la combinaison de l'acide sulfurique avec différentes bases : *sulfate de chaux*. — Rigoureusement, l'union de l'acide sulfurique avec une base n'est que partielle, car une partie de l'hydrogène, et, dans les sels normaux, tout l'hydrogène de l'acide sulfurique, est déplacé par la base. (Voy. Sels.) Par exemple H² SO⁴ + 2 K = 2 H + K² SO⁴, sulfate normal de potassium; ou H² SO⁴ + K = H + K H SO⁴, sulfate acide de potassium. Les sulfates ont un grand emploi dans les arts, la médecine, l'agriculture et la chimie de laboratoire. Le sulfate normal d'alumine, Al² 3S O³ + 18 H² O, se trouve à l'état natif dans un grand nombre de localités volcaniques. On le fabrique en grandes quantités en traitant par l'acide sulfurique de l'argile calcinée; c'est ce qu'on appelle dans le commerce de l'alun concentré; on l'emploie en teinturerie à la place de l'alun ordinaire. Un des sulfates naturels les plus importants est le sulfate de chaux. Voy. Gypse.) Il y a une série de sulfates de cuivre, entre lesquels le sulfate normal ou vitriol bleu ordinaire, Ca S O⁴ + 5 H² O, est d'un grand usage dans les arts. Les sulfates doubles de cuivre et d'ammoniaque forment des solutions bleues d'une grande beauté; le cuivre avec le magnésium, le sodium et le zinc donnent naissance à de doubles sulfates qui sont aussi fort beaux. L'acide sulfurique forme avec le fer une série étendue de sels, dont quelques-uns ont une constitution analogue au peroxyde, et s'appellent sels ferriques; d'autres, analogues au protoxyde, s'appellent sels ferreux. Parmi les premiers se trouvent plusieurs sels doubles intéressants, tels que le sulfate ammonio-ferrique, et le sulfate potassio-ferrique. Le sulfate ferreux, ou vitriol vert, ou couperose, Fe S O⁴ + 7 H² O (ou Fe O SO³ + 7 H O, vieille formule), est, commercialement pariant, le plus important des sels de fer. Il se rencontre à l'état natif, quelquefois en cristaux, mais le plus souvent en masses amorphes,

dans les mines de fer des différentes parties du monde, formé qu'il est par l'oxydation des pyrites de fer. Mais la plus grande partie de la couperose consommée dans les arts se tire, simultanément avec l'alun, des schistes contenant des pyrites de fer.

SULFATÉ, ÉE adj. Qui contient du sulfate.

SULFATER v. a. Imprégner de sulfate.

SULFATEUR s. m. Ouvrier qui prépare le sulfate de quinine.

SULFATISATION s. f. Transformation en sulfate.

* **SULFHYDRATE** s. m. Syn. de Hydrosulfate.

* **SULFHYDRIQUE** adj. Se dit d'un acide formé de soufre et d'hydrogène. On dit aussi *acide hydrosulfurique* ou *hydrogène sulfuré*. C'est un composé gazeux examiné d'abord par Scheele en 1777; symbole H² S; équivalent chimique 34. Il consiste en deux volumes d'hydrogène et un de vapeur de soufre condensée. Sa densité est 1191,2, l'air étant 1000. C'est un gaz incolore, et il a une réaction légèrement acide et une odeur des plus repoussantes, qui caractérise les œufs pourris, les puisards, quelques eaux minérales. Il est condensé sous une pression de 17 atmosphères à 10° dans un liquide incolore, et fut solidifié par Faraday qui le refroidit à 61°. Pour le produire on a 2 flacons (A et B); A est pourvu

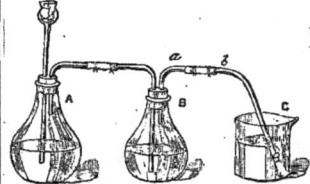
Appareil à acide sulfhydrique.

d'un tube qui traverse son bouchon et d'un second tube qui communique avec B; un 3° tube a b met en relation le vase B avec le récipient c dans lequel il plonge. Des petits morceaux brisés de sulfure de fer sont placés en A et baignent dans de l'acide sulfurique dilué; le gaz qui se dégage est porté en B où il est forcé de traverser de l'eau dans laquelle il abandonne la plus grande partie de ses impuretés. Il est conduit de là dans le récipient c qui contient une solution d'un métal, et il change de couleur, suivant le métal de la solution.

* **SULFITE** s. m. Chim. Sel formé par l'action de l'acide sulfureux sur les bases; les deux atomes d'hydrogène dans la molécule de l'acide sont remplacés partiellement ou tout à fait par un basile ou par un radical métallique, formant des sels normaux ou acides. (Voy. Sels.) Ainsi le sulfite de potassium normal K² S O³ peut se former en remplaçant complètement l'hydrogène de l'acide (H² S O³); ou le sulfite acide (K H S O³), peut se former en employant la moitié moins d'acide. Les sulfites des métaux se forment ordinairement en faisant passer l'anhydride sulfureux, S O², à travers les solutions aqueuses ou des mélanges d'hydrates ou de carbonates. On s'est servi du sulfite normal et du sulfite acide de sodium pour enlever les traces de chlore dans la pâte à papier, mais on n'arrive qu'à les faire remplacer partiellement par l'hyposulfite.

SULFOVINATE s. m. (rad. *sulfovinique*). Sel obtenu de la combinaison de l'acide sulfovinique avec une base. La formule générale des sulfovinates est 2 (S O³, C⁴ H⁶O, H O). Ils sont tous cristallisables et onctueux au tou-

cher. Décomposés par la chaleur, ils dégagent de l'eau, de l'acide carbonique, du gaz oléfiant et de l'acide sulfureux. Pendant l'opération, il se dégage un liquide oléagineux appelé *huile pesante de vin*, dont la formule est C² H³ O, 2 S O³.

SULFOVINIQUE adj. Se dit d'un acide obtenu en versant deux parties d'acide sulfurique concentré dans une partie d'alcool absolu, en ajoutant un peu d'eau à la liqueur refroidie et en la saturant avec du carbonate de baryte en poudre très fine. Il se dépose du sulfate de baryte et il reste en dissolution du sulfovinate de baryte. On extrait ce dernier en versant, goutte à goutte, de l'acide sulfurique dans la dissolution, jusqu'à ce qu'il ne se forme plus de précipité. On évapore la liqueur acide sous le récipient de la machine pneumatique et l'on obtient, au maximum de concentration, le liquide sirupeux appelé acide sulfovinique. Sa composition brute est C⁴ H⁶ O², 2 S O³.

SULFURABLE adj. Chim. Qui peut être sulfuré.

SULFURATION s. f. Action de sulfurer; résultat de cette action.

* **SULFURE** s. m. Chim. Nom générique des combinaisons du soufre avec les alcalis, les terres et les métaux : *sulfure d'antimoine, de zinc, d'arsenic*, etc. — Encycl. On donne le nom de sulfure à tout composé dans lequel le soufre forme l'élément électro-négatif. Le soufre s'unit à tous les métaux, à la plupart des éléments non-métalliques, et à beaucoup de radicaux organiques. Les sulfures ont, en général, une constitution correspondant aux oxydes, et, comme eux, peuvent se diviser en sulfures acides et en sulfures basiques, qui sont susceptibles de s'unir et de former des sels de soufre. Parmi les sulfures des éléments non-métalliques, ceux de carbone et de chlore sont les plus importants. Le bisulfure de carbone, ou acide sulfo-carbonique, C S², est le seul sulfure de carbone positivement connu. On le prépare sur une large échelle comme dissolvant pour différents usages industriels. Il est incolore, mobile, très réfringent (son point de réfraction atteint 1-678). Il a une odeur particulière, fétide, désagréable, alliacée; et, quand on le respire, il produit une grande dépression suivie de coma. La densité du liquide est 1,274, l'eau = 1; celle de la vapeur de 2,67, l'air étant l'unité; son point d'ébullition 48°C. Il dissout facilement le soufre, et le dépose par évaporation en beaux cristaux octaédraux. Il dissout aussi le phosphore, l'iodure, le camphre, le caoutchouc, et se mêle volontiers aux huiles. — Bisulfure d'hydrogène ou *acide sulfhydrique sulfuré*, composé de soufre et d'hydrogène (H S²), renfermant le double de la quantité de soufre que le protosulfure d'hydrogène. — Sulfure de bismuth, composé gris que l'on rencontre tout formé dans la nature ou que l'on prépare artificiellement en faisant fondre ensemble un mélange de soufre et de bismuth en poudre : Bi² S³. — Sulfure de barium. (Voy. Barium.).

* **SULFURÉ, ÉE** adj. Chim. Qui contient du soufre. — Hydrogène sulfuré. (Voy. Sulfhydrique.)

SULFURER v. a. Combiner avec le soufre.

* **SULFUREUX, EUSE** adj. Qui tient de la nature du soufre. *matière sulfureuse*. — Chim. Acide sulfureux, acide dont l'odeur est piquante, et qui se forme par la combustion du soufre dans l'air : c'est à l'acide sulfureux qu'est due l'odeur vive qui se répand, lorsqu'on enflamme des allumettes. (Voy. Soufre.)

SULFURIDE adj. Qui ressemble au soufre.

* **SULFURIQUE** adj. Chim. Se dit de l'acide du soufre le plus oxygéné : *l'acide sulfurique est*

un liquide très caustique. — L'acide sulfurique est l'hydrate d'anhydride sulfurique ou teroxyde de soufre, $SO^3 + H^3O = H^3SO^3$. On peut aussi le regarder comme un sel d'hydrogène, cet élément tenant lieu de base. (Voy. SELS.) La découverte de l'acide sulfurique est attribuée à Basile Valentin, moine d'Erfurt, en Saxe, vers 1440. Il l'obtint en distillant du vitriol vert ou sulfate de fer, et comme le produit liquide avait une apparence huileuse quand on le versait, on lui donna le nom d'huile de vitriol. Il l'obtint aussi en brûlant du soufre sous une cloche en verre pleine d'air humide, et appela ce produit *oleum sulphuris per campanum*, ou huile de soufre par la cloche. C'est là le genre du présent mode de fabrication, qui consiste à produire de l'acide sulfureux et à le porter à un plus haut état d'oxydation par les acides nitreux et hyponitreux. L'ancien procédé de distillation du vitriol vert est encore employé dans quelques parties de l'Allemagne, particulièrement dans les environs de Nordhausen (Saxe prussienne), et près de Prague, en Bohême. Le sulfate de fer, produit principalement par l'oxydation des pyrites de fer, est d'abord débarrassé de son eau de cristallisation; puis il est soumis à la chaleur rouge dans des cornues en terre placées dans les galeries d'un fourneau. Dès que l'acide commence à se distiller, le col des cornues est passé dans des récipients. Le produit est un liquide brun et huileux, ayant une densité de 1,9 environ, et émettant des fumées dans l'air, raison pour laquelle on l'appelle aussi acide sulfurique fumant. Sa composition peut s'exprimer par la formule H^3, SO^3, SO^3. Chauffé doucement, il se décompose en anhydride sulfurique, SO^3, et en acide sulfurique, H^3, SO^4. La manière ordinaire de préparer l'acide sulfurique, aujourd'hui connue sous le nom de procédé anglais, est d'oxyder de l'acide sulfureux. Le Dᵣ Roebuck inaugura, il y a un siècle, ce procédé vers le milieu du XVIIIᵉ siècle, mais l'honneur de l'invention est aussi réclamée par un imprimeur sur calicot de Rouen, avec perfectionnement par Chaptal; le Dᵣ Rœbuck n'aurait, dans ce cas, inventé que les chambres de plomb où se passe l'opération. Une grande et longue chambre, divisée en section par des cloisons ouvertes alternativement au sommet et au fond, a, à une de ses extrémités, un petit fourneau dans lequel la flamme du soufre chauffe un creuset contenant un mélange de nitre et d'huile de vitriol. Cette chambre est garnie de feuilles de plomb, et son plancher est recouvert d'une mince couche d'eau. On y introduit en outre des jets de vapeur. Le soufre, en brûlant, produit de l'anhydride sulfureux, SO^3, qui, en présence de l'humidité, devient de l'acide sulfureux ($SO^2 + H^3O = H^3SO^3$), et celui-ci lui-même, sous l'action de NO^3 devient de l'acide sulfurique, H^3SO^4, pendant que l'acide nitrique est réduit à un oxyde inférieur. L'oxydation par laquelle l'acide sulfureux devient acide sulfurique se fait dans les chambres de plomb, sous l'influence de la vapeur d'eau, aux dépens de l'oxygène, de l'acide nitrique ou nitreux, lequel se convertit en deutoxyde d'azote. Par la présence de l'air atmosphérique dans la chambre, le deutoxyde d'azote s'oxyde en acide hyponitrique ou nitreux, et cet acide est décomposé de nouveau par l'acide sulfureux. L'acide sulfurique qui s'amasse au fond des chambres est trop dilué pour la plupart des usages. On n'a pas trouvé avantageux de lui laisser atteindre tout à fait un poids spécifique de 4,6, parce que, à ce degré de force, il absorbe trop de fumées nitreuses. Pour le concentrer on le fait passer dans des bassins de plomb, puis dans des cornues de platine ou de verre. L'huile de vitriol du commerce est un liquide inodore, incolore, d'apparence huileuse, ayant 1,842 par poids spécifique. Il bou-

325° C. et gèle à environ 15°, bien qu'une fois gelé il ne fonde plus au-dessus de 0°. C'est un agent d'une nécessité première dans presque toutes les grandes fabrications chimiques. On s'en sert pour tirer l'acide nitrique des nitrates de potassium et de sodium, l'acide hydrochlorique du sel commun, etc. ETHER SULFURIQUE. (Voy. ETHER.)

SULLIAS (Le), *Sulliacensis ager*, petit pays de l'ancien Orléanais.

SULLIVAN [seul'-i-vann]. I. (John), général américain, né en 1740, mort en 1795. Il fut membre du premier congrès général (1774). Il eut des commandements au siège de Boston, et au Canada (1776), où il dirigea la retraite, et, à la bataille de Long-Island, il contribua au salut de l'armée. On le trouve encore à la tête de l'aile droite, comme successeur du général Lee, à Trenton (1776), à Staten-Island (1777), à Brandywine, à Germantown, à Rhode-Island (1778), à Newtown (1779). En 1780, il siégea au congrès. De 1782 à 1786, il fut *attorney general* du New-Hampshire, et en 1786-'89, président de l'état. De 1789 jusqu'à sa mort, il fut juge fédéral du New-Hampshire. — Son fils George (1771-1838), fut membre du congrès de 1811 à 1813, et attorney général du New-Hampshire de 1805-'07 et de 1816-'35. — II. (James), gouverneur du Massachusetts, frère du précédent, né en 1744, mort en 1808. Membre du congrès provincial du Massachusetts en 1775, il devint juge de la cour supérieure en 1776, et fut élu au congrès en 1783. De 1790 à 1807, il fut attorney général de l'état et gouverneur de 1807 à 1808. Il a publié une *History of the District of Maine* (1795). — III. (William), fils du précédent, né en 1774, mort en 1839. Avocat éminent de Boston, il fut, pendant plusieurs années membre de la législature. Il est l'auteur de *Familiar Letters on Public Characters and Events from 1783 to 1815* (1834); *Historical Causes and Effects, from the Fall of the Roman Empire to the Reformation in 1517* (1838); et *The Public man of the Revolution* (1847). — IV. (John-Langden), ingénieur, frère du précédent, né en 1777, mort en 1865. Il inventa un toueur à vapeur pour lequel il prit un brevet en 1814. Il étudia plus tard la médecine, et pratiqua à New-Haven et à New-York comme homéopathe.

SULLY-ROSNY (Maximilien DE BÉTHUNE, BARON DE ROSNY, duc de), homme d'Etat français, né le 13 déc. 1560, mort le 22 déc. 1641. Il appartenait à une famille noble protestante. Il suivit Henri de Navarre dans toutes ses guerres, et lui conseilla de se faire catholique pour affaiblir l'opposition qu'il rencontrait comme successeur de Henri III. Envoyé en mission secrète auprès de la reine Elisabeth, il obtint l'appui de l'Angleterre pour Henri IV. Comme ingénieur, il contribua à la prise de Dreux, de Laon, de la Fère et d'Amiens. En 1597, il devint surintendant des finances, et, de fait, premier ministre. Il réforma complètement l'organisation financière, établit la liberté du commerce des grains, et inaugura d'autres améliorations considérables. Fait marquis de Rosny en 1601, il fut créé duc de Sully en 1606, et resta premier ministre quelque temps après la mort du roi (1610); mais son austérité et la rigidité de ses principes déplurent à Marie de Médicis, il se démit de la plupart de ses charges. Richelieu, en 1634, le fit maréchal de France. On a de lui *Mémoires des sages et royales économies d'Etat de Henry le Grand* (1634-'52, 4 vol. in-fol.).

SULLY-SUR-LOIRE, ch.-l. de cant., arr. et à 21 kil. N.-O. de Gien (Loiret), dans une belle position sur la rive gauche de la Loire; 2,000 hab.

SULPICE (Saint). I, évêque de Bourges (IVᵉ siècle); fête le 29 janv. — II, évêque de

Bourges (VIIᵉ siècle); fête le 17 janv. C'est à ce dernier qu'est dédiée l'église de ce nom à Paris.

SULPICE-LES-CHAMPS (Saint-), ch.-l. de cant., arr. et à 15 kil. N.-O. d'Aubusson (Creuse); 1,100 hab.

SULPICE-LES-FEUILLES (Saint-), ch.-l. de cant., arr. et à 38 kil. N.-E. de Bellac (Haute-Vienne); 1,500 hab.

SULPICE-SÉVÈRE [lat. *Sulpicius Severus*]. historien latin, né en Gaule vers 363, mort vers 410. Son père l'ayant déshérité, il fonda avec quelques amis un établissement monastique près de Marseille. Il a écrit la vie de saint Martin de Tours, un abrégé de l'histoire biblique avec continuation jusqu'à son temps; c'est ce qu'on appelle la Chronique de Sulpice-Sévère. Trad. fr. par Herbert (1842).

SULPICIEN, IENNE adj. Qui appartient à la congrégation de Saint-Sulpice. — s. m. pl. On donne le nom de sulpiciens à une congrégation de prêtres de l'Eglise catholique romaine, fondée dans la paroisse de Saint-Sulpice à Paris, en 1645, par Jean-Jacques Olier de Verneuil, et spécialement vouée à l'éducation des aspirants à la prêtrise. Le séminaire de Saint-Sulpice à Paris a été ouvert en 1651; d'autres furent établis à son exemple dans presque tous les diocèses de France. Jusqu'à la révolution de 1789, ce fut la société qui eut la part principale dans l'éducation du clergé français. Elle se divisait en deux sections, l'une plus particulièrement vouée au ministère et l'autre à l'enseignement. Olier forma une compagnie toute spéciale pour coloniser l'île de Montréal; les sulpiciens y ont encore plusieurs établissements, ainsi qu'un séminaire à Baltimore.

SUL PONTICELLO [soul-ponn-ti-tché-lo] (mots italiens qui signifient *Sur le petit pont*). Mus. S'écrit dans la musique d'instruments à cordes pour indiquer qu'il faut jouer près du chevalet.

* **SULTAN** s. m. (ar. *solthân*, homme puissant). Titre qu'on donne à l'empereur des Turcs : *le sultan Ibrahim*. — Titre de dignité qui se donnait à plusieurs autres princes mahométans, et en particulier aux princes tartares : *sultan Galga*. — Homme absolu et tyrannique : *c'est un sultan*.

* **SULTAN** s. m. Meuble de toilette à l'usage des dames : il consiste en une corbeille recouverte d'une étoffe de soie : *un beau sultan*.

SULTANAT s. m. Dignité de sultan.

* **SULTANE** s. f. Titre qu'on donne aux femmes du Grand Seigneur : *la sultane favorite*.

* **SULTANE** s. f. Sorte de vaisseau de guerre turc : *mettre une sultane en mer*.

* **SULTANIN** s. m. Nom d'une monnaie d'or de Turquie.

* **SUMAC** [su-mak] (ar. *sommak*). Bot. Genre d'anacardiées, comprenant un grand nombre d'arbres et d'arbrisseaux répandus dans toutes les régions tempérées et chaudes du globe. — Ce genre comprend, outre l'anacardier proprement dit, le manguier et autres arbres à fruit des tropiques. Aux Etats-Unis, où le sumac est représenté par 12 espèces, le sumac *glabre* ou *rhus glabra* est le plus commun; il croit dans les sols stériles, et atteint 4 mètres de haut; ses feuilles ont 33 centim. ou davantage. Ses fleurs, d'un vert jaunâtre, apparaissent en juin et sont d'une odeur agréable; le fruit, en grappes épaisses, est du rouge le plus riche, avec un air velouté que donne la présence d'une quantité de petits poils; il a un goût agréablement acide. On se sert quelquefois de l'infusion de ses baies comme breuvage rafraîchissant dans

la fièvre, et de gargarisme dans les affections de la gorge et de la bouche. Le *R. typhina* est le plus grand des espèces septentrionales ; il atteint jusqu'à 10 mètres, mais sa hauteur moyenne est de 3 mètres. On le distingue aisément du précédent par le duvet velouté qui garnit l'extrémité de ses branches. Le *sumac de Varnèse* (*R. cotinus*) est originaire du sud de l'Europe ; il dépasse rarement 3 à

Sumac glabre (Rhus glabra).

4 mètres. En été il se couvre comme d'un nuage de plumes : ce sont les pédicules fins des fleurs dont la plupart sont stériles, et prennent une extension considérable en se revêtant des poils qui les font ressembler à des plumes ; verdâtres d'abord, ils prennent bientôt une teinte pourprée. Le *sumac véneneux* (*R. toxicodendron*) est très commun en Amérique ; il affectionne les lieux humides et obscurs, et se présente sous deux formes, l'une droite, l'autre grimpante. Cette plante contient un suc laiteux qui devient noir à l'air et fait des taches ineffacables. Prises à l'intérieur, les feuilles provoquent des sécrétions de la peau et des reins. Une autre espèce, le *rhus venenata* est un très gracieux

Sumac vénéneux (Rhus toxicodendron).

arbrisseau, mais plus vénéneux encore que le précédent. Un simple contact détermine chez certaines personnes une inflammation douloureuse et une enflûre de la peau ; tandis que d'autres peuvent le manier impunément. — Le sumac du commerce se composait presque exclusivement naguère des feuilles du *sumac des corroyeurs* (*rhus coriaria*) de l'Europe méridionale et du nord de l'Afrique. On cultive beaucoup cette espèce en Sicile. On s'en sert pour tanner les cuirs à couleurs claires, et dans la teinture et l'impression des calicots ; il donne, avec des mordants différents, une grande variété de teintes. Aujourd'hui, les sumacs américains qui contiennent de 15 à 20 p. 100 de plus de tannin, ont pris une grande importance industrielle.

SUMATRA (sanscr., *Samudra*, l'Océan), île de l'archipel Indien, sous l'Équateur, au S.-O. de la presqu'île de Malacca à laquelle elle est parallèle, par 5° 40' lat. N. et 5° 55' lat. S. et par 93° et 103° 45' long. E. ; elle est bornée au N. par la baie de Bengale, au N.-E. par le détroit de Malacca, et au S.-O. par l'océan Indien. Sa longueur extrême est de 1,650 kil. et sa plus grande largeur de 450 kil. ; 442,430 kil. carr. ; de 3 à 4 millions d'hab. Les trois quarts de l'île environ sont soumis à la Hollande, soit directement, soit avec des chefs indigènes et dépendants. Dans la première classe sont quatre établissements coloniaux avec les îles avoisinantes : 1° la côte occidentale de Sumatra, entre 2° 30' lat. et 1° 55' lat. S., qui comprend les résidences de Tapanoli et de Padang ; 1,620,979 hab. ; 2° Bencoolen, sur la côte du S.-O. ; 3° Lampong, à l'extrémité méridionale de l'île ; 142,271 hab. ; 4° Palembang, sur la côte du S.-E., en face Banca. (Voy. PALEMBANG.) Le principal État indigène est Achem, qui embrasse toute la partie septentrionale de l'île, et est indépendant des Hollandais. (Voy. ACHEM.) Une chaîne volcanique traverse l'île d'un bout à l'autre près de la côte occidentale ; mais les volcans en activité ne dépassent probablement pas le nombre de cinq. L'élévation moyenne de la chaîne est de 2,500 à 5,000 pieds ; mais il y a quatre sommets qui dépassent 10,000 pieds (monts Berapi, Ophir, Indrapura et Abong-Abong) et six autres de plus de 5,000 pieds. La partie de Sumatra qui se trouve à l'E. de cette chaîne est une grande région basse et relativement plate, arrosée de nombreux cours d'eau dont le plus grand, le Musi ou Palembang, est navigable jusqu'à 330 kil. dans l'intérieur. On trouve de l'or dans le lit des rivières ; il y a aussi du fer, du cuivre, de l'étain, du soufre et du pétrole. Le climat est chaud et humide ; le thermomètre ne variant qu'entre 25° et 34°. Sur le plateau de Padang, à 2,400 pieds au-dessus du niveau de la mer, on compte 200 jours de pluie par an. Sumatra contient de vastes forêts pleines de toutes les plantes et essences des tropiques. La faune ressemble beaucoup à celle de Java et de Bornéo. Le sol, d'une fertilité remarquable, donne d'abondantes récoltes de riz, de café, de poivre et de tabac, et un peu de coton. L'agriculture n'en est pas moins dans un état primitif. Les habitants de Sumatra sont pour la plupart des Malais mahométans. Les naturels d'Achem trahissent cependant un mélange notable de sang hindou. Au sud d'Achem s'étend une région montagneuse habitée par les Bataks. (Voy. BATAKS.) Les seules industries de quelque importance sont la fabrication d'ustensiles et de tissus pour les usages domestiques. On exporte du poivre, de la poudre d'or, du camphre, des noix de muscade, des clous de girofle, du macis, du benjoin, de la gutta-percha, du cuivre, de l'étain, du soufre et du corail. Les villes principales sont : Achem au N., Palembang au S.-E., Bencoolen au S.-O., Padang sur la côte occidentale. — L'île fut visitée par Marco Polo en 1292. Les Hollandais s'établirent à Padang en 1649, et créèrent plusieurs factoreries dans le S. En 1795, leurs territoires tombèrent aux mains des Anglais, mais tout leur fut rendu en 1824.

SUMBAWA [soumm-bâ'-oua], île montagneuse de l'archipel Indien, entre Flores et Lombok, par 9° 2' lat. S. et 11° 22' long. E. ; 15,307 kil. carr. ; 80,000 hab. On y trouve le mont Tomboro, volcan de 8,940 pieds, sujet à des éruptions terribles. Or, soufre, salpêtre. L'île nourrit une belle race de chevaux dont on exporte un grand nombre. Les six États indigènes ont la partagent, reconnaissent la suprématie de la Hollande.

SUMÈNE. ch.-l. de cant., arr. et à 13 kil. E. du Vigan (Gard) ; 3,000 hab.

SUMMUM s. m. [somm-momm] (mot lat. qui signifie : *Le plus haut*), Plus haut point, plus haut degré.

SUMMUM JUS, SUMMA INJURIA, expression latine qui signifie : *Droit extrême, extrême injure.*

SUNAM, ville de la Palestine, dans la tribu d'Issachar.

SUNAMITE s. et adj. De Sunam ; qui appartient à cette ville ou à ses habitants.

SUNBURY [seunn'-bé-ré], bourg électoral, sur la rive orientale du Susquehanna, à 114 kil. N.-O. de Philadelphie ; 3,431 hab. Un chemin de fer le relie à Philadelphie et au district minier de Shamokin. On en exporte environ 200,000 tonnes de houille par an.

SUNDERBUNDS [seunn'-deur-beundss], région marécageuse du Bengale, dans l'Inde. Elle s'étend à travers la partie inférieure du delta du Gange, depuis l'Hoogly jusqu'à l'île de Rabnabab, sur une longueur de 215 kil. et une largeur de 120 kil. Elle est à peine peuplée. Toute la région est découpée par les cours d'eau en innombrables îles boisées, où fourmillent les tigres et les crocodiles.

SUNDERLAND [seunn'-deur-lanndd], ville du Durham (Angleterre), à l'endroit où le Wear se jette dans la mer du Nord, à 20 kil. N.-E. de la ville de Durham ; 120,000 hab. On y construit beaucoup de navires, et le commerce y est considérable. Faïence, verres à vitre et à bouteilles, manufactures d'agrès, etc.

SUNNA s. f. [sunn-na] (ar. : *coutume* ou *règle*). Collection de traditions arabes rappelant les paroles et les pratiques de Mahomet, de ses femmes, de ses compagnons et de ses successeurs immédiats. On l'appelle aussi *hadis*, tradition. Ceux qui y croient sont appelés *sunnis*. Ce sont les mahométans orthodoxes ; ils reconnaissent à la Sunna, une autorité qui n'est inférieure qu'au Koran, ce que nient les *Shiahs*. (Voy. CHIITES.)

* **SUNNITE** s. m. [sunn-ni-te]. Mahométan orthodoxe qui s'attache à la tradition.

SUPER [su-pèrr] (lat. *super*, sur). Préfixe qui entre dans la formation d'un grand nombre de mots.

* **SUPER** v. n. (angl. *to soop*). Mar. Se boucher. S'emploie surtout cette phrase, LA VOIE D'EAU A SUPÉ, l'ouverture s'est bouchée, soit par l'herbe, soit par quelque autre corps que le hasard y a introduit.

* **SUPERBE** s. f. (lat. *superbia*). Orgueil, vaine gloire, présomption, arrogance : *l'esprit de superbe.*

* **SUPERBE** adj. (lat. *superbus*). Orgueilleux, arrogant, qui s'estime trop, qui présume trop de soi : *c'est un homme fort superbe.* — S'emploie communément pour exprimer la belle apparence, la grandeur, la magnificence, la richesse, la somptuosité. En ce sens, il se dit des personnes et des choses : *une femme superbe.* — Se dit quelquefois des ouvrages d'esprit dans un sens analogue : *un superbe discours.* — Substantiv. Dieu se plaît *à abaisser les superbes.*

* **SUPERBEMENT** adv. Orgueilleusement. D'une manière superbe : *plus on lui parle avec soumission, plus il répond superbement.* — Avec magnificence : *il était vêtu superbement.*

* **SUPERCHERIE** s. f. (ital. *supercheria*). Tromperie, fraude avec finesse : *je me fais é lui, et il m'a fait une supercherie.* — SUPERCHERIE LITTÉRAIRE, ouvrage que l'on publie sous un nom imaginaire ou que l'on donne comme venant d'une personne qui ne l'a pas fait.

*SUPERFÉTATION s. f. (préf. super; lat. fœtus, fœtus). Physiol. Conception d'un fœtus, lorsqu'il y en a déjà un dans la matrice. — Redondance, double emploi de pensée et d'expression : *ce chapitre est entièrement inutile, c'est une superfétation, une véritable superfétation.*

SUPERFICIAIRE adj. Qui a rapport à la superficie.

SUPERFICIALITÉ s. f. Qualité de ce qui est superficiel.

*SUPERFICIE s. f. (lat. *superficies*). Géom. Surface ou étendue d'un corps solide, considéré quant à sa longueur et à sa largeur, sans égard à sa profondeur, à son épaisseur : *la superficie de ce corps.* — Simple surface, étendue d'une surface : *la superficie d'un champ, d'un jardin.* — Droit. La superficie cède au fonds, la surface du terrain et, en conséquence, tout ce qui est bâti ou planté dessus, appartiennent au propriétaire du fonds. — Surface des corps, considérée comme ayant quelque épaisseur, quelque profondeur : *enlever la superficie d'un corps.* — Se dit, fig., en parlant de ceux qui n'ont ou ne prennent qu'une légère connaissance des choses : *cet homme ne connaît que la superficie de beaucoup de choses.*

*SUPERFICIEL, ELLE adj. Qui n'est qu'à la superficie : *cette plaie n'est que superficielle.* — De ce qui, au sens moral, de ce qui s'arrête à l'extérieur, de ce qui effleure et n'approfondit pas : *il n'a qu'une connaissance superficielle de la chose.* — Se dit également des personnes : *un homme superficiel.*

*SUPERFICIELLEMENT adv. D'une manière superficielle : *le coup ne l'a touché que superficiellement.* — Fig. *Il ne sait ces choses que superficiellement.*

*SUPERFIN, INE adj. (préf. *super*; fr. *fin*). Comm. Un degré supérieur de finesse dans des choses de même nature : *papier superfin; liqueur superfine.* — Substantiv. C'est du superfin, cela est très fin, cela est de la qualité la plus recherchée.

*SUPERFLU, UE adj. (lat. *superfluus*). Qui est de trop : *ces meubles, ces ornements sont superflus.* — Inutile : *des paroles superflues.*
J'entends, épargnez-moi ces discours superflus.
    Collin d'Harleville. *L'Inconstant*, acte III, sc. II.

— s. m. Ce qui est de trop, ce qui est au delà du nécessaire : *les sages ne désirent que le nécessaire, ils se mettent peu en peine du superflu.*

*SUPERFLUITÉ s. f. Abondance vicieuse, ce qui est superflu : *la superfluité est condamnable en toutes choses.*

*SUPÉRIEUR, EURE adj. (lat. *superior*). Qui est situé au-dessus. Est opposé à *inférieur : *la région supérieure de l'air.* — Géogr. Se dit, des pays les plus rapprochés de la source du fleuve ou de la rivière qui les traverse : *la Germanie supérieure.* — Astron. Planètes supérieures, celles qui sont plus rapprochées du soleil que de la terre. — Qui est au-dessus d'un autre, qui l'emporte sur les autres pour la condition, la dignité, le mérite, l'autorité, les forces, etc. : *les classes supérieures de la société.* — Etre supérieur aux événements, aux revers, etc., avoir un courage à l'épreuve des événements, des revers, etc. — Etre supérieur à sa place, avoir plus de talents qu'en exige la place qu'on occupe.

*SUPÉRIEUR, EURE s. Celui, celle qui a autorité sur un autre, qui a le droit de commander à un autre : *il faut obéir à ses supérieurs.*

SUPÉRIEUR (Lac), le plus élevé des grands lacs qui se trouvent entre les Etats-Unis et le Canada, et la plus grande masse d'eau douce du globe, entre 46° 30' et 49° lat. N. et 87° 10' et 93° 30' long. O. Sa plus grande longueur de l'E. à l'O. est de 540 kil. ; sa plus grande largeur de 220 kil. ; 83,627 kil. carr. ; le développement de ses côtes est d'environ 2,300 kil. ; sa profondeur moyenne de 300 m. ; son élévation de 620 pieds. Au S. et à l'O., il borne le Michigan, le Wisconsin et le Minnesota. De nombreux cours d'eau s'y jettent. La côte est en majeure partie rocheuse, et au N. elle est découpée en baies profondes qu'entourent de hautes falaises. Le lac contient de nombreuses îles, dont beaucoup s'élèvent abruptement à de grandes hauteurs. Aucun lac de l'Amérique du Nord ne présente une nature si hardie et si majestueuse que le Lac Supérieur sa côte septentrionale. Sur la côte méridionale, à l'endroit où le lac est le plus large, se trouvent les murailles à pic en grès rouge, fameuses sous le nom de Roches Peintes (*Pictured Rocks*). Les plus grandes îles sont l'Isle Royale et Michipicoten. Les villes les plus importantes de ses rives sont Marquette dans le Michigan, et Duluth dans le Minnesota. Il se déverse par la rivière Sainte-Marie (100 kil.) dans le lac Huron.

*SUPÉRIEUREMENT adv. D'une manière supérieure : *ces deux auteurs ont écrit sur la même matière, mais l'un bien supérieurement à l'autre.* — Très bien, parfaitement : *cet homme écrit supérieurement.*

*SUPÉRIORITÉ s. m. Prééminence, autorité, élévation, excellence au-dessus des autres : *sa charge lui donne une grande supériorité.* — Emploi, dignité de supérieur dans un couvent, dans une communauté : *il aspire à la supériorité de cette maison religieuse.*

*SUPERLATIF, IVE adj. (lat. *superlativus*). Gramm. Qui exprime la qualité bonne ou mauvaise, portée au plus haut degré : *adjectif, adverbe superlatif.* — s. m. *Illustrissime, Sérénissime*, etc., sont des *superlatifs* empruntés de l'italien, qui les a pris du latin. A l'imitation de ces mots, on fait quelquefois en plaisantant des superlatifs terminés de même : *savantissime, ignorantissime, fourbissime.* — Superlatif absolu, celui qui exprime la qualité portée à un très haut degré, sans rapport à autre chose à autre personne ; et, Superlatif relatif, celui qui exprime la qualité avec rapport à autre personne ou à autre chose. Très sage est un superlatif absolu ; Le plus sage est un superlatif relatif. — Cela est bon, est mauvais au superlatif, cela est extrêmement bon, extrêmement mauvais.

*SUPERLATIVEMENT adv. Au superlatif. Peu usité, et ne se dit guère que par plaisanterie : *elle est superlativement laide.*

SUPERNATURALISME s. m. Doctrine qui admet le surnaturel ; nature des choses surnaturelles.

SUPERNATURALISTE s. m. Celui qui croit à l'existence du surnaturel. — Adjectiv. *Doctrine-supernaturaliste.*

*SUPERPOSER v. a. Didact. Poser une ligne, une surface, un corps sur un autre.

SUPERPOSITIF, IVE adj. Qui est superposé.

*SUPERPOSITION s. f. Didact. Action de superposer, ou état des choses superposées : *on démontre quelquefois en géométrie par superposition.*

*SUPERPURGATION s. f. Méd. Purgation excessive : *les superpurgations sont dangereuses.*

*SUPERSÉDER v. n. Jurispr. Surseoir, différer au temps : *superséder aux poursuites, à l'exécution d'un arrêt.*

*SUPERSTITIEUSEMENT adv. D'une ma-

nière superstitieuse : *il y a des gens qui s'attachent superstitieusement à de certaines pratiques, à de certaines dévotions.* — Se dit, fig., en parlant de toutes les choses où l'on porte jusqu'à l'excès l'attention, l'exactitude, le scrupule : *il est bon d'être exact, mais il ne faut pas s'attacher superstitieusement aux choses indifférentes.*

*SUPERSTITIEUX, EUSE adj. Qui a de la superstition : *un dévot superstitieux.* — Se dit aussi des choses où il y a de la superstition : *culte superstitieux.* — Se dit, fig., de ceux qui pèchent par excès d'exactitude en quelque matière que ce soit : *il est si exact, si ponctuel sur toutes choses, qu'il en est presque superstitieux.* — Substantiv. *Les superstitieux.*

*SUPERSTITION s. f. (lat. *superstitio*). Fausse idée que l'on a de certaines pratiques de religion, auxquelles on s'attache avec trop de crainte ou trop de confiance : *les esprits faibles sont sujets à la superstition.*

> Lorsqu'un mortel atrabilaire,
> Nourri de superstition,
> A, par cette affreuse chimère,
> Corrompu sa religion,
> Son âme alors est endurcie,
> Sa raison s'enfuit obscurcie,
> Rien n'a plus sur lui de pouvoir,
> Sa justice est folie et cruelle ;
> Il est dénaturé par zèle,
> Et sacrilège par devoir.
>   Voltaire.

— Se dit aussi des pratiques superstitieuses : *la confiance qu'on avait aux devins, aux oracles, était une superstition patente.* — Vain présage qu'on tire de certains accidents qui sont purement fortuits : *il y a de la superstition à croire que la rencontre d'une belette, qu'une salière renversée, et le sel répandu sur la table, présagent un malheur.* — Tout excès d'exactitude, de soin, en quelque matière que ce soit : *il est si jaloux de l'exactitude grammaticale, qu'il va sur la superstition.* — Encycl. « Il existe encore des pauvres d'esprit, dépourvus même des notions les plus élémentaires, et qui sont parmi nous les représentants attardés des époques de la plus complète ignorance. Pour ces déshérités, à qui tout demeure inconnu de ces rapports que la science a découverts et découvre tous les jours, et qui constituent les lois des phénomènes, rien n'est incroyable de ce qui est absurde, et il ne leur répugne pas d'admettre qu'il est au pouvoir de certains hommes d'évoquer des esprits malfaisants, de les faire agir à leur commandement et de conjurer leur puissance par des paroles et des gestes. » Ainsi s'exprimait le savant M. Bouley, à la leçon d'ouverture de son cours de pathologie comparée (nov. 1880). Tout à l'opposé, Joseph de Maistre, qui a émis tant de paradoxes insoutenables, considérait la superstition comme une chose utile, comme un supplément indispensable à la religion catholique (*Soirées de Saint-Pétersbourg*, tome II, p. 238). C'est elle au contraire, qui détruit le sentiment religieux, auquel elle substitue l'idolâtrie et le culte matérialiste. Dans la plupart des religions humaines, la superstition est entretenue avec soin par les prêtres, parce qu'elle leur profite. Aussi la fin du moyen âge n'a pas été celle des superstitions. « Il y a, disait « Saint-Simon en parlant de l'Espagne, des « pays où la science est un crime, l'igno-« rance et la stupidité la première vertu. » Louis XIV, qui défendait à ses sujets de se livrer à des pratiques superstitieuses (Edit de juillet 1602) n'était pas exempt lui-même de ce vice; et Fénelon osait lui en adresser le reproche : « Votre religion, lui écrivait-il en « 1682, ne consiste que en superstitions et en « pratiques superficielles. » A notre époque, n'est-ce pas le retour du catholicisme aux pratiques superstitieuses qui en éloigne désormais tous les esprits que le fanatisme n'a-

veugle pas? La superstition est de plus en plus répandue par les efforts du clergé romain, au moyen des publications si nombreuses, livres, annales, manuels de piété, etc., qui foisonnent dans les écoles catholiques et dans les couvents. « Cette pitoyable « littérature des Mois de Marie et toute cette « mesquine dévotion de notre époque célè- « brent le culte de la sainte Vierge avec une « fausse théologie, de fausses fleurs, des mé- « lodies fausses et des vers faux. » (Louis Veuillot. *Parfums de Rome*, 3ᵉ édit. p. 62.) C'est là l'une des causes qui ont rendu si nécessaire la laïcisation des écoles primaires publiques; car c'est seulement en répandant la véritable instruction que l'on peut combattre la superstition qui dégrade l'être humain. « Il faut, écrivait d'Alembert dans une « lettre à Voltaire, il faut attaquer la supers- « tition indirectement, avec finesse et pa- « tience; il ne faut pas braquer le canon « contre la maison, parce que ceux qui la « défendent tireraient des fenêtres une grêle « de coups de fusil; il faut, petit à petit, éle- « ver à côté une autre maison plus habitable: « tout le monde y viendra et la maison « pleine de léopards sera désertée. » Les su- perstitions qui ont été récemment intro- duites dans le catholicisme, surtout en France, ont été décrites d'une manière à la fois consciencieuse et caustique par Paul Parfait, dans trois ouvrages qui sont en grande partie formés de textes extraits des auteurs les plus vantés de la doctrine ultra- montaine. Ces livres sont : l'*Arsenal de la dé- votion*, le *Dossier des pèlerinages*, et la *Foire aux reliques*. Dans la préface du premier de ces ouvrages (Paris, G. Decaux, édit.), nous trouvons les passages suivants : « Il semble « qu'à mesure qu'une religion s'éloigne de « son origine, elle devrait se dégagement des « pratiques absorbantes ou bizarres qui ont « pu entourer ses passages, prendre vers « les sphères de la morale éternelle un vol « de plus en plus élevé. Le catholicisme pa- « raît pourtant s'ingénier à donner le spec- « tacle contraire. Austère et simple à ses « débuts; on le voit avec surprise accroître « d'âge en âge son bagage de superstitions, « au point qu'il est à présent douteux qu'on « y puisse rien ajouter de plus... Au lieu de « se mêler, en y puisant de nouvelles forces, « au large courant des idées modernes, c'est « à coup d'amulettes, que le néocatholicisme « prétend les combattre. Ces scapulaires, « ces eaux, ces chapelets, ces cordons, ces « médailles que l'Église fait surgir plus « nombreux tous les jours, sont présentés « par elle comme autant d'armes puissantes « destinées à protéger la société contre le « grand ennemi, contre le Malin, sans cesse « occupé à souffler autour de nous les tem- « pêtes, à nous livrer en proie aux maux du « corps, aussi bien qu'à ceux de l'âme, et à ce « mal détestable par dessus tous les autres, « l'esprit de discussion et d'libre examen... « Nous ne confondons pas l'éducation cléri- « cale et l'instruction religieuse, n'oubliant « pas que, derrière ces pratiques du fana- « tisme qui nous reportent à la barbarie des « premiers âges, se dresse la grande et se- « reine religion du Christ, cette religion, « digne de tous les respects. Nous pensons « fermement que la défendre contre les em- « piètements tous les jours plus hardis du jé- « suitisme, c'est la protéger mieux que ne « font ceux qui, en la dénaturant, croient la « servir. » (Voy. RELIGION.)   (CH. Y.)

SUPERSTITIOSITÉ s. f. Tendance à la su- perstition.

SUPERSTRUCTURE s. f. Construction inu- tile.

SUPERVOLUTIF, IVE adj. Bot. Qui est en- roulé en dessus.

SUPIN s. m. (lat. *supinum*). Gramm. lat.

Partie du verbe latin qui sert à former plu- sieurs temps, et qui est une sorte de nom substantif verbal.

* **SUPINATEUR** s. m. (du lat. *supinatus*, couché sur le dos). Anat. Se dit de deux mus- cles qui font mouvoir l'avant-bras et la main de manière que, lorsqu'ils se contractent, le plat de la main se tourne en dehors : *le long supinateur*

* **SUPINATION** s. f. Physiol. MOUVEMENT DE SUPINATION, mouvement que les muscles su- pinateurs font exécuter à l'avant-bras et à la main. — Pathol. Position d'un malade cou- ché sur son lit, la tête jetée en arrière, les bras et les jambes étendus.

SUPPLANTATION s. f. Action de supplanter.

* **SUPPLANTER** v. a. [su-plan-] (lat. *sup- plantare*, renverser par un croc-en-jambe). Faire perdre à quelqu'un le crédit, la faveur, l'autorité, l'établissement qu'il avait auprès d'une personne, le ruiner dans l'esprit de cette personne, et se mettre à sa place : *il a supplanté son rival.*

* **SUPPLÉANCE** s. f. Action de suppléer.

* **SUPPLÉANT, ANTE** s. Personne qui rem- place quelqu'un, qui le représente, qui fait ses fonctions à son défaut : *je serai votre sup- pléant, cette dame est sa suppléante au bureau de charité.* — Adjectiv. *Juge suppléant.*

* **SUPPLÉER** v. a. (lat. suppléer, compléter). Ajouter ce qui manque, fournir ce qu'il faut de surplus : *ce sac doit être de mille francs, et ce qu'il y aura de moins, je le suppléerai, je suppléerai le reste.* — Ajouter à une phrase ce qui y est sous-entendu : *dans cette phrase, Il est allé à Notre-Dame, il faut suppléer, l'é- glise de.* — Suppléer v. n. Réparer le man- quement, la défaut de quelque chose : *sup- plée à mon défaut.*

* **SUPPLÉMENT** s. m. (lat. *supplementum*). Ce qu'on donne pour suppléer, et quelquefois ce qu'on donne en sus : *on lui a donné tant en argent pour supplément, pour supplément de partage.* — Théâtre. PRENDRE UN SUPPLÉ- MENT, échanger le billet qu'on avait acheté, contre un autre d'une place supérieure, et payer le surplus du prix : BUREAU DE SUPPLÉ- MENT ou DES SUPPLÉMENTS, bureau où l'on fait cet échange. — Le SUPPLÉMENT D'UN AUTEUR, D'UN LIVRE, ce qu'on a ajouté à un livre, pour suppléer à ce qui y manquait : *le supplément de Tite-Live par Freinshemius, de Tacite par Brotier.* — Le SUPPLÉMENT D'UN JOURNAL, feuille ou feuillet que l'on ajoute quelquefois à un journal, lorsque son étendue ordinaire ne suffit pas pour contenir tout ce qu'on veut publier : *le supplément du Moniteur de tel jour.* — Géom. Le SUPPLÉMENT D'UN ANGLE, ce qu'il faut ajouter à un angle pour former deux angles.droits. — Gramm. Se dit des mots que la plénitude du sens veut qu'on ajoute à ceux qui composent la phrase usuelle et elliptique, *dans cette phrase*, A la Saint-Martin, les mots fête de *sont le supplément; il y a certaines ellipses dont il est difficile de donner le supplé- ment.* (Vieux.)

* **SUPPLÉMENTAIRE** adj. Qui sert de sup- plément : *ouvrir à quelqu'un un crédit supplé- mentaire.* — JURÉS SUPPLÉMENTAIRES, ceux qui sont désignés pour suppléer les jurés titu- laires en cas d'absence ou de maladie.

* **SUPPLÉTIF, IVE** adj. (lat. *suppletus*, sup- plée). Qui complète, qui sert de supplément : *articles supplétifs.*

* **SUPPLIANT, ANTE** adj. Qui supplie : *il était si fier autrefois, le voilà devenu bien sup- pliant.* — En posture de suppliant.

* **SUPPLICATION** s. f. Prière avec soumis- sion : *très humble supplication.* — pl. Se dit, particul. dans l'Histoire romaine, de certaines prières publiques ordonnées par le sénat en

diverses occasions importantes, et accompa- gnées de cérémonies religieuses dont le rit était prescrit. — Se dit aussi des remon- trances de vive voix que le parlement faisait au roi en certaines occasions.

SUPPLICATOIRE adj. Qui a le caractère de la supplication.

* **SUPPLICE** s. m. (lat. *supplicium*). Puni- tion corporelle ordonnée par la justice : *le supplice de la croix.* — CONDAMNER QUELQU'UN AU DERNIER SUPPLICE, le condamner à mort. MENER QUELQU'UN AU SUPPLICE, le mener à un supplice qui est suivi de la mort. — LES SUP- PLICES ÉTERNELS, les peines de l'enfer. — Tout ce qui cause une vive douleur de corps, et qui dure quelque temps : *la gravelle, la goutte est un supplice cruel.* — Tout ce qui cause une peine, une affliction, une inquiétude vio- lente et de quelque durée : *c'est un supplice pour moi d'entendre cet homme-là.* — Fig. et fam. ÊTRE AU SUPPLICE, souffrir beaucoup de quelque mal, de quelque incommodité, de quelque peine : *depuis que j'ai cet accès de goutte, je suis au supplice.*

* **SUPPLICIÉ, ÉE** part. passé de SUPPLICIER. — Substantiv. *C'est ici que l'on enterre les suppliciés.*

* **SUPPLICIER** v. a. Faire souffrir le sup- plice de la mort : *on a supplicié aujourd'hui trois assassins.* On dit plus ordinairement, EXÉCUTER.

* **SUPPLIER** v. a. (lat. *supplicare*). Prier avec soumission, avec instance : *je vous supplie, monsieur, d'aller le voir, de faire telle chose.*

* **SUPPLIQUE** s. f. Requête qu'on présente pour demander quelque grâce : *présenter sa supplique.* — Fig. et fam. AYEZ ÉGARD A MA SUPPLIQUE, ayez égard à ma prière, à ma de- mande.

* **SUPPORT** s. m. Ce qui soutient une chose, ce sur quoi elle pose : *si vous ôtez cette colonne, la voûte tombera, car elle n'aura plus de sup- port.* — Aide, appui, soutien, protection : *ce fils est le support de sa famille.* — Blas. Se dit

Écu et ses supports.

des figures d'anges, d'hommes ou d'animaux qui soutiennent un écusson; et, en ce sens, il n'est guère d'usage qu'au pluriel : *avoir deux lions pour supports dans ses armes.*

* **SUPPORTABLE** adj. Tolérable, qu'on peut supporter, souffrir : *je sens de la douleur; mais c'est une douleur supportable.* — Excusable, qu'on peut tolérer, excuser : *cela n'est pas supportable à un homme, dans un homme de son âge, de sa qualité, de sa profession.*

* **SUPPORTABLEMENT** adv. D'une manière supportable, tolérable : *cela est écrit suppor- tablement.* (Peu us.)

* **SUPPORTER** v. a. Porter, soutenir : *ces pi- liers, ces colonnes supportent toute cette maison.* — Souffrir, endurer : *il supporte le froid, le chaud, toutes les injures de l'air.* — Souffrir avec patience : *il y a de la charité à supporter les dé- fauts, les infirmités de son prochain.* — Être à l'épreuve de : *ce vase peut supporter le feu.*

SUPPORTEUR, EUSE s. Personne qui sup- porte.

* **SUPPOSABLE** adj. Qu'on peut supposer : *cela n'est pas supposable.*

* **SUPPOSÉ, ÉE** part. passé de SUPPOSER : *s*

présenter sous un nom supposé. — CELA SUPPOSÉ, dans cette supposition. On dit aussi, SUPPOSÉ QUE, dans la supposition que. On dit encore : *supposer tel événement.*

* **SUPPOSER** v. a. [su-po-zé] (lat. *supponere*). Poser une chose pour établie, pour reçue; faire une hypothèse, afin d'en tirer ensuite quelque induction : *vous commencez par supposer ce qui est en question.* — Former une conjecture, présumer en bien ou en mal : *je suppose qu'il sera bientôt las de ce genre de vie.* — Alléguer ou produire pour vrai quelque chose de faux, de controuvé : *supposer des faits, un complot.* — SUPPOSER UN ENFANT, vouloir le faire passer, le faire reconnaître pour fils ou fille de ceux dont il n'est pas né : *on supposa un enfant pour frustrer les héritiers collatéraux.* — Se dit, en outre, d'une chose qui demande, qui exige que quelque autre chose soit ou ait été : *la justification suppose une accusation.*

SUPPOSITIF, IVE adj. Qui a les caractères d'une supposition.

* **SUPPOSITION** s. f. [su-po-zi-si-on]. Proposition que l'on suppose comme vraie ou comme possible, afin d'en tirer quelque induction : *dans la supposition que vous faites, il faudrait que...* — Conjecture, opinion favorable ou défavorable qui ne résulte pas de preuves positives : *ce qu'il dit là est une pure supposition.* — Production d'une fausse pièce, allégation d'un fait controuvé : *la supposition d'un contrat, d'un testament, d'un titre.* — SUPPOSITION DE NOM, DE PERSONNE, action de mettre un nom, une personne à la place d'une autre. — SUPPOSITION D'UN ENFANT, action de celui qui veut faire passer, faire reconnaître un enfant pour fils ou fille de ceux dont il n'est pas né. — Jurispr. SUPPOSITION DE PART, crime qui se commet en attribuant un enfant à une femme qui n'est point accouchée, ou en substituant un à celui dont elle est mère.

* **SUPPOSITOIRE** s. m. Espèce de médicament en forme de cône long et gros comme le petit doigt, que l'on met dans le rectum pour lâcher le ventre ou pour agir comme adoucissant : *user de suppositoire.*

* **SUPPÔT** s. m. (lat. *suppositus*). Celui qui est membre d'un corps, et qui remplit de certaines fonctions pour le service de ce corps : *anciennement, les imprimeurs et les libraires étaient suppôts de l'Université.* — Celui qui est fauteur et partisan de quelqu'un dans le mal, qui sert aux mauvais desseins d'un autre : *il n'y a que les émissaires et les suppôts d'un scélérat qui puissent répandre de pareilles calomnies.* — Fig. et fam. C'EST UN SUPPÔT DE SATAN, se dit d'un méchant homme. — Philos. Ce qui sert de fondement, de soutien, de sujet.

SUPPRESSIF, IVE adj. Qui tend à supprimer.

* **SUPPRESSION** s. f. Action de supprimer : *la suppression d'un libelle.* — ÉDIT DE SUPPRESSION, édit qui éteignait et supprimait quelque charge, quelque impôt, etc. — Méd. Suspension d'une évacuation accoutumée : *suppression d'urine.* — Jurispr. SUPPRESSION DE PART OU D'ENFANT, crime de celui ou de celle qui fait disparaître les traces de la naissance d'un enfant, ou qui ôte la connaissance de son existence et de son état. — SUPPRESSION D'ÉTAT, crime qui consiste à supprimer les preuves de l'état d'une personne.

SUPPRIMABLE adj. Que l'on peut supprimer.

* **SUPPRIMER** v. a. (lat. *supprimere*). Empêcher de paraître, ou faire cesser de paraître, ne pas publier un écrit, un livre, un libelle : *on supprima tel livre, tel journal.* — Jurispr. Blâmer un écrit et en défendre la publication : *on a supprimé son mémoire*

comme calomnieux. — Se dit aussi, en parlant d'un acte, d'un contrat, ou de quelque autre pièce dont on veut ôter, dont on veut dérober la connaissance : *il voulait supprimer un acte qui était contre lui, mais on en produisit une copie collationnée.* — Taire, passer sous silence, ne pas exprimer : *cet avocat a supprimé les circonstances qui auraient pu nuire à sa cause.* — Retrancher : *ce discours est trop long, il faut en supprimer la moitié.* — Abolir, annuler : *on a supprimé quelques emplois inutiles.*

* **SUPPURATIF, IVE** adj. Chirur. et Méd. Qui facilite la suppuration, qui aide les plaies à suppurer : *onguent suppuratif.* — s. m. *C'est un bon suppuratif.*

* **SUPPURATION** s. f. Chir. et Méd. Formation, écoulement du pus : *si sa plaie vient à suppuration.*

* **SUPPURER** v. n. (préf. *sub;* fr. *pus*). Chir. et Méd. Rendre, jeter du pus : *une plaie qui commence à suppurer.*

* **SUPPUTATION** s. f. Calcul : *supputation exacte.*

* **SUPPUTER** v. a. (lat. *supputare*). Calculer, compter à quoi montent plusieurs nombres : *supputer un compte.*

SUPRA, mot lat. qui signifie *sur* et qui entre dans la formation d'un grand nombre de mots.

* **SUPRÉMATIE** s. f. [su-pré-ma-sî]. Supériorité, excellence au-dessus de toutes les autres : *il prétend à la suprématie dans son art.* — Se dit, particul., en parlant du droit que les rois d'Angleterre, et même les reines qui le sont par leur naissance, se sont attribué d'être chefs de la religion anglicane : *c'est Henri VIII qui a établi la suprématie des rois d'Angleterre.* — PRÊTER LE SERMENT DE SUPRÉMATIE, prêter un serment par lequel on reconnaît ce pouvoir.

* **SUPRÊME** adj. (lat. *supremus,* superlat. de *superus,* qui est au-dessus). Qui est au-dessus de tout en son genre, en son espèce : *pouvoir suprême.*

Associés un frère à cet honneur *suprême.*
J. RACINE. *La Thébaïde,* acte Ier, sc. III.

— L'INSTANT, LE MOMENT SUPRÊME, L'HEURE SUPRÊME, l'heure de la mort. — LES VOLONTÉS SUPRÊMES D'UN MOURANT, ses dernières dispositions. — LES HONNEURS SUPRÊMES, les funérailles. — **Suprême.** m. Cuis. SUPRÊME DE VOLAILLE, parties les plus délicates d'une volaille accompagnées d'un coulis. — Au suprême degré loc. adv. et fam. Beaucoup, extrêmement : *cette femme est belle, est laide au suprême degré.*

* **SUPRÊMEMENT** adv. D'une manière suprême, au suprême degré.

* **SUR, URE** adj. (anc. haut all. *sûr*). Qui a un goût acide et aigret : *ce fruit est sur.*

* **SÛR, ÛRE** adj. (lat. *securus*). Certain, indubitable, vrai : *c'est une chose sûre.* — Se dit aussi des choses qui doivent arriver infailliblement, ou qu'on regarde comme devant nécessairement arriver : *rien n'est si sûr que la mort.* — Qui produit ordinairement son effet : *le remède dont je vous parle est un remède sûr.*

Où le cœur fait défaut, les armes sont peu sûres.
PONSARD. *Charlotte Corday,* acte II, sc. III.

— AVOIR UN COUP SÛR A QUELQUE JEU, A QUELQUE EXERCICE, avoir un coup presque immanquable. — IL A LA MÉMOIRE SÛRE, sa mémoire ne le trompe jamais. — AVOIR LE GOUT SÛR, discerner parfaitement la qualité des mets, du vin : *ce gourmet a le goût sûr.* — Fig. AVOIR LE GOUT SÛR, juger bien des ouvrages d'esprit. On dit de même, AVOIR LE JUGEMENT, LE TACT SÛR. — Qui sait quelque chose d'une manière certaine : *je suis sûr de ce que je*

vous dis. — Mus. ÊTRE SUR DE SA PARTIE, la savoir de telle manière qu'on est sûr de la chanter ou de l'exécuter sans faire de faute. — Jeu. ÊTRE SUR DE SA PARTIE, avoir fait sa partie de manière qu'on est assuré de gagner; et, fig. et fam., avoir si bien pris ses mesures dans une affaire, qu'on est assuré qu'elle réussira. — En qui on se peut fier : *c'est un ami sûr.* — En parlant des lieux, des chemins, des passages, et de certaines autres choses, signifie où l'on est en sûreté, dont on peut se servir sans danger : *les chemins sont sûrs.* — Subst. et absol. LE PLUS SÛR, le parti le plus sûr : *aller au plus sûr.* — A coup sûr loc. adv. Immanquablement, infailliblement : *vous le trouverez à coup sûr; nous réussirons à coup sûr.* — Pour sûr loc. adv. et fam. Certainement, infailliblement : *pour sûr, il viendra.*

* **SUR** (lat. *super*). Prép. de lieu, qui sert à marquer la situation d'une chose à l'égard de celle qui la soutient : *sur la terre, sur terre.* — CET OISEAU SE SOUTIENT SUR SES AILES, il plane. — SE SOUTENIR, REVENIR SUR L'EAU, à la surface de l'eau. — Marque, ce qui est simplement au-dessus : *les globes célestes qui roulent sur nos têtes.* — Joignant, tout proche : *les villes qui sont sur la Seine, sur le Rhin.* — Se dit encore, dans plusieurs phrases, par rapport à la situation voisine ou supérieure des choses dont on parle : *cet hôtel ouvre sur deux rues.* — Mar. CE NAVIRE CHASSE SUR SES ANCRES, il entraîne ses ancres et leur fait labourer le fond. — Se dit aussi en parlant de ce que l'on touche, de ce que l'on frappe : *donner un coup sur la tête.* — Se dit également en parlant de ce qu'on grave, de ce qu'on dessine, de ce qu'on écrit, etc., de ce qui est gravé, dessiné, écrit, etc., à la surface de quelque chose : *graver sur le marbre, sur le cuivre, etc.* — Signifie A, dans quelques phrases qui expriment addition : *il fallut mettre quatre chevaux sur cette voiture pour la tirer du bourbier.* — ÊTRE TOUJOURS SUR LES LIVRES, être sans cesse à lire, à étudier. On dit de même, PÂLIR SUR LES LIVRES. — Précédé et suivi du même mot, marque, succession rapide ou accumulation : *il fait folies sur folies.* — Vers, du côté de : *tourner sur la droite, sur la gauche.* — Comm. TIRER UNE LETTRE DE CHANGE SUR QUELQU'UN, TIRER SUR QUELQU'UN, faire une lettre de change pour qu'il l'acquitte. — Parmi : *sur dix, il n'y en avait pas un de bon.* — Se dit, fig., en parlant de toute sorte d'imposition sur les choses ou sur les personnes : *les impositions sur les biens-fonds, sur les denrées.* — Sert aussi à marquer la supériorité, la domination, la juridiction, l'excellence, l'avantage, l'action, l'influence d'une personne, d'une chose à l'égard d'une autre : *régner sur plusieurs nations.* — Touchant, concernant, à l'égard de : *il y a diversité d'opinions sur ce point.* — D'après, en conséquence, en considération de, suivant : *juger sur les apparences.* — SE FONDER SUR QUELQUE CHOSE, s'en autoriser, l'alléguer, le faire valoir à l'appui de ce qu'on prétend ou de ce qu'on avance : *il se fonde sur une possession de tant d'années.* — Sert quelquefois à marquer l'affirmation, la garantie de quelque chose : *sur mon honneur.* — JURER SUR LES SAINT ÉVANGILES, faire un serment en mettant les mains sur le livre des Évangiles. — Sert aussi à indiquer la matière, l'objet sur lequel on travaille : *il travaille sur l'or, sur l'argent.* — FAIRE DES PAROLES SUR UN AIR, accommoder des paroles sur un air déjà fait. — Sert enfin à marquer le temps; et dans ce sens, il signifie, durant, environ, vers : *il vint sur l'heure du dîner.* — S'emploie dans plusieurs autres façons de parler dont l'explication est renvoyée aux noms qui servent la former : *je me décharge de cette affaire sur vous; le sort tomba sur lui.* — Entre dans la composition de plusieurs mots pour signifier, ce qui est sur quelque chose ou au-dessus, soit

par sa position, soit par sa qualité, par son excès, etc. Surdent. Surfaix. Surintendant. Surabondant, etc. On trouvera à leur place alphabétique les mots de cette espèce qui sont consacrés par l'usage. — **Sur toute chose**, **sur toutes choses** loc. adv. Principalement, par préférence à tout autre chose : *je vous prie, je vous recommande, sur toute chose, de...* (Voy. Surtout.) — **Sur et tant moins** loc. adv. En déduction : *on lui a payé telle somme sur et tant moins de ce qu'on lui doit.* (Vieux.) — **Sur le tout** loc. adv. et fam. *Un somme, en résumé : sur le tout, je m'en rapporte à vous.* — **Sur le tout.** Blas. Se dit en parlant d'un écusson qui se met au milieu d'une écartelure : *il porte écartelé... et de... et sur le tout de...* — Brochant sur le tout, se dit d'une pièce qui va d'un côté à l'autre d'un écu dans lequel il y a d'autres pièces dont elle couvre une partie. — Brochant sur le tout, se dit d'une chose surajoutée à plusieurs, et qui semble y mettre le comble : *il vient de faire une nouvelle sottise brochant sur le tout.* — **Sur le tout du tout**, se dit en parlant d'un écusson placé sur le milieu de l'écarteleur d'un autre écusson qui est déjà sur le tout.

SURABAYA, ville et port de Java, cap. d'une résidence, sur la côte N.-E. de l'île, 120,000 hab. Grande exportation de sucre et de café.

° **SURABONDAMMENT** adv. Plus que suffisamment : *il en a parlé surabondamment.*

* **SURABONDANCE** s. f. Très grande abondance : *surabondance de grâces, de faveurs, de toutes sortes de biens.*

* **SURABONDANT, ANTE** adj. Qui surabonde : *pour preuve surabondante de son bon droit, il allègue...* — Superflu : *vous avez déjà fait comprendre ce que vous voulez dire; ce que vous ajoutez est surabondant.*

* **SURABONDER** v. n. Etre très abondant : *les denrées surabondent dans ce pays.*

SURACHAT s. m. Achat au-dessus du cours.

* **SURACHETER** v. a. Acheter une chose plus qu'elle ne vaut. (Peu us.)

* **SURAIGU, GUË** adj. Mus. Fort aigu.

SURAJAH DOWLAH. Voy. Clive et Inde.

* **SURAJOUTER** v. a. Ajouter ce qui a déjà été ajouté.

SURAKARTA, état indépendant de Java, au S.-E. de Samarang, 3,854 kil. carr.; 500,000 hab. — Cap. de cet état, réuni à Samarang par un chemin de fer; 50,000 hab. Splendide palais de l'empereur.

SURAL, ALE, AUX adj. (lat. *sura*, mollet). Qui appartient au mollet.

* **SUR-ALLER** v. n. Vén. Se dit d'un limier ou chien courant qui passe sur la voie sans se rabattre et sans rien dire.

* **SUR-ANDOUILLER** s. m. Vén. Andouiller plus grand que les autres, qui se trouve à la tête de quelques cerfs : *des sur-andouillers.*

* **SURANNATION** s. f. Cessation de l'effet d'un acte qui n'est valable que pour un temps déterminé, et qui n'a pas renouvelé quand il le fallait : *on a stipulé que cette procuration serait valable, nonobstant surannation.* — Lettres de surannation, lettres qu'on obtenait du prince, pour rendre la force et la validité à celles qui étaient surannées.

* **SURANNÉ, ÉE** part. passé de Suranner. Se dit de certains actes publics, lorsque l'année ou le temps, au delà duquel ils ne peuvent avoir d'effet, est expiré : *un brevet est suranné après tel temps.* — Se dit aussi des concessions qui, faute d'être enregistrées dans le temps prescrit, deviennent nulles. —

Se dit, fig., de certaines choses qu'on regarde comme déjà vieilles : *cet habit est un peu suranné.* — Se dit de même des personnes : *un galant suranné.*

* **SURANNER** v. n. [sur-a-né] (franç. *sur*, et *an*). Avoir plus d'un an de date. Se dit surtout des lettres de chancellerie, des passeports, etc. : *il a laissé suranner ses lettres, il ne peut plus en faire usage.*

* **SUR-ARBITRE** s. m. Arbitre choisi par les parties ou par le juge pour la décision d'une contestation sur laquelle les arbitres sont partagés : *on leur a donné deux arbitres et un sur-arbitre.* On dit plus ordinairement, Tiers arbitre.

* **SURARD** adj. m. Ne s'emploie que dans cette locution, Vinaigre surard, vinaigre préparé avec des fleurs de sureau.

* **SURATE** s. f. Nom des chapitres du Coran.

SURATE, ville de l'Inde britannique, dans le N. de la division de Bombay, sur le Taptee, à 30 kil. de son embouchure dans le golfe de Cambay, à 225 kil. N. de Bombay; 107,149 hab. C'est une ville d'une grande antiquité; elle fut, de 1613 à 1686, le principal centre du commerce anglais, sur la côte occidentale de l'Inde. En 1796, elle avait 600,000 hab. Elle est aujourd'hui bien déchue.

* **SURBAISSÉ, ÉE** adj. Archit. Se dit des arcades et des voûtes qui ne sont pas en plein cintre, qui vont en s'abaissant vers le milieu : *une voûte surbaissée.*

* **SURBAISSEMENT** s. m. Archit. Quantité dont une arcade est surbaissée.

SURBAISSER v. a. Archit. Donner une forme surbaissée : *surbaisser une voûte.*

SURBANDE s. f. Chir. Bande qui s'applique sur la compresse.

* **SURCENS** s. m. [sur-sanss] (fr. *sur* et *cens*). Jurispr. féod. Rente seigneuriale dont un héritage était chargé par-dessus le cens : *il lui était dû vingt deniers de cens, et vingt livres de surcens.*

* **SURCHARGE** s. f. Nouvelle charge ajoutée à une autre : *ce cheval est assez chargé, il ne lui faut point de surcharge.* — Surcroît, augmentation de peines, de maux : *il avait déjà de la peine à subsister, et pour surcharge il lui est survenu deux enfants.* Se dit aussi des mots écrits sur d'autres mots dont on a employé les lettres ou parties de lettres en les renforçant pour en former de nouvelles : *il y a dans cette lettre de change une surcharge.* — Typogr. Toute partie d'un volume qui est composée d'un caractère inférieur à celui du texte, comme les notes, les additions, les sommaires, les épigraphes. — Tout ce qui offre quelque difficulté dans la composition, dans les opérations, les tableaux. Ce qui vient de ce qu'il est alloué une surcharge en sus du prix convenu pour la composition de la feuille.

* **SURCHARGER** v. a. Imposer une charge excessive, un trop grand fardeau : *vous avez surchargé ce cheval, il ne saurait aller.* — Fig. Surcharger de travail, surchargé d'affaires. — Se dit aussi en parlant d'impôts excessifs : *on a surchargé cette ville, ses habitants.* — Faire une surcharge dans l'écriture : *surcharger un mot, une ligne.*

* **SURCHAUFFER** v. a. Forge. Donner trop de feu au fer, le brûler en partie.

* **SURCHAUFFURE** s. f. Forge. Défaut du fer surchauffé.

SURCHOIX s. m. Premier choix, première qualité.

* **SURCOMPOSÉ, ÉE** adj. Gramm. Se dit des

temps des verbes dans la conjugaison desquels on redouble l'auxiliaire Avoir. J'aurais eu fait, vous auriez eu dit, sont des temps surcomposés. (Peu us.) — Bot. Feuille surcomposée, feuille dont le pétiole se divise en plusieurs pétioles secondaires, qui sont eux-mêmes divisés ou subdivisés.

* **SURCOMPOSÉ** s. m. Chim. Corps qui résulte de la combinaison des corps que l'on appelle Composés.

SURCOMPOSITION s. f. Etat de ce qui est surcomposé.

SURCOSTAL, ALE, AUX adj. Anat. Qui est situé sur les côtes.

SURCOUF (Robert), célèbre corsaire, né et mort à Saint-Malo (12 déc. 1773 — 8 juillet 1827). Il appartenait par sa mère à la famille de Duguay-Trouin et s'embarqua à l'âge de 13 ans. Son avancement fut rapide et, au commencement des guerres de la Révolution, il jeta la terreur dans le commerce maritime des Anglais aux Seychelles. Ses courses continuèrent pendant la République et l'Empire, et il acquit une grande fortune; sa tête fut plusieurs fois mise à prix.— Voy. *Histoire de Surcouf* par Cunat (1847).

SURCOUPE s. f. Action de surcouper : *être en surcoupe.*

* **SURCOUPER** v. a. Jeu de cartes. Couper avec un atout supérieur à celui qu'un autre joueur a déjà employé.

* **SURCROÎT** s. m. Augmentation, ce qui est ajouté à quelque chose, et qui en accroît le nombre, ou la quantité, ou la force : *ils n'étaient que quatre, il en arriva deux autres de surcroît.*

* **SURCROÎTRE** v. n. Ne se dit guère que des chairs qui se forment dans les plaies avec trop d'abondance et de rapidité : *il faut couper la chair qui surcroît dans cette plaie, qui commence à y surcroître.* — v. a. Augmenter sans mesure, accroître au delà des bornes : *on vint tout à coup à surcroître le prix des marchandises.*

SURCULE s. m. (lat. *surculus*, rejeton). Bot. Tige des mousses.

* **SURCULEUX, EUSE** adj. Bot. Qui porte des rejetons.

* **SURDENT** s. f. Dent qui vient hors de rang sur une autre, ou entre deux autres : *il a une surdent qu'il faut arracher.* — Art vétér. Se dit d'un cheval qui a quelques dents plus longues que les autres : *ce cheval a des surdents.*

* **SURDI-MUTITÉ** s. f. Mutité compliquée de surdité : *des surdi-mutités.*

* **SURDITÉ** s. f. Perte ou diminution considérable du sens de l'ouïe : *guérir la surdité d'un homme.* (Voy. Sourd-muet.)

SURDON s. m. Comm. Droit laissé à l'acheteur de déclarer refuser dans certains cas.

* **SURDORER** v. a. Dorer doublement, dorer à fond, solidement : *surdorer un lingot d'argent qui doit être mis à la filière.*

SURDORURE s. f. Double dorure.

* **SURDOS** s. m. Sellier. Bande de cuir qui porte sur le dos du cheval de carrosse, et qui sert à soutenir les traits et le reculement.

SURE, all. *Sauer*, rivière de Belgique; prend sa source dans le Luxembourg belge et se jette dans la Moselle après un cours de 185 kil.

* **SUREAU** s. m. Bot. Genre de caprifoliacées, tribu des sambucées, comprenant plusieurs genres de grandes herbes vivaces ou de vigoureux arbrisseaux arborescents. L'espèce principale est le *sureau noir* (*sambucus nigra*), arbre dont les branches sont rem-

plies d'une moelle tendre et abondante, et qui produit des fleurs blanches d'une odeur particulière et forte, auxquelles succèdent des fruits rouges-noirâtres : *on emploie souvent en médecine les fleurs et les feuilles de sureau.* VINAIGRE DE SUREAU, autrement nommé VINAIGRE SURARD. (Voy. VIORNE.)

SURÉLÉVATION s. f. Construction élevée sur une autre. — Augmentation excessive.

* **SURÉLEVÉ, ÉE** part. passé de SURÉLEVER. — VOUTE SURÉLEVÉE, voûte dont la montée est plus grande que la moitié de l'ouverture.

* **SURÉLEVER** v. a. Elever au-dessus : *surélever une terrasse.*

* **SÛREMENT** adv. Avec sûreté, en sûreté, en assurance : *de l'argent placé sûrement.* — Certainement : *cela s'est sûrement arrivé comme on le dit.*

* **SURÉMINENT, ENTE** adj. Eminent au suprême degré : *vertu suréminente.*

SURÉNA, général d'Orodès, roi des Parthes, vainquit Crassus à Carrhes (53 av. J.-C.) et fut mis à mort l'année suivante par ordre d'Orodès. P. Corneille a fait une tragédie de *Suréna.*

* **SURENCHÈRE** s. f. Enchère qu'on fait au-dessus d'une autre enchère : *il a fait une surenchère sur moi.* — « Législ. Il y a, dans la procédure civile, deux espèces de surenchères s'appliquant aux ventes d'immeubles. La *surenchère du dixième* s'applique : 1° aux ventes volontaires, mais le droit de surenchérir est alors réservé aux créanciers privilèges ou hypothécaires (C. civ. 2183); 2° aux ventes judiciaires, autres que cellesfaites sur expropriation forcée; 3° aux adjudications des immeubles d'un failli, faites sur la poursuite des syndics (C. comm. 573). — La *surenchère du sixième* est seule admise : 1° pour les ventes faites sur saisie immobilière (C. pr. 708); 2° pour les ventes de biens de mineurs (id. 965); 3° pour les licitations (id. 973). — Les formalités et les délais relatifs aux surenchères sont prescrits à peine de nullité, et il est superflu d'en donner le détail, le ministère d'un avoué étant indispensable dans tous les cas. »   (CH. Y.)

* **SURENCHÉRIR** v. n. Faire une surenchère : *l'immeuble saisi avait été adjugé à un tel, mais un autre est venu surenchérir.*

SURENCHÉRISSEMENT s. m. Nouvel enchérissement.

SURENCHÉRISSEUR s. m. Celui qui fait une surenchère.

SURÉPINEUX, EUSE adj. Anat. Qui est situé sur l'apophyse épineuse des vertèbres.

* **SURÉROGATION** s. f. (préf. *sur;* lat. *erogatio,* dépense). Ce qu'on fait de bien au-delà de ce qu'on est obligé de faire, ce qui n'est pas précisément d'obligation. On ne l'emploie proprement qu'en parlant des obligations du christianisme ou de la profession religieuse : *les préceptes sont d'obligation étroite, les conseils sont de surérogation.* — Ce qu'on fait au delà de ce qu'on a promis : *non seulement il a fait ce qu'il avait promis, mais par surérogation il a fait encore telle chose.*

* **SURÉROGATOIRE** adj. Qui est au delà de ce qu'on est obligé de faire : *œuvre surérogatoire.*

SURESNES [su-rê-ne], *Surisnæ*, comm. du cant. de Courbevoie (Seine), à 11 kil. O. de Notre-Dame de Paris, et à 2 kil. des fortifications de cette ville, sur la rive gauche de la Seine, au pied du mont Valérien; 7,500 hab. Blanchisseries. Petit vin âpre et laxatif.

* **SURET, ÈTE** adj. Dimin. de *sur,* un peu acide, un peu aigre : *ce fruit est suret, a un petit goût suret.*

* **SÛRETÉ** s. f. (tr. *sûr*). Eloignement de tout péril, état de celui qui n'a rien à craindre pour sa personne ou pour sa fortune : *pleine et entière sûreté.* — ETRE EN LIEU DE SÛRETÉ, être dans un lieu d'asile, dans un lieu où l'on n'a rien à craindre pour sa personne. — METTRE QUELQU'UN EN LIEU DE SÛRETÉ, se dit quelquef. dans le sens qui précède; mais il signifie plus souvent, mettre quelqu'un en prison, s'assurer de sa personne. — EN SÛRETÉ DE CONSCIENCE, sans que la conscience soit blessée : *vous ne pouvez pas faire cela en sûreté de conscience.* — PLACES DE SÛRETÉ, places qu'un prince, qu'un Etat donne ou retient pour la sûreté de l'exécution d'un traité. — Assurance, fermeté du pied pour marcher, de la main pour écrire, pour faire une opération chirurgicale, etc. : *il y a peu d'animaux dont le pied ait plus de sûreté que les chèvres et les mulets.*

SOUPAPE DE SÛRETÉ D'UNE MACHINE A VAPEUR, celle qui est destinée à laisser échapper la vapeur, en se levant d'elle-même, lorsque le degré de dilatation est tel, que la chaudière éclaterait, si la vapeur ne trouvait point d'issue. — Sorte de caution, de garantie que l'on donne pour l'exécution d'un traité : *quand il fait une affaire, il prend toutes les sûretés possibles.* — SERRURE DE SÛRETÉ, VERROU DE SÛRETÉ, serrure, verrou faits de manière qu'il est moins facile de les ouvrir ou de les forcer que les serrures et les verrous ordinaires.

* **SUREXCITATION** s. f. Physiol. Augmentation de l'énergie vitale dans un tissu, dans un organe. — Irritation maladive : *il est dans un tel état de surexcitation que...*

* **SUREXCITÉ, ÉE** part. passé de SUREXCITER. — UN HOMME SUREXCITÉ, un homme qui éprouve de la surexcitation. — ↝ Un homme qui a bu un peu.

* **SUREXCITER** v. a. Causer de la surexcitation.

* **SURFACE** s. f. Superficie, extérieur, dessus d'un corps : *la surface de la terre.* — Extérieur, dehors, apparence : *je ne m'en tiens pas à la surface.*

* **SURFAIRE** v. a. (se conjugue comme *Faire*). Demander plus qu'il ne faut d'une chose qui est à vendre : *surfaire sa marchandise.* — Estimer quelqu'un au-dessus de sa valeur : *voilà un homme que l'on a surfait.* — v. n. *Les marchands surfont ordinairement.*

SURFAIX s. m. Sellier. Sangle de cheval qui se met sur les autres sangles et qui, passant sur la selle, embrasse le dos et le ventre du cheval.

* **SURFRAPPE** s. f. Nouvelle frappe d'une monnaie qui portait déjà un type.

SURFUSION s. f. Phénomène qui se produit quand un corps reste accidentellement liquide à une température inférieure à la température de fusion.

* **SURGEON** s. m. (du lat. *surgere,* sourdre). Agric. et Jard. Rejeton qui sort du tronc, du pied d'un arbre : *cet arbre n'a point poussé de rameaux, il en est seulement sorti quelques surgeons.* — Descendant : *surgeon de la race de Charlemagne.* (Vieux.) — SURGEON D'EAU, petit jet d'eau qui sort naturellement de terre ou d'une roche. Il est vieux.

SURGÈRES, *Surgeriæ*, ch.-l. de cant., arr. et à 27 kil. N.-E. de Rochefort (Charente-Inférieure); sur la Gère; 3,500 hab. Murailles d'un ancien château. Eglise Notre-Dame, dont la tradition attribue la fondation à Charlemagne.

* **SURGIR** v. n. (lat. *surgere*). Arriver, aborder. N'est guère usité qu'à l'infinitif : *surgir au port.* — Fig. SURGIR AU PORT, atteindre au but de ses vœux, réussir dans quelque chose qu'on avait entrepris. — Sortir

de, s'élever au-dessus de : *la discussion a fait surgir de nouvelles difficultés.*

SURGISSEMENT s. m. Action de surgir.

* **SURHAUSSEMENT** s. m. Action de surhausser; état de ce qui est surhaussé : *le surhaussement d'une voûte, d'un édifice.*

* **SURHAUSSER** v. a. Archit. Elever plus haut. Se dit surtout en parlant des voûtes qu'on élève au delà de leur plein cintre : *cette voûte est surhaussée.* — Mettre à un plus haut prix ce qui était déjà assez cher : *surhausser le prix d'une chose.*

* **SURHUMAIN, AINE** adj. Qui est au-dessus de l'humain, soit au physique, soit au moral : *une taille surhumaine.*

SURIN s. m. Argot. Couteau.

SURINAM ou **Guyane** hollandaise. Voy. GUYANE.

SURINAM [su-ri-namm], fleuve de la Guyane hollandaise; après un cours de 500 kil environ dans la direction du N., il se jette dans l'océan Atlantique, à 16 kil. au-dessous de Paramaribo. Il a plusieurs affluents. Les grands vaisseaux le remontent sur une longueur de 50 kil.

SURINER v. a. Argot Assassiner.

SURINEUR s. m. Argot. Assassin.

* **SURINTENDANCE** s. f. Inspection et direction générale au-dessus des autres; charge, commission de surintendant, de surintendante : *il eut la surintendance des vivres des hôpitaux.* — Demeure du surintendant : *il était logé à la surintendance.*

* **SURINTENDANT** s. m. Celui qui a l'intendance de quelque chose au-dessus des autres. Se disait principalement de celui ou de celui qui était ordonnateur, administrateur en chef des finances du roi : *un tel a été surintendant des finances,* ou simpl., *a été surintendant.* (Voy. INTENDANT.)

* **SURINTENDANTE** s. f. Femme du surintendant : *madame la surintendante.* — SURINTENDANTE DE LA MAISON DE LA REINE, dame qui avait la première charge de la maison de la reine. — Titre qu'on donne à la principale directrice des maisons d'éducation établies pour les filles des membres de la Légion d'honneur : *surintendante de la maison de Saint-Denis.*

SURIR v. n. Devenir acide, sûr.

* **SURJET** s. m. Espèce de couture qu'on fait en tenant les deux étoffes qui doivent être jointes, appliquées l'une sur l'autre bord à bord, et en les traversant toutes deux à chaque point d'aiguille : *faire un surjet.*

* **SURJETER** v. a. Couture. Coudre en surjet.

* **SURLENDEMAIN** s. m. Jour qui suit le lendemain.

* **SURLONGE** s. f. Boucher. La partie du bœuf qui reste après qu'on a levé l'épaule et la cuisse, et où l'on prend les aloyaux.

* **SURMENER** v. a. Se dit en parlant des chevaux et des autres bêtes de somme, et signifie, les excéder de fatigue, en les faisant aller trop vite ou trop longtemps : *surmener un cheval.*

* **SURMONTABLE** adj. Qu'on peut surmonter : *cet obstacle est difficile mais surmontable.*

* **SURMONTÉ, ÉE** part. passé de SURMONTER. — Blas. PIÈCE SURMONTÉE, pièce au-dessus de laquelle il y en a une autre qui la touche immédiatement : *au chevron d'or surmonté d'une étoile.*

* **SURMONTER** v. a. Monter au-dessus : *il faut secourir ce pauvre homme, l'eau le surmonte.* — Absol. L'huile, mêlée avec de l'eau, surmonte toujours. — Vaincre, dompter : *sur-*

monter ses ennemis. — Surpasser; ne se dit que quand il y a une espèce de concurrence, de combat : *il a surmonté tous ses concurrents.* — Se dit quelquefois d'un objet qui est placé, qui s'élève, qui règne au sommet, au-dessus d'un autre. Dans ce sens, on l'emploie surtout en architecture. et en termes de décorateur, de tapissier : *des trophées, des vases, des groupes surmontent les acrotères de cette balustrade.* — Se surmonter v. pr. Se dompter.

* **SURMOÛT** s. m. Vin tiré de la cuve sans avoir cuvé ni avoir été pressuré : *un muid de surmoût.*

* **SURMULET** s. m. Icht. Poisson de mer du genre muge, dont la mâchoire inférieure porte deux longs barbillons : *le surmulet est un assez bon manger.* On le confond avec le ROUGET. — ENCYCL. Les surmulets (*mullidés*) appartiennent à la famille des perches. Le *surmulet rouge* (*mullus surmuletus*, Linn.) est d'un rouge brillant sur le dos et les côtés, et mesure de 30 à 35 centim. de long. On le trouve sur toutes nos côtes, il est très abondant dans la Méditerranée où il se nourrit de crustacés et de mollusques. Il est moins estimé comme aliment que l'espèce suivante. Le *surmulet barbu* (*mullus barbatus*, Linn.) est d'un rouge plus foncé et plus uniforme. Relativement rare au N. de la Manche, il abonde dans la Méditerranée et est connu sous le nom de *rouget.* A peu près de la même taille que le précédent, il est extrêmement recherché pour sa chair blanche, ferme, d'un goût fin et de facile digestion. Les épicuriens de l'ancienne Rome payaient ce poisson des prix énormes; ils en entretenaient dans leurs viviers, et ils offraient à leurs hôtes le spectacle de leurs belles couleurs rendues plus brillantes par les douleurs de l'agonie.

SURMULOT s. m. Mamm. Nom vulgaire du *rat brun* ou *rat de Norvège* (*mus decumanus*, Pall.), long de 20 à 25 centim., avec une queue de 15 à 20 centim.; sa couleur sur le dos est d'un brun grisâtre mêlé de nuance de rouille; il plus gris sur les flancs, et d'un blanc cendré en dessous. Cette espèce, originaire de l'Inde et de la Perse, est entrée en Europe par la Russie, et a été apportée en Amérique vers 1775. Elle a pullulé promptement, chassant partout devant elle le rat

Surmulot (Mus decumanus).

noir qui l'avait précédée. On la trouve maintenant dans toutes les parties du monde, et elle est principalement abondante sur les côtes où les navires en amènent des quantités. Ces rats hantent les celliers, les égouts, les canaux des docks et tous les lieux sales où ils peuvent se creuser un trou et trouver une nourriture abondante. Ils sont un véritable fléau pour les habitations, et ils multiplient tellement que leurs ravages sont souvent très considérables. La femelle porte trois à cinq fois par an et a, à chaque fois, de 12 à 15 petits.

* **SURNAGER** v. n. Se soutenir sur la surface d'un fluide : *le liège plongé dans l'eau surnage.* — Se dit, fig., d'une chose qui subsiste,

par opposition à d'autres choses qui se détruisent, qui s'anéantissent, qui s'oublient : *à la longue, les erreurs tombent, et la vérité surnage.*

* **SURNATURALISER** v. a. Rendre surnaturel.

* **SURNATURALISME** s. m. Philos. Système philosophique qui admet le surnaturel.

* **SURNATURALITÉ** s. f. Qualité de ce qui est surnaturel.

* **SURNATUREL, ELLE** adj. Qui est au-dessus des forces de la nature : *effet surnaturel.* — VÉRITÉS SURNATURELLES, vérités que l'on ne connaît que par la foi. — Extraordinaire, singulier, fort au-dessus du commun : *cet enfant a un esprit surnaturel.*

* **SURNATURELLEMENT** adv. D'une manière surnaturelle : *cela ne se peut faire que surnaturellement.*

* **SURNOM** s. m. Le nom ajouté au nom propre d'une personne ou d'une famille, et qui désigne quelque qualité ou quelque circonstance particulière : *Scipion eut le surnom d'Africain.*

* **SURNOMMER** v. a. Ajouter une épithète au nom d'une personne, pour marquer quelqu'une de ses actions ou de ses qualités bonnes ou mauvaises, pour la désigner par quelque chose de remarquable : *Guillaume, duc de Normandie, fut surnommé le Conquérant.*

* **SURNUMÉRAIRE** adj. Qui est au-dessus du nombre déterminé : *employé surnuméraire.* — s. m. *On vient de le recevoir surnuméraire dans cette compagnie.* — Particul. Commis qui travaille sans appointements, jusqu'à ce qu'on l'admette au nombre des commis en titre : *il est surnuméraire dans cette administration.*

* **SURNUMÉRARIAT** s. m. Temps pendant lequel on est employé comme surnuméraire : *il a fait deux ans de surnumérariat avant d'être commis en pied.*

* **SUROFFRE** s. f. Offre plus avantageuse qu'une offre déjà faite.

SUROFFRIR v. a. Offrir en sus.

* **SUROS** s. m. [sur-ô]. Art. vétér. Tumeur dure qui se forme sur la jambe du cheval, et qui dépend de l'os même : *j'achetai bien cher un cheval, et je m'aperçus ensuite qu'il avait un suros.*

* **SUROXYDATION** s. f. Chim. Oxydation portée au plus haut degré.

* **SUROXYDE** s. m. Chim. Oxyde au maximum d'oxydation.

* **SUROXYDER** v. a. Porter au plus haut degré d'oxydation.

SURPASSABLE adj. Qui peut être surpassé.

* **SURPASSER** v. a. Excéder, être plus haut, plus élevé : *cela surpasse la muraille de deux pieds.* — Etre au-dessus de quelqu'un, le surmonter en quelque chose; se dit en bien et en mal : *il le surpasse tous en science* — Excéder les forces, l'intelligence, les ressources : *cet effort surpasse mon courage.* — Causer un étonnement qui confond les idées : *cet événement me surpasse.* — Se surpasser v. pr. Faire mieux que d'habitude : *je me suis surpassé.*

* **SURPAYER** v. a. Payer au delà de la juste valeur : *cette étoffe vaut pas davantage, c'est la surpayer que d'en donner tant.* — Se dit aussi, en parlant des personnes, et signifie, leur payer au delà de ce qui leur est dû : *je ne vous donnerai rien de plus, je vous ai surpayé.*

* **SURPEAU** s. f. Syn. d'épiderme. Voy. ÉPIDERME.

* **SURPLIS** s. m. Sorte de vêtement d'église, qui est de toile, qui va à mi-jambes, et qui a

ordinairement, au lieu de manches, des espèces d'ailes longues et plissées qui pendent par derrière : *être en surplis.* — CET ECCLÉSIASTIQUE PORTE LE SURPLIS DANS TELLE PAROISSE, il est du clergé de cette paroisse, il y assiste ordinairement au service. Se dit particul. des jeunes clercs.

* **SURPLOMB** s. m. Etat, défaut de ce qui n'est pas à plomb, de ce dont le haut avance plus que la base ou le pied. Se dit surtout, en parlant de constructions : *ce mur est en surplomb, il penche.*

SURPLOMBEMENT s. m. Action de surplomber, résultat de cette action.

* **SURPLOMBER** v. n. Etre hors de l'aplomb, être en surplomb : *ce mur surplombe.*

* **SURPLUS** s. m. Ce qui reste, l'excédent : *je vous abandonne le surplus.* — Au surplus loc. adv. Au reste : *au surplus, vous saurez...*

SURPOUSSE s. f. Bot. Pousse qui se surajoute à celle de l'année.

* **SURPRENANT, ANTE** adj. Etonnant, qui cause de la surprise : *discours surprenant.*

* **SURPRENDRE** v. a. (se conjugue comme *Prendre*). Prendre quelqu'un sur le fait, le trouver dans une action, dans un état où il ne croyait pas être vu : *surprendre un voleur qui force un secrétaire.* — Prendre à l'improviste, au dépourvu : *nos gens ont surpris l'ennemi.* — Se dit également de toutes les choses auxquelles on ne s'attendait point : *la pluie nous a surpris.* — Se dit particul. d'un mal qui arrive d'une manière subite, inopinée : *il a été surpris d'une attaque de goutte.* — Tromper, abuser, induire en erreur : *défiez-vous de cet homme, il ne cherche qu'à vous surprendre.* — Obtenir frauduleusement, par artifice, par des voies indues : *il a surpris mon consentement, ma signature.* — Se dit quelquefois en parlant des actions, des gestes qui échappent à quelqu'un et qui font connaître sa pensée malgré lui : *j'ai surpris ses soupirs, ses larmes qu'il ne put cacher.* — Etonner : *cette nouvelle m'a extrêmement surpris.*

SURPRIME s. f. Prime supplémentaire que l'assuré doit payer dans certains cas prévus par la police.

* **SURPRISE** s. f. Action par laquelle on surprend : *il s'est rendu maître de cette place par surprise.* — Etonnement, trouble : *cet accident a causé une grande surprise.*

SURPRODUCTION s. f. Production excessive, exagérée.

* **SURRÉNAL, ALE, AUX** adj. Anat. Qui est placé au-dessus des reins. CAPSULES ou GLANDES SURRÉNALES, glandes vasculaires situées au-dessus des reins.

SURREY [seur-é], comté du S.-E. de l'Angleterre, séparé du Middlesex par la Tamise; 1,935 kil. carr.; 1,090,270 hab. Certaines parties du comté sont renommées pour la beauté de leurs sites. L'industrie du jardinier et du fleuriste y a pris un grand développement. Outre Southwark, Lambeth et d'autres quartiers de Londres, les lieux les plus importants sont les trois villes capitales, Guildford, Croydon et Kingston, puis Epsom, Reigate, Farnham et Godalming.

SURREY (Henry-Howard, COMTE DE) poète anglais, né vers 1516, mort le 21 janv. 1547. Il était le fils aîné de Thomas Howard, troisième duc de Norfolk, et il passa sa jeunesse à la cour de Henri VIII. En 1554, il commanda en France, et y gagna le rang de feld-maréchal. Après la prise de Boulogne, il en devint le gouverneur, et continua la guerre avec avantage jusqu'en 1546. Ayant été battu, il fut rappelé en Angleterre par le roi. Ses plaintes de ce rappel irritèrent Henri, qui le fit mettre quelque temps à la Tour. Le 12 déc. 1546.

Surrey fut de nouveau arrêté avec son père, sous une accusation de trahison, parce qu'il écartelait ses armes avec des armes royales. Surrey prouva jusqu'à l'évidence son droit de porter les armes royales; il n'en fut pas moins condamné et exécuté dans la semaine qui précéda la mort du roi. Il a écrit des sonnets, des vers amoureux, des élégies, des paraphrases de l'Ecriture, et une traduction du second et du quatrième livres de l'*Enéide*.

SURSATURER v. a. Chim. Saturer en excès.

* **SURSAUT** s. m. Mouvement brusque occasionné par quelque sensation subite et violente. Ne se dit guère que dans cette phrase, S'ÉVEILLER EN SURSAUT, être éveillé subitement par quelque grand bruit ou par quelque violente agitation.

SURSAUTER v. n. Faire un sursaut.

* **SURSÉANCE** s. f. Délai, suspension, temps pendant lequel une affaire est sursise: *surséance de tant de jours, de semaines, de mois*. — LETTRES DE SURSÉANCE, lettres qu'un débiteur obtenait du sceau, pour faire suspendre les poursuites de ses créanciers.

SURSEL s. m. Chim. Sel qui contient un excès d'acide.

* **SURSEMER** v. a. Semer une nouvelle graine dans une terre déjà ensemencée

* **SURSEOIR** v. a. *Je sursois, tu sursois, il sursoit; nous sursoyons, vous sursoyez, ils sursoient. Je sursoyais. Je sursis. Je sursoierai. Je sursoierais. Que je sursisse. Sursoyant*. Les autres temps ne sont point en usage. Suspendre, remettre, différer. Ne se dit guère qu'en parlant des affaires, des procédures: *il voulait faire surseoir le jugement du procès*. — v. n. Est suivi de la préposition à : *surseoir au jugement d'une affaire*.

* **SURSIS** part. passé de SURSEOIR. — s. m. Délai : *obtenir un sursis*.

* **SURSOLIDE** s. et adj. Algéb. Se dit de la quatrième puissance d'une grandeur que l'on nomme ainsi par la supposition ou la fiction qu'elle a une dimension de plus que le solide.

SURSUM CORDA [sur-somm-kor-da]. Expression latine qui signifie : *En haut les cœurs*.

* **SURTAUX** s. m. Taxe, imposition excessive. N'est guère usité que dans cette phrase, SE PLAINDRE EN SURTAUX, présenter, FORMER UNE PLAINTE EN SURTAUX, se plaindre à l'autorité compétente d'avoir été taxé trop haut.

* **SURTAXE** s. f. Taxe ajoutée à d'autres, nouvelle taxe : *payer la taxe et la surtaxe*. — Taxe excessive et illégale . *je me ferai décharger de cette surtaxe*.

* **SURTAXER** v. a. Taxer trop haut : *il se plaint de ce qu'on l'a surtaxé*.

* **SURTOUT** adv. Principalement, plus que toute autre chose : *il lui recommanda surtout de bien servir Dieu*.

* **SURTOUT** s. m. Sorte de justaucorps fort large, que l'on met sur tous les autres habits: *il a un surtout sur son habit*. — Grande pièce de vaisselle d'argent, de cuivre doré, etc., qu'on place au milieu des grandes tables, et sur laquelle il y a des figures, des vases de fleurs, de fruits, etc. — Espèce de petite charrette fort légère, faite en forme de grande manne, et qui sert à porter du bagage.

SURVALEUR s. f. Valeur excessive.

* **SURVEILLANCE** s. f. Action de surveiller: *la bonne éducation des filles dépend surtout de la surveillance de leur mère*. — Législ. « Dans notre droit pénal, la *surveillance de la haute police* est une peine accessoire qui doit être subie après l'expiration de quelques autres peines. Tantôt elle est ajoutée de plein droit par la loi, et tantôt les juges ont la faculté de la prononcer ou non. Aux termes des articles 44 et suivants du Code pénal, tels qu'ils ont été refondus par la loi du 23 janv. 1874, l'effet du renvoi sous la surveillance de la haute police et de donner au gouvernement le droit de déterminer certains lieux dans lesquels il est interdit au condamné de paraître après qu'il a subi la peine principale. Quinze jours au moins avant sa mise en liberté, le condamné doit faire connaître le lieu dans lequel il entend fixer sa résidence, en dehors de ceux qui lui sont interdits. A défaut de déclaration, le gouvernement fixe lui-même la résidence. En vertu d'un décret-loi du 8 déc. 1851, le séjour de Paris et celui de sa banlieue sont interdits à tout individu en état de surveillance. Le condamné reçoit, pour voyager, une feuille de route indiquant l'itinéraire à suivre; et il est tenu de se présenter dans les 24 heures de son arrivée devant le maire de la commune qu'il doit habiter. Il peut changer de résidence, après six mois de séjour dans une commune, à la condition d'en avertir le maire huit jours à l'avance. La surveillance peut être suspendue par le ministre de l'intérieur, après un temps d'épreuve d'une durée égale à la moitié de la peine accessoire; elle peut être réduite ou même entièrement remise par voie de grâce; et, dans aucun cas la durée de la surveillance ne peut excéder vingt années. Le surveillé est tenu, en vertu du décret réglementaire du 30 août 1875, de se présenter devant le maire aux époques que ce magistrat a fixées lui-même, sauf approbation préfectorale. Le préfet peut accorder la dispense de cette obligation. Le surveillé est en *rupture de ban*, lorsqu'il a quitté le lieu de sa résidence sans une autorisation accordée, soit par les circonstances, par le ministre de l'intérieur ou par le préfet, ou lorsqu'il a omis de se présenter devant le maire aux époques déterminées; et il est alors condamné par le tribunal correctionnel à un emprisonnement dont la peine ne peut excéder cinq ans; il peut aussi être transporté, par mesure de sûreté générale, dans une colonie pénitentiaire. (Voy. RUPTURE.) » « P.-S. Ce qui précède était écrit au moment où la *surveillance de la haute police* a été abolie par la loi du 27 mai 1885; mais l'article peut être conservé dans le *Dictionnaire encyclopédique*. Le législateur de 1885 s'est déterminé à supprimer la surveillance parce qu'elle retirait souvent au surveillé les moyens d'exercer sa profession. On a préféré appliquer aux récidivistes le régime de la *relégation* aux colonies, dans le but de débarrasser la métropole de ses hôtes les plus dangereux, et dans l'espoir que les relégués ou au moins une partie d'entre eux seront disposés à se créer par le travail et la volonté, une nouvelle existence. La plupart d'entre les condamnés ont été les victimes de l'ignorance et des mauvaises fréquentations; un petit nombre seulement ont des instincts foncièrement incorrigibles, et la société doit procurer à tous les moyens de se mieux conduire. On doit donc espérer que la relégation des récidivistes produira d'heureux résultats; mais la réforme du régime pénitentiaire en France nous a toujours semblé plus nécessaire et plus urgente. La loi du 27 mai 1885, en abolissant la peine de la surveillance, permet au juge de la remplacer par l'interdiction pour le condamné de résider, après sa libération et pendant un nombre d'années fixé par le jugement, dans tels lieux dont l'administration lui fera connaître au moment de l'expiration de sa peine. Par voie de mesure générale, le ministre de l'intérieur, par un arrêté en date du 23 juin 1885, interdit à tous les individus qui étaient soumis précédemment à la surveillance de la haute police, le séjour dans les villes de Paris, Lyon, Marseille, Bordeaux, Lille, Nantes, Saint-Etienne, Nice et Menton. Cette interdiction est notifiée individuellement au préfet aux condamnés libérés, et en outre il est fait défense à chacun de séjourner dans le lieu où il a commis le crime ou le délit qui a donné lieu à la condamnation. Aux termes de l'article 19 de la loi du 27 mai 1885, sont applicables à l'interdiction de séjour les positions législatives antérieures à cette loi qui réglaient l'application, la durée, la remise et la suppression de la surveillance de la haute police, et les peines encourues par les contrevenants (C. pén. 44, 45.). (Voy. RELÉGATION, RUPTURE DE BAN, etc.). — Quelques tribunaux correctionnels ont interprété l'article 19 de la loi du 27 mai 1885 de telle sorte que la surveillance de la haute police, bien que supprimée comme peine accessoire, subsiste comme peine principale lorsqu'elle s'applique au vagabondage des mineurs de seize ans, en vertu de l'article 271 du Code pénal. »   (CH. Y.)

* **SURVEILLANT, ANTE** s. Celui, celle qui surveille : *c'est un surveillant soigneux, habile, éclairé*. — Adjectiv. *Cet homme est trop surveillant, cet autre ne l'est pas assez*.

* **SURVEILLE** s. f. [ll mll.]. Avant-veille, le jour qui précède immédiatement la veille : *la surveille de Noël*.

* **SURVEILLER** v. n. [ll mll.]. Veiller particulièrement et avec autorité sur quelque chose : *ce n'est pas assez que tels et tels prennent le soin de cette affaire, il faut encore quelqu'un pour y surveiller*. — v. a. : *surveiller des travaux*.

* **SURVENANCE** s. f. Arrivée que l'on n'a point prévue. Ne se dit guère qu'en parlant des enfants qui surviennent après une donation faite : *une donation est révoquée de droit par survenance d'enfants*.

* **SURVENANT, ANTE** adj. Qui survient. — Substantiv. *Il y a place pour les survenants*.

* **SURVENDRE** v. a. Se conjugue comme *Vendre*. Vendre trop cher, plus cher que les choses ne valent : *survendre sa marchandise*. — v. n. *Vous avez tort de survendre*.

* **SURVENIR** v. n. Se conjugue comme *Venir*. Arriver inopinément : *comme ils étaient ensemble, il survint du monde*. — Arriver de surcroît : *la fièvre survenait, s'il survient le moindre accident, c'est un homme mort*.

* **SURVENTE** s. f. Vente à un prix excessif : *c'est une survente trop visible*.

* **SURVIDER** v. a. Oter une partie de ce qui est dans un vase, dans un vaisseau, dans un sac trop plein : *il faut survider ce sac, ce vaisseau*.

* **SURVIE** s. f. Jurispr. Etat de celui qui survit à un autre : *et en cas de survie, l'un des contractants s'oblige...* — GAINS DE SURVIE, ou GAINS NUPTIAUX, avantages que se font entre époux, en faveur du survivant. — Législ. « Les présomptions de survie sont établies par la loi elle-même pour le cas où plusieurs personnes appelées respectivement à la succession l'une de l'autre, ont péri dans le même événement, sans que l'on ait pu reconnaître laquelle est décédée la première, et sans que l'examen médical, les circonstances de fait et les dépositions des témoins de l'événement puissent indiquer avec certitude quelle personne a survécu à l'autre. Lorsque le juge ne se trouve pas suffisamment éclairé par ces indices, la présomption de survie résulte de l'âge et du sexe des personnes décédées. Si ceux qui ont péri ensemble avaient tous moins de 15 ans, le plus âgé est présumé avoir survécu; si les uns avaient moins de 15 ans

et les autres plus de 60 ans, la présomption de survie est en faveur des premiers. Enfin lorsque ceux qui ont péri ensemble avaient 15 ans accomplis et moins de 60 ans, le mâle est présumé avoir survécu s'il y avait égalité d'âge ou si la différence d'âge n'excédait pas une année; mais s'ils étaient du même sexe, ou si entre deux individus de sexes différents la différence d'âge excédait une année, le plus jeune est présumé avoir survécu au plus âgé (C. civ. 720 et s.). — On doit admettre comme conséquence, bien que la loi ne l'ai pas dit, que si, deux personnes ayant péri ensemble, l'une avait de 15 à 60 ans, et l'autre moins de 15 ans ou plus de 60, c'est la première qui sera présumée avoir survécu. — On nomme *droits de survie* (id. 4452), et plus fréquemment *gains de survie*, les avantages qui sont attribués à l'époux survivant, soit par les stipulations du contrat de mariage, soit par un acte postérieur de donation entre époux, lesquels avantages sont à prélever sur l'actif de la communauté ou sur la succession du prédécédé. (Voy. DONATION.) »   (CH. Y.)

SURVILLE (Marguerite-Éléonore-Clotilde DE VALLON-CHALYS DE), dame française du XVe siècle, auteur prétendu de poésies recueillies pour la première fois en 1803, et attribuées au marquis Joseph-Etienne de Surville, royaliste exécuté en 1798, et même, avec moins de probabilité, à l'éditeur Vanderbourg. Elles se rapportent presque toutes à son mari, Bérenger de Surville, qui mourut en défendant Orléans contre les Anglais.

SURVILLIERS, village du cant., de Luzarches, arr., et à 39 kil. N.-E. de Pontoise, (Seine-et-Oise); 525 hab. Château qui appartint à Joseph Bonaparte. (Voy. JOSEPH BONAPARTE.)

* **SURVIVANCE** s. f. Droit, faculté de succéder à un homme dans sa charge après sa mort : *il avait un gouvernement, et le roi lui en accorda la survivance pour son fils.*

* **SURVIVANCIER** s. m. Celui qui a la survivance d'une charge : *souvent le survivancier exerçait du vivant du titulaire, et de son consentement.*

* **SURVIVANT, ANTE** adj. Qui survit à un autre. — Substantiv. *Le survivant des époux.*

* **SURVIVRE** v. n. Se conjugue comme *Vivre.* Demeurer en vie après une autre personne : *selon l'ordre de la nature, les enfants doivent survivre à leur père.* — Fig. *Survivre à son honneur, à sa réputation, à sa fortune,* vivre encore après la perte de son honneur, de sa réputation, de sa fortune. On dit de même, *Survivre à la ruine de sa patrie,* etc.— *Survivre,* v. a. *Il a survécu son fils, sa femme.* (Vieux.) — **Se survivre** v. pr. *Se survivre à soi-même,* perdre avant la mort l'usage des facultés naturelles, comme : la mémoire, l'ouïe, la vue, la raison. Il se dit particulièrement de ceux qui tombent en enfance. — *Se survivre dans ses enfants, dans ses ouvrages,* laisser après soi des enfants, des ouvrages qui perpétuent le souvenir du nom qu'on portait, des qualités, des talents qu'on possédait.

* **SUS** [sû] prép. Sur. N'est plus guère usité que dans cette phrase de déclarations, d'ordonnances, etc., COURIR SUS A QUELQU'UN. — En sus loc. adv. Au-dessus : *il a touché des gratifications en sus de ses appointements.* — Fin. LE TIERS, LE QUART EN SUS, se dit quelquefois d'une quantité qui, étant ajoutée à une somme, donne une somme, totale dont cette quantité est le tiers ou le quart : *le tiers en sus de six mille francs est trois mille francs.*

* **SUS** [suss] interj. fam. dont on se sert pour exhorter, pour exciter : *sus mes amis, sus donc, levez-vous.*

SUS [souss], territoire montagneux du Maroc, comprenant les côtes de l'Atlantique entre l'Atlas et le fleuve Asaka ou Nun, et s'étendant à l'E. jusqu'au pays appelé Draa; 750,000 hab. Les montagnes contiennent beaucoup de minéraux, particulièrement du cuivre et du plomb. Le fleuve Sus traverse le pays jusqu'à l'Atlantique près d'Agadir. Les habitants, qui sont Shelloohs, ou Berbères et Arabes, sont de mœurs plus austères et plus guerrières que les autres Marocains. La principale ville est Tarudant. La partie N. du pays, au-dessus de la rivière Gaz, est administrée par le *gouverneur de Tarudant,* sous l'autorité de l'empereur du Maroc. Tazeroualt, au S. de Gaz, a un souverain nominalement cheik indépendant. Le reste est gouverné par des cheiks indépendants.

SUZANE (Louis), général français, né à Pérouse (Italie), en 1810, mort à Meudon le 29 sept. 1876, chef du personnel de l'artillerie depuis 1848; auteur d'une *Histoire de l'artillerie* et d'une *Histoire de la cavalerie française*

* **SUSCEPTIBILITÉ** s. f. Disposition à se choquer trop aisément : *c'est un homme d'une extrême susceptibilité.*

* **SUSCEPTIBLE** adj. [su-sè-]. Capable de recevoir certaine qualité, certaine modification. Se dit tant au sens physique qu'au sens moral : *la matière est susceptible de toutes sortes de formes.* — Qui est facile à blesser, qui s'offense aisément : *il est fort susceptible.*

* **SUSCEPTION** s. f. (lat. *susceptio*). Action de prendre les ordres sacrés : *la susception des ordres sacrés oblige à des devoirs sévères.* — Se dit aussi de deux fêtes de l'Eglise catholique : *la susception de la sainte croix.*

* **SUSCITATION** s. f. Suggestion, instigation : *il a fait cela à la suscitation d'un tel.* (Vieux.)

* **SUSCITER** v. a. (lat. *suscitare*). Faire naître, faire paraître dans un certain temps. Se dit, particul., en parlant des hommes extraordinaires que Dieu inspire, qu'il conduit et pousse à exécuter ses volontés : *Dieu a suscité des prophètes.* — Ecrit. SUSCITER LIGNÉE A SON FRÈRE, faire revivre le nom de son frère mort sans postérité, en épousant sa veuve pour en avoir des enfants, ce qui était d'usage parmi les Juifs. — Faire naître à quelqu'un des embarras, des affaires fâcheuses, des inimitiés, dans le dessein de lui nuire : *il lui a suscité des ennemis.*

* **SUSCRIPTION** s. f. Adresse écrite sur le pli extérieur d'une lettre missive : *c'est lui qui a mis la suscription à cette lettre.*

* **SUSDIT, ITE** adj. [suss-di]. Nommé ci-dessus. Ne s'emploie guère qu'en style de pratique. LA SUSDITE MAISON. — Substantiv. *Le susdit; la susdite.*

SUSDÉNOMMÉ, ÉE [suss-dé-]. Qui a été déjà nommé.

SUSE (gr. *ta Soûsa,* la ville des lis), ancienne ville de Perse, capitale de la Susiane. Elle était située entre le Choaspes (auj. Kerkha) et le Coprates (Abzal), et était une des plus grandes villes de l'empire des Perses. On croit que le moderne Sus ou Sous est sur son emplacement.

SUSE (anc. *Segusio*), ville de la prov. et à 50 kil. O. de Turin (Italie), au pied des Alpes, de la Doire Ripaire, 3,254 hab. Nombreuses antiquités; vastes ruines de la forteresse de la La Brunetta. Carrières de marbre et de fer.

SUS ÉPINEUX, EUSE adj. [su-zé-]. Anat. Se dit d'un petit muscle piriforme placé au-dessous de l'articulation scapulo-humérale.

SUSIANE, province de l'ancien empire persan, au N. du golfe Persique. C'est aujourd'hui le Khuzistan. Cap., Suse.

* **SUSMENTIONNÉ, ÉE** adj. Mentionné ci dessus : *l'acte susmentionné.*

* **SUSNOMMÉ, ÉE** adj. [suss-no-]. Nommé ci-dessus : *les parties susnommées.*

* **SUSPECT, ECTE** adj. [suss-pè] (lat. *suspectus*). Qui est soupçonné, ou qui mérite de l'être. Se dit des choses et des personnes : *cet homme m'est suspect, me devient suspect.*

* **SUSPECTER** v. a. Soupçonner, tenir pour suspect : *je suspecte fort la fidélité de ce domestique*

* **SUSPENDRE** v. a. Elever quelque corps en l'air, l'attacher, le soutenir en l'air avec un lien, de telle sorte qu'il pende et qu'il ne porte sur rien : *suspendre en l'air.* — Surseoir, différer, discontinuer, cesser pour quelque temps : *suspendre l'exécution d'un arrêt.* — SUSPENDRE SA MARCHE, interrompre sa marche, s'arrêter pour quelque temps : *ces troupes ont suspendu leur marche, ont eu ordre de suspendre leur marche.* — Se dit, aussi fig., en parlant d'un ecclésiastique, d'un magistrat, d'un officier, d'un agent quelconque dont on interrompt les fonctions, sans lui ôter son caractère : *suspendre un prêtre de ses fonctions.*

* **SUSPENDU, UE** part. passé de SUSPENDRE. — Se dit, par ext., des choses qui sont en équilibre, et qui paraissent se soutenir d'elles-mêmes : *les nuées sont suspendues en l'air.*

* **SUSPENS** adj. [suss-pan] (lat. *suspensus*). Interdit. N'est usité qu'en parlant d'un ecclésiastique qu'on suspend des fonctions de son état : *un prêtre suspens.* — En suspens loc. adv. Dans l'incertitude, sans savoir à quoi se déterminer : *je suis en suspens de ce que je dois faire.* — CETTE AFFAIRE EST DEMEURÉE EN SUSPENS, elle est encore indécise.

* **SUSPENSE** s. f. Censure par laquelle un ecclésiastique est déclaré en suspens : *Etat où un ecclésiastique est mis par cette censure : un prêtre qui a encouru la suspense.* — Etat où un prêtre qui dit sa messe pendant sa suspense devient irrégulier.

* **SUSPENSEUR** adj. m. Anat. Qui soutient, qui tient suspendu : *ligament suspenseur du foie, de la verge.*

* **SUSPENSIF, IVE** adj. Jurispr. Qui suspend, qui arrête et empêche d'aller en avant, de continuer : *il y a des cas où le simple appel est suspensif.* — Gramm. POINTS SUSPENSIFS, plusieurs points mis à la suite les uns des autres, pour marquer suspension ou interruption du sens.

* **SUSPENSION** s. f. Action de suspendre, l'action d'une chose suspendue : *la suspension du pendule par une soie ou par un fil de métal.* — Surséance, cessation d'opération pour quelque temps : *la suspension de l'exécution d'un jugement.* — SUSPENSION D'ARMES, cessation momentanée des actes d'hostilité. — Action d'interdire un fonctionnaire public de ses fonctions pour un temps : *il a été prononcé contre cet avoué une suspension de trois mois.* — Figure de rhétorique qui consiste à tenir les auditeurs en suspens : *la suspension augmente l'effet des choses qu'on doit annoncer.* — Gramm. Sens interrompu brusquement, et qui n'est point achevé : *la suspension, dans l'écriture, dans l'impression, se marque par une suite de points.*

* **SUSPENSOIR** ou **Suspensoire** s. m. Chir. Sorte de bandage dont on se sert pour soutenir le scrotum, et pour prévenir les descentes d'intestins et autres incommodités de ce genre : *porter un suspensoir.*

* **SUSPICION** s. f. (lat. *suspicio*.) Soupçon, défiance. N'est guère usité qu'en jurisprudence : *suspicion de fraude.*

SUSPIRIEUX, EUSE adj. (lat. *suspirium,* soupir). Se dit de la respiration quand elle

produit un bruit semblable à celui d'un soupir.

SUSRELATÉ, ÉE adj. [suss-re-]. Qui a été relaté plus haut.

SUSQUEHANNA, fleuve long de 650 kil. ayant sa source dans le lac Otsego (état de New-York). Il court d'abord au S.-O., puis au S.-E., retourne brusquement au S.-O., passe à Wilkesbarre, et reçoit, près de Sunbury, sa branche occidentale (longue de plus de 350 kil.), d'où il coule au S. et au S.-E. jusqu'à la baie de Chesapeake au Havre de Grace. Il arrose Binghampton et Harrisburg, et sa branche occidentale passe à Lock Haven et à Williamsport. Il est coupé de rapides et n'a généralement que peu de profondeur; il transporte beaucoup de bois flotté.

SUSSEX [seu'-sex], comté du S.-E. de l'Angleterre, sur le Pas-de-Calais; 3,380 kil. carr.; 447,407 hab. Une chaîne de collines crayeuses, appelée les North Downs, le traverse au N.-E., et les South Downs le coupent en deux dans sa longueur. Le pays est essentiellement agricole. Les *downs* (dunes) offrent d'excellents pâturages, et sont renommées pour leurs moutons. Les villes capitales du comté sont Chichester et Lewes.

SUSSEYEMENT s. m. [su-sè-ieu-man]. Vice de prononciation qui consiste à placer la langue entre les dents en prononçant les articulations sifflantes.

SUSSEYER v. n. [suss-sé-ié]. Faire des susseyements.

SUSTENTATION s. f. Action de sustenter.

* **SUSTENTER** v. a. (lat. *sustentare*). Nourrir, entretenir la vie par le moyen des aliments. Ne se dit qu'en parlant des personnes: *tant de livres de pain par jour suffisent pour sustenter tant de pauvres*

SUSURRATEUR, TRICE s. Personne qui susurre.

SUSURRATION s. f. Murmure, bourdonnement.

SUSURREMENT s. m. Action de susurrer.

SUSURRER v. n. [su-zur-ré] (lat. *susurrare*). Murmurer, bourdonner.

SUSURRUS s. m. [su-zurr-russ] (mot lat.). Murmure particulier produit par certaines tumeurs anévrismales.

SUTHERLAND [seuth'-eur-lanndd], comté du N. de l'Ecosse, sur la mer du Nord; 4,885 kil. carr.; 24,317 hab. Plusieurs petites îles sur les côtes septentrionales et occidentales, en font partie. L'intérieur est montagneux. On y élève beaucoup de moutons. Il n'y a qu'une ville, Dornoch, la capitale.

SUTILE adj. (lat. *sutilis*). Qui est cousu.

SUTLEJ [seutl'-ledj], la plus orientale des cinq rivières de Pendjaub (Inde). Après être sortie du lac Manasarowar (Thibet), elle coule au N.-O. pendant 250 kil., puis à l'O. jusqu'à 780 kil. de sa source, où elle se réunit au Beas; de là elle court au S.-O., sous le nom de Ghara, jusqu'à sa jonction avec le Chenaub, à 500 kil. au-dessous, avec lequel il forme le petit affluent de l'Indus appelé Punjnud. En plaine, le Sutlej a de 7 à 30 pieds de profondeur, et de 250 à 750 m. de large. On croit que le Sutlej supérieur est le Hesudrus, et l'inférieur l'Hyphasis des anciens.

SUTTIE ou **Suttee** s. f. [sutt-tî]. Sacrifice volontaire d'une veuve indoue qui se fait brûler vive sur le bûcher de son mari. Cette pratique existe depuis bien des siècles, non seulement dans l'Inde, mais dans d'autres contrées de l'Asie: En 1829, lord William Bentinck, gouverneur général, publia un décret assimilant au meurtre toute participation dans un acte de suttie et le punissant

comme tel. Cette coutume est regardée comme éteinte aujourd'hui.

SUTURAL, ALE adj. Qui a rapport aux sutures.

* **SUTURE** s. f. (lat. *sutura; de suere*, coudre). Anat. Jointure de deux parties du crâne qui entrent l'une dans l'autre par des dentelures, et qui paraissent être cousues ensemble : *les sutures du crâne.* — Bot. Endroit où les pièces, les valves qui forment l'enveloppe de certains fruits, se joignent et adhèrent entre elles par leurs bords : *suture longitudinale.* — Chir. Réunion des lèvres d'une plaie, soit que cette réunion s'opère avec les aiguilles et le fil, soit qu'on l'obtienne par le moyen des emplâtres. — Se dit quelquefois, fig., en parlant des ouvrages d'esprit dont on a retranché quelque partie, et signifie, le travail que l'on fait pour empêcher que la suppression ne paraisse : *au moyen d'une suture habilement faite, on ne s'aperçoit pas qu'il a retranché cette scène, ce chapitre ce paragraphe.*

SUTURER v. a. Fermer par des sutures.

SUTUREUX, EUSE adj. Qui présente des sutures.

SUWALKI [sou-val'-ki]. I, gouvernement dans l'O. de la Pologne, sur les frontières de Prusse et de Lithuanie; 12,554 kil. carr.; 524,489 hab. Il est borné par le Niemen à l'E. et au N. Outre la capitale, sa principale ville est Augustowo. — II, capitale du gouvernement à 350 kil. N.-E. de Varsovie; 16,585 hab. Beaucoup de distilleries d'alcool; commerce actif, surtout en chevaux et en bestiaux pendant les foires périodiques.

SUZANNE (Sainte). I, fille d'Helcias et femme de Joakim de la tribu de Juda. Elle est surtout connue par la résistance qu'elle opposa à deux impudiques vieillards, qui la firent condamner à mort. — II, martyre (295 apr. J.-C.). Fête le 11 août.

SUZANNE (Sainte). I, ch.-l. de cant., arr. et à 36 kil. de Laval (Mayenne); 1,100 hab. — II, ch.-l. de cant., arr. et à 15 kil. E. de Saint-Denis (île de la Réunion); 7,000 hab.

SUZE (La), ch.-l. de cant., arr. à 21 kil. S.-O. du Mans (Sarthe), sur la rive gauche de la Sarthe, 1,500 hab.

* **SUZERAIN, AINE** adj. (du lat. *subsum*, pour *sursum*, en haut). Féod. Se disait d'un seigneur qui possédait un fief dont d'autres fiefs relevaient : *seigneur suzerain.* — Substantiv. *Le vassal et le suzerain.*

* **SUZERAINETÉ** s. f. Qualité de suzerain.

SVEABORG [své-a-borg], la principale forteresse de la Finlande (Russie), sur le golfe de Finlande, à 5 kil. S.-E. de Helsingfors, dont elle défend les approches; 4,000 hab. Elle est bâtie sur sept îles granitiques; le fort principal est dans l'île de Vargoe au sud. Le port intérieur peut loger 70 vaisseaux de ligne. Elle fut élevée par les Suédois en 1749-'58 comme défense contre la Russie. Le commandant suédois, l'amiral Constedt, capitula devant les Russes le 7 avril 1808 après un siège de deux mois, et malgré d'amples ressources. La paix du 17 sept. 1808 en assura définitivement la possession à la Russie. En août 1855, elle fut bombardée par la flotte alliée.

SVEALAND. Voy. **SUÈDE.**

* **SVELTE** adj. (ital. *svelto*, agile). Peint., Sculpt. et Archit. Léger, délié, dégagé : *une figure svelte.* — Se dit aussi des personnes, dans le langage ordinaire : *cette femme à la taille svelte.*

SWAMMERDAM (Johannes), entomologiste hollandais, né en 1637, mort vers 1680. Il était médecin à Amsterdam et inventa la manière de préparer les organes creux en

usage encore maintenant en anatomie. Il a écrit une Histoire générale des insectes, une Histoire naturelle des abeilles, et une Histoire des éphémères (1758). Bœrhaave a édité ses œuvres et écrit sa vie.

SWANSEA [souann'-sî] (gallois, *Abertawy*), ville du Glamorganshire, pays de Galles, sur le fleuve Tawy, là où il se jette dans la baie de Swansea, canal de Bristol, à 90 kil. O.-N.-O. de Bristol; 51,702 hab. C'est une ville de bains de mer très fréquentée. On y apporte du minerai de cuivre de différentes parties du monde pour y être fondu; c'est en effet le centre du commerce du cuivre en Grande-Bretagne. Il y a aussi des ateliers de fer, d'étain, de zinc; des manufactures de poterie; des cales de constructions navales, et de grands docks. Le commerce y est très important.

SWEDENBORG (Emanuel), philosophe suédois, né à Stockholm, le 29 janv. 1688, mort à Londres, le 29 mars 1772. Il était fils de Jesper Swedberg, évêque de Skara; ce nom fut changé en Swedenborg en 1719, lors de l'anoblissement de la famille. Emanuel prit ses grades universitaires à Upsal en 1709, et, après deux ans de voyage, se livra à des recherches scientifiques à Greifswald, en Poméranie. En 1716, il revint en Suède où il fonda une revue scientifique périodique, appelée *Dædalus Hyperboreus*, qui parut irrégulièrement pendant deux ans. Pendant ce temps, Charles XII le nomma assesseur extraordinaire du collège des mines. De 1717 à 1722, il publia des brochures sur des sujets scientifiques. En 1722, il devint assesseur en titre des mines, et pendant les 12 années suivantes il se consacra aux devoirs de sa charge. En 1734, il publia *Opera philosophica et mineralia* et *Prodromus de Infinito*; en 1740-'41, Œconomia Regni animalis, et en 1744-'45, *Regnum animale.* Sa série de publications scientifiques prit fin en 1745 avec le traité *De Cultu et Amore Dei*, etc. Dès lors, il fut, comme il le dit, appelé par Dieu à la tâche de révéler à l'homme une nouvelle doctrine religieuse. A cette fin, il lui fut permis de converser avec des esprits et des anges, et de voir les merveilles du monde spirituel. Afin d'être plus libre pour accomplir sa mission, il se démit de sa charge dont on lui conserva la moitié des appointements sous forme de pension. Il s'attacha d'abord à l'étude de la Bible dans le texte original, puis à la composition de livres expliquant ses doctrines nouvelles, et qu'il publiait entièrement à ses frais. De 1749 à 1750, il fit paraître *Arcana cœlestia* (8 vol. in-4°); en 1758, *De Cœlo et Inferno*, *De Telluribus in mundo*, *De ultimo Judicio*, *De Nova Hierosolyma*, et *De Equo Albo*; en 1763, les quatre traités doctrinaux, *Doctrina Vitæ*, *De Fide*, *De Domino* et *De Scriptura Sacra*, et *Continuatio de ultimo Judicio* et le traité *De divino Amore et de divina Sapientia*; en 1764, *Divina Providentia*; en 1766, *Apocalypsis Revelata*; en 1768, *De Amore Conjugiali*; en 1769, *Summaria Expositio Doctrinæ* et *De Commercio animæ et corporis*, et en 1771, *Vera Christiana Religio.* Outre ces ouvrages, il laissait à sa mort une masse énorme de manuscrits, dont beaucoup ont été imprimés depuis. La manière de vivre de Swedenborg était simple et modeste. Dans ses dernières années, il séjourna beaucoup en Hollande et en Angleterre. Il ne faisait point d'efforts pour gagner des prosélytes en dehors de l'impression et de la distribution de ses écrits, et il ne parlait jamais de ses communications avec le monde spirituel, à moins d'être interrogé. — Son traité, intitulé *la vraie Religion chrétienne*, présente les traits généraux de sa doctrine. Il enseigne que Dieu est un en essence et en personne, et qu'il a été révélé aux hommes comme le Seigneur Jésus-Christ. Dans le

Seigneur est une trinité, non de personnes, mais de principes. Le Père est l'amour divin, le Fils la sagesse divine, et le Saint-Esprit l'opération divine ou l'énergie agissant sur l'univers. Pour racheter le genre humain, le Seigneur prit un corps naturel, né de la vierge Marie, et le glorifia, c'est-à-dire le rendit divin. Sa rédemption a consisté, non pas à souffrir par substitution le châtiment dû aux péchés des hommes (car cela ne pouvait se faire, et quand même c'eût été possible, c'eût été sans utilité), mais à combattre réellement, au moyen de l'humanité qu'il avait revêtue, contre les puissances de l'enfer et à les vaincre. Cette victoire rendit à l'homme la liberté spirituelle, qui avait commencé à s'affaiblir par des possessions diaboliques, comme on en voit dans l'Ecriture, et le mit à même d'opérer son salut. Les points principaux sur lesquels Swedenborg insiste sont la foi dans le Seigneur et· la fuite des maux comme péchés contre lui. Le Verbe, dit-il, est la vérité divine même, écrite pour révéler le Seigneur à l'homme et pour servir d'union entre la terre et le ciel. Plusieurs des livres contenus dans la Bible ne sont point la Verbe, bien que bons et utiles à l'Eglise. La distinction consiste en ceci : c'est que le Verbe contient un sens intérieur ou spirituel, que le reste de la Bible ne contient pas. Ce sens spirituel est symbolique, et peut se discerner par l'application de la loi du symbolisme résultant de la correspondance universelle des choses naturelles avec les choses spirituelles, laquelle était jadis connue aux hommes, et qui leur a été de nouveau dévoilée par Swedenborg. La raison qu'il donne de sa mission est que la connaissance de la véritable doctrine a été perdue, et l'Eglise corrompue par une fausse théologie et par les maux de la vie qui l'accompagnent. Par la promulgation de la vérité à lui révélée, une nouvelle Eglise a été établie par le Seigneur, et ainsi les prophéties de l'Apocalypse sur la descente de la Nouvelle-Jérusalem ont été accomplies dans leur sens symbolique. La seconde venue du Seigneur, prédite dans saint Mathieu, XXIV, a été aussi accomplie de la même manière, un jugement dernier ayant été effectué dans le monde spirituel en l'année 1757, de sorte que nous vivons sous une nouvelle loi. Le traité sur le ciel et l'enfer contient les enseignements de Swedenborg sur la nature de ces deux royaumes et leurs relations avec l'autre monde. Arcana Cœlestia est surtout une exposition du sens intérieur ou symbolique de la Genèse et de l'Exode, avec des récits de ses rapports avec le monde spirituel, et des enseignements doctrinaux variés, distribués entre les chapitres. L'Apocalypse révélée et l'Apocalypse expliquée sont des expositions analogues de l'Apocalypse. Dans son Amour conjugal, Swedenborg expose sa doctrine sur les relations des sexes. Ses traités sur l'amour divin et la sagesse, et sur la divine providence contiennent sa philosophie spirituelle.

SWEEP-STAKE s. m. [soutpp-sté-ke] (mot angl. formé de to sweep, balayer; stake, mise de fonds). Turf. Prix qui consiste en une somme provenant d'une souscription convenue entre les propriétaires des chevaux engagés et qui s'ajoute à un prix quelconque.

SWENHEIM (Conrad). Voy. PANNARTZ (Arnold).

SWETCHINE ou Svetchin (Anne-Sophie), écrivain français, née à Moscou en 1782, morte à Paris en 1857. Son père, Soïmonoff, était secrétaire particulier de Catherine II à la cour de qui elle fut élevée. En 1799, elle épousa le général Svetchin (né en 1758, mort en 1830). Elle se trouva entourée des Russes et des émigrés français les plus distingués, qui lui restèrent fidèles même après que son mari eut été, en 1804, brusquement privé de

son commandement de Saint-Pétersbourg. Sa santé délicate et le chagrin de la mort de son père augmentèrent son inclination aux méditations religieuses, qui fut encore développée par ses relations filiales avec le comte Joseph de Maistre, ambassadeur de France en Russie, bien que sa conversion définitive au catholicisme en 1815 ait été plus directement attribuée aux écrits de l'abbé Fleury. Comme on redoutait son ascendant sur l'empereur Alexandre, on suscita des vexations à son mari ; elle vint à Paris en 1816, pour s'y fixer en 1825, après un séjour de plusieurs années en Italie. M. de Falloux a publié ses écrits, sa vie et sa correspondance.

SWIETEN (Gerard van), médecin hollandais, né en 1700, mort en 1772. Professeur à Leyde, il dut se retirer parce qu'il s'était fait catholique. En 1745, il devint médecin en chef de Marie-Thérèse, et professeur de médecine et d'anatomie à Vienne; il y remplit en outre plusieurs fonctions élevées. Son grand ouvrage médical Commentarii in H. Boerhaavii Aphorismos de cognoscendis et curandis morbis (1741-72, 5 vol.) a été traduit en allemand, en anglais et en français.

SWIÉTÉNIE s. f. [svi'-é-té-ni] (de Swieten, n. pr.). Nom scientifique de l'acajou.

SWIÉTÉNIÉ, ÉE adj. Qui se rapporte à la swiéténie. — s. f. pl. Tribu de cédrelacées ayant pour type le genre swiéténie.

SWIFT (Jonathan) [souiftt], écrivain anglais, né à Dublin en 1667, mort en 1745. Sa famille était de pure origine anglaise. Il prit ses grades à Trinity college, de l'université de Dublin (1685) et y resta jusqu'à ce que la révolution de 1688-'89 le chassât en Angleterre, où il devint secrétaire particulier de sir William Temple. En 1692, il se fit recevoir maître ès arts à Oxford, et deux ans plus tard alla en Irlande. En 1694, il entra dans les ordres et reçut bientôt après la prébende de Kilroot, dans le diocèse de Connor; mais au bout de quelques mois, il reprit son poste de secrétaire. Il fut ensuite chapelain de lord Barkeley, un des hauts magistrats de l'Irlande, qu'il accompagna à Dublin en 1699. Mis à la tête de la paroisse de Laracor, qu'il dirigea effectivement à partir de 1700, il ne tarda pas à être promu à la prébende de Dunlavin dans l'église de Saint-Patrick, cathédrale de Dublin. En 1701, il publia à Londres son Discourse on the Contests and Dissensions between the Nobles and Commons of Athens and Rome, où il défendait les chefs du parti whig. En 1704 parut Battle of the Books, qui fut suivie de The Tale of a Tub, satire contre les catholiques romains et les dissidents. En 1708, il publia son Argument to prove the Inconvenience of Abolishing Christianity, Sentiments of a Church of England man with respect to Religion and Government; Predictions for 1708 by Isaac Bickerstaff, et Letters on the Sacramental Test; en 1709, A Project for the advancement of Religion and the Reformation of Manners, le seul ouvrage qu'il ait jamais signé de son nom. Ne recevant rien des whigs, il passa aux tories en 1740. Sa puissante brochure intitulée The Conduct of the Allies (1711), éleva au plus haut point sa réputation; mais la reine Anne, de l'avis de l'archevêque Sharp et d'autres prélats, lui refusa positivement tout avancement ecclésiastique. En 1713, cependant, il fut nommé au décanat de la cathédrale de Saint-Patrick, dont le revenu montait à 700 livres sterling. C'est vers ce temps qu'il écrivit The Public Spirit of the Whigs. En 1714 parut Free Thoughts on the State of Public affairs. La mort de la reine et le renversement des tories obligea Swift à retourner en Irlande, où il resta sans en bouger pendant 12 ans. L'histoire de Swift est douloureusement mêlée à celle de trois jeunes filles : Miss Jane Waring, qu'il appe-

lait Varina ; miss Esther Johnson, nommée Stella dans ses poèmes, et miss Hester Vanhamrigh, qu'il désigne sous le nom de Vanessa. A condition que le mariage resterait éternellement secret, il épousa Stella en 1716. Leurs relations avaient été et continuèrent d'être équivoques, et elle mourut sans que son mariage fût publiquement reconnu. En 1720, Swift publia A Defence of English Commodities, being an Answer to the Proposal for the Universal Use of Irish Manufactures, qu'il fit suivre en 1724 des célèbres Drapier's Letters. En 1726, parut Gulliver's Travels, suite de satires sur la nature humaine et la société, qui est la plus originale et la plus extraordinaire de toutes ses œuvres. Vers 1736, sa santé était si délabrée qu'on lui défendit tout travail littéraire. En 1740, il perdit presque la mémoire, et, après une période où il fut sujet à de fréquents accès de colère, il tomba dans la folie furieuse. Cette folie s'apaisa en 1742, et il passa les trois dernières années de sa vie dans une torpeur silencieuse. On a publié, longtemps après sa mort, quelques-unes de ses œuvres posthumes : A History of the four last Years of Queen Anne; Polite Conversation (satire), et Directions for Servants. Sir Walter Scot a publié, en 19 vol., une édition complète de ses œuvres qu'il a fait précéder d'une biographie estimée.

SYAGRIUS. I. (Afranius), administrateur romain, né vers 330. Ausone lui dédia le recueil de ses vers. — II. (Afranius), petit-fils du précédent et fils d'Egidius, né vers 430, mort en 486. A la mort de son père (464), il gouverna le pays qui restait aux Romains en Gaule. Clovis le battit à Soissons (486) et le fit mettre à mort. Avec lui finit la domination des Romains dans les Gaules.

SYBARIS [si-ba-riss], ancienne ville grecque de la Lucanie, dans l'Italie méridionale, sur la rive occidentale du golfe de Tarente, entre le Crathis (auj. Crati) et la Sybaris (Coscile). Elle fut fondée par une colonie achéenne vers 720 av. J.-C. A l'époque la plus prospère de son histoire, environ 200 ans après sa fondation, Stratus dit qu'elle avait 25 cités sujettes et qu'elle pouvait mettre en ligne une armée de 300,000 hommes. Les citoyens étaient renommés pour leur mollesse et leur amour du luxe. Telys ayant renversé le gouvernement aristocratique vers 510 av. J.-C., 500 des nobles se réfugièrent à Crotone. Celle-ci ayant refusé de les livrer, une guerre s'en suivit, pendant laquelle les Crotoniates détournèrent le cours du Crathis, de sorte que Sybaris fut inondée et ensevelie et que son emplacement précis est aujourd'hui inconnu.

* **SYBARITE** s. m. Se dit, par allusion aux anciens habitants de la ville de Sybaris, d'un homme qui mène une vie molle et voluptueuse : c'est un Sybarite, un vrai Sybarite.

SYBARITISME s. m. Mollesse comparable à celle des Sybarites.

SYCÉPHALIEN, IENNE adj. (gr. sun, avec ; képhalé, tête). Se dit d'un monstre qui a deux têtes confondues ensemble.

* **SYCOMORE** s. m. (lat. sycomorus). Arbre du genre des ficales, appelé aussi faux platane, qui croît naturellement en France, et qui sert à orner les parcs, les promenades, etc. : le bois du sycomore est blanc, léger, flexible, et s'emploie pour les ouvrages de tour, pour faire des violons, des bois de fusil, etc. — Espèce de figuier (ficus sycomorus), le sukômoros des Grecs, qui porte le même nom dans les Ecritures. C'est un arbre commun en Egypte. Son bois, léger et durable, servait autrefois à faire les étuis des momies. On le cultive aujourd'hui pour son ombrage et pour ses fruits. Dans les drames sacrés du moyen âge, comme on n'avait pas de sycomore sous la main, on prenait l'érable pour représenter

440   V.

l'arbre dans lequel grimpa Zachée, et celui où se cacha la Vierge avec l'enfant Jésus pour éviter la fureur d'Hérode. C'est ce qui a fait donner à l'érable (*acer pseudoplatanus*) le nom de sycomore.

*SYCOPHANTE s. m. (gr. *sukophantés*). Nom qu'on donnait dans Athènes à ceux qui faisaient métier de dénoncer au peuple les citoyens éminents, les riches, les magistrats.— Fourbe, menteur, fripon, délateur, coquin.

SYDENHAM (Floyer) [si-d'n-hamm], érudit anglais, né en 1740, mort en 1787. Il a traduit la plus grande partie des œuvres de Platon (1759-'80, 3 vol.), et écrit *Onomasticon Theologicum* (1784), etc.

SYDENHAM (Thomas), médecin anglais, né en 1624, mort en 1689. Il avait pour principe qu'il y a dans le système de l'homme une force réparatrice, une *vis medicatrix naturæ*, qu'il fallait aider et non contrarier. Il est le premier qui ait traité la petite vérole par des rafraîchissants, et la fièvre intermittente par le quinquina. On a publié, en 1785, une édition collective de ses œuvres en latin.

SYDNEY [si-dnè], ville d'Australie, capitale de la colonie de la Nouvelle-Galles du Sud, sur la rive méridionale de Port-Jackson, à environ 6 kil. de son entrée, à 800 kil. N.-E. de Melbourne; par 33° 51' lat. S. et 148° 54' long. E.; 100,000 hab., ou, en y comprenant les faubourgs, 235,000 hab. La ville s'élève en partie sur un promontoire, avec le port de Darling à l'O.; une autre partie occupe une étroite vallée à l'E., et le reste s'étend sur un terrain ondulé, au S. et à l'E. Il y a deux cathédrales, une anglicane et l'autre catholique, 120 églises, 3 théâtres, de vastes marchés, plusieurs parcs et jardins. Les collèges de différentes dénominations y sont nombreux et se rattachent à l'université. Le port est presque entièrement entouré par la terre, et les plus grands vaisseaux peuvent arriver tout près des quais de débarquement.— Sydney a été fondée en 1788, et nommée ainsi en l'honneur du vicomte Sydney, secrétaire d'État pour les colonies. Elle a été classée comme cité en 1842.

SYDNEY, port de la Nouvelle-Écosse; c'est la principale ville du Cap-Breton, et c'en était la capitale lorsque Cap-Breton était une colonie séparée. Elle est située dans la partie E. de l'île, à 305 kil. N.-E. d'Halifax; 2,900 hab. Le port est un des plus beaux du monde. Dans le voisinage, on trouve de riches mines de houille bitumineuse.

SYÈNE, aujourd'hui *Assouan*, ville de la haute Thébaïde (Égypte), près de la frontière d'Éthiopie. (Voy. ASSOUAN.)

SYÉNITE s. f. (de *Syène*, n. pr.). Minér. Roche granitique d'origine volcanique ou métamorphique, composée de feldspath et de hornblende.

SYÉNITIQUE adj. Qui contient de la syénite.

SYLLA ou Sulla (Lucius-Cornelius), surnommé FÉLIX, dictateur romain, né en 138 av. J.-C., mort en 78. Le nom primitif de sa famille était Rufinus; elle appartenait à la grande *gens* Cornelia. En 107 av. J.-C., il fut élu questeur, et envoyé avec de la cavalerie en Afrique pour secourir Marius contre Jugurtha. En 104, il fut lieutenant, ou légat, sous Marius; en 103, tribun militaire, et en 102 il quitta Marius, qui était devenu jaloux de lui, pour servir sous Q. Catulus. En 93, il acheta la préture à force d'argent. En 92, il fut envoyé comme propréteur en Cilicie pour restaurer Ariobarzane sur le royaume de Cappadoce d'où Mithridate l'avait expulsé. Dans la guerre sociale, les succès de Sylla furent beaucoup plus brillants que ceux de Marius; ses exploits les plus éclatants furent accomplis

en 89, lorsque, en qualité de lieutenant du consul L. Caton, il détruisit Stabies, dompta les Hirpini, défit les Samnites et s'empara de leur principale ville, Bovianum. En 88, il devint consul, et reçut le commandement dans la guerre contre Mithridate. Marius, qui désirait ce commandement, parvint à le chasser de la ville. Il courut à l'armée qui assiégeait alors Nole, entraîna six légions, marcha sur Rome et, à son tour, chassa Marius. En 87, il commença la guerre contre Mithridate. En 86, il prit et pilla Athènes, et jusqu'à son retour à Rome, au printemps de 83, il marcha, presque sans interruption, de succès en succès. Cependant Marius et L. Cinna étaient revenus à Rome, où ils furent élus consuls. Sylla fut déclaré ennemi public, et l'on envoya une armée commandée par Fimbria à la fois contre lui et contre Mithridate. En 84, Sylla conclut une paix avec Mithridate et battit Fimbria, qui, abandonné par ses soldats, se donna la mort. Sylla, après avoir exigé des sommes énormes des villes d'Asie, revint à Rome, enferma Marius le jeune, l'autre étant mort, dans Préneste, battit les Samnites et les Lucaniens devant la porte Colline (1er nov. 82), et par la prise de Préneste mit fin à la guerre civile. Il massacra ses prisonniers samnites comme les habitants de Préneste, et le jeune Marius se tua. Sylla se trouva dès lors investi comme dictateur d'un pouvoir absolu sur les vies et les biens de tous les citoyens. Un règne de terreur commença. De nouvelles listes de proscrits furent à tout moment publiées, jusqu'à ce que Sylla se fût débarrassé de ses ennemis. En 80, il fut encore élu consul; de 80 à 79, il introduisit des réformes dans la constitution et établit des colonies militaires dans toute l'Italie. Il se démit volontairement de la dictature en 79 et se retira dans ses terres à Pouzzoles (Puteoli), où il se livra aux plaisirs littéraires et sensuels. Plutarque a largement puisé dans ses mémoires, aujourd'hui perdus.

*SYLLABAIRE s. m. [sil-la-]. Petit livre élémentaire où les syllabes sont rangées par ordre, et dans lequel les enfants apprennent à lire.

SYLLABATION s. f. Méthode de lecture qui consiste à faire diviser les mots en syllabes.

*SYLLABE s. f. [sil-la-be] (gr. *sullabé*). Une voyelle ou seule, ou jointe à d'autres lettres qui se prononcent par une seule émission de voix : Rois *et* Lois *sont des mots d'une syllabe.* Mot de Avoir, A *fait une syllabe, et* Voir *en fait une autre.*

SYLLABER v. a. Assembler en syllabes.

*SYLLABIQUE adj. Qui a rapport aux syllabes : *valeur syllabique ; augment syllabique.*

SYLLABIQUEMENT adv. Par syllabes.

SYLLABISATION s. f. Division par syllabes.

SYLLABISER v. a. Diviser par syllabes.

SYLLABISME s m. Système d'écriture dans lequel chaque syllabe est représentée par son signe propre.

*SYLLABUS s. m. [sil-la-buss] (gr. *sullabos*). Relig. cathol. Liste d'erreurs condamnées par le pape. On donne particulièrement ce nom à une liste de 80 propositions condamnées à différentes époques comme erronées, par le pape Pie IX, laquelle fut envoyée par ses ordres à tous les membres de la hiérarchie catholique, le 8 déc. 1864. Cette liste était annexée à la bulle *Quanta cura.* Elle condamne formellement diverses doctrines courantes, telles que celle qui veut que l'État et les constitutions restent étrangers à la religion ou ne fassent aucune distinction entre les fausses religions et la vraie, qu'il ne faut réprimer ou punir les actes contre la religion catholique que quand ces actes troublent la paix publique; que la liberté la plus illimitée

d'exprimer ses opinions doit être considérée comme le droit imprescriptible de tout citoyen, quelle que soit la forme du gouvernement; que la volonté populaire, exprimée par l'opinion publique ou autrement, est la loi suprême. Puis viennent des erreurs touchant la constitution et les droits de la famille, particulièrement celles qui tendent à refuser aux corporations religieuses toute surveillance ou toute participation dans l'œuvre de l'enseignement, et à retirer à l'Église toute juridiction indépendante de celle de l'État, etc. — Encycl. « Le *Syllabus* que Pie IX a publié le 8 déc. 1864, en même temps que l'encyclique *Quanta cura* n'en est en quelque sorte la préface, est le sommaire des propositions que ce pape avait dès auparavant signalées comme erronées dans ses encycliques ou ses allocutions. Le *Syllabus* renferme 80 propositions condamnées par le pape; et, depuis que le dogme de l'infaillibilité du pape a été proclamé par le concile du Vatican, le 8 juillet 1870, on peut dire que toute personne qui, dans sa conscience, approuve l'une quelconque de ces 80 propositions, cesse, par ce fait même, de faire partie de l'Église catholique. Voici la traduction en français de quelques-unes de ces propositions : « XV. Chaque homme est libre d'embrasser et de professer la religion qu'il aura « réputée vraie à l'aide des lumières de sa « raison. — XVI. Les hommes peuvent, dans « quelque culte que ce soit, trouver la voie « du salut éternel et y parvenir. — XXIV. « L'Église n'a pas le droit d'employer la « force ; elle n'a aucun pouvoir direct ou « indirect. — XXX. Les immunités de l'Église « et des personnes ecclésiastiques doivent « leur origine au droit civil. — XXXII. On « peut, sans violer nullement le droit natu- « rel et l'équité, abroger l'immunité person- « nelle en vertu de laquelle les clercs sont « exempts du service militaire; cette abro- « gation est réclamée par le progrès civil, « surtout dans une société qui se régit d'après « des institutions libérales. — XXXVIII. Ce « sont les actes trop arbitraires des pontifes « romains qui ont contribué à la division de « l'Église en orientale et en occidentale. — « XLV. Toute la direction des écoles publi- « ques, dans lesquelles la jeunesse d'un État « chrétien est élevée, si l'on en excepte dans « une certaine mesure les séminaires épisco- « paux, peut et doit être attribuée à l'auto- « rité civile, et cela de telle manière qu'on « ne reconnaisse à aucune autre autorité le « droit de s'immiscer dans la discipline des « écoles, dans la direction des études, dans la « collation des grades, dans le choix ou l'ap- « probation des maîtres. — LV. L'Église doit « être séparée de l'État, et l'État séparé de « l'Église. — LVII. La science des choses phi- « losophiques et morales, ainsi que les lois « civiles, peuvent et doivent se soustraire à « l'autorité divine et ecclésiastique. — LXII. « On doit proclamer et observer le principe « de non-intervention (*sous-entendu* : en Italie « pour le rétablissement du pouvoir tempo- « porel des papes). — LXVI. Le sacrement du « mariage n'est qu'un accessoire du contrat « et peut en être séparé; et ce sacrement con- « siste seulement dans la bénédiction nup- « tiale — LXXIV. Les causes matrimoniales et « les fiançailles sont, par leur nature, du res- « sort de la juridiction civile. — LXXVII. Il « ne convient plus, à notre époque, que la « religion catholique soit considérée comme « l'unique religion de l'État, à l'exclusion de « tous les autres cultes. — LXXVIII. Aussi on « doit louer certains pays catholiques où la « loi a pourvu à ce que les étrangers qui s'y « rendent y jouissent de l'exercice public de « leurs cultes respectifs. — LXXX. Le pontife « romain peut et doit se réconcilier avec le « progrès et doit se mettre en harmonie avec le progrès, le li- « béralisme et la civilisation moderne. » A la

lecture des propositions qui précèdent. tout esprit impartial est frappé de leur vérité, et il oublie que chacune de ces propositions doit être précédée de cette formule qui, elle, est insensée : « *Anathème à qui dira...* ». Il faut aussi se rappeler que le *Syllabus* fut publié peu de temps après la fameuse convention du 15 sept. intervenue entre les gouvernements de France et d'Italie et qui réduisait l'étendue de la domination temporelle du pape. La publication du *Syllabus* causa dans le monde entier une grande émotion. Amis et ennemis de l'Eglise furent stupefaits de voir un tel aveuglement. C'était le suicide du catholicisme, qui déjà se trouvait extrêmement affaibli, par suite de l'introduction de dogmes nouveaux et absurdes, et par suite des dissensions qu'avait amenées l'influence prépondérante des jésuites. En Suisse et en Allemagne, il se produisit, parmi les catholiques, un schisme qui se serait rapidement étendu en France, en Italie, etc., si la foi n'y eût été déjà éteinte. L'évêque d'Orléans essaya d'atténuer la portée du *Syllabus*, au moyen d'un commentaire dans lequel il profitait des obscurités du texte pour en modifier le vrai sens. Ce commentaire reçut l'approbation d'un grand nombre d'évêques ; d'autres, tels que l'évêque de Poitiers, flétrirent comme une lâcheté ce recul de la réaction religieuse, et le clergé romain donna le nom d'*Antisyllabus* à l'interprétation de M. Dupanloup. Aujourd'hui le *Syllabus* est enseigné en France, dans les séminaires diocésains ; ce qui est en contradiction absolue avec la loi du 18 germinal an X, aux termes de laquelle (art. 24) on devrait reconnaître les principes adoptés dans la déclaration du clergé de France de 1682 ; et l'on constate que, par suite de cet enseignement, une grande partie du clergé est en état de lutte avec la société moderne et qu'il nourrit une haine ardente contre la liberté de conscience et contre la République. Mais il conserve une grande influence sur les femmes qu'il a instruites dans les croyances de l'Eglise romaine ; et il s'associe aux anciens partis, aux derniers débris des monarchies déchues, dans l'espoir d'une restauration qui lui serait favorable. Il s'évertue surtout à recueillir, pour le *Denier de Saint-Pierre*, les sommes importantes qu'il obtient aisément, grâce à la pitié qu'inspirent aux âmes tendres et crédules une persécution imaginaire et l'incarcération supposée du chef de l'Eglise. » (CH. Y.).

* **SYLLEPSE** s. f. [sil-lè-pse] (gr. *sullêpsis*). Figure de grammaire, par laquelle le discours répond plutôt à notre pensée qu'aux règles grammaticales : *la plupart des hommes sont bien fous*, est une syllepse. — Figure par laquelle le mot est employé à la fois au propre et au figuré. Cette phrase, *Galatée est pour Corydon plus douce que le miel du mont Hybla*, renferme une syllepse. — Voici un autre exemple de cette figure :

Je souffre tous les maux que j'ai faits devant Troie;
Vaincu, chargé de fers, je n'en retourne moins.
Baulé de plus de feux que je n'en allumai.
J. RACINE. Andromaque, acte Ier, sc. II.

SYLLEPTIQUE adj. Gramm. Qui a rapport à la syllepse.

SYLLEXIE s. f. [sil-lè-ksî] (gr. *sulléxis*). Collection de mots ayant rapport à la même idée.

SYLLOGISER v. n. Argumenter, compter, faire un calcul.

* **SYLLOGISME** s. m. [si-lo-] (rad. gr. *sum*, avec ; *logos*, raisonnement). Log. Argument composé de trois propositions, savoir : la majeure, la mineure, et la conséquence : *faire un syllogisme*. (Voy. LOGIQUE.)

* **SYLLOGISTIQUE** adj. Qui appartient au syllogisme : *la forme syllogistique*.

* **SYLPHE, Sylphide** s. [sil-fe] (lat. *sylva*,

forêt]. Nom que les cabalistes donnaient aux prétendus génies élémentaires de l'air : *un sylphe; une sylphide*.

* **SYLVAIN** s. m. (lat. *sylva*, forêt). Dieu des forêts, selon la fable : *les faunes et les sylvains*. — ᴡ Sylvain, aine adj. Qui croît dans les forêts.

SYLVANITE s. f. Minér. Nom donné à un tellurure natif d'argent et d'or, appelé aussi SYLVANE OU OR GRAPHIQUE.

* **SYLVES** s. f. pl. (lat. *sylva*, forêt). Nom que Stace et quelques auteurs modernes ont donné à des recueils ou collections de plusieurs petits poèmes : *les sylves de Stace*.

* **SYLVESTRE** adj. (lat. *sylvestris*). Qui croît dans les bois : *pin sylvestre*.

SYLVESTRE, nom de deux papes et d'un antipape. — I. Sylvestre Ier (SAINT), né vers 270, mort le 31 déc. 335. Il succéda au pape Melchiade, le 31 janv. 314, et assista l'empereur Constantin dans la convocation du concile de Nice. On dit dans les *Fausses Décrétales* que Constantin lui fit « donation » de Rome et de ses dépendances. — II. Sylvestre II (GERBERT), né en Auvergne vers 920, mort le 12 mai 1003. C'était un moine bénédictin et un professeur fameux de l'université de Reims. L'empereur Othon III le fit archevêque de Ravenne, et obtint son élection comme pape le 2 avril 999. Il montra dans la papauté un zèle, un talent et une intégrité peu ordinaires. L'universalité de ses connaissances le fit passer pour magicien. Ses œuvres complètes, y compris 149 lettres, sont publiées dans le vol. CXXXIX de la *Patrologie latine* de Migne.

SYLVICOLE adj. (lat. *sylva*, forêt ; *colo*, je cultive). Qui a rapport à la sylviculture.

* **SYLVICULTURE** s. f. Culture des forêts.

SYLVIE s. f. (lat. *sylva*, forêt). Ornith. Syn. de bec fin.

SYLVIEN, IENNE adj. Anat. Qui appartient ou qui a rapport à la scissure de Sylvius.

SYLVIQUE adj. Chim. Se dit d'un acide résineux extrait de la colophane.

SYLVIUS (Jacobus) [sil-viuss], nom latinisé d'un anatomiste français, Jacques du Bois, né en 1478, mort en 1555. Il passe pour avoir eu le premier l'idée d'injecter les vaisseaux sanguins pour en faciliter la dissection. La fissure oblique qui sépare les lobes antérieur et moyens du cerveau s'appelle, en mémoire de lui, scissure de Sylvius.

SYMBLÉPHARON s. m. (gr. *sun*, avec ; *blepharon*, paupière). Pathol. Adhérence des paupières au globe de l'œil.

* **SYMBOLE** s. m. (lat. *symbolum*). Figure ou image qui sert à désigner quelque chose, soit par le moyen de la peinture ou de la sculpture, soit par le discours : *le chien est le symbole de la fidélité*. — Marque, figure qu'on voit sur les médailles, et qui sert à désigner soit des hommes ou des divinités, soit des parties du monde, des villes, des provinces ou des villes : *les symboles sont ordinairement placés sur le revers des médailles*. — Cathol. SYMBOLES SACRÉS, ou simpl., SYMBOLES, signes extérieurs des sacrements : *JÉSUS-CHRIST nous a donné son corps et son sang dans l'eucharistie sous les symboles du pain et du vin*. — Formulaire qui contient les principaux articles de la foi : *les trois symboles de la foi sont le symbole des apôtres, le symbole de Nicée, et le symbole attribué à saint Athanase*. Absol. LE SYMBOLE, celui des apôtres. — Symboles chimiques, abréviations des noms chimiques des éléments, combinés en formules, avec ou sans signes quantitatifs, pour représenter la composition des corps composés. C'est à Berzelius que la chimie doit surtout le système simple et rationnel de notation au-

jourd'hui en usage. Ce système, dans son esquisse première, du moins, ne paraît pas avoir été le résultat d'un plan prémédité ou découlé comme un résultat naturel de l'investigation des proportions dans lesquelles se combinent les corps, étude dont son auteur s'occupait particulièrement. Pour désigner le nom et l'équivalent d'un élément, Berzelius choisit l'initial du nom latin de cet élément ; lorsque les noms de plusieurs éléments commencent par la même lettre, il ajouta à l'initiale la seconde lettre du nom : ainsi C indique un équivalent de carbone ; Cl un de chlore, et Cr un de chrome. (Pour la liste des symboles et abréviations, voy. ÉQUIVALENTS CHIMIQUES.) On se sert souvent d'une lettre capitale surmontée d'un tiret pour indiquer un composé au lieu d'un élément ; ainsi $\overline{A}$ signifie acide acétique, C^4 H^4 O^2 ; $\overline{O}$ acide oxalique, C^2 H^2 O^4. On trouvera d'autres symboles et abréviations dans l'article ATOMISTIQUE (*Théorie*).

* **SYMBOLIQUE** adj. Qui sert de symbole : *l'hermine est une figure symbolique, une image symbolique*. — s. f. Ensemble des symboles propres à une religion, à un peuple ; science qui expose ces symboles, et qui essaie de les expliquer : *la symbolique de Creuzer*.

SYMBOLISATION s. f. Action de symboliser.

* **SYMBOLISER** v. n. Didact. Avoir du rapport, de la conformité : *les alchimistes disaient que les planètes symbolisaient avec les métaux, que le soleil symbolisait avec l'or, que la lune symbolisait avec l'argent*. (Peu us.)

* **SYMBOLISME** s. m. Philos. Etat primitif de la langue dans lequel les dogmes ne sont exprimés que par des symboles : *le symbolisme antique*.

SYMELE s. m. (gr. *sun*, avec ; *melos*, membre). Monstre chez lequel les deux membres d'une même paire sont fondus ensemble.

* **SYMÉTRIE** s. f. (gr. *summetria*). Proportion et rapport de grandeur et de figure que les parties d'un corps naturel ou artificiel ont entre elles, et avec leur tout : *il y a quatre croisées d'un côté, il faut, pour la symétrie, qu'il y en ait autant de l'autre*. — Se dit aussi en parlant de toutes les choses arrangées suivant une certaine proportion, un certain ordre : *des tableaux, des vases arrangés avec symétrie*. — Ordre, disposition, économie d'un discours, d'un ouvrage d'esprit : *la symétrie d'un discours*. — SYMÉTRIE DU STYLE, correspondance des mots et de membres d'une phrase entre eux, ou même de plusieurs phrases entre elles : *il y a trop de symétrie dans le style de cet écrivain*.

* **SYMÉTRIQUE** adj. Qui a de la symétrie : *ordre, arrangement symétrique*.

* **SYMÉTRIQUEMENT** adv. Avec symétrie : *des tableaux disposés symétriquement*.

* **SYMÉTRISER** v. n. Faire symétrie : *les deux pavillons de ce bâtiment symétrisent*. — ᴡ v. a. Rendre symétrique.

SYMMAQUE (Cœlius SYMMACHUS), pape et saint, né en Sardaigne vers 440, mort le 19 juillet 1514. Il fut élu pour succéder à Anastase II, le 22 nov. 498. Les Eutychéens, favorisés par l'empereur grec Anastase Ier, élurent Laurent (Laurentius) en même temps, et Rome fut ensanglantée par des rixes. On accusa Symmaque de crimes graves, mais il fut acquitté par un concile de tous les évêques italiens tenu à Rome en 502. Malgré une décision semblable d'un concile postérieur, Anastase (que le pape avait excommunié) continua de lui faire opposition.

SYMMAQUE (Quintus-Aurelius SYMMACHUS), écrivain romain du IVe siècle. Il fut élevé en Gaule, en 373, il fut nommé proconsul d'Afrique, en 384 préfet de Rome, et

en 391 consul. Ses ouvrages existants comprennent 10 livres d'épîtres et des fragments de discours, où il s'évertua à défendre le paganisme.

* **SYMPATHIE** s. f. (gr. *sumpathia*). Correspondance que les anciens imaginaient entre les qualités de certains corps; aptitude qu'ont certains corps à s'unir, à se pénétrer : *il semble qu'il y ait de la sympathie entre certaines plantes, entre certains animaux.* — Méd. Correspondance entre certaines parties du corps, qui fait qu'un organe ne peut être affecté ou excité, sans que d'autres le soient en même temps. — Rapport, convenance que certaines choses ont entre elles : *il y a une sympathie naturelle entre certains sons et les émotions de notre âme.* — Convenance, rapport d'humeurs et d'inclinations, penchant instinctif qui attire deux personnes l'une vers l'autre : *éprouver de la sympathie pour quelqu'un.* — Philos. Faculté que nous avons de participer aux peines et aux plaisirs les uns des autres : *la sympathie sert en nous de contre-poids à l'intérêt personnel.* — Poudre de sympathie, poudre de vitriol blanc calciné, à laquelle on a attribué, au XVIIe siècle, des vertus occultes. Les charlatans débitèrent diverses poudres blanches composées de matières bizarres : ongles, cheveux, os calcinés et pulvérisés qu'ils mêlaient avec un peu de vitriol. La poudre sympathique n'est plus connue que par ces vers que Montfleury met dans la bouche d'un médecin (*la Fille Médecin*) :

> De ces ongles rognés, monsieur, de ces cheveux,
> Ou bien de cette urine, il sort une matière,
> Comme de tous nos corps, subtile, singulière,
> Que Démocrite appelle, en ses doctes écrits,
> Atomes, petits corps, monsieur, que je m'applique
> A guérir par l'effort d'un mixte sympathique.
> Ces petits corps guéris dès ce moment, dès lors,
> Vont à travers de l'air chercher les petits corps,
> Qui sont sortis du corps du malade; de grâce,
> Suivez-moi pas à pas; ils pénétrent l'espace
> Qui les a séparés depuis qu'ils sont dehors,
> Sans s'arrêter jamais aux autres petits corps,
> Qui sont sortis du corps de quelqu'autre, de sorte
> Qu'ayant enfin trouvé, dans l'air que les transporte,
> Les petits corps pareils à ceux dont nous parlons,
> Les susdits petits corps, comme des postillons,
> Guéris par la vertu du mixte sympathique,
> Leur portent la santé que je leur communique,
> Et le malade alors, reprenant la vigueur,
> Se sent gaillard, dispos, sans mal et sans douleur.

> Qu'un malade ait la fièvre, et qu'on me donne en main
> De ces ongles rognés, monsieur, soudain,
> Les mettant dans un arbre avec certains mélanges
> Mon mixte produira des prodiges étranges;
> Et par des changements que l'on admirera,
> L'homme perdra sa fièvre et l'arbre la prendra.

* **SYMPATHIQUE** adj. Se dit de ce qui appartient à la cause ou aux effets de la sympathie : *vertu sympathique.* — Encre sympathique, encre sans couleur qui noircit lorsqu'on présente le papier au feu, ou qu'on y applique quelque agent chimique. — Nerfs sympathiques, se dit de certains centres nerveux, distincts du cerveau et placés dans l'intérieur du thorax. — Substantiv. *Grand sympathique.*

SYMPATHIQUEMENT adv. Avec sympathie.

* **SYMPATHISER** v. n. Avoir de la sympathie. Ne se dit guère qu'au moral : *leurs humeurs ne sympathisent pas ensemble.*

SYMPATHISTE s. m. Celui qui prétend que la source de notre sympathie pour une personne est dans l'effet produit par ses émanations.

SYMPEXION s. f. [sain-pè-ksi-on] (gr. *sun*, avec; *pexis*, coagulation). Anat. Masse de corpuscules microscopiques qu'on trouve dans les vésicules de diverses glandes.

* **SYMPHONIE** s. f. (gr. *sun*, avec; *phonê*, voix). Concert d'instruments de musique : *belle symphonie.* — Morceau de musique composé pour être exécuté par des instruments concertants : *composer une symphonie.* — Se dit encore des instruments de musique qui accompagnent les voix : *les voix n'étaient pas belles, mais la symphonie était fort bonne.*

— Corps des symphonistes : *les voix sont prêtes, faites venir la symphonie.*

* **SYMPHONISTE** s. m. Celui qui compose des symphonies, ou qui fait sa partie dans une symphonie : *Haydn fut un des plus grands symphonistes de son temps.*

SYMPHORICARPE s. m. (gr. *sumphoros*, groupé; *karpos*, fruit). Bot. Genre de caprifoliacées, appartenant exclusivement à l'Amérique du Nord et comptant environ six espèces. Le *symphoricarpus racemosus* se cultive pour ses baies blanches et grosses, qui mûrissent en automne et restent après que

Symphoricarpus racemosus.

les feuilles sont tombées. Le *symphoricarpus occidentalis*, que l'on trouve à l'O. à partir du Michigan, a aussi des baies blanches. La groseille indienne (*symphoricarpus vulgaris*), qui croît depuis l'O. de l'Etat de New-York jusqu'au Texas, a de petites baies d'un rouge sombre en grappes épaisses.

SYMPHORIEN (Saint), martyr. Il subit son supplice à Autun en l'an 180. Fête le 22 août.

SYMPHORIEN (Saint-), ch.-l. de cant., arr. et à 30 kil. O. de Bazas (Gironde); 500 hab.

SYMPHORIEN-SUR-COISE (Saint-), ou le-Château, ch.-l. de cant.; arr. et à 34 kil. S.-O. de Lyon (Rhône), sur la Coise; 2,000 hab. Pendant la Révolution, on l'appela *Chausse-Armée*, à cause de ses fabriques de souliers.

SYMPHORIEN-DE-LAY (Saint-), ch.-l. de cant., arr. et à 17 kil. S.-E. de Roanne (Loire); 1,800 hab.

SYMPHORIEN-D'OZON (Saint-), ch.-l. de cant., arr. et à 13 kil. N. de Vienne (Isère); 1,800 hab. Patrie de Berchoux.

* **SYMPHYSE** s. f. (gr. *sun*, avec; *phusis*, nature). Anat. Liaison ou connexion de deux os ensemble : *la symphyse des os pubis.* — Opération de la symphyse, celle qui consiste à procurer l'accouchement par la séparation des os pubis.

SYMPLECTIQUE adj. (gr. *sun*, avec; *plectos*, noué). Qui est entrelacé.

SYMPLOCARPE s. m. (gr. *sumploos*, associé; *karpos*, fruit). Bot. Genre d'aroïdées, comprenant plusieurs espèces de plantes sans tiges, à feuilles radicales entières, qui croissent dans le nord de l'Asie et de l'Amérique. Le *symplocarpe fétide* (*symplocarpus fœtidus*) est une plante dont les feuilles luxuriantes se groupent en gros bouquets et qui exhalent une odeur particulièrement fétide. C'est une des fleurs les plus précoces de l'Amérique du Nord. On la trouve dans les lieux humides depuis la Nouvelle-Angleterre jusqu'à la Caroline du Nord. Toutes les parties de la plante ont une odeur forte et caractéristique qu'on a comparée à une combinaison d'ail et d'assa fœtida. Les graines ne

sentent rien tant qu'elles sont entières; mais,

Symplocarpe fétide (Symplocarpus fœtidus).

si on les broie, elles exhalent une très forte odeur.

SYMPLOQUE s. f. (gr. *sumplekos*). Rhét. Figure qui consiste à commencer de la même manière plusieurs membres du discours, ou à les terminer de la même manière, de sorte qu'il y ait souvent un entrelacement de répétitions, ex. :

> Vous serez répandu, *sang* de mes ennemis,
> *Sang* des Asmonéens dans mes veines transmis,
> *Sang* qui ne haïssez et que mon cœur déteste.
>
> Voltaire.

SYMPOTIQUE s. f. (gr. *sumpotikê*). Chanson que l'on chantait pendant le repas.

* **SYMPTOMATIQUE** adj. [sain-pto-]. Méd. Qui est l'effet ou le symptôme de quelque autre affection : *fièvre symptomatique.*

SYMPTOMATISME s. m. Système médical qui se borne à combattre les symptômes.

SYMPTOMATISTE s. m. Partisan du symptomatisme.

SYMPTOMATOLOGIE s. f. (gr. *sumptôma*, symptôme; *logos*, discours). Partie de la pathologie qui a pour objet l'étude des symptômes.

* **SYMPTÔME** s. m. [sain-ptô-me] (gr. *sumptôma*). Signe ou assemblage de signes dans une maladie, lesquels indiquent sa nature, et font présumer quelle sera son issue. Les médecins le disent, dans une acception moins restreinte, de tout changement appréciable observé dans un organe ou dans une fonction, et qui est lié à l'existence d'une maladie : *dès que les premiers symptômes se manifestent.* — Indice, présage : *la fermentation qui agite ce pays, est le symptôme d'une révolution prochaine.*

SYMPTOSE s. f. Amaigrissement.

SYN (gr. *sun*, avec), préfixe qui entre dans la formation d'un grand nombre de mots.

* **SYNAGOGUE** s. f. (préf. *syn*; gr. *agô*, je conduis). Assemblée des fidèles, sous l'ancienne loi : *saint Paul, avant qu'il fût converti, avait beaucoup de zèle pour la synagogue.* — Se dit, depuis la publication de l'Evangile, par opposition à Eglise : *l'Eglise a succédé à la synagogue.* — Lieu où les Juifs s'assemblaient hors du temple, pour faire des lectures, des prières publiques : *Notre-Seigneur allait souvent enseigner dans les synagogues.* — Se dit encore présentement des lieux où les Juifs s'assemblent pour l'exercice public de leur religion : *la synagogue consistoriale de Paris.* — Prov. et fig. Enterrer la synagogue avec honneur, finir une entreprise, une partie, une fonction, une liaison par quelque chose de remarquable. Ne se dit qu'en bonne part : *cet avocat a terminé sa carrière par un beau plaidoyer, il a enterré la*

synagogue avec honneur. — ENCYCL. Les anciennes synagogues, sous les Perses, les Grecs et les Romains, étaient aussi des lieux de délibération et des écoles d'enseignement supérieur. (Voy. JUIFS.) Une synagogue est d'ordinaire un édifice élevé faisant face aux quatre points cardinaux. Le mur oriental, vers lequel tous doivent se tourner lorsqu'on récite certaines prières, renferme l'arche sainte (*aron hakkodesh*) où sont déposées des copies du Pentateuque, écrit en hébreu sur du vélin. En face, près du centre, se trouve la plateforme ou tribune (*bimah*) sur laquelle le même Pentateuque est lu par le chanteur ('*hazan*), ou par un lecteur spécial (*kore*). A côté de l'arche s'élève une tribune plus petite où le rabbin prononce ses sermons.

° **SYNALÈPHE** s. f. Gramm. Réunion, jonction de deux mots en un seul : *quelqu'un*, pour *quelque un*, est une synalèphe.

° **SYNALLAGMATIQUE** adj. [si-nal-la-gma-] (gr. *sunallagmatikos*). Jurispr. Se dit des contrats qui contiennent obligation réciproque entre les parties : *les actes synallagmatiques sous signature privée doivent être faits doubles.*

SYNANTHÉ, ÉE adj. (préf. *syn*; gr. *anthos*, fleur). Bot. Se dit des plantes dont les feuilles et les fleurs paraissent en même temps.

° **SYNANTHÉRÉ, ÉE** adj. Bot. Se dit d'une classe de plantes dont les étamines sont soudées par les anthères. — s. f. pl. Famille de plantes qui a pour caractère cinq étamines à filets distincts dont les anthères sont soudées ensemble. On les appelle aussi COMPOSÉES.

° **SYNANTHÉRIE** s. f. Voy. SYNGÉNÉSIE.

SYNANTHÉRIQUE adj. Qui a les anthères réunies.

SYNAPTASE s. f. (gr. *sunaptô*, je réunis). Chim. Ferment qui se trouve dans les amandes et dont l'action sur l'amygdaline produit l'essence d'amandes amères.

° **SYNARTHROSE** s. f. (préf. *syn*; gr. *arthron*, articulation). Anat. Articulation immobile, c'est-à-dire, qui ne permet point aux os qu'elle unit de se mouvoir l'un sur l'autre.

° **SYNCELLE** s. m. (bas gr. *sugkellos*). Se disait, dans l'ancienne Eglise grecque, d'une sorte d'officier placé auprès des patriarches, des évêques, etc., pour avoir inspection sur leur conduite.

° **SYNCHONDROSE** s. f. [sain-kon-dro-ze] (préf. *syn*; gr. *chondros*, cartilage). Anat. Symphyse cartilagineuse, union de deux os par un cartilage.

° **SYNCHRONE** adj. [sain-kro-ne] (préf. *syn*; gr. *kronos*, temps). Se dit des mouvements qui se font dans un même temps : *les oscillations de ces deux pendules sont synchrones.* On dit plus ordinairement ISOCHRONE.

SYNCHRONIE s. f. [-kro-]. Art de comparer les dates.

° **SYNCHRONIQUE** adj. [-kro-]. Didact. On l'emploie surtout dans cette loc., TABLEAU SYNCHRONIQUE, tableau où l'on rapproche les événements arrivés en différents lieux, à la même époque.

° **SYNCHRONISME** s. m. [-kro-]. Didact. Rapport de deux choses qui se font dans un même temps : *le synchronisme des oscillations de deux pendules.* — Se dit aussi en parlant des événements qui sont arrivés dans le même temps : *le synchronisme de deux événements.*

SYNCHRONISTE adj. Qui appartient au synchronisme.

° **SYNCHYSE** s. f. [sain-ki-ze] (gr. *sugchusis*, confusion). Gramm. Confusion, transposition

de mots qui trouble l'ordre et l'arrangement d'une phrase, d'une période.

SYNCHYSIS s. m. [sain-ki-ziss] (gr. *sugkusis*). Pathol. Trouble des humeurs de l'œil.

SYNCOPAL, ALE adj. Qui a rapport à la syncope.

° **SYNCOPE** s. f. (gr. *sunkopê*). Défaillance, pâmoison; perte, ordinairement subite, du sentiment et du mouvement, avec cessation plus ou moins complète de l'action du cœur et des poumons : *tomber en syncope.*—Figure de grammaire, qui consiste dans le retranchement d'une lettre ou d'une syllabe au milieu d'un mot : *j'avoûrai* pour *j'avouerai*; *dénoûment* pour *dénouement*; sont des syncopes. — Mus. Note qui appartient à la fin d'un temps et au commencement d'un autre. — Méd. Lorsqu'une personne est tombée en syncope, il faut, pour réveiller le jeu des fonctions vitales, mettre le malade dans une position horizontale, lui enlever les vêtements qui pourraient comprimer l'air, faire des aspersions d'eau froide et des frictions excitantes, faire respirer de l'éther, etc.

° **SYNCOPÉ, ÉE** adj. Gramm. et Mus. MOT SYNCOPÉ, mot du milieu duquel on a retranché une lettre ou une syllabe. NOTE SYNCOPÉE, note qui fait une syncope.

° **SYNCOPER** v. n. Mus. Faire une syncope : *il y a dans cet air plusieurs notes qui syncopent.*

SYNCRÂNIEN, IENNE adj. (préf. *syn*; fr. *crânien*). Qui tient au crâne.

SYNCRÉTIQUE adj. Qui a rapport au syncrétisme.

° **SYNCRÉTISME** s. m. (gr. *sugkretismos*). Didact. Conciliation, rapprochement de diverses sectes, de différentes communions : *si l'on ne peut parvenir au vrai syncrétisme, du moins la tolérance civile peut jusqu'à un certain point le remplacer.*

SYNCRÉTISTE s. m. Partisan du syncrétisme.

SYNDACTYLE adj. (préf. *syn*; gr. *daktulos*, doigt). Qui a les doigts réunis entre eux. — s. m. pl. Ornith. Famille de passereaux, caractérisée par un doigt externe soudé par la base avec le médian et comprenant les genres martin-pêcheur, guêpier, calao, etc.

° **SYNDÉRÈSE** s. f. (gr. *syntérésis*). Dévotion. Remords de conscience : *les mouvements de la syndérèse.* (Vieux.)

SYNDESMOGRAPHIE s. f. (gr. *syndesmos*, ligament; *graphô*, je décris). Partie de l'anatomie qui traite de la description des ligaments.

SYNDESMOLOGIE s. f. Traité sur les ligaments.

° **SYNDIC** s. m. [sain-dik] (lat. *syndicus*). Celui qui est élu pour prendre soin des affaires d'une communauté, d'un corps dont il est membre, d'une réunion de créanciers, etc. : *le syndic de la faculté; le syndic des créanciers.* — Le nom de syndic s'applique également à des mandataires élus pour défendre les intérêts d'une corporation (agents de change, notaires, huissiers, etc.), d'une communauté d'intérêts (faillite, association spéciale) ou d'une section de commune. Les *syndics des gens de mer* sont, au contraire, des agents rétribués par l'Etat. Ils sont nommés par le ministre de la marine, et ils représentent dans une petite circonscription du littoral de la France, le commissariat de la marine et l'administration de l'inscription maritime. (L. 3 brumaire an IX; Arr. 17 floréal an IV, etc.).

SYNDICAL, ALE adj. Qui appartient au syndicat : *les fonctions syndicales.* — Se dit principalement avec le mot de chambre : *il*

y avait autrefois une chambre syndicale des libraires.

° **SYNDICAT** s. m. Charge, fonction de syndic : *on l'a nommé au syndicat.* — Temps pendant lequel on exerce la fonction de syndic : *durant son syndicat.* — Société de personnes intéressées dans une même entreprise et qui s'unissent en vue d'un objet commun : *les riverains de ce cours d'eau ont formé un syndicat.* — Législ. « Il y a diverses sortes de syndicats et, afin de résumer la législation qui est relative à chacune, nous devons diviser cet article en plusieurs parties. — 1. **Syndicats de propriétaires.** Les associations entre propriétaires, constituées dans le but de pourvoir à l'exécution de travaux d'un intérêt commun, ont été, avant la loi du 21 juin 1865, l'objet de dispositions législatives dont quelques-unes sont encore en vigueur et qui sont relatives soit au dessèchement des marais, soit à l'entretien des cours d'eau, soit à la construction de digues ou autres travaux de défense, soit à l'irrigation des terres en culture, etc. La loi de 1865 s'applique à la fois à ces diverses entreprises, et elle distingue deux catégories de syndicats de travaux : ceux qui sont libres et ceux qui sont dits autorisés. Les *associations syndicales autorisées* sont constituées par arrêtés préfectoraux. Elles ne peuvent avoir d'autre objet que l'exécution ou l'entretien des travaux ci-après : 1° défense contre la mer, les fleuves, les rivières ou les torrents; 2° curage, approfondissement, redressement ou régularisation de cours d'eau non navigables ni flottables et de canaux de dessèchement ou d'irrigation; 3° dessèchement de marais; 4° ouvrages nécessaires à l'exploitation de marais salants; et 5° assainissement des terres humides et insalubres. Lorsque la majorité des intéressés, représentant au moins les deux tiers de la superficie des terrains ou lorsque les deux tiers des intéressés représentant la moitié de la superficie ont donné leur adhésion à l'entreprise, le préfet fait procéder à l'enquête publique sur le projet, et il prend, s'il y a lieu, un arrêté qui autorise l'association. Cet arrêté est publié par affiches, et, dans le mois de cette publication, tout intéressé peut adresser au ministre des travaux publics un recours sur lequel il est statué par décret rendu au conseil d'Etat. Dans le même délai, tout propriétaire non dénommé a le droit de déclarer qu'il entend délaisser son terrain moyennant une indemnité à payer par le syndicat. Ce délai étant expiré, tout propriétaire co-intéressé se trouve compris dans le syndicat. Les cotisations sont recouvrées comme en matière de contributions directes, d'après les rôles dressés par les syndics et approuvés par le préfet. Les contestations relatives à l'exécution des travaux ou à la perception des taxes sont jugées par le conseil de préfecture, sauf recours au conseil d'Etat; mais celles concernant l'exercice de servitudes au profit du syndicat, pour le passage des eaux sur des fonds étrangers, sont jugées en premier ressort par le juge de paix. Lorsqu'il y a lieu à expropriation, l'utilité publique doit être déclarée par décret dans les formes ordinaires; mais les indemnités sont fixées par le jury spécial institué pour les chemins vicinaux par la loi du 21 mai 1836. Les syndics sont élus parmi les intéressés en assemblée générale; quelques-uns des syndics peuvent être choisis par le préfet en dehors des intéressés, lorsque l'Etat, le département ou les communes ont un intérêt dans l'objet du syndicat. Au reste, l'acte constitutif de l'association doit régler tous les détails que la loi n'a pu prévoir elle-même; il fixe notamment le minimum d'intérêt donnant droit à tout propriétaire de faire partie des assemblées, ainsi que le nombre de voix qui doit être attribué à chacun selon son intérêt. Aux termes du Code rural (L. 20 août 1881,

art. 19 et s.), le maire d'une commune peut, lorsqu'il s'agit d'ouverture, de redressement, d'élargissement ou d'entretien d'un chemin vicinal, provoquer parmi les intéressés la constitution d'un syndicat autorisé. — Les *associations syndicales libres* ne se forment que par le consentement unanime des intéressés. Elles peuvent avoir pour objets tous les travaux qui ont été indiqués ci-dessus pour les syndicats autorisés, et en outre d'autres objets tels que l'irrigation, le colmatage ou le drainage des terrains, les chemins d'exploitation et toute autre amélioration agricole ayant un caractère collectif. Les syndicats libres se constituent, sans autorisation administrative, par un acte authentique ou sous seing privé. Un extrait de cet acte doit être, dans le mois de sa date, publié dans un journal d'annonces légales de l'arrondissement. Le dit extrait est dans le même délai, adressé au préfet et publié dans le recueil des actes de la préfecture. Si ces publications ont été faites, l'association libre jouit d'une partie des droits attribués par la loi aux syndicats autorisés ; c'est-à-dire qu'elle peut ester en justice par ses syndics, acquérir, emprunter, vendre, échanger, transiger, emprunter et hypothéquer. Les syndicats libres peuvent être convertis en syndicats autorisés, à la suite d'une délibération de l'assemblée générale des intéressés, et en suivant les règles prescrites pour la constitution des associations autorisées. Les litiges qui s'élèvent entre un syndicat libre et ses propres membres ou des étrangers sont de la compétence de la juridiction civile. — II. **Syndicats de communes,** La loi du 5 avril 1884 (art. 161 et s.) permet à plusieurs communes de se syndiquer, lorsqu'il s'agit d'administrer des droits indivis entre elles, ou d'exécuter des travaux se rattachant à ces droits indivis. La commission syndicale est instituée par décret, sur la demande de l'une des communes intéressées, et elle est formée de délégués des conseils municipaux de ces communes. Cette commission est présidée par un syndic, lequel est élu par les délégués et pris parmi eux ; elle est renouvelée après chaque renouvellement des conseils municipaux. Les délibérations sont soumises à toutes les règles établies pour les délibérations de ces conseils. Les ventes échanges, partages, acquisitions et transactions ne peuvent être faits par la commission syndicale et sont réservés aux décisions des conseils municipaux. La répartition des dépenses votées par le syndicat est faite par les conseils municipaux, sauf l'approbation des délibérations par le préfet. En cas de désaccord à ce sujet entre les conseils municipaux, le préfet statue sur l'avis du conseil général, et la part de la dépense définitivement assignée à chaque commune est portée d'office aux budgets respectifs. — III. **Syndicats maritimes.** Ce sont des subdivisions administratives du littoral de la France. Chacun des sous-quartiers maritimes comprend un certain nombre de syndicats ; et, dans chaque syndicat, un *syndic des gens de mer,* qui est un agent civil, chargé de pourvoir à l'exécution des mesures concernant le recrutement de l'armée de mer. — IV. **Syndicats professionels.** Ces associations ont été expressément interdites par la loi du 17 juin 1791, qui a supprimé les anciennes corporations de métiers. (Voy. ASSOCIATION, CORPORATION, etc.). Néanmoins, dès l'année 1808, il se formait à Paris des syndicats de patrons dans l'industrie du bâtiment, et c'est à cette époque que se constitua le groupe dit de la Sainte-Chapelle, comprenant onze syndicats. Plus tard, un grand nombre de chambres syndicales se sont fondées en vertu d'une nécessité sociale, mais contrairement à la loi, dans les patrons et parmi les ouvriers, dans les villes des départements aussi bien qu'à Paris. « Ces « chambres syndicales dit le *Répertoire de Ju-*

« *risprudence de Dalloz* au mot *Ouvrier,* ne res- « suscitent nullement l'ancien ordre écono- « mique que les décrets de 1791 ont supprimé. « Ces chambres, en effet, ne font pas de règle- « ments obligatoires pour la profession ; leurs « décisions n'engagent que les associés, et « ceux-ci sont toujours libres de se retirer de « la société. Mais il n'en faut pas moins re- « connaître que l'action des chambres syndi- « cales sur la solution de toutes les questions « d'intérêt commun est appelée à être de plus « en plus prépondérante, et ceux qui restent « dans l'isolement ne peuvent éviter de la « subir à raison de l'autorité qui s'attache aux « usages acceptés par le plus grand nombre. » Beaucoup de personnes pensent que les associations syndicales ont un caractère plus ou moins oppressif qu'elles sont contraires à la liberté du commerce et de l'industrie ; elles prétendent que l'indépendance de l'individu est souvent sacrifiée aux volontés ambitieuses des chefs de ces sociétés ; que, par suite, l'initiative personnelle est entravée, la concurrence difficile, et le consommateur abusivement lésé. Les associations d'ouvriers ont été souvent formées, il est vrai, en vue d'obtenir, par une sorte de contrainte, des augmentations de salaires, et de lutter contre les patrons, ce qui a eu pour effet de porter ceux-ci à se liguer de leur côté pour défendre leurs intérêts compromis et soutenir la lutte. Plus d'une fois, l'industrie a été atteinte gravement par des coalitions et des grèves que les meneurs des associations syndicales avaient organisées, et l'on sait quels désastres les *Trade's-Unions* ont, pendant une certaine période, causés en Angleterre. L'accumulation des ressources produites par d'innombrables cotisations, et la concentration des moyens vers un seul but donnent une grande puissance aux associations syndicales. Mais on ne peut refuser à des citoyens le droit de s'entendre pour soutenir leurs intérêts communs, et, si cette faculté offre parfois des inconvénients sérieux, il y en a de plus grands à la refuser. Le 25 mai 1864, sur les coalitions, la loi du 30 juin 1881, sur la liberté de réunion, et celle du 29 juillet suivant, sur la liberté de la presse, ont été les premiers pas dans une voie de progrès où il n'était pas possible de rester à mi-chemin. En conséquence, la loi du 21 mars 1884 est venue abroger celle du 17 juin 1791 et l'art. 416 du Code pénal. Elle déclare, en outre, que les art. 291 à 294 du même Code et la loi du 18 avril 1834 qui interdit les associations de plus de vingt personnes ne sont pas applicables désormais aux syndicats professionnels. Ces syndicats peuvent se constituer librement sans autre formalité que le dépôt fait par les fondateurs, à la mairie de la commune, des statuts de l'association et des noms des personnes qui en sont les administrateurs ou directeurs. Ce dépôt doit être renouvelé chaque fois qu'il y a modification dans les statuts de l'association ou dans le personnel des administrateurs ; et les documents déposés doivent être certifiés par le président et le secrétaire du syndicat. Chacun des dépôts est constaté par un récépissé délivré par le maire, et à Paris par le préfet de la Seine. Les administrateurs ou directeurs doivent être Français et jouir de leurs droits civils. Les syndicats professionnels ne doivent s'occuper d'autre chose que de l'étude et de la défense des intérêts économiques, industriels ou agricoles. En conséquence, la loi ne permet pas aux personnes exerçant une profession libérale, telle que la médecine, de former un syndicat (Arr. cass. 30 juin 1885). Il est permis à plusieurs syndicats de se concerter sur les mêmes sujets. Les syndicats régulièrement constitués ont le droit d'ester en justice et de créer des caisses particulières de secours mutuels ou de retraites parmi leurs membres ; mais ces caisses ne doivent pas

être confondues avec celle du syndicat, et tout membre qui vient à se retirer de l'association conserve ses droits dans la société de secours ou dans la caisse des retraites à laquelle il a contribué. Les associations syndicales ne peuvent acquérir d'autres immeubles que ceux qui sont nécessaires à leurs réunions, à leurs bibliothèques ou à des cours professionnels. Les infractions aux dispositions de la loi concernant la fondation ou le fonctionnement des syndicats professionnels sont poursuivies contre les administrateurs ou directeurs, et sont punies d'une amende de 16 à 200 fr. Les tribunaux peuvent, en outre, à la diligence du procureur de la République, prononcer la dissolution du syndicat. Lorsqu'il a été fait une fausse déclaration relativement aux statuts de l'association ou à la liste des noms des administrateurs, l'amende peut être portée à 500 fr. — Depuis que la loi de 1884 est en vigueur, les syndicats professionnels ne se sont pas multipliés en France autant que l'on eût dû le présumer ; mais un grand nombre de syndicats de patrons ou d'ouvriers qui existaient de fait avant la loi ont rempli les formalités indispensables pour rendre leur existence régulière. Il y a lieu d'espérer que ce régime nouveau ne produira que des résultats favorables et que l'industrie y trouvera des avantages, par l'apaisement des luttes qui avaient lieu autrefois si fréquemment entre patrons et ouvriers, relativement au taux des salaires. La discussion approfondie des intérêts respectifs remplacera les résolutions hâtives et irréfléchies. Ainsi que l'on a pu le constater souvent en Angleterre, les prétentions, souvent exagérées des ouvriers réunis en corps, ne peuvent être combattues que par l'association des patrons, et réciproquement. C'est ainsi que la liberté, dont le premier usage présente tant de difficultés, apporte elle-même le remède à ses propres excès. L'esprit de conciliation et la bonne entente des intérêts amèneront le plus souvent un résultat qui a été déjà plus d'une fois obtenu : les délégués des patrons et ceux des ouvriers, se réunissant et se communiquant leurs griefs ou leurs réclamations réciproques, arrivent à transiger, après avoir vu se dissiper, dans une discussion calme et sérieuse, les idées préconçues et les préventions que le défaut de rapprochement avait fait naître. C'est ainsi que les chambres syndicales démontreront leur utilité en s'occupant exclusivement d'entretenir la concorde et l'assistance mutuelle, sans toucher à la politique qui serait le levain de discorde, et sans qu'elles puissent jamais ramener l'industrie dans les entraves qui, au siècle dernier, paralysaient son essor. » (Cu. Y.)

SYNDICATAIRE adj. Qui appartient ; qui a rapport au syndicat.

SYNDIQUER v. a. Organiser en syndicat.

* **SYNECDOCHE** ou Synecdoque s. f. (gr. *synecdoché,* compréhension). Figure par laquelle on fait entendre le plus en disant le moins, ou le moins en disant le plus ; on prend le genre pour l'espèce, ou l'espèce pour le genre, le tout pour la partie, ou la partie pour le tout : *cent voiles pour cent vaisseaux,* est une synecdoche. Autre exemple :

Fouler aux pieds l'orgueil et du Tage et du Tibre.
BOILEAU. *Discours au Roi.*

Ici, le Tage et le Tibre désignent les Portugais et les Espagnols.

SYNÉCHIE s. f. [-kî] (gr. *sunekeia*). Pathol. Adhérence.

SYNECTIQUE adj. (gr. *sunektikos,* compréhensif). Algèb. Se dit d'une fonction qui reste toujours finie et continue, dont la dérivée reste toujours elle-même finie et continue et qui n'a jamais qu'une seule valeur.

SYNÈME s. m. (gr. *sunéma*). Bot. Partie de la colonne des orchidées qui représente les filets des étamines.

SYNÉRÈSE s. f. [si-né-rè-ze](gr. *sunairésis*). Gramm. Contraction, réunion de deux syllabes en une seule dans un même mot, mais sans aucun changement de lettres : *les poètes latins font quelquefois de deux syllabes les mots deerant, Orpheus, etc., par synérèse*. (Voy. CRASE.) — C'est par synérèse que La Fontaine a dit, en donnant deux syllabes seulement à sanglier :

Par deux fois du sanglier il évite l'atteinte.

SYNERGISME s. m. (préf. *syn*; gr. *ergazô*, j'opère). Théol. Système d'après lequel l'homme aurait une part dans l'œuvre de son salut.

SYNÉSIUS [si-né-ziuss], philosophe du Vᵉ siècle, né à Cyrène en Afrique, vers 379, mort vers 430. Il était d'une ancienne famille grecque. Après avoir étudié à Alexandrie sous Hypatie, et à Athènes, il revint à Cyrène où il s'adonna à la littérature. Sous l'influence de sa femme qui était chrétienne, il abjura le paganisme. En 410, il fut choisi pour évêque de Ptolémaïs en Cyrénaïque. Il était néo-platonicien et expliquait le dogme chrétien à la lumière de la philosophie. On a de lui des épîtres, des traités et des hymnes.

* **SYNÉVROSE** s. f. (préf. *syn*; gr. *neuron*, nerf). Anat. Symphyse ligamenteuse, union de deux os par le moyeu des ligaments.

* **SYNGÉNÉSIE** s. f. [-zî] (préf. *syn*; gr. *genesis*, origine). Bot. Classe du système de Linné, qui renferme les plantes dont les fleurs ont leurs étamines réunies par les anthères : *les plantes à fleurs composées, telles que le tournesol, la marguerite, le souci, appartiennent à la syngénésie*.

SYNGNATHE s. m. [sain-ghna-](préf. *syn*; gr. *gnathos*, mâchoire). Icht. Genre de lophobranches, comprenant une vingtaine d'espèces à museau tubuleux. L'espèce la mieux

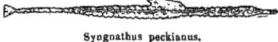

Syngnathus peckianus.

connue en Europe est le *syngnathe aiguille* (*syngnathus acus*, Linné), qu'on appelle quelquefois *aiguillat*. Chez le mâle, la partie postérieure de l'abdomen est plus grosse que le

Hippocampe (syngnathus hippocampus).

reste, et est munie de deux membranes molles se repliant ensemble et formant une espèce de poche pour recevoir les œufs qui, croit-on, y sont placés par la femelle. Il atteint une longueur moyenne de 45 centim., est d'un brun pâle, avec des barres transver-

sales d'un brun plus sombre. On trouve en Amérique le *syngnathus peckianus* (Storer) qui atteint une longueur de 30 centim.: sa couleur est d'un brun olive, avec de nombreuses barres transversales plus sombres, et jaunâtres en dessous. La poche y est; les yeux sont proéminents et très mobiles. Le *syngnathe hippocampe* (*syngnathus hippocampus*), appelé *cheval marin*, est traité, dans notre Dictionnaire au mot *Hippocampe*.

SYNNERVIÉ, ÉE adj. (préf. *syn*; fr. *nervure*). Bot. Qui est pourvu de nervures convergeant vers le sommet de la feuille.

* **SYNODAL, ALE, AUX** adj. (fr. *synode*). Qui appartient au synode : *assemblée synodale ; statuts synodaux*.

* **SYNODALEMENT** adv. En synode : *les curés synodalement assemblés*.

SYNODATIQUE adj. Qui se fait dans un synode.

* **SYNODE** s. m. (préf. *syn*; gr. *odos*, route). Assemblée de curés ou autres ecclésiastiques, qui se fait dans chaque diocèse par le mandement de l'évêque, ou d'un autre supérieur : *aller au synode*. — Se dit aussi, parmi les réformés, de l'assemblée de leurs ministres et de leurs anciens, pour ce qui regarde leur religion : *le synode de Dordrecht*.

* **SYNODIQUE** adj. Hist. ecclés. Ne s'emploie guère que dans cette locution, LETTRES SYNODIQUES, lettres écrites au nom des conciles aux évêques absents. — Astron. MOUVEMENT SYNODIQUE DE LA LUNE, mouvement de cet astre depuis une nouvelle lune jusqu'à l'autre. — MOIS SYNODIQUE, temps qui s'écoule entre deux nouvelles lunes consécutives. — ANNÉE SYNODIQUE, celle qui ramène la terre à une même longitude avec une planète.

* **SYNONYME** adj. (préf. *syn*; gr. *onuma*, nom). Se dit d'un mot qui a la même signification qu'un autre mot, ou une signification presque semblable : *épée peut être regardé comme synonyme de glaive. Aimer et chérir, dispute et contestation sont des mots synonymes, sont mots synonymes, sont termes synonymes, sont synonymes*. — s. m. Peur est le *synonyme de crainte. Craindre et redouter sont deux synonymes*. — pl. Titre de certains ouvrages en forme de dictionnaire, dans lesquels la différence des mots synonymes est expliquée : *les synonymes latins de Gardin Dumesnil*.

* **SYNONYMIE** s. f. Qualité des mots synonymes : *la synonymie des deux mots courroux et colère*. — Figure de rhétorique qui exprime la même chose par des mots synonymes. — Hist. nat. et Bot. Rapprochement, concordance des divers noms qui ont été donnés à un même animal, à une même plante : *synonymie exacte, complète, etc*.

* **SYNONYMIQUE** adj. Qui appartient à la synonymie.

* **SYNOPSE** s. f. (préf. *syn*; gr. *ops*, œil). Ouvrage qui met les Évangiles en parallèle.

SYNOPSIS s. f. Coup d'œil d'ensemble.

* **SYNOPTIQUE** adj. Didact. Qui permet d'embrasser, de saisir d'un même coup d'œil les diverses parties d'un ensemble, qui en offre une vue générale : *tableau synoptique d'une science, d'un système, d'une méthode*. — ÉVANGILES SYNOPTIQUES, évangile de saint Mathieu, de saint Marc et de saint Luc, ainsi nommés parce que leur plan offre une concordance qui permet d'en saisir les dispositions comme d'un coup d'œil. — Substantiv. *Les synoptiques*.

* **SYNOQUE** adj. et s. f. (préf. *syn*; gr. *echein*, tenir). Méd. Mot consacré par les anciens pour désigner une fièvre continue sans redoublement : *la synoque simple ne dure guère que quatre jours; la synoque putride va jusqu'à quatorze*.

SYNOSTÉOLOGIE s. f. (préf. *syn*; gr. *osteon*, os; *logos*, discours). Traité des articulations et des moyens d'unir les os.

* **SYNOVIAL, ALE, AUX** adj. (fr. *synovie*). Anat. Qui a rapport à la synovie. N'est guère usité que dans cette dénomination, GLANDES SYNOVIALES, glandes que l'on suppose exister dans les articulations des os, et sécréter une humeur appelée SYNOVIE, qui sert à rendre ces articulations libres et coulantes.

* **SYNOVIE** s. f. (préf. *syn*; lat. *ovum*, œuf), Physiol. Liqueur visqueuse et mucilagineuse qui se trouve dans toutes les articulations mobiles.

SYNSTIGMATIQUE adj. (préf. *syn*; fr. *stigmatique*). Bot. Se dit du pollen, quand il forme une masse terminée inférieurement par un fil qui porte à son extrémité un corpuscule adhérent au stigmate.

SYNTAGME s. m. (gr. *suntagma*). Nom grec de l'unité de force appelée cohorte chez les Romains. Cette division de la pentacosiarchie se composait de 16 files d'hoplites sur 16 de profondeur et comprenait, par conséquent, 2 taxiarchies. (Voy. ARMÉE.)

* **SYNTAXE** s. f. (préf. *syn*; gr. *taxis*, ordre). Arrangement, construction des mots et des phrases selon les règles de la grammaire : *observer la syntaxe*. — Règles mêmes de la construction des mots et des phrases : *savoir la syntaxe*. — Livre qui comprend ces règles : *cet écolier a perdu sa syntaxe*.

* **SYNTAXIQUE** adj. Qui appartient à la syntaxe : *les règles syntaxiques*.

SYNTÉNOSE s. f. (préf. *syn*; gr. *tenôn*, tendon). Anat. Articulation dans laquelle deux os sont réunis par un tendon.

* **SYNTHÈSE** s. f. (préf. *syn*; fr. *thèse*). Log. Méthode de composition qui descend des principes aux conséquences, des causes aux effets : *la synthèse est opposée à l'analyse*. — Mathémat. Démonstration des propositions successives qui se compose de celles qui sont déjà prouvées précédemment : elle est inverse de la méthode algébrique, qui, considérant l'inconnu comme trouvé, revient de là au connu par les rapports logiques qui les doivent unir. — Chir. Opération par laquelle on réunit les parties divisées ou écartées, comme les lèvres d'une plaie, les pièces d'un os fracturé, etc. — Chim. Action de recomposer un corps avec ses éléments séparés : *la synthèse est particulièrement applicable aux sels*. — Pharm. Composition des remèdes.

* **SYNTHÉTIQUE** adj. Qui appartient à là synthèse : *méthode synthétique*.

* **SYNTHÉTIQUEMENT** adv. D'une manière synthétique : *démontrer synthétiquement une proposition*.

SYNTHÉTISER v. a. Réunir par synthèse.

SYNTHÉTISME s. m. Ensemble des opérations nécessaires pour la réduction d'une fracture.

* **SYNTONINE** s. f. (préf. *syn*; gr. *teinô*, je tends). Nom de la fibrine qui forme les fibres musculaires.

SYPHAX, prince numide, né vers 250 av. J.-C., mort en 201. En 213, il était roi des Massyliens, et engagé dans une guerre contre Carthage, avec l'encouragement des Romains. Asdrubal le gagna plus tard à sa cause et lui donna sa fille, Sophonisbe, en mariage. Grâce à cet appui, il enleva à Massinissa le trône de Massylie. Lorsque Scipion débarqua en Afrique en 204, Syphax se joignit aux Carthaginois avec 50,000 fantassins et 10,000 chevaux; mais Scipion l'attaqua à l'improviste et anéantit presque son armée. Fait prisonnier, il fut envoyé à Rome.

SYPHILIDE s. f. Eruption cutanée de nature syphilitique.

SYPHILIGRAPHIE s. f. (fr. *syphilis;* gr. *graphô, je décris*). Traité de la syphilis.

*****SYPHILIS** s. f. (si-fi-liss). Méd. Maladie vénérienne. (Voy. VÉNÉRIENNE.)

SYPHILISER v. a. Communiquer la syphilis.

SYPHILISME s. m. Aptitude à être syphilisé.

*****SYPHILITIQUE** adj. Qui appartient à la syphilis : *symptômes syphilitiques.* — Substantiv. *Un syphilitique.*

*****SYPHON** s. m. Voy. SIPHON.

SYRA ou Syros [si-ross]. I, île grecque, comprise dans les Cyclades, à 40 kil. N.-O. de Paros; 86 kil. carr.; 26,480 hab. Homère a chanté l'excellence de son vin.— II. Syra, NOUVELLE SYROS ou *Hermopolis*, capitale de l'île ci-dessus et de la nomarchie des Cyclades, près de l'emplacement de l'ancienne Syros; 20,996 hab. C'est le grand port de commerce de la Grèce. La partie haute de la ville est habitée par les catholiques, et la partie basse par les Grecs.

SYRACUSE (ital. *Siracusa* ou *Siragosa*) I, province de Sicile, sur la côte orientale; 3,697 kil. carr.; 294,885 hab. Le pays est généralement montagneux, excepté le sud qui forme une plaine. Principaux produits: céréales, orge, olives, vins, fruits, lin et chanvre. — II, ville forte (anc. *Syracusæ*), capitale de cette province, à 125 kil. S.-O. de

Syracuse. — Ruines du théâtre, au premier plan.

Messine ; 22,479 hab. Elle a une belle cathédrale, de nombreux palais et des ruines considérables. Son commerce consiste surtout en huile, vin, eau-de-vie, fruits, sel, salpêtre et soufre. — L'ancienne Syracuse était la plus grande ville de la Sicile, ayant une population estimée tantôt à 500,000, tantôt à 900,000, et même à 1,200,000 hab. Elle se composait réellement de cinq villes, séparées par des murailles : Ortygie, la ville primitive, Achradina, Tyche, Neapolis et les Epipolæ ; c'est pourquoi on l'appelait quelquefois Pentapolis. Après la conquête romaine, ses limites furent réduites; sous Auguste, elle ne comprenait plus qu'Ortygie et la partie basse d'Achradina. Depuis sa prise par les Sarrasins, la ville est resserrée dans la presqu'île d'Ortygie, jadis une île d'environ 3 kil. de circuit. Les hauteurs d'Achradina ne présentent plus aujourd'hui que des rochers minés par la mer. La presqu'île et la partie basse d'Achradina et de Neapolis offrent des traces d'ancienne splendeur. Entre Tyche, Achradina et Neapolis, se trouve l'ancien théâtre, taillé dans le roc, et aujourd'hui en grande partie caché par la végéta-

tion. Il a 440 pieds de diamètre, et contient 60 rangées de sièges coupés dans le roc vif; il pouvait contenir 24,000 spectateurs. Les *latumiæ* ou *latomiæ*, carrières creusées dans les murailles de rochers qui formaient la face des hauteurs d'Achradina jusqu'à une profondeur de 60 à 80 pieds, sont encore intactes. Près du théâtre est la fameuse prison, aussi taillée dans le roc, qu'on appelle l'Oreille de Denys. Il y a des catacombes très étendues qui contiennent maintes rues souterraines bordées de tombeaux. Près de la rive gauche de l'Anapo, en dehors des murs, sont les ruines du temple du Jupiter Olympien. La célèbre fontaine d'Aréthuse a été réparée et embellie. Le musée de la ville contient des statues, des vases, des monnaies et des inscriptions provenant des ruines. — Syracuse a été fondée par les Corinthiens conduits par Archias, vers 734 av. J.-C. 70 ans après, elle envoyait elle-même des colonies au dehors. En 486, une oligarchie, établie par les Geomori ou Gamori, qui avaient usurpé le pouvoir, fut renversée. Ils se retirèrent à Casmenæ, mais Gélon, tyran de Géla, leur rendit le pouvoir en se réservant pour lui-même l'autorité suprême. Son successeur Hiéron (vers 478) encouragea la littérature et les arts. Son frère et successeur, Thrasybule, fut chassé, et l'on institua un gouvernement populaire. En 415, les Athéniens formèrent une ligue contre Syracuse, mais leur expédition aboutit à un désastre. (Voy. GRÈCE.) Denys l'Ancien s'empara de la tyrannie en 405 et gouverna énergiquement, mais despotiquement, pendant 38 ans. Après avoir battu les Carthaginois (397), il étendit sa domination sur la plus grande partie de la Sicile et sur une partie de la Grande-Grèce. Il eut en 367 pour successeur son fils, Denys le Jeune, qui fut renversé, en 343, par Timoléon. Le rétablissement de la liberté fut suivi d'une période de prospérité sans exemple, mais très courte. Vingt-six ans plus tard, Agathocle s'empara de la tyrannie, et en usa pendant 28 ans pour jeter Syracuse dans de nouvelles et désastreuses guerres. Peu après sa mort (289), d'autres tyrans se concentrèrent jusqu'à l'avènement, en 270, de Hiéron II, qui maintint un gouvernement ferme et judicieux pendant 54 ans. Il fut un fidèle allié de Rome. Son petit-fils et successeur, Hieronime, abandonna Rome pour Carthage, ce qui amena le siège de Syracuse par Marcellus (214-212), siège qu'ont rendu célèbre les patriotiques efforts d'Archimède, mais qui finit par la prise et le pillage de cette splendide cité. Syracuse ne se releva pas. Cependant c'était encore au IVe siècle une des plus grandes villes de Sicile. Elle tomba aux mains des Goths, fut reprise par Bélisaire en 535, et, en 878,

après un siège de neuf mois, mise à sac et brûlée par les Sarrasins. En 1088, le comte Roger de Sicile se rendit maître de Syracuse : elle fut rebâtie en partie et fortifiée par Charles V; mais en 1542, 1693 et 1757, des tremblements de terre y causèrent les plus grands ravages.

SYRACUSE, ville de l'état de New-York, à l'extrémité du lac Onondaga. sur l'Onondaga Creek, à 225 kil. N.-O. d'Albany, 50,000 hab. La grande industrie du pays a toujours été la fabrication du sel. Il y a vingt compagnies qui se livrent à cette exploitation, et qui opèrent soit par la chaleur solaire, soit par la chaleur artificielle.

*****SYRIAQUE** adj. Se dit de la langue que parlaient les anciens peuples de la Syrie. — s. m. *Étudier le syriaque.*

SYRIE (turc. *Suristan;* arabe, *Esh-Sham*), territoire de la Turquie d'Asie, borné par l'Euphrate, l'Arabie et la Méditerranée, entre 31° et 37° 20' lat. N. et entre 32° et 38° environ long. E.; 174,229 kil. carr.; 1,000,000 d'hab. Il comprend en partie les vilayets de Syrie (cap. Damas; 518,750 hab.) et d'Alep (535,714 hab.). Les principaux cours d'eau sont: le Jourdain, l'Asy ou Aasy (ancien Orontes), le Litany (Leontes), l'Yarmuk (Hieromax), le Barada, que l'on suppose être l'Abana des Ecritures, et l'Awaj (Pharpar). L'Euphrate coule sur la frontière N.-E. Les seuls lacs importants sont la Mer Morte et le lac de Tibériade ou de Gennesareth. Deux chaînes parallèles traversent la Syrie du N. au S. : le Liban et l'Anti-Liban. Les plus hauts sommets du Liban s'élèvent à 10,000 pieds au-dessus du niveau de la mer. Séparée de celui-ci par la belle et fertile vallée de Cœle-Syrie, large de 15 à 30 kil., s'allonge la chaîne de l'Anti-Liban. généralement plus basse, bien que le mont Hermon ne le cède en hauteur à aucun des pics du Liban. La vallée de Cœle-Syrie (auj. El-Bukaa), à 1,300 pieds environ au-dessus du niveau de la mer, se divise, vers son extrémité méridionale, en deux branches : l'une qui coupe la chaîne du Liban, l'autre qui se dirige au S. et descend rapidement pendant 15 kil. jusqu'à la source du Jourdain, au pied du mont Hermon. Elle a pour continuation la vallée du Jourdain qui, à la plaine de Huleh, arrive au niveau de la mer; au lac de Tibériade, il se trouve à 650 pieds au-dessous, et à 60 kil. plus loin, à la mer Morte, il est à 1,300 pieds plus au-dessous de la Méditerranée. On ne connaît point d'autres cours d'eau ayant une vallée analogue. Le sol de la Syrie est excessivement fertile partout où les pluies sont suffisantes ou l'irrigation convenable, mais là où il n'y a pas d'eau, il est sablonneux et tout à fait stérile. Aussi il y a de vastes déserts de sable au sud et à l'est. Les productions minérales sont : le fer, un peu de vif-argent et de la houille dans le midi; et, dans la région de la mer Morte, du sel et du bitume. Il y a peu de contrées où le climat soit si varié dans une si petite étendue. Dans les moments les plus chauds de l'été, à Jérusalem et à Damas, la température moyenne varie de 30° à 31° C. A Alep le thermomètre tombe au-dessous de zéro, en hiver et dépasse 38° en été. Le froment, l'orge, la durra, et l'épeautre y viennent en abondance. Le riz, les lentilles, les pois, le coton, le chanvre, la soie, la garance, l'indigo, le sésame, l'huile de ricin, le tabac, les pommes de terre, le capricum, les melons, les concombres, les artichauts donnent aussi lieu à d'importantes récoltes. Les figues, les olives, les mûres, les raisins, les amandes, les abricots, les pêches les grenades, les oranges, les citrons, les dattes, etc., y mûrissent en quantité. L'industrie n'y existe pas ou y est grossière. Aujourd'hui la principale ville de commerce est Beyrouth Les habitants sont de races et de religions

rès diverses. La race dominante est celle des Turcs Osmanlis, bien qu'ils ne fassent qu'une fraction de la population musulmane, dont la majorité appartient à la race arabe. Ils sont sunnites rigoureux, fanatiques et hostiles aux chrétiens. Il y a quatre sectes considérées comme dissidentes : les Métualis, alliés aux Shiahs de Perse; les Ansaries, qui tiennent leurs doctrines secrètes; les Ismaéliens, descendants des Assassins, et les Druses. La plus considérable des sectes appartient nominalement au christianisme est celle des Maronites. Les Grecs orthodoxes y sont au nombre de 150,000 environ. Les Eglises catholique grecque et catholique syrienne, qui reconnaissent le pape, comptent parmi leurs membres un grand nombre des chrétiens les plus opulents. Les Arméniens sont au nombre de 50 à 60,000, et il y a environ 25,000 Juifs. — La partie centrale de la Syrie est désignée dans l'Ecriture par le nom d'Aram Dammesek, ou d'Aram ; Damas en était la capitale. Depuis les sources de l'Oronte, en allant vers le S., toute la Palestine à l'O. du Jourdain, et probablement aussi Galaad et le Hauran à l'E., étaient peuplés de Chananéites. Les Phéniciens s'établirent principalement sur la côte de la Méditerranée. La côte S.-O. fut occupée par les Philistins, et la région adjacente à la mer Morte à l'E. par les Ammonites et les Moabites. (Voy. PALESTINE.) Les Israélites émigrèrent d'Egypte en Palestine, et pendant 1500 ans, exercèrent une puissante influence sur l'histoire du pays. (Voy. JUIFS.) La Palestine fut, en partie ou dans sa totalité, conquise par les Egyptiens, les Assyriens, les Babyloniens et les Perses. La bataille d'Issus, en 333, amena la soumission de la Syrie propre, de la Phénicie et de la Palestine à Alexandre le Grand. Après la mort de celui-ci, les Ptolémées d'Egypte reçurent la Palestine et la Syrie septentrionale échut à Séleucus Nicator. Séleucus fonda Antioche, dont il fit la capitale du royaume qu'il étendit jusqu'à l'Indus. (Voy. SÉLEUCUS.) Le royaume de Syrie fleurit sous les Séleucides jusqu'au commencement du IIe siècle av. J.-C. Antiochus le Grand (223-187) annexa la Palestine et la Cœlo-Syrie; mais il fut défait par les Romains. Antiochus Epiphane (175-164) poussa les Juifs à une insurrection sans succès. La Bactriane, la Parthie et d'autres provinces avaient déjà été perdues auparavant. D'autres pertes suivirent, accompagnées de terribles discordes intestines. Vers 63 av. J.-C. la Syrie fut réduite en province romaine, et resta dans l'empire romain et l'empire byzantin jusqu'à ce qu'elle fût conquise par Chosroès II, au commencement du VIIe siècle, conquête suivie de celle des Mahométans en 632-'38. Au Xe siècle, les Fatimites d'Egypte s'en emparèrent à leur tour, puis, au XIe siècle, les Turcs Seldjoucides l'incorporèrent à leur empire. Les cruautés auxquelles ces fanatiques se livraient contre les chrétiens suscitèrent les croisades. La Syrie fut à cette époque conquise par Saladin. Pendant une longue période, le pays fut en proie à Tamerlan et à ses successeurs, les souverains mamelucks d'Egypte. En 1517, le sultan Selim Ier, s'en rendit maître, et elle fit depuis partie de l'empire ottoman. De 1832 à 1841, elle était au pouvoir de Méhémet Ali d'Egypte. — Langue et littérature. La langue syriaque appartient à la branche septentrionale de la famille sémitique. Voy. SÉMITIQUES (Races et langues.) C'est un dialecte araméen, devenu langue littéraire sous le nom de syriaque dans les écoles chrétiennes de la Mésopotamie septentrionale. Ses plus anciens caractères sont les palmyriens; plus tard on employa l'alphabet estranghélo, qui resta en usage jusqu'au VIIIe ou IXe siècle. L'alphabet syriaque ordinaire et moderne, dérivé de l'estranghélo, commença à être usité dans les Ve et VIe siècles (Voy. ALPHABET.) L'estranghélo est aussi allié

au koufique, d'où sont dérivées les formes modernes de l'arabe, et de l'alphabet nestorien encore en usage chez les chrétiens nestoriens. Tous les alphabets syriaques contiennent les mêmes 22 caractères que le phénicien et l'hébreu. L'ancien syriaque était un dialecte populaire pendant les premiers siècles de l'ère chrétienne, et c'est encore la langue sacrée des Eglises chrétiennes éparses en Asie représentant l'ancienne Eglise syriaque. Le plus vieil ouvrage en syriaque est une traduction presque complète de la Bible, appelée d'ordinaire le Pechito, et qu'on suppose avoir été faite vers 200. Le plus remarquable des anciens auteurs syriaques est saint Ephraïm ou Ephraïm le Syrien, du milieu du IVe siècle. La littérature syriaque fit de rapides progrès jusqu'au IXe siècle. Beaucoup de ses monuments se sont perdus, et ce qui en reste n'est connu qu'en partie. Son importance principale au point de vue des résultats est d'avoir initié les Arabes à la connaissance des auteurs classiques. Depuis le temps de Jacob d'Edesse (VIIe siècle), qui donna au dialecte sacré et littéraire sa forme définitive, la série des grammairiens et des lexicographes nationaux se poursuit presque sans interruption; on remarque parmi les premiers Elias de Nisibi (XIe siècle), Jean Bar-Zugbi (commencement du XIIIe siècle) et Bar-Hebræus ou Abulfaraj (XIIIe siècle), et parmi les seconds, Bar-Ali au IXe siècle, et Bar-Bahlul au XIe siècle.

SYRIEN, IENNE s. et adj. De la Syrie, qui appartient à ce pays ou à ses habitants.

SYRINGA s. m. (gr. *surigx*, tuyau). Bot. Nom scientifique du genre lilas.

*** SYRINGOTOME** s. m. (gr. *surix*, fistule, *tomê*, section). Chir. Instrument dont on se servait autrefois dans l'opération de la fistule à l'anus.

*** SYRINGOTOMIE** s. f. Chir. Opération de la fistule.

SYRO, préfixe exprimant l'association ou le rapport de la Syrie ou des Syriens avec un autre peuple : *syro-arabe.*

*** SYRTE** s. f. (lat. *syrtis*). Ancien nom de deux grands golfes (*Syrtis Major* et *Syrtis Minor*), sur la côte septentrionale de l'Afrique, appelés aujourd'hui le golfe de Sidra et le golfe de Gabès ou Cabès. Ils sont peu profonds et de navigation difficile. La grande Syrte, ou golfe de Sidra, sur la côte N. de Tripoli, a 475 kil. de large à son ouverture dans la Méditerranée, et 170 kil. à son point le plus avancé dans les terres. La petite Syrte, ou golfe de Gabès, s'enfonce dans la côte de la Tunisie et a environ 160 kil. de large. La région qui les sépare, appelée autrefois Syrtica, n'est guère qu'une étroite bande de terre sablonneuse qui appartient à la Tripolitaine.

SYSOMIEN, IENNE adj. (gr. *sun*, avec; *sôma*, corps). Tératol. Se dit de certains monstres dont les deux corps sont réunis ou confondus, et les deux têtes distinctes.

SYSPORÉ, ÉE adj. Bot. Qui a les spores réunis en groupes.

*** SYSTALTIQUE** adj. (gr. *sustellô*, je contracte). Physiol. Qui a la vertu de contracter et de dilater alternativement : *mouvement systaltique du cœur, des artères*, etc.

*** SYSTÉMATIQUE** adj. Qui appartient au système : *ordre systématique.* — Qui tient à un système imaginaire, qui repose sur un système plutôt que sur la réalité et sur la raison : *idées systématiques.* — Qui fait des systèmes, partisan des systèmes : *écrivain systématique.*

*** SYSTÉMATIQUEMENT** adv. D'une manière systématique.

SYSTÉMATISATION s. f. Action de systématiser; résultat de cette action.

*** SYSTÉMATISER** v. a. Réunir des faits ou des opinions en un seul corps de doctrine; ramener un grand nombre de faits à un système.

*** SYSTÈME** s. m. (gr. *sustéma*). Assemblage de propositions, de principes vrais ou faux mis dans un certain ordre et enchaînés ensemble, de manière à en tirer des conséquences et à s'en servir pour établir une opinion, une doctrine, un dogme, etc. : *le système astronomique de Ptolémée.* — Hist. nat. Distribution méthodique et artificielle des êtres, propre à en faciliter l'étude : *le système sexuel de Linné.* (Voy. MÉTHODE.) — Assemblage de corps, réunion des parties qui concourent au même résultat : *le système planétaire.* On dit à peu près de même, en parlant de la constitution des Etats : *système féodal.* — Plan qu'on se fait et moyens qu'on se propose d'employer pour réussir en quelque chose : *système de conduite.* — SE FAIRE UN SYSTÈME DE QUELQUE CHOSE, s'y tenir avec entêtement, et vouloir y donner une apparence de raison : *il s'est fait un système de sa mauvaise conduite.*

SYSTOLAIRE adj. Physiol. Qui a rapport à la systole.

*** SYSTOLE** s. f. (gr. *sustolé*, contraction). Physiol. Mouvement du cœur lorsqu'il se resserre : *la systole et la diastole.*

*** SYSTYLE** s. m. (gr. *sustulos*). Archit. Ordonnance d'architecture suivant laquelle l'entre-colonnement est de deux diamètres ou quatre modules. — Adj. *Portique systique.*

*** SYZYGIE** s. f. (gr. *susugia*). Astron. On appelle ainsi les points de l'orbite de la lune dans lesquels cette planète est en conjonction ou en opposition avec le soleil, c'est-à-dire dans lesquels, vue de la terre, elle se trouve en ligne droite avec le soleil. Dans le premier point, la lune est nouvelle; et, dans le second, elle est pleine : *la lune est dans les syzygies.* — Se dit également en parlant des autres planètes.

SZABADKA (sob'-od-kà) (all. *Maria-Theresiopel*), ville de la Hongrie méridionale, dans le comté de Bács, à 150 kil. S.-S.-E. de Pesth 36,323 hab., presque tous agriculteurs.

SZABOLCS (sob'-oltch), comté dans le N.-E. de la Hongrie, dans le cercle Trans-Tibiscan, limité au N. par le Theiss; 5,967 kil. carr.; 265,584 hab. en majorité Magyares. Les principales productions sont : le bestiaux, les grains, le tabac et le vin. Cap., Nagy-Kálló.

SZATMÁR (sot'-mar). I, comté dans le N.-E. de la Hongrie, dans le cercle Trans-Tibiscan; borné au N. par le Theiss; 5,852 kil. carr.; 280,568 hab., en majorité magyares. La partie orientale est montagneuse, et contient les mines d'or et d'argent de Nagy-Bánya. Céréales, chanvre, lin, vin, tabac, bêtes à cornes, porcs, moutons, abeilles. — II, cap. du comté, à 110 kil. E.-N.-E. de Debreczin; 48,353 hab. Elle se compose de Németi sur la rive septentrionale du Szamos, et de Szatmár, sur une île de la rivière. Grand commerce de vin, de toile et de lainages. Un évêque catholique romain y réside.

SZÉCHENYI (Istyán, COMTE) (sé-tché-ṃyï], homme d'état hongrois, né à Vienne en 1794, mort en 1560. Il servit dans les guerres campagnes de l'Autriche contre Napoléon. En 1825, il entra à la chambre basse de la diète hongroise, où il devint le chef du parti national, et fit adopter une suite de projets considérables. Effrayé de l'agitation radicale de Kossuth, il écrivit contre lui *Les populations de l'Est* (1840) et le combattit dans la diète de 1847; cependant, en 1848, il fit partie du cabinet Batthyani-Kossuth, comme ministre des travaux publics. Lorsque la guerre éclata, il devint fou, et le reste de sa

vie se passa dans un asile d'aliénés, près de Vienne, avec un intervalle de retour à la lucidité. En mars 1860, la police autrichienne fouilla son appartement et ses papiers, et le 8 avril, il se brûla la cervelle.

SZEGEDIN [sé-djé-dinn] (hongr. *Szeged*). ville de Hongrie, cap. du comté de Csongrád, sur la Theiss, vis-à-vis l'embouchure du Maros, à 450 kil. S.-E. de Pesth; 74,000 hab., en majorité Magyares et Slaves. Elle est défendue par une vieille forteresse turque. Grand commerce; fabrique de draps, de soude, de savon; manufactures de tabac. Dans l'été de 1849, elle fut le siège de la diète hongroise, jusqu'à sa prise par les Autrichiens en 1849. Située au milieu d'une plaine immense, au confluent de la Theiss et de la Maros, et en grande partie au-dessous du niveau des eaux, cette ville est protégée contre les inondations par un triple rang de digues; protection qui fut insuffisante dans la nuit du 12 au 13 mars 1879. La Theiss, grossie par la fonte des neiges, renversa les digues et envahit Szegedin, qu'elle détruisit presque complètement. Depuis cette époque, la ville a été reconstruite et l'on a réédifié de nouvelles digues.

SZOLNOK [sôl'-nok]. I. (Moyen) comté montagneux, appartenant jadis à la Transylvanie, et aujourd'hui à la Hongrie propre; 143,639 hab., principalement Valaques. Cap., Szilágy-Somlyó. — II, ville de Hongrie, dans le comté de Heves, sur la Theiss, à 105 kil. K.-S.-E. de Pesth; 15,847 hab., en majorité Magyares. Beaucoup de commerce et pêcheries importantes.

T

T s. m. [té ou te], vingtième lettre et seizième consonne de l'alphabet latin et de ceux qui en dérivent; dix-neuvième de l'alphabet grec (*tau*), et neuvième de l'alphabet hébraïque (*teth*). Elle appartient à la classe des dento-linguales, et représente le son produit par une forte émission de la voix lorsqu'on a placé la langue contre la voûte du palais près de la racine des dents. C'est la force de cette émission qui distingue surtout le son de *t* de celui de *d*. — Au milieu des mots, *T* suivi d'un *i* et d'une autre voyelle, se prononce souvent comme *C* dans *ce* : *patience*, *partial*, *ambition*, *captieux*, etc. (prononcez : *pasience*, *parsial*, *ambision*, *capsieux*, etc.). Les grammairiens ont déterminé par des règles nombreuses les cas où le *T* prend cette valeur accidentelle, et ceux où il garde sa valeur propre; mais de telles règles souffrent des exceptions qui ajoutent à l'inconvénient de leur multiplicité : il est plus facile et plus sûr d'apprendre ces distinctions par l'usage.
— T final ne se prononce ordinairement pas devant les mots commençant par une voyelle ou par une *H* sans aspiration. Cependant on le fait sentir, même devant une consonne, dans *accessit*, *brut*, *chut*, *contact*, *correct*, *dot*, *déficit*, *fat*, *granit*, *induit*, *lest*, *luth*, *net*, *rapt*, *subit*, *transit*, *vivat*, *zénith*, et quelques autres.
— Lorsque le temps d'un verbe terminé par une voyelle est immédiatement suivi des pronoms *Il*, *Elle*, *On*, on met, par euphonie et pour éviter l'hiatus, un *T* entre le verbe et le pronom. *Dira-t-on? Fera-t-il? Joue-t-elle?*
— Dans l'expression *Va-t-en*, le *t* n'est point une lettre euphonique : c'est le pronom *toi*, qui répond à *vous* de l'expression analogue *Allez-vous-en*. On écrit de même, *Procure-t-en*, *garde-t'en donc*.

*° **TA** adj. poss. f. de la seconde personne : *ta mère*. Devant les noms féminins qui commencent par une voyelle ou par une *H* sans aspiration, on dit, TON au lieu de TA: *ton adresse; ton épée*. (Voy. TON.) — Fait Tes au pluriel : *tes affaires*.

° **TABAC** s. m. [ta-ba; ta-bak, en liaison] (de *Tabago*, n. pr.). Plante originaire d'Amérique, que l'on prépare de diverses manières, qui se prend en mâchicatoire, ou en fumée par la bouche, ou en poudre par le nez, et qui est aussi quelquefois employée en médecine. Les botanistes la nomment *Nicotiane*; et elle était appelée *Petun* par les habitants de l'île de Tabago, d'où le premier tabac fut apporté en Espagne : *une carotte de tabac*. — *Prov.* JE N'EN DONNERAIS PAS UNE PRISE DE TABAC, se dit d'une chose dont on ne fait aucun cas. — ‹‹ PASSER A TABAC, bourrer de coups, dans *le jargon de la police*. — ENCYCL. On appelle tabac la plante et les feuilles séchées et préparées de la *nicotiana tabacum* et d'autres espèces de *nicotiane*. La Chine, le Japon, la Perse et d'autres contrées de l'Orient produisent de grandes quantités de tabac; dans certains de ces pays, cette plante est tellement naturalisée qu'on lui a quelquefois attribué une origine asiatique; mais il ne semble pas qu'elle ait été cultivée et employée nulle part avant la découverte de l'Amérique.

Tabac (Nicotiana tabacum).

— Dans la culture du tabac, on commence par semer la graine dans une couche préparée exprès; le succès de la récolte dépend beaucoup de cette première opération. On choisit un emplacement bien exposé et bien abrité, et, dès que les gelées de l'hiver commencent à passer, le sol est fortement fumé, bêché et labouré. On passe finement au râteau la surface de la couche; on mêle avec soin la semence à de la chaux, des cendres, du sable ou toute autre matière qui puisse en faciliter la division, on la sème à la volée et on passe le rouleau par dessus. L'attention ne doit pas se relâcher après les semailles. Il faut arroser en temps opportun, quelquefois avec de l'engrais liquide, couvrir de nattes ou de paille pendant les nuits fraîches, et, quand la plante est en bonne voie, détruire les insectes et les herbes nuisibles. Lorsque la plante a 10 centim. environ, elle est bonne à être transplantée. On prépare le champ d'avance, et le terrain n'en est jamais trop riche : on donne, à cette culture des plus épuisantes, du fumier d'écurie et beaucoup d'engrais artificiel. Plusieurs insectes attaquent le tabac, mais le plus dangereux est le gros ver, qui est la larve d'une espèce de sphinx. Les vers communs du tabac sont ceux du *sphinx Carolina*, de la *noctuelle gamma*, du *sphinx quinquemaculata*, etc. Quand les plantes et les larves sont jeunes on peut lâcher un troupeau de jeunes dindons dans la culture; mais plus tard il est nécessaire de faire l'échenillage à la main. C'est à la couleur et au grain de la feuille que l'on juge de sa maturité. Il vaudrait mieux qu'elle ne fût pas tout à fait assez mûre que de l'être trop. Quelquefois la cueillette se fait dès que la rosée du matin est évaporée, et le tabac est rentré aussitôt que fané; d'autres le cueillent dans l'après-midi, et le rentrent le lendemain matin. Les méthodes de suspendre le tabac pour le faire sécher varient beaucoup; la vieille manière est de suspendre les plantes à des perches qui sont elles-mêmes soutenues à leurs extrémités par des charpentes disposées exprès. Une autre méthode, très commune, est de les étendre sur l'herbe pendant 12 semaines pour les sécher à point. Quand le tabac est bien sec, on l'effeuille, on l'on dépouille les tiges. On ouvre le magasin par un temps humide, on laisse les feuilles absorber assez d'humidité pour ne pas se briser, on enlève le tabac de dessus les perches et on le met en piles pendant une semaine. Lors de l'opération de l'effeuillage on assortit aussi les feuilles par qualités, lesquelles sont d'ordinaire au nombre de quatre. Le premier effeuilleur prend une tige et en arrache toutes les feuilles défectueuses, et la jette au suivant; celui-ci prend les feuilles de la qualité supérieure, et ainsi de suite. Lorsqu'un effeuilleur en a une poignée, dont le poids ordinaire est de 100 à 120 gr., il les attache ensemble avec une autre feuille. — On connaît le plus souvent les différentes sortes de tabac, par le nom de leur pays d'origine ou par celui des ports d'où on les exporte; par exemple : la Havane, Orénoque, Turquie, Latakié, Shiraz, Manille, etc. Le Paraguay en produit de très fin qui n'est exporté qu'en petites quantités. — Les qua-

lités de tabac à priser sont très diverses. Les plus grossières se font avec les nervures des feuilles; dans les meilleures, au contraire, on n'emploie que la feuille proprement dite; et dans les qualités intermédiaires, on broie tout ensemble, en y ajoutant la poussière et les détritus que laissent les machines à couper le tabac à fumer. On distingue le tabac à priser sec et le tabac à priser humide. Le sec se prépare avec du tabac qui a été exposé à une température très élevée avant d'être râpé: il est d'ordinaire pulvérisé très fin, d'un brun jaunâtre, et très diffusible dans l'air; il demande par suite des précautions pour se conserver. Les tabacs à priser humides se préparent en râpant le tabac lorsqu'il est humide encore, et en le soumettant à diverses manipulations. — Les effets médicinaux du tabac sur le système sont très marqués, qu'on le prenne à l'intérieur ou à l'extérieur. Pris en petite quantité, soit en fumant, soit en chiquant, soit en prisant, le tabac agit comme sédatif narcotique. A plus hautes doses, ou chez ceux qui n'y sont pas habitués, il cause des étourdissements, des faiblesses, des nausées, des vomissements, de la diarrhée, avec une grande débilité; si les nausées continuent avec de violents efforts, la peau devient froide et visqueuse, les muscles se détendent, le pouls s'affaiblit, des évanouissements et quelquefois des convulsions s'en suivent, et la mort termine tout. La puissance du tabac est grande pour détendre le système musculaire. — Il existe à Paris (5, rue Saint-Benoît) une société contre l'abus du tabac. Cette société accorde des prix aux meilleurs mémoires sur des sujets déterminés et distribue des récompenses aux personnes qui rendent des services à son œuvre. — Hist. « Lors de la découverte de l'Amérique, les Espagnols qui avaient abordé, en 1498, dans l'île de Tabago, aujourd'hui l'une des petites Antilles anglaises, virent les indigènes fumer les feuilles d'une plante qu'ils nommaient cohiba. Ils en fumèrent eux-mêmes, et rapportèrent en Europe cette herbe de Tabago, qui fut plus tard appelée tabac. Les Indiens du continent américain fumaient également le tabac qui, au Brésil, avait le nom de petun. En 1560, la reine Catherine de Médicis reçut du tabac en poudre que lui avait fait remettre Jean Nicot, ambassadeur de France à Lisbonne; elle s'en servit comme d'un remède contre la migraine, et bientôt l'usage s'en répandit à la cour et à la ville, ainsi que dans plusieurs pays d'Europe. On prisait cette poudre à la Reine; et ce ne fut que longtemps après que le peuple apprit, par les marins, à fumer le tabac et à le mâcher. Quelques gouvernements essayèrent vainement d'arrêter les progrès de cette mode que la raison condamne à tous les points de vue, mais qui se propage sans cesse, grâce à l'instinct d'imitation si naturel à l'homme, et aussi parce que le tabac aide à remplir le vide des heures de désœuvrement. En 1624, le pape Urbain VIII fulmina l'excommunication contre tous ceux qui apporteraient du tabac à priser dans les églises; et l'anathème fut renouvelé en 1696 par Innocent XII. De son côté, le cardinal Richelieu, considérant que l'usage de cette drogue nauséabonde portait un grand préjudice à la santé, en fit réserver le débit aux apothicaires, sous peine du fouet pour tous les autres marchands qui en tiendraient commerce. Cette mesure fut reconnue impuissante; on renonça à la faire exécuter, et l'on essaya un autre moyen en frappant les tabacs étrangers d'un droit d'entrée de 30 sols par livre; ceux des colonies françaises restant affranchis de ce droit (Décl. de Louis XIII, 17 nov. 1639). Ce fut là une source nouvelle de profits pour l'Etat; mais le produit de cette taxe était considérablement réduit par les importations faites en

fraude, et par l'introduction de la culture du tabac dans plusieurs provinces de France. Aussi Louis XIV trouva bon de réserver au fisc la vente du tabac. En 1697, ce monopole fut distrait du bail général des cinq grosses fermes d'impôts, et fut affermé à part moyennant 1,500,000 livres par année. Il fut supprimé en 1749 et remplacé par des droits d'entrée; mais on le rétablit bientôt en 1721, et la prohibition par laquelle on avait interdit la culture du tabac en France fut maintenue. En 1730, la vente du tabac fut de nouveau attribuée à la ferme générale; et en 1789, le prix du bail s'élevait à 32 millions de livres. A cette époque le tabac était vendu par les débitants, au prix de 4 livres tournois la livre de poids. Les provinces frontières du nord et de l'est avaient été affranchies du monopole du tabac; mais ce privilège fut restreint dans la suite. Ceux qui introduisaient du tabac en contrebande étaient condamnés aux galères, et lorsque trois personnes avaient été rencontrées ensemble et armées, se livrant à cette contrebande, elles étaient punies de mort, sur la simple déclaration de témoins. L'Assemblée constituante, après de longues études auxquelles s'étaient livrés ses comités des finances, de l'agriculture et du commerce, renonça au monopole dont il s'agit. La loi du 12 fév. 1791 rendit libre dans toute la France la culture et la fabrication des tabacs; et la loi du 1er mars suivant frappa seulement ceux qui étaient importés d'un droit de douane de 25 fr. par quintal, lequel droit fut élevé à 30 fr. par la loi du 22 brumaire an VII. Le monopole de la fabrication et de la vente des tabacs a été rétabli par un décret du 29 déc. 1810. Il n'a cessé, depuis cette époque, de donner à l'Etat des produits sans cesse croissants; il a été prorogé successivement par des lois de finances, et en dernier lieu, jusqu'au 1er janv. 1893, en vertu de la loi du 29 déc. 1882. Le produit brut s'est élevé en 1812, à 20 millions; en 1849, à 42 millions; en 1861, à 75 millions; en 1856, à 121 millions; en 1883, à 371 millions, non compris la vente des tabacs de cantine et de ceux qui ont été exportés. On peut évaluer aujourd'hui la recette brute à 400 millions et le produit net à 330 millions. — Législ. La direction générale des tabacs, qui est l'un des grands services du ministère des finances, s'occupe de tout ce qui concerne la culture, l'achat, la fabrication et la vente des tabacs en France. La culture du tabac ne peut être entreprise sans une permission de l'administration, sous peine de destruction des plants et d'une amende qui est de 50 cent. par pied si la plantation est faite dans un terrain ouvert, et de 4 fr. 50 cent. par pied si le terrain est clos de murs; sans que, dans aucun cas, l'amende puisse excéder 3,000 fr. (L. 28 avril 1816, art. 481; L. 23 avril 1836). Les cultures autorisées que dans 15 départements, savoir : Alpes-Maritimes, Bouches-du-Rhône, Dordogne, Gironde, Ille-et-Vilaine, Lot, Lot-et-Garonne, Meurthe-et-Moselle, Nord, Pas-de-Calais, Haute-Saône, Savoie, Haute-Savoie, Var et territoire de Belfort. Des cultures peuvent être permises à titre d'essais dans d'autres départements. Le nombre d'hectares à cultiver en tabac est fixé annuellement, pour chaque département, par le ministre des finances, et les permissions de culture sont, sur la demande des cultivateurs, accordées par une commission départementale, et pour une surface rigoureusement limitée. Les planteurs ne peuvent céder leur récolte qu'à la régie exclusivement, à moins que cette récolte n'ait été destinée à l'exportation. En Algérie, la culture du tabac est entièrement libre. Les tabacs exotiques nécessaires à la régie lui sont fournis par adjudication publique; mais certains tabacs sont achetés à la Havane par des agents de l'administration (L. 28 avril 1816

et règlements postérieurs). — La fabrication des tabacs s'opère, pour le compte de l'Etat, dans quinze manufactures nationales qui sont situées à Bordeaux, Châteauroux, Dieppe, Dijon, le Havre, Lille, Lyon, Marseille, Morlaix, Nancy, Paris (Gros-Caillou, Reuilly et Pantin), Tonneins et Toulouse. Chacune des manufactures est gérée par un conseil composé du directeur, président, de l'ingénieur, et du contrôleur. Il y a en outre des sous-ingénieurs, des gardes-magasins, des contrôleurs, et divers employés. Lorsqu'un service de culture est réuni à une manufacture et à des magasins, le tout est placé sous la direction d'un employé supérieur qui a le titre de directeur des tabacs. La vente des tabacs est confiée à plus de 45,000 débitants qui prennent leur approvisionnement, au comptant, chez les entreposeurs de la régie. Il existe un entrepôt au chef-lieu de chacun des arrondissements. Les titulaires des débits sont nommés à vie, par le ministre des finances ou par les préfets, selon que le produit annuel du débit est ou non supérieur à 4,000 fr., et le choix de ces titulaires est limité à certaines catégories de personnes ayant, par elles-mêmes ou par leurs parents, droit aux faveurs de l'Etat (Décr. 28 nov. 1873; 17 mars 1874). Les prix de vente aux consommateurs, sur lesquels une légère réduction est faite au profit des débitants, sont actuellement fixés à 12 fr. 50 le kilogr. pour le tabac ordinaire, soit en poudre, soit à fumer (scaferlati), soit en rôles (à mâcher), et à 16 fr. le kilogr. pour le tabac supérieur et les tabacs étrangers. Les cigares et les cigarettes sont vendus à des prix divers, selon les provenances et les qualités. Des tabacs de qualité inférieure dits tabacs de cantine sont vendus à prix réduits dans les départements frontières; ce prix varient selon les zones établies. (Voy. ZONE.) Les mêmes tabacs de cantine sont livrés à des prix encore plus réduits, à l'armée, à la marine et aux hôpitaux. Un particulier peut obtenir l'autorisation de recevoir en France, moyennant un droit d'importation assez élevé, et jusqu'à concurrence de 10 kilogr. par année, certains tabacs dits de santé. — Quiconque a été trouvé vendant ou colportant du tabac en fraude est arrêté, puis condamné à une amende de 300 fr. à 1,000 fr., en outre de la confiscation du tabac saisi. Il en est de même de ceux qui ont fabriqué du tabac factice avec une matière quelconque destinée à être vendue comme tabac. La fabrication des tabacs par un entreposeur ou par un débitant est punie de la même amende et en outre de la destitution et d'un emprisonnement dont la durée est de trois mois à un an. Toute personne qui est trouvée détenteur soit de tabacs autres que ceux de la régie, soit de plus de 10 kilogr. de tabacs de la régie dépourvus de leurs marques et vignettes, soit de tabacs de cantine découverts dans un lieu où le débit n'en est pas autorisé, est punie d'une amende de 10 fr. par kilogr. Le tabac saisi, dans ce dernier cas, ne peut être au-dessous de 100 fr., ni excéder 3,000 fr. La contrebande de tabac aux frontières est punie comme en matière de douanes. (L. 1816, art. 247 et suiv.; L. 25 mars 1817, art. 125). — La fabrication et la vente du tabac sont monopolisées au profit de l'Etat, non seulement en France, mais aussi en Autriche et en Italie. Le tabac est assujetti à des droits de douane, en Angleterre, en Hollande, en Belgique, en Suisse, etc. Dans les Etats-Unis d'Amérique et dans l'empire de Russie, les producteurs de tabac et les débitants doivent être pourvus d'une licence ou patente. En Allemagne, les tabacs exotiques sont soumis à un droit d'importation, et la culture du tabac indigène est imposée proportionnellement à l'étendue du terrain cultivé. »

(CH. V.)

TABACAL, ALE adj. Qui provient du tabac.

TABACOLOGIE s. f. Traité sur le tabac.

TABACOMANE s. m. Amateur de tabac.

TABACOPHOBE s. m. Qui a le tabac en horreur.

* TABAGIE s. f. Lieu public où l'on va fumer du tabac : *il va tous les jours à la tabagie.* — Sorte de petite cassette dans laquelle on serre du tabac, des pipes, et tout ce qui est nécessaire pour fumer.

TABAGO. Voy. Tobago.

TABANIEN, IENNE adj. (lat. *tabanus*, taon). Entom. Qui ressemble ou qui se rapporte au taon. — s. m. pl. Famille d'insectes diptères ayant pour type le genre taon.

TABAR ou Tabar s. m. Ancien vêtement, serré à la taille, ouvert sur les côtés, avec de larges manches qui s'arrêtaient au coude. Le tabar fut d'abord un vêtement militaire, que les chevaliers du moyen âge plaçaient sur leur armure et qui était ordinairement orné de leur blason ; il fit ensuite partie de l'habillement civil ; il fut conservé dans le costume des hérauts, et prit la forme d'un petit manteau court.

Tabar.

TABARCA ou Tabarka, petite île de la Méditerranée, près de la côte de Tunisie, à 600 m. du territoire des Kroumirs, en face de l'embouchure de l'oued Kébir. Sa longueur est de 800 m., sa largeur de 500 m. Jadis colonie génoise florissante, elle comptait 7,000 hab. Aujourd'hui elle est à peu près déserte ; on y trouve un château fort, une église, quelques constructions abandonnées, un mouillage pour de petits bâtiments, des débris de jetées, etc.

* TABARIN s. m. (de *Tabarin*, n. pr.). Farceur qui représente dans les places publiques monté sur des tréteaux : *c'est un Tabarin.* — Il fait le Tabarin, se dit d'un homme qui fait ordinairement le bouffon. Ce mot a vieilli, ainsi que son dérivé.

TABARIN, célèbre farceur ambulant du commencement du XVIIe siècle. Ses *Farces*, publiées en 1622, furent trois fois réimprimées.

* TABARINAGE s. m. Action de Tabarin ou bouffonnerie : *cette comédie n'est qu'un insipide tabarinage.*

TABASCO, état du S.-E. du Mexique, borné par le golfe du Mexique, et les états de Campêche, Guatemala, Chiapas et Vera-Cruz ; 30,680 kil. carr. ; 83,707 hab., en majorité Indiens. Pays généralement plat et en quelques endroits marécageux ; arrosé par l'Usumasinta, le Tabasco et plusieurs autres cours d'eau moindres. Chênes, cèdres, bois de fer, acajou, cacao, café, poivre, canne à sucre, palmiers nains, tabac, maïs et riz. L'indigo croît spontanément dans quelques districts. Cap., San-Juan-Bautista.

TABATIER, IÈRE s. Personne qui travaille à la fabrication du tabac.

* TABATIÈRE s. f. Petite boîte où l'on met du tabac en poudre : *tabatière d'or.* — Fenêtre a tabatière, fenêtre percée sur un toit et dont le châssis d'une seule pièce s'ouvre comme le couvercle d'une tabatière. — Fusil a tabatière, sorte de fusil se chargeant par la culasse.

TABELLAIRE adj. [-bèl-lè-]. Qui est en forme de tablette.

* TABELLION s. m. [ta-bèl-li-on] (lat. *tabellio* ; de *tabella*, tablette). Officier public qui, dans les juridictions subalternes et seigneuriales, faisait les fonctions de notaire.

* TABELLIONAGE s. m. Office, exercice, fonction de tabellion : *il avait le tabellionage de tel lieu.* — Droit de tabellionage, droit qu'avaient les seigneurs hauts justiciers d'établir un tabellion ou notaire, pour instrumenter dans l'étendue de leur justice.

* TABERNACLE s. m. (lat. *tabernaculum*). Tente, pavillon. Dans ce sens, il n'est usité qu'en parlant des tentes, des pavillons des Hébreux : *retourne, Israël, dans tes tabernacles.* — Le tabernacle du Seigneur, et par excellence, Le Tabernacle, la tente où reposait l'arche d'alliance pendant le séjour des Israélites dans le désert, jusqu'au temps où le temple fut bâti. — Nouv. Testam. Les tabernacles éternels, le ciel, la demeure des bienheureux. — Egl. cathol. Ouvrage de menuiserie, d'orfèvrerie, de marbre, etc., fermant à clef, et mis au-dessus de la table de l'autel, pour y renfermer le saint ciboire : *il y a un beau tabernacle dans cette église.* — Encycl. Les Hébreux appelaient tabernacle le sanctuaire qu'ils emportèrent avec eux à travers le désert, et qui, après la conquête de Chanaan, fut mis successivement en dépôt dans différentes villes jusqu'à ce qu'il fût remplacé par le temple de Jérusalem. C'était un coffre fait de 48 planches de bois d'acacia placées perpendiculairement et dorées, attachées les unes aux autres par des anneaux d'or et fixées dans des mortaises d'argent. Au-dessus étaient étendues quatre couvertures. L'entrée, à l'orient, était fermée par un rideau que soutenaient cinq colonnes. Un autre rideau divisait l'intérieur en sanctuaire et en saint des saints. Le sanctuaire contenait la table et les pains de proposition, le chandelier d'or et l'autel de l'encens. Dans le saint des saints se trouvait l'arche d'alliance. Le tabernacle était au milieu d'une cour de 100 coudées de long sur 50 coudées de large. — Fêtes des tabernacles, l'une des trois grandes fêtes religieuses des Juifs, célébrée au temps de la moisson, et commençant le 15e jour du mois tisri. C'était en partie une fête de moisson et une fête d'actions de grâces. Elle durait huit jours (neuf chez les Juifs exilés), dont le premier et le dernier (dans l'exil les deux premiers et les deux derniers), étaient les plus importants. Pendant les sept premiers jours, il était obligatoire de vivre sous la tente. Les Juifs de différents pays célèbrent encore, d'une manière plus ou moins complète, cette fête. (Voy. Scénographie.)

* TABIDE adj. (lat. *tabidus* ; de *tabes*, humeur corrompue). Méd. Qui est d'une maigreur excessive, ou atteint de marasme.

* TABIS s. m. [-bî]. Espèce de gros taffetas ondé par la calandre : *tabis à fleurs.*

* TABISER v. a. Rendre une étoffe ondée à la manière du tabis : *tabiser du ruban.*

* TABLATURE s. f. (rad. *tabler*). Arrangement de plusieurs lettres ou signes sur des lignes, pour marquer le chant à ceux qui chantent, ou qui jouent des instruments : *chanter sur la tablature.* — Fig. et fam. Il entend la tablature, se dit d'une personne avisée, rusée, capable de réussir en intrigue. — Il lui donnerait de la tablature sur cette matière, il est plus habile que lui en cette matière : *il s'y connaîtrait.* — Donner de la tablature à quelqu'un, lui donner de l'embarras, lui susciter quelque affaire fâcheuse.

* TABLE s. f. (lat. *tabula*). Meuble ordinairement de bois, fait d'un ou de plusieurs ais, et posé sur un ou plusieurs pieds, qui sert à divers usages : *table de chêne, de noyer, d'acajou,* etc. — Table de piquet, de bouillotte, de brelan, etc., table où l'on joue au piquet,

à la bouillotte, au brelan, etc. — Dans les anciens romans, Les chevaliers de la Table ronde, se dit de certains chevaliers qui s'asseyaient autour d'une table ronde pour éviter toute préséance. — Particul. et absol. Table à manger, et surtout table servie, couverte de mets : *table de douze couverts.* — Dans les grandes maisons, La première table, la table des maîtres ; La seconde table, la table des principaux domestiques ; et, La table du commun, la table des valets. — Dans les communautés, La première table, la principale table, qui se sert à une heure réglée ; et, La seconde table, celle qui est le supplément de la première. — La grande table, la table des grandes personnes ; par opposition à Petite table, la table des enfants : *n'oubliez pas la petite table, envoyez-y du dessert.* — Tenir table, donner ordinairement à manger : *il tenait table autrefois ; il ne tient plus table.*

Mais, dites-moi, tenez-vous table?
			La Fontaine.

On dit aussi, Tenir table ouverte, tenir table où l'on reçoit beaucoup de personnes, même celles qui n'ont pas été priées. — Tenir table, signifie aussi demeurer longtemps à table : *c'est un homme qui aime à tenir table longtemps.* — Repas qu'on prend à table, relativement à la dépense qu'ils occasionnent ou au nombre et à la délicatesse des mets : *il a tant, il dépense tant pour sa table.* — Aimer la table, aimer la bonne chère. On dit dans le même sens, Les plaisirs de la table. — Lame ou plaque de cuivre, d'airain, d'argent ou d'autre métal, un morceau de pierre ou de marbre plat et uni sur lequel on peut écrire, graver, peindre, etc. : *les tables de la loi,* ou *les tables de Moïse.* On dit également des plaques ou pièces de plomb dont on forme le revêtement d'une terrasse ou d'un réservoir : *plomb en table.* — En termes d'Anat., Table du crâne, chacune des deux lames osseuses qui revêtent à l'extérieur les os du crâne. — Index fait ordinairement par ordre alphabétique, pour donner les moyens de trouver facilement les matières qui sont dans un livre : *il n'y a point de table à ce livre.* — Table des chapitres, table où l'on indique la matière qui est traitée dans chaque chapitre d'un livre. — Feuille, planche sur laquelle des matières didactiques, historiques, etc., sont offertes méthodiquement et en raccourci, afin qu'on les puisse voir facilement et d'un même coup d'œil : *table généalogique.* — Tables météorologiques, tables où l'on inscrit, jour par jour, les changements qui ont lieu dans l'atmosphère. — Tables astronomiques, tables calculées d'après les lois physiques du mouvement des astres, et au moyen desquelles on peut, à l'aide de simples opérations numériques, assigner d'avance la position de ces corps pour un temps quelconque. — Il y a de même, dans les autres parties des mathématiques, différentes espèces de *tables* destinées à abréger les calculs difficiles et d'un usage fréquent. — Table pythagorique ou de Pythagore, table qui contient tous les produits de la multiplication des nombres simples, les uns par les autres, depuis un jusqu'à neuf. — Tables de logarithmes, tables de nombres en progression arithmétique, correspondant à des nombres d'une progression géométrique dont l'emploi, universel dans les calculs mathématiques, ramène les multiplications et les divisions numériques à de simples additions et soustractions. — Tables des sinus, tables qui contiennent par ordre les longueurs des sinus, tangentes et sécantes de tous les degrés et minutes d'un quart de cercle, exprimées numériquement en parties du rayon qu'on prend pour le sinus total : *il y a des tables des sinus où l'on a poussé l'exactitude jusqu'à calculer ces lignes de dix secondes en dix secondes : presque toutes, outre la va-

leur numérique de ces lignes, *contiennent encore leurs logarithmes, dont l'emploi est beaucoup plus fréquent.* — TABLE DE RÉDUCTION, table indiquant le rapport que différentes poids, différentes mesures, différentes monnaies, etc., ont les unes avec les autres: *table de réduction des poids étrangers en poids de France.* — Trictrac. Chacune des quatre divisions du tablier, appelées aussi JANS : *chaque table contient six cases indiquées par autant de flèches.* — Ce qu'on nomme plus ordinairement aujourd'hui DAMES, de là les expressions de *Jan de deux tables, jan de six tables.* — En parlant de certains instruments de musique, se dit de la partie supérieure de ces instruments, sur laquelle les cordes sont tendues : *table de guitare.* — Est aussi un terme dont on se sert en parlant des pierreries : *diamant en table,* diamant taillé de manière que la surface en soit plate. On dit de même : *table de rubis, table d'émeraudes.* — TOUTE-TABLE, ou TOUTES-TABLES, sorte de jeu qui se joue dans un trictrac. — TABLE DES MAGNATS. « C'est là le nom donné à la chambre haute du royaume de Hongrie. Aux termes d'une loi constitutionnelle votée en 1885, les membres de cette assemblée sont : les uns des magnats héréditaires ; d'autres siègeant en vertu de leurs fonctions ou dignités ; d'autres élus par différents corps de l'Etat ; enfin d'autres, au nombre de cinquante, nommés à titre viager par le roi. Mais on ne voit plus siéger à la Table des magnats des personnes étrangères au royaume de Saint-Étienne, telles que le roi de Portugal et le prince de Galles qui étaient membres de droit de cette chambre haute, en vertu de titres territoriaux. — TABLE DE MARBRE. On donnait autrefois ce nom à des tribunaux supérieurs qui connaissaient en appel des sentences rendues par les maîtrises des eaux et forêts relativement aux délits forestiers à la chasse, à la pêche, etc. Un édit du mois de fév. 1704 supprima toutes les juridictions dites tables de marbre, ainsi que les chambres des eaux et forêts, et les remplaça en créant une chambre dans chacun des principaux parlements, pour juger souverainement toutes les instances concernant les eaux et forêts ; néanmoins, la table de marbre du palais fut rétablie à Paris par un édit de la même année. »
(CH. Y.)
* TABLEAU s. m. Ouvrage de peinture sur une table de bois, de cuivre, etc., ou sur de la toile : *un beau tableau.* — Fig. C'EST UNE OMBRE AU TABLEAU, se dit d'un léger défaut qui n'efface point ou même qui fait mieux sentir les beautés d'un ouvrage, les bonnes qualités d'une personne. — Ensemble d'objets qui frappe la vue, dont l'aspect fait impression : *le magnifique tableau que présente cette vallée.* — Représentation naturelle et frappante d'une chose, soit en action, soit de vive voix, soit par écrit : *le moment où, dans la tragédie de Racine, Arcas vient annoncer qu'on attend Iphigénie à l'autel pour la sacrifier, offre un des plus beaux tableaux qui soient au théâtre.* — Table, carte, ou feuille sur laquelle les noms des personnes qui composent une compagnie sont écrits selon l'ordre de leur réception : *on a nommé tant de conseillers selon l'ordre du tableau.* — Feuille, planche sur laquelle les matières didactiques, historiques et autres, sont rédigées et rangées méthodiquement pour être vues d'un coup d'œil : *tableau synoptique.* — Table de bois, ordinairement noircie, sur laquelle on trace avec de la craie des caractères, des figures, etc., et qui est principalement en usage dans les classes, dans les écoles : *tracer des figures de géométrie sur le tableau.* — Cadre de menuiserie qu'on fixe sur une muraille, en un lieu apparent, pour y afficher certains actes publics ou autres, et qui est quelquefois fermé par un grillage : *insérer l'extrait d'une demande en séparation*

de liens au tableau placé à cet effet dans *l'auditoire du tribunal de commerce, dans la chambre des notaires.* — Mar. Cadre de menuiserie placé à l'arrière, et dans lequel est la figure qui donne son nom au bâtiment, ou ce nom seul entouré de sculptures. — Phys. TABLEAU MAGIQUE, plaque de verre, garnie d'une feuille d'étain, dont on se sert pour donner la commotion électrique. — Archit. Partie de l'épaisseur d'une baie de porte ou de fenêtre, qui est en dehors de la fermeture. — Typogr. Toute composition qui comporte plus ou moins de colonnes divisées par des filets, ordinairement avec encadrements.

TABLEAUTIER s. m. Typogr. Ouvrier dont la spécialité est de faire des tableaux.

TABLE-BAY [té-b'l-bê]. Voy. CAP (Le).

TABLÉE s. f. Ensemble des personnes qui sont assises à table pour prendre leur repas.

* TABLER v. n. Jeu de trictrac. Poser, arranger les tables ou dames du trictrac suivant les points qu'on a amenés : *attendez, je n'ai pas encore tablé.* (Vieux : on dit auj. Caser). — Fig. et fam. Vous POUVEZ TABLER LA-DESSUS, vous pouvez compter là-dessus : *la nouvelle est telle que je vous le dis, vous pouvez tabler là-dessus.*

* TABLETIER, IÈRE s. Celui, celle qui fait et vend des échiquiers, des trictacs et des tables ou dames, pour jouer aux échecs, au trictrac, etc., des billes pour jouer au billard, et autres ouvrages d'ivoire, d'ébène, etc.

* TABLETTE s. f. Planche posée pour mettre quelque chose dessus : *mettre des tablettes dans une bibliothèque, pour y ranger des livres.* — Pièce de marbre, de pierre ou de bois de peu d'épaisseur, qui est posée à plat sur le chambranle d'une cheminée, sur l'appui d'une fenêtre, d'une balustrade, etc., sur le haut de quelque ouvrage de maçonnerie : *la tablette de cette cheminée n'est pas assez large.* — Pharm. Médicament solide, d'une forme aplatie, ordinairement composé d'une poudre unie au sucre : *tablette purgative.* — Se dit aussi de certaines autres compositions sèches, auxquelles on donne une forme semblable : *tablette de chocolat.* — pl. Plusieurs feuilles d'ivoire, de parchemin, de papier préparé, etc., qui sont attachées ensemble et qu'on porte ordinairement dans la poche, pour écrire avec un crayon, ou avec une aiguille d'or ou d'argent les choses dont on veut se souvenir : *tablettes garnies d'or, d'argent, etc.* — Petites planchettes de bois enduites d'une légère couche de cire sur lesquelles les anciens écrivaient. (Voy. STYLE.) — OTEZ CELA DE DESSUS VOS TABLETTES, RAYEZ CELA DE VOS TABLETTES, ne vous attendez pas à cela, ne comptez plus là-dessus. — VOUS ÊTES SUR MES TABLETTES, vous m'avez déjà donné sujet de me plaindre de vous. Ne se dit guère que de supérieur à inférieur, et par manière de menace ou de reproche. — Titre de quelques ouvrages dans lesquels des matières historiques ou autres sont rédigées par ordre et en raccourci : *tablettes historiques, chronologiques, etc.*

* TABLETTERIE s. f. Métier et commerce du tabletier ; ouvrages qu'il fait : *il travaille bien en tabletterie.*

* TABLIER s. m. Echiquier ou damier, distingué par soixante-quatre carrés de deux différentes couleurs, comme blanc et noir, rouge et jaune, etc. ; et sur lequel on joue aux échecs, aux dames, etc. (Vieux : on dit, DAMIER, ÉCHIQUIER.) — S'emploie aussi pour désigner la totalité d'un trictrac, qui est divisée par un demi-bord en deux parties, sous-divisées chacune en deux tables : *les dés qui tombent hors du tablier ne valent pas.*

* TABLIER s. m. Pièce de toile, de serge, de cuir, etc., que les femmes et les artisans

mettent devant eux pour conserver leurs habits en travaillant : *tablier de toile.* — Certain morceau de gaze, de mousseline, de taffetas, etc., que les femmes mettent devant elles pour l'ornement : *tablier à dentelle.* — RÔLE A TABLIER, rôle d'artisan, dans l'opéra comique. — CETTE ACTRICE A PRIS LE TABLIER, elle joue les rôles de soubrette. — TABLIER DE TIMBALE, morceau d'étoffe enrichi de broderie, qui se met autour de la timbale. — Morceau de cuir attaché sur le devant d'un cabriolet ou autre voiture, pour garantir de la pluie et des éclaboussures. — Sculpt. Ornement sculpté sur la face d'un piédestal. — Fortific. Partie d'un pont-levis qui s'abaisse pour donner passage sur le fossé. — Mar. Doublure qu'on met à certaines voiles pour les garantir du frottement des hunes et des barres. — Ponts et chaussées. Ensemble des poutres qui forment les travées d'un pont ; parquet d'un pont suspendu.

* TABLOIN s. m. Guerre. Plate-forme faite de madriers, pour placer une batterie de canons.

TABOR (Mont) (auj. *Jebel et-Tur*), hauteur isolée, dans la plaine d'Esdraelon, à environ 9 kil. S.-E. de Nazareth, en Galilée, regardée ordinairement comme le lieu de la transfiguration du Christ. Elle est haute de 577 m. environ, de formation calcaire, avec un plateau de 200 m. sur 100 au sommet, et des forêts et des ruines sur ses flancs. On en parle dans l'histoire des Juifs et des Croisades. Bonaparte y défit les Turcs en 1799. Le Nouveau Testament n'en fait pas mention.

TABORITE s. m. (rad. *Tabor*). Membre d'une secte de hussites. (Voy. HUSSITE.)

TABOU adj. Sacré, interdit, chez certains peuples de l'Océanie. (Voy. FIDJI.)

TABOUER v. a. Déclarer tabou.

* TABOURET s. m. (dimin. du lat. *tabula*, table). Petit siège à quatre pieds qui n'a ni bras ni dos : *tabouret de velours.* — AVOIR LE TABOURET, avoir droit de s'asseoir sur un tabouret ou sur un siège pliant, en présence du roi, de la reine : *les duchesses ont le tabouret.* — Siège sur lequel sont exposés en place publique ceux qui ont été condamnés à quelque peine infamante. — Phys. TABOURET ÉLECTRIQUE, siège qui sert à isoler.

* TABOURET s. m. Plante. Voy. BOURSE-A-PASTEUR.

TABRIZ [ta-brizz] ou TAURIS, ville de Perse, cap. de l'Azerbijan, à 490 kil. N.-O. de Téhéran environ, près de l'Aji ; 120,000 hab. Elle est à 4,944 pieds au-dessus du niveau de la mer ; elle est entourée de beaux jardins. Les bazars y sont nombreux et spacieux. Tabriz est une des villes les plus commerçantes de la Perse, elle trafique beaucoup avec l'étranger par les caravanes de Trébizonde et de Tiflis. On y fabrique des étoffes de soie et de coton. Elle fut, sous le nom de Gazaca, la capitale de l'ancienne Atropatène.

TABULAIRE adj. (lat. *tabula*, tableau). Qui tient aux tableaux.

* TAC s. m. Maladie contagieuse qui attaque les brebis et les moutons.

* TACET s. m. [ta-sèt] (mot lat. signifiant : *Il se tait*). Mus. N'est usité que dans ces phrases, *Tenir le tacet, faire le tacet,* qui se disent d'une partie qui se tait pendant que les autres chantent. — Par ext. IL A TOUJOURS GARDÉ LE TACET, se dit d'un homme qui est demeuré sans rien dire dans une conversation.

TACFARINAS, patriote numide qui fit révolter le nord de l'Afrique contre les Romains, en l'an 17 de l'ère chrétienne. Il fut tué, en l'an 25, dans un combat contre Dolabella.

* **TACHE** s. f. Souillure sur quelque chose, marque qui salit, qui gâte : *une vilaine tache.* — C'EST UNE TACHE D'HUILE, se dit d'une flétrissure, d'une atteinte à la réputation, qui ne peut pas s'effacer, se réparer. — Fig. LA TACHE DU PÉCHÉ, la souillure que l'âme contracte par le péché : *le baptême efface la tache du péché originel, la tache originelle.* — Se dit aussi de certaines marques naturelles qui paraissent sur la peau, et de celles qui se forment sur certaines membranes, sur certains organes : *avoir des taches de rousseur.* — Se dit encore des marques qui sont sur la peau ou sur le poil de certaines bêtes : *un chien blanc qui a des taches noires.* — Fig. L'AGNEAU SANS TACHE, JÉSUS-CHRIST. — Se dit, dans un sens analogue, en parlant de certaines parties des végétaux : *les taches d'un œillet.* — Se dit, en outre, de certaines parties obscures qu'on remarque avec le télescope sur le disque du soleil, de la lune, des planètes et des satellites : *on vient d'apercevoir de nouvelles taches dans le soleil, sur le soleil.* — FAIRE TACHE, se dit d'une personne ou d'une chose qui contraste d'une manière défavorable ou déshonorante avec ce qui l'entoure. — IL VEUT TROUVER DES TACHES DANS LE SOLEIL, se dit d'un homme qui cherche à trouver des défauts dans d'excellents ouvrages, dans des chefs-d'œuvre. — Tout ce qui blesse l'honneur, la réputation : *c'est une tache à son honneur, à sa réputation.*

* **TÂCHE** s. f. (du lat. *taxatio*, taxe). Ouvrage, travail qu'on donne à faire à une ou à plusieurs personnes, à certaines conditions, dans un certain espace de temps : *donner une tâche à des écoliers, à des enfants.* — TRAVAILLER A LA TÂCHE, ÊTRE A LA TÂCHE, etc., se dit des ouvriers qui travaillent à un ouvrage qu'ils ont entrepris en gros, et dont ils doivent être payés, suivant le marché fait avec eux, sans égard au nombre des journées qu'ils y auront employées : *entreprendre une besogne à la tâche, travailler à la tâche.* — Fig. PRENDRE A TÂCHE DE FAIRE UNE CHOSE, s'attacher à faire une chose, une grande occasion de la faire : *il semble qu'il ait pris à tâche de me ruiner, de me perdre.* — En gros et en tâche loc. adv. En gros, et sans entrer en discussion du détail : *marchander des ouvrages en bloc et en tâche.*

* **TACHÉOGRAPHIE** s. f. [-ké-o-]. Voy. TACHYGRAPHIE.

TACHÉOMÈTRE s. m. [-ké-o-] (gr. *takus*, rapide; *metron*, mesure). Géod. Instrument à l'aide duquel on mesure en même temps les hauteurs et les distances horizontales.

* **TACHER** v. a. Souiller, salir, faire une tache : *cela a taché votre habit.* — Fig. Il ne faut qu'une mauvaise action pour tacher la plus belle vie.

* **TÂCHER** v. n. Faire des efforts pour venir à bout de quelque chose : *je tâcherai de vous satisfaire.*

J'irais loin d'elle encor *tâcher* de l'oublier ?
J. RACINE. *Andromaque*, acte III, sc. 1re.

— Est quelquefois suivi de la préposition A, ou de l'équivalent; et alors signifie, viser à : *je vois bien que vous tâchez à m'embarrasser.* — Faire des efforts en s'appliquant péniblement à un ouvrage auquel on n'est pas propre : *malheur à qui tâche en quelque genre que ce puisse faire !* (Vieux.) — Fam. IL N'Y TACHAIT PAS, se dit en parlant de quelque chose qu'une personne a fait sans intention. — Fam. PARDONNEZ-LUI, IL N'Y TACHAIT PAS, se dit aussi, par plaisant., quand un homme a fait quelque chose de bien, plutôt par hasard qu'à dessein.

* **TÂCHERON** s. m. Homme qui entreprend une tâche pour la faire par lui-même ou pour la faire exécuter par d'autres.

* **TACHETÉ, ÉE** part. passé de TACHETER. —

Bot. Se dit de ce qui est marqué de taches dont on ne détermine pas le nombre : *fleurs tachetées de rouge, de jaune.*

* **TACHETER** v. a. Marquer de diverses taches. Se dit proprement des taches qui sont sur la peau des hommes et de certains animaux : *le grand soleil, le grand hâle lui a tacheté le visage.* — Se dit aussi des taches artificielles : *il faudra tacheter de rouge le fond jaune de cette étoffe.*

TACHETURE s. f. Moucheture; marque qui tachette.

TACHOMÈTRE s. m. [ta-ko-] (gr. *takus*, rapide ; *metron*, mesure). Instrument au moyen duquel on mesure la vitesse des trains.

TACHY [ta-ki] (gr. *takus*, rapide), préfixe qui sert à former un certain nombre de mots.

* **TACHYGRAPHE** s. m. [ta-ki-] (préf. *tachy*; gr. *graphein*, écrire). Celui qui s'occupe de tachygraphie.

* **TACHYGRAPHIE** s. f. Art d'écrire très vite à l'aide des abréviations. (Voy. STÉNOGRAPHIE.)

* **TACHYGRAPHIQUE** adj. Qui appartient à la tachygraphie.

* **TACITE** adj. (lat. *tacitus*). Qui n'est point formellement exprimé, mais qui est sous-entendu, ou qui se peut sous-entendre : *condition tacite; aveu tacite.* N'est usité que dans ces sortes de phrases. — TACITE RECONDUCTION, continuation de la jouissance d'une ferme, d'une maison, etc., au même prix et aux mêmes conditions après l'expiration du bail, et sans qu'il ait été renouvelé. (Voy. RECONDUCTION.)

TACITE (Caius-Cornelius TACITUS), historien romain, né probablement vers l'an 55, et mort probablement après l'an 147. Il fut de bonne heure revêtu des fonctions publiques sous Vespasien, et épousa une fille de Julius Agricola. Il fut préteur sous Domitien, et consul suffectus sous Nerva. On ne sait rien de positif sur le reste de sa carrière. Orateur et jurisconsulte fameux, il a écrit *Vita Julii Agricolæ*, qui est le chef-d'œuvre biographique de l'antiquité; *Germania*, publiée peu après, la même année, probablement en 98; *Historiæ* (vers 105) embrassant l'histoire de Rome de 69 à 96, et dont il ne reste que les 4 premiers livres et une partie du 5e, et enfin *Annales*, histoire abrégée des événements de l'an 14 à l'an 68; sur les 16 livres de ce dernier ouvrage, il n'en reste que 9 complets et les parties de 3 autres. — Les meilleures éditions de Tacite sont celles d'Ernesti (Leipzig, 1752); de Brottier (1771, 4 vol. in-4°); d'Oberlin (Leipzig, 1801; 2 vol. in-8°); de Bekker (Leipzig, 1831, 2 vol. in-4°); d'Orelli (Zurich, 1848); de Ritter (Cambridge, 1848, 4 vol.). Les principales traductions françaises sont celles de Perrot d'Ablancourt (1651, 3 vol. in-12); de La Bletterie (1768, 3 vol. in-12); de Dotteville (1779, 7 vol. in-8°); de Dureau de la Malle (1790, 6 vol. in-8°); de Burnouf, la plus remarquable de toutes (1827-'33, 6 vol. in-8°) et de Panckoucke (1827-'38, 7 vol. in-8°). Voy. Théry, *Tacite* (Paris, 1849, in-4°).

TACITE (Marcus-Claudius TACITUS), empereur romain, né vers 200 et mort en avril 276. Après l'assassinat d'Aurélien en 275, Tacite, qui avait occupé différentes fonctions et que sa richesse et son intégrité mettaient en vue, fut unanimement élu empereur par le sénat. Il inaugura des réformes intérieures. On raconte qu'il fut assassiné par ses soldats dans une expédition contre les Goths d'Asie Mineure.

TACITEMENT adv. D'une manière tacite, sans être formellement exprimé : *cela n'est pas exprimé dans le traité, mais cela y est compris tacitement.*

* **TACITURNE** adj. Qui est de tempérament et d'humeur à parler peu : *un homme morne et taciturne.*

TACITURNEMENT adv. D'une manière taciturne.

* **TACITURNITÉ** s. f. Humeur, tempérament, ou état d'une personne taciturne : *demeurer dans une grande taciturnité.*

TACNA, ville du Pérou, acquise par le Chili en 1883, située au pied des Andes, à 300 kil. S.-S.-E. d'Arequipa; 40,000 hab. Aux environs se trouvent de riches mines. (Voy. PÉROU.)

TACON s. m. Boule que l'on pousse au jeu du mail.

TACONNAGE s. m. Défaut d'une bouche à feu, lorsque, pendant la fabrication, il s'est produit des gerçures dans le moule, ce qui fait qu'une partie de la fonte n'adhère au reste du métal que d'un seul côté.

TACONNER v. a. Raccommoder avec des pièces de rapport.

* **TACT** s. m. [takt] (lat. *tactus*; de *tactum*, supin de *tangere*, toucher). Le toucher, l'attouchement, l'un des cinq sens par lequel on connaît ce qui est chaud ou froid, dur ou mou, uni ou raboteux, etc. : *le tact est le moins subtil de tous les sens.* — Fig. AVOIR LE TACT FIN, EXERCÉ, SUR, etc., ou, absol., AVOIR DU TACT, juger finement, sûrement en matière de goût, de convenances, d'usage du monde : *cet homme a du tact.* On dit aussi, C'EST UN HOMME DE TACT. — ENCYCL. Le tact ou sens du toucher est une modification ou la sensibilité ordinaire du corps, dont la peau est le siège spécial et qui nous donne, au contact des objets, une idée de leur résistance ou de leur poids, de leur température, de leur grosseur, de leur forme, de leur poli ou de leur rugosité, etc. Ce sens est le plus développé dans l'extrémité des doigts, sur la langue, les lèvres, certaines portions de la membrane muqueuse et les mamelons des seins, où les papilles sensoriales sont les plus nombreuses, chacune recevant une ou plusieurs fibres nerveuses, qui paraissent se terminer en ce qu'on a appelé le corpuscule tactile. La délicatesse du toucher diffère suivant les différentes parties du corps, généralement en proportion de leur vascularité. Les parties non-musculaires comme les cheveux, les ongles et les dents, sont privés du sens du toucher, tandis que les nerfs sont répandus sous la peau comme un mince réseau.

* **TAC TAC**, onomatopée dont on se sert pour exprimer un bruit réglé qui se renouvelle à temps égaux.

* **TACTICIEN** s. m. Celui qui possède la tactique, qui entend bien la tactique : *cet officier général est un grand tacticien.*

TACTICOGRAPHE s. m. (gr. *tactique*, tactique; *graphein*, écrire). Celui qui a écrit sur la tactique militaire.

TACTICOGRAPHIE s. f. Délinéation des manœuvres militaires. Art de représenter par des constructions graphiques les évolutions de guerre.

* **TACTILE** adj. (lat. *tactilis*; de *tactus*, tact). Didact. Qui se peut toucher, qui est ou peut être l'objet du tact : *les esprits ne sont point tactiles.*

TACTILITÉ s. f. Faculté de percevoir les impressions du toucher.

* **TACTION** s. f. [ta-ksi-on]. Action du toucher. (Peu us.)

* **TACTIQUE** s. f. (gr. *taktikè*; sous-ent. *technè*). Art de ranger des troupes en bataille, de camper, de faire les évolutions militaires, etc. : *la tactique des anciens.* — Fig. Marche qu'on suit et moyens qu'on emploie pour réussir dans quelque affaire : *il employa dans cette*

affaire une tactique fort adroite. — Adj. Qui se rapporte à l'art de ranger les troupes en bataille, aux évolutions militaires : *le bataillon est l'unité tactique de l'infanterie.*

TADJOURA, baie de l'Afrique orientale ouvrant sur le golfe d'Aden, au-dessous du détroit de Bab-el-Mandeb et à l'entrée de la mer des Indes. Son ouverture, au milieu de laquelle sont situées les îles Moussa ou *Moucha* occupées par les Anglais, se trouve comprise entre 11°30′ et 12° de lat. N., et sa profondeur entre 40° et 41° de long. orientale. — La baie de Tadjoura forme aujourd'hui la partie la plus importante du territoire français d'Obock (voy. ce mot), qui commence au cap Doumaïra, en face de l'île de Périm, et que les dernières acquisitions (sept. 1875) ont prolongé jusqu'au cap Djiboutil, au sud des îles Moussa ; le développement de la côte entre ces deux points est de 300 kil. environ. Une chaîne de montagnes dont la ligne de faîte sert, vers l'intérieur, de limite au territoire, contourne la baie vers le fond de laquelle deux contre-forts, se rapprochant, forment la *Goubbet-Kharab* (l'Anse de la Dévastation); celle-ci n'a pas moins de 18 kil. dans le sens de sa plus grande longueur ; c'est-à-dire du N.-.O au S.-E., avec un fond de 190 mètres. Le canal de communication, large de 350 m. environ, est divisé par un îlot en deux passes étroites dont l'une, celle du N., est seule assez profonde pour donner passage aux navires. — Au N.-O. et à 12 kil. de la Goubbet-Kharab se trouve le lac Assal, long de 8 à 10 kil. et large de 7 kil. Le sel produit par l'évaporation de ses eaux fait l'objet d'un commerce assez considérable avec l'Abyssinie. — Il n'existe point de cours d'eau permanents dans la baie de Tadjoura; mais un grand nombre de torrents, à sec pendant plusieurs mois, roulent pendant la saison pluviale, de février à mai, des eaux furieuses qui, souvent, se répandent hors de leurs lits. Il est probable cependant que la baie servait autrefois de déversoir au fleuve Hhaouach, collecteur des eaux du Choa méridional et oriental. Ce fleuve se perd aujourd'hui dans les bas-fonds ou lacs Dougod et Abhebbad situés à l'O. et à 70 kil. environ de la Goubbet-Kharab. L'exploration attentive des lieux nous apprendra sans doute un jour qu'un phénomène semblable à celui que nous avons décrit au mot Melrhir s'est produit là dans les temps anciens, et peut-être découvrira-t-on que le fleuve Hhaouach se déverse encore dans la baie par des canaux souterrains. — Les principaux centres de population existant autour de la baie de Tadjoura sont : au N., Obock (voy. ce mot), chef-lieu du territoire, occupé en 1884; il s'y trouve deux factoreries et un établissement de l'Etat dominant un village indigène; Tadjoura, petit port et village Dankali d'un millier d'hab., défendu par un ancien fort égyptien occupé aujourd'hui par une garnison française; Ambabo, village situé au fond d'une petite baie inaccessible aux grands navires; Sagallo, avec garnison française également dans un ancien fort égyptien ; enfin, sur la côte méridionale, le *khour* ou port d'Ambado, le dernier occupé, à l'O. du cap Djiboutil. — La population des territoires cédés à la France, divisée en sept tribus principales, peut être évaluée à une vingtaine de mille âmes n'ayant d'autres richesses que leurs troupeaux; les pâturages cependant y sont assez pauvres, surtout pendant la saison sèche; mais les feuilles de mimosas, essence très répandue, y suppléent, paraît-il, amplement. Une forêt, celle d'Angar, fournit des bois de chauffage et de construction. — Si les eaux courantes font généralement défaut autour de la baie, les eaux souterraines, en revanche, y sont partout abondantes à une faible profondeur, et les essais de culture, faits dans les environs d'Obock, ont donné des résultats très satisfai-

sants. — Le pays est généralement sain. Des sources thermales existent près d'Obock et à l'entrée N. de la Goubbet-Kharab. — La baie de Tadjoura, par sa situation à l'entrée de la mer des Indes, a une importance maritime sur laquelle il est inutile d'insister. Sa possession n'est pas moins importante au point de vue commercial; c'est, en effet, des différentes stations que nous avons indiquées plus haut que partent les routes les plus directes pour l'Abyssinie méridionale et le Choa et que s'organisent les caravanes qui desservent ces riches contrées. Le commerce, qui ne consiste encore qu'en tissus, armes et munitions que nos commerçants échangent contre de l'ivoire, du musc et de la poudre d'or, prendra plus d'extension à mesure que l'influence française pénétrera dans l'intérieur et que la sécurité des routes sera assurée.   (V. L.)

TADMOR. Voy. PALMYRE.

TADORNE s. f. Nom vulgaire d'un canard de la sous-famille des *anatinæ*. La tadorne commune (*tadorna vulpanser*, Flem.) est un des plus beaux oiseaux aquatiques ; ses couleurs sont brillantes, pures et nettement tranchées. Chez le mâle, le bec est vermillon; la tête et la partie supérieure du cou vertes, bordées

Tadorne commune (Tadorna vulpanser).

d'un collier blanc, au-dessous duquel en est un autre d'une chaude couleur marron, couvrant le haut de la poitrine et du dos; le reste de la queue est blanc, le croupion et les pennes supérieures de la queue sont blancs. La voix de la tadorne est une sorte de sifflement aigu; sa chair est grossière, noire, d'une odeur et d'un goût désagréables. Cet oiseau s'apprivoise aisément.

* **TAEL** s. m. [ta-èl] (mot probablement malai ; l'équivalent chinois est *liang*). Monnaie de compte de la Chine : *le tael vaut environ 32 gr. d'argent.*

* **TÆNIA** s. m. Voy. TÉNIA.

TAF s. m. Argot. Peur.

* **TAFFER** v. n. Argot. Avoir peur.

* **TAFFETAS** s. m. (pers. *taftah*, étoffe). Etoffe de soie fort mince et tissue comme de la toile : *taffetas d'Avignon, de Tours.* — TAFFETAS D'ANGLETERRE, taffetas ordinairement noir ou couleur de chair, qui est gommé d'un côté, et qu'on applique sur les coupures pour tenir les parties rapprochées.

TAFFEUR, EUSE s. Poltron, poltronne.

* **TAFIA** s. m. Eau-de-vie fabriquée avec les écumes et le sirop du sucre de canne.

TAFILET [ta-fi-lett], division du Maroc, comprenant l'oasis du même nom, au S.-E. de l'Atlas, entre 30° 45′ et 31° 10′ lat. N. et entre 5° 23′ et 5° 45′ long. O.; 100,000 hab., en majorité Chillouhs. Plaine fertile arrosée par deux rivières. Les dattes constituent le produit principal. On y nourrit de grands troupeaux de moutons et de chèvres. Mines de plomb et d'antimoine en exploitation. La *ville* la plus importante est Abuam, à environ 390 kil. E.-S.-E. de Maroc ; mais le centre officiel est Pissani, à quelques kil. au N.-E.

En 1648, un roi de Tafilet fonda la dynastie actuelle du Maroc.

TAFNA ou **Siga**, rivière de la province d'Oran (Algérie); elle prend naissance dans les montagnes de Beni-Snouse et se jette dans la Méditerranée après un cours de 50 kil. Le général Bugeaud et l'émir Abd-el-Kader conclurent un traité le 1er juin 1837 sur les bords de la Tafna. (Voy. ALGÉRIE.)

TAFOUILLEUX, EUSE s. [*ll mll.*]. Personne dont le métier est de ramasser les objets charriés par la Seine.

TAGANROG, ville du gouvernement de Yekaterinoslav, dans la Russie méridionale, sur un promontoire formé par la mer d'Azof, à 45 kil. N.-O. d'Azof; 48,586 hab. Elle est puissamment fortifiée. Son port est peu profond, mais c'est le *plus* important de la mer d'Azof. On exporte surtout du blé. La ville date de 1768, et le port voisin de Mariupol (9,037 hab.), qui en dépend, fut fondé par les Grecs en 1779. Les canonnières franco-anglaises causèrent de grands dégâts dans les deux villes en 1855.

TAGASTE, ville de l'ancienne Numidie, auj. Souk-Harras. Patrie de saint Augustin.

TAGE (anc. *Tagus*; esp. *Tajo*; portug. *Tejo*), fleuve d'Espagne et de Portugal, le plus long de la péninsule. Il prend naissance dans la Sierra de Cuença, province de Teruel (Espagne), coule au S.-O. pendant environ 55 kil., puis au S.-O et à l'O. jusqu'au Portugal dont il forme la frontière pendant 35 kil. environ, et enfin surtout au S.-O. jusqu'à l'Atlantique, au-dessous de Lisbonne; long. : 890 kil. environ. A 35 kil. au-dessus de Lisbonne, il prend une larg. de 12 kil. ou davantage; mais il est ensuite resserré entre des collines, et à son embouchure il n'a pas plus de 2 kil. Il est navigable jusqu'à Abrantès pour les navires de 150 tonneaux. Ses principaux affluents sont : la Jarama, la Guadarrama, l'Alberche et l'Alagon en Espagne, et le Zezère, en Portugal. Les principales villes qu'il arrose sont : Lisbonne, Santarem et Abrantès en Portugal, et Talavera de la Reyna, Toledo et Aranjuez en Espagne. — Le bassin du Tage est évalué à 73,454 kil. carr.

TAGÈTE s. m. Bot. Genre de composées senecionidées, comprenant plusieurs espèces de plantes vulgairement nommées œillets d'Inde. Ce sont des herbes annuelles à fleurs jaunes ou orangées. La *tagète dressé* ou *grand œillet d'Inde* (*tagetes erecta*), originaire du Mexique, atteint près d'un mètre de haut. La *tagète étalé* ou *petit œillet d'Inde* (*tagetes patula*), du même pays, est plus petit et porte des fleurs plus délicates. Le *tagète ponctué* (*tagetes signata*) également, du N. de l'Amérique, se distingue par son feuillage finement divisé, d'un beau vert bleuâtre, et par la profusion de ses petites fleurs simples.

Tagète dressé (Tagetes erecta).

TAGLIACOZZI [ta-lia-kott'-si]. Voy. TALIACOTIUS.

TAGLIACOZZO, ville de l'Abbruzze ultérieure IIe (Italie), à 17 kil. O. d'Alba, 7,200 hab. Le 23 août 1268, Charles d'Anjou, roi de Naples, y vainquit et y fit prisonnier le jeune Conradin, qui fut décapité le 29 oct. suivant.

TAGLIAMENTO [ta-lia-mènn-to], rivière de

Lombardie (Italie); elle prend sa source dans les Alpes Juliennes et se jette dans l'Adriatique, au golfe de Venise, après un cours de 170 kil. Sur ses rives, Bonaparte vainquit le 16 mars 1797, les Autrichiens commandés par le duc Charles. Tagliamento donna, en 1806, son nom à un département français qui avait pour ch-l. Trévise.

TAGLIATELLI s. m. pl. [ta-lia-tèl-li] (mot ital. formé de *tagliare*, découper). Bandes très minces et très étroites découpées dans une pâte d'œufs et de farine et que l'on fait cuire comme le macaroni.

TAGLIATI s. m. pl. [ta-lià-ti]. Lanières minces et étroites découpées dans une pâte de farine, d'eau et de sel et que l'on fait cuire comme le macaroni.

TAGLIONI (Philippo) [ta-lio'-ni], maître de ballet italien, né à Milan en 1777, mort le 14 février 1871. Il fut attaché aux théâtres de Stockholm, de Cassel et de Varsovie et revint en Italie en 1853. Le meilleur de ses nombreux ballets est *la Sylphide*.

TAGUIN, rivière d'Algérie; prend sa source dans le Djêbel-Amour et afflue du Chélif. Victoire des Français sur Abd-el-Kader le 16 mai 1843.

* TAÏAUT interj. [ta-iô]. Cri du chasseur quand il voit le cerf, le daim ou le chevreuil.

* TAÏCOUN s. m. Chef du pouvoir temporel au Japon. (Voy. **JAPON**.)

* TAIE s. f. [tê]. Linge en forme de sac, qui sert d'enveloppe à un oreiller : *une taie d'oreiller.* — Certaine tache blanche et opaque qui se forme quelquefois sur l'œil : *il lui est venu une taie à l'œil.*

TAILLABILITÉ s. f. Féod. État de celui qui est taillable.

* TAILLABLE adj. [ll mll.]. Sujet à la taille : *les gentilshommes, les ecclésiastiques n'étaient point taillables.* — Se disait aussi des provinces et des villes dont les habitants étaient sujets à la taille : *une ville taillable.* — Se disait encore des terres mêmes et des biens sur lesquels on imposait la taille, dans les pays de taille réelle : *en Languedoc, ni les biens nobles, ni les biens ecclésiastiques n'étaient taillables.* — Substantiv. *Les taillables d'une paroisse.*

* TAILLADE s. f. Coupure, entaille, balafre dans la chair, dans les chairs : *en se rasant, il s'est fait une taillade au menton.* — Coupures en long qu'on fait dans l'étoffe, dans des habits, soit que ces coupures gâtent l'étoffe et l'habit, soit qu'on les fasse pour orner l'habit : *il a fait une grande taillade dans cette étoffe, soit par hasard, soit par malice.*

* TAILLADER v. a. Faire des taillades. Se dit tant des balafres qu'on fait sur la peau et dans les chairs, que des coupures qu'on fait dans de l'étoffe : *on lui a taillardé le visage.*

* TAILLANDERIE s. f. Métier, art, commerce du taillandier : *exercer la taillanderie.* — Se dit aussi des ferrements, des outils, des ouvrages que fait un taillandier : *une caisse de taillanderie.*

* TAILLANDIER s. m. Artisan qui fait toutes sortes d'outils pour les charpentiers, les charrons, les tonneliers, les laboureurs, etc., comme faux, haches, cognées, serpes, etc. : *maître taillandier.*

* TAILLANT s. m. Tranchant d'un couteau, d'une épée, d'une hache, etc. : *aiguiser le taillant d'un couteau.*

TAILLANT (Pierre), colonel, né à Pont-Saint-Esprit (Gard), le 17 août 1816. Engagé à 18 ans, il était en 1868, commandant de la place de Phalsbourg, qu'il défendit héroï-

quement en 1870, et fut, pour ce fait, nommé commandeur de la Légion d'honneur. Il prit sa retraite et se retira à Pont-Saint-Esprit, où le maire, en lui offrant, au nom de la ville, une épée d'honneur, lui rappela les belles paroles qu'il avait prononcées à Phalsbourg : *« Vous pouvez entrer, les portes de Phalsbourg sont ouvertes; vous nous trouverez désarmés, mais non vaincus. »* Le colonel Taillant est mort dans sa ville natale le 12 mai 1883.

* TAILLE s. f. (all. *theil*, incision). Tranchant d'une épée. En ce sens, n'est guère usité que dans cette phrase, **FRAPPER D'ESTOC ET DE TAILLE**, frapper de la pointe et du tranchant. — Coupe, manière dont on coupe certaines choses, dont certaines choses sont coupées, taillées : *ce jardinier entend bien la taille des arbres.* — **HABIT GALONNÉ SUR LES TAILLES, SUR TOUTES LES TAILLES**, habit galonné sur tous les endroits où il est taillé, sur toutes les coutures : on dit plus ordinairement, **GALONNÉ SUR TOUTES LES COUTURES.** — Se dit particul. en parlant du bois, de la pierre ou du marbre que l'on coupe avec art et selon certaines dimensions, pour les employer dans une construction : *un ouvrier qui entend bien la taille des pierres.* — **PIERRE DE TAILLE**, pierre dure qui est ou qui doit être taillée pour entrer dans une construction : *une maison de pierre de taille.* — Manière dont on travaille les pierres précieuses : *un lapidaire qui entend bien la taille des diamants, du diamant.* — Manière dont on coupe une plume pour écrire : *la taille de cette plume ne vaut rien.* — Graveur. Incision qui se fait avec le burin dans le cuivre ou autre matière : *des tailles profondes, légères.* — Monnaie. Se dit de la division d'un marc d'or ou d'argent, en une certaine quantité de pièces égales : *les louis étaient à la taille de trente au marc.* — Chir. Opération qu'on fait pour extraire les calculs qui se sont formés dans la vessie : *la taille se pratique tantôt par le périnée, tantôt au-dessus du pubis.* — Stature du corps : *belle taille.* — Particul. Conformation du corps depuis les épaules jusqu'à la ceinture : *le minimum de taille pour l'admission dans l'armée de terre est aujourd'hui de 1 m. 54.* (L. 27 juil. 1872, art. 46). — **CETTE FEMME N'A POINT DE TAILLE**, elle est grosse et courte. — **LA TAILLE commence à revenir après avoir été coupé** : *une jeune taille.* — Boulang. Petit bâton fendu en deux parties égales, sur lesquelles le vendeur et l'acheteur font des coches, c'est-à-dire, de petites entailles, pour marquer la quantité de pain, de viande, de vin, etc., que l'un fournit à l'autre : *prendre à la taille le pain chez le boulanger, et la viande chez le boucher.* (Voy. **PREUVE**.) — **JOUER A LA TAILLE**, se dit de joueurs qui, s'étant proposé de jouer ensemble plusieurs jours de suite, sont convenus qu'au lieu de payer sur-le-champ, on écrira, à chaque partie, le gain ou la perte, pour ne payer la différence que le dernier jour. — Fin. Certaine imposition de deniers qu'on levait sur toutes les personnes qui n'étaient pas nobles ou ecclésiastiques ou qui ne jouissaient pas de quelque exemption : *collecteur des tailles.* — **TAILLE PERSONNELLE**, celle qui s'imposait et se levait sur chaque personne taillable ; et, **TAILLE RÉELLE**, celle qui s'imposait et se levait sur les terres et les possessions. (Voy. **CONTRIBUTION**.) — Pharaon, Trente et un, etc. Série complète des coups qui se suivent, jusqu'à ce que le banquier ait retourné toutes les cartes du jeu qu'il a dans la main : *il a gagné à la première taille, mais il a perdu à la seconde.* — Mus. Celle des quatre parties qui est entre la basse et la haute-contre : *une belle voix de taille.* On la nomme plus ordinairement **TÉNOR.** — **C'EST UNE BONNE TAILLE, UNE BELLE TAILLE**, se dit d'un homme qui a une belle voix de taille. — **HAUTE-TAILLE**, voix qui approche de la

haute-contre ; et, **BASSE-TAILLE**, voix qui approche de la basse, ou même Voix de basse. — **BASSE-TAILLE.** — Fam. C'est en termes de sculpture, se dit des figures de peu de saillie, exécutées sur le marbre, sur la pierre, sur le bronze, etc. Cette expression a vieilli ; on appelle ces sortes de figures **Des bas-reliefs.**

* TAILLÉ, ÉE part. passé de **TAILLER**. — **CET HOMME EST BIEN TAILLÉ**, il est bien fait, il a le corps bien proportionné. — **COTE MAL TAILLÉE**, arrêté de compte en gros, sans égard à ce qui peut appartenir à chacun à la rigueur : *ils étaient en contestation sur plusieurs sommes respectivement dues, ils ont fait une cote mal taillée.* — **BESOGNE TOUTE TAILLÉE**, se dit en parlant d'un ouvrage quelconque, dont les matériaux sont si bien préparés, qu'il n'y a plus qu'à en faire usage. — Blas. Se dit d'un écu qui est partagé en deux parties égales par une ligne tirée de la gauche du chef à la droite de la pointe : *il porte taillé d'argent et de gueules.*

TAILLEBOURG, comm. du cant. de Saint-Savinien, arr. et à 15 kil. S.-O. de Saint-Jean-d'Angely (Charente-Inférieure); 1,500 hab. Victoire de saint Louis sur le roi d'Angleterre Henri III (20 juillet 1242).

TAILLE-CRAYON s. m. Petit instrument à l'aide duquel on taille mécaniquement les crayons. — pl. **DES TAILLE-CRAYONS.**

* TAILLE-DOUCE s. f. Gravure qui se fait au burin seul, sans le secours de l'eau-forte, sur une planche de métal : *gravure en taille-douce.* — **TAILLE-DOUCE**, estampe qui est tirée sur une taille-douce ; et, **TAILLE DE BOIS**, celle qui est tirée sur une taille de bois : *une belle taille-douce.* — pl. **DES TAILLES-DOUCES.**

TAILLEFER, trouvère et jongleur normand, mort en 1066. Il fit partie de l'armée de Guillaume le Conquérant et porta les premiers coups à l'ennemi à la bataille de Hastings. Il tomba percé de flèches, mais il entraîna par sa valeur ses compagnons d'armes et décida du sort de la journée.

TAILLE-LÉGUMES s. m. Écon. dom. Ustensile avec lequel on taille les tubercules et les racines sous diverses formes : *des taille-légumes.*

TAILLE-MÈCHES s. m. Instrument dont se sert le fabricant de chandelles pour tailler les mèches : *des taille-mèches.*

* TAILLE-MER s. m. Mar. Partie inférieure de l'éperon d'un bâtiment, ainsi nommée parce qu'elle fend l'eau la première, lorsque le bâtiment avance : *des taille-mer.*

TAILLE-ONGLES s. m. Instrument qui sert à se tailler les ongles : *des taille-ongles.*

TAILLE-PLUME s. m. Instrument avec lequel on taille une plume d'oie d'un seul coup : *des taille-plumes.*

* TAILLER v. a. [ll mll.]. Couper, retrancher d'une matière, en ôter avec le marteau, le ciseau, ou autre instrument, ce qu'il y a de superflu, pour lui donner une certaine forme, pour la rendre propre à tel ou tel usage : *tailler une pierre pour la faire servir à un bâtiment.* — Se dit aussi, en parlant de certaines choses qui se coupent en plusieurs morceaux, en plusieurs pièces, soit avec le couteau, soit avec des ciseaux : *tailler la soupe.* — Fig. **TAILLER EN PIÈCES UNE ARMÉE, UN RÉGIMENT, UNE COMPAGNIE**, les défaire entièrement. — Prov. et fig. **TAILLER ET ROGNER**, disposer des choses à sa fantaisie : *il est le maître dans cette maison, il taille et rogne à son gré, comme il veut.* — **IL PEUT TAILLER EN PLEIN DRAP, IL A DE QUOI TAILLER EN PLEIN DRAP**, il a amplement et abondamment tout ce qui peut servir à l'exécution de son dessein. **IL A TAILLÉ EN PLEIN DRAP**, il a été en pouvoir de faire tout ce qu'il a voulu. — Inciser, faire une

incision au périnée ou au-dessus du pubis, pour extraire les calculs renfermés dans la vessie : *il a la pierre, on le menace de le tailler.* — Monnaie. Diviser un marc d'or ou d'argent en une certaine quantité de pièces de monnaie, suivant ce qui est ordonné par les règlements. — Tailler v. n. Jeux de cartes. Se dit pour indiquer la fonction du joueur qu'on nomme banquier, lequel tient les cartes et joue seul contre tous les autres joueurs : *tailler à la bassette, au trente et quarante,* etc.

TAILLER v. a. Soumettre à la taille; frapper des impôts.

TAILLE-RACINES s. m. Instrument qui sert à découper les pommes de terres en spirale pour garniture de plats : *des taille-racines.*

* **TAILLERESSE** s. f. Monnaie. Se disait autrefois d'ouvrières qui réduisaient les pièces au poids de l'ordonnance.

TAILLERIE s. f. Art de tailler les cristaux ; atelier où se fait cette taille.

* **TAILLET** s. m. Outil à l'usage des forgerons.

* **TAILLEUR** s. m. Celui qui taille : *tailleur d'habits.* — Absol. Tailleur d'habits, artisan qui fait des habits : *tailleur pour homme.* — Jeu. Celui qui taille dans une maison de jeu. — Oiseau tailleur. (Voy. *Nidification.*)

* **TAILLEUSE** s. f. Ouvrière qui taille et confectionne les vêtements de femme.

TAILLEVAS s. m. [*Il mil.*]. Sorte de grand bouclier en usage au moyen âge.

TAILLEVENT s. m. Mar. Sorte de voile plus petite que la grande voile ordinaire et qui est particulièrement employée pour les lougres, les chasse-marée et autres bateaux de pêche.

° **TAILLIS** adj. N'est usité que dans cette locution, Bois taillis, bois que l'on taille, que l'on coupe de temps en temps. — s. *Un taillis ; un jeune taillis.* — Prov. et fig. Gagner le taillis, s'enfuir et se mettre en sûreté.

* **TAILLOIR** s. m. Assiette de bois sur laquelle on taille, on coupe de la viande. (Peu us.) — Archit. Partie supérieure du chapiteau des colonnes, espèce de tablette carrée sur laquelle pose l'architrave.

* **TAILLON** s. m. Imposition de deniers, qui se levait anciennement de la même manière que la taille, et qui en était comme un supplément : *receveur général, receveur particulier du taillon.*

* **TAIN** s. m. (lat. *stannum,* étain). Feuille ou lame fort mince, qui est formée d'un mélange d'étain et de vif-argent, et qu'on applique derrière des glaces pour en faire des miroirs : *le tain de ce miroir est gâté, taché.*

TAIN, ch.-l. de cant., arr. et à 20 kil. N. de Valence (Drôme), sur la rive gauche du Rhône, 2,500 hab. Ponts suspendus.

TAÏ-PING. Voy. Chine.

* **TAIRE** v. a. (lat. *tacere*). *Je tais, tu tais, il tait ; nous taisons, vous taisez, ils taisent. Je taisais. Je tus. J'ai tu. Je tairai. Je tairais. Tais, qu'il taise ; taisons, taisez. Que je taise. Que je tusse. Taisant.* Ne dire pas : *ils vous a bien dit telle chose, mais il vous en a tu beaucoup d'autres.* — Faire taire, maîtriser : *il a fait taire son ressentiment.* — Notre canon a fait taire celui de l'ennemi, il a mis celui de l'ennemi hors d'état de continuer à tirer. — Se taire v. pr. Garder le silence, s'abstenir de parler : *après avoir dit cela, il se tut.* Avec ellipse du pronom, Faites taire cet enfant, ce bavard. — Qui se tait, consent, quand on ne dit mot sur quelque proposition, c'est une marque qu'on ne s'y oppose point. On dit plus ordinairement, Qui ne dit mot, consent. — Ne pouvoir se taire d'une

chose, la publier partout, en parler sans cesse : *il ne peut se taire sur la grâce, de la grâce que vous lui avez faite.*

> ' Romains, j'aime la gloire et ne veux point m'en taire.
> Corneille.
> Il a raison, madame, et je ne puis m'en taire.
> Boursault. *Esope à la cour,* acte I", sc. iv.

— Ne point faire de bruit. En ce sens, se dit des animaux, et généralement de tout ce qui est capable de faire du bruit : *la mer, et les vents se turent à la voix de Jésus-Christ.*

> ' Tout se calme à l'instant; les foudres *se sont tues.*
> Que ne vous *taisez-vous aussi ?*
> La Fontaine, fable 201.
> La douleur qui *se tait* n'en est que plus funeste.
> J. Racine, *Andromaque,* acte III, sc. iii.

Cette dernière phrase est du style soutenu ; ainsi que cette autre sur Alexandre, La terre se tut devant lui, c'est-à-dire, se soumit. — Cacher son sentiment, le maîtriser :

> Si tant de mères *se sont tues,*
> Que ne vous *taisez-vous aussi ?*
> La Fontaine, fable 201.

TAISSON s. m. (lat. *taxo, taxus,* blaireau). Blaireau, quadrupède sauvage qui se terre : *la chasse du taisson.* — Poisson sans arête et fort délicat.

TAÏTI ou **Tahiti** (orthographe française d'*Otaheiti,* La Taïti, grand. des îles de la Société, par 17° 32' 14" lat. S. et 151° 34' 30" long. O., à Papéiti, la cap. ; 1,046 kil. carr.; 7,800 hab., tous chrétiens. Cette île est partagée en deux parties bien distinctes : Taïti proprement dite et la presqu'île de Taiarabou, que relient un isthme large d'environ 2,000 m. et haut de 10 à 14 m. tout au plus au-dessus du niveau de la mer. Dans la première division se dresse le mont Niou, qui atteint 1,324 m. de haut; et dans Taïti le mont Ordhena (2,236 m.). Le long de la mer, autour de ces pics volcaniques, règne une bande de terre d'une fertilité sans rivale, où croissent, presque sans culture, les plantes importées de tous les continents. Climat délicieux, qui a valu à Taïti le surnom de *Perle de l'Océan.* Riches pêcheries d'huîtres perlières. — Taïti fut entrevue par Byron en 1765, et visitée en 1768 par le capitaine Wallis qui l'appela 3° île de George. Le capitaine Cook s'y rendit en 1768 pour observer le transit de Vénus. (Voy. Cook.) En 1799, le roi Pomaré céda le district de Mataval à des missionnaires anglais. La reine Pomaré fut forcée de se placer sous le protectorat français, le 9 sept. 1843. Elle voulut plus tard se rétracter, et l'île de Taïti fut envahie par des troupes françaises que commandait l'amiral Dupetit-Thouars (nov. 1843). Après une lutte sanglante qui se répandit dans la plupart des îles de la Société, le consul anglais Prichard fut arrêté le 5 mars 1844 ; mais il fut relâché et reçut une indemnité du gouvernement français. Le 29 juin 1880, l'île de Taïti cessa d'être sous le protectorat français pour être annexée définitivement à la République française, par acte spontané du roi Pomaré V. Voici le texte de la proclamation anglaise le roi Pomaré V annonça à ses sujets leur annexion à la France : — « Taïtiens, Je vous fais savoir que de concert avec M. le commandant, commissaire de la République, les chefs de districts, je viens de déclarer Taïti et ses dépendances réunies à la France. C'est un témoignage de reconnaissance et de confiance que j'ai voulu donner à la nation qui, depuis près de 40 années, nous couvre de sa protection. Désormais, notre archipel et ses dépendances ne formeront plus avec la France qu'un seul et même pays. J'ai transféré mes droits à la France; j'ai réservé les vôtres, c'est-à-dire toutes les garanties de propriété et de liberté dont vous avez joui sous le gouvernement du Protectorat. J'ai mêmedemandé de nouvelles garanties qui augmenteront votre bonheur et votre prospérité.

Notre résolution, j'en suis certain, sera accueillie avec joie par tous ceux qui aiment Taïti et qui veulent sincèrement le progrès. Nous étions déjà tous Français de cœur, nous le sommes aujourd'hui en fait. Vive la France ! vive Taïti. » En même temps, le commissaire français lançait une proclamation dont voici la substance : « Sa Majesté le roi Pomaré V vient de signer l'acte d'union de toutes ses possessions à la France ; en conséquence, les deux pays ne forment plus qu'une seule et même patrie. Le roi Pomaré conserve son titre avec tous les honneurs et tous les privilèges qui y sont attachés. Ce grand jour ouvre une ère nouvelle pour Taïti qui, lorsqu'on aura abaissé la barrière du Panama, deviendra le plus heureux et le plus beau des pays. L'impôt pour la liste civile est aboli. Vive la France! vive Taïti! »

TAKIMÉTRIE s. f. (gr. *takus,* prompt; *métron,* mesure). Nouvelle méthode au moyen de laquelle on enseigne promptement l'art de mesurer les surfaces et les volumes : *la takimétrie a été inventée par M. Ed. Lagout.*

TAKITECHNIE s. f. [-tèk-nî] (gr. *takus,* prompt; *tekné,* art). Nom donné par M. Ed. Lagout à la nouvelle encyclopédie mathématique dans laquelle il prétend enseigner plus de sciences en quelques semaines que l'Université en 8 ans, à l'aide de diagrammes ou figures explicites pour l'algèbre, l'arithmétique et la géométrie.

TALAIRE adj. (lat. *talaris; de talus,* talon). Qui descend jusqu'aux talons.

* **TALAPOIN** s. m. Prêtre idolâtre, dans certaines parties de l'Inde : *les talapoins sont des espèces de moines mendiants.*

TALAVERA DE LA REYNA [ré-i-na] (anc. *Talabriga*), ville d'Espagne, sur le Tage, dans la province de Tolède, à 104 kil. S.-O. de Madrid ; 9,000 hab. environ. Ce fut le théâtre de longues luttes entre les Maures et les chrétiens. Près de la, les 27 et 28 juillet 1809, une armée de 50,000 Anglo-Espagnols, commandés par Wellesley, battit les Français sous Victor, Jourdan et Sébastiani.

TALBOT (Jean), premier comte de Shrewsbury, surnommé l'*Achille de l'Angleterre,* né vers 1373, à Blechmore (Shropshire), d'une famille originaire du pays de Caux, fut en 1453. Envoyé en France en 1417, il contribua à la prise de Domfront et de Rouen, à la délivrance du Mans, prit part au siège d'Orléans, et succéda à Suffolk dans le commandement en chef. Fait prisonnier à Patay en 1430, il fut généreusement renvoyé sans rançon par Xaintrailles son vainqueur, et lutta ensuite avec quelques succès contre Charles VII. Livré comme otage, après la prise de Rouen par le duc de Somerset (1449), et remis plus tard en liberté, il périt dans la défaite de Castillon.

* **TALC** s. m [talk] (all. *talg,* suif). Sorte de pierre qui se divise en feuillets transparents, et qui, étant cuite, produit un plâtre extrêmement dur. — Le talc est un minéral siliceux se présentant sous deux formes, cristalline et massive. La variété massive s'appelait autrefois stéatite (pierre de savon) et était regardée comme une espèce distincte; mais elle a la même composition chimique que la forme cristalline : à MgO, $5 SiO^2 3/4 H^2 O$ (silice, 62.14, magnésie, 32.92 et eau 4.94 p. 100; c'est, en effet, un silicate hydraté de magnésie. Le talc se rencontre communément sous forme de cristaux lamellaires, qui se clivent parfaitement dans une seule direction, mais qui sont trop incomplètement développés d'ordinaire pour permettre une détermination exacte de leur système cristallin; on trouve parfois cependant des plaques et des prismes hexagonaux. On se sert du talc pour faire des poêles, des

V.

fourneaux, des foyers, des tableaux noirs, des bouchons pour les vases destinés aux expériences chimiques, des rouleaux d'encollage dans les filatures de coton, etc.

TALCAIRE adj. Qui a rapport au talc.

TALCIQUE adj. Qui est composé de talc.

TALCITE s. m. Minér. Sorte de talc nacré.

TALCSCHISTE s. m. Substance formée de talc, de quartz et de feldspath.

* **TALED** s. m. Voile dont les Juifs se couvrent la tête dans les synagogues.

TALÉGALLE s. m. (fr. *talève;* lat. *gallus* coq). Genre de gallinacés, comprenant deux espèces d'oiseaux qui habitent la Nouvelle-

Talegalla Lathami.

Guinée et l'Australie, où on les appelle *dindons de broussailles.* On distingue la *talégalle de Cuvier* et le *talégalle de Latham.*

* **TALENT** s. m. [ta-lan] (lat. *talentum*). Certain poids d'or ou d'argent, qui était différent selon les divers pays où l'on s'en servait anciennement : *talent attique.* — Don de la nature, disposition et aptitude naturelle pour certaines choses, capacité, habileté : *Dieu lui a donné de grands talents.* — **Homme de talent,** celui qui a du talent, qui possède un talent; et, **Gens a talents,** ceux qui professent bien certains arts qui demandent du talent, tels que la musique, le dessin, etc. Personne qui possède un talent : *il aimait à réunir tous les talents dans sa maison.* — **Encycl.** Le terme talent fut appliqué d'abord par les anciens Grecs à une balance, puis à la matière pesée, puis au poids lui-même. Dans le système des poids, le talent était le degré le plus haut; il équivalait à 60 mines, chacune desquelles valait 100 drachmes, la drachme valait 6 oboles. Le système monétaire étant basé sur le poids de l'argent, les mêmes noms servirent aux monnaies et aux poids; mais on ne connaît pas de pièce monnayée au-dessus de la tétradrachme; la mine et le talent n'étaient que des monnaies de compte. La proportion des différents talents les uns vis-à-vis des autres était la suivante, en chiffres ronds : 15 talents égénètes valaient 18 talents euboïques ou commerciaux, et 25 talents attiques ou de Solon. Réduites en francs, ces valeurs reviennent à 8 fr. 80 cent. pour le talent égénète; 7 fr. 25 cent. pour l'euboïque, et 5 fr. 30 cent. pour l'attique.

TALEQUAH, capitale de la nation Cherokee, en territoire Indien, dans la vallée de l'Illinois, tributaire de l'Arkansas; à 275 kil. O.-N.-O. de Little Rock; 300 hab. environ. Elle a un Capitole en briques, qui a coûté 100,000 fr.

TALÈVE s. m. L'un des noms de la poule sultane, oiseau du genre *fulica* ou *poule d'eau.*

TALIACOTIUS (Gasparo) (**Tagliacozzi** ou *Tagliacozzio*) [ta-lia-ko-si-uss; ta-lia-kott'-si, sio], chirurgien italien, né vers 1566, mort en 1599. Il professa à Bologne; on le connaît surtout par l'opération inventée par lui pour le rétablissement du nez, des oreilles, etc., perdus, qu'on a appelée de son nom. Il décrit

cette opération dans son traité *De Curtorum Chirurgia per Insitionem Libri II* (1597, 2 vol. fol.; nouv. édit., 1831).

* **TALION** s. m. (rad. lat. *talis,* pareil). Punition par laquelle on traite un coupable de la même manière qu'il a traité ou voulu traiter les autres : *la loi du talion veut que l'on crève un œil à celui qui a crevé un œil à un autre.*

TALIPOT s. m. Voy. **Corypha.**

* **TALISMAN** s. m. (ar. *telesm,* consécration). Pièce de métal fondue et gravée sous certains aspects de planètes, sous certaines constellations, et à laquelle on attribue des vertus extraordinaires. On appelle du même nom certaines figures et certaines pierres chargées de caractères, auxquelles on attribue les mêmes vertus : *la superstition des talismans a un grand cours dans l'Orient.*

* **TALISMANIQUE** adj. Qui appartient au talisman : *vertu talismanique.*

TALLADEGA, ville de l'Alabama (Etats-Unis), sur le chemin de fer de Selma, Rome et Dalton, à 125 kil. N.-E. de Montgomery; 3,000 hab.

TALLAGE s. m. Action de taller; résultat de cette action.

TALLAHASSEE [ta-la-bass'-sl], capitale de la Floride (Etats-Unis), sur le chemin de fer de Jacksonville, Pensacola et Mobile, à 250 kil. O. de Jacksonville, et à 35 kil. N. du golfe du Mexique; par 30° 25'. lat. N., et 86° 38' long. O. ; 4,000 hab., dont la moitié de couleur.

TALLAHATCHIE, rivière qui naît dans le N.-E. de Mississipi, a une direction générale S.-O. et S. et, au bout de 400 kil., se jette dans le Yaloboska avec lequel elle forme l'Yazoo. Les bateaux à vapeur peuvent la remonter pendant plus de 160 kil.

TALLAPOOSA [ta-la-pou'-sa], rivière qui naît en Géorgie (Etats-Unis), coule au S.-O. au S. et à l'O. pendant 400 kil., et se réunit à la Coosa pour former l'Alabama, à environ 46 kil. N. de Montgomery (Alabama). Les bateaux à vapeur y naviguent jusqu'à plus de 145 kil. au-dessus de la Coosa.

TALLARD, ch.-l. de cant., arr. et à 15 kil. S. de Gap (Hautes-Alpes), sur la rive droite de la Durance; 1,100 hab.

TALLART (Camille de la Baume, *duc de Hostun, comte de*), maréchal de France, né dans le Dauphiné le 14 fév. 1652, -mort le 30 mars 1728. Il fit ses premières armes sous Condé en Hollande et sous Turenne en Alsace, en 1690; gagna, en 1703, la victoire de Spire sur le prince de Hesse; à cette occasion, il écrivit à Louis XIV qu'il avait pris plus de drapeaux et d'étendards que Sa Majesté n'avait perdu de soldats. Défait l'année suivante à Hochstædt en Bavière, il fut fait prisonnier. Après 7 ans de captivité, il revint en France, fut créé duc et pair (1712), entra dans le conseil de régence (1715) et devint ministre d'Etat (1726).

* **TALLE** s. f. (lat. *thallus*). Branche enracinée qu'un arbre pousse à son pied, et que l'on en sépare avec un couteau si elle est trop forte : *une talle, pour être bonne, doit avoir au moins un œil et des racines.* — Se dit aussi des rejetons que l'on détache avec la main, au pied des plantes bulbeuses et ligamenteuses.

TALLEMANT DES RÉAUX I. (L'Abbé Fran-çois), littérateur, né à la Rochelle en 1620, mort en 1690. Il fut aumônier de Louis XIV et membre de l'Académie française (1651). Il a laissé une traduction de Plutarque (Paris 1663-'65, 8 vol. in-12), et une traduction de l'*Histoire de la république de Venise* de Nani,

(Paris, 1679-'80). — II. (Gédéon), frère du précédent, né à la Rochelle en 1619, mort en 1698. Il est auteur de *Mémoires* publiés sous le titre d'*Historiettes,* par Monmerqué et Taschereau (Paris, 1840, 10 vol. in-12).

TALLEMENT s. m. Action de taller.

* **TALLER** v. n. Pousser une ou plusieurs talles.

TALLEYRAND, surnom pris au commencement du XIIe siècle par les seigneurs appartenant à la famille des comtes souverains du Périgord. L'un des membres les plus connus de cette famille fut Henri **de Talleyrand,** *comte de Chalais,* né en 1599, décapité à Nantes en 1626. Il fut le favori de Louis XIII et l'amant de la duchesse de Chevreuse; il se laissa entraîner dans une conspiration contre Richelieu, qui le fit arrêter.

TALLEYRAND-PÉRIGORD. I. (Alexandre-An-gélique de), constituant, né à Paris en 1736, mort en 1821. Il fut député à l'Assemblée des notables et aux états généraux, protesta contre la constitution civile du clergé, émigra, devint pair de France en 1814, obtint en 1817 le chapeau de cardinal et l'archevêché de Paris. — II. (Charles-Maurice, **prince de**), homme d'Etat et diplomate, neveu du précédent, né à Paris le 13 fév. 1754, mort dans la même ville le 20 mai 1838. Son père, le comte Charles-Daniel de Talleyrand-Périgord, était un officier distingué, et lui-même eût sans doute suivi la carrière des armes si une chute qu'il fit dans son enfance n'eût été suivie d'une claudication incurable. Il dut donc, pour obéir à sa famille, renoncer à son droit d'aînesse en faveur de son frère cadet, et embrasser les ordres. On le pourvut de l'abbaye de Saint-Denis en 1775 et de l'agence générale du clergé de France en 1781. Parvenu à la prêtrise malgré ses mœurs licencieuses, il fut nommé évêque d'Autun en 1788, avec un revenu annuel de 60,000 fr. En 1789, aux états généraux, il demanda avec instance que ses collègues se joignissent immédiatement aux représentants du tiers qui avaient pris le nom d'Assemblée nationale, fut un des amis de Mirabeau les plus en vue, et seconda vigoureusement les mesures libérales. Il appuya l'abolition des dîmes ecclésiastiques, la confiscation des domaines ecclésiastiques par l'Etat, l'établissement de la constitution civile du clergé, et dès lors ne donna plus la consécration qu'aux prêtres qui prêtaient serment. Il fut excommunié, mais le pape le sécularisa à condition qu'il porterait l'habit laïque et s'abstiendrait de toute fonction ecclésiastique. Après la chute du roi, il se retira en Angleterre; mis en demeure de quitter ce pays dans les 48 heures, il alla aux Etats-Unis, où il se lança dans des spéculations qui l'enrichirent et plus tard il publia un mémoire sur le commerce américain. Avant la fin de la Convention, l'influence de Mme de Staël sur Barras le fit rayer de la liste des émigrés, et, en juillet 1797, il devint ministre des affaires étrangères. Au retour de Bonaparte d'Italie, le 5 déc., il le présenta aux directeurs et l'encouragea dans ses desseins; mais, ayant négligé de s'acquitter d'une mission à Constantinople, il fut contraint de donner sa démission (juillet 1799). Lorsque Bonaparte revint d'Egypte, il lui procura une entrevue avec Sieyès, et amena Barras à donner sa démission, frayant ainsi la voie au *coup d'Etat du 18 brumaire.* Réinstallé à son ministère en novembre, il prit part aux traités de Lunéville (1801) et d'Amiens (1802). Le 29 juin 1802, à la prière de Bonaparte, il fut relevé de son excommunication et épousa sa maîtresse, Mme Grant; c'est, dit-on, parce que le pape avait refusé de recevoir celle-ci que Talleyrand conseilla le démembrement des Etats pontificaux. Il poussa à l'enlèvement du duc d'Enghien, et hâta son

exécution. L'Empire fondé, il fut créé grand chambellan, et, en 1806, prince de Bénévent. Ayant vanté vainement l'alliance anglaise et redoutant la froideur croissante de Napoléon, il se retira des affaires étrangères le 9 août 1807. En 1809, il perdit ses fonctions de chambellan. Cela ne fit que stimuler ses sarcasmes et ses critiques contre Napoléon, dont il prédit, raconte-t-on, la chute prochaine en 1812. Sa dernière entrevue avec l'empereur, au commencement de 1814, ne fit que le plonger plus avant dans la disgrâce. Il fit secrètement avertir les souverains alliés de se hâter sur Paris, et offrit sa maison à l'empereur Alexandre. Il obtint du Sénat, le 1er avril, un gouvernement provisoire, et le fit proclamer officiellement le lendemain du renversement de Napoléon; il accueillit le comte d'Artois à Paris le 12 avril, et resta à la tête du nouveau gouvernement. A l'arrivée de Louis XVIII, il fut nommé (le 12 mai) ministre des affaires étrangères, avec l'influence de premier ministre; le 4 juin il fut créé pair. Il négocia le premier traité de Paris (30 mai 1814), et quatre mois après, il fut envoyé comme ministre plénipotentiaire au congrès de Vienne, où, lorsque Napoléon revint de l'île d'Elbe, il prit part à la déclaration qui le mettait « au ban des nations ». Il rejoignit ensuite Louis XVIII à Gand, l'accompagna en France après la bataille de Waterloo, et reprit, le 8 juillet 1815, la présidence du cabinet avec le ministère des affaires étrangères; mais il ne tarda pas à donner sa démission, dégoûté par les dures conditions que les alliés imposaient à la France et par les tendances réactionnaires de la nouvelle Chambre des députés. D'après un autre récit, il déplut à l'empereur Alexandre et fut renvoyé; mais le duc de Richelieu obtint pour lui le titre de grand chambellan de France aux appointements de 40,000 francs. Il exerça dès lors son influence surtout dans la société mondaine, et ses mots spirituels et piquants devinrent fameux. Après la révolution de juillet 1830, il fut nommé ambassadeur en Angleterre, et prit sa retraite en janv. 1835. Il défendit par son testament que ses mémoires fussent publiés pendant les 30 années qui suivraient sa mort. En 1868, Napoléon III obtint de ses héritiers un nouveau retard de 22 ans, et en 1872 le duc de Montmorency, gardien du manuscrit, refusa de le livrer à l'impression.

TALLIEN (Jean-Lambert), révolutionnaire français, né à Paris en 1769, mort le 16 nov. 1820. En 1791, il devint membre du club des Jacobins, et en 1792 secrétaire de la Commune de Paris et député à la Convention, où il se montra adversaire acharné des Girondins. En mission à Bordeaux en 1793, il épousa Mme de Fontenay, qui lui donna quatre enfants, et avec qui il divorça en 1802. (Voy. CHIMAY.) A l'instigation de sa femme, il dénonça Robespierre et amena sa chute et son exécution. Chef des thermidoriens, il finit par devenir membre du conseil des Cinq-Cents, et participa au coup d'Etat républicain du 18 fructidor. En 1798, il accompagna Bonaparte en Egypte, et y occupa de hautes fonctions administratives. En revenant en France, il fut pris par les Anglais, et bien accueilli à Londres par les whigs. Le reste de sa vie se passa dans l'obscurité et la pauvreté.

* **TALLIPOT** s. m. Espèce de palmier qui croît à Ceylan et au Malabar, et dont les feuilles sont très grandes. (Voy. CORYPHE.)

TALMA s. m. (de Talma, n. pr.) Petit manteau qui couvre les épaules et la poitrine.

TALMA (François-Joseph), acteur français, né à Paris le 13 janv. 1763, mort le 19 oct. 1826. Il reçut une bonne éducation, et parut au Théâtre-Français en 1787. Il fit rem-

placer les costumes de fantaisie employés jusque-là dans la tragédie, par les costumes du temps et du pays où se passe l'action. Sa première création originale fut le rôle principal de Charles IX, de Joseph Chénier; il se fit beaucoup applaudir dans le Henri VIII du même, et surtout dans Hamlet, Othello et Abufar de Ducis. Il avait une ressemblance frappante avec Napoléon, et après la Restauration beaucoup de ses rôles avaient une portée politique déguisée, surtout dans le Sylla de Jouy. A partir de 1796, il s'était confiné dans la tragédie; mais en 1823 il joua avec succès Danville dans l'Ecole des Vieillards de Casimir Delavigne. Il représenta, et l'on peut dire qu'il créa plus de 70 personnages. Sa dernière et peut-être sa plus heureuse création fut celle de Charles VI, dans la tragédie de Delavigne, qui fut sa représentation d'adieu, en juin 1826. Il a écrit Réflexions sur Lekain et sur l'art théâtral, brochure publiée en 1825, réimprimée en 1856 et en 1865. Son autobiographie a été mise au jour par Alexandre Dumas (1849-'50, 4 vol.).—Sa femme, d'abord Mlle Vanhove (née à la Haye en 1771, morte en 1860), fut une actrice remarquable. Elle prit sa retraite en 1811.

TALMELIER s. m. Ancien mot qui signifiait boulanger.

TALMONT, ch.-l. de cant., arr. et à 13 kil. E. des Sables-d'Olonne (Vendée), près de vastes marais salants ; 800 hab.

* **TALMOUSE** s. f. Pièce de pâtisserie faite avec de la crème, de la farine, du fromage, des œufs, du beurre et du sucre : manger des talmouses.

* **TALMUD** s. m. (mot juif moderne qui signifie : étude). Livre qui contient la loi orale, la doctrine, la morale et les traditions des Juifs.—Talmud est le nom collectif de la Mishnah et de la Gemara, contenant la loi orale et autres traditions des Juifs. (Voy. MISHNAH et JUIFS.) Dans un sens plus restreint, le nom se l'applique quelquefois qu'à la Gemala. La Mishnah constitua le texte primitif du Talmud, que la Gemara élucide, non pas tant à la manière d'un commentaire perpétuel, qu'en fournissant de nouveaux paragraphes au texte, avec des remarques explicatives données sous l'autorité d'érudits renommés. Il y a deux Gemaras ou Talmuds : celui de Palestine et celui de Babylone. La Mishnah est écrit dans le dialecte hébraïque en usage après l'exil; la Gemara est un idiome araméen corrompu. Les rabbins cités dans la Mishnah et la Gemara, remplissent une période de plus de six siècles, à partir de 200 av. J.-C. environ. Le meilleur lexique talmudique est le Woerterbuch ueber die Talmudim und Midraschim de J. Levy (Leipzig, 1875 et s.), lequel, comme tous les autres, se fonde sur l'Arukh de Nathan ben Jehiel, composé vers 1100.

* **TALMUDIQUE** adj. Qui appartient au Talmud : décision talmudique.

* **TALMUDISTE** s. m. Celui qui est attaché aux opinions du Talmud.

* **TALOCHE** s. f. Coup donné sur la tête à quelqu'un avec la main : il a reçu une taloche. (Pop.)

TALOCHER v. a. Donner une ou des taloches à quelqu'un.

* **TALON** s. m. (lat. talus). Partie postérieure du pied : il a le talon écorché. — Se dit également en parlant de quelques animaux : ce cheval a les talons hauts. — Partie d'un soulier ou d'une botte, sur laquelle pose le talon du pied : souliers à talons de cuir. — TALON ROUGE, se disait autrefois d'un homme de la cour qui avait des talons rouges à ses souliers, ce qui était une marque de noblesse : les talons rouges de Versailles.— MARCHER SUR LES TALONS DE QUELQU'UN, le

suivre de très près : je vous l'annonce; il vient; il marche sur mes talons. Cette phrase s'emploie aussi dans un sens figuré, et signifie alors, suivre quelqu'un de près pour l'âge ou la fortune ou les succès : cette cadette marche sur les talons de son aînée. — IL EST TOUJOURS A MES TALONS, SUR MES TALONS, il me suit partout, il m'importune et ne me quittant pas. — MONTRER LES TALONS, s'enfuir : il a montré les talons. — MONTREZ-NOUS LES TALONS, allez-vous en, délivrez-nous de votre présence. — IL A L'ESPRIT AUX TALONS, se dit d'un homme qui, par étourderie ou par préoccupation, n'e pense point à ce qu'il dit. — SE DONNER DES TALONS, DU TALON DANS LE DERRIÈRE, donner de grandes marques de joie, se moquer de tout ce qui peut arriver; ou encore, vivre en toute liberté, perdre son temps en promenades, en parties de plaisir. — Man. Eperon dont le talon d'un cavalier est armé : ce cheval obéit, répond aux talons. — SERRER LES TALONS, PINCER LES DEUX TALONS, appuyer deux coups d'éperon à son cheval. CE CHEVAL EST BIEN DANS LES TALONS, il est sensible à l'éperon, il y obéit, il le craint. PAR MENER UN CHEVAL DANS LA MAIN ET DANS LES TALONS, le gouverner avec la bride et l'éperon. PORTER UN CHEVAL D'UN TALON SUR L'AUTRE, lui faire fuir tantôt l'éperon droit, tantôt l'éperon gauche, dans un même manège. — Par dont est garnie la partie inférieure d'une hallebarde, d'une pique, d'un esponton, etc. — Partie inférieure ou postérieure de certaines autres choses. LE TALON D'UNE PIPE, petite saillie qu'on laisse au bas du godet d'une pipe. LE TALON D'UN BATIMENT, extrémité de la quille du côté de l'arrière : le navire donna un coup de talon, en passant sur cet écueil. — Archit. Sorte de moulure qui se composée d'un partie concave et d'une partie convexe, et qu'on emploie dans les profils d'architecture. On dit, TALON DROIT, TALON RENVERSÉ, selon la position des deux parties qui composent le talon. — Jeux de cartes. Ce qui reste de cartes après qu'on a donné à chacun des joueurs le nombre qui lui en revient : il manque une carte dans le talon, au talon. — TALON DE SOUCHE, sorte de chiffre ou de vignette imprimée en forme de bande à l'endroit d'un registre à souche où doivent être coupés, avec les ciseaux, les feuillets dont on veut détacher une partie. — Typogr. Pièce carrée, soudée à angle droit à l'une des extrémités du compositeur, pour soutenir les lettres placées dans ce dernier.

TALON (Antoine-Omer), magistrat, né à Saint-Omer en 1595, mort en 1652. Il devint avocat général au parlement. Ses Plaidoyers et Discours ont été publiés avec ceux de Denis Talon, son fils, en 1821 (Paris, 6 vol.).

TALONNEMENT s. m. Action de talonner.

* **TALONNER** v. a. Poursuivre de près : les ennemis se retiraient, et on les talonnait de près. — Importuner, presser vivement, jusqu'à l'importunité : je le talonnerai de si près que je l'obligerai de me payer. — Talonner, v. n. Mar. Toucher le fond d'une mer avec le talon du bâtiment, par secousses plus ou mains fortes.

* **TALONNIÈRE** s. f. On appelle ainsi les ailes que, selon les poètes anciens, Mercure portait aux talons : les talonnières de Mercure.

TALPA s. f. (lat. talpa, taupe). Loupe plate sur la tête.

TALPIDÉ, ÉE adj. (lat. talpa, taupe). Qui ressemble ou qui se rapporte à la taupe. — s. m. pl. Famille de mammifères insectivores ayant pour type la taupe.

TALQUEUX, EUSE adj. Qui est formé de talc; qui est de la nature du talc.

* **TALUS** s. m. [ta-lu] (lat. talus, talon). Pente ou inclinaison de haut en bas que l'on

donne à la surface verticale d'une construction ou d'un terrain : *le talus d'une pyramide, d'une muraille, d'un mur de terrasse, d'un gazon*. — Terrain en pente qui forme le côté d'une terrasse, le bord d'un fossé, etc. : *un talus revêtu de gazon*. — TAILLER, COUPER UNE CHOSE EN TALUS, la couper obliquement, en biseau. — Typogr. Partie inclinée qui se trouve d'un côté de l'œil dans les lettres longues ou accentuées, et des deux côtés aux lettres courtes.

TALUSER v. a. Tailler en biseau.

TALUTAGE s. m. Action de taluter.

* **TALUTER** v. a. Construire ou mettre en talus : *il faut taluter les bords d'un étang*.

* **TAMANDUA** s. m. Espèce de fourmilier de l'Amérique méridionale. (Voy. FOURMILIER.)

* **TAMANOIR** s. m. Fourmilier de la même espèce que le précédent, mais plus grand. (Voy. FOURMILIER.)

TAMAQUA [ta-ma'-koua], bourg électoral de Pennsylvanie, sur le Little-Schuylkill, à 100 kil. N.-E. de Harrisburg ; 5,960 hab. Le district est riche en houille et en fer.

* **TAMARIN** s. m. (ar. *tamar-hendi*). Fruit du tamarinier ou tamarin. Les tamarins sont renfermés dans une gousse grosse comme le pouce et longue comme le doigt. Cette gousse contient une pulpe purgative et astringente.

* **TAMARIN** s. m. Mamm. Genre de quadrumanes, voisin des ouistitis. On distingue le *tamarin marikiva* ou *tamarin soyeux* (*midas rosalia*, Geoffr.), dont le poil jaune d'or est

Tamarin marikiva (Midas rosalia).

doux et soyeux, et forme une espèce de crinière sur le cou ; le *léoncito* ou *singe-lion* (*midas leoninus*, Geoffr.) est le plus petit des singes connus ; sa couleur est brunâtre, avec la face noire et une crinière, qui se hérisse quand il est en colère.

* **TAMARINIER** ou Tamarin s. m. Bot. Genre de légumineuses césalpiniées, ne renfermant qu'une espèce de grand arbre, le *ta-*

Tamarinier (Tamarindus Indica).

marindus Indica, qui croît spontanément dans plusieurs parties de l'Afrique, et probablement aussi dans l'Inde ; on le trouve à l'état sau-

vage dans plusieurs îles de l'archipel Indou. Il fut de bonne heure apporté aux Indes occidentales, et s'y est naturalisé complètement, ainsi que dans certaines parties du Brésil et du Mexique. C'est un bel arbre, de 60 à 80 pieds de haut. Son fruit est une gousse indéhiscente, de 3 à 6 pouces, droite ou courbée, épaisse, à enveloppe dure et friable. Ses graines, au nombre de 4 à 12, sont chacune entourées d'une membrane coriace à consistance de papier, et séparée de l'enveloppe par une pulpe ferme, juteuse, très acide, traversée par de fortes fibres ligneuses, qui partent du pédoncule du fruit et le traversent d'un bout à l'autre. La pulpe a un goût piquant et acide, contenant de l'acide tartrique, citrique, etc., et d'autres principes peu définis qui lui donnent une propriété laxative. On se sert du tamarin, surtout dans les pays tropicaux, pour préparer une boisson rafraîchissante, en versant de l'eau bouillante sur le fruit ; cette boisson est aussi laxative et rafraîchissante dans les fièvres. Le bois est un bon bois de charpente et fait du charbon de qualité supérieure.

* **TAMARIS**, Tamaris ou TAMARIX s. m. (lat. *tamariscus*). Bot. Genre d'arbre et d'arbrisseau de la famille des tamariscinées, comprenant plus de 50 espèces, qui croissent dans les régions chaudes et tempérées de l'Europe et de l'Asie. Le *tamaris commun* (*tamarix gallica*) abonde sur les côtes européennes de la Méditerranée et de l'Atlantique. On regarde quelquefois le *tamarix mannifera* de l'Orient comme ayant fourni la manne des Hébreux. Cette manne du tamaris tombe en petites gouttes du *tamarisc gallica*, en Arabie, lorsqu'un insecte a piqué les branches de la plante. L'écorce du tamaris commun, appelé quelquefois tamaris de Narbonne, est employée en médecine comme astringente et fébrifuge.

TAMATAVE, ville et port principal de Madagascar, sur la côte orientale de cette île, sur une pointe de sable qui s'avance dans la mer ; 7,500 hab. environ. Grand commerce dont l'importance augmente de jour en jour. Rade spacieuse fermée par deux longs récifs.

TAMATIA s. m. [-si-a]. Ornith. Genre de fissirostres diurnes, mis par Gray dans la famille des martins-pêcheurs. Ce genre renferme une douzaine d'espèces connues, originaires de l'Amérique tropicale. Ces oiseaux

Tamatia (Bucco macrorhynchus).

ont l'habitude de dresser les plumes de leur tête, ce qui leur donne une apparence ébouriffée et gauche, et leur a valu des Américains le nom de *puff bird*. Ils sont solitaires, silencieux, tristes, et vivent généralement dans des bois retirés où ils perchent sur les branches basses et feuillues, avec leur grosse tête retirée entre leurs épaules. Ils restent ainsi pendant des heures, n'interrompant leur repos que pour s'élancer de temps en temps sur les insectes qui passent. Ils nichent dans

les creux des arbres. Leur plumage est de couleur sombre. Le *bucco macrorhynchus* est noir, avec le front, la gorge, l'abdomen et le bout de la queue blancs.

TAMAULIPAS [ta-mau-li'-pass] (jadis *Nuevo-Santander*), état de l'E. du Mexique, borné par le Texas, le golfe du Mexique, les états de Vera-Cruz, de San-Luis de Potosi et de Nuevo-Leon ; 78,280 kil. carr. ; 120,000 hab. La côte est basse et sablonneuse. Le Rio-Grande forme la frontière septentrionale. Les embouchures du Tampico et d'autres fleuves sont obstruées par des barres. Au nord, le pays se continue plat et s'élève progressivement en plateaux ; mais dans le sud, il est coupé de nombreuses montagnes et de belles vallées. Les forêts sont pleines de bois de construction. On élève beaucoup de bestiaux, de chevaux, de mules, de chèvres et de moutons. Les villes principales sont : Ciudad-Victoria, la capitale ; Matamoros et Tampico.

* **TAMBOUR** s. m. (pers. *tambúr*). Caisse de forme cylindrique, dont les deux fonds sont de peaux tendues, sur l'une desquelles on frappe avec des baguettes pour en tirer des sons : *le tambour sert principalement, parmi nous, à régler le pas des soldats d'infanterie, à les exciter au combat, à les assembler*, etc. — BATTRE DU TAMBOUR, faire un roulement de tambour, jouer du tambour : *il apprit à battre du tambour*. — BATTRE LE TAMBOUR, donner un signal avec le tambour : *on battit le tambour pour assembler la troupe*. On dit aussi BATTRE, sans régime : *on ordonna de battre*. (Voy. BATTRE.) — LE TAMBOUR BAT, on bat le tambour. LE TAMBOUR APPELLE, le tambour bat pour assembler les soldats et leur faire prendre les armes. — Fig. et fam. MENER QUELQU'UN TAMBOUR BATTANT, remporter sur lui l'avantage en peu de temps ; remporter sur lui plusieurs avantages consécutifs au jeu, ou dans une discussion, dans un procès, dans une affaire. — AVOIR LE VENTRE COMME UN TAMBOUR, avoir le ventre enflé, ou par maladie, ou pour avoir trop mangé. — C'EST VOULOIR PRENDRE DES LIÈVRES AU SON DU TAMBOUR, se dit en parlant d'une entreprise qui a besoin de secret pour réussir, et que l'on divulgue mal à propos avant de l'avoir exécutée. — Prov. et fig. CE QUI VIENT DE LA FLUTE S'EN RETOURNE AU TAMBOUR, le bien que l'on acquiert facilement, ou par des voies peu honnêtes, se dissipe aussi aisément qu'il a été amassé. — Celui dont la fonction est de battre du tambour : *les tambours d'un régiment*. — Petite enceinte de menuiserie avec une ou plusieurs portes, placée aux principales entrées des édifices ou des grandes salles, pour empêcher le vent de pénétrer dans l'intérieur : *établir des tambours aux portes d'une église*. — Fortific. Retranchement qui couvre la porte d'une ville, ou l'entrée d'un ouvrage. — Jeux de paume. Avance ou saillie de maçonnerie faite en biais, qui est du côté de la grille, et qui, en détournant le cours de la balle, la rend plus difficile à jouer : *la balle donna dans le tambour*. — Archit. Chacune des assises de pierres cylindriques qui composent le fût d'une colonne, ou le noyau d'un escalier à vis. — Mécan. Espèce de roue placée autour d'un axe, et au sommet de laquelle sont enfoncés deux leviers, pour pouvoir plus facilement tourner l'axe et soulever les poids. — Horlog. Cylindre sur lequel est roulée la corde ou la chaîne qui sert à monter une horloge. — Arts. Instrument d'une forme circulaire sur lequel est tendue une toile ou étoffe de soie pour y exécuter à l'aiguille différents dessins de broderie : *broder au tambour*. — Anat. Membrane qui termine le conduit auditif, et qu'on appelle aussi TYMPAN DE L'OREILLE, ou simpl. Tympan. — Tambour de basque, très ancien instrument de musique qui a été populaire chez tous les peuples européens et qui l'est encore chez les

paysans de la Biscaye et de l'Italie. C'est une sorte de petit tambour composé d'un cercle de bois ou de métal sur lequel est tendue une feuille de peau ou de parchemin, et au-

Tambour de basque.

quel est suspendue une série de plaques de cuivre ou de grelots. On le tient dans une main et on le frappe avec les phalanges fermées de l'autre, ou on le frotte fortement avec le pouce. Quelquefois on se contente de l'agiter.

* **TAMBOURIN** s. m. Espèce de tambour moins large et plus long que le tambour ordinaire, sur lequel on bat avec une seule baguette, et qu'on accompagne ordinairement avec une petite flûte, pour faire danser : *jouer du tambourin.* — Celui qui joue du tambourin. — Air vif et gai, dont on marque la mesure sur le tambourin : *il y a dans cet opéra un joli tambourin.*

TAMBOURINAGE s. m. Action de tambouriner.

* **TAMBOURINER** v. n. Battre le tambour ou le tambourin. Ne se dit proprement que des enfants lorsqu'ils battent de petits tambours qui leur servent de jouet : *ces enfants tambourinent tout le jour* — v. a. Réclamer au son du tambour un objet perdu : *tambouriner un chien, une montre, un portefeuille,* etc. — TAMBOURINER UNE NOUVELLE, la répandre bruyamment.

* **TAMBOURINEUR** s. m. Celui qui tambourine.

* **TAMBOUR-MAÎTRE** s. m. Tambour qui a le grade de caporal : *des tambours-maîtres.*

* **TAMBOUR-MAJOR** s. m. Chef des tambours, celui qui leur donne le signal : *des tambours-majors.* — TAILLE DE TAMBOUR-MAJOR, une très grande taille.

TAMBOV. I, gouvernement dans le S.-E. de la Russie d'Europe ; 66,520 kil. carr. ; 2,150,971 hab. Principaux cours d'eau : la Tzna, la Moksha et la Vorona, dont les bords sont marécageux et boisés. Son marché aux chevaux et ses haras sont célèbres. — II, capitale du gouvernement sur la Tzna, à 400 kil. S.-E. de Moscou ; 26,403 hab. Suif, lainages, et toile à voile. Ses jardins et la beauté de ses vues en font une des villes de province les plus agréables en été.

TAMBURINI (Antonio) [tamm-bou-ri'-ni], chanteur italien, né en 1800, mort en 1876. Il se rendit célèbre à Bologne en 1812, et à partir de 1832, il chanta à Londres et à Paris. Il se retira en 1864, et se fixa à Sèvres. Avec Grisi, Rubini et Labiache, il fut un des acteurs qui créèrent les rôles dans les *Puritani* de Bellini. Sa voix, baryton de grande puissance et de grande douceur, faisait un merveilleux effet dans les opéras de Rossini, de Bellini et de Donizetti. Il était acteur excellent, surtout dans les rôles de Figaro et de don Giovanni.

TAMERLAN. Voy. TIMOUR.

TAMIA s. m. Mamm. Genre de rongeurs sciuriens, comprenant plusieurs espèces d'écureuils et abajoues qui habitent l'Asie et l'Amérique du Nord. L'espèce la plus connue est l'*écureuil de terre (tamias striatus)*, aussi nommé *chipmunk*. Il habite les États-Unis et

se creuse au pied des arbres, des terriers impénétrables à l'eau, pour y cacher ses pro-

Écureuil de terre (Tamias striatus).

visions d'hiver, composées de graines, de noix, de fruits secs, de blé, de maïs, etc.

TAMIL (Île) ou Tamoul. Voy. INDE (*Races et Langues de l'*).

* **TAMINIER** s. m. (lat. *tamnus*). Bot. Genre de plantes grimpantes, de la famille des asperges, dont l'espèce commune, appelée vulgairement *sceau de Notre-Dame*, a une racine très grosse, employée par les médecins vétérinaires comme résolutive à l'extérieur, et purgative à l'intérieur.

* **TAMIS** s. m. (ital. *tamigio*). Espèce de sas qui sert à passer des matières pulvérisées, ou des liqueurs épaisses : *tamis fin, délié.* — PASSER PAR LE TAMIS, être examiné sévèrement sur son savoir ou sur ses mœurs.

* **TAMISAGE** s. m. Action de tamiser : *le tamisage du tabac.*

TAMISE (angl. *Thames* ou *Isis ;* anc. *Tamesis* ou *Tamesa*), le fleuve le plus grand et le plus important de l'Angleterre. Sa source, appelée *Thames Head*, se trouve dans les collines de Cotswold, à 5 kil. environ S.-O. de Cirencester. La Tamise se dirige au S.-E., mais avec beaucoup de détours, jusqu'à la mer du Nord. Le Thame, le Kennet, le Brent et la Medway sont ses tributaires. Les navires de 700 à 800 tonneaux la remontent jusqu'à Londres, à 95 kil. de son embouchure ; les plus grands navires s'arrêtent à Deptford, à 5 kil. S.-E. du pont de Londres. A ce pont, elle a environ 250 m. de large, et à son embouchure, 28 kil. Tout son cours est d'une longueur de 350 kil. Nul fleuve au monde n'a sans doute un trafic aussi considérable.

* **TAMISER** v. a. Passer par le tamis : *tamiser de la farine, de la poudre à poudrer.*

TAMISERIE s. f. Fabrique de tamis.

TAMISEUR s. m. Celui qui tamise.

* **TAMISIER** s. m. Celui qui fait et vend des tamis.

TAMOUL, OULE adj. Se dit d'une langue dravidienne, parlée sur la côte du Coromandel. On dit aussi TAMIL.

TAMPICO ou Santa-Anna de Tamaulipas, port de Tamaulipas, Mexique, sur le Panuco, à 8 kil. du golfe du Mexique, et à 375 kil. N.-N.-O. de Vera-Cruz ; 5,550 hab. Le port n'est pas très sûr, et a une barre dangereuse. Le commerce se fait principalement avec New-York, la Nouvelle Orléans et Liverpool.

* **TAMPON** s. m. Bouchon, morceau de bois servant à boucher un tuyau, un muid, une cruche, etc., ou quelque autre ouverture : *tampon de liège.* — Bouchon fait avec du linge ou du papier : *un tampon de linge.* — Chir. *Arrêter le sang avec un tampon de charpie, d'amadou.* — Pop. JE M'EN SOUCIE COMME DE COLIN TAMPON, se dit en parlant d'une chose dont on ne se soucie pas, dont on ne s'inquiète nullement. — Chem. de fer. Tête rembourrée dont chaque wagon est pourvu à ses extrémités. — Tout ce qui peut

amortir un choc dans l'ordre des relations sociales et politiques. — Gravure. Rouleau dont se servent les imprimeurs en taille douce pour appliquer l'encre sur la planche gravée.

* **TAMPONNEMENT** s. m. Chir. Action de tamponner : *le tamponnement des cavités nasales pour arrêter l'hémorragie.*

* **TAMPONNER** v. a. Boucher avec un tampon : *tamponner une cruche d'huile.* — v. n. Choquer avec les tampons : *le train tamponna en arrivant en gare.*

* **TAM-TAM** s. m. [tamm-tamm]. Instrument de percussion en usage chez les Orientaux, et qu'on admet quelquefois dans notre musique militaire et dans nos orchestres : il consiste en une espèce de disque de métal, d'un assez grand diamètre, dont les bords sont légèrement recourbés, et qui rend, lorsqu'on le frappe, un son très retentissant : *le bruit du tam-tam est lugubre.*

* **TAN** s. m. (celt. *tann, ten,* chêne). Écorce de chêne moulue, avec laquelle on prépare le cuir, et les peaux de mouton appelées basanes : *moulin à tan.*

TANAGRA, auj. *Scamino,* ancienne ville de Béotie, célèbre par les coqs de combat que l'on y élevait. Victoire des Spartiates sur les Athéniens en 457 av. J.-C. ; défaite des premiers par les seconds en 456 et en 426.

TANAGRIDÉ, ÉE adj. (lat. *tanagra, tangara*). Ornith. Qui se rapporte ou qui ressemble au tangara. — s. f. pl. Famille de passereaux ayant pour type le genre tangara.

TANAÏS [ta-na-iss]. Voy. DON.

* **TANAISIE** s. f. [-zi]. Bot. Genre de composées sénécionidées, comprenant une centaine d'espèces de plantes herbacées ou sous-frutescentes, répandues sur toute la surface du globe. La *tanaisie vulgaire (tanacetum vulgare)*, originaire d'Europe et jadis cultivée, croît aujourd'hui spontanément le long des chemins. Ses feuilles ont une odeur forte et un goût amer et aromatique.

Tanaisie vulgaire (Tanacetum vulgare).

On en obtient un cordial domestique en les faisant infuser dans de l'alcool. Autrefois on estimait ce cordial comme remède dans les cas d'hydropisie, et comme vermifuge. L'huile volatile de tanaisie passe pour provoquer l'avortement. C'est un poison actif, et qui a souvent coûté la vie à celles qui s'en sont servies.

TANANARIVE ou Antananariva, ville de Madagascar, capitale de la province d'Imerina, dans le territoire d'Ankova, et résidence du souverain de Madagascar ; par 18° 56' lat. S. et 45° 8' long. E. ; 75,000 hab. Elle est bâtie sur une longue colline irrégulière, au milieu d'une vallée très bien cultivée, à 2,000 m. au-dessus du niveau de la mer. Depuis quelques années, les mœurs du peuple de Tananarive se sont civilisées, grâce à l'influence des missionnaires.

TANARO, anc. *Tanarus,* rivière d'Italie, qui descend des Apennins, arrose Alexandrie et se jette dans le Pô, après un cours de 230 kil.

TANCARVILLE, village du cant. de Saint-Romain, arr. et 30 kil. du Havre (Seine-In-

!érieure), sur la rive droite de la Seine ; 450 hab. Antique château féodal construit sur une haute falaise escarpée.

TANCEMENT s. m. Action de tancer.

* **TANCER** v. a. (lat. *tangere*, toucher). Réprimander : *sa mère l'a tancée*.

* **TANCHE** s. f. (lat. *tinca*). Icht. Genre de cyprinoïdes, voisin des carpes dont l'espèce type, la *tanche commune* (*cyprinus tinca*) est un poisson d'eau douce, dont les écailles sont petites et dont la peau est noirâtre et gluante. En France, sa taille ne dépasse pas

Tanche commune (Cyprinus tinca).

35 centim. de long. Son corps est d'un jaune doré dans les eaux douces, plus foncé dans les eaux fangeuses. On la pêche au filet ou à la ligne amorcée de vers. Sa chair est blanche, molle, fade, lardée d'arêtes et d'une digestion difficile.

TANCRÈDE, croisé normand, né en 1078, mort à Antioche en 1112. Il était neveu de Robert Guiscard. Il s'embarqua en 1096 à Tarente, et rejoignit Godefroi de Bouillon dans les plaines de Chalcédoine. Il se distingua au siège de Nicée en 1097, sauva l'armée pendant le siège d'Antioche, et à l'assaut de Jérusalem fut un des premiers à monter sur la muraille ; dans le carnage qui suivit, il sauva des milliers de prisonniers au risque de sa propre vie. Tancrède prit part à la victoire d'Ascalon (12 août 1099), puis s'empara de Tibériade et fut créé prince de Tibériade ou Galilée. Il réduisit Artesia, assiégea Tripoli en 1109, et supporta à Antioche, qu'il gardait pour son cousin Bohémond, un rigoureux siège des Sarrasins. Reprenant l'offensive, il battit les Sarrasins et contraignit le sultan à évacuer la Syrie. Tancrède est l'un des principaux personnages de la *Jérusalem délivrée* du Tasse.

TANDEM s. m. [tan-dèmm]. Cabriolet dé-

Tandem.

couvert à deux chevaux en flèche.

* **TANDIS** adv. [tan-di] (lat. *tam*, aussi ; *diu*, longtemps). Il est toujours suivi de QUE et signifie, pendant le temps : *tandis que vous êtes ici*. — Au lieu que : *tout le monde le croit heureux, tandis qu'il est rongé de soucis*.

* **TANDOUR** s. m. Nom que les Arméniens, les Grecs et les Turcs donnent à une table ronde ou carrée, couverte d'un tapis qui descend jusqu'à terre, et sous laquelle on met un réchaud rempli de braise : *les Turcs se rangent autour d'un tandour pour se chauffer, de même que nous nous mettons autour d'une cheminée*.

* **TANDAGE** s. m. Mar. Balancement d'un navire de l'avant à l'arrière, et de l'arrière à l'avant, alternativement : *le tangage et le roulis*.

TANGANYIKA (lieu de rencontre des eaux), lac de l'Afrique centrale, découvert par Burton et Speke, le 13 fév. 1858. Il se trouve entre 3° et 9° lat. S., et 27° et 30° 40' long. E. ; sa longueur est d'environ 650 kil. du N.-O. au S.-E. et sa largeur varie de 15 à 100 kil. ; 37,200 kil. carr. D'après les observations de Cameron en 1874, il est à 840 m. au-dessus du niveau de la mer. L'eau en est profonde et pure. À son extrémité N., le lac reçoit les eaux du Rusizi. On croit que le Lukuga, qui coule occidentale, près du 6° lat. est un déversoir pour le lac, seulement dans la saison des hautes eaux ; dans la saison sèche, au contraire, se serait un affluent du lac, lequel, d'après les renseignements des naturels, il se décharge dans le Lualaba de Livingstone. Ujiji est sur la côte orientale du lac.

* **TANGARA** s. m. Genre de passereaux dentirostres, type des tanagridés, comprenant un grand nombre d'espèces d'oiseaux à gros bec conique, répandus dans l'Amérique et presque exclusivement confinés dans le sud de ce continent. Ce sont de petits oiseaux au plumage brillant ; leurs couleurs dominantes sont l'orange, l'écarlate et le noir. Beaucoup ont un chant agréable, et quelques-uns sont vraiment remarquables sous ce rapport. Leur vol est rapide, leurs mouvements vifs ; ils vivent dans les arbres. La plupart des espèces se réunissent en troupes, souvent dans le voisinage des habitations ; d'autres sont solitaires. Leur nourriture se compose d'insectes, de fruits et de graines.

* **TANGENCE** s. f. Géom. Synon. de Contact. — POINT DE TANGENCE, point où deux lignes, deux surfaces se touchent sans se couper.

* **TANGENT, ENTE** adj. (lat. *tangens*, qui touche). Qui touche une ligne ou une surface en un seul point.

* **TANGENTE** s. f. Géom. Ligne droite qui touche une courbe en quelqu'un de ses points, sans la couper dans ce point-là : *tirer une tangente à une courbe*. — TANGENTE D'UN ANGLE, est, dans le cercle, une tangente menée à l'une des extrémités de l'arc que l'angle embrasse, et terminée au prolongement du rayon qui passe par l'autre extrémité. — S'ÉCHAPPER PAR LA TANGENTE, se dit d'un corps qui échappe à une force centripète et qui continue son mouvement suivant la tangente à la courbe qu'il décrivait : *la pierre de la fronde, lorsqu'elle part, s'échappe par la tangente*. — Prov. et fig. S'ÉCHAPPER PAR LA TANGENTE, s'esquiver, se tirer d'affaire adroitement.

TANGENTIEL, ELLE adj. [-si-èl]. Géom. Qui est tangent.

TANGENTIELLEMENT adv. D'une manière tangentielle.

TANGER (mauresque *Tanja*), ville et port de mer du Maroc, près de l'entrée occidentale du détroit de Gibraltar ; 42,000 hab. Plusieurs forts la défendent. Le port, bon autrefois, est aujourd'hui si comblé par le sable qu'il ne donne plus accès qu'aux vaisseaux de 300 à 400 tonneaux. Le commerce consiste surtout en approvisionnements destinés à Gibraltar, à Cadix et à Lisbonne. — Tanger

est l'ancienne Tingis, qui, sous Claude, devint la capitale de la Mauritanie Tingitane. En 1471, elle fut prise par les Portugais qui, en 1662 la cédèrent à l'Angleterre comme faisant partie du domaine de Catherine de Bragance, femme de Charles II. Les Anglais l'abandonnèrent en 1684. Le 6 août 1844, elle fut bombardée par une flotte française sous les ordres du prince de Joinville.

* **TANGIBILITÉ** s. f. Didact. Qualité de ce qui est tangible.

* **TANGIBLE** adj. (lat. *tangibilis*). Tactile : *ce qu'il y a de visible et de tangible dans les corps s'appelle matière*.

TANGOUIN s. m. Poison tiré du noyau d'un fruit qui vient sur l'arbre nommé *tanguina veneniflora*. Le tangouin donne son nom à une épreuve judiciaire qui se pratique dans l'île de Madagascar.

TANGUE s. f. Engrais composé des dépôts terreux ramassés à l'embouchure des fleuves.

* **TANGUER** v. n. [tan-ghé]. Mar. Se dit d'un navire qui éprouve le balancement de tangage : *notre vaisseau tanguait beaucoup*. — Se dit aussi d'un navire qui enfonce trop dans l'eau par son avant : *ce bâtiment tangue sur l'ancre*.

TANGUEUR, EUSE adj. Qui tangue beaucoup.

TANIÈRE s. f. (ital. *tana*, caverne). Caverne, concavité dans la terre, dans le roc, où des bêtes sauvages se retirent : *un ours dans sa tanière*. — Fig. et fam. IL EST TOUJOURS DANS SA TANIÈRE, se dit d'un homme d'humeur sauvage, qui sort rarement de chez lui.

* **TANIN** s. m. Chim. Substance particulière qui se trouve dans l'écorce du chêne, et dans les autres matières propres à tanner les peaux. Voy. TANNIQUE (Acide.)

TANJORE, I. district de Madras (Indes britanniques), sur le golfe du Bengale, au N. de Madura ; 10,000 kil. carr. ; 1,975,042 hab. C'est presque partout une plaine très fertile, arrosée par le Coleroon et la Cavery et fécondée par un système d'irrigation très développé. — II. capitale du district, sur un bras

Palais de Tanjore.

du Cavery, à 300 kil. S.-O. de Madras ; 52,175 hab. Elle possède deux forts, dont le plus grand, d'un circuit de 7 kil. environ, enferme le palais des rajahs. Dans l'enceinte du plus petit se trouve une pagode que l'on regarde comme la plus belle de l'Inde. Manufactures de soie, de mousseline et de cotonnades. Tanjore fut fondée vers 214, et devint la capitale d'une principauté indoue du même nom, qui fut absorbée, au XVII° siècle, dans l'empire des Mahrattes. Les Anglais la gouvernent depuis 1800 environ.

TANLAY, village du cant. de Cruzy, arr. et à 8 kil. de Tonnerre (Yonne), sur la rive

droite de l'Armançon; 800 hab. Magnifique château qui offre l'un des plus gracieux spécimens de l'architecture du xvıᵉ siècle.

* TANNAGE s. m. [ta-na-je]. Action de tanner les cuirs; ou résultat de cette action.

* TANNANT, ANTE adj. Qui tanne, qui sert à tanner. — Fig. Uɴ ʜᴏᴍᴍᴇ ᴛᴀɴɴᴀɴᴛ, un homme fort ennuyeux.

TANNATE s. m. [ta-na-te]. Chim. Sel produit par la combinaison de l'acide tannique avec une base.

TANNAY, ch.-l. de cant., arr. et à 13 kil. S.-S.-E. de Clamecy (Nièvre); 1,400 hab. Église du xıııᵉ au xvıᵉ siècle (mon. hist.).

* TANNE s. f. (rad. *tan*). Petit bulbe durci qui se forme dans les pores de la peau : *tirer une tanne avec une épingle.*

* TANNÉ, ÉE part. passé de ᴛᴀɴɴᴇʀ. — Adj. Qui est de couleur à peu près semblable à celle du tan : *du drap tanné.* — Substantiv. *cela tire sur le tanné.*

TANNENBERG, ville de la Prusse orientale, à 122 kil. S.-O. de Kœnigsberg; célèbre par la victoire décisive que le roi Ladislas II Jagellon, de Pologne, y remporta, le 15 juillet 1410, sur les chevaliers teutoniques, qui y furent presque tous massacrés. Ils ne se relevèrent jamais de ce désastre et devinrent feudataires de la couronne de Pologne. Dans l'histoire de Pologne, cette sanglante affaire est appelée *Victoire de Grunewald.*

* TANNER v. a. Préparer les cuirs avec du tan, c'est-à-dire, en combinant la gélatine qu'ils contiennent avec du tanin, de manière à les rendre plus solides et imperméables à l'eau, sans cependant leur enlever leur souplesse : *tanner des cuirs de vaches.* — Fatiguer, ennuyer, molester : *c'est un homme qui me tanne.*

* TANNERIE s. f. Lieu où l'on tanne les cuirs : *établir une tannerie.* — Prov. et fig. A ʟᴀ ʙᴏᴜᴄʜᴇʀɪᴇ ᴛᴏᴜᴛᴇs ᴠᴀᴄʜᴇs sᴏɴᴛ ʙœᴜғs, ᴇᴛ A ʟᴀ ᴛᴀɴɴᴇʀɪᴇ ᴛᴏᴜs ʙœᴜғs sᴏɴᴛ ᴠᴀᴄʜᴇs, quand on veut faire passer des marchandises pour meilleures qu'elles ne sont. on les appelle du nom qui peut les faire débiter plus facilement.

* TANNEUR s. m. Celui qui tanne des cuirs, qui vend des cuirs tannés.

TANNHAUSER ou **Tanhæuser**, opéra allemand, en 3 actes, représenté avec retentissement à Dresde en 1845, et ensuite sur tous les théâtres d'Allemagne, où il obtint un succès extraordinaire. Le nom de Richard Wagner, auteur des paroles et de la musique de cet opéra, avait depuis longtemps passé la frontière française, lorsque Nuitter entreprit de traduire son livret, pour permettre au public de notre Opéra parisien d'admirer les beautés que le grand compositeur allemand a, dit-on, prodiguées dans son œuvre. La première représentation eut lieu le 13 mars 1861; le public fut d'abord étonné d'entendre cette musique *dite de l'avenir*; le second jour, il manifesta de l'impatience; la pièce ne put aller au delà de trois représentations; mais sa chute produisit plus de bruit que n'aurait pu faire un plus éclatant succès. Les admirateurs de Wagner — et il ne pouvait manquer d'en avoir à une époque où l'on n'avait de considération que pour les productions étrangères — crièrent à l'hérésie, à la décadence. Ils énumérèrent avec complaisance les morceaux de haute facture et les délicieuses mélodies que notre barbarie ne nous a pas permis d'apprécier. L'Allemagne entière, qui avait applaudi à outrance son compositeur favori, se sentit frappée, insultée dans son jugement artistique, et elle ajouta ce motif de haine à ceux qu'elle couvait depuis un demi-siècle.

TANNINGES ou **Taninges**, ch.-l. de cant.,

---

arr. et à 20 kil. E. de Bonneville (Haute-Savoie); 2,500 hab.

TANNIQUE adj. [ta-ni-ke]. Se dit d'un acide extrait du tan, et appelé aussi *tanin*. C'est le principe astringent qui existe dans beaucoup de plantes; en se combinant avec les peaux d'animaux, il produit le cuir; il jouit de la propriété de précipiter la gélatine, et de former en outre des précipités d'un noir bleuâtre avec les sels de fer; en présence d'un acide libre, la couleur devient d'un vert sombre. Les tanins prennent des noms distincts suivant leurs différentes compositions chimiques; mais tous présentent les mêmes propriétés générales. Ainsi l'acide tannique dérivé de la noix de galle s'appelle acide gallo-tannique; celui du chêne, acide querci tannique; celui du fustic, acide moritannique, etc.

* TANT adv. de quantité [tan] (lat. *tantum*; de *tantus*, si grand). Une si grande quantité :

> Faut-il que *tant* d'États, de déserts, de rivières,
> Soient entre nous et lui d'impuissantes barrières?
>   J. Rᴀᴄɪɴᴇ, *Alexandre*, acte II, sc. ıı.

> Et, si cette entrevue a pour vous *tant* de charmes,
> Il ne tiendra qu'à lui de suspendre nos armes.
>   J. Rᴀᴄɪɴᴇ, *La Thébaïde*, acte Iᵉʳ, sc. ııı.

Il a souvent pour corrélatif la conjonction ǫᴜᴇ : *il a tant d'amis, qu'il ne manquera de rien.* — Tᴏᴜs ᴛᴀɴᴛ ǫᴜᴇ ɴᴏᴜs sᴏᴍᴍᴇs, ᴛᴏᴜs ᴛᴀɴᴛ ǫᴜᴇ ᴠᴏᴜs êᴛᴇs, tout ce que nous sommes de gens, tout ce que vous êtes de g·ns. — ɪʟ ᴘʟᴇᴜᴛ ᴛᴀɴᴛ ǫᴜ'ɪʟ ᴘᴇᴜᴛ, il pleut beaucoup. — Tᴀɴᴛ ᴛᴇɴᴜ, ᴛᴀɴᴛ ᴘᴀʏᴇ́, se dit, pour exprimer que le service d'une personne ou l'usage d'une chose, a été ou sera payé en raison de sa durée. Cette phrase signifie aussi qu'on est quitte envers quelqu'un, en le payant à proportion du service qu'il a rendu. — Tᴀɴᴛ ᴠᴀᴜᴛ ʟ'ʜᴏᴍᴍᴇ, ᴛᴀɴᴛ ᴠᴀᴜᴛ sᴀ ᴛᴇʀʀᴇ ᴏᴜ ʟᴀ ᴛᴇʀʀᴇ, c'est l'industrie, l'intelligence du maître qui fait valoir, plus ou moins, son bien, sa terre, etc. — En si grande quantité, à un tel excès : *il mangea tant, qu'il en creva.* — Tᴀɴᴛ ᴠᴀ ʟᴀ ᴄʀᴜᴄʜᴇ à ʟ'ᴇᴀᴜ, ǫᴜ'à ʟᴀ ғɪɴ ᴇʟʟᴇ sᴇ ʙʀɪsᴇ, en retombant souvent dans la même faute, on finit par s'en trouver mal; ou, en s'exposant trop souvent à un péril, on court risque d'y demeurer, d'y succomber. Il se dit par forme de menace ou de prédiction. — Toute sorte de nombre qu'on n'exprime point : *nous partagerons, il y aura tant pour vous et tant pour moi.* — Fam., au jeu, Nᴏᴜs sᴏᴍᴍᴇs ᴛᴀɴᴛ à ᴛᴀɴᴛ, notre jeu est égal, nous avons autant de points, autant de parties l'un que l'autre. — Sert aussi à marquer une certaine proportion, un certain rapport entre les choses dont on parle : *tant plein que vide.* — Avec la négation, signifie quelquefois autant : *rien ne m'a tant fâché que cette nouvelle.* — S'emploie aussi par forme d'exclamation, et signifie, à tel point : *tant il était abusé.* — Suivi de ǫᴜᴇ, signifie quelquefois, aussi longue que : *tant que la vue se peut étendre.* — Aussi longtemps que : *tant que je vivrai.* — Tant plus que moins loc. adv. et fam. A peu près : *il a dix mille livres de rente, tant plus que moins.* — Tant mieux loc. adv. dont on se sert pour marquer qu'une chose est avantageuse, qu'on en est bien aise : *le malade a eu des sueurs cette nuit, tant mieux.* — Tant pis autre loc. adv. dont on se sert pour marquer qu'une chose est désavantageuse, qu'on en est fâché : *s'il ne se corrige pas, tant pis pour lui.* — Fam. Tᴀɴᴛ ᴘɪs, ᴛᴀɴᴛ ᴍɪᴇᴜx, se dit quelquefois pour marquer qu'on ne se soucie guère de la chose dont il s'agit, qu'il n'y a grand sujet de s'affliger ni de se réjouir. — Tant s'en faut que, bien loin que : *contraire tant s'en faut qu'il y consente, qu'au contraire il y répugne.* — Fam. Tᴀɴᴛ s'ᴇɴ ғᴀᴜᴛ ǫᴜ'ᴀᴜ ᴄᴏɴᴛʀᴀɪʀᴇ, s'emploie quelquefois, par plaisant., pour dire simplement, au contraire : *vous demandez, si cette femme est jolie : tant s'en faut qu'au contraire.* — Tant y a que loc. fam. qui signifie à peu près, quoi qu'il en

---

soit : *je ne sais pas bien ce qui donna lieu à leur querelle, tant y a qu'ils se battirent.* — Si tant est autre loc. fam. qui signifie, si la chose est, supposé que la chose soit : *je ne manquerai pas d'y aller, si tant est que je le puisse.* — Sur et tant moins loc. dont on se sert, en parlant de quelque chose payé à compte : *il m'a donné mille francs sur et tant moins de ce qu'il me doit.* Cette manière de parler a vieilli : on dit ordinairement, A ᴄᴏᴍᴘᴛᴇ, A ᴠᴀʟᴏɪʀ sᴜʀ ᴄᴇ ǫᴜ'ɪʟ ᴍᴇ ᴅᴏɪᴛ.

TANTALATE s. m. Chim. Sel produit par la combinaison de l'acide tantalique avec une base.

* TANTALE s. m. (de *Tantale*, n. pr.). Homme qui désire ce qu'il ne peut avoir. — Sᴜᴘᴘʟɪᴄᴇ ᴅᴜ Tᴀɴᴛᴀʟᴇ, tourment d'une personne qui croit sans cesse toucher au but de ses désirs sans pouvoir l'atteindre en réalité.

TANTALE s. m. (lat. *tantalum*). Métal très rare, découvert dans un minerai suédois par Ekebert, qui le distingua du *colombium* avec lequel il avait été jusqu'alors confondu. Wollaston (1809) et Berzelius (1824) l'étudièrent ensuite; mais, en 1846, Rose découvrit que le tantale de ses devanciers était en réalité un mélange de trois métaux qu'il nomma tantale, niobium et pelopium.

TANTALE s. m. (de *Tantale*, n. pr., à cause de la longueur et de la forme du bec de cet oiseau). Ornith. Genre d'échassiers cultirostres, voisin des ibis, comprenant quatre espèces, qui habitent les contrées chaudes du globe. Les tantales se plaisent sur les bords fangeux des grands fleuves, dans les plaines inondées et dans les lieux marécageux; ils se nourrissent de vers, de poissons et de reptiles. Ils nichent à la cime des grands arbres;

Tantale d'Amérique (Tantalus loculator).

et c'est là aussi qu'ils se retirent quand ils sont repus, pour s'y tenir, pendant des heures, dans l'immobilité la plus complète, le bec appuyé sur la poitrine. Le tantale d'Afrique (*tantalus ibis*, Linn.). haut de près d'un mètre, est blanc, avec la face et les pieds rouges, les ailes et la queue noires. Le tantale d'Amérique (*tantalus loculator*, Linn.) est blanc, avec la queue et les grandes plumes des ailes d'un vert sombre métallique, la face et la tête d'un bleu verdâtre. Sa longueur totale est de 1 m. 20 centim.; son bec mesure 25 centim. de long.

TANTALE(Myth. gr.), père de Pelops et de Niobé, représenté tantôt comme roi d'Argos, tantôt comme celui de Corinthe, ou de Lydie, ou de Paphlagonie. Ayant offensé les dieux, il fut, pour son châtiment après sa mort, précipité dans le Tartare et plongé dans un lac dont l'eau fuyait toujours ses lèvres, tandis que des fruits, suspendus sur sa tête, se retiraient toujours hors de l'atteinte de ses mains

TANTALIQUE adj. Chim. Qui appartient au tantale.

TANTALISER v. a. Tourmenter par un supplice analogue à celui de Tantale.

TANTALITE s. f. Tantalate ferreux.

* **TANTE** s. f. La sœur du père ou de la mère : *tante paternelle.* — GRAND'TANTE, la sœur de l'aïeul ou de l'aïeule. TANTE A LA MODE DE BRETAGNE, la cousine germaine du père ou de la mère. — ₩ Jargon paris. MA TANTE, le mont de piété. — Argot. Individu qui appartient au troisième sexe.

* **TANTET** s. m. Une très petite quantité, un peu, tant soit peu : *donnez-moi un tantet de ce potage.* — On dit, adverbial., UN TANTET.

* **TANTINET** s. m. (dimin. de *tantet*). Une très petite quantité : *donnez-moi un tantinet de pain.* — On dit aussi, adverbial., UN TANTINET: *elle était un tantinet fâchée contre vous.* (Fam.)

* **TANTÔT** adv. de temps qui s'emploie pour le futur. (De *tant* et *tôt*). Dans peu de temps. Sa signification est ordinairement renfermée dans l'espace du jour où l'on parle : *je l'ai vu ce matin, et je le reverrai encore tantôt.* — Il y a peu de temps; mais toujours en parlant de la même journée : *j'ai vu tantôt l'homme dont vous parlez.* — Fam. A TANTÔT, se dit pour exprimer qu'on se reverra, qu'on reparlera d'une affaire dans la même journée : *je vous quitte pour le moment; à tantôt.* — Désigne quelquefois, dans le style fam., un temps plus déterminé; alors il équivaut A BIENTÔT, et les verbes que l'on y joint se mettent ordinairement au présent : *ce bâtiment est tantôt achevé.* — Redoublé, s'emploie pour marquer des changements consécutifs et plus ou moins fréquents d'un état à un autre, et, en général, une diversité quelconque, soit dans une même chose, soit dans les choses de même nature : *il se porte tantôt bien, tantôt mal.*

TANYSTOME adj. (gr. *tannô*, j'étends; *stoma*, bouche). Entom. Qui a la bouche allongée. — s. m. pl. Deuxième famille des diptères, caractérisée par le dernier article des antennes sans divisions transversales, et un suçoir composé de 4 pièces. Les larves sont des vers longs, sans pattes, à tête écailleuse, qui vivent dans la terre. (Voy. DIPTÈRE.)

TARARE, ch.-l. de cant., arr. et à 29 kil. S.-O. de Villefranche (Rhône), à 35 kil. de Lyon, sur la Turbine, dans une étroite et profonde vallée que dominent de hautes montagnes; 14,000 hab. La petite ville de Tarare doit sa prospérité à l'industrie des mousselines qui y fut introduite en 1756, par un de ses habitants nommé Simonnet. Cette industrie occupe aujourd'hui plus de 60,000 ouvriers dans un périmètre de 40 à 50 kil., et produit annuellement pour environ 15 millions de tissus.

TARARER v. a. Nettoyer avec le tarare.

* **TAON** s. m. (ton ou ₩ tan) (lat. *tabanus*). Entom. Grand genre d'insectes diptères, de la famille des tabaniens, comprenant une quarantaine d'espèces de grosses mouches qui, durant l'été, tourmentent de leurs piqûres les bœufs, les chevaux, etc., et qui quelquefois attaquent aussi les hommes afin de sucer leur sang. Les taons se font remarquer par leurs deux yeux énormes d'un vert doré. Leur trompe renferme un suçoir, à l'aide duquel ils se rendent très désagréables; ils vivent et se multiplient dans le voisinage des bois et des pâturages. L'espèce la plus répandue chez nous est le *taon des bœufs* (*tabanus bovinus*), long de 25 millim., brun en dessus, gris en dessous. Sa larve vit dans sa terre.

TAORMINA, *Tauromenium*, ville d'Italie, province, et à 50 kil. de Messine; 6,000 hab.

TAP s. m. Bâillon fait d'un morceau de liège épais d'un pouce, large de deux et long de trois, qu'on faisait tenir aux forçats entre leurs dents; dans les occasions dangereuses, on les obligeait à fixer ce bâillon dans leur bouche au moyen de deux cordons qui passaient derrière les oreilles.

* **TAPABOR** s. m. Bonnet de campagne, dont les bords se rabattent pour garantir des mauvais temps. (Vieux.)

* **TAPAGE** s. m. (rad. *taper*). Désordre accompagné d'un grand bruit : *faire tapage.* — Reproches faits avec bruit, criaillerie : *voilà bien du tapage pour peu de chose.* (Fam.) — Législ. « Les auteurs et les complices de tapages injurieux ou nocturnes, troublant la tranquillité des habitants, sont punis d'une amende de 11 à 15 fr. (C. pén. 479, 9e). Suivant la jurisprudence, les complices de ces contraventions sont, non seulement ceux qui y ont participé activement, mais aussi ceux qui les ont facilitées par leur présence ou par leur inaction, alors qu'ils auraient dû s'y opposer. »   (CH. Y.)

TAPAGER v. n. Faire du tapage.

* **TAPAGEUR, EUSE** s. Celui, celle qui fait du tapage, qui a l'habitude de faire du tapage : *c'est un tapageur.* — Adjectiv. *Cet enfant est bien tapageur.*

TAPAJOZ [ta-pa-choss], rivière du Brésil, qui se jette dans l'Amazone, un peu au-dessus de Santarem, après un cours de 1,700 kil.

* **TAPE** s. f. Coup de la main, soit ouverte, soit fermée : *il lui a donné une bonne tape.* (Fam.)

* **TAPÉ, ÉE** part. passé de TAPER. — Se dit, particul., de certains fruits aplatis et séchés au four : *des pommes tapées.* — VOILA UNE RÉPONSE BIEN TAPÉE, UN MOT BIEN TAPÉ, se dit d'une réponse faite à propos et piquante, d'un mot vif et piquant.

* **PAPECU** s. m. Sorte de bascule qui s'abaisse par un contrepoids ou autrement pour fermer l'entrée d'une barrière. — Voiture cahotante et rude.

* **TAPÉE** s. f. Grande quantité : *une tapée d'enfants.*

TAPEMENT s. m. Action de taper.

* **TAPER** v. a. (de *tap*, onomatopée du bruit que fait une tape). Frapper, donner un ou plusieurs coups : *il l'a tapé.* — TAPER LES CHEVEUX, les arranger et les relever avec le peigne, d'une certaine manière qui les renfle et les fait paraître davantage. On dit mieux, CRÊPER. — TAPER DU PIED, frapper la terre, le plancher avec le pied. — Peint. Se dit d'une manière de peindre très libre, très négligée, très hardie, du moins en apparence, et telle que l'artiste semble n'avoir fait que donner çà et là quelques coups de brosse sur la toile.

TAPETTE s. f. Petite tape. — Pop. Langue. — AVOIR UNE BONNE TAPETTE, être très bavard.

TAPEUR, EUSE s. Personne qui aime à taper.

TAPIN s. m. Soldat tambour

* **TAPINOIS (En)** loc. adv. Sourdement, en cachette : *il est venu en tapinois.* — Se dit aussi en parlant d'un homme rusé et dissimulé, qui va adroitement à ses fins par des voies sourdes et détournées : *c'est un homme qui n'agit point ouvertement, il ne fait rien qu'en tapinois.*

* **TAPIOCA** ou **Tapioka** s. m. Fécule que se sépare de la racine de manioc lorsqu'on prépare la cassave, et qui sert à la nourriture de l'homme. (Voy. MANIOC.)

TAPIR s. m. (lat. *tapirus*). Mamm. Genre de pachydermes, dont le nez se prolonge en une courte trompe mobile. Les tapirs ressemblent aux porcs, mais leurs jambes sont plus

longues. Ils habitent les humides forêts tropicales de l'Amérique du Sud, ainsi que celles de la péninsule et de l'archipel malais: ils dorment d'ordinaire pendant le jour dans des lieux retirés, et se nourrissent pendant la nuit de fruits, d'herbe, de substances végétales, bien qu'ils soient carnivores, comme le porc; ils aiment à se vautrer dans la boue et dans l'eau et sont excellents nageurs. On mange

Tapir d'Amérique (Tapirus Americanus).

leur chair en Amérique et en Asie. L'espèce la mieux connue est le *tapir d'Amérique* (*tapirus Americanus*, Cuv.), qui mesure environ 2 m. de long et 1 m. 10 de haut. Il est uniformément de couleur brune, avec une teinte grise sur la tête et la poitrine. Il vit en troupes et cause quelquefois de grands ravages dans les terres cultivées.

* **TAPIR (Se)** v. pr. Se cacher en se tenant dans une posture raccourcie ou resserrée : *se tapir contre une muraille.*

TAPIRÉ, ÉE adj. (caraïbe, *tapiré*, rouge). Dont la peau ou les plumes ont pris une couleur rouge ou jaune qui ne leur est pas naturelle.

TAPIRER v. a. Donner artificiellement la couleur rouge ou jaune.

* **TAPIS** s. m. (lat. *tapes*). Pièce d'étoffe, ou de tissu de laine, de soie, etc., dont on couvre une table, une estrade, le carreau ou le parquet d'une chambre, etc. : *tapis de table.*

> Sur un *tapis* de Turquie
> Le couvert se trouva mis,
>   LA FONTAINE.

— METTRE UNE AFFAIRE, UNE QUESTION SUR LE TAPIS, la proposer pour l'examiner, pour en juger. — TENIR QUELQU'UN SUR LE TAPIS, parler de lui, en faire le sujet de la conversation; et, ÊTRE SUR LE TAPIS, être le sujet de l'entretien. — AMUSER LE TAPIS, entretenir la compagnie de choses vaines et vagues, soit à dessein, soit autrement. — TAPIS DE BILLARD, le drap vert qui recouvre la table d'un billard, et qui est fortement tendu au moyen des clous qui l'attachent. — Fig. TAPIS VERT, se dit quelquefois du lieu où s'assemblent des administrateurs, etc. Se dit aussi quelquefois d'une table à jouer. — TAPIS VERT, se dit aussi d'un endroit gazonné dans un jardin. On dit de même : *un tapis de verdure, de gazon, de mousse, de fleurs, etc.* — MON CR CHEVAL RASE LE TAPIS, ses épaules ont peu de mouvement, et il ne relève point assez en marchant; les pieds sont trop près de terre, il va butter.

TAPIS-FRANC s. m. Cabaret mal famé : *des tapis-francs.*

* **TAPISSER** v. a. (fr. *tapis*). Revêtir, orner de tapisserie les murailles d'une salle, d'une chambre, etc. : *tapisser une salle, une chambre.* — Se dit, par ext., en parlant de toutes les autres choses qui couvrent ou qui ornent les murs d'une chambre, etc. : *tapisser une chambre de papier peint.* — Se dit, par une extension plus grande, de diverses choses qui couvrent et revêtent une surface : *cette vigne tapisse de ses rameaux l'intérieur de la route.*

TAPISSERIE s. f. Ouvrage fait à l'aiguille sur du canevas, avec de la laine, de la soie, de l'or. etc. : *travailler en tapisserie.* — Se dit aussi de grandes pièces d'ouvrages faites au métier avec de la laine, de la soie, de l'or, servant à revêtir et à parer les murailles d'une chambre, d'une salle, etc. : *tapisserie de haute lisse.* — GARNIR UNE TAPISSERIE, la doubler de toile. — Toute sorte d'étoffe, de tissu, de cuir ou de papier servant à couvrir et à orner les murailles d'une chambre, etc. : *tapisserie de papier peint.* — FAIRE TAPISSERIE, se dit des personnes qui assistent à un bal ou à quelque autre grande réunion, sans y prendre part, et qui sont ordinairement rangées contre les murs de la salle : *ces femmes n'étaient là que pour faire tapisserie.* — ENCYCL. On donne le nom de tapisserie à des tissus d'ornement représentant des figures, employés pour tendre les murs des appartements ou les meubles. L'art du tapissier fut introduit de bonne heure en France, et, vers le IXᵉ siècle, il commença à se pratiquer au métier. Au XIVᵉ et au XVᵉ siècle ce sont les Flamands qui exécutèrent en ce genre les plus beaux ouvrages. Un des morceaux les plus célèbres est la tapisserie de Bayeux, représentant la conquête de l'Angleterre par les Normands. (Voy. BAYEUX.) C'est vers la fin du règne de Henri VIII que l'art de tisser des tapis pénétra en Angleterre. — Aujourd'hui, presque toutes les tapisseries sont en papier peint.

TAPISSIER, IÈRE s. Celui, celle qui travaille en toute sorte de meubles de tapisserie et d'étoffe : *c'est le tapissier qui a fait ce meuble.* — s. f. Ouvrière qui fait de la tapisserie, qui travaille en tapisserie à l'aiguille. (Peu us.) — Sorte de voiture légère, ouverte de tous côtés, qui sert principalement aux tapissiers pour transporter des meubles, des tapis, etc., et qu'on emploie aussi pour les déménagements, pour le transport de certaines marchandises.

TAPON s. m. Se dit en parlant des étoffes, de la soie, du linge, etc., qu'on bouchonne et qu'on met tout en un tas : *remettez dans ses plis cette étoffe qui est toute en tapon.*

TAPONNER v. a. Mettre en tapons, en bouchons.

TAPOTER v. a. (fréq. de *taper*). Donner de petits coups à plusieurs reprises : *cette mère est de mauvaise humeur, elle tapotte toujours ses enfants.*

TAQUE s. f. Plaque de fer fondu.

TAQUER v. a. Typogr. Passer le taquoir sur une forme avant de la serrer.

TAQUET s. m. Mar. Nom qu'on donne à différentes sortes de crochets de bois, où l'on amarre diverses manœuvres : *taquets de haubans.* — Menuis. Se dit de petits morceaux de bois taillés pour maintenir l'encoignure d'une armoire, d'un meuble.

TAQUIN, INE adj. (ital. *taccagno*). Mutin, querelleur, contrariant : *cet enfant est taquin.* — Vilain, avare, qui chicane sur la dépense : *c'est un homme taquin, un vieux taquin, qui se ferait fesser pour le moindre profit.* Ce sens a vieilli. — Substantiv. *Petit taquin.*

TAQUINAGE s. m. Action de taquiner.

TAQUINEMENT adv. D'une manière taquine. (Peu us.)

TAQUINER v. n. Avoir l'habitude de contrarier et d'impatienter pour de minces sujets : *il ne fait que taquiner.* — v. a. *Il m'a taquiné tout un jour.* — Se taquiner v. pr. *Ils sont toujours à se taquiner.*

TAQUINERIE s. Caractère de celui qui est taquin, ou action de celui qui taquine : *il est d'une taquinerie insupportable.*

TAQUOIR s. m. Typogr. Morceau de bois

tendre, doublé de bois dur, et environ de la grandeur d'une page in-8°, sur lequel on frappe avec un maillet ou un marteau pour mettre les lettres de niveau dans la forme, avant de la serrer.

TAQUON ou **Tacon** s. m. Typogr. Garniture qu'on met au tympan pour parer à l'insuffisance de hauteur de certains caractères

TARABUSTER v. a. Importuner par des interruptions, par du bruit, par des discours à contre-temps : *qui est-ce qui me vient tarabuster ?*

TARAGE s. m. Action de tarer, de peser.

TARANTAISE, *Tarantasia,* ancien comté de Savoie, au sud du Faucigny. Ch.-l. Moutiers. C'est l'ancien pays des Teutons. Il fut gouverné par ses évêques jusqu'à la fin du XIᵉ siècle, fut réuni à la Savoie et depuis lors a partagé les destinées de ce pays. Il forme aujourd'hui l'arr. de Moutiers.

TARAPACA, ancien territoire du Pérou, entre Rio Loa et Camarones, cédé au Chili par le traité du 20 oct. 1883 ; 51,480 kil. carr. ; 20,000 hab.

TARARE. Espèce d'interjection familière, dont on se sert pour marquer qu'on se moque de ce qu'on entend dire, ou qu'on ne le croit pas : *il m'a voulu faire croire cela, mais tarare.*

TARARE s. m. Appareil mécanique qui remplace le van et le crible.

TARASCON, *Tarasco,* ch.-l. de cant., arr. et à 20 kil. N. d'Arles (Bouches-du-Rhône), sur la rive gauche du Rhône; 12,000 hab. Beau pont qui réunit Tarascon à Beaucaire. Tribunaux de première instance et de commerce. Imposant château du XVIᵉ siècle (mon. hist.), servant aujourd'hui de prison ; église Sainte-Marthe de la fin du XIVᵉ siècle (mon. hist.), remarquable par une crypte et par un beau clocher gothique ; elle est ornée de plusieurs bas-reliefs et d'un grand nombre de tableaux de maîtres. Laines, vins, huiles, saucissons, draps, tissus de soie, etc. La tradition rapporte que, vers le Iᵉʳ siècle après J.-C., un animal monstrueux, nommé la *Tarasque,* jetait la terreur sur les bords du Rhône et que sainte Marthe, venue en Provence, l'enchaîna avec sa ceinture, la serait venu le nom de Tarascon. Sainte Marthe est restée la patronne de la ville ; et la fête populaire de la Tarasque se célèbre encore annuellement à Beaucaire et à Tarascon, le jour de la Pentecôte et le jour de la fête de sainte Marthe.

TARASCON-SUR-ARIÈGE, *Tascodenitari,* ch.-l. de cant., arr. et à 17 kil. S. de Foix (Ariège), au confluent du Vicdessos et de l'Ariège ; 4,500 hab. Bestiaux, laines, fer, marbre. Foires importantes. Restes d'un ancien château que Louis XIII fit démolir.

TARASQUE s. f. Monstre amphibie qui, suivant la tradition, jeta la désolation sur les bords du Rhône, vers le 1ᵉʳ siècle après J.-C. (Voy. TARASCON.)

TARAUD s. m. (lat. *terebra,* tarière). Arts mécan. Morceau d'acier taillé en vis et dont on se sert pour tarauder.

TARAUDAGE s. m. Action ou manière de tarauder.

TARAUDER v. a. Tailler, creuser en spirale les parois d'un trou fait à une pièce de bois ou du métal, de manière qu'il puisse recevoir une vis : *tarauder un écrou.*

TARAXACE, ÉE adj. (rad. lat. *taraxacum,* pissenlit). Bot. Qui ressemble au taraxacum ou pissenlit. — s. f. pl. Tribu de composées, ayant pour type le genre pissenlit.

TARBES, *Turba, Tarba,* ch.-l. du dép. des Hautes-Pyrénées, à 849 kil. S. de Paris, dans

une belle situation sur l'Adour, au pied des Pyrénées, par 43° 13' 58" lat. N. et 2° 15' 19" long. O. : 17,000 hab. Evêché établi dans les premières années du vᵉ siècle. Cathédrale romane (mon. hist.); jardin Massey ; musée. Ancienne capitale du Bigorre, Tarbes eut à subir toutes les horreurs des guerres qui ensanglantèrent ce pays ; catholiques et huguenots la saccagèrent. Le 20 mars 1814, Soult y fut écrasé par les Anglo-Espagnols. Patrie de Barère.

TARCHONANTHE s. m. [tar-ko-] (gr. *tarkea,* funérailles ; *anthos,* fleur). Bot. Genre d'arbrisseaux de la famille des composées, comprenant cinq ou six espèces qui croissent au cap de Bonne-Espérance.

TARCHONANTHÉ, ÉE adj. Qui ressemble ou qui se rapporte au tarchonanthe.

TARD adv. de temps [tar] (lat. *tarde*). Après le temps nécessaire, déterminé, convenable ; après le temps ordinaire et accoutumé : *le secours arriva tard, arriva trop tard.* — IL VAUT MIEUX TARD QUE JAMAIS. — Se dit aussi par rapport seulement à la durée du jour ; et alors, il signifie, vers la fin de la journée : *nous ne pouvons arriver que tard au gîte.* — S'emploie adjectiv. dans ses différentes acceptions : *il est tard de songer à Dieu, quand on est près de mourir.* — Subs. tantiv. *Vous vous en aviez sur le tard.*

TARDENOIS (Le), *Tardenensis ager,* petit pays du Soissonnais, entre Soissons et Château-Thierry, aujourd'hui compris dans le dép. de l'Aisne. Ch.-l., Fère-en-Tardenois.

TARDER v. n. (lat. *tardare*). Différer à faire quelque chose : *il est tard à envoyer ce secours.* — S'arrêter, ou aller lentement, en sorte qu'on vienne tard : *pourquoi avez-vous tant tardé ?* — S'emploie aussi impersonnel. et répit DE, quand c'est un infinitif qui suit. Alors il ne se dit que pour marquer que l'on a impatience de quelque chose, et que le temps semble long dans l'attente de ce qu'on souhaite : *il me tarde bien que je sois hors d'affaire, d'être hors d'affaire.*

TARDETZ, ch.-l. de cant., arr. et à 13 kil. S. de Mauléon (Basses-Pyrénées); 900 hab.

TARDE VENIENTIBUS OSSA loc. lat. qui signifie : *A ceux qui viennent tard, les os* (sous-entendu, *il ne reste que*).

TARDIEU (Auguste-Ambroise), médecin, né à Paris le 12 mars 1818, mort le 11 janv. 1879. Il devint médecin en chef de l'hôpital de Lariboisière et président du comité d'hygiène publique. Il a figuré comme expert dans un grand nombre de procès célèbres. Il a laissé de nombreux écrits relatifs à l'hygiène et aux études des questions médico-légales qu'il fut appelé si souvent à résoudre.

TARDIF, IVE adj. (lat. *tardus*). Qui tarde, qui vient tard : *repentir tardif, trop tardif.* — Lent : *mouvement tardif.* — Qui se forme tard, qui n'arrive que lentement à son état de bonté, de perfection : *les chevaux de Naples sont tardifs.* — FRUITS TARDIFS, fruits qui ne mûrissent qu'après les autres de même espèce : *cerises tardives.* DES AGNEAUX TARDIFS, DES POULETS TARDIFS, DES PERDREAUX TARDIFS, des agneaux, des poulets, des perdreaux qui naissent après les autres.

TARDIGRADE adj. (lat. *tardus,* tardif ; *gradior,* je marche). Qui marche avec lenteur. — s. m. pl. Mamm. Ordre d'édentés, comprenant des animaux d'une structure bizarre, à face courte, à mouvements d'une lenteur extraordinaire, à membres mal proportionnés ; tels sont : l'aï, l'unau, etc.

TARDIVEMENT adv. D'une manière tardive : *il a fait sa réclamation bien tardivement.*

TARDIVETÉ s. f. Jard. Croissance tardive. Se dit en parlant des fleurs, des fruits et des

plantes qui viennent après le temps ordinaire.

TARDOIRE ou **Tardouère** (La), rivière qui naît près de Chalus (Haute-Vienne), baigne Montbron (Charente) et la Rochefoucauld, et disparaît sous terre après un cours de 90 kil. On suppose qu'elle forme, avec le Bandiat, les sources de la Touvre.

TARDON s. m. Animal né tardivement.

TARD-VENUS s. m. Nom donné à des aventuriers du xıvᵉ siècle.

* **TARE** s. f. (ar. *tarah*, écarté). Déchet, diminution, soit pour la quantité, soit pour la qualité : *j'ai compté tous les sacs d'argent, il n'y a point de tare ni pour le compte, ni pour les espèces.* — Vice, défaut, défectuosité : *ce bois est bon, il n'y a point de tare.* — Fig. *C'est un homme sans tare, qui n'a ni tare ni défaut.* — Poids des barils, pots, caisses, emballages, etc., qui contiennent les marchandises ; à la différence de Net, qui se dit des marchandises mêmes, déduction faite de la tare.

* **TARÉ, ÉE** part. passé de TARER. Avarié, gâté. — Fig. UN HOMME TARÉ, un homme dont la réputation est tachée par une ou plusieurs mauvaises actions.

TARENTE (ital. *Taranto*, anc. *Tarentum*), ville de l'Italie méridionale, à 63 kil. O.-S.-O. de Brindes (Brindisi), sur une île, à l'extrémité septentrionale du golfe de Tarente, reliée à la terre ferme par deux ponts ; 27,546 hab. C'est la résidence d'un archevêque. Le château et les fortifications ont été bâtis par Charles-Quint. — Tarente fut fondée par des exilés de Sparte, en 708 av. J.-C. et devint très puissante : 14 villes lui étaient soumises. Vers 474, d'aristocratique le gouvernement devint démocratique. Dans une guerre contre Rome, commencée en 281, elle fut secourue par Pyrrhus d'Épire, et après la défaite et la retraite de celui-ci, elle se rendit au consul Papinius (272). Pendant la seconde guerre punique, elle fut livrée à Annibal qui l'occupa plus de deux ans sans pouvoir déloger les Romains de la citadelle. En 209, Fabius Maximus reprit la ville et la livra au pillage. Elle continua à être la principale ville de l'Italie méridionale sous l'empire. La ville actuelle n'occupe que l'emplacement de l'ancienne citadelle.

TARENTE (Duc de). Voy. MACDONALD.

* **TARENTELLE** s. f. Nom d'une espèce de danse des environs de Tarente, en Italie.

TARENTIN, INE s. et adj. De Tarente ; qui appartient à cette ville ou à ses habitants.

* **TARENTISME** s. m. Maladie qui était fort commune au xvᵉ siècle dans la Pouille, et que l'on croyait occasionnée par la piqûre de la tarentule. C'était probablement une chorée. Elle était accompagnée de mélancolie, et on la traitait surtout par la musique, à laquelle elle ne résistait pas plus de 5 à 6 jours.

* **TARENTULE** s. f. Espèce de grosse araignée du genre lycose qui se trouve principalement aux environs de Tarente, et dont la piqûre passait autrefois pour causer un grand assoupissement ou une profonde mélancolie, qu'on ne pouvait dissiper qu'en s'agitant beaucoup : *être mordu de la tarentule.* — La tarentule (*lycosa*

Tarentule (lycosa tarentula), réduite au tiers de sa grandeur naturelle.

[*aranxa*] *tarentula.* Latr.) est la plus grosse des araignées d'Europe ; elle mesure de 3 à 5 centim. de long ; sa couleur est d'un brun cendré en dessus et safranée en dessous, avec une bande transversale noire. Elle ne fait pas de toile, et chasse sa proie qu'elle atteint avec une grande vitesse. Dans l'Amérique du Sud, on donne le nom de tarentule à la *lycosa Carolinensis* (Bosc), dont le corps atteint une longueur de 5 centim. ; elle est gris-souris en dessus, avec les côtés blancs, le dessous noirâtre, les pattes blanchâtres tachetées de noir. Elle creuse dans le sol des excavations profondes qu'elle tapisse de soie. Les femelles portent leurs petits sur leur dos.

TARENTULÉ, ÉE adj. Piqué par une tarentule.

TARENTULIDE adj. Qui ressemble ou qui se rapporte à la tarentule.

* **TARER** v. a. Causer de la tare, du déchet ; gâter, corrompre : *l'humidité a taré ces marchandises, ces fruits.* — Peser un vase, un baril, etc., avant d'y mettre quelque chose, afin qu'on le repesant après, on puisse savoir au juste le poids de ce qu'on y a mis : *tarer une barrique, un pot.*

TARET s. m. (du lat. *terere*, broyer). Moll. Genre d'acéphales testacés, comprenant une quinzaine d'espèces d'animaux qui ressemblent à des vers et qui vivent dans les pièces de bois sous-marins. Leur coquille est épaisse, courte, globuleuse, placée à l'extrémité la plus large d'un tube cylindrique, droit ou sinueux. Leurs valves ne sont pas des appendices du point qui sort, pour perforer, à travers leur ouverture circulaire. L'espèce la plus connue, le taret naval (*teredo navalis*, Linn.) a des tubes calcaires de 12 à 30 centim. de long. Il attaque les bois immergés dans la mer, en creusant dans la direction de la fibre, et en se nourrissant de la poudre ligneuse ainsi produite. Il commence son trou lorsqu'il est petit ; en grossissant il sécrète son tube à mesure qu'il avance. Des mers tropicales, il s'est introduit dans les eaux tempérées de l'Europe et de l'Amérique

Taret naval (Teredo navalis).

et a, dans beaucoup de lieux, causé d'immenses ravages. Pour s'en protéger, on a été forcé d'adopter les doublures métalliques et les garnitures de clous à large tête ; dans certains cas, on injecte du cyanure ou quelque autre poison dans le bois. — Il existe un autre taret, qui est un petit crustacé à œil sessile, de l'ordre isopode et du genre *linnoria* (Leach). L'espèce la plus connue est la *linnoria terebrans* (Leach.), long de 2 à 4 centim., arrondi à chaque extrémité, et à côtés parallèles. Il attaque toutes les constructions en bois immergées, surtout les brise-lames, les pilotis et les jetées ; il perce rarement les bois flottants. Leur nombre est si grand que le bois attaqué par eux est bientôt percé comme un crible. Ils sont communs des deux côtés de l'Atlantique, et causent partout de grands dégâts.

* **TARGE** s. f. (anc. haut all. *zarga*). Espèce de bouclier.

* **TARGETTE** s. f. Petite plaque de métal, qui porte un verrou plat, et qu'on met aux portes, aux fenêtres, etc., pour servir à les fermer : *targette de fer.*

TARGON, ch.-l. de cant., arr. et à 24 kil. N.-O. de la Réole (Gironde) ; 1,200 hab.

* **TARGUER** (Se) v. pr. Se prévaloir, tirer avantage avec ostentation : *il se targue de la puissance de son maître.*

TARGUI, plur. de *Touareg*. (Voy. ce mot.)

* **TARGUM** s. m. (tar-gomm) (chald. *targom*, traduire). Nom des commentaires chaldaïques du texte hébreu de l'Ancien Testament. C'est le nom général donné aux versions et paraphrases chaldéennes, ou plus exactement araméennes, des saintes Écritures. Pendant la captivité de Babylone, l'araméen devint *la langue des Juifs* ; aussi, après Esdras, lorsque le prêtre lisait en public les Écritures, un interprète (*meturgeman*) les traduisait en araméen. Les *targums* écrits sont de date bien plus récente. Le plus ancien fut probablement rédigé, vers l'an 300 (Targum d'Onkelos) ; ceux qui se remontent pas au moins au vııᵉ siècle n'ont que peu d'importance. — Voyez sur ce sujet l'ouvrage si complet de E. Deutsch : *Literary Remains* (New-York, 1874).

TARGUMIQUE adj. Qui appartient aux targums.

TARGUMISTE s. m. Traducteur de la Bible en langue chaldéenne.

* **TARI** s. m. Liqueur qui se tire des palmiers et des cocotiers, et que l'on administrait autrefois comme tonique.

* **TARIÈRE** s. f. (lat. *terebra*). Outil de fer dont les charpentiers, les charrons, les menuisiers se servent pour faire des trous ronds dans une pièce de bois : *grosse tarière* ; *petite tarière.* — Instrument dont on se sert pour percer la terre. (Voy. SONDE.) — Hist. nat. Instrument dont les femelles de quelques insectes sont pourvues, et qui leur sert à faire des incisions, soit dans quelques parties des végétaux, soit dans la peau de quelque animal, pour y déposer leurs œufs : *les cigales, les sauterelles sont pourvues de tarières.*

* **TARIF** s. m. (mot ar. qui signifie *publication*). Rôle, tableau qui marque le prix de certaines denrées, ou les droits d'entrée, de sortie, de passage, etc., que chaque sorte de marchandise doit payer : *tarif des droits.* — TARIF DES GLACES, table qui marque le prix des glaces proportionnellement à leur grandeur : *cette glace, suivant le tarif, vaut cent francs.* — TARIF DES MONNAIES, rôle, la table qui marque la valeur courante des monnaies. — TARIF DES FRAIS ET DÉPENS, règlement qui fixe le coût des divers actes et les droits de vacations en matière de procédure civile, criminelle et de police. — Législ. « Le *dernier tarif* général des frais de justice qui est annexé à la loi du 7 mai 1881. Ce tarif a subi d'importantes modifications par suite des traités de commerce qui ont été conclus avec la plupart des États de l'Europe. Il a été aussi modifié par diverses lois, notamment par celle du 23 mars 1885 relative à l'importation des céréales, et par la loi du 28 du même mois qui a surélevé les droits de douane sur la viande. — Les *tarifs des émoluments* dus aux officiers ministériels sont fixés par décrets. En matière civile, le tarif des frais et dépens dus aux notaires, avoués, greffiers, huissiers, etc., a été réglé, pour le ressort de la cour d'appel de Paris, par décret du 16 fév. 1807 ; et ce tarif a été, sauf quelques modifications, rendu applicable aux autres ressorts par divers décrets. — En matière criminelle, le tarif a été décrété le 18 juin 1811. Un grand nombre de règlements postérieurs ont modifié ou complété les premiers tarifs ; quelques-uns sont relatifs à des matières spéciales. — A l'égard des honoraires dus aux notaires et qui ne sont pas fixés par le tarif judiciaire, ils sont réglés par le tribunal de la résidence du notaire sur l'avis de la Chambre (L. 25 ventôse an XI, art. 51) ; et il est d'usage qu'un tarif de ces

honoraires soit dressé à l'avance, sous forme de règlement, pour le ressort du tribunal. »
(Ch. Y.)

TARIFA, ville très forte d'Espagne, au point le plus méridional du royaume, par 36°3' lat. N. et 7°55' long. O., à 20 kil. S.-E. de Cadix ; 12,000 hab. Sous les Maures, tous les navires qui franchissaient le détroit de Gibraltar devaient y payer des droits ; c'est de là que vient le mot tarif. Du 19 déc. 1811 au 4 janv. 1812, 1,200 soldats anglais et 600 Espagnols défendirent Tarifa contre 13,000 Français. L'armée du duc d'Angoulême s'en empara en 1823.

* **TARIFER** v. a. Appliquer un tarif, fixer d'après un tarif les droits que doivent payer les choses qui y sont sujettes : *on a tarifé ces marchandises.*

TARIFICATION s. f. Action de tarifer.

TARIK ou **Tarif**, capitaine arabe, le premier musulman qui ait pénétré en Espagne (viii° siècle). (Voy. Gibraltar.)

* **TARIN** s. m. Petit oiseau à bec conique et pointu, et à plumage verdâtre : *le tarin (fringila spinus) est une espèce de pinson.*

* **TARIR** v. a. (anc. haut all. *darrjan*, sécher). Mettre à sec : *tarir un puits.* — v. n. Être mis à sec, cesser de couler : *les grandes chaleurs ont fait tarir les ruisseaux.*—v. a. ou v. n. Faire cesser, ou cesser, arrêter, ou s'arrêter : *la justice et la vigilance de ce prince tarirent la source des maux publics; la miséricorde de Dieu est une source inépuisable que l'on ne saurait tarir, qui ne tarit point.* — Se tarir v. pr. *Une fontaine qui s'est tarie.*

* **TARISSABLE** adj. Qui se peut tarir, qui peut être tari : *cette source-là n'est pas tarissable.*

* **TARISSEMENT** s. m. Desséchement, état de ce qui est tari : *le tarissement des puits et des fontaines est un des effets de la grande sécheresse.*

* **TARLATANE** s. f. Espèce de mousseline très claire, dont les fils sont un peu gros.

TARN [tarnn], *Tarnis*, rivière de France, qui naît au mont Lozère, traverse les départements de la Lozère, de l'Aveyron, du Tarn, de Tarn-et-Garonne ; arrose Milhau, Albi, Gaillac, Villemur, Montauban, Moissac, et se jette dans la Garonne après un cours de 350 kil. Principaux affluents : l'Aveyron, la Rance et l'Agout. Le Tarn est sujet à des débordements désastreux.

TARN, dép. de la région S.-O. de la France ; doit son nom à la principale rivière qui la traverse, situé entre les dép. de Tarn-et-Garonne, de la Haute-Garonne, de l'Aude, de l'Hérault et de l'Aveyron ; partie de l'Albigeois et d'une partie du haut Languedoc ; 5,742 kil. carr. ; 359,323 hab. — Ce dép. en partie montagneux, s'appuie sur la portion des Cévennes qui porte le nom de Montagnes Noires. Le point culminant se trouve dans la chaîne de Lacaune, au roc de Montalet (1,265 m.). Les principaux cours d'eau sont : le Tarn, l'Agout, la Viaur et l'Aveyron. Sol fertile dans les vallées et dans les plaines. Blé, vins, mûriers. Élève de chevaux et de gros bétail. Draps, lainages, cuirs, papiers ; houille, marbre, argile et plâtre. — Ch.-l., Albi ; 4 arr., 35 cant., 317 communes. Archevêché à Albi. Cour d'appel à Toulouse, qui est également le ch.-l. universitaire. Ch.-l. d'arr. : Albi, Castres, Gaillac, Lavaur.

TARN-ET-GARONNE, dép. de la région S.-O. de la France, doit son nom aux deux principales rivières qui l'arrosent ; situé entre les dép. du Lot, de Lot-et-Garonne, du Gers, de la Haute-Garonne, du Tarn et de l'Aveyron ; il ne fut formé qu'en 1808 aux dépens du Lot, de la Haute-Garonne, du Lot-et-Garonne, du Gers et de l'Aveyron, et se trouve composé de

diverses parties du Quercy, au Rouergue, de l'Agenois et de l'Armagnac ; 3,720 kil. carr.; 247,056 hab. Le dép. de Tarn-et-Garonne est arrosé par la Garonne, le Tarn, l'Aveyron, etc. Il est couvert de collines peu élevées (point culminant, plateau de Lannemezan, 289 m.); larges et riches vallées ; céréales, vins, fruits, plantes oléagineuses, légumes, chanvre, lin. Industrie peu active ; tanneries, minoteries, papeteries. — Ch.-l., Montauban ; 3 arr., 24 cant., 494 communes. Évêché à Montauban, suffragant de Toulouse. Cour d'appel et ch.-l. académique à Toulouse. — Ch.-l. d'arr. : Montauban, Castel-Sarrasin, Moissac.

* **TAROTÉ, ÉE** adj. N'est usité que dans cette locution, Cartes tarotées, cartes dont le dos ou revers est marqué de grisaille en compartiments.

* **TAROTS** s. m. pl. (ital. *tarroccho;* all. *tarok*). Espèce de cartes à jouer, qui sont marquées d'autres figures que les cartes ordinaires, et dont le dos est imprimé de grisaille en compartiments : *les tarots sont en usage en Allemagne, en Suisse, en Espagne, en Italie,* etc.—Jeu qu'on joue avec ces cartes ; et, dans cette acception, il s'emploie quelquefois au singulier : *jouer aux tarots ou au tarot.*

* **TAROUPE** s. f. Poil qui croît entre les sourcils : *on arrache la taroupe avec de petites pincettes.*

TARPEIA, jeune fille romaine, fille de Spurius Tarpeius, qui, d'après la légende, était gouverneur de la citadelle du mont Capitolin lorsque les Sabins investirent Rome. Tarpeia offrit de leur livrer la citadelle pour « ce qu'ils portaient au bras gauche », voulant dire leurs bracelets. En entrant, ils jetèrent sur elle leurs boucliers, qu'ils portaient aussi au bras gauche, et l'écrasèrent. Elle fut enterrée dans cette partie de la colline qu'on appela depuis la roche Tarpéienne.

TARPÉIEN, IENNE adj. Ant. rom. Qualification donnée à la partie du mont Capitolin où était Tarpeia : *mont Tarpéien.* — Roche Tarpéienne, rocher qui s'élevait à pic, à l'extrémité méridionale du mont Capitolin, du côté du Tibre. Du haut de ce précipice, on jetait les citoyens coupables de haute trahison, d'où vient le dicton : « La roche Tarpéienne est près du Capitole ». (Voy. Roche.)

TARQUIN. I. (Lucius-Tarquinius-Priscus) (*Tarquin l'Ancien*), cinquième roi de Rome, mort vers 578 av. J.-C. Son nom primitif était Lucumo. Accompagné de son ambitieuse épouse Tanaquil, il vint, dit la légende, de Tarquinies, en Étrurie, à Rome, où il gagna la confiance du roi Ancus Martius, devint le tuteur de ses enfants, et, à la mort du roi, fut élu au trône vacant, vers 616. Son grand exploit fut sa victoire sur les Sabins. Il construisit de vastes égoûts, qui sont encore intacts, jeta les fondements du *Circus Maximus*, et commença autour de la ville une muraille de pierre, que son successeur acheva. Il fut assassiné à l'instigation des fils d'Ancus Martius. — II. (Lucius-Tarquinius-Superbus) (*Tarquin le Superbe*), son fils, septième et dernier roi de Rome, mort vers 495 av. J.-C. Vers 534, il forma une conspiration, assassina Servius Tullius, et usurpa le trône. Pendant que Tarquin Collatin, fils d'Aruns, le frère de Tarquin l'Ancien, était avec l'armée devant Ardée (510), son cousin Sextus Tarquinius, fils du roi, alla chez lui, à Collatie, et y viola sa femme, Lucrèce. Lucrèce dit à son père et à son mari ce qui s'était passé, leur ordonna de la venger, et se poignarda. La haine des Tarquins et l'indignation se trouvèrent soulevées à un tel point que le roi fut déposé sur-le-champ, et sa famille bannie : les portes fermées. Il tenta de recouvrer le trône à l'aide du *lars* de Clusium, de Porsenna.

et de la confédération latine ; mais la victoire des Romains au lac Régille, vers 698 fut décisive contre lui.

TARRACONAISE, ancienne province de la péninsule Ibérique.

TARRAGONE (esp. *Tarragona*). I, province du N.-E. de l'Espagne, en Catalogne ; 6,349 kil. carr.; 350,395 hab. Pays montagneux, coupé de vallées très fertiles. Le seul cours d'eau important est l'Ebre. Mines de plomb, de cuivre, d'argent et de manganèse. Bon vin. Grand nombre d'établissements industriels. — II, capitale de la province (anc. *Tarraco*), sur la Méditerranée, à 630 kil. E.-N.-E. de Madrid ; 18,000 hab. La ville est fortifiée et comprend deux parties : la haute et la basse. Le môle, commencé en 1790 et terminé en 1874, a 4,242 pieds de long. Sous les Romains, c'était la capitale de l'Espagne Tarraconaise, et elle passe pour avoir contenu 1,000,000 d'hab.

TARRYTOWN, petite ville de l'état de New-York, sur la rive orientale de l'Hudson, là où il s'élargit pour former le Tappan Zee, à 40 kil. N. de New-York ; 6,500 hab. Le major André y fait fait prisonnier en 1780.

* **TARSE** s. m. (lat. *tarsus*). Anat. Nom que les anatomistes donnent à la partie du pied qu'on appelle communément cou-de-pied. — Ornith. Troisième article du pied des oiseaux, qui est terminé par des doigts ; et, en termes d'entomologie, troisième ou dernière partie des pattes des insectes, qui est divisée en plusieurs anneaux articulés et terminée par un ou plusieurs ongles.

TARSE (*Tarsus*), ville de la Turquie d'Asie, à 30 kil. O.-S.-O. d'Adana, sur le Cydnus, à environ 16 kil. de la Méditerranée ; 8,000 hab. On exporte des grains, du coton, du cuivre et de la noix de galle. C'est le lieu de naissance de saint Paul, à l'époque duquel c'était une ville très florissante.

* **TARSIEN, IENNE** adj. Anat. Qui appartient, qui a rapport au tarse : *articulation tarsienne; artère tarsienne.*

* **TARSIER** s. m. Hist. nat. Nom d'un genre de mammifères de l'ordre des quadrumanes, qui ont le pied ou tarse de derrière d'une longueur excessive.

TARSIS [tar-siss], nom d'un ancien entrepôt de commerce connu des Hébreux. Les Écritures en parlent 25 ou 30 fois. C'était une île ou une ville maritime ; elle faisait un grand trafic avec Tyr et Sidon, surtout en or, argent, étain, fer et plomb. Elle se trouvait à l'O. de la Palestine et de Tyr. On a voulu y voir Tartessus en Espagne, Tarsus en Cilicie, l'île de Thasos, Carthage, etc. Les titres de Tartessus semblent les meilleurs, malgré quelques contradictions dans les textes.

TARTAGLIA [tar-tai'-ia] (Nicolo), en ital. *bredouilleur;* célèbre géomètre, né à Brescia, au commencement du xvi° siècle, mort à Venise, en 1557. On ne connaît pas son vrai nom ; celui de Tartaglia lui vient d'un coup à la bouche, qu'il reçut d'un soldat français, lors du sac de Brescia, en 1512, et qui le rendit bègue. Pauvre et orphelin à 6 ans, il étudia seul, et devint l'un des plus grands savants de son siècle. On lui doit la résolution de l'équation au 3° degré, découverte qu'on attribua injustement à Cardan. Tartaglia s'occupa surtout d'appliquer les mathématiques à l'art militaire et à l'artillerie ; il imagina le quadrant des artilleurs. Il a laissé de nombreux ouvrages, parmi lesquels nous citerons sa *Balistique*, traduite en français par Rieffel. Paris, 1846, in-8°.

* **TARTAN** s. m. (mot celt.) Étoffe de laine à carreaux de diverses couleurs, dont les Écossais et les habitants des îles Hébrides font des vêtements. — Vêtement de tartan.

* **TARTANE** s. f. Mar. Petit bâtiment dont on se sert sur la Méditerranée, et qui porte une voile triangulaire.

* **TARTARE** s. m. (de *Tartare*, n. pr.). Nom que les poètes donnent au lieu où les coupables sont tourmentés dans les enfers : *il fut précipité dans le Tartare.*

TARTARE s. m. Nom qu'on donnait aux valets qui servaient les troupes à cheval de la maison du roi en campagne.

* **TARTARE** s. m. Courrier employé par la Turquie et par les ambassadeurs européens à Constantinople.

TARTARE s. et adj. (corrupt. de *Tatar*, nom d'une tribu mongole). De la Tartarie; qui appartient à ce pays ou à ses habitants. — Les Tartares forment une branche de la division môngolienne ou touranienne, de la race humaine. Dans son acception la plus large, ce nom peut s'appliquer aux différentes tribus et aux diverses nations du plateau de l'Asie centrale et septentrionale qui ne sont pas de sang aryen, tels que les Tartares proprement dits, les Kirghiz, les Kalmoucks, les Mantchous, appelés quelquefois Tartares-Mandchous, les Mongols proprements dits ou le peuple de Mongolie et les Tungouses. Dans un sens plus restreint, ce terme désigne les habitants touraniens du Turkestan et des régions adjacentes : Kirghiz, Uzbechs, Kiptchacks, Kalmoucks, Kasaks et Turcomans (Voy. Turcs.) D'anciennes migrations ont laissé des populations tartares considérables dans l'est et le sud de la Russie. Le mot *tartare* (proprement *Tatar* ou *ta-ta*) semble être d'origine chinoise.

TARTARE (lat. *Tartarus*) (Myth. gr.), fils de *Jupiter* et de *Gœa* (la Terre), et père des géants Typhée et Echidna. Dans l'*Iliade*, le Tartare est un lieu aussi loin au-dessous de l'Hadès que le ciel est au-dessus de la terre. On en fait souvent le synonyme d'Hadès.

* **TARTAREUX, EUSE** adj. Chim. Qui a la qualité du tartre : *les parties tartareuses d'une liqueur.*

TARTARIE, désignation géographique, limitée d'ordinaire aujourd'hui au Turkestan et aux régions avoisinantes, mais qui, jadis, embrassait une large zone à travers le centre du continent asiatique, depuis les mers du Japon et d'Okostk à l'E., jusqu'à la Caspienne à l'O. et peut-être même jusqu'au Don en Europe.

* **TARTARIQUE** adj. Voy. **TARTRIQUE.**

TARTARISÉ, ÉE adj. Qui contient du tartre.

TARTARISER v. a. Mélanger de tartre.

TARTAS, *Tartesium*, ch.-l. de cant., arr. et à 23 kil. O.-N.-O. de Saint-Sever (Landes), sur la Midouze ; 3,000 hab.

* **TARTE** s. f. (lat. *torta*, chose faite en spirale). Pièce de pâtisserie dans laquelle on met de la crème, des fruits cuits ou des confitures, et qui est couverte symétriquement de petits filets de pâte coupés avec un instrument guilloché : *tarte à la crème.*

* **TARTELETTE** s. f. Petite tarte.

* **TARTINE** s. f. Tranche de pain recouverte de quelque chose : *tartine de beurre.* — Journalisme. Long article plein de lieux communs et qui n'est ni intéressant ni instructif; long discours ennuyeux.

TARTINI (Giuseppe), violoniste italien, né en 1692, mort en 1770. Il avait la réputation du meilleur exécutant d'Europe. Parmi ses compositions, la plus remarquable est sa *Sonate du Diable*, ou Songe de Tartini.

TARTOUILLADE s. m. Action de tartouiller.

TARTOUILLER v. a. [*ll* mll]. Peindre mol-

lement, confusément en ne tenant compte que de l'éclat des couleurs.

TARTOUILLEUR s. m. Celui qui fait des tartouillades.

* **TARTRATE** s. m. Sel formé par l'union de l'acide tartrique avec une ou deux bases. On emploie plusieurs tartrates en médecine, et quelques-uns pour l'impression et la teinture des calicots. Les principaux tartrates médicinaux sont les sels doubles, le tartre émétique et le sel de la Rochelle. Le tartrate de potasse et de fer est appelé aussi tartre chalybé ; le tartrate de potasse et d'antimoine reçoit quelquefois le nom de tartre stibié.

TARTRE s. m. (de *Tartarus*, Tartare, ainsi nommé, d'après Paracelse, à cause de sa chaleur intense semblable à celle des régions infernales. — Chim. Bitartrate de potasse brut, tel qu'il se précipite pendant la fermentation des vins. Lorsqu'il est purifié, il donne la crème de tartre ou bitartrate de potassium. — C'est le dépôt terreux et salin, produit dans les tonneaux par la fermentation du vin, et qui s'attache aux douves, s'y durcit et se forme en croûte : *le tartre est une substance acide presque entièrement formée d'acide tartrique et de potasse.* — **TARTRE ÉMÉTIQUE**, ou simpl., **ÉMÉTIQUE**, vomitif composé de crème de tartre et de verre d'antimoine : on dit aussi **TARTRE STIBIÉ**. — Sédiment crayeux et salin qui s'attache aux dents : *il y a beaucoup de tartre sur vos dents, faites-les nettoyer.*

TARTREUX, EUSE adj. Qui est de la nature du tartre.

TARTRIER s. m. Fabricant de tartre.

* **TARTRIQUE** ou **Tartarique** adj. m. Chim. Nom que l'on donne à l'acide du tartre : *l'acide tartrique, dissous dans une grande quantité d'eau, peut remplacer la limonade.* — ENCYCL. L'acide tartrique est un acide organique, tétratomique, regardé aujourd'hui comme appartenant à un groupe qui dérive d'alcools tétratomiques correspondants par la substitution de molécules d'oxygène à celles d'hydrogène. La formule est $C^8 H^6 O^6$. Elle comprend quatre acides bibasiques ayant des formes cristallines différentes, et de différentes propriétés vis-à-vis la lumière polarisée, à savoir : l'acide dextrotartrique, l'acide lævotartrique, l'acide paratartrique ou racémique, et un acide inactif, non isolable. L'acide dextrotartrique est l'acide tartrique ordinaire tel qu'on le rencontre dans les raisins, les fruits du tamarin, les ananas, etc., d'ordinaire en combinaison avec le potassium, et souvent aussi avec une petite portion de calcium. On se sert de l'acide tartrique dans l'impression des calicots pour faire dégager le chlore de la poudre à laver, et, en médecine, surtout pour la préparation des poudres effervescentes.

TARTRITE s. m. Chim. Sel dont l'acide tartreux forme la base.

TARTROVINATE s. m. Chim. Sel de l'acide tartrovinique.

TARTROVINIQUE adj. Chim. Se dit d'un éther éthylique acide de l'acide tartrique.

* **TARTUFE** s. m. (de *Tartufe*, n. pr.). Faux dévot, hypocrite : *c'est un tartufe.* — **TARTUFE DE MŒURS**, homme vicieux qui affecte de grands principes de morale. — **Le Tartufe**, chef-d'œuvre de Molière, en 5 actes et en vers, dont les trois premiers actes furent représentés à Versailles devant la cour le 12 mai 1664 et qui fut jouée entièrement à la Comédie-Française, le 5 août 1667, sous le titre de l'*Imposteur.* Le principal personnage portait le nom de *Panulphe*, qui fut changé plus tard en *Tartufe*; il est resté le type du faux dévot, de l'hypocrite et de l'homme vicieux qui affecte

de grands principes de morale et de religion. La pièce fut interdite le 6 août par M. de Lamoignon, premier président du parlement de Paris, et le 11 août un mandement de l'archevêque de Paris défendit à toute personne de la voir représenter, de la lire ou de l'entendre réciter.

* **TARTUFERIE** s. f. Caractère ou action de tartufe : *je hais sa tartuferie.*

TARTUFIER v. a. Rendre tartufe.

TARUDANT [ta-rou-dannt], ville principale de la province de Sus, au Maroc, dans la vallée du Sus, à 225 kil. S.-O. du Maroc ; de 30 à 40,000 hab. Tarudant est remarquable par ses manufactures de cuir, ses ateliers de teinture et sa poterie de cuivre.

* **TAS** s. m. [tâ]. Monceau, amas de quelque chose : *gros tas.* — Prov. et fig. **CAIER FARINU SUR UN TAS DE BLÉ**, se plaindre comme si l'on manquait de tout, quoiqu'on soit dans l'abondance. — **IL A FAIT UN TAS DE MENSONGES, DE FRIPONNERIES**, il a fait beaucoup de mensonges, de friponneries les unes sur les autres. — Multitude de gens amassés ensemble ; et alors ne s'emploie guère qu'en mauvaise part et par mépris : *un tas de coquins, de fainéants, de fripons, de filous.*

> *Un tas d'hommes perdus de dettes et de crimes.*
> CORNEILLE.

> Quoiqu'un *tas* de grimauds vantent notre éloquence,
> Le plaisir est pour moi de garder le silence.
> BOILEAU.

— Enclume portative, qui sert aux orfèvres et à divers autres ouvriers.

TASCHER DE LA PAGERIE (Joseph-Gaspard), créole de la Martinique, né au Carbet en 1735, mort aux Trois-Ilets en 1790. De sa femme, née des Vergers de Sannois, il eut 3 filles dont l'une devint l'impératrice Joséphine.

TASCHEREAU (Jules-Antoine) [tâ-che-rô], écrivain français, né à Tours en 1801, mort à Paris en 1874. Il fut rédacteur du *National*, membre de la Chambre des députés, de 1838 à 1842, puis de la Constituante et de la Législative. Il fonda la *Revue rétrospective*. (Voy. BLANQUI.) En 1852, il fut chargé de l'administration de la Bibliothèque nationale, dont il devint le directeur en 1858. Il a donné des éditions de Molière, de Boufflers, et de la correspondance littéraire de Grimm et de Diderot, et il a écrit la biographie de Molière et de Corneille.

TASHKEND [tach-kennd'] (anc. *Shash*), v. lle du Turkestan, soumise à la Russie, par 13° lat. N. et 66° 20' long. E., à 250 kil. N.-O. de Khokan ; 80,000 hab., la plupart musulmans. Elle est entourée de jardins et de vergers, et enfermée dans une muraille de 25 kil. de circonférence. Soie, coton, fer et poudre à canon. Au point de vue commercial, c'est peut-être la ville la plus importante du Turkestan russe. Elle fut prise par le général russe Tchernayeff, dans la guerre avec le Khokan, en juin 1865.

TASIMÈTRE s. m. [ta-zi-] (gr. *tasis*, tension; *metron*, mesure). Voy. MICRO-TASIMÈTRE.

TASMAN (Abel-Janssen) [tas'-mann], navigateur hollandais, né vers 1600. En 1642, il fut envoyé de Batavia par Van Diemen pour explorer la côte de la Nouvelle-Hollande. Le 24 nov., il découvrit l'île à laquelle il donna le nom de Van Diemen (auj. Tasmanie), et ensuite la Nouvelle-Zélande, les îles des Trois-Rois, les îles des Amis et Fiji et revint à Batavia après un voyage de 10 mois. Le 29 janv. 1644, il entreprit en Nouvelle-Guinée et en Nouvelle-Hollande, un second voyage pendant lequel on croit qu'il mourut.

TASMANIE (autrefois *Terre de Van Diemen*), colonie anglaise d'Australie, se composant de l'île du même nom et de 55 petites îles, la plupart dans le détroit de Bass;

67,893 kil. carr.; 103,663 hab. Cap., Hobart-Town. L'île de Tasmanie est à 190 kil. S.-E. de l'Australie, de laquelle la sépare le détroit de Bass. Elle a 375 kil. du N.-O. au S.-O., et sa largeur maximum du N.-E. au S.-O. est de 320 kil. Il y a un grand nombre de ports, et on trouve presque partout de bons mouillages. L'île est traversée par des chaînes de montagne, où certains pics n'ont pas moins de 5,000 pieds d'élévation, coupées de gorges et de ravins, et séparées par des plaines fertiles et bien arrosées. Les principaux cours d'eau sont : sur la côte S.-E., le Huon, le Derwent et le Coal ; sur les côtes S.-O. et O., le Gordon, le Pieman et l'Arthur, et au N. le Forth, le Tamar et le Ringa-rooma. On suppose que l'île était autrefois rattachée à l'Australie. On trouve du fer, de l'étain, de la houille en abondance, et aussi de l'or, du cuivre, du plomb et du bismuth. La douceur du climat est remarquable ; la température moyenne est d'environ 12°; il tombe annuellement une moyenne de 57 centim. d'eau. L'atmosphère est d'une grande pureté, et les maladies épidémiques y sont rares. Le sol, très fertile, donne abondamment les céréales, les légumes, et les fruits des climats tempérés. Les animaux indigènes sont surtout des marsupiaux. Le seul qui n'en soit pas s'appelle le thylacine, ou loup de Tasmanie, ou tigre indigène. Les baleines sont nombreuses, et on les poursuit avec vigueur. On exporte des laines, des confitures, des écorces, du beurre et du fromage, du son et des recoupes, des céréales, de la farine, des cuirs et des peaux, des chevaux, des moutons, de l'huile de spermacéti et de l'huile noire, des fruits et des légumes, de l'or et de la bière. Les ports les plus importants sont : Hobart-Town et Launceston. 175 kil. de chemin de fer et 600 kil. de lignes télégraphiques en exploitation. Un câble sous-marin relie Launceston à Melbourne. — La race aborigène de Tasmanie est aujourd'hui éteinte. Les colons leur ont fait une guerre d'extermination. Outre les écoles primaires, l'île possède quatre écoles supérieures. La colonie est divisée en 18 comtés, subdivisés en paroisses. Le gouvernement est entre les mains d'un gouverneur et d'un conseil exécutif nommés par la couronne. Le pouvoir législatif est remis à un parlement composé d'un conseil législatif et d'une chambre d'assemblée. La dette de l'île est d'environ un million et demi de livres sterling. — La Tasmanie fut découverte en 1642 par Abel-Janssen Tasman, qui lui donna le nom de Terre de Van Diemen, en l'honneur d'Anthony van Diemen, alors gouverneur des Indes orientales hollandaises. On ne sut au juste que c'était une île qu'en 1798. Le premier établissement y fut créé par un détachement de soldats de marine anglais et une troupe de condamnés. En 1826, la terre de Van Diemen fut élevée au rang de colonie indépendante. En 1853, la transportation des condamnés prit fin et, le 1 janv. 1856, le nom de la colonie fut officiellement changé en celui de Tasmanie.

TASSAERT (Nicolas-François-Octave) [tas-err'], peintre français, né à Paris en 1800, mort le 26 avril 1874. On cite de lui : Les Funérailles de Dagobert à Saint-Denis, la Mort du Corrège, le Marchand d'Esclaves, Diane au bain, et le Vieux Musicien. La misère le conduisit au suicide.

* **TASSE** s. f. Vase qui sert à boire, et dont les bords ne sont pas fort élevés : tasse d'argent, de cristal, de faïence, de porcelaine. — Gobelet à anses, dans lequel on prend du thé, du café, etc. — Liqueur qui est contenue dans la tasse : prendre une tasse de café, de chocolat. — BOIRE A LA GRANDE TASSE, se noyer.

TASSE (Bernardo TASSO ou), poète italien,

né en 1493, mort en 1569. Secrétaire du prince de Salerne en 1531, il l'accompagna dans plusieurs des expéditions de Charles-Quint. Il eut plus tard à fuir l'inquisition, et finalement devint gouverneur d'Ostiglia. Ses œuvres comprennent le poème héroïque l'Amadigi, fondé sur l'histoire d'Amadis de Gaule. Un des épisodes fut repris et développé en un poème à part intitulé Floridante, et publié par son fils.

TASSE (Torquato TASSO ou Le), poète italien, fils du précédent, né à Sorrente, le 11 mars 1544, mort le 25 avril 1595. En 1562, il écrivit son charmant poème romanesque intitulé Rinaldo. En 1565, il alla à Ferrare dans la suite du cardinal d'Este, frère du duc Alfonso II. Sa grâce et mélancolique beauté, son éloquence et la variété de ses talents attirèrent l'admiration universelle et le rendirent cher aux sœurs du duc, Lucrezia, la future duchesse d'Urbin (Urbino) et Eléonore, qu'il rendit célèbre en la prenant pour l'objet spécial de son adoration. Après un séjour d'un an environ à Paris, il fut officiellement attaché à la cour de Ferrare (1572), et c'est là qu'en 1573 fut représenté, avec un grand éclat, son drame pastoral intitulé Aminta. En 1576, il termina son grand poème épique sur la délivrance de Jérusalem par Godefroi de Bouillon, sous le titre de Il Goffredo, qu'il fut changé plus tard en celui de Gerusalemme liberata. En nov., il le soumit à Scipione Gonzaga à Rome, et fut sollicité d'entrer au service des Médicis, ennemis des Estes. Il refusa, mais il crut dès lors que le duc Alphonse avait pris ombrage des négociations entamées. De retour à Ferrare, il vécut dans les frayeurs continuelles, surtout lorsqu'il vit sa correspondance interceptée et ses papiers particuliers dérobés, dans le but, supposait-il, de fournir au duc des preuves de ses relations avec Eléonore. Cependant, le duc le traita longtemps avec toutes les apparences de l'indulgence, et le fit même relâcher après un court emprisonnement pour une tentative d'assassinat commise, dans un accès de frénésie, sur une personne au service de Lucrèce, et il lui permit de se retirer dans un couvent (juin 1577). Mais Tasso s'enfuit chez sa sœur, à Sorrente, d'où on lui permit de revenir au commencement de 1578, à condition qu'il se laisserait soigner. Cette nouvelle tentative, pour regagner la faveur de la cour de Ferrare, lui attira de nouvelles humiliations et, comme il lui restait encore des preuves d'impatience impatiente, il fut renfermé à l'hôpital de Sainte-Anne. Malgré la mort d'Eléonore (1581), il languit en prison jusqu'en juillet 1586, époque où il fut relâché à condition qu'il resterait à la garde du duc Guillaume de Mantoue, qui lui montra beaucoup de bonté. Pendant le reste de sa vie, il voyagea continuellement de Naples à Rome et de Rome à Naples, et il finit par demeurer dans l'asile hospitalier de San-Onofrio à Rome, jusqu'à ce que le grand-duc de Toscane lui donnât les moyens de revoir Florence. En 1593, parut sa Gerusalemme conquista, remaniement de son premier poème, et auquel il crut le seul à attribuer la supériorité. La plus complète édition des œuvres du Tasse est celle de Rosini (1821-'32, 33 vol.). La Jérusalem délivrée a été traduite en français par Lebrun (1774), Dessertaux (1858) et, en vers, par Baour-Lormian (1819).

* **TASSEAU** s. m. Menuis. Petit morceau de bois qui sert à soutenir l'extrémité d'une tablette : clouer un tasseau.

* **TASSEMENT** s. m. Effet des constructions, des terres qui se tassent, qui s'affaissent sur elles-mêmes par leur propre poids.

* **TASSER** v. a. (rad. tas). Mettre des choses en tas, de façon qu'elles occupent peu de

place : tasser du foin, des fourrages. — v. n. Croître, multiplier, s'élargir : cette oseille commence à bien tasser. — Se tasser v. pr. Se dit des constructions, des terres, etc., qui s'affaissent sur elles-mêmes par leur propre poids : cette construction s'est tassée de plusieurs centimètres.

* **TASSETTE** s. f. On appelait ainsi les pièces d'une armure qui étaient au bas et au défaut de la cuirasse.

TASSIN (René-Prosper, DON), savant bénédictin, né à Lonlay-l'Abbaye, près de Domfront, en 1697, mort à Paris en 1777. Ses ouvrages les plus célèbres sont : l'Histoire de la Congrégation de Saint-Maur (Paris, 1770, in-4°), et le Nouveau Traité de Diplomatiqu (Paris, 1759-'65, 6 vol. in-4°), en collaboration avec Toustain.

TASSONI (Alexandre), poète italien, né à Modène en 1565, mort dans la même ville en 1635. Son Seau enlevé (Secchia Rapita), publié en 1622, est un poème burlesque sur la guerre survenue entre Modène et Bologne, au sujet d'un seau de puits, qui finit par rester à Modène. Trad. franç. de P. Perrault (1678) et de Cédois (1759).

TASTU (Sabine-Casimire-Amable VOIART, dame), femme de lettres, née à Metz le 31 août 1795, morte en 1871. Elle a laissé : Éducation maternelle (1835-'48) ; Cours d'Histoire de France (1836), plusieurs vol. de poésies empreintes de tristesse et de découragement ; Tableau de la littérature italienne (1843), Tableau de la littérature allemande (1844), Voyage en France (1845), etc.

TATAR-BAZARDJIK. Voy. BAZARDJIK.

TÂTE-AU-POT s. m. Homme qui se mêle dans le ménage des affaires réservées aux femmes : des tâte-au-pot.

TÂTE-MINETTE s. m. Homme méticuleux : des tâte-minette.

* **TÂTER** v. a. (ital. tastare). Toucher, manier, doucement une chose, pour connaître si elle est dure ou molle, sèche ou humide, froide ou chaude, etc. : tâtez cette étoffe, elle est douce, moelleuse, etc. — TATER LE POULS, presser légèrement l'artère pour connaître le mouvement du sang ; et, fam., TATER LE POULS A QUELQU'UN SUR UNE AFFAIRE, essayer de connaître ses dispositions, ses sentiments sur une affaire. — Fam. Il TATE LE PAVÉ, se dit d'un homme qui ne peut pas s'appuyer fortement en marchant. — Man. CE CHEVAL TATE LE TERRAIN, il ne marche pas franchement, il n'a pas les pieds sûrs. — TATER LE PAVÉ, LE TERRAIN, agir avec précaution, avec circonspection : il ne faut pas se hâter dans cette affaire ; tâtez d'abord le terrain. — Goûter à quelque chose, goûter de quelque chose : tâter aux sauces. — Essayer de quelque chose, pour avoir l'expérience ce que c'est : il ne veut plus entendre parler de procès, il n'en a que trop tâté. — Essayer de connaître la capacité, les sentiments d'une personne : j'ai tâté ce savant, il en sait moins qu'on ne croit. — TATER L'ENNEMI, faire des mouvements, de petites attaques pour connaître les dispositions de l'ennemi ; et, TATER LE COURAGE DE QUELQU'UN, OU TATER QUELQU'UN, commencer à l'offenser, à l'attaquer, pour voir comment il se défendra. — Se tâter v. pr. S'examiner, se sonder sur quelque chose : il s'est tâté là-dessus. — Être trop attentif à sa santé : c'est un homme qui a un si grand soin de sa santé, qu'il se tâte continuellement.

* **TÂTEUR, EUSE** s. Celui, celle qui est irrésolu, qui agit avec irrésolution, avec timidité : c'est un tâteur éternel avec qui on ne peut rien conclure.

* **TÂTE-VIN** s. m. Instrument de fer-blanc, qui a la forme d'un tuyau conique par le bas,

et dont on se sert pour tirer le vin par le bondon, lorsqu'on veut le goûter : *des tâte-vin.*

TATIANISTE s. m. [-si-a-]. Disciple de Tatien.

TATIEN s. m. [ta-si-ain] (lat. *tatiensis;* de *Tatius,* n. pr.). Membre de l'une des trois premières tribus du peuple romain.

TATIEN (*Tatianus*), écrivain ecclésiastique du II⁰ siècle. On ignore le lieu et la date exacte de sa naissance et de sa mort. Il s'appelle lui-même Assyrien. Il fut pendant quelque temps professeur d'éloquence à Rome, et revint en Orient après 165. Il fonda la secte gnostique connue sous le nom de secte des tatianistes, qui interdisait le mariage, l'usage de toute nourriture animale et du vin, et exigeait l'abandon des biens de ce monde. Ses discours aux Grecs, écrits pendant que ses opinions étaient encore orthodoxes, ont été de nombreuses éditions. Trad. franç., dans le *Recueil des Pères de l'Église,* de Genoude (1837-'43).

TATIHOU, petit îlot situé à 4 kil. de Saint-Wast-la-Hougue (Manche).

* **TATILLON, ONNE** s. [*ll* mll.]. Celui, celle qui tatillonne : *cet homme est un franc tatillon.*

* **TATILLONNAGE** s. m. Action de tatillonner. (Pop.)

* **TATILLONNER** v. n. Entrer mal à propos, inutilement, dans toute sorte de petits détails : *elle ne fait que tatillonner.* (Fam.)

TATIUS (Titus), roi des Sabins. Voy. Romulus.

TATIUS (Achilles) [ta-si-uss]. Voy. Achilles Tatius.

* **TÂTONNEMENT** s. m. Action de tâtonner. — Phys. et Mathémet. Méthode de tâtonnement, méthode par laquelle on cherche à résoudre une question en essayant différentes suppositions et différents moyens.

* **TÂTONNER** v. n. Chercher dans l'obscurité en tâtant : *je tâtonne pour trouver l'endroit où j'ai mis mon livre.* — Tâter avec les pieds et les mains pour se conduire plus sûrement ; et, en ce sens, il ne s'emploie guère qu'au participe présent : *marcher en tâtonnant.* — Procéder avec timidité ou avec incertitude, faute d'avoir les lumières nécessaires : *il est incertain en toutes choses, il ne fait que tâtonner.*

° **TÂTONNEUR, EUSE** s. Celui, celle qui tâtonne.

* **TÂTONS (À)** loc. adv. En tâtonnant dans l'obscurité : *je ne saurais trouver à tâtons ce que vous me demandez.* — Sans les lumières et les connaissances nécessaires, d'une manière incertaine, en essayant de divers moyens dont on n'est pas sûr : *chercher la vérité à tâtons.*

* **TATOU** s. m. (mot brésilien). Mamm. Genre d'édentés comprenant plusieurs es-

Tatou à six bandes (Dasypus sexcinctus ou D. Encoubert).

pèces de quadrupèdes américains dont le corps est couvert d'un test écailleux en forme de cuirasse, et divisé en plusieurs bandes ou

ceintures. — Les tatous ou armadillos sont des animaux nocturnes et parfaitement inoffensifs ; ils courent avec assez de rapidité pour échapper à la poursuite d'un homme ; la force de leurs pattes, extrêmement courtes et robustes, leur permet de creuser en quelques minutes un trou capable de les mettre à l'abri. Leur nourriture ordinaire se compose de fruits tombés, de racines, de vers, etc. Parmi les espèces, qui habitent toutes

Le tatou géant (Dasypus gigas).

l'Amérique centrale, on distingue : 1⁰ le *tatou à trois bandes* (dasypus tricinctus), petit, du Brésil et du Paraguay ; 2⁰ le *tatou à six bandes* (dasypus sexinctus ou dasypus Encoubert), le plus petit de tous, long seulement de 27 centim. ; il habite la Patagonie et la Plata ; 3⁰ le *cachycame* ou *tatou à neuf bandes* (dasypus novemcinctus), grand, commun à la Guyane et au Brésil ; 4⁰ le *tatou à douze bandes* (dasypus unicinctus), appelé aussi cabassou, très grand, du Brésil ; 5⁰ le *tatou géant* (dasypus gigas), le plus grand des tatous, long d'un mètre ; il habite le Brésil.

* **TATOUAGE** s. m. Action de tatouer ; résultat de cette action.

* **TATOUER** v. a. Peindre, piquer, barioler le corps de différentes figures et de diverses couleurs : *certaines hordes de sauvages se tatouent le visage, la poitrine, les bras, etc.*

TATOUEUR s. m. Individu qui fait le métier de tatouer.

TATTA, ville du Sinde, dans l'Inde ; on croit que c'est l'ancienne Pattala ; sur l'Indus, à 80 kil. S.-S.-O. de Hydrabad ; 40,000 hab. Dans le voisinage se trouvent des mines importantes. Manufactures de coton et de soie.

* **TATTERSALL** s. m. [ta-tèr-sal] (de *Richard Tattersall*), qui fonda un établissement public pour la vente des chevaux à Londres et qui mourut en 1793, à l'âge de 71 ans). Établissement public où l'on vend aux enchères des chevaux de selle ou d'attelage, des voitures, des équipages de chasse.

TAU s. m. Nom du τ grec.

TAUCHNITZ [taôch-nitss] (Karl-Christoph Traugott), éditeur allemand, né en 1761, mort en 1836. En 1796, il fonda à Leipzig, la maison bien connue qui porte son nom. Il commença par une modeste imprimerie, puis, en 1798, il y ajouta une librairie et, en 1800 une fonderie de caractères, et en 1816 la première fonderie stéréotype en Allemagne. Il est le premier qui ait stéréotypé la musique. En 1809, il commença une série de classiques grecs et latins, qui, par leur exactitude, leur bon marché et la commodité de leur format, sont devenus populaires.

* **TAUDION** s. m. Voy. Taudis. (Pop.)

* **TAUDIS** s. m. Petit logement en mauvais état : *il loge dans un taudis, dans un pauvre taudis.* — Fam. C'est un taudis, un vrai taudis, se dit d'une chambre, d'un appartement où tout est en désordre et malpropre.

TAULE s. f. (prov. *taula*). Table de l'enclume.

TAULÉ ch.-l. de cant., arr. et à 7 kil. N.-O. de Morlaix (Finistère) ; 2,800 hab.

TAUNAY. I (Nicolas-Antoine), peintre, né à Paris en 1755, mort dans la même ville en 1830. Il a laissé de nombreux tableaux représentant des batailles du premier Empire. — II (Auguste), frère du précédent, né à Paris en 1769, mort au Brésil en 1824. Ses œuvres les plus connues sont les deux *Renommées* et un *Cuirassier* à l'arc de triomphe du Carrousel, et la fameuse statuette de *Napoléon,* représenté les bras croisés.

TAUNTON [tânn'-teunn], ville du Massachusetts (États-Unis), au point où la Taunton devient navigable, à 40 kil. de la baie de Narragansett et à 55 kil. de Boston ; 20,429 hab.

TAUNTON, ville de Somersetshire (Angleterre), sur la Town, à 250 kil. O.-S.-O. de Londres ; 15,466 hab. Vieux château ; institutions charitables et d'enseignement. L'industrie principale est la ganterie.

TAUNUS ou **Hœhe,** massif montagneux de l'Allemagne (Hesse-Darmstadt et Nassau). Point culminant, le Grand Feldberg (881 m.)

* **TAUPE** s. f. (lat. *talpa*). Petit quadrupède qui a le museau pointu, les yeux fort petits et le poil noir, court et délié : I vit sous terre, et fouille au moyen de ses pieds de devant qui sont élargis et armés d'ongles tranchants : *le peuple croit que la taupe ne voit goutte.* — Ne voir pas plus clair qu'une taupe, se dit d'une personne qui ne voit pas bien. — C'est une vraie taupe, c'est proprement une taupe, se dit d'un sournois dangereux, qui agit par des voies souterraines. — Il va comme un preneur de taupes, se dit d'un homme qui marche doucement sans faire de bruit. — C'est homme est allé au royaume des taupes, il est mort. — Tanneur qui se forme à la tête des hommes et de quelques animaux. (Vieux.) — Encycl. On donne le nom de taupes à plusieurs mammifères insectivores de la famille des *talpidæ,* embrassant différents genres. Ces animaux sont généralement répandus par tout le globe, excepté dans l'Amérique du Sud et sous les tropiques. La *taupe d'Europe* (talpa

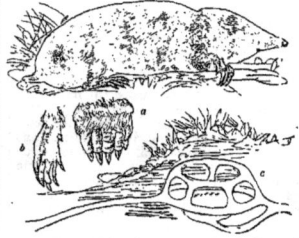

Taupe d'Europe (Talpa Europæa). a, patte de devant; b, patte de derrière; c, nid.

Europæa, Linn.), mesure de 12 à 15 centim. de long, non compris sa queue, qui a 2 centim. et demi ; son pelage est noirâtre et très fin ; les os de ses membres antérieurs sont très courts et très forts, soutenus par de solides clavicules et se terminant par une sorte de main en forme de pelle, armée de larges griffes et mue par des muscles d'une grande puissance ; les muscles pectoraux, qui sont ceux dont l'animal se sert le plus pour creuser son terrier, s'attachent solidement au sternum dans des espèces de silIons dont il est creusé pour les recevoir ; les muscles de la tête lui sont aussi d'un grand

secours pour déblayer la terre quand il se fraye son passage souterrain. Les sens du goût, de l'ouïe et du toucher sont très fins chez la taupe. Ses yeux sont deux points noirs, brillants, de la grosseur d'une graine de moutarde environ, cachés et protégés par la peau et les poils qui les entourent. Sa nourriture consiste en vers, insectes, racines tendres, et c'est pour les rechercher qu'elle creuse des galeries dans le sol. Elle vient fréquemment à la surface pour se débarrasser de la terre qu'elle a remuée. Elle est très vorace et meurt promptement de faim. Tout l'hiver elle est à l'œuvre, à une profondeur d'un pied ou plus, et en été, pendant la nuit, elle cherche souvent sa proie à la surface du sol. Sa couleur varie ; on en voit de blanches, de cendrées et de fauves. Sa fourrure, qui est très douce, sert à faire des robes légères et des chapeaux très fins. La taupe fait souvent de grands ravages dans les terres cultivées ; mais les pertes qu'elle cause sont plus que contre-balancées par la destruction des insectes et des plantes nuisibles.

° **TAUPE-GRILLON** s. m. Insecte de la famille des grillons, qui habite sous terre comme la taupe. On le nomme autrement COURTILIÈRE.

° **TAUPIER** s. m. Preneur de taupes.

° **TAUPIÈRE** s. f. Morceau de bois creusé, muni d'une soupape, et qui sert à prendre des taupes.

° **TAUPINIÈRE** ou **Taupinée** s. f. Petit monceau de terre qu'une taupe a élevé en fouillant : une prairie pleine de taupinières. — Petite élévation de terre, monticule, au milieu de la campagne : il faudrait abattre cette taupinière qui arrête la vue. — Petite maison de campagne basse et sans apparence : ils logent dans une taupinière qu'ils appellent leur château.

° **TAUPINS** s. m. pl. Nom qu'on donnait à un corps de milice française sous Charles VII : les francs Taupins.

° **TAURE** s. f. (lat. taura, fém. de taurus, taureau). Jeune vache qui n'a point encore porté.

° **TAURÉADOR** s. m. Voy. TORÉADOR.

° **TAUREAU** s. m. (lat. taurus). Bête à cornes qui est le mâle de la vache : taureau sauvage. — Fig. et fam. C'EST UN TAUREAU, se dit d'un homme extrêmement robuste et dont la taille annonce la force. UNE VOIX DE TAUREAU, une très grosse voix. UN COU DE TAUREAU, un cou large et musculeux. — Astron. L'un des douze signes du zodiaque, entre le Bélier et les Gémeaux, C'est une constellation brillante, qui contient une étoile de première magnitude, Aldebaran, située au milieu d'un groupe appelé les Hyades.

TAURIDE, gouvernement du S. de la Russie européenne, sur la mer d'Azof et sur la mer Noire ; 63,553 kil. carr. ; 704,997 hab. dont beaucoup sont Tartares. La Crimée (ancienne Tauris) comprend près d'un tiers de sa superficie et de sa population, et contient Siméropol, la capitale, et Sébastopol. (Voy. CRIMÉE.) Le fleuve principal est le Dnieper, sur la frontière du N.-O. Le sel, le salpêtre et le naphte y abondent ; il y a des carrières de marbre.

TAURIEN, IENNE adj. Qui a rapport au taureau. — s. m. pl. JEUX TAURIENS, jeux de l'ancienne Rome.

TAURINE s. f. Chim. Substance azotée qui n'est autre chose que l'amide de l'acide iséthionique.

TAURIS, ville de Perse. Voy. TABRIZ.

° **TAUROBOLE** s. m. (gr. taurobolion ; de taurus, taureau ; ballô, je frappe). Antiq. Espèce de sacrifice expiatoire, où l'on immolait un taureau en l'honneur de Cybèle, avec des cérémonies particulières : les tauroboles n'ont guère été pratiqués que dans les derniers siècles du paganisme. — Se dit aussi des autels sur lesquels ces sacrifices étaient faits.

TAUROCHOLATE s. m. [-ko-la-] (gr. tauros, taureau ; kolê, bile). Chim. Sel dont l'acide se rencontre dans la bile de plusieurs animaux à l'état de sel sodique.

TAUROMACHIE s. f. [-ma-chi] (gr. tauros, taureau ; makê, combat). Combat de taureaux.

TAUROMENIUM [tô-ro-mé-niomm], ancienne ville grecque, sur la côte orientale de la Sicile, à mi-chemin environ de Messine et de Catane, bâtie sur le mont Taurus après la destruction de Naxos par Denys l'Ancien, à 3 kil. au S., 403 av. J.-C. Elle résista à Syracuse pendant la vie de Denys, mais elle fut prise par Hiéron. Ce fut une des dernières places enlevées aux empereurs grecs par les Sarrasins, qui la détruisirent (906). Sur son emplacement se trouve aujourd'hui le village de Taormina.

TAURUS [tô-russ], chaîne de montagnes de l'Asie Mineure formant la grande ligne de séparation des eaux du bassin de la Méditerranée et du bassin de la mer Noire. Elle se prolonge sous le nom de Taurus proprement dit, dans le S. de la péninsule, et en Anti-Taurus qui la continue vers le N.-E. Les pics couverts de neige y sont nombreux, et ses flancs sont couverts de belles forêts. Le Bulghar Dagh, dans la partie E. du Taurus proprement dit, atteint environ 3,500 m. L'Arjish Dagh, bien qu'isolé, est d'ordinaire rattaché à l'Anti-Taurus. Avec ses ramifications au N., cette chaîne forme trois côtés du large plateau du centre et de l'E. de l'Asie Mineure.

° **TAUTOCHRONE** adj. [-kro-] (gr. tautos, même ; kronos, temps). Qui a lieu en des temps égaux.

° **TAUTOCHRONISME** s. m. Egalité du temps durant lequel certains effets sont produits.

TAUTOGRAMMATIQUE adj. Se dit de vers ou de poèmes formés de mots commençant par une même lettre.

° **TAUTOGRAMME** s. m. (gr. tautos, même ; gramma, lettre). Poème où l'on affecte de n'employer que des mots qui commencent par la même lettre.

TAUTOGUE s. m. [tô-to-ghe] (de tautog, mot ind.). Genre de labroïdes, comprenant 6 espèces, dont le type, le tautogue noir (tou-

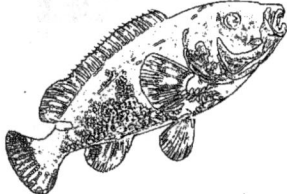

Tautogue noir (Tautoga Americana).

toga Americana, de Kay), vit sur les côtes orientales des Etats-Unis, où il fournit une pêche abondante.

° **TAUTOLOGIE** s. f. (gr. tautos, le même ; logos, discours). Didact. Répétition inutile d'une même idée en différents termes.

° **TAUTOLOGIQUE** adj. Qui a rapport à la tautologie. — ECHO TAUTOLOGIQUE, écho qui répète plusieurs fois les mêmes sons.

TAUTOPHONIE s. f. (gr. tautos, le même ; phonê, voix). Répétition des mêmes sons.

TAUVES, ch.-l. de cant., arr. et à 65 kil. S.-O. de Issoire (Puy-de-Dôme) ; 800 hab.

° **TAUX** s. m. [tô] (du lat. taxare, taxer) Prix établi pour la vente des denrées : une ordonnance de police avait mis le taux à telles marchandises. — Se dit quelquefois, dans un sens analogue, en parlant des frais de justice, des fonds publics, etc. : réduire des écritures au taux convenable. — Denier auquel les intérêts de l'argent sont réglés, établis par la loi. — Somme à laquelle une personne est taxée pour ses impositions : son taux est trop haut.

TAUZY s. m. Nom vulgaire du chêne noir.

TAVAILLON s. m. [ll mll.]. Latte avec laquelle on couvre les maisons.

° **TAVAÏOLLE** s. f. Linge garni de dentelles, et quelquefois fait tout entier de dentelle, dont on se sert à l'église pour rendre le pain bénit, ou pour présenter des enfants au baptême : une riche tavaïolle.

TAVANNES (maison de Saulx de), la plus ancienne famille de Bourgogne, dont les membres les plus célèbres furent : I. (Gaspard DE SAULX, seigneur de), maréchal de France, né à Dijon en 1509, mort en 1573. Page de François Ier, il fut fait prisonnier à Pavie et prua sa rançon ; se distingua au siège d'Yvoi (1543), à la bataille de Cerisoles (1544), prit Metz (1552), contribua aux victoires de Renti (1554), de Jarnac, de Moncontour (1561). Nommé maréchal de France en 1570, il fut accusé d'avoir été l'un des instigateurs de la Saint-Barthélemy, mourut en allant assiéger la Rochelle. — II. (Guillaume DE SAULX, comte de), fils du précédent, né en 1553, mort en 1633. Il prit part au combat de Jarnac, se signala à Fontaine-Française et fut lieutenant général en Bourgogne. Il a laissé des Mémoires sur les guerres civiles de son temps. — III. (Jean DE SAULX, vicomte de), maréchal de France, frère du précédent, né en 1555, mort en 1629. Il fut l'ennemi acharné de Henri III et de Henri IV. Il reçut de Mayenne le bâton de maréchal et le gouvernement de Bourgogne. Il a laissé des Mémoires sur le maréchal de Tavannes.

TAVASTEHUUS [ta-vass-té-houss]. I., gouvernement du S.-O. de la Finlande (Russie) ; 21,584 kil. carr. ; 193,477 hab. tous luthériens. Le pays est montagneux et possède beaucoup de lacs. — II. capitale de ce gouvernement, à 85 kil. N.-E. d'Abo ; 3,065 hab. Un chemin de fer la relie à Helsingfors.

TAVEL s. m. Vin récolté aux environs de Tavel.

TAVEL, village du cant. de Roquemaure, arr. et à 25 kil. d'Uzès (Gard). Vins renommés.

° **TAVELER** v. a. (du lat. tabula, échiquier). Moucheter, tacheter. — Se taveler v. pr. La peau de cet animal commence à se taveler.

° **TAVELURE** s. f. Bigarrure d'une peau tavelée : la tavelure de la peau de ce chien est extraordinaire.

° **TAVERNE** s. f. (lat. taberna). Cabaret, lieu où l'on vend du vin en détail : bouchon de taverne.

TAVERNER v. n. Fréquenter les tavernes.

TAVERNES, ch.-l. de cant., arr. et à 27 kil. N. de Brignoles (Var) ; 1,400 hab.

° **TAVERNIER, IÈRE** s. Celui, celle qui tient taverne : il s'est fait taverner.

TAVERNIER (Jean-Baptiste), voyageur français, né en 1605, mort en 1689. Il fit six voyages dans l'Asie occidentale et dans l'Inde, la plupart du temps à pied, et il s'enrichit

dans le **commerce** des pierres précieuses. Louis XIV l'anoblit pour avoir fait progresser le commerce français dans l'Inde ; mais il fut ruiné par son neveu, et, en 1687, il s'enfuit à Berlin pour échapper aux persécutions contre les protestants. Il y devint directeur d'une compagnie des Indes orientales, et entreprit son septième voyage ; mais une maladie l'arrêta en Danemark, et il y mourut. Ses voyages ont été publiés par Chappuzeau et La Chapelle (1676-'79, 3 vol.).

TAXATEUR s. m. Celui qui taxe. Se dit principalement du commis qui taxe à la poste les lettres et les paquets. — Procéd. Celui qui taxe les dépens.

TAXATIF. IVE adj. Qui peut être taxé.

TAXATION s. f. Action de taxer : *taxation d'une denrée.* — pl. Certains avantages pécuniaires alloués à des employés de quelques administrations : *il a tant pour ses taxations.*

TAXE s. f. [ta-kse]. Règlement fait par autorité publique pour le prix des denrées ou des frais de justice : *faire la taxe des vivres, des denrées.* — Prix établi par le règlement : *la taxe de la livre de pain, de la livre de viande, est de tant.* — Taxation, le règlement fait par autorité de justice, de certains frais que la poursuite d'un procès a occasionnés : *taxe de dépens.* — Imposition en deniers faite en certains cas sur les personnes : *on mit une taxe sur les plus riches, sur les plus imposés.* — Somme portée par le règlement d'imposition : *une taxe excessive, exorbitante.* — ENCYCL. On appelle taxes les contributions levées par un gouvernement pour son usage, sur les personnes et les propriétés. Chez les Hébreux, dans la période théocratique, il y avait une taxe de capitation d'un demi-sicle (environ 1 fr. 50), payable par tout Hébreux mâle, un tribut des premiers fruits et du premier né de leurs animaux domestiques ; une taxe de rachat pour le premier-né mâle de la famille ; une première et une seconde dîme pour l'entretien des lévites et pour le service du tabernacle, et tous les trois ans une troisième dîme (qui n'était, d'après quelques auteurs, que l'application de la seconde), au bénéfice des pauvres. Lorsque le gouvernement royal fut adopté, les taxes s'accrurent grandement. Dans la république athénienne, il n'y avait pas de taxes directes ; les sources de revenu étaient les terres de la république, les droits de douane sur les marchandises étrangères, certains droits d'excise, des licences des marchés et des maisons de prostitution, et les tributs payés par les îles et villes soumises. A Rome, sous la république, les dépouilles des nations conquises et le tribut annuel qu'on en tirait défrayaient la plus grande partie des dépenses de l'État ; mais, sous l'empire on trouva nécessaire de recourir à des taxes nombreuses. Pendant une grande partie du moyen âge, à l'époque féodale, il n'y eut pas de système uniforme de taxes. La république de Venise inaugura la première quelque chose qui se rapproche des méthodes modernes, en levant des taxes sur les terres de la république, et en établissant des droits sur les manufactures et les produits importés. En France, jusqu'à la Révolution, il y avait un sérieux obstacle à tout système équitable de taxation dans le fait que la noblesse et le clergé étaient exempts de tout fardeau de ce genre. En Angleterre, les finances furent, pendant des siècles, mal administrées, et les taxes restèrent au-dessous des dépenses du gouvernement. Les classes privilégiées en étaient exemptes, comme en France et dans la plupart des autres pays européens. On avait souvent recours à la vente de monopoles, à des emprunts forcés, à des contributions, à des confiscations. — Les taxes, ou impôts, sont ou directes, ou indirectes. Les premières

sont celles qui portent sur les personnes, les propriétés, les affaires, les revenus, etc. ; les autres sont prélevées sur les articles de consommation encore dans les mains des fabricants ou des commerçants, et se paient en fin de compte par les consommateurs dans le prix des articles qu'ils consomment. — Légis. « On donne le nom de *taxes assimilées* à certaines contributions qui sont recouvrées par les percepteurs, et qui sont soumises, pour les réclamations et le contentieux, à la juridiction des conseils de préfecture, comme en matière de contributions directes. Quelques-unes de ces taxes sont perçues pour le compte des communes, ou de syndicats autorisés. (Voy. BALAYAGE, CERCLE, CHIEN, etc. Pour ce qui concerne la *taxe du pain,* voy. BOULANGERIE.) Parmi les diverses autres acceptions du mot taxe, celle usitée dans la procédure judiciaire s'applique au *règlement des frais et dépens.* En matière sommaire, les dépens sont taxés par le jugement qui les adjuge (C. pr. 543). En matière ordinaire, la taxe est faite par l'un des juges ayant assisté au jugement (2e Décret du 16 fév. 1807, art. 2). Le mémoire des frais doit être établi sur deux colonnes : la première portant les chiffres des déboursés faits pour chaque acte, y compris le salaire des huissiers ; la seconde indiquant les émoluments nets réclamés par l'avoué, suivant les tarifs légaux. (Voy. TARIF.) La taxe est signée par le juge taxateur et par le greffier ; elle est, s'il y a lieu, rendue exécutoire par l'avoué, sur la demande de l'avoué. — Les diverses taxes qui frappent sur les sociétés civiles ou commerciales ont été énumérées au mot SOCIÉTÉ. (Voy. aussi VALEUR.) »   (CH. Y.)

TAXER v. a. [ta-ksé] (lat. *taxare*). Régler, limiter le prix des denrées, des marchandises, et de quelque autre chose que ce soit : *on a taxé les vivres.* — Faire une imposition soit en deniers, soit en denrées : *on l'a taxé bien haut.* — TAXER D'OFFICE, régler par autorité supérieure et extraordinaire la taxe qu'un taillable devait porter. — Accuser : *on le taxe d'avarice.* — Absol. JE NE TAXE PERSONNE, je ne fais tomber sur personne nommément le soupçon, l'accusation, le reproche dont il s'agit. — **Se taxer** v. pr. Fixer une somme qu'on s'engage à donner pour un certain objet : *il s'est taxé lui-même.*

TAXIARCHIE s. f. [ta-ksi-ar-chie] (*gr. taxiarque*). Ant. gr. Division de la syntagme des Grecs ; elle se composait de 8 îles d'oplites sur 16 de profondeur. Placée sous les ordres d'un capitaine nommé taxiarque, elle jouissait d'une existence propre, analogue à celle de nos compagnies. (Voy. ARMÉE.)

TAXIARQUE s. m. [ta-ksi-ar-ke] (*gr. taxis, cohorte ; arché, commandement*). Ant. gr. Chef d'une taxiarchie. Chez les Athéniens, c'était le titre de 10 officiers placés sous les 10 stratèges. Le taxiarque marquait les marches, dirigeait les marches, pourvoyait aux subsistances, rangeait les hommes en bataille, etc. (Voy. ARMÉE.)

TAXICORNE adj. [ta-ksi-] (lat. *taxus,* if ; *cornu,* antenne). Entom. Qui a les cornes en forme de peigne, comme les feuilles de l'if.

TAXIDERMIE s. f. [ta-ksi-] (gr. *taxis,* préparation, et *derma,* peau). Art de préparer la peau des animaux de façon qu'ils gardent leur aspect naturel, et aussi de l'arranger de manière à leur donner les formes et les positions naturelles de la vie. Ce terme comprend souvent l'art de conserver le squelette ou des parties du squelette dont on se sert comme du modèle ou de la charpente la plus convenable pour y ajuster la peau. Les opérations principales de la taxidermie sont l'enlèvement de la peau, qui demande beaucoup de soin et de dextérité, et sa préparation à l'aide de quelque substance préservatrice, telle

que le savon arsénical, le sublimé corrosif, l'acide phénique ou l'acide salicylique.

TAXIFORME adj. Bot. Qui a la forme d'un if (*taxus*).

TAXIS s. m. [ta-ksiss] (mot. gr. qui signifie *ordre, arrangement*). Chir. Pression exercée avec la main pour réduire une hernie.

TAXODIER s. m. [ta-kso-dié](gr. *taxos,* if ; *eidos,* aspect). Bot. Genre de conifères cupressinés, comprenant plusieurs espèces, dont le type, le *taxodier distique* (*taxodium distichum*), se trouve, aux E.-Unis, à une altitude de 1,000 à 1,50) m. On l'appelle vulgairement *cyprès chauve.*

Taxodier distique (Taxodium distichum).

TAXOLOGIE s. f. (gr. *taxis,* ordre ; *logos,*discours). Science des classifications.

TAXONOMIE s. f. (gr. *taxis,* ordre ; *nomos,* loi). Théorie des classifications.

TAY [tè], fleuve et lac du Perthshire, en Ecosse. Le fleuve naît sur la limite de l'Argyleshire, et porte le nom de Filian jusqu'à ce qu'il ait traversé le lac Dochart, pendant 16 ou 15 kil. ; de là jusqu'au lac Tay, à 16 kil. plus loin, on l'appelle ordinairement le Lochie, ou Dochart. Près du lac Tay, il reçoit le Lochie, au-dessous, le Lyon et de nombreux autres affluents. Jusqu'à Perth, il décrit presque un demi-cercle, avant de là il coule à l'E., se décharge dans la mer du Nord par le *frith* de Tay, après un cours de près de 190 kil. Ses pêcheries de saumons sont fameuses. Le lac Tay a environ 25 kil. de long, 2 kil. de large et 200 m. de profondeur. Le fameux pont de la Tay, terminé en mai 1878, pour le passage d'un chemin de fer, mesurait 10,612 pieds anglais (de long, et 88 pieds au-dessus des hautes eaux. Il fut détruit par un ouragan, le 28 déc. 1879, au moment même où un train de voyageurs le traversait. Environ 90 personnes périrent victimes de cet accident.

TAYAU ! ou **Tayaut !** Voy. TAÏAUT.

TAYGÈTE. Voy. LACONIE.

TAYLOR (Brook) [tè'-leur], mathématicien anglais, né en 1685, mort en 1731. Son ouvrage, *Methodus Incrementorum* (1715) est le premier traité où le calcul des différences finies soit proposé, et il contient le premier énoncé du célèbre théorème qui porte son nom.

TAYLOR (Isaac), écrivain anglais, né en 1787, mort en 1865. Son père, Isaac Taylor, d'abord graveur, devint ministre dissident, et écrivit plusieurs livres pour les enfants. Sa mère, Anne Taylor, est l'auteur de *Maternal Solicitude* et d'autres ouvrages d'éducation. Le fils reçut une éducation d'artiste ; il inventa des machines à graver ; mais il s'occupa surtout de littérature. Entre autres œuvres, on a de lui : *Natural History of Enthusiasm* (1829) ; *Saturday Evening* (1832) ; *Fanaticism* (1833) ; *Spiritual Despotism* (1835) ; *Physical Theory of Another Life* (1836) ; *Wesley and Methodism* (1851) ; *The Spirit of Hebrew Poetry* (1861), et *Considerations on the Pentateuch* (1863). — Ses sœurs, Ann (morte en 1866) et Jane (1783-1824), ont publié : *Original Poems* et des Hymnes ; Jane publia à

part *Display*, légende (1815), et *Contributions of O. O.* (1824); *Memoirs, Correspondence and Poetical Remains*, parurent après sa mort (1825, 2 vol.).

TAYLOR (Isidore-Séverin-Justin, BARON), artiste et philanthrope, né à Bruxelles, le 15 août 1789, d'un Anglais naturalisé Français et d'une mère irlandaise, mort le 5 septembre 1879. Militaire à la fin de l'Empire, il quitta le service en 1823, avec le grade de chef d'escadron. Il voyagea beaucoup, réunit de riches collections pour les galeries et les musées de Versailles et de Paris, et négocia l'acquisition et le transfert de l'obélisque de Louqsor et d'autres antiquités égyptiennes. En 1869, il fut créé sénateur. Il a publié, avec C. Nodier et de Caillieu, plusieurs livres de voyages illustrés. Son nom reste surtout attaché à la fondation des sociétés de secours des gens de lettres, des artistes dramatiques, des peintres, des sculpteurs et des architectes, des artistes musiciens, des inventeurs et artistes industriels.

TAYLOR (Zachary), douzième président des Etats-Unis, né en 1784, mort le 9 juillet 1850. Après avoir servi dans l'armée des Etats-Unis, il parvint par des exploits signalés contre les Indiens et les Anglais, à gagner successivement tous ses grades jusqu'à celui de général et de commandant en chef. En mars 1845, il fut chargé de défendre le Texas contre l'invasion mexicaine. Il défit le général mexicain Arista, à Palo-Alto, et Resaca de la Palma, le forçant à repasser le Rio-Grande. Dans la même campagne, il fit capituler la ville de Monterey, et vainquit Santa-Anna dans une grande bataille à Buena-Vista. Elu président de la république des Etats-Unis, en 1848, par le parti libéral (whig), le général Taylor entra en fonctions le 5 mars 1849. Il eut à lutter contre les représentants du sud à propos de l'admission de la Californie au nombre des Etats, et de différentes mesures relatives à l'esclavage, et il mourut d'une fièvre bilieuse pendant sa magistrature.

* **TAYON** s. m. [té-ion]. Eaux et Forêts. Baliveau réservé depuis trois coupes.

TCHAD ou **Tsad**, lac de l'Afrique centrale, sur les frontières du Bornou, du Kanem et du Baghirmi, entre 12° 30' et 14° 30' lat. N. et entre 11° et 13° 10' long. E.; 34,000 kil. carr.; sa superficie réelle varie beaucoup, d'ailleurs, suivant la saison. Il est à environ 1,000 pieds au-dessus du niveau de la mer. Il a rarement plus de 15 pieds de profondeur, et, dans la saison sèche, une grande partie de son étendue n'est occupée que par des marécages couverts de roseaux. Les villages sont nombreux sur ses rives, et les îles sont très peuplées.

* **TCHÈQUE** s. et adj. (bohémien *Czech* [tchèk] Bohême). Du Bohême; qui appartient à ce pays ou à ses habitants. — s. m. Langue slave parlée en Bohême. (Voy. BOHÊME.)

TCHERKESSE s. et adj. De la Circassie; qui appartient à ce pays ou à ses habitants. (Voy. CIRCASSIE.)

TCHERNAÏA, rivière de Crimée, qui se jette au fond de la baie de Sébastopol. Sur ses bords les Russes furent vaincus par les alliés, le 25 mai et le 16 août 1855.

TCHERNIGOV. Gouvernement dans le S.-O. de la Russie: 52,402 kil. carr.; 1,659,600 hab. La contrée est bien arrosée; les cours d'eau les plus importants sont le Dniéper sur sa

frontière O. avec son affluent la Desna, qui traverse le pays. Elle est extrêmement fertile, et possède d'excellentes races de chevaux et de bestiaux. Le pays produit beaucoup de miel, de cire et d'eau-de-vie. — Il, cap. de ce gouvernement, sur la Desna, à 600 kil. S.-O. de Moscou; 16,474 hab. Belle cathédrale, et grand commerce.

TCHETCHENTZES. Voy. CAUCASE.

TCHIBOUK s. m. Voy. CHIBOUQUE.

TCHIHATCHEFF (Petr), voyageur russe, né en 1812. Il explora les montagnes de l'Altaï par mission du gouvernement, et publia : *Voyage scientifique dans l'Altaï*, etc. (1846), *l'Asie Mineure* (1853-'69, 8 vol.); *Le Bosphore et Constantinople* (1864), et autres ouvrages.

TCHOUKTCHIS [tchouk'-tchiss]. I, tribu indigène de Sibérie, à l'extrémité orientale du continent asiatique, depuis le 160° méridien jusqu'au détroit de Behring. Ils paraissent être parents des Koriaks, qui occupent presque le même territoire, et dont les habitudes et les mœurs sont semblables. Quelques-uns sont établis sur les côtes; mais la plupart sont nomades, errant constamment avec de grands troupeaux de rennes, et sans avoir de chef. — Il, tribu de la famille des Indiens Koniaga dans Alaska, autrement appelés Aglegmutes, qui habitent la côte de la baie de Bristol, depuis le fleuve Nushagak jusqu'à 56° lat. N. Ils sont adonnés au commerce, et habiler à sculpter et à faire différents ouvrages, mais vicieux et sales.

* **TE** pr. pers. Voy. Tu.

* **TÉ** s. m. Fortific. Disposition de plusieurs fourneaux de mine en forme de T, pour faire sauter une fortification.

TÉBA, ville de la province de Séville (Espagne), à 60 kil. N.-O. de Malaga; 4,500 hab. Vieux château. Titre d'un comté, qui appartient à l'impératrice Eugénie.

TEBESSA ou **Thebsa**, anc. *Thevesta*, ville de la province et à 188 kil. S.-E. de Constantine (Algérie), près de la frontière de la Tunisie; 1,800 hab., dont 1,000 Européens. Cette ville fut occupée par les Français en 1842; elle a conservé des ruines importantes qui témoignent de son ancienne splendeur.

TECH (Le), rivière qui naît au pied du mont de l'Escoula (Pyrénées-Orientales), baigne Prats-de-Mollo, Amélie-les-Bains, traverse la magnifique arche du pont de Céret et se jette dans la Méditerranée, après un cours de 82 kil.

* **TECHNIQUE** adj. [tèk-ni-ke] (gr. *technikos*). Propre à un art, qui appartient à un art. Se dit principalement des mots affectés aux arts : *mot technique*. — Vers TECHNIQUES, vers faits pour aider la mémoire, et en y rappelant en peu de mots beaucoup de faits, de principes, etc. : *les racines grecques sont en vers techniques*.

* **TECHNOLOGIE** s. f. [tèk-no-] (gr. *technê, logos*, discours). Traité des arts en général; connaissance raisonnée de la théorie et de la pratique des arts industriels. Elle se divise en plusieurs branches, mais surtout en technologie chimique et technologie mécanique. Ces deux branches se combinent en beaucoup d'industries, par exemple la verrerie et l'impression par calicot. Il y a des écoles de technologie.

* **TECHNOLOGIQUE** adj. Qui a rapport aux arts en général : *dictionnaire technologique*.

* **TECK** ou **Tek** s. m. [tèk] (de *tekha*, mot indigène). Bot. Genre de verbénacées, comprenant des espèces d'arbres qui croissent dans les Indes orientales. Le *tectona grandis* est précieux pour son bois. Il mesure plus de 100 pieds de hauteur; ses feuilles, elliptiques, ont de 30 à 35 centim. de long, et sont si rugueuses et si dures qu'on les utilise pour polir le bois.

Cet arbre se trouve en différentes parties de l'Inde et des îles adjacentes; son bois est un des plus remarquables que l'on connaisse pour la lourdeur, la dureté et la durée, qualités qui le font rechercher depuis longtemps en Orient, non seulement dans les temples, mais aussi pour les demeures des particuliers. On l'emploie beaucoup dans la construction des navires, car il est pour ainsi dire indestructible, et l'on a vu des navires construits en teck durer plus de cent ans. On donne aussi le nom de teck à d'autres espèces similaires.

TECTRICE adj. (lat. *tectrix*, qui couvre). Ornith. Se dit des plumes imbriquées qui recouvrent, chez les oiseaux, les ailes et les grandes pennes, ainsi que la base des pennes de la queue. — s. f. *On distingue les petites*, *les moyennes et les grandes tectrices*.

TECUMSEH ou **Tecumtha**, chef des Indiens Shawnee, né vers 1768, mort le 6 oct. 1813. Vers 1805, il se donna comme prophète, avec son frère Elskwatawa, et essaya de réunir toutes les tribus occidentales en une ligue contre les blancs. Défait par Harrison en 1811, il passa aux Anglais du Canada, où il devint brigadier général. Il périt à la bataille de la Thames après s'être signalé en héros.

* **TE DEUM** s. m. [té-dé-omm]. Cantique de l'Eglise, qui commence par ces mots latins *Te Deum laudamus*; il se dit ordinairement à la fin de matines, et se chante extraordinairement avec pompe et cérémonie, pour rendre grâces à Dieu d'une victoire ou de quelque autre événement heureux : *les deux armées s'attribuèrent la victoire, et on chanta des deux côtés le* Te Deum. — Cérémonie qui accompagne cette action de grâces : *toutes les autorités furent invitées au* Te Deum. — On pense que le *Te Deum* fut composé par saint Ambroise à l'occasion du baptême de saint Augustin. — Au plur. DES TE DEUM.

TEFF s. m. [tèf]. Bot. Espèce de paturin cultivé comme céréale en Abyssinie.

TÉGÉE, ville de l'ancienne Grèce, dans le S.-E. de l'Arcadie. Son territoire se nommait Tégéate. L'*Iliade* en fait mention. Les Spartiates s'en emparèrent vers 580 av. J.-C.; elle fit ensuite partie de la confédération arcadienne et de la ligue étolienne. Alaric la détruisit de fond en comble, vers l'an 400 de notre ère. Ses ruines se trouvent près du village de Peali, à 4 kil. environ de Tripolitza.

TEGETTHOFF (Wilhelm von), amiral autrichien, né à Marbourg le 23 décembre 1827, mort à Vienne le 7 avril 1871. Commandant de l'escadre autrichienne dans la mer du Nord, il remporta la victoire navale d'Helgoland (9 mai 1864). A Lissa (20 juillet 1866), il vainquit l'amiral italien Persano et fut nommé vice-amiral. Il fut chargé en 1867 de ramener en Autriche les restes de l'empereur Maximilien.

* **TÉGLATH-PHALASAR.** Voy. ASSYRIE.

* **TÉGUMENT** s. m. (lat. *tegumentum*). Hist. nat. et Bot. Ce qui sert à envelopper, à couvrir : *les peaux*, *les écailles sont des téguments*.

TÉGUMENTAIRE adj. Qui sert de tégument.

TÉHÉRAN, cap. de la Perse et de la province d'Irak-Adjemi, à 115 kil. S. de la mer Caspienne, par 35° 41' lat. N. et 49° 40' long. E. En hiver la population est d'environ 100,000 hab. La ville forme un carré irrégulier embrassant de grands espaces vides, des jardins et des ruines considérables; mais les rues sont étroites, sans pavage, sales, et les maisons de pauvre apparence et mal bâties. Le principal édifice est le palais du roi. Les faubourgs sont très grands. En été la ville est malsaine, et le roi avec les deux tiers de la population campe dans les plaines

de Sultanich. Des fils télégraphiques relient Téhéran aux frontières du Caucase et de la

Téhéran. — Ancienne porte du Sud.

Turquie. Elle est devenue la capitale de la Perse vers 1796.

TEHUANTEPEC. 1. isthme du Mexique, entre la baie de Campêche sur le golfe et la baie de Tehuantepec, sur le Pacifique; sa moindre largeur est de 200 kil. Il est arrosé par le Coatzacoalcos, qui se jette dans la baie de Campêche, et par le Tehuantepec, qui se jette dans la baie du même nom. On a proposé de couper cet isthme pour établir une communication entre l'Atlantique et le Pacifique. — II, ville de l'état d'Oajaca, sur le Tehuantepec, à 22 kil. au-dessus de son embouchure, et à 175 kil. E.-S.-E. d'Oajaca; 14,000 hab. Sel, coton, pêcheries de perle.

TEIGNASSE s. f. Voy. TIGNASSE.

TEIGNE s. f. [tè-nieu; gn mll.] (lat. tinea). Eruption chronique qui se manifeste presque exclusivement au cuir chevelu et qui donne lieu à des écailles ou à des croûtes plus ou moins épaisses et de formes variées. La teigne est une maladie cutanée chronique caractérisée par des croûtes d'une odeur nauséabonde, d'un jaune de miel, sèches, adhérentes, circulaires, déprimées en godet, isolées ou agglomérées en larges incrustations. Cette affection, produite par un parasite, est contagieuse surtout chez les enfants. On la traite par la pommade soufrée ou mercurielle, etc. (Voy. IXYÉTIGO.) — Espèce de galle qui vient à l'écorce des arbres. — CELA TIENT COMME TEIGNE, se dit d'une chose qui tient bien, qu'on ne peut aisément enlever. — Entom. Genre de lépidoptères nocturnes qui ont pour larves des petits vers glabres, jaunâtres ou blanchâtres à 6 pattes écailleuses et 8 membraneuses. Ces vers se nourrissent en général de substances organiques séchées dans lesquelles elles se creusent des tuyaux. On distingue la teigne des tapisseries (tinea tapetzella), la teigne des draps (tinea sarcitella), la teigne des pelleteries (tinea pellionella), la teigne du crin (tinea crinella), la teigne des grains (tinea granella) ou fausse teigne des blés, etc. Les larves de tous ces papillons se rendent extrêmement nuisibles.

TEIGNE s. f. Art vétérinaire. Maladie qui consiste dans la pourriture de la fourchette du pied du cheval; pourriture occasionnée par une sérosité fort âcre, et qui se décèle par une odeur fétide, par une démangeaison

violente, par le heurt continuel du pied contre terre, et par la chute de la partie pourrie.

TEIGNEUX, EUSE adj. Qui a la teigne : il est devenu teigneux. — Prov. et par mépris. IL N'Y A QUE TROIS TEIGEUX ET UN PELÉ, se dit d'une assemblée où il y a peu de personnes, et où il n'y a que des gens méritant peu de considération. — Imprim. BALLES TEIGNEUSES, balles dont le cuir est trop gras, et sur lesquelles l'encre ne peut pas prendre. — Substantiv. Un teigneux.

TEILLAGE s. m. Action de teiller.

TEILLE s. f. Voy. TILLE.

TEILLER v. a. Voy. TILLER.

TEILLEUL (Le), ch.-l. de cant., arr. et à 15 kil. S.-E. de Mortain (Manche); 900 hab.

TEILLEUR, EUSE s. Personne chargée de l'opération du teillage.

TEINDRE v. a. [tain-dre] (lat. tingere). Je teins, tu teins, il teint; nous teignons, vous teignez, ils teignent. Je teignais. Je teignis. J'ai teint. Je teindrai. Je teindrais. Teins, teignes. Que je teigne. Que je teignisse. Teignant. Faire prendre à une étoffe ou à quelque autre chose, une couleur différente de celle qu'elle avait, en la plongeant dans une liqueur préparée et chargée d'une substance colorante qui la pénètre et qui s'y arrête : teindre du fil, de la laine, de la soie, de la toile, du drap, etc. — DRAP TEINT EN LAINE, drap dont la laine a été teinte avant d'être employée à fabriquer l'étoffe. Se dit aussi des choses qui colorent l'eau et les autres liqueurs où on les jette : le bois de Brésil teint en rouge l'eau dans laquelle on le plonge. — Se dit encore de plusieurs autres choses qui impriment ordinairement une couleur qu'il est difficile de faire disparaître : les mûres teignent les mains, le linge.

TEINT s. m. [tain] (rad. teindre). Manière de teindre. LE GRAND TEINT, ou LE BON TEINT, le teint qui se fait avec des drogues chères, propres à donner une couleur solide; et, LE PETIT TEINT, ou LE FAUX TEINT, ou LE MAUVAIS TEINT, celui qui se fait avec des drogues de moindre prix, dont la couleur tient peu.

TEINT s. m. Le coloris du visage : teint brun.

TEINTE s. f. [tain-te]. Peint. Se dit des nuances qui résultent du mélange de deux ou de plusieurs couleurs : teinte bleue-violâtre. — Degré de force que se peint donne aux couleurs : teinte forte. (Voy. TON.) — TEINTE PLATE, teinte uniforme : on colorie les plans en teintes plates. — DEMI-TEINTE, teinte extrêmement faible; et, plus ordinairement, ombre légère, ton moyen entre la lumière et l'ombre : ces figures sont dans la demi-teinte. — Apparence légère : il y a dans tout ce qu'il dit une teinte d'amour-propre, une teinte de malice.

TEINTER v. a. Peint. et Archit. Colorier d'une manière plate, plus ou moins foncée : teinter de rouge.

TEINTURE s. f. Liqueur préparée pour teindre : préparer de la teinture. — Impression de couleur que cette liqueur laisse sur les étoffes et sur les autres choses que l'on teint : du drap d'une belle teinture. — Pharm. et Chim. Dissolution d'une substance colorée dans l'esprit-de-vin ou dans quelque autre liqueur : teinture de roses, de safran, de Mars, etc. — Connaissance superficielle dans quelque science, dans quelque art : il avait déjà quelque teinture de philosophie. — Impression que la bonne ou mauvaise éducation laisse dans l'âme : il a été nourri parmi des gens de mauvaise vie, il lui en est resté une teinture, quelque teinture de libertinage.

TEINTURERIE s. f. Métier, atelier du teinturier.

TEINTURIER, IÈRE s. Celui, celle qui exerce l'art de teindre : envoyer du drap au teinturier. — Prov. et fig. IL A FAIT CELA AVEC SON TEINTURIER, se dit d'un homme qui s'attribue un ouvrage d'esprit qu'il n'a point fait, ou qu'on l'a beaucoup aidé à faire.

TEINT-VIN s. m. Nom vulgaire de l'airelle myrtille.

TEJADA (Lerdo de). Voy. LERDO.

TÉKÉDEMPT ou **Tagdempt,** village de la prov. et à 140 kil. E.-S.-E. d'Oran (Algérie), près des sources du Chélif. C'était l'un des établissements d'Abd-el-Kader; les Français l'ont incendié en 1841.

TEL, ELLE adj. (lat. talis). Pareil, semblable, qui est de même, de la même qualité : il n'y a pas en ce pays-ci de telles coutumes. — Se construit avec QUE, lorsqu'il sert à marquer la ressemblance de deux choses que l'on compare ensemble : il est tel que son père. — Se construit de même avec QUE, dans plusieurs autres phrases où il tient lieu d'un adjectif qui serait joint à la particule SI : son crédit est tel, que vous devez y avoir beaucoup de confiance. On le met quelquefois au commencement de la phrase : telle est sa bonté, qu'il se fait chérir de tout le monde. — TEL EST LE CARACTÈRE DES HOMMES, QU'ILS NE SONT JAMAIS CONTENTS DE CE QU'IL POSSÈDENT, les hommes sont faits de telle manière, que... — UN HOMME TEL QUE LUI, un homme de son mérite, de son rang, etc. : un homme tel que vous méritait bien cette distinction. — Prov. TEL MAÎTRE, TEL VALET, ordinairement les valets suivent l'exemple de leur maître. — Prov. TELLE VIE, TELLE FIN, d'ordinaire on meurt comme on a vécu. — S'emploie souvent dans le style soutenu, pour exprimer une comparaison : il est tel qu'un lion. — S'emploie quelquefois en poésie, au lieu de la conjonction AINSI, pour indiquer une comparaison : tel Hercule filant rompait tous les fuseaux, pour Ainsi Hercule, etc. Quelquefois on répète l'adjectif TEL, lorsqu'on fait l'application de la comparaison : tel qu'un lion rugissant met en fuite les bergers épouvantés, tel Achille... — Se dit en outre des personnes, des lieux, des choses qu'on ne veut ou qu'on ne peut désigner qu'indéterminément : il est dans tel ou tel, tantôt chez une telle. — Employé seul, désigne quelqu'un indéterminément : l'orage tombera sur tel qui n'y pense pas. — S'emploie encore par rapport aux choses qu'on a déjà dites : tel était alors l'état de ses affaires. — Tel quel, manière de parler dont on se sert pour signifier aussi mauvais que bon, ou mieux plus mauvais que bon, de peu de valeur, de peu de considération : il y a eu dans cette chambre un tel tel quel. — Tel quel signifie quelquefois, sans changement, dans le même état, ou de la même valeur : je vous rends votre livre tel quel, votre somme d'argent telle quelle. — De telle sorte que, en telle sorte, que, loc. conj. A un tel point que: il s'est compromis de telle sorte qu'il lui sera bien difficile de se tirer d'embarras.

TÉLAMONS s. m. pl. (gr. telamôn; de tallaô, je supporte). Statues employées dans l'architecture pour porter les corniches et les entablements.

TÉLÉGRAMME s. m. (gr. télé, loin; gramma, écriture). Dépêche transmise par le télégraphe.

TÉLÉGRAPHE s. m. [té-lé-gra-fe] (gr. télé, loin, de loin, et graphein, écrire). Mot qui fut créé en 1792 par l'inventeur français Chappe, pour désigner son appareil de communication aérienne, et dont la signification fut ensuite étendue à tout appareil qui permet de correspondre à de grandes distances, avec une extrême rapidité. — Pop. FAIRE LE TÉLÉGRAPHE, gesticuler beaucoup, par allusion au

télégraphe de Chappe. — **Télégraphe aérien,** tout appareil placé sur un lieu élevé et exécutant certains signaux convenus, que peuvent répéter, l'un après l'autre, des appareils semblables, placés de distance en distance, de manière à transmettre au loin et rapidement un avis, une nouvelle. — La télégraphie aérienne est, à proprement parler, l'art des signaux. (Voy SIGNAL.) Dans sa pièce intitulée *Agamemnon* (500 av. J.-C.), Eschyle décrit un système de correspondances au moyen de torches allumées. L'historien grec Polybe donne le nom de *pyrsiæ* aux divers instruments employés par les anciens pour leurs correspondances, parce que les signaux se faisaient toujours à l'aide du feu. Le mot *télégraphe* est une création de Chappe (voy. CHAPPE), l'inventeur, en 1792, du premier système pratique de télégraphie aérienne. La machine de Chappe, adoptée en France au début des guerres de la Révolution, mit, avec une rapidité jusque alors inconnue, le gouvernement en rapport continuel avec ses quatorze armées et ne fut pas étrangère au triomphe de la France. Elle se compose d'une grande tige de bois ou perche, dressée verticalement au sommet d'une tour ou d'un lieu élevé. A son extrémité supérieure se trouve une pièce de bois, longue de 4 m. 60 et tournant, en son milieu, sur un pivot, qui lui permet de prendre 4 positions différentes; cette barre se nomme *régulateur*. A chacune de ses extrémités, elle porte une branche de bois, longue de 2 m. et chacune des deux branches peut prendre, en pivotant, 8 positions distinctes, ce qui donne $8 \times 8 \times 4 =$ 256 signaux. Ces trois pièces de bois sont faites comme des persiennes et peintes en noir. Au pied de la tige, se trouve la maison-"ette du *stationnaire* ou employé, qui met la m...chine en mouvement, à l'aide d'un manipulateur qui commande les pièces de bois au moyen de cordes. Cette machine si simple fut presque aussitôt adoptée dans la plupart des États européens; elle est aujourd'hui partout remplacée par le télégraphe électrique. — Parmi les autres systèmes de télégraphie aérienne, on emploie encore celui des *Sémaphores*, adopté en France dès 1803 et en Angleterre en 1816 seulement. Les sémaphores sont de véritables imitations du télégraphe de Chappe; ils se composent d'une tige verticale portant plusieurs bras, capables de se mouvoir dans toutes les directions à l'aide de pivots, et figurant, par leurs diverses positions, soit des signes, soit des mots, soit des lettres. — La télégraphie aérienne se fait, en mer, au moyen de signaux dont nous avons parlé à notre article SIGNAL. On trouve, dans le même article, des détails sur la télégraphie aérienne dans les armées, sur les lignes de chemin de fer, etc. Les principaux désavantages de toutes ces méthodes sont que les signaux ne laissent aucune trace, qu'ils exigent l'attention constante d'un observateur, et qu'ils ne peuvent être employés qu'à des distances limitées et par un temps favorable. — **Télégraphe électrique.** Appareil qui fonctionne au moyen de courants électriques, et qui transmet au loin des communications, à l'aide de fils conducteurs en métal. La découverte faite par le Dr Watson en 1747, que l'électricité passe le long des fils métalliques d'une longueur considérable, et que la terre et l'eau peuvent prendre la place du fil pour compléter le circuit, a été le premier fait de quelque importance dans l'histoire du télégraphe électrique. Watson transmit des chocs électriques à travers la Tamise et la New. En 1794, l'Allemand Reizen se servit de l'étincelle électrique pour télégraphier. La pile voltaïque, découverte en 1800, offrait dans son courant continu un agent mieux approprié, pour transmettre les communications, que la décharge subite et passagère de la machine à frottement. Sœm-

mering commença ses expériences en 1809; il employait 35 fils, et il trouva que l'action voltaïque se développait instantanément sur une distance de 3,000 pieds. En 1810, le professeur Coxe, de Pennsylvanie, indiqua une méthode de communiquer télégraphiquement à l'aide de l'effet chimique de l'électricité. Schweiger perfectionna la disposition inventée par Sœmmering, et permit de ne garder que deux fils. Jusque alors les batteries étaient insuffisantes pour transmettre les courants à de grandes distances, et leur puissance n'était, en outre, que de peu de durée. Il fallut le développement des principes de l'électro-magnétisme pour imprimer une nouvelle impulsion à la télégraphie électrique. (Voy. ELECTRO-MAGNÉTISME.) Entre 1828 et 1830, le professeur Henry, de Princeton (New-Jersey, États-Unis), apporta de grands perfectionnements dans la construction des électro-aimants. En 1831, il imagina un instrument qui est essentiellement le même que la machine de Morse. En 1836, Daniell inventa la batterie à effets constants. La découverte de l'électricité magnétique par Faraday en 1831 et l'introduction, beaucoup plus tard, de la bobine d'induction, fournirent des sources constantes d'électricité intense adaptée au télégraphe. Le télégraphe de Steinheil, terminé en 1837, avait une longueur de 18 kil., n'avait qu'un seul fil et employait la terre pour compléter le circuit. Les signaux étaient les sons produits par une série de sonnettes de différents tons que l'oreille arrivait facilement à distinguer par l'exercice; les mêmes mouvements de l'aiguille qui causaient les sons faisaient aussi tracer à l'encre des lignes et des points sur un ruban de papier se déroulant avec une vitesse uniforme; l'alphabet ressemblait de loin à celui qu'avait inventé Swains en 1829. Steinheil se servait d'une machine électro-magnétique, avec des aimants fixes et des bobines d'induction tournant près des aimants. Quel que soit le système, on est toujours forcé d'ajouter au récepteur une sonnerie, composée d'une tige de fer frappant sur un timbre lorsqu'elle est mise en mouvement par les actions alternatives et rapides d'un électro-aimant qui l'attire, et d'un ressort qui la remet en place. On emploie soit des piles de Daniell, soit celles de Calland, de Davy, de Leclanché. — **TÉLÉGRAPHES ANGLAIS.** — Le télégraphe anglais, ou à aiguille, est le résultat des admirables découvertes d'OErsted, relativement à l'influence des courants électriques sur l'aiguille aimantée (1819). Cette découverte ne reçut pas de suite ses applications pratiques; mais, en 1836, Wheatstone construisit son appareil électro-magnétique, au moyen duquel il envoyait à 6 kil. des signaux ayant un sens déterminé. L'année suivante, il s'associa avec William-F. Cooke pour l'établissement de la première ligne télégraphique, qui fut créée le long de la voie ferrée, entre Paddington (faubourg de Londres, au N.-O. de cette ville) et Drayton (station du Great Western Railroad, à quelques kil. O. de Paddington). Nous allons donner une description succincte de l'appareil à aiguille le plus simple. — Un courant d'électricité possède le pouvoir de faire dévier une aiguille aimantée, de sorte que la pointe de cette aiguille tourne à droite ou à gauche suivant la direction du courant dans le fil. Il est facile de s'en convaincre en réunissant deux fils sur un galvanomètre et en mettant leurs extrémités respectives en contact avec le zinc et le cuivre d'un élément de Daniell. Instantanément, l'aiguille dévie, par exemple, à *gauche*; si l'on croise ensuite les fils et si l'on place en contact avec le zinc, l'extrémité qui touchait au cuivre, et en contact avec le cuivre celle qui touchait au zinc, on renverse le courant, c'est-à-dire qu'on l'envoie dans une direction opposée à

la précédente et on voit l'aiguille osciller vers la *droite*. Il est facile de concevoir que si l'on a un galvanomètre à Paris, relié à une batterie à Saint-Denis, un correspondant peut manœuvrer les fils dans cette dernière ville de manière à faire tourner l'aiguille à volonté, soit à droite, soit à gauche sur le galvanomètre que l'on a devant les yeux à Paris; il ne restera qu'à convenir que tant de coups à gauche et tant de coups à droite signifient telle ou telle chose pour être en état de tenir une conversation. Tel est, en peu de mots, le principe du télégraphe à aiguilles; mais, dans la pratique, on remplace le galvanomètre par un appareil *ad hoc* et on emploie un *inverseur* ou commutateur qui permet de renverser le courant sans qu'il soit nécessaire de porter les fils du zinc au cuivre de la batterie, et *vice versâ*. Notre fig. 1 montre le commutateur à un seul courant. Une épaisse planche de bois sert de support à l'appareil. Deux minces plaques de laiton C et D, longues de 8 centim.,

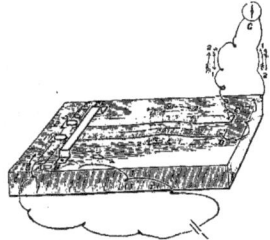

Fig. 1. — Commutateur à simple courant.

et larges de 12 millim., y sont fixées à leurs extrémités (C et D) à l'aide de vis qui les maintiennent parallèles, à une distance de 10 à 12 millim., l'une de l'autre. Une troisième lame de laiton, B F, quatre fois coudée à angles droits, est également fixée à ses extrémités (B et F), au moyen de vis, de manière que les extrémités des plaques C et D viennent la toucher et y restent en contact métallique. Une quatrième plaque de laiton, A E, est fixée sur la planche par des vis, de telle sorte que par des vis l'une ou sur l'autre des extrémités 1 et 2 de C et de D, cette extrémité entre en contact métallique avec elle. Pour faciliter cette pression, on place des boutons de bois en 1 et 2. Les fils de la batterie aboutissent en A et B; ceux du galvanomètre se terminent en C et D; ils peuvent être soudés ou maintenus par des vis. Pour faciliter l'intelligence de ce que nous venons d'expliquer, nous avons la fig. 2, qui donne

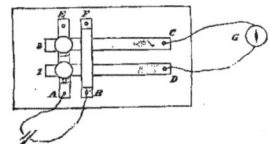

Fig. 2. — Plan du commutateur à simple courant.

le plan de l'appareil, vu de profil dans la fig. 1. Lorsque le commutateur est ainsi réuni à la batterie et au galvanomètre, on peut diriger le courant dans le sens voulu; pour cela, il suffit d'appuyer sur l'un ou sur l'autre bouton. Si nous pressons, par exemple, sur le bouton 1, le courant va dans le sens des flèches marquées 1 (fig. 1), tandis que si nous abaissons le bouton 2, le courant va dans la direction indiquée par les flèches

marqués 2. Jusqu'ici, nous avons supposé que le commutateur communique avec le galvanomètre ; mais on conçoit que, dans la pratique, le galvanomètre peut être remplacé par une bobine et par une aiguille placéesverticalement au lieu de l'être horizontalement. On fixe (fig. 3), la bobine c sur une planche verticale a b. L'aiguille placée au milieu de la bobine entraîne, dans son mouvement, une tige e d qui porte un index en son extrémité d et qui repose en son autre extrémité (e) sur un fil de fer qui lui sert de support. Les fils w et w' (fig. 4) font communiquer la bobine avec le commutateur. Pour empêcher l'index d'osciller trop loin, on place

Fig. 3. — Section d'un télégraphe à simple aiguille.

en f et en g des butoirs ou arrêts qui font saillie sur la planche. — Dans la pratique, on emploie ordinairement les appareils à deux ou à plusieurs aiguilles. En 1837, Cooke et Wheatstone se servaient de cinq aiguilles et de cinq bobines magnétiques et de cinq ou six fils, avec un clavier particulier, de l'invention de Wheatstone. Sur ce clavier étaient disposées des lettres. Plus tard, on simplifia l'appareil pour l'emploi d'une seule aiguille ou de deux aiguilles,

Fig. 4. — Télégraphe à aiguille simple.

chaque aiguille ayant son fil spécial. Le télégraphe à deux aiguilles est encore en usage sur les chemins de fer anglais ; on lui reproche de ne garder aucune trace de la communication transmise, l'opérateur observant les signes et les notant sur le papier, à mesure qu'ils sont transmis. — TÉLÉGRAPHE FRANÇAIS. On appelle télégraphe français le premier appareil qui fut employé en France. Bien qu'il soit aujourd'hui abandonné, il demande une explication parce que le principe sur lequel il repose est encore appliqué dans les systèmes qui l'ont remplacé. Il est basé sur la découverte des effets d'un courant électrique sur le

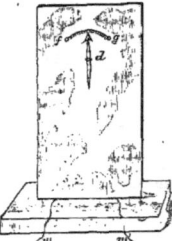

Fig. 5.

Fig. 6.

fer doux. Prenons, par exemple, un morceau de fer doux replié en fer à cheval (fig. 5). Enroulons, d'un bout à l'autre de ce morceau

de fer, un fil de métal enveloppé de soie ; réunissons les extrémités des fils chacune à l'un des pôles d'un élément de Daniell, et il nous sera facile de constater que le morceau de fer doux est devenu un aimant, qui attire à lui les pièces de fer placées à sa portée. Notre fig. 6 représente la disposition de l'appareil. Le courant d'électricité positive provenant du cuivre (c) crée le pôle nord (n) de l'aimant, coule autour du morceau de fer, dans la direction des petites flèches dessinées en cercle, forme le pôle sud (s) et revient au zinc. Aussitôt que le courant est interrompu, le morceau de fer cesse d'être magnétique ; ce n'est donc pas un aimant permanent, mais un électro-aimant. (Voy. ÉLECTRO-AIMANT.) La force de l'électro-aimant est indépendante de la longueur des branches ; mais elle croît proportionnellement au diamètre du cylindre, au nombre des spires formées par le fil autour du cylindre et à la puissance de la pile ou de la batterie. Notre fig. 7 montre un gros électro-aimant capable de soutenir des poids énormes. Dans l'ancien télégraphe français, une plaque de fer doux était placée en face d'un électro-aimant posé horizontalement. A l'aide d'une roue dentée en métal dont chaque

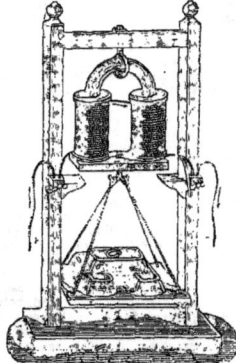

Fig. 7. — Electro-aimant chargé de poids.

dent portait successivement sur une languette de métal, on établissait et on interrompait alternativement le courant électrique ; on faisait tourner cette roue au moyen d'une manivelle. Dès que le courant s'établissait, la plaque s'approchait de l'aimant ; quand il était interrompu, un ressort éloignait la plaque, qui recevait ainsi un mouvement de va-et-vient. Une roue d'échappement et un mouvement d'horlogerie transformaient le mouvement de la plaque en différents mouvements circulaires qui faisaient agir des aiguilles ; les positions des aiguilles composaient des signaux semblables à ceux du télégraphe aérien de Chappe. Ce télégraphe travaillait rapidement ; mais il ne laissait aucune trace du télégramme. — TÉLÉGRAPHE A CADRAN, perfectionnement du télégraphe français, employé en France sur les lignes de chemin de fer et dans un grand nombre de stations

secondaires. La roue dentée du manipulateur se compose de 13 dents ; entre cette roue et la manivelle qui la fait tourner, il y a un cadran marqué de 26 lettres ou de chiffres. L'opérateur arrête la manivelle sur chaque lettre du mot à écrire. A la station d'arrivée, une tige de métal est alternativement

Récepteur du télégraphe à cadran.

attirée par un électro-aimant et remis dans sa position verticale par un ressort ; une roue d'échappement et un mouvement d'horlogerie transforment ce mouvement de la tige en un mouvement circulaire imprimé à un arbre qui entraîne une aiguille tournant sur un cadran marqué de lettres et de chiffres. L'aiguille de ce récepteur s'arrête exactement sur les mêmes lettres que la manivelle du manipulateur. Le signal est donné par une sonnerie. On apprend à manœuvrer cet appareil en quelques heures, ce qui permet de le faire utiliser par le premier employé inoccupé. Ce télégraphe est encore le plus simple et le plus rapide dans ses indications. Les troubles électriques de l'atmosphère ne l'affectent pas ; il n'exige, pour être mis en action, que l'usage d'une petite batterie. Le seul reproche qu'on puisse lui faire est de ne s'adresser qu'à la vue. — TÉLÉGRAPHE MORSE. Le télégraphe Morse, aujourd'hui adopté partout a été exposé pour la première fois en public à l'université de New-York en 1837 et appliqué, entre Washington et Baltimore le 27 mai 1844. Nos

Fig. 8. Manipulateur de Morse. — a, pointe de platine ou contact ; a' contact de platine supplémentaire ; b contact de platine inférieur ; b' deuxième contact de platine supplémentaire ; L, levier ; S, levier supplémentaire.

fig. 8, 9, 10, 11 le représentent tel qu'il est employé aux États-Unis ; mais dans chaque pays, on l'a modifié, quant à la construction, si bien qu'à première vue, il ne ressemble pas toujours au véritable appareil américain ; il reste néanmoins essentiellement composé des parties suivantes : 1° Manipulateur (fig. 8). Il se compose d'un levier en laiton L suspendu sur un pivot et muni, en son extrémité, d'un bouton sur lequel on appuie pour faire descendre le levier et établir le contact entre les deux pointes de platine a et b ; le courant électrique est alors établi. Dès que la pression vient à cesser, un ressort relève le levier, sépare les pointes de platine, et le courant est interrompu. Quand le message est envoyé,

l'opérateur ferme le circuit d'une manière permanente, en poussant le levier supplémentaire S, qui met en contact les deux pointes a' b'; 2° Relais. Le relais est une heureuse innovation qui permet de donner une nouvelle force au courant, tellement affaibli par la résistance, sur les grandes lignes, qu'il ne pourrait plus agir sur le récepteur. Dans le relais (fig. 9), le courant agit sur un électro-

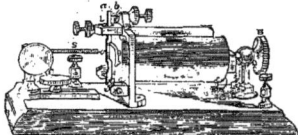

Fig. 9. Relais. — a, b. Pointes de platine au contact; B, tête de vis; L, tige métallique ou levier; S, ressort.

aimant qui met en action la batterie du récepteur. Autour de l'électro-aimant s'enroule un long fil rattaché à la ligne principale, et qui fait ainsi partie du grand conducteur d'une ville à l'autre. Quand le manipulateur établit puis interrompt le courant, l'électro-aimant subit l'action de l'électricité et devient tour à tour magnétisé, puis démagnétisé. La tige métallique L est attirée vers l'électro-aimant magnétisé, puis éloignée par le ressort S, du même électro-aimant démagnétisé; à chaque fois, elle met en contact ou sépare les deux pointes de platine a et b, établissant ou rompant ainsi un courant secondaire qui comprend dans son circuit une batterie locale et un fort électro-aimant. Celui-ci peut remplir plusieurs fonctions; il peut mettre en mouvement le *parleur* ou le *récepteur* proprement dit. La vis B fait mouvoir la bobine magnétique en avant ou en arrière, ce qui permet de régler la force magnétique générale de l'appareil. 3° *Parleur*. C'est une espèce de récepteur qui fait con-

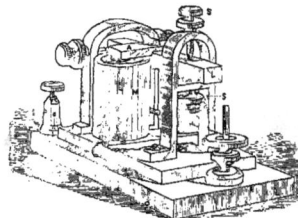

Fig. 10. Parleur. — A, armature; L, tige; M, électro-aimant; SS, vis.

naître les signaux par le son, tandis que le véritable récepteur les inscrit sur une bande de papier. Il se compose d'un électro-aimant M (fig. 10), compris dans le circuit secondaire du relais. L'armature A, attirée par cet électro-aimant, fait vibrer la tige L entre les vis B, ajustées de manière à limiter les vibrations. Les coups ainsi donnés en arrière et en avant sont les uns courts et les autres longs et correspondent, par conséquent, aux points et aux traits marqués sur le papier par le récepteur proprement dit. Cet appareil est souvent préféré, parce que l'expérience a prouvé que l'oreille commet moins d'erreurs que l'œil. 4° *Récepteur*. On donne ce nom à un appareil qui marque sur un ruban de papier des signaux convenus. Il se compose (fig. 11) d'un électro-aimant M, d'une armature A, d'un levier L et des vis SS. Le levier L presse la bande de papier P sur une molette imprégnée d'encre, et celle-ci imprime sur le papier des points et des traits diversement combinés, pour représenter des lettres, des chiffres, etc.

Le récepteur répète tous les mouvements imprimés au manipulateur et au relais. Le papier venant du dévidoir, que ne montre pas notre figure, est pincé et entraîné entre

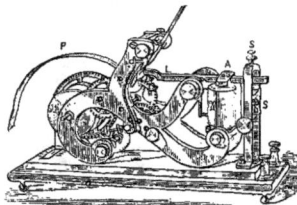

Fig. 11. Récepteur de Morse. — A, armature; L, levier; M, électro-aimant; P, ruban de papier; SS, vis.

deux cylindres mus par un mouvement d'horlogerie. Le papier se dévidant avec une vitesse uniforme, il en résulte qu'il est marqué d'un simple point quand le levier frappe un simple coup sur la molette; il est, au contraire, marqué d'une ligne plus ou moins longue quand le levier appuie plus ou moins longtemps sur la molette. — Voici le tableau des signaux employés en France:

Lettres.

a	·—	k	—·—	u	··—
b	—···	l	·—··	v	···—
c	—·—·	m	——	w	·——
d	—··	n	—·	x	—··—
e	·	o	———	y	—·——
f	··—·	p	·——·	z	——··
g	——·	q	——·—	ch	————
h	····	r	·—·	à	·—·—
i	··	s	···	ö	———·
j	·———	t	—	ü	··——

Chiffres.

1	·————	6	—····
2	··———	7	——···
3	···——	8	———··
4	····—	9	————·
5	·····	10	—————

— TÉLÉGRAPHE DE BAIN. Parmi les nombreuses inventions télégraphiques qui suivirent, celle d'Alexandre Bain mérite de nous arrêter un instant. Le télégraphe de Bain est, dans ses parties essentielles, le même que ce qu'on appelle aujourd'hui télégraphe automatique. Un papier préparé chimiquement se déroule, humide, sur un cylindre métallique avec une vitesse uniforme, et reçoit les points et les lignes; un fil mince, que traverse le courant de la ligne, repose sur la surface du papier et le noircit en décomposant la composition chimique dont il est imprégné. L'avantage de ce système est pour les longs messages, que plusieurs opérateurs peuvent recevoir ou transmettre avec une grande rapidité. — TÉLÉGRAPHE AUTOGRAPHIQUE. C'est une modification de l'appareil chimique automatique. Il est dû à l'Anglais F.-C. Bakewel (1850) et a été perfectionné par Casselli, Bonelli et d'autres. Dans ce système, le message s'écrit avec une plume trempée dans du vernis, sur une feuille d'étain enroulée autour d'un cylindre métallique correspondant exactement en grandeur, en vitesse de révolution et en mouvement longitudinal, avec un autre cylindre placé à la station réceptrice, lequel est couvert de papier préparé chimiquement. On peut, par cette méthode, envoyer sans risque d'erreur un message chiffré, et même des messages écrits avec un vernis incolore et par conséquent invisible. — TÉLÉGRAPHES IMPRIMEURS. C'est en Amérique, en 1847, que fut employé pour la première fois un appareil très ingénieux, imprimant les messages en capitales romaines. Depuis, beaucoup d'autres systèmes ont été construits sur le même principe, qui est celui de la roue dentée. Chaque interruption du courant laisse passer une dent d'une roue d'échappe-

ment, de telle sorte qu'une lettre nouvelle apparaît à chaque dent qui s'échappe. Dans le télégraphe de Hughes (1856), une lettre s'imprime à chaque onde ou à chaque poussée du courant électrique, ce qui effectue une notable économie de temps sur les autres systèmes. Il faut citer aussi le télégraphe de G.-M. Phelps, qui combine les avantages de l'appareil Hughes avec ceux des systèmes précédents. — APPAREIL MEYER. L'ingénieux appareil Meyer a été imaginé pour permettre d'intercaler des transmissions dans les intervalles de temps disponibles entre chaque signal d'une autre transmission, de manière à utiliser le même fil pour un certain nombre de dépêches en même temps. Son organe principal est un *distributeur*, ainsi nommé parce qu'il distribue le temps entre chaque manipulateur. Ce distributeur se compose d'un disque divisé en 4, 6 ou 8 secteurs, suivant que l'appareil multiple est *quadruple*, *sextuple* ou *octuple*, c'est-à-dire suivant qu'il sert à transmettre, dans un même temps donné, sur un même fil, 4, 6 ou 8 dépêches. Chaque secteur est formé de 12 lames de cuivre dont l'ensemble forme un cercle, sur la surface duquel frotte une aiguille qui tourne d'une manière isochrone et uniforme sur le centre du disque. Cette aiguille forme l'extrémité de la ligne télégraphique. Les signaux transmis sont ceux de l'alphabet Morse; le temps que met l'aiguille à passer sur une lame est précisément le même que celui qu'il faut pour marquer un point; celui qu'elle met à passer sur deux lames consécutives est le temps nécessaire pour tracer un trait. Quand un télégraphiste envoie le courant de sa pile sur un certain nombre de lames d'un secteur, au moment où l'aiguille passe sur ce secteur, l'aiguille, en passant sur les plaques, est mise en communication avec la pile. Le courant est établi pendant le temps nécessaire pour former une ou plusieurs lettres. L'aiguille divise donc le fil entre plusieurs télégraphistes, chaque secteur étant relié à un manipulateur et à un récepteur. — APPAREIL BAUDOT. Cet appareil comporte un assez grand nombre d'organes qui le font paraître compliqué et qu'il nous est impossible de décrire en détail. Nous allons cependant parler brièvement du principe de l'appareil, des avantages qui résultent de son emploi et des résultats obtenus. L'appareil Baudot, comme celui de Meyer, est basé sur la division du temps. Il a pour principal organe un *distributeur* divisé en 3, 4 ou 6 secteurs, selon que l'on veut utiliser sur une même ligne, 3, 4 ou 6 claviers. Chaque secteur est divisé en 5 *contacts métalliques*, et chaque contact est en relation avec un *relais*. Des balais tournant régulièrement au moyen d'un engrenage commandé par un moteur électrique viennent en temps opportun appuyer sur ces contacts. Le courant de la ligne est recueilli par les balais et par conséquent par les relais. Ceux-ci, quand ils ont fonctionné, envoient des courants de pile locale dans un appareil appelé *traducteur* (synchronisé avec le distributeur) lequel traducteur renferme une série d'organes dont le plus ingénieux est le *combinateur*. Nous ne pouvons ici en entreprendre la description, mais rappelons-nous que chaque secteur est en relation avec un clavier à 5 touches pouvant envoyer 5 courants, et que, par conséquent en appuyant sur la première touche, seule, ou sur la première et la deuxième, ou sur la première et la troisième, etc., etc., on peut obtenir 31 combinaisons différentes. Le *combinateur*, recueillant la combinaison au moyen d'organes appelés *chercheurs*, commandés par les courants locaux envoyés des relais, fait déclancher en temps utile le système imprimeur et la lettre correspondante à la combinai-

son est imprimée au moyen d'une *roue des Types* (analogue à celle du Hughes). Le rendement par chaque clavier se rapproche sensiblement de celui du Hughes, c'est-à-dire 50 dépêches par heure en moyenne. On comprend aisément que cet appareil soit appelé à rendre de très grands services puisqu'il peut, sur une seule ligne, mettre 4 ou 6 claviers en service, c'est-à-dire remplacer 4 ou 6 Hughes, et, par suite, rendre inutile la construction d'un trop grand nombre de fils entre deux villes. Il diffère essentiellement de celui de Meyer en ce que, au lieu d'adopter les signaux de Morse, il imprime les dépêches en caractères typographiques ordinaires. Il est employé en France entre les grandes villes. — APPAREIL ESTIENNE. Au dire de plusieurs personnes compétentes, l'appareil Estienne serait celui de l'avenir, celui qui serait destiné à remplacer tous les autres. Nous en donnons une description complète. Il comporte : 1° une écriture nouvelle; 2° un procédé spécial d'encrage ; 3° un organe électro-magnétique, dont la disposition est particulière ; 4° un manipulateur inverseur perfectionné. — 1° *Écriture.* Elle est formée de deux signaux : le demi-trait et le trait. Chaque signal est tracé par une plume spéciale ; la position des signaux, sur le ruban de papier, est transversale, au lieu d'être longitudinale comme dans le Morse. Le demi-trait remplace le point Morse, qui n'est pas suffisamment apparent et trop fréquemment ne marque pas dans les transmissions rapides. Le demi-trait occupe, en hauteur, à peu près la longueur du trait Morse. Les traits peuvent avoir, en hauteur, la largeur du ruban de papier, quelle que soit cette largeur. Les lettres, chiffres et signes de ponctuation sont composés de ces deux signaux groupés, conformément au code Morse, qui a été soigneusement conservé. Ces différents points vont être étudiés successivement. Auparavant, il est bon de faire remarquer que l'appareil Estienne ne dérive pas du Morse ; il doit être classé dans la catégorie des appareils à double style, dont la première idée et les premiers essais sont dus à Steinheil. — *Manipulateur.* Il est à deux touches; chacune d'elles, quand elle est abaissée, envoie sur la ligne un courant de sens contraire, correspondant à un signal différent. Si le trait est obtenu par un courant positif, le demi-trait sera obtenu par un courant négatif, ce qui revient à dire que chaque plume agit sous l'influence d'une des touches du manipulateur. Sauf pour quelques signes abréviatifs, que le Morse ne saurait utiliser, parce qu'il ne pourrait les reproduire, tous les contacts sont brefs; en d'autres termes, chaque signal, pour être obtenu, n'exige pas une durée plus longue que le temps nécessaire à la formation du point Morse. D'où une plus grande rapidité dans la transmission. Le manipulateur, quoique inverseur, permet de couper comme au Morse, sans autre manœuvre que l'abaissement d'une des deux touches. — *Encrage.* Si l'on plonge le bout d'une étoffe dans l'encre, une tache s'élèvera bientôt au-dessus du niveau; c'est à cette propriété ascentionnelle des liquides, dans diverses substances, qu'est dû le nouvel encrage. Chaque plume, par son extrémité inférieure, trempe dans l'encre et s'alimente, à l'aide d'*une lamelle de peau.* Ayant pour principe un effet purement physique, la *capillarité*, le nouveau procédé paraît être le plus simple et à la fois le plus pratique de tous les moyens d'encrer, employés jusqu'à ce jour en télégraphie. Le débit d'encre des plumes, dans cette nouvelle application, est proportionnel à la rapidité du travail; sa puissance est telle, qu'un contact prolongé fait tracer à l'une ou à l'autre plume, un ruban ne prenant fin qu'avec l'épuisement de l'encrier. Par consé-

quent le nouvel encrage permet à l'opérateur de varier à volonté l'épaisseur de chaque signal. Les plumes sont mobiles, s'enlèvent et s'adaptent très facilement. Il a été dit que le système en comporte deux. L'une à gauche, dont le bec a la largeur du demi-trait, trace le demi-trait; l'autre, à droite, dont le bec a la largeur du trait, trace le trait. Chacun des becs est muni de la lamelle de peau dont il a été parlé précédemment, placée entre deux lames rectangulaires très minces, appliquées assez fortement l'une contre l'autre, par une charnière à ressort. — *Organe électro-magnétique.* Il se compose de deux bobines avec culasse et plaques polaires; entre celles-ci oscille une armature polarisée ramenée dans la positon verticale par l'action d'un aimant artificiel dont on utilise un seul pôle. Ces bobines sont placées à l'arrière et fixées contre la platine du récepteur, sous un rebord; un couvercle mobile et en bois enferme le tout. L'aimant artificiel en forme de fer à cheval est placé sous le socle de l'appareil ; sur l'un de ses pôles se trouve un curseur en fer doux qui prolonge l'action de l'aimant et, par une lame en regard de l'armature, polarise celle-ci. Cette lame traverse une plaque en cuivre contre laquelle elle est soudée et se distingue seulement sur sa surface par une ligne bleuâtre. — *Récepteur.* Il a les trois mobiles et le volume du Morse. La molette est supprimée et remplacée par les plumes, dont la description a été donnée. L'encrage étant produit, aux moyen mécanique, le mouvement d'horlogerie a pour seule fonction d'entraîner le papier, et la construction du système devient ainsi d'une simplicité incomparable. Les plumes sont placées en regard l'une de l'autre, à égale distance du papier, et se font équilibre. Chaque plume est rivée à un bras, actionné par l'un des côtés d'une fourchette, qui pivote sur une tige traversant les deux platines et l'armature à laquelle elle est fixée; l'extrémité supérieure de ce bras se termine par un petit canon que l'on emboîte sur une broche servant de pivot. Par la disposition adoptée, ces plumes se meuvent, simultanément, sous l'action d'un courant; quand l'une monte, pour venir s'appliquer contre le papier, l'autre descend et *vice versâ.* On ne saurait mieux comparer l'effet d'un courant sur les plumes, qu'à l'action d'un poids sur une balance. — *Principal défaut du Morse.* Dans le système Morse, pour produire des *points* ou des *traits,* l'opérateur est astreint à faire de émissions de courant, tantôt brèves, tantôt longues ; ces dernières doivent avoir une durée trois fois plus longue que les premières et, quand cette condition est mal remplie, non seulement les signaux ne sont pas suffisamment lisibles, mais leur transformation est possible : un trait peut devenir pour un point et un point pour un trait. Ce défaut est capital ; il est la source des erreurs innombrables qui se produisent. — *Supériorité du système Estienne.* Le système Estienne a pour base de transmission *l'égalité des courants* et ces courants sont brefs. Il ne permet ni les transformations ni les altérations de signaux qu'engendre la mauvaise manipulation au Morse. Le demi-trait reste toujours un demi-trait, quelle que soit la durée du contact; de même pour le trait. Un courant trop ou pas assez prolongé fait varier l'épaisseur du signal, mais ne change pas sa nature. Enfin, la rapidité de transmission étant plus grande que celle du Morse, le rendement est nécessairement plus grand. — Une des applications les plus intéressantes est la *transmission automatique* dont l'emploi se généralise de plus en plus en Angleterre et en Amérique. Cette application donne au Morse une grande valeur. — Un seul courant bref étant nécessaire pour reproduire l'un ou l'autre signal de l'écriture Estienne, le nom-

bre des émissions de courants sera, avec le nouveau système, réduit de près des 2/3, la transmission automatique. Le rendement sera donc augmenté. Dans quelle proportion? L'expérience éclairera ce point. Ceux qui connaissent quel retard produit la traduction des télégrammes, peuvent se rendre compte de l'avantage que procurerait, dans ce service spécial, le collage des bandes sur les copies, rendu possible par la réduction de l'espace qu'occupe l'écriture. — Les expériences faites sur les réseaux de différents pays, ont démontré que la portée télégraphique du système Estienne, c'est-à-dire la marche en ligne sans erreur intermédiaire, dépasse de plus de moitié celle des autres systèmes. Les relais exigeant une surveillance, qu'il est difficile d'obtenir, la possibilité de les supprimer constitue un avantage, qui sera tout particulièrement apprécié dans le service international, où le système Estienne paraît avoir sa place marquée dans un avenir prochain. Sur les lignes aériennes et souterraines des essais longs et minutieux ont eu lieu; les résultats ont été décisifs. Les pays possédant actuellement des appareils Estienne sont : l'Allemagne, l'Autriche, la Bulgarie, la Hongrie, la Néerlande, la Russie, l'Italie et le Brésil. — CONSTRUCTION DES LIGNES TÉLÉGRAPHIQUES. Les fils du télégraphe sont ordinairement portés sur des poteaux élevés de 25 ou 30 pieds au-dessus du sol. Les fils de cuivre sont bien meilleurs conducteurs que ceux de fer galvanisé de la même grosseur, et portent le courant cinq ou six fois aussi loin ; mais ils n'ont pas assez de force, et se brisent trop souvent sous l'influence des changements de température. On ne les emploie guère, en conséquence, que pour les grandes lignes sous-marines. L'isolation des fils sur les poteaux est une question de grande importance et dont la solution n'est pas facile. Un des meilleurs isolateurs est une capsule de verre s'adaptant exactement à une cheville de bois de 3 à 4 centim. de diamètre, et revêtue extérieurement d'une enveloppe de bois saturée, comme la cheville de goudron et de poix, à laquelle le fil est attaché, et qui, recouvrant complètement le verre et le papier en dessous, le tient sec et rend l'isolation complète. En certains lieux, principalement dans les villes, les fils, au lieu d'être supportés par des poteaux, sont ensevelis dans le sol. La meilleure manière de les isoler est alors de les revêtir de gutta-percha, et, pour les garantir de tout dommage, on les enferme dans des tuyaux de plomb ou de poterie, ou dans des caisses de bois saturé d'une solution de sulfate de cuivre ou de chlorure de zinc. — **Télégraphe sous-marin,** télégraphe électrique dont les fils protégés par une enveloppe électrique sont plongés au fond de la mer et vont d'une rive à l'autre. (Voy. CABLE.) — Législ. « L'établissement et l'usage des moyens télégraphiques ont toujours été réservés au gouvernement, depuis l'époque où la première ligne télégraphique aérienne a été construite de Paris à Lille, par Chappe, et inaugurée en 1794. Non seulement aucune ligne télégraphique ne peut être établie que par le gouvernement ou avec son autorisation; mais il est interdit de transmettre, sans cette autorisation, des signaux d'un lieu à un autre, par quelque moyen que ce soit, sous peine d'un emprisonnement d'un mois à un an et d'une amende de 1,000 à 10,000 fr. (Décr.-loi 27 déc. 1851, art. 1er). Dans la pratique, cette interdiction ne s'applique pas aux communications établies entre les diverses parties d'une même propriété. Les compagnies de chemins de fer et les industriels obtiennent facilement l'autorisation d'établir des lignes d'intérêt privé dans l'étendue de leurs concessions ou exploitations. Ce n'est que depuis le 1er mars 1852 que les

lignes télégraphiques de l'Etat ont pu être employées à l'usage des particuliers. Le service des télégraphes a formé pendant longtemps l'une des directions du ministère de l'intérieur ; puis il a été réuni, par un décret du 5 fév. 1879, au service des postes avec lequel il forme aujourd'hui un ministère. (Voy. Poste.) Les bureaux télégraphiques, qui sont presque partout réunis aux bureaux de poste, diffèrent entre eux selon la durée journalière de leur service. Quelques-uns sont ouverts jour et nuit ; d'autres sont ouverts jusqu'à minuit seulement ; d'autres, à service de jour complet, sont ouverts à 7 heures du matin, à partir du 1er mars, et à 8 heures à partir du 1er novembre, et ils ferment à 9 heures du soir ; d'autres, à service limité, sont ouverts pendant un temps plus réduit. Certaines gares de chemin de fer reçoivent et transmettent des dépêches des particuliers. Enfin les postes électro-sémaphoriques établis sur les côtes maritimes peuvent transmettre des dépêches privées aux navires en vue ou en recevoir d'eux. — Les télégrammes sont adressés par l'expéditeur, soit à *domicile*, soit *bureau télégraphique restant*, soit *poste restante*, et dans ce dernier cas ils sont transmis comme lettres par le bureau d'arrivée au service des postes. L'expéditeur doit payer la taxe au départ ; et il peut affranchir la réponse. La taxe entre deux bureaux de la France est de cinq centimes par mot, et au minimum de cinquante centimes par dépêche. Les dépêches transmises par les sémaphores entre la terre et les navires en vue donnent lieu à une taxe supplémentaire de un franc pour vingt mots. Entre l'Algérie ou la Tunisie et la France, la taxe est de dix centimes par mot, avec un minimum de un franc. Pour les correspondances entre la France et l'étranger, il n'y a pas de minimum obligatoire ; les prix fixés par mot diffèrent selon les pays de destination, et le tarif de ces correspondances est modifié fréquemment, par suite des traités internationaux et de l'établissement de nouvelles lignes télégraphiques. Nous ne reproduirons donc pas en entier le *tarif étranger* que l'on trouve dans le *Calendrier Annuaire* des lignes télégraphiques. Nous citerons seulement les taxes les plus usitées. Le prix par mot est ainsi fixé : 15 centimes pour les dépêches à destination de la Belgique ou de la Suisse, et seulement 10 centimes pour celles expédiées des départements limitrophes ; 12 centimes et demi pour le grand-duché de Luxembourg ; 20 centimes pour l'Allemagne, l'Italie, l'Espagne et les Pays-Bas ; 25 centimes pour les îles Britanniques, le Portugal et Gibraltar ; 30 centimes pour l'Autriche ; 35 centimes pour le Danemark, la Hongrie et la Roumanie ; 40 centimes pour la Bosnie et la Serbie ; 45 centimes pour la Suède, la Norvège et la Bulgarie ; 55 centimes pour Malte et la Grèce ; 60 centimes pour la Russie et la Turquie d'Europe ; 2 fr. 70 pour le Caire et Suez ; 8 fr. 50 pour la Cochinchine ; 2 fr. 50 pour New-York, etc. (L. 26 févr. 1880 ; Décr. 29 mars, 1880, etc.). La date, l'heure du dépôt et le lieu du départ ne sont pas compris dans la taxe. Les mots composés ne sont comptés que pour un mot. Les nombres en chiffres sont comptés pour autant de mots qu'ils contiennent de fois cinq chiffres, plus un mot pour l'excédent. Les *dépêches secrètes* doivent être composées exclusivement de lettres de l'alphabet ou de chiffres arabes ; le total des lettres ou chiffres est divisé par cinq, et le quotient donne l'équivalent du nombre de mots à soumettre à la taxe. Pour la correspondance intérieure, tout télégramme doit être signé par l'expéditeur. Le *récépissé* d'un télégramme, qui est demandé par l'expéditeur, est taxé 10 centimes. Les télégrammes sont transmis dans l'ordre de leur dépôt. L'*accusé de réception* est l'in-

dication donnée par le télégraphe à l'expéditeur de l'heure à laquelle sa dépêche a été remise au destinataire ; la taxe de cet avis est celle d'une dépêche de dix mots. La *dépêche collationnée* est celle qui, moyennant une surtaxe égale à la moitié de la taxe du télégramme, est répétée intégralement de bureau à bureau, jusqu'au bureau d'arrivée. La *dépêche recommandée*, obligatoire pour toutes les communications faites en langage secret, comporte à la fois le collationnement intégral et l'accusé de réception ; et elle donne lieu aux diverses taxes afférentes. La *dépêche à faire suivre* est accompagnée de plusieurs adresses successives. Pour cette dépêche, l'expéditeur n'acquitte que la première taxe ; et le destinataire doit acquitter celles afférentes aux parcours suivants. Les *dépêches privées urgentes* pour certains pays étrangers, sont, moyennant le paiement de la triple taxe, transmises avec priorité sur les dépêches ordinaires. Les *dépêches à adresses multiples*, c'est-à-dire adressées à plusieurs destinataires dans la même ville ne sont soumises qu'à une seule taxe, mais on y ajoute autant de fois 50 centimes qu'il y a de destinataires moins un. Les *mandats télégraphiques* permettent de faire payer des mandats de poste en France, par avis télégraphique et jusqu'à concurrence de 5,000 fr. (Voy. Poste.) L'Etat n'est soumis en principe à aucune responsabilité et ne qui concerne la transmission des dépêches télégraphiques ; néanmoins les taxes perçues pour la transmission sont remboursées lorsque la dépêche n'a pas été transmise en temps convenable par le fait du service télégraphique. L'expéditeur d'une dépêche avec réponse affranchie peut demander le remboursement de la taxe afférente à la réponse, lorsque le destinataire n'a pas usé de la franchise dans le délai de huit jours. Les originaux des télégrammes qui ont été autorisés à établir des lignes conservés par l'administration pendant un délai de six mois à compter de leur date ; ce délai est de dix-huit mois pour les télégrammes expédiés hors d'Europe. — Les infractions aux lois et règlements relatifs à la conservation des lignes télégraphiques terrestres sont constatées par les officiers de police judiciaire et les agents de surveillance assermentés. Quiconque, par la rupture des fils, la dégradation des appareils ou par tout autre moyen, a volontairement causé l'interruption de la correspondance télégraphique, est puni d'un emprisonnement de trois mois à deux ans, et d'une amende de 100 fr. à 1,000 fr. Si le dommage a été causé involontairement, il n'y a lieu seulement à une amende de 16 fr. à 300 fr. ; et dans ce dernier cas c'est le conseil de préfecture et non le tribunal correctionnel qui connaît du délit (L. 27 déc. 1851, art. 2 et s.). La loi du 20 déc. 1884, qui a été rendue pour la mise à exécution en France de la convention internationale du 14 mars précédent, inflige des peines correctionnelles à tout individu faisant partie de l'équipage d'un navire français, et qui a rompu ou détérioré un câble électrique sous-marin, et aussi à tout capitaine ou patron convaincu d'avoir jeté l'ancre ou tenu des engins de pêche à moins d'un quart de mille de la ligne des bouées indi-

quant la position d'un de ces câbles. Les armateurs sont responsables des amendes et condamnations civiles auxquelles ces infractions ont pu donner lieu. Lesdites infractions sont jugées par le tribunal correctionnel, soit de l'arrondissement où est situé le port d'attache du bâtiment du délinquant, soit de l'arrondissement du premier port de France dans lequel le bâtiment est conduit. — Le service spécial des dépêches circulant à Paris par la voie des *tubes pneumatiques* a été organisé par décret du 25 janvier 1879 ; et la taxe en a été abaissée par décret du 22 mai 1880, à 30 centimes pour les dépêches fermées. En ce qui concerne les *communications téléphoniques* à l'usage du public, nous en parlerons plus loin (voy. Téléphone), quoique ce moyen de correspondance ne paraisse devoir être compris dans l'ensemble des services télégraphiques. » (Ca. Y.)

* **TÉLÉGRAPHIE** s. f. Art de construire les télégraphes et de s'en servir.

* **TÉLÉGRAPHIER** v. a. Transmettre une nouvelle au moyen de la télégraphie.

* **TÉLÉGRAPHIQUE** adj. Qui a rapport au télégraphe : *signes télégraphiques*. — Nouvelle, dépêche télégraphique, nouvelle qui est arrivée par le télégraphe.

TÉLÉGRAPHIQUEMENT adv. En se servant du télégraphe.

TÉLÉGRAPHISTE s. m. Employé au télégraphe.

TELEKY (László, comte), homme d'Etat hongrois, né en 1811, mort en 1861. En 1848-49, il représenta le gouvernement hongrois à Paris ; en 1859, il était membre du comité national hongrois en Italie et, en 1860, il alla en Saxe, où il fut livré au gouvernement autrichien. François-Joseph lui rendit la liberté à condition qu'il s'abstiendrait de toute agitation politique. Au bout de quelques mois, cependant, Teleky accepta d'être élu à la diète. Il se tua le matin du jour où il devait prononcer un discours, où il refusait, comme chef des radicaux, de reconnaître François-Joseph pour roi.

TÉLÉLOGUE s. m. (gr. *télé*, loin ; *logos*, discours). Appareil inventé, en 1884, par le capitaine Gaumet, pour établir des communications au moyen de signaux optiques. Frappé de cette circonstance que tout objet brillant posé sur un fond noir s'aperçoit à des distances considérables, le capitaine Gaumet a trouvé un moyen de correspondre aisément par la lecture. Son appareil se compose d'un carton renfermant 10 pages ; sur chaque page se trouve une lettre, un chiffre ou un signe, en gros caractères argentés, se détachant à merveille sur un fond mat. A l'aide d'une lunette ordinaire, on distingue parfaitement de loin, même par un temps sombre, ces caractères que l'on peut lire à des distances de 4, de 8 et de 12 kil., suivant les dimensions de l'album. Cet appareil, très facile à transporter, peut fournir des indications lorsque les télégraphes électriques ne fonctionnent pas. Il peut être manié par n'importe qui, sans étude préalable ; il offre l'avantage de pouvoir traverser des zones occupées par l'ennemi.

TÉLÉMAQUE, prince grec légendaire, fils d'Ulysse et de Pénélope. Lorsque Ulysse partit pour Troie, Télémaque était en bas âge. Vers le temps prévu pour le retour de son père, il partit en quête de ses nouvelles, accompagné par Minerve sous la figure de Mentor. Lorsqu'il revint, il trouva son père chez le porcher Eumée, déguisé en mendiant, et il l'aida à tuer les nombreux prétendants à la main de sa mère. — *Aventures de Télémaque.* (Voy. Fénelon.)

TÉLÉOLOGIE s. f. (gr. *telos*, fin; *logos*, discours). Science des causes finales.

TÉLÉOSAURE s. m. [té-lé-o-sô-re] (gr. *teleios*, accompli; *sauros*, lézard). Genre de crocodiliens fossiles de l'époque secondaire, établi par Geoffroy. Les couches qui entourent leurs restes indiquent un habitat maritime. Dans un spécimen du lias supérieur du Yorkshire (Angleterre), les vertèbres sont au

Teleosaurus Cadomensis.

nombre de 64; chaque mâchoire a environ 70 dents. Il atteint une longueur de 4 m. On a généralement restreint cette dénomination aux espèces que l'on trouve dans l'oolite; surtout le *crocodile de Caen*, *teleosaurus Cadomensis* (Et. Geoffroy), ainsi nommé par ce qu'il se rencontre dans le calcaire de Normandie.

TÉLÉPHONE s. m. [té-lé-fo-ne] (gr. *tèle*, loin, au loin; *phoné*, voix). Mot employé pour la première fois par l'instituteur allemand, Philippe Reiss, en 1860, pour désigner un appareil au moyen duquel il reproduisait les sons d'un instrument de musique et quelques-uns des sons de la voix humaine. Le mot téléphone existait déjà. — **Téléphone à ficelle**, appareil au moyen duquel on communique à une certaine distance, en se servant d'une ficelle tendue, que termine à chaque extrémité un cornet acoustique. Cet appareil consiste uniquement en deux gobelets en fer-blanc ou en bois dont le fond est remplacé par du parchemin. Quand les deux parchemins sont secs et bien tendus, on perce à leur centre un petit trou et l'on y fait passer une ficelle de lin, de coton ou de soie, qui peut atteindre 50 m. de long; on fait un nœud aux bouts de la ficelle dans l'intérieur des gobelets, pour que la ficelle ne puisse pas s'échapper. Celui qui parle approche de ses lèvres l'ouverture de l'un de ces gobelets, tandis que celui qui reçoit la dépêche approche de son oreille l'ouverture de l'autre gobelet. Il faut que le fil soit tendu en ligne droite. Un appareil de ce genre, appelé *fonoscopio*, sert de jouet aux enfants de la république de l'Equateur depuis des siècles; ce jouet fut introduit en Europe vers 1878, sous le nom de *télégraphe à ficelle*. — **Téléphone magnétique**, appareil au moyen duquel les sons se transmettent par des fils que traversent des courants ondulatoires magnétiques. Le téléphone magnétique a été imaginé vers, 1876, par Graham Bell, professeur de l'hospice des sourds-muets à Boston, dans le but de remplacer, pour ses élèves, l'appareil auditif qui leur fait défaut. Il ne réussit pas dans cette entreprise, mais il produisit le premier instrument capable de reproduire les articulations de la parole. La première forme de cet ingénieux instrument consiste en une barre d'acier aimantée autour de laquelle est disposée une bobine de fil isolé et relié au courant principal. En face d'un des pôles de l'aimant est placée une mince plaque de fer. Il n'y a donc que trois parties dans cet appareil, qui est disposé de façon à pouvoir être tenu à la main et appliqué à l'oreille ou à la bouche. Lorsque des sons se produisent en face de la plaque

vibrante, des ondulations électriques sont induites dans la bobine qui entoure l'aimant; elles traversent le fil principal et la bobine d'un second instrument, produisant des vibrations semblables dans une seconde

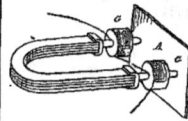

Fig. 1. — Téléphone de Bell (forme primitive).

plaque sur laquelle les ondulations électriques se résolvent en ondes sonores. En rattachant plusieurs téléphones placés à des stations différentes, les vibrations peuvent être répétées autant de fois qu'il y a d'instruments. La fig. 1 montre la disposition de la plaque A et de la bobine G G en *combinaison* avec l'aimant composé. — Pour rendre plus pratique son invention, Bell construisit, en 1877, le téléphone dont notre fig. 2 représente la coupe longitudinale. Ce

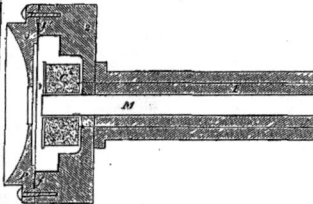

Fig. 2. — Téléphone magnétique de Bell.

téléphone se compose d'un tuyau de bois cu d'ébonite se terminant à une extrémité par une ouverture ou embouchure, P, fermée par un mince diaphragme de fer ou lame vibrante *f f*. Tout près de cette lame aboutit un barreau cylindrique en acier, M, aimanté d'une manière permanente par les procédés ordinaires usités en physique. Autour de ce barreau, et près de la lame, est enroulée une bobine électro-magnétique, C, composée d'un long

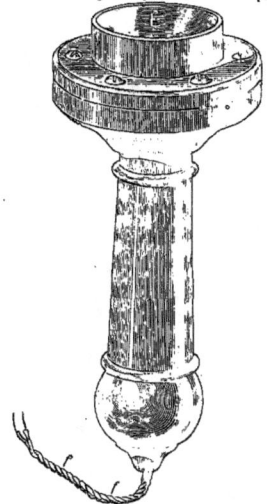

fil métallique entouré de soie. Les deux extrémités de ce fil sont rattachées, par les vis *b b'*, aux fils isolés *w w'*, qui établissent la communication avec un instrument semblable au lieu où l'on veut correspondre. Une personne parle dans l'embouchure du téléphone; les vibrations de sa voix se communiquent au diaphragme et le font vibrer, de manière que cette lame se rapproche et s'éloigne alternativement de la barre aimantée. Quand le diaphragme s'approche de l'aimant, il provoque une légère décroissance dans la puissance de ce dernier; quand il s'en éloigne, il provoque, au contraire, une légère augmentation de force. En vertu de ces altérations dans la force de l'aimant, il se développe dans la bobine des courants spontanés, dits *ondulatoires*, d'abord dans une direction, puis dans une autre. Ces courants sont transmis par les fils à l'autre appareil tout semblable que le correspondant tient appliqué près de son oreille. On conçoit facilement ce qui se produit. Les courants causent des accroissements et des décroissances alternatives dans la force de l'aimant; ces altérations dans la puissance de celui-ci provoquent le diaphragme du second téléphone à vibrer, et les vibrations correspondent exactement, pour la fréquence et pour l'intensité, avec celles du diaphragme du premier instrument. Ces vibrations se communiquent à l'air, les mots prononcés dans le premier téléphone sont reproduits à l'embouchure du second. Notre fig. 3 représente un téléphone

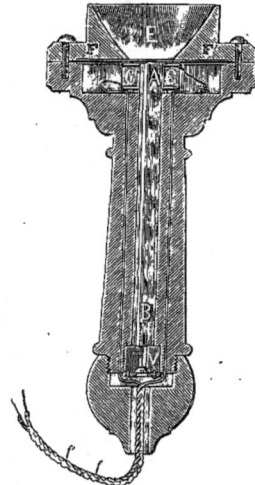

Fig. 4. — Perspective du nouveau téléphone magnétique de Bell.

simplifié et perfectionné. A B est le barreau aimanté; C C' la petite bobine; F F' le diaphragme; E l'embouchure; V une petite vis au moyen de laquelle on fait avancer ou reculer la

tige aimantée pour la fixer à la distance la plus convenable du diaphragme. Ce qui distingue surtout ce modèle, c'est que les fils isolés ff' sont tordus ensemble au lieu d'être séparés. Ainsi établi, le nouveau téléphone ressemble beaucoup à un cornet acoustique. Pour se servir du premier, on laisse un fil relier les deux téléphones; et l'on met l'autre fil de chacun des téléphones en contact métallique, soit avec un tuyau de bec de gaz (fig. 5), soit

Fig. 5. — Communication au moyen du téléphone magnétique de Bell.

avec toute autre pièce de métal reliée au sol. On peut ainsi correspondre d'une maison à une autre ou d'un étage à un autre. — A peine connu, le téléphone Bell fut modifié, perfectionné et simplifié par divers savants. On adopta en France l'appareil de l'Américain Gower, dans lequel l'aimant, au lieu d'être droit, forme un arc de cercle, de manière à présenter ses deux pôles en regard de la membrane de fer; chaque pôle est pourvu d'une bobine. L'embouchure est remplacée par un tube acoustique que termine une embouchure. A la plaque vibrante est adapté un sifflet pour éveiller l'attention du correspondant. Cet appareil est employé surtout pour mettre en communication les différents étages d'une maison. — Téléphone électrique, appareil au moyen duquel les sons se transmettent par des fils que traverse un courant électrique. C'est Reiss, professeur à Friedrichshoff (Allemagne), qui imagina le premier un instrument de ce genre; il le rendit public en 1865. Son téléphone est fondé sur ce fait que la différence dans le diapason des différents tons est causée par les différentes vitesses de vibration du corps élastique sonore. Ces vibrations sont transmises à l'air avec exactement la même vitesse, et de l'air elles peuvent se communiquer à une membrane qui vibrera à son tour avec une vitesse semblable. Dans le téléphone de Reiss, il y a une membrane à laquelle est attaché un petit disque de métal. Quand cette membrane est mise en vibration, le disque opère ou interrompt le contact dans un courant électrique, de telle sorte que les ondes électriques soient toujours égales au nombre de vibrations correspondant au diapason du ton transmis par le fil. Ces ondes magnétisent et démagnétisent un électro-aimant, qui excite de cette façon des vibrations dans l'armature. Ces vibrations sont transmises à une feuille de métal, et de là à l'air. — On a employé à Paris le télégraphe musical de Lacour. Dans cet appareil, la branche d'un diapason vibre au contact d'une languette de platine, par laquelle le courant est alternativement rompu et établi,

et les vibrations, suivant le fil, se communiquent à un diapason semblable à la station réceptrice. — Le téléphone harmonique imaginé par le professeur Elisha Gray, transmet les sons musicaux par la magnétisation et la démagnétisation du fer au moyen des courants directs, comme dans celui de Reiss. L'appareil de transmission consiste en un clavier dont chaque touche se relie électriquement à deux électro-aimants entre lesquels est disposée une languette de métal. Quand on appuie sur une touche, il s'établit un courant, et les aimants adjacents mettent une des languettes en vibration; le nombre de ces vibrations, par seconde, dépend de la longueur de la languette. Comme chaque touche commande une languette d'un longueur différente, une série de touches peut donner à volonté plusieurs sons musicaux. Chaque languette qui vibre, ouvre et ferme le courant du fil principal, envoyant ainsi le long du fil des ondes (isochrones) avec ses propres vibrations. L'appareil récepteur consiste en autant d'électro-aimants qu'il y a de languettes, chaque aimant étant muni d'un ruban d'acier en guise d'armature. Chaque ruban est accordé de façon à vibrer à un diapason particulier. Les vibrations d'une languette donnée, telles que nous venons de les décrire, ne sauraient, par le moyen de l'électro-aimant, mettre en vibration un autre ruban que celui qui est accordé au même diapason. Il s'ensuit un son musical par les magnétisations et démagnétisations successives que chaque ruban subit et qui, suppose-t-on, produisent un arrangement différent de ces molécules. — Edison a aussi construit un téléphone par lequel les sons se transmettent à de grandes distances très distinctement. Il est basé sur la découverte qu'un courant électrique passant à travers un papier préparé chimiquement, rend la surface de celui-ci glissante, de sorte qu'au passage du papier, sous une pointe de métal, cette pointe est entraînée en avant. Lorsque le courant est passé, la pointe glisse de nouveau en arrière. Ce mouvement se communique à une boîte sonore, et le son se reproduit ainsi. — On donne aujourd'hui communément le nom de *téléphone* à l'appareil dans lequel sont combinés le téléphone magnétique et le microphone de Hughes. Le téléphone électrique, actuellement répandu dans les grandes villes et qui fera, avant peu, correspondre toutes les villes entre elles, se compose d'un microphone, comme *transmetteur*, et d'un téléphone, seulement comme *récepteur*. Nous avons décrit le prin-

cipe du microphone de Hughes à notre art. MICROPHONE. Nous ajouterons que cet appareil convertit en bruits sonores et amplifie d'une manière extraordinaire les plus faibles vibrations qui deviennent perceptibles avec une netteté parfaite pour une personne dont l'oreille est appliquée contre un téléphone, dans le circuit duquel se trouve une pile électrique. En augmentant le nombre des crayons du microphone, on augmente la force de l'appareil. Depuis l'invention de Hughes, en 1878, on a imaginé plus de 200 dispositions différentes; celle qui a été adoptée en France porte le nom de transmetteur Ader. Elle se compose : d'une planchette de bois de sapin au-dessus de laquelle parle la personne qui correspond avec une autre; d'une réunion de 10 à 12 crayons parallèles de charbon de cornue de gaz pouvant jouer dans 20 ou 24 encoches, et placées horizontalement sous la planchette, de manière à recevoir ses vibrations; d'une bobine d'induction qui renforce les sons et leur donne plus de portée. Une pile, composée de 2 ou 3 éléments de Bunsen ou de Leclanché, fait passer un courant électrique dans tout le système. Le récepteur d'Ader est un perfectionnement du téléphone magnétique de Bell. Il se compose d'un aimant qui forme anneau ou bracelet, ce qui permet d'utiliser ses deux pôles; cet anneau se prend à la main, ce qui rend plus facile son maniement; et il sert à suspendre, au repos, le téléphone au crochet placé sur le côté du transmetteur. (Voy. notre fig. 6.) Dans le chaton de l'anneau se trouvent la membrane vibrante et

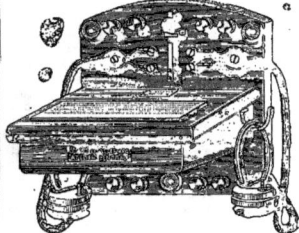

Fig. 6. — Téléphone Ader-Bell.

un *surexcitateur*, petit anneau de fer, placé au-dessus de la membrane, pour accroître l'intensité de l'aimantation des deux pôles de l'aimant. Tel est, en peu de mots, la description de l'appareil que la *Société générale des téléphones* établit chez chacun de ses abonnés; on y ajoute une sonnerie munie d'une pile contenant 3 éléments Leclanché, ce qui fait 2 piles pour chaque appareil complet : l'une pour la sonnerie, l'autre pour la ligne. Au lieu de poser autant de fils qu'il y a de correspondants pour chaque abonné, ce qui serait ruineux, on établit dans chaque ville un ou plusieurs *bureaux centraux*, auxquels aboutissent les fils des abonnés. L'abonné qui veut se mettre en rapport avec un autre abonné, s'adresse au bureau central ; un employé de ce bureau met en communication les fils des deux correspondants; quand ceux-ci ont terminé leur entretien, ils en préviennent l'employé qui interrompt la communication. Il existe à Paris 12 bureaux centraux, reliés entre eux par des lignes appelées *auxiliaires*. C'est à peine si l'on compte à Paris 100 kil. de fils aériens, sur environ 2,000 kil. de fils dont se compose le réseau; ordinairement, les lignes sont souterraines. Les fils se réunissent en câbles de 14 conducteurs, constituant 7 lignes doubles d'abonnés. Ces câbles, parfaitement isolés

par une couche de gutta-percha, courent sous la voûte des égouts, où ils sont soutenus par des crochets. Arrivés sous les bureaux centraux, ils y pénètrent, et les fils se distribuent en rosaces pour aboutirent à des tableaux portant les numéros de chaque abonné. L'employé, dès qu'il est averti par la sonnerie qu'un abonné veut se mettre en rapport avec un autre abonné, est informé, en même temps, par un appareil appelé *annonciateur*, du numéro de l'abonné qui appelle. Il satisfait à la demande de l'abonné, en faisant communiquer l'extrémité des fils des deux correspondants, au moyen d'un cordon mobile qui renferme un double fil conducteur. Plus de 3,000 fils aboutissent au bureau central de l'avenue de l'Opéra. — Il y a aujourd'hui des lignes téléphoniques dans toutes les villes importantes de l'univers; nous en possédons au Havre, à Rouen, à Toulouse, à Lyon, à Bordeaux, à Marseille. Des expériences extrêmement importantes ont prouvé que la voix humaine peut s'entendre à plus de 1,500 kil. au moyen du téléphone; sur nos lignes telles qu'elles sont établies aujourd'hui, c'est à peine si l'articulation des mots peut se distinguer à 100 kil. Mais des appareils plus perfectionnés et des fils plus résistants à l'action retardante de l'induction statique ont permis de tenir des conversations entre New-York et Chicago, entre Londres et Manchester, etc. Tout porte à supposer qu'avant peu, les habitants des grandes villes pourront communiquer d'une ville à l'autre, au moyen du téléphone, qui remplacera ainsi le télégraphe électrique dans les cas très nombreux où ils ne tiendront pas à conserver le texte d'une dépêche ou d'un ordre. — En Belgique, où le réseau téléphonique embrasse une étendue de 3,000 kil., réunissant près de 4,000 abonnés, on emploie surtout l'appareil Blake transformé par Bède. — Depuis le 15 août 1881, on a ouvert, au bureau du poste de Berlin, une salle publique pour les communications téléphoniques. On y prend son billet aussi facilement qu'un billet de théâtre ou de chemin de fer. Le premier venu entre en correspondance verbale avec n'importe quel abonné du réseau téléphonique de la capitale. Il est admis à prendre connaissance de la liste des abonnés au bureau du poste même et, contre la remise d'un billet de téléphone du prix de 50 pfenning, qui se prend au bureau de poste, il a le droit de converser pendant un laps de temps ne dépassant pas cinq minutes. On a imité cet exemple en France. — Législ. « Le téléphone a été exploité aux États-Unis, dès l'année 1876, c'est-à-dire aussitôt après que l'invention de Graham Bell eût été connue. Mais, en France, le monopole réservé au gouvernement par le décret-loi du 27 déc. 1851 s'applique à tout moyen de transmission de signaux et de correspondances; et, c'est seulement en 1879, par un arrêté du ministre des postes et des télégraphes (26 juin) que l'établissement de communications téléphoniques a été autorisé. Des réseaux de lignes téléphoniques, d'une étendue limitée, sont concédées à l'industrie privée, moyennant une redevance de 10 p. 100, qui doit être prélevée sur les recettes brutes et versée au Trésor public. Les concessions accordées par le ministre sont faites pour une durée de cinq années; et elles ne constituent, dans aucun cas, un monopole au profit des concessionnaires, l'administration conservant toujours le droit de concéder de nouvelles lignes en concurrence avec celles précédemment établies. Les taxes à percevoir des particuliers par séance ou par abonnement sont déterminées par le gouvernement (L. 21 mars et 5 avril 1878). L'État ayant mis lui-même à la disposition du public des cabines téléphoniques qui correspondent à certaines parties

du réseau télégraphique, la taxe à percevoir pour l'entrée de ces cabines a été fixée par un décret du 31 déc. 1881, savoir : pour Paris, à 50 centimes par séance de cinq minutes de conversation; pour les autres localités de France, d'Algérie ou de Tunisie, à 25 centimes; pour les communications de ville à ville, à 1 franc pour toute distance inférieure à 100 kilomètres. »   (CH. Y.)

TÉLÉPHONER v. a. Transmettre au moyen du téléphone.

TÉLÉPHONIE s. f. Art de communiquer, au moyen du son, à de grandes distances. Ce mot fut créé, vers 1828, par le musicien français Sudre pour désigner le système de télégraphie acoustique qu'il avait imaginé, et qui consistait en un vocabulaire de signaux exécutés par le clairon, le tambour et même le canon, le plus ou moins d'intervalle laissé entre chaque coup frappé ou entre chaque groupe de coups, donnant aux mots ou aux phrases leur signification.

TÉLÉPHONIQUE adj. Qui a rapport à la téléphonie.

TÉLÉPHORE s. m. (gr. *téle*, loin; *phoros*, qui porte). Entom. Genre de coléoptères pentamères, du groupe des lampyres, comprenant plusieurs espèces d'insectes carnassiers. On rencontre abondamment, dans toute l'Europe, le *téléphore brun* ou *téléphore ardoisé* (*cantharis fusca*), long de 12 centim., qui court, en été, très rapidement sur les plantes. Sa larve vit dans la terre humide, où elle se nourrit de vers.

• TÉLESCOPE s. m. (gr. *téle*, loin; *skopein*, voir). Nom générique de tous les instruments d'astronomie, soit à réflexion, soit à réfraction, qui servent à observer les objets éloignés, tandis que la terre dans le ciel : *la planète de Saturne est si loin de nous qu'on ne saurait apercevoir tous ses satellites qu'avec de grands télescopes*. — Ne se dit plus guère que des télescopes à réflexion : *un bon télescope newtonien*. — ENCYCL. La construction générale du télescope est basée sur la propriété que possède une lentille convexe ou un miroir concave de faire converger à un foyer les rayons de lumière qui lui sont envoyés par un objet quelconque, et de former à l'image peut être rendue visible, comme dans la chambre obscure, en interposant au foyer un écran blanc, une plaque de verre dépoli, l'image semble suspendue. Mais si on laisse les rayons poursuivre leur route sans interruption, et que l'on place l'œil dans l'axe de la lentille ou du miroir à la distance voulue du foyer, on verra l'image plus distincte qu'auparavant; et si le foyer est plus rapproché de l'œil que de la lentille, les dimensions apparentes de l'image seront plus grandes que les dimensions apparentes de l'objet lui-même. C'est là la forme la plus simple, mais non pas la plus commune, du télescope. D'ordinaire, on introduit près de l'image une seconde lentille, à foyer plus court que dans la première, dont l'effet est d'augmenter encore la grandeur apparente de l'objet; c'est ainsi que l'on compose le télescope ordinaire. Dans sa construction élémentaire, il consiste en un « objectif », d'aussi grandes dimensions que possible, et en une lentille oculaire, qui rend l'œil capable de recevoir l'image sous le plus grand angle possible. Dans la fig. 1, M est l'objectif et N la lentille oculaire. L'image renversée *b a* d'un objet lointain A B se forme entre la lentille oculaire et son principal foyer, et la lentille oculaire donne alors une image grossie *b' a'*. L'objectif est toujours et nécessairement convexe, et le miroir concave, mais le

verre oculaire peut être l'un et l'autre; s'il est convexe, il est placé à distance requise au delà du foyer, et, les rayons ayant une fois traversé, l'image apparaît renversée; s'il est concave, comme dans les lunettes de spectacle ordinaires, il est placé en dedans du foyer, et les objets paraissent dans leur position naturelle. La force grossissante de l'instrument se mesure en divisant la dis-

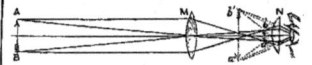

Fig. 1. — Télescope astronomique.

tance focale de l'objectif par celle du verre oculaire, le pouvoir éclairant dépend surtout de la dimension de l'objectif. Dans les télescopes terrestres, appelés vulgairement lunettes d'approche ou longues-vues, l'image est donnée dans sa position naturelle. A cet effet, deux lentilles additionnelles, O et P, fig. 2, appelées verres condensateurs, sont introduites entre l'image réelle et la lentille oculaire. L'objet A B donne une image renversée et plus petite en *b a*. La lentille O étant éloignée de *b a* de la distance de sa principale longueur focale, les rayons qui tombent sur P seront parallèles, et l'image *a' b'* dans le principal foyer de P sera verticale, puis l'image grossie *a'' b''*. Beaucoup attribuent à Roger Bacon la connaissance de la théorie du télescope et du microscope, et l'on dit que Digges en fit l'application au XVIe siècle; mais la première mention précise qu'on en trouve date du moment où Hans Lippersheim, fabricant de lunettes à Middelburg, en Hollande, présenta à son gouvernement, le

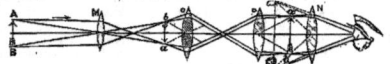

Fig. 2. — Télescope terrestre.

22 oct. 1608, trois instruments avec lesquels on pouvait « voir les choses à distance ». Jacob Adriansz, appelé aussi Metius, originaire d'Alkmarr, fit un présent semblable le même mois, en déclarant qu'il avait fabriqué des instruments pareils deux ans auparavant. On a souvent dit que Zacharias Jansen inventa aussi le télescope plus d'une année après; mais tout ce qu'on peut établir de preuves, c'est que, d'après Olbers, qu'il fit des télescopes qui pouvaient être des imitations de ceux de Lippersheim. Le bruit de cette invention ne fut pas longtemps à se répandre; il arriva des instruments hollandais à Londres à Paris, à Venise; Galilée, qui se trouvait alors dans cette dernière ville, en reconnut vite l'importance. Revenu à Padoue avec quelques lentilles, il ne mit aussitôt à améliorer ce qu'il avait vu, et ne tarda pas à atteindre des résultats meilleurs, et plus certains que le premier inventeur. Il fit un tube de plomb, et y adapta à une extrémité une lentille convexe double comme objectif, et, à l'autre, une lentille concave double pour placer l'œil. Cet instrument, qui fut le premier télescope de Galilée, ne grossissait que trois fois. Il en fit un autre ensuite d'une puissance plus que double, et, peu après, il commença, avec un télescope grossissant 30 fois, à étudier le ciel. Les phases de Vénus, en question jusque alors, se révélèrent à la vue; on distingua nettement les satellites de Jupiter et la forme oblongue de Saturne; on mesura les montagnes de la lune (notre fig. 3 représente *Archimède*, cratère lunaire, de 93 kil. de diamètre, vu au microscope); on trouva des taches sur le disque du soleil; on vit la voie lactée se résoudre en étoiles. Le télescope de Galilée donne l'image droite, grâce à la lentille oculaire, qui est concave

et qui réfracte les rayons. En 1611 Kepler suggéra l'idée d'employer une lentille oculaire convexe, qui d'abord n'offrit pas de grands avantages. La première tentative faite pour obtenir plus de pouvoir grossissant et de lumière en agrandissant les objectifs des télescopes révélèrent un obstacle inattendu et formidable : tous les objets se teignaient fortement de couleurs prismatiques. Ce phénomène resta inexpliqué jusqu'à

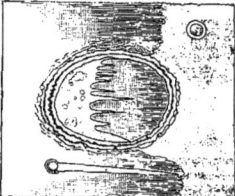

Fig. 3. — Archimède vu au moyen du télescope.

Newton, et l'on ne put y remédier que plus d'un demi-siècle après. Mais, quoique insurmontable à l'époque, cet obstacle pouvait cependant être évité, car on s'assura qu'en rendant la distance focale de l'objectif très grande en proportion du diamètre, les franges colorées devenaient pratiquement imperceptibles. On construisit en conséquence des télescopes d'une longueur énorme, avec lesquels on fit les plus brillantes découvertes du temps. Huygens se servait du télescope qu'il construisait lui-même ; un de ses objectifs d'une longueur focale de 123 pieds, se voit encore dans la bibliothèque de la Société royale de Londres. On modifia la pièce oculaire, ce qui constitua un progrès important. En augmentant le nombre des lentilles, on eut à lutter contre l'aberration de la lumière, et ce ne fut qu'à partir de 1659, lorsque Huygens eut inventé la combinaison qui porte encore son nom, que la multiplication des lentilles donna de véritables avantages. Cette pièce oculaire se compose de deux lentilles convexes dont les longueurs focales sont comme 3 est à 1 ; elles sont séparées l'une de l'autre par un intervalle égal à la moitié de la somme de ces longueurs, le lieu de l'image télescopique se trouvant entre les lentilles. Cette pièce oculaire de Huygens est encore une des meilleures combinaisons qui existent pour les usages ordinaires. Mersenne, dans sa correspondance avec Descartes, avait, avant 1639, indiqué la possibilité d'employer un miroir concave au lieu de la lentille principale du télescope. En 1663, James Gregory, d'Édimbourg, publia, son Optica promota, le plan d'un télescope à réflexion consistant en un miroir concave, percé au centre, par le moyen duquel les rayons devaient converger sur un foyer placé devant lui, et être reçus sur un second petit miroir concave pour être renvoyés par ce dernier, traverser une seconde fois l'ouverture du premier réflecteur et être reçus par une lentille qui les transmettrait à l'œil. Les rayons ayant traversé deux fois le foyer devaient apparaître dans leur position naturelle. On essaya de construire l'instrument, mais sans succès. Newton reprit l'idée et construisit ce que l'on connaît sous le nom de télescope de Newton, lequel emploie un miroir placé diagonalement dans le tube et une pièce oculaire sur le côté. Mais des difficultés pratiques, surtout dans les manœuvres du grand spéculum, l'ont pendant longtemps empêché d'être d'un usage général. A la fin, Hadley, en 1718, fit un miroir de 15 centim. de diamètre avec une longueur focale de 1 m. 50, ce qui portait à 230 son pouvoir grossissant. Dès lors les réflecteurs

furent rapidement adoptés partout, mais surtout en Angleterre. — Vers 1766, un petit télescope, long seulement de 2 pieds, tomba entre les mains d'un organiste allemand, demeurant à Bath (Angleterre). Il fit demander à Londres un instrument de plus grande dimension ; mais en trouvant le prix trop élevé, il se mit en tête d'en construire un lui-même. Cet organiste était le premier Herschel. Il consacra tout le temps dont il pouvait disposer à la fabrication des réflecteurs, et en 1781 il découvrit la planète Uranus. En 1785, avec l'aide du gouvernement, il commença la construction du célèbre réflecteur de 40 pieds, qui fut déclaré terminé en août 1789 ; mais qui ne donna jamais aucun résultat digne de ses dimensions. — Euler, en 1747, ayant examiné la structure de l'œil humain, annonça qu'on pouvait combiner des lentilles de manière à donner des images achromatiques, et peu après John Dollond arriva à la combinaison prévue avec du verre de deux espèces (crown glass et flint glass). Joseph Fraunhofer résolut la difficulté de se procurer des disques de flint glass homogène. Son procédé est resté secret ; mais une fois qu'il eut le verre, il put facilement combiner les courbures suivant les besoins, et

Fig. 4. — Télescope à réflexion ou réfléchissant.

l'on admire aujourd'hui les résultats de son art dans toute l'Europe. En 1824, il acheva le splendide télescope pour l'observatoire de Dorpat. L'objectif de cet instrument, double, et non pas triple, comme on le dit quelquefois, a une ouverture libre de 23 centim., et une longueur focale de 4 m. 25. En donnant aux images stellaires une parfaite netteté de contours, il résoud les étoiles doubles les mieux connues, et aussi d'autres qui avaient échappé à l'observation. Depuis, on a construit de plus grands objectifs ; par exemple, deux de 38 centim. d'ouverture libre à Munich et d'autres de semblable dimension. En Amérique, on n'est pas encore parvenu à des résultats bien satisfaisants dans la fabrication du flint glass; mais, en revanche, on a acquis dans les objectifs qui ont, à juste titre, une grande réputation. On y a fait des télescopes de 60, 65 et 70 centim. d'ouverture. — En Angleterre, où l'on s'est beaucoup appliqué aux télescopes à réflecteur, lord Rosse, vers 1844, construisit un télescope de 6 pieds d'ouverture et d'une longueur focale de 53 pieds. Cet énorme instrument a deux spe-

culums, l'un pesant environ 3 tonnes et demi et l'autre 4 tonnes. D'abord chacun d'eux reposait sur un système de 27 plates-formes, mais plus tard on y substitua 27 triangles munis d'un boulet à chaque angle. — L'hélioscope, pour observer le soleil, est un télescope dont l'ouverture est diminuée le plus possible, et qui est ordinairement muni d'un abat-jour en verre teinté pour protéger la vue. Malgré cela, l'intense chaleur des rayons solaires concentrés offre encore de grands inconvénients. Sir John Herschel a proposé de n'employer qu'une petite partie de la lumière d'un télescope à réflecteur, et l'on a construit avec succès des instruments à cet effet. — Les grandes et essentielles qualités d'un télescope sont la solidité et la stabilité, combinées avec une facilité de mouvement qui permette à l'instrument d'être dirigé aisément et sûrement vers un point quelconque du ciel. Fraunhofer, dont le système est généralement adopté, leur donne la forme équatoriale, comme on l'appelle : c'est un axe dans la direction du pôle, sur lequel l'instrument tout entier se meut parallèlement à l'équateur céleste, et qui porte à angle droit un autre axe sur lequel le télescope se meut en s'écartant ou se rapprochant du pôle.

TÉLESCOPIQUE adj. (fr. télescope). Qui se fait avec le télescope, ou qu'on ne voit qu'à l'aide du télescope : observations télescopiques.

TÉLESPHORE (Saint), pape, mort à Rome en 139 ; il souffrit le martyre sous Adrien. Fête le 5 janv.

TÉLIAMBE s. m. (gr. télos, fin ; fr. iambe). Vers grec ou latin qui se termine par un iambe.

TÉLIFORME adj. (lat. telum, flèche ; fr. forme). Qui a la forme d'une flèche.

TÉLIGNY (Charles), gendre de l'amiral Coligny, mort à Paris en 1572. Il fut un des principaux chefs du parti calviniste en France et périt dans le massacre de la Saint-Barthélemy.

TELL (Le) (du lat. tellus, terre labourable). Nom donné, en Algérie, aux terres labourables par opposition à Sahara ou désert. Le Tell s'étend entre la mer Méditerranée au N. et la crête du petit Atlas. Sa population s'élève à environ 3 millions d'hab. (Voy. ALGÉRIE.)

TELL (Guillaume), héros légendaire de Suisse. D'après la tradition, c'était un chasseur de Bürgelen, dans le canton d'Uri. Sa femme était la fille de Walter Fürst, qui, avec Stauffacher et Melchthal, organisa la conspiration du Grütli en 1307, et fonda l'indépendance suisse. Voici le rôle qu'on attribue à Tell dans la révolte contre l'Autriche : Gessler, bailli autrichien de Küssnacht, avait mis son chapeau sur un poteau, dans la place du marché à Altorf, avec ordre à tous ceux qui passaient de le saluer. Tell négligea ou refusa de le faire, et fut condamné à mort. Mais, comme il était habile tireur, Gessler lui proposa de lui laisser la vie, à condition qu'il percerait d'une flèche une pomme placée sur la tête de son fils. Tell réussit sans atteindre l'enfant. Gessler remarqua qu'il avait une seconde flèche, et il lui en demanda la raison. Tell répliqua : « Pour vous tuer, si j'avais fait du mal à mon fils. » Sur cette réponse, il fut enchaîné de nouveau, et Gessler s'embarqua pour Küssnacht, emmenant Tell avec lui. Le bateau fut surpris par un orage, et Gessler fit délier Tell pour lui confier le gouvernail. Comme ils arrivaient près de ce qu'on appelle aujourd'hui le Rocher ou le Saut de Tell, Tell s'élança sur le rivage, et courut se mettre en embuscade entre Brunnen (où Gessler aborda sans accident) et Küssnacht, et blessa mortellement le bailli d'une flèche. Un soulève-

ment général eut lieu, les baillis autrichiens furent chassés et leurs châteaux détruits. En 4315, Tell combattit à Morgarten. Il se noya en 1354, en essayant de sauver un enfant. — Telle est la *légende* racontée par les vieilles chroniques et les vieilles chansons, et telle que Schiller l'a mise en drame. Mais les recherches modernes ont montré qu'elle ne repose sur aucun fondement historique. D'après Carrière, qui a édité le drame de Shakespeare en 4874, la légende de Tell est une réminiscence de l'ancienne poésie mythologique, refondue et mêlée à des événements historiques. — L'histoire de Guillaume Tell a inspiré plusieurs poètes lyriques; parmi les essais qui ont été tentés sur ce sujet, nous citerons : 4° le drame lyrique en 3 actes et en prose de Sedaine, mis en musique par Grétry, et représenté aux Italiens le 9 avril 1794 ; 2° le dernier chef-d'œuvre de Rossini, sur le livret en 4 actes d'Hippolyte Bis et Jouy, représenté à l'Opéra de Paris, le 3 août 4829.

* **TELLEMENT** adv. De telle sorte : *il est tellement préoccupé, que...* — De sorte : *tellement donc que vous ne voulez point vous mêler de cette affaire.* — **Tellement quellement** loc. adv. et fam. D'une manière telle quelle, ni fort bien, ni fort mal, mais plutôt mal que bien : *il s'acquitte de son devoir tellement quellement.*

TELLEZ (Gabriel) [té-lieds], auteur dramatique espagnol, né en 1570, mort en 4650. Il se fit carme et devint prieur du couvent de Soria. Il a laissé plus de 60 drames où il tourne en ridicule les moines et les gens de cour. C'est lui qui a trouvé le fameux sujet de *Don Juan.* Molière lui a emprunté quelques personnages. Ses œuvres dramatiques ont été publiées à Madrid (1844-'46, 10 vol.).

* **TELLIÈRE**, nom d'une sorte de beau papier qu'on emploie surtout pour les impressions de bureau et pour les pétitions : *papier tellière,* ou *papier-ministre.* Voy. (PAPIER.)

TELLURATE s. m. [tél-lu-]. Chim. Nom générique des sels qui dérivent de l'acide tellurique.

* **TELLURE** s. m [tèl-lu-] (du lat. *tellus,* terre). Chim. Métal solide, d'un blanc bleuâtre, très brillant, lamelleux et fragile : *le tellure a été découvert à la fin du siècle dernier, dans les mines de Transylvanie.* — C'est un corps élémentaire découvert par Müller von Reichenstein en 1782, étudié et nommé par Klaproth en 1798; symbole, Te; équivalent chimique, 129; poids spécifique, 6,65; dureté de 2 à 2,5. Bien qu'ordinairement classé parmi les métaux, il a, par ses propriétés, beaucoup d'analogie avec le soufre et le sélénium. Il fond entre 425° et 475° C., et peut être distillé dans un courant d'hydrogène. Il se présente à l'état natif associé à des pyrites de fer et à divers métaux, tels que l'or, l'argent, le bismuth, le cuivre et le plomb. Il a un brillant éclat métallique, d'une couleur qui varie du gri d'étain au gris de plomb et au gris d'acier. Le tellurium forme deux oxydes, Te O³, Te O³, qui correspondent en composition aux anhydrides tellureux et sulfuriques. Avec l'hydrogène, il forme le composé gazeux H² Te, analogue à l'hydrogène sulfuré.

TELLURÉ, ÉE adj. Qui contient du tellure.

TELLURIEN, IENNE adj. Qui provient de la terre.

* **TELLURIQUE** adj. Chim. Se dit d'un acide produit par le tellure.

TELLUS [tel-luss]. Voy. **TERRE**.

TÉLODYNAMIQUE adj. (gr. *têle,* loin ; fr. *dynamique*). Qui exerce une puissance à de grandes distances.

TÉLOMÈTRE s. m. (gr. *têle,* loin ; *metron,* mesure). Instrument qui sert à mesurer la

distance entre le point occupé par l'observateur et un point inaccessible.

TÉLONISME s. m. Nom d'auteur qui n'est indiqué que par des lettres terminales.

TELUM IMBELLE SINE ICTU loc. lat. qui signifie : *trait impuissant et sans force.*

TEMACINE, ville de l'Oued-Rirh, dans le Sahara algérien, et chef-lieu du Qaïdat du même nom, située à 12 kil. S.-S.-O. de Touggourt, sur le bord du chotth Chemora. La ville, dont la population, composée d'Arabes, de Berbères et surtout de Nègres sahariens (Rouarha), peut-être évaluée à 6,000 âmes, est entourée d'un mur à moitié ruiné et d'un fossé rempli d'eau stagnante et corrompue. Au centre, s'élèvent les minarets de deux mosquées assez vastes et sur l'un des côtés une qasba en assez mauvais état. Une belle oasis, arrosée de nombreux puits artésiens, s'étend tout autour de la ville. A une faible distance de celle-ci s'élève, entourée d'un mur en terre crénelé bien entretenu, la Zaouïa de Tamellaht, résidence du mokhadem de l'ordre religieux d'El Tidjani. — Le Qaïdat de Temacine, indépendant de l'ayhalik de Touggourt, mais également soumis à la domination française, comprend encore quatre autres villages, situés dans l'oasis de Temacine, plus les oasis et villages de Belet-Amor, Goug et El Hadjira, situés plus au Sud.   (V. L.)

* **TÉMÉRAIRE** adj. (lat. *temerarius*). Hardi avec imprudence. Se dit des personnes et des choses : *il est plutôt téméraire que vaillant.*

   C'est en vain qu'au Parnasse un téméraire auteur.
                         BOILEAU.

— Théol. PROPOSITION TÉMÉRAIRE, proposition trop hardie, de laquelle on peut tirer des inductions contraires à la véritable doctrine : *ce prédicateur avança une proposition téméraire.* — JUGEMENT TÉMÉRAIRE, jugement qu'on fait en mauvaise part d'une personne ou d'une action, sans être fondé sur des preuves suffisantes : *vous condamnez cet homme, c'est un jugement téméraire.* — Substantiv. *Le téméraire se jette dans le péril sans le mesurer.*

* **TÉMÉRAIREMENT** adv. Avec une hardiesse imprudente, inconsidérément : *se jeter témérairement au milieu des ennemis.* — Contre droit et raison. Ainsi les arrêts qui condamnent une réparation, à une amende honorable, portaient quelquefois ces mots : *pour avoir méchamment et témérairement avancé, dit,* etc.

* **TÉMÉRITÉ** s. f. (lat. *temeritas*). Hardiesse imprudente et présomptueuse : *il y a plus de témérité dans cette action que de véritable courage.*

TEMES [temm'-ech], comté du S.-E. de la Hongrie, arrosé par le Temes et la Béga; 7,443 kil. carr. ; 356,474 hab., en majorité Roumains et Serbes. Climat malsain. Blé, maïs, chanvre, lin, fruits, vin et coton. Cap., Temesvar.

TEMESVAR, ville de Hongrie, capitale du comté de Temes, sur le canal Béga, à 235 kil. S.-E. de Pesth ; 32,754 hab., en majorité Allemands. Elle se compose de la ville proprement dite, qui est très fortifiée, et de quatre faubourgs. On y fabrique des cuirs et des draps. Les Turcs l'ont possédée, malgré de nombreux sièges, de 1552 à 4716; les Autrichiens s'en emparèrent alors en firent la capitale du Banat. En 1849, les Hongrois l'assiégèrent pendant plusieurs mois, et y essuyèrent une défaite signalée de la part de Haynau (9 août).

TEMISCAMINGUE (Lac), étendue d'eau sur la frontière des provinces de Québec et d'Ontario (Canada). Ce lac a 405 kil. de long, et une largeur qui varie de quelques centaines de mètres à 46 kil. La rivière Ottawa le traverse.

TEMNODON s. m. (gr. *temnô,* je coupe; *odous, odontos,* dent). Icht. Genre de scombéroïdes dont l'espèce principale, le *poisson bleu* ou *temnodon sauteur* (temnodon *saltator*)

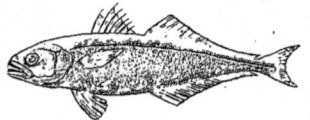

Temnodon saltator.

se trouve dans les deux Océans. Il a le dessus du corps bleuâtre; il mesure de 30 centim. à 4 m. de long. On le classe parmi les poissons les plus voraces.

* **TÉMOIGNAGE** s. m. (lat. *testimonium*). Action de témoigner, rapport d'un ou de plusieurs témoins sur un fait, soit de vive voix, soit par écrit : *aller en témoignage.* — IL FAUT TOUJOURS RENDRE TÉMOIGNAGE A LA VÉRITÉ, aucune considération ne doit empêcher de dire vrai. — LE TÉMOIGNAGE DE LA CONSCIENCE, le sentiment et la connaissance que chacun a en soi-même de la vérité ou de la fausseté d'une chose, et de la bonté ou de la méchanceté d'une action : *je m'en rapporte au témoignage de sa conscience.* — LE TÉMOIGNAGE DES SENS, ce que les sens nous apprennent, nous font connaître sur l'existence et les qualités des objets extérieurs : *il faut bien s'en rapporter au témoignage des sens.* — NE S'EN RAPPORTER QU'AU TÉMOIGNAGE DE SES YEUX, n'ajouter foi qu'aux faits dont on a été témoin. — Preuve, marque de quelque chose : *il ne s'est point enrichi, quoiqu'il en ait eu les moyens; c'est un témoignage de son désintéressement.* — Législ. « Les tribunaux jugeant correctionnellement peuvent, dans les cas déterminés par la loi, interdire à un condamné l'exercice de certains droits civils, parmi lesquels est le droit de faire un témoignage en justice autrement que pour de simples déclarations (C. pén. 42). — Le *faux témoignage* donne lieu à l'application de peines diverses selon les cas : 4° en matière criminelle, le faux témoin est puni de la même peine que celle qui a été prononcée à l'égard de l'accusé contre lequel ou en faveur duquel il a fait un faux témoignage, et au moins de la réclusion ; si le faux témoin a reçu de l'argent, une récompense quelconque ou des promesses, il est puni au moins des travaux forcés à temps; 2° en matière correctionnelle, le faux témoin est aussi condamné à la même peine que le prévenu, et au moins à une amende de deux à cinq ans et à une amende de 50 à 2,000 fr. S'il a reçu une récompense ou des promesses, il est puni de la réclusion; 3° en matière de simple police, le faux témoin est puni d'un emprisonnement d'un an à cinq ans et d'une amende de 46 à 500 fr., et s'il a reçu une récompense ou des promesses, l'emprisonnement est de deux à cinq ans et l'amende de 50 à 2,000 fr. ; 4° en matière civile, le faux témoin est puni d'un emprisonnement de deux à cinq ans et d'une amende de 50 à 2,000 fr. S'il a reçu une récompense ou des promesses, il est puni de la réclusion. Dans tous les cas, ce que le faux témoin a reçu doit être confisqué ; et le coupable peut aussi être privé des droits civiques, civils et de famille pendant cinq ans au moins et dix ans au plus. La *subornation de témoins* donne lieu à l'application des mêmes peines que le faux témoignage. (C. pén. 361 et s. ; L. 43 mai 1863). —   (CH. Y.)

* **TÉMOIGNER** v. a. [gn mil.]. Porter témoignage, servir de témoin. En ce sens, ne s'emploie guère qu'absolument : *témoigner contre quelqu'un.* — Marquer, faire connaître

ce qu'on sait, ce qu'on sent, ce qu'on a dans la pensée : *je témoignerai partout ce que je lui ai vu faire; je le témoignerai hautement.*

* TÉMOIN s. m. [té-mouin] (lat. *testis*). Celui qui a vu ou entendu quelque fait, et qui en peut faire rapport : *témoin oculaire.* — S'emploie aussi en parlant d'une femme, sans changer de genre : *elle est témoin de ce qui s'est passé, elle en est un bon témoin.* — Se dit également des personnes dont on se fait assister pour certains actes : *il a été à la mairie avec ses deux témoins.* On dit, quelquefois en ce sens, Témoins instrumentaires, par opposition aux témoins qui déposent en justice, et qu'on nomme Témoins judiciaires. — Se dit, dans un sens anal., de ceux qui accompagnent un homme qui doit se battre en duel : *il lui a servi de témoin.* — Celui qui voit quelque chose, qui en est spectateur, ou qui l'entend : *cette querelle eut pour témoins un grand nombre de personnes.* — Mes yeux en sont témoins, se dit en parlant d'une chose qu'on a vue soi-même. — Par une espèce de serment, Dieu m'est témoin, Dieu m'en est témoin, Dieu sait que ce que je dis est véritable. — Prendre quelqu'un a témoin, invoquer son témoignage, le sommer de déclarer ce qu'il sait. A témoin, dans cette phrase, étant pris adverb., on dit de même, lorsqu'il est question de plusieurs personnes, Je les ai pris tous a témoins. On dit aussi, Vous m'êtes tous témoins que... en faisant accorder. — Témoins nécessaires, témoins que l'on sait reçus que parce que la chose dont il s'agit n'a pu être connue que d'eux : *un enfant est quelquefois un témoin nécessaire.* — Témoin muet, chose qui peut servir d'indice, ou d'une sorte de preuve, ordinairement dans une affaire criminelle : *son épée ensanglantée, trouvée dans la chambre du mort, fut un témoin muet contre lui.* — Marque, monument, ce qui sert à faire connaître : *le Colisée est encore aujourd'hui un témoin de la magnificence romaine.* — Adv. Se dit d'une chose qui sert à prouver ce qu'on vient d'avancer : *témoin ce qui est arrivé.* — pl. Petits morceaux de tuile, d'ardoise, etc., qu'on enterre sous les bornes d'un champ, d'un héritage, afin de connaître dans la suite si ces bornes n'ont point été déplacées : *on a retrouvé les véritables bornes de ce champ, par le moyen des témoins.* — Certaines buttes ou élévations de terre, qu'on laisse pour faire voir de quelle hauteur étaient les terres qu'on a enlevées tout autour : *les témoins qu'on a laissés marquent quel travail il a fallu faire pour mettre toutes ces terres de niveau.* — Feuillets d'un livre, que le relieur a laissés exprès sans les rogner, pour faire voir qu'il a épargné la marge autant qu'il lui a été possible. — En témoin de quoi loc. adv. et terme de prat. En témoignage de quoi, en foi de quoi. Il s'écrit : on dit, En foi de quoi. — Législ. « On nomme *témoins instrumentaires* les personnes qui doivent être présentes à un acte public, pour sa validité. Les témoins d'un acte de l'état civil doivent être du sexe masculin et âgés de 21 ans au moins; ils sont choisis par les personnes intéressées (C. civ. 37). Les témoins instrumentaires d'un acte notarié doivent être citoyens français (c'est-à-dire jouissant des droits civils, civiques et politiques), savoir signer et être domiciliés dans la commune où l'acte est passé (L. 25 ventôse an XI, art. 9); mais s'il s'agit d'un testament, il suffit qu'ils soient français, mâles, majeurs et jouissant de leurs droits civils (C. civ. 980). — Les *témoins judiciaires* sont ceux qui sont cités en justice, soit pour fournir des attestations verbales, dans les cas où la preuve testimoniale est admise (voy. Preuve), soit pour être entendus dans une enquête civile (C. pr. 34, 252 et s., etc.), soit en matière criminelle, pour déposer devant un magistrat, un tribunal ou une cour (C. inst. crim. 32, 71 et s.,

315 et s). En principe, nul ne peut être cité, à titre de témoin : s'il a moins de 15 ans accomplis; s'il a été condamné à une peine afflictive et infamante, ou privé par jugement de ses droits civils (C. pén. 42, 8°); s'il est parent en ligne directe, frère ou sœur ou allié aux mêmes degrés, ou conjoint même divorcé de l'une des parties en cause ou des inculpés. Avant de faire sa déposition, tout témoin doit s'engager par serment à dire la vérité. Les formalités concernant la citation et l'audition des témoins, les diverses conditions qui permettent de les reprocher ou récuser, et les peines qu'ils encourent en cas de non-comparution, sont longuement détaillées dans le Code de procédure civile et dans le code d'instruction criminelle. Les tarifs annexés à ces Codes fixent les indemnités qui sont allouées aux témoins judiciaires pour temps passé et frais de voyage. Le Code pénal inflige diverses peines aux faux témoins. (Voy. Témoignage.) » (Ch. Y.)

* TEMPE s. f. [tam-pe] (lat. *tempus*). Partie de la tête qui est depuis l'oreille jusqu'au front : *la tempe droite.*

TEMPÉ, vallée de la Grèce, dans le N.-E. de la Thessalie, entre les monts Olympe et Ossa, célèbre dans l'antiquité pour sa beauté délicieuse. C'est avec des lauriers de la vallée de Tempé qu'étaient couronnés les vainqueurs aux jeux Pythiques.

* TEMPÉRAMENT s. m. (lat. *temperamentum*). Complexion, constitution du corps, qui résulte de la proportion des principes tant solides que liquides dont il est composé. Ne se dit guère qu'en parlant des personnes : *être d'un tempérament fort et robuste, d'un tempérament faible et délicat.* Se dit quelquefois du caractère, en y joignant une épithète : *un tempérament violent.* — Absol. Avoir du tempérament, être fort porté et fort propre au plaisir physique de l'amour. — Se dit, fig., des expédients et des adoucissements qu'on propose pour concilier les esprits, et pour accommoder les affaires : *il y a un tempérament à prendre entre ces deux extrémités.*

> Vous ne gardez en rien les doux *tempéraments.*
>
> Molière. *Tartufe.*

— Mus. Se dit d'une altération légère qu'on fait subir à de très petits intervalles, pour que la même corde puisse exprimer, sans dissonance choquante, l'un ou l'autre des deux sons voisins entre lesquels ces intervalles se trouvent compris : *tempérament du piano,* etc. — A tempérament loc. adv. Périodiquement et par fraction : *acheter, vendre à tempérament.* — Encycl. Le terme tempérament est employé pour exprimer les différences dans la constitution physique et mentale des divers individus. Cullen n'admettait que deux tempéraments, le sanguin et le mélancolique. Le tempérament sanguin est marqué par la prédominance du système circulatoire, une peau lisse et blanche, une chevelure douce et légère, des yeux clairs et une grande susceptibilité nerveuse. Dans le tempérament mélancolique de Cullen, les solides prédominent; la figure est moins pleine et moins ferme, les cheveux et les yeux sont noirs, la peau est rude et brune, la physionomie renfrognée et triste, le caractère sombre. Il y a d'autres tempéraments aussi nettement marqués que les deux précédents : ce sont les tempéraments bilieux, lymphatiques et nerveux. Dans le tempérament lymphatique, la chair est molle, la peau pâle et flasque, la chevelure claire, pouls faible et les contours arrondis. Le caractère distinctif des tempéraments nerveux est une grande excitabilité du système nerveux; les muscles sont petits et mous, et les formes généralement grêles ou élancées.

* TEMPÉRANCE s. f. (lat. *temperantia*). Vertu morale qui règle, qui modère les pas-

sions et les désirs, particulièrement les désirs sensuels : *la tempérance est une des quatre vertus cardinales.* — Sobriété, usage modéré du boire et du manger : *la tempérance est un des plus sûrs moyens d'entretenir sa santé.* — Sociétés de tempérance, sociétés qui ont pour objet d'interdire l'usage des boissons alcooliques et fermentées. — Encycl. Le mot tempérance désigne souvent aujourd'hui le mouvement de réforme tendant à l'entier abandon de l'usage de liqueurs alcooliques. Ce mouvement date, aux États-Unis du moins, de 1811, année où l'assemblée générale de l'Eglise presbytérienne nomma un comité qui invita tous les ministres à prêcher contre l'intempérance et à faire contre ce vice une campagne de brochures, traités, discours, etc. Depuis, des sociétés de tempérance sans nombre se sont fondées aux Etats-Unis. Elles ont été assez puissantes pour obtenir dans plusieurs états des lois restrictives ou même prohibitives de la vente des liqueurs fermentées et alcooliques. Elles ont aujourd'hui leurs candidats aux élections politiques, et les poussent jusqu'aux assemblées législatives de Washington. D'autres sociétés, plus rigides, voudraient interdire toute vente et jusqu'à la fabrication des boissons enivrantes. Tel est l'ordre des *Good Templars,* fondé en 1852, et qui a des loges en Grande-Bretagne, son foyer au Canada, en Australie et en d'autres pays, et qui compte environ 740,000 membres. En Angleterre, le mouvement commença en 1829 où le juge de paix John Dunlop fonda la première société de tempérance près de Glasgow. Elle se sont considérablement multipliées depuis et elles se groupent en deux ou trois grandes organisations, telles que la *National Tempérance Society* et l'*United Kingdom Alliance.* La première société française de tempérance fut créée à Amiens en 1835. Une société fondée à Paris en 1872, sous le titre de *Société française de tempérance,* combat l'abus et non l'usage des boissons alcooliques; elle publie un bulletin et distribue des récompenses.

* TEMPÉRANT, ANTE adj. (lat. *temperans*). Qui a la vertu de tempérance : *c'est un homme fort tempérant.* — Méd. Se dit d'un remède qui a la vertu de tempérer, de calmer : *poudre tempérante.* — s. m. Médicament propre à calmer un excès d'irritation : *les antiphlogistiques, les antispasmodiques sont des tempérants.*

* TEMPÉRATURE s. f. (lat. *temperatura*). Etat sensible de l'air qui affecte nos organes, selon qu'il est froid ou chaud, sec ou humide : *la température de l'air est douce et agréable.* — Degré de chaleur qui se manifeste dans un lieu ou dans un corps : *la température de cette étuve est trop haute, trop élevée.* — Encycl. Des observations terminées en 1881 ont démontré que ce n'est pas comme on le croyait, à Krakoutsk, en Sibérie, que le thermomètre descend le plus bas, mais à Verboyansk, autre localité de cette contrée. La température y descend jusqu'à — 49°. En Amérique le point le plus froid se trouve sur les îles Parry. Or la ligne qui réunit ces deux lieux ne passant pas par le pôle nord, on en conclut que le maximum du froid ne se rencontre pas au pôle, de même que ce n'est pas à l'équateur que se trouve le maximum de chaleur.

* TEMPÉRÉ, ÉE part. passé de Tempérer. — Adj. Climats tempérés, climats où il ne fait ni trop chaud ni trop froid. Air tempéré, air qui n'est ni trop froid ni trop chaud. Zone tempérée, chacune des deux zones placées dans la zone torride et une des deux glaciales, à vingt-trois degrés et demi de l'équateur et du pôle : *la zone tempérée du sud ou australe.* — Modéré, posé, sage : *c'est un homme fort tempéré.* — Rhét. Se dit, particul., d'un genre mitoyen entre le genre

simple et le genre sublime, et qui admet plus d'ornements que le premier, moins de mouvements que le second : *genre tempéré.* — MONARCHIE TEMPÉRÉE, celle où le monarque n'exerce pas seul la puissance législative, et n'est point investi d'une autorité absolue. — Substantiv. *Le thermomètre est au tempéré.*

* TEMPÉRER v. a. (lat. *temperare*). Modérer, diminuer l'excès d'une qualité, de quelque manière que ce soit : *il s'est levé un petit vent frais qui a tempéré la grande chaleur, la grande ardeur du soleil.* — Fig. TEMPÉRER SA BILE, réprimer sa colère. — Fig. *Le temps a tempéré sa douleur, son affliction.*

TEMPESTIF, IVE adj. (lat. *tempestivus*). Opportun; qui arrive en son temps.

* TEMPÊTE s. f. (lat. *tempestas*). Orage, violente agitation de l'air, souvent accompagnée de pluie, de grêle, d'éclairs, de tonnerre, etc. Se dit plus ordinairement des orages qui arrivent sur mer : *des vaisseaux agités et battus de la tempête, par la tempête.* — Grande persécution qui s'élève contre quelqu'un pour le perdre, pour l'accabler : *sa fermeté ne l'a point abandonné au milieu des tempêtes suscitées contre lui.* — Trouble violent dans un Etat, ou dans l'âme de quelqu'un : *l'Etat est menacé de quelque tempête.*

Demain vous apprendrez, ainsi que tout le monde,
Que trois jours de tempête ont brisé la Gironde.
PONSARD. *Charlotte Corday*, acte II, sc. III.

— UNE TEMPÊTE DANS UN VERRE D'EAU, beaucoup de bruit et d'agitation pour peu de chose. — ENCYCL. Les tempêtes sont de violents troubles atmosphériques. (Voy. VENT.) Les aires des tempêtes sont généralement caractérisées par une basse pression barométrique au centre; les vents croissent en force vers le point central et montrent par leur direction que la portion inférieure de l'atmosphère se meut en spirale vers le centre et autour de lui ; de lourdes masses de nuages bas sont accompagnées d'une couche plus élevée qui se meut autour et en dehors du centre; la pluie ou la neige tombe spécialement sur le côté le plus avancé ou sur le front de la tempête; la température est au-dessus de la moyenne sur le front, et au-dessous à l'arrière. L'aire de la tempête, avec ses traits caractéristiques, se meut sur la surface de la terre pendant plusieurs jours. Une carte montrant le nombre moyen de centres de tempêtes qui passent sur les parties orientales des Etats-Unis, a été publiée en 1875 dans l'Atlas de Statistique du Bureau de recensement. Les neuf dixièmes des tempêtes enregistrées sur cette carte se trouvent au delà de la Nouvelle-Angleterre et du Canada. Pour l'Océan, on n'a pas encore pu, d'une façon générale, dresser une carte des routes suivies par les tempêtes; néanmoins, le livre de loch des navires donne à ce sujet des renseignements précieux. L'Américain M.-F. Maury, le premier, tenté de fixer des notions exactes à ce sujet. Aujourd'hui, toutes les nations, et particulièrement l'Angleterre et la Hollande, ont des fonctionnaires spécialement chargés du soin de recueillir et de classer ces renseignements. Dans le 20° degré de l'équateur, les vents tempétueux sont extrêmement rares, mais le nombre s'en accroît rapidement, à mesure qu'on approche de 50° N. ou du S. de lat. — *Prédiction des tempêtes.* Dès le XVIII° siècle, on a voulu prédire les tempêtes avant que l'invention du télégraphe électrique eût rendu la chose possible. C'est en Europe qu'on créa d'abord une organisation destinée à prévenir de l'arrivée des tempêtes; mais l'idée en venait d'Amérique où, dès que les services que l'on pouvait retirer du télégraphe de Morse furent reconnus, des bureaux météorologiques se fondèrent par l'initiative des particuliers, jusqu'à ce qu'en

1870 un service militaire spécial fût organisé pour cet objet.

TEMPÊTEMENT s. m. Action de tempêter.

* TEMPÊTER v. n. Faire bien du bruit par mécontentement : *il ne fait que crier et tempêter.* (Fam.)

TEMPÊTEUR, EUSE s. Personne qui tempête.

* TEMPÉTUEUX, EUSE adj. Qui est sujet aux tempêtes, ou qui cause les tempêtes : *une mer tempétueuse.* (Peu us.)

* TEMPLE s. m. [tan-ple] (lat. *templum*). Edifice public consacré à Dieu, ou à ce qu'on révère comme Dieu : *les temples du vrai Dieu.* — Se dit absol. et par excellence, du temple que Salomon bâtit à Jérusalem par ordre de Dieu : *le parvis du temple.* — Se dit aussi absol. des lieux où demeuraient, en certaines villes, les chevaliers nommés chevaliers du Temple, ou templiers : *le faubourg du Temple, à Paris.* — Se dit particul. des lieux où les protestants s'assemblent pour l'exercice de leur religion. — Se dit quelquefois des églises catholiques, mais seulement en poésie et dans le style soutenu. — Poétiq. SON NOM EST ÉCRIT DANS LE TEMPLE DE LA GLOIRE, AU TEMPLE DE MÉMOIRE, il est assuré d'une réputation immortelle. — Fig. Dans le style de la chaire : *les fidèles sont les temples vivants, les temples du Saint-Esprit.*

TEMPLE (SIR William) [temm'-peul], homme d'Etat anglais, né en 1628, mort en 1699. En 1665, il fut envoyé en mission secrète à l'évêque de Munster, créé baronet en Hollande, et en 1668 conclut la triple alliance de l'Angleterre, de la Hollande et de la Suède contre la France. Ambassadeur à la Haye en 1668, il fut rappelé en 1671, et y retourna en 1674. En 1679-'80, il fut membre du conseil privé de Charles II, et vécut ensuite dans la retraite. Ses œuvres, (éditées par Swift en 1720; nouv. édit., 1814, 4 vol.), comprennent des *Observations upon the United Provinces of the Netherlands*, des études sur l'origine et la nature du gouvernement, *Ancient and Modern Learning, Gardening*, etc., et des écrits politiques nombreux.

* TEMPLIER s. m. Nom des chevaliers d'un ordre militaire et religieux, institué au commencement du XII° siècle, pour défendre contre les infidèles les pèlerins qui allaient visiter la terre sainte : *la première habitation des templiers était près du temple de Jérusalem, dont ils avaient la garde.* — PROV. BOIRE COMME UN TEMPLIER, boire beaucoup, boire avec excès. — ENCYCL. L'ordre des Templiers ou *Chevaliers du Temple* fut le plus célèbre et le plus puissant des ordres religieux militaires de la chrétienté au moyen âge. Il date de 1117, époque où deux chevaliers français, Hugues des Païens et Geoffroi de Saint-Adémar ou de Saint-Omer, s'imposèrent la tâche d'escorter les pèlerins qui voyageaient constamment entre Jérusalem et le Jourdain. D'autres ne tardèrent pas à se joindre à eux. En outre des trois vœux monastiques ordinaires, ils en formèrent un quatrième par lequel ils s'obligèrent à défendre le saint sépulcre et à protéger les pèlerins de Palestine. Baudouin II, roi de Jérusalem, leur donna un logement dans son palais près de l'endroit désigné par la tradition comme étant l'emplacement du temple. Leur nombre ne put pas excéder neuf, jusqu'au concile de Troyes (1127-'28), qui donna mission à saint Bernard de Clairvaux de rédiger pour eux une règle et de déterminer le costume commun relatif à leur genre de vie. La règle leur donnait une tunique et un manteau blancs pour les distinguer des hospitaliers, et en 1146 ils furent autorisés à porter une croix

rouge sur le sein gauche. Leur bannière était de toile blanche rayée de noir, et fut appelée *beauséant*, parce que ce n'était le nom qu'on donnait alors aux chevaux marqués de noir et de blanc. *Beauséant* devint aussi leur cri de guerre. En 1166, on ajouta sur cette bannière une croix rouge. L'ordre était divisé en provinces, les provinces en prieurés ou en bailliages, et ceux-ci en préceptoreries. A la tête était le maître ou grand-maître, résidant à Jérusalem. L'ordre finit par ne relever que de lui-même et par avoir les privilèges du souverain. Le grand-maître ne dut allégeance à aucun prince, et ne dépendit que du pape au spirituel. La petite troupe des neuf avait multiplié en autant de milliers. En Orient, outre la province de Jérusalem, l'ordre possédait les provinces de Tripoli et d'Antioche; en Occident, il y avait celles de France, d'Auvergne, de Normandie, d'Aquitaine, du Poitou, de Provence, d'Angleterre (y compris l'Irlande et l'Ecosse), d'Allemagne, d'Italie septentrionale et centrale, d'Apulie, de Sicile, de Portugal, de Castille, de Léon et d'Aragon. Avec le temps, les templiers prirent plus d'intérêt à étendre leurs possessions qu'à protéger les pèlerins, et devinrent fameux par la licence de leurs mœurs et leur avidité. En 1291, lorsque la puissance latine prit fin en Palestine, ils furent contraints de se retirer à Chypre, qu'ils avaient achetée à Richard Ier d'Angleterre. Mais leur organisation ne témoignait d'aucune décadence, et leurs immenses richesses excitaient la cupidité des princes de l'Europe. Philippe le Bel, roi de France, résolut de les détruire. Il amena le pape Clément V à commencer une enquête judiciaire sur l'orthodoxie et la moralité de l'ordre. En 1306, le grand-maître, Jacques de Molay, fut attiré à Paris, et le 13 octobre (1307) tous les membres de l'ordre en France, y compris de Molay, furent arrêtés; leurs maisons et leurs biens furent confisqués. L'archevêque de Sens, dont la juridiction embrassait l'évêché de Paris, convoqua dans cette dernière ville un conseil provincial, le 10 mai 1310, et le 13, par son ordre, 54 templiers furent brûlés sur le bûcher. L'exemple fut suivi ailleurs, et le 2 mai 1312, Clément V lança une bulle abolissant l'ordre des Templiers. Finalement, de Molay, Guy d'Auvergne et d'autres hauts dignitaires de l'ordre montèrent sur le bûcher, le 18 mars 1314. L'ordre fut du coup supprimé par toute la chrétienté, excepté en Portugal, où il existe encore sous le nom de chevaliers du Christ.

TEMPO s. m. (tèmm-po) (mot. ital.). Mus. On emploie ce mot pour marquer les divers mouvements dans lesquels un morceau est écrit. — TEMPO MODERATO, mouvement modéré. — TEMPO ALLEGRETTO, mouvement rapide. — TEMPO DI MARCIA, mouvement de marche. — TEMPO GIUSTO, mouvement bien réglé. — TEMPO COMODO, mouvement aisé. — TEMPO DI CAPELLA, mouvement de musique d'église. — TEMPO DI VALSE, mouvement de valse. — TEMPO PRIMO, mouvement précédent, quand il a été altéré. — A TEMPO. (Voy. A *tempo*, dans la lettre A.)

* TEMPORAIRE adj. Qui est pour un temps: *pouvoir temporaire.* — ADMISSIONS TEMPORAIRES, faculté d'introduire en franchise des droits de douane, un produit étranger sous la condition de le réexporter, après lui avoir fait subir une main-d'œuvre.

* TEMPORAIREMENT adv. Pour un temps.

* TEMPORAL, ALE, AUX adj. Anat. Qui a rapport aux tempes : *os temporal; muscles temporaux.*

* TEMPORALITÉ s. f. Nom qu'on donnait à la juridiction du domaine temporel d'un évêché, d'un chapitre, d'une abbaye, etc. : *il était juge de la temporalité.*

* TEMPOREL, ELLE adj. (lat. *temporalis*).

Qui passe avec le temps; périssable. Est opposé à éternel et à spirituel : *les biens temporels ne doivent pas être comparés à ceux de l'éternité.*

> L'amour qui nous attache aux beautés éternelles
> N'étouffe pas en nous l'amour des *temporelles.*
> *Tartufe,* acte III, sc. III.

— Séculier, et il se dit par opposition à ecclésiastique : *puissance, juridiction temporelle.* — POUVOIR TEMPOREL, s'est dit du pouvoir des papes sur Rome et une partie de l'Italie. — Substantiv. Revenu qu'un ecclésiastique tire de son bénéfice : *il fut contraint par saisie de son temporel.* — Puissance temporelle des rois : *les rois, quant au temporel, sont indépendants de la puissance spirituelle.*

* TEMPORELLEMENT adv. Se dit par opposition à éternellement : *les méchants ne peuvent être heureux que temporellement, et les bons le seront éternellement.*

* TEMPORISATEUR, TRICE adj. Qui temporise : *général temporisateur.* — Substantiv. *C'était un habile temporisateur.*

* TEMPORISATION s. f. Action de temporiser.

* TEMPORISEMENT s. m. Retardement, dans l'attente d'un moment plus favorable : *ce temporisement pensa tout perdre.* (Peu us.)

* TEMPORISER v. n. Retarder, différer, dans l'attente d'une occasion favorable, d'un temps plus favorable : *ne vous hâtez pas, il est bon de temporiser.*

* TEMPORISEUR s. m. Celui qui temporise, qui est dans l'habitude de temporiser : *le dictateur Fabius a été surnommé le Temporiseur.*

* TEMPS s. m. [tan] (lat. *tempus*). Durée des choses, marquée par certaines périodes ou mesures, et principalement par le mouvement et la révolution apparente du soleil : *compter, mesurer le temps.*

> Le *temps* est un grand maître : il règle bien des choses.
> CORNEILLE.

> Sur les ailes du *temps,* la tristesse s'envole.

— UN TEMPS, un certain espace de temps : *cela n'a pas laissé de durer un temps, un certain temps.* — CELA N'A QU'UN TEMPS, se dit d'une chose qui ne dure que fort peu. — LAPS DE TEMPS. (Voy. LAPS.) — Astron. TEMPS VRAI OU APPARENT, temps mesuré sur le mouvement réel et inégal de la terre autour du soleil; et, TEMPS MOYEN, temps mesuré sur un mouvement uniforme, réglé sur la vitesse moyenne de la terre. — Particul. Succession des jours, des heures, des moments, considérée par rapport aux différents travaux, aux diverses occupations des personnes : *c'est un homme qui ne connaît pas le prix du temps.* — PERDRE LE TEMPS, ou PERDRE SON TEMPS, ne rien faire, ou faire des choses inutiles. JE N'AI PAS DE TEMPS A PERDRE, je n'ai pas de temps à employer inutilement. JE N'AI PAS DE TEMPS A PERDRE POUR ARRIVER A TEL ENDROIT, je n'ai que le temps nécessaire pour ne pas y arriver trop tard. — RÉPARER LE TEMPS PERDU, RÉPARER LA PERTE DU TEMPS, profiter mieux du temps qu'on n'a fait par le passé, en faire un meilleur usage; redoubler son travail pour faire en peu de temps ce qu'on avait négligé jusqu'alors. — Absol. PASSER LE TEMPS, se distraire en attendant l'heure marquée pour quelque chose : *je m'ennuyais à l'attendre, j'ai pris un livre pour passer le temps.* — TUER LE TEMPS, faire des riens, des inutilités pour se désennuyer. COULER LE TEMPS, laisser écouler le temps, dans l'attente de quelque occasion plus favorable. POUSSER LE TEMPS AVEC L'ÉPAULE, se dit prov., dans des sens anal. à ceux des deux phrases précédentes. — Terme préfixe, ou durée limitée : *payer dans le temps porté pour l'obligation.* — IL A FAIT SON TEMPS, se dit d'un homme qui sort d'un emploi dont le temps était limité, ou qui n'est plus propre aux choses dont il s'est mêlé autrefois avec

succès. CET HABIT A FAIT SON TEMPS, il a été porté autant qu'il pouvait l'être, il ne peut plus servir. — Délai : *je vous demande encore un peu de temps pour vous payer.* — Prov. QUI A TEMPS, A VIE, quand le terme où l'on doit satisfaire à quelque chose est encore éloigné, on a du loisir pour se préparer à remplir son obligation. — Loisir : *je n'ai pas le temps de vous parler.* — Prov. LE TEMPS EST A DIEU ET A NOUS, nous avons le loisir de faire ce dont il s'agit, ou, en général, de faire ce qu'il nous plaît. — Conjoncture, occasion propre : *il n'est pas encore temps de songer à cela.* — PRENDRE SON TEMPS, PRENDRE BIEN SON TEMPS, PRENDRE MAL SON TEMPS, prendre ou ne pas prendre le moment favorable pour faire quelque chose. PRENDRE QUELQU'UN SUR LE TEMPS, saisir une occasion subite et favorable pour lui faire faire quelque chose, ou ne lui pas laisser le temps de la réflexion. — PRENDRE SON TEMPS, faire une chose à loisir, sans se presser. PRENDRE LE TEMPS DE QUELQU'UN, attendre le moment qui convient à quelqu'un dont on a besoin. — Prov. TOUT VIENT A TEMPS POUR QUI PEUT ATTENDRE, avec le temps et la patience on vient à bout de tout. — UN TEMPS VIENDRA, il arrivera une circonstance, une conjoncture favorable. — Saison propre à chaque chose : *le temps des vendanges.* DANS LE TEMPS DES PERDREAUX, dans le temps où l'on va à la chasse des perdreaux. — LE TEMPS DE PAQUES, LE TEMPS PASCAL, les jours pendant lesquels se célèbrent les fêtes de Pâques. LE TEMPS DES VACANCES, l'époque de l'année où les tribunaux, les collèges, etc., sont fermés. — Se dit en outre des siècles, des différents âges, des différentes époques, et par rapport à la chronologie : *du temps du déluge.* — LA NUIT DES TEMPS, les temps les plus éloignés, et dont on n'a aucune connaissance certaine : *cela se perd dans la nuit des temps.* — AVANT TOUS LES TEMPS, AVANT LES TEMPS, AVANT LE TEMPS, avant la création du monde. DANS LE COURS DES TEMPS, DANS LA SUITE DES TEMPS, dans un temps futur fort éloigné de celui dont on a parlé. — Écrit. sainte. DANS LA PLÉNITUDE DES TEMPS, dans le temps auquel Notre-Seigneur est venu accomplir les prophéties; et, A LA CONSOMMATION DES TEMPS, à la fin du monde. — Se dit aussi par rapport à l'état où sont les choses pour le gouvernement d'un pays, pour les manières de vivre, pour les modes, etc. : *c'était un bon temps, un mauvais temps.* — Disposition de l'air; état de l'atmosphère : *il fait beau temps, vilain temps, mauvais temps.* — Prov. IL FAIT UN TEMPS DE DEMOISELLE, il ne fait ni poussière ni soleil. — Prov. et fig. PRENDRE LE TEMPS COMME IL VIENT, ne s'inquiéter de rien, et s'accommoder à tous les événements. — A la mer, GROS TEMPS, temps d'orage. — Vén. REVOIR DE BON TEMPS, trouver une voie fraîche et nette. — Danse, escrime, exercices milit. Moments précis pendant lesquels il faut certains mouvements qui sont distingués et séparés par des pauses : *la charge en quatre temps, le porté en quatre temps.* — Équit. UN TEMPS DE GALOP, une galopade qui ne dure pas très longtemps. — Mus. Se dit des principales divisions de la mesure, dont les unes sont plus marquées que les autres dans l'exécution, quoique d'ailleurs elles soient égales en durée : *mesure à deux temps, à trois temps, à quatre temps.* — Se dit, dans la déclamation, des pauses, des silences qu'on observe ou qu'il faut observer entre certaines phrases, entre certains mots: *lorsqu'on parle en public, il est bon d'observer des temps entre certains mots, entre certaines phrases.* — Gramm. Se dit des différentes inflexions qui marquent dans les verbes le temps auquel se rapporte l'action ou l'état dont on parle : *le présent, l'imparfait, le futur, sont des temps différents.* — À temps loc. adv. Assez tôt : *vous arrivez à temps.* — CETTE CHOSE N'A POINT ÉTÉ FAITE A TEMPS, elle a été faite trop tôt ou trop tard.

— Pour un temps fixé : *bannissement à temps.* — Au même temps, en même temps loc. adv. Dans le même instant, à la même heure, ensemble : *nous sommes partis au même temps.* — De tout temps loc. adv. Toujours : *de tout temps la vertu s'est fait estimer.* — De temps en temps, de temps à autre loc. adv. De fois à autre, quelquefois : *il vient me voir de temps à autre.* — En temps et lieu loc. adv. Dans le temps et le lieu convenables : *je vous expliquerai cela en temps et lieu.* — Suivant ou selon le temps, suivant ou selon les temps loc. adv. Conformément à la circonstance : *il faut s'habiller suivant le temps.*

* TENABLE adj. Guerre. Se dit d'un lieu, d'un poste, d'une place où l'on peut se défendre, où l'on peut demeurer sans un trop grand péril. S'emploie principalement avec la négation : *cette place, ce vieux château n'est pas tenable.* — Se dit aussi, fig., d'un lieu, d'un endroit où l'on ne peut demeurer commodément : *il fait trop froid ici, on étouffe de chaud dans cette chambre, la place n'est pas tenable.*

* TENACE adj. (lat. *tenax*). Visqueux, adhérent, qui résiste à la séparation : *une matière tenace et gluante.* — Avare, qu. ne donne qu'avec peine : *il est extrêmement tenace.* — Qui est attaché opiniâtrement à ses idées, à ses projets, à ses prétentions : *c'est un homme fort tenace, qui ne renonce pas aisément à ce qu'il désire, à ce qu'il veut.* — Fig. AVOIR LA MÉMOIRE TENACE, ne point oublier ce qu'on a appris. — Bot. Se dit des plantes et des parties de plantes qui s'attachent, s'accrochent à ce qui les touche, telles que les tiges et les semences du grateron.

TENACEMENT adv. D'une façon tenace.

* TÉNACITÉ s. f. (lat. *tenacitas*). Qualité de ce qui est tenace : *la ténacité de la poix, de la glu.* — Propriété en vertu de laquelle certains corps soutiennent une pression, une force, un tiraillement considérable sans se rompre : *la ténacité des métaux.* — Avarice, et plus ordinairement, attachement invariable à une idée, à un projet, etc. : *cet homme a bien de la ténacité.*

TÉNACULUM s. m. Chir. Aiguille emmanchée courbée au bout qui sert à soulever les artères qu'on veut lier.

* TENAILLE s. f. [ll mll.] (rad. lat. *tenere*, tenir). Instrument de fer composé de deux pièces attachées l'une à l'autre par une goupille, autour de laquelle elles s'ouvrent et se

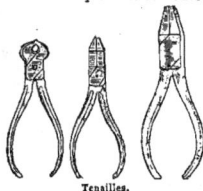

Tenailles.

resserrent pour tenir ou pour arracher quelque chose : *apportez la tenaille.* On le dit plus ordinairement au plur. : *des tenailles de maréchal.* — Fortific. Ouvrage composé de deux faces qui présentent un angle rentrant vers la campagne, et qui sert à couvrir une courtine.

TENAILLEMENT s. m. Action de tenailler.

* TENAILLER v. a. Tourmenter un criminel avec des tenailles ardentes : *on tenaillait autrefois les criminels de lèse-majesté au premier chef.*

* TENAILLON s. m. Fortific. Petite tenaille, ouvrage construit vis-à-vis l'une des faces de

la demi-lune. Il y en a ordinairement deux, qui se nomment aussi LUNETTES.

TÉNALGIE s. f. (gr. *ténon*, tendon; *algos*, douleur). Pathol. Douleur des tendons.

TENANCE s. f. Situation du tenancier.

* **TENANCIER, IÈRE** s. Droit. Celui qui tenait des terres en roture, dépendantes d'un fief auquel il était dû des cens ou autres droits : *il a fait assigner les tenanciers pour lui passer déclaration.* — FRANC TENANCIER, celui qui tenait des terres en roture, mais qui en avait racheté les droits. — Fermier d'une petite métairie dépendante d'une plus grosse ferme.

* **TENANT, ANTE** adj. Qui tient. On ne l'emploie guère que dans ces locutions, dont la première a vieilli : LES PLAIDS TENANTS, à l'audience; et SÉANCE TENANTE, dans le cours de la séance, avant la clôture de la séance : *on décida que le rapport sur cet objet serait fait séance tenante.*

* **TENANT** s. m. Celui qui, dans un tournoi, entreprenait de tenir contre toutes sortes d'assaillants : *les tenants et les assaillants.* — Se dit quelquefois, fig. et fam., de celui qui, dans une discussion, soutient une opinion contre ceux qui la combattent : *il était le tenant de la discussion, de la dispute.* — Celui qui défend une personne dans une conversation : *il est le tenant d'un tel.* — IL EST LE TENANT DANS CETTE MAISON, se dit d'un homme qui va souvent dans une maison, et qui y est comme le maître. — LES TENANTS ET ABOUTISSANTS D'UNE PIÈCE DE TERRE, D'UN HÉRITAGE, les héritages ou pièces de terre, etc., qui y sont adjacents, qui le bornent de divers côtés : *donner une déclaration par tenants et aboutissants.* — Fig. SAVOIR TOUS LES TENANTS ET ABOUTISSANTS D'UNE AFFAIRE, en bien connaître toutes les circonstances et tous les détails. — **Tout en un tenant, tout d'un tenant** loc. adv. dont on se sert en parlant d'héritages, pour dire, sans interruption, d'une même continuité : *il a tant d'hectares, tout d'un tenant.*

* **TÉNARE** s. m. Se dit, en style poétique, de l'enfer des païens : *il fut précipité dans le Ténare.*

TÉNARE. Voy. MATAPAN.

TENASSERIM [te-nass'-se-rimm], commissariat du Burmah anglais, sur le côté oriental de la baie de Bengale; 121,026 kil. carr.; 576,765 hab. Il se divise en districts : Amherst, Tavoy, Mergui, Shwegyen, Salwen et Toungoo (qui était naguère une division du Pegu). Villes princ. : Amherst, la capitale; Maulmain, Martaban, Tavoy, Mergui et Tenasserim. Cette dernière, sur la rivière du même nom, par 42° 2' lat. N., et 96° 35' long. E., était jadis la capitale; elle est aujourd'hui fort en ruines. Le territoire est généralement accidenté ou montagneux, bien boisé et arrosé de nombreuses rivières, dont les principales sont : le Salwen, l'Attaran, le Tavoy et le Tenasserim. Température moyenne, 25°; la moyenne de la pluie est de 3 m. Les productions principales sont : le riz, le coton, la canne à sucre, l'indigo et le tabac. On y exploite des mines d'étain; on y trouve aussi du fer, de l'or et de l'antimoine. Les exportations consistent surtout en riz, en tabac, gambir, ivoire. Nids d'hirondelle et bois de teck. La plupart des habitants sont Burmèses ou Péguans. — Tenasserim fut assujetti successivement au Pegu, à Siam et au Burmah; les Anglais s'en emparèrent en 1826, époque où sa population était d'environ 30,000 âmes.

TENCE, ch.-l. de cant., arr. à 16 kil. E. d'Issingeaux (Haute-Loire); sur le Lignon; 4,400 hab.

TENCIN (Claudine-Alexandrine GUÉRIN DE), femme mondaine française, née en 1684, morte en 1769. Chanoinesse à Lyon, elle fut accusée d'être enceinte, et, en 1714, déliée de ses vœux religieux. Elle vint alors retrouver à Paris son frère, le futur cardinal de Tencin, à l'avancement duquel elle travailla avec constance, tout en s'enrichissant par l'agiotage. Elle eut du chevalier Destouches un fils qui fut le philosophe d'Alembert (1717). En 1726, elle fut arrêtée sous l'accusation portée contre elle dans le testament de La Fresnay, un de ses nombreux amants, qui s'était tué chez elle, d'avoir voulu l'assassiner; mais l'accusation tomba faute de preuves. Elle fut l'une des premières, en France, à ouvrir son salon aux savants. Ses œuvres comprennent *Le siège de Calais*, roman historique, (Paris 1739, 2 vol. in-12), ont été souvent publiées avec celles de Mme de Lafayette.

* **TENDANCE** s. f. Statique et dynamique. Action, force par laquelle un corps tend à se mouvoir vers un côté, ou à pousser un autre corps qui l'en empêche : *la tendance des corps vers un centre.* — Simple direction du mouvement. — Direction sensible, apparente vers un but, vers une fin : *l'homme a une tendance naturelle à l'égoïsme.* — PROCÈS DE TENDANCE, procès fait à un journal, non pour un délit qualifié, mais pour l'esprit général qu'on y remarque

* **TENDANT, ANTE** adj. Qui tend à quelque fin, qui va à quelque fin : *un discours tendant à prouver...*

TENDE. I. (René DE SAVOIE, comte de), fils naturel de Philippe II, duc de Savoie, mort en 1525. Il entra au service de la France, se signala à Marignan et à la Bicoque et mourut des blessures qu'il reçut à Pavie. — II. (Claude DE SAVOIE, comte de), fils du précédent, né en 1507, mort en 1566. Pris à la bataille de Pavie, il fut mis après sa délivrance à la tête des Suisses, accompagna Lautrec dans son expédition contre Naples et tomba finalement en disgrâce. — III. (Honorat DE SAVOIE, comte de Villars et de Tende), frère du précédent, né en 1509, mort en 1580. Pendant les guerres de religion, il combattit à Saint-Denis (1567) et à Moncontour (1569), fut nommé lieutenant général en Guienne (1570), reçut le bâton de maréchal en 1571 et la charge d'amiral après Coligny en 1572.

* **TENDER** s. m. [tan-dèr] (mot angl.). Wagon articulé qui forme l'arrière-train de la locomotive et qui contient l'eau et le charbon nécessaires à une approvisionnement.

TENDERIE s. f. Chasse qui se fait avec des pièges que l'on tend.

* **TENDEUR** s. m. Celui qui tend quelque chose : *tendeur de tapisseries.* — Mécan. Appareil qui sert à tendre une courroie, une corde, un fil métallique.

* **TENDINEUX, EUSE** adj. Anat. Qui a du rapport au tendon, qui approche de la nature des tendons : *membrane tendineuse.*

* **TENDON** s. m. [tan-don] (rad. lat. *tendere*, tendre). Anat. Partie fibreuse, blanchâtre, ronde ou aplatie, qui forme l'extrémité des muscles, et qui sert à les attacher aux os ou à d'autres parties : *le tendon d'un gros muscle.* — TENDON D'ACHILLE, gros tendon aplati, situé à la partie postérieure et inférieure de la jambe. — Art vétér. Partie fibreuse des jambes des chevaux, qu'on appelait autrefois le nerf : *ce cheval a le tendon bien détaché, bien net.* — TENDON FAILLI, celui qui est trop faible. — TENDON FÉRU, celui qui est blessé. — ENCYCL. On nomme tendon une expansion fibreuse qui attache un muscle à la surface d'un os. Les tendons se composent de faisceaux parallèles de tissu fibreux inextensible, non élastique et blanc, dont les intervalles sont remplis par de minces couches de tissu aréolaire lâche avec une proportion de fibres élastiques petite, mais suffisante pour permettre aux différents faisceaux tendineux de glisser les uns sur les autres. Les cous tors, les pieds bots et un grand nombre de difformités semblables, dues à la construction ou à l'adhésion irrégulière des tendons, se guérissent souvent par la ténotomie. Cette opération consiste à diviser les tendons par une incision sous-cutanée, relâchant ainsi les parties contractées, sans mettre l'air en contact avec la surface blessée.

* **TENDRE** adj. (lat. *tener*) Qui peut être aisément coupé, divisé : il est opposé à dur : *un bois extrêmement tendre.* — Se dit particul., de la viande, lorsqu'elle est aisée à couper, à inciser, à broyer avec les dents : *une viande extrêmement tendre.* — Fam. CETTE VIANDE EST TENDRE COMME ROSÉE, elle est extrêmement tendre. La même chose se dit des herbes et des légumes. — Se dit aussi du pain nouvellement cuit : *manger du pain tendre.* — Sensible, délicat, qui est aisément pénétré par les impressions de l'air : *avoir la peau tendre.* — Facilement accessible.

> Vous êtes donc bien *tendre* à la tentation.
> Tartufe, acte III, sc. II.

— CE CHEVAL EST TENDRE A L'ÉPERON, il est extrêmement sensible à l'éperon. IL A LA BOUCHE TENDRE, il a la bouche délicate, et il ne faut pas le gourmander de la main. IL EST TENDRE AUX MOUCHES, il est extrêmement sensible aux moindres piqûres de mouches. — Fig. et fam. IL EST TENDRE AUX MOUCHES, se dit d'un homme qui est sensible aux moindres incommodités, qui s'offense des moindres choses. On dit aussi, dans le même sens, IL A LA PEAU TENDRE, BIEN TENDRE. — AVOIR LA VUE TENDRE, LES YEUX TENDRES, avoir la vue délicate et faible. — Fig. AVOIR LA CONSCIENCE TENDRE, être délicat sur les choses qui intéressent la conscience. — Qui a de la tendresse, qui est sensible à l'amitié, à la compassion, et plus particulièrement à l'amour : *un ami tendre; un père tendre.* — DÈS LA PLUS TENDRE ENFANCE, dès l'enfance.

> Nous nous aimions tous deux *dès la plus tendre enfance.*
> J. RACINE, *La Thébaïde*, acte II, sc. 1re.

— Se dit de même des choses propres à exprimer, à inspirer l'amitié, la compassion, et principalement l'amour : *un discours tendre.*

> Deux pigeons s'aimaient d'amour *tendre.*
> LA FONTAINE.

— AVOIR LE SON DE LA VOIX TENDRE, UN SON DE VOIX TENDRE, avoir le son de la voix touchant et gracieux. — Mus. UN AIR TENDRE, un air touchant et passionné. — Peint. Se dit de certains coups de pinceau extrêmement délicats : *il y a des touches extrêmement tendres dans ce tableau.* — COULEUR TENDRE, couleur délicate, qui ne fatigue point la vue. — TENDRE s. m. Tendresse : *il a du tendre pour cette femme.* — PAYS DU TENDRE, pays allégorique qui, d'après les romanciers du XVIIe siècle, était entièrement livré aux plaisirs de l'amour.

* **TENDRE** v. a. [tan-dre] (lat. *tendere*). *Je tends, tu tends, il tend; nous tendons, vous tendez, ils tendent. Je tendais. J'ai tendu. Je tendis. Je tendrai. Je tendrais. Tends. Que je tende. Que je tendisse. Tendant.* Tirer et bander quelque chose, comme une corde, un arc, etc : *tendre une corde.* — TENDRE UN PIÈGE, le placer et le disposer de manière que l'animal puisse s'y prendre. Se dit en parlant de toutes sortes de pièges, même de toutes sortes de pièges, même de tout ce qui tend aucune partie : *tendre une souricière.* — TENDRE UN PIÈGE, UN PANNEAU A QUELQU'UN, chercher à le faire tomber dans quelque ridicule, dans quelque indiscrétion, l'induire à commettre quelque faute, à faire quelque fausse démarche, etc., dont on espère profiter. — TENDRE UN PAVILLON, UNE TENTE, les dresser et les mettre en état de servir. On dit dans un sens à peu près pareil, TENDRE UN LIT, TENDRE UNE TAPISSERIE. — TENDRE UNE CHAMBRE, UNE SALLE, etc , la la-pisser, la parer de tapisserie : *tendre en ap-*

partement, *le tendre de damas, de velours.* — Tapisser, orner de tapisserie. Ainsi on dit, **l.a coutume est ce jour-la de tendre dans toutes les rues, de tendre partout**, c'est-à-dire, de tapisser le devant de toutes les maisons. — Présenter en avançant : *tendre la main pour demander l'aumône.*

> Et moi, je lui *tendais* les mains pour l'embrasser.
>   *Athalie*, acte Iᵉʳ, sc. v.

— Fig. Tendre les bras a quelqu'un, l'aider, lui offrir ses secours, son appui ; s'il a des torts, être prêt à les lui pardonner : *il lui a tendu les bras dans sa disgrâce.* — Tendre v. n. Aller à un certain terme, aboutir : *où tend ce chemin-là ?* — Fig. *Où tendent tous ces tours et détours, tous ces propos ?* — Fig. C'est un homme qui tend a ses fins, il va constamment, avec adresse, vers le but qu'il s'est proposé.

TENDRE (Mont), montagne de Suisse, cant. de Vaud, haute de 1,690 m. Le col du mont Tendre est traversé par un chemin à 1,286 m. d'altitude.

TENDRELET, ETTE adj. Un peu tendre.

* **TENDREMENT** adv. Avec tendresse : *les mères aiment tendrement leurs enfants.* — Peindre tendrement, avoir le pinceau délicat et léger. (Vieux.)

* **TENDRESSE** s. f. Qualité de ce qui est tendre. Ne se dit que de la sensibilité à l'amitié, à l'amour, aux affections de la nature : *la tendresse d'un père pour ses enfants.* — Passion même de l'amour : *il a beaucoup de tendresse pour elle.* — pl. Caresses, témoignages d'affection : *il me fait mille tendresses.*

* **TENDRETÉ** s. f. Qualité de ce qui est tendre. Ne se dit qu'en parlant des viandes, des fruits, des légumes : *la tendreté d'un gigot, d'un lièvre.* (Peu us.)

TENDREUR s. f. Tendresse délicate ou affectée.

* **TENDRON** s. m. Bourgeon, rejeton tendre de quelques arbres, de quelques plantes : *les chèvres broutent les tendrons des arbres et des plantes.* — Fig. et fam. Une jeune tendron, une jeune fille. — Se dit aussi des cartilages qui sont à l'extrémité des os de la poitrine de quelques animaux : *manger une fricassée de tendrons de veau.*

* **TENDU, UE** part. passé de Tendre. — Fig. Avoir l'esprit tendu, toujours tendu, avoir l'esprit fortement appliqué à quelque chose : *il a eu l'esprit si tendu tout le jour, qu'il a besoin de prendre quelque relâche.* — Fig. Style tendu, style qui laisse voir l'effort, qui manque d'aisance, de souplesse.

TENDUE s. f. Action de tendre des filets, pièges, etc.

* **TÉNÈBRES** s. f. pl. (lat. tenebræ). Privation de lumière, obscurité : *les ténèbres de la nuit.* — Fig., au sens moral : *les ténèbres de l'idolâtrie, du péché, de l'ignorance.* — Lit. cathol. Se dit des matines qui se chantent l'après-dînée du mercredi, du jeudi et du vendredi de la semaine sainte : *aller à Ténèbres.*

* **TÉNÉBREUSEMENT** adv. D'une manière ténébreuse : *il se glissa ténébreusement.*

* **TÉNÉBREUX, EUSE** adj. (lat. tenebrosus). Sombre, obscur : *les voiles ténébreux de la nuit.* — En poésie, Le séjour ténébreux, l'enfer. — Fig. Les temps ténébreux de l'histoire, les temps où l'histoire est obscure et incertaine. — Il est sombre et ténébreux, il a l'air sombre et ténébreux, se dit d'un homme sombre et mélancolique. — Un coquin ténébreux, un malhonnête homme qui s'enveloppe de ténèbres, qui cache avec soin ses intentions coupables. On dit plus souvent dans un sens analogue, Une conduite ténébreuse.

TÉNÉBROSITÉ s. f. État de ce qui est ténébreux.

TÉNÉDOS [té-né-doss] (Dans l'antiquité la plus reculée : *Calydna, Leucophrys, Phœnice* et *Lyrnessus*), île de l'archipel grec, de 16 kil. de circonférence environ. Elle appartient aujourd'hui à la Turquie ; 37 kil. carr. ; 7,000 hab., en majorité Grecs. Sur la côte orientale se trouve la petite ville de Ténédos.

* **TÈNEMENT** s. m. Jurispr. féod. Métairie dépendant d'une seigneurie : *tènement roturier.*

TENERANI (Pietro), sculpteur italien, né en 1789, mort en 1869. Professeur, puis président de l'académie de Saint-Luc, à Rome, il fut nommé en 1860, directeur en chef des musées. Il fut le chef d'une école qui se distingua par le soin des détails et la grâce de l'exécution. Parmi ses ouvrages les plus connus, dont certains sont supérieurs aux dernières productions de Canova, nous citerons Le *Christ sur la Croix* (en argent), la *Descente de Croix, Flore*, et un grand nombre de statues.

TENERE LUPUM AURIBUS loc. lat. qui signifie, Tenir le loup par les oreilles.

TÉNÉRIFFE (esp. *Tenerife*), l'une des plus grandes des îles Canaries, à environ 240 kil. N.-O. du cap Bojador (Afrique) ; 2,025 kil. carr. ; 93,000 hab. Santa-Cruz, la capitale, possède un bon port. L'île est volcanique. Une chaîne élevée la traverse par le milieu, et atteint son point culminant au célèbre pic de Ténériffe ou de Teyde, haut de 3,711 m. au-dessus du niveau de la mer. La septième partie du sol à peu près est propre à la culture. Il produit surtout de la cochenille, des noix, du vin et des fruits. Après Santa-Cruz, la seule ville importante, est Laguna, avec une population fixe de 10,000 hab., qui s'accroît beaucoup pendant la saison chaude. Orotava, sur la côte septentrionale, donne son nom à une belle vallée.

TENÈS, anc. *Cartenas*, ville de la prov. et à 160 kil. O. d'Alger (Algérie), au S. du cap du même nom ; petit port sur la Méditerranée au fond d'une rade largement ouverte ; 5,000 hab. C'est l'entrepôt d'Orléansville et de Tiaret. Exportation de blé et d'orge.

* **TÉNESME** s. f. [té-nè-sme] (lat. tenesmus). Méd. Épreintes fort douloureuses qu'on sent au fondement, avec des envies continuelles et presque inutiles d'aller à la selle. — Ténesme vésical, envie continuelle d'uriner.

* **TENETTES** s. f. pl. Instrument de chirurgie, qui sert à saisir et à tirer la pierre de la vessie, dans l'opération de la taille.

* **TÉNEUR** s. f. Ce qui est contenu mot à mot dans un écrit, son texte littéral. S'emploie surtout en termes de pratique : *un acte, un arrêt dont voici la teneur, dont la teneur suit.*

* **TENEUR** s. m. Comm. N'est usité que dans cette dénomination, Teneur de livres, celui qui, chez un négociant, écrit régulièrement sur les livres ou registres ce qui entre dans la caisse et ce qui en sort, ce qui est acheté et ce qui est vendu, ce qui est payé et ce qui est dû : *il est important pour un négociant d'avoir un bon teneur de livres.*

* **TÉNIA** s. m. (mot lat.). Le ver solitaire. (Voy. Ver.)

TÉNIAFUGE adj. (fr. ténia ; lat. fugo, je chasse). Pharm. Qui détruit le ténia.

TENIERS s. m. [té-nié]. Tableau peint par Teniers : *posséder un teniers.*

TENIERS. I. (David) [té-nié], surnommé le *Vieux*, peintre flamand, né à Anvers en 1582, mort en 1649. Il fut l'élève de Rubens, passa dix ans à Rome, et excella comme coloriste

dans les scènes populaires et les sujets grotesques, tels que la *Tentation de saint Antoine.* — II. (David), le *Jeune*, son fils, né en 1610, mort en 1685. Il montra un génie de beaucoup supérieur à celui de son père. Il fut principal peintre de l'archiduc autrichien Léopold, gouverneur des Pays-Bas espagnols, à Bruxelles. Le roi d'Espagne consacra une galerie entière à ses tableaux. En 1644, il devint directeur de l'académie d'Anvers ; mais il vécut surtout à la campagne, au milieu des paysans. Sa facilité extraordinaire à imiter les peintures de la galerie de l'archiduc, le fit appeler le Protée de l'art. Il peignit plus de mille tableaux, quelques-uns de dimensions prodigieuses. On cite surtout La *Noce de Village*, le *Fils prodigue*, le *Joueur de cornemuse*, et autres qui sont au Louvre ; *Musique de chambre*, les *Avares* et les *Joueurs de tric-trac*, dans la galerie nationale à Londres.

* **TÉNIOÏDE** adj. (gr. *tainia*, ruban ; *eidos*, aspect). Qui a la forme d'un ruban.

* **TENIR** v. a. (lat. tenere). *Je tiens, tu tiens, il tient ; nous tenons, vous tenez, ils tiennent. Je tenais. Je tins. J'ai tenu. Je tiendrai. Je tiendrais. Tiens, tenez. Que je tienne. Que je tinsse. Tenant. Tenu.* Avoir à la main, avoir entre les mains : *tenir une épée.* — Tenir quelqu'un a la gorge, lui serrer la gorge avec les mains ; et, fig., le réduire dans un état à ne pouvoir faire aucune résistance à ce qu'on exige de lui. On dit à peu près dans le même acception, Tenir le pied sur la gorge a quelqu'un. On dit aussi, fig., Tenir le poignard sur la gorge a quelqu'un. — Maintenir :

> L'ambition, l'amour, l'avarice, la haine,
> *Tiennent*, comme un forçat, notre esprit à la chaîne.
>   Boileau. *Satire VIII.*

— Dominer, asservir :

> Amour, amour, quand tu nous tiens,
> On peut bien dire : Adieu, prudence.
>   La Fontaine.

— Tenir quelqu'un dans sa manche, disposer souverainement de quelqu'un, être en état d'en exiger tout ce qu'on voudra. On dit de même, Tenir quelque chose dans sa manche, en être assuré. — Tenir quelqu'un le bec dans l'eau, le laisser toujours dans l'attente de quelque chose qu'on lui fait espérer ; le tenir dans l'incertitude, en ne lui donnant pas de réponse positive. — Tenir des chevaux au filet, les attacher avec un filet dans la bouche, afin de les empêcher de manger ; et, fig. et fam., Tenir quelqu'un au filet, lui faire longtemps espérer quelque chose, sans jamais lui rien donner ; l'amuser, le faire attendre. — Tenir quelqu'un de court, ne pas lui laisser la liberté de faire ce qu'il voudrait. — Tenir quelqu'un par les lisières, le gouverner comme un enfant. — Cet homme tient le bon bout par-dessus, il y a, à ses sûretés. — Tenir le fil d'une intrigue, en avoir saisi le nœud, le secret. On dit, à peu près dans le même sens : *Je tiens le sens du passage, le mot de cette énigme*, ou simpl. *Je tiens cette énigme, je tiens l'énigme ; tenez-vous le fil de son raisonnement ?* — Jeu de dés, Tenir les dés, tenir le cornet, avoir la main pour jeter les dés. — Absol. Tenez, prenez ce que je vous présente. Tenez, se dit quelquefois, dans le discours familier, uniquement pour s'attirer l'attention : *tenez, tout ce que vous me dites là ne me touche pas.* Se dit également pour avertir de prendre garde à quelque chose, et dans le même sens que la coutume de dire, Voyez. Tenez, le voilà qui passe. — Un tiens vaut mieux que deux tu l'auras, la possession d'un bien présent, quelque modique qu'il soit, vaut mieux que l'espérance d'un plus grand bien à venir, qui est incertain.

> Un *tiens* vaut, ce dit-on mieux que deux tu l'auras.
>   La Fontaine.

— SERREZ LA MAIN, ET DITES QUE VOUS NE TENEZ RIEN, se dit à quelqu'un de qui on se moque, en faisant semblant de lui vouloir donner une chose qu'on ne lui donne pas. — IL NE TIENT RIEN, se dit d'un homme qui manque à réussir dans quelque chose : *il pensait toucher cet argent, avoir cet emploi; mais il ne tient rien.* — Prov., fig., et, avec une espèce de joie maligne, IL EN TIENT, se dit d'un homme à qui il arrive quelque chose de fâcheux, de désagréable, d'embarrassant, de honteux : *il a perdu son procès, il en tient.* CETTE FEMME LUI A DONNÉ DANS LA VUE, IL EN TIENT, il en est amoureux : IL A BU PLUS QUE DE RAISON, IL EN TIENT, il est ivre. — Prov. et fig. JE TIENS MON HOMME, JE LE TIENS, je l'ai amené dans le piège; ou je l'ai réduit en tel état, qu'il ne peut plus tergiverser, qu'il ne peut plus trouver d'échappatoire : *il a beau faire à présent, je le tiens.* — TENIR UN ENFANT SUR LES FONTS DE BAPTÊME, ou simpl., TENIR UN ENFANT, en être le parrain ou la marraine. — Posséder, occuper : *les mahométans tiennent les plus belles provinces de l'Asie.* — CET OFFICIER, CE COMMANDANT TIENT TELLE VILLE, TELLE PLACE DE GUERRE POUR LE ROI, POUR LE SERVICE DE TEL PRINCE, il y commande, il la garde pour les intérêts du prince : cela se dit ordinairement quand on parle de temps de troubles, de temps de guerre, ou quand il s'agit de droits contestés : *il se jeta dans la place, et la tint pour le roi, pour le service du roi.* — TENIR UNE TERRE PAR SES MAINS, la faire valoir soi-même au lieu de l'affermer. — TENIR UNE TERRE A FOI ET HOMMAGE DE QUELQU'UN, posséder une terre qui relève de quelqu'un : *les rois d'Angleterre ont tenu autrefois la Normandie et la Guienne à foi et hommage de la France.* — Fig. TENIR QUELQUE CHOSE DE QUELQU'UN, lui en avoir l'obligation : *tout ce qu'il a, il le tient de votre libéralité.* — TENIR UNE CHOSE DE RACE, DE NAISSANCE, se dit en parlant d'une chose qui s'est transmise avec le sang, et qu'on a reçue de ses ancêtres, qu'on a apportée en naissant : *ils sont tous braves dans cette maison-là, ils tiennent cela de race.* — TENIR QUELQUE CHOSE DE SON PÈRE ET DE SA MÈRE, leur ressembler en cette chose; et, absol., TENIR DE SON PÈRE ET DE SA MÈRE, leur ressembler, soit par la figure et les manières, soit par les inclinations et par les mœurs; *il est timide et a l'air embarrassé, il tient cela de son père.* — IL A DE QUI TENIR, se dit pareillement d'un enfant qui ressemble en quelque chose à son père ou à sa mère : *il est bien fait, il a de qui tenir.* — Se dit quelquefois des maladies tant du corps que de l'esprit, et des différentes passions de l'âme dont on est comme possédé ou saisi : *il y a longtemps que ce mal-là le tient, que la fièvre le tient.* — QU'A-T-IL, QU'EST-CE QUI LE TIENT? quel sujet, quelle raison a-t-il d'agir ainsi? On dit de même, JE SAIS CE QUI LE TIENT. — Occuper, remplir, en parlant de l'espace : *serrez-vous un peu, vous tenez trop de place.* — TENIR UNE MAISON, UN APPARTEMENT occuper une maison, un appartement, y loger : *il tient la maison tout entière.* — Fig TENIR LIEU D'UNE PERSONNE, LA remplacer, la suppléer : *vous m'avez tenu lieu de père.*

Que l'amitié, que le sang qui nous lie
Nous tienne lieu du rôle des humains.
VOLTAIRE. *Épître 74.*

— Guerre, CETTE ARMÉE TIENT LA CAMPAGNE, elle est en campagne, en état de s'opposer aux ennemis, ou d'entreprendre sur eux : *les ennemis n'oseraient tenir la campagne.*

J'ai des forces assez pour tenir la campagne.
J. RACINE. *La Thébaïde,* acte 1er, sc. III.

— Mar. TENIR LA MER, naviguer, courir en haute mer, loin des ports et des rades : *ce vaisseau a été fort endommagé dans le combat, il n'est plus en état de tenir la mer.* — CE NAVIRE TIENT LE VENT, il ne dérive pas, ou il dérive peu sous l'effort du vent. — TENIR LE LIT

TENIR LA CHAMBRE, demeurer dans son lit, dans sa chambre : *il tient le lit depuis quelques jours.* — Se dit souvent en parlant de certains lieux que l'on occupe, de certaines choses dont on fait métier ou profession, pour l'utilité et la commodité du public : *tenir auberge.* — TENIR TABLE OUVERTE, recevoir à sa table beaucoup de personnes, mêmes des personnes qui n'ont pas été priées : *il tient table ouverte.* — TENIR TABLE, donner habituellement à manger à ses amis, invités ou non. — TENIR TABLE, demeurer longtemps à table : *il y a deux heures qu'ils tiennent table.* — C'EST LUI QUI TIENT LA TABLE, se dit de celui qui fait les honneurs d'une table chez les princes et les grands seigneurs, qui ordonne à ceux qui la servent. — Se dit en parlant de l'ordre dans lequel les personnes ou les choses sont placées, du rang qu'elles occupent, soit en effet, soit dans l'opinion des hommes : *il faut que dans les corps, dans les compagnies, chacun tienne son rang.* — Fig. TENIR BIEN SON RANG, SA PLACE, SON POSTE, occuper dignement l'emploi où l'on est, l'exercer avec dignité, avec capacité. On dit à peu près dans le même sens et fam., TENIR BIEN SON COIN. — Mus. TENIR SA PARTIE, chanter ou jouer sa partie. — TENIR BIEN SA PARTIE, s'acquitter bien de ce qu'on doit, faire bien ce qu'on a à faire dans l'emploi qu'on remplit. — Se dit en parlant des assemblées, des fonctions publiques, soit ordinaires, soit extraordinaires, qui regardent le gouvernement et la politique d'un État : *on tenait les états tous les ans en Languedoc.* — Mettre et garder en quelque lieu : *il tient son argent dans son cabinet.* — CET HOMME TIENT SA FEMME A LA CAMPAGNE, DANS UN COUVENT, il l'oblige de demeurer à la campagne, dans un couvent. — TENIR QUELQU'UN CHEZ SOI, l'avoir chez soi : *puisque nous vous tenons ici, nous ne vous laisserons pas partir sitôt.* — Maintenir, entretenir ; et alors il n'est guère usité que dans ces phrases : *tenir une chose en état, en bon état; en attendant que je revienne, tenez les choses en état, tenez tout en bon état.* — Man. TENIR UN CHEVAL, le maintenir dans les différents exercices auxquels on le soumet : *tenir un cheval en main, en bride, en tulpns.* — Fig. et fam. TENIR QUELQU'UN EN BRIDE, l'assujettir, l'arrêter, le conduire malgré lui. — Contenir, renfermer, ou être susceptible de contenir, de renfermer : *cette grange peut tenir dix milliers de gerbes.* — Arrêter, fixer : *il est si vif, si remuant, qu'on ne le saurait tenir.* — Réprimer, empêcher de faire, de dire : *c'est un homme qui ne peut tenir sa langue.* — IL N'Y A PARENTÉ, AMITIÉ, etc., QUI TIENNE, il n'y a aucune considération de parenté, d'amitié, etc., qui empêche que...: *il n'y a parenté ni richesses qui tiennent ; je le condamnerai, s'il a tort.* — Faire qu'une personne ou qu'une chose demeure dans un certain état, dans une certaine situation : *tenir les enfants dans un très grand respect, les tenir dans une très grande sujétion.* — Occuper durant quelque temps : *c'est une cérémonie qui est longue, elle vous tiendra longtemps.* — Réputer, estimer, croire : *je tiens cela vrai, pour vrai, puisque vous le dites.* — Professer : *selon la loi, l'opinion, le dogme que nous tenons.* S'emploie dans plusieurs autres phrases qu'il serait difficile ou impossible de ramener aux sens déjà indiqués. — TENIR UN CHEMIN, UNE ROUTE, suivre un chemin, une route, aller par un chemin, par une route : *je l'ai rencontré, il tenait le chemin de Lyon.* — Fig. TENIR UNE BONNE CONDUITE, UNE MAUVAISE CONDUITE, se conduire bien, se conduire mal : *il tient une étrange conduite depuis quelque temps.* — TENIR LE MILIEU DANS UNE AFFAIRE, prendre un tempérament, un expédient entre deux extrémités, entre deux choses opposées. — TENIR LE PARTI DE QUELQU'UN, suivre le parti de quelqu'un, être du parti de quelqu'un. — TENIR SA PAROLE, TENIR SA PROMESSE, exécuter

ce qu'on a promis : *je vous tiendrai ce que je vous ai promis.* — Prov. PROMETTRE ET TENIR SONT DEUX, souvent on manque à ce qu'on a promis. — TENIR UN TRAITÉ, TENIR UN MARCHÉ, TENIR UNE CONVENTION, exécuter un traité, une convention, un marché. — TENIR DES DISCOURS, TENIR DES PROPOS, TENIR UN LANGAGE, parler d'une certaine façon, avancer de certains propos, dire de certaines choses : *il tient des discours bien hasardés.* — TENIR SA COLÈRE, persister dans son ressentiment ; et, TENIR SA GRAVITÉ, TENIR SA MORGUE, affecter d'avoir une mine fière et dédaigneuse. — TENIR SA RIGUEUR A QUELQU'UN, persister à ne pas le voir, ou à le traiter avec froideur, malgré les avances qu'il fait pour rentrer en grâce, pour renouer les liens qu'on avait avec lui. — TENIR LA PLUME DANS UNE COMPAGNIE, être préposé pour écrire les actes, les délibérations de cette compagnie. — TENIR LA CAISSE CHEZ UN BANQUIER, CHEZ UN RECEVEUR, etc., être chargé du soin de recevoir l'argent et de payer pour un banquier, pour un receveur, etc. ; et, TENIR LES LIVRES CHEZ UN BANQUIER, CHEZ UN RECEVEUR, CHEZ UN NÉGOCIANT, être chargé du soin d'écrire dans les livres les choses qui doivent y être portées. — TENIR REGISTRE DE QUELQUE CHOSE, écrire quelque chose dans le livre, dans le registre. — TENIR NOTE DE QUELQUE CHOSE, en prendre note, pour s'en souvenir. — CET HOMME TIENT REGISTRE DE TOUT, il remarque tout exactement, et il s'en souvient. — TENIR COMPTE D'UNE SOMME A QUELQU'UN, lui passer cette somme en compte. — JE VOUS TIENDRAI COMPTE DE CELA, je chercherai les occasions de reconnaître les obligations que je vous ai. — Fig. TENIR TÊTE A QUELQU'UN, lui résister, ne lui point céder : *si vous voulez agiter cette question avec lui, vous trouvez un homme qui vous tiendra tête.* — Fig. et fam. TENIR PIED A BOULE, être extrêmement assidu, s'attacher à quelque travail avec beaucoup d'application et de persévérance : *c'est un homme qui veut que l'on tienne pied à boule auprès de lui.* — Fig. TENIR LA MAIN A QUELQUE CHOSE, veiller de près à ce qu'on l'exécute, à ce qu'on l'exécute bien : *ne vous mettez pas en peine, je tiendrai la main à cela.* — FAIRE TENIR DES LETTRES, FAIRE TENIR DES EFFETS, FAIRE TENIR DE L'ARGENT, faire en sorte que des lettres soient rendues, faire rendre des lettres, faire que des effets soient remis, faire toucher de l'argent. — TENIR JEU A QUELQU'UN, continuer à jouer contre lui autant qu'il veut. Dans les jeux de renvi, comme dans ceux où la mise n'est pas réglée, TENIR se dit pour accepter un renvi, y aller de tout l'argent dont on autre y va : *vous y allez de cinq francs, je les tiens ; je tiens tout ;* et absol. : *je les tiens, je tiens.* — Trictrac. N'être pas forcé par le dé de rompre son plein, ou continuer à jouer sans lever les dames. — Tenir v. n. Être attaché à quelque chose, être difficile à ôter, à arracher ou à déplacer : *sa chemise lui tient au dos.* — Prov. CELA TIENT COMME POIX, se dit d'une chose qui tient fortement à une autre. On dit aussi, CELA TIENT COMME TEIGNE. — SA VIE NE TIENT QU'A UN FIL, A UN FILET, se dit d'un infirme ou d'un malade qui est sur le point de mourir. — CETTE AFFAIRE LUI TIENT AU CŒUR, il l'affectionne extrêmement, il s'y intéresse fort. — CETTE INJURE LUI TIENT AU CŒUR, il en a du ressentiment. — SES PIEDS NE TIENNENT PAS A TERRE, IL NE TIENT PAS A TERRE, se dit d'un enfant, d'un jeune homme vif, qui est toujours en mouvement, ou d'un homme qui marche, qui danse fort légèrement. — IL NE TIENT PLUS A LA TERRE, se dit d'un homme détaché des choses du monde. — Être attaché par quelque lieu d'intérêt, d'amitié, de reconnaissance, etc. : *il tient à cet homme-là par beaucoup de liens.* — TENIR A LA VIE, A L'ARGENT, A SON OPINION, etc., y être extrêmement attaché. — JE TIENS A VOUS CONVAINCRE DE MON INNOCENCE, j'en ai un extrême désir. — ME VOILA PRÊT A PARTIR, JE NE TIENS A

RIEN, rien ne m'arrête, rien ne m'en empêche. On dit à peu près dans le même sens : *je vous payerai quand vous voudrez, votre argent ne tient à rien.* — Dépendre, résulter, provenir de : *cet événement tient à telle cause.* — Etre contigu : *ma maison tient à la sienne.* — Résister, tant au propre qu'au figuré : *ce bâtiment ne saurait tenir à la mer, tenir contre les vagues.* — LA COMPAGNIE EST TROP MAUVAISE, ON N'Y PEUT PAS TENIR, C'EST A N'Y PAS TENIR, on ne peut pas résister à l'ennui qu'elle donne ou à la honte qu'on éprouve de s'y trouver. — CET HOMME NE TIENT POINT CONTRE LA RAILLERIE, CONTRE LA PLAISANTERIE, dès qu'on le raille, qu'on le plaisante, il s'embarrasse, il se décontenance. — TENIR BON, TENIR FERME, résister, se défendre : *il a tenu bon quinze jours dans ce poste si difficile à défendre.* — TENIR BON, TENIR FERME, ne se point relâcher, ne se point laisser aller aux persuasions d'autrui : *il ne vous offre pas assez de votre maison ; tenez bon, il vous en donnera un prix raisonnable.* — Se dit également d'un traité, d'une convention, d'un marché, et signifie, subsister sans aucun changement, sans aucune altération : *il faut que le traité tienne.* — Demeurer en un certain état : *sa frisure ne tient pas.* — Mus. *Cet instrument ne tient pas d'accord.* — Chasse. LES PERDRIX NE TIENNENT PAS, elle n'attendent pas, elles partent de suite. — Guerre. LES ENNEMIS NE TIENDRONT PAS, ils n'attendront pas qu'on aille à eux, et ils se retireront. — Etre compris dans un certain espace, dans une certaine mesure : *tous vos meubles ne peuvent pas tenir dans cette chambre.* — JE N'EN AI NON PLUS QU'IL EN POURRAIT TENIR DANS L'ŒIL, DANS MON ŒIL, se dit d'une chose dont on veut assurer qu'on n'a point du tout. — Tenir ses séances, être assemblée : *l'assemblée du clergé tenait de cinq ans en cinq ans, tant que l'assemblée tiendra.* — Se dit également des foires, des marchés, etc., se tenir, signifie, durer, avoir lieu : *la foire de Saint-Germain tenait depuis le 3 de février jusque vers la semaine sainte.* — Tenir v. impers., se dit des obstacles, des considérations qui empêchent de faire quelque chose : *à quoi tient-il que nous ne partions.*

Mais il ne tient qu'à vous, et l'honneur vous anime,
De nous donner la paix sans le secours d'un crime.
                        J. RACINE. *La Thébaïde,* acte I⁰ᵉ, sc. III.

— Quelquefois, en disant qu'IL NE TIENT PAS A UNE PERSONNE QUE TELLE CHOSE NE SE PASSE, on veut faire entendre, non seulement qu'elle n'y apportera point d'obstacle, mais même qu'elle y contribuera de tout son pouvoir : *il ne tient pas à moi qu'un tel n'ait satisfaction.* — Se tenir v. pr. Se prendre, s'attacher à quelque chose pour s'empêcher de tomber : *il se tint à une branche.* — SE TENIR BIEN A CHEVAL, être ferme et de bonne grâce ; et, dans le sens opposé : *s'y tenir mal.* — Fig. SE TENIR, S'EN TENIR A QUELQUE CHOSE, s'y arrêter, s'y fixer de telle manière, qu'on ne veuille rien de plus : *je me tiens, je m'en tiens à votre décision.* On dit, à certains jeux de cartes, JE M'Y TIENS, je suis content des cartes que j'ai je ne lem demande pas d'autres. — Réputer : *je me tiens heureux d'avoir pu vous servir en quelque chose.* — JE ME LE TIENS POUR DIT, il n'est pas besoin que vous m'en avertissiez davantage, que vous m'en fassiez un plus grand souvenir. On dit de même, TENEZ-vous POUR DIT QUE... Soyez assuré que... ou soyez-vous vous que... — S'empêcher : *il ne saurait se tenir de parler.* — TENEZ-vous EN REPOS, se dit à une personne qui importune par des gestes incommodes ou trop libres. On dit de même famil., TENEZ-VOUS, TENEZ-VOUS DONC. S'EN TENIR A SON MOT, s'arrêter, se fixer à ce qu'on a annoncé d'abord ; cela se dit ordinairement d'un marchand lorsqu'il demeure ferme à ne vouloir rien rabattre du prix de sa marchandise : *dès que cet homme vous a dit le prix, il s'en tient à son mot.* On dit aussi, entre gens qui vendent et achètent

et entre personnes qui traitent ensemble, SE TENIR A PEU DE CHOSE, SE TENIR A PEU, s'arrêter, se fixer tellement aux propositions, aux offres qu'on a faites d'abord, que, quoiqu'il s'agisse de peu de chose de plus ou de moins, on ne veuille de part ou d'autre, ni se relâcher, ni passer outre : *vous vous tenez à trop peu de chose.* — Etre, demeurer dans un certain lieu : *tenez-vous là, et n'en bougez.* — UN TEL SE TIENT SIX MOIS A LA CAMPAGNE, ET SIX MOIS A LA VILLE, il passe six mois à la campagne, et six mois à la ville. — S'IL EST BIEN, QU'IL S'Y TIENNE, se dit d'un homme dont on entend vanter le bonheur. — Prov. QUAND ON EST BIEN, IL FAUT S'Y TENIR, il ne faut pas changer légèrement, pour peu qu'on se trouve bien dans son état. On dit de même, ETES-VOUS BIEN ? TENEZ-VOUS-Y. — QUAND ON EST BIEN, ET NE S'Y PEUT TENIR, le seul désir du changement fait qu'on s'ennuie de tout. — Etre, demeurer dans une certaine situation, dans un certain état : *se tenir à ne rien faire.* — Fig. et fam. SE TENIR LES BRAS CROISÉS, rester oisif lorsqu'il faudrait travailler ; demeurer dans l'inaction lorsqu'on devrait agir. — SE TENIR BIEN, SE TENIR MAL, avoir un bon, un mauvais maintien. — Fam. IL NE SAIT COMMENT SE TENIR, il ne sait qu'elle attitude prendre, quel maintien avoir. — Se dit aussi en parlant d'assemblées publiques ou particulières, de foires, de marchés et signifie avoir lieu : *il se tint une assemblée de notables.*

TENNESSEE [tènn-nèss-sî], le plus grand affluent de l'Ohio, formé par le Clinch et le Holston, qui prennent naissance dans le S.-O. de la Virginie, et se joignent près de Kingston, dans l'état du Tennessee. Il coule au S.-O. jusqu'à la frontière de l'Alabama, et après un circuit de près de 500 kil., traverse le N. de cet état, rentre dans le Tennessee et court au N. jusqu'à l'Ohio qu'il atteint à Paducah (Kentucky). Entre les comtés de Lauderdale et de Laurence, dans l'Alabama, il se répand en une sorte de large lac peu profond, appelé *Muscle Shoals,* et forme, en franchissant des rocs siliceux et calcaires une suite de rapides sur une longueur de 60 kil. De Kingston à Paducah, il a 1,250 kil. de long; mais si l'on compte à partir de la source du Holston, il a plus de 1,700 kil. Il est navigable depuis le Muscle Shoals jusqu'à son confluent avec l'Ohio, sur un parcours de 450 kil. Au-dessus des rapides, les bateaux à vapeur remontent encore jusqu'à Knoxville, à près de 800 kil. Les principaux tributaires du Tennessee sont : le Paint Rock, le Flint, le Duck, le Hiawassee, la Big Sandy et le Clark. — Le Petit Tennessee qui a donné son nom indien (Tannassee) à l'état et à la grande rivière qui le traverse, prend naissance près de la frontière de la Caroline du Nord et de la Géorgie. Il coule N. et N.-O. pendant 240 kil. environ à travers la Caroline du Nord et le Tennessee et se jette dans le Holston à 40 kil. au-dessous de Knoxville.

TENNESSEE, l'un des états du nord de l'Union américaine, admis le troisième dans la constitution fédérale, borné par le Kentucky, la Virginie, la Caroline du Nord, la Géorgie, l'Alabama, le Mississipi, l'Arkansas et le Missouri; entre 33° et 36° 35' lat. N., et entre 83° 57' et 92° 35' long. O.; divisé en 94 comtés; 108,905 kil. carr.; 1,543,000 hab., dont 400,000 noirs, 6,000 Allemands, 5,000 Anglais et 10,000 Irlandais. La population n'était que de 36,000 hab. en 1790. L'état est borné à l'E., par les monts Unaka et Smoky, de la chaîne des Appalaches, et dont la hauteur moyenne est d'environ 4,200 m. au-dessus du niveau de la mer; à l'O. le territoire est ondulé par de différentes chaînes de collines qui bordent le cours du Tennessee, du Cumberland et du Mississipi; ce dernier fleuve sert de frontière occidentale à l'état. Cap., Nashville; ville princ., Memphis. —

Vastes gisements de charbon de terre; mines de fer, de cuivre, de plomb, etc. Climat généralement doux et salubre, sauf dans les districts marécageux de l'O. Température moyenne annuelle, 14° C., dans la vallée orientale du Tennessee. Culture du coton, du tabac et de toute sorte de grains ; magnifiques forêts au N.-O.; forêts d'arbres résineux dans les hautes montagnes. 6,000 établissements industriels, occupant 20,000 ouvriers. Le gouverneur est élu par le peuple pour 2 ans ; le secrétaire général est nommé pour 4 ans par l'assemblée générale. La législature se compose de 25 sénateurs et de 75 représentants. Tous les juges sont élus par le peuple; dettes 210 millions de fr.: recettes, 25 millions de fr.; dépense, 26 millions de fr. 4,000 écoles publiques renferment 200,000 élèves ; 3,700 bibliothèques contiennent 900,000 volumes ; 3,200 organisations religieuses : baptistes, 995 organisations; christians, 210; épiscopaliens, 10;

Sceau de l'état de Tennessee.

luthériens, 25 ; méthodistes, 1,350 ; presbytériens, 580 ; catholiques romains, 30. — 140 journaux, dont 15 quotidiens. — En 1756, les Anglais bâtirent sur le Tennessee, à environ 50 kil. de la ville actuelle de Knoxville, le fort London, qui fut assiégé et pris, en 1760, par les Indiens. Après la défaite de ses derniers, en 1761, le pays forma une partie de la Caroline du N.; il en fut séparé en 1789, pour constituer, avec le Kentucky, un territoire des Etats-Unis du Sud de l'Ohio; séparé du Kentucky en 1794, il fut admis dans l'Union deux ans plus tard. Lors de la guerre de sécession (1861), l'état entra dans la ligue séparatiste et fut envahi par les fédératistes en 1862. Nashville fut pris le 12 mars et le territoire du Tennessee fut le théâtre des grandes batailles de Murfreesboro (4 janv. 1863), de Chattanooga (23-25 nov. 1863), de Franklin (30 nov. 1864), de Nashville (15-16 déc.), etc.

TENNIS s. m. [tenn'-niss] (mot angl.), jeu de balle qui se joue dans une cour ou préau de 112 pieds sur 40 d'aire; les murs des deux extrémités ont 30 pieds de haut, et les murs latéraux 12. Les joueurs sont deux ou quatre, divisés en côté du « service » et côté du « hasard ». La balle se lance avec une batte appelée raquette. Le joueur lance ou « sert » la balle contre le haut du mur du préau. Cette balle doit revenir au sol en passant par dessus « la ligne », qui est un filet étendu au milieu du préau. Elle est renvoyée de l'adversaire, qui doit, de son côté, la faire rebondir à un certain endroit, où le premier joueur la reprend d'un coup de raquette, et ainsi de suite. Celui qui manque de lancer convenablement la balle contre la haut du mur, ou de la renvoyer à l'endroit convenable, perd. Le nom de ce jeu vient du mot français *tenes,* parce qu'en frappant la balle, il jouait la raquette solidement. Il est d'origine française et date du XVᵉ siècle.

* **TENON** s. m. (fr *tenir*). Arts. Extrémité

d'une pièce de bois ou de métal diminuée d'une partie de son épaisseur, qu'on fait entrer dans une mortaise, c'est-à-dire, dans un trou de même grandeur fait à une autre pièce : *assemblage à tenons et à mortaises.* — Arqueb. Petite cheville de fer qui sert à assujettir le canon d'une arme sur son bois. — Partie postérieure de la grande capucine d'un fusil de munition, qui est percée de manière à laisser passer la baguette : *engager le petit bout de la baguette dans le tenon.* (Vieux.)

TENON (Jacques-René), chirurgien français, né à Sépeaux, près de Joigny, le 21 fév. 1724, mort à Paris le 16 janv. 1816. En 1748, il obtint au concours la place de chirurgien de la Salpêtrière ; installa un hôpital d'après les plans de réforme qu'il avait médités dès sa jeunesse, entra à l'Académie des sciences en 1759 et siégea à l'Assemblée législative en 1791. Il a laissé un grand nombre de notes, d'observations et de mémoires. On a donné le nom d'*hôpital Tenon* au nouvel hôpital de Ménilmontant.

TENONNER v. a. Pratiquer des tenons sur..

• **TÉNOR** s. m. (mot ital., du lat. *tenere*, tenir). Mus. Voix de taille, ou simpl., **TAILLE**, c'est-à-dire voix moyenne entre la haute-contre et la basse-taille. **TAILLE** n'est presque plus usité. — Chanteur qui a ce genre de voix : *il y a un bon ténor à ce théâtre.*

TÉNORISANT, ANTE adj Mus. Qui se rapproche du ténor.

TÉNORISÉ, ÉE adj. Mus. Se dit d'un morceau écrit ou transposé pour être chanté par un baryton ténorisant.

TÉNOTOME s. m. Chir. Instrument avec lequel on pratique la ténotomie.

• **TÉNOTOMIE** s. f. (gr. *tenón*, tendon ; *tómé*, section). Chir. Opération qui consiste à pratiquer la section d'un ou de plusieurs tendons, pour remédier à certaines difformités telles que le pied-bot, le strabisme, etc.

TENSEUR adj. m. Se dit de certains muscles destinés à produire une tension.

TENSIF, IVE adj. Qui est accompagné de tension des parties.

• **TENSION** s. f. (lat. *tensio*). État de ce qui est tendu : *tension des muscles.* — Fig. **TENSION D'ESPRIT**, grande application : *il s'est épuisé par une trop grande tension d'esprit.*

TENSON s. m. Anc. poés. Dispute sur une question de galanterie entre deux ou plusieurs poètes : *les poésies des troubadours offrent quelques exemples de tensons à trois interlocuteurs.*

TENTACULAIRE adj. Zool. Qui a rapport aux tentacules.

• **TENTACULE** s. m. (lat. *tentaculum*). Hist. nat. Sorte de filaments dont plusieurs animaux sont pourvus, qu'ils tendent en avant, soit pour tâter le terrain ou les objets environnants, soit pour saisir leur proie : *la plupart des zoophytes ont des tentacules.*

TENTACULÉ, ÉE adj. Pourvu de tentacules.

TENTACULIFÈRE adj. Qui est muni de tentacules.

• **TENTANT, ANTE** adj. Qui tente, qui cause une envie, un désir : *l'occasion était bien tentante.*

• **TENTATEUR, TRICE** s. Celui, celle qui tente : *c'est un tentateur.* — Absol., dans le langage de la dévotion, **LE TENTATEUR**, le démon. On dit aussi adjectiv. : *l'esprit tentateur.*

TENTATIF, IVE adj. Se dit d'une méthode qui est basée sur des essais.

• **TENTATION** s. f. (lat. *tentatio*). Mouvement intérieur par lequel on est porté, sollicité à des choses qui sont d'elles-mêmes indifférentes, et quelquefois même à des choses qui ont quelque sorte d'inconvénient : *il avait une grande tentation de bâtir.* — Relig. Se dit du mouvement intérieur qui excite l'homme au mal, et qui vient ou de quelque objet extérieur, ou de la suggestion du diable, ou de la concupiscence : *les âmes les plus saintes et les plus pures ne sont pas exemptes de tentations.*

• **TENTATIVE** s. f. Action par laquelle on tente, on essaye de faire réussir quelque chose : *faire une tentative auprès de quelqu'un.* — Premier acte que fait, de la première thèse que soutient celui qui veut être reçu licencié en théologie : *il a soutenu sa tentative.* — Législ. « Ainsi que nous l'avons déjà dit (voy. CRIME et DÉLIT), toute tentative de crime est punie comme le crime lui-même, si elle a été manifestée par un commencement d'exécution, et si elle n'a été suspendue ou n'a manqué son effet que par des circonstances indépendantes de la volonté de son auteur. Au contraire, les tentatives de délits ne sont considérées comme délits que dans les cas déterminés par une disposition spéciale de la loi ; par exemple lorsqu'il s'agit de certains vols, de larcins ou de filouteries (C. pén. 2, 3, 401, etc.) »   (CH. Y.)

• **TENTE** s. f. (lat. *tentorium*). Espèce de pavillon fait ordinairement de toile, de coutil, etc., dont on se sert à la guerre, à la campagne, pour se mettre à couvert : *les mâts, les arbres, les cordages, les piquets, les murailles d'une tente.* — Chir. Petit rouleau de charpie qu'on met dans les plaies, pour empêcher qu'elles ne se referment trop tôt, pour dilater une ouverture ou un canal : *une tente de charpie, de racine de gentiane, d'éponge préparée.* — Encycl. On donne le nom de tente à toute habitation portative, faite en général de toile ou de peaux étendues sur des cordes ou sur une charpente, et soutenues par des poteaux. Les tentes ont toujours été les demeures des tribus nomades, et les races orientales les portèrent vite à la perfection. Les Grecs campaient sous la tente au siège de Troie, et les anciens écrivains témoignent de la magnificence des tentes et des équipages de tentes chez les Perses. Le *tabernaculum* des Romains ressemblait à la grande tente, le *tentorium* à la tente triangulaire de nos jours. Il y en avait une autre plus compliquée appelée *papilio* ; elle était probablement circulaire avec un toit conique. C'est Louis XIV, dit-on, qui mit le premier les tentes en usage dans les armées modernes ; cependant Bardin prétend que l'armée prussienne, la première, en fut régulièrement fournie. Ce ne fut que vers 1830, pendant la guerre d'Algérie, que la tente abri commença à faire donnée régulièrement aux troupes françaises. Cette tente se fait de deux morceaux de toile rectangulaires, boutonnés l'un à l'autre, et élevés sur deux piquets de manière à former un toit ouvert aux deux bouts. Outre cette tente, qui est la tente réglementaire, il y a trois autres modèles en usage dans l'armée française. En Angleterre, les troupes se servent surtout de la tente ronde, en cloche avec un toit conique et des parois d'un ou deux pieds de haut. Les Prussiens en ont une analogue. En Autriche, il y a une tente « de marche » qui ressemble au bonnet de police français ; elle a la forme d'un prisme triangulaire avec un demi-cône qui rejoint chaque extrémité. La tente de l'infanterie russe est carrée, avec un poteau central, et 4 poteaux aux coins. Les Italiens se servent de tente-abri, de tentes coniques et de marquises. Aux États-Unis, les tentes les plus employées sont la petite tente triangulaire, la tente Sibley et la tente-abri. La tente Sibley est la loge Comanche modifiée : c'est un cône de 13 pieds de haut et de 18 pieds de diamètre à la base :

elle peut abriter de 12 à 14 hommes. Les tissus des tentes se font presque toujours de lin ou de coton, rarement de chanvre. — *Tentes-hôpitaux.* L'usage forcé des tentes, auquel réduisit, pendant la guerre de Crimée, l'absence de maisons, appela pour la première fois l'attention sur la question des tentes-hôpitaux. Celle qu'on y employa fut la marquise-hôpital de l'armée anglaise, qui se compose d'une double tente où une petite grande, avec un espace d'environ 45 centim. entre les deux. La tente-hôpital, adoptée par les Prussiens en 1867, a la forme d'une maison ; elle est double, et soutenue par une charpente en fer. Aux États-Unis, c'est une grande tente rectangulaire, avec un pavillon formant second toit à un pied environ au-dessus des parois. On peut réunir deux ou plusieurs tentes par leurs extrémités de manière à former une seule et longue tente continue

TENTEMENT s. m. Escr. Action de battre deux fois le fer de l'adversaire.

• **TENTER** v. a. (lat. *tentare*). Essayer, éprouver, mettre quelque moyen en usage pour faire réussir quelque chose : *la chose est trop difficile, on n'y peut pas seulement la tenter.*

.... Avant l'aurore éveiller des chanoines,
Qui jamais l'osèrent ? Qui l'oserait même ?
Est-ce un projet, ô ciel ! qu'on puisse exécuter ?
                                        DESPRÉAUX.

— TENTER FORTUNE, hasarder quelque chose dans l'espérance du succès. — Éprouver la fidélité : *Dieu tenta Abraham.* — **TENTER DIEU**, lui demander des miracles, des effets de sa toute-puissance, sans nécessité : *tu ne tenteras pas le Seigneur ton Dieu.* — Donner envie, inspirer le désir, l'envie de faire quelque chose : *comment de si beaux fruits ne vous tentent-ils pas ?* — Solliciter au péché, au mal : *le diable tente les hommes pour les porter à offenser Dieu.*

Non, non, la perfidie a de quoi vous tenter,
        J. RACINE. Andromaque, acte IV, sc. v.

• **TENTURE** s. f. Certain nombre de pièces de tapisserie ordinairement de même dessin, de même facture, se servant l'une à l'autre de pendants, ou représentant des sujets qui font suite l'un à l'autre : *une fort belle tenture de tapisserie.* — Se dit aussi des étoffes, du cuir, du papier peint, etc., qui servent à tapisser une chambre : *une tenture de velours.*

• **TENU, UE** adj. part. passé de **TENIR**. — Un *jardin bien tenu*, bien cultivé. — **UNE MAISON BIEN TENUE**, bien arrangée. — **TANT TENU, TANT PAYÉ**, se dit, en parlant du service d'une personne, ou de l'usage d'une chose, lorsque l'un ou l'autre a été payé en raison de sa durée. — Qui est obligé à faire quelque chose : *je ne suis pas tenu de cela, de cela.*

• **TÉNU, UE** adj. (lat. *tenuis*). Didact. Qui est fort délié, qui est peu compact : *substance ténue.*

• **TENUE** s. f. Temps pendant lequel certaines assemblées se tiennent : *pendant la tenue des états.* — Assiette ferme d'un homme à cheval : *c'est un homme qui n'a point de tenue à cheval.* — **MANQUER DE TENUE, N'AVOIR POINT DE TENUE**, avoir une mauvaise manière de se tenir, manquer de maintien dans le monde, dans la société. — **AVOIR OU MANQUE DE TENUE**. — Fig. **N'AVOIR PAS DE TENUE**, être léger, changer souvent d'avis : *ne vous fiez point à ces esprits-là, ils n'ont point de tenue.* — Milit. LA **TENUE D'UNE TROUPE, D'UN RÉGIMENT, D'UN SOLDAT**, sa manière d'être vêtu, entretenu : *ce régiment a une belle tenue.* On dit aussi, **ÊTRE EN GRANDE TENUE**, être en habit de parade, et, par opposition, **ÊTRE EN PETITE TENUE**, n'avoir que la tenue exigée pour le service ordinaire. On dit quelquefois simplement, **ÊTRE EN TENUE**. — Par ext. **AVOIR UNE BONNE TENUE**, être propre et soigné sans

recherche dans ses habits : *ce jeune homme a une bonne tenue.* — Trictrac. Action du joueur qui, ayant gagné un ou plusieurs trous, pourrait s'en aller, et ne s'en va pas : *j'ai fait une mauvaise tenue.* — Mus. Continuation d'une même note pendant quelques mesures. — **Tout d'une tenue** loc. adv. Tout d'un tenant : *il possède tant d'hectares de terre tout d'une tenue.*

TÉNUICORNE adj. (lat. *tenuis*, grêle ; fr. *corne*). Qui a des cornes ou des antennes grêles.

TÉNUIROSTRE adj. (lat. *tenuis*, ténu ; *rostrum*, bec). Qui a le bec grêle et allongé. — * s. m. pl. Ornith. Quatrième famille des passereaux comprenant comme groupes principaux : les sittelles, les grimpereaux, les colibris, les huppes, etc.

* **TÉNUITÉ** s. f. Didact. Qualité d'une chose ténue : *la ténuité de cette substance.*

° **TENURE** s. f. Mat. féod. Mouvance, dépendance et étendue d'un fief : *cette terre était dans la tenure, de la tenure de tel marquisat, de tel duché.*

TEOCALLI s. m. Voy. MEXIQUE.

* **TÉORBE**, Théorbe, ou **TUORBE** s. m. (de *Tiorba*, nom de l'inventeur). Espèce de luth à long manche dont les cordes sont simples, et dont on se sert soit pour jouer des pièces, soit pour accompagner la voix : *le téorbe n'est plus en usage que dans l'Orient.*

TÉOS [té-oss], ancienne ville ionienne, sur la côte occidentale de l'Asie Mineure, à 40 kil. S.-O. de Smyrne. Elle avait deux bons ports. Le village de Sighajik, près de son emplacement, est en partie construit avec ses ruines.

TÉPHROMANCIE s. f. (gr. *tephros*, cendre ; *manteia*, divination). Sorte de divination que les anciens pratiquaient avec la cendre des sacrifices.

TÉPIDARIUM s. m. [-ri-omm]. Chambre des thermes où l'on prenait des bains tièdes.

TEPLITZ ou **Tœplitz**, station minérale de Bohême, à 75 kil. N.-O. de Prague ; 11,618 hab. y compris la population de la ville adjacente de Schœnan. Ses sources alcalo-salines sont employées surtout pour la qualité et le rhumatisme. Il s'y est conclu, le 9 sept. 1813, un traité d'alliance contre Napoléon, entre la Russie, la Prusse et l'Autriche.

TEQUENDAMA (Chutes de) [té-kainn-da'-maj]. Elles se forment à la ville de ce nom, dans la plaine de Bogota, en Colombie, sur le cours du Funza, qui, après avoir reçu de nombreux torrents venus des montagnes, à 163 kil. de Bogota, se rétrécit de 140 à 36 pieds, et se précipite par dessus un banc de rochers de 600 pieds de hauteur dans le bassin de la Magdelena. Humboldt en parle comme d'une des plus magnifiques cataractes du globe.

* **TER** adv. (lat. *ter*). Une troisième fois. — Mus. Indique qu'un passage doit être répété trois fois.

TERAMO, province de l'Italie méridionale, autrefois Abruzzo Ulteriore I, sur l'Adriatique ; 3,325 kil.carr. ; 266,004 hab. Grains, olives et vin. Les Apennins traversent l'O. de la province. — II. Cap. de cette province (anc. *Interamna*), 130 kil. N.-E. de Rome ; 9,635 hab. Fabrique de chapeaux et de crème de tartre. Interamna, qui est aussi l'ancien nom de Terui et d'autres lieux, était une ville du Picenum.

TÉRATOGÉNIE s. f. (gr. *teras*, prodige ; *genos*, naissance). Physiol. Mode de production des monstres.

* **TÉRATOLOGIE** s. f. (gr. *teras*, merveille ou monstre ; *logos*, discours). Branche de la science physiologique qui traite des défauts de conformation et des monstruosités dans les plantes et les animaux. Ceux-ci excitant davantage l'intérêt, on s'en est plus occupé que des premiers, surtout dans ce siècle, et chez les physiologistes français et allemands. On n'avait pas essayé de systématiser l'étude des monstruosités avant Isidore-Geoffroy Saint-Hilaire, auquel on doit le nom que cette science porte aujourd'hui. Il divise leur histoire en trois époques : époque fabuleuse, époque positive et époque scientifique. L'époque fabuleuse va jusqu'au XVIII° siècle ; l'époque positive embrasse la première moitié du XVIII° siècle, et l'époque scientifique date de la seconde moitié. (Voy. MONSTRE.)

TÉRATOLOGIQUE adj. Qui a rapport à la tératologie.

TÉRATOLOGUE s. m. Celui qui s'occupe spécialement de tératologie.

TERBIUM s. m. [ter-bi-omm]. Métal supposé, découvert par Mosander en 1843, associé à l'erbium et à l'yttrium dans la gadolinite minérale. Comme il n'a jamais été isolé, la plupart des chimistes révoquent en doute son existence.

TERBURG (Gérard) [ter'-bourg], peintre hollandais, né en 1608, mort en 1681. Il excella dans la couleur et le fini des draperies, surtout du satin blanc. Ses petits tableaux de scènes intimes sont souvent des chefs-d'œuvre.

TERCEIRA [terr-sè'-i-ra], l'une des Açores, presque au centre du groupe ; par 38° 40' lat. N. et 29° 30' long. O. Sa plus grande longueur est de 33 kil. et sa largeur moyenne de 20 ; 421 kil. carr. ; 50,000 hab. Le centre de l'île est montagneux. Grains, vin, bestiaux ; exportation d'oranges et de citrons. Cap., Angra.

* **TERCER** ou **Terser** v. a. Donner un troisième labour, une troisième façon à la vigne : *tercer une vigne.*

* **TERCET** s. m. Couplet ou stance de trois vers : *le sonnet est composé de deux quatrains et de deux tercets.*

TÉRÉBATE s. m. Chim. Genre de sels dont le plus important, l'acide térébique, résulte de l'oxydation de l'essence de térébenthine sous l'influence de l'acide azotique.

TÉRÉBÈNE s. m. Chim. Hydrocarbure qui se forme par l'action due fluorure de bore, l'acide sulfurique, et d'autres réactifs exercent sur l'essence de térébenthine.

TÉRÉBENTHÈNE s. m. Nom donné par Berthelot à l'hydrocarbure de l'essence de térébenthine française.

* **TÉRÉBENTHINE** s. f. Résine qui coule du térébinthe et d'autres arbres résineux : *térébenthine pure.* — ENCYCL. On donne le nom de térébenthine à plusieurs oléo-résines exsudant d'arbres conifères et du *pistacia therebinthus*, arbre des Grecs appelaient *térébenthos*, et qui fournissait la térébenthine connue des anciens. Il y a plusieurs variétés de térébenthine dans le commerce ; elles consistent en une résine plus ou moins dissoute dans une huile volatile appelée huile de térébenthine. (Voy. RÉSINE.) — Huile de térébenthine. Huile volatile distillée de la térébenthine et contenue dans le bois, l'écorce et les feuilles des arbres d'où celle-ci est tirée. On la prépare en distillant la térébenthine brute soit seule, soit avec de l'eau. Des recherches récentes montrent que les huiles de différentes origines, ayant toutes la formule C10 H16, possèdent des propriétés physiques différentes (surtout optiques), et qu'elles sont généralement des mélanges de deux ou plusieurs hydrocarbures isomériques ou polymériques ; et en outre, que des modifications sont souvent produites par la chaleur et par des réactifs chimiques pendant la distillation ou la purification. Mais elles appartiennent toutes à la classe des *terpines*, dont font partie les huiles volatiles des plantes aurantiacées, telles que l'oranger, le citronnier, ainsi que les huiles de cumin, de ge nièvre et de lavande. Berthelot classe ces terpines dans un grand groupe qu'il appelle groupe des camphènes, lesquels ont aussi la formule C10 H16. L'huile de térébenthine française, tirée de la térébenthine de Bordeaux, produit du *pinus maritima*, consiste en un hydrocarbure appelé térébenthène par Berthelot. Elle a un poids spécifique constant de 0,864, un point d'ébullition à 161° C. et un pouvoir rotatoire de — 43° 3. On se sert de l'huile de térébenthine dans la fabrication des vernis ; pour enlever les autres huiles et résines des tissus ; et, en médecine, comme diurétique et vermifuge, comme stimulant de la membrane muqueuse des intestins, etc.

TÉRÉBINTHACÉ, ÉE adj. Qui ressemble ou qui se rapporte au térébinthe. — * s. f. pl. (Voy. ANACARDIACÉES.)

* **TÉRÉBINTHE** s. m. (lat. *terebinthus*). Bot. Espèce de pistachier (*pistacia terebinthus*). qui croît sur les bords de la Méditerranée. C'est un arbre résineux et toujours vert, dont le fruit vient par grappes, et est à peu près de la grosseur de la graine de genièvre. Toutes ses parties sont remplies d'une gomme résine, qui découle naturellement en été des fentes de l'écorce, sous forme de gouttelettes limpides, d'abord jaunes, puis bleuâtres. C'est la térébenthine de Chio.

TÉRÉBENTHIQUE adj. Chim. Se dit d'un acide qui prend naissance dans l'action de la litharge à chaud sur l'essence de térébenthine.

TÉRÉBIQUE adj. Se dit d'un acide produit par l'action de l'acide azotique sur l'essence de térébenthine.

TÉRÉBRAL, ALE, AUX adj. (lat. *terebra*, vis). Qui est en forme de vis.

* **TÉRÉBRANT, ANTE** adj. (lat. *terebrans*, qui perce avec une tarière). Qui perce, qui perfore. — Se dit d'une douleur vive et poignante. — Zool. Se dit des coquilles bivalves dont les animaux ont la faculté de percer les pierres. — s. m. pl. Famille d'hyménoptères, caractérisée par l'existence d'une tarière à l'extrémité de l'abdomen chez les femelles. Cette famille comprend deux sections : les *porte-scie*, dont l'abdomen semble être la continuation du corselet ; les femelles ont une tarière le plus souvent en forme de scie, qui leur sert non seulement à déposer les œufs, mais encore à préparer la place qui doit les recevoir (tenthrédine ou mouche à scie, tenthrède, cimbex, lophyre, hyloteme, sirex, etc.). La seconde section, celle des *pupivores*, se distingue par un abdomen qu'un très petit filet rattache au corselet, de manière que cet abdomen peut se mouvoir facilement. Les femelles ont une tarière qui leur sert d'oviducte (ichneumon, gallicole, cynips, chalcide, leucopsis, eulophe, oxyure, etc.).

TÉRÉBRATEUR, TRICE adj. Qui perce des trous en forme de vis.

* **TÉRÉBRATION** s. f. Action de percer un arbre pour en tirer la gomme, la résine, etc. — Méd. *La térébration du crâne.*

TÉRÉBRATULE s. f. (dimin. du lat. *terebra*, tarière). Moll. Genre de brachiopodes à deux valves inégales, régulières et symétriques, jointes par une charnière à deux dents. Ce genre comprend un certain nombre d'espèces qui vivent dans les mers chaudes et qui s'attachent

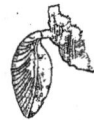

*Térébratule commune
(Terebratula caput
serpentis).*

aux corps marins par un pédicule charnu passant dans un trou dont est percé le sommet de la plus grande veine. La *térébratule commune* (*terebratula caput serpentis*) se trouve dans la Méditerranée et les espèces fossiles sont très nombreuses.

TÉRÉBRER v. a. (lat. *terebra*, tarière). Percer, perforer avec une tarière.

TEREDO, ancienne ville de Chaldée, près de l'embouchure de l'Euphrate, à peu de distance du lieu où se trouve aujourd'hui Bassorah.

TÉRENCE (Publius Terentius Afer), poète comique latin, né à Carthage vers 195 av. J.-C., mort en 159. Esclave du sénateur P. Terentius Lucanus, il reçut une excellente éducation et fut par la suite affranchi. *Andria*, sa première comédie, fut jouée en 166. Plus tard, il alla en Grèce, et y traduisit 108 des comédies de Ménandre. Nous avons six pièces de lui : *Andria, Hecyra, Heauton-Timoroumenos, Eunuchus, Phormio* et *Adelphi* (les *Adelphes*). Les principales éditions de ses comédies sont celles de Venise (1471); de Milan (1481); des Aldes (1575); de Robert Estienne (Paris, 1541); *Ad usum Delphini* (Paris, 1675); de Perlet (Leipzig, 1821); de Lemaire (Paris, 1828, 3 vol.). Elles ont été traduites en prose par Lancelot, Nicole et Le Maistre de Sacy (1647); par Mme Dacier (1688); par Lemonnier (1771); par Magin, dans la collection Nisard (1845, in-12); et en vers par Duchesne (1806, 2 vol. in-8°), et par Bergeron (2 vol. in-8°).

TÉRÉPHTALATE s. m. (de *térébenthine* et de *phtalate*). Chim. Nom donné à des sels produits par l'union de l'hydrogène, d'un métal ou d'un radical composé avec un résidu halogénique diatomique organique.

* **TERGIVERSATION** s. f. Action de tergiverser : *user de tergiversation*.

* **TERGIVERSER** v. n. (lat. *tergiversari;* de *tergum*, dos; et *versare*, tourner). Prendre des détours, prendre des faux-fuyants pour éloigner ou pour éluder la conclusion d'une affaire, la décision d'une question, pour ne pas faire une réponse positive, etc. : *c'est un chicaneur qui ne fait que tergiverser.*

TERME, *Terminus*. Mythol. rom. Dieu, protecteur des limites. On célébrait tous les ans la fête de ce dieu. (Voy TERMINALIES.)

* **TERME** s. m. (lat. *terminus*). Fin, borne des actions et des choses qui ont quelque étendue de lieu ou de temps : *le terme d'une course.* — IL EST A SON DERNIER TERME, se dit d'un homme qui est à l'article de la mort. — TERME DE COMPARAISON, DE RELATION, chacun des deux objets que l'on compare l'un avec l'autre, qui ont de la relation, du rapport entre eux : *choisissez mieux vos termes de comparaison.* — Mathémat. TERME D'UN RAPPORT, D'UNE PROPORTION, D'UNE PROGRESSION, chacune des quantités qui composent le rapport, la proportion, la progression; et, TERME D'UNE EXPRESSION ALGÉBRIQUE, chacune des quantités qui composent cette expression, et qui sont séparées par les signes *plus* (+) ou *moins* (—). — Log. LES TERMES D'UN SYLLOGISME, les trois termes dont les idées combinées deux à deux forment les trois propositions. — Temps préfixe de payement : *les loyers des maisons se payent à Paris aux quatre termes accoutumés.* — TERME DE RIGUEUR, terme passé lequel il n'y a plus de délai à espérer. — Somme due au bout du terme : *il doit deux termes à son propriétaire.* — Prov. QUI A TERME NE DOIT RIEN, on ne peut être contraint de payer avant le terme échu. LE TERME VAUT L'ARGENT, quand on a beaucoup de temps devant soi pour payer, on a bien des moyens de satisfaire à ses engagements. — Temps au bout duquel une femme doit accoucher, dans le cours ordinaire de la nature; et, en ce sens, il se met ordinairement sans article ou avec

l'adjectif possessif : *elle n'est pas à terme.* — Se dit, dans un sens anal., des femelles de quelques animaux, des vaches, des juments, etc. : *sa jument a mis bas avant terme.* — Borne que surmonte un simulacre de tête humaine; buste terminé en gaine : *il y a des termes de marbre au coin des allées de ce jardin.* — IL EST PLANTÉ LA COMME UN TERME, se dit d'un homme qui reste longtemps quelque part, debout et immobile. — Mot, diction : *terme propre; terme figuré.* — S'EXPRIMER EN TERMES PROPRES, employer des termes convenables à la chose dont on parle : MESURER, PESER, COMPOSER SES TERMES, parler avec circonspection. — Se dit aussi des façons de parler qui sont particulières à quelque art, à quelque science : *il ne sait pas les termes de l'art.* — pl. État où est une affaire, position où est une personne à l'égard d'une autre, par rapport à une affaire : *en quels termes est cette affaire? Elle est en bons termes, en mauvais termes.*

TERMER v. a. Fixer un terme à.

* **TERMÈS** s. m. [-mèss]. Hist. nat. Espèce d'insectes vulgairement appelés FOURMIS BLANCHES, qui naissent dans les pays très chauds, et qui sont fort destructeurs. On les nomme ordinairement TERMITES.

TERMIEN, IENNE adj. Qui ressemble ou qui se rapporte au termite. — s. m. pl. Syn. de TERMITES.

* **TERMINAISON** s. f. État d'une chose qui se termine, qui cesse, qui finit : *la terminaison d'une maladie, d'une affaire,* etc. — Gramm. Désinence d'un mot : *terminaison rude, douce, agréable.* — Anat. Bout : *la terminaison d'un nerf.*

* **TERMINAL, ALE, AUX** adj. Bot. et Zool. Se dit de ce qui termine une partie, de ce qui en occupe ou en forme l'extrémité supérieure : *les fleurs du giroflier sont disposées en corymbe terminal.*

TERMINALIES s. f. pl. Fêtes en l'honneur du dieu Terme.

TERMINATEUR, TRICE adj. Qui termine.

TERMINATIF, IVE adj. Qui constitue la terminaison.

* **TERMINÉ, ÉE** part. passé de TERMINER. Achevé. — TRAITS, CONTOURS TERMINÉS, traits continus, qui sont bien arrêtés, qui n'ont rien de vague, d'indécis.

* **TERMINER** v. a. Borner, limiter, être à la fin, marquer la fin : *ce bois termine agréablement la vue.* — Achever, finir : *il a terminé glorieusement ses jours.* — Se terminer v. pr. Se passer, s'achever : *cette campagne ne se termina point sans combat.* — Se dit aussi de la désinence d'un mot, de la manière dont un mot s'écrit et se prononce à la dernière syllabe : *les verbes dont l'infinitif se termine en er, en ir,* etc.

TERMINI-IMERESE (anc. *Therma Himerenses*), ville du nord de la Sicile, partie de l'ancienne Himera septentrionale, à 34 kil. S.-E. de Palerme; 25,780 hab. Bon port, pêcheries, commerce actif de produits locaux, spécialement de macaroni, le meilleur de la Sicile. L'ancienne ville fut bâtie par la population d'Himère (éloignée de 16 kil.), après la destruction de cette ville en 409 av. J.-C. Elle contient des ruines romaines.

TERMINIS (In) loc. lat. qui signifie : *Aux termes.*

TERMINISME s. m. Doctrine des terministes.

TERMINISTE s. m. Hist. relig. Nom donné à des calvinistes qui assignent des bornes à la miséricorde de Dieu.

* **TERMINOLOGIE** s. f. Ensemble des termes techniques d'une science ou d'un art.

TERMINUS s. m. [tèr-mi-nuss] (mot lat. qui signifie: *extrémité*). Point de terminaison; lieu où une chose finit. S'emploie surtout dans le langage des ingénieurs, pour désigner la station extrême d'une ligne de chemins de fer.

* **TERMITE** ou **Termès** s. m. (lat. *termes, tarmes,* vers rongeur). Entom. Genre de névroptères, comprenant une trentaine d'espèces d'insectes, vulgairement appelés fourmis blanches, qui vivent en sociétés nombreuses et se rendent très redoutables, dans les pays chauds, en minant les charpentes des habitations. — TRAVAIL DE TERMITE, travail occulte de destruction. — ENCYCL. Bien que ressemblant à la fourmi ordinaire (*formica*) par leurs habitudes sociales, les termites appartiennent à un ordre différent, et se rapprochent à beaucoup d'égards des orthoptères. Ils vivent en vastes communautés, surtout sous les tropiques, et font de grands ravages en dévorant tout ce qui se trouve sur leur chemin, hors les métaux et la pierre; ils rongent l'intérieur des poutres des maisons, les évidant jusqu'à ne laisser qu'une mince épaisseur de bois. Leurs communautés comprennent cinq classes d'individus : les mâles, les femelles, les ouvriers, les neutres et les guerriers. Les mâles et les femelles sont d'abord exactement semblables; ils ont les uns et les autres quatre ailes très longues

Termite belliqueux (termes bellicosus) et son nid. — 1, mâle; 2, femelle fécondée; 3, ouvrier; 4, guerrier; 5, neutre.

et presque égales; après la fécondation, l'abdomen de la femelle grossit considérablement, par suite du nombre immense d'œufs qu'elle contient; une femelle peut en pondre jusqu'à 80.000 en 24 heures, ce qui fait environ 30 millions par an. Les membres les plus nombreux de la communauté sont des individus sans ailes et sans yeux, mais semblables pour le reste aux autres. Ce sont les ouvriers, qui exécutent tous les travaux de construction. D'autres insectes, sans ailes, qui ont l'air d'être des larves, ressemblent aux ouvriers, mais ont sur le thorax quatre gaines tuberculeuses recouvrant des ailes : on suppose que ce sont des neutres ou des femelles incomplètes, au service du roi et de la reine et chargés du soin des petits. La cinquième classe, contient des individus qui ont l'air de neutres plus développés et qui sont pourvus de très longues mâchoires; ce sont les guerriers, ceux qui défendent la communauté. Ces animaux se nourrissent

principalement de bois sec et pourri, bien qu'ils emmagasinent des gommes, et des sucs végétaux épaissis. Le roi et la reine n'ont aucune autorité effective. L'espèce la plus grosse et la mieux connue est la *fourmi blanche belliqueuse d'Afrique* (*termes fatalis*, Linn., ou *termes bellicosus*, Smeath.). Chaque nid contient un roi, une reine, et environ 100 ouvriers pour un guerrier : les ouvriers ont trois quarts de centim. de long; ils courent vite et sont toujours affairés. Les guerriers, qui semblent être des ouvriers plus développés, ont un centim. de long; les insectes parfaits mesurent environ un centim. et demi. On croit qu'il faut deux ou trois ans pour le développement complet de l'insecte à partir de sa sortie de l'œuf. La morsure des guerriers est cruelle et douloureuse, mais sans danger; ils se laissent déchirer plutôt que de lâcher prise. Les autres fourmis, les oiseaux, les reptiles les chassent et en détruisent un grand nombre; les individus sans ailes sont aussi dévorés avec avidité par les naturels, et même par les Européens qui les font griller comme des grains de café. — En France, nous avons les deux espèces suivantes que l'on trouve dans l'intérieur des arbres ou dans les bois de nos départements méridionaux : le *termite lucifuge* (*termes lucifugium*), noir, luisant, à ailes brunâtres, très multiplié à Rochefort, dans les ateliers et les magasins de la marine; et le *termite à corselet jaune* (*termes flavicolle*), à corselet jaune; il nuit beaucoup aux oliviers.

TERMONDE, flam. *Dendermonde*, ville forte de Belgique, dans les Flandres-Orientales, à la jonction de l'Escaut et du Dender, à 25 kil. N.-O. de Bruxelles; 8,500 hab. Elle renferme de riches collections artistiques. Ses environs produisent une grande quantité de lin, dont elle fait un vaste commerce d'exportation. Elle fut construite vers le viiiᵉ siècle. En 1667, elle fut inutilement assiégée par Louis XIV; elle repoussa les armées de ce souverain en inondant la campagne, au moyen de ses écluses qu'elle ouvrit. Marlborough la prit en 1706 et les Français en 1745.

TERNAIRE adj. N'est guère usité que dans cette loc., NOMBRE TERNAIRE, nombre de trois.

* **TERNAIRE** adj. (lat. *ternarius*). Composé de trois unités : *nombre ternaire*. — Distribué par trois : *numération ternaire*. — Chim. Se dit de tout composé de trois corps simples, particul. formé de deux composés binaires ayant un élément commun : *composé ternaire*.

TERNATE [terr-na'-té]. Voy. MOLUQUES.

TERNAUX. I. (Guillaume-Louis, BARON), manufacturier français, né en 1763, mort en 1833. Il établit de grandes manufactures à Louviers et à Sedan, naturalisa les chèvres du Thibet en France, et fit des châles à l'imitation de ceux de l'Inde, connus sous le nom de cachemires Ternaux. Député en 1818, il fut réélu en 1827, et fit partie des 221 dont l'opposition amena la révolution de juill. 1830. La crise commerciale qui suivit le ruina. Il a publié des traités sur les finances et l'industrie. — II. (Henri), neveu du précédent, écrivain, connu sous le nom de Ternaux-Campans, né en 1807, mort en 1864. Il a publié deux séries de *Voyages*, *Relations* et *Mémoires*, de 10 vol. chacune, d'après des manuscrits espagnols inédits, relatifs à la découverte et à la conquête de l'Amérique (1836-'40) et une *Bibliothèque américaine*, 1493-1700 (1837).

* **TERNE** adj. (anc. haut all. *tarni*, voilé). Qui n'a point l'éclat qu'il doit avoir, en qui en a peu en comparaison d'une autre chose : *votre argenterie est terne*. — Peint. UN COLORIS TERNE, un coloris sans éclat. On dit fig., dans un sens anal., UN STYLE TERNE.

* **TERNE** s. m. (lat. *terni*, trois). A la loterie.

Réunion de trois nombres pris à la loterie, et liés ensemble de manière qu'ils ne doivent produire un gain qu'à condition qu'ils sortiront tous trois au même tirage : *j'ai pris, j'ai gagné un terne*. — TERNE SEC, trois numéros qu'on prend sans jouer l'extrait ni l'ambe. — C'EST UN TERNE A LA LOTERIE, se dit d'un avantage, d'un bien que le hasard seul procure. — Loto. Trois numéros gagnant ensemble sur la même ligne horizontale, ou de la même couleur.

* **TERNÉ, ÉE** adj. Bot. Se dit des parties qui sont au nombre de trois sur un support commun : *les feuilles du trèfle sont ternées*.

* **TERNES** s. m. Jeu de dés. Se dit lorsque le coup de dés amène deux trois : *amener ternes; s'il amène ternes, il a perdu*. On dit aussi, *Un terne*.

TERNES (Les), quartier de Paris, qui ne se composait, il y a trois siècles, que d'une ferme appelée *Esterne* ou *Externe*.

TERNI (anc. *Interamna*), ville d'Italie, de la province de Pérouse, dans une île formée par la Nera, à 79 kil. N.-E. de Rome; 12,449 hab. Commerce de soie et d'huile; à 8 kil. de là environ, sont les chutes du Velino (*caduta della Marmore*), hautes de 800 pieds, séparées en trois étages de 50, 500 et 250 pieds, formant une nappe continue d'écume.

* **TERNIR** v. a. Rendre terne, obscur; ôter ou diminuer l'éclat de quelque chose : *l'haleine ternit la glace d'un miroir*. — Se dit, fig., en parlant des choses morales : *ternir sa réputation*.

Ce soleil d'équité qui n'est jamais *terni*.
MALH. *Les Plaideurs*.

— **Se ternir** v. pr. *Son teint se ternit*.

TERNISSEMENT s. m. Action de ternir.

* **TERNISSURE** s. f. État de ce qui est *terni* : *la ternissure d'une glace, d'un miroir*.

TERPANDRE, musicien grec, qui florissait au viiᵉ siècle av. J.-C. Il fonda à Sparte la première école de musique grecque, augmenta la portée de cordes de la lyre, et fut le premier qui mit régulièrement la poésie en musique.

TERPSICHORE [tèrr-psi-ko-re], l'une des neuf Muses, fille de Jupiter et de Mnémosyne. Elle présidait à la danse et au chant choral. On la représente ordinairement dans une robe longue, avec une lyre à la main.

TERRA DI BARI. Voy. BARI.

TERRA ou **Tellus**, déesse de la mythologie romaine, personnifiant la terre. On célébrait une fête en son honneur le 15 avril. Terra correspond à Gæa ou Gé de la mythologie grecque, fille de Chaos et à la fois mère et femme d'Uranus.

TERRACINE (ital. *Terracina*), ville d'Italie, au golfe de Terracine, dans la Méditerranée, à l'extrémité S.-O. des marais Pontins, à 85 kil. S.-E. de Rome; 6,224 hab. On a dit que sa cathédrale occupe l'emplacement du temple de Jupiter Anxur, d'où auraient été tirées les belles colonnes de marbre cannelées qui en font l'ornement. Ses ruines sont nombreuses; les plus pittoresques sont celles du palais de Théodoric. La Terracine, dit-on, de l'an 46. Terracine était l'Anxur des Volsques et des Romains; ces derniers y avaient de belles villas et une station navale; ils appelaient aussi la ville Terracina.

* **TERRAGE** s. m. [tè-ra-je]. Anc. coutumes. Droit qu'avaient plusieurs seigneurs de prendre en nature une certaine partie des fruits provenus sur les terres qui étaient dans leur censive.

* **TERRAGE** s. m. Action de terrer le sucre.

TERRAGNOL, OLE adj. [tè-ra-niol; gn mll.].

Man. Dont les mouvements sont trop près de terre : *jument terragnole*.

TERRAILLE s. f. [*ll* mll.]. Poterie de terre fine fabriquée dans le midi de la France.

TERRAILLER v. a. Couvrir d'une couche de terre.

* **TERRAIN** s. m. Espace de terre, considéré, soit par rapport à quelque ouvrage qu'on y ait fait ou qu'on y pourrait faire, soit par rapport à quelque action qui s'y passe : *les lignes des assiégeants occupaient un grand terrain*. — MÉNAGER LE TERRAIN, employer utilement le peu d'espace de terre qu'on a : *il a bâti une maison et a bien ménagé le peu de terrain qu'il avait*. — MÉNAGER LE TERRAIN, se servir avec prudence de ce que l'on a de moyens pour réussir dans une affaire. — Fig. DISPUTER LE TERRAIN, se défendre pied à pied, soutenir avec force son opinion, ses intérêts, ou ceux d'autrui, dans quelque constatation que ce soit. CONNAÎTRE BIEN LE TERRAIN, connaître fort bien l'humeur, les inclinations, les intérêts des personnes avec qui l'on a à traiter. On dit, dans des sens analogues, RECONNAÎTRE LE TERRAIN; TATER, SONDER LE TERRAIN. — GAGNER DU TERRAIN, avancer peu à peu dans une affaire. On dit, dans le sens contraire, PERDRE DU TERRAIN. — ÉTRE SUR SON TERRAIN, parler de choses que l'on connaît bien, agir dans une affaire du genre de celles dont on a l'habitude : *lorsqu'il parle de géométrie, il est sur son terrain*. — Man. Piste qu'on suit dans le manége en travaillant son cheval : *ce cheval embrasse bien le terrain*. — Terre, par rapport à certaines qualités : *le terrain est mauvais*. — DÉFONCER UN TERRAIN, le fouiller à la profondeur de deux ou trois pieds, en ôter les pierres ou les gravois, et mettre à la place du fumier ou de la terre nouvelle. — Géol. Se dit des différentes couches de terre par rapport à leur ancienneté et à leur position : *terrain primitif*.

* **TERRAL** s. m. Mar. Vent de terre : *on ne peut sortir de cette baie qu'avec un bon terral*. (Peu us.)

* **TERRAQUÉ, ÉE** adj. [tè-ra-ké] (lat. *terra*, terre ; *aqua*, eau). Composé de terre et d'eau. N'est guère usité que dans cette locution, LE GLOBE TERRAQUÉ, le globe que nous habitons.

TERRAS s. m. [tè-râ]. Résine impure et mêlée de terre qu'on recueille au pied des arbres.

* **TERRASSE** s. f. Levée de terre faite de main d'homme, ordinairement soutenue par de la maçonnerie, et procurant ou la commodité de la promenade ou le plaisir de la vue, dans un jardin, dans un parc, au devant d'un grand édifice, etc. : *une terrasse de cinquante mètres de large sur trois cents mètres de long*. — Ouvrage de maçonnerie en forme de balcon, ou galerie découverte : *les fenêtres de sa chambre ouvrent sur une terrasse*. — Couverture d'un édifice, lorsqu'elle est en plateforme : *il y a une terrasse au haut de cette maison*. — Peint. Se dit du devant, du premier plan des paysages.

* **TERRASSEMENT** s. m. Action de transporter des terres en quelque endroit, d'en former un amas, que l'on consolide par de la maçonnerie ou autrement : *faire des terrassements pour établir un chemin, une chaussée*.

TERRASSER v. a. [tè-ra-sé]. Mettre un amas de terre derrière une muraille, pour la fortifier, et pour divers autres usages : *on a fait terrasser cette muraille*. — Jeter de force par terre : *ils se prirent au collet, mais l'un eut bientôt terrassé l'autre*. — Consterner, abattre, faire perdre courage : *sa présence seule est capable de terrasser ses ennemis*. — TERRASSER QUELQU'UN A FORCE DE RAI-

sons, l'accabler de raisons si fortes, qu'il n'a rien à répondre.

TERRASSEUX, EUSE adj. Se dit des pierres et des marbres qui ont des terrasses, des parties terreuses.

* **TERRASSIER** s. m. Entrepreneur de terrassements ; ouvrier qui travaille à remuer, à transporter des terres : *faire marché avec des terrassiers.*

TERRASSON s. m. Petite terrasse.

TERRASSON, ch.-l. de cant., arr. et à 44 kil. N. de Sarlat (Dordogne), sur la Vézère ; 2,500 hab. Houille. Restes d'une abbaye de bénédictins.

TERRASSON (Jean), littérateur, né à Lyon en 1670, mort à Paris en 1750. Il entra à l'Académie française en 1732. On a de lui : *Trois lettres sur le nouveau système de finances.* (1718, in-4°).

TERRAY (L'ABBÉ Joseph-Marie), contrôleur général des finances, né dans le Forez en 1715, mort le 18 fév. 1778. La protection de Mme de Pompadour le fit arriver en 1769 au contrôle général des finances. Peu scrupuleux, il porta la main sur toutes les caisses, ruina grand nombre de financiers, de fermiers généraux, de banquiers et insulta encore à la misère publique par le cynisme de son langage et un luxe effréné. Sans moralité comme sans probité, il contribua plus qu'aucun autre aux scandales et aux misères du règne de Louis XV. L'avènement de Louis XVI le fit tomber. Il a laissé des *Mémoires* rédigés par Coquereau (Londres, 1776, 1 vol. in-4°).

* **TERRE** s. f. (lat. *terra*). Sol sur lequel nous marchons, sur lequel nos maisons sont construites, qui produit et nourrit les végétaux : *les animaux qui se logent dans la terre, qui vivent dans la terre.* — A TERRE. PAR TERRE, se disent abusivement en parlant des choses, qui tombent ou qu'on jette, quoique ce soit dans une chambre, sur le carreau, sur un parquet, sur un tapis : *votre livre est tombé à terre.* — CETTE PAROLE, CE PROPOS, N'EST PAS TOMBÉ A TERRE, on l'a relevé on y a pris garde. On dit, dans le même sens, IL NE LAISSERA PAS TOMBER CELA A TERRE. — CETTE AFFAIRE N'A PAS TOUCHÉ A TERRE, elle a passé tout d'une seule voix, sans difficulté. CET HOMME NE LAISSE PAS TOUCHER DU PIED A TERRE, ne lui donne pas le temps de se reconnaître, de respirer. — Mán. CE CHEVAL VA, TRAVAILLE TERRE A TERRE, son galop est-de deux temps et de deux pistes. On dit, substantiv., LE TERRE A TERRE, dans un sens anal. : *le terre à terre est une des allures artificielles du cheval.* (Voyez plus loin un autre emploi de la même expression.) — Fig. IL NE VA QUE TERRE A TERRE, se dit d'un homme qui a les vues peu élevées, d'un auteur dont les idées sont communes, dont le style manque d'originalité. — Fig. RASER LA TERRE, ramper, ne pas s'élever. — Fortific. REMUER DE LA TERRE, LA TERRE, fouir et transporter de la terre pour faire des retranchements, etc. : *on a bien remué de la terre, on a bien remué la terre à tel siège.* — Prov. et fig. FAIRE DE LA TERRE LE FOSSÉ, tirer de la chose même de quoi subvenir aux dépenses nécessaires pour l'agrandir, ou pour l'entretenir. Se dit plus souvent d'un dissipateur qui se ruine par des emprunts successifs, dont l'un rembourse l'autre. — Se dit aussi par rapport à l'action d'inhumer : *il y a huit jours que le pauvre homme est en terre, qu'on l'a mis, qu'on l'a porté en terre.* — ETRE EN TERRÉ, INHUMÉ EN TERRE SAINTE, être enterré dans une église, ou dans un cimetière bénit. — Se dit aussi des diverses natures de terre, de sol, par rapport à leur état ou à leurs qualités : *terre grasse, stérile, sèche, fertile, sablonneuse, ingrate.* — BONNE TERRE, MAUVAIS CHEMINS, dans les terres grasses, les chemins sont mauvais. — TERRES RAPPORTÉES, terres que l'on a tirées d'un endroit pour les porter dans un autre : *cette terrasse est faite de terres rapportées.* — Se dit également de la terre considérée comme une matière ou substance particulière : *terre calcaire, terre argileuse.* TERRE A POTIER, ou simplement TERRE, terre argileuse dont les potiers se servent pour faire leurs ouvrages, et qu'on emploie aussi à quelques autres usages : *de la poterie de terre.* — TERRE CUITE, cette même terre façonnée en statues, en vases, etc., et durcie au feu : *un buste, un médaillon, etc., de terre cuite.* On dit dans le même sens, J'AI LA TERRE CUITE DU BUSTE DE MOLIÈRE. — La terre cuite (ital. *terra cotta*), est une sorte de poterie employée par les anciens Grecs et Egyptiens dans la fabrication des moules, des ornements d'architecture, des statues, des ustensiles, des sarcophages et d'une variété d'autres objets. Les annales des Assyriens et des Babyloniens étaient imprimées sur des plaques ou des rouleaux en terre cuite. La terre cuite est faite d'une argile très pure. On la cuit légèrement, et elle acquiert d'ordinaire une couleur rouge ou chamois. Sa fabrication est une branche d'industrie importante aujourd'hui en Angleterre et en France. — Tout le globe de terre et d'eau que nous habitons : *Dieu créa le ciel et la terre.* — Communément, ON NE VOIT NI CIEL NI TERRE, se dit, lorsqu'on est dans une grande obscurité. — REMUER CIEL ET TERRE, faire tous ses efforts, employer toutes sortes de moyens pour arriver au but qu'on se propose. — TANT QUE TERRE NOUS POURRA PORTER, aussi loin que nous pourrons aller : *nous partirons de bon matin, et nous irons tant que terre nous pourra porter.* — ETRE SUR TERRE, vivre, exister : *tant que je serai sur terre.* — Se dit quelquefois, surtout au pluriel, des diverses parties ou portions du globe de la terre : *terres inhabitées.* — Etendue d'un pays : *les terres de France.* — LA TERRE DE PROMISSION, ou LA TERRE PROMISE, LA TERRE SAINTE, la Palestine, que Dieu avait promise au peuple d'Israël, et où Jésus-Christ a pris naissance. — Se dit pareillement d'un domaine, d'un fonds rural : *terre seigneuriale.* — TERRE BIEN PLANTÉE, terre où il y a beaucoup de plantations; et, TERRE BIEN BATIE, terre où il y a un château bien bâti, une belle maison d'habitation. — N'AVOIR PAS UN POUCE DE TERRE, n'avoir point de bien en fonds de terre. ETRE RICHE EN FONDS DE TERRE, posséder beaucoup de terre. — QUI TERRE A, GUERRE A, qui a du bien est sujet à avoir des procès. — TANT VAUT L'HOMME, TANT VAUT SA TERRE OU LA TERRE, les terres, les fonds de commerce, etc., rapportent en proportion de la capacité de celui qui les possède, de l'art de les faire valoir; et, en général, chacun réussit dans son état en proportion de sa capacité personnelle. — CHASSER SUR LES TERRES D'AUTRUI, empiéter sur les droits d'autrui, prétendre à une chose qui appartient à un autre. — Se dit encore de la terre qui est sur le bord de la mer. Dans ce sens, on l'emploi surtout en termes de marine : *côtoyer la terre,* aborder, descendre à terre, mettre à terre. — PERDRE TERRE, se dit d'un bâtiment qui s'éloigne assez de terre, pour qu'il la perde de vue. — PERDRE TERRE, se dit aussi lorsque, étant dans l'eau, on trouve des endroits où l'on ne peut pas, étant debout, toucher le fond avec les pieds. — Fig. FAIRE PERDRE TERRE A QUELQU'UN DANS UNE DISCUSSION, le réduire à ne savoir que répondre. — ALLER TERRE A TERRE, se dit des petits bâtiments qui ne s'éloignent pas des côtes. RASER LA TERRE, se dit d'un bâtiment quelconque, lorsqu'il va près des côtes. — CETTE VILLE EST BIEN AVANT DANS LES TERRES, elle est bien éloignée de la mer. — TERRE FERME, le continent, et tout ce qui tient au continent, sans être environné d'eau ; à la différence des îles : *après avoir passé les îles de l'Archipel, nous descendîmes, nous abordâmes en terre ferme.* Les marins disent plus ordinairement, LA GRANDE TERRE. — TERRE FERME, se dit, particul., de la partie des Etats de Venise qui était située sur le continent de l'Italie, par opposition à Venise et aux îles : *les nobles de terre ferme.* — ARMÉE DE TERRE, FORCES DE TERRE, troupes qui combattent sur terre; par opposition à ARMÉE DE MER, FORCES DE MER. — Se dit, fig., des habitants de la terre : *Alexandre fit trembler toute la terre, voulait soumettre toute la terre.* — Un grand nombre de personnes, par rapport au lieu et aux circonstances où l'on se trouve : *vous dites cela comme une nouvelle; toute la terre le sait, toute la terre en parle.* — S'emploie, fig., en termes de morale chrétienne, et se dit des biens et des plaisirs de la vie présente : *vous tenez trop à la terre.* — ENCYCL. Le globe que nous habitons est la troisième planète par ordre de distance à partir du soleil. La terre est douée d'un mouvement de rotation; elle est un peu comprimée ou aplatie à ses pôles; son diamètre polaire est de 12,712,158 m. son diamètre équatorial de 42,754,794 m.; son diamètre moyen de 12,733,471 m. Elle décrit une courbe presque circulaire autour du soleil, à une distance moyenne de 146 millions de kil. A son point le plus rapproché de cet astre, elle en est encore à près de 144 millions de kil., et à son point le plus éloigné elle en est à un peu plus de 148 millions de kil. Elle achève sa révolution autour du soleil en 365 jours 2564, en tournant sur son axe en 23 h. 56 m. 4 s. du temps solaire moyen. Les premiers astronomes et géographes supposaient que la terre est une vaste surface plane et fixe, probablement circulaire, et que les corps célestes voyageaient autour de cette terre fixe, passant alternativement au-dessus et au dessous de son niveau. On dit que Thalès (vers 600 av. J.-C.) attribuait à la terre une forme sphérique, et il a fallu l'expérience et l'étude de plusieurs siècles pour établir solidement cette idée. Newton tenait que la terre était un sphéroïde aplati, de telle sorte que son diamètre polaire serait à son diamètre équatorial comme 229 est à 230. Il s'ensuit qu'un degré de latitude augmente de longueur à mesure que l'on va de l'équateur vers le pôle, conséquence confirmée par les mensurations faites en différents points du globe. Ainsi, au Pérou, la longueur d'un degré est de 110,800 m., tandis qu'en Suède elle est de 111,900 m. On a dressé, en s'appuyant sur de nombreuses observations, la table suivante des longueurs des degrés, en latitude, comptés de dix en dix :

LAT.	LONGUEURS en mètres.	LAT.	LONGUEURS en mètres.
0°	110.800	50°	111.450
10°	110.859	60°	111.800
20°	110.950	70°	112.000
30°	111.100	80°	112.150
40°	111.200	90°	112.300

Ces mensurations montrent que la dépression de la terre est à très peu de chose près de $\frac{1}{303}$. Mais on croit que cette dépression diffère avec les longitudes. L'équateur même est légèrement elliptique, son diamètre le plus court étant de 12,753 kil. et son plus long de 12,755 kil. et demi, ce qui donne une différence d'environ 2 kil. et demi. On a fait de nombreuses expériences sur la densité de la terre, d'où l'on a déduit, la densité de l'eau étant prise pour unité, une moyenne de 5,639. Il est à remarquer que Newton avait déjà dit dans ses *Principia* que la densité moyenne de la terre devrait être 5 ou 6 fois celle de l'eau. En prenant pour base de calcul 5 et cette chiffre suffisamment approximatif et facile à retenir et en évaluant le diamètre moyen de la terre, considérée comme une sphère, à 12,733.471 m., on trouve

qu'elle pèse 6,260,000 milliards de milliards de kilogr. Son volume est de 482,634,000 myriamètres cubes. Le faible poids spécifique de la terre, comparé à celui qu'on pourrait attendre de l'énorme pression à laquelle ses parties intérieures sont soumises et de la nature compressible des matériaux qui les composent, a fait conclure à certains savants que la température de l'intérieur est assez élevée pour exercer une contre-influence considérable. La circonférence de la terre est de 40,000 kil. et sa surface totale est d'environ 510 millions de kil. carr. Les différents points de l'équateur terrestre parcourant chaque jour un cercle de 40,000 kil., il s'ensuit qu'ils décrivent, par seconde, un espace de plus de 462 m., ce qui approche de la vitesse du boulet de canon. Dans son mouvement de translation autour du soleil, la terre parcourt l'espace avec une vitesse de près de 30 kil. et demi par seconde. La population de notre globe peut être évaluée à 1,424 millions d'hab., savoir :

PARTIES DU MONDE.	ÉTENDUE EN KIL. CARR.	POPULA TION.
Europe.........	9.902 631	329.000.000
Asie	44.782.900	825.000.000
Afrique	29.932.050	150.000.000
Amérique	41.134.154	90.000.000
Océanie	10.631.000	30.000.000
Totaux.....	136.383.635	1.424.000.000

Ce qui donne un peu plus de 10 hab. par kil. carr. Les mers et les glaces couvrent une etendue. de 373,538,185 kil. carr. La superficie totale de la terre est donc de 509,944,820 kil. carr. — La Terre, Description des phénomènes de la vie du globe, magnifique ouvrage qui eût suffi, à lui seul, pour rendre célèbre le nom de son auteur, Elisée Reclus. 2 vol. illustrés, Paris, Hachette, 1870, in-8°.

* **TERREAU** s. m. Terre mêlée de fumier pourri dont les jardiniers font des couches dans les jardins potagers : *il faut mettre du terreau au pied de ces arbres.*

TERREAUTAGE s. m. Action de terreauter.

TERREAUTER v. a. Entourer de terreau.

TERRE-DE-FEU (esp. *Tierra del Fuego*), groupe d'îles à l'extrémité méridionale de l'Amérique du Sud, entre 52° 40' et36° lat. S. et 66° et 77° long. O., séparé de la terre ferme par le détroit de Magellan. Il comprend un grand nombre de petites îles, parmi lesquelles celle du cap Horn, la plus méridionale, et la plus remarquable, la Terre-de-Feu proprement dite, d'une forme très irrégulière, longue presque de 480 kil. de l'E. à l'O. ; Navarin et Hoste au S., et Dawson, Clarence et l'île de la Désolation à l'O. Toutes sont profondément découpées. Elles sont montagneuses; beaucoup de pics ont plus de 5,000 pieds, et le mont Sarmiento en a environ 6,900. La limite des neiges éternelles est à 4,000 pieds. Le sol est généralement tourbeux et marécageux, et jusqu'à une hauteur de 1,500 pieds, il est couvert de forêts de hêtres. Les orages, les bourrasques, la pluie, la neige et le brouillard s'y succèdent sans interruption. On y trouve des daims, des guanacos, des renards, des loutres de mer; les oiseaux aquatiques sont nombreux. Les naturels sont de la même race que les Patagons, mais plus petits. — La Terre-de-Feu fut découverte par Magalhaens (Magellan) en 1520, et fut ainsi nommée à cause des nombreux feux qu'on y vit la nuit sur le rivage. Voy. **Magellan** (*Détroit de.*)

TERRE-DE-HAUT, îlot qui fait partie du groupe des Saintes (Guadeloupe).

TERRE DE LABOUR (ital. *Terra di Lavoro*). (Voy. **Caserte.**)

TERRÉE s. f. Pièce de terre entourée de fossés et exhaussée des déblais qu'on a retirés de ces fossés.

TERRE-HAUTE, ville de l'Indiana, sur le bord oriental du Wabash, à 110 kil. O.-S.-O. d'Indianapolis ; 16,103 hab. Nombreuses et importantes usines, hauts fourneaux, verreries,forges, clouterie; établissements pour la salaison des porcs.

* **TERREIN** s. m. Voy. **Terrain**.

TERRE-NEUVE (angl. *Newfoundland*), colonie anglaise de l'Amérique du Nord, comprenant l'île de ce nom et la côte du Labrador, depuis la baie du Blanc-Sablon (51° 25' lat. N., 59° 29' long. O.) jusqu'au cap Chudleigh (60° 37' lat. N., 67° long. O.). L'île se trouve à l'embouchure du golfe de Saint-Laurent, entre 46° 37' et 51° 40' lat. N. et entre 55° et 61° 15' long. O. Elle est séparée du Labrador par le détroit de Belle-Isle, large de 18 kil. Sa longueur du N. au S. est de 550 kil.; et sa plus grande largeur est de 500 kil. 404,114 kil. carr. ; 163,000 hab. Cette colonie est divisée en 10 districts. Capitale et centre commercial, Saint-John's; v. pr.: Harbor-Grace et Carbonear. On y compte 66,000 catholiques romains, 60,000 épiscopaliens et 36,000 méthodistes ; les habitants sont presque tous d'origine anglaise ou irlandaise. — L'île est en général infertile. L'intérieur, qui n'a jamais été complètement exploré, forme un plateau ondulé, entrecoupé de quelques basses collines, de marais et de lacs. La côte est généralement élevée et abrupte, brisée par de nombreux caps, des péninsules et des baies profondes qui forment d'innombrables petits golfes. Les rivières sont sans importance. Gisements de marbre, de gypse, de charbon bitumineux et de minerai de fer. Plusieurs mines de cuivre. Climat très froid en hiver et très chaud en été. Le thermomètre s'élève jusqu'à 32° C. et s'abaisse jusqu'à — 40° ou 42° sur les côtes; mais dans l'intérieur la neige couvre la terre pendant une grande partie de l'année. Bois de construction ; le sol est en grande partie couvert de lichens. Orge, avoine, pommes de terre,etc. La principale richesse de la colonie consiste dans les pêcheries qui emploient les neuf dixièmes des habitants ; on y trouve surtout la morue, le phoque, le hareng et le saumon. Le produit annuel de la morue seule est d'environ 1,500,000 quintaux. Importations de provisions et d'objets manufacturés. Exportation, produits des pêcheries. Aucun chemin de fer. Les Français possèdent, en vertu des traités d'Utrecht et de Versailles, le droit d'établir des sécheries sur une partie des grèves de Terre-Neuve. (Voy. **Morue.**) — Le pouvoir exécutif appartient à un gouverneur nommé par la couronne et à un conseil exécutif de 7 membres nommés par le gouverneur et responsables devant l'assemblée. Le pouvoir législatif est confié à un conseil de 15 membres nommés par le gouverneur ou par la couronne et à une assemblée de 31 membres élus pour 4 ans. Tous les juges sont nommés par le gouverneur. — Revenu, 4,600,000 fr. Dépenses, 5 millions. Dette publique, 6 millions. — Terre-Neuve fut découverte par Jean et Sébastien Cabot en 1497 ou 1498. Peu d'années après, elle fut fréquentée par les Espagnols, les Portugais et les Français, pour leurs pêcheries et par les Anglais beaucoup plus tard. Les Français s'établirent à Plaisance, en 1620; les Anglais à Avallon vers 1625. Presque aussitôt, les deux races entrèrent en lutte et se firent la guerre jusqu'à la paix d'Utrecht (1713). Cette paix abandonna à la Grande-Bretagne la souveraineté absolue sur Terre-Neuve, mais permit aux Français de prendre et de faire sécher le poisson sur une partie des rivages. Les limites actuelles de ce rivage réservé ont été tracées par le traité de 1783. Le droit des Français, plusieurs fois contesté et violé par les résidents anglais, a été de nouveau reconnu par le gouvernement britannique en 1876.

* **TERRE-NEUVE** s. m. Chien d'une race originaire de Terre-Neuve : *des terre-neuve.*

* **TERRE-NEUVIER** s. m. Pêcheur qui va à la pêche des morues sur les bancs de Terre-Neuve. — Navire qui sert à cette pêche : *équiper un terre-neuvier*, ou adjectiv. : *un navire, un bâtiment terre-neuvier.* — Plur. **Des terre-neuviers.**

* **TERRE-NOIX** s. f. Bot. Plante ombellifère, qui croît dans les bois et les lieux humides, et qui produit une racine tuberculeuse dont le goût approche de celui de la châtaigne : *des terre-noix.*

TERRE D'OTRANTE (ital. *Terra d'Otranto*). (Voy. **Lecce.**)

* **TERRE-PLEIN** s. m. Fortific. Surface plate et unie d'un amas de terre élevé : *le terreplein d'un rempart, d'un bastion.* — Terrain élevé que soutiennent des murailles : *le terreplein du Pont-Neuf.* — Plur. **Des terre-pleins.**

* **TERRER** v. a. Agric. et Jardin. Mettre de la nouvelle terre au pied d'une plante : *terrer un arbre, une vigne, un pied d'œillet,* etc. — **Terrer une étoffe,** la glaiser ou l'enduire de terre à foulon. — **Terrer un artifice,** en garnir la gorge de poussière de terre. — **Terrer du sucre,** le blanchir en couvrant d'une terre grasse le fond des formes où on le fait purger.

* **TERRER** v. n. Se dit de la manière dont se logent certains animaux en creusant la terre : *le lapin terre et le lièvre ne terre pas.* — **Se terrer** v. pr. Se dit, au propre, de certains animaux, et signifie se cacher sous terre : *ce lapin, ce renard s'est terré quand il s'est vu poursuivi.* — Guerre. Se mettre à couvert du feu de l'ennemi par des travaux de terre : *nous nous terrâmes promptement contre la batterie de la place.*

* **TERRESTRE** adj. (lat. *terrestris*). Qui appartient à la terre, qui vient de la terre, qui tient de la nature de la terre : *les animaux terrestres.* — **Paradis terrestre,** lieu où Dieu plaça Adam et Eve lorsqu'il les eut créés. — Se dit par opposition à spirituel et à éternel : *c'est un homme qui n'agit que par des vues terrestres et charnelles.*

TERRESTRÉITÉ s. f. État, qualité de ce qui est terrestre.

TERRESTREMENT adv. D'une manière terrestre.

* **TERREUR** s. f. [tèr-reur ; quelques-uns prononcent tè-reur] (lat. *terror*). Emotion profonde causée dans l'âme par la présence, l'annonce ou la peinture d'un grand mal ou d'un grand péril; épouvante, crainte violente : *jeter la terreur parmi les ennemis.* — **In remplit tout de la terreur de son nom,** se dit d'un conquérant dont le nom imprime la terreur partout. — **Il est la terreur des ennemis,** se dit d'un grand capitaine. — La **Terreur,** époque la plus violente d'une révolution ou d'une réaction ; se dit particulièrement en parlant de la période révolutionnaire ou du 31 mai 1793 (proscription des Girondins) au 9 thermidor (27 juillet 1794 ; chute de Robespierre). Voy. *Hist. de la Terreur,* par Mortimer-Ternaux (Paris, 1862-'69, 7 vol. in-8°.) — **La Terreur blanche,** période de l'histoire de la Restauration, qui commence au 25 juin 1815 (second retour des Bourbons) et se termine vers la fin de 1816, et pendant laquelle les révolutionnaires furent pourchassés et exilés. — Encycl. Si les drames sanglants qui ont eu lieu en France à l'époque de la *Terreur* et qui ont épouvanté le monde ne peuvent être excusés par toutes leur causes antérieures ou contemporaines qui les ont amenés, du moins la répulsion qu'ils in-

v

pirent doit être considérablement atténuée par la connaissance vraie de la situation au milieu de laquelle ces drames se sont produits. « La *Terreur*, a dit Lamartine (*Hist. des Girondins*, liv. 45), ne fut pas, comme on le pense, un libre et cruel calcul de quelques hommes délibérant de sang-froid un système de gouvernement. Elle naquit peu à peu des circonstances, de la tension des choses et aussi des hommes qui étaient placés les uns vis à-vis des autres, dans des impossibilités de situation auxquelles, leur génie insuffisant ne trouvant pas d'issue, ils ne pouvaient échapper, pensaient-ils, que par le glaive et par la mort... La Convention pouvait-elle écarter d'elle la nécessité d'un gouvernement arbitraire, dictatorial, armé d'une intimidation puissante, dans les circonstances où se trouvaient la République et la France, et où elle se trouvait elle-même? Sans un gouvernement concentré et exceptionnel, la Révolution périssait inévitablement sous l'anarchie au-dedans et sous la contre-révolution au dehors. La coalition des rois cernait la France et l'étouffait dans l'étreinte de sept cent mille hommes. Les émigrés marchaient à la tête des étrangers et fraternisaient déjà, dans Valenciennes et dans Condé conquis, avec le royalisme. La Vendée soulevait le sol entier de l'Ouest et nouait d'une main son insurrection religieuse avec l'insurrection de la Normandie, de l'autre avec l'insurrection du Midi. Marseille arborait le drapeau du fédéralisme à peine abattu à Paris. Toulon et la flotte tramaient leur défection et ouvraient leur rade et leurs arsenaux aux Anglais. Lyon, se déclarant municipalité souveraine, emprisonnait les représentants du peuple et dressait la guillotine contre les partisans de la Convention. La Commune de Paris affectait vis-à-vis de la représentation nationale la modération de la force, mais conservait une attitude qui tenait plus de la menace que du respect... Le peuple ne parlait que de se faire justice à lui-même et de renouveler, en les surpassant, les assassinats de Septembre. Comment un corps politique jeté au milieu de cette tempête, ne pouvant ni négocier avec l'Europe, ni pacifier les insurrections de l'intérieur, ni se défendre lui-même dans Paris par la force des lois brisées dans sa main, pouvait-il se maintenir et sauver avec lui la République et la Patrie par la seule force abstraite d'une constitution qui n'existait plus, et sans s'environner du prestige de l'omnipotence et d'un appareil intimidant de force et de répression contre ses amis et contre ses ennemis? La dictature de la Convention n'était point toute une usurpation, car la Convention c'était la Révolution même concentrée à Paris, et la Révolution c'était la France. La Convention avait donc, selon elle, tous les droits de la Révolution et de la France. Le premier de ses droits, c'était de se sauver et de survivre. La seule loi, dans un tel moment, c'était un *hors la loi* universel qui intimidait tous les complots, qui abattit toutes les résistances, qui écrasât toutes les factions, et qui saisit, à force de promptitude et de stupeur, un pouvoir qui manquait à tout à tous, et sans lequel tout périssait à la fois... » Michelet, dans son *Histoire de la Révolution française* (Introduction), s'exprime ainsi : « Que la Terreur révolutionnaire se garde bien de se comparer à l'Inquisition. Qu'elle ne se vante jamais d'avoir, dans ses deux ou trois ans, rendu au vieux système ce qu'il nous fit six cents ans! Qu'est-ce que les 16,000 guillotinés de l'une devant ces millions d'hommes égorgés, pendus, rompus, ce pyramidal bûcher, ces masses de chair brûlées? La seule inquisition d'une des provinces d'Espagne établit, dans un monument authentique, qu'en 16 années, elle brûla 20,000 hommes. Mais pourquoi parler de l'Espagne

plutôt que des Albigeois, plutôt que des Vaudois, des Alpes, plutôt que des beggards de Flandre, que des protestants de France, plutôt que de l'épouvantable croisade des Hussites, et de tant de peuples que le pape livrait à l'épée? L'histoire dira que, dans ce moment féroce, implacable, la Révolution craignit d'aggraver la mort, qu'elle adoucit les supplices, éloigna la main de l'homme, inventa une machine pour abréger la douleur. Et elle dira aussi que l'Eglise du moyen âge s'épuisa en inventions pour augmenter la souffrance, pour la rendre poignante, pénétrante, qu'elle trouva des arts exquis de torture, des moyens ingénieux pour faire que, sans mourir, on savourât longtemps la mort... »

° **TERREUX, EUSE** adj. (rad. fr. *terre*). Mêlé de terre : *sable terreux*. — GOUT TERREUX, ODEUR TERREUSE, goût de terre, odeur de terre. — Qui est sali de terre, qui est plein de crasse et de poussière : *il est revenu de son travail avec les mains toutes terreuses*. — AVOIR LE VISAGE TERREUX, avoir le visage malsain, le visage d'un mort. — CE PEINTRE A UNE COULEUR TERREUSE, sa couleur est terne, n'a pas de transparence. — Joaill. Qui est couleur de terre.

TERRIBILITÉ s. f. Caractère de ce qui est terrible.

° **TERRIBLE** adj. (lat. *terribilis*). Qui cause de la terreur, qui est propre à donner de la terreur : *son aspect est terrible*. — Etonnant, étrange, extraordinaire dans son genre : *c'est un homme qui a une terrible humeur*. — Se dit quelquefois par dérision : *c'est un terrible faiseur de vers*.

TERRIBLE (Mont), montagne du cant. de Berne (Suisse), hauteur, 793 m. Sous la première République, il a donné son nom à un dép. français ayant pour ch.-l. Poientruy.

° **TERRIBLEMENT** adv. De manière à inspirer de la terreur : *un frénétique qui roule terriblement les yeux, qui se démène terriblement*. — Extrêmement, excessivement : *il pleut, il neige terriblement*.

TERRIEN, IENNE s. Celui, celle qui possède beaucoup de terres, qui est seigneur de plusieurs terres. N'est guère usité que dans cette locution, GRAND TERRIEN, qui se dit d'un seigneur qui possède plusieurs terres, que d'un grand prince dont la domination s'étend sur beaucoup de pays : *l'homme dont vous parlez est un grand terrien*.

° **TERRIER** adj. m. Féod. N'est usité que dans cette locution, PAPIER TERRIER, registre contenant le dénombrement, les déclarations des particuliers qui relèvent d'une seigneurie, et le détail des droits, cens et rentes, qui y sont dus : *le papier terrier de la baronnie de...* — s. m. Faire un nouveau terrier

° **TERRIER** s. m. Trou, cavité dans la terre, où certains animaux se retirent : *terrier de lapin*. — Fig. et fam. CET HOMME S'EST RETIRÉ DANS SON TERRIER, il ne paraît plus dans le monde, il vit dans une retraite profonde ; et, IL EST ALLÉ MOURIR DANS SON TERRIER, il est allé finir sa vie dans sa maison, dans son pays natal. — Adjectiv. CHIEN TERRIER, chien propre à la chasse des lapins, du renard, etc. — Substantiv. *Un terrier*.

° **TERRIFIER** v. a. Frapper de terreur, épouvanter.

TERRINE s. f. Vaisseau de terre, de figure ronde, plat par en bas, et qui va toujours en s'élargissant par en haut : *terrine vernissée*. — Sorte de ragoût fait dans une espèce de terrine, et qu'on sert froid : *terrine de dinde aux truffes*.

° **TERRINÉE** s f. Plein une terrine, autant

qu'il en peut tenir dans une terrine : *manger une terrinée de lait*. (Fam.)

° **TERRIR** v. n. Se dit proprement des tortues qui, sortant de la mer en certains temps, viennent sur le rivage, et, après y avoir fait un trou dans le sable, y pondent leurs œufs, puis le recouvrent : *la saison où les tortues terrissent*. — Mar. Arriver à la vue d'une terre : *nous terrîmes à tel endroit*.

TERRITÈLE adj. (lat. *terra*, terre; *tela*, toile). Qui file sa toile sur la terre.

° **TERRITOIRE** s. m. (lat. *territorium*). Espace, étendue de terre qui dépend d'un empire, d'une principauté, d'une seigneurie, d'une province, d'une ville, d'une juridiction, etc. : *le territoire français*.

> Oui, donnons notre sang ; mais qu'il coule avec gloire
> Pour notre indépendance et notre territoire.
>
> PONSARD. *Charlotte Corday*, acte Ier, sc. Ire.

— DONNER TERRITOIRE, PRÊTER TERRITOIRE, se dit d'un évêque qui, dans son diocèse, permet à un autre évêque de faire certaines fonctions épiscopales : *il a donné territoire à tel évêque*.

TERRITOIRES DU NORD-OUEST (angl. *Northwest Territories*), division du Canada, comprenant la plus grande partie de l'ancien territoire de la baie d'Hudson, ayant pour limites l'océan Atlantique, la partie du Labrador qui appartient à Terre-Neuve, les provinces de Québec et d'Ontario, les Etats-Unis, la Colombie britannique et Alaska. Sa frontière occidentale, au S. du 60e parallèle, est formée par les montagnes Rocheuses. La baie d'Hudson l'échancre considérablement à l'E. Sa superficie approximative, y compris les îles de l'océan Arctique, est de 4 millions de kil. carr. La partie S.-O. est généralement unie ou mouvementée d'ondulations ; plus à l'E., le pays est extrêmement inégal avec des montagnes dont quelques-unes ont 300 m. de haut, et coupé de marais d'une grande étendue. Des lacs nombreux et considérables se succèdent dans les directions N.-N.-O. et S.-S.-E. Les plus grands sont les lacs Winnipeg, Deer, Wollaston, Athabasca, Great Slave et Great Bear. Il y a deux grands systèmes hydrographiques. Le premier se décharge directement dans l'océan Arctique, l'autre, dans la baie d'Hudson. Le grand fleuve arctique est le Mackensie, avec son cours supérieur, le Slave et l'Athabasca, ses affluents, le Peace et le Mountain. Le Nelson apporte dans la baie d'Hudson les eaux : du lac Winnipeg, qui reçoit le Saskatchewan ; du Dauphin, débouché des lacs Manitoba et Winnepegosis ; du Winnipeg, débouché des lacs qui sont sur la frontière des Etats-Unis. Le climat est rigoureux, et dans la plus grande partie du pays, il est impossible de se livrer à l'agriculture. Dans le nord, la terre est constamment gelée à un pied de profondeur. La partie occidentale a une température plus élevée que la partie opposée. Toute la région au N.-E. de la ligne des lacs et du Mackensie est, sauf de rares exceptions, un désert stérile, d'où l'on ne retire que des fourrures. La région occidentale peut se subdiviser en trois parties : le désert, la prairie et la forêt. Le désert est au S.-O. et occupe environ 50,000 kil. carr. Il est trop aride pour être mis en culture. Le N. et le N.-E. forment la prairie, d'une superficie environ 80,000 kil. carr., également, couverte en été d'une riche verdure, qui fournit d'excellents pâturages, et entrecoupée de loin en loin de bouquets de peupliers, de trembles et de bouleaux. Le sol est généralement fertile ; mais le climat, souvent chaud en été, est très froid en hiver. Au N. de la prairie commence la forêt, comprenant environ 700,000 kil. carr., et englobant quelques prairies. Elle embrasse les terres susceptibles de cul-

ture, particulièrement le long des principaux cours d'eau et des plus grands lacs, qui adoucissent la température. Les meilleures contrées agricoles sont la vallée de la Peace, le district qui s'étend le long du cours supérieur de l'Athabasca, et la vallée du Saskatchewan, excepté dans sa partie inférieure. Ces terrains peuvent produire des racines, du blé, de l'orge, etc. Les principaux arbres des forêts sont : le pin, rouge et blanc, le cèdre, le chêne, l'orme, le frêne, le peuplier, l'épinette du Canada, le pin gris, le baume et le bouleau. La faune comprend des ours, des blaireaux, des raccouns, des gloutons, des belettes, des hermines d'été, des loutres, des martres, des putois d'Amérique, des chiens esquimaux et autres variétés, des loups, des renards, des lynx, des castors, des rats musqués, des lemmings, des marmottes, des écureuils, des porcs-épics, des lièvres, des élans, des *caribous* ou rennes, des *wapitis* ou cerfs, des daims, des antilopes, des bœufs musqués et des bisons. On trouve le phoque et le morse sur les rivages de l'océan Arctique. Différentes espèces d'oiseaux y sont communes; les plus utiles sont : la *grouse*, le ptarmigan, le pluvier, le vanneau, la grue et le gibier d'eau, tels que canards, oies, cygnes, mouettes et pélicans, qui vivent en été dans les régions septentrionales. Les principales rivières et les plus grands lacs sont pleins de poissons, parmi lesquels la perche, la carpe, le brochet, le *whitefish* ou poisson blanc, l'esturgeon, etc. — Les blancs, qui habitent le pays, sont dispersés dans les différentes stations de la compagnie de la baie d'Hudson, qui les emploie ; on en compte environ 2,500. Les demi-sang, la plupart employés de la même manière, sont au nombre de 5,000 environ. L'archevêque Taché estime la population indienne (le Labrador non compris) à 60,000, savoir : 30,000 Algonquins; 4,000 Assiniboins; 4,000 Pieds-Noirs; 15,000 Chipeways; 5,000 Esquimaux. Ces Indiens, à l'exception de ceux qui habitent les plaines du S.-O., sont paisibles. Ils vivent de chasse, de l'industrie de trappeur et de pêche. Les fourrures, seul objet d'exportation du pays, sont achetées par la compagnie de la baie d'Hudson. Le gouvernement des Territoires du Nord-Ouest est remis à un lieutenant gouverneur et à un conseil composé de cinq membres au plus, nommés en conseil par le gouverneur général du Canada. — En 1610, Charles II accorda au prince Rupert et à 14 autres, et à leurs successeurs, sous le titre de « le gouverneur et la compagnie d'aventuriers d'Angleterre trafiquant dans la baie d'Hudson » (ce que l'on abrège communément en «Compagnie de la baie d'Hudson»), tout le territoire arrosé par les cours d'eau qui se jettent dans la baie d'Hudson ou de James. La compagnie était investie de la propriété du sol et des pouvoirs gouvernementaux dans les limites de la région. La contrée à l'O., arrosée par les cours d'eau se jetant dans les océans Arctique et Pacifique, était distinguée par le nom de territoire Indien, ou du Nord-Ouest ; et, plus tard la compagnie reçut le privilège exclusif d'y trafiquer. En conséquence, la terre de Rupert et le territoire Indien furent communément désignés par l'appellation commune de Territoire de la baie d'Hudson. En 1858, on forma de la partie occidentale du territoire Indien la Colombie britannique. En 1869, la compagnie rendit à la couronne tous ses droits territoriaux et gouvernementaux, et en 1870 le pays fut compris dans le *Dominion* du Canada sous le nom de Territoires du Nord-Ouest, et l'on créa en même temps la province de Manitoba dans la vallée de la rivière Rouge. La partie qui se trouve entre 92° et 102° de long. O., limitée au N.-E. et à l'E. par la baie d'Hudson, et au S. par les Etats-Unis et Manitoba, fut détachée en

1876 « comme district séparé desdits Territoires du Nord-Ouest, sous le nom de district de Keewatin » ; le lieutenant gouverneur de Manitoba en est gouverneur *ex officio*.

TERRITOIRE INDIEN, portion non organisée des Etats-Unis, entre 33° 35' et 37° lat. N., et entre 96° 20' et 105° long. O.; 167,540 kil. carr. ; 77,000 hab. Il est borné au N. par le Colorado et le Kansas, à l'E. par le Missouri et l'Arkansas, au S. par le Texas, dont il est séparé par la rivière Red, à l'E. du 100° méridien et à l'O. par le Texas et le Nouveau-Mexique. La population comprend 10,000 blancs, 8,000 noirs et 59,000 Indiens ; 24,967 Indiens sont sur des réserves ou sur des agences, et 34,400 sont nomades. En 1876, le territoire contenait 20 réserves indiennes (150,000 kil. carr.). Les plus larges réserves sont celles des Cherokees (25,000 kil. carr.) dans la partie N.-E. du territoire ; des Chactas, des Chickasas, des Arapahoes, des Cheyennes, des Kiowas, des Comanches, des Creeks, des Osages, des Wichitas, des Sacs, des Foxes ; des Pawnees et des Seminoles. Les tribus les plus nombreuses sont celles des Cherokees (18,672); des Chactas (16,000), des Creeks (14,000), des Chickasas (5,800), des Osages (2,679), des Seminoles (2,553), des Cheyennes (2,029), des Pawnees (2,026), des Arapahoes (4,703), des Comanches (1,570), et des Kiowas (4,090). Les indigènes possèdent 115,481 chevaux, 3,776 mules, 778,883 bœufs et 205,043 porcs. — Les seules élévations importantes sont les montagnes Wichita dans le S.-O. et une continuation des montagnes d'Ozark et de Washita de l'Arkansas dans l'E. La portion E. du territoire et celle qui se trouve au S. de la rivière Canadian s'étend dans une plaine ondulée, tandis que la portion N.-O. consiste en prairies élevées. Ce territoire est arrosé par d'innombrables cours d'eau, tributaires des rivières Arkansas et Red. Dépôts considérables de gypse, charbon, fer, argile pour briques, marbre et grès jaune. Le climat est doux et sain, mais généralement sec. La température moyenne dans le S.-E. est de + 45°, dans le N.-O. de + 13°. La chaîne Wichita est traversée par un grand nombre de vallées fertiles, abondantes en bois, en eau et en herbe ; la contrée au S. du Canadian est parsemée de prairies et de forêts, possédant un sol fertile surchargé d'herbes nutritives. La portion N.-E. du territoire est bien boisée, une partie est rocailleuse et propre seulement aux pâturages. Les arbres et les arbustes les plus communs sont le cotonnier, le chêne, le sycomore, l'orme, le noyer, le frêne, le pin jaune, l'orange osage, l'aubépine et la vigne. Le maïs est la récolte principale. Parmi les animaux sauvages on peut mentionner le chien des prairies, le daim et de nombreux troupeaux de bufiles et de chevaux sauvages qui errent dans les plaines de l'O. Le dindon sauvage est abondant.— Le territoire Indien forme la plus grande partie de la surintendance indienne centrale ; elle contient huit agences. Dans chacune d'elles un *agent* est nommé par le président pour représenter les Etats-Unis; mais chaque tribu a son propre gouvernement intérieur. La capitale des Cherokees est Tahlequah, celle des Chickasas, Tishemingo; des Chactas, Armstrong-Academy; des Creeks, Okmulkee; des Seminoles, We-wo-ka. La plupart des écoles sont soutenues par les fonds des tribus, mais quelques-unes sont dirigées par des missionnaires. Les Cherokees ont un asile d'orphelins. Trois journaux hebdomadaires sont publiés dans le territoire, un (anglais et cherokee) à Tahlequah, les deux autres dans le pays des Chactas, un (anglais et chacta) à New-Boggy, et l'autre (anglais) à Caddo. Les méthodistes, les presbytériens et les baptistes possèdent plusieurs missions dans le territoire Indien.

* **TERRITORIAL, ALE, AUX** adj. Qui concerne, qui comprend le territoire : *impôt territorial.* — **ARMÉE TERRITORIALE**, troupe non soldée, composée des hommes qui ont fait leur temps de service dans l'armée active et dans la réserve, et destinée à la défense intérieure du territoire. L'armée territoriale comprend des troupes de toutes armes. L'infanterie est organisée par subdivision ; les autres armes par région. Cette armée est composée de :

145 rég. d'infanterie à 3 bat. de 4 m cp., plus une comp. de dépôt. Les rég. n°° 1 à 8 appartiennent au 1er corps; les rég. n°° 9 à 16 au 2e corps, et ainsi de suite. Les n°° 137 à 144 font partie du 18e corps. La subd vision d'Aix (15e corps) fournit, en outre, le 45e rég.....	435,000
9 bat. territoriaux de zouaves.....	9,000
145 comp. de dépôt.....	10,900
148 escadrons de cavalerie, 2 par cà aque corps en France et 4 en Algérie.....	29,670
38 batteries d'artillerie, plus les bataillons de canonniers sédentaires à Lille et à Valenciennes.	56,000
49 comp. du génie et 839 adjoints du génie.....	19,000
Total de l'armée territoriale......	559,578

Pour remplir les cadres du train et des troupes d'administration, il faut ajouter, au nombre ci-dessus, 58,150 hommes, ce qui donne un total général de 647,728 hommes.

TERRITORIALEMENT adv. Au point de vue du territoire.

TERRITORIALITÉ s. f. Condition de ce qui fait partie du territoire d'un Etat.

* **TERROIR** s. m. Terre considérée par rapport à l'agriculture : *terroir fertile.* — **CE VIN SENT LE TERROIR, IL A UN GOUT DE TERROIR**, il a une certaine odeur, un certain goût qui vient de la qualité du terroir. — Fig. et fam. **CET HOMME SENT LE TERROIR**, il a les défauts qu'on attribue aux gens du pays d'où il est.

Il n'a, ces quatre jours, pas dit un mot de vrai,
Cependant, *le terroir* peut lui servir d'excuse.
COLLIN D'HARLEVILLE. *Monsieur de Crac.* sc. 1re.

— **SENTIR LE TERROIR**, se dit également des ouvrages d'esprit, quand ils ont des défauts qu'on peut attribuer aux habitudes du pays où l'auteur est né, a véc u.

* **TERRORISER** v. a. Etablir un régime de terreur.

TERRORISME s. m. Régime de terreur politique.

* **TERRORISTE** s. m. Partisan, agent du régime de la terreur.

* **TERSER** v. a. Voy. **TERCER**.

* **TERTIAIRE** adj. [tèr-si-è-re] (lat. *tertiarus*). Géol. Qui occupe le troisième rang; qui est venu en troisième lieu. — •• Membre d'un tiers ordre. Les tertiaires, hommes ou femmes, sont des personnes séculières, qui, sans vivre dans des communautés cloîtrées, s'obligent à certaines prières et à des pratiques religieuses. Cette organisation se fit d'abord connaître chez les franciscains, où François d'Assises l'établit pour les laïques qui désiraient se conformer à la règle franciscaine autant que leurs occupations mondaines le permettaient.

* **TERTIO** adv. [tèr-si-o] (mot lat.). Troisièmement.

* **TERTRE** s. m. Monticule, colline, éminence de terre dans une plaine : *tertre élevé.*

TERTULLIANISME s. m. Opinion, doctrine des tertullianistes.

TERTULLIANISTE s. m. Partisan des idées de Tertullien.

TERTULLIEN (Quintus-Septimius-Florens **TERTULLIANUS**), l'un des anciens pères de l'Eglise, né à Carthage vers 150, mort entre 220 et 240. D'abord avocat, il prit ensuite la prêtrise et se rendit célèbre par plusieurs traités de controverse ainsi par l'ascétisme de sa vie. Vers 202, il se rangea du côté des montanistes, et il devint aussitôt le champion

de cette secte. La différence entre ses écrits avant et ses écrits après ce changement semble être une différence d'esprit plus que de doctrine; ses ouvrages font autorité au même degré que ceux des autres pères de l'Église. Il fut l'intrépide champion du christianisme entre les Juifs et les païens, ainsi que de l'orthodoxie catholique dans l'Église. Son *Apologeticus* est une des meilleures apologies de la nouvelle religion. Il fut le maître de Cyprien et le précurseur d'Augustin. Parmi ses ouvrages de morale pratique, il y en a un contre les seconds mariages. Ses écrits plus spécialement montanistes comprennent un traité sur la chasteté, où il nie que ceux qui sont coupables de gros péchés puissent être absous, et un autre sur la *Fuite*, où il presse les chrétiens de ne pas fuir les persécutions. Les ouvrages de Tertullien sont écrits en un latin rude, entaché de locutions puniques. Le style en est nerveux, abrupt, souvent obscur et véhément. Saint Jérôme, dans la première Église, et Néander (*Antignosticus*, 1825) ont écrit sa vie. La meilleure édition de ses œuvres complètes est celle de Rigault (Paris, 1664).

TERUEL [té-rou-el]. I, province du N.-E. de l'Espagne, dans l'Aragon; 14,229 kil. carr.; 252,204 hab. Les monts Albarracin le traversent à l'E. et à l'O. Le Tage, la Guadalaviar et le Jucar ont huit sources sur les flancs de la Mucla de San Juan, un des plus hauts sommets de la chaîne principale. Les plaines, qui sont très étendues, donnent du grain, du vin, de l'huile, de la soie, du chanvre, du lin, du safran et des fruits; on fabrique des lainages grossiers, de la toile, du papier, du cuir, etc. — II, capitale de cette province, sur le Guadalaviar, à 136 kil. E. de Madrid; 10,500 hab. Elle est enceinte de murailles et de tours.

TERVUEREN, bourg de Belgique, à 13 kil. de Bruxelles, au N.-E. de la forêt de Soignes; 3,000 hab. Le château de Tervueren, construit en 1817 et offert par les états-généraux, au prince d'Orange, en témoignage d'admiration pour la part qu'il avait prise à la bataille de Waterloo, devint, en 1867, la résidence de l'infortunée Charlotte, ex-impératrice du Mexique. Il fut détruit par les flammes en mars 1879.

TERZA RIMA s. f. [tèr-dza-ri-ma] (mots ital.). Ancien système de versification italienne, consistant à couper le poème en tercets à rimes croisées.

TERZE s. m. (mot esp.). Ancien régiment espagnol. (Voy. BIGE.)

TERZETTO s. m. [tèr-dzètt-to] (mot ital.). Mus. Composition pour trois voix ou trois instruments.

TES pluriel de l'adj. poss. TON, TA. Voy. ces mots.

TESCHEN [tech'-enn], ville forte de la basse Silésie (Autriche), sur l'Olsa, à 59 kil. S.-E. de Troppau; 9,777 hab. La paix qui y fut conclue, le 13 mai 1779, entre Marie-Thérèse et Frédéric le Grand, mit fin à la guerre de la succession de Bavière. L'ancien duché de Teschen comprit, jusqu'en 1849, la plus grande partie du cercle, très étendu, de ce nom.

TESSÉ-LA-MADELEINE, village du cant. de Juvigny, arr. et à 17 kil. de Dromfront (Orne); 500 hab.

TESSÉ (René DE FROULAI, *comte de*), maréchal de France, né dans le Maine en 1631, mort en 1725. Il dut à la protection de Louvois ses titres de lieutenant général et de colonel général des dragons (1692); il servit sous Catinat en Italie, fut nommé maréchal de France en 1703 et se retira dans sa vieillesse dans un couvent de camaldules.

TESSELLE s. f. (lat. *tessella*). Morceau de marbre de forme carrée qui entre dans la composition d'un pavé.

TESSERAIRE s. m. (lat. *tesserarius*). Soldat romain qui recevait le mot d'ordre écrit sur une tessère.

TESSÈRE s. f. (lat. *tessera*). Antiq. Petite tablette d'ivoire, de métal, de bois, qui chez les anciens Romains servait de signe de reconnaissance, de jeton, de billet de théâtre, etc. — TESSÈRE HOSPITALIÈRE, petite tablette que des hôtes échangeaient entre eux pour se reconnaître ensuite. — TESSÈRE MILITAIRE, petite tablette sur laquelle était écrit le mot d'ordre.

TESSIER s. m. Bain arsenical employé dans le traitement de la gale du mouton.

TESSIN (ital. *Ticino*), canton du sud de la Suisse, sur la frontière de l'Italie; 2,848 kil. carr.; 119,619 hab., presque tous catholiques romains, et Italiens de race et de langue. Les sommets élevés de la frontière du sud comprennent la masse centrale du Saint-Gothard. La rivière du Tessin (anc. *Ticinus*) naît dans le Saint-Gothard, reçoit de nombreux affluents, traverse le lac Majeur dont une petite portion appartient au canton, et va se jeter dans le Pô près de Pavie. Il y a plusieurs autres lacs, entre autres celui de Lugano. Les vallées sont pleines de fruits, les forêts de gibier et les eaux de poisson. Le Tessin fut conquis sur le duché de Milan par les Suisses en 1512, et fut, sous le nom de bailliages italiens, gouverné par des députés jusqu'en 1803, où il fut admis dans la confédération. Le grand conseil se réunit alternativement à Lugano, à Locarno et à Bellinzona.

TESSON s. m. (corrupt. de *teston*). Débris de bouteille cassée, de pot cassé : *un amas de tessons*.

TESSY-SUR-VIRE, ch.-l. de cant., arr. et à 18 kil. S. de Saint-Lô (Manche), sur la Vire; 900 hab.

TEST s. m. [tè] (lat. *testum*, couvercle en terre cuite). (Voy. TÊT.)

TEST s. m. [tè] Hist. nat. Enveloppe dure des mollusques testacés et crustacés. Se dit quelquefois de l'enveloppe des tortues et de celle des tatous.

TEST s. m. [tèsst] (mot angl. qui signifie : *épreuve*). N'est usité que dans cette locution, LE SERMENT DU TEST, acte par lequel on nie la transsubstantiation, et l'on renonce au culte de la Vierge et des saints.

TESTA s. m. Partie extérieure du test de la graine.

TESTACÉ, ÉE adj. (lat. *testaceus*). Moll. Se dit des animaux à coquille : *les animaux testacés, du genre testacé*. — s. m. pl. Groupe d'acéphales réunissant ceux qui sont recouverts d'une enveloppe calcaire.

TESTACÉOGRAPHIE s. f. (fr. *testacé*; gr. *graphô*, je décris). Description des testacés.

TESTACÉOLOGIE s. f. Syn. de TESTACÉOGRAPHIE.

TESTAMENT s. m. [tèss-ta-man] (lat. *testamentum*). Acte authentique par lequel on déclare ses dernières volontés : *testament fait, passé par-devant notaires*. — TESTAMENT OLOGRAPHE, celui qui est écrit, daté et rédigé de la main du testateur. TESTAMENT PAR ACTE PUBLIC, celui qui est reçu par deux notaires, en présence de deux témoins, ou par un notaire en présence de quatre témoins. TESTAMENT MYSTIQUE OU SECRET, testament écrit, ou au moins signé par le testateur, et remis par lui clos et scellé à un notaire, en présence de six témoins. — TESTAMENT INOFFICIEUX, testament dans lequel le testateur ne fait aucune mention de quelqu'un de ses plus proches héritiers de droit. TESTAMENT AB IRATO, celui qui est fait par un motif de haine ou de colère. TESTAMENT MILITAIRE, testament fait à l'armée, sans toutes les formalités nécessaires aux autres testaments. — TESTAMENT DE MORT, déclaration libre et volontaire d'un criminel, après sa condamnation à la mort. Cette locution est maintenant peu usitée. — Par ext. TESTAMENT DE MORT, écrit qui atteste les derniers sentiments d'une personne : *peu de jours avant de mourir, il m'écrivit une lettre qui est comme son testament de mort.* — L'ANCIEN TESTAMENT, les livres saints qui ont précédé la naissance de JÉSUS-CHRIST; et, LE NOUVEAU TESTAMENT, les livres saints postérieurs à la naissance de JÉSUS-CHRIST : *il a traduit le Nouveau Testament*. (Voy. BIBLE.) — TESTAMENT POLITIQUE, se dit d'écrits politiques attribués à certains hommes d'État, contenant les vues, les projets, les motifs qui ont dirigé ou qu'on suppose avoir dirigé leur conduite : *testament politique de Richelieu, de Colbert, du cardinal Albéroni*. — Législ. « Le testament est un acte qui est toujours révocable et par lequel une personne dispose pour le temps où elle n'existera plus, de tout ou partie de ses biens (C. civ. 895). Dans l'ancien droit français, l'âge requis pour faire un testament, les formes à suivre et les diverses conditions de validité de cet acte différaient selon la coutume du lieu où il était fait. L'ordonnance d'août 1735 déclarait nuls seulement les testaments mutuels et les dispositions testamentaires faites verbalement. Les testaments publics devaient être reçus non seulement par les notaires, mais aussi par les curés et vicaires, par les officiers de justice, les officiers municipaux et les greffiers. Les aubains (étrangers non naturalisés), les religieux profès, les individus morts civilement, etc., étaient incapables de disposer par testament. La légitime (voy. ce mot), réservée aux parents apportait des restrictions à la faculté de tester. Après la Révolution, celui qui avait des enfants ne pouvait disposer par testament au delà d'un dixième de ses biens, et celui qui n'avait pas d'enfants ne pouvait disposer que du sixième de sa fortune. En l'an VIII, le droit de tester fut étendu de telle sorte que le père qui avait moins de quatre enfants pouvait disposer du quart de ses biens, et il ne pouvait disposer que du cinquième s'il avait quatre enfants, du sixième, s'il en avait cinq, et ainsi de suite. Celui qui n'avait que des ascendants ou des collatéraux pouvait disposer de la moitié de sa fortune, et celui qui n'avait aucun parent apte à lui succéder avait le droit absolu de disposer de tous ses biens par testament. Passons à la législation actuelle. — Le Code civil refuse la capacité de tester : 1° à ceux qui ne sont pas sains d'esprit au moment où ils disposent, ce qui comprend les personnes interdites judiciairement. 2° aux mineurs âgés de moins de seize ans. Le mineur qui est parvenu à l'âge de seize ans, mais qui n'a pas encore vingt et un ans, peut disposer par testament mais seulement jusqu'à concurrence de la moitié de ce dont la loi lui permet de disposer s'il eût été majeur. En outre, le mineur ne peut faire aucune disposition au profit de son tuteur, avant que le compte de tutelle n'ait été apuré, sauf dans le cas où le tuteur est un ascendant du mineur (C. civ. 901 et s.). 3° à tout individu qui a été condamné contradictoirement ou par contumace à une peine afflictive perpétuelle; et les testaments faits antérieurement par ce condamné sont nuls (id. 28 et s., L. 31 mai 1854). Il existe d'autres restrictions à la faculté de disposer par testament, mais elles sont fondées sur la qualité des personnes appelées à profiter des libéralités. Sont incapables de recueillir une disposition testamentaire, les médecins, les pharmaciens et les ministres du culte qui on(t)

assisté le testateur pendant sa dernière maladie, à moins qu'il ne s'agisse de dispositions rémunératoires, ou d'un legs universel fait, soit à l'un des héritiers du défunt en ligne directe, soit, à défaut de ces héritiers, à un parent au quatrième degré au plus (id. 909). Nous avons exposé ailleurs les restrictions mises par la loi relativement à la quotité dont on peut disposer à titre gratuit. (Voy. DONATION, QUOTITÉ, RÉSERVE, SUCCESSION, etc.) — Un testament n'est valable que s'il est fait par une seule personne disposant dans le même acte et dans l'une des formes déterminées par la loi. Ces formes sont au nombre de six, dont les trois dernières sont réservées exclusivement pour certaines situations : 1° Le testament olographe est celui qui émane exclusivement du testateur. Il doit, pour être valable, être écrit en entier de la main du testateur, être daté (jour, mois et an) et signé par lui. Aussitôt après le décès de son auteur, le testament olographe doit être présenté au président du tribunal civil du lieu où la succession est ouverte. Ce magistrat en constate l'état dans un procès-verbal dressé par le greffier, et il en ordonne le dépôt au rang des minutes du notaire désigné par lui. — 2° Le testament public est celui qui est reçu par deux notaires en présence de deux témoins, ou par un seul notaire en présence de quatre témoins. Ce testament est dicté par le testateur. Il est signé par lui, s'il n'y a empêchement constaté. Il l'est aussi par les témoins et le notaire, mais il suffit, dans les campagnes, que la moitié des témoins aient signé. Les témoins doivent être Français, mâles, majeurs, et jouissant des droits civils. Ne peuvent être pris pour témoins d'un testament, ni les légataires, à quelque titre que ce soit, ni leurs parents ou alliés jusqu'au quatrième degré, ni les clercs des notaires qui reçoivent l'acte. — 3° Le testament mystique est écrit et signé par le testateur, ou au moins signé par lui. Il doit être clos et scellé, et présenté, en présence de six témoins, au notaire qui dresse l'acte de suscription sur le papier ou sur son enveloppe. Cet acte est ensuite signé par le testateur, par les six témoins et par le notaire. Dans le cas où le testateur ne peut signer ledit acte de suscription, on appelle un septième témoin lequel doit signer avec les autres, et il est fait mention à l'acte de la cause pour laquelle ce témoin a été appelé. Les personnes qui ne savent pas ou ne peuvent pas lire et signer sont incapables de faire un testament mystique ; mais un muet en est capable, à la condition qu'il écrive le testament en entier de sa main, et qu'il écrive en outre, en présence du notaire et des témoins, que le papier qu'il présente est son testament. Le testament mystique doit être, aussitôt après le décès du testateur, présenté au président du tribunal, lequel en fait l'ouverture après avoir appelé il y assister le notaire et les témoins signataires de l'acte de suscription (id. 967 à 980, 1007). — 4° Les testaments des militaires et des individus employés aux armées, se trouvant soit en expédition militaire, soit en garnison ou en captivité hors du territoire français, peuvent être reçus, comme actes publics et à défaut de notaire, soit par un officier d'un grade égal ou supérieur au grade de chef de bataillon, en présence de deux témoins, soit par un sous-intendant militaire, en présence de deux témoins, soit par deux sous-intendants. Le testament ainsi fait devient nul, six mois après que le testateur est revenu dans un lieu où il a la liberté d'employer les formes ordinaires. — 5° Les testaments faits en temps de contagion, dans un lieu avec lequel toutes les communications sont interceptées, peuvent être reçus en présence de deux témoins, soit par le juge de paix, soit par l'un des officiers

municipaux de la commune, soit par l'un des membres des conseils sanitaires, exerçant les fonctions d'officier de l'état civil dans les lazarets ou autres lieux réservés. Le testament ainsi fait devient nul six mois après que le testateur s'est trouvé dans un lieu où les communications n'étaient pas interrompues. — 6° Les testaments faits en mer dans le cours d'un voyage, peuvent être dressés en double original et en présence de deux témoins, savoir : à bord des bâtiments de l'État, par le commandant, conjointement avec l'officier d'administration ; et à bord des bâtiments de commerce, par l'écrivain du navire conjointement avec le capitaine, et à leur défaut par ceux qui les remplacent. Le testament ainsi fait n'est valable que si le testateur meurt en mer ou dans un délai de trois mois à compter du jour où il est descendu à terre dans un lieu où il pouvait tester selon les formes ordinaires (C. civ. 981 et s., Ord. 29 juillet 1817 ; L. 3 mars 1822). — Les testaments faits par un Français en pays étranger sont valables s'ils sont en la forme olographe, ou s'ils ont été faits suivant les formes usitées dans les pays où l'acte a été passé. Les chanceliers des consulats français peuvent aussi recevoir les testaments faits par leurs nationaux, en suivant les formes prescrites par la loi française (Ord. 3 mars 1781, etc.). Mais les testaments faits à l'étranger ne peuvent être exécutés sur des biens situés en France, avant d'avoir été enregistrés au bureau d'enregistrement du dernier domicile du testateur, et au bureau de la situation des immeubles, s'il en existe (id. 999 et 1000). — Les dispositions testamentaires sont : ou universelles, ou à titre universel, ou à titre particulier. (Voy. LEGS et SUCCESSION.) — Le testateur peut nommer un ou plusieurs exécuteurs testamentaires, lesquels, lorsqu'ils ont accepté cette mission, sont tenus de faire apposer les scellés s'il y a lieu, de faire faire inventaire, de veiller à l'exécution du testament, et de rendre compte de leur gestion dans l'année du décès (id. 1025 et s.). Tout testament peut être révoqué ou modifié, soit expressément par un testament postérieur ou codicille, soit tacitement par l'aliénation de l'objet légué. Après le décès du testateur, la révocation peut-être poursuivie devant les tribunaux, à la requête des intéressés, soit pour cause d'inexécution des conditions imposées au légataire, soit pour cause d'ingratitude de celui-ci envers le testateur ou envers sa mémoire. Toute demande en révocation pour ingratitude doit être formée dans le délai d'un an à compter du jour où le fait a été commis (id. 1035 et s.). Les dispositions testamentaires deviennent caduques dans certains cas que l'on a été détaillés plus haut. (Voy. CADUCITÉ.) Le partage testamentaire fait par un ascendant entre ses descendants ne diffère de la donation-partage qu'en ce qu'il est révocable à la volonté du testateur, et en ce qu'il peut comprendre des biens à venir. (Voy. DONATION II.) Les testaments doivent être soumis à la formalité de l'enregistrement, dans le délai de trois mois à compter du décès de leur auteur, et ils sont alors soumis à un droit fixe de 7 fr. 50 en principal. Les transmissions de biens qui ont lieu au décès du testateur, par suite de ses dispositions testamentaires, donnent lieu à la perception des droits de mutation par décès (voy. MUTATION) ; et le taux de ces droits varie selon le degré de parenté des légataires. »

(CH. Y.)

* **TESTAMENTAIRE** adj. Qui concerne le testament. N'est guère usité que dans ces locutions : DISPOSITION TESTAMENTAIRE, disposition contenue dans un testament ; EXÉCUTEUR TESTAMENTAIRE, celui qu'un testateur charge de l'exécution de son testament ; et HÉRITIER TESTAMENTAIRE, héritier institué par testament.

* **TESTATEUR, TRICE** s. (lat. testator). Celui, celle qui fait un testament : le testateur l'a ordonné en termes exprès.

TESTE-DE-BUCH (La), Testa Boiorum, ch.-l. de cant., arr. et à 54 kil. O.-S.-O. de Bordeaux (Gironde) ; 4,000 hab.

TESTE (François-Antoine BARON), général, né à Bagnols (Gard), en 1775, mort à Angoulême en 1862. Volontaire à 17 ans, il gagna tous ses grades à la pointe de l'épée, et fut nommé baron en 1809. Il se signala à Waterloo, où à la tête d'une poignée de braves, il arrêta un instant la marche des vainqueurs et favorisa ainsi la retraite de Grouchy.

* **TESTER** v. n. (lat. testari, attester). Déclarer par un acte ce que l'on veut qui soit exécuté après sa mort : il est mort sans avoir testé.

TESTICULAIRE adj. Qui appartient aux testicules.

* **TESTICULE** s. m. (lat. testiculus, dimin. de testis, témoin). Anat. Corps glanduleux qui sert, dans le mâle, à préparer la matière destinée à la génération : l'homme et un grand nombre d'animaux ont deux testicules.

TESTICULÉ, ÉE adj. Pourvu de testicules.

* **TESTIF** s. m. Poil de chameau.

* **TESTIMONIAL, ALE** adj. (lat. testimonialis). Ne s'emploie guère qu'au féminin, et dans ces locutions : LETTRES TESTIMONIALES, lettres qui rendent témoignage de la vie et des mœurs de quelqu'un ; et PREUVES TESTIMONIALES, preuves par témoins.

TESTIMONIALEMENT adv. Par témoins : prouver testimonialement une chose.

TESTIS UNUS, TESTIS NULLUS loc. lat. qui signifie : Témoin unique, témoin nul.

* **TESTON** s. m. (du vieux fr. teste, tête, à cause de la figure du roi dont cette pièce était frappée). Ancienne monnaie d'argent, qui n'a plus maintenant de cours en France : cela ne vaut qu'un teston. — Les anciens testons furent frappés pour la première fois en 1513, sous le règne de Louis XII ; ils remplacèrent les gros tournois et disparurent eux-mêmes vers le règne de Henri III. Leur valeur varia entre 10 et 12 sous.

* **TESTONNER** v. a. (de l'anc. fr. teste, tête). Peigner les cheveux, les friser, les accommoder avec soin : il se fit testonner par le baigneur. (Vieux.)

TESTRI, village de l'arr. et à 13 kil. S. de Péronne (Somme) ; 650 hab. Pépin d'Héristal, soutenu par un parti de mécontents, y battit et y fit prisonnier Thierry III, roi d'Austrasie, et se fit reconnaître comme duc (687).

TESTU (Jacques), littérateur français, abbé de Belval, né à Paris vers 1626, mort dans la même ville en 1706. Il rimailla quelques mauvais vers et entra à l'Académie française en 1665.

TESTUDINÉ, ÉE adj. (lat. testudo, tortue). Erpét. Qui ressemble ou qui se rapporte à la tortue. — s. m. pl. Autre nom des chéloniens. Ce terme, employé par Klein et adopté par Agassiz, embrasse les reptiles connus sous le nom de tortues. Ce sont les animaux les plus élevés de leur classe ; ils se rapprochent des oiseaux inférieurs ou aquatiques, par la forme, par le mode d'existence et par certains détails de structure ; les parties de leur corps sont nettement marquées, et leur tête est très mobile sur le cou.

* **TÊT** s. m. (lat. testa, test). Voy. TESSON.

* **TÊT** ou Test s. m. Chim. et Métall. Écuelle ou vaisseau de terre dans lequel on fait l'opération de la coupelle en grand et qu'on appelle aussi SCORIFICATOIRE, TÊT À RÔTIR.

• **TÊT** s. m. Crâne, os qui couvrent le cerveau : *avoir le têt offensé, fêlé, brisé.* (Vieux.) — Vén. Partie de l'os frontal d'où partent les pivots de la tête du cerf. CE CERF A LES MEULES DANS LE TÊT, il a les meules très basses.

TÊT (Le), rivière qui prend sa source à l'étang de Puy-Prigue, sur les confins de l'Ariège et se jette dans la Méditerranée au-dessous de Sainte-Marie-de-la-Salenque, après un cours de 125 kil.

• **TÉTANIQUE** adj. Qui tient au tétanos : *accident tétanique.*

TÉTANISATION s. f. Action de tétaniser.

TÉTANISER v. a. Provoquer des accidents tétaniques.

TÉTANOÏDE adj. (fr. *tétanos*; gr. *eidos*, aspect). Pathol. Qui semble appartenir au tétanos.

• **TÉTANOS** s. m. [-noss] (mot gr.). Méd. Maladie spasmodique caractérisée par la contraction prolongée, involontaire et douloureuse d'un nombre plus ou moins grand des muscles de la volonté. Telle qu'on l'observe dans les climats tempérés, cette maladie est presque toujours consécutive à une blessure ou à quelque mal. Mais dans certaines localités et dans les climats chauds, elle survient sans aucune lésion extérieure ou intérieure. Elle commence d'ordinaire par des frissons et par un sentiment d'abattement et de faiblesse, avec vertige et insomnie. Dès le principe, il y a communément un sentiment de raideur et de malaise dans les muscles du cou et des mâchoires. Le malade croit qu'il a attrapé froid ou qu'il a une légère douleur de rhumatisme. S'il se trouve bientôt incapable d'écarter beaucoup les mâchoires, puis d'ouvrir la bouche en aucune façon. C'est ce qu'on appelle le trismus. A mesure que la maladie fait des progrès, il y a des accès de douleur aiguë au fond de l'estomac, qui s'étend jusque vers le dos. Peu à peu, les gros muscles du tronc et des extrémités sont affectés. Dans certains cas, tous les muscles sont fortement contractés, et le corps reste raide et droit; mais habituellement, les muscles extenseurs les plus forts sont les plus affectés, et pendant le paroxysme, le corps est irrésistiblement courbé en arrière, le malade ne reposant que sur les mains et ses talons. C'est ce qui constitue l'*opisthotonos*. Quelquefois, le corps est plié en avant; c'est l'*emprosthotonos*. Plus rarement encore, il y a curvature latérale; c'est le *pleurosthotonos*. Il devient bientôt difficile, puis impossible d'avaler. Pendant tout le cours de la maladie, le malade garde le plus souvent toute sa connaissance. Presque toujours, la terminaison est fatale. L'autopsie n'a jeté que peu de clarté sur la pathologie du tétanos. Dans les cas consécutifs à des blessures, le nerf partant de la blessure porte des traces d'inflammation; mais on n'a pas trouvé d'autres lésions accompagnant constamment la maladie. On ne connaît pas de traitement satisfaisant. On a beaucoup préconisé l'inhalation de chloroforme, et quand on peut la supporter, elle allège grandement les souffrances.

• **TÉTARD** s. m. (rad. *tête*). Nom qu'on donne au petit des batraciens, lequel, peu de jours après qu'il est éclos, paraît sous la forme d'un poisson ayant la tête très grosse et une queue mince : *on se sert de têtards pour faire voir au microscope la circulation du sang.* — Agric. Se dit des saules qu'on étête et dont on émonde les branches inférieures, de manière qu'il se forme une touffe épaisse au sommet du tronc : *des saules taillés en têtards.* — ENCYCL. On nomme *têtards* les jeunes batraciens depuis le moment où ils sortent de l'œuf jusqu'à celui où, à la suite de diverses métamorphoses, ils passent à

l'état adulte, sans conserver ni leur forme, ni leur structure, ni même leur manière de vivre. D'abord les têtards ne se distinguent pas des poissons; ils sont conformés pour la vie aquatique; ils sont dépourvus de pattes; leur corps est très volumineux dans sa partie antérieure et se continue en une longue queue

Les huit stages de développement du têtard de grenouille depuis l'éclosion récente (1), jusqu'à la forme adulte (8), d'après Saint-George Milvart.

aplatie qui sert de nageoire; ils portent, de chaque côté du cou, de grandes branchies en forme de panache; leur squelette est cartilagineux. Au bout de quelques jours, ils perdent leurs branchies; leurs poumons se développent, et les organes circulatoires se modifient pour se prêter au mode de circulation aérienne.

TÉTASSES s. f. pl. (rad. *tette*). Mamelles flasques et pendantes. (Fam.)

• **TÊTE** s. f. (lat. *testa*). Chef, partie qui est le siège du cerveau et des principaux organes des sens; et qui, dans l'homme et dans la plupart des animaux, tient au reste du corps par le cou : *le devant, le derrière de la tête.* — Le crâne, la partie de la tête qui comprend le cerveau et le cervelet : *cet homme s'est cassé la tête, s'est donné un coup à la tête.* — TÊTE PELÉE, TÊTE CHAUVE, se disent en parlant d'une personne qui n'a point de tout de cheveux, ou qui n'en a point sur une partie de la tête. — AVOIR LA TÊTE PESANTE, EMBARRASSÉE, éprouver dans la tête un sentiment de pesanteur, d'embarras. — Prov., TÊTE DE FOU NE BLANCHIT JAMAIS, se dit soit pas ce que la folie abrège communément les jours, soit parce que les fous ne sont point sujets aux chagrins et aux tristes prévoyances qui font blanchir les cheveux avant le temps. — AUTANT DE TÊTES, AUTANT D'OPINIONS, autant de personnes, autant de manières de voir différentes. — TÊTE COURONNÉE, empereur ou roi : *il ne parle qu'avec respect des têtes couronnées.* — Se dit aussi de l'esprit, de l'imagination, des différentes conformations et dispositions des organes qui servent aux opérations de l'esprit : *se remplir la tête de sottises.* — C'EST UNE BONNE TÊTE, UNE EXCELLENTE TÊTE, UNE FORTE TÊTE, c'est un homme d'un esprit droit, de beaucoup de jugement, de beaucoup de capacité : *c'est une des meilleures têtes du conseil.* — C'EST UN HOMME DE TÊTE, c'est un homme qui réunit la capacité à la fermeté. — Fig. et fam. C'EST UNE TÊTE CARRÉE, c'est un homme qui a beaucoup de justesse et de solidité de jugement. — C'EST UNE TÊTE SAGE, UNE TÊTE RASSISE, POSÉE, se dit d'un homme d'un jugement droit, d'une ima-

gination réglée. C'EST UNE TÊTE FAIBLE, se dit au contraire d'un homme sujet à se laisser entraîner par l'imagination, par la terreur, ou à se laisser aller trop facilement à tout ce qu'on lui suggère. C'EST UNE TÊTE FOLLE, se dit d'un extravagant, d'un jeune homme étourdi, inappliqué. C'EST UNE TÊTE LÉGÈRE, se dit d'un homme qui a peu de suite et de tenue dans ses idées, dans sa conduite. C'EST UNE TÊTE A L'ÉVENT, se dit pour désigner en général le manque de jugement, de conduite, la frivolité d'esprit, la légèreté de caractère. — Absol. C'EST UNE TÊTE, se dit, quelquefois, par antiphrase, de quelqu'un qui manque de jugement, de conduite. — C'EST UNE MAUVAISE TÊTE, se dit d'une personne sujette à beaucoup d'écarts et de travers, soit dans sa conduite, soit dans ses opinions. — MAUVAISE TÊTE ET BON CŒUR, les gens étourdis et inconsidérés ont souvent de bonnes intentions, un bon cœur. — CET HOMME A LA TÊTE CHAUDE, il prend feu, il s'emporte aisément; et, CET HOMME A LA TÊTE FROIDE, il conserve son sang-froid. — AVOIR DE LA TÊTE, avoir du jugement et du calme. On dit dans le sens contraire, N'AVOIR PAS DE TÊTE. — AVOIR DE LA TÊTE, être opiniâtre, capricieux : *c'est une bonne femme, mais elle a de la tête.* — CONSERVER SA TÊTE, avoir le sang-froid nécessaire pour prendre un parti. On dit dans le sens contraire, PERDRE LA TÊTE, N'AVOIR PLUS SA TÊTE, N'AVOIR PLUS SA TÊTE A SOI. — C'EST UNE TÊTE PERDUE, se dit d'une personne qui montre de l'également dans sa conduite, dans ses discours. On dit dans le même sens, SA TÊTE N'Y EST PLUS, LA TÊTE EST PARTIE. — IL A ENCORE TOUTE SA TÊTE, se dit d'un malade ou d'un vieillard dont le jugement n'est point affaibli. On dit dans le sens contraire, IL N'A PLUS DE TÊTE, IL N'A PLUS SA TÊTE. — AGIR DE TÊTE, PAYER DE TÊTE, prendre son parti de sang-froid, avec résolution, dans une occasion difficile. — FAIRE UN COUP DE TÊTE, faire étourdiment et sans réflexion une chose hardie; et FAIRE DES COUPS DE TÊTE, faire des étourderies. — FAIRE UN COUP DE SA TÊTE, se déterminer de soi-même, sans avoir pris conseil de personne. On dit, dans un sens anal., N'EN FAIRE QU'A SA TÊTE, NE VOULOIR RIEN FAIRE QU'A SA TÊTE. — Faire un coup de TÊTE, faire une fausse démarche, faute d'avoir pris conseil. — Fig. TENIR TÊTE A QUELQU'UN, FAIRE TÊTE A QUELQU'UN, s'opposer à lui, et lui résister, ne lui point céder en quelque chose : *il s'imaginait qu'il n'y avait personne qui osât lui résister, mais il trouva des gens qui lui tinrent tête, qui lui firent tête.* — Fig. FAIRE TÊTE A L'ORAGE, montrer de la fermeté dans une occasion périlleuse. — Individu, personne : *on paye tant par tête.* — Jurispr. SUCCÉDER PAR TÊTE, se dit lorsque des copartageants viennent de leur chef à la succession, et sans représentation d'aucun autre : *la succession du père s'est partagée par têtes, parce que tous les enfants étaient vivants.* — Représentation, imitation d'une tête humaine par un peintre, par un sculpteur, etc. : *il a plusieurs bustes antiques, et la plupart sont des têtes grecques.* — En parlant des monnaies et des médailles, LA TÊTE, le côté où est l'effigie. — COURIR LES TÊTES, se dit d'une sorte d'exercice à cheval, qui se pratique dans les académies, et qui consiste à enlever, à frapper ou à abattre au grand galop, avec la lance, le pistolet ou l'épée, des têtes de carton qui sont placées à cet effet. — TÊTE A PERRUQUE, figure de tête d'homme faite de bois, sur laquelle on place une perruque pour la friser. Se dit, fig. et fam., d'un vieillard qui a peu d'esprit et qui tient opiniâtrément à de vieux préjugés. Chevelure : *il a une belle tête.* — TÊTE NAISSANTS, cheveux qui reviennent après avoir été coupés, et qui sont déjà un peu longs. — Vén. Bois des cerfs : *le cerf a mis bas sa tête.* — TÊTE PORTANT TROCHURES, bois qui porte trois ou quatre andouillers à la som-

mité. **Tête en fourche**, bois dont les andouillers du sommet font la fourche. **Tête paumée**, bois dont le sommet s'ouvre et représente les doigts et la paume de la main. **Tête couronnée**, bois dont les andouillers du sommet forment une espèce de couronne. — S'applique, par anal., à diverses choses qui ont avec la tête un certain rapport de position ou de forme. Ainsi : Sommet de certaines choses, et particul., des arbres : *une montagne, un chêne, un sapin qui porte sa tête jusque dans les nues.* — Mar. La **tête d'un mat**, du **gouvernail**, etc. leur extrémité supérieure. — Se dit aussi en parlant de certaines plantes, de certains légumes; et à l'égard des uns, il désigne l'extrémité d'en haut, comme : *des têtes de pavot, des têtes d'artichaut, une tête de chou*; à l'égard des autres, l'extrémité d'en bas, comme, *la tête d'un oignon, la tête d'un poireau*. — Se dit également en parlant de certains fruits, et signifie : l'extrémité opposée à la queue : *cette pomme commence à se pourrir par la tête.* — La **tête d'un clou**, **d'une vis**, l'extrémité ronde ou aplatie qui est opposée à la pointe. **Clou**, vis a **tête perdue**, clou, vis dont la tête n'excède point la surface de ce qu'ils attachent ou retiennent. — La **tête d'une épingle**, le petit bouton arrondi, ajusté à l'extrémité opposée à la pointe, pour retenir l'épingle dans la toile ou l'étoffe, et l'empêcher de passer d'outre en outre comme ferait une aiguille. La **tête d'une aiguille**, le bout qui est percé pour y passer le fil. — La **tête d'un compas**, la partie ronde où les deux jambes du compas sont assemblées par une charnière. La **tête d'un marteau**, **d'une cognée**, la partie dans laquelle entre le manche. — **Boulet a deux têtes**, boulet ramé. — Anat. La **tête du fémur**, de l'**humérus**, etc., l'extrémité de ces os qui est ronde et soutenue par une partie plus rétrécie, nommée **Le col**. — Mus. La **tête d'une note**, la partie la plus grosse et la plus apparente, qui est ordinairement arrondie, et dont la position sur la portée détermine quelle est la note. — Archit. **Tête de nef**, partie antérieure d'une nef. **Tête de voussoir**, face antérieure d'un voussoir. **Tête de mur**, épaisseur d'un mur à son extrémité. — La **tête d'un canal**, **d'un bois**, etc., l'endroit où il commence. — Guerre. La **tête de la tranchée**, l'endroit de la tranchée qui est le plus avancé du côté de la place assiégée : *on a joint les deux têtes de la tranchée par une ligne parallèle.* — La **tête du camp**, la partie du camp qui regarde le terrain destiné pour y mettre les troupes en bataille. — **Tête de pont**, bout du pont qui est du côté des ennemis : *ces troupes gardent la tête de tel pont.* On dit quelquefois, **Les deux têtes du pont**, quand le pont est fortifié des deux côtés. On dit de même, La **tête d'un défilé**. — Commencement d'un livre, d'une liste, d'une lettre, etc. : *il a mis une belle préface à la tête de son livre.* — Impr. **Ligne de tête**, celle qui est ordinairement occupée par le titre courant, et par le numéro ou folio de la page. — Partie d'une armée, d'une colonne de troupes, d'un cortège, etc., qui marche la première, qui occupe la marche : *la tête d'une armée, d'une colonne, d'une compagnie.* — A la **tête**, à la première place, au premier rang, et emporte presque toujours l'idée de supériorité, d'autorité, de commandement : *être à la tête de la noblesse.* — Corps de troupes qui avance vers quelque endroit, soit pour s'opposer à l'ennemi, soit pour lui dérober la connaissance de quelque chose : *l'armée montra une tête de ce côté-là.* — **Têtes de vin**, premières cuvées des meilleurs vins de Champagne et de Bourgogne. On dit, dans un sens anal., La **tête du blé**, le blé de la meilleur qualité. — De tête, loc. adv. De mémoire, d'imagination. — La **tête a seul**. ou Seul à seul : *parler tête à tête.* — Tête pour tête, loc. adv. et fam. L'un devant l'autre.

---

* **TÊTE-A-TÊTE** s. m. Situation ou entretien de deux personnes qui se trouvent seule à seule : *des tête-à-tête.*

TÊTEAU s. m. Extrémité d'une maîtresse branche coupée à peu de distance du pied.

TÊTE-BÊCHE adv. De façon que les pieds de l'un correspondent à la tête de l'autre.

TÊTEBLEU interj. Sorte de jurement.

TETE DE FLANDRE, nom d'un fort de la Belgique, situé sur les bords de l'Escaut et défendant Anvers.

* **TÊTE-DE-MORE** s. m. Vaisseau de cuivre étamé en dedans, qui sert dans quelques distillations.

TÊTÉE s. f. Quantité de lait qu'un enfant tette en une fois.

TÊTE-PLATE s. m. Terme appliqué à diverses époques, à des tribus d'Indiens qui habitaient des parties de l'Amérique très éloignées les unes des autres. Ce nom venait de l'habitude où se trouvaient ces indigènes d'aplatir le crâne de leurs enfants. Les plus connues des tribus Têtes-Plates sont les Chinooks, les Chalapooyas, les Klikitats, etc.

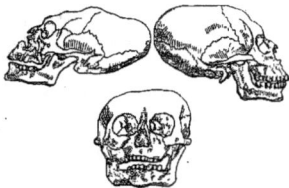

Crânes de Têtes-Plates.

Cette coutume de déformer le crâne des enfants était aussi répandue chez un grand nombre d'autres tribus du Mexique, de l'Amérique Centrale et de l'Amérique du Sud. — On donne particulièrement le nom de Têtes-Plates à la petite tribu d'Indiens Selish, qui est aujourd'hui établie sur une réserve du N.-O. de Montana (Etats-Unis).

* **TETER** ou **Téter** v. a. Sucer le lait de la mamelle d'une femme, ou de la femelle de quelque animal : *teter sa nourrice.* — **Cet enfant a tété de plusieurs laits**, il a eu plusieurs nourrices. On dit encore, **Il a tété de mauvais lait**. — Absol. *Cet enfant tette bien.*

TÉTERELLE s. f. Espèce de biberon dont on se sert pour l'allaitement artificiel; il est muni d'un bout de sein en caoutchouc.

TÉTHYS [té-tiss] Mythol. Fille du Ciel et de la Terre, femme de l'Océan et mère des Océanides. On l'appelle aussi *Mère des Dieux.*

TÉTIER s. m. Ouvrier qui fait des têtes d'épingles.

* **TÉTIÈRE** s. f. Petite coiffe de toile qu'on met aux enfants nouveau-nés : *une tétière d'enfant.* — Partie supérieure de la bride, qui passe derrière le toupet du cheval, et qui soutient le mors : *tétière de cuir d'Angleterre.* — Typogr. On appelle ainsi les parties d'une garniture qui servent à former la marge en tête des pages. — On donne également ce nom à de petites lames de fer que l'on met à la tête des pages clichées pour les empêcher de glisser sur les blocs.

TÉTIGUÉ interj. Sorte de juron campagnard, dans les comédies du XVIIe siècle.

* **TÉTIN** s. m. Bout de la mamelle, soit aux hommes, soit aux femmes : *cet enfant*

---

vivra, il prend le tétin. — Se dit aussi de toute la mamelle; mais, dans ce sens, il est vieux.

* **TÉTINE** s. f. Ne se dit proprement que du pis de la vache on de la truie, considéré comme bon à manger : *tétine de vache.* — Enfoncement qu'un coup de fusil, de pistolet, fait sur une cuirasse, lorsqu'il ne la perce pas d'outre en outre : *le coup de fusil qu'il a reçu sur sa cuirasse y a fait une tétine.*

* **TETON** s. m. Mamelle. Ne se dit proprement qu'en parlant des femmes : *le teton d'une nourrice.*

* **TÉTONNIÈRE** s. f. Mot populaire et grossier dont on se sert pour désigner une femme qui a beaucoup de gorge.

TÉTOUAN [té-tou-ann], ville forte et port du Maroc, dans la province de Fez, à 21 kil. S.-O. de Ceuta; 20,000 hab. Elle est sur une éminence, à 6 kil. O. de la Méditerranée. Le port est une rade ouverte qui n'est bonne que pour les petits navires. On fabrique à Tétouan des ouvrages de cuir, des armes blanches et des armes à feu. Les Espagnols s'en sont emparés le 6 févr. 1860 après une victoire (4 févr.), qui valut au général O'Donnell la dignité de grand d'Espagne de première classe.

* **TÉTRA** (gr. *tétra*, quatre), préfixe qui entre dans la composition d'un grand nombre de mots dont nous indiquons ici les principaux.

* **TÉTRACORDE** s. m. Lyre à quatre cordes. — Suite de quatre sons dont les deux extrêmes donnent la quarte.

TÉTRADACTYLE adj. (préf. *tétra*; gr. *daktulos*, doigt). Dont les pieds sont munis de quatre doigts.

TÉTRADE s. f. (pr. *tétra*). Assemblage des quatre premiers nombres.

TÉTRADÉCAPODE adj. (préf. *tétra*; gr. *deka*, dix; *pous, podos*, pied). Qui a quatorze pieds.

TÉTRAGYNE adj. préf. (*tétra*; *guné*, femelle). Se dit des fleurs qui ont quatre pistils.

* **TÉTRADRACHME** s. f. ou s. m. Monnaie grecque, qui était d'argent, et qui valait quatre drachmes, ou environ trois francs soixante et dix centimes de notre monnaie.

* **TÉTRADYNAMIE** s. f. Bot. Classe du système de Linné, qui renferme les plantes pourvues de six étamines, dont quatre longues et deux courtes : *la famille des crucifères compose la tétradynamie.*

* **TÉTRAÈDRE** s. m. Géom. Corps régulier dont la surface est formée de quatre triangles égaux et équilatéraux.

TÉTRAGONAL, ALE adj. Qui a la forme, la disposition des figures tétragones.

* **TÉTRAGONE** adj. (préf. *tétra*; gr. *goné*, angle). Géom. Qui a quatre angles et quatre côtés.

TÉTRAGRAMME adj. (gr. *tétra*; gr. *gramma*, lettre). Composé de quatre lettres.

TÉTRALOGIE s. f. (préf. *tétra*; gr. *logos*, discours). Antiq. gr. Nom donné à un ensemble de quatre pièces de théâtre que les poètes tragiques présentaient au concours : les trois premières étaient des tragédies, ordinairement liées entre elles; et la quatrième, un drame satirique ou bouffon. (Voy. **Tailogie**.)

TÉTRAMAZE adj. (préf. *tétra*; *mazos*, mamelle). Qui a quatre mamelles.

TÉTRAMÈRE adj. (adj. *tétra*; gr. *meros*, partie). Qui est divisé en quatre parties. —

a. m. pl. Entom. Troisième section des coléoptères, comprenant les genres qui ont 4 articles à tous les tarses. (Voy. COLÉOPTÈRE.)

TÉTRAMÈTRE adj. (préf. *tétra; gr. metron,* mesure). Se dit d'un vers grec ou latin composé de quatre dactyles ou anapestes et de quatre iambes.

TÉTRANDRE adj. (préf. *tétra; gr. anér, andros,* mâle). Bot. Se dit des fleurs qui ont quatre étamines.

* **TÉTRANDRIE** s. f. Bot. Classe du système de Linné, qui renferme les plantes à quatre étamines égales : *le houx, le cornouiller, le plantain, sont de la tétrandrie.* — La tétrandrie est partagée en quatre ordres : 1° *monogynie,* un seul pistil (protée, scabieuse, gaillet, garance, plantain, pimprenelle, cornouiller, pariétaire, ortie, gui, etc.); 2° *digynie,* deux pistils (bouleau, mûrier, cuscute, etc.); 3° *trigynie,* trois pistils (buis); 4° *tétragynie,* quatre pistils (houx, potamot).

TÉTRAPLE s. m. (gr. *tétraploos*). Quadruple version de la Bible disposée sur quatre colonnes.

TÉTRAPTÈRE adj. (préf. *tétra,* gr. *ptéron,* aile). Qui a quatre ailes.

TÉTRAPTOTE adj. Se dit des mots grecs ou latins qui n'ont au singulier ou au pluriel que quatre formes différentes.

* **TÉTRARCHAT** ou **Tétrarcat** s. m. Autorité, dignité d'un tétrarque; durée de ses fonctions.

* **TÉTRARCHIE** s. f. [-ar-chi] (préf. *tétra; gr. archein,* commander). Ant. gr. Subdivision de la taxiarchie. (Voy. ARMÉE.)

TÉTRARQUE s. m. Chef d'une tétrarchie.

* **TÉTRARQUE** s. m. Hist. et Antiq. Titre par lequel on désignait des princes du second ordre, subordonnés à une puissance supérieure, et ainsi nommés parce que leurs États étaient censés faire à peu près la quatrième portion d'un royaume démembré.

* **TÉTRAS** s. m, [té-trâ] (gr. *tétras*). Ornith. Grand genre de gallinacés, caractérisé par une bande nue, ordinairement rouge, tenant la place du sourcil. Ce genre comprend les sous-genres : *tétras proprement dit ou coq de bruyère, lagopède, ganga, perdrix, francolin, caille et colin.* — Le genre *tétras proprement*

Tétras à aiierons ou poules des prairies (Tetrao cupido),
femelle (figure de dessous) et mâle.

dit est composé de gros oiseaux vulgairement appelés *coqs de bruyère.* Nous avons en France, le grand coq de bruyère (*tetrao urogallus*) et le petit coq de bruyère (*tetrao tetrix*); ce dernier n'est pas rare dans nos bois, au nord de la Loire. (Voy. COQ.) Les Anglais donnent le nom de *grouses* à ces oiseaux, qui sont moins rares chez eux que chez nous. On trouve, aux États-Unis, la *poule des vrai-*

rtes (*tetrao cupido*), le meilleur gibier à plumes de cette région, et le *coq des plaines (centro-*

Coq des plaines (Centrocercus urophasianus), femelle (figure
de dessus) et mâle.

cercus urophasianus), des plaines désertes de l'Ouest.

* **TÉTRASTYLE** s. m. Archit. Temple à quatre colonnes de front.

TÉTRYLAMINE s. f. (fr. *tétrylène;* et *amine*). Chim. Ammoniaque qui renferme un atome de tétryle substitué à un atome d'hydrogène du type ammoniacal.

TÉTRYLÈNE s. m. Hydrocarbure qui renferme 4 atomes de carbone et 4 atomes d'hydrogène et qui correspond à 2 molécules de gaz oléfiant réunies en une seule.

* **TETTE** s. f. Bout de la mamelle. Ne se dit qu'en parlant des animaux : *tette de chèvre, de truie.*

TETTE-CHÈVRE s. m. Ornith. Nom vulgaire de l'engoulevent d'Europe : *des tette-chèvre.*

* **TÊTU, UE** adj. Opiniâtre, obstiné, qui est fort attaché à son sens, à ses opinions, à sa volonté : *il est si têtu que jamais il ne démord de ce qu'il a dit.*

TETZEL (Johann), moine allemand, né à Leipzig vers 1460, mort en 1519. Il entra dans l'ordre des dominicains en 1489, devint un prédicateur populaire, et fut souvent employé à prêcher les indulgences accordées par le pape dans le but de recueillir de l'argent destiné à des entreprises pieuses. Le 31 oct. 1517, Luther afficha aux portes de l'église de Wittenberg les fameuses 95 propositions contre les abus de la vente des indulgences. Tetzel les brûla publiquement à Juterbogk, et en janv. 1518, il soutint plusieurs contre-propositions, dont les étudiants de Wittenberg brûlèrent 800 exemplaires.

TEUCER. I, premier roi de Troie, fils du fleuve Scamandre et de la nymphe Idæa. C'est d'après lui que les Troyens sont quelquefois appelés Teucriens. — II, héros grec de la guerre de Troie; fils de Télamon, roi de Salamine, et demi frère d'Ajax. C'était le meilleur archer des Grecs. Après son retour, il fonda la ville de Salamine dans l'île de Chypre.

TEUFFEL (Wilhelm-Sigismund) [teu'-feul], philologue allemand, né en 1820, mort le 8 mars 1878. En 1849, il fut nommé professeur de philologie classique à Tubingue. Il a donné une attention spéciale à l'histoire littéraire de la Grèce et de Rome, et plus tard à celle d'Allemagne. Ses travaux sur Juvénal, Aristophane, Eschyle et autres écrivains classiques sont tenus en haute estime.

TEUTATÈS, un des dieux de la mythologie gauloise; il présidait au commerce, à l'agriculture, à l'argent, à l'intelligence, à la parole et conduisait aux Enfers les âmes des morts.

TEUTOBOURG teut'-to-bourg], chaîne de

montagnes et forêt d'Allemagne, dans la principauté de Lippe et dans la Westphalie, dont le plus haut sommet (1,500 pieds) se trouve près de Horn. dans la principauté de Lippe. C'est dans cette région montagneuse (*Teutoburgiensis saltus*) que les légions de Varus furent détruites par Arminius, prince des Chérusques (an 9 de notre ère). Le colossal monument, œuvre de Bandel, qu'on a élevé à sa mémoire sur le sommet du Grotenberg, près de Detmold, a été inauguré le 16 août 1875.

TEUTON, ONNE s. et adj. Syn. de GERMAIN.
— Les Teutons, peuple puissant de l'ancienne Allemagne, qui demeurait probablement sur les rives méridionales de la Baltique, dans le voisinage des Cimbres, avec qui ils envahirent le territoire de la république romaine. (Voy. CIMBRES.) On donne aussi le nom de Teutons aux anciens Germains en général. Voy. GERMANIQUES (Races et Langues.)

* **TEUTONIQUE** adj. Qui a rapport, qui appartient au pays des anciens Teutons. On ne l'emploie guère que dans ces deux dénominations : L'ORDRE TEUTONIQUE, ordre religieux et militaire fondé par des seigneurs allemands à l'époque des croisades; et, HANSE TEUTONIQUE. (Voy. HANSE.) — Chevaliers teutoniques ou CHEVALIERS DE L'HÔPITAL DE SAINTE-MARIE DE JÉRUSALEM, puissant ordre religieux et militaire, qui tire son nom officiel de l'hôpital de Sainte-Marie-de-Jérusalem, fondé par un marchand allemand et sa femme, peu après la prise de cette ville en 1099. Plusieurs Allemands de marque consacrèrent à cet hôpital leurs soins et leurs services, et en 1119 ils se lièrent par des vœux monastiques, en adoptant la règle de Saint-Augustin. En 1192, ils s'adjoignirent une corporation d'hospitaliers établie en Terre Sainte par des bourgeois de Brême et de Lubeck en 1189. On n'admettait d'abord que les Allemands de naissance noble; mais, vers 1221, on y ajouta les demi-chevaliers ou sergents et des prêtres-chapelains. Le costume était noir avec manteau blanc marqué d'une croix noire bordée d'argent. Après la peste de la Palestine, le grand-maître se transporta à Venise, et, à la fin du XIIIᵉ siècle, à Marburg. Conrad, duc de Masovie, appela les chevaliers teutoniques, dont le grand-maître était alors le fameux Hermann de Salza, pour l'aider à repousser les païens prussiens et lithuaniens (vers 1226) et pour travailler à leur conversion. Il leur donna le territoire de Culm sur la Vistule, d'où ils étendirent leurs conquêtes sur la Prusse, et, avec l'aide des chevaliers porte-glaive, sur la Courlande et la Livonie, exterminant les populations païennes par le fer et le feu. Au commencement du XVᵉ siècle, époque de la plus grande prospérité de l'ordre, son territoire s'étendait de l'Oder au golfe de Finlande; mais des dissensions intestines, le luxe, une conduite tyrannique le menaçaient déjà d'une décadence qu'une lutte avec le roi de Pologne ne fit que précipiter. A la bataille de Grunwald ou de Tannenberg (15 juill. 1410), ils furent complètement battus par Ladislas Jagellon; après une longue guerre avec Casimir IV, la Prusse occidentale fut cédée à la Pologne (1466), et les chevaliers teutoniques durent faire hommage pour la Prusse orientale. Une tentative pour regagner leur indépendance leur fit perdre la Prusse orientale, que Sigismond Iᵉʳ de Pologne donna en 1525 au grand maître, le margrave Albert de Brandebourg, à titre de duché héréditaire. (Voy. PRUSSE.) En 1527, Albert de Brandebourg transporta sa grande résidence à Mergentheim, en Sonabe, devint un prince spirituel de l'empire allemand, et commanda à 11 provinces. En 1805, la paix de Presbourg fit l'empereur d'Autriche grand maître de l'ordre; mais Napoléon l'abolit le 24 avril 1809. Il a été reconstitué en Autriche en 1834 sous le patro-

nage de la famille impériale, et réorganisé à nouveau en 1860.

TEWKESBURY [tioukss'-bér-i], ville du Gloucestershire (Angleterre), sur l'Avon et la Severn; à 168 kil. N.-O. de Londres; 5,409 hab. Fabriques de bas, de dentelle et de clous. Édouard IV y défit les Lancastriens en 1471.

TEXAS [tè-ksass], le plus vaste état de l'Union américaine, admis le 15ᵉ dans la confédération, entre 25° 50′ et 36° 30′ lat. N., et entre 95° 50′ et 109° long. O.; borné par le New-Mexico, le territoire Indien, l'Arkansas, la Louisiane, le golfe du Mexique et le Mexique; divisé en 224 comtés; 688,343 kil. carr.; cap., Austin, 10,000 hab.; villes princ.: Galveston (23,000 hab.), San-Antonio (21,000 hab.) Houston (18,000 hab.), Dallas (12,000 hab.), etc. La population, qui n'était évaluée qu'à 7,000 hab. en 1806, comprend aujourd'hui plus de 1,600,000 hab., dont 394,000 nègres, et 115,000 étrangers (40,000 Allemands, 40,000 Mexicains, etc.). Territoire peu élevé, formant de vastes prairies et des plaines revêtues de grandes forêts; vers l'O., on trouve quelques chaînes de montagnes; sauf à l'O., où s'étendent des plaines nommées llanos, le pays est abondamment arrosé. La Sabine sépare, sur une partie de son parcours, le Texas de la Louisiane; la Red lui sert de limite du côté de

Sceau de l'état de Texas.

l'Arkansas et du territoire Indien; le Rio-Grande le borne partout du côté du Mexique. L'état renferme entièrement les bassins des fleuves Neches, Trinity, Brazos, Colorado, Guadaloupe, Antonio et Trio, presque tous d'une grande importance et qui se grossissent d'un grand nombre de tributaires. Gisements de charbon, de minerai de fer, de cuivre, de plomb; marbre. Sources chalibées et sulfureuses; climat salubre; température moyenne annuelle + 20°. Le thermomètre s'élève rarement au-dessus de 35° en été et descend quelquefois au-dessous de 0° en hiver. Parmi les animaux indigènes, nous citerons le buffalo, le cerf et les chevaux sauvages nommés mustangs. Sol d'une grande fertilité, surtout dans les vallées, produisant le coton, la canne à sucre, le maïs, le blé, etc. Les forêts renferment le chêne, l'orme, l'érable, l'hickorie, le sycomore, le magnolia, le saule, le pin, le cyprès, le cèdre, le noyer, etc. — Une nouvelle constitution fut adoptée en 1876. Le gouverneur et les autres officiers civils sont élus pour deux ans par le peuple, ainsi que les 93 représentants de la chambre. Les 32 sénateurs sont élus pour 4 ans. Les juges sont élus. Deltes, 30 millions de fr. Les dépenses et les recettes se balancent à peu près à 15 millions de fr. 3,200 écoles publiques reçoivent 328,000 élèves. Principales dénominations religieuses: baptistes (275 organisations), méthodistes (365), presbytériens (102); 300 journaux. — En 1685, une troupe d'émigrants français, conduite par le sieur de La Salle, débarqua dans la baie de Matagorda et érigea le fort Saint-Louis, sur la La-

vaca; mais cette colonie française ne tarda pas à disparaître. (Voy. LA SALLE.) En 1690, le capitaine espagnol de Léon fonda sur les ruines du fort Saint-Louis la mission de San-Francisco. Le nom de Nouvelles-Philippines, donné à ce pays, date de 1715. Lors de la cession de de la Louisiane faite en 1803, par les Français aux États-Unis, les Espagnols étaient maîtres incontestés du Texas. Les colons se révoltèrent en 1835 et parvinrent à faire reconnaître leur indépendance en 1840. Déjà dominait au Texas l'élément anglo-saxon, venu des États-Unis. Sur la demande plusieurs fois renouvelée des autorités texiennes, le gouvernement américain accepta d'annexer ce pays (1845), ce qui amena entre le Mexique et les États-Unis, la guerre de 1846-'48. (Voy. MEXIQUE.) Le 1ᵉʳ fév. 1861, le Texas se sépara de l'Union et passa une ordonnance de sécession; il ne se soumit qu'en 1865 et ne fut pas réadmis dans la confédération avant 1870.

TEXEIRA ou **Teixeira** (PIERRE), voyageur et orientaliste portugais, mort dans la première moitié du XVIIᵉ siècle. Il visita la plus grande partie du monde connu et a laissé un ouvrage intitulé: Voyage de Texeira ou Histoire des rois de Perse, traduit en français (Paris, 1681, 2 vol. in-18).

TEXEL [tè-sèl], île des Pays-Bas, dans la mer du Nord, séparée de la Hollande du N., par le canal de Mars-Diep, large de 3 kil. Elle a 23 kil. de long sur 10 de large; 143 kil. carr.; 6,145 hab. Le village de Burg en est l'agglomération la plus importante. Les pâturages occupent la plus grande partie de la surface de l'île. Le 31 juillet. 1653, l'amiral hollandais Tromp y fut vaincu et tué dans un combat contre les Anglais. Le 11 août 1673, les Hollandais, commandés par Ruyter, y livrèrent une grande bataille indécise à la flotte anglo-française sous les ordres de Rupert et de d'Estrées. En janv. 1794, un détachement de cavalerie française s'empara, près de Texel, d'une flotte hollandaise arrêtée par les glaces.

TEXIEN, IENNE s. et adj. Du Texas; qui appartient à ce pays ou à ses habitants.

* **TEXTE** s. m. [tè-ste] (lat. textus). Les propres paroles d'un auteur, considérées par rapport aux notes, aux commentaires, aux gloses qu'on a faites dessus: le texte de l'Ecriture sainte. — RESTITUER UN TEXTE, rétablir l'ordre, les mots, ou la ponctuation dont on suppose que l'auteur s'est servi. — Passage de l'Ecriture sainte, qu'un prédicateur prend pour sujet de son sermon: le texte d'un sermon. — Fig. et fam. IL PREND MAL, IL A MAL PRIS SON TEXTE, se dit d'un homme qui prétend s'autoriser d'une raison ou d'un exemple qui ne lui est pas favorable. — Typogr. Nom de deux sortes de caractères. — GROS TEXTE, caractère qui était entre le gros romain et le saint-augustin, et dont le corps était de quatorze points ou deux lignes et un tiers. — PETIT TEXTE, caractère qui était entre la gaillarde et la mignonne, et dont le corps était de sept points et demi ou une ligne et un quart. Ces dénominations ne sont plus en usage.

TEXTIFORME adj. (lat. textus, tissu; fr. forme). Qui a la forme d'un tissu.

* **TEXTILE** adj. [tèk-sti-le] (lat. textilis). Qui peut être tiré, divisé en filets propres à faire un tissu: le verre sortant du feu est textile. — Substantiv. Le coton un un textile.

TEXTILITÉ s. f Propriété des matières textiles.

* **TEXTUAIRE** s. m. Livre où il n'y a que le texte sans commentaire: un textuaire de la Bible.

* **TEXTUEL, ELLE** adj. Qui est dans le texte d'un livre, d'une loi, d'une ordonnance, etc.; qui est cité conformément au texte: la disposition citée est textuelle.

* **TEXTUELLEMENT** adv. D'une manière entièrement conforme au texte: il cite toujours textuellement.

TEXTULAIRE adj. Qui concerne la texture.

* **TEXTURE** s. f. (lat. textura). Etat d'une chose tissue, action de tisser. (Peu usité au propre.) — Par ext. Disposition, entrelacement des parties qui composent un corps: c'est de la texture des parties d'un corps que dépendent sa dureté, sa mollesse, son élasticité, sa gravité, sa couleur, etc. — Fig. LA TEXTURE D'UN OUVRAGE, D'UNE PIÈCE DE THÉATRE, D'UN POÈME, etc., la liaison des différentes parties de cet ouvrage, etc.

TEZCUCO [tess-kou-ko] ou **Tezcoco**, ville du Mexique, à 16 kil. É.-N.-E. de Mexico, près de la rive orientale du lac de Tezcuco; 5,000 hab. Tissus de laine et de coton. Autrefois c'était la seconde ville du Mexique On y voit les ruines grandioses de trois pyramides.

THABOR ou **Tabor**, Ithabiricus mons, ar. Djebel-Tour, montagne de la Turquie d'Asie, au S.-O. du lac Tabariêh et à 11 kil. E.-S.-E. de Nazareth, dans l'ancienne Galilée. Il est célèbre par le miracle de la Transfiguration du Christ et par la victoire que Bonaparte et Kléber, à la tête de 4,000 hommes, y remportèrent le 17 avril 1799 sur les Turcs au nombre de 35,000 hommes.

THABORITES ou **Taborites**, secte de hussites fondée à Thabor par Ziska.

THACKERAY (William-Makepeace), écrivain anglais, né à Calcutta en 1811, mort le 24 déc. 1863. Après avoir voyagé sur le continent, étudié les beaux-arts et perdu la majeure partie de sa fortune dans des spéculations malheureuses, il prit la littérature pour profession. Il collabora aux revues et aux journaux du temps sous divers pseudonymes, mais son premier succès fut son roman intitulé: Vanity Fair, a Novel without a Hero, qui parut en livraisons mensuelles de 1846 à 1848. Entré au barreau cette même année, il ne pratiqua point. Ses conférences sur les humoristes anglais du XVIIIᵉ siècle, qu'il fit d'abord à Londres, et qu'il répéta ensuite en Amérique, ainsi que celles sur les quatre George, lui valurent un surcroît de célébrité. En 1859, il devint rédacteur en chef d'une revue nouvelle, le Cornhill Magazine, qui fut tout de suite d'un grand nombre. Il s'en retira en 1862. Sa vie domestique fut assombrie par la folie de sa femme. Thackeray fut un écrivain fécond, et, de plus, un dessinateur original qui illustrait la plupart de ses ouvrages. On trouvera la liste de ceux-ci dans tous les dictionnaires bibliographiques anglais. Un grand nombre ont été traduits, ou arrangés (chez Hachette) pour les lecteurs français.

THADDÉE (Saint), un des douze apôtres. (Voy. JUDE.)

THAÏS [ta'-iss], courtisane athénienne, qui accompagna Alexandre le Grand en Asie. Après sa mort, elle fut la maîtresse de Ptolémée Soter, qui, d'après Athénée, l'épousa par la suite. Elle était célèbre par son esp'rit

THALAMIFLORE adj. (lat. thalamus, lit; flos, floris, fleur). Se dit des plantes dycotilédones ayant une double enveloppe florale, à pétales distincts, insérés sur le réceptacle.

THALBERG (Sigismund), pianiste suisse, né en 1812, mort en 1871. Il était fils naturel du prince Dietrichstein, fut l'élève de Hummel, et parcourut l'Europe (1830-'39) et l'Amérique du Sud ainsi que les États-Unis (1856-'68), en donnant des concerts. Il a laissé de brillantes fantaisies sur Don Giovanni, Robert le Diable, l'Elisire d'Amore et les Huguenots. Son opéra de Florinde fut joué à Londres en 1851, sans grand succès, et resenté à Paris en 1865.

V.

* **THALER** s. m. [ta-lèr]. Monnaie de compte de l'Allemagne et d'autres pays de l'Europe. Il y avait *rigsdaler*, *reichstaler* et *riskdaler*, etc., c'est-à-dire dollars du royaume qui sortent des mines impériales ou royales. Comme monnaie de compte, le thaler présente des diversités plus grandes encore. En Suède, le *rigsdaler riksmynt*, vaut environ 4 fr. 35. En Danemark, le *rigsbankdaler* vaut environ 2 fr. 40. En Allemagne, on accepte en général le *thaler* de compte pour 3 fr. 45.

THALÈS [ta-lèss], philosophe grec, l'un des sept sages, né à Milet, en Ionie, vers 636 av. J.-C., mort vers 546. On lui attribue plusieurs découvertes. Il supputa, dit-on, l'orbite du soleil, fixa la durée de l'année à 365 jours, et, le premier parmi les Grecs, prédit les éclipses. Aristote l'appelle le créateur de la philosophie ionienne, et, par là, indirectement, de la philosophie grecque en général.

THALÉTIQUE adj. Phil. Qui appartient à l'école de Thalès.

THALIE (Myth. gr.), Muse de la comédie et de l'idylle. On la représente sous les traits d'une folâtre jeune fille, couronnée de lierre, chaussée de brodequins et portant à la main un masque comique.

THALLE s. m. (gr. *thallos*, feuille). Bot. Expansion foliacée ou foliiforme des cryptogames, des lichens, etc. On dit aussi FRONDS.

THALLIEUX adj. Se dit des sels qui renferment du thallium.

THALLIQUE adj. Qui se rapporte au thallium, qui en renferme.

* **THALLIUM** s. m. [tal-liomm] (gr. *thallos*, feuille), l'un des trois métaux formant la classe des triades; les autres sont l'iridium et l'or. Il a été découvert par Crookes, de Londres, en 1861, dans le résidu sélénifère laissé dans la fabrication de l'acide sulfurique avec des pyrites de fer, en observant une bande verte dans le spectre de la partie vaporisée de ce résidu. Le thallium ressemble au cadmium par la couleur, mais il se rapproche du plomb pour le poids spécifique, et a une densité qui varie de 11,8 à 11,91 suivant son traitement métallurgique. Son symbole est Tl; son poids atomique, 203,642. Il forme de nombreux composés, y compris trois oxydes, dont le plus important est l'oxyde thalleux, Tl²O. Ses sels sont du poison. On a utilisé ce métal pour rendre le verre plus réfractaire.

THALLOGÈNE adj. (gr. *thallos*, feuille; *genos*, naissance). Bot. Se dit de l'une des deux classes entre lesquelles les plantes sans fleurs sont divisées; l'autre classe étant dite acrogène. Le groupe des plantes thallogènes ou thallophytes comprend les formes les plus basses de la vie végétale. On n'observe aucune différence entre leurs feuilles, leurs tiges, leurs racines, et quelques-unes se composent d'une simple cellule. (Voy. ALGUES, LICHENS, etc.)

THALLUS s. m. [tal-luss] (gr. *thallos*, feuille). Bot. Terme employé aujourd'hui en botanique morphologique pour désigner le corps entier de certains végétaux dans lesquels on ne distingue ni racines, ni tige, ni feuilles, comme chez les algues, les lichens, etc.

* **THALWEG** s. m. [tal-vègh] (all. *thal*, *weg*, chemin). Géogr. Ligne plus ou moins sinueuse, au fond d'une vallée, suivant laquelle se dirigent les eaux courantes. — Ligne médiane d'un cours d'eau, d'un fleuve; le *thalweg du Rhin*.

THAMES [tanmzz], rivière de l'Ontario anada), dans la presqu'île qui se trouve entre les lacs Huron et Erie; elle coule au S.-O. pendant environ 250 kil. dans le lac Saint-Clair. Les petits navires la remontent jusqu'à Chatham, à 28 kil. — Les Américains

battirent les Anglais sur cette rivière, le 5 oct. 1813, à l'endroit où se trouve l'établissement moravien.

THANE s. m. Chef d'une bande ou d'un canton chez les Anglo-Saxons.

THANET (Île de) [tann'-ett], île d'Angleterre, sur la côte septentrionale du Kent. Elle est séparée de la terre ferme par des bras du Stour, appelés Stourwantsome, Melestream et Nethergong-wantsome. Longueur, 16 kil.; largeur, 8 kil.; 100 kil. carr.; 30,134 hab. Ramsgate, Margate et Broadstairs sont les plus importantes villes de l'île et des stations balnéaires fréquentées.

THANN, ville d'Alsace, à 41 kil. de Colmar et à 36 kil. de Belfort; 10,000 hab. Ancienne place fortifiée. Filatures de coton, produits chimiques, etc.

THAPSIA s. m. Nom scientifique des thapsies. — Sparadrap fait avec le suc de la thapsie du Gargano.

THAPSIE s. f. (lat. *thapsus*, bouillon blanc). Bot. Genre d'ombellifères comprenant une dizaine d'espèces de plantes herbacées vivaces, à grandes ombelles de fleurs jaunes. L'espèce la plus connue est la *thapsie du Gargano* (*thapsia Garganica*), qui habite le midi de l'Europe et le nord de l'Afrique. On retire de sa racine, au moyen de l'alcool bouillant, une résine qui a la consistance du miel, et dont on se sert pour préparer l'emplâtre de thapsia.

THAPSUS, ancienne ville d'Afrique, célèbre par la victoire que J. César y remporta sur M. Scipion Petreius et Juba, l'an 46 av. J.-C.

THASOS [ta-zoss] (auj. *Thusso*), île la plus septentrionale de l'archipel Grec, appartenant à la Turquie; 395 kil. carr.; 6,000 hab. en majorité Grecs. Le centre de l'île est occupé par le mont Ipsario, haut de 3,500 pieds. Il y a encore quelques restes de l'ancienne capitale de l'île. On n'y récolte plus qu'un très faible quantité de ce vin de Thasos, jadis si fameux. — L'île passe pour avoir été colonisée par les Phéniciens, conduits par Thasos, fils d'Agénor, lorsqu'il était à la recherche d'Europe. Plus tard, elle fut des colons de Paros, qui s'établirent aussi sur une portion considérable de la côte de Thrace. Les mines d'or étaient alors très productives. Thasos passa ensuite et successivement, avec quelques intervalles d'indépendance, sous le joug de la Perse, d'Athènes, de la Macédoine et de Rome.

THAU, *Tauri Stagnum*, vaste étang salé du dép. de l'Hérault; il est séparé de la Méditerranée par une langue de terre très étroite et longue de 65 kil. environ. Cet étang, traversé par le canal du Languedoc, est uni à la Méditerranée par le canal de Cette.

THAUMALÉ s. m. (gr. *thaumaleos*, merveilleux). Nom scientifique du faisan doré.

THAUMATOLOGIE s. f. (gr. *thauma*, *thaumatos*, merveille; *logos*, discours). Traité, science des merveilles.

THAUMATOPE s. m. Faiseur de tours de force, d'agilité ou d'adresse.

THAUMATROPE s. m. (gr. *thauma*, merveille; *trepô*, je tourne). Appareil qui produit une illusion d'optique basée sur cette particularité que la rétine possède le pouvoir de retenir les impressions pendant une période déterminée. On prend un morceau de carton de 4 à 5 centim. de long sur 2 centim. de large (fig. 1); on trace au crayon, de chaque côté, les lignes a c, b d et f g, qui se rencontrent en e, centre du carton. On colle d'un côté la figure découpée d'un oiseau, de ma-

Fig. 1.

nière que ses pieds se trouvent en e et qu'il semble perché sur la ligne f g; puis on efface le crayon et l'on a notre fig. 2. De l'autre côté on colle sur le carton l'image d'une cage vide, de façon que le bâton de la cage coïncide avec la ligne f g; on efface le crayon et l'on a la fig. 3. Les deux figures doivent être en sens inverse l'une relativement à l'autre, c'est-à-dire que quand on tourne le carton sur son côté k i, on les voit toutes les deux dans une position verticale, tandis que si on le tourne sur son côté h i, l'une des images se trouve renversée, comme cela a lieu pour nos pièces de monnaie dont la face et le revers paraissent dans le même sens ou renversés suivant la manière dont on retourne les

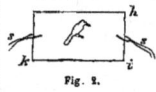

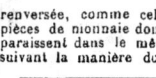

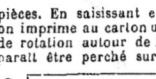

Fig. 2.

Fig. 3.

Fig. 4.

pièces. En saisissant ensuite les ficelles s s, on imprime au carton un rapide mouvement de rotation autour de l'axe f g, et l'oiseau paraît être perché sur le bâton de la cage.

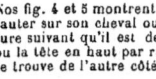

Fig. 5.

Nos fig. 4 et 5 montrent un Indien qui paraît sauter sur son cheval ou tomber de sa monture suivant qu'il est dessiné la tête en bas ou la tête en haut par rapport au cheval qui se trouve de l'autre côté du carton.

* **THAUMATURGE** adj. (gr. *thauma*, merveille; *ergô*, je fais). Qui fait des miracles: *saint Grégoire Thaumaturge*. — Substantiv. *C'est un thaumaturge*.

* **THAUMATURGIE** s. f. Art du thaumaturge.

* **THÉ** s. m. (chim. *tché* ou *thé*). Arbrisseau qui croît à la Chine et au Japon, et dont les feuilles, auxquelles on donne le même nom, servent à faire une infusion qui se prend chaude: *thé vert*. — Infusion de thé: *boire du thé*. — THÉ DE SUISSE ou THÉ SUISSE, mélange de plusieurs espèces de plantes aromatiques recueillies dans les Alpes, et que l'on conserve coupées et desséchées, pour en faire des infusions médicinales. — Espèce de collation dans laquelle on sert du thé, et qui offre l'occasion de réunir, le soir, une société nombreuse: *donner un thé*. — ENCYCL. On donne, chez nous, le nom de thé aux feuilles séchées de certaines espèces de plantes de l'ancien genre *thea*, dont on se sert pour faire un breuvage par infusion. Bentham et Hooker, qui ont revu les genres avec soin, n'ont pu trouver aucun caractère satisfaisant pour séparer, en tant que genre, le thé du

ramélia. Comme les botanistes s'accordent pour la plupart à ne reconnaître qu'une espèce de thé, le nom botanique de la plante doit être *camellia thea*. A l'état sauvage, le thé est un arbrisseau buissonneux, quelquefois un petit arbre; mais, en culture, on le maintient toujours à l'état nain. Comme toutes les plantes longtemps cultivées, le thé a donné plusieurs variétés bien tranchées, que l'on a décrites comme des espèces différentes. On cultive le thé en Orient, de l'Inde au Japon. En Amérique, il réussit au S. de Washington, du côté de l'Atlantique, et beaucoup plus au N. sur les côtes du Pacifique. On ne sait pas de quel pays le thé est originaire; on l'a trouvé à l'état réellement sauvage dans l'Assam. On ne sait pas non plus à quelle époque il a été cultivé en Chine pour la première fois. On suppose que son usage dans l'Inde est relativement récent, parce qu'il n'y a pas de mot pour nommer la plante en sanscrit. Les Portugais sont, dit-on, les importateurs du thé en Europe; ils le connurent au commencement du xvi° siècle. — On divise les thés en thés noirs et thés verts;

Thé (Camellia thea).

cette distinction ne se base pas sur les différences d'espèces, mais sur l'âge de la feuille au moment où elle est cueillie et les manières de la préparer. Ces deux sortes se subdivisent en plusieurs sous-variétés qui prennent le nom de la province qui les produit, ou de l'endroit d'où on les exporte, ou de quelque particularité propre au thé luimême. Les districts chinois qui fournissent à l'exportation gisent entre 25° et 31° lat. N. Il y a longtemps que le thé se cultive au Japon, et depuis l'ouverture de ce pays au commerce cet article donne lieu à des transaction très considérables. Différentes parties de l'Inde sont très propres à cette culture. On l'a introduite à Java et à Penang avec de bons résultats. La qualité du thé dépend de la situation, aussi bien que de la variété. Un préfère les pentes des collines, à des élévations qui varient avec le climat. Il n'y a guère de bon sol arable, exempt d'eaux stagnantes, qui ne soit convenable à cette culture L'âge des feuilles au moment de la cueillette a aussi une grande influence sur la qualité du thé: plus les feuilles sont jeunes, plus leur arôme est délicat; mais aussi, bien entendu, plus le rendement est petit. On fait quelquefois deux qualités avec la même cueillette, en séparant les feuilles les plus fines des plus grosses, après qu'elles ont été séchées. Si la dessication se fait rapidement après la cueillette, le thé reste vert. Plus tard, se produit une sorte de fermentation, qui produit le thé noir.

THÉACÉ, ÉE adj. Bot. Qui ressemble ou qui se rapporte au thé. — s. f. pl. Syn. de CAMÉLIACÉES.

THÉANDRIQUE adj. (gr. *theos*, Dieu; *anér, andros*, homme). Qui est à la fois homme et Dieu; qui appartient à l'Homme-Dieu.

THÉANTHROPIE s. f. (gr. *theos*, Dieu; *anthropos*, homme). Opinion de ceux qui donnent à la divinité les attributs de l'homme.

* **THÉATIN** s. m. Membre d'une société de prêtres réguliers, fondée à Rome en 1524 par Gaetano di Tiene, Bonifazio di Colle, Giovanni Pietro Caraffa (plus tard le pape Paul IV) et Paolo Consigliari. On les appela d'abord vulgairement *Cajetans*, du nom de Gaetano di Tiene. C'est à Caraffa que l'ordre doit son développement et sa prospérité; il en fut le premier supérieur général, et du nom latin de son archevêché de Chieti (lat. *Theate*) tira le nom officiel de l'ordre. Les théatins fondèrent bientôt des missions en Tartarie, à Tiflis et en Circassie. Au commencement de ce siècle, ils en étaient réduits à l'Italie, où neuf de leurs établissements furent encore supprimés en 1870. Il y avait aussi à la même époque deux petites communautés de religieuses théatines.

THÉATINE s. f. Membre d'une congrégation de femmes soumises à la direction des théatins.

* **THÉATRAL, ALE, ALS** adj. Qui appartient au théâtre, qui est propre au théâtre; ou qui ne convient guère qu'au théâtre : *action théâtrale*. — ANNÉE THÉATRALE, temps qui s'écoule depuis la rentrée de Pâques jusqu'à la clôture de la semaine sainte.

* **THÉATRALEMENT** adv. D'une manière théâtrale.

* **THÉATRE** s. m. (lat. *theatrum*). Lieu où l'on représente des ouvrages dramatiques, où l'on donne des spectacles : *les anciens construisaient de magnifiques théâtres*. — Scène, partie élevée où les acteurs, vus de tous les points de l'enceinte, exécutent les représentations dramatiques : *la décoration du théâtre*. — CHANGEMENTS DE THÉATRE, changements de décoration dans la même pièce. On dit plus ordinairement aujourd'hui, CHANGEMENTS DE DÉCORATION, CHANGEMENTS DE SCÈNE. — PIÈCE DE THÉATRE, tragédie, comédie, opéra, etc. — HABITS DE THÉATRE, habits servant dans les représentations dramatiques. — ÉCRIRE, TRAVAILLER POUR LE THÉATRE, composer des tragédies ou des comédies. METTRE UN SUJET AU THÉATRE, en faire une comédie ou une tragédie; et, METTRE UNE PIÈCE AU THÉATRE, la donner aux comédiens, la faire représenter. — LES PERSONNES DE THÉATRE, les acteurs et les actrices de profession : *c'est une femme de théâtre*. — MONTER SUR LE THÉATRE, exercer la profession de comédien : *il y a longtemps que cet acteur monte sur le théâtre*. — QUITTER LE THÉATRE, se dit d'un comédien qui renonce à sa profession. Se dit également d'un poète qui ne veut plus faire de pièces de théâtre. On dit aussi, dans les deux sens, RENONCER AU THÉATRE. — CET ACTEUR EST NÉ POUR LE THÉATRE, il a des dispositions naturelles pour bien représenter; et, IL N'EST PAS ENCORE ASSEZ ACCOUTUMÉ AU THÉATRE, il n'a pas encore acquis l'habitude nécessaire pour bien jouer. — S'applique aussi, par ext., aux règles de la poésie dramatique, ou à la poésie dramatique même : *cet auteur fait bien les vers, mais il n'entend pas le théâtre*. — COUP DE THÉATRE, événement imprévu, quoique préparé, qui arrive dans une pièce : *les reconnaissances sont des coups de théâtre*. — Recueil de toutes les pièces d'un auteur qui a travaillé pour le théâtre : *le théâtre de Corneille*. — LE THÉATRE GREC ou DES GRECS, LE THÉATRE LATIN, les tragédies et les comédies faites par les auteurs grecs, par les auteurs latins. On dit, de même, LE THÉATRE FRANÇAIS, ANGLAIS, ITALIEN, ESPAGNOL, etc. — Lieu où se passent des actions remarquables, où des hommes figurent et sont, pour ainsi dire, en spectacle : *cette ville fut le théâtre d'un grand événement*. — ENCYCL. Les pièces de théâtre se divisent en *tragédies* et en *comédies*. La plus ancienne forme connue fut la dithyrambe, hymne chanté en l'honneur de Bacchus par un chœur accom-

pagné de musique, de gestes et de danses. En 535 av. J.-C., Thespis récitait une ode avec des répons par un chœur dithyrambique; celle-là la première origine du dialogue. De ces éléments grossiers, Eschyle tira vers l'an 500 le drame tel que nous le concevons encore aujourd'hui. Il employa le chœur simplement comme auxiliaire et le tint à l'arrière-plan; il admit un second acteur sur la scène et introduisit le dialogue. On lui doit l'invention des décors, des costumes et du machinisme. Trente ans plus tard, Sophocle introduisit un troisième acteur et donna ainsi plus d'étendue au dialogue et plus de vivacité à l'action. Vers l'an 440 av. J.-C., Euripide porta le théâtre tragique grec à son plus haut point de pureté. Ses tragédies se composent d'une fable ou d'une série d'événements rattachés les uns aux autres par des transitions naturelles. L'unité d'action, de lieu et de temps, n'était pas toujours strictement observée, bien qu'elle devînt ensuite la règle principale admise par les poètes classiques français. La tragédie grecque se composait souvent de trilogies ou 3 pièces distinctes formant une action complète. L'histoire primitive de la comédie est encore plus obscure que celle de la tragédie; on la divise en trois périodes : celle de l'ancienne comédie; celle de la comédie moyenne et celle de la nouvelle comédie. Dans la première, on ridiculisait, sous leurs vrais noms, des personnages contemporains; le plus célèbre et le dernier représentant de ce genre fut Aristophane. Dans la comédie moyenne, on ridiculisa, sous des noms fictifs, des personnages réels, dont on représentait les traits au moyen d'un masque, de vêtements, etc., ou par tout autre moyen sur lequel le public ne pouvait se tromper. Dans la nouvelle comédie, que Ménandre porta à son apogée, le personnage et le sujet étaient, l'un et l'autre, fictifs, la satire n'ayant plus d'autre prétention que de châtier les vices en général. Le théâtre romain dérive de celui des Grecs; on y introduisit la farce, invention des Toscans. Les seuls tragiques romains dignes de mention sont : Térence, Plaute et Sénèque. Avec eux se termine le premier âge du drame ou âge classique. Le second âge, dit romantique, apparaît au xii° siècle, lorsque l'on commença à représenter des pièces nommées *entremets* entre les services des banquets royaux et des carrousels. Ces entremets se tardèrent pas à dégénérer en mascarades; mais déjà se développait la composition mystique nommée *mystère*, pièce religieuse basée sur des passages de l'Écriture et dont la représentation devint extrêmement populaire, les jours de fête. La forme suivante du drame fut la *moralité*, ayant avec le mystère une similitude comparable à celle de la nouvelle comédie à l'ancienne comédie des Grecs. Alors on commença à écrire des *histoires*, germe du drame romantique qui devait atteindre à une si merveilleuse perfection entre les mains de Shakespeare et de ses rivaux. Pendant cette période, les italiens et les Espagnols inaugurèrent un genre qui participait de la pantomime, de la farce et de la comédie d'intrigue, où il avait pour canevas des anecdotes courtes et simples. Ce genre fut imité et perfectionné par les Français, qui lui donnèrent plus de variété et plus d'étendue. Avec le xviii° siècle, naquit le drame sentimental, alliance de la tragédie et de la comédie. Vers le même siècle vit se développer l'*opéra*, drame mis en musique et dans lequel le chant remplace la déclamation; en l'accompagnant de splendides décors, de ballets, de magnifiques effets d'illumination et d'optique, on lui donna le caractère particulier qui le place au premier rang. Parmi les autres formes dramatiques qui suivirent l'introduction de l'*opéra*, nous

devons citer le *mélodrame*, le *vaudeville* et la *pantomime*. (Voy. Comédie, Tragédie, etc.) — Les premiers théâtres des Grecs étaient extrêmement grossiers. Vers 500 av. J.-C., les Athéniens commencèrent la construction du grand théâtre de Dyonisos (Bacchus), premier édifice à demeure et en pierre, élevé spécialement pour cet usage. Il ne fut terminé qu'en 340, mais il est probable qu'on l'utilisa bien auparavant; pendant ce temps, d'autres théâtres s'élevaient en beaucoup de lieux de la Grèce, de l'Asie Mineure et de la Sicile. Les sièges des spectateurs, composant le *théâtron* proprement dit, s'élevaient les uns au-dessus des autres en arcs de cercle concentriques, chaque rang formant presque les deux tiers d'une circonférence. L'espace qui se trouvait immédiatement devant les spectateurs s'appelait l'orchestre, et était affecté au chœur. La scène était derrière et au-dessus de l'orchestre. Le fond était clos par un mur appelé *skéné* (lat. *scena*); tout l'espace compris entre la scène et l'orchestre s'appelait le *proscenium*. Il n'y avait pas de décor à proprement parler, mais la scène était architecturalement décorée. Il n'y avait de toit ni sur la scène, ni sur l'orchestre, ni sur l'amphithéâtre. Les femmes, paraît-il, étaient autorisées à assister aux tragédies, mais elles étaient exclues des comédies; les jeunes garçons étaient admis aux unes et aux autres. Tous les acteurs étaient, sans exception, du sexe mâle. Les représentations commençaient de bonne heure le matin et duraient souvent de 10 à 12 heures. Les théâtres romains furent construits sur le modèle de ceux de la Grande Grèce. L'un d'eux, élevé par M. Æmilius Scaurus (58 av. J.-C.), pouvait contenir 80,000 spectateurs assis. Chez les Romains, les femmes jouaient dans les intermèdes et les mimes, mais non dans les vrais drames. — Au moyen âge, les seules représentations théâtrales furent les miracles, les mystères et les interludes. On les jouait le plus souvent dans les couvents, dans les collèges, dans les églises ou dans les grandes salles des palais et des châteaux. En France, les premiers théâtres furent construits pour la représentation des miracles. Jusque en 1561, ces théâtres n'eurent pas de décors, et les acteurs restaient sur la scène pendant toute la représentation. Le premier théâtre italien fut élevé, dit-on, à Florence en 1581, par Bernardo Buontalenti, mais il n'était probablement pas ouvert au public. En 1618, Aleotti construisit, à Parme, un théâtre, où les dispositions modernes commencèrent à paraître. En Angleterre, dès le règne d'Edouard IV, longtemps avant qu'il y eût des théâtres spéciaux, il y avait des compagnies d'acteurs. Le premier édifice de ce genre fut probablement le *Theatre* de Londres, bâti avant 1576. Du temps de Shakespeare, Londres avait trois théâtres particuliers et quatre théâtres publics. Celui du Globe, où se jouait, ainsi qu'à Blackfriars, les pièces du grand poète, était en partie à ciel ouvert et en partie muni d'un toit de chaume. En Amérique, le premier théâtre fut celui de Williamsburg, dans la Visconsin, ouvert le 5 sept. 1752. Les théâtres modernes, à l'exception de ceux qui ont, pour destination spéciale, la représentation des opéras, sont relativement petits. Le plus beau théâtre du monde est le grand Opéra de Paris. Commencé en 1860, il fut ouvert au public le 5 janv. 1875. Les constructions seules, sans compter le terrain, ont coûté 29 millions de fr. au gouvernement. La scène a environ 30 m. de large sur 70 de profondeur, et peut contenir 700 artistes à la fois. — Législ. « Tout individu peut faire construire et exploiter un théâtre, à la charge de faire une déclaration au ministère de l'instruction publique et des beaux-arts, et au préfet de police à Paris ou, à la préfecture, dans les

départements (Décr. 6 janv. 1864). Mais la *censure préalable*, qui est abolie depuis 1830 à l'égard des livres et des journaux, a dû être conservée pour les œuvres dramatiques. Aucune œuvre devant être représentée, lue ou chantée sur un théâtre, quelle que soit cette œuvre, pièce détachée, cantate, romance, chanson ou chansonnette, ne peut paraître en public sans une autorisation qui est donnée par l'administration, et qui peut toujours être retirée pour un motif d'ordre public. La demande d'autorisation est adressée à Paris, au bureau de la police des théâtres (rue de Valois, n° 3), et dans les départements, au préfet. La reprise d'anciens ouvrages déjà représentés n'est pas dispensée de cette formalité. Toute demande d'autorisation doit être accompagnée de deux exemplaires ou de deux copies très lisibles de l'ouvrage. Lorsque l'autorisation est accordée, l'un des exemplaires déposés est rendu, revêtu du visa, au directeur du du théâtre, lequel peut alors faire représenter l'ouvrage. Cet exemplaire visé doit être, à toute réquisition, présenté au commissaire de police ou à tout autre agent de surveillance (Décr. 30, déc. 1852; Inst. min. 26 fév. 1879). — Les spectacles de curiosités ou de marionnettes, les cafés concerts, etc., sont soumis aux règlements de police. (Voy. Spectacle.) Les bureaux de bienfaisance ont le droit de prélever, dans tous les théâtres, un décime par franc en sus du prix de chaque billet d'entrée. (Voy. Bienfaisance.) La République continue à subventionner certains théâtres de la ville de Paris. Cela était admissible sous l'ancien régime, à l'époque où les plaisirs du roi étaient une des affaires les plus importantes de l'Etat; mais, aujourd'hui, n'est-ce pas là soutenir injustement une concurrence contre les autres théâtres, en employant les deniers publics à des arts d'agrément dont l'exploitation doit être laissée entièrement à l'entreprise privée ? Le maintien du bon ordre dans les théâtres est une des attributions de la police municipale (L. 5 avril 1884, art. 97, 3°). Les directeurs des théâtres sont assujettis à une patente du vingtième de la valeur locative de leur habitation personnelle et, en outre, à un droit fixe qui est ainsi calculé : 3/10 d'une représentation complète, pour les théâtres où l'on joue tous les jours; 3/20 si l'on ne joue pas tous les jours ; et 60 fr. seulement, si la troupe n'est pas sédentaire, c'est-à-dire si elle réside moins de quatre mois consécutifs dans la même ville. »

(CH. Y.)

* **THÉATRE-FRANÇAIS**, nom d'un théâtre de Paris; où l'on joue les pièces du répertoire classique, ainsi que des tragédies et des comédies nouvelles. On dit aussi Les Français ou la Comédie française. — Dès le règne de Henri II, les confrères de la Trinité possédaient, dans les dépendances de l'hôtel de Bourgogne, une salle de spectacle qu'ils louaient à des troupes françaises et italiennes. C'est là que furent jouées les pièces de Jodel, de Garnier, de Hardy, de Rotrou, de Corneille, etc. Vers l'an 1600, s'éleva près de l'hôtel de ville le théâtre du Marais, qui fut transporté ensuite dans un jeu de paume de la vieille rue du Temple. Puis vinrent les troupes dans lesquelles joua Molière. (Voy. ce mot.) Le 21 oct. 1680, Louis XIV donna à la *troupe du roi* le théâtre Guénégaud et, huit ans plus tard, les *comédiens français*, comme ils s'appelaient, par opposition aux *comédiens italiens*, se firent construire un théâtre dans la rue des Fossés-Saint-Germain-des-Prés. On y représenta des pièces de tous les grands écrivains de l'époque depuis Regnard jusqu'à Voltaire. Les acteurs qui parurent avec le plus d'éclat à cette époque furent Quinault, Le Kain, Brizard, Le Couvreur, Clairon, Sainval et Vestris. En

1770, les comédiens s'établirent aux Tuileries, puis à l'Odéon le 9 avril 1782. La troupe se dispersa pendant la Révolution; le Directoire parvint à en reformer une nouvelle sous le non de *Comédie-Française* (sept. 1798). Un incendie ayant détruit l'Odéon en 1799, la troupe se transporta au Palais-Royal, dans la salle qu'elle occupe aujourd'hui.

* **THÉBAÏDE**, ancien nom de l'Egypte méridionale ou haute *Egypte*. Ce nom lui vint de Thèbes, sa capitale. — s. f. Lieu désert, solitude profonde. — L'ancienne Thébaïde (*Thebaïs* ou *Thebaïca regio*) forme aujourd'hui le Saïd et la partie sud de l'Ouestanièh. Ce fut dans les déserts, qui limitaient ce pays à l'E. et à l'O., que vécurent les premiers anachorètes, saint Macaire, saint Antoine, etc.

* **THÉBAIN, AINE** s. et adj. De Thèbes; qui appartient à cette ville ou à ses habitants. — **Légion Thébaine**, légion uniquement composée de chrétiens et qui fut martyrisée toute entière dans le Valais actuel, en 286.

THÉBAÏQUE adj. Qui appartient à Thèbes ou à la Thébaïde. — Sirop thébaïque, opiacé dont 25 gr. ou 2 cuillerées équivalent à 5 centigr. d'extrait d'opium, dose ordinaire par 24 heures. On l'obtient de l'*extrait thébaïque*, extrait aqueux d'opium, ainsi nommé à cause de la grande quantité d'opium que produit l'Egypte.

THÈBES (Egypt. *Tape*, ou *Thaba*, d'où le grec *Thébaï*, *Thèbæ*; appelée Nou ou No-Ammon par les Hébreux, et Diospolis la Grande par les Grecs des derniers temps et par les Romains), ancienne capitale de la haute Egypte, et, pendant la période de l'empire capitale du pays entier. Elle s'élevait presque au centre de la Thébaïde, sur les deux rives du Nil, s'étendait jusqu'aux montagnes qui

Entrée du temple de Luxor à Thèbes.

limitaient la vallée. Elle fut surtout florissante sous la 18e dynastie; sa décadence commença vers 800 av. J.-C., et Ptolémée Lathyrus la réduisit en ruines en 86 av. J.-C. Elle garda cependant quelque importance jusqu'à l'invasion des Sarrasins; après quoi c'est à peine si l'on mentionne son nom pendant plusieurs siècles. — Les ruines de Thèbes, qui comptent entre les plus magnifiques du monde, se trouvent aux villages modernes de Louqsor et de Karnak sur la rive orientale du Nil, et à Gurna et à Medinet-Abou, sur la rive occidentale. La grande masse de la population habitait le quartier E.; l'O. au con-

traire, était couvert de temples et de palais à avenues de sphinx, et de tombeaux des rois taillés dans le roc vif. A Gurna, les principaux édifices sont les temples-palais appelés le Mernephtheum et le Ramesseum. Dans le voisinage, on remarque deux statues colossales avec des piédestaux hauts de 60 pieds; les anciens les considéraient comme une merveille, et l'une d'elles était la mélodieuse statue de Memnon. (Voy. MEMNON.) Medinet-Abou est située, sur un monticule élevé, formé par les ruines de Thotmesium, et relié au palais de Ramsen par un *dromos* de 265 pieds de long. Les collines, sur une longueur de 5 kil. et une hauteur de 300 pieds, sont pleines de sépulcres creusés dans la roche calcaire. Les ruines de la rive orientale sont plus remarquables encore. A Louqsor, les monuments les plus frappants étaient deux beaux obélisques de granit rouge chargés d'inscriptions; l'un d'eux a été transporté à Paris, et dressé sur la place de la Concorde. En arrière se trouvent deux statues assises de Ramsès, dont l'une a 39 pieds; mais elle est ensevelie jusqu'à la poitrine dans la terre et le sable. Le grand temple-palais de Karnak est entouré d'un mur de brique, de 1,800 pieds de circuit et d'un diamètre un peu moindre. La grande salle a 80 pieds de haut, 329 de long et 179 de large. Le toit est soutenu par 12 colonnes massives, de 66 pieds de haut et de 12 pieds de diamètre, et par 122 plus petites, formant une sorte d'avenue ou d'allée.

THÈBES (gr. moderne, *Thiva*). Dans l'antiquité grecque, la ville principale de la Béotie. Son premier nom était Cadmea, du nom de son fondateur légendaire, Cadmus. La citadelle, plus tard, garda seule ce nom. L'expulsion d'Œdipe, les sièges des « Sept devant Thèbes » et les Epigones, tels furent les principaux événements, d'un caractère légendaire, avant que les Béotiens n'eussent chassé les Cadméens, 60 ans environ après la guerre de Troie. Au VIIIe siècle av. J.-C., Thèbes devint la tête de la confédération des villes béotiennes. Elle perdit son influence, en abandonnant la cause de la Grèce pendant l'invasion de Xerxès, et en combattant contre les Grecs à Platée (479). Pendant la guerre du Péloponèse, les Thébains se montrèrent les ennemis des Athéniens plus que les Spartiates; plus tard, néanmoins, ils entrèrent dans la coalition qui se forma contre ceux-ci en 395, et ils furent les seuls de l'armée alliée que les Spartiates ne mirent pas en déroute à Chéronée. La paix d'Antalcidas (387) enleva à Thènes sa suprématie sur les autres villes de la Béotie. Les Spartiates, qui s'étaient traîtreusement emparés de la citadelle en 382, furent chassés par Pélopidas vers la fin de 379, et Epaminondas les battit à Leuctre en 371. Les Thébains obtinrent ainsi l'hégémonie de la Grèce, pour la perdre après la mort d'Epaminondas à Mantinée (362). Thèbes s'unit à Athènes contre Philippe de Macédoine; mais après la bataille de Chéronée (338), elle reçut une garnison macédonienne, et ses premiers citoyens furent bannis ou mis à mort. Elle se révolta; pour la punir, Alexandre le Grand rasa toute les maisons, excepté celle de Pindare (335); après cela, elle ne recouvra plus jamais son indépendance. La ville actuelle est petite et misérable.

THÉCLE (Sainte), vierge chrétienne du Ier siècle. L'Eglise l'honore le 23 septembre.

THÉCODONTE adj. (gr. *têkê*, gaîne; *odous*, *odontos*, dent). Qui a les dents implantées dans les alvéoles.

THÉGONNEC (Saint-), ch.-l. de cant., arr. et à 15 kil. S.-O. de Morlaix (Finistère); 3,000 hab. Belle église de temps de la Renaissance.

THÉIER, IÈRE adj. Qui a rapport au thé.

* THÉIÈRE s. f. Vase pour faire infuser le thé: *théière d'argent.*

* THÉIFORME adj. Ne s'emploie que dans cette loc., INFUSION THÉIFORME, infusion que l'on prépare comme le thé.

THEIL (Le), ch.-l. de cant., arr. et à 35 kil. S.-E. de Mortagne (Orne); 900 hab.

THÉINE s. f. Chim. Principe actif du thé. (Voy. CAFÉINE.)

* THÉISME s. m. (gr. *theos*, Dieu). Croyance en l'existence de Dieu, se rapprochant plus d'une religion ou d'un culte que le simple déisme.

THEISS (taïss) (anc. *Tibiscus*; Hongr. *Tissa*), rivière de Hongrie, qui prend sa source au N.-E., dans le comté de Marmaros, coule à l'O., au S.-O. et au S., et se jette dans le Danube au S. de Titel, près de la frontière S. de la Hongrie. Elle a plus de 950 kil. et est navigable sur la plus grande partie de son parcours. Ses principaux affluents sont le Szamos et le Maros. Pendant les 480 derniers kil., ou à peu près, son cours est parallèle à celui du Danube. Le canal Francis, qui abrège de 160 kil. le trajet pour descendre la Theiss et pour remonter le Danube, a été élargi, et on a achevé en 1875 une branche de ce canal qui va de Szlapar à Neusatz sur le Danube.

* THÉISTE s. Celui, celle qui fait profession de théisme. — Adjectiv. *Un philosophe théiste.*

THÉLALGIE s. f. (gr. *têlê*, mamelle; *algos*, douleur). Douleur du mamelon.

THÉLÈME (Abbaye de), nom donné par Rabelais à l'abbaye fondée par Gangantua et dont la devise était: *Fay ce que vouldras.*

THÉMATIQUE adj. Qui a rapport au thème des mots.

* THÈME s. m. (lat. *thema*). Sujet, matière, proposition que l'on entreprend de prouver ou d'éclaircir: *cet homme-là n'a pas bien pris, n'a pas bien suivi son thème.* — Fig. et fam. IL A MAL PRIS SON THÈME, se dit de quelqu'un qui a avancé quelque chose mal à propos, quelque chose de faux qu'il ne peut soutenir. — Ce qu'on donne aux écoliers à traduire de la langue qu'ils savent dans celle qu'on veut leur apprendre: *thème grec; thème latin.* — Se dit aussi de la composition de l'écolier: *il a bien fait son thème.* — Mus. Air sur lequel on compose des variations. — Astrol. THÈME CÉLESTE, ou simpl., THÈME, position où se trouvent les astres, par rapport au moment de la naissance de quelqu'un, et au lieu où il est né; position de laquelle les astrologues tirent ces conséquences conjecturales qu'ils appellent HOROSCOPE.

THÉMINES (Pons DE LAUZIÈRES, marquis de), maréchal de France, né vers 1522, mort en 1627. Nommé capitaine des gardes par Henri III, il déborda, en 4592, Villeneuve contre le duc de Joyeuse. En 1616, il arrêta Condé et fut nommé le même jour maréchal de France.

THÉMIS s. f. [té-miss]. Nom de la déesse de la justice. En poésie et dans le style oratoire, signifie quelquefois, la justice même. — Thémis était fille d'Uranus et de Gæa, épouse de Zœus et mère des Heures. Elle demeurait dans l'Olympe et convoquait l'assemblée des dieux. Homère la représente comme la personnification de l'ordre de choses établi par la loi, la coutume et l'équité. Sur les médailles de l'antiquité, elle présente une grande ressemblance avec Minerve (Athênê); et porte une corne d'abondance et une balance.

THÉMISTOCLE, général athénien, né vers 514 av. J.-C., mort vers 449. Après l'exil d'Aristide, en 483, il se trouva le chef poli-

tique d'Athènes, et s'efforça de faire de celle-ci une grande puissance maritime. Lors de l'invasion de Xerxès, il engagea les Athéniens à abandonner leur cité et à se retirer à Salamine, où toutes les forces navales de la Grèce étaient assemblées. Ce fut grâce à sa seule influence que cette flotte resta réunie; et la bataille navale qui se livra en cet endroit fut une victoire complète pour les Grecs. Lorsque les Athéniens revinrent dans leur ville, par son influence et sous son administration, les fortifications furent rebâties sur une plus large échelle, et les trois ports furent enfermés dans une muraille de près de 7 kil. de tour. Son pouvoir politique ne tarda pas cependant à décroître; vers 471 l'ostracisme le frappa, et il alla en exil à Argos, d'où il s'enfuit en Perse. Là, d'après certains récits, il entretint Artaxerxès de plans illusoires pour la conquête de la Grèce, et il finit par s'empoisonner.

THÉNAR s. m. (gr. *thenar*, paume de la main). Anat. Saillie musculaire située à la région palmaire de la main.

THÉNARD (Louis-Jacques, BARON), chimiste français, né à la Louptière, près de Nogent-sur-Seine (Aube), le 4 mai 1777, mort à Paris, le 21 juin 1857. Il découvrit différentes écoles à Paris. Charles X le fit baron, et Louis-Philippe pair de France; en 1838, il devint directeur du Collège de France. Son *Traité élémentaire de Chimie* (1813-'16, 4 vol.; 7e édit. 1836, 5 vol.) a été traduit en plusieurs langues. Ses travaux ont porté surtout sur l'acide acétique, le protoxyde de fer, le sulfate d'arsenic, l'éther, le potassium, le sodium, le bore, l'eau, le phosphore, etc.

THÉNEZAY, ch.-l. de cant., arr. et à 15 kil. N.-E. de Parthenay (Deux-Sèvres); 2,300 hab.

THENON, ch.-l. de cant., arr. et à 40 kil. S.-E. de Périgueux (Dordogne); 1,500 hab.

THÉOBROMINE s. f. (de *théobrome*, nom scientifique du cacaoyer). Chim. Alcaloïde qui existe dans les graines du théobrome à cacao et qui est, par conséquent, l'un des constituants du chocolat. C'est une substance solide cristalline blanche qui n'est que légèrement soluble dans l'eau et qui présente un goût amer. Il se rapproche de la théine, alcaloïde qui existe dans le thé et dans le café, mais elle en diffère par son action physiologique.

THÉOCRATE s. m. Membre d'une théocratie.

* THÉOCRATIE s. f. [-si] (gr. *theos*, Dieu; *kratos*, pouvoir). Gouvernement où les chefs de la nation sont regardés comme étant les ministres de Dieu : *le gouvernement des Hébreux sous les Juges, et avant qu'ils eussent un roi, était une véritable théocratie.*

* THÉOCRATIQUE adj. Qui appartient à la théocratie, qui a le caractère de la théocratie : *le gouvernement des Incas était théocratique.*

THÉOCRITE, poète grec, né à Syracuse, florissait vers 270 av. J.-C. Il écrivit en un dialecte mixte où dominait le dorien. Il a créé la poésie pastorale comme genre littéraire. On a 30 pièces de poésie appelées idylles, qu'on lui attribue, et 22 épigrammes. Les éditions principales de Théocrite sont celles de Leipzig (1765, 2 vol. in-4°), de Jacobs (Hall, 1824), de Boissonnade (Paris, 1837), etc. Théocrite a été traduit en vers par Longepierre (1688), par Servan de Sugny (1822) et par Firmin Didot (1833).

THÉODEBALD, roi d'Austrasie, mort en 553. Il succéda en 547 à son père, Théodebert Ier; il se trouva mêlé aux guerres d'Italie et perdit toutes les possessions que les Français avaient au delà des monts.

THÉODEBERT. I, petit-fils de Clovis, mort en 548. En 534, il succéda à son père Thierry, comme roi de Metz et d'Austrasie. Il tailla en pièces les troupes des Ostrogoths et celles des Romains dans la Ligurie, mais dut se retirer après avoir vu ses troupes décimées par la disette et les maladies. — II. (586-612). Après la mort de son père, Childebert II (596), il gouverna sous la direction de son aïeule Brunehaut qu'il finit par chasser de son royaume.

* THÉODICÉE s. f. (gr. *theos*, Dieu ; *diké*, justice). Justice de Dieu. — Partie de la théologie naturelle qui traite de la justice de Dieu et qui a pour objet de justifier sa providence en réfutant les objections tirées de l'existence du mal, soit physique, soit moral. — Traité composé sur cette partie de la théologie : *la théodicée de Leibnitz*.

THÉODOLITE s. m. (gr. *theaoimai*, je vois ; *dolichos*, loin). Instrument qui sert à mesurer les angles verticaux et horizontaux, à prendre les niveaux, et à combiner les usages de la lunette méridienne, du quadrant et du niveau. Tantôt la lunette tourne et les angles

Théodolite.

verticaux se lisent sur un cercle gradué ; tantôt les angles verticaux se lisent sur un demi-cercle en dessous de la lunette et du niveau, et le télescope, au lieu de tourner, se renverse. La première forme est préférable pour la facilité de son emploi et pour sa précision. Dans les grands instruments, les cercles ont 75 centim. de diamètre, ou davantage ; dans les petits, de 12 à 15 centim.

THÉODORA. Voy. JUSTINIEN.

THÉODORE (Sainte), vierge et martyre, décapitée vers l'an 304. Fête le 28 avril.

THÉODORE (Saint), archevêque de Cantorbéry (602-690). Il était né à Tarse en Cilicie ; il publia un recueil de canons qui réglaient le temps des pénitences publiques. Fête le 19 septembre.

THÉODORE, nom de deux papes. I. (580-649), il monta sur le trône pontifical en 642 et combattit avec ardeur le monothélisme. — II. Mort en 898. Il ne resta que vingt jours sur le siège apostolique.

THÉODORE Ier, roi de Corse. Voy. NEUHOF et CORSE.

THÉODORE ou Théodoros, roi d'Abyssinie. (Voy. ABYSSINIE).

THÉODORET (Theodoretus), théologien de Syrie, né à Antioche, probablement en 393, mort en 457 ou 458. En 423, il devint évêque de Cyrrhus, sur l'Euphrate. Au concile de Chalcédoine, en 451, il souscrivit au décret qui condamnait Nestorius. On l'estime comme exégète ; il a aussi écrit des homélies, une histoire de l'Église chrétienne de 324 à 429, un abrégé des fables des hérétiques, les vies de 30 ermites, etc., et 180 lettres.

THÉODORIC (all. *Dietrich*), surnommé LE GRAND, roi des Ostrogoths, né en Pannonie vers 455, mort en 526. Il fut élevé à la cour de Constantinople, et succéda comme roi à son père Théodomir en 475. Tantôt allié, tantôt ennemi de l'empereur Léon l'Isaurien, dont il ravagea les États, il fut poussé par lui à tenter la conquête de l'Italie. En 488, Théodoric marcha de ce côté avec tout son peuple, au nombre de 200,000 hommes, battit à plusieurs reprises Odoacre, le prit après trois ans de siège devant Ravenne, le fit assassiner et établit solidement le pouvoir des Goths sur toute la péninsule. Il encouragea l'industrie, la littérature et les arts. Les ariens, à la secte desquels il appartenait, ayant été persécutés dans l'Orient, il se vengea sur les catholiques en Italie. Dans un moment de colère, il ordonna la mise à mort de Boèce et de Symmaque.

THÉODOSE ou Théodosie (Sainte), martyre, morte à Césarée vers l'an 308. Fête le 2 avril.

THÉODOSE (Saint), le Cénobite (423-528). Fête le 11 janvier.

THÉODOSE (lat. *Theodosius*), général romain, mort en 376. Pendant le règne de Valentinien Ier, il délivra la Grande-Bretagne des barbares. Maître général de la cavalerie en 370, il battit les Allemani sur le Danube, reprit l'Afrique sur l'usurpateur Firmus, et fut mis à mort on ne sait trop pour quelle raison.

THÉODOSE Ier, le Grand, empereur romain, fils du précédent, né en Espagne vers 346, mort en 395. Il fut fait duc de Mœsie, et après la mort de son père, il se retira en Espagne. L'empereur Gratien le nomma Auguste, le 19 janv. 379. Théodose fit quatre campagnes contre les Goths (379-382). En 383, Gratien fut détrôné et mis à mort par Maxime, et Théodose reconnut l'usurpateur comme empereur des pays au N. des Alpes, tandis que l'Italie, l'Afrique et la Syrie occidentale restaient au frère de Gratien, Valentinien. Théodose fixa sa résidence à Constantinople, et prit des mesures pour détruire l'arianisme. En mai 381, il assembla le premier concile à Constantinople, et, dans un espace de 15 ans, il publia au moins 15 décrets contre tous les hérétiques. Maxime ayant détrôné Valentinien, Théodose le battit et entra triomphalement dans Rome le 13 juin 389. Pour venger le meurtre de quelques fonctionnaires impériaux, à Thessalonique, il fit un massacre général des habitants de cette ville, et en fut sévèrement réprimandé par saint Ambroise. En 392, Valentinien fut étranglé par son général, Arbogaste ; Théodose vainquit celui-ci et se trouva seul maître du monde romain. Son fils aîné, Arcadius, lui succéda dans l'empire d'Orient, et son autre fils Honorius dans celui d'Occident. — II. (le Jeune), empereur d'Orient (401-450). Il monta sur le trône à l'âge de 8 ans, sous la régence de sa sœur Pulchérie. Il fit aux Perses, aux Vandales et aux Huns des guerres malheureuses. Son principal titre de gloire est la promulgation du Code Théodosien qu'il fit rédiger. — III. Empereur grec (716-717). Il était receveur d'impôts en Mysie quand une armée en révolte dans l'île de Rhodes le proclama empereur, malgré lui, à la place d'Anastase II. Il céda son trône provisoire à Léon l'Isaurien.

THÉODOSIE ou Féodosia. Voy. KAFFA.

* THÉODOSIEN adj. m. Ne s'emploie que dans cette expression : LE CODE THÉODOSIEN, le code publié sous le règne de l'empereur Théodose II.

THÉODULFE, évêque d'Orléans, un des restaurateurs des lettres en France, né vers le milieu du VIIIe siècle. Il fut appelé à la cour de Charlemagne, rétablit la discipline ecclé-

siastique, fit fleurir les bonnes études, enjoignit aux pasteurs d'instruire gratuitement le peuple. Il a laissé des *Capitulaires* ou instructions à son clergé.

THÉOGNIS [té-ogg-niss], poète élégiaque grec, qui florissait vers 540 av. J.-C. Il était citoyen de Mégare. Il en fut exilé avec le parti aristocratique, et survécut à la guerre persique de 490. Ses nombreuses élégies faisaient un total de 2,800 vers, dont il nous reste 1,389. Les principales éditions de Théognis sont celles de Strasbourg (1784), de Leipzig (1815), d'Orelli (1840). Trad. franç., par Lévesque (1783) et par Coupé (Paris, 1796).

* THÉOGONIE s. f. (gr. *theos*, Dieu ; *gonos*, génération). Génération des dieux. Ce mot, dans l'acception générale et commune, s'applique à tout système religieux imaginé par le paganisme : *la théogonie des Égyptiens*. — Poème d'Hésiode, intitulé : LA THÉOGONIE, ou GÉNÉALOGIE DES DIEUX.

* THÉOGONIQUE adj. Qui a rapport à la théogonie : *doctrines théogoniques*.

THÉOLOGAL, ALE, AUX adj. Qui a rapport à la théologie.

* THÉOLOGAL s. m. Chanoine institué dans le chapitre d'une église cathédrale, pour enseigner la théologie, et pour prêcher en certaines occasions : *théologal de Paris, de Sens*, etc.

* THÉOLOGALE s. f. Qualité, dignité de théologal : *il avait la théologale de telle église*.

* THÉOLOGALE adj. f. Se dit des vertus qui ont principalement Dieu pour objet : *la foi, l'espérance et la charité sont les trois vertus théologales*.

THÉOLOGALEMENT adv. Avec la gravité affectée d'un théologal.

THÉOLOGIE s. f. (gr. *theos*, Dieu ; *logos*, traité). Science qui a pour objet les choses divines, les dogmes et les préceptes religieux. Se dit proprement en parlant de la religion chrétienne : *cela est contraire à la véritable théologie*. — FAIRE SA THÉOLOGIE, faire son cours de théologie. — Se dit, par ext., des dogmes admis dans les religions autres que la religion chrétienne : *la théologie des païens, la théologie des mahométans, des Indiens*. — THÉOLOGIE NATURELLE, ce que la raison nous apprend de l'existence et des attributs de Dieu, et des vérités premières et fondamentales de la philosophie : *les philosophes païens ont enseigné la théologie naturelle*. — Doctrine théologique : *suivant la théologie la plus reçue*. — Se dit également des opinions particulières, plus ou moins reçues, parmi les écrivains ecclésiastiques : *plusieurs Pères ont contredit sur ce point la théologie de saint Irénée*. — Recueil des ouvrages théologiques d'un auteur : *théologie de Bellarmin*. — ENCYCL. La théologie est, à proprement parler, la science qui traite de Dieu et des choses divines. Considérée comme ensemble de la science religieuse, on la divise généralement en quatre branches principales : *l'histoire, l'exégèse*, qui comprend l'interprétation de la Bible ; la *dogmatique*, ou théologie proprement dite, qui traite du système des doctrines chrétiennes ; et la *théologie pratique* ou *morale* qui renferme l'homilétique, la liturgie, le droit canon, etc. Ces branches se subdivisent elles-mêmes diversement, et se rattachent aux différentes sciences auxiliaires. Les théologiens du moyen âge se partageaient en deux grandes écoles fondamentalement différentes, les scolastiques et les mystiques, distinction qu'on a développée une nouvelle théorie de théologie chrétienne, appelée communément rationalisme. Ses adversaires, qui défendaient la Bible comme étant la règle absolue de la foi, ont été appelés supernaturalistes. L'Allemagne a été le principal théâtre de cette

controverse. Dans les écoles catholiques romaines, on divise la théologie en dogmatique et morale. Les théologiens qui s'occupent surtout de morale sont souvent appelés casuistes, parce qu'ils traitent *ex professo* les cas de conscience.

* **THÉOLOGIEN** s. m. Celui qui sait la théologie, qui écrit sur la théologie : *tous les théologiens sont d'accord sur ce point.* — Etudiant en théologie. — Se dit au fém., en parlant d'une femme ou d'une fille qui saurait ou qui prétendrait savoir la théologie : *elle fait la théologienne.*

* **THÉOLOGIQUE** adj. Qui concerne la théologie : *matière théologique.*

* **THÉOLOGIQUEMENT** adv. D'une manière théologique, selon les principes de la théologie, en théologien : *il a répondu théologiquement.*

THÉOLOGISER v. n. Raisonner de matières théologiques.

THÉOLOGISME s. m. Abus des discussions théologiques.

THÉOMANIE s. f. (gr. *theos*, Dieu; fr. *manie*). Folie dans laquelle ou se croit Dieu ou inspiré de Dieu.

THÉOPHANIE s. f. (gr. *theos*, Dieu; *phainô*, je montre). Ancien nom de l'Épiphanie chez les chrétiens.

* **THÉOPHILANTHROPE** s. m. Celui qui fait profession de théophilanthropie.

* **THÉOPHILANTHROPIE** s. f. (gr. *theos*, Dieu; *philô*, j'aime; *anthrôpos*, homme). Doctrine de quelques sectaires qui, en 1796, essayèrent d'établir un culte et une religion qu'ils réduisaient à la croyance en Dieu et à l'amour des hommes.

THÉOPHILE (Saint), évêque d'Antioche et l'un des pères de l'Église, mort vers l'an 190. On a de lui une *Apologie de la religion chrétienne* (dern. édit., Hambourg, 1724). Fête le 6 décembre.

THÉOPHRASTE, philosophe grec, né dans l'île de Lesbos vers 372 av. J.-C., mort vers 287. Son nom primitif était Tyrtamus; il fut surnommé Théophraste probablement à cause de son éloquence. Il étudia à Athènes sous Platon et sous Aristote, et succéda à celui-ci au Lycée. Il a écrit des ouvrages qui sont perdus, sur la politique, le droit, la législation et l'art oratoire. On a encore de lui, en tout ou en partie, une dissertation sur les sens et l'imagination; un ouvrage sur la métaphysique, les *Caractères*, et deux ouvrages de botanique, l'*Histoire des plantes* et les *Causes des plantes*. La meilleure édition de Théophraste est celle de Leipzig (1818-'21, 5 vol.). Les principales traductions françaises sont celles de Levesque (1782), de Belin de Ballue (1790), de Stiévenart (1842), etc.

THÉOPHYLACTE surnommé Limocatta, historien byzantin, né vers 629. Il a écrit une histoire du règne de l'empereur Maurice (582-602), dont une traduction latine fut publiée à Ingolstadt, en 1648. On a publié ensemble, à Paris, en 1835, 85 lettres de lui et son ouvrage sur la nature des animaux.

THÉOPHYLACTE, théologien grec, né à Constantinople, mort après 1112. Il devint archevêque d'Achris ou Achrida, en Bulgarie, entre les années 1070 et 1077. Il a écrit des commentaires sur les petits prophètes et sur une grande partie du Nouveau Testament, l'après les œuvres de Chrysostome, un traité sur l'éducation des princes pour son élève, Constantin Porphyrogénète. Il existe 75 de ses lettres, ainsi que des homélies et discours, et quelques petits traités.

THÉOPNEUSTIE s. f. (gr. *théos*, Dieu; *pneustos*, inspiré). Inspiration divine.

* **THÉORBE**. Voy. **TÉORBE.**

* **THÉORÈME** s. m. (gr. *théorēma*; de *théôrein*, examiner). Didact. Proposition d'une vérité spéculative qui se peut démontrer. Est plus usité dans les mathématiques que dans les autres sciences : *cette proposition, les trois angles d'un triangle rectiligne sont égaux à deux droits, est un théorème.*

THÉORÉTIQUE adj. Qui appartient à la théorie.

* **THÉORICIEN** s. m. Celui qui connaît les principes d'un art, sans les pratiquer.

* **THÉORIE** s. f. (gr. *théoria*). Spéculation, connaissance qui s'arrête à la simple spéculation, sans passer à la pratique : *ce que vous dit est beau dans la théorie, en théorie, mais ne réussit pas dans la pratique.* — THÉORIE DES PLANÈTES, science qui apprend à connaître les lois de leurs mouvements, leur distance, leur grandeur, etc. On dit dans un sens anal., LA THÉORIE DE LA GRAVITATION; LA THÉORIE DE L'É-LECTRICITÉ, etc. — Art milit. Se dit des principes de la manœuvre : *leçons de théorie.* FAIRE LA THÉORIE, l'enseigner. — Se dit aussi des leçons de théorie : *il y a théorie tous les soirs.* — Antiq. gr. Députation solennelle que les Athéniens envoyaient tous les ans à Delphes et à Délos : *il était défendu d'exécuter aucun condamné durant le voyage de la théorie.*

* **THÉORIQUE** adj. Qui appartient à la théorie, qui concerne la théorie : *ce que vous dites là est purement théorique.*

* **THÉORIQUEMENT** adv. D'une manière théorique : *traiter une matière théoriquement.*

THÉORISER v. n. Créer une théorie.

THÉORISTE s. Personne qui fait des théories.

* **THÉOSOPHE** s. m. Celui qui enseigne ou qui pratique la théosophie.

* **THÉOSOPHIE** s. f. (gr. *theos*, Dieu; *sophia*, sagesse). Doctrine de certains mystiques qui prétendent entrer en communication avec Dieu et recevoir de lui des lumières particulières, des dons spéciaux.

THÉOSOPHIQUE adj. Qui a rapport à la théosophie.

THÉOSOPHISME s. m Doctrine théosophique.

THÉOSOPHISTE s. m. Partisan de la théosophie.

THÉOTISQUE adj. Se dit de l'ancien allemand ou tudesque.

THÈQUE s. f. (gr. *têkê*, boîte). Bot. Urne des mousses. — Réceptacle qui contient les spores des végétaux cryptogames.

THÉRA (auj. *Santorin*), île de Grèce, dans la mer Égée, l'une des Cyclades. Long. 14 kil. du N. au S.; larg. moyenne, 7 kil.; 43,000 hab. Un tremblement de terre en détacha l'îlot de Thérasia, vers 237 av. J.-C. Le port ainsi formé est le cratère sans fond d'un volcan, où les navires viennent jusqu'auprès des rochers du rivage. Le grand produit est le vin, Cap. Thera (5,143 hab.). Différentes éruptions firent naître la Vieille, la Petite et la Nouvelle Commeni, non loin de Thera; la dernière de ces îles date de 1707-'12. Un nouveau volcan s'est déclaré en 1866 et, depuis, les éruptions ont continué jusqu'en 1870.

THÉRAMÈNE, homme politique d'Athènes, mort en 404 av. J.-C. En 411, il était membre du conseil des 400 qu'il aida à renverser. En 410, il prit part à la bataille de Cyzique, et en 408 au siège de Chalcédoine et à la prise de Byzance. Pendant que les Spartiates assiégeaient Athènes, il fut envoyé auprès de leur général, Lysandre, entra en relations avec les exilés athéniens du parti oligarchique.

et en 404 devint un des 30 tyrans. Il poussa avec ardeur le gouvernement à prendre des mesures pour écraser la démocratie, mais plus tard il s'opposait aux violences de Critias et de ses collègues. Celui-ci le dénonça comme un ennemi public, le fit traîner en prison, où il fut contraint de boire la ciguë.

* **THÉRAPEUTES** s. m. pl. (gr. *thérapeutēs*). Moines du judaïsme, qui se livraient à la vie contemplative et mortifiée : *les thérapeutes ont été les modèles de la vie monastique.*

* **THÉRAPEUTIQUE** adj. Qui a rapport aux thérapeutes : *la vie thérapeutique.*

* **THÉRAPEUTIQUE** s. f. (gr. *therapeuô*, je soigne). Partie de la médecine qui a pour objet la manière de traiter, de soigner et de guérir les maladies : *cours de thérapeutique.*

THÉRAPEUTISTE s. m. Celui qui se livre à la thérapeutique.

THÉRARQUE s. m. (gr. *thèr*, bête sauvage; *arkos*, qui commande). Celui qui commandait les soldats portés sur des éléphants.

THÉRÈSE (Sainte), mystique espagnole, née en 1515, morte le 4 oct. 1582. A l'âge de 20 ans, elle entra au couvent des carmélites d'Avila, où elle resta 27 ans. Elle fonda alors une branche réformée du même ordre (carmélites déchaussées), qu'on appelle quelquefois thérésiennes. Le pape Paul V la béatifia en 1614, et Grégoire XV la canonisa en 1622. Sa fête se célèbre le 15 oct. Thérèse a décrit les luttes et les aspirations intérieures de son cœur, ainsi que ses fréquentes visions mystiques, dans des traités ascétiques et des lettres. Ses œuvres, en espagnol, ont été publiées à Bruxelles (1675, 2 vol. in-fol.). Divers traités ont été traduits en français par Arnaud d'Andilly (1670) et par l'abbé Chanut (1681).

* **THÉRIACAL, ALE, AUX** adj. Qui contient de la thériaque, ou qui participe des propriétés de la thériaque : *essence thériacale.*

* **THÉRIAQUE** s. f. (gr. *thériakê*, fém. de *thériakos*, bon contre la morsure). Pharm. et Méd. Médicament en forme d'opiat, dans la composition duquel il entre un grand nombre de substances, qui est stomachique, et qu'on a cru propre à guérir de la morsure des animaux venimeux : *thériaque de Venise.*

THERMAÏQUE (Golfe). Voy. SALONIQUE.

* **THERMAL, ALE, AUX** adj. (gr. *thermé*, chaleur). Se dit particul., des eaux minérales chaudes : *eaux thermales.* (Voy. MINÉRAL.) — Législ. A Toute entreprise de distribution ou de ventes d'eaux minérales ou thermales est soumise à l'autorisation préalable du gouvernement et à l'inspection médicale. L'autorisation n'est accordée qu'après avis de l'Académie de médecine et des autorités locales (Ord. 18 juin 1823). Une source d'eau thermale peut être déclarée d'*intérêt public* par un décret rendu après enquête administrative. Le décret assure à ladite source un périmètre de protection dans l'étendue duquel aucun sondage ou travail souterrain ne peut être entrepris sans l'autorisation du préfet, sous peine, pour les contrevenants, d'une amende de 50 à 500 fr. (L. 14 juillet 1856). L'État possède sept établissements thermaux, savoir : Plombières (Vosges), Vichy, Bourbon-l'Archambault, Néris (Allier), Aix (Savoie), Bourbonne (Haute-Marne), et Luxeuil (Haute-Saône). Les deux premiers sont affermés; les cinq autres sont exploités en régie. Le produit brut annuel de ces sept établissements est d'environ 460,000 fr. et la dépense de 187,000 fr. »   (CH. Y.)

THERMALITE s. f. Qualité, état des eaux thermales.

THERMANIQUE adj. Qui agit par l'élévation ou l'abaissement de la température.

* **THERMANTIQUE** adj. Méd. Se dit des remèdes excitants. On l'emploie aussi comme substantif masculin.

* **THERMES** s. m. pl. (lat. *thermæ*, s.-ent. *aquæ*, eaux; eaux chaudes). Antiq. rom. Certains édifices qui ne furent originairement destinés qu'à l'usage des bains, mais qui plus tard devinrent de vastes palais, où il y avait aussi des palestres, des gymnases, des bibliothèques, des jardins, etc. : *les thermes de Titus, de Caracalla, de Dioclétien, qui existent encore à Rome, sont de vastes bâtiments entourés d'enceintes considérables.* (Voy. BAIN.)

THERMES (Paul DE LA BARTHE, *seigneur de*), maréchal de France, né à Couserans en 1482, mort en 1562. Il servit sous Lautrec au siège de Naples, se signala à Cerisoles (1544), s'empara du marquisat de Saluces (1547), prit Dunkerque aux Espagnols (1558), fut nommé alors maréchal de France, perdit la bataille de Gravelines, fut fait prisonnier et ne recouvra la liberté qu'à la paix de Cateau-Cambrésis (1559).

THERMIÂTRIE s. f. (de *thermes;* et du gr. *iatreuein*, guérir). Partie de la thérapeutique qui a pour objet les eaux thermales.

* **THERMIDOR** s. m. (gr. *thermé*, chaleur). Le onzième mois du calendrier républicain, qui commençait le 19 juillet et finissait le 18 août.

* **THERMIDORIEN, IENNE** adj. Se dit du parti qui, le 9 thermidor de l'an II (1794), renversa la puissance de Robespierre. — Substantiv. *Les thermidoriens.*

THERMO (gr. *thermé*, chaleur), préfixe qui entre dans la formation d'un certain nombre de mots.

THERMO-BAROMÈTRE s. m. Instrument qui donne à la fois des indications thermométriques et barométriques : *des thermo-baromètres.*

THERMO-CHIMIE s. f. Branche de la chimie qui traite de la quantité de chaleur dégagée dans les combinaisons.

THERMOCHIMIQUE adj. Se dit des rayons caloriques dont un ou plusieurs ont été absorbés et qui sont analogues aux rayons dits colorés.

THERMOCHROSE s. f. (préf. *thermo;* gr. *chrôsis*, coloration). Propriété par laquelle un rayon coloré est plus ou moins transmissible à travers une substance diathermane.

THERMO-DYNAMIQUE s. f. Théorie mécanique de la chaleur.

THERMO-ÉLECTRICITÉ ou **Pyro-Électricité** s. f. Électricité développée par la chaleur; et aussi la science qui traite des phénomènes et du mode de production de cette électricité. Le professeur Seebeck, de Berlin, (1822) fut le premier qui fit des observations bien exactes sur ce sujet. Il trouva que lorsque deux barres de métaux différents sont soudées ensemble ou maintenues en contact intime à leurs extrémités, et que le point de jonction est soumis à la chaleur, il se produit un trouble électrique; si alors les extrémités libres sont reliées par un conducteur, un courant électrique est établi. Plusieurs cristaux, surtout de forme hémiédrale, lorsque leur température s'élève ou s'abaisse, deviennent aussi excités électriquement d'une façon contraire à leurs extrémités opposées. Lorsqu'on emploie deux métaux, la force du courant paraît être en proportion de la différence de leur température de chaque côté de la ligne de jonction; et sa direction, de même que sa force, paraît dépendre de la nature des métaux employés. Dans la liste suivante, d'après Becquerel, la direction du courant sera d'un élément quelconque à un quelconque de ceux qui suivent, l'intensité étant la plus grande entre le premier et le dernier : bismuth, platine, plomb, étain, or, argent, cuivre, zinc, fer, antimoine. La direction du courant change souvent lorsque le couple est chauffé au delà d'un certain degré. Notre figure montre une modification de la pile thermo-électrique de Nobili, dans laquelle la plaque inférieure est du bismuth, celle au-dessus de l'antimoine, puis de nouveau du bismuth, et ainsi de suite pour finir par l'antimoine. Les plaques terminales sont attachées par des vis disposées de façon à pouvoir être mises en communication avec un rhéostat, ou un sinus, ou un galvanomètre. Une pile composée d'un grand nombre de paires, et reliée à un galvanomètre très délicat, peut servir à découvrir les plus légers changements de température. C'est un appareil très employé dans les recherches physiques. — On démontre populairement les courants électriques de plusieurs manières. La plus simple consiste à réunir par une soudure des fils de cuivre à deux morceaux de cuivre et de fer. (Voy. notre fig. 2.) On joint les extrémités libres des fils de cuivre à un galvanomètre et l'on

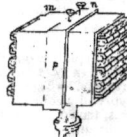

Fig. 1. — Pile thermo-électrique.

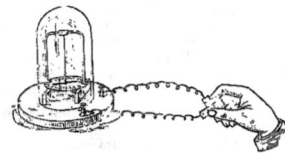

Fig. 2. — Expérience thermo-électrique.

prend entre le pouce et l'index les morceaux de cuivre et de fer comme le montre notre gravure. La seule chaleur des doigts suffit pour développer un courant électrique qui est rendu très apparent par le mouvement de l'aiguille du galvanomètre. On peut répéter la même expérience avec des couples d'autres métaux; la force du courant thermo-électrique sera marquée par l'aiguille qui déviera plus ou moins.

THERMO-ÉLECTRIQUE adj. Qui a rapport à la thermo-électricité.

THERMOGÈNE adj. (préf. *thermo;* gr. *genos*, origine). Qui engendre la chaleur.

THERMOGÉNÈSE s. f. Maladie provenant d'un changement brusque de température.

THERMOGRAPHE s. m. (préf. *thermo;* gr. *graphô*, je décris). Phys. Thermomètre enregistreur.

THERMOLAMPE s. m. (préf. *thermo;* fr. *lampe*). Appareil qui utilise le gaz d'éclairage produit dans les appareils de chauffage.

THERMOLOGIE s. f. (préf. *thermo;* gr. *logos*, discours). Partie de la physique relative au calorique.

THERMO-MAGNÉTISME s. m. Magnétisme développé par la chaleur.

THERMO-MANOMÈTRE s. m. Thermomètre qui sert à mesurer les températures élevées. (Voy. PYROMÈTRE.)

THERMO-MÉCANIQUE adj. Qui a rapport à la mécanique ou calorique.

* **THERMOMÈTRE** s. m. (préf. *thermo;* gr. *métron*, mesure). Instrument fait pour indiquer les degrés de la chaleur ou du froid actuel, par le moyen de la dilatation ou de la condensation qu'éprouve la liqueur ou le mercure enfermé dans un tube de verre : *thermomètre de Réaumur.* — Le thermomètre se compose de deux substances différentes, ou davantage, dont le volume se dilate ou se contracte à différents degrés, lorsqu'elles sont simultanément exposés à une même intensité de chaleur. La première tentative pour indiquer à l'œil les différences de température semble avoir été faite au moyen de l'appareil tantôt attribué à Drebbel, à Hollande, tantôt à Sanctorius, d'Italie, vers le milieu du XVIIe siècle, et connue sous le nom de baromètre. Ce premier instrument était très grossier et inexact : il consistait en une cuvette de verre et un tube renversé s'ouvrant en dessous dans un vase de liquide coloré, lequel, après que l'air de la cuvette en avait été en partie chassé par la chaleur, s'élevait dans le tube et s'arrêtait à des hauteurs diverses suivant que l'air restant dans la cuvette était plus ou moins dilaté par la chaleur. Cet instrument, originge du thermomètre à air ordinaire, le perfectionnèrent Boyle et les académiciens de Florence, se transforma en une cuvette plus petite avec une tige droite et creuse d'un assez fin diamètre, contenant pour liquide de l'esprit de vin coloré; on fit bouillir ce liquide pour chasser l'air, le tube fut hermétiquement fermé, et le tout attaché à un cadre. On y ajouta une échelle de degrés, dont les points fixes furent la température de la neige ou de la glace, et la chaleur maximum connue à Florence. On chercha pendant longtemps quels devaient être de préférence ces points fixes, et quelle était la meilleure matière dont on pût construire l'instrument. Hooke préconisa, comme point fixe le plus bas, la température de l'eau qui se congèle. Newton semble avoir le premier découvert ou utilisé ce fait qu'un thermomètre plongé dans de la neige ou de la glace fondantes indique toujours la même température, et presque toujours aussi la même lorsqu'il est mis dans l'eau bouillante. Rœmer, se débarrassant d'un préjugé qui paraît avoir causé sur l'irrégularité de la dilatation du mercure, adopta ce dernier liquide; c'est lui qui, imaginant l'instrument et l'échelle ordinairement attribués à Fahrenheit, d'Amsterdam (1720); ce dernier n'aurait que le construire et le popularisér; de sorte qu'il était connu dans toute l'Europe dans la moitié du XVIIe siècle. Dans ce thermomètre, le point fixe le plus bas, ou zéro, fut pris à 32° au-dessous du point de congélation de l'eau (on supposait que la température ne pouvait descendre au-dessous de — 32°), et le point fixe le plus élevé est celui de l'ébullition de l'eau au niveau de la mer, on le place à + 212° F ou à 180° au-dessus du point de congélation. Celsius, de Suède (1742), mit une échelle de 100° entre les deux points fixes; cette échelle fut adoptée en France au moment de la Révolution, et l'instrument ainsi gradué reçut le nom de thermomètre centigrade. La commodité de sa division décimale l'a fait adopter à l'exclusion de tout autre dans plusieurs pays de l'Europe, et il devint d'un usage de plus en plus général parmi les savants du monde entier. Il met le zéro au point de congélation de l'eau. C'est aussi là que se place le thermomètre de Réaumur; mais, dans celui-ci, le point d'ébullition est marqué + 80°. Pour ramener les indications d'un de ces thermomètres à une indication équivalente dans les deux autres, on se sert de cette formule, où F, C et R marquent respectivement les températures équivalentes exprimées en degrés Fahrenheit, centigrades et Réaumur :

$$F = \tfrac{9}{4} C + 32 = \tfrac{9}{4} R + 32$$
$$C = \tfrac{4}{5} R = \tfrac{5}{9} F - 32$$
$$R = \tfrac{4}{5} C = \tfrac{4}{9} F - 32$$

C'est-à-dire que, pour convertir une température du thermomètre Farenheit en une température équivalente du thermomètre centigrade, on retranche 32, on multiplie par 5 et on divise par 9. Inversement, pour traduire des degrés centigrades en degrés Farenheit, on multiplie par 9, on divise par 5 et on ajoute 32. — Le mercure ne peut être employé que pour les températures entre — 40° et + 350° C., parce que cette substance devient solide à — 40° et se volatilise à + 350°. Pour des températures inférieures, on a recours au thermomètre à alcool ; et, pour des températures plus élevées, on emploie des thermomètres à air, dans lesquels les variations sont mesurées par la dilatation ou la contraction d'un volume donné d'air ; on se sert aussi du Pyromètre. Les trois pays où l'on emploie encore le thermomètre de Fahrenheit ont : l'Angleterre, la Hollande et les Etats-Unis d'Amérique. Le thermomètre de Réaumur a remplacé celui de Farenheit en Allemagne et en Russie. — Le thermomètre ordinairement employé pour les températures moyennes est le thermomètre à mercure. Pour le fabriquer, on se procure un tube capillaire de verre, terminé par une ampoule. Pour emplir ce tube, on plonge son ouverture dans une coupe pleine de mercure (fig. 1) ; on chauffe l'ampoule ; l'air chauffé se dilate et s'échappe. Lors du refroidissement, la pression atmosphérique fait monter le mercure dans l'ampoule. Le tube est alors retiré de la cuvette de mercure ; on le chauffe de nouveau, pour chasser l'air qu'il peut encore contenir et l'excès de mercure ; puis on ferme le tube, au moyen de la lampe. Pour graduer l'appareil, on le plonge d'abord dans un vase contenant de la glace pilée ; le point où descend le mercure est marqué 0°. On obtient ensuite le point 100 en plongeant le thermomètre dans un vase contenant de l'eau et fermé par un bouchon de liège, comme dans la fig. 2. Sous ce vase, on allume une lampe à alcool et l'on amène l'eau au point d'ébullition. On marque 100 à 100 où s'arrête le mercure dans son mouvement d'ascension. On divise la distance entre les deux points en 100 parties égales. — Bréguet a imaginé le thermomètre métallique, fondé sur l'inégale dilatabilité des métaux et formé d'une triple lame hélicoïdale de platine d'or et d'argent. — Thermomètre a maxima, thermomètre pourvu d'un index qui marque le plus haut point de température auquel il est parvenu dans un temps déterminé. Thermomètre a minima, thermomètre ordinairement à alcool, pourvu d'un index qui marque le plus bas degré auquel la température est tombée dans un temps donné.

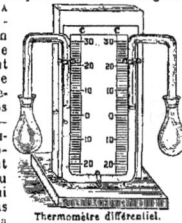

Fig. 1. — Manière d'emplir de mercure le tube du thermomètre.

Fig. 2. — Manière de fixer le point d'ébullition.

Thermomètre différentiel.

— Thermomètre différentiel, thermomètre qui permet de tenir compte des moindres variations de température. C'est une modification du thermomètre à air, dans lequel deux grandes cuvettes de verre sont reliées par un tube recourbé trois fois à angles droits, les cuvettes étant plus élevées et pleines d'air, tandis que la partie basse ou horizontale du tube contient un liquide coloré qui est poussé d'un côté ou de l'autre par la différence de dilatation de l'air qui est dans les cuvettes.

THERMOMÉTRIE s. f. (préf. thermo ; gr. metron, mesure). Mesure de chaleur.

* **THERMOMÉTRIQUE** adj. Qui a rapport au thermomètre, à l'art de mesurer la chaleur : échelle thermométrique.

THERMOMÉTROGRAPHE s. m. (préf. thermo ; gr. metron, mesuro ; graphô, je décris). Thermomètre spécial qui enregistre les températures auxquelles il est soumis. On comprend sous le nom de thermométrographe le thermomètre à maxima, le thermomètre à minima, le pyromètre, etc.

THERMO-PATHOLOGIQUE adj. Qui a rapport à la chaleur morbide.

THERMOPHONE s. m. (préf. thermo ; gr. phônê, son). Appareil dans lequel les vibrations sonores sont produites par l'expansion de corps chauffés, mis en communication avec un électro-aimant. Le thermophone fut inventé par Théodor Wiesendanger, en oct. 1878.

THERMOPOMPE s. m. Nom d'un appareil spécial d'éclairage et de chauffage.

THERMOPYLES (gr. thermos, chaud ; pulé, porte). Défilé entre la Thessalie et la Locride qui offrait, dans l'antiquité, le seul passage par où un ennemi venant du N. pouvait entrer dans la Grèce centrale ; il se trouvait entre le mont Œta et un marécage impraticable qui formait le bord du golfe Maliaque, et contenait plusieurs sources chaudes. Une route, assez large pour un seul chariot, formait ce qu'on appelait la porte occidentale, et, à 3 kil. à l'E. environ, se trouvait un défilé qui était le passage de l'Est. Ce passage est célèbre par la défense qu'y fit le roi de Sparte Léonidas contre l'armée de Xerxès, l'an 480 av. J.-C. Un sentier détourné dans la montagne ayant été indiqué aux Perses par un traître, Léonidas renvoya toutes ses troupes à l'exception de 300 Spartiates, d'environ 700 Thespiens, et, semble-t-il, de 400 Thébains. Les deux premiers corps périrent jusqu'au dernier homme ; le sort de l'autre est incertain. Il se livra dans la suite bien des combats à cet endroit, mais la disposition des lieux n'est plus la même, et le passage n'a plus guère d'importance stratégique.

THERMO-RÉGULATEUR s. m. Appareil qui sert à régler la chaleur.

THERMO-RHÉOSTAT s. m. Instrument au moyen duquel on régularise une émission de chaleur.

THERMOSCOPE s. m. Sorte de thermomètre à air servant à étudier le calorique rayonnant.

THERMOSIPHON s. m. Appareil composé d'un récipient plein d'eau chauffée et de tuyaux dans lesquels l'eau circule d'elle-même en raison des différences de température entre l'eau la plus éloignée du récipient et celle qui s'y trouve chauffée. Le thermosiphon a remplacé pour le chauffage des serres, les anciens tuyaux de chaleur.

THERMOTIQUE s. f. Science qui traite des phénomènes et des propriétés de la chaleur. (Voy. Chaleur.)

THÉROIGNE DE MÉRICOURT (plus proprement Marcourt), révolutionnaire française, dont le vrai nom est Anne-Josèphe Terwagne,

née dans le Luxembourg, en 1762, morte en 1817. Fille d'un fermier, elle vint à Paris en 1789, et devint populaire sous les noms d'« Amazone de la Révolution » et de « belle Liégeoise ». Elle fut arrêtée en 1790, s'échappa et fut emprisonnée en 1791 par les Autrichiens pour une prétendue conspiration contre Marie-Antoinette. En juin 1792, elle était à la tête d'un corps d'insurgés à Paris. Plus tard, ayant conseillé plus de modération, elle fut publiquement dépouillée et fouettée par des femmes furieuses. Ce traitement la rendit folle, et elle passa le reste de sa vie dans un asile d'aliénés.

THÉROUANNE, Taruenna, comm. de l'arr. et à 16 kil. S. de Saint-Omer (Pas-de-Calais), sur la Lys ; 1,100 hab. Les Anglais se sont emparés de Thérouanne en 1380 et en 1513 ; Charles-Quint en 1553. La ville fut rendue à la France en 1559.

THERSITE, l'un des personnages de l'Iliade d'Homère ; type de la lâcheté et du servilisme.

THÉSAURISATION s. f. Action de thésauriser.

* **THÉSAURISER** v. n. (lat. thesaurus, trésor). Amasser de l'argent : cet homme thésaurise, aime à thésauriser. — v. a. Il vivait sur le savoir qu'il avait thésaurisé dans sa jeunesse.

* **THÉSAURISEUR, EUSE** s. et adj. Celui, celle qui thésaurise : c'est un thésauriseur, un grand thésauriseur. (Peu us.)

* **THÈSE** s. f. (lat. thesis). Toute proposition qu'on énonce, toute question qu'on met en avant dans le discours ordinaire, avec l'intention de la défendre, si elle est attaquée : posons d'abord la thèse. — Toute proposition, soit de philosophie, soit de théologie, soit de droit, soit de médecine, qu'on soutient publiquement dans les écoles, dans les universités : des thèses de philosophie, de théologie, de médecine, de droit. — Ensemble des propositions, des thèses qu'on soutient, qu'on se propose de soutenir : cet étudiant prépare sa thèse. — Dispute des thèses : soutenir une thèse. — Fig. Soutenir thèse pour quelqu'un, prendre les intérêts, la défense de quelqu'un contre ceux qui l'attaquent par leurs discours. — Fig. et fam. Cela change la thèse, cela me fait changer d'opinion, d'intention à l'égard de telle personne ou de telle chose : ce que vous me dites change bien la thèse. — Grande feuille ou cahier où les propositions de celui qui doit soutenir thèse sont imprimées : autrefois la thèse était toujours une feuille de papier ou de satin, ordinairement enrichie de quelque estampe.

THÉSÉE (Theseus), héros légendaire de l'Attique, fils d'Egée, roi d'Athènes. Il alla volontairement en Crète parmi les jeunes gens offerts en tribut au Minotaure, se fit aimer d'Ariadne, fille de Minos, qui lui procura une épée et un fil pour se reconnaître dans le labyrinthe, tua le Minotaure et s'échappa. Egée, le croyant perdu, se jeta dans la mer, et Thésée lui succéda sur le trône. Il épousa Phèdre, qui éprouva pour son fils Hippolyte une passion dont ce prince fut victime. Thésée fut l'un des Argonautes, prit part à la chasse du sanglier de Calydon et combattit les Centaures. Ménesthée souleva les Athéniens contre lui, et il se retira à Scyros où il périt par la trahison du roi Lycomède. En 476 av. J.-C., l'oracle ordonna que ses os fussent rapportés de Scyros à Athènes, où on bâtit au-dessus du temple appelé Théséon (469).

THÉSÉIDE s. m. Descendant de Thésée.

* **THESMOPHORIES** s. f. pl. Antiq. gr. Fêtes que les femmes d'Athènes célébraient en l'honneur de Cérès.

* **THESMOTHÈTE** s. m. (gr. thesmos, loi ;

V.

tithémi, je pose). — Antiq. Titre qu'on donnait à Athènes aux magistrats gardiens des lois : *le nom de thesmothète était affecté aux six derniers archontes.*

THESPIS [tes-piss], tragédien grec, né dans l'Attique; il vivait vers 540 av. J.-C. Les anciennes traditions le représentent comme l'inventeur de la tragédie, et on lui attribue aussi quelquefois l'invention des masques.

THESSALIE, la plus grande division politique de l'ancienne Grèce, comprenant, dans sa plus vaste acception, tout le pays entre les Thermopyles et les monts Cambuniens d'un côté, et entre le Pinde et la mer Égée de l'autre. Mais la Thessalie propre était la plaine qui s'étend entre les monts Cambuniens au N., Ossa et Pélion à l'E., le mont Othrys au S., et la chaîne du Pinde à l'O. Cette plaine était la région la plus fertile de la Grèce. Elle était arrosée par le Pénée, qui, non loin de son embouchure, traversait la vallée de Tempé, et par les affluents du Pénée; on la divisait en haute et basse Thessalie; une autre division y distinguait la Thessaliotide, l'Hestiœotide, la Pélasgiotide et la Phtiotide. Ces quatre divisions formaient une union politique plutôt nominale qu'effective. Parmi les villes, on remarquait Larisse et Pharsale. Vers 400 av. J.-C., Phères s'éleva à la prééminence. Après la mort d'Alexandre de Phères (voy. Phères), le pays tomba aux mains de Philippe de Macédoine. En 197, il passa sous la domination romaine. — La Thessalie, qui formait une partie du vilayet de Janina, une portion de la Phtiotide (voy. ce mot), a été entièrement réunie à la Grèce en 1881. (Voy. Grèce.)

THESSALIEN, IENNE s. et adj. De la Thessalie; qui appartient à ce pays ou à ses habitants.

THESSALONICIEN, IENNE s. et adj. De Thessalonique; qui appartient à cette ville ou à ses habitants. — Épitres aux Thessaloniciens. On donne le nom à deux lettres canoniques du Nouveau Testament, adressées à l'église de Thessalonique par l'apôtre saint Paul. Irénée, Clément d'Alexandrie et Tertullien les citent expressément. La première épître aux Thessaloniciens, que l'on regarde communément comme la première des épîtres de saint Paul, a été écrite, suppose-t-on, à Corinthe vers 52 ou 53 ap J.-C. La plupart des théologiens qui regardent la seconde comme authentique, pensent qu'elle a été écrite peu après l'autre, en 53 ou 54.

THESSALONIQUE. Voy. Salonique et Russo-Turc.

THÉTIS [té-tiss] (Myth. gr.), épouse de Pélée et mère d'Achille. Elle avait sous ses ordres les 50 Néréides, dont elle conduisait le chœur.

° **THÉURGIE** s. f. (gr. *théos*, Dieu; *ergon*, ouvrage). Espèce de magie par laquelle on croyait entretenir commerce avec les divinités bienfaisantes : *la théurgie était opposée à la goétie, comme la magie blanche, dans le langage ordinaire, est opposée à la magie noire.*

° **THÉURGIQUE** adj. Qui appartient, qui a rapport à la théurgie : *opération théurgique.*

THÉURGISTE s. m. Celui qui pratique la théurgie.

THÉVENOT. I. (Melchisedech), voyageur français, né à Paris vers 1620, mort à Issy en 1692. Il visita l'Europe en observateur, fut employé dans plusieurs missions, et en 1684 devint conservateur de la Bibliothèque royale. Les réunions savantes qui se tenaient chez lui formèrent le noyau de l'Académie des sciences. Il a publié *Relation de divers Voyages curieux* (1663-72, 2 vol. in-fol.), et *Recueil de Voyages*, où l'on remarque l'ouvrage intitulé *Découvertes dans l'Amérique septentrionale*, de

Marquette (1681). — II. (Jean de), son neveu, né à Paris en 1633, mort en Arménie en 1667. Il voyagea en Europe, en Asie et en Afrique. C'est lui qui, dit-on, introduisit le premier le café en France. Les relations de ses voyages ont été publiées en 1689 (5 vol.).

THÉVENOT DE COULON (Jean-Félicité), inventeur de la tachygraphie, né à Paris en 1755, mort en 1814. Il rendit publique son invention vers l'an 1777. Il a laissé : *Moyens mécaniques de perfectionner l'art d'écrire* (Paris, 1777, in-4°).

THEVET (André), voyageur, né à Angoulême en 1502, mort à Paris en 1590. Il était cordelier et voyagea en Orient (1549-'54) et au Brésil (1555-'58). S'étant fait séculariser, il devint aumônier de Catherine de Médicis. On lui doit *Cosmographie du Levant* (Lyon, 1554, in-4°); *Singularités d'Amérique* (Paris, 1556, in-4°); *Cosmographie universelle* (Paris, 1571, 2 vol. in-fol.), etc.

THEZA ou Tesa, ville forte du Maroc, sur le Wad el-Asfar (rivière Jaune) ou Sebou, à environ 100 kil. E. de Fez; 5,000 hab. C'est le centre du commerce entre Alger, Tlemcen et Fez.

THÈZE, ch.-l. de cant., arr. et à 29 kil. N. de Pau (Basses-Pyrénées); 500 hab.

THIACÉTIQUE adj. (gr. *theion*, soufre; fr. *acétique*). Chim. Se dit d'un acide obtenu par l'action d'un sulfure de phosphore sur l'acide acétique.

THIAIS, comm. du cant. de Villejuif, arr. et à 8 kil. de Sceaux (Seine); 1,500 hab.

THIANILINE s. f. Chim. Composé basique qui provient de la substitution d'un atome de soufre à deux atomes d'hydrogène dans deux molécules d'aniline.

THIARD ou Tyard. I. (Pontus de), poète de la pléiade française du XVI° siècle, né vers 1521 au château de Bissy (Mâconnais), mort en 1605. Il fut évêque de Châlon-sur-Saône et député de sa province aux états de Blois (1588), où il défendit le roi contre les ligueurs. Il a laissé : *Œuvres poétiques* (Paris, 1573), etc. — II. (Henri de) (1667-1737). De la même famille que le précédent; il succéda à Bossuet sur le siège de Meaux, soutint la bulle *Unigenitus* et fut nommé cardinal en 1715.

THIAUCOURT, ch.-l. de cant., arr. et à 35 kil. N. de Toul (Meurthe-et-Moselle); 1,200 hab. Ancienne abbaye de l'ordre de Citeaux.

° **THIBAUDE** s. f. Tissu grossier fait avec du poile de vache, et dont on se sert pour doubler les tapis de pied.

THIBAUDEAU (Antoine-Claire, comte), conventionnel, né à Poitiers le 23 mars 1765, mort le 8 mars 1854. Député à la Convention il vota avec la majorité dans le procès de Louis XVI, devint membre du conseil des Cinq-Cents et, après le 18 brumaire, conseiller d'Etat. Il servit l'Empire comme préfet dans la Gironde et les Bouches-du-Rhône, et fit transférer d'Aix à Marseille le ch.-l. de ce département. La première Restauration se priva de ses services et l'exila après les Cent-jours. Il fut fait sénateur en 1852. On a de lui : *Mémoires sur la Convention et le Directoire* (1824, 2 vol. in-8°); *Mémoires sur le Consulat* (1826); *Histoire du Consulat et de l'Empire* (1835-'37, 10 vol. in-8°); *Histoire des états généraux* (1843, 2 vol.).

THIBAULT ou Thibaut (*Théobald*), nom de plusieurs comtes de Champagne, dont le plus célèbre fut Thibaut (Théobald), 4° ou 6° comte de Champagne et premier roi de Navarre, né en 1201, mort en 1253. Il était en même temps trouvère et poète français. Fils posthume du comte Thibault III, ou V, il fut élevé à la cour de Philippe-Auguste, et

devint adepte de la « gaie science ». En 1234, il hérita du royaume de Navarre, du chef de sa mère, Blanche, fille de Sanche le Sage. Il gouverna bien, protégea la littérature et les arts, mais persécuta les Albigeois. La *Collection des poètes champenois*, de Tarbe, contient 81 de ses poésies; il en existe des éditions séparées. Il est le premier qui ait, dit-on, entremêlé les rimes masculines et féminines.

THIBAUT (Anton-Friedrich-Justus), juriste allemand, né en 1774, mort en 1840. Il fut professeur à Heidelberg à partir de 1805. Son œuvre principale est intitulée *System des Pandektenrechts* (1803, 2 vol.).

THIBERVILLE, ch.-l. de cant., arr. et à 12 kil. N.-O. de Bernay (Eure); 1,200 hab.

THIBET, région de l'Asie, entre 27° et 38° lat. N., et 78° et 104° long. E., bornée au N. par le Turkestan oriental et la Chine propre, à l'E. et au S.-E. par la Chine, au S. par le Burmah, le Boutan, le Sikkim, le Népaul et l'Inde anglaise, et à l'O. par le Cachemire; 1,687,898 kil. carr.; 6,000,000 d'hab. Le Thibet forme la partie S.-E. du grand plateau de l'Asie centrale; son élévation n'est presque nulle part moindre de 3,500 m.; elle atteint 5,000 m. dans sa partie orientale qui est bordée par les montagnes de l'Himalaya. La chaîne des monts Kuenlun est considérée comme marquant la limite septentrionale du pays. La région connue sous le nom de Grand-Thibet s'étend à environ 350 kil. au N. de l'Himalaya, et sur une largeur de 4,150 kil. de l'O. à l'E., le long du bassin du Sampo ou cours supérieur du Brahmapoutre, près de la source duquel se trouvent aussi celles de l'Indus et du Sutlej. Le pays tout entier est un plateau aride et montagneux. La partie septentrionale n'est pas cultivée; elle n'est habitée que par des nomades, des bandits et des moines bouddhistes. Le Grand-Thibet est relativement un pays cultivé et peuplé à demeure; c'est là que se trouvent les principales villes. Mais ce steppes herbeuses en occupent la plus grande partie. Beaucoup de cours d'eau du nord se jettent dans le lac salé de Tengrinor. Dans les districts élevés, le climat est froid, sec, et il n'y pleut presque jamais; mais il devient plus chaud dans un grand nombre de vallées où l'on cultive les fruits et les légumes d'Europe. Il n'y a de forêts que dans quelques districts montagneux. On y récolte surtout de l'orge qui fait le fond de la nourriture de la population. Les productions minérales sont l'or, l'argent le mercure, le plomb, le fer, le sel, le borax et différentes espèces de pierres précieuses. La faune comprend le tigre, l'ours, le buffle, le mouton à longs poils, et le yak qui abonde partout au Thibet. Entre les animaux domestiques, le plus précieux est la chèvre, dont le poil sert à faire de fameux châles. Les Thibétains appartiennent à la race mongolique. Ce sont des agriculteurs grossiers, mais ils fabriquent des lainages de qualité supérieure, sans parler des châles. Ils ont l'esprit éminemment commercial, et entretiennent d'actives relations avec la Chine et l'Inde; ils exportent dans ce dernier pays de l'or, de l'argent, du sel, du borax, du poil de chèvre, des couvertures, de petits chevaux, et des queues de yak. La religion du Thibet est le lamaïsme. (Voy. ce mot.) La polyandrie est en vigueur dans plusieurs cantons. — On dit qu'il se fonda un royaume du Thibet en 343. Après bien des luttes, il devint tributaire de l'empereur de la Chine, vers le milieu du XVII° siècle. Le gouvernement doit être entre les mains de deux grands lamas ou prêtres; l'un, le dalaï lama, administre la province U, dont Lassa est la capitale; et l'autre, également sacré, le teshu lama, administre la province Tsang, au S.-O., avec sa capitale Shigatze, à 140 kil. plus loin en remontant la vallée de Sampo; mais il y a des gouver-

neurs ou représentants chinois dans la plupart des grandes villes.

THIBÉTAIN, AINE s. et adj. Du Thibet, qui appartient à ce pays ou à ses habitants.

THIBOUST (Lambert), auteur dramatique, né en 1827, mort à Paris en 1867. Il a écrit seul ou en collaboration plus de 100 pièces de théâtre qui n'ont eu qu'un succès passager.

THIÉBLEMONT, ch.-l. de cant., arr. et à 12 kil. S.-É. de Vitry-le-François (Marne); 100 hab.

THIEL ou **Thel,** ville de Hollande sur le Wahal, à 35 kil. Ô.-S.-O, d'Arnheim.

THIÉRACHE, *Theoracia,* ancien pays de Picardie, formant aujourd'hui la partie N. du dép. de l'Aisne. Cap., Guise; v. princ., Vervins.

THIERRI, nom de quatre rois. — I. Roi d'Austrasie (486-534). Il était fils de Clovis et fut proclamé en 511, roi des Francs Ripuaires; il s'empara de la Thuringe (530) et combattit avec succès Théodoric, roi des Ostrogoths. — II. Roi d'Austrasie et de Bourgogne (587-613); il était second fils de Childebert II et fut constamment sous la tutelle de son aïeule Brunehaut. — III. Roi des Francs (654-692). C'était le troisième fils de Clovis. A la mort de son frère Clotaire III (670), il fut nommé roi de Neustrie, fut détrôné par Childéric II et remonta sur le trône à la mort de ce dernier. — IV. Roi des Francs (713-737). Il succéda à Chilpéric II en 720 et régna sous la tutelle de Charles Martel.

THIERRY. I. (Jacques-Nicolas-Augustin) historien français, né à Blois le 10 mai 1795, mort le 22 mai 1856. Disciple et collaborateur de Saint-Simon dans sa jeunesse, il se rendit fameux par son *Histoire de la conquête de l'Angleterre par les Normands* (1825, 3 vol.). Devenu aveugle en 1826, il n'en continua pas moins ses travaux avec l'aide de ses secrétaires. Sa femme, écrivain elle-même, mourut en 1844. Il demeura quelque temps auprès de la princesse Belgiojoso, et passa le reste de sa vie dans la famille de son frère. Parmi ses autres ouvrages, il faut citer : *Dix ans d'études historiques* (1834); *Récits des temps mérovingiens* (1840) et *Essai sur l'histoire de la formation et des progrès du tiers état* (1853). — II. **Amédée-Simon-Dominique),** son frère, aussi historien, né à Blois en 1797, mort à Paris en 1873. Guizot lui donna une préfecture en 1830. En 1838 il entra au conseil d'État, dont il continua de faire partie pendant le second Empire, et en 1860 il fut créé sénateur. Il fut moins brillant, mais plus judicieux que son frère. Ses œuvres comprennent : *Histoire des Gaulois jusqu'à la domination romaine* (1828, 3 vol.); *Histoire de la Gaule sous l'administration romaine* (1840-'47, 3 vol.) et *Histoire d'Attila et de ses successeurs* (1856, 2 vol.).

THIERS [tierr], ch.-l. d'arr. à 42 kil. E.-N.-E. de Clermont-Ferrand (Puy-de-Dôme), dans la Durolle, par 45°54'45" lat. N, et par 1°12'42" long. E.; 17,000 hab. Coutellerie et quincaillerie.

THIERS (Louis-Adolphe), illustre homme d'État, historien, et le premier président de la troisième République française, né à Marseille le 16 avril 1797, mort à Saint-Germain-en-Laye le 3 septembre 1877. Il était fils d'un pauvre ouvrier du port de Marseille. Sa mère, d'origine grecque, était parente éloignée de Chénier. Une bourse qu'il obtint au lycée de sa ville natale, lui permit de recevoir une brillante éducation. La famille espérait le faire entrer à l'École polytechnique; mais la chute de l'Empire, ne laissant que peu d'espoir d'avancement à un jeune militaire sans protections, il alla suivre en 1815, les cours de la faculté de droit, à Aix, où il eut Mignet

pour condisciple. (Voy, Mignet.) Reçu avocat en 1820, il ne trouva pas de clients et occupa ses loisirs à composer un *Éloge de Vauvenargues,* qui fut repoussé du concours de l'académie d'Aix, comme empreint de jacobinisme, mais qui obtint le second prix l'année suivante (1821), tandis qu'un autre manuscrit, dans lequel le jeune auteur traitait le même sujet à un point de vue différent, était récompensé du premier prix. Ce succès académique ne pouvait pas le tirer de l'obscurité plus que de la gêne. Une lettre de Mignet, décida de son avenir en lui annonçant que cet ami, établi à Paris depuis quelques mois, se créait des ressources dans les journaux de la capitale. Le futur président de la République, à court d'argent, partit à pied et fit son entrée à Paris, la bourse absolument vide, mais le cœur tout rempli d'espérances. Mignet fit accepter, à tant la ligne, quelques-uns de ses articles dans le *Courrier français;* son compatriote Manuel lui ouvrit les colonnes du *Constitutionnel,* où il se fit une situation, en abordant tous les sujets avec d'autant plus d'abondance qu'il les avait moins étudiés; politique, littérature, critique d'art, rien ne lui semblait étranger; il tranchait toutes les questions avec une autorité qui n'admettait aucune réplique. Pour augmenter ses ressources, il accepta, en 1823, de collaborer à une œuvre hâtive, l'*Histoire de la Révolution française,* pour laquelle un auteur aujourd'hui oublié, Félix Bodin, avait trouvé des éditeurs. Il manœuvra assez adroitement auprès de ces derniers, pour faire, dès le second volume, ajouter son nom à celui de Bodin, sur le titre du livre; et au troisième volume, il parvint à éliminer complètement son chef de file, qui, du reste, n'y mit pas trop de mauvaise grâce, ayant trouvé d'autres travaux aussi lucratifs. Cette histoire, composée de 10 volumes in-8°, fut terminée en 1827. Bien qu'elle soit écrite au courant de la plume, sans aucun souci de l'exactitude, elle obtint un succès tel, qu'on la réimprima pour la 13e fois en 1872; c'est que l'auteur ou les auteurs, avaient su se mettre au niveau de l'opinion dominante au lendemain de la Terreur blanche, et que M. Thiers, variant, avec souplesse, de sentiment suivant les circonstances, apporta aux éditions subséquentes des changements de nature à plaire aux nouvelles générations de lecteurs. Malgré ces modifications et malgré les charmes d'un style coulant, énergique et plein d'attraits, cette œuvre n'en reste pas moins inférieure à toutes les histoires écrites sur le même sujet : son défaut capital c'est d'être matériellement inexacte, de changer des dates, de défigurer certains événements et surtout de trahir, en trop d'endroits, l'insuffisance de l'écrivain en économie politique et en art militaire. Doué d'une extrême finesse d'intuition, M. Thiers, prévoyant la chute prochaine des Bourbons, fonda, en janv. 1830, avec Armand Carrel et Mignet, le *National,* dans lequel, en qualité de rédacteur en chef, il sapa sans relâche le trône vermoulu de Charles X et travailla audacieusement à l'érection de celui de Louis-Philippe. Aussitôt que parurent les ordonnances de juillet, il se chargea de rédiger la protestation des journalistes, s'enfuit à Montmorency pendant que le peuple se battait et reparut, au moment du triomphe de la Révolution, pour reprendre sa campagne en faveur du prince d'Orléans et pour convaincre les vainqueurs, par ses harangues et par ses proclamations, que la République, réclamée de toutes parts, ne pouvait faire le bonheur du pays. Louis-Philippe le récompensa en le nommant conseiller d'État et secrétaire général aux finances, puis sous-secrétaire d'État au ministère des finances (4 nov. 1830). En même temps, il était envoyé à la Chambre par le collège électoral d'Aix, qu'il représenta jusqu'en 1848.

Tant que Laffite eut le portefeuille des finances, M. Thiers fut réellement le maître de ce ministère; il imita le ministre, lorsque celui-ci se retira le 13 mars 1834. Il fit partie du cabinet Soult, le 11 oct. 1832, comme ministre de l'intérieur, signala son passage aux affaires par l'arrestation de la duchesse de Berry (6 nov.) et donna sa démission aussitôt après. Il rentra aux affaires en déc., comme ministre du commerce et de l'agriculture, pour reprendre au commencement de 1834, le portefeuille de l'intérieur; il étouffa dans le sang les insurrections de Lyon et de Paris. L'attentat de Fieschi sur le roi (28 juillet 1835), dont il faillit lui-même être victime, lui fit soutenir les lois restrictives de septembre sur la presse et sur le jury. Il donna sa démission en janv. 1836, devint président du cabinet et ministre des affaires étrangères en février, et se retira le 25 août, principalement à cause de l'opposition du roi à une intervention armée en Espagne. Réinstallé à la présidence du cabinet le 1er mars 1840, il proposa d'ériger les fortifications de Paris et fit des armements extraordinaires, en vue des complications qui faisait naître le conflit entre Mehémet Ali et le sultan. Mais la politique de « paix à tout prix » du roi le fit se démettre de nouveau, et Guizot lui succéda le 29 oct. C'est alors qu'il commença son *Histoire du Consulat et de l'Empire* (1845-'62, 20 vol.); œuvre autrement châtiée que celle dont nous avons parlé précédemment. Cette histoire obtint en 1861, le prix biennal de 20,000 fr. de l'Académie française, somme qui servit à la fondation du prix *Thiers,* que décerne l'Académie. Mais malgré l'admiration que nous inspire le brillant écrivain qui a rédigé d'une manière si vigoureuse l'*Histoire du Consulat et de l'Empire,* nous devons noter que son ouvrage souleva de très vives critiques de la part de personnages fort compétents : « Pour l'aisance et la vigueur du style, observe un éminent critique, M. Thiers a surpassé incontestablement tous ses devanciers; nul ne rivalise avec lui pour la puissance descriptive, pour la peinture du caractère de Napoléon, ni pour l'examen de l'organisation et de la vie intérieure du premier Empire, dont ce livre est la peinture, en même temps que l'apothéose. Mais cette peinture n'est pas toujours exacte, ce panégyrique n'est pas toujours juste. Nous trouvons dans cette histoire, non seulement des erreurs de faits et de faux raisonnements politiques, mais encore une fausse morale. Dans le but de venger le premier Empire, il torture les faits au point de les accorder avec une morale déformée ». A la Chambre M. Thiers devint le chef reconnu de l'opposition; il y dénonça le droit de visite et les complaisances excessives envers l'Angleterre dans la question Pritchard. Quelque temps avant la révolution de février 1848, il attaqua violemment la politique étrangère de Louis-Philippe, et prit part à la campagne réformiste, mais sans avoir en vue la proclamation de la République. (Voy. Février.) En juin, il fut élu à l'Assemblée constituante. Il appuya Louis-Napoléon pour la présidence, et se battit en duel avec Bixio parce que celui-ci s'était fait l'écho d'un bruit d'après lequel il aurait d'abord été opposé à cette élection. Renvoyé à l'Assemblée législative, il devint un des chefs actifs de la majorité réactionnaire. En janv. 1851, il prononça des paroles d'avertissement sur le danger d'un second Empire; après le coup d'État du 2 déc., il fut emprisonné à Mazas jusqu'au 9 janv., et banni jusqu'au 7 août 1852. Élu le 31 mai 1863 au Corps législatif, dans la 2e circonscription de la Seine, il fit une très vive opposition à la plupart des mesures du gouvernement de Napoléon. En 1870, il combattit le projet de déclaration de guerre à la Prusse comme étant téméraire et funeste. A l'approche des

Allemands, il conseilla de défendre vigoureusement Paris, et se rendit dans les principales cours étrangères, afin d'amener un armistice, mais sans résultat. Le 8 fév. 1871, 26 départements l'envoyèrent à l'Assemblée, qui, le 17, le choisit pour chef de l'exécutif. Les grands actes de son gouvernement furent la négociation immédiate du traité de paix, l'écrasement de la Commune, et l'emprunt qui eut un si merveilleux succès, pour payer l'indemnité allemande et assurer la libération du territoire. Le 31 août, la suprême magistrature lui fut accordée de nouveau pour trois ans avec le titre de président de la République. Il resta toujours protectionniste, et lorsque la loi sur les tarifs fut rejetée, il donna sa démission (20 janv. 1872); mais on finit par lui persuader de rester au pouvoir. En mars 1873, il conclut une nouvelle convention avec l'Allemagne, réglant la totalité de l'indemnité et le départ des soldats allemands encore sur le territoire. Le 24 mai, à la suite de l'élection de Barodet, à Paris, il échoua dans sa tentative de faire reconnaître législativement la République comme la forme définitive du gouvernement. En conséquence, il se retira et fut remplacé par Mac-Mahon. Le 30 janv. 1876, il fut élu au nouveau Sénat et le 20 fév. à la Chambre des députés. Il choisit le siège de député. A l'arrivée aux affaires du cabinet de Broglie en mai 1877, il partagea avec Gambetta la direction du parti républicain dans la violente lutte provoquée par le ministère. Mais il mourut subitement au moment où il se disposait à publier un manifeste en vue des élections. (Voy. MIGNET). Ses restes reposent au Père-Lachaise. On cite parmi ses publications : *Law et son système de finances* (1826, nouv. édit. 1858); *La Monarchie de 1830* (1831); *Du droit de propriété* (1848); *Congrès de Vienne* (1853), et un certain nombre de *Discours* prononcés à la Chambre, etc.

THIERSCH [tirch] (Friedrich-Wilhelm), philologue allemand, né en 1784, mort en 1860. En 1809, il fut nommé professeur au gymnase de Munich ; en 1811, il y fonda un institut philologique, qui fut incorporé dans l'université. Après avoir passé deux années en Grèce, il publia, en 1833 : *L'État actuel de la Grèce, et les moyens d'arriver à sa restauration*. Il était grand partisan des études classiques. On a de lui une grammaire grecque où il étudia spécialement le dialecte homérique ; une relation de voyage en Italie (1826); une édition de Pindare (1850), etc.

THIÉRY DE MENONVILLE, botaniste, né à Saint-Mihiel (Lorraine) en 1739, mort à Saint-Domingue en 1780. En 1776, il se rendit à Saint-Domingue pour y naturaliser la cochenille. On a de lui : *Traité de la culture du nopal et de l'éducation de la cochenille dans les colonies françaises d'Amérique* (1787, 2 vol. in-8°).

THIMERAIS, *Theodomerensis*, petit pays de l'ancienne France (Perche); ch.-l., Châteauneuf-en-Thimerais. Il fait aujourd'hui partie du dép. d'Eure-et-Loir.

THIMONIER (Barthélemy), un des inventeurs de la machine à coudre, né à l'Arbresle (Rhône) en 1793, mort à Amplepuis en 1857. Il inventa en 1830, une machine à point de chaînette, vint à pied à Paris, s'arrêtant de lieu en lieu pour exhiber son invention et faire une quête qui lui permit de manger. A Paris, il n'éprouva que des déceptions et il revint à Amplepuis. Des inventeurs américains, s'emparant de son idée et la perfectionnant, produisirent la machine à coudre actuelle.

THIOFORMIQUE adj. Chim. Se dit d'un acide qui prend naissance par l'action de l'acide sulfhydrique sur l'acétate de plomb.

THIONATE s. m. Chim. Sel formé par la combinaison d'un acide thionique avec une base.

THIONIQUE adj. Chim. Qui a rapport au soufre ou à ses composés.

THIONVILLE, anc. *Theodonis villa*, all. *Diedenhofen*, ville forte de la Lorraine allemande, sur la Moselle, à 25 kil. N. de Metz; 7,500 hab. Les rois carlovingiens en firent souvent leur résidence; elle appartint successivement au Luxembourg, à la Bourgogne, à l'Autriche et à l'Espagne; fut prise par le duc de Guise le 23 juin 1558, après une défense obstinée, retourna à Philippe II, lors de la paix de Cateau-Cambrésis; résista au marquis de Feuquières, en 1637, mais fut prise, après un siège de quatre mois, par le duc d'Enghien le 10 août 1643. Devenue française, elle résista victorieusement aux Autrichiens en 1792 et aux Prussiens en 1814. Les Allemands l'investirent en août 1870; elle dut se rendre le 24 nov. après un terrible bombardement qui l'avait, en partie, incendiée.

THIOSULFURIQUE adj. Se dit d'un acide où un atome d'oxygène est remplacé par du soufre.

THIRON-GARDAIS, ch.-l. de cant., arr. et à 15 kil. E. de Nogent-le-Rotrou (Eure-et-Loir), sur la Théronne; 500 hab.

THISBÉ. Voy. PYRAME et THISBÉ.

THIVIERS, ch.-l. de cant., arr. et à 32 kil. S.-E. de Nontron (Dordogne); 2,500 hab.

THIZY, ch.-l. de cant., arr. et à 37 kil. O. de Villefranche (Rhône); 2,500 hab.

*THLASPI s. m. (gr. *thlaspis*). Bot. Genre de crucifères comprenant un grand nombre d'espèces d'herbes qui habitent les parties moyennes de l'Europe et de l'Asie. Le *thlaspi des champs* (*thlaspi arvense*) ou monnoyère, est répandu dans toute la France; il est remarquable par son odeur d'ail. Le *thlaspi des montagnes* (*thlaspi montanum*) est commun sur nos coteaux calcaires. Le *thlaspi bourseite* (*thlaspi bursa-pastóris*), nommé vulgairement *malette, tabouret, bourse à berger*, jouit de propriétés légèrement astringente.

THOISSEY, ch.-l. de cant., arr. et à 30 kil. N. de Trévoux (Ain), sur la rive gauche de la Chalaronne; 1,500 hab.

THOMAS. s. m. Pop. Vase de nuit, par allusion au mauvais jeu de mots produit par les paroles *Vide, Thomas*, qui se trouvent dans l'alléluia.

THOMAS (Ant.-Léonard), littérateur et critique, né à Clermont-Ferrand en 1732, mort en 1785. Il débuta dans les lettres par des *Réflexions philosophiques et littéraires sur le poème de la religion naturelle* (1756). Trois ans après, il publia *Jumonville*, poème en 4 chants; la même année (1759), l'Académie française nommait son *Éloge du maréchal de Saxe*; ses *Éloges de Daguesseau* (1760), de *Duguay-Trouin* (1761), de *Sully* (1763), de *Descartes* (1765), furent également couronnés. En 1762, le prix de poésie lui fut décerné pour son *Ode sur le temps*. Il fut admis à l'Académie française en 1767. Son *Éloge de Marc-Aurèle* (1770) passe pour son chef-d'œuvre. Ses *Œuvres* ont été publiées par Desessarts (Paris, 1802, 7 vol. in-8°) et par Saint-Surin (Paris, 1825, 6 vol.).

THOMAS (Clément), homme politique, né à Libourne le 31 déc. 1809, fusillé à Paris, le 18 mars 1871. Il figura dans plusieurs procès politiques sous Louis-Philippe et collabora au *National*. En février 1848, il fut envoyé comme commissaire de la République dans le département de la Gironde, qui l'élut à l'Assemblée nationale. Le 15 mai 1848, la salle des séances de l'Assemblée ayant été envahie par une émeute populaire, Clément

Thomas, qui avait été nommé colonel de la deuxième légion de la garde nationale de Paris, dispersa la foule et fut à cette occasion nommé général en chef de la garde nationale de la Seine; mais, aux journées de juin, il céda son commandement à Changarnier. Au 2 déc., il se retira en Belgique et ne rentra qu'après le 4 sept. 1870. Il fut appelé à remplacer le général Tamisier comme commandant en chef de la garde nationale sédentaire et dirigea la sortie du 19 janv. 1871, sur Montretout et Buzenval. Arrêté le 18 mars avec le général Lecomte par les insurgés, il fut passé par les armes. (Voy. nos articles COMMUNE et LECOMTE.)

THOMAS (Saint), aussi appelé Didyme (*Didymus*), l'un des douze apôtres. L'évangile de saint Jean donne les principaux traits de son caractère. Quant au théâtre de ses travaux apostoliques, les anciens écrivains ecclésiastiques ne sont pas d'accord. D'après quelques-uns, il alla chez les Parthes, d'après d'autres en Egypte et en Ethiopie; d'après d'autres enfin, dans l'Inde. La fête de ce saint se célèbre le 21 déc.

THOMAS (Saint-), île des Indes occidentales, dans le groupe de la Vierge, à 50 kil. E. de Porto Rico, et appartenant au Danemark; 86 kil. carr.; 14,500 hab., en majorité de couleur. Elle est formée par une crête montagneuse qui atteint 1,480 pieds. Le sol n'est pas fertile et ne produit pas pour le vingtième de la population. Charlotte-Amélie, la seule ville (11,380 hab.), est bâtie sur une magnifique baie de la côte méridionale, par 18° 20' lat. N. et 67° 46' long. O. Huit lignes régulières de steamers y touchent. Un traité pour l'annexion de l'île aux Etats-Unis, en 1867, bien qu'approuvé par la population de l'île, a été repoussé par le sénat de Washington.

THOMAS À KEMPIS [ken-piss]. Voy. KEMPIS.

THOMAS D'AQUIN (Saint), docteur de l'Eglise, surnommé le *Docteur angélique*, né en 1227 au château de Rocca-Secca près d'Aquino (Italie), mort en 1274. Malgré l'opposition de sa famille, il entra dans l'ordre de Saint-Dominique et alla étudier à Cologne sous Albert le Grand (1243). En 1252, il occupa à Paris une chaire de théologie, devint conseiller de saint Louis, refusa toutes les dignités que lui offrirent les papes et mourut en se rendant au concile de Lyon. Il a été canonisé en 1323, par Jean XXII et déclaré docteur de l'Eglise par Pie V en 1567. Saint Thomas d'Aquin a été sans contredit le plus grand théologien et le plus illustre philosophe du moyen âge. Ses principaux écrits théologiques sont : *Somme de la foi contre les Gentils; Commentaire sur le livre des Sentences de Pierre Lombard; Somme théologique*, etc. Les meilleures éditions de ses *Œuvres complètes* sont celles de Rome (1570, 18 vol. in-fol.); de Paris (1636, 23 vol. in-fol.); de Venise (1745, 20 vol.). La *Somme théologique* a été traduite en français par l'abbé Ecalte (Paris, 1854); par l'abbé Drioux (Paris, 1857, 7 vol.), etc.

THOMAS DE VILLENEUVE (Saint), archevêque de Valence (1488-1555). Il fut le prédicateur ordinaire de Charles-Quint. Fête le 18 sept. Il a laissé des *Sermons* et un *Commentaire sur le livre des Cantiques*.

THOMASSIN (Louis de), théologien français, né en 1619, mort en 1695. Membre de l'Oratoire, et professeur au séminaire de Saint-Magloire, il a laissé : *Dissertationes in Concilia generalia et particularia* (1667), où il défendit l'infaillibilité du pape, et que le parlement et le clergé gallican condamnèrent; *Ancienne et Nouvelle Discipline de l'Eglise touchant les bénéfices et les bénéficiaires* (1678-79, 3 vol. in-fol.; traduit en latin par lui, 1688-1728), et *Dogmata theologica* (1680-89, 3 vol. in-8°).

THOMASTON [tom'-ass-tonn], ville du Maine (États-Unis), à 95 kil. E.-N.-E. de Portland ; 3,092 hab. Prison centrale de l'état. Chaux en grandes quantités pour l'exportation. Construction de navires.

THOMÉ (Saint-), île du golfe de Guinée, appartenant au Portugal, par 0° 20' lat. N. et 4° 20' long. E. ; 929 kil. carr. ; 20,000 hab. environ, presque tous nègres. Le pic de Sainte-Anne, au centre, a 7,020 pieds de haut. La capitale, Saint-Thomas (4,000 hab. environ) est la résidence d'un évêque portugais. On exporte surtout du café.

THOMISME s. m. Doctrine philosophique et théologique de saint Thomas.

THOMISTE adj. Qui appartient ou qui a rapport au thomisme. — s. m. Partisan de la doctrine de saint Thomas.

THOMISTIQUE adj. Qui a rapport à saint Thomas ou à sa doctrine.

THOMSON (James), poète anglais, né en Écosse en 1700, mort le 27 août 1748. Il vint se fixer à Londres vers 1724. En mars 1726, il publia son poème en vers blancs intitulé *Winter* ; en 1727, *Summer* ; en 1728, *Spring*, et en 1730, *The Seasons* qu'il complétait en y ajoutant *Automn*. En 1729, il donna *Sophonisba*, tragédie jouée sans grand succès à Drury Lane. Il a écrit plusieurs autres drames et le *Masque d'Alfred*, en collaboration avec Mallet, où se trouve le chant et chœur célèbre *Rule Britannia*. En 1748, parut *The Castle of Indolence*, auquel il travaillait depuis de nombreuses années. Il occupa des fonctions assez élevées dans l'administration.

THOMSON (Thomas) [tomm'-sonn], chimiste anglais, né en Écosse en 1773, mort en 1852. Il a publié *System of Chemistry* (1802, 4 vol.). Il fut un des premiers à employer les symboles chimiques, et à élucider la théorie atomique de Dalton. En 1810, il publia *Elements of Chemistry* ; en 1812, *History of the Royal Society of London*, et en 1813, *Travels in Sweden*. En 1813, il fonda à Londres les *Annals of Philosophy*. En 1817, il fut nommé maître de conférences à l'université de Glasgow, et en 1818, professeur de chimie. Il a écrit d'autres ouvrages importants, entre autres une histoire de la chimie et *Brewing and Distillation* (1849).

* **THON** s. m. (lat. *thunnus*). Icht. Gros poisson de mer, du genre des scombres, dont la pêche est très abondante dans la Méditerranée : *la pêche du thon a été bonne cette année*. — Les thons forment un genre de scombres, très voisin des maquereaux, dont ils se distinguent par une sorte de corselet que forment, autour de leur thorax, des écailles

Bonite des tropiques (Thunnus pelamys).

plus grandes et moins lisses que celles du reste du corps ; par une première dorsale prolongée jusque près de la seconde. Le type du genre est le *thon commun (thunnus scomber)*, poisson de grande taille, long de 1 m. 50 à 2 m. ou davantage. Son dos présente une

couleur d'acier poli ; son ventre et ses flancs sont argentés ; ses nageoires sont d'un jaune fauve, sauf la 1re dorsale et la caudale qui sont grises. Il nage avec rapidité et vit en troupes assez nombreuses. Il est vorace et dévore les maquereaux, les harengs, etc. Sa chair délicate présente différents goûts suivant les diverses parties du corps : ici, elle est semblable à celle du veau ; là, à celle du porc ; crue, elle ressemble à celle du bœuf ; cuite, elle est plus pâle. Les grands océans nourrissent d'autres espèces dont la plus célèbre est la *bonite des tropiques (thunnus pelamys)*.

THÔNES, ch.-l. de cant., arr. et à 25 kil. E. d'Annecy (Haute-Savoie) ; 2,700 hab. Corroieries, horlogerie, produits chimiques, etc.

THONON, ch.-l. d'arr. de la Haute-Savoie, sur le lac de Genève ; par 46° 22' 22" lat. N. et par 4° 8' 44" long. E. ; 6,000 hab. Ancienne capitale du Chablais, cette ville a appartenu à la France de 1798 à 1815 ; rendue alors au Piémont, elle a fait retour à la France en 1860.

THOR. Dans la mythologie scandinave, le premier né d'Odin et de Frigga, le plus brave et le plus hardi de tous les dieux. Il dirigeait les vents et les saisons. L'agriculture et les relations de famille étaient confiées spécialement à ses soins. Dans les Eddas, il paraît comme le champion des dieux et des hommes, détruisant les monstres et les géants avec ses foudres. On l'a comparé à Jupiter et à Hercule. Il a donné son nom au cinquième jour de la semaine, en anglais : *Thursday*.

THOR (Le), comm. du cant. de l'Isle (Vaucluse), sur la Sorgue ; 1,800 hab.

THORACENTÈSE s. f. (gr. *thórax*, poitrine ; *kentein*, percer). Opération qui consiste à faire une ouverture à travers les parois du thorax.

* **THORACIQUE** adj. Anat. Qui appartient, qui a rapport à la poitrine : *la région thoracique*. — CANAL THORACIQUE, vaisseau qui, des intestins, porte le chyle dans la veine sous-clavière gauche. — Méd. Se dit des médicaments qui sont propres aux maladies de poitrine, et qu'on appelle aussi PECTORAUX.

* **THORAX** s. m. [to-rakss] (mot grec). Anat. Capacité de la poitrine, où sont enfermés le poumon et le cœur. — Le thorax comprend la partie supérieure du tronc, entre le cou et l'abdomen. La cage osseuse du thorax se

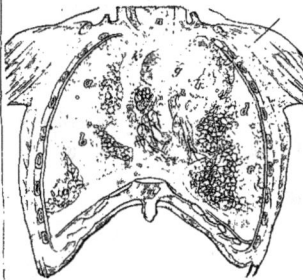

Cavité thoracique de l'homme, ouverte antérieurement et montrant les organes internes : a. b, c, lobes supérieur, moyen et inférieur du poumon droit ; d, e, lobes supérieur et inférieur du poumon gauche ; f, cœur ; g, artère pulmonaire ; h, veine pulmonaire ; i, aorte ; k, veine cave supérieure ; l, surface supérieure du diaphragme ; m, extrémité inférieure du sternum ; n, trachée.

compose de 12 vertèbres dorsales par derrière, du sternum par devant, et des côtes de chaque côté. Sa forme générale est conique, avec une large base en-dessous ; il présente à son extrémité supérieure une ouverture

relativement étroite et presque circulaire, limitée de chaque côté par les bords recourbés de la première paire de côtes, et par où la trachée, l'œsophage, les nerfs et les vaisseaux sanguins passent du cou dans la poitrine. Grâce à la mobilité des côtes sur leurs articulations vertébrales, à leur position oblique, leur courbure se dirigeant à la fois en bas et extérieurement, et à leur élasticité, les parois de la poitrine ont une élasticité considérable qui, avec la dilatation du diaphragme, suffit aux besoins de la respiration. Les principaux organes contenus dans la cavité du thorax sont : le cœur, les poumons et les grands vaisseaux sanguins. Le cœur est presque dans la ligne médiane, la pointe en bas et un peu à gauche. Les poumons se trouvent de chaque côté, se moulant dans la cavité qui les contient, et l'enveloppant en partie le cœur et les grands vaisseaux antérieurement.

THORBECKE (Rudolphe), homme d'État et jurisconsulte néerlandais, né à Zwolle, le 14 janv. 1798, mort à la Haye le 4 juin 1872. Nommé successivement professeur aux universités de Gand et de Leyde, il s'occupa activement de la politique de son pays et eut la plus grande part dans l'élaboration de la constitution de 1848, encore actuellement en vigueur aux Pays-Bas. Partisan de la politique libérale, il combattit toute sa vie les idées de son ami Groen van Prinsterer et tâcha de faire triompher les principes de son parti sous ses différents ministères (1849-1853, 1862-1866, 1871-1872). C'était un homme d'État d'un caractère ferme, aux vues larges et profondes, et qui, par son talent et ses œuvres, mérita la statue que lui dressa la ville d'Amsterdam. Parmi ses écrits, citons : *Historische Schetsen* (Esquisses historiques), 2e édit., 1872 ; *Parlementaire Redevoeringen* (Discours parlementaires), 1856-1870, 6 vol.

THORENS, ch.-l. de cant., arr. et à 25 kil. N.-E. d'Annecy (Haute-Savoie), sur la Fillière ; 2,000 hab. Ancien château qui fut habité par saint François de Sales.

THORI ou **Tori** (GEOFFROI), libraire-juré de Paris, né à Bourges, mourut en 1550 ; contribua à perfectionner les caractères d'imprimerie et composa, sur ce sujet, un livre intitulé : *le Champ fleuri*, qu'il imprima en 1592, in-4°.

THORIQUE adj. Chim. Se dit de l'oxyde de thorium et des sels de ce métal.

THORIUM ou **Thorinum** s. m. [to-riomm ; to-ri-nomm] (de *Thor*, n. pr.). Métal rare, découvert en 1828 par Berzelius dans un minéral noir appelé thorite, qui se trouve dans une roche syénitique de Norvège. C'est une poudre métallique grise, ressemblant beaucoup au zirconium, et qui acquiert, par la pression, un lustre métallique ; poids spécifique de 7.6 à 7.8. Symbole : Th.

THORN, ville très forte du royaume et de la province de Prusse, sur la Vistule, à 80 kil. S.-O. de Marienwerder ; 18,667 hab. Fabriques de pain d'épice fameuses ; grand commerce de blé et de bois. Elle fut fondée, vers 1230, par les chevaliers teutoniques ; elle entra dans la ligue hanséatique, et passa sous la domination de la Pologne en 1454. En 1724, des rixes entre les étudiants protestants et jésuites aboutirent à une sanglante persécution dirigée contre les premiers.

THORWALDSEN (Bertel) [tor'-val-zen], sculpteur danois, né en 1770, mort le 24 mars 1844. Son père était Islandais. Il étudia à Copenhague, vint à Rome en 1797, et était sur le point de revenir, découragé, en Danemark (1803), lorsque Thomas Hope lui confia l'exécution en marbre de son modèle de Jason enlevant la toison d'or. Cette œuvre et beaucoup d'autres de ses premières comptent

parmi les meilleures imitations modernes de l'antique. Plus tard, se consacrant à des œuvres originales, il commença, à Rome, la série de sujets religieux qui ont fait de lui un des régénérateurs de la sculpture. Le plus célèbre de ses morceaux est le groupe colossal du Christ et des douze apôtres, aujourd'hui dans la cathédrale de Copenhague. Le lion colossal, près de Lucerne, en Suisse, élevé en commémoration des gardes suisses qui tombèrent aux Tuileries le 10 août 1792, est la·plus grande figure isolée qu'il ait exécutée. En 1838, il revint définitivement à Copenhague, et il y fut traité, comme il l'avait déjà été lors de sa visite en 1819, avec des honneurs royaux. Comme sculpteur de bas-reliefs il surpasse tous ses contemporains. Le musée Thorwaldsen à Copenhague contient des copies de tous ses ouvrages. Eugène Plon a·publié, en 1867, *Thorwaldsen, sa vie et ses œuvres*, et a établi, en 1874, un musée Thorwaldsen au Louvre.

THOTH ou **Toth**, dieu égyptien, identifié par les Grecs avec Hermès ou Mercure.

TOTHMES [tott-mèss]. Voy. ÉGYPTE.

THOU. I. (Nicolas de), évêque de Chartres, mort en 1598. Il prit parti pour Henri III pendant les troubles de la Ligue, désapprouva les bulles d'excommunication lancées contre Henri IV, et sacra ce roi dans sa cathédrale (1594). — II. (Jacques-Auguste de), historien français, né à Paris le 8 oct. 1553, mort le 7 mai 1617. Il était fils d'un premier président du parlement de Paris, et il y devint lui-même *président à mortier* en 1594. Il avait auparavant été nommé grand maître de la bibliothèque royale, et avait rempli plusieurs autres charges. Il fut un des promoteurs de l'édit de Nantes. A la mort de Henri IV, on fit de lui un des directeurs des finances. Son *Historia sui Temporis* (complétée dans la 7ᵉ édit. par le P. Dupuy et Nicolas Rigault, 1620), va de 1543 à 1607. La seule édition complète de ses œuvres est celle de S. Buckley et T. Carte (1733, 7 vol. in-fol., Londres), qui contient son autobiographie (nouvelle édit. en français, 1838). — III. (François-Auguste), fils du précédent, lui succéda à la bibliothèque royale. Il fut décapité avec son ami Cinq-Mars, le 12 sept. 1642.

THOUARCÉ, ch.-l. de cant., arr. et à 28 kil. S. d'Angers (Maine-et-Loire); 1,500 hab.

THOUARS. Voy. DUPETIT-THOUARS.

THOUARS, *Thourcium, Toarcium*, ch.-l. de cant., arr. et à 26 kil. N.-E. de Bressuire (Deux-Sèvres); 2,500 hab. Château du XVIIᵉ siècle (mon. hist.). Sainte-Chapelle, de la Renaissance (mon. hist.). Tours anglaises du Prince-de-Galles et du Grand-Prévôt (XIIᵉ siècle); église Saint-Médard (XIIᵉ siècle). Maison centrale de détention. Les Vendéens occupèrent Thouars le 5 mai 1793. Pendant les Cent-Jours, La Rochejaquelein s'en empara et en fut chassé (18-19 juin 1815).

THOURET (Jacques-Guillaume), né à Pont-l'Évêque en 1746, mort en 1794. Député aux états généraux de 1789, il se montra l'adversaire du clergé, qu'il fit exproprier, et fut l'un des promoteurs du projet de division de la France en départements. Il fut élu, en 1790, président de l'Assemblée et, après la dissolution de la Constituante, il devint président du tribunal de cassation. Comme il partageait les idées des Girondins, il fut traduit devant le tribunal révolutionnaire et périt sur l'échafaud.

THRACE s. et adj. De la Thrace; qui appartient à ce pays ou à ses habitants.

THRACE (Géogr. anc.). C'était, à l'origine, cette partie de la Turquie d'Europe qui se trouve entre le Danube, la mer Noire, la mer de Marmara, l'archipel Grec et la Struma Strymus des anciens). Les contrées à l'O. du

Kara-su (Nestus) et au N. des Balkans (Hœmus) en furent détachées plus tard. Deux ramifications de l'Hæmus, le Rhodope (Despoto Dagh), à l'E. du Nestus, et une chaîne parallèle près de l'Euxin, la traversent du S. à l'E. Elle était arrosée, au S. du Nestus, par l'Hebrus (Maritza) et ses affluents. Au nombre des villes étaient Byzantium (Byzance, Constantinople), Callipoli (Gallipoli) et Abdère. La Thrace était peuplée par les Gètes, les Odryses, les Triballes, les Daces et les Mœsiens. Sa mythologie exerça do l'influence sur celle de la Grèce. Les Thraces furent soumis par les Perses sous Darius, mais ils recouvrèrent leur liberté après les revers de Xerxès. Philippe de Macédoine en conquit la plus grande partie; plus tard, elle fut annexée à la Macédoine, et enfin aux domaines de Rome. Aujourd'hui, elle est comprise en majeure partie dans le vilayet d'Édirneh (Andrinople).

THRACIEN, IENNE adj. Qui appartient à la Thrace ou aux Thraces.

THRASYBULE, général athénien, attaché au parti démocratique, mort en 390 av. J.-C. A la bataille de Cynossema (411), il commandait l'aile droite et assura la victoire. En 407, il réduisit la plupart des cités révoltées sur la côte de la Thrace, et il fut, vers le même temps, élu avec Alcibiade parmi les nouveaux généraux Banni lors de l'installation des trente tyrans, il se saisit de la forteresse de Phyle, occupa le Pirée et finit par délivrer Athènes et rétablir le gouvernement démocratique (403). Il fut tué par la population d'Aspendus, en Cilicie, qu'avaient exaspérée les actes de ses soldats.

THRASYMÈNE ou **Trasimène** (LAC). Voy. ANNIBAL et PÉROUSE.

THRIDACE s. f. (gr. *thridax*, laitue). Pharm. Substance qu'on obtient en évaporant du suc de laitue : *sirop de thridace*.

THROMBOSE s. f. (gr. *thrombos*, grumeau). Coagulation de la fibrine du sang.

THROMBUS s. m. [-buss] (gr. *thrombos*, grumeau). Chir. Petite partie graisseuse qui se détache du tissu cellulaire, et vient fermer l'orifice de la saignée et arrêter l'écoulement du sang, jusqu'à ce qu'elle ait été enlevée par la lancette du chirurgien.

THUCYDIDE, historien grec, né vers 471 av. J.-C., mort vers 400. En 424, il commandait une escadre athénienne sur la côte de Thrace; mais, n'ayant pu empêcher la reddition d'Amphipolis aux Spartiates, il fut condamné à l'exil, où il resta 20 ans. Thucydide est surtout connu par son histoire de la guerre du Péloponèse, œuvre également distinguée par sa véracité, la supériorité de la narration et le talent de la composition. Les principales éditions de Thucydide sont celles d'Hudson (Oxford, 1696), de Gail (Paris, 1807, 10 vol.), de Goeller (Leipzig, 1836). Trad. franç. par Lévesque (1795, 4 vol.), Zévort (Paris, 1851, 2 vol.), etc.

THUEYTS, ch.-l. de cant., arr. et à 26 kil. N.-O. de Largentière (Ardèche); 2,000 hab.

THUG s. m. Membre d'une association d'Indous qui se livrent aux sacrifices humains. La secte des assassins nommés Thugs est éteinte aujourd'hui. Ces fanatiques employaient un langage à leur usage, rôdaient par bandes de 30 à 300, et étranglaient les gens qu'ils pouvaient surprendre. Ils obéissaient moins, en commettant ces atrocités, au désir du pillage et à la méchanceté qu'à des motifs religieux. Les membres de cette secte appartenaient·aux différentes castes, et adoraient la déesse Kali. Il y avait aussi des bandes de thugs mahométans, de la secte des Moultanes. On connaissait depuis longtemps l'existence des Thugs, mais on ne découvrit qu'en 1829 qu'ils formaient une vaste confrérie répandue dans tout le pays. Le gouvernement britan-

nique prit des mesures pour les supprimer en arrêtant tout thug connu et tout parent d'un thug et en en formant une colonie à Jubbulpore. En 1837, on en avait ainsi parqué 3,266 et leurs descendants restent encore sous la surveillance du gouvernement.

THUIA ou **Thuya** s. m. Bot. Genre de conifères, qui se rapproche beaucoup du cyprès, et dont le feuillage aplati et toujours vert s'élève en pyramide. — Les thuias appartiennent à la famille des cupressinées

Toutes les espèces sont étrangères à l'Europe, mais on a introduit chez nous le *thuia d'Orient* (*thuia orientalis*) ou *thuia commun*, arbre d'ornement originaire de Chine. On l'appelle quelquefois *arbre de vie*; il est pyramidal, haut chez nous de 8 à 9 m., et convient pour les palissades. Le *thuia d'Occident* (*thuia occidentalis*), ou *cèdre blanc*, produit dans les parcs un effet très pittoresque. On l'a introduit chez nous au XVIᵉ siècle, mais il y a dégénéré et ne dépasse pas 10 m. de haut, tandis que dans son pays d'origine, l'Amérique boréale, il atteint jusqu'à 17 m. de haut et 3 m. de circonférence. On trouve en Algérie le *thuia articulata* qui fournit de la sandaraque.

Thuia d'Occident.

THUIR, ch.-l. de cant., arr. et à 13 kil. S.-O. de Perpignan (Pyrénées-Orientales); 2,000 hab.

THULÉ, nom donné par l'ancien navigateur Pythéas à la région la plus septentrionale de l'Europe. On suppose généralement qu'il indiquait par là l'Islande, bien qu'il y ait des raisons de croire que c'était soit Mainland, la plus grande des Shetland, soit le Jutland, soit la Norvège.

THULÉ (La Coupe du roi de). Voy. COUPE DU ROI DE THULÉ (La).

THUN [tounn]. I, ville fortifiée du canton de Berne (Suisse), sur l'Aar, près du lac de Thun, à 26 kil. S.-E. de Berne; 4,623 hab. Elle contient l'académie militaire fédérale. C'est une ville que les étrangers fréquentent l'été. — II, lac, long de 16 kil., large de 4, à 1,896 pieds au-dessus du niveau de la mer. L'Aar le fait communiquer, à son extrémité S.-E., avec le lac Brienz, pour aller ressortir à son extrémité N.-O.

THUNE s. f. Argot. Pièce de cinq francs.

THURGOVIE all. *Thurgau* [tour-gaô], canton du N.-E. de la Suisse, séparé, par le Rhin et le lac de Constance, de Schaffhouse, Bade, le Würtemberg et la Bavière; 988 kil. carr.; 105,000 hab., presque tous Allemands et les trois quarts protestants. Les collines qui le traversent n'ont nulle part plus de 1,000 pieds au-dessus du lac de Constance. La rivière Thur coule au N.-O. et à l'O., à travers les cantons de Turgau et de Zürich jusqu'au Rhin. On y cultive beaucoup de fruits et on y fait du bon vin. Les forêts couvrent environ un cinquième du sol. Fabriques de toile de lin et de chanvre, de cotonnades, de rubans, de dentelle et de bonneterie. Cap., Frauenfeld.

THURIFÉRAIRE s. m. (lat. *thus*, encens; *fero*, je porte). Clerc qui, dans les cérémonies de l'église, a la fonction de porter l'encensoir et la navette où est l'encens.

THURINGE (all. *Thüringen*), région centrale de l'Allemagne, entre les montagnes du Harts

au N. et la forêt de Thuringe au S., appartenant pour la plus grande partie à la province prussienne de Saxe, à Saxe-Cobourg-Gotha, à Weimar-Eisenach, à Schwarzburg-Sondershausen, et à Schwarzburg-Rudolstadt. Sous les empereurs saxons, plusieurs comtes ou landgraves thuringiens obtinrent une sorte de demi-indépendance. Une longue guerre de succession, au XIIIᵉ siècle, aboutit au mariage du margrave Henry de Meissen, possesseur de la plus grande partie du territoire, et à l'Etablissement de la suprématie de la maison saxonne de Wettin. Lors du partage des états saxons, en 1485, entre Ernest et Albert, fils de Frédéric le Doux, la Thuringe échut à la ligne ernestine. — La forêt de Thuringe est une chaîne de montagnes étroite et boisée, dépassant à certains endroits 3,000 pieds de hauteur, et longue de près de 110 kil.

THURIOT DE LA ROSIÈRE, conventionnel, mort à Liège en 1829. Député à la Convention, il s'y montra l'un des ennemis les plus acharnés de la royauté, vota la mort du roi sans appel ni sursis, dénonça Dumouriez et les Girondins, fut nommé président de la Convention (1793), contribua à la chute de Robespierre, devint, sous l'Empire, substitut du procureur général à la cour de cassation, et fut banni en 1816.

THURIUM, ville de l'ancienne Italie méridionale, fondée après la chute de Sybaris, vers 452 av. J.-C. Auj., Torre Brodognato.

THUROT (François), corsaire, né à Nuits en 1727, mort en 1760. Il eut une jeunesse très aventureuse, fut un instant prisonnier des Anglais, devint capitaine de corsaires, ravagea les côtes d'Ecosse et obtint ensuite dans la marine française, grâce à la protection de Mᵐᵉ de Pompadour, le grade de chef d'escadre. On lui donna le commandement d'une petite flottille destinée à opérer en Irlande (1760). Il débarqua 1,000 hommes à Carrickfergus. Mais, trahi par plusieurs de ses officiers, il dut se rembarquer, fut attaqué par des forces supérieures près de l'île de Man et se fit tuer au moment où son navire tombait entre les mains de l'ennemi (28 fév. 1760).

THUSNELDA. Voy. ARMINIUS.

* **THUYA** s. m. Voy. THUIA.

* **THYADE** s. f. (gr. thuas). Antiq. Bacchante.

* **THYM** s. m. [tain] (lat. thymus ; du gr. thumos ; de thuô, je parfume). Bot. Genre de labiées, comprenant une cinquantaine d'arbrisseaux et de sous-arbrisseaux, des régions tempérées de l'ancien continent, à feuilles petites, à fleurs ordinairement très odo-

Thym bâtard (thymus serpyllum)

rantes. Le thym commun (thymus vulgaris), recherché de tout le monde pour le parfum pénétrant et fin qu'exhalent toutes ses parties, surtout quand on les froisse entre les doigts,

croît spontanément sur les coteaux secs et rocailleux du midi de la France. On le cultive comme bordure, en le multipliant par division des vieux pieds. On l'emploie comme assaisonnement dans divers mets. Il sert à fabriquer l'essence de thym. Le thym bâtard (thymus serpyllum), très commun dans les terres incultes, est plus connu sous le nom de serpolet. (Voy. ce mot.)

THYMÉLACÉ, ÉE adj. Bot. Qui ressemble ou qui se rapporte à la thymélée. — s. f. pl. Famille de plantes dicotylédones dialypétales périgynes, comprenant les genres daphné, dirca, laget, passerine, pimélée, etc.

THYMÉLÉE s. f. (gr. thumelaia). Syn. de DAPHNÉ.

THYMIQUE adj. (lat. thymus). Anat. Qui a rapport, qui appartient au thymus.

THYMOL s. m. Chim. L'un des produits de thym. Quand on distille des plantes fraîches de thym au contact de l'eau, on obtient une huile essentielle. Celle-ci, agitée avec une dissolution concentrée de potasse, se sépare en deux corps : le thymène, liquide incolore, qui forme, avec l'acide chlorhydrique, un camphre artificiel ; et le thymol, solide cristallin, soluble dans l'alcool et l'éther, peu soluble dans l'eau. Le thymol a pris une certaine importance, depuis qu'on a entrepris de l'employer à la place du phénol, dont il possède les propriétés sans présenter les mêmes inconvénients ; mais on n'a pas encore pu le produire à bon marché.

* **THYMUS** s. m. [ti-muss] (gr. thumos, loupe). Glande vasculaire double, située derrière le sternum, à la partie inférieure du cou. Le thymus se trouve chez l'homme, dans la partie supérieure du médiastin antérieur ; il s'étend dans l'enfance depuis la glande thyroïde jusqu'à la surface antérieure du péricarde, mais il s'atrophie après l'âge de la puberté. Il est divisé en deux portions latérales, reliées par du tissu aréolaire, et consistant chacune en un nombre de lobules irrégulièrement arrondis et aplatis, pénétrés par des vaisseaux sanguins capillaires. Ces vaisseaux rayonnant de la paroi d'une cavité centrale remplie d'un fluide laiteux, d'un blanc gris. La glande thymus est très développée pendant la dernière partie de la vie intra-utérine, et, au moment de la naissance elle pèse, chez l'homme, plus de 18 grammes. A deux ans, elle cesse de s'accroître. Elle commence à diminuer vers la dixième année; elle s'aperçoit encore d'ordinaire vers l'âge de 20 ans, mais à 40 ans elle a entièrement disparu. Sa fonction probable est d'accomplir certain changement dans le sang pendant la vie intra-utérine et dans l'enfance. Chez le veau et l'agneau elle est remarquablement développée, et fournit un mets délicat appelé ris.

THYRÉAL s. m. (gr. thura, porte). Nom de l'un des os branchiaux des poissons.

* **THYROÏDE** adj. (gr. thureos, bouclier). Anat. Se dit du plus grand des cartilages du larynx et d'une grosse glande qui le recouvre : l'accroissement anormal de la glande thyroïde forme le goître. — La glande vasculaire dite thyroïde est située sur la partie basse et antérieure du larynx, devant les premiers anneaux de la trachée ; on l'appelle ainsi parce qu'elle est devant le cartilage thyroïde du larynx. Comme d'autres glandes vasculaires, elle est relativement plus grosse dans l'existence intra-utérine et dans la jeune enfance que dans le reste de la vie. Chez les adultes, cependant, elle grossit quelquefois d'une façon anormale. (Voy. GOÎTRE.)

THYROÏDIEN, IENNE adj. Qui appartient au cartilage thyroïde, ou à la glande thyroïde.

* **THYRSE** s. m. (lat. thyrsus). Javelot en-

vironné de pampre et de lierre, et terminé par une pomme de pin, dont les Bacchantes étaient armées : le thyrse est un des attributs de Bacchus.

THYSANOURE adj. (gr. thusanos, frange ; oura, queue). Entom. Qui a la queue frangée.

TIAGUANACO ou **Tiahuanaco.** Voy. TITICACA.

* **TIARE** s. f. (gr. tiara). Ornement de tête qui était autrefois en usage chez les Perses, chez les Arméniens, etc., et qui servait aux princes et aux sacrificateurs : ceindre la tiare. — Bonnet orné de trois couronnes, que le pape porte dans certaines cérémonies. — PORTER LA TIARE, être pape : il porta la tiare vingt ans. — Dignité papale : il se montra digne de la tiare. — ENCYCL. La tiare est une haute coiffure portée jadis chez beaucoup de nations orientales. Celles des rois et des prêtres étaient entourées d'une sorte de couronne; c'est pour cela que ce nom a été appliqué à la triple couronne portée par les papes. La tiare papale ressemble beaucoup aux tiares des rois de Perse et d'Assyrie. On ne sait pas au juste quand les souverains pontifes adoptèrent cette coiffure. Boniface VIII (1294-1303) y ajouta la seconde couronne, et Urbain V la troisième (1362-70).

TIBALDI (Pellegrino), appelé aussi PELLEGRINO-PELLEGRINI, artiste italien, né en 1527, mort vers 1598. Il décora le palais du cardinal Poggio à Bologne, vécut de 1586-'95 en Espagne, où il exécuta les fresques de l'Escurial et beaucoup de tableaux. La façade de la cathédrale de Milan est une de ses plus belles œuvres.

TIBBOUS, peuple de l'Afrique centrale, l'E. du grand désert de Sahara.

TIBÈRE, empereur de Rome, né en 42 av. J.-C., mort le 16 mars 37 de notre ère. Son nom complet était Tiberius-Claudius-Nero Cæsar. Il était le fils aîné de Claudius-Tiberius-Nero et de Livia Drusilla, qui divorcèrent afin que celle-ci pût épouser Auguste. Tibère fit sa première campagne comme tribun militaire dans la guerre cantabre. En l'an 20, il alla en Asie Mineure et rétablit Tigrane sur le trône d'Arménie; l'an 15, lui et son frère Drusus firent une campagne contre les nations alpines de la Rhétie. En l'an 11, il dirigea la guerre contre les Dalmates et les Pannoniens révoltés. La mort des deux petits-fils aînés d'Auguste laissait à Tibère la succession au trône, et, l'an 4 de notre ère, Auguste l'adopta. Il conduit toute l'Illyrie, remporta de grandes victoires sur les Allemands et les Dalmates, et, en l'an 12, célébra son quatrième triomphe. En 14, il succéda à Auguste. Les premières années de son règne furent marquées par la prudence et la modération; mais, sous l'influence de Séjan, son favori, la mauvaise naturelle de son caractère ne tarda pas à dégénérer en cruauté. Une secrète organisation d'espions se forma, et, par leurs machinations, la vie, la fortune, l'honneur de chaque citoyen romain se trouva à toute heure en danger. En 27, il se retira dans l'île de Caprée (Capri), près de Naples. Il passa ses dernières années dans les infâmes plaisirs et Caprée devint le séjour d'une dégoûtante débauche. Dès lors, Séjan eut en main toutes les affaires de l'Etat; mais Tibère, qui le soupçonnait depuis quelque temps, le fit mettre à mort avec toute sa famille, en 34. Tibère avait écrit un commentaire de sa propre vie, des poésies grecques, une ode sur la mort de L. Cæsar, et plusieurs Epîtres et Oraisons. C'est pendant son règne que Jésus fut crucifié.

TIBÉRIADE. Voy. GENNÉZARETH.

TIBÉRIEN, IENNE adj. Qui est propre à Tibère.

TIBERINUS, roi d'Albe la Longue, qui fut

vaincu sur les bords de l'Albula, en 893 av. J.-C., et qui se noya volontairement dans ce cours d'eau, nommé ensuite *Tibre*.

TIBET. Voy. **TRIBET.**

* **TIBIA** s. m. (mot lat.). Anat. L'os le plus gros de la jambe, situé à la partie antérieure de ce membre.

* **TIBIAL, ALE, AUX** adj. Anat. Qui appartient, qui a rapport au *tibia*: *muscle tibial*; *nerfs tibiaux*.

TIBRE (ital. *Tevere*; anc. *Tiberis*), fleuve d'Italie, qui naît dans les Apennins Toscans, et qui coule généralement S.-S.-E., S.-S.-O. et S.-O. jusqu'à la Méditerranée, où il se jette, près d'Ostie, par deux embouchures. Il a environ 360 kil.; à partir de Rome, sa largeur est de 100 à 200 m. Ses affluents principaux sont la *Nera* (anc. *Nar*) et le Teverone (*Anio*), tous les deux sur la gauche. Il est navigable pour des vaisseaux de 130 à 200 tonnes jusqu'à Rome, sur une distance de 30 kil.

TIBULLE (Albius Tibullus), poète romain du temps d'Auguste. Il était de famille équestre et demeurait sur les terres de son patrimoine à Padoue près de Rome. On lui attribue quatre livres d'élégies; mais les deux premiers seulement sont absolument authentiques. Les principales éditions de Tibulle sont celles de Muret (1554), de Heyne (Leipzig, 1777), de Voss (Heidelberg, 1841), de Bach (Leipzig, 1819), etc. Princ. trad. franç. en prose, par Pezay (1771), par Longchamps (1776), par Pastoret (1783), par Valatour (1836); en vers, par Mollevaut (1806), par Saint-Geniez (1814).

TIBUR. Voy. **TIVOLI.**

TIBURCE (Saint), martyr du IIe ou du IIIe siècle, avec Valérien et Maxime. Fête le 14 avril.

* **TIC** s. m. [tik]. Habitude vicieuse que contractent les chevaux et les bêtes à cornes: il y en a de plusieurs sortes. TIC RONGEUR, celui qui consiste dans l'action de mordre ou de ronger la terre, les murs, le fer, etc. TIC EN L'AIR, celui par lequel un cheval élève la tête et rote. TIC DE L'OURS, habitude de se balancer constamment d'un côté à l'autre: *ce cheval a le tic de l'ours, le tic rongeur, etc.* — Sorte de mouvement convulsif auquel quelques personnes sont sujettes: *il a un tic, une espèce de tic.* — Certaine habitude plus ou moins ridicule, dont on a contractée sans s'en apercevoir: *il répète toujours un certain mot, c'est son tic.*

* **TIC TAC** s. m. Onomatopée dont on se sert pour exprimer un mouvement réglé accompagné d'un certain bruit. — s. m. *Le tic tac d'une horloge.*

* **TIÈDE** adj. (lat. *tepidus*). Qui est entre le

chaud et le froid. Ne se dit proprement que des choses liquides: *de l'eau tiède.* — Nonchalant, qui manque d'activité, d'ardeur, de ferveur dans les choses où l'on a besoin d'en avoir: *un ami tiède.*

* **TIÈDEMENT** adv. Avec tiédeur, avec nonchalance: *il sert ses amis tièdement.*

* **TIÉDEUR** s. f. Qualité de ce qui est tiède: *cette eau n'est pas assez refroidie, elle a encore quelque tiédeur.* — Nonchalance, manque d'activité et de ferveur dans les choses où l'on a besoin d'en avoir: *agir avec tiédeur.*

* **TIÉDIR** v. n. Devenir tiède: *laisser tiédir de l'eau.*

* **TIEN, TIENNE** (lat. *tuus, tua, tuum*) adj. poss., relatif à la seconde personne du singulier: *voilà mes livres, où sont les tiens?* Il faut remarquer que TIEN et TIENNE ne se mettent jamais devant un nom, et qu'on les fait ordinairement précéder par l'article LE ou LA, comme dans l'exemple ci-dessus. Quelquefois on les met sans article, mais cette tournure a vieilli: *ces biens-là peuvent devenir tiens.* — Tien s. m. Le bien qui t'appartient: *tu veux le tien, cela est juste.* — LE TIEN ET LE MIEN, la propriété en général: *le tien et le mien sont la source de beaucoup de querelles.* — s. m. pl. Tes proches, tes alliés, ceux qui t'appartiennent de quelque façon, et qui te sont attachés: *tu devrais considérer les tiens, faire du bien aux tiens plutôt qu'à des étrangers.*

TIENTSIN [ti-enn-tsinn'], ville du Chili, en Chine, à environ 105 kil. S.-E. de Pékin; on estime sa population tantôt à 400,000, tantôt à 930,000 hab. La ville est entourée d'une muraille de 7 kil. de circuit. De grands faubourgs s'étendent le long des deux rives du Peï-ho. Tientsin tire son importance de sa situation à l'extrémité du grand canal de Pékin, dont elle est le port. On y conclut en 1858 des traités qui ont fait un des 13 ports ouverts au commerce étranger. (Voy. CHINE.) Le 21 juin 1870, le consul français à Tientsin, des prêtres et des religieuses catholiques furent massacrés dans cette ville. Un nouveau traité relatif au protectorat de l'Annam fut signé à Tientsin pendant la guerre du Tonkin (14 mai 1884). En vertu de ce traité, le Tonkin devait être évacué par les troupes chinoises devaient évacuer le pays. Un traité définitif de paix y fut signé en juin 1885, entre la France et la Chine, pour mettre fin à la guerre entre ces deux pays.

TIERÇAGE s. m. Anc. cout. Troisième partie des biens d'un défunt, qui revenait au clergé comme droits de sépulture.

TIERÇAIRE s. m. Membre d'un tiers ordre. On dit aussi **TERTIAIRE.**

* **TIERCE** (fr. *tiers*). Mus. Intervalle composé de deux sons de la gamme, entre lesquels il n'y en a qu'un selon l'ordre des notes de la gamme: *ta tierce majeure et mi comprend deux tons.* — Jeu de piquet. Trois cartes d'une même couleur qui se suivent: *tierce majeure.* — Escrime. Position du poignet tourné en dedans, dans une situation horizontale, et au-dessus du bras de l'adversaire, en laissant son épée à droite: *dégager en tierce.* — PORTER UNE TIERCE, UNE BOTTE EN TIERCE, met d'absol., PORTER EN TIERCE, porter une botte dans cette position. — Lit. cathol. Une des heures canoniales, laquelle dans son institution se chantait à la troisième heure du jour, suivant la manière de compter des anciens, ce qui, selon la nôtre, répond à neuf heures du matin: *prime, tierce, sexte et none.* — Mathémat. et Astron. La soixantième partie d'une seconde, comme la seconde est la soixantième partie d'une minute: *les tierces ne sont plus usitées dans l'astronomie moderne*;

on les remplace par les *fractions décima'es de la seconde.* — Typogr. Dernière épreuve, sur laquelle on vérifie si les corrections ont été exactement exécutées, et après laquelle on tire.

TIERCE-FEUILLE s. f. Blas. Meuble d'armoiries qui ressemble à une feuille de trèfle dont on aurait enlevé la queue: *des tierces-feuilles.*

* **TIERCELET** s. m. Le mâle de quelques oiseaux de proie, ainsi nommé parce qu'il est d'un tiers plus petit que la femelle: *un tiercelet d'autour, de faucon.* — Homme qu'on prétend être fort au-dessous de ce qu'il croit être: *un tiercelet de gentilhomme.* (Vieux.)

* **TIERCEMENT** s. m. Prat. anc. Surenchère du tiers du prix principal pour lequel une adjudication avait été faite: *faire un tiercement.* — Surenchère par laquelle on triplait le prix de l'adjudication: *venir par tiercement.* — Augmentation d'un tiers dans le prix des places d'un spectacle: *le tiercement des places.*

* **TIERCE OPPOSITION** s. f. Législ. Acte qu'un tiers opposant fait signifier afin de s'opposer à l'exécution d'un arrêt du jugement porté contre lui. — Législ. « La tierce opposition est une voie extraordinaire permettant à une partie qui se trouve lésée par un jugement auquel elle n'a pas été appelée, d'en obtenir la réformation, même après qu'il a été exécuté. Lorsque la tierce opposition est formée par action principale, elle doit être portée, par exploit à personne ou à domicile, devant le tribunal qui a rendu le jugement attaqué. Lorsque la tierce opposition est incidente à une contestation dont un autre tribunal est saisi, elle est formée par simple requête à ce tribunal, s'il est égal ou supérieur à celui dont émane le jugement; dans le cas contraire, elle doit être portée, par action principale, devant ce dernier tribunal. Dans tous les cas, les juges ont le droit de suspendre l'exécution du jugement attaqué. La partie dont la tierce opposition est rejetée est condamnée à une amende qui ne peut être inférieure à 50 fr. (C. pr. 474 à 479). Les décisions du Conseil d'État en matière contentieuse peuvent être attaquées par la tierce opposition (Décr. 11 mai 1806, tit. Ier, art. 37). » (CH. Y.)

* **TIERCER** v. a. Hausser d'un tiers le prix d'une chose après que l'adjudication en a été faite: *pour tiercer un bail équivaut de trois cents livres, il fallait enchérir cent livres au-dessus.* — Surenchérir en triplant le prix de l'adjudication: *tiercer une enchère.* — Donner aux terres le troisième labour, la troisième façon: *il faut tiercer ce champ, cette vigne.* Dans ce sens, on dit également, TIERCER. — Tiercer v. n. Augmenter le prix d'un tiers: *on a tiercé aujourd'hui au théâtre.*

* **TIERCERON** s. m. Archit. Arc qui naît des angles dans une voûte gothique.

* **TIERÇON** s. m. Ancienne mesure de liquides contenant le tiers d'une mesure entière: *un tierçon de muid était de quatre-vingt-seize pintes.*

* **TIERS, ERCE** adj. (lat. *tertius*). Troisième. N'est plus usité que dans certaines phrases, comme: *la tierce partie d'un tout; le tiers état; tierce coalition; la cession il ne lui en revient qu'une tierce partie; un tiers arbitre; en maison tierce; si se forma un tiers parti; parler en tierce personne, à la tierce personne; billet écrit à la tierce personne; déposer une chose en main tierce.* — Méd. FIÈVRE TIERCE, fièvre périodique qui revient de deux jours l'un, et par conséquent le troisième jour. FIÈVRE DOUBLE TIERCE, fièvre intermittente dont les accès reviennent tous les jours, de telle manière que le troisième est semblable au premier, et le quatrième au second. — LE TIERS ORDRE DE SAINT-FRANÇOIS, les religieux de la troisième règle de Saint-

François. — TIERS ARBITRE, arbitre choisi pour départager deux autres arbitres. — LE TIERS ÉTAT, se disait autrefois de la partie de la nation française qui n'était comprise ni dans le clergé, ni dans la noblesse : *les doléances, les droits du tiers état.* — ENCYCL. « Le tiers État constituait le troisième ordre « aux états généraux du royaume. (Voy. ÉTATS « GÉNÉRAUX.) On incline à penser que ce troi- « sième ordre répondait alors à ce qu'on « appelle maintenant la bourgeoisie, que « c'était une classe supérieure parmi celles « qui se trouvaient en dehors et, à différents « degrés, au-dessous de la noblesse et du « clergé. Cette opinion, qui, outre sa faus- « seté, a cela de mauvais qu'elle donne des « racines dans l'histoire à un antagonisme « né d'hier et destructif de toute sécurité pu- « blique, est en contradiction avec les té- « moignages anciens, les actes authentiques « de la monarchie et l'esprit du grand cou- « rant de réformes de 1789. — Le règlement « du roi Louis XVI pour la convocation des « derniers Etats généraux désignait, comme « ayant droit d'assister aux assemblées élec- « torales du tiers état, tous les habitants des « villes, bourgs et campagnes, nés Français « ou naturalisés, âgés de 25 ans, domiciliés « et compris au rôle des impositions.—Ainsi « l'ordre de personnes qui fut l'instrument de « la Révolution de 1789 n'est autre que la na- « tion entière, moins la noblesse et le clergé. « — Il n'y a plus de tiers état en France, « le nom et la chose ont disparu dans le re- « nouvellement social de 1789; mais ce troi- « sième des anciens ordres de la nation, le « dernier en date et le moindre en puissance, « a joué un rôle dont la grandeur, longtemps « cachée aux regards les plus pénétrants, « apparaît pleinement aujourd'hui : son his- « toire n'est au fond que l'histoire même du « développement et des progrès de notre so- « ciété civile, depuis le chaos de mœurs, de « lois et de conditions qui suivit la chute de « l'empire romain, jusqu'au régime d'ordre, « d'unité et de liberté de nos jours. » (Au- « gustin Thierry, *Essai sur l'histoire du tiers « état,* passim). — Tiers s. m. Se dit des per- sonnes : *il ne faut point de tiers en pareille affaire.* — Jurispr. TIERS DÉTENTEUR, celui qui est actuellement possesseur d'un bien sur lequel une personne, autre que celle dont il le tient, a une hypothèque à exercer, un droit à réclamer.—Procéd. TIERS SAISI, celui entre les mains duquel on a fait une saisie-arrêt, une opposition. TIERS OPPOSANT, celui qui, n'ayant point été partie dans une contesta- tion jugée, prétend que le jugement ou l'arrêt lui fait tort, et s'oppose à l'exécution: on appelle TIERCE OPPOSITION l'acte qu'il fait signifier à cette fin. — Fam. LE TIERS ET LE QUART, toutes sortes de personnes indifférem- ment et sans choix : *il est fâcheux d'être ré- duit à prier le tiers et le quart.* — Se dit aussi des choses, et signifie une des parties d'un tout qui est ou que l'on conçoit divisé en trois parties égales : *il a le tiers dans cette succession.* — LE TIERS CONSOLIDÉ, le capital des rentes sur l'État qui a été réduit au tiers.

• TIERS-POINT s. m. Archit. Nom que les ouvriers donnent au point de section qui est au sommet d'un triangle équilatéral.—Cour- bure des voûtes gothiques qui sont composées de deux arcs de cercle.

TIFLIS [ti-flîss]. I, gouvernement de la Russie d'Asie, dans la Transcaucasie, compre- nant la partie centrale de l'ancien royaume de Géorgie; 40,439 kil. carr.; 606,584 hab. (Voy. GÉORGIE.) — II, capitale de ce gouverne- ment; autrefois la capitale de la Géorgie, sur le Kour, par 40°41' lat. N. et 42°30' long. E ; 70,591 hab. C'est le quartier général d'une armée de 150,000 hommes qui garde la fron- tière. Tiflis est célèbre par ses sources miné-

raies. Manufactures de tapis, de châles, etc. Grand commerce avec la Perse. Un chemin de fer relie la ville avec Poti sur la mer Noire. Tiflis fut fondée au ve siècle. Elle fut cédée à la Russie en 1801 par le dernier roi de Géorgie.

• TIGE s. f. (anglo-sax. *twig,* jeune pousse). Partie du végétal qui sort de la terre et qui pousse des branches, des feuilles, des fleurs, des fruits : *cet arbre a une belle tige.* — ARBRE A HAUTE TIGE, ou simpl., HAUTES TIGES, cer- tains arbres fruitiers dont on laisse la tige s'élever; par opposition à ARBRES A BASSE TIGE, ou simpl., BASSES TIGES, ceux dont on em- pêche la tige de s'élever. — Se dit plus spé- cialement en parlant des plantes qui ne sont ni arbres ni arbrisseaux : *laisser mourir une fleur sur sa tige.* — Généal. Le premier père duquel sont sorties toutes les branches d'une famille, tant la branche aînée que la cadette : *ces deux branches d'une même maison sortent certainement d'une même tige, mais qui est ignorée.* — S'emploie par anal. dans plusieurs Arts et Métiers. Ainsi on dit : LA TIGE D'UNE COLONNE, le fût. LA TIGE D'UN RINCEAU, l'espèce de branche qui part d'un culot ou fleuron, et qui porte les feuillages d'un rinceau d'orne- ment. LA TIGE D'UNE CLEF, la partie longue et cylindrique qui est entre l'anneau et le pan- neton. LA TIGE D'UNE ROUE DE MONTRE, l'arbre de cette roue, quand il est un peu mince. LA TIGE D'UN FLAMBEAU, la partie d'un flam- beau qui prend depuis le pied jusqu'à la bo- bèche inclusivement. LA TIGE D'UN GUÉRIDON, la partie qui prend depuis le pied jusqu'à la tablette. LA TIGE D'UNE BOTTE, la partie de la botte qui enveloppe la jambe.

TIGELLE s. f. Petite tige.

• TIGELLE s. f. Archit. Espèce de tige ornée de feuilles, d'où sortent les volutes, dans le chapiteau corinthien.

• TIGNASSE s. f. [gn mll]. Mauvaise per- ruque. (Pop.)

• TIGNON s. m. [gn mll.]. Partie des che- veux qui est derrière la tête. On ne le dit qu'en parlant des femmes : *tignon relevé.* Le mot propre est CHIGNON.

• TIGNONNER v. a. [gn mll.]. Mettre en boucles les cheveux du chignon : *elle se fait tignonner les deux jours.* — Se Tignonner, v. pr. Se prendre l'une et l'autre par le ti- gnon : *ces deux femmes se tignonnèrent long- temps.*

TIGRANE LE GRAND, roi d'Arménie. Il monta sur le trône vers 96 av. J.-C. et mourut vers 55. Pendant la première partie de son règne il soumit par les armes toute l'Arménie, y ajouta de nouvelles provinces, et enleva à la Parthie la Mésopotamie septentrionale, l'Assyrie propre et d'autres territoires. Il s'empara aussi de la Médie Atropatène, de la Cilicie, de la Syrie et de la plus grande partie de la Phénicie. Il résidait d'abord à Nisibis. Vers l'an 80, il fit de Tigranocerte, entre le Tigre et le lac Van, sa capitale. L'aide qu'il prêta à son beau-père Mithridate, roi de Pont, l'entraîna dans une guerre désastreuse avec les Romains. A la fin, il fit sa soumission à Pompée, qui le mit sur le trône de l'Ar- ménie propre.

TIGRANO-CERTA, ancienne capitale de l'Arménie, bâtie par Tigrane le Grand, et prise par Lucullus après une grande victoire (69 av. J.-C.).

• TIGRE, TIGRESSE s. Bête féroce dont le poil est rayé ou moucheté, et qui ressemble à un chat quant à la forme, mais qui est beaucoup plus grand : *le tigre est un animal cruel.* — Fig. C'EST UN TIGRE, UN VRAI TIGRE, C'EST UN CŒUR DE TIGRE, ceux dont on marque cruel et impitoyable. — IL EST JALOUX COMME UN TIGRE, il est jaloux jusqu'à la rage. — Espèce d'insectes mouchetés qui viennent

au-dessous des feuilles des arbres, et princi- palement des poiriers en espaliers : *les tigres ont gâté ces arbres, ont mangé ces fruits.* — Adj. CHEVAUX TIGRES, chevaux qui sont tavelés et mouchetés à peu près comme des tigres : *un attelage de six chevaux tigres.* — ENCYCL.. Le tigre (*felis tigris*) est l'un des plus grands, des plus forts, des plus féroces et des plus

Tigre (Felis tigris).

actifs des animaux de la famille du chat; il est particulier à l'Asie. Il mesure d'ordinaire 2 m. 50 de long et de 1 m. à 1 m. 30 de haut, mais il atteint parfois une taille beaucoup plus con- sidérable. Le fond du poil est d'un brillant jaune orange; sa face, sa gorge et ses parties inférieures sont presque blanches; il est partout élégamment rayé de bandes et de barres transversales. Son domaine s'étend au N. et au S. depuis la Chine septentrionale jusqu'à la presqu'île malaise; mais il abonde surtout dans les vastes jungles qui bordent les rives des grands cours d'eau de l'Indoustan. Il est rare qu'il

Rimau-dahan (Felis macrocelis).

attaque l'homme, mais quelques individus, appelés mangeurs d'hommes, paraissent avoir un goût particulier pour la chair humaine. En 1869, une seule tigresse tua 127 personnes. La nourriture du tigre consiste en antilopes et autres grands ruminants. Telle est sa force que d'un seul coup de patte il peut briser les reins d'un bœuf. — En Amérique, l'animal appelé tigre n'est autre que le jaguar. (Voy. ce mot.) — Chat-tigre, s. m. Nom communé- ment appliqué à plusieurs petites espèces de félins, en Amérique, en Asie et en Afrique, spécialement à celles qui sont marquées de bandes et de barres. Le *felis eyra* (Desm.) est à peu près de la taille du chat domestique, mais le cou, le corps et la queue sont plus longs. On le trouve dans la Guyane, et, au N., jusqu'au Mexique et au Texas. Le F. *yagua- rundi* (Desm.) est plus grand, avec le corps beaucoup plus long; il est d'un gris brunâtre, sans mouchetures; on le trouve du Paraguay au Texas. Ces deux espèces de chats habitent les bois et les fourrés, se nourrissent de petits mammifères et d'oiseaux, et sont excellents grimpeurs (Voy. CHATI et OCELOT.) — Il y a plusieurs espèces de chats-tigres en Asie; le plus grand et le plus beau est le rimau-dahan (F. *macrocelis,* Temm.). Il a environ 1 m. de

long, sans compter une queue de près de 1 m.; il mesure 42 centim. de hauteur aux épaules; il est d'un gris brunâtre ou cendré, avec des taches et des bandes irrégulières d'un noir velouté, disposées longitudinalement et continues le long du dos. Il est originaire de Sumatra, et passe une grande partie de sa vie sur les arbres; il se nourrit d'oiseaux et de petits daims. Il n'est ni commun, ni dangereux.—On a décrit à l'article SERVAL l'animal que les fourreurs appellent d'ordinaire chat-tigre.

TIGRE (*Tigris*), le second fleuve de l'Asie occidentale; il prend sa source dans le N.-O. du Kurdistan, au S. du lac Goeljik, à moins de 16 kil. du Murad, branche orientale de l'Euphrate; il coule au S.-S.-E. jusqu'à Diarbekir, de là au S.-E. jusqu'à Mossoul, puis jusqu'à sa jonction avec l'Euphrate à Koma, où les deux forment le Chat-el-Arab. Sa longueur totale est évaluée à 1,750 kil. Audessous de Mossoul, il est navigable pour les steamers dans toutes les saisons. On suppose que son nom dérive du vieux mot persan *tigra*, flèche. Son nom araméen était Digla ou Diglath, et son nom hébreu Hiddekel. Ninive, Séleucie et Ctésiphon étaient sur ses rives. Sa grande ville moderne est Bagdad.

TIGRÉ, ÉE adj. Moucheté comme un tigre, imitant les couleurs du tigre : *poil tigré*.

TIGRÉ, état d'Abyssinie, au N. de cette région; indépendant pendant longtemps, il fut conquis par Théodore en 1855, Cap., Adowa. Villes importantes, Antalo et Axum. (Voy. ABYSSINIE.)

TIGRER v. a. Marquer de mouchetures semblables à la peau du tigre.

TIGRERIE s. f. Caractère de tigre; cruauté comparable à celle du tigre.

TIGRESSE s. f. Femelle du tigre. — Fam. Femme d'une vertu farouche.

TIHARET ou Tiaret, poste militaire d'Algérie, à 220 kil. S. d'Oran; sur les limites du Tell et deshauts plateaux; 800 hab. Casernes, marché arabe. Des hauteurs de Tiharet, on domine un horizon très étendu. Ce poste fut fondé le 24 avril 1843.

TILBURG (til'-bourg), ville du Brabant septentrional, dans les Pays-Bas, sur la Ley, à 22 kil. E.-S.-E. de Breda; 25,397 hab. C'est le centre de la fabrication des laines en Hollande.

TILBURY s. m. (til-bu-ry) (mot angl.) Espèce de cabriolet ordinairement non couvert, et fort léger : *aller en tilbury*.

TILIACÉ, ÉE adj. Qui appartient au tilleul ou qui s'y rapporte. — *s. f. pl. Famille de plantes dicotylédones dialypétales hypogynes, ayant pour type le genre tilleul.

TILIÉ, IÉE adj. Qui ressemble ou qui se rapporte au tilleul. — s. f. pl. Syn. de tiliacées.

TILLAC s. m. [*ll* mll.] Le pont d'un navire. Ne se dit guère qu'en parlant des bâtiments du commerce : *il y avait plusieurs matelots sur le tillac*. — Se dit aussi en parlant de certains grands bateaux et coches de rivière : *le tillac du coche d'eau était encombré de marchandises*.

TILLANDSIE s. f. [*ll* mll.] (de *Tillands*, botan. suédois). Genre de plantes exotiques de la famille des broméliacées, comprenant un grand nombre d'espèces américaines. La plus grande est l'espèce de la Floride, *T. utriculata*; elle a une touffe de feuilles longues de 70 centim., étroites et recourbées à l'extrémité, mais très dilatées et concaves à la base, de façon à former une coupe contenant une quantité considérable d'eau. L'espèce la plus importante, *T. usneoides*, a des tiges pendantes, souples, semblables à des fils; on

la trouve dans les marais de la Virginie, au Texas, au Chili, et dans les Indes occidentales.

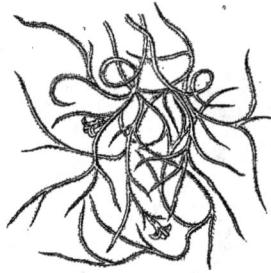
Tillandsia usneoides.

Elle grimpe aux arbres, se laisse balancer au vent, et présente un aspect tout particulier.

TILLE s. f. [*ll* mll.]. Petite peau qui est entre l'écorce et le bois du tilleul : *on fait des cordes à puits avec la tille*. — Écorce du brin de chanvre, qu'on appelle aussi TEILLE. — Instrument qui sert à la fois de hache et de marteau. — Mar. Portion de tillac formant une sorte de cabane à l'avant ou à l'arrière d'un petit bâtiment non ponté : *ce chassemarée a deux tilles*.

TILLE (La), rivière qui prend sa source près de Grancey (Côte-d'Or) et se jette dans la Saône après un cours de 85 kil.

TILLEMONT (Louis-Sébastien LE NAIN DE), historien français, né en 1637, mort en 1698. Il était prêtre. Il prit parti pour Port-Royal, et après 1679, il alla vivre sur ses terres de Tillemont, près de Vincennes. Ses œuvres comprennent une : *Histoire de l'Église* (16 vol. in-4°), une *Histoire des empereurs et des princes des six premiers siècles* (6 vol.) et une *Vie de saint Louis* (6 vol.), qui n'a été publiée pour la première fois qu'en 1847-'51.

TILLER ou Teiller v. a. [*ll* mll.]. Détacher avec la main le filament du chanvre, en brisant la chènevotte : *elle tille ou elle teille du chanvre*.

TILLEUL s. m. [ti-leul, *ll* mll.) (lat. *tilia*). Bot. Genre de tiliacées comprenant une dizaine d'espèces de beaux arbres de l'Europe,

Tilleul de la Hollande.

de l'Asie occidentale et de l'Amérique septentrionale; à feuilles alternes, pétiolées, simples, à fleurs pâles, portées sur un pédoncule commun auquel est soudée dans la moitié de sa longueur une bractée en forme de languette. Nous avons en Europe le *tilleul de la Hollande* (*tilia mollis*), haut de 20 m., à

beau feuillage plein de grâce et de majesté; le *tilleul à petites feuilles* (*tilia microphylla*); le *tilleul intermédiaire* (*tilia intermedia*), le beau *tilleul argenté* (*tilia argentea*). Ces arbres produisent le plus bel effet dans les plantations d'alignement; leur bois blanc, assez léger, tendre, d'un grain serré et uni, est

Tilleul-feuille, fleur et fruit.

employé par les ébénistes, les layetiers, les menuisiers, les sculpteurs, etc. Il sert à préparer un charbon léger propre à la fabrication de la poudre. Son écorce sert à faire des liens et des cordes grossières. Ses fleurs, légèrement antispasmodiques et sudorifiques produisent une infusion souvent employée en médecine; de 2 à 4 gr. par litre.

TILLY (Johann-Tserclaes, COMTE), homme de guerre allemand, né dans le Brabant en 1559, mort le 20 avril (vieux style) 1632. En 1610, le duc Maximilien de Bavière le nomma feld-maréchal. Dans la guerre de Trente ans, il commanda avec succès l'armée de la ligue catholique, et, après avoir coopéré avec Wallenstein pour conquérir le Danemark continental, il lui succéda en 1630 comme commandant en chef des armées impériales. (Voy. TRENTE ANS, *Guerre de*.) Le 10 mai 1631, il emporta Magdebourg d'assaut, et en permit le sac à ses soldats. Mais, le 7 sept., il fut écrasé par Gustave-Adolphe à Breitenfeld, près de Leipzig, et le 5 avril 1632, mortellement blessé près de Rain sur le Lech.

TILLY-SUR-SEULLES, ch.-l. de cant., arr. et à 25 kil. S.-O. de Caen (Calvados); 900 hab.

TILSITT (til'-sitt), ville du royaume et de la province de Prusse, au point où la Tilse se réunit au Niémen (Memel), à 95 kil. N.-E. de Kœnigsberg; 21,000 hab. Grand commerce de grains et de produits fabriqués. C'est là qu'après la victoire de Friedland, Napoléon rencontra pour la première fois Alexandre Ier (25 juin 1807) sur un radeau, placé au milieu du Niemen. Le traité de Tilsitt, par lequel la Prusse perdit la moitié de ses possessions, y fut conclu rapidement le 7 juillet.

TIMAR s. m. Bénéfice d'un timariot.

TIMARIOT s. m. Soldat turc qui jouit d'un bénéfice militaire, au moyen duquel il est obligé de s'entretenir lui et quelques autres miliciens qu'il fournit.

TIMBALARION s. m. Mus. Instrument formé de tambours et de timbales.

TIMBALE s. f. (lat. *tympanum*). Espèce de tambour à l'usage de la cavalerie : il consiste en une caisse de cuivre, faite en demi-globe, et couverte d'une peau corroyée et tendue : *une paire de timbales*. — Gobelet de métal qui a la forme d'une timbale ou celle d'un verre sans pied : *une timbale d'argent*. — Petite raquette couverte de peau des deux côtés, et dont on sert quelquefois pour jouer au volant. — Art culin. Moule en cuivre ayant la forme d'une timbale. — Préparation culinaire, qui a été cuite, enveloppée d'une croûte de pâte dans une timbale, dont elle a conservé la forme.

TIMBALIER s. m. Celui qui bat des timbales.

TIMBO ou **Timbou**, ch.-l. du Fouta-Djalon (Sénégambie).

* **TIMBRAGE** s. m. Adm. Action de timbrer : *le timbrage d'un registre*.

* **TIMBRE** s. m. (lat. *tympanum*) Sorte de cloche immobile qui est frappée par un marteau placé ordinairement en dehors : *le timbre d'une pendule, d'une montre*. — **LE TIMBRE D'UN TAMBOUR**, la corde à boyau mise en double au-dessous de la caisse d'un tambour, pour le faire mieux résonner. — Son que rend le timbre : *ce timbre est trop éclatant.* — Retentissement de la voix : *cette voix a du timbre*. — Premier vers d'un vaudeville connu, qu'on écrit au-dessus d'un vaudeville parodié, pour indiquer sur quel air ce dernier doit être chanté : *mettre les timbres aux couplets d'une pièce en vaudevilles.* — Marque imprimée sur le papier dont la loi oblige à se servir pour certaines écritures, et même pour certaines impressions : *la loi sur le timbre.* — **TIMBRE A L'EXTRAORDINAIRE**, timbre apposé après coup sur des actes qui auraient dû être écrits sur du papier timbré. — **BUREAU DE TIMBRE**, bureau où l'on débite le papier timbré. — **TIMBRE SEC**, timbre qui n'est marqué que par la pression du coin sur lequel il est gravé. — Marque particulière que chaque bureau des postes imprime sur les lettres qu'il fait partir, pour indiquer le lieu et le jour du départ, et sur celles qu'il reçoit pour constater le jour de leur arrivée : *le timbre de cette lettre est de Lyon.* — Armoir. Le casque qui est au-dessus de l'écu : *les souverains portent le timbre ouvert.* — Fig. et fam. **IL A LE TIMBRE FÊLÉ**, se dit d'un homme un peu fou. — Législ. « L'impôt du timbre a d'abord été établi en 537, dans le Bas-Empire, en vertu d'une loi de Justinien ; et on lui donna alors le nom de *protocole*, parce que l'empreinte était frappée sur la première feuille des actes soumis à ce droit fiscal. Cet impôt fut adopté, dès le xvi⁰ siècle, en Espagne, en Allemagne et en Angleterre ; et c'est seulement en 1655 qu'il a été introduit en France. Les actes notariés et les exploits étaient assujettis à la marque ; mais cette mesure resta inexécutée jusqu'à ce que divers édits, notamment ceux du 17 juill. 1672 et du 3 avril 1674 eussent ordonné que les actes des notaires, huissiers et autres officiers publics devraient à peine de nullité, être écrits sur des formules timbrées et en partie imprimées. Ces formules étaient revêtues d'une marque portant à la fois une fleur de lis, le prix de la feuille fixé selon la dimension, et le nom de la généralité dans laquelle il pouvait en être fait emploi. Le produit de la marque des papiers et parchemins était compris dans le bail des cinq grosses fermes d'impôts. Certaines provinces étaient exemptes de cette formalité. Les actes des notaires de Paris furent, à compter de l'année 1723, revêtus d'un second timbre dont le prix variait selon la classe des actes, et qui tenait lieu de l'enregistrement au contrôle auxquels tous les actes notariés devaient être soumis. L'Assemblée constituante, en abrogeant les anciennes marques, créa deux sortes de papier timbré : pour l'une, le tarif était basé sur la dimension du papier ; pour l'autre, qui était réservée aux effets de commerce, le droit était proportionnel au montant desdits effets. La loi du 13 brumaire an VII, qui a remplacé toutes les lois antérieures concernant le timbre des actes, est encore aujourd'hui la base de la législation en cette matière. Ladite loi organique a été, sur beaucoup de points, modifiée ou complétée par des lois postérieures. Ces lois sont tellement nombreuses et leurs dispositions sont enchevêtrées à tel point que nous ne pouvons les citer ici ; mais il en a été fait mention dans un grand nombre d'articles de ce *Dictionnaire*. — L'Etat s'est réservé le monopole de la fabrication et de la

vente des papiers timbrés et des timbres mobiles de toute espèce dont l'emploi est prescrit pour les actes. Ce service forme, avec ceux de l'enregistrement et des domaines de l'Etat, l'une des directions générales du ministère des finances (Décr. 14 fév. 1885). Les papiers sont fabriqués à Thiers (Puy-de-Dôme) ; le timbrage de ces papiers et la fabrication des timbres mobiles qui peuvent tenir lieu du papier timbré ont lieu à Paris dans les ateliers de l'hôtel du Timbre, rue de la Banque. Le timbrage dit à l'*extraordinaire* s'effectue chez les receveurs du timbre dans les départements, et à Paris à l'hôtel central. Le timbre de dimension ne peut être frappé à l'extraordinaire que sur les feuilles de parchemin présentées par les notaires, et sur les feuilles de papier et les registres des administrations publiques. — I. **Timbres de dimension.** Sont assujettis au timbre de dimension tous actes civils ou judiciaires (minutes et copies en forme), et toutes écritures pouvant faire foi en justice, sauf les exceptions admises par la loi. Les feuilles de timbre sont tarifées aux prix suivants, en y comprenant le double décime ajouté aux droits principaux, savoir :

Demi-feuille de petit papier....	0 fr. 60
Feuille de petit papier	1 20
Feuille de moyen papier	1 80
Feuille de grand papier	2 40
Feuille de grand registre.......	3 60

Les passeports et les permis de chasse sont frappés d'un timbre particulier, dont le chiffre est égal au montant des droits dus à l'Etat. En ce qui concerne les affiches des particuliers, le timbre de dimension est ainsi fixé :

Affiches de 12 décimètres 1/2 carrés et au-dessous.	6 cent.
Affiches depuis 12 décimètres 1/2 jusqu'à 25 décimètres carrés.	12
Affiches depuis 25 décimètres jusqu'à 50 décimètres carrés.	18
Affiches excédant 50 décimètres ou contenant de 2 à 5 annonces.	20
Affiches contenant plus de 5 annonces.	40

Les affiches peintes, ne pouvant être timbrées, sont assujetties à un droit d'affichage qui est de 50 cent. pour celles d'un mètre carré ou au-dessous, et d'un franc pour celles qui ont une dimension plus grande. Les timbres mobiles destinés aux papiers de dimension ne peuvent être employés que sur certains actes, et ils sont immédiatement oblitérés par le receveur qui les fournit. Cependant, en ce qui concerne spécialement les copies des exploits signifiés, lesquelles doivent être faites sur les feuilles fournies gratuitement par l'administration de l'enregistrement, les timbres mobiles sont livrés avec les feuilles, et ils sont collés et oblitérés par le receveur de l'exploit. Les timbres mobiles pour affiches sont collés et oblitérés par les imprimeurs, et ils ne peuvent être employés pour les affiches manuscrites. — II. **Timbres proportionnels.** Ces timbres, dont le tarif varie selon les sommes à inscrire, s'appliquent, savoir : 1⁰ à tous les effets de commerce ou billets, négociables ou non, à ordre ou au porteur, souscrits en France ou venant de l'étranger, et aux warrants endossés. Le droit est uniformément de 5 cent. par 100 fr ou fraction de 100 fr.; et l'on peut se servir de timbres mobiles ou de papier timbré à l'**extraordinaire**. 2⁰ aux actions et obligations des sociétés françaises et à celles étrangères négociées en France (voy. **SOCIÉTÉ**), ainsi qu'aux obligations émises par les départements, les communes et les autres établissements publics. Le droit sur les obligations est de 1 fr. 20 par 100 fr. calculés sur le montant du titre ;

cependant les lettres de gage émises par la société du Crédit foncier de France ne sont passibles que de 50 cent. par 1,000 fr. 3⁰ aux mandats émis sur le Trésor public par les receveurs des finances. Le droit est de 1 fr. 65 par 1,000 fr. 4⁰ aux titres de rentes ou d'emprunts étrangers qui sont négociés en France ou énoncés dans des actes écrits (sauf dans les inventaires dressés par les notaires). Le droit est ainsi fixé : 0 fr. 75 pour chaque titre de 500 fr. et au-dessous ; 1 fr. 50 pour ceux de 500 à 1,000 fr.; 3 fr. pour les titres de 1,000 à 2,000 fr.; et ensuite 1 fr. 50 par 1,000 fr. ou fraction de 1,000 fr. — III. **Timbres par abonnement.** L'abonnement est un mode qui permet de substituer une taxe annuelle au droit de timbre proportionnel qui frappe les actions et les obligations des sociétés et des établissements publics. Ce droit annuel est de 6 cent. par 100 fr. et par an sur le capital nominal de chaque action ou obligation. Pour les obligations du Crédit foncier de France, le taux d'abonnement est réduit à 5 cent. par 1,000 fr. Le timbre proportionnel des billets de la Banque de France est perçu au moyen d'un abonnement annuel calculé chaque année sur la moyenne des billets qui ont été en circulation pendant l'année précédente. L'abonnement est employé obligatoirement, depuis la loi de finances du 29 déc. 1886 (art. 8), pour tenir lieu du timbre de dimension auquel les polices d'assurance contre l'incendie étaient assujetties. Le droit, calculé sur le montant des sommes assurées, est de 3 cent. par 1,000 fr. pour les assurances mutuelles, et de 4 cent. pour celles à primes fixes. — IV. **Timbres spéciaux.** Les plus usités parmi ces timbres sont les suivants : 1⁰ le timbre de 10 cent. qui doit être apposé sur tout chèque tiré sur place (pour ceux de place à place) (voy. **CHÈQUE**), sur toute décharge donnée sous seing privé, et sur toute quittance sous seing-privé d'une somme excédant 10 fr. (voy. **QUITTANCE**); 2⁰ le timbre de 25 cent. qui doit être apposé sur toute quittance due de 10 fr. délivrée par les comptables de deniers publics, à l'exception des quittances de contributions directes ; 3⁰ le timbre des récépissés délivrés par les compagnies de chemins de fer, lequel est de 35 cent. pour les expéditions en grande vitesse et de 70 cent. pour les expéditions en petite vitesse. Ce timbre est réduit à 10 cent. pour les colis postaux (voy. **COLIS**); 4⁰ le timbre des connaissements, fixé à 60 cent. pour chacun des quatre originaux de ces actes, quelle que soit la dimension des feuilles ; 5⁰ le timbre des bordereaux d'agent de change qui est de 60 cent. pour les négociations de 10,000 fr. au-dessous, et de 1 fr. 80, lorsque la somme est supérieure. — **Pénalités.** Parmi les pénalités si variées qui sont la sanction des lois sur le timbre, nous mentionnerons seulement les suivantes. Une amende de 62 fr. 50 est due pour chaque acte ou écrit sous signatures privées assujetti au timbre de dimension et qui a été fait sur papier non timbré. Lorsqu'il s'agit d'effets de commerce, le souscripteur, l'accepteur, le bénéficiaire ou premier endosseur d'un effet non timbré, et qui n'a pas été visé pour timbre dans les quinze jours de sa date, sont passibles, *chacun et solidairement*, d'une amende égale à 6 p. 100 du montant de l'effet ; et si le timbre payé est seulement insuffisant, l'amende ainsi calculée porte sur la partie de la somme non couverte. Il en est de même s'il s'agit d'un chèque de place à place. (Voy. **CHÈQUE.**) L'emploi fait sciemment ou la vente d'un timbre mobile ayant déjà servi donne lieu à une poursuite correctionnelle et à une amende de 50 à 1,000 fr.; en cas de récidive l'amende est doublée, et il s'y ajoute un emprisonnement de cinq jours à un mois (L. 11 juin 1859.

art. 24). — La loi punit d'une façon très rigoureuse ceux qui ont contrefait des timbres de l'État ou qui ont fait usage de timbres contrefaits. (Voy. CONTREFAÇON.) L'imitation de ces timbres par un procédé quelconque, alors même qu'elle n'a pas pour but de frauder les droits du Trésor, est interdite par la loi du 12 juill. 1885. — Les timbres des douanes, des contributions directes ou indirectes, des octrois, etc., sont imprimés sur les feuilles ou sur les quittances à toucher de ces diverses régies et sont gradués de 5 cent. à 75 cent. — Nous avons parlé ailleurs des *timbres-poste*. (Voy. POSTE.) L'impôt du *timbre sur les journaux*, après avoir été pendant longtemps une entrave à l'éducation politique de la nation, a été aboli aussitôt après la chute du second Empire, par un décret-loi du 5 sept. 1870. Les produits du timbre s'élèvent annuellement à environ 160 millions de francs, pour la France et l'Algérie.»   (CH. Y.)

* **TIMBRÉ, ÉE** part. passé de TIMBRER. — Fig. et fam. UNE CERVELLE, UNE TÊTE TIMBRÉE, UN CERVEAU MAL TIMBRÉ, un écervelé, un fou. On dit dans le même sens, CET HOMME EST TIMBRÉ, EST UN PEU TIMBRÉ. — Blas. Se dit de l'écu couvert du casque ou timbre.

TIMBRE-DÉPÊCHE s. m. Cachet volant, au moyen duquel on affranchit les dépêches que l'on remet, pour être expédiées, à l'administration des télégraphes. — pl. DES TIMBRES-DÉPÊCHES.

* **TIMBRE-POSTE** s. m. Cachet volant portant l'effigie du souverain ou une autre marque et qui sert à l'affranchissement des lettres ou paquets envoyés par la poste; qui s'applique sur les quittances, les factures et les effets de commerce. — pl. DES *timbres-poste*. — ENCYCL. Le système de payer d'avance le port des messages postaux au moyen de petites étiquettes adhérentes, vendues au public par le gouvernement, fut pour la première fois préconisé par Rowland Hill en 1837, et adopté par la poste britannique en 1840. Il fut introduit aux États-Unis en 1847 et en France en 1849. Le premier timbre anglais mis en vente par la Grande-Bretagne représentait un profil de la reine, avec le mot *Postage* au-dessus et le prix au-dessous. Les États de l'Allemagne semblent préférer des chiffres indiquant le prix et entourés d'inscriptions. Beaucoup de pays ont adopté les armes ou les emblèmes nationaux pour dessin principal de leurs timbres-poste. C'est dans les États-Unis qu'il y a eu la plus grande variété de timbres en usage à la fois; jusqu'à 1875, on en a publié 162 types, dont 127 en usage en même temps. La mode de collectionner des timbres-poste comme objets de curiosité, mode qu'on appelle *philatélie*, est devenue très générale. Il y a des livres sur ce sujet et des journaux spéciaux aux États-Unis, en Angleterre, en France et en Belgique. (Voy. POSTE.)

* **TIMBRER** v. a. Imprimer sur du papier, sur du parchemin, la marque ordonnée par la loi, pour qu'il puisse servir aux usages qu'elle a déterminés : *timbrer du papier, du parchemin*. — Imprimer sur une lettre une marque qui indique de quel bureau de poste elle part, ou qui fait connaître soit le jour du départ, soit celui de l'arrivée : *on a oublié de timbrer cette lettre*. On dit dans un sens analogue, TIMBRER LES LIVRES D'UNE BIBLIOTHÈQUE, les marquer d'un cachet, d'un sceau particulier qui sert à les faire reconnaître. — Procéd. et Adm. Écrire en tête d'un acte la nature de cet acte, sa date et le sommaire de ce qu'il contient : *timbrer des pièces*. — Blas. Mettre au-dessus d'un écu un timbre ou quelque autre marque d'honneur, de dignité : *les armes du pape sont timbrées d'une tiare*.

* **TIMBREUR** s. m. Celui qui timbre, qui marque avec le timbre.

TIME IS MONEY (taïm'-iz-mo'-né], expression anglaise qui signifie littéralement : *Le temps est de l'argent*.

TIMEO DANAOS ET DONA FERENTES, expression latine tirée de Virgile et signifiant : *Je crains les Grecs, même lorsqu'ils font des présents*.

* **TIMIDE** adj. (lat. *timidus*). Craintif, peureux, qui manque de hardiesse ou d'assurance. Se dit des personnes, ainsi que de leurs actions, de leurs discours, etc : *l'enfance est timide*. — ÉCRIVAIN TIMIDE, STYLE TIMIDE, écrivain, style qui manque de hardiesse, d'énergie. — Fig. MARCHE TIMIDE, conduite excessivement prudente.

* **TIMIDEMENT** adv. Avec timidité : *agir timidement*.

* **TIMIDITÉ** s. f. Qualité de celui qui est timide : *sa timidité l'empêche de faire paraître tout son esprit*. — Se dit quelquefois des actions, des discours : *on blâma la timidité de sa conduite*.

TIMOCRATIE s. f. [-sî] (gr. *timé*, richesse; *kratos*, pouvoir). Gouvernement dans lequel les fonctions publiques sont réservées à la classe riche.

TIMOCRATIQUE adj. Qui a rapport à la timocratie.

TIMOLÉON, général corinthien, libérateur de Syracuse, né vers 395 av. J.-C., mort en 337. Dans sa haine de la tyrannie, il fit assassiner son frère, Timophane, qui avait usurpé le pouvoir à Corinthe. En proie aux remords, il vécut près de 20 années dans une retraite absolue. En 344, il prit le commandement d'une expédition envoyée par les Corinthiens au secours des Syracusains attaqués par les Carthaginois et Hicétas de Léontini. Denys le Jeune, désespérant du succès de sa propre cause, lui abandonna l'île d'Ortygie, et Syracuse tomba facilement entre ses mains. Il donna aux habitants une constitution démocratique, et en peu de temps plus de 60,000 émigrants ou exilés vinrent repeupler la ville déserte. En 339, les Carthaginois débarquèrent à Lilybée une armée de 80,000 hommes, mais Timoléon les battit; il continua à détrôner les tyrans jusqu'à ce que le dernier eût disparu de la Sicile grecque. Il refusa alors le pouvoir suprême et se retira de la vie publique.

* **TIMON** s. m. (lat. *temo*). Pièce de bois du train de devant d'un carrosse ou d'un chariot, qui est longue et droite, et aux deux côtés de laquelle on attelle les chevaux : *timon de chariot, de carrosse, de voiture*. — TIMON D'UNE CHARRUE, longue pièce de bois en forme de timon, à laquelle sont attelés les chevaux ou les bœufs. — Mar. Longue pièce de bois attachée au gouvernail d'un navire, et qui sert à le mouvoir par la force du levier. C'est ce que les marins appellent plus ordinairement la barre du gouvernail : *gouverner le timon*. Dans le discours ordinaire, il se prend pour le gouvernail même. — Fig. PRENDRE LE TIMON DES AFFAIRES, DE L'ÉTAT, prendre le gouvernement des affaires, de l'État : *dès que le prince eut pris le timon des affaires*.

TIMON, surnommé LE MISANTHROPE, Athénien du ve siècle avant J.-C. Trompé par ses amis, il se renferma dans une retraite absolue où il n'admettait personne à l'exception d'Alcibiade. Shakespeare a pris pour sujet de son *Timon of Athens*.

* **TIMONIER** s. m. Celui qui gouverne le timon d'un navire sous les ordres du pilote : *un coup de canon emporta le timonier*. — Se dit aussi des chevaux qu'on met au timon; à la différence de ceux qu'on met à la volée.

TIMOR, île de l'archipel Indien, entre 9° 30' et 11° 40' lat. S. et 121° et 124° 50' long. E.; longueur, près de 480 kil.; largeur, 90; 34,500 kil. carr.; 200,000 hab. Les chefs indigènes des côtes occidentales et méridionales reconnaissent la suprématie des Hollandais, qui ont leur principal établissement à Kupang; ceux de l'E. et du N. paient tribut aux Portugais, établis à Dilli depuis environ trois siècles. L'île est traversée par une chaîne de montagnes qui atteint au N. une hauteur de 6,000 pieds. L'eucalyptus, l'acacia, le bois de santal sont les essences indigènes les plus communes. On y trouve de l'or, du cuivre et du fer. La population ressemble aux Papous. Il s'y fait un commerce considérable, qui est presque tout entier entre les mains des Chinois.

* **TIMORÉ, ÉE** adj. (rad. lat. *timor*, crainte). Qui est pénétré d'une crainte salutaire. Ne se dit guère qu'en parlant de la crainte d'offenser Dieu : *il ne faut pas craindre qu'il s'éloigne de son devoir, il est trop timoré. il a la conscience trop timorée*. — Se dit quelquefois d'une personne qui porte très loin le scrupule : *vous êtes bien timoré*.

TIMOTHÉE, général athénien, fils de Conon, mort en 354 av. J.-C. Il fut fait général en 378, et en 375 il battit une flotte spartiate près d'Alyzia. Tout en secourant Ariobarzane, satrape de Phrygie, il prit possession de Samos pour les Athéniens et vint à la domination partielle de l'Hellespont. Il réduisit ensuite plusieurs villes de la confédération olynthienne. En 358, il chassa les Thébains d'Eubée. En 354, Charès, qui avait été nommé avec Thimothée et d'autres au commandement combiné de la flotte athénienne, accusa ses collègues d'avoir été la cause directe de sa défaite à Chios; Timothée fut reconnu coupable et condamné à une amende de 100 talents. Il se réfugia à Chalcis, en Eubée.

TIMOTHÉE, disciple de saint Paul et son compagnon de voyage et d'apostolat. Il était né à Derbi ou Lystra en Lycaonie, et fils d'un Grec et d'une Juive. Il parcourut la Macédoine et l'Achaïe et plus tard saint Paul l'envoya à Éphèse, puis il accompagna l'apôtre à Jérusalem et probablement à Rome. D'après la tradition, il fut le premier évêque d'Éphèse, et y souffrit le martyre. On célèbre sa fête le 24 janvier. — Épitres à Thimothée. On donne ce nom à deux livres canoniques du Nouveau Testament adressés, d'après la tradition ecclésiastique, par l'apôtre saint Paul à son disciple Timothée. Elles sont citées par Tertullien, Clément d'Alexandrie et Origène. Les partisans de leur authenticité ne sont pas d'accord sur les époques où ces lettres auraient été écrites. La plupart supposent que la première a été écrite vers l'année 65, et la seconde pendant que Paul attendait le martyre à Rome.

TIMOUR ou **Tamerlan** (corrupt. de Timour Lang ou Lenk, c'est-à-dire Timour le Boiteux), conquérant asiatique né à Sebz, près de Samarcande, en 1336, mort à Otrar, sur le Jaxartes, le 18 fév. 1405. Il était fils du chef de la tribu turque de Berlas, habitant Kesh, à environ 40 kil. S.-E. de Samarcande, et il prétendait descendre directement par sa mère de Genghis Khan. En 1361, il devint le chef de sa tribu. En 1369, il s'empara de Balkh après un siège de trois ans. Bientôt après, une assemblée générale mongole le proclama khan de Jagatai (Transoxiana), avec Samarcande pour résidence. Il aspirait maintenant à dominer tous les pays jadis au pouvoir de Genghis Khan. En 1379, il soumit Khiva, et peu après le Khorassan; dès lors, Timour rêva la conquête du monde. Toute la Perse fut conquise, ainsi que le pays entre le Tigre et l'Euphrate; les princes chré-

tiens de Géorgie devinrent ses tributaires. La conquête de Kiptchak l'amena dans les provinces russes; il menaça Moscou et mit à sac et brûla Azof. En 1398, il franchit l'Indus et s'empara de Delhi. Rappelé par la nouvelle des projets de Bajazet, sultan de Turquie, il ravagea la Syrie en courant, emporta d'assaut la ville de Bagdad révoltée (1401) dont il massacra les habitants, et battit Bajazet, qu'il fit prisonnier dans les plaines d'Angora, le 20 juillet 1402. Les Etats de Timour s'étendaient alors sur toute l'Asie depuis l'Irtish et le Volga jusqu'au golfe Persique, et depuis le Gange jusqu'à Damas et à l'Archipel. En juillet 1404, il revint à Samarcande, et y passa deux mois dans les réjouissances. Il marchait contre la Chine, à la tête de 200,000 hommes, lorsqu'il mourut. Son armée se débanda. Il laissait 36 fils et petits-fils et 17 petites-filles. Ses successeurs perdirent immédiatement la plus grande partie de ses conquêtes; mais son descendant Baber établit l'empire mongol dans l'Inde.

TIMSAH, lac de la basse Egypte, entre Suez et Péluse, sur le canal de Suez.

TIMUQUANS, tribu d'Indiens de la Floride, appartenant à la famille Chactaw. Ils occupaient autrefois la côte au-dessus de Saint-Augustin. Les franciscains établirent chez eux en 1592 des missions qui durèrent un siècle. On a imprimé plusieurs livres dans leur idiome.

* **TIN** s. m. [tain] (lat. *tignum*, pièce de bois). Mar. Morceau de bois, sorte de billot qu'on emploie, comme support ou garniture pour maintenir une pièce de bois pendant qu'on la travaille : *faire porter sur des tins la quille d'un bâtiment.*

TINAMOU s. m. Ornith. Genre de gallinacés, comprenant 16 espèces d'oiseaux particuliers à l'Amérique du Sud. Le *grand tinamou* (*tinamus Brasiliensis,* Lath.) mesure environ 35 centim. de long; il est d'une couleur olive foncée en-dessus et d'un cendré rougeâtre et clair en-dessous. On le trouve à la Guyane et au Brésil; il ressemble en taille, en habitudes, en couleur et comme qualité de chair, aux perdrix de l'ancien continent. Bien que doux et timide, il n'est pas, paraît-il, capable d'être domestiqué.

TINCAL s. m. Minér. Borax impur.

TINCHEBRAY ou **Tinchebrai**, ch.-l. de cant., arr. et à 22 kil. N.-N.-O. de Domfront (Orne), sur la rive gauche du Noireau; 3,000 hab. Victoire de Henri Iᵉʳ d'Angleterre sur son frère Robert Courte-Heuse le 27 sept. 1106. Cette ville souffrit beaucoup des guerres de la Vendée.

* **TINCTORIAL, ALE, AUX** adj. (lat. *tinctus*, teint. Qui sert à teindre : *plantes tinctoriales.*

TINDAL (Mathew) [tinn'-dal], écrivain anglais, né vers 1657, mort en 1733. Partisan ardent de la Révolution, il devint avocat, et juge à la cour des délégués. Ses principaux ouvrages sont : *The Rights of the Christian church Asserted* (1706), contre les principes de la haute Eglise, ou Eglise anglicane officielle, et *Christianity as old as the Creation* (1730), où il nie expressément que le christianisme contienne aucune vérité que la raison n'aurait bien pu découvrir par ses propres forces.

* **TINE** S. f. (lat. *tina*). Espèce de tonneau qui sert à transporter de l'eau.

TINEA s. f. (mot lat. qui signifie *teigne*). Syn. de TEIGNE.

TINÉIDE adj. (lat. *tinea*, teigne ; gr. *eidos*, aspect). Qui ressemble ou qui se rapporte à la teigne.

TINET s. m. Bâton recourbé en arc, dont

les bouchers se servent pour suspendre, par les jambes de derrière, un animal entier.

* **TINETTE** s. f. Vaisseau de bois fait de douves, qui s'ouvre par le haut, et qui est ordinairement plus large par en haut que par en bas : *une tinette de beurre.*

TINGHAI. Voy. CHUSAN.

TINGITANE, ancienne province de Mauritanie dont Tanger était la capitale.

TINNE (Alexandrine-Petronella-Francina) [tinn'-né], voyageuse hollandaise, née en 1835, morte le 1ᵉʳ août 1869. Fille d'un marchand anglais et d'une baronne hollandaise, elle voyagea en Europe et en Orient, séjourna au Caire en 1861, et en 1862, partit de Khartoum en grand appareil pour explorer le Nil blanc. En 1863, elle explora le Bahr-el-Ghazal, bras occidental du Nil Blanc, avec Heuglin et le Dʳ Steudner. Celui-ci, la mère et la bonne de l'exploratrice et beaucoup d'autres moururent des rigueurs du climat. Cette expédition détermina astronomiquement la position du lac Meshera, une des sources d'alimentation du Ghazal. Les dessins et les descriptions de Francina Tinne ont servi à illustrer une partie des *Plantæ Tinnianæ* de Kotschy. En 1869, elle quitta Tripoli pour Bornou avec une suite de 50 personnes, en majorité indigènes, qui l'assassinèrent sur la route de Ghat.

TINNÉ, rameau septentrional de la grande famille des Indiens Athabascas (Amérique) ; au N. de ceux-ci, il n'y a que les Esquimaux. Ils habitent au N. du 55ᵉ degré de lat. depuis l'Alaska central jusqu'à la baie d'Hudson. Il se divisent en plusieurs importantes branches, dont l'une est celle des Montagnais ou Chippeouais. Ils sont en général doux, timides et honnêtes. Les Chippeouais laissent leurs morts sans sépulture ; mais les Tacullies, dans la Colombie britannique, les brûlent. Leur nombre total est diversement évalué ; l'archevêque Taché porte à 15,000 le chiffre de ceux qui sont à l'E. des montagnes Rocheuses.

TINOCERAS [ti-no-cé-rass] ou **Titanotherium** [ti-ta-no-thé-riumm], mammifère fossile de l'ordre des *dinocerata*, découvert par le professeur O.-C. Marsh dans l'éocène du territoire de Wyoming (Etats-Unis), en 1870. Il était de la taille de l'éléphant, et avait beaucoup de caractères des proboscidiens, avec trois paires de cornes séparées et de grandes canines courbées en dehors comme le morse.

* **TINTAMARRE** s. m. Toute sorte de bruit éclatant, accompagné de confusion et de désordre : *quel tintamarre est-ce que j'entends ?* (Pop. et vieux).

* **TINTAMARRER** v. n. Faire du tintamarre. (Pop. et vieux).

TINTAMARRESQUE adj. Qui tient du tintamarre.

* **TINTEMENT** s. m. (fr. *tinter*). Prolongement du son d'une cloche, lequel va toujours en diminuant dans l'air après un coup a frappé : *le tintement d'une cloche.* — Action de tinter, et bruit, son même de la cloche qu'on tinte : *le tintement annonce que la messe va commencer.* — Sensation que l'on éprouve quelquefois dans les oreilles sans cause extérieure, comme si l'on entendait un son aigu : *il sent que le tintement d'une cloche : ce malade a de fréquents tintements d'oreille.*

* **TINTENAGUE** s. f. Voy. TOUTENAGUE.

TINTÉNIAC, ch.-l. de cant., arr. et à 10 kil. S.-E. de Saint-Malo (Ille-et-Vilaine) ; 900 hab.

* **TINTER** v. a. (lat. *tinnire*). Faire sonner lentement une cloche, en sorte que le battant ne touche que d'un côté : *tinter la grosse cloche, la petite cloche.* Absol. On tinte à la paroisse. — TINTER LA MESSE, TINTER LE SERMON, tinter la cloche, afin d'avertir que la

messe ou le sermon va bientôt commencer.
— Tinter v. n. VOILA LE SERMON QUI TINTE, LA MESSE QUI TINTE, la cloche tinte pour avertir que le sermon, que la messe va commencer.
— FAIRE TINTER UN VERRE, lui faire rendre un son en le frappant comme une cloche. — L'OREILLE LUI TINTE, par un mouvement qui n'est que dans son oreille, il entend un son pareil à celui d'une petite cloche. On dit aussi, LES OREILLES LUI TINTENT. — Prov. et fig. LES OREILLES DOIVENT VOUS AVOIR BIEN TINTÉ, se dit pour faire entendre à une personne qu'on a beaucoup parlé d'elle en son absence. — LE CERVEAU LUI TINTE, il a la tête fêlée, la tête dérangée : *c'est une folle à qui le cerveau tinte.*

* **TINTER** v. a. Mar. Appuyer sur des tins, assujettir avec des tins : *tinter la quille d'un bâtiment.*

TINTINGUE, ville maritime de Madagascar, sur la côte orientale, en face de Sainte-Marie ; par 16° 40' lat. N. et 47° 20' long. E. Les Français s'y établirent en 1829 et l'abandonnèrent en 1831.

TINTORET (Le) (ital. *Il Tintoretto*), peintre italien. dont le nom réel était GIACOMO ROBUSTI, né à Venise en 1512, mort en 1594. Il était fils d'un teinturier, d'où son nom populaire. Après avoir eu le Titien pour maître, il se soumit à des études personnelles très sévères, aspirant à fonder une école qui suppléerait ce qui manquait au dessin de Michel-Ange et au coloris du Titien. Aucun peintre n'eut peut-être au même degré que lui la vivacité de l'invention et la facile rapidité de l'exécution ; mais ces qualités mêmes le rendent très inégal. Les portraits sont ce qu'il a exécuté de plus parfait ; ses paysages méritent qu'on les étudie. Ce qui a surtout fait sa réputation, ce sont ses grandes compositions historiques à Venise, parmi lesquelles on admire principalement : *Saint Marc délivrant un esclave torturé par des païens,* et le *Crucifiement.*

* **TINTOUIN** s. m. (rad. *tinter*). Bourdonnement, bruit dans les oreilles : *avoir un tintouin continuel dans les oreilles.* — Inquiétude qu'on a du succès de quelque chose, ou de l'embarras que cause une affaire : *on juge maintenant son procès, il doit avoir du tintouin.*

TIPPECANOE [tip-pi-ka-nou'], rivière de l'Indiana (Etats-Unis). Elle sort du lac Tippecanoe, a une direction générale S.-O. et se jette dans le Wabash, à 14 kil. au-dessus de Lafayette, après un parcours de 350 kil. environ. Sur ses bancs, le 7 nov. 1844, le général américain Harrison mit en déroute les Indiens commandés par le frère de Tecumseh, le prophète.

TIPPERARY, comté du S. de l'Irlande, dans le Munster ; 4,296 kil. carr. ; 216,210 hab. Une chaîne de montagnes court au-N., et il compte, en outre, quelques autres groupes montagneux. Le Shannon coule sur sa frontière occidentale, que coupe la Suir. La cap., Tipperary, sur l'Arra, fait un grand commerce de produits agricoles; 5,638 hab.

TIPPOU SAHIB [tip-pou], le dernier souverain indépendant du Mysore, né en 1749, mort le 4 mai 1799. Il était fils de Hyder Ali, auquel il succéda le 7 déc. 1782. Il fit la paix avec les Anglais, le 11 mars 1784, et prit alors les titres de sultan et de padishah. En 1789, il voulut le traité en envahissant le territoire du rajah de Travancore. Les Anglais entrèrent dans le Mysore et assiégèrent Tippou dans Seringapatam, sa capitale; en mars 1792, il fut contraint de conclure une paix qui lui faisait perdre presque la moitié de ses Etats. En 1799, il fit de nouveaux préparatifs de guerre, et les Anglais entrèrent de nouveau dans le Mysore. Le sultan fut obligé de se

réfugier dans Seringapatam; cette ville fut prise d'assaut, et Tippoo tué dans l'action.

TIPULAIRE adj. Entom. Qui ressemble à la tipule. — s. f. pl. Tribu d'insectes diptères némocères, divisée en culiciformes, gallicoles, terricoles, fongivores et floricoles.

TIPULE s. f. (lat. *tipula*). Entom. Genre de tipulaires terricoles, comprenant une trentaine d'espèces d'insectes caractérisés par des antennes non plumeuses, filiformes, plus longues que la tête; pas d'yeux lisses; une trompe à lèvres rondes. La *tipule des prés* (*tipula oleracea*), très commune dans nos prairies, mesure de 18 à 20 millim. de long; son corps est brun cendré avec les ailes transparentes bordées de brun et les pattes très longues. La *tipule gigantesque* (*tipula rivosa*) atteint 22 millim. chez le mâle et 31 millim. chez la femelle; ses ailes sont panachées de brun sur fond blanc. La *tipule à croissant* (*tipula lunata*), longue de 18 millim., d'un jaune rouillé, porte une tache blanche au bord de l'aile. La *tipule safranée* (*tipula crocata*), la plus belle du genre, est longue de 16 millim.; elle est variée de brun, de jaune et de noir.

TIQUE s. f. (bas all. *teke*). Insecte parasite à huit pattes et sans ailes, qui s'attache aux oreilles des chiens, des bœufs, etc. : *la tique crève après s'être gorgée de sang.* — Les tiques ou ixodes sont des arachnides de la famille des acariens, caractérisés par une sorte de bec saillant, court, tronqué, armé d'un suçoir relativement puissant. Ces animaux ont une marche lente, mais ils s'accrochent solidement aux objets qu'ils rencontrent et se posent sur les végétaux dans une situation verticale. Dès qu'un animal s'arrête dans leur voisinage, ils s'accrochent à lui; ils s'attaquent à l'homme lui-même. Leur piqûre cause une vive douleur accompagnée d'une rougeur assez intense. Ils enfoncent leur bec dans la peau et s'engagent leur suçoir d'une manière tellement solide qu'il est difficile de l'en arracher. Ces arachnides, d'une voracité extraordinaire, absorbent, en grande quantité, le sang de leurs victimes; leur corps se gonfle et prend l'apparence d'une excroissance livide. Les tiques pondent une quantité prodigieuse d'œufs. On trouve en France deux espèces principales de tiques : la *tique des chiens* (*ixodes ricinus*), vulgairement appelée louvette et longue de 5 millim.; la *tique réticulée* (*ixodes reticulatus*), longue de 15 millim., cendrée et d'un brun rougeâtre, elle s'accroche surtout aux bœufs. La meilleure manière de faire périr ces animaux est de les enduire d'onguent mercuriel ou de les toucher avec un pinceau imbibé d'essence de térébenthine ou simplement de pétrole.

TIQUER v. n. Avoir un tic. Se dit proprement des chevaux : *ce cheval tique.*

TIQUETÉ, ÉE adj. Tacheté, marqué de petites taches : *un œillet tiqueté.*

TIQUEUR, EUSE adj. Art vétér. Se dit d'un cheval, d'une jument qui tique.

TIR s. m. Action ou art de tirer une arme à feu dans une direction déterminée : *la chasse au tir et la chasse au courre.* — Ligne suivant laquelle on tire; s'emploie surtout en parlant du canon : *tir perpendiculaire, oblique, à ricochet.* — CE FUSIL N'A PAS LE TIR JUSTE, ne l'est pas assuré de l'effet de la direction. — Lieu où l'on s'exerce à tirer des armes à feu : *le tir de Vincennes.*

TIRABOSCHI (Girolamo) [ti-ra-boss'-ki], écrivain italien, né en 1731, mort en 1794. Il était jésuite, et fut successivement professeur de rhétorique à Milan, et bibliothécaire du duc de Modène (1770). Parmi ses nombreux ouvrages, on a *Storia della Letteratura italiana* (1822-'26, 16 vol.). Sur la vie depuis les premiers temps jusqu'au XVIIᵉ siècle.

TIRADE s. f. Morceau d'une certaine étendue qui fait partie d'un ouvrage en prose ou en vers, et qui roule ordinairement sur une même idée, sur un même fait : *il y a de belles tirades dans ce panégyrique.* — Théâtre. Suite de phrases, de vers, qu'un des personnages débite sans être interrompu : *les longues tirades nuisent souvent à la vérité du dialogue.* — Se dit quelquefois, en mauvaise part, des lieux communs qu'on emploie avec quelque développement, et qui n'ont qu'un rapport éloigné au sujet de l'ouvrage : *l'orateur aurait bien dû nous faire grâce de ces inutiles tirades.* — Fam. UNE TIRADE D'INJURES, beaucoup d'injures dites de suite : *il ne lui répondit que par une tirade d'injures.* — Mus. Passage que fait la voix ou l'instrument dans l'intervalle d'une note à une autre, par les notes diatoniques de cet intervalle distinctement articulées : *une tirade brillante.* — TOUT D'UNE TIRADE loc. adv. et fam. Tout de suite, sans s'arrêter : *il nous a dit une centaine de vers tout d'une tirade.*

TIRAGE s. m. Action de tirer : *on a payé tant pour la toise du moellon, et tant pour le tirage.* — LE TIRAGE DES MÉTAUX, l'action de les faire passer par la filière : *le tirage de l'or, de l'argent.* — LE TIRAGE DE LA SOIE, l'action de faire passer le fil du cocon sur le dévidoir. — LE TIRAGE D'UNE LOTERIE, l'action de faire tirer les billets, les numéros : *le tirage de la loterie de Paris, de Lyon, etc.* — TIRAGE AU SORT, action de tirer au sort : *le tirage au sort pour le recrutement de l'armée.* On a dit de même, LE TIRAGE DE LA MILICE. — Espace qu'on laisse libre pour le passage des chevaux qui tirent les bateaux : *il faut laisser tant de pieds de tirage sur le bord de cette rivière.* — CHEVAUX DE TIRAGE, chevaux employés à tirer les bateaux. On dit mieux, CHEVAUX DE HALAGE. — Typogr. Action de mettre les feuilles sous les presses et de les imprimer : *premier, second, troisième tirage.* — TIRAGES CONCURRENTS. Il est d'usage, quand on imprime un ouvrage d'une certaine valeur, de tirer des exemplaires de luxe sur papier de Chine, sur papier de Hollande ou même sur papier-peau, c'est ce que l'on appelle des *tirages concurrents.* La valeur des exemplaires ainsi obtenus augmente en raison de leur petit nombre. On tire quelquefois des exemplaires *uniques* qui sont fort recherchés des bibliophiles. — Pop. Difficulté : *il y a du tirage dans cette affaire.*

TIRAILLEMENT s. m. [*ll* mll.]. Action de tirailler, effet de cette action. — Particul. Sorte de malaise ou de sensation importune, qui est excitée dans certaines parties intérieures du corps, et qui les fait sentir comme tiraillées : *tiraillement d'estomac.* — Difficultés qui surviennent entre des administrations, entre des pouvoirs faits pour aller ensemble ou entre les membres d'une même administration.

TIRAILLER v. a. Tirer une personne à diverses reprises, avec importunité ou avec violence : *il y a une heure qu'ils ne font que me tirailler.* — Importuner, harceler : *il s'est bien fait tirailler pour consentir à ce qu'on voulait de lui.* — Tirailler v. n. Tirer d'une arme à feu mal et souvent : *il y a longtemps qu'ils ne font que tirailler.* — Guerre. Se dit de l'action des soldats qui, dispersés en avant d'une colonne, commencent l'attaque par un feu irrégulier à volonté : *dès la pointe du jour, on commença à tirailler.*

TIRAILLERIE s. f. Action de tirailler. — À la guerre, dans le sens de tirer sans ordre et sans but : *cette tiraillerie m'importune.*

TIRAILLEUR s. m. Celui qui tiraille. Se dit des chasseurs qui tirent mal; et des soldats qui tiraillent en avant d'une colonne, pour commencer l'attaque : *les tirailleurs ont surpris l'avant-garde de l'ennemi.*

TIRANT s. m. Cordon servant à ouvrir et à fermer une bourse: *les tirants d'une bourse.* — Se dit aussi des morceaux de cuir placés des deux côtés du soulier, qui servent, à l'aide de boucles, d'agrafes ou de cordons, à l'attacher sur le cou-de-pied, de manière que le pied soit ferme et le talon bien emboîté. — Se dit encore des anses faites d'un tissu de fil ou de soie, qui sont cousues aux deux côtés de la partie supérieure et intérieure d'une botte, et dans lesquelles on passe des crochets, pour tirer la botte plus facilement lorsqu'on veut la chausser : *des tirants de botte.* — Sorte de nœud fait de cuir, qui sert à tendre la peau d'un tambour, en bandant les ficelles qui y sont attachées. — Archit. Pièce de bois ou barre de fer, arrêtée aux deux extrémités par des ancres, pour empêcher l'écartement ou d'une charpente, ou de deux murs, ou d'une voûte, etc. — Se dit encore de certaines portions de nerfs de couleur jaunâtre, qui se trouvent dans la viande de boucherie. — Mar. Quantité d'eau que tire un navire, le nombre de pieds dont un navire enfonce dans l'eau : *le tirant d'eau de ces deux navires n'est pas égal.*

TIRASSE s. f. Chasse. Sorte de filet ou de rets dont on se sert pour prendre des cailles, des alouettes, des perdrix, etc. : *prendre des cailles, des perdrix à la tirasse.*

TIRASSER v. a. Chasser à la tirasse, prendre à la tirasse : *ils sont allés tirasser des cailles, des alouettes.* — Absol. On s'amuse à tirasser. — v. n. Tirasser aux cailles.

TIRA-TUTTO s. m. (mot ital.). Mus. Registre au moyen duquel on ouvre tous les jeux de l'orgue.

TIRE s. f. N'est usité que dans l'expression TIRE-D'AILE (voy. plus bas), et dans cette loc. adverb. et fam., TOUT D'UNE TIRE, sans discontinuation, tout de suite : *il a fait cet ouvrage tout d'une tire.* — VOLEUR A LA TIRE, voleur dont l'habileté consiste à tirer des poches des objets qu'il dérobe.

TIRÉ, ÉE part. passé de TIRER. — UN VISAGE TIRÉ, un visage abattu, maigri. — Prov. ILS EN SONT AUX COUTEAUX TIRÉS, à couteaux tirés, ils sont ennemis déclarés. — Substantiv. Une chasse au fusil : *le roi fit hier un beau tiré.* On dit, dans le même sens, CHASSE AU TIRÉ.

TIRE-BALLE s. m. Instrument dont les chirurgiens se servent pour retirer la balle restée dans une blessure faite par une arme à feu : *il y a plusieurs sortes de tire-balles.* — Instrument dont on se sert pour tirer d'un fusil ou d'une carabine la balle qui y est entrée de force.

TIRE-BOTTE s. m. Petite planche élevée d'un côté, qui a une entaille où peut s'emboîter le pied d'une botte, et dont on se sert pour la débotter seul. — Se dit également des crochets de fer qu'on passe dans les tirants d'une botte, lorsqu'on veut la chausser. — Se dit aussi des tirants de la botte; mais, dans cette acception, le mot TIRANT est plus usité. — Se dit, par ext., de gros galons de fil dont les tapissiers se servent pour border les étoffes qu'ils emploient en meubles. Dans ce sens, il a vieilli : on dit maintenant, ANGLAISE. — pl. DES TIRE-BOTTES.

TIRE-BOUCHON s. m. Sorte de vis de fer ou d'acier qui tient ordinairement à un petit manche ou à un anneau, et dont on se sert pour tirer les bouchons des bouteilles: *acheter un tire-bouchon.* — DES CHEVEUX FRISÉS EN TIRE-BOUCHON, DES CHEVEUX EN TIRE-BOUCHON, des cheveux dont les mèches sont, naturellement ou par art, frisées en spirale, à peu près dans la forme d'un tire-bouchon. — pl. DES TIRE-BOUCHONS.

TIRE-BOURRE s. m. Instrument composé de deux mèches de fer tordues en spirale,

dont les extrémités forment deux crochets pointus, et qui, étant mis au bout de la baguette d'une arme à feu, sert à en tirer la bourre, afin qu'on puisse ensuite ôter la charge. — pl. Des tire-bourre.

TIRE-BOUTON s. m. Instrument en forme de crochet, dont on se sert pour faire entrer les boutons dans les boutonnières. — pl. Des tire-boutons.

TIRE-D'AILE (À) loc. adv. Se dit du battement d'aile prompt et vigoureux que fait un oiseau, quand il vole vite : *la corneille vole à tire-d'aile.*

TIRE-FOND s. m. Anneau de fer qui se termine en vis, et qui sert aux tonneliers pour élever la dernière douve du fond d'un tonneau, afin de la faire entrer dans la rainure. Sert aussi à diverses autres usages, comme à suspendre un lustre ou un ciel de lit au plafond d'une chambre. — Instrument de chirurgie dont on se servait autrefois pour enlever les pièces d'os séparés par le trépan. — pl. Des tire-fonds.

TIRE-LAINE s. m. Argot. Rôdeur de nuit qui volait les manteaux. — pl. Des tire-laine.

TIRE-LAISSE s. m. Terme familier emprunté d'un ancien jeu, et qui s'emploie lorsqu'un homme vient à être frustré tout d'un coup d'une chose qu'il croyait ne pouvoir lui manquer : *on a donné à un autre l'emploi qu'on lui avait fait espérer; voilà un fâcheux tire-laisse.* — pl. Des tire-laisse.

TIRE-LARIGOT. N'est usité que dans la phrase prov. et pop., Boire a tire-larigot, boire excessivement. Quelques-uns prétendent qu'il faudrait écrire, Tire la rigaud.

TIRE-LIARD s. m. Avare, homme qui lésine, qui tondrait sur un œuf : *des tire-liards.*

TIRE-LIGNE s. m. Petit instrument de métal, terminé par une pincette de fer en forme de lance, dont on se sert pour tirer des lignes plus ou moins grosses : *les deux lames de la pince d'un tire-ligne, qu'on approche ou qu'on éloigne à volonté, donnent le moyen de tirer des lignes de différentes grosseurs ; des tire-lignes.*

TIRELIRE s. f. Petit vaisseau de terre ou d'autre matière, fait en forme de boîte ou d'un petit tronc, et ayant un fente en haut, par laquelle on fait entrer des pièces de monnaie pour les mettre en réserve, et se former un petit amas d'argent : *il met ses épargnes dans une tirelire.*

TIRE-MOELLE s. m. Petit instrument d'argent de la forme d'un manche de cuiller ou de fourchette, mais creusé en gouttière dans sa longueur, et dont on se sert à table pour tirer la moelle d'un os. — Invar. au pluriel.

TIRE-PIED s. m. Courroie ou grande lanière de cuir, dont les cordonniers se servent pour tenir leur ouvrage plus ferme sur leurs genoux, quand ils travaillent : *des tire-pieds.*

TIRE-POINT ou Tire-pointe s. m. Instrument dont on se sert pour piquer : *des tire-points; des tire-pointes.*

TIRER v. a. (lat. *trahere*). Mouvoir vers soi, amener vers soi, ou après soi : *tirer avec force.* — Tirer le verrou, fermer une porte au verrou. — Fig. et fam. Se faire tirer l'oreille, avoir de la peine à consentir à quelque chose : *il s'est fait tirer l'oreille pour consentir à donner cette somme.* — Typographie. Syn. d'imprimer. — Man. Tirer a la main, se dit d'un cheval qui résiste à l'action de la bride. — Prov. et fig. Tirer le diable par la queue, avoir beaucoup de peine à subsister. — Tirer un criminel a quatre chevaux, l'attacher par les pieds et par les mains à quatre chevaux, qui le tirent chacun d'un côté, et le démembrent. — Fig. et fam. Tirer quelqu'un a quatre, lui faire les plus

grandes instances pour le décider à quelque chose : *il a fallu le tirer à quatre pour l'amener.* — Fam. Etre tiré a quatre épingles, être ajusté avec un extrême soin, et de manière à paraître craindre de déranger sa parure. — Prov. et fig. Après lui, il faut tirer l'échelle, se dit d'un homme qui a si bien fait en quelque chose, que personne ne peut faire mieux. — Ce cuir tire l'eau comme une éponge, il s'imbibe, il s'abreuve de beaucoup d'eau. — Mar. Ce navire tire tant d'eau, tant de pieds d'eau, il enfonce dans l'eau de tant de pieds. — Oter, faire sortir une chose d'une autre, d'un lieu : *tirer de l'or de la mine, du marbre de la carrière.* — Tirer du vin au clair, le mettre en bouteilles quand il a été bien reposé; et fig., Tirer au clair, un fait, une difficulté, l'éclaircir. — Tirer du sang, saigner. —, Tirer une vache, la traire. — Tirer la langue, avancer la langue hors de la bouche. — Prov., fig. et pop. Faire tirer la langue a quelqu'un d'un pied de long, le faire languir dans l'attente de quelque assistance dont il a grand besoin. — Tirer a quelqu'un les vers du nez, lui faire dire ce qu'on veut savoir, en le questionnant adroitement. — Fig. et fam. Se tirer une épine du pied, surmonter un obstacle, se délivrer d'un grand embarras. On dit, dans le même sens, Tirer a quelqu'un une épine du pied. — Prov. et fam. Tirer d'un sac deux moutures, prendre double profit dans une même affaire. — Oter, faire sortir une personne de quelque endroit, l'éloigner de quelque chose : *on ne l'a tiré de cette prison que pour le conduire dans une autre.* — Délivrer, dégager quelqu'un : *tirer quelqu'un de prison, de captivité.* — Etendre, allonger : *tirer du linge sur la platine.* — Tirer l'or, tirer l'argent, etc., les étendre, les allonger en fils déliés, afin de s'en servir ensuite à divers usages. Tirer une corde, la tirer ferme, la bander le plus qu'on peut; et, neutralement, Cette corde tire, elle est bandée extrêmement ferme. — Recueillir, percevoir, obtenir, recevoir : *quel avantage tirez-vous de là?* — Extraire par voie de distillation ou autrement : *tirer de l'eau de fleur d'oranger, par le moyen du feu.* — Prov. et fig. Il tire la quintessence de tout, se dit d'un homme habile, adroit, qui fait d'une chose tout ce qu'on en peut faire, qui en tire tout l'avantage qu'elle peut procurer, qui pénètre jusqu'au fond d'une affaire. — Fig. Extraire, puiser, emprunter : *il a tiré une infinité de belles sentences des anciens.* — Inférer, conclure : *de cela je tire une conséquence.* — Tirer l'horoscope d'une personne, faire l'horoscope d'une personne suivant les règles et les principes de la fausse science appelée astrologie judiciaire. Tirer les cartes a quelqu'un, lui prédire sa destinée d'après l'arrangement fortuit des cartes que l'on consulte. — Tracer : *tirer une ligne sur du papier.* — Faire le portrait de quelqu'un, soit en peinture, soit en sculpture : *tirer un homme au naturel.* — Imprimer : *tirer des feuilles.* — Escr. Tirer des armes, ou simpl., Tirer, faire des armes. — Prendre au hasard : *le président de la cour d'appel a tiré au sort les noms de ceux qui doivent former le jury.* — Tirer une loterie, tirer les billets, les numéros d'une loterie, pour savoir à qui le sort fera échoir les lots. — Tirer v. n. Faire usage d'une arme de trait ou d'une arme à feu, la faire partir : *tirer de l'arc.* — Dans le sens qui précède, s'emploie aussi comme verbe actif : *tirer des flèches.* — Aller, s'acheminer : *tirons de ce côté.* — Tirer au large, s'enfuir. — Tirez, tirez, terme dont on se servait autrefois pour chasser un chien. — Tirer a sa fin, être bien près de finir, d'être terminé : *cet ouvrage, cette affaire tire à sa fin.* — Ce malade tire a sa fin, a la fin, il approche de la mort. — S'emploie aussi avec la préposition sur; et alors il signifie, avoir quelque

rapport, quelque ressemblance. Se dit principalement du rapport que les couleurs ont ensemble : *cette pierre tire sur le vert.* — Se dit quelquefois des armes à feu, lorsqu'elles détonnent, lorsqu'elles partent et font explosion : *dès que le canon eut commencé à tirer, les ennemis capitulèrent.* Un fusil qui tire juste, qui ne fait point dévier la balle ou le plomb de la direction dans laquelle on a voulu les lancer. — Se dit souvent des choses qu'on remet à la décision du sort; et alors il est neutre : *on les fit tirer au sort.* → Se tirer v. pr. Sortir : *il s'est tiré de prison avec beaucoup de peine.* — Absol. S'en tirer, s'en bien tirer, sortir heureusement d'une maladie, d'une difficulté, d'un procès, d'une affaire fâcheuse, etc. : *il s'en est bien tiré.* On dit de même : Il s'est fort bien tiré de la.

TIRE-RACINE s. m. Instrument dont les dentistes se servent pour arracher les chicots: *des tire-racines.*

TIRÉSIAS [ti-ré-ziass], devin grec, né à Thèbes; la fable raconte qu'il vécut au milieu de 9 générations, mais qu'il était aveugle depuis sa septième année. Minerve lui donna un bâton magique pour guider ses pas, et l'aptitude à connaître l'avenir grâce aux voix des oiseaux. Son oracle était à Orchomène.

TIRE-SOU s. m. Receveur d'impôts, percepteur. — Usurier: *des tire-sous.*

TIRET s. m. Petit morceau de parchemin coupé en long et tortillé, servant à enfiler et à attacher les papiers ensemble : *attaches des pièces d'écriture avec des tirets.* — Petit trait horizontal qu'on fait au bout de la ligne, quand un mot n'est pas fini, ou dont on se sert pour joindre certains mots, qui proprement sont censés n'en faire qu'un, comme Tout-puissant, Belles-lettres, etc. Dans ce sens, les grammairiens disent plus ordinairement Trait d'union, et les imprimeurs Division. — Le tiret sert aussi à indiquer un nouvel interlocuteur dans le dialogue.

TIRETAINE s. f. Sorte de droguet, drap tissu grossièrement, moitié laine, moitié fil: *un habit de tiretaine.*

TIRE-TÊTE s. m. Instrument de chirurgie qui sert à tirer la tête d'un enfant mort dans la matrice, lorsque l'accouchement difficiles l'exigent, ou que la tête séparée du corps est restée dans la matrice : *il y a plusieurs sortes de tire-têtes.*

TIRETOIRE s. f. Outil de tonnelier. — Chir. Instrument de dentiste, qui sert à extraire les incisives et les racines des mâchoires inférieures.

TIREUR, EUSE s. Celui, celle qui tire. S'emploie avec différents mots. Tireur d'or, ouvrier dont le métier est de tirer l'or en f's déliés. Tireur d'armes, celui dont la profession est de montrer à faire des armes. Ce dernier est vieux. — Tireur de laine, se disait anciennement d'un filou qui volait les manteaux la nuit. — Tireuse de cartes, prétendue devineresse qui prédirait personne ce qui doit leur arriver, d'après les diverses combinaisons des cartes à jouer. — Chasseur qu'on entretient pour tuer du gibier : *il y a deux tireurs qui le fournissent de gibier.* — Tout homme qui chasse au fusil: *c'est un bon tireur, un mauvais tireur, un fin tireur, un habile tireur.* — Soldat envoyé pour faire une ou plusieurs décharges d'armes à feu : *on disposa des tireurs sur plusieurs points.* — Comm. et Banque. Celui qui tire une lettre de change sur quelqu'un : *on a condamné le tireur à payer la somme portée sur la lettre protestée.* — Franc-tireur (Voy. ce mot.)

TIRKHALA. Voy. Tricala.

TIRLEMONT (flam. *Thienen*), ville du Brabant (Belgique), sur la Grande-Ghette, à

48 kil. S.-S.-E. de Louvain ; 13,000 hab. Hôtel de ville ; église de Notre-Dame-du-Lac (XIIIᵉ siècle).

TIRNOVA ou **Ternova**, ville fortifiée de Bulgarie sur l'Yantra, à 85 kil. S.-S.-O. de Rustchouk ; 15,000 hab. environ. C'est le siège d'un évêque grec. Elle fait un commerce considérable. Au moyen âge, elle fut pendant quelque temps la capitale du royaume de Bulgarie. En juillet 1877, les Russes y établirent le siège du gouvernement bulgare indépendant, siège qui fut, au mois d'août, transféré à Sistova sur le Danube, puis à Sofia.

* **TIROIR** s. m. Espèce de petite caisse ou layette emboîtée dans une armoire, dans une table, dans un comptoir, dans une commode et qui se tire par le moyen d'un bouton, d'un anneau, d'une clef : *mettre des papiers dans un tiroir*. — Fig. Pièce a **TIROIR**, pièce de théâtre dont les scènes, quoique réunies par un lien commun, souvent très léger, ne tiennent pas l'une à l'autre, et ne forment point une action. — Se dit, fig. et fam., parmi les militaires, du second rang d'une troupe formée sur trois rangs : *les hommes de petite taille sont ordinairement placés dans le tiroir*. — Une des principales pièces des machines à vapeur, qui sert à distribuer alternativement la vapeur en dessus et en dessous du piston.

* **TIRONIEN, IENNE** adj. Se dit des caractères d'abréviation dont Tiron, affranchi de Cicéron, fut l'inventeur : *abréviation tironienne*.

TIRYNS, l'une des plus anciennes villes de la Grèce, en Argolide, à 3 kil. N. de Nauplie. Ses murailles, le plus beau spécimen qui existe aujourd'hui de l'architecture militaire de l'âge héroïque de la Grèce, étaient attribuées aux Cyclopes. En 468 av. J.-C., Tiryns fut entièrement détruite par les Argiens.

* **TISANE** s. f. [ti-za-ne] (lat. *ptisana*, décoction d'orge ou de gruau). Eau dans laquelle on a fait bouillir ou infuser de l'orge, de la réglisse, du chiendent ou autre substance, soit grain, soit racine, fleurs, feuilles ou bois, pour en composer une breuvage, une boisson médicamenteuse : *tisane rafraîchissante*. **TISANE PURGATIVE**, celle où l'on a mêlé quelque purgatif. — **TISANE DE CHAMPAGNE**, espèce de vin de Champagne plus léger et moins spiritueux que le vin ordinaire du même terroir.

TISARD s. m. [ti-zar]. Trou creusé dans les fours de fusion pour l'introduction du combustible.

TISCHBEIN (Johann-Heinrich-Wilhelm) [tich-baïnn], peintre allemand, né en 1751, mort en 1829. Il dirigea l'Académie de Naples de 1790 à 1799, époque où il revint en Allemagne. Il excellait à dessiner les animaux ; mais on ne le connaît surtout que par ses œuvres illustrées, parmi lesquelles *Une Collection des Vases anciens*, etc., qui appartiennent à sir William Hamilton (Naples, 1790-1804, 4 vol. in-fol.).

TISCHENDORF (Lobegott-Friedrich-Constantin von), paléographe biblique allemand, né en Saxe en 1815, mort en 1874. Il étudia à Leipzig, publia un volume de poésies et un roman, et se consacra ensuite à l'étude critique des textes. En 1841, il publia une édition du Testament grec, qu'il revisa ensuite à plusieurs reprises et dont il donna de nombreuses éditions, entre autres le *Novum Testamentum Triglottum* (texte grec, vulgate en latin, et version de Luther, critiquement annoté, 1854). De 1841 à 1844, il visita les grandes bibliothèques de l'Europe ; il fit des voyages dans l'Orient sous les auspices du gouvernement saxon en 1844 et en 1853, et du gouvernement russe en 1859, et écrivit

Reise in den Orient (1845-'46) et *Aus dem heiligen Lande* (1862). Pendant ces voyages, il découvrit beaucoup de manuscrits dont il donna la description, du moins pour ceux des deux premiers voyages, dans ses *Anecdota Sacra et Profana* (1855). Dans le dernier, il obtint du couvent de Sainte-Catherine, sur le Sinaï, le fameux *Codex Sinaiticus*, écrit vers le milieu du IVᵉ siècle, qui contient une partie de l'Ancien et tout le Nouveau Testament. On l'imprima à Saint-Pétersbourg en fac-simile exact (1862, 4 vol. in-fol.). En 1845, Tischendorf fut nommé professeur suppléant, et en 1850 professeur titulaire de théologie à Leipzig, et, en 1859, on créa pour lui la chaire de paléographie biblique. Outre ses éditions de manuscrits, y compris plusieurs apocryphes, il a écrit : *De Evangeliorum Apocryphorum Origine et Usu* (1851); *Warum wurden unsere Evangelien verfasst?* (1863), etc. Il a préparé avec B.-H. Cowper, comme millième volume de la collection Tauchnitz, la version anglaise autorisée du Nouveau Testament, avec des leçons tirées de manuscrits du Sinaï, du Vatican et d'Alexandrie (1869).

TISIPHONE s. f. [ti-zi-fo-ne](nom mythol.). Furie, femme très emportée.

TISIPHONE, celle des trois Furies, qui était chargée de punir les coupables au moment de leur entrée aux enfers. On la représentait sous les traits d'une femme pâle, le front ceint de serpents, le bras armé d'un fouet dont elle frappe à coups redoublés les criminels qui se présentent à sa vue lorsqu'ils arrivent dans le lieu de douleurs.

* **TISON** s. m. [ti-zon] (lat. *titio*). Reste d'une bûche, d'un morceau de bois, dont une partie a été brûlée : *tison allumé*. — Fam. **GARDER LES TISONS**, **ÊTRE TOUJOURS SUR LES TISONS**, **AVOIR TOUJOURS LE NEZ SUR LES TISONS**, se dit d'une personne qui est ordinairement auprès du feu. — Fig. et fam. **CRACHER SUR LES TISONS**, se dit des vieilles gens qui sont toujours auprès du feu. — **TISON D'ENFER**, se dit, par exag., d'un méchant homme, d'une méchante femme, qui excite au mal par ses discours, par ses exemples. — **TISON DE LA DISCORDE**, **TISON DE DISCORDE**, caractère séditieux et funeste au repos de la société. **TISON DE DISCORDE**, se dit aussi d'une chose qui est une matière de discorde, un sujet de longues dissensions.

* **TISONNÉ** adj. m. Ne se dit que dans cette loc., **GRIS TISONNÉ** ou **CHARBONNÉ**, pour désigner le poil d'un cheval sur lequel on observe des taches irrégulièrement éparses, comme si le poil eût été noirci dans certains endroits avec un tison : *un cheval gris tisonné*.

* **TISONNER** v. n. Remuer les tisons sans besoin : *il est auprès du feu, il ne fait que tisonner*.

* **TISONNEUR, EUSE** s. Celui, celle qui aime à tisonner : *c'est un grand tisonneur*.

* **TISONNIER** s. m. Maréch. Instrument de fer, étroit et long, qui sert à attiser le feu de la forge et à en retirer le mâchefer.

* **TISSAGE** s. m. Action de tisser, et ouvrage de celui qui tisse : *le tissage des draps*.

TISSAPHERNE, général perse, mort en 395 av. J.-C. En 414, Darius Nothus le nomma satrape de la basse Asie, au S. de la baie Adramyttienne. Pendant la guerre du Péloponèse, il soutint d'abord Sparte, puis l'abandona traîtreusement. En 407, Cyrus le Jeune fut nommé vice-roi de la région maritime de l'Asie Mineure. Tissapherne l'accusa, après la mort de Darius, d'aspirer au trône de son frère Artaxerxès II, et lorsque Cyrus essaya de déposséder son frère, il con ribua à sa défaite à Cunaxa. Il fut fait, pour les services, gouverneur des provinces jadis gouvernées par Cyrus; mais des plaintes contre lui étaient

constamment portées à la cour du roi de Perse; il finit par être assassiné et sa tête fut envoyée à Artaxercès.

TISSARD (François), *Franciscus Tissereus*. Ambaceaux, professeur de l'Université de Paris, né à Amboise en 1460, mort en 1508; passa trois ans en Italie pour se perfectionner dans l'étude des langues, aida de sa fortune Gilles Gourmont pour faire imprimer des ouvrages élémentaires de la langue grecque, et publia en 1507, un *Alphabet grec*, la *Grammaire grecque de Chrysoloras*, et, en 1508, une *Grammaire hébraïque* (in-4°), qui fit grand bruit.

* **TISSER** v. a. Faire de la toile ou d'autres étoffes en croisant les fils dont elles doivent être composées : *tisser de la toile, du drap*.

* **TISSERAND** s. m Ouvrier qui fait de la toile : *la navette d'un tisserand*. — Se dit aussi des ouvriers qui font des étoffes de laine ou de soie ; et alors on dit, **TISSERAND EN DRAP**, **TISSERAND EN SOIE**.

* **TISSERANDERIE** s. f. Profession de ceux qui tissent, ou qui vendent les ouvrages faits par les tisserands : *exercer la tisseranderie et la draperie*.

TISSERIN s. m. (rad. *tisser*). Ornith. Genre de fringilles, comprenant des oiseaux exotiques à bec robuste, conique, un peu droit, aigu, ainsi nommés à cause de la manière dont ils tissent leur nid. Les principales espèces sont : le *nélicourvi* (*loxia philippina*), le *républicain* (*loxia socia*), le *bobolink*, etc. (Voy. ces mots.)

TISSEUR, EUSE s. Personne qui tisse.

TISSOT. I. (Claude-Joseph), littérateur et philosophe, né aux Fourgs (Doubs), le 26 nov. 1801, mort à Dijon le 7 oct. 1876. Il fut nommé professeur de philosophie au collège de Dôle en 1826, professeur à Bourges en 1831, à Dijon en 1834. Il a traduit les œuvres de Kant et a laissé plusieurs ouvrages originaux : *Du beau, particulièrement en littérature* (1830, in-8°) ; *Cours élémentaire de philosophie* (1837-'40-'47-'69, in-8°, 4 édit.) ; *Histoire abrégée de la philosophie* (1840) ; *Éthique* (1840, in-8°) ; *Droit pénal* (1860, 2 vol.); *Turgot* (1862, in-8°) ; *l'Aminime* (1865, in-8°) ; *Principes de Morale* (1865, in-8°), etc. — II. (Charles-Joseph), fils du précédent, né à Paris, en 1828, mort le 3 juillet 1884. Il remplit plusieurs missions diplomatiques à Tunis et au Maroc et fut ensuite ambassadeur à Constantinople et à Londres.

TISSOT (Pierre-François), littérateur, né à Versailles en 1768, mort en 1854. En 1800, il donna une remarquable traduction en vers des *Bucoliques*, de Virgile, devint le suppléant de Delille au collège de France et entra à l'Académie française en 1833. On a de lui : *Trophées des armées françaises depuis 1792 jusqu'en 1815* (Paris, 1819, 6 vol. in-8°) ; *Mémoires historiques sur Carnot* (1824) ; *Poésies érotiques* (1828), etc.

TISSOT (Simon-André), médecin suisse, né en 1728, mort en 1797. Il fut professeur à Lausanne, et, de 1780 à 1783, à Pavie. Ses œuvres complètes (1809-'13, 11 vol.) comprennent *L'Onanisme* et en français, 1760, augmenté par M. A. Petit, 1836), et *Avis au peuple sur la santé* (12ᵉ édit. 1799).

* **TISSU, UE** part. passé du verbe **TISTRE**. *Une étoffe bien tissue*. — Fig. *Des jours tissus d'or et de soie*.

* **TISSU** s. m. Ouvrage tissu au métier : *voilà un beau tissu de soie*. — Étoffe tissue : *les riches tissus de l'Inde*. — Tissure : *le tissu de cette étoffe est serré*. — Anat. Se dit des substances de nature diverse qui forment les différents organes de l'homme et des animaux et qui résultent d'un entrelacement de fibres d'une certaine liaison ou combinaison des

parties élémentaires : *le tissu fibreux.* — Fig.
Ordre, suite, enchaînement dans un discours :
tout cela n'est qu'un tissu de faussetés. — Se
dit aussi des actions : *un tissu de merveilles.* —
Ordre, suite, enchaînement :

C'est vous de qui les mains impures
Tram... le *tissu* détesté,
Qui fait trébucher l'équité
Dans le piége des impostures.
ROUSSEAU. *Ode V, liv. I.*

Nous ne pouvons changer l'ordre des destinées,
Elles font à leur gré le *tissu* de nos jours.
Mme DE LA SUZE.

Là, dans un long *tissu* de belles actions,
Il verra comme il faut dompter les nations.
CORNEILLE. *Le Cid,* acte 1er, sc. vIII.

* **TISSURE** s. f. Liaison de ce qui est tissu :
tissure ferme, serrée. — Fig. LA **TISSURE** D'UN
DISCOURS, D'UN **POÈME,** etc., la disposition, l'ordre, l'économie des parties d'un discours,
d'un poème : *il y a d'assez belles choses dans
ce discours, mais la tissure n'en vaut rien.*

TISSUTERIE s. f. Art du passementier et
du rubanier.

TISSUTIER s. m. Rubanier, ouvrier qui
fait toutes sortes de tissus, de rubans, de
ganses, etc.

* **TISTRE** v. a. Syn. de TISSER. N'est plus en
usage que dans les temps formés de TISSU,
qui est son participe : *il a tissu cette toile.* —
Fig. C'EST LUI QUI A TISSU CETTE INTRIGUE, c'est
lui qui l'a conduite, qui l'a menée.

* **TITAN** s. m. Nom des géants qui, selon
la Fable, voulurent escalader le ciel et détrôner Jupiter. — D'après la mythol. grecque,
les Titans étaient les fils et les filles d'Uranus
(Cœlum) et de Gaia (Terra). C'étaient Oceanus,
Cœus, Crius, Hyperion, Japetus, Kronos,
Theia, Rhea, Themis, Mnemosyne, Phœbé et
Thétys. Fourni par les Cyclopes de tonnerres
et d'éclairs, et aidé par les Centaures, Zeus fit
aux Titans une guerre de dix années ; il finit
par triompher et les emprisonna tous, à l'exception d'Oceanus.

TITAN (Île de), ou du LEVANT, l'une des îles
d'Hyères, à 3 kil. N.-E. de Port-Cros.

TITANATE s. m. Chim. Sel produit par la
combinaison de l'acide titanique avec une
base.

TITANE s. m. (gr. *titanos;* lat. *titanium*).
Chim. Métal découvert en 1789, par Gregor
dans le fer titanique, et trouvé en 1794 par
Klaproth dans le rutile. Équivalant chimique, 50 ; symbole, Ti. On connaît trois oxydes
de ce métal : Ti O, Ti² O³, et Ti O² ; le dernier, anhydride titanique, est le seul qui ait
de l'intérêt. La seule application utile du titane est de donner une couleur jaune dans
le coloris des porcelaines, et de communiquer
aux dents artificielles une teinte naturelle.
On en tire la plus grande quantité de Pennsylvanie.

° **TITANIQUE** adj. Qui appartient aux titans
ou qui les concerne.

TITANIQUE adj. Chim. Se dit de tous les
composés au maximum du titane

TITE ou **Titus** (Saint), compagnon et collaborateur de l'apôtre saint Paul. Il était Grec,
et il se trouva parmi ceux qu'on envoya d'Antioche à Jérusalem pour consulter les apôtres. Il accompagna Paul à Jérusalem, et celui-ci le laissa avec une mission dans l'île de
Crète, dont il passe pour avoir été le premier évêque. Son jour tombe le 3 janv. —
Épitre à Tite, livre canonique du Nouveau
Testament adressé par saint Paul à son disciple Tite. Les lettres pastorales de l'apôtre
se composent de celle-ci et des deux lettres à
Timothée. Les uns font remonter la date de
cette lettre à l'an 51, les autres seulement à 65.

TITE-LIVE, *Titus-Livius,* historien romain,
né à Patavium (Padoue) en 59 av. J.-C., mort
en l'an 17 de notre ère. Tout ce que l'on

connaît de son histoire, c'est qu'il habita
Rome pendant la plus grande partie de sa
vie, qu'il était marié, qu'il avait un fils et une
fille, qu'il jouissait de la protection et de l'a-
mitié d'Auguste et qu'il retourna à Padoue
quelque temps avant de mourir. Il ne reste
pas un seul fragment de ses épîtres, de ses
dialogues ni de son traité sur la philosophie.
Son histoire de Rome, à laquelle il donnait
le titre d'*Annales,* se composait de 143 livres
et embrassait la période comprise entre la
fondation de la ville et la mort de Drusus
(l'an 9 av. J.-C.). 35 de ces livres seulement
nous ont été conservés ; ils sont écrits dans
un style à la fois gracieux et énergique. Mais il
nous reste un sec résumé de l'ouvrage entier
compilé par un auteur inconnu, et très utile
comme fournissant des indications précises
sur la plus grande partie de l'histoire romaine
et comme étant même la seule autorité pour
différentes périodes de cette histoire. Les
livres encore existants de l'œuvre de Tite-
Live ont été souvent publiés. Les premières
éditions ne contenaient que 29 livres ; mais
d'autres fragments furent découverts dans la
suite ; les efforts que firent Léon X et d'autres
souverains jusqu'à Louis XIV pour retrouver
les autres portions n'ont pas eu de résultat.
Les principales éditions de Tite-Live sont
celles de Deux-Ponts (1784, 13 vol.), d'Ernesti
(Leipzig, 5 vol.) ; trad. franç. par Dureau de
la Malle et Noël (1810, 15 vol.).

* **TITHYMALE** s. m. (lat. *tithymalus*). Bot.
Nom que l'on donne aux euphorbes indigènes, telles que l'épurge, l'ésule, etc.

TITI s. m. Jeune ouvrier des faubourgs de
Paris. — Déguisement qui imite le costume
des titis : *se travestir en titi.* — Masque que
l'on porte avec ce costume.

TITIANESQUE adj. [ti-si-a-]. Qui est propre
à la manière du Titien ; qui rappelle cette
manière.

TITICACA, lac de l'Amérique du Sud,
partie dans la Bolivie et partie dans le Pérou,
dans la vallée de Desaguadero, à plus de
3,500 m., au-dessus du niveau de la mer ; longueur, 160 kil.; largeur moyenne, 60 kil. Il
contient beaucoup de petites îles, où se trouvent les remarquables ruines appelées Tiaguanaco. Certaines de ces constructions de forme
pyramidale, semblent avoir couvert plusieurs
arpents, mais ce qui en reste de plus caractéristique, ce sont des portes monolithiques,
des piliers et des statues sculptées avec art
dans un style qu'on ne rencontre nulle part
ailleurs. Les principales de ces ruines sont
dans l'île Titicaca, près du rivage du S.-O. Il
y a d'autres monuments d'une vaste étendue,
mais du véritable type péruvien. (Voy. AY-
MARAS.) Le lac est sillonné de bateaux à vapeur, et, en 1874, Puno sur sa rive occidentale
a été reliée par un chemin de fer qui traverse
les Andes à Arequipa sur le Pacifique, à une
distance de 340 kil.

TITIEN (Le) (ital. *Tiziano Vecellio*) [ti-tsi-
a'-uo-vè'-tchèl'-li-o], peintre vénitien, né en
1477, mort de la peste le 27 août 1576. Il eut
pour maître Bellini ; mais c'est à son camarade
Giorgione qu'il dut surtout les idées sur l'art
et la couleur qui gouvernent longtemps son
talent. Après la mort de celui-ci, en 1511, le
Titien termina ses œuvres qu'il laissait ina-
chevées. Resté sans rival à 34 ans, le Titien
commença une carrière qui, au point de vue
de l'uniformité dans l'excellence de la production, pour la célérité et pour la durée, n'a
rien d'analogue dans l'histoire de l'art. Son
tableau de *Bacchus et Ariadne,* dans la galerie nationale britannique, peint pour le duc
de Ferrare, présente un abrégé de toutes les
beautés qui caractérisent son talent pour la
composition, la couleur et la forme. A Ferrare, il peignit aussi les portraits de Lucrèce
Borgia et de l'Arioste. Il exécuta ensuite beau-

coup de travaux à Bologne, à Mantoue, à
Urbin et à Rome, où il fit le portrait du vieux
pape Paul III et de ses petits-fils le cardinal
Farnèse, et le duc Ottavio Farnèse, qui est un
chef-d'œuvre. En 1548, il fut appelé à Augsbourg par Charles-Quint, dont il avait fait
plusieurs fois le portrait, et il reçut de lui le
titre de comte palatin de l'empire et une pension. Après l'abdication de l'empereur, il
exécuta d'importants travaux pour Philippe II.
Le reste de sa vie se passa surtout à Venise,
où, dans sa quatre-vingt-unième année, il
peignit son grandiose *Martyre de saint Laurent.* Une au moins de ses célèbres Made-
leines, celle qui est à l'Escurial, fut même
exécutée plus tard ; et il continua à travailler
jusqu'à sa mort. Parmi les plus remarquables peintures de sa jeunesse, on cite :
le Christ et l'argent de César, aujourd'hui à
Dresde, et la *Résurrection* qui est à Brescia ;
et parmi ses derniers chefs-d'œuvre, l'*Assomption* et la *Présentation de la Vierge,* à Venise,
C'est dans ses Vénus et ses autres tableaux de
femmes nues qu'il excelle comme coloriste
pur. Comme portraitiste, il n'a pas de rival,
et Fuseli dit que le paysage date de lui.
— Voy. *Life of Titian,* par Northcote (1830,
2 vol.), et aussi par Crowe et Cavalcaselli (nouv.
édit. 1877).

TITILLANT, ANTE adj. [ti-til-lan]. Qui
éprouve une impression de titillation.

* **TITILLATION** s. f. [ti-til-la-si-on]. Légère
agitation qui se remarque dans certains
corps : *un mouvement de titillation.* — Cha-
touillement : *une titillation agréable.*

* **TITILLER** v. a. [ti-til-lé] (lat. *titillare*).
Causer une légère agitation qui produit ce
qu'on appelle titillation, chatouiller : *ce remède titille les nerfs.*

TITRAGE s. m. Action de titrer.

* **TITRE** s. m. (lat. *titulus*). Inscription qui
fait connaître la matière d'un livre, et ordinairement le nom de l'auteur qui l'a composé,
etc. Se dit également des inscriptions analogues placées au commencement des divisions d'un livre : *le titre d'un livre.* — Impr.
LE FAUX TITRE D'UN LIVRE, premier titre abrégé,
imprimé sur le feuillet qui précède celui où
est le titre entier. TITRE COURANT, ligne en petites capitales, qui est mise au haut des pages
d'un livre, pour indiquer le sujet dont il traite.
— Certaine subdivision employée dans les
codes de lois, dans les recueils de jurisprudence, etc. : *livre douze, titre trois du Digeste.*
— Petit trait que l'on met au-dessus d'une ou
de plusieurs lettres pour marquer abréviation.
Ainsi, pour écrire VOTRE, on écrit quelquefois,
Vῑe. — Qualité honorable, nom de dignité :
ce pair de France a le titre de duc, de marquis.
— Se dit également de certaines qualifications que l'on donne par honneur : *Votre
Sainteté est le titre qu'on donne aux papes.* —
Se dit pareillement des qualifications qu'on
donne aux personnes pour exprimer certaines
relations : *le titre de père, d'époux, de frère.
de parent,* etc. — Se dit aussi en parlant de
certaines églises de Rome ou des environs,
dont les cardinaux prennent le nom : *cardinal
du titre de Sainte-Sabine.* — Propriété d'une
charge, d'un office : *il eut cette charge en titre,*
peignit *l'avoir exercée longtemps par commission*
On dit quelquefois, dans un sens anal. .
PROFESSEUR EN TITRE, par opposition à professeur suppléant ; COMMIS EN TITRE, commis en
pied, par opposition à surnuméraire, etc. —
Fig. et fam. C'EST UN FRIPON EN TITRE D'OFFICE,
c'est un grand fripon. Cette phrase a vieilli.
— Se dit aussi en parlant de certaines professions qui ne peuvent être exercées qu'en
vertu d'un brevet, d'un diplôme, etc. : *il a le
titre de notaire, mais il n'exerce pas encore.* —
Acte, écrit, pièce authentique qui sert à établir un droit, une qualité : *ce titre a été tiré
du trésor des archives de telle abbaye.* — So

disait particul., au pluriel, des provisions d'un office ou d'un bénéfice; alors on le joignait quelquefois au mot CAPACITÉS : *il a fait voir ses titres et capacités.* — TITRE CLÉRICAL, contrat par lequel on assignait une rente annuelle à celui qui voulait prendre les ordres sacrés. — TITRE NOUVEL, acte par lequel un nouveau possesseur, un héritier s'oblige de payer la même rente ou redevance que devait celui qu'il représente : IL A PASSÉ TITRE NOUVEL. Se dit aussi du nouvel engagement que l'on est en droit d'exiger du débiteur originaire, lorsque le temps de la prescription approche. — *Droit qu'on a de posséder, de demander, ou de faire quelque chose : il possède cette maison à titre d'uchat.* — A JUSTE TITRE, signifie aussi, dans une acception plus étendue, justement, avec raison : *c'est à juste titre qu'il fut surnommé le Père du peuple.* On emploie quelquefois de même la locution A SON TITRE. — Se dit de la capacité, des services, des qualités qui donnent droit à une chose : *il a des titres à cette place.* — Monnaie. Degré de fin de l'or ou de l'argent monnayé : *cette monnaie n'est pas au titre légal.* — S'étend aussi à la vaisselle et aux matières d'or et d'argent non fabriquées : *cette vaisselle est à tel titre, au titre de tel pays.* — A titre de loc. préposit. En qualité, sous prétexte de : *à titre d'héritier.* — A TITRE DE GRACE, A TITRE DE DETTE, comme une grâce, comme une dette : *il demande à titre de dette ce qu'on peut à peine lui accorder à titre de grâce.* — A titre d'office loc. adv. En vertu de sa qualité, de sa charge : *présider à titre d'office.* — Législ. On donne le nom de *titre nouvel* à l'acte contenant la reconnaissance d'une rente perpétuelle antérieurement constituée. Après vingt-huit ans de la date du dernier titre de la rente, le débiteur peut être contraint à fournir à ses frais un titre nouvel à son créancier ou à ses ayants-cause (C. civ. 2263). (Voy. RENTE.)

* TITRÉ, ÉE part. passé de TITRER. — Un HOMME TITRÉ, un duc, un pair, un grand d'Espagne, etc. On dit de même, UNE FEMME TITRÉE. — TERRE TITRÉE, terre qui a le titre de duché, de marquisat, de comté, etc.

* TITRER v. a. Donner un titre d'honneur à une personne, à une terre; ou donner à une personne les prérogatives attachées à certains titres.

* * TITRIER s. m. Se disait anciennement du religieux chargé de veiller à la conservation des titres d'un monastère. On ne le dit plus qu'en mauvaise part, pour signifier un falsificateur de titres, un fabricateur de faux titres; encore ce dernier sens est-il maintenant peu usité.

* TITTERY, ancien beylik d'Algérie, aujourd'hui compris dans la province d'Alger. Ses villes principales étaient : Hamza Milianah, et Médéah.

* TITUBANT, ANTE, adj. Qui chancelle : *une démarche titubante.*

* TITUBATION s. f. Action de chanceler. Ne se dit guère que du mouvement de mutation de l'axe de la terre.

* TITUBER v. n. (lat. *titubare*). Chanceler en se tenant debout, en marchant : *à la suite de sa congestion, il ne peut faire un pas sans tituber.* — Se dit aussi en parlant des gens ivres : *il s'avançait en titubant.*

* TITULAIRE adj. (lat. *titularis*). Qui a le titre et le droit d'une dignité sans en avoir la possession, sans en remplir la fonction : *les princes de cette maison ont été longtemps empereurs titulaires de Constantinople.* — Se dit aussi de quiconque est revêtu d'un titre, soit qu'il en remplisse, soit qu'il n'en remplisse pas la fonction : *professeur titulaire.* — s. *Cette chaire d'anatomie a été supprimée depuis la mort du dernier titulaire.* — Se disait de même au-

trefois en parlant de charges, d'offices, de bénéfices : *le titulaire et le survivancier*

TITULARIAT s. m. Charge, fonction d'un titulaire.

TITULARISER v. a. Rendre titulaire; pourvoir d'un titre.

TITUS (ti-tuss) (Titus-Flavius-Sabinus-Vespasianus), empereur romain, né en 40 ap. J.-C., mort le 13 sept. 81. Il était fils de Vespasien, et avait servi en Grande-Bretagne et en Allemagne. Pendant la guerre contre les Juifs, il commanda une légion sous son père. Lorsque Vespasien fut proclamé empereur, il laissa à Titus le soin de terminer la guerre, ce que celui-ci fit en sept. 70, par la prise de Jérusalem. De retour à Rome avec Bérénice (voy. BÉRÉNICE), il partagea avec son père les honneurs du triomphe, et ce fut alors qu'on éleva l'arc de Titus, encore debout. (Voy. ROME.) Il monta sur le trône en 79. Son règne fut très bienfaisant; mais il fut marqué par une succession de calamités terribles : la destruction d'Herculanum, de Stabies et de Pompéi (79), un grand incendie dans Rome (80), et la peste. Titus épuisa presque ses finances à soulager ses sujets.

TITUSVILLE [taï'-teuss-ville], ville de Pennsylvanie, sur l'Oïl Creek, à 145 kil. N.-E. de Pittsburgh; 8,639 hab. C'est la principale ville de la région de l'huile, et elle doit sa prospérité aux puits de pétrole qui sont dans le voisinage. Raffineries d'huile, fabriques de tonneaux à huile; forges; fabriques d'acide sulfurique, etc.

TITYRE, berger que Virgile a chanté dans sa première églogue.

TIVOLI (anc. *Tibur*), ville d'Italie sur le Teverone (anc. *Anio*), à 25 kil. E.-N.-E. de Rome; 7,730 hab. Elle est fameuse pour la beauté de ses paysages, et particulièrement des célèbres chutes de l'Anio, et pour ses antiquités, villas, ponts, temples de la Sibylle et de Vesta. — L'ancienne Tibur fut une des premières rivales de Rome. Elle faisait partie de la ligue latine, et fut prise en 338 av. J.-C.; et elle devint un lieu de refuge pour les exilés de Rome. Elle était fameuse par son culte de Bacchus qui y avait un des plus beaux temples du temps; pendant la république et les premiers jours de l'empire, les Romains les plus distingués y avaient des villas. Le domaine d'Adrien, au S. de Tibur, avait 42 kil. de superficie, et contenait un palais magnifique. Au moyen âge, la ville reprit de l'importance.

TLA s. m. Coup particulier frappé sur le tambour.

TLAXCALA ou Tlascala, un des états de la république du Mexique, borné à l'O. par l'état de Mexico, et de tous les autres côtés par celui de Puebla; 4,200 kil. carr.; 121,665 hab. La capitale, du même nom, se trouve entre deux montagnes, à 145 kil. S.-E. de Mexico; 5,000 hab. La république de Tlaxcala, peuplée par les Techichimecs, resta insoumise jusqu'à l'invasion de Cortés.

TLEMCEN [tlemm-sènn'], ville de la province d'Oran (Algérie), à 130 kil. S.-O. de la ville d'Oran; 19,000 hab., dont 3,000 Français. Défendue par la citadelle nommée le Méchouar, elle est la plus forte place algérienne sur la frontière du Maroc; son aspect est très pittoresque. Le commerce et l'industrie y sont en progrès. Son nom primitif était Jiddah; elle fut longtemps la capitale d'un royaume indépendant, avec une population qui dépassait 100,000 âmes. Les Turcs s'en emparèrent au XVIᵉ siècle, et la donnèrent au dey d'Alger. Les Français, après une courte occupation (voy. CAVAIGNAC), la rendirent à Abd-el-Kader en 1837, et la reprirent en 1842, après l'avoir en partie détruite.

* TOAST s. m. [tost] ou Toste s. m. (mot angl.). Proposition de boire à la santé de quelqu'un, à l'accomplissement d'un vœu, au souver̄r d'un événement : *porter un toast.*

* TOASTER v. a. et n. Voy. TOSTER.

TOBAGO, île du groupe des îles Sous-le-Vent, appartenant aux Indes occidentales britanniques. Son extrémité N. est par 11° 25' de lat. N. et 62° 52' long. O.; elle a 53 kil. de long, 295 kil. carr.; 17,054 hab. C'est une masse rocheuse qui atteint une hauteur de 900 pieds. Les vallées sont bien arrosées. Sucre, mélasse et rhum. La capitale est Scarborough, sur la côte méridionale.

TO BE OR NOT TO BE [tou-bi-or-nott-tou-bt] loc. angl. qui signifie : *Être ou n'être pas* (premier vers du monologue d'Hamlet, l'un des héros de Shakespeare).

TOBIE, livre de l'Ancien Testament dans le canon catholique romain. Les Juifs et les protestants le regardent comme apocryphe. Il contient l'histoire de Tobie, Juif pieux de la tribu de Nephtali, exilé à Ninive. On suppose que l'auteur est un Juif de Palestine, qui écrivait très probablement vers 350 av. J.-C.

TOBOLSK I, gouvernement dans la Sibérie occidentale, s'étendant de l'océan Arctique jusqu'aux provinces d'Akmolinsk et de Semipalatinsk dans l'Asie centrale, et séparé de la Russie Européenne à l'O. par les monts Oural; 1, 377,776 kil. carr.; 1,086,848 hab. Les principaux cours d'eau sont l'Obi et l'Irtish. Cette région contient de grands lacs. Les poissons et le gibier, y compris les animaux à fourrure, sont particulièrement abondants. — II, capitale de ce gouvernement, sur l'Irtish ou le Tobol, à 1,900 kil. E.-N.-E. de Moscou; 18,481 hab. Elle possède une cathédrale, beaucoup d'églises, plusieurs mosquées et une citadelle contenant une maison de travail forcé (*workhouse*) pour les exilés des basses classes.

* TOC interj. Onomatopée d'un bruit, d'un choc sourd : *il entendit à sa porte, toc, toc.*— Adjectiv. Mauvais en son genre : *prononcer un discours toc.*

* TOCANE S. f. Vin de Champagne nouveau fait de la mère goutte : *bonne, excellente tocane.*

TOCANTE S. f. Argot. Montre.

TOCANTINS [to-kann-tinnss], rivière du Brésil formée par l'Almas et le Maranhâo, qui naissent dans la province de Goyaz et se joignent par 14° lat. S. et 51° 35' long. O. Elle coule au N. pendant 4,000 kil. environ et va se jeter dans le Rio Para, à 80 kil. S.-O. de Para. Son principal affluent est l'Araguay. La marée s'y fait sentir à 300 kil. de son embouchure.

TOCOGRAPHIE S. f. (gr. *tokos*, enfantement; *graphein*, décrire). Traité des accouchements.

TOCQUEVILLE (Alexis-Charles-Henri CLÉREL DE), écrivain français, né à Verneuil (Seine-et-Oise) le 29 juillet 1805, mort à Cannes le 16 avril 1859. En 1834, il alla avec Gustave de Beaumont étudier le système pénitentiaire des États-Unis. De Tocqueville étudia aussi les institutions politiques et sociales de ce pays, et écrivit son célèbre ouvrage *De la Démocratie aux États-Unis* (1835, 2 vol.), qui reçut le prix Montyon et le fit entrer à l'Académie (1841). Il fut élu en 1839 à la Chambre des députés, et en 1848 à l'Assemblée constituante, et il devint ministre des affaires étrangères le 2 juin 1849. Il soutint l'expédition de Rome ; mais, différant de Louis-Napoléon sur d'autres points, il donna sa démission en octobre. En 1856, il publia *L'Ancien Régime et la Révolution.* Ses *Œuvres et Correspondance inédites* parurent en 2 vol. (1860) avec une notice biographique par G. de Beaumont.

TOCSIN s. m. Bruit d'une cloche qu'on tinte à coups pressés et redoublés pour donner l'alarme, pour avertir du feu, etc. : *dès que l'ennemi parut, on sonna le tocsin.* — Dans quelques villes, LA CLOCHE DU TOCSIN, ou simpl., LE TOCSIN, la cloche destinée à sonner le tocsin : *le tocsin est bien placé dans cette tour.* — *Fig.* SONNER LE TOCSIN SUR QUELQU'UN, exciter contre lui le public. — IL ˣA SONNÉ LE TOCSIN, se dit d'un orateur, d'un écrivain dont les paroles sont propres à soulever, à enflammer la multitude.

TODLEBEN (Franz-Eduard, COMTE DE) (tôtt'-lè-bènn] et non TOTLEBEN, ingénieur militaire russe, né à Mitau (Courlande) en 1818, mort à Soden, station balnéaire, près de Wiesbaden, le 2 juillet 1884. Il fut reçu en 1835 à l'institut des ingénieurs de Saint-Pétersbourg, fut nommé sous-lieutenant en 1838, servit dans la guerre du Caucase, contre les troupes de Schamyl, fut envoyé en Crimée en 1855 et parcourut en quelques mois toute la série des grades, depuis celui de capitaine jusqu'à celui d'adjudant général. Ce fut lui qui érigea autour de Sébastopol ces travaux de défense qui permirent à cette ville de résister aux alliés; il fut blessé vers la fin du siège. Considéré comme le meilleur ingénieur de l'empire russe, il fut chargé des travaux de fortification de plusieurs villes. Il fut nommé en 1860 lieutenant général et directeur du département du génie au ministère de la guerre. Fils d'un marchand, il avait dû se faire donner des titres de noblesse pour arriver aux grades supérieurs. Son ouvrage intitulé *Défense de Sébastopol* (Saint-Pétersbourg, 1864) a été traduit en français (1864, 2 vol.).

TOEKOELYI ou Toekoeli. Voy. HONGRIE.

TOEPFFER (Rodolphe), romancier suisse, né en 1799, mort en 1846. Il était peintre, et fut professeur d'esthétique à Genève. Parmi ses ouvrages, on remarque : *Le Presbytère* (1839); *Nouvelles Genevoises* (1845) et *Collection des Histoires en estampes* (1846, 6 vol.).

TOGATE adj. (lat. *togatus*). Revêtu de la toge.

TOGE s. f. (lat. *toga*). Antiq. Robe de laine fort ample et longue, qui était le vêtement particulier des Romains, et qu'ils mettaient par-dessus la tunique : *les Romains se couvraient la tête d'un pan de leur toge, lorsqu'ils étaient incommodés du soleil ou de la pluie.*

TOHU-BOHU s. m. Nom que les livres hébraïques donnent au chaos primitif, à l'état confus des éléments qui précéda la création. —Grande confusion, grand conflit d'opinions, de paroles : *il est impossible de se reconnaître dans ce tohu-bohu.*

TOI pron. pers. Voy. TU.

TOILAGE s. m. Ce qui forme le dessin d'une dentelle.

TOILE s. f. (lat. *tela*). Tissu de fils de lin, de chanvre ou de coton : *toile fine, déliée.* — Se dit aussi de quelques autres tissus : *toile de chanvre, toile d'amiante.* — TOILE DE MAI, toile qu'on enduit d'un emplâtre agglutinatif dans lequel il entre un peu de beurre et une certaine quantité d'alcool affaibli, en place de térébenthine. — TOILE CIRÉE, toile enduite d'une composition qui fait que l'eau ne la traverse pas. — Prov. et fig. C'EST LA TOILE DE PÉNÉLOPE, se dit d'une affaire qui recommence toujours et ne finit point. — TOILE PEINTE, toile de coton qui est peinte de diverses couleurs : *on imite d'une toile peinte aux Indes, ou à la manière des Indes, avec des couleurs solides et durables : on imite aujourd'hui en France les toiles peintes des Indes, et on y peint des toiles de chanvre et de lin comme celles de coton.* — TOILE IMPRIMÉE, toile peinte par impression. Il se dit aussi d'une toile préparée pour recevoir les couleurs du peintre. — LES TOILES D'UN MOULIN A VENT, les toiles tendues sur les ailes d'un moulin pour le faire aller. — TOILE D'OR, TOILE D'ARGENT, certains tissus légers dont la trame est d'or ou d'argent, et la chaîne de soie. — TOILE D'ARAIGNÉE, sorte de tissu que font les araignées avec des fils qu'elles tirent de leur ventre, et qu'elles tendent pour prendre des mouches. — Rideau qui cache la scène, dans un théâtre : *quand la toile fut levée, on aperçut dans le fond du théâtre...* — Tente : *il y a tant d'hommes sous la toile.* L'ARMÉE EST SOUS LA TOILE, elle est campée. Cette acception a vieilli. — s. f. pl. Chasse. Pièces de toile avec lesquelles on fait une enceinte en forme de parc, pour prendre des sangliers : *il a tué le sanglier dans les toiles.* — Grands filets que l'on tend pour prendre des cerfs, des biches, des chevreuils, etc. : *quand on veut prendre des cerfs en vie, on les prend dans les toiles.* — Certains rideaux qui descendent depuis le toit jusque sur la muraille d'un jeu de paume, et que l'on tire pour se mettre à l'abri du soleil : *la balle a donné dans les toiles.*

TOILÉ s. m. Fond de dentelle dont le tissu est très clair.

TOILERIE s. f. Marchandise de toile : *le commerce de toilerie.*

TOILETTE s. f. Toile qu'on étend sur une table, pour y mettre ce qui sert à l'ornement et à l'ajustement des hommes et des femmes : *toilette unie.* — TOILETTE DE POINT, point préparé pour servir de toilette : *elle acheta une belle toilette de point, de point d'Angleterre.* — Pièce plus particul. des flambeaux, des boîtes, des flacons, des carrés, etc., qui servent à une femme, lorsqu'elle se pare : *toilette de bois de Sainte-Lucie.* — DESSUS DE TOILETTE, pièce de velours, de damas, etc., bordée de dentelle ou de frange, avec laquelle on couvre tout ce qui est sur la toilette : *dessus de toilette de velours.* — Tout ce qui couvre et qui garnit le meuble devant lequel une femme se place lorsqu'elle veut se parer : *sa toilette était magnifique.* — Meuble même qui est garni de ce qui sert à la parure d'une femme : *la toilette n'est pas bien là.* — VOIR UNE DAME A SA TOILETTE, L'ENTRETENIR A SA TOILETTE, la voir, l'entretenir pendant qu'elle se coiffe. — Fig. et fam. PILIER DE TOILETTE, se dit d'un homme qui assiste assidûment à la toilette d'une ou de plusieurs femmes. (Vieux.) — REVENDEUSE A LA TOILETTE, MARCHANDE A LA TOILETTE, se dit de certaines femmes qui vont porter dans les maisons des hardes, des étoffes, des bijoux à vendre. — On dit dans la même acception : VENDRE A LA TOILETTE, REVENDRE A LA TOILETTE. — Prov. PLIER LA TOILETTE, enlever, emporter les hardes d'une personne : *il plia un beau matin la toilette, et s'en alla.* — Se dit principalement du valet qui voile les hardes de son maître : *ce valet plia la toilette de son maître, et prit la fuite.* — Se dit encore des détails de l'habillement, de l'action de se parer, de s'habiller, pour paraître en public, en société : *une toilette soignée, recherchée.* — CABINET DE TOILETTE, petite chambre où l'on s'habille, où l'on se pare : *cette femme passe une bonne partie de ses matinées dans son cabinet de toilette.* — Morceau de toile dont les marchands d'étoffes enveloppent leurs marchandises, et les tailleurs les habits qu'ils vont rendre.

TOILIER, IÈRE s. Celui, celle qui vend de la toile : *la boutique d'un toilier.* — Ouvrier qui fabrique de la toile.

TOIRAS (Jean DE CAYLAR DE SAINT-BONNET, maréchal de), maréchal de France (1585-1636). Dans la protection de Louis XIII par son habileté dans l'art de la fauconnerie, battit les protestants en 1625, s'empara de l'île de Ré, fut nommé gouverneur de l'Aunis (1626), repoussa une attaque de Buckingham et les Anglais, assista à la prise de la Rochelle et soutint, en 1630, à Casal, un siège mémorable qui lui valut le bâton de maréchal. Ennemi de Richelieu, il obtint l'autorisation d'entrer au service du duc de Savoie et fut tué à l'attaque de Fontanelle (Milanais).

TOISE s. f. Mesure longue de six pieds : *toise marquée par pieds.* — Prov. ON NE MESURE PAS LES HOMMES A LA TOISE, c'est par leur degré de mérite qu'il faut les apprécier. — MESURER LES AUTRES A SA TOISE, les juger d'après soi, les comparer à soi. — Longueur de six pieds : *il y a tant de toises de muraille.* — TOISE COURANTE, mesure en longueur de quelque chose que ce soit, dont la hauteur ou la largeur est supposée partout la même : *il a fait marché à la toise courante.* — TOISE CARRÉE, surface carrée dont le côté est une toise. — TOISE CUBE, cube dont chaque face a une toise carrée. Se dit, par ext., d'une quantité de matière supposée à celle qui est renfermée dans un corps cubique de six pieds.

TOISÉ s. m. Mesurage à la toise : *le juge a nommé des experts pour faire le toisé de cette maison.* — Mathém. Science ou art de mesurer les surfaces et les solides, et d'exprimer leur étendue ou leur volume en parties de certaines unités convenues : *par exemple, en toises ou en mètres carrés, s'il s'agit de surfaces; cubes, s'il s'agit de volumes.*

TOISÉ, ÉE part. passé de TOISER. — CETTE AFFAIRE EST TOISÉE, se dit d'une affaire terminée. Se dit, le plus souvent, en mauvaise part, d'une affaire terminée désavantageusement : *c'est une affaire toisée, il n'en faut plus parler.* — Fig. et pop. C'EST UN HOMME TOISÉ, c'est un homme dont la valeur est appréciée. Ne se prend qu'en mauvaise part.

TOISER v. a. Mesurer à la toise : *toiser un bâtiment, une muraille.* — TOISER UN SOLDAT, mesurer sa taille. — Fig. et fam. TOISER QUELQU'UN, TOISER UN HOMME, SON HOMME, l'examiner avec attention pour apprécier son mérite ou pour lui témoigner du dédain : *il l'a toisé de la tête aux pieds.*

TOISEUR s. m. Celui qui toise, dont la profession est de toiser : *il était toiseur des bâtiments du roi.*

TOISON s. f. (lat. *tonsio*, action de tondre). La laine d'une brebis, d'un mouton : *ce mouton a une belle toison.* — LA TOISON D'OR, la toison du bélier sur lequel les anciens poètes feignent que Phrixus et Hellé passèrent la mer : *Jason alla avec les Argonautes à la conquête de la Toison d'or, qui était gardée dans la Colchide par deux taureaux vomissant des flammes.* — LA TOISON D'OR, ou absol., LA TOISON, nom d'un ordre de chevalerie institué par Philippe le Bon, duc de Bourgogne : *chevalier de l'ordre de la Toison, de la Toison d'or.*

TOIT s. m. (lat. *tectum*) Partie supérieure des bâtiments, des maisons, qui sert à les couvrir et à les abriter : *toit plat; toit en pointe.* — HABITER SOUS LE MÊME TOIT, loger dans la même maison : *ils habitaient tous les deux sous le même toit.* — LE TOIT PATERNEL, se dit quelquefois en parlant de la maison paternelle : *sous le toit paternel.* — Jeu de paume. Ais en forme de toit qui couvrent la galerie, le côté du dedans, et l'autre bout du jeu où est la grille : *dans les jeux de paume qui se jouent où qu'on appelle un dedans, il y a trois toits.* — Mines. Partie de la roche qui couvre la mine ou le filon.

TOITURE s. f. Ce qui compose le toit d'une maison, d'un bâtiment : *les couvreurs et les charpentiers travaillent à la toiture.* — ENCYCL. Les grossières demeures des tribus barbares sont d'ordinaire couvertes de branches d'arbres. Dans les climats tropicaux, les feuilles de palmier remplissent parfaitement le même but. En Europe, les huttes et les caba

nes des classes les plus pauvres sont souvent couvertes d'une épaisse couche de paille habilement arrangée qu'on appelle chaume, et que supporte une simple charpente. D'autres matériaux meilleurs sont les bardeaux, les ardoises, les tuiles, l'étain ou le zinc et le fer galvanisé. Des toits plus durables se font aussi avec de la pierre lourde, des dalles de marbre, par exemple. — L'inclinaison des toits varie de 60° (architecture gothique) ou de 25 à 30° dans les toits plus à pic adoptés dans les climats où la neige tombe beaucoup, jusqu'à 10° dans les climats chauds et pluvieux et même à un plan parfaitement horizontal dans les climats secs. La charpente qui supporte la couverture extérieure est généralement en bois; mais aujourd'hui on se sert presque partout de charpentes en fer pour les édifices d'une grande largeur, lorsqu'on ne peut établir de point d'appui entre les murailles principales. Ce toit de charpente sert non seulement à soutenir la couverture extérieure, mais encore à rattacher les murs ensemble et à soutenir les étages supérieurs. L'arête d'un toit est la ligne de jonction de deux plans inclinés. Un toit en pyramide se forme par la jonction de plusieurs plans inclinés donnant ou une pyramide ou un tronc de pyramide. Le toit en mansarde se forme avec trois ou plusieurs arêtes parallèles, l'une étant au sommet et les autres sur les côtés du toit. La forme la plus simple de la charpente d'une toiture consiste en un châssis triangulaire (fig. 1) où la portion médiane de la pièce triangulaire, ou poutre d'attache,

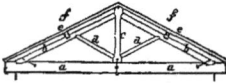

Fig. 1.

est assujettie à la jonction des chevrons inclinés b b, par une pièce verticale c. On place plusieurs de ces châssis parallèlement pour soutenir la couverture, on les relie les uns aux autres par des pièces longitudinales e e. Par-dessus ces dernières et paral-

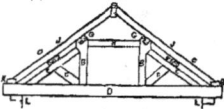

Fig. 2.

lèlement aux gros chevrons, sont les chevrons ordinaires et plus légers f f, répartis à de petites distances; c'est là-dessus que l'on pose les lattes, et sur celles-ci l'ardoise, le zinc ou toute autre couverture. Un autre système (fig. 2) se compose d'une poutre d'attache ou tirant longitudinal D et de gros che-

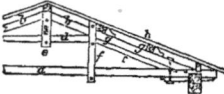

Fig. 3.

vrons e e; ceux-ci ne se joignent pas, mais ils aboutissent à une poutre H, qui est aussi maintenue à chaque extrémité à la hauteur souvenable au-dessus du tirant, par des poteaux B B. La figure 3 montre le toit complet, a étant le tirant, b b les gros chevrons, c un des deux petits chevrons aboutissant à la poutre transversale d; et e et f le poinçon et le poteau de combie employés ensemble.

TOKAT [to-katt'], ville de la Turquie d'Asie, sur l'Yeshil Sumak, à 90 kil. N.-N.-O. de Sivas; la population est estimée tantôt à 45,000, tantôt à 150,000 âmes. Elle est dominée par deux aiguilles presque perpendiculaires de marbre cristallin. Poterie de cuivre et de fer, filinages, toile, soie, cotonnades et tapis.

TOKAY s. m. Vin récolté aux environs de Tokay.

TOKAY (Hong. *Tokaj*), ville de la Hongrie septentrionale, dans le comté de Zemplen, sur la Theiss et le Bodrog, à 175 kil. E.-N.-E. de Pesth; 5,012 hab. Ses environs produisent le fameux vin de Tokay.

TOKIO (autrefois *Yedo*), cap. du Japon, dans l'E. de la grande île, au fond de la baie d'Yedo, sur le Sumidagawa, par 35° 40' lat. N. et 437° 20' long. E.; 675,000 hab. La ville occupe près de 150 kil. carr., dont 75 kil. carr. pour les constructions; un huitième est pris par des fossés et des canaux, et une grande partie du reste par des jardins et des bosquets. Au centre de la ville se trouve la citadelle, entourée de murailles et de fossés et d'un second mur qui enclôt une superficie de 5 kil. carr. environ. Une troisième enceinte de murailles et de fossés enferme 8 kil. carr. environ, occupés par les édifices du gouvernement, les collèges, les arsenaux, les casernes, les fonderies et les usines. En dehors de cette enceinte, s'étend la partie la plus peuplée et la plus affairée, bâtie aujourd'hui à l'européenne. La ville est abondamment fournie d'eau, et quelques quartiers sont éclairés au gaz. En 1876, l'université impériale avait 26 professeurs étrangers et 350 étudiants. Les autres écoles de tout genre ont plus de 60,000 élèves. Il y a plusieurs banques, et plus d'une douzaine de journaux quotidiens. — Yedo fut fondée en 1591, et devint bientôt le centre militaire de l'empire. C'était la résidence du shogun, et jusqu'en 1862, les daïmios ou princes territoriaux furent obligés d'y demeurer. En 1868, elle devint la résidence du mikado, et son nom fut changé en Tokio « capitale orientale ». Le 1ᵉʳ janv. 1869, le port fut ouvert aux étrangers. Dans l'été de 1871, tout le gouvernement de l'empire s'y est centralisé.

TOLANE s. m. Chim. Hydrocarbure qui prend naissance dans l'action de la potasse en solution alcoolique sur le dibromure de toluylène.

TOLBIAC, anc. ville de Germanie entre Bonn et Juliers. Aujourd'hui Zulpich. Victoires de Clovis sur les Alémans (495) et de Thierri II sur Théodebert II (612).

• TÔLE s. f. (lat. *tabula*, planche, tablette). Fer battu et réduit en feuilles ou plaques minces, dont on fait des poêles et d'autres ouvrages : *son poêle n'est pas de fonte, il est de tôle.*

TOLÉDAN, ANE s. et adj. De Tolède; qui appartient à cette ville ou à ses habitants.

TOLÈDE (esp. *Toledo*). I. province centrale de l'Espagne, dans la Nouvelle Castille; 14,467 kil. carr.; 342,272 hab. Le Tage la traverse. Le sol est montagneux. Or, argent, plomb, fer, cuivre, vif-argent, étain, alun, bismusth, charbon, graphite et ocre. — II. cap. de la province (anc. *Toletum*), sur le Tage, à 70 kil. S.-S.-O. de Madrid; 18,000 hab. Elle est bâtie sur une hauteur rocheuse, autour de laquelle le fleuve coule dans un lit profond et étroit, que franchissent deux ponts de pierre à une hauteur de 100 pieds. La ville est entourée de deux murailles, et on y entre par neuf portes. Les rues sont à pic, tortueuses et étroites. La cathédrale, construite de 1258 à 1492, est une des plus belles de l'Espagne. Les murs ruinés du vieil Alcazar sont encore debout. L'université a été suppri-

mée en 1845. Les principales industries sont: les étoffes de laine et de soie, l'huile, le cuir et les fameuses lames de Tolède. Tolède fut prise par les Goths en 467, et ils en firent leur capitale un siècle plus tard. Les Maures s'en emparèrent en 714. Alphonse VI de Castille et de Léon s'en rendit maître en 1085; elle devint alors la capitale de la Castille, et elle est, à un moment, une population de 200,000 hab. Le transfert de la cour à Madrid, en 1560, fut la cause de sa décadence.

TOLEDO, ville et port de l'Ohio (États-Unis), sur la Maumee, à 8 kil. de son embouchure dans la baie de Maumee, et à 13 kil. de l'extrémité occidentale du lac Érie; 31,584 hab. Grains et farines; comestibles; bestiaux; eau-de-vie de grain (*whiskey*), fer, tabac, peaux, coton, laine et bois de charpente. Moulins, scieries, fonderies, brasseries, tuileries, tanneries, etc. Toledo a été fondée en 1832.

TOLENTINO, ville d'Italie, à 19 kil. S.-O. de Macerata, sur une colline au pied de laquelle coule le Chienti; 12,000 hab. Cathédrale décorée de quelques bonnes peintures. Bonaparte et Pie VI y signèrent, le 19 fév. 1797, un traité par lequel le pape abandonnait ses prétentions sur le Comtat Venaissin. C'est à Tolentino que Joachim Murat, ayant repris les armes contre les alliés, fut battu par les Autrichiens le 3 mai 1815, fait prisonnier et fusillé.

• TOLÉRABLE adj. Qu'on peut tolérer, qu'on peut supporter : *pensez-vous que cela soit tolérable ?*

TOLÉRABLEMENT adv. D'une manière tolérable.

TOLÉRAMMENT adv. Avec tolérance.

• TOLÉRANCE s. f. (lat. *tolerantia*). Condescendance, indulgence pour ce qu'on ne peut empêcher, ou qu'on croit ne devoir pas empêcher : *ce n'est pas un tort, c'est une tolérance.* — Tolérance théologique ou ecclésiastique ou religieuse, condescendance qu'on a les uns pour les autres, touchant certains points qui ne sont pas regardés comme essentiels à la religion : *l'Église latine a toujours usé de tolérance pour l'Église grecque sur le mariage des prêtres.* — Tolérance civile, permission qu'un gouvernement accorde, de pratiquer, dans l'État, d'autres religions que celles qui y sont établies, reconnues par les lois, pratiquées par le plus grand nombre des citoyens : *la tolérance civile est quelquefois restreinte à certains cultes, à certaines croyances.* — Dans son monnayage, se dit de ce qu'on appelait autrefois remède. (Voy. Remède.) — Maison de tolérance, maison de prostitution.

• TOLÉRANT, ANTE adj. Qui tolère. Se dit principalement en matière de religion : *un prince tolérant.* — Se dit quelquefois d'un homme indulgent dans le commerce de la vie : *il est fort tolérant de son naturel.*

• TOLÉRANTISME s. m. Théol. Opinion de ceux qui étendent trop loin la tolérance théologique : *dans la Théologie genre en tolérantisme.* — Système très raisonnable de ceux qui croient qu'on doit tolérer dans un État toutes sortes de religions : *il flétrissait du nom de tolérantisme cette indulgence du prince pour toutes les religions.*

• TOLÉRER v. a. (lat. *tolerare*). Supporter, avoir de l'indulgence pour des abus; supporter des choses qui, d'elles-mêmes, ne sont pas bien, ou que l'on croit n'être pas bien : *on tolère toutes sortes de religions dans ce pays-là.*

TÔLERIE s. f. Art du tôlier; fabrique de tôle.

TÔLIER s. m. Celui qui fabrique de la tôle.

TOLIMA (Pic de), pic de la chaîne des

Andes, à 150 kil. O. de Santa-Fé-de-Bogota; 5,587 m. de haut. Volcan en ignition.

* **TOLLÉ** s. m. [toll-lé]. Mot latin pris de l'Evangile, et qui n'est usité que dans cette phrase fam., CRIER TOLLÉ SUR QUELQU'UN, CONTRE QUELQU'UN, crier afin d'exciter de l'indignation contre quelqu'un : *il faut crier tollé sur lui, contre lui.*

TOLLE ET LEGE, expression lat. qui signifie : *Prends et lis.*

TOLLENS (Henri-Frédéric), poète néerlandais, né à Rotterdam le 24 sept. 1780, mort à Ryswyck, le 31 oct. 1856. Destiné d'abord au commerce, il s'adonna bientôt au culte des Muses et devint très populaire. Ne se sentant pas les ailes du génie, il célébra de préférence les douceurs de la vie domestique et les gloires nationales. Les plus universellement goûtées de ses *Poesies* (édit. complète, 1855-'57, 11 vol.) sont *Aan een gevallen Meisse* (A une fille séduite); l'hymne national, *Wien Neerlandsch bloed; De Overwintering des Hollandais sur la Nouvelle-Zemble* (l'Hivernage des Hollandais sur la Nouvelle-Zemble), et *Romancen et Balladen.*

TOLOSA, ville d'Espagne, province de Guipuzcoa, à 20 kil. S. de Saint-Sébastien. C'est dans la plaine appelée las Navas de Tolosa, près de la Sierra-Morena, que le roi de Castille Alphonse, aidé par les rois d'Aragon et de Navarre, remporta une grande victoire sur les Maures le 16 juillet 1212.

TOLSTOÏ, famille russe, devenue célèbre au XVIIIᵉ siècle. Le comte Alexis Tolstoï (né en 1817, mort en 1875), était poète, romancier et auteur dramatique. Le comte Léo Tolstoï a publié les romans : *Anna Karenina* (1875-'76), et *Sébastopol* (1876).

TOLTÈQUES ou Tulhuatecas [toul-oua-té-kass], nation du Mexique qui, d'après les annales mexicaines, parut en Anahuac au commencement du VIIᵉ siècle. Ils fondèrent le royaume de Tula, et furent la première race civilisée et civilisatrice. La monarchie toltèque, déchirée par des guerres civiles et le clergé et les nobles, tomba au XIᵉ siècle ; la famine et la peste désolèrent le pays et beaucoup des survivants émigrèrent au Guatemala. Les autres Toltèques se fondirent dans les Chichimèques.

TOLU s. m. Bot. Baume produit par un arbre du genre myrosperme. — BAUME DE TOLU, modificateur des muqueuses, employé comme expectorant dans les bronchites chroniques et dans le catarrhe vésical. Il provient du *myroxylon toluiferum*, arbre de l'Amérique centrale. Il diffère peu du baume du Pérou ; sa composition chimique est la même. Frais, il est d'un brun rougeâtre et coulant comme de la térébenthine ; mais il durcit en peu de temps. Il dégage une agréable odeur de benjoin et possède un goût douçâtre. Il entre dans le sirop de Tolu.

TOLU, ville et port de la Nouvelle-Grenade dans la baie de Morosquillo, à 120 kil. S. de Carthagène.

TOLUATE s. m. Chim. Sel de l'alcali toluique.

TOLUCA [to-lou'-ka], ville de la république du Mexique, capitale de l'état de Mexico, et à 50 kil. O.-S.-O. de la ville du même nom ; 12,000 hab. Elle est dans une vallée de 2,700 m. au-dessus du niveau de la mer. Auprès se trouve le volcan de Toluca, haut de 4,650 m.

TOLUÈNE s. m. Liquide incolore obtenu par la distillation sèche du baume de Tolu.

TOLUIDINE s. f. Chim. Base résultant de la substitution d'un atome d'amidogène à un atome d'hydrogène dans le toluène.

TOLUIFÈRE adj.(fr. *tolu*; lat. *fero*, je porte). Qui produit le baume de tolu.

TOLUIQUE adj. Chim. Se dit d'un acide qui répond à la formule $C^8 H^8 O^3$.

TOLUYLÈNE s. m. Chim. Hydrocarbure qui se produit dans la distillation sèche du sulfure de benzyle, du bisulfure de benzyle et de la sulfo-benzide.

* **TOMAHAWK** s. m. [to-ma'-hôk]. Arme de guerre dont se servent les sauvages de l'Amérique du Nord. C'est une arme à deux fins, portant d'un côté une hache, et de l'autre un énorme casse-tête formé d'une boule hérissée de pointes.

* **TOMAISON** s. f. (fr. *tome*). Impr. et Libr. Indication du tome auquel appartient chaque feuille d'impression, dans les ouvrages qui ont plusieurs tomes : *vérifier la tomaison.*

* **TOMAN** s. m. Somme de compte en usage dans la Perse, et qui vaut environ cinquante francs de notre monnaie.

* **TOMATE** s. f. (mexic. *tomatl*). Bot. Espèce de morelle, autrement nommée *pomme d'amour*, qui porte des fruits d'un *rouge vif*, auxquels on donne le même nom, et dont le suc légèrement acide sert à faire une certaine sauce : *sauce aux tomates.* — ENCYCL. La tomate est une plante annuelle, originaire de l'Amérique tropicale ou sub-tropicale, et son nom est aussi d'origine indienne. Linné la nomma *solanum lycopersicum*, mais

Tomates.

les plus récents botanistes l'appellent *lycopersicum esculentum*. En France et en Italie les appellations populaires de *pomme d'amour*, *pomi d'amore*, encore en usage, gardent la trace de la vieille croyance qui leur attribuait de l'influence sur les passions. On regarde le Pérou comme le véritable pays natal de la tomate, mais on ne l'y trouve plus à l'état complètement sauvage, et il est probable qu'on la cultivait longtemps avant l'arrivée des Européens. Il y a moins d'un demi-siècle, la tomate était presque inconnue dans le Nord de la France où on la considérait comme vénéneuse et on ne l'y cultivait que par curiosité. — Le semis de la tomate se fait sur couche en avril ; cette plante demande de la chaleur, aussi la met-on en place à bonne exposition, ordinairement près d'un mur, et à une distance de 80 centim. entre les pieds. On la soutient à l'aide d'un fort tuteur. On pince l'extrémité des tiges quand les premiers fruits apparaissent, puis on retranche une partie des feuilles et des bourgeons afin d'accélérer la maturité des fruits. En cas de sécheresse, arrosements fréquents et copieux. Les graines se conservent bonnes pendant trois ans. Variétés recommandables: *tomate rouge grosse lisse, tomate rouge naine hâtive.* — Les tomates peuvent se conserver dans la saumure. On les emploie soit comme garniture, soit comme entremets, soit comme sauce ou comme assaisonnement ; leur saveur appétissante relève le goût d'un grand nombre de préparations culinaires.

* **TOMBAC** s. m. [-bak]. Sorte de métal factice, composé de cuivre et de zinc : *le tom-*

bac est blanc quand c'est le zinc qui domine, et jaune quand c'est le cuivre.

* **TOMBAL, ALE** adj. (rad: *tombe*). Archéol. N'est employé que dans cette expression, PIERRE TOMBALE, pierre d'une tombe, d'une sépulture.

* **TOMBANT, ANTE** adj. Qui tombe : *les tiges de cette plante sont grêles et tombantes.* — DES CHEVEUX TOMBANTS, des cheveux longs qui ne sont pas rattachés.

* **TOMBE** s. f. (lat. *tumba*). Grande table de pierre, de marbre, de cuivre, etc., dont on couvre une sépulture : *tombe de marbre.* — Sépulcre : *être dans la tombe.*

* **TOMBÉ, ÉE** part. passé de TOMBER.

L'homme est un dieu tombé qui se souvient des cieux.
LAMARTINE. *Méditations.*

— UN AUTEUR TOMBÉ, un auteur dramatique dont la pièce a été sifflée.

* **TOMBEAU** s. m. Sépulcre, monument où il est enterré : *les tombeaux des rois.* — on enterre ordinairement en tel endroit les morts de cette famille. — LES TOMBEAUX SONT SACRÉS, il faut respecter le lieu où les morts sont enterrés. — La mort : *chaque instant de notre vie nous approche du tombeau.* — METTRE CONDUIRE, MENER QUELQU'UN AU TOMBEAU, causer sa mort : *cette maladie le mènera au tombeau.* — DESCENDRE AU TOMBEAU, mourir. TIRER QUELQU'UN DU TOMBEAU, lui sauver la vie, le rendre à la vie : *son médecin l'a tiré du tombeau.* — SUIVRE QUELQU'UN AU TOMBEAU, mourir peu de temps après lui : *sa femme n'a pas tardé à la suivre au tombeau.* — Fin, destruction : *on a dit que le mariage était le tombeau de l'amour.*

* **TOMBÉE** s. f. Ne s'emploie guère que dans cette locution, A LA TOMBÉE DE LA NUIT, au moment où jour tombe, où la nuit approche.

TOMBELAINE, îlot désert situé à 3 kil. N. du mont Saint-Michel.

* **TOMBELIER** s. m. Charretier qui conduit un tombereau.

* **TOMBELLE** s. f. Monticule factice servant de tombeau ou de monument commémoratif.

* **TOMBER** v. n. Etre emporté, entraîné en haut en bas par son propre poids. Se dit des personnes et des choses : *tomber lourdement.* — TOMBER AUX PIEDS, AUX GENOUX DE QUELQU'UN, s'y jeter, ou s'abaisser devant lui aux plus humbles supplications. — Fig. et fam. TOMBER SUR SES PIEDS, se tirer heureusement d'une circonstance critique, se trouver dans la même situation qu'auparavant : *il tombe toujours sur ses pieds.* — Prov. et fig. TOMBER DE SON HAUT, être extrêmement surpris de quelque chose : *quand je vois cela, je tombe de mon haut.* — Prov. et fig. TOMBER DES NUES, être extrêmement surpris, étonné : *quand je vois, quand j'entends de pareilles choses, je tombe des nues, il ne semble que je tombe des nues.* On dit, dans un autre sens, CET HOMME SEMBLE TOMBER DES NUES, il est embarrassé de sa contenance, il ne sait à quoi s'adresser dans la compagnie où il se trouve. CET HOMME EST TOMBÉ DES NUES, signifie aussi quelquefois il n'est connu ni avoué de personne, ou il est arrivé sans être attendu. — Prov. et fig. QUAND LA POIRE EST MURE, IL FAUT QU'ELLE TOMBE, quand les affaires sont venues à un certain point, il faut nécessairement qu'elle éclatent. — CE MOT, CE PROPOS N'EST PAS TOMBÉ A TERRE, on l'a remarqué; on l'a relevé. — Fig. LAISSER TOMBER SES PAROLES, parler nonchalamment. — TOMBER SUR QUELQU'UN, se jeter, se précipiter, foudre sur lui, le charger, l'attaquer vigoureusement : *il tomba sur lui avec fureur et le frappa.* — Fauconn. L'OISEAU A TOMBÉ SUR LA PERDRIX, il a fondu tout d'un

° coup sur elle. — Fig. et fam. TOMBER SUR LES BRAS DE QUELQU'UN, se trouver inopinément à sa charge. — TOMBER SOUS LA MAIN DE QUELQU'UN, se trouver sous sa dépendance, ou à portée de sa colère, de son ressentiment : *s'il tombe jamais sous ma main, il se repentira de m'avoir offensé.* — TOMBER SOUS LA MAIN, se dit quelquefois des choses qui se trouvent fortuitement, sans qu'on les cherche : *si, en arrangeant votre bibliothèque, ce volume vous tombe sous la main, je vous prie de le mettre à part.* — Fig. FAIRE TOMBER LES ARMES DES MAINS, déchirer quelqu'un, l'apaiser : *les soumissions de ses ennemis lui firent tomber les armes des mains.* On dit de même, FAIRE TOMBER LA PLUME DES MAINS, décourager quelqu'un, le dégoûter d'écrire, faire qu'il s'interrompe tandis qu'il écrit : *cet ouvrage est si beau, qu'il a fait tomber la plume des mains à ceux qui voulaient traiter le même sujet.* — S'applique, par ext., à différentes maladies ou affections maladives dont on est saisi, surpris : *tomber en défaillance.* — TOMBER MALADE, devenir malade. TOMBER D'ÉPILEPSIE, DU HAUT MAL, avoir le mal caduc. TOMBER DE FAIBLESSE, TOMBER D'INANITION, être dans une extrême faiblesse, être près de se trouver mal, faute de nourriture. TOMBER DE SOMMEIL, avoir un besoin extrême de dormir. — Fig. TOMBER DANS LA PAUVRETÉ, DANS LA MISÈRE, DANS LE MALHEUR, devenir pauvre, malheureux. TOMBER DANS LE MÉPRIS, devenir un objet de mépris. — TOMBER EN DISGRACE, TOMBER DANS LA DISGRACE, n'être plus dans les bonnes grâces de quelqu'un, n'avoir plus de part à sa bienveillance à sa faveur. FAIRE TOMBER QUELQU'UN EN CONFUSION, lui faire éprouver, lui causer une grande confusion. — TOMBER EN DÉSUÉTUDE, cesser d'être en usage. CELA EST TOMBÉ DANS L'OUBLI, on ne s'en souvient plus. — Dégénérer, descendre, se laisser aller à quelque chose de blâmable : *cela tombe dans le burlesque.* — Déchoir de réputation, de crédit, perdre de sa vogue : *ce livre a eu d'abord quelque succès, mais il est tombé.* — Succomber, périr, s'anéantir : *Ilion tomba sous les efforts des Grecs.* — Cesser, discontinuer : *le vent tombé.* — LE JOUR TOMBE, la nuit approche. — Ne pas réussir : *cette pièce est tombée à la première représentation.* — CETTE PIÈCE DE THÉÂTRE EST ABSOLUMENT TOMBÉE, on ne la joue plus, on n'en fait plus aucun cas. CES ÉTUDES SONT TOMBÉES, on les néglige beaucoup aujourd'hui. — Se dit aussi, fig., en parlant de toute position fâcheuse ou périlleuse dans laquelle on se trouve jeté, engagé fortuitement ou malgré soi : *tomber entre les mains de ses ennemis.* — Echoir : *cette terre est tombée en partage au cadet.* — Sert aussi, dans quelques phrases, à marquer jonction, coïncidence, rapport, tant au sens physique qu'au sens moral. Ainsi on dit : CE CHEMIN TOMBE DANS TEL AUTRE, CETTE RIVIÈRE TOMBE DANS TELLE AUTRE, ce chemin aboutit à tel autre, cette rivière se décharge dans telle autre. — CETTE FÊTE TOMBE AU JEUDI, elle arrive, on la tombe un jeudi. — FAIRE TOMBER LES PAGES LES UNES SUR LES AUTRES EN IMPRIMANT, faire que les pages imprimées sur l'un des côtés d'une feuille, répondent exactement à celles qui sont imprimées sur l'autre côté, etc. — Etre pendant : *ses cheveux lui tombent sur les épaules.* — ‿ Tomber v. a. Réduire, soumettre, renverser : *tomber son adversaire.*

ᵗ TOMBEREAU s. m. Sorte de charrette entourée d'ais, servant à porter de la boue, du sable, des pierres, etc. : *les tombereaux des boueurs de Paris.* — Tout ce qui est contenu dans un tombereau : *un tombereau de gravois.*

TOMBEUR s. m. Lutteur, athlète qui tombe ses adversaires.

TOMBIGBEE, Tombigby ou **TOMBECKBEE** [tomb-bigg-bi], rivière, d'environ 750 kil. de long. Elle naît au N.-E. de l'état du Mississipi,

et a une direction générale au S. jusqu'à ce qu'elle s'unisse à l'Alabama, à environ 75 kil. du Mobile, pour former le cours d'eau qui porte ce dernier nom. Elle est navigable jusqu'à Columbus, à 530 kil. de l'embouchure du Mobile.

TOMBISEUR s. m. Premier des oiseaux qui attaque le héron dans son vol.

ᵗ TOMBOLA s. f. (ital. *tombola*, culbute). Sorte de loterie dans laquelle on distribue en lots un certain nombre d'objets d'agrément ou de valeur.

TOMBOUCTOU, ville de l'Afrique centrale, à 14 kil. du Niger, par 17° 40′ lat. N. environ et 6° long. O. ; 13,000 hab. Elle a près de 5 kil. de tour ; ses maisons sont en général d'argile et de pierre. Le port est à Kabara, sur le Niger. Tombouctou est la station centrale de l'Afrique septentrionale pour les caravanes. La poudre d'or est le grand article de son commerce. La population est mélangée, et dominée par les Foulahs. Le premier Européen qui visita Tombouctou fut le Français Caillé. (Voy. ce mot.)

ᵗ TOME s. m. (lat. *tomus*). Volume qui fait partie d'un ouvrage imprimé ou manuscrit : *tome in-folio, in-quarto.* — Volume : *il a fait imprimer tous ses ouvrages en un tome.* — Fig. et fam. FAIRE LE SECOND TOME DE QUELQU'UN, lui ressembler en quelque chose.

ᵗ TOMENTEUX, EUSE adj. Bot. Qui est couvert de poils courts et serrés de manière à offrir l'apparence du drap ou du velours : *feuilles tomenteuses.*

TOMMASEO (Nicolo), écrivain italien, né en Dalmatie vers 1803, mort en 1874. Après avoir vécu à Florence, il dut se réfugier en France, en 1833, et en 1838 il vint se fixer à Venise. Il fut arrêté avec Manin en janv. 1848 ; mais ils furent délivrés en mars, et il devint en août ministre de l'instruction et des cultes dans le gouvernement révolutionnaire. Après la chute de Venise en août 1849, il vécut à Corfou et à Turin, et il revint à Florence en 1865. Ses œuvres comprennent : *Canti populari* (1843, 2 vol.), *Studii critici* (1843, 2 vol.) et *Poesie* (1872).

TOMOMYS s. m. [-miss] (gr. *tomos*, coupant ; *mus*, rat). Genre de rongeurs, voisin du géomys et dont l'espèce principale (*tomomys bulbivorus*), appelée vulgairement rat à poche,

Tomomys bulbivorus. 1, bouche vue de face, dents et mâchoire ; — 2, patte de derrière ; — 3, patte de devant ; — 4, 5, ongles de la patte de devant et de la patte de derrière.

habite l'Amérique du Nord. Le tomomys se rend très désagréable par sa propension à détruire les récoltes des fermiers et des horticulteurs.

TOM-POUCE s. m. [tomm-]. Personne de petite taille, par allusion au fameux général Tom Pouce. (Voy. NAIN.)

TOMSK. I, gouvernement de la Sibérie occidentale, sur les frontières de la Chine ;

852,172 kil. carr. ; 838,756 hab. On tire beaucoup d'or, d'argent, de cuivre, de plomb et de fer des régions montagneuses de l'Altaï. Le bétail est la principale richesse du pays. — II, nom de la capitale de cette province, sur le Tom, à 1,000 kil. E.-S.-E. de Tobolsk ; 25,605 hab. Commerce de céréales, de cuir et de fourrures. Après Irkoutsk, c'est la ville la plus prospère de la Sibérie.

ᵗ TON (lat. *tuus*) adj. possessif masculin qui répond au pronom personnel TU, TOI, TE : *ton Dieu, ton roi, ton ami.* Se joint aussi, par euphonie, avec les substantifs et les adjectifs féminins qui commencent par une voyelle ou par une H sans aspiration : *ton épée, ton âme.* — Il fait au fém. TA : *ta femme ; ta mère.* — Il fait TES au pluriel du masculin et du féminin : *tes parents, tes affaires.*

ᵗ TON s. m. (lat. *tonus*). Certain degré d'élévation ou d'abaissement de la voix ou de quelque autre son : *ton de voix.*

> Avocat
> De votre *ton* vous-même adoucissez l'éclat.
>   J. RACINE. *Les Plaideurs.*

— Manière de parler, non seulement par rapport au son de la voix, mais relativement à la nature des discours : *parler d'un ton de maître, d'un ton ferme.*

> Du ton dont tu le dis, en effet, je le crois.
>   COLLIN D'HARLEVILLE. *L'Inconstant,* acte Iᵉʳ, sc. x.

— Fig. et fam. PARLER A QUELQU'UN DU BON TON, D'UN BON TON, lui parler d'une manière propre à le persuader, à lui imposer. — LE PRENDRE SUR UN TON, SUR UN CERTAIN TON, prendre de certaines manières, avoir une certaine conduite, un certain procédé, un certain langage : *si vous le prenez avec moi sur un ton de fierté, vous ne réussirez pas.* — Fig. et fam. FAIRE BAISSER LE TON A QUELQU'UN, l'obliger à rabattre des airs de supériorité qu'il se donne, à parler d'un ton moins impérieux ou moins emporté. — Fig. et fam. CHANGER DE TON, changer de conduite, de manières, de langage : *il traitait tout le monde avec hauteur, mais on lui a bien fait changer de ton.* — Fig. et fam. PRENDRE UN TON, prendre des airs, affecter une sorte de supériorité : *vous prenez avec moi un ton qui ne vous convient point.* — LE BON TON, le caractère propre au langage et aux manières du monde poli, élégant : *le bon ton s'acquiert par la fréquentation des personnes bien élevées.* — Signifie aussi, en parlant des ouvrages d'esprit, le caractère, le genre de style : *le ton de cet ouvrage est soutenu.* — Mus. Intervalle entre deux notes consécutives de la gamme, excepté l'intervalle du *mi* au *fa*, et celui du *si* à l'*ut*. — DEMI-TON, ou SEMI-TON, moitié d'un ton, ou à peu près : *il faut chanter cet air d'un demi-ton plus haut.* — Gamme que l'on adopte pour un air, pour un morceau de musique, et qui prend son nom de la note où elle commence : *ton d'ut, de ré, de mi,* etc., ou la note principale, appelée TONIQUE, est l'*ut*, le *ré,* etc. : *il y a un dièse dans le ton de sol, deux dans le ton de ré, trois dans le ton de la,* etc. — TON MAJEUR, celui dans lequel la tierce est composée de deux tons. TON MINEUR, celui dans lequel la tierce se compose d'un ton et d'un demi-ton. — Se dit, dans un sens anal., en parlant de la musique d'église : *les huit tons de l'église.* — DONNER LE TON, marquer en chantant, ou en touchant un instrument, le ton sur lequel un morceau doit être chanté ou joué. — Fig. DONNER LE TON, exercer sur les autres une influence qui les oblige, qui les porte à faire les mêmes choses que soi, et de la même manière : *c'est lui qui donne le ton aux jeunes gens sur la manière de s'habiller.* — Prov. et fig. C'EST LE TON QUI FAIT LA MUSIQUE, c'est le ton, c'est la manière dont on dit les choses qui dénote l'intention de celui qui les dit. — Degré d'élé-

vation du son des instruments : *ces instruments sont sur le ton de l'Opéra, au ton de la chapelle.* — Fig. SA MAISON EST MONTÉE SUR CE TON-LA, telle est la manière dont on y vit, dont les dépenses y sont réglées, etc. — Fig. SE METTRE AU TON DE QUELQU'UN, se conformer à lui pour les idées, le langage, les goûts : *je n'ai jamais pu me mettre à son ton.* — Peint. Se dit des teintes, suivant leur différente nature et leur différent degré de force ou d'éclat : *tons obscurs; tons clairs.* — Méd. Etat de tension, d'élasticité ou de fermeté naturel aux différents organes du corps : *les cordiaux donnent du ton à l'estomac.*

TONAL, ALE adj. Qui a rapport à la tonalité.

TONALEMENT adv. Mus. Conformément au ton.

* **TONALITÉ** s. f. Mus. Propriété caractéristique d'un ton, qualité d'un morceau écrit dans un ton bien déterminé : *la note sensible et l'accord parfait déterminent la tonalité.*

* **TONARION** s. m. Antiq. Flûte avec laquelle on donnait le ton aux orateurs.

* **TONDAISON** s. f. Voy. TONTE.

* **TONDEUR, EUSE** s. Celui, celle qui tond: *prendre des tondeurs à la journée pour tondre des troupeaux.* — Tondeuse s. f. Machine qui sert à tondre les étoffes de laine, les animaux, etc.

* **TONDRE** v. a. (lat. *tondere*). *Je tonds, tu tonds, il tond; nous tondons,* etc. *Je tondais. J'ai tondu. Je tondis. Je tondrai. Tonds, tondez,* etc. Couper la laine ou le poil aux bêtes : *tondre les brebis, les troupeaux.* — Fig. et fam., TONDRE LA BREBIS DE TROP PRÈS, mettre des impôts trop lourds sur le peuple. — SE LAISSER TONDRE LA LAINE SUR LE DOS, supporter patiemment des injustices, des vexations, des exactions., — TONDRE LES DRAPS, LES FEUTRES, etc., en couper les poils de manière à les rendre plus unis et plus ras. — TONDRE UNE PALISSADE, la rendre unie en coupant les feuilles et les branches qui débordent : *vous ferez épaissir cette palissade en la tondant.* — Se dit quelquefois fam., en parlant des personnes, et signifie, couper les cheveux de près avec des ciseaux : *il est nouvellement tondu.* — TONDRE UN HOMME, le faire moine. (Vieux.) — Prov. et fig. IL TONDRAIT SUR UN ŒUF, se dit d'un avare qui veut épargner sur les plus petites choses.

* **TONDU, UE** part. passé de TONDRE. — Prov. et fig., IL N'Y AVAIT QUE TROIS TONDUS ET UN PELÉ, se dit en parlant d'une réunion peu nombreuse, où il n'y avait que des gens de peu de considération. Dans cette phrase, TONDU est employé substantivement. Prov. et fig. A BREBIS TONDUE DIEU MESURE LE VENT, Dieu ne nous envoie pas plus d'afflictions que nous n'en pouvons supporter.

TONE (Théobald-Wolfe), révolutionnaire irlandais, né en 1763, mort le 19 nov. 1798. Inscrit au barreau de Londres en 1789, il chercha à établir une union entre les catholiques et les dissidents irlandais contre le gouvernement, et en 1791, il fut un des fondateurs du premier club des Irlandais unis (*United Irishmen*), à Belfast. En 1792, il devint secrétaire et agent du comité catholique. En 1795, il alla aux Etats-Unis, et en France en 1796 pour se concilier l'appui du Directoire. Il reçut une commission de *chef de brigade* en juillet, et il accompagna la flotte à destination de la baie de Bantry, flotte qui fut dispersée par les tempêtes. En 1797, Tone fut attaché à l'armée de Moreau, et en 1798 il accompagna une petite escadre dirigée sur l'Irlande et qui fut battue par une escadre anglaise. Tone fut pris et condamné à être pendu; mais il se tua dans sa prison. Son fils, William-Theolbald-Wolfe Tone, a publié son autobiographie et ses écrits politiques (Washington, 1826). Ce fils fut officier dans

l'armée française, et, après la chute de Napoléon, dans celle des Etats-Unis. Il est l'auteur de *l'Etat civil et politique de l'Italie sous la domination des Goths* (1843) et de *l'Ecole de la cavalerie* (1833)

TONGA ou **Iles des Amis**, archipel de la Polynésie, dans l'océan Pacifique du S., entre 18° et 23° lat. S, et entre 176° et 177° long. O. Ce groupe, découvert en 1643, par le navigateur hollandais Tasman, fut visité par Cook, qui, se trompant sur le caractère de ses habitants, le nomma archipel des Amis. Il se compose de 32 grandes îles et 150 petites, dont 30 sont inhabitées; 2,500 kil. carr., de 25,000 à 50,000 hab. Les îles, presque entièrement de formation corailleuse, sont entourées de dangereux récifs; quelques-unes sont d'origine volcanique, et l'on trouve un volcan en activité à Toufoua. On les divise en îles Tonga au S., îles Hapai au centre et îles Vavao au N. Le climat est sain, mais très humide; les tremblements de terre et les ouragans sont fréquents. La flore ressemble à celle des îles Fidji. L'île principale est Tongatabou, ou île Sacrée, longue de 30 kil. et large de 20 kil. Le meilleur port, Port-Refuge dans l'île Vavao, est très fréquenté par les baleiniers anglais et américains. C'est dans le port du Béa, sur l'île Tongatabou, que le capitaine anglais Croker fut battu par les indigènes en 1840. Les insulaires forment un heureux contraste avec ceux des îles Fidji; presque tous sont chrétiens et obéissent à un roi indigène protestant, appelé George.

TONGOUSE, Voy. TOUNGOUZE.

TONGRES anc. *Aduatuca;* flam. *Tongeren;* all. *Tondern,* ville du Limbourg (Belgique), à 18 kil. N.-O. de Liège, sur le Geer; 8,000 hab. Blanchisseries. Tongres fut pillé par Attila en 450, détruit par les Normands en 881, et par Charles le Téméraire en 1460; pris en 1672 par les Français, démantelé en 1673, saccagé par les mêmes en 1677. Eglise Notre-Dame, curieux monument du style ogival primitif. Aux environs, *fontaine de Pline,* ainsi nommée à cause de la description qu'en donne cet écrivain.

TONICITÉ s. f. Etat de ce qui est tonique.

TONIFIANT, ANTE adj. Qui tonifie.

TONIFIER v. a. Méd. Donner du ton.

* **TONIQUE** adj. Méd. Se dit du mouvement de contraction insensible des fibres du corps vivant, qui leur donne successivement différents degrés de tension.—Se dit également des remèdes qui augmentent graduellement l'activité de nos organes, de nos tissus. — Se dit de la note principale ou fondamentale d'un ton, d'un mode : *ut est la note tonique dans le ton d'ut.* — s. f. Mus. Note tonique. *La tonique et la dominante.* — s. m. Méd. On donne le nom de toniques aux ferrugineux, aux analeptiques et en général aux substances qui augmentent la force des organes, comme les amers. Le quinquina, le houblon, la gentiane, la petite centaurée, le colombo, sont des toniques.

* **TONKA** s. m. Bot. Nom spécifique du coumarouna odorant (*coumarouna odorata* ou *dipteryx odorata*), grand arbre de la famille des légumineuses, qui croît dans la Guyane, où il atteint une hauteur de 20 m. Ses fruits, nommés *fèves de tonka,* sont employés en parfumerie, à cause de leur odeur qui rappelle celle du foin fraîchement coupé. On les met dans les tabatières pour communiquer leur parfum au tabac à priser.

TONKIN, Tonquin ou **TONG-KING**, ancienne province du royaume d'Annam, cédée à la France par le traité de Hué (25 août 1883), sur la côte orientale de la péninsule indochinoise, bornée par la Chine au N., par les pays indépendants des Laos à l'O., l'Annam au S., et le golfe du Tonkin; grand bras de

la mer de Chine, à l'E.; entre 20° et 23° lat. N. et entre 102° et 106° long. E.; d'une longueur d'environ 400 kil. de l'E. à l'O.; d'une largeur d'environ 350 kil. ; 465,200 kil. carr.; 15 millions d'hab. — Cap. Hanoï, grande ville, peuplée d'environ 75,000 hab., et formée de 108 villages et 7 cantons; c'était jadis la capitale de tout le royaume d'Annam, sous la dynastie de Lé, qui occupa le trône à partir de 1428. — Villes princ. : *Haïphong,* de création toute récente, contenant de 8,000 à 40,000 hab. Cette ville date du traité de commerce signé entre la France et l'Annam en 1875; de misérable bourgade noyée dans la vase, elle devint, en peu de temps, le grand port et l'entrepôt du Tonkin; on y a fait de grands travaux de terrassement pour la rendre habitable. *Sontay,* un peu au N.-O. de Hanoï, près du Song-Koï, ancien quartier général des Pavillons-Noirs, protégé par une forteresse, à 2 kil. du fleuve, souvent menacé par nos troupes, attaqué le 14 déc. 1883 par une armée de 8,000 hommes sous les ordres de l'amiral Courbet, et finalement pris le 17, après une résistance énergique de quatre jours. *Buc-Ninh,* à 35 kil. O.-N.-O. de Hanoï, sur la route de Hanoï à Lang-Son, au milieu d'un pays couvert de rizières, pris par les Français le 12 mars 1884. *Lang-Son,* à 140 kil. N.-E. de Hanoï, près de la frontière de Chine. *Nam-Dinh,* cap. de la prov. du même nom, dans le Tonkin méridional. *Hong-Hoa,* à 25 kil. N.-N.-O. de Sontay. — Au N., le territoire est montagneux; mais à l'E. et au bord de la mer, il est presque partout uni ou faiblement ondulé. — Le fleuve *Rouge* ou *Song-Koï* (voy. SONG-KOÏ), cours d'eau le plus considérable du Tonkin, prend sa source dans le Yunnan (Chine), entre sur le territoire tonkinois à Laokay. Il reçoit deux grands affluents : à droite, la rivière *Noire* ou *Song-da-Giang,* qui le rejoint à Hong-Hoa; à gauche, la rivière *Claire* ou Lo-Giang, qui afflue à Sontay. Un peu au-dessous de cette dernière ville, à 25 kil. de Hanoï, il détache, sur sa rive droite, un premier embranchement appelé le *Day* ; au S. de Hong-Yen, il se subdivise en six branches. Toutes les embouchures sont obstruées par des bancs et couplées par des barres qui en rendent l'accès difficile; jusqu'ici, celle du Day a été seule pratiquée. — La richesse minérale du Tonkin est très considérable; on y trouve l'or dans le lit de plusieurs cours d'eau; l'argent et le cuivre y sont également abondants. Des mines de fer, de charbon, d'étain et de sel gemme ne sont pas moins précieuses, et l'on y rencontre l'ambre, l'antimoine, le kaolin, le marbre, etc. — Le principal produit agricole du pays est le riz, base de la nourriture des indigènes; mais le Tonkin exporte aussi des fruits et des épices. Toutes les vallées du fleuve Rouge et de ses affluents, et principalement les territoires du vaste triangle ou delta, formé par les divers bras du fleuve, sont livrés à la culture le mieux comprise; aucune parcelle de terrain n'est restée inutilisée; partout le sol est creusé de rizières, protégé par des digues, sillonné de levées qui portent les chemins d'un village à l'autre. Le maïs vient fort bien dans les terrains privés d'eau et l'on cultive l'igname, la patate et la pomme de terre, ainsi qu'une quantité de légumes très différents de ceux d'Europe. Les fruits sont nombreux et variés : bananes, oranges, limons, mangues, goyaves, ananas, grenades, mangoustans, anones, etc. Le bambou pousse partout, et l'on y rencontre le cocotier, le mûrier blanc, l'arbre à thé, le tabac, le bétel, le coton, le ricin, le muguet, le rosier. Les hauteurs, partout boisées, recèlent des essences encore peu connues, parmi lesquelles on distingue le teck et le bois d'aigle. — Le tigre se tapit dans les jungles, l'éléphant sauvage, le buffle, le rhinocéros, le sanglier et une infinie variété de singes sont autant

d'ennemis pour l'homme. Dans les montagnes de l'ouest vit un ours de petite taille, la gazelle, le renard et d'autres bêtes sauvages. Comme animaux domestiques, le Tonkin nourrit une race de petits chevaux, l'éléphant domestiqué, le bœuf, le cochon, la poule, l'oie, le canard, l'abeille, etc. Le poisson abonde dans les cours d'eau et dans la mer aux eaux tièdes; on pêche principalement la sardine et la morue. Les chéloniens sont représentés par d'énormes tortues, les unes terrestres, les autres fluviatiles ou maritimes. L'ornithologie locale comprend le moineau, la caille, la bécassine, de nombreuses variétés de tourterelles au brillant plumage, des colibris, l'aigle, un gros vautour, l'épervier susceptible d'éducation pour la pêche, la salangane au nid réputé délicieux, etc. — Les indigènes ou Tonkinois, de même origine que les Annamites, sont généralement de taille moyenne, basanés, avec le visage plat et ovale, le nez et les lèvres assez bien proportionnés, les cheveux noirs, longs, épais, ordinairement négligés, sauf chez les bonzes qui se rasent la tête; les dents noires comme l'ébène, à cause de l'habitude où ils sont de mâcher du bétel. Ils vont à demi nus la moitié de l'année. Les riches portent, au lieu de chemise de coton, une soutanelle de soie qui leur pend jusqu'aux genoux, et par-dessus, une longue robe légère. — Dans les villes, presque tout le commerce extérieur appartient à des immigrants chinois. La religion dominante est le bouddhisme; beaucoup de Chinois sont confucianistes; les paysans rendent un culte aux génies tutélaires et énèrent les ancêtres. Le fond de la nourriture des indigènes se compose de riz, auquel ils ajoutent un peu de viande de porc, du poisson et des lég mes, le tout arrosé d'une sorte de saumure infecte, et accompagné de vin de riz. Ils habitent de simples hangars en bois, couverts de feuilles de palmiers; mais les palais et les pagodes sont de solides constructions en briques. L'industrie tonkinoise, peu développée, consiste à construire des navires; à fabriquer du papier, une encre défectueuse, etc. Le mobilier des habitants est des moins compliqués : une natte étendue sur le plancher de terre battue; quelquefois un escabeau ou un banc couvert d'une natte ; une table ronde verni, en forme de tambour, si basse que pour y manger, il faut s'asseoir à terre en croisant les jambes. Tous les mets servis sur la table sont coupés par petits morceaux; les convives les prennent, et les portent à leur bouche au moyen de deux petites baguettes d'ivoire ou de bois poli, ce qui les dispense de se laver les mains avant ou après le repas; on ignore absolument l'usage des nappes et des serviettes. — Quant au commerce, ruiné par la guerre et par le nombre toujours croissant des pirates, il n'attend qu'un peu plus de sécurité pour se développer. Le Tonkin exporte ses produits bruts et importe des objets manufacturés, principalement des cotonnades légères aux couleurs vives et variées. En 1880, le total des exportations dans les deux ports de Hanoï et Haïphong était de 9 millions de fr.; celui des importations de 8 millions de fr.; mais il est à remarquer que sur 247 navires entrés à Haïphong, il y avait 85 navires anglais, 58 chinois, 50 américains, 27 allemands, 15 hollandais et 12 français seulement. — Hist. Le Tonkin, jadis *Giao-chu*, fut conquis et civilisé par les Chinois plusieurs siècles avant la naissance de J.-C. Annamites et Chinois se le disputèrent longtemps; il devint libre en 968, obéit successivement à quatre dynasties, retomba sous le joug chinois de 1414 à 1428, fut ensuite gouverné par la dynastie indigène des *Lé*, jusqu'en 1788, et fut réuni à l'empire d'Annam en 1802, mais sa soumission à ce pays n'a jamais été complète; il se souleva plusieurs fois. Vers 1865, il fut

envahi par une armée de révoltés chinois, chassés de leur pays, à la suite de la défaite des Taï-Ping. Cette armée, forte de 4,000 hommes, arriva jusque sur la rive gauche du fleuve Rouge, en face de Hanoï. 40,000 Chinois, accourus au secours de l'empereur d'Annam, vassal du Céleste-Empire, repoussèrent ces révoltés jusque dans les montagnes de l'O., mais ils ne purent les exterminer. Les insurgés se divisèrent en deux bandes : l'une, connue sous le nom de *Pavillons-Jaunes*, resta dans les montagnes et s'y dispersa peu à peu; l'autre, celle des *Pavillons-Noirs*, redescendit dans la plaine, se reforma en recrutant de nouveaux pillards et finit par se rendre maîtresse d'une grande partie du cours du fleuve Rouge. — Depuis la conquête de la basse Cochinchine, le gouvernement français caressait le projet de profiter de l'état déplorable où se trouvait le Tonkin, pour l'ajouter à ses colonies. Le capitaine Doudart de la Grée, chargé d'une mission, partit de Saïgon, le 5 juin 1866, remonta le Mé-Kong, explora le pays des Laos et entra dans le Yunnan. En 1873, un négociant français, nommé Dupuis, après avoir exploré presque tout le cours du fleuve Rouge, proposa au contre-amiral Dupré, gouverneur de Cochinchine, de rétablir l'ancienne dynastie des Lé, et de placer le Tonkin sous notre protectorat, sans qu'il en coûtât à la France ni un centime, ni un homme. Mais, en même temps, il vendait aux insurgés des armes à tir rapide qui devaient plus tard servir contre nous. D'un autre côté, il se livrait à la contrebande du sel, si bien que le gouvernement annamite pria le gouverneur de la Cochinchine de rappeler à l'ordre son trop entreprenant compatriote. Le contre-amiral, embarrassé, craignant d'être désavoué par le ministère français et s'engageait dans une expédition armée, envoya sur les lieux le lieutenant Garnier, pour faire une enquête sur la conduite de Dupuis et sur les plaintes du gouvernement annamite. Garnier avait *carte blanche*. Arrivé le 5 nov. 1873 devant Hanoï, avec une canonnière, des jonques, et un petit corps de débarquement, il parlementa pendant quelques jours, prit fait et cause pour Dupuis, et, le 20 nov., il attaqua, à brûle-pourpoint et sans déclaration de guerre, la citadelle de Hanoï, vaste carré bastionné, construit, vers la fin du XVIIIᵉ siècle, par des officiers français au service de l'empereur Gia-Long. A la tête d'environ 200 hommes, il bouscula plus de 6,000 soldats retranchés dans cette forteresse, dont il s'empara presque sans combat. Après cet acte d'audace, il prit ses mesures pour une restauration de la dynastie de Lé, restauration vivement désirée par les évêques catholiques, qui conservent, paraît-il, dans leurs couvents deux ou trois représentants plus ou moins authentiques de cette famille impériale. Pour mettre son projet à exécution, il lança des expéditions à droite et à gauche, soumit plusieurs villes du Delta, et s'aliéna beaucoup d'esprits, en livrant le peuple à la vengeance des partisans de Lé. D'ailleurs, il parut donner à son administration un caractère plus religieux encore que politique, et les habitants, exaspérés, appelèrent à leur secours les Pavillons-Noirs. Ceux-ci, heureux d'intervenir dans le Delta, quittèrent Sontay, leur quartier général, et marchèrent résolument sur Hanoï, qu'ils attaquèrent inopinément le dimanche 21 décembre, pendant que Garnier, après avoir conduit la garnison à la messe, était en pourparlers avec les ambassadeurs annamites. C'est en repoussant cette attaque inattendue que le jeune lieutenant fut tué par des Pavillons-Noirs cachés derrière une digue. Son cadavre décapité fut retrouvé et renfré à Saïgon (15 mars 1874), qui reconnut implicitement, mais non formellement, notre protectorat sur le Tonkin ; nous dûmes évacuer

Hanoï; il fallut faire partir Dupuis et désavouer la conduite de Garnier. L'Annam reçut, comme une sorte de compensation, 5 navires de guerre à vapeur, tout neufs, 100 pièces d'artillerie, approvisionnées de 200 coups par pièce, plus 1,000 fusils à tabatière, et 500,000 cartouches. Le départ des Français eut pour conséquence une réaction anticatholique qui coûta la vie à 20,000 personnes. Depuis, ruiné par ces événements, ne cessa de faire entendre des récriminations, auxquelles le gouvernement resta sourd. Le traité de 1874 ouvrait au commerce étranger plusieurs ports du Delta; mais ce furent surtout les Anglais et les Allemands qui profitèrent de cette liberté commerciale. Le roi d'Annam, Tu-Duc, manifesta plusieurs fois son mauvais vouloir à nos officiers, et, vers la fin de 1878, il demanda au gouvernement chinois des secours contre une bande de rebelles qui s'était emparée de Lang-Son. Des troupes chinoises franchirent donc la frontière du Tonkin, prirent Lang-Son et occupèrent une partie du pays placé sous notre protectorat nominal. L'inexécution du traité de 1874 irrita le gouvernement français, et en juillet 1881, la Chambre vota un crédit de 2,400,000 fr. pour rétablir l'ordre au Tonkin. On organisa à Saïgon une nouvelle expédition un peu dans le genre de celle de Garnier, et l'on en confia la direction au commandant Rivière, qui quitta Saïgon le 26 mars 1882, arriva à Haïphong le 1ᵉʳ avril, y embarqua ses soldats sur des navires marchands affrétés d'avance, et débarqua le 3 avril à Hanoï, où il cantonna ses troupes sur la concession française. Comme Garnier, il parlementa pendant quelques jours, puis s'empara tout à coup de la citadelle, qu'il démantela (25 avril), attendit un renfort de 800 hommes et. l'ayant reçu, prit l'offensive contre les Pavillons-Noirs, et les Chinois alliés ensemble. Le 27 mars 1883, il s'empara de Nam-Dinh, y laissa une garnison et rentra à Hanoï, que les ennemis avaient attaqué pendant son absence. Serré de près, il voulut dégager les abords de la place et fit une sortie malheureuse, le 19 mai. L'ennemi, embusqué dans les villages situés sur la route de Sontay, opposa une résistance inaccoutumée. Après une heure de lutte, nous fûmes obligés de nous replier. Pendant le désordre de la retraite, Rivière voulut sauver une pièce d'artillerie privée de ses servants, et il fut tué, ainsi que plusieurs officiers. Cette fois, le gouvernement français, trop engagé, ne put désavouer son représentant et la guerre du Tonkin commença. Des mesures énergiques furent prises, des renforts furent envoyés, l'on plaça à la tête de l'administration un commissaire civil, M. Harmand; on nomma le général Bouët, commandant supérieur des troupes de terre et de mer, avec l'amiral Courbet comme chef de la division navale des côtes du Tonkin (31 mai). Arrivé au Tonkin, le 7 juin, le général Bouët fit garder par des détachements les missions et les missionnaires, dégagea plusieurs villages, remporta divers succès sur les Pavillons-Noirs, organisa une troupe indigène, sous le nom de Pavillons-Jaunes, pendant que l'amiral Courbet débarquait dans la baie de Tourane, repoussait les troupes annamites à Thuan-an et menaçait Hué (21 août). Aussitôt fin non (Hiep-Hoa, successeur de Tu-Duc, s'empressa de traiter avec M. Harmand (25 août 1883) et de reconnaître le protectorat de la France, non seulement sur le Tonkin, mais aussi sur l'Annam. Le 25 octobre, l'amiral Courbet fut nommé commandant en chef des troupes de terre et de mer, en remplacement du général Bouët, qui n'avait pu s'entendre avec M. Harmand. Le premier acte de l'amiral fut de se débarrasser du commissaire civil, qui dut déposer ses pouvoirs. Le corps expéditionnaire comprenait alors 10,000 hommes, sans compter 3,000 auxiliaires tonkinois. L'amiral résolut

de frapper un grand coup. Soutay, quartier général des Pavillons-Noirs, devint son objectif. A la tête de 7 canonnières, d'environ 8,000 hommes et de toute une légion de coolies pour les transports, il partit de Hanoï le 10 déc., accompagné d'un grand nombre de chaloupes à vapeur et de jonques. Le 14 déc., à 8 heures du matin, il attaqua la position ennemie, enleva, pendant une lutte très vive de trois jours, des barricades et les forts de Phu-Xa et prit, le 17, la citadelle, sans avoir fait un seul prisonnier pendant cette boucherie de quatre jours. Ce brillant succès engagea le gouvernement français à tenter une campagne définitive. Dès le mois de novembre, de nouveaux renforts furent envoyés au Tonkin; la Chambre vota, à une forte majorité, de nouveaux crédits, portés à 17 millions. Mais les troupes de terre devant se joindre à celles de la marine, le ministre de la guerre y mit pour condition que les opérations seraient dirigées par un général de division, et le vainqueur de Sontay dut abandonner le commandement en chef au général Millot (12 février 1884). Son successeur se prépara de suite à marcher sur Bac-Ninh, place défendue par l'armée chinoise qui y avait construit plus de 20 forts détachés. Les forces françaises mises en mouvement pour cette opération se composaient de 11,000 soldats et de 6,000 coolies ; le général les divisa en 2 brigades : l'une, confiée à Négrier, devait opérer de façon à couper la ligne de retraite de l'ennemi ; la seconde, commandée par Brière de Lisle, devait marcher sur Bac-Ninh par les digues. Ce fut la brigade Négrier qui arriva la première dans la ville, après une série de combats. Bac-Ninh tomba en notre pouvoir le 12 mars; on y prit plus de 100 canons et un grand nombre de drapeaux chinois, aujourd'hui suspendus à la voûte des Invalides. Quelques jours plus tard, l'armée marcha contre Hong-Hoa, que les Pavillons-Noirs incendièrent et où nous entrâmes sans tirer un coup de fusil (15 avril). Tuyen-Quan n'opposa pas plus de résistance (1er juin). Mais le gouvernement chinois, intervenant, essaya d'arrêter, par voie diplomatique, la marche de nos troupes. Déjà, par une note du 15 nov. 1883, adressée aux puissances européennes, il déclara vouloir maintenir ses droits de souveraineté sur le Tonkin ; déjà, le 8 mai 1884, le marquis de Tseng, ambassadeur de Chine à Paris, avait présenté au président de la République ses lettres de rappel. Le cabinet français, attaqué par ses adversaires de la Chambre, qui l'accusaient de lancer le pays dans une aventure, entama des négociations avec le vice-roi du Tchéli et obtint, par l'intermédiaire de M. Fournier, commandant du Volta, la signature d'un traité de paix, conclu à Tien-Tsin, le 11 mai 1884. Par ce traité, le Tonkin était reconnu possession française et les troupes chinoises devaient l'évacuer. Aussitôt le général Millot prit ses mesures pour l'occupation de Lang-Son, sur la frontière chinoise. Une petite colonne, sous les ordres du lieutenant-colonel Degenne, s'avança vers cette ville, par détachements séparés, éclairée par un peloton de chasseurs d'Afrique. Le 23 juin, cette troupe tomba, au delà de Bac-Lé, sur une armée chinoise très supérieure en nombre et parfaitement organisée. Les ennemis barraient la route et tenaient des gorges, dans lesquelles on s'engagea résolument sous un feu violent. La lutte dura deux jours ; mais, à la fin de la journée du 24, Degenne se trouva enveloppé ; il avait déjà perdu plus de 100 hommes, tant tués que blessés. Il lui fallut un sang-froid extraordinaire et une grande énergie pour se tirer de cette périlleuse situation ; il y parvint et rentra le 28 juin à Hanoï, sans s'être laissé entamer. A la suite de ce guet-apens, le cabinet français demanda des explications au gouvernement chinois ; celui-ci se retrancha

derrière un soi-disant malentendu ; mais sa mauvaise foi paraissant évidente, la France lança un ultimatum, le 16 juillet, pour réclamer 250 millions d'indemnité. Toutes les tentatives de conciliation, faites par notre représentant Patenôtre, échouèrent malheureusement ; le gouvernement chinois, n'osant rompre définitivement, offrit 4 millions pour les victimes de Bac-Lé ; puis il demanda de nouveaux délais, qu'on lui accorda, en posant comme condition que l'escadre française entrerait dans la rivière Min et mouillerait devant l'arsenal de Fou-Tchéou. L'amiral Courbet, chargé de cette opération, franchit les passes du Min et arriva devant l'arsenal le 12 juillet 1884 ; il y resta jusqu'au 22 août en présence de la flotte chinoise prête à l'attaque. Sa situation devint encore plus périlleuse à la suite de l'affaire de Kelung, place devant laquelle l'amiral Lespès subit un échec le 6 août. Après mille atermoiements, le cabinet de Paris télégraphia à l'amiral Courbet, par l'intermédiaire de M. Patenôtre, l'ordre d'ouvrir le feu (22 août). Le lendemain, la bataille navale de Fou-Tchéou se livra. Elle nous coûta 6 tués et 27 blessés. La flotte ennemie fut anéantie par nos torpilleurs et les forts de la côte furent réduits au silence. Le 24, l'amiral bombarda l'arsenal, sans pouvoir le détruire ; le 25 et le 26, on attaqua sans beaucoup de succès les batteries de la passe Mingan ; le 27, le 28 et le 29, on éteignit les feux de la passe de Kimpaï, et l'on sortit de la rivière Min. Nous avons perdu 10 tués (dont le lieutenant de vaisseau Bouët-Willaumez) et 48 blessés (dont 6 officiers). Le général Millot, atteint de maladie, étant rentré en France, ce fut le général Brière de Lisle qui le remplaça comme commandant en chef au Tonkin (30 août). Les Chinois faisaient de grands préparatifs de guerre; il fallut se mettre en mesure de repousser l'avantage. On songea d'abord à prendre comme gage l'île de Formose, où l'on espérait mettre en valeur de vastes gisements de charbon. Le 1er octobre, l'amiral Courbet occupa Kelung, et fut, le 4, forcé de se tenir sur la défensive en présence d'une résistance inattendue, au moment même où l'amiral Lespès subissait un véritable échec devant Tamsui. Le ministère français, décidé à en finir, demanda à la Chambre un nouveau crédit de 11 millions, qui lui fut accordé, le 28 octobre, malgré les vives critiques de l'opposition. Ce crédit fut voté, surtout sur la nouvelle rassurante que le général Brière de Lisle avait remporté de brillants succès à Kep (en avant de Bac-Lé) et qu'il y était entré le 8 octobre, après plusieurs jours de combat. Se retournant contre les Pavillons-Noirs qui avaient livré six assauts à la forteresse de cette place, le général arriva à temps pour sauver l'héroïque petite garnison sous les ordres du commandant Dominé. Pendant ce temps, l'amiral Courbet déclarait le blocus de Formose et le rendait effectif par de rigoureuses croisières. Pendant que Courbet se tenait forcément dans l'inaction, le général Négrier remporta sur les Chinois une victoire signalée à Muidop le 5 janv. 1885. M. Jules Ferry, faisant partager à la Chambre son opinion sur l'empire chinois, qu'il considérait comme une quantité négligeable, fit partir pour le Tonkin des renforts considérables, qui portèrent à 40,000 hommes l'effectif du corps d'occupation. Dans la nuit du 15 au 16 févr. 1885, la flotte de l'amiral Courbet, ayant surpris 2 navires chinois réfugiés dans la rade Sheipou, en fit sauter un par ses torpilleurs ; l'autre se perdit de lui-même. Le général Négrier qui opérait dans le Tonkin, sur la frontière chinoise, obtint de brillants avantages et entra à Lang-Son le 13 fév. Poussant en avant, il arriva à Pac-Phé, où il se trouva tout à coup en présence d'une puissante armée ennemie, bien disciplinée. Sa brigade, affaiblie par les com-

bats et les maladies, ne put tenir. Négrier fut grièvement blessé. Le colonel Herbinger, qui le remplaça dans le commandement, se vit forcé de battre en retraite vers Lang-Son, où il arriva avec tous ses blessés. Cette retraite, dont la nouvelle parvint à Paris le 30 mars, causa la chute du cabinet Ferry (31 mars). Le ministère Brisson, qui le remplaça, fit aussitôt partir 9,000 hommes de renfort et obtint de la Chambre un crédit de 150 millions, pour terminer la guerre avec énergie. Le général de Courcy, nommé commandant en chef, partit de France le 30 avril. Quelques jours avant le désastre de Lang-Son, les troupes de Formose s'étaient signalées en s'emparant des positions chinoises autour de Kelung, après 5 jours de combat (11 mars). Les 29, 30 et 31 mars, l'amiral Courbet s'empara des Pescadores. On allait reprendre vigoureusement l'offensive, lorsque le gouvernement chinois offrit la paix, le lendemain même de la chute de M. Ferry. Les négociations reprirent secrètement sur la base du traité de Tien-Tsin, du 11 mai 1884. Le 10 avril, intervint une armistice portant comme principale stipulation que les troupes chinoises devaient, le 10 mai, avoir évacué le Tonkin ; le blocus de Formose et de Pakhoï, était levé et la convention de Tien-Tsin était maintenue. Le 9 juin suivant, les engagements pris de part et d'autres ayant été observés, M. Patenôtre signa, à Tien-Tsin, un traité définitif de paix.

TONKINOIS, OISE s. et adj. Du Tonkin ; qui appartient à ce pays ou à ses habitants.

* **TONLIEU** s. m. (lat. teloneum). Droit qui se payait pour les places où l'on était dans un marché.

* **TONNAGE** s. m. Capacité d'un navire, d'un bateau : des navires d'un fort tonnage, — Droit de tonnage, droit que paye un navire de commerce en raison de sa capacité.

* **TONNANT, ANTE** adj. Qui tonne : Jupiter tonnant. — Fig. Une voix tonnante, une voix forte et éclatante. — Poétiq. L'airain tonnant, le canon.

J'entends l'airain tonnant de ce peuple barbare.
                     Voltaire.

TONNAY-BOUTONNE, ch.-l. de cant., arr. et à 15 kil. N.-O. de Saint-Jean-d'Angély (Charente-Inférieure), sur la rive droite de la Boutonne; 600 hab.

TONNAY-CHARENTE, ch.-l. de cant., arr. et à 5 kil. E. de Rochefort (Charente-Inférieure), sur la rive droite de la Charente; 3,000 hab. Beau port, où remontent les navires de fort tonnage. Pont suspendu, construit en 1842.

* **TONNE** s. f. (anc. haut all. tunna). Vaisseau de bois à deux fonds, en forme de muid, qui est plus grand et plus renflé par le milieu que le tonneau : tonne de vin. — Tonne d'or, suivant la manière de compter de Hollande et de quelques autres pays, se dit de cent mille florins en Hollande, et de cent mille thalers en Allemagne : il donna une tonne d'or en mariage à sa fille. — Poids de mille kilogrammes ; cent tonnes de houille.

* **TONNE** s. f. Hist. nat. Coquille univalve de forme arrondie.

* **TONNEAU** s. m. Grand vaisseau de bois de forme à peu près cylindrique, mais renflé sur son milieu, à deux bases planes, rondes et égales, construit de planches ou douves arquées et contenues dans des cerceaux, et fait pour mettre des liquides ou pour enfermer des marchandises : tonneau de vin ; tonneau de cidre. — Se dit aussi de la liqueur contenue dans le tonneau : ils ont bu, depuis un mois, deux tonneaux de vin. — Fig. et fam. C'est un tonneau, se dit quelquefois d'un ivrogne, d'un homme habitué à boire exces-

sivement. — Mesure qui tient deux, trois, ou quatre muids de vin, de cidre, etc., plus ou moins, selon la différence des lieux. — Mar. Poids de deux mille livres (ou mille kilogr.), volume de un mètre cube : *un bâtiment de cent, de deux cents, de trois cents tonneaux, au port de tant de tonneaux.* — Certain jeu, une machine de bois, ronde ou carrée, à peu près de la hauteur d'un tonneau et percée au-dessus de plusieurs ouvertures, dans lesquelles on cherche à jeter de loin des petits palets de cuivre, pour gagner un certain nombre de points : *le jeu du tonneau.*

TONNEINS, *Tonnesium, Tonnantia*, ch.-l. de cant., arr. et à 17 kil. E.-S.-E. de Marmande (Lot-et-Garonne) sur la rive droite de la Garonne ; 7,000 hab. Beau port suspendu. Patrie de Mme Cottin. Tonneins forma, au moyen âge les baronnies de Tonneins-Dessous (qui appartint à la famille de Xaintrailles) et de Tonneins-Dessus. En 1621, les deux villes, qui appartenaient aux protestants, furent prises par les troupes royales et réduites en cendres, par ordre de Louis XIII.

* **TONNELER** v. a. Chasse. Prendre à la tonnelle : *tonneler des perdrix.*

* **TONNELET** s. m. Dimin. Sorte de petit baril destiné à contenir du vin, de l'eau-de-vie, ou quelque autre boisson : *le tonnelet d'un fantassin, d'une vivandière.* — Partie inférieure d'un habit à la romaine, relevée en rond au moyen d'une espèce de petit panier : *les tonnelets ont disparu du théâtre depuis qu'on y a introduit l'exactitude du costume antique.*

* **TONNELEUR** s. m. Chasseur qui prend des perdrix à la tonnelle.

* **TONNELIER** s. m. Artisan qui fait et qui raccommode des tonneaux : *bon tonnelier.*

* **TONNELLE** s. f. Sorte de berceau de treillage couvert de verdure : *il s'endormit sous la tonnelle de son jardin.* — Archit. Construction, voûte en plein cintre.

* **TONNELLE** s. f. Chasse. Espèce de filet à prendre des perdrix : *prendre des perdrix à la tonnelle.*

* **TONNELLERIE** s. f. Profession du tonnelier. — Lieu où l'on fabrique des tonneaux.

* **TONNER** v. n. (lat. *tonare*). Se dit du bruit causé par le tonnerre : *il n'a fait qu'éclairer et tonner toute la nuit.* — Se dit, par ext. et poétiq., d'un grand bruit qui imite celui du tonnerre : *l'artillerie commençait à tonner.* — Fig. Parler contre quelqu'un ou contre quelque chose, avec beaucoup de force et de véhémence : *ce prédicateur a tonné contre l'ambition, l'avarice, le luxe, etc.*

* **TONNERRE** s. m. (fr. *tonner*). Bruit éclatant causé par l'explosion des nuées électriques : *le tonnerre commençait à gronder.* — Se prend aussi pour la foudre : *le tonnerre tombe d'ordinaire sur les lieux les plus élevés.* — Ce fut un coup de tonnerre pour lui, se dit d'un événement imprévu et fatal, qui a frappé quelqu'un tout à coup. — Poétiq. Le séjour, la région du tonnerre, le ciel, la région supérieure de l'atmosphère. Le maître du tonnerre, Jupiter. L'oiseau qui porte le tonnerre, l'aigle, qui était l'oiseau de Jupiter. — Endroit du canon d'un fusil, d'un pistolet, où se met la charge : *les armes, dont le tonnerre n'est pas renforcé, sont sujettes à crever.* — Encycl. Franklin, s'étant assuré de l'identité de l'éclair et de l'électricité, ne tarda pas à tirer de sa découverte des résultats pratiques d'une immense importance pour protéger les édifices contre la foudre. Il annonça dans son *Poor Richard's Almanac* (*Almanach du Bonhomme Richard*) pour 1753, son invention du paratonnerre ; et la description qu'il en donne est, à peu de chose près, aussi com-

plète et aussi exacte dans tout ce qu'il y a d'essentiel, qu'elle pourrait l'être aujourd'hui, après plus d'un siècle d'expérience. On a proposé depuis différentes modifications dans la construction du paratonnerre ; et le cuivre a été avantageusement substitué au fer dans ceux que sir W. Snow Harris a fait faire à l'usage des navires de la marine royale anglaise. On met quelquefois en doute l'efficacité du paratonnerre, et on entretient l'idée qu'il est souvent dangereux parce qu'il attire la foudre. Il est difficile de dire combien d'édifices il a sauvés, de même qu'il est impossible de dire ce qui serait arrivé s'il eût été absent ; mais il paraît qu'en Allemagne des compagnies d'assurances ont dernièrement fourni des statistiques qui viennent à l'appui de l'opinion que le paratonnerre est un protecteur efficace. L'association anglaise des ingénieurs des télégraphes a donné des renseignements de plus de valeur encore. Les poteaux de leurs lignes étaient fréquemment frappés de la foudre avant qu'ils n'y eussent adapté un fil de fer allant dans toute leur longueur, depuis le sommet jusqu'au sol.

TONNERRE, *Tornodurum*, ch.-l. d'arr., à 28 kil. N.-E. d'Auxerre (Yonne), sur le versant d'une colline au pied de laquelle coule l'Armançon, par 47° 51' 23'' lat. N. et 1° 38' 6'' long. E. ; 7,000 hab. Commerce de grains et de bons vins récoltés dans les environs. Église Saint-Pierre (mon. hist.). Ancien hôpital de Marguerite de Bourgogne : hôtel d'Uzès (xvie siècle). Patrie du chevalier d'Éon.

TONNERRE (Mont), anc. *Mons Jovis*, montagne de Bavière (780 m. d'altitude) ; donna sous le premier Empire son nom à un dép. français dont le chef-l. était Mayence.

TONOGRAPHIE s. f. (gr. *tonos*, ton ; *graphô*, je décris). Système de signes employés pour reproduire la voix, la physionomie et le geste d'un orateur.

TONOMÈTRE s. m. (gr. *tonos*, ton ; *metron*, mesure). Appareil délicat inventé, vers 1834, par H. Scheibler, de Crefeld, pour accorder les instruments de musique, en notant le nombre des vibrations.

TONOTECHNIE s. f. [-tèk-ni] (gr. *tonos*, ton ; *tekné*, art). Mus. Art de noter les airs en général.

TONQUIN s. m. Étoffe de soie, qui fut d'abord fabriquée dans le Tonkin.

TONQUIN, colonie française. Voy. Tonkin.

TONQUINOIS, OISE s. et adj. Voy. Tonkinois.

TONSART s. m. (lat. *tonsus*, tondu). Mégiss. Peau nouvellement tondue.

TONSILLAIRE adj. [ton-sil-lè-re]. Qui appartient aux tonsilles ou amygdales.

TONSILLE s. f. [ton-si-le] (lat *tonsilla*). Syn. d'AMYGDALE.

TONSTALL. Voy. Tunstall.

* **TONSURE** s. f. (lat. *tonsura*). Cérémonie de l'Église catholique, par laquelle l'évêque introduit un homme dans l'état ecclésiastique, et lui donne le premier degré dans la cléricature, en lui coupant une partie des cheveux : *tonsure cléricale.* — Prendre la tonsure, entrer dans l'état ecclésiastique. — Bénéfice à simple tonsure, bénéfice que l'on peut posséder n'ayant que la tonsure, et sans être obligé de prendre les ordres sacrés, ni de résider sur les lieux. — Prov. et fig. Un docteur a simple tonsure, un docteur qui n'est pas fort habile. — Couronne que l'on fait au haut de la tête aux clercs, sous-diacres, diacres, prêtres, etc., en leur rasant des cheveux : *il a fait faire sa tonsure.*

* **TONSURÉ, ÉE** part. passé de Tonsurer. — Substantiv. *Un tonsuré.*

* **TONSURER** v. a. Donner la tonsure : *c'est tel évêque qui l'a tonsuré.*

* **TONTE** s. f. Action de tondre, et laine qu'on retire en tondant un troupeau : *la tonte de son troupeau lui a rapporté beaucoup.* — Temps où l'on a coutume de tondre les troupeaux : *pendant la tonte.*

TONTI (Lorenzo), banquier italien qui vivait au xviie siècle. Il a donné son nom aux *tontines*. (Voy. ce mot.)

* **TONTINE** s. f. Sorte de rentes viagères avec droit d'accroissement pour les survivants : *les tontines sont divisées en plusieurs classes de rentiers suivant les différents âges.* — Encycl. Les tontines furent imaginées en France par l'Italien Lorenzo Tonti, vers le milieu du xviie siècle. Les souscripteurs ou leurs représentants étaient divisés en 10 classes, et chaque classe avait une rente proportionnelle d'après l'âge de ceux qui les composaient, les survivants recevant une augmentation à mesure que leurs associés mouraient, et le dernier survivant recevant la rente entière de sa classe jusqu'à sa mort. Il y a eu en France et en Angleterre des tontines établies, dans lesquelles la totalité des fonds revenait à l'État à la mort du dernier souscripteur ou à une date fixée d'avance. — Législ. « On donne le nom de tontines aux sociétés d'assurances mutuelles sur la vie, et plus spécialement à celles dans lesquelles les rentes des associés qui sont décédés avant l'époque du partage doivent profiter aux survivants. La répartition des fonds capitaux versés est faite entre les associés qui sont encore existants à une époque déterminée. La première tontine fondée en France fut en réalité un emprunt d'État. Dès l'année 1653, le plan de cet emprunt avait été proposé par le banquier napolitain Tonti au cardinal Mazarin, qui s'empressa de l'adopter ; mais l'édit qui en prescrivait la mise à exécution ne fut pas enregistré par le parlement. Ce fut seulement en 1689 que l'on revint à ce système d'emprunt, afin de subvenir aux dépenses énormes causées par le luxe de la cour et par les guerres successivement entreprises. Les actions de cette tontine étaient de 300 livres, et les souscripteurs étaient répartis en 14 classes, suivant leur âge. A chaque classe était attribuée une rente sur l'hôtel de ville de Paris, au profit des souscripteurs existants, de sorte que le dernier survivant jouissait jusqu'à sa mort de la totalité de la rente. Ce système d'emprunt fut encore employé plusieurs fois jusqu'à ce qu'on le reconnût trop onéreux, et il fut interdit pour l'avenir par une déclaration royale de 1763. Diverses caisses tontinières se constituèrent par association. Parmi ces sociétés, nous citerons notamment la *caisse Lafarge* fondée à Paris en 1791, et dont la liquidation n'a pas donné de bons résultats. D'autres sociétés tontinières ayant eu une issue plus malheureuse encore, ce genre d'association s'est trouvé discrédité. Par exception au principe de liberté aujourd'hui admis pour les autres sociétés, les tontines, ainsi que toutes les sociétés d'assurances sur la vie, ne peuvent se constituer sans une autorisation du gouvernement, et elles sont constamment soumises à sa surveillance (L. 24 juillet 1867, art. 66). » (CH. Y.)

* **TONTINIER, IÈRE** s. Celui, celle qui a des rentes de tontine.

* **TONTISSE** adj. — Se dit de l'espèce de bourre qui tombe des draps lorsqu'on les tond : *bourre tontisse.* — s. Sorte de tenture faite de toile, sur laquelle on a appliqué des tontures de drap pour figurer différents dessins : *une belle tontisse.* — Papier-tontisse, papier de tenture fait de la même manière.

* **TONTURE** s. f. Poil que l'on tond sur les draps, branches, feuilles que l'on coupe, que

l'on taille aux palissades, aux bordures de buis, etc. : *la tonture d'une palissade.*

TONTURER v. a. Donner de la tonture.

TONTY (Henry de), explorateur italien, mort à Fort-Louis (Mobile), en 1704. Il était fils de Lorenzo Tonti, inventeur du système d'association appelé tontines. Il servit dans l'armée et dans la marine française. Il alla au Canada avec La Salle en 1678, et, en 1680, il eut le commandement d'un fort près de l'emplacement actuel de Peoria.

* TOPAZE s. f. (lat. *topazus*). Pierre précieuse, transparente, brillante, de couleur jaune. C'est un silico-fluorure d'alumine, composé, sur 100 parties, d'alumine 48 à 58, de silice 34 à 39, de fluor 15 à 18,5; poids spécifique. 3,4 à 3,65; dureté, 8, entre celle du quartz et celle du saphir. Elle est d'ordinaire incolore, mais quelquefois bleue, verte ou rouge. Elle vient surtout du Brésil qui en donne en moyenne 20 kilogr. par an. La blanche et la rose sont les plus estimées. Ce qu'on appelle topaze orientale, c'est le saphir jaune. On appelle quelquefois fausse topaze une variété du quartz jaune.

TOPEKA, capitale du Kansas, sur les deux bords de la rivière de ce nom, à 75 kil. S.-O. de Leavenworth, et à 450 kil. O. de Saint-Louis; 7,272 hab. L'hôtel du gouvernement

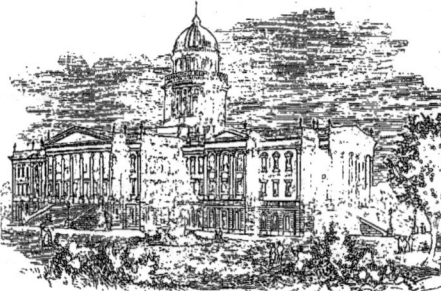
Topeka. Capitole de l'état de Kansas.

de l'état est un édifice magnifique. Le pays environnant est très fertile, et contient des dépôts de houille. On compte plusieurs collèges dans la ville, et un asile pour les aliénés.

* TOPER v. n. (onomat. de *top*, qui imite le bruit d'une poignée de main). Jeu de dés. Consentir à aller d'autant que met au jeu celui contre qui on joue : *j'ai massé vingt pistoles, il n'y a pas voulu toper.* — Ellipt. **TOPE**, je tope, ou j'accepte votre offre : *l'un des joueurs ayant dit, masse dix pistoles, l'autre a dit, tope. On dit aussi. **TOPE ET TINGUE**, je tope et je tiens. — **TOPE ET TINGUE**, nom d'une sorte de jeu de dés. — Consentir à une offre, adhérer à une proposition : *on m'a proposé une partie de promenade, j'y ai topé; je tope à cela* ou absol. *tope, topez-là.*

TOPHACÉ, ÉE adj. [to-fa-sé]. Qui appartient au tophus.

TOPHET, nom d'un lieu situé dans une vallée fertile, au S.-E. de l'ancienne Jérusalem, arrosée par le ruisseau du Cédron et appelée la vallée (*ge*) de Hinnom, et des Enfants-de-Hinnom, et par suite de Géhenna (Géhenne) dans le *Nouveau Testament*. C'était là que les Juifs idolâtres passaient leurs enfants par les flammes pour les consacrer à Moloch. Plus tard, on y déposa les animaux morts et les cadavres des personnes à qui la sépulture

était refusée; et, comme on y entretenait constamment du feu pour consumer tout ce qu'on y apportait, le mot a fini par être employé métaphoriquement pour désigner l'enfer.

TOPHUS s. m. [to-fuss] (mot lat.). Pathol. Concrétion osseuse formée de phosphate de chaux et qui se produit aux environs des articulations; c'est un des symptômes de la goutte.

* TOPINAMBOUR s. m. (altér. du mot *topinambous*, nom d'un peuple américain). Plante fourragère du genre hélianthe, à fleurs ra-

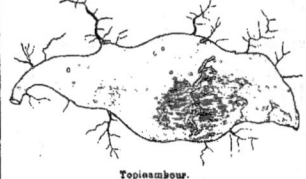
Topinambour.

diées, haute de 4 ou 5 pieds, qui pousse des racines garnies d'une multitude de tubercules dont la peau est brune et la chair blanche. On donne le même nom à ces tubercules, qui sont bons à manger. Le topinambour (*helianthus tuberosus*) est originaire du Brésil, on l'a introduit chez nous vers le XVII° siècle; mais il ne s'y est pas beaucoup répandu et ne peut lutter contre sa rivale, la pomme de terre, à laquelle il ne ressemble guère. Il fournit, par ses tubercules et par ses feuilles, une abondante nourriture pour les animaux. Il offre l'avantage de végéter vigoureusement et de donner de bons produits, même dans les plus mauvais terrains. On le propage, en plantant des tubercules de moyenne grosseur, vers le commencement de mai, en lignes distantes de 1 m., environ, avec un espacement de 60 centim., entre les pieds de topinambour sur la même ligne. On coupe ordinairement les tiges vers la fin de septembre; on les donne en vert aux animaux ou bien on les fait sécher. Quant aux tubercules, ils peuvent passer l'hiver en terre et être arrachés au fur et à mesure des besoins. Il est difficile d'empêcher la reproduction du topinambour dans les cultures qui lui succèdent. Le mieux est de laisser cette plante en possession du même terrain jusqu'à ce qu'elle cesse d'y donner de bons produits. Lorsqu'on veut la détruire, on la fait pâturer par les vaches ou par les moutons. Le topinambour ne résiste pas à deux fauchages de sa tige pendant la même année; on le détruit donc en semant une plante fourragère à plusieurs coupes dans le terrain qu'il a envahi.

TOPINO-LEBRUN, peintre et révolutionnaire, né à Marseille en 1769, décapité en 1804. Il fut d'abord juré au tribunal révolutionnaire, participa à la condamnation des Girondins et des dantonistes, fut incarcéré à cause de son opposition à Robespierre et remis en liberté après le 9 thermidor. Arrêté en 1800 comme ayant pris part au complot contre la vie du premier consul, il fut condamné à mort et exécuté.

* TOPIQUE adj. (gr. *topikos*; de *topos*, lieu). Méd. Ne s'emploie guère que dans cette locution, **REMÈDE TOPIQUE**, médicament qu'on applique à l'extérieur, comme les cataplasmes, les emplâtres, etc. — s. m. *C'est un excellent topique pour ce mal-là.*

* TOPIQUES s. m. pl. Traité sur les lieux communs d'où l'on tire des arguments. Ne se dit guère qu'en parlant des rhéteurs de l'antiquité : *les Topiques d'Aristote.*

* TOPOGRAPHE s. m. Celui qui s'occupe de topographie.

* TOPOGRAPHIE s. f. (gr. *topos*, lieu; *graphô*, je décris). Description détaillée d'un lieu, d'un canton particulier; à la différence de géographie, qui est la description générale de la terre, d'un royaume, ou d'une province: *il sait bien la topographie des environs de Paris.* — Art de représenter sur le papier la configuration d'un terrain avec tous les accidents qu'offre sa surface : *cet officier est habile dans la topographie.*

* TOPOGRAPHIQUE adj. Qui appartient à la topographie : *description topographique.*

TOPOGRAPHIQUEMENT adv. D'une manière topographique.

TOPOLOGIE s. f. (gr. *topos*, lieu; *logos*, discours). Connaissances des lieux.

TOPONYMIE s. f. (gr. *topos*, lieu; *onuma*, nom). Système des noms des lieux d'une contrée.

TOPORAMA s. m. (gr. *topos*, lieu; *oraô*, je vois). Panorama d'un endroit particulier.

* TOQUADE s. f. Engouement, manie, singularité. (Fam.)

* TOQUE s. f. (celt. *tok*, coiffure). Sorte de chapeau à petits bords, couvert de velours, de satin, etc., plat dessus, et plissé tout autour : *toque de velours.*

* TOQUÉ, ÉE part. passé de **TOQUER**. — **ÊTRE TOQUÉ**, être un peu fou. — ∾ Substantiv. Personne maniaque : *les toqués célèbres; une toquée.*

* TOQUER v. a. Vieux mot qui signifiait autrefois, toucher, frapper. Ne se dit plus guère que dans cette phrase proverbiale, **QUI TOQUE L'UN, TOQUE L'AUTRE**, qui offense l'un, offense l'autre. — ∾ Rendre toqué. — Se toquer v. pr. S'éprendre follement : *il s'est toqué de cette femme.*

* TOQUET s. m. Sorte de coiffure, de bonnet qui, dans certains pays, est à l'usage des femmes du menu peuple et des paysannes. — Sorte de bonnet que portaient les enfants.

TORBAY, baie et port d'Angleterre dans le Devonshire, sur la Manche; c'est le rendez-vous des forces maritimes anglaises. Guillaume III y débarqua en 1688.

* TORCHE s. f. (rad. lat. *torquere*, tordre). Flambeau grossier fait de résine ou de cire, et consistant quelquefois en un bâton de sapin ou de quelque autre bois résineux entouré de cire et de mèche : *allumer les torches.*

* TORCHE-CUL s. m. Linge, papier, ou autre chose, dont on s'essuie le derrière après qu'on a été à la garde-robe. (Bas.) — Écrit fort méprisable : *cet écrit n'est qu'un torche-cul; des torche-culs.*

* TORCHE-NEZ s. m. Man. Corde ou ficelle dans laquelle on passe et on engage la lèvre antérieure du cheval, et que l'on serre ensuite avec un morceau de bois : *mettez le torche-nez à ce cheval, il sera tranquille.* On dit, plus ordinairement, *Serre-nez.*

TORCHE-POT s. m. Ornith. Nom vulgaire de la sittelle d'Europe : *des torche-pots.*

* TORCHER v. a. Essuyer, frotter pour ôter l'ordure : *les nourrices torchent leurs enfants.*

— IL N'A QU'A S'EN TORCHER LE BEC, se dit pour exprimer qu'un homme n'aura pas ce qu'il désire. — CELA EST MAL TORCHÉ, EST TORCHÉ A LA DIABLE, se dit de tout ouvrage fait grossièrement. - TORCHER QUELQU'UN, le battre : *il se fera torcher.*

° **TORCHÈRE** s. f. Espèce de flambeau grossier, vase de fer et à jour, qui est placé à l'extrémité d'un long manche, et dans lequel on met des matières combustibles destinées à donner de la lumière : *les torchères servent à éclairer les places, les cours,* etc. — Certains candélabres qui portent des flambeaux, des girandoles, des bougies, et qui servent à éclairer les vestibules, les escaliers, les salles des palais et des grandes maisons : *belle, magnifique torchère.*

° **TORCHIS** s. m. Mortier composé de terre grasse et de paille ou de foin coupé, qu'on emploie pour certaines constructions : *dans ce pays, il n'y a point de pierres; toutes les maisons des paysans et les murs de clôture sont de torchis.*

° **TORCHON** s. m. Espèce de serviettes de grosse toile dont on se sert pour torcher, pour essuyer la vaisselle, la batterie de cuisine, les meubles, etc. : *torchon blanc.*

TORCHONNER v. a. Essuyer, nettoyer avec un torchon.

° **TORCOL** s. m. Ornith. Genre de grimpeurs, voisin des pics, à bec droit, pointu, presque rond, sans saillie anguleuse. Les torcols doivent leur nom à l'habitude qu'ils ont de tordre leur cou d'un mouvement lent, ondulé, semblable à celui du serpent, pour tourner leur tête de tous côtés, quand ils sont impatients, effrayés ou irrités. Le *torcol* d'Europe (*yunx torquilla*, Linn.) est un oiseau solitaire de la grosseur d'une alouette, brun en dessus, avec des ondes noirâtres et de-

Torcol d'Europe (Yunx torquilla).

mèches longitudinales fauves; blanchâtre en-dessous, avec des raies noires en travers. Il habite la France de mai à septembre, niche dans les trous d'arbres, pond de 6 à 8 œufs d'un beau blanc, et se nourrit d'insectes et de baies. Cramponné aux arbres, il cherche sa nourriture à l'aide de sa langue extensible qu'il introduit dans les fentes et sous l'écorce. Il recherche aussi les fourmis. Il est beaucoup moins grimpeur que les pics. On ne lui connaît qu'un cri monotone, qu'il fait entendre quand il veille sur sa femelle, et un petit sifflement qu'il produit lorsqu'il est effrayé.

° **TORDAGE** s. m. Action de tordre, façon qu'on donne à la soie, aux matières et les fils sur les moulinets.

TORDANT, ANTE adj. Qui tord. — Jargon parisien. C'EST TORDANT, se dit d'une chose qui fait rire à se tordre.

TORD-BOYAUX s. m. Eau-de-vie additionnée de poivre ou d'une autre substance très âcre.

TORDESILLAS, *Turris Sillæ*, ville d'Espagne, province, et à 35 kil. O.-S.-O. de Valladolid, près du Douro; 6,000 hab. En 1405, un traité y fut conclu entre l'Espagne et le Portugal; il fixait la ligne de démarcation entre les possessions à découvrir entre les deux pays. Cette ligne était à 370 lieues O. des Açores et du cap Vert. Toute terre découverte à l'E. de cette ligne appartenait au Portugal; à l'O., à l'Espagne.

TORDEUR, EUSE s. Personne qui tord. — s. f. pl. Entom. Section de lépidoptères nocturnes, comprenant des phalènes à ailes supérieures courtes, dont le bord extérieur, arqué à sa base, se rétrécit ensuite. Ces insectes doivent leur nom de tordeuses à l'habitude qu'ont leurs chenilles de tordre les feuilles pour s'en faire un tuyau protecteur. La pyrale est le genre type des tordeuses.

° **TORD-NEZ** s. m. Art vétér. Instrument dont on se sert pour assujettir un cheval pendant certaines opérations. On dit aussi TORCHE-NEZ.

TORDOIR s. m. Bâton avec lequel on serre une corde.

° **TORDRE** v. a. (lat. *torquere*). *Je tords, tu tords, il tord; nous tordons,* etc. *Je tordais. J'ai tordu. Je tordis. Je tordrai. Tords, tordez,* etc. Tourner un corps long et flexible par ses deux extrémités en sens contraire, ou par l'une des deux, l'autre étant fixe : *tordre du fil.* — TORDRE LE cou, faire mourir en tournant le cou et en disloquant les vertèbres : *tordre le cou à une perdrix, à un poulet.* — TORDRE LES BRAS A QUELQU'UN, les lui tourner violemment et de manière à lui faire mal. On dit de même, DANS SA DOULEUR ELLE SE TORDAIT LES MAINS. — TORDRE UNE LOI, UN PASSAGE, etc., de son sens naturel, pour lui en donner un différent plus convenable aux vues de celui qui l'emploie. TORDRE LE SENS D'UN AUTEUR, D'UN PASSAGE, lui donner une interprétation fausse et forcée. — Se tordre v. pr. *Un ver qui se tord; se tordre de rire.*

° **TORE** s. m. (lat. *torus*, corde). Archit. Moulure ronde, faisant ordinairement partie de la base des colonnes, ou placée à l'extrémité du fût d'une colonne ou d'un piédestal circulaire.

° **TORÉADOR** s. m. (mot esp.). Cavalier qui combat les taureaux, dans les courses publiques.

TORENO (José-Maria QUEYPO DE SLANO RUIZ DE SARAVIA, *comte de*), homme d'État espagnol, né en 1786, mort en 1843. Il fut envoyé diplomatique en Angleterre en 1808, et ministre à plusieurs reprises; il mourut exilé, à Paris. Il a publié : *Historia del Levantamiento, Guerra y Revolucion de España* (la meilleure édit. est de 1848, 4 vol.).

TORÉRO s. m. (mot esp.). Toréador qui combat à pied.

° **TOREUTIQUE** s. f. (gr. *toreuein*, ciseler). Antiq. Art de ciseler, de graver sur métaux et sur ivoire.

TORFÆUS ou **Tormodus** [tor-fé-uss, tormo-duss], nom latin de **Thormodr Torfason**, érudit islandais, né en 1636, mort en 1719. Frédéric III de Danemark le nomma, en 1660, interprète des manuscrits islandais dont il avait fait collection en Islande. De tous ces ouvrages, où se trouve le texte des sagas septentrionales sur la découverte de l'Amérique, le plus important a pour titre : *Historia Rerum Norvegicarum* (1711, 4 vol.).

TORGAU [tor-gaô], ville de la Saxe prussienne, sur l'Elbe, à 45 kil. S.-E. de Wittenberg; 10,730 hab. En 1576, une conférence de théologiens protestants y élabora la *Livre de Torgau*, qui a formé la base des *Concordiæ Formula.* Frédéric le Grand y défit les Autrichiens commandés par Daun, le 3 nov. 1760. Les redoutables fortifications actuelles ont été bâties par Napoléon, et Torgau fut rendue aux Allemands en janv. 1814, après un siège de plusieurs mois, pendant lequel plus de 25,000 soldats français moururent du typhus.

TORGNOLE ou **Torgniole** s. f. [gn mll.]. Coup fortement appliqué sur la figure.

TORIGNY (*Augustura*), ch.-l. de cant., arr.

et à 13 kil. S.-E. de Saint-Lô (Manche), sur la Vire; 2,500 hab. Vieux château (mon. hist.), fondé au XVIᵉ siècle par le maréchal de Matignon.

° **TORMENTILLE** s. f. [tor-man-ti-ieu; ll mll]. Bot. Genre de rosacées dryadées, dont l'espèce principale (*potentilla tormentilla*) croît dans les bois et dans les lieux ombragés; sa racine est astringente.

TORMINAL, ALE adj. Syn. de TORMINEUX, EUSE.

TORMINEUX, EUSE adj. (lat. *tormina*, tranchées). Pathol. Qui a rapport aux tranchées.

TORNADA s. f. (mot provenç.). Envoi qui terminait les pièces des troubadours.

TORNADO s. m. ou **Tornade** s. f. (de l'ital. *tornare*, tourner). Nom d'un vent violent de la côte occidentale d'Afrique.

TORNEA (suéd. *Tornea*, [tor'-né-o,]). I, fleuve d'Europe, qui naît dans le lac Tornea-Traesk, en Suède, forme une partie de la frontière de Russie et se jette dans le golfe de Bothnie, après un cours d'environ 420 kil. — II, ville de Finlande (Russie), dans le laen d'Uleaborg, à l'embouchure de la Tornea, par 65° 50' lat. N. et 22ᵉ long. E. ; 700 hab. Les voyageurs y vont en grand nombre pour voir le soleil de minuit dans la seconde partie de juin.

° **TORON** s. m. (lat. *torus*, corde). Assemblage de plusieurs fils de caret tournés ensemble, qui font partie d'une corde, d'un câble. — Archit. Gros tore à l'extrémité d'une surface droite.

TORONTAL [to'-ronn-tal], comté du S. de la Hongrie, sur la frontière de l'Esclavonie; 9,498 kil. carr.; 413,010 hab. Il est arrosé par le Maros, la Theiss, la Béga et le Temes. Il produit du froment, du maïs, des melons, du lin, du riz, du tabac et du vin. Cap., Nagy-Becskerek.

TORONTO [tor-onn'-to], ville et port du Canada, cap. de l'Ontario, sur le bord septentrional du lac Ontario, à 500 kil. S.-O. de Montréal; par 43°39'lat. N., et 81°44'long. O.; 56,092 hab. La baie au S. de la ville est formée par une île, et à environ 5 kil. de long sur 3 kil. de large. Parmi les édifices publics, on remarque : l'université, l'hôtel du gouverneur, l'hôtel des douanes, celui des postes, le grand opéra, l'opéra royal, la prison centrale, l'hôtel de ville, la salle Saint-Laurent, le collège de la Trinité (église anglicane), le collège de Knox (église libre), le collège de technologie, l'école normale, la chambre législative, le collège du haut Canada, établissement où les jeunes gens se préparent pour l'université, et le palais de justice appelé Osgoode Hall. Toronto porta le nom d'York jusqu'en 1834. Elle fut la capitale du haut Canada de 1794 à 1841, et alternait avec Québec comme capitale des provinces unies, de 1849 à 1858; elle est la capitale de l'Ontario depuis 1867.

° **TORPEUR** s. f. (lat. *torpor*). Engourdissement, pesanteur insolite qui rend presque incapable de sentir et de se mouvoir : *ce malade est dans la torpeur.* — État de l'âme qui cause son inaction : *il n'y a pas moyen de tirer cet homme de sa torpeur.*

° **TORPILLE** s. f. [ll mll.] (du lat. *torpere*, engourdir). Icht. Genre de poissons du groupe des raies, comprenant plusieurs espèces qui ont la propriété de donner une commotion électrique d'où résulte l'engourdissement de la main de celui qui les touche soit immédiatement, soit avec un bâton. L'appareil électrique qui a valu le nom à cette famille de poissons, est disposé en deux masses, l'une de chaque côté du crâne, entre celui-ci et la base pectorales; il se compose d'une multitude de colonnes gélatineuses ou de

prismes hexagonaux perpendiculaires, séparés par des cloisons membraneuses qui contiennent un certain liquide; le sang y afflue librement, et de très nombreux filaments y aboutissent. La *torpille commune de la Méditerranée* (*torpedo marmorata*, Rud. ; *T. Galvanii*, Bonap.) est quelquefois d'une couleur uniformément brune; mais elle est généralement marbrée ou tachetée de points plus sombres. Elle ne dépasse guère 1 m. 30 de long sur 85 centim. de large; elle ne pèse guère plus de 25 kilog. La *torpille américaine* (*T. occidentalis*, Stour) est plus grande, d'un brun foncé avec des taches noires en dessus, et blanche en dessous. Les yeux sont très petits, et les yeux sont dirigés à l'extérieur et un peu en avant. Sous l'empereur Claude, (au temps de Jésus-Christ), le médecin romain Scribonius Largus écrivait : « Contre l'une et l'autre espèce de goutte aux pieds, il faut, pendant les accès de douleur, mettre sous les pieds du malade, sur un rivage, non pas sec, mais *baigné par la mer*, une torpille noire *vivante*, jusqu'à ce qu'une torpeur se fasse sentir dans tout le pied et dans tout le tibia, jusqu'au genou. Cela enlève la douleur *pour le présent* et remédie au mal pour l'avenir ». Scribonius Largus ignorait évidemment que ce poisson doit son pouvoir à sa qualité de corps bon conducteur de l'électricité; mais il savait qu'il faut l'employer dans l'eau et vivant pour qu'il conserve sa puissance. — Un siècle plus tard, Galien s'exprima ainsi dans son traité des *Médicaments simples* : « Quelques auteurs ont écrit que la torpille, appliquée sur la tête, guérit la céphalalgie, etc. Ayant donc imaginé de mettre la torpille *encore vivante* en contact avec la tête d'une personne atteinte de céphalalgie, parce que je pensais que cet animal pourrait être un remède *calmant*, comme tous ceux qui *engourdissent* la sensation, j'ai vu qu'il en était ainsi. » — Mais ce n'est guère que depuis le xviiie siècle que les qualités électriques de la torpille sont devenues le sujet d'observations réellement scientifiques. Parmi les savants dont les travaux, à cet égard sont les plus remarquables, il faut citer : Humboldt, Galvani, le prince Charles Bonaparte, Geolfroi Saint-Hilaire et Jobert de Lamballe. Ce dernier a décrit avec beaucoup de soin l'appareil organique où se produit le fluide électrique, en démontrant que la puissance de la commotion électrique est en rapport avec les dimensions de l'appareil et le nombre des nerfs qui s'y rendent. Ces nerfs émergent du sillon oblique formé de substance blanche qui est situé à la partie inférieure et latérale du cerveau.

TORPILLE s. f. [*ll* mll.]. Engin de guerre sous-marin qui est préparé de manière à produire dans certaines circonstances une explosion formidable. Une torpille est une machine destinée à détruire les navires, les ponts de bateaux, etc., au moyen d'explosions sous-marines; c'est, en réalité, une mine dont l'effet se produit dans l'eau. Pour la défense d'Anvers, en 1585, on se servit de bateaux flottants à poudre (brûlots). David Bushnell, capitaine de génie pendant la guerre de l'indépendance en Amérique, fit le plan d'un bateau sous-marin, qui devait porter une torpille chargée de 150 livres de poudre à canon, dont l'explosion était déterminée par un mouvement d'horlogerie. En 1777, il dirigea une torpille à percussion flottante contre la frégate *Cerberus*, près de la rade de New-London, et fit sauter un shooner qui s'y trouvait. Vingt ans plus tard, Robert Fulton s'efforça d'introduire en Amérique, en France et en Angleterre ce nouvel engin qu'il fut le premier à appeler du nom de torpille. C'est le colonel Samuel Colt qui fit la première application pratique de l'électricité pour mettre le feu aux torpilles. Des ingénieurs français ayant fait sauter, au moyen d'engins

sous-marins, les docks de Sébastopol, la question des torpilles fut à l'ordre du jour. Elle fit un grand pas en 1859, à Venise, que le colonel du génie autrichien Van Ebner défendit par un système de torpilles plus complet que tout ce qui l'avait précédé. On s'en servit aussi beaucoup pendant la guerre de sécession aux Etats-Unis. — Le grand problème de la défense des côtes est de trouver un mode efficace d'obstruction, qui, tout en laissant le passage libre aux vaisseaux amis,

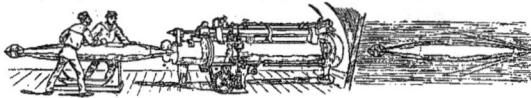

Décharge de la torpille de Whitehead.

barre le chemin aux ennemis. On y parvient en disposant des torpilles défensives, dont on règle l'explosion du fort le plus proche. Dans une profonde casemate de ce fort, à l'abri du feu de l'ennemi, on place des batteries électriques et autres appareils. Rayonnant de la casemate, comme d'un centre dans des galeries souterraines, ces câbles de la torpille arrivent jusqu'à la passe, où ils se terminent en plusieurs groupes de mines disposées de façon à être exactement flanquées par les canons des ouvrages. Les détails de ces mines sont tenus secrets, mais on pourra se faire sans doute une idée générale de leur construction par la fig. 1 qui représente le type adopté par l'Autriche. Cette torpille se compose d'une ancre *a*, d'une caisse-bouée *b*, contenant la charge, la fusée et l'enveloppe de l'appareil, et du câble électrique *d*, qui aboutit à la chambre d'opération sur le rivage. A fleur d'eau, mais invisibles sont de nombreuses bouées contenant chacune un appareil électrique qui annonce instantanément au sergent de garde le lieu où se trouve tout vaisseau qui les touche. Si le vaisseau est ami, il passe sans danger; mais s'il est ennemi, un simple mouvement du sergent change chaque mine en un agent automatique de destruction qui se manifeste au moment précis. Ces torpilles et celles qui leur ressemblent rentrent dans la classe des torpilles défensives. — Les torpilles offensives s'emploient dans les combats de vais-

Fig. 2. — Torpille de Luppis Whitehead.

seau à vaisseau, et exigent des connaissances techniques et de l'habileté dans la manœuvre. Il y en a de plusieurs sortes, et beaucoup d'officiers de marine, dans le monde entier, consacrent leurs études à les améliorer. Les unes sont automatiques, d'autres ne sont que des fusées sous-marines, d'autres sont dirigées et modérées par l'électricité; d'autres enfin sont de véritables bateaux sous-marins. La torpille automatique de Luppis Whitehead, qui est la plus connue, consiste en un petit bateau en forme de cigare *a* (fig. 2) qui porte une torpille à

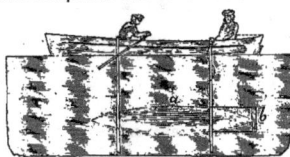

contact à l'arrière, et qui contient une machine mue par quelque agent puissant, l'air comprimé, par exemple, laquelle, agissant sur le propulseur *b*, lui donne la possibilité de fournir un parcours d'environ 250 m. (Voy. TORPILLEUR.)

TORPILLEUR s. m. Marin chargé de placer ou de faire éclater les torpilles. — Bateau-torpilleur : *le torpilleur* 63. — Les torpilleurs employés en Chine par l'amiral Courbet, et qui ont coulé les bâtiments chinois à Fou-Tchéou et à Shéi-pou, étaient forcés d'aborder les navires ennemis pour faire éclater la torpille sous leurs flancs. Mais aujourd'hui, on emploie des torpilles de Whitehead, qui frappent à distance. La torpille, placée dans un tube comme le boulet dans le canon, s'enfonce dans l'eau à 3 mètres de la surface et chemine par elle-même sur le but sur lequel on la dirige. C'est un projectile muni d'un mécanisme de marche des plus compliqués. Grâce à un approvisionnement d'air comprimé à très haute pression (70 atmosphères), une petite machine Brotherhood fait tourner une hélice qui imprime à la torpille une vitesse supérieure à 40 kil. à l'heure. La torpille a 4 m. 40 de long; elle porte à l'avant la charge de fulmi-coton comprimé qui doit éclater au choc, puis un régulateur d'immersion (la pièce la plus importante de l'engin sous-marin), le réservoir d'air comprimé, ses machines et, enfin, à l'arrière, l'hélice et les gouvernails. C'est un projectile très onéreux, car il coûte une dizaine de mille francs.

TORQUATUS (Titus-Manlius-Imperiosus) [tor-koua-tuss], héros de l'histoire romaine, au ive siècle av. J.-C. Il était tribun militaire en 361, lorsque, pendant l'invasion gauloise, il tua de sa main, en combat singulier, un ennemi gigantesque, lui arracha du cou sa chaîne (*torques*) et la mit à son cou; de là son surnom de Torquatus. Il fut ensuite deux fois dictateur (353 et 349) et trois fois consul (347, 344 et 340).

TORQUAY [tor-ké], ville du Devonshire (Angleterre), sur une presqu'île du côté N.-E. de la baie de Tor, à 250 kil. O.-S.-O. de Londres; 21,657 hab. Ce n'était, il y a cinquante ans, qu'un insignifiant village de pêcheurs. Elle doit sa prospérité actuelle surtout à son beau climat. La baie de Tor forme un vaste port, bien abrité. Dans le voisinage se trouvent les ruines de l'abbaye de Torquay, fondée en 1196. C'est là que Guillaume d'Orange débarqua en 1688.

TORQUEMADA (lat. *Turrecremata*) (Juan de) [tor-ké-ma'-da], théologien espagnol, né en 1388, mort en 1468. Il enseigna la théologie à Paris, devint prieur des couvents dominicain de Valladolid et de Tolède, et fut nommé, par le pape Eugène IV, « maître du sacré palais », et théologien du pape au concile de Bâle, où il contribua à faire solennellement condamner les doctrines de Wycliffe et de Huss. En 1439, commissaire du pape au concile de Florence, il se distingua dans la rédaction des « articles de réunion » entre les Eglises grecque et latine, et le 18 déc., il fut fait cardinal. Il devint évêque de Palestrina en 1755 et de Sabina en 1464. Ses œuvres comprennent *Expositio brevis et utilis super toto Psalterio* (1470, maintes fois réimprimée) et *Commentarii in Decretum Gratiani* (1519, 6 vol. in-fol.; 1726, 2 vol.)

TORQUEMADA (Thomas de), moine espa-

gnol, né à Torquemada vers 1420, mort en 1498. Il fut prieur dominicain à Ségovie ; en 1483, il inaugura les fonctions d'inquisiteur général en Espagne et organisa l'inquisition dans tous ses détails. Il fit chasser les Juifs et les Maures et multiplia tellement les autodafés qu'Alexandre VI intervint et lui donna quatre collègues pour modérer son zèle.

* **TORQUET** s. m. (du lat. *torquere*, tordre). N'est usité que dans ces locutions populaires. DONNER UN TORQUET, DONNER LE TORQUET, tromper quelqu'un, lui dire une chose contraire à ce qu'on pense, pour lui donner le change. — DONNER DANS LE TORQUET, donner dans le panneau, se laisser duper. (Vieux.)

* **TORQUETTE** s. f. Certaine quantité de marée arrangée dans de la paille, pour l'envoyer à une distance plus ou moins éloignée des ports de mer : *une torquette de poisson*.

TORRÉFACTEUR s. m. Appareil de torréfaction.

* **TORRÉFACTION**, s. f. (lat. *torrefactio*). Action de torréfier.

* **TORRÉFIER** v. a. (rad. lat. *torrere*, rôtir ; *facere*, faire). Didact. Griller, rôtir des substances végétales ou animales : *torréfier des grains de café*.

TORRENS ACT. Législ. étr. « On donne le nom de *Torrens Act* à une loi qui est en vigueur depuis 1858 dans l'état d'Adélaïde (Australie du Sud), et qui a été ensuite adoptée par les autres gouvernements de l'Australie et par quelques-uns des états de la grande république américaine. Cette loi reconnaît un mode facultatif d'enregistrement des titres de la propriété immobilière ; c'est pourquoi le système inventé par Robert Torrens est aussi désigné sous le nom de *Registration of title*. Là où ce système est en vigueur, tout propriétaire peut, moyennant une très faible dépense, s'assurer contre toute éviction de son immeuble. Dans ce but, il envoie au bureau de *Registration* ses titres de propriété et un plan de l'immeuble. Le bureau examine attentivement les titres. Au moyen d'annonces insérées dans les journaux, et d'avis adressés aux propriétaires voisins, il appelle tous les intéressés à faire valoir les droits qu'ils peuvent justifier. S'il s'élève des contestations, le propriétaire doit les faire juger à ses frais. S'il ne s'en élève pas pendant un certain délai fixé par la loi (3 à 6 mois), le bureau met l'immeuble sous le régime de l'acte Torrens, c'est-à-dire qu'il enregistre le titre et le plan à l'appui, avec l'énonciation des servitudes, hypothèques et autres charges existantes. Le propriétaire doit alors acquitter un droit dont le taux n'excède pas 20 cent. par 100 fr. de la valeur de l'immeuble, et il lui est remis un double de l'enregistrement. A partir de ce moment, le bureau garantit le titre de propriété contre toute revendication et, pourvu que le possesseur n'ait pas commis de fraude, c'est le bureau qui répond à tous les réclamants et qui les désintéresse, s'il y a lieu. Il existe un autre et non moindre avantage du système Torrens : c'est que le possesseur d'un immeuble ainsi enregistré peut transférer ses droits de propriété à une personne sans autre formalité qu'un endos mis sur le titre et signé à la fois par le vendeur et par l'acquéreur. Les deux parties se présentent devant un officier public pour faire constater leur identité et légaliser leurs signatures. Puis le titre est envoyé au bureau central qui, s'il n'y a pas d'oppositions formées, enregistre le transfert et renvoie la pièce revêtue de son visa. Ce nouvel enregistrement est, lui aussi, dans la plupart des Etats, assujetti à un droit fixe peu élevé. Dans les colonies australiennes, la plupart des propriétaires se sont empressés de se soumettre au régime de l'acte Torrens. On songe à l'appliquer en Tunisie, et il rendrait les plus grands services partout ailleurs ; mais il sera repoussé par le fisc et aussi par les hommes de loi, dont il réduirait les profits. »

(CH Y.)

* **TORRENT** s. m. [tor-ran] (lat. *torrens*). Courant d'eau rapide, qui ordinairement est produit par des orages ou des fontes de neige, et qui ne dure que peu de temps : *torrent rapide, impétueux*. — Se dit, fig., de certaines choses par rapport à leur abondance, ou à leur impétuosité, ou à l'une et l'autre ensemble : *un torrent de paroles*.

* **TORRENTIEL, ELLE** adj. [tor-ran-si-èl]. Qui est produit par des torrents ; qui ressemble à un torrent : *pluie torrentielle*.

TORRENTUEUX, EUSE adj. Qui se transforme en torrent.

TORRÈS (Détroit de), détroit situé dans l'océan Equinoxial, entre la Papouasie et l'Australie ; il est parsemé d'îlots et fut découvert en 1606 par Luis de Torrès, traversé par Cook en 1770 et exploré par les corvettes françaises l'*Astrolabe* et la *Zélée*, en 1840.

TORRES-VEDRAS [tor'-rèss-vé'-drass], ville du Portugal, sur le Sizandro, à 36 kil. N.-N.-O. de Lisbonne ; 4,200 hab. Il donne son nom aux lignes de défense établies par Wellington en 1810, sur une chaîne de hauteurs dans le voisinage, et d'où il tint en échec l'armée de Masséna.

TORRICELLI (Evangelista) [tor-ri-tchél'li], mathématicien italien, né en 1608, mort en 1647. Il succéda à Galilée comme professeur de mathématiques à Florence. Sa grande découverte est celle du baromètre. Il publia *Opera Geometrica* (1644).

* **TORRIDE** adj. f. [tor'-ri-] (lat. *torridus*). Brûlant, excessivement chaud. N'est usité que dans cette locution. ZONE TORRIDE, portion de la terre ou du ciel qui est entre les deux tropiques : *les habitants de la zone torride ont le soleil à plomb sur leurs têtes deux fois l'année*.

TORRIDIEN, IENNE adj. Qui appartient, qui a rapport à la zone torride.

* **TORS, ORSE** adj. [tor] (lat. *torsus*). Qui est tordu, ou qui paraît l'être. — Fig. et fam. UN COU TORS, un hypocrite.

* **TORSADE** s. f. Frange tordue en spirale, qu'on emploie pour orner les tentures, les rideaux et les draperies. — Se dit aussi de certains ornements d'or ou d'argent tordus en forme de petits rouleaux, qui servent de marque distinctive pour les épaulettes des grades supérieurs : *les épaulettes de capitaine sont à petites torsades, celles de colonel sont à grosses torsades*.

* **TORSE** s. m. (ital. *torso*). Sculpt. Figure tronquée, qui n'a qu'un corps sans tête, ou sans bras, ou sans jambes : *le torse du Vatican*. — Le tronc, le buste d'une statue antique, ou même d'une personne vivante : *le torse de la Vénus de Milo est admirable*.

TORSER v. a. Travailler en colonne torse, rendre tors.

* **TORSION** s. f. (lat. *torsio*). Action de tordre, et état de ce qui est tordu. S'emploie surtout dans le langage didactique. — BALANCE DE TORSION DE COULOMB, appareil de physique destiné à mesurer les moindres forces électriques. La balance de torsion se compose d'un fil de cuivre jaune, suspendu par l'une de ses extrémités et tiré, à l'autre extrémité, par un poids qui met une aiguille en mouvement. La déviation de cette aiguille marque le plus ou moins de torsion du fil métallique.

TORSOIR s. m. Techn. Bille dont on se sert pour tordre les peaux.

TORSTENSON (Lennart) [tor'-stenn-sonn], comte d'Ortala ; général suédois de la guerre de Trente ans, né en 1603, mort en 1651. En 1632, il prit une part active au passage du Lech ; mais il fut fait prisonnier, et les rigueurs de sa captivité détruisirent sa santé pour le reste de sa vie. Echangé, il fut mis à la tête d'un corps d'armée. En 1641, il succéda à Baner comme généralissime des armées suédoises en Allemagne, et en mai 1642, il gagna une grande victoire à Schweidnitz. Après avoir réduit plusieurs villes en Moravie, il battit en retraite et mit le siège devant Leipzig. Le 23 oct. (nouveau style : 2 nov.) il infligea à l'archiduc Léopold une défaite signalée dans la plaine de Breitenfeld. Il conquit ensuite toute la Saxe, et traversa victorieusement la Moravie. Le Danemark ayant conclu une alliance secrète avec l'empereur, Torstenson, vers la fin de 1643, entra avec une surprenante rapidité dans le Holstein et conquit presque toute la péninsule danoise. En 1644, il battit Gallas ; le 24 fév. 1645, il remporta la bataille de Jankau, et s'avança jusque sous les murs de Vienne. Là, ses alliés l'abandonnèrent ; il se retira alors en Bohême, et en 1646 ses infirmités l'obligèrent à céder son commandement à Wrangel.

* **TORT** s. m. (lat. *tortus*). Ce qui est opposé à la justice et à la raison : *lequel des deux a tort ?*

> Pardonnez.... envers vous je reconnais mes *torts*.
>   COLLIN D'HARLEVILLE. *L'Inconstant*, acte III, sc. II.

> .... moi mon grand *tort*, et *tort* qui se repose
> Sur de tels paresseux à servir ainsi lents.
>   LA FONTAINE. Liv. IV, fable 19.

— METTRE QUELQU'UN DANS SON TORT, lui faire une offre, une proposition qu'il ne puisse refuser sans faire voir qu'il est déraisonnable ou injuste ; avoir pour lui un procédé auquel il ait tort de ne pas répondre : *faites-lui encore cette offre pour le mettre dans son tort.* — Prov. LE MORT A TOUJOURS TORT, un homme mort ne pouvant plus se défendre, on a tort la faute de beaucoup de choses sur lui. On dit de même, LES ABSENTS ONT TORT. — Lésion, dommage qu'on souffre ou qu'on fait souffrir : *réparer le tort qu'on a fait.* — A tort loc. adv. Sans raison, injustement : *on l'accuse à tort et sans cause.* — A tort et à travers loc. adv. Sans considération, sans discernement : *il frappe à tort et à travers.*

> Le juge prétendait qu'à *tort et à travers*,
> On ne saurait manquer, condamnant un pervers,
>   LA FONTAINE.

— A tort et à droit loc. adv. Sans examiner si la chose est juste ou injuste : *il veut ce qu'il veut, à tort et à droit.* — A tort ou à droit, à tort ou à raison loc. adv. Avec droit ou sans droit, avec ou sans raison valable : *à tort ou à droit, il s'est trouvé lésé.*

* **TORTE** adj. f. Voy. TORS.

* **TORTELLE** s. f. Plante. Voy. VÉLAR.

* **TORTICOLIS** s. m. Sorte de rhumatisme, ordinairement passager, qui fait qu'on ne peut tourner la tête sans douleur : *torticolis fort douloureux.* — Qui porte le cou de travers : *cette attaque d'apoplexie l'a rendu torticolis.* Se dit, fig., et fam., des faux dévots : *ne vous fiez pas à ce torticolis.*

* **TORTIL** s. m. [tor-til] (lat. *tortilis*, qui peut se tordre). Blas. Sorte de turban blanc qui entoure les têtes de Maure.

* **TORTILLAGE** s. m. Façon de s'exprimer confuse et embarrassée : *que veut-il dire avec ce tortillage ?* (Très fam.)

* **TORTILLE** s. f. [il mll.]. Se dit de petites allées étroites et tortueuses, qu'on pratique dans un bois, dans les taillis d'un jardin ou d'un parc, pour s'y promener à l'ombre : *il y a dans ce parc de jolies tortilles.* Quelques-uns disent aussi TORTILLÈRE.

* **TORTILLEMENT** s. m. Action de tortiller,

ou état d'une chose tortillée : *le tortillement des câbles est une opération pénible.* — Se dit, fig. et fam., des petits détours, des petites finesses qu'on cherche dans les affaires : *il ne faut point tant de tortillements.*

* TORTILLER v. a. [*ll* mll.] (du lat. *tortus*, tordu). Tordre à plusieurs tours. Ne se dit qu'en parlant des choses faciles à plier, comme le papier, la filasse, le ruban, etc. : *tortiller du ruban, une corde, un cordon, du papier.* — v. n. Chercher des détours, des subterfuges : *cet homme ne fait que tortiller dans les affaires.* — Fam. et par plaisant. TORTILLER DES HANCHES, marcher avec un mouvement, un balancement trop marqué des hanches. — Se tortiller v. pr. Se replier : *voyez comme ce serpent se tortille.*

* TORTILLÈRE s. f. Voy. TORTILLE.

* TORTILLON s. m. Coiffure d'une fille du bas peuple. — Se dit, par ext., d'une petite servante prise au village. (Vieux.)

TORTILLONNER v. a. Entortiller, embrouiller. — Techn. Soumettre à l'opération du tortillage.

* TORTIONNAIRE adj. [tor-si-o-]. Jurispr. Inique et violent. N'est guère usité que dans ces locutions : *un emprisonnement injurieux et tortionnaire ; une exécution, une saisie,* etc., *injuste et tortionnaire.* — Substantiv. Bourreau.

* TORTIONNER v. a. (lat. *torsio,* torture). Interpréter d'une façon violente : *tortionner un texte.*

* TORTIS s. m. (lat. *tortus,* tors). Assemblage de plusieurs fils de chanvre, de laine, de soie, etc., tordus ensemble. — Espèce de couronne ou de guirlande de fleurs : *un tortis de fleurs.* — Blas. Fil de perles qui entoure la couronne des barons.

TORTOLA, la plus importante des îles anglaises du groupe de la Vierge dans les Indes occidentales ; par 18° 24' lat. N. et 66° 52' long. O. ; 4,000 hab. Le sol est inégal et montueux, en certains endroits, arrivant à une hauteur de plus de 1,600 pied.s Tortola, la ville principale, sur la côte N., possède un bon port. Exportations : sucre, mélasse, rhum, minerai de cuivre. Le climat est malsain.

TORTOSE (esp. *Tortosa*) ; anc. *Dertosa*), ville fortifiée d'Espagne, en Catalogne, sur l'Ebre, à 63 kil. S.-O. de Tarragone ; 25,000 hab. Elle possède une cathédrale gothique et un séminaire. Tissus de coton et de laine, verre, poterie, cordages, cuirs, eau-de-vie, paniers. Il se fait par la rivière un considérable trafic. Près de la ville se trouvent des carrières de marbre précieux connu sous le nom de jaspe de Tortose. L'ordre militaire de la Hacha ou du Flambeau fut institué pour les femmes de Tortose en 1770, en reconnaissance du courage qu'elles avaient montré en défendant leur ville contre les Maures.

* TORTU, UE adj. Qui n'est pas droit, qui est de travers : *cet homme est tout tortu, bossu,* etc. — Fam. LE BOIS TORTU, la vigne. — Fig. et fam. AVOIR L'ESPRIT TORTU, manquer de justesse dans l'esprit, voir.les choses autrement qu'elles ne sont. On dit, dans le même sens, FAIRE DES RAISONNEMENTS TORTUS. — Adverbial. D'une manière tortue.

Puis-je autrement marcher que ne fait ma famille?
Veut-on que j'aille droit quand on y va *tortu.*
                LA FONTAINE.

* TORTUE s. f. (bas lat. *tortuca ;* du lat. *tortus,* tordu). Erpét. Genre de reptiles, type des chéloniens, comprenant un grand nombre d'espèces d'animaux à quatre pieds, dont la démarche est lente, et dont tout le corps, à la réserve de la tête, des pieds et de la queue, est couvert d'une grande enveloppe dure et le plus souvent garnie d'écailles : *tortue de mer.* — Fam. A PAS DE TORTUE, len-

tement : *il va, il marche à pas de tortue.* — Espèce d'abri ou de toit que les soldats formaient en tenant leurs boucliers au-dessus de leur tête, et en les serrant les uns contre les autres, pour être à couvert des traits de l'ennemi en approchant du pied des murailles d'une ville assiégée : *les pierres et les traits lancés par les assiégés tombaient et glissaient sur la tortue formée par les assiégeants.* — Machine de guerre montée sur des roues et couverte, à l'abri de laquelle on pouvait s'avancer de même jusqu'au pied des murailles d'une ville assiégée : *les travailleurs, couverts par la tortue, perçaient le mur.* — ENCYCL. On distingue ordinairement les *tortues terrestres,* les *tortues d'eau douce,* ou *fluviatiles,* les *tortues de· mer,* les *tortues à gueule* ou *chélides* et les *tortues molles.* — 1° TORTUES DE TERRE. Elles se distinguent, à première vue, par une carapace très bombée. L'espèce la plus commune en Europe est la *tortues de Grèce* (*testudo græca*), longue de 28 à 30 centim., à écailles relevées, tachetées de noir et de jaune par des marbrures. Elle se nourrit de feuilles, de fruits et d'insectes, passe l'hiver dans un trou, pond 4 ou 5 œufs semblables à ceux du pigeon, et produit le fameux bouillon de tortue, recherché des gourmets. On trouve au sud de l'Afrique, la *tortue géométrique* (*testudo geometrica*), longue de 45 centim., à carapace noire. — 2° TORTUES D'EAU DOUCE. Bien que quelques tortues passent presque toute leur vie dans l'eau douce, il n'en est pas qui soient entièrement aquatiques ni qui puissent nager sans appui pendant de grandes distances ; lorsqu'elles sont dans l'eau, elles restent d'ordinaire au fond, et ne nagent guère que lorsqu'elles sont effrayées ou qu'elles cherchent à gagner terre. Leur locomotion est une sorte de marche ; le poids du corps est à peu près également distribué entre les membres antérieurs et les postérieurs, et les mouvements de chaque paire se font alternativement. La carapace est plus symétrique chez ces espèces que chez les tortues de mer ; les pattes sont toujours distinctes des jambes autour desquelles elles se meuvent ; les doigts sont ou séparés et courts, ou réunis par une membrane susceptible d'extension et de contraction. D'ordinaire, les membres peuvent se ramener sous la carapace, ainsi que la tête, au moins en partie. L'espèce européenne, la *cistude d'Europe* (*testudo orbicularis*), longue de 25 centim., à la carapace noirâtre, semée de points jaunâtres, disposés en rayons ; elle se nourrit d'herbes, d'insectes et de petits poissons, qu'elle prend dans la vase, d'où son nom de *tortue bourbeuse.* On mange sa chair. Elle se trouve dans l'Orient de l'Europe. Chez la *tortue de Pennsylvanie* (*thyrosternum Pennsylvanicum,* Ag.) les mâchoires sont fortes et tranchantes, la gueule est longue et étroite ; les parties antérieure et postérieure du sternum sont mobiles sur la pièce centrale ; elle est d'un brun sombre en dessus, d'un brun noir foncé ou jaunâtre en dessous ; sa gorge et le dessous de sa gueule sont d'un jaune sale ; elle a d'ordinaire 10 centim. de long, près de 8 centim. de large et 3 centim. de haut. Elle se trouve depuis la Pennsylvanie jusqu'à la Floride, et à l'O. de la vallée du Mississipi ; elle fourmille dans les étangs vaseux, se nourrissant de petits poissons, d'insectes et de larves aquatiques ; elle fait le désespoir des pêcheurs à la ligne dont elle dévore les appâts. Elle a une légère odeur de musc, mais moins que la *tortue musquée* (*ozothecu odoratз,* Agass.), qui se trouve depuis la Nouvelle-Angleterre jusqu'à la Floride. La tortue peintε (*chrysemys picta,* Gray) se reconnaît à la bordure jaune de ses plaques dorsales noirзs, aux taches et aux lignes d'un rouge de sang qui marquent les plaques latérales, les membres et la partie inférieure de la queue, et à son sternum d'un jaune d'or. On

la trouve dans le nord jusqu'au Nouveau-Brunswick, et au sud jusqu'à la Caroline et à la Géorgie. A l'O. de l'Ohio, elle est remplacée par la *chrysemys marginata* (Agass.). La *tortue tachetée* (*nanemys guttata,* Agass.), est aussi commune, et se distingue par ses taches jaunes sur un fond noir, et par son sternum noirâtre bordé de jaune. Elle vient souvent à terre, où elle mange des vers et des insectes orthoptères. Elle a environ 12 centim. de long, 7 de large et 3 centim. de haut. On trouve encore aux Etats-Unis la

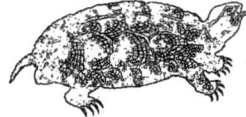
Tortue sculptée (Glyptemys insculpta).

tortue sculptée (*glyptemys insculpta,* Ag.), dont la carapace est d'un rouge brun, et dont les plaques sont striées de bandes jaunes en relief ; elle peut vivre longtemps hors de l'eau. La *tortue à boîte* (*cistudo Virginea,*Agass.; *cistudo clausa* et *Carolina,* d'autres auteurs) a

Carapace de la tortue à boîte (cistude Virginea).

une écaille rude et forte, ordinairement d'un brun clair, coupé de nombreuses taches et de lignes d'un jaune brillant, s'irradiant plus ou moins ; le plastron est à charnière au milieu, de sorte que les parties antérieure et postérieure peuvent chacune rejoindre la carapace et enclore l'animal dans une boîte parfaite. Elle mesure environ 16 centim. de long, 11 centim. de large et 6 centim. de haut. Elle est presque complètement terrestre, et nage fort mal. Elle se nourrit d'insectes et de plantes charnues, qu'elle mange aisément. — La *tortue des Galápagos* (*megalochelys Indica,* Fitz.) est la plus grande de son ordre ; elle atteint souvent 4 m. de circonférence ; son écaille est très convexe et d'un brun foncé ; sa chair, excellente, est un grand article de consommation, fraîche ou salée, et sa graisse donne une huile très claire. Elle se nourrit de plantes charnues, de légumes ; en captivité elle aime les choux, les laitues, les citrouilles. Ces animaux étaient autrefois très nombreux dans les îles Galápagos. Il est probable qu'ils vivent des siècles. — Parmi les tortues d'eau douce de la famille des *emydoidæ,* qui sont employées comme aliment, on remarque la *tortue à ventre jaune* que les Américains appellent *terrapin* (*trachemys scabra,* Agass.). Elle a 30 centim. de long sur 18 de large et 28 centim. de haut. Sa carapace est arrondie, très convexe, échancrée par devant, dentelée en scie derrière, ridée longitudinalement et rugueuse partout. Sa couleur est d'un brun noirâtre, rayé de lignes jaunes, avec des taches plus ou moins rayonnantes. Cette espèce vit dans les marais et les étangs stagnants ; on les voit se réchauffant au soleil sur le bord, de façon à pouvoir plonger dans l'eau à la moindre alerte. Au nord de la Virginie, cette espèce est remplacée par la *tortue à ventre rouge* (*ptychemys rugosa,* Ag.), qui est un peu plus petite. Sa carapace n'a point d'échancrure par devant ; mais elle est plus large et échancrée par derrière. L'écaille, la tête, le cou et les membres sont d'un brun sombre, avec des taches, des points et des lignes de rouge ; le sternum est d'un rouge sombre. Elle vit dans les eaux courantes, et préfère les fonds rocheux. La *tortue ou terrapin de la Floride* (*ptychemys concinna,* Ag.),

est l'espèce la plus grosse; elle mesure 38 centim. de long, 25 de large et 18 de haut; sa carapace est entière, comprimée sur les côtés; ses mâchoires sont dépourvues de dents, l'inférieure est un peu striée en forme de scie; l'écaille, le cou, la tête et les membres de cette tortue sont brunâtres, avec de nombreuses lignes et bandes jaunes. On

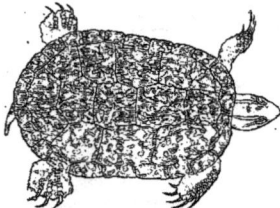

Tortue à ventre rouge (ptychemys rugosa).

trouve cette tortue en grand nombre dans les Etats-Unis du Sud; elle habite les lacs et les rivières. Sa chair est délicieuse. Une autre espèce (*deirochelys reticulata*, Agass.), longue de 23 centim. et large de 13 centim., a la carapace ovale, entière, rugueuse longitudinalement, d'un brun noir recouvert d'un entrelacs de lignes jaunes, d'où lui vient son nom spécifique; jaune en dessous; se trouve depuis la Caroline du Nord jusqu'à la Louisiane, sans s'enfoncer beaucoup dans l'intérieur du pays. Son cou long lui donne un peu l'air d'un serpent lorsqu'elle nage, ne montrant que la tête et le cou à la surface de l'eau. C'est la plus estimée des tortues comme nourriture. — Au groupe des tortues d'eau douce appartient la *tortue serpentine*

Tortue serpentine (Chelydra serpentina).

(*chelydra serpentina*, Schwei.), espèce américaine dont la tête se retire en grande partie dans l'intérieur de l'écaille, et se projette en avant très brusquement grâce à un cou long et extensible; mais ses jambes et ses pieds sont presque entièrement à découvert, l'écaille est grisâtre en dessus, et jaunâtre dans les parties inférieures. Cette tortue atteint une longueur de près de 1 m. 50, et un poids de 25 kilog. Elle préfère les

Tortue verte (Chelonia midas).

eaux profondes et dormantes des étangs et des rivières, et se tient presque toujours au fond. Elle dévore avec voracité les poissons, les reptiles, et les oiseaux aquatiques qui viennent à sa portée. On estime beaucoup sa chair pour faire des soupes. On la trouve du Maine à la Géorgie. et, vers l'ouest, jusqu'au Mississipi. — 3° TORTUES DE MER. Reptiles chéloniens (voy. TESTUDINÉS) formant le sous-ordre *chelonii* (Oppel). Les tortues de mer nagent parfaitement, et ne s'approchent guère du rivage que pour y déposer leurs œufs. Certaines espèces ne se nourrissent que d'algues; quelques-unes mangent des mollusques, des crustacés et autres animaux aquatiques. Elles sont généralement timides, et n'opposent que peu de résistance, bien qu'elles soient plus hardies pendant le temps de l'accouplement. La chair des espèces herbivores offre une nourriture saine, et très recherchée des gourmets; celle des espèces carnivores, au contraire, est désagréable sinon malsaine. La *tortue verte* ou *tortue franche* (chelonia midas, Schw.) atteint quelquefois 2 à 3 m. de long, et un poids de 250 à 300 kilog.; elle tire son nom de la couleur de la graisse délicate qui donne aux soupes à la tortue et à d'autres mets une saveur particulière. On la trouve en abondance dans les eaux américaines, sous les tropiques, et on en transporte des quantités de vivantes dans le nord de l'Amérique et en Europe. La *tortue imbriquée* ou *à bec de faucon* (eretmochelys imbricata, Fitz.), des Antilles, du golfe du Mexique, etc., l'*eretmochelys squamata*,'(Ag.), de l'océan Pacifique et de l'océan Indien ne sont recherchées que pour la beauté de leur carapace qui donne l'écaille de tortue du commerce. — 4° TORTUES A GUEULE OU CHÉLIDES. Elles sont remarquables par le volume de leur tête et de leurs pieds; leur gueule, fendue en travers, n'est point armée d'un bec de corne, mais elle ressemble à celle de certains batraciens. L'espèce principale est la *matamata (testudo fimbria)* dont la carapace est hérissée de fortes éminences. On la trouve à la Guyane. — 5° TORTUES MOLLES. Elles n'ont point d'écailles, mais seulement une peau molle pour envelopper leur carapace. La corne de leur bec est revêtue de lèvres charnues et leur nez se prolonge en une petite trompe. On distingue dans ce groupe la *tyrsé* ou *tortue molle du Nil* (testudo triunguis) longue de 3 pieds, à carapace peu convexe. Elle dévore les petits crocodiles quand ils éclosent. La *tortue molle d'Amérique* (testudo ferox), habite les rivières de la Caroline, de la Géorgie, de la Floride et de la Guyane. Elle dévore les oiseaux, les reptiles et les jeunes caïmans. Sa chair est bonne à manger.

TORTUE (Île de la), esp. *Tortuga*, île de la mer et de l'Archipel des Antilles, près de la côte N.-O. d'Haïti, dont elle dépend; 303 kil. carr.; 5,000 hab. Ch.-l., Tayona. Elle fut longtemps un repaire de flibustiers et plus tard le premier établissement français à Saint-Domingue.

* TORTUER v. a. (rad. lat. *tortus*). Rendre tortu : *tortuer une aiguille*.

* TORTUEUSEMENT adv. D'une manière tortueuse.

*TORTUEUX, EUSE adj. Qui fait plusieurs tours et retours. Ne se dit guère que des rivières, des chemins et des serpents : *le cours tortueux d'un fleuve*.

TORTUGAS [tor-tou'-gass], île sur la côte N.-E. de Cuba, à l'entrée du port de Nuevitas; elle a 38 kil. de long du N.-O. au S.-E. et 9 kil. de large. Plusieurs autres petites îles sont appelées Tortuga ou Tortue, à cause de leur forme, ou parce que les tortues y abondent.

* TORTUOSITÉ s. f. Etat de ce qui est tortueux.

* TORTURE s. f. (rad. lat. *torquere*, tourmenter). Gêne, tourment qu'on fait souffrir : *les tyrans ont inventé d'horribles tortures*. — Tourment qu'on fait souffrir à quelqu'un par ordre de justice, pour l'obliger à con- fesser la vérité : *mettre à la torture*. — Fig. METTRE SON ESPRIT A LA TORTURE, DONNER LA TORTURE A SON ESPRIT, SE DONNER LA TORTURE, ÊTRE A LA TORTURE, travailler avec une grande contention d'esprit à la recherche, à l'examen, à la discussion de quelque chose : *ne donnez point la torture à votre esprit pour résoudre une pareille question*. — Fig. METTRE QUELQU'UN A LA TORTURE, lui causer un trouble, un embarras pénible, où une vive impatience. On dit également, dans ce sens, ÊTRE A LA TORTURE. — ENCYCL. La torture est, à proprement parler, une douleur violente infligée à une personne accusée, pour l'amener à s'avouer coupable, et à un criminel pour tirer de lui le nom de ses complices. Chez les anciens écrivains légistes le mot *question* (lat. *quæstio*, recherche) s'employe comme synonyme de torture. On divisait la torture en question ordinaire, application relativement douce des instruments de torture en usage, et en question extraordinaire où la torture était poussée jusqu'aux dernières limites compatibles avec la vie de l'individu. Partout où le code de Justinien fut adopté pour base du système légal pendant le moyen âge, la torture judiciaire fit partie de l'instruction des causes criminelles. En Angleterre, il est probable qu'elle ne fut jamais considérée comme faisant partie du droit commun; mais elle était reconnue comme une des prérogatives de la couronne, et elle fut employée de temps en temps à ce titre jusqu'en 1640. Après 1252, l'inquisition adopta la torture et y apporta des raffinements jusqu'alors inconnus. La torture judiciaire persista dans la plupart des Etats européens jusqu'à la fin du dernier siècle. Entre autres instruments de torture, on peut citer le fouet, le chevalet, les brodequins de fer, les poucettes, et bien d'autres inventions capables de produire d'intenses souffrances.

* TORTURER v. a. Faire éprouver la torture : *les brigands l'ont inutilement torturé pour lui faire dire ou était son or*. — Fig. TORTURER UN TEXTE, LE SENS D'UN TEXTE, LE SENS D'UN MOT, lui faire signifier, comme par violence, ce qu'il ne dit pas.

TORTUREUR s. m. Celui qui torture. — Adjectiv. *Les esprits tortureurs*.

TORULEUX, EUSE adj. (lat. *torulus*, petit cordon). Bot. Qui est renflé de distance en distance comme une corde chargée de nœuds.

* TORY s. m. Nom qu'on a donné en Angleterre aux partisans de Charles II, et qui depuis est resté le nom générique du parti qui prétend soutenir la prérogative royale, et qui cherche même à l'étendre. Il est opposé à WHIG : *les torys ont plus fréquemment dominé en Angleterre que les whigs*. — Adjectiv. *Un ministère tory*. (Voy. WHIG.)

* TORYSME s. m. Opinion, système politique des torys.

* TOSCAN, ANE adj. Archit. Se dit du plus simple et du plus solide des cinq ordres d'architecture, et de ce qui constitue cet ordre : *l'ordre toscan*. On appelle ARCHITECTURE TOSCANE, celle qui est essentiellement composée d'arcades et de bossages.

TOSCANE (ital. *Toscana*), division de l'Italie centrale, sur la Méditerranée, comprenant les provinces d'Arezzo, de Florence, de Grosseto, de Livourne avec l'île d'Elbe, de Lucques, de Massa et Carrara, de Pise et de Sienne; 22,025 kil. carr.; 2,173,832 hab. Limites : au N. et au N.-E., les Apennins de Ligurie et de Toscane. Principaux cours d'eau : le Tibre, l'Arno, la Cecina et l'Ombrone. A l'exception de la région marécageuse des côtes appelée la Maremme, le pays est très sain. Il produit en abondance les céréales, le vin, la soie, les olives et l'huile d'olive, le fromage, les étoffes de laine et de

soie, etc. Le principal port est Livourne. Cap., Florence. — L'ancienne Etrurie ou Tuscie comprenait la Toscane actuelle et les pays adjacents. (Voy. Etrurie.) Après la chute de *l'empire romain*, le pays passa des mains des Goths à celles des Lombards; puis Charlemagne le gouverna par l'intermédiaire des comtes ou des marquis, qui se perpétuèrent dans leur autorité jusqu'au xii° siècle. Le plus célèbre de ces souverains fut la comtesse Mathilde (morte en 1115) qui légua ses Etats au Saint-Siège; mais les empereurs ne reconnurent pas ce legs, et Frédéric Ier finit par acheter la Toscane à son dernier marquis. Le pape Innocent III reprit les prétentions de Rome, et la Toscane, au milieu des luttes entre les Guelfes et les Gibelins, fut divisée en nombreux petits Etats, dont les plus importants furent les républiques de Florence, de Pise, de Sienne et de Lucques. Après des guerres acharnées avec Pise . et d'autres villes, Florence acquit la prépondérance. (Voy. Florence et Médicis.) Alexandre de Médicis ayant été assassiné en 1537, Cosme le Grand lui succéda dans la magistrature suprême, et en 1569, il prit le titre de grand-duc de Toscane. Sa descendance étant éteinte en 1737, un traité fit passer le grand-duché à François II de Lorraine, plus tard empereur d'Allemagne, sous le nom de François Ier. Après la mort de celui-ci, le duché fut gouverné par son fils Léopold, plus tard empereur, et par son petit-fils Ferdinand III à qui les Français l'enlevèrent (1797). Napoléon, en 1801, créa le royaume d'Etrurie qu'il donna à Louis, prince héritier de Parme, dont la femme, Marie-Louise d'Espagne, lui succéda comme régente. En 1808, Napoléon fit sa sœur Elisa Bacciochi grande-duchesse de Toscane. En 1814, les alliés occupèrent le duché au nom de François III, qui fut restauré en 1815 ; on ajouta même l'île d'Elbe et d'autres territoires à ses Etats; Lucques, qui faisait partie des possessions de la veuve de Napoléon, Marie-Louise, grande-duchesse de Parme, retourna à la Toscane en 1847. Le fils de Ferdinand, Léopold II, fut contraint d'abdiquer en 1859. Ferdinand IV fut déposé en 1860, et en 1861 la Toscane devint officiellement une partie du royaume d'Italie.

TOSCHI (Paolo) [toss'-ki], graveur italien, né vers 1788, mort en 1854. En 1819, il fut nommé directeur de l'académie des beaux-arts de Parme. Il est le premier qui ait gravé des fresques du Corrège.

* **TOSTE.** Voy. Toast.

* **TOSTER** v. a. Porter un toast, des toasts; boire en annonçant un vœu, un sentiment pour quelque personne, ou quelque événement heureux : *il faut toster le général qui a remporté cette victoire.* — v. n. *Nous passâmes toute la journée à toster.*

TOT s. m. Tente goudronnée divisée en plusieurs compartiments, et destinée à couvrir le pont de l'avant à l'arrière, pour le préserver du soleil, de la pluie et du revolin des lames, car, autant que possible, les écoutilles doivent rester constamment ouvertes le jour et la nuit.

* **TÔT** (ital. *tosto*) adv. de temps. Promptement, vite, dans peu de temps: *il faut mourir tôt ou tard.* — Quand on le joint aux adverbes Bien, si, Aussi, il forme avec eux un seul mot : *vous avez eu bientôt fait.* — Sitôt que, Aussitôt que, dès que, du moment que: *sitôt qu'il en reçut la nouvelle, il partit.*

* **TOTAL, ALE, AUX** adj. (lat. *totalis*). Complet, entier: *sa ruine totale.* — s. m. Le tout, l'assemblage de plusieurs choses considérées comme faisant un tout: *prenez le total.* — Au total, en total loc. adv. Tout compensé: *au total, c'est une bonne affaire.* — Somme totale loc. adv. En comptant tout: *cela coûte, somme totale, vingt-six mille francs.*

462.

* **TOTALEMENT** adv. Entièrement, tout à fait : *il est totalement ruiné.*

TOTALISATEUR, TRICE adj. Qui totalise.

TOTALISATION s. f. Action de faire un total.

TOTALISER v. a. Faire le total.

* **TOTALITÉ** s. f. Le total, le tout : *la totalité du bien.*

TOT CAPITA, TOT SENSUS, expression lat. qui signifie : *Autant de têtes, autant d'opinions.*

TÔTES, ch.-l. de cant., arr. et à 35 kil. S. de Dieppe (Seine-Inférieure); 850 hab.

TÔT-FAIT s. m. Sorte de pâtisserie qui se fait très rapidement : *des tôt-faits.*

TOTILA (proprement *Baduila*), roi goth d'Italie, mort en 552. Il était duc de Frioul et fut élu roi en 541. Il ravagea la plus grande partie de l'Italie, et en 546 entra dans Rome. Il quitta cette ville pour aller réparer les revers de ses armées en Lucanie, et, pendant son absence, Bélisaire en reprit possession. Mais, en 548, il s'en rendit maître de nouveau. En 552, il fut défait par Narsès à Tagina (Ombrie) et perdit la vie dans le combat.

TOTIPALME adj. (lat. *totus*, entier; *palma*, palme). Ornith. Se dit des oiseaux palmipèdes qui ont tous leurs doigts réunis dans une seule membrane. — s. m. pl. Famille des palmipèdes comprenant les genres anhinga, cormoran, fou, frégate, pélican et phaéton.

TOTLEBEN. Voy. Todleben.

* **TOTON** s. m. (lat. *totum*, tout entier). Espèce de dé qui est traversé d'une petite cheville sur laquelle on le fait tourner, et qui est marqué de différentes lettres sur ses quatre faces latérales. Quand, après avoir tourné, le dé tombe en présentant la face marquée d'un T, celui qui a joué gagne tout ce qui est au jeu : *les totons sont ordinairement d'os ou d'ivoire.*

* **TOUAGE** s. m. Mar. Action de touer, ou résultat de cette action. (Voy. Touer.)

* **TOUAILLE** s. f. Linge pendu sur un rouleau auprès d'un lieu où l'on se lave les mains, et qui sert à les essuyer.

TOUAREG s. m. pl. sing. *Targui*, fém. *Targuiya.* Nom sous lequel les Arabes nomades nous ont appris à connaître les Berbères voilés du Sahara. Quelques lettrés font dériver ce nom de la racine *taraka*, *être abandonné* (de Dieu); d'autres de *tharaqa*, *faire une incursion de nuit*; mais, dans le premier cas, il faudrait écrire *Touarek*, et dans le second, *Thouareg* ou *Thouareg*. Il est plus probable que ce nom est celui d'une ancienne tribu de voilés, les *Targa*, cités par Ibn Khaldoun comme habitant, de son temps, au delà du Sahara tunisien, et que l'on a étendu à tous les porteurs de voile. Les anciens historiens arabes désignent ces Berbères sous les noms de *Moultetemmin* et de *Ahel el litham* (les gens du voile); eux-mêmes s'appellent *Imoucharh*, au sing. *Amacherh.* — Les Touareg (nous continuerons à leur donner ce nom) sont une branche de la nation berbère des Zanag ou Sanhadja, jadis répandue dans tout le Maghreb. Plusieurs tribus nomades de cette nation, chassées des fertiles provinces du Tell au temps de la domination carthaginoise ou à l'époque de la conquête romaine, émigrèrent, avec leurs troupeaux, dans le Sahara septentrional ; mais, incommodés dans leurs courses par l'éblouissante lumière du hamad que par le souffle embrasé des vents du sud, ces émigrants imaginèrent de rabattre, sur leurs yeux, en forme de visière, un pli de leur turban, et de se couvrir d'un voile la partie inférieure du visage. Cet usage entra bien vite dans les mœurs et, comme le dit juste-

ment M. Hanoteau, il s'y rattache encore aujourd'hui une idée de dignité qui le fera longtemps respecter. — Lorsque Okba ben Nafi pénétra dans le Maghreb-el-Aksa (viie siècle), il se trouva en contact avec des voilés établis dans le Sous; ceux-ci embrassèrent l'islam ; puis, poussés à leur tour par l'amour du prosélytisme, ils conquièrent le Sahara et une partie du Soudan (836 de l'È. chr., 222 de l'H.) et imposèrent la religion nouvelle, ou tout ou moins les formules de profession de foi, aux peuples de ces contrées. — Ce fut d'une tribu de voilés sahariens, les Lemtouna, que sortirent, vers le milieu du xie siècle, les fameux *Marabouthinn* (Almoravides) que le plus ardent fanatisme transforma en héros, et qui englobèrent le Maghreb et l'Espagne dans leur immense empire. On sait qu'épuisés par les conquêtes et corrompus, du reste, par *l'exercice du pouvoir*, les Almoravides furent renversés, vers le milieu du xiie siècle, par les *Mouahhedoun* (unitaires), autres sectaires berbères que les Espagnols nous ont fait connaître sous le nom *d'Almohades.* — Cependant, le plus grand nombre des Sanhadja voilés étaient restés au Désert. Le lien qui les rattachait à *l'empire musulman* une fois rompu (ils avaient été déclarés hérétiques par les Almohades), ils se trouvèrent eux-mêmes divisés en différents groupes de tribus, sortes de confédérations dont les rivalités facilitèrent l'établissement des Arabes nomades dans les meilleurs sites du Sahara septentrional. — Les Touareg commandent encore aujourd'hui en maîtres dans les parties du Sahara comprises de l'È. à l'O. entre le Fezzann, le pays des Tebbous et l'océan Atlantique, et du N. au S. entre le Soudan et la région de pâturages occupée au N. par les Arabes nomades, c'est-à-dire jusqu'à une ligne courbe partant de Rhadamès, passant par le Touât et allant aboutir vers le cap Youbi. Dans cet immense espace, ils forment quatre confédérations principales : les *Oulad Delim* ou *Fils de la Nuit*, dont le nom berbère nous est inconnu, à l'O.; les *loulemednen*, au S.-O., entre le Hhoggar et le Niger; les *Ahhaggarenn*, qui occupent les parties centrale et occidentale du Hhoggar et rayonnent jusqu'au Touât et au Sahara algérien; les *Azguer*, qui habitent le Hhoggar oriental et poussent leurs courses jusqu'à Rhadamès, au Fezzann et au pays d'Aïr. Les *Kel Aïr*, que certains classent au nombre de Touareg, appartiennent à la race des Nègres sahariens. — Tous les Touareg paraissent avoir les mêmes mœurs; toutefois, les observations qui suivent ne se rapportent qu'à ceux du Hhoggar, les mieux connus grâce aux patientes études de M. le commandant Hanoteau et de l'intrépide voyageur M. Henri Duveyrier. Ces Touareg se donnent le nom *d'Imoucharh* et se qualifient de nobles (*ihhaggarenn*). Comme on l'a vu, ils forment deux confédérations : celle d'Azguer, composée de neuf tribus nobles, et celle des Ahhaggarenn qui en comprend quatorze. (Les tribus sont dirigées par des cheikhs ou *imharenn* (sing. *amrhar*); ceux-ci élisent un *amenoukal*, roi ou chef de la confédération, dont ils forment le conseil. Cependant, le principe de l'hérédité est admis de ces peuples; mais, au lieu que ce soit le fils du chef, c'est le fils aîné de sa sœur qui est appelé à lui succéder; d'après eux, « c'est le ventre qui anoblit ». L'élection a lieu qu'à défaut de successeur légitime ou par suite de déposition, par l'assemblée des *imharenn*, d'un chef coupable d'injustice ou d'indignité. Chaque tribu noble a sous sa dépendance un certain nombre de tribus vassales; celles-ci descendent des anciens aborigènes de race noire (voy. Sahara); les conquérants les ont soumises à différents degrés d'asservissement. En général, les serfs (*imrhad*) ne possèdent rien en propre : les troupeaux qu'ils gar-

V.

dent, les oasis qu'ils cultivent appartiennent aux nobles; ils suivent, au besoin, leurs maîtres dans leurs courses, mais sans prendre part aux combats; le port d'arme, du reste, est interdit au plus grand nombre. — Les Touareg nobles du Hhoggar sont des hommes de haute taille, au nez droit, aux lèvres minces; un grand nombre ont les cheveux blonds et les yeux bleus; ils ont pour coiffure une calotte rouge entourée d'un turban bleu foncé; pour costume, une culotte arabe recouverte d'une longue blouse bleue serrée autour du corps par une ceinture et, pour chaussures, des sandales fixées par des lanières; comme il a été dit plus haut, ils rabattent sur leurs yeux un pli de leur turban et se couvrent d'un voile noir la partie inférieure du visage. Quelques voyageurs ont prétendu qu'ils ne montraient jamais leurs traits aux étrangers; cependant les chefs avec lesquels nous nous sommes trouvé en rapport dans le cours de nos voyages n'ont jamais hésité à retirer leurs voiles devant nous. Ils sont armés d'un javelot en fer, barbelé, arme très meurtrière, d'un bouclier en cuir, d'une longue épée droite et d'un large poignard fixé par le fourreau à l'avant-bras gauche. — Leurs femmes jouissent d'une grande liberté et ne sont point voilées comme les hommes; elles ont généralement tous les caractères de la beauté parfaite telle que nous la concevons; nous avons souvent admiré chez elles de grands yeux bleus pleins d'expression, et de magnifiques chevelures blondes tombant en nattes épaisses sur leurs épaules; mais elles ont la déplorable habitude de se teindre le visage et les autres parties du corps avec de l'indigo; elles sont vêtues d'une longue robe bleue ou rouge recouvrant une culotte arabe; une mantille leur couvre la tête et les épaules. Tandis que les hommes sont élevés dans une ignorance absolue, les femmes apprennent à leurs filles à lire et à écrire; leur système d'écriture est, comme on peut le penser, incomplet et barbare. Leur langue est un dialecte berbère. — Les habitations fixes des Touareg sont des petites cabanes rondes en pierres brutes, couvertes en chaume; mais ces cabanes sont rarement habitées si ce n'est par les femmes; les hommes, presque toujours en course sur leurs légers mahara (chameaux coureurs), parcourent en peu de temps des distances incroyables. Ils font profession de louer des chameaux de bât aux caravanes, de les escorter et de les protéger au besoin contre les pillards; ils pillent eux-mêmes celles qui refusent leurs services ou qui se font escorter par d'autres Touareg avec lesquels ils sont en guerre; les droits que leur paient les négociants, les produits du pillage et la vente, sur les marchés sahariens, du croît de leurs troupeaux, constituent leurs principales ressources; ils achètent, sur ces mêmes marchés, les denrées, les armes et les tissus qui leur sont nécessaires. — Les Arabes nomades, ennemis héréditaires de leur race, nous ont présenté les Touareg comme des bandits de profession; mais il est prouvé que la plupart des crimes qu'on leur impute sont, en réalité, commis par des bandes de pirates formées de l'écume de toutes les tribus sahariennes et aujourd'hui malheureusement trop nombreuses dans le Grand-Désert. En général, les Touareg valent mieux que leur réputation; ils sont vrai, cupides et cruels, mais fidèles à la foi jurée; ils sont surtout jaloux de leur liberté et capables de tout pour la défendre; aussi croyons-nous que c'est bien moins par cupidité que par crainte de voir bientôt leur pays envahi par les Français qu'ils ont massacré, en 1881, l'expédition Flatters. Cette crainte leur a été inspirée, d'un côté, par les Turcs de la Tripolitaine, de l'autre, par les Châamba émigrés à la suite de l'insurrection de 1871; d'autre part, la prise d'El Goléah, en 1873, et, depuis, l'occupation de la Tunisie, n'ont fait que l'entretenir et la fortifier. Il ne fallut donc pas, à Cerhir ben Cheikh, l'un des guides de l'infortuné colonel, de grands efforts d'imagination pour persuader à ces naïfs barbares que le sacrifice de la mission était nécessaire à leur sécurité. — La longanimité du gouvernement qui, jusqu'à présent, a laissé cet acte impuni, n'est pas faite pour relever notre prestige aux yeux des peuples sahariens; néanmoins, nous sommes persuadé que la prise de possession du Hhoggar ne tardera pas à s'imposer; les routes qui y conduisent sont aujourd'hui connues, et nous savons qu'elles ne sont pas dépourvues d'eau. Les Touareg, si jaloux de leur liberté, feront d'abord le vide devant nous; mais la faim est une maîtresse impérieuse qui sait dompter les plus fiers courages; si, par l'occupation du Touât, corollaire obligé de celle du Hhoggar, nous fermons aux fugitifs leurs principaux marchés d'approvisionnements, ils ne tarderont guère à se soumettre. Mais les vainqueurs ne devront pas abuser de leur victoire; en assignant aux vaincus un rôle en rapport avec leur génie et leurs instincts, en les prenant à leur solde pour faire la police du Désert, ils assureront, dans cette vaste contrée, la paix et la sécurité. Ils pourront alors poursuivre sûrement en Afrique leur œuvre civilisatrice, construire le chemin de fer transsaharien destiné à relier le Sénégal et le Soudan à l'Algérie, forer des puits et créer des oasis sur le parcours de la voie et, enfin, rendre aux vallées la fraîcheur et la fécondité qu'elles avaient autrefois. (V. Largeau.)

TOUÂT. Dénomination vague et indécise appliquée par les uns à toute une région saharienne, par les autres à une partie seulement de cette région. Dans son acception la plus étendue, le Touât comprend toutes les oasis situées à l'O. et au S. du plateau saharien appelé Tadmaït, dont le rebord occidental prend le nom de Djebel Samani et le rebord méridional celui de Djebel Tidikelt. Ce plateau, dont la situation géographique est loin d'être rigoureusement déterminée, est situé au S. du Sahara algérien et au N.-O. du Hhoggar dont il est séparé par une profonde vallée d'érosion; il paraît s'élever entre 27°30' et 30° de lat. N., et 2° de long. E., et 4° de long. O. La mer de sable (Erg) l'entoure à l'E., au N. et à l'O. Ses eaux s'écoulent, au N.-E., par l'oued Miyâ, vers le chott Melrhir, après avoir arrosé, sur leur passage, les fertiles oasis du pays d'Ouargla; directement au N., elles paraissent se diriger, à travers les sables, vers un affluent du même collecteur après avoir fécondé, chemin faisant, les palmiers d'El Goléah; à l'O., elles s'écoulent partie dans le chotth ou sebkha de Gourara, et partie directement dans l'oued Saoura ou Messaoud; au S., elles vont se perdre dans l'oued Akaraba, affluent du précédent. — C'est surtout autour de la sebkha de Gourara, sur la rive gauche de l'oued Messaoud et sur les bords des vallées qui, à l'O. et au S., conduisent vers les principaux collecteurs les eaux du plateau, que sont situées les nombreuses oasis auxquelles nous donnons le nom collectif de Touât. — Cette curieuse région saharienne, sur laquelle le Dr Barth, Gérard Rohlfs, le commandant Colonieu et le colonel de Colomb nous ont déjà fourni de précieux renseignements, est divisée par la nature en quatre parties principales qui sont : le Gourara, la plus septentrionale, au N.-O. du plateau; l'Aouguerout, au S.-E. du Gourara, le Touât proprement dit ou Petit-Touât, directement au S. du Gourara, et le Tidikelt à l'E. du Petit-Touât. En dehors de ces grandes divisions, on remarque, entre le Gourara et le Touât, les groupes isolés de Zoua, au S. de la sebkha; de Deghamcha, à l'O. du précédent; de Tsabit, au S. de Deghamcha; de Bouda, de Timmi et de Tamentit, directement au S., sur la route du Petit-Touât. — Le Gourara est divisé en 9 districts comprenant environ 95 qçour (villes ou villages). Groupés quelquefois au nombre de 7 ou 8 sur un étroit espace et dans la même oasis, ces qçour paraissent être comme les quartiers d'une même ville. Le district de Tinerkouk, le plus septentrional, comprend toutes les oasis situées au N. et au N.-E. de la sebkha, son qçar le plus important est celui de Tabelkouza; mais le plus populeux et le plus commerçant de tout le Gourara est celui de Temimoun, situé sur le bord oriental de la sebkha; il est le rendez-vous des caravanes du Sahara oranais et marocain, qui vont y faire leurs provisions de dattes en échange du blé et des objets manufacturés qu'ils y transportent du Tell. — L'Aouguerout comprend 14 qçour, situés au pied du djebel Samani, sur les bords de l'oued Meguidenn dont les eaux douces et abondantes s'écoulent vers la sebkha après avoir arrosé, au passage, de magnifiques forêts de palmiers. — Le groupe de Zoua se compose de 12 qçour habités par des marabouths; il est renommé pour les tissus de laine qu'on y fabrique. — Les Deghamcha, qui ont que 4 centres de population, habités également par des marabouths sédentaires. — Le groupe de Tsabit se compose de 28 qçour dont Brinkenn est le plus important. — A l'O. de ce groupe et jusqu'à la vallée de l'oued Messaoud, croissent des bois de belbel (anabasis articulata) et de talahh (acacia gummifera) dont les habitants tirent du charbon qu'ils vendent dans les contrées circonvoisines. — Nous ne ferons que mentionner le petit qçar de Sbâ, simple étape de caravanes, isolée sur la route du Touât. — Le groupe de Bouda, situé à l'O. de ce qçar et sur le bord de l'oued Messaoud, comprend deux magnifiques oasis : Bouda Fouçani (d'en-haut) et Bouda Tahhatani (d'en-bas); la première renferme 4 qçour, et la seconde 7; les plus importants sont : Benn Drâa et El Mansour. — Le belbel et le talahh, qui croissent en abondance dans la vallée de l'oued Messaoud, permettant aux habitants de se livrer également à l'industrie du charbonnage. — Le groupe de Timmi, un des plus importants du Touât comme point de croisement de caravanes et comme centre de commerce, comprend 40 qçour dont 37 dans la même forêt de palmiers. — Le plus important est celui d'Adrar, divisé en 17 quartiers; c'est sur sa place principale (El Djemâa) que se tiennent les grandes réunions et que sont exécutées les sentences du qadi. On y remarque trois grandes maisons, avec cours intérieures, où les étrangers sont logés gratuitement et nourris, pendant trois jours, aux frais des habitants. Une qasba, entourée de murs crénelés et de fossés pleins d'eau, sert de demeure au chef du pays. — Le groupe de Tamentit comprend 8 qçour situés autour d'une sebkha; le principal, qui donne son nom au groupe et à une ville populeuse dans la mosquée, de laquelle on conserve une pierre grise tombée, dit-on, du ciel, et objet de la vénération publique. M. le colonel de Colomb rapporte qu'il existe, à Tamentit, une corporation de mekahhaliat (sortes de francs-tireurs) dont les membres, extrêmement adroits, se réunissent, tous les vendredis, pour s'exercer au tir à la cible. — Le Touât proprement dit, ou Petit-Touât, dont les oasis sont échelonnées, du N. au S., sur les pentes de la rive gauche de l'oued Messaoud, est divisé en dix districts principaux, ou divisions politiques entièrement distinctes; ce sont ceux : de Tâsfaout, le plus septentrional, qui comprend 4 qçour et dont les habitants se livrent à l'industrie du charbonnage; de Tinnoughinn, avec 8 qçour; de Tamest, avec 14 qçour; de Thiouririnn et d'El Mahh-

foud, peu populeux; de *Zaglou*, avec 5 qçour; de *Bou Ali*, avec 5 qçour également; d'*Annzegmir*, avec 9 qçour; de *Tilloulinn*, avec un unique centre de population divisé en plusieurs quartiers; de *Sali*, avec 9 qçour et, enfin, de *Reggann*, le plus méridional; les habitants de ses 10 qçour, souvent en lutte avec les Touareg du Hhoggar, passent pour les plus braves du Touât. — Le *Tidikelt*, situé directement à l'E. du Touât et sur les dernières pentes méridionales du plateau, peut être divisé en deux districts principaux : ceux des *Oulad Zenann* et d'*Aïn-Çalahh*. Le premier comprend 15 qçour, et le second 14. L'oasis d'*Aïn-Çalahh, Innsalahh* ou *Tinnsalahh*, est, au point de vue commercial, la plus importante de tout le Tidikelt. Les qçour du Touât (villes ou villages), presque toujours situés sur des éminences, sont entourés de murailles et de fossés remplis d'eau stagnante; les maisons, généralement construites en *thoub* (blocs d'argiles séchés au soleil), sont souvent élevées d'un étage sur rez-de-chaussée; les rues sont étroites et tortueuses; quelques-unes sont couvertes comme celles de Rhadamès. — La population du Touât peut être évaluée à 350,000 âmes; elle est, comme partout dans le Sahara septentrional, composée de trois races superposées : les Nègres aborigènes ou Nègres sahariens, qui ici prennent le nom de *hharatinn* (affranchis) et qui cultivent les oasis comme *khammès* ou métayers; les Berbères, qui s'adonnent surtout au commerce et à l'industrie, et les Arabes, divisés eux-mêmes en deux castes : les *cheurfa*, qui prétendent descendre du Prophète et qui constituent l'aristocratie religieuse, la plus puissante et la plus considérée, et les nomades qui campent avec leurs troupeaux dans les steppes environnantes. Les premiers sont tous sédentaires et propriétaires d'un grand nombre d'oasis et de qçour; les derniers, quoique propriétaires également pour la plupart, mènent la vie nomade, quelques-uns cependant ont adopté la vie sédentaire et forment, dans certains districts, une sorte d'aristocratie guerrière qui domine le pays; quelques autres s'adonnent, comme les Berbères, au commerce et à l'industrie. Des Juifs musulmans, usuriers, rapaces et sans foi, exploitent, dans les centres commerciaux, les besoins, les passions et même la simplicité des Arabes et des Berbères. Plusieurs fractions d'Oulad Sidi Cheikh comptent au nombre des tribus nomades du Touât. Enfin, un grand nombre de Nègres soudaniens, transportés par les caravanes, cultivent également le sol, gardent les troupeaux ou servent dans les maisons comme esclaves, affranchis ou clients. — Les langues parlées au Touât sont : l'*arabe*, langue religieuse et littéraire, et le *chelhha*, dialecte berbère usité dans toutes les oasis par les Berbères, les Nègres sahariens, et même par certaines tribus arabes qui, ici, se sont berbérisées. Les relations des habitants du Touât méridional et du Tidikelt les obligent, en outre, à connaître le *targuiya* ou *tamahhak*, autre dialecte berbère parlé par les Touareg; les Arabes de l'oasis d'Aoulef ont même adopté complètement la langue, le costume et les mœurs de ces derniers. — A quelque race qu'ils appartiennent, les habitants du Touât sont de fervents musulmans. Quoique en général d'un naturel pacifique, l'esprit guerrier est entretenu, chez les habitants du Gourrara et des oasis de l'oued Messaoud, par les attaques auxquelles ils sont exposés de la part des Berbères de l'Atlas marocain, et, chez ceux du Tidikelt, par leurs fréquents démêlés avec les Touareg. Ils sont même capables de pousser jusqu'à la férocité l'amour de l'indépendance. Il est rare que l'autorité d'un chef s'étende sur un district tout entier. Dans la plupart des oasis, chaque qçar forme une petite république indépen-

dante, avec un cheikh élu et une *djemda* ou conseil municipal; dans d'autres, c'est un chef absolu qui gouverne; enfin, quelques qçour sont divisés en plusieurs quartiers rivaux ayant des gouvernements particuliers et même de formes différentes. Quelle que soit, du reste, sa forme, le gouvernement d'un qçar n'est jamais compliqué : quatre agents suffisent au chef pour en assurer le fonctionnement; ce sont : l'*ouakaf*, chargé de garder les portes, de recevoir les étrangers et d'assurer leur nourriture, et de signaler le danger en cas d'attaque; le *berrahh*, ou crieur public, chargé de transmettre les ordres du chef et d'exécuter ses sentences; le *kiel el mâ*, tout à la fois ingénieur, arpenteur et mesureur d'eau; enfin, le *moueddzenn*, chargé d'annoncer, du haut du minaret de la mosquée, les heures de la prière. Ces fonctionnaires, très considérés du reste, sont rétribués en nature : un régime de *dattes*, une portion d'orge et de légumes par jardin, un morceau de chaque mouton égorgé dans le qçar, et une quête annuelle dans les familles, constituent pour eux un traitement très honorable. Le cheikh connaît de toutes les affaires civiles ou criminelles; les peines infligées sont, suivant les cas : l'amende, les coups de corde ou la bastonnade, l'exposition sur la place publique et l'exil. La peine de mort est rarement appliquée. Le produit des amendes appartient au cheikh; tant pis pour ses administrés s'il est besoigneux. Un *gadi*, placé sous ses ordres, connaît des affaires contentieuses. Les femmes, peu considérées comme dans tous les pays musulmans, jouissent, au Touât, d'une liberté relative. Les mœurs, très faciles dans ce pays de *farniente*, sont régularisées par l'usage, adopté dans tout le Sahara, de marier les jeunes gens dès l'âge de la puberté et par la grande facilité avec laquelle le divorce est admis. Un homme peut prendre jusqu'à quatre femmes légitimes. La femme divorcée rentre dans sa famille avec sa dot, et n'est jamais abandonnée à elle-même; l'entretien des enfants, peu dispendieux du reste, est toujours assuré. Toute femme qui devient mère sans être mariée est chassée du pays avec son séducteur. Les *khedamat er rouahh houm*, dont parle le général Daumas, n'existent que dans les principaux centres commerciaux où les grandes affluences d'étrangers rendent leur présence nécessaire; mais elles sont reléguées dans des quartiers séparés. — La faune du Touât est la même que celle de tout le Sahara septentrional; les chevaux y sont rarés; l'espèce bovine y manque absolument; les ânes y sont nombreux dans les oasis; au lieu de laine, les moutons y ont du poil comme les chèvres; les chameaux constituent la principale richesse des nomades. — Les oasis sont toutes d'une merveilleuse fertilité; comme partout dans le Sahara, la principale culture est celle du palmier-dattier qui, dans l'Aouguerout, donne des produits supérieurs. Les autres arbres fruitiers sont : le figuier, le grenadier, l'amandier, la vigne, etc.; on cultive avec avantage le blé dans le Gourrara, l'Aouguerout et quelques oasis du S. où l'eau est assez abondante, mais en quantité insuffisante pour les besoins du pays; on trouve partout l'orge, le maïs, le millet, la béchena, la luzerne, les haricots, les petits pois, les fèves, les navets, les carottes, les oignons, les aulx, les choux, les citrouilles, les melons, les pastèques, les concombres, les aubergines, les tomates, les piments, la garance, le tabac et, en grande quantité, un coton très estimé. Le henné et le senné s'y trouvent à l'état sauvage. — Les sources naturelles sont rares au Touât; les puits, peu profonds, donnent généralement de bonne eau; mais l'irrigation s'y fait surtout au moyen des *fogaguir* (sing. *foggara*) : ce sont des puits creusés de distance en dis-

tance, suivant la déclivité du sol, et reliés par des galeries souterraines partant du pied d'une colline pour aboutir à une grande citerne construite sur le point culminant du terrain à irriguer. Les eaux d'infiltration de la colline sont augmentées, chemin faisant, du débit fourni par chaque puits. Le contenu de la citerne est réparti par le *kil el mâ* entre chaque propriétaire suivant l'étendue de son jardin. — Les produits de l'industrie locale sont peu variés; on y fabrique surtout des ouvrages en cuir : selles, bâts, chaussures, cartouchières, ceintures; des tissus de laine et de coton, des nattes, des armes et des outils, des bijoux, de la poterie, du charbon, de la poudre, du savon, etc. On tire aussi du sol, en grande quantité, du sel, du salpêtre, de l'alun, de la chaux et du plâtre. — C'est surtout le commerce qui fait la richesse du Touât. Temimoun, dans le Gourara, est, avons-nous dit, en relations constantes avec les habitants du Sahara oranais et marocain qui apportent là du blé et des produits manufacturés du Tell en échange des dattes et des tissus de laine du pays. Timmi, au N. du Petit-Touât, fait déjà un commerce d'échange considérable; mais c'est à Aïn-Çalahh, dans le Tidikelt, qu'aboutissent les grandes voies commerciales du Désert et que se rencontrent les caravanes qui viennent du N. et du S. (Voy. Sahara.) Les principales marchandises soudaniennes qui passent par Aïn-Çalahh sont : les plumes d'autruche, l'ivoire, la poudre d'or, les grosses cotonnades rayées, et surtout les esclaves des deux sexes qui sont de là dirigés sur les marchés du Maroc et de la Tripolitaine, pour être répartis sur tout le littoral méditerranéen. Les produits du N., que les caravanes transportent de préférence au pays des Noirs, sont les draps, les cotonnades blanches, le café, le sucre, les articles de quincaillerie, les couteaux, les miroirs, les verroteries, etc. — Compris autrefois dans l'immense empire des Almoravides, le Touât s'est peu à peu isolé, pour devenir indépendant; les seuls liens qui le rattachent aujourd'hui au Maroc sont purement religieux; la plupart des habitants sont affiliés à l'ordre de Moulay-Thayeb et les chérifs d'Ouazzane y font, chaque année, des quêtes très fructueuses. — Le major Laing est le seul Européen qui ait osé pénétrer dans le Touât sans déguisement; les Allemands Barth et Gérard Rohlfs ont dû, pour visiter impunément ce pays, se couvrir du masque musulman. La conquête de l'Algérie et celle des principales oasis du Sahara septentrional ont éveillé contre nous la défiance des Touatiens; l'expédition d'El Goléah l'a portée à son comble. Paul Soleillet dut reculer, en 1874, devant les menaces de la djemâa d'Aïn-Çalahh; il nous fut fait savoir à nous-même, en 1877, que le fils de Moulay-Thayeb serait tué avec nous s'il nous y accompagnait. Et cependant nous étions porteurs de lettres du sultan du Maroc et du chérif d'Ouazzane! Mais la terreur que le Touât inspirait alors aux Touatiens s'est depuis changée en mépris : la grave insulte faite à la France par le massacre de la mission Flatters est encore impunie, et ces peuples, qui ne respectent que la force, ont pris, pour de l'impuissance ou pour de la peur l'incroyable longanimité de notre gouvernement. Un Français, qui s'achèminerait aujourd'hui vers le Tidikelt, plus que jamais s'exposerait à être massacré, et, jusqu'à nouvel ordre, le Sahara central reste fermé aux Européens. Quoi qu'il en soit, l'occupation du Hhoggar et du Touât s'imposera tôt ou tard, car ce n'est qu'après l'avoir réalisée que la France pourra assurer la tranquillité du Désert, relier entre elles, par une voie terrestre, ses plus belles possessions africaines, et poursuivre son œuvre civilisatrice à travers le continent Noir.

(V. Largeau)

TOUBOUAÏ, groupe le plus méridional de l'archipel de Taïti (Polynésie), comprenant : Touboual, Ohiteroa, Rimatara, Raivavæ et Routoumi.

TOUC s. m. Voy. Toco.

TOUCAN s. m. Ornith. Genre de grimpeurs, comprenant plusieurs espèce d'oiseaux américains dont le bec est très gros et très long : il y a des toucans dont le bec est plus long que le corps entier. — Constellation de l'hémisphère austral. — Encycl. Le nom des toucans est une onomatopée de leur cri. Ces oiseaux sont remarquables par la disproportion de leur bec avec le reste de leur corps. Le bec énorme est cependant très léger à cause de sa structure spongieuse; il est renforcé intérieurement par un lacis de minces lames osseuses. Les toucans sont particuliers à l'Amérique du Sud. Ils vivent en

Toucan jaune (Pteroglossus Humboldtii).

troupe dans les forêts, où ils mènent grand bruit en sautant de branche en branche à la recherche de leur nourriture. Celle-ci consiste surtout en fruits pulpeux, et aussi en œufs, poissons, larves, petits oiseaux et reptiles. Les toucans sont généralement de beaux oiseaux, représentant les calaos de l'Asie et de l'Afrique. Le toucan toco (ramphastos toco, Gmel.) a 42 centim. de longueur, dont plus de la moitié pour le bec. Le plumage est noir avec la gorge et le croupion blancs, le dessous de la queue rouge, le bec d'un rouge orange avec le bout noir. Il habite la Guyane et le Brésil. Le toucan jaune (pteroglossus Humboldtii, Gould) a 42 centim., de long, il est noir et olive avec le croupion rouge et la ventre jaune. On le trouve sur le haut Amazone.

TOUCHABLE adj. Qu'on peut toucher.

TOUCHANT, ANTE adj. Qui touche le cœur, qui émeut. Se dit surtout en parlant d'émotions douces et attendrissantes : un discours touchant. — Géom. Point touchant, le point où une courbe est touchée par une ligne droite, ou le point dans lequel deux lignes courbes se touchent. On dit maintenant, Point de tangence, de contact.

TOUCHANT prép. Concernant; sur le sujet de : il m'a entretenu touchant vos affaires, touchant vos intérêts.

TOUCHAU s. m. Techn. Etoile d'or ou d'argent dont chaque tranche est à un titre déterminé, et qui sert aux essais.

TOUCHE s. f. Chacune des petites pièces d'ébène, d'ivoire, etc., qui composent le clavier d'un orgue, d'un piano, d'un clavecin, etc. : cet homme à la main excellente, on ne lui voit pas poser les doigts sur les touches. — En parlant de la guitare et de quelques autres instruments à long manche, se dit des petits filets saillants qui sont appliqués sur le manche de distance en distance, et qui servent à faire les demi-tons : il faut mettre des touches au manche de cette guitare. — Epreuve qu'on fait de l'or par le moyen de la pierre de touche : on connut à la touche que cette pièce était

fausse. — Pierre de touche, sorte de pierre noirâtre très dure dont on se sert pour éprouver l'or : on a reconnu sur la pierre de touche que cette pièce était fausse. Se dit quelquefois, fig., au sens moral : l'adversité est la pierre de touche de l'amitié. — Se dit, fig. et fam., des pertes de biens, des disgraces, des maladies, des mortifications, et des autres accidents fâcheux : on l'a obligé à payer une grosse somme, c'est une rude touche. (Vieux.) — Petit brin de bois ou de quelque autre chose, dont les enfants qui apprennent à lire touchent les lettres qu'ils veulent épeler. — Petite baguette d'os ou d'ivoire, courbée par un bout, dont on se sert aux jonchets pour lever chaque pièce, après qu'on les a toutes laissées tomber pêle-mêle : lever des jonchets avec la touche. — Peint. Manière dont le peintre indique et fait sentir le caractère des objets : suivant les objets qu'on imite, la touche doit être hardie, fière, mâle, vigoureuse. — S'applique quelquefois, fig., au style, dans un sens anal. : on reconnaît facilement la touche de cet habile écrivain. — Typogr. Action d'appliquer l'encre sur la forme avec les balles ou le rouleau : la touche exige beaucoup de soin.

TOUCHÉ, ÉE part. passé de Toucher. — Jeux de dames et de trictrac, Dame touchée, Dame jouée ; et, au jeu d'échecs, Pièce touchée, Pièce jouée, signifient que, quand on a touché une pièce, il faut la jouer. — Jouer au gage touché. (Voy. Gage.)

TOUCHER v. a. Employé souvent neutral. Mettre la main sur quelque chose, à quelque chose : il ne lui a pas touché le bout du doigt. — Se mettre en contact avec un objet de quelque autre manière que ce soit : toucher du pied. — Fig. Faire toucher une chose au doigt et à l'œil, la démontrer clairement, en convaincre par des preuves indubitables, telles que sont ordinairement celles qu'on acquiert par la vue et par le toucher. — Fig. et fam. Il n'a pas l'air d'y toucher, on ne dirait pas qu'il y touche, se dit d'un homme fin et dissimulé. — Toucher a quelque chose, signifie souvent, atteindre à quelque chose : il est si grand qu'il touche au plancher. — Toucher a quelque chose, signifie aussi, en prendre, en ôter : on ne doit jamais toucher à un dépôt. — Typogr. Etendre, appliquer l'encre sur la forme au moyen des balles ou du rouleau. — Frapper pour faire aller, chasser devant soi; et il se dit en parlant des bêtes, comme vaches, bœufs, chevaux, etc. : il touchait un troupeau devant lui. — Se construit quelquefois, dans ce sens, avec la préposition sur : toucher sur les uns et sur les autres. — Se dit aussi en parlant du contact qui a lieu entre toutes sortes de corps, lorsqu'ils se joignent tellement qu'il n'y a rien entre deux : ma maison touche la sienne. — Mar. Ce navire touche, se dit quand, faute d'eau, la quille touche le fond, ou que, par quelque accident, il vient à toucher une roche, un banc de sable, etc. : Toucher a une ile, a un port, c'est, lorsqu'on fait route, y aborder, y mouiller pour très peu de temps. — Recevoir : il a touché ses appointements. — En parlant de certains instruments de musique, signifie, en jouer : toucher la lyre. — Traiter, exprimer : ce poète, cet orateur touche bien les passions. — Peint. Ce tableau est bien touché, les coups de pinceau y sont donnés avec beaucoup d'entente, de force, de hardiesse, etc. — Emouvoir : Dieu lui a touché le cœur.

Mais si tant de malheurs vous touchent de pitié.
J. Racine. La Thébaïde, acte Iᵉʳ, sc. III.

— Concerner, regarder, intéresser : cela ne me touche point.

Tu dis, Bavio, qu'en cette année
Mourront beaucoup de gens de bien.
Ne crains rien de la destinée :
Car cela ne te touche en rien.
Vauquelin de la Fresnaye.

— Appartenir par le sang : il me touche de près, il est mon cousin. — Se toucher v. réc. Etre près l'un de l'autre : ces deux maisons se touchent.

TOUCHER s. m. Le tact, celui des cinq sens par lequel on connaît les qualités palpables, comme le mou et le dur, le froid et le chaud, l'humide et le sec : cela se connaît au toucher. — Ce pianiste, ce joueur de guitare, etc., a un beau toucher, un toucher délicat, un toucher brillant, il joue délicatement, agréablement, d'une manière brillante, du piano, de la guitare, etc.

TOUCHEUR, EUSE s. Personne qui conduit des bestiaux par troupes. — Typogr. Celui qui touche ou étend l'encre sur les caractères.

TOU-COI. Chasse. Mot qu'on emploie pour faire taire un limier lorsqu'il crie : tou-coi, chien, tou-coi.

TOUCQUES ou Touques, comm. du cant. et à 2 kil. S.-E. de Trouville (Calvados); 1,200 hab. Petit port de cabotage.

TOUCQUES ou Touques, rivière qui prend sa source dans le dép. de l'Orne, baigne Gacé et Vimoutiers, entre dans le dép. du Calvados, où elle arrose Fervacques, Lisieux, Pont-l'Evêque, Toucques, et se jette dans la Manche entre Deauville et Trouville; cours 100 kil. La vallée de la Toucques est renommée pour ses gras pâturages.

TOUCY, ch.-l. de cant., arr. et 25 kil. O.-S.-O. d'Auxerre (Yonne), dans la vallée de l'Ouanne; 2,200 hab.

TOUE s. f. Espèce de bateau qui sert de bac sur certaines rivières.

TOUÉE s. f. Mar. Action de touer, de se touer : entrer à la touée dans un port. — Longueur de câble de 120 brasses.

TOUER v. a. Mar. Faire avancer un navire en tirant d'un point fixe un câble à force de bras et au moyen du cabestan; à la différence de Remorquer, faire avancer un navire, le tirer par le moyen d'un ou de plusieurs bâtiments à voiles ou à rames : touer un navire.

TOUEUR s. m. Sorte de remorqueur qui avance au moyen d'une chaîne mouillée au fond de l'eau.

TOUFFE s. f. Assemblage de certaines choses comme arbres, herbes, fleurs, cheveux, rubans, plumes, etc., lorsqu'elles sont en quantité et à près : touffe d'arbres.

TOUFFER v. a. Disposer en touffes. — v. n. Prendre la forme d'une touffe.

TOUFFEUR s. f. Exhalaison chaude qui saisit en entrant dans un lieu où la chaleur est extrême : touffeur incommode. (Fam.)

TOUFFU, UE adj. Qui est en touffe, qui est épais, bien garni : un bois touffu.

TOUG ou Touc s. m. Demi-pique au bout de laquelle est attachée une queue de cheval avec un bouton d'or, et qu'on porte en manière d'étendard devant les vizirs, les pachas, et les sangiacs ou gouverneurs.

TOUGGOURT, Touqquert ou Teqqert, ville du Sahara algérien, ancienne capitale, aujourd'hui chef-lieu de l'Oued-Rirh (voy. ce mot) et résidence de l'agha. Située au S. de la province de Constantine à 205 kil. environ de Biskra, entre les Mzab et le Souf, par 4° 2' de long. E. et 33° 25' de lat. N. Marché très fréquenté par les Beni-Mzab, les gens du Souf, des Zibans et du pays d'Ouargla. Commerce de bestiaux, de grains, de dattes, de laines et de tissus. La ville proprement dite ne renferme que 2,000 hab. sédentaires, auxquels appartiennent 72,000 palmiers; mais la belle oasis, dont à l'extrémité occidentale de laquelle elle s'élève, compte

près de 400,000 palmiers, 5 autres centres de population et 6,000 hab. sédentaires. Touggourt fut prise par les Français, le 1er déc. 1854. Le faux chérif Bou-Choucha s'en empara en 1871 et massacra la petite garnison de tirailleurs algériens qui gardait la qasba. Le général de Lacroix-Vaubois en ayant peu après chassé l'agitateur, démantela ses murailles et combla ses fossés. En revanche, il restaura la qasba qu'il agrandit considérablement aux dépens de la ville et entoura d'une vaste enceinte crénelée. Les maisons voisines de l'enceinte ayant été abattues, la ville proprement dite se trouva séparée de la forteresse par un vaste espace vide : c'est la place actuelle du marché. La population de Touggourt se compose, pour les deux tiers, de Nègres sahariens agriculteurs et pour un tiers d'Arabes sédentaires et de *Mehadjeria*. Les Arabes se livrent généralement au commerce ; c'est aussi parmi eux que se recrutent les magistrats et l'aristocratie locale. Les *Mehadjeria* sont les descendants d'une tribu juive qu'un prince fanatique, El Hhadj ben Gana, força à embrasser l'islam vers la fin du XVIIIe siècle ; ils habitent encore un quartier séparé et ne s'occupent guère que de la fabrication des tissus ; leurs femmes sont d'une beauté remarquable. Le seul monument de Touggourt digne d'être cité est la grande mosquée (*Djamâ Kebir*), construction moderne édifiée, croyons-nous, par un architecte européen ; la chaire de l'imam et deux colonnettes en marbre qui supportent, à l'intérieur, la voûte du *mihrab*, sont certainement l'œuvre d'artistes italiens. Le minaret de la *Djamâ Kebir* est dominé par celui d'une autre mosquée, englobée dans la qasba en 1871 et transformée depuis en maréchalerie. L'ancien palais des princes de Touggourt, ensemble de constructions mauresques servant aujourd'hui de demeure à l'agha, ne renferme rien de remarquable. Le climat de Touggourt, doux en hiver, est très chaud en été ; néanmoins, l'impaludisme s'y fait beaucoup moins sentir depuis le comblement des fossés. Deux villages s'élèvent, sur des hauteurs voisines, dans d'excellentes conditions de salubrité. Grâce à la paix dont jouit actuellement le Sahara algérien, Touggourt, plus encore que sa voisine et rivale Temacine, est en bonne voie de prospérité ; malheureusement, faute d'une route carrossable qu'il serait pourtant bien facile d'établir à peu de frais, les transports, entre ces deux villes et Biskra se font encore à dos de chameau. (Voy. TRANSSAHARIEN.)   (V. LARGEAU.)

TOUILLER v. a. Mêler, agiter, remuer.

* **TOUJOURS** adv. de temps (de *tout* et *jour*). Continuellement, sans interruption ; sans cesse, sans relâche, sans fin : *c'est une source qui coule toujours*. — ILS SE SONT DIT ADIEU POUR TOUJOURS, ils se sont quittés pour ne plus se revoir. — Prov. TOUJOURS VA QUI DANSE, pour s'amuser, il n'est pas besoin de bien danser, il suffit qu'on danse. Cette phrase se dit, fig., en parlant d'un homme qui fait le mieux qu'il peut, qui fait tant bien que mal ce qu'il a à faire. — Sans exception, en toute rencontre, en toute occasion : *les plus grands esprits ne sont pas toujours les plus agréables*. — Le plus souvent, ordinairement : *je vais sortir, travaillez toujours*. — En attendant, cependant, néanmoins : *je vais sortir, travaillez toujours*. — Au moins : *si je n'ai pas réussi, toujours ai-je fait mon devoir*.

TOUL, anc. *Tulli Leucorum*, *Tullum*, ch.-l. d'arr., à 24 kil. O. de Nancy (Meurthe-et-Moselle), et à 320 kil. O. de Paris, sur la rive gauche de la Moselle, par 48° 40' 32'' lat. N. et 3° 33' 14'' long. E.; 8,000 hab. C'est aujourd'hui le siège d'un vaste camp retranché. (Voy. PLACE FORTE.) Elle possède une cathédrale gothique célèbre. Au moyen âge, Toul était une

ville impériale. Elle fut annexée à la France en 1552. L'ancien évêché de Toul fut supprimé pendant la Révolution. Les Russes emportèrent la ville d'assaut en janv. 1814. Le 23 sept. 1870, elle se rendit aux Allemands après avoir fait une défense énergique de 39 jours et avoir subi un bombardement, qui y avait allumé 23 incendies.

TOULLIER (Charles-Bonaventure-Marie), illustre jurisconsulte, né à Dol en 1752, mort en 1835. Il adopta les principes de la Révolution et devint professeur de droit civil à Rennes. La Restauration le révoqua. Il a laissé le *Droit civil français suivant l'ordre du Code* (1829-'34, 15 vol. in-8).

TOULON, anc. *Telo Martius*, ch.-l. d'arr. et grande ville maritime, ch.-l. du 5e arr. maritime, à 80 kil. S.-O. de Draguignan (Var), à 50 kil. S.-E. de Marseille et à 880 kil. S.-S.-E. de Paris, sur la Méditerranée, par 43° 7' 17'' lat. N. et 3° 35' 54'' long. E.; 72,000 hab. L'entrée de la baie est presque entièrement fermée par une langue de terre puissamment fortifiée, ainsi que les hauteurs voisines. (Voy. PLACE FORTE.) Le port de Toulon, le plus vaste et le plus commode de la Méditerranée, est formé de deux darses, couvre une superficie de 100 hectares et est entouré de majestueuses constructions appartenant à l'Etat ; il y entre annuellement 600 navires, appartenant en grande partie à la marine militaire. Vieille cathédrale Sainte-Marie-Majeure ; église Saint-Louis. Grand arsenal, bâti en 1680 et dans lequel on entre par une porte monumentale ; corderies importantes ; promenades et belles fontaines, etc. Place de Louis Féraud, de Truguet, etc. — Toulon fut pris par le connétable de Bourbon en 1524 et par Charles-Quint en 1536. Les alliés le bombardèrent en 1707, à la fois du côté de la terre et du côté de la mer, et le réduisirent en cendres; mais il résista jusqu'au bout et fut délivré. Près de Toulon, se livra le 14 fév. 1744, une bataille navale indécise entre les Anglais et la flotte combinée franco-espagnole. Le 27 août 1793, la ville fut livrée par des traîtres à l'amiral anglais Hood, qui en prit possession au nom de Louis XVII. Le siège de Toulon par les troupes françaises fournit à Bonaparte la première occasion de se signaler comme officier d'artillerie ; la ville, reprise le 19 déc. fut châtiée avec une excessive sévérité.

TOULONGEON (François-Emmanuel, VICOMTE DE), littérateur et homme politique, né au château de Champlitte en 1748, mort en 1812. Il fut député de la noblesse aux états généraux de 1789, fut un des premiers à se réunir au tiers état, fut député de la Nièvre de 1802 à 1809. On a de lui : *Principes naturels et constitutifs des assemblées nationales* (1788); *Manuel révolutionnaire* (Paris 1796); *Recherches historiques et philosophiques sur l'amour et le plaisir* (poème en 3 chants, 1807), etc.

TOULONNAIS, AISE s. et adj. De Toulon; qui appartient à cette ville ou à ses habitants.

TOULON-SUR-ARROUX, ch.-l. de cant., arr. et à 36 kil. N.-N.-O. de Charolles (Saône-et-Loire); 1,500 hab.

TOULOUSAIN, AINE s. et adj. De Toulouse; qui concerne cette ville ou ses habitants.

TOULOUSE, anc. *Tolosa*, ch.-l. du dép. de la Haute-Garonne, dans une plaine, sur la rive droite de la Garonne, à 200 kil. S.-E. de Bordeaux et à 690 kil. S. de Paris, par 43° 36' 33'' lat. N. et 0° 53' 64'' long. O.; 128,000 hab. Toulouse est une grande et riche ville, importante par sa position au centre de la France méridionale, et par l'activité de son industrie et de son commerce. On y admire l'hôtel de ville, la cathédrale, l'hôtel de la préfecture, les quais de la Ga-

ronne, l'église de Saint-Germain, chef-d'œuvre d'architecture romane, restaurée par Viollet-Leduc, un fameux musée d'art, un observatoire et un arsenal. Les célèbres jeux floraux (concours poétiques) y ont encore lieu chaque année. Le palais de justice était autrefois le siège du parlement de Toulouse. Fabriques de tissus de laine et de coton, de coutellerie et de quincaillerie. — Toulouse devint la capitale des Visigoths au ve siècle, et plus tard celle du duché d'Aquitaine. Des comtes et des ducs locaux y gouvernèrent de la fin du VIIIe siècle jusque fort avant dans le XIIIe. Dans la première partie de ce dernier, une croisade fut dirigée contre les comtes Raymond VI et Raymond VII. (Voy. ALBIGEOIS.) Philippe III annexa Toulouse au royaume de France, et elle resta la capitale du Languedoc jusqu'à la Révolution. Le 10 avril 1814, Wellington y infligea une défaite signalée aux Français commandés par Soult. Un débordement de la Garonne, le 24 juin 1875, y a causé de grands ravages et y a fait beaucoup de victimes.

TOULOUSE (Comté de), créé en 778 par Charlemagne et compris dans le royaume d'Aquitaine. C'était, au Ie siècle, l'un des grands fiefs de la couronne; et il jouit d'une grande prospérité jusqu'à la guerre des Albigeois, époque où Simon de Montfort devint comte, à la place de Raymond VI, qui fut expulsé. A la mort de Simon, en 1218, Raymond VII obtint son héritage, et eut pour fille Jeanne qui épousa Alphonse, frère de saint Louis. Jeanne étant morte sans héritier, le comté de Toulouse fut réuni à la couronne en 1271.

TOULOUSE (Louis-Alexandre DE BOURBON, *comte de*), troisième fils légitimé de Louis XIV et de Mme de Montespan, né à Versailles en 1678, mort en 1737. Dès l'âge de 12 ans, il se signala aux sièges de Mons et de Namur et, en 1704, à la tête d'une escadre, il battit l'amiral anglais Rooke devant Malaga. En 1723, il épousa la marquise de Gondrin (Mlle de Noailles) et tint à Rambouillet une cour splendide.

TOUNGOUSES, tribu du N.-E. de la Sibérie, d'origine mongolienne, s'étendant à l'O. jusqu'à l'Yenisel et à l'E. jusqu'à Anadyrsk. Ils sont au nombre de 70,000 environ. Les Mandchoux appartiennent à la même souche que les Toungouses, ainsi que plusieurs tribus de l'Amour. Les Toungouses et leurs parents les Lamouts sont en majorité de l'Eglise grecque et paient tribut au czar. C'est d'eux que les trafiquants russes de la mer d'Okhotsk tirent la plupart de leurs peaux d'écureuil de Sibérie.

* **TOUPET** s. m. Petite touffe de poil, de cheveux, de crin, de laine : *les Tartares se rasent la tête, mais ils gardent un toupet de cheveux*. — Touffe de cheveux qui est au haut du front : *son toupet est bien haut*. — Fam. SE PRENDRE AU TOUPET, se prendre aux cheveux : *peu s'en est fallu que ces deux femmes ne se soient prises au toupet*. — Fig. et fam. SON TOUPET LUI PREND, se dit d'une personne qui a un mouvement de caprice, d'impatience — Fig. et fam. AVOIR DU TOUPET, avoir du feu, de la verve, de la hardiesse. — Partie de la crinière qui passe entre les deux oreilles du cheval, et qui lui tombe sur le front.

Fig. 1. — Toupie bourdonnante mécanique.

* **TOUPIE** s. f. Sorte de jouet de bois qui est fait en forme de poire, et qu'on

enveloppe d'une corde tournée en spirale, par le moyen de laquelle, lorsqu'on l'en dégage en le jetant, il tourne sur une pointe de fer dont il est armé au bout : *une petite toupie*. — Toupie d'Allemagne, espèce de toupie creuse et percée d'un côté, qui fait du bruit en tournant. On dit aussi *toupie bourdonnante*. — Toupie bourdonnante mécanique, sorte de toupie d'Allemagne, en métal, que l'on fait tourner au moyen d'un ressort qui se détend violemment (fig. 1). — Toupie armillaire, sorte de toupie bourdonnante (fig. 2), dont le principe est le même que celui du gyroscope. (Voy. ce mot.) — Toupie espagnole, sorte de toupie que l'on fait ordinairement tourner en la frappant avec la corde d'un fouet.

Fig. 2. — Toupie armillaire.

Fig. 3. — Toupie espagnole.

TOUPILLAGE s. m. Action de toupiller.

* TOUPILLER v. n. Tournoyer comme une toupie. N'est usité qu'en parlant des personnes, et signifie, ne faire qu'aller et venir dans une maison sans savoir pourquoi : *elle ne fait que toupiller*. (Fam.)

* TOUPILLON s. m. Petit toupet : *toupillon de cheveux*. — Se dit aussi des branches inutiles et confuses d'un oranger.

* TOUR s. f. (lat. *turris*). Sorte de bâtiment élevé, rond ou carré, ou à plusieurs côtés, dont on fortifiait jadis l'enceinte des villes, des châteaux, etc., ou qui sert de prison, de phare, de clocher, etc. : *les tours de Notre-Dame*. — Se dit aussi de certaines machines en forme de tours que les anciens attachaient sur le dos des éléphants destinés à combattre, et dans lesquelles ils plaçaient ordinairement des archers. — Fig. et fam. Tour de Babel, lieu où tout le monde parle à la fois et sans s'entendre : *cette maison est une vraie tour de Babel*. — Jeu des échecs. Certaine pièce de ce jeu, qu'on appelait autrefois Roc : *donner échec et mat avec la tour*.

* TOUR s. m. (substant. verbal du v. tourner). Mouvement en rond : *le tour du soleil, des planètes*. — Tour de reins, rupture ou foulure de reins causée par quelque effort : *avoir un tour de reins*. — Tour de broche, révolution que fait la broche en tournant sur elle-même, et en présentant successivement à l'ardeur du feu toutes les parties de la pièce de viande qui y est attachée pour rôtir : *le chapon aurait eu besoin d'un tour de broche de plus*. — Se dit, par ext., de plusieurs autres sortes de mouvements, quoiqu'ils ne soient pas en rond. Faire un tour, aller et venir : *il fit deux tours dans la chambre*. — Est allé faire un tour de promenade, il est allé se promener ; et, Il est allé faire un tour, il est sorti pour revenir bientôt. — Se dit aussi en parlant de certaines choses qui vont en serpentant, et qui reviennent sur elles-mêmes : *cette rivière fait plusieurs tours et retours*. — Jeux de cartes. Jouer un tour, faire un tour, jouer un certain nombre de coups, en sorte que les joueurs successivement aient une fois la main. Au brelan, Jouer cinq tours aux écus, cinq tours aux deux écus, et un tour au louis d'or, jouer onze tours en tout, à condition que, pendant les cinq premiers, chaque joueur mettra à chaque coup un écu devant lui, etc. — Circuit, circonférence d'un lieu ou d'un corps : *le tour de la ville, du parc, du village*. — Faire le tour de, parcourir toute la circonférence de, ou s'étendre autour de : *ce voyageur a fait le tour du monde*. — Fam. Faire son tour de France, d'Europe, parcourir la France, l'Europe. Se dit surtout des artisans qui voyagent pour travailler de leur état dans différentes villes. — Le tour du visage, la circonférence du visage : *elle a le tour du visage agréable*. — Tour de lit, étoffe qui environne le lit, et qui est attachée au bois d'en haut : *tour de lit de serge, de damas*. — Jurispr. Tour de l'échelle, servitude qui donne au propriétaire du bâtiment auquel elle est due, le droit de placer une échelle sur l'héritage du voisin, pour réparer son mur. Tour du chat, intervalle d'un demi-pied dont les fours et les forges doivent être éloignés des murs qui sont dans leur voisinage, suivant les usages de Paris. Tour de la souris, intervalle de 6 à 9 centim. qui doit rester libre entre une chausse d'aisances et un mur mitoyen contre lequel elle est posée. — Fig. et fam. Tour du bâton, profit secret, illicite ou abusif, qu'un homme tire de l'emploi, du poste qu'il occupe : *son emploi lui vaut tant par an, sans le tour du bâton*. — Se dit également de différentes choses dont on se sert, soit pour l'habillement, soit pour la parure, et qui sont mises en rond : *un tour de cou ; un tour de gorge*. — Action qui exige la promptitude, la subtilité et l'adresse de la main, ou la souplesse, l'agilité, la force du corps : *il sait faire des tours de cartes, des tours de main*. — Fig. Tour de force, action qui exige beaucoup de force : *en portant ce fardeau jusque-là, vous avez fait un tour de force*. On dit également au sens moral : *si vous terminez ces deux affaires aujourd'hui, vous ferez un tour de force*. — Trait d'habileté, ruse, finesse, manière d'agir où il entre ordinairement de l'adresse et quelquefois de la mauvaise intention : *il lui a joué un tour*. — Fig. Cela vous jouera un mauvais tour, se dit à quelqu'un pour l'avertir qu'une chose lui sera dangereuse ou préjudiciable. — Prov. et fig. Un tour de maître Gonin, d'un homme rusé. — En parlant d'une affaire, se dit de la manière dont la fait voir, dont elle se présente, dont elle marche : *il donne le tour qu'il lui plaît aux affaires*. — En parlant d'éloquence, de poésie, de style, ou d'une phrase, d'une période, signifie, la manière dont on exprime ses pensées, et dont on arrange ses termes, soit en parlant, soit en écrivant : *il y a un tour noble, oratoire dans tout ce qu'il écrit*. — Rang successif, alternatif : *ce n'est pas votre tour*. — Théâtre. Tour de faveur, décision du comité des comédiens qui fait passer la représentation d'une pièce avant celle d'autres ouvrages qui la précédent dans l'ordre du tableau de réception : *sa pièce eut un tour de faveur*. — Machine dont on se sert pour façonner une pièce en bois, l'ivoire, les métaux : *mancher un couteau fait au tour*. — Cette femme a le bras, la main, la gorge faits au tour, elle les a parfaitement bien faits. — Espèce d'armoire ronde et tournant sur un pivot, qui est posée dans l'épaisseur du mur, et qui sert aux religieuses pour faire passer ce qu'elles reçoivent du dehors, ou ce qu'elles y envoient : *faire passer quelque chose par le tour*. On se sert également d'une pareille machine au conclave, dans certains hospices et dans les prisons. — Tour à tour loc. adv. L'un après l'autre, alternativement, à diverses reprises : *ces deux généraux commandent tour à tour*. — Adm. « Nous avons parlé plus haut (voy. Enfant) des *tours d'exposition* dont l'ouverture a été ordonnée par le décret du 19 janvier 1811. Ces tours, établis dans les hospices dits *dépositaires*, pour y recevoir tous les enfants nouveau-nés que l'on y apportait, ont été fermés successivement, par mesure administrative, mais diverses propositions de loi en demandent le rétablissement. Nous ne pourrions que nous répéter ici en faisant valoir les considérations morales qui s'opposent à l'adoption de ces projets de loi, et que nous avons déjà résumées. Redisons seulement qu'une telle mesure aurait des résultats absolument opposés à ceux qu'en attendent ses partisans. En effet, la mortalité a toujours été beaucoup plus élevée parmi les enfants confiés aux hospices que parmi ceux qui sont élevés par les mères assistées. D'un autre côté, il résulte des renseignements donnés à l'Académie des sciences morales (séance du 25 mai 1878) par un savant économiste, M. Frédéric Passy, que les crimes et délits contre les nouveau-nés (infanticides, avortements, expositions) n'ont pas augmenté et ont au contraire diminué de plus d'un tiers, depuis l'époque où les tours ont été fermés. Enfin le congrès international de la protection de l'enfance, qui s'est réuni à Paris en 1878, a formulé le vœu que les tours ne fussent pas rétablis ; mais il a fait cette réserve que la fille-mère qui a été séduite devrait pouvoir, avec l'assurance du secret, faire ses couches à l'hospice et y laisser l'enfant qu'elle est hors d'état d'élever. Nous croyons qu'un tel abandon ne puisse avoir lieu qu'exceptionnellement, et nous pensons que l'on doit maintenir le principe actuellement en vigueur, lequel consiste à donner à la mère un secours suffisant pour que son enfant puisse être élevé sans être entièrement séparé d'elle. M. Jules Simon, dans son beau livre *L'Ouvrière* (IV° partie, chap. 2) a condamné l'ouverture des tours, lesquels, ne servent pas pour l'orphelin, mais encouragent les abandons. « L'amour maternel lui-même, dit-il, a ses défaillances. « Parmi les mères qui viennent furtivement « déposer leur nourrisson aux enfants trou-« vés, il y en a qui rien ne manque, excepté « le cœur... La société française ne con-« tracte-t-elle pas une dette envers les filles « séduites, en interdisant absolument et « durement la recherche de la paternité ? « Voilà le sens et l'excuse de l'institution des « tours ; il est dur, après cela, de les con-« damner ; il le faut. La fortune publique ne « doit pas se faire la complaisance du vice. « Qu'on ne dise pas qu'il faille les tours, c'est « protéger le mariage au prix de la vie des « enfants ; car le nombre des infanticides « n'augmente pas avec la suppression des « tours. Qu'on ne pense pas uniquement « au mariage, aux filles déshonorées et hon-« teuses de leur déshonneur ; mais aux pères « et aux mères qui repoussent leurs enfants « comme un fardeau et non comme une « honte, et qui, grâce à cette connivence de « la charité mal entendue, se font presque « infanticides par économie. Qu'on craigne « d'exciter les filles-mères, par une promesse « d'impunité, à dissimuler leur grossesse et « à risquer un avortement. Qu'on se garde « surtout d'invoquer l'autorité de saint Vin-« cent de Paul. Il a donné ses filles pour « mères aux orphelins ; mais il aurait pris « dans ses bras, pour le reporter à sa mère, « l'enfant délaissé. » Nous pensons aussi que la loi devrait être sévère à l'égard du séducteur en le condamnant à réparer le mal qu'il a causé ; mais la réouverture des tours favoriserait la séduction, profiterait au vice et serait une cause de décadence morale.»

(Ch. Y.)

TOURAILLE s. f. [*ll*. mll.] (du lat. *torrere*, brûler, sécher). Étuve de brasseur ; grain que l'on sèche dans l'étuve.

TOURAILLON s. m. Germe d'orge séchée à la touraille.

TOURAINE, *Turonia*, anc. prov. de France, comprise en majeure partie dans le département actuel d'Indre-et-Loire. Ses premiers habitants furent les Gaulois *Turones*. Elle fit partie des domaines de la couronne d'Angleterre à l'avènement de Henri II en 1524, et

elle fut conquise par Philippe Auguste en 1202. Elle forma un duché de 1356 jusqu'à son annexion définitive aux domaines de la couronne de France en 1584. Cap., **Tours**. La Touraine fournit des vins estimés; ses principaux vignobles sont ceux de Vouvray, de Rochecarbon, de Vernon, etc. La Touraine, si favorisée qu'elle soit de la nature, a éprouvé pendant le moyen âge et jusque dans les temps modernes, de fréquentes et meurtrières famines. Grégoire de Tours rapporte qu'au vi° siècle, les populations de cette province étaient souvent réduites à faire du pain avec des pépins de raisin et des racines de fougère, ce qui les faisait mourir promptement. Ces famines avaient aussi pour résultat l'accroissement du servage, parce que les pauvres se mettaient en servitude, afin de recevoir quelques aliments. Au xvii° et au xviii° siècle, la Touraine eut beaucoup à souffrir de la mauvaise administration du royaume, et elle fut cruellement éprouvée par la famine. Vauban le constate, comme l'avait fait précédemment Grégoire de Tours. Les mémoires des intendants nous disent aussi à quel point la Touraine fut atteinte par les désastreux effets de la révocation de l'édit de Nantes. Ce fut, pour cette province, une véritable décadence. Les industries jusqu'alors si prospères de la soierie, de la draperie et de la tannerie subirent d'irréparables dommages; et l'agriculture perdit un débouché de consommation considérable, par suite de l'émigration en masse des manufacturiers, de leurs ouvriers et de leurs capitaux. Le nombre des ouvriers fut réduit au-dessous du cinquième de ce qu'il avait été avant 1685. (Voy. Baudrillard, *Populations de la Touraine.* Académie des sciences morales, séance du 5 janv. 1885.)

TOURANE, l'une des plus grandes et des plus belles baies de la côte de l'Annam, à 85 kil. S.-E. de Hué, dont elle est le port, et auquel elle est reliée par une belle route, passant au col des Mages, à 470 m. d'altitude. C'est un immense bassin presque fermé, où les plus gros bâtiments trouvent un excellent mouillage. Le port de Tourane avait été promis aux Français, en 1787. (Voy. Behaine); mais le traité resta sans effet. Le 31 août 1858, l'amiral Rigault de Genouilly y débarqua à la tête d'un petit corps expéditionnaire qui fut décimé par la fièvre et la dysenterie.

TOURANGEAU, ELLE s. et adj. De Tours ou de la Touraine; qui appartient à cette ville, ce pays ou à leurs habitants.

TOURANGETTE s. f. Nom générique de plusieurs espèces d'étoffes qui se fabriquaient dans l'Orléanais et le pays chartrain.

* **TOURANIEN, IENNE** adj. Se dit des peuples répandus de la mer Caspienne à la mer du Japon et des langues que parlent ces peuples : *les peuples touraniens; les langues touraniennes.* — Encycl. Les membres de cette race (ainsi nommée du Touran des Perses, pays des nomades septentrionaux, opposé à l'Iran) sont : 1° la branche hongroise ou ouralo-finnoise (voy. Finnois); 2° la branche samoyède ; 3° la branche turque ou tartare (plus proprement tatare) ; 4° la branche mongolique, composée de trois familles : les Mongols orientaux, les Mongols occidentaux et les Buriats, 5° la branche toungouse, dont le principal représentant est la famille Mandchoue. La parenté de ces différentes branches ne fait pas de doute. Pour les désigner, on se sert le plus souvent du mot touranien ; certains savants préfèrent les appellations de mongolique (dans le sens le plus large), d'ouralo-altaïque, et de scythe ou de tartare. Les langues touraniennes sont toutes formées dans le système agglutinatif. Chacune de ces langues n'a qu'une seule déclinaison

et (à part quelques exceptions insignifiantes) une seule conjugaison. Le genre grammatical est inconnu. Les cas sont nombreux. Elles ont des vocabulaires riches et bien développés, au point de vue de la phonétique, et elles abondent pour certaines choses en expressions délicatement distinctives des nuances.

TOURBAGE s. m. Exploitation de la tourbe.

* **TOURBE** s. f. (anc. haut all. *torff*). Substance combustible spongieuse, légère, brune ou noirâtre, qui est formée par l'accumulation des débris des végétaux : *tourbe des marais* — Encycl. La tourbe se compose des restes de végétation partiellement décomposés qui s'accumulent dans les lieux toujours humides ou marécageux. La masse en est formée de racines enchevêtrées, de feuillus, de tiges, et s'étend en couches de plusieurs pieds d'épaisseur; en certains lieux, ces couches se superposent en alternant avec des couches de sable. Il y a d'immenses dépôts de tourbe en Irlande ; elle abonde aussi en Ecosse et sur le continent le long des côtes de la mer du Nord. On en trouve dans le Labrador, la Terre-Neuve et Anticosti. Aux Etats-Unis, on ne connaît guère la tourbe au sud de l'état de New-York; mais on en rencontre des masses considérables dans la partie septentrionale de cet état, dans la Nouvelle-Angleterre, et à l'O. et au N. jusqu'aux états de Iowa et du Minnesota, et jusqu'au Canada. Elle est à peu près limitée aux zones tempérées et aux localités où le climat est humide et le sous-sol imperméable à l'eau. Darwin dit que dans l'hémisphère méridional, au 45° degré est la limite extrême où on la rencontre en s'approchant de l'équateur. — Certaines tourbes sont grises, d'autres rouges et noires; la plupart, une fois sèches, sont d'un rouge brun foncé, ou couleur de tabac à priser. La tourbe est très souvent fibreuse, et forme alors, quand elle est sèche, une masse élastique. En Allemagne, la tourbe la plus « mûre », la plus parfaitement formée, s'appelle tourbe grasse ; elle est d'un brun foncé ou noir, et comparativement lourde et dense. Lorsqu'elle est humide, elle est ferme, poisseuse et adhérente, ressemblant à de l'argile ; on peut la couper et lui donner toutes les formes. En séchant elle devient dure, et sa surface prend l'éclat de la cire ou de la poix. La proportion des parties combustibles de la tourbe varie considérablement suivant sa composition. C'est un mélange mal défini, d'un grand nombre de corps composés, dont la nature précise est souvent inconnue. On leur a donné le nom collectif d'humus et de géine ; ce sont des matières résineuses et bitumineuses, les acides créniques, apocréniques, ulmiques, humiques et géiques, en combinaison avec de la chaux, de la magnésie, du fer et du manganèse, et formant les ulmates, les humates, etc., de ces bases. En général, la tourbe la plus sèche et la plus lourde contient 10 ou 12 p. 100 de moins d'oxygène, que les matières végétales qui l'ont produite. D'ordinaire s'y trouve une partie de sable, et c'est quelquefois la plus considérable. Certaines tourbes laissent en brûlant beaucoup de carbonate de chaux ; d'autres, surtout du sulfate de chaux ; d'autres principalement de l'oxyde de fer. Les acides siliciques et phosphoriques de la magnésie, de la potasse, de la soude, de l'alumine et du chlore se trouvent aussi en petites quantités dans la cendre de toutes les tourbes. Comme engrais, la valeur de la tourbe tient à son remarquable pouvoir d'absorber et de retenir l'eau, à l'état de liquide ou de vapeur, et à celui d'absorber l'ammoniaque. En France et dans le nord de l'Europe, la tourbe sert depuis longtemps de combustible. La meilleure pour cet usage est celle qui a le moins de matières végétales

non décomposées, et qui, par conséquent, a un aspect homogène, brun ou noir ; il faut aussi qu'elle soit exempte de mélange de matières terreuses. — On prépare la tourbe soit à la main, soit à l'aide de machines; on la réduit aussi en charbon et on la distille pour en tirer du gaz d'éclairage. La préparation mécanique se fait soit par pression, soit par dessiccation, et quelquefois par une combinaison de ces deux moyens. On a quelquefois pressé la tourbe fraîche par pression directe et entre des cylindres. Weber, de Staltach, en Bavière, a trouvé une méthode pour réduire la tourbe en pâte dans un pétrin mécanique, et pour la mouler ensuite et la sécher. Sa machine et son procédé ont subi de nombreuses modifications en Europe et en Amérique. Parmi les plus récents mécanismes est celui de Thomas-G. Walker, qui broie et sèche la matière. La tourbe mouillée, après avoir été brassée dans la cuve d'un moulin à pétrir et échauffée par la vapeur en excès, est enfoncée de force dans un récipient, où un jet de vapeur la repousse dans un tuyau de fonte de 6 pouces et d'un développement de 400 pieds, replié dans le fourneau, sous la chaudière; par ce moyen elle est complètement desséchée. Elle passe alors, à travers un tuyau plus gros, dans un récipient d'où elle tombe dans un moule qui la presse et lui donne forme. Franklin Dodge, d'Oswego, dans l'état de New-York, a inventé un procédé simple pour condenser la tourbe. Il emploie un moulin cylindrique avec des disques perforés pour triturer la matière ; l'appareil est placé dans un bateau plat, et opère dans la couche même. La tourbe est broyée jusqu'à consistance de pâte, étendue sur une plateforme, exposée à l'air pendant plusieurs jours, puis coupée en blocs, retournée, et enfin séchée dans des cribles. — Distillée dans une cornue de fer, et les matières volatiles ayant été passées à travers un tube de fer chauffé au rouge pour convertir la paraffine et les éléments du goudron en hydrocarbones gazeux, cent parties de tourbe ont donné : charbon poreux ou coke de tourbe, 36 ; liquide ammoniacal, 48,86; goudron épais contenant de la paraffine, 5, 14; gaz d'éclairage, 40.

* **TOURBE** s. f. (lat. *turba*). Multitude confuse composée de peuple.

* **TOURBEUX, EUSE** adj. Qui contient de la tourbe : *terrain tourbeux.*

TOURBIER, IÈRE adj. Qui contient de la tourbe.

* **TOURBIÈRE** s. f. Endroit d'où l'on tire de la tourbe. — La législation actuelle assimile les tourbières aux carrières à ciel ouvert, et il suffit à celui qui veut commencer l'exploitation d'une tourbière d'en faire la déclaration au maire de la commune. (Voy. Carrière.)

* **TOURBILLON** s. m. [ll mll.] (dimin. du lat. *turbo*, trouble). Vent impétueux qui va en tournoyant : *ce tourbillon a fait bien du dégât.* — Se dit quelquefois de l'eau qui tournoie avec violence : *il y a dans cette rivière plusieurs tourbillons fort dangereux.* — Philos. cartésienne, quantité de matière qu'on suppose tourner autour d'un astre : *Descartes a imaginé les tourbillons pour expliquer le système du monde.* — Tout ce qui entraîne les hommes : *c'est un homme emporté par le tourbillon du monde, des plaisirs, des affaires.* On dit, alors, Etre dans le tourbillon.

TOURBILLONNEMENT s. m. Action de tourbillonner.

* **TOURBILLONNER** v. n. Aller en tourbillon : *l'eau tourbillonne dans cet endroit de la rivière.*

TOURCOING [tour-kouin] (celt. *tur ker*, tour élevée), ch.-l. de cant., arr. et à 11 kil.

N.-E. de Lille (Nord) ; 52,000 hab. C'est une ville de fabriques et de manufactures. Elle possède des centaines de fabriques de lainages, de cotonnades, de toile, de tapis (450,000 broches, produisant pour 170 millions de fr.), etc. Les Français, commandés par Pichegru, y battirent les Anglais, le 18 mai 1794. Église ogivale Saint-Christophe, restaurée en 1862 ; hôtel de ville ; pyramide commémorative de la bataille de 1794.

* **TOURD** s. m. Hist. nat. Poisson de mer.

* **TOURD** s. m. ou **Tourdelle** s. f. (lat. *turdus*, grive). Nom donné à une espèce de grive.

* **TOURDILLE** adj. [*ll* mll.] (lat. *turdillus*; de *turdus*, grive). Ne s'emploie que dans cette loc., **Gris tourdille**, la couleur du poil d'un cheval qui est d'un gris sale approchant de la couleur d'une grive.

TOUR-DU-PIN (La), ch.-l. d'arr. à 58 kil. N.-N.-O. de Grenoble (Isère), sur la Bourbre, au pied du coteau de Saint-Claire, par 45° 33' 50'' lat. N. et 3° 6' 44'' long. E.; 3,000 hab. Filatures.

* **TOURELLE** s. f. Dimin. Petite tour : *il y a quatre tourelles à son château.*

* **TOURET** s. m. (dimin. de *tour*). Petite roue qui, dans les machines à tourner, reçoit son mouvement d'une plus grande. — Pièce mécanique de fer, de cuivre, etc., ayant deux branches parallèles unies en haut et en bas par une partie pleine qui reçoit un tourillon et une vis, dont l'effet est de tendre ou de détendre une corde, etc. — Sorte de dévidoir ou de rouet à l'usage des cordiers. — Rouet à filer. — Petit tour à l'usage des graveurs en pierres fines.

TOURGUENEFF ou **Turgeneff**. I. (Alexei), historien russe (1785-1845). Son ouvrage principal est *Historiæ Russiæ Monumenta* (2 vol. 1841-'42; supplément en 1848). — II. (Nikolai), frère du précédent (1790-1871). Député, secrétaire de l'intérieur et de l'agriculture, il s'intéressa à l'émancipation des serfs et fut compromis dans le mouvement révolutionnaire de 1825. Condamné à mort, il s'enfuit à Paris où il passa le reste de sa vie. Il a laissé en français : *La Russie et les Russes* (3 vol. 1847).

TOURGUENEFF ou **Turgeneff** (Ivan), romancier russe, né à Orel, le 9 nov. 1818, mort à Bougival le 5 sept. 1883. Employé au ministère de l'intérieur, il consacra ses loisirs à la poésie et à la littérature. Le libéralisme de ses sentiments le fit exiler de la capitale; il passa presque toute sa vie à Bade et dans les environs de Paris et ne rentra point dans sa patrie, bien qu'il eût le droit d'y habiter. Ses *Souvenirs d'un chasseur* (1852, 2 vol.), vigoureux tableau de la misère des paysans russes, ne furent pas étrangers au mouvement d'opinion qui amena l'affranchissement des serfs. Tourguéneff donna successivement : *Mémoires d'un seigneur russe*, *Une nichée de gentilshommes, pères et enfants* (1862), les *Terres vierges* (1877), etc.

* **TOURIE** s. f. Grosse bouteille de grès, entourée le plus souvent d'une garniture d'osier, et dans laquelle on transporte des acides ou des spiritueux.

* **TOURIÈRE** s. f. (fr. *tour*). On appelle ainsi, dans les monastères de filles, une domestique de dehors, qui a soin de faire passer au tour toutes les choses qu'on y apporte : *la tourière du couvent*. — **Mère tourière**, religieuse préposée pour avoir soin du tour en dedans.

* **TOURILLON** s. m. [*ll* mll.] (rad. *tour*). Se dit des axes de fer sur lesquels se meuvent les treuils, les bascules, etc.; et, particul., du gros pivot sur lequel tourne une porte cochère, une grille, un pont-levis. — Se dit

aussi des deux parties rondes et saillantes qui sont vers le milieu d'un canon, et qui servent à l'assujettir sur son affût. — Partie mobile d'un touret qui sert à tendre et à détendre une corde, etc.

* **TOURISTE** s. m. Personne qui voyage par agrément ou par curiosité.

TOURLOUROU s. m. Pop. Soldat de la ligne.

* **TOURMALINE** s. f. Sorte de pierre cristallisée qui, étant échauffée, devient électrique, et attire la poussière de charbon, les cendres et autres corps légers. — Les tourmalines forment un groupe de silicates doubles rhomboédriques, composé de silice, de fluor, d'acide borique, d'alumine, d'oxydes manganique, ferrique et ferreux, de magnésie, de chaux, de soude, de potasse, de lithium, et quelquefois d'acide phosphorique. La couleur des tourmalines varie avec leur composition : les rouges, appelées rubellites, sont des tourmalines de manganèse, contenant du lithium et du manganèse, avec peu ou point de fer; celles d'un bleu violet (appelées indicolites) et les vertes sont des tourmalines de manganèse et de fer; et les noires sont des tourmalines de fer ou des tourmalines de fer et de magnésium. Quelquefois ces cristaux sont rouges à une extrémité et verts à l'autre, ou verts intérieurement et rouges extérieurement, ou *vice versâ*. La tourmaline se trouve d'ordinaire dans le granit, le gneiss, la syénite, dans les schistes micacés, chloritiques et talqueux, dans le calcaire dolomite et granulaire. La tourmaline est un cristal à double réfraction, mais elle a la propriété particulière de polariser la lumière. Elle n'a pas, comme le spath d'Islande, le pouvoir de séparer et de transmettre à la fois le rayon ordinaire et le rayon extraordinaire; mais lorsque la plaque est coupée avec ses faces parallèles à l'axe optique du cristal et exposée à un rayon de lumière, le rayon ordinaire passe au travers, tandis que le rayon extraordinaire est absorbé.

* **TOURMENT** s. m. (lat. *tormentum*). Grande, violente douleur corporelle : *la goutte, la pierre, la néphrétique, sont de cruels tourments*. — Supplice, torture qu'on fait souffrir à quelqu'un : *les tourments des martyrs*. — Fig. Grande peine d'esprit : *cette affaire m'a bien donné du tourment, de la peine du tourment*.

* **TOURMENTANT, ANTE** adj. Qui tourmente : *c'est un homme bien tourmentant*.

* **TOURMENTE** s. f. Orage, bourrasque, tempête sur la mer : *grande, furieuse, horrible tourmente*. — Se dit aussi des ouragans qui s'élèvent dans les hautes montagnes : *en passant le mont Cenis, il a été assailli par une tourmente*. — S'emploie quelquefois, fig., en parlant des troubles qui agitent un pays : *pendant la tourmente politique*.

* **TOURMENTER** v. a. Faire souffrir quelque tourment de corps : *on l'a si horriblement tourmenté, qu'il en est mort*. — Se dit des douleurs causées par quelque maladie, ou par une opération de chirurgie, ou par la piqûre de quelque insecte, etc. : *il est tourmenté de la goutte, de la néphrétique*. — Donner de la peine, faire souffrir quelque peine d'esprit : *ces enfants tourmentent fort leur père*. — Importuner beaucoup, harceler : *cet homme me tourmente avec ses visites, ses lettres, ses demandes continuelles*. — Agiter violemment : *le vent tourmenta longtemps notre vaisseau*. Tourmenter un ouvrage, le retravailler avec un effort qui se fait sentir : *cet ouvrage, ce tableau a été tourmenté*. — Se tourmenter v. pr. S'agiter, se remuer : *tenez-vous en repos, ne vous tourmentez pas tant*. — Fig. Ce bois se tourmente, il se déjette. — S'inquiéter, se

donner bien de la peine de corps et d'esprit : *à quoi sert de vous tourmenter si fort ?*

TOURMENTEUR s. m. Celui, celle qui tourmente : *les Euménides étaient les tourmenteurs des méchants*.

* **TOURMENTEUX, EUSE** adj. Mar. Se dit de certains parages fort sujets aux tempêtes. (Peu us.)

* **TOURMENTIN** s. m. Mar. Petit foc qu'on nomme ainsi, parce que, dans les grands bâtiments, on ne s'en sert que durant les tourmentes. (Voy. **Trinquette**.)

TOURNAGE s. m. Action de tourner, de travailler au tour.

* **TOURNAILLER** v. n. Faire beaucoup de tours et de détours sans s'éloigner du même lieu, du même point : *le cerf n'a fait que tournailler*. — Rôder autour.

TOURNAISIEN, IENNE s. et adj. De Tournay; qui appartient à cette ville ou à ses habitants.

TOURNAISIS (Le), ancien pays de Belgique (Flandre) dont Tournay était le ch.-l.

TOURNAN, ch.-l. de cant., arr. et à 27 kil. N. de Melun (Seine-et-Marne); 1,500 hab.

* **TOURNANT** s. m. Coin des rues, coin des chemins, et endroit où le cours d'une rivière fait un coude : *il fut attaqué au tournant de telle rue, au tournant du chemin*. — Espace où l'on fait tourner un carrosse, une charrette, etc. : *il n'y a pas assez de tournant*. — Endroit dans la mer, dans une rivière, où l'eau tournoie continuellement, et qui est dangereux pour les bâtiments : *il y a là un tournant qu'il faut éviter*. — **Moulin a deux tournants**, moulin à deux roues qui font tourner deux meules. — Moyen détourné employé pour réussir : *je prendrai un tournant pour arriver jusqu'à lui*.

* **TOURNANT, ANTE** adj. Qui tourne : *un pont tournant*. — Art milit. Se dit d'un mouvement fait pour tourner une position, un corps ennemi. — **Tables tournantes**, tables qu'on croyait tourner au contact des doigts, sous certaines influences magnétiques.

TOURNASSER v. a. Façonner sur le tour.

TOURNAY ou **Tournai** (anc. *Turnacum*, *Tornacum* ou *Turris Nerviorum*; flam. *Doornick*), ville du Hainaut (Belgique), sur diverses rives du Scheldt (Escaut), à 70 kil. S.-O. de Bruxelles; 33,000 hab. y compris les sept faubourgs. L'église de Saint-Brice contient le tombeau de Childéric Ier. Fabriques de tapisseries, de draps, de bonneterie et de toiles. — Après avoir successivement appartenu à la Flandre et à la France, Tournay fit partie des Pays-Bas espagnols en 1526. Elle épousa la cause protestante, et fut héroïquement, bien que sans succès, défendue par Marie de Lalaing, princesse d'Epinoy, en 1581. Prise par les alliés en 1709, elle fut cédée à la maison d'Autriche par le traité d'Utrecht; mais les Hollandais furent autorisés à y tenir garnison, parce qu'on la considérait comme une de leurs villes barrières. Le général français La Bourdonnaye, s'en empara le 8 nov. 1792; plusieurs batailles se livrèrent dans ses environs en mai 1793 et en mai 1794.

TOURNAY, ch.-l de cant., arr. et à 18 kil. S.-E. de Tarbes (Hautes-Pyrénées), sur l'Arros; 1,300 hab.

TOURNE s. f. Position du joueur de mail qui a passé la ligne des ais, vis-à-vis du tambour.

* **TOURNÉ, ÉE** part. passé de **Tourner**. — **Un homme bien tourné**, qui est bien fait, qui a bon air. — **C'est un esprit mal tourné**, se dit d'un homme qui prend ordinairement les choses de travers. — **Cette maison est**

BIEN, EST MAL TOURNÉ, elle est dans une bonne, dans une mauvaise exposition.

TOURNE-À-GAUCHE s. m. Techn. Double levier qui sert à faire virer une tige sur elle-même. Cet outil sert aux forgerons et aux ajusteurs : *des tourne-à-gauche.*

' **TOURNEBRIDE** s. m. Espèce de cabaret établi auprès d'un château ou d'une maison de campagne, pour recevoir les domestiques et les chevaux des étrangers qui y viennent.

' **TOURNEBROCHE** s. m. Machine servant à faire tourner la broche : *tournebroche à ressort.* — Chien qu'on met dans une roue pour faire tourner la broche. — Chien qu'on met dans une roue pour faire tourner la broche.

TOURNE-CASE s. m. Sorte de trictrac simplifié.

' **TOURNÉE** s. f. Voyage qu'on fait en divers endroits. Ne se dit proprement que des courses que certains fonctionnaires publics font avec autorité dans leur ressort, dans leur département : *le préfet, le général de la division a fait sa tournée.* — Se dit aussi de certains voyages annuels ou périodiques qu'un particulier fait pour ses affaires ou pour celles d'une compagnie : *ce marchand est allé faire sa tournée en Hollande.* — Se dit, fam., des petites courses qu'on fait dans différents endroits : *il fait tous les matins plusieurs tournées.*

TOURNE-FEUILLE s. m. Appareil qui sert à tourner rapidement les feuilles d'un cahier de musique : *des tourne-feuille.*

TOURNE-FIL s. m. Instrument qui sert à tourner le fil des outils tranchants : *des tourne-fil.*

TOURNEFORT (Joseph PITTON DE), botaniste français, né à Aix en 1656, mort en 1708. Il fut professeur au *Jardin des Plantes* (1683-1700); il explora ensuite le Levant et, à partir de 1702, fut professeur de médecine au collège de France. Parmi ses œuvres, on cite *Éléments de botanique* (1694, 3 vol.) et *Voyage du Levant* (1717, 2 vol.). Tournefort, précurseur de Linné, adopta une nomenclature botanique longtemps acceptée, et basée sur la forme de la corolle. Ses descriptions sont parfaites.

' **TOURNELLE** s. f. Petite tour. Ce mot est vieux dans ce sens : on l'emploie au parlant de quelques anciens bâtiments, comme LE PALAIS DES TOURNELLES.

' **TOURNELLE** s. f. Chambre du parlement, qui était composée d'un certain nombre de juges, pris tour à tour moitié dans la grand'-chambre et moitié dans les chambres des enquêtes, pour juger les affaires criminelles : *la chambre de la Tournelle.*

' **TOURNEMAIN** s. m. N'est usité que dans cette locution, EN UN TOURNEMAIN, en aussi peu de temps qu'il faut pour tourner la main. Il a vieilli : on dit, EN UN TOUR DE MAIN.

' **TOURNEMENT** s. m. Action de ce qui tourne. N'est guère usité que dans cette locution, TOURNEMENT DE TÊTE, le vertige.

TOURNEMINE (René-Joseph), littérateur et jésuite français, né à Rennes en 1661, mort en 1739. Il dirigea le *Journal de Trévoux* de 1702 à 1736. Il a laissé : *Tables chronologiques* (1706); *Réflexions sur l'athéisme;* etc.

TOURNE-OREILLE s. m. Charrue à versoir mobile : *des tourne-oreille.*

TOURNE-PIERRE s. m. Ornith. Genre d'échassiers longirostres, voisin des bécasses, comprenant plusieurs espèces d'oiseaux, qui tournent au moyen de leur bec les pierres du rivage, pour chercher les crustacés et les vers. Le *tourne-pierre à collier (triqua interpres : strepsilas collaris)* est chez nous un

---

oiseau de passage; il est un peu plus gros qu'un merle, à corps noir, à ventre blanc, à pieds rouges et à bec noir.

' **TOURNER** v. a. Mouvoir en rond : *tourner une roue.* — Se dit aussi de plusieurs autres mouvements, pour peu qu'ils tiennent du mouvement en rond : *tourner la tête.* — Fig. TOURNER UNE PERSONNE A SON GRÉ, manier son esprit en sorte qu'on lui fasse faire tout ce qu'on veut : *il tourne cet homme-là, cet esprit-là comme il lui plaît.* — Fig. TOURNER QUELQU'UN DE TOUS LES SENS, DE TOUS LES CÔTÉS, lui faire diverses questions et diverses propositions, afin de tirer de lui ce qu'il sait, ou pour découvrir quel est son sentiment, son dessein. — Chasse. TOURNER UN LIÈVRE, TOURNER DES PERDRIX, tourner autour du lièvre, autour des perdrix. — Guerre. TOURNER UN POSTE, TOURNER UNE MONTAGNE, TOURNER L'ENNEMI, etc., les prendre à revers. — Se dit également en parlant de certaines choses qu'on change de sens : *tourner les feuillets d'un livre.* — Prov. et fig. TOURNEZ LA MÉDAILLE, voyez cette personne, cette affaire du côté opposé à celui dont vous venez de la considérer. — Traduire : *tourner du latin en français.* (Vieux.) — Façonner au tour des ouvrages de bois, d'ivoire, de pierre, de métal : *tourner des colonnes; tourner des chaises.* — Arranger d'une certaine manière les paroles, les pensées dans un ouvrage de prose ou de vers, leur donner un certain tour : *il tourne bien les vers.* — Tourner v. n. Se mouvoir en rond : *la terre tourne autour du soleil et la lune tourne autour de la terre.* — Se mouvoir à droite ou à gauche, quoique le mouvement ne se fasse pas tout à fait en rond : *tourner de côté et d'autre.* — Chasse. TOURNER AU CHANGE, se dit des chiens, lorsqu'ils attaquent un autre animal que celui de meute. — Fig. TOURNER COURT, abréger : *l'orateur a tourné court après cette réflexion, et s'est hâté de finir.* — LE VENT TOURNE AU NORD, TOURNE AU SUD, etc., il passe au nord, au sud, etc. — Fig. et fam. TOURNER A TOUT VENT, TOURNER COMME UNE GIROUETTE, avoir l'esprit variable et inconstant, changer souvent de sentiment, d'opinion. — LA TÊTE LUI TOURNE, se dit en parlant d'une personne qui se trouve étourdie pour avoir regardé en bas d'un lieu fort élevé : *ne regardez pas en bas de peur que la tête ne vous tourne.* — LA TÊTE LUI A TOURNÉ, se dit de même d'un homme qui est devenu fou. Se dit aussi fig. d'un homme qui se méconnaît dans la bonne fortune, ou à qui quelque malheur imprévu a troublé l'esprit, ou qui, par crainte, par vanité, ou par quelque autre passion, fait des choses extravagantes. — Fig. NE SAVOIR PLUS DE QUEL CÔTÉ TOURNER, ne savoir plus que faire, que devenir, n'avoir plus de ressource. — Fig. CETTE MALADIE, CETTE AFFAIRE TOURNE MAL, il y a lieu de craindre qu'elle n'ait une issue fâcheuse. — Fig. CE JEUNE HOMME TOURNE MAL, il ne soutient pas les bonnes espérances qu'on avait conçues de lui. — S'altérer, changer en mal : *ce vin ne sera pas de garde, il tournera, il commence à tourner.* — Jeux de cartes. IL TOURNE CŒUR, IL TOURNE CARREAU, etc., la carte qu'on découvre, qu'on montre, est de la couleur nommée cœur, carreau, etc. : *de quoi tourne-t-il?* — Se tourner v. pr. Se changer, passer d'un état à un autre : *la verdeur de ce vin se tournera en force.* — SA FIÈVRE TIERCE S'EST TOURNÉE EN QUARTE, EN CONTINUE, elle est devenue quarte, continue. On dit aussi, TOUT CE QU'IL MANGE SE TOURNE EN BILE, etc., devient bile, etc.

' **TOURNESOL** s. m. [tour-ne-sol]. Bot. Genre d'euphorbiacées crotonées, comprenant plusieurs espèces d'arbustes et d'herbes à fleurs en grappes. Le type de ce genre, le *croton des teinturiers (crotophora tinctoria, croton tinctorium),* commun aux environs de

---

Montpellier, est une plante à grande fleur radiée; on a prétendu que cette fleur se tournait du côté du soleil. — Espèce de teinture bleue dont la graine du tournesol est la base.

' **TOURNEUR** s. m. Artisan qui fait des ouvrages au tour : *excellent tourneur.* — Adjectiv. Celui qui tourne longtemps et rapidement sur lui-même : *il y a des derviches qu'on appelle derviches tourneurs.* — L'art du tourneur est l'art de façonner le bois, le métal et autres substances dures en formes ayant des contours ordinairement courbes et le plus sou-

Tour à ressort ou à détente.

vent circulaires, et aussi d'exécuter des figures composées de lignes courbes sur des surfaces planes ou cylindriques, au moyen d'outils appropriés et d'une machine appelée tour. Le principe sur lequel repose l'art du tourneur est simple. Une pièce de bois ou d'autre matière dure étant fixée dans une position horizontale par des pivots ou autrement à ses deux extrémités, de manière à lui permettre de tourner librement sur un axe, et étant mise rapidement en mouvement, pendant qu'on approche un ciseau ou tout autre instrument tranchant de la pièce et qu'on l'y maintient fortement, l'instrument coupera la pièce à cet endroit. Des tours d'une construction

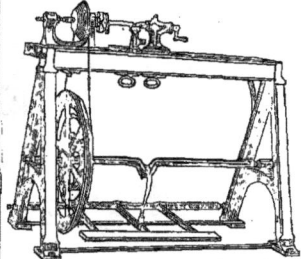

Nouveau tour de tourneur sur bois.

particulière permettent de tourner en creux, de forer, d'élargir les trous déjà faits, de tourner à la fois en dedans et en dehors. Il est souvent utile de pouvoir couper dans différents axes. On y arrive facilement et simplement en fixant la pièce à travailler successivement aux différents axes et en la tournant en deux ou plusieurs opérations. Mais on construit des machines spéciales, à centre variable, excentrique, géométrique, ovale, etc. La machine de Blanchard, grâce à laquelle on exécute des travaux de formes irrégulières, est peut-être la plus connue et la plus commode. Elle permet de reproduire une grande variété d'objets, de bustes, de formes de cordonnier, de manches, d'échelons, de bois de fusil, etc.

TOURNE-VENT s. m. Tuyau mobile qui se place sur le haut des cheminées pour empêcher le vent de s'opposer à la sortie de la fumée.

' **TOURNEVIS** s. m. [tour-ne-viss]. Arts. Instrument de fer ou d'acier avec lequel on serre et l'on desserre les vis.

V.

TOURNIOLE s. f. Nom vulgaire d'une espèce de panaris (voy. ce mot) qui se développe entre l'épiderme et la peau.

* **TOURNIQUET** s. m. (rad. *tourner*). Croix de bois ou de fer mobile, et posée horizontalement sur un pivot, dans une rue, dans un chemin, pour ne laisser passer que des gens de pied : *on a mis des tourniquets à ces barrières*. — Menuis. Morceau de bois tournant qui sert à soutenir un châssis à coulisse lorsqu'il est levé. — Instrument de chirurgie qui sert à comprimer les vaisseaux dans certaines opérations.

* **TOURNIS** s. m. [tour-nî]. Art vétér. Maladie des moutons qui est produite par le vers-coquin, et dans laquelle ils tournent et exécutent des mouvements convulsifs. On dit aussi TOURNOIEMENT.

* **TOURNOI** s. m. (du franç. *tourner*). Fête publique et militaire du moyen âge, où il y avait ordinairement un grand concours de princes, de seigneurs, de chevaliers etc., et où l'on s'exerçait à plusieurs sortes de combats, soit à cheval, soit à pied : *le prince fit publier le tournoi*. — ENCYCL. Ce jeu prit naissance après l'établissement du système féodal; il semble avoir été introduit dans l'Europe septentrionale dès le milieu du ixe siècle, bien qu'il ne soit devenu habituel et à la mode que plusieurs siècles plus tard. L'Église, qui refusa d'abord la sépulture chrétienne à ceux qui trouvaient la mort dans les tournois, finit par se relâcher de sa rigueur, et jusqu'à la fin du xve siècle, ces jeux restèrent dans toute leur vogue. A partir de cette époque, ils se transformèrent peu à peu en spectacle de cour, souvent du genre le plus magnifique et le plus coûteux; mais la mort du roi de France Henri II, à la suite d'une blessure reçue dans un tournoi, en 1559, fit abandonner ce divertissement dans presque toute l'Europe. Une joûte était, à proprement parler, un combat entre deux chevaliers; tandis que le tournoi comprenait plusieurs joûtes ou une rencontre entre plusieurs chevaliers de chaque côté. A l'époque où les tournois étaient dans tout leur éclat, on se servait de deux sortes d'armes : celles qui étaient faites expressément pour cet usage, c'est-à-dire des lances à pointe émoussée ou recouverte de morceaux de laine, et d'épées émoussées ou détrempées; et les armes de guerre ordinaires, qu'on appelait *armes à outrance*. Quelquefois, des chevaliers démontés combattaient à l'épée ou à la hache. Les prix étaient décernés par des juges choisis parmi les plus vieux chevaliers, mais c'étaient les dames qui les décernaient.

* **TOURNOIEMENT** ou **Tournoiment** s. m. Action de ce qui tournoie : *le tournoiement de l'eau*. (Voy. TOURNIS.) — TOURNOIEMENT DE TÊTE, certaine indisposition de cerveau, durant laquelle il semble à celui qui en est atteint, que tous les objets tournent.

* **TOURNOIS** adj. — Nom que l'on donnait à la monnaie qui se frappait autrefois à Tours, et qui était plus faible d'un cinquième que celle de Paris. S'est dit ensuite des livres valant vingt sous, à la différence des livres parisis, qui en valaient vingt-cinq. S'est dit également des sous valant douze deniers, à la différence des sous parisis, qui en valaient quinze : *payer en livres tournois*.

TOURNON (*Tornomagus*), ch.-l. d'arr., à 70 kil. N.-N.-E. de Privas (Ardèche), sur la rive droite du Rhône; par 45e 4' 2'' lat. N. et 2e 29' 56'' long. E.; 6,000 hab. Vins, soieries, étoffes de laines; foires importantes. Vieux château des ducs de Soubise. Tournon eut des seigneurs particuliers dès le xiie siècle.

TOURNON (François de) prélat français, né à Tournon en 1489, mort en 1562. A l'âge de 18 ans, il fut nommé archevêque d'Em-

brun, puis devint successivement archevêque de Bourges, d'Auch et de Lyon. Il négocia le traité de Madrid à la suite duquel François Ier fut mis en liberté (1526) et dirigea avec Anne de Montmorency la guerre contre Charles-Quint (1536); il signa la paix de Nice (1538) et fut ambassadeur à Rome sous Henri II. Il avait reçu le chapeau de cardinal en 1525. C'est à lui que l'on doit l'entrée des jésuites en France.

TOURNON-D'AGENAIS, ch.-l. de cant., arr. et à 27 kil. E. de Villeneuve-d'Agen (Lot-et-Garonne), sur le Baudusson ; 800 hab.

TOURNON-SAINT-MARTIN, ch.-l. de cant., arr. et à 14 kil. N.-O. du Blanc (Indre), sur la rive droite de la Creuse ; 800 hab.

* **TOURNOYANT, ANTE** adj. Qui tournoie : *le vol tournoyant d'un oiseau*.

TOURNOYER v. n. Se conjugue comme *Employer*. Tournoyer en faisant plusieurs tours : *cet homme ne fait que tournoyer*. — Fig. et fam. N'aller pas droit à la conclusion d'une affaire, biaiser, chercher des détours : *à quoi sert de tournoyer? il faut aller au but*.

TOURNOYEUR s. m. Chevalier qui prenait part à un tournoi.

* **TOURNURE** s. f. Tour. Ne se dit qu'au figuré : *le succès de votre affaire dépend de la tournure qu'on y donnera*. — Taille, habitude du corps : *ce jeune homme est d'une jolie tournure*.

TOURNUS, *Tinurtium castrum*, ch.-l. de cant., arr. et à 32 kil. N. de Mâcon (Saône-et-Loire), sur la Saône ; 5,000 hab. Commerce de vins; fabrique de sucre. Patrie de Greuze. Vieille église abbatiale de Saint-Philibert (mon. hist.)

TOURNY (Louis-Urbain-Aubert, MARQUIS DE) administrateur français, né aux Andelys en 1699, mort à Paris en 1761. Envoyé à Bordeaux comme intendant de Guyenne, il se signala dans cette ville par des améliorations de tout genre qui lui ont valu la reconnaissance des Bordelais. Ils ont donné son nom à une promenade et à une place sur laquelle s'élève sa statue.

TOUROUVRE, ch.-l. de cant., arr. et à 13 kil. N.-E. de Mortagne (Orne); 600 hab.

TOURQUENOIS, OISE s. et adj. De Tourcoing; qui appartient à cette ville ou à ses habitants.

TOURS, *Cæsarodunum*, *Civitas Turonum*, ch.-l. du dép. d'Indre-et-Loire et ancienne cap. de la Touraine, à 236 kil. S.-O. de Paris, sur la rive gauche de la Loire, entre ce fleuve et le Cher, par 47e 23' 47'' lat. N. et 1e 38' 36'' long. O.; 50,000 hab. ¡La ville, grande et bien bâtie, est dans une situation admirable, au milieu d'un pays dont la beauté et la richesse sont renommées. Tours fut la première ville de France où l'on se livra à la manufacture de la soie. Son pont sur la Loire est un des plus beaux de la France. On remarque aussi le palais de l'archevêché. De la fameuse cathédrale de Saint-Martin il ne reste que deux tours. Fabriques de draps, de tapis, de soieries, etc. — Plusieurs conciles importants se tinrent à Tours; les états généraux y siégèrent plusieurs fois, et le 18 sept. 1870, une partie du gouvernement de la Défense nationale s'y transporta. Les Allemands l'occupèrent le 19 janv. 1871; déjà, depuis le 11 déc., la délégation de Tours s'était transportée à Bordeaux. Patrie de Gabrielle d'Estrées, de Boucicaut, de Rapin, de Grécourt,

de Destouches, de Dutens, de Rouilley, de H. Balzac, etc.

* **TOURTE** s. f. Espèce de pâtisserie : *tourte de pigeonneaux*.

* **TOURTEAU** s. m. Sorte de gâteau. (Vieux.) — Masse formée du résidu de certaines graines, de certains fruits, dont on a exprimé de l'huile.

* **TOURTEREAU** s. m. Jeune tourterelle : *élever des tourtereaux*.

* **TOURTERELLE** s. f. Espèce de petit pigeon : *les tourterelles volent ordinairement deux à deux, le mâle et la femelle*. — Fig. CE SONT DES TOURTEREAUX, ILS S'AIMENT COMME DEUX TOURTERELLES, se dit de deux jeunes époux qui ont beaucoup d'amour l'un pour l'autre. — ENCYCL. La tourterelle (*columba turtur*, Linn.) a le manteau fauve tacheté de brun, le cou bleuâtre avec une tache de chaque côté, maillée de noir et de blanc. C'est notre plus petite espèce de pigeons sauvages. Elle vit dans les bois comme le ramier. On élève en volière la tourterelle à collier ou *rieuse* (*columba risoria*, Linn.), qui paraît originaire d'Afrique, blonde, plus pâle dessous; un collier noir sur la nuque. Les espèces de cette division sont nombreuses et peuvent encore se subdiviser selon que leurs tarses sont ou non revêtus de plumes et d'après le nu qui se trouve autour des yeux de quelques-unes. On peut même, si l'on veut, séparer des autres quelques espèces à queue pointue.

TOURTERON, ch.-l. de cant., arr. et à 23 kil. N.-O. de Vouziers (Ardennes); 600 hab.

* **TOURTIÈRE** s. f. Ustensile de cuisine qui sert à faire cuire les tourtes : *tourtière d'argent*.

* **TOURTRE** s. f. Nom qu'on donne à la tourterelle, quand on parle de cet oiseau comme bon à manger : *manger des tourtres*.

TOURVILLE (Anne-Hilarion DE COTENTIN, *comte de*), amiral français, né au château de Tourville (Normandie) en 1642, mort à Paris en 1701. Après ses brillants exploits comme corsaire contre les pirates du N. de l'Afrique, Louis XIV le nomma, en 1667, officier de la marine royale. En 1676, il décida de la victoire d'Agosta, et en 1677, devant Palerme, il anéantit presque les escadres d'Espagne et de Hollande. En 1690, vainqueur à Bévéziers, il poursuivit les Anglais jusqu'à l'embouchure de la Tamise, et s'empara d'un grand nombre de leurs vaisseaux. Le 29 mai 1692, sur l'ordre formel de Louis XIV, à la tête de 44 navires, il attaqua près de la Hogue l'amiral anglais Russell, dont les forces étaient doubles; il fut vaincu, et vit détruire la plus grande partie de sa flotte à la Hogue. En 1693, il fut créé maréchal, et captura 27 navires hollandais et anglais à la hauteur du cap Saint-Vincent, après en avoir détruit 59.

TOURZEL (Louise-Elisabeth-Félicité-Françoise-Armande - Anne - Marie - Jeanne-Joséphine DE CROŸ D'HAVRÉ, *marquise*, puis *duchesse de*), gouvernante des Enfants de France, née à Paris en 1748, morte en 1832. Elle montra un attachement et une fidélité inviolables à la famille royale, partagea sa captivité au Temple, fut enfermée à la prison de la Force, parvint à se sauver et fut créée duchesse par Louis XVIII, en 1818.

* **TOUSELLE** s. f. [tou-zè-le] (du vieux franç. *tosel*, imberbe; venu du lat. *tonsus*, tondu). Sorte de froment dont l'épi est sans barbe.

TOUS-LES-SAINTS (Baie de), en esp. *Bahia de-Todos-os-Santos*, grande et belle baie située dans le golfe du Brésil (Brésil); elle est longue de 60 kil., et large de 45. Sur la rive orientale se dresse la ville de *Bahia*.

* **TOUSSAINT** s. f. La fête de tous les saints.

qui est toujours le 1er novembre : *on l'attend à la Toussaint.*

TOUSSAINT (François-Dominique), surnommé LOUVERTURE, général haïtien, né à Bréda près du Cap (Saint-Domingue) en 1743, mort le 27 avril 1803. Il descendait d'un père et d'une mère esclaves, et de pur sang nègre. En 1794, après avoir assuré la fuite de son maître et de sa famille, il rejoignit l'armée noire. Elu brigadier-général, il fit prisonnière l'armée toute entière de Brandicourt, le général blanc, sans qu'il y eût de sang versé, et occupa les Gonaïves et d'autres localités. Les Anglais, ayant envahi l'île en 1793, prirent Port-au-Prince, tandis que les Français, les Espagnols, les mulâtres et les noirs étaient tous en train de s'entre-déchirer. Toussaint, qui était le véritable commandant en chef des noirs, fit alors hommage à la France, qui avait déclaré Haïti partie intégrante de la république, et qui avait émancipé les esclaves. Il défendit avec tant de succès sa politique de tous les côtés à la fois que Laveaux, le commandant français, s'écria : « Mais cet homme fait ouverture par tout »; de là le surnom donné à Toussaint. Il chassa les Anglais de presque toutes leurs fortes positions, prit 28 batteries espagnoles en 4 jours, maintint une longue ligne de défense contre les alliés qui avaient des forces doubles des siennes, secourut Laveaux, et finit par obtenir la capitulation de toutes les troupes anglaises assiégées dans Saint-Marc (1797); tandis que les Espagnols abandonnaient l'espoir de conquérir la partie occidentale de l'île, Toussaint, qui avait été nommé commandant en chef par le commissaire français, Sonthonax, rétablit bientôt l'ordre. Rigaud, chef des mulâtres, se mit à la tête d'une insurrection contre lui, et pendant l'année 1799, la guerre civile sévit entre les mulâtres et les noirs. Toussaint s'empara de Jacmel, étouffa l'insurrection, et en 1800 prit en main le gouvernement sous la suzeraineté de la France. Dès le début de son administration, il conçut un conseil de 9 membres, tous propriétaires blancs, à l'exception d'un mulâtre. Ce conseil rédigea une constitution par laquelle il était nommé président à vie, et qui établissait le libre-échange. Il envoya cette constitution avec une lettre à Bonaparte, alors premier consul, qui déclara que c'était un esclave révolté, qu'on devait le punir, et que l'honneur de la France était outragé. Une loi part portée, rétablissant les colonies françaises dans la condition où elles étaient avant 1789. Un décret postérieur, rendu par Bonaparte, exceptait Haïti, mais seulement temporairement. Le général Leclerc arriva sur la côte d'Haïti en janv. 1802, avec 33,000 hommes et 66 vaisseaux, pour soumettre l'île. Sans déclaration de guerre, il tenta d'entrer dans le Cap-Français; Christophe, qui y commandait, mit le feu à la ville. Une lutte sanglante s'engagea, le tiers des soldats français furent tués ou blessés; ils se rendirent maîtres des ports, il est vrai; mais les noirs, inexpugnables dans les forêts de leurs montagnes, les détruisirent en détail. Leclerc acheta Christophe et ceux à qui il commandait, entre autres Dessalines, et offrit de respecter la liberté de la population et de laisser le gouvernement entre les mains de Toussaint, à condition que lui, Leclerc, occuperait le poste de délégué de la France à côté de Toussaint. Un traité de paix fut conclu le 1er mai, après lequel Toussaint se retira de la vie publique. Obéissant aux instructions de Leclerc, le général Brunet lui envoya le 7 juin une lettre conçue en termes cordiaux, et demandant une entrevue. Toussaint vint aux Gonaïves et fut traîtreusement saisi et embarqué à bord d'une frégate. En France, on le coulina dans le fort de Joux, où il eut à supporter de grandes rigueurs, pendant toujours, mais en vain, à être jugé. A la fin, comme on l'avait laissé 4 jours sans boire ni manger, on le trouva mort. — Voy. Gragnon-Lacoste : *Toussaint-Louverture,* (Paris, 1877).

* **TOUSSER** v. n. (rad. *toux*). Faire l'effort et le bruit que cause la toux : *il tousse toute la nuit.* — Faire ce même bruit à dessein : *il tousse pour avertir un de ses amis.*

* **TOUSSERIE** s. f. Habitude de tousser : *cet homme est fatigant avec sa tousserie.*

* **TOUSSEUR, EUSE** s. Personne qui tousse souvent : *voilà un fatigant tousseur.*

* **TOUT, TOUTE** adj. (lat. *totus*). Qui comprend l'intégrité d'une chose considérée par rapport au nombre, à l'étendue, ou à l'intensité d'action : *tout l'univers; tout le monde.* — S'emploie aussi dans la signification de chaque; et alors n'est point suivi de l'article : *tout bien est désirable.*

> Les sots sont un peuple nombreux,
> Trouvant toutes choses faciles.
> FLORIAN.

— Tous deux ou Tous les deux, l'un et l'autre. La première de ces locutions marque ordinairement simultanéité : *ils partirent tous deux, tous deux ensemble pour la ville.*

> Vous inspirez au roi vos conseils dangereux,
> Et vous en servez un pour le perdre tous deux.
> J. RACINE. *La Thébaïde,* acte 1er, sc. v.

— On dit de même, *tous trois, tous quatre* et *tous les trois, tous les quatre.* Au delà de ce dernier nombre jusqu'à dix, on supprime rarement l'article; et au delà de *dix* on l'emploie toujours. *Tous les cinq, tous les six,* etc. ; *tous les seize, tous les vingt,* etc. — TOUS LES JOURS, TOUS LES MOIS, TOUS LES ANS, chaque jour, chaque mois, etc. ; TOUS LES DEUX JOURS, TOUS LES TROIS JOURS, etc., TOUS LES DEUX MOIS, TOUS LES TROIS MOIS, etc. De deux jours en deux jours, de trois jours en trois jours, de deux mois, en deux mois, etc. TOUTES LES DEUX HEURES, TOUTES LES VINGT-QUATRE HEURES, etc., de deux heures en deux heures, de vingt-quatre heures en vingt-quatre heures, etc. — SE FAIRE TOUT A TOUS, s'accommoder à toutes les opinions, à tous les caractères.

* **TOUT** s. m. Une chose qui a des parties, considérée en son entier : *le tout est plus grand qu'une de ses parties.* — S'emploie souvent sans être précédé de l'article : *tout est bon dans cet ouvrage.* — Jeu de brelan. VA-TOUT, FAIRE VA-TOUT, FAIRE UN VA-TOUT, se dit lorsqu'on hasarde en un seul coup tout l'argent qu'on a devant soi. — Sans l'article, signifie, particul., toutes choses, toutes sortes de choses : *c'est un homme qui se met à tout.* — Tout le monde, tout ce qu'il y a de gens, de personnes : *femmes, enfants, vieillards, tout fut massacré.* — Fam. SE FAIRE A TOUT, PRÊTER A TOUT, s'habituer, se prêter aux usages, aux convenances, etc., suivant les temps, les lieux et les personnes. — Le tout, façon de parler dont on se sert après l'énumération de plusieurs choses, pour les joindre toutes ensemble : *il a fait telle et telle chose, le tout pour parvenir à son but.* — LE TOUT ENSEMBLE, ce qui résulte de l'assemblage de plusieurs parties formant un tout : *il y a une ou deux scènes, quelques beaux vers dans cette pièce, mais le tout ensemble n'en vaut rien.* — Tout ce qu'il y a de principal, de plus important dans une chose : *c'est quelque chose de bien commencer, mais le tout est de bien finir.* — Blas. SUR LE TOUT. (Voy. SUR.) — Jeu. Troisième partie qui se joue après qu'un des deux joueurs a perdu partie et revanche, et l'on joue autant d'argent que l'on en a joué dans les deux premières parties ensemble : *jouer le tout.* — LE TOUT DU TOUT, partie qui se joue après que la même personne a perdu partie, revanche et le tout, et dans laquelle on joue autant d'argent que l'on en a joué dans les trois parties précédentes : *donner, prendre, perdre, gagner le tout du tout.* — A tout loc. adv. propre à certains jeux de cartes, et qui se dit en parlant de la couleur qui emporte toutes les autres : *il faut faire à tout.* — On en fait aussi un seul mot, ATOUT; et alors il s'emploie comme substantif masculin : *jouer un atout, j'ai deux atouts.* — A tout prendre loc. adv. A considérer tout l'ensemble des qualités d'une personne ou d'une chose, tout ce qu'elle a de bien et de mal : *cette maison a ses défauts; mais, à tout prendre, elle est belle et commode.* — Après tout loc. adv. Dans le fond, tout bien considéré : *vos raisons sont spécieuses; mais, après tout, le parti que vous proposez pourrait avoir de fâcheux résultats.* — Sur-tout loc. adv. (Voy. SURTOUT). — Du tout loc. adv., qui se joint avec *Rien, point, pas,* pour rendre la négative plus forte, et signifie, en aucune façon, nullement, absolument rien, non : *il n'aura rien du tout.* — En tout loc. adv., on s'en sert pour supputer, pour compter; et il signifie, sans rien omettre, tout étant compris : *cette lui revient en tout à mille francs.* — Fam. EN TOUT ET PAR TOUT, entièrement : *je suis de votre avis en tout et par tout.* (Voy. PARTOUT.)

* **TOUT** adv. Entièrement, complètement, sans exception, sans réserve : *je suis tout à vous.* — Mis immédiatement devant un adjectif féminin qui commence par une consonne ou par une H aspirée, reçoit le genre et le nombre du nom ou du pronom auquel cet adjectif se rapporte : *elle est toute malade; elles furent toutes surprises de le voir.* Mais devant les adjectifs féminins qui commencent par une voyelle ou par une H non aspirée, Tout redevient invariable : *sa maison est tout autre qu'elle n'était; un chien qui a les oreilles tout écorchées.* — Il y a néanmoins certains cas où Tout, placé devant un adjectif féminin singulier, commençant par une voyelle ou une H non aspirée, reçoit également le genre du nom ou du pronom auquel cet adjectif se rapporte, et redevient lui-même un véritable adjectif : c'est lorsqu'il s'agit d'exprimer une sorte d'excès ou d'intensité, qu'à désigner l'ensemble, la totalité des différentes parties d'une chose : *la forêt lui parut toute enflammée.* Souvent l'adjectif féminin est remplacé par une expression équivalente; on observe alors la même distinction. Ainsi dans les phrases qui suivent, on emploie Tout adverbe, parce qu'il s'agit d'exprimer l'excès, l'intensité : ELLE ÉTAIT TOUT EN LARMES, elle pleurait beaucoup, excessivement; ELLE EST TOUT A SON DEVOIR, elle est entièrement occupée de son devoir. Au contraire, dans les deux suivantes, on emploie l'adjectif toute, parce qu'on veut exprimer la totalité. LA MAISON ÉTAIT TOUTE EN FEU, toute la maison brûlait. CETTE MAISON EST TOUTE A LUI, il n'y a aucune partie de cette maison qui ne lui appartienne. — Il faut aussi distinguer entre ces deux locutions : C'EST TOUT AUTRE CHOSE, et DEMANDEZ-MOI TOUTE AUTRE CHOSE. Dans la première, tout est adverbe et signifie entièrement, tout à fait; il doit s'écrire, tout. Dans la seconde, tout est adjectif : *demandez-moi toute chose autre que celle que vous me demandez;* et il faut écrire TOUTE. — Si une femme écrit, *je suis tout à vous,* c'est une expression de politesse, qui signifie : *je suis entièrement à vous; je suis toute disposée à vous rendre service.* Mais si elle écrit, *je suis toute à vous,* c'est une expression de tendresse qui veut dire, *je vous consacre ma vie, mon existence entière.* — On écrivait et l'on imprimait autrefois TOUTE devant les adjectifs féminins commençant par une voyelle ou par une H non aspirée : *elle était toute inquiète, toute alarmée.* Quelques personnes suivent encore cette ancienne orthographe. — Dans TOUT ENTIER, employé comme une seule expression, TOUT reste invariable, soit qu'on veuille indiquer la totalité ou l'intensité de quelque chose : *ce pâté, ce pain est encore tout entier.* — TOUT reste également invariable dans les locutions, TOUT CŒUR, TOUT ESPRIT, TOUT ZÈLE, etc., plein de

cœur, plein d'esprit, plein de zèle, etc. : *c'est une femme qui est tout cœur.* — Se joint avec plusieurs prépositions ou adverbes, et avec plusieurs locutions, pour leur donner plus d'énergie : *il le lui dit tout froidement.* — Sert même à former certaines locutions dont on ne peut le retrancher sans détruire ou altérer le sens : *tout à coup; tout à fait.* — S'emploie aussi avec toutes sortes d'adjectifs, et même avec certains substantifs, dans la signification de quoique, encore que, ou de quelque. En ce sens, il prend l'accord devant les adjectifs féminins commençant par une consonne ou une H aspirée : *tout sage qu'il est; tout votre ami qu'il est; tout ingrate qu'elle est.* On dit à peu près de même, TOUT EN RIANT, TOUT EN PLAISANTANT, TOUT EN MURMURANT, etc., bien que ce soit, que ce fût en riant, en plaisantant, etc. : *il lui dit ses vérités tout en riant.*

TOUT-BEAU interj. Cri par lequel on arrête un chien. — Fam. Exclamation par laquelle on interpelle ou on arrête quelqu'un.

* **TOUTE-BONNE** s. f. Nom vulgaire de la sauge sclarée qu'on appelle autrement ORVALE : *des toutes-bonnes.*

* **TOUTE-ÉPICE** s. f. Nom vulgaire de la nigelle des champs, qui est légèrement âcre et odorante, et qui sert, dans quelques pays, à l'assaisonnement des viandes. On la nomme aussi HERBE AUX ÉPICES ou DE TOUTES ÉPICES.

* **TOUTEFOIS** adv. (anc. fr. *toutes voies*, de toute manière). Néanmoins, cependant, mais, pourtant : *tous les hommes recherchent les richesses, et toutefois on voit peu d'hommes riches qui soient heureux.*

* **TOUTENAGUE** s. f. Alliage métallique blanc fait avec de l'étain et du bismuth. On le nomme aussi TINTENAGUE.

TOUT-ENSEMBLE s. m. Effet général : *c'est un tout-ensemble admirable.*

TOUTE-PRÉSENCE s. f. Présence de Dieu en tout lieu. On dit mieux UBIQUITÉ.

* **TOUTE-PUISSANCE** s. f. Voy. PUISSANCE.

* **TOUTE-SAINE** s. f. Arbrisseau ainsi nommé parce qu'il est fort utile en médecine, surtout comme vulnéraire : *des toutes-saines.*

TOUTE-SCIENCE s. f. Syn. d'OMNISCIENCE.

* **TOU-TOU** ou **Toutou** s. m. Nom que les enfants donnent aux chiens.

* **TOUT-OU-RIEN** s. m. Partie de la répétition d'une montre, d'une pendule, qui fait qu'elle répète entièrement l'heure indiquée par les aiguilles, où qu'elle ne répète rien; ce qui arrive quand on n'a pas assez poussé le bouton : *cette répétition est à tout-ou-rien; il faut ajouter un tout-ou-rien à ma répétition; des tout-ou-rien.*

* **TOUT-PUISSANT, Toute-puissante** adj. Qui peut tout : *vous êtes toute-puissante auprès de lui.* — s. m. Dieu : *le bras du Tout-Puissant.* — Au pl. TOUT-PUISSANTS.

* **TOUX** s. f. (lat. *tussis*). Expiration bruyante de l'air, plus ou moins violente et plus ou moins répétée, accompagnée d'un petit mouvement convulsif du larynx et de la trachée-artère : *la toux est un des principaux symptômes du rhume de poitrine ou catarrhe pulmonaire.* — TOUX SÈCHE, toux qui n'est point accompagnée de crachats. On dit par opposition, TOUX HUMIDE.

TOWNLEY (Charles) [taôun'-lé], collectionneur anglais, né en 1737, mort en 1805. Pendant un séjour à Rome (1765-1772), il consacra la plus grande partie de sa fortune à acheter des marbres anciens, des terres cuites, des bronzes, des pierres précieuses, etc., et il continua d'y ajouter après son retour en Angleterre. L'État acheta ses collections lorsqu'il fut mort; elles sont aujourd'hui au musée britannique.

TOXICITÉ s. f. [to-ksi-]. Caractère de ce qui est toxique.

* **TOXICODENDRON** s. m. Bot. Espèce de sumac qui est fort vénéneux, et qui produit des boutons à la peau, lorsqu'on en touche les feuilles.

TOXICOGÉNOSE s. f. (gr. *toxikon*, poison; *gennaô*, je produis). Ensemble de phénomènes morbides résultant d'un empoisonnement.

TOXICOGRAPHE s. m. (gr. *toxikon*, poison; *graphô*, je décris). Auteur d'un traité sur les poisons.

TOXICOGRAPHIE s. f. Connaissance et histoire des poisons.

* **TOXICOLOGIE** s. f. (gr. *toxikon*, poison; *logos*, discours). Science qui traite des poisons, des toxiques; traité sur les poisons.

TOXICOLOGUE s. m. Celui qui traite de la toxicologie.

TOXICOPHAGE adj. (gr. *toxikon*, poison; *phagein*, manger). Qui mêle des poisons à sa nourriture.

* **TOXIQUE** s. m. [to-ksi-ke] (gr. *toxikon*, poison). Nom générique qui se donne à toutes sortes de poisons : *des toxiques.* — Adjectiv. : *des substances toxiques.*

* **TRABAN** s. m. Mot qui, en allemand, signifie garde, et qu'on a quelquefois employé pour désigner des militaires armés de hallebardes, et chargés d'un service particulier.

TRABE s. f. Hallebarde de traban.

* **TRABÉE** s. f. (lat. *trabea;* de *trabes*, poutre). Nom qu'on donnait, chez les Romains, à une robe de cérémonie qui était différente selon les personnes : *les triomphateurs portaient une trabée de pourpre brodée d'or.* Les archéologues emploient de préférence le mot lat. TRABEA.

TRABUC s. m. (esp. *trabucco*). Tromblon.

TRABUCAIRE s. m. Bandit espagnol armé d'un tromblon.

TRABUCO s. m. (rad. *trabuc*). Cigare de la Havane.

* **TRAC** s. m. Allure du cheval, du mulet, etc. : *le trac des chevaux.* — Trace et piste des bêtes : *suivre une bête au trac.* (Vieux dans les deux sens). — ᴖᴖ Pop. Peur.

Des créanciers! quel trac! Fuyons dans la soupente,
CH. MONSELET.

* **TRAÇAGE** s. m. Action de tracer.

* **TRAÇANT, ANTE** adj. N'est guère usité que dans cette locution, RACINE TRAÇANTE, racine d'arbre ou de plante qui s'étend entre deux terres; à la différence de RACINE PIVOTANTE, celle qui s'enfonce perpendiculairement dans le terrain.

* **TRACAS** s. m. Mouvement accompagné d'embarras, le plus souvent pour des choses de peu d'importance : *il y a bien du tracas dans cette maison.* — Fig. *Le tracas des affaires.*

* **TRACASSER** v. n. (dérivé de *traquer*). Aller et venir, s'agiter, se tourmenter pour peu de chose : *il ne peut se tenir en repos, il tracasse sans cesse.* — Se dit en parlant des manières d'agir d'un esprit inquiet, indiscret, brouillon et malin, qui fait des tracasseries : *ne recevez point cet homme dans votre société, il ne fait que tracasser.* — v. a. Inquiéter, tourmenter quelqu'un : *cet homme m'a tant tracassé que j'ai abandonné l'affaire.*

* **TRACASSERIE** s. f. Chicane, mauvais incident, mauvaise difficulté : *nous étions près de conclure notre marché, mais il nous a fait une tracasserie.* — Propos, rapport qui tend à brouiller des gens les uns avec les

autres : *il passe sa vie à faire des tracasseries.* — Effet des mauvais propos : *il y a une tracasserie entre eux, dans le ménage.*

* **TRACASSIER, IÈRE** s. Celui, celle qui tracasse, qui ne sait ce qu'il veut, qui est sujet à faire de mauvaises difficultés dans les affaires dont il se mêle : *c'est un tracassier, une tracassière.* — Brouillon, indiscret qui, par de mauvais rapports, commet des personnes les unes avec les autres : *ne recevez pas cet homme-là dans votre société, c'est un tracassier.* — Adjectiv. *Administration tracassière.*

* **TRACE** s. f. Vestige qu'un homme ou quelque animal laisse à l'endroit où il a passé : *voilà la trace de ses pas.* — Fig. MARCHER SUR LES TRACES, SUIVRE LES TRACES DE QUELQU'UN, l'imiter, suivre son exemple. — Marque, impression que laisse un chariot, un carrosse, ou autre voiture, et toute autre marque et impression qui reste de quelque chose : *suivre la trace d'un chariot.*

Quelles traces de sang vois-je sur vos habits ?
J. RACINE. *La Thébaïde*, acte Ier, sc. m.

— Impression que les objets font dans l'esprit, dans la mémoire : *cette aventure a laissé des traces profondes dans mon esprit, dans ma mémoire.* — Toute autre sorte de marque ou d'impression que laisse une chose quelle qu'elle soit : *on n'aperçoit en lui aucune trace de la bonne éducation qu'il a reçue.* — Se dit encore des lignes que l'on fait sur le terrain, pour marquer le dessin d'un jardin, l'alignement d'une allée, le plan d'un édifice : *faire la trace d'un parterre.* — Se dit également des premiers points d'aiguilles, des premiers traits que l'on fait sur le canevas, pour marquer les contours des figures d'un ouvrage de tapisserie : *j'ai donné à cette ouvrière tant pour le dessin, tant pour la trace.*

* **TRACÉ, ÉE** part. passé de TRACER. — Substantiv. *Le tracé d'un ouvrage de fortification.*

* **TRACEMENT** s. m. Action de tracer : *le tracement d'un fort sur le terrain.*

* **TRACER** v. a. (lat. *trahere*, tirer des traits). Tirer, disposer des lignes d'un dessin, d'un plan, sur le papier, sur la toile, sur le terrain, sur un mur, etc. : *tracer un plan.* — Indiquer, marquer par une ou plusieurs lignes le contour de quelque chose : *tracer une circonférence.* — Faire sur le canevas les premiers points, pour marquer le contour des objets dans un ouvrage de broderie, de tapisserie : *tracer de la tapisserie.* — Tracer v. n. Se dit des arbres dont les racines s'étendent en rampant sous la terre, et ne s'enfoncent presque pas : *l'orme, le noyer tracent beaucoup.*

TRACHÉAL, ÉALE, ÉAUX adj. [tra-ké-al]. Qui appartient à la trachée-artère.

* **TRACHÉE** s. f. Syn. de TRACHÉE-ARTÈRE.

* **TRACHÉE-ARTÈRE** s. f. [tra-ché] (lat. *trachea*). Anat. Canal communiquant du larynx aux bronches, et servant au passage de l'air pendant l'aspiration et l'expiration : *la trachée-artère est placée devant l'œsophage.* — Hist. nat. Certains petits vaisseaux des insectes et des plantes qui sont formés d'un fil élastique contourné en spirale : *les insectes respirent par les trachées.*

TRACHÉEN, ÉENNE adj. [tra-ké-]. Qui appartient à la trachée-artère.

TRACHÉITE s. f. [tra-ké-]. Pathol. Inflammation de la trachée-artère.

TRACHÉLIEN, IENNE adj. [-ké-]. Anat. Qui appartient à la partie postérieure du cou.

TRACHÉLOBRANCHE adj. [-ké-] (gr. *trachêlos... rigcheia*, branchies). Qui a les branchies placées sur le cou.

TRACHÉOCÈLE s. f. [-ké-] (fr. *trachée; gr*

kêlé, tumeur). Hypertrophie du corps thyroïde.

* TRACHÉOTOMIE s. f. [-ké-] (fr. *trachée*; gr. *tomé*, section). Chir. Opération qui consiste à ouvrir la trachée-artère. On peut employer la trachéotomie dans le cas où une maladie ou quelque corps étranger empêche l'air de pénétrer dans les poumons. On l'a quelquefois expérimentée avec succès pour faciliter le gonflement des poumons, dans des cas de suspension des phénomènes de la vie.

TRACHY (gr. *trakus*, rude), préfixe qui entre dans la formation d'un grand nombre de mots.

TRACHYTE s. m. [tra-chi-te] (gr. *trakus*, rugueux). Roche volcanique, appelée ainsi à cause de la rugosité de sa surface. Elle se compose surtout de feldspath vitreux associé quelquefois à la hornblende et à l'augite. Lorsque ce sont ces minéraux qui dominent, la roche passe par les variétés de trapp appelées basalte, diorite, etc.

TRACHYTIQUE adj. [tra-chi-]. Qui est de la nature du trachyte.

TRAÇOIR s. m. Instrument avec lequel on grave des dessins sur le métal.

TRACTABILITÉ s. f. (du lat. *tractare*, tirer). Qualité de ce qui est traitable, maniable.

TRACTARIANISME s. m. Mouvement qui s'est produit dans l'Eglise anglicane, et ainsi appelée d'une série de brochures intitulées *Tracts for the Times*, publiées à Oxford de 1833 à 1841. Ils sont au nombre de 90, et consistent en extraits des écrits des pères anté-nicéens et d'autorités ecclésiastiques plus récentes, ainsi que d'œuvres originales par E.-B. Pusey, John Keble, Isaac Williams, John Henry Newman et autres. Le n° 90 de la série affirmait la compatibilité de 39 articles de l'Eglise anglicane avec les doctrines de l'Eglise catholique romaine. Le promoteur du mouvement, le Dr Newman, se convertit en 1845 à l'Eglise catholique, dont il est devenu cardinal. Les tendances ritualistes de la haute Eglise ont leur origine dans ce mouvement.

TRACTEUR s. m. (lat. *tractare*, tirer). Chir. Instrument qui sert à saisir et à amener l'enfant dans les accouchements.

TRACTIF, IVE adj. Qui exerce une traction.

* TRACTION s. f. (lat. *tractio*). Mécan. Action d'une force qui met en mouvement et tire un corps quelconque : *force de traction*.

TRACTOIRE adj. Qui concerne la traction.

TRADE-MARK s. f. (tré-d'-mark] (mots angl.). Marque de commerce ou de fabrique. (Voy. MARQUE.) — au pl. DES TRADE-MARKS.

TRADES UNION s. f. [trè-dzz iou'-nieunn] (angl. *trade*, fabrique, commerce; *union*, union), association d'ouvriers dont le but est d'exercer une action collective dans les questions de salaire, d'heures de travail, etc., et de se secourir mutuellement. Il n'y a pas encore longtemps que dans tous les pays, les coalitions d'ouvriers étaient punies par la loi. En 1824, les coalitions furent permises en Angleterre, aux ouvriers aussi bien qu'aux patrons. D'autres lois reconnurent les *trades union* comme personnes civiles. Elles comptent aujourd'hui en Angleterre un million et demi de membres environ. Les coalitions des patrons s'opposent aux coalitions d'ouvriers, et il n'est pas rare de voir les patrons se mettre en grève, c'est-à-dire cesser de donner du travail pour enlever aux ouvriers les moyens de s'aider mutuellement et de leur résister. — Des *trades union* sur le modèle anglais (*Gewerkvereine*) commencèrent à paraître en Allemagne en 1868. Elles sont loin d'être aussi puissantes qu'en Angleterre, bien que l'organisation en soit peut-être plus savante. En France, les droits des ouvriers ne

sont pas encore bien définis. En 1864, la loi fut modifiée de façon à rendre légales les coalitions et les grèves. En 1868, on permit l'organisation des chambres syndicales, à condition que la politique en soit exclue. Les patrons se syndiquèrent de leur côté, et leurs syndicats sont sensiblement plus nombreux que ceux des ouvriers. On trouve des *trades union* en Belgique, en Suisse, en Italie et dans d'autres pays de l'Europe, mais, excepté en Belgique, elle n'ont que peu d'influence sur les relations industrielles. C'est aux Etats-Unis que l'organisation et le développement des sociétés de ce genre ont acquis la plus grande extension. Elles n'ont généralement recours à la grève qu'en désespoir de cause, et après avoir employé tous les moyens de conciliation.

* TRADITEUR s. m. (lat. *traditor*). Hist. ecclés. Celui qui, dans la persécution, avait livré les livres sacrés aux païens: *saint Cyprien a écrit un livre sur les traditeurs*.

* TRADITION s. f. (lat. *traditio*). Jurispr. et Liturg. Action par laquelle on livre une chose à quelqu'un : *la vente se consomme par la tradition de la chose vendue*. — Egl. cathol. Voie par laquelle la connaissance des choses qui concernent la religion et qui ne sont point dans l'Ecriture sainte, se transmet de siècle en siècle : *la religion catholique est fondée sur l'Ecriture sainte et sur la tradition*. — TRADITIONS JUDAÏQUES, les interprétations que les docteurs juifs avaient données à la loi de Moïse, et les additions qu'ils y avaient faites, lesquelles ont été depuis recueillies par les rabbins. — Se dit également en parlant des faits purement historiques qui nous sont été transmis d'âge en âge, et qui, sans aucune preuve authentique, se sont conservés en passant de bouche en bouche: *ce sont des faits que la tradition seule nous a appris*. — Se dit des faits mêmes : *beaucoup de traits d'histoire ne sont que de fausses traditions*. — Se dit généralement de toutes les opinions, de tous les procédés, de tous les usages, etc., qui se transmettent de gédération en génération par le moyen de l'exemple ou de la parole : *ceci est une tradition de nos maîtres*. — Législ. « On nomme *tradition* la livraison effective d'un objet donné ou vendu. Dans l'ancien droit français, de même qu'en droit romain, la tradition était nécessaire pour opérer la mutation de propriété. Au contraire, suivant les termes du Code civil (art. 711 et s., 1138, 1583, etc.), la convention suffit pour que la donataire, l'acquéreur, l'échangiste devienne propriétaire, même avant la *délivrance*. Ceci ne peut s'appliquer aux choses qui sont livrées au nombre ou à la mesure, ni aux quelles la tradition peut seule transférer la propriété. Dans le cas où un objet mobilier a été vendu ou donné à deux personnes successivement, celle des deux qui a été mise en possession est seule propriétaire, bien que son titre soit postérieur en date, pourvu que la possession soit de bonne foi (id. 1141). La tradition des droits incorporels se fait par la remise des titres (id. 1607), mais la propriété a été transmise à l'instant de la convention. (Voy. DÉLIVRANCE.) » (CH. Y.)

TRADITIONALISME s. m. Système de croyances fondé sur la tradition.

TRADITIONALISTE s. m. Partisan du traditionalisme.

* TRADITIONNAIRE s. m. Se dit des Juifs qui expliquent l'Ecriture par les traditions du Talmud : *le traditionnaire est opposé au caraïte*.

* TRADITIONNEL, ELLE adj. Fondé sur la tradition : *des lois, des opinions traditionnelles*.

TRADITIONNELLEMENT adv. Suivant la tradition, d'après la tradition : *on ne sait cela que traditionnellement*.

* TRADUCTEUR s. m. (lat. *traductor*). Celui qui traduit d'une langue en une autre : *bon, fidèle traducteur*. — ∾ Au fém. TRADUCTRICE.

* TRADUCTION s. f. (lat. *traductio*). Action de traduire : *la traduction est un travail difficile*. — Version d'un ouvrage dans une langue différente de celle où il a été écrit : *traduction nouvelle, fidèle, exacte*.

TRADUCTIONYME s. m. (lat. *traducere*, traduire; gr. *onuma*, nom). Traduction d'un nom véritable d'auteur dans une langue étrangère.

* TRADUIRE v. a. (lat. *traducere*). Palais. Transférer d'un lieu à un autre. Ne se dit qu'en parlant des personnes : *il fut traduit des prisons du Châtelet à la Conciergerie*. — TRADUIRE DEVANT UN JUGE, DEVANT UN TRIBUNAL, citer ou renvoyer quelqu'un devant un juge, un tribunal : *c'est un chicaneur qui m'a traduit devant tous les juges, devant tous les tribunaux*. — Faire passer un ouvrage d'une langue dans une autre : *traduire du latin en français*. — Expliquer, interpréter, éclaircir : *traduisez-moi votre pensée en termes un peu plus clairs*.

* TRADUISIBLE adj. Qui peut se traduire : *croyez-vous cet ouvrage traduisible?*

TRADUTTORE, TRADITORE [tra-doutt-tô-ré', tra-di-tô-ré] (mots ital.), traducteur, traître; expression qui signifie qu'un traducteur, si bon qu'il soit, ne peut saisir toutes les nuances de l'idiome qu'il traduit.

TRAFALGAR (anc. *Promontarium Junonis*, ar. *Traf-el-Gharb*, Gharb du couchant). Cap d'Espagne, à l'entrée N.-O. du détroit de Gibraltar. C'est près de Trafalgar que Nelson défit les flottes de France et d'Espagne, le 21 oct. 1805. L'armée navale française, commandée par Villeneuve, se composait de 18 vaisseaux; celle des Espagnols, de 15 vaisseaux; celle de Nelson, de 33 vaisseaux et 7 frégates; mais l'armement des Anglais était de beaucoup supérieur au nôtre. Les Franco-Espagnols perdirent 19 navires pris, coulés ou détruits; Villeneuve fut fait prisonnier, ainsi que deux amiraux espagnols. Nelson fut mortellement blessé. (Voy. NELSON.)

* TRAFIC s. m. (ital. *traffico*). Négoce, commerce de marchandises : *bon, grand, riche trafic*. — Profit qu'on tire de certaines choses : *trafic infâme*.

* TRAFIQUANT s. m. Commerçant, négociant : *c'est un gros trafiquant*.

* TRAFIQUER v. n. Faire trafic : *trafiquer par mer en tel et tel pays*. — Tirer de certaines choses un profit illicite, malhonnête, honteux : *trafiquer de son honneur*; *trafiquer de la protection de quelqu'un*; *trafiquer des choses saintes*; *cette indigne mère a l'infamie de trafiquer des charmes de sa fille*. — v. a. *Trafiquer une lettre de change*. On dit mieux NÉGOCIER.

* TRAGACANTE s. f. (gr. *tragos*, bouc; *akantha*, épine). Nom donné à plusieurs arbrisseaux du genre astragale, qui donnent la gomme adragante : *le mont Ida, dans l'île de Crète, produit beaucoup de tragacanthe*. (Voy. ADRAGANT.)

* TRAGÉDIE s. f. (gr. *tragôdia*, de *tragos*, bouc et *odé*, chant, parce que, chez les Grecs, le prix de ce poème fut d'abord un bouc). Pièce de théâtre qui offre une action importante, des personnages illustres, qui est propre à exciter la terreur ou la pitié, et qui se termine ordinairement par un événement funeste : composer, représenter une tragédie. — LES TRAGÉDIES DE SOPHOCLE, D'EURIPIDE, DE CORNEILLE, DE RACINE, etc., les tragédies composées par ces auteurs. LA TRAGÉDIE D'ŒDIPE, DE CINNA, DE BRUTUS, etc., la tragédie dont Œdipe, Cinna, Brutus, etc., est le sujet, et à

laquelle il a donné son nom. — Evénement funeste : *il s'est passé d'horribles tragédies dans cette cour.* — ENCYCL. La tragédie, création la plus élevée de l'art dramatique eut, dit-on, pour créateur le poète Thespis, qui parcourut la Grèce, de bourgade en bourgade, pour représenter ses pièces, il eut pour successeurs les Athéniens Phrynis et Alcée, puis Charilus et enfin Eschyle qui donna à la tragédie sa forme définitive. Sophocle et Euripide élargirent le domaine tragique. Chez les Romains, les premières pièces de ce genre ne furent d'abord que des traductions du théâtre grec. La mode vint ensuite de représenter des pièces originales. Asinius Pollion et Sénèque furent les deux plus grand tragiques latins. Vers la fin du moyen âge, le théâtre naquit chez nous par les essais de Jodelle et de ses contemporains, puis par ceux de Garnier et de Hardy. Plus tard vinrent Rotrou, imitateur des Espagnols, Mairet, Scudéry, d'Aubignac, qui introduisirent les règles des unités; Corneille et Racine, qui portèrent la tragédie à son plus haut degré de grandeur, d'énergie et de simplicité. Après eux, le genre classique déclina lentement avec Voltaire, Crébillon, Saurin, de Belloy, Laharpe, Ducis et Chénier; de nos jours, Népomucène Lemercier, Casimir Delavigne et Ponsard, ont essayé de le relever; mais il a été remplacé par le genre romantique que représente le *drame*, mélange du terrible et du grotesque. Le drame, tel que nous le comprenons, paraît être d'origine anglaise. (Voy. SHAKESPEARE.) Il fut cultivé, chez nous, par Diderot, Sedaine, Mercier et Beaumarchais, au XVIII° siècle; par Hugo, les deux Dumas, Emile Augier, Méry, Gérard de Nerval, Balzac, Barrière, et vingt autres au XIX° siècle.

* TRAGÉDIEN, ENNE s. Acteur, actrice tragique : *c'est un grand tragédien, une grande tragédienne.*

* TRAGI-COMÉDIE s. f. Pièce de théâtre, dans laquelle on représente une action sérieuse entre des personnes considérables, mêlée d'incidents et de personnages qui peuvent appartenir à la comédie, et dont le dénoûment peut être point tragique : *Plaute a appelé son Amphitryon une tragi-comédie; des tragi-comédies.* — Pièce de théâtre, du même genre, où il n'y a ni incidents ni personnages comiques : *le Cid a été donné sous le nom de tragi-comédie.*

* TRAGI-COMIQUE adj. Se dit de quelque accident fâcheux qui tient du comique : *cette aventure a quelque chose de tragi-comique; événements tragi-comiques.*

* TRAGIQUE adj. Qui appartient à la tragédie : *poëme tragique.* — Funeste : *événement tragique.* — s. m. Le genre tragique : *ce poète s'est voué au tragique.* — Auteur de tragédies : *les tragiques grecs.*

* TRAGIQUEMENT adv. D'une manière tragique : *il est mort tragiquement.*

TRAGOPAN s. m. (gr. *tragos,* bouc, Pan, n. pr.). Nom donné par Cuvier aux oiseaux de la famille des faisans compris dans le genre *ceriornis* (Swains.). On en connaît trois ou quatre espèces qui habitent les sombres et épaisses forêts de pins des hautes montagnes de l'Asie centrale; leur plumage est très brillant, mélangé de noir, de bleu, de teintes dorées, avec des taches blanches semblables à des yeux. L'espèce la mieux connue est le faisan à corne (*ceriornis sutyra,* Swains.), de la taille d'une grosse volaille de basse-cour; le mâle a les côtes de la tête nus, et, au printemps, derrière chaque œil, une longue corne bleuâtre et rougeâtre dirigée obliquement en arrière, et, sous la gorge, de longs caroncules bleus nus, et extensibles. Les tragopans sont solitaires et timides. Leur nourriture consiste en graines, racines, insectes et larves.

TRAGUS s. m. [tra-guss] (gr. *tragos*). Anat. Eminence placée en avant de l'orifice de l'oreille externe; on la nomme ainsi parce qu'elle se garnit de poils chez les vieillards.

* TRAHIR v. a. (lat. *tradere,* livrer). Faire une perfide à quelqu'un, lui manquer de foi : *Judas trahit Notre-Seigneur.* — Fig. TRAHIR LA VÉRITÉ, parler contre la vérité. — Fig. TRAHIR SES SENTIMENTS, SA CONSCIENCE, SON DEVOIR, SA PROMESSE, SA FOI, SES SERMENTS, etc., parler, agir contre ses sentiments, son devoir, sa promesse, sa foi, ses serments. — Déceler, faire connaître :

Un seul mot, un soupir, un coup d'œil nous trahit.
VOLTAIRE. *Œdipe,* acte III, sc. 1°°.

— Ne pas seconder, rendre vain, décevoir : *La fortune a trahi nos efforts.* — SE TRAHIR v. pr. Agir contre ses intérêts; découvrir imprudemment ce que l'on voulait tenir caché.

Et puisqu'enfin mon cœur ne saurait se trahir,
Je veux qu'il me déteste, afin de le haïr.
J. RACINE. *La Thébaïde,* acte IV, sc. 1°°.

* TRAHISON s. f. Action de celui qui trahit, acte d'une méchanceté perfide : *trahison lâche, insigne.* — HAUTE TRAHISON, se dit des crimes qui intéressent au premier chef la sûreté de l'Etat : *il fut accusé de haute trahison.* — Législ. « Les crimes de *haute trahison* sont ceux qui attentent à la sûreté extérieure ou à la sûreté intérieure de l'Etat. Ces crimes sont prévus par les articles 75 à 107 du Code pénal, et la plupart d'entre eux sont punis de mort. Nous en avons déjà cité le plus grand nombre. (Voy. ATTENTAT, BANDE, MACHINATION, etc.) Si le fait commis a un caractère politique, la peine de mort est remplacée par la transportation dans une enceinte fortifiée (L. 8 juin 1850). Ces crimes sont jugés par les cours d'assises; néanmoins, jusqu'à ce que l'arrêt de renvoi ait été rendu par la chambre des mises en accusation, le président de la République a le droit de constituer le Sénat en cour de justice, par un décret rendu en conseil des ministres, pour juger toute personne prévenue d'attentat contre la sûreté de l'Etat. Le président de la République est lui-même déclaré par la constitution du 25 février 1875, personnellement responsable devant les Chambres pour le cas de haute trahison; mais il ne peut être mis en accusation que par la Chambre des députés, et jugé que par le Sénat. Il en est de même pour les ministres, lorsqu'ils ont commis des crimes dans l'exercice de leurs fonctions (L. 16 juillet 1875, art. 42). — La peine de mort est prononcée, pour fait de trahison, non seulement contre tout Français qui a porté les armes contre la France (C. pén. 75); mais aussi contre tout militaire ou marin français ou au service de la France qui a entretenu des intelligences avec l'ennemi; contre tout prisonnier de guerre qui, ayant faussé sa parole, est repris les armes à la main; et contre tout ennemi qui s'est introduit, sous un déguisement, dans un établissement militaire dans l'un des travaux, camps, bivouacs ou cantonnements d'une armée. (Code just. milit. 204 et s.; Code just. marit. 226 et s.). »
(CH. Y.)

TRAHISSEUR, EUSE s. Personne qui trahit.

TRAHIT SUA QUEMQUE VOLUPTAS expression lat. qui signifie : *Chacun se laisse entraîner par son penchant.*

TRAILLE s. f. [ll mll.] (rad. lat. *trahere,* tirer). Bateau qui sert à passer les grandes rivières; espèce de bac qu'on nomme aussi PONT VOLANT.

* TRAILLON s. m. Petite traille.

* TRAIN s. m. (rad. lat. *trahere,* tirer). Allure. Se dit principalement des chevaux et des autres bêtes de voiture : *le train de ce cheval est doux.* — ALLER BON TRAIN, se dit d'une personne qui va fort vite, soit à pied, soit à cheval, soit en voiture : *il se fait tard,*

allons bon train. — En parlant des chevaux, des mulets, des bœufs et, des autres bêtes de service, signifie aussi, la partie de devant et de derrière d'où partent leurs mouvements : *ce cheval a le train de devant faible.* — En parlant d'un carrosse, d'un chariot, signifie, tout le charronnage qui porte le corps du carrosse ou du chariot : *faire mettre un train neuf à une voiture.* — Suite de valets, de chevaux, de mulets, etc. : *il marche avec un grand train.* — Suite de bêtes destinées soit à la subsistance, soit au transport : *un grand train de bœufs, de chevaux,* etc.—Se dit, fam., de la mauvaise vie : *cet homme a du train, a du mauvais train chez lui; le commissaire a fait sauter tout le train, tout le mauvais train qui était dans son quartier.* Ce sens vieillit. — Bruit, tapage, vacarme, comme en font d'ordinaire les gens ivres, les gens mal élevés, grossiers : *faire du train, beaucoup de train.* — Long assemblage de bois, soit de charpente ou de menuiserie, soit de chauffage, qui est assujetti avec des perches et des liens en forme de radeau, et qu'on met à flot sur un canal ou sur une rivière : *train de bois flotté.* — Courant, marche des affaires : *l'affaire va son train.* — Genre de vie : *cet homme mène un train de vie réglé.* — ETRE EN TRAIN, METTRE EN TRAIN, être en action, en mouvement : *quand il est en train, rien ne lui coûte.*

Le régal fut fort honnête,
Rien ne manquait au festin;
Moi quelqu'un troubla la fête
Pendant qu'ils étaient en *train*.
LA FONTAINE.

— Chemin de fer. Suite de wagons traînés par une locomotive. — TRAIN DE PLAISIR, train disposé pour conduire dans un endroit déterminé un grand nombre de voyageurs et pour les ramener, l'aller et le retour se faisant à prix réduit. — Typogr. TRAIN DE LA PRESSE, partie de la presse sur laquelle on pose la forme et qui avance sous la platine et s'en retire par le moyen de la manivelle. — MISE EN TRAIN, action de tout disposer pour le tirage d'une forme.

* TRAÎNAGE s. m. Action de traîner. Se dit principalement en parlant des voitures appelées traîneaux : *la saison, le temps du traînage.*

* TRAÎNANT, ANTE adj. Qui traîne à terre : *robe traînante.* — DRAPEAUX TRAÎNANTS, drapeaux qu'on portait renversés, et qu'on laissait traîner, à la pompe funèbre d'un général d'armée. — PIQUES TRAÎNANTES, piques qu'on y portait renversées, le fer traînant à terre. — Fig. DISCOURS TRAÎNANT, STYLE TRAÎNANT, discours, style languissant, qui renferme peu de choses en beaucoup de paroles. VOIX TRAÎNANTE, voix monotone et lente.

* TRAÎNARD s. m. Soldats qui reste en arrière de la troupe avec laquelle il doit marcher : *les traînards de l'armée.* (Voy. TRAÎNEUR.) — Par ext. Homme lent, négligent : *quel insupportable traînard.* (Fam.) — ⤳ Au fém. TRAÎNARDE.

* TRAÎNASSE s. f. Nom que l'on donne quelquefois à la renouée commune, par que ses tiges sont couchées.

* TRAÎNASSER v. a. Traîner avec lenteur : *il traînasse trop cette affaire.* — Absol. Cet homme ne fait que traînasser.

* TRAÎNE s. f. N'est usité que dans ces phrases : DES PERDREAUX QUI SONT EN TRAÎNE, des perdreaux qui ne peuvent pas encore voler, qui ne se séparer de leur mère; et, UN BATEAU QUI EST A LA TRAÎNE, un bateau qui est traîné par un autre.

* TRAÎNEAU s. m. Sorte de voiture sans roues, dont on se sert pour aller sur la neige ou sur la glace, soit par nécessité. soit par plaisir : *aller en traîneau.* Se dit aussi de certaines voitures sans roues, dont on se sert

en toutes saisons pour transporter des marchandises dans les rues. — Grand filet qu'on traîne dans les champs pour prendre des alouettes, des cailles, des perdrix, etc., ou dans les rivières pour prendre du poisson : *on ne chasse aux traîneaux que pendant la nuit.* — Bateau-traîneau, légère embarcation à voiles, munie de patins et montée sur un traîneau, qui servait à voyager sur les lacs du Canada et sur les canaux de la Hollande, lorsque les eaux sont gelées : *des bateaux-traîneaux.*

* **TRAÎNÉE** s. f. Petite quantité de certaines choses répandues en longueur, comme blé, farine, sable, plâtre, etc. : *le sac de plâtre s'est troué, et a fait une longue traînée sur le chemin.* — Longue suite de poudre à canon dont on se sert pour porter le feu à l'amorce : *on fit une traînée de poudre pour faire jouer les boîtes.* — Trace qu'on fait avec des morceaux de charogne, pour attirer un loup dans le piége par l'odeur : *les vieux loups ne se prennent pas à la traînée.* — ∾ Pop. Femme de mauvaise vie.

TRAÎNEMENT s. m. Action de traîner.

* **TRAÎNER** v. a. (lat. *trahere*). Tirer après soi : *les chevaux qui traînent un carrosse.* — Cet homme traîne la jambe, il ne marche pas ferme de cette jambe-là, et il ne la porte que lentement après l'autre. — Allonger, différer, en parlant de celui qui ne veut pas finir, qui ne veut pas terminer une affaire dont il est le maître : *il y a six mois que ce rapporteur me traîne pour le jugement de mon procès.* — Traîner v. n. Pendre jusqu'à terre : *un manteau, une robe qui traîne.* — Se dit, par ext. en parlant de certaines choses qu'on laisse exposées où elles ne devraient pas être, au lieu de les mettre à leur place : *vous laissez traîner vos clefs, votre argent sur une table.* — Se dit encore d'une personne qui est en langueur sans pouvoir se rétablir : *il y a longtemps qu'il traîne.* — Se dit en outre des soldats qui, dans les marches, allant trop lentement, se trouvent derrière la troupe, à quelque distance ; et des bâtiments d'une flotte, d'un convoi qui, marchant ou manœuvrant mal, restent toujours en arrière. — Se dit également des chiens de meute qui ne suivent pas le gros de la meute dans la chasse : *dans toute sa meute, il n'y a pas un chien qui traîne.* — Billard, conduire quelque temps sa bille sans qu'elle quitte le bout de la queue. — Se traîner v. pr. Se glisser en rampant : *ce chasseur se traîna pour approcher le gibier.* — Marcher avec grande peine : *je me traînerai là comme je pourrai.* — Fig. Dans les trois premiers actes de ce drame, l'action ne fait que se traîner, se traîne.

TRAÎNERIE s. f. Action de traîner.

* **TRAÎNEUR** s. m. Celui qui traîne quelque chose. En ce sens, on ne l'emploie guère que dans cette locution fam., aujourd'hui peu usitée, Traîneur d'épée, vagabond, fainéant qui porte l'épée, et qui n'est engagé dans aucun service, qui n'a aucune charge. — Se dit aussi des chasseurs au traîneau : *les gardes-chasse ont pris des traîneurs dans la plaine.* — Se dit encore des soldats qui se marchent pas avec leur troupe, et qui demeurent derrière, par manque de force, ou de bonne volonté : *dans les marches d'armée, il y a souvent beaucoup de traîneurs.* — Se dit aussi des bâtiments d'une flotte, d'un convoi qui restent toujours en arrière. — Se dit également, en termes de chasse, des chiens qui ne suivent pas le gros de la meute.

TRAÎNOIR s. m. Agric. Instrument dont on se sert pour écraser les mottes.

* **TRAIRE** v. a. (lat. *trahere*). *Je trais, tu trais, il trait ; nous trayons, vous trayez, ils traient. Je trayais. J'ai trait. Je trairai. Je trairais. Trais, trayez. Que je traie. Que j'eusse trait. Trayant.* Tirer. N'est guère usité qu'en parlant de certaines femelles d'animaux dont

on tire le lait : *traire les vaches.* On dit de même, Traire du lait.

* **TRAIT** s. m. (lat. *tractus*). Terme générique, qui signifie également les flèches qu'on tire avec l'arc ou avec l'arbalète , et les dards, les javelots qui se lancent avec la main : *décocher, lâcher un trait.* — Se dit, fig., des attaques de la raillerie ou de la médisance de la calomnie, etc. : *un trait de satire, de médisance.* — Une certaine longe de corde ou de cuir avec laquelle les chevaux tirent : *une paire de traits.* — Chasse. Longe à laquelle est attaché le limier qu'on mène au bois : *laisser aller un limier de la longueur du trait.* — Ce qui emporte l'équilibre de la balance, *aux marchandises qui sont en grand volume et d'un grand poids, le trait doit être plus fort.*

> Ne rien prendre, il est inhumain ;
> Pendre de l'un c'est conscience ;
> Prenez de l'une et l'autre main,
> Pour tenir au trait la balance.
> Des Accords.

— Ce qu'on avale de liqueur, ou l'action d'avaler quelque liqueur tout d'une haleine : *il a vidé son verre d'un seul trait.* — Ligne qu'on trace avec la plume : *trait de plume.* — Peint. Ligne au moyen de laquelle on imite la forme d'un objet : *dans les contours que trace un habile artiste, le trait doit être léger ou interrompu dans les lumières, et ressenti dans les ombres.* — Tracé des opérations nécessaires pour tailler et pour appareiller les matériaux d'une construction : *le maçon, le charpentier, le menuisier, doivent connaître, apprendre le trait.* — Se dit également, surtout dans les arts, de certaines lignes qu'on trace pour servir de marque : *trait de niveau.* — Linéaments du visage ; et alors s'emploie surtout au pluriel : *ce jeune homme a tous les traits de son père.*

> Douce erreur qui toujours fait voir l'objet qu'on aime,
> Ressemblant à nous trait pour trait.
> Florian.

— Action qui marque une intention favorable ou nuisible à quelqu'un : *ce trait a bien prouvé votre affection pour nous.* — Se dit, en général, des actions qui ont quelque chose de remarquable : *un beau trait.* — Fait, événement remarquable ; *il y a un trait dans l'histoire qui a rapport à ceci.* — Ce qui distingue ou caractérise une personne, une chose : *les traits de ressemblance que grand homme eut avec les héros de l'antiquité.* — Se dit aussi, fig., des beaux passages d'un discours, de ce qu'il y a de plus saillant, de plus brillant dans un discours : *il y a de beaux traits dans ce discours.* — Pensée vive, brillante, imprévue : *cet ouvrage est plein de traits, pétille de traits.* — Lit. cathol. Se dit de certains versets que l'on chante à la messe entre le graduel et l'évangile. — Jeu d'échecs et Jeu de dames. Avantage de jouer le premier : *donner le trait.* — Rapport d'une chose à une autre : *cette affaire n'a aucun trait à l'autre.*

* **TRAIT, AITE** part. passé de Traire. — Se dit des métaux passés par la filière et qui ne sont point encore mis sur la soie : *de l'or trait.* — Substantiv. *Des boutons de trait.*

* **TRAITABLE** adj. Doux, maniable, avec qui on peut facilement traiter : *il est fort traitable.*

* **TRAITANT** s. m. Celui qui se chargeait du recouvrement des impositions ou deniers publics, à certaines conditions réglées par un traité : *gros traitant.*

* **TRAITE** s. f. (lat. *tractus*). Etendue de chemin qu'un voyageur fait d'un lieu à un autre sans s'arrêter, pour se reposer : *aller tout d'une traite d'un lieu à un autre.* — Transport de certaines marchandises, telles que blés, vins, etc., d'une province à une autre, ou d'un Etat à un autre : *il s'est fait de grandes traites de blés, de grandes traites de vin*

— Trafic que font des bâtiments de commerce sur les côtes d'Afrique, en échangeant leurs marchandises contre des dents d'éléphants, de la gomme, de la poudre d'or, etc. ou même contre des esclaves : *ce bâtiment fait la traite; il va en traite, il est en traite.* — Commerce des banquiers : *ce qui caractérise une lettre de change, c'est la traite de place en place.* — Lettre de change même: *donnez-moi une traite sur Hambourg.* — S'est dit aussi de certains droits qu'on levait sur les marchandises qui sortaient du royaume, ou qui y entraient, ou même qui passaient d'une province dans une autre : *les traites foraines.* — Monnaie. Tout ce qui fait la diminution de la valeur intrinsèque des espèces monnayées : *la traite comprenait le seigneuriage, le brassage, et les remèdes de poids et de loi.* Ce terme est hors d'usage maintenant en France, où l'on ne retient que les frais de fabrication et les tolérances supérieures aux termes monnaies. — Encycl. « On donnait autrefois le nom de *traittes* ou *traites* aux droits de douane qui frappaient les marchandises à l'entrée dans le royaume ou à la sortie. (Voy. Douane.) La traite des esclaves, qui a si longtemps deshonoré le pavillon de plusieurs nations de l'Europe, a été abolie par le parlement britannique, en 1808. La traite a été ensuite condamnée par le congrès de Vienne en 1815, par la conférence d'Aix-la-Chapelle en 1818 et par le Congrès de Vérone en 1822. Mais, quelles qu'aient été les mesures coercitives employées par les grandes puissances maritimes de l'Europe, qui se sont donné mutuellement le droit de visiter tous les bâtiments de commerce ayant touché aux côtes d'Afrique, la traite clandestine a continué à subsister et à donner d'énormes profits à ceux qui se livrent à ce hideux commerce. Le seul remède à la traite est l'abolition de l'esclavage dans tous les pays. La France a proclamé ce principe d'abord sous la Convention, puis en 1848 ; l'Angleterre agit de même en 1838; les Etats-Unis d'Amérique ont fait aussi ce louable sacrifice ; l'empire du Brésil a adopté l'affranchissement des nègres avec des réserves temporaires. et, sauf les pays musulmans, l'Espagne monarchique et catholique est la seule nation civilisée qui maintienne encore aujourd'hui cette institution barbare. »   (Cn. Y.)

* **TRAITÉ** s. m. (lat. *tractatus*). Ouvrage où l'on traite de quelque art, de quelque science, de quelque matière particulière : *traité de mathématiques.* — Convention faite entre des souverains, entre des Etats : *traité de paix.* (Voy. Douane.) — Convention des particuliers entre eux, ou avec le souverain, avec le gouvernement, avec l'administration : *le traité que les entrepreneurs ont fait avec le gouvernement.* — Principaux traités de l'histoire moderne et contemporaine : Aix-la-Chapelle, 2 mai 1668. Amiens, 25 mars 1802. Anvers, 4 avril 1609. Augsbourg, 9 juil. 1686. Bade, 7 sept. 1714. Bâle, 22 juil. 1795. Bayonne, 5 mai 1808. Berlin, 5 nov. 1808. Berlin, 21 oct. 1866. Berlin, 13 juillet 1878. Breda, 25 juillet 1667. Brétigny, 8 mai 1360. Cambrai, 5 août 1529. Campo-Formio, 17 oct. 1797. Conflans, 5 oct. 1465. Crécy, 1544. Fontainebleau, 2 sept. 1679. Fontainebleau, 8 nov. 1785. Francfort, 10 ma; 1871. Gastein, 14 août 1865. Gand, 24 déc. 1814. Haye (la), 24 mai 1659. Haye (la), 7 mai 1609. Hambourg, 2 mai 1762. Hanovre, 3 sept. 1725. Laybach, 6 mai 1821. Leoben, 18 avril 1797. Lisbonne, 13 févr. 1668. Londres, 6 juil. 1829. Londres, 15 nov. 1831. Londres, 15 juil. 1840. Londres, 14 mai 1867. Lubeck, 22 mai 1629. Lunéville, 9 févr. 1801. Madrid, 14 janv. 1526. Munster, 24 oct. 1648. Nimègue, 10 août 1678. Noyon, 16 août 1516. Paris, 10 févr. 1763. Paris, 20 juin, 1784. Paris, 15 mai 1796. Paris, 6 janv. 1810. Paris, 11 avril 1814. Paris, 10 juin 1817. Paris, 30 mars 1856. Paris, 26 mai 1857. Pékin, 24 août

1860. Pilnitz, 20 juil. 1791. Prague, 30 mai 1635. Prague, 23 août 1866. Presbourg, 26 déc. 1805. Pyrénées, 7 nov. 1659. Radstach, 5 mars 1714. Radstach, 9 déc. 1797. Ratisbonne, 13 oct. 1630. Ratisbonne, 1er août 1806. Ryswick, 20 sept. 1697. Saint-Cloud, 3 juil. 1815. Saint-Germain, 8 août 1570. San Stefano, 3 mars 1878. Sistova, 4 août 1791. Smalcald, 31 déc. 1529. Stockholm, 20 nov. 1719. Stockholm, 24 mars 1721. Stockholm, 3 mars 1813. Stockholm, 24 nov. 1856. Tientsin, 26 juin 1858. Tien-tsin, 14 mai 1881. Tien-tsin, 9 juin 1885. Tilsitt, 7 juil. 1807. Tolentino, 18 févr. 1793. Tœplitz, 9 sept. 1813. Turin, 24 mars 1860. Ulm, 3 juil. 1620. Utrecht, 11 avril 1713. Valençay, 8 déc. 1813. Vérone, 25 août 1822. Versailles, 20 janv. 1783. Vienne, 30 avril 1725. Vienne, 18 nov. 1738. Vienne, 14 oct. 1809. Vienne, 30 oct. 1866. Villafranca, 12 juil. 1859. Westphalie, 24 août 1648. Zurich, 20 mai 1815. Zurich, 10 nov. 1859.

* **TRAITEMENT** s. m. Accueil, réception, manière d'agir avec quelqu'un : *bon traitement.* — Appointements attachés à une place, à un emploi : *on a augmenté, diminué son traitement.* — Certains honneurs qu'on rend, dans les cours, à des personnes de distinction : *il y a de certains traitements attachés au caractère d'ambassadeur.* — Se dit des gages que le roi faisait donner en certaines occasions aux ambassadeurs ordinaires et extraordinaires, et même aux envoyés : *tel maître d'hôtel qui fut chargé du traitement de tel ambassadeur, de tel prince.* — Manière de conduire une maladie : *ce médecin n'a pas été heureux dans le traitement de cette maladie.*

* **TRAITER** v. a. (lat. *tractare*). Discuter, agiter, discourir sur, raisonner sur : *traiter un sujet.* — Peint. TRAITER UN SUJET, faire une composition, exécuter un tableau sur un sujet. On dit de même, CETTE COMPOSITION, CETTE FIGURE EST BIEN TRAITÉE, elle est bien et soigneusement exécutée. — Négocier, travailler à l'accommodement d'une affaire, chercher les moyens d'en convenir, en régler les clauses, les conditions, etc. : *traiter la paix.* — Agir avec quelqu'un, en user avec lui de telle ou telle manière : *vous l'avez bien traité, il doit être content.* — Prov. et fig. TRAITER QUELQU'UN DE TURC A MORE, le traiter avec toute la rigueur possible. — Qualifier, donner à quelqu'un tel ou tel titre, en lui parlant, en lui écrivant, etc.: *traiter quelqu'un de prince, d'excellence, etc.* — Régaler, faire bonne chère, donner à manger : *traiter quelqu'un magnifiquement, splendidement, à tant de services.* — Se dit également de ceux qui donnent à manger pour de l'argent : *il nous a bien traités pour le prix.* — Panser, médicamenter : *ce chirurgien l'a traité de deux grandes blessures.* — Se dit aussi du médecin qui prend soin d'un malade : *c'est tel médecin qui le traite.* — Chim. Soumettre une substance à l'action de quelque agent, pour y opérer une décomposition, un changement quelconque : *on obtient la soude pure en traitant la soude du commerce par la chaux vive, puis par l'alcool.* — Traiter v. n. Raisonner sur : *traiter d'une matière.* — Négocier : *il va traiter de la paix.* — Entrer en négociation pour vendre, pour acheter, ou pour conclure un traité : *traiter d'une charge, d'une terre.* — Se traiter v. pr. Se soigner : *il s'est bien traité.*

* **TRAITEUR** s. m. Celui qui apprête, qui donne habituellement à manger pour de l'argent, ou qui entreprend de grands repas, tels que des repas de noces. — Nom que l'on donne à ceux qui font la traite avec les sauvages de la Louisiane.

* **TRAÎTRE, ESSE** adj. (lat. *traditor*). Qui trahit : *cet homme-là est bien traître.* — Se dit également de quelques animaux, comme des chiens, des chats, des chevaux, qui mor-

dent, qui égratignent, qui ruent lorsqu'on y pense le moins : *ce chien est traître.* — Se dit aussi des actions de trahison, de perfidie : *c'est un procédé bien traître.* — Se dit encore de certaines choses, pour marquer qu'elles sont plus dangereuses qu'elles ne le paraissent : *ces sortes de maux sont traîtres.* — Substantiv. Celui, celle qui fait une trahison : *c'est un traître.* — En traître loc. adv. En trahison, traîtreusement : *il l'a pris en traître.*

* **TRAÎTREUSEMENT** adv. En trahison : *il lui donna un coup de poignard traîtreusement.*

TRAÎTREUX, EUSE adj. Perfide, traître.

TRAJAN (Marcus-Ulpius TRAJANUS), empereur romain, né en Espagne en 52 et mort au mois d'août 117. Il servit dans les guerres d'Orient, et en 91 fut nommé consul. En 97, Nerva l'adopta et le choisit pour successeur. En janv. 98, il lui succéda en effet au trône. En 101, il franchit le Danube, battit Decebalus, le roi dace, et revint à Rome en triomphe avec le surnom de Dacicus. En 104, Decebalus viola le traité qu'il avait conclu. La conquête de la Dacie fut alors résolue (106) et le pays fut réduit en province romaine. En 115, Trajan marcha contre les Parthes, traversa le Tigre sur un pont de bateaux, soumit le pays au delà de ce fleuve, et revint à Antioche. En 116, il marcha de nouveau vers le Tigre et le descendit jusqu'au golfe Persique. Après le siège d'Atræ, en Mésopotamie, il tomba malade, se mit en route pour l'Italie, et mourut en chemin. On porta ses cendres à Rome et on les plaça sous la colonne qu'il avait érigée (112) en l'honneur de ses victoires en Dacie. On lui doit beaucoup de grands travaux.

TRAJANE (Colonne), colonne élevée sur le Forum par le sénat et le peuple romain à l'empereur Trajan, en l'an 112; elle est en marbre blanc, surmontée aujourd'hui de la statue de saint Pierre et construite dans le style dorique le plus pur. C'est le plus beau monument qui nous soit resté de ce genre d'architecture. Hauteur, y compris le piédestal (de 5 m. 85) et la statue (de 3 m. 56), 42 m. 85. C'est en 1588, que Sixte-Quint fit déblayer cette colonne, alors à demi enfoncée dans le sol, et mit la statue de saint Pierre à la place de celle de Trajan détruite lors de l'invasion des barbares.

* **TRAJECTOIRE** s. f. Géom. Se dit de la route droite ou courbe que parcourt actuellement un corps soumis à des forces motrices quelconques : *la trajectoire que décrivent les corps pesants jetés obliquement, est à peu près une parabole.*

* **TRAJET** s. m. (lat. *trajectus*). Espace à traverser d'un lieu à un autre par eau : *le trajet de Calais à Douvres est de sept lieues.* — Espace traversé ou à traverser par terre, pour arriver d'un lieu à un autre : *le trajet de Paris à Lyon.* — Action de traverser l'espace d'un lieu à un autre, soit par eau, soit par terre : *on fait le trajet de Calais à Douvres en peu de temps.* — Chir. LE TRAJET D'UNE PLAIE, D'UNE FISTULE, etc., l'espèce de canal ou de conduit que forme sa cavité.

TRALALA s. m. Tapage. appareil tumultueux

TRAMAGE s. m. Confection des trames ou bobines.

* **TRAMAIL** s. m. [tmll.] (du lat. *tres*, trois; *macula*, maille). Pêche. Espèce de filet qu'on tend dans les rivières pour prendre du poisson : *pêcher avec le tramail.*

TRAMAYES, ch.-l. de cant., arr. et à 23 kil. O. de Mâcon (Saône-et-Loire); 950 hab.

* **TRAME** s. f. (lat. *trama*). Fil passé, conduit par la navette entre les fils qu'on nomme CHAÎNE, et qui sont tendus sur le métier, pour faire de la toile, de la serge, du drap, etc. : *il y a des étoffes dont la chaîne est de si*

et la trame de soie. — LA TRAME DE SA VIE, LA TRAME DE SES JOURS, le cours de sa vie, la durée de sa vie. — Complot : *il est auteur ou l'auteur de cette trame.*

Je coupe ainsi d'un coup les trames qu'on prépare.
            PONSARD. *Charlotte Corday*, acte VI, sc. VII.

* **TRAMER** v. a. Passer la trame entre les fils qui sont tendus sur le métier : *tramer une étoffe; la tramer de soie; la tramer de fil.* — Machiner, faire un complot : *tramer une conspiration.*

TRAMEUR, EUSE s. Personne qui trame les étoffes.

* **TRAMONTANE** s. f. (ital. *tramontana*). On appelle ainsi, dans la Méditerranée, ce qu'on nomme le vent du nord dans l'Océan : *le vent de tramontane.* — Le côté du nord : *une maison exposée à la tramontane.* — L'étoile du nord. — Fig. et fam. PERDRE LA TRAMONTANE, se troubler, ne savoir plus où l'on en est, ne savoir plus ce qu'on fait ni ce qu'on dit.

* **TRAMWAY** s. m. [tramm-oué] (mot angl. qui est une abréviation d'*Outram way*, chemin d'Outram, dérivé du nom de l'ingénieur anglais Benjamin Outram, qui perfectionna, en 1800, le système de chemins à rails alors en usage chez les Anglais, en imaginant le rail plat, qui fut appelé *tram*). Chemin de fer à rails plats, au niveau du sol, et sur lequel la traction se fait ordinairement par des chevaux ou par la vapeur, quelquefois par des câbles, par l'électricité ou par l'air comprimé. — Voiture omnibus qui circule sur ces rails : *il a pris le tramway.* — Entreprise même d'un chemin de fer de ce genre : *actionnaire, employé des tramways.* — ENCYCL. L'avantage de ces sortes de chemin de fer est de permettre la circulation des autres voitures, en raison de la forme des rails, qui ne présentent aucune saillie ; c'est pourquoi les tramways sont aujourd'hui établis dans les principales rues de nos grandes villes. Les premiers tramways, tirés par des chevaux, furent construits à New-York, vers 1859 ; puis en Angleterre, en 1860. Chez nous, où on les introduisit dans quelques villes, vers 1865, on les appela d'abord *chemins de fer américains.* Le réseau des tramways parisiens a été commencé en 1872. Depuis lors, on a essayé, à diverses reprises, de remplacer les chevaux par la vapeur, l'électricité, etc. — Législ. « Un tramway ne peut être établi sur une voie publique avant qu'un décret en ait déclaré l'utilité publique et en ait autorisé l'exécution. Ce décret est délibéré en Conseil d'État, après enquête administrative; mais l'enquête n'a lieu que si l'autorité à laquelle appartient le droit de surveillance décide qu'il y a lieu d'y procéder. La concession de l'établissement et de l'exploitation est accordée par l'État, lorsque la ligne doit être établie en tout ou en partie sur une route nationale. Elle est accordée par le conseil général, lorsque la ligne, sans emprunter aucune route nationale, doit être établie, en tout ou en partie, sur une route départementale, sur un chemin de grande communication ou d'intérêt commun, et aussi lorsqu'elle traverse le territoire de plusieurs communes. La concession est accordée par le conseil municipal, lorsque la voie est établie entièrement sur le territoire de la commune et sur un chemin vicinal ordinaire ou sur un chemin rural. S'il y a lieu à expropriation, on suit les formes indiquées par la loi du 24 mai 1836, pour les chemins vicinaux. Le cahier des charges de la concession doit être rédigé conformément au modèle qui est annexé au décret du 6 août 1881. Le tarif des taxes à percevoir par le concessionnaire doit être homologué par le ministre des travaux publics. L'État peut accorder, dans certaines limites, des subventions et des garanties d'intérêt pour favoriser l'établissement de

tramways desservis par des locomotives et destinés au transport des voyageurs en même temps qu'au transport des marchandises. La loi du 15 juillet 1845, sur la police des chemins de fer, est applicable aux tram-

Tramway électrique de Werner Siemens à l'exposition d'électricité de Paris, en 1881.

ways, à l'exception des articles 4 à 10, lesquels sont relatifs à l'obligation de clore la voie et aux servitudes légales à la charge des riverains (L. 11 juin 1880, Décr. 18 mai 1881; Décr. 6, août 1881). »   (CH. Y.)

TRANCHANT, ANTE adj. Qui tranche : *couteau tranchant.* — ECUYER TRANCHANT, officier qui coupe les viandes à la table des rois et des princes. — Vén. CÔTÉS TRANCHANTS, côtés du pied de l'animal, lorsqu'ils ne sont pas usés. — Fig. COULEURS TRANCHANTES, couleurs mises à côté l'une de l'autre, lorsqu'elles sont fort vives, et qu'il n'y a aucun adoucissement, aucune nuance entre elles. — Décisif, péremptoire : *des raisons tranchantes.* — Qui décide hardiment : *cet homme est bien tranchant.*

TRANCHANT s. m. Fil, côté tranchant d'une épée, d'un couteau, d'un rasoir, etc. : *aiguiser le tranchant d'un sabre.* — Fig. CE MOT, CE RAISONNEMENT, CETTE RAILLERIE EST UNE ÉPÉE A DEUX TRANCHANTS, ce mot, ce raisonnement décide deux questions à la fois; cette raillerie attaque à la fois deux personnes ou deux ridicules dans une même personne. On dit quelquefois simpl., UN ARGUMENT A DEUX TRANCHANTS. On dit aussi, d'après saint Paul, LA PAROLE DE DIEU EST UNE ÉPÉE A DEUX TRANCHANTS, elle frappe et atteint vivement jusqu'au fond de l'âme.

TRANCHE s. f. Morceau coupé un peu mince. Ne se dit guère que des choses qu'on mange : *tranche de pain.* — Cuis. UN MORCEAU DE TRANCHE, un morceau de cuisse de bœuf. — Surface unie que présente l'épaisseur de tous les feuillets d'un livre du côté où on les a rognés : *un livre doré sur tranche, marbré sur tranche.*

TRANCHÉE s. f. Ouverture, excavation longue et plus ou moins profonde, pratiquée dans la terre, afin d'asseoir les fondations d'un mur, de placer les conduites pour les eaux, de planter des arbres, etc. : *on n'a pas encore bâti, mais la tranchée pour les fondations est faite.* — Maçonn. TRANCHÉE DE MUR, entaille en longueur faite dans un mur pour y recevoir une solive, ou pour retenir les tuyaux des cheminées. — Guerre. Fossé qu'on creuse pour se mettre à couvert du feu en approchant d'une place qu'on assiège, et dont les terres, jetées du côté de la place, forment un parapet : *une tranchée large.* — Espèce de double rempart qu'on forme avec des fascines, des gabions, des sacs remplis de laine ou de terre, quand le terrain est de roche ou difficile à creuser. — pl. Certaines douleurs très aiguës qu'on ressent dans le ventre, dans les entrailles : *cette médecine lui a causé de grandes tranchées.* — TRANCHÉES ROUGES, tranchées fort violentes.

TRANCHEFIL s. m. Man. Chaînette que l'on met autour du mors.

TRANCHEFILE s. f. Relieur. Petit rouleau de papier ou de parchemin, qui est recouvert de soie ou de fil, et qui se met aux deux extrémités du dos d'un livre, pour tenir les cahiers assemblés, et résister à l'effort de la main qui tire le livre, quelquefois pressé dans les rayons d'une bibliothèque : *tranchefile double.*

TRANCHELARD s. m. Couteau à lame fort mince, dont les cuisiniers et les rôtisseurs se servent pour couper des tranches de lard.

TRANCHE-MONTAGNE s. m. Fanfaron qui fait grand bruit de son courage et de ses prétendus exploits. (Fam.) — DES TRANCHE-MONTAGNES.

TRANCHÉ, ÉE part. passé de TRANCHER. — Blas. Se dit quand l'écu est coupé en ligne diagonale de droite à gauche : *écu tranché.*

TRANCHER v. a. Couper, séparer en coupant : *tranche le fer.* — Fig. TRANCHER LA DIFFICULTÉ, LE NŒUD DE LA DIFFICULTÉ, résoudre tout d'un coup une question difficile; lever tout d'un coup un obstacle, une difficulté. — Trancher v. n. Décider hardiment : *il fait le docteur, il décide, il tranche sur tout.* — TRANCHER DU GRAND SEIGNEUR, DU BEL ESPRIT, etc., faire le grand seigneur, le bel esprit, etc. — CES COULEURS TRANCHENT, elles sont fort vives, et fort différentes les unes des autres : *le cramoisi tranche fort auprès du vert, sur le vert; cela tranche trop.*

TRANCHET s. m. Outil à l'usage des cordonniers, des bourreliers, etc., servant à couper le cuir.

TRANCHOIR s. m. Tailloir, espèce de plateau de bois sur lequel on tranche la viande.

TRANGLE s. m. Blas. Pièce héraldique qui représente une fasce dont la largeur est moindre qu'à l'ordinaire.

TRANI, *Turenum,* ville de l'Italie méridionale, sur l'Adriatique, à 50 kil. O.-N.-O. de Bari; 24,388 hab. La cathédrale a l'une des plus hautes tours d'Italie. Commerce d'huile, de vins, de céréales, d'amandes, de figues.

TRANQUEBAR [trann-koui-bar'], ville de l'Inde anglaise, dans le district de Tanjore, à l'embouchure de la Cavery, à 240 kil. S.-O. de Madras; 25,000 hab. Elle a été cédée aux Anglais par le Danemark en 1845.

TRANQUILLE adj. [tran-qui-le] (lat. *tranquillus*). Paisible, calme, sans aucune agitation : *cet enfant était fort tranquille; mais il devient turbulent.* — Fig. *Mener une vie tranquille.* — Qui ne trouble le repos de personne : *c'est un homme fort tranquille et rangé.* — BAUME TRANQUILLE, employé en frictions comme calmant dans les douleurs rhumatismales ou névralgiques; il a une odeur aromatique et une couleur vert foncé. On met 45 gr. de feuilles de belladone, 45 de feuilles de jusquiame, 45 de feuilles de tabac, 45 de feuilles de morelle, 45 de feuilles de stramonnium dans 4 kilog. d'huile d'olive; on fait cuire à feu doux; on laisse digérer pendant 2 heures, on passe avec expression, on verse cette huile chaude sur 10 gr. de chacune des sommités suivantes : hysope, absinthe, lavande, menthe aquatique, menthecoq, marjolaine, millepertuis, rue, sauge, thym; 10 gr. de fleurs de sureau et 10 gr. de fleurs de romarin. On laisse macérer pendant un mois en vase clos et au soleil; on passe, on décante et on conserve à l'ombre.

TRANQUILLEMENT adv. D'une manière tranquille : *il dormit tranquillement.*

TRANQUILLISANT, ANTE adj. Qui tranquillise : *cette nouvelle est fort tranquillisante.*

* **TRANQUILLISER** v. a. Calmer, rendre tranquille : *tranquilliser les sens*. — **Se tranquilliser**, v. pr. Se reposer, se tenir tranquille, n'être pas inquiet : *vous vous donnez trop de mouvement, tranquillisez-vous.*

* **TRANQUILLITÉ** s. f. État de ce qui est tranquille : *la tranquillité de l'air, de la mer.*

* **TRANS** préposition qui est empruntée du latin, et qui entre dans la composition de plusieurs mots français, pour ajouter à leur signification naturelle celle de *Au delà*, à *travers*, *entre*, comme *Transcendant, transparent*, etc. Plusieurs dénominations géographiques sont formées avec cette préposition. (Voy. TRANSALPIN, TRANSRHÉNANE.)

* **TRANSACTION** s. f. [tran-za-ksi-on] (lat. *transactio*). Acte par lequel on transige sur un différend, sur un procès, etc. : *passer une transaction*. — Se dit dans un sens plus étendu, des actes, des conventions, des accords, des relations d'intérêt entre les hommes, soit dans le commerce, soit dans la vie ordinaire : *les transactions commerciales*. — Quelques académies étrangères ont donné le nom de TRANSACTIONS au recueil de leurs mémoires, de leurs travaux : *les Transactions philosophiques de la Société royale de Londres*. — Législ. « La transaction est un contrat par lequel deux ou plusieurs personnes dont les intérêts sont opposés terminent, au moyen de concessions réciproques, une contestation née, ou préviennent une contestation à naître. Elle doit être rédigée par écrit, et, en conséquence, la preuve ne peut en être faite par témoins, même lorsqu'il s'agit d'un intérêt inférieur à 150 fr. La transaction ne peut être attaquée ni pour cause d'erreur de droit, ni pour cause de lésion ; mais elle peut l'être lorsqu'il y a eu erreur dans l'objet de la contestation ou dans la personne avec laquelle on a transigé. Elle est encore rescindable, lorsqu'elle est entachée de dol ou de violence, ou lorsqu'elle a été faite sur la production de pièces qui depuis ont été reconnues fausses. L'erreur de calcul commise dans une transaction doit être réparée (C. civ. 2044 et s.). Nul ne peut transiger, s'il n'a la capacité de disposer des objets compris dans la transaction. Dans certains cas, la validité de ce contrat est soumise à des règles particulières. Ainsi un tuteur ne peut transiger sur les droits de son pupille qu'après avoir pris l'avis de trois jurisconsultes désignés par le procureur de la République, et après avoir obtenu une autorisation du conseil de famille, qui doit être homologuée par le tribunal (id. 467). Les transactions consenties par les communes ne sont exécutoires qu'après l'approbation du préfet (L. 5 avril 1884, art. 67, 4°). Les hospices et les autres établissements publics ne peuvent transiger qu'après avis de leur comité consultatif, délibération du conseil municipal de la commune et autorisation du préfet. Une transaction portant sur l'intérêt civil qui résulte d'un délit n'empêche pas la poursuite du ministère public. Les actes contenant transaction sont enregistrés au droit fixe de 4 fr. 50 en principal, lorsqu'ils ne contiennent aucune stipulation donnant lieu à des droits plus élevés. L'enregistrement n'est que de 3 fr. pour les transactions faites administrativement en matière de douanes, de contributions indirectes ou d'octrois municipaux. » (CH. Y.)

* **TRANSACTIONNEL, ELLE** adj. Qui a rapport aux transactions.

* **TRANSALPIN, INE** adj. [tran-zal-]. Qui est au delà des Alpes : *peuples transalpins.*

* **TRANSANDIN** adj. [tran-zan-]. Qui traverse les Andes ; qui est au delà des Andes.

* **TRANSATLANTIQUE** adj. [tran-za-]. Qui s'étend, qui va jusqu'au rivage de la mer Atlantique opposé au rivage européen : *les paquebots transatlantiques*. (Voy. BATEAU A VAPEUR.)

TRANSBAÏKALIE (préf. *trans* ; *baïkalie*, pays du Baïkal), gouvernement de Sibérie ; 623,596 kil. carr. ; 498,000 hab.

* **TRANSBORDEMENT** s. m. Mar. Action de transborder.

* **TRANSBORDER** v. a. Mar. Transporter tout ou partie de la cargaison d'un bâtiment dans un autre : *transborder des munitions de guerre ou de bouche, des marchandises*, etc.

TRANSCASPIEN adj. Se dit d'un territoire russe d'Asie. (Voy. RUSSIE.)

TRANSCAUCASIE, partie de la Caucasie qui est située en Asie. Elle comprend l'Abkhasie, la Mingrélie, l'Iméréthie, la Géorgie, l'Arménie russe et le Schirvan. Les Russes l'ont divisée en gouvernement de Tiflis, de Kutaïs, de Soukhoum, de Tchernomore (mer Noire), d'Elisabethpol, de Bakou, d'Erivan, de Sakatal et de Daghestan.

* **TRANSCENDANCE** s. f. [transs-san-] Supériorité marquée, éminente, d'une personne ou d'une chose sur une autre : *la transcendance de son talent, de son génie*. (Peu us.)

* **TRANSCENDANT, ANTE** adj. [transs-san-dan] (lat. *transcendens*). Elevé, sublime, qui excelle en son genre. Se dit particul. de l'esprit, et de certaines choses qui ont rapport : *esprit transcendant.* — GÉOMÉTRIE TRANSCENDANTE, celle qui emploie l'infini dans ses calculs. — Philos. scolastique. Se dit des attributs ou des qualités qui sont susceptibles d'une très grande généralité, comme UN, VRAI, BON. — IDÉES TRANSCENDANTES, idées qui dérivent immédiatement de la raison pure.

* **TRANSCENDANTAL, ALE, AUX** adj. (lat. *transcendens*). Philos. de Kant. Se dit de tout ce qui se fonde sur des données supérieures, aux impressions des sens : *analyse transcendale.* — Terme de métaphysique, appliqué généralement à des idées et à des doctrines qui ne sont pas suggérées ni limitées par l'expérience. Dans la philosophie kantienne de la raison pure, ce mot s'applique à des conceptions *a priori* et à des jugements qui sont nécessaires et universels. Les quantités transcendantales sont celles qui ne peuvent s'exprimer par un nombre fini de termes algébriques.

TRANSCENDANTALISME s. m. Philos. Système dont la base est en dehors de l'observation et de l'analyse; étude ayant pour objet la raison pure.

TRANSCENDANTALISTE adj. Qui a rapport au transcendantalisme.

TRANSCONTINENTAL, ALE, AUX adj. Qui traverse un continent.

TRANSCORPORATION s. f. Art milit. Changement de corps.

TRANSCRIPTEUR s. m. Celui qui transcrit.

* **TRANSCRIPTION** s. f. [transs-kri-psi-on] (lat. *transcriptio*). Action de transcrire, et résultat de cette action : *je vous donnerai tant pour la transcription de ce manuscrit*. — Mus. Action de transporter un chant d'un instrument sur un autre. — Législ. « En droit civil, on nomme *transcription* une formalité légale qui consiste dans la copie littérale d'un acte ou d'un jugement sur les registres du bureau des hypothèques. La transcription des contrats translatifs de droits immobiliers doit être faite au bureau des hypothèques de l'arrondissement dans lequel sont situés les biens. Une donation immobilière n'est opposable aux tiers qu'après la transcription des actes contenant la donation, l'acceptation et la notification de cette acceptation (C. civ. 939). La transcription n'est pas indispensable pour la validité des ventes immobilières, puisqu'en principe toute vente est parfaite entre les parties par le consentement du vendeur et de l'acheteur (id. 1583); mais la loi du 23 mars 1855, faisant revivre les dispositions de la loi du 11 brumaire an VII que le Code civil avait omis de reproduire, déclare que les actes ou jugements translatifs de droits réels immobiliers ne peuvent être opposés aux tiers tant qu'ils n'ont pas été transcrits. La transcription du titre de vente a, de plus, pour effet de conserver le privilège que la loi accorde au vendeur ainsi qu'au prêteur qui a fourni les moyens de faire sur le prix le paiement constaté par le contrat. Le conservateur des hypothèques est tenu, sous sa responsabilité, de faire d'office l'inscription de ce privilège, en même temps qu'il fait la transcription de l'acte de vente (id. 2108). La transcription est aussi la première formalité qui doit être remplie par tout acquéreur d'un immeuble, pour arriver à la purge des privilèges et hypothèques. (Voy. PURGE.) Tout acte constitutif d'antichrèse, de servitude, de droit d'usage ou d'habitation doit être transcrit pour être opposable aux tiers. Il en est de même des actes contenant renonciation à des droits immobiliers, des baux d'une durée de plus de dix-huit années, et de tout acte contenant quittance ou cession de trois années ou plus de loyers ou fermages non échus. A partir de la transcription, aucune hypothèque conventionnelle ou judiciaire ne peut être utilement inscrite sur le précédent propriétaire, sauf l'exception faite en faveur d'un précédent acquéreur et d'un co-partageant, lesquels peuvent inscrire leur privilège dans les quarante-cinq jours, de l'acte de vente ou de partage, nonobstant toute transcription d'actes faits dans ce délai. (L. 23 mars 1855). Le procès-verbal de saisie immobilière et l'exploit de dénonciation sont transcrits dans les quinze jours qui suivent celui de la dénonciation (C. pr. 678). Le droit de transcription perçu au profit de l'État sur les actes translatifs de propriété immobilière est, en principal, de 1 fr. 50 par 100 fr. de la valeur d'estimation ou du prix de vente ; mais ce droit est perçu, pour les ventes, en même temps que celui d'enregistrement avec lequel il se confond. » (CH. Y.)

* **TRANSCRIRE** v. a. (lat. *transcribere*). Copier un écrit : *transcrivez-moi ce cahier.*

TRANSDANUBIEN, IENNE adj. Qui est au delà du Danube.

* **TRANSE** s. f. Frayeur, grande appréhension d'un mal qu'on croit prochain : *il est toujours en transe.*

TRANSEPT s. m. [tran-sèpt] (lat. *trans*, au delà ; *septum*, clôture). Archit. Partie d'une église qui forme les bras de la croix et sépare la nef du chœur. — On écrivait jadis TRANSSEPT.

TRANSFÉRABLE adj. Que l'on peut transférer.

* **TRANSFÈREMENT** s. m. Action de transférer : *le transfèrement des prisonniers.*

* **TRANSFÉRER** v. a. (lat. *transferre*). Transporter, porter d'un lieu à un autre, faire passer d'un lieu à un autre. S'emploie principalement dans les phrases suivantes : *transférer un prisonnier d'une prison dans une autre*; *transférer un corps saint*, etc. — Se dit aussi en parlant de la juridiction, de l'autorité, de la puissance, lorsque d'un tribunal, d'une ville, d'une nation, etc., elle vient à passer à un autre : *on transféra la juridiction de ce tribunal dans un autre*. — Par ext. TRANSFÉREZ UNE FÊTE, la remettre d'un jour à un autre. — Fig. Céder, transporter une chose à quelqu'un en observant les formalités requises :

transférer une obligation, une inscription de rente, la propriété d'une chose, un droit à quelqu'un.

* **TRANSFERT** s. m. Fin. et Comm. Acte par lequel on déclare transporter à un autre la propriété d'une rente sur l'Etat, d'une action de la Banque, etc., ou d'une marchandise en entrepôt : le transfert des rentes se fait sur les registres du Trésor. — Législ. « Les transferts de rente sur l'Etat et de tous autres effets susceptibles d'être cotés ne peuvent, aux termes de l'article 76 du Code de commerce, être opérés que par le ministère des agents de change institués près les bourses de commerce. (Voy. Bourse.) Les transferts de rentes françaises ne sont passibles d'aucun droit d'enregistrement; les transferts d'actions ou obligations nominatives sont assujettis à un droit de transmission de 50 cent. par 100 fr. sur le prix de la négociation. (Voy. Société, Transmission, etc.) »

(Ch. Y.)

* **TRANSFIGURATION** s. f. Changement d'une figure en une autre. N'est usité que dans cette phrase, La transfiguration de Notre-Seigneur, l'état glorieux où Jésus-Christ parut sur le mont Thabor, en présence de trois de ses disciples, Pierre, Jacques et Jean : le tableau de la Transfiguration par Raphaël. On dit quelquefois elliptiq., La Transfiguration de Raphaël. — La fête de la Transfiguration (6 août), a été instituée par le pape Calixte II, en 1455.

TRANSFIGURER v. a. Changer la forme, la figure, le caractère de...

* **TRANSFIGURER (SE)** v. pr. Changer d'une figure en une autre. N'est usité qu'en parlant de Jésus-Christ : Notre-Seigneur se transfigura sur le mont Thabor.

TRANSFORMATEUR, TRICE adj. Qui transforme.

TRANSFORMATIF, IVE adj. Qui a la puissance de transformer.

* **TRANSFORMATION** s. f. Métamorphose, changement d'une forme en une autre : les transformations fabuleuses.

* **TRANSFORMER** v. a. Métamorphoser, donner à une personne ou à une chose une autre forme que celle qui lui est propre ou qu'elle avait précédemment : la femme de Lot fut transformée en une statue de sel. — Algèbre. Transformer une équation, la changer en une autre équation dont la forme soit différente. — Fig. Tous les efforts de son éloquence ne sauraient transformer cette action criminelle en un acte de vertu. — Se transformer v. pr. Protée se transformait de mille manières. — Se dit particul., fig., d'un homme qui se déguise, qui prend plusieurs caractères, selo ses vues et ses intérêts : c'est un homme qui se transforme en mille façons, de mille façons, de mille manières.

TRANSFORMISME s. m. Système d'après lequel les espèces vivantes découlent les unes des autres par des transformations successives.

* **TRANSFUGE** s. m. (lat. transfugus). Celui qui, à la guerre, abandonne le parti dont il est, pour passer dans celui de ses ennemis : on eut cet avis par un transfuge. — Quiconque abandonne le parti pour passer dans le parti contraire : il est transfuge de son parti.

* **TRANSFUSER** v. a. Didact. Faire passer un liquide d'un récipient dans un autre; et, ordinairement, faire la transfusion du sang. (Peu us.)

TRANSFUSEUR s. m. Partisan de la transfusion du sang.

* **TRANSFUSION** s. f. Didact. Action de transfuser. Ne se dit guère que de l'opération par laquelle on fait passer le sang du corps d'un animal dans celui d'un autre : la trans-

fusion paraît avoir eu quelque succès dans ces derniers temps. — Encycl. L'opération de la transfusion de sang consiste à introduire dans le système vasculaire d'un animal du sang emprunté à un autre. Elle a été pour la première fois pratiquée avec succès par Richard Lower, en Angleterre, en 1665. Quelques années auparavant, Robert Boyle avait prouvé que l'on peut injecter dans les vaisseaux sanguins d'un chien vivant des substances médicinales qui produisent le même effet que si elles avaient été introduites dans l'estomac. Les expériences que Lower avait faites, sur des chiens également, firent concevoir l'idée de faire une opération semblable sur un sujet humain. C'est ce qui firent en France, pour la première fois en 1666, Denys et Emmerets qui transfusèrent du sang de mouton dans les veines d'un homme. Les premiers résultats furent, dit-on, si favorables qu'ils firent naître les plus extravagantes espérances. Celles-ci ne se réalisèrent point, si ce n'est par autorisation spéciale de la Faculté de médecine. En 1818, le Dr Blundell, de Londres, fit des expériences attentives sur la transfusion appliquée à son but primitif et légitime, c'est-à-dire le rétablissement des forces après une hémorragie épuisante. Il fit 33 observations sur des chiens, et établit ainsi plusieurs faits importants, notamment que le sang employé à la transfusion doit appartenir à un animal de la même espèce, ou du moins d'une espèce très voisine. Si le sang doit être employé frais, il faut qu'il appartienne à un individu de la même espèce; si on le désirait, il doit appartenir à un individu du même genre. Les globules rouges du sang sont essentiels à son influence vivifiante. L'opération se fait aujourd'hui avec succès sur l'homme. Il ne faut pas injecter à la fois plus de 60 à 120 gr. de sang.

TRANSGANGÉTIQUE adj. Qui est au-delà du Gange.

* **TRANSGRESSER** v. a. (lat. transgredi). Contrevenir à quelque ordre, à quelque loi : cet ambassadeur a transgressé les ordres qu'il avait. — Se dit, particul., de la violation des préceptes divins : transgresser les commandements de Dieu.

* **TRANSGRESSEUR** s. m. Celui qui transgresse : il est dit, dans la loi de Moïse : Le transgresseur de la loi sera puni de mort.

* **TRANSGRESSION** s. f. Action de transgresser : la transgression des commandements de Dieu.

TRANSHUMANCE s. f. [tran-zu-]. Emigration périodique des grands troupeaux, dans certains pays.

TRANSHUMANT, ANTE adj. Se dit d'un troupeau que l'on transhume.

TRANSHUMER v. a. (prét. trans; lat. humus, terre). Transplanter d'un endroit dans un autre. — Faire périodiquement changer un troupeau de pâturage. — v. n. Aller paître dans les montagnes, changer de pâturage.

* **TRANSI, IE** part. passé de Transir. — Par plaisant., Un amoureux transi, un amant que l'excès de sa passion rend tremblant et interdit auprès de sa maîtresse.

* **TRANSIGER** [tran-zi-] (lat. transigere). v. n. Passer un acte pour accommoder un différend, un procès : las de plaider, ils transigèrent. — Fig. Transiger avec son devoir, avec sa conscience, s'autoriser de quelques raisons peu solides, pour faire une chose contraire au devoir, à la délicatesse.

* **TRANSIR** [tran-sir] v. a. Pénétrer et engourdir de froid : il fait un vent qui me transit. — Se dit aussi en parlant de l'effet que produit la peur ou l'affliction : cette nouvelle lui transit le cœur. — v. n. Transir de froid, de peur.

* **TRANSISSEMENT** s. m. [tran-si-]. L'état où est un homme transi : transissement de froid, de peur. (Peu us.)

* **TRANSIT** s. m. [tran-zitt] (lat. transitus). Douanes et Contribut. indir. Faculté de faire passer des marchandises, des denrées, à travers un Etat, une ville, sans payer les droits d'entrée : marchandises en transit. — Astron. Terme désignant le passage d'une planète sur le disque du soleil, ou d'un satellite sur le disque de sa planète; il désigne aussi le passage d'un corps céleste sur le méridien du lieu où se fait l'observation, et qu'on appelle quelquefois sa culmination. Parmi les planètes, deux seulement, Mercure et Vénus, ayant leurs orbites dans l'orbite de la terre, peuvent présenter le premier phénomène. Les transits de Vénus servent à déterminer la distance du soleil; ils reviennent à des intervalles de 8 années 105 ½ et de 8 années 121 ½. Le premier transit sur le disque du soleil dont nous ayons un compte rendu est celui de Vénus en 1639, annoncé et observé par Jérémiah Horrox. Les transits du dernier siècle et de celui-ci (1761, 1769, et 8 déc. 1874) ont été observés avec le plus grand soin, avec l'assistance des différents gouvernements qui ont envoyé des missions savantes aux points favorables. — Les transits de Mercure sont beaucoup plus fréquents que ceux de Vénus, Mercure étant beaucoup plus rapproché du soleil et ayant ainsi une orbite plus étroite et une année plus courte; mais ils ne sont d'aucune utilité pour la détermination de la parallaxe solaire. Le transit des étoiles sert à la détermination des longitudes. La situation relative exacte des corps célestes par rapport à leur ascension droite, se détermine en comparant les époques exactes de leur transit. — Cercle de transit, instrument d'astronomie pour déterminer les positions absolues des corps célestes. On dispose un télescope pour tourner dans le méridien, de manière à pouvoir donner le moment précis du transit de n'importe quel corps céleste, et l'on place à l'extrémité de son axe un cercle méridien, par lequel on pourra déterminer l'altitude précise de ces corps célestes. On se sert des instruments de transit et des axes et cercles du méridien depuis Rœmer et Picard; mais ce n'est qu'au commencement du siècle qu'on a réellement combiné les deux.

TRANSITAIRE adj. [tran-zi-]. Qui a rapport au transit.

TRANSITER v. a. Passer en transit.

* **TRANSITIF** adj. m. [tran-zi-] (lat. transitivus). Gramm. Se dit des verbes qui marquent l'action du sujet de la proposition sur la chose ou la personne que désigne le régime ou complément direct du verbe : tous les verbes actifs sont transitifs. — Se dit aussi des locutions conjonctives qui marquent un passage ou une transition d'une chose à une autre : or, au reste, cependant, sont des conjonctions transitives.

* **TRANSITION** s. f. [tran-zi-si-on] (lat. tran sitio). Manière de passer d'un raisonnement à un autre, de lier ensemble les parties d'un discours, d'un ouvrage : bonne transition. — Fig. Passage d'un régime politique, d'un état de choses à un autre : l'anarchie est quelquefois la transition très prompte.

TRANSITIVEMENT adv. Gramm. Avec le sens des verbes transitifs.

* **TRANSITOIRE** adj. [tran-zi-]. Didact. Passager : toutes les choses de ce monde sont transitoires. — Se dit aussi de ce qui remplit l'intervalle d'un état de choses à un autre : lois transitoires.

TRANS-JORDANIQUE adj. Qui est au delà du Jourdain.

* **TRANSLATER** v. a. Traduire d'une langue en une autre. (Vieux.)

* **TRANSLATEUR** s. m. Traducteur. (Vieux.)

* **TRANSLATIF, IVE** adj. Jurispr. Par lequel on transporte, on cède une chose à quelqu'un : *acte translatif de propriété.*

* **TRANSLATION** s. f. (lat. *translatio*). Transport, action par laquelle on fait passer quelque chose d'un lieu à un autre. S'emploie principalement dans les phrases suivantes : *la translation d'un corps saint; la translation du siège de l'empire.* — Par ext. LA TRANSLATION D'UNE FÊTE, l'action de remettre une fête d'un jour à un autre. — CÉLÉBRER LA TRANSLATION D'UN SAINT, célébrer le jour auquel les reliques d'un saint ont été transférées d'un lieu à un autre.

TRANSLEITHANIE (préf *trans; Leitha*, n. pr.). Partie de l'empire austro-hongrois, qui est situé au delà de la Leitha. (Voy. AUTRICHE).

* **TRANSLUCIDE** adj. Phys. Se dit d'un corps qui laisse passer la lumière sans permettre de distinguer les objets à travers : *il y a des porcelaines opaques et d'autres translucides.*

TRANSLUCIDITÉ s. f. Qualité des corps translucides.

TRANSMARIN, INE adj. Situé au delà des murs.

TRANSMETTEUR s. m. Appareil qui sert à transmettre les signaux télégraphiques,

* **TRANSMETTRE** v. a. (lat. *transmittere*). Se conjugue comme *Mettre*. Céder, mettre ce qu'on possède en la possession d'un autre : *le donateur transmet au donataire la propriété des choses données.* — Faire passer : *transmettre des ordres, une nouvelle.* — Fig. *Les pères transmettent souvent à leurs enfants leurs vices ou leurs vertus.* — TRANSMETTRE SON NOM, SA GLOIRE A LA POSTÉRITÉ, faire passer son nom, sa gloire jusqu'à la postérité.

* **TRANSMIGRATION** s. f. (lat. *transmigratio*). Action d'un peuple, d'une nation, d'une troupe d'hommes qui abandonnent leur pays pour en aller habiter un autre : *la transmigration des peuples amène des changements dans les langues.* — Écrit. sainte. LA TRANSMIGRATION DE BABYLONE, le transport du peuple juif à Babylone, et le joug qu'il y fit. — LA TRANSMIGRATION DES AMES, le passage des âmes d'un corps dans un autre, suivant l'opinion des pythagoriciens. (Voy. MÉTEMPSYCOSE.)

TRANSMIGRER v. n. Quitter son pays pour aller en habiter un autre.

* **TRANSMISSIBILITÉ** s. f. Qualité de ce qui est transmissible.

* **TRANSMISSIBLE** adj. Qui peut être transmis : *il y a de certains droits qui ne sont point transmissibles.*

* **TRANSMISSION** s. f. (lat. *transmissio*). Action de transmettre, de céder; le même action : *la transmission d'un droit.* — Mécan. Communication du mouvement d'un organe à un autre. Les arbres de transmission sont commandés par une courroie ou par un engrenage. Les changements de direction s'obtiennent par des engrenages clavetés sur les arbres que l'on peut ainsi diriger en tous sens. — Législ. « On nomme *droit de transmission* un impôt proportionnel, créé par la loi du 23 juin 1857, et qui est, au profit du Trésor public, sur toutes les négociations de valeurs mobilières (actions ou obligations) dont les titres sont nominatifs. Ce droit est de 50 cent., par 100 fr. Il s'applique aussi à toute conversion d'un titre au porteur en titre nominatif, ou d'un titre nominatif en titre au porteur. Le droit de transmission est remplacé, pour les titres au porteur, par une taxe annuelle dite *taxe de transmission*. Cet impôt est de 20 cent. par 100 fr., et il est calculé sur le cours moyen de la Bourse de Paris pendant l'année précédente. (Voy. SOCIÉTÉ, TRANSFERT) ». (CH. Y.)

TRANSMONTAIN, AINE adj. Qui est au-delà des monts.

* **TRANSMUABLE** adj. Didact. Qui peut être transmué : *les alchimistes croyaient que les métaux étaient transmuables.*

* **TRANSMUER** v. a. (lat. *transmutare*). Didact. Changer, transformer : *transmuer les métaux en or.*

* **TRANSMUTABILITÉ** s. f. Propriété de ce qui est transmutable.

TRANSMUTATEUR s. Celui qui transmue.

* **TRANSMUTATION** s. f. (lat. *transmutatio*). Changement d'une chose en une autre : *la prétendue transmutation des métaux en or.*

TRANSON (Abel-Louis-Etienne), ingénieur et mathématicien éminent, né à Versailles en 1805, mort à Paris le 23 août 1876. Au sortir de l'École polytechnique (1823), il fut adepte de l'école saint-simonienne, puis de celle de Ch. Fourier, dont il exposa la théorie en 1832; il a laissé divers ouvrages de mathématiques.

TRANSPADAN, ANE adj. Qui est situé au delà du Pô. — RÉPUBLIQUE TRANSPADANE, république établie par Bonaparte, après la victoire de Lodi, le 10 mai 1796. Elle comprenait la Lombardie et des territoires de la Vénétie. En oct. 1797, elle fut réunie à la république cispadane, pour former en partie la république cisalpine.

* **TRANSPARENCE** s. f. Qualité de ce qui est transparent : *la transparence de l'eau.*

* **TRANSPARENT, ENTE** adj. [tran-spa-ran]. Diaphane, au travers de quoi l'on peut voir les objets : *le verre est transparent.*

* **TRANSPARENT** s. m. Papier où sont tracées plusieurs lignes noires, et dont on se sert pour s'accoutumer à écrire droit, en le mettant sous le papier lorsqu'on écrit : *cet enfant ne saurait écrire sans transparent.* — Papier huilé derrière lequel on place des lumières dans les décorations : *une illumination en transparents.* — Sorte de tableau sur toile, sur gaze, sur papier huilé ou verni, etc., qu'on expose la nuit, dans certaines occasions de réjouissance, et derrière lequel on met des lumières pour faire paraître ce qu'il représente : *il y avait au fond du jardin un magnifique transparent.*

* **TRANSPERCER** v. a. Percer de part en part : *le coup qu'il reçut le transperça.*

* **TRANSPIRABLE** adj. Qui peut sortir par la transpiration.

* **TRANSPIRATION** s. f. (lat. *transpiratio*). Exhalation qui s'opère habituellement à la surface de la peau : *il faut faire de l'exercice pour faciliter la transpiration.* — Bot. Exhalation à peu près semblable qui a lieu à la surface des végétaux.

* **TRANSPIRER** v. n. (lat. *transpirare*). S'exhaler, sortir du corps par les pores, d'une manière imperceptible aux yeux : *les humeurs transpirèrent au travers de la peau.* — Se dit aussi du corps même : *il y a des corps qui transpirent plus facilement que les autres.* — Se dit, fig., de ce qu'on s'efforce de tenir secret, mais dont quelque chose vient à être connu, divulgué, révélé : *il transpire quelque chose de cette affaire, de cette négociation secrète.*

* **TRANSPLANTATION** s. f. (lat. *transplantatio*). Action de transplanter : *la transplantation des arbres.*

* **TRANSPLANTER** v. a. (lat. *transplantare*). Oter une plante, un arbre de l'endroit où il est, et le replanter dans un autre : *transplanter des arbres.* — Faire passer, transporter des personnes, ou certaines choses, d'un pays dans un autre, pour les y établir : *les populations qui furent transplantées dans ces climats.* — **Se transplanter** v. pr. Se dit surtout d'une famille, d'une personne qui passe d'une province ou d'une ville dans une autre, pour s'y établir : *c'est une famille d'Italie qui s'est transplantée en France.*

TRANSPONTIN, INE adj. Qui est situé au delà du pont, au delà de la rivière.

* **TRANSPORT** s. m. (rad. lat. *transportare*, transporter). Action par laquelle on transporte quelque chose d'un lieu à un autre : *le transport de ses meubles lui a coûté beaucoup.* — Se dit quelquefois, par ext., des voitures servant au transport des choses nécessaires à une armée : *la route était couverte de transports.* — Bâtiment de transport. — Procéd. Action d'une personne qui, par autorité de justice, se rend, se transporte sur les lieux où sont les choses sujettes à un examen, à une vérification, à une visite : *transport d'un juge, d'un commissaire, d'un expert sur les lieux.* — Cession d'un droit qu'on a sur quelque chose : *il m'a fait transport de ce qui lui est dû par un tel.* — La législation concernant les transports de créances ou d'autres droits incorporels, les transports de droits litigieux, de droits de location, etc., a été résumée au mot CESSION. — Se dit encore, fig., des passions violentes qui nous mettent en quelque sorte hors de nous-mêmes : *éprouver un transport de joie.* — Grand mouvement passionné : *je l'ai trouvé dans un transport extraordinaire.* — Enthousiasme : *transport poétique.* — TRANSPORT AU CERVEAU, ou absol., TRANSPORT, délire, égarement d'esprit causé par la maladie : *il a une grosse fièvre, et on craint le transport au cerveau.*

* **TRANSPORTABLE** adj. Qui peut être transporté.

* **TRANSPORTATION** s. f. (lat. *transportatio*). Peine qui consiste à être transporté outre-mer. — Législ. « En vertu de la loi du 30 mai 1854, la peine des travaux forcés doit être subie dans des établissements créés par décrets sur le territoire d'une ou de plusieurs colonies françaises autres que l'Algérie. Les femmes condamnées aux travaux forcés peuvent être aussi placées aux colonies dans des établissements spéciaux. C'est là ce que l'on nomme la *transportation;* et les colonies pénales ont remplacé les anciens bagnes. (Voy. COLONIE.) Il ne faut pas confondre la transportation avec la *déportation simple* qui est une peine particulière appliquée à des crimes ayant un caractère politique, et pour laquelle sont réservés les quartiers distincts dans les colonies pénales. (Voy. DÉPORTATION.) Le régime disciplinaire appliqué aux transportés dans ces établissements, a été réglementé par les décrets du 29 août 1855, du 31 août 1878 et du 18 juin 1880. Les condamnés sont répartis en cinq classes selon leur peine et leur conduite. Un condamné peut avancer d'une classe, après six mois de travaux dans une classe inférieure. La nourriture et la règle journalière diffèrent selon la classe. — Tout individu condamné à moins de huit années de travaux forcés est tenu de résider dans la colonie, à l'état de libéré, pendant un temps égal à la durée de la condamnation; et, si la peine est de huit ans ou plus, il est tenu de résider toute sa vie dans la colonie. Les gouverneurs des colonies pénales ont le droit d'accorder, à titre provisoire, aux condamnés qui s'en montrent dignes, des concessions de terrain que ceux-ci peuvent cultiver pour leur compte et qui deviennent définitives au moment de la libération du concessionnaire. Le gouvernement peut restituer aux individus condamnés

aux travaux forcés à temps l'exercice de tout ou partie des droits civils dont ils sont privés par leur état d'interdiction légale. Le système de la transportation n'a commencé à être appliqué qu'en 1864, dans la Nouvelle-Calédonie (la Guyane étant réservée aux condamnés indigènes de l'Algérie) et il n'a pas produit tous les bons résultats que l'on en attendait. Un bien petit nombre de condamnés ont profité de cette nouvelle existence pour s'adonner au travail honnête et régulier. En outre, la dépense supportée par l'État est excessive ; le transport d'un condamné coûte environ 4,000 fr.; et l'entretien d'un individu dans la colonie est trois fois plus onéreux qu'en France. L'Angleterre, après avoir déporté pendant une assez longue période (de 1788 à 1858) des criminels en Australie, a dû y renoncer, sur les vives réclamations des colons. Doit-on espérer un meilleur succès de la *relégation* appliquée aux récidivistes par la loi du 27 mai 1885? (Voy. RELÉGATION.) Rappelons encore à ce sujet que déjà en France, au commencement du XVIIIᵉ siècle, on essaya de la transportation des condamnés dans les colonies, mais que l'on fut bientôt obligé d'y renoncer. Voici ce qu'on lit dans le préambule de la Déclaration royale rendue par le régent, le 5 juillet 1723 : « Le besoin que nous avons eu de faire passer des habitants dans nos colonies, nous avait porté à permettre à nos cours et juges, par nos déclarations des 8 janv. et 12 mars 1719, d'ordonner que les hommes seraient transportés dans nos colonies pour y servir comme engagés au défrichement et à la culture des terres, dans les cas où les Ordonnances, Edits et Déclarations avaient prononcé la peine des galères contre les vagabonds, bannis, etc. Mais les colonies se trouvant actuellement peuplées par un grand nombre de familles qui y ont passé volontairement, plus propres à entretenir un bon commerce avec les naturels du Pals, que ces sortes de gens qui y portaient avec eux la fainéantise et les mauvaises mœurs, nous avons estimé à propos, tant pour le bon ordre de notre royaume que pour le plus grand avantage de nos colonies, de rétablir à cet égard l'exécution des Déclarations anciennes... » En conséquence, la transportation fut abandonnée après cet essai infructueux, qui avait duré trois ans ». (CH. Y.)

* **TRANSPORTÉ, ÉE** part. passé de TRANS-PORTER. — Au fig. *Transporté d'amour, de fureur, de joie,* etc. On dit de même, simpl., TRANSPORTÉ, pour transporté de joie ou de plaisir : *en recevant cette bonne nouvelle, il fut transporté.*

* **TRANSPORTER** v. a. (lat. *transportare*). Porter d'un lieu dans un autre : *transporter des marchandises d'un lieu dans un autre.* — Fig. *Constantin transporta le siège de l'empire romain à Constantinople.* — Droit. TRANS-PORTER UN DROIT A QUELQU'UN, céder, transférer à quelqu'un le droit qu'on a sur quelque chose : *il m'a transporté tous les droits qu'il avait sur cette terre.* — Fig. LA COLÈRE, LA JOIE, etc., TRANSPORTE CET HOMME, elle le met hors de lui-même. — **Se transporter** v. pr. Se rendre en un lieu. Dans ce sens, on le dit principalement de ceux qui vont en quelque lieu par autorité de justice : *il fut ordonné que deux conseillers se transporteraient sur les lieux.* — Fig. *Transportons-nous en imagination dans l'avenir*

TRANSPOSABLE adj. Que l'on peut transposer.

* **TRANSPOSER** v. a. (lat. *transponere*). Mettre une chose à une autre place que celle où elle était, soit que ce changement se fasse à dessein, pour produire une amélioration, un avantage, soit qu'il ait lieu par

inadvertance, et entraîne des inconvénients : *transposer des mots, transposer des phrases, pour rendre le style plus élégant, plus pittoresque,* — Mus. Se dit lorsque la personne qui chante ou qui joue d'un instrument, chante ou joue sur un ton différent de celui sur lequel l'air est noté : *cette pièce, cette basse sont notées en sol; et il les transpose en ut.* — Jeux. Transporter son argent d'une carte sur une autre : *je transpose le paroli du valet à la dame.*

* **TRANSPOSITEUR** adj. m. Ne s'emploie guère que dans cette loc., PIANO TRANSPOSITEUR, piano qui opère la transposition d'un ton dans un autre, d'une manière toute mécanique. On dit aussi, INSTRUMENT TRANSPOSITEUR.

* **TRANSPOSITIF, IVE** adj. Ne s'emploie guère que dans cette loc., LANGUE TRANSPOSITIVE, celle où les rapports des mots entre eux sont indiqués par leurs terminaisons, et où, par conséquent, on n'est pas obligé de les placer suivant l'ordre analytique de la pensée: *le grec, le latin, sont des langues transpositives.*

* **TRANSPOSITION** s. f. (lat. *transpositio*). Action de transposer, ou le résultat de cette action : *faire, par mégarde, une transposition de mots.* — Renversement de l'ordre dans lequel les mots ont accoutumé d'être rangés: *transposition vicieuse.* — Se dit pareillement en parlant des feuilles d'impression, des cahiers d'écriture transposés : *ce livre est plein de transpositions.* — Mus. *Transposition d'un ton à un autre, dans un autre.*

* **TRANSRHÉNAN, ANE.** Qui est au delà du Rhin.

TRANSSAHARIEN, IENNE adj. Qui traverse le Sahara : *route transsaharienne.*—S'applique particulièrement à un chemin de fer projeté à travers le Sahara en vue de relier les deux colonies françaises d'Algérie et du Sénégal. — L'idée d'un chemin de fer transsaharien n'est pas nouvelle; elle fut émise pour la première fois, en 1859, par M. le général Hanoteau dans la préface de sa *Grammaire tamachekh.* En 1860, M. le général de Colomb, sans parler de voie ferrée, proposait à son tour (*Notice sur les Oasis du Sahara,* etc.) de relier l'Algérie au Sénégal, par une route commerciale dont la première section, partant d'Oran, aboutirait à Figuig par Sidi-Bel-Abbès et Dhaya; la seconde section irait de Figuig au Touât par le Gourara en suivant la vallée très peuplée de l'oued Messaoud. Ce tracé, très avantageux pour une voie ferrée, a l'inconvénient de traverser des territoires appartenant (nominalement du moins) au Maroc. L'idée d'un chemin de fer transsaharien fut reprise en janvier 1873 par M. H. Capitaine, ancien médecin de la marine, qui exposa ses vues à ce sujet dans la *Gazette de Paris*; elle était discutée, en 1874, par plusieurs publicistes commerciales algériennes, parmi lesquelles se distinguait l'honorable M. Juillet-Saint-Lager. M. Paul Soleillet, qui entreprenait, sur ces entrefaites, son premier voyage d'exploration, l'adopta avec enthousiasme et ne cessa, depuis, de la populariser dans ses conférences et dans ses écrits; malheureusement, la rapidité de son voyage au Tidikelt ne lui permit pas de recueillir des renseignements suffisamment précis sur le chemin parcouru. Le projet, du reste, était trop hardi pour ne pas ressembler à une utopie; aussi, le monde scientifique répondit-il par un soulèvement d'épaules aux discours de M. Soleillet sur l'utilité d'un chemin de fer à travers le Sahara. Le *Séma-phore,* de Marseille, supprima même, d'un commun accord avec le voyageur à la Chambre de commerce, tout un passage relatif au Transsaharien. Interrogé sur les motifs de cette suppression, le directeur ré-

rondit : « Il faut, avant tout, que M. Soleillet, « dont les projets m'intéressent, paraisse un « homme sérieux, et un tel chemin de fer est « trop bâti sur le sable pour ne pas devoir « lui nuire. » Les choses en étaient là lorsque, rentrant de notre premier voyage à Rhadamès, au mois d'avril 1875, M. Ville, ingénieur en chef des mines en Algérie, nous remit, de la part de M. Duponchel, ingénieur en chef des ponts et chaussées de Montpellier, un questionnaire relatif à un projet de chemin de fer transsaharien dont ce dernier était l'auteur. Nous ne jugeâmes pas suffisantes les connaissances acquises dans un premier voyage pour répondre aux questions très complexes de l'honorable ingénieur ; mais nous vîmes M. Duponchel à Paris, pendant le Congrès des sciences géographiques qui eut lieu au mois d'août suivant. Nous considérions son projet comme prématuré; néanmoins, nous le renseignâmes de notre mieux sur le Sahara algérien, et nous lui exposâmes qu'à notre avis, la première section d'un chemin de fer transsaharien devrait être comprise entre Biskra et Touggourt, et que la deuxième devrait remonter l'Igharghar jusqu'au Hoggar, ou l'oued Miyâ jusqu'au Tidikelt. Peu de jours après, nous ne fûmes pas peu étonné de lire, dans le journal l'*Explorateur,* un article de M. Duponchel critiquant les encouragements donnés aux explorateurs isolés, ces encouragements constituant, à ses yeux, « un véritable anachronisme ». En même temps paraissait une brochure (*le Chemin de fer de l'Afrique centrale*) dans laquelle l'honorable ingénieur exposait son projet. Malheureusement, dans son dédain pour les voyageurs isolés, il avait négligé de consulter les remarquables ouvrages de MM. de Colomb Duveyrier et Gérard Rohlfs ; aussi apparaît-il clairement, dans cette brochure, qu'il se faisait l'idée la plus fausse de l'orographie saharienne ; la carte qui l'accompagnait n'était pas moins fantaisiste que les descriptions. D'après M. Duponchel, l'oued Miyâ ne serait qu'une coupure, un ancien détroit quaternaire, ayant fait communiquer entre elles deux mers aujourd'hui desséchées, celle de l'oued Rirh et une autre qui aurait couvert tout le Sahara occidental et à laquelle il donne le nom de Taodéni. D'après lui encore, l'oued Miyâ à son débouché sur la mer de l'Ouest, s'épanouirait en une plaine sablonneuse formant le sol du Touât. Enfin, partant de cette vieille erreur que, sauf sur quelques points privilégiés, le Sahara est un pays dépourvu d'eau, il propose de desservir la ligne « par une conduite forcée « continue en tuyaux de fonte, alimentée par « des relais de machines fixes, remontant « l'eau de réservoir en réservoir sur telle « longueur qui sera nécessaire ». Il évaluait la dépense totale à 500 ou 600 millions en suivant l'oued Miyâ jusqu'à Tombouktou, dont 65 millions pour la pose des tuyaux dans le cas où l'on ne trouverait de l'eau qu'aux deux extrémités de la voie, dans l'oued Rirh et le Niger ! Certes, un pareil exposé n'était pas fait pour rallier de nombreux adhérents. Mais la discussion étant dès lors ouverte, des projets plus pratiques ne tardèrent pas à être présentés. Un jeune homme, M. Duhazet, qui, depuis, s'est distingué par de remarquables travaux sur l'Algérie, exposa la sien en septembre, dans l'*Echo d'Oran.* Ce projet, basé sur les observations personnelles de son auteur et sur les données fournies par les généraux Daumas, Marguerite, de Colomb et Colonieu, désigne Oran pour tête de ligne. Se dirigeant vers le S.-O., en passant par Tlemcen et les hauts plateaux de la Tafna, puis vers le S. El-Haricha et vers le S.-S.-E. pour gagner l'oued Namous dont il suivrait quelque temps le cours, il se proposerait ensuite d'incliner vers l'O.-S.-O. pour gagner l'oued Ghir, dans le Sahara maro-

cain ; il descendrait le cours de cette rivière et celui de l'oued Saoura ou Messaoud jusqu'à l'extrémité méridionale du Touât. Ce projet a sur le précédent l'avantage d'être plus direct, plus court et moins coûteux ; en outre, il suit une ligne d'eau continue et traverse les contrées les plus peuplées et actuellement les plus commerçantes du Sahara septentrional ; un certain trafic est assuré, dès le début, sur la première section de la ligne, entre le Touât et l'Algérie ; mais il a, comme l'itinéraire de M. de Colomb, l'inconvénient grave de faire traverser, par une voie qui doit être exclusivement française, une grande étendue de territoire dont les habitants reconnaissent, nominalement du moins, la suprématie de l'empereur du Maroc, territoire exposé aux incursions des Berbères de l'Atlas occidental, et dont nous ne pourrions faire la police sans nous exposer à des difficultés internationales. M. Duponchel s'empressa de combattre le projet Dumazet ; mais son ignorance des choses du Sahara fit qu'il ne put trouver des raisons sérieuses pour le réfuter. Cependant il modifia bientôt ses propres vues. Dans une communication reproduite par l'*Explorateur* du 20 avril 1876, l'honorable ingénieur expose qu'après avoir consulté M. Colonieu et M. Soleillet et pris connaissance (enfin !) des documents publiés par M. le général de Colomb, il proposait un nouveau tracé s'embranchant à la station d'Affreville, sur la ligne d'Alger à Oran, la voie remonterait ensuite le cours du Chélif, franchirait l'Atlas et l'oued Djeddi en amont de Laghouat, suivrait la vallée de l'oued Loua, passerait par El Goléa et traverserait l'Aouguerout et le Touât, pour se diriger ensuite vers le Niger. De Laghouat à El Goléa, M. Duponchel préfère suivre les lignes de faîte, afin, dit-il, d'éviter l'ensablement de la voie qui, en vertu de phénomènes particuliers, ne saurait se produire plus au sud, sur l'oued Saoura. En résumé, ce tracé, plus long que celui de M. Dumazet, en présente tous les inconvénients au point de vue international, plus celui de suivre jusqu'au Touât une ligne de faîte, un dos d'âne pierreux, une hamada, enfin, sans eau et impropre à toute culture. M. Duponchel tenait décidément à sa « conduite d'eau forcée en tuyaux de fonte ». Pendant que la presse, s'emparant à son tour de la question, discutait sur l'utilité du Transsaharien et comparait entre eux les projets que nous venons d'exposer, nous attendions, pour faire connaître officiellement nos vues personnelles à ce sujet, qu'un troisième voyage d'exploration nous permît de nous faire une idée plus complète de l'orographie saharienne. Cependant, sollicité par notre regretté collègue et ami, M. Ch. Heriz, directeur du journal l'*Explorateur*, nous émîmes, dans le numéro du journal du 20 juillet 1876, une opinion provisoire qui peut se résumer ainsi : l'utilité d'un chemin de fer transsaharien est incontestable ; le projet est facilement réalisable ; la ligne doit partir de Biskra, au sud de la province de Constantine, remonter la fertile et populeuse vallée de l'oued Rirh jusqu'à Touggourt et à Temacine, puis celle de l'oued Miyâ par Ouargla jusqu'au Tidikelt, ensuite descendre la vallée de l'oued Messaoud jusqu'au Niger. Nos vues n'avaient point changé depuis notre conférence avec M. Duponchel, en 1875 ; toutefois, nous nous réservions de les modifier ensuite d'études subséquentes. Mais la question du Transsaharien avait franchi les limites de notre territoire ; un savant voyageur allemand, M. Rohlfs, tenta de l'internationaliser. Dans le n° 2 des *Mittheilungen* de 1877, M. Rohlfs, tout en reconnaissant que c'était à la France que revenait l'honneur de cette conception, proposait de prendre la Tripolitaine pour point de départ, Mourzouk, dans le Fezzan, comme

station centrale, et le lac Tchad pour but. La chaleur, dit-il, le vent ni les sables du Désert ne sont des obstacles sérieux ; mais l'hostilité des indigènes pourrait bien faire avorter le projet français : du reste, la France ne pourrait songer à la voie de l'oued Miyâ qu'à la condition de s'emparer du Touât. Nous n'insisterons pas sur le projet de M. Rohlfs auquel nous ne saurions nous rallier, non seulement à cause des difficultés techniques que présenterait son exécution, mais surtout parce que le but de son auteur est évidemment de faire échec au projet français. Sa réalisation aurait pour résultat de nous fermer les portes du Soudan et de détourner à jamais les produits de ce pays de notre colonie algérienne. Du reste, le projet français doit avoir surtout pour objet, à notre point de vue du moins, de relier l'Algérie au Sénégal par une voie terrestre dont le parcours ne pourrait nous être disputé, au cas où les routes maritimes viendraient à nous être coupées ; de faciliter l'extension de notre influence sur toutes les contrées arrosées par le haut et le moyen Niger, et éventuellement sur toutes celles situées plus à l'E. dans la direction du lac Tchad. Le projet international Rohlfs fut réfuté par M. Duponchel, avec d'excellentes raisons cette fois, dans le journal l'*Explorateur* du 12 mai 1877. L'honorable ingénieur annonçant en même temps que le projet français venait de recevoir un commencement de consécration officielle et qu'il était chargé par le Ministre d'aller étudier, en Algérie, les questions se rattachant à ce projet. La question, du reste, n'effrayait plus personne ; on commençait à la discuter sérieusement dans les cercles géographiques et scientifiques. M. Harold Tarry, inspecteur des finances, dans un remarquable article publié par l'*Explorateur* du 26 mai 1877, penche en faveur d'un tracé par l'oued Rirh ; mais il ajoute qu'il faut attendre, pour se prononcer, les résultats du voyage que nous allions entreprendre dans la vallée de l'oued Miyâ. De son côté, M. le colonel Champanhet de Sarjas, dans une intéressante communication à la Société de géographie de Lyon (*Bulletin* de janvier 1878), après avoir fait l'historique de la question et discuté les principaux projets présentés (Largeau, Dumazet, Duponchel et Rohlfs), émet l'avis que le chemin de fer transsaharien doit partir d'Alger pour suivre la route indiquée par M. Duponchel, mais demande toutefois qu'une commission soit appelée à se prononcer sur la valeur des tracés projetés de la Méditerranée au Touât. Tandis que M. Duponchel remplissait sa mission en Algérie, nous faisions nous-même, dans l'extrême sud de notre colonie, les préparatifs de notre troisième voyage. Voulant, dans l'intérêt de la cause pour laquelle nous luttions ensemble, permettre à l'honorable ingénieur de se faire une opinion fondée sur l'examen des lieux, nous lui écrivîmes pour lui proposer de le conduire sans frais de Biskra à Ouargla par les vallées de l'oued Rirh et de l'oued Miyâ, et de lui procurer ensuite une escorte sûre pour se rendre à Laghouat par le plateau des Mzab. Notre lettre resta sans réponse. M. Duponchel ne dépassa pas Laghouat et ne vit rien du Sahara. Notre troisième voyage, brusquement interrompu par l'hostilité des gens du Tidikelt, fut loin de donner les résultats espérés ; néanmoins, nous avions exploré 322 kilomètres de la vallée de l'oued Miyâ, dont 132 au-delà d'Ouargla : nous avions, en outre, contrôlé les renseignements recueillis dans les précédents voyages, et nous rentrâmes en France, au mois de janvier 1878 avec une opinion parfaitement arrêtée, cette fois, sur la meilleure direction à donner au chemin de fer transsaharien. Nous exposâmes d'abord nos vues dans une lettre adressée, le 12 janvier, à M. le président de la Société de géo-

graphie de Lyon (*Bulletin* de mai 1878), puis dans différentes publications, et enfin, avec plus de développements, dans la relation de notre voyage (*Le Pays de Rirha*, Paris, Hachette, 1879). Nous allons reproduire ici sommairement notre projet ; nous ne le prétendons pas parfait, mais nous constatons que non seulement il n'a été l'objet d'aucune critique sérieuse, mais encore qu'il a reçu un commencement d'exécution. Notre tête de ligne serait Philippeville ; Constantine et Batna les grandes stations intermédiaires, et Biskra le terminus de la section tellienne. De Biskra, après avoir franchi l'oued Djeddi et le plateau peu élevé de Sâada, notre voie longerait le chotth Melrhir et suivrait la vallée de l'oued Rirh jusqu'à Touggourt et à Temacine ; elle remonterait ensuite celle de l'oued Miyâ jusqu'à Ouargla. De là, on pourrait s'acheminer avec une égale facilité, soit vers le Tidikelt en continuant de remonter la vallée de l'oued Miyâ, soit, en cas de difficultés internationales, vers le Hoggar par la vallée de l'Igharghar. Du Tidikelt, ou plutôt du Touât méridional, on se dirigerait vers le Niger par la vallée de l'oued Messaoud, laquelle se continue, d'après nos renseignements, jusqu'au grand fleuve soudanien. De même du Hoggar, on gagnerait cette vallée principale par l'un des nombreux cours d'eau qui descendent, à l'O. et au S.-O. du grand plateau central. Notre tracé est le plus long ; mais il s'agit d'examiner ses avantages. D'abord il n'emprunte aucune portion de territoire étranger ; ses différents tronçons peuvent être construits à des intervalles plus ou moins éloignés, chacun d'eux étant assuré, du moins jusqu'à mi-chemin, d'un certain trafic. Sa partie tellienne, entre Philippeville et Biskra, traverse les parties de l'Algérie les plus riches en céréales et en troupeaux ; Biskra, à l'entrée du désert, est le centre d'un grand commerce ; les gens des Zibans, de l'oued Rirh, du Souf, de la Tunisie méridionale, les Beni-Mzab, les Berbères de l'Aourès, fréquentent son marché ; les Zibans, dont Biskra est le chef-lieu, ont une population d'une vingtaine de mille âmes. Dans l'oued-Rirh, les ressources en eau sont inépuisables ; des puits artésiens, des sources naturelles jaillissent de toutes parts ; 28 villes ou villages, presque entièrement peuplés de Nègres sahariens, s'élèvent dans d'immenses forêts de palmiers ; 24,000 hectares, encore aujourd'hui incultes autour des oasis, sont particulièrement propres à la culture du coton ; les marchés de Touggourt et de Temacine ne sont pas moins fréquentés que celui de Biskra. De Temacine, empruntant la vallée de l'oued Miyâ, notre voie passerait par les oasis de Belet-Amer, d'El Hadjira et de Ngouça pour aboutir près d'Ouargla, où se trouvent six qçour et oasis avec une population sédentaire ou nomade d'environ 25,000 âmes. Ouargla, jadis si florissante, au jourd'hui ruinée par la guerre ; mais y possède tous les éléments d'une grande richesse agricole et commerciale : de l'eau en abondance et des terres irrigables pour une population quatre fois plus nombreuse. La ville d'Ouargla est très insalubre en été et les blancs y contractent des fièvres et des maladies de foie, ce qui tient à la situation de la ville dans une île basse au milieu du chotth, au coffrage des puits faits en troncs de palmiers, et aux eaux d'irrigation qu'on laisse croupir dans les bas fonds de l'oasis ; mais les environs sont des plus salubres ; le qçar de Rouissat et la zaouïa de Sidi Khouil ne sont habités que par des blancs sédentaires. M. Soleillet prétend avoir constaté « que les hommes ayant du sang noir peuvent seuls y vivre et s'y reproduire » ; or, un séjour de près de six mois dans le pays (mai-octobre 1877), nous a permis de reconnaître, au contraire, que la race blanche y est aussi vigou-

reuse et pour le moins aussi prolifique que la race nègre; il suffit, pour elle, d'éviter en été les milieux paludéens. Il est supposable, du reste, que les ingénieurs chargés de la construction de la voie se garderaient bien d'établir leur station dans les bas fonds du chotth où, d'ailleurs, ils ne trouveraient pas de terrain solide. D'Ouargla, nous nous dirigerions vers le Tidikelt en suivant les bords du plateau qui surplombe la vallée de l'oued Miyâ : surface siliceuse et plane; quelques ponts seulement à construire pour franchir les affluents; de l'eau partout et presque partout des terrains pouvant être mis en culture. Au Tidikelt, nous établirions nos stations en dehors et à une certaine distance au sud des oasis; car si, dans le Sahara, la propriété de l'individu ne s'étend pas au delà du jardin qu'il cultive, la souveraineté du prince n'a jamais dépassé la limite des oasis. Le désert est au plus fort. Et puis il faut, dans ce pays si chaud, éviter partout et autant que possible les milieux paludéens. Après avoir touché à Aïn-Çalahh, à Aoulef et à Taourirt, nous gagnerions, comme nous l'avons dit, l'oued Messaoud et nous nous dirigerions vers le Niger par ce grand collecteur saharien. Cependant, prévoyant le cas où, malgré tout, les difficultés internationales viendraient à surgir au sujet de l'établissement de stations au S. du Tidikelt, nous avons proposé un autre tracé qui, moins avantageux certainement au point de vue d'un trafic immédiat, le serait davantage, croyons-nous, au point de vue de l'avenir. Il s'agirait, à partir d'Ouargla, d'aller droit au sud en remontant la vallée de l'Igharghar, de franchir le Hoggar où serait établie une grande station centrale, et de descendre vers l'oued Messaoud par le lit de l'oued Tarhit, l'un de ses principaux affluents. Le Hoggar, grâce à son élévation, jouit d'un climat relativement tempéré; la neige y tombe en hiver; la race blonde, nous en avons la preuve, s'y est bien conservée et n'y est pas moins prolifique que dans les montagnes de l'Algérie, qu'en France même; les eaux vives y sont abondantes, les vallées y sont fertiles et un centre de colonisation prospère peut y être fondé. Et puis il ne faut pas oublier qu'autrefois, au cœur même du Hoggar, sur les bords de la sebkha d'Amadghor, se tenait le principal marché saharien, et que là se croisaient, comme aujourd'hui à Aïn-Çalahh, les principales voies commerciales entre le littoral méditerranéen et le pays des Noirs. Les Touareg seraient vite domptés et il serait facile de nous les attacher en les prenant à notre solde pour la police du Désert. Tel est le projet auquel nous nous sommes arrêté après trois voyages consécutifs d'une durée de quatre années, pendant lesquels nous avons parcouru toutes les parties inférieures des bassins du Triton, de l'Igharghar et de l'oued Miyâ, et que sept autres années de réflexion et d'études nous font encore considérer comme le plus pratique et le plus avantageux pour notre avenir colonial. Cependant, la question du Transsaharien finit par être prise tout à fait au sérieux dans les sphères gouvernementales; une commission d'études fut nommée, et une décision ministérielle du 7 novembre 1879 organisa trois missions officielles chargées de reconnaître scientifiquement les tracés proposés dans les trois projets que nous venons d'exposer; elles se mirent à l'œuvre au mois de février 1880. M. l'ingénieur Pouyanne devait étudier le tracé occidental ou projet Dumazet, adopté par la Société de géographie d'Oran; mais il se vit refuser l'entrée du Sahara marocain, par des tribus hostiles, et rentra sans résultats. L'étude du tracé central (projet Soleillet-Duponchel) fut confiée à M. l'ingénieur Choisy; cet explorateur releva un itinéraire exact de Laghouat à El Goléa; mais il dut rétrograder à son tour

après avoir constaté la possibilité de franchir une petite chaîne de dunes de 1,500 mètres de traversée, située entre El Goléa et le Touât. La troisième mission, composée de 105 personnes dont 22 Européens, fut dirigée par le colonel Flatters; elle devait étudier l'itinéraire (avec variante) proposé par nous, c'est-à-dire, partant de Biskra, remonter l'oued Rirh jusqu'à Touggourt, puis l'oued Miyâ jusqu'à Ouargla, et enfin l'Igharghar jusqu'au Hoggar. Elle s'avança directement jusqu'à Temassinine, à 515 kilomètres S.-S.-E. d'Ouargla, et ensuite jusqu'au lac d'El Menkhough, à 250 kilomètres S.-E. de Temassinine. Ayant évité, au S.-E. d'Ouargla, les massifs de dunes que nous avions rencontrés dans notre premier voyage (voy. le *Sahara algérien*, Paris, Hachette et Cie), elle constata que, jusqu'au 26e degré de lat. N., il existe une voie unie, ferme et sans un grain de sable; les renseignements recueillis lui permirent même d'affirmer que cette voie se prolongeait dans les mêmes conditions jusqu'au faîte de séparation des bassins de l'Igharghar et du Niger. La mission, ne se sentant pas assez forte pour aller plus loin, rentra à Ouargla le 17 mai 1880. En résumé, les résultats techniques furent les suivants : exploration complète du régime de l'Erg ou grandes dunes au S. d'Ouargla; découverte d'un large passage par lequel une voie ferrée peut franchir l'Erg en terrain ferme et plat sans avoir à surmonter un seul instant l'obstacle des sables; eau facile à trouver partout en creusant des puits dont le maximum de profondeur ne paraît pas devoir dépasser 15 mètres; possibilité d'établir la voie la plus économique du monde sans aucune difficulté jusqu'à plus de 1,000 kilomètres au S. d'Ouargla par le ghassi de l'Erg, la hamada rocheuse et plate, et le reg à fond de ballast de l'Igharghar : ligne de Tharfaya, Bou-Nemel ou variante, Mokhanza, El Biohd, Amghid, Tabohaït.... cartes très exactes, etc. (Rapport du colonel Flatters; *Bulletin de la Société de géographie de Lyon*, n° 18, 1880. Une seconde mission, organisée par le colonel, quitta la France au mois de novembre 1880; elle comprenait, sauf le capitaine Bernard, les mêmes chefs de service que la précédente : MM. le capitaine Masson, commandant en second; Béringer, Roche et Santin, ingénieurs; Guiard, médecin aide-major, et Dianous, lieutenant; deux sous-officiers, MM. Pobéguin et Dennery, et 48 tirailleurs indigènes escortaient la mission qui comprenait, en outre, 30 Arabes étrangers à l'armée, mais presque tous anciens soldats, plus d'autres Arabes Châamba, guides ou chameliers. Malheureusement, le guide principal était Cerhir ben Cheikh dont la fourberie nous était, pour notre part, depuis longtemps connue et dont nous avions refusé les services en 1877. On ne nous fit point l'honneur de nous proposer de faire partie de la première ni de la seconde mission Flatters, pas plus, du reste, qu'à tout autre homme ayant l'expérience des choses du Désert; mais, l'eût-on-fait, que nous nous serions empressé de refuser, sachant que Cerhir ben Cheikh avait été choisi pour guide principal. Nous avions, du reste, dès le début, manifesté nos appréhensions à plusieurs de nos amis, et notamment dans une lettre adressée à l'honorable M. Adert, directeur du *Journal de Genève*. Nous empruntons à M. le capitaine Bernard (*Quatre mois dans le Sahara*, Paris, Delagrave) le résumé suivant : La mission quitta Ouargla dans les premiers jours de décembre; s'engagea, cette fois, dans la vallée de l'oued Miyâ qu'elle explora, au delà du hhassi Inifel, jusqu'à 150 kilomètres en aval d'Aïn-Çalahh; elle obliqua ensuite à l'E. pour arriver, vers le 3 janvier 1881, au hhassi el Messegueur, sur la route d'Aïn-Calahh à Rhadamès, après avoir reconnu le plateau de Tadmaït.

Vers le 18 janvier, elle campait à Amghid, dans la vallée de l'Igharghar (26e lat. N., 3e long. E.). Dix jours après (vers le 28), elle était à Inghelmann-Tighsinn (25e 33' lat. N., 3e 38' long. E.) sur l'oued Tedjert. Là, elle fut ralliée par Chikkat, parent d'Ahitaghel, chef des Hoggar, qui, avec d'autres Touareg, devait conduire les voyageurs jusqu'à l'extrémité méridionale du pays et, au besoin, jusqu'au pays d'Aïr. La mission traversa sans encombre le Hoggar et arriva, vers le 16 février, près d'un puits appelé bir el Gharama, creusé dans le lit desséché d'une rivière, à huit jours de marche de l'Aïr, par conséquent dans la direction du S.-S.-E. Le colonel, écoutant les perfides conseils de Cerhir ben Cheikh et des guides touareg, fit camper sa troupe à une très grande distance du puits qu'il alla ensuite reconnaître accompagné des chefs de service. La prudence la plus élémentaire lui commandait de faire camper à bord les alentours; il n'en fit rien. Les chameliers et quelques tirailleurs suivirent touchant devant eux les chameaux altérés. Le site était très accidenté; nous savons ce qui se passa alors par le récit d'un témoin survivant. Le colonel venait de mettre pied à terre, ainsi que les autres membres de la mission, pour commencer les observations scientifiques, lorsqu'un notable Châambi, Cheikh Bou Djemâa, accourut lui criant qu'il était trahi; il n'en voulut rien croire et repoussa le Châambi en l'injuriant. Celui-ci revint au but de quelques instants en criant de nouveau : « Colonel, tu es trahi » Au même instant des Touareg débouchèrent, en masses serrées, des ravins avoisinants en brandissant leurs armes. Le colonel et ses compagnons se défendirent énergiquement, mais ils succombèrent écrasés par le nombre. Le premier coup porté le fut par Cerhir ben Cheikh sur le colonel Flatters. Là périrent, avec le chef de la mission, le capitaine Masson, le docteur Guiard, le maréchal des logis Dennery, MM. Roche et Béringer, ingénieurs, plus 7 chameliers et plusieurs tirailleurs algériens qui tombèrent successivement à mesure que s'épuisèrent leurs cartouches. Tous les chameaux furent pris. Un tirailleur, témoin éloigné de la scène, courut au camp porter la terrible nouvelle. Le lieutenant Dianous et le troisième ingénieur, M. Santin, se portèrent aussitôt vers le puits avec une vingtaine d'hommes; mais, voyant que le massacre était consommé, l'officier ne crut pas devoir engager sa petite troupe dans une lutte inégale et, au reste maintenant sans objet, contint 600 ou 700 Touareg; il rétrograda. Alors (le 16 février au soir) commença cette retraite terrible de 41 jours pendant laquelle les survivants, au nombre de 63 au départ, eurent à endurer les plus cruelles privations et jalonnèrent la route de leurs cadavres. La nouvelle de cette catastrophe causa en France la plus vive et la plus pénible émotion. Chacun sentait que notre honneur national et notre prestige en Afrique venaient de recevoir une cruelle atteinte. On cria vengeance et nul ne doutait que ce crime atroce ne fût suivi d'un prompt et juste châtiment. Il n'en a rien été cependant jusqu'à ce jour, grâce à la mobilité d'esprit propre à notre race; l'émotion, d'abord si vive, promptement s'est calmée, puis s'est effacée pour faire place à l'oubli. Mais les Touareg et les gens d'Aïn-Çalahh, leurs complices, eux, se souviennent; ces gens n'estiment et ne respectent que la force : dans le massacre, ils nous craignaient; aujourd'hui ils nous méprisent. Mais une force irrésistible pousse vers le sud et, quoi qu'on fasse et qu'on dise, c'est en Afrique et non point dans l'extrême Orient que doit s'accomplir la mission civilisatrice qui nous est dévolue, et le jour n'est pa-

éloigné où fatalement les barbares Sahariens devront, comme l'ont fait déjà tant d'autres de leurs coreligionnaires, courber la tête sous notre joug. Le chemin de fer transsaharien, du reste, est sorti de sa période de gestation ; il est commencé par ses deux extrémités. Au Sénégal une section est aujourd'hui terminée, ou à peu près, entre Kayes et Bafoulabé, sur le haut fleuve ; la continuation s'imposera jusqu'à Bamakou, sur le haut Niger, et de là le long du fleuve Noir jusqu'à Tombouktou. D'autre part, nous voyons qu'en Algérie le chemin de fer de Philippeville à Constantine a été, dans ces dernières années, prolongé jusqu'à Batna ; une troisième section tellienne, de Batna à Biskra, est, au moment où nous écrivons, sur le point d'être livrée à l'exploitation, et les études sont faites pour une première section saharienne, de Biskra à Touggourt. Ici, cependant, une certaine hésitation semble encore se produire : les partisans de la ligne de l'Ouest n'ont pas cessé de lutter pour l'adoption de leur projet, et nous croyons savoir que l'honorable et sympathique gouverneur général de l'Algérie, M. Tirman, leur serait favorable. La ligne de l'Ouest, nous l'avons déjà exposé, serait plus courte et non moins productive au point de vue commercial ; mais elle traverserait, sur un long parcours, un territoire qui ne nous appartient pas. Si une rectification de frontières entre la France et le Maroc venait à donner l'oued Messaoud pour limite occidentale à nos possessions sahariennes, nous n'hésiterions pas à nous y rallier ; mais, jusque-là, nous soutiendrons qu'il serait impolitique d'emprunter un territoire étranger pour l'exécution d'un projet essentiellement français.   (V. LARGEAU).

TRANSÉQUANIEN, IENNE adj. [-sé-koua-]. Qui est au delà de la Seine.

TRANSSEPT s. m. Voy. TRANSEPT.

* **TRANSSUBSTANTIATION** s. f. [transs-suh-stan-si-a-si-on] (préf. trans; fr. substance). Changement d'une substance en une autre. Ne se dit que du changement miraculeux de la substance du pain et du vin, en substance du corps et du sang de JÉSUS-CHRIST dans l'eucharistie : la transsubstantiation est un des articles de la foi catholique. (Voy. EUCHARISTIE.)

* **TRANSSUBSTANTIER** v. a. [-stan-si-é]. Changer une substance en une autre.

* **TRANSSUDATION** s. f. [transs-su-] (lat. transsudatio). Action de transsuder : la transsudation de l'eau à travers les pores de certains vases.

* **TRANSSUDER** v. n. (lat. transsudare). Passer au travers des pores d'un corps par une espèce de sueur : l'eau transsude à travers certains corps que l'air ne peut pénétrer.

TRANSTAMARE. Voy. HENRI II, de Castille.

TRANSTÉVÉRIN, INE adj. Qui est situé au delà du Tibre.

TRANSTIBÉRIN, INE adj. Se disait, à Rome, des quartiers situés sur la rive droite du Tibre, par opposition à TRANSTÉVÉRIN, qui se disait des quartiers situés sur la rive gauche.

TRANSVAL, république des Boërs, dans l'Afrique méridionale, entre les monts Quathlamba à l'E., la rivière Vaal au S., le Hart à l'O. et le Limpopo au N.-O. et au N. ; 296,175 kil. carr. ; environ 750,000 hab. dont un dixième de blancs. Le territoire est formé d'un plateau élevé, dont le sol est fertile et le climat semblable à celui de l'Europe méridionale. Aucune rivière n'est navigable et les communications avec la mer sont très difficiles. La forme du gouvernement est la même que dans la république d'Orange. Chaque blanc possède une propriété de 3,000 acres ; l'esclavage n'a aucune existence légale. — Cap. : Potchefstroom ; v. princ., Prétoria, Rus-

tenburg, Orichstadt et Zoutpansberg. La principale occupation des habitants est l'élevage du bétail. On exploite quelques minéraux : or, cuivre, cobalt, fer et charbon. La république fut fondée en 1840 par les Boërs. En 1876, elle entreprit une guerre désastreuse contre les Zoulous ; et après plusieurs défaites subies par le président Burgers, il fallut demander le secours des Anglais. L'année suivante le territoire du Transvaal fut annexé au gouvernement du Cap ; mais les colons se soulevèrent en masse, chassèrent les troupes anglaises et le 27 févr. 1884 obtinrent un traité en vertu duquel le Transvaal eut une administration intérieure indépendante sous le nom de République Sud-Africaine.

* **TRANSVASEMENT** s. m. Action de transvaser.

* **TRANSVASER** v. a. Verser une liqueur d'un vase dans un autre : il faut transvaser ce vin, cette eau-de-vie.

TRANSVERSAIRE adj. Qui appartient aux apophyses transverses.

* **TRANSVERSAL, ALE** adj. Ne s'emploie guère que dans ces locutions, LIGNE TRANSVERSALE, SECTION TRANSVERSALE, ligne, section qui coupe en travers ; et en termes d'anatomie, pour désigner certaines parties qui sont placées, qui se dirigent obliquement : muscle transversal du nez.

TRANSVERSALEMENT adv. D'une manière transversale : cette ligne coupe ce carré transversalement.

* **TRANSVERSE** adj. (lat. transversus). Oblique. S'emploie surtout en termes d'anatomie, comme syn. de TRANSVERSAL.

TRANSVIDER v. a. Verser d'un vase dans un autre.

TRANSYLVANIE (hongr. Erdély; all. Siebenbürgen), grand-duché de la monarchie austro-hongroise, faisant aujourd'hui partie de la Hongrie, borné, à l'O. et au N. par la Hongrie proprement dite, au N.-E. et à l'E. par la Bukovine et la Roumanie, et au S. par la Roumanie ; 54,962 kil. carr. ; 2,445,024 hab. Cap., Klausenburg. Il est entouré et traversé par des montagnes appartenant au système des Carpathes. La branche qui forme la frontière N.-O. du côté de la Hongrie s'appelle proprement Monts Transylvaniens du Minerai. Les points les plus élevés se trouvent près de la frontière méridionale, dans les Alpes Transylvaniennes, où le mont Negoi se dresse a plus de 8,000 pieds. On trouve de l'or dans le Maros et autres cours d'eau. On exploite aussi des mines d'or, et des mines de vif-argent. Les autres minéraux abondent, surtout le sel gemme. Les vallées et les plaines donnent de bonnes récoltes de céréales, de chanvre, de lin, de tabac, de safran et de garance ; on cultive aussi partout la vigne et les fruits. On élève beaucoup de chevaux, de bestiaux, de buffles et de moutons ; de grands troupeaux de porcs se nourrissent dans les forêts. Parmi les industries, on remarque des fabriques de toiles et de lainages grossiers, de soie du pays, de papier, de poudre à canon, de cuir, de porcelaine, de faïence, de verre, et les industries métallurgiques. La première université de Transylvanie s'ouvrit à Klausenburg en 1872. La population se compose de Magyares ou Hongrois proprement dits, de Szeklers, de Saxons, de Roumains ou Valaques, de Ruthènes, de Bohémiens, d'Arméniens, de Grecs, de Juifs et de Bulgares. Les Roumains ou Valaques (presque tous de l'Église grecque) font à peu près les trois cinquièmes du nombre total. Les Bohémiens sont 88,000 environ. Les Szeklers ou Székelys, à l'E., ont un dialecte un peu différent de celui des Magyares, que parlent aussi les Bulgares et les Arméniens. Les Saxons descendent des colons du N.-O. de l'Allemagne qui vinrent

s'établir en Transylvanie, et particulièrement dans le S., surtout vers le milieu du XIIe siècle. Ils ne se sont pas mêlés avec les autres races et parlent allemand. Leur territoire comprend Hermannstadt, Kronstadt, et autres villes florissantes. Le luthéranisme domine parmi eux, et l'unitarianisme chez les Szeklers. La constitution de la Transylvanie de 1848-'49 ressemblait à celle de la Hongrie à laquelle elle fut réunie pendant cette période, elle était même plus libérale. Les Autrichiens l'abolirent en 1849 et la rétablirent en partie en 1861. Depuis 1867, ce pays est tout à fait réuni à la Hongrie, et n'a plus de diète particulière. — Sous l'empire romain, ce pays appartenait à la Dacie. Plus tard, il fut envahi par les Huns, les Goths. les Gépides, les Lombards, les Bulgares, les Avars, les Petchenegs et autres tribus. Au Xe et au XIe siècles les Hongrois le conquirent et s'en disputèrent quelque temps la possession avec les Camans. Il devint une principauté indépendante pendant les guerres turco-autrichiennes, dès le début du XVIe siècle. Il fut alors gouverné, entre autres par les Zàpolyas, les Bâthoris, Boeskay, Bethlen, les Rákeczys, les Apafis, et finalement annexée à l'Autriche en 1713. (Voy. HONGRIE.) L'antagonisme entre les Roumains et les Magyars, qui, en 1848, amena un soulèvement sanglant de la part des premiers, n'a pas encore cessé entièrement. Les Saxons aussi sont mal disposés à supporter la domination des Hongrois.

TRANSYLVANIEN, IENNE s. et adj. [transil-]. De la Transylvanie ; qui appartient à ce pays ou à ses habitants.

* **TRANTRAN** s. m. (holl. tranten, se promener au hasard). Mot dont on se sert, fam., pour signifier, le cours de certaines affaires, la routine qu'on y suit : il entend le trantran.

TRAPANI, province de Sicile qui comprend l'extrémité occidentale de l'île ; 3,145 kil. carr. ; 237,000 hab. Parmi les nombreuses îles de la côte, se trouvent les trois îles autrefois appelées Ægates, à savoir Favignana, Levanzo et Marilimo. — Il, cap. de cette province (anc. Drepanum ou Drepana), sur un presqu'île s'avançant dans la Méditerranée, à 46 kil. O.-S.-O. de Palerme ; 33,634 hab. Le port est petit. Les manufactures de sel et les pêcheries sont importantes. Drepanum fut une forteresse carthaginoise pendant toute la première guerre punique, en 249 av. J.-C., les Carthaginois y détruisirent presque toute la flotte romaine ; mais en essayant d'en faire lever le siège à Catulus, en 241, leurs navires, commandés par Hannon, éprouvèrent une défaite qui mit fin à la guerre.

* **TRAPÈZE** s. m. (gr. trapeza). Géom. Qua-

Exercices de trapèze.

drilatère plan, dont deux côtés sont inégaux

et parallèles : *la surface d'un trapèze est égale au produit de la demi-somme de ses deux bases par sa hauteur.* — Anat. Se dit aussi d'un os et d'un muscle qui ont à peu près la forme d'un trapèze. Dans ce sens, il peut être pris adjectiv. : *l'os trapèze est le premier os de la seconde rangée du carpe.* — Gymn. Appareil formé de deux cordes verticales, réunies à leur base par une barre de bois arrondie. Le trapèze sert à un grand nombre d'exercices.

TRAPÉZIEN, IENNE adj. Qui appartient au trapèze.

TRAPÉZIFOLIÉ, ÉE adj. Dont les feuilles ont la forme d'un trapèze.

TRAPÉZIFORME adj. Qui a la forme d'un trapèze.

TRAPÉZOÏDAL, ALE adj. Qui est en forme de trapèze.

* **TRAPÉZOÏDE** s. m. (franç. *trapèze*; gr. *eidos*, aspect). Géom. Quadrilatère plan dont tous les côtés sont obliques entre eux. — Anat. Se dit d'un os et d'un ligament qui ressemblent à un trapézoïde. Dans ce sens, il peut être pris adjectiv. : *l'os trapézoïde est plus petit que le trapèze, en dedans duquel il se trouve placé.*

TRAPEZUS. Voy. TRÉBIZONDE.

TRAPP s. m. (du suédois, *trappa*, escalier). Classe de roches volcaniques, ainsi appelées parce qu'elles se présentent souvent disposées en degrés comme un escalier. Elles se composent surtout de feldspath et de hornblende, mêlés quelquefois d'augite, de chrysolite et d'autres minéraux en plus petite quantité. Les roches les plus importantes de cette classe sont : les basaltes, les amygdaloïdes, les diorites et les dolerites. La roche hyperstène est faite de feldspath du Labrador et d'hyperstène, variété de hornblende.

* **TRAPPE** s. f. (anc. haut all. *trapo*, piège). Espèce de porte posée horizontalement sur une ouverture à rez-de-chaussée, ou au niveau d'un plancher. Se dit également de l'ouverture même : *lever, ouvrir la trappe.* — Espèce de porte, de fenêtre qui se hausse et qui se l aisse dans une coulisse : *fermer la trappe du colombier.* — Sorte de piège pour prendre des bêtes dans un trou que l'on fait en terre, et que l'on couvre d'une bascule ou de branchages et de feuillages, afin que la bête, venant à passer sur la bascule ou sur les branchages, tombe dans le trou : *tendre une trappe.*

TRAPPE s. f. (vieux mot percheron qui signifie degré). Ordre des trappistes : *entrer à la Trappe.* — Maison de trappistes. — Notre-Dame-de-la-Trappe, abbaye de l'ordre de Cîteaux, fondée près de Mortagne, en 1140.

TRAPPÉEN, ENNE adj. Qui a les caractères du trapp.

TRAPPER v. n. (rad. *trapp*). Chasser.

* **TRAPPEUR** s. m. Chasseur de l'Amérique du Nord, qui se sert ordinairement de trappes.

* **TRAPPISTE** s. m. (rad. *trappe*). Religieux d'un ordre très sévère, dont le ch.-l. était à la Trappe, près de Mortagne. — ENCYCL. Cette branche de l'ordre de Cîteaux est renommée par la réforme austère que l'abbé de la Trappe, près de Mortagne, M. de Rancé, y inaugura. (Voy. RANCÉ.) Le monastère fut fondé en 1140, et affilié à Clairvaux par saint Bernard en 1148. Les trappistes se lèvent le matin à 2 heures, donnent 12 heures de la journée à des exercices de dévotion, et plusieurs heures à de très durs travaux agricoles ou autres. Ils observent un silence rigoureux et perpétuel et ne peuvent le rompre que sur l'invitation d'un supérieur. Leur maigre pitance se compose d'eau et de légumes. Ils dorment sur une planche avec

465

un oreiller de paille ; et ils ne se déshabillent jamais, si ce n'est en cas de maladie. Pendant la Révolution, les trappistes se réfugièrent à Fribourg (Suisse) ; ils rentrèrent en 1817, et s'établirent à la Meilleraye (Loire-Inférieure) ; le nombre de leurs couvents s'augmenta avec rapidité, malgré les ordonnances rendues en 1828 et en 1830 pour leur fermeture. En 1844, ils s'établirent à Staouéli (Algérie) et, depuis cette époque, il se sont répandus en Angleterre, aux Etats-Unis et dans plusieurs autres pays. Le gouvernement français les dispersa un instant en 1880, mais ils sont rentrés dans leurs couvents.

* **TRAPU, UE** adj. Gros et court. Ne se dit que des hommes et des animaux : *un petit homme trapu.*

* **TRAQUE** s. f. Action de traquer.

* **TRAQUENARD** s. m. — Sorte de piège dont on se sert pour prendre des animaux nuisibles. — Allure d'un cheval qui trotte des pieds de devant et galope de ceux de derrière : *ordinairement, les chevaux qui font le traquenard sont des animaux fatigués.*

* **TRAQUER** v. a. Chasse. Fouler un bois pour en faire sortir le gibier ; et, plus particul., faire une enceinte dans un bois, de manière qu'en le resserrant toujours, on oblige les bêtes que l'on chasse d'entrer dans les toiles, ou de passer sous le coup des chasseurs. On dit : *traquer un bois pour prendre un loup* ou *traquer un loup dans un bois.* — Se dit, par ext., en parlant des personnes que l'on resserre dans une enceinte pour les prendre : *traquer des voleurs, des contrebandiers.*

* **TRAQUET** s. m. Piège qu'on tend aux bêtes puantes : *il trouva dans le bois un renard pris au traquet.* — Prov. et fig. DONNER DANS LE TRAQUET, se laisser tromper par quelque artifice : *il donna dans le traquet comme un sot.*

* **TRAQUET** s. m. Claquet, morceau de bois attaché à une corde, lequel passe au travers de la trémie, et dont le mouvement fait tomber le blé sous la meule du moulin : *le traquet du moulin.*

* **TRAQUET** s. m. Ornith. Genre de becs-fins, comprenant plusieurs espèces de petits oiseaux vifs et déliants, que l'on nomme quelquefois *motteux* à cause de l'habitude où ils sont de se reposer au sommet des mottes de terre, dans les champs fraîchement labourés où ils cherchent les insectes et les vers. Ces oiseaux bâtissent sous les pierres, dans les terriers, à l'abri d'une touffe d'herbe ou d'un fagot, un nid d'herbe, de mousse, de bourre et de crin, dans lequel ils déposent 4 œufs, d'un blanc bleuâtre ou verdâtre, parsemé, chez certaines espèces, de taches rousses. Le *traquet pâtre* (*saxicola rubicola*), de passage chez nous au printemps et à l'automne, est brun en dessus, roux en dessous, avec la gorge noire encadrée de blanc. Son cri ressemble au tic-tac d'un moulin. Le *traquet tarier* (*saxicola rubetra*), qui habite les prairies de la France de mars à octobre, est brun sur le dos et sur les joues, blanc en dessous, avec une tache blanche et un miroir blanc sur l'aile. Le *cul-blanc* est traité à notre art. MOTTEUX.

* **TRAQUEUR** s. m. Chasse. Un de ceux qu'on emploie pour traquer.

TRASIMÈNE, lac de l'ancienne Étrurie entre Clusium et Perusia. Ce fut sur ses bords que Flaminius fut vaincu par Annibal (217 av. J.-C.).

TRAS-OS-MONTES [trass-oss-monn'-tèss], province du N.-E. du Portugal, sur la frontière de l'Espagne ; 10,537 kil. carr.; 363,833 hab. C'est la partie la plus monta-

gneuse du royaume. Le Douro coule sur la frontière S.-E. et S. Cap., Bragance (Bragança).

TRASS s. m. [tràss] (holl. *tiras*, ciment). Sorte de tuf volcanique. (Voy. POUZZOLANE.)

* **TRAUMATIQUE** adj. (du gr. *trauma*, blessure), Chim. Qui a rapport, qui appartient aux plaies, aux blessures : *fièvre traumatique.*

TRAUMATISME s. m. État pathologique résultant d'une blessure grave.

TRAUMATOLOGIE s. f. Science qui traite des blessures.

TRAVADE s. f. (portug. *travados*). Bourrasque dans laquelle le vent souffle successivement de tous les points de l'horizon.

* **TRAVAIL, AUX** s. m. [*Il mll.*]. Labeur, fatigue, peine qu'on prend pour faire quelque chose. Se dit de l'esprit comme du corps : *s'endurcir au travail.*

> Souvenez-vous que, dans la vie,
> Sans un peu de travail on n'a point de plaisir.
>   FLORIAN.

— Ouvrage de quelque nature qu'il soit, et manière dont il est fait : *un beau travail.* — Manière dont on travaille habituellement : *il a le travail facile, difficile, lent,* etc. — Ouvrage qui est à faire, ou que l'on fait actuellement : *distribuer le travail aux ouvriers.* — Se dit, particul., des remuements de terre que font des troupes, soit pour attaquer, soit pour se défendre, et principalement de la tranchée que font les assiégeants quand attaquer une place : *cet officier était à la tête du travail.* — pl. Se dit plus ordin., en parlant des ouvrages que l'on fait pour l'attaque ou pour la défense des places, pour la fortification d'un camp, d'un poste : *des travaux avancés.* — Ouvrages que l'on fait pour l'embellissement ou l'assainissement des villes, pour l'utilité générale : *les travaux publics de Paris.* — TRAVAUX FORCÉS, une des peines afflictives et infamantes prononcées par le Code pénal, et qui remplace les galères : *il fut condamné à vingt ans de travaux forcés.* — Certaines entreprises remarquables : *c'est au terme de ses travaux.* — LES TRAVAUX D'HERCULE, les douze entreprises que la Fable lui attribue. — Travail, travaux, machine à quatre piliers entre lesquels les maréchaux attachent les chevaux vicieux pour les ferrer ou les panser. — Législ. « Nous avons résumé ailleurs la législation concernant la limitation des *heures de travail* pour les ouvriers employés dans les manufactures et usines (voy. MANUFACTURE). et celle relative au *travail des enfants* employés dans l'industrie. (Voy. ENFANT.) Nous avons aussi parlé du *travail des détenus* dans les établissements pénitentiaires (voy. PRISON) et nous avons, en outre, touché à quelques points les questions économiques relatives au travail. (Voy. SALAIRE, etc.) Les *travaux publics* sont soumis à diverses conditions déterminées par les lois ou par les règlements dont le détail est trop étendu pour qu'on puisse en donner un aperçu. (Voy. MARCHÉ.) — La *peine des travaux publics* est infligée par les conseils de guerre et elle est subie dans des établissements spéciaux en Algérie. — La *peine des travaux forcés* est une peine à la fois afflictive et infamante qui est prononcée soit à *perpétuité,* soit à *temps,* pour une durée de cinq ans au moins et de vingt ans au plus. Cette peine entraine, comme peines accessoires, la dégradation civique et l'interdiction légale. (Voy. DÉGRADATION et INTERDICTION). (C. pén. 7, 19, etc.) En vertu du Code pénal (art. 15) les condamnés aux travaux forcés devaient être employés aux travaux les plus pénibles, traîner un boulet ou être enchaînés deux à deux ; mais ils sont aujourd'hui transportés dans une colonie pénale, en vertu de la loi du 30 mai 1854. (Voy. TRANSPORTATION.) Les femmes condamnées à la même peine peuvent être aussi

transportées dans une colonie pénale; mais elles sont encore actuellement enfermées dans des maisons de force où elles sont contraintes au travail. La peine des travaux forcés à perpétuité et celle des travaux forcés à temps ne peuvent être prononcées contre aucun individu âgé de 60 ans accompli au moment du jugement; et elles sont alors remplacées par la réclusion, soit à perpétuité, soit à temps. Mais, lorsque le condamné atteint l'âge de 60 ans, après la condamnation, la peine n'est pas commuée de plein droit, ainsi que cela avait lieu avant que l'article 72 du Code pénal n'eût été abrogé par la loi du 30 mai 1854. » (CH. Y.)

* TRAVAILLER v. n. Faire un ouvrage, faire de l'ouvrage; se donner de la peine pour faire, pour exécuter quelque chose : *travailler sans relâche*. — Avoir de l'occupation, de l'ouvrage, et se dit de ceux qui exercent quelque profession mécanique ou industrielle : *ce cordonnier travaille beaucoup, il doit être dans l'aisance.* — Ce bois travaille, il se déjette. — Son estomac travaille, il a de la peine à digérer. — Se dit aussi du vin, de la bière et des autres liqueurs qui fermentent : *du vin qui travaille.* — Travailler v. a. Soigner, exécuter avec soin : *vous n'avez pas assez travaillé ce mémoire.* — Tourmenter, causer de la peine : *cette fièvre le travaille cruellement.* — Travailler un cheval, l'exercer, le manier, ou le fatiguer : *ce cheval a été trop travaillé.* — Façonner, se dit en parlant de certaines choses, comme le fer, le marbre, etc. : *ces gens-là travaillent bien le fer.* — Travailler à, s'occuper, s'efforcer de : *travaille à les réconcilier.* — Se travailler v. pr. Se tourmenter, s'inquiéter s'efforcer : *c'est un homme qui se travaille pour rien.* On dit dans la même acception, avec le pronom personnel régime indirect, Se travailler l'esprit, l'imagination.

* TRAVAILLEUR, EUSE s. Personne adonnée au travail : *c'est un fort habile ouvrier, mais il est grand travailleur.* — Se dit, toujours absol. et au pluriel, des soldats qu'on emploie à remuer la terre, soit pour l'attaque d'une place, soit pour le retranchement d'un poste, etc. : *on employa dix mille travailleurs pour faire la circonvallation du camp.*

TRAVAISON s. f. (du lat. *traps*, poutre.) Ensemble des travées d'un plancher.

TRAVANCORE, état indigène secondaire de l'Inde britannique, occupant l'extrémité S.-O. de la presqu'île d'Inde; 17,430 kil. carr.; 1,400,000 hab. Elle est gouvernée par un rajah indou, dont la capitale est Trivandrum. Le sol descend vers la mer des Ghauts occidentales, et le pays est généralement accidenté et bien boisé, excepté sur la côte. De nombreux cours d'eau se dirigent à l'O. et le traversent. Le climat est humide et chaud, mais non malsain, et la fertilité est grande presque partout. On récolte surtout du café, des noix de coco, des noix d'areca ou du poivre, tous produits qu'on exporte par grandes quantités. L'industrie est peu développée. Les Hindous forment la grande majorité de la population; l'élément aborigène a été, dans une grande proportion, converti au christianisme. Travancore est des mieux gouvernés et des plus prospères parmi les États indigènes de l'Inde.

* TRAVÉE s. f. (du lat. *traps*, poutre). Charpent. et Archit. Espace qui est entre deux poutres, et qui est rempli par un certain nombre de solives : *il y a tant de travées à ce plancher.* — Se dit aussi des galeries supérieures d'une église, qui régnent au-dessus des arcades de la nef, parce que, dans les anciennes constructions, ces galeries étaient de bois : *se placer dans une travée.* — Travée de comble, distance d'une ferme à l'autre. Travée de balustres, rang de balustres entre

deux colonnes ou piédestaux. — Travée de grille, rang de barreaux entre deux pilastres.

* TRAVERS s. m. [tra-ver] (lat. *transversus*). L'étendue d'un corps considéré dans sa largeur : *il s'en faut deux travers de doigt que ces planches ne se joignent.* — Le biais, l'irrégularité d'un lieu, d'une place, d'un jardin, d'un bâtiment, d'une chambre, etc. : *il y a bien du travers dans ce bâtiment.* — Bizarrerie, caprice, irrégularité d'esprit et d'humeur : *il a du travers dans l'esprit.*

Et puis, par un *travers* bien digne d'un enfant...
FLORIAN.

— En travers loc. adv. D'un côté à l'autre, suivant la largeur : *cette table n'est pas solide, il faut y mettre des barres en travers pour qu'elle puisse servir.* — Mar. Se mettre en travers, se mettre en panne. On dit de même, Être, se tenir en travers. — De travers loc. adv. Obliquement : *si vous mettez cela de travers, vous ne le ferez pas passer.* — De mauvais sens, à contre-sens, tout autrement qu'il ne faudrait, et alors il est souvent précédé de l'adv. Tout : *cela est mis tout de travers, est fait tout de travers.* — Fig. *Cet homme prend tout de travers.* — A travers, au travers loc. prép. dont la première est toujours suivie d'un régime simple, et l'autre de la préposition *de*, et qui signifient, au milieu, par le milieu. A travers, se dit principal. pour désigner un passage vide, libre. Au travers, se dit, au contraire, pour désigner un passage qu'on se procure entre des obstacles, ou en traversant, en pénétrant un obstacle. Mais cette distinction n'est pas toujours rigoureusement observée : *passer sa main à travers les barreaux; il se fit jour au travers des ennemis.*

Au travers des périls un grand cœur se fait jour.
J. RACINE.

— De part en part : *un coup d'épée au travers du corps, à travers le poumon.* — S'emploient, fig., avec les verbes Voir, Découvrir, Remarquer, et autres semblables : *je vois clair au travers de toutes ces finesses.* — À tort et à travers loc. adv. et fig. Sans discernement, inconsidérément : *il frappe à tort et à travers.* — Par le travers loc. prépost., qui s'emploie en termes de marine. A la hauteur, vis-à-vis, à l'opposite : *la flotte était par le travers de tel cap.*

TRAVERS (Val), étroite vallée pittoresque du cant. de Neufchâtel (Suisse); sur les rives de la Reuss, entre 2 branches du Jura; longueur, 14 kil.

TRAVERSABLE adj. Que l'on peut traverser.

TRAVERSAL, ALE, AUX adj. Qui est de traverse, d'embranchement.

* TRAVERSE s. f. Pièce de bois qu'on met en travers à certains ouvrages de menuiserie et de charpente, pour les assembler ou pour les affermir : *les traverses d'une fenêtre.* — Serrur. Les traverses d'une grille, les barres transversales qui servent à maintenir et à fortifier les barreaux. Fortific. Tranchée qui se fait dans un fossé sec d'une place assiégée, ou pour le passer ou pour empêcher qu'on ne le passe. — Se dit aussi des retranchements que l'on fait pour se défendre plus longtemps, et pour n'être pas enfilé. — Route particulière qui conduit à un lieu où ne mène pas le grand chemin, ou qui est plus courte : *vous trouverez un chemin de traverse qui va de tel lieu à tel autre.* — Jeu. Des paris de traverse, des paris qui ne sont pas du courant du jeu. — Fig. Obstacle, empêchement, opposition, affliction, revers : *il a eu bien des traverses.* — A la traverse loc. adv. qui se dit de ce qui survient inopinément et apporte quelque obstacle : *notre marché eût été conclu, si un tel ne fût venu à la traverse.*

* TRAVERSÉ, ÉE part. passé de Traverser. — Un homme tout traversé de la pluie, tout trempé, tout mouillé par la pluie. — Un cheval bien traversé, un cheval fort du dessous, et large du poitrail.

* TRAVERSÉE s. f. Mar. Se dit du trajet qui se fait par mer, d'une terre à une autre terre opposée : *la traversée de Bordeaux à Saint-Domingue.* — Toute sorte de voyages par mer, excepté des voyages de long cours, et de ceux où l'on ne fait que suivre une côte : *la traversée de Bordeaux à Lisbonne.*

* TRAVERSER v. a. Passer à travers, d'un côté à l'autre au travers de quelque chose : *l'allée qui traverse le jardin.* — Percer de part en part : *la pluie a traversé son manteau.* — Susciter des obstacles pour empêcher le succès de quelque entreprise : *traverser quelqu'un dans ses desseins.*

* TRAVERSIER, IÈRE adj. Qui traverse. N'est guère usité que dans les dénominations suivantes : — Mar. Vent traversier, vent qui permet aux bâtiments de se rendre alternativement d'un lieu à un autre, dans les deux sens opposés. — Barque traversière, barque qui sert habituellement à traverser d'un endroit à un autre peu éloigné. — Mus. Flute traversière, flûte dont on joue en la mettant presque horizontalement sur les lèvres. On l'appelle aussi Flute allemande, et simpl. Flute.

* TRAVERSIN s. m. Chevet, oreiller long qui s'étend sur toute la largeur du lit, et sur lequel on repose la tête : *ce traversin n'est pas assez haut.* — Faux traversin, oreiller long que l'on met au pied du lit, pour faire symétrie avec celui qui est placé à la tête. — Mar. Se dit des pièces de bois posées en travers d'une charpente de bâtiment : *traversin d'écoutille.*

* TRAVERTIN s. m. Pierre calcaire des environs de Tivoli, en Italie : *les édifices de Rome sont construits en travertin.*

* TRAVESTI, IE part. passé de Travestir. — Défiguré : *l'Énéide travestie.*

Non. Je ferais injure à mes différents partis
Si je ne leur offrais que des faits travestis.
POMSARD. *Charlotte Corday*, Prologue.

— Bal travesti, bal où l'on porte des travestissements. — Théâtre. Rôle travesti, rôle où l'acteur est travesti.

* TRAVESTIR v. a. Déguiser, changer. — Se travestir v. pr. Se déguiser; changer sa manière habituelle.

* TRAVESTISSEMENT s. m. Déguisement : *son travestissement ne lui a pas réussi.*

* TRAVESTISSEUR s. Celui qui travestit un auteur.

TRAYEUR, EUSE s. [trè-ieur]. Personne chargée de traire les vaches.

* TRAYON s. m. [trè-ion]. Bout du pis d'une vache, d'une chèvre, etc., que l'on prend dans la main pour la traire.

* TRÉBELLIANIQUE ou Trébellienne adj. f. [tré-bêl-li-] (de *Trebellianus*, jurisconsulte romain). Droit romain. Ne s'emploie que dans cette loc., Quarte trébellianique ou trébellienne, le quart que l'héritier institué a droit de retenir sur la succession grevée de fidéicommis, en remettant l'hérédité.

TREBELLIEN ou Trebellianus (CAIUS-ANNIUS), fameux pirate qui se fit proclamer empereur en Isaurie sous le règne de Gallien (264 apr. J.-C.). Il périt deux ans après dans un combat que lui livra Causisolus, lieutenant de Gallien.

TRÉBIE (ital. *Trebbia*; anc. *Trebia*), rivière d'Italie, qui prend sa source dans les Alpes Liguriennes, à 24 kil. N.-E. de Gênes, et se jette dans le Pô à 5 kil. au-dessus de Plai-

sance. Annibal battit les Romains sur ses bords en 248 av. J.-C., et Souwaroff y défit Macdonald en 1799 (17-19 juin).

TRÉBIGNE ou Trebinje [tré-binn'-yé], ville de l'Herzégovine, dont elle était autrefois la capitale, dans la Turquie d'Europe, à 43 kil. environ de la frontière du Monténégro, et à 25 kil. N.-E. de Raguse; moins de 5,000 hab. Trébigne et ses environs furent le théâtre de la guerre avec les Turcs en 1875-76.

TRÉBIZONDE. I, vilayet de la Turquie d'Asie, s'étendant sur 540 kil. le long de la côte méridionale de la mer Noire, avec une largeur de 33 à 130 kil.; 37,255 kil. carr.; 940,000 hab. Il est traversé par des montagnes, dont quelques pics s'élèvent à plus de 8,000 pieds. Les principaux cours d'eau sont le Tchoruk, l' Yeshil Irmak et le Kizil Irmak. Les vallées sont nombreuses et fertiles. Le vilayet comprend les parties principales de l'ancien royaume de Pont. — II, capitale de ce vilayet (anc. *Trapezus;* turc, *Tarabazán*), le plus grand port turc sur la mer Noire, à 900 kil. E. de Constantinople ; 40,000 hab. Le port est divisé en deux par une presqu'île, et dans la partie E. les plus grands navires peuvent s'abriter. On importe surtout des céréales; les exportations portent sur le lin, la graine de lin, les fruits, le tabac, le riz, le vin, l'huile d'olive, l'huile de poisson, la cire, le bois de construction. Le commerce par terre se fait surtout avec la Perse. La ville se compose d'une partie vieille et d'une partie neuve; la première est entourée par des murailles et contient la citadelle qui s'élève au sommet d'un rocher escarpé. La ville moderne se trouve en dehors de ces murailles et s'étend surtout à l'E. — Trapezus fut fondée par une colonie de Sinope, et passa sous la domination de Rome qui l'enleva à Mithridate. Trajan en fit la capitale du Pont oriental ou cappadocien. Pendant le règne de Gallien, elle fut presque détruite par les Goths; mais sous Justinien, elle avait recouvré son éclat, et elle devint le capitale d'une province qui comprenait le Pont et une partie partie de l'Arménie. En 1204, une branche de la famille Comnène forma l'empire de Trébizonde, qui fut conquis par les Turcs en 1461. (Voyez ALEXIS et ORIENT, etc.)

EMPEREURS DE TRÉBIZONDE

1204. Alexis Ier, Comnène.	1332. Manuel II.
1222. Andronic Ier.	» Basile.
1235. Jean Ier.	1340. Irène.
1218. Manuel Ier.	1341. Anna.
1263. Andronic II.	1343. Jean III.
1266. Georges.	1344. Michel.
1280. Jean II.	1349. Alexis III.
1285. Theodora.	1390. Manuel III.
» Jean II.	1417. Alexis IV.
1297. Alexis II.	1446. Jean IV.
1330. Andronic III.	1458-'61. David.

TRÉBONIEN, *Trebonianus Gallus,* empereur romain. Il fut proclamé par l'armée après la mort de Decius et fut tué par ses propres soldats l'an 253.

· TRÉBUCHANT, ANTE adj. Qui trébuche. Ne se dit guère qu'en parlant de monnaies d'or et d'argent, et signifie, qui est de poids: *ces pièces de monnaie sont trébuchantes.*

· TRÉBUCHEMENT s. m. Action de trébucher. (Peu us.)

· TRÉBUCHER v. n. Faire un faux pas : *il ne peut faire un pas sans trébucher.* — Tomber : *le pont fondit sous leurs pieds et ils trébuchèrent dans la rivière.* — Se dit d'une chose qui emporte par sa pesanteur celle contre laquelle elle est pesée : *ce n'est pas assez qu'une pièce de monnaie d'or soit entre deux fers, il faut qu'elle trébuche.*

· TRÉBUCHET s. m. Piége en forme de cage, dont on se sert pour attraper les oiseaux : *cet oiseau s'est donné dans le trébuchet,*

a *été pris au trébuchet.* — Prov. et fig. PRENDRE QUELQU'UN AU TRÉBUCHET, l'amener par adresse à faire une chose qui lui est désavantageuse, ou qui est contraire à ce qu'il avait résolu. — Petite balance pour peser des monnaies, ou autres objets d'un poids léger : *peser des espèces au trébuchet.*

TRÉBUTIEN (Guillaume-Stanislas), orientaliste et littérateur, né à Fresney-le-Puceux (Calvados) en 1800, mort en 1870. On a de lui : *Recherches et antiquités de la Neustrie* (1833), le *Roman de Robert le Diable* (1837), *Histoire de Caen* (1847, in-8°), etc. Il a de plus édité les *Lettres d'Eugénie de Guérin* (1862).

TRECENTESIMO adv. [tré-sain-té-zi-mo] (mot lat.). Trois-centièmement.

TRÉCENTISTE s. m. [tré-san-] (ital. *trecentista*). Nom sous lequel on désigne les écrivains italiens du XIVe siècle.

TRECENTO s. m. [tré-sènn-to] (mot ital. qui signifie *trois cents*). Siècle le plus brillant de la littérature italienne, commençant à la naissance du Dante (1265) et finissant à la mort de Boccace (1375), auteurs qui forment, avec Pétrarque, le « triumvirat des trecento ».

TRÉCHEUR s. m. [tré-cheur]. Blas. Orle qui n'a que la moitié de sa largeur ordinaire. On disait jadis Essonier.

TRÉCORIEN, IENNE s. et adj. (de *Trecorium,* n. lat. de Tréguier). De Tréguier; qui appartient à cette ville ou à ses habitants.

TREFFORT, ch.-l. de cant., arr. et à 15 kil. N.-E. de Bourg (Ain); 900 hab.

· TRÉFILER v. a. (bas lat. *transfilare*). Passer du fer ou du laiton par la filière.

· TRÉFILERIE s. f. Fabrique où l'on tréfile.

· TRÉFILEUR s. m. Ouvrier qui tréfile.

· TRÈFLE s. m. (lat. *trifolium*). Bot. Genre de papilionacées lotées, comprenant plus de 300 espèces d'herbes, reconnaissables à leurs feuilles composées de 3 folioles. Une soixantaine d'espèces habitent la France, où elles croissent naturellement dans les prés; on les sème aussi en prairies artificielles. — TRÈFLE D'EAU, nom vulgaire du ménianthe trifolié, plante aquatique, qui ressemble au trèfle, en ce que ses feuilles sont trois à trois sur une même queue. — Une des quatre couleurs des cartes, parce que les cartes qui sont de cette couleur sont marquées d'une figure de feuille de trèfle : *roi, dame, valet, dix,* etc., *de trèfle.* — Ornement d'architecture imité de la feuille de trèfle. — ENCYCL. Les plantes nommées *trèfle* ne se distin-

Trèfle commun (Trifolium pratense). — a. gousse; b. graine.

guent pas seulement par la disposition de leurs triples feuilles, mais aussi par celle de leurs fleurs, disposées en épi serré ou en capitule. Leur fruit est une petite gousse contenant de 1 à 4 graines. Parmi les es-

pèces les plus répandues, nous citerons le *trèfle commun* ou *trèfle rouge (trifolium pratense),* originaire de toute l'Europe et cultivé en grand. On le sème, au printemps dans une céréale (de 6 à 20 kilogr. de graine par hectare, suivant la richesse du terrain) ; il donne ordinairement de bons produits pendant 2 ans. Le *trèfle blanc, petit trèfle, trèfle*

Trèfle blanc (Trifolium repens).

rampant ou *trèfle de Hollande (trifolium repens)* est plus répandu dans le Nord. Le *trèfle incarnat (trifolium incarnatum),* appelé aussi *farouche,* donne un fourrage hâtif et abondant; il permet d'utiliser les terres sablonneuses et brûlantes.

· TRÉFLÉ, ÉE adj. Qui a la forme de trèfle.

· TRÉFONCIER s. m. (rad. *tréfonds*). Propriétaire du fonds et du tréfonds.

· TRÉFONDS s. m. (contr. du lat. *terræ fundus,* fonds de terre). Anc. coutume. Le fonds qui est sous le sol, et qu'on ne possède comme le sol même : *vendre le fonds et le tréfonds.* On écrit aussi, TRÈS-FONDS. — Fig. et fam. SAVOIR LE FONDS ET LE TRÉFONDS D'UNE AFFAIRE, la posséder parfaitement.

TRÉGUIER, *Trecorium,* ville maritime et ch.-l. de cant., arr. et à 20 kil. E.-N.-E. de Lannion (Côtes-du-Nord), au confluent du Guindy et du Jaudy qui y forment un port, à 11 kil. de la mer; 3,500 hab. Commerce de céréales, huile, tourteaux; truites et maquereaux. Ancien évêché. Belle cathédrale, commencée au XIIe siècle et possédant des cloîtres remarquables. Cette ville, formée au VIe siècle, autour d'un monastère fondé par Tugdual, fut très florissante jusqu'en 1592, époque où elle fut pillée et ruinée par les Espagnols.

TREIGNAC, ch.-l. de cant., arr. et à 45 kil. N. de Tulle (Corrèze), sur la Vezère; 3,000 hab. Ruines d'un ancien château fort.

· TREILLAGE s. m. (fr. *treille*). Assemblage de perches, de lattes ou d'échalas posés horizontalement et verticalement, et liés l'un à l'autre par petits carrés, pour former des berceaux, des palissades ou des espaliers dans les jardins. Il y en a aussi qui ne servent qu'à la décoration : *il a fait faire un treillage.*

TREILLAGER v. a. Garnir de treillage.

· TREILLAGEUR s. m. Ouvrier qui fait des treillages ou des treillis.

· TREILLE s. f. (lat. *trichila*). Berceau ou couvert fait de ceps de vigne entrelacés et soutenus par un treillage, par des perches, ou par des barreaux de fer : *à l'ombre d'une treille.* — Ceps de vigne qui montent contre une muraille ou contre un arbre. — Fig. LE JUS DE LA TREILLE, le vin.

· TREILLIS s. m. Ouvrage de métal ou de bois, qui imite les mailles en losange d'un filet, et qui sert de clôture, sans intercepter l'air ni la vue : *treillis de fer pour un ploir.*

— Sorte de toile gommée, lissée et luisante : *treillis noir*. — Espèce de grosse toile dont on fait des sacs, et dont s'habillent des paysans, des manœuvres, etc.

* **TREILLISSER** v. a. Garnir de treillis de bois ou de métal : *treillisser une fenêtre*.

TREIZAIN s. m. (rad. *treize*). Monnaie qui valait 13 deniers.

TREIZAINE s. f. Réunion de treize objets semblables.

* **TREIZE** adj. num. (lat. *tredecim*). Dix et trois : *treize personnes*. — Treizième : *chapitre treize*. On écrit ordinairement : *Grégoire XIII, Louis XIII*. — s. m. *Le produit de treize multiplié par deux*. — LE TREIZE DU MOIS, le treizième jour du mois.

* **TREIZIÈME** adj. Qui suit immédiatement le douzième : *il est le treizième sur la liste*. — LA TREIZIÈME PARTIE, ou, substantiv., LA TREIZIÈME, chaque partie d'un tout qui est ou que l'on conçoit être en treize parties égales : *payer le treizième*.

* **TREIZIÈMEMENT** adv. En treizième lieu.

TRÉLAT (Ulysse), médecin et homme politique, né à Montargis, le 13 nov. 1795, mort en janv. 1879. Il se montra, en 1830, opposé au gouvernement de Juillet et la Révolution de 1848 le jeta dans la politique militante. Après avoir été commissaire du gouvernement dans l'Allier, le Puy-de-Dôme, la Creuse et la Haute-Vienne, il fut envoyé par les électeurs du Puy-de-Dôme à la Constituante, devint vice-président de cette assemblée, reçut le portefeuille des travaux publics, le 12 mai 1848 et le déposa le 18 juin de la même année. On a de lui quelques mémoires et rapports sur la *Folie*.

* **TRÉLINGAGE** s. m. Mar. Gros filin qui attache les bas haubans de bâbord avec ceux de tribord.

TRÉLINGUER v. a. Consolider par un trélingage.

TRÉLON, ch.-l. de cant., arr. et à 16 kil. S.-E. d'Avesnes (Nord) ; 2,500 hab. Haut fourneau.

* **TRÉMA** adj. (gr. *tréma*, point). Se dit d'une voyelle accentuée de deux points qui avertissent qu'elle se détache de la voyelle précédente ou suivante. Ces deux points ne se mettent que sur trois voyelles, *ë*, *ï*, *ü*. (Gaëte, naïf, Iambe, Saül.) *Un ë tréma. Un ï tréma. Un ü tréma*. — s. m. Se dit de ces deux points : *mettez un tréma sur cet i*.

* **TRÉMAIL** s. m. Voy. TRAMAIL.

* **TREMBLAIE** s. f. Lieu planté de trembles.

TRÈMAÈRE s. m. (gr. *tréma*, trou ; *aêr*, air). Stigmate du thorax des insectes.

TREMAT s. m. Nom donné à des bancs de sable dans la basse Seine.

TRÉMATISER v. a. Gramm. Marquer d'un tréma.

TRÉMATODE adj. (gr. *trematôdês*, percé). Zool. Qui est percé de plusieurs trous. — s. m. pl. Groupe de vers intestinaux à corps aplati et mollasse, pourvu de suçoirs. L'exemple le plus familier de ces parasites est la *douve* ou *distome*, qui vit dans le foie du mouton, du bœuf, du cheval, du porc, etc.

TREMBLADE (La), ch.-l. de cant. et à 13 kil. S. de Marennes (Charente-Inférieure) ; 3,200 hab. Petit port sur la Seudre, à 8 kil. de la mer. Huîtres, vins blancs, eaux-de-vie. Construction de navires. Cette ville était importante avant la révocation de l'édit de Nantes.

TREMBLAIE s. f. Terrain planté de trembles.

* **TREMBLANT, ANTE** adj. Qui tremble :

pâle et tremblant. — PIÈCE DE BŒUF TREMBLANTE, pièce de bœuf si grosse et si entrelardée de graisse, qu'elle tremble au moindre mouvement.

* **TREMBLE** s. m. Espèce de peuplier dont le feuillage tremble au moindre vent. (Voy. PEUPLIER.)

* **TREMBLÉ, ÉE** adj. N'est guère usité que dans cette locution, ÉCRITURE TREMBLÉE, écriture tracée par une main tremblante. On le dit aussi d'une écriture particulière dont les traits, au lieu d'être droits, sont sinueux. On dit également, DES LIGNES TREMBLÉES. — s. m. Typogr. Filet serpentant, et alternativement gras et maigre : *un tremblé*.

* **TREMBLEMENT** s. m. Agitation de ce qui tremble : *il lui prit un grand tremblement*. — TREMBLEMENT DE TERRE, secousse qui ébranle violemment la terre : *la Sicile est sujette à de grands tremblements de terre*. — Mus. Sorte de cadence précipitée, qui se fait, soit en chantant, soit en jouant de quelque instrument : *il faut faire un tremblement sur cette note*. — Une grande crainte : *il ne faut point de tremblement dans cette affaire*. — TREMBLEMENTS DE TERRE, ébranlement du sol produit par des forces naturelles. Toutes les parties du monde sont sujettes à des ébranlements de ce genre ; ils sont souvent indiscernables, excepté au moyen d'instruments très sensibles ; mais d'un autre côté, ils occasionnent quelquefois les plus terribles désastres. L'étude des tremblements de terre, élevée à la hauteur d'une science par les écrivains contemporains, s'appelle seismographie (grec *seismos*, tremblement de terre). (Voy. SEISMOGRAPHE et SEISMOGRAPHIE.) Parmi les auteurs de l'antiquité, Aristote, Strabon, Sénèque, Pline, Josèphe et d'autres donnent de nombreux faits mêlés à des théories fantaisistes, au sujet des tremblements de terre. Au début du mouvement scientifique moderne, Flamsteed et autres ont cherché, mais sans grand succès, à faire avancer, par leurs observations et leurs théories, la connaissance qu'on avait de l'origine de ces questions. On peut classer dans cette catégorie le mémoire de Michell publié en 1760. Au nombre des ouvrages modernes les plus importants sur la nature et l'origine des tremblements de terre, il faut citer ceux du Dr Thomas Young, de Gay-Lussac et de Mallet, lesquels ont fait avancer nos connaissances sur les forces agissant dans les tremblements de terre. La relation intime qui existe entre les phénomènes géologiques d'un côté, les volcans et tremblements de terre de l'autre, a été exposée avec plus ou moins de détails par Léopold von Buch, Dana, Daubeny, Humboldt, Lyell, Murchison, Scrope, qui les reconnues de la dynamique, de la chaleur, et de la force des matières, ont été appliquées avec beaucoup de succès à la question de l'origine de ces phénomènes, par Houghton, Hopkins, Oldham, Prévost, Thomson, et surtout par Mallet. (Voy. la préface de *Vesuvius* de Palmieri, Londres, 1873.) En fait de traités généraux, *Earthquakes, Volcanoes*, and *Mountain Building* (1871), par J. D. Whitney, et *Leismopirologia* (1869), de Boccardo, sont parmi les plus récents. — Un des plus anciens tremblements de terre survenus en Italie dont il soit fait mention, est celui de l'an 63, qui détruisit en partie Herculanum et Pompéi, 16 ans avant le temps où ces cités furent ensevelies complètement sous la lave et les cendres du Vésuve. Le tremblement de terre de 1783 en Calabre fut un des plus terribles que l'on connaisse ; il causa la mort de 100,000 personnes environ, et se fit sentir dans une grande partie de l'Europe. La secousse eut son point de départ au centre de l'Europe ; la commotion passa sous la mer sans produire aucune grande ondulation de la mer :

mais, en arrivant, sur la côte opposée de la Sicile, elle détruisit la ville de Messine. Lisbonne fut atteinte le 1er nov. 1755 par un des plus mémorables tremblements de terre qu'ait enregistré l'histoire. Le bruit sourd qui précède la plupart des tremblements de terre fut immédiatement suivi par la grande secousse qui renversa le principal quartier de la ville. La mer se retira, laissant la barre à sec, et revint au bout d'une minute, en une grande vague de plus de 50 pieds de haut. On estime que plus de 60,000 personnes périrent en six minutes. Une partie de la ville fut engloutie sous les eaux de la baie à une profondeur de 600 pieds. Le choc se sentit dans les Alpes et sur la côte de Suède ; en Bohême, les sources thermales de Tœplitz disparurent momentanément, puis jaillirent de nouveau, inondant le pays d'eaux couleur d'ocre. La vitesse de l'ondulation produite par la secousse était d'environ 2,000 pieds par seconde, et elle partait probablement de dessous l'Océan, à quelque distance à l'O. du Portugal. La grande vague qui balaya la côte de Portugal avait près de 60 pieds de haut à Cadix ; elle s'étendit jusqu'à Madère et peut-être jusqu'aux Antilles. Dans le même mois, des tremblements de terre et des mouvements violents de la mer se produisirent par toute l'Europe et l'Amérique ; ils étaient liés, sans doute, à celui de Lisbonne. — En Syrie, la Bible a conservé la mémoire de tremblements de terre sous le règne d'Achab, vers 900 av. J.-C., et sous celui d'Oydas, vers 800. Le tremblement de terre qui ravagea la Judée à l'époque de la bataille d'Actium (31 av. J.-C.) n'avait jamais eu d'égal, au rapport de Josèphe, et coûta la vie à 10,000 personnes. L'antique cité d'Antioche fut à toutes les époques particulièrement visitée par le fléau. En 115, lors du voyage qu'y fit l'empereur Trajan, elle fut presque détruite, l'empereur lui-même fut blessé. En 526, le plus épouvantable de tous se produisit ; il fit périr 250,000 personnes. Le dernier date d'avril 1872. Dans l'Inde, le tremblement de terre de 1819 submergea une étendue de pays de 5,000 kil. carr., près de la bouche de l'Indus, et une région voisine s'éleva en monticule. Aux Etats-Unis, en 1814, un tremblement de terre resté fameux se produisit dans la vallée du Mississipi. Humboldt remarque que c'est un des rares exemples de l'ébranlement incessant du sol pendant plusieurs mois successifs, à une grande distance de tout volcan. Sur une étendue de 500 kil. au S. de l'Ohio, le terrain s'éleva et s'affaissa en longues ondulations ; des lacs se formèrent, qui se desséchèrent ensuite. La surface du sol se crevassa de fissures dirigées pour la plupart N.-E. et S.-O. et quelquefois longues de plus d'un demi-kilomètre ; de ces fissures jaillissaient souvent jusqu'aux cimes des arbres de la boue et de l'eau. On cite aussi parmi les plus terribles celui du 18 nov. 1755, qui doit se rattacher plus ou moins directement avec celui qui avait détruit Lisbonne le premier jour du même mois. Il commença dans le Massachusetts par un grondement semblable au tonnerre. Au bout d'une minute, survint le premier choc, avec un soulèvement pareil à celui d'une longue lame de roulis. La plus forte secousse que l'on ait sentie dans les Etats-Unis de l'Est pendant ce siècle s'est produite le 19 oct. 1870 ; elle partit probablement de la région volcanique qui s'étend de 50 à 100 kil. au N.-E. de Québec, et atteignit Saint-Johns, le Nouveau-Brunswick, Chicago et New-York. La rapidité de l'ondulation était d'environ 14,000 pieds par seconde. Celui du 26 mars 1872 causa des dégâts considérables à San-Francisco. Le 7 juin 1792, un tremblement engloutit en quelques minutes sous la mer Port-Royal, à la Jamaïque. San-Salvador, dans l'Amérique centrale, a été complète-

ment détruit le 19 mars 1873. Il en était arrivé de même à Caracas le 26 mars 1812. On peut citer encore la destruction de Callao, en 1586, de Quito en 1859, de Mendoza en 1861, et d'Arica en 1868. Java, Manille, les îles du Japon sont toujours des centres d'activité volcanique et de tremblements de terre. Parmi les tremblements de terre contemporains, il ne faut pas oublier celui qui bouleversa l'île d'Ischia le 28 juillet 1883. (Voy. Ischia.) — Vers la fin de décembre 1884, l'Espagne fut affligée d'une série désastreuse de ces phénomènes. Le 25, vers 7 heures et demie, la première secousse fut ressentie à Grenade; elle dura 30 secondes, avec de fortes oscillations; dans la nuit, de 11 heures à 3 heures du matin, il y eut neuf nouvelles secousses; les dégâts furent presque nuls et l'on ne signala aucune victime; d'autres secousses firent lézarder plusieurs édifices. D'autres villes de la province de Grenade furent moins heureuses. A Archidona, une violente secousse détruisit un grand nombre de maisons (31 déc.); la ville de Jagena fut entièrement détruite; à Albunachas, le sol s'entrouvrit et l'église disparut dans une immense crevasse; seule, la flèche parut au-dessus du sol; 4 maisons de campagne, avec leurs habitants et des animaux furent engloutis dans d'autres crevasses. A Vilez, plusieurs maisons s'effondrèrent le 31; à Alhama, plus de 200 cadavres furent retirés de dessous les décombres. A Torrah (prov. de Malaga), des milliers d'habitants se trouvèrent sans asile et sans ressource. Le 15 janvier 1885, on établit que le nombre total des maisons détruites dans la province de Grenade par les tremblements de terre s'élevait à 3,240 et des maisons plus ou moins lézardées à 749. Les villes qui ont le plus souffert sont : Alhama : 1,302 maisons détruites, 280 lézardées; Albunelas : 362 maisons détruites, 146 lézardées; Arenas : 160 maisons détruites, 46 lézardées; Santa-Cruz : 164 détruites, 46 lézardées; Zafarraya : 72 détruites, 103 lézardées; Murchas : 805 détruites, 9 lézardées; Jayena : 100 détruites, 18 lézardées; Cacin : 87 détruites, 12 lézardées; Turro : 72 détruites, 17 lézardées; Ventas : 96 détruites, 13 lézardées. — *Rapport entre les tremblements de terre et les volcans.* La relation intime qui existe entre ces phénomènes est visible, même pour l'observateur le moins attentif; mais ce n'est que de notre temps qu'on est arrivé sur ce sujet à des idées justes et exactes. D'une part, les tremblements de terre sont surtout fréquents dans les régions volcaniques; de l'autre, ils n'y sont nullement confinés; ils sont parfois accompagnés du développement ou d'une formation de volcans, et, en général, il n'y a point d'activité volcanique qui ne coïncide avec des secousses plus ou moins fortes de tremblement de terre. La présence d'un volcan est une marque assurée d'un tremblement de terre antérieur, et la cheminée du volcan, en donnant une issue facile aux gaz, etc., à moins qu'elle ne se bouche, est, jusqu'à un certain point, une garantie que les tremblements de terre subséquents dans le voisinage immédiat seront d'une moindre intensité. — *Relations atmosphériques.* Les rapports entre l'atmosphère et les tremblements de terre, bien que probablement accidentels, ont cependant leur importance. On a trouvé qu'il y a un accroissement marqué dans la fréquence et la violence des commotions pendant la saison pluvieuse, du moins dans certaines localités, et particulièrement, comme le dit Mallet (*First Principles of Seismology*, 1862), dans les pays très secs comme l'Asie Mineure et la Syrie, et dans les régions volcaniques, où les volcans ont surtout des éruptions de vapeur et où les neiges fondues et les grandes pluies se perdent rapidement dans de profondes

fissures. Il semble qu'on ne puisse douter raisonnablement que, dans ces cas, la pression des eaux absorbées n'agisse sur les liquides de l'intérieur de la terre et n'augmente la vapeur et la lave des volcans, en même temps qu'elles peuvent donner lieu à des explosions internes de vapeur capables de produire des secousses de tremblement de terre. Les régions éloignées des volcans en activité et néanmoins particulièrement sujettes aux tremblements de terre sont, dans l'ordre de la violence des phénomènes : l'Himalaya et l'Inde, la Syrie, l'Algérie, la côte occidentale de l'Amérique du Nord, la vallée du Mississipi, l'Ecosse, la Nouvelle-Angleterre, et la vallée du Saint-Laurent. Les pays qui, aujourd'hui, sont relativement exempts de commotions sensibles sont : l'Egypte, l'Europe et l'Asie septentrionale, l'Australie, beaucoup de parties de l'Amérique du Nord, l'Est de l'Amérique du Sud et le Groënland. — *Rapport des tremblements de terre avec le refroidissement terrestre.* Voici une théorie très ingénieuse et aussi acceptable que celle de l'action volcanique; elle a été présentée par M. Jorel, membre de la commission seismologique suisse : « Le globe terrestre, en circulant dans l'espace, dont la température est très basse, perd de sa chaleur. En se refroidissant, il se rétrécit; en se rétrécissant, il se ride, et les rides ainsi formées sont les montagnes qui inégalisent la surface de notre sphéroïde; de même qu'une pomme, bien joufflue en automne à mesure qu'elle se dessèche, se couvre de rides qui sillonnent la pelure, de même notre vieille terre, dans sa sénilité, plisse son écorce en se refroidissant. Ces plissements gigantesques recourbent des couches sédimentaires, métamorphiques et cristallines, en rides descendant des sommets de l'Himalaya, des Andes ou des Alpes, jusqu'au plus profond des océans, et dans certains cas, jusqu'au fond des vallées étroites qui séparent les chaînes, dans le Jura, par exemple, mais ils ne se font pas sans rupture; les roches sont plus ou moins élastiques et plastiques, mais si la courbure qu'on leur demande est trop forte elles se fissurent. De même la nappe de glace qui couvre parfois nos lacs en hiver subit, sous l'action des variations de température, des dilatations et des contractions qui la fendent avec grand fracas, par des lignes de rupture traversant parfois le lac dans toute sa longueur. Or, de telles fractures ne se produisent pas sans un ébranlement de la masse, et l'ébranlement, quand il agit sur l'écorce du globe, est pour nous un tremblement de terre. » — *Vagues des tremblements de terre.* On donne communément ce nom aux grandes vagues océaniques qui accompagnent les tremblements de terre, et dont le centre est sous l'Océan. Ces vagues, tant qu'elles sont en pleine mer, forment des renflements très longs et très marqués; elles augmentent en passant les bas-fonds, et en approchant des rivages, elles s'y brisent souvent de la façon la plus désastreuse. — *Nature de la secousse.* La véritable nature du tremblement de terre, sans parler de son origine ou cause immédiate, a déjoué pendant longtemps les efforts des physiciens. En 1807, le Dr Thomas Young donna comme probable que le mouvement de la terre en tous ses points est vibratoire, et qu'il se propage d'une manière analogue à celle des vagues sonores; mais il ne semble pas avoir distingué clairement entre les ondulations souterraines de la secousse et celles du son. Gay-Lussac, en 1823, adopta les vues semblables. En 1846, Mallet publia son travail sur *The Dynamics of Earthquakes*, dans lequel, sans indiquer spécialement l'origine première du tremblement de terre, il présente très clairement les vues acceptées généralement aujourd'hui sur la véritable nature des phénomènes observés à la surface

de la terre. En voici les principaux points : un tremblement de terre est le passage au delà de l'observateur d'une onde de compression élastique, dans une direction quelconque depuis la direction verticale jusqu'à l'horizontale, à travers la croûte et le long de la surface de la terre, venant d'un centre d'impulsion ou de plusieurs, et qui peut être accompagnée de bruit et de mouvements de marée dépendant des circonstances de l'impulsion originelle. Lorsque l'onde de compression passe à travers une couche solide, chaque particule de terre accomplit un mouvement vibratoire analogue à celui qui se produit par le passage d'une onde sonore, se dirigeant en avant et revenant sur elle-même, suivant une ellipse ou une courbe plus ou moins compliquée. C'est pendant le mouvement en avant que se manifeste la plus grande rapidité dans la direction vers le haut. Le mouvement de la terre vers le bas accompagne la partie rétrograde ou seconde moitié de l'onde; mais les mouvements rétrogrades sont généralement plus lents que les mouvements en avant, et par conséquent ont un effet moins destructeur. La torsion des blocs isolés, que beaucoup attribuaient à un mouvement circulaire ou tourbillonnement de la terre, est, en réalité, comme le montre Mallet, l'effet d'un simple coup direct agissant avec l'inertie du corps et la friction à sa base, comme un couple mécanique. La rapidité de transmission dépend de l'élasticité de la roche ou de la terre; mais elle diminue rapidement suivant que la roche est ininterrompue ou non homogène; il s'ensuit qu'elle diffère en général dans chaque direction. L'ondulation de la secousse, ou battement de la compression, se réfléchit ou se réfracte en rencontrant une nouvelle couche d'élasticité différente, précisément comme dans le cas du son. De la même manière aussi il peut survenir des phénomènes d'intervention, et c'est dans de tels cas que les ondes cessent d'être rectilignes ou elliptiques pour se changer en courbes plus compliquées. Lorsque le tremblement de terre a son origine au-dessous du lit de la mer, le choc vertical communiqué aux eaux produit une vague ou soulèvement, souvent d'une grande étendue, qui se répand dans toutes les directions avec une rapidité qui varie avec la profondeur de l'Océan, au point sur lequel elle passe, et qui, en arrivant sur les bas-fonds, se précipite comme un brisant.

* **TREMBLER** v. n. (lat. *tremere*). Etre agité, être mû par de fréquentes secousses : *les feuilles des arbres tremblent au moindre vent.* — Se dit aussi des choses qui ne sont pas fermes, et qui s'ébranlent facilement : *on ne voit avec sûreté passer sur ce plancher, tout se pont, il tremble.* — Activ. et pop. Trembler la fièvre, être dans le frisson de la fièvre. — Craindre, appréhender, avoir grand'peur : *ce prince est redoutable, il fait trembler toute l'Europe.*

Tremble, m'a-t-elle dit, fille digne de moi,
Le cruel Dieu des Juifs l'emporte aussi sur toi.
Athalie, acte 1er, sc. v.

* **TREMBLEUR, EUSE** s. Celui, celle qui tremble. N'est guère usité au propre; se dit au fig., d'une personne trop circonspecte, trop craintive : *vous ne l'engagerez jamais dans cette affaire, c'est un trembleur.* — Nom que l'on donne à certains enthousiastes religieux appelés Quakers par les Anglais. (Voy. Quaker.)

* **TREMBLOTANT, ANTE** adj. Qui tremblote. *je le trouvai tout tremblotant de froid.*

TREMBLOTEMENT s. m. Action de trembloter.

* **TREMBLOTER** v. n. Diminutif de trembler : *le froid le faisait trembloter.*

TREMELLE s. f. (lat. *tremella*). Bot. Genre de champignons gélatineux croissant librement sur la terre humide.

TREMELLINE, ÉE adj. Bot. Qui ressemble ou qui se rapporte à la tremelle.

TRÉMEUR s. f. (lat. *tremor*). Frayeur. (Vieux.)

* **TRÉMIE** s. f. Sorte de grande auge carrée, fort large par le haut, et fort étroite par le bas, dans laquelle on met le blé, qui tombe de là entre les meules pour être réduit en farine : *la trémie est pleine.* — Mesure dont on se sert pour le sel. — Sorte de boîte dans laquelle on donne à manger aux faisans parqués.

* **TRÉMIÈRE** adj. f. N'est usité que dans cette dénomination, ROSE TRÉMIÈRE, espèce de grande mauve dont la fleur a quelque ressemblance avec la rose.

TRÉMOIS s. m. (lat. *tres*, trois; fr. *mois*). Agric. Nom vulgaire du blé de mars qui ne reste que trois mois en terre.

* **TRÉMOLO** s. m. [tré-mo-lo] (mot ital.). Mus. Mouvement rapide et continu sur une note.

TRÉMOILLE (La), famille noble qui tirait son nom d'une terre du Poitou et dont les principaux membres furent : I. (Gui de), mort en 1398. Il défendit Troyes contre les Anglais (1380), accompagna Louis II de Bourbon en Afrique, fut fait prisonnier à la bataille de Nicopolis (1396) et mourut en revenant en France. — II. (Georges de), comte de Guines, de Boulogne et d'Auvergne et favori de Charles VII mort en 1446. Il assassina le comte de Giac dont il épousa la veuve et entra dans la Praguerie. — III. (Louis, SIRE DE), vicomte de Thouars et prince de Talmont né en 1460, mort en 1525. Pendant la minorité de Charles VIII, il commanda les troupes royales, remporta sur le duc de Bretagne. François II, la bataille de Saint-Aubin-du-Cormier (1488), et y fit prisonnier le duc d'Orléans (depuis Louis XII). Il assiégea Rennes (1492), obtint le gouvernement du Poitou et de l'Angoumois, fut mis par Louis XII à la tête de l'armée qui occupa le Milanais (1500), contribua à la victoire d'Agnadel (1509), perdit contre les Suisses la bataille de Novarre (1513) et fut, sous François Ier, l'un des héros de Marignan (1515). Il fut tué à la bataille de Pavie. — IV. (Henri-Charles, SIRE DE), né à Thouars en 1620, mort en 1672. Il a laissé des *Mémoires*, publiés par Griffet (Liège, 1767, in-12).

* **TRÉMOUSSEMENT** s. m. Action de se trémousser : *trémoussement des ailes, du corps*.

* **TRÉMOUSSER** v. n. Remuer, agiter. Ne se dit guère qu'en parlant de quelques mouvements d'oiseaux.

> ... Vois ces deux tourterelles,
> Se chercher, s'approcher et *trémousser des ailes.*
> Saurin.

— v. a. Donner du mouvement, de l'activité : *trémousser un paresseux.* — * Se trémousser v. pr. Remuer, se remuer, s'agiter d'un mouvement vif et irrégulier : *ce n'est pas là danser, ce n'est que se trémousser.* — Faire des démarches, prendre des soins, se donner beaucoup de mouvement pour faire réussir une affaire : *donnez ordre à tout, trémoussez-vous un peu.*

* **TRÉMOUSSOIR** s. m. Machine propre à se donner du mouvement et de l'exercice, sans sortir de la chambre.

* **TREMPAGE** s. m. Action de tremper. — Le trempage est l'une des opérations les plus délicates de l'imprimerie. Il a pour objet de communiquer aux papiers un certain degré de moiteur qui en facilite l'emploi. Trop trempé, trop frais, le papier donne une impression lourde, enfoncée, pâteuse; quand il est trop sec, le caractère paraît égratigné, l'impression est hésitée, irrégulière.

* **TREMPE** s. f. Action, manière de tremper le fer : *cet homme entend bien la trempe du fer.* — Qualité que le fer contracte quand on le trempe : *cette épée est d'une bonne trempe.* — Fig. Constitution du corps de l'homme, qualité de son âme, de son caractère : *rien ne peut altérer sa santé, c'est un corps d'une bonne trempe, d'une trempe excellente.* — Typogr. Action d'humecter le papier sur lequel on veut imprimer. — Pop. Volée de coups : *recevoir une trempe.*

* **TREMPÉ, ÉE** part. passé de TREMPER.

> Danton, l'on m'avait dit, l'on ne m'a pas trompée,
> Que les fureurs cachaient une âme bien trempée.
> Ponsard. *Charlotte Corday*, acte V, sc. III.

— CET HOMME EST TOUT TREMPÉ, IL A SON HABIT TOUT TREMPÉ, il a été extrêmement mouillé. — IL EST TOUT TREMPÉ DE SUEUR, se dit d'un homme qui a beaucoup sué, qui est couvert de sueur. — VERRE TREMPÉ, condition particulière du verre, présentée récemment par M. de la Bastie. Il soumet le verre, pendant qu'il est chaud, à l'action d'un bain d'une huile préparée qui lui donne extérieurement un certain degré de résistance. Mais lorsqu'il est cassé, il s'émiette ou tombe en poussière, comme les gouttes du prince Rupert. On ne peut pas le couper, ni l'user à la meule, comme du verre ordinaire, car il se brise en mille pièces sous l'outil.

* **TREMPER** v. a. (lat. *temperare*, tempérer). Mouiller une chose en la mettant dans quelque liqueur : *tremper un linge dans de l'eau.* — Plonger du fer rouge dans une eau préparée. — Typogr. TREMPER LE PAPIER, ou absol., TREMPER, imbiber le papier destiné à l'impression pour lui donner de la moiteur et de la souplesse. — Tremper v. n. Demeurer quelque temps l'eau ou dans une autre liqueur : *il y a déjà deux jours que ce linge trempe.* — Fig. TREMPER DANS UN CRIME, DANS UNE CONSPIRATION, etc., en être complice : *il n'a point trempé dans ce crime, dans ce complot.*

* **TREMPERIE** s. f. Lieu d'une imprimerie où l'on trempe le papier.

TREMPETTE s. f. Petite tranche de pain mouillée.

TREMPEUR s. m. Ouvrier qui trempe. — Trempeuse s. f. Appareil qui sert à tremper le papier. Il existe cinq ou six systèmes de trempeuses-mécaniques, construites en vue du service général d'une imprimerie : *trempeuses Munié* (1875), *Goupy, Retaux*, etc.

* **TREMPLIN** s. m. (tran-plain). Planche inclinée et très élastique, sur laquelle les sauteurs courent pour s'élancer et faire des sauts périlleux : *le grand saut du tremplin.*

TREMPOIR s. m. Lieu où l'on met tremper les pièces de drap.

TRÉMULER v. a. (lat. *tremulare*). Donner un mouvement de trépidation.

TRENCK I. (Franz von der, BARON), militaire autrichien, né en Calabre en 1711, mort en 1749. Son insubordination le fit renvoyer du service autrichien, et il aurait été exécuté pour la même raison dans l'armée russe, si l'influence du maréchal Münnich n'avait fait commué sa sentence en six mois de travaux forcés. En 1740, il leva à ses frais en Autriche un corps de pandours avec lesquels il se distingua dans la guerre de la Succession d'Autriche. Ayant eu de nouveau à paraître devant une cour martiale, il le frappa violemment l'un des juges, et fut condamné à la prison perpétuelle dans le château de Spielberg, à Brünn, où d'après quelques relations, il s'empoisonna. Sa force physique et l'emportement de son caractère étaient extraordinaires. Hubner publia sa vie en 1788, et son autobiographie fut publiée en 1807. — II. (Friedrich von der),

BARON, cousin du précédent, né en 1725, mort le 25 juillet 1794. Il appartenait aux gardes du corps de Frédéric le Grand. En 1746, ayant correspondu avec son cousin, le baron Franz, alors au service de l'Autriche, il fut emprisonné dans la forteresse de Glatz, d'où il s'échappa et s'enfuit à Vienne. Son cousin lui laissa sa fortune, à condition qu'il se ferait catholique et qu'il ne servirait que l'Autriche; mais il n'en reçut que 63,000 florins et le grade de capitaine. Allant à Dantzig, en mars 1754, il fut arrêté par les autorités prussiennes, et emprisonné dans un donjon de la citadelle de Magdebourg jusqu'en déc. 1763. Après la mort de Frédéric, en 1786, il rentra en possession de ses biens. Pendant la Révolution française, il vint à Paris, et y fut guillotiné comme émissaire secret de la Prusse. Parmi ses écrits, se trouve un beau poème intitulé : *Der Macedonische Held* (1767). Son autobiographie est intéressante, bien qu'il ait fortement exagéré ses aventures et ses souffrances en prison.

TRENDELENBURG (Friedrich-Adolf) [trenn'-dé-lenn-bourg], philosophe allemand, né près de Lübeck en 1802, mort en 1872. Il fut nommé, en 1833, professeur de l'université de Berlin, dont il fut trois fois le recteur. Il était partisan d'Aristote et adversaire de Hegel. Ses œuvres comprennent : *Elementa Logices Aristoleticæ; Logische Untersuchungen; Historische Beiträge zur Philosophie; Naturrecht anf der Grunde der Ethick; Kuno Fischer und sein Kant*, et *Kleine Schriften.*

TRENT [trennt]. Rivière d'Angleterre. Elle prend sa source près de Bursiem, dans le Straffordshire; elle coule S.-E., N.-E. et N. et s'unit à l'Ouse pour former le Humber. Sa longueur totale est d'environ 230 kil., dont 45 navigables pour les vaisseaux de 200 tonnes.

* **TRENTAIN**, terme dont on se sert à la paume, pour marquer que les joueurs ont chacun trente : *quand les joueurs ont trente de part et d'autre, le marqueur crie : trentain.*

* **TRENTAINE** s. f. Coll. Nombre de trente ou environ : *une trentaine de francs.* — Age de trente ans : *elle a passé la trentaine.* (Fam.)

* **TRENTE** adj. num. (lat. *triginta*). Trois fois dix : *trente hommes.* — Trentième : *page trente* — Jeu de la paume. La moitié d'un jeu, qui est de quatre points, dont chacun vaut quinze. — TRENTE ET QUARANTE, jeu de hasard où se joue avec des cartes : *jouer au trente et quarante.* — s. m. *Le produit de trente multiplié par six.* On dit de même, LE NOMBRE TRENTE, LE NUMÉRO TRENTE. — LE TRENTE DU MOIS, le trentième jour du mois. — Guerre de Trente ans. Lutte politique et religieuse où l'Allemagne et d'autres États de l'Europe se trouvèrent engagés de 1618 à 1648. La paix d'Augsbourg de 1555 assurait à chaque État allemand le droit de régler le culte légal dans les limites de l'État. Les luthériens devaient conserver les domaines ecclésiastiques qu'ils s'étaient appropriés avant la paix de Nassau de 1552. Le parti catholique introduisit la clause des « réserves ecclésiastiques », par laquelle les prélats qui abjureraient le catholicisme devaient perdre leurs bénéfices. Cet article fut inséré malgré la protestation des luthériens. L'exclusion des calvinistes des bénéfices de la paix fut une autre source de querelles constantes. Sous les empereurs Ferdinand Ier (1556-'64) et Maximilien II (1564-'76), la tranquillité générale fut maintenue et la balance penchait du côté des protestants, lorsque Rodolphe II (1576-1612) résolut de réprimer le protestantisme. Gebhard, archevêque de Cologne, abjura pour épouser une dame calviniste, mais ne voulut pas renoncer à son siège. Il fut mis au ban de l'empire; une guerre s'en suivit, qui aboutit à son expulsion en 1584. En 1607,

la ville impériale protestante de Donauwoerth fut privée de ses libertés par une violation déclarée de la paix religieuse. En mai 1608, les princes protestants formèrent l'*Union évangélique*. Cette union évangélique comprit bientôt le Palatinat, le Neubourg, Bade, le Würtemberg, le Brandebourg et d'autres Etats. Frédéric IV, électeur palatin, de la religion calviniste, fut mis à sa tête, bien que le membre le plus actif fût Christian d'Anhalt. De leur côté, les Etats catholiques, indépendamment de l'Autriche, établirent la « ligue » (juillet, 1609), avec Maximilien, duc de Bavière, pour chef. Cependant les protestants de Hongrie et d'Autriche s'étaient soulevés contre Rodolphe et avaient recouvré leurs droits; leurs frères de Bohême, encouragés par leurs succès, arrachèrent en juillet 1609, le *Majestätsbrief* à l'empereur. La mort du duc de Jülich ou Juliers fut suivie d'une guerre de Succession (mars 1609). La guerre générale fut précipitée par une lutte en Bohême, où l'empereur Mathias (1612-19), soutint les catholiques. Le 23 mai 1618, les protestants se soulevèrent à Prague sous la conduite du comte de Thurn, qui organisa bientôt une révolte générale. Les Silésiens et Mansfeld à la tête des troupes levées par l'Union, se joignirent aux insurgés. Le successeur de Mathias dans les domaines autrichiens, Ferdinand II, après avoir été chassé par Thurn jusque dans Vienne, fut élu empereur en août 1619. La Bohême offrit la couronne au jeune électeur palatin Frédéric V, qui fut couronné à Prague. Bethlen Gábor, de Transylvanie, ravagea la Hongrie. Maximilien assembla alors les forces de la ligue, et la bataille de Prague, du 8 nov. 1620, chassa Frédéric de ses royaumes et livra la Bohême à l'impitoyable vengeance de Ferdinand. La dissolution de l'Union protestante s'ensuivit; mais Mansfeld, Christian de Brunswick et d'autres continuèrent la lutte pour Frédéric. Tilly, général de Maximilien et de la ligue, les réduisit successivement à l'impuissance. Bethlen Gábor accepta une trève en 1621. Le parti catholique triomphait; mais les Etats protestants de la basse Saxe se soulevèrent en 1625 et s'allièrent avec Christian IV de Danemark, qui se mit à leur tête. L'Angleterre et la Hollande envoyèrent des secours, et Christian de Brunswick et Mansfeld se remirent en campagne. En même temps, Wallenstein levait une grande armée indépendante pour la cause de l'empereur. En 1626, il écrasa Mansfeld à Dessau, tandis que Tilly battait le roi de Danemark à Lutter. Wallenstein refoula les Danois dans le Jutland et les îles, et occupa le Mecklembourg et la Poméranie; mais il échoua devant Stralsund (1628). La paix se fit avec Christian IV à Lübeck, en mai 1629. Ferdinand venait de publier l'édit de restitution, qui ordonnait aux protestants de rendre tous les biens ecclésiastiques médiatisés, sécularisés depuis 1552, et tous les sièges tenus immédiatement en opposition à l'article des réserves ecclésiastiques. Cette mesure irrita de nouveau les protestants, et Gustave-Adolphe de Suède prit fait et cause pour eux. En cette conjoncture, la ligue, exaspérée par la conduite de Wallenstein, obligea Ferdinand à le renvoyer. En juin 1630, Gustave débarqua en Poméranie, chassa les impériaux et, avec les subsides de la France, s'avança à travers le Brandebourg; mais il ne put empêcher le terrible destin de Magdebourg, que les successeurs de Wallenstein, Tilly et Pappenheim emportèrent d'assaut, le 10 mai (n. st. 20) 1631. Les électeurs protestants de Brandebourg et de Saxe, qui s'étaient déclarés neutres, s'allièrent à la Suède. Gustave-Adolphe lutta victorieusement contre Tilly et Wallenstein, jusqu'à sa mort à Lützen, le 6 nov. (n. st. 16) 1632. (Voy. GUSTAVE II, TILLY et WALLENSTEIN.) Le chancelier suédois Oxenstiern prit la direction diplomatique des af-

faires, tandis que les généraux comme Bernard de Saxe-Weimar, Horn, Baner et Torstenson, élevés à l'école de Gustave, renouvelaient ses exploits. Wallenstein étonna tout le monde par son inactivité et ses desseins félons furent arrêtés par son assassinat, en fév. 1634. Le commandement en chef fut donné au fils de l'empereur Ferdinand, qui, avec Gallas et Piccolomini, s'avança dans la Bavière; Charles de Lorraine et une armée espagnole se joignirent à lui, et les troupes de Bernard et de Horn furent presque anéanties à Nordlingen. L'électeur de Saxe abandonna l'empereur. Mais Richelieu renouvela son alliance avec la Suède, déclara la guerre à l'Espagne et mit Bernard à la tête de ses alliés allemands. Baner porta la guerre sur le territoire autrichien. En fév. 1638, une année après l'accession de Ferdinand III, Bernard s'empara de Jean de Weert et d'autres généraux à Rheinfelden. En déc., il prit Breisach. Torstenson, le successeur de Baner (1641) comme commandant en chef pour la Suède, ébranla le trône autrichien par des invasions répétées. Du côté des Français, Guébriant, le jeune Condé et Turenne se signalèrent au milieu des hasards inconstants de la guerre. Turenne et le successeur de Torstenson, Wrangel, réduisirent Maximilien de Bavière à la dernière extrémité. Kœnigsmark, autre général suédois, s'était rendu maître d'une partie de Prague en 1648, lorsque, le 3 nov., la nouvelle arriva de la signature de la paix de Westphalie après des négociations qui avaient duré des années. Telle fut la fin d'une lutte qui avait fait de l'Allemagne un vaste champ de carnage et de désolation. Des traités séparés avaient été conclus à Osnabrück (6 août 1648) et à Münster (8 sept.); le 24 oct. 1648, les signatures définitives furent apposées. Presque toutes les puissances de l'Europe y étaient représentées. La Hollande et la Suisse furent déclarées indépendantes. La France gagna l'Alsace. La Suède reçut la Poméranie à l'O. de l'Oder et d'autres territoires. Le Brandebourg garda la Poméranie ultérieure et s'agrandit de quelques autres provinces. La possession de la Lusace fut confirmée à la Saxe. Le haut Palatinat, avec la dignité d'électeur, fut reconnu à Maximilien de Bavière, et l'on créa un 28° électeur pour Charles-Louis, fils de Frédéric V, qui recouvra le bas Palatinat. La paix religieuse de 1555 fut confirmée et étendue aux calvinistes. Chacun des Etats de l'Allemagne devait exercer le droit de souveraineté avec la liberté de conclure des traités et des alliances, autonomie qui affaiblissait considérablement les assises de l'empire.

TRENTE (ital. *Trento*; all. *Trient*; anc. *Tridentum*), ville du Tyrol (Autriche), sur l'Adige, à 133 kil. S.-O. d'Innsbruck; 17,073 hab. Elle possède une cathédrale du style byzantin en marbre. Le concile de Trente se tint dans l'église Sainte-Marie Majeure, édifice en marbre rouge. La fabrication de la soie y est la principale industrie. Pendant l'ancien empire allemand, c'était une ville impériale libre, gouvernée par des princes-évêques. En 1802, elle passa sous la domination de l'Autriche. — **Concile de Trente** (*concilium Tridentinum*), 19° concile œcuménique, d'après l'Eglise catholique romaine. Paul III le convoqua pour le 1er nov. 1542, mais il ne s'ouvrit réellement que le 13 déc. 1545. L'objet du concile était d'effectuer la réforme de l'Eglise, de définir plus explicitement les doctrines attaquées, et, s'il était possible, d'amener les protestants à revenir à l'ancienne foi. Dans la quatrième session (8 avril 1546), on déclara que la tradition était, au même degré que la Bible, une règle de foi ; les apocryphes de Vieux Testament furent compris dans le canon biblique; on proclama la « Vulgate », la version authentique de la Bible, et l'Eglise son interprète légitime. Le 11

mars 1547, par suite de la peste, le concile s'ajourna à Bologne; mais aucun décret ne fut promulgué jusqu'au retour à Trente le 1er mai 1551. Le 28 avril 1552, la guerre des princes protestants contre Charles-Quint fit de nouveau suspendre les sessions, et il ne reprit ses séances que le 18 janv. 1562. D'autres décrets furent adoptés ordonnant la rédaction d'un index de livres prohibés, et définissant les doctrines sur la messe, l'ordination, la hiérarchie, le mariage, le célibat, le purgatoire, la vénération des saints, les reliques, les images, les vœux monastiques, les indulgences, le jeûne et l'abstinence. Le concile se sépara le 4 déc. 1563 à sa vingt-cinquième session publique. Les décrets furent signés par 266 membres; le pape Pie IV les confirma, en se réservant, pour lui et ses successeurs, le droit d'expliquer les points obscurs ou controversés. La première histoire complète du concile fut écrite par Paolo Sarpi (1619), dans un esprit d'opposition très vive à la cour papale. Le cardinal Sforza Pallavicino en donna la contre-partie (1656-'57, 2 vol.). Theiner a publié les actes originaux du concile (Agram, 1874).

* **TRENTENAIRE** adj. Qui est de trente ans; qui dure trente ans : *possessions trentenaires*.

* **TRENTIÈME** adj. Nombre ordinal de trente : *vous n'êtes que le trentième*. — LA TRENTIÈME PARTIE D'UN TOUT, ou, substantiv., LE TRENTIÈME, chaque partie d'un tout qui est ou que l'on conçoit divisé en trente parties égales : *les neuf trentièmes*.

TRENTIÈMEMENT adv. En trentième lieu.

TRENTIN, INE s. et adj. De Trente; qui appartient à cette ville ou à ses habitants.

TRENTON [trenn'-tonn], ville capitale du New-Jersey (Etats-Unis), sur le Delaware, au confluent de l'Assanpink Creek, à un point extrême de la navigation à vapeur ; à 50 kil. N.-E. de Philadelphie, et à 90 kil. S.-O. de New-York; 26,000 hab. La nuit qui précéda le 26 déc. 1776, Washington franchit le Delaware, surprit les Hessois (13,000 environ), qui étaient campés dans Trenton, et s'empara, sans rien perdre lui-même, d'un millier de prisonniers et de 6 pièces de campagne, en cuivre. 17 Hessois furent tués.

TRENTSCHIN [trenn-tchinn] (hongr. *Trenscény*), comté du N.-O. de la Hongrie; 4,620 kil. carr.; 248,626 hab., en majorité Slovaques. Il produit du blé, des fruits, du lin et du chanvre; il possède des sources minérales fameuses. La capitale, Trentschin, sur la Waag, contient un des plus vieux châteaux de Hongrie; 3,449 hab.

TRENTUPLE adj. Trente fois autant.

* **TRÉPAN** s. m. (*gr. trupanon*). Instrument de chirurgie en forme de vilebrequin, avec lequel on perce les os, et spécialement ceux du crâne : *le chirurgien apporta son trépan, et fit l'opération*. — Opération : *on le saigna et avec cet instrument : ce blessé est trop faible, il ne pourra jamais souffrir, supporter le trépan*.

TRÉPANATION s. f. Action de trépaner.

* **TRÉPANER** v. a. Faire l'opération du trépan à quelqu'un : *on l'a trépané*.

TRÉPANG s. m. Holothurie comestible. (Voy. HOLOTHURIE.)

* **TRÉPAS** s. m. [trè-pâ] (lat. *trans*, au-delà ; *passas*, pas). Décès, mort de l'homme, passage de la vie à la mort. N'est guère usité dans le discours ordinaire, mais on l'emploie souvent en poésie et dans le style soutenu : *à l'heure de son trépas*.

Votre vertu vous met à couvert du *trépas*.
    J. RACINE. *La Thébaïde*, acte II, sc. II.

* **TRÉPASSÉ, ÉE** part. passé de TRÉPASSER. — s. *Etre pâle comme un trépassé*. — LE JOUR DES TRÉPASSÉS : on dit plus ordinairement

Le jour des Morts. — La fête des Trépassés se célèbre le 2 novembre.

* TRÉPASSEMENT s. m. Trépas. (Vieux.)

* TRÉPASSER v. n. Mourir, décéder, rendre l'âme. Ne se dit que des personnes qui meurent de leur mort naturelle, et n'est guère usité : *il trépassa sur le minuit.*

* TRÉPIDATION s. f. (du lat. *trepidus*, agité). Géol. Légère secousse communiquée au sol. — Méd. Tremblement des membres, des nerfs, des fibres, etc. — Astron. Balancement que d'anciens astronomes attribuaient au firmament, du septentrion au midi, et du midi au septentrion.

* TRÉPIED s. m. (lat. *tres* trois ; fr. *pied*). Ustensile de cuisine, qui a trois pieds, et qui sert à divers usages, comme à soutenir sur le feu un poêlon, un chaudron, etc. — Le trépied de Delphes, le trépied d'Apollon, espèce de siège à trois pieds, sur lequel la prêtresse de Delphes s'asseyait pour rendre des oracles. — Fig. Il est sur le trépied, se dit d'un homme qui parle avec enthousiasme.

* TRÉPIGNÉE s. f. Volée de coups.

* TRÉPIGNEMENT s. m. Action de trépigner : *le trépignement des pieds.*

* TRÉPIGNER v. n. [gn. mll.]. Frapper des pieds contre terre, en les remuant d'un mouvement prompt et fréquent : *il trépigne de colère, d'impatience, de dépit.*

* TRÉPOINTE s. f. Bande de cuir mince que les cordonniers, les coffretiers, les bourreliers, etc., mettent entre deux cuirs plus épais qu'ils veulent coudre ensemble, afin de soutenir la couture.

TRÉPORT (Le), *Ulterior Portus*, ville et port de l'arr. et à 28 kil. N.-E. de Dieppe (Seine-Inférieure), sur la Manche, dans une riche et riante vallée, à l'embouchure de la Bresle ; 5,000 hab. Le Vieux-Tréport est construit sur le versant de hautes falaises, le Nouveau-Tréport s'étend sur le rivage et renferme un établissement de bains de mer très fréquenté, en raison de la beauté de la plage. Élégant casino.

* TRÈS [trè] (du lat. *trans*, au delà). Particule qui marque le superlatif absolu, et qui se joint à un adjectif, à un participe ou à un adverbe : *bon*, *très bon ; mauvais*, *très mauvais.*

TRÉSEAU s. m. Agric. Assemblage de treize gerbes.

* TRÉ-SEPT s. m. [tré-sèt] (lat. *très*, trois ; franç. *sept*). Sorte de jeu de cartes, ainsi nommé à cause de l'importance qu'on y donne aux nombres trois et sept : *jouer au tré-sept.*

* TRÈS-FOND s m. Voy. Tréfond.

* TRÉ-HAUT s. m. Dieu : *le Très-Haut.*

* TRÉSOR s m. [tré-zor] (lat. *thesaurus*). Amas d'or, d'argent, ou d'autres choses précieuses mises en réserve : *riche trésor.* — Lieu où le trésor est renfermé : *il a toujours sur lui la clef de son trésor.* — Lieu où l'on garde les reliques et les ornements. Se dit aussi de ces reliques et de ces ornements. — Trésor public, trésor de l'État, les revenus de l'État, les sommes destinées au service public : *cette guerre a épuisé le trésor de l'État, le trésor public.* — Tout ce qui est d'une excellence, d'une utilité singulière : *un véritable ami est un grand trésor.* — Amas, réunion, assemblage de diverses choses bonnes ou mauvaises : *il est dit dans l'Évangile : Amassez-vous des trésors que les vers et la rouille ne puissent point gâter, et que les voleurs ne puissent point dérober.* — Toutes les choses pour lesquelles on a un grand attachement : *l'Évangile dit : Là où est votre tré-*

sor, là est votre cœur. — pl. Grandes richesses. — Législ. « On nomme *trésor* « une chose « cachée ou enfouie sur laquelle personne ne « peut justifier sa propriété et qui est décou- « verte par le pur effet du hasard. » Le trésor appartient au propriétaire de l'immeuble ou de l'objet mobilier dans lequel il est trouvé, lorsque c'est le propriétaire lui-même qui le trouve, ou lorsque la recherche en a été faite par son ordre. Mais si le trésor est découvert par hasard, il appartient pour moitié à l'inventeur, c'est-à-dire à celui qui l'a découvert dans la propriété d'autrui, et pour l'autre moitié au propriétaire (C. civ. 716). L'usufruitier de la chose dans laquelle le trésor a été trouvé par un tiers n'y peut prétendre aucun droit (id 598). Les objets trouvés en pleine mer ou recueillis sur le rivage comme épaves, sans que personne puisse en réclamer la propriété, appartiennent pour un tiers aux inventeurs et pour le surplus à la caisse des Invalides de la marine (Déclaration : 15 juin 1735). — L'administration des finances de l'État reçoit le nom de *Trésor public ;* et la loi en fait une personne civile, représentée par les agents de ladite administration. Ainsi l'article 69 du Code de procédure civile distingue l'État régisseur du domaine public de l'État administrateur des finances du pays. La loi du 5 sept. 1807 règle les droits de privilège et d'hypothèque légale que les articles 2098 et 2121 du Code civil attribuent au Trésor public sur tous les biens des comptables chargés de la recette et du paiement de ses deniers. » (Ch. Y.)

* TRÉSORERIE s. f. Lieu où l'on garde et où l'on administre le trésor public : *aller à la trésorerie.* — Se dit, en Angleterre, de ce qu'on appelle en France le département des finances : *le premier lord de la trésorerie ; les lords de la trésorerie.* — Se disait autrefois du bénéfice dont était pourvu celui qu'on appelait trésorier dans un chapitre : *la trésorerie de la sainte Chapelle de Paris.* — Maison affectée pour le logement du trésorier d'une église.

* TRÉSORIER s. m. Officier établi pour recevoir et pour distribuer les deniers d'un roi, d'un prince, d'une communauté, etc. : *trésorier de la maison du roi.* — Trésoriers de France, officiers qui étaient préposés pour travailler à la répartition des tailles, et pour connaître de plusieurs autres affaires de finances, du domaine, des ponts et chaussées, et des chemins publics : *trésorier de France en la généralité de Paris.* — Celui qui était pourvu d'une dignité ecclésiastique qu'on appelait Trésorerie, et qui était la première dignité dans quelques chapitres : *trésorier de la sainte Chapelle.* — Trésorier-payeur général, officier qui remplit dans un département les fonctions réunies de receveur général et de payeur. — Adm. « Le *trésorier-payeur général* est un fonctionnaire qui a les attributions d'un receveur particulier dans l'arrondissement chef-lieu du département, qui, en outre, centralise le service des recettes et des dépenses du Trésor public pour le département tout entier, et qui est en même temps chargé des fonds de la caisse des dépôts et consignations, du service des recettes et des dépenses départementales, etc. Ce fonctionnaire est nommé, ainsi que les receveurs particuliers placés sous ses ordres, par le chef de l'État, sur la présentation du ministre des finances. Il prête serment devant la cour des comptes. Il verse un cautionnement fixe de 6.000 fr. (Décr. 21 nov. 1865), et une commission sur les recettes ainsi que sur les paiements qui passent par ses mains. Son cautionnement doit être égal à six fois le montant de ses émoluments de toute nature. Il doit justifier de la propriété de la moitié au moins de ce cautionnement (Décr. 23 sept. 1872). Les trésoriers généraux sont autorisés

à avoir des fondés de pouvoirs permanents, lesquels doivent être agréés par le préfet. » (Ch. Y.)

* TRÉSORIÈRE s. f. Celle qui, dans une communauté, dans une association, reçoit les revenus, le montant des souscriptions, etc. : *la supérieure de cette communauté en est aussi la trésorière.*

TRESSAGE s. m. Action de tresser.

* TRESSAILLEMENT s. m. Agitation, émotion subite d'une personne qui tressaille : *il est sujet à des tressaillements.* — Tressaillement de nerfs, mouvement soudain et convulsif dans les nerfs. Tressaillement d'un nerf, déplacement d'un nerf. Ces locutions ne sont point usitées dans le langage médical.

* TRESSAILLI, IE part. passé de Tressaillir. — Vulgairement. Nerf tressailli, nerf déplacé, nerf sorti de sa place par un effort violent. Cette locution n'est point usitée dans le langage médical.

* TRESSAILLIR v. n. (lat. *transilire*). Je tressaille, tu tressailles, il tressaille ; quelques prosateurs célèbres ont écrit, par euphonie, Il tressaillit, au présent de ce verbe : *nous tressaillons, vous tressaillez, ils tressaillent. Je tressaillis. Je tressaillirai. Je tressaillirais. Que je tressaille. Que je tressaillisse. Tressaillant.)* Être subitement ému, éprouver une agitation vive et passagère : *il tressaille de joie.*

TRESSAILLURE s. f. Fentes du vernis d'une poterie tressaillée.

TRESSAUT s. m. Sursaut.

TRESSAUTER v. n. Sursauter, tressaillir.

* TRESSE s. f. (du gr. *tricha*, en trois parties). Tissu plat fait de petits cordons, ou de fils, de cheveux, etc., entrelacés : *tresse de cheveux.* — Se dit aussi des cheveux assujettis sur trois brins de soie, dont les perruquiers font les perruques.

* TRESSER v. a. Mettre, arranger en tresses : *tresser des cheveux.*

* TRESSEUR, EUSE s. m. Celui, celle qui tresse des cheveux pour en faire une perruque.

TRESSOIR s. m. Instrument sur lequel on tresse les cheveux.

TRESTAILLON, nom de l'un des chefs de la terreur blanche dans le Midi.

* TRÉTEAU s. m. (bas lat. *trestellus*). Pièce de bois longue et étroite, portée ordinairement sur quatre pieds, et qui sert à soutenir des tables, des échafauds, des théâtres, etc. : *il faut deux tréteaux pour soutenir le dessus d'une table.* — Se dit souvent, au pluriel, d'un théâtre d'opérateur, de saltimbanque, de farceur ; et, par ext., d'un théâtre où l'on représente des pièces bouffonnes et populaires : *c'est un comédien qui n'est fait que pour monter sur les tréteaux.* — Fig. Monter sur les tréteaux, monter sur le théâtre, se faire comédien.

TRETS, *Trittis, Trittia.* ch.-l. de cant., arr. et à 23 kil. S.-E. d'Aix (Bouches-du-Rhône) ; 2,300 hab.

* TREUIL s. m. [l mll] (du lat. *torculum*). Cylindre de bois qu'on fait tourner au moyen de leviers, et autour duquel se roule une corde qui sert à élever ou à tirer des fardeaux. — Le *treuil simple* se compose d'un rouleau dont les tourillons prennent appui sur des supports et auxquels le mouvement est communiqué par une manivelle. La position du rouleau est, suivant les circonstances, horizontale ou verticale. L'avantage mécanique qui résulte du treuil simple dépend de la longueur de la manivelle comparativement au rayon du rouleau. — Dans le *treuil composé*, la puissance est appliquée à l'extrémité de la manivelle qui, fixée sur l'axe du

pignon, transmet cette puissance à une roue montée sur l'axe du rouleau autour duquel s'enroule un câble qui porte la résistance.

TREUVER v. a. Ancienne forme du mot trouver.

* **TRÊVE** s. f. (lat. *treuga*). Suspension d'armes, cessation de tout acte d'hostilité pour un certain temps, par convention faite entre deux États, entre deux partis qui sont en guerre : *trêve de tant de jours, de mois, d'années.* — TRÊVE MARCHANDE, trêve durant laquelle le commerce est permis entre deux États qui sont en guerre. — Relâche : *son mal ne lui donne point de trêve, ne lui donne ni paix ni trêve.* — Fig. et fam. TRÊVE DE CÉRÉMONIE, TRÊVE DE COMPLIMENTS, ne faisons plus de cérémonie, plus de compliments. — TRÊVE DE RAILLERIE, FAISONS TRÊVE A NOS RAILLERIES, cessons de railler. FAITES TRÊVE A VOS PLAINTES, suspendez vos plaintes. — Trêve de Dieu (lat. *treuga Dei*, ou *treva Dei*; de l'allemand *Treue*, bonne foi). Institution du moyen âge, destinée à mitiger la violence des guerres privées, en interdisant les hostilités, depuis le jeudi soir jusqu'au dimanche soir de chaque semaine, ainsi que pendant tout le temps de l'Avent et du Carême, et à certains jours fériés. La trêve de Dieu fut inaugurée après la grande famine de 1028-'30 par les évêques d'Aquitaine; de là elle se propagea par toute la France. Le concile de Clermont lui donna de l'extension, et elle fut renouvelée par Calixte II au concile de Reims, en 1119. Elle disparut lorsque les états européens commencèrent à jouir de la paix intérieure.

TRÈVES, ch.-l. de cant., arr. et à 10 kil. N.-O. du Vigan (Gard); 400 hab.

TRÈVES (all. *Trier*, anc. *Treveri*, *Treviri*, *Augusta Trevirorum*), ville de la Prusse rhénane, sur la Moselle, à 95 kil. S.-O. de Coblentz; 32,972 hab. Vieille cathédrale romane, avec des autels, des tombeaux, des missels et des reliques remarquables. Parmi celles-ci se trouve la sainte tunique que les pèlerins révèrent comme le véritable vêtement sans couture du Christ, et qu'ils croient avoir été déposée dans l'église par l'impératrice Hélène, à qui l'on attribue la fondation de ce monument. L'université fondée en 1472, a été remplacée en 1798 par un gymnase qui contient une bibliothèque de 100,000 volumes appartenant à la ville. Les antiquités romaines sont plus nombreuses à Trèves qu'en aucune autre partie de l'Allemagne; la plus remarquable est le colossal quadrangle connu sous le nom de *porta nigra*. Fabriques de lainages et autres tissus. — Originairement occupée par les Treviri, tribu celtique de la Gaule Belgique, Trèves devint sous les Romains la capitale d'une province sous le nom d'Augusta Trevirorum. Sous les Francs, elle fit partie du royaume d'Austrasie, et appartint ensuite à la Lorraine, tantôt à l'Allemagne; au Xe siècle, elle fut annexée d'une manière définitive à l'empire. Plus tard, elle devint avec son territoire, sous le gouvernement de ses archevêques, le second électoral allemand. La ville de Trèves jouit des droits souverains depuis 1580 jusqu'à l'occupation française en 1794. L'électorat tout entier fut annexé à la France en 1797, et Trèves devint le ch.-l. du dép. de la Saar. En 1814, ce pays fut donné à la Prusse.

TRÉVIÈRES, ch.-l. de cant., arr. et à 19 kil. N.-O. de Bayeux (Calvados), sur l'Aure; 800 hab.

TRÉVILLE. Voy. LATOUCHE.

TREVIRANUS [re-vi-ra-nouss] I. (Gottfried-Reinhold), naturaliste allemand, né en 1776, mort en 1837. Il fut médecin et professeur de mathématiques à Brême. On remarque parmi ses œuvres *Biologie oder Philosophie*

---

der lebunden Natur (1802-'22, 6 vol.). — II. (Ludolf-Christian), son frère, botaniste, né en 1779, mort en 1864. Il fut successivement professeur à Berlin, à Rostock, à Breslau et à Bonn. Il est surtout connu par sa *Physiologie der Gewaechse* (1835-'39, 2 vol.).

TRÉVISAN, ANE s. et adj. De Trévise; qui appartient à ce pays ou à ses habitants.

TRÉVISE (ital. *Treviso*). I, province du N.-E. de l'Italie, sur le golfe de Venise; 2,437 kil. carrés; 352,538 hab. Elle est remarquablement fertile. Ses produits principaux sont : le chanvre, le lin, les céréales, le vin et le bois. — II, Cap. de cette province (anc. *Tarvisium*), sur le Silo, à 15 kil. N.-N.-O. de Venise; 28,291 hab. Elle a des fortifications et un palais de justice fameux. Au XIIIe siècle, Ezzelino da Romano s'empara de Trévise et y établit sa tyrannie; au XIVe siècle elle fut successivement sous la domination de Francesco della Scala de Vérone, de Venise, de l'Autriche et de Padoue. Elle appartint à Venise avec son territoire, de 1388 jusqu'à son occupation par les Français, sous les ordres de Mortier (plus tard duc de Trévise) en 1797. Elle devint en 1805, ch.-l. du Tagliamento. L'Autriche la posséda ensuite jusqu'en 1866.

TRÉZEL (Camille-Alphonse), homme d'État et officier français, né à Paris en 1780, mort en 1860. Il fut promu capitaine en 1810, fit les campagnes d'Espagne et de Russie, perdit un œil à la bataille de Ligny, devint maréchal de camp en 1829 et général de division en 1837. Il fut nommé ministre de la guerre en 1847.

TRÉZÈNE, l'une des plus antiques cités de l'ancienne Grèce, dans un district du Péloponèse nommé Trezenia, formant l'angle S.-E. de l'Argolide. C'était une ville maritime considérable; elle fonda Halicarnasse et Myndus en Carie, et se distingua dans les guerres avec la Perse. Ses ruines se trouvent auprès du village de Damala.

TRI, (lat. *tres*, trois), préfixe qui entre dans la formation d'un grand nombre de mots.

* **TRI** s. m. (fr. *trier*). Sorte de jeu d'hombre qu'on joue à trois, et où l'on ne conserve de la couleur de carreau que le roi : *une partie de tri*.

TRIACANTHE adj. (préf. *tri*; gr. *akantha*, épine). Qui porte trois épines.

TRIACLEUR s. m. Charlatan.

* **TRIADE** s. f. (gr. *trias*, nombre de trois). Philos. néo-platon. Unité composée de trois personnes ou hypostases. — ∿ Chim. (Voy. ATOMISTIQUE.) — Minér. (Voy. TRALLIUM.)

TRIADELPHE adj. (préf. *tri*; fr. *adelphe*). Bot. Se dit des plantes dont la fleur présente des étamines soudées par leurs filets en trois faisceaux distincts.

TRIADIQUE adj. Qui appartient à la triade.

TRIADIRZA. Voy. SOFIA.

* **TRIAGE** s. m. (rad. *trier*). Choix. Se dit tant de l'action par laquelle on choisit, que des choses choisies : *faire le triage.* — Eaux et Forêts. Se dit de certains cantons de bois, eu égard aux coupes qu'on en fait : *on coupe cette année tant d'arpents dans tel triage.*

* **TRIAIRES** s. m. pl. Antiq. Soldats du troisième corps de la légion romaine.

TRIA JUNCTA IN UNO loc. lat. qui signifie : *trois réunis en un.*

* **TRIANDRIE** s. f. (préf. *tri*; fr. *anér*, *andros*, mâle). Bot. Classe du système de Linné, qui renferme les plantes à trois étamines libres. La triandrie se divise en 3 ordres, suivant le nombre des pistils : 1° TRIANDRIE MONOGYNIE, à un pistil (*valériane, concombre, bryone, safran*); 2° TRIANDRIE DIGYNIE, à deux pistils (*brize, brome, froment, houque, vulpin*);

3° TRIANDRIE TRIGYNIE, à trois pistils (*amarenthe, camarine*, etc.)

* **TRIANGLE** s. m. (préf. *tri*; fr. *angle*). Géom. Figure qui a trois côtés et trois angles : *triangle équilatéral.* — TRIANGLE SPHÉRIQUE, celui dont les côtés sont des arcs de grands cercles de la sphère. — Nom que les astronomes donnent à une constellation de l'hémisphère boréal. Ils appellent de même TRIANGLE AUSTRAL, une constellation de l'hémisphère austral, qui n'est point visible dans nos climats. — Mus. Instrument d'acier fait en forme de triangle, et qu'on frappe intérieurement avec une tringle de même métal, pour accompagner certains airs de musique.

* **TRIANGULAIRE** adj. Qui a trois angles : *figure triangulaire.* — PRISME TRIANGULAIRE, prisme dont la base est un triangle.

TRIANGULAIREMENT adv. En forme de triangle.

TRIANGULATEUR s. m. Se dit d'un géomètre chargé de faire des triangulations.

* **TRIANGULATION** s. f. Action de faire les opérations trigonométriques nécessaires pour lever le plan d'un terrain; ou résultat de cette action.

TRIANON, *Triarnum*, village qui existait près de Versailles en 1664, fut détruit en 1669, pour faire place à un petit palais de fantaisie, nommé *Trianon de porcelaine*, détruit en 1687. Sur son emplacement, on érigea, d'après les plans de Mansart, pour Mme de Maintenon, le *Grand Trianon*, élégant petit château, en forme de fer à cheval et à un étage, qui se trouve un peu au N.-O. de la terrasse de Versailles. — A peu de distance au N.-E. du Grand Trianon, Louis XV fit élever, par Gabriel, pour Mme du Barry, le *Petit Trianon*, entouré d'un jardin anglais qui renferme une Temple de l'Amour et un hameau, où les dames de la cour jouaient aux bergères. Plus tard, le Petit Trianon fut témoin des parties fines de Marie-Antoinette.

TRIARGENTIQUE adj. Chim. Se dit d'un sel argentique qui contient trois fois autant de base que le sel neutre correspondant.

* **TRIAS** s. m. [tri-ass] (gr. *trias*, nombre de trois). Géol. Terrain sédimentaire composé de trois dépôts très distincts, les marnes irisées, le calcaire coquillier et le grès bigarré.

* **TRIASIQUE** adj. Géol. Qui appartient au trias. — FORMATION TRIASIQUE, la plus basse division des roches secondaires, au-dessus de la formation permienne et au-dessous du lias.

TRIATOMICITÉ s. f. Caractère des molécules triatomiques.

TRIATOMIQUE adj. (préf. *tri*; fr. *atomique*). Chim. Se dit des corps dont les atomes ont trois points d'attraction et peuvent se combiner avec un, deux ou trois équivalents.

TRIAUCOURT, ch.-l. de cant., arr. et à 25 kil. N.-O. de Bar-le-Duc (Meuse); 900 hab.

* **TRIBADE** s. f. (gr. *tribas*). Femme qui abuse du son sexe avec une autre femme.

TRIBASIQUE adj. (préf. *tri*; fr. *basique*). Chim. Se dit d'un sel qui contient trois fois autant de base que le sel neutre correspondant.

TRIBOMÈTRE s. m. (gr. *tribô*, je frotte; *metron*, mesure). Phys. Instrument qui sert à mesurer la force du frottement.

TRIBONIEN (Tribonianus), jurisconsulte romain, mort en 545. En 528, il fut un des dix commissaires choisis par Justinien pour rédiger son premier code, et en 530 il fut mis à la tête du comité chargé de compiler les Pandectes ou digestes des lois romaines. L'ouvrage fut terminé et promulgué en 533. En même temps, avec deux autres juristes, il ré-

digeait les quatre livres des *Institutes de Justinien* (533), et, prenait part à celle de son second code.

* **TRIBORD** s. m. Mar. Côté droit du navire, en partant de la poupe : *avoir les amures à tribord.* — Fig. et fam. FAIRE FEU DE TRIBORD ET DE BABORD, faire usage de tous ses moyens, de toutes ses ressources.

TRIBORDAIS s. m. Marin qui appartient à la partie de l'équipage qui fait le quart par tribord.

TRIBOUIL s. m. [*l* mll.]. Trouble, agitation.

TRIBOUILLER v. n. (rad. lat. *tribulare*, troubler). Être agité, tourmenté.

TRIBOULET s. m. (de *Triboulet*, fou de Louis XII et de François Ier). Fou, bouffon : *c'est un triboulet.*

TRIBOULET (Feurial, *dit*), célèbre bouffon de Louis XII et de François Ier, né à Foix-lez-Blois en 1479, mort vers 1536. Plusieurs des saillies qu'on lui attribue sont demeurées historiques.

* **TRIBRAQUE** s. m. (gr. *tribrakos*). Versific. Pied d'un vers grec ou latin composé de trois syllabes brèves.

* **TRIBU** s. f. (lat. *tribus*). On donnait ce nom, chez quelques nations anciennes, à certaines divisions qui formaient ensemble la totalité du peuple : *le peuple de la ville d'Athènes, de Rome, était divisé en tribus.* — Chez les Juifs, comprenait tous ceux qui étaient sortis d'un des douze patriarches : *les douze tribus d'Israël.* — Peuplade ou petit peuple, relativement à une grande nation dont il fait partie : *une tribu de Tartares.*

* **TRIBULATION** s. f. (lat. *tribulatio*). Affliction, adversité : *il a passé par bien des tribulations.* — S'emploie, particul., en parlant des adversités considérées dans des vues religieuses : *Dieu exerce, éprouve ses élus par des tribulations.*

* **TRIBUN** s. m. (lat. *tribunus*). Hist. antiq. Nom que portaient, à Rome, certains magistrats chargés de défendre les droits et les intérêts du peuple : *les tribuns du peuple étaient des personnes sacrées.* — TRIBUNS MILITAIRES, magistrats qui, durant un temps, eurent dans Rome toute l'autorité des consuls, mais qui étaient en plus grand nombre. — TRIBUNS DE LÉGION OU DES SOLDATS, officiers supérieurs qui commandaient tour à tour un corps de gens de guerre, une légion : *il y avait six tribuns dans chaque légion.* — Nom que portaient, en France, les membres du tribunat, corps politique qui avait été créé par la constitution de l'an VIII. — Fig. Orateur qui s'érige en défenseur des droits du peuple. — Factieux, démagogue qui cherche à entraîner le peuple en feignant le zèle du bien public.

C'est un homme d'État caché sous un tribun.

PONSARD. *Charlotte Corday,* acte III, sc. Ier.

— ENCYCL. A l'origine, on appela tribun un fonctionnaire romain qui présidait une des trois tribus des Ramnenses, des Titienses et des Luceres. Dans le cours de l'histoire romaine, ce nom a été appliqué à différents fonctionnaires ou officiers avec une autorité et des fonctions bien diverses. Les tribuns du peuple furent les plus importants. On créa cette charge en 494. Ils avaient autorité pour protéger les plébéiens contre les usurpations des magistrats patriciens, et leur personne était sacrée et inviolable. Il paraît y en avoir eu primitivement deux, qui étaient élus pour une année par les comices des centuries. En 471, l'élection fut confiée aux comices des tribus. Vers le même temps, le nombre en fut porté à cinq, et de 457 av. J.-C. jusqu'à la fin de l'empire, on en élut dix annuellement. Après le second décemvirat, ils devinrent des magistrats protecteurs de toutes les

classes, et leur simple veto avait le pouvoir d'annuler tout décret du Sénat et d'arrêter toute loi, sans assigner de cause ou de raison. Sous l'empire, leurs privilèges furent beaucoup restreints.

* **TRIBUNAL** s. m. (lat. *tribunal*). Siège du juge, du magistrat : *quand le juge est dans son tribunal.* — Juridiction d'un magistrat, ou de plusieurs qui jugent ensemble ; et ces magistrats mêmes : *tribunal civil.* — TRIBUNAL DE FAMILLE, assemblée de parents, qui jugent les contestations élevées entre mari et femme, père et mère, frère et sœur, etc. — LE TRIBUNAL DE LA PÉNITENCE, le lieu où l'on administre le sacrement de pénitence. — Fig. LE TRIBUNAL DE LA CONSCIENCE, la conscience même : *il n'y a point de tribunal plus redoutable, plus rigoureux que celui de la conscience.* — Fig. LE TRIBUNAL DE DIEU, la justice de Dieu : *il le cita en mourant au tribunal de Dieu.* — Archit. Partie postérieure des basiliques, qui a souvent la forme d'un hémicycle. — Législ. « La plus haute des juridictions qui, en France, porte le nom de tribunal est le *tribunal des conflits* dont nous avons fait connaître ailleurs les attributions et la composition. (Voy. CONFLIT.) — Les *tribunaux de première instance,* qui sont institués dans chaque arrondissement, sont répartis en trois classes, celui de la Seine mis à part. La première classe comprend ceux qui siègent dans les villes, dont la population atteint le chiffre de 80,000 hab., et en outre les tribunaux de Versailles et de Nice. La deuxième classe comprend les tribunaux siégeant dans les villes qui ont de 20,000 à 80,000 hab., et en outre le tribunal de Chambéry. Tous les autres tribunaux de première instance sont de la troisième classe. Le nombre des chambres composant chaque tribunal, celui des magistrats et des greffiers, sont déterminés par la loi du 30 août 1883, laquelle fixe, selon la classe, les traitements des présidents, vice-présidents, juges d'instruction, juges, procureurs de la République, substituts, greffiers et commis-greffiers. A Paris, le tribunal de première instance comprend 11 chambres, et le personnel est ainsi composé : 1 président, 14 vice-présidents, 22 juges d'instruction, 42 juges, 20 juges suppléants, 1 procureur de la République, 28 substituts, 1 greffier et 40 commis-greffiers. Les tribunaux de première instance connaissent en dernier ressort des actions personnelles et mobilières jusqu'à concurrence de 1,500 fr. en principal, et des actions immobilières jusqu'à 60 fr. de revenu. Ils siègent comme *tribunaux correctionnels* dans des audiences particulières, et ils exercent la juridiction commerciale, à défaut d'un tribunal de commerce dans leur ressort. Ils connaissent en appel des décisions rendues en premier ressort par les juges de paix. — Les *tribunaux de commerce* sont composés de juges élus dans les formes prescrites par la loi du 8 déc. 1883. Les fonctions de ces magistrats sont gratuites. La compétence des tribunaux de commerce s'étend sur tout l'arrondissement pour lequel ils sont institués, et elle s'applique à toutes les contestations relatives aux actes de commerce et aux faillites. Les *tribunaux de simple police* se composent exclusivement du juge de paix du canton. Il existe, en outre, des tribunaux spéciaux, tels que les *tribunaux militaires,* les *tribunaux maritimes,* les *tribunaux maritimes commerciaux,* etc. (Voy. JUGE, JUGEMENT, JUSTICE, etc.) »

(CH. Y.)

* **TRIBUNAT** s. m. Charge de tribun : *la puissance du tribunat était fort grande.* — Temps de l'exercice de cette charge : *durant son tribunat.* — Assemblée qui, en vertu de la constitution du 22 frimaire an VIII, avait pour fonction de discuter les projets de loi devant le Corps législatif et le Sénat, qui

votaient ensuite silencieusement. Le tribunal fut supprimé par le sénatus-consulte de 1807.

* **TRIBUNE** s. f. Lieu élevé d'où les orateurs grecs et les orateurs romains haranguaient le peuple : *la tribune aux harangues.* — Lieu élevé d'où parlent les orateurs : *la tribune de la chambre des députés.* — L'ÉLOQUENCE DE LA TRIBUNE, le genre d'éloquence propre aux débats des assemblées politiques. — LA TRIBUNE SACRÉE, la chaire où montent les ecclésiastiques pour parler au peuple. Il n'est que du style soutenu. — Lieu plus ou moins élevé, où se mettent certaines personnes qui doivent occuper une place séparée, dans les églises, dans les grandes salles d'assemblée publique : *la tribune des musiciens est mal placée.* — TRIBUNE D'ORGUES, grande tribune où est placé le buffet d'orgues, dans une église.

* **TRIBUNITIEN, IENNE** adj. [ni-si-ain] (lat. *tribunitius*). Antiq. rom. Qui appartient au tribunat : *les empereurs romains s'attribuèrent expressément la puissance tribunitienne.*

* **TRIBUT** s. m. (lat. *tributum*). Ce qu'un État paye à un autre de temps en temps, pour marque de dépendance : *les Valaques, les Moldaves payent tribut aux Turcs.* — ENFANTS DE TRIBUT, enfants que le Turc lève en certains pays par forme de tribut, sur les chrétiens qui sont ses sujets. — Se dit aussi des impôts que les princes lèvent dans leurs États : *le prince tire de grands tributs de ses sujets.* — Fig. Ce qu'on est obligé d'accorder, de souffrir, de faire : *l'estime, le respect est un tribut qu'on doit à la vertu, au mérite.*

Mais je veux à mon tour mériter les tributs
Que je me sens forcé de rendre à ses vertus.
J. RACINE. *Alexandre,* acte I, sc. II.

— IL A PAYÉ LE TRIBUT A LA MER, se dit d'un homme qui s'est embarqué sur mer pour la première fois, et qui s'en est trouvé incommodé. — PAYER LE TRIBUT A LA NATURE, mourir.

* **TRIBUTAIRE** adj. Qui paye tribut à un prince. Se dit principalement d'un État qui paye tribut à un autre État, à un prince, sous la domination ou sous la protection duquel il se trouve : *la Moldavie est tributaire du Grand Seigneur.* — s. *Les tributaires de la Turquie ; le Danube et ses tributaires.*

TRIC s. m. Mot inventé par les imprimeurs pour désigner le signal dont ils se servaient autrefois quand ils voulaient quitter l'ouvrage. Les ordonnances de François Ier (1541) et de Charles IX (1574) défendent aux compagnons imprimeurs de faire aucun *tric.*

TRICALCIQUE adj. Chim. Se dit d'un sel calcique qui contient trois fois autant de base que le sel neutre correspondant.

* **TRICEPS** adj. et s. m. [tri-sèpss] (mot lat.) Anat. Se dit de certains muscles qui ont trois faisceaux charnus à l'une de leurs extrémités : *muscle triceps brachial.*

TRICHER v. a. Tromper au jeu : *prenez garde, il vous triche.* — Absol. *Ne trichons point.* — Tromper en quelque chose ou se soit, mais principalement en de petites choses, et par des voies petites et basses : *cet homme-là triche, cherche à tricher.* — Rendre moins sensible un défaut de symétrie, de régularité, en le reprenant.

* **TRICHERIE** s. f. Tromperie au jeu : *il a gagné par tricherie.*

TRICHEUR, EUSE s. Celui, celle qui triche, qui trompe au jeu : *ne vous fiez pas à cet homme, c'est un tricheur.*

TRICHIASIS s. m. [tri-ki-a-ziss] (gr. *trichiasis*). Renversement des cils vers le globe de l'œil.

* **TRICHINE** s. f. [tri-ki-] (gr. *trichinos,* mince comme un cheveu). Sorte de petit ver extrêmement mince, de l'ordre des néma-

todes,qui se trouve dans les muscles du porc, et qui, porté par ingestion dans le corps de l'homme, y cause une maladie grave, quelquefois mortelle. La trichine (*trichina spiralis*) affecte deux formes; dans l'une, elle habite en grand nombre les muscles, où chaque animal se renferme dans un kyste. (Voy. notre fig.). Sous cette condition, elle est inoffensive et incapable de se développer davantage. Mais si une partie du muscle infecté, vient à être mangée par un animal vertébré à sang chaud , comme cela arrive souvent quand l'homme mange de la viande de porc, la trichine, introduite dans le canal alimentaire, se multiplie, et les jeunes qu'elle produit cherchent à s'enkyster, c'est-à-dire à se

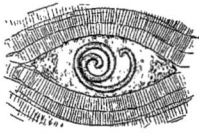

Trichine enkystée (grossie).

creuser une cellule dans les muscles et pour cela ils perforent les parois du canal alimentaire et voyagent dans les tissus du corps jusqu'à ce qu'ils aient trouvé le lieu qui leur convient. Les désordres causés dans l'économie par ce voyage du canal alimentaire aux muscles déterminent la maladie appelée trichinose. — En 1832, Paget découvrit ces vers, enkystés dans des muscles humains ; jusqu'à ces derniers temps, on les considéra comme ne possédant aucune importance pathologique. Mais en 1860, le professeur Zenker, de Dresde, prouva que leur présence coïncide avec une maladie particulière, qu'il appela *trichiniasis*. Il attribua l'origine de cette maladie à l'ingestion de viande de porc trichinée. — Chaque animal enkysté mesure 1/7 de millim. de long et présente la grosseur d'un cheveu; mais dans les intestins, la trichine peut devenir beaucoup plus grosse ; en une semaine la femelle, dont les organes générateurs prennent alors un grand développement, peut produire de 200 à 1,000 petits. On a découvert depuis que la trichine n'est pas un parasite particulier au porc, mais qu'elle envahit aussi les muscles de plusieurs autres animaux. En 1880, on constata le fait de deux soldats français morts d'une trichinose contractée en mangeant de la viande d'oie. Presque en même temps, le Dr Glendenning constatait la présence de ces dangereux animaux dans le corps d'un brochet pêché près d'Ostende.

TRICHINÉ, ÉE adj. Envahi par les trichines.

TRICHINEUX, EUSE adj. Qui est attaqué de trichines.

TRICHINOPOLY [tritch-inn-opp'-ʊ-li], ville de l'Inde anglaise, capitale du district du même nom dans la présidence de Madras, sur le Cavery, à 300 kil. S.-S.-O. de la ville de Madras, à laquelle un chemin de fer la relie ; 76,530 hab. Elle a une forteresse sur un roc granitique de 600 pieds de haut ; la ville indigène était autrefois renfermée dans les murailles de cette forteresse. L'île de Seringham, dans la rivière, est fameuse par ses pagodes. Fabriques de tissus de coton, de quincaillerie, de harnais, de cigares, d'indigo, de joaillerie. Trichinopoly joua un rôle important dans les luttes entre la France et l'Angleterre, et échut à celle-ci en 1801.

TRICHINOSE s. m. (rad. *trichine*). Maladie souvent fatale, dont les symptômes ressemblent à ceux du rhumatisme aigu, et qui est causée par la présence de vers nommés trichines. Le meilleur remède est préventif : il consiste à ne présenter sur la table que des

viandes bien cuites, ayant subi l'influence d'une haute chaleur pendant un temps suffisant pour tuer les parasites qu'elles peuvent recéler.

TRICHISME s. m. [tri-ki] (gr. *trichismos*). Fracture filiforme d'un os.

TRICHOTOME adj. [tri-ko-to-me] (gr. *tricha*, en trois ; *tomé*, section). Qui se divise en trois.

TRICHOTOMIE s. f. Division par trois.

TRICK s. m. (angl. *trik*, levée) Levée au wisht.

TRICLINIQUE adj. (préf. *tri*; gr. *kliné*, lit). Minér. Se dit d'un cristal dont les 3 axes sont inclinés les uns relativement aux autres.

* **TRICLINIUM** s. m. [tri-kli-ni-omm] (mot lat.). Antiq. rom. Salle à manger où il y a trois lits, sur chacun desquels se plaçaient trois convives.

* **TRICOISES** s. f. pl. (holl. *trek-ijser*, fer à tirer). Tenailles dont se servent les maréchaux, pour ferrer et déferrer les chevaux.

* **TRICOLOR** s. m. (préf. *tri*; lat. *color*, couleur). Plante, espèce d'amarante à grandes feuilles, qui d'abord ne sont que vertes, et qui ensuite deviennent mêlées de jaune, de vert et de rouge : *mettre des tricolors dans des vases*.

* **TRICOLORE** adj. De trois couleurs : *fleur tricolore*. — S'applique particul. aux couleurs adoptées par les Français en 1789, et qui sont le bleu, le blanc et le rouge : *drapeau, pavillon tricolore*.

* **TRICORNE** s. m. Chapeau à trois cornes, et abusiv. chapeau de gendarmes. — Adjectiv. *Un chapeau tricorne*.

* **TRICOT** s. m. Sorte de tissu fait en mailles, soit à la main, avec de longues aiguilles émoussées, soit au métier : *un habit de tricot*.

* **TRICOT** s. m. Bâton gros et court. N'est usité que dans le langage familier, et lorsqu'on parle de battre quelqu'un : *si je prends un tricot*.

* **TRICOTAGE** s. m. Travail d'une personne qui tricote ; ouvrage qu'elle fait : *apprendre le tricotage*.

* **TRICOTER** v. a. Former des mailles avec un fil, à l'aide de certaines aiguilles longues et émoussées, pour faire des bas, des camisoles et autres ouvrages : *tricoter des bas*. — Se dit aussi des dentelles de fil ou de soie qui se font sur un oreiller avec des épingles et des fuseaux : *tricoter de la dentelle*.

* **TRICOTETS** s. m. pl. Espèce particulière de danse : *danser les tricotets*.

* **TRICOTEUR, EUSE** s. Celui, celle qui tricote — s. f. pl. S'est dit, pendant la Révolution, des femmes du peuple qui assistaient aux séances de la Convention, des assemblées populaires, du tribunal révolutionnaire : *les tricoteuses de Robespierre*.

TRICOUPIS (Spiridion) [tri-kou'-piss], historien grec, né en 1791, mort en 1873. Il remplit des fonctions importantes à Athènes après la révolution grecque, et fut ministre de Grèce à Londres à plusieurs reprises. Son principal ouvrage est une *Histoire de la Révolution grecque* (2e édit. 1862, 4 vol.).

* **TRICTRAC** s. m. (onomat. du bruit des dés). Espèce de jeu où l'on joue avec deux dés et trente dames, quinze d'une couleur, et quinze d'une autre, dans un tablier qui consiste en deux compartiments, chacun marqué par de petites flèches d'ivoire, qui sont alternativement de deux couleurs différentes, et sur lesquelles on place les dames conformément aux règles du jeu : *le jeu de trictrac, du trictrac*. — Tablier, meuble dans lequel on joue : *grand trictrac*.

TRICUSPIDE adj. (préf. *tri*; lat. *cuspis*, pointe). Qui est muni de trois pointes. — Anat. **VALVULE TRISCUSPIDE**, repli membraneux qui se trouve à l'ouverture de communication de l'oreillette droite du cœur avec le ventricule correspondant.

* **TRICYCLE** s. m. (préf. *tri*; lat. *kuklos*, cercle). Voiture qui va sur trois roues.

TRIDACE s. f. (gr. *thridax*, laitue). Bot. Genre de composées senecionnées, dont l'espèce type croît dans l'Amérique du Sud.

* **TRIDACTYLE** adj. (préf. *tri*; gr. *daktulos*, doigt). Zool. Qui a trois doigts.

* **TRIDE** adj. (angl. *trad*, allure). Man. Vif, prompt, serré : *ce cheval a des mouvements trides*.

* **TRIDENT** s. m. (lat. *tridens*). Fourche à trois dents ou pointes, que les poètes et les peintres donnent pour sceptre à Neptune : *Neptune avec son trident*. — Sorte de fourche à trois pointes, avec laquelle on perce des poissons.

TRIDENTÉ, ÉE adj. Qui présente trois dents ou épines.

TRIDENTIN, INE s. et adj. De Trente; qui appartient à cette ville ou à ses habitants.

TRIDIGITÉ, ÉE adj. (préf. *tri*; lat. *digitus*, doigt). Qui a trois doigts.

* **TRIDI** s. m. (préf. *tri*; lat. *dies*, jour). Le troisième jour de la décade, dans le calendrier républicain.

* **TRIDUO** s. m. Exercices religieux qui durent trois jours.

TRIE, ch.-l. de cant., arr. et à 30 kil. N.-E. de Tarbes (Hautes-Pyrénées), sur la Blaize ; 1,500 hab.

TRIÈDRE adj. (préf. *tri*; gr. *edra*, base). Qui offre trois faces.

* **TRIENNAL, ALE, AUX**, adj. [trienn-nal] (préf. *tri*; lat. *annus*, année). Qui dure trois ans : *jusqu'en 1717, le parlement d'Angleterre fut triennal*. — Qui est conféré pour trois ans, ou qui est élu, nommé pour trois ans : *emplois triennaux*. — Se disait plus ordinairement autrefois des charges qui ne s'exerçaient que de trois années l'une, et des titulaires qui en étaient pourvus : *office triennal*.

* **TRIENNALITÉ**, s. f. Ne se dit guère qu'en parlant d'un emploi, d'une dignité, d'une administration dont l'exercice dure trois ans.

* **TRIENNAR** s. m. Espace de trois ans, exercice d'un emploi pendant trois ans.

* **TRIER** v. a. Choisir, tirer d'un plus grand nombre avec choix, avec préférence : *trier des raisons*.

TRIER [tri̇r]. Voy. **TRÈVES**.

* **TRIÉRARCHIE** s. f. [-chî]. Charge de triérarque.

* **TRIÉRARQUE** s. m. (gr. *trierés*, galère; *arké*, commandement). Antiq. Capitaine de galère. A Athènes, on étendait cette dénomination aux citoyens obligés par la loi d'armer une galère et de l'équiper, du moins en grande partie : *les triérarques fournissaient les galères, et ne les commandaient pas toujours*.

TRIESTE (all. *Triest*). I. District de l'Autriche cisleithane, sur l'Adriatique, faisant partie du *Littoral*; 94 kil. carr.; 132,000 hab. — II, cap. de ce district (anc. *Tergeste*); le principal port de l'Autriche, sur la côte N.-E. de l'Adriatique, au fond du golfe de Trieste, à 120 kil. E.-N.-E. de Venise ; 109,324 hab. Le plus bel édifice de la ville est la chambre de commerce. On remarque le monument de Winckelmann, qui fut assassiné à Trieste; œuvre de Rosetti ; et la nouvelle église protestante. Les bâtiments du Lloyd

Autrichien s'appellent le Tergestum. (Voy. LLOYD.) Trieste est italienne d'aspect et de langue, quoiqu'on y parle beaucoup l'allemand. Plus de 8,000 vaisseaux entrent dans le port annuellement. — La plus ancienne mention que l'histoire fasse de Trieste date de 51 av. J.-C. C'est Auguste qui jeta les fondements de sa prospérité. Au moyen âge, Trieste devint indépendante sous le gouvernement de son évêque, qui, peu à peu, vendit aux habitants les privilèges d'une cité libre. Après de longues guerres avec le patriarche d'Aquilée, les citoyens se soumirent volontairement à la maison d'Autriche, en 1382. Marie-Thérèse en fit son port franc en 1750. En 1849, la ville et le district reçurent le privilège d'un gouvernement municipal autonome, et, en 1867, ils devinrent partie constituante de la province du Littoral.

* **TRIEUR, EUSE** s. Personne que l'on emploie à faite le triage des chiffons, des épingles, etc. — s. f. Machine à éplucher la laine.

TRIFACIAL, ALE adj. Qui se distribue à trois parties de la face.

* **TRIFIDE** adj. (préf. *tri*; lat. *findere*, fendre). Bot. Qui a trois divisions : *calice trifide*.

TRIFOLIÉ, ÉE adj. (préf. *tri*; lat. *folium*, feuille). Bot. Dont les feuilles sont disposées par trois au bout du pétiole.

TRIFORIUM s. m. (préf. *tri*; lat. *foris*, porte). Archit. Galerie régnant au pourtour d'une église au-dessus des archivoltes et ayant presque toujours trois ouvertures à chaque travée.

TRIFOUILLER v. a. Bouleverser, émouvoir.

* **TRIGAUD, AUDE** adj. Qui n'agit pas franchement, qui se sert de détours, de mauvaises finesses : *il est trigaud*. — s. *Cette femme est une grande trigaude.*

* **TRIGAUDER** v. n. N'agir pas franchement, se servir de mauvais détours, de mauvaises finesses : *il ne fait que trigauder*.

* **TRIGAUDERIE** s. f. Action de trigaud : *ne voyez-vous pas que c'est une triganderie*

* **TRIGLE** s. m. (lat. *trigla*). Icht. Genre de poissons à joues cuirassées comprenant plusieurs espèces appelées, *grondin, rougets*, etc. (Voy. ces mots.) On en détache quelquefois, sous le nom de dactyloptères, les *poissons volants* (*trigla volitans*), dont les pectorales sont tellement développées qu'elles peuvent fonctionner comme des ailes, tant qu'elles sont mouillées, ce qui permet à ces poissons de s'élancer hors de l'eau et de voler pendant quelques secondes pour échapper aux poissons qui les poursuivent. De même que l'*exocet*, qui appartient à une toute autre famille, le dactyloptère rompt la monotonie de l'Océan, comme l'oiseau dissipe celle des forêts. Sa chair est très estimée.

* **TRIGLYPHE** s. m. (préf. *tri*; gr. *gluphê*, gravure). Archit. Partie, ornement de la frise dorique, qui représente l'extrémité des solives posée sur l'architrave, et qui a ordinairement des rainures profondes et verticales : *les triglyphes sont séparés par les métopes.*

TRIGONAL, ALE adj. (préf. *tri*; gr. *gonia*, angle). Triangulaire.

TRIGONE adj. (préf. *tri*; gr. *gónia*, angle). Qui offre trois angles.

TRIGONOCÉPHALE adj. [-sé-fa-] (gr. *trigónos*, triangulaire; *kephalê*, tête). Zool. Qui a la tête triangulaire. — s. m. pl. Genre de serpents venimeux à crochets simples, voisin des crotales, dont il ne se distingue que par l'absence de sonnettes. Parmi les espèces les plus dangereuses, nous citerons le *trigonocé-*

Trigonocéphale à tête cuivrée.

phale à tête cuivrée (*trigonocephalus contortrix*, Lin.) animal de l'Amérique du Nord où on l'appelle copperhead. Il est presque aussi redoutable que le serpent à sonnettes.

* **TRIGONOMÉTRIE** s. f. (gr. *trigônon*, triangle; *metréo*, je mesure). Partie de la géométrie qui enseigne à calculer tous les éléments d'un triangle, quand un certain nombre de ces éléments sont donnés. TRIGONOMÉTRIE RECTILIGNE, celle qui enseigne à calculer les triangles rectilignes; et, TRIGONOMÉTRIE SPHÉRIQUE, celle qui enseigne à calculer les triangles sphériques : *entendre bien la trigonométrie*. — ENCYCL. Le but pratique de la trigonométrie est de mesurer indirectement une hauteur à une distance qu'il serait incommode ou impossible de mesurer directement. La trigonométrie se divise en *trigonométrie rectiligne* et en *trigonométrie sphérique*; la première traite des surfaces triangulaires planes, la dernière des triangles sphériques. Dans les levers de plans et dans les opérations ordinaires de l'ingénieur, c'est la trigonométrie rectiligne que l'on emploie ordinairement. Pour les problèmes plus élevés de la navigation, pour les opérations du génie conduites sur une grande échelle, comme dans le relevé des côtes, et pour l'astronomie, la trigonométrie sphérique est indispensable. Mais les principes généraux sont les mêmes pour l'une et pour l'autre, comme la trigonométrie sphérique consiste essentiellement en une extension des principes de la géométrie rectiligne, nous nous bornerons à l'étude de celle-ci. Dans tout plan triangulaire, il y a six éléments à considérer : trois côtés et trois angles. Les angles dépendent des proportions des côtés, et inversement les proportions des côtés dépendent des angles. Si nous connaissons les trois angles, nous pourrions trouver le rapport de chacun des côtés relativement aux deux autres; mais nous ne trouverons la longueur d'aucun d'eux; il s'ensuit, qu'il est nécessaire, pour la détermination complète de tous les éléments d'un triangle, que nous connaissions la longueur d'un côté au moins. Dans le calcul des éléments inconnus d'un triangle on emploie certains rapports, appelés fonctions trigonométriques, lesquels dépendent des angles. Ainsi, dans le triangle rectangle,

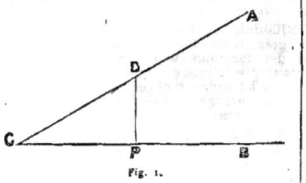

Fig. 1.

C P D (fig. 1), le rapport de P D à C D, s'appelle le sinus de l'angle en C, et le rapport de C P à C D le cosinus de l'angle en C. Le rapport du sinus au cosinus, ou de P D à C P, s'appelle la tangente de l'angle en C. Si le cosinus est soustrait de l'unité, le reste s'appelle « sinus verse ». Dans la pratique, ces

termes s'abrègent toujours ; ils indiquent tous des nombres dépendant de la valeur de l'angle, et c'est ce qu'on appelle les fonctions trigonométriques. Un seul exemple de l'usage que l'on fait de ces fonctions montrera comment l'on peut faire des mensurations qui, sans elles, seraient impossibles. Supposons une personne en B (fig. 2), sur le bord d'une rivière, et, sur le bord opposé, une haute colline dont l'observateur veut connaître la hauteur perpendiculaire (H X) au-dessus de la plaine C B. A l'aide de son instrument, il trouve l'équivalent numérique de l'angle d'élévation X B H. En soustrayant ce chiffre de 180°, il trouve l'angle H B C. Ensuite il mesure en arrière à partir de la rivière, soit 1,000 m. jusqu'en C. Il prend alors une autre observation du sommet et trouve l'angle H C X. Le reste est une affaire de calcul et de recherches dans les tables. La géométrie nous apprend que si, de l'angle H B X on soustrait l'angle H C B, on aura l'angle C H B. La trigonométrie montre que, dans tout triangle les sinus de deux angles quelconques sont l'un à l'autre comme les côtés opposés à ces angles. En consultant une

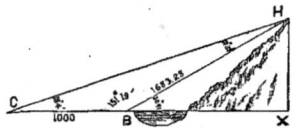

Fig. 2.

table de sinus naturels, on trouve la fraction qui exprime le sinus de C H B et celui de H C B. On a mesuré le côté C B, qui est dès maintenant la proportion suivante : C B est au sinus de C H B comme C B au sinus de H C B. En opérant les calculs, qui se font beaucoup plus facilement au moyen des logarithmes, nous avons la distance de B à H. On applique maintenant le même procédé au triangle B H X, et on a la proportion : B H est à H X comme le sinus de l'angle B X H est au sinus de l'angle H B X. Nous n'avons ici employé que les sinus; mais toutes les autres fonctions peuvent être utilisées suivant la nature du problème. — Voici un autre exem-

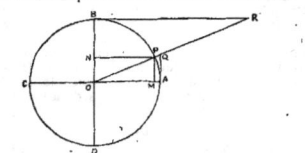

Fig. 3.

ple qui fera comprendre les procédés de la trigonométrie. Soit un cercle A B C D, dont le centre est O, et qu'une ligne droite O P R, coupe en P. En P, menons la ligne P M, perpendiculaire à O A, et P N, perpendiculaire à O B. En A, menons A Q perpendiculaire à O A et en B, traçons B R, perpendiculaire à O'B. Représentons par a la grandeur de l'angle P O A, évaluée en termes d'une unité quelconque; alors, P M est appelé le sinus de l'arc P A; O M est le cosinus du même arc; B R en est la cotangente et O R la cosécante. Pour le même angle a, et avec le même rayon O'A, l'arc P A, restera constant, aussi bien que son sinus, son cosinus, etc. Mais si, tandis que l'angle reste le même, le rayon augmente ou diminue, l'arc, son sinus, son cosinus, etc., augmenteront ou diminueront. Donc, si nous divisons, le sinus, le cosinus, etc., de l'arc par le rayon, nous obtiendrons une série de raisons, qui restent constantes

pour le même angle quelque puisse être le rayon. Ces raisons sont les fonctions trigonométriques de l'angle. On peut les obtenir, comme il a été établi, en divisant les fonctions de l'arc par le rayon. Mais à l'aide des triangles semblables de notre fig. 3, on peut facilement les exprimer en termes des côtés du triangle P O M, et l'on dit :

$$\text{Sinus } a = \frac{PM}{OP}$$
$$\text{Cosinus } a = \frac{OM}{OP}$$
$$\text{Tangente } a = \frac{PM}{OM}$$
$$\text{Cotangente } a = \frac{OM}{PM}$$
$$\text{Sécante } a = \frac{OP}{OM}$$
$$\text{Cosécante } a = \frac{OP}{PM}$$

La méthode de déterminer les parties inconnues d'un triangle est basée, pour la plus grande partie, sur les formules suivantes, dans lesquelles A, B, C, sont les angles du triangle, et a, b, c, les côtés respectivement opposés à ces angles :

$$\frac{\sin A}{a} = \frac{\sin B}{b} = \frac{\sin C}{c};$$
$$\cos A = \frac{b^2 + c^2 - a^2}{2bc}$$

* TRIGONOMÉTRIQUE adj. Qui appartient à la trigonométrie : *calcul trigonométrique.*

* TRIGONOMÉTRIQUEMENT adv. Suivant les règles de la trigonométrie : *cette carie a été levée trigonométriquement.*

TRIJUMEAU, ELLE s. (préf. *tri;* fr. *jumeau*). Enfant né avec deux autres, d'une même couche.

* TRIL s. m. [tril]. Mus. Voy. TRILLE.

* TRILATÉRAL, ALE adj. (préf. *tri;* fr. latéral). Qui a trois côtés.

* TRILATÈRE s. m. Synon. de TRIANGLE.

TRILINGUAL, ALE adj. Qui est en trois langues. On dit aussi TRILINGUE.

TRILINGUE adj. [tri-lain-ghe] (préf. *tri;* fr. *lingua,* langue). Qui sait trois langues. — Qui est en trois langues.

* TRILLE s. m. [*ll* mll.] (ital. *trillo*). Mus. Qui est une altération de l'italien *Trillo,* tremblement. Battement de gosier qui se fait ordinairement sur l'avant-dernière note d'une phrase de chant, et qu'on appelait autrefois cadence.

* TRILLION s. m. [tri-li-on]. Arith. Mille billions ou mille fois mille millions.

TRILOBÉ, ÉE adj. (préf. *tri;* fr. *lobe*). Se dit des organes divisés en trois lobes.

TRILOBITE s. m. (rad. *trilobe*). Crust. Groupe de crustacés fossiles, ainsi appelés parce que leurs corps est divisé en trois lobes. Leur forme générale est ovale, divisée en trois régions bien définies, la tête en bouclier, le thorax et l'abdomen; ces deux dernières sont composées de plaques semi-circulaires ou segments, dont le nombre varie, et les mouvements permettent à l'animal de se rouler en boule comme la cloporte et certains autres insectes (*oniscus; armadillo*). Certains genres, paraît-il, n'avaient pas d'yeux; d'autres en avaient dans la jeunesse et les perdaient en vieillissant; d'autres encore en avaient deux bien formés, composés, à facettes, proéminents, souvent parfaitement conservés à l'état fossile. On a distingué chez quelques-unes des traces de bouche; mais on n'a trouvé aucune trace des antennes, qui étaient, sans doute, courtes et peu développées. Les trilobites comptent parmi les plus anciens des articulés; bien qu'il n'y en ait

pas aujourd'hui un de vivant, ils abondaient pendant la période paléozoïque, et étaient presque les seuls représentants de leur classe.

* TRILOGIE s. f. (préf. *tri;* gr. *logos,* discours). Antiq. grecque. Nom donné à l'ensemble des trois tragédies que présentaient les poètes dramatiques lorsqu'ils concouraient pour obtenir la couronne, et qui formaient la partie la plus importante de la tétralogie. (Voy. TÉTRALOGIE.) — Se dit de quelques pièces du théâtre moderne divisées en trois parties, ou même de trois pièces représentées séparément, mais dont les sujets ont de la connexité et dont les principaux personnages sont les mimes : *le Wallenstein de Schiller est une trilogie.*

TRILOGIQUE adj. Qui appartient à une trilogie.

TRIMARD Argot. Grande route.

* TRIMBALER v. a. Traîner, mener, porter partout : *elle a trimbalé cet enfant dans tout le voisinage.* (Pop.)

* TRIMER v. n. Marcher vite et avec fatigue : *j'ai trimé toute la journée.* (Pop.)

TRIMÈRE adj. (gr. *trimerés*). Hist. nat. Qui est divisé en trois parties. — s. m. pl. Entom. Groupe de coléoptères comprenant les genres dont les tarses sont divisés en trois parties. (Voy. COLÉOPTÈRE.)

* TRIMESTRE s. m. (lat *trimestris*). Espace de trois mois : *il sert par trimestre.* — Ce que l'on paye à quelqu'un au commencement ou à la fin de chaque trimestre : *il a touché le premier trimestre.*

* TRIMESTRIEL, ELLE adj. Qui dure trois mois, qui paraît ou qui revient tous les trois mois : *un recueil trimestriel.*

* TRIMÈTRE s. m. Pros. lat. Vers iambique de six pieds qui était particulièrement employé dans la tragédie, et qui se déclamait en le séparant en trois mesures de deux pieds chacune. On dit quelquefois adjectiv. *Un vers trimètre.*

TRIMÉTRIQUE adj. Qui a rapport à trois mesures différentes.

TRIMOUILLE (La), ch.-l. de cant., arr. et à 15 kil. N.-E. de Montmorillon (Vienne); 4,500 hab.

* TRIN, ou plus communément Trine adj. m. Astrol. N'est usité que dans cette loc., TRIN ou TRINE ASPECT, qui se dit en parlant de deux planètes éloignées l'une de l'autre du tiers du zodiaque.

TRINAIRE adj. Qui est divisé en trois.

TRINALITÉ s. f. Etat d'une chose trine.

TRINGA s. m. Ornith. Nom scientifique du genre bécasseau.

* TRINGLE s. f. Verge de fer, menue, ronde et longue, servant à soutenir un rideau, une draperie : *ces tringles sont trop courtes pour mes fenêtres.* — Baguette équarrie, longue et étroite, dont sert principalement à former des moulures ou à remplir un vide entre deux planches.

* TRINGLER v. a. Tracer, avec une pièce de bois, qu'on veut façonner, une ligne droite, avec un cordeau frotté de pierre blanche ou rouge.

* TRINITAIRE s. m. Religieux d'un certain ordre fondé pour la rédemption des captifs.

* TRINITÉ s. f. (lat. *trinitas*). Un seul Dieu en trois personnes, Père, Fils et Saint-Esprit: *la sainte Trinité.* — Divinité triple comme en présentent dans quelques religions païennes: *la trinité des Indiens.* — Premier dimanche qui suit la Pentecôte: La fête de la Trinité fut instituée par le pape Grégoire IV en 828, lors du son élévation au trône pontifical.

L'observance de la Trinité fut ordonnée par le concile d'Arles, en 1260; elle fut définitivement fixée au dimanche qui suit la Pentecôte par le pape Jean XXI en 1334. — ENCYCL. La Bible n'établit pas explicitement la doctrine de la Trinité, mais les catholiques romains et beaucoup d'églises protestantes et orientales croient qu'elle est enseignée dans de nombreux passages du Nouveau Testament et qu'elle se trouve en germe dans l'Ancien. Les querelles, à propos de la trinité prétendue de la divinité datent des temps apostoliques, et furent, à certains moments, très violentes. (Voy. ARIANISME et UNITARIANISME.) La doctrine de l'Eglise fut fixée par les conciles de Nicée (325) et de Constantinople (381) qui déclarèrent que le Saint-Esprit sont co-égaux au Père dans l'unité divine, le Fils éternellement engendré par le Père, et l'Esprit procédant du Père. Le synode de Tolède (589) déclara que le Saint-Esprit procédait aussi du Fils (*filioque*); cette addition finit par être adoptée dans toute l'Eglise latine, mais les Grecs la rejetèrent. Swedenborg, d'accord jusqu'à un certain point avec Sabellius, rapporte la trinité à la personne du Christ, enseignant une trinité, non de personnes. mais de la personne, par quoi il entendait que ce qui est divin dans la nature du Christ est le Père, que le divin qui est uni à l'humain est le Fils, et le divin qui procède de lui est le Saint-Esprit.

TRINITÉ (La) (esp. *Trinidad*). Une des îles anglaises des Indes occidentales sur la côte N.-E. de Venezuela, en face la bouche septentrionale de l'Orénoque; 4,543 kil. carr.; 109,638 hab. Elle est traversée par trois chaînes de montagnes et de collines; la plus septentrionale atteint une hauteur de 3.000 pieds. Sur la côte occidentale se trouve une région volcanique contenant un lac d'asphalte célèbre. (Voy. ASPHALTE.) Le sol est fertile, et les parties élevées de l'île sont couvertes d'épaisses forêts. Principales productions : canne à sucre, café, cacao, coton, indigo, tabac, noix de muscade, cannelle, et clous de girofle. La Trinité est une colonie de la couronne, régie par un gouverneur avec un conseil législatif et un conseil exécutif. Cap., Port d'Espagne (angl. *Port of Spain*). — L'île a été découverte par Colomb en 1498, occupée par les Espagnols au XVIe siècle, prise par les Français en 1676, mais bientôt rendue, et conquise par les Anglais en 1797.

TRINITY I, fleuve du Texas, formé par le West Fork et l'Elm Fork (chacun de 230 kil. de long.); il coule au S.-S.-E. jusqu'à l'extrémité septentrionale de la baie de Galveston; longueur 900 kil., dont 400 kil. environ sont navigables. — II, rivière de Californie. Elle coule S.-S.-E. et S.-O. et enfin au N.-O. et va se jeter dans le Klamath, par 41° 20' lat. N.

TRINITÉ-PORHOËT (La), ch.-l. de cant., arr. et à 24 kil. N.-O. de Ploërmel; 7500 hab.

* TRINOME s. m. (préf. *tri;* gr. *nomos,* dinôme). Algèb. Quantité composée de trois termes.

TRINQUEMALE ou Trincamalé [trinn-ko-mé-li], ville maritime dans le N.-E. de Ceylan, par 8° 34' lat. N. et 78° 52' long. E.; 20,000 hab., en majorité d'origine tamil. Le port intérieur est abrité de toutes parts, et accessible à tous les navires pendant les deux moussons. On trouve beaucoup de pierres précieuses dans le voisinage. Les Portugais et les Hollandais l'ont successivement possédée. Elle est aux mains des Anglais depuis 1795.

* TRINQUER v. n. (anc. haut all. *trinkan,* boire; augl. *to drinck,* boire). Boire en choquant les verres et se provoquant l'un à l'autre: *ils sont là trois ou quatre qui trinquent.*

* TRINQUET s. m. Mar. Le mât de misaine

des bâtiments gréés en voiles triangulaires ou latines.

* **TRINQUETTE** s. f. Mar. Voile triangulaire, espèce de voile latine qu'on hisse le long de l'étai du mât des petits bâtiments. C'est ce qu'on nomme TOURMENTIN sur les grands navires. — Voile de misaine d'un bâtiment à voiles latines.

* **TRINQUEUR** s. m. Celui qui aime à trinquer, à boire.

* **TRIO** s. m. (mot ital.). Composition de musique à trois parties : *chanter, jouer, exécuter un trio.* — Fig. et par raillerie. C'EST UN BEAU TRIO, se dit de trois personnes réunies, ou qui sont liées ensemble de parenté, d'intérêts, d'opinions.

> Si jusqu'ici du noir *trio*
> La main meurtrière,
> N'a pas mis d'un coup de ciseau
> Fin à ma carrière.
> DÉSAUGIERS.

— Pl. DES TRIOS.

* **TRIOLET** s. m. (diminut. de *trio*). Petite pièce de poésie de huit vers, dont le premier se répète après le troisième; et ce premier et le second se répètent encore après le sixième. Exemple de triolet.

> Le premier jour du mois de mai
> Fut le plus heureux de ma vie,
> Le beau dessein que je formai,
> Le premier jour du mois de mai !
> Je vous vis et je vous aimai.
> Si ce dessein vous plut, Sylvie,
> Le premier jour du mois de mai
> Fut le plus heureux de ma vie.
> RANÇAIN.

* **TRIOMPHAL, ALE, AUX** adj. Appartenant au triomphe : *char triomphal.* — PORTE TRIOMPHALE, porte de l'ancienne Rome par laquelle les triomphateurs entraient dans la voie Sacrée, pour se rendre au Capitole, le jour du triomphe.

* **TRIOMPHALEMENT** adv. En triomphe.

* **TRIOMPHANT, ANTE** adj. Qui triomphe : *il a vaincu ses ennemis, il est triomphant.* — Victorieux, qui a vaincu : *le parti triomphant.* — Fam. AIR TRIOMPHANT, air de confiance et de contentement que donne un succès obtenu ou espéré. — L'ÉGLISE TRIOMPHANTE, les bienheureux qui sont dans le ciel, par opposition à l'Église militante. — Pompeux, superbe : *on ne vit jamais d'entrée si triomphante.* (Vieux.)

* **TRIOMPHATEUR** s. m. Le général d'armée qui entrait en triomphe dans Rome, après une grande victoire : *quand le triomphateur était entré dans la ville.* — Celui qui a remporté une victoire.

* **TRIOMPHE** s. m. (lat. *triumphus*). Honneur accordé chez les Romains à des généraux d'armée après de grandes victoires, et qui consistait à faire une entrée pompeuse et solennelle dans Rome : *le sénat lui décerna le triomphe, les honneurs du triomphe.* Se dit aussi des victoires, des grands succès militaires : *les triomphes de ce prince.* — Se dit encore des succès éclatants qu'on obtient dans les lettres, dans les arts ; et, en général, de tout avantage signalé qu'on obtient sur quelqu'un : *j'ai assisté à votre triomphe.* — ENCYCL. Les anciens Romains faisaient des triomphes un tribut aux exploits guerriers; c'étaient les plus hauts honneurs militaires qu'un général pût obtenir, et faisaient dans la cité sur un char traîné par quatre chevaux, précédé de son butin, et de son butin, et suivi de son armée qui l'escortait le long de la voie Sacrée, jusqu'au Capitole, où il sacrifiait un taureau à Jupiter. Après le renversement de la république, les empereurs prétendirent au droit exclusif du triomphe. En 534, cependant, on en accorda un à Bélisaire, à Constantinople; c'est le 350ᵉ et le dernier de l'histoire romaine. Il y avait une sorte de triomphe secondaire, que l'on appe-

lait ovation (*ovatio*), parce qu'on y sacrifiait un mouton (*ovis*) au lieu d'un taureau.

* **TRIOMPHE** s. f. Jeu de cartes qui a beaucoup de rapports avec l'écarté : *jouer à la triomphe.* — Jeux de cartes. Couleur de la carte qu'on retourne après qu'on a donné aux joueurs le nombre de cartes qu'il faut, ou couleur que celui qui fait jouer a nommée, et qui emporte toutes les autres cartes : *de quoi est la triomphe?*

* **TRIOMPHER** v. n. Hist. rom. Faire une entrée pompeuse et solennelle dans Rome après quelque insigne victoire : *Pompée triompha trois fois.* SCIPION TRIOMPHA DE L'AFRIQUE, Scipion obtint les honneurs du triomphe pour avoir soumis l'Afrique. — Vaincre par la voie des armes : *ce prince triompha de tous ses ennemis.* — Remporter quelque avantage que ce soit sur quelqu'un : *triompher de ses adversaires.* — Vaincre, subjuguer, surmonter : *triompher de ses passions.* — Exceller en traitant quelque sujet : *quand il est sur cette matière, il triomphe.* — Exceller en quelque chose préférablement à d'autres : *quand cet artiste a des têtes à graver, il triomphe.* — Être ravi de joie : *quand on lui parle de ses enfants, elle triomphe.* — Faire vanité de quelque chose : *il triomphe de son crime.*

* **TRIPAILLE** s. f. Coll. [*ll* mll.]. Amas de tripes. N'est usité qu'en parlant des intestins, des entrailles d'animaux, considérées comme une chose sans valeur, ou comme un objet de dégoût : *ce n'est que de la tripaille.*

* **TRIPARTITE** adj. (préf. *tri*; lat. *partitus*, partagé). Qui est divisée en trois. Ne se dit guère que de l'histoire qui est l'abrégé de celles d'Eusèbe, de Socrate et de Sozomène: *l'Histoire tripartite.*

* **TRIPE** s. f. Se dit des boyaux des animaux, et de certaines parties de leurs intestins, lorsqu'on les a retirés du ventre, ou lorsqu'ils en sortent par quelque accident : *cela sent la tripe.* — Cuis. ŒUFS A LA TRIPE, œufs durs coupés par tranches et fricassés. — Au pl. Jarg. paris. Seins de femme.

* **TRIPE** s. f. Étoffe de laine ou de fil, qui est travaillée comme le velours. On dit ordinairement, TRIPE DE VELOURS, afin de prévenir toute équivoque : *des sièges de tripe de velours.*

* **TRIPE-DE-ROCHE** s. f. Nom donné à plusieurs espèces comestibles des lichens que l'on trouve dans les régions arctiques extrêmes. Les tripes-de-roche sont extrêmement utiles aux voyageurs, bien qu'elles contiennent un principe amer purgatif qui les rend insupportables à certains tempéraments.

* **TRIPE-MADAME** s. f. Voy TRIQUE-MADAME.

* **TRIPERIE** s. f. Lieu où l'on vend les tripes : *la triperie de Paris.*

TRIPÉTALE adj. (préf. *tri*; fr. *pétale*). Bot. Dont la corolle est formée de trois pétales.

* **TRIPETTE** s. f. Petite tripe. On ne l'emploie guère que dans cette phrase populaire, CELA NE VAUT PAS TRIPETTE, cela ne vaut rien.

* **TRIPHTONGUE** s. f. [tri-ston-ghe] (préf. *tri*; *phthoggos*, son). Gramm. Triple son, syllabe composée de trois sons qu'on fait entendre en une seule émission de voix : *il n'y a pas de triphtongues proprement dites, dans notre langue.* — Concours de trois voyelles formant un seul son : *Fau, oie,* etc., sont appelés *triphtongues par quelques grammairiens.*

* **TRIPIER** adj. m. Fauconn. Se dit des oiseaux de proie qui ne peuvent être dressés : *le milan est un oiseau tripier, parce qu'on ne peut l'empêcher de donner sur les poules.*

* **TRIPIER, IÈRE** s. Celui, celle qui achète des bouchers, et qui revend en détail ce qu'on

nomme les issues des animaux tués à la boucherie : *la boutique d'un tripier, d'une tripière.*

* **TRIPLE** adj. (lat. *triplex*). Qui contient trois fois une chose, une grandeur, un nombre : *des souliers à triple semelle.* — TRIPLE CROCHE, note de musique marquée d'un triple crochet, et qui vaut le huitième d'une noire. — Fig. et fam. UN MENTON A TRIPLE ÉTAGE, un menton qui descend fort bas, et qui fait plusieurs plis. — s. m. Trois fois autant : *je payerai le triple si...*

* **TRIPLÉ, ÉE** part. passé de TRIPLER. Mathém. RAISON TRIPLÉE, rapport qui est entre des cubes.

* **TRIPLEMENT** s. m. Augmentation jusqu'au triple. N'était usité qu'en termes de finance : *lever des droits par doublement et par triplement.*

* **TRIPLEMENT** adv. En trois façons : *il est triplement coupable.*

* **TRIPLER** v. a. Rendre triple, ajouter à une quantité deux fois son équivalent : *triplez deux vous aurez six.* — v. n. Devenir triple : *la somme a triplé depuis ce temps-là.*

* **TRIPLET** s. m. Jet de trois dés amenant trois points semblables.

* **TRIPLICATA** s. m. Troisième copie, troisième expédition d'un acte : *délivrer un triplicata*

* **TRIPLICATION** s. f. (lat. *triplicatio*). Action de tripler.

* **TRIPLICITÉ** s. f. (lat. *triplicitas*). Nombre ou quantité triplée; qualité de ce qui est triple : *les notaires ont fait cet acte triple; à quoi bon cette triplicité.* — Se dit particul., en parlant de la Trinité : *dans la Trinité, il y a triplicité de personnes, mais il n'y a pas triplicité de substances.*

* **TRIPOLI** s. m. Pierre tendre, d'un jaune rougeâtre et d'un grain très fin, dont on se sert pour polir les glaces, les métaux : *nettoyer, frotter des chandeliers avec du tripoli.* On tirait autrefois cette terre de la Tripoli-taine; mais on exploite aujourd'hui en Bohême des couches qui ont plusieurs pieds d'épaisseur. Le tripoli contient presque exclusivement de la silice et des squelettes d'infusoires.

TRIPOLI, (appelé aussi Tripolitaine, et par les naturels *Tarabul*). I, pays de l'Afrique septentrionale, formant un des états barbaresques, et dépendant de l'empire turc, dont il constitue un vilayet. Limites : au N. la Méditerranée; à l'E. Barca; au S. le Fezzan et le désert de Sahara; à l'O. la Sahara et la Tunisie; entre 28° et 30° 15' lat. N. et entre 8° et 23° long. E.; 892,050 kil. carr.; environ 1 million d'hab., y compris Barca et le Fezzan, qui sont des états dépendants. Cap. Tripoli; v. princ. Mourzouk, Rhadamès, etc. Les côtes ont un développement de 900 kil., mais il n'y a qu'un bon port, celui de Tripoli. A l'E. se trouve la vaste échancrure appelée anciennement Syrtis Major et aujourd'hui golfe de la Sidre. Le sol est poreux et la plupart des cours d'eau ne coulent que dans la saison des pluies. La partie N.-E. contient de grandes étendues de sable stérile; mais le S. s'étage en terrasses qui renferment de fertiles terrains. A l'O., se trouvent deux ramifications de l'Atlas, dont la plus septentrionale a une hauteur générale de 600 m. Entre ces deux chaînes, on recueille d'abondantes récoltes de céréales, et sur le flanc des collines la vigne, l'olivier, le figuier, l'amandier et autres arbres à fruits offrent une luxuriante végétation. Il y a des pâturages naturels très étendus, où s'élèvent un nombre considérable de bestiaux. Mais la partie la plus fertile de la Tripolitaine est le pays qui s'étend autour de la capitale, où croissent de

magnifiques récoltes de froment, d'orge, de millet et de maïs. La pluie tombe abondamment dans le N. du pays en hiver. En été, la chaleur est intense. La Tripolitaine contient de nombreux restes de l'antiquité. La population se compose d'Arabes, de Maures, de Turcs, de Mameluks, de Juifs et d'esclaves noirs. Le mahométisme est la religion dominante. Le commerce est considérable. Par mer, les principaux articles d'exportation sont la laine, les bestiaux, les peaux, la poudre d'or, les plumes d'autruche, l'ivoire, la gomme, les fruits secs, le safran, le séné, la droguerie, la barille, et, la graisse de mouton. Des caravanes arrivent de l'intérieur de l'Afrique deux fois par an. Le gouvernement est un pur despotisme. Le pays ne forme qu'un vilayet, ou province de la Turquie, et son chef, choisi par le sultan, porte le titre de bey. — Le territoire actuel de la Tripolitaine fut conquis par les Mahométans au viiᵉ siècle. Il passa depuis en plusieurs mains, et finit par être enlevé par les Turcs en 1551 aux chevaliers de Saint-Jean de Jérusalem, qui l'avaient possédé vingt ans. La Tripolitaine fut pratiquement indépendante sous le chef mauré Hamed Karamanli et sous ses descendants, de 1713 à 1832, et elle l'est encore dans ses relations avec les puissances étrangères. La piraterie fut longtemps en honneur chez les Tripolitains. En 1815, une escadre américaine obligea le bey à accorder réparation pour le préjudice causé par les pirates au commerce des Etats-Unis. L'Angleterre l'obligea, l'année suivante, à mettre complètement fin à cette industrie et à l'esclavage des chrétiens. — II, cap. de ce pays (anc. Œa), port de la Méditerranée, à 900 kil. S.-E. d'Alger; 24,000 hab. La profondeur du port ne dépasse nulle part cinq ou six brasses, mais la rade offre un profond mouillage. On fabrique à Tripoli des tissus de laine (surtout des tapis), du cuir et de la potasse. Une grande partie du commerce du pays et même de l'intérieur de l'Afrique, a son centre à Tripoli. La plupart des marchands sont juifs, et afferment les monopoles du gouvernement.

TRIPOLI, Tarablus ou **TARABULUS** (ta-ra-blouss'; ta-ra-bou-louss') (anc. *Tripolis*), port de mer de Syrie, sur la Méditerranée, au pied d'un contrefort du Liban, à 65 kil. N.-N.-É. de Beyrout; 16,000 hab. La ville est divisée en deux parties par le Nahr Kadisha. C'est une des villes les plus propres de la Syrie. Grande pêcherie d'éponges. — Tripoli était une importante ville maritime de la Phénicie; elle devait son nom à ce qu'elle était une colonie de trois villes, Tyr, Sidon et Aradus, qui chacune en possédait un quartier distinct. Les croisés s'en emparèrent, en 1109, elle fut érigée en comté par Raymond de Toulouse.

TRIPOLIS, nom donné dans l'antiquité à une confédération de trois villes, à une ville contenant trois villes ou à une seule ville formée de l'agglomération de trois cités. Il n'y avait pas moins de sept Tripolis : — 1ᵉ celle d'Arcadie, formée des trois villes de Callia, de Dipoena et de Nonacris; son nom s'est conservé dans celui de la moderne *Tripolitza*; — 2ᵉ **TRIPOLIS PELAGONIA,** en Thessalie, comprenant les trois villes d'Azorus, de Doliche et de Pythium; — 3ᵉ celle de Rhodes, formée de trois cités doriennes de Lindus, d'Ialisus et de Camirus. — 4ᵉ une ville sur le Méandre (auj. *Kash-Yeniji*); — 5ᵉ une ville du Pont (auj. *Tireboli*); — 6ᵉ une ville de la côte de Phénicie (auj. *Tripoli de Syrie*), formée des trois cités distinctes, à un stade l'une de l'autre, ayant chacune ses propres murailles, mais réunies sous une même constitution. Ces trois villes étaient des colonies de Tyr, de Sidon et d'Aradus. — 7ᵉ **TRIPOLIS SYATICA.** Voy. *Tripolitaine.* Le nom de Tripolis

a été conservé dans celui de Tripoli, qui s'élève probablement sur l'emplacement de l'ancienne *Œa.*

TRIPOLITAIN, AINE s. et adj. De Tripoli ou de la Tripolitaine; qui appartient à cette ville, à ce pays ou à leurs habitants.

TRIPOLITAINE. *Tripolitana Regio, Tripolis Syrtica,* nom donné par les anciens géographes au district de l'Afrique septentrionale, situé entre les deux Syrtes, et comprenant les trois villes de *Sabrata* (ou *Abrotonum*), d'*Œa,* et de *Leptis Magna.* Les géographes modernes donnent le nom de Tripolitaine à toute la régence de Tripoli, dont la partie occidentale seule correspond avec l'ancienne Tripolitaine.

TRIPOLITZA ou **Tripolis,** ville de Morée, (Grèce), capitale de la nomarchie d'Arcadie, à 40 kil. S.-O. d'Argos; population du dème; 11,477 hab. Avant la révolution, c'était la capitale de la Morée, avec 20,000 hab.; les Grecs en massacrèrent un grand nombre en prenant la ville, le 5 oct. 1821. Par représailles, Ibrahim Pacha la détruisit le 30 juin 1825.

* **TRIPOT** s. m. Jeu de paume; lieu pavé de pierre ou de carreaux, et entouré de murailles, dans lequel on joue à la courte paume : *tripot couvert, découvert.* — Fam., et par une sorte de dénigrement, CET HOMME EST DANS SON TRIPOT, il est dans un lieu où il a de l'avantage. — Maison de jeu, et, par ext., maison où s'assemble mauvaise compagnie : *il perdit tout son argent dans un tripot.*

* **TRIPOTAGE** s. m. Mélange qui produit quelque chose de malpropre ou de mauvais goût : *ces femmes, en essayant de faire des confitures, ont fait un étrange tripotage.* — Assemblage confus de choses qui ne s'accordent point ensemble : *dans cette affaire, ils ont fait un étrange tripotage.* — Se dit aussi des intrigues, des calomnies, des médisances qui tendent à brouiller une affaire, à semer la discorde entre des personnes : *il y a du tripotage dans cette conduite.*

* **TRIPOTÉE** s. f. Volée de coups.

* **TRIPOTER** v. n. Brouiller, mélanger différentes choses ensemble, et en faire quelque chose de mauvais ou de malpropre : *ces femmes ne font que tripoter.* — Intriguer, cabaler, médire dans la vue de brouiller une affaire, de semer la discorde entre deux personnes : *c'est un homme qui aime à tripoter.* — v. a. *Je ne sais ce qu'ils tripotent ensemble.*

* **TRIPOTEUR, EUSE** s. Personne qui tripote.

* **TRIPOTIER, IÈRE** s. Celui, celle qui fait des tripotages, de petites et basses intrigues. (Fam.)

TRIPTOLÈME (myth. gr.), fils de Celeus, roi de l'Attique, et de Nèère (suivant d'autres, d'Océanus et de Gè). Cérès lui enseigna l'agriculture, et lui donna son chariot traîné par des dragons, dans lequel il parcourut la terre, répandant la connaissance de son art. Il régna à Eleusis, où il était né, et il fut le héros des mystères d'Eleusis.

* **TRIPTYQUE** s. m. (gr. *triptukos,* plié en trois). Tableau sur trois volets dont deux se replient sur celui du milieu.

* **TRIQUE** s. f. (anc. haut all. *strichan,* frapper). Gros bâton, tricot : *on lui donna des coups de trique.* (Pop.)

* **TRIQUEBALLE** s. m. ou s. f. Artil. Machine propre à transporter des pièces de canon et de très gros fardeaux; elle se compose d'un long timon tenant à un corps d'essieu muni sur deux grandes roues.

* **TRIQUE-MADAME** s. f. (*sedum acre*). Bot. Espèce de petite joubarde à fleurs jaunes, qui croît naturellement sur les vieux murs,

mais que la culture a perfectionnée, et qu'on emploie quelquefois dans les salades avec les autres fournitures.

TRIQUER v. a. Battre à coups de trique.

* **TRIQUET** s. m. Espèce de battoir fort étroit dont on se sert pour jouer à la paume : *il est plus faible que moi, je le jouerais du triquet.*

TRIQUETI (Henride), baron, sculpteur français, né à Conflans (Loiret) en 1802, mort en 1874. On remarque parmi ses œuvres un beau groupe de la *Mort de Charles le Téméraire* (1831); *Pétrarque lisant ses poésies à Laure* (1839); *Sir Thomas Morus se préparant à la mort* (1839); et *Dante aux Champs-Elysées* (1846).

* **TRIRÈGNE** s. m. [*gn* mll.] (ital. *triregno*). Nom qu'on donne quelquefois à la tiare du pape.

* **TRIRÈME** s. f. (lat. *triremis*). Galère des anciens à trois rangs de rames.

* **TRISAÏEUL, EULE** s. [tri-za-ieul] (gr. *tris,* trois fois; fr., *aïeul*). Le père, la mère du bisaïeul ou de la bisaïeule : *Louis XIII était trisaïeul de Louis XV.*

TRISANNUEL, ELLE adj. [tri-za-nu-èl] (gr. *tris,* trois fois; fr. *annuel*). Qui a lieu tous les trois ans.

* **TRISECTEUR, TRICE** adj. (préf. *tri,* fr. *secteur*). Qui donne la trisection de l'angle.

* **TRISECTION** s. f. [tri-sèk-si-on]. Géom. Division d'une chose en trois parties égales. Se dit principalement de la division d'un angle en trois angles égaux : *la trisection de l'angle.*

TRISÉTEUX, EUSE adj. (préf. *tri;* lat *seta,* soie). Bot. Qui porte trois soies.

* **TRISME** s. m. (gr. *trismos,* sifflement). Res serrement tétanique des mâchoires.

* **TRISMÉGISTE** adj. m. [triss-mé-](gr. *tris,* trois fois; *megistos,* très grand). Surnom que les Grecs donnaient au Mercure égyptien ou Hermès, et qui signifie littéralement trois fois très grand. (Voy. HERMÈS, TRISMÉGISTE.) — Typogr. Substantive. Caractère qui est entre le gros et le petit canon, et dont le corps a trente points ou cigne lignes.

TRISSINO (Giovan-Giorgio), fameux poète italien (1478-1550). Le pape Léon X le chargea de diverses missions en Danemark, à Venise et en Allemagne. Il est connu surtout par sa tragédie de *Sophonisbe* (1515) et par son poème l'*Italie délivrée des Goths.* Ses œuvres complètes ont été publiées par Maffei (Vérone, 1729, 2 vol. in-fol.). Sa *Sophonisbe* a été traduite en français par Mellin de Saint-Gelais, (Paris, 1559) et par Mermet (Lyon, 1584).

TRISSOTIN, personnage des *Femmes savantes* de Molière. C'est le type du pédant et ridicule.

* **TRISSYLLABE** adj. [tri-sil-labe]. Qui est de trois syllabes : *c'est un mot trissyllabe.* — s. m. *Le mot amitié est un trissyllabe.*

TRISTAM ou **Tristan** (NUNO), navigateur portugais, mort en 1447. Il fut le premier Européen qui visita la côte occidentale d'Afrique jusqu'à l'île d'Arguin (1443); il ramena dans son pays les premiers esclaves noirs.

TRISTAN (Louis), *dit* TRISTAN L'HERMITE, grand prévôt de Louis XI, mort vers la fin du xvᵉ siècle. Il était flamand, et entra au service de la France; il se distingua contre les Anglais au siège de Fronsac (1451). Il gagna les bonnes grâces de Louis XI et devint l'exécuteur de ses volontés et de ses vengeances.

TRISTAN DA CUNHA [tris-tann' da kou-nia], groupe de trois îles volcaniques dans le S. de l'Atlantique. Tristan, la plus grande

git par 37° 3' lat. S. et 46° 49' long. O. à environ 2,300 kil. S.-O. de Sainte-Hélène; 117 kil. carrés. La côte septentrionale se dresse abruptement jusqu'à une hauteur de 330 mètres; et du sommet des falaises le pays s'élève encore pour aboutir à un pic conique haut de 2,775 mètres, et terminé par un cratère de 500 mètres de diamètre environ, rempli d'eau. Sur le flanc N.-E. se trouve une petite colonie, qui en 1870 se composait de 60 habitants, presque tous descendants d'Européens et de Hollentots. L'eau est abondante et excellente, le climat égal et salubre. Une île inaccessible est à 17 kil. et demi au S.-O. et Nightingale à 20 kil. S.-S.-O. de Tristan. Ce groupe a été découvert par Tristan da Cunha en 1506.

TRISTAN L'ERMITE (François), poète dramatique, né dans la Marche en 1601, mort à Paris en 1655. Il prétendait descendre de Pierre l'Hermite et de Tristan l'Hermite. Il a laissé quelques pièces de théâtre, entre autres *Marianne* (1637) qui eurent du succès. Il entra à l'Académie française en 1649.

TRISTANNEUX adj. (préf. *tri; fr. stanneux*). Chim. Se dit d'un sel stanneux qui contient trois fois autant de base que le sel neutre correspondant.

* **TRISTE** adj. (lat. *tristis*). Affligé, abattu de chagrin, de déplaisir : *il est triste de la mort de son ami.* — Mélancolique, qui n'a point de gaieté : *il est triste de son naturel.* — Se dit quelquefois de ce qui est inspiré par le chagrin, par la mélancolie : *dire un triste adieu.* — Affligeant, chagrinant, ennuyeux, qui inspire de la mélancolie, du chagrin, de l'ennui : *un triste souvenir.* — Pénible, fâcheux, difficile à supporter. Dans cette acception, il ne s'emploie guère qu'avec le verbe ETRE, pris impersonnellement : *il est triste de se voir traiter de la sorte après avoir bien servi.* — Malheureux, funeste, déplorable : *cet homme a fait une triste fin.* — Obscur, sombre : *cette chambre, cet appartement, cette maison est triste.* — Qui offre peu de ressources, qui est très insuffisant, qui est fort au-dessous de ce qu'on avait espéré, de ce qu'on pouvait attendre; et alors il précède toujours le substantif : *cet auteur a choisi un triste sujet de poème.* — Substantiv. LES TRISTES D'OVIDE, recueil de pièces élégiaques, la plupart en forme d'épitres, qu'Ovide écrivit de son exil à ses amis de Rome, et à l'empereur Auguste.

* **TRISTEMENT** adv. D'une manière triste : *il me regarda tristement.*

* **TRISTESSE** s. f. (lat. *tristitia*). Affliction, déplaisir, abattement de l'âme, causé par quelque accident fâcheux : *être accablé de tristesse.* — Mélancolie de tempérament : *c'est un homme qui est né avec un fonds de tristesse.* — Se dit quelquefois des choses qui manquent d'agrément, qui ne procurent pas le plaisir qu'on doit en attendre : *les appartements de cette maison sont d'une grande tristesse.*

TRISTIQUE adj. (gr. *tristichos*). Bot. Qui est disposé sur trois rangs.

TRISULCE adj. (tri-sui-) (préf. *tri;* lat. *sulcus, sabot*). Se dit des mammifères dont les pieds sont pourvus chacun de trois sabots distincts.

TRISULFURE s. m. (tri-sul-) Sulfure contenant trois proportions de soufre.

TRITERNÉ, ÉE adj. (préf. *tri;* fr. *terné*). Bot. Se dit des feuilles composées qui sont ternées trois fois.

TRITHÉISME s. m. (préf. *tri;* fr. *théisme*). Doctrine religieuse de ceux qui reconnaissent l'existence de trois dieux ou d'une trinité formée de trois essences divines distinctes.

TRITHIONATE s. m. Chim. Sel de l'acide trithionique.

TRITHIONIQUE adj. Chim. Se dit d'un acide qui résulte de l'addition d'un atome de soufre à l'acide dithionique.

TRITICÉ, ÉE adj. (lat. *triticum*, froment). Bot. Qui ressemble ou qui se rapporte au froment.

TRITICINE s. f. (lat. *triticum*, froment). Nom donné à un isomère du sucre de canne que l'on trouve dans la racine du chiendent.

* **TRITON** s. m. (Myth. gr. et rom.). Divinité marine, fils de Neptune et d'Amphitrite ou de Celæno. Triton avait la forme humaine dans la partie supérieure de son corps, et celle d'un poisson dans la partie inférieure; il portait une conque marine dont le son éclatant s'entendait aux extrémités de la terre. Son char volait sur les flots, et était trainé par des chevaux bleuâtres, armés de pinces d'écrevisse. Des Tritons subalternes composaient sa suite.

* **TRITON** s. m. Mus. Intervalle dissonant, composé de trois tons entiers.

TRITON s. m. Erpét. Genre de batraciens urodèles, formé aux dépens des salamandres et comprenant les espèces aquatiques. Les tritons appartiennent à l'hémisphère boréal et sont représentés en France par trois ou quatre espèces, communes dans les mares. Le *triton crêté* (*triton cristatus*), long d'environ 13 centim. est recouvert d'une peau chagrinée, brune en dessus, avec des taches rondes noirâtres, orangée en dessous, tachetée

Triton ponctué (Triton punctatus).

de même, et pointillée de blanc sur les côtés; le mâle a une crête élevée sur la queue. Il est commun dans les étangs et les fossés; c'est l'un des plus aquatiques de la famille; il nage avec sa queue, les jambes retournées en arrière contre le corps. Il est vorace; il se nourrit d'animaux aquatiques, d'insectes, de larves, de têtards de la grenouille, et même de têtards de sa propre espèce. Le *triton ponctué* (*triton punctatus*), long d'environ 13 centim.; à peau lisse, brun clair en dessus, pâle ou rougeâtre en dessous, avec une tache jaune à la queue du mâle au printemps. Il est très commun dans les fossés et les mares, surtout quand les eaux en sont claires. Il se nourrit principalement d'insectes aquatiques, de larves, de vers et de mollusques. Le *triton palmé* (*triton palmatus*), long de 8 centim., est brun sur le dos, clair sur les flancs, tacheté de gouttes noires; le mâle a les pieds de derrière palmés, la queue terminée par un filet cartilagineux et trois petites crêtes sur le dos. — Moll. Genre de mollusques gastéropodes de la famille du murex, à coquille conique, allongée et à circonvolution en spirale. Le *triton variegatum* (Lam.) des mers de l'Inde, long de 30 à 40 centim., est la conque marine bien connue qui servait de trompette au dieu Triton.

TRITONIEN, IENNE adj. Zool. Qui ressemble ou qui se rapporte au triton.

* **TRITOXYDE** s. m. (préf. *tri;* fr. *oxyde*).

Chim. Le troisième oxyde d'un métal : *l'oxyde rouge de fer au maximum est un tritoxyde.*

* **TRITURABLE** adj. Qui peut être trituré : *corps, matière triturable.*

* **TRITURATION** s. f. Broiement, réduction d'un corps solide en parties très menues, ou même en poudre : *on fait la trituration des bois, des écorces et des minéraux, en les pilant dans des mortiers.* — Se dit en parlant des aliments broyés dans la bouche et aussi en parlant de la digestion : *quelques médecins ont prétendu que la digestion se fait, dans tous les animaux, par voie de trituration.*

* **TRITURER** v. a. (lat. *triturare*). Broyer, réduire en parties très menues, ou même en poudre : *triturer du quinquina.*

TRITYLE s. m. Chim. Troisième terme de la série des radicaux alcooliques monoatomiques gras.

* **TRIUMVIR** s. m. [tri-omm-vir] (rad. lat. *tres, trois; vir, homme*). Hist. Titre par lequel on désignait originairement, à Rome, tout magistrat ou officier public chargé, conjointement avec deux collègues, d'une partie de l'administration : *triumvirs nommés pour la fabrication des monnaies, pour le partage des terres.* — Se dit, particul. et plus ordinairement, de Pompée, de César et de Crassus, qui s'associèrent sous ce titre pour gouverner la république, ainsi que d'Octave, d'Antoine et de Lépide, qui plus tard s'emparèrent sous le même nom de l'autorité suprême.

* **TRIUMVIRAL, ALE, AUX** adj. [tri-omm]. Hist. rom. Qui appartient aux triumvirs : *l'établissement de la puissance triumvirale porta un coup mortel à la liberté des Romains.*

* **TRIUMVIRAT** s. m. [tri-omm-]. On désigne ce mot, dans l'Histoire romaine, l'association illégitime de trois citoyens puissants, qui s'unissaient pour envahir toute l'autocité : *le triumvirat de Pompée, de César et de Crassus.* — Se dit quelquefois, par ext., de trois personnages qui exercent en commun une grande influence : *le triumvirat de Duport, Lameth et Barnave; triumvirat de Robespierre Couthon et Saint-Just.* — ↝ Charge remplie concurremment par trois personnes. — Plusieurs magistratures de cette nature étaient reconnues à Rome; la plus importante était celle qui avait pour mission le règlement des affaires publiques, *triumviri reipublicæ constituendæ.* Les *triumviri capitales* avaient charge des prisons et connaissaient des cas de peu d'importance ; les *triumviri nocturni* s'occupaient de la police pendant la nuit. Dans un sens différent, on donna le nom de premier triumvirat à la coalition entre Jules César, Pompée et Crassus, en 60 av. J.-C.; le second, entre Octave, Antoine et Lépide, en 43, fut reconnu légalement et renouvelé à l'expiration de la première période de cinq années.

TRIVALENT adj. (préf. *tri;* lat. *valens*, qui vaut). Chim. Qui vaut trois fois. — s. m. Quantité de trois équivalents.

TRIVELIN s. m. Nom d'un comédien de l'ancienne troupe italienne; qu'on applique à un farceur, à un bouffon : *cet acteur est un vrai trivelin.* (Peu us.)

* **TRIVELINADE** s. f. Bouffonnerie dans le goût de celles que faisait Trivelin : *c'est une trivelinade.* (Peu us.)

J'ai huit ou dix *trivelinades*,
Que je sais sur mon doigt.
LA FONTAINE.

* **TRIVIAIRE** adj. (préf. *tri;* lat. *via*, chemin). N'est employé que dans cette locution peu usitée, CARREFOUR TRIVIAIRE, carrefour où aboutissent trois chemins, trois rues.

* **TRIVIAL, ALE, AUX** adj. (lat. *trivialis*). Ne se dit guère que des pensées et des expres-

sions ; et il signifie, qui est extrêmement commun, grossier, usé, rebattu : *c'est une pensée fort triviale.*

On ne vit plus en vers que pointes *triviales.*
BOILEAU.

— ఆ s. m. *Aimer le trivial.*

TRIVIALISER v. a. Rendre trivial.

* TRIVIALEMENT adv. D'une manière triviale : *il parle, il écrit trivialement.*

* TRIVIALITÉ s. f. Caractère, qualité de ce qui est trivial : *cela est d'une trivialité choquante.* — Se dit aussi des choses triviales : *ce discours est plein de trivialités.*

TRIVIERS-DE-COURTES (Saint-), ch.-l. de cant., arr. et à 31 kil. N.-O. de Bourg (Ain) ; 1,500 hab.

TRIVIERS-SUR-MOIGNANS (Saint-), ch.-l. de cant., arr. et à 20 kil. N.-E. de Trévoux (Ain), au milieu de vastes marais ; 900 hab.

* TRIVIUM s. m. [tri-vi-omm] (mot lat. formé de *tres,* trois ; *via,* route). Se disait au moyen âge de la partie de l'enseignement qui comprenait la grammaire, la rhétorique et la dialectique.

TRIVULCE (Jean-Jacques), seigneur milanais, né en 1447, mort en 1518. Il servit d'abord la France sous Louis XI, fit la guerre à Venise en 1483, se mit au service de Naples et défendit Capoue contre Charles VIII (1494). Revenu en France, il fut nommé par Louis XII gouverneur du Milanais, se distingua à la bataille d'Agnadel, devint, en 1512, commandant en chef des troupes françaises, fut battu à Novare et contribua puissamment à la victoire de Marignan (1515).

TRIVULCE (Théodore), neveu du précédent, mort en 1531. Il prit part à la guerre de Naples sous Louis XII, se distingua à Agnadel et à Ravenne, fut gouverneur du Milanais, reçut le bâton de maréchal et fut appelé au gouvernement de Lyon.

TROADE, *Troas,* ancienne contrée de l'Asie Mineure, entre l'Hellespont, la mer Egée et le mont Ida ; cap., Troie.

TROARN, ch.-l. de cant., arr. et à 15 kil. E. de Caen (Calvados) ; 800 hab. Ancienne abbaye de bénédictins.

* TROC s. m. [trok] (de *troquer*). Echange de nippes, de meubles, de bijoux, de chevaux et autres choses semblables : *faire un troc avec quelqu'un.* — TROC POUR TROC, se dit pour marquer l'échange d'une chose contre une autre, sans donner de supplément, sans donner de retour.

TROCADÉRO, nom d'un fort de Cadix, enlevé par les troupes françaises le 1er sept. 1823. En souvenir de cette victoire, le nom de Trocadéro fut donné à un coteau aride et désert situé sur la rive droite de la Seine, en face du Champ-de-Mars. Lors de l'exposition de 1867, on transforma cette hauteur et l'on y créa une grande place ayant un immense escalier au milieu. Plus tard on y traça le parc et l'on y éleva le palais qui s'y trouvent aujourd'hui. (Voy. PARIS.)

* TROCART ou Trois-quarts s. m. Instrument dont les chirurgiens se servent pour faire des ponctions, et donner issue à quelque liquide.

* TROCHAÏQUE adj. [tro-ka-i-ke]. Composé de trochées, ou principalement de trochées : *vers trochaïque.* — s. m. *Un trochaïque.*

* TROCHANTER. — s. m. [tro-kan-tèr] (gr. *trokadso,* je tourne). Anat. Se dit de deux apophyses du fémur, où s'attachent les muscles qui font tourner la cuisse : *le grand trochanter.*

TROCHANTIN s. m. Petit trochanter.

* TROCHÉE s. m. [tro-ché] (gr. *trochaios*).

Versific. Pied de deux syllabes, une longue et une brève.

* TROCHÉE s. m. Agric. Ensemble des rameaux que pousse un arbre venu de graine, quand on l'a coupé à quelques centimètres de terre : *les bois exploités en taillis ne sont que des trochées.*

* TROCHES s. f. pl. Chasse. Fumées à demi formées des bêtes fauves, fumées d'hiver.

* TROCHET s. m. [tro-chè]. Jard. Se dit en parlant des fleurs et des fruits qui viennent et qui croissent ensemble comme par bouquets : *un trochet de fleurs.*

TROCHIFORME adj. [tro-ki-] (gr. *trochos,* toupie ; fr. *forme*). Qui ressemble à une toupie.

* TROCHISQUES s. m. pl. [tro-chi-] (gr. *trochiskos,* rondelle). Médicaments solides, d'une forme allongée, composés d'une ou de plusieurs poudres séchées réunies par un mucilage ou des sucs de plantes.

TROCHOÏDE adj. [tro-ko-i-de] (gr. *trochos,* roue ; *eidos,* aspect). Qui a la forme d'une roue tournant sur son axe comme une toupie.

* TROCHURE s. f. [tro-chu-] Vén. Quatrième andouiller de la tête du cerf.

* TROÈNE s. m. Bot. Genre d'oléinées, comprenant une douzaine d'espèces d'arbres ou d'arbrisseaux qui croissent dans les régions tempérées de l'Europe et de l'Asie. Le *troène commun (ligustrum vulgare)* est un arbrisseau très rameux, de 2 à 3 m. de haut, à longues branches flexibles et à feuilles opposées simples, qui restent toujours vertes dans les climats doux, ou qui ne tombent que lorsque les nouvelles feuilles apparaissent. Ses

Troène commun (Ligustrum vulgare).

fleurs sont blanches. Il porte, en automne, de petites grappes de baies noires que recherchent les grives et les merles. Le troène est d'un grand usage en Europe pour former des haies d'ornement, les palissades, les massifs, pour retenir les terres en pente, etc. Son bois jaunâtre est dur, souple, et d'un grain serré ; lorsqu'il est d'une grosseur suffisante, on peut le tourner. Ses feuilles et son écorce sont amères et ses jeunes pousses servent dans certains pays au tannage du cuir.

* TROGLODYTES s. m. pl. (gr. *trôglê,* caverne ; *duein,* pénétrer dans). Nom d'un ancien peuple d'Afrique qui vivait dans les cavernes. On l'applique, par ext., à tous les peuples sauvages qui habitent des cavernes ou qui se creusent des demeures souterraines. Se dit aussi des populations préhistoriques qui habitaient des cavernes. Les plus célèbres troglodytes étaient ceux de l'Egypte méridionale et de l'Ethiopie, qui habitaient une vaste région qui était appelée *Regio Troglodytica.* Dans l'histoire primitive

de l'Eglise chrétienne, ce nom était aussi appliqué à certains hérétiques qui, rejetés par tous les partis, cachaient leurs assemblées dans des cavernes. — s. m. Mamm. Linné a mis le chimpanzé dans le genre *homo,* sous le nom spécifique de *troglodytes.* Ce terme s'applique aujourd'hui à un genre qui comprend le chimpanzé et le gorille. — Ornith. Genre de becs-fins, voisin des roitelets, dont il ne se distingue que par un bec encore plus grêle et légèrement arqué. Ce genre comprend une cinquantaine de tout petits oiseaux vifs, gais et confiants, vulgairement appelés *roitelets* ; leur corps est ramassé et ils relèvent leur queue courte et non étalée.

Troglodytes parvulus.

Aussi utiles que les autres oiseaux du même groupe, ils sont sans cesse à la recherche des insectes et des vers, sur les tas de bois, sur les vieux troncs d'arbres, sur les murs, etc. La seule espèce répandue chez nous est le *troglodyte d'Europe (troglodytes parvulus),* long de 9 centim., d'un brun rougeâtre en dessus, marqué de barres d'un gris sombre et de taches blanches sur les ailes, et d'un blanc jaunâtre en dessous. C'est un petit oiseau très vif qui fréquente les jardins et les haies et vole droit devant lui, de buisson en buisson, à la recherche d'insectes, de graines et de fruits. Au printemps et en été, les mâles ont un chant doux et élevé. On le trouve partout en Europe, mais surtout au Nord. Son nid, qu'il place dans un trou, est fait de mousse rembourrée à l'intérieur, et reçoit de 6 à 8 œufs blancs tachetés de brun.

* TROGNE s. f. [gn mll.]. Fam. et par plaisant. Visage gros qui a quelque chose de facétieux, et qui annonce l'amour de la bonne chère et du vin : *il a une belle grosse trogne.* — ROUGE TROGNE, TROGNE ENLUMINÉE, le visage d'un ivrogne.

* TROGNON s. m. (corrupt. de *tronçon*). Le cœur, le milieu d'un fruit dont on a ôté tout ce qu'il y avait de meilleur à manger. Se dit principalement des poires et des pommes. — LE TROGNON D'UN CHOU, UN TROGNON DE CHOU, la tige d'un chou dépouillée de ses feuilles. — Fig. et pop. VOILA UN JOLI PETIT TROGNON, se dit d'une petite fille.

TROGNONNER v. n. Avoir la forme d'un trognon :

.... Affreuse compagnonne
Dont le menton fleurit et dont le nez trognonne.
V. HUGO.

TROGOFF (Jean-Honoré, COMTE DE), marin français, né à Lannmeur en 1751, mort à l'île d'Elbe en 1794. A l'époque de la Révolution, il était déjà capitaine de vaisseau et il accepta avec ardeur les idées nouvelles, prêta serment à la République, et fut nommé contre-amiral en 1793. Appelé au commandement d'une escadre devant Toulon, il livra cette ville aux Anglais et fit alliance avec les royalistes pour le rétablissement de la monarchie. Lorsque Toulon fut repris par les armées de la Convention, Trogoff se réfugia en Espagne.

TROGON s. m. (gr. *trôgô,* je ronge). Ornith. Nom scientifique du couroucou.

TROGONIDÉ, ÉE adj. Ornith. Qui ressemble ou se rapporte au trogon ou couroucou.

TROIE (lat. Troja), nom d'une ancienne cité dans le N.-O. de l'Asie Mineure, appliqué aussi à son territoire, que l'on appelle généralement Troade (*Troas*). La ville de Troie, nommée aussi Ilion (*Ilium*, Ἴλιον), dans les poèmes homériques, était située au pied du mont Ida. En face, étaient les fleuves Simoïs et Scamandre qui, après s'être réunis, allaient se jeter dans l'Hellespont, entre les promontoires de Sigée et de Rhoetée. Il faut distinguer cette ville de l'Ilion historique, qui, d'après Strabon, fut fondée vers le commencement du viᵉ siècle av. J.-C. Plus tard, on désigna la première du nom de Vieille-Ilion et l'autre du celui de Nouvelle-Ilion. Une troisième localité s'appelle le village des Iliens, à environ 3 kil. de la Nouvelle-Ilion, et prétend être l'emplacement de l'Ilion primitive. D'après la légende, Dardanus fut l'ancêtre mythique des rois troyens de race teucriane. Le fils de Dardanus fut Erichthonius, à qui succéda Tros, lequel eut pour successeur Ilus, le fondateur de la ville d'Ilion. Ilus eut pour successeur Laomédon, qui fut égorgé par Hercule. Après lui, vint Priam, dont le fils Pâris enleva Hélène, femme de Ménélas, roi de Sparte. Pour venger cet outrage, les Grecs rassemblèrent une flotte de 1,186 vaisseaux montés par plus de 100,000 hommes, sous le commandement d'Agamemnon. Après un siège de 10 ans (qu'on met généralement de 1194 à 1184 av. J.-C.), dans lequel, outre Agamemnon, son frère Ménélas, Achille, Ulysse, Ajax fils de Télamon, Diomède, Patrocle et Palamède, figurent aux premiers rangs des Grecs, et Hector, Sarpédon et Énée parmi les Troyens, Troie fut entièrement détruite. Énée et Anténor seuls échappèrent avec leur famille. — On a donné, dans l'article HOMÈRE, quelques vues sur la question de savoir si le siège de Troie est réellement un événement historique. Bien des tentatives ont été faites pour retrouver l'emplacement exact de l'ancienne Ilion, en supposant qu'elle ait jamais existé, et les archéologues ont des opinions différents sur ce sujet. Des autorités considérables ont adopté l'hypothèse de Le Chevallier (1785), qui voyait dans la haute colline de Balidagh, près du village de Bunarbashi, l'emplacement de Pergame, la citadelle de Troie. Un autre pas important a été fait pour la solution de la question en 1871-73 par le Dʳ Schliemann, qui a fait des fouilles dans la colline de Hissarlik jusqu'à une profondeur d'environ 17 m., et a rencontré plusieurs couches de débris qu'il regarde comme les restes de cités différentes bâties sur les ruines les unes des autres. Il affirme qu'il a découvert le palais de Priam, les portes Scées, devant le palais et les rues de la ville de Troie.

TROIS adj. num. (lat. *tres*). Nombre impair contenant deux et un : *trois hommes.* — Fam. LES TROIS QUARTS DU TEMPS, la plus grande partie du temps, le plus ordinairement : *les trois quarts du temps il est sans occupation.* — En arithm., RÈGLE DE TROIS, règle par laquelle, ayant trois termes connus, on parvient à trouver un quatrième terme inconnu, qui doit être en proportion géométrique avec les trois premiers. — Trois s. m. Troisième : *Henri trois.* On écrit plus ordinairement, *Henri III.* — *Le produit de trois multiplié par deux.* — LE TROIS DU MOIS, le troisième jour du mois. — Le chiffre qui marque trois : *le chiffre trois* (3). — Jeu de cartes. UN TROIS DE PIQUE, DE CŒUR, etc., une carte marquée de trois piques, de trois cœurs, etc. UN TROIS, au jeu de dés, la face du dé marquée de trois points.

TROIS-ÉTOILES s. m. Pseudonyme représenté par trois astérisques (***) et par lequel

on désigne une personne qu'on ne veut pas nommer.

* TROISIÈME adj. Nombre d'ordre. Qui est après le deuxième : *le troisième jour.* — Substantiv. NOUS N'ÉTIONS QUE DEUX, IL NOUS ARRIVA UN TROISIÈME, une troisième personne. LOGER, MONTER AU TROISIÈME, À UN TROISIÈME, au troisième étage d'une maison. — CET ÉCOLIER ÉTUDIE EN TROISIÈME, EST EN TROISIÈME, il étudie dans la troisième classe. — LA TROISIÈME DES ENQUÊTES, la troisième chambre des enquêtes au parlement de Paris.

* TROISIÈMEMENT adv. En troisième lieu.

* TROIS-MÂTS s. m. Mar. Navire de commerce à trois mâts : *un beau trois-mâts.*

TROIS-MOUTIERS (Les), ch.-l. de cant., arr. et à 8 kil. N.-O. de Loudun (Vienne); 500 hab.

TROIS-PONTS s. m. Mar. Vaisseau à trois ponts.

* TROIS-QUARTS s. m. Chir. Voy. TAOCART.

TROIS-RIVIÈRES (angl. *Three Rivers*), ville et port de la province de Québec (Canada), sur la rive septentrionale du Saint-Laurent, à l'embouchure du Saint-Maurice, à 95 kil. S.-O. de Québec, et à 125 N.-E. de Montréal; 7,570 hab. Le commerce principal est celui du bois; on y travaille aussi beaucoup le fer. La ville a été fondée en 1618.

* TROIS-SIX s. m. Eau-de-vie ou esprit-de-vin à trente-six degrés Cartier.

* TRÔLE s. f. S'emploie dans cette expression, OUVRIER À LA TRÔLE, ouvrier qui colporte pour le vendre un meuble qu'il a fabriqué.

* TRÔLER v. a. Mener, promener de tous côtés, indiscrètement et hors de propos : *c'est un homme qui trôle continuellement sa femme partout.* — v. n. Courir çà et là : *c'est un homme qui ne fait que trôler tout le long du jour.*

* TROLLE s. f. Vén. Action de découpler des chiens dans un grand pays de bois, pour quêter et lancer un cerf, parce que l'on n'a pas la précaution de le détourner avec le limier : *aller à la trolle.*

TROLLOPE (Frances) (MILTON), romancière anglaise, née vers 1780, morte en 1863. Elle était fille du rév. William Milton. En 1809, elle épousa Anthony Trollope, avocat. En 1829, elle alla aux États-Unis, où elle resta une telle quantité de romans et de récits de voyages qu'elle est comptée parmi les plus fécondes femmes auteurs de ce temps que l'Angleterre ait produites.

* TROMBE s. f. (ital. *tromba*). Amas de vapeurs semblable à un nuage fort épais, mû en tourbillon par le vent, s'allongeant de

Trombe marine.

bas en haut ou de haut en bas en forme de cylindre ou de cône renversé, et capable d'engloutir des vaisseaux, de renverser des maisons, de déraciner des arbres, etc. : *trombe marine* ou *de mer*. On dit aussi, SIPHON ou TYPHON.

TROMBIDION s. m. (lat. *trombidium*). Arachn. Genre d'acarides, caractérisé par des antennes-pinces en griffes ou terminées par un crochet mobile. Nous avons, en Europe, le *trombidion soyeux* (*trombidium oloscericeum*), appelé aussi tique rouge, satinée, terrestre. Il s'attaque aux sauterelles dont il est le parasite et dont il dévore les œufs.

Trombidion grossi, et trombidion de grandeur naturelle.

* TROMBLON s. m Arme à feu portative dont le canon est évasé.

* TROMBONE s. m. (ital. *trombona*). Mus. Espèce de grande trompette composée de quatre branches emboîtées les unes dans les autres, et qu'on allonge ou qu'on raccourcit à volonté pour produire les différents tons. — Celui qui joue du trombone.

TROMBONISTE s. m. Celui qui joue du trombone.

TROMP (trompp) I. (Maarten-Harpertzoen von), amiral hollandais, né en 1597, mort le 31 juillet (10 août, n. st.) 1653. Il se distingua promptement dans la flotte. En oct. 1639, amiral de Hollande, il remporta une victoire décisive sur une escadre espagnole dans les Dunes, et fut anobli en France. Le 29 nov. 1652, il infligea une défaite signalée à Blake, près du Goodwin-Sands; mais Blake alla l'attendre à la hauteur de l'île de Portland (18 fév. 1653), où Tromp subit des pertes considérables, et battit en retraite. Il périt dans une rencontre, sur la côte hollandaise, avec une flotte anglaise commandée par Monk. — II. (Cornelis von), fils du précédent; amiral, né en 1629, mort en 1691. Nommé vice-amiral en 1650, il vécut dans la retraite de 1656 à 1662. Comme commandant en chef en l'absence de Ruyter, il se distingua contre les Anglais, dans les Dunes, en juin 1666; mais, le 25 juillet (4 août, n. st.), se trouvant coupé du gros de l'escadre, il ne put secourir de Ruyter, qui insista pour qu'on l'éloignât. Rétabli en 1673, pendant la guerre contre les alliés franco-anglais, il cueillit de nouveaux lauriers; et à la mort de de Ruyter, en 1676, il lui succéda dans le plus haut poste naval du pays. Plus tard il entra au service du Danemark.

* TROMPE s. f. (ital. *tromba*). Tuyau d'airain recourbé, dont on se sert à la chasse pour sonner : *emboucher la trompe, sonner de la trompe.* — Trompette, PUBLIER À SON DE TROMPE, CRIER À SON DE TROMPE, publier quelque chose au son de la trompette. — Partie du museau de l'éléphant qui s'allonge et se recourbe pour divers usages : *l'éléphant se sert de sa trompe comme d'une main, et avec beaucoup de dextérité.* — Bouche de certains insectes, avec laquelle ils sucent et tirent ce qui est propre pour leur nourriture. — Prolongement du nez du tapir. — Se dit encore de certaines coquilles de mer qui sont en forme de spirale. — Anat. TROMPE D'EUSTACHE, canal de communication pour l'air extérieur entre la bouche et le tympan de l'oreille. — TROMPES DE LA MATRICE ou DE FALLOPE, les deux conduits qui partent du fond de la matrice, l'un d'un côté, l'autre de l'autre, et qui aboutissent aux ovaires. — Archit. Portion de voûte en saillie, servant à porter l'encoignure d'un bâtiment, ou toute autre construction qui semble se soutenir en l'air : *trompe dans l'angle.* — Petit instrument de fer, qui a une languette au milieu, et dont on tire du son en le mettant entre les dents, et en touchant la languette avec le bout du doigt. On l'appelle plus ordinairement GUIMBARDE.

* TROMPE-L'ŒIL s. m. Peint. Sorte de ta-

bleaux où des objets de nature morte sont représentés avec une vérité qui fait illusion : *des trompe-l'œil.*

* **TROMPER** v. a. Décevoir, user d'artifice pour induire en erreur : *tromper adroitement, finement.* — Se dit, fig., des choses qui donnent lieu à quelque erreur, à quelque méprise : *l'horloge nous a trompés.* — Faire ou dire quelque chose de contraire à l'attente de quelqu'un, soit en bien, soit en mal : *s'ils m'accorde cette grâce, il me trompera.* — Se dit quelquefois des choses, dans un sens analogue : *l'événement a trompé leurs calculs.* — Se tromper v. pr. Errer, s'abuser : *vous vous trompez, cela n'est pas ainsi.* — Si je ne me trompe, locution employée en forme de correctif, quand on n'est pas parfaitement certain d'un fait, ou quand on veut éviter le ton d'assurance et de présomption en donnant son avis. On dit passivement, Je suis bien trompé, fort trompé si telle chose n'est pas ainsi, ou je me trompe fort, ou telle chose est ainsi.

* **TROMPERIE** s. f. Fraude, artifice employé pour tromper : *tromperie insigne, manifeste, visible.* — Législ. « Le marchand qui a trompé ou tenté de tromper l'acheteur sur la nature, ou la qualité d'une marchandise, ou qui, par usage de faux poids ou de fausses mesures, ou par des manœuvres et même par de simples indications frauduleuses, a trompé ou tenté de tomper sur la quantité des choses vendues, est puni d'un emprisonnement de trois mois à un an et d'une amende qui ne peut excéder le quart des sommes allouées au plaignant à titre de restitution, ni être inférieure à 50 fr. En outre, les objets du délit sont confisqués, les faux poids et les fausses mesures sont brisés ; et le tribunal peut ordonner l'affiche du jugement dans les lieux qu'il désigne et son insertion dans les journaux, aux frais du condamné (C. pén. 423 ; L. 27 mars 1851). La tromperie dans la nature des marchandises peut être aussi considérée comme une falsification, et être ainsi punie des mêmes peines. (Voy. Boisson et Falsification.) Ceux qui, en vendant ou mettant en vente des engrais ou amendements, ont trompé ou tenté de tromper l'acheteur, soit sur leur nature, leur composition ou le dosage des éléments qu'ils contiennent, soit sur leur provenance, soit sur le nom qui est donné à ces substances, sont punis d'un emprisonnement de trois mois à un an et d'une amende de 50 fr. à 2,000. fr. La même peine est appliquée à celui qui, sans avoir prévenu l'acheteur, a vendu on tenté de vendre des amendements qu'il savait être falsifiés, altérés ou avariés. En cas de récidive dans les cinq ans d'une première condamnation, la peine peut être élevée jusqu'au double du maximum. Dans tous les cas, les tribunaux ont la faculté d'ordonner l'affichage, par extraits ou intégralement, des jugements de condamnation, et leur insertion dans les journaux qu'ils déterminent (L. 27 juillet 1867). »   (Ch. Y.)

* **TROMPETER** v. a. [tron-pe-té] (fr. *trompette*). Publier, crier à son de trompe. Ne se dit guère qu'en parlant des personnes que l'on assignait autrefois de cette manière à comparaître au ban de trois jours, ou, en termes de pratique, à trois briefs jours : on *lui fait son procès, il a été trompeté par les carrefours.* — Divulguer une chose qu'on devait tenir cachée : *on lui avait recommandé le secret sur cette affaire, il a été le trompeter partout.*

* **TROMPETTE** v. n. Se dit du cri de l'aigle: *le corbeau croasse, l'aigle trompette.*

* **TROMPETEUR** v. n. Anat. Muscle de la bouche. (Voy. Buccinateur.)

* **TROMPETTE** s. f. [tron-pè-te] (dimin. de *trompe*). Instrument à vent, tuyau d'ai-..in ou d'autre métal, qui a un son très éclatant, et

dont on sonne principalement à la guerre, et dans les réjouissances publiques : *sonner de la trompette pour assembler la cavalerie, pour la faire marcher, pour l'animer au combat.* — Fig. Emboucher la trompette, prendre le ton élevé, sublime. — Personne qui a coutume de publier tout ce qu'elle sait : *cet homme est une vraie trompette.* — Trompette parlante, espèce de grande trompette, ordinairement de fer-blanc, dont on se sert pour faire entendre la voix de fort loin : *les trompettes parlantes sont d'usage sur mer, pour se faire entendre d'un vaisseau à un autre.* On dit plus communément, Porte-voix. — Trompette marine, instrument de musique qui n'a qu'une corde : *jouer de la trompette marine.* — Genre de mollusques à coquille univalve tournée en spirale, qu'on nomme autrement *buccin.*

* **TROMPETTE** s. m. Celui donc la fonction est de sonner de la trompette : *bon trompette.* — Pop. Il est bon cheval de trompette, il ne s'étonne pas du bruit, se dit d'un homme qui ne s'effraye pas des menaces, qui ne s'émeut pas de ce qu'on lui dit, soit pour l'intimider soit pour l'embarrasser.

* **TROMPETTE-MAJOR** s. m. Chef des trompettes dans un régiment : *des trompettes-majors.*

* **TROMPEUR**, **EUSE** adj. Qui trompe : *homme trompeur.* — s. C'est un trompeur.

Car c'est double plaisir de tromper le trompeur.

TROMPEUSEMENT adv. D'une manière trompeuse.

* **TROMPILLON** s. m. [*ll* mll.]. Dimin. Archit. Petite trompe.

TROMSŒ I, le plus septentrional *stift* ou diocèse de la Norvège, sur l'océan Atlantique et sur l'océan Arctique ; 110,555 kil. carr.; 181,782 hab. Les îles Loffoden en font partie. — II, cap. de ce diocèse, sur une île, dans le détroit du même nom, par 69° 38' lat. N.; 4,000 hab. Commerce actif. Beaucoup de vaisseaux appartenant à ce port son engagés dans les pêcheries de morses à la Nouvelle-Zemble et au Spitzberg.

* **TRONC** s. m. [tron] (lat. *truncus*). Gros d'un arbre, tige considérée sans les branches: *un tronc d'arbre.* — Anat. Le tronc d'un artère, d'une veine, leur partie la plus considérable qui n'a pas encore formé de branche. — Anat. Partie principale du corps, à laquelle les membres sont attachés, et qui comprend la tête, le thorax et le bassin. — Buste du corps humain, dont on a séparé la tête, les bras et les cuisses : *un cadavre dont il ne reste que le tronc.* — Archit. Tronc de colonne, fragment d'un fût de colonne. — Généal. Ligne directe des ascendants et des descendants, d'où partent les branches ou lignes collatérales : *ces deux familles sont de deux branches qui sortent du même tronc.* — Boîte, coffre de bois en fer posé ordinairement dans les églises, et qui a une fente pour recevoir l'argent des aumônes: *tronc pour les prisonniers, pour la fabrique de l'église, pour les enfants trouvés.* — Prov. et fig. Voler le tronc des pauvres, faire des profits illégitimes aux dépens de ceux qui sont dans la nécessité.

TRONCATURE s. f. (rad. lat. *truncare*, tronquer). Etat de ce qui est tronqué.

TRONCHE s. f. Grosse souche de bois que l'on met au feu, dans certains pays, la veille de Noël. — Jargon. Tête humaine.

* **TRONCHET** s. m. Gros billot de bois qui porte sur trois pieds.

TRONCHET (François-Denis), jurisconsulte, né à Paris en 1726, mort en 1806. Il fut député aux états généraux et Louis XVI le choisit pour un de ses défenseurs. Il fut plus tard député aux Anciens, et travailla avec

Portalis, Maleville et Bigot de Préameneu à la confection du Code civil. On a donné son nom à l'une des rues de Paris.

* **TRONÇON** s. m. (dimin. de *tronc*). Morceau coupé ou rompu, de quelque objet plus long que large : *tronçon de pique, de lance, d'épée.* — Se dit particul. des morceaux que l'on coupe de certains poissons, de certains reptiles qui ont plus de longueur que de largeur : *tronçons d'anguille, de brochet.* — Les tronçons d'un chemin de fer, parties d'un chemin de fer qui ne sont pas encore réunies entre elles.

TRONÇONNIQUE adj. Qui est en forme de tronc de cône.

TRONÇONNEMENT s. m. Action de diviser en tronçons.

* **TRONÇONNER** v. a. Couper quelque chose par tronçons : *tronçonner une anguille, un brochet,* etc.

TROND (Saint-), ville de Belgique, à 15 kil. S.-O. de Hasselt ; 15,000 hab. Elle fut prise par Charles le Téméraire en 1467 et par les Français en 1794.

TRONDHJEM ou **Throndhjem** [tronndd'-yemm]. (Voy. Drontheim).

* **TRÔNE** s. m. (lat. *thronus*). Siége élevé où les rois, les empereurs, etc., sont assis dans les fonctions solennelles de la souveraineté : *trône magnifique.* — Fig. Puissance souveraine des rois, des empereurs, etc.

Il n'est dans l'univers, dans ce malheur nouveau,
Que deux places pour toi : le trône ou le tombeau.

Gausser. *Édouard III,* act. IV, sc. 1re.

Hélas ! Qu'est devenu ce temps, cet heureux temps,
Où les rois s'honoraient du nom de faínéants,
S'endormaient sur le trône...

Boileau. *Le Lutrin.*

— Monter sur le trône, monter au trône, prendre possession de la royauté. — Le discours du trône, le discours que le roi prononce à l'ouverture de chaque session des chambres législatives. — Siége élevé où le pape se met dans certaines cérémonies publiques : *le pape étant dans son trône.* — Trône épiscopal, siége qui est au haut du chœur, dans les églises cathédrales, et où l'évêque se met quand il officie pontificalement : *l'évêque étant dans son trône.* — pl. Théol. Nom d'un des neuf chœurs des anges : *Anges, Archanges, Trônes, Dominations,* etc.

TRÔNER v. n. Siéger sur un trône. — Fig. Dominer.

* **TRONQUÉ**, **ÉE** part. passé de Tronquer.— Fig. Cet ouvrage est tronqué, quelque partie essentielle de cet ouvrage a été évidemment omise ou retranchée. — Se dit,particul., de certaines choses dont l'extrémité ou la partie supérieure manque, soit qu'on l'ait retranchée, ou qu'elles ne l'aient jamais eue: *colonne tronquée.* — Bot. Se dit de ce qui est terminé brusquement à son extrémité, comme si on l'avait coupé transversalement : *les feuilles du tulipier sont tronquées.*

* **TRONQUER** v. a. (lat. *truncare*). Retrancher, couper une partie de quelque chose Au propre, ne se dit guère qu'en parlant des statues : *les Goths ont tronqué la plupart des statues de Rome.* — Se dit, fig., en parlant des ouvrages d'esprit : *il a tronqué ce livre, il en a ôté deux chapitres.*

TROOST (Gerard), chimiste et géologue américain, né en Hollande en 1776, mort en 1850. Il s'établit à Philadelphie en 1810 et fut l'un des fondateurs de l'académie d'histoire naturelle, et son premier président (1812-'17). Il entra dans la communauté de Robert Owen à New-Harmony en 1825, et en 1828 il fut nommé professeur de chimie, de minéralogie et de géologie à l'université de Nashville, et en 1831 géologue du Tennessee. Il a publié des rapports et des mémoires.

* **TROP** adv. de quantité [tro] (ital. *troppo*). Plus qu'il ne faut, avec excès : *trop vite ; trop avant.* — Beaucoup, fort : *je suis trop heureux.* — Fam. Vous n'êtes pas de trop, se dit à une personne pour lui témoigner qu'elle peut rester, qu'on n'a rien à lui cacher de ce qu'on veut dire. On dit dans un sens analogue, Suis-je de trop ? — Fam. Par trop, excessivement, d'une manière fatigante, importune, révoltante : *cet homme est aussi par trop ennuyeux, par trop complimenteur, par trop insolent.* — Précédé de la négative *pas*, signifie, guère : *je ne voudrais pas trop m'y fier ; cela n'est pas trop bien.* Suivi de l'adv. Peu, signifie, pas assez : *il en a trop peu.* — s. m. *Il a été victime de son trop de confiance.*

TROP-BU s. m. Consommation faite au delà de la consommation réglementaire.

* **TROPE** s. m. (gr. *tropos*). Rhét. Figure, emploi d'une expression dans un sens figuré : Cent voiles, *pour dire*, Cent vaisseaux, *est un trope : la métonymie, la métaphore, la synecdoche*, etc., *sont des tropes.*

TROPÉOLÉ, ÉE adj. (gr. *tropaiolos*). Bot. Qui ressemble à un trophée d'armes. — Qui se rapporte à la capucine (*tropæolum*). — s. f. pl. Petite famille de plantes dicotylédones dialypétales hypogynes, qui a pour type le genre capucine (*tropæolum*).

TROPEZ (Saint-), *Heraclea Caccabaria*, ch.-l. de cant., arr. et à 58 kil. S.-S.-E. de Draguignon (Var) ; au fond du golfe de Grimaud, 3,500 hab. Vins, huile, bois, miel, marrons, liège ; bains de mer fréquentés. Chantiers de construction. Patrie du général Allard.

* **TROPHÉE** s. m. (lat. *trophæum*). Dépouille d'un ennemi vaincu, que l'on mettait ordinairement sur un tronc d'arbre dont on avait coupé les branches. — Assemblage d'armes élevées et disposées avec art, pour conserver le souvenir d'une victoire, d'une conquête : *dresser, élever, ériger un trophée, des trophées ; peindre, graver des trophées d'armes ; sculpter des trophées sur le frontispice d'un bâtiment, sur un arc de triomphe.* — Victoire : *tout fier de ses trophées.* — Fig. et en mauvaise part, Faire trophée d'une chose, en tirer vanité, en faire gloire. — Peint. et Sculpt. Espèce d'ornement représentant un assemblage de divers objets employés dans une science ou dans un art, et qui en sont comme les attributs : *il avait fait sculpter sur les lambris de son salon des trophées de musique, d'astronomie, de chasse, de labourage*, etc.

TROPHIME (Saint), disciple de saint Paul. C'est le patron d'Arles. Fête le 29 déc.

TROPHIQUE adj. (gr. *trophé*, nourriture). Propre à nourrir.

* **TROPICAL, ALE, AUX** adj. Qui appartient aux tropiques. — Chaleur tropicale, température très élevée.

* **TROPIQUE** s. m. (gr. *tropikos*, qui tourne). Géogr. astronomique. Chacun des deux petits cercles de la sphère, parallèles à l'équateur, qui passent par les points solsticiaux, c'est-à-dire, par des points éloignés de l'équateur de vingt-trois degrés et demi environ, et entre lesquels s'opère le mouvement annuel du soleil. Celui de l'hémisphère boréal s'appelle le *tropique du Cancer*, et celui de l'hémisphère austral le *tropique du Capricorne*, parce qu'ils touchent l'écliptique dans les premiers points de ces deux signes. En géographie, les tropiques, désignés par les mêmes noms, sont les deux parallèles de lat. (environ 23° 28' N. et S.) au-dessus desquels le soleil est verticalement placé aux solstices. — Adjectiv. On appelle Année tropique, l'espace de temps qui s'écoule entre le moment d'un équinoxe, et celui où le soleil revient au même équinoxe : *l'année tropique est celle dont on fait usage dans la vie civile.* — Bot. Plantes tropiques, celles dont les fleurs s'ouvrent le matin et se ferment le soir. Cette locution est peu usitée.

TROPLONG (Raymond-Théodore) [trolon], jurisconsulte, né à Saint-Gaudens (Haute-Garonne), le 8 oct. 1795, mort à Paris le 1er mars 1869. Pair de France, il devint, en 1848, premier président de la cour de Paris, et de la cour de cassation en 1852 ; il fut nommé président du Sénat en 1854. Son ouvrage principal, *Le Code civil expliqué* (1833-'58, 28 vol.), est une collection de traités continuant le *Commentaire du Code civil* de Toullier.

TROPOLOGIE s. f. (gr. *tropos*, trope ; *logos*, discours). Rhét. Science ou traité des tropes.

* **TROPOLOGIQUE** adj. Rhét. Figuré : *le sens tropologique d'un emblème.* (Peu us.)

TROPPAU [tropp'-paô], cap. de la Silésie autrichienne, sur l'Oppa, à 60 kil. N.-E. d'Olmütz : 16,608 hab. Manufatures de sucre de betterave ; filatures de lin ; fabrique de draps. La plus grande partie de l'ancien duché de Troppau est comprise dans le S.-O. de la Silésie prussienne. Le territoire qui resta à l'Autriche après la paix de 1763 constitue la plus grande part du N. de la Silésie autrichienne.

* **TROP-PLEIN** s. m. Ce qui excède la capacité d'un vase, d'un étang, d'un canal, etc., ce qui en déborde : *le trop-plein du tonneau s'est répandu de tous côtés.* — pl. des Trop-pleins.

TROQUE s. f. (rad. *troc*). Commerce d'échange.

* **TROQUER** v. a. Echanger, donner en troc : *il a troqué son cheval contre un tableau.* — Prov. et fig. Troquer son cheval borgne contre un aveugle, faire par erreur l'échange d'une mauvaise chose contre une pire.

* **TROQUEUR, EUSE** s. Celui, celle qui aime à troquer : *les amateurs de choses curieuses sont grands troqueurs.*

* **TROT** s. m. [tro]. Allure des bêtes de voiture, de somme ou de charge, entre le pas et le galop : elle consiste en un mouvement en diagonale des quatre extrémités, qui se lèvent et se baissent simultanément : *grand trot.* — Fig. et fam. Mener une affaire au trot, au grand trot, la conduire d'une manière expéditive. On dit plus ordinairement, Grand train.

TROTTABLE adj. Où l'on peut aller au trot : *chemin trottable.*

* **TROTTE** s. f. Espace de chemin : *il y a une bonne trotte d'ici là.* (Pop.)

TROTTE-MENU adj. Qui fait de petits pas en trottant :

> La gent *trotte-menu* s'en vient chercher sa perte.
> La Fontaine.

* **TROTTER** v. n. Aller le trot : *ce cheval trotte mal.* — Se dit, fam. et par ext., d'une personne qui marche beaucoup à pied : *nous avons bien à trotter pour nous rendre à tel endroit.* — Fig. Faire bien des courses, bien des démarches pour quelque affaire : *il y a longtemps que je trotte pour cette affaire-là.* — Prov. On entendrait une souris trotter, se dit pour exprimer qu'on n'entend pas le plus léger bruit. — Fig. et fam. Cette idée lui trotte dans la tête, par la tête, cette idée l'occupe, il y pense souvent. — Trotter v. a. Man. Faire trotter : *trotter un cheval à la longe.*

* **TROTTEUR** s. m. Equit. Cheval qu'on a dressé à n'aller que le trot dans le manège : *il ne monte encore que le trotteur.* — Ce cheval est bon trotteur, mauvais trotteur, il trotte bien ou mal.

* **TROTTIN** s. m. Terme populaire et bas, qui se dit par mépris d'un petit laquais : *elle n'a qu'un trottin, qu'un petit trottin* (Vieux.)

* **TROTTINER** v. n. Équit. Trotter en raccourci ; ce qui est une mauvaise allure : *ce cheval trottine, ne fait que trottiner.*

* **TROTTOIR** s. m. Partie des rues, des quais, des chemins, réservée pour les piétons : *les trottoirs du Pont-Neuf.* — Se dit aussi, dans les promenades publiques, de la partie réservée pour les cavaliers. — Faire le trottoir, se dit en parlant des prostituées. — Législ. « Parmi les rues et places pour lesquelles il existe un plan régulièrement approuvé, le conseil municipal de la commune peut désigner certaines voies dans lesquelles l'établissement de trottoirs sera obligatoire pour les propriétaires riverains. Une enquête *de commodo et incommodo* est préalablement ouverte sur le projet, lequel indique la nature des divers matériaux entre lesquels les propriétaires pourront faire un choix. La dépense est répartie entre les propriétaires et la commune, de manière à ce que cette dernière en supporte au moins la moitié, à moins qu'il n'existe d'anciens usages locaux qui mettent une plus forte part ou même la totalité de cette dépense à la charge des riverains (L. 7 juin 1845). La délibération du conseil municipal ne peut être exécutoire que lorsqu'elle a été approuvée par arrêté du préfet (Décr. 25 mars 1852, tableau A, n° 54). En ce qui concerne l'entretien des trottoirs, cette charge incombe aux riverains lorsque, d'après les usages locaux, ils sont tenus des réparations du pavage qui borde leurs immeubles. » (Ch. Y.)

* **TROU** s. m. Ouverture faite dans un corps, et dont la largeur et la longueur sont à peu près égales ; ce qui distingue le trou de la fente, qui est une ouverture étroite et longue : *grand trou ; petit trou.* — Cet homme boit comme un trou, ces gens ont bu comme des trous, cet homme boit, ces gens ont bu beaucoup. — Il le ferait mettre dans un trou, dans un trou de souris, se dit d'un homme qui en fait trembler un autre par sa présence. — Fig. et fam. N'avoir rien vu que par le trou d'une bouteille, n'avoir aucune connaissance des choses du monde. — Fig. et fam. Boucher un trou, payer une dette : *si je recevais cet argent-là, il me servirait à boucher un trou.* — Souris qui n'a qu'un trou est bientôt prise, celui qui n'a qu'un expédient, qu'une ruse, qu'une finesse, a souvent bien de la peine à se tirer d'affaire, à réussir. — Prov. Faire un trou à la lune, s'enfuir sans payer ses créanciers. — Autant de trous, autant de chevilles ; autant de chevilles que de trous, se dit en parlant d'une personne qui trouve à tout des réponses, des excuses, des défaites, des expédients. — Mettre la pièce à coté du trou, employer, pour remédier à quelque chose, un autre moyen que celui qu'il faudrait — Jeu du trictrac. Avantage de douze points, que celui qui les gagne marque par un fichet qu'il met dans un trou : *il faut douze trous pour gagner la partie.* Jeux de paume carrés. Ouverture qui est au pied de la muraille, dans le coin opposé à la grille : *il donna de volée dans le trou.* — Typogr. Trou de pointure, on nomme ainsi les petits trous que font les pointeurs dans le papier. — Se dit, fig. et fam., de tous les lieux habitables dont on veut indiquer la petitesse, d'une manière exagérée : *ce n'est pas une ville, ce n'est pas une maison, ce n'est qu'un trou*

* **TROUBADOUR** s. m. (provenç. *trobador*, trouveur, de *trobar*, trouver). Nom donné aux anciens poètes de la langue d'oc : *les troubadours et les trouvères ou trouveurs couraient de châteaux en châteaux pour y chanter leurs poëmes.* (Voy. Provençale [*Langue et littérature*].)

* **TROUBLANT, ANTE** adj. Qui trouble : *un souvenir troublant.*

* **TROUBLE** adj. (fr. *troubler*). Qui est brouillé, qui n'est pas clair. Se dit ordinaire-

ment de l'eau, du vin et autres liqueurs : *vin trouble*. — Avoir la vue trouble, et, adverbial., Voir trouble, ne voir pas nettement, distinctement, par quelque vice dans l'organe de la vue. — Pécher en eau trouble, tirer du profit, de l'avantage des désordres publics ou particuliers.

* TROUBLE s. m. Confusion, désordre, agitation désordonnée : *le trouble des éléments.* — Brouillerie, mésintelligence : *c'est lui qui met, qui apporte le trouble.* — Se dit plus ordinairement, surtout au pluriel, des soulèvements, des émotions populaires, des guerres civiles : *exciter des troubles dans un Etat, dans une province.* — Inquiétude, agitation de l'âme, de l'esprit : *le trouble de son âme, de son esprit, de son cœur, se remarquait sur son visage.* — Jurispr. Action par laquelle on inquiète un possesseur dans la jouissance de sa propriété : *les contrats de vente se font ordinairement à charge de garantie de tout trouble et éviction.*

* TROUBLE ou TRABLE s. f. Pêche. Filet en forme de poche, monté sur un cercle ou un ovale, et traversé par un bâton qui sert de manche : *on prend avec la trouble du poisson dans les réservoirs.*

* TROUBLE-FÊTE s. m. Importun, indiscret qui vient interrompre la joie, les plaisirs d'une réunion publique ou particulière; chose à événement qui produit le même effet. — Des trouble-fête.

* TROUBLE-MÉNAGE s. Personne qui trouble un ménage : *des trouble-ménage.*

* TROUBLER v. a. (lat. *turbare*). Rendre trouble : *les pluies ont troublé la rivière.* — Causer une agitation désordonnée : *la tempête trouble les airs.* — Apporter du trouble, du désordre; causer de la brouillerie, de la mésintelligence : *troubler l'ordre.* — Se dit, dans un sens manque, en parlant des sens et des facultés de l'âme : *troubler les sens.* — Troubler quelqu'un, troubler son attention, sa mémoire, son jugement, etc.; lui ôter la présence d'esprit nécessaire : *ne faites pas tant de bruit, vous me troublez.* — Inquiéter une personne dans la jouissance d'un bien. — Interrompre d'une manière désagréable : *troubler un entretien.* — Se troubler v. pr. Le vin se trouble, il devient trouble. Le temps commence a se troubler, il commence à se charger de nuages. Ma vue se trouble, mes yeux se troublent, ma vue s'obscurcit. Son esprit se trouble, ses idées se confondent, et il éprouve une sorte d'égarement, etc. — Eprouver une émotion, une trouble qui fait qu'on s'embarrasse, qu'on ne sait plus que dire, que répondre : *l'orateur s'est troublé au milieu de son discours, et n'a pu continuer.*

TROUBLEUR, EUSE s. Personne qui trouble.

TROUDE (Aimable-Gilles), marin, né à Cherbourg en 1762, mort en 1824. Capitaine de vaisseau en 1795, il fit les campagnes de Cayenne, du Brésil, de la Guadeloupe.

* TROUÉE s. f. Espace vide, ou abatis fait à dessein, qui perce tout au travers d'un bois : *les troupes défilèrent par une trouée.* — Ouverture faite dans toute l'épaisseur d'une haie : *dans cette haie, il y a une trouée par où nous pourrons aisément passer.* — Se dit de l'effet du canon qui éclaircit les rangs ennemis, ou d'une charge de cavalerie qui les renverse : *la cavalerie, venant à charger, fit une trouée épouvantable.* — Ouverture que se fait une troupe dans une ligne ennemie, en l'enfonçant et en pénétrant à travers.

* TROUER v. a. Percer, faire un trou : *trouer une planche avec le vilebrequin.* — Se trouer v. pr. *Votre habit commence à se trouer.*

TROUFIGNON s. m. [gn. mll.]. Ouverture anale.

* TROU-MADAME s. m. Espèce de jeu auquel on joue avec de petites boules ordinairement d'ivoire, qu'on tâche de pousser dans des ouvertures en forme d'arcades, marquées de différents chiffres : *jouer au trou-madame.* — Espèce de machine ouverte en forme d'arcades, dans lesquelles on pousse les boules : *placer un trou-madame sur un billard.* — Des Trous-madame.

* TROUPE s. f. (rad. lat. *turba*, foule). Nombre plus ou moins considérable de gens assemblés : *une troupe de paysans.* — Troupe de comédiens, se dit d'un nombre d'acteurs, associés ou réunis par un directeur, pour jouer la comédie en public : *la troupe était passable.* — Aller en troupe, marcher en troupe, se dit des gens qui vont ensemble en grand nombre : *les pèlerins allaient au-trefois en troupe.* — Se dit d'un corps de cavalerie ou d'infanterie : *cet officier conduit bien sa troupe.* — Se dit collectivement, au pluriel, des divers corps de gens de guerre qui compose une armée : *ce prince a de belles troupes.* — Se dit quelquefois collectivement, au singulier, des sous-officiers et soldats, par opposition aux officiers : *pourvoir au logement des officiers, et au casernement de la troupe.*

* TROUPEAU s. m. Troupe d'animaux domestiques de même espèce, qui sont élevés et nourris dans un même lieu : *troupeau de moutons, de brebis.* — Par ext. Troupeau de dindons, troupeau d'oies, troupe de dindons ou d'oies que l'on mène paître aux champs. — Absol. Troupeau de moutons ou de brebis : *le loup est venu faire du ravage dans son troupeau.* — Fig. Le troupeau de Jésus-Christ, l'Eglise. — Fig. Le troupeau de l'évêque, du curé, le peuple de son diocèse, de sa paroisse : *le bon pasteur donne sa vie pour son troupeau.* — Fig. Troupe, multitude d'hommes : *un troupeau d'imbéciles, d'ignorants.*

TROUPIALE s. m. (rad. *troupe*, à cause de l'habitude où sont ces oiseaux de voler en bandes nombreuses). Ornith. Genre de sturnidés, comprenant 6 espèces qui habitent les régions chaudes de l'Amérique. Le janne, le

Troupiale de Baltimore (Yphantes Baltimore) et son nid.

noir et l'orange dominent dans leur plumage. L'espèce la plus connue dans l'Amérique du Nord est l'*oiseau de Baltimore* (*yphantes Baltimore*, Vieill.), très admiré pour la richesse de son plumage et la douceur de son chant. Il suspend son nid en forme de poche à l'extrémité d'une branche.

* TROUPIER s. m. Soldat. (Pop.)

TROUSSAGE s. m. Action de trousser.

* TROUSSE s. f. (fr. *trousser*.) Faisceau de plusieurs choses liées ensemble : *trousse de linge mouillé qu'on rapporte de l'eau.* — Carquois : *tirer des flèches d'une trousse.* (Vieux.) — Sorte d'étui où les barbiers mettent trelce

qui est nécessaire pour faire la barbe et les cheveux; et sorte de portefeuille dans lequel les chirurgiens mettent les instruments dont ils se servent pour les opérations ordinaires. — pl. Chausses que portaient autrefois les pages : *il venait de quitter les trousses.* — Aux trousses loc. prép. et fam. A la poursuite : *il est aux trousses des ennemis.* — Etre aux trousses de quelqu'un, être toujours à sa suite ne pas le quitter : *qu'attend de vous cet homme-là, qui est toujours à vos trousses ?* — En trousse loc. adv. On le dit en parlant d'une personne qui est sur la croupe d'un cheval, derrière un cavalier qui est en selle : *mettre une femme en trousse derrière soi.* On dit plus ordinairement, En croupe. — Se dit aussi en parlant des valises, des paquets qu'un cavalier porte derrière lui sur son cheval.

* TROUSSÉ, ÉE part. passé de Trousser. — C'est un petit homme bien fait, bien d'un petit homme bien fait, bien proportionné. C'est une femme bien troussé, c'est un cheval bien fait, bien pris et un peu ramassé. — Une petite maison bien troussée, une jolie petite maison. Un compliment bien troussé, un compliment bien tourné. On dit de même, Un petit dîner bien troussé. — Cela est troussé a la diable, cela est fort mal arrangé.

* TROUSSEAU s. m. Petite trousse. N'est guère usité, en ce sens, que dans ces locutions, dont la seconde a vieilli : *un trousseau de clefs, un trousseau de flèches.* — Se dit aussi des hardes, des habits, du linge, et de tout ce qu'on donne à une fille lorsqu'on la marie ou qu'elle est religieuse : *cette mère songe de bonne heure à faire le trousseau de sa fille.* — Se dit également, dans les collèges, dans les maisons d'éducation, etc., des hardes, habits, et autres effets que doit emporter un élève, ou qu'on lui fournit, lorsqu'il entre : *le trousseau se compose de tels et tels objets.*

TROUSSEAU (Armand), médecin français, né à Tours en 1801, mort en 1867. Il fut professeur de thérapeutique et de matière médicale à la faculté de médecine de Paris; il propagea la pratique de la trachéotomie dans le croup, et de la paracentèse du thorax (*paracentesis thoracis*) dans des cas graves de pleurésie. Son *Traité élémentaire de thérapeutique et de matière médicale* (8e édit., 1857, 2 vol.) a été traduit en anglais, en espagnol et en italien.

* TROUSSE-ÉTRIERS s. m. Voy. Porte-étriers.

* TROUSSE-GALANT s. m. Sorte de maladie violente qui amène fréquemment une mort prompte, et c'est ainsi qu'on appelle plus ordinairement aujourd'hui Choléra-morbus. (Fam.)

* TROUSSE-PÊTE s. f. Terme populaire de mépris, qui se dit en parlant d'une petite fille : *taisez-vous, trousse-pête; des trousse-pête.*

TROUSSE-PIED s. m. Lanière qui tient plié le pied d'un animal pour l'empêcher de frapper : *des trousse-pied.*

* TROUSSE-QUEUE s. m. Morceau de cuir, de toile, etc., garni de boucles, dans lequel on fait passer le haut de la queue d'un cheval, en retroussant le reste : *mettre un trousse-queue à un cheval; des trousse-queue*

* TROUSSEQUIN s. m. Pièce de bois cintrée qui s'élève sur le derrière d'une selle, comme un troussequin : *une selle à troussequin est plus commode qu'une selle rase.*

* TROUSSER v. a. Replier, relever. Se dit ordinairement en parlant des vêtements qu'on a sur soi : *trousser sa robe, son manteau, ses jupes.* — Se dit aussi en parlant des personnes, et s'applique, trousser leur vêtement : *troussez cet enfant, afin qu'il marche mieux.* — Fam. Trousser une femme, lui lever les

jupes. S'emploie, fig., dans un sens obscène.

— TROUSSER BAGAGE, partir brusquement, déloger brusquement : *comme il apprit qu'on le cherchait, il troussa bien vite bagage.* — Cuis. TROUSSER UNE VOLAILLE, rapprocher du corps les ailes et les cuisses, la préparer pour la mettre à la broche. — TROUSSER QUELQU'UN EN MALLE, l'enlever : *le lieutenant de gendarmerie l'a troussé en malle.* (Vieux.) — TROUSSER UNE AFFAIRE, l'expédier précipitamment. — UNE MALADIE VIOLENTE A TROUSSÉ CET HOMME EN DEUX JOURS, elle l'a fait mourir en deux jours.

* **TROUSSIS** s. m. Pli qu'on fait à une robe, à une jupe, etc., pour la raccourcir et pour l'empêcher de traîner : *faire un troussis à une jupe.*

* **TROUVABLE** adj. Qui peut être trouvé.

* **TROUVAILLE** s. f. [*ll* mll.]. Chose trouvée heureusement : *c'est une bonne trouvaille.* — (Fam.) FAIRE UNE TROUVAILLE, rencontrer heureusement quelque chose par hasard.

* **TROUVÉ, ÉE** part. passé de TROUVER. — UN ENFANT TROUVÉ, un enfant qui a été exposé : *c'est un enfant trouvé.* — UN MOT, UNE EXPRESSION TROUVÉE, une expression neuve et heureuse.

* **TROUVER** v. a. (ital. *trovare*). Rencontrer quelqu'un ou quelque chose, soit qu'on le cherche, soit qu'on ne le cherche pas : *il le trouva dans le chemin.* — Surprendre : *on le trouva prêt à s'évader.* — Se dit aussi par rapport à l'état où est une personne ou une chose au moment où on la voit, où on l'examine, où on s'en occupe, etc. : *je l'ai trouvé malade et dénué de tout.* — Se dit, fig., en parlant de certaines choses qui arrivent, qui se présentent, qui se montrent, qu'on rencontre : *il a trouvé la mort dans les combats.* — Se dit aussi en parlant de ce qu'on découvre ou de ce qu'on invente par le moyen de l'étude ou de la méditation : *ce médecin a trouvé un bon remède.* — Fam. et par manière de reproche, OU AVEZ-VOUS TROUVÉ CELA ? Qu'est-ce qui vous fait imaginer une chose pareille ? — Estimer, juger par l'esprit ou par les sens : *je trouve ces vers fort beaux, fort mauvais.* — TROUVER A, trouver le moyen, l'occasion de : *cet avoué trouve enfin à se défaire de son étude.* — TROUVER A REDIRE, trouver quelque défaut, quelque sujet de blâme : *il trouve à redire à tout ce qu'on dit, à tout ce qu'on fait.* — TROUVER A DIRE, s'emploie quelquefois dans la même acception : *que trouvez-vous à dire au parti qu'il a pris ?* — Remarquer, reconnaître en quelqu'un ou en quelque chose une modification, une qualité bonne ou mauvaise ; et alors on l'emploie toujours avec un complément indirecte : *je vous trouve bon visage.* — Se trouver v. pr. Se dit des personnes et des choses, et signifie, se rencontrer quelque part, ou se rendre en un lieu, y être : *nous nous sommes trouvés nez à nez à la promenade.* — Se dit encore fig., par rapport à l'état, à la situation d'une personne ou d'une chose : *se trouver en danger, dans l'embarras, dans le besoin.* — Estimer, juger, sentir qu'on est dans telle situation, qu'on jouit de tel avantage, qu'on éprouve tel inconvénient : *après avoir usé de ce remède, il se trouva tout autre.* — SE TROUVER BIEN, éprouver du bien-être : *le malade se trouve bien ; il se trouve mieux.* Etre satisfait de sa position : *cet homme se trouve bien partout.* On dit dans un sens contraire, SE TROUVER MAL. — SE TROUVER MAL, signifie, dans un acception moins étendue, tomber en faiblesse, en défaillant : *il se trouve mal toutes les fois qu'on le saigne.* — SE TROUVER BIEN DE QUELQU'UN, DE QUELQUE CHOSE, avoir sujet d'être content de quelqu'un, de quelque chose : *je me trouve bien de tel régime.* — Impers. IL SE TROUVE, il y a, il existe : *il se trouva un homme assez hardi pour...* — IL SE TROUVA QUE, il arriva que, on reconnut que.

* **TROUVÈRE** s. m. (rad. *trouver*). Nom qu'on donnait aux anciens poètes français des provinces du Nord, et particulièrement de la Picardie, aux XIIᵉ et XIIIᵉ siècles. (Voy. FRANCE.) Les plus célèbres trouvères furent : Taillefer, Auboin de Sézanne, Huon de Villeneuve, Jean Bodel, Alexandre de Bernay, Gilbert de Montreuil, Lambert li Cors, Chrestien de Troyes, Robert Wace, Marie de France, Rutebeuf, Guillaume de Lorris, Jean de Meung, Thibaut de Champagne. Leurs chants étaient surtout épiques, historiques ou romanesques, au contraire de la poésie des troubadours méridionaux, qui était presque exclusivement lyrique. On confond ordinairement les trouvères et les ménestrels ; mais il semble que ces derniers vivaient de l'exercice de leur art, tandis que les premiers appartenaient à des familles nobles et même princières. (Voy. MÉNESTREL.) — Trouvère (Le), opéra. (Voy. TROVATORE (Il).

° **TROUVEUR, EUSE.** Personne qui trouve. — Adjectiv. *Un esprit trouveur.*

TROUVILLE ou **Trouville-sur-Mer**, célèbre station balnéaire, port maritime et ch.-l. de cant. de l'arr., à 12 kil. N. de Pont-l'Évêque (Calvados), sur la Manche et à l'embouchure de la Touques ; en face de la station balnéaire de DEAUVILLE ; 6,000 hab. Construction de navires ; belle plage, au milieu d'un site ravissant. Établissement de bains très vaste et très commode. Casino. Délicieuses promenades aux environs.

TROUVILLAIS, AISE [-vi-louâ] s. et adj. De Trouville ; qui appartient à cette ville ou à ses habitants.

TROVATORE (Il), LE TROUVÈRE, opéra italien en 4 actes, représenté à Rome (théâtre Apollo), en 1853, musique de Verdi, qui se plaça, par ce chef-d'œuvre, au premier rang parmi les compositeurs ; livret de Salvatore Cammerano, d'après un drame espagnol, *Guttierez*, d'Antoine Garcia ; traduit en français par Émilien Pacini aux représentations qui furent données à l'Opéra de Paris en 1857.

TROY s. m. [troî], série de poids en usage en Angleterre et aux États-Unis pour peser les matières précieuses, les drogues des apothicaires, la force des spiritueux, et reconnus comme poids légaux pour peser la monnaie. La livre se divise en 5,760 grains dont 24 font un *pennyweight* (poids d'un *penny* ou pièce de deux sous) ; 20 pennyweights font une once, et 12 onces font la livre. C'est de la livre « troy » que dérive la livre « avoirdupois » qui contient 7,000 grains « troy » ; de sorte que une livre, avoirdupoids égale 1-2152777 livre « troy». (Voy. AVOIRDUPOIS.)

TROY [troî], ville des États-Unis (état de New-York), sur la rive orientale de l'Hudson, à l'endroit où il devient navigable pour des bateaux à vapeur, et où la marée finit de se faire sentir, à 225 kil. N. de la ville de New-York, et à 9 kil. d'Albany ; 48,821 hab. C'est à Troy que se trouve la plus importante fabrique d'instruments de mathématiques et de géographie aux États-Unis.

TROYEN, YENNE adj. De Troie ou de Troyes ; qui appartient à l'une de ces villes ou à ses habitants.

TROYES (anc. *Civitas Tricassium* et *Augustobona*), ancienne cap. de la Champagne, aujourd'hui ch.-l. du dép. de l'Aube, sur plusieurs bras de la Seine, à 167 kil. E.-S.-E. de Paris, par 48° 48' 3" lat. N. et 1° 44' 41" long. E. ; 47,000 hab. Son principal monument est la cathédrale Saint-Pierre-et-Saint-Paul, fondée en 1206, finie au XVIᵉ siècle et réparée de nos jours ; elle offre des spécimens de toutes les phases de l'art ogival ; son chœur et ses vitraux sont considérés comme ayant une grande valeur. Églises

Saint-Remi (XIVᵉ siècle), Saint-Jean, Saint-Nizier, Saint-Martin-des-Vignes. Bel hôtel de ville (1624-70), musée ; bibliothèque (115,000 vol.) ; l'un des plus beaux lycées de France. Après avoir été capitale des Tricasses, cette ville, sous les Romains, fut convertie au christianisme par saint Potentien et saint Sérotin. Elle fit ensuite partie du royaume de Metz et s'éleva, sous les comtes de Champagne, au XIIᵉ siècle, à un degré d'importance politique et commerciale qu'elle n'a jamais pu atteindre dans la suite. Ses foires étaient alors connues dans toute l'Europe. La guerre de Cent ans lui fut fatale ; Jean sans Peur, duc de Bourgogne, s'en empara en 1415 et la fit passer sous la domination anglaise ; Jeanne Darc la délivra le 1ᵉʳ juillet 1429. Charles-Quint la réduisit en cendres, en mai 1524. Pendant la campagne de France, Troyes fut occupée par les alliés le 7 fév. 1814 ; Napoléon y rentra le 23 fév., mais les étrangers y reparurent le 4 mars. Les Allemands l'occupèrent en nov. 1870. Patrie du pape Urbain IV, de Chrestien de Troyes, de Jean Passerat, de François Girardon, de Nicolas Mignard, de Pierre Mignard, de Pierre et de François Pithou, de Jean Juvénal des Ursins, etc. — Traité de Troyes, traité conclu, le 21 mai 1420, entre la France, l'Angleterre et la Bourgogne, et en vertu duquel, Henri V d'Angleterre devait épouser Catherine, fille de Charles VI de France, devait être nommé régent de France et devait après la mort de Charles VI, hériter de la couronne française (Voy. ISABEAU, HENRI V, etc.)

TROYON (Constant), peintre français, né à Sèvres en 1810, mort à Paris en 1865. Il devint célèbre comme paysagiste et animalier ; on l'a appelé le La Fontaine de la peinture. Parmi ses œuvres on cite le *Marché aux bestiaux*, le *Braconnier*, *Avant l'orage*, etc.

* **TRUAND, ANDE** s. (bas lat. *trutanus*). Vaurien, vagabond, qui mendie par fainéantise : *cest homme est un truand, un vrai truand.* (Pop. et peu us.) — ↻ S'emploie comme terme de mépris :

> ..... Ah ! truande, as-tu bien le courage
> De me faire cocu, à la fleur de mon âge ?
>   MOLIÈRE.

* **TRUANDAILLE** s. f. Coll. Ceux qui truandent : *ce n'est que de la truandaille.*

* **TRUANDER** v. n. Gueuser, mendier.

* **TRUANDERIE** s. f. Profession de truand, de mendiant, de vagabond. (Pop. et peu us.)

* **TRUBLE** s. f. Voy. TROUBLE. subs. fém.

TRUBLET (Nicolas-Charles-Joseph, L'ABBÉ), littérateur, né à Saint Malo en 1697, mort dans la même ville en 1770. Il serait complètement tombé dans l'oubli si Voltaire n'avait eu soin de faire passer son nom à la postérité en l'accablant sous le poids du ridicule. Il n'en fut pas moins reçu à l'Académie en 1761. On a de lui : *Essais de morale et de littérature* (Paris, 1735, 2 vol. in-12), etc.

* **TRUC** ou **Truck** s. m. Plate-forme montée sur des roues, sur laquelle on élève, au moyen d'un mécanisme, des voitures, des bagages et toute sorte d'objets pesants, afin de les transporter ailleurs. — Théâtre. Se dit de certains moyens mécaniques employés pour mouvoir les décors. — Fig. Manière de faire expéditive ; habileté.

TRUCAGE s. m. Emploi de trucs.

* **TRUCHEMAN** ou **Truchement** s. m. Interprète, celui qui explique à deux personnes qui parlent deux langues différentes, ce qu'elles se disent l'une à l'autre : *habile trucheman.* — Personne qui parle à la place d'une autre, qui explique les intentions d'une autre : *cet homme bégaye si fort, qu'il aurait besoin de truchement.*

* **TRUCHER** v. n. Mendier par fainéantise. (Pop. et vieux.)

* **TRUCHEUR, EUSE** s. Celui, celle qui truche, qui mendie.

TRUCK s. m. Voy. TRUC.

TRUCULENT, ENTE adj. (lat. *truculentus*). Sauvage, brutal.

* **TRUELLE** s. f. (lat. *trulla*). Outil, instrument dont les maçons se servent pour employer le plâtre ou le mortier: il est formé d'une lame triangulaire de fer ou de cuivre poli, dont le manche recourbé est garni d'une poignée de bois: *apportez l'auge et la truelle; se servir de la truelle.* — Fam. AIMER LA TRUELLE, aimer à faire bâtir. — Instrument d'argent, à peu près de la même forme, avec lequel on découpe et on sert le poisson à table.

* **TRUELLÉE** s. f. La quantité de plâtre ou de mortier qui peut tenir sur une truelle.

TRUEYRE ou **Truyère**, rivière qui prend sa source dans le dép. de la Lozère, sur le versant O. des monts de la Margeride, traverse le dép. du Cantal, baigne au N. celui de l'Aveyron et se jette dans le Lot à Entraygues, après un cours de 135 kil.

TRUFFALDIN, *Truffaldino* (de l'ital. *truffa*, mensonge). Type de valet dans la comédie italienne.

* **TRUFFE** s. f. Corps végétal, de la famille des champignons, très savoureux et très odoriférant, qui se trouve dans la terre en petites masses charnues, et qui n'a ni tiges, ni feuilles, ni fleurs, ni racines apparentes: *les truffes du Périgord sont les plus estimées.* — ENCYCL. Les truffes sont des espèces de champignons souterrains et comestibles. Celles du commerce appartiennent au genre *tuber*; d'autres appartiennent à d'autres genres voisins. Elles sont globuleuses, un peu oblongues, d'un poids qui varie de 60 gr. à 1 kil., suivant les espèces et les localités. Il y en a de blanches; mais généralement elles sont noirâtres

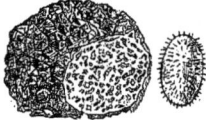
Truffe, avec une spore grossie.

ou brunâtres, et couvertes de protubérances rugueuses. On trouve d'ordinaire les truffes dans des sols calcaires, et toujours dans des bois de charmes, de chênes ou de hêtres. Elles ont une odeur et une saveur *sui generis;* on les considère comme aphrodisiaques; on les mange quelquefois seules, mais on s'en sert surtout pour donner du parfum aux mets. On les conserve en bouteilles ou en boîtes d'étain. — On est à peu près certain, aujourd'hui, que la truffe se multiplie au moyen de spores contenues dans des sacs (*asci*) qui se trouvent en grande quantité dans la masse de son tissu. Parmi les espèces reconnues par les savants, nous citerons la *truffe française* (*tuber melanosporum*), la *truffe anglaise* (*tuber æstivum*), la *truffe piémontaise* (*tuber magnatum*), etc.

* **TRUFFER** v. a. Garnir de truffes: *truffer une dinde.*

TRUFFIER, IÈRE adj. Qui a rapport aux truffes.

* **TRUFFIÈRE** s. f. Terrain dans lequel on trouve des truffes.

TRUGUET (Laurent-Jean-François, COMTE), marin, né à Toulon le 10 janv. 1752, mort à Paris en 1839. Il fit les guerres de l'indépendance américaine, en qualité de lieutenant de vaisseau, et commanda, en 1792, l'escadre destinée à l'expédition de Sardaigne. Ministre de la marine, le 4 nov. 1795, il fit des efforts inouïs pour la réussite de l'expédition d'Irlande. Ses opinions républicaines lui firent des ennemis tellement nombreux qu'on lui enleva le ministère (18 juillet 1797) pour l'envoyer comme ambassadeur en Espagne. Il ne s'associa à aucune des mesures réactionnaires destinées à tuer la République. Après le 18 brumaire, il refusa le portefeuille de la marine. En 1804, il commandait l'escadre de Brest, lorsqu'il écrivit au premier consul une lettre pour le dissuader de se faire proclamer empereur. Cet acte le fit brutalement destituer et rayer des cadres de la Légion d'honneur dont il s'était laissé nommer grand officier. Voyant dans la Restauration un gouvernement destiné à réparer les fautes de l'Empire, il rentra en activité. Louis XVIII le nomma comte, grand-croix de la Légion d'honneur et pair de France, en 1819. Il ne cessa de défendre les intérêts de la marine et les principes de la Révolution.

* **TRUIE** s. f. (bas lat. *troia*). Femelle du porc: *grande truie.*

* **TRUISME** s. m. (angl. *truism;* de *true*, vrai). Vérité banale, trop évidente, et qu'il est ridicule de vouloir démontrer.

* **TRUITE** s. f. (lat. *tructa*). Icht. Genre de salmonidés, comprenant les espèces qui ont les dents crochues et une petite nageoire sans rayons sur l'arrière du dos; les truites se trouvent ordinairement dans les eaux vives et dans les lacs. — TRUITE SAUMONÉE, qui tient du goût et de la couleur du saumon. — La *truite commune* (*salar fario*, Val.) mesure ordinairement de 25 à 35 centim. de long; mais elle est quelquefois beaucoup plus grosse, et atteint jusqu'à 8 kilogr. Elle est plus courte et plus ramassée que le saumon

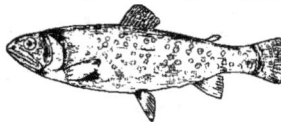
Truite saumonée (salmo trutta).

d'un brun jaunâtre en dessus, passant au jaune sur les flancs, et blanchâtre en dessous; son dos est tacheté de brun rougeâtre et ses flancs de rouge brillant. Ses couleurs sont plus sombres dans les courants rapides à fond rocheux ou de gravier. Son goût est très fin depuis la fin de mai jusqu'à la fin de septembre; la saison du frai commence presque aussitôt après. — La *truite saumonée* (*fario argenteus*, Val.; *salmo trutta*, Linn.), appelée aussi truite blanche ou truite de mer, se trouve dans les grands lacs et les cours d'eau de notre continent; sa couleur varie beaucoup, comme dans tous les poissons de cette famille, suivant la nature de l'eau et la qualité de sa nourriture; elle est généralement d'un gris vert ou d'un noir bleuâtre en dessus, plus claire sur les flancs, et d'un blanc d'argent en dessous, avec quelques taches noires au-dessus de la ligne latérale; elle atteint une longueur de 65 à 80 centim. Elle abonde sur les marchés de Londres et de Paris, où elle vient, comme prix, immédiatement après le saumon, auquel elle ressemble.

* **TRUITÉ, ÉE** adj. Marqueté de petites taches rougeâtres comme une truite. N'est guère usité qu'en parlant de certains chevaux, de certains chiens dont le poil est marqueté de la sorte: *cheval alezan truité.* — PORCELAINE TRUITÉE, porcelaine dont la couleur est fendillée afin que les couleurs qu'on y applique pénètrent dans les fentes. — FONTE TRUITÉE, fonte tachetée de blanc et de gris.

TRUJILLO ou **Truxillo** [trou-khi'-lio] (anc. *Turris Julia*), ville d'Estramadure, en Espagne, sur le Tozo, à 200 kil. S.-O. de Madrid; 6,000 hab. La vieille ville, sur le flanc d'une colline, sert aujourd'hui de cimetière. La forteresse, au sommet de cette même colline, date du temps des Romains. Dans la basse ville, se trouve un grand square, qui contient la maison de la famille de Pizarre.

TRUJILLO ou **Truxillo**, ville du Pérou, ch.-l. du département de Libertad, à 2 kil. de la mer, dans la vallée de Chimu, à 310 kil. N.-N.-O. de Lima; 8,000 hab. Elle a pour port Huanchaco, à environ 8 kil. au N.-O.

* **TRULLISATION** s. f. [trul-li-za-si-on] (lat. *trulla*, truelle). Archit. Travail de diverses sortes d'enduits ou de crépis, qu'on fait avec la truelle.

* **TRUMEAU** s. m. Archit. Se dit de l'espace d'un mur entre deux fenêtres: *les trumeaux de ce bâtiment sont trop étroits.* — Parquet de glace qui occupe l'espace du mur entre deux fenêtres, dans l'intérieur d'un appartement, ou qui est placé au-dessus d'une cheminée.

* **TRUMEAU** s. m. Boucher. Le jarret d'un bœuf, la partie d'au-dessus de la jointure du genou d'un bœuf, lorsqu'elle est coupée pour être mangée.

TRUMELIÈRE s. f. Nom donné, au XIIIe siècle, à la partie de l'armure qui défendait les jambes, et que l'on appela plus tard GRÈVE.

TRUN, ch.-l. de cant., arr. et à 15 kil. E. d'Argentan (Orne); 1,500 hab.

TRUQUEUR, EUSE s. Personne qui se sert de trucs.

TRURO [treu-ro], ville de la Nouvelle-Ecosse, au fond de la baie de Cobequid, à 110 kil. N.-N.-E. de Halifax; 3,998 hab. Ecole normale de la province; école modèle; manufactures.

TRUXILLO. Voy. TRUJILLO.

* **TSAR** s. m. Nom qu'on donnait autrefois au souverain de la Russie. (Voy. CZAR.)

* **TSARIENNE**, Tsarine, TSAROWITZ. Voy. CZARIENNE, CZARINE et CZAROWITZ.

TSARSKOE SELO. Voy. TZARSKOYE SELO.

TSCHIRNHAUSEN (Ehrenfried-Walter von, COMTE) [tchirn-haô'-zenn], mathématicien allemand, né à Kislingswald, près de Goerlitz, en 1651, mort en 1708. Il construisit des instruments d'optique, établit des fabriques de verre et une usine pour le polissage des verres ardents, construisit un miroir ardent en cuivre extrêmement poli, découvrit une manière de faire la porcelaine, qui fut l'origine de la manufacture de Saxe, et étudia les propriétés des courbes qui portent son nom. Il a publié: *Medicina Corporis, Medicina Mentis, et Anleitung zu nützlichen Wissenschaften, absenderlich zu der Mathesis und Physik* (3e édit. 1712).

TSCHUDI [tchou-di] (Ægidius, GILLES), historien suisse, né en 1505, mort en 1572. Après avoir servi dans l'armée française (1536-'44), il remplit des fonctions importantes dans le canton de Glaris; mais il fut exilé de 1552 à 1564 pour avoir persuadé aux délégués catholiques de suivre le concile de Trente. Le plus connu de ses nombreux ouvrages est intitulé: *Chronicon Helveticum* (en allemand); il embrasse l'histoire de la Suisse depuis l'an 1000 jusqu'en 1470 (1734-'36, 2 vol.).

TSETSE s. f. Nom indigène d'un insecte diptère venimeux du genre *glossina* (Wiedemann), particulier à l'Afrique et surtout aux régions tropicales de cette partie du monde. L'espèce le mieux connue (*glossina morsitans*, Werlev.) est un peu plus grosse que notre mouche domestique. Sa tête est d'un chamois sale, ses yeux sont gros; son thorax est

d'un rouge tirant au châtain avec quatre barres longitudinales. L'abdomen est de la couleur de la tête, et les ailes sont considérablement plus longues que le corps. L'appareil de succion se compose d'une longue trompe cornée, contenant deux tarières en forme d'aiguille, en communication avec une glande pleine d'un liquide vénéneux à la base, et soutenues de chaque côté par deux palpes plumeuses. Le tsetsé n'a pas d'aiguillon à l'arrière du corps; il ne dépose d'œufs ni sur, ni sous la peau des animaux; mais il introduit avec sa trompe son poison dans le sang qu'il suce. Sa piqûre est presque

Tsetsé grossie (Glossina morsitans).

sûrement mortelle pour le bœuf, le cheval, le mouton et le chien; mais elle est inoffensive pour l'homme, le mulet, l'âne, la chèvre, le cochon, les animaux sauvages et même les veaux pendant qu'ils tètent. Chez l'homme, elle occasionne une légère démangeaison, comme celle que produit la piqûre d'un moustique ou d'une puce. Cette mouche se trouve surtout dans les buissons et les roseaux, rarement en pays découvert. Elle se cantonne dans des régions bien délimitées, qu'elle ne quitte jamais, de sorte que les bestiaux peuvent paître en paix d'un côté d'une rivière dont le bord opposé fourmille de tsetsés.

TSONG-LI-YAMEN s. m. Nom que donnent les Chinois à leur ministère des affaires étrangères.

TSURUGA [tsou-rou'-ga], port du Japon, dans la province d'Echizen, au fond d'une baie, sur la côte occidentale de la Grande Terre, à environ 200 kil. O. de Tokio; 20,000 hab. C'est à peu près le seul bon port sur la côte O. de l'île. Le district environnant est connu par son riz, sa soie, son thé, son papier, sa laque et son cuivre.

* **TU, TOI, TE** (lat. *tu*), pronoms de la seconde personne. Ils sont des deux genres, mais seulement du nombre singulier; et ils ne diffèrent entre eux que par la place qui leur est assignée dans le discours. — *Tu*, ne peut jamais être le sujet de la proposition; et il ne peut être séparé du verbe que par un autre pronom personnel, ou par une de ces particules, NE, EN, Y : *tu es heureux; tu me parleras.* — *Toi*, employé seul comme réponse, peut être sujet ou régime direct, et tenir lieu d'une phrase entière. *Qui sera chargé de le lui annoncer? Toi,* c'est-à-dire, on a voulu désigner : dans cet exemple, il est régime direct. — *Toi,* s'emploie quelquefois par apposition et réduplication, soit comme sujet, soit comme régime : *toi, tu oserais le défier!* — Elliptiq. *Toi,* ME TRAHIR ! FAIRE UNE BASSESSE, TOI ! etc., serais-tu capable de me trahir, de faire une bassesse, etc.? ou bien, as-tu pu me trahir, faire une bassesse, etc.? — *Toi,* s'emploie de même par apposition avec un nom ou un autre pronom : *toi et nous avons fait ce que nous devions.* — *Toi,* se construit encore avec les pronoms CE et IL, dans les phrases suivantes et autres semblables : *c'est toi qui l'as fait; ce ne peut*

être que toi; c'est à toi qu'il veut parler. — Après une préposition, il n'y a que le pronom TOI qui puisse exprimer la seconde personne du singulier : *on a parlé de toi.* — Il en est de même après une conjonction : *nul autre que toi.* — On emploie également ce même pronom, comme régime direct ou indirect, après la seconde personne de l'impératif, en l'y joignant par un tiret : *tais-toi.* — Lorsqu'il se trouve ainsi après la seconde personne de l'impératif, et qu'il est suivi de l'une des particules EN ou Y, on élide toujours la diphthongue OI : *va-t'en; garde-t'en bien.* Il ne serait pas incorrect de dire, METS-Y-TOI, JETTES-Y-TOI, mais on évite ordinairement ces façons de parler bizarres. La première construction n'est-elle même usitée qu'avec un très petit nombre de verbes : on ne dirait pas, ACCROCHE-T'Y, RÉFUGIE-T'Y, etc.; il faut prendre un autre tour. — TE, ne peut jamais être que le régime direct ou indirect du verbe, et il s'élide devant une voyelle : *je te donne cela.* — On ne se sert ordinairement de ces pronoms, ainsi que de l'adjectif possessif TON, et du relatif LE TIEN, que quand on parle à des personnes fort inférieures, ou avec qui on est en très grande familiarité. Quelquefois, au contraire, on les emploie, dans le style oratoire ou poétique, en s'adressant aux personnes qu'on respecte le plus, aux rois, aux princes, à Dieu même. On s'en sert encore en faisant parler certaines nations, et principalement les Orientaux, lorsqu'on veut leur conserver un caractère étranger; et quelquefois aussi dans la prose. Hors de là, on emploie le pronom pluriel VOUS, l'adjectif possessif VOTRE, et le relatif LE VÔTRE. — Fam. ÊTRE A TU ET A TOI AVEC QUELQU'UN, être tellement lié avec lui, qu'on le tutoie, et qu'on est tutoyé par lui.

* **TUABLE** adj. Se dit des animaux domestiques bons à tuer : *ces poulets sont tuables.*

TUAGE s. m. Action de tuer.

TUAM [tiou'-amm], ville d'Irlande, à 30 kil. N.-N.-E. de Galway, sur les deux rives du Harrow; 4,223 hab. On y fabrique surtout des toiles grossières. Tuam est une ville d'une grande antiquité. C'est le siège d'un archevêque catholique et d'un évêque anglican. Tuam a deux cathédrales et le collège catholique de Saint-Jarlath.

TUAMOTOU (Iles), ILES BASSES, ou *Iles Pomotou,* groupe de nombreuses petites îles, situées dans l'océan Pacifique, à l'E. de Taïti (de qui elles sont nominalement sujettes), et au S. des îles Marquises, entre 14e et 25e lat. S. et entre 126e et 150e 50' long. O. Environ 40,000 hab. Le nombre des îles de ce groupe peut être évalué à 80 ou 90 ; elles sont ordinairement de formation madréporique. Les mieux connues sont l'île de la Chaîne, l'île de Pitcairn (voy. PITCAIRN), les îles Gambier, dont la principale est Mangareva et qui sont situées au S. de l'Archipel. (Voy. GAMBIER.)

* **TUANT, ANTE** adj. Fatigant, qui cause beaucoup de peine : *ce travail est tuant.* — Ennuyeux, importun : *conversation tuante.* On dit plus ordinairement ASSOMMANT.

TUA RES AGITUR expression lat. qui signifie : *Il s'agit de toi* (commencement d'un vers d'Horace; *Epîtres,* liv. Ier, ép. XVIII, vers 80).

* **TU-AUTEM** s. m. [tu-ô-temm]. Expression familière empruntée du latin, et dont on se sert pour dire, le point essentiel, le nœud, la difficulté d'une affaire : *il en suit le tu-autem.*

TUBACÉ, ÉE adj. En forme de tube.

TUBAGE s. m. Action de revêtir de tubes.

TUBAIRE s. f. (lat. *tuba,* trompette). Anat. Qui a rapport aux tubes de Fallope ou aux tubes des bronches. Pathol. SOUFFLE TUBAIRE,

bruit respiratoire produit par l'engorgement ou la compression du poumon.

TUBALCAÏN, fils de Lamech, né vers 3000 av. J.-C. Le premier, dit-on, il forgea le fer.

* **TUBE** s. m. (lat. *tubus*). Tuyau de plomb, de verre, de fer, etc., par où l'air et les autres fluides peuvent passer et avoir une issue libre, peuvent circuler : *le tube d'une lunette de longue vue.* — Ne se dit guère que des instruments et des tuyaux dont on se sert pour faire des observations et des expériences. — Bot. LE TUBE D'UNE COROLLE, la partie inférieure d'une corolle monopétale, lorsqu'elle forme une sorte de tuyau. On dit de même, LE TUBE D'UN CALICE. On appelle aussi TUBES, les petits tuyaux parallèles qui garnissent la surface inférieure du chapeau de certains champignons.

TUBER v. a. Garnir de tubes.

TUBÉRACÉ, ÉE adj. (rad. lat. *tuber,* truffe). — Bot. Qui ressemble ou qui se rapporte à la truffe. — s. f. pl. Famille de champignons ayant pour type le genre truffe.

* **TUBERCULE** s. m. (lat. *tuberculum*). Jard. Excroissance en forme de bosse qui survient à une feuille, à une racine, à une plante. — Se dit plus particulièrement de celles qui se forment à la racine de certaines plantes alimentaires : *les pommes de terre, les topinambours sont des tubercules.* — Méd. Se dit des élevures qui surviennent à la peau. — Se dit plus exactement aujourd'hui d'une production morbide ordinairement arrondie, d'un blanc jaunâtre, ferme à son origine, se ramollissant ensuite, et enfin ou moins promptement remplacée par une cavité ulcéreuse. Les tubercules sont d'abord de la grosseur d'un grain de millet (*tubercules miliaires*); ensuite ils grossissent jusqu'à atteindre le volume d'une amande *tubercules ramollis*); enfin ils abandonnent le lieu où ont pris naissance, se vident à l'extérieur et laissent à leur place des excavations plus ou moins grandes appelées *cavernes.* Quelquefois ils se transforment dans une matière crétacée, ne donnent lieu à aucune suppuration. — Les tubercules peuvent se développer dans tous les tissus et même dans les os, dont ils provoquent la carie et la nécrose; mais c'est le poumon qui en est le plus souvent attaqué. (Voy. PHTISIE.) Des recherches faites par M. Toussaint, professeur à l'Ecole vétérinaire de Toulouse, ont démontré qu'une grande partie des bêtes de boucherie sont notoirement tuberculeuses et communiquent la phtisie à ceux qui mangent leur chair sans l'avoir fait cuire convenablement. M. Chevreul, de son côté, insinue que le degré de cuisson que l'on donne aujourd'hui à la viande est incapable de détruire les tubercules.

TUBERCULÉ, ÉE adj. Qui est garni de tubercules.

* **TUBERCULEUX, EUSE** adj. Qui est de la nature du tubercule : *la racine de cette solanée est tuberculeuse, dégénérescence tuberculeuse.*

* **TUBERCULISATION** s. f. Pathol. Formation des tubercules.

TUBERCULISER v. a. Produire des tubercules. — Se tuberculiser s. v. pr. Devenir tuberculeux.

TUBERCULOSE s. f. Diathèse qui dispose à la formation des tubercules.

* **TUBÉREUSE** s. f. Bot. Genre de liliacées agapanthées, dont l'espèce principale, la *tubéreuse des jardins (polianthes tuberosa),* originaire des Indes, et introduite chez nous en 1632, est une jolie plante venant d'un oignon dont la tige est fort haute, et dont la fleur, qui porte le même nom, est blanche et très odoriférante. Elle produit de nombreuses variétés, doubles, semi-doubles, panachées, etc.

TUBÉREUX, EUSE adj. Qui offre des tubérosités.

TUBÉROSITÉ s. f. Anat. Eminence plus ou moins volumineuse, à surface inégale, qui se trouve sur un os, et où s'attachent des muscles ou des ligaments : *la tubérosité du tibia.* — Bot. Se dit dans un sens anal., de certaines excroissances charnues : *les tubérosités d'une racine.*

TUBICOLE adj. (lat. *tubus*, tube; *colo*, j'habite). Qui vit dans un tube. — s. m. pl. Classe d'annélides, comprenant les serpules, les amphitrites, les dentales, etc.

TUBICORNE adj. Qui a les cornes creuses.

TUBIFÈRE adj. (lat. *tubus*, tube; *fero*, je porte). Qui porte des tubes.

TUBIFORME adj. Qui a la forme d'un tube.

TUBINGUE (all. *Tübingen*), ville du Würtemberg, sur le Necker, à 30 kil. S.-O. de Stuttgart; 10,471 hab. L'université, fondée en 1477, s'est distinguée depuis le xvi° siècle, dans la théologie protestante et en philosophie, surtout dans le siècle présent, grâce à la nouvelle école de théologie fondée par F.-C. Baur. En 1876, elle comptait sept facultés, avec près de 900 étudiants, et environ 40 établissements spéciaux, y compris la bibliothèque qui a 100,000 volumes.

TUBIPORE s. m. (lat. *tubus*, tube; fr. pore). Zooph. Genre de polypiers à tuyaux pierreux, dont l'espèce principale, le *tubipore musique* (*tubipora musica*), a été comparée à un amas de tuyaux d'orgue, et habite la mer des Indes.

TUBITÈLE adj. (lat. *tubus*, tube; *tela*, toile). Se dit des araignées qui filent une toile tubuleuse.

• TUBULAIRE adj. Qui a la forme d'un tube. — CHAUDIÈRE TUBULAIRE, chaudière dans laquelle la flamme et les gaz brûlés sont obligés de parcourir des tubes pour se rendre à la cheminée. — ↳ PONT TUBULAIRE, pont formé d'une série de tubes métalliques ajoutés bout à bout et supportés par des piles en maçonnerie. (Voy. PONT.)

• TUBULÉ, ÉE adj. Qui a une ou plusieurs tubulures : *flacon tubulé.* — Bot. Se dit de ce qui est en forme de tube : *corolle tubulée.* — Archéol. DRAPERIE TUBULÉE, draperie qui, dans les statues anciennes, tombe par plis arrondis en forme de tubes ou tuyaux.

• TUBULEUX, EUSE adj. Hist. nat. Qui est long et creux intérieurement comme un tube: *il y a des chrysalides dont les stigmates ressemblent à des filets tubuleux.*

TUBULIFÈRE adj. Qui est muni d'un ou de plusieurs tubes.

TUBULIFORME adj. Qui a la forme d'un petit tube.

• TUBULURE s. f. Ouverture particulière de certains vaisseaux de chimie, qui est ordinairement destinée à recevoir un tube : *flacon à deux, à trois tubulures.* — Se dit aussi des petits tubes ou tuyaux dont certaines productions naturelles sont traversées : *la tige du rotin est percée d'une infinité de petites tubulures longitudinales.*

TUCHAN, ch.-l. de cant., arr. et à 75 kil. de Carcassonne (Aude); 1,100 hab.

TUCKER (Abraham) [teuk'-eur] métaphysicien anglais, né en 1705, mort en 1774. Son principal ouvrage est *The Light of Nature Pursued*, par Edouard Search (1765, 4 vol.). Devenu aveugle en 1771, il n'en continua pas moins à travailler à cet ouvrage, dont les derniers volumes furent édités par sa fille, après sa mort (2° édit. 1852, 2 vol.).

TUCSON [touk-sonn', ou tou'-seunn], ville, jadis capitale de l'Arizona, à égale distance de Santa Fé et de San Diego (555 kil.), entre ces deux villes; 5,000 hab., dont les trois quarts d'origine mexicaine et de langue espagnole.

TUCUMAN [tou-kou-mann'], i, province septentrionale de la république Argentine; 31,165 kil. carr.; 108,953 hab. La partie occidentale est montagneuse; ailleurs, il y a des plaines couvertes. Les montagnes sont remplies de cuivre, d'argent, et d'autres minerais, mais peu exploitées. Le sel y abonde. On exporte surtout des bestiaux et du bois. — II, cap. de cette province, sur le Tala, à 1,000 kil. de Buenos-Ayres, à 800 m. au-dessus du niveau de la mer; 17,438 hab. Tanneries, corroieries, distilleries d'eau-de-vie.

TUDELA [tou-dé'-la] (anc. *Tutela*), ville d'Espagne, dans la Navarre, sur l'Ebre, à 230 kil. N.-E. de Madrid; 9,000 hab. Exportations : laine, céréales, huile et vin. Les Maures possédèrent cette ville depuis le viii° siècle jusqu'au commencement du xiii°. En nov. 1808, Lannes y remporta une victoire décisive sur Castaños.

• TUDESQUE adj. (du goth. *thuida*, peuple). Ce mot est synonyme de celui de Germanique; mais il ne s'emploie guère qu'en parlant de la langue des Germains : *la langue tudesque*. — Se dit aussi, par dénigr., des expressions, du style, des manières, etc., qui manquent de régularité, d'élégance, de grâce, qui ont quelque chose de rude et de grossier : *il a des manières tudesques.* — Substantiv. *Le tudesque est un idiome ancien.*

• TUDIEU interj. Jurement de l'ancienne comédie : *tudieu! quel homme.*

TUDOR [tiou'-deur], surnom d'une lignée de souverains anglais comprenant Henri VII, Henri VIII, Edouard VI, Marie I et Elizabeth (1485-1603). Cette famille descendait d'un gentleman gallois, Owen ap-Tudor, qui épousa Catherine de Valois, veuve de Henri V. Leur petit-fils, Henri, duc de Richemond, descendait par sa mère d'un fils légitimé de Jean de Gand, duc de Lancastre; il devint le chef du parti de Lancastre, renversa Richard III à la bataille de Bosworth en 1485 et fut couronné roi. Son mariage avec Elizabeth, fille aînée d'Edouard IV en 1486, réunit les droits des maisons d'York et de Lancastre. La dynastie des Tudors a fourni à l'Angleterre cinq souverains.

TU-DUC, empereur d'Annam, né vers 1830, mort à Hué le 20 juillet 1883. Il succéda à son père, Thieou-Tri, en 1847, au détriment de son frère aîné, Hoang-Bas, qui essaya de lui disputer le trône. L'évêque Lefèvre s'étant prononcé en faveur de son compétiteur, Tu-Duc prit des mesures sévères contre les chrétiens. Le gouvernement français intervint, s'empara de la basse Cochinchine, mais reconnut l'indépendance de Tu-Duc, par le traité de 1874. Ce prince mourut au moment où l'Annam se disposait à entrer en lutte avec la France pour conserver le Tonkin.

• TUE-CHIEN s. m. Voy. COLCHIQUE. — pl. *Des tue-chien.*

TUE-LOUP s. m. Bot. Nom vulgaire de l'aconit napel. — *des tue-loup.*

TUE-MOUCHES adj. Est presque exclusivement employé dans l'expression PAPIER TUE-MOUCHES, papier dont on se sert pour tuer les mouches.

• TUER v. a. Oter la vie d'une manière violente : *tuer d'un coup d'épée.*

Ainsi, je fais un dieu de celui que je tue.
ＰＯＲＬＡＮＤ. *Charlotte Corday*, acte V, sc. III.

On ne se sert point du verbe TUER en parlant des morts violentes par exécution de justice, ni en parlant de ceux qui ont été noyés, étouffés ou empoisonnés. — Se dit aussi de toutes les morts violentes qui arrivent par accident, et de toutes les morts naturelles causées par les maladies : *une*

tuile lui tomba sur la tête et le tua. — Se dit pareillement de tout ce qui cause la mort : *ne vous fiez pas à ce charlatan, il vous tuera.* — Se dit quelquefois, par exag., des choses qui fatiguent excessivement le corps, ou qui peuvent altérer la santé : *il porte de trop grands fardeaux, cela le tue.* — Se dit encore, par exag., de tout ce qui incommode, de tout ce qui importune extrêmement : *il me tue avec ses compliments.* — Fam. et par exag. ON S'Y TUE, se dit en parlant d'une grande affluence de monde en quelque endroit : *la pièce nouvelle a un succès fou, on s'y tue.* — Se dit aussi en parlant des animaux que les bouchers égorgent ou assomment : *tuer des bœufs; tuer des moutons.* — Se dit, dans un sens anal., en parlant d'autres animaux : *tuer des poulets, des pigeons.* — Faire périr, détruire, en parlant des arbres, des plantes, des insectes, etc. : *le grand froid a tué la plupart des oliviers, a tué les vers à soie* — Fig. et fam. CELA TUE L'EFFET DU SPECTACLE, CELA TUE TOUT LE PLAISIR DE LA PARTIE, cela le contrarie, le détruit, le réduit à rien. — Fig. et fam. TUER LE TEMPS, s'amuser à des riens, afin de passer le temps sans ennui. — A tue-tête loc. adv. Voy. TUE-TÊTE.

• TUERIE s. f. Carnage, massacre : *la tuerie fut grande dans la déroute.* — N'ALLEZ PAS LÀ, C'EST UNE TUERIE, se dit pour détourner quelqu'un d'aller dans un lieu où il y a une foule d'où il est difficile de se tirer sain et sauf. — Lieu où l'on tue des animaux pour en vendre la chair à la boucherie : *il y a une tuerie dans ce quartier.*

TUE-TEIGNES s. m. Machine servant à la destruction des insectes qui s'attaquent aux céréales : *des tue-teignes.*

• TUE-TÊTE (à). loc. adv. De toutes les forces de la voix : *crier à tue-tête.*

• TUEUR s. m. Celui qui tue. N'est guère usité que dans cette phrase fam., C'EST UN TUEUR DE GENS, qui se dit par plaisanterie d'un homme qui fait le brave. On dit aussi quelquefois, C'EST UN TUEUR, en parlant de celui qui a tué plusieurs hommes dans des affaires particulières.

• TUF s. m. (lat. *tufus*). Substance blanchâtre et sèche, qui tient plus de la nature de la pierre que de celle de la terre, et qu'on trouve assez ordinairement au-dessous de la terre franche, de la bonne terre : *ce terroir est mauvais, ce n'est presque que du tuf.* — Pierre blanche et fort tendre, qui devient plus dure et plus blanche lorsqu'elle est employée : *la plupart des maisons de cette province sont bâties de pierre de tuf, ou absol., sont bâties de tuf.*

TUFACÉ, ÉE adj. Qui a le caractère du tuf.

TUFFÉ, ch.-l. de cant., arr. et à 33 kil. S.-E. de Mamers (Sarthe); 1,100 hab.

• TUFFEAU ou ↳ Tufeau. Syn. de TUF.

• TUFIER, IÈRE adj. Qui est de la nature du tuf.

TUGENDBUND s. m. [tou-ghennd-bount] mot all. qui signifie *ligue de la vertu*). Association patriotique d'étudiants allemands, formée en Prusse peu après le traité de Tilsitt (juin 1807), ostensiblement pour secourir les victimes de la guerre. Le Tugendbund avait son quartier général à Kœnigsberg. Napoléon réclama sa suppression en 1809; mais il subsista jusqu'en 1815.

TUGGURT. Voy. TOUGGOURT.

• TUILE s. f. (rad. lat. *tegula*; de *tegere*, couvrir). Carreau de peu d'épaisseur, fait de terre grasse pétrie, séchée et cuite au four, tantôt plat, tantôt courbé en demi-cylindre, et dont on se sert pour couvrir les maisons, les bâtiments : *tuile plate.* — Morceau de

marbre, de pierre ou de bronze, qui a la même forme et sert aux mêmes usages que les tuiles de terre cuite : *ce temple est couvert de tuiles de marbre.* — Fig. et fam. C'EST UNE TUILE QUI LUI EST TOMBÉE, QUI M'EST TOMBÉE SUR LA TÊTE, se dit d'un accident imprévu, et que l'on n'a pu éviter. — ENCYCL. On appelle *tuile,* une pièce d'argile cuite, plate, courbée ou creuse, employée pour couvrir les toits, le sol, les murs des édifices, pour faire des tuyaux de drainage, etc. Les Assyriens s'en servaient comme de tablettes ; ils y écrivaient avec un stylet avant de les cuire. Voy. CUNÉIFORME (*Inscriptions.*) Les Egyptiens les employaient au même usage; mais ils y écrivaient avec de l'encre. Ils s'en servaient aussi pour les toitures. Les Grecs avaient pour les toits de grandes tuiles plates, quelquefois munies de rebords, et des tuiles demi cylindriques qu'ils mettaient aux lignes de jonction. Ils employaient encore les tuiles pour la construction des tombeaux, des conduits de bains, des tuyaux de drainage. Les tuiles dont les Romains revêtaient les parois antérieures des murailles étaient de grands et minces carrés de terre cuite, portant généralement d'un côté des devises gravées.

TUILÉ, ÉE adj. Conchyl. Dont les cavités présentent la forme d'une tuile. — Francmaç. Dont la qualité de franc-maçon est à constater.

* TUILEAU s. m. Morceau, fragment de tuile cassée : *faire un âtre avec des tuileaux.*

TUILER v. a. (fr. *tuile*). Franc-maç. Constater si celui qui se prétend franc-maçon l'est réellement.

* TUILERIE s. f. Lieu où l'on fait de la tuile : *il y a une tuilerie en tel endroit.* — LES TUILERIES, palais que se trouvait à Paris, entre la Seine et la rue de Rivoli, à l'E. de la place de la Concorde, ainsi nommé parce qu'il s'élevait sur l'emplacement d'une ancienne manufacture de tuiles. Il fut commencé en 4564 par Catherine de Médicis, qui bâtit le pavillon central de l'*horloge* avec les deux ailes adjacentes et leurs pavillons. Henri IV l'agrandit beaucoup, ainsi que Louis XIII ; Louis XIV le termina. Napoléon Ier commença la galerie du N., le long de la rue de Rivoli; celle-ci fut complétée par Napoléon III : dès lors, les Tuileries et le Louvre formèrent une seule masse de bâtiments, englobant la place du Carrousel. En 4672, la cour quitta les Tuileries pour Versailles, d'où Louis XVI dut revenir en 1789. Le 10 août 1792, le peuple prit le palais d'assaut et massacra la garde suisse. En juillet 1830, la populace l'envahit de nouveau, et une troisième fois en 1848. Le palais et une petite partie des deux ailes qui le relient au Louvre, ont été brûlés pendant la lutte communaliste en mai 4871. Le jardin des Tuileries, s'étend à l'O. jusqu'à la place de la Concorde. (Voy. PARIS.) — LE CABINET DES TUILERIES, s'est dit, lorsque le souverain résidait aux Tuileries, du gouvernement français, considéré dans ses relations avec les puissances étrangères.

TUILEUR s. m. Celui qui est chargé de constater l'identité d'un franc-maçon.

* TUILIER s. m. Ouvrier qui fait des tuiles.

TUISCO, Thuisco, TUISTO, Teut [tou-iss'-ko, -to, toītī], dieu que les anciens Germains révéraient comme fils de la terre et fondateur de leur nation ; il était père de Mannus, l'ancêtre des principales tribus.

TULA [tou-'la]. I, gouvernement central de Russie ; 30,965 kil. carr.; 1,167,878 hab. Pays plat, arrosé par l'Oka et le Don. — II, cap. du gouvernement sur l'Upa, à 167 kil. de Moscou ; 57,374 hab. Importante fonderie de canons et manufacture d'armes

établie par Pierre le Grand. La ville contient en outre plus de 800 établissements ; articuliers pour la fabrication des armes à feu et de la coutellerie.

TULIPACÉ, ÉE adj. Qui ressemble ou qui se rapporte à la tulipe. — s. f. pl. Bot. Tribu de liliacées, ayant pour type le genre tulipe, et comprenant en outre les genres yucca, lis, fritillaire, etc.

* TULIPE s. f. (du pers. *dulbend,* turban). Bot. Genre de liliacées tulipacées, comprenant une vingtaine d'espèces d'herbes vivaces à racines bulbeuses, toutes originaires de l'Europe méridionale et de l'Asie. Les fleurs de ces plantes sont isolées et dressées à l'extrémité d'une hampe rigide souvent assez allongée. Nous avons comme espèces indigènes, la *tulipe sauvage* ou *avant-Pâques* (*tulipa sylvestris*), à fleurs jaunes ; la *tulipe odorante* (*tulipa suavecens*), à fleurs d'un rouge vif bordé de jaune à la base du pétiole ; la *tulipe œil-de-soleil* (*tulipa oculus solis*), à fleurs rouges tachées de noir, bordées de jaune : la *tulipe de Cels* (*tulipa Celsiana*), à fleurs d'un jaune safrané. La plupart des variétés de jardin viennent de la *tulipe de Gesner* (*tulipa Gesneriana*), ainsi nommée en l'honneur de Gesner, qui la découvrit en 1559, d'après des spécimens nés de graines envoyées du Levant. La culture de cette plante se répandit rapidement dans les Pays-Bas, et les variétés s'en multiplièrent presqu'à l'infini. C'est encore la Hollande qui est le centre de la culture de la tulipe et de beaucoup d'autres plantes bulbeuses, et qui en approvisionne le reste du monde. Vers le milieu du XVIIe siècle, la tulipe devint un objet de commerce qui dégénéra en véritable manie; on acheta et on vendit des bulbes ou oignons à des prix tellement élevés (on paya jusqu'à 30,000 fr. un seul oignon) que le gouvernement dut imposer un maximum de 200 fr. par oignon.

* TULIPIER s. m. Bot. Genre de magnoliacées magnoliées, créé pour un grand et bel arbre de l'Amérique septentrionale, le *liriodendron tulipifera,* qu'on a transplanté en Europe, où il sert pour la décoration des jardins, et dont la fleur ressemble à celle de la tulipe. Le tulipier est originaire d'Amérique; il atteint 45 m. de haut, avec un diamètre de 3 m. Son écorce, surtout celle de la racine, est amère et aromatique; on l'emploie quelquefois comme tonique stimulant. Son bois se travaille facilement et sert à presque autant d'usages que le pin blanc.

TULIPIFÈRE adj. (fr. *tulipe* ; lat. *fero,* je porte). Bot. Qui porte des fleurs semblables à celles de la tulipe.

* TULLE s. m. (éthym. inconnue). Sorte de tissu en réseau, très mince et très léger, auquel on donne une certaine consistance par le moyen d'un apprêt, et qui s'emploie surtout pour les ajustements de femme : *une robe de tulle.* (Voy. DENTELLE.)

TULLE, *Tutela,* ch.-l. du dép. de la Corrèze, à 470 kil. S. de Paris, dans un vallon et sur le penchant d'une montagne, au confluent de la Corrèze et de la Solane; par 45° 46' 7'' lat. N. et par 0° 33' 58'' long. O; 12,000 hab. Fameuse manufacture d'armes à feu, appartenant à l'Etat. Cathédrale Saint-Martin, de l'époque de transition; église Saint-Pierre (XVIIe siècle); ponts sur la Corrèze. La ville fut prise et saccagée par le vicomte de Turenne en 1585. Patrie de Baluze.

TULLERIE s. f. Commerce ou fabrique de tulle.

TULLIER, IÈRE adj. Qui a rapport au tulle.

TULLISTE s. Personne qui fabrique ou qui vend du tulle.

TULLIUS (Servius). Voy. SERVIUS TULLIUS.

TULLUS (Hostilius) [tul-luss hoss-ti-liuss], troisième roi de Rome ; il régna, dit-on, de 673 à 641 av. J.-C. L'événement le plus mémorable de son règne, d'après la légende, est la guerre avec Albe, fameuse par le combat entre les Horaces et les Curiaces, et par l'établissement de la suprématie de Rome sur Albe, qui en fut la conséquence. Plus tard, pour punir la trahison que méditait le dictateur d'Albe, Mettus Fuffetius, Tullius rasa cette ville et en transporta les habitants à Rome.

TULTCHA (toul'-tcha) (anc. *Œgistus*), ville et port important de Roumanie, sur le Danube, à 70 kil. O. de Sulina; près de 20,000 hab. L'ancienne forteresse fut entièrement détruite par les Russes en 4828 ; c'est à partir de ce temps que la nouvelle ville commença à s'élever. Les Russes s'en sont encore emparés en 4854 et en 1877, époque où elle faisait, ainsi que la Dobrudja, partie de la Bulgarie.

TU MARCELLUS ERIS, loc. lat. qui signifie: *Tu seras Marcellus* (Virgile).

* TUMÉFACTION s. f. Méd. et Chir. Enflure, augmentation de volume dans quelque partie du corps : *la tuméfaction est à craindre.*

* TUMÉFIER v. a. (rad. lat. *tumor,* tumeur; *facere,* faire). Méd. et Chir. Causer de la tuméfaction dans quelque partie du corps : *cette fluxion a considérablement tuméfié la partie qui en est le siège.*

TUMESCENCE s. f. (lat. *tumescentia*). Gonflement.

TUMESCENT, ENTE adj. Qui s'enfle ou qui se gonfle.

* TUMEUR s. f. (lat. *tumor*). Méd. et Chir. Eminence ou saillie plus ou moins considérable, développée dans quelque partie du corps, soit par une maladie, soit par une autre cause : *il lui est venu une tumeur au genou.* — La tumeur est une croissance excessive d'un tissu dans une région limitée, et non inflammatoire. Les tumeurs sont bénignes ou malignes. Voici une classification des tumeurs : 4° tumeurs cystiques; 2° tumeurs affectant les tissus simples ou composés, agrégées ou arrangées comme on les trouve d'ordinaire chez l'adulte; 3° tumeurs affectant les tissus simples, agrégées ou arrangées de manière à dévier considérablement de la normale, l'élément cellulaire étant de beaucoup prédominant. Cette troisième classe, qui comprend le cancer, est d'un grand intérêt pour ce qui regarde la prognose. — On donne particulièrement le nom de *tumeur blanche* à un gonflement douloureux des parties qui forment certaines articulations : genou, coude, cuisse, etc. Le mal débute par un peu de douleur dans l'articulation; le gonflement se manifeste aussitôt; la peau devient pâle, mince ; le membre s'atrophie et il s'y forme les abcès intraissables. Cette maladie qui tire ordinairement son origine d'un tempérament lymphatique ou d'un rhumatisme, peut produire la mort ou une ankylose provoquée par le repos absolu ne met un terme à ses progrès. On peut aussi avoir recours à l'amputation du membre. On combat la diathèse.

* TUMULAIRE adj. (rad. lat. *tumulus,* tombeau). Qui appartient, qui a rapport aux tombeaux : *une pierre tumulaire.*

* TUMULTE s. m. (lat. *tumultus*). Grand mouvement accompagné de bruit et de désordre : *un grand tumulte.* — LE TUMULTE DU MONDE, DES AFFAIRES, l'agitation qui règne dans le monde, celle que causent les affaires : *quitter le tumulte du monde.* — Fig. LE TUMULTE DES PASSIONS, le trouble que les passions excitent dans l'âme. — En tumulte loc. adv. En confusion, en désordre : *ils allèrent en tumulte.*

* **TUMULTUAIRE** adj. Qui se fait en tumulte, avec précipitation, contre les formes et les lois : *il se fit une assemblée tumultuaire.*

* **TUMULTUAIREMENT** adv. D'une manière tumultuaire : *cela fut résolu tumultuairement.*

* **TUMULTUEUSEMENT** adv. En tumulte : *ils s'assemblèrent tumultueusement.*

* **TUMULTUEUX, EUSE** adj. Qui se fait avec tumulte, avec bruit et confusion : *assemblée tumultueuse.*

* **TUMULUS** s. m. [tu-mu-luss] (mot lat. qui signifie : *élévation de terre*). Antiq. Grand amas de terre, ou *construction de pierre*, en forme de cône, que les anciens élevaient au-dessus des sépultures, pour servir de tombeau : *le tombeau de ces rois n'était qu'un simple tumulus.* — Au plur. DES TUMULUS ou DES TUMULI. — ENCYCL. Les *tumuli* se trouvent en grande quantité dans toutes les parties du monde. Plusieurs datent des temps préhistoriques ; mais leur usage persévéra jusqu'à des périodes relativement récentes ; et

Tumulus de Silbury-Hill.

ils sont encore en honneur chez les tribus sauvages de nos temps. Quelques-uns de ces tombeaux présentent des dimensions colossales. Le *tumulus de Silbury-Hill* (Wilts, Angleterre) mesure 50 mètres de haut. Le tumulus sépulcral d'Obiria (Taïti) n'a pas moins de 80 m. de long sur 15 m. de haut et 25 m. de large. A Upsala (Suède), on trouve trois grands tumuli réunis ensemble et que l'on suppose servir de tombeau à Odin, à Thor et à Freya.

TONBRIDGE ou Tonbéridge, ville du comté du Kent en Angleterre, sur le Tun, près de la Medway, à 17 kil. S.-O. de Mairstone ; 8,209 hab. Elle contient les ruines d'une grande porte flanquée de tours rondes, qui reste d'un castel détruit au XI° siècle. Poudre à canon ; vases de bois pour amuser les bébés.

TUNBRIDGE WELLS [ouailles], ville du Kent et du Sussex (Angleterre), à 25 kil. S.-O. de Muidstone ; 19,410 hab. Le voisinage abonde en sources minérales ; c'est une ville d'eaux à la mode.

TUNGSTATE s. m. [tongh-sta-te]. Chim. Sel produit par la combinaison de l'acide tungstique avec une base.

* **TUNGSTÈNE** s. m. [tongh-stè-ne] (suéd. *tung*, lourd ; *sten*, pierre). Métal existant sous la forme d'un acide combiné à la chaux dans le scheelite minéral ou tungstate de chaux, et aussi combiné avec le fer et le manganèse dans le wolfram minéral. L'acide tungstique a été découvert par Scheele en 1781, et le tungstène métallique deux ans plus tard par les frères d'Elhujar. C'est de son nom allemand *Wolfram (wolframium)* que se tire son symbole, W. C'est un métal gris de fer, lourd, très dur, entrant difficilement en fusion ; poids spécifique : 17. 6. Allié au fer et fondu, il est d'une extraordinaire dureté. Le minerai le plus commun de ce métal est le wolfram, d'un brun noir, à éclat métallique ; dureté : 5 à 5.5 ; poids spécifique : 7.1 à 7.55. On se sert de l'acide tungstique pour colorer en jaune, de l'acide de tungstène pour colorer en bleu, et du tungstate de soude comme

remplaçant le stannate de soude dans la teinture et l'impression des cotonnades.

TUNGSTIQUE adj. Chim. Se dit d'un oxyde du tungstène et d'un acide qui en dérive.

TUNICIER adj. Qui a le corps revêtu d'une enveloppe en forme de tunique. — s. m. pl. Classe de mollusques acéphales marins, protégés par une enveloppe coriace élastique (tunique) qui remplace la coquille. Ce groupe comprend les ascidies (molgule, etc.), les biphores, etc.

* **TUNIQUE** s. f. (lat. *tunica*). Vêtement de dessous que portaient les anciens : *il avait un magnifique manteau par-dessus sa tunique.* — Vêtement de femme. — Habillement que les évêques portent sous leur chasuble, quand ils officient pontificalement. — Habillement des diacres et des sous-diacres, qu'on nomme aussi DALMATIQUE. — Sorte de veste dont les rois de France étaient revêtus, à leur sacre, sous le manteau royal. — Redingote d'uniforme des soldats, collégiens, etc. — Anat. Se dit des membranes qui enveloppent certaines parties du corps de l'animal : *les tuniques du cœur.* — Bot. L'*oignon est formé de plusieurs tuniques superposées.*

TUNIQUÉ, ÉE adj. Qui est muni d'enveloppes.

TUNIS (anc. *Tunes, Tunesaïos, Tunis*), ville fortifiée de l'Afrique septentrionale, capitale de la Tunisie, sur le lac El-Bahira, qui est une continuation du golfe de Tunis, à 640 kil. E. d'Alger ; par 36° 46' 48" lat. N. (au pavillon de France) et 7° 50' 52" long. E. ; 145,000 hab., dont 20,000 chrétiens. Elle s'élève en pente douce sur une plaine qu'entourent de tous côtés, sauf à l'E., de basses collines ; est comprise dans une espèce d'isthme qui s'étend entre le lac Bahira et la Sebkha el Sedjoumi. Elle est construite de la façon la plus irrégulière ; ses rues sont tellement étroites et tellement sales, qu'il n'est pas toujours possible de les traverser, surtout celles où les juifs sont parqués. Elle renferme nombre de mosquées. Au centre, se trouve une vaste place (place de la Bourse), qui était, dit-on, entourée jadis de 3,000 boutiques pour le commerce des laines et des toiles de lin. La ville se divise en quatre parties : Tunis proprement dit, dans la partie supérieure que domine la casbah ; le quartier franc, dans la partie basse, et les deux faubourgs de Bab-el-Souika au N. et de Bab-el-Djézira au S. Les musulmans habitent généralement la ville haute ; les juifs, le bas du faubourg El-Souika ; les Européens (Anglo-Maltais, Italiens, Français et Algériens), le quartier franc, qui est de création récente. Le bey habite le Bardo en hiver et le nouveau sérail de la Goulette pendant les huit mois de chaleur. La ville de Tunis est protégée à l'E. et à l'O. par les deux lacs d'El-Bahira et de Sedjoumi. Elle est, en outre, défendue par deux enceintes continues. La première, crénelée, flanquée de tours et de bastions, entoure la ville proprement dite ; la seconde, également crénelée et haute de 10 à 15 m., longue de près de 8 kil., enveloppe la ville et ses deux faubourgs de Rabat-bab-el-Souika au N., et de Rabat-bab-el-Djézirah au S., presque aussi vastes que la ville elle-même. Ces deux enceintes se rejoignent à la casbah, citadelle rectangulaire qui domine la ville et qui renferme, entre ses hautes murailles crénelées, des bâtiments irréguliers, le palais du gouverneur et un grand réservoir qui alimente les fontaines de Tunis. Au delà des deux enceintes, des forts détachés sont au nombre de quatre : le fort *Andalous* à l'O. ; le fort étoilé d'*El-Fûlfil*, entre le précédent et la casbah ; le fort *Sidi-ben-Hassen*, au S.-O., et enfin le *Bardo*, palais du bey de Tunis. Mais toutes ces fortifications sont rendues inutiles par le

voisinage de collines qui les dominent et qu'il suffit d'occuper avec de l'artillerie pour se trouver maître de la ville. — Les alentours de Tunis sont couverts de villes et de lieux de plaisance. — Il n'y a plus de port ; et les gros navires sont forcés de s'arrêter à la Goulette, qui se trouve à l'entrée du lac El-Bahira. La lagune, réceptacle de toutes les impuretés de la ville, n'est guère qu'un marais fétide, qui a valu à Tunis le surnom de « la Puante » que lui donnent les Mores. Et pourtant, cette grande cité africaine, si elle était assainie, mériterait d'être appelée « la Parfumée ». Ses bazars, qui rivalisent avec ceux de Constantinople, sont emplis de toutes les essences orientales. L'amour des fleurs est un des traits distinctifs du Tunisien ; les mendiants eux-mêmes s'arment de roses pour tendre la main. Exportation considérable de grains, d'huile d'olive, de laines, de poissons, de fruits, de cire, de savon, d'éponges, d'ivoire, de poudre d'or, etc. L'industrie locale consiste à fabriquer des étoffes de laine, des coiffures orientales, des cuirs, des essences de musc, de rose et de jasmin. — HIST. *Tunes*, que Tite-Live place à trois milles de Carthage, commença à devenir florissante aussitôt que la grande cité punique fut détruite par Scipion (146 av. J.-C.). En 693, les Arabes ayant rasé jusqu'au sol la nouvelle ville de Carthage, les ruines de cette ville servirent à embellir Tunis, qui en conserve encore de nombreux vestiges. (Voy. TUNISIE.) Plus tard, sous le sceptre des Almohades (1140) et des Mérinites (1260), Tunis jouit d'un repos et d'une prospérité qui la rendirent florissante ; elle entra en relations commerciales avec Pise, Gênes et Venise, pendant que ses corsaires la faisaient redouter de ses ennemis. En 1270, le roi de France, saint Louis, débarqua devant Tunis, dans l'intention, dit Joinville, de convertir « le roi de Thunes et son peuple ». Peu de jours après, il mourait sur les ruines mêmes de Carthage. (Voy. LOUIS IX.) Le déclin de la puissance tunisienne commença en 1391, époque où Charles VI, roi de France, équipa une flotte pour châtier les pirates barbaresques ; sa chute fut provoquée par les exploits du célèbre corsaire Kaïr-Ed-Din Barberousse, qui s'empara, en 1534, de Tunis, d'où il chassa Mouley-Hassan, le roi légitime. Ce prince dépossédé appela Charles-Quint à son secours. L'empereur d'Allemagne prit la ville en juin 1535, délivra 22,000 captifs chrétiens, et replaça sur le trône Mouley-Hassan qui se reconnut vassal du prince chrétien et lui laissa la Goulette comme place de sûreté. Les Turcs s'emparèrent définitivement de la Tunisie, en 1574, et y placèrent le gouvernement entre les mains d'un pacha turc et d'un bey élu par la divan, qui était lui-même choisi parmi les officiers des janissaires. L'autorité du pacha déclina lentement, et celle du dey s'augmenta d'autant. En 1665, le dey Mahmoud prit le titre de bey de Tunis et rendit la monarchie héréditaire dans sa famille, qui s'éteignit en 1705. L'armée appela alors au trône Hussein-ben-Ali Tourki, Crétois qui s'était fait remarquer à la tête des janissaires et qui reconnut la suzeraineté nominale de la Turquie. C'est de ce prince que descendent les souverains actuels. Hussein, chassé de Tunis par son fils adoptif, Ali-Pacha, en 1735, fut assassiné à Kairouan en 1736. Ali-Pacha, étranglé en 1756, eut pour successeur Mahmoud, fils de Hussein. Celui-ci mourut en 1758, et fut remplacé par Ali-Bey, dont le règne fut prospère. Son fils, Hamouda-Pacha, monta sur le trône en 1782, noua des relations politiques et commerciales avec les puissances européennes et mourut en 1814. Il eut pour successeur son frère Othman-Bey, qui régna seulement quelques mois et laissa le trône à son neveu Mahmoud ; celui-ci abolit l'escla-

vage des chrétiens en 1816. Les règnes d'Hussein-Bey (1824-'37) et d'Ahmed-Bey (1837-'55) furent marqués par l'émancipation des Israélites. Sidi-Mohammed (1855-'59) octroya une constitution et publia une loi organique de la régence de Tunis. Son successeur Mohammed-ès-Sadok obtint, le 25 oct. 1871, un firman impérial qui le libéra de tout paiement de tribut à la Sublime Porte, mais qui établit sa situation comme vassal de l'empire ottoman. Il dut signer, le 12 mai 1881, le traité de Kasr-el-Saïd qui institue le protectorat de la France sur la Tunisie. La ville de Tunis fut occupée par les troupes françaises le 10 oct. de la même année (voy. TUNISIE); Sidi-Ali (né le 5 oct. 1817), frère et successeur de Mohammed-ès-Sadok, monta sur le trône beylikal le 28 oct. 1882.

TUNISIE ou Régence de Tunis (*Afrikija*), beylik aujourd'hui placé sous le protectorat français, jadis compris dans les états barbaresques et alors vassal de la Turquie; borné par la Méditerranée au N. et à l'E.; par la province algérienne de Constantine à l'O., et par le vilayet turc de Tripoli au S.; entre 32° 20' et 37° 20' lat. N., et entre 5° 10' et 8° 50' long. E. Environ 116,348 kil. carr. Sa largeur moyenne de l'E. à l'O. est de 200 kil., sa plus grande longueur du N. au S. est de 550 kil. — Le territoire, montagneux au N.-O., où quelques pics atteignent de 1,000 à 1,800 m., et très bas au S., où le niveau du sol est quelquefois inférieur à celui de la mer, peut se diviser en 4 zones bien distinctes. La première, au N., est comprise entre la mer et les montagnes des Kroumirs, prolongement du Petit-Atlas, qui va de La Calle au cap Zbib; elle est assez bien boisée et renferme quelques vallons cultivés et des plantations d'oliviers. La seconde région est formée par le riche bassin de la Medjerda (anc. *Bagradas*), rivière la plus considérable le Tunisie, qui se jette dans la Méditerranée au peu au N. de Tunis, après un cours d'environ 300 kil. (Voy. MEDJERDA.) Dans les vallées de cette rivière et de ses affluents, se trouvent les plus belles cultures. Le bassin de la Medjerda est borné, au S., par une chaîne de montagnes qui va de Haïdra (au N. de Tébessa, Algérie) jusqu'au cap Bon, et dont le point culminant est le Djebel-Hammada. Au S., s'étend la troisième région formée par les bassins de divers cours d'eau qui vont se perdre dans le lac Salé (au N. duquel se trouve l'*Enfida*) ou dans la Sebkha-Sidi-el-Hani; cette zone est bornée par un prolongement du Grand-Atlas, qui vient mourir au cap Capoudia. La quatrième région est celle du Sahara tunisien, contenant une chaîne de chotths, qui se continue jusque dans la province de Constantine; les chotths tunisiens sont : le chotth El-Fedjedf, le chotth Djérid et le chotth Rharsa. Le Sahara tunisien est parsemé de belles oasis où l'on récolte d'immenses quantités de dattes. — Climat sain, quoique très sec pendant une grande partie de l'année. Les pluies ont lieu en décembre, janvier et février. — CÔTES, CAPS, GOLFES, ILES. A partir du cap Roux, qui sert de limite à l'Algérie et à la Tunisie, la côte a d'abord une direction N.-E.; elle forme les caps Negro, Serrat, Kéroun et Blanc; elle est protégée par de nombreuses petites îles dont les plus connues sont : l'île Tabarca et les îles Fratelli. A partir du cap Blanc, elle prend une direction générale vers le S. et s'ouvre en grands golfes qui, se desséchant peu à peu, ont fait place à d'immenses lacs salés. Nous trouvons d'abord le cap de Bizerte; puis le beau golfe de Tunis (du cap Farina au cap Bon), à l'entrée duquel se trouve l'île Zembra; la presqu'île du cap Bon, au S. de laquelle s'enfonce le large golfe de Hammamet, terminé au S. par les îles Kouriât et Couiglïera et par le cap Africa. Plus au S., le cap Capoudia

marque le point où commence la Petite-Syrte ou golfe de Gabès, immense échancrure qui renferme les îles Kerkenah et la grande île de Djerbah. Le développement total des côtes est d'environ 800 kil. — PRODUCTION. L'ancien grenier de Rome n'a rien perdu de sa fertilité; mais ce pays est aujourd'hui déboisé, mal cultivé, dépourvu d'eau, plongé dans la dernière des misères. Il donne encore d'immenses quantités d'olives, des blés, du maïs, de l'orge, du riz, des haricots, des raisins, du tabac, du coton, de l'indigo, des légumes, des cucurbitacées, de l'alfa, des oranges, des citrons, des grenades, des bananes, des figues, les dattes renommées du Djérid, les roses et les fleurs les plus parfumées, des plantes médicinales; tous les fruits de l'Europe méridionale. Les broussailles impénétrables, qui ont remplacé les forêts renferment quelques gros arbres : chêne vert, chêne blanc, chêne-liège, frêne, orme. Dans les montagnes, on trouve d'immenses richesses minérales encore inexploitées : fer, plomb, cuivre, argent. Sur les côtes, on se livre à la pêche du thon, des éponges, etc. Les principales manufactures sont : les fabriques de lainages. — La faune est à peu près semblable à celle de l'Algérie. — COMMERCE. Douze ports sont ouverts au commerce étranger; mais la plus grande partie des transactions se fait à Tunis La Goulette. La valeur de l'importation est, en moyenne, de 22 millions de fr.; celle de l'exportation ne dépasse guère 20 millions de fr. — Principaux articles d'exportation : huile d'olive, 15 millions de fr.; déchets d'olive, 1 million; alfa-esparto, 2 millions; éponges, 1 million; dattes, peaux, orge, drilles, lainages, laines, fez, cire, etc. L'exportation d'alfa va prendre, suivant toute probabilité, un accroissement considérable, sous l'influence d'une compagnie franco-anglaise qui a obtenu de vastes concessions dans le sud du pays. — Principaux articles d'importation : cotonnades, lainages, soieries, liqueurs, sucre et farine. Le commerce étranger a lieu surtout avec l'Italie, la France et l'Angleterre. En 1883, il est entré dans les divers ports du beylik 3,768 navires (1,524,429 tonnes), dont 1,222 français (1,018,535 tonnes). — Le port de Tunis-La Goulette participe à l'importation pour 79 p. 100 et à l'exportation pour 19 p. 100. En 1884, il est entré dans le port de La Goulette 912 navires (467,552 tonnes), dont 203 français (176,530 tonnes). — POPULATION. Il n'y a jamais eu de recensement ni d'état civil, et l'on en est réduit à de simples évaluations. L'*Almanaco Tunissino* de 1877, donna pour la population un nombre de 2,100,000 d'hab., dont 2,028,000 musulmans, 45,000 juifs, 25,100 catholiques romains, 400 catholiques grecs et 100 protestants. Mais des dénombrements plus récents et plus exacts descendent le chiffre de la population à moitié et demi d'hab. Au Xe siècle le territoire actuel de la Tunisie ne nourrissait pas moins de 47 millions d'hab., d'après les rapports les plus authentiques; et une population aussi condensée s'y trouverait encore à l'aise, en raison de la richesse du sol; mais à partir de la décadence de la civilisation arabe, la population décrut rapidement et n'elle n'était plus que de 5 millions d'hab. au XVIIIe siècle. Les habitants de l'intérieur appartiennent aux races arabe et kabyle; ceux des côtes appartiennent aux races plus ou moins mélangées des Turcs, des Maures, des Juifs et des chrétiens. — CAPITALE POLITIQUE Tunis. (Voy. plus haut, l'article Tunis.) — CAPITALE RELIGIEUSE Kairouan. (Voy. KAIROUAN.) — VILLES MARITIMES : 1° *Bizerte*, à 60 kil. N.-O. de Tunis, en amphithéâtre sur les pentes méridionales du Dahr-el-koudia; elle est défendue par une enceinte bastionnée et par des forts détachés, le tout dans un état de délabrement lamentable; sa rade et son

lac pourraient facilement être rendus accessibles aux plus gros navires; 2° *Tunis*; 3° *La Goulette*, port de Tunis, sur une langue de terre divisée en deux parties par un chenal qui la fait communiquer avec la mer; elle possède une jetée et des fortifications en mauvais état (10,000 hab.); *Rhadès*, sur la rive gauche de l'embouchure de l'Oued-Milianah; *Hammam-Linf*, un peu au S.-E. de Rhadès; *Hammamet* (anc. *Sinus Neapolitanus*), sur un rocher (2,000 hab.), importance nulle; *Soussa* (anc. *Hadrumète*), ville forte, contenant 7,000 hab., dans un pays couvert d'oliviers, mais dépourvue d'eau; fortifications en mauvais état; *Monastir*, à 20 kil. au S. de Soussa; bon mouillage; *Teboulba* (2,000 hab.); *Mahadia* ou *Mahadia* (7,000 hab.), port obstrué qu'il serait facile d'améliorer; *Sfax*, ville très importante et commerçante, où l'on se livre à la pêche des éponges; *Gabès*, au fond du golfe du même nom, réunion d'un groupe de magnifiques oasis (8,000 hab.). — VILLES DE L'INTÉRIEUR. Dans la région montagneuse du nord nous trouvons : *Mateur*, très important, sur le penchant d'une colline qui domine la rive gauche de l'Oued-Djoumiz; 3,000 hab.; *Mekna*, au N.-E. du pays des Kroumirs, où l'on ne rencontre que des Gourbis. Dans la belle et riche vallée de la Medjerda, que longe le chemin de fer de Tunis à B ne, on trouve des villes importantes : *Ghardimaou*, à 6 kil. de la frontière algérienne, avec une grande gare; *Souk-el-Arba*, marché, important; *El-kef* (7,000 hab.), ville forte, principal centre religieux de la Tunisie, après Kairouan; *Souk-el-kmis*; *Béja* (4,000 hab.), au milieu d'un riche territoire; marché de grains le plus important de la Tunisie, à l'entrée des montagnes de la Kroumirie; *Medjez-el-Bab* (1,800 hab.), vieille ville sur un plateau escarpé qui domine les plaines fertiles; *Tebourba* (3,000 hab.), entourée de jardins et de vergers; *Djedeida*, au milieu d'un gracieux paysage; *Teboursouk, Testour, les Drid*, etc. Au sud de cette région s'étend une grande zone habitée par des tribus encore à demi sauvages. La ville principale est *Kairouan*. Plus au sud s'étend la région des oasis, au milieu desquelles brille celle de *Gafsa* (voy. ce mot); puis la zone des Chotths (voy. MELRBIR), et enfin le Sahara tunisien, dont le lieu principal est *Douirat*. — GOUVERNEMENT. Après l'invasion française de 1881, le traité de Kasr-es-Saïd (12 mai), confirmé par le décret du 22 avril 1882, a placé la Tunisie sous le protectorat français. Le résident français, appelé résident-général, est ministre, avec la collaboration de deux secrétaires, le gouvernement du pays, sous la direction du ministère français des affaires étrangères, où il y a un Bureau des affaires tunisiennes. Depuis le mois de janvier 1884, un tribunal français a remplacé les anciens cours consulaires, abolies avec l'assentiment des grandes puissances. — Sous le rapport de la religion, les 25,000 catholiques possèdent un évêché, qui est suffragant de l'archevêché d'Alger. — Il y a 30 ans, le bey de Tunis pouvait mettre 20,000 hommes sous les armes, et son armée pouvait être considérée comme digne de se mesurer avec une armée européenne. Mais la désorganisation des troupes suivit immédiatement celle des finances, et lors de l'invasion française, il y avait une armée régulière de 2,000 hommes à peine et une troupe irrégulière de 10,000 hommes, dont l'armement et l'équipement se trouvaient dans un état déplorable. Cette armée a été dissoute et remplacée par des garnisons françaises. Il existe seulement une garde d'honneur accordée au bey — FINANCES. Le désordre le plus épouvantable règne encore dans les finances tunisiennes. En 1882, les recettes étaient de 13,905,000 fr. et les dépenses 15,304,000 fr., ce qui donnait un déficit de 1,400,000 fr. Depuis cette épo-

que, le chargé d'affaires établit chaque année, sur le papier, un budget dans lequel les dépenses et les recettes paraissent se solder à 15 millions de fr. En 1885, les recettes furent évaluées à 14,838,750 fr. et les dépenses a 14,789,775 fr. Ce dernier nombre comprend la somme de 6,590,474 fr. attribuée au service de la dette. La dette tunisienne, contractée principalement entre les années 1856 et 1868, se montait à cette dernière date, à 182 millions de fr., sans compter la dette flottante. Les principaux créanciers se trouvaient à l'étranger, surtout en France; et nul intérêt ne leur étant payé, les grandes puissances firent des réclamations qui eurent pour conséquence la création d'une commission internationale des finances que le bey consentit à établir pour mettre un peu d'ordre aux affaires financières de la Régence et essayer d'éteindre graduellement la dette publique. Cette commission, qui fonctionna de 1869 à 1884, fixa, en 1884 le chiffre total de la dette publique à 125 millions de fr., portant intérêt à 5 p. 100; la dette flottante était de 20,564,700 fr. Par un décret du président de la République française, du 28 mai 1884, et par un décret semblable rendu par le bey de Tunis, le 27 mai, un emprunt, garanti par la France, a consolidé la dette tunisienne en une somme de 125 millions de fr. et la dette flottante en 17,550,000 fr., ce qui donne un total de 142,550,000 fr. L'emprunt fut émis au capital de 6,307,520 fr., à 4 p. 100 de rente perpétuelle, divisé en 315,376 obligations d'une valeur nominale de 500 fr. Les actions furent vendues de préférence aux porteurs des obligations tunisiennes de 5 p. 100, au prix de 462 fr. La commission internationale a été remplacée par des contrôleurs français. L'administration générale coûte aujourd'hui beaucoup plus qu'avant l'occupation française; elle arrive à un total de 1,504,325 fr. L'entretien du corps d'armée d'occupation forme un budget extraordinaire qui se monte à 4,500,000 fr. D'après le budget de 1885, le corps d'occupation se compose de 46,000 hommes, dont les frais d'entretien doivent être supportés en partie par les ministères français de la guerre et des colonies, et en partie par la Régence; mais la part de dépenses afférente à chaque pays n'a pas encore été fixée. — COMMUNICATIONS. Peu de pays au monde sont aussi totalement dépourvus de routes carrossables; çà et là, on rencontre des sentiers où passent les chameaux et les chevaux; pas de ponts sur les rivières. La France a doté la Tunisie d'une grande voie ferrée qui relie Tunis à Bone et qui mesure 354 kil. Il y a aussi le chemin de fer de Tunis à La Goulette, construit par les Anglais (17 kil. et demi), celui de La Goulette à Aulna (15 kil.), celui de Tunis au Bardo (6 kil.) et celui de Tunis à Hammam-el-Lif (18 kil.), ce qui donne un total de 440 kil. et demi. — 26 bureaux de poste et 29 bureaux télégraphiques sont desservis par des employés de l'administration française. Il y a 2,000 kil. de lignes télégraphiques. — HIST. La Tunisie correspond à peu près à l'ancien territoire de la république carthaginoise au moment des guerres Puniques. Ce pays, d'abord habité par les légendaires Garamantes, les Canánéens, les Libyens, puis par des immigrants phéniciens, tyriens et grecs, finit par être absorbé par la république de Carthage, partagée en 146 av. J.-C., entre les Romains et Massinissa, et entièrement annexé à l'empire romain dont il forma la province nommée Arrique propre ou proconsulaire (146). Cette province se divisait en Zeugitane au N. et Byzacène au S., elle renfermait des villes telles que Carthage, Utique, Hippo-Zaryte (Bizerte), Hadrumetum, Leptis Minor, Thapsus et Zama. Ce pays était le grenier de Rome, lorsque les Vandales le saccagèrent et en firent un désert (439 après J.-C.) Bélisaire renversa l'em-

pire vandale en 534 et le remplaça par la domination byzantine. Vers 650, les Arabes, que commandait Moaviah, s'emparèrent, au sud de la Tunisie, d'un vaste territoire, dont Kairouan fut la capitale et la ville sainte, qu'ils agrandirent continuellement et qui comprit bientôt toute l'Afrique septentrionale. Vers le milieu du VIIIe siècle, l'immense empire des Arabes se disloqua ; Kairouan devint la capitale des califes aglabites. A Tunis régnèrent successivement les califes de Cordoue (998), les émirs du Maroc (1100), les Almohades (1140) et les Mérinites (1260); ensuite le pays s'émietta en vingt petits royaumes plus ou moins indépendants, et entra dans la voie du dépeuplement par suite et y établit la domination turque, pendant laquelle le beylik tomba au dernier degré de la misère. La décadence fut tellement rapide que chaque siècle vit diminuer la population de plusieurs millions d'habitants, à la suite d'effroyables guerres civiles ayant pour conséquence des famines et des épidémies. Il était évident que ce pays allait devenir la proie du premier peuple qui s'en emparerait, et la France, possédant l'Algérie, ne pouvait laisser une autre puissance européenne planter son drapeau à Tunis. Pour contrebalancer l'influence française dans la Méditerranée, l'Angleterre s'empressa de former en 1862 une alliance secrète avec le bey de Tunis; et elle construisit le premier chemin de fer de Tunisie, celui de La Goulette. Mais, aussitôt après la signature du traité de Berlin (1878), satisfaite de son acquisition de Chypre et des espérances que l'Égypte, elle parut se désintéresser de la question tunisienne et mit son chemin de fer en vente. Le parlement italien, donnant ainsi à la France une preuve manifeste d'hostilité, vota des garanties à une société qui s'en rendit adjudicataire moyennant un prix exorbitant (1880). En même temps, le bey était prévenu que la France, loin d'être revenue des mains nettes du congrès de Berlin, comme l'avait affirmé M. Waddington, avait, au contraire, obtenu l'acquiescement des puissances pour l'occupation de la Tunisie. Le bey se jeta donc dans les bras de l'Italie pour prévenir cette occupation dont il était menacé ; une lutte sourde s'engagea entre la France et l'Italie. Le bey ordonna, le 11 mars 1881, d'arrêter les travaux du chemin de fer de Tunis à Sousse, concédé à une compagnie française. Sur ces entrefaites, une bande de pillards tunisiens passa la frontière algérienne et y commit des brigandages. L'occasion était trop belle pour que M. Ferry ne la saisît pas. Sans demander au bey de réprimer les exactions de ses sujets, le cabinet français fit connaître l'existence d'une puissance confédération indépendante ou quasi-indépendante, les Kroumirs (ce mot), dont le nom apparut pour la première et sans doute pour la dernière fois dans l'histoire. Les Kroumirs, disait-on, possédaient une armée de 7,000 hommes bien armée et bien disciplinée ; c'était la puissance qui s'élevait à notre frontière et qu'il fallait soumettre au bey, mais l'intérêt duquel nous allions agir. Sur ces déclarations, les Chambres votèrent des crédits pour envoyer une colonne expéditionnaire contre les Kroumirs. Le 24 avril 1881, une armée française de 26,000 hommes se trouva réunie près de la frontière tunisienne, sous les ordres des généraux Forgemol, Delebecque, Logerot et Bréart. L'invasion de la Kroumirie s'accomplit sans combat sérieux, pendant que Tabarca était occupée par la marine. L'armée kroumire n'en vit point, mais le 12 mai, le général Bréart, pénétrant dans le Bardo, imposa au bey le traité dit de Kasres-Saïd, contre lequel le souverain tunisien ne cessa de protester jusqu'à sa mort. Les troupes françaises durent rentrer en Algérie, pour réprimer l'insurrection oranaise, mais

aussitôt ce danger passé, la véritable invasion de la Tunisie commença, pour rendre effectif notre protectorat en désarmant les troupes du bey. Sfax voulut résister : on la bombarda et on l'occupa le 16 juillet; Gabès se soumit le 24, mais tout le pays se souleva pour son indépendance; il fallut y envoyer de nouvelles troupes; pendant que l'opposition prouvait que toute cette affaire avait été entreprise dans un but de spéculation privée. Le 10 oct., M. Roustan, notre ministre résident à Tunis, notifia aux puissances l'occupation de cette ville par nos troupes. Seule l'Italie, qui n'avait pas reconnu le traité du Bardo, crut devoir protester. Le surlendemain, un corps de 30,000 hommes se dirigea sur Kairouan, foyer de l'insurrection musulmane ; et cette ville sainte fut occupée le 26 oct. L'affaire de Tunisie menaçait de prendre des proportions inquiétantes, lorsque la Chambre, impatientée, renversa le ministère Ferry qui tomba, pour la première fois victime de la politique coloniale, et dont la chute (10 nov.) fut suivie de l'apaisement immédiat de la Tunisie. Depuis cette époque, l'événement le plus important a été la mort de Mohammed-ès-Sadok et son remplacement par Sidi-Ali, le bey actuel (28 mai 1882). — MONNAIES. Les monnaies françaises et italiennes sont reçues partout. Il y a aussi la piastre d'argent = 16 karoubs = 62 cent. La piastre d'or = 60 cent. Il y a des pièces de 5, de 10, de 25, de 50 et de 100 piastres d'or (= 60 fr. 4252). La pièce de cuivre a 4 karoub = 4 cent. — POIDS. Le rottel-attari = 16 onces = 506 gr. —MESURES. Il n'y a aucune uniformité et il existe diverses mesures locales. — BIBLIOGR. Gabriel Charmes, la Tunisie et la Tripolitaine (Paris, 1883); M. de Flaux, la Régence de Tunis (Paris, 1866, in-8°); Ch. Dilhan, Histoire abrégée de la Régence de Tunis (Paris, 1867, in-8°); Léon Michel, Tunis (2e éd. Paris, 1883); F. Rousseau, Annales tunisiennes (Paris, 1864, in-8°); M. Tchihatchef, Algérie et Tunisie (Paris, 1880); Journal officiel de Tunis, etc.

TUNISIEN, IENNE s. et adj. De la Tunisie ; qui appartient à ce pays ou à ses habitants.

TUNNEL s. m. [tu-nèl; les anglomanes prononcent teu-nèl] (mot angl.). Voie souterraine ou sous-marine creusée dans le but de livrer passage à une route, à un canal, à un chemin de fer, etc. Dans les mines, on applique souvent ce terme à des excavations horizontales, spécialement à celles que l'on connaît aussi sous les désignations de couloirs, de galeries, de galerie d'approche et de galerie d'écoulement, qui servent de routes souterraines ou de passage aux eaux. Hérodote mentionne, dans l'île de Samos, un tunnel, taillé à travers une montagne haute de 150 orgyies (300 m.), et la longueur était de 7 stades (1,300 m.), sa coupe de 2 m. 50 de haut sur 2 m. 50 de large. Les aqueducs des anciens Romains, des Péruviens et des Mexicains comprenaient des tunnels remarquables. L'aqueduc Aqua Claudia, par exemple, avait un parcours souterrain de 54 kil. On entreprit un ouvrage magnifique de ce genre pour relier le lac Fucin (auj. Celano) au Liris (Garigliano); 30,000 hommes y travaillèrent pendant 10 ans, et il coûta des sommes immenses (52 ap. J.-C.). — Construction des tunnels dans les terrains mous. On désigne sous terrains mous l'argile, les dépôts terreux, qui, lorsqu'on y creuse des tunnels, exigent une voûte provisoire en bois pour tenir les matériaux en place jusqu'à ce que la voûte définitive en briques ou en pierre soit bâtie. Les roches trop tendres ou désagrégées demandent la même précaution, quoique la voûte provisoire puisse être beaucoup plus légère que dans le premier cas. D'après la méthode généralement adoptée pour creuser un tunnel dans un terrain mou,

la première chose à faire, si cela est praticable, est d'ouvrir une petite galerie, dans le double but de drainer les terres qui sont audessus et de faire une ouverture par où l'on puisse faire sortir les déblais de l'excavation et faire entrer les matériaux nécessaires à la voûte. Les travaux se font généralement successivement par sections. S'il n'y a pas déjà de galerie supérieure, on en creuse une de 5 à 7 m. On place alors successivement de grosses barres de bois longitudinales, en commençant par celles qui sont numérotées 3, 6 et 7 dans la fig. 4. Alors les mineurs

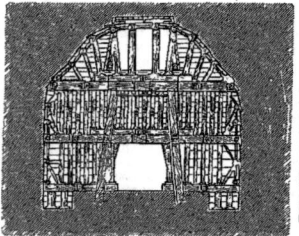

Fig. 4.

poussent graduellement leur travail plus avant, établissant une arche provisoire en charpente. Ceci fait, et lorsque l'on a creusé les fondations pour la maçonnerie à exécuter, les maçons élèvent une arche de voûte sous la charpente que l'on construit pendant qu'on procède à l'excavation de la section suivante, et les intervalles sont solidement bouchés avec des blocs de bois ou de pierre. — *Construction d'un tunnel dans le roc.* La fig. 2 montre une des méthodes de construire les

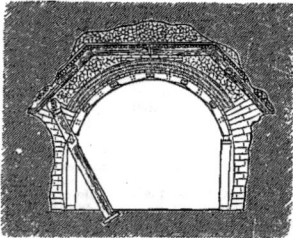

Fig. 2.

tunnels dans le roc, avec les opérations subséquentes au boisement et de l'établissement de la voûte. Les poutres 1 et 2 sont placées pour soutenir le toit et les parois, une fois que la galerie de tête (pour laquelle on choisit le roc de préférence) est creusée; les *jambages* (2) sont quelquefois couplés par une barre (3) que soutient une poutre oblique (4) pendant qu'on maçonne les parois jusqu'au pied; puis on fait la voûte définitive. L'espace compris entre la charpente et le roc audessus, et celui qui est compris entre la maçonnerie et la charpente (dans ce genre de travail la charpente ne se retire pas) sont comblés fortement avec des fragments de pierre, afin d'empêcher une chute soudaine de se produire, ou son poids trop considérable de porter sur la maçonnerie. — Le percement des grands tunnels a lieu aujourd'hui au moyen de puissantes machines dont le travail est coûteux, en vérité, mais est très rapide. Nos fig. 3 et 4 montrent l'organe principal de la perforatrice de Georges Leschot; c'est un tube métallique sur l'une des

extrémités duquel sont incrustés des diamants noirs en saillie. L'eau comprimée sert de force motrice pour imprimer un rapide mouvement de rotation à l'appareil et pour le pousser, en même temps, contre la roche à

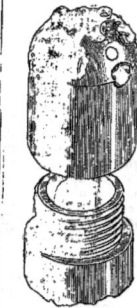

Fig. 3.

perforer. L'air comprimé peut aussi servir de moteur; il présente l'avantage de pouvoir ensuite être utilisé pour ventiler les travaux souterrains. Dans la machine Brandt, les diamants sont remplacés par des pointes d'acier. Le tunnel du mont Cenis, commencé en 1857, par le travail manuel exclusivement, a été ensuite continué au moyen de machines perforatrices mises en action par des béliers compresseurs. En 1872, on commença les travaux du Saint-Gothard, avec la dynamite comme matière explosive; mais là encore, il fallut en venir aux perforatrices. En Amérique des travaux de ce genre sont devenus très fréquents depuis l'établissement des chemins de fer. Le plus fameux est le percement du mont Hoosac dans l'état de Massachusetts, opération dont l'idée date de 1825. Après bien des essais infructueux, il a été terminé récemment. Il a coûté à l'état plus de 70 millions de francs, tandis que celui du mont Cenis a coûté 75 millions. La galerie des mines de Lutro (Nevada) mesure 6,147 m., le tunnel du mont Cenis, 12,333 m.; celui du Saint-Gothard, 14,920 m. — La galerie de la mine Joseph II, à Chemnitz, dépasse tous les

Fig.

autres. Sa longueur totale est de 18,000 m. Commencé en 1782, sous le règne de l'empereur dont il porte le nom, il ne fut terminé qu'en 1879, après 97 années de travail. Il a 3 m. de haut et 1 m. 60 de large. — TUNNEL SOUS-MARIN, *de Calais à Douvres.* Vers 1802, M. Mathieu émit l'idée de creuser un tunnel sous-marin qui relierait Calais à Douvres (Angleterre). En août 1869, MM. J.-F. Bateman et J. Revy reprirent ce projet, pour faire passer une voie ferrée sous le canal. Après plusieurs années d'études, M. Thomé de Gamond exposa ses plans à Paris, en 1867. Son projet fut repris en juillet 1871 et en novembre 1873, une convention favorable à son exécution fut signée pour la France par M. Michel Chevalier, en janvier 1875. Les ingénieurs désignés pour ce travail colossal furent sir John Hawkshaw et M. Lavally. Le monopole fut fixé à 30 années. D'après le plan de D. Brunton, il faudrait forer 20 milles de craie; mais d'autres plans furent proposés par G. Remington, P.-J. Bishop, A. Austin, etc. La mort de M. Thomé de Gamond (févr. 1876) ne fit point abandonner son projet, et dès le 3 juin de la même année, on avait creusé, à Sangatte, près de Calais, un puits de 200 pieds de profondeur. Par décret en date du 27 juillet 1880, fut porté à 8 ans le délai accordé à la société concessionnaire du chemin de fer sous-marin entre la France et l'Angleterre pour l'exécution des travaux préparatoires de cette entreprise. Les travaux étaient poussés avec activité, quand une demi-douzaine de chauvins anglais prouvèrent

au peuple britannique que le jour où l'Angleterre ne sera plus isolée, elle sera perdue, les traités de neutralisation n'offrant aucune garantie (surtout depuis que les Anglais ont violé la neutralité du canal de Suez), et l'invasion de l'Angleterre devenant une opération facile dès qu'elle ne serait faire autrement que par la mer. En 1883, le gouvernement de la reine ordonna de cesser les travaux qui furent abandonnés.

* **TUORBE** s. m. Voy. Téorbe.

TUPÉLO s. m. Bot. Genre de dicotylédones dialypétales périgynes, voisin des cornouillers, et comprenant plusieurs espèces d'arbres qui habitent le bord des fleuves des États-Unis. Le *tupélo multiflore (nyssa multiflora)*, porte un fruit ovoïde, d'un noir bleuâtre, long de 6 à 7 millim. Il prospère dans les sols bas et argileux et dans les forêts épaisses; il atteint une hauteur de 40 pieds. Son bois est serré et dur, mais il se détériore promptement.

TUPI-GUARANIS [tou-pi'-goua-ra-ni'], famille très étendue d'Indiens de l'Amérique du Sud, comprenant les Guaranis propres du Paraguay; les Guaranis orientaux ou Toupis du Brésil; les Guaranis septentrionaux, près de l'Orénoque; les Guaranis ou Chiriguanes du centre, dans la partie septentrionale du Gran Chaco; les Omoguas ou Guaranis occidentaux, dans le district de Quito. Ces derniers étaient nombreux, guerriers et puissants; les autres tribus les regardaient comme une race d'une noblesse particulière. Les Toupis et les Guaranis proprement dits étaient doux et pacifiques, proie sans défense des cannibales aymborés et des Portugais. En 1732, pendant la période florissante des missions du Paraguay, les Guaranis chrétiens étaient au nombre de 144,000; mais après la suppression des jésuites, les Indiens ne tardèrent pas à disparaître. Les Portugais les avaient dès l'abord réduits en esclavage; des villages entiers furent exterminés; beaucoup émigrèrent. Les Toupinambas et les Tamoyas s'établirent au nombre de 3,000 non loin de l'Amazone, où on les connaît sous le nom de Mandrucurs. Par leurs habitudes et leur genre de vie ils ressemblent beaucoup aux Dyaks de Bornéo. On vante la langue guarini comme fort belle. La *lingoa geral* du Brésil, est fondée sur le Toupi, un de ses dialectes.

TU QUOQUE loc. lat. qui signifie, *Toi aussi*, paroles que prononça César lorsqu'il aperçut Brutus au milieu de ses assassins.

* **TURBAN** s. m. (pers. *dulband*). Coiffure des Turcs et de plusieurs autres peuples orientaux, faite d'une longue pièce d'étoffe, qui est roulée et entrelacée autour d'un bonnet: *il n'est permis qu'à ceux qui sont issus de la race de Mahomet de porter le turban vert.* — PRENDRE LE TURBAN, se faire mahométan.

* **TURBE** s. f. (lat. *turba*). Procéd. anc. Ne s'employait que dans cette locution, ENQUÊTE PAR TURBES, enquête faite en prenant le témoignage de plusieurs habitants pour constater les usages, les coutumes des lieux.

TURBIE (La), commune, à 18 kil. N.-E. de Nice, sur la crête d'une chaîne de collines qui protège de ce côté, la frontière française. (Voy. PLACE FORTE).

TURBIN s. m. Argot. Travail.

* **TURBINE** s. f. (lat. *turbo*, tourbillon, ce qui tourbillonne). Roue hydraulique, à axe vertical, entièrement plongée dans le courant qui la fait mouvoir. L'usage de la turbine fut généralisé par Fourneyron en France, en 1827, et bientôt après par Fairbairn en Angleterre et par Boyden aux États-Unis. Les roues reçoivent l'eau tantôt extérieurement, tantôt intérieurement, tantôt parallèlement, et ces différences constituent trois classes distinctes de turbines. Avec les bonnes turbines opérant dans des circonstances favo-

rables, la force perdue ne dépasse guère, et n'atteint même pas toujours 20 p. 100.

* **TURBINÉ, ÉE** adj. Conchyliol. Se dit des coquillages univalves qui ont la forme d'un cône contourné en spirale. — Bot. Se dit de ce qui a la forme d'un cône renversé, d'une toupie : *les racines de certains navets sont turbinées.*

TURBINER v. n. Travailler beaucoup.(Pop.)

* **TURBINITE** s. f. Hist. nat. Coquille en spirale : *il se trouve des turbinites dans le sein de la terre.*

* **TURBITH** s. m. (indoustani *turbith*, qui purge). Espèce de liseron (*convolvulus turpethum*), qui croît dans l'île de Ceylan, et dont la racine était employée autrefois comme purgative. — **TURBITH BATARD**, autre plante (*turbith Mathioli*) dont les propriétés sont à peu près les mêmes, mais qui purge plus violemment. — **TURBITH MINÉRAL**, sulfate jaune de mercure.

* **TURBOT** s. m. Icht. Genre de pleuronectes comprenant plusieurs espèces à formes rhomboïdales, et dont la dorsale et l'anale vont de la tête jusque auprès de la caudale. Le turbot d'Europe (*rhombus maximus*, Cuv.), le plus beau représentant de la famille des pleuronectes, mesure quelquefois 6 pieds de large, et pèse plus de 200 livres; son côté gauche est brun et couvert de petits tubercules, et son côté droit, ou surface inférieure, est lisse et blanc; ses yeux sont sur le côté

Turbot d'Europe (Rhombus maximus).

gauche. Il se tient sur les fonds sablonneux, il a des habitudes errantes, et voyage en compagnie, près du fond, se nourrissant de petits poissons, de crustacés et de mollusques. Bien que vorace, il est difficile dans le choix de sa nourriture, et ne mord qu'à des appâts frais. Sa chair, blanche, grasse, lamelleuse, délicate, très estimée depuis l'antiquité la plus reculée, lui a valu le surnom de *faisan de mer*. Le turbot américain ou turbot tacheté (*rhombus maculatus*, Girard; *pleuronectes*, De Kay), appelé aussi plie de New-York, est long de 30 à 45 centim. et large de 45 à 20 centim.; il pèse quelquefois 20 livres. C'est un aliment délicat. La *barbue* (*rhombus barbatus*) est une autre espèce de turbot. (Voy. BARBUE.)

* **TURBOTIÈRE** s. f. Cuis. Vaisseau de cuivre destiné à faire cuire des turbots, et qui est à peu près de la forme de ce poisson.

* **TURBOTIN** s. m. Petit turbot : *les turbotins sont plus délicats que les grands turbots.*

* **TURBULEMMENT** adv. [-la-man]. D'une manière turbulente.

* **TURBULENCE** s. f. (lat. *turbulentia*). Caractère, défaut de celui qui est turbulent : *cet enfant est d'une grande turbulence.*

* **TURBULENT, ENTE** adj. Impétueux, qui

est porté à faire du bruit, ou à exciter du trouble, du désordre : *enfant turbulent.*

* **TURC, URQUE** s. et adj. De la Turquie; qui appartient à ce pays ou à ses habitants. — **LE GRAND TURC**, l'empereur de Turquie. — **NE PAS PENSER A UNE CHOSE, A QUELQU'UN PLUS QU'AU GRAND TURC**, n'y penser aucunement. — **FORT COMME UN TURC**, extrêmement robuste. Fig. **CET HOMME EST UN VRAI TURC**, il est rude, inexorable, il n'a aucune pitié. — **TRAITER QUELQU'UN DE TURC A MORE**, sans quartier, avec toute sorte de rigueur. — **SE FAIRE TURC**, se faire mahométan. — Adjectiv. **CHIEN TURC**, espèce de chien sans poil. — **A la turque** loc. adv. A la façon des Turcs. **ETRE HABILLÉ, COIFFÉ A LA TURQUE.** On dit pop., **TRAITER QUELQU'UN A LA TURQUE**, le traiter sans ménagement. — Encycl. Les Turcs forment l'une des branches les plus importantes de la famille touranienne. Ils apparurent d'abord dans l'Asie septentrionale et centrale, parmi les hordes de Huns et de Tartares qui, pendant plusieurs siècles avant et après notre ère furent la terreur des Chinois. Dans l'Asie centrale, Turc et Tartare sont synonymes, et désignent les Mongols en général. Avant l'ère chrétienne, une tribu de Turcs s'était avancée vers l'ouest jusqu'au Don; d'autres, peu après, pénétrèrent dans les régions montagneuses de l'Asie Mineure. Au IVe et au Ve siècles, celles qui étaient restées dans le N.-O. de la Chine, comprirent deux provinces qu'ils organisèrent en royaumes indépendants, appelés par les Chinois, Chao et Liang septentrional. Au commencement du VIe siècle, un nouvel empire turc, appelé par les Chinois Tou-Kiun, et qui semble avoir eu son centre dans le Turkestan oriental actuel, recommença la lutte contre la Chine et la Perse, et, en 569, s'allia avec Justin II, empereur de Constantinople, contre les Sassanides. En 744, cet empire fut renversé par une autre tribu turque, les Hoei-he ou Hoei-hu des Chinois, et les Ouigours des écrivains occidentaux. Les Ouigours furent les premiers qui adoptèrent l'écriture. Bouddhistes à l'origine, ils devinrent vers le IVe siècle, disciples de Zoroastre, et au IXe ou Xe, embrassèrent l'islamisme. A l'O. leur empire fut renversé en 848 par les Tartares Kirghiz, mais ils se maintinrent en royaume indépendant dans les vallées des Thian-Shan jusque vers l'an mil, époque où les progrès des Khitans en Chine les repoussèrent à l'O. Genghiskhan détruisit les derniers restes de l'empire turc dans l'Asie centrale; mais ses officiers les plus distingués et ceux de ses successeurs furent pris dans cette même tribu des Ouigours, à cause de leur intelligence supérieure. Cependant les Turcs avaient continué à acquérir de nouveaux territoires, et, aux VIe et IXe siècles, ils occupaient une vaste région dans ce qui est aujourd'hui la Turquie d'Asie. Les Toulounides et les Ikshides, qui fondèrent des dynasties éphémères au IXe et au Xe siècle, étaient turcs. Au IXe siècle, les Turcs Tahérides régnaient dans le Khorassan; leurs successeurs, les Ghuznevides et les Ghorides, étendirent leur domination de la Perse à l'Inde, entre le Xe et le XIIe siècle. Dans la seconde moitié du XIe siècle, les états des Turcs seldjoucides allaient des confins de la Chine jusque auprès de Constantinople; mais ils finirent par devenir tributaires des empereurs mongols. (Voy. SELDJOUCIDES.) Au commencement du XIVe siècle, Othman fonda l'empire ottoman. Les tribus turques, qui s'étaient soumises pendant l'invasion mongole au XIIIe siècle, colonisèrent une partie de la Russie méridionale, sur la mer Noire, où, sous le nom de Tartares, plusieurs tribus occupent encore des territoires étendus. Tout en reconnaissant l'autorité russe, ils sont encore zélés musulmans. Les envahisseurs mongols se fondirent peu à peu dans la population du Turkestan, et dans le siècle

qui suivit la mort de Tamerlan, ils avaient envahi et soumis l'Arménie et les pays riverains du Tigre et de l'Euphrate. Ils furent chassés de cette région au XVIe siècle. Dans le même temps, les Uzbecks, autre tribu turque, se répandirent dans le Turkestan oriental et les régions de l'O. jusqu'à l'Euphrate, et, après y avoir régné plus d'un siècle, ils furent soumis par les Turcomans. Aujourd'hui, les principales tribus turques qui se trouvent encore dans l'ancien séjour de leur race sont les Turcomans et les Uzbecks. Les Kalmouks, les Bashkirs et les Yakouts sont aussi des tribus turques. Les Yakouts sont les seuls représentants de la race turque qui professent le chamanisme.

TURC s. m. Hist. nat. Petit ver qui s'engendre entre l'écorce et le bois des arbres, et qui en suce la sève.

TURCARET s. m. (titre d'une comédie de Le Sage, 5 a. prose, représentée à la Comédie-Française le 14 févr. 1709). Fripon enrichi par des tripotages de finance et qui singe les manières des grands.

* **TURCIE** s. f. (rad. lat. *turgere*, s'enfler). Levée au bord d'une rivière, pour en contenir les eaux et empêcher le débordement : *intendant des turcies et levées.*

TURCIQUE adj. (rad. *turc*). Anat. Ne s'emploie que dans cette locution : **SELLE TURCIQUE**, fosse du sphénoïde dans laquelle est logé le corps pituitaire.

TURCISME s. m. Religion des Turcs.

* **TURCO** s. m. Nom populaire des tirailleurs indigènes de l'armée française d'Afrique, appelés officiellement **TIRAILLEURS ALGÉRIENS** : *les quatre régiments de Turcos.*

TURCOMAN ou **Turkoman** s. m. Homme de race turque. (Voy. TURKESTAN et TURC.)

TURDIDÉ, ÉE adj. (lat. *turdus*, merle; gr. *eidos*, aspect). Qui ressemble ou qui se rapporte au merle. — s. m. pl. Famille de passereaux ayant pour type le genre merle.

* **TURELURE** s. f. Refrain de chanson, dont on a fait un substantif féminin, que l'on emploie que dans cette phrase familière, **C'EST TOUJOURS LA MÊME TURELURE**, c'est toujours la même chose, la même façon.

TURENNE, bourg de l'arr. et à 15 kil. S.-E. de Brive (Corrèze); 1,800 hab. Sur le sommet d'un rocher escarpé se dressent les ruines encore imposantes d'un ancien château féodal, berceau de l'illustre famille de Turenne.

TURENNE (Henri DE LA TOUR D'AUVERGNE, vicomte *de*), homme de guerre français, né à Sedan le 11 sept. 1611, mort le 27 juillet 1675. Il était fils de Henri de Bouillon, prince de Sedan, et petit-fils de Guillaume Ier d'Orange; il apprit l'art de guerre en Hollande sous son oncle Maurice. Il entra au service de la France en 1630, et se distingua de bonne heure en Lorraine et en Allemagne. Il alla rejoindre l'armée suédoise du duc Bernard de Saxe-Weimar avec un corps auxiliaire en 1637, et s'empara de plusieurs villes; il battit les Autrichiens et les Espagnols à Casale (1639), força Turin à se rendre en 1640, conquit le Roussillon sur l'Espagne en 1642, et fut fait maréchal de France et commandant de l'armée d'Allemagne. Il défit les Bavarois de Mercy, prit part avec Condé à la bataille de trois jours de Fribourg (1644), fut battu par Mercy à Mergentheim, le 5 mai 1645, mais le battit à son tour avec Condé à Nordlingen, et, après de nouveaux succès, força l'électeur de Bavière à signer un armistice en mars 1647. A son retour en France, à la fin de la guerre de Trente ans (1648), son amour pour la duchesse de Longueville et l'exemple de son frère l'entraînèrent dans la Fronde. A la tête de l'armée espagnole, il fut défait près de Rethel et dut quitter la France (1650). Après

d'inutiles efforts pour réconcilier la France et l'Espagne, il obtint l'autorisation de rentrer, et devint dès lors l'un des plus fidèles serviteurs de Louis XIV. En 1652, il battit deux fois Condé, assurant ainsi le triomphe de la cause royale. Il vainquit encore les Espagnols commandés par Condé à Arras en 1654, emporta la victoire décisive des Dunes, le 16 juin 1658, et s'empara de Dunkerque. Ces succès amenèrent la paix des Pyrénées, (7 nov. 1659). En 1667, la guerre étant déclarée à l'Espagne, il conquit les Flandres en moins de quatre mois. Dans la guerre contre la Hollande (1672), il commanda une des armées envahissantes, et lorsque les puissances européennes vinrent au secours des Hollandais, il s'avança jusqu'à l'Elbe et força l'électeur de Brandebourg à faire une paix séparée en 1673 ; puis, dans une campagne, célèbre par le talent stratégique qu'il y déploya, il garantit l'Alsace de l'invasion (1674), refoula l'ennemi jusqu'au Mein, et dévasta le Palatinat, où il incendia 30 villes. L'hiver suivant, avec 22,000 hommes à peine, il anéantit presque 60,000 Autrichiens et Brandebourgeois commandés par Bournonville, lors des victoires de Mulhouse et de Türkheim. Les manœuvres et les opérations stratégiques de Turenne et de son adversaire, Montecuculli, à la suite de cette campagne, sont universellement admirées. Turenne fut tué près de Salzbach par un boulet égaré, la veille d'une bataille, qu'il se disposait à livrer. Ses restes reposent sous le dôme des Invalides.

* **TURF** s. m. [turff] (angl. *turf* [teurff], gazon, et, par ext., hippodrome). Hippodrome, champ de course. — Terme général qui désigne les courses de chevaux. Le roi Jacques Ier donna à un M. Markham 500 livres sterling par un cheval arabe, le *Markham arabian*. C'est le plus lointaine trace de ce sport à laquelle on puisse fixer une date. On croit que ce cheval est le premier arabe pur sang importé en Angleterre. Sous Charles Ier, un homme de cheval nommé Place avait un cheval blanc enregistré dans le *Stud Book* sous le nom de *Place's White Turk*. Les grands coureurs anglais descendent tous de trois chevaux, dont le premier fut le *Byerly Turk*, mentionné pour la première fois en 1689. Vers cette époque, où importa un grand nombre de chevaux barbaresques et turcs. Le second et le plus illustre de ces trois ancêtres est le *Darley arabian*, cheval qui aurait eu des tribus du désert de Palestine. C'est lui qui fut le père du *Flying Childers*, de beaucoup le meilleur cheval qui ait jamais couru en Angleterre. Le troisième est le *Godolphin arabian* que l'on croit aujourd'hui avoir été un barbe au lieu d'un arabe. Envoyé en présent à Louis XIV par l'empereur du Maroc, on en fit peu de cas en France, et il tomba entre les mains de lord Godolphin qui fit de lui la souche d'un grand nombre de coureurs fameux. — Il ne semble pas qu'on ait tenu registre des courses, même de celles de Newmarket, avant le commencement du XVIIIe siècle. Jusqu'en 1770 les chevaux ne couraient pas avant l'âge de cinq ans. A cette époque, de grands progrès s'étaient accomplis ; la race du pur sang était définitivement établie ; la taille du cheval de course avait augmenté d'une main environ. On commença à faire courir dès quatre ans et même trois. Le Derby, où il ne court que des chevaux de trois ans, fut établi en 1780, et c'est un cheval venu des Etats-Unis qui y fut vainqueur pour la première fois. Il y a aujourd'hui plus de 2,000 chevaux de course en Angleterre. — Les champs de course en Angleterre sont tous gazonnés et rarement tout à fait plats. Aux Etats-Unis, ils sont sur terre nue et plats, de sorte que la nature du sol influe beaucoup sur la vitesse de la course. — *Steeple-chases*. On organisa, vers 1830 des *steeple-chases* dans la vallée d'Aylesbury et de Saint-Albans. La

distance était d'ordinaire quatre milles à vol d'oiseau. Les obstacles, dans ces courses, étaient naturels, se composant de fossés et de doubles haies, dont les champs étaient enclos. Aujourd'hui, on arrange des obstacles artificiels, moins redoutables, avec des fossés de 5 à 6 m. et des baies de 1 m. à 1 m. 50 de haut. L'usage des *handicaps*, c'est-à-dire d'essayer d'égaliser les chances en augmentant le poids à porter par les animaux plus forts, fut introduit pour arrêter les succès de deux chevaux célèbres, Lottery et Gaylad, qui remportèrent tous les grands prix pendant plusieurs années. — *Courses un trot*. Ce genre de course est surtout en faveur aux Etats-Unis et au Canada. Les trotteurs américains n'ont d'égaux en aucun pays. En Europe, le comte Orloff est celui qui a fait le plus pour les chevaux de trot; il a créé en Russie une race qui a encore de beaux mouvements et une vitesse remarquable. (Voy. COURSE.)

TURFISTE s. m. Celui qui aime les courses de chevaux, qui fait courir.

* **TURGESCENCE** s. f. [tur-jèss-san-se] (rad. lat. *turgescere*, s'enfler). Didact. Gonflement.

* **TURGESCENT, ENTE** adj. [tur-jèss-san]. Qui est gonflé.

TURGOT (Anne-Robert-Jacques), baron de l'Aulne ; homme d'Etat français, né à Paris le 10 mai 1727, mort le 20 mars 1781. Intendant du Limousin depuis 1761, il fut, à l'avènement de Louis XVI, nommé contrôleur général des finances. Il entreprit d'améliorer la condition financière du royaume, en rendant libres le travail au dedans et le commerce au dehors, et en substituant à une multitude de taxes indirectes, un seul impôt sur la terre. En janv. 1776, il fit publier un édit abolissant la corvée, les douanes intérieures sur les céréales, les privilèges des corporations, etc. Ces mesures exaspérèrent les classes privilégiées, et il fut congédié au mois de mai. Ses œuvres complètes (1808-11, 9 vol. ; nouv. édit., 1842-44, 2 vol.) comprennent *Lettres sur la tolérance* (1753) et *Réflexions sur la formation et la distribution des richesses* (1771). Condorcet a écrit sa biographie (1786).

TURIN (anc. *Augusta Taurinorum*; ital. *Torino*) I, province du N.-O. de l'Italie, dans le Piémont, bornée à l'O. par la France; 10,535 kil. carr. ; 972,986 hab. Elle est traversée par le Pô et de nombreux affluents, et, au N. et à l'O., par de hautes ramifications des Alpes Pennines, Graies et Cottiennes, contenant plusieurs glaciers. Céréales, melons, chanvre, riz, soie et minéraux. — II, capitale de cette province, au confluent de la Dora Riparia et du Pô, dans une plaine fermée de trois côtés par les Alpes, à 125 kil. S.-O. de Milan ; 242,644 hab. Beaux ponts et belles promenades; grands squares et larges rues. La *Porta Palatina* est ce qui reste de plus remarquable des anciens murs. Le palais du roi est célèbre pour ses dimensions, pour sa vaste bibliothèque et pour son intéressant musée d'armures. L'académie des sciences contient la *pinacothèque* (pinacoteca) ou galerie royale de peinture, et les musées d'antiquités et d'histoire naturelle. Les magnifiques bâtiments de l'université renferment une bibliothèque de 200,000 vol. Soieries, joaillerie, meubles, pianos et voitures. — Turin fut fondé par la tribu ligurienne des Taurini, d'où lui vient son nom. Elle fut conquise par Annibal, et, sous Auguste, elle devint colonie romaine sous le nom d'*Augusta Taurinorum*. Au VIe siècle, elle était la capitale d'un duché lombard ; au VIIIe siècle, elle fut la capitale du marquisat de Suse, et au XIe elle devint celle de la maison de Savoie. Les Français ont occupé cette ville à différentes époques. La Feuillade et Marsin y

furent battus le 7 sept. 1706, par le prince Eugène. Turin a été la capitale du royaume de Sardaigne jusqu'en 1860, et plus tard, celle de l'Italie jusqu'en mai 1865, après avoir été, de 1800 à 1814, la ch.-l. du dép. français du Pô. Patrie de Lagrange et de Gravina.

TURINOIS, OISE s. et adj. De Turin; qui appartient à cette ville ou à ses habitants.

TURIONs s. m. (lat. *turio*). Bot. Petit bourgeon.

TURKESTAN, région de l'Asie centrale, qu'on a longtemps appelée Tartarie; elle s'étend de la mer Caspienne jusqu'au milieu du désert de Gobi à l'E. ; elle est comprise entre le 36e et le 46e parallèle de lat. N. Limites : au N. les possessions russes, au S. la Perse, l'Afghanistan, l'Inde et le Thibet. Elle est divisée en Turkestan oriental et Turkestan occidental, qui s'unissent à l'Hindou-Koush par le plateau de Pamir, à 5,000 m. au-dessus du niveau de la mer. Le *Turkestan occidental*, appelé autrefois Tartarie indépendante, comprend les anciens Khanats de Khiva, de Bokhara, de Khokan, les territoires conquis contenus dans le Turkestan russe, et Wakhan, Radakhshan, Koundouz et Balk, incorporés récemment dans l'Afghanistan, mais réunis depuis à la Russie, ainsi que tout le reste du Turkestan occidental. Le *Turkestan oriental*, appelé aussi Tartarie chinoise, est la grande région à l'E. du plateau de Pamir; Kashgar y est l'état prépondérant. — Du plateau central coulent l'Amou-Darya ou Oxus et le Sir Daria ou Jaxarte, à l'O. jusqu'à la mer d'Aral ; entre ces deux grands fleuves et parallèlement court le Zerafshan, dans les vallées fertiles duquel s'élèvent les villes de Boukhara et de Samarcande. Sur la pente orientale et plus douce du plateau de Pamir, descendent vers la Tartarie chinoise de nombreux cours d'eau, dont les plus importants sont le Yarkand et le Kashgar, qui, par leur jonction, forment le Tarim, lequel se jette dans le Lob-nor, grand lac marécageux du désert de Gobi. Le climat est toujours sec, excessivement chaud en été et très froid en hiver. Khiva et Boukhara sont soumis à la Russie, qui s'est annexé Khokan en 1876 et le surplus du Turkestan occidental de 1870 à 1885. (Voy. RUSSIE). En fév. 1885, le général russe Komarow s'avança même jusqu'à l'Indou-Koush, au N. de l'Afghanistan, et s'empara des défilés de Zulficar et de Sariyezi, par où passe la route de Hérat. L'Angleterre envoya aussitôt des secours à Rawoul-Pindi, émir de l'Afghanistan, et mit son armée de l'Inde en état d'entrer en campagne. Une rencontre entre les Russes et les Afghans eut lieu le 30 mars, sur les deux rives du Kusch. Les Afghans, refoulés, perdirent 500 hommes, 2 drapeaux et 8 canons. Le 21 avril, après de longs pourparlers, le gouvernement anglais renonça à s'emparer de Hérat, le différend s'apaisa vers la fin du mois du mai. — La population du Turkestan occidental peut se diviser en Turcs ou Tartares et Tajiks ou Aryens. On les classe aussi en Kirghiz ou nomades et Sarts ou sédentaires. Dans les anciens Khanats, les Uzbecks forment la classe dominante; les Kirghiz au N. et à l'E. et aux Turkomans de Khiva et des steppes adjacentes. L'ensemble de la population est à peu près de 8 millions d'hab. — Le Turkestan oriental est borné au N. par la chaîne des Thian-Shan, à l'E. par le désert de Gobi, au S. par le Thibet et le Cachemire, à l'O. par le plateau de Pamir ; 1,148,743 kil. carr.; population . de 600,000 à 1 million d'hab. On a longtemps appelé ce pays Alti-shahar ou Alti-tchakan (les six villes, à cause des villes de Kashgar, de Yarkand, de Khoten,

de Yang-shahr, d'Ush-Turfan et d'Aksu, qui sont les grands centres de la population et du commerce. Récemment, il a été divisé en sept gouvernements provinciaux sous Yakoub Bey, sultan de Kashgar. A sa mort, dansl'été de 1877, le gouvernement se désorganisa et les Chinois envahirent peu à peu le pays. Le climat est très sec et sujet à des températures extrêmes. La végétation est très luxuriante sur les bandes de terrain fertile qui bordent les cours d'eau. On y récolte du coton, du riz, du froment, du chanvre, du lin, de l'orge, du maïs ; dans les districts les plus favorisés, les jardins donnent d'excellents fruits. L'élément touranien domine dans la population, et le mahométisme sunnite est, comme dans le Turkestan occidental, la religion la plus répandue.

TURKHEIM, Turckheim ou **THURINGHEIM**, village d'Alsace, sur la Fecht, à 6 kil. O. de Colmar ; 3,000 hab. Bons vins. Victoire de Turenne sur l'électeur de Brandebourg et sur les Impériaux, le 5 janv. 1675.

* **TURLUPIN** s. m. Nom d'un acteur de nos anciennes farces : on le donne par mépris à un homme qui fait des allusions froides et basses, de mauvais jeux de mots : *c'est un turlupin.*

* **TURLUPINADE** s. f. Mauvaise plaisanterie, fondée ordinairement sur quelque allusion basse, sur quelque froid jeu de mots : *faire des turlupinades.*

TURLUPINAGE s. m. Action de turlupiner.

* **TURLUPINER** v. n. Faire des turlupinades : *cet homme ne fait que turlupiner.* — v. a. Se moquer de quelqu'un, le tourner en ridicule par des turlupinades : *il a turlupiné un tel.*

* **TURLURETTE** s. f. Guitare en usage au XIVe siècle.

TURLUTAINE s. f. Sorte de serinette.

TURLUTUTU s. m. (onomat. du son de cet instrument). Mus. Flûte, flûte ou mirliton.

TURNE s. f. Maison malpropre, mal tenue.

TURNÈBE ou Tournebœuf (ADRIEN), savant philologue, né aux Andelys en 1512, mort en 1565. Il occupa, en 1547, la chaire de philosophie grecque et latine au collège de France, forma H. Estienne, et a laissé d'excellents commentaires d'auteurs anciens.

* **TURNEPS** s. m. (tur-nèpss] (angl. *turnep*). Espèce de gros navet (*brassica rapa*), qui est une excellente nourriture pour le bétail, et surtout pour les vaches.

TURNHOUT, ville de Belgique, à 40 kil. E.-N.-E. d'Anvers ; 15,000 hab. Grande fabrication de toiles, de tapis et de dentelles. Victoires de Maurice de Nassau sur les Espagnols en 1597 et des Brabançons insurgés sur les Autrichiens en 1789.

TURNIX s. m. [tur-nikss]. Ornith. Genre de gallinacés, voisin des cailles, dont il se distingue seulement par l'absence de pouce, et comprenant plusieurs espèces d'oiseaux qui habitent les régions chaudes de l'ancien continent.

TURONES, Turoni ou TURONII, peuple de la Gaule Lyonnaise, entre les Aulerques, les Andecaves et les Pictones (Poitou) ; ville princ., *Cæsarodunum,* qui devint plus tard *Turoni,* puis Tours.

TURONIEN, IENNE adj. (de *Turones,* n. pr.) Géol. Se dit d'un terrain particulier qu'on rencontre aux environs de Tours.

TURPIN, Tulpin ou TILPIN, ami et compagnon de Charlemagne, archevêque de Reims, mort en 800. Son nom est attaché à une chronique latine qui raconte l'expédition de Charlemagne contre les Sarrasins

d'Espagne et le combat de Roncevaux. On conteste l'authenticité de cette chronique, bien que le pape Calixte II, en 1122, ait déclaré qu'elle était bien de Turpin.

TURPIN (François-Henri), historien et littérateur, né à Caen en 1709, mort à Paris en 1799. Il a laissé un grand nombre de biographies des hommes illustres de la France et quelques critiques. La Convention lui accorda une pension de 3,000 livres.

* **TURPITUDE** s. f. (lat. *turpitudo;* de *turpis* honteux). Ignominie qui résulte de quelque action honteuse : *il y a une grande turpitude dans l'action dont vous parlez.* — Se dit aussi des actions honteuses : *révéler les turpitudes de quelqu'un.*

TURQUERIE s. f. Manière de vivre ou d'agir à la turque.

TURQUES (Iles), groupe d'îlots stériles à l'extrémité S.-E. de l'archipel de Bahama, à environ 450 kil. N. de Haïti ; 2,500 hab. La principale s'appelle Grand Key ou Ile du Turc. Depuis le 1er janv. 1874, ce groupe dépend législativement de la Jamaïque. On en exporte beaucoup de sel.

* **TURQUETTE** s. f. Bot. Petite plante à fleurs verdâtres, qui croît dans les lieux arides et sablonneux, et qu'on emploie quelquefois en médecine comme diurétique, astringente, etc.

TURQUIE ou Empire ottoman (turc *Osmanli Vilayeti;* angl. *Turkey;* all. *Türkei*), État qui s'étend sur une partie du S.-E. de l'Europe, de l'Asie occidentale et de l'Afrique septentrionale. Les pays sur lesquels le sultan règne directement s'appellent la Turquie propre : ils comprennent la Turquie d'Europe (entre 34° 45' et 44° lat. N., et 47° 20' et 27° long. E.) et la Turquie d'Asie (entre 12° 40' et 42° 5' lat. N., et 22° 30' et 49° long. E.). Limites : l'Autriche, la Serbie, la Roumanie, la Russie d'Europe, la mer Noire, la Russie d'Asie, la Perse, le golfe Persique, l'Arabie, la mer Rouge, l'Égypte, la Méditerranée, l'Archipel, la Grèce, la mer Ionienne, l'Adriatique et le Monténégro.

SUPERFICIE ET POPULATION

POSSESSIONS	KIL. CARR.	POPUL.
Possessions immédiates	165.438	4.500.000
Roumélie-Orientale, prov. autonome	35.900	815.946
Bosnie et Herzégovine] occupées par	51.110	1.336.091
Sandjak, Novibazar } l'Autr.-Hong..	—	168.000
Bulgarie, principauté tributaire. . . .	63.972	2.007.919
En Europe.	326.375	8.828.000
Possessions immédiates	1.890.000	16.123.000
Samos, principauté tributaire.	468	40.513
En Asie.	1.890.468	16.173.000
Vilayet de Tripoli	1.033.000	1.000.000
Protectorat : Égypte.	1.021.354	6.817.265
En Afrique.	2.054.354	7.817.000
L'Empire ottoman	4.271.000	32.818.000
Possessions immédiates	3.088.400	21.633.000
États tributaires et protectoraux . . .	1.182.600	11.185.000

Cap., Constantinople. Villes princ., en Europe : Salonique 80,000 hab., Andrinople 62,000, Philippopolis 24,053, Sératévo 24,377. En Turquie d'Asie : Smyrne 450,000 hab. Damas 450,000, Alep 70,000, Beyrouth 70,000, Bagdad 60,000, Erzéroum 60,000, Kaisarié 60,000, Siwas 50,000, Manissa 40,000, Mossoul 40,000, Brousse 37,000, Homs 35,000, Marash 35,000, Trébizonde 32,000 Amasia 30,000, Ourfa 30,000, Vane 30,000, Adana 30,000, Jérusalem 28,000, Tokat 25,000 hab. La Turquie d'Europe proprement dite embrasse la Thrace (Roumélie), la Macédoine, une partie de la Thessalie et de l'Albanie et Candie. La Turquie d'Asie comprend : l'Asie Mineure, l'Arménie turque, le Kurdistan, la Mésopotamie, l'Irak Arabi, la Syrie (y compris la Palestine), le Hedjaz et l'Yemen dans l'Arabie

occidentale, le Hedjer dans l'Arabie orientale et les îles de Scio, de Rhodes, etc. Montagnes : les Balkans et la Pinde, en Europe ; le Taurus, le Liban et les monts d'Arménie, en Asie. Cours d'eau : le Danube et la Maritza en Europe ; l'Euphrate, le Tigre et le Jourdain en Asie. L'agriculture est arriérée, et les ressources minérales peu exploitées. Les céréales, le riz, le coton, le tabac, le chanvre, le lin, les fruits et la vigne abondent dans beaucoup de contrées de l'empire. Il y a un grand nombre de chameaux, de chevaux des meilleurs races, d'ânes, de bœufs, de moutons et de chèvres, et parmi celles-ci la célèbre race d'Angora. — Le mahométisme est la religion officielle. Les Turcs propres ou Osmanlis, les Turcomans, les Arabes et les Tartares sont tous mahométans ; les Albanais et les Kurdes le sont pour la plupart, ainsi qu'une petite partie des Slaves. Les mahométans sont en grande majorité dans la Turquie d'Asie ; mais en Europe ils sont partout en minorité, excepté en Albanie et dans le district métropolitain de Constantinople. Le sultan est regardé comme le successeur du Prophète et le chef de tous les croyants. Les ministres de la religion et les interprètes de la jurisprudence (muftis, mollahs, etc.) forment le corps des ulémas, dirigés par le sheik ul-Islam. Les chrétiens de Turquie (vulgairement appelés rayahs) appartiennent, pour la plupart, à l'Église grecque ; ils sont environ 6,000,000 de membres, presque tous reconnaissant le patriarche de Constantinople. Une partie des Grecs et des Arméniens, des Nestoriens et des Jacobites se sont réunis à l'Église catholique romaine, mais en conservant une organisation séparée sous le nom de Grecs unis, etc. Parmi les nombreuses sectes particulières, on remarque celle des Druses et des Ansaries, en Syrie. L'instruction a fait récemment de grands progrès, et une université a été ouverte à Constantinople en 1870. Les Grecs et les protestants ont les meilleures écoles. La Turquie contient un certain nombre de communautés étrangères, qui ne sont pas régies, mais qui sont en dehors du territoire de l'État sous la protection de résidents diplomatiques et d'agents consulaires. Les puissances étrangères y ont des représentants depuis le XVIe siècle ; ils y sont sous la garantie de ce qu'on appelle les capitulations et de stipulations postérieures, qui les revêtent de l'autorité judiciaire. — Le gouvernement turc ou Sublime Porte, a été, jusqu'en décembre 1876 une monarchie absolue, dont le chef était le sultan, de la dynastie d'Othman, portant le titre officiel de *padischah,* chef suprême. Son bon plaisir n'avait aucun frein excepté dans les questions de religion et de législation, où il fallait l'acquiescement du sheik ul-Islam ou grand mutti. La succession au trône appartient, en tout cas, au plus âgé des mâles de la famille régnante. L'empire est divisé en vilayets, sous des gouverneurs généraux. En 1868, une cour suprême pour les cas civils et criminels, remplaça l'ancien grand conseil de justice. Les droits civils étaient garantis par le *hatti-sherif* de 1839, et surtout par le *hatti-humayoun* de 1856, mais le 23 déc. 1876 une nouvelle constitution fut promulguée, établissant un gouvernement représentatif régulier ; le premier parlement turc, composé de mahométans, de chrétiens et de juifs s'assembla au printemps de 1877, mais il ne tarda pas à se dissoudre. — La dette turque monte à 6 milliards environ. Le 8 oct. 1875, le gouvernement déclara son insolvabilité partielle, et promit de payer comptant la moitié de l'intérêt dû sur la dette étrangère, et le reste en obligations nouvelles à émettre jusqu'à concurrence de 830 millions de fr. environ. " a pris de nouveaux ar-

rangements en 1881. — L'armée compte à peu près 720,000 hommes sur le pied de guerre. Elle est distribuée en 7 corps. Les non-musulmans ne sont pas obligés au service, mais ils paient une taxe d'exemption militaire appelée *bedel*. L'armée turque compte beaucoup d'étrangers. Avant la guerre de 1877, la flotte se composait de 20 navires cuirassés et de 99 transports montés par 36,000 matelots et soldats. Elle ne compte plus que 15 cuirassés. — Après Constantinople, les ports principaux sont Smyrne et Salonique. Les exportations portent principalement sur les céréales, le coton, les fruits, le vin, le tabac, le café, le miel et la cire, la soie, l'émeri, les tapis et la garance. A part quelques grandes voies, il n'y a guère de routes dignes de ce nom dans tout l'empire. Les chemins de fer turcs ont en Europe un développement de 1,400 kil. environ ; en Asie, ils n'ont pas encore plus de 555 kil. La grande artère commerciale de la Turquie d'Europe est le Danube avec ses affluents. Les lignes télégraphiques ont une longueur totale d'environ 26,000 kil. Depuis le 1er mars 1866, le service des postes est entre les mains du gouvernement. — L'empire ottoman, avec ses dépendances, correspond presque exactement à l'empire byzantin, à l'époque de sa plus grande extension. Il tire son nom d'Othman ou Osman, successeur des sultans seldjoucides d'Iconium ou Roum. Ce prince conquit Nicée en Bithynie (1299) et plusieurs autres districts avoisinants (Voy. Turcs). Son fils, Orkhan, s'empara de Brousse, capitale de la Bithynie (1326) et envahit la Thrace. Le petit-fils d'Othman, Amurat Ier, prit Andrinople en 1361, donna son organisation aux janissaires (voy. Janissaires), vainquit les princes de Bulgarie et de Serbie, et fut tué au moment où il remportait une victoire signalée sur les Serbes à Kosovo en 1389. Son fils, Bajazet Ier, envahit la Valachie et la Hongrie, assiégea Constantinople pendant plusieurs années, battit Sigismond de Hongrie à Nicopolis en 1396, acheva la conquête de l'Asie Mineure, et fut battu et pris par Tamerlan en 1402. Son petit-fils, Amurath II (1421-'51), fils de Mohamed Ier, conquit Thessalonique et Janina. Battu par Hunyade à Belgrade (1439) et dans d'autres rencontres, il remporta une grande victoire en 1444 sur lui et Ladislas, roi de Pologne et de Hongrie, à Varna. Dans une seconde bataille, à Kosovo, en 1448, il écrasa les Hongrois. Son fils, Mohamed, ou Mahomet II (1451-'81) donna le coup final à l'empire byzantin en s'emparant de Constantinople, après un siège de 53 jours, le 29 mai 1453 ; en 1454, il acheva la conquête de la Serbie. Hunyade le repoussa devant Belgrade (1456) ; mais il soumit la plus grande partie de la Morée (1460), et, peu après, Trébizonde, la Valachie, et presque toutes les îles de l'archipel. Battu à plusieurs reprises par Scanderberg, en Albanie, il ne put soumettre ce pays qu'après la mort du héros (1467). Sélim Ier (1512-'20) fils de Bajazet II, étendit son autorité sur la Mésopotamie, l'Assyrie, la Syrie, et l'Égypte, et établit une flotte régulière. Son fils, Soliman II le Magnifique, prit Belgrade en 1521 et Rhodes en 1522 ; il défit les Hongrois à Mohacz en 1526, prit Buda en 1529 et marcha sur Vienne ; mais il en fut repoussé avec de grandes pertes une première fois, et une seconde en 1532. Il ajouta à ses conquêtes l'Arménie, la Croatie, l'Yémen, le Chirvan et la Géorgie ; mais ses forces navales, qui avaient porté son empire jusque sur la côte barbaresque, furent défaites à Malte en 1565 ; enfin Sziget, qu'il assiégeait, ne tomba qu'après sa mort (1566). Son fils, Sélim II, fut le premier des sultans qui n'alla pas lui-même commander ses troupes et qui mena une vie voluptueuse. Après avoir conquis Chypre, il perdit, en 1571, la grande bataille navale de

Lépante. Il eut pour successeurs une série de monarques plus insignifiants que lui-même, et sous lesquels les janissaires devinrent tout puissants. Les plus importants à citer sont Amurath III et IV, Mohamed IV qui s'empara de Candie après une très longue lutte, et Mahmoud Ier. Des guerres fréquentes s'engagèrent avec la Pologne, l'Autriche, la Perse, Venise et la Russie, mais rarement avec succès. Montecuculli, Sobieski, qui mit l'armée de Mohamed IV en déroute devant Vienne (1683), Louis de Bade et le prince Eugène détruisirent la puissance turque sur le Danube ; et à la paix de Carlowitz, en 1699, Mustapha II rendit presque tout ce qu'il possédait en Hongrie à l'Autriche, Azof à Pierre le Grand de Russie, la Podolie et l'Ukraine à la Pologne, et la Morée à Venise. Pendant presque tout le XVIIIe siècle, la Turquie fut en guerre avec la Russie, et souvent aussi avec l'Autriche. Malgré des succès partiels, tels que la reconquête de la Morée sous Ahmed III (1715), cette lutte prolongée fut désastreuse pour la Turquie ; elle y perdit la Crimée, toutes ses possessions au N. de la mer Noire, et la navigation exclusive sur cette mer et les détroits qui en dépendent. Sélim III (1789-1807), fut un monarque éclairé, mais il ne put arrêter le cours de ces désastres. La paix, conclue avec la Russie à Jassy en 1792, fit du Dniester la frontière entre les deux empires. La conquête de l'Égypte par Bonaparte, amena une guerre avec la France, qui se termina par des concessions importantes faites à cette puissance ; d'autres guerres avec la Russie et l'Angleterre et la révolte des janissaires aggravèrent la crise. La Serbie se souleva sous Czerny George (1805), et acquit une demi-indépendance sous Milosh Obrenovitch. A Sélim, déposé en 1807, succéda Mustapha IV, exécuté à l'influence des janissaires ; mais il fut renversé et mis à mort en 1808, par son frère Mahmoud II, qui après une lutte terrible, finit par licencier et dissoudre le corps des janissaires en 1826. En même temps, il écrasa Ali pacha de Janina (1822) ; mais la révolution grecque lui fut fatale ; car, n'ayant pas tenu compte des remontrances des puissances européennes, à propos des cruautés commises en Grèce par Ibrahim pacha et d'autres, les escadres anglo-franco-russe, anéantirent la flotte turco-égyptienne à Navarin (20 oct. 1827). Les hostilités cessèrent de fait en 1829. La Grèce compléta l'œuvre de son indépendance, et, après une victoire remportée par les Russes, commandés par Diebitsch, qui avait franchi les Balkans, le traité d'Andrinople (14 sept. 1829), rétablit la paix entre la Russie et la Turquie. C'est en 1832 que commença le conflit entre la Porte et le vice-roi d'Égypte, Méhémet-Ali. Le sultan fut battu à plusieurs reprises, et ne se termina que par l'intervention de l'Angleterre et de ses alliés dans l'intérêt de la Porte, dont l'admission dans le système politique des États européens fut consacrée pour la première fois officiellement concédée par les traités du 15 juillet 1840, et du 14 juillet 1841. L'intégrité de la Turquie devint un principe essentiel de la diplomatie européenne, principe qui reçut une nouvelle force de la coalition de l'Angleterre, de la France et de la Sardaigne avec la Turquie dans la guerre de Crimée (1853-'55), qui aboutit à la défaite de la Russie et à la neutralisation de la mer Noire par le traité de Paris (1856). Une armée française, et une flotte anglaise intervinrent de nouveau en 1860, pour terminer la lutte entre les Druses et les Maronites, après les épouvantables massacres des chrétiens à Damas et dans le Liban ; Abdul-Medjid eut pour successeur, en 1861, son frère Abdul-Aziz ; et en 1866, Charles Ier de Hohenzollern fut élu prince héréditaire de Roumanie. Une insurrection éclata la même année en Crète, et amena de graves chocs avec la Grèce ; la conférence

des grandes puissances (9 janv. 1869), réunie à Paris, mit fin à ces dissensions. Cependant la Serbie avait profité de ces complications pour obtenir l'évacuation de toutes ses places fortes (1867). Dans l'été de 1875, une insurrection éclata dans l'Herzégovine. Soutenue par des volontaires venus des différents pays slaves, elle se propagea jusqu'en Bosnie. Après quelques combats près de Trebigne et ailleurs, la Porte offrit des concessions et l'Herzégovine fut constituée en un vilayet particulier. Des consuls étrangers essayèrent vainement d'interposer leur médiation, et le comte Andrassy, ministre des affaires étrangères, formula sans succès les réformes demandées par les grandes puissances. Les insurgés refusèrent de se soumettre. Après le massacre des consuls allemands et français à Salonique par la populace turque, au commencement de mai, une conférence tenue à Berlin entre la Russie, l'Autriche et l'Allemagne chercha des mesures plus efficaces pour la protection des chrétiens. La France et l'Italie y adhérèrent mais l'Angleterre se tint à l'écart. Vers le même temps, le vieux parti turc conspirait contre le grand-vizir, accusé d'être acquis à la Russie, et contre le sultan. Le grand-vizir fut congédié et un nouveau ministère fut formé ; néanmoins, le 30 mai, des *softas* (étudiants) provoquèrent la déposition d'Abdul-Aziz ; son neveu, Amurath V, lui succéda et, le 4 juin, il annonça le suicide de son oncle. Amurath fut renversé du trône le 31, sous prétexte d'infirmités, son frère le remplaça sous le nom d'Abdul-Hamid II (né le 22 sept. 1842). Dans l'intervalle, l'opinion publique en Angleterre s'était profondément émue des atroces massacres commis au mois de mai dans quelques districts bulgares, où s'étaient manifestés des mouvements insurrectionnels. La lutte continuait d'être très vive dans l'Herzégovine, surtout dans le voisinage de Gatchko et de Niksitch. Comptant sur les sympathies russes, la Serbie et le Monténégro déclarèrent la guerre à la Turquie au commencement de juillet. Les Monténégrins remportèrent des succès, mais les Serbes, commandés par le général russe Tchernayeff, essuyèrent à plusieurs reprises de lourdes défaites, et, vers la fin d'octobre, il était évident que leur cause était désespérée et que le chemin de Belgrade était ouvert à la Turquie. La Russie alors envoya un ultimatum à la Porte, et l'on conclut un armistice de deux mois, prolongé jusqu'au 1er mars 1877. Le 23 déc. 1876, une conférence des grandes puissances se réunit à Constantinople sous la présidence du général Ignatieff, ambassadeur de Russie. Le même jour était proclamée la nouvelle constitution sous les auspices du grand-vizir, Midhat Pacha. Le 19 janv. 1877, le grand conseil turc rejeta les propositions de la conférence comme incompatibles avec l'indépendance de la Porte. La Russie concentra de grandes forces sur ses frontières méridionales, en Europe et en Asie, et, après quelques tentatives de négociations, déclara la guerre à la Turquie (24 avril). Aussitôt, ses armées franchirent les frontières, et le Monténégro reprit les hostilités ; la Serbie resta neutre. La Roumanie conclut une convention militaire avec le czar, puis proclama son indépendance et fit franchir le Danube à son armée. En Russie, dès le début de la campagne, le grand-duc Michel poussa au cœur de l'Arménie turque. Bayazid et Ardahan furent prises, le siège mis devant Kars et Batoum ; et Erzeroum menacée par trois colonnes convergentes. Le général turc, Mukhtar Pacha, battit en retraite, il réussit cependant à refouler la colonne de gauche, et repoussa à Zevin l'attaque faite contre ses positions, par la colonne centrale, sous le général Melikoff (25 juin). Toute l'armée russe recula ; le siège de Kars et celui de

Batoum furent levés, et Bayazid retomba aux mains des Turcs. Plusieurs combats se livrèrent en juillet et en août à l'E. de Kars, dont 'issue fut généralement favorable aux Turcs qui entrèrent à leur tour dans l'Arménie russe. Cependant un mouvement insurrectionnel, qu'ils avaient provoqué dans le Caucase, où ils prirent Soukhoum et Kalé, fut étouffé. En Europe, les Russes parvinrent, à la fin de juin, à franchir le Danube en deux endroits, près de son embouchure, où ils s'avancèrent dans la Dobrudja, et à Sistova, au-dessus de Roustchouk (26-27 juin); de là, les deux armées principales, commandées par le prince héritier et par le grand-duc Nicolas, entrèrent dans la Bulgarie centrale, accompagnées du czar en personne. Tirnova fut occupée, Nicopolis prise, Roustchouk assiégée. Une colonne, sous le général Gourko, franchit les Balkans par le pas de Khan, occupa le passage plus important de Shipka, et se répandit dans la vallée de la Tunja. Méhémet-Ali Pacha, fut alors donné pour successeur à Abdul-Kerim, dans le commandement en chef. L'armée de Soliman Pacha, arriva du Monténégro, et Osman Pacha s'avança de Widin jusqu'à la Vid. C'est là, à Plevna, que les Russes éprouvèrent, pendant la seconde partie de juillet, des échecs répétés, aboutissant à une grande défaite à la fin du mois. Les Turcs prirent à leur tour l'offensive. Soliman Pacha chassa Gourko de la Roumélie, et une lutte terrible, qui dura huit jours, s'engagea pour la possession du défilé de Shipka, qui resta aux Russes. Méhémet-Ali, chassa le prince héritier de toutes les positions en face de Roustchouk, de Razgrad, de Shumla, et d'Osman-Bazar. Au commencement de sept., le grand-duc Nicolas et les Roumains, commandés par leur prince, attaquèrent Plevna, qu'Osman Pacha défendit vigoureusement. Pour la suite de la guerre russo-turque et pour la paix qui la termina, voy. Russo-Turc et Berlin. La Turquie, démembrée par le traité de Berlin (13 juillet 1878), dut encore abandonner Chypre à l'Angleterre, sa protectrice. Ruinée par la guerre, et incapable de payer l'intérêt de son énorme dette, elle prit, des mesures qui lésèrent ses créanciers en 1881. Presque en même temps, la suzeraineté de la Tunisie lui échappait, et il lui fallut souscrire à l'occupation de l'Egypte par les Anglais, qui finiront, sans autre secousse que l'adresse de leur diplomatie, par hériter de la meilleure part des dépouilles de ce moribond.

LISTE DES SULTANS OTTOMANS.

1299. Othman.	1623. Amurat IV.
1326 Orkan.	1640. Ibrahim.
1360. Amurat Ier.	1649. Mahomet IV.
1389. Bajazet Ier.	1687. Soliman III.
1402. Soliman Ier.	1691. Achmet II.
1410. Musa-Chelebi.	1695. Mustapha II.
1412. Mahomet Ier.	1713. Achmet III.
1421. Amurat II.	1730. Mahmoud Ier.
1451. Mahomet II.	1754. Othman III.
1451. Bajazet II.	1757. Mustapha III.
1512. Sélim Ier.	1774. Abdul-Hamid Ier.
1520. Soliman II.	1789. Sélim III.
1566. Sélim II.	1807. Mustapha IV.
1574. Amurat III.	1809. Mahmoud II.
1595. Mahomet III.	1839. Abdul-Medjid.
1603. Achmet Ier.	1861. Abdul-Aziz.
1617. Mustapha Ier.	1876. Amurat IV.
1618. Othman II.	1876. Abdul-Hamid II.
1622. Mustapha Ier (2e fois).	

— MONNAIES. On compte par piastres = 40 paras = 400 aspres. Il existe : en or, des pièces de 25 piastres = 5 fr. 70 ; de 50 piastres = 11 fr. 40 ; de 100 piastres = 22 fr. 80; de 250 piastres — 56 fr. 99 et de 500 piastres = 113 fr. 97. En argent, des pièces d'une demi-piastre = 0 fr. 11 ; la piastre = 0 fr. 22 ; des pièces de 2, de 5, de 10 et de 20 piastres = à fr. 44. — La bourse d'or vaut 30,000 piastres ; la bourse d'argent vaut 500 piastres. Le medjidié or à livre turque vaut 100 piastres. — POIDS ET MESURES. En mars 1882, les poids et mesures des Turcs ont été assimilés aux poids et mesures de France, avec les anciens noms des poids et mesures turcs. Ce qui a produit une grande confusion. Ces noms sont :

Oka = kilogr.	Evlek = are.
Batman = 10 kilogr.	Djeril = hectare.
Cantar = 100 kilogr.	Archin = mètre.
Tcheki = 1,000 kilogr.	Nul = kilom.
Chinik = décalitre.	Farsang = 10 kilom.
Kileh = hectolitre.	

Langue et Littérature Turques. — Les idiomes parlés par les différentes tribus d'origine turque ou tartare forment une des divisions principales de la grande famille ouralo-altaïque ou touranienne. Les dialectes tartares sont pour la plupart remarquables par la pauvreté de leur vocabulaire; trois ou quatre comme l'ouigour, le jagataï ou turc oriental, et l'osmanli, qui est la langue de la Turquie, ont reçu une culture littéraire. De ceux-ci, le turc osmanli est de beaucoup le plus important. Il a des particularités qui résultent naturellement de sa situation et de sa culture sous la puissante influence de l'arabe et du persan; il présente le remarquable et unique spectacle d'une langue formée de matériaux dérivant des familles touranienne, sémitique et aryenne, au détriment de son caractère original. Ceci est surtout vrai de la langue littéraire: l'idiome vulgaire est plus purement turc. L'osmanli s'écrit ordinairement avec l'alphabet arabe qui lui est excessivement mal approprié. L'alphabet arménien, beaucoup plus capable de le figurer, s'emploie aussi quelquefois, Il a neuf voyelles : quatre dures : a o u (ou) et un i guttural particulier; et cinq douces : a (a bref se rapprochant de é), e, i, o; (et) ; les consonnes sont : y, r, l; ng, n, m; s, z, sh, zh; kh, gh, f, v; k, g, t, d, p, b; h, et les composés tch, j. Les changements grammaticaux se font par agglutination. Il n'y a pas d'article proprement dit, ni de genre pour les noms. Le pluriel se marque par lar ou ler. Les dix premiers nombres sont : bir, iki, utch, dort, besh, elti, yedi, skiz, dokouz, on. L'affixe inji sert à former les nombres ordinaux. Les affixes variés usités dans la conjugaison sont très nombreux et forment, en théorie, jusqu'à 36 thèmes avec une seule racine, chacun se conjuguant comme la racine simple, ex. : de sev-mek, aimer (mek est l'affixe de l'infinitif), viennent sev-il-me-mek, n'être pas aimé, sev-der-il-mek, être amené à aimer, etc. — Littérature. La littérature la plus ancienne sortie d'un des idiomes turcs est celle des Ouigours, branche orientale et éloignée de la famille. Les détails manquent sur son compte. La littérature turque orientale d'une plus récente période, celle qui s'est produite au delà de la mer Caspienne, est d'ordinaire désignée sous le nom de littérature jagataïenne, du nom donné au pays à l'E, de l'Oxus dans le partage de l'empire mongol. Son époque la plus florissante va du temps de Tamerlan (1400) à celui de Baber (mort en 1530). L'auteur le plus admiré de cette période est Mir Alï Shir, vizir du sultan Hussein. Le sultan Baber a écrit avec simplicité et naturel des mémoires sur sa vie et son temps. Les travaux astronomiques faits à Samarcande, sous le patronage d'Oulough Beg (mort en 1449) méritent d'être cités honorablement. — La littérature des Turcs occidentaux ou osmanlis est excessivement riche. Elle imite surtout les modèles persans, mais aussi quelquefois l'arabe. Parmi les grands noms de la première époque de cette littérature, on remarque ceux de Sheikhi, le poète romantique, de Solyman Tchelebi, et de Nesimi, le libre-penseur. Mais le xve siècle est l'époque la plus florissante. Meshihi, poète élégiaque amoureux, et Kemal Pacha Zadeh, qui s'exerça avec un égal succès en différents genres, mais surtout en histoire et sur la jurisprudence de l'Islam, écrivaient au commencement de ce siècle. En histoire, outre les auteurs généraux et indépendants, tels que Mohammed Effendi, Betchevi, et Hadji Khalfa la série des historiographes officiels et des annalistes nationaux qui commencent avec Saad ed-Din, mérite une mention spéciale. Saad ed-Din écrivait sous Soliman II; il a raconté l'histoire de la naissance et de la croissance de la puissance turque jusqu'en 1526. Après lui, on trouve Naïma, Rechid, Izzi et Vasif. A la même époque appartient Lami'i, un des écrivains turcs les plus estimés, en prose et en vers. Fasli (mort en 1563) se distingua par la profondeur de la pensée et la tendresse du sentiment. Mais la grande gloire du siècle est Baki, reconnu le prince des lyriques grecs, qui mourut très âgé en 1600 Ceux qui méritent le plus d'être nommés parmi les auteurs du xviie siècle sont : Nebiï le plus grand poète du temps; Nefi, le premier des satiriques turcs; Naïma, l'historien, et Hadji Khalfa, historien, géographe, biographe et encyclopédiste. Au xviiie siècle, il en est peu qui soient dignes d'une mention particulière : nous nommerons seulement Said Rufet Effendi, Ani Effendi, et Pertev Effendi, qui sont les poètes les plus estimés. La presse fut introduite à Constantinople au commencement du xviiie siècle. Parmi les œuvres originales publiées récemment, citons une histoire des sultans turcs par Hajruhah Effendi (1854 et s.), les travaux biographiques de Resnu Ahmed Effendi et Faik (1853), les relations de voyage de Mehemed Khurshid Effendi (1861) et les écrits du prince Saubti's sur la numismatique (1862). — BIBLIOGR. Boué (Ami), La Turquie d'Europe (Paris, 4 vol. in-8°, 1840); Heuschling, L'Empire de Turquie d'après ses derniers traités (Bruxelles, 1859); Iskender, La Dette ottomane (Constantinople, 1872); Millingen, La Turquie sous le règne d'Abdul-Aziz (Paris, 1868); Paoli (Sim.), La Turquie devant l'Europe (Paris, 1868); Perrin (Dr T.), L'Islamisme, son institution, son influence et son avenir (Paris, 1878); Reclus (Elisée), Géographie universelle (Paris, 1876, Ier vol.); Tchihatchef, Lettres sur la Turquie (Bruxelles, 1859); Ubicini (A.), Lettres sur la Turquie (Paris, 1853, 2 vol. in-8°), etc.

*TURQUIN adj. m. (ital. turchino; de turco, turc). Ne s'emploie qu'avec BLEU, et signifie, foncé, couvert : taffetas bleu turquin.

*TURQUOISE s. f. (rad. Turc). Pierre précieuse qui est de couleur bleue, qui n'est point transparente. TURQUOISE DE LA VIEILLE ROCHE, turquoise tirée d'une mine ancienne. — La turquoise est un phosphate hydraté naturel d'alumine, très estimé comme pierre précieuse. Les plus belles turquoises se trouvent dans les montagnes avoisinant Nishapour, dans le Khorassan (Perse). La couleur en varie depuis un vert bleuâtre d'une teinte particulière, jusqu'au bleu azur et au blanc.

TURREAU DE GARAMBOUVILLE (Louis-Marie), général, né à Evreux en 1756, mort en 1816. Maire de sa ville natale en 1789, il marcha aux frontières à la tête du bataillon de l'Eure, fut fait colonel et chargé de la défense des côtes de la Rochelle. Le comité de Salut public le créa général de division et lui donna le commandement de l'armée de l'Ouest; il défit Charette et La Rochejacquelein à Montevrault et fut arrêté après le 9 thermidor. Rendu à la liberté, il servit sous Masséna (1799), se distingua à Marengo, obtint le gouvernement militaire du Piémont, s'opposa à l'élévation de Bonaparte à l'Empire, fut alors envoyé comme ambassadeur aux Etats-Unis, d'où il ne revint qu'en 1840. Il prit une part active à la campagne de 1813 et quitta le service à la seconde Restauration. Il a laissé des Mémoires pour servir à l'histoire de la guerre de Vendée (1815, in-8°).

TURRETIN ou Turretini I. (FRANÇOIS), théologien suisse, né en 1623, mort en 1687,

Il fut professeur de théologie à Genève. Ses *Institutiones theologiæ Elenchticæ* (1679-'85) sont une des expositions les plus claires des doctrines calvinistes. On a recueilli ses œuvres en 4 vol. in-4° (1688). — II. (Jean-Alphonse), son fils, né en 1671, mort en 1737. Professeur d'histoire ecclésiastique à Genève, il a publié *Écrits sur la vérité de la religion judaïque et de la religion chrétienne* (5 vol.), etc.

TORRIERS, ch.-l. de cant., arr. et à 38 kil. N.-E. de Sisteron (Basses-Alpes); 500 hab.

TUSCALOOSA [teuss'-ké-lou'-sa], ville de l'état d'Alabama (États-Unis) et capitale de l'état (de 1826 à 1846), sur le Black Warrior, à l'endroit où il commence à être navigable pour les bateaux à vapeur, à 450 kil. N.-O. de Montgomery; 4,689 hab., dont 787 de couleur.

TUSCARORAS, tribu d'Iroquois, qui s'établit dans la Caroline du Nord. Vers 1700, ils avaient 15 villages et 1,200 guerriers. S'étant révoltés contre les blancs, ceux qui ne furent pas exterminés s'enfuirent au Nord, où ils s'établirent comme sixième nation dans la ligue iroquoise. Dans les guerres avec les Français, ils servirent les Anglais. Pendant la guerre d'indépendance, ils prirent parti pour le congrès. En 1876, il y avait encore 412 Tuscaroras dans l'état de New-York, sur une réserve près du Niagara. Il y en a un certain nombre au Canada.

TUSCULUM, auj. *Frascati*, ville de l'ancien Latium (Italie), au milieu d'un pays délicieux, que les riches Romains couvrirent de villas. Ce fut là que le grand orateur romain Cicéron composa ses *Tusculanes*. — De cette antique et gracieuse cité il ne reste plus aujourd'hui que des ruines.

TUSCUMBIA, ville de l'Alabama (États-Unis), à 3 kil. S. de la rivière du Tennessee, et à environ 280 kil. N.-N.-O. de Montgomery; 1,214 hab. dont 450 de couleur.

TUSSICULATION s. f. (rad. lat. *tussis*, toux). Pathol. Petite toux sèche caractérisée par de petites secousses.

* **TUSSILAGE** s. m. (lat. *tussis*, toux; *ago*, je chasse). Bot. Genre d'astéroïdées eupatoriées, dout l'espèce type, appelée vulgairement *pas-d'âne (tussilago farfara)*, croît dans les terres argileuses de toute l'Europe. Ses fleurs, d'un jaune d'or, groupées en capitule solitaire à l'extrémité d'une hampe cotonneuse, paraissent au printemps, avant la formation de ses feuilles; on les emploie en infusion théiforme dans les irritations légères de la membrane des bronches. Il faut avoir soin de passer finement cette infusion, à cause des soies de la fleur.

TUTAMINAL, ALE adj. Qui se rapporte à la tutamination.

TUTAMINATION s. f. (lat. *tutamen*, protection). Anat. Protection, en parlant de certains appareils naturels servant à protéger les organes.

* **TUTÉLAIRE** adj. (lat. *tutelaris*). Qui tient sous sa garde, sous sa protection : *un Dieu tutélaire*.

* **TUTELLE** s. f. (lat. *tutela*). Autorité donnée conformément à la loi, pour avoir soin de la personne et des biens d'un mineur, ou d'un interdit : *leur oncle est chargé de leur tutelle*. — ÊTRE DISPENSÉ DE LA TUTELLE, se dit de celui que la loi dispense d'être tuteurs ou curateurs. On dit de même, ÊTRE EXEMPT DE TUTELLE ET DE CURATELLE, etc. — TUTELLE OFFICIEUSE, protection légale accordée à un enfant mineur par une personne qui se propose de l'adopter, lorsqu'il sera devenu majeur. — CES ENFANTS SONT EN TUTELLE, SONT HORS DE TUTELLE, ils sont encore, ils ne sont plus sous l'autorité d'un tuteur. — Fig. IL EST EN TUTELLE, COMME EN TUTELLE; ON LE TIENT EN TUTELLE, se dit d'un homme qui est gêné et

contraint par quelque personne qui a pris une grande autorité sur lui, en sorte qu'il ne peut pas faire librement ce qu'il veut. — Protection : *les citoyens sont sous la tutelle des lois*. — Législ. « La tutelle est une charge personnelle et gratuite qui consiste à prendre soin de la personne et des biens d'un incapable et à le représenter dans les actes de la vie civile. Sont soumis à la tutelle : 1° les enfants mineurs après le décès de leur père ou de leur mère, et jusqu'à leur majorité ou leur émancipation; 2° toute personne interdite judiciairement (voy. INTERDICTION); 3° pour la gestion de ses biens seulement, tout individu qui, ayant été condamné soit à une peine afflictive perpétuelle (L. 31 mai 1854, art. 2), soit à la déportation (L. 8 juin 1850, art. 3), soit aux travaux forcés ou à la détention ou à la réclusion, se trouve pendant la durée de sa peine en état d'interdiction légale (C. pén. 29); 4° les enfants mineurs placés sous une tutelle officieuse (C. civ. 365); 5° le grevé de substitution, pour ce qui concerne l'exécution de la substitution (id. 1055 et s.). (Voy. SUBSTITUTION.) — Il y a, pour les enfants mineurs, plusieurs espèces de tutelle. La TUTELLE LÉGALE proprement dite, appartient de droit au survivant des père et mère. Les pouvoirs de la mère, comme tutrice légale, peuvent être restreints, en vertu de la volonté exprimée par le père, lorsque celui-ci a désigné, dans son testament ou par un acte authentique, un conseil composé d'une ou de plusieurs personnes et dont l'assistance desquelles la tutrice ne peut faire, soit certains actes, soit aucun des actes relatifs à la tutelle. La mère n'est pas tenue d'accepter la tutelle; mais, si elle la refuse, elle doit en remplir tous les devoirs jusqu'à ce qu'elle ait fait nommer un tuteur. Dans le cas où la mère tutrice veut se remarier, elle doit, avant le mariage, faire décider par le conseil de famille si la tutelle lui sera conservée, et à défaut de cette convocation, elle perd la tutelle de plein droit. Lorsque la tutelle est conservée à la mère, son second mari devient *cotuteur* du mineur et par suite solidairement responsable de la gestion postérieure au mariage (id. 389 à 396). — La TUTELLE TESTAMENTAIRE est celle qui est déférée par le dernier mourant des père et mère à leur enfant mineur, soit dans un testament, soit par déclaration faite devant le juge de paix ou devant notaire. Cette faculté de déférer la tutelle est retirée par la loi dans certains cas; elle est toujours enlevée à la mère survivante et remariée, lorsque celle-ci n'a pas été maintenue en possession de la tutelle légale (id. 397 à 401). — La TUTELLE DES ASCENDANTS est, comme celle des père et mère, une tutelle légale. Lorsque les deux tutelles précédentes font défaut, la tutelle des enfants mineurs appartient de droit à l'aïeul paternel; à défaut de celui-ci, à l'aïeul maternel; et ainsi en remontant, de manière que l'ascendant paternel soit toujours préféré à l'ascendant maternel du même degré (id. 402 à 404). — La TUTELLE DATIVE est celle qui est déférée par le conseil de famille, lorsqu'il s'agit : 1° d'un mineur non émancipé, resté sans père, ni mère, ni tuteur élu par ses père et mère, ni ascendant mâle en état d'être chargé de la tutelle; 2° d'une personne interdite judiciairement ou en état d'interdiction légale (id. 405 et s.). Le conseil de famille est convoqué par le juge de paix, soit d'office, soit sur la réquisition d'un parent, d'un créancier ou de toute autre personne intéressée, et il est appelé à délibérer dans les formes prescrites par la loi. (Voy. CONSEIL.) — Lorsqu'un mineur domicilié en France possède des biens dans une colonie française, ou réciproquement, le conseil de famille nomme pour l'administration spéciale de ces biens, un second tuteur qui est indépendant du premier et que l'on désigne sous

le nom de *protuteur*. — La TUTELLE DES ENFANTS ASSISTÉS mineurs (trouvés, abandonnés ou orphelins) est attribuée par la loi à la commission administrative de l'hospice auquel ils appartiennent. L'un des membres de cette commission remplit les fonctions de tuteur, et les autres forment le conseil de famille. La TUTELLE D'UN INTERDIT est soumise aux mêmes règles que la tutelle des mineurs, soit que l'interdiction ait été prononcée par un jugement passé en force de chose jugée, soit qu'il s'agisse d'un condamné en état d'interdiction légale. — Le mari est de droit le tuteur de sa femme interdite; mais la femme ne peut être la tutrice de son mari que si le conseil de famille lui confère cette charge (C. civ. 505 et s.; C. pén. 29 et s.). — On donne le nom de TUTEUR AD HOC à celui qui est nommé par le tribunal pour représenter un mineur dans une affaire déterminée, par exemple dans le cas où le père a introduit une instance en désaveu de paternité (C. civ. 318). — La charge de la tutelle est obligatoire et ne peut être refusée. Cependant sont *dispensés* de la tutelle, c'est-à-dire peuvent la refuser ou s'en faire décharger, savoir : 1° certains fonctionnaires désignés par les lois; 2° les militaires en activité de service; 3° tout citoyen, non parent ou allié du mineur ou de l'interdit, dans le cas où il existe, dans la distance de 4 myriamètres, des parents ou alliés en état de gérer la tutelle; 4° tout individu qui est âgé de 65 ans accomplis au moment où la tutelle lui est déférée, ou de 70 ans en cours de sa charge de tutelle; 5° toute personne atteinte d'une infirmité grave et dûment justifiée; 6° tout individu qui se trouve déjà chargé de deux tutelles, ou qui, étant époux ou père, est chargé d'une tutelle (à moins qu'il ne s'agisse de prendre la tutelle de ses propres enfants); 7° toute personne ayant cinq enfants légitimes vivants; les enfants morts en activité de service sont comptés comme s'ils existaient, et il en est de même des enfants décédés qui ont laissé des descendants vivants. Ces différentes causes de dispense de la tutelle doivent être proposées au conseil de famille par le tuteur lui-même, s'il est présent à la délibération. S'il en était absent, il doit, dans les trois jours de la notification qui lui est faite de sa nomination, requérir une nouvelle convocation du conseil de famille pour lui proposer ses excuses. Dans le cas où le conseil les rejette, le tuteur peut se pourvoir devant les tribunaux; mais il est tenu d'administrer provisoirement la tutelle pendant le litige (id. 427 et s.). Sont *incapables* d'être tuteurs : 1° les mineurs, excepté le père ou la mère; 2° les interdits; 3° les femmes, à l'exception de la mère et des ascendantes, et sauf, pour la tutelle d'un interdit, sa femme légitime (id. 507); 4° tous ceux qui ont ou dont les père et mère ont avec le mineur un procès dans lequel l'état de ce mineur, sa fortune, ou une partie notable de ses biens sont compromis. Sont *exclus* de la tutelle : 1° les individus qui ont encouru une peine afflictive ou infamante; 2° ceux qui ont été privés par un jugement correctionnel du droit d'être tuteurs, sinon de leurs enfants lorsque le conseil de famille les maintient dans cette tutelle; 3° les gens d'une inconduite notoire; 4° ceux dont la gestion atteste l'incapacité ou l'infidélité. Les deux dernières causes d'exclusion permettent au conseil de famille de prononcer la destitution du tuteur et son exercice (id. 442 à 449; C. pén. 42, 6°). — La TUTELLE OFFICIEUSE est une charge volontaire qui est contractée de la manière suivante. Toute personne âgée de plus de 50 ans, sans enfants ni descendants légitimes, et qui veut s'attacher un mineur de moins de 15 ans et en prendre la tutelle, en s'obligeant à le nourrir,

à l'élever et à le mettre en état de gagner sa vie, peut être investi du titre légal de tuteur officieux dudit mineur. Cette personne doit préalablement obtenir le consentement des père et mère de l'enfant ou du survivant d'eux, ou, à leur défaut, du conseil de famille. Si l'enfant n'a pas de parents connus, le consentement est donné par les administrateurs de l'hospice auquel il appartient, et s'il n'appartient pas à un hospice, le consentement est donné par la municipalité du lieu de la résidence. Un époux ne peut devenir tuteur officieux sans le consentement de son conjoint. Le juge de paix dresse procès-verbal des demandes et des consentements relatifs à la tutelle officieuse ; et c'est là un contrat de bienfaisance qui permet au tuteur officieux d'adopter son pupille, soit dans les formes ordinaires de l'adoption, si celui-ci y consent à l'âge de sa majorité, soit même avant cet âge par testament, lorsque la tutelle a duré cinq années au moins et que le testateur ne laisse pas de descendants légitimes (C. civ. 361 et s.). — L'autorité dévolue au tuteur, quel qu'il soit, sur la personne du mineur est moins étendue que celle du père. (Voy. PUISSANCE.) Les devoirs de tout tuteur consistent : à faire convoquer le conseil de famille du mineur ou de l'interdit, pour faire nommer un subrogé-tuteur (voy. SUBROGÉ) ; à requérir, dans les dix jours de sa nomination, la levée des scellés, s'il en a été apposé ; à faire procéder à l'inventaire des biens de son pupille, en présence du subrogé-tuteur ; à faire vendre aux enchères les objets mobiliers que le conseil de famille ne l'a pas autorisé à conserver en nature, ou, s'il en a la jouissance légale, à faire estimer ces objets par un expert choisi par le subrogé-tuteur (id. 450 et s.). Il doit (aussi, dans les trois mois qui suivent l'ouverture de la tutelle ou de la mise en possession des titres, se conformer à la loi du 27 février 1880, en faisant convertir en titres nominatifs les titres au porteur qui appartiennent à son pupille et dont le conseil de famille n'a pas cru l'aliénation nécessaire ou utile ; et il doit dans le même délai, faire emploi des capitaux disponibles. Le tuteur fait seul tous les actes d'administration concernant la personne ou les biens de son pupille ; mais il doit, pour les autres actes, être autorisé par le conseil de famille. Dans certains cas, cette autorisation doit être homologuée par jugement, notamment lorsqu'il s'agit, soit d'emprunter pour le mineur ou l'interdit, soit d'aliéner ou d'hypothéquer ses biens immeubles (C. civ. 457 et s., 1314 ; C. pr. 883 et s. 953 et s.) Le tuteur ne peut se rendre acquéreur des biens de son pupille, ni accepter la cession d'aucun droit contre lui ; mais le subrogé-tuteur peut, avec l'autorisation du conseil de famille, passer bail au tuteur des biens du pupille (C. civ. 450, 1596). — Tout tuteur doit rendre compte de sa gestion, savoir : au mineur, lorsque celui-ci a atteint l'âge de majorité ou a été émancipé ; et à l'interdit lorsque l'interdiction a cessé. En cas de décès du pupille, le compte est rendu à ses représentants. Aucun traité ne peut intervenir entre le tuteur et son pupille, et aucune décharge de la tutelle ne peut être donnée, avant qu'il se soit écoulé un délai de de dix jours depuis le moment où l'ayant droit a reconnu, par un récépissé, avoir été mis en possession du compte détaillé de la tutelle et des pièces justificatives. Le reliquat dû par le tuteur porte intérêt, de plein droit, à compter de la clôture du compte. Toute action du pupille contre son tuteur relativement aux faits de la tutelle se prescrit par dix ans à compter de la cessation de la tutelle (C. civ. 370, 469 à 475 ; C. pén. 30). Les immeubles d'un tuteur sont grevés d'une hypothèque légale pour la garantie de sa gestion (C. civ. 2121) et c'est au subrogé

tuteur qu'il appartient de veiller sous sa responsabilité, à ce que l'inscription soit prise pour la conservation de cette hypothèque légale (id. 2137) ». (CH. Y.)

*TUTEUR, TRICE s. (lat. tutor). Celui, celle à qui la tutelle est confiée, déférée : *tuteur honoraire.* — IL N'A PAS BESOIN DE TUTEUR, se dit d'un homme entendu, qui sait conduire ses affaires. — TUTEUR AD HOC, celui qui est nommé à un mineur pour un objet déterminé : *à défaut de parents, l'enfant naturel mineur ne peut se marier avant vingt et un ans qu'avec le consentement d'un tuteur ad hoc.* — Jardin. Se dit d'une forte perche qu'on met en terre à côté d'un jeune arbre, et à laquelle on l'attache pour le soutenir, ou pour le redresser.

*TUTIE s. f. [tu-tî] (all. *tuthia*). Chim. Oxyde de zinc qui s'attache aux cheminées des fourneaux où l'on fait fondre les mines de ce métal : *la tutie sert à préparer certains collyres résolutifs.*

*TUTOIEMENT ou Tutoîment s. m. Action de tutoyer : *le tutoiement entre égaux est un signe de familiarité.*

*TUTOYER v. a. [tu-toua-ié] (fr. *tu* et *toi*). Se conjugue comme EMPLOYER. User des mots de Tu et de Toi en parlant à quelqu'un : *il est familier, il tutoie tout le monde.* — Se tutoyer v. récipr. *Ces deux personnes se tutoient.*

TUTOYEUR, EUSE s. Personne qui a l'habitude de tutoyer.

*TUTTI s. m. pl. [toutt-ti] (mot ital.). Mus. Mot qui signifie *tous* et qui, sur les partitions, indique que toutes les parties doivent se faire entendre ensemble : *un beau tutti; plusieurs tutti.*

*TUTTI QUANTI [toutt-ti-kouan-ti] (expression ital.). Tous tant qu'ils sont, tous ces gens-là : *je vis un tel, un tel et tutti quanti.*

TUXPAN [touks'-pann], ville du Mexique, à 230 kil. N.-O. de Vera-Cruz, sur le Tuxpan, à 8 kil. du golfe du Mexique ; 5,000 hab. Son commerce est en voie d'accroissement ; les bois de cèdre en forment la branche la plus importante. Les petits navires remontent le fleuve sur un parcours de 90 kil.

*TUYAU s. m. [tu-io] (du lat. *tubus*, tube). Tube ou canal de fer, de plomb, de fer-blanc, de cuivre, de bois, de terre cuite, etc. : *tuyau de fontaine.* — Ouverture de la cheminée depuis le manteau jusqu'en haut : *le tuyau de la cheminée est trop étroit.* — Ouverture et canal d'un privé. — TUYAU DÉVOYÉ, tuyau de cheminée qui est détourné de la direction verticale. — Bout creux de la plume des oiseaux, de la tige de leur plume : *les plumes à écrire sont ordinairement des tuyaux de plumes d'oie.* — Tige du blé et celle des autres plantes, lorsque leur est creuse. — Gros pli cylindrique qu'on fait à du linge, à la dentelle, etc. — ⚭ TUYAU DE POÊLE, chapeau à haute forme.

TUYAUTAGE s. m. Action de tuyauter.

*TUYAUTER v. a. Former avec un fer rond des tuyaux à du linge.

TUYAUTERIE s. f. Fabrique de tuyaux.

*TUYÈRE s. f. [tu-iè-re] (rad. *tuyau*). Ouverture pratiquée à la partie inférieure et latérale d'un fourneau, et destinée à recevoir le tuyau ou bec des soufflets.

TVER. I, gouvernement du centre de la Russie ; 65,330 kil. carr. ; 4,528,884 hab. Le Volga et la Duna y prennent leur source, à peu de distance l'un de l'autre. Le sol est, en beaucoup d'endroits, élevé et couvert de forêts. L'agriculture ne donne que peu de produits, mais le commerce de transit est considérable. — II, capitale de ce gouvernement, sur le Volga et la Tvertza, à 150 kil. N.-O. de Moscou; 38,248 hab. Forteresse;

nombreux palais. C'est la grande ville commerçante du haut Volga.

TWEED s. m. [touidd]. Espèce de par-dessus dont la mode a été empruntée aux Anglais.

TWEED [touidd], fleuve frontière entre l'Écosse et l'Angleterre ; il naît à l'extrémité méridionale du Peeblesshire, à 500 m. au-dessus du niveau de la mer, au milieu des collines de Lowther; il coule au N.-E. et à l'E. pendant 150 kil. et va se jeter dans la mer du Nord, à Berwick. Il n'est navigable que vers son embouchure. On le connaît par ses pêcheries de saumon et la beauté de ses sites.

TWICKENHAM [touik'-enn-hamm], village et paroisse du Middlesex (Angleterre), sur la Tamise, en face Richmond, à 16 kil. O.-S.-O. de Saint-Paul de Londres; 10,533 hab. Célèbre pour avoir été la résidence de Pope. Orleans House, qui s'y trouve, appartient à la famille de Louis-Philippe; Strawberry Hill, qui fut la résidence de Walpole, est à 1 kil. environ.

TYANE, ville qui fut la capitale de la Cappadoce au IVe siècle. Patrie d'Apollonius de Tyane. (Voy. APOLLONIUS.) C'est aujourd'hui Afioun-kara-Hissar. (Voy. ce mot.)

TYCHÉ [tike]. Voy. FORTUNE. (Mythol.)

TYCHO BRAHÉ (Tycho ou TYGE *de Brahé*), astronome danois, d'origine suédoise, né le 4 déc. 1546, mort le 13 oct. 1601. Envoyé à Leipzig pour y étudier le droit, s'adonna à l'astronomie (1562); et un héritage qu'il fit, en 1565, lui fournit les moyens de se livrer entièrement à cette science alors au berceau. Encouragé par le gouvernement danois, il s'établit, en 1576, dans l'île de Hven (Sound) que le roi lui avait donnée et il s'y fit construire un laboratoire et un magnifique observatoire terminé en 1580. A la mort du roi, de grands revers de fortune le forcèrent d'abandonner cette retraite qui était devenue célèbre sous le nom d'Urianenborg; en 1597, Tycho Brahé quitta pour toujours le Danemark. Rodolphe II d'Allemagne l'attira à sa cour, lui servit une pension de 3,000 florins d'or, et l'installa dans son palais de Prague. Le système de Brahé est considéré comme une forme modifiée de celui de Ptolémée ; mais il conduisit à la fondation de l'astronomie pratique. Tycho Brahé publia plusieurs ouvrages qui furent réunis par ses disciples sous le titre de *Historia Cœlestis*, 20 vol.

TYLER (John) [taï-leur], dixième président des États-Unis, né en Virginie en 1790, mort le 17 janv. 1862. Avocat en 1809, il fit partie de la législature de son état, fut envoyé au congrès en 1816, élu gouverneur en 1825, et siégea comme sénateur de 1827 à 1836. En 1840, il fut élu vice-président par les whigs, en même temps que le général Harrison était nommé président. Celui-ci étant mort un mois après son entrée en charge, Tyler lui succéda en vertu de la constitution, et prit tout d'abord des mesures de nature à satisfaire le parti whig. Mais il ne tarda pas à se l'aliéner en opposant son veto à la loi sur la « Fiscal Bank of the United States ». Malgré l'opposition du sénat, il réussit, trois jours avant l'expiration de sa présidence, à faire adopter par le congrès son plan d'annexion du Texas. En 1861, il fut président de la convention de la Paix réunie à Washington et composée de délégués des « états frontières » (*border states*). A sa mort, il faisait partie du congrès sécessioniste.

*TYMPAN s. m. (lat. *tympanum*). Anat. Membrane lisse, mince et transparente qui sépare l'oreille externe de l'oreille interne, et que vient frapper l'air du canal auditif. — MEMBRANE DU TYMPAN, membrane lisse, mince et transparente qui sépare l'oreille externe de l'oreille moyenne et que vient

frapper l'air porté par le canal auditif — Archit. Espace uni qui se trouve encadré par les trois corniches du fronton ; on y place quelquefois des statues, des bas-reliefs ou des ornements : *on avait sculpté dans le tympan du fronton du temple de Minerve, à Athènes, la naissance de cette divinité.* — Espace triangulaire qui résulte d'une arcade circonscrite par des lignes droites : *les tympans des arcs de triomphe sont ordinairement ornés de Renommées.* — Panneau de menuiserie renfermé entre des moulures. — Mécan. et Horlog. Pignon enté sur son arbre, et qui engrène dans les dents d'une roue. — Typogr. GRAND TYHPAN, peau de parchemin collée sur un châssis de bois et sur laquelle on pose les feuilles pour les imprimer. — PETIT TYMPAN, peau de parchemin collée sur un petit châssis de fer qui s'enclave dans le grand tympan.

TYMPANAL, ALE adj. Qui a rapport au tympan.

TYMPANIQUE adj. Qui a rapport au tambour.

* **TYMPANISER** v. a. Décrier hautement et publiquement quelqu'un, déclamer contre lui : *il l'a tympanisé partout.*

TYMPANISME s. m. Pathol. Gonflement ayant les caractères de la tympanite.

* **TYMPANITE** s. f. Méd. Enflure du ventre, causée par l'accumulation des gaz dans le conduit digestif, ou dans le péritoine.

* **TYMPANON** s. m. (gr. *tympanon*). Sorte d'instrument de musique, monté avec des cordes de fil de fer ou de laiton, et qu'on touche avec deux petites baguettes de bois : *jouer du tympanon.*

TYNDALE (William) [tinn-d'l], réformateur anglais, né vers 1484, mort le 6 oct. 1536. Il était prêtre, et la hardiesse de ses discours en faveur de la réformation le fit exiler. Il s'enfuit à Hambourg, où il resta une année à traduire le Nouveau Testament, puis à Cologne, où il commença l'impression de cette traduction ; ensuite à Worms, où l'ouvrage entier eut deux éditions anonymes en 1525. En 1530, parut sa traduction du Pentateuque. Sur les instances du gouvernement anglais, Tyndale fut arrêté à Anvers, et fut, après un emprisonnement de 18 mois à Vilvoorde, étranglé, puis brûlé sur un bûcher.

TYNE (taïne), fleuve du Northumberland (Angleterre), formé par la jonction de la North Tyne et de la South Tyne près de Hexham, d'où il coule à l'E. pendant 60 kil. jusqu'à la mer du Nord. Les vaisseaux de 300 à 400 tonneaux le remontent jusqu'à Newcastle. Il a pour principal affluent le Derwent.

TYNEMOUTH [tinn'-mouth], ville du Northumberland (Angleterre), à l'embouchure de la Tyne, touchant North Shields, à 13 kil. N.-E. de Newcastle ; 38,941 hab. La ville a un beau port, et est très fréquentée comme ville de bains. Grande fabrication de cordes et cordages.

* **TYPE** s. m. (lat. *typus*). Modèle, figure originale. Dans ce sens, il est du style didactique : *selon les platoniciens, les idées de Dieu sont les types de toutes les choses créées.* — Relig. Ce qui est regardé comme la figure, le symbole des mystères de la loi nouvelle : *l'agneau pascal est le type de JÉSUS-CHRIST.* — Figure symbolique empreinte sur une médaille : *le type de cette médaille est une Piété, une Libéralité, une Victoire,* etc. — Se dit quelquefois des caractères d'imprimerie : *des types mobiles, de beaux types.* — Description graphique : *le type des éclipses est d'un grand secours.* — Méd. Ordre dans lequel se développent et se succèdent les symptômes d'une maladie : *le type est continu, rémittent ou intermittent.* — Pop. Quidam : *je vis*

arriver un type. S'emploie ordinairement en mauvaise part : *un vilain type.* — **Types** chimiques, terme qui désigne les caractéristiques des substances chimiques que l'on suppose avoir une structure moléculaire analogue, ou être composées d'éléments qui, bien que dissemblables, ont certaines relations les uns avec les autres, en raison de quoi les matériaux d'une partie de la substance chimique peuvent être remplacés par d'autres sans que la structure générale en soit altérée. On reconnaît aujourd'hui quatre types principaux caractérisés par l'union d'une, de deux, de trois et de quatre molécules d'un élément monoatomique avec une autre monade, ou dyade, ou triade, ou tétrade, comme H H, O H², N H³, C H⁴ ; presque tous les composés organiques peuvent être regardés comme une combinaison de deux ou de plusieurs de ces types. On peut souvent rapporter le même composé à des types différents.

TYPHIQUE adj. Qui est relatif au typhus.

TYPHLITE s. f. [ti-fli-te] (gr. *tuphlos*, aveugle, cœcum). Inflammation du cœcum.

* **TYPHOÏDE** adj. (fr. *typhus*; gr. *eidos*, aspect). Qui a le caractère du typhus : *fièvre typhoïde.* — La fièvre typhoïde est une affection caractérisée surtout par l'altération du sang et des ganglions mésentériques. Elle offre trois périodes distinctes. — *Première période.* Cette fièvre débute par des frissons, des maux de tête, par une courbature générale. Le ventre se ballonne et il s'y produit des gargouillements à la fosse iliaque droite, les selles sont fétides. La face exprime l'étonnement, la stupeur et l'abattement. Le pouls est fréquent. — *Deuxième période.* Les symptômes précédents s'aggravent ; il y a prostration profonde et souvent du délire ; langue collante, sèche et fendillée ; selles fétides et d'une odeur spéciale ; pouls fréquent, faible et déprimé ; amaigrissement et abattement général. — *Troisième période.* Les malades qui doivent revenir à la santé n'entrent pas dans cette période qui est caractérisée par un *facies hippocratique*, par un pouls filiforme par un état comateux suivi bientôt de la mort. — La fièvre typhoïde se présente sous les formes diverses d'après les causes et la prédominance de certains symptômes ; elle est *putride, adynamique, maligne, muqueuse* ou *ataxique.* — Quant aux causes de cette affection, on les attribue généralement à des miasmes qui, absorbés par l'économie, altèrent le sang et par là, l'organisme tout entier. Cette fièvre est contagieuse et épidémique. En fait de traitement, on ne saurait regarder l'un comme préférable à l'autre. Tel médecin prescrit les vomitifs ; tel autre les purgatifs, d'autres les toniques. L'expérience est le meilleur guide. Il y a cependant des précautions à prendre et des règles générales dont on ne saurait se départir. Le malade doit être tenu dans une chambre bien aérée et dans un grand état de propreté ; il faut souvent lui nettoyer la bouche avec de l'eau alcoolisée, donner des boissons fraîches (jus de citron, limonade gazeuse, etc.), user de légers purgatifs et de sulfate de quinine dans les contrées paludéennes ; soutenir le malade par de légers toniques, tels que l'extrait de Liebig dissous dans du sirop d'écorce d'orange amère, par du tapioca ou du café. On a conseillé aussi les bains froids et les affusions froides.

TYPHOÏQUE adj. Qui est atteint de la fièvre typhoïde.

TYPHOMANIE s. f. Pathol. Délire qui accompagne le typhus.

* **TYPHON** s. m. [ti-fon] (de *Typhon*, n. pr.). Nom que l'on donne dans les mers du Japon à une sorte de trombe fort dangereuse. (Voy. TIOMNE.)

TYPHON (Myth. gr.), fils de Tartarus et de Gæa ; personnification des phénomènes volcaniques et des vents violents. Il y eut entre lui et les dieux de l'Olympe une guerre terrible. Jupiter finit par le tuer d'un coup de foudre et l'ensevelit sous l'Etna. — Pour Typhon (ou Set) dans la mythologie égyptienne. (Voy. DÉMONOLOGIE et OSIRIS.)

* **TYPHUS** s. m. [ti-fuss] (gr. *tuphos*, stupeur). Méd. Nom donné par quelques auteurs, à la peste (*typhus d'Orient*), à la fièvre jaune (*typhus d'Amérique*), et plus spécialement à cette maladie contagieuse (*typhus d'Europe*) désignée jusque dans ces derniers temps sous le nom de *fièvre des hôpitaux, des camps, des prisons,* et qui est due primitivement à l'entassement d'un grand nombre d'hommes dans un espace étroit.

* **TYPIQUE** adj. Symbolique, allégorique : *le sens typique.* — Hist. nat. Se dit des caractères qui ne conviennent qu'à la majorité des corps compris dans un groupe ou qui servent de type à ce groupe.

TYPO s. m. Typographie : *les typos poètes.*

* **TYPOGRAPHE** s. m. (gr. *tupos*, type ; *graphô*, j'écris). Celui qui sait, qui exerce l'art de la typographie : *manuel du typographe.*

* **TYPOGRAPHIE** s. f. Art de l'imprimerie ; et, plus spécialement, réunion de tous les arts qui concourent à l'imprimerie. — Grand établissement typographique. (Voy. IMPRIMERIE.)

* **TYPOGRAPHIQUE** adj. des deux genres. Qui a rapport à la typographie : *caractères typographiques.* — ⸱⸱ Se dit de la première épreuve d'une feuille sur laquelle on indique les fautes faites par le compositeur ; on dit aussi *épreuve en première.*

TYPOGRAPHIQUEMENT adv. D'après les procédés de la typographie.

TYPOLITHOGRAPHIE s. f. (gr. *tupos*, type ; *lithos*, pierre ; *graphein*, écrire). Techn. Manière d'imprimer sur pierre, qui laisse la facilité d'intercaler dans le texte toute espèce de dessins, etc.

TYPOMANIE s. f. Manie de se faire imprimer.

TYPOTE s. f. Compositrice d'imprimerie.

TYR (lat. *Tyrus*. — hébr. *Tsor*, rocher), la plus puissante cité de la Phénicie, fondée par les Sidoniens, dans une forte position sur la Méditerranée, à 40 kil. S. de Sidon. Dans les derniers temps, elle s'étendit sur une petite île voisine ; cette partie nouvelle devint la plus importante ; et l'autre reçut le nom de *Palætyrus* ou ancienne Tyr ; elle est aujourd'hui appelée Ras el-Aïn. Tyr était entourée de fossés et d'enceintes fortifiées. Hiram bâtit un palais dans la ville insulaire. Les deux parties soutinrent un long siège contre les Assyriens (sous Sargon probablement) ; mais on croit que l'île seule résista avec succès à Nabuchodonosor. Alexandre le Grand, en construisant un môle de la terre ferme à l'île, parvint à s'emparer de Tyr dans son entier. Ce môle, graduellement agrandi et augmenté par les ruines et les dépôts d'alluvion, a fait de l'île un promontoire. Des cimetières témoignent encore aujourd'hui de l'existence de l'antique cité. La plupart des tombes sont souterraines et taillées dans le roc. Dans les parois se trouvent des réduits contenant des corps embaumés dans des cercueils. Il y a aussi les ruines d'une cathédrale chrétienne, consacrée par Eusèbe. La ville, qui avait été rebâtie, fut détruite par un tremblement de terre au commencement du XIII° siècle. Le *pauvre village de Sur* en marque aujourd'hui l'emplacement. (Voy. PHÉNICIE.)

* **TYRAN** s. m. (lat. *tyrannus*). Celui qui a usurpé, envahi la puissance souveraine dans

un Etat : *Denys le Tyran.* — Se dit surtout des princes qui gouvernent avec cruauté, avec injustice, et sans aucun respect des lois divines et humaines : *cruel tyran.* — Se dit encore de tous ceux qui abusent de leur autorité contre le droit et la raison : *les seigneurs féodaux du moyen âge étaient autant de petits tyrans.* — Fig. L'USAGE EST LE TYRAN DES LANGUES, l'usage prévaut sur les règles de la grammaire. — Ornith. Genre de gobe-mou-

Tyran de la Caroline (*tyrannus Carolinensis*).

ches, comprenant plusieurs espèces d'oiseaux batailleurs et courageux qui habitent l'Amérique, où les tyrans représentent notre genre pie-grièche. *Le tyran de la Caroline* (*tyrannus Carolinensis*, Baird; *tyrannus intrepidus*, Vieill.) se trouve aux Etats-Unis.

* **TYRANNEAU** s. m. [ti-ra-no]. Tyran subalterne. (Fam.)

* **TYRANNICIDE** s. m. [ti-rann-ni-]. Meurtre d'un tyran. — Meurtrier d'un tyran. (Voy. RÉGICIDE.

* **TYRANNIE** s. f. [ti-rann-nt]. Domination usurpée et illégale : *il veut opprimer la république, il aspire à la tyrannie.* — Gouvernement légitime, mais injuste et cruel : *user de tyrannie.* — Toute sorte d'oppressions et de violences : *la province se plaignit des tyrannies de son gouverneur, et on le destitua.* — Pouvoir que certaines choses ont ordinairement sur les hommes : *l'éloquence exerce une espèce de tyrannie, une douce tyrannie.*

* **TYRANNIQUE** adj. [ti-rann-ni]. Qui tient de la tyrannie, qui est injuste, violent, contre droit et raison : *gouvernement tyrannique.*

* **TYRANNIQUEMENT** adv. D'une manière tyrannique : *gouverner, régner tyranniquement.*

* **TYRANNISER** v. a. [ty-rann-ni-zé]. Traiter tyranniquement : *ce prince, ce gouverneur, le magistrat tyrannise les peuples.* — Se dit aussi des choses morales : *les passions tyrannisent l'âme.*

* **TYRIEN, IENNE** s et adj. De Tyr; qui appartient à cette ville ou à ses habitants.

TYROÏDE adj. (gr. *turos*, fromage; *eidos*, aspect). Qui a l'apparence du fromage.

TYROL, domaine de la couronne, dans l'Autriche cisleithane, confinant à la Bavière, à la Suisse et à l'Italie; 29,327 kil. carr., y compris le Vorarlberg; 890,835 hab. dont les deux tiers allemands, et le reste italiens; ils sont tous catholiques. Le pays est aussi montagneux et aussi pittoresque que la Suisse. Après le Rhin, qui coule sur la frontière du Vorarlberg et de la Suisse, les plus grands cours d'eau sont l'Inn et l'Adige. Les lacs de Garde et de Constance sont en partie dans cette province. Les neiges perpétuelles, les glaciers et les rocs dénudés occupent environ un tiers de la superficie, et un autre tiers est recouvert de forêts. Le reste produit des céréales, des fruits, du vin et de la soie. Les chèvres et les moutons y sont abondants. Les minéraux comprennent l'or, le fer, le cuivre, le plomb et la houille. On y fait de la dentelle, de la broderie, des gants, de la quincaillerie, des jouets. 30,000 Tyroliens environ émigrent annuellement en été et reviennent à l'automne. Le pays est riche en écoles, y compris son université à Innsbruck, la capitale. Trente est au centre du Tyrol de langue italienne (*Wælschtyrol*). Les Tyroliens sont bien faits, ils portent des costumes pittoresques; ils sont renommés pour leurs chants populaires, leur piété, leur patriotisme et leur industrie. — Dans les temps primitifs, le Tyrol était habité par des tribus rhétiennes et celtiques. Sous le règne d'Auguste, il fit partie de la Rhétie. Après avoir été occupé par diverses races, il fut divisé en petits états dont le principal était le duché de Méran, tributaire des ducs de Bavière. L'union se fit plus tard et ces états furent tous annexés (1364) au duché d'Autriche par le duc Rodolphe IV, à qui Marguerite, surnommée Maultasch, héritière du Tyrol, avait cédé ses droits. En 1490, le Tyrol passa à Maximilien, futur empereur d'Allemagne, et, après d'autres changements, il échut à la branche principale de la maison d'Autriche (1665). Par le traité de Presbourg (26 déc. 1805), le Tyrol passa à la Bavière. Ce fut la cause de l'insurrection d'Andréas Hofer, en 1809, pendant laquelle les femmes combattaient à côté des hommes, et où des centaines d'entre elles trouvèrent la mort. L'Autriche reprit le Tyrol en 1814. La constitution locale date de 1861. La diète, dont le président est nommé par l'empereur, se compose de 68 membres élus pour 6 ans. (Voy. VORARLBERG.)

TYROLIEN, IENNE s. et adj. Du Tyrol, qui appartient à ce pays ou à ses habitants.

* **TYROLIENNE** s. f. Sorte de chanson montagnarde. — Danse ou valse du Tyrol.

TYRONE [taï-rô-ne], comté du N. de l'Irlande, dans l'Ulster; 3,264 kil. carr.; 215,668 hab. Les villes principales sont Strabane, Dungannon et Omagh, la capitale. Les seuls

cours d'eau importants sont le *Foyle* et le *Blackwater.*

TYRRHÉNIEN, IENNE s. et adj. De la Tyrrhénie ou Etrurie; qui appartient à ce pays ou à ses habitants.

TYRTÉE, poète grec du VIIᵉ siècle. Spartiate de naissance ou d'adoption. Il composait des airs de marche en rhytme anapestique pour être chantés sur la flûte, et des exhortations élégiaques à la constance et au courage. C'est, dit-on, grâce à ces poésies et à leur élan que les Spartiates restèrent vainqueurs dans la seconde guerre de Messénie. On a conservé des fragments de ces poésies. Les principales éditions de Tyrtée sont celles d'Upsal (1800) et de Leipzig (1831), Trad. franç. en prose par Hautome (1826) et en vers, par F. Didot (1828).

TZANA ou **Dembea**, lac d'Abyssinie, par 12° lat. N. et 34° 55' long. E., dans une région fertile en céréales, à 2,000 m. au-dessus du niveau de la mer. Il mesure 80 kil. de long, 35 kil. de large, et par endroits 200 m. de profondeur. L'Abaï le traverse dans sa partie méridionale.

* **TZAR** s. m. Voy. CZAR.

TZARSKOYE SELO [tsar-sko-yé sé-lo](russe, « le village du czar »). ou **Sofia**, ville de Russie, à 25 kil. S. de Saint-Pétersbourg, 14,465 hab. Elle contient un palais magnifique bâti en 1744 par l'impératrice Elisabeth, et embelli par Catherine II. La façade principale, sans compter les ailes latérales, a 250 m. de long. La salle de banquet et les salles de bal sont particulièrement riches, et la galerie de marbre qui communique avec le palais est un vaste et brillant morceau d'architecture. Les terrains dépendant du palais ont 30 kil. de circonférence et contiennent des curiosités naturelles et artificielles, parmi lesquelles un château gothique avec le *Christ*, de Dannecker. Un palais moins splendide, bâti par Alexandre I, est habité en été par la famille impériale.

TZERZÈS (Jean), poète et grammairien grec, né à Constantinople vers 1126, mort vers 1180.

TZIGANE adj. Qui a rapport aux tziganes ou Bohémiens — s. m. Langue des tziganes.

TZINGARI s. et adj. Synon. de tzigane.

TSCHIRNER (Heinrich-Gottli Eb) [tchir'-neur), théologien allemand, né en 1778, mort en 1828. Professeur de théologie à Wittenberg en 1805 et à Leipzig en 1809, il devint prébendaire de Meissen en 1818. Il fut un adversaire influent de la réaction catholique en Allemagne. Ses œuvres comprennent une suite à l'histoire de l'église de *Schrœkh* (1810, 2 vol.) *et Protestantismus und Katholicismus aus dem Standpunkte der politik betrachtet* (1822).

U

* U s. m. La vingt et unième lettre de l'alphabet, et la cinquième des voyelles : *un grand* U; *un petit* u. On met un tréma sur l'ö, lorsqu'on veut indiquer qu'il ne se lie point avec la voyelle précédente : *dans le mot* Saül *et dans le mot* Esaü, *il faut mettre un tréma sur l'*u. — Se place toujours après la consonne Q (QUE, QUI, QUERELLE, etc.), excepté dans les mots où cette consonne est finale, comme Cinq, coq. — Se met également après le G, quand on veut donner le son dur à cette consonne, devant les voyelles E et I, comme dans les mots GUENON, GUÉABLE, GUIDE, GUITARE. — On distinguait autrefois deux sortes d'*U* : l'un voyelle (*U*), et l'autre consonne (*V*); ce dernier, dans l'usage actuel, se nomme *Vé* ou *Ve*.

UBI BENE, IBI PATRIA, loc. lat. qui signifie: *la patrie est là où l'on se trouve bien.*

UBIQUISME s. m. (fr. *ubiquité*). Doctrine des ubiquistes.

* UBIQUISTE s. m. [u-bi-ku-i-ste] (lat. *ubique*, partout). Terme qui n'était guère en usage que dans l'université de Paris : on le disait d'un docteur en théologie qui n'était attaché à aucune maison particulière, telles que les maisons de Sorbonne, de Navarre, etc. — Fam. IL EST UBIQUISTE, se dit d'un homme à qui les lieux sont indifférents, qui se trouve bien partout. Se dit aussi d'un homme qui voyage souvent et rapidement.

* UBIQUITAIRE s. Nom d'une secte de luthériens qui prétendent que le corps de J.-C. est présent dans l'Eucharistie en vertu de sa divinité présente partout.

* UBIQUITÉ s. f. [u-bi-ku-i-té] (lat. *ubiquitas*). Etat de ce qui est partout. — IL A LE DON D'UBIQUITÉ, c'est un homme qu'on voit partout.

UCCELLO (Paolo di Dono), peintre florentin, né vers 1390, mort vers 1472. Il est le premier qui appliqua d'une façon méthodique les principes de la perspective. Il ne reste que peu de ses œuvres, qui presque toutes étaient des fresques.

UDINE [ou'-di-né]. I, province du N.-E. de l'Italie, en Vénétie, touchant à l'Autriche et à l'Adriatique; 6,545 kil arr.; 481,586 hab. C'est la première région de l'Italie pour la production de la soie. La partie septentrionale est montagneuse, le Sud est marécageux. — II, capitale de la province, sur le canal de La Roja, à 58 kil. N.-O. Trieste; 22,592 hab. Elle est fortifiée et possède une belle cathédrale. Son *campo santo*,est un des plus beaux de l'Europe.

UDOMÈTRE s. m. (gr. *udor*, eau; *metron*, mesure). Instrument à l'aide duquel on mesure la quantité d'eau tombée dans un lieu.

UFA [ou-fa'] I, gouvernement dans l'E. de la Russie, séparé du gouvernement d'Orenburg en 1865; 124,812 kil.carr.; 1,364,925 hab. La région de la rivière Bielaya est la plus fer-

tile des montagnes de l'Oural qui forment la frontière orientale. — II, capitale de ce gouvernement, sur l'Ufa et la Bielaya, à 350 kil. N.-E. d'Orenburg; 20,917 hab. Il s'y tient une grande foire de janvier.

UGGIONE (Marco da). Voy. OGGIONE.

UGINES, ch.-l. de cant., arr et à 11 kil. N. d'Albertville (Savoie); 2,000 hab. Fabrique de chapeaux de paille.

UGOLIN, chef des Gibelins et premier magistrat de la république de Pise. Son véritable nom était Gherardesca. En 1274, il fut mis en prison; il rentra dans sa patrie et se fit nommer capitaine général en 1276. Il établit la terreur dans sa ville. Mais l'archevêque de Pise, Roger de Ubaldini ranima le peuple en 1288, s'empara d'Ugolin, l'enferma dans une tour avec ses enfants et petits-enfants et l'y laissa mourir de faim. Cette histoire tragique a été immortalisée par le Dante, dans l'*Enfer.*

UGOCSA [ou'-go-tcha], comté du N.-E. de la Hongrie; 1,190 kil. carr.; 67,948 hab. en majorité Ruthènes et Maggyars. Il est coupé par la Theiss. L'élevage des bestiaux y constitue la principale industrie. Cap., Nagy-Szœlloes.

* ' UHLAN, 'Hulan, ou HOULAN s. m. [quelle que soit la manière d'écrire ce mot, la première lettre est toujours aspirée : le *uhlan* et non l'*uhlan*; une *troupe de uhlans* et non une *troupe d'uhlans*, etc.]. S'est dit d'abord de lanciers d'origine tartare qui servaient dans l'armée autrichienne. Aujourd'hui nom que portent les lanciers dans l'armée allemande et dans l'armée russe

UJIJI [ou-dji-'dji], district de l'Afrique centrale sur la rive orientale de lac Tanganyika, à mi-chemin environ le milieu et l'extrémité N. Ce qu'on appelle généralement la ville d'Ujiji ou de Kawelle, est une agglomération de huttes de boue sur le rivage, ou les Arabes de la côte viennent trafiquer.

* UKASE s. m. [u-ka-ze] (mot russe). Edit de l'empereur de Russie : *l'empereur de Russie donna, publia un ukase.*

UKRAINE (pol. *ukraïna*, terre frontière), autrefois province du S.-E. de la Pologne, sur les deux rives du Dnieper; elle fut plus tard divisée en Ukraine polonaise et Ukraine russe; depuis 1793 elle appartient toute entière à la Russie. Elle se confond aujourd'hui avec la Petite Russie, qui comprend les gouvernements de Kiev, de Tchernigof, de Poltava et de Kharkof. (Voy. COSAQUES.)

* ULCÉRATION s. f. (*ulceratio*). Méd. et Chir. Formation d'un ulcère; ulcère superficiel : *il y a ulcération à la vessie*

* ULCÈRE s. m. (lat. *ulcera*). Plaie, solution de continuité dans quelque partie du corps, ordinairement déterminée, et plus souvent encore entretenue par une cause interne ou un vice local.

* ULCÉRÉ, ÉE part. passé de ULCÉRER. — Fig. UNE CONSCIENCE ULCÉRÉE, une conscience

chargée de crimes, et pressée de remords depuis longtemps. — Fig. UN CŒUR ULCÉRÉ. un cœur qui garde un profond ressentiment.

* ULCÉRER v.a. Produire, causer un ulcère: *il lui est tombé sur les jambes des humeurs malignes, qui les ont ulcérées.* — Faire naître dans le cœur de quelqu'un un ressentiment profond et durable : *je ne sais qui l'a ulcéré contre vous.* — S'ulcérer v. pr. *Sa plaie s'est ulcérée.*

* ULCÉREUX, EUSE adj. Méd. et Chir. Qui est couvert ou plein d'ulcères; qui est tout ulcéré.

ULEABORG[ou'-lé-o-borg] I, le plus septentrional læn de Finlande (Russie), sur la frontière de la Norwège et de la Suède; 165,561 kil. carr.; 185,890 hab. Le pays est montagneux, et contient de nombreux lacs et marais,entre autres le lac Enare. Les principales industries sont la pêche et la chasse aux oiseaux. — II, capitale du læn, sur une presqu'île, à l'embouchure de l'Ulea dans le golfe de Bothnie, à 530 kil. N. de Helsingfors ; 7,288 hab. Ville industrieuse et commerçante.

* ULÉMA s. m. (turc *oulemah*). Nom donné, chez les Turcs, aux docteurs de la loi : *le corps des ulémas.* — Les Ulémas forment en Turquie, un corps de savants, dont la fonction est de veiller à la correcte interprétation du Koran et à la politique, sous la direction du grand mufti ou *scheikh ul-Islam.* Au-dessous de celui-ci est un muphti dont un est pour l'Europe et un autre pour l'Asie; la troisième classe est celle des mollahs, supérieurs aux juges provinciaux; après eux, viennent les cadis et les muftis.

ULFILAN, ANE adj. D'Ulfilas, qui appartient à cet évêque : *écriture ulfilane.*

ULFILAS ou **Wulfila**, évêque goth, né vers 311, mort vers 381. On suppose qu'il appartenait à une famille de Coppadoce faite captive. Il était très savant, et devint évêque des Goths en 341. Il s'établit avec ses disciples près de Nicopolis en 348; on lui doit un alphabet de 24 lettres, basé sur l'alphabet grec, et une traduction en mœso-gothique de toute la Bible, à l'exception du livre des Rois. Cette version, dont il n'existe plus que des fragments, est la plus ancien monument connu de la langue teutonique (nouv. édit. par E. Bernhardt,une version de Rimini, en 1876). Ulfilas était semi-arien; il souscrivit au credo de Rimini, en 359.

ULIGINEUX, EUSE adj. (rad. lat. *uligo, uliginis*, humidité). Qui croît ou qui vit dans les lieux humides.

ULLOA (Antonio de) [ou-lio'-a], officier de marine espagnol, né en 1716, mort en 1795. En 1735, il accompagna les académiciens français qui avaient mission de mesurer un degré du méridien à l'équateur. Il s'embarqua pour l'Europe en 1744, et fut pris par les Anglais; mais on le relâcha à Londres, et la Société royale le reçut parmi ses membres. Il revint en Espagne en 1746 et écrivit une histoire de l'expédition ; la partie scientifique

fut rédigée par son compagnon Jorge Juan 1748, 4 vol.). En 1755, il alla de nouveau en Amérique, et, en 1766, il devint gouverneur de la Louisiane; mais une insurrection le chassa de la colonie. En 1772, il publia des études sur l'histoire naturelle et les antiquités de l'Amérique, et en 1778 des observations prises en mer sur une éclipse de soleil. Il fut nommé au commandement d'une escadre emportant des ordres cachetés pour opérer contre les Anglais; mais, absorbé par ses recherches scientifiques, il oublia d'ouvrir ses instructions, et après une croisade de deux mois environ, il revint sans avoir rien fait.

ULM [oulmm], ville de Würtemberg, sur le Danube, à son confluent avec l'Iller et le Blau, à 75 kil. S.-E. de Stuttgart; 30,222 hab. Elle contient un grand nombre d'édifices remarquables, publics et particuliers. Le *Münster* est un des chefs-d'œuvre les plus célèbres de l'ancienne architecture allemande. On fabrique à Ulm des fourneaux de pipe fameux; on y fait aussi de la farine de première qualité. — Ulm était autrefois une cité impériale considérable. Sa richesse était devenue proverbiale, mais son importance stratégique la mêla à presque toutes les guerres allemandes. En 1803, elle fut annexée à la Bavière. Après la victoire d'Ulm, remportée par Ney, le général autrichien Mack capitula devant Napoléon, le 20 oct. 1805, avec toute son armée, forte de 23,000 hommes, et comprenant la fleur des troupes autrichiennes. Rendue à la Bavière, elle fut ensuite assignée au Würtemberg (1810), à l'exception du village de Neu-Ulm, sur la rive droite du Danube. Les fortifications très étendues qui défendent la ville ont en partie sur le territoire würtembergeois, et en partie en Bavière.

ULMACÉ, ÉE adj. (rad. lat. *ulmus*, orme). Qui ressemble ou qui se rapporte à l'orme. — s. f. pl. Famille de plantes comprenant les genres *orme* (*ulmus*) et *micocoulier* (*celtis*).

*** ULMAIRE** s. f. (du lat. *ulmus*, orme). Bot. Espèce de spirée à fleurs odorantes, qu'on nomme autrement REINE-DES-PRÉS, et qui est assez commune dans nos campagnes.

ULOTRIQUE adj. (gr. *oulos*, crépu; *thrix*, cheveu). Qui a les cheveux crépus.

ULPHILAS. Voy. ULFILAS.

ULPIEN (Domitius ULPIANUS), jurisconsulte romain, mort en 228. Il était d'origine tyrienne; il écrivit ses œuvres de jurisprudence pendant les règnes de Septime-Sévère et de Caracalla. En 222, il fut des principaux conseillers d'Alexandre Sévère qui le créa *Scrinorum magister, consiliarius* et *præfectus annonæ*. Les soldats le massacrèrent sous les yeux de l'empereur et de sa mère. Le *Digeste* de Justinien se compose pour un tiers d'extraits de ses ouvrages.

ULSTER [eulsstt'-eur], l'une des quatre provinces de l'Irlande, formant la partie septentrionale de l'île; 22,189 kil. carr.; 1,830,398 hab. Elle se divise en comtés d'Antrim, Armagh, Cavan, Donegal, Down, Fermanagh, Londonderry, Monaghan et Tyrone. Les principaux cours d'eau sont l'Erne, la Foyle, le Bann, et le Lagan; les principaux lacs, les *Loughs* Neagh et Erne. Les montagnes couvrent une grande partie du pays. L'Ulster est le centre de la fabrication des toiles d'Irlande. On fabrique beaucoup de coton à Belfast et dans le voisinage. L'Ulster fut colonisé par Jacques Ier avec des colons protestants d'Ecosse et d'Angleterre, que la terrible insurrection de 1641 à 1649 eut pour but de chasser

*** ULTÉRIEUR, EURE** adj. (lat. *ulterior*). Géogr. Qui est au delà, par opposition à *citérieur* : *la Calabre ultérieure est plus près de la Sicile que la Calabre citérieure*. — Qui se fait après, qui arrive après : *dans les négociations, on se réserve la liberté d'ajouter des demandes ultérieures aux demandes préliminaires.*

*** ULTÉRIEUREMENT** adv. Par delà, outre ce qui a été dit ou fait. — Postérieurement, ensuite.

ULTIMA RATIO. loc. lat. qui signifie. LA DERNIÈRE RAISON : *le canon est l'ultima ratio des rois* (Richelieu).

ULTIMATE s. f. (lat. *ultimus*, dernier). Nom donné aux dernières molécules auxquelles les corps sont réductibles.

*** ULTIMATUM** s. m. [ul-ti-ma-tomm] (du lat. *ultimus*, dernier). Diplom. Les dernières conditions que l'on met à un traité et auxquelles on tient irrévocablement : *la France a envoyé son ultimatum.* — Dernier mot; résolution irrévocable : *c'est mon ultimatum.*

ULTIME adj. (lat. *ultimus*). Dernier.

ULTIMO adv. En dernier lieu.

*** ULTRA** s. m. (lat. *ultrà*, au delà). Mot latin qui, uni à un autre mot, sert à désigner une personne outrée dans ses opinions : *ultra-libéral.* — Absol. Royaliste exagéré : *les ultras.*

*** ULTRAMONTAIN, AINE** adj. (préf. *ultra*; lat. *mons, montis*, montagne). Qui est situé, qui habite au delà des Alpes, par rapport à celui qui parle : *pays ultramontain.* — Substantiv. *Les ultramontains.* — Se dit encore, adjectiv. et substantiv., en parlant des maximes, des prétentions de la cour de Rome, en ce qui touche la puissance ecclésiastique : *maximes ultramontaines.* — On donne le nom d'ultramontains à tous ceux qui, dans l'Eglise catholique romaine, défendent l'intégrité du pouvoir spirituel et temporel de la papauté. Ce nom leur a été donné dans l'Eglise gallicane, laquelle maintenant que l'autorité d'un concile œcuménique est supérieure à celle du pape, et contestant à celui-ci le droit d'intervenir dans les affaires temporelles des nations. L'opinion contraire étant professée en Italie, on appela ses partisans *Transalpini* ou *Ultramontani.*

*** ULTRAMONTANISME** s. m. Maximes de la cour de Rome en ce qui touche la puissance pontificale.

*** ULTRA-ZODIACAL, ALE** adj. Se dit des planètes dont l'orbite n'est pas comprise dans la largeur du zodiaque.

ULULATION s. f. (lat. *ululatio*). Cri des oiseaux de nuit.

ULULER v. n. (rad. lat. *ululus*, gémissement). Crier en gémissant comme les oiseaux de nuit.

ULVACÉ, ÉE adj. Qui ressemble ou qui se rapporte au genre ulve. — s. f. pl. Famille d'algues zoosporées, composée de plantes à frondes membraneuses et comprenant les ulves, les conferves, les nostocs, les protococcus, etc.

ULVE s. f. (lat. *ulva*). Bot. Genre d'ulva-

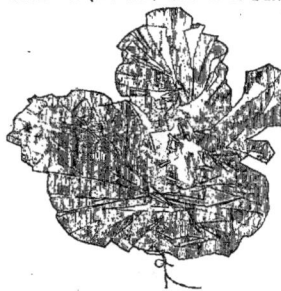

Ulva latissima

cées, comprenant une douzaine d'espèces

d'algues à fronde verte, plane et membraneuse. L'*ulve laitue* (*ulva lactuca*) est comestible, ainsi que l'*ulve très large*(*ulva latissima*). Ces plantes vivent sur nos rivages.

ULYSSE ou **Odysseus** [o-diss-séuss], l'un des chefs grecs pendant le siège de Troie. D'après le récit homérique, il était fils de Laërte et d'Anticlée et mari de Pénélope, fille d'Icare, dont il eut un fils nommé Télémaque. Il régnait à Ithaque, et ce ne fut que très difficilement qu'on put l'amener à entrer dans l'expédition contre Troie. Pendant la guerre, il se distingua par ses prouesses de guerrier, mais bien plus encore par son éloquence, sa sagacité poussée jusqu'à la ruse, et par ses inépuisables ressources dans les difficultés. Ce fut grâce à ses stratagèmes qu'on put dérober le Palladium et l'enlever de Troie; il fut l'un des héros qui se cachèrent dans le cheval de bois que les Troyens, pour leur malheur, firent entrer dans la ville. Les dix années qu'il passa à errer après la fin du siège forment le sujet de l'*Odyssée*. En arrivant à Ithaque après un 20 années d'absence, il trouva sa femme entourée de prétendants qu'il mit tous à mort avec l'aide de Minerve et de Télémaque.

*** UMBLE** s. m. [on-ble]. Hist. nat. Poisson qui tient beaucoup de la truite, mais qui n'en a pas les grandes dents. Il y en a une espèce qu'on appelle UMBLE-CHEVALIER, on dit et on écrit communément *ombre, ombre-chevalier.* (Voy. OMBRE.)

UMBRACULIFORME adj. (lat. *umbraculum*, parasol; fr. *forme*). Bot.. Qui est en forme de parasol.

*** UN** s. num. (lat. *unus*). Le premier de tous les nombres : *un, deux, trois, quatre.* — Chiffre qui marque un : *il faut ajouter là un un.* — S'oppose quelquefois à autre; alors on y joint l'article, et il tient lieu d'un substantif : *j'ai vu l'un et l'autre.* — Fam. LES UNS ET LES AUTRES, tout le monde sans distinction : *il n'est guère secret; il dit tout ce qu'il sait aux uns et aux autres.* — Un, une adj. *Un homme; une femme.* — Seul, qui n'admet point de pluralité : *Dieu est un.* — LA VÉRITÉ EST TOUJOURS UNE, elle n'est jamais contraire à elle-même. — Simple : *il faut que dans un poème l'action soit une.* — Se prend quelquefois indéfiniment, pour indiquer quelqu'un d'une manière indéterminée : *j'ai vu un homme qui disait...* — C'EST UN CÉSAR, C'EST UN CICÉRON, etc., c'est un homme aussi intrépide que César, aussi éloquent que Cicéron, etc. — Se met quelquefois pour tout et pour quiconque. UN CHRÉTIEN DOIT FAIRE CELA, tout chrétien, quiconque est chrétien. UN HOMME PEUT-IL RAISONNER DE CETTE MANIÈRE? Quiconque est homme peut-il, etc.? — Un à un loc. adv., l'un après l'autre et un seul à la fois : *ils ne sauraient passer là qu'un à un; ils se comptés un à un.* — L'un portant l'autre, l'une portant l'autre loc. adv. Faisant compensation de ce qui est moindre dans l'un avec ce qui est plus considérable dans l'autre : *ces volumes m'ont coûté deux francs, l'un portant l'autre.* — On dit quelquefois dans le même sens, L'UN DANS L'AUTRE.

*** UNANIME** adj. (lat. *unanimis*). Qui réunit tous les suffrages, qui est d'un commun accord : *consentement unanime.* — Se dit aussi des personnes : *nous avons été unanimes sur cette question.*

*** UNANIMEMENT** adv. D'une commune voix, d'un commun sentiment : *ils résolurent, ils conclurent tous unanimement.*

*** UNANIMITÉ** s. f. Conformité de sentiments, accords de suffrages entre plusieurs personnes : *il y avait une grande unanimité dans cette société.*

*** UNAU** s. m. Hist. nat. Quadrupède qui se meut avec une extrême lenteur, et qui

diffère de l'aï en ce qu'il est dépourvu de queue. (Voy. Paresseux.) — Encycl. L'unau est un mammifère édenté de la famille des tardigrades (Ill.) et du genre *bradypus* (Linn.). Les anciens naturalistes regardaient les paresseux comme des êtres difformes et imparfaits; mais les particularités de leur structure sont admirablement adaptées à leurs besoins et à leurs habitudes arboréales; les membres de devant se meuvent avec une grande liberté et, à l'aide de leurs griffes, ils se suspendent aux branches et y restent longtemps; ils y dorment même le dos en bas. On les voit rarement à terre, car ils peuvent passer d'un arbre à l'autre grâce à l'entrelacement des rameaux, sur des étendues de plusieurs lieues, dans les épaisses forêts de l'Amérique du Sud, où ils demeurent, depuis la Guyane jusqu'au Paraguay. Quelques espèces vont jusqu'au Pérou et, d'après certains auteurs, jusque dans l'Amérique centrale. Ils n'ont guère plus de 2 pieds de long; leur pelage est de la couleur de l'écorce des arbres sur lesquels ils vivent Leur nourriture, exclusivement végétale, consiste en

L'unau ou paresseux à deux doigts (Bradypus didactylus).

feuilles et en jeunes pousses. Ils n'ont qu'un petit à la fois, lequel s'attache au dos de sa mère et se cache dans sa fourrure. Les indigènes leur donnent le nom d'aï, à cause de leur cri faible et plaintif. Ils ont la vie remarquablement tenace et semblent insensibles à la douleur. Le *bradypus tridactylus* ou *paresseux à trois doigts* est grisâtre et long de 42 centim.; son pouce et son petit doigt sont rudimentaires et cachés sous la peau. On a calculé qu'il ne peut faire plus de 50 pas par jour, et qu'il met près d'un mois à faire une lieue; avec son genre de vie, il ne peut boire que rarement. Sa chair et sa peau sont sans usage; en captivité, il est excessivement stupide. L'unau proprement dit, ou *paresseux à deux doigts* (*bradypus didactylus*), est d'un brun mélangé de blanc, plus pâle en dessous; il mesure environ 70 centim. de long; son museau est plus long et ses jambes de devant sont plus courtes que chez le tridactylus; il est plus actif, surtout la nuit. On le trouve dans les mêmes régions.

* UNCIALE adj. f. Voy. Onciale.

UNCIFORME adj. (lat. *uncus*, crochet; fr. *forme*). Qui a la forme d'un crochet.

UNCIROSTRE adj. (lat. *uncus*, crochet; *rostrum*, bec). Ornith. Qui a le bec recourbé en crochet.

UNDECIMO adv. (mot lat.). Onzièmement.

UNGUÉAL, ALE, AUX adj. [on-gué-al] (lat. *unguis*, ongle). Qui a rapport à l'ongle.

UNGUIBUS ET ROSTRO loc. lat. qui signifie: Par les ongles et par le bec: *Il se défendit unguibus et rostro.*

UNGUIROSTRE adj. (lat. *unguis*, ongle; *rostrum*, bec). Qui a le bec terminé par une sorte d'ongle.

* UNGUIS s. m. [on-guiss] (mot lat.). Anat. Ne s'emploie que dans cette dénomination,

Os Unguis, le plus petit des os de la face, ainsi appelé à cause de sa transparence et de sa forme qui ressemble assez à celle d'un ongle. On le nomme aussi Os Lacrymal.

* UNI, IE part. passé de Unir : *ce sont des gens bien unis.* — Man. Galop uni, celui dans lequel la jambe de derrière suit exactement celle de devant qui entame. Ce cheval est uni, il galope régulièrement. — Provinces-Unies, provinces qui composaient la république de Hollande. — États-Unis, états qui forment une grande république dans l'Amérique septentrionale. — adj. Toile unie, toile où il n'y a point de nœuds, d'aspérités, et qui est également serrée partout. Fil uni, fil qui est filé également. — Qui n'a aucun ornement, comme galon, dentelle, frange, broderie, dessin, dorure, etc. : *étoffe unie, toute unie.* — Adverbial. Uniment, également : *cela est filé bien uni.* — A l'uni loc. adv. De niveau : *il y avait du haut et du bas dans ce jardin, on a mis tout à l'uni.* (Vieux.)

UNICISME s. m. Pathol. Doctrine médicale qui attribue tous les accidents syphilitiques à l'inoculation d'un virus unique.

UNICORNE adj. (lat. *unus*, un seul; franç. *corne*). Qui n'a qu'une corne. — s. m. Syn. de Licorne, animal fabuleux ressemblant à un cheval avec une corne unique sortant du milieu du front. Il sert, avec le lion, de support aux armes d'Angleterre. L'unicorne des différentes versions de la Bible est sans aucun doute une faute dans la traduction d'un mot hébreu désignant une espèce de bœuf sauvage armé de deux cornes. L'unicorne de mer est le narval.

* UNIÈME adj. Nombre d'ordre qui répond à un. Ne s'emploie qu'avec les nombres vingt, trente, quarante, cinquante, soixante, quatre-vingts, cent, et mille : *le vingt et unième du mois.*

* UNIÈMEMENT adv. S'emploie comme le mot Unième, avec les nombres vingt, trente, etc. : *vingt et unièmement.*

UNIFICATION s. f. Action d'unir, de faire un tout de diverses parties : *unification de la dette publique.* — Polit. Réunion de plusieurs États en un seul : *unification de l'Italie.*

* UNIFIER v. a. (lat. *unus*, un seul; *facere*, faire). Opérer l'unification.

* UNIFLORE adj. (lat. *unus*, un; *flos, floris*, fleur). Bot. Qui ne porte qu'une fleur : *pédoncule uniflore; tige uniflore.* — Quelques autres termes de botanique sont formés de la même manière : *Unilatéral* (qui est situé d'un seul côté). Uniloculaire (qui n'a qu'une seule loge), etc.

* UNIFORME adj. (lat. *uniformis*). Semblable, égal, qui a la même forme, où l'on n'aperçoit aucune variété. Se dit d'une chose dont les différentes parties ont de la ressemblance entre elles : *une plaine uniforme.* — Style uniforme, style dont les détails n'ont point de variété, dont le ton, le mouvement, la couleur, sont partout les mêmes.

Voulez-vous du public mériter les amours?
Sans cesse en écrivant variez vos discours.
Un style trop égal et toujours uniforme
En vain brille à nos yeux; il faut qu'il nous endorme.
On lit que ces auteurs nés pour nous ennuyer,
Ont fait que ces auteurs nés pour nous ennuyer,
nous semblent psalmodier.

— Mouvement uniforme, mouvement d'un corps qui parcourt des espaces égaux en temps égaux. — Se dit aussi de deux ou de plusieurs choses qui se ressemblent entre elles : *des bâtiments uniformes.* — Habit uniforme, habit fait suivant le modèle prescrit à un corps militaire : *il ne quitte jamais son habit uniforme.* — Uniforme s. m. Vêtement réglementaire qui est le même pour toute une catégorie d'individus. L'uniforme militaire fut ordonné pour la première fois par Louis XIV en 1668; celui des marins

date du Consulat. — Quitter l'uniforme, se retirer du service militaire.

* UNIFORMÉMENT adv. D'une manière uniforme : *ils ont tous opiné uniformément.* — Mécan. Mouvement uniformément varié, mouvement dans lequel la vitesse varie proportionnellement au temps.

UNIFORMISATION s. f. Action de rendre uniforme.

UNIFORMISER v. a. Rendre uniforme.

* UNIFORMITÉ s. f. (lat. *uniformitas*). Ressemblance des parties d'une chose ou de plusieurs choses entre elles : *l'uniformité d'un jardin.*

UNIGENITUS, premier mot d'une bulle célèbre. — Encycl. La bulle *Unigenitus Dei filius* fut rendue en septembre 1713, par le pape Clément XI, et à l'instigation des jésuites, qui étaient alors tout puissants auprès du souverain pontife, comme à la cour de Louis XIV. Cette bulle condamnait 101 propositions extraites des *Réflexions morales* du P. Quesnel, janséniste, et elle causa en France une longue série de discordes et de luttes, qui ne s'apaisèrent que lorsque les jésuites eurent été expulsés successivement par Louis XV et par le pape Clément XIV. Voici ce qu'un historien contemporain écrivait alors à ce sujet : « On vit éclore les commencements de l'affaire qui produisit la constitution *Unigenitus*, si fatale à l'Église et à l'État, si honteuse à Rome, si funeste à la religion, si avantageuse aux jésuites, aux sulpiciens, aux ultramontains, aux ignorants, aux gens de néant, et surtout à tout genre de fripons et de scélérats; dont les suites, dirigées autant qu'il a été possible sur le modèle de celles de la révocation de l'édit de Nantes, ont mis le désordre, l'ignorance, la tromperie, la confusion partout, avec une violence qui dure encore, sous l'oppression de laquelle tout le monde tremble et gémit; et après plus de trente ans de la persécution la plus effrénée, on éprouve, en tout genre et en toutes professions, un poids qui s'étend à tout et qui s'appesantit toujours. » (Saint-Simon, *Mémoires*, édit. Chéruel, t. XX, p. 84).

* UNILATÉRAL, ALE, AUX adj. Bot. Qui est situé d'un seul côté. — Jurispr. Contrat unilatéral, contrat qui n'engage qu'une des parties.

UNILOCULAIRE adj. (lat. *unus*, un; *loculus*, petite loge). Bot. Qui n'a qu'une loge.

UNILOQUE adj. (lat. *unus*, un seul; *loqui*, parler). Jurispr. Qui exprime la volonté d'un seul.

* UNIMENT adv. Egalement et toujours de même sorte : *ce fil est filé uniment.* — Simplement, sans façon : *il vit uniment.*

* UNINOMINAL, ALE, AUX adj. Qui a rapport à un seul nom, qui porte un seul nom.

* UNION s. f. (lat. *unio*). Jonction de deux ou de plusieurs choses ensemble : *l'union de l'âme avec le corps.* — Union hypostatique, union du Verbe divin avec la nature humaine dans une même personne. — Trait d'union. (Voy. Trait ou Tiret.) — Concorde, liaison étroite, bonne intelligence : *l'union conjugale.* — Absol. Le mariage : *le ciel a béni leur union.* — Esprit d'union, esprit de paix et de concorde. — Procéd. Contrat d'union, contrat par lequel des créanciers s'unissent pour agir de concert, et renoncent à faire des poursuites séparées contre le débiteur commun. — Peint. Union de couleurs, accord des couleurs qui conviennent bien ensemble, et qui sont bien assorties par rapport à la lumière du tableau. — Jonction de deux ou plusieurs choses qui de leur nature étaient séparées : *l'union de deux terres, de deux fiefs.* — Lettres d'union, lettres du roi qui

unissaient une charge à une autre, une terre à une autre, etc. BULLES D'UNION, bulles du pape qui unissent un bénéfice à un autre, ou à une communauté. — Absol. Coufédération des Etals-Unis de l'Amérique : *les provinces de l'Union*. — Man. Ensemble d'un cheval. — Législ. UNION DE CRÉANCIERS. « Lorsque, dans une faillite, il n'est point intervenu de concordat, les créanciers sont *en état d'union*. Cette union est représentée par les syndics de la faillite, lesquels sont chargés de procéder à la liquidation, et peuvent aussi recevoir mandat de continuer l'exploitation de l'actif. Les créanciers en état d'union sont convoqués par le juge commissaire, au moins une fois dans la première année, et, lorsqu'il y a lieu, dans les années suivantes (C. comm. 529 et s.). »   (Cn. Y.)

UNIONISTE s. m. Membre d'une union.

UNION-JACK s. m. *(union avec Jacques)*. Drapeau anglais après l'incorporation de l'Ecosse à l'Angleterre, par suite de l'accession de Jacques Ier. Ce drapeau, adopté le 12 avril 1605, se composait du drapeau anglais de saint Georges (blanc à croix rouge) et de la bannière écossaise (bleue à croix diagonale blanche). Cet arrangement fut modifié le 1er janv. 1804, lorsque la bannière irlandaise de saint Patrick (blanche à la croix rouge diagonale) fut ajoutée à l'union-Jack pour former l'*union flag* encore en usage.

UNIPARE adj. (lat. *unus*, un; *pario*, j'enfante). Qui ne donne naissance qu'à un seul petit.

UNIPARITÉ s. f. Action de mettre bas un seul petit.

UNIPERSONNEL, ELLE adj.Gramm. Qui n'a qu'une personne.

UNIPERSONNELLEMENT adv. A la manière des verbes unipersonnels.

*UNIQUE adj. (lat. *unicus*). Seul : *fils unique*. — Qui est infiniment au-dessus des autres, et auquel les autres ne peuvent être comparés : *c'était l'unique capitaine, l'unique orateur qu'il y eut en ce temps-là*. — Fam. VOILA QUI EST UNIQUE, c'EST UNIQUE, se dit d'une chose à laquelle on ne s'attendait pas : il se prend souvent en mauvaise part. — Ecrit. sainte. L'UNIQUE NÉCESSAIRE, l'affaire du salut.

*UNIQUEMENT adv. Exclusivement à toute autre chose : *il s'applique uniquement à l'astronomie, à la poésie*, etc. — Au-dessus de tout, préférablement à tout : *il l'aime uniquement*.

*UNIR v. a. (lat. *unire*), Joindre deux ou plusieurs choses ensemble : *unir deux tuyaux par leurs extrémités*. — Man. UNIR UN CHEVAL, le rassembler. — Se dit, fig., en parlant des personnes qui ont des liens entre elles : *c'est un intérêt commun, c'est l'amitié qui les unit*. — Rendre égal, ôter les inégalités, aplanir une superficie raboteuse. — S'unir v. pr. *Ils se sont unis pour repousser l'ennemi*.

UNISÉRIÉ, ÉE adj. [u-ni-sé-ri-é]. Qui ne forme qu'une série.

UNISEXÉ, ÉE adj. Syn. de UNISEXUEL.

UNISEXUALITÉ s. f. Etat d'une fleur qui n'a qu'un sexe.

UNISEXUÉ, ÉE adj. Qui n'a qu'un sexe.

* UNISEXUEL, ELLE adj. [u-ni-sèk-su-èl]. Bot. Se dit des fleurs qui ne réunissent point les deux sexes, qui n'ont que des étamines ou des pistils : *fleurs unisexuelles*.

* UNISSON s. m. (lat. *unisonus*). Mus. Accord de plusieurs voix, de plusieurs cordes, de plusieurs instruments, qui ont fait entendre qu'un même ton : *l'unisson est le plus simple de toutes les consonnances*. — Fig. Il se met à l'unisson de tout le monde.

* UNITAIRE ou Unitarien s. et adj. Nom d'une secte qui, en admettant la révélation, ne reconnaît qu'une seule personne en Dieu.

UNITAIREMENT adj. D'une manière unitaire.

UNITAIRIANISME s. m. Doctrine religieuse des unitaires. — Appellation générale des opinions qui rejettent la doctrine de la Trinité et affirment l'unité absolue de Dieu. Ce terme implique qu'on nie que le Christ soit Dieu, mais n'implique pas qu'on nie qu'il soit divin. Il s'ensuit qu'on rejette, en même temps, plus ou moins, suivant les vues particulières des individus, la doctrine de la séparation de l'homme et de la nécessité de la rédemption. L'unitairianisme dérive du socinianisme, né lui-même de l'arianisme Lælius Socinus (Socin) et Servetus (Servet) furent des propagateurs efficaces de cette doctrine. En 1577, Faustus, neveu de Socin, proclamait à Bâle que la Trinité est une doctrine païenne. Il se réfugia en Pologne, et y trouva beaucoup d'adhérents. Ceux-ci furent dispersés par la persécution au xvie siècle, et on ne connaît plus d'Eglise unitairienne qu'en Transylvanie. En Angleterre, ces doctrines se font jour dès les premiers temps de la réformation. John Biddle, « le père des unitaires anglais » (1615-'62), Milton, dont l'arianisme a été amplement prouvé après sa mort, et Locke favorisèrent plus ou moins directement ces vues. En 1825, il se fonda une association unitairienne anglaise et étrangère. La même année une association unitairienne américaine s'organisait à Boston. Les unitariens firent une des Eglises secondaires dissidentes les plus nombreuses en Angleterre, en Irlande et en Amérique. En Transylvanie, ils ont un grand collège à Klausenburg, et sont au nombre de plus de 60,000, faisant chaque jour de nouveaux prosélytes.

UNITAIRIEN, IENNE s. Partisan de l'unité.

* UNITARISME s. m. Doctrine des unitaires. Voy. UNITAIRIANISME.

*UNITÉ s. f. (lat. *unitas*). Principe du nombre : *plusieurs unités font un nombre*. — Qualité de ce qui est un, par opposition à pluralité : *l'unité de Dieu*. — En parlant des poèmes dramatiques : LES TROIS UNITÉS, L'UNITÉ D'ACTION, L'UNITÉ DE LIEU ET L'UNITÉ DE TEMPS, les règles qui veulent qu'il n'y ait qu'une action dans une pièce, que cette action se passe dans le même lieu, et qu'elle ne dure pas plus de vingt-quatre heures. — Anat. UNITÉ DE COMPOSITION, principe d'après lequel les animaux et les végétaux les plus différents par leurs formes, leur volume et leur couleur peuvent se ramener à un type commun.

UNITED STATES OF AMERICA [iou-naï't'd-sté'-t's-ov-a-me-ri'-ka], nom angl. des Etats-Unis de l'Amérique du Nord. Abréviation U. S. Am.

UNITÉISME s. m. Nom donné par Fourier à la passion de l'unité, pivot des douze autres passions.

* UNITIF, IVE adj. Dévotion mystique. N'est guère usité que dans cette loc., VIE UNITIVE, état de l'âme dans l'exercice du pur amour.

*UNIVALVE adj. (lat. *unus*, un; fr. *valve*). Hist. nat. Se dit des mollusques dont le coquille n'est composée que d'une pièce : *coquillages univalves*. — Bot. Se dit d'une péricarpe qui s'ouvre par un seul côté. — s. m. pl.

*UNIVERS s. m. (lat. *universus*). Le monde entier : *les parties de ce grand univers*.

Le ciel, tout l'*univers* est plein de mes aïeux,
RACINE, *Phèdre*, acte IV, sc. VI.

— La terre, et quelquefois même grande partie de la terre : *au bout de l'univers*.

En flatteurs caressés cet *univers* abonde.
CORNE D'HALLEVILLE, *Monsieur de Crac*, sc. IV.

— Se dit aussi des habitants de la terre : *tout l'univers était à ses genoux*.

UNIVERSALISATION s. f. Action d'universaliser.

UNIVERSALISER v. a. Répandre partout.

UNIVERSALISME s. m. Opinion de ceux qui ne regardent comme unique autorité que le consentement universel. — Opinion d'après laquelle Dieu a voulu la rédemption de tous les hommes, sans distinction. — Secte religieuse croyant à la destruction finale du mal, et au rachat de toutes les âmes par Jésus-Christ. Pour eux, personne n'accomplit son salut dans cette vie; mais tous sont sauvés, à un degré plus ou moins complet, après la mort. L'homme se fait à lui-même son propre ciel par sa sainteté, sa piété, son amour de Dieu dans ce monde et en l'autre; il n'y a point d'autre récompense possible, d'après la nature des choses; le châtiment n'est que la conséquence nécessaire du péché, et tout châtiment, en raison de la bonté infinie de Dieu, doit être temporaire et aboutir au bien. — Les universalistes croient que l'on peut trouver des traces de leur doctrine dans les écrits des premiers chrétiens, tels que Clément d'Alexandrie, Origène, Grégoire de Nysse, Théodore de Mopsueste, etc. L'Eglise anglicane, qui adopte d'abord condamné leurs doctrines, ne les condamne plus, et elles sont sanctionnées par les membres les plus éminents de cette église, tels que l'archevêque Tillotson, le Dr Burnet, l'évêque Newton, William Whiston, David Hartley et autres. En Amérique, l'universalisme s'est propagé avec une grande rapidité; il compte plus de 689 ministres, avec 5 collèges, 2 écoles de théologie, 5 écoles secondaires ou académies et 13 publications périodiques.

UNIVERSALISTE s. Partisan de l'universalisme.

*UNIVERSALITÉ s. f. (lat *universalitas*). Généralité, ce qui renferme les différentes espèces : *l'universalité des êtres, des sciences, des arts*. — Jurisp. Totalité : *l'universalité des biens*. — Log. Qualité d'une proposition universelle : *l'universalité de cette proposition*. — Caractère de ce qui est universel : *l'universalité de la langue latine*.

* UNIVERSAUX s. m. pl. Philos. Scolast. Se disait de certaines idées générales.

*UNIVERSEL, ELLE adj. lat. *universalis*). Général, qui s'étend à tout, qui s'étend partout : *un bien universel*. — Qui embrasse, qui renferme, qui comprend tout : *science universelle*. *esprit universel*. — CET HOMME EST UNIVERSEL, il a une grande étendue de connaissances. — SUFFRAGE UNIVERSEL, droit de voter attribué à tous les citoyens. (Voy. SUFFRAGE.) — Universel s. m. Log. Se dit de ce qu'il y a de commun dans les individus d'un même genre, d'une même espèce. En ce sens, son pluriel est UNIVERSAUX : *l'universel à parte rei*, ·t *l'universel à parte mentis*. On distinguait cinq *universaux* : le genre, la différence, l'espèce, le propre et l'accident.

* UNIVERSELLEMENT adv. Généralement : *cela est universellement reçu, universellement approuvé, condamné*.

* UNIVERSITAIRE adj. Qui appartient à l'Université : *régime universitaire*.

* UNIVERSITÉ s. f. (lat. *universitas*). Corps de professeurs établi par autorité publique, pour enseigner les langues, les belles-lettres, la philosophie et les sciences : *l'université de Paris, de Toulouse, de Poitiers, de Caen, de Louvain*. — S'est dit, avant 1789, des divers corps enseignants, établis dans quelques villes principales de la France et qui, à certaines conditions, étaient autorisées à prendre le titre d'université et à conférer des grades.— S'est dit également de quelques grandes écoles

étrangères : *l'université d'Oxford, de Louvain.* — S'est dit aussi, en France, d'établissements d'enseignement non fondés par l'Etat et qui pouvaient prendre le nom d'université, quand elles réunissaient trois facultés. — Encycl. On donne le nom d'université à une corporation composée des professeurs et des étudiants, ou de certains professeurs et de certains étudiants, à une institution enseignante ayant pouvoir de conférer des grades dans une ou plusieurs facultés. Les Universités de notre époque ont leur origine dans les écoles qui grandirent autour des monastères et des cathédrales de l'Europe. Elles apparaissent vers le vie siècle, remplaçant les écoles romaines impériales. La plus ancienne des universités, celle de Paris, se composait à l'origine d'un grand nombre d'écoles différentes, qui, dans le douzième siècle, furent toutes fondues en un corps officiel par Philippe-Auguste. Vers la fin du xve siècle, il y avait en France 18 grands collèges, appartenant à la faculté des arts, et 80 collèges moins importants, plus petits. L'Université de Paris possédait des privilèges extraordinaires : elle était si puissante qu'elle résista quelquefois même à l'autorité royale. Pendant les guerres de la Ligue, elle perdit son influence politique; et, en 1793, elle fut supprimée ainsi que toutes les universités françaises. Napoléon Ier établit une organisation nationale embrassant tout l'enseignement public sous le nom d'Université de France. L'Université se divisait en sections appelées académies, dont chacune comprenait plusieurs départements, et était dirigée par un recteur assisté d'un conseil académique. Cette institution monopolisa tout le haut enseignement jusqu'en 1875, époque où une loi, modifiée depuis, autorisa l'établissement d'universités indépendantes de l'Etat. L'Université de France n'en existe pas moins encore, divisée en académies, dont les plus complètes ont des facultés de droit, de médecine, de sciences et de lettres. — L'université de Bologne est presque aussi ancienne que celle de Paris; son école de droit était renommée dès le commencement du xiie siècle. Les étudiants y étaient divisés en deux universités, celle des *citramontani* ou Italiens de naissance, et celle des *ultramontani*, ou étrangers. Les premiers se subdivisaient ou 17 nations et les autres en 18. Bologne conféra des grades de très bonne heure. L'université de Salerne était aussi célèbre pour la médecine que celle de Paris pour la théologie et les sciences, et que celle de Bologne pour le droit. Elle atteignit l'apogée de sa célébrité au xiie siècle, bien qu'elle eût déjà, en tant qu'école, plusieurs siècles d'existence. Comme à Bologne, les femmes étaient admises à ses privilèges. Parmi les universités royales italiennes d'aujourd'hui, les plus importantes sont : Bologne, fondée en 1158 ; Naples, 1224 ; Padoue, 1222; Pavie, Pise, 1339; Rome, 1245. L'université de Rome porte le nom de *Collegio della Sapienza.* — Immédiatement après Paris et Bologne, les universités d'Oxford (1149) et de Cambridge (1234), en Angleterre, devinrent fameuses. Au milieu du xiiie siècle, Oxford ne le cédait qu'à Paris pour le nombre de ses étudiants et la valeur de son enseignement. (Voy. Cambridge, *Université de* ; et Oxford, *Université de.*) Les deux autres universités anglaises, Durham et Londres, datent respectivement de 1833 et de 1836. L'université de Londres est surtout une institution qui confère des grades après examens, bien plus qu'un corps enseignant. En Ecosse, l'université de Saint-Andrews, fondée en 1411 avec des facultés des arts, de théologie et de droit canon, a aujourd'hui deux collèges, l'un pour les arts, et l'autre pour la théologie. L'université de Glasgow, date de 1451 et contient les quatre facultés ordinaires. Celle d'Aberdeen a été fondée

en 1494, et celle d'Edimbourg en 1582. En Irlande, l'université de Dublin (1591), outre les facultés régulières, possède des chaires de langues orientales, de langues modernes, de génie civil, et de génie appliqué aux mines. Il y a aussi à Dublin une université catholique à laquelle se rattachent plusieurs collèges. — La première université espagnole fut fondée à Palencia, dans le xiie siècle. Vers 1200, Alphonse IX, de Léon, établit l'université de Salamanque, dans laquelle se fondit celle de Palencia en 1239. Vers la fin du xive siècle, Salamanque comptait plus de 10,000 étudiants. L'Espagne a aujourd'hui six universités : Barcelone (1868); Madrid (1836); Salamanque (vers 1200); Séville (1502); Valence (1410) et Valladolid (1346). Le Portugal n'a qu'une université, celle de Coimbre, fondée à Lisbonne en 1291 et transférée à Coimbre en 1308. L'Autriche a les universités de Cracovie (1364), de Czernowitz (1875), de Gratz (1586), d'Inspruck (1672), de Klausenburg (1872), de Lemberg (1784), de Pesth (1784), de Prague (1348) et de Vienne (1365). Toutes sont des universités complètes, avec les quatre facultés. Dans l'empire allemand, les universités sont sous le contrôle supérieur des gouvernements. En voici la liste, avec la date de fondation : Berlin, 1810 ; Bonn, 1786 ; Breslau, 1702; Erlangen, 1743; Freibourg, 1457; Giessen, 1607; Gœttingue, 1734 ; Greifswald, 1456 ; Halle, 1694 ; Heidelberg, 1386 ; Iéna, 1558; Kiel, 1665; Kœnigsberg, 1544; Leipzig, 1409; Marburg, 1527; Munich, 1826 (autrefois à Ingolstadt et à Landshut); Rostock, 1419 ; Strasbourg, 1621 ; Tubingue, 1477; Würzbourg, 1403. Dans chacune, le gouvernement est représenté par un curateur chargé de faire exécuter les lois, par les professeurs et par un questeur qui perçoit les sommes dues par les étudiants. Les professeurs choisissent chaque année les autres fonctionnaires, y compris le recteur, chef réel de l'université. Les universités suisses sont organisées presque exactement comme les universités allemandes, mais elles sont plutôt locales que nationales. L'enseignement s'y donne entièrement en langue allemande. La plus ancienne, celle de Bâle, a été fondée en 1460; celle de Berne en 1834, et celle de Zürich en 1832. — Les universités de Hollande sont : Groningue (1614), Leyde (1575) et Utrecht (1636). L'enseignement s'y donne en grande partie en latin. Parmi les universités belges, celle de Louvain, fondée vers 1425, et devenue depuis 1835, une institution catholique libre, est la plus célèbre. Celles de Gand (1816) et de Liège (1817), sont des institutions de l'Etat. L'université de Bruxelles a été fondée en 1834, par le parti libéral en rivalité avec celle de Louvain. — La plus ancienne des universités Scandinaves est celle d'Upsal, en Suède, qui date de 1477; comme essentiel elle ressemble aux universités allemandes, mais elle a gardé son organisation du moyen âge. L'université de Lund a été fondée en 1668, et celle de Christiania en 1811. L'université de Copenhague, fondée en 1478, est la seule que possède aujourd'hui le Danemark. En Russie, il y a Dorpat (1632) ; Helsingfors (1827) ; Kazan (1814) ; Kharkof (1804); Kiev (1834); Moscou (1755); Odessa (1865) ; Saint-Pétersbourg (1819) et Varsovie (1816). Elles sont établies sur le modèle des universités d'Allemagne et beaucoup de professeurs sont allemands. L'université d'Athènes a été créée en 1837. Il s'en est fondé une à Constantinople en 1870. La Roumanie en a deux, une à Bucharest et l'autre à Jassy. En Serbie, l'académie de Belgrade a été érigée en université en 1869. — L'université du Caire (El-Azhar) est le principal centre mahométan d'enseignement dans l'Orient. L'université de Valetta, à Malte, fondée en 1838, a les quatre facultés. Il y a une université impériale à Tokio, au Japon, avec un certain nombre de

professeurs étrangers. L'Inde a les universités de Calcutta, de Bombay et de Madras ; l'Australie, celles de Sydney (1852), de Melbourne (1856) et d'Adélaïde (1874); la Nouvelle-Zélande, celle de Dunedin (1874). — Les universités sont nombreuses aux Etats-Unis. Celle de Johns-Hopkins, inaugurée à Baltimore, le 22 février 1876, est organisée sur le modèle allemand. Au Canada, les principales universités sont celles de Mc Gill à Montréal, fondée en 1811, et de Toronto (1827). L'université de Laval, est une institution catholique fondée à Québec en 1852. La plupart des états de l'Amérique du Sud ont aussi leurs universités; mais la seule qui ait acquis de la notoriété est celle de Lima, créée en 1551. — Hist. et Législ. « Les universités étaient autrefois en France et elles sont encore, dans plusieurs autres pays, des corporations autonomes, régies par leurs propres statuts, plutôt que par la législation, celle-ci se bornant à établir leurs droits et à assurer leurs privilèges. Avant 1789, il y avait en France vingt universités, mi-partie laïques et mi-partie ecclésiastiques. L'Université de Paris prétendait avoir été fondée par Charlemagne en 790; mais c'est seulement en 1215 que les grandes écoles de la capitale furent réunies et constituées en corporation, sous le nom d'université. La Sorbonne, qui en faisait partie et qui n'était, à son origine, qu'une annexe de la faculté de théologie de l'université de Paris, acquit plus tard une très grande célébrité par les disputes théologiques auxquelles elle prit part et par les luttes qu'elle soutint, d'un côté contre le protestantisme et la liberté de conscience, et, d'autre côté, contre l'Institut des Jésuites. L'université de Paris jouissait de privilèges nombreux qui furent constamment confirmés et renouvelés par les rois, tels qu'exemption des tailles, des aides, de l'impôt sur le papier, etc. Les dix-neuf autres universités de France avaient été fondées aux dates suivantes : Toulouse, 1223; Montpellier, 1284; Lyon, vers 1300; Orléans, 1305; Grenoble, 1339(transférée à Valence sous Louis XI); Angers, 1364; Orange 4365; Poitiers, 1431; Caen, 1436; Nantes, 1460; Bourges, 1469; Bordeaux, 1472; Reims, 1548; Douai, 1561; Besançon, 1564; Pont-à-Mousson 1572; Strasbourg, 1621; Pau 1722 et Nancy 1769. L'université de Cahors avait été réunie à celle de Toulouse en 1751, et l'université d'Avignon n'était pas française en 1789. Chacune de ces universités exerçait des droits de juridiction assez étendus sur ses écoliers. Elle était gouvernée par un recteur, assisté d'un conseil. Les facultés, d'abord réduites à deux, furent plus tard au nombre de quatre. La faculté des arts enseignait les *sept arts libéraux* (grammaire, dialectique, rhétorique, arithmétique, géométrie, astronomie et musique). A Paris, cette faculté se divisait en quatre collèges ou *nations* (France, Picardie, Normandie et Allemagne); et chaque nation était subdivisée en tribus ou provinces. Il fallait avoir été reçu maître-ès-arts pour suivre les cours des autres facultés, lesquelles conféraient les grades de bachelier, de licencié et de docteur. Les élèves de toutes les facultés devaient professer la religion catholique et assister à la messe chaque jour (Statuts de l'Université de Paris, du 18 sept. 1600). Dans la faculté de médecine, l'enseignement pratique était à peu près exclus; et dans la faculté de droit (ou de décret), le droit canon laissait peu de place au droit civil. La faculté de théologie était encombrée par les moines des quatre ordres mendiants (carmes, dominicains, augustins, franciscains) qui avaient obtenu d'être incorporés à l'Université. Celle-ci disposait de bénéfices ecclésiastiques, très recherchés à cause de leurs grands revenus. « Les anciennes universités étaient dans la main du pouvoir royal, dont elles dépendaient sans réserve. Elles avaient cependant une

existence à part, et l'Université de Paris, en particulier, était organisée comme une république. » (J. Simon, *Réforme de l'enseignement secondaire*, I™ partie, chapitre III). On sait quelle longue guerre (1563-1764) cette corporation eut à soutenir contre les jésuites, lesquels prétendaient faire admettre leurs collèges dans son sein, afin de l'absorber et de disposer de la collation des grades. L'Assemblée nationale laissa les anciennes universités subsister suivant les lois qui les régissaient (Décr. 25 sept. 1791); mais ces corporations ne pouvaient survivre longtemps à l'ancien ordre de choses. La Convention les supprima, et, en même temps, elle fonda l'Ecole polytechnique, l'Ecole normale, les Ecoles centrales, etc. « On doit avoir de l'admiration pour cette époque qui, de toutes les époques de notre histoire, a été certainement la plus active, la plus féconde pour les conceptions pédagogiques. Ce n'est pas la faute de la Révolution, si elle n'a pu réaliser tout ce qu'elle avait conçu. Le temps lui a été mesuré. Elle a décrété plusieurs fois l'établissement d'une vaste instruction primaire, rayonnant sur toute la surface du pays, et semant les écoles dans chaque canton, dans chaque village. Mais sa puissance a été moindre que sa volonté. Elle nous a légué des principes plus que des institutions. Sachons-lui gré de moins de ce qu'elle a voulu, de ce qu'elle a pensé. Rappelons-nous qu'elle a la première proclamé avec énergie le droit et le devoir pour chaque citoyen d'être instruit et éclairé, et songeons combien, après cent ans, nous sommes loin encore de l'idéal qu'elle avait révé ! » (M. G. Compayré, *Hist. des doctrines de l'éducation en France*, liv. VIII, chapitre III). Par plusieurs décrets rendus en l'an III, la Convention déclara l'instruction primaire obligatoire et prescrivit l'établissement d'écoles dans tous les lieux ayant depuis 400 jusqu'à 1,500 âmes. Ces écoles devaient aussi servir pour les autres habitations éloignées de moins de 4,000 toises. Il devait y avoir une école primaire par 1,000 hab., chaque école étant divisée en deux sections, l'une pour les garçons, avec un instituteur, l'autre pour les filles, avec une institutrice. Le traitement était de 1,200 fr. pour les instituteurs et de 1,000 fr. pour les institutrices. Dans les villes où la population dépassait 20,000 hab., ces traitements étaient portés à 1,500 fr. et 1,200 fr. Une retraite devait être accordée à ceux qui avaient servi leur pays dans l'enseignement. « On avait songé à tout, dit M. J. Simon (*L'Ouvrière*, 4° partie, chap. v), à la maison d'école, au traitement des instituteurs, à leur avenir, à leur dignité. Ces lois ne furent guère qu'une lettre morte. Les anxiétés du présent absorbèrent les magistrats locaux et les empêchèrent de songer à l'organisation de l'avenir. On fit quelques écoles mal surveillées, peu fréquentées. Tout manquait, l'argent, les instituteurs. Il y eut quelques fondations importantes dans les grands centres. Dans les petites communes, les écoles s'établirent dans les presbytères abandonnés et furent chassées à leur tour, quand Bonaparte ramena le clergé. L'Empire ne trouva ni maisons d'école, ni personnel enseignant. Il laissa l'instruction primaire à la charge des départements et des communes, sous la surveillance exclusive des préfets et des maires ». La loi du 10 mai 1806 et le décret du 17 mars 1808, organisèrent l'*Université de France*, qui aujourd'hui n'est autre chose que le ministère de l'instruction publique et qui comprend l'enseignement public national à tous ses degrés. Le ministre a le titre de *grand-maître de l'Université*. Il est assisté d'un conseil consultatif de l'enseignement public, et il est représenté, dans chacune des 27 circonscriptions académiques, par un recteur qui a sous ses ordres, dans chaque département, un

inspecteur d'académie . Dès inspecteurs de l'instruction publique et des inspecteurs généraux font des tournées fréquentes dans toute la France, pour s'assurer de l'exécution des lois et règlements. (Voy. ENSEIGNEMENT, INSTRUCTION, etc.) L'université exerce certains pouvoirs disciplinaires sur les professeurs et les élèves qui en font partie ; et elle a la surveillance de tous les établissements d'instruction qui sont fondés en dehors d'elle. Nous avons déjà parlé ailleurs de la composition et des attributions des conseils départementaux, des conseils académiques et du conseil supérieur de l'instruction publique. (Voy. CONSEIL.) — L'enseignement supérieur, qui jusqu'alors avait été réservé à l'Etat, a été rendu libre, en vertu de la loi du 12 juillet 1875, sous certaines condition que le clergé catholique était seul en état de remplir. Cette loi, votée par une assemblée dévouée aux intérêts de l'Eglise romaine, autorisait la fondation d'*universités libres* au moyen de la réunions de trois facultés. Les élèves des facultés libres avaient le privilège de pouvoir se présenter, pour l'obtention des grades, devant un jury mixte composé en nombre égal de professeurs des facultés libres et de professeurs des facultés de l'Etat. On vit alors se constituer exclusivement des universités catholiques, qui purent subsister, grâce à l'influence du clergé et aux contributions volontaires de ses partisans; et une partie de la jeunesse française, tout en se préparant à remplir des fonctions publiques, s'est ainsi trouvée imbue des doctrines ultramontaines, si contraires à la fondation d'universités libres au moyen de la réunions de trois facultés. On a cherché à remédier au mal par la loi du 18 mars 1880, laquelle laisse subsister les facultés libres, mais a rendu aux facultés de l'Etat le droit exclusif, qui doit toujours leur être réservé, de conférer les grades universitaires auxquels certains privilèges sont attachés. Cette loi porte en outre que, dans aucun cas, les établissements d'enseignement supérieur ne peuvent prendre le nom d'universités: et la sanction pénale de cette défense est une amende de 100 à 1,000 fr. pour la première infraction, et de 1,000 à 3000 fr. en cas de récidive. Nous croyons que cela est encore très insuffisant pour prévenir le danger qui menace le pays, et pour s'opposer à ce que l'Eglise romaine continue à recruter en France, grâce à ses écoles de tout rang, un personnel de dévots prêts à servir les intérêts de sa politique en trahissant ceux de la patrie. Victor Cousin avait le pressentiment de ce danger social lorsque, dans la discussion d'un projet de loi sur la liberté de l'instruction secondaire, il s'exprimait ainsi devant la chambre des pairs, en 1844 : « Ce qui m'effraie, disait-il, c'est la division profonde que vous allez semer dans les générations qui feront l'avenir de la France. Nous ne serons pas remplacés par des générations pénétrées d'un esprit commun, formées dans les écoles publiques de l'Etat ou dans les institutions privées qui donnent à l'Etat de solides et patriotiques garanties. Non; les établissements individuels auront été détruits par des établissements collectifs, unis entre eux par les liens les plus étroits, gouvernés par un corps dont l'unité est la plus forte unité connue, sur lequel l'Etat ne peut rien, pour lequel tout s'allier avec l'humilité la plus sincère;... De là, à la longue, non plus comme aujourd'hui par des éducations diverses et mélangées, entre lesquelles l'esprit du pays et du siècle finit par établir un niveau commun, mais deux éducations essentiellement contraires, l'une cléricale et au fond jésuitique, l'autre laïque et séculière. De là deux générations, séparées toute de l'autre dès l'enfance, imprégnées de bonne heure de principes opposés, et un jour peut-être ennemies. Tout est possible en ce pays; prenez-y garde ! Nos pères

ont vu des guerres civiles et politiques; qui sait si l'avenir, préparé par une législation téméraire, ne réserve pas à nos enfants des guerres civiles de religion? » (Recueil de la discussion, 1844, p. 107.) Victor Cousin n'a-t-il pas ainsi exactement prophétisé les conséquences de la loi du 15 mars 1850 et de celle du 12 juillet 1875? Tout monopole est abusif et haïssable ; néanmoins celui que l'Université française possédait, qui est aujourd'hui si restreint, devrait être temporairement rétabli, afin d'atténuer les effets d'un autre monopole maintenu par la royauté durant tant de siècles, celui de l'Eglise qui a pu, pendant une longue période, s'emparer des esprits, refouler la science et façonner à sa convenance les mœurs de tout un peuple. »

(Ch. Y.)

* **UNIVOCATION** s. f. Scolast. Caractère de ce qui est univoque : *la question de l'univocation de l'être était autrefois agitée dans les écoles.*

* **UNIVOQUE** adj. (lat. *unus, uni,* un seul, *vox, vocis,* voix). Scolast. Se dit des noms qui s'appliquent dans le même sens à plusieurs choses, soit de même espèce, soit d'espèces différentes : *Animal est un terme univoque à l'aigle et au lion.* Homme est univoque, soit *qu'il s'applique à Pierre, soit qu'il s'applique à Paul.*

UNTERWALDEN [ounn-'teur-vål-dènn], canton du centre de la Suisse, touchant à ceux de Lucerne, Schwytz, Uri et Berne; 764 kil. carr.; 27,000 hab., presque tous Allemands et catholiques. On le divise en deux demi-cantons : Unterwalden-le-Haut (474 kil. carr.; 15,356 hab.) et Unterwalden-le-Bas (290 kil. carr.; 11,992 hab.); capitales: Sarnen et Stanz. Les montagnes atteignent au S. plus de 3,000 m. d'élévation. Une partie du lac de Lucerne se trouve dans ce canton. La principale industrie est l'élevage des bestiaux. Le gouvernement est démocratique. Unterwalden est un des trois premiers cantons de la confédération suisse.

UNUM ET IDEM expression lat. qui signifie : *une seule et même chose.*

* **UPAS** s. m. [u-pass] (mot indoustani qui signifie *poison*). Bot. Grand arbre de l'île de Java, qui appartient à la famille des urticées et d'où découle un suc très vénéneux appelé *antiar*. Le nom indigène de cet arbre est *bohun upas*. Il est résineux; la substance très vénéneuse qu'il exsude donne son nom au genre *antiaris*. Cette espèce seule (*Antiaris*

Upas antiar (Antiaris toxicaria).

toxicaria) est vénéneuse; les autres sont inoffensives. Foersch, chirurgien de la compagnie hollandaise des Indes, vers la fin du XVIII° siècle, accrédita des histoires extraordinaires sur cet arbre qu'on venait de découvrir; il répandait, disait-il, des émanations destructives de toute existence dans un rayon de 15 à 20 kil., et sur dix personnes

qui l'approchaient, une à peine en pouvait revenir. Leschenault prouva en 1810 que ces récits n'étaient que des fables. On trouve l'upas dans les forêts avec les autres arbres ; les lézards et les autres animaux ne l'évitent pas ; ses exhalaisons semblent être analogues à celles du toxicodendron et du sumac ; elles affectent certaines personnes et laissent les autres indemnes. Sa résine est depuis longtemps employée par les naturels pour empoisonner leurs flèches et autres engins de guerre ou de chasse.

UPSAL ou Upsala [oup-sa-'la]. I, læn ou district du S.-E. de la Suède (Svealand), sur le golfe de Bothnie ; **5,316** kil. carr. ; 104,371 hab. Le pays est fertile au S., mais le N. est en général nu et aride. On exploite beaucoup le minerai de fer. Grande exportation de bestiaux. — II, capitale de ce district, à 65 kil. N.-N.-O. de Stockholm ; 11,218 hab. Elle se trouve dans la plaine la plus grande et la plus fertile de la Suède centrale, et contient un grand nombre de parcs et de beaux édifices de construction récente. L'archevêque d'Upsal est le primat du royaume. La cathédrale, de style gothique, est très célèbre en Suède. L'université, fondée en 1477, est fréquentée par 1,500 étudiants environ. Sa bibliothèque contient 150,000 vol. et 8,000 manuscrits, entre autres le *Codex Argenteus* d'Ulfilas, l'exemplaire le plus complet qui soit en Europe de l'antique Edda d'Islande, le livre sacré des Druses, et une bible avec des commentaires par Luther et par Mélanchton. Un jardin botanique avec un muséum et un observatoire sont annexés à l'université. A environ 5 kil. N. se trouve le village de Gamla Upsala (vieil Upsal), la traditionnelle capitale d'Odin, et de nombreux tumuli, que l'on considère comme étant au nombre des plus grands qui soient au N. des Alpes.

UPSILON, vingtième lettre de l'alphabet grec, correspondant à l'u français.

UR, ancienne ville de Chaldée ; patrie d'Abraham.

URAGOGUE adj. (gr. *ouron*, urine ; *agô*, je chasse). Diurétique propre à activer la sécrétion de l'urine.

URANATE s. m. Chim. Sel produit par la combinaison de l'acide uranique avec une base.

URANE s. m. (gr. *Ouranos*, Uranus). Chim. Composé d'uranium et d'oxygène, qu'on a longtemps regardé comme un corps simple.

URANEUX adj. ou m. Se dit d'un des oxydes d'urane et des sels de ce métal.

URANIE, l'une des neuf Muses, fille de Zeus et de Mnémosyne. Elle était la muse de l'astronomie. On la représentait avec une petite baguette désignant un globe céleste.

URANIQUE adj. Se dit d'un des oxydes d'urane.

URANISCOPLASTIE s. f. (gr. *ouraniskos*, palais ; *plassein*, former). Chir. Restauration du voile du palais.

URANITE s. f. Phosphate d'urane naturel.

* **URANIUM** s. m. [u-ra-ni-omm]. Chim. Corps simple métallique extrait de l'urane. En 1789, Klaproth découvrit le protoxyde d'uranium, qu'il prit pour le métal lui-même. On lui donna le nom de la planète Uranus récemment découverte. Le métal ne fut réellement obtenu à part que par Péligot en 1849, en décomposant du chlorure au moyen du potassium ou du sodium. Ainsi produit, il est en partie sous la forme d'une poudre noire, et en partie composé de lamelles argentées qui peuvent être passées à la filière et sont jusqu'à un certain point ductiles. Ce métal se dissout dans les acides dilués, en

mettant en liberté du gaz hydrogène. Son symbole est U ; poids spécifique : 18,4 ; équivalent chimique, 240 (autrefois 60, puis 120). On emploie surtout ses composés pour donner des teintes jaunes au verre et à la porcelaine.

* **URANOGRAPHIE** s. f. (gr. *ouranos*, ciel ; *graphô*, je décris). Description du ciel.

* **URANOGRAPHIQUE** adj. Qui appartient à l'uranographie.

URANOMÈTRE s. m. (gr. *ouranos*, ciel ; *metron*, mesure). Instrument qui sert à mesurer les distances dans le ciel.

* **URANOSCOPE** s. m. (gr. *ouranos*, ciel ; *scopeô*, je regarde). Icht. Genre de percoïdes, comprenant une quinzaine d'espèces de poissons de mer. ainsi nommés parce qu'ils ont les yeux placés au-dessus de la tête, et tournés vers le ciel. L'espèce la plus connue est l'*uranos-*

Uranoscope de la Méditerranée (Uranoscopus vulgaris).

cope de la *Méditerranée* (*Uranoscopus vulgaris*), qui a environ un pied de long ; sa couleur est d'un gris brun en dessus, avec des groupes irréguliers de taches blanchâtres et d'un gris pâle en dessous. La laideur de ce poisson n'empêche pas certaines personnes de le manger.

* **URANUS** s. m. [u-ra-nuss]. Astron. Planète découverte par Herschel, dont elle a porté le nom pendant quelque temps. C'est la septième planète, par ordre de distance du soleil, et la plus extérieure (à l'exception d'une seule), de toutes celles que l'on connaît dans le système planétaire. Elle a été découverte par Sir William Herschel le 13 mars 1781 ; elle fut appelée par lui Georgium Sidus, et par les astronomes étrangers, Herschel. Ce dernier nom fut longtemps adopté jusqu'à ce que Bode lui eût donné celui d'Uranus. Uranus voyage à une distance moyenne de 2,906,490,000 kil. du soleil, sa plus grande distance étant de 2,936,898,000 kil. et sa moindre 2,875,480,000. Par suite de l'excentricité de son orbite, son éclat apparent dans les différentes oppositions varie considérablement. Son orbite n'est inclinée que de 46' et demi sur l'écliptique. Son diamètre moyen est d'environ 51,000 kil., la compression de son globe reste inconnue. Son volume est 74 fois environ celui de la terre ; mais, sa densité étant à peine $\frac{1}{100}$ de celle de la terre, sa masse n'est tantôt 12 fois et demie plus grande. La révolution sidérale d'Uranus s'accomplit en 84 ans 6 jours et demi ou en 30,686 jours 8208 ; sa période synodique moyenne est de 369 jours 3. Deux satellites (aujourd'hui numérotés 3 et 4) ont été découverts par Herschel, en 1787, et deux autres à l'intérieur de l'orbite de ceux-ci, par Lassell. Le spectroscope n'a rien appris de bien satisfaisant touchant Uranus, quoique Huggins soupçonne la présence de grandes quantités d'hydrogène dans l'atmosphère de cette planète.

URANUS ou **Cœlus** [u-ra-nuss ; cé-luss] (le ciel, en grec et en latin). Dans la mythologie classique, c'est tantôt le fils, tantôt le mari de Gæa ou Terra. Il précéda Saturne et Jupiter sur le trône du ciel. Epoux de Gæa,

il fut le père d'Océanus, de Saturne, de Téthys, de Thémis, de Mnémosyne, des Cyclopes, etc. Il détestait ses enfants, et les renferma dans le Tartare ; mais Saturne, après l'avoir mutilé, le détrôna.

* **URATE** s. m. Chim. Nom générique des sels formés par la combinaison de l'acide urique avec différentes bases.

* **URBAIN, AINE** adj. (lat. *urbanus*). De ville, de la ville, par opposition à rural. Il ne s'emploie guère qu'en termes d'administration et de jurisprudence : *la vente des maisons urbaines ; servitudes urbaines*.

URBAIN, nom de huit papes. I. (Saint), pape de 223 à 230. Il subit le martyre ; fête le 25 mai. — II. (Othon DE LAGNY), né en France vers 1042, mort le 29 juillet 1099. Successivement prieur de Cluny, cardinal et évêque d'Ostie, il fut élu pape à Terracine en 1088, pendant que Rome était aux mains de l'antipape Clément III, soutenu par Henri IV d'Allemagne. En 1089, les Romains, ayant chassé l'antipape, mirent Urbain en possession de son siège. Il convoqua immédiatement un concile, et excommunia Clément, Henri et leurs adhérents. Henri marcha sur Rome (1094) et rétablit l'antipape. Mais Urbain s'allia avec le fils aîné d'Henri, Conrad, qu'il couronna roi, et put par là reprendre Rome à l'exception de Latran et du château Saint-Ange. En mars 1095, il tint un concile à Plaisance, et en nov. un autre à Clermont, en Auvergne, où il proclama la première croisade, donnant la croix à une multitude de peuple, au milieu des cris de *Dieu le veut !* Urbain tint 12 conciles et travailla à consolider et à perfectionner les réformes de Grégoire VII. — II. (Hubert PAIVELLI), né à Milan : il fut pape de 1185 à 1187. — IV. (Jacques-Pantaléon), pape de 1261 à 1264. Il était fils d'un savetier de Troyes (Champagne) et était devenu, par son mérite, patriarche de Jérusalem. Il institua la fête du Saint-Sacrement. — V. (Guillaume DE GRIMOARD), né dans le Languedoc en 1309, mort le 19 déc. 1370. Il était légat du pape à Naples et en Sicile, et fut élu pour succéder à Innocent IV, à Avignon, en 1362. Il alla à Rome en 1367, mais revint à Avignon en 1370. Il se montra protecteur éclairé des lettres, et ses contemporains le louent de ne s'être laissé aller à aucun népotisme. — VI. (Bartolomeo BUTILLI-PRIGNANO), né en 1318, mort le 15 oct. 1589. Archevêque de Bari, il fut élu comme successeur de Grégoire XI, en 1378 par les cardinaux assemblés à Rome ; mais les cardinaux d'Avignon ne le reconnurent pas, et choisirent pour pape le comte Robert de Genève, sous le nom de Clément VII. Ainsi, commença ce qu'on appelle le grand schisme de l'Église catholique romaine. La reine Jeanne de Naples le soutint d'abord avec une armée, puis abandonna sa cause. Urbain la déposa et, pour la remplacer, donna l'oint à Charles de Durazzo, mais il se brouilla également avec celui-ci et fut pendant quelque temps son prisonnier dans Naples. Urbain finit pourtant par revenir à Rome en 1388. Il ordonna que l'année du jubilé célébrée tous les 33 ans. — VII. Ne fut pape que 13 jours. — VIII. (Maffeo BARBERINI), né en 1568, mort le 29 juillet 1644. Protonotaire du pape, ambassadeur à Paris, archevêque de Spolète, il fut enfin élu pape le 6 août 1623. Sous son pontificat, Galilée fut jugé et condamné par l'inquisition romaine. Il abandonna la conduite des affaires à ses parents, dont l'un engagea dans une guerre contre Parme ; il condamna la doctrine de Jansénius et établit le collège de la Propagande. Il a laissé un volume de poésie italienne comprenant 70 sonnets, et un volume de poésies latines (1640).

URBANA [eurb-annu'-a], ville de l'Ohio

(Etats-Unis), à 47 kil. O.-N.-O. de Columbus ; 7,000 hab.

* **URBANITÉ** s. f. (lat. *urbanitas*). Politesse que donne l'usage du monde : *j'aime son ton, ses manières, il est plein d'urbanité.* — Particul. Politesse des anciens Romains : *l'urbanité romaine.*

URBICOLE adj. (lat. *urbs, urbis*, ville ; *colo*, j'habite). Qui habite les villes.

URBI ET ORBI, loc. lat. qui signifie : *à la ville et à l'univers*, et qui accompagne la bénédiction que donne le pape. du haut du balcon de Saint-Jean-de-Latran, le jeudi saint, le jour de Pâques et celui de l'Ascension. — Pop. Partout : *criez la vérité urbi et orbi.*

URBIN (it. *Urbino*; anc. *Urbinum Hortense*), ville d'Italie, capitale de la province de Pesaro ed Urbino, sur une colline, à 36 kil. S.-O. de Pesaro ; 5,462 hab. Elle est entourée de vieilles murailles; sa cathédrale et d'autres églises contiennent des peintures remarquables. Le plus bel édifice public, sans rival dans le style *cinque cento*, est le palais ducal. Il y a une université libre fréquentée par 70 à 80 étudiants. Grande fabrication d'épingles. Les comtes de Montefeltro devinrent ducs d'Urbin en 1474; après eux vint la maison de Rovere sous laquelle Urbin rivalisa avec Ferrare en magnificence, avait le culte pour les lettres et les arts. Les plus illustres noms qui se rattachent à son histoire sont ceux de Raphaël et du Tasse. En 1631, lorsque cette maison s'éteignit, le duché, qui comprenait alors un grand nombre de villes et des centaines de palais, devint une possession immédiate des Etats pontificaux. En 1860, il passa à Victor-Emmanuel.

URCÉIFORME adj. (lat. *urceus*, petit vase; fr. *forme*). Qui a la forme d'un gobelet.

URCÉOLE s. m. (lat. *urceolus*; de *urceus*, cruche). Bot. Petit organe en forme de sac. — Genre d'apocynées plumériées, comprenant plusieurs espèces d'arbrisseaux grimpants qui

Urcéole élastique (Urceola elastica.)

croissent dans les pays chauds. L'*urcéole élastique (urceola elastica)*, des régions tropicales de l'Asie, est l'une des plantes qui produisent le caoutchouc.

* **URCÉOLÉ, ÉE** adj. Bot. Renflé comme une petite outre, et rétréci vers l'orifice : *la corolle de beaucoup de bruyères est urcéolée.*

* **URE** s. m. Espèce de taureau sauvage qu'on appelle autrement URUS ou AUROCHS.

URÉDINÉ, ÉE adj. Qui ressemble ou se rapporte au genre urédo. — s. f. pl. Famille de champignons parasites ayant pour type le genre urédo et comprenant un grand nombre d'autres genres de cryptogames dont le développement sur les végétaux produit la rouille, la carie, le charbon, l'ergot, etc.

URÉDO s. m. (lat. *uredo*, brûlure). Bot. Genre de champignonr parasites auquel on

rapportait autrefois les végétations minuscules qui, sous les noms de nielle ou de rouille, produisent parfois de si désastreux effets sur les céréales. Aujourd'hui les champignons nuisibles aux récoltes sont placés dans d'autres genres, et on ne laisse dans le genre urédo que des espèces qui, quoique végétant sur les plantes, ne peuvent leur être nuisibles.

* **URÉE** s. f. (gr. *ouron*, urine). Chim. Substance qui colore l'urine, et qui est le radical de l'acide urique. (Voy. URINE.)

URÉMIE s. f. (gr. *ouron*, urine; *aima*, sang). Pathol. Accumulation de l'urée dans le sang.

* **URETERE** s. m. (gr. *ourétér*; de *ouron*, urine). Anat. On appelle ainsi les deux canaux qui portent l'urine des reins à la vessie : *il avait de petites pierres dans l'uretère.*

URÉTÉRITE s. f. Inflammation des uretères.

URÉTRAL, ALE adj. Qui a rapport à l'urètre.

* **URÈTRE** s. m. (gr. *ouréô, uriner*). Anat. Canal par où sort l'urine : *le canal de l'urètre.* Quelques-uns écrivent, URÈTHRE.

URÉTRITE s. f. Inflammation ne l'urètre.

URÉTROPLASTIE s. fr. (fr. *urètre*; gr. *plassô*, je forme). Opération qui a pour but de réparer une perte de substance survenue dans l'urètre.

URÉTROSCOPE s m. (fr. *urètre*: gr. *skopeô*, j'examine). Instrument servant à examiner l'intérieur de l'urètre.

URÉTROTOMIE s. f. (fr. *urètre*; gr. *tomé*, section). Incision de l'urètre.

URFÉ I. (Anne d'), poète, né dans le Forez en 1555. Il avait épousé, en 1575, Diane de Château-Morand, fit annuler son mariage en 1598 et entra dans les ordres. Il a laissé un recueil de 150 sonnets intitulé *Diane.* — II., (Honoré d'), romancier, frère du précédent né à Marseille en 1568, mort en 1625. Il se signala dans les guerres de la Ligue, épousa Diane de Château-Morand, dont le mariage avec son frère avait été annulé, et s'en sépara bientôt pour se retirer à Nice où il composa l'*Astrée*, roman pastoral en 5 parties. On a encore de lui *LaSireine* (Paris, 1611), la *Sylvanire* (1625), des *Epitres morales* (1594), etc.

URGEL ou Seo d'Urgel, *Orgelum*, ville d'Espagne (Catalogne), au pied des Pyrénées, à 45 kil. S.-O. de Puycerda; 8,000 hab. Evêché comprenant la république d'Andorre dont l'évêque d'Urgel partage avec le gouvernement français la suzeraineté. Urgel fut prise par les Français en 1793, en 1809 et en 1823.

* **URGENCE** s. f. [ur-jan-se]. (rad. lat. *urgere*, presser). Qualité de ce qui est urgent : *attend l'urgence du cas.*

* **URGENT, ENTE** adj. [ur-jan]. Pressant, qui ne souffre point de retardement : *il l'a assisté dans son urgente nécessité.*

URI, canton de Suisse, séparé du Tessin par les montagnes du Saint-Gothard, et contenant, au N., une partie du lac de Lucerne; 1,076 kil. carr.; 16,107 hab. presque tous catholiques et de langue allemande. C'est l'un des trois cantons primitifs et un des 4 cantons forestiers confédérés plus tard. Il est célèbre pour la sublime beauté des paysages. La route qui franchit le Saint-Gothard traverse la Reuss, le principal cours d'eau du canton, sur plusieurs ponts, parmi lesquels le Pont-du-Diable. Le nouveau tunnel du Saint-Gothard passe près d'Airolo. Ce village, avec Andermatt et Hospenthal, est la localité la plus connue de la belle vallée d'Urseren. Uri est un pays essentiellement pastoral. Le gouvernement y est une démocratie pure. Cap., Altorf.

URIAGE, célèbre station minérale, commune de Saint-Martin-d'Uriage, cant. de Domène, arr. et à 12 kil. E. de Grenoble (Isère), dans une jolie vallée des Alpes. Source chlorurée sodique sulfureuse, à + 27°. Affections cutanées, paraplégies essentielles, affections lymphatiques, scrofules, suites de la syphilis, etc Grand établissement.

URIM ET THUMMIM (hebr. *urim*, lumière; *tummim*, vérité ou perfection). Partie de l'ornement que le grand-prêtre portait sur la poitrine chez les anciens Hébreux. On croit que c'étaient les 4 rangs de pierres précieuses disposés sur le plastron du grand-prêtre. Lorsqu'il adressait un appel à Dieu, la réponse se manifestait d'une manière ou d'une autre au moyen de ce plastron. Suivant d'autres, Urim et Thummim étaient des images personnifiant la révélation et la vérité, et placées entre les plis du plastron.

* **URINAIRE** adj. Anat. et Méd. Qui a rapport à l'urine : *conduit urinaire.*

* **URINAL, AUX** s. m. Vase à col incliné, où les malades urinent commodément : *ce malade demande l'urinal.* — Espèce de réservoir d'incontinence d'urine, et qui reçoit ce liquide à mesure qu'il s'écoule.

URINATION s. f. Physiol. Evacuation des principes en dissolution.

* **URINE** s. f. (lat. *urina*). Liquide excré mentitiel, ordinairement d'une couleur citrine, sécrété par les reins, conduit par les uretères dans la vessie, et de là poussé dehors à des intervalles plus ou moins longs : *urine épaisse, chargée, trouble, claire, âcre. mordicante, purulente, sanguinolente.* — MÉDECIN DES URINES, celui qui prétend connaître toutes les maladies par l'inspection des urines. (Voy. UROSCOPIE.) — ENCYCL. Les caractères physiques et chimiques sont, en général, les mêmes dans l'urine des différents animaux. Chez l'homme, c'est un liquide d'une couleur claire et ambrée, à consistance d'eau, à réaction modérément acide, d'un poids spécifique moyen de 1,024. Sa quantité moyenne par jour est de 1,000 gr.; mais elle varie, dans de certaines limites, suivant la quantité de liquide absorbé en mangeant et en buvant, et celle qui est perdue par la transpiration ou autrement. L'urée, qui s'y trouve dans une proportion approximative de 3 p. 100, est l'élément le plus caractéristique et le plus important de l'urine. Si, par une cause quelconque, le sang ne peut plus l'éliminer, les effets d'un empoisonnement : *ce malade demande l'urinal.* — ne se manifester. (Voy. ALBUMINURIE.) Les urates de soude, de potasse et d'ammoniaque sont des combinaisons de ces bases avec un corps acide azoté d'origine organique, l'acide urique. L'acide urique seul est extrêmement insoluble dans les liquides aqueux; mais ses combinaisons salines avec les bases alcalines ainsi nommées sont facilement solubles dans la proportion d'eau que contient ordinairement l'urine. Elles peuvent cependant être décomposées par l'addition d'un acide libre à l'urine, ou par le développement d'un acide semblable dans l'urine même, par suite des changements produits par la décomposition. Le nouvel acide se combine alors avec les bases alcalines, et l'acide urique insoluble, ainsi mis en liberté, se dépose en se cristallisant. C'est de cette manière que la gravelle se forme dans l'urine, et que les calculs d'acide urique augmentent de volume.

* **URINER** v. n. Evacuer l'urine : *il urine bien.* Ne se dit guère que des malades.

URINEUR, EUSE adj. Ornith. Se dit des oiseaux qui rejettent fréquemment des excréments plus ou moins liquides.

* **URINEUX, EUSE** adj. Qui est de la nature de l'urine, qui a l'odeur de l'urine fermentée.

URINOIR s. m. Endroit préparé sur la voie publique pour permettre d'uriner décemment.

URINOMÈTRE s. m. (fr. *urine*; gr. *metron*, mesure). Aréomètre destiné à déterminer la pesanteur spécifique de l'urine.

* **URIQUE** adj. Chim. Se dit d'un acide produit par la combinaison ·de l'urée avec l'oxygène, et qui forme la plupart des calculs de la vessie : *acide urique*.

* **URNE** s. f. (lat. *urna*). Vase qui, chez les anciens, servait à divers usages, comme à renfermer les cendres des morts, et qui sert maintenant à recevoir les billets pour tirer au sort, etc. : *urne sépulcrale.* — Se dit aussi des vases sur lesquels sont appuyées les figures des dieux et des déesses, des fleuves et des fontaines. — Se dit encore de certains vases de porcelaine, de faïence ou d'autre matière, qui ont la forme des urnes antiques. — Bot. Espèce de capsule qui forme la fructification des mousses, et qui ressemble ordinairement à une petite urne.

UROBRANCHE adj. (gr. *oura*, queue; fr. *branchies*). Moll. Qui a les branchies près de la queue.

UROCÈLE s. f. (gr. *ouron*, urine ; *kélé*, tumeur). Infiltration d'urine dans les bourses.

UROCHROME s. m. (gr. *ouron*, urine; *chroma*, couleur). Matière colorante de l'urine.

UROCRISIE s. f. (gr. *ouron*, urine; *krisis*, jugement). Diagnostic par l'inspection de l'urine.

URODÈLE adj. (gr. *oura*, queue; *délos*, manifeste). Qui est pourvu d'une queue visible. — s. m. pl. Famille de batraciens comprenant les genres pourvus d'une queue : salamandre, triton, ménopome, amphiume, axolotl, ménobranche, protée, sirène, etc.

UROPODE adj. (gr, *oura*, queue; *pous*, *podos*, pied). Zool. Qui marche en s'aidant de sa queue.

UROPRISTE adj. (gr. *oura*, queue ; *pristis*, scie). Entom. Se dit de certains insectes dont l'abdomen se termine par une tarière en forme de scie.

UROSCOPIE s. f. (gr. *ouron*, urine ; *skopeó* j'examine). Examen de l'urine pour en tirer le diagnostic des maladies. L'uroscopie a été élevée à la hauteur d'une science par le Dr Goupil.

URQUHART (David) [eur'-koueurtt], écrivain anglais, né en Écosse en 1805, mort en 1877. Il fit des voyages en Orient, fut secrétaire de légation à Constantinople de 1835 à 1836, et membre du parlement de 1847 à 1852. Il a publié de nombreux ouvrages sur la Turquie et l'Orient : *Travels in Spain and Morocco* (1850, 2 vol.); *Progress of Russia* (1853), etc.

URQUIZA (Justo-José de) [our-ki'-sá], général et homme d'État argentin, né en 1800, mort en 1870. Un des chefs des Gauchos (voy. GAUCHOS), il gagna la faveur du dictateur Rosas, et fut fait, en 1812, gouverneur de l'Entre-Rios. En 1843-'65, il commanda les forces argentines dans l'Uruguay ; mais en 1851, s'étant déclaré contre Rosas et s'étant allié avec l'Uruguay et le Brésil, il força le général Oribe, qui assiégeait Montevideo, à capituler avec son armée. Il se tourna alors contre Rosas, l'écrasa à Monte Caseros, le 3 fév. 1852, et le força à s'exiler. Bientôt après, il devint gouverneur provisoire de la république Argentine ; et lorsque la nouvelle constitution (encore en vigueur) commença à être appliquée, à la fin de 1853, on le choisit comme président pour six années. Par le traité du 11 nov. 1859, il réunit Buenos Ayres à la confédération. A l'expiration de ses fonctions, il fut nommé commandant en chef, et rode-

vint bientôt après gouverneur de l'Entre-Rios. Les hostilités ayant recommencé contre Buenos-Ayres, il fut battu à Pavon le 17 sept. 1861. Il se retira du service actif en 1864 et fut assassiné en avril 1870, par son gendre, le général Lopez Jordan.

URSIEN, IENNE adj. (rad. lat. *ursus*, ours). Qui ressemble ou qui se rapporte à l'ours.

URSIN, INE adj. De l'ours; qui est propre à l'ours.

URSINS. Voy. JUVÉNAL.

URSULE, sainte de l'Église catholique romaine; elle était, dit-on, fille d'un prince chrétien de la Grande-Bretagne, vivant au IVe ou au Ve siècle. Pour éviter d'épouser un prince païen, elle fit un pèlerinage à Rome avec dix nobles compagnes, escortées chacune de 1,000 vierges. A leur retour, elles furent massacrées à Cologne, par une armée de Huns, parce qu'Ursule refusa d'épouser le roi de ces barbares. On pense que le nombre de ses compagnes est une erreur de quelque copiste, qui aura lu cette inscription XI MM VV onze mille vierges, au lieu de 11 vierges martyres. D'autres pensent que la légende des onze mille vierges martyres est due à la découverte d'une inscription à *Ursula Undecimilla Virgines*, dans laquelle le nom propre *Undecimilla* fut traduit par *onze mille*. On visite encore à Cologne les ossements de sainte Ursule et de ses onze mille compagnes. — Fête le 21 oct.

* **URSULINE** s. f. Religieuse de l'ordre de sainte Ursule. — Les ursulines forment un ordre monastique de l'Église catholique, fondé à Brescia, en 1533, par sainte Angèle de Mérici et placé sous l'invocation de sainte Ursule (1474-1540). Ce fut d'abord une association libre de veuves et de jeunes femmes pour l'enseignement gratuit des filles, ainsi que pour les visites et les secours aux pauvres. En 1572, à l'instance de saint Charles Borromée, le pape Grégoire XIII érigea la congrégation en ordre religieux, sous la règle de saint Augustin, avec un quatrième vœu ajouté aux trois vœux monastiques ordinaires, celui d'enseigner gratuitement les jeunes filles. Mais plusieurs congrégations conservèrent l'organisation indépendante qu'elles avaient à l'origine, et l'ordre se divisa longtemps en ursulines « primitives » et ursulines « régulières ». En 1745, les ursulines avaient en France plus de 350 monastères. Elles ont beaucoup de couvents aux États-Unis, mais elles n'existent plus en Italie, en Suisse et en Allemagne, depuis 1874.

* **URTICAIRE** s. 1. (lat. *urtica*, ortie). Méd. Éruption assez semblable à celle que produirait l'application des feuilles d'orties sur la peau. — L'urticaire est une éruption de plaques proéminentes plus rouges ou plus blanches que la peau circonvoisine. Elles sont quelquefois accompagnées d'un prurit incommode. Il suffit pour se débarrasser de l'urticaire, de prendre quelques bains tièdes et des laxatifs.

URTICANT, ANTE adj. Qui produit une piqûre analogue à celle de l'ortie.

* **URTICATION** s. f. Chir. Sorte de flagellation qu'on pratique avec des orties, pour exciter une vive irritation à la peau.

URTICÉ, ÉE adj. (du lat. *urtica*, ortie). Qui ressemble ou qui se rapporte à l'ortie.

* **URTICÉES** s. f. pl. Bot. Famille de plantes dicotylédones dialypétales hypogynes dont les caractères principaux sont ceux qui appartiennent à l'ortie. — Genres principaux : ortie et pariétaire.

URTIQUER v. a. Flageller avec des orties.

URUGUAY ou **Banda oriental de l Uruguay** [ou-rou-goual'], république d'Amérique du

Sud, entre 30e et 35e lat. S. et entre 55e et 60e 50' long. O. Limites : au N., au N.-O. et à l'E., le Brésil ; au S.-E. et au S., l'Atlantique ; au S.-O. et à l'O., le Rio de la Plata et l'Uruguay qui le séparent de la république Argentine ; 180,865 kil. carr.; 530,000 hab. Cap., Montevideo. Des chaînes de collines boisées traversent l'intérieur. Les *pampas*, grandes plaines ondulées recouvertes de grandes herbes, forment le trait caractéristique du pays. Le point culminant est le Cerro Pelado, qui n'a pas plus de 800 m. Le Rio Negro, long de 550 kil. et tributaire de l'Uruguay, est le plus grand cours d'eau de l'intérieur. Le climat est doux et sain. Il y tombe beaucoup de pluie en toutes saisons de l'année. Le sol est très riche et donne d'abondantes récoltes de céréales, une grande variété de fruits et de légumes, des cannes à sucre et du coton. On trouve de l'or, de l'argent, du plomb, du fer, du cuivre, du marbre, des agates, de l'albâtre, des améthystes. La république de l'Uruguay se divise en 15 départements. Sur la population, 250,000 hab. sont étrangers et se répartissent à peu près ainsi : 60,000 Italiens, 30,000 Basques, autant d'Espagnols et autant de Français, 20,000 Brésiliens, 40,000 Argentins, 10,000 Anglais et Allemands, 2,000 Portugais et 12,000 Africains. Le gros de la population indigène est un mélange de sang indien, européen et africain. La grande richesse du pays consiste dans ses pâturages ; cependant le chiffre de la population agricole s'accroît rapidement. On exporte principalement des peaux, de la laine, du suif et de la viande de bœuf séchée. L'industrie y est très arriérée. Il y a 430 kil. de chemins de fer, et 1,100 kil. de lignes télégraphiques en exploitation. — La forme du gouvernement est, en théorie, républicaine et semblable à celle des États-Unis; mais, en pratique, c'est un despotisme militaire alternant avec l'anarchie. Le président est élu pour quatre ans. Il nomme quatre ministres : pour l'intérieur, les affaires étrangères, les finances et la guerre. Le pouvoir législatif se compose d'un sénat de 13 membres, un pour chaque département, élus pour six ans et présidés par un vice-président élu pour quatre ans, et d'une chambre de députés de 40 membres élus pour trois ans. Les dépenses excèdent constamment les recettes ; dette publique de 220 millions de fr. Les écoles, au nombre d'environ 250, sont fréquentées par 17,000 élèves. — Le premier établissement fait à demeure dans l'Uruguay fut celui des missionnaires jésuites en 1623. Des colonies espagnoles et portugaises vinrent s'y établir ensuite. L'Espagne et le Portugal se disputèrent la possession jusqu'en 1724, époque où la victoire resta aux Espagnols. En 1776, ce territoire fut compris dans la vice-royauté de Buenos-Ayres sous le nom de district de la *Banda oriental*. Lorsque la guerre de l'indépendance éclata en 1811, la Banda oriental prit d'abord parti pour Buenos-Ayres; mais, en 1814, Montevideo ayant été secouru contre les Portugais, qui avaient envahi le pays, celui-ci tomba au pouvoir de José Artigas. Les Portugais l'envahirent de nouveau en 1816, et, après la chute d'Artigas, en 1821, forcèrent le corps législatif à décréter l'annexion au Brésil. En 1825, une révolution éclata; l'indépendance du pays fut proclamée, et elle fut reconnue, en 1828, la partie septentrionale ayant été cédée au Brésil, et le reste formant la république de l'Uruguay. Des discordes intestines éclatèrent peu après l'adoption de la constitution de 1830. Les guerres civiles les plus importantes ont été : celle qui a commencé en 1839, sous Oribe, aidé par Rosas, dictateur de Buenos-Ayres, laquelle amena l'intervention de l'Angleterre et de la France, et celle qui renversa Rosas en 1852 ; et celle qui commença en 1860, sous Flores; celui-ci,

battu en 1863, fut rétabli par le Brésil en 1865, époque où la république Argentine, le Brésil et l'Uruguay conclurent un traité d'alliance contre le Paraguay.

URUGUAY, rivière de l'Amérique du Sud; elle naît sur le versant occidental de la Serra do Mar, dans la province de Santa Catharina (Brésil). Elle coule à l'O. jusqu'à la frontière de la république Argentine, puis au S.-O. et au S., entre ce pays d'un côté et le Brésil et l'Uruguay de l'autre; puis elle s'unit au Parana pour former la Plata; longueur, 1,700 kil. La cataracte de Salto Grande est à 400 kil. au-dessus de sa jonction avec le Parana. Les steamers la franchissent pendant les grandes eaux, au-dessus des vaisseaux de 5 pieds de tirant d'eau naviguent sans obstacle pendant 800 kil. Dans la partie inférieure de ses cours, pendant près de 165 kil., la rivière s'élargit en lac de 6 à 40 kil. de large. Le Rio Negro est son affluent le plus considérable.

URUMIAH ou **Oroumiah** [ou-rou-mi'-a]. I, ville de l'Azerbidjan (Perse), à 110 kil. S.-O. de Tabriz (de 25,000 à 50,000 hab. C'est une des plus belles villes de Perse. Les presbytériens d'Amérique y dirigent une mission florissante. Urumiah, sous le nom de Thabarma, était une ville sacrée chez les anciens Perses, comme étant le lieu de naissance de Zoroastre. — II. (Lac), dans le voisinage de la ville. Long de 430 kil. et large de 45; il n'a nulle part plus de 25 pieds de profondeur. Ses eaux, très saturées de sel, ressemblent à celles de la mer Morte; leur couleur est d'un bleu profond; de là le nom arménien de Kapotan Zauw « mer Bleue ». Le lac reçoit beaucoup de cours d'eau importants, mais n'a aucun déversoir. Près de sa rive orientale se trouve Maragha, qui avait autrefois une immense population, réduite aujourd'hui à 20,000 hab. environ. Les Arabes donnent au lac le nom de cette ville.

* **URUS** s. m. [u-russ]. Voy. Aurochs.

* **US** [uss], terminaison de beaucoup de mots latins, qui s'emploie en français dans cette locution, Un savant en US, un savant qui affecte une grande connaissance des langues anciennes, particulièrement du latin.

* **US** s. m. pl. [uss] (lat. *usus*). Usages. Se joint presque toujours avec Coutumes, et signifie, les règles, la pratique qu'on a coutume de suivre en quelque pays, en usage lieu, touchant certaines matières : *us et coutumes de Picardie*.

* **USAGE** s. m. [u-za-je] (fr. *user*). Coutume, pratique reçue : *c'était l'usage du pays, du temps*. — Emploi d'une chose : *faire usage d'un aliment*. — Emploi qu'on fait des mots de la langue; il offre alors deux sens bien distincts. En général, il se dit de l'emploi des mots, tel que la coutume l'a réglé : *l'usage est l'arbitre souverain des langues, est le tyran des langues*. — Quelquefois, il se dit de l'emploi particulier qu'on fait des mots, soit que, servi par son talent et consultant l'analogie, on trouve des moyens neufs de s'exprimer, soit qu'on tombe dans des fautes qu'entraîne le défaut de goût et de raison : *l'usage qu'il fait de cette expression est heureux*. — Droit de se servir personnellement d'une chose dont la propriété est à un autre : *en vendant sa bibliothèque, il s'en est réservé l'usage sa vie durant*. — Mettre tout en usage, employer tous les moyens :

> Là pour nous enchanter *tout est mis en usage;*
> Tout prend un corps, une âme, un esprit, un visage.
> Boileau.

— Jurispr. Se dit aussi du droit qu'ont les voisins d'une forêt ou d'un pacage, d'y couper le bois qui leur est nécessaire, ou d'y mener paître leur bétail : *on a taxé les usages confirmé les usages aux riverains de ces forêts, de ces marais*. — Habitude, pratique d'une

chose : *il a l'usage de ces matières, de ces termes*. — Expérience de la société, habitude d'en pratiquer les devoirs, d'en observer les usages : *l'usage du monde, de la vie*, ou simpl., *l'usage*. — Usages, au plur., se dit, en librairie, des livres dont on se sert pour le service divin, comme bréviaires, rituels, diurnaux, heures, processionnels, missels, etc. (Vieux.) — Législ. « Suivant l'ancienne législation romaine, le *droit d'usage* ne comportait pas le droit d'en recueillir les fruits. Cette jouissance devint ensuite plus étendue; et notre Code civil porte que celui qui a l'usage d'un fonds peut en prendre autant de fruits qu'il en faut pour ses besoins et ceux de sa famille; mais il ne peut céder ni·louer son droit. L'usage doit contribuer aux charges (contributions, réparations, frais de culture, etc.) dans la proportion de ce dont il jouit. Le droit d'usage prend le nom de *droit d'habitation*, lorsqu'il a pour objet une maison (C. civ. 625 à 636). — Nous avons parlé ailleurs (de certains droits d'usage qui ont été concédés au profit réciproque des habitants d'une ou de plusieurs communes. (Voy. Parcours.) Les droits d'usage concédés dans les bois de l'État, des communes, des établissements publics ou des particuliers sont limités par les dispositions du code forestier et par l'ordonnance réglementaire du 1er août 1827. En ce qui concerne les droits d'usage en bois (affouage et maronage), les forêts peuvent en être partiellement affranchies au moyen des cantonnements. (Voy. ce mot.) Quant aux autres droits d'usage dans les forêts (pâturage, glandée, etc.), ils peuvent être rachetés moyennant des indemnités qui sont réglées de gré à gré ou fixées par les tribunaux. — Ces *usages commerciaux* qui sont relatifs à la livraison des marchandises vendues, et aux retenues à déduire pour tares, emballages, etc., sont, à défaut de conventions, réglés et détaillés dans l'usage annexé à la loi du 20 juin 1866. — Les *usages locaux* ont force de loi en certaines matières (voy. Coutume), et sont invoqués très fréquemment lorsqu'il s'agit de fermage de terres, de la location des maisons, etc. Ces usages ne sont pas exclusivement la reproduction des anciennes coutumes locales; ils changent nécessairement lorsque le système de culture se modifie, et ils varient d'un lieu à un autre, de telle sorte que les juges de paix et les tribunaux peuvent souvent hésiter dans l'application. C'est donc un véritable service rendu à tous que de les codifier, ainsi que cela a été fait, dès 1842, par la Société libre de l'Eure, pour les usages locaux du département. Cette société avait préalablement soumis le projet de rédaction de ce code départemental à tous les tribunaux, juges de paix, avocats et officiers ministériels de la contrée. (Voy. Bail, Gonge, etc.) » (Ch. Y.)

* **USAGER** s. m. Jurisp. Celui qui a droit d'usage dans certains bois, ou dans certains parages : *on a taxé les usagers*.

* **USANCE** s. f. [u-zan-se]. Usage reçu : *l'usance du pays, des lieux*. (Vieux.) — Terme de trente jours : *il a une lettre sur un tel à usance*. — Législ. « En droit commercial, l'usance est un délai de trente jours qui commence à courir le lendemain de la date d'une lettre de change. Cet effet de commerce peut être tiré, soit à une ou plusieurs usances de vue, soit à une ou plusieurs usances de vue. (C. comm. 129, 132.) C'est l'ordonnance royale sur le commerce du mois de mars 1673 (titre V, art. 5) qui a ainsi fixé uniformément l'usance à trente jours pour tenir lieu de l'échéance au mois. » (Ch. Y.)

* **USANTE** adj. f. Jurisp. N'est usité que

dans cette phrase, Fille majeure usante et jouissante de ses droits, fille majeure qui n'a ni père ni mère, et qui n'est sous l'autorité de personne.

* **USÉ, ÉE** part. passé de User. — Ce cheval est usé, a les jambes usées, ses jambes ne valent plus rien. — C'est un homme usé, il est très affaibli par le travail, par les maladies, ou par les débauches. — Une pensée usée, une pensée qui a été employée souvent, et à laquelle on ne fait plus attention. On dit de même, Ce sujet est usé; ces moyens-la sont usés. — Une passion usée, un amour refroidi, diminué par le temps. — Avoir le goût usé, avoir le goût émoussé par le trop fréquent usage des ragoûts forts et piquants, ou des liqueurs violentes.

* **USER** v. n. [u-zé] (bas lat. *usari*, fréquent. de *uti*). Faire usage de quelque chose, s'en servir : *user de remèdes*. — Se dit aussi en parlant des choses morales : *user de menaces*. — User bien de quelque chose, en faire un bon usage ; User mal de quelque chose, en faire un mauvais usage, en abuser : *il use bien de son crédit; il use bien de sa faveur*. — En user librement, familièrement avec quelqu'un, avoir avec quelqu'un un procédé libre, une manière d'agir familière : *je vous demande pardon, si j'en use si familièrement, si librement avec vous*. — Absol. En user, agir de telle et telle manière : *il faut savoir comme on en use dans ce pays; on en use ainsi entre gens d'honneur*. — User v. a. Consommer les choses dont on se sert : *on use bien du bois dans cette maison*. — Détériorer imperceptiblement les choses, en les diminuant à force de s'en servir : *les enfants usent beaucoup d'habits et de souliers*. — User ses ressources, les prodiguer et les affaiblir. — User sa jeunesse auprès de quelqu'un, passer sa jeunesse à servir quelqu'un. — Diminuer par le frottement : *il faut user la pierre la pointe de ces ciseaux*. — Amoindrir, affaiblir : *la jouissance use l'amour*. — Chir. Consumer : *poudre pour user les chairs*. — S'user v. pr. *Les marbres, les pierres s'usent*. — User s. m. Se dit en parlant des choses qui durent longtemps : *cette étoffe, ce drap est d'un bon user*. — Cet homme est bon a l'user, plus on le fréquente, plus on le trouve officieux, honnête, d'un commerce agréable et sûr. On dit aussi, On ne connaît bien les gens qu'a l'user.

USEUR s. m. Celui qui use par le frottement.

* **USINE** s. f. [u-zi-ne] (bas lat. *usina*, fabrique). Établissement tel que forge, papeterie, filature, moulin, etc. : *une grande usine*. — Les points principaux de la législation concernant les usines ont été résumés aux mots suivants : Établissement, Machine, Manufacture.

USINIER s. m. Exploiteur d'une usine.

* **USITÉ, ÉE** adj. (lat. *us*, coutume). Qui est en usage, qui est pratiqué communément : *cela est fort usité dans ce pays*. — Se dit principalement des mots et des phrases qui sont en usage dans une langue : *ce mot n'est guère usité*.

USSAT-LES-BAINS, station minérale, dépendant de la commune d'Ornolac, cant. de Tarascon, arr. et à 18 kil. S.-E. de Foix (Ariège), dans une gorge étroite, sur l'Ariège ; 100 hab. Eaux bicarbonatées sulfatées calciques. Établissement où l'on traite les affections du système nerveux, les maladies de l'utérus, la stérilité, les affections du tube digestif, les atonies organiques, la chorée, etc. — Aux environs, nombreuses grottes pleines du souvenir des Albigeois.

USSEL, ch.-l. d'arr. à 61 kil. N.-E. de Tulle (Corrèze), sur une colline, par 45° 32' 50" lat. N. et 0° 1' 41" long. O. ; 3,000 hab. Lui-

V.

bages, tanneries; commerce de bestiaux. Vieille église (mon. hist.)

USSON, village de l'arr. et à 9 kil. O. d'Issoire (Puy-de-Dôme); 1,000 hab. Ruines d'un ancien château fort des comtes d'Auvergne, que Duguesclin ne put prendre en 1371 et que Louis XI convertit en prison d'État. Marguerite de Valois, première femme de Henri IV, y passa 18 ans et y écrivit ses *Mémoires*.

USTARITZ, ch.-l. de cant., arr. et à 14 kil. S. de Bayonne (Basses-Pyrénées), sur la rive gauche de la Nive; 1,500 hab. C'est l'ancienne capitale du pays de Labourd.

* **USTENSILE** s. m. [uss-tan-si-le] (lat. *ustensilia*). Se dit de toutes sortes de petits meubles servant au ménage, et principalement de ceux qui servent à l'usage de la cuisine : *tout l'inventaire ne consistait qu'en quelques ustensiles de cuisine.* — Se dit aussi des diverses instruments propres à certains arts : *les ustensiles oratoires.*

* **USTION** s f. [uss-ti-on] (lat. *ustio*). Action de brûler. — Chir. Effet du cautère actuel. — Chim. Espèce de calcination par laquelle on réduit en cendres une substance.

* **USUCAPION** s. f. [u-zu-ka-pi-on] (lat. *usus*, usage; *copere*, prendre). Droit romain. Manière d'acquérir par la possession, par l'usage.

* **USUEL, ELLE** adj. [u-zu-èl] (lat. *usualis*). Dont on se sert ordinairement : *meubles usuels.*

* **USUELLEMENT** adv. Communément, à l'ordinaire : *cela se doit usuellement.*

* **USUFRUCTUAIRE** adj. (lat. *usus*, usage; *fructus*, fruit). Droit. Qui ne donne que la faculté de jouir des fruits : *le douaire des femmes est un droit usufructuaire.*

* **USUFRUIT** s. m. [u-zu-frui] (lat. *ususfructus*). Droit. Jouissance des fruits, du revenu d'un héritage, des intérêts d'un capital, dont la propriété appartient à un autre : *il n'a point cette terre en propre, il n'en a que l'usufruit.* — Légist. « L'usufruit est le droit de jouir des biens meubles ou immeubles dont un autre a la propriété, comme le ferait le propriétaire lui-même, mais à la charge d'en conserver la substance. L'usufruit est donc un démembrement de la propriété; c'est à la fois un droit réel et une servitude personnelle, temporaire, presque toujours viagère, dont la jouissance peut être cédée par celui qui en est le titulaire. Le droit d'usufruit est établi, soit en vertu d'une disposition de la loi, soit par contrat, soit par testament. La jouissance légale attribuée aux père et mère sur les biens de leurs enfants âgés de moins de 18 ans et non émancipés (C. civ. 384) est un véritable usufruit, bien qu'elle ne puisse être cédée. La loi attribue aussi au père ou à la mère qui, en succédant à leur enfant se trouvent en concours avec d'autres collatéraux non privilégiés, l'usufruit du tiers des biens dévolus à ceux-ci. (Voy. Succession.) Le titulaire d'un évêché ou d'une cure a l'usufruit des biens composant la mense épiscopale ou curiale. (Voy. Mense.) L'usufruit, lorsqu'il n'est pas établi par la loi, résulte le plus souvent des donations faites entre vifs, au profit du survivant, soit par leur contrat de mariage, soit par un acte postérieur (id. 1094). L'usufruitier peut se servir de tous les objets soumis à son droit, en la chacun selon sa destination. Il a droit : 1° aux fruits naturels, qui sont les produits spontanés de la terre, les produits et le croît des animaux; 2° aux fruits industriels qu'on obtient d'un fonds par la culture; 3° aux fruits civils qui sont les loyers ou fermages d'immeubles, les intérêts des capitaux et les arrérages des rentes. Mais les fruits naturels ou industriels étant acquis à l'usufruitier seulement par la ré-

colte, il a droit à ceux qui sont pendants par branches ou par racines au moment où l'usufruit est ouvert; et, au contraire, ceux de ces produits qui sont dans le même état au moment-où l'usufruit s'éteint appartiennent au propriétaire du fonds. Il n'y a pas lieu, dans un cas ni dans l'autre, à récompense pour frais de labour et semences. Quant aux fruits civils, ils s'acquièrent jour par jour, et en conséquence, ils appartiennent à l'usufruitier à proportion de la durée de son usufruit. Lorsque l'usufruit porte sur des choses dont on ne peut faire usage sans les consommer, comme l'argent, les grains, les boissons etc., l'usufruitier a le droit de s'en servir, mais à la charge d'en rendre de pareille quantité, qualité et valeur, ou leur estimation, à la fin de l'usufruit. L'usufruitier n'a pas le droit d'abattre les futaies non aménagées, ni d'exploiter les mines ou carrières dont l'exploitation n'était pas commencée avant sa jouissance. Il ne peut consentir, pour une période de plus de neuf années, des baux qui soient obligatoires pour le propriétaire, et il ne peut les renouveler plus de trois ans avant leur expiration s'il s'agit de biens ruraux, et plus de deux ans avant la même époque s'il s'agit de maisons. La loi impose diverses obligations à l'usufruitier. Avant d'entrer en jouissance, il doit faire dresser à ses frais, en présence du propriétaire ou lui dûment appelé, un inventaire des meubles et un état descriptif des immeubles soumis à l'usufruit; et il doit aussi donner caution valable de jouir en bon père de famille, à moins qu'il n'ait été dispensé de cette obligation par l'acte constitutif, ou qu'il ne s'agisse, soit de l'usufruit légal des père et mère, soit de l'usufruit que s'est réservé le vendeur ou le donateur de la nue-propriété. Lorsque cette caution est due et qu'elle n'est pas fournie, les immeubles doivent être affermés ou mis en séquestre, les denrées et les meubles qui dépérissent par l'usage doivent être vendus (les autres restant en la possession du propriétaire), et les sommes disponibles sont placées. Les intérêts de ces sommes appartiennent à l'usufruitier, ainsi que les loyers et fermages des immeubles, les revenus des valeurs mobilières et tous les autres fruits qui ont pu être recueillis depuis l'ouverture de son droit. Pendant la durée de sa jouissance, l'usufruitier doit veiller à la conservation du fonds et au maintien des droits du propriétaire. Il est tenu aux charges annuelles grevant les biens ou la portion de biens dont il jouit, telles que contributions, intérêt de dettes, etc. Il est également tenu aux réparations d'entretien. Les grosses réparations sont à la charge du nu-propriétaire; mais l'usufruitier doit lui payer les intérêts des sommes déboursées. Si l'usufruitier fait des constructions nouvelles, des améliorations ou de grosses réparations sans qu'il y ait eu à ce sujet aucune convention avec le propriétaire, il n'a aucun droit de réclamer une indemnité. L'usufruit prend fin par l'une des causes suivantes : 1° par la mort de l'usufruitier; 2° par l'expiration du terme pour lequel il a été accordé; 3° par l'accomplissement de la condition résolutoire qui a été stipulée; 4° par la consolidation, c'est-à-dire par la réunion sur une seule tête des qualités d'usufruitier et de propriétaire; 5° par la destruction totale de la chose soumise à l'usufruit; 6° par la renonciation de l'usufruitier au droit dont il jouit; 7° par l'abus de jouissance, lorsque les tribunaux reconnaissent les faits suffisants pour prononcer la cessation de l'usufruit; 8° par le non usage pendant trente ans; 9° par l'expiration d'une période de jouissance de trente ans, lorsque l'usufruit a été constitué au profit d'une personne morale, sans terme fixe ou pour une durée plus longue; 10° par la résolution du droit de celui qui a constitué

l'usufruit; et 11° par la prescription acquise au profit d'un tiers possesseur (C. civ. 578 à 624). Dans aucun cas, l'usufruitier ne peut prescrire le droit de propriété de l'objet dont il jouit, à moins que son titre de possession n'ait été interverti (id. 2236 et s.). Le droit d'usufruit peut être exproprié à la requête d'un créancier de l'usufruitier (id. 2204). L'usufruit d'un immeuble étant susceptible d'hypothèque (id. 2118), l'acte qui l'a constitué ne peut être opposé aux tiers qui ont des droits sur le même immeuble, que lorsque cet acte a été transcrit au bureau des hypothèques, conformément à la loi du 23 mars 1885. »
(Ch. Y.)

USUFRUITÉ, ÉE adj. Dont l'usufruit n'appartient pas au propriétaire : *terre usufruitée.*

* **USUFRUITIER, IÈRE** s. Droit. Celui, celle qui a l'usufruit : *le propriétaire et l'usufruitier.* — adj. **Réparations usufruitières**, celles qui sont à la charge de l'usufruitier.

USUM (Ad). Voy. Ad usum.

USUMASINTA [ou-sou-ma-sinn'-ta], rivière appelée Chicsoy dans son cours supérieur. (Voy. Guatemala.)

* **USURAIRE** adj. (fr. usure). Où il y a de l'usure : *contrat usuraire.*

* **USURAIREMENT** adv. D'une manière usuraire.

* **USURE** s. f. [u-zu-re] (lat. *usura*). Intérêt, profit qu'on exige d'un argent ou d'une marchandise prêtée, au-dessus du taux fixé par la loi ou établi par l'usage en matière de commerce : *grosse usure.* — Fig. **Rendre avec usure, payer avec usure**, rendre, en bien ou en mal, au delà de ce qu'on a reçu : *Dieu rend avec usure ce que l'on a fait pour lui.* — Dépérissement qui arrive aux habits, aux meubles, etc., par le long usage qu'on en fait : *son habit est percé; c'est un accident, c'est usure.* — Anat. **Usure des dents**, détérioration par suite d'un long usage. — Législ. « Toute stipulation d'intérêt constituait, sous l'ancien droit, le crime d'usure, lorsque le fonds n'avait pas été aliéné, ou lorsque le débiteur n'avait pas été, par une demande en justice, mis en demeure de payer le capital. Aujourd'hui l'usure ne constitue un délit que lorsqu'une personne est convaincue de prêter habituellement à un taux d'intérêt qui excède le taux légal. Nous avons exposé en parlant de l'intérêt (voy. ce mot) la législation relative à l'usure. »
(Ch. Y.)

USURER v. n. Prêter à usure.

* **USURIER, IÈRE** s. Celui, celle qui prête à usure : *c'est une usurière qui prête sur gages.* — Se dit, par ext., de ceux qui profitent des malheurs ou des nécessités d'autrui pour accroître leur fortune.

* **USURPATEUR, TRICE** s. (lat. *usurpator*). Celui, celle qui, par violence ou par ruse, s'empare d'un bien, d'un pouvoir, d'une dignité, d'un titre, etc., qui ne lui appartient pas. Ne se dit guère qu'en parlant de choses importantes : *les usurpateurs sont rarement tranquilles.* — Absol. Celui qui a usurpé une souveraineté : *l'usurpateur fut renversé du trône.*

* **USURPATION** s. f. Action d'usurper, ou résultat de cette action : *l'usurpation de l'autorité souveraine.* — Se dit quelquefois de la chose même qui est usurpée : *la plupart des terres de cette seigneurie n'étaient que des usurpations.* — Législ. « Toute usurpation commise sur un bien rural peut être dénoncée dans la huitaine au propriétaire par le fermier (C. civ. 1768) ou par l'usufruitier, sous leur responsabilité (id. 614). Les usurpations sur la largeur d'un chemin public constituent des contraventions, et ceux qui les ont commises sont punis d'une amende de 11 à 15 fr.

'(C. pén. 479, 11°). — Quiconque a usurpé des fonctions publiques, civiles ou militaires, est puni d'un emprisonnement de deux à cinq ans. S'il s'agit d'un costume, d'un uniforme ou d'une décoration, l'emprisonnement est de six mois à deux ans; et si c'est un nom ou un titre de noblesse qui a été usurpé, la peine d'une amende de 500 à 10,000 fr. (C. pén. 258, 259; L. 28 mai 4858).» (CH. Y.)

* **USURPÉ, ÉE** part. passé de USURPER : *un titre usurpé.* — Fig. RÉPUTATION USURPÉE, qui n'est fondée sur rien, ou (qui surpasse de beaucoup le mérite de celui qui l'obtient.

* **USURPER** v. a. [α-zur-pé] (lat. *usurpare*). S'emparer, par violence ou par ruse, d'un bien, d'une dignité, d'un titre qui appartient à un autre : *il n'était pas héritier de la couronne, il l'avait usurpée.* — Fig. USURPER LA RÉPUTATION, LA GLOIRE, L'ESTIME, l'obtenir par fraude, sans droit légitime. — Usurper v. n. *Vous usurpez sur mes droits, sur mes possessions.* CE LABOUREUR TACHE TOUJOURS D'USURPER SUR SES VOISINS, c'est-à-dire, d'accroître son terrain en poussant sa culture sur le leur.

* **UT** s. m. [utt]. Mus. Première des notes de la gamme. Nom du signe qui représente cette note : *le ton d'ut.*

UTAH, territoire occidental de l'Union américaine, à l'O. du Colorado, et à l'E. de la Nevada, entre 37° et 42° lat. N., et entre 411° et 116° long. O. ; 220,063 kil. carr.; 144,000 hab., dont 20,000 Anglais. Cap., Salt-lake-city, la ville des Mormons (voy. MORMONS), ville princ. Ogden. La population ne comprenait que 10,000 hab. en 1850. Ce territoire comprend une partie d'un vaste plateau au N. duquel s'étend le grand lac Salé, et qui est traversé par les monts Wah-sath (branche des Montagnes Rocheuses). Il est généralement stérile; climat froid et inconstant. Mais des espaces étendus sont couverts de pâturages. La principale richesse se compose de minéraux. L'Utah fut organisé en territoire en 1850.

UTAHS ou Utes, grande tribu d'Indiens américains appartenant à la famille des Shoshones, et errant sur une grande partie du Nouveau-Mexique, de l'Utah, du Colorado et du Nevada. Ils sont vigoureux, robustes et braves, là où le gibier est abondant; mais certaines bandes qui vivent sur des pays stériles sont misérablement pauvres. Ils se sont ordinairement montrés amis des blancs, bien qu'ils aient parfois pillé les émigrants dans les plaines. Leur richesse consiste principalement en chevaux.

UTÉRALGIE s. f. (fr. *utérus*; gr. *algos*, douleur). Pathol. Douleur nerveuse de l'utérus.

* **UTÉRIN, INE** adj. (rad. *utérus*). Se dit des frères et des sœurs nés de même mère, mais non pas de même père : *c'est son frère utérin.* — Jurispr. S'emploie quelquefois substantiv. au pluriel : *les utérins et les consanguins.* — Méd. FUREUR UTÉRINE, OU NYMPHOMANIE, maladie du sexe féminin, qui consiste en un penchant irrésistible et insatiable à l'acte vénérien.

UTÉRITÉ s. f. Inflammation de l'utérus.

UTÉROMANIE s. f. Fureur utérine.

UTÉROTOMIE s. f. (fr. *utérus*; gr. *tomé*, section). Incision du col de l'utérus.

* **UTÉRUS** s. m. [u-té-russ] (mot. lat.). Anat. Syn. de matrice.

UTICA, ville de l'état de New-York (Etats-Unis), sur la rive méridionale du Mohawk, à la jonction des canaux de l'Erie et du Chenango, à 95 kil. O.-N.-O. d'Albany; 32,070 hab. Elle est élégament bâtie en amphithéâtre à partir de la rivière jusqu'à une hauteur de 150 pieds. Grand commerce de fromage. L'industrie y est florissante. Asile d'aliénés

appartenant à l'état. Utica a été classée comme cité en 1832.

* **UTILE** adj. (lat. *utilis*). Profitable, avantageux, qui sert à quelque chose : *c'est un homme qui vous sera utile dans vos affaires.* — Procéd. JOURS UTILES, jours qui sont comptés dans les délais accordés par les lois, et dans lesquels les parties peuvent réciproquement agir en justice : *les dimanches ne sont pas au nombre des jours utiles.* — ORDRE UTILE, rang des créanciers qui, d'après la date de leur hypothèque, seront payés sur les biens du débiteur. — EN TEMPS UTILE, dans le temps prescrit, déterminé. On l'emploie surtout en termes d'administration. FAIRE SA RÉCLAMATION EN TEMPS UTILE. — Utile s. m. Ce qui est profitable, avantageux à l'utile.

UTILE DULCI, derniers mots d'un vers d'Horace (*Art poét.* v. 344), signifiant, *l'utile à l'agréable.*

* **UTILEMENT** adv. D'une manière utile : *il a travaillé utilement pour lui et pour les siens.* — Procéd. ETRE UTILEMENT COLLOQUÉ, être colloqué en ordre utile, de telle manière qu'on sera payé de sa créance : *il est un des plus anciens créanciers, il ne peut manquer d'être colloqué utilement.*

UTILISABLE adj. Que l'on peut utiliser.

UTILISATION s. f. Action d'utiliser.

* **UTILISER** v. a. Tirer de l'utilité, tirer parti d'une chose : *vous venez de dire, il faut utiliser les matériaux qui vous restent.*

* **UTILITAIRE** adj. Qui vise à l'utilité. Ne se dit guère qu'en parlant d'une école philosophique qui ne reconnaît pour principe du bien que l'utilité. — Substantiv. *Les utilitaires.*

UTILITARISME s. m. Doctrine des utilitaires.

* **UTILITÉ** s. f. (lat. *utilitas*). Profit, avantage : *cela n'est pas d'une grande utilité.* CELA N'EST D'AUCUNE UTILITÉ, cela n'est d'aucun usage, ou cela ne sert de rien. — s. f. pl. Théâtre. Se dit de l'emploi des acteurs qui jouent toutes sortes de rôles de peu d'importance : *elle joue les utilités.*

UTI POSSIDETIS. Diplom. Expression que prend pour base des arrangements subséquents l'état actuel des possessions que l'on veut régler.

UTIQUE (lat. *Utica*), ancienne ville d'Afrique, sur le bord occidental du Bagradas, près de la baie de Carthage, dont l'emplacement est occupé aujourd'hui par le village de Bu-shatter, à une petite distance au N.-O. de Tunis. Pendant la troisième guerre Punique, elle se soumit à Rome, et pendant les luttes entre Marius et Sylla et entre César et Pompée, elle semble avoir été une place de grande importance. Les Arabes la détruisirent au VIIᵉ siècle.

* **UTOPIE** s. f. (gr. *ou*, non; *topos*, lieu). Ce qui n'est en aucun lieu, nulle part; se dit en général d'un plan de gouvernement imaginaire, où tout est parfaitement réglé pour le bonheur de chacun, comme au pays fabuleux d'Utopie, décrit par Thomas Morus, dans un livre qui porte le titre d'UTOPIA : *chaque rêveur imagine son utopie.*

UTOPIQUE adj. Qui a le caractère d'une utopie.

* **UTOPISTE** s. m. Celui qui crée des utopies ou qui y croit. — Adjectiv. *Doctrine utopiste.*

UTRAQUISTE s. m. (lat. *utraque*, l'une et l'autre). Nom donné aux Hussites de la Bohème qui communiaient sous les deux espèces. (Voy. CALIXTIN.)

UTRECHT, I, province des Pays-Bas, bornée au N. par le Zuyderzée ; 4,384 kil. carr.;

184,084 hab. Elle est arrosée par le Rhin et ses branches, le Vecht et l'Amstel. Certaines portions sont élevées et couvertes de bruyères et de tourbières ; mais les terres basses sont riches et fertiles. — II, capitale de cette province, sur le Vieux Rhin, à 32 kil. S.-E. d'Amsterdam ; 63,052 hab., dont un tiers environ de catholiques. Elle est entourée de forts, possède une belle promenade et de jolis squares, et renferme l'hôtel national des monnaies et trois cathédrales. L'université compte environ 500 étudiants : on y a récemment ajouté un nouveau musée physiologique. On y fabrique des cigares, des tissus de coton, de soie, de lin, de laine, des tapis, de la peluche (velours d'Utrecht). Il y a beaucoup de maisons d'édition. — Utrecht est la plus vieille de toutes les villes bataves. Les Romains l'appelaient Trajectum ad Rhenum et Ultrajectum. L'union qui jeta les bases de la république des sept Provinces Unies fut organisée à Utrecht en 4579. Le traité d'Utrecht, signé le 44 avril 4713, et complété par la paix de Rastadt (4744) et d'autres traités, mit fin à la guerre de Succession d'Espagne. Par ce traité, Philippe V était reconnu roi d'Espagne ; les Pays-Bas espagnols, Naples, Milan et l'île de Sardaigne étaient laissés à l'empereur Charles VI ; la Sicile était donnée à Victor-Amédée II de Savoie, et l'Angleterre obtenait Gibraltar, Minorque, les territoires de la baie d'Hudson, Terre-Neuve, Saint-Christophe et l'Acadie. Louis XIV, vaincu, dut détruire les fortifications de Dunkerque, chasser de France le prétendant Charles Stuart, et reconnaître la dynastie protestante qu'il avait voulu détruire en Angleterre.

UTRICULAIRE adj (du lat. *utriculus*, petite vessie). Qui à la forme d'une utricule. — s. f. Bot. Genre de scrofulariées utriculariées, comprenant plus de 100 espèces d'herbes d'eau douce, dont quelques-unes se trouvent dans toutes les parties du monde. Certaines espèces prennent racine dans les bords boueux ou sablonneux des étangs; elles ont alors de petites feuilles en forme d'alène, et une tige flexible et mince portant tantôt une seule fleur, tantôt un petit nombre de fleurs. La

Utriculaire vulgaire (Utricularia vulgaris). Petite branche avec ses feuilles divisées et ses utricules grossie deux fois. — Utricule très grossi.

plupart de ces plantes, cependant, sont flottantes et sans racines, leurs tiges secondaires sont garnies de feuilles divisées en segments d'une finesse capillaire, et portent un grand nombre de petites vésicules qui, au temps de la floraison, permettent à la plante de flotter à la surface et de projeter des tiges nues qui se chargent de quelques fleurs jaunes ou pourprées. Les utriculaires, ainsi que le *pinguicula* qui s'en rapprochent beaucoup, sont aujourd'hui classées parmi les plantes insectivores; en effet, les vésicules dont de minuscules crustacés et autres animaux

microscopiques. — Un naturaliste américain ayant placé dans un bocal garni de petits poissons, un pied d'*utriculaire commune* (*utricularia vulgaris*), put constater, au bout de quelques heures, qu'un certain nombre de ces animaux, s'étant approchés de la vessie dont la plante est pourvue, avaient été saisis par celle-ci, qui les avait fait entrer dans son intérieur et les avait étouffés. Il en conclut que l'utriculaire se nourrit de petits poissons.

UTRICULARIÉ, ÉE adj. Qui ressemble ou qui se rapporte à l'utriculaire. — s. f. pl. Famille de scrofulariées ayant pour type le genre utriculaire. On dit aussi **LENTIBULARIÉES.**

* **UTRICULE** s. m (lat. *utriculus*, petite outre). Bot. Cellule du tissu des végétaux. — Petite outre pleine d'air, servant à soutenir dans l'eau les feuilles et les racines de quelques plantes.

UTRICULIFORME adj. Qui est en forme d'utricule.

UVAROFF (Sergei) [ou-va-rof], comte et homme d'état russe, né en 1785, mort en 1855. Il remplit diverses fonctions importantes, et, en qualité de ministre de l'instruction, il fonda des institutions savantes et le département asiatique de la chancellerie. Il fut créé comte en 1846, et se retira en 1848, à la suite de mesures restrictives vis-à-vis de l'enseignement. Il a publié *Etudes de philologie et de critique*(1843), et *Esquisses politiques et littéraires*(1849).

UVA-URSI s. m. (mot lat. qui signifie : *raisin d'ours*). Bot. Nom scientifique du *raisin d'ours* (*arctostaphylos uva-ursi*), appelé aussi busserole.

UVÉA (Île). Voy. **LOYALTY.**

* **UVÉE** s. f. (lat. *uva*, grappe de raisin). Anat. Une des tuniques de l'œil : *on lui a percé l'uvée.*

UVÉITE s. f. Inflammation de l'uvée.

UVIFORME adj. Qui a la forme du raisin.

UVULAIRE adj. Qui a rapport à la luette ou uvule. — Bot. Genre de vératrées, dont une espèce l'*uvulaire de la Chine* (*uvularia Sinensis*), est recherchée dans nos jardins d'agrément à cause de la beauté de ses fleurs pendantes, d'un rouge brun.

UVULE s. f. (lat. *uvula*, diminut. de *uva*, raisin). Luette.

UXELLES (Nicolas DU BLÉ, *marquis d'*), maréchal de France, né à Châlon-sur-Saône en 1652, mort en 1730. Il embrassa d'abord la carrière ecclésiastique, se consacra aux armes en 1689, eut la protection de Louvois et devint maréchal de camp en 1675. En 1689, il défendit vaillamment Mayence, reçut le gouvernement de l'Alsace, fut nommé maréchal de France en 1703 et, à l'avènement de Louis XV, entra au conseil de régence.

UXELLODUNUM, ville des Cadurces, dans l'Aquitaine première ; probablement le village moderne de Capdenac, à 6 kil. S.-E. de Figeac (Lot).

UZBECKS, peuple tartare du Turkestan.

C'est la tribu la plus civilisée du pays, et elle forme la population indigène dominante dans le Khiva, le Bokhara, et le Khokan. Bien que beaucoup d'Uzbecks soient nomades, le plus grand nombre appartiennent à la classe qu'on appelle habitants à demeures fixes. D'après une estimation russe, ils sont au nombre de 1,500,000. Au temps de Timour, ils demeuraient au N. du Sir Darya, d'où ils envahissaient le Bokhara. C'est dans le Khokan qu'on trouve les plus purs de cette race. Ce sont des mahométans zélés.

UZÉGEOIS, territoire de l'ancienne France, dont Uzès était le chef-lieu.

UZEL, ch.-l. de cant., arr. et à 15 kil. N.-O. de Loudéac (Côtes-du-Nord), près de l'Oust; 13,000 hab. Ruines d'un vieux manoir.

UZERCHE, ch.-l. de cant., arr. et à 35 kil. N.-O. de Tulle (Corrèze), sur une colline ; 2,500 hab. Belle église, sites pittoresques. Patrie du chirurgien Boyer.

UZÈS [u-zèss], *Ucense castrum*, ch.-l. d'arr. à 24 kil. N. de Nîmes (Gard), près de la rive droite de l'Auzon, par 44° 0' 46'' lat. N. et 2° 4' 59'' long. E.; 5,000 hab. Bonneteries, draperies, chapelleries, tanneries, etc. Vaste et sombre château féodal au milieu de la vieille ville, ancien palais épiscopal. — Uzès fut conquise par Clovis en 507; elle devint duché-pairie, adopta le protestantisme et fut démantelée par Louis XIII (1639). Patrie de l'amiral Brueys.

V

* **V** s. m. [vé ou ve] La vingt-deuxième lettre de l'alphabet, qu'on appelait abusivement u consonne. Sa forme actuelle dérive de l'upsilon grec (y), qui est quelquefois écrit sans barre verticale. Dans l'ancien latin et au moyen âge, on le confondait avec l'U ; et l'on n'établit aucune distinction entre les deux lettres avant le XVI° siècle.

* **VA,** impératif du verbe **ALLER,** employé adverb. et fam. pour dire, soit, j'y consens. (Voy. **ALLER.**)

VAAS, commune du cant. de Mayet, arr., et à 33 kil. E. de la Flèche (Sarthe); 1,900 hab. Ancienne place forte que Duguesclin enleva aux Anglais. Eglise abbatiale du XIII° siècle.

VAAST-LA-HOGUE (Saint-), port maritime et ville de l'arr. et à 19 kil. S.-E. de Valognes (Manche); 4,000 hab. (Voy. **HOGUE, LA.**)

VABRE, ch.-l. de cant., arr. et à 38 kil. N.-E. de Castres (Tarn); 1,500 hab.

* **VACANCE** s. f. (rad. lat. *vacare*, être vide). Temps pendant lequel une place, une dignité n'est pas remplie. En ce sens, il n'est d'usage qu'au singulier : *durant la vacance du saint-siège.* — pl. Temps pendant lequel les études cessent dans les écoles, dans les collèges : *ils ont six semaines de vacances.* — S'emploie dans les mêmes phrases en parlant du temps où les tribunaux interrompent leurs fonc-

tions, et qu'on appelle autrement **VACATIONS.** — Se dit quelquefois au singulier : *un jour de vacance.*

* **VACANT, ANTE** adj. Qui n'est pas occupé, qui est à remplir. Se dit proprement des maisons, lieux et places qui ne sont pas occupés : *maison vacante.* — Se dit fig., des emplois, des places, des dignités, etc. : *le saint-siège était vacant.* — Jurispr., **SUCCESSION VACANTE,** succession que personne n'a réclamée lorsqu'elle a été ouverte, ou à laquelle on a renoncé. **CURATEUR AUX BIENS VACANTS,** curateur établi pour la régie et conservation des biens qui n'ont point de propriétaire certain. — Législ. « Tous les biens *vacants* et sans maître appartiennent à l'Etat et font alors partie du domaine privé (C. civ. 539, 713). Cette disposition de la loi s'applique exclusivement aux immeubles sur lesquels personne ne peut justifier d'un droit de propriété, car les meubles qui n'appartiennent à personne deviennent la propriété de celui qui en prend possession (id. 2279), excepté lorsqu'il s'agit d'un trésor (Voy. ce mot.) Les successions dont lesquelles il ne se présente pas d'héritier ou qui sont abandonnées sont déclarées vacantes, et l'administration des domaines peut les revendiquer (Voy. **SUCCESSION** ». (CH. Y.)

* **VACARME** s. m. Tumulte, grand bruit, bruit de gens qui se querellent ou qui se

battent : *il y a du vacarme dans cette maison.*

* **VACATION** s. f. (lat. *vacatio*). Métier, profession : *de quelle vacation est-il ?* (Vieux.) — Chacun des espaces de temps que des personnes publiques emploient à travailler à quelque affaire : *on paye tant aux experts pour chaque vacation.* — Vacations s. f. pl. Salaires, honoraires qu'on paye aux gens d'affaires, aux gens de loi : *ce notaire s'est fait payer tant de vacations pour cet inventaire.* — Cessation des séances des gens de justice : *le temps des vacations.* — **CHAMBRE DES VACATIONS,** chambre composée d'un président et de plusieurs conseillers ou juges, tirés des différentes chambres, dans laquelle on administre la justice pendant les vacances : *un tel préside à la chambre des vacations.*

VACCAJ (Nicolo) [wak-kaï], compositeur italien, né en 1791, mort en 1849. Il enseigna le chant à Venise, à Paris et à Londres. En 1838, il fut nommé premier maître de composition au conservatoire de Milan. *Giulietta e Romeo* est son meilleur opéra.

VACCARO (Andrea), peintre italien, né en 1598, mort en 1670. Un de ses meilleurs ouvrages est une *Sainte Famille.* Après la mort de son maître Stanzioni, il se trouva à la tête de l'école napolitaine.

* **VACCIN** s. m. [va-ksin] (lat. *vaccinus*,

de *vacca*, vache). Méd. Matière tirée de certaines pustules qui se forment au pis des vaches, ou de celles qui sont produites par la vaccination, et qu'on inocule pour préserver de la petite vérole. — ✷ Tout virus que l'on emploie aujourd'hui, pour inoculer une maladie atténuée à un sujet qui ensuite jouit de l'immunité, du moins pendant un certain laps de temps. (Voy. MICROBE, dans le *Dictionnaire* et RAGE, dans le *Supplément*.)

VACCINABLE adj. Qui peut être vacciné.

VACCINAL, ALE, AUX adj. Qui a rapport au vaccin.

VACCINATEUR, TRICE adj. Personne qui vaccine.

* VACCINATION s. f. [va-ksi-na-sion]. Action de vacciner, inoculation de la vaccine de la vache pour garantir de la petite vérole, pratiquée pour la première fois par le Dʳ Édouard Jenner en 1796. (Voy. JENNER.) Lorsque la vaccination fut introduite, on crut qu'elle protégerait d'une façon complète et permanente contre la petite vérole. Mais on s'aperçut ensuite que ceux qui avaient été parfaitement vaccinés étaient encore sujets, jusqu'à un certain point, à être attaqués de cette maladie; et que, bien que généralement elle ne se produisait que modifiée (varioloïde), plus courte et plus bénigne, elle avait pourtant quelquefois une terminaison fatale. Quoi qu'il en soit, la statistique démontre la valeur de la vaccination. La revaccination prouve si l'influence protectrice a disparu ou existe encore.

* VACCINE s. f. [va-ksi-ne]. Maladie propre à la vache, et qu'on transmet à l'homme au moyen de l'inoculation, pour le préserver de la petite vérole : *la vaccine a été découverte par Jenner.* — Procédé employé pour opérer cette sorte d'inoculation : *pratiquer, propager la vaccine*. — Législ. — La vaccine a été rendue obligatoire en Angleterre dès l'année 1853. Les pères, mères et tuteurs qui ne font pas vacciner leurs enfants dans les quatre mois qui suivent la naissance sont passibles d'une amende de 25 à 125 fr. L'opération doit être renouvelée en cas d'insuccès. Dans la plupart des États allemands, la même obligation est établie; il en est de même en Suisse, en Belgique, en Russie et dans la Cochinchine française. En France, l'obligation de la vaccine est instamment réclamée par les hygiénistes, et M. le Dʳ Liouville a déposé dans ce but, en mars 1880, un projet de loi sur le bureau de la Chambre des députés. Le gouvernement distribue, sur les propositions qui lui sont faites par l'Académie de médecine, des prix et des médailles aux médecins et aux sages-femmes qui se sont distingués par leurs succès dans la propagation de la médecine. Un certain nombre de conseils généraux allouent des crédits qui permettent d'offrir la vaccination gratuite à tous ceux qui veulent en profiter. Ces moyens seront toujours insuffisants, jusqu'à ce que le législateur ait, dans l'intérêt général, rendu la vaccine obligatoire. » (CH. Y.)

VACCINELLE s. f. Pathol. Vaccine incomplète.

* VACCINER v. a. Inoculer le vaccin : *il vient de faire vacciner son enfant.*

VACCINIQUE adj. Qui a rapport au vaccin ou à la vaccine.

* VACHE s. f. (lat. *vacca*). Femelle du taureau. — IL A PRIS LA VACHE ET LE VEAU, se dit d'un homme qui a épousé une fille grosse d'un enfant dont il n'est pas le père. — VACHE A LAIT, se dit d'une personne où d'une chose dont on tire un profit continuel : *ce plaideur, ce procès est une vache à lait pour ce procureur.* — Peau de vache corroyée, et propre à faire des souliers, des bottes, des harnais de chevaux, etc. : *acheter une vache, deux*

vaches. — Panier revêtu de cuir, qu'on place sur l'impériale des voitures de voyage, et qui en a les dimensions : *mettez ces habits dans la vache.* — Femme très grosse et avachie ; femme de mauvaise vie (Bas). — ✷ Jargon. Agent de la sûreté. — Typogr. On appelle ainsi deux cordes attachées aux deux bouts du coffre de l'ancienne presse à bras, et qui retiennent ce dernier. Dans les nouvelles presses à bras, le coffre est retenu par un talon. — * Pop. PARLER FRANÇAIS COMME UNE VACHE ESPAGNOLE (*comme un Basque espagnol*), parler fort mal le français.

VACHE (Île à), îlot situé près de la côte S.-O. d'Haïti, par 18° 4′ lat. N. et 76° long. O., longue de 17 kil., large de 4 kil.

* VACHER, ÈRE s. Celui, celle qui mène paître les vaches et qui les garde : *une petite vachère*.

* VACHERIE s. f. Lieu destiné à retirer les vaches : *faire rentrer les vaches dans la vacherie*.

* VACILLANT, ANTE adj. [va-sil-lan; les *ll* ne sont pas mll.]. Qui vacille : *démarche vacillante*. — Incertain, irrésolu, chancelant : *esprit vacillant*.

* VACILLATION s. f. [va-sil-la-si-on]. Mouvement de ce qui vacille : *la vacillation d'une barque*. — Incertitude, irrésolution, variation : *vacillation dans les sentiments*.

VACILLATOIRE adj. Qui a les caractères de la vacillation.

* VACILLER v. n. [va-sil-lé] (lat. *vacillare*). Brancler, chanceler, n'être pas bien ferme : *la main lui a vacillé.* — Se dit aussi de la langue, lorsqu'on emploie involontairement un mot pour un autre, ou que l'on prononce autrement qu'il ne faut : *sa langue vacille lorsqu'on l'intimide.*

VACUISME s. m. (rad. lat. *vacuus*, vide). Philos. Système de ceux qui admettent le vide dans la nature.

VACUISTE s. Partisan du vacuisme.

* VACUITÉ s. f. État d'une chose vide : *la vacuité de l'estomac cause des tiraillements.* (Peu us.)

VACUUM s. m. [va-ku-omm]. Espace vide.

* VADE s. f. (lat. *vade*, va). Jeu. Somme, quelle qu'elle soit, dont un des joueurs ouvre le jeu : *la vade est de cent francs.*

VADÉ (Jean-Joseph), auteur dramatique et chansonnier, né à Ham en 1720, mort à Paris en 1757. Il créa le genre poissard et fut surnommé le *Corneille des Halles*. Ses œuvres (1758, 4 vol. in-8°) se composent principalement de la *Pipe cassée*, poème épi-tragi-poissardi-héroï-comique, en 4 chants ; de *Bouquets poissards*, de *Chansons* et de pièces de théâtre.

VADE-IN-PACE s. m. [va-dé-inn-pa-sé] (mots lat. qui signifient : *va en paix*). Prison de monastère dans laquelle on enfermait les moines ou les religieuses : *un vade-in-pace.*

VA-DE-LA-GUEULE s. Goinfre.

* VADEMANQUE s. f. (lat. *vade* va; fr. *manque*). Banque. Diminution du fonds d'une caisse (Vieux.)

VADE-MECUM s. m. [va-dé-mé-komm] (lat. *vade*, va; *mecum*, avec moi). Se dit d'une chose qu'on porte ordinairement et commodément sur soi : *ce petit livre est mon vade-mecum.* On dit dans le même sens, VENI-MECUM.

VADE RETRO, SATANAS ! loc. lat. qui signifie *Retire-toi, Satan !* paroles de Jésus à Satan qui le tentait sur la montagne.

VADICASSES ou Viducasses I, ancien peuple de la Gaule dans la IIᵉ Lyonnaise. A laissé son nom à *Vieux* (Calvados). — II,

peuple de la Gaule Belgique, dans le pays nommé ensuite le Valois.

VADIER (Marc-Guillaume-Alexis), conventionnel, né dans le comté de Foix en 1736, mort à Bruxelles en 1828. Envoyé à la convention par le dép. de l'Ariège, il vota la mort du roi sans appel ni sursis; fut un ennemi acharné des Girondins et l'un des accusateurs de Robespierre. Suspect à son tour, il fut condamné à la déportation (2 mars 1795), mais il parvint à se soustraire aux recherches. Impliqué dans la conspiration de Babeuf, il fut arrêté, interné à Cherbourg puis déporté à Cayenne. Il rentra après le 18 brumaire et fut banni de nouveau en 1816 comme régicide.

VADIUS, personnage de Molière dans les *Femmes savantes;* type du faux savant et du pédant ridicule.

VADROUILLE s. f. Voy. BADROUILLE.

VADURIE s. f. Espèce de chanson en vogue au moyen âge.

* VA-ET-VIENT s. m. Mécan. Partie de machine qui va et vient d'un point à un autre, lorsque la machine est en mouvement. On dit de même, *Mouvement de va-et-vient.* — Petit bac qui sert à traverser une petite rivière, un ruisseau. — Cordage établi d'un navire à la terre et qui facilite le passage entre ces deux points.

VÆ VICTIS (vè-vik-tiss), loc. lat. qui signifie *Malheur aux vaincus.* (Voy. BRENNUS.)

VAGA (Perino del) (PIETRO BUONACCORSI), peintre italien, né en 1500, mort en 1547. Il prit les noms de ses maîtres Vaga et Perino: Raphaël l'employa pour ses cartons du Vatican, et, après la mort de cet illustre artiste, il acquit une grande réputation. Son meilleur ouvrage, *La Création d'Ève*, se trouve à Rome.

* VAGABOND, ONDE adj. (lat. *vagabundus*). Qui erre çà et là : *homme vagabond.* — Désordonné, déréglé : *esprit vagabond.* —s. Homme sans aveu, sans asile, sans profession : *c'est un vagabond.*

* VAGABONDAGE s. m. Habitude de vagabonder : *ordonnance contre le vagabondage.* — « Législ. En vertu des anciennes ordonnances et notamment des déclarations de Louis XIV, du 11 juillet 1682 et du 27 août 1701, le vagabondage était puni très rigoureusement. Les vagabonds étaient attachés à la chaîne et conduits sur les galères du roi pour y servir à perpétuité, sans qu'il y eût besoin de condamnation ni d'aucune procédure. Aux termes de la loi du 10 vendémiaire an IV (titre III, art. 6 et 7), tout individu trouvé sans passeport hors de son canton devait être arrêté et détenu; et si dans le délai de deux décades, il n'avait pas justifié de son inscription sur le tableau des habitants d'une commune, il était réputé vagabond et traduit comme tel devant les tribunaux. Aujourd'hui, le vagabondage n'est un délit que lorsqu'il a été reconnu par les tribunaux, après la preuve des faits; et il ne suffit pas qu'il soit constaté par le procès-verbal d'un officier de police. Le vagabondage est défini par le Code pénal, l'état de ceux qui n'ont ni domicile certain, ni moyen de subsistance, et qui n'exercent habituellement ni métier ni profession. Et, d'après les termes de la loi du 27 mai 1885 sur la relégation des récidivistes, « sont considérés comme gens sans aveu et punis des peines édictées contre le vagabondage, tous individus qui, soit qu'ils aient ou non domicile certain, ne tirent habituellement leur subsistance que du fait de pratiquer ou de faciliter l'exercice des passions illicites, ou la prostitution d'autrui sur la voie publique ». Le vagabond, légalement déclaré tel, est puni pour le seul fait de trois à six

mois d'emprisonnement, s'il est âgé de seize ans au moins. Mais il peut, même après un jugement passé en force de chose jugée, être réclamé par délibération du conseil municipal de la commune où il est né, ou être cautionné par un citoyen solvable, et dans ce cas, si le gouvernement accueille la réclamation ou agrée la caution, le condamné, au lieu de subir sa peine, est renvoyé dans la commune qui l'a réclamé, ou dans celle qui lui est assignée pour résidence sur la demande de la caution. Si l'individu déclaré vagabond par jugement est un étranger, il peut être expulsé du territoire français. Le vagabond qui a été trouvé porteur d'effets d'une valeur supérieure à 100 fr. et qui n'en justifie pas la provenance est puni d'un emprisonnement de six mois à deux ans. S'il a été trouvé, soit travesti, soit porteur d'armes, soit muni d'instruments propres à commettre des vols ou d'autres délits, il est puni de deux à cinq ans d'emprisonnement (C. pén. 269 à 273, 277 et s.) (Voy. MENDICITÉ.)— Le préfet de police est investi par la loi du 9 juillet 1852 du droit d'interdire, par un arrêté approuvé par le ministre de l'intérieur, le séjour du département de la Seine, pendant deux ans au plus, à tout individu qui n'a pas de moyens d'existence ou qui a été condamné depuis moins de dix ans pour vagabondage. Cette interdiction peut être renouvelée. Le préfet du Rhône est investi des mêmes droits dans les communes qui composent l'agglomération lyonnaise. Les contraventions à ces arrêtés d'interdiction de séjour sont punies d'un emprisonnement de huit jours à un mois; en cas de récidive, l'emprisonnement est de deux mois à deux ans.   (CH. Y.)

* **VAGABONDER** v. n. Faire le vagabond

VAGANT, ANTE adj. Qui erre.

* **VAGIN** s. m. (lat. *vagina*, gaine). Anat. Canal qui conduit à la matrice.

* **VAGINAL, ALE, AUX** adj. Anat. Qui a rapport au vagin : *membrane vaginale*.

VAGINALITE s. f. Inflammation de la tunique vaginale.

VAGINITE s. f. Inflammation du vagin.

VAGINULE s. f. (dimin. du lat. *vagina*, gaine). Petite gaine.

VAGIR v. n. (lat. *vagire*). Pousser des vagissements.

* **VAGISSANT, ANTE** adj. Qui vagit.

* **VAGISSEMENT** s. m. Cri des enfants nouveau-nés.

VAGON s. m. Orthographe non académique de wagon.

* **VAGUE** s. f. (va-ghe) (anc. haut all. *wâc*) L'eau, soit de la mer, soit d'une rivière, soit d'un lac, lorsqu'elle est agitée et élevée au-dessus de la surface par les vents, par la tempête, ou par quelque autre cause : *de grandes vagues*.

* **VAGUE** adj. (lat. *vagus*). Indéfini, qui n'a point de bornes fixes et déterminées : *lieux vagues*. — Incertain, qui manque de fixité, de solidité : *esprit vague*. — Se dit aussi de certaines valeurs et de certains effets, dont on ne peut nettement se rendre compte, et qui plaisent par ce qu'ils ont d'incertain et d'indéfini : *une vague et douce mélancolie*. — Peint. Se dit de ce qui manque de précision, de netteté; et souvent, par éloge, des formes indécises, des teintes aériennes ou vaporeuses qui donnent à la composition une sorte de charme mystérieux : *couleur vague*. — Vague s. m. *Il y a du vague dans ce qu'il m'a dit*. — Un grand espace vide, où qu'on se figure comme tel : *le vague de l'air*.

* **VAGUEMENT** adv. D'une manière vague : *se parler, ne répondre que vaguement*.

* **VAGUEMESTRE** s. m. (va-ghe-mè-stre (all. wagenmeister). Officier chargé de la conduite des équipages d'une armée : *le vaguemestre d'un régiment*. — Officier de la maison du roi et de celle des princes. (Vieux.)

* **VAGUER** v. n. (lat. *vagari*). Errer çà et là, aller de côté et d'autre à l'aventure : *vaguer par les champs*. — Fig. Se dit des pensées qui ne se fixent pas : *laisser vaguer son imagination*.

VAGUER v. a. Brasser : *vaguer de la bière*.

VAIGRE s. f. Mar. Planche qui sert au revêtement intérieur d'un navire.

* **VAILLAMMENT** adv. (va-ia-man; ll mll.] Avec valeur : *il a vaillamment combattu*.

* **VAILLANCE** (ll mll.). Valeur, courage : *grande vaillance*.

* **VAILLANT, ANTE** adj. (va-ian, ll mll.]. (rad. lat. *valor*, courage). Valeureux, courageux : *un vaillant capitaine*.

* **VAILLANT** s. m. Le fonds du bien d'une personne, son capital : *il a mis tout son vaillant à cette charge*. — Adverbial. *Il a dix mille écus vaillant*.

VAILLANT (Jean-Baptiste-Philibert, COMTE) maréchal de France, né à Dijon le 6 déc. 1790, mort le 4 juin 1872. Au sortir de l'École polytechnique, il fit la campagne de Russie (1812) et resta prisonnier des Russes jusqu'en 1814. Il se distingua à Ligny et à Waterloo, entra dans l'état-major, lors du retour des Bourbons, fut envoyé en Afrique comme surveillant des fortifications (1834), rentra à Paris en 1840 pour s'occuper des défenses de cette capitale, fut créé maréchal à la suite de l'expédition de Rome et prit le portefeuille du ministère de la guerre le 11 mars 1854. Il occupa le poste de ministre pendant 5 ans; devint, en 1860, ministre de la maison de l'empereur et accumula plusieurs emplois qui lui rapportaient 263,000 fr. par an. Après le 4 septembre, il se retira un instant à Saint-Sébastien.

VAILLANT (François le). Voy. LE VAILLANT.

VAILLANT I. (Jean-Foy), éminent numismate, né à Beauvais en 1732, mort à Paris en 1706. Chargé par Colbert de réunir une collection de médailles orientales, il fut pris en mer, par les pirates algériens, fut délivré au bout de quatre mois, subit une épouvantable tempête pendant son retour et jeta à la mer une grande partie de son précieux trésor. Il a laissé, en latin, des ouvrages estimés. — Il (Jean-François-Foy), fils du précédent, né à Rome en 1675, mort en 1708, écrivit un ouvrage sur le *Café* et une dissertation sur les *Cabires*.

VAILLANTISE s. f. Action de valeur. (Vieux.)

VAILLY, ch.-l. de cant., arr. et à 26 kil. N.-O. de Sancerre (Cher), 1,000 hab. Source minérale.

VAILLY ou **Wailly**, ch.-l. de cant., arr. et à 20 kil. E. de Soissons (Aisne), sur l'Aisne, 1,664 hab. Eglise gothique, tour de l'ancien château.

* **VAIN, VAINE** adj. (lat. *vanus*). Inutile, qui ne produit rien : *faire de vains efforts*.— VAINE PÂTURE, se dit des terres dont la pâture est libre, où tous les habitants d'une commune peuvent conduire leurs bestiaux; et généralement de toutes celles où il n'y a ni semences, ni fruits. — Frivole, chimérique, sans valeur : *vain fondement solide et raisonnable* : *espérance vaine*.

Un feu réel succède à de vaines bluettes.

     COLLIN D'HARLEVILLE. *L'Inconstant*, acte 1er.

— Orgueilleux, superbe; et alors il ne se dit guère que des personnes : *il est extrêmement*

vain. — En vain loc. adv. Inutilement : *il travaille en vain*.

* **VAINCRE** v. a. (lat *vincere*). Je vaincs, tu vaincs, il vainc; nous vainquons, vous vainquez, ils vainquent. Je vainquais. Je vainquis. Je vaincrai. Je vaincrais. Que je vainque. Que je vainquisse, etc. Le présent et l'imparfait de ce verbe sont peu usités. Remporter quelque grand avantage sur ses ennemis, dans la guerre : *les Romains ont vaincu les plus belliqueuses nations de la terre*.

Qui veut mourir ou vaincre est rarement vaincu.

          CORNEILLE.

— Se dit également des avantages qu'on remporte sur ses concurrents, sur ses compétiteurs : *vaincre quelqu'un à la course, à la lutte*. — Surpasser, lorsqu'il y a une sorte d'émulation entre les personnes : *vaincre les autres en générosité, en politesse*. — Se dit aussi en parlant des obstacles qu'on surmonte : *il a vaincu sa mauvaise fortune*.

De l'amour aisément on ne vainc pas les charmes.

     TH. CORNEILLE. *Ariane*, acte IV, sc. IV.

— Se dit de même en parlant des passions qu'on surmonte : *vaincre sa colère, son dépit, son amour, son ambition*. — Se vaincre v. pr. Dompter sa passion, ses passions.

* **VAINCU, UE** part. passé de VAINCRE. — S. *Les vainqueurs et les vaincus*.

* **VAINEMENT** adv. En vain, inutilement : *il a parlé vainement*.

* **VAINQUEUR** s. m. Celui qui a vaincu : *Alexandre fut vainqueur des Perses*. — LE VAINQUEUR DE PHARSALE, DE COUTRAS, DE ROCROY, D'AUSTERLITZ, etc., celui qui a vaincu à Pharsale, à Coutras, à Rocroy, à Austerlitz, etc. — Celui qui a remporté quelque avantage sur son concurrent : *être vainqueur à la course, à la lutte*. — Adjectiv. UN AIR VAINQUEUR, DES AIRS VAINQUEURS, un air de hardiesse, de suffisance, de confiance extrême : *prendre un air vainqueur, des airs vainqueurs*.

* **VAIR** s. m. (lat. *varius*, varié). Terme dont on se servait anciennement pour désigner une fourrure blanche et grise. Il s'emploie aujourd'hui qu'en parlant d'armoiries, et signifie, un des métaux du blason, composé de plusieurs petites pièces égales, qui sont ordinairement d'argent et d'azur, rangées alternativement, et disposées de telle sorte, que la pointe des pièces d'azur est opposée à la pointe des pièces d'argent, et la base à la base : *tel porte de vair*. (Voy. HÉRALDIQUE.)

VAIRÉ, ÉE adj. Qui a des couleurs variées. (Voy. HÉRALDIQUE.)

* **VAIRON** adj. m. (du lat. *varius*, varié). Se dit proprement de l'œil d'un cheval quand la prunelle est entourée d'un cercle blanchâtre, ou quand le cheval a un œil d'une façon et un d'une autre : *ce cheval a l'œil vairon*.

* **VAIRON** s. m. Hist. nat. Petit poisson ainsi appelé à cause de la variété de ses couleurs.

VAISE ou **Vaize**, nom de l'un des faubourgs de Lyon, sur la rive droite de la Saône.

VAISON, Vasio, ch.-l. de cant., arr. et à 25 kil. N.-E. d'Orange (Vaucluse); sur les deux rives de l'Ouvèze; 3,000 hab. Restes gallo-romains.

* **VAISSEAU** s. m. (lat. *vascellum*). Vase, ustensile de quelque matière que ce soit, destiné à contenir des liquides : *vaisseau de terre*. — Bâtiment de bois, construit d'une manière propre à transporter des hommes et des marchandises par mer et sur les grands fleuves. Dans les ports de mer, on ne donne ordinairement le nom de VAISSEAU qu'aux bâtiments de l'Etat : *vaisseau de guerre*. —

Fig. LE vaisseau de l'État, l'État, considéré par rapport à la manière dont il est ou doit être gouverné : *conduire, diriger le vaisseau de l'État*. — Se dit encore d'une église, ou d'une galerie, d'un salon, d'une bibliothèque, et autres grandes pièces du bâtiment, considérées en dedans : *cette église est un beau vaisseau*. — Se dit en outre des veines, des artères, et de tous les petits canaux, de tous les petits conduits qui contiennent quelque humeur dans le corps de l'homme et des animaux : *vaisseaux sanguins*. — Se dit quelquefois, dans le même sens, des tuyaux, des tubes de l'intérieur des plantes.

* **VAISSEAU-HÔPITAL** s. m. **Mar.** Vaisseau disposé dans les flottes et les escadres pour recevoir et traiter les malades.

* **VAISSELLE** s. f. Tout ce qui sert à l'usage ordinaire de la table, comme plats, assiettes, etc. : *vaisselle d'or, d'argent, de vermeil, d'étain*. — Vaisselle montée, celle qui est composée de plusieurs pièces jointes ensemble avec de la soudure; et, Vaisselle plate, celle où il n'y a point de soudure. — Vaisselle plate, se dit aujourd'hui, plus particul., des plats et des assiettes d'argent, à la différence de la vaisselle de porcelaine, de faïence, etc. : *on sert chez lui en vaisselle plate*.

VAISSELLERIE s. f. Industrie qui comprend la fabrication des seaux, des gamelles, etc.

* **VAL** s. m. (lat. *vallis*). Vallée, espace de terre contenu entre deux coteaux. N'est plus en usage que dans cette phrase, *l'abbaye du Val*. — Il a un pluriel qui n'est en usage que dans cette phrase, Par monts et par vaux, et dans quelques noms de lieux, comme, Les vaux de Cernai. — Les vaux de Vire (Voy. Basselin.)

* **VALABLE** adj. (rad. lat. *valere, valoir*). Qui doit être reçu en justice : *cet acte n'est pas valable*.

* **VALABLEMENT** adv. D'une manière valable : *un mineur ne peut contracter s'il n'est valablement autorisé.*

VALACHIE (all. *Walachei*; valaque, *Tzare Romanesca*; turc, *Ak-Iflak*), pays du S.-E. de l'Europe, formant avec la Moldavie, le royaume de Roumanie, dont il constitue la plus grande partie; 73,234 kil. carr.; 3 millions d'hab. Les monts Carpathes la séparent de la Hongrie et de la Transylvanie, et le Danube de la Bulgarie et de la Serbie. La rivière Aluta la divise en grande Valachie à l'E. et en petite Valachie. La capitale est Bucharest, qui est aussi la capitale de toute la Roumanie. Le Danube forme les cinq huitièmes des frontières, et les affluents versent tout le pays. Les productions sont les céréales, le lin, le chanvre, les pois, les fèves, le tabac, le bois de construction et le vin. Les ressources minérales sont grandes, mais fort négligées. On exporte beaucoup de céréales, de bestiaux, de moutons, de chèvres et de chevaux. L'Église grecque y est dominante. Il y a une université appartenant à l'état de Bucharest, et l'instruction est en voie de progrès. Depuis que le chemin de fer de Bucharest à Giurgevo est terminé (1869), on a fait des lignes qui relient le pays à la Moldavie, à l'Autriche et à la Russie. — Les commencements de l'histoire de la Valachie se confondent avec ceux de la Moldavie (Voy. Dacie et Moldavie), presque jusqu'à la fin du IIIe siècle, lorsque Radu le Noir, de Transylvanie, se rendit jusqu'à peu maître de la contrée. Sous Marcus I (Mircea), hospodar ou prince de 1383 à 1419, la Valachie devint tributaire de la Turquie (1394). Les hospodars furent élus par le peuple jusqu'à la fin du XVIe siècle : mais à cette époque, la Turquie commence à les nommer arbitraire-

ment elle-même. Les hospodars fanariotes gouvernèrent jusqu'à ce qu'éclata, en 1821, le mouvement projeté par la Hétairie pour amener l'indépendance grecque, sous la direction d'Alexandre Ypsilanti. Son principal lieutenant en Valachie fut Théodore Vladimiresco. Ses ennemis le mirent à mort, et la Porte, voulant étouffer l'insurrection, nomma un Valaque comme hospodar en 1822. Le traité d'Andrinople (1829) donna à la Russie le protectorat de la Valachie. On rédigea une constitution, mais l'article qui donnait au peuple l'élection du prince fut écarté en 1834, lorsque Alexandre Ghika fut choisi pour hospodar. Déposé en 1842, il eut pour successeur George Demetrius Bibesco, qui fut renversé en 1848, lorsque Bratiano et d'autres patriotes tentèrent de former un gouvernement; mais les troupes russes et turques réprimèrent le mouvement. La constitution fut abolie de 1849 à 1856, et le frère de Bibesco, Barbo Demetrius Stirbey, fut nommé hospodar. Il quitta Bucharest pendant l'invasion russe de 1853-'54, et Alexandre Ghika dirigea les affaires jusqu'à l'élection d'Alexandre Couza, le 5 fév. 1859 (alors prince de Moldavie) comme prince de Roumanie. (Voy. Roumanie.)

VALAIS (all. *Wallis*), canton du S.-O. de la Suisse, touchant à la France et à l'Italie; 5,247 kil. carr.; 96,887 hab., presque tous catholiques romains. Il est entouré de quelques-unes des plus hautes montagnes des Alpes, entre autres le groupe du mont Rosa (5,050 m.), et le Matterhorn (4,930 m.). Il a plus de 100 glaciers. Le Rhône prend sa source dans le N.-E. du canton et le traverse dans sa longueur. L'élevage des bestiaux et les produits de la laiterie constituent les industries les plus importantes. Les raisins et les figues mûrissent au pied des montagnes couvertes de neiges et on fait du vin en différents endroits. Le pays se divise généralement en haut et bas Valais. On y parle communément un patois français. Cap., Sion ou Sitten. — Le Valais a été longtemps gouverné par Berne. Il est devenu canton séparé en vertu de la constitution helvétique de 1798, et ensuite, jusqu'à la chute de Napoléon, il appartint à la France. Il fit partie du Sunderbund, et après sa destruction en 1847, il adopta une constitution libérale, modifiée en 1852 sous l'influence des idées ultramontaines du haut Valais.

VALAISIEN, IENNE s. et adj. Du Valais; qui appartient à ce pays ou à ses habitants.

VALAQUE s. et adj. De la Valachie; qui appartient à ce pays ou à ses habitants. — Langue et littérature valaques. Le valaque se parle en Valachie et en Moldavie, dans une grande partie de la Transylvanie, dans les districts limitrophes de la Hongrie, dans la Bessarabie, et au S. du Danube, dans certaines parties de la Thrace et de la Macédoine anciennes, et même jusqu'en Thessalie. On estime à 8 millions le nombre des populations de langue valaque. Les Valaques se donnent à eux-mêmes le nom de Romains (*Romeni, Romouni*) et à leur langue celui de romaine (*Romaïque, Romounie*). C'est une des langues romanes; mais la moitié des termes dérivent du slave, de l'albanais, du grec, du turc et du hongrois. Les Valaques ont récemment adopté l'alphabet latin, à la place de celui de Cyrille, qu'ils employaient naguère. Le plus ancien monument littéraire dans leur connaisse de leur langue est un long fragment historique du siècle 1495. La littérature du siècle suivant fut surtout théologique. De nos jours, il s'est produit toute une série d'œuvres savantes et poétiques. Les traités politiques et autres se multiplient de plus en plus. Parmi les écrivains contemporains populaires, on cite Assaky, Rosetti, Bolintineano et Negroutzi.

VALAZÉ (Charles-Éléonor du Friche de), conventionnel, né à Alençon en 1751, mort à Paris en 1493. Envoyé à la Convention par les électeurs de l'Orne, il se lia avec les Girondins, vota la mort du roi avec sursis, fut proscrit par les jacobins et condamné à mort. Il se frappa d'un coup de stylet en entendant sa sentence.

VALBENOÎTE, faubourg de Saint-Étienne (Loire), à 2 kil. S.-E. de cette ville, sur le Furens; 7,000 hab. Aciéries et forges très importantes.

VALBONNAIS, ch.-l. de cant., arr. et à 52 kil. S.-E. de Grenoble (Isère); 1,100 hab.

VALCKENAER [val-'ké-nar]. I. (Lodewijk Casper), érudit hollandais, né en 1715, mort en 1785. Il fut professeur à Franeker (1741-'66) et plus tard à Leyde. Il a édité des ouvrages classiques, et a écrit des essais critiques, etc. (1809, 2 vol.). — II. (Jan), son fils; homme d'État, né vers 1759, mort en 1821. Il fut professeur de jurisprudence successivement à Franeker et à Utrecht. Chef du parti anti-orangiste, il fut obligé de quitter la Hollande en 1787. Il accompagna Pichegru en 1794, devint membre du corps législatif de la nouvelle république, professeur de droit public à Leyde, et ambassadeur en Espagne (1796).

VALDAN (Horix de), général, né dans le grand-duché de Bade en 1810, mort à l'Isle-Adam le 6 janvier 1883. Lors du siège de Paris, il était chef de l'état-major du général Vinoy; ce dernier, devenu gouverneur de Paris, après la retraite de Trochu, imposa à son subordonné la douloureuse obligation de signer la capitulation de la capitale. Jugeant que la main qui avait tenu la plume dans une telle circonstance n'était plus digne de porter une épée, il se retira dans la solitude à l'Isle-Adam, et le chagrin le conduisit au tombeau.

VAL-DE-GRÂCE (Le), ancien couvent de bénédictines, fondé à Paris, rue Saint-Jacques, par Anne d'Autriche, par suite du vœu qu'elle avait fait pour la naissance de Louis XIV, et transformé en hôpital militaire en 1790. L'église construite, de 1645 à 1666, sur les plans de Fr. Mansart, est surmontée d'un joli dôme, réduction de celui de Saint-Pierre de Rome.

VALDERIÈS, ch.-l. de cant., arr. et à 15 kil. N.-E. d'Albi (Tarn); 1,000 hab.

VALDEZ. Voy. Melendez Valdez.

VALDISME s. m. Système religieux des Vaudois.

VALDIVIA I, province du S. du Chili, bornée par les Andes qui la séparent de la république Argentine et par le Pacifique; 19,536 kil. carr.; 37,584 hab., dont les deux tiers environ sont des Indiens Araucaniens. La côte offre plusieurs bons ports. Sur la frontière orientale se trouvent plusieurs volcans en activité. La plus grande partie du pays est couverte de forêts pleines d'excellentes essences. Jadis la province de Valdivia donnait beaucoup d'or; mais la tentative faite pour réduire les naturels en esclavage amena une révolte qui a ruiné les mines. — II, capitale de cette province, à environ 14 kil. du Pacifique, et 700 kil. S. de Santiago; 4,054 hab., dont beaucoup d'Allemands. Son port est un des meilleurs du Pacifique. On expédie beaucoup de bois de charpente à Valparaiso. Valdivia fut fondée en 1551 par Pedro de Valdivia; les Araucaniens la détruisirent en 1590; mais elle fut rebâtie et redoutablement fortifiée.

VALDRAGUE (En). Mar. En désordre.

VALÉE (Sylvain-Charles, comte), maréchal de France, né à Brienne-le-Château (Aube) en 1773, mort à Paris en 1846. Lieutenant-colonel en 1804, il fut nommé colonel pendant la campagne de Prusse (1807), se distingua en Espagne aux sièges de Lérida, de Taragone, de Valence, etc. et fut en l'espace d'un an nommé général de brigade et général de division (1810). Il se rallia aux Bourbons en 1816 et fut nommé pair de France en 1830. Il reprit du service en 1835, gagna son bâton de maréchal au siège de Constantine et fut nommé gouverneur général de l'Algérie.

VALENÇAY ch.-l. de cant., arr. et à 44 kil. N.-O. de Châteauroux (Indre), sur le Nahon; 3,547 hab. Magnifique château construit au xvie siècle, sur les dessins de Philibert Delorme. Talleyrand l'acheta en 1805. Ferdinand d'Espagne y fut enfermé de 1808 à 1814, et plus tard, don Carlos y subit un internement (de 1840 à 1845).

VALENCE (esp. Valencia) [va-lənn'-si-a]. I, une des grandes divisions de l'Espagne, confinant à la Catalogne, à la Méditerranée, à la Murcie, à la Nouvelle-Castille et à l'Aragon; 23,042 kil. carr.; 1,401,533 hab. Elle comprend les provinces actuelles de Castellon, de Valencia et d'Alicante. L'intérieur est montagneux; mais grâce à un système complet d'irrigation, le pays est un des plus productifs de l'Espagne. Il y a des mines de fer, de cuivre, de cobalt, de vif-argent, de plomb et d'argent. Sous les Maures, cette région faisait partie du califat de Cordoue; mais le Cid en chassa les Maures en 1094. Ils le reconquirent en 1101, et lors du démembrement de l'empire des Almoravides, elle devint un royaume indépendant jusqu'en 1238, époque de l'expulsion définitive des Maures. Elle devint ensuite une province du royaume d'Aragon, tout en conservant son ancien titre de royaume. — II, province occupant le centre de l'ancien royaume du même nom; 11,272 kil. carr., 665,141 hab. Le Guadalquivir et le Jucar, qui la traversent, servent à alimenter tout un système de canaux d'irrigation. Grande production de céréales, de chanvre et de fruits, surtout d'oranges. Les forêts donnent des bois de qualité supérieure; il y a des carrières de marbre et des pêcheries. On élève beaucoup de vers à soie. — III, ville (anc. Valentia), capitale de la province et de l'ancien royaume de son nom, sur le Guadalquivir, à 3 kil. de la mer environ, et à 300 kil. E.-S.-E. de Madrid; 110,000 hab. La vieille cité, entourée d'une muraille circulaire, n'approche pas en beauté de ses faubourgs. L'université, fondée en 1410, a une bibliothèque de 45,000 vol. Un muséum d'histoire naturelle. Le jardin botanique contient la plus belle collection de plantes exotiques qui soit en Espagne. Outre le port extérieur avec ses deux môles, il y a un port intérieur défendu par deux batteries. Fabrication de tissus de soie, de toiles et de lainages, de toiles à sac, de cordages, de cuir, de verre, de papier, de ferronnerie, etc. L'exportation des oranges est très considérable. 3,000 vaisseaux environ entrent dans le port tous les ans. — Valentia était une des Edetani, dans l'Espagne Tarraconaise. Elle devint plus tard colonie romaine. Les Maures la prirent aux Goths en 743, et ils la perdirent au printemps de 1094, après un siège de 20 mois. En 1101 ils la reprirent et la gardèrent jusqu'en 1238. En juin 1808, le général Moncey tenta de s'en emparer; mais bien qu'abandonné par les généraux et les nobles, le peuple, avec le moine Rico à sa tête, obligea les Français à se retirer avec de grandes pertes. Le 9 janv. 1812, elle se rendit à Suchet, qui y fit prisonniers 16,000 Espagnols.

VALENCE, Julia Valentia, Valentia Segalau-

norum, ch.-l. du dép. de la Drôme, sur la rive gauche du Rhône et près du confluent de l'Isère avec ce fleuve, à 580 kil. S.-E. de Paris, par 44° 56' 5" lat. N. et par 2° 32' 18" long.-E.; 22,000 hab. C'est une vieille ville aux rues étroites et irrégulières. Sa cathédrale, fondée en 242 par saint Apollinaire et rebâtie dans le xie siècle, contient le sarcophage de Pie VI, dû au ciseau de Canova. Fabriques de tissus de coton et de soie, de gants et de cristallerie. Le vin mousseux de Saint-Peray, les bois, le cuir chagriné, le drap, etc., donnent lieu à un grand commerce. Au moyen âge, Valence était la capitale du comté et du duché de Valentinois. Patrie de Championnet, auquel on a érigé une statue.

VALENCE-D'AGEN, ch.-l. de cant., arr. à 20 kil. E. de Moissac (Tarn-et-Garonne), sur le canal latéral à la Garonne; 3,000 hab.

VALENCE-D'ALBIGEOIS, ch.-l. de cant., arr. et à 27 kil. N.-E. d'Albi (Tarn); 14,000 hab.

VALENCE-SUR-BRAYSE, ch.-l. de cant., arr. et à 9 kil. S. de Condom (Gers), au confluent de la Brayse et de l'Aulone; 1,500 hab.

VALENCIA, ville du Venezuela, capitale de l'état de Carabobo, dans une vallée entre les sierras San Diego et Guataparo, à 28 kil. de Puerto Cabello, son port de mer, et à 120 kil. O.-S.-O. de Caracas; 28,543. Il se fait un commerce actif par Puerto Cabello avec laquelle elle est reliée par une bonne route.

VALENCIEN, IENNE s. et adj. De Valence; qui appartient à cette ville ou à ses habitants.

VALENCIENNES s. f. Dentelle qui s'est fabriquée originairement dans la ville de Valenciennes.

VALENCIENNES, Valentianæ, place forte et ch.-l. d'arr., à 51 kil. S.-E. de Lille (Nord), au confluent de l'Escaut et de la Rhonelie; par 50° 21' 29' lat. N. (au beffroi) et 1° 11' 42" long. E., 24,700 hab. Église Saint-Géry, en partie du xiiie siècle; joli hôtel de ville construit en 1612. La citadelle de Valenciennes, bâtie par Vauban, est située dans une île de l'Escaut. Les principales industries de la ville sont celles des toiles, de la mousseline, du sucre de betterave, des tissus d'or et d'argent, des jouets, de la poterie, et des cuirs. La production de la dentelle de Valenciennes a beaucoup diminué depuis peu. Les mines qui se trouvent dans le voisinage de la ville donnent le quart de la production totale des houilles de France. — Les rois mérovingiens avaient en ce lieu une résidence appelée Valentiana, et la ville devint l'une des principales du Hainaut. Elle fut prise par Louis XIV en 1677, et par le duc d'York, après un siège de six semaines (23 mai-18 juillet 1793); mais les Français la reprirent l'année suivante (27-30 août) et y firent prisonniers 1,400 émigrés avec d'immenses approvisionnements. — Patrie de Froissart, de Watteau, de Paulmy d'Argenson, d'Abel de Pujol.

VALENCIENNES-(Achille), naturaliste français, né à Paris en 1794, mort dans la même ville en 1865. En 1830 il, fut nommé professeur d'anatomie à l'école normale de Paris. Ses œuvres comprennent : *Histoire naturelle des poissons*, commencée avec Cuvier (1829-'49, 11 vol.) et *Histoire naturelle des mollusques, des annélides et des zoophytes* (1833).

VALENCIENNOIS, OISE s. et adj. De Valenciennes; qui appartient à cette ville ou à ses habitants.

VALENGIN (Le), Vallis Angina (vallée étranglée), pays du canton de Neufchâtel (Suisse). Le Valengin forma jadis un comté qui passa au roi de Prusse en 1707, et qui partagea ensuite les destinées de Neufchâtel. —

Ch.-l., Valengin, à 5 kil. N.-O. de Neufchâtel; 800 hab.

VALENS (Flavius) [va-lainss], empereur d'Orient, né vers 328, mort le 9 août 378, En mars 364, son père Valentinien Ier le fit empereur. En 365, Procope ayant été proclamé empereur par le peuple de Constantinople, Valens, l'année suivantes, le suivit et le mit à mort. En 367, il attaqua les Goths qui avaient secouru Procope, et les soumit. Il entama ensuite une guerre intermittente avec la Perse. Les Goths, pressés par les Huns, avaient été autorisés à s'établir en Mœsie; mais ils reprirent les hostilités, et Valens périt dans une désastreuse bataille qu'il leur livra à Andrinople.

VALENTIA (Ile), petite île de la baie Dingle, sur la côte S.-O. d'Irlande; longue d'environ 8 kil.; large de 5 kil.; 2,500 hab. Terminus des 4 câbles transatlantiques anglais, qui aboutissent, en Amérique, à Trinity Bay (Terre-Neuve). (Voy. **Câble**.)

VALENTIN, hérésiarque égyptien, mort vers le milieu du IIe siècle. Il se fit chef d'une secte de gnostiques, mêlant les idées de Platon avec l'évangile de saint Jean. Il fut excommunié par le pape Hygin en 143.

VALENTINE DE MILAN, fille de Galéas Visconti, duc de Milan et d'Isabelle de France, morte à Blois en 1408. Elle épousa en 1389, le duc d'Orléans, frère de Charles VI, et se retira à Blois après l'assassinat de son mari.

VALENTINIANISME s. m. Doctrine religieuse fondée par Valentin.

VALENTINIEN, IENNE s. Partisan de Valentin et de sa doctrine. (Voy. **Gnostique**.)

VALENTINIEN (Valentinianus), nom de trois empereurs romains. I. **(Flavius)**, né en Pannonie en 321, mort le 17 nov. 375. Capitaine de la seconde compagnie des gardes à l'avènement de Jovien (363), il se vit, à la mort de celui-ci, en février 364, étant à Ancyre, offrir le trône par les chefs militaires. Il arriva à Constantinople et s'associa son frère, Valens, à qui il donna le gouvernement des provinces orientales. Une grande partie de son règne se passa à protéger ses frontières contre les barbares. Il fut un des plus remarquables empereurs romains, mais la colère et la cruauté font tache sur son caractère. — II. **(Flavius)**, fils du précédent, né sous père, Valentinien, en 371, mort le 15 mai 392. À la mort de son père, l'armée l'éleva à la dignité impériale, lorsqu'il n'avait encore que quatre ou cinq ans; mais son frère, Gratien, exerça réellement le pouvoir jusqu'à son assassinat en 383. Théodose soutint ses droits en 387 et en 388 contre l'usurpateur Maxime. Il fut étranglé dans son appartement à Vienne (Gaule), par ordre de son général Arbogaste. — III. **(Placidius)**, empereur d'Occident, né vers 419, mort en 455. Il était fils de Constantin et de Galla Placidia, fille de Théodose Ier. Le 23 oct. 425, son cousin, Théodose II, lui conféra la pourpre et le titre d'Auguste, et, en 437, lui donna sa fille Eudoxie. Les premières années de son règne furent marquées par une rivalité désastreuse entre les deux derniers des grands généraux romains, Aétius et Boniface, et par la perte de l'Afrique, qui en fut la conséquence. Aétius, après avoir défait Attila (451), fut tué en 454 de sa propre main de Valentinien; et l'année suivante, Valentinien lui-même fut massacré à l'instigation du patricien Petronius Maximus, qui usurpa le trône.

VALENTINOIS (Le), Pagus Valentiniensis, ancien pays de France (bas Dauphiné); ch.-l. Valence; ville princ. Montélimart, Saint-Marcellin et Crest. Il est aujourd'hui compris dans le dép. de la Drôme. Le Valentinois, qui appartenait alors aux ducs de Savoie,

fut acquis par la France en 1446, en échange du Faucigny; il devint duché en 1498. Henri II donna à Diane de Poitiers le titre de duchesse de Valentinois. Ce duché passa, en 1642, dans la maison de Monaco, qui le conserva jusqu'à la Révolution.

VALÈRE - MAXIME (Valerius - Maximus), auteur latin, du règne de Tibère. On lui attribue un recueil d'anecdotes historiques sous le titre de *Factorum et Dictorum Memorabilium Libri IX*. Trad. franç. de Binet. (Paris, 1796, 2 vol. in-8°); de Beuchot et Allais (Paris, 1822, in-12); de Frémion, dans la *Biblioth. lat.-franç.* de Panckoucke (1837-'38, 3 vol. in-8°).

VALÉRIANATE s. m. Chim. Sel produit par la combinaison de l'acide valérianique avec une base.

' VALÉRIANE s. f. (lat. *valeriana*; de *valere*, se bien porter). Bot. Genre de valérianées, comprenant 130 espèces de plantes herbacées originaires d'Amérique, aujourd'hui répandues à l'état sauvage dans les pays tempérés de l'ancien continent. Aux États-Unis l'espèce la plus remarquable est la *valériane comestible* (*valeriana edulis*), ainsi appelée à cause de sa grosse racine pivotante, quelquefois longue d'un pied, que les Indiens de l'O. mangent rôtie. La plus connue de

Valériane officinale (Valeriana officinalis)

toutes les espèces est la *valériane officinale* (*valeriana officinalis*), dont la racine sert en médecine ; c'est une plante très commune dans les jardins, où on la cultive pour ses fleurs odorantes. On la trouve dans toute l'Europe, et dans l'Asie septentrionale. La valériane appartient à cette classe de stimulants agissant sur les nerfs, et connus sous le nom d'antispasmodiques; on l'emploie dans l'hystérie et dans d'autres affections des femmes. On l'associe ordinairement à l'oxyde de zinc ou au bromure de potassium, de 2 à 10 gr. en poudre ou en infusion. De 1 à 2 gr. en extrait. — Une particularité singulière des propriétés de la valériane, c'est que son odeur exerce sur les chats une irrésistible attraction.

VALÉRIANÉ, ÉE adj. Bot. Qui appartient ou se rapporte à la valériane. — s. f. pl. Famille de plantes dicotylédones gamopétales périgynes ayant pour type le genre valériane et comprenant, en outre, le genre valérianelle (mâche).

VALÉRIANIQUE ou **Valérique** adj. Se dit d'un acide qui est à l'alcool amylique ce que l'acide acétique est à l'alcool ordinaire ou éthylique. C'est Chevreul qui l'obtint, pour la première fois en 1817, de la graisse d'un dauphin, *delphinus phocæna*; on l'appela alors acide delphinique ou phocénique. En 1830, Grote le tira de l'huile essentielle de valériane. C'est une huile incolore, mobile, à goût aigre et brûlant, avec une odeur qui ressemble à celle de l'huile de valériane qu'on aurait

mêlée à du fromage rance ; poids spécifique à 16°, 0,937. On s'en sert pour préparer les valérianates d'ammoniaque et d'autres substances, qu'on administre par doses très minimes.

VALÉRIEN (Publius-Licinius-Valerianus), empereur romain, qui régna de 253 à 260. L'empereur Gallus l'envoya chercher les légions de Gaule et de Germanie, pour contribuer à étouffer la révolte d'Æmilianus, mais Gallus était assassiné avant que Valérien arrivât. Æmilianus eut le même sort et Valérien fut appelé au trône. Il s'associa son fils Gallien. Tout son règne fut consacré à résister aux attaques des Franks, des Alemans, et des Goths, etc.; dans l'Orient, à celles des Perses. Fait prisonnier avec son armée par le monarque perse Sapor, il mourut en captivité. (Voy. GALLIEN.)

VALÉRIEN (Saint), martyr, mort en 479. Fête le 15 sept.

VALÉRIEN (Mont), la plus haute colline des environs de Paris, dont le sommet, à 200 m. au-dessus du niveau de la mer, est occupé par le fort du même nom.

VALÉRINE s. f. Nom donné aux glycérides qui prennent naissance lorsqu'on chauffe la glycérine avec l'acide valérique.

VALÉRIQUE adj. Voy. VALÉRIANIQUE.

VALERIUS-CORVUS (Marius) [va-lé-ri-uss kor-vuss], général romain, né vers 371 av. J.-C., mort vers 271. En 349, étant tribun militaire sous les ordres de L. Camille, il tua en combat singulier un Gaulois gigantesque, avec le secours, dit la légende, d'un corbeau qui volait à la figure du Gaulois. De là son surnom de Corvus. Il fut élu consul en 348, et cinq autres fois depuis. En 342, on le nomma dictateur, et de nouveau en 304; il remplit 21 fois des charges curules, et reçut à plusieurs reprises les honneurs du triomphe.

VALERIUS-FLACCUS (Caïus) [flak-kuss], poète latin, né vers 88. On ne sait rien de sa vie, et la seule œuvre qu'on ait de lui est un poème héroïque inachevé, intitulé *Argonautica*. Trad. en vers franç. par Dureau de la Malle (1811) et en prose par Caussin de Perceval, dans la bibliothèque de Panckoucke (Paris, 1829, in-8°).

VALERIUS PUBLICOLA. Voy. PUBLICOLA.

VALÉRY (Saint), *Walaricus* ou *Gualaricus*, premier abbé d'un monastère de Picardie qui porte son nom, mort en 622. Fête, le 12 déc.

VALÉRY-EN-CAUX (Saint), petit port, ch.-l. de cant., arr. et à 30 kil. N. d'Yvetot (Seine-Inférieure), sur la Manche ; 3,000 hab.

VALÉRY-SUR-SOMME (Saint), petit port et ch.-l. de cant., arr. et à 20 kil. N.-O. d'Abbeville (Somme), ancienne capitale du Vimeu, sur la rive gauche de la Somme et près de son embouchure dans la Manche ; 3,500 hab. C'est dans le port de Saint-Valery que Guillaume le Conquérant s'embarqua pour envahir l'Angleterre.

VALÉSIEN, IENNE s. et adj. Du Valais; qui appartient à ce pays ou à ses habitants.

' VALET s. m. (anc. franç., *vaslet*, *varlet*; du bas lat. *vassus*, serviteur; *latus*, lez, à côté de). Domestique, serviteur : *valet à tout faire.* — Carte sur laquelle est peinte la figure d'un varlet, et qui existe dans chacune des quatre couleurs d'un jeu : *valet de cœur.* — Poids qui pend avec une corde derrière la porte, pour faire qu'elle se ferme *-ans* qu'on y touche. — Instrument de fer qui sert à un menuisier pour fixer le bois *qu'il travaille.*

' VALETAGE s. m. Service de valet. — Complaisance servile.

' VALETAILLE s. f. Multitude de valets : *que faites-vous de toute cette valetaille ?*

' VALET-A-PATIN s. m. Instrument de chirurgie; sorte de pince qui sert à saisir les vaisseaux ouverts, dont on doit faire la ligature.

' VALETER v. n. Avoir une assiduité basse et servile auprès de quelqu'un par intérêt : *c'est une âme basse, il n'a fait que valeter toute sa vie.* — Faire beaucoup de courses, de démarches qui donnent de la peine, et demandent de la patience : *il m'a fallu valeter trois ans pour obtenir un emploi.*

VALETTE (Claude-Denis-Auguste), jurisconsulte et homme politique, né à Salins (Jura), le 15 août 1805, mort à Paris, le 10 mai 1878. Il siégea à la Constituante et à la Législative, fut incarcéré à Vincennes, le 3 déc. 1851 et rentra ensuite dans la vie privée. Il a laissé de nombreux ouvrages de législation.

VALETTE (La), ch.-l. de cant. du dép. de la Charente. (Voy. VILLEBOIS-LAVALETTE.)

VALETTE ou La Valette (ital. *La Valetta*), cap. de l'île de Malte, sur la côte N.-E.; 60,000 hab. Le Grand Port, à l'E., s'enfonce d'environ 2 kil. dans les terres. Cinq forts commandent les approches du côté de la mer, et cinq lignes de fortifications traversent l'isthme. La ville est en amphithéâtre, et les rues sont reliées les unes aux autres par des escaliers; le Gouverneur réside dans l'ancien palais du grand-maître des chevaliers de Malte. Il y a une université, qui date de 1838. (Voy. MALTE.)

VALETTE (Jean PARISOT DE LA), grand-maître des chevaliers de Malte, né en 1494, mort en 1568. Il devint grand-maître en 1557. En 1565, il résista, avec 700 chevaliers et 8,500 soldats, en y comprenant les habitants qui avaient pris les armes, aux 180 navires et aux 30,000 hommes de Soliman le Magnifique. La flotte turque mouilla dans le golfe de Mugiarro, le 18 mai. La Valette avait construit de nouvelles fortifications. Il soutint un des plus terribles sièges dont l'histoire fasse mention, jusqu'au 8 sept., où l'arrivée du vice-roi de Naples avec 8,000 hommes, mit la déroute chez les Turcs. On estime qu'ils avaient perdu 30,000 hommes (ayant reçu constamment des renforts); il resta à peine 600 hommes avec La Valette. Il fonda la ville qui porte son nom, *Valetta*, et où il transporta de Citta-Vecchia, le résidence des chevaliers.

' VALÉTUDINAIRE adj. (rad. lat. *valétudo*, santé). Maladif, qui est souvent malade : *cet homme, cette femme est fort valétudinaire.* — Substantiv. *Les convalescents et les valétudinaires.*

' VALEUR s. f. (lat. *valor*).Ce que vaut une chose, suivant la juste estimation qu'on en peut faire : *il faut que vous me rendiez mon cheval, ou la valeur.* — VALEUR NOMINALE, valeur arbitraire donnée aux pièces par la loi ; à la différence de VALEUR RÉELLE ou INTRINSÈQUE, valeur du métal dont la pièce est formée. — Banque et Econ. polit. Toute sorte de biens diponibles : *déposer des valeurs.* — Mus. Durée que doit avoir chaque note, et qu'indique sa figure : *la valeur d'une blanche est le double de la valeur d'une noire.* — Juste appréciation des termes, suivant l'usage reçu : *cet homme ne connaît pas, ne sait pas la valeur des termes dont il se sert.* — La valeur de loc. fam. dont on se sert en quelques occasions pour exprimer l'estimation approximative qu'on fait de quelque espace de lieu ou de temps et de quelque autre chose que ce soit : *nous avons fait en nous promenant la valeur de deux lieues.* — Valeur reçue loc. dont on sert dans les pro-

messes et dans les lettres de change, pour marquer qu'on a reçu autant que la somme qui y est spécifiée : *vous payerez à Monsieur.* *dix mille francs, valeur reçue en marchandises, valeur reçue comptant.* — Valeur en compte autre loc. dont on se sert dans les lettres de change, pour indiquer qu'on est en compte courant avec la personne ou la société au profit de laquelle la lettre est faite. — Législ. « On entend généralement par *valeurs mobilières* les titres d'emprunts publics, les actions et les obligations de sociétés, et tous autres titres semblables, soit nominatifs, soit au porteur. Les valeurs mobilières, admises à la cote journalière de la bourse, ne peuvent être négociées valablement que par l'intermédiaire des agents de change. Ce monopole est fondé sur l'article 76 du Code de commerce, et il est confirmé par la jurisprudence, notamment par un arrêt de la cour de cassation du 1er juill. 1885 (Aff. Force et Pelletier). — Impôts sur les valeurs mobilières. Les divers impôts qui frappent les valeurs mobilières, titres d'actions, d'obligations, etc., ont été déjà mentionnés dans plusieurs articles de ce *Dictionnaire.* (Voy. Revenu, Société, Timbre, etc.) Ce sont les suivants : 1° les droits de *timbre* proportionnel ou de timbre d'abonnement auxquels sont assujettis les titres d'actions et d'obligations des sociétés civiles ou commerciales, et les titres des obligations des départements, communes et autres établissements publics. Il faut ajouter à ces titres ceux d'actions ou d'obligations des entreprises étrangères et même les effets publics des gouvernements étrangers, lorsque ces titres ou ces effets publics sont négociés en France ou mentionnés dans un acte soumis à la formalité de l'enregistrement (voy. Timbre et Société) ; 2° *le droit de transmission de 50 cent.*, par 100 fr., qui est perçu sur la négociation des mêmes valeurs, lorsque *les titres sont nominatifs*, et qui est également perçu lorsque l'on opère la conversion d'un *titre au porteur en titre nominatif ou d'un titre nominatif en titre au porteur.* Ce droit est remplacé, pour les titres français au porteur, par une taxe annuelle de transmission qui est de 20 cent. par 100 fr. et qui est basée sur le cours moyen du titre à la Bourse de Paris pendant l'année précédente (L. 23 juin 1857, etc.). (Voy. Société, Impôts, III.) 3° *l'impôt sur le revenu*, établi par la loi du 29 juin 1872 et qui frappe chaque année sur les intérêts et dividendes des actions ou obligations et sur les parts d'intérêt dans certaines sociétés. Cet impôt, dont nous avons détaillé les bases au mot Société (Impôts, IV) s'applique aussi aux intérêts des emprunts contractés par les départements, les communes et les autres établissements publics, sauf lorsqu'il s'agit d'emprunts faits à la caisse des dépôts et consignations (Décr. 6 sept. 1872, art. 6.). Il frappe en outre sur le montant des lots et des primes de remboursement qui sont attribués aux porteurs de titres. — Valeurs appartenant à des pupilles. Les titres au porteur appartenant à un mineur ou à un interdit doivent être convertis en titres nominatifs par les soins du tuteur, dans le délai de trois mois, ou aliénés par lui, avec l'autorisation du conseil de famille, lorsque le conseil n'en ordonne le dépôt. La même obligation est imposée pour les titres appartenant à un enfant assisté ou à un aliéné (L. 27 fév. 1880). — Recouvrement de valeurs perdues. Le propriétaire d'un titre d'action ou d'obligation au porteur, qui en est dépossédé par quelque événement que ce soit, peut se faire restituer contre cette perte. A cet effet, il doit faire notifier par huissier à l'établissement débiteur, le nombre, la nature, la valeur nominale, le numéro et la série des titres perdus. L'exploit doit énoncer, autant que

possible les circonstances de l'acquisition des titres, celles de la perte, et celles concernant la recette des derniers intérêts ou dividendes payés. Le même acte doit contenir élection de domicile dans la commune où siège l'établissement débiteur. Cette notification emporte opposition au paiement du capital et des revenus. Lorsqu'il s'est écoulé un an depuis la date du dit exploit, et que deux termes au moins d'intérêts ou de dividendes ont été mis en distribution, l'opposant peut, sur une ordonnance du président du tribunal de son domicile, être autorisé à toucher les intérêts et dividendes échus et ceux à échoir, au fur et à mesure de leur exigibilité ; mais il doit fournir une caution solvable. Lorsqu'il n'a pas fourni de caution, l'opposant peut seulement exiger que *les intérêts et capitaux soient versés à la caisse des dépôts et consignations, au fur et à mesure de leur exigibilité ;* et il a droit, deux ans après la date de l'autorisation du président, à la remise des intérêts et dividendes déposés à la dite caisse. Mais, quant au capital qui a dû être également déposé après son exigibilité, l'opposant ne sera en droit de le recevoir que lorsqu'il se sera écoulé dix ans depuis la date de cette exigibilité, et cinq ans depuis l'autorisation, sans que l'opposition ait été contredite durant ces délais. Dans tous les cas, il est facultatif de remplacer la caution, par un nantissement, et celui-ci peut être constitué en rentes sur l'État. Après le délai de dix ans écoulés depuis l'autorisation accordée par le président du tribunal, l'opposant pourra réclamer de l'établissement débiteur un duplicata de son titre. Le propriétaire de titres perdus doit encore remplir d'autres formalités, s'il veut en prévenir la négociation. Il doit notifier par huissier au syndicat des agents de change de Paris une opposition contenant en toutes lettres et aussi en chiffres, les numéros des titres perdus, et tous les autres renseignements utiles. Cet exploit contient aussi réquisition de faire publier les numéros des titres, chaque jour, à compter du lendemain, dans l'insertion de 50 centimes que numéro de valeur et par an, et il doit être payé d'avance à la caisse du syndicat. Toute négociation ou transmission postérieure au jour où le *Bulletin* a dû parvenir par la poste dans le lieu où elle a été faite, est sans effet vis-à-vis de l'opposant, sauf le recours du tiers porteur contre le vendeur et, en outre, les agents de change sont responsables personnellement des négociations faites par leur entremise, postérieurement à la publication des numéros dans le *Bulletin* (L. 15 juin 1872 ; Décr. 10 avril 1873). Celui qui a été dépossédé d'un titre de rente au porteur sur l'État français doit, pour recevoir le paiement des arrérages et obtenir un duplicata de ce titre, remplir des formalités particulières que nous avons indiquées au mot Rente. » (Ch. Y.)

* **VALEUR** s. f. Bravoure, vaillance, vertu qui consiste à s'exposer courageusement à tous les périls de la guerre : *valeur héroïque.*

* **VALEUREUSEMENT** adv. Avec valeur : *il a combattu valeureusement.*

* **VALEUREUX, EUSE** adj. Brave, vaillant, qui a beaucoup de valeur, beaucoup de courage : *c'est un valeureux soldat, un homme valeureux.*

VALGORGE, ch.-l. de cant., arr. et à 20 kil. N.-O. de Largentière (Ardèche) ; 41,000 hab.

VALHALLA. Voy. Walhalla.

* **VALIDATION** s. f. Action de valider : *cette formalité est nécessaire pour la validation de l'acte.*

* **VALIDE** adj. (lat. *validus*). Valable, qui a les conditions requises par les lois pour produire son effet. Ne se dit guère que des contrats ou autres actes, et des sacrements : *cet acte n'est pas valide.* — Sain, vigoureux, par opposition à malade ou infirme. — Substantiv. *Il y a dans cet hospice tant d'infirmes et tant de valides.*

* **VALIDÉ** s. f. Titre que les Turcs donnent à la mère du sultan régnant : *la sultane Validé.*

* **VALIDEMENT** adv. Valablement, avec assurance que la chose dont il s'agit aura son effet : *on ne peut contracter validement avec un mineur.*

* **VALIDER** v. a. Rendre valide : *valider, faire valider un acte, un contrat, une dépense.*

* **VALIDITÉ** s. f. Force et vertu que certaines choses reçoivent de l'accomplissement des formalités et des conditions qui leur sont nécessaires : *on lui conteste la validité de son titre.*

VALINCOUR (Jean-Baptiste-Henri du Trousset de), littérateur, né à Paris en 1653, mort en 1730. Écrivain de peu de valeur, mais ami de quelques grands hommes, il remplaça Racine à l'Académie française. Boileau lui a dédié sa onzième satire.

* **VALISE** s. f. Espèce de long sac de cuir qui s'ouvre dans sa longueur, qui est propre à être porté sur la croupe d'un cheval, et dans lequel on met des hardes pour sa commodité : *grande valise.*

* **VALISNÈRE**, **Valisnérie** ou mieux **Vallisnérie** s. f. (de *Vallisnieri*, n. pr.). Bot. Genre de monocotylédones, comprenant deux espèces d'herbes vivaces qui croissent au fond des eaux douces. L'une de ces espèces est australienne ; l'autre, la *valisnère spirale* (*valisnéria spirátis*), se trouve dans tous les pays chauds et dans le midi de la France. C'est une plante intéressante à étudier, en raison de la manière dont se fait chez elle la fécondation. Les fleurs femelles et les fleurs mâles viennent sur des pieds séparés, qui croissent ordinairement à proximité les uns des autres. Au moment de la fertilisation, le pédoncule en spirale qui porte la fleur femelle s'étend, et cette fleur vient s'épanouir à la surface de l'eau ; au même moment, la spathe qui enveloppe les fleurs mâles se divise en 3 ou 4 portions ; ces fleurs se détachent d'elles-mêmes de leur pédoncule commun et viennent flotter librement à la surface ; leurs anthères éclatent avec force et projettent au loin une quantité considérable de pollen dont une partie retombe sur les stigmates des fleurs femelles. Aussitôt que la fertilisation est effectuée, le pédoncule de la fleur femelle resserre sa spire, et ramène la fleur au fond de l'eau, où le fruit doit se développer et mûrir.

* **VALKYRIE** s. f. Nom que les anciens Scandinaves donnaient à certaines déesses qui habitaient le palais d'Odin, et dont la fonction était de servir l'hydromel aux héros tués dans les combats. Messagères d'Odin, les Valkyries conduisaient dans la Walhalla les héros morts sur le champ de bataille.

VALLA (Lorenzo), érudit italien, né à Rome vers 1410, mort vers 1460. Il était prêtre. Il accompagna Alphonse 1er de Naples dans ses guerres et dans ses voyages. Il s'attira des inimitiés à Rome en attaquant l'authenticité de la *Donation de Constantin*, sur laquelle les papes fondaient en grande partie leurs titres à la souveraineté temporelle, et il s'enfuit à Naples où il ouvrit une école. Il eut de la peine à y échapper à l'inquisition. De retour à Rome, il présenta au pape Nicolas V une partie des poèmes homé-

riques traduits en latin pour la première fois, et sa traduction de Thucydide. On le nomma secrétaire apostolique et chanoine de Saint-Jean-de-Latran. Ses œuvres, comprenant *Elegantiæ Linguæ latinæ* ont été recueillies en 3 vol. in-fol. (1543).

VALLADOLID [và-lia-do-lidd']. I. Province du N.-O. de l'Espagne dans la vieille Castille; 7,880 kil. carr.; 242,384 hab. Les principaux cours d'eau sont le Douro et ses affluents. Céréales, vin, lin, chanvre, garance. On y élève beaucoup de chevaux, de bêtes à cornes, de moutons et de mules. — II. Capitale de cette province, sur la Pisuerga, à 165 kil. N.-O. de Madrid; 50,000 hab. L'université, avec une faculté de droit et une faculté de médecine, fut fondée par Alphonse XI en 1346. Fabrication de soieries, de dentelle, de papier, de lainages et de poterie. Valladolid était appelée Belad-Walid par les Maures, auxquels elle fut enlevée par Ordôno II de Léon en 920. Pendant le XVᵉ siècle et une partie du XVIᵉ, elle fut la capitale de la Castille et de l'Espagne. Les Français la prirent en janv. 1808, les Anglais le 4 juin 1813.

VALLADOLID, ville du Yucatan (Mexique), à 150 kil. E.-S.-E. de Mérida; 15,000 hab. Séjour favori pour les malades. Manufactures de coton.

VALLADOLID (Honduras). Voy. Comayagua.

* **VALLAIRE** adj. f. [val-lè-re] (*vallaris*; de *vallum*, retranchement). Antiq. On ne l'emploie que dans cette dénomination, Couronne vallaire, couronne que, chez les Romains, on donnait à celui qui avait, le premier, franchi les retranchements de l'ennemi.

VALLE (Pietro della), voyageur italien, surnommé Il Pellegrino, né à Rome en 1586, mort en 1652. Il alla en Orient en 1614, visita Constantinople, la Palestine, la Mésopotamie et la Perse, et finalement prit part à la guerre entre la Perse et la Turquie. Il voyagea ensuite dans l'Inde, et, à son retour, reçut du pape Urbain VIII le titre de chambellan honoraire. Ses voyages ont paru en 4 vol. (1650-'53). C'est une relation prolixe, mais très exacte.

* **VALLÉE** s. f. [va-lé] (lat. *vallis*). Espace entre deux ou plusieurs montagnes : *descendre dans la vallée.* — La vallée, s'est dit d'un lieu, près du Pont-Neuf, où l'on vendait de la volaille et du gibier.

VALLERAND, agriculteur, né en 1812, mort en juin 1883. Il inventa la *charrue-révolution*, l'un des meilleurs instruments de culture, aujourd'hui employée dans les milliers d'exploitations en France et à l'étranger.

VALLERAUGUE, ch.-l. de cant., arr. et à 21 kil. N. du Vigan (Gard), sur l'Hérault; 2,500 hab. Culture du mûrier; élève de vers à soie.

VALLET, ch.-l. de cant., arr. et à 24 kil. E. de Nantes (Loire-Inférieure); 4,100 hab.

VALLIER (Saint-). I. Ch.-l. de cant., arr. et à 32 kil. N. de Valence (Drôme), sur le Rhône à l'entrée de la vallée de Galaure; 3,500 hab. Ancien château gothique où habita Diane de Poitiers. — II. Ch.-l. de cant., arr. et à 12 kil. N.-O. de Grasse (Alpes-Maritimes); 800 hab.

VALLIÈRE (Mᴵˡᵉ de La). Voy. La Vallière.

VALLISNIERI (Antonio), naturaliste italien, né en 1661, mort en 1730. En 1700, il fut nommé professeur à Padoue, où ses essais de réformes médicales rencontrèrent de l'opposition. Ses œuvres complètes ont paru en 4733 (3 vol. in-fol.).

VALLOMBREUSE (ital. *Vallombrosa*), abbaye dans la vallée des Apennins, à 25 kil. E. de Florence. Elle fut fondée par saint Gio-

vanni Gualberto vers 1038, et devint une branche des bénédictins réformés. Elle a été supprimée en 1863; le monastère et l'église sont affectés aujourd'hui à l'école royale des forêts.

* **VALLON** s. m. Petite vallée, espace de terre entre deux coteaux : *nous nous sommes bien promenés dans ce vallon; son jardin s'étend en partie sur la côte, en partie dans le vallon.* — Le sacré vallon, le double vallon, le vallon qui est entre les deux croupes du Parnasse, et qui, selon la Fable, était le séjour des muses. On l'emploie aussi fig. pour exprimer plusieurs choses qui ont rapport à la poésie : *il a été nourri dans le sacré vallon.*

VALLON, ch.-l. de cant., arr. et à 22 kil. S.-S.-E. de Largentière (Ardèche); 1,800 hab.

VALLONNEMENT s. m. Action de vallonner, résultat de cette action.

VALLONNER v. a. Creuser en forme de vallon.

VALLOUISE, vallée de l'arr. et à 18 kil. E.-S.-O. de Briançon (Hautes-Alpes), contenant le glacier d'*Aile-Froide*, à 4,300 m. d'altitude. Cette vallée est célèbre par l'égorgement des Vaudois qui y eut lieu.

VALMONT, ch.-l. de cant., arr. et à 24 kil. N.-O. d'Yvetot (Seine-Inférieure); 600 hab.

VALMONT DE BOMARE (Jacques-Christophe), naturaliste, né à Rouen en 1731, mort à Chantilly en 1807. On a de lui : *Dictionnaire raisonné universel d'histoire naturelle* (1765, 5 vol. in-8ᵉ), réimprimé en 1800 (5 vol. in-8ᵉ).

VALMORE (Marceline-Félicité-Josèphe Desbordes). (Voy. Desbordes-Valmore.)

VALMY, commune de l'arr. et à 10 kil. O. de Sainte-Menehould (Marne); 600 hab.; célèbre victoire de Kellermann sur le duc de Brunswick, le 20 sept. 1792. Kellermann fut créé duc de Valmy en 1808.

VALOGNES, *Valoniæ*, ch.-l. d'arr., à 58 kil. N.-O. de Saint-Lô (Manche) et à 16 kil. S. de Cherbourg, sur le Merderet, par 49° 30′ 32″ lat. N. et par 3° 48′ 24″ long. O.; 6,000 hab. Cette ville fut prise par les Anglais en 1340 et, en 1448, Mazarin la fit démanteler. — Patrie de Letourneur, de Dacier et de Vicq-d'Azir.

* **VALOIR** v. n. (lat. *valere*). *Je vaux; tu vaux, il vaut; nous valons, etc. Je valais. J'ai valu, Je valus. Je vaudrai. Je vaudrais. Vaux, valez. Que je vaille; que nous valions, que vous valiez, qu'ils vaillent. Que je valusse. Valant.* Etre d'un certain prix, avoir un prix, un certain mérite : *cette étoffe vaudrait tant.* — Impersonnell, Il vaut mieux, est plus expédient, plus utile, plus convenable : *il y a beaucoup d'occasions où il vaut mieux se taire que de parler; il vaut mieux que cela soit ainsi.* — Rapporter, donner du profit : *cette terre, cet emploi vaut tant.* — Faire valoir une chose, tirer d'une chose le profit, l'avantage qu'elle peut rapporter : *faire valoir un domaine.* — On dit quelquefois absol., Faire valoir son bien, son argent, l'employer de même sa terre. — Faire valoir une chose, lui donner du prix, la faire paraître meilleure, plus belle : *cet acteur a l'art de faire valoir ses rôles.* — Faire valoir une chose, en relever, en vanter le mérite, l'importance : *il fait trop valoir ses services.* — Faire valoir sa marchandise, se dit au propre des marchands qui, par leurs discours par leur adresse, savent donner une grande idée de ce qu'ils veulent vendre. Se dit au figuré de ceux qui louent beaucoup tout ce qu'ils ont, et jusqu'aux moindres choses qu'ils disent. — Se faire valoir, soutenir sa dignité, ses droits, ses prérogatives : *il est bon quelquefois de se faire un peu valoir.* — En mauvaise part, signifie, s'attribuer des

bonnes qualités qu'on n'a pas : *c'est un fanfaron qui veut se faire valoir.* — Tenir lieu, avoir la force, la signification de : *l'M en chiffre romain vaut mille, le D vaut cinq cents, le C vaut cent, etc.* — Valoir v. a. Procurer faire obtenir, produire : *cette bataille lui a valu le bâton de maréchal de France.* — A valoir Comm. et fin. Ce qu'on fournit, soit en billets soit en marchandises, à compte d'une plus forte somme qu'on doit fournir : *je vous envoie vingt balles de draps, dont vous retirerez le prix à valoir sur ce que je dois fournir pour ma part dans la société.* — Vaille que vaille, tout coup vaille loc. adverb. et fam. A tout hasard : *donnez votre pétition vaille que vaille.* — Tout coup vaille, à de certain jeux, signifie qu'en attendant la décision de ce qui est en contestation, on ne laissera pas de jouer : *je prétends que la balle a double, mais je ne laisse pas de jouer tout coup vaille.*

VALOIS (Le), *Valesiensis Ager*, petit pays de l'ancienne Ile-de-France, entre le Soissonnais, la Champagne, la Brie, l'Ile-de-France, et le Beauvaisis; ch.-l. Vez, puis Crespy; villes princ. : Senlis, Compiègne, Villers-Cotterets et la Ferté-Milon. Il est aujourd'hui divisé entre le dép. de l'Aisne et de l'Oise. Le comté de Valois fut donné par Philippe III à son dernier fils Charles, dont le fils devint roi sous le nom de Philippe IV (1328). Charles VI l'érigea en duché-pairie et le donna à son frère le duc d'Orléans (1402). Plus tard Louis XIV l'octroya à son frère Philippe d'Orléans.

VALOIS (Maison de), branche cadette de la dynastie capétienne; elle tirait son nom du domaine de Valois dans l'Ile-de-France. Elle occupa le trône de France 261 ans, depuis l'avènement de Philippe VI, en 1328, jusqu'à la mort de Henri III en 1589, suivie de l'avènement de Henri IV, le premier des Bourbons. (Voy. France.)

* **VALOREM** (Ad) [-rèmm], loc. lat. qui signifie : *selon la valeur des choses.*

VALPARAISO [val-pe-raï'-so] I, province du Chili, sur le Pacifique, comprenant l'île de Juan Fernandez; 4,420 kil. carr.; 176,682 hab. Elle est montagneuse; on y exploite des mines de cuivre et d'argent, mais la principale industrie est l'agriculture. — II, capitale, sur la baie du même nom, à 110 kil. N.-O. de Santiago; 97,575 hab. La baie est presque entourée par une haute chaîne de collines sur lesquelles la ville s'étage. Elle est vaste, bien abritée, excepté au N., et de bonne profondeur. La position de Valparaiso est très avantageuse au point de vue du commerce; c'est le principal port de l'Océan Pacifique du Sud. Un chemin de fer la relie à Santiago.

VALRÉAS, ch.-l. de cant.; arr. et à 33 kil. N.-N.-E. d'Orange (Vaucluse); 5,000 hab. Garance, soie, châtaignes. Patrie du cardinal Maury.

VALROMEY (Le), *Vallis Romana*, petit pays du Bugey, aujourd'hui compris dans le dép. de l'Ain ; ch.-l. Châteauneuf, puis Champagne. La maison de Savoie le céda à la France en 1601.

VALS, station minérale et commune du dép. de l'Ardèche, arr. et à 52 kil. N.-N.-O. de Privas (Ardèche), au confluent de la Volane et de l'Ardèche; 1,500 hab. Plusieurs sources bicarbonatées sodiques, parmi lesquelles la source de Sainte-Désirée et celle de Saint-Dominique. Gravelle rouge, certains catarrhes de la vessie, dyspepsie, engorgement des viscères abdominaux, hydropsies passives, leucorrhées, fièvres intermittentes rebelles.

* **VALSE** s. f. Espèce de danse allemande, introduite en France vers 1790, et dans laquelle le cavalier et la dame tournent en-

semble et parcourent ainsi la salle, en variant leurs attitudes : *danser une valse.* — Air sur lequel on exécute cette danse : *jouer une valse.*

° VALSER v. n. (all. *walsen*, tourner). Danser la valse, une valse : *il ne sait pas valser.*

° VALSEUR, EUSE s. Celui, celle qui valse : *un bon valseur*

VALTELIN, INE s. et adj. De la Valteline; qui appartient à ce pays ou à ses habitants.

VALTELINE (ital. *Val Tellina;* all. *Velltellin* ou *Veltlin*), vallée de Lombardie, séparée de l'Engadine par les Alpes Rhétiennes, et du Tyrol par l'Ortler et le Stilfser Joch. La vallée de Valteline proprement dite a 75 kil. de long.; elle forme avec les vallées de Bormio et de Chiavenna, la province de Sondrio. Elle est remarquable par sa fertilité ; ses principales productions sont : le vin, les céréales, les fruits et le fromage. — La Valteline, saisie par la Ligue Grise en 1512, lui fut cédée en 1530. Du 19 au 21 juillet 1620, les catholiques y firent, à l'instigation de l'Espagne, un immense massacre de protestants. La Valteline fut neutralisée en 1639, annexée à la république cisalpine en 1797, à l'Italie en 1807, à l'Autriche en 1814, à l'Italie en 1860.

VALTREUSIER s. m. Argot. Voleur de malles.

° VALUE s. m. Ne s'emploie que dans cette location, PLUS-VALUE, somme que vaut une chose au delà de ce qu'on l'a prisée ou achetée : *il faut encore payer tant pour la plus-value.* Dans le sens opposé, on dit *moins-value.* — PLUS-VALUE, MOINS-VALUE, différence en plus ou en moins du rendement des impôts par rapport aux prévisions du budget : *des plus-values; des moins-values.*

VALVACÉ, ÉE adj. Bot. Indéhiscent.

VALVAIRE adj. Qui se rapporte aux valves.

° VALVE s. f. (lat. *valva*, battant de porte ou de fenêtre). Conchyl. Se dit pour coquille, et sert à former les mots UNIVALVE, en parlant des coquillages qui n'ont qu'une seule coquille ; BIVALVE et MULTIVALVE, en parlant de ceux qui en ont deux ou plusieurs. — Bot. Pièce qui forme un péricarpe sec : *les péricarpes des crucifères et des papilionacées ont deux valves, ou sont bivalves; celui des violettes à trois valves, ou est trivalve, etc.*

VALVÉ, ÉE adj. Muni ou formé de valves.

VALVÉEN, ENNE adj. Qui est produit par l'expansion des valves.

VALVIFORME adj. Qui a la forme d'une valve.

VALVULAIRE adj. Qui est muni de valvules.

° VALVULE s. f. Anat. Membrane qui, dans les vaisseaux ou autres conduits du corps de l'homme et de l'animal, dirige les liqueurs dans un certain sens, et en empêche le refluer : *il y a plusieurs valvules dans cette veine.*

VALVULITE s. f. Inflammation des valvules.

° VAMPIRE s. m. Être fabuleux, admis par la superstition populaire, surtout en Grèce, en Hongrie, en Moravie, en Silésie, en Pologne et en Russie, et analogue à la goule des Persans et des Arabes. On représente les vampires comme des personnes décédées qui abandonnent leur tombe pour tourmenter les vivants, surtout leurs parents jeunes, en leur suçant le sang, en leur apparaissant, en produisant des bruits étranges, et souvent en les faisant mourir phtisiques. — S'emploie, fig., pour désigner ceux que l'on accuse de s'enrichir par des gains illicites, et aux dépens du peuple, qu'ils dévorent. — Mamm. Genre de chéiroptères du groupe des chauves-souris, ayant pour type le *vampire spectre (vampirus spectrum),* énorme chauve-souris de l'Amérique du Sud. Le vampire est de la grosseur d'une poule. Il se

nourrit ordinairement d'insectes ; mais, pressé par la faim, il suce le sang des petits quadrupèdes, et même aussi, dit-on, des hommes plongés dans le sommeil; mais on

— Vampire spectre (vampirus spectrum).

a beaucoup exagéré la description de ses mœurs sanguinaires, et, d'après les voyageurs les plus dignes de foi, c'est une créature plus horrible que redoutable.

VAMPIRIQUE adj. Qui a les habitudes des vampires.

VAMPIRISME s. m. Cruautés exercées par les vampires.

° VAN s. m. (lat. *vannus*). Instrument d'osier, qui est fait en coquille, qui a deux anses, et dont on se sert pour remuer le grain, en le jetant en l'air, afin de séparer la paille et l'ordure d'avec le bon grain : *nettoyer du grain avec le van.*

VAN [vann]. I, ville de l'Arménie turque, à 230 kil. S.-E. d'Erzeroum, près de la rive orientale du lac Van ; 35,000 hab. La ville, est dans un beau site, mais elle est misérablement bâtie. Il s'y fabrique des cotonnades grossières qui s'exportent ; il y a aussi des raffineries de sel. Son nom vient de celui du roi arménien Van (374-354 av. J.-C.). Les arméniens l'appellent Shamiramaged, cité de Sémiramis, sa prétendue fondatrice. Vers la fin du Xe siècle, elle devint la capitale du troisième royaume arménien de Vashburagan. L'invasion des Turcs Seldjoucides au XIe siècle fut fatale à la ville et au royaume. — II. lac salé, le plus grand d'Arménie, à 1,500 m. au-dessus du niveau de la mer; 7,550 kil. carr. Ses eaux en sont du bleu le plus foncé. La végétation de ses bords est célèbre par sa luxuriante richesse. Il n'a pas d'issue.

VAN, particule hollandaise qui équivaut au *de* français.

VANADITE s. m. Sel produit par la combinaison de l'acide vanadeux avec une base.

VANADIUM s. m. [va-na-diomm] (de *Vanadis*, la Vénus scandinave). Métal rare, découvert, en 1801 par Del Rio, dans le minerai brun de plomb (connu aujourd'hui sous le nom de vanadinite) de Zimapan au Mexique, et qui l'appela érythronium. Mais les chimistes y virent presque tous du brôme, opinion que Del. Rio finit lui-même par adopter. En 1830, Sefstroem trouva que le fer fait avec le minéral magnétique de Taberg, en Suède, ainsi que la cendre qui en provenait, contenait un métal particulier qu'il appela vanadium, de Vanadis, un des noms de la déesse scandinave Freyja; Woehler, de son côté, découvrit que ce métal était le même que celui du minerai de plomb de Zimapan. On l'a depuis rencontré dans beaucoup d'autres localités et beaucoup d'autres combinaisons. Son poids atomique est 51,3; symbole. V. Les sels d'acide vanadique, ou d'anhydride vanadique, Vᵒ O⁵, servent

avec la teinture de noix de Galles, à la fabrication de l'encre noire fixe.

VAN BUREN. I. (Martin), le huitième président des Etats-Unis, né en 1782, mort le 24 juillet 1862. Il étudia le droit, et, après avoir été magistrat dans le comté de Columbia en 1808, il fut élu au sénat de l'état de New-York en 1812. De 1815 à 1819, il fut avocat général [*attorney general*] de l'état. En 1821, il fut élu au sénat des Etats-Unis, et fit partie de la convention chargée de reviser la constitution. Gouverneur de New-York en 1828, il fut secrétaire d'état dans l'administration du président Jackson, en mars 1829. En 1831, il fut nommé ministre en Angleterre, mais le sénat ne voulut pas ratifier cette nomination. Vice-président en 1832, il fut élu président en 1836. Le pays était alors au milieu d'une crise financière sans précédent, et, deux mois après l'installation du nouveau président, la catastrophe éclata par la suspension de paiement en espèces dans toutes les banques. Après un échec dans la session extraordinaire du congrès convoqué par le président, le système qu'il préconisait et qui, sous le nom de *indépendant treasury system,* caractérise sa magistrature, fut adopté comme loi en 1840. La même année, les efforts de l'opposition firent élire le général Harrison contre Van Buren que les démocrates représentèrent de nouveau. Il éprouva de nouveaux échecs à plusieurs élections consécutives; il rentra dans la vie privée, et fit un voyage en Europe (1853-'55). Il a laissé un ouvrage intitulé : *Inquiry into the Origin and course of Political Parties in the United States* (1867). — II. (John) fils de précédent; avocat; né en 1810, mort en 1866, attorney général de l'état de New-York en 1845, il se distingua depuis au barreau de la capitale de cet état par son éloquence et son esprit. En 1856, il fit un voyage en Europe et mourut pendant le retour.

VANCOUVER (George) [vann-kou'-veur], navigateur anglais, né vers 1758, mort en 1798. Il était aspirant de marine dans le second et le troisième voyage du capitaine Cook (1772-'75 et 1776-'80). Quelques sujets anglais, établis à Nootka s'étant pris de querelle avec les officiers espagnols, Vancouver reçut l'ordre de s'y rendre avec une petite escadre et de recevoir la reddition de Nootka d'après les ordres de la cour de Madrid au commandant espagnol. En allant, il explora les îles Sandwich, remplit sa mission (1792), et au retour, releva une grande partie de la côte occidentale de l'Amérique du Sud. Sa relation a été publiée en 1798 (3 vol. in-4°).

VANCOUVER (Ile), île de l'océan Pacifique, sur la côte N.-O. de l'Amérique du Nord, faisant partie de la Colombie britannique; longueur, du N.-N.-O. au S.-S.-E.; 465 kil.; largeur maximum, 150 kil.; 34,643 kil. carr.; 6,000 hab., sans compter les Indiens. Elle est séparée du territoire de Washington au S. et au S.-E. par le détroit de Fuca et le canal de Haro, et de la Colombie britannique continentale au N.-E. par le golfe de Géorgie, le détroit de Johnston, et celui de la Reine Charlotte. La côte est très découpée et bordée de nombreux îlots. La localité la plus importante est Victoria. Une chaîne de montagnes d'une élévation moyenne de 800 m. et atteignant jusqu'à 1,900 m. au mont Arrowsmith, coupe l'île par le milieu du N. au S. Les richesses minérales consistent surtout en houille, anthracite et bitume. Il y a de sources salées Le climat est égal et sain. L'île est bien boisée, et exporte une grande quantité de poutres et de bois de construction. Le froment, les pommes de terre, les navets et autres légumes donnent d'abondantes récoltes. Les Indiens, qui sont nombreux, demeurent surtout le long de la côte, et sont paisibles. — Le navigateur Vancouver prit

possession de l'île en 1792 au nom de la Grande-Bretagne. En 1843, la compagnie de la baie d'Iludson établit un comptoir à Victoria. En 1849, cette île fut concédée à la compagnie pour 10 ans. En 1859, elle fut érigée en colonie, et, en 1866, annexée à la Colombie britannique.

* **VANDALE** s. m. Nom d'un ancien peuple de la Germanie : on l'applique, fig., à ceux qui détruisent les monuments des arts, qui voudraient ramener les temps de barbarie : *c'est un Vandale, un grand Vandale.* — ENCYCL. Les Vandales formaient une ancienne confédération de nations barbares de race germanique. Ils apparurent d'abord sur les côtes septentrionales de la Germanie, d'où ils se dirigèrent vers le Sud, s'établissant dans les Riesengebirge (mont des Géants), et plus tard en Pannonie et en Dacie. Au commencement du IIᵉ siècle, ils tournèrent à l'O., traversèrent la Germanie, la Gaule et les Pyrénées, et fondèrent un royaume en Andalousie (*Vandalusia*). En 429, sous Genséric, ils passèrent en Afrique avec une flotte puissante, et conquirent toute la côte septentrionale jusqu'à Tunis; ils prirent ensuite la Sicile, la Sardaigne, la Corse et les Baléares. En 455, ils saccagèrent Rome. Pendant plus d'une siècle, ils maintinrent leur domination en Afrique, avec Carthage pour capitale; mais elle fut renversée par Bélisaire, qui vainquit leur dernier roi Gélimer, en 534.

ROIS VANDALES D'AFRIQUE.

429.	Genséric.	497.	Thrasimond.
477.	Hunneric.	523.	Hilderic.
484.	Gondamond.	532.	Gélimer.

VANDALIA, ville de l'Illinois, sur le Kaskaskia, à 110 kil. E.-N.-E. de Saint-Louis; 1,774 hab. Elle a été la capitale de l'état, de 1818 à 1836.

* **VANDALISME** s. m. Conduite, opinion de ceux qui sont ennemis des lumières et des arts.

VANDAMME (Dominique-Joseph), comte d'Unebourg, général, né à Cassel (Nord) le 5 nov. 1770, mort dans la même ville le 15 juillet 1830. Commandant des chasseurs du mont Cassel ou chasseurs de Vandamme en 1792, il se distingua dans plusieurs campagnes, fut créé comte en 1808, et sous Davout, s'illustra à Eckmühl (1809). En 1815, après la victoire des Français à Dresde, il essaya d'arrêter Schwarzemberg venant de Bohême; mais après une lutte sanglante, il fut obligé de se rendre (30 août) à Kulm, et fut détenu prisonnier en Russie jusqu'en sept. 1814. En 1815, à la tête d'un corps, il contribua à la défaite de Blücher à Ligny, remporta un avantage à Wavre, et couvrit la retraite de l'aile droite de l'armée, de Waterloo à Paris. Louis XVIII le bannit, et il vécut aux Etats-Unis jusqu'à la fin de 1819.

VANDE s. f. Genre d'orchidées, comprenant une douzaine d'espèces qui croissent dans l'Inde. Plusieurs espèces sont recherchées dans nos serres, à cause de la beauté de leurs fleurs.

VANDÉ, ÉE adj. Bot. Qui se rapporte à la vande. — s. f. pl Tribu d'orchidées ayant pour type le genre vande.

VAN DER GOES. Voy. GOES.

VAN DER HEYDEN (Jan) [haï-'denn], peintre hollandais, né en 1637, mort en 1712. Il excellait dans le paysage et la représentation des églises et édifices publics; mais il ignorait la figure humaine. Les personnages de ses tableaux y ont été ajoutés par d'autres artistes, surtout par Adrien Vandervelde.

VAN DER HOEVEN. Voy. HOEVEN.

VAN DER MEER (mèr] J. (Jan), le vieux, peintre hollandais d'Amsterdam, né vers 1625, mort vers 1685. Il excellait dans le

paysage, les marines, les batailles, et se distinguait par l'éclat de sa couleur.— II (Jan), le jeune, son fils, né vers 1660, mort vers 1704. Il fut un brillant élève de Berghem. On ne rencontre guère de ses œuvres qu'en Hollande.

VAN DER MEULEN (Antoine-François), artiste français, né à Bruxelles en 1634, mort à Paris le 15 oct. 1690. Il se fit estimer à Paris comme peintre de batailles, de scènes de chasse, et de chevaux. Colbert, qui l'appela en France, lui donna un logement aux Gobelins et une pension de 2,000 livres. Le Louvre possède 23 de ses tableaux, dont 15 représentant des incidents des guerres de Louis XIV.

VANDERVELDE ou Vandevelde (ADRIEN), peintre hollandais, né en 1639, mort en 1674. Il excellait dans la figure humaine, et il compléta par des personnages certains tableaux de Ruysdael et d'autres artistes. — II. (Willem), le vieux, peintre hollandais, né en 1610, mort en 1693. Les états de Hollande lui fournirent un navire pour accompagner la flotte hollandaise et l'illustrer les manœuvres. A partir de 1675, il fut le peintre de batailles navales de Charles II et de Jacques II d'Angleterre.—III. (Willem), le jeune, fils du précédent, né en 1633, mort en 1707; il succéda à son père comme peintre du roi ; il n'avait pas de rival dans les scènes de tempêtes. (Voy. VELDE.)

VAN DIEMEN [dī'-menn]. Voy. TASMANIE.

* **VANDOISE** s. f. Hist. nat. Poisson d'eau douce du genre des carpes, et de forme allongée. On lui a aussi donné le nom de DARD, parce qu'il s'élance avec beaucoup de vitesse.

VAN DYCK ou Vandyke (ANTHONY), peintre flamand, né à Anvers en 1599, mort en 1641. En 1627, il exécuta pour l'église des augustins d'Anvers, un tableau célèbre représentant saint Augustin en extase, soutenu par des anges. Pendant les cinq années suivantes, il fut activement employé par les maisons ecclésiastiques et par les particuliers dans les Pays-Bas. C'est à cette période qu'on peut attribuer de nombreux *Crucifiements* et *Descentes de croix*, marqués de ce caractère de profonde douleur qui est le trait distinctif de son talent. Mais sa grande réputation est due à ses portraits, qui lui valurent sans doute d'être appelé en Angleterre par Charles I (1632). Beaucoup de ses chefs-d'œuvre dans ce genre sont restés dans ce pays. Le nombre d'ouvrages qu'on lui attribue est d'ailleurs énorme.

VANESSE s. f. Entom. Genre de papillons diurnes, dont l'espèce principale est le paon-du-jour (papilio-io), commun en France.

VAN EYCK. Voy. EYCK.

VANGA s. m Hortic. Bêche à fer pointu qu'on emploie dans certains terrains rocailleux.

VAN HELMONT. Voy. HELMONT.

VANIKORO, Mallicolo ou LA PÉROUSE, l'une des principales îles de l'archipel des Nouvelles-Hébrides (Océan Pacifique), longue de 80 kil., sur 35 kil. (Voy. LA PÉROUSE.)

* **VANILLE** s. f. [ll mll.] (esp. *vainilla*; dimin. de *vaina*, gousse). Bot. Genre d'orchidées aréthusées, dont toutes les espèces sont grimpantes, avec des tiges souples projetant des racines aériennes au moyen desquelles elles montent et courent au milieu des branches des arbres. L'espèce la plus importante est la *vanilla plumifolia*, originaire des régions les plus chaudes du Mexique. On la propage en attachant un scion à la base d'un arbre; dans une atmosphère chaude et humide, un plant produira pendant 30 ou 40 ans. Comme dans la plupart des orchidées, les fleurs de la vanille ont besoin des insectes pour leur fécondation. La vanille pos-

sède une odeur et une saveur particulières, qu'on s'accorde généralement à trouver très agréables. Cette odeur est de la même classe que celle du mélilot et de la fève de tonka, bien qu'elle s'en distingue nettement. C'est la Vera-Cruz et Tampico qui fournissent le plus de vanille. On se sert de la vanille comme d'un condiment ou d'un parfum. Son

Vanille à feuilles planes (vanilla plumifolia).

fruit, qu'on nomme aussi *vanille*, a la forme d'un cornichon long de quatre à cinq pouces, et gros comme le petit doigt : il est d'une saveur aromatique, d'une odeur très agréable, et contient une multitude de petites semences noires : *les fruits de la vanille ou du vanillier sont excitants et stimulants.* — Plante qu'on nomme plus ordinairement *héliotrope*, et dont les fleurs ont une odeur agréable, très ressemblante à celle du fruit de la vanille américaine.

* **VANILLIER** s. m. Nom de la plante qu'on appelle aussi *vanille*. (Voy. ce mot.)

VANINI (Lucilio), philosophe italien, né vers 1585, mort le 19 fév. 1619. Il entra dans les ordres, enseigna à Genève, à Paris et à Lyon, dut se réfugier en Angleterre où il défendit le catholicisme romain et fut mis en prison. En 1615, étant à Lyon, il publia *Amphitheatrum æternæ Providentiæ*, livre qui fit suspecter d'être athée, bien qu'il y combattît l'athéisme. La Sorbonne fit brûler son volume de dialogues (1616). Plus tard, il se rendit fameux à Toulouse par son érudition et son éloquence ; mais malgré sa soumission à l'Eglise, il fut condamné à mort comme libre-penseur et mourut sur le bûcher. (Voy. *Œuvres philosophiques de Vanini*), par Rousselot (1841).

VANITAS VANITATUM loc. lat. qui signifie, *Vanité des vanités* ; premiers mots de l'Ecclésiaste.

* **VANITÉ** s. f. (lat. *vanitas*). Inutilité, peu de solidité : *tout n'est que vanité dans le monde.* — Amour-propre qui a pour objet des choses frivoles ou étrangères à la personne qui en prévaut : *il a beaucoup de vanité.* — Sans vanité loc. adv. dont on se sert quelquefois dans le langage familier, quand on dit le soi quelque chose d'avantageux, et pour le faire passer ; *sans vanité, j'en sais plus que lui sur ce sujet.*

VANITEUSEMENT adv. Avec vanité.

* **VANITEUX, EUSE** adj. Qui a une vanité puérile et ridicule, soit en actions, soit en paroles : *c'est l'homme le plus sot et le plus vaniteux.* — Substantiv. *C'est un vaniteux, une vaniteuse insupportable.*

VANLOO [van-lô] (Jean-Baptiste), célèbre peintre français, né et mort à Aix (Provence) (1684-1745). Il eut beaucoup de vogue comme portraitiste à Paris et à Londres. Mais son talent ne se bornait pas à cette branche de la peinture; il fut nommé professeur à l'académie de Paris. — II. (Charles-André) plus connu sous le nom de Carle Vanioo, son frère, né à Nice en 1705, mort à Paris en 1765. En 1764, il fut nommé directeur de l'Académie française des beaux-arts, et, en 1762, peintre du roi. Il excellait dans la peinture

d'histoire et dans les portraits. Son fils César lui succéda aux beaux-arts, et deux de ses neveux devinrent premiers peintres des rois d'Espagne et de Prusse.

* **VANNAGE** s. m. Agric. Nettoyage des grains au moyen du van.

* **VANNAGE** s. m. Hydraul. Ensemble de vannes.

* **VANNE** s. f. [va-ne] (lat. *vannus*). Espèce de porte de bois dont on se sert aux moulins, aux pertuis des rivières, etc., et qui se hausse ou se baisse pour laisser aller l'eau ou la retenir, quand on veut : *il faut lever la vanne pour faire aller le moulin*. — EAUX VANNES, eaux chargées de matières en dissolution qu'on fait couler hors des fosses d'aisances, hors des féculeries, des sucreries et autres établissements industriels. — BATEAU-VANNE, appareil composé d'un bateau muni, à son avant, d'une vanne mobile, et que l'on a employé au nettoyage du grand égout collecteur de Paris à Asnières.

VANNE, rivière qui prend sa source à Font-vannes (Aube), baigne Estissac, Villeneuve-l'Archevêque, Malay et se jette dans l'Yonne un peu en amont de Sens après un cours de 65 kil. En 1860, la ville de Paris a acheté dans la vallée de la Vanne plusieurs sources très abondantes destinées à l'alimentation de Paris. Les eaux arrivent par le moyen d'un aqueduc qui sont contenues près du parc Monsouris, dans un vaste réservoir qui peut renfermer 300,000 m. cubes d'eau. L'aqueduc, long de 175 kil., fournit 90,000 m. cubes par jour.

* **VANNEAU** s. m. Ornith. Genre d'échassiers pressirostres, voisin des pluviers, dont il ne se distingue que par la présence d'un pouce, ordinairement très petit. On en décrit deux sous-genres : 1° les VANNEAUX-PLUVIERS,

Vanneau suisse (tringa Helvetica).

à pouce presque imperceptible. C'est à ce groupe qu'appartient le *vanneau gris* (*tringa squatarola*), appelé aussi *vanneau va-*

Vanneau d'Europe (tringa cristatus).

rié (*tringa varia*) et *vanneau suisse* (*tringa Helvetiæ*), suivant son âge et ses variations de plumage. Il vit avec les pluviers et, comme eux, n'a pas d'aigrette ; 2° les VANNEAUX PRO-

PREMENT DITS, à pouce plus apparent. On en a décrit une demi-douzaine d'espèces ; ces oiseaux vivent par paires dans les pays marécageux et se réunissent par troupes en hiver, sur les dunes et sur les rivages de la mer. Ils se nourrissent de vers, de limaces et d'insectes. Le *vanneau d'Europe* (*tringa cristatus*), joli oiseau de la grosseur d'un pigeon, et d'un vert bronzé, avec une huppe longue et déliée, le bec noirâtre et les pieds d'un rouge brun. Il arrive chez nous au printemps, vit dans les champs et les prés, vole avec rapidité, quelquefois en faisant des culbutes.

Vanneau armé (tringa Cayenensis).

niche en avril et part en automne. Sa chair, quoique maigre et sèche, est assez estimée. Ses œufs passent pour délicieux. Très défiant il ne se laisse que bien difficilement approcher ; mais il s'habitue assez volontiers à la captivité. Le *vanneau armé* (*tringa Cayenensis*), haut sur pattes, a l'aile armée d'un ergot, le dos et le dessus des ailes d'un vert doré.

* **VANNER** v. a. [va-né]. Nettoyer les grains par le moyen d'un van : *vanner du blé, de l'avoine, de l'orge*.

* **VANNERIE** s. f. Métier de vannier ; marchandise du vannier.

VANNES, *Veneti, Civitas Venetorum*, ch.-l. du dép. du Morbihan sur la Manche, à l'extrémité N. du golfe du Morbihan ; par 47° 39'' lat. N. et par 5° 5' 42'' long. O ; 15,000 hab. Rues étroites et vieilles maisons. Massive cathédrale Saint-Pierre commencée au XIIIe siècle et terminée au XVIIe siècle. Ancien palais ducal, aujourd'hui occupé par la préfecture. Portes du moyen âge ; curieuse tour du connétable. Musée riche en antiquités celtiques. Lainages, colons, etc. ; cabotage. Les petits navires peuvent seuls entrer dans le port. — C'est à Vannes que furent jugés les émigrés pris à Quiberon. (Voy. CH.)

VANNETAIS, AISE s. et adj. De Vannes ; qui appartient à cette ville ou à ses hab.

* **VANNETTE** s. f. Grand panier rond, plat, et à petit bord, dont on se sert ordinairement pour vanner l'avoine, avant de la donner aux chevaux.

* **VANNEUR** s. m. Celui qui vanne.

VANNI (Francesco), peintre italien, né vers 1565, mort en 1609. Son *Saint Pierre repoussant Simon le Magicien* le rendit célèbre. Ses meilleurs ouvrages sont à Sienne, sa ville natale.

* **VANNIER** s. m. Ouvrier qui travaille en osier, et qui fait des vans, des corbeilles, des hottes, des claies, etc. : *ce vannier travaille bien*.

VANNUCCI (Pietro) [vann-noutt'-chi]. Voy. PÉRUGIN.

VANNURE s. f. Ce qu'entraîne le courant d'air dans le vannage.

VAN OOST [ôstt] 1. (Jacob) le vieux, peintre flamand, né vers 1600, mort en 1671. Il étudia en Italie, imita Annibal Carache et exécuta pour les églises de Bruges de nombreux tableaux, parmi lesquels la *Descente de croix*. — II. (Jacob), le jeune, son fils né en 1637, mort en 1713. Il s'établit à Lille, et excella dans le portrait et la peinture historique.

VANS OS (Pieter GÉRARD) [oss], peintre hollandais, de La Haye, né en 1776, mort en 1839. Il excellait dans les paysages animés de bestiaux, dans les scènes militaires et dans la gravure à l'eau-forte de ses dessins.

VANS (Les) ch.-l. de cant., arr. à 25 kil. S.-O. de Largentière (Ardèche), dans la vallée du Chassezac ; 2,400 hab.

* **VANTAIL** s. m. [t mll.]. Battant d'une porte, d'une fenêtre qui s'ouvre des deux côtés : *les vantaux d'une porte, d'une fenêtre*.

* **VANTARD, ARDE** adj. Qui a l'habitude de se vanter : *un homme vantard*. — s. *Ce n'est qu'un vantard, une vantarde*.

* **VANTARDISE** s. f. Habitude de se vanter.

* **VANTER** v. a. (lat. *vanitare*). Louer, priser extrêmement : *vous vantez bien cet homme-là*. — Se vanter v. pr. *Vous vous vantez beaucoup*. — Se glorifier, se faire honneur de : *il m'a rendu service, mais il s'en vante trop*. — Se faire fort de : *il s'était vanté de le faire consentir*.

* **VANTERIE** s. f. Vaine louange qu'on se donne à soi-même, et qui marque de la présomption : *il y a bien de la vanterie dans ce qu'il dit*.

* **VA-NU-PIEDS** s. m. Vagabond, homme très misérable : *des va-nu-pieds*. (Fam.)

VAN VEEN [vènn] ou Vénius (OTHO), peintre flamand né vers 1550, mort vers 1630. Ses principaux ouvrages sont dans les églises d'Anvers et de Bruxelles. Il a publié une histoire de la guerre des Bataves d'après Tacite, illustrée de ses propres dessins.

VANVES ou Vanvres comm. du cant. et à 6 kil. N. de Sceaux, à 7 kil. S.-O. de Paris ; 6,000 hab. Ancien château des Condés, construit en 1698 par Mansard et aujourd'hui occupé par le petit lycée Louis-le-Grand.

VANVITELLI (Luigi), architecte italien, né en 1700, mort en 1773. Il était fils de Caspar van Witel, peintre hollandais qui s'était établi en Italie. Il a bâti des églises à Urbin et le grand couvent des Augustins à Rome et il a dessiné le nouveau port d'Ancône. Il devint architecte de Saint-Pierre en 1725, et ensuite de Charles III à Naples, pour qui il construisit un palais, un aqueduc à Caserte et autres beaux ouvrages.

VANVOLE (A la) loc. adv. A la légère.

* **VAPEUR** s. f. (lat. *vapor*). Phys. Tout fluide aériforme, très coercible, généralement produit par l'action de la chaleur sur des corps liquides ou solides à la température ordinaire, et qui sont ramenés à leur premier état par le refroidissement par un excès de pression : *vapeur atmosphérique ; la vapeur de l'iode est violette ; vapeurs incolores*. — BAIN DE VAPEURS. (Voy. Bain.) — Chim. BAIN DE VAPEUR, distillation dans laquelle le vaisseau où sont renfermées les matières à distiller, est échauffé par l'eau bouillante. — Pop. Espèce de fumée qui s'élève des choses humides par l'effet de la chaleur : *vapeur grossière, subtile, légère*. — LES VAPEURS DU VIN, les fumées du vin, l'effet que le vin, bu en trop grande quantité, produit sur le cerveau : *les vapeurs du vin ont troublé sa raison*. — VAPEURS, au plur., se dit vulgairement des affections hypocondriaques et hystériques, parce que, autrefois, on les croyait dues à des vapeurs élevées de l'estomac ou du bas-ventre vers le cerveau : *il est suj t aux vapeurs. Elle*

a des vapeurs. — ENCYCL. L'eau, et même la glace, à toutes les températures, lorsqu'elles ne sont pas renfermées dans des parois imperméables, émettent continuellement de la vapeur ; les particules de leur surface passent à l'état gazeux avec une rapidité déterminée par la température de la masse et par la nature et la densité de l'atmosphère ambiante. *Lorsque l'eau est renfermée,* cette vaporisation se produit sans rapport avec le caractère ou avec la densité de l'atmosphère jusqu'au *maximum de densité et de pression* que l'on puisse atteindre à cette température. C'est cette température qu'on appelle température de saturation à une pression donnée. Lorsque le phénomène qu'on vient de décrire se produit dans un vaisseau exposé à l'air, la vapeur se mêle aux molécules de l'atmosphère aussi vite qu'elle se forme, et ne s'en sépare qu'à la surface jusqu'à ce que le point d'ébullition soit atteint. (Voy. ÉBULLITION.) Chaque fois qu'on ajoute à de l'eau du sel dans la proportion de 1 p. 100, son point d'ébullition est élevé d'environ 0°, 02 C. L'eau de mer, contenant $\frac{1}{n}$ de son poids de sel, bout à 100°,56 sous la pression atmosphérique. Regnault a fait, aux frais du gouvernement et sous les auspices de l'Académie des sciences, la détermination la plus minutieuse et *la plus exacte des coïncidences de températures, de pressions et de volumes de la vapeur* à l'état de saturation ; ses recherches ont été publiées dans les *Mémoires de l'Académie* pour 1847. — **Chaudière à vapeur.** Héron, qui vivait au III° siècle avant l'ère chrétienne, a décrit plusieurs formes de chaudières qu'on employait à engendrer de la vapeur. Les formes actuelles de chaudières peuvent se classer en chaudières simples, chaudières à cheminée et chaudières tubulaires. La chaudière cylindrique ordinaire est la seule de la première classe dont on se serve généralement. Les chaudières à cheminée sont souvent cylindriques ; elles contiennent une ou plusieurs cheminées cylindriques qui les traversent de bout en bout, au-dessous du niveau de l'eau, conduisant le gaz du fourneau, et offrant une surface de chauffe plus grande que celle qui peut s'obtenir dans la chaudière simple. On appelle chaudière de Cornouailles, une chaudière cylindrique, traversée longitudinalement par une cheminée ; on croit que ce système a été pour la première fois employé dans les Cornouailles. Quand les cheminées sont petites et nombreuses, la chaudière prend le nom de « tubulaire ». La fig. 1 est une forme commune de chaudière

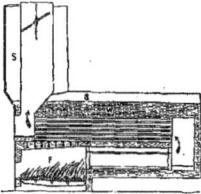

Fig. 1. — Bouilleur à cheminée de la marine

marine à vapeur. Les gaz passent d'abord par de larges tuyaux jusqu'au fond de la chaudière, puis reviennent par devant. On appelle chaudière tubulaire à compartiments, une espèce de chaudière tubulaire dans laquelle la chambre à vapeur est divisée en un grand nombre de petits compartiments ; ce qui donne plus de garantie, plus de sûreté, car les tubes dont ils sont composés sont d'ordinaire capables de supporter au delà de la pression à laquelle ils doivent être soumis. La fig. 2 représente la chaudière à compartiments de Harrison, depuis longtemps en

usage aux États-Unis, et dans laquelle les compartiments ou sections se composent de globes creux de fer fondu communiquant entre eux par des cônes de fer également

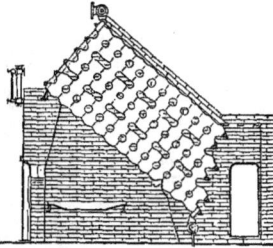

Fig. 2. — Chaudière à compartiments de Harrison.

adaptés les uns aux autres. De longues chevilles, allant d'un bout à l'autre de chaque rangée, relient ensemble les globes ou sphères. Un autre exemple d'un modèle en usage aujourd'hui, est donné dans la fig. 3. Il consiste en une série de tubes en fer forgé, reliés par des têtes en T, et placés de manière qu'un rang se trouve immédiatement au-dessus des

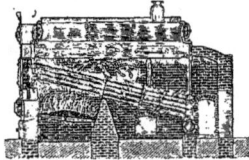

Fig. 3. — Bouilleur à compartiments de Babcock et Wilcox.

l'intervalle existant entre les deux rangs qui sont au-dessous. Le feu se place au-dessous des extrémités les plus élevées des tubes, et tout est prévu pour empêcher autant que possible la formation des dépôts, ou des incrustations sur les surfaces de chauffe. — Notre fig. 4 représente une petite chaudière verticale fixe, comme on en emploie dans les cabinets de physique. L'eau est chauffée par une petite lampe, et la cheminée traverse le liquide. — Le terme cheval - vapeur, comme mesure de la force d'une chaudière, est un terme indéfini et impropre. On supposait autrefois qu'un pied de vapeur donnait assez de vapeur pour mettre en mouvement une machine de la force d'un cheval pendant une heure. Aujourd'hui l'expression *cheval - vapeur* désigne la puissance d'une machine à vapeur capable d'élever en une seconde un poids de 75 kilog. à une hauteur d'un mètre, et l'on dit qu'une machine est de la force de 10, de 100, de 1,000 *chevaux-vapeur,* suivant qu'elle peut élever en une seconde 750, 7,500 ou 75,000 kilogr. à la hauteur

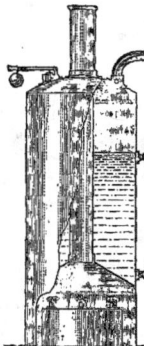

Fig. 4. — Chaudière ou bouilleur d'une machine à vapeur verticale.

d'un mètre. Les explosions des chaudières se produisent soit par ignorance ou négligence, soit par défaut de construction. Des expériences ont prouvé que de basses pressions suffisent pour produire des explosions très violentes. — **Machine à vapeur,** machine mise en jeu par la vapeur de l'eau bouillante : *machine à vapeur de la force de douze chevaux.* On dit de même *un bateau à vapeur, un paquebot à vapeur,* un

Fig. 5. — Æolipile de Héron, à axe horizontal.

bateau, un paquebot qui marche au moyen de roues mues par une machine à vapeur. — Héron d'Alexandrie (vers 250 av. J.-C.) a décrit dans ses *Spiritalia* ou *Pneumatica,* plusieurs appareils insignifiants démontrant la puissance de la vapeur, mais sans usage pratique. Ces appareils sont représentés dans nos fig. 5 et 6. Ils se composent d'un vaisseau sphérique ou cylindrique, soutenu par deux pivots, et portant, de chaque côté, un tube ouvert recourbé ou coudé, de manière que la courbure d'un tube soit en sens inverse de celle de l'autre. Dans le vaisseau, on place une certaine quantité d'eau que l'on chauffe soit au moyen d'un brasier, soit à l'aide d'une lampe. Dès que l'eau se met à bouillir, sa vapeur, en s'échappant par les ouvertures des tubes, imprime un mouvement de rotation à l'appareil nommé æolipile.

Fig. 6. — Æolipile à axe vertical.

Les Espagnols attribuent à Blasco de Garay, l'honneur d'avoir appliqué la vapeur comme moyen propulsif d'un navire à Barcelone, en 1543. Giambattista della Porta, dans ses *Spiritalia* (1604) décrit son appareil pour élever l'eau en remplissant un tube vertical de vapeur condensée et en forçant ensuite, par la pression, l'eau à sortir par l'extrémité supérieure. Salomon de Caus, ingénieur et architecte de Louis XIII, dans *Les Raisons des Forces mouvantes, avec diverses machines tant utiles que plaisantes* (1615), dit qu'à l'aide du feu, l'eau monte plus haut que son niveau ; il décrit, en outre, un globe rempli d'eau et un tuyau vertical y attaché, à travers lequel l'eau était élevée par l'expansion de la vapeur

Fig. 7. — Soupape de sûreté à ressort.

engendrée par le chauffage du vaisseau. Giovanni Branca publia en 1629, à Rome, un compte rendu d'une application mécanique d'un jet de vapeur pour la mise en mouvement d'une roue. Le marquis de Worcester, dans son *Century of Inventions* (1663), décrit un appareil consistant en chaudières et en tuyaux qui engendrent et conduisent la vapeur jusqu'à un vase où sa pression force l'eau à s'élever, comme l'avait suggéré Salomon de Caus. Sir Samuel Morland commença en 1683 à construire des appareils semblables pour le commerce. Denis Papin, de Blois, in-

venta, vers 1690, une machine ayant un piston qui séparait la vapeur de l'eau dans le cylindre. Il inventa aussi la soupape de sûreté à levier, que l'on emploie encore, mais que l'on remplace quelquefois par la soupape à ressort (fig. 7). En 1698, Thomas Savery prit un brevet pour une machine qu'il appliqua sur une grande échelle au drainage des mines et à l'élévation de l'eau pour faire tourner la roue des moulins. Thomas Newcomen, John Cawey, et Savery prirent un brevet en 1705, pour la première machine à vapeur, digne de ce nom. Elle consistait en un cylindre contenant un piston refoulé de bas en haut par la vapeur venant d'une chaudière, et repoussé de haut en bas par la pression atmosphérique lorsque la condensation enlevait la vapeur en dessus. On ne se servait de ce mécanisme que pour faire marcher les pompes. Humphrey Potter, Henry Beighton, Brindley et John Smeaton, apportèrent successivement des perfectionnements à cet engin primitif. James Watt, constructeur d'instruments à l'université de Glasgow, fit faire, en 1763, un progrès décisif à la machine à vapeur. Il amena un jet d'eau froide sur la surface de condensation, et remplaça, en dessus du piston, la pression atmosphérique par de la vapeur. Avec Boulton, il fonda, en 1775, une maison à Londres, pour l'exploitation de son invention, à laquelle il apporta encore par la suite d'importantes et heureuses modifications. En 1782, il construisit une machine à double action, représentée dans la fig. 8. Jonathan Hornblower (1781) et Woolf

Fig. 6. — Machine de Watt, 1784.

(1804), introduisirent encore des combinaisons nouvelles. En 1779, l'Américain Olivier Evans avait inventé la machine à haute pression sans condensation, et l'avait appliquée aux scieries mécaniques, aux moulins à farine, et à la propulsion des bateaux et des locomotives. Sa machine fut introduite en Angleterre en 1802. Enfin d'autres Américains, le colonel John Stevens, Joseph Dixon (1823), Frédérick E. Sickels (1842), Zachariah Allen et George H. Corliss amenèrent à sa perfection la machine à vapeur américaine à expansion. Depuis, le seul fait digne de remarque est le retour à la machine à double cylindre de Hornblower, avec vapeur à haute pression, expansion considérable, et action rapide du piston, que l'on a reconnue comme d'un emploi économique. On estime que la force de la vapeur employée aujourd'hui dans le monde entier est d'environ 16 millions de chevaux-vapeur, et que, s'il fallait faire avec de vrais chevaux le travail que ces machines pourraient accomplir en étant constamment en opération, le nombre nécessaire dépasserait 60 millions. — Forme de la machine à vapeur. Dans toutes les machines, il y a certaines parties essentielles qui se retrou-

vent toujours ; mais les formes, les proportions et l'arrangement peuvent présenter de très grandes différences. En général, le piston P, fig. 8, est soigneusement adapté à un cylindre à vapeur C, dans lequel il se meut d'un bout à l'autre avec un frottement doux, sans laisser passer la vapeur. La tige du piston est attachée à son autre extrémité à une tige guidée de manière à se mouvoir en ligne verticale. Dans la fig. 8, la tige obéit à un parallélogramme articulé, p m, produit par une combinaison de tiges qui se contrebalancent et la maintiennent dans la ligne verticale. Cette disposition est simplifiée dans les machines modernes. La tige est reliée au balancier B par deux anneaux, et le balancier se mouvant autour du centre principal, transmet le mouvement, au moyen d'une bielle cr, à la manivelle attachée au grand arbre ou arbre de manivelle qui porte le volant w. Dans la figure, on ne voit pas la manivelle qui, est remplacée par un engrenage. La vapeur arrive au cylindre du piston par un ou plusieurs tuyaux de conduite ; munis, ordinairement d'un endroit convenable d'une soupape obturatrice. Lorsque la quantité de vapeur est déterminée automatiquement, un régulateur G ferme la soupape, lorsque la vitesse de la machine tend à dépasser le maximum voulu, et l'ouvre lorsque la vitesse diminue. Dans notre figure, le régulateur se compose de deux boules qui, lorsque s'accroît la vitesse, acquièrent une grande rapidité de révolution autour de l'axe qui les supporte ; ces boules s'écartant sous l'action de la force centrifuge, mettent en mouvement le levier l et ferment ainsi la soupape. Il y a beaucoup d'autres espèces de régulateurs ; mais celui-ci est le plus communément en usage, bien qu'il ne soit plus parfaitement isochrone. Notre fig. 9 en fera mieux comprendre le principe. — Les soupapes à vapeur admettent la vapeur alternativement à chaque extrémité du cylindre, suivant que le piston se meut en arrière et en avant, et les soupapes d'épuisement ouvrent et ferment alternativement les passages par où la vapeur s'échappe pour entrer dans le condenseur c, ou se rend à l'air libre si c'est une machine sans condenseur. — On appelle machines à haute pression celles qui supportent au moins quatre atmosphères, et machines à basse pression, celles qui manœuvrent sous une pression de moins d'une

Fig. 9. — Régulateur à boules.

atmosphère et demie. Ces dernières sont presque toujours des machines à condenseur, tandis que les autres n'en ont généralement pas. Les machines à double effet ont des pistons qui se meuvent en arrière et en avant dans le même cylindre, comme dans la machine de Watt. Les machines rotatives ont un piston attaché à un arbre et tournent avec lui à l'intérieur d'un cylindre dont l'axe est

parallèle à l'axe de rotation du piston. Les machines sont à action directe lorsque la tige du piston agit directement sur la bielle ou tige qui la rattache à la manivelle, et par là sur la manivelle même, sans l'intervention d'un levier (fig. 10). Dans les machines à action rétrograde, l'arbre se trouve entre le cylindre et la tige du piston, et la bielle revient de cette tige à la manivelle. Les machines à balancier sont munies du balancier déjà décrit. Les machines à leviers latéraux ont deux

Fig. 11.

balanciers, l'un de chaque côté du cylindre, et au-dessous, au lieu d'être au-dessus de la tige du piston. Les machines oscillatoires ont leurs tiges de pistons attachées directement au tourillon de la manivelle ; et, à mesure que la manivelle évolue, le cylindre oscille sur deux tourillons, placés chacun d'un côté, à travers lesquels la vapeur entre et quitte la boîte à vapeur Les soupapes sont à l'intérieur de la

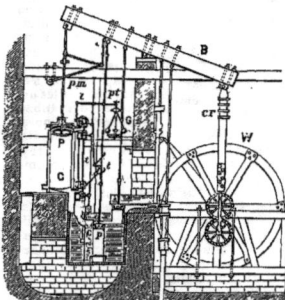

Fig 12 Voiture à vapeur de Cugnot, 1770

boîte à vapeur, oscillant avec le cylindre. On classe aussi les machines, suivant l'usage auquel elles sont destinées, en machines fixes, à pompe, portatives, locomobiles, ou marines. — Pression de la vapeur et force de la machine. La vapeur exerce dans la machine une pression qui varie depuis le commencement jusqu'à la fin du jet ; on peut déterminer ces pressions à l'aide de l'indicateur. Le meilleur de ceux en usage aujourd'hui est l'indicateur de Richards (fig. 11). Un cylindre à vapeur en miniature A, a dans son intérieur un piston étroitement adapté qui, par un détail de construction d'une grande délicatesse, est disposé de manière à manœuvrer sans laisser

Fig. 10. — Machine à action directe.

échapper la moindre quantité de vapeur et en même temps sans frottement. Sa tige B est attachée au parallélogramme articulé C P, B F, lequel porte un crayon au milieu de F, dans une ligne parfaitement verticale. Au côté supérieur de ce piston et à la tête V du cylindre se trouve vissé un ressort d'acier en hélice, d'une forme telle qu'en résistant à la pression de la vapeur au-dessous du piston,

Il fait lever et tomber le crayon, suivant que la pression varie, et à des distances proportionnelles aux variations. Une échelle G, sur la tige H H, indique les pressions par centimètre carré, qui correspondent à chaque moment avec la position du crayon. La tige

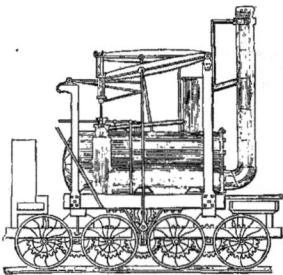

Fig. 13. — Puffing Billy de Hedley:

H H est reliée au moyen du fil J, à une partie de la machine, ayant un mouvement qui coïncide par le temps avec celui du piston à vapeur, mais de manière qu'à chaque poussée de la machine, la tige n'exécute que trois quarts de révolution seulement. Un morceau

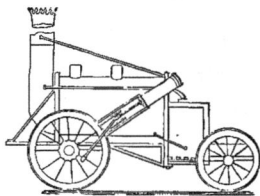

Fig. 14. — La Rocket de Stephenson.

de papier ou de carton mince est enroulé sur cette tige, où le fixent les ressorts W; c'est sur ce papier que le crayon trace automatiquement le diagramme indicateur. L'instrument est attaché au cylindre à vapeur par le robinet N, qui est vissé en O au cylindre; de

Fig. 15. — Locomotive anglaise.

telle façon que la vapeur peut en tout temps y entrer, et que la pression dans la machine et dans l'indicateur soit la même. La valeur moyenne de la pression de la vapeur dans le cylindre, telle qu'on la détermine en mesurant la hauteur du diagramme en plusieurs points, ou en vérifiant son aire par le moyen

du planimètre et en le divisant par sa longueur, s'appelle la pression moyenne. — Locomotives. La première expérience de voiture à vapeur a été faite, en 1769, par l'officier français Nicolas-Joseph Cugnot. Son appareil, représenté par notre fig. 12, est conservé à Paris au Conservatoire des arts-et-métiers. D'autres tentatives ne réussirent pas beaucoup mieux. Jusqu'au temps où les Anglais Blackett et Hedley, ayant simplifié les machines de leurs devanciers, on construisit, en 1843, la Puffing Billy, qui servit jusqu'en 1862 et qui est aujourd'hui déposée au Musée des brevets, à Londres. Elle était encore très compliquée, et à double balancier (fig. 13). Stephenson imagina la locomotive à action directe, dont la Rocket (fig. 14) fut le spécimen le plus célèbre. La Rocket portait, de chaque côté, un cylindre agissant directement chacun sur une roue. Stephenson inventa aussi l'appareil qui permet de renverser la vapeur. Aujourd'hui nos machines européennes sont toutes à action directe (fig. 15) et d'une simplicité de construction réduite à sa dernière expression. Leurs chaudières sont tubulaires.

VAPEUR s. m. Bateau à vapeur : *un vapeur; le vapeur stoppa.* On dit aussi un STEAMER.

VAPOREUSEMENT adv. D'une manière vaporeuse.

* **VAPOREUX, EUSE** adj. Qui a de la vapeur. Se dit de l'état du ciel, lorsque les vapeurs y sont répandues de manière à éclairer doucement les objets : *un ciel vaporeux.* — Peint. Se dit de la manière d'imiter cette vapeur : *tableau vaporeux.* — Qui est sujet aux vapeurs : *un homme vaporeux.* — Se dit de certaines choses qui, prises intérieurement, causent des vapeurs : *la cause est vaporeuse.* Ce sens est peu usité.

VAPORISATEUR s. m. Phys. Récipient dans lequel on opère la vaporisation.

* **VAPORISATION** s. f. Passage d'une substance de l'état liquide à celui de vapeur.

* **VAPORISER** v. a. Faire passer une substance de l'état liquide à l'état de vapeur. — Se vaporiser v. pr. Passer à l'état de vapeur.

* **VAQUER** v. n. (lat. *vacare*). Etre vacant, n'être point occupé, n'être point rempli. — Se dit proprement des emplois, des charges, des dignités, des bénéfices, etc.: *le pape étant mort, le saint-siège vaqua pendant plus de trois ans.* —Se dit quelquefois des logements : *il y a, près de chez moi, une maison qui vaque.* — Se dit aussi des tribunaux, lorsque les fonctions ordinaires y cessent pendant quelque temps. LA COUR D'APPEL VAQUE PENDANT TEL TEMPS, pendant ce temps elle ne tient point ses audiences. — S'emploie souvent avec la préposition A et signifie alors, s'occuper de quelque chose, s'y appliquer : *vaquer à ses affaires.*

VAR, *Varus,* petit fleuve qui prend sa source au pied du mont Garret (Alpes-Maritimes) et se jette dans la Méditerranée près de Saint-Laurent-du-Var, après un cours de 115 kil. Jusqu'en 1860, le Var servit de frontière à la France.

VAR dép. maritime de la région S.-E. de la France; doit son nom au cours d'eau qui lui servait de limite avant que l'arr. de Grasse ait été réuni au dép. des Alpes-Maritimes; situé entre les dép. des Basses-Alpes, des Bouches-du-Rhône, la Méditerranée et le dép. des Alpes-Maritimes; formé d'une partie de la basse Provence; 6,027 kil. carr., 286,557 hab. Ce département est admirable par la beauté de son climat et de ses sites; une ramification des Alpes le traverse au N. et au N.-E. Magnifiques forêts de pins, orangers, oliviers, citronniers. Les côtes du dép. mesurent 200 kil. de développement total. Partout rocheuses, élevées, sinueuses, elles forment des anses et des baies admirablement disposées pour servir de refuge aux navigateurs. La plus magnifique rade est celle d'Hyères, qui sert de champ d'exercice aux escadres d'évolution de la Méditerranée, et qui est abritée, au large, par les jolies îles d'Hyères (voy. ce mot); les autres rades principales sont celles de Fréjus et de Toulon. — Territoire montagneux au N., couvert par les Maures et la Sainte-Baume, ramifications des Alpes. Point culminant, pyramide de Lachen (1,715 m.). — Iles de Bandoles, des Ambiers, Porquerolles, Port-Cros, Bayaud. etc. — Cours d'eau : le Verdon, l'Argens, la Siagne, le Gapeau, l'Arc. Exportation de bon vin, de soie, de grossiers lainages, d'huile d'olive et de charbon de terre; pêcheries de thon et d'anchois. — Ch.-l., Draguignan; 3 arr., 28 cant. et 145 comm. Evêché à Fréjus, suffragant d'Aix. Cour d'appel et ch.-l. universitaire à Aix. — Ch.-l. d'arr. : Draguignan, Brignoles et Toulon.

VARADES, ch.-l. de cant., arr. et à 13 kil. E. d'Ancenis (Loire-Inférieure), sur la rive droite de la Loire; 2,000 hab.

* **VARAIGNE** s. f. Ouverture par laquelle l'eau de la mer entre dans le premier réservoir d'un marais salant : *ouvrir, fermer la varaigne.*

* **VARANGUE** s. f. Mar. Membre d'un navire, qui porte sur la quille.

* **VARE** s. f. Mesure espagnole qui vaut un peu moins d'un mètre.

* **VARECH** s. m. [va-rèk]. Plante marine, autrement nommée *fucus,* et qui croît sur les roches que la mer tantôt couvre et tantôt laisse à sec. — Se dit, par ext., de tous les débris végétaux que la mer rejette sur ses côtes : DROIT DE VARECH, droit de s'emparer de tout ce qui est rejeté par la mer : *le droit de varech existait autrefois sur les côtes de la Manche.* — Navire submergé, coulé à fond. — ENCYCL. Le varech forme un genre d'algues marines, caractérisé par des vaisseaux remplis d'air dans la substance de la tige ou des branches; on en connaît seulement deux espèces sur nos côtes de l'Atlantique, ce sont : le *fucus vesiculosus* et le *fucus nodosus.* — Législ. « Toute personne peut recueillir les varechs ou goémons qui viennent épaves à la côte, mais ceux que la mer dépose dans les pêcheries ou qui y ont poussé appartiennent aux possesseurs de ces établissements. Les habitants des communes riveraines ont seuls droit à la coupe des herbes marines qui tiennent au rivage, et la distribution en est réglée par les conseils municipaux de ces communes. A l'égard des herbes qui poussent en mer, elles ne peuvent être récoltées qu'au moyen de bateaux pourvus de rôles d'équipage (Décr. 8 février 1868) ».

(CH. Y.)

VARÈGUES ou **Varangiens,** nom donné aux pirates scandinaves qui envahirent les Flandres vers 813, la France vers 840, l'Italie en 852. Leur chef Ruric, invité à secourir les Novgorodiens, fonda la monarchie russe (862).

* **VARENNE** s. f. Terrains incultes, où les bestiaux trouvent quelque pâture, et que le gibier fréquente. — LA VARENNE DU LOUVRE, certaine étendue de pays que le roi se réservait pour la chasse. S'est dit aussi de la

V.

juridiction qui connaissait des délits commis dans la varenne du Louvre.

VARENNES-EN-ARGONNE, ch.-l. de cant., arr. et à 29 kil. N.-O. de Verdun (Meuse); 1,100 hab. C'est là que Louis XVI et sa famille furent arrêtés le 22 juin 1791. (Voy. DROUET.)

VARENNES-SUR-ALLIER, ch.-l. de cant., arr. et à 30 kil. N.-O. de la Palisse (Allier), près du confluent de l'Allier et du Valençon; 2,000 hab.

VARENNES-SUR-AMANCE, ch.-l. de cant., arr. et à 30 kil. E. de Langres (Haute-Marne); 1,300 hab.

VARENT (Saint-), ch.-l. de cant., arr. et à 30 kil. N.-E. de Bressuire (Deux-Sèvres); 1,500 hab.

VARÈSE, ville d'Italie, à 25 kil. O. de Côme; 12,000 hab. Cette ville fut prise par les Autrichiens par Garibaldi, le 23 mai 1859.

* **VAREUSE** s. f. Espèce de blouse que portent les matelots, les ouvriers, etc. — Veste très ample de gros drap.

VARGAS (Luis de) [var-gass], peintre espagnol, né en 1502, mort en 1568. Il fit faire de grands progrès à l'école de Séville. On regardait son portrait de la duchesse d'Alcala comme égal aux œuvres de Raphaël. Son tableau le plus célèbre, la *Generacion* (la généalogie humaine du Christ), est dans la cathédrale de Séville. Son ascétisme abrégea sa vie.

VARIA, mot lat. qui signifie : *choses diverses.*

* **VARIABILITÉ** s. f. Disposition habituelle à varier : *la variabilité du temps, des goûts, de l'humeur*

* **VARIABLE** adj. Sujet à varier, qui change souvent : *dans ces contrées, les saisons sont fort variables.* — Mathém. QUANTITÉS VARIABLES, celles qui varient de grandeur; par opposition à QUANTITÉS CONSTANTES, celles qui ne varient point : *dans un cercle, le diamètre est une quantité constante, et l'abscisse est une quantité variable.* — Méd. POULS VARIABLE, celui qui est tantôt régulier, tantôt irrégulier, fort ou faible. — s. m. Degré du baromètre qui indique un temps incertain, sujet à varier : *le baromètre est au variable.*

* **VARIANT, ANTE** adj. Qui change souvent : *esprit variant.*

* **VARIANTE** s. f. Se dit des diverses leçons d'un même texte. Son plus grand usage est au pluriel : *les variantes de la Bible.*

VARIATION s. f. Changement : *la variation du temps.* — Mar. LA VARIATION DE L'AIGUILLE AIMANTÉE, LA VARIATION DE LA BOUSSOLE, LA VARIATION DU COMPAS, la dérivation de l'aiguille de la boussole qui, au lieu de regarder droit vers le nord, décline plus ou moins vers l'est ou vers l'ouest : *en tel lieu, nous commençâmes à nous apercevoir de la variation de la boussole.* — pl. Mus. Changements faits à un air, en y ajoutant des ornements qui laissent subsister le fond de la mélodie et le mouvement : *composer, exécuter, improviser des variations.*

* **VARICE** s. f. Chir. Tumeur formée par la dilatation des veines. — Les varices sont produites par l'accumulation du sang dont la circulation est mécaniquement retardée. On les reconnaît à certaines nodosités qui disparaissent ou diminuent par la compression ou par la position horizontale. Quand elles sont grosses et engorgées, elles constituent une infirmité assez incommode et occasionnent quelquefois de vives douleurs. Le traitement consiste en une compression permanente à l'aide de bandes roulées. Quand il y a hémorrhagie, on l'arrête par la compression et le perchlorure de fer.

* **VARICELLE** s. f. Nom que les médecins donnent à la petite vérole volante.

* **VARICOCÈLE** s. f. Chir. Tumeur formée par la dilatation variqueuse des veines du scrotum et du cordon spermatique.

* **VARIER** v. a. (lat. *variare*; de *varius*, varié). Diversifier : *dans la peinture, il faut varier les airs de tête et l'attitude des figures.* — Fam. VARIER LA PHRASE, dire la même chose en d'autres termes. — Mus. VARIER UN AIR, le changer en y ajoutant des notes et des ornements qui en laissent subsister le motif, la mélodie et le mouvement : *il a varié les airs les plus à la mode.* — Varier v. n. Changer : *le temps varie continuellement.* — Se dit aussi de plusieurs personnes qui sont d'un avis différent, qui rapportent diversement le même fait : *les historiens varient sur ce fait.* — Se dit encore d'une chose qui diffère d'elle-même, ou de plusieurs choses qui ont des formes, des qualités différentes, suivant les diverses circonstances : *les mœurs varient selon les pays, les époques.* — Se dit également de l'aiguille aimantée, lorsqu'elle s'écarte du N., soit du côté de l'E., soit du côté de l'O. : *à telle hauteur, l'aiguille varie de tant de degrés.*

* **VARIÉTÉ** s. f. Diversité : *la variété d'un paysage.* — pl. Titre de certains recueils qui contiennent des morceaux sur différents sujets : *variétés morales.* —Hist. nat. Différences qui, dans une même espèce d'animaux ou de plantes, distinguent les individus les uns des autres : *les tulipes ont beaucoup de variétés.*

* **VARIETUR (Ne).** Voy. NE VARIETUR.

VARILHES, ch.-l. de cant., arr. et à 9 kil. S. de Pamiers (Ariège); 1,500 hab.

VARILLAS (Antoine), historien français, né à Guéret en 1624, mort à Paris en 1696. Il a laissé : *Histoire des hérésies; Politique de la maison d'Autriche* (Paris, 1658); *Histoire du règne de saint Louis* (la Haye, 1682); etc. Quoique dans un état voisin de la pauvreté, Varillas refusa une pension des Etats de Hollande, ne voulant pas, disait-il, mettre sa plume au service des ennemis de la France.

VARINAS. Voy. BARINAS.

VARIOLAIRE adj. Qui offre des aspérités analogues aux pustules de la variole.

* **VARIOLE** s. f. Fièvre contagieuse, aussi appelée *petite vérole* et caractérisée par une éruption de pustules à centre déprimé. Le terme *variola* se trouve pour la première fois dans la chronique Bertiniense de 964. *Variole* ou *vérole* dérive du latin *varus*, pustule, bouton; on y a ajouté le qualificatif *petite* au IX° siècle. On assigne communément à la première apparition de la petite vérole la date de 569; il semble qu'elle ait commencé en Arabie, et l'on attribue la levée du siège de la Mecque par une armée abyssinienne aux ravages faits par cette maladie dans les troupes assiégeantes. Le nouveau rôle que Mahomet et ses sectateurs firent jouer à l'Arabie dans l'histoire contribua à la propagation rapide de la contagion. Rhazès, médecin arabe de Bagdad, au commencement du X° siècle, est le premier spécialiste dont il nous soit parvenu des écrits traitant expressément de la petite vérole. Il cite cependant plusieurs de ses prédécesseurs, dont l'un florissait, croit-on, vers l'an 622 ou l'année même de l'hégire. On confondit d'abord la rougeole et la fièvre scarlatine avec la petite vérole, dont on croyait qu'elles n'étaient que des variétés. Cette erreur prévalut plus ou moins jusqu'à ce que Sydenham eût montré les différences essentielles qu'elles présentent. Boerhaave fut le premier qui affirma avec insistance que la contagion est inhérente à la propagation de la maladie. — La période d'inoculation, c'est-à-dire l'intervalle de temps depuis le moment où le malade reçoit la contagion et celui où elle se manifeste par la fièvre initiatrice, est ordinairement de 14 jours. Durant ce temps, il n'y a généralement aucun

trouble apparent dans la santé. L'invasion de la maladie s'annonce par des frissons suivis de fièvre, quelquefois accompagnée de douleurs dans le dos, particulièrement dans les reins, de nausées et de vomissements. Si la fièvre est violente, avec de vives douleurs dans le dos et beaucoup de délire, la maladie est le plus souvent dangereuse. Chez les enfants, l'invasion s'annonce fréquemment par des convulsions. L'éruption se montre le troisième jour de la fièvre. En règle générale, elle paraît d'abord sur la face, puis sur le cou et les poignets, puis sur le buste et enfin sur les extrémités. Le cinquième jour l'éruption est complète, et il n'apparaît plus que peu ou point de taches nouvelles. Cette éruption consiste d'abord en petites papules arrondies ou boutons d'une consistance dure, caractéristique, faisant au toucher l'effet de petit plomb sous la peau. C'est par ce caractère que l'on distingue dès le début la variole des autres éruptions. Le quatrième jour, les papules se convertissent en vésicules remplies d'une lymphe claire et ayant une dépression au centre, ce qui fait dire qu'elles sont ombiliquées. Les vésicules s'entourent alors d'une auréole ou anneau rouge sur la peau, qui devient bientôt d'une couleur très foncée; la lymphe, d'abord incolore et transparente, se change graduellement en pus, dont la quantité augmente et qui distend les vésicules jusqu'à les rendre hémisphériques. Il est très rare qu'on soit attaqué deux fois de la petite vérole, même quand on s'expose sans précaution à la contagion. On en a pourtant eu quelques exemples. A la suite de la variole, les malades restent quelquefois aveugles par inflammation de la conjonctive; c'était un accident commun avant l'introduction de la vaccination. On estime la mortalité dans cette maladie au quart ou au cinquième de ceux qui en sont atteints. Lorsque les malades sont inoculés, la mortalité dépasse rarement 1 sur 600 ou 700. L'inoculation directe avait été introduite dans l'Europe civilisée par lady Mary Wortley Montagu, qui l'avait rapportée de Constantinople; mais depuis la découverte de la vaccination par le Dr Jenner, on en a discontinué l'usage. (Voy. VACCINATION.) Au début, le malade doit observer la diète et se tenir dans une atmosphère chaude, en attendant le médecin.

VARIOLÉ, ÉE adj. Qui est marqué de la variole.

* **VARIOLEUX, EUSE** adj. Qui a la variole. — Substantiv. *Soigner les varioleux.*

* **VARIOLIQUE** adj. Qui appartient à la variole.

VARIOLOÏDE s. f. (franç. *variole*; gr. *eidos*, aspect). Variole bénigne, que l'on observe chez les sujets ayant été vaccinés.

* **VARIORUM** s. et adj. [-romm]. Bibliogr. Mot latin qui est une abréviation de cette phrase : *Cum notis variorum scriptorum* (Avec les notes de divers écrivains), et qui s'emploie en parlant d'auteurs latins imprimés avec des notes de plusieurs commentateurs : *une édition variorum.*

* **VARIQUEUX, EUSE** adj. Chir. Qui est affecté de varices, qui appartient à la varice : *vaisseau variqueux.* — Conchyl. COQUILLE VARIQUEUSE, coquille qui a extérieurement des renflements assez semblables aux varices.

* **VARLET** s. m. Hist. Nom synonyme de celui de page, dans les temps de l'ancienne chevalerie.

VARLOPE s. f. Grand rabot qui sert aux menuisiers.

VARNA, ville de Bulgarie, dans une baie du golfe de Varna, sur la côte occidentale de la mer Noire, à 250 kil. N.N.-O. de Constantinople; 20,000 hab., dont la moitié sont chrétiens. Des batteries et des ouvrages exté-

rieurs la défendent. Le mouvement annuel du port est en moyenne de 650 steamers et 800 petits navires. On exporte surtout du froment, du maïs, de l'orge, de la laine et du suif. — Varna occupe l'emplacement de l'ancien Odessus, ville grecque que l'on croit d'origine milésienne. Les Bulgares s'en emparèrent dans le vii° siècle. Le sultan Amurath II y écrasa, le 10 nov. 1444, Hunyade et Ladislas, roi de Pologne et de Hongrie. Ce dernier fut tué dans le combat. En 1610, les Cosaques du Dnieper s'en emparèrent et délivrèrent de l'esclavage des milliers de chrétiens. Elle résista aux Russes en 1783, et tomba entre leurs mains, après trois mois de siège, le 11 juin 1828. En août 1854, pendant que les troupes anglo-franco-turques occupaient Varna, un incendie détruisit la moitié de la ville.

VAROLI (Costanzo), anatomiste italien, né vers 1543, mort en 1575. Il fut professeur à Bologne, et ensuite médecin du pape Grégoire XIII. Il se distingua surtout par ses dissections du cerveau, qu'il fut le premier à examiner de la base en haut. C'est lui qui décrivit le premier le faisceau arqué de matière nerveuse qui passe d'un côté à l'autre à travers les parties centrales de la base du cerveau et que l'on nomme aujourd'hui *Pons Varolii.*

VARRON (Marcus-Terentius VARRO), érudit romain, né en 116 av. J.-C., mort en 28. Au commencement de la guerre civile, il servait en Espagne comme légat de Pompée, et il lui resta fidèle jusqu'au désastre de Pharsale (48). César le traita avec bonté et l'employa à surveiller la collection et l'arrangement des livres de la bibliothèque publique à Rome. Varron vécut ensuite dans la retraite. Il écrivit 70 ouvrages en 500 ou 600 livres. Tous ont péri, excepté *Rerum Rusticorum Libri III,* qu'on a complet, et *De Lingua Latina* dont il ne reste que des fragments.

VARRON (Publius-Terentur VARRO), auteur latin, surnommé Atacinus; né en Gaule, en 82 av. J.-C., mort en 37 ap. J.-C. Il a écrit des satires, des poèmes épiques et des élégies; mais il acquit surtout de la réputation par ses traductions de poésies grecques. Il ne reste de ses œuvres que des fragments.

VARSOVIANA s. f. Danse polonaise, introduite chez nous vers 1840.

VARSOVIE (pol., *Warszawa*, var-cha'-va; all. *Warschau*). I, gouvernement de la Pologne russe, confinant à la province prussienne de Posen; 14,562 kil. carr.; 925,639 hab. Pays plat, arrosé par la Vistule, la Pilica et la Bzura. — II, cap. de ce gouvernement et de la Pologne, sur la rive gauche de la Vistule, à 500 kil. E. de Berlin; 279,302 hab., dont 164,000 catholiques, 93,200 juifs, 11,000 protestants allemands, et 8,300 membres de l'Église grecque. La ville est entourée de murailles et de fossés; elle a huit portes et une citadelle presque imprenable. Le faubourg fortifié de Praga, en face Varsovie, est relié à la ville par un long et magnifique pont de fer. Varsovie contient de beaux palais, de beaux jardins et un grand parc. Le faubourg de Cracovie et le Nouveau-Monde sont deux avenues célèbres. L'édifice public le plus imposant est le palais royal, construit par Sigismond III, et embelli dans la suite. Il contient des salles splendides, où le sénat et la diète tenaient autrefois leurs séances. La bibliothèque Zaluski et d'autres collections furent transférées en 1795 à la bibliothèque impériale de Saint-Pétersbourg. L'université fut suspendue, ainsi que d'autres institutions, après la révolution de 1830-31, mais elle rouvrit en 1869; en 1873, elle avait 66 professeurs et 946 étudiants. Elle possède un grand nombre de laboratoires, un observatoire et un jardin botanique. En 1872, il y

avait 265 établissements industriels, fabriquant du drap, des tapis, des pianos, des voitures, de la sellerie, des machines, etc. — C'est au xiii° siècle qu'il est fait mention de Varsovie pour la première fois. Elle fut la capitale des ducs de Moscovie jusqu'en 1526. En 1609, sous Sigismond III, elle devint la capitale définitive de la Pologne. Les Russes occupèrent la ville de 1764 à 1774, et y revinrent en 1793. Leur garnison fut massacrée le 17 avril 1794. Varsovie se rendit à Souvaroff le 8 nov., après la prise d'assaut de Praga. Le troisième partage de la Pologne mit Varsovie sous la domination de la Prusse; l'occupation française y mit fin en nov. 1806. Le traité de Tilsitt, en 1807, créa le duché de Varsovie, (Voy. POLOGNE.) Les Russes y rétablirent leur pouvoir au commencement de 1813. Dans la nuit du 29 au 30 nov. 1830, commença à Varsovie la plus héroïque lutte qu'aient soutenue les Polonais pour leur indépendance; la prise de la ville par Paskevitch et les Russes, le 8 sept. 1831, y mit virtuellement fin.

VARUS s. m. [va-russ]. Forme particulière du pied bot et dans laquelle le pied est renversé sur son bord externe et tourné de façon que la pointe regarde en dedans.

VARUS (Publius-Quintilius), général romain, né vers l'an 58 av. J.-C., mort en l'an 9 de notre ère. Il est célèbre surtout par la défaite qu'il subit en Germanie. (Voy. ARMINIUS.) — « VARUS, RENDS-NOUS NOS LÉGIONS », paroles célèbres que proférait souvent Auguste dans le désespoir que lui causait la défaite de Varus.

VARZY, ch.-l. de cant., arr. à 16 kil. S.-O. de Clamecy (Nièvre); 2,500 hab.

VASA [va-sa]. I, læn occidental de la Finlande (Russie), sur le golfe de Bothnie, 41,642 kil. carr.: 325,000 hab. — II, capitale de ce læn, au fond du golfe, à 370 kil. N.-O. de Helsingfort; 4,551 hab. Son port est obstrué par les sables.

VASA (Gustave). Voy. GUSTAVE.

VÁSÁRHELY [va'-char-bé-ly], ville de la Hongrie méridionale, dans le comté de Csongrad, à 21 kil. N.-E. de Szegedin; 49,163 hab., la plupart protestants et agriculteurs, de race magyare ou slave.

VASARI (Giorgio), artiste italien, né en 1512, mort en 1574. Il était l'ami et l'élève de Michel-Ange et d'Andréa del Sarto; il travailla comme peintre, et comme sculpteur à Arezzo, sa ville natale, à Rome et à Florence, et fut l'un des fondateurs de l'académie florentine. Son ouvrage biographique sur les artistes italiens (nouv. édit. 1846-57, 13 vol.) fait toujours autorité.

VASATES, peuple de la Gaule romaine, dont la ville principale était Vasates, aujourd'hui Bazas.

VASCO DE GAMA. Voy. GAMA.

VASCONS, Vascones, peuple de l'Espagne ancienne, dans la Tarraconaise.

VASCOSAN (Michel), célèbre imprimeur, né à Amiens vers 1500, mort en 1576. Il épousa, à Paris, la belle-sœur de Robert Estienne; fut le premier à rejeter les caractères gothiques, devint imprimeur de l'Université de Paris et imprimeur du roi, et donna un grand nombre de bonnes éditions.

* VASCULAIRE adj. (lat. *vasculum,* petit vase). Qui appartient, qui a rapport aux vaisseaux, ou qui est rempli, formé de vaisseaux : *ramifications vasculaires.*

VASCULARITÉ s. f. Anat. Disposition anatomique des vaisseaux.

* VASCULEUX, EUSE adj. Syn. de VASCULAIRE.

* VASE s. f. [va-ze] (holl. *wase*). Bourbe

qui est au fond de la mer, des fleuves, des étangs, des marais, etc.: *il y a dans cet endroit beaucoup de vase.*

* VASE s. m. (lat. *vas*). Sorte d'ustensile qui est fait pour contenir des liqueurs, des fruits, des fleurs, des parfums. Se dit également de certains vaisseaux de forme élégante et à bords évasés qui servent d'ornement dans les jardins, dans les palais, etc.: *vase d'or, d'argent, de cristal, de porcelaine, d'argile,* etc. — VASES SACRÉS, le calice, le ciboire, et quelques autres vases dont on se sert dans l'administration des sacrements. — VASES SACRÉS, se dit aussi des vases qui servaient au temple de Jérusalem; et de ceux qui servaient d'ordinaire aux usages de la religion païenne. — VASE DE CHAPITEAU, masse du chapiteau corinthien, qu'on orne de feuillages, de caulicoles et de volutes.

VASELINE s. f. [va-ze-li-ne]. L'un des produits onctueux de la distillation du pétrole. (Voy. ce mot.) Le Dr Camuset, oculiste, eut, le premier, en France, l'idée d'employer, en 1876, la vaseline comme excipient non saponifiable et ne rancissant pas, afin d'y incorporer le bioxyde jaune de mercure qui est d'un usage journalier en oculistique.

* VASEUX, EUSE adj. [va-zeû]. Qui appartient à la vase, qui a de la vase : *un fond vaseux.*

VASIDUCTE s. m. (lat. *vas,* vaisseau; *ductor,* qui conduit). Bot. Faisceau vasculaire qui se trouve entre les deux enveloppes de la graine et fait communiquer le hile et la chalaze.

VASISTAS s. m. [va-ziss-tâss] (all. *was ist das,* qu'est-ce qu'il y a?). Petite partie d'une porte ou d'une fenêtre, laquelle s'ouvre et se ferme à volonté.

VASO-MOTEUR s. et adj. Se dit des nerfs qui président au mouvement des vaisseaux sanguins.

* VASQUE s. f. (rad. *vase*). Espèce de bassin rond et peu profond qui reçoit l'eau d'une fontaine, d'un jet d'eau.

* VASSAL, ALE, AUX s. (bas lat. *vassalus*). Celui, celle qui relevait d'un seigneur à cause d'un fief: *il était vassal, elle était vassale de tel seigneur.* — GRANDS VASSAUX, vassaux qui relevaient du roi de France.

* VASSALITÉ s. f. Condition du vassal par rapport au seigneur. — Se dit aussi des domaines des vassaux.

VASSAR COLLEGE, institution près de Poughkeepsie, dans l'état de New-York (Etats-Unis), fondé par Matthew Vassar pour l'enseignement supérieur des femmes.

* VASSELAGE s. m. Etat, condition de vassal : *le vasselage engageait à différents devoirs, selon les différentes coutumes.* — DROIT DE VASSELAGE, ce que le seigneur avait droit d'exiger de son vassal.

VASSEUR s. m. Syn. de VASSAL.

VASSY, ch.-l. de cant., arr. et à 17 kil. E. de Vire (Calvados); 4,100 hab.

VASSY-SUR-BLAISE, *Vassiacum*, ch.-l d'arr., sur la Blaise, à 60 kil. N.-O. de Chaumont (Haute-Marne), par 48° 30' 2" lat. N. et par 2° 36' 48" long. E.; 3,000 hab.; ville principale des Vadicasses. Vassiacum fut brûlé par Caracalla en 211. Vassy fut détruit par les Espagnols en 1544. Le 1er mars 1562, les guerres de religion y débutèrent par le massacre de 300 protestants que le duc de Guise fit égorger pendant qu'ils étaient réunis à un prêche. La révocation de l'édit de Nantes dépeupla la ville. — Belle église paroissiale du xi° au xvi° siècle; hôtel de ville construit en 1750. Forges et hauts fourneaux.

VASTE adj. (lat. *vastus,* désert). Qui est

d'une fort grande étendue : *vaste campagne.*
-- Se dit, fig., des choses morales, des conceptions de l'esprit, etc. : *c'est un homme d'une vaste ambition.* — Anat. VASTE INTERNE, VASTE EXTERNE, deux faisceaux musculaires qui concourent avec le muscle crural à former le triceps crural.

* **VASTEMENT** adv. D'une manière vaste.

VATAN, ch.-l. de cant., arr. et à 20 kil. N.-O. d'Issoudun (Indre); 2,500 hab. Lainages, industrie chevaline.

VATEL, célèbre maître d'hôtel du grand Condé, mort par suicide à Chantilly en 1671. Il se perça de son épée parce que la marée n'était pas arrivée à temps pour le repas du roi.

VA-TE-LAVER s. m. Coup sur la face, qui ait saigner le nez.

* **VA-T-EN**, impérat. du verbe pron. S'EN ALLER. — Pop. VA-T-EN VOIR S'ILS VIENNENT, cela n'existe pas, cela ne peut être :

> Une fille de quinze ans,
> D'Agnès la pareille,
> Qui pense que les enfants
> Se font par l'oreille,
> Va t-en voir s'ils viennent, Jean !
> Va-t-en voir s'ils viennent !
> LAMOTHE-HOUDART (1720).

VATER (Johann-Severin) [fâ'-teur], linguiste allemand, né en 1771, mort en 1826. Il fut professeur de théologie à Iéna, à Kœnigsberg et à Halle. Il a publié des grammaires hébraïque, polonaise et russe, un manuel des grammaires hébraïque, syriaque, chaldéenne et arabe, une suite au *Mithridate* d'Adelung (1809-'17), et *Literatur der Grammatiken, Lexika und Wœtersuurmlunger aller Sprachen der Erde* (1815).

* **VATICAN** s. m. Palais de Rome, qui est la demeure habituelle du pape. — Par ext. Cour de Rome. — LES FOUDRES DU VATICAN, les bulles d'excommunication, les interdits, etc., lancés par le pape. — ENCYCL. Le Vatican est le palais des papes à Rome, et est ainsi appelé de sa situation sur le mont Vatican, à l'extrémité N.-O. de la ville. Il touche à la basilique de Saint-Pierre, et n'est guère qu'à un demi-kil. du château Saint-Ange, avec lequel il communique par une galerie couverte. Le palais, un des plus magnifiques du monde, s'est agrandi peu à peu. Il ne devint la résidence habituelle des papes qu'après le retour d'Avignon, en 1377. La partie où se trouvent les appartements papaux fut bâtie surtout par Sixte-Quint et Clément VIII. L'édifice entier a 1,151 pieds sur 767 et contient 4,422 chambres. Le musée du Vatican est une des collections les plus complètes qui aient jamais existé. La galerie de peinture ne comprend guère que 50 ouvrages, mais possède de plus grands trésors d'art qu'aucune autre. La bibliothèque, fondée en 1378, compte aujourd'hui 105,000 vol. et 23,000 manuscrits. Cette dernière collection, si elle n'est pas la plus considérable, est la plus précieuse du monde. — Concile du Vatican. On donne ce nom au 20ᵉ concile œcuménique, d'après l'Église catholique romaine. La bulle d'indiction fut publiée par le pape Pie IX le 29 juin 1868, convoquant le concile dans la basilique du Vatican pour le 8 déc. 1869. On nomma, immédiatement après l'indiction, une congrégation de cardinaux assistés par des théologiens, représentant les principaux pays catholiques, pour les travaux préparatoires. On leur adjoignit six commissions : une pour les cérémonies, une pour la discipline ecclésiastique, une pour les églises et les missions d'Orient, une pour les ordres religieux, une pour la théologie dogmatique, et la sixième pour la discipline de l'Église. Le 27 nov. 1869, le pape publia la lettre qui établissait officiellement l'ordre à suivre dans

la tenue et les délibérations du concile. La première séance publique s'ouvrit avec pompe le 8 déc, et on y fixa la date du 6 janv. 1870 pour la seconde séance publique. Il y avait présents : 49 cardinaux, 9 patriarches, 4 primats, 123 archevêques, 481 évêques, 6 abbés privilégiés, 22 abbés généraux, et 29 supérieurs généraux d'ordres religieux, en tout 723 membres de droit ou invités spécialement. Jusqu'au 29 mars, on discuta, dans les congrégations particulières ou générales, les *schemata* ou programmes partiels des questions proposées aux délibérations du concile. Le 12 avril, le *schema* en son entier fut soumis au vote; chaque membre du concile se levait pour dire ou *placet*, ou *non placet*, ou *placet juxta modum* (cette dernière formule impliquait qu'on n'acceptait pas une partie des matières décrétées, ou qu'on désapprouvait la manière dont on les avait formulées) ; 595 prélats votèrent, dont 515 *placet* et 80 *placet juxta modum*. De plus de cent amendements proposés, deux seulement furent adoptés et votés dans la congrégation générale du 19 avril. La troisième séance solennelle, le 24 avril, fut rendue aussi publique que possible. La constitution sur *La Foi catholique, Dei Filius*, fut présentée au pape par l'évêque Fessler, et fut solennellement. Au vote, 667 membres répondirent à l'appel de leur nom et votèrent la constitution. Elle affirma l'existence d'un ordre de vérités surnaturelles et révélées, en opposition au rationalisme et au naturalisme. Une autre constitution, *Sur l'Église*, en était traité du chef de l'Église et des prérogatives et devoirs attachés à son office, était depuis longtemps à l'état de *schema* adopté par la « députation sur la Foi ». Mais sur cette dernière question, qui n'était autre que celle de l'infaillibilité, le concile se divisait en trois partis : le premier en faveur d'une discussion et d'une définition immédiates; le second énergiquement opposé à ce que la question fût posée, et le troisième cherchant un moyen terme qui aurait consisté à obtenir une définition implicite et indirecte par la condamnation de toutes les erreurs touchant les prérogatives pontificales. Un *postulatum* en faveur de ce compromis avait été rédigé avant l'ouverture du concile par l'archevêque de Baltimore, Spalding, et avait l'appui de beaucoup de prélats américains; mais ils se rallièrent bientôt au premier parti; cependant l'archevêque Paris, Darboy, défendit jusqu'à la fin cette manière de procéder. Le second parti, ou l'opposition proprement dite, avait pour chefs l'évêque d'Orléans, Dupanloup, et l'évêque de Bosnie et Sirmia, Strossmayer. La discussion générale commença le 14 mai et se termina le 3 juin; elle fut suivie de la discussion détaillée des articles. Le 13 juillet, la constitution, avec les amendements adoptés dans le cours de la discussion, fut soumise au vote en son entier. Sur 601 membres votants, 451 votèrent *placet*, 62 *placet juxta modum* et 88 *non placet*. Dans la quatrième séance solennelle, le 8 juill., sur 536 prélats présents, deux seulement votèrent *non placet*; 65 membres étaient absents; mais tous finirent par accepter la doctrine ainsi décrétée. Les bruits de guerre entre la France et l'Allemagne faisaient désirer aux prélats de retourner près de leurs troupeaux. Le pape y autorisa avec l'injonction de revenir à Rome le 11 nov. Mais les événements qui suivirent la capitulation de Sedan, le retrait des troupes françaises de Rome, et l'occupation de cette ville par le gouvernement italien, engagèrent le pape à publier, le 20 oct., une bulle suspendant indéfiniment les séances du concile.

VATICINATION s. f. (lat. *vaticinatio*). Prédiction de l'avenir.

* **VA-TOUT** s. m. Jeux. La vade ou le renvi

de tout l'argent qu'on a devant soi : *faire va-tout, des va-tout.*

VATOUT (Jean), historiographe, né à Villefranche (Rhône), en 1792, mort à Claremont (Angleterre) en 1848. En 1831, il fut nommé député de Semur et membre de l'Académie française en 1848. Il a laissé quelques ouvrages de peu de valeur.

VAUBAN (Sébastien LEPRESTRE, *marquis de*), célèbre ingénieur militaire, et maréchal de France, né à Saint-Léger-de-Foucheret (Bourgogne), le 15 mai 1633, mort à Paris le 30 mars 1707. Elevé parmi les paysans, il reçut du prieur de Saumur une instruction primaire assez complète, qu'il perfectionna ensuite lui-même. A l'âge de 17 ans, il suivit le prince de Condé dans sa rébellion (1651), mais il fit sa soumission au roi, et devint ingénieur royal en 1655. Après la paix de 1659, il montra un talent original dans l'amélioration et la construction des forteresses. En 1667, il fut blessé au siège de Douai. Pendant l'invasion de la Hollande, il prit Maestricht et d'autres places fortes (1673-'75), au moyen de son nouveau système d'attaque. En 1677, il s'empara de Valenciennes et de Cambrai, et fut nommé commissaire général des fortifications. Dans la guerre contre la ligue d'Augsbourg, il prit Philippsbourg, Mannheim, Mons, Namur, et d'autres villes (1688-'93), et fut créé maréchal en 1703. Il fit le plan de la puissante ligne de forteresses qui protégent les frontières et les côtes de France. Il construisit des aqueducs et des môles, et creusa ou améliora un grand nombre de ports de mer. C'est encore son système d'attaque des places fortes par des approches régulières qui est en vigueur aujourd'hui. Dans ses principaux écrits militaires (1796, 3 vol.), on remarque son célèbre *Traité de l'attaque et la défense des places* et son *Traité des mines.* Une nouvelle édition de son *Traité des sièges* a paru en 1829. — Vauban n'a pas fortifié moins de 300 citadelles anciennes; il a érigé 33 forteresses nouvelles, dirigé 53 sièges et assisté à 140 batailles. Il mourut dans la plus complète disgrâce, à cause des vues avancées qu'il avait émises dans son ouvrage *Dîme royale* et *Edit de Nantes*, qui fut condamné au pilori.

VAUBECOURT, ch.-l. de cant., arr. et à 22 kil. N. de Par-le-Duc (Meuse), sur l'Aisne; 1,000 hab.

VAUCANSON (Jacques de), célèbre mécanicien, né à Grenoble le 21 fév. 1709, mort à Paris le 21 nov. 1782. La statue du joueur de flûte, dans le jardin des Tuileries, lui suggéra l'idée de son musicien automate, et il construisit beaucoup d'autres ouvrages analogues très délicats, dont les plus remarquables sont aujourd'hui en Allemagne. Il devint inspecteur des manufactures de soie; attaqué par les ouvriers de Lyon à cause des améliorations qu'il introduisait dans les machines, il construisit un âne automate qui tissait des soieries à fleurs.

VAUCELLES, village de la commune de Crèvecœur, cant., de Marcoing, arr. et à 8 kil. S. de Cambrai (Nord); 400 hab. Trève du 5 fév. 1556 entre Henri II et Charles-Quint.

VAUCHÉRIE s. f. [vô-ché-rî] (de *Vaucher*, nom d'un botaniste genevois, né en 1763, mort en 1841). Bot. Genre d'algues d'eau douce, type du groupe des vauchériées, et dont l'espèce principale, la *vaucherie dichotoms (vaucharia dichotoma)*, se rencontre dans les fossés, les mares et les endroits humides. C'est une plante à filaments simples ou rameux, tubuleux, plus ou moins transparents rudes au toucher et remplis d'une matière verte granuleuse.

VAUCLUSE (*Vallis Clusa*), village de l'arr. et à 29 kil. E. d'Avignon (Vaucluse), dans un

site pittoresque; 500 hab. Près de là se trouve, dans une caverne, au fond d'une gorge profonde, la fameuse fontaine de Vaucluse, immortalisée par Pétrarque, et qui est la source principale de la Sorgue.

VAUCLUSE, dép. de la région S.-E. de la France; doit son nom à la célèbre fontaine dont il est question plus haut; situé entre les dép. de la Drôme, des Basses-Alpes, des Bouches-du-Rhône et du Gard; formé de parties du Comtat Venaissin, de la Provence et de la principauté d'Orange; 3,547 kil. carr. 244,150 hab. — Le principal cours d'eau est le Rhône, qui borne le dép. à l'O., et qui arrose une riche vallée; les autres cours d'eau sont : la Durance, l'Ouvèze, l'Auzon, la Sorgue, l'Aigues, le Sablon, etc. — Le dép. de Vaucluse est traversé à l'E. par différentes ramifications des Alpes, dont le point culminant est le mont Ventoux (2,022 m.). Sol boisé, fer, houille, lignite, plâtre, pierre de taille, gypse; commerce de vers à soie, d'abeilles; grande quantité de vins rouges de Sorgue, de Châteauneuf-du-Pape, etc., truffes. Production de soie, de velours, de lainage, de toiles de lin, de papier, de fer et de parfumerie. Culture en grand de la garance. — Ch.-l., Avignon; 4 arr., 32 cant., 150 communes. Archevêché à Avignon; ch.-l. universitaire, Aix; cour d'appel à Nîmes. Ch.-l. d'arr. : Avignon, Apt, Carpentras et Orange.

VAUCOULEURS, *Lorium,* ch.-l. de cant., arr. et à 29 kil. S.-S.-E. de Commercy (Meuse), dans une belle vallée sur la rive gauche de la Meuse; 3,000 hab. C'est à Vaucouleurs que Jeanne d'Arc vint se présenter au sire de Baudricourt pour lui demander de la conduire à Charles VII. Patrie de Mme du Barry.

VAUD ou **Pays de Vaud** (all. *Waadt* ou *Waadtland*), cant. du S.-O. de la Suisse, sur la frontière de France; 3,223 kil. carr.; 231,700 hab., la plupart protestants et de langue française. Les vallées du Jura abondent en riches pâturages et en plantations de noyers. Le N. du canton de Vaud est arrosé par les affluents de l'Aar et par le lac de Neufchâtel; le S. appartient au bassin du Rhône. Le lac de Genève se trouve en partie dans ce canton. Le S. produit du vin et des fruits excellents, dont on exporte de grandes quantités. Fabrication de montres, de boîtes à musique, de tabac, de cigares et d'objets en bois sculpté. Lausanne, la capitale, Bex, Vevay et d'autres lieux sont très fréquentés en été par les étrangers. Outre le territoire primitif entre les lacs de Genève et de Neufchâtel, conquis en 1536 par Berne sur la Savoie, Vaud comprend d'autres districts qui étaient tous sous le gouvernement de Berne jusqu'en 1798, époque où, avec l'aide des Français, ils formèrent la république du Léman. En vertu de l'acte de médiation de Napoléon (19 fév. 1803), le canton de Vaud devint une partie de la confédération helvétique avec le nom qu'il porte actuellement. Sa constitution est démocratique.

° **VAU-DE-ROUTE** (À). Précipitamment, en désordre.

* **VAUDEVILLE** s. m. [vô-de-vi-le] (de *vau,* val; et *vire,* patrie d'Olivier Basselin). Chanson qui court par la ville, dont l'air est facile à chanter, et dont les paroles sont faites ordinairement sur quelque aventure, sur quelque événement du jour : *chanter un vaudeville.* — Pièce de théâtre où le dialogue est entremêlé de couplets faits sur des airs de vaudeville ou empruntés à des opéras-comiques : *faire un vaudeville.* — VAUDEVILLE FINAL, chanson en plusieurs couplets qui termine les pièces de ce genre, et dont chaque personnage chante un couplet. — ENCYCL. Le *vau-de-vire* ou vaudeville fut d'abord une chanson maligne et gaie, fille de la satire,

suivant Boileau, qui dit, après avoir donné les règles de la satire :

> D'un trait de ce poème, en bons mots si fertiles.
> Le Français, né malin, forma le *vaudeville,*
> Agréable, indiscret, qui, conduit par le chant,
> Passe de bouche en bouche, et s'accroît en marchant.
> La liberté française en ces vers se déploie;
> Cet enfant de plaisir veut naître dans la joie.
>
> *Art poétique.*

— Vers le commencement du XVIIIe siècle, des couplets furent admis dans les pièces du théâtre léger, et l'on s'habitua peu à peu à donner le nom de vaudevilles à ces pièces mêmes.

* **VAUDEVILLISTE** s. m. Celui qui écrit des vaudevilles pour le théâtre. Nos principaux vaudevillistes ont été : Fuselier, d'Orneval, Piron, Vadé, Favart, Le Sage, Piis, Barré, Radet, Dieulafoy, Desfontaines, Désaugiers, Rougemont, Dumersan, Dupaty, Merle, Dupin, Mélesville, Carmouche, Scribe, Brazier, Rochefort, Bayard, Saintine, etc.

* **VAUDOIS, OISE** s. Membre d'une secte chrétienne d'Italie qui parut au XIIe siècle. On fait communément dériver le nom de cette secte de Petrus Waldus, ou Peter Waldo, ou Pierre de Vaux, opulent bourgeois de Lyon (vers 1170), que l'on regarde comme son fondateur. En lisant la Bible, il fut pris d'un ardent désir de ramener l'Église à la pureté primitive et apostolique; il donna tous ses biens aux pauvres, se mit à prêcher et réunit une masse d'adhérents. Les vaudois devinrent nombreux dans les vallées du Piémont, où, comme ailleurs du reste, ils eurent à subir des persécutions qui ne se relâchèrent qu'à de rares intervalles pendant le XVIe et le XVIIe siècle. En 1680, une armée de Français et d'Italiens les attaqua : 3,000 périrent; 10,000 furent jetés en prison, et 3,000 de leurs enfants distribués, dans les villes et villages catholiques. Des milliers quittèrent leurs vallées pour se réfugier en Suisse, en Hollande, dans le Brandebourg, la Hesse et le Wurtemberg. En 1848, la Sardaigne leur garantit une complète liberté religieuse et l'égalité des droits civils et politiques. Ils ont depuis organisé de nouvelles congrégations dans toute l'Italie. Par la doctrine et la constitution de leur Église, les vaudois se rapprochent plus de l'Église réformée de France que d'aucune autre. Ils reconnaissent la Bible comme seule règle de leur foi, et croient que leur « Profession de foi » de 1655 est la plus fidèle expression de la théologie biblique.

VAUDOU s. m. Culte des nègres aux Antilles. D'après quelques auteurs, le vaudou serait la plus étrange des superstitions que l'Afrique ait importées en Amérique et particulièrement à Haïti. Mais cette opinion est fausse. Le vaudou n'est autre chose que le votau, vieux-serpent adoré par les indigènes des Antilles au moment de la conquête par les Espagnols. Les noirs recrutés en Afrique, trouvant cette religion du dieu-serpent encore en vigueur chez les débris de la race vaincue, l'adoptèrent avec d'autant plus d'empressement que la vénération des serpents existe en Afrique. Les vaudoux de Haïti forment un société secrète, dont les membres ne cessent pas, pour cela, de pratiquer avec ferveur et sincérité le culte catholique. Ils considèrent leur dieu, Vaudou, comme une sorte de sous-dieu protégé par celui des chrétiens. Ce Vaudou est symbolisé par une couleuvre confiée à la garde d'un grand-prêtre (le Papa-Loi) ou d'une grande prêtresse (la Maman-Loi), dans un temple nommé le Houmfor. Cette couleuvre, nourrie à discrétion de lait et de poulets, atteint souvent la grosseur d'un boa. Les prêtres (houngans), les initiés ordinaires (houssi-cangos) et les initiés invulnérables (houssi-canzo) sont admis à la visiter. On l'invoque humblement pour la décider à sortir la tête du

vase de terre cuite qui lui sert de demeure. Mais comme les supplications ne suffiraient pas, on l'agace par le bruit monotone de tiges de fer frappées sur du fer. Les jours de grande cérémonie, on tue une poule noire et un cabri, dont les affiliés boivent le sang; après quoi la foule se livre à mille contorsions extatiques et pousse des cris effroyables. On prétend que ces fêtes sont terminées par le sacrifice de petits enfants dont les prêtres se partagent les membres sanglants dans un horrible repas.

VAUDREUIL. I. (Philippe DE RIGAUD, marquis de), homme de guerre canadien, né en France vers 1641, mort en 1725. Il alla en Amérique en 1687; en 1698, il devint gouverneur de Montréal, et, en 1703, gouverneur général du Canada. Il fit la guerre aux Renards (*Foxes*), obtint la neutralité des Iroquois, déjoua l'influence anglaise dans l'O. et repoussa la flotte de sir Hoveden Walker. — II.(Pierre DE RIGAUD, *marquis de*), fils du précédent, né à Québec en 1698, mort en 1764. Gouverneur des Trois-Rivières en 1733, de la Louisiane en 1742, il fut nommé, en 1755, gouverneur général du Canada. Après la victoire de Beaujeu sur Braddock, il éleva le fort Carillon (Ticonderoga) et mit garnison dans les forts de Frontenac, du Niagara et de Gaspé. Québec perdu, il essaya vainement de la reconquérir et finit par rentrer en France. — III. (Louis-Philippe DE RIGAUD, *marquis de*), neveu du précédent, né en France en 1724, mort en 1802. Officier de marine, il se distingua en plusieurs occasions, particulièrement dans la flotte de De Grasse, au combat qu'il livra à Graves, à la hauteur des caps de Chesapeake; dans la rencontre avec Rodney, le 12 avril 1782, il sauva une partie de la flotte, dont toute son escadre. Il fut membre de l'Assemblée constituante, défendit la famille royale les 5 et 6 oct. 1789, et se retira en Angleterre.

VAUGELAS (Claude FAVRE DE) [vô-je-lâ], éminent grammairien, né à Meximieux en 1585, mort en 1650. Il a publié *Remarques sur la langue française* (Paris, 1647), ouvrage qui a contribué à fixer notre langue et dont la meilleure édition est celle de 1738 (3 vol. in-12). Vaugelas fut chambellan du duc d'Orléans. L'un des fondateurs de l'Académie française, il a été l'un des principaux collaborateurs du premier Dictionnaire de cette société. Il a laissé une traduction de Quinte-Curce.

VAUGIRARD, *vallis Gerardi,* ancienne comm. du dép. de la Seine, aujourd'hui comprise dans le XVe arr. de Paris.

VAUGNERAY, ch.-l. de cant., arr. et à 14 kil. O. de Lyon (Rhône); 800 hab.

VAUJOURS, village du cant. de Gonesse, arr. et à 48 kil. S.-O. de Pontoise (Seine-et-Oise); 1,600 hab. Beau château qui appartint à Mlle de la Vallière.

VAULABELLE. I. (Achille TENAILLE DE), historien et homme politique, né à Châtel-Censoir (Yonne) en 1799, mort le 24 mars 1879. Il devint rédacteur en chef du *National* à Paris, en 1838, membre de l'Assemblée constituante en 1848, et ministre de l'instruction publique. Le plus important de ses ouvrages est l'*Histoire des deux Restaurations* (3e édit. 1864, 8 vol.). — II. (Éléonore de), frère du précédent (1802-'59, a écrit *M. de Similor en Californie* (2e édit., 1856); il a, en outre, collaboré à des vaudevilles sous le pseudonyme de Jules Cordier.

* **VAU-L'EAU** (À), suivant le courant de l'eau. — L'AFFAIRE A VAU-L'EAU, elle n'a pas réussi.

VAUNÉANT, ANTE adj. Qui est sans valeur.

VAUNKS. Voy. SEGOVIA (*Rio de*).

VAUQUELIN (Louis-Nicolas), chimiste français, né à Saint-André-d'Hébertot, près de Pont-l'Évêque, le 16 mai 1763, mort au château d'Hébertot, le 15 oct. 1829. Il succéda à Darcet comme professeur au collège de France, devint directeur de la nouvelle école de pharmacie, enseigna au jardin des plantes, et finalement succéda à Fourcroy, à la faculté de médecine. Il a fait plusieurs découvertes utiles, entre autres le chrome et la glycine; il a publié plusieurs ouvrages.

VAUQUELIN DE LA FRESNAYE (Jean), né en 1536, mort en 1606. Il fut avocat au bailliage, puis président au présidial de Caen. Il a laissé *Art poétique français* (Caen, 1612, in-8°).

* VAURIEN s. m. (fr. *valoir*, et *rien*). Fainéant, fripon, vicieux, libertin, qui ne veut rien valoir : *c'est un vaurien.* — Se dit, quelquefois, dans un sens moins sévère : *un aimable vaurien.*

VAURY, ch.-l. de cant., arr. et à 11 kil. N.-O. de Guéret (Creuse); 1,500 hab.

* VAUTOUR s. m. (lat. *vultur*). Ornith. Genre de gros oiseaux de proie diurnes, à tête et à col nus : *les vautours suivent les armées.* — PEAU DE VAUTOUR, peau du ventre du vautour préparée et garnie de son duvet. — ᴧᴠ MONSIEUR VAUTOUR, usurier. — ENCYCL. Les vautours sont lâches et sales, se gorgent jusqu'à ne plus pouvoir bouger, répandant une odeur dégoûtante et une sécrétion fétide par les narines. Le *vautour fauve* (*gyps fulvus*, Sav.) mesure 1 m. 15 de long et 2 m. 75 d'envergure; il est d'un gris brun approchant de

Vautour fauve (Gyps fulvus).

la couleur fauve; le duvet de sa tête et de son cou est d'un blanc cendré; son collier est mélangé de blanc et de brun. On le trouve dans plusieurs régions montagneuses de l'ancien continent, dans les Alpes, les Pyrénées et la Caucase en été; en hiver, il descend vers le S. Il fait quelquefois un nid dans les grands arbres. Le *gypaète barbu* est le plus grand des vautours d'Europe. (Voy. GYPAÈTE.) Le *vautour de Californie* (*pseudogryphus Californianus*, Shaw) est le plus grand rapace de l'Amérique du Nord; il a plus de 4 pieds de long et près de 16 pieds d'envergure; il est d'un noir brillant en dessus, et d'une couleur plus terne en dessous. On le trouve à l'O. des montagnes Rocheuses, surtout dans le voisinage des rivières. Il ne le cède en grosseur qu'au condor, auquel il ressemble par ses mœurs. Le *vautour royal* (*sacoramphus papa*), appelé condor au Mexique et dans l'Amérique centrale, ressemble au condor par ses habitudes, et a reçu son nom à cause de sa grande taille et de sa force, qui lui permettent de mettre en fuite les grands corbeaux et les buses rassemblés autour d'une charogne dont il veut se repaître.

* VAUTRAIT s. m. Vén. Équipage de chasse pour le sanglier : *capitaine du vautrait.*

* VAUTRER (Se) v. pr. S'enfoncer, s'étendre, se rouler dans la boue : *le sanglier, le cochon se vautre dans la fange.* — Par ext. SE VAUTRER SUR UN LIT, SUR L'HERBE, s'y étendre. — Fig. SE VAUTRER DANS LE VICE, DANS LA DÉBAUCHE, DANS LES VOLUPTÉS, s'y abandonner entièrement.

VAUVENARGUES, village de l'arr. et à 13 kil. N.-E. d'Aix (Bouches-du-Rhône); 400 hab. Berceau de la famille de ce nom. Château du XIVᵉ au XVIᵉ siècle.

VAUVENARGUES (Luc DE CLAPIERS, marquis de), moraliste français, né à Aix en 1715, mort à Paris en 1748. Il entra d'abord dans la carrière des armes, se retira du service avec le grade de capitaine et, frappé de la petite vérole qui le défigura, il vécut dans la retraite et se consacra aux lettres. Il a laissé : *Introduction à la connaissance de l'esprit humain* (1746); *Maximes*, etc.

VAUVERT, ch.-l. de cant., arr. et à 20 kil. S.-S.-O. de Nîmes (Gard); 3,000 hab.

VAUVILLERS, ch.-l. de cant., arr. et à 16 kil. N.-O. de Lure (Haute-Saône); 1,500 hab.

VAUX, comm. de l'arr. et à 10 kil. N.-O. de Villefranche (Rhône); 2,000 hab. Patrie de Pierre de Vaux, chef des Vaudois.

VAUX-SUR-POLIGNY, commune de l'arr. et à 11 kil. de Poligny (Jura); 300 hab. Antique monastère fondé vers l'an 1020.

VAUX-DE-VIRE, titre des chansons qu'Olivier Basselin composa dans le val de Vire. (Voy. BASSELIN et VAUDEVILLE.)

VAUXHALL s. m. [vô-ksal] (de *vaux*, corrupt. de *Fauk* ou *Foulque* de Bréauté, l'un des compagnons de Guillaume le Conquérant; et de l'angl, *hall*, manoir). Nom d'un manoir appartenant à Foulque de Bréauté, lors du partage de l'Angleterre par les conquérants normands. Vauxhall finit par être englobé dans la ville de Londres et l'on y installa, vers la fin du XVIIᵉ siècle, un jardin public, une salle de danse et de concert. On donne le nom de Vauxhall à tous les établissements du même genre.

Alternativement bal, concert, tragédie,
Vauxhall, Italiens, Opéra, Comédie...
COLLIN D'HARLEVILLE. *L'Inconstant*, acte Iᵉʳ, sc. VI.

VAVASSERIE s. f. Fief tenu par un vavasseur.

* VAVASSEUR s. m. Féod. Vassal d'un vassal. Les *vavasseurs* ou *valvassors* sont mentionnés dans les anciens écrivains sous le nom de *viri magnæ dignitatis.*

VAVINCOURT, ch.-l. de cant., arr. et à 7 kil. S. de Bar-le-Duc (Meuse); 700 hab.

VAYRAC, ch.-l. de cant., arr. et à 53 kil. N.-E. de Gourdon (Lot); 900 hab.

* VAYVODE s. m. [vè-vo-de]. Titre qu'on donne aux souverains et aux gouverneurs de la Valachie, de la Moldavie, de la Transylvanie, et de plusieurs autres endroits.

* VEAU s. m. [vô] (lat. *vitellus*). Le petit de la vache : *veau gras.* — VEAUX DE RIVIÈRE, veaux qu'on engraisse d'une façon particulière aux environs de Rouen. — VEAU MARIN, espèce de phoque, quadrupède carnassier, qui a les pieds courts et palmés, et qui vit dans la mer. — Partic. Veau qu'on a mis en quartiers à la boucherie, et qu'on y débite : *longe de veau.* — Chair du veau : *veau rôti.* — TUER LE VEAU GRAS, faire quelque régal, quelque fête extraordinaire, pour marquer la joie qu'on a du retour de quelqu'un. — FAIRE LE PIED DE VEAU, témoigner à quelqu'un une complaisance basse, ou faire auprès de lui une démarche servile. — Il s'ÉTEND COMME LE VEAU, IL FAIT UN VEAU, se dit d'un homme qui s'étend nonchalam-

ment. — ADORER LE VEAU D'OR, faire la cour à ceux qui n'ont d'autre mérite que leur pouvoir, leur crédit, leurs richesses.

Sous ces vastes lambris où l'heureuse richesse
Étale ses écrins au milieu des flatteurs,
J'ai vu des courtisans, pour la moindre largesse,
Se faire du veau d'or les vils adorateurs.
AUDOUT. *Album-Almanach des Demoiselles*, 1845.

— BRIDES A VEAUX, se dit des raisons ridicules et impertinentes dont un homme se sert pour tâcher de persuader quelque chose, et qui ne peuvent en imposer qu'aux sots. On appelle de même certaines nouvelles fausses qui sont débitées exprès pour tromper les gens simples. — Cuir de veau : *du veau d'Angleterre.*

* VECTEUR adj. m. (lat. *vector*). Astron. N'est usité que dans cette locution, RAYON VECTEUR, rayon tiré du soleil à une planète ou à une comète, et à l'extrémité duquel la planète ou la comète se trouve. On nomme aussi RAYON VECTEUR, le rayon tiré du centre d'une planète à un satellite, et à l'extrémité duquel le satellite se trouve. — Géom. RAYON VECTEUR, ligne tirée d'un point quelconque de l'ellipse à l'un des foyers de cette courbe.

* VÉCU, UE part. passé de VIVRE. — ᴧᴧ Qui s'est passé, qui est arrivé : *roman vécu.*

* VÉDA s. m. (sanscr. *véda*, science). Livre sacré de la religion brahmanique : *les Védas sont les plus anciens monuments de la langue sanscrite.* — ENCYCL. Le terme *véda* signifie « connaissance », les Védas étant regardés comme contenant la connaissance de toutes les sciences. Le texte Véda ou Vedasanhitás existe dans quatre collections appelées Rig-Veda, Sâma-Veda, Yajur-Veda et Athava-Veda. Autour des Védas se groupe une immense littérature religieuse. Au nombre des plus anciens livres écrits pour expliquer les Sanhitás, sont les Brâhmanas, qui sont surtout des descriptions des cérémonies prescrites. On fit aussi des recueils de règles pratiques sur les choses du culte, appelés Sûtras. Les Vedângas, c'est-à-dire « membres des Védas », sont des commentaires sur la langue, la mythologie et l'astrologie des Sanhitás; les Vedântas, ou desseins des Sanhitás, sont des recherches philosophiques sur la religion brahmanique. Le mot *shástra* (s'*astra*, traité) s'ajoute souvent à ces appellations; par exemple, Vedânta-shastra, traité sur la philosophie vedânta. Voy. INDES (*Religion et littérature religieuse des*.)

* VEDETTE s. f. [ve-dè-te] (ital. *vedetta*). Sentinelle de cavalerie : *poser des vedettes.* — METTRE EN VEDETTE, mettre un cavalier en fonction de vedette; et, ÊTRE EN VEDETTE, être en fonction de vedette. — Se dit aussi de ces petites guérites ou tourelles qui sont placées sur un rempart, et dans lesquelles les sentinelles peuvent se retirer. — Dans une lettre, se dit de la place du titre de la personne à qui l'on écrit, détaché et mis au-dessus de la première ligne de la lettre : *écrivez Monsieur en vedette et non pas à la ligne.*

* VÉDIQUE adj. Qui appartient aux Védas.

VEGA (Lope de) (Lope-Félix DE VEGA CARPIO), auteur dramatique espagnol, né à Madrid le 25 nov. 1562, mort le 26 août 1635. Au sortir du collège royal de Madrid, il servit contre les Portugais, et fut ensuite secrétaire du duc Antonio de Alva; mais un duel le fit mettre en prison et bannir de la capitale. En 1588, il fit partie de l'Armada de Philippe II contre l'Angleterre. Après avoir perdu sa seconde femme, il se fit prêtre (1609), et en 1628 fut choisi comme premier chapelain par une congrégation de Madrid. Il mit au jour la plupart de ses pièces après être entré dans les ordres. Sa fécondité et sa rapidité d'exécution étaient merveilleuses. Il a écrit environ 1,800 pièces, sans compter des centaines d'*autos*. 300 environ de ses pièces de théâtre ont été publiées

en 28 vol. (1604-'47), et 112 dans *Comedias escogidas*, éditées par Hartzenbusch dans la *Biblioteca de Autores españoles*. Son génie dramatique embrassait tout le domaine de l'art. Il est le premier qui sépara le drame séculier du drame religieux, et inaugura d'autres modifications et perfectionnements au théâtre. Parmi ses pièces les plus connues nous citerons : *Los tres Diamantes*, *la Furza lastimosa*, *le Discreta Enamorada*, *la Dama melindrosa*, et *El Padre engañado*. Il y a dans ses innombrables poésies diverses, quelques pièces d'un grand mérite.

VÉGÈCE (Flavius-Vegetius-Renatus), écrivain militaire latin, de la fin du ivᵉ siècle de notre ère, auteur d'un célèbre ouvrage intitulé *Rei militaris instituta* ou *Epitome rei militaris*, dédié à Valentinien II (trad. franç. de Bourdon de Sigrais, 1743, in-12; et de Bongars, 1772, in-12). C'est la meilleure autorité sur l'art militaire chez les Romains.

VÉGÉTABILITÉ s. f. Faculté de végéter.

* **VÉGÉTABLE** adj. Qui végète, qui peut végéter : *les corps végétables.*

* **VÉGÉTAL, AUX** s. m. (du lat. *vegetus*, qui croît). Ce qui végète. Se dit des arbres et des plantes : *traité de végétaux.*

* **VÉGÉTAL, ALE, AUX** adj. Qui appartient, qui a rapport aux végétaux, ou qui en provient, qui en est tiré : *le règne végétal.* — TERRE VÉGÉTALE, celle qui est la plus propre à la végétation, et qu'on nomme autrement TERRE FRANCHE ou TERREAU.

VÉGÉTALITÉ s. f. Nature des végétaux.

* **VÉGÉTANT, ANTE** adj. Qui prend nourriture ou accroissement du suc de la terre, et des fluides atmosphériques.

VÉGÉTARIEN, IENNE adj. Qui ne se nourrit que de végétaux. — Se dit des personnes qui repoussent l'usage de la viande. — s. Personne qui s'interdit absolument de manger la chair des animaux et qui se nourrit exclusivement de fruits et de légumes. On compte, aux Etats-Unis, plus de 3,000 végétariens.

* **VÉGÉTATIF, IVE** adj. Qui fait végéter : *principe végétatif.* — Se dit de ce qui est dans l'état de végétation : *vie végétative.*

* **VÉGÉTATION** s. f. (lat. *vegetatio*). Action de végéter : *la végétation des plantes.* — Se dit quelquefois, collectiv., des arbres et des plantes : *la végétation est magnifique dans cette vallée.*

* **VÉGÉTER** v. n. (lat. *vegetare*). Se dit des arbres et des plantes, et exprime l'action de se nourrir et de croître : *pour les plantes, végéter c'est vivre.* — Fig. Vivre dans l'inaction, ou dans une situation gênée ou obscure : *un petit emploi le fait végéter lui et sa nombreuse famille.*

* **VÉHÉMENCE** s. f. [vé-é-man-se] (lat. *vehementia*). Impétuosité, mouvement fort et rapide : *la véhémence de cet homme-là fait qu'on ne peut traiter d'affaires avec lui.* — Impétuosité du vent : *le vent souffle avec véhémence.*

* **VÉHÉMENT, ENTE** adj. [vé-é-man] (lat. *vehemens*). Impétueux, qui se porte avec ardeur, avec impétuosité à tout ce qu'il fait : *esprit véhément.* — ORATEUR VÉHÉMENT, orateur qui a une éloquence forte, entraînante. — DISCOURS VÉHÉMENT, discours plein de chaleur, de force et de rapidité. On dit de même, ÉLOQUENCE VÉHÉMENTE.

* **VÉHÉMENTEMENT** adv. Procéd. crim. Très fort : *l'arrêt le déclara véhémentement suspect d'avoir...* On ne se sert plus de cette formule que fig. et fam.

* **VÉHICULE** s. m. (lat. *vehiculum*). Didact. Ce qui sert à conduire, à transmettre, à faire passer plus facilement : *l'air est le véhicule du* son. — Fig. Ce qui prépare l'esprit à quelque chose : *cette offre, cette espérance servira de véhicule à la proposition que vous devez lui faire.*

* **VEHME** s. f. Tribunal secret dont on fait remonter l'institution à Charlemagne et qui, après être tombé en désuétude pendant plusieurs siècles, se rétablit en Allemagne au xivᵉ siècle, sous la forme d'une association secrète, jugeant sans témoins, souvent en l'absence des accusés et faisant exécuter ses sentences par des initiés masqués; il s'appelait alors la *sainte vehme* ou *cour des francs-juges.*

* **VEHMIQUE** adj. Qui appartient à la sainte vehme. — COURS VEHMIQUES (all. *Vehmgerichte* ou *Femgerichte*, du vieil all. *fem*, châtiment, et *gericht*, tribunal). Tribunaux secrets qui fleurirent surtout en Westphalie pendant le moyen âge. Ils furent d'abord comme une protestation contre les décisions arbitraires des barons et des nobles violateurs de la loi. L'empereur, les nobles de sa cour, les hommes de tout rang s'associèrent pour former de libres tribunaux composés de « juges libres » élus pour juger les individus accusés de crimes. Au xivᵉ et au xvᵉ siècle, il y avait plus de 100,000 juges libres répandus dans toute l'Allemagne. Les progrès d'une législation éclairée avaient, avant la fin du xviiᵉ siècle, enlevé aux cours vehmiques la plus grande partie de leur influence.

VÉIES [vé-i] (lat. *Veii*), la plus puissante des douze cités de la confédération étrusque, sur la Cremera, petit affluent du Tibre, à 15 kil. N.-N.-O. de Rome. C'était une grande ville bien avant la fondation de Rome; elle fut, pendant des siècles, la rivale de celle-ci, jusqu'à sa destruction par Camille, vers 396 av. J.-C. Elle fut repeuplée sous Auguste.

* **VEILLE** s. f. [vè-ieu; *ll* mll.] (lat. *vigilia*). Privation, absence du sommeil dans le temps destiné à dormir : *courte veille.* On s'en sert plus ordinairement au pluriel : *les longues veilles, les veilles continuelles l'ont abattu.* — ÉTAT DE VEILLE, état du corps de l'homme ou de l'animal, dans lequel les sens sont en action; par opposition à ÉTAT DE SOMMEIL, celui dans lequel l'action des sens se suspendue. — LA VEILLE DES ARMES, ancienne cérémonie qui consistait en ce que celui qui devait être armé chevalier, passait la nuit à veiller dans une chapelle où étaient les armes dont il devait être revêtu le jour suivant : *faire la veille des armes.* — Une certaine partie de la nuit, dans la division qu'on faisait en les anciens : *les Romains distribuaient la nuit en quatre veilles.* — Le jour précédent : *la veille de Pâques, de Noël, des Rois.* — Fig. ÊTRE A LA VEILLE DE, être sur le point de : *nous sommes à la veille d'un grand événement.* — pl Fatigues : *longues veilles.*

* **VEILLÉE** s. f. [vé-ié; *ll* mll.]. Veille que plusieurs personnes font ensemble. Ne se dit guère que des assemblées que les gens de village ou les artisans font le soir pour travailler, causer, etc. : *aller tous les soirs à la veillée.* — Action de garder un malade pendant la nuit : *il est dû à cette garde tant de veillées.*

* **VEILLER** v. n. (lat. *vigilare*). S'abstenir de dormir pendant le temps destiné au sommeil : *j'ai veillé toute la nuit.* — Absol. Ne point dormir : *soit que je dorme, soit que je veille.* — Prendre garde, appliquer ses soins, son attention à quelque chose : *veiller au salut, au bien, au repos de l'État.* — Veiller v. a. Veiller auprès de quelqu'un la nuit : *veiller un malade.*

* **VEILLEUR** s. m. Celui qui veille. Se dit ordinairement des ecclésiastiques, des religieux qui veillent un mort. — VEILLEUR DE NUIT, homme qui dans certains pays est forcé de crier les heures pendant la nuit.

* **VEILLEUSE** s. f. Petite lampe qu'on laisse brûler pendant la nuit dans une chambre à coucher : *allumez la veilleuse.* — Petite mèche enduite de cire, qui brûle dans une veilleuse, et qui est portée sur l'huile par une petite rondelle de carte doublée de liège : *acheter une boîte de veilleuses.*

VEILLONS AU SALUT DE L'EMPIRE, hymne révolutionnaire composé, en 1793, par Girey-Dupré et Bois-Guyon, alors emprisonnés l'un et l'autre comme marche brissotins. Ce chant révolutionnaire fut peut-être le seul de ce genre que le premier Empire ne proscrivit pas, sans doute à cause de son titre ; les musiques militaires le jouèrent fréquemment comme marche jusqu'en 1815. En voici le premier couplet :

> Veillons au salut de l'Empire,
> Veillons au maintien de nos droits ;
> Si le despotisme conspire,
> Conspirons la perte des rois.
> Liberté, liberté...
> Que tout mortel te rende hommage!
> Tremblez, tyrans ! il faut expier vos forfaits.
> Plutôt la mort que l'esclavage !
> C'est la devise des Français.

VEINARD, ARDE s. Personne qui a de la veine, de la chance. (Pop.)

* **VEINE** s. f. [vè-ne] (lat. *vena*). Vaisseau, espèce de petit canal par lequel le sang, venant des artères, retourne au cœur. Se dit quelquefois, au pluriel, de tout le système des vaisseaux sanguins: *veine cave.* OUVRIR LA VEINE, saigner : *on lui a ouvert la veine.* — VEINE POÉTIQUE, et absolument VEINE, le génie poétique, le talent pour la poésie : *il a une veine noble et féconde; la douceur de sa veine ; sa veine est tarie.* — IL EST EN VEINE, il est dans une disposition d'esprit favorable au travail de la poésie, de l'éloquence, des arts. — Géol. Se dit de certaines parties longues et étroites où la roche, la terre est d'une autre qualité ou d'une autre couleur que celle qui est auprès : *veine de sable.* — Se dit aussi des endroits d'une mine où se trouve le métal ou le minéral : *veine d'or.* CET HOMME EST TOMBÉ SUR UNE BONNE VEINE, il a rencontré heureusement. — Se dit encore des marques longues et étroites qui vont en serpentant le bois, et dans les pierres dures : *c'est un bois qui est plein de veines.* ∿ AVOIR DE LA VEINE, avoir de la chance. — ENCYCL. On donne le nom de veines à quatre systèmes de vaisseaux sanguins, différents dans leur structure, dans leur cours, dans leurs fonctions, et n'ayant de commun que le fait d'amener le sang au cœur, mais non de l'emmener hors de ce viscère. Les deux premiers conduisent du sang impur ou veineux, et les deux autres du sang pur ou artériel. Quant à l'anatomie spéciale de la circulation veineuse en général, il suffira de dire que toutes les veines situées au-dessous des membres inférieurs et des organes pelviens et abdominaux portent leur contenu dans la veine cave inférieure, et celles de la tête, des membres supérieurs et du thorax, dans la veine cave supérieure ; que ces deux gros vaisseaux déversent leur sang dans l'oreillette droite du cœur, d'où il entre dans le ventricule droit, pour être envoyé par ce ventricule et par le canal de l'artère pulmonaire jusqu'aux poumons, où il se purifie. Il revient artériel par les veines pulmonaires, jusqu'à l'oreillette gauche, et de là, par le ventricule gauche et l'aorte, dans tout le corps. Les veines communiquent presque partout ensemble; elles forment des réseaux et des plexus dont les plus remarquables, chez l'homme, sont ceux qui se trouvent aux environs et à l'intérieur de l'épine dorsale. Les veines situées dans les organes passifs, qui déterminent le cours du sang par la contraction des muscles. Le sang est empêché d'affluer vers les vaisseaux capillaires, jusqu'à un certain point, par les valvules semi-lunaires des veines qui se ferment pour prévenir la régurgitation.

* **VEINÉ, EE** adj. Qui a des veines. Ne se dit guère que du bois, du marbre, et de quelques pierres : *bois veiné.*

* **VEINER** v. a. Imiter par des couleurs les veines du marbre ou du bois.

* **VEINEUX, EUSE,** adj. Plein de veines : *les blessures sont à craindre dans les parties nerveuses*

* **VEINULE** s. f. Anat. Se dit des petites veines, des vaisseaux capillaires.

VÉLAGE s. m. Action de vêler, de mettre bas.

VÉLANI s. m. Espèce de chêne. Voy. Chêne.

* **VÉLAR** s. m. (celt. *vehtar*, cresson). Bot. Genre de crucifères, comprenant plusieurs espèces d'herbes, dont la principale est le *vélar officinal* ou *herbe aux chantres* (*erysimum officinale*), très commun chez nous, et qui entre dans la préparation du sirop d'érysimum, employé commé pectoral et légèrement tonique.

* **VÉLARIUM** s. m. [vé-la-ri-omm] (mot lat.) Antiq. rom. Grande toile dont on couvrait les amphithéâtres ou les théâtres pour préserver les spectateurs du soleil ou de la pluie.

VELASQUEZ (Diego-Rodriguez de Silva y) [vé-lass-kèzz], peintre espagnol, né en 1599, mort le 7 août 1760, Il eut pour maîtres Herrera le vieux et Francisco Pacheco, à Séville ; mais il se forma surtout lui-même. Son modèle principal était un petit paysan qu'il peignit avec ses haillons dans toutes sortes d'expressions et d'attitudes, il excellait dans la nature morte. En 1622, il alla à Madrid, et l'admiration qu'excita son portrait de Philippe IV, le fit nommer peintre de la cour. En 1627, son tableau l'*Expulsion des Moresques d'Espagne*, lui valut la charge d'huissier de la chambre royale. Au nombre de ses chefs-d'œuvre, on compte le fameux tableau des *Meninas* représentant l'infante Marguerite et ses filles d'honneur, et qui par la perspective, l'air, la couleur locale et l'expression de la vie dans les figures, y compris celles des animaux, est presque sans rival. Il fut nommé premier chambellan en 1652, et, dès lors, ne peignit plus guère. La galerie royale de Madrid contient environ 60 de ses ouvrages : portraits, histoire, genre, paysages, car il était également grand peintre dans toutes ces branches.

* **VÉLAUT.** Chasse. Cri dont on se sert pour annoncer qu'on voit le sanglier, le loup, le renard, ou le lièvre. On crie, *Taïaut,* lorsqu'on voit le cerf, le daim, ou le chevreuil.

VELAY (Le), ancien pays de France (Languedoc) ; ch.-l. le Puy ; villes princip., Yssengeaux et le Monestier ; Il est compris aujourd'hui en partie dans le dép. de la Haute-Loire.

* **VELCHE** s. m. [vèl-che]. Nom d'un ancien peuple celte. (Voy. Belges.) — Homme ignorant, sans goût, ennemi de la raison et des lumières : *ce sont de véritables Velches.*

VÊLE s. f. Veau femelle.

VÊLEMENT s. m. Action de vêler, de mettre bas.

* **VÊLER** v. n. Se dit d'une vache qui met bas : *la vache vient de vêler.*

VELEZ-MALAGA, *Menoba,* ville d'Espagne, prov. et à 24 kil. E. de Malaga et à 3 kil. de la Méditerranée ; 22,000 hab. Raisins secs, vins, liqueurs, huile, sucre.

VELIA ou **Elea** (Elée), ancienne ville grecque sur la côte O. de l'Italie méridionale. On croit qu'elle fut fondée par des colons ioniens venus de Phocée, vers 544 av. J.-C. Elle était fameuse pour sa hardiesse commerciale. Les fondateurs de l'école philosophique d'Elée, Parménide et Zénon, y naquirent. (Voy. Eliatique, Ecole.) On attribue sa destruction aux Sarrasins, dans le VIIIe ou

le IXe siècle. Ses ruines sont à 1 kil. et demi de l'embouchure de l'Alento (anc. *Hales*), dans la province de Principato citeriore.

* **VÉLIN** s. m. Peau de veau préparée, qui est plus mince et plus unie que le parchemin : *peau vélin.* — Papier vélin, papier imitant la blancheur et l'uni du vélin, et où il ne paraît aucune des marques appelées pontuseaux et vergeures.

VÉLINES, ch.-l. de cant., arr. à 34 kil. O. de Bergerac (Dordogne) ; 800 hab.

VELIOCASSES ou **Vellocasses,** peuple de la Gaule romaine, dans la IIe Lyonnaise ; cap., Rotomagus (Rouen).

VÉLIQUE adj. Qui a rapport aux voiles.

* **VÉLITE** s. m. (lat. *veles*). Soldat légèrement armé. — Corps de chasseurs qui avait été créé, en France, par Napoléon.

* **VELLÉITÉ** s. f. [vèl-lé-] (du lat. *velle*, vouloir). Volonté faible et imparfaite, qui n'a point d'effet : *vos résolutions ne sont que des velléités, que de simples velléités.*

VELLEIUS PATERCULUS. Voy. Paterculus.

VELLETRI (anc. *Velitræ*), ville de l'Italie centrale, à 35 kil. S.-E. de Rome ; 11,798 hab. C'était à l'origine une grande cité latine ou volsque. Garibaldi y battit les Napolitains en mars 1849. Elle fut la capitale d'une délégation papale jusqu'en 1870.

VELLORE, ville de l'Inde britannique, dans l'Arcot septentrional, sur le Palar, à 125 kil. O.-S.-O. de Madras ; 50,000 hab. Commerce important. Il y a non loin de là une forteresse considérable.

* **VÉLOCE** adj. (lat. *velox*). — Astron. Se dit pour exprimer la vitesse du mouvement d'une planète. (Vieux.)

VÉLOCER v. n. Se livrer à l'exercice du vélocipède.

VÉLOCIFÈRE s. m. (lat. *velox, velocis,* vite ; *fero,* je porte). Voiture publique d'une marche rapide. — Ancien nom du vélocipède. — Les **Vélocifères,** comédie représentée au théâtre du Vaudeville, le 29 floréal an XII (19 mai 1804). Elle avait pour auteurs Dupaty, Chazet et Moreau; son succès fut colossal. On applaudissait à outrance le couplet suivant :

> Vous, partisans du petit trot,
> Cochers qui ne vous pressez guère,
> Voulez-vous arriver plus tôt
> Que le plus prompt *vélocifère?*
> Sachez remplacer aujourd'hui
> La rapidité par l'adresse.
> En partant deux jours avant lui,
> Vous le gagnerez de vitesse.

VÉLOCIMÈTRE s. m. (franc. *véloce;* gr. *metron,* mesure). Instrument pour mesurer la vitesse des projectiles. Avant 1840, on se servait dans ce but d'un canon suspendu dans un pendule, en observant l'arc qu'il décrivait dans son recul. On arrivait à une évaluation approximative avec une erreur probable de quelques pieds à peine par seconde. En 1840, Wheastone suggéra l'emploi de l'électricité pour obtenir les données nécessaires au calcul et, depuis 1850 environ, on en fit usage exclusivement. Un écran de fil métallique fin faisant un circuit électrique est placé à chaque extrémité d'une ligne mesurée d'avance (de 100 pieds ordinairement), de manière que le projectile rompe en passant les écrans; ces deux ruptures se télégraphient instantanément elles-mêmes à une machine qui les enregistre, de telle sorte que l'intervalle de temps écoulé entre elles peut se lire sur-le-champ. L'appareil enregistreur s'appelle chronographe. Il y a beaucoup de chronographes de systèmes divers, mais ils impliquent tous un principe mécanique. Les signes enregistreurs doivent se faire au moyen de parties de la machine se mouvant à une vi-

tesse et dans des proportions très exactement connues, pendant des intervalles qui commencent avec la première rupture et se terminent avec l'autre.

* **VÉLOCIPÈDE** s. m. (lat. *velox, velocis,* vite ; *pes, pedis,* pied). Appareil de locomotion dont on met les roues en mouvement avec les pieds. — Le vélocipède, d'abord appelé *vélocifère*,

Monter par la pédale.

fut inventé par l'aéronaute Blanchard et décrit dans le *Journal de Paris* du 27 juillet 1779. Il fit les délices des Incroyables sous

Manière de monter.

le Directoire; on donnait alors le nom de vélocipède à la personne qui le dirigeait. C'était sur le boulevard des Italiens, devant

Descendre par la pédale.

la terrasse du pavillon de Hanovre, que se donnait rendez-vous la fine fleur des jeunes oisifs qui se livraient à l'exercice des véloci-

Descendre en passant la jambe par dessus la poignée.

fères. Il y avait des paris comme de nos jours pour les courses de chevaux. Plus tard, on chercha à rendre cet appareil plus léger. Il

y eut le vélocipède de Nicéphore Niepce (1818) et la *Draisena*, machine inventée en 1818 par le baron von Drais et décrite dans l'*Ackermann's Repository* de 1819. On avait oublié ces appareils de locomotion lorsqu'ils reparurent en 1864 sous les noms de *bicycles* et de *tricycles*. On réserve ordinairement au bicycle le nom de vélocipède. Il se compose de deux roues, situées dans le même plan vertical et reliées par une barre de fer qui supporte une espèce de petite selle ou siège, sur un ressort flexible. C'est sur ce siège que le vélocipédiste doit se tenir en équilibre. On met en mouvement la machine au moyen de deux étriers qui servent de pédales, et on la dirige à l'aide d'une manette qui tient lieu de cabestan. Nos figures représentent les différentes manières de monter sur cet appareil et d'en descendre. — Fig.

VÉLOCIPÉDER v. n. S'exercer à monter sur un vélocipède.

VÉLOCIPÉDISTE s. Personne qui se livre à l'exercice du vélocipède.

VÉLOCIPÉDOMANIE s. f. Manie du vélocipède.

* **VÉLOCITÉ** s. f. (lat. *velocitas*). Vitesse, rapidité : *une vélocité sans pareille*.

* **VELOURS** s. m. (du lat. *villosus*, velu). Etoffe de soie à poil court et serré. On dit, VELOURS A DEUX POILS, A TROIS POILS, A QUATRE POILS, selon que le poil en est plus ou moins serré. — VELOURS RAS, espèce de velours qui n'a point de poil. — VELOURS D'UTRECHT, espèce de velours de laine à longs poils et ordinairement façonné, dont on se sert pour faire des meubles. — VELOURS DE COTON, velours fait avec du coton, au lieu de soie. — Fig. MARCHER SUR LE VELOURS, marcher sur une pelouse fine et douce. — JOUER SUR LE VELOURS, jouer sur son gain. — PROV. FAIRE PATTE DE VELOURS, se dit d'un chat, lorsqu'il retire ses griffes en donnant la patte. Se dit aussi, fig., de ceux qui cachent sous des dehors caressants le dessein qu'ils ont de nuire. — ENCYCL. On donne le nom de velours à un tissu chaud et durable, fait avec de la soie pure, ou de la soie et du coton mélangés, et dont la surface est hérissée de fils courts et serrés, produits par des peluches serrées exécutées au tissage et dont on coupe les extrémités; dans certains velours on les laisse telles quelles, sans les couper. Cette fabrication semble dater du XIIIᵉ siècle ; elle était le monopole exclusif des villes d'Italie. De là, elle passa en France, et en 1685, des réfugiés français la portèrent en Angleterre. Les velours larges se font surtout à Lyon, et les rubans de velours à Saint-Étienne. Les plus belles passementeries de velours se font à la main, dans la Prusse rhénane.

* **VELOUTÉ, ÉE** adj. Se dit des étoffes dont le fond n'est point de velours, et qui ont des fleurs, des ramages faits de velours : *satin velouté*. — Se dit aussi de certains papiers qui servent pour tenture, et dont les dessins, les ornements imitent le velours : *un rouleau de papier velouté*. — Qui est doux au toucher comme du velours, ou qui a l'apparence du velours. Se dit particul. de certaines fleurs : *les pensées, les œillets d'inde, les amarantes sont des fleurs veloutées.* — VIN VELOUTÉ, bon vin qui est d'un beau rouge un peu foncé, et qui n'a nulle âcreté. — CRÈME VELOUTÉE, sorte de crème cuite qui se sert à l'entremets. — MEMBRANE VELOUTÉE. (Voy. VELOUTÉ substantif.) — Joaill. Se dit des pierres qui sont d'une couleur riche, foncée : *un saphir velouté.*

* **VELOUTÉ** s. m. Galon fabriqué comme du velours, ou plain, ou figuré : *il faut mettre un velouté entre ces deux galons d'or ou d'argent.* — LE VELOUTÉ DE L'ESTOMAC, DES INTESTINS, etc., la surface intérieure de ces parties, qui est comme hérissée d'un nombre infini de

petits filets enduits d'une substance glaireuse ou mucilagineuse, servant à défendre ces mêmes parties de l'impression trop vive des corps qui les touchent : *ce remède était trop fort, il lui a emporté le velouté de l'estomac.* On dit aussi, LA MEMBRANE VELOUTÉE DE L'ESTOMAC, etc. Ce mot n'est plus guère usité dans le langage médical.

VELOUTER v. a. Donner l'apparence du velours.

VELOUTIER s. m. Ouvrier qui fait du velours.

VELOUTINE s. f. Etoffe de soie que l'on fabriquait au XVIIIᵉ siècle.

VELPEAU (Alfred-Armand-Louis-Marie), chirurgien français, né à la Brèche (Indre-et-Loire) en 1795, mort en 1867. En 1830, il fut nommé chirurgien à l'hôpital de la Pitié, à Paris, en 1835, puis professeur de clinique chirurgicale, et en 1842 successeur de Larrey à l'Institut. Il doit surtout sa réputation à ses leçons de clinique à l'hôpital de la Charité, et à de nombreux ouvrages, entre lesquels celui qui est intitulé *Nouveaux éléments de médecine opératoire* (1832) jouit de la plus haute autorité. Ses leçons de clinique chirurgicale ont été recueillies par Jeanselme et Pavillon (1840-'41, 3 vol.)

* **VELTAGE** s. m. Mesurage fait avec la velte.

* **VELTE** s. f. Mesure de liquide qui contient 8 pintes ou 7 litres 646. — Un instrument qui sert à jauger les tonneaux.

* **VELTER** v. a. Mesurer à la velte.

* **VELTEUR** s. m. Celui qui jauge, qui mesure à la velte.

* **VELU, UE** adj. (lat. *villutus*). Couvert de poil. Ne se dit ni par rapport aux cheveux, ni par rapport à la barbe : *homme velu*. — Se dit des parties qui sont couvertes de poils longs, mous et rapprochés ou serrés : *feuilles velues.*

VÉLUM s. m. [vê-lomm] (mot lat. qui signifie *voile*). Grande tente couvrant un espace quelconque.

* **VELVOTE** s. f. Bot. Espèce de linaire, à tiges couchées et velues, qui croît dans les terres labourées et parmi les blés.

* **VENAISON** s. f. (lat. *venatio*, chasse). Chair de bête fauve ou rousse, comme cerf, daim, chevreuil, sanglier, etc. : *je lui ai envoyé de la venaison.*

VENAISSIN. Voy. COMTAT VENAISSIN.

* **VÉNAL, ALE, AUX** adj. Qui se vend, qui se peut vendre. Ne se dit au propre que des charges et des emplois qui s'achètent à prix d'argent : *choses vénales.* — VALEUR VÉNALE, valeur actuelle d'une chose dans le commerce, son prix marchand. — Se dit fig., de celui qui vend sa conscience, qui ne fait rien que par un intérêt sordide, que pour de l'argent : *son égoïsme l'a rendu vénal.* — C'EST UNE PLUME VÉNALE, c'est un auteur qui écrit pour de l'argent, ou pour quelque autre intérêt, suivant la passion de ceux qui le payent.

* **VÉNALEMENT** adv. D'une manière vénale : *il exerce vénalement sa charge.*

* **VÉNALITÉ** s. f. Qualité de ce qui est vénal : *la vénalité des offices, des charges.*

* **VENANT** adj. m. Qui vient. On l'emploie surtout dans la locution, ALLANT ET VENANT, où il est pris substantiv. : *les rues sont pleines d'allants et venants.* — A TOUT VENANT, au premier venu : *réponder à tout venant.*

VENANT (Saint-), petite ville de l'arr. et à 15 kil. N. de Béthune (Pas-de-Calais), sur la Lys. Cette ville fut prise par François Iᵉʳ en 1537, par les Espagnols en 1649, par Turenne

en 1657, par le prince Eugène en 1710. La paix d'Utrecht la rendit à la France (1713).

VENASQUE, *Vindascinum*, commune du cant. de Pernes, arr. et à 12 kil. S.-E. de Carpentras (Vaucluse), sur un rocher escarpé; 1,100 hab. Ancienne capitale du Comtat Venaissin.

VENCE, *Vincium*, ch.-l. de cant., arr. et à 22 kil. N.-E. de Grasse (Alpes-Maritimes), sur un rocher qui domine la vallée de la Lubiane; 2,200 hab.

* **VENDABLE** adj. Qui peut être vendu : *une terre substituée n'est pas vendable.*

* **VENDANGE** s. f. Récolte de raisins pour faire du vin : *belle vendange.* — Temps où se fait la récolte des raisins : *aller passer les vendanges à la campagne.* — PROV. ADIEU PANIERS, VENDANGES SONT FAITES, se dit lorsque les vendanges sont passées, ou qu'il est arrivé malheur aux vignes. Se, dit fig., de toutes les affaires manquées, sans ressource, et quelquefois de celles qui sont entièrement terminées.

* **VENDANGER** v. a. Faire la récolte des raisins : *on a tout vendangé.* — Absol. *On vendange déjà partout.*

* **VENDANGEUR, EUSE** s. Celui, celle qui cueille les raisins, qui sert à faire les vendanges : *il a besoin de tant de vendangeurs.*

VENDÉE, rivière qui prend sa source dans le cant. de Moncoutant (Deux-Sèvres), baigne Fontenay-le-Comte et se jette dans la Sèvre-Niortaise, après un cours de 75 kil.

VENDÉE, dép. maritime de la région occidentale de la France ; doit son nom au principal cours d'eau qui la traverse ; situé entre les dép. de la Loire-Inférieure, de Maine-et-Loire, des Deux-Sèvres, de la Charente-Inférieure et l'Océan Atlantique ; formé de l'ancien bas Poitou ; 6,703 kil. carr.; 421,542 hab. Les îles Boin, Noirmoutier et Dieu, dépendent de ce dép. qui est divisé en trois régions distinctes : le *Marais*, le long de la côte, à l'O., couvert d'étangs et de terrains marécageux ; le *Bocage*, au centre, ainsi nommé à cause des bois qu'il renferme ; la *Plaine*, contrée unie, découverte et fertile, arrosée par la Vendée. — Céréales, vins et laines ; riches pâturages où l'on élève un beau bétail. Pêche de la sardine. Principaux cours d'eau : Vendée, Sèvre-Niortaise, Sèvre-Nantaise. Côte ordinairement basse et envasée, bordée de dunes. Ports de Saint-Gilles et des Sables-d'Olonne. — Ch.-l. la Roche-sur-Yon; 3 arr., 30 cant., 298 communes. Evêché à Luçon, suffragant de Bordeaux. Cour d'appel et ch.-l. académique à Poitiers. — Ch.-l. d'arr. La Roche-sur-Yon, Fontenay-le-Comte, les Sables-d'Olonne. — Guerre de la Vendée. Ce dép. a donné son nom à une insurrection royaliste et semi-religieuse qui éclata chez les paysans que commandait Cathelineau en mars 1793 ; elle se propagea dans le bas Poitou, l'Anjou, le bas Maine et la Bretagne. Le comte Henri du Verger de la Rochejacquelein en devint le principal chef. Les Vendéens, écrasés en déc. 1793, reprirent la lutte en 1794 ; mais La Rochejacquelein périt le 4 mars après des efforts désespérés. Les Chouans, avec lesquels les Vendéens se confondirent plus tard, apparurent en même temps au N. de la Loire. La Convention conclut, le 17 févr. 1795, la paix de la Jaunaye avec les Vendéens ; mais le débarquement des émigrés français, à Quiberon, au mois de juin, les souleva de nouveau. Le général Hoche réussit, après que Stofflet, Charette et d'autres chefs eurent été fusillés (févr. et mars 1796), à pacifier le pays. Des mouvements insignifiants se produisirent en 1799, en 1800 et en 1815 ; c'est dans ce dernier que fut tué le marquis Louis du Verger de la Rochejacquelein, frère de Henri (4 juin).

VENDÉEN, ENNE s. et adj. De la Vendée ; qui appartient à ce pays ou à ses habitants.

* **VENDÉMIAIRE** s. m. (lat. *vindemia*, vendange). Le premier mois du calendrier républicain : il commençait le 22 ou le 23 sept.

* **VENDETTA** s. f. [vain-dètt-ta] (mot ital. qui signifie *vengeance*). Haine, hostilité qui existe en Corse entre deux familles et qui produit souvent des meurtres.

* **VENDEUR, ERESSE** s. Celui, celle qui vend, qui a vendu : *le vendeur et l'acquéreur.*

* **VENDEUR, EUSE** s. Celui, celle dont la profession est de vendre : *vendeuse de fruits.* — VENDEURS DE MARÉE, et VENDEURS DE VOLAILLE, certains officiers préposés pour faire vendre la marée et la volaille. Les commissaires-priseurs sont aussi VENDEURS DE MEUBLES. — VENDEUR D'ORVIÉTAN, DE MITHRIDATE, celui qui, dans les places publiques, débite quelque drogue médicinale. — C'EST UN VENDEUR D'ORVIÉTAN, se dit aussi d'un médecin qui se vante d'avoir des remèdes pour toutes sortes de maux. On le dit encore, par ext., d'un hâbleur, d'un trompeur. — Fig. et fam. C'EST UN VENDEUR DE FUMÉE, se dit d'un homme qui fait parade d'un crédit qu'il n'a point, et qui cherche à en tirer quelque avantage. — FAUX VENDEUR, celui qui vend ce qui n'est pas à lui, ou qui use de quelque fraude dans le contrat de vente; celui qui vend à faux poids, à fausse mesure.

VENDEUVRE, ch.-l. de cant., arr. et à 24 kil. O. de Bar-sur-Aube (Aube), aux sources de la Barse ; 2,000 hab.

* **VENDICATION** s. f. Voy. REVENDICATION.

* **VENDIQUER**, v. a. Syn. de REVENDIQUER.

* **VENDITION** s. f. Jurispr. Vente.

VENDÔME, *Vindocinum*, ch.-l. d'arr. à 36 kil. N.-O. de Blois (Loir-et-Cher), sur la rive droite du Loir ; par 47° 47′ 30″ lat. N. et par 1° 16′ 7″ long. O. ; 9,900 hab. Ruines du château de ville de la fin du moyen âge. Fabriques de cuirs, de gants et de tissus de coton. Le 16 déc. 1870, Chanzy fut écrasé dans les environs de cette ville par le prince Frédéric-Charles.

VENDÔME I. (César, DUC DE), prince français, fils aîné de Henri IV et de Gabrielle d'Estrées, né en 1594, mort en 1665. Il fut légitimé dans son bas âge et fait duc de Vendôme. Durant le règne de son demi-frère Louis XIII, il conspira avec Chalais contre Richelieu (1626) et fut incarcéré pendant quatre ans, puis banni pendant plusieurs années. Après la mort de Richelieu, il fut un favori de la reine régente Anne d'Autriche, jusqu'à ce qu'il se fût activement engagé dans la Fronde. En 1650, ayant fait sa soumission, on lui donna le gouvernement de Bourgogne. En 1653, il enleva Bordeaux aux Frondeurs, et, en 1655, étant grand amiral de France, il battit la flotte espagnole à la hauteur de Barcelone. — II. (Louis, DUC DE), fils du précédent, né en 1612, mort en 1669. En 1649, il fut fait vice-roi et commandant militaire en Catalogne. Il épousa, en 1651, Laure Mancini, nièce de Mazarin, à la mort de laquelle il prit les ordres (1657); il fut créé cardinal et légat du pape en France. Leur frère François est le célèbre duc de Beaufort. — III. (Louis-Joseph, DUC DE), fils du précédent, né en 1654, mort en 1712. Il se distingua en Alsace sous Turenne, et en Flandre sous Créqui; en 1681, il fut nommé gouverneur de Provence. En 1695, il commandait en Catalogne, et il prit Barcelone en 1697. Dans la guerre de la succession d'Espagne, combattant contre le prince Eugène, il échappa à une désastreuse défaite, à Luzzara, par son talent et son intrépidité. Après avoir gagné plusieurs victoires en 1705-'06, il commanda

en Flandre sous le duc de Bourgogne (1708) et fut battu par Eugène et Marlborough à Oudenarde. En 1710, il vint secourir Philippe V, le ramena à Madrid, fit prisonnier à Brihuega tout un corps anglais commandé par Stanhope, et remporta, le 10 déc., une victoire décisive sur Stahremberg à Villaviciosa.

VENDÔME (Place et COLONNE). Voy. Paris.

VENDÔMOIS, petit pays de l'ancienne France, dans la Beauce. Ch.-l. Vendôme.

VENDÔMOIS, OISE s. et adj. De Vendôme ou du Vendômois; qui appartient à cette ville, à ce pays ou à leurs habitants.

* **VENDRE** v. a. (lat. *vendere*). Je vends, tu vends, il vend; nous vendons, vous vendez, ils vendent. Je vendais. Je vendis. Je vendrai. Vends, vendez. Que je vende. Que je vendisse, etc. Aliéner une chose, transporter, céder à quelqu'un la propriété d'une chose, pour un certain prix : *il m'a vendu ce cheval cinq cents francs.* Se dit, particul., de ceux qui vendent habituellement au public certaines marchandises, certaines denrées, etc. : *il vend toutes sortes d'étoffes, de bijoux, etc.* — Trahir, révéler un secret par quelque raison d'intérêt : *vendre sa patrie, son roi.* — Se vendre v. pr. Etre vendu : *tout s'achète et tout se vend.*

    Le drôle, en mon tablier,
    Voulait piller
    Bouquets cueillis pour ma mère,
    S'offrant à me les payer.
    Mais je lui dis en colère :
    Pour qui me prends-vous, Lucas?
    Ça ne se vend pas.
          SAVION. *La Scrupuleuse*, chansons.

* **VENDREDI** s. m. (lat. *Veneris dies*, jour de Vénus). Sixième jour de la semaine, consacré jadis, chez les chrétiens, à la pénitence et au jeûne, en mémoire de la passion de J.-C. Dans les pays catholiques, la superstition fait regarder le vendredi comme un jour de malheur, pendant lequel on ne doit rien entreprendre. Les musulmans en font leur jour de réjouissance, leur dimanche. — VENDREDI SAINT, celui qui précède Pâques, dans la semaine sainte; il est consacré à célébrer la mémoire de la passion de J.-C. — TEL QUI RIT LE VENDREDI PLEURE LE DIMANCHE, bien souvent la tristesse succède à la joie en très peu de temps.

* **VENDU, UE** part. passé de VENDRE. — C'EST UN HOMME VENDU, c'est un homme livré à quelqu'un par intérêt.

VENÉ, ÉE adj. Poursuivi à la chasse. VIANDE VENÉE, viande faisandée.

* **VÉNÉFICE** s. m. (lat. *veneficium*). Empoisonnement, crime d'empoisonnement, dans lequel on prétend qu'il y a eu du sortilège : *accuser de vénéfice*. N'était guère usité que dans les anciennes procédures criminelles.

* **VENELLE** s. f. Petite rue. N'est plus guère usité que dans cette phrase figurée, proverbiale et populaire, ENFILER LA VENELLE, prendre la fuite.

    Ils vont; et le cheval, qu'à l'herbe on avait mis,
    Assez peu curieux de semblables amis,
    Fut presque sur le point d'enfiler la venelle.
          LA FONTAINE.

* **VÉNÉNEUX, EUSE** adj. (lat. *venenosus*). Qui a du venin. Il signifie la même chose que venimeux, avec cette différence qu'il ne se dit que des végétaux : *plante vénéneuse.* — Se dit aussi des matières inorganiques : *le cuivre forme des sels vénéneux.*

VÉNÉNIFIQUE adj. Qui produit le poison.

VÉNÉNOSITÉ s. f. Qualité de ce qui est vénéneux.

* **VENER** v. a. (lat. *venari*). Chasser, courre la bête pour en attendrir la chair. Ne se dit guère qu'en parlant des animaux domestiques : *à Rome, en Angleterre, on a coutume*

de vener les bœufs. — FAIRE VENER DE LA VIANDE, la faire mortifier. Ce verbe n'est guère en usage; on ne s'en sert qu'à l'infinitif, et aux temps formés du participe.

VÉNÉRABILITÉ s. f. Qualité de ce qui est vénérable.

* **VÉNÉRABLE** adj. (lat. *venerabilis*). Digne de vénération, de respect : *vieillard vénérable.* — LIEU, MONUMENT VÉNÉRABLE, qui est consacré par la religion, ou qui réveille de grands souvenirs. — Titre d'honneur qu'on donne aux prêtres et aux docteurs en théologie, dans les actes publics : *fut présent discrète et vénérable personne, N. prêtre, docteur en théologie, etc.*

VÉNÉRABLEMENT adv. D'une manière vénérable.

VÉNÉRALIES s. f. pl. Fêtes qu'on célébrait à Rome en l'honneur de Vénus.

* **VÉNÉRATION** s. f. (lat. *veneratio*). Respect qu'on a pour les choses saintes; honneur qu'on rend aux choses saintes : *grande vénération.* — Estime respectueuse qu'on a pour certaines personnes : *c'est un homme qui mérite la vénération.*

* **VÉNÉRER** v. a. (lat. *venerari*). Porter honneur, révérer. Se dit proprement en parlant des choses saintes : *vénérer les saints.* — Se dit, quelquefois, en parlant des personnes pour qui l'on a une estime respectueuse : *je vous vénère comme un bienfaiteur.*

* **VÉNERIE** s. f. (lat. *venari*, chasser). Art de chasser avec des chiens courants à toutes sortes de bêtes, et principalement aux bêtes fauves : *entendre bien la vénerie.* — Tout ce qui concerne l'art de la vénerie, et corps des officiers qui étaient attachés au service chez le roi : *la vénerie est logée en tel endroit.* — Lieu destiné à loger les officiers et tout l'équipage de la vénerie : *il est logé à la vénerie.*

* **VÉNÉRIEN, IENNE** adj. Qui a rapport à Vénus. N'est guère usité qu'en parlant du commerce charnel entre les hommes et les femmes : *acte vénérien.* On évite d'employer ce mot. — Se dit aussi de la maladie, des maux qui sont le résultat d'un commerce impur : *maladie vénérienne.* — Substantiv. *L'hôpital des vénériens.* — On appelle *maladie vénérienne* le virus syphilitique qui se transmet d'un individu à un autre principalement dans les rapports sexuels. Cette maladie se présente sous l'une des formes suivantes (voy. BLENNORRHAGIE); ulcères, tumeurs, excroissances, taches à la peau, etc. La maladie vénérienne véritable est essentiellement caractérisée par le développement d'un ulcère *sui generis* appelé *chancre* qui prend naissance sur la partie qui a reçu un contact malsain. Quand l'affection ne s'étend pas, elle est dite *locale*; lorsque le virus syphilitique a déterminé l'infection de l'économie tout entière, la syphilis est dite *constitutionnelle.* Le traitement varie suivant la période de la maladie. Au début, c'est-à-dire dans les premiers jours de la manifestation de l'ulcère, on peut faire avorter la maladie en cautérisant profondément le chancre et alors il n'y a pas à craindre de syphilis constitutionnelle, mais il n'est pas inutile ni même temps de soumettre le malade au traitement général de la syphilis invétérée. Tout le monde sait que le mercure et ses diverses préparations sont regardés comme le remède spécifique du virus syphilitique, mais il faut encore choisir parmi ces préparations, selon les circonstances.

VÉNÉSECTION s. f. Section de la veine; saignée. (Voy. SAIGNÉE.)

VÉNÈTES, *Veneti*, peuple de la Gaule romaine dans la IIIe Lyonnaise (Armorique); ch.-l. Veneti (auj. Vannes). Les Vénètes, excellents marins, armèrent une flotte contre

César en 57 av. J.-C., et furent cruelle-ment exterminés l'année suivante.

VÉNÉTIE [vé-né-sî] (*géogr.* anc.), dis-trict de l'Italie supérieure, séparé par l'A-tnésis (Adige) de la Gaule cisalpine propre, dont il fit partie à certaines époques. Les principales villes étaient Aquileia, Ateste (Este), Patavium (Padoue), Vicentia (Vicence) et Tarvisium (Trévise). Les habitants, les Ve-neti ou Heneti, étaient sans doute de race slave, parents des Winds Illyriens. Rome se les assujettit, et sous les premiers empe-reurs, ils goûtèrent une grande prospérité. (Voy. **Venise**.) En 1815, la plus grande partie de l'ancienne Vénétie fut incorporée dans le royaume lombard-vénitien de l'*empire d'Au-triche*; en 1866, elle devint une division ter-ritoriale du *royaume d'Italie*, comprenant les provinces de Belluno, de Padoue, de Ro-vigo, de Trévise, d'Udine, de Venise, de Vé-rone et de Vicenze; 2,733,405 hab.

* **VENETTE** s. f. Peur, inquiétude, alarme. N'est usité que dans ces phrases populaires, AVOIR LA VENETTE, DONNER LA VENETTE, avoir peur, inspirer de la peur.

* **VENEUR** s. m. Celui qui est chargé de faire chasser les chiens courants : *il a un très bon veneur*. — GRAND VENEUR, celui qui commandait à toute la vénerie du roi.

VÉNÉZUÉLA (États-Unis de)[vé-né-soué-la], république de l'Amérique du Sud, entre 1° 8' et 12° 16' lat. N. et 62° et 75° 37' long. O., bornée par la mer Caraïbe, l'Atlantique, la Guyane anglaise, le Brésil et les États-Unis de Colombie; 1,137,815 kil. carr.; 2,400,000 hab. Elle est divisée en 20 états, 1 district fédéral et un territoire (Amazonas). Les états sont : Apure, Barcelone, Barquisimeto, Bolivar, Carabobo, Cojedes, Cumana, Falcon ou Coro, Guarico, Guayana, Guzman, Blanco, Ma-turin, Mérida, Nueva Esparta (Margarita), Portuguesa, Tachira, Trujillo, Yaracui, Za-mora et Zulia. — Villes princ. : Caracas, la capitale, 56,000 hab.; Valencia 33,000; Bar-quisimeto 29,000; Maracaybo, 23,000; et Ma-turin 12,944. La population de sang blanc par fait environ 1 p. 100 de la population otale ; les étrangers sont au nombre de 10,000. Il y a plusieurs tribus indiennes sauva-ges. La côte est coupée de nombreux golfes, aies et îlots. A l'O., entre les presqu'îles Goajira et Paraguana, se trouve le gouffre de Maracaybo ou plus proprement de Véné-zuéla, le plus grand de la république. Parmi les ports, La Guayra et Puerto Cabello sont les plus fréquentés par les navires étrangers; il faut aussi mentionner Cumaná, Barcelona, Coro et Maracaybo. Ciudad Bolivar (autrefois Angostura) est un grand entrepôt dans l'inté-rieur. Les côtes sont bordées d'un grand nombre d'îles, dont la plus grande, Marga-rita, forme l'état de Nueva Esparta. Les mon-tagnes appartiennent à deux systèmes sépa-rés. Le premier est une ramification des Andes de Colombie, et comprend les monts Mérida où l'on trouve 31 sommets dépassant 3,000 m., dont les deux plus élevés sont les deux pics de la Sierra Nevada, qui ont 5,000 mètres. Le second système est celui des monts Parima ou Parime, qui s'étendent sur toute la partie méridionale du bassin de l'Orénoque, encore imparfaitement connu. A ce système appartient la Sierra de Pacaraima, qui forme une partie de la frontière S. de la républi-que. Plus de mille cours d'eau arrosent le territoire du Vénézuéla; mais 12 seulement ont leur cours entier dans ses limites. Le plus grand, l'Orénoque, est le troisième des fleuves de l'Amérique du Sud. (Voy. ORÉNO-QUE.) Le lac Maracaybo, qui a près de 160 kil. de long et une largeur maximum de 125 kil., est une sorte de prolongement du golfe de Maracaybo. D'immenses plaines, appelées *llanos* sont un des traits caractéristiques du

pays. Les productions minérales sont : l'or, le platine, l'argent, le cuivre, les pierres pré-cieuses, l'étain, le zinc, le plomb, le mercure, l'antimoine, le fer, le soufre, l'alun, le sul-fate de magnésie, le gypse et le salpêtre. On fait beaucoup de sel en différents endroits de la côte. Le sol, à l'exception des régions sablonneuses de la côte et des hauts et arides *páramos*, est presque partout d'une fertilité *extrême*. Au-dessous de 3,000 pieds viennent les palmiers dont les variétés sont presque aussi nombreuses que dans les forêts brési-liennes. Les bois des vallées centrales et les immenses forêts de l'état de Guayana fournis-sent une grande variété de bois de charpente et d'ébénisterie, acajou, bois de rose, bois de satin, ébène noir et blanc, etc. Le véri-table quinquina forme des forêts entières à des élévations qui varient de 2,700 à 4,500 pieds au-dessus du niveau de la mer. Le *caucho*, ou arbre à caoutchouc, est abondant, de même que le bois de Brésil et autres arbres et plantes tinctoriales, le célèbre divi-divi, les gommes, les résines, les épices et les plantes et herbes médicinales. La faune est la même que celle du Brésil. D'im-menses troupes de bêtes à cornes, de che-vaux, etc., errent à l'état sauvage dans les plaines. On fabrique dans le pays des tissus de coton, des hamacs, des chapeaux, des cordages, des tapis de laine, des cigares et des cigarettes, des confitures et des parfums. Le café est le plus important article de l'ex-portation, les autres sont le cacao, le sucre, l'indigo, le tabac, le sel, les peaux, les bestiaux, le suif, les cornes, la salsepa-reille, et les bois de teinture et d'ébénisterie. — Par la constitution de 1854, le Vénézuéla est devenu une république fédérale sur le modèle des États-Unis. Le pouvoir exécutif est remis à un président élu pour quatre ans, assisté de six ministres pour l'intérieur et la justice, les af-faires étrangères, les finances, les travaux pu-blics, la guerre et la marine et le crédit public. Le pouvoir législatif réside dans un congrès composé d'un sénat et d'une chambre des représentants, dont les membres sont dépu-tés par les chambres correspondantes de chaque état particulier. L'université de Ca-racas est fréquentée par 170 à 200 étudiants. La population suit la religion catholique, mais les autres cultes sont tolérés. L'île de Margarita et la partie orientale de la côte du Vénézuéla furent découvertes par Colomb en 1498, et la côte tout entière par Ojeda et Vespuce en 1499. En entrant dans le lac Maracaybo, ils trouvèrent un village indien bâti sur pilotis (chose commune dans cette région sujette aux inondations), et ils l'appe-lèrent à cause de cela Vénézuéla ou Petite Venise. Le premier établissement européen se fit à Cumana, vers 1520. Lorsque Napo-léon, en 1808, fit son frère Joseph roi d'Es-pagne, le Vénézuéla fut une des premières colonies espagnoles qui se déclarèrent pour l'ancienne dynastie; mais le 5 juillet 1811, le pays se proclama indépendant. En 1812, le traité de Victoria le fit rentrer sous la do-mination de l'Espagne; mais en 1813, il se révolta de nouveau sous le général Bolivar, et après une longue lutte et des succès divers, la république de Colombie, embrassant la Nouvelle-Grenade, le Vénézuéla, et l'Ecua-dor, fut établie en 1819. Les hostilités avec l'Espagne ne cessèrent entièrement qu'en 1823. En 1829-'33, les trois états se sépa-rent d'un commun accord, et le Vénézuéla adopta une nouvelle constitution. Pendant les quinze premières années, la présidence fut tenue successivement par le général Paez, le Dr Vargas et le général Soublette. Depuis l'arrivée du général José Tadeo Mo-nagas au pouvoir exécutif, en 1846, jusqu'à celle du général Falcon en 1863, le pays fut constamment en guerre civile. Falcon, après plusieurs années de possession tranquille du

pouvoir, fut déposé par une révolution dans laquelle Antonio Guzman Blanco prit une part active et qui ne se termina que lorsque ce dernier eut saisi les rênes du gouverne-ment en 1869. En 1873, il fut élu président, et, sous son autorité (1873-'77), le pays de-vint calme et prospère. Le général Joachim Crespo fut élu président en avril 1884.

VÉNÉZUÉLIEN, IENNE s. et adj. Du Véné-zuéla; qui appartient à ce pays ou à ses ha-bitants.

* **VENEZ-Y-VOIR** s. m. Chose qui mérite attention. — Iron. C'EST UN BEAU VENEZ-Y-VOIR, c'est peu de chose, c'est une chose qui ne mérite pas d'être remarquée.

* **VENGEANCE** s. f. Action par laquelle on se venge, ou par laquelle on punit : *ven-geance mémorable, éclatante, pleine et entière*. — Désir de se venger : *il a toujours la ven-geance dans le cœur*.

* **VENGER** v. a. (lat. *vindicare*). Tirer rai-son, tirer satisfaction de quelque injure, de quelque outrage, de quelque acte coupable. Se dit également en parlant des choses dont on veut tirer satisfaction, et des personnes qu'on regarde comme offensées : *venger une injure*.

Je ne voyais de loin que le pays vengé;
Ce que je vois de près, c'est un homme égorgé
      PONSARD. *Charlotte Corday*, acte IV, sc. IV.

— Se venger v. pr. *Se venger de ses ennemis, d'un outrage, d'une injure*.

* **VENGEUR, GERESSE** s. Celui, celle qui venge, qui punit : *cette outrage, ce crime n'au-ra-t-il point de vengeur?* — Adj. *Un Dieu ven-geur*. — Le Vengeur, nom d'un vaisseau de guerre français qui, lors du combat du 1er juin 1794, se laissa couler plutôt que de se rendre aux Anglais.

* **VENIAT** s. m. [vé-ni-att] (mot lat. signi-fiant: *qu'il vienne*) Chancell. et Palais, Ordre donné par le juge supérieur à un juge infé-rieur, de venir se présenter en personne, pour rendre compte de sa conduite : *il a reçu un veniat*.

* **VÉNIEL, ELLE** adj. (du lat. *venia*, par-don). Qui peut être pardonné. Ne se dit que des péchés légers, et qui, dans le langage des théologiens,|ne font point perdre la grâce; par opposition à péchés mortels : *commettre, faire un péché véniel, une offense vénielle*.

* **VÉNIELLEMENT** adv. N'est usité que dans cette phrase, PÉCHER VÉNIELLEMENT, qui signi-fie, faire une faute légère, et qui se dit par opposition à PÉCHER MORTELLEMENT.

* **VENI-MECUM** s. m. Voy. VADE-MECUM.

* **VENIMEUX, EUSE** adj. Qui a du venin. Il signifie la même chose que vénéneux, avec cette différence que VENIMEUX ne se dit pro-prement que des animaux : *le scorpion est venimeux*. — Se dit aussi des choses que l'on croit infectées du venin de quelque animal : *on dit que les herbes sur lesquelles le crapaud et la chenille ont passé sont venimeuses*.

* **VENIN** s. m. (lat. *venenum*). Sorte de poi-son. Ne se dit guère que de certaines liqueurs qui sortent du corps de quelques animaux : *venin dangereux, mortel*. — Prov. et fig. A LA QUEUE LE VENIN, c'est souvent à la fin des af-faires que l'on trouve le plus de difficulté. MORTE LA BÊTE, MORT LE VENIN, on n'a plus rien à craindre d'un ennemi mort. — Principe et action des maladies contagieuses : *c'est un venin qui se communique*. (Voy. VIRUS.) — Rancune, haine cachée, malignité : *vous avez bien du venin contre lui*.

* **VENIR** v. n. (venire). *Je viens, tu viens, il vient; nous venons, vous venez, ils viennent. Je venais. Je vins. Je suis venu. Je viendrai. Je viendrais. Viens, venez. Que je vienne. Que je vinsse. Venant*. Se transporter, d'un lieu à un autre dans lequel est, était, ou sera celui

qui parle, ou à qui l'on parle, ou dans lequel se suppose celui qui parle : *il est venu ici*, ou simplement, *il est venu*. — Se dit aussi du mouvement qui se fait d'un lieu éloigné à un lieu plus proche de celui qui parle : *il est venu de Rome à Lyon*, et du mouvement qui se fait d'un lieu éloigné au lieu où est celui qu'on fait parler : *César ordonna à Labiénus de le venir joindre*. — Arriver au lieu où est celui qui parle : *quel jour vient le courrier ?* — Se dit, quelquefois, du mouvement qui se fait d'un lieu proche à un lieu éloigné ; mais seulement lorsque celui qui parle invite un autre à l'accompagner : *je m'en vais à Rome, voulez-vous venir avec moi ?* — Fig. JE LE VERRAI VENIR, IL FAUT LE VOIR VENIR, je verrai, il faut voir ce qu'il fera, quel est son dessein. On dit aussi, JE VOUS VOIS VENIR, je devine ce que vous pensez, ce que vous allez faire ou dire. — LAISSEZ VENIR, VOIR VENIR, attendre, ne se pas presser : *laissons-le venir et nous verrons quel parti nous devons prendre*. — FAIRE VENIR QUELQU'UN, le mander, lui donner ordre ou avis pour qu'il vienne. — VENIR DE FAIRE UNE CHOSE, avoir fait une chose depuis très peu d'instants.

    .... Contre son colonel,
    Il *vient* dernièrement de se battre en duel .
      COLIN D'HARLEVILLE. *Monsieur de Crac*, sc. XVI.

— Se dit aussi des choses inanimées. Dans ce sens, on l'emploie souvent comme verbe impersonnel : *ces eaux viennent des montagnes*. — FAIRE VENIR QUELQUE CHOSE, donner ordre ou commission pour qu'une chose soit envoyée d'un lieu quelconque au lieu où l'on est. — CETTE DENRÉE, CETTE MARCHANDISE VIENT, NOUS VIENT DE TEL PAYS, DE TELLE VILLE, elle nous est apportée de tel pays, de telle ville. On dit dans ce sens : *les arts sont venus de telle contrée*. — Se dit encore des choses qui arrivent fortuitement, par accident, inopinément. Dans ce sens, on l'emploie souvent aussi comme impersonnel : *il lui vint une grosse fièvre*. — VENIR, se dit particul. dans un sens antér. au précédent, de ce que l'esprit conçoit, imagine, ou se rappelle : *il me vient une idée, un souvenir*. — Arriver par succession, par quelque hasard, échoir : *après la mort du père et de la mère, les biens viennent aux enfants*. — Succéder, arriver suivant l'ordre des choses : *le printemps vient après l'hiver*. — L'ANNÉE, LE MOIS, LA SEMAINE QUI VIENT, l'année prochaine, le mois prochain, la semaine prochaine. — Etre issu, être sorti : *il vient de cette maison par les femmes*. — CE MOT VIENT DE TEL AUTRE, il en est dérivé. On dit de même, CE MOT, CETTE EXPRESSION VIENT DU GREC, VIENT DE L'ESPAGNOL, etc. — Naître, croître, être produit : *les oliviers ne viennent pas dans cette province*. — VENIR BIEN, profiter, croître comme il faut, réussir ; et, dans un sens contraire : *venir mal* ; *cet arbre vient bien, vient mal* ; *cet enfant ne vient pas bien*. On dit aussi : *il a de la peine à venir*. — Se dit quelquefois de choses liquides qu'on tire d'un vaisseau, et dont la quantité contenues ; sortir : *cela ne vient que goutte à goutte*. — Procéder, émaner : *de là vient qu'il y a si peu de bonne foi dans le monde*.

    Cette feinte douceur, cette ombre d'amitié
    Vient de ta politique et non de la pitié.
      CORNEILLE. *Héraclius*, acte Ier, sc. II.

    Lorsque notre bonheur nous *vient* de la vertu,
    La gaieté *vient* bientôt de notre caractère.

— Monter, s'élever : *ces bottines ne me viennent pas à mi-jambes*. — S'en venir, venir.

    Un jour, un dévot personnage
    Des défauts du peuple rat
    S'en *vinrent* demander quelque aumône légère
      LA FONTAINE. *Le Rat qui s'est retiré du monde*.

— Venir à, s'emploie dans un grand nombre de phrases. — EN VENIR AUX MAINS, commencer à se battre. — EN VENIR AUX REPROCHES, AUX MENACES, AUX GROSSES PAROLES, AUX INJURES, AUX COUPS, AUX PRISES, etc., pousser l'aigreur de la conversation, porter la dispute jusqu'aux reproches, aux menaces, aux injures, aux coups, etc. — IL FAUT EN VENIR LA, se dit de la mort et de tout ce qu'on regarde comme nécessaire, comme inévitable. On le dit aussi de ce qu'on regarde comme plus expédient. — C'EST LA QUE J'EN VOULAIS VENIR, C'EST OÙ J'EN VOULAIS VENIR, c'est à ce but que tendaient mes actions, mes discours. On dit de même, OÙ VEUT-IL EN VENIR ? — VENIR AU FAIT, A LA QUESTION, A LA DISCUSSION D'UNE AFFAIRE LA CONCLUSION, parler de la chose dont il s'agit, agiter la question, discuter une affaire, conclure. — VENIR A UNE SUCCESSION, hériter. — CET ENFANT EST VENU AU MONDE TEL JOUR, il est né tel jour ; IL EST VENU A TERME, il est né à l'époque ordinaire de la naissance ; et, IL EST VENU AVANT TERME, il est né avant l'époque ordinaire de la gestation. — Impr. CETTE FEUILLE, CETTE ESTAMPE EST BIEN VENUE, EST MAL VENUE, elle est sortie bien tirée, mal tirée de dessous la presse. — VENIR A RIEN, diminuer beaucoup, se réduire presque à rien. — Fig. TOUS CES GRANDS PROJETS VIENDRONT A RIEN, tous ces grands projets n'auront aucune suite, aucun succès. — VENIR A BOUT DE SES DESSEINS, DE SES ENTREPRISES, y réussir. — VENIR A SON BUT, A SES FINS, arriver à son but, à ses fins, réussir. — VENIR, suivi de la préposition *à*, se construit avec toutes sortes de verbes à l'infinitif, comme *venir à faire, venir à dire*, etc., pour marquer ce qu'une action a d'inattendu, de fortuit, ou pour exprimer le dernier terme d'une gradation, etc. S'IL VENAIT A MOURIR, s'il arrivait qu'il mourût. SI LE SECRET VENAIT A ÊTRE DÉCOUVERT, si, par hasard, le secret était découvert. JE VINS TOUT A COUP A ME LE RAPPELER, tout à coup je me le rappelai. NOUS VINMES A PARLER DE TELLE CHOSE, Nous parlâmes de telle chose, la conversation tomba sur tel sujet. IL VINT JUSQU'A ME DÉCLARER..., il poussa l'entêtement, l'audace, jusqu'à me déclarer... — A venir loc. qui tient lieu d'adjectif, et dont on se sert pour dire, qui doit venir, qui doit arriver : *le temps à venir*.

    Le sénat demanda ce qu'avait dit cet homme,
    Pour servir de modèle aux pareurs d'autre :
      LA FONTAINE, fable 211.

    Le corbeau sert pour le présage,
    La corneille avertit les malheurs *à venir*.
      Le même, fable 29.

VENIR s. m. Retour : *l'aller et le venir.*

VENISE (ital. *Venetia*). I, province de N.-E. de l'Italie, dans la Vénétie, sur l'Adriatique ; 2,198 kil. carr. ; 337,538 hab. La moitié du territoire est occupée par des lagunes, séparées de la mer par une langue de terre, longue de plus de 20 kil., et coupée d'ouvertures de place en place. Les principaux cours d'eau sont : l'Adige, la Brenta et la Piave. — II, capitale de cette province, sur le golfe de Venise, au N.-O de l'Adriatique, à 400 kil. N.-O. de Rome ; 130,000 hab. Elle est bâtie sur pilotis dans les îles des lagunes ; les communications sont facilitées par plus de 100 canaux et par une centaine de ponts, outre les rues, ruelles, allées et passages ; un viaduc de 3,600 m. de long, avec plus de 200 arches, relie Venise aux grandes lignes de chemin de fer à l'embranchement de Mestre. Les deux plus larges canaux, le canal Della Giudecca et celui de San Marco, séparent la ville proprement dite de l'île et du faubourg de Giudecca et de l'île de San Giorgio. Celui qu'on appelle le grand canal sépare la ville en deux parts et est traversé par deux ponts de fer construits en 1854 et en 1858, et par le pont du Rialto, bâti en marbre par Antonio da Ponte (1588-'91) et qui tire son nom de la plus grande île (*isola del Rialto*, de *il rivo alto*, le cours d'eau supérieur). Le grand canal est bordé d'édifices magnifiques dont le pied baigne dans l'eau du canal, et d'où l'on entre presque toujours en gondole. La ville a environ 8 kil. de circuit. La partie la plus belle est la place de Saint-Marc, longue de 191 m. environ et large de 61 et 92 m. Elle est entourée d'arcades et contient, outre la cathédrale et le palais du doge, de grandioses édifices. Beaucoup d'entre les églises sont remarquables par leur splendeur et leurs œuvres d'art. Les plus importantes sont celles de Saint-Marc sur le côté oriental de la place ; elle était autrefois la chapelle ducale, mais elle a été remplacée comme cathédrale par San Piétro di Castello. Sa façade principale a 500 colonnes de marbre de formes et de couleurs variées. Le palais des doges contient la magnifique salle du grand conseil, où l'on a installé aujourd'hui des services publics, et celle du formidable conseil des Dix. Tout en haut (*sotto piombi*, sous les plombs), exposés à une chaleur ardente en été et au froid en hiver, languraient pendant longtemps des prisonniers politiques et autres, au milieu de souffrances atroces. Le fameux pont des Soupirs (*Ponte dei Sospiri*) fait communiquer le palais avec la prison publique. L'arsenal et le bassin de construction, à l'extrémité orientale de la ville, a été pendant longtemps le monument caractéristique de la grande puissance navale de la République. L'académie des beaux-arts contient une des plus grandes et des plus belles galeries italiennes de peinture, et l'opéra (La Fenice) qui est un des plus renommés d'Italie. Les produits de l'industrie comprennent la verroterie, les perles, les grains de verre (qui se font en partie dans l'île de Murano), les tapisseries brochées, les imitations de vieux meubles, la dentelle (dans l'île de Burano), les machines, les ouvrages en fer et en bronze, la vaisselle d'or et d'argent. Depuis que Venise est une grande station des steamers péninsulaires et orientaux, son commerce s'est beaucoup accru. Son port a été longtemps un port franc avant le 1er janv. 1874. — Dans la première partie du Ve siècle, le territoire romain de la Vénétie fut envahi par Attila qui en détruisit de fond en comble la capitale, Aquileia, et brûla les autres villes en massacrant un grand nombre d'habitants. Les fugitifs se réfugièrent dans les lagunes et sur les îles du golfe de Venise. Ils étaient de fait indépendants, et le gouvernement fut abord par trois consuls élus, puis par 12 tribuns. Ces discordes éclatèrent, qui amenèrent à remettre l'autorité entre les mains d'un seul ; en mars 697, Paolo Luca Anafesto fut choisi pour premier doge (duc). (Voy. DOGE.) Les familles des tribuns déposés formèrent une aristocratie. En 810 le siège du gouvernement fut définitivement fixé sur l'île du Rialto, qui devint un centre de commerce célèbre. En 29, d'après la tradition, les os de saint Marc, furent transférés d'Alexandrie à Venise. Saint Marc devint le patron de la ville qu'on a souvent appelée le « république de saint Marc ». Avant la première croisade, la république avait acquis des terres en Italie, ainsi qu'en Dalmatie, en Croatie en Istrie, et presque tout le trafic de transit du monde était entre ses mains. En 1098, elle envoya une grande flotte au secours de Godefroy de Bouillon. Elle entra dans la ligue lombarde contre l'empereur d'Allemagne, et, en 1177, remporta une grande victoire, en défendant le pape Alexandre III, sur Othon, fils de Frédéric Barberousse. Le pape donna en récompense au doge Ziani un anneau pour célébrer la cérémonie de son mariage avec l'Adriatique, et Frédéric fut forcé de faire la paix au congrès de Venise. En 1202, les soldats de la quatrième croisade, rassemblés à Venise, aidèrent à la répression d'une insurrection en Dalmatie, puis, sous la conduite du doge Enrico Dandolo, emportèrent d'assaut Constantinople. La plus belle partie du territoire d'Orient, comprenant des portions du Péloponèse, la Crète, Eubée et d'autres îles, étaient sous la domination de Venise. En 1289, l'inquisition y fut établie, mais toujours sou-

mise au pouvoir civil. Après de petites querelles avec Gênes, une guerre sérieuse éclata lorsque les Paléologues occupèrent Constantinople avec l'aide des Génois (1261). Jusque vers la fin du XIVe siècle, les deux républiques furent souvent en lutte, et Venise se trouva une fois à deux doigts de sa ruine. (Voy. GÊNES.) Par des changements successifs, Venise était devenue une oligarchie jalouse; l'hérédité de la noblesse et son livre d'or, avec l'établissement du conseil des Dix, dotée d'une autorité sans appel, irresponsables, et juges du doge lui-même, complétèrent cette organisation. Cette période ne fut pas sans convulsions intérieures. La conspiration et l'exécution du doge Marino Falieri en 1355 est le plus considérable de ces épisodes. Venise reprit promptement le dessus, et à la mort du doge Mocenigo, en 1423, elle avait atteint l'apogée de sa prospérité. Pendant ses luttes avec Gênes elle se rendit maîtresse de Trieste et d'autres territoires sur la terre ferme; et,

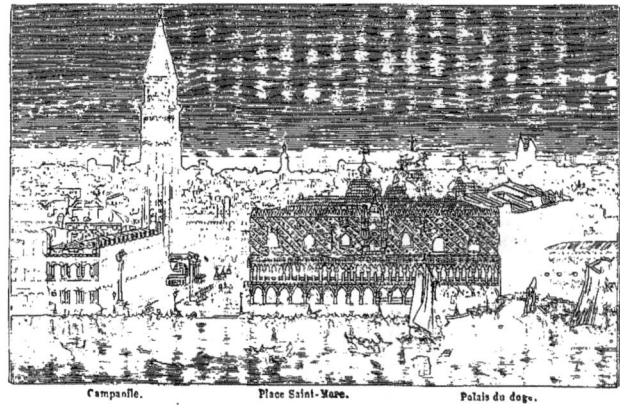

Campanile.   Place Saint-Marc.   Palais du doge.

après la paix de 1381, elle prit Vicence, Vérone et Padoue. Sous le successeur de Mocenigo, Francesco Foscari, elle fut engagée pendant environ trente ans dans des guerres le plus souvent heureuses avec les ducs de Milan, et, pendant le reste du siècle, avec les Turcs, avec lesquels elle conclut une paix désavantageuse en 1503. Pendant les XVIe et XVIIe siècles, Venise combattit alternativement pour et contre presque toutes les puissances européennes. Les Turcs lui prirent une artie de ses possessions en Grèce dans une uerre qui se termina en 1540, puis, en 1669, andie, après une longue lutte. En 1715, elle .vait perdu son dernier pied en Morée. D'un autre côté, la découverte de l'Amérique et de la route du cap de Bonne-Espérance avait détourné vers de nouvelles routes le commerce et l'industrie. Venise finit par perdre son indépendance nationale après l'occupation française en mai 1797, et le traité de Campo-Formio la livra à l'Autriche une grande partie de son territoire. Par la paix de Presbourg, elle fut annexée au royaume d'Italie (1805). Après la chute de Bonaparte, elle fut rendue à l'Autriche, et forma une partie du royaume lombard-vénitien. En mars 1848, Venise se révolta contre les Autrichiens, et, avec Manin à sa tête, proclama le rétablissement de la république. Mais après un long siège et un bombardement terrible, elle capitula le 23 août 1849, et resta en état de siège jusqu'au 1er mai 1854. A l'issue de la guerre Austro-prussienne de 1866, Venise et toute la Vénétie furent cédées par l'Autriche à Napoléon III qui en remit aussitôt le gouvernement aux mains des autorités municipales; en oct. sur 650,000 votes exprimés, tous, moins 69, se déclarèrent en faveur de l'annexion au royaume d'Italie.

VENISE (Golfe de), nom de la partie N.-O. de la mer Adriatique, où elle échancre la côte de la Vénétie, sur une étendue de 50 kil. environ, de l'embouchure du Tagliamento au delta du Pô. Le golfe de Trieste en est, au N.-E., la prolongation. Il n'a pas plus de 12 brasses de profondeur. — Blanc de Venise, de Hambourg ou de Hollande, blanc de plomb employé en peinture et plus ou moins mélangé de sulfate de baryte.

VÉNITIEN, IENNE s. et adj. [-si-ain]. De Venise ou de la Vénétie; qui appartient à cette ville, à ce pays ou à leurs habitants.

VENI, VIDI, VICI, mots lat. qui signifient. *je suis venu, j'ai vu, j'ai vaincu*, paroles de César, après sa rapide victoire sur Pharnace, roi de Pont.

VENLOO [venn-lo'], ville forte du Limbourg (Pays-Bas), sur la Meuse, à 60 kil. N.-N.-E. de Maestricht ; 8,000 hab. Deux arsenaux ; manufactures de tabac et d'autres produits. Grand commerce de porcs. La ville a soutenu plusieurs sièges. Elle se rendit à Marlborough le 23 sept. 1702 et à Pichegru, le 26 oct. 1794.

* **VENT** s. m. [van] (lat. *ventus*). Mouvement plus ou moins rapide de l'air suivant une direction déterminée : *vent impétueux*. — VENTS SOUTERRAINS, vents qui se forment dans les concavités de la terre. — VENT COULIS, vent qui passe par de petites ouvertures. — Mar. VENT FAIT, vent qui ne varie plus, et qui paraît devoir durer. — Air agité par quelque moyen particulier : *faire du vent avec un chapeau, avec un soufflet, avec un éventail*. — INSTRUMENTS A VENT, instruments de musique dont le son est formé par l'air qu'on y introduit; se dit par opposition aux instruments à cordes, où le son est formé par les vibrations des cordes : *la trompette, le hautbois, la flûte, la clarinette, l'orgue, etc. sont des instruments à vent*. — Au ou plutôt gaz retenus dans le corps de l'homme ou des animaux : *être plein de vents*. — Pop. Respiration, souffle, haleine ; *on lui donna un coup dans l'estomac qui lui fit perdre vent*. — Vén. Odeur qu'une bête laisse dans les lieux où elle été, où elle a passé : *le cerf est de plus grand vent que le lièvre*. — Odeur qui vient des émanations d'un corps : LE SANGLIER PREND LE VENT DE TOUS CÔTÉS AVANT QUE DE SORTIR DE SA BAUGE, il flaire de tous côtés. — Vanité : *il y a bien du vent, il n'y a que du vent dans cette tête*.

VENT (Iles du). Voy. INDES OCCIDENTALES.

VENTADOUR, village de la commune de Moustier-Ventadour, arr. et à 65 kil. N.-E. de Tulle (Corrèze).

* **VENTAIL** s. m. [t mll.]. Blas. Partie inférieure de l'ouverture d'un casque, d'un heaume.

* **VENTE** s. f. (lat. *vendita*). Contrat par lequel une chose est aliénée moyennant un prix : *vente volontaire*. — CE LIVRE EST EN VENTE, on le vend actuellement à ceux qui veulent l'acheter, il vient d'être publié. — Place publique où l'on vend des marchandises : *acheter du vin sur la vente*. — Eaux et Forêts. Se dit des différentes coupes qui se font dans un bois, dans une forêt, à des temps réglés : *il y a plusieurs ventes dans cette forêt, et chaque vente est de vingt arpents*. — ASSEOIR LES VENTES, marquer le bois qui doit être coupé. — Partie d'une forêt ou d'un bois qui vient d'être coupée : *tout le bois que j'ai coupé est encore dans la vente*. — Pl. Jurispr. féod. Redevance qui était due au seigneur du fief pour la vente d'un héritage compris dans sa censive; et, en ce sens, il n'était guère usité qu'avec le mot de lods : *il lui devait les lods et ventes de son acquisition*. — Législ. « La vente est un contrat par lequel l'une des parties transfère à l'autre la propriété d'une chose, et s'engage à la lui livrer, moyennant un prix que celle-ci lui paie ou s'engage à payer. La vente est parfaite, et la propriété est acquise à l'acheteur dès que les deux parties sont d'accord sur la chose et sur le prix. En conséquence, les risques de la chose vendue sont à la charge de l'acquéreur, dès l'instant de la convention, sauf dans le cas où la perte arriverait par la faute du vendeur, et excepté lorsqu'il s'agit de choses vendues au poids, à la mesure ou au compte. La vente peut être faite à terme ou à la propriété, soit suspensive, soit résolutoire. Toute vente à l'essai est présumée faite sous la condition suspensive de l'acceptation définitive par l'acheteur. La vente à réméré est résolue lorsque le vendeur use de la faculté de rachat qu'il s'est réservée. (Voy. RACHAT.) Le contrat de vente est soumis aux principes généraux du droit sur les conventions. (Voy. CONTRAT, OBLIGATION, etc.) La vente qui a lieu entre majeurs, jouissant de leurs droits civils, n'est assujettie à aucune forme; elle doit seulement être constatée par écrit, lorsque le prix excède 150 f. (Voy. PREUVE.) Toute convention obscure ou ambiguë s'interprète contre le vendeur. Les ventes des biens immeubles appartenant à des mineurs ou à des interdits ne peuvent être faites que sur une proposition du conseil de famille, énonçant la nature des biens et leur valeur approximative, et après que le tribunal de première instance, en homologuant cette délibération, a ordonné que la vente aura lieu en l'audience des criées ou devant un notaire commis (C. Pr. 953 et s.). Le code de procédure prescrit les formes à suivre pour les ventes aux enchères de meubles et d'immeubles et notamment pour les ventes de biens de mineurs et pour les autres ventes judiciaires d'immeubles, soit en cas de licitation (id. 966 et s.), soit lorsqu'il s'agit d'aliéner des immeubles, dépendant d'une succession bénéficiaire (id 987 et s.), ou des immeubles dotaux (id. 997), soit en cas de saisie immobilière (id. 673 et s.), soit en cas de folle enchère, lorsque l'adjudicataire d'un immeuble adjugé n'exécute pas les clauses de l'adjudication (id. 773 et s.). Pour les ventes de biens appartenant

soit à l'Etat, soit à des établissements publics, on doit employer des formalités, différentes, selon la personne morale qui est propriétaire et selon qu'il est procédé à la vente par un représentant de l'administration ou par un officier ministériel. La vente aux enchères de navires est soumise à des règles particulières (C. com. 197 et s.). Il en est de même de la vente des immeubles d'un failli (lorsqu'ils ne sont pas l'objet d'une poursuite en expropriation (id. 572 et s.). Les ventes publiques volontaires de fruits et de récoltes pendants par racines et celles de coupes de bois taillis peuvent être faites, au choix des parties, par les notaires, commissaires-priseurs, huissiers et greffiers de justice de paix (L. 5 juin 1851). La vente volontaire en gros de certaines marchandises (dont le tableau est annexé au décret du 30 mai 1863) peut avoir lieu par le ministère de courtiers sans autorisation des tribunaux de commerce (L. 28 mai 1858); cette vente en gros peut aussi être faite dans les mêmes formes pour toute espèce de marchandises, sur l'ordre ou sur l'autorisation des mêmes tribunaux, soit après décès, soit après cessation de commerce, soit dans tout autre cas de nécessité (L. 3 juillet 1861 ; Décr. 12 mars 1859; décr. 6 juin 1863). Les agents de change ont le monopole de la vente des effets publics et de toutes les valeurs portées à la cote officielle de la Bourse (C. com. 76; Arr. cass. 1er juillet 1885). En matière commerciale, les achats et les ventes se constatent non seulement par des actes, s'il en a été fait, mais aussi par le bordereau d'un agent de change ou d'un courtier, dûment signé par les parties, par une facture acceptée, par la correspondance, par les livres de commerce, et même par la preuve testimoniale, quelle que soit la somme, lorsque le tribunal croit devoir admettre cette dernière preuve (C. com. 109). Les ventes de créances ne sont valables à l'égard des tiers que lorsqu'elles ont été signifiées aux débiteurs ou acceptées par eux. (Voy. CESSION.) Toute vente de droits immobiliers doit, pour être opposable aux tiers, avoir été transcrite au bureau des hypothèques ; et, afin que le privilège du vendeur soit conservé, nonobstant tout acte postérieur, cette transcription doit être faite dans les 45 jours de l'acte de vente (L. 23 mars 1855). — La vente est prohibée, et par suite elle est annulable pendant un délai de dix ans : 1° lorsque l'une des parties (mineur, interdit ou femme mariée non autorisée) était incapable de vendre ou d'acheter pour son compte ; 2° lorsqu'elle a eu lieu entre époux, sauf le cas de règlement de dette ou de remploi ; 3° lorsque l'acquéreur était, au moment de la vente, chargé des intérêts du vendeur, comme tuteur, administrateur ou mandataire. La vente est encore rescindable, mais pendant deux années seulement, lorsque le vendeur se trouve lésé de plus de sept douzièmes dans le prix d'un immeuble, et alors même qu'il aurait renoncé expressément à cette faculté dans le contrat. La vente est nulle : 1° lorsque la chose vendue n'est pas dans le commerce, ou est incessible ; 2° lorsqu'elle n'était pas la propriété du vendeur; 3° lorsque la chose ayant été détruite avant la vente, l'acquéreur ne réclame pas ce qui en subsiste ; 4° lorsqu'il s'agit de droits dans la succession d'une personne encore vivante ; 5° lorsque des droits litigieux ont été vendus à des magistrats, avocats ou officiers ministériels du ressort du tribunal de la compétence desquel sont les actions relatives à ces droits. — Dans toute vente, le vendeur est obligé à délivrer la chose vendue (voy. DÉLIVRANCE), à en garantir la possession paisible, et à répondre des défauts cachés. (Voy. VICE.) Il peut demander la résolution de la vente, lorsque l'acheteur ne paie pas le prix à l'époque fixée.(C. civ. 1582 à 1685). — Les frais d'actes et autres accessoires de la

vente sont à la charge de l'acheteur. Les droits d'enregistrement à percevoir sur les actes de vente ou procès-verbaux d'adjudication sont fixés comme il suit, en principal, et sont calculés par 100 fr. sur le montant du prix, en ajoutant à ce prix l'évaluation des charges imposées à l'acquéreur, savoir : ventes de biens meubles et ventes de navires, 2 fr. ; ventes de meubles après faillite, 0 fr. 50 c. ; ventes de marchandises en gros, aux enchères par courtiers ou par d'autres officiers publics que le tribunal de commerce a désignés, 0 fr. 10 c. , ventes de marchandises neuves , autres que les précédentes , 2 fr. 50 ; ventes d'immeubles situés en Corse, 3 fr. 50 ; vente de biens immeubles, 5 fr. 50. Le délai dans lequel les actes sous seing privé qui sont translatifs de propriété doivent être soumis à la formalité de l'enregistrement est de trois mois à compter de la date de l'acte (L. 22 frimaire an VII, etc.). Le taux de 5 fr. 50 par 100 fr. sur les ventes immobilières comprend à la fois le droit de vente qui n'est que de 4 fr., et le droit de transcription qui est de 1 fr. 50 et qui est toujours perçu avec le droit de vente. Il faut ajouter à chacun de ces droits 2 décimes et demi supplémentaires, de sorte que le taux actuel de l'enregistrement des ventes des biens immobiliers est de 6 fr. 875 par 100 fr. Ce droit excessif s'oppose à la transmission des biens immeubles, au grand dommage de la propriété elle-même et de l'agriculture. Les droits d'enregistrement qui, à chaque mutation, absorbent plusieurs années du revenu moyen, s'accroissent encore d'autres frais, surtout dans les ventes ordinaires, et arrive même trop souvent que le total des frais excède le prix de l'adjudication. Le législateur a apporté à cet état de choses un remède d'une portée très restreinte. En vertu de la loi du 23 octobre 1884, lorsque le prix d'adjudication des lots mis en vente judiciairement ne dépasse pas 2,000 fr., le jugement d'adjudication peut décider qu'il sera fait restitution par le Trésor public et sur la simple décharge de l'avoué, des sommes payées pour droits de timbre, d'enregistrement, de greffe et d'hypothèque applicables aux actes rédigés en vue de l'adjudication. En outre, si le prix n'excède pas 1,000 fr., le jugement ordonne la réduction d'un quart des émoluments alloués aux divers agents de la loi. »

                                (CH. Y.)

VENTE s. f. (ital. *vendita*, coupe de bois). Réunion de carbonari.

* **VENTER** v. n. Faire vent : *il a venté toute la nuit*. — Se construit quelquefois avec le mot de VENT, et signifie proprement, souffler, comme dans les manières de parler proverbiales : *on ne peut pas empêcher le vent de venter*.

VENTERNE s. f. Argot. Fenêtre.

VENTEUR s. m. Vén. Chien qui a le nez fin.

* **VENTEUX, EUSE** adj. Qui est sujet aux vents : *cette plage est très venteuse*. — Qui cause des vents dans le corps : *légume venteux*. — COLIQUE VENTEUSE, colique causée par des vents.

* **VENTILATEUR** s. m. Machine qui sert à renouveler l'air dans un lieu fermé, tel qu'une salle de spectacle, d'hôpital, une prison, un vaisseau, une mine, une fosse d'aisance, etc. : *le ventilateur a sauvé la vie à des prisonniers et des malades, en les garantissant du mauvais air*. — Se dit aussi de certaines machines de rotation destinées à produire un courant d'air continu, pour alimenter le feu d'un fourneau sans le secours d'une cheminée : *cette machine à vapeur est à ventilateur*.

* **VENTILATION** s. f. Action de renouveler l'air au moyen de ventilateurs.

* **VENTILATION** s. f. Jurispr. Action de ventiler : *ventilation de biens*. — Législ. « Dans le langage du droit, on nomme ventilation l'estimation qui est faite d'une chose, dans le but de faire une répartition de sa valeur réelle dans des proportions données. Par exemple, si une chose vendue était détruite en partie au moment de la vente, l'acquéreur peut, à son choix, résilier la vente ou prendre possession de la portion conservée, en faisant déterminer le prix de cette portion par la ventilation (C. civ. 1601). Lorsque la ventilation ne peut être faite à l'amiable, elle doit être confiée à des experts. »

                                (CH. Y.)

* **VENTILER** v. a Renouveler l'air au moyen de ventilateurs.

* **VENTILER** v. a. Jurispr. Estimer, évaluer une ou plusieurs portions d'un tout vendu, non pas quant à la valeur réelle, mais relativement au prix total : *on ventile une maison, quand le prix en est à distribuer entre les créanciers privilégiés sur la superficie, et des créanciers hypothécaires ou privilégiés sur le fond.* — Discuter une affaire, agiter, débattre une question avant de délibérer en forme : *il faut ventiler premièrement cette affaire.*

* **VENTOLIER** s. m. Inusité N'est usité que dans cette locution, OISEAU BON VENTOLIER, celui qui résiste au vent.

* **VENTÔSE** s. m. Le sixième mois du calendrier républicain, commençant le 19 février, hors le cas des années bissextiles.

* **VENTOSITÉ** s. f. Amas de vents dans le corps de l'homme et des animaux : *les fruits et les légumes donnent des ventosités.*

* **VENTOUSE** s. f. (bas lat. *ventosa*; de *ventus*, vent). Instrument de chirurgie : vaisseau de verre, de cuivre, d'argent, etc., arrondi, dont l'entrée est plus étroite que le fond, qu'on applique sur la peau, et dans la capacité duquel on fait le vide par le moyen du feu, ou d'une pompe aspirante, afin de soulever la peau et de produire une irritation locale : *appliquer des ventouses.* — VENTOUSES SÈCHES, ventouses qu'on applique sans faire ensuite de scarification, par opposition à VENTOUSES HUMIDES OU SCARIFIÉES, celles qu'on applique, en scarifiant ensuite. — Hist. nat. Certains organes dont quelques animaux aquatiques sont pourvus, et à l'aide desquels ils s'attachent aux différents corps, ou sucent, en faisant le vide : *la sangsue a des ventouses.* — Ouverture pratiquée dans un conduit, pour donner passage à l'air par le moyen d'un tuyau : *les tuyaux de cette fontaine crèveront, si on n'y fait une ventouse, si on n'y met des ventouses.*

* **VENTOUSER** v. a. Chir. Appliquer des ventouses à un malade : *il était extrêmement malade, il a fallu le ventouser.*

VENTOUX (Mont), montagne du dép. de Vaucluse, à 22 kil. N.-E. de Carpentras; 1,912 m. d'altitude.

* **VENTRAL, ALE, AUX** adj. Hist. nat. Qui appartient au ventre, qui s'y trouve placé. Ne se dit guère que des nageoires des poissons : *nageoires ventrales.*

* **VENTRE** s. m. (lat. *venter*). La capacité du corps de l'homme et des animaux, où sont les intestins : *avoir mal au ventre.* — CE CHEVAL VA VENTRE A TERRE, il court avec une grande vitesse. — Fig. MARCHER SUR LE VENTRE, PASSER SUR LE VENTRE A QUELQU'UN, le terrasser; parvenir malgré lui à ce qu'on veut. — TOUT FAIT VENTRE, les aliments les plus communs rassasient, nourrissent comme les plus délicats. — ETRE SUJET A SON VENTRE, se laisser aller à la gourmandise. SE FAIRE UN DIEU DE SON VENTRE, préférer à tout les plaisirs de la table. BOIRE ET MANGER A VENTRE DÉBOUTONNÉ, boire et manger excessivement

— Fam. ÊTRE LE DOS AU FEU, LE VENTRE A TABLE, prendre toutes ses commodités en mangeant. — Partie intérieure du corps qui est sous les côtes : *il lui arracha le cœur du ventre.* — Prov. TANT QUE LE CŒUR ME BATTRA DANS LE VENTRE, tant que je vivrai. — JE SAURAI CE QU'IL A DANS LE VENTRE, je ferai épreuve de sa valeur; ou je découvrirai ce qu'il a dans la pensée; ou bien encore, j'examinerai, je saurai quelle est sa capacité. — CET HOMME N'A PAS SIX MOIS, N'A PAS UN AN DANS LE VENTRE, il ne saurait vivre encore six mois; un an; ou, fig., il ne sera pas encore six mois, un an dans le poste, dans la situation avantageuse où il se trouve. — IL N'AVAIT QUE CET OUVRAGE DANS LE VENTRE, se dit d'un auteur qui n'a produit qu'un seul ouvrage, ou qui, après en avoir fait un bon, n'en a plus donné que de mauvais. Partie où se forment et se nourrissent les enfants, les petits de l'animal : *l'enfant se retourne dans le ventre de la mère.* — Jurispr. CURATEUR AU VENTRE, curateur que l'on nomme à l'enfant dont une femme est enceinte au moment du décès de son mari : *créer un curateur au ventre.* — Anat. Se dit des trois grandes capacités qui contiennent les viscères : *le ventre supérieur,* ou *le cerveau;* *le ventre moyen,* ou *la poitrine;* *le ventre inférieur,* ou *le bas-ventre,* *l'abdomen.* — S'emploie encore dans quelques autres phrases, où il a différentes significations. Ainsi on dit : CE CHEVAL N'A POINT DE VENTRE, il est serré des flancs. CETTE MURAILLE FAIT LE VENTRE, elle bombe, elle menace ruine, LE VENTRE D'UNE BOUTEILLE, D'UN FLACON, D'UN BROC, etc., la partie la plus grosse et la plus large d'une bouteille, d'un flacon, etc. *Ce flacon, cette bouteille a un large ventre.*

* **VENTREBLEU** interj. Sorte de jurement.

* **VENTRÉE** s. f. Portée, tous les petits que les femelles d'animaux font en une fois : *la truie fait quelquefois douze petits d'une ventrée.*

VENTRE-SAINT-GRIS interj. Juron familier de Henri IV :

* **VENTRICULE** s. m. Anat. Se dit de certaines capacités qui sont dans le corps, et principalement de celles du cerveau et du cœur : *les ventricules du cerveau.* — Absol. Estomac de certains animaux : *les animaux ruminants ont plusieurs ventricules.*

* **VENTRIÈRE** s. f. Longe de cuir, grande sangle qu'on passe sous le ventre d'un cheval de carrosse, pour empêcher que le harnais ne tourne, et pour tenir les traits en tel état, qu'ils ne puissent ni monter trop haut, ni incommoder le ventre du cheval. On dit plusordinairement, SOUS-VENTRIÈRE. — Sangle dont on se sert pour soulever des chevaux quand on veut les embarquer, ou les tenir suspendus.

* **VENTRILOQUE** adj. Se dit d'une personne qui, ayant la voix sourde et caverneuse, semble parler du ventre. — Se dit plus ordinairement de certaines personnes qui ont la faculté de parler de se faire entendre sans remuer les lèvres, et de modifier tellement leur voix, qu'elle semble ne pas venir d'eux. — Substantiv. *C'est un ventriloque.*

* **VENTRILOQUIE** s. f. (lat. *venter,* ventre; *loqui,* parler). Art du ventriloque; sorte de mimique vocale, qui produit une illusion quant à la source ou à la direction d'où vient le son. Les premiers essais de ventriloquie se firent sans doute dans l'Égypte ou dans l'Inde, deux pays où cet art est connu depuis les temps les plus reculés. La loi de Moïse le prohibait. M. Comte, célèbre ventriloque français, a le premier démontré la possibilité de cultiver la ventriloquie par des méthodes scientifiques, et plusieurs chanteurs éminents y ont eu recours pour produire des effets musicaux inaccoutumés.

VENTRIPOTENT, ENTE adj. (lat. *venter,* ventre; *potens,* puissant). Qui a un gros ventre.

VENTROSITÉ s. f. Obésité.

VENTROUILLER (Se) v. pr. Se vautrer dans la boue : *les cochons aiment à se ventrouiller.* (Peu us.)

* **VENTRU, UE** adj. Qui a un gros ventre, une grosse panse : *il devient furieusement ventru.* (Fam.) — Substantiv. *Un gros ventru.*

VENTURA DE RAULICA (Gioacchino) [venntou'-ra], prédicateur italien, connu sous le nom de Père Ventura, né en 1792, mort en 1861. Il quitta la société de Jésus pour se faire théatin. Ses premiers sermons le signalèrent comme un des premiers orateurs de l'Italie. En 1824, il fut nommé général des théatins, et vint demeurer à Rome, où il fit partie de la commission de censure, et où il professa le droit ecclésiastique à l'université de Rome, dont il fut bientôt l'aumônier. Il remplit des missions diplomatiques importantes. En 1828, il publia *De Methodo Philosophandi* pour défendre la philosophie scolastique, et, en 1839, après 10 ans d'un silence auquel il s'était condamné à la suite des polémiques qu'avait excitées cet ouvrage, il fit paraître *Delle bellezze della fede* (3 vol. in-8). A la mort de Grégoire XVI, il s'emploia activement à assurer l'élection de Pie IX, dont il devint un des conseillers privés. Il vint demeurer en France en 1849, et attira la foule par ses sermons dans les églises de la Madeleine et de Saint-Louis à Paris. Il y publia *Histoire de Virginie Bruni* (1850), *Essai sur l'origine des idées* (1854), *La Femme catholique* (1855, 3 vol.), etc.

* **VENU, UE** part. passé de VENIR. — SOYEZ LE BIEN VENU, SOYEZ LA BIEN VENUE, formule de bienveillance ou de civilité dont on se sert à l'égard d'une personne qui arrive. On écrit aussi, BIENVENU, BIENVENUE, en un seul mot. — CET HOMME EST NOUVEAU VENU, il est nouvellement arrivé. — Substantiv. UN NOUVEAU VENU, un homme qui vient d'arriver ou d'être admis dans une société. On dit de même au féminin : *une nouvelle venue;* et au pluriel : *les nouveaux venus, les nouvelles venues.* — LE PREMIER VENU, celui qui arrive le premier. Fig. CONFIER SON SECRET AU PREMIER VENU, le confier sans discernement. — CE N'EST PAS LE PREMIER VENU, ce n'est pas un homme sans valeur. — LE DERNIER VENU, celui qui arrive le dernier; le dernier admis. — Au fém., *La première venue;* et au pluriel, *Les premiers venus, les derniers venus; les premières venues, les dernières venues.*

* **VENUE** s. f. Arrivée : *dès que j'appris sa venue.* — ALLÉES ET VENUES, se dit de l'action d'aller et de venir plusieurs fois, et particulièrement des pas et des démarches qu'on fait pour une affaire. — IL EST D'UNE BELLE VENUE, se dit d'un jeune arbre grand et droit, ou d'un jeune homme grand et bien fait. — ÊTRE TOUT D'UNE VENUE, se dit d'un homme grand, mal fait; et d'une taille longue, droite, qui n'est marquée ni aux épaules, ni aux hanches. — Jeu de quilles. Se dit par opposition à rabat, et signifie, le coup qui se joue en poussant, en jetant la boule de l'endroit dont on est convenu.

* **VÉNUS** s. f. [vé-nuss]. Nom d'une divinité des païens, qu'on supposait être la mère de l'Amour et la déesse de la beauté. — C'EST UNE VÉNUS, se dit d'une femme d'une grande beauté. — LES PLAISIRS DE VÉNUS, les plaisirs de l'amour. — ENCYCL. Dans la mythologie romaine, Vénus était la déesse de l'amour et particulièrement de l'amoursensuel. Les Romains l'identifiaient avec la Grecque Aphrodite, et ils adoptèrent tous les mythes relatifs à cette dernière déesse. Chez les Grecs, Aphrodite était une des divinités de l'Olympe et

déesse de l'amour et de la beauté. Ils la représentaient comme sortie de l'écume de la mer, d'où lui venait son nom (ἀφρός, écume). Elle aborda d'abord à Cythère. et de là elle alla à Chypre. Ces deux îles étaient les deux grands centres de son culte; elle en prenait les noms d'Aphrodite, de Cythérienne, Paphienne, et Cyprienne. Elle épousa Hephaistos (Vulcain) mais elle eut de nombreuses amours tant avec les autres dieux, particulièrement Mars,

Vénus Astarté.

qu'avec les mortels. La planète Vénus et le mois d'avril lui étaient consacrés. Vénus était un sujet favori de la sculpture antique. Les statues connues sous les noms de Vénus de Médicis et de Vénus de Milo sont parmi les plus célèbres œuvres de l'antiquité qui nous sont parvenues. La première, exhumée au XVIIe siècle en 11 morceaux, se trouve à Florence; l'autre, trouvée dans l'île de Milo en 1820, est au Louvre, à Paris. — Chez les Phéniciens, les Carthaginois et les Syriens, cette divinité était représentée par Vénus Astarté. (Voy. ASTARTÉ.)

* **VÉNUS** s. f. Une des sept planètes, la plus proche du soleil après Mercure : *vénus directe.* — Dans l'ancienne nomenclature chimique, signifiait, le cuivre. VITRIOL DE VÉNUS, vitriol bleu ou de cuivre (sulfate de cuivre). L'acétate de cuivre porte souvent encore le nom de CRISTAUX DE VÉNUS. — ENCYCL. Vénus voyage à une distance moyenne de 105,815,000 kil. du soleil. L'excentricité de son orbite n'excède pas 0,00686, de sorte que sa plus grande distance, 106,538,000 kil., ne dépasse pas sa moindre distance 105,000,000 de kil., de plus que de 4,538,000 kil. environ. L'inclinaison moyenne de son orbite sur l'écliptique est d'environ 3° 23' 31''; mais son cours n'est pas aussi fortement incliné sur le plan moyen du système solaire. Sa révolution sidérale moyenne est complète en 224 jours 700787, et sa révolution synodique moyenne en 583 jours 920. Son diamètre est d'environ 42,100 kil.; son volume est égal à 855 millièmes de celui de la terre, et sa masse à 885 millièmes environ (sa densité dépasse celle de la terre dans la proportion de 103 à 100). Vénus suivant la même route que la terre, ne se voit jamais en opposition à celle-ci; elle passe entre le soleil et la terre lorsqu'elle est le plus près de nous. A ce moment, elle est naturellement invisible, puisque son hémisphère obscur est tourné vers la terre. D'un autre côté, lorsqu'elle tourne son hémisphère pleinement illuminé vers la terre, non seulement elle en est à son plus grand éloignement, mais elle se trouve presque directement sur la prolongation d'une ligne qui irait de la terre au soleil, et elle se perd par conséquent, dans l'éclat supérieur de ce dernier astre. Entre ces phases, elle montre toutes les formes que présente la lune. Bien que cette planète approche de la terre beaucoup plus que Jupiter, sa rivale en beauté, on n'a pas pu jusqu'à

présent en examiner la surface au télescope avec des résultats satisfaisants. Son grand éclat présente une difficulté qui n'existe pas avec Jupiter, quelque grande que soit la ressemblance de ces deux planètes lorsqu'on les voit dans des conditions pareilles à l'œil nu. De Vico, à Rome (1839-41), fit une série d'observations d'une exactitude un peu plus grande que celles qu'on avait faites jusque là ; il en déduisit la période de rotation de 23 h. 21 m. 22 s. En acceptant ce résultat on trouve pour les trois planètes Vénus, la Terre et Mars, les périodes de rotation : 23 h. 21 m. 22 s., 23 h. 56 m. 4 s., et 24 h. 37 m. 23 s., croissant d'une manière presque uniforme en raison de leur éloignement du soleil. Plusieurs circonstances montrent évidemment que Vénus a une atmosphère. On y a observé des taches que l'on croit être des nuages, et pendant ses transits de 1761 et depuis, on a remarqué autour de son disque une sorte de pénombre lumineuse.

* **VÊPRE** s. m. (lat. *vesper*). Le soir, la fin du jour : *sur le vêpre*.

* **VÊPRES** s. f. pl. Lit. cathol. Partie des heures de l'office divin, qu'on disait autrefois sur le soir, et qu'on dit maintenant pour l'ordinaire à deux ou trois heures après midi : *chanter vêpres en musique*.

* **VER** s. m. [vèr] (lat. *vermis*). Zool. Nom vulgaire des annélides, des helminthes, des larves d'insectes et, en général, de tous les animaux de petite taille, à corps mou, nu et dépourvu d'ailes, de forme plus ou moins allongée. — VER DE TERRE, nom vulgaire du lombric. — Dans une brochure intitulée : *l'Humus et les Vers de terre*, Darwin calcule que par acre de terre, il y a en moyenne 33,000 vers qui, chaque année, ramènent à la surface du sol au moins 10 tonnes de terre végétale que la charrue serait impuissante à extraire des entrailles de la terre. Et il conclut : « Il est douteux qu'il existe au monde des animaux jouant un rôle aussi important que ces créatures d'un organisme inférieur ». (Voy. LOMBRIC.) — ÊTRE NU COMME UN VER, être entièrement nu. — C'EST UN VER DE TERRE, se dit d'un homme qui est dans un état fort abject. — JE L'ÉCRASERAI COMME UN VER, se dit par menace en parlant d'un homme qu'on croit pouvoir battre, confondre, punir adroitement. — TIRER LES VERS DU NEZ A QUELQU'UN, l'amener à dire ce qu'on veut savoir, en le questionnant adroitement. — VER RONGEUR, le remords qui tourmente continuellement le coupable, ou un chagrin dont la cause est cachée. — VER BLANC, larve du hanneton. — VER DU FROMAGE, larve de la mouche du fromage (*musca putris*). — VER DU LARD, larve de la fausse teigne (*phalæna pinguinalis*). — VER LUISANT, larve du lampyre. — VER DES NOISETTES, larve du balanine. — VER A SOIE, chenille du *bombyx du mûrier* (*bombyx mori*), dont le cocon est formé de fils de soie. Nous en avons donné la description entomologique à notre article soie. Nous ajouterons ici que la maladie la plus dangereuse de ces utiles insectes est la *muscardine*. (Voy. MUSCARDINE et ÉPIPHYTE.) Depuis quelques années, les sériciculteurs se livrent à l'élève du *cynthia bombyx*, ou ver à soie de l'ailante. — VERS INTESTINAUX, nom donné à diverses espèces d'entozoaires qui vivent en parasites dans les intestins de l'homme ou des animaux. On donne aussi le même nom à des *ascarides lombricoïdes* (*ascaris lumbricoïdes*) assez semblables à des vers de terre et qui se réunissent dans l'intestin grêle et dans l'estomac, d'où ils sont souvent rejetés par la bouche ; ce sont des animaux très prolifiques, on a trouvé dans une seule femelle 64 millions d'œufs ; et à des *ascarides vermiculaires* ou *oxyures* (*oxyuris vermicularis*), petits vers blancs qui siègent au pourtour de l'anus, où ils causent souvent une

forte démangeaison. Ces parasites se développent de préférence chez les enfants faibles et scrofuleux. Leur présence se manifeste ordinairement par une affluence de salive à la bouche, le matin à jeun ; par la dilatation des pupilles ; par la pâleur du visage et un cercle bleuâtre autour des yeux, des coliques, des alternatives de constipation et de

Vers à soie (Bombyx mori). Larve, chrysalide, cocon et papillon.

diarrhée. Les fruits et l'eau de citerne non filtrée paraissent avoir une certaine influence sur le développement de ces parasites. On tue les lombrics par le semen-contra ou la santonine ; on détruit les oxyures par une macération d'ail pilé en lavement. — Les autres familles principales de vers intestinaux sont : 1° les NÉMATOÏDES (voy. ce mot), ou vers ronds, qui se développent dans les intestins, les reins et les poumons et dont les

Femelle du ver à soie en train de pondre.

jeunes s'enkystent dans les muscles ou sous l'épiderme. Les nématoïdes se distinguent des cestoïdes et des trématodes par un appareil digestif plus compliqué, par un système nerveux et par l'individualité de sexe. La plupart des espèces sont vivipares. La plus grande est le *strongylus gigas*, qui se trouve chez le chien ; l'une des plus petites est la *filaire sanguinolente* (*filaria sanguinolenta*) ; 2° les ACANTHOCÉPHALES, ou vers cornus (voy. ACANTHOCÉPHALE et ÉCHINORHYNQUE ; 3° les TRÉMATODES ou vers plats, caractérisés par leur forme allongée et aplatie et par des disques suceurs ventraux. Le fasciole (*distoma hepaticum*) en est l'espèce principale (voy. FASCIOLE) ; 4° les CESTOÏDES ou *ténioïdes*, appelés vers solitaires, quand ils ont atteint leur état adulte. Ils habitent les intestins des

animaux vertébrés. Pendant leur développement, on les trouve enkystés dans les tissus et dans les organes de leurs hôtes. Ces animaux sont particulièrement remarquables en raison des phénomènes extraordinaires que l'on observe pendant leur développement. Les proglottides (système de reproduction) ne se produisent que dans le canal alimentaire de l'homme et de quelques animaux carnivores ; mais les œufs contenus dans ces proglottides ne peuvent se développer dans une pareille situation ; et pour produire de nouveaux individus, il faut absolument que

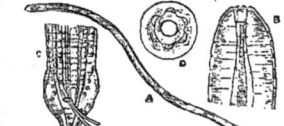

Hématoïdes : — A. Filaria sanguinolenta, grossie 150 fois ; B. Tête ; C. Queue du mâle, grossie ; D. Bouche, encore plus grossie.

les œufs sortent du corps et soient avalés par un animal herbivore. En atteignant l'estomac de ce dernier, l'œuf avalé produit un embryon qui trace sa voie à travers les parois de l'estomac à l'aide de petits crochets dont il est pourvu, et qui entre dans un autre organe où il s'enkyste dans un sac ; il se développe alors sous son extrémité postérieure une vésicule contenant un liquide. Sous cette forme, ce petit être était autrefois considéré comme un individu distinct appelé *hydatide* ou *ver cystique*. On a démontré aujourd'hui que les hydatides qui produisent la ladrerie du porc ne sont que des jeunes ténias. Ils contiennent alors aucun organe de reproduction et ne peuvent atteindre un état supérieur de développement s'ils ne sont introduits d'une façon ou d'une autre dans le canal alimentaire d'un animal carnivore. Ils passent ensuite dans l'intestin de celui-ci et s'attachent à la paroi par les suçoirs de leur tête. Ils atteignent une longueur de 3 à 10 m., mais leur corps proprement dit ne se compose que de la partie de l'animal nommée tête ; le reste est formé de 600 à 700 segments aplatis, constituant le système de reproduction et appelés proglottides. L'animal est absolument sans bouche et sans organe de digestion ; la nutrition s'effectue chez lui par imbibition. Lorsque le carnivore évacue un ou

Développement du ténia enkysté. — 1. Animal enkysté ; 2. Le même quand sa tête s'est développée ; 3. Tête et cou grossis ; 4. Petit crochet.

plusieurs segments de proglottides, il donne la liberté à des milliers d'œufs qui sont susceptibles de devenir ensuite la proie d'un herbivore et de recommencer la pérégrination de leur ancêtre. Les études sur les différentes transformations du ténia ont été faites par Goetze (XVIII° siècle) et par Steenstrup (1844), par Siebold et Dujardin. Küchenmeister produisit le ténia en faisant manger à des carnivores de la viande mal cuite de cochon ladre et de celle d'autres animaux contenant des kystes. Le ténia adulte est plat, annelé et très long ; il vit et continue de se développer par ses proglottides, tant que la tête (son vrai corps) n'a pas été expulsée. Il donne lieu à un grand appétit et à une sensation de tortillement dans l'estomac ; les seuls signes certains de sa présence dans l'intestin sont les fragments rejetés par les selles. Quand ce parasite se développe dans l'intestin, il est rare qu'il abrège les jours de son hôte ; mais si, porté par la circulation du

lang, il élit domicile dans le cerveau, dans l'œil ou dans tout autre organe essentiel, il peut y apporter une perturbation mortelle. On a décrit deux espèces principales de ténias : le *tenia solium* ou *cysticercus cellulosæ*,

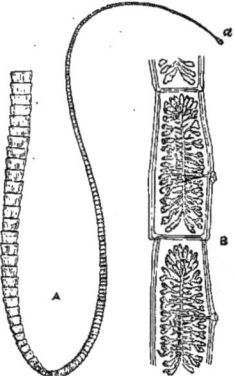

Ver solitaire. — A. Segments ; B. Proglottides, grossis.

animal qui produit la ladrerie du porc; l'*echinoccoque (echinoccocus hominis)*, qui s'enkyste dans les organes humains. Pour combattre le ver solitaire, on a préconisé plusieurs téniafuges, parmi lesquels nous citerons : le kousso, l'écorce de grenade, l'écorce fraîche de racine de grenadier, etc.

* **VÉRACITÉ** s. f. (lat. *veracitas*). Habitude constante de dire la vérité : *la véracité de cet historien est un bon garant des faits qu'il rapporte.* — Qualité d'être vrai : *on ne peut suspecter sa véracité.* — Attribut de la Divinité, qui signifie que Dieu ne peut jamais tromper : *la véracité de Dieu.*

VERA-CRUZ [vé'-ra-krouss]. I, état du S.-E. du Mexique, sur le golfe du Mexique; 67,920 kil. carr.; 475,000 hab. Cap., Jalapa. Pays montagneux, à l'exception d'une bande sablonneuse sur les côtes, large de 55 kil. Le pic le plus élevé est celui d'Orizaba, haut de 5,425 m., sur la frontière de l'état de Puebla. Le climat est chaud et malsain sur la côte. On récolte surtout du sucre, du café, du tabac, du cacao, de la vanille, du coton, des céréales, et des fruits. On y élève beaucoup de bestiaux. Productions minérales : or, cuivre, plomb et fer. — II, ville de l'État du même nom, dans une plaine marécageuse sur le golfe, à 300 kil. S.-E. de Mexico; 48,000 hab. Elle est bâtie en demi-cercle, regardant la mer, entourée d'une muraille haute de 4 m. et épaisse de 2 m., et défendue par deux redoutes sur le rivage, et par le château de San-Juan-de-Ulua ou Ulloa, dans une île du même nom, à environ 1 kil. Vera-Cruz est le port le plus important de la république. Le chiffre de ses exportations est annuellement d'environ 125 millions de fr., et celui des importations n'est pas moindre. On exporte surtout du café, des fèves de vanille, des peaux, du tabac, de la cochenille, du caoutchouc, du jalap, du fustic et de l'indigo. Elle est reliée par un chemin de fer à Mexico, et par des lignes de steamers à New-York, à la Nouvelle-Orléans, aux ports des Antilles et à l'Europe. Villa Rica de la Vera Cruz (riche ville de la Vraie Croix) fut fondée par Cortez en 1519, près de l'emplacement actuel, et changea deux fois de place dans le même siècle. Le château de San-Juan-de-Ulua, la dernière place conservée par les

475

Espagnols au Mexique, fut livrée aux patriotes en 1825. En 1838, Vera-Cruz fut bombardée et prise par les Français, et en 1847 par les Américains sous le général Scott. Elle se rendit à l'escadre alliée de l'Angleterre, de la France et de l'Espagne en déc. 1861, et fut restituée au Mexique en 1867.

VÉRAISON s. f. État des fruits qui mûrissent.

* **VÉRANDA** s. f. Espèce de galerie couverte et à jour établie sur la façade d'une maison.

VÉRARD (Antoine), célèbre imprimeur-libraire, mort en 1530. Il se fit l'éditeur spécial de nos livres nationaux : vieilles chroniques, romans de chevalerie, etc., qu'il publia en grand format in-fol. Ses ouvrages les plus connus sont : les *Chroniques de France* (1493), les *Prophéties de Merlin* (1498) et les *Heures gothiques*. D'après Brunet, plus de 200 éditions d'ouvrages français sur toutes matières, mais ayant trait surtout à nos vieilles chroniques, étaient sorties de sa librairie.

VÉRATRE s. m. (lat. *veratrum*). Bot. Genre de colchicacées, comprenant plusieurs espèces d'herbes vivaces qui croissent dans les grandes montagnes d'Europe. On dit aussi VARAIRE. — (Voy. ci-dessous VÉRATRINE.)

VÉRATRINE s. f. Base organique découverte en 1818, par Meissner, dans les graines du *vératre cévadille (veratrum sabadilla)*, et peu après par Pelletier et Caventon dans le *vératre blanc (veratrum album)*. C'est d'ordinaire une poudre cristalline blanche ou d'un

Vératre blanc (Veratrum album).

vert pâle ; mais en en faisant évaporer lentement une solution alcoolique, on peut l'obtenir en longs prismes à base rhomboïque. On l'emploie en médecine, à l'extérieur et à l'intérieur, surtout pour la goutte, les rhumatismes, les névralgies, l'hydropisie, et les désordres fonctionnels du cœur.

° **VERBAL, ALE, AUX** adj. (rad. lat. *verbum*, parole). Gramm. Qui vient du verbe: *rongeur est un adjectif verbal*. — ADJECTIF VERBAL, se dit plus communément d'un participe présent devenu adjectif, et soumis aux règles de l'accord, tel que AMUSANTS, CHANGEANTS, PERÇANTS, dans ces phrases, *Des livres amusants, une couleur changeante, des cris perçants.* — Qui n'est que de vive voix, et non par écrit: *promesse verbale.* — PROCÈS-VERBAL (Voy. PROCÈS.)

* **VERBALEMENT** adv. De vive voix, et non par écrit: *il ne le promit que verbalement.*

VERBALISATION s. f. Action de verbaliser.

* **VERBALISER** v. n. Dire des raisons ou des faits pour les faire mettre dans un procès-verbal: *les deux parties se sont trouvées à la levée des scellés, et ont verbalisé fort longtemps.* — Dresser un procès-verbal: *le juge*

de paix est occupé à verbaliser. — Faire de grands discours inutiles et qui n'aboutissent à rien : *il y a longtemps qu'il ne fait que verbaliser.* Ce sens, moins injurieux que celui de VERBIAGER, a vieilli.

VERBA VOLANT, SCRIPTA MANENT loc lat. qui signifie : *Les paroles s'envolent, les écrits restent.*

° **VERBE** s. m. (lat. *verbum*, parole). Gramm. Partie du discours qui exprime, soit une action faite ou reçue par le sujet, soit simplement l'état ou la qualité du sujet, et qui se conjugue par personnes, par nombres, par temps et par modes : *verbe substantif, actif* ou *transitif, neutre* ou *intransitif, passif, impersonnel, pronominal, réfléchi, réciproque, auxiliaire, régulier, anomal* ou *irrégulier.*

* **VERBE** s. m. Parole, ton de voix. N'est usité que dans cette phrase familière, AVOIR LE VERBE HAUT, avoir une voix fort élevée ; et, fig., décider avec hauteur, parler avec présomption.

° **VERBE** s. m. Théol. La seconde personne de la sainte Trinité : *le Verbe éternel.*

VERBÉNACÉ, ÉE adj. Qui ressemble ou se rapporte à la verveine. — * s. f. pl. Famille de plantes dicotylédones gamopétales hypogynes, comprenant plus de 700 espèces d'herbes, d'arbustes ou d'arbres, distribuées en deux tribus : 1° VERBÉNÉES (verveine, lantanier, etc.); 2° VITICÉES (gattilier, teck, etc.)

° **VERBÉRATION** s. f. (lat. *verberatio*). Phys. Se dit en parlant de l'air frappé qui produit le son : *la verbération de l'air.* (Vieux.)

VERBERIE, *Verberiacum*, comm de l'arr. et à 16 kil. N.-O. de Senlis (Oise), sur la rive gauche de l'Oise; 1,400 hab. Les rois francs y eurent un palais et y résidèrent souvent.

* **VERBEUX, EUSE** adj. Qui abonde en paroles, diffus : *une éloquence verbeuse.*

* **VERBIAGE** s. m. Abondance de paroles qui ne disent presque rien, qui contiennent peu de sens: *il n'y a que du verbiage dans ce livre, dans ce discours.* (Fam.)

* **VERBIAGER** v. n. Employer beaucoup de paroles pour dire peu de chose : *il ne fait que verbiager.* (Fam.)

* **VERBIAGEUR, EUSE** s. Celui, celle qui emploie beaucoup de paroles pour dire peu de chose (Fam.)

VERBŒCKHOVEN (Eugène-Joseph) [vèr-bouk-ho-vènn], célèbre peintre d'animaux, né à Bruxelles le 8 juin 1799, mort dans la même ville le 19 janv. 1881. Parmi ses animaux qu'il a reproduits, on cite surtout les moutons, les ours et les chevreuils dont il a su retracer le caractère et les mœurs avec une fidélité remarquable. On admire parmi ses toiles : *Troupeau de moutons surpris par l'orage* (musée de Leipzig); *Brebis et agneaux* (1855); *Moutons, coqs et poules*, etc.

* **VERBOSITÉ** s. f. Caractère, défaut de ce qui est verbeux : *la verbosité de cet avocat, de ce mémoire.*

VERCEIL [1 mll.], ital. *Vercelli* [vèr-tchèli], ville d'Italie, sur la Sesia, à 65 kil. N.-E. de Turin ; 27,349 hab. Cathédrale fameuse et autres belles églises. Manufactures de soie. — La ville a été un municipe romain fortifié de la Gaule cisalpine. Aux environs, Marius écrasa les Cimbres (101 av. J.-C.). Verceil fut le siège d'une république aux XIIIᵉ et XIVᵉ siècles. Les Espagnols s'en emparèrent en 1630, les Français en 1704, les alliés en 1706.

VERCEL, ch.-l. de cant., arr. et à 25 kil. S. de Baume-les-Dames (Doubs); 1,100 hab.

VERCINGÉTORIX, célèbre patriote gaulois,

Y.

chef des Arvernes, qui défendit avec habileté, contre César, l'indépendance de sa patrie, mort l'an 46 av. J.-C. Le récit de sa lutte héroïque contre les Romains occupe le VIIe livre des *Commentaires* de César sur la guerre des Gaules. Vercingétorix, fait prisonnier à Alésia (voy. ce mot), fut conduit à Rome pour orner le triomphe de son impitoyable vainqueur, qui eut ensuite la barbarie de le faire étrangler.

* **VER-COQUIN** s. m. Chenille de la pyrale de la vigne : *le ver-coquin ronge tous ces ceps de vigne*. — Sorte de frénésie ou de vertige qui atteint certains animaux, et qui est attribuée à la présence, dans le cerveau, d'un ver auquel on donne le même nom : *ce mouton a le ver-coquin*. — Fig. et fam. Fantaisie, caprice : *c'est son ver-coquin qui le prend, la tête lui tourne*.

VERCORS (Le), petit pays de l'ancien bas Dauphiné, aujourd'hui compris dans l'arr. de Die (Drôme).

* **VERD** adj. Voy. VERT.

* **VERDÂTRE** adj. Qui tire sur le vert : *couleur verdâtre*.

* **VERDÉE** s. f. Sorte de petit vin blanc de Toscane, dont la couleur tire sur le vert : *boire de la verdée*.

* **VERDELET, ETTE** adj. (Dimin. de vert). N'est guère usité que dans la loc., DU VIN VERDELET, du vin qui est un peu vert, qui a une petite pointe d'acide. — Fig. et fam. CET HOMME EST ENCORE UN PEU VERDELET, se dit d'un vieillard qui a encore de la vigueur.

* **VERDERIE** s. f. Étendue de bois qui était soumise à la juridiction d'un verdier. — Juridiction même.

* **VERDET** s. m. Sel de cuivre impur et de couleur verdâtre, dont la préparation en grand forme une branche importante de commerce : *une once de verdet*. On le nomme aussi *Vert-de-gris*. (Voyez ce mot.) — *x* LES VERDETS, nom donné aux volontaires royalistes qui s'organisèrent secrètement en compagnies, dans le midi de la France, après le massacre des Suisses et après la seconde chute de Napoléon, en 1815. Les verdets furent ainsi nommés à cause de la couleur verte de leur costume. Ils commirent de grands excès pendant la Terreur blanche.

* **VERDEUR** s. f. Humeur, sève qui est dans le bois lorsqu'il n'est pas mort, ou qu'il n'est pas encore sec : *ce bois a encore de la verdeur*. — Acidité du vin : *ce vin a encore de la verdeur, il faut l'attendre*. — Fig. Jeunesse et vigueur des hommes : *dans la verdeur de l'âge*. — Âcreté des paroles : *la verdeur de sa réponse fit taire les critiques*.

* **VERDICT** s. m. (vèr-dikt) (du lat. *vere dictum*). Jurispr. Déclaration du jury; résultal de la délibération.

* **VERDIER** s. m. Eaux et Forêts. Officier qui était établi pour commander aux gardes d'une forêt éloignée des maîtrises : *les verdiers connaissaient des délits dont l'objet n'excédait pas cinquante sous*.

* **VERDIER** s. m. Genre de fringilles dont une espèce (*fringilla chloris*) est commune dans nos pays. (Voy. FRINGILLE.)

* **VERDIR** v. a. Donner une couleur verte, peindre en vert : *il faut verdir ces balustres, cette porte*. — v. n. Devenir vert. En ce sens, il se dit proprement des arbres et des herbes : *au printemps, lorsque tout commence à verdir*. — Se dit également du cuivre, quand il se couvre de vert-de-gris : *si on n'a pas soin de nettoyer souvent le cuivre, il verdit*.

VERDON (Le), rivière qui prend sa source dans le département des Basses-Alpes et se jette dans la Durance après un cours de 170

kil., et après avoir arrosé Barcelonnette et Castellane.

* **VERDOYANT, ANTE** adj. (ver-doua-ian). Qui verdoie : *les arbres verdoyants*. — COULEUR VERDOYANTE, tirant sur le vert.

* **VERDOYER** v. n. Devenir vert : *les bois commencent à verdoyer*.

VERDUN, *Verodunum*, place forte et ch.-l. d'arr., à 47 kil. N.-E. de Bar-le-Duc (Meuse), par 49° 9' 47" lat. N. et par 3° 2' 57" long.(E.; 11,000 hab. Toiles et lainages, cuirs, etc. Forte citadelle dessinée par Vauban. L'empire franc de Charlemagne fut divisé en trois royaumes par le traité de Verdun, en août 843. De bonne heure Verdun devint une ville libre impériale de l'empire allemand; mais les évêques y prétendaient une autorité absolue, et les nombreux conflits qui en résultèrent aboutirent à l'établissement de la domination française en 1552. Les royalistes la livrèrent aux Prussiens le 2 sept. 1792. (Voy. BEAUREPAIRE.) Les étrangers ayant été chassés de la ville, après 20 jours d'occupation, les traîtres furent arrêtés, et, le 28 mai 1794, on guillotina 14 dames qui s'étaient rendues, en habits de fête, au devant des Prussiens, pour offrir à leur roi des fleurs et une magnifique corbeille de dragées. Le 8 nov. 1870, Verdun capitula de nouveau devant les Prussiens; mais, cette fois, il s'était bien défendu. Les vainqueurs y trouvèrent 4,000 hommes, des armes et des munitions. Ce fut la dernière ville française qu'ils évacuèrent (16 sept. 1873). Elle est aujourd'hui fortifiée d'une manière formidable. (Voy. PLACE FORTE.)

VERDUN-SUR-DOUBS, ch.-l. de cant., arr. et à 23 kil. N.-E. de Châlons-sur-Saône (Saône-et-Loire), au confluent de la Saône et du Doubs; 1,800 hab.

VERDUN-SUR-GARONNE, ch. l. de cant., arr. et à 22 kil. S.-E. de Castelsarrazin (Tarn-et-Garonne); 2,000 hab.

VERDURE s. f. Couleur verte que présentent les herbes, les plantes, les feuilles des arbres, surtout au printemps : *la verdure des prés, des champs, des bois*. — Se dit aussi des plantes, des feuilles même : *se coucher sur la verdure*. — Se dit particul. des plantes potagères dont on mange les feuilles, comme persil, cerfeuil, oseille, etc.

VERDURETTE s. f. Broderie verte.

VERDURIER s. m. Celui qui a soin de fournir les salades dans les maisons royales.

* **VÉREUX, EUSE** adj. (rad. fr. ver). Se dit proprement des fruits dans lesquels se trouvent des vers, comme les bigarreaux, les prunes, les pommes, etc. : *pommes véreuses*. — Se dit, fig., d'une personne ou d'une chose fortement suspecte d'un vice essentiel caché : *une caution véreuse*.

VERFEIL, ch.-l. de cant., arr. à 21 kil. N.-E. de Toulouse (Haute-Garonne); 4,500 hab.

VERGARA ou **Bergara**, ville d'Espagne (Guipuscoa), province de Guipuscoa, à 9 kil. S. de Placentia; 7,000 hab. Traité du 31 août 1839, entre Espartero et Maroto, par suite duquel le pays fut en partie délivré de la guerre civile, et don Carlos obligé de se réfugier en France.

* **VERGE** s. f. (lat. *virga*). Petite baguette longue et flexible : *il n'avait qu'une verge à la main*. — Grand morceau de baleine, qui est garni d'argent par les bouts, et que le bedeau porte à la main dans l'église, quand il est en fonctions : *la verge d'un bedeau*. — Baguette ordinairement garnie d'ivoire, que portaient les huissiers appelés HUISSIERS A VERGE.

Je m'appelle Loyal, natif de Normandie,
Et suis huissier à verge, en dépit de l'envie.

Tartufe, acte IV, sc. v.

— Mesure dont on se servait pour mesurer les terres. On appelait aussi du même nom une certaine mesure pour les étoffes. — pl. Plusieurs menus brins de bouleau, de genêt, d'osier, etc., avec lesquels on fouette, on fustige : *poignée de verges*. — Se dit, fig., des peines et des afflictions dont Dieu se sert pour punir les hommes : *il faut bénir les verges dont Dieu nous frappe*. — Membre génital : *le canal de la verge*. — Bot. VERGE D'OR, espèce de solidage (*solidago virga aurea*), que l'on cultive quelquefois dans nos jardins d'agrément.

* **VERGÉ, ÉE** adj. Se dit d'une étoffe où se trouvent quelques fils d'une soie plus grossière que le reste, ou d'une teinture soit plus forte, soit plus faible. — Se dit aussi d'une sorte de papier qui porte les marques des vergeures.

* **VERGÉE** s. f. Se disait autrefois de l'étendue d'une verge carrée.

VERGENNES (Charles GRAVIER, comte de), homme d'État français, né à Dijon en 1717, mort à Versailles en 1787. Après une longue carrière diplomatique, il devint en 1774 ministre des affaires étrangères. Il se montra très bien disposé en faveur des patriotes américains; les traités de commerce et d'alliance avec les colonies espagnoles (1777-'78), et le traité de paix définitif avec la Grande-Bretagne (3 sept. 1783) furent conclus sous son administration. A l'intérieur, il provoqua la chute de Necker, et devint, en 1783, président du conseil royal des finances.

* **VERGER** s. m. Lieu planté d'arbres fruitiers : *un verger bien planté*.

* **VERGER** v. a. Mesurer une étoffe, une toile avec la verge; jauger avec la verge. (Voy. VERGE.)

* **VERGETÉ, ÉE** part. passé de VERGETER. — TEINT VERGETÉ, PEAU VERGETÉE, teint, peau où il paraît de petites raies de différentes couleurs, et plus ordinairement rouges : *elle a la peau toute vergetée*.

* **VERGETER** v. a. Nettoyer avec une vergette.

* **VERGETIER** s. m. Artisan qui fait et qui vend des vergettes, des décrottoirs, etc.

* **VERGETTE** s. f. Époussette, brosse composée de soies de cochon, de sanglier, ou de menus brins de bruyère attachés ensemble, et servant à nettoyer des habits, des étoffes, etc. : *il faut donner deux ou trois coups de vergettes à cet habit, à ce chapeau*.

VERGETTURES s. f. pl. Raies longitudinales rougeâtres qui sont souvent marquée la peau du ventre chez les femmes qui ont eu des enfants.

VERGEURE s. f. (vèr-ju-re). Pap. Se dit des fils de laiton attachés en long sur la forme où l'on coule le papier. — Raies que font ces fils, et qui sont marquées sur la feuille de papier : *le papier vélin est sans vergeures et sans pontuseaux*.

VERGLAS s. m. (vèr-glà) (de verre et de glace). Glace mince étendue sur la terre, sur le pavé, et formée par une petite pluie qui se gèle au moment où elle tombe : *le pavé est couvert de verglas*.

VERGNE s. m. (gn mll.) (lat. *verna*, printemps). L'un des noms de l'aune commun. (Voy. AUNE.)

VERGNIAUD (Pierre-Victurnien), révolutionnaire français, né à Limoges le 31 mai 1759, décapité le 31 oct. 1793. Avocat éminent à Bordeaux, il fut élu à l'Assemblée législative en 1791, en devint le président le 31 oct., poussa à la proclamation de la république en 1792, et fut envoyé à la Convention. Depuis la condamnation du roi jusqu'à l'arrestation des Girondins (2 juin 1793), dont il

était le chef le plus éloquent, il combattit constamment Robespierre et les *montagnards*. Devant le tribunal révolutionnaire, le 24 oct., il se défendit avec chaleur et vivacité, mais il n'en monta pas moins sur l'échafaud avec ses collègues.

* **VERGOGNE** s. f. (lat. *verecundia*). Honte : *c'est un homme sans vergogne.*

VERGT, ch.-l. de cant., arr. et à 21 kil. S. de Périgueux (Dordogne); 1,300 hab.

* **VERGUE** s. f. (lat. *virga*). Mar. Pièce de bois longue et ronde, qui est attachée en travers des mâts d'un navire pour en soutenir les voiles : *la grande vergue ou la vergue du grand mât.* — CES DEUX BATIMENTS SONT VERGUE A VERGUE, ils sont l'un à côté de l'autre, de manière que les extrémités des vergues de l'un et de l'autre se correspondent et sont très près.

VERGY (Gabrielle de), héroïne légendaire, épouse du sire de Fayel, qui lui fit manger le cœur de Raoul de Coucy, son amant. Cet horrible incident de l'histoire féodale a servi de sujet à diverses poésies et à une tragédie de Belloy (Comédie-Française, 12 juill. 1777).

VERHUEL (Charles-Henri), COMTE DE SEVE-NAAR, amiral hollandais, né à Doelichem en 1764, mort à Paris en 1845. Il se distingua dans plusieurs actions et eut un commandement dans la flottille de Boulogne. Après la chute de Napoléon, il se fit naturaliser Français. Son nom était oublié, lorsqu'il écrivit, en 1840, au président du tribunal chargé de juger Louis-Bonaparte, arrêté à Boulogne : « Sauvez sa tête, c'est un père qui vous en conjure ». (Voy. HORTENSE et LOUIS BONA-PARTE.)

VERIA [vé-ri-a] (anc. *Berœa*), ville de la Macédoine (Turquie d'Europe), à 60 kil. O.-S.-O. de Salonique; environ 10,000 hab. Ruines antiques considérables. Fabriques de tapis, tissage et teinture de coton.

* **VÉRICLE** s. f. Joaill. Se dit des pierres fausses, contrefaites avec du verre ou du cristal : *des diamants de véricle.*

* **VÉRIDICITÉ** s. f. Caractère de vérité dans un discours, dans un témoignage : *on conteste la véridicité de ce récit, de ce témoignage.* — Se dit du narrateur, du témoin même : *la véridicité de cet historien est admirable.*

* **VÉRIDIQUE** adj. (lat. *veridicus*). Qui aime à dire la vérité, qui a l'habitude de la dire : *c'est un homme véridique.*

* **VÉRIDIQUEMENT** adv. D'une manière véridique.

* **VÉRIFICATEUR** s. m. Celui qui est commis pour vérifier des ouvrages, des devis, des comptes, des écritures, etc., pour examiner s'ils sont tels qu'ils doivent être, ou tels qu'on les a déclarés : *vérificateur de l'enregistrement, des douanes, des poids et mesures.*

* **VÉRIFICATION** s. f. Action de vérifier : *il a été admis à la vérification de tel fait; les experts commis pour la vérification des écritures; la vérification des passages cités ; vérification faite, on trouva cela que ce qui était énoncé.* — Dans l'ancienne législation, la *vérification d'un édit*, l'enregistrement d'un édit par le parlement. — Législ. « La *vérification d'écritures* peut être ordonnée par justice, lorsque la partie à laquelle on oppose un acte ou autre écrit sous seing privé que l'on prétend avoir été souscrit par elle désavoue son écriture ou sa signature, ou lorsque ses héritiers ou ayants cause déclarent qu'ils ne reconnaissent pas l'écriture ou la signature de leur auteur (C. civ. 1323 et s.). Les formes à suivre pour obtenir devant le tribunal de première instance la reconnaissance d'écritures privées par celui de qui elles émanent, ou s'il y a lieu, leur vérification, sont tracées

par les articles 193 à 213 du Code de procédure civile. Le demandeur peut, sans permission du juge, faire assigner à trois jours pour avoir acte de la reconnaissance d'écriture, et afin d'obtenir, dans le cas où le défendeur dénierait son écriture, que la vérification en soit ordonnée. Si le tribunal se trouve suffisamment éclairé sans avoir recours à une expertise, il déclare l'écrit vrai ou faux. S'il ordonne la vérification, il commet un juge devant lequel elle sera faite par trois experts, et il statue après avoir reçu leur rapport, et, s'il y a lieu, après enquête. S'il est prouvé que la pièce a été écrite ou signée par celui qui l'a déniée, il est condamné à une amende de 150 fr., outre les dépens et les dommages-intérêts. L'acte sous seing privé qui a été reconnu vrai devant le tribunal, ou déclaré tel par le jugement, a la même foi que l'acte authentique (C. civ. 1322). Lorsque la contestation s'applique à une écriture authentique, celui qui prétend que cette écriture est falsifiée, doit employer la procédure de l'inscription de faux. (Voy. FAUX.) »   (CH. Y.)

* **VÉRIFIER** v. a. (du lat. *verus*, vrai; *facere*, faire). Examiner, rechercher si une chose est vraie, si elle est telle qu'elle doit être ou qu'on l'a déclarée : *vérifier un fait.* — Faire voir la vérité, l'exactitude d'une chose, d'une proposition, d'une assertion : *vérifier une allégation par témoins, par des pièces, par des monuments,* etc. — Art de vérifier les dates, titre d'un grand ouvrage historique des bénédictins de Saint-Maur. (Voy. ART.)

* **VÉRIN** s. m. Machine composée d'une vis et d'un écrou, par le moyen de laquelle on élève de très grands fardeaux.

* **VÉRINE** s. f. Nom de la meilleure espèce de tabac que l'on cultive en Amérique.

* **VÉRINE** s. f. Mar. Lampe de verre à cul rond, qu'on suspend au-dessus du compas de route dans l'habitacle, pour éclairer le timonier pendant la nuit.

* **VÉRITABLE** adj. Vrai, en tant que vrai est opposé à falsifié, à contrefait : *de véritable or.* — Qui contient vérité, qui est conforme à la vérité : *relation véritable.* — Réel : *voilà la véritable cause de sa disgrâce.*

> Jérusalem conquise et ses murs abattus
> N'ont point éternisé le grand nom de Titus :
> Il fut aimé, voilà sa grandeur véritable.
>   VOLTAIRE.

— Il signifie quelquefois, bon, excellent dans son genre : *c'est un véritable capitaine; un véritable orateur.*

* **VÉRITABLEMENT** adv. Conformément à la vérité : *parlez-moi véritablement.* — Réellement, de fait : *Jésus-Christ est ressuscité véritablement.* — A la vérité : *véritablement je vous dois cette somme, mais vous m'avez donné du temps pour vous le payer.*

* **VÉRITAS** s. [-tass] (mot lat. qui signifie *vérité*). Office international de renseignements divers. On dit aussi *bureau-véritas.*

* **VÉRITÉ** s. f. (lat. *veritas*). Qualité de ce qui est vrai, conformité de l'idée avec son objet, d'un récit, d'une relation avec un fait, de ce que l'on dit avec ce que l'on pense : *une proposition d'éternelle vérité.* — Se dit encore par opposition à fausse opinion, à erreur : *confesser la vérité.* — Axiome, principe certain, maxime constante : *c'est une vérité importante, sensible, palpable, reconnue de tout le monde.* — Sincérité, bonne foi : *c'est un homme plein de vérité.* — Peint. Imitation, expression fidèle de la nature : *il y a bien de la vérité dans cette tête, dans ce paysage.* — En vérité loc. adv. Certainement, assurément, de bonne foi : *je vous le dis en vérité.* — A la vérité loc. adv. Se dit lorsqu'on avoue quelque chose, qu'on explique ou qu'on restreint aussitôt : *à la vérité nous*

avons été battus, mais nous étions inférieurs en nombre.

* **VERJUS** s. m. [vèr-ju] (de *vert* et de *jus*). Suc acide qu'on tire des raisins qui ne sont pas mûrs : *une pinte de verjus.* — Raisin qu'on cueille encore vert : *ne mangez pas cette grappe de raisin, ce n'est que du verjus.* — Certaine espèce de raisin qui n'est pas bon à faire du vin, et dont les grains, longs et gros, ont la peau fort dure : *du verjus confit.* — C'EST JUS VERT OU VERJUS, se dit de deux choses entre lesquelles on ne remarque aucune différence, et dont le choix est indifférent.

* **VERJUTÉ, ÉE** adj. Où l'on a mis du verjus : *une sauce verjutée.* — Qui a une pointe d'acide comme le verjus : *du vin verjuté.*

VERJUTER v. a. Assaisonner avec du verjus.

VERMAND, ch.-l. de cant., arr. et à 12 kil. N.-O. de Saint-Quentin (Aisne); 1,249 hab. Est peut-être l'antique *Augusta Veromanduorum.* — Camp romain.

VERMANDOIS, *Veromanduorum Ager*, ancien pays de Picardie, aujourd'hui partagé entre les dép. de l'Aisne et de la Somme. Cap., Saint-Quentin. Villes princ. : Vermand, Ham, Saint-Simon et le Catelet. Habité primitivement par les Véromanduens, il fut érigé en comté par Charlemagne, en faveur de Pépin, roi d'Italie, dont les descendants le conservèrent jusqu'au milieu du XIe siècle. Des mariages le firent ensuite passer à Hugues de France, puis aux comtes de Flandre (1156). Philippe-Auguste le réunit au domaine royal en 1215.

* **VERMEIL, EILLE** adj. [*l* mll.] (lat. *vermiculus*, cochenille). Qui est d'un rouge un peu plus foncé que l'incarnat. Se dit principalement des fleurs et du teint : *rose vermeille.* — UNE PLAIE VERMEILLE, dont les chairs sont d'un rouge vif, ne sont point livides.

* **VERMEIL** s. m. Argent doré : *un service de vermeil.*

VERMEILLE (Mer), nom sous lequel on désigne le golfe de Californie. (Voy. ce mot.)

VERMEJO ou *Bermejo*, rivière de l'Amérique méridionale; elle arrose la Bolivie, la république Argentine et le Paraguay et se jette dans le Paranà, après un cours de 1,900 kil. Elle serait presque partout navigable, si elle n'était obstruée par des arbres.

* **VERMICELIER** s. m. Celui qui fabrique, qui vend du vermicelle, des macaronis et autres pâtes semblables.

* **VERMICELLE** ou *Vermicel* s. m. (ital. *vermicelli*). Espèce de pâte en forme de vers longs et menus, dont on fait des potages : *potage au vermicelle.* (Voy. MACARONI.) — Potage fait avec cette pâte : *une assiette de vermicelle.*

VERMICELLERIE s. f. Fabrique de vermicelle.

VERMICIDE adj. (lat. *vermis*, ver; *cœdere*, tuer). Qui tue les vers.

* **VERMICULAIRE** adj. (lat. *vermiculus*, petit ver). Qui a quelque rapport aux vers, qui leur ressemble à quelque égard : *le mouvement vermiculaire ou péristaltique des intestins.*

* **VERMICULÉ, ÉE** adj. Archit. Se dit des ouvrages travaillés de manière qu'ils représentent des traces de vers : *bossages vermiculés.*

* **VERMICULURES** s. f. pl. Archit. Travail qui représente des traces de vers.

* **VERMIFORME** adj. Anat. Se dit de certains muscles qui ont la forme d'un ver : *les muscles qui amènent les doigts vers le pouce sont vermiformes.*

* **VERMIFUGE** adj. (lat. *vermis*, ver; *fugio* je chasse). Méd. Se dit des remèdes propres à

faire mourir les vers engendrés dans le corps humain, ou à les en chasser : *poudre vermifuge.* — *s. m. C'est un excellent vermifuge.*

VERMIGLI (Pietro-Martire) [ver-mi-lii; I mll.], appelé vulgairement PIERRE-MARTYR, réformateur italien, né en 1500, mort en 1562, Il acquit de la célébrité par son savoir et son éloquence, se convertit au protestantisme pendant qu'il était prieur des Augustins à Lucques, se réfugia en Suisse en 1542, et fut, bientôt après, nommé professeur de théologie à Strasbourg. En 1547, il fut appelé à Oxford pour y faire des leçons sur les saintes Ecritures. A l'avènement de Marie, il reprit sa chaire à Strasbourg, et fit en même temps des leçons sur la philosophie aristotélicienne jusqu'en 1556, où il devint professeur de théologie à Zürich. On a imprimé après sa mort plusieurs de ses ouvrages en latin et en anglais.

VERMIGRADE adj. Qui marche comme un ver.

VERMILARVE s. f. Larve qui a la forme d'un ver.

* **VERMILLER** v. n. [*ll* mll.] (du lat. *vermis*, vert). Vén. Se dit des sangliers qui fouillent la terre avec leur boutoir pour y chercher des vers, des oignons ou des racines : *les sangliers vont vermiller dans les pacages, dans les prés.* (Voy. VERMILLONNER, neutre.)

* **VERMILLON** s. m. [*ll* mll.]. Minéral d'une couleur rouge fort vive, qui est une combinaison naturelle de soufre et de mercure, et qu'on nomme vulgairement CINABRE : *une livre de vermillon.* — *Couleur vive et éclatante qui se tire soit du vermillon de mine, soit du vermillon artificiel* : *appliquer du vermillon.* — *Couleur vermeille des joues et des lèvres* : *ses joues ont un beau vermillon.*

* **VERMILLONNER** v. a. Enduire, peindre de vermillon.

* **VERMILLONNER** v. n. Vén. Est employé pour le blaireau dans la même acception que VERMILLER pour le sanglier. (Voy. VERMILLER.)

VERMINATION s. f. Pullulation des vers intestinaux.

* **VERMINE** s. f. coll. (du lat. *vermis*, ver). Toute sorte d'insectes malpropres, nuisibles et incommodes, comme sont les poux, les puces, les punaises, etc. : *cet enfant est plein de vermine.* — Toute sorte de gens de mauvaise vie, de gens mendiants dangereux ou incommodes pour la société : *ce quartier n'est habité que par de la vermine.*

* **VERMINEUX, EUSE** adj. Méd. Se dit des maladies causées ou entretenues par des vers intestinaux : *maladies vermineuses.*

VERMINIÈRE s. f. Tas de vermine.

VERMIS s. m. [vèr-miss]. Nom donné à plusieurs parties du cervelet qui ont un aspect vermiforme.

* **VERMISSEAU** s. m. Petit ver de terre : *oiseaux vivent de moucherons et de vermisseaux.*

> Pas un seul petit morceau
> De mouche de ce vermisseau.
> LA FONTAINE.

VERMONT, l'un des états de l'Union américaine, ainsi nommé des mots franç. *vert* et *mont*, à cause de la principale chaîne de montagnes qui le traverse, entre 42° 44' et 45° 3' lat. N. et entre 73° 58' et 75° 41' long. O. ; 24,772 kil. carr. ; 333,000 hab. Cap. Montpelier ; villes princ. : Rutland et Burlington. Il est divisé en 14 comtés. Les *Green Mountains* (montagnes Vertes) le traversent du N. au S. ; il est borné à l'E. par le fleuve Connecticut et, au N.-O., par le lac Champlain. Climat sain, quoique très froid. — Assemblée générale composée d'un sénat de 30 membres et d'une chambre de 241 représentants. Le gouverneur et les autres officiers civils sont

nommés par la législature ; mais les juges sont élus par le peuple. L'instruction est obligatoire de 8 à 14 ans. L'état de Vermont fut

Sceau de l'état de Vermont.

séparé de celui de New-York et admis dans l'Union en 1791.

* **VERMOULER** (Se) v. pr. Etre piqué des vers : *du bois qui commence à se vermouler.*

* **VERMOULU, UE** part. passé de VERMOULER. Se dit du bois, du papier, etc., quand il est percé en plusieurs endroits par les vers : *ce coffre, ce buffet est tout vermoulu.*

* **VERMOULURE** s. f. La trace que les vers laissent dans ce qu'ils ont rongé : *il y a de la vermoulure dans ce bois.* — Poudre qui sort des trous faits par les vers.

* **VERMOUT** s. m. [vèr-moutt]. Vin blanc dans lequel on a fait infuser des plantes amères et aromatiques.

VERNACULAIRE adj. (lat. *vernaculus*, indigène). Qui est du pays.

* **VERNAL, ALE, AUX** adj. (lat. *vernalis*). Qui appartient au printemps.

VERNATION s. f. Bot. Préfoliation.

* **VERNE** s. m. Bot. Syn. de VERGNE. (Voy. AUNE.)

VERNET, nom d'une famille de peintres français : (Antoine), peintre décorateur, né à Avignon en 1689, mort en 1753), eut 22 enfants, dont plusieurs se distinguèrent, ainsi que beaucoup de ses petits-enfants, dans les différentes branches de l'art. — I. (Claude-Joseph), connu sous le nom de Joseph Vernet, fils aîné d'Antoine, né à Avignon le 14 août 1714, mort à Paris en 1789. Il eut la réputation de premier peintre de marine de l'Europe. Jusqu'en 1753, il séjourna surtout en Italie ; à cette époque Louis XV le chargea de peindre les ports de mer de France. Après avoir terminé 15 tableaux sur les 20 qui lui avaient été commandés, il s'établit à Paris. Ses œuvres sont répandues dans toute l'Europe, et la plupart ont été gravées. — II. (Antoine-Charles-Horace), appelé d'ordinaire Carle Vernet, fils du précédent, né à Bordeaux le 14 août 1758, mort à Paris le 27 nov. 1836. Ses peintures hippiques étaient regardées comme des chefs-d'œuvre. En 1804, il exposa la *Bataille de Marengo*, que les critiques prennent pour le point de départ de l'Ecole française moderne de peinture militaire. Il peignit ensuite les principales batailles de Napoléon. De nombreuses et fines gravures ont popularisé ses petits tableaux et particulièrement ses caricatures sur les alliés. — III. (Jean-Emile-Horace) ou Horace Vernet, fils du précédent, né le 30 juin 1789, mort à Paris le 17 janv. 1863. Vers 1810, il exposa la *Prise de la Redoute*, où il rompait avec la classique de convention de David et de son école ; et dès lors, il peignit des scènes militaires d'après l'observation directe et l'expérience. En 1811, il fut nommé dessinateur du dé ôt de la guerre.

Ses tableaux : le *Chien du régiment*, la *Barrière de Clichy*, le *Soldat de Waterloo*, la *Mort de Poniatowski*, le *Bivouac du colonel Moncey*, et bien d'autres, jouirent d'une popularité immense. A l'exposition de 1822, la plupart de ses envois furent exclus à cause de leurs tendances bonapartistes. Il les exposa alors dans son atelier, où l'on se rendit en foule. En 1828, il fut nommé directeur de l'académie française à Rome. Il revint à Paris en 1835, et fit, à différentes époques, des voyages en Algérie, en Russie et en Orient. A partir de 1836, il consacra surtout ses efforts à peindre des batailles, dont les plus grandioses se rapportent aux campagnes napoléoniennes et à la conquête de l'Algérie, et des tableaux de genre illustrant la vie des Arabes algériens. On a publié un volume collection des lettres qu'il écrivit dans ses voyages. Sa seule enfant, Louise, épousa le peintre Paul Delaroche. Voy. *Joseph, Carle et Horace Vernet, Correspondances et biographies,* par Durande (1865).

VERNET-LES-BAINS, comm. de l'arr. et à 14 kil. S. de Prades (Pyrénées-Orientales) ; 800 hab. 11 sources sulfurées sodiques, de 18° à 58°. Maladies de la peau, affections des poumons, catarrhes, maladies des voies urinaires et des voies digestives, douleurs rhumatismales, blessures.

VERNEUIL, *Vernolium*, ch.-l. de cant., arr. à 50 kil. S.-O. d'Evreux (Eure), sur l'Avre et sur l'Iton ; 3,700 hab. C'est une des nombreuses petites villes normandes qui attirent les voyageurs par les monuments antiques qu'elles possèdent. Bataille du 17 août 1424, entre les Anglo-Bourguignons qui commandait le duc de Bedfort, et les Français sous les ordres du comte de Narbonne. L'indiscipline des auxiliaires lombards et l'arrivée inattendue de 2,000 archers anglais amenèrent la défaite des Français.

VERNEUIL (Catherine-Henriette DE BALZAC D'ENTRAGUES, marquise de). (Voy. ENTRAGUES.)

* **VERNI, IE** part. passé de VERNIR. — Couvert d'un vernis : *cuir verni ; table vernie.*

VERNIER s. m. [vèr-nié] (de *Vernier*, n. pr.). Instrument qui sert à apprécier les fractions d'une unité de longueur tracée sur une règle divisée. Notre figure en fera, mieux

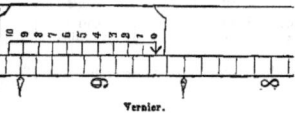

Vernier.

qu'une description, comprendre le principe. Les 10 divisions du vernier étant égales à 9 des 10 subdivisions d'un pouce sur l'échelle des pouces le long de laquelle il est mobile, la différence entre les divisions correspondantes sera de $\frac{1}{10}$ de pouce. Aujourd'hui, les verniers sont munis d'une échelle de centimètres. Pour la mesure des angles, on se sert d'un vernier circulaire.

VERNIER (Pierre), géomètre, né à Ornans en 1580, mort dans la même ville le 14 sept. 1637. C'est à Bruxelles qu'il publia, en 1631, son ouvrage intitulé *Construction, usage et propriétés du quadrant nouveau de mathématiques,* où il décrit l'instrument auquel est resté le nom de *Vernier.*

* **VERNIR** v. a. Enduire de vernis : *vernir une maye, un tableau, une table, un pot.*

* **VERNIS** s. m. Solution de matière résineuse dont on recouvre la surface de certains corps pour leur donner un aspect brillant et pour les protéger contre l'air et l'humidité. Les principales substances qui entrent dans la composition des vernis sont, comme élé-

ments solides : la résine, l'ambre, le mastic, la sandaraque, la laque, l'élémi, le benjoin, le copal, l'asphalte et le caoutchouc ; comme dissolvants : l'huile de thérébentine, de lin, de pavot, et quelques autres huiles végétales, le naphthe de bois, la benzine, et d'autres dérivés du pétrole, l'alcool et l'éther ; comme colorants : la gomme-gutte, le sang de dragon, l'aloès, le safran, le safran de l'Inde, la cochenille. — Bot. SUMAC AU VERNIS ou VERNIS DU JAPON, arbrisseau commun en Asie et en Amérique, et qui fournit un suc laiteux dont les Japonais font leur vernis. — Ce qui donne une apparence, une couleur favorable ou défavorable : *ce procédé a donné un vilain vernis à cette personne.* — Enduit composé de substances vitrifiables, dont on couvre des vases de terre, et la porcelaine.

* **VERNISSAGE** s. m. Action de vernir, de vernisser.

* **VERNISSER** v. a. Vernir. Ne se dit guère qu'en parlant de la poterie : *vernisser une terrine, un pot de terre.*

* **VERNISSEUR** s. m. Artisan qui fait des vernis, ou qui les emploie.

* **VERNISSURE** s. f. Application du vernis.

VERNON, *Veronum, Verno*, ch.-l. de cant., arr. et à 35 kil. N.-E. d'Évreux (Eure), sur la rive gauche de la Seine ; 7,000 hab. Vernon est situé au milieu d'une plaine fertile arrosée par la Seine que l'on y passe sur un pont de 22 arches. Église du XIVᵉ et du XVᵉ siècle (mon. hist.). Commerce de grains. Tour en pierre, seul reste de l'antique château fort, bâti par Henri Iᵉʳ d'Angleterre. Église dont la nef, construite au XIVᵉ siècle, est des plus majestueuses.

VERNON (Édouard), amiral anglais, né en 1684, mort en 1757. Il atteignit le rang de contre-amiral en 1708, et resta au service, actif jusqu'en 1727, époque où il fut envoyé au parlement et y acquit une grande popularité en condamnant toutes les mesures du ministère, et où il fut réélu un grand nombre de fois. En nov. 1739, il parut devant Porto-Bello avec 6 vaisseaux de ligne, et il prit la ville le lendemain de la première attaque, n'ayant perdu que 7 hommes. En janv. 1741, il partit de la Jamaïque avec 29 vaisseaux de ligne, et 80 navires plus petits, portant 15,000 matelots et 12,000 hommes de troupes de débarquement et arriva le 4 mars devant Carthagène. Mais il fut repoussé avec pertes, et la maladie détruisit ceux qui avaient échappé. Pendant l'invasion du prétendant en 1745, il fut chargé de garder les côtes du Kent et de Sussex ; mais un désaccord violent qu'il eut avec l'amirauté fit rayer son nom de la liste des amiraux.

VERNOUX, ch.-l. de cant., arr. et à 36 kil. S.-O. de Tournon (Ardèche) ; 2,500 hab. Moulinage des soies.

VERODUNENSES, *Veroduni*, peuple de la Gaule romaine, dans la Iʳᵉ Belgique.— Cap., Verodunum (auj. Verdun).

VÉRODUNOIS, OISE s. et adj. De Verdun ; qui appartient à cette ville ou à ses habitants.

* **VÉROLE** s. f. (corrupt. de *variole*). Maladie vénérienne qui se communique le plus souvent par le commerce charnel avec une personne infectée du même mal. On la nommait autrefois GROSSE VÉROLE, et maintenant on dit absol., LA VÉROLE : *cet homme a la vérole.* — PETITE VÉROLE, l'un des noms de la variole. — PETITE VÉROLE CONFLUENTE, petite vérole dont les boutons, et particulièrement ceux du visage, se touchent en beaucoup de points. — PETITE VÉROLE DISCRÈTE, celle dont les boutons ne se touchant point. — PETITE VÉROLE VOLANTE, maladie éruptive, dans laquelle les boutons ont quelque ana-

logie avec ceux de la variole, mais qui n'a rien de dangereux.

* **VÉROLÉ, ÉE** adj. Qui à la vérole : *cet homme est vérolé.* — s. *Un vérolé ; une vérolée.*

* **VÉROLIQUE** adj. Qui appartient à la vérole.

VÉROMANDUENS, *Veromandui*, peuple de la Gallia Belgica, entre les Nervii et les Suessiones, dans le moderne Vermandois. La ville principale était Augusta Veromanduorum (Saint-Quentin, ou peut-être Vermand).

* **VÉRON** s. m. Voy. VAIRON.

VÉRON (Louis-Désiré), journaliste français, né à Paris le 5 avril 1798, mort dans la même ville en sept. 1867. Après avoir pratiqué la médecine pendant plusieurs années, il fonda la *Revue de Paris* en 1829, fut directeur de l'Opéra (1831-'35), acheta un intérêt dans l'organe de Thiers, le *Constitutionnel*, et en devint le seul propriétaire en 1844. En 1849, il abandonna Thiers pour Louis-Napoléon, dont il applaudit le coup d'État du 2 déc. 1851. Il fut élu deux fois au Corps législatif. En janv. 1862, il quitta définitivement le *Constitutionnel*. Parmi ses œuvres, on cite les *Mémoires d'un Bourgeois de Paris* (1851-'56, 6 vol.).

VÉRONAIS, AISE s. et adj. De Vérone ; qui appartient à cette ville ou à ses habitants.

VÉRONE (ital. *Verona*). I, province du N.-E. de l'Italie, en Vénétie, sur les frontières du Tyrol, séparée de la province de Brescia, par le Mincio et le lac de Garde ; 2,747 kil. carr. ; 367,437 hab. Elle est traversée par l'Adige et par 9 autres cours d'eau navigables et 13 canaux. Céréales, riz, soie, olive et vin. — II, cap. de la province, sur les deux rives de l'Adige, dans une des plus belles régions de l'Italie septentrionale, à 99 kil. O. de Venise ; 67,080 hab. Les fortifications très

Vérone.

importantes de la ville furent presque entièrement détruites en exécution du traité de Lunéville (1801) ; mais les Autrichiens en firent depuis une place formidable. Il y a plusieurs belles avenues, entre autre le Corso. La cathédrale contient des chapelles et des monuments d'une admirable richesse, et l'*Assomption*, du Titien. Vérone est, dans toute la forme du terme, une ville de palais. La galerie de peinture contient une vaste collection, surtout par les maîtres véronais. Parmi les antiquités romaines, on remarque l'amphithéâtre, contemporain du Colysée de Rome ; il est construit en marbre, et avait 513 pieds de long, avec des sièges pour 22,000 spectateurs. Dans la partie qui est encore intacte, on a ménagé un cirque, et des boutiques sous les arcades. Soieries, lainages, toiles, etc. L'ouverture du chemin de fer de

Brenner en 1867 a fait de Vérone le centre du commerce avec l'Allemagne, comme elle était jadis le centre stratégique du N.-E. de l'Italie. — Vérone fut une colonie romaine florissante. En 489, après la défaite d'Odoacre, elle fut prise par Théodoric le Grand, qui y tint souvent sa cour. Charlemagne s'en empara en 774, et elle devint plus tard ville libre. La famille Scala y obtint le pouvoir suprême en 1260, et fut renversée en 1387 par Giovanni-Galeazzo Visconti de Milan. (Voy. SCALA.) Au commencement du XVᵉ siècle, elle fut annexée au territoire de Venise. Masséna s'en empara le 3 juin 1796. Le congrès de Vérone (1822), amena l'intervention française en Espagne en 1823. En 1866, Vérone fut avec toute la Vénétie, incorporée au royaume d'Italie.

VÉRONÈSE (Paolo CAGLIARI), connu sous le nom de *Paul*), peintre italien, né à Vérone vers 1530, mort en 1588. Il étudia à Vérone et à Rome, et devint l'un des plus grands maîtres de l'école vénitienne. Il se distingua surtout par la hardiesse du dessin, le brillant coloris des costumes et des accessoires et une merveilleuse facilité. Sa plus grande toile est sa fameuse *Noce de Cana* (Louvre), qui ne mesure pas moins de 30 pieds sur 20. Les 3 tableaux représentant la *Mort de saint Sébastien* (Venise), passent pour les meilleures de ses œuvres religieuses, et *Venise couronnée par la Renommée* (plafond de la chambre du Grand Conseil) est la plus fameuse de ses pièces allégoriques. Ses productions sont presque innombrables. Dans la *Famille de Darius amenée devant Alexandre* (British national Gallery), hommes et femmes portent le costume vénitien et tous les accessoires sont du XVIᵉ siècle ; et l'on remarque, dans tous ses autres ouvrages, le même dédain de la vérité historique.

* **VÉRONIQUE** s. f Bot. Genre de scrofulariées, comprenant environ 160 espèces d'herbes ou de sous-arbrisseaux, dont 50 espèces sont cultivées dans les jardins d'agrément. L'espèce indigène principale, la *véronique officinale* (*veronica officinalis*), appelée aussi thé d'Europe, parce que ses infusions sont assez agréables, croît sur les coteaux boisés, dans les lieux secs, etc. C'est une plante vivace, à tiges hautes de 15 à 30 centim., cylindriques, raides, velues, couchées, à fleurs d'un bleu pâle ou d'un blanc rosé, en grappes lâches, axillaires. L'usage de cette plante tonique et peu astringente est aujourd'hui abandonné. Le *bécabunga* (*veronica beccabunga*) ou *véronique cressonnée*, cresson de cheval, etc., est antiscorbutique.

VÉRONIQUE (Sainte), personnage dont l'identité a été contestée et qui, d'après la tradition, aurait essuyé avec un linge blanc le visage de Jésus qui montait au Calvaire. Le visage du Sauveur resta peint sur ce linge, d'où les mots *vera ikon* (vraie ressemblance). Ce mouchoir de sainte Véronique est conservé à Saint-Pierre de Rome ; mais la cathédrale de Milan en possède un autre que l'on ne considère pas comme moins authentique.

VERPILLIÈRE (La), ch.-l. de cant., arr. et à 29 kil. N. E. de Vienne (Isère) ; 1,200 hab.

* VERRAT s. m. [vèr-ra] (lat. *verres*). Pourceau qui n'est point châtré : *jeune verrat*.

VERRAZZANI (Giovanni) [ver-rat-sa'-ni] (appelé aussi *Verrazano*), navigateur florentin, né vers 1485, mort en 1527. D'abord au service de François Iᵉʳ, il visita la côte septentrionale de l'Amérique, dès 1508. Il se rendit ensuite fameux comme corsaire contre les Espagnols, les Portugais, et, en 1522, il captura le vaisseau sur lequel Cortez envoyait à Charles-Quint les dépouilles du Mexique. Il finit par être fait prisonnier, conduit en Espagne et mis à mort. En 1556, Ramusio publia dans sa collection de voyages une lettre écrite par Verrazani à François Iᵉʳ, à Dieppe, le 8 juillet 1524, comprenant le récit d'un voyage d'exploration sur les côtes de l'Amérique du Nord depuis le 34ᵉ jusqu'au 50ᵉ degré de lat. Verrazzani fut donc le premier explorateur français des côtes américaines du N., et peut-être le premier qui soit entré dans la baie de New-York.

* VERRE s. m. (lat. *vitrum*). Corps transparent et fragile, produit par la fusion d'un mélange de sable et d'alcali ou de chaux, ou d'oxyde de plomb : *verre de fougère*. — CELA EST A METTRE SOUS VERRE, se dit d'une chose précieuse, curieuse, délicate, qui mérite d'être conservée. On dit, à peu près dans le même sens, d'une femme mignonne et bien parée, QU'ELLE EST A METTRE SOUS VERRE. — VERRE ARDENT, verre convexe au moyen duquel on rassemble les rayons du soleil, pour brûler les matières qu'on lui oppose à une certaine distance. — VERRE DE PLOMB, VERRE D'ANTIMOINE, verre produit par la fusion de la silice avec les oxydes de ces métaux. (Voy. OXYSULFURE.) — Particul. Sorte de vase à boire, fait de verre : *verre de cristal*. — Fam. CHOQUER LE VERRE, faire toucher son verre plein de vin contre celui d'une personne avec qui l'on boit, en signe de bonne amitié. — Art vétér. L'ŒIL DE CE CHEVAL EST CUL DE VERRE, le cristallin de son œil a une opacité qui annonce une cataracte. — Se dit aussi de la liqueur que contient ou peut contenir un verre ordinaire : *verre de vin*. — En chimie, tout produit d'une fusion ayant l'éclat particulier caractérisé par les mots vitreux, dur et friable, qu'il soit transparent ou non. Dans le langage commun, c'est le produit trans-

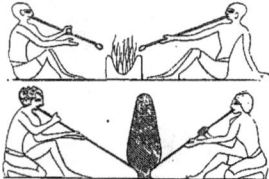

Fig. 1. — Souffleurs de verre thébains.

parent de la fusion de la silice avec un alcali auquel s'ajoute de la chaux ou un oxyde métallique. L'art de faire du verre était connu des Égyptiens à une époque très reculée. Des peintures, trouvées sur une tombe à Beni-Hassan, que l'on suppose dater du règne d'Osortasen Iᵉʳ, vers 3000 ans av. J.-C., représentent des souffleurs de verre thébains travaillant avec des chalumeaux très semblables à ceux qui sont aujourd'hui en usage. On a trouvé à Thèbes une perle de collier d'une matière analogue à notre moderne *crownglass*, portant en hiéroglyphes le nom de l'épouse de Thothmès III, qui régnait vers 1500 av. J.-C. Au Musée britannique, il y a, parmi les antiquités égyptiennes, une sorte de petite bouteille en verre opaque bleu clair, sur laquelle sont peints en jaune les noms et les titres du même monarque. Des ornements imitant les pierres précieuses pour

la couleur et la beauté, montrent que l'art avait été porté à un haut degré de perfection par les Égyptiens. Non seulement ils employaient le verre pour faire des vases à

Fig. 2. — 1, le vase de Portland ; 2, figures opposées, grossies ; 3, devise du fond ; 4, devises des anses.

boire, mais aussi pour des ouvrages de mosaïque, pour les figures des dieux et les emblèmes sacrés, et même pour les cercueils, et atteignaient partout un surprenant éclat de

Fig. 3. — Bouteille vénitienne, en verre.

couleurs. On suppose que les Phéniciens apprirent des Égyptiens cet art qui florissait à une époque très reculée à Sidon et à Tyr. On a trouvé dans les ruines de Ninive des lentilles, des vases, des bouteilles en verre, etc. ; mais on ne voit pas de preuve qu'on se

soit servi de verre pour les fenêtres. On conserve au Musée britannique un petit vase de verre transparent vert sur lequel sont gravés au trait un lion et le nom et les titres du monarque assyrien Sargon (719 av. J.-C.), on regarde ce vase comme le plus ancien spécimen de verre transparent. Il vient du palais de Nemrod à Ninive. La remarquable collection faite par Di Cesnola de spécimens pris dans les tombeaux de Dali, dans l'île de Chypre (1866-'70) et déposée au muséum métropolitain d'art à New-York, montre que la fabrication du verre avait une grande extension chez les Grecs, et qu'ils y avaient acquis beaucoup d'habileté. Cette collection, la plus considérable que l'on connaisse, se compose de 1,700 pièces, les unes simples et unies, les autres variées de formes et de couleurs irisées et incrustées. C'est à l'époque de Cicéron que la fabrication du verre fut introduite à Rome. Pendant le règne de Néron, elle fit de grands progrès, et on arriva à des résultats très remarquables pour les articles d'ornementation. Au IIIᵉ siècle, les objets de verre étaient d'un usage commun. Les ruines d'Herculanum et de Pompéi ont fourni de nombreux échantillons de verre romain. On y voit que le verre s'employait à Pompéi pour laisser passer le jour dans l'intérieur des maisons, bien qu'il y eût aussi des fenêtres garnies d'une espèce de talc transparent. La grande perfection où était arrivé cet art chez les Romains éclate dans le célèbre vase Barberini ou de Portland qui est au Musée britannique, et que l'on regarde comme le plus beau spécimen connu de verre à double couche. Ce vase a été trouvé au milieu du XVᵉ siècle dans un sarcophage de marbre près de Rome. Après avoir fait, pendant plusieurs des siècles, le principal ornement du palais Barberini à Rome, il fut acheté par le duc de Portland pour 1,029 livres sterling, et placé dans le Musée britannique. Il a environ 3 m. et demi de haut, et se compose de deux couches de verre, celle de dessous d'un bleu foncé, et l'extérieur d'un blanc opaque. Les figures en relief font saillie en blanc sur un beau fond bleu. Elles représentent, d'après quelques-uns, le mariage de Pélée et de Thétis. — Au XIIIᵉ siècle, et pendant plusieurs des siècles suivants, le verre de Venise fut le meilleur et le plus renommé. Les verreries principales étaient à Murano, l'une des îles voisines de Venise. C'est là qu'on fit probablement les premiers miroirs de verre ; les miroirs vénitiens devinrent fameux dans toute l'Europe. La Bohême acquit ensuite une grande réputation dans cet art, et ses produits sont encore célèbres, surtout le verre gravé. Les Français marchèrent de bonne heure sur les traces des Vénitiens. En 1634, on essaya de fabriquer des miroirs en verre soufflé ; mais, vers 1666, on jugea nécessaire de faire venir des ouvriers de Venise. Une fabrique fut construite à Tourlaville près de Cherbourg. En 1688, Abraham Thévart apporta à Paris la méthode pour faire de grandes plaques de verre coulé au lieu de verre soufflé. En 1665, la manufacture de glaces fut établie à Saint-Gobain. Au XVIIIᵉ siècle, l'entreprise était était en pleine prospérité, et elle l'est encore aujourd'hui, car ses produits comptent parmi les plus beaux du monde. — La première allusion positive à l'emploi du verre pour les fenêtres se trouve dans Lactance, vers la fin du IIIᵉ siècle, et dans saint Jérôme, vers la fin du IVᵉ siècle. Bède le Vénérable rapporte que les fenêtres vitrées furent introduites en Angleterre en 674 ; mais elles ne servirent, pendant plusieurs siècles, que pour les édifices religieux. En 1670, le duc de Buckingham fit venir des ouvriers de Venise et les installa à Lambeth. Le verre anglais qu'on appelle *crown-glass* est d'une qualité incomparable. — Aux États-Unis, la fabrication du verre fut introduite de très

bonne heure. Dès 1793, on fabriqua à Boston d'excellent *crown-glass*. En 1817, il se fonda une compagnie à East Cambridge (*The New England glass Company*) pour la fabrication du *flint-glass;* elle existe encore et ses produits sont très renommés. La première manufacture de glaces fut établie vers 1853 à Cheshire (Massachusetts), et se transporta plus tard à Lenox. — Le verre est un composé chimique, où différentes substances de nature analogue se remplacent les unes les autres pour donner les diverses variétés du produit. L'élément principal est l'acide silicique ou la silice qui se combine avec la potasse, la soude, l'oxyde de plomb, la chaux, l'alumine, et d'autres substances, pour faire des silicates de ces bases, considérées comme des fondants. L'acide borique peut prendre la place de l'acide silicique pour produire des borates vitreux ou du verre. Sans s'occuper

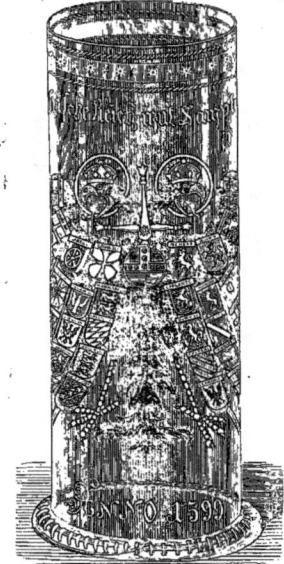

Fig. 4. — Verre à boire de bohème, gravé

des substances employées pour colorer ou décolorer, on peut dire que les éléments essentiels du verre ordinaire sont la silice et l'acide borique, les alcalis, la chaux et l'oxyde de plomb. Le D' Knapp a donné la classification suivante des variétés de verre : 1° le *verre à bouteille*, qui comprend les variétés dont on fait les flacons et les tubes; les variétés à couleur foncée se distinguent par la large proportion d'oxyde de fer et d'alumine qu'elles contiennent, tandis qu'aucune ne contient d'oxyde de plomb; 2° le *verre à vitre*, qui est un silicate de potasse ou de soude, avec de la chaux et de l'alumine; 3° le *verre à miroir*, ne différant du précédent que par la plus grande pureté et l'absence complète de couleur; 4° le *flint-glass* employé pour broyer, etc., et qui se compose de silice, de potasse et d'oxyde de plomb; 5° le *cristal*, pour les instruments d'optique et le service de la table; il se compose de silice ou d'acide borique, de potasse et d'une plus grande proportion de plomb que le précédent; 6° le *strass*, avec lequel on imite les pierres

précieuses ; il contient beaucoup d'oxyde de plomb, et aussi des oxydes métalliques pour donner la couleur; 7° l'*émail*, qui se compose de silice, de soude et d'oxyde de plomb, mais qui est rendu opaque par de l'oxyde d'étain ou d'antimoine, lesquels forment avec la soude un stannate ou un antimoniate. A ces variétés on peut ajouter le *verre soluble*, qui est un simple silicate de soude ou de potasse, ou un mélange des deux. La silice, si employée dans la fabrication du verre, se présente sous forme de sable. Le sable le plus pur et le meilleur du monde entier pour la fabrication de verre se tire de Lanesborough (Massachusetts) et de certaines autres localités du même comté (Berkshire). On en exporte une certaine quantité en Europe, où il est connu sous le nom de sable blanc de Berkshire. Au second rang vient le sable de Fontainebleau. — On fabrique le verre en faisant fondre les matériaux dans des creusets ou pots de terre réfractaire, placés dans un fourneau. Un pot de grosseur moyenne peut contenir de 500 à 600 kilogr. de verre fondu. Pour le verre de vitre et le verre à bouteille ordinaire, le creuset est un simple vase rond ouvert au sommet; mais pour fondre le *flint-glass*, comme il est nécessaire de garantir les matières en fusion de toute impureté extérieure, le sommet du pot affecte la forme d'une voûte ou d'un capuchon, lequel correspond avec le trou par où l'ouvrier retire le verre fondu. D'ordinaire on place de 8 à 12 pots autour du feu central du fourneau. Outre ce fourneau à fondre le verre, il y en a un autre pour le réchauffer à différentes reprises pendant le cours de la fabrication, et aussi un four à recuire. Pour la fabrication des articles de ménage, on se sert de deux procédés: le soufflage et la presse. Dans le premier, on emploie quelquefois un moule, pour les bouteilles par exemple ; mais beaucoup d'objets ne doivent leurs formes qu'à la dextérité de l'ouvrier. L'instrument pour travailler le verre porte le nom de canne du verrier; c'est un tuyau ou chalumeau à soufflet, en fer forgé, long de 1 m. 30 à 1 m. 75, avec un calibre de 1/2 centim. à 2 centim. 1/2 de diamètre, le bout le plus large étant celui de l'embouchure. La fabrication au moule est relativement simple. On *cueille* dans le creuset avec le bout de la canne la quantité de verre fondu nécessaire ; on le roule sur une plaque de fer nommée *marbre* et on le laisse refroidir un peu; on le met dans le moule et on souffle jusqu'à ce qu'il prenne la forme requise. La description de la fabrication d'un verre à vin donnera un exemple de la façon dont on opère sans moule. L'ouvrier, après avoir cueilli à l'extrémité de sa canne la quantité voulue de verre (1, fig. 5), la roule sur le marbre, et la distend jusqu'à ce qu'il lui ait donné la forme représentée en 2 ; après l'avoir aplatie à une extrémité avec la molette, il lui fait prendre la forme 3. On applique alors à l'extrémité aplatie du vase, une masse de verre (4), que l'ouvrier, en faisant tourner le chalumeau, transforme comme on le voit en 5. On fixe une boule à l'extrémité de cette tige (6); on étend et on aplatit cette boule comme en 7. On adapte une *tige de fer*, dont le bout est chargé d'une petite masse de verre, au pied du verre à vin; on sépare celui-ci du chalumeau suivant la ligne pointillée qu'on voit en 8. On ébarbe les bords du verre avec des ciseaux (9), après quoi il est paré comme en 10. On le sépare enfin de la tige de fer par un coup sec et on le remet à un enfant qui le porte au *four* à recuire, au bout d'une tige fourchue. Dans la fabrication par la presse, on se sert d'un moule creux d'acier ou de fer, dont la surface intérieure a la forme que l'on veut donner à l'objet. Ce moule peut être d'une ou de plusieurs pièces;

dans ce dernier cas, on les démonte pour en retirer l'objet moulé. Prenons par exemple la fabrication d'un verre à boire à fond plat. Un ouvrier cueille à l'extrémité d'une canne une masse de verre, dont un autre ouvrier coupe avec des ciseaux une quantité suffisante, qu'il fait tomber dans le moule. Ce moule est poussé sous une presse à bras, et l'on enfonce dans le moule un piston en fer doux avec assez de force pour obliger le verre chaud à remplir tout l'espace entre les parois du moule et le piston, dont la grosseur et la forme sont proportionnées à celle du moule. On relève le piston, on enlève le

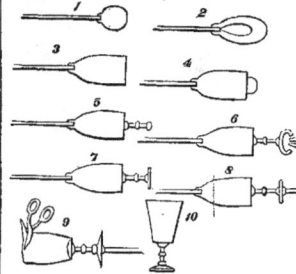

Fig. 5. — Procédé de la fabrication d'un verre à boire.

moule de la presse, on le retourne et le verre en tombe, le fond en haut. On y attache une canne munie d'un peu de verre fondu, on fait chauffer la verre dans un autre fourneau, et on le polit soigneusement avec un outil en bois pendant qu'on le tourne; enfin, on le prend sur une fourchette et on le porte à la recuite. Par ce procédé, on fabrique des articles avec une rapidité à laquelle on ne parviendrait pas en soufflant, mais les produits en sont *moins estimés.* — Le verre qu'on emploie communément pour les car-

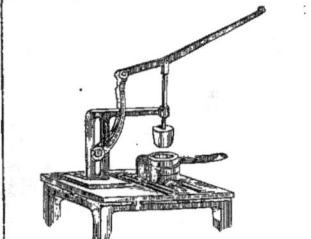

Fig. 6. — Presse à main.

reaux de vitres est une des variétés les plus dures. Il n'est pas de nature à faire des vases où à prendre d'autres formes par le découpage ou sur la meule. Outre les glaces, que l'on emploie pour les fenêtres de luxe, il y a deux sortes de verres à vitres. La première de ces variétés se souffle en globe et s'aplatit en disque circulaire que l'on coupe en carreaux rectangulaires. Le *crown-glass* a un brillant remarquable; il est exempt des ondulations ou raies qui gâtent souvent la surface du verre fait par la méthode du cylindre. Pour faire du verre en plaques, l'ouvrier cueille à l'extrémité du chalumeau 40 kilogr. de verre environ, qu'il souffle en forme de cylindre. Il faut ouvrir l'extrémité la plus éloignée du chalumeau en soufflant et en tournant le cylindre à la bouche du fourneau. L'autre extrémité est ensuite dé-

tachée; on pratique une fente longitudinale dans le cylindre, que l'on ouvre et que l'on étend en feuille sur une pierre disposée à cet effet dans un four spécial. On polit alors la surface et l'on garde la feuille de verre 24 ou 36 heures dans le fourneau à recuire, d'où on la sort pour lui donner le dernier poli et la couper en carreaux. — Les bâtiments où se fabrique le verre plat ou en plaques sont d'ordinaire fort grands. Au centre se trouve le fourneau de fonte, qui est carré et à des ouvertures sur deux côtés parallèles pour faciliter le travail; des deux côtés du grand édifice sont disposés les fours à recuire. Deux sortes de creusets sont en usage: le pot ordinaire, ouvert au sommet, pour fondre le verre; et les bassins ou cuvettes dans lesquels on porte le verre fondu à la table où on le coule. Le bassin, rempli de verre liquéfié, est mis sur un chariot et vivement conduit à la table de coulage. Celle-ci consiste en une plaque massive, d'ordinaire en fer, supportée par une charpente et placée généralement à la bouche du fourneau à recuire. De chaque côté de la table sont des rebords ou barres de métal qui maintiennent le verre et dont la hauteur détermine l'épaisseur de la glace. Un cylindre de cuivre ou de bronze, d'un pied de diamètre environ, et reposant sur ces barres, s'étend à travers la table. Le verre liquide est versé en face du cylindre qui, en roulant d'un bout de la table à l'autre, l'étend en une feuille de largeur et d'épaisseur uniformes. On passe ensuite la glace dans le four à recuire, où elle reste environ cinq jours. Il faut environ cinq minutes pour prendre le verre, le couler et le mettre dans le four à recuire. De là on porte les glaces dans des magasins où on en polit la surface. — Il n'y a pas de variété de verre plus importante dans l'industrie que celle dont on fait les lentilles des instruments d'optique. On applique à cet usage le flint-glass et le crown-glass; mais chacun a ses défauts. En 1753, John Dollon, opticien anglais, construisit le premier des verres objectifs achromatiques formés de deux espèces de verre de densité différente; mais il n'arriva pas à leur donner plus de 5 à 8 centim. de diamètre d'ouverture. Lorsque le besoin de télescopes d'un pouvoir grossissant plus considérable se fit réellement sentir, il fut difficile de faire du flint-glass assez exempt de stries pour une lentille de 10 centim. de diamètre. Le Suisse Guinaud construisit des lentilles d'une grande perfection en flint-glass, avec un diamètre de 21 centim. Un de ses fils donna son secret à Bontemps, et en 1828 on fabriqua en France des lentilles de 30 à 35 centim. A l'exposition de Londres en 1851, MM. Chanu et Cie exposèrent un disque de flint-glass pesant 100 kil. et d'un diamètre de 75 centim., et à l'exposition de Paris, en 1855, ils en exposèrent un autre du même diamètre en crown-glass. On se sert de lentilles de flint-glass et de crown-glass dans les verres objectifs des télescopes achromatiques, leur combinaison annulant la réfraction inégale de chacune de ces variétés de verre à disperser les rayons lumineux. — La France produit à elle seule pour 28 millions de francs de glaces. Cette industrie est limitée à un petit nombre d'établissements: il n'y en a que six en France, six en Angleterre, deux en Allemagne et deux en Belgique. On fait aussi en Angleterre une grande quantité de verres grossiers et non polis, pour l'horticulture et pour d'autres usages. La France produit annuellement pour environ 15 millions de fr. de verre à vitre, et une centaine de millions de bouteilles estimées à 20 millions de fr.; la production du flint-glass monte à 15 millions de fr. et celle de la verrerie de table ordinaire au même chiffre à peu près. La production totale dépasse 75 millions. Aux États-

Unis, il y a plus de 200 verreries qui occupent un capital de plus de 70 millions de fr. et dont la production dépasse 95 millions. — Verre coloré et orné. Le verre moulé ou pressé n'a jamais tout son éclat, et ne donne jamais très nettement les lignes du moule. On remédie à ce défaut par un procédé qui consiste à passer le verre à la meule et à le polir ensuite. Pour le flint-glass peu dur, on y arrive aisément en appliquant sa surface à des disques de fer ou de cuivre garnis d'émeri et mus d'un mouvement rotatoire; pour un polissage moins fin, le sable humide remplace l'émeri. On se sert aussi de pierres au lieu de disques métalliques. Une meule plus douce enlève les marques laissées par la première et le polissage se termine par des disques en bois sur lesquels on applique de la pierre ponce ou du tripoli, et finalement une préparation d'étain et de plomb. On grave des lettres et des dessins sur le verre au moyen de petits disques tournants en cuivre. On obtient de jolis effets en gravant à travers une couche extérieure de verre coloré jusqu'à ce que l'on atteigne une couche intérieure de verre blanc, transparent ou émaillé; on décore ensuite avec de l'or des arabesques ou autres figures peintes. Ce

Fig. 7. — Soufflage du verre cylindrique.

travail s'exécute surtout en Bohème, en Bavière et en France. L'eau-forte s'applique aussi à l'ornementation du verre. On couvre d'abord le verre d'un vernis; on trace les lignes à graver à travers ce vernis, et on y applique une solution qui ronge le verre laissé à nu. Les verres colorés se produisent soit par la composition incolore appelée strass, pour l'imitation des pierres précieuses, soit en introduisant les différents oxydes colorants dans les matières dont on fabrique le flint et les autres espèces de verre. Dans ce dernier cas, la matière colorante se fond intimement avec le verre qui est alors coloré dans toutes ses parties. On applique aussi des couleurs à la surface du verre; et, quelquefois, grâce à leur fusibilité plus grande, elles s'incorporent, pour ainsi dire. On peut faire des objets à surface colorée en prenant au bout du chalumeau une masse de verre blanc et en la trempant dans un creuset de verre coloré. En coupant ou en enlevant certaines parties de la mince couche colorée et en laissant à nu le verre blanc, on produit des ornementations très variées. Pour les verres émaillés et gravés, on broie l'émail en poudre impalpable et l'on en fait une pâte qui s'étend sur le verre avec une brosse. Lorsque cette pâte est sèche, on y grave les ornements, puis le verre est amolli au feu jusqu'à ce que l'émail soit vitrifié et fixe corps avec lui. — Les Vénitiens et les Bohémiens sont renommés depuis longtemps pour l'habileté et l'ingéniosité qu'ils déploient dans la fabrication des verres ornés.

Un grand nombre des effets ingénieux obtenus aujourd'hui sont imités de la fabrication ancienne, dont beaucoup de spécimens merveilleux sont conservés dans les musées d'Europe. Le verre de Venise à filigrane, qui consiste en verres émaillés blancs ou colorés, entrelacés en spirales et enfermés dans une enveloppe de verre transparent, sert à faire des pieds de verre à vin, des gobelets, etc. La mosaïque se fait en rangeant verticalement côte à côte des colonnes de petits cubes de verre différemment colorés, opaques ou transparents, et d'uniforme longueur, de telles sortes que leurs extrémités supérieures représentent des fleurs, des arabesques, etc., et en soumettant la masse à une chaleur suffisante pour mettre le tout en fusion. Il en résulte un cylindre ou colonne solide et homogène qui, coupée à angles droits et latéralement, donne un certain nombre de couches ou d'exemplaires du même dessin. Les anciens pratiquaient ce procédé avec une grande habileté et faisaient ainsi, dit-on, de vrais tableaux. Le verre congelé est une des rares variétés de l'art vénitien que les anciens ne connaissaient pas; on en considérait le procédé comme perdu; mais il a été récemment remis en pratique à la manufacture de Falcon, en Angleterre. Les veines irrégulières, les fissures, et les brisures semblables à celles du marbre, dont l'aspect le caractérise, s'obtiennent en immergeant le verre chaud dans de l'eau froide, en l'en retirant promptement, en réchauffant la masse et en l'étendant au chalumeau. L'incrustation en camée est aussi d'origine moderne; elle est due aux Bohémiens. La figure, après avoir été chauffée, est introduite dans un cylindre de verre, attachée par une extrémité à un chalumeau et ouvert à l'autre. On ferme ensuite cette extrémité ouverte, et la figure et le verre ne font plus qu'une masse homogène. — Verre soluble. Silicate artificiel de soude ou de potasse, ou double silicate de ces deux alcalins. On peut le faire en fondant 8 ou 10 parties de carbonate de soude ou de potasse sec avec 15 parties de sable blanc ou de quartz pulvérisé. La plupart de ces verres sont légèrement solubles qu'ils contiennent, et cette solubilité s'accroît si l'on fait chauffer l'eau. On applique de le verre soluble aux murs de briques et de pierre pour les durcir; on s'en sert aussi pour mettre les objets à l'épreuve du feu, pour fixer les couleurs sur le coton et le papier, pour fabriquer la pierre artificielle de Ransome, etc. — Fil de verre. On prend un tube ou une baguette de verre que l'on soumet à la flamme de la lampe d'émailleur. Dès que le verre est au rouge feu, on fixe son extrémité sur un dévidoir auquel on imprime un mouvement des plus rapides. En un instant, le dévidoir se trouve chargé d'un écheveau de fil de verre d'une finesse et d'une flexibilité telle qu'on peut le travailler comme du fil ordinaire. On a employé ce fil pour faire des perruques, des aigrettes, et, même, en le combinant avec la soie, pour confectionner certains tissus. On s'en sert aussi pour atténuer la lumière électrique. (Voy.) — Peinture sur verre. On suppose que l'art de la peinture sur verre est d'origine byzantine et postérieure au commencement de l'ère chrétienne. Les plus anciens échantillons qu'on en connaisse remontent pas au commencement du xie siècle. Les vitraux des cathédrales d'Angers et de Saint-Denis, les plus anciens de ceux dont on puisse dire la date authentique, furent peints vers le milieu du xiie siècle. La France a toujours été le pays le plus riche en vieux vitraux peints, et c'est vers le milieu du xvie siècle que cet art atteignit son apogée. Albert Dürer, Bernard Palissy et d'autres éminents artistes le pratiquèrent et les

œuvres qu'ils ont laissées s'admirent encore dans les églises de cette époque, telles que la cathédrale de Cologne, le moutier d'York, et tant d'autres. Mais dès le siècle suivant cet art était en pleine décadence. Dans les anciens vitraux, les figures étaient composées de verres colorés, et les ombres se faisaient avec des couleurs foncées qu'on étendait aux endroits visibles et qu'on faisait fixer au feu. On n'employait que des couleurs vives, le vermeil et le bleu surtout. Le fond était une mosaïque de cercles, de carrés et de losanges à formes massives, remplis d'ornements en feuillage dans le style roman. Au-dessus se trouvaient des médaillons représentant des sujets historiques et biographiques tirés de la vie des saints. Lorsque l'on commença à peindre des figures, elles furent généralement grotesques et difformes; mais les costumes furent d'une exactitude remarquable. Les morceaux de verre devinrent plus grands, et il ne fut pas rare qu'une seule figure occupât toute une fenêtre, debout, au-dessous d'un dais bleu ou rouge, richement travaillé. Dans la dernière moitié du xvᵉ siècle, on vit paraître non seulement des feuilles, des plantes et des arbres, mais même des paysages et des bâtiments en perspective. Après un long déclin, le xixᵉ siècle a vu une renaissance dans l'art de la peinture sur verre, que l'on pratique aujourd'hui sur une grande échelle en France, en Allemagne et en Angleterre. C'est à Munich que se font les plus beaux ouvrages. Dans les premiers temps, les vitraux peints étaient exclusivement réservés à l'ornementation des fenêtres des églises et ne représentaient que des sujets sacrés; mais on les applique aujourd'hui à la décoration générale, et on y traite toute sorte de sujets profanes. On croit qu'il est possible aujourd'hui d'atteindre un degré de perfection supérieur à ce que le moyen âge nous a laissé de mieux. Il est certain que les procédés en usage alors ont été retrouvés par les recherches modernes, de sorte qu'il est facile de reproduire et la qualité et les couleurs des anciens vitraux. — La peinture sur verre diffère de tous les autres modes de peindre, à l'exception de la peinture sur porcelaine. Les couleurs sont différentes, étant toutes minérales; on ne les applique pas simplement à l'extérieur; mais on les fixe en les faisant fondre dans la substance même. La couleur s'étend habituellement avec une brosse, comme pour la peinture ordinaire; puis le verre est exposé à la chaleur et la peinture s'y incorpore, grâce au fondant qu'elle contient. Dans l'histoire de l'art, il y a eu, pour les vitraux, deux procédés principaux. Jusqu'au milieu du xvᵉ siècle, le système mosaïque prévalut. D'après ce procédé, le verre était coloré à la manufacture, et lorsque l'on avait massé ensemble les différentes couleurs, on marquait les contours et les ombres à l'émail. Le procédé anglais est d'employer l'émail le moins possible, et seulement l'émail brun. Les différentes nuances de jaune sont les seules que l'on puisse produire sur le verre sans en altérer la surface. On les obtient en appliquant une composition dont le principal élément est l'oxyde ou le chlorure d'argent. On expose le verre à la chaleur rouge; cette composition pénètre le verre et lui communique sa nuance.

VERRÉ, ÉE adj. [vè-ré]. Se dit des matières qu'on a saupoudrées de verre en poudre : *papier verré.*

• **VERRÉE** s. f. Plein un verre : *prendre une tisane par verrées.*

• **VERRERIE** s. f. Lieu où l'on fait le verre, les ouvrages de verre : *établir une verrerie.* — Art de faire du verre : *il entend bien la verrerie.* — Toute sorte d'ouvrages de verre : *une charretée de verrerie.*

VERRÈS [vér-rèss], gouverneur romain de Sicile, mort en 43 av. J.-C. Il fut propréteur de Dolabella, préteur de Cilicie (80-79), et prit part à ses exactions, puis il se tourna contre lui et contribua à le faire condamner. Avec l'argent gagné à piller les provinces, il se fit élire préteur en 74, et le sort le désigna pour préteur urbain. Il obtint ensuite pour trois ans l'administration de la Sicile, alors la plus riche province de la république, qu'il désola par ses rapines. Les Siciliens chargèrent Cicéron de le poursuivre. De son côté, il se fit défendre par Hortensius, et il eut l'appui des Métellus et des Scipions. Mais tous les efforts qu'on put faire pour lui obtenir un acquittement furent inutiles, et, avant l'expiration des neuf jours consacrés à l'audition des témoins, il s'enfuit à Marseille (Massilia), où il resta 27 ans exilé. Il périt victime des proscriptions d'Antoine.

• **VERRIER** s. m. Ouvrier qui fait du verre et des ouvrages de verre : *le métier de verrier ne dérogeait point à noblesse.* — Celui qui vend des ouvrages de verre, soit en boutique, soit dans les rues : *acheter des ouvrages de verre chez un verrier.* Dans ce sens, il a vieilli : on dit maintenant, FAÏENCIER. — Ustensile de ménage, ordinairement fait d'osier, dans lequel on range les verres à boire, les carafes, etc.

• **VERRIÈRE** s. f. Ustensile de table, espèce de cuvette remplie d'eau, dans laquelle on place les verres.

• **VERRIÈRE** ou **Verrine** s. f. Morceau de verre qu'on met au devant des châsses, des reliquaires, ou devant des tableaux, pour les conserver. (Vieux.)

VERROCCHIO (Andrea) [ver-rok'-ki-o], artiste florentin, né en 1432, mort en 1488. Il était orfèvre, peintre, sculpteur très distingué, et il fut le premier à prendre des moulages des formes humaines pour arriver à un dessin plus exact. Les peintures qu'on lui attribue sont en général apocryphes.

• **VERROTERIE** s. f. [vè-ro-te-rî]. Comm. Menue marchandise de verre, comme grains, bagues, patenôtres, etc. : *on porte beaucoup de verroterie aux sauvages pour trafiquer avec eux.*

• **VERROU** s. m. [vè-rou] (du lat. *veruculum*, petite broche). Pièce de fer plate ou cylindrique, qu'on applique à une porte, afin de pouvoir la fermer, et qui va et vient entre deux crampons : *gros verrou.*

• **VERROUILLER** v. a. [Il mll.]. Fermer au verrou : *verrouiller une porte.* — **Se verrouiller** v. pr. S'enfermer au verrou.

• **VERRUE** s. f. (lat. *veruca*). Poireau, sorte de petite tumeur qui se forme à la surface du corps, surtout au visage et aux mains, et qui paraît due à l'épaississement de l'épiderme. Le meilleur moyen de faire disparaître les verrues est de les cautériser tous les trois jours avec l'acide nitrique.

• **VERRUQUEUX, EUSE** adj. Hist. nat. Qui a des verrues ou qui est parsemé de verrues.

• **VERS** s. m. [vèr] (lat. *versus*). Assemblage de mots mesurés et cadencés selon certaines règles fixes et déterminées : *vers latins. Vers grecs.* — S'emploie quelquefois au singulier, dans un sens collectif : *les vers de ce poète, son vers est concis, énergique.* — **VERS LIBRES**, vers de différentes mesures, qui ne sont pas soumis au retour d'un rhythme régulier, comme le sont les stances, les strophes d'une ode. — **VERS BLANCS**, vers non rimés, dans les langues où la rime est en usage : *la langue anglaise a des vers rimés, et admet aussi les vers blancs.*

• **VERS** (lat. *versus*). Préposition de lieu servant à désigner à peu près un certain côté, un certain endroit, une certaine situation : *vers l'orient.* — Se met quelquefois au lieu d'une autre préposition. Ainsi on dit, ENVOYÉ VERS TEL PRINCE D'ALLEMAGNE, ministre auprès de tel prince d'Allemagne. — Environ : *vers les quatre heures.*

VERSAGE s. m. Action de verser.

VERSAILLAIS, AISE s. et adj. De Versailles : qui appartient à cette ville ou à ses habitants.

VERSAILLES, ch.-l. du dép. de Seine-et-Oise, à 19 kil. S.-O. de Paris, au milieu d'une plaine sans eau; par 48° 47' 56" lat. N. et par 0° 12' 44" long. O.; 48.000 hab. — Avant Louis XIV, cette ville n'existait pas; mais le grand roi ayant résolu d'abandonner la résidence de Saint-Germain, parce que la vue des caveaux des rois, lui était désagréable, fit élever en cet endroit, jusqu'alors désert, une ville toute neuve suivant ses idées et le goût de son époque. C'est pourquoi Versailles est bâtie avec une régularité monotone. Le palais imposant qu'il s'y fit construire ne mesure pas moins de 415 m. de long. ; c'est un édifice majestueux, mais qui manque d'unité. Il y a été établi par Louis-Philippe (1837) *un musée historique* renfermant des statues et des tableaux qui représentent les événements ou les personnages de notre histoire militaire. Pour les vastes pièces d'eau des jardins, on essaya de détourner la rivière d'Eure et l'on commença l'aqueduc de Maintenon; mais cet ouvrage demeura inachevé et l'on dut y suppléer par la machine de Marly. 36,000 hommes et 6,000 chevaux furent occupés à la fois au terrassement des jardins et du parc. — Le parc relie le grand et le petit Trianon au palais. (Voy. TRIANON.) C'est à Versailles que résida à peu près continuellement sa cour depuis 1682 jusqu'à la Révolution. C'est à Versailles que se réunirent les états généraux et que se forma l'Assemblée nationale; c'est là que la cocarde tricolore fut foulée aux pieds; et la cour du ministre à Paris avec l'Assemblée nationale, après le soulèvement du 6 oct. 1789. C'est encore à Versailles, devenu le quartier général du roi de Prusse (19 sept. 1870 - 6 mars 1871) que Guillaume fut proclamé empereur d'Allemagne (18 janv. 1871) et que furent signées la capitulation de Paris (28 janv.) et les préliminaires de paix (26 fév.). Quelques jours plus tard, le palais devint le siège du nouveau gouvernement français et le centre d'opération de l'armée chargée de vaincre l'insurrection communaliste de Paris. Versailles reprit son calme accoutumé lorsque les Chambres se transportèrent de nouveau à Paris en 1879.

• **VERSANT, ANTE** adj. Qui verse facilement, qui est sujet à verser. N'est usité qu'en parlant des carrosses et autres voitures semblables : *les carrosses haut suspendus sont fort versants.*

• **VERSANT** s. m. La pente d'une des côtés d'une chaîne de montagnes : *le versant septentrional des Pyrénées.*

• **VERSATILE** adj. Qui est sujet à tourner à changer. Ne se dit guère qu'au moral : *un esprit versatile.*

• **VERSATILITÉ** s. f. Qualité de ce qui est versatile : *une grande versatilité d'esprit, de caractère, de sentiments.*

• **VERSE (À)** loc. adv. N'est employée que dans cette phrase, IL PLEUT À VERSE, il pleut abondamment. (Voy AVERSE.)

• **VERSE** adj. m. Géom. N'est usité que dans cette locution, LE SINUS VERSE D'UN ANGLE, la partie du rayon du cercle qui est comprise entre l'arc et le pied du sinus.

• **VERSÉ, ÉE** part. passé de VERSER. — Adj. Exercé, expérimenté : *c'est un homme versé dans les affaires.*

* VERSEAU s. m. Astron. L'un des douze signes du zodiaque, celui que, par la suite de la révolution annuelle de la terre, le soleil semble parcourir du 20 janv. au 20 fév. à peu près : *le signe du Verseau.*

* VERSEMENT s. m. Fin. Action de verser de l'argent dans une caisse : *faire un versement.*

* VERSER v. a. (lat. *versare*). Epancher, répandre, transvaser : *verser de l'eau dans une aiguière, dans une cruche.* — Se dit en parlant des grains, dans le même sens qu'en parlant des substances liquides : *verser du blé dans un sac.*—Absol. Mettre du vin ou quelque autre boisson dans un verre : *verser à boire.* — Se dit aussi en parlant des espèces d'or et d'argent, des sommes, des fonds qu'on apporte à une caisse, qu'on vient y déposer : *verser des fonds dans une caisse.*—Verser v. n. Se dit d'un carrosse, d'une charrette, et de toute autre voiture, lorsque par accident elle tombe sur le côté. On le dit pareillement des personnes qui sont dans la voiture : *les cabriolets qui sont suspendus trop haut sont sujets à verser.* — Se dit encore en parlant des blés sur pied, lorsque la pluie ou le vent les couche : *s'il pleut longtemps, les blés verseront.*

* VERSET s. m. Petite section composée ordinairement de deux ou trois lignes, et contenant le plus souvent un sens complet. Ne se dit guère que en parlant des livres de l'Ecriture : *les chapitres de l'Ecriture sainte sont divisés par versets.* — Se dit aussi de quelques paroles tirées ordinairement de l'Ecriture, et suivies quelquefois d'un répons, qu'on dit, qu'on chante dans l'office de l'Eglise : *chanter un verset et un répons.* — Par ext. Signe d'imprimerie qui sert à marquer les versets, et qui a la forme d'un V barré (℣).

VERSEUR s. m. Appareil établi à l'orifice d'un puits, d'une mine, etc. pour vider les wagons. — Verseuse s. f. Ustensile qui sert à verser le café.

VERSICOLORE adj. (lat. *versus*, varié ; *color*, couleur). Qui a diverses couleurs.

* VERSICULES ou Versiculets s. m. pl. Dimin. de vers : *trouvez-vous ces versiculets passables?*

* VERSIFICATEUR s. m. Celui qui fait des vers. — Particul. Celui qui a plus de facilité pour la construction des vers, qu'il n'a de génie et d'invention : *bon versificateur.*

* VERSIFICATION s. f. Art de faire les vers ; manière de tourner les vers : *les règles de la versification.*

* VERSIFIÉ, ÉE part. passé de VERSIFIER. Ne se dit guère que dans ces locutions, UNE PIÈCE BIEN VERSIFIÉE, MAL VERSIFIÉE, une pièce dont les vers sont bien tournés, mal tournés : *voilà une pièce bien versifiée, mais les idées en sont communes.*

* VERSIFIER v. n. Faire des vers.

* VERSION s. f. (lat. *versio*). Interprétation, traduction d'une langue en une autre : *la version de la Bible.* Lorsqu'il s'agit de la traduction d'un livre, le plus grand usage de ce mot est en parlant des anciennes traductions de l'Ecriture. — Particul. Traduction que les écoliers font dans les collèges d'une langue ancienne en leur propre langue : *son fils a remporté le prix de version latine, de version grecque.* — Manière de raconter un fait : *cette version n'est pas fidèle.*

* VERSO s. m. La seconde page, le revers d'un feuillet. Se dit par opposition à recto, qui signifie la première page du feuillet : *vous trouverez ce passage folio 42 verso.* — DES VERSOS.

VERSOIR s. m. Agric. Partie de la charrue qui sert à renverser la terre détachée par le soutre.

* VERSTE s. f. Mesure itinéraire de Russie, qui vaut 500 toises ou 1 kil. 67 m. : *mille verstes.*

* VERT, ERTE adj. (lat. *viridis*). Qui est de la couleur verte, la couleur des feuilles des arbres : *drap vert.* — Se dit aussi des arbres, des plantes qui ont encore quelque sève : *cet arbre n'est pas mort comme vous le dites, il est encore vert.* — Se dit également du bois qui n'a pas encore perdu son humidité naturelle depuis qu'il est coupé : *ce bois ne brûlera pas, il est bien vert.* — PIERRES VERTES, pierres fraîchement tirées de la carrière. — CUIR VERT, cuir qui n'a pas été corroyé. — Qui n'est pas encore dans la maturité requise : *ces fruits sont trop verts pour les cueillir.* — VIN VERT, vin qui n'est pas encore assez mûr, assez fait. — POIS VERTS, pois nouveaux, par opposition aux pois qui se gardent secs. — Fig. Ferme, résolu : *c'est un homme vert, qui ne passe rien, il faut être exact avec lui.*

* VERT s. m. La couleur verte, la couleur des herbes et des feuilles des arbres : *vert-brun.* — Toute couleur verte préparée pour la peinture ou la teinture : *vert d'iris.* — Se dit aussi des herbes qu'on fait manger vertes aux chevaux dans le printemps : *mettre des chevaux au vert.* — Se dit encore de l'acidité du vin qui n'est pas encore bien mûr : *ce vin-là a du vert, mais ce vert se changera, tournera en sève.* — Se dit de certaines roches, de certains marbres : *vert antique.* — BAUME VERT, appelé aussi baume de Marie ou baume de Calaba, baume naturel verdâtre qui découle de différentes espèces de calaba. — BAUME VERT DE METZ ou baume de Feuillet, appelé aussi *huile verte*, mélange pharmaceutique d'huile de lin et d'olive, de térébenthine, d'huiles volatiles de genièvre et de girofle, de carbonate de cuivre, de sulfate de zinc et d'aloès. On l'emploie pour panser les ulcères atomiques avec chairs baveuses. — VERT DE MONTAGNE, terre verte, colorée par le cuivre. — ʌ PRENDRE SANS VERT, prendre au dépourvu.

VERT ou **Verd (Cap)**, cap le plus occidental de l'Afrique, par 14° 43' lat. N. et 19° 54' long. O.

VERT (Îles du Cap-), colonie portugaise, consistant en 14 îles volcaniques de l'océan Atlantique, à 525 kil. O. du cap Vert ; environ 4,400 kil carr., 70,175 hab. Sol sec, mais fertile ; climat très chaud ; mais tempéré par la brise de la mer. Plusieurs saisons s'écoulent quelquefois sans qu'il tombe une goutte de pluie. Culture de toutes les plantes d'Europe méridionale et de l'Afrique occidentale. La principale, Santiago, longue de 80 kil. sur 50 de large ; 22,000 hab. Le gouverneur réside à Porto Praya, capitale de Santiago. Ces îles ont été découvertes par les Portugais en 1450.

VERTAIZON, ch.-l. de cant., arr. et à 20 kil. E. de Clermont-Ferrand (Puy-de-Dôme), sur l'Allier ; 2,000 hab. Ruines d'un ancien château fort.

* VERT-DE-GRIS s. m. Sorte de rouille verte produite par un sel qui se forme à la surface des objets de cuivre, lorsqu'on néglige de les nettoyer, et surtout lorsqu'ils demeurent quelque temps exposés à l'action réunie de l'air et des acides : *le vert-de-gris est un poison.* — Composé d'oxyde de cuivre et d'acide acétique produit par l'action du cuivre sur le marc de raisin. C'est ce qu'on nomme autrement VERDET.

VERT-DE-GRISÉ, ÉE adj. Couvert de vert-de-gris.

VERT-DE-GRISER (Se) v. pr. Se couvrir de vert-de-gris.

* VERTÉBRAL, ALE, AUX adj. Anat. Qui a rapport aux vertèbres : *colonne vertébrale.*

* VERTÈBRE s. f. (rad. lat. *vertere*, tourner).

Anat. Un des os qui, s'articulant les uns avec les autres, composent l'épine du dos, chez l'homme et chez un grand nombre d'animaux : *la première, la seconde vertèbre.* (Voy. SQUELETTE.)

* VERTÉBRÉ, ÉE adj. Hist. nat. Se dit des animaux qui ont des vertèbres, par opposition à ceux qui n'en ont pas, tels que les mollusques, les vers, etc. : *les animaux vertébrés.* — Substantiv. Les vertébrés se divisent en quatre classes : *les mammifères, les oiseaux, les reptiles et les poissons.*

VERTEILLAC [*ll* mll.], ch.-l. de cant., arr. et à 14 kil. N. de Ribérac (Dordogne) ; 500 habitants.

* VERTEMENT adv. Avec fermeté, avec vigueur : *il lui parla, il lui répondit, il le réprimanda vertement.*

VERTEUIL [*l* mll.], comm. de l'arr. et à 6 kil. de Ruffec (Charente), sur la Charente ; 4,200 hab. Eglise du xv° siècle. Beau château de la famille La Rochefoucauld. En sept. 1567, il s'y tint un synode protestant.

VERTEX s. m. [vèr-tèkss] (lat. *vertex*). Anat. Sommet de la tête.

* VERTICAL, ALE, AUX adj. (du lat. *vertex*, *verticis*, sommet). Mathémat. Perpendiculaire au plan de l'horizon : *ligne verticale.* — Substantiv., au fém., UNE VERTICALE, une ligne verticale.

* VERTICALEMENT adv. Perpendiculairement au plan de l'horizon.

* VERTICALITÉ s. f. Qualité, état de ce qui est vertical.

* VERTICILLE s. m. [-si-le] (lat. *verticillus*). Bot. Assemblage de fleurs et de feuilles disposées circulairement autour d'un même point de la tige.

* VERTICILLÉ, ÉE adj. Bot. Qui forme des anneaux. Se dit des fleurs et des feuilles des plantes, lorsqu'elles naissent en verticilles autour de la tige : *feuilles verticillées.*

* VERTICITÉ s. f. Faculté qu'a un corps de se diriger plutôt d'un côté que d'un autre.

* VERTIGE s. m. (lat. *vertigo*). Tournoiement de tête, indisposition dans laquelle il semble à ceux qui en sont atteints, que toutes choses tournent autour d'eux, ou qu'ils tournent eux-mêmes : *quand on regarde du haut de cette tour en bas, on éprouve des vertiges.* — Fig. Egarement de sens, folie momentanée : *on ne passe point tout à coup d'une condition si humble à un rang si élevé, sans éprouver quelque vertige.* — ESPRIT DE VERTIGE, esprit d'erreur, de folie, d'égarement : *il répandit alors un esprit de vertige.*

VERTIGINEUX, EUSE adj. Méd. Qui a des vertiges, qui est sujet aux vertiges. (Peu us.) — Se dit aussi de ce qui cause le vertige : *hauteur vertigineuse.*

VERTIGO s. m. (mot lat. qui vient de *vertere*, tourner). Caprice, fantaisie : *quand son vertigo lui prend.* — Maladie des chevaux : *ce cheval a le vertigo.* — Symptôme fréquent de trouble cérébral accompagné ou non d'obscurcissement visuel, et dans lequel les objets paraissent tourner autour de vous. Il annonce souvent une attaque prochaine d'apoplexie, d'épilepsie ou de paralysie.

VERTOT (René AUBERT DE), historien français, né au château de Bennetot (pays de Caux) en 1656, mort en 1735. Il fut tour à tour moine, prêtre séculier, historiographe des chevaliers de Malte, et secrétaire du duc et de la duchesse d'Orléans. Ses œuvres comprennent : *Histoire des chevaliers hospitaliers de Saint-Jean de Jérusalem* (1726, 4 vol. in-4°), *les Histoires des révolutions de Portugal, de Suède et de la république romaine.*

VERTOU, ch.-l. de cant., arr. et à 8 kil.

S.-E. de Nantes (Loire-Inférieure), sur la Sèvre-Nantaise ; 1,200 hab.

* **VERTU** s. f. (lat. *virtus*). Disposition ferme, constante de l'âme, qui porte à faire le bien et à fuir le mal : *vertus naturelles, acquises, surnaturelles* ou *infuses.* — Disposition particulière propre à telle ou telle espèce de devoirs ou de bonnes actions : *vertu chrétienne.*

> *Qu'est-ce qu'une vertu qui ne s'indigne pas!*
> Ponsard. *Charlotte Corday*, acte I⁽ᵉʳ⁾, sc. 1ʳᵉ.

— Se dit quelquefois des personnes vertueuses : *persécuter la vertu.* — Prov. Faire de nécessité vertu, se résoudre à faire avec courage et de bonne grâce, une chose qui est désagréable, pénible, mais qu'on ne peut pas se dispenser de faire. — Chasteté, pudicité ; ne se dit guère qu'en parlant des femmes : *au milieu d'un monde corrupteur, cette femme a su conserver sa vertu.* — Qualité qui rend propre à produire quelque effet, qui donne la force de produire quelque effet: *les vertus des plantes, des minéraux.* —pl. Théol. Nom d'un des ordres de la hiérarchie céleste : *les Dominations, les Vertus, les Puissances,* etc. — En vertu loc. prépos. En conséquence, à cause du droit, du pouvoir : *il a saisi en vertu d'un jugement.*

* **VERTUEUSEMENT** adv. D'une manière vertueuse : *elle a toujours vécu vertueusement.*

* **VERTUEUX, EUSE** adj. Qui a de la vertu : *il est fort vertueux.* — Se dit quelquefois de ce qui est inspiré par la vertu : *une résolution, une action vertueuse.* — Cette femme est vertueuse, elle est chaste.

* **VERTUGADIN** s. m. Espèce de bourrelet que les dames portaient jadis au-dessous de leur corps de robe : *on ne porte plus de vertugadins.*

VERTUMNALIES s. f. pl. Fêtes qu'on célébrait en l'honneur de Vertumne.

VERTUMNE (**Vertumnus** ou **Vortumnus**), divinité étrusque ou sabine, à laquelle les anciens Romains rendaient un culte parce qu'elle présidait aux saisons, à la floraison et à la fructification des arbres et des plantes. On célébrait en son honneur, le 23 août, une fête appelée les *Vertumnalies.*

VERTUS, ch.-l. de cant., arr. et à 28 kil. O.-S.-O. de Châlons-sur-Marne (Marne) ; 3,500 hab.

VÉRUS (Lucius) [vé-russ]. Voy. Marc-Aurèle.

* **VERVE** s. f. (lat. *verbum*, parole). Chaleur d'imagination qui anime le poète, l'orateur, l'artiste dans la composition de leurs ouvrages : *verve poétique.* — Caprice, bizarrerie, fantaisie : *quand sa verve le prend, lui prend.*

* **VERVEINE** s. f. [vèr-vè-ne] (lat. *verbena*). Bot. Genre de verbénacées, comprenant un grand nombre d'espèces d'herbes et d'arbris-

Verveine hybride de jardin.

seaux qui croissent dans les pays chauds, surtout dans les régions tropicales. La *verveine commune* (*verbena officinalis*) est une belle plante indigène qui fleurit dans nos

champs et le long de nos prés. Les anciens l'employaient dans leurs cérémonies religieuses et dans les conjurations magiques; les médecins la nommaient *herbe à tous maux.* Mais ce n'est plus qu'une plante d'ornement. — La *verveine odorante* ou *verveine citron* appartient à un genre différent de la même famille; c'est la *lippia citriodora*, arbrisseau bas, à branches faibles, originaire du Chili; ses feuilles sont pleines de points glanduleux qui contiennent une huile volatile odorante.

* **VERVELLE** s. f. (lat. *vertebellum*). Espèce d'anneau qu'on met au pied d'un oiseau de fauconnerie, et sur lequel on grave le nom ou les armes de celui à qui l'oiseau appartient.

* **VERVEUX** s. m. Pêche. Sorte de filet à prendre du poisson : *le verveux est une espèce de nasse de réseau soutenue sur des cerceaux.*

VERVIERS [vèr-vié], *Verveniæ*, ville de Belgique, province et à 35 kil. E. de Liège et à 139 kil. N.-E. de Bruxelles, sur la Vesdre ; 45,000 hab. — Fameuses fabriques de draps, dont la production annuelle est évaluée à 100 millions de francs.

VERVINS[vèr-vain], *Verbinum*, ch.-l. d'arr. du dép. de l'Aisne, à 40 kil. N.-N.-E. de Laon, sur le ruisseau du Vilpion, par 49° 50' 8'' lat. N. et 1° 34' 16'' long. E., et 175 m. d'altitude au clocher; 3,102 hab. Fabriques de tricots de laine ; commerce de toiles. Ancien titre de marquisat qui appartint à la maison de Coucy. Hospice fondé par les sires de Coucy. — Restes de fortifications. — Traité de Vervins, 2 mai 1598, entre Henri IV et Philippe II d'Espagne. Ce dernier rendit toutes les places de Picardie, mais garda Cambrai et le comté de Charollais.

VERVOIJS (Eeloco), littérateur des Pays-Bas, né à Deventer, le 47 juillet 1830, mort à Arnhem, le 28 mars 1880. Après avoir achevé ses études à l'université de Leide, il fut nommé professeur à Franeker, puis archivaire de la province de Frise (1862). En 1860, il devint le collaborateur de De Vries dans la rédaction du *Grand Dictionnaire néerlandais.* Ses études portèrent principalement sur la langue et la littérature du moyen âge et du XVII° siècle. Il a publié : *Bloemlering uit Middelnederl. dichters* (2° édit., 4 vol.); *J. van Maerlants Wapene Martijn* (1857), et *Spieghel Historiael* (1858-'63, 3 vol.); *Die Rose van Henric van Aken* (1868). Dans les *Nederlandsche Klassieken*, il fit paraître des éditions commentées d'œuvres de Vondel, de Hooft, de Huyghens, de Bredero, de Brandt, etc., dans la *Bibliotheek van Middelnederl, letterkunde* le *Roman van Cassanus, Van Vrouwen ende van Minne, Maerlants Naturen Bloeme*. Il rédigea en même temps avec Cosijn le *Faal-en Letterboek.*

VERZY, ch.-l. de cant., arr. et à 16 kil. S.-E. de Reims (Marne) ; 1,500 hab.

VÉSALE (Andreas) [lat. *Vesalius*), médecin flamand, né à Bruxelles en 1514, mort en 1564. Il devint le premier aide de Gunther à Paris, et il découvrit en 1536, l'origine des vaisseaux sanguins spermatiques. En 1540, il fut nommé professeur d'anatomie à Pavie, en 1543 à Bologne, et peu après à Pise ; il fut ensuite premier médecin de Charles-Quint et de Philippe II. En 1543, parut son grand ouvrage sur l'anatomie : *De Corporis humani Fabrica* (édit. augmentée, 1555), qui souleva l'opposition la plus ardente, parce qu'il y dévoilait les erreurs de l'école de Galien. En 1563 ou 1564, il quitta brusquement Madrid pour faire un pèlerinage à Jérusalem, et au retour il fit naufrage sur l'île de Zante, où il périt. Ses œuvres complètes, avec sa

vie, ont été publiées à Leyde en 1725 (2 vol. in-fol.)

* **VÉSANIE** s. f. [vé-za-nl] (lat. *vesania*). Méd. Nom générique sous lequel plusieurs médecins comprennent les différentes espèces d'aliénations mentales.

* **VESCE** s. f. [vè-se] (lat. *vicia*). Bot. Genre type des papilionacées viciées, voisin des gesses et comprenant environ 150 espèces de plantes herbacées grimpantes. La *vesce cultivée* (*vicia sativa*) est aujourd'hui si répandue partout, qu'il est impossible de dire quel est son pays d'origine; on pense seulement qu'elle provient de l'Europe méridionale. Ses graines lisses, presque rondes, sont recherchées par les pigeons.

VESCOVATO, ch.-l. de cant., arr. et à 26 kil. S. de Bastia (Corse) ; 4,500 hab.

VESERONCE, comm. du cant. de Morestel, arr. et à 12 kil. de la Tour-du-Pin (Isère); 1,300 hab. Gondemar, roi des Burgondes, y battit Clodomir, roi d'Orléans, qui y fut tué (524) ; ainsi fut vengé le meurtre de Sigismond, frère de Gondemar.

* **VÉSICAL, ALE, AUX** adj. Anat. Qui a rapport à la vessie : *artères vésicales.*

VÉSICANT, ANTE adj. Qui produit des ampoules sur la peau.

VÉSICATION s. f. (du lat. *vessica*, vessie). Action, effet des vésicatoires.

* **VÉSICATOIRE** adj. [vé-zi-]. Méd. Qui fait venir des ampoules, qui détermine le soulèvement de l'épiderme: *onguent vésicatoire.* — s. m. Topique appliqué sur la peau pour y amener une sécrétion séreuse de nature à agir comme dérivatif ou à combattre les engorgements internes ou les épanchements pleurétiques. Un vésicatoire est ordinairement composé de poix blanche, de térébenthine et de poudre de cantharides. Pour obvier aux graves inconvénients que présente l'usage de la cantharide, on applique le vésicatoire ou on ne le pose pas directement sur la peau, dont on le sépare par un papier de soie. Quand il a fait soulever suffisamment l'épiderme, on l'enlève délicatement et on perce l'ampoule, afin d'en laisser échapper la sécrétion; on panse avec un cataplasme de farine de lin, puis avec le taffetas gommé pour le vésicatoire volant; ou avec la pommade de garou étendue sur du diachylum pour le vésicatoire entretenu. — Par ext. Plaie causée par l'application du vésicatoire : *il a un vésicatoire au bras.*

VÉSICULAIRE adj. Qui est en forme de vésicule.

* **VÉSICULE** s. f. Anat. Sac membraneux semblable à une petite vessie : *la vésicule du fiel.* — Icht. Vésicule aérienne. (Voy. Vessie natatoire.)

VÉSICULEUX, EUSE adj. Hist. nat. Qui est fait à la manière d'une vessie.

VÉSINET (Le), comm. du dép. de Seine-et-Oise, à 5 kil. de Saint-Germain; 2,000 hab. Champ de courses. Bel asile pour les femmes convalescentes, fondé en 1855.

VÉSIQUÉ, ÉE adj. Qui est soulevé en forme d'ampoule; qui forme ampoule.

* **VÉSOU** s. m. Suc liquide qui sort de la canne à sucre écrasée par le moulin.

VESOUL, *Visolium*, *Vesulum*, *Vesulium*, ch.-l. du dép. de la Haute-Saône, à 362 kil E.-S.-E. de Paris, sur le Durgeon, par 47° 37' 26''lat. N. et par 3° 49' 6'' long. E.; 8,000 hab. Grains, fer, vins, bestiaux, fourrages, cuirs, etc. Musée riche en antiquités celtiques et romaines. Cette ville, autrefois fortifiée, fut prise par Louis XI en 1478 et par Turenne en 1644 ; elle fut définitivement réunie à la France en 1678. Les Allemands s'en emparèrent le 18 oct. 1870.

VESPASIEN (Titus-Flavius-Sabinus VES-PASIANUS), empereur romain, né en 9 après J.-C.; mort le 24 juin 79. Il servit en Thrace, en Crète, en Allemagne, reçut les honneurs du triomphe, et en 51 fut créé *consul suffectus*. Plus tard, il gouverna l'Afrique avec le titre de proconsul. A la fin de l'année 66, il reçut le commandement de l'armée employée contre les Juifs, et, en deux ans, il réduisit la Judée. Lorsque la guerre civile éclata entre Othon et Vitellius, le préfet d'Égypte proclama Vespasien empereur à Alexandrie (1er juillet 69). Vitellius fut battu et mis à mort, et Vespasien arriva en Italie en 70. Son règne fut heureux en paix et en guerre. Il rétablit l'ordre dans les finances, et répara les désastres causés par les commotions intérieures. Ses deux fils, Titus et Domitien, montèrent sur le trône l'un après l'autre.

VESPASIENNE s. f. (de *Vespasien*, parce que cet empereur avait établi un impôt sur les urinoirs). Urinoir public.

* **VESPER** s, m. [vèss-pèr]. Planète Vénus lorsqu'elle paraît le soir. On dit aussi ÉTOILE DU SOIR.

    Vesper commence à rayonner.
                  BOILEAU.

VESPÉRAL, ALE adj. (rad. lat. *vesper*, soir). Qui appartient au soir. — s. m. Livre d'église qui contient l'office des vêpres.

* **VESPÉRIE** s. f. (du lat. *vesper*, soir). Le dernier acte de théologie ou de médecine que soutenait autrefois un licencié avant de prendre le bonnet de docteur, et où celui qui présidait donnait quelques avis, quelques instructions au répondant: *soutenir une vespérie.*

* **VERPÉRISER** v. a. Réprimander quelqu'un: *il l'a terriblement vespérisé.*

VESPERTILION s. m. (lat. *vespertilio*). Mamm. Genre de petits cheiroptères. (Voy. CHAUVE-SOURIS.)

* **VESPÉTRO** s. m. Sorte de ratafia, auquel on attribue un grand nombre de propriétés, et qui est surtout employé comme stomachique et carminatif: *une bouteille de vespétro.*

VESPIEN, IENNE adj. (lat. *vespa*, guêpe). Entom. Qui ressemble ou qui se rapporte à la guêpe. — s. m. pl. Famille d'hyménoptères, ayant pour type le genre guêpe.

VESPRÉE s. f. (du lat. *vesper*, soir). Soirée, fin du jour.

VESPUCE. Voy. AMÉRIC.

VESSARD, ARDE s. Pop. Poltron, peureux.

* **VESSE** s. f. Vent d'une odeur désagréable, qui sort sans bruit par le derrière: *faire une vesse; lâcher une vesse.*

VESSE-DE-LOUP ou **Vesse-loup** s. f. Voy. LYCOPERDON.

* **VESSER** v. n. (lat. *vissire*). Lâcher une vesse: *il vesse; il vesse comme un daim.*

* **VESSEUR, EUSE** s. Celui, celle qui vesse, qui a l'habitude de vesser. — UN VESSEUR, un poltron.

* **VESSIE** s. f. (lat. *vesica*). Sac ou réservoir membraneux, servant à recevoir ou à contenir l'urine: *la vessie est située dans le bassin entre le rectum et l'os pubis.* — Partie tirée du corps de l'animal et desséchée: *vessie de cochon.* — Petite ampoule sur la peau: *la poudre de cantharides fait élever des vessies.* — VESSIE NATATOIRE, sac membraneux rempli d'air, qu'on trouve dans la plupart des poissons et qui est destiné à les rendre plus ou moins légers, selon qu'ils veulent descendre dans l'eau ou monter à sa surface.

* **VESSIGON** s. m. Art vétér. Tumeur molle qui survient sur l'une des parties latérales du jarret du cheval.

* **VESTA** s. f. Astron. Nom d'un astéroïde qui fut découvert le 29 mars 1807, par Olbers, de Brême.

VESTA, nom romain de la déesse de l'intérieur ou du foyer, que les Grecs appelaient Hestia. Dans son temple, elle n'était pas représentée par des statues, mais par le feu symbolique qui y était perpétuellement entretenu sur le foyer ou autel. En Grèce, les prêtresses de Vesta étaient des veuves; à Rome, c'étaient des jeunes filles que l'on nommait vierges vestales. Les vestales romaines veillaient à l'entretien du feu sacré de l'autel, et aussi au Palladium. On confiait à leur garde les testaments et les traités solennels, et on leur rendait les plus grands honneurs. Une importance extrême s'attachait à leur chasteté. Si l'une d'elles la perdait, elle était, dans les premiers temps lapidée, et plus tard enterrée vivante.

* **VESTALE** s. f. Nom que les Romains donnaient à des vierges consacrées à la déesse Vesta: *une vestale qui manquait à la chasteté, était punie de mort.* — Fig. Femme, fille qui est d'une chasteté exemplaire: *c'est une vestale.* — Vestale (La). l, opéra à 3 actes, représenté à Paris (Académie de musique), le 11 déc. 1807; musique de Spontini, sur un livret de Jouy; grand succès, malgré les pronostics du jury de l'Opéra qui n'avait accepté la pièce que sur l'ordre de Napoléon. — II, opéra à 3 actes, représenté aux Italiens en 1841; musique de Mercadante.

* **VESTE** s. f. (lat. *vestis*, vêtement). Vêtement qui se porte sous l'habit, et qui est à quatre pans, dont les deux de devant ont des poches: *veste de satin.* — Habillement long que les Orientaux portent sous leur robe: *longue veste.* — Sorte de vêtement qui tient lieu de l'habit, et dont les basques sont beaucoup plus courtes: *une veste d'ouvrier.* — ⟶ Pop. Insuccès: *remporter une veste.*

* **VESTIAIRE** s. m. Lieu où l'on serre les habits destinés aux religieux et aux religieuses, ou les costumes des membres d'un tribunal, d'une assemblée politique, etc.: *le vestiaire d'un couvent.* — Endroit où l'on dépose momentanément des vêtements. — Dépense que l'on fait pour les habits des religieux et des religieuses, ou argent qu'on leur donne pour s'habiller. — Réunion de charité où des dames s'occupent à faire des vêtements pour les pauvres; endroit où se tiennent ces réunions: *le vestiaire de Saint-Sulpice.*

VESTIBULAIRE adj. Qui appartient au vestibule de l'oreille.

* **VESTIBULE** s. m. (lat. *vestibulum*). Pièce d'un édifice qui s'offre la première à ceux qui entrent, et qui sert de passage pour aller aux autres pièces: *un grand vestibule.* — Anat. Cavité irrégulière qui fait partie du labyrinthe ou de l'oreille interne.

* **VESTIGE** s. m. (lat. *vestigium*). Empreinte du pied d'un homme ou d'un animal, marquée dans l'endroit où il a marché: *il n'y parait aucun vestige.* Est plus usité au pluriel: *je vois des vestiges d'homme.* — Certaines marques qui montrent que la terre, et qui montrent qu'il y a eu dans le lieu où elles se trouvent des maisons, des fortifications, des remparts, des retranchements, etc.: *il y avait là autrefois un château, une ville, on en voit encore les vestiges.* — Fig. *On ne trouve aucun vestige de ce fait dans l'histoire.*

VESTIMENTAL, ALE adj. Qui concerne les vêtements.

* **VESTITURE** s. f. Ensemble des caractères qu'offre la surface d'un corps vivant.

* **VESTON** s. m. Sorte de veste.

VESTRIS [vèss-triss] (à l'origine Vestri), famille de danseurs d'origine italienne, qui

émigrèrent de Florence à Paris vers 1740. I. (Angiolo-Maria-Gasparo), né en 1730, mort en 1809. Il fit sa première apparition à Paris en 1769, au théâtre Italien, où il dansa jusqu'en 1780. — II. (Gaetano-Apollino-Baldassare), son frère, né en 1729, mort en 1808. On l'appelait populairement le dieu de la danse. Il prit sa retraite en 1781. Ses compositions les plus célèbres sont: le *Ballet d'Endymion* et celui du *Nid d'Oiseaux*. — III. (Marie-Auguste), appelé Vestris-Allard ou Vestris II, fils naturel du précédent, né en 1760, mort en 1842. De 1780 à 1816, il fut premier danseur à l'Opéra de Paris; il prit sa retraite en 1849, et fut professeur au Conservatoire jusqu'en 1828. — IV. (Auguste-Armand), fils du précédent, parut d'abord avec son père et son grand-père en 1800, et acquit une grande réputation dans toute l'Europe. — V. (Madame) (BARTOLOZZI), femme du précédent, née à Londres en 1797, morte en 1856. Elle était petite-fille de Bartolozzi, le graveur; elle se maria en 1813, et, en 1815, fit ses débuts sur la scène italienne. Plus tard, elle devint, en Angleterre, une actrice très populaire, surtout dans les rôles d'homme, où elle pouvait faire valoir sa taille. Elle avait une voix de contralto douce et puissante, et chantait admirablement les ballades anglaises. Déjà avancée en âge, elle épousa Charles Mathews le jeune, tout en gardant son ancien nom; elle administra successivement plusieurs théâtres de Londres.

VESUNNA, ville de la Gaule romaine dans la 1re Aquitaine (auj. Périgueux).

VÉSUVE, volcan de l'Italie méridionale, sur la côte orientale de la baie de Naples, à 13 kil. E.-S.-E. de la ville, haut d'environ 1,100 m. La première éruption du Vésuve, dont on ait gardé le souvenir, est celle de 79. Les flancs de la montagne étaient couverts de champs cultivés, et au pied, sur la baie, s'élevaient Pompéi et Herculanum, que l'éruption ensevelit en quelques heures. Sur l'emplacement de cette dernière se trouve aujourd'hui le village de Resina. Dans cette

Vésuve (éruption de 1872).

éruption, il n'y eut de lancé que des scories et des cendres, et il n'y a point de document authentique qui parle de débordement de lave avant 1036. D'autres éruptions se produisirent en 1049, en 1138 ou en 1139 et en 1306; pendant cette dernière, de terribles tremblements de terre secouèrent les contrées voisines, détruisirent Isernia et Brindes, et firent des milliers de victimes. A part une légère éruption en 1500, le Vésuve fut calme jusqu'en 1631. Depuis un siècle, les parois

du cratère s'étaient recouvertes d'arbres et d'arbustes, au-dessous desquels se trouvait une prairie où paissaient les troupeaux. L'éruption, qui commença en déc. 1631 et dura jusqu'en fév. 1632, fut accompagnée de torrents de lave et d'eau bouillante qui inondèrent les villes à la base du volcan, et firent périr un grand nombre de personnes. Dans ᵤ dernier siècle, la fréquence des éruptions augmenta. Celle de juin 1794 détruisit la ville de Torre-del-Greco sous un fleuve de ave qui se jeta à la mer en une masse large le 400 m. et haute de 5 m. En nov. 1855, les flots de lave descendaient jusqu'au village de Cercolo, causant de grands ravages a⋅ns les champs cultivés. En mai 1858, un débordement de lave enveloppa presque la colline où se dresse l'Hermitage. L'éruption de déc. 1861 fut très violente. Onze cônes s'ouvrirent à environ 1 kil. de Torre-del-Greco, et de l'un d'eux sortit une coulée de lave qui menaça la ville. Des crevasses s'ouvrirent dans les rues, et un grand nombre de maisons s'écroulèrent. La montagne fut encore en éruption en mars 1865, et en déc. 1867 jusqu'à l'été de 1868. Le 24 avril 1872, un grand écoulement de lave succéda à une décharge de fumée et de flammes qui durait depuis plusieurs mois. Une grande étendue de terres cultivées fut dévastée, les villages de San Sebastiano et de Massa furent détruits, et beaucoup de personnes y périrent. Les rues de Naples furent recouvertes d'une couche d'un fin sable noir, de plusieurs centim. de profondeur. Il y eut encore une éruption dans la dernière partie de mars. — Le Vésuve se dresse isolé dans la plaine de la Campanie, sur une base d'environ 55 kil. de tour. On y monte de la baie sur le flanc occidental, par une pente douce, jusqu'à environ 5 kil. de la base du cône. Le cône s'élève encore à un angle de 25° à 40°, car sa hauteur varie beaucoup après les éruptions. Son sommet est tronqué et a un diamètre de 600 m. environ. L'intérieur du cratère forme une pente douce jusqu'à une profondeur d'environ 130 m. qui, du reste, varie aussi beaucoup après les éruptions. Les pentes du Vésuve sont cultivées. En 1880, on a terminé la construction d'un chemin de fer funiculaire allant de Naples au sommet de la montagne. (Voy. FUNICULAIRE.)

VÉSUVIEN, IENNE adj. Qui a rapport au Vésuve.

' **VÊTEMENT** s. m. (lat. *vestimentum*). Habillement, ce qui sert à couvrir le corps : *un vêtement léger, chaud, commode.*

' **VÉTÉRAN** s. m. (du lat. *vetus, veteris, vieux*). Se disait chez les Romains, des soldats qui, après avoir servi un certain temps, obtenaient leur congé et les récompenses dues à leurs services : *la république, dans un pressant besoin, fit reprendre les armes aux vétérans.* — Se dit, parmi nous, des soldats qui, en considération de leurs années de service ou pour quelque autre cause, avaient été admis de certaines compagnies chargées d'un service tranquille et sédentaire : *une compagnie de vétérans.* — Se disait autrefois des anciens officiers de magistrature qui, après avoir servi un certain temps, jouissaient encore, en vertu des lettres du prince, d'une partie des prérogatives de leurs charges, quoiqu'ils ne les possédassent plus : *il jouissait des droits de vétéran.* — Se disait aussi, dans quelques académies, de certains membres qui renonçaient à leur place d'académiciens et en conservaient les honneurs. — Dans les collèges, UN VÉTÉRAN DE RHÉTORIQUE, DE SECONDE, etc., un élève qui étudie une seconde année en rhétorique, en seconde, etc.

' **VÉTÉRANCE** s. f. Qualité de vétéran : *la vétérance s'acquiert par un certain nombre d'années de service.*

' **VÉTÉRINAIRE** adj. (lat. *veterinarius*, qui appartient à la médecine des animaux). Il ne se dit qu'en parlant de la médecine des chevaux, des bestiaux, et généralement des animaux domestiques : *médecine vétérinaire.* — Substantiv. Artiste vétérinaire, celui qui connaît et qui traite les maladies des chevaux et des bestiaux : *il faut mener ce cheval, ce bœuf chez le vétérinaire.* — ENCYCL. La médecine vétérinaire était étudiée chez les anciens Egyptiens, les Arabes, les Parsis, les Hindous et les Grecs. Cette science se perdit pour ainsi dire dans la destruction de l'empire d'Orient, et ne commença à revivre qu'à la fin du xvıᵉ siècle, lorsque Carlo Ruini publia son ouvrage sur l'anatomie du cheval. Mais elle ne fit guère de progrès jusqu'en 1762, époque où la fréquence des épizooties parmi les animaux des fermes amena la fondation d'une école vétérinaire à Lyon, promptement suivie d'institutions analogues dans tous les pays de l'Europe. Dans son état actuel, la science vétérinaire embrasse l'anatomie, la physiologie, l'hygiène, l'alimentation et les soins généraux des animaux domestiques, en même temps que leurs maladies, la thérapeutique et la prophylaxie, la théorie de l'élevage, la maréchalerie, les principes des constructions salubres et de ventilation, l'influence des sols et des saisons sur les aliments, l'eau et l'air, les effets du climat sur l'économie animale, les lois qui président aux contagions, etc. — Législ. « La profession de vétérinaire n'est pas, comme celle du médecin, assujettie à des conditions légales qui en restreignent l'exercice; mais les vétérinaires diplômés ont seuls le droit de prendre le titre de vétérinaires; et ils peuvent, comme les médecins, signer des prescriptions permettant aux pharmaciens de délivrer des substances vénéneuses dont le commerce libre est interdit (Ord. 29 oct. 1846, art. 5). Dans chaque département, le préfet fait publier et afficher tous les ans la liste des vétérinaires diplômés qui y exercent leur profession. L'État entretient trois écoles nationales vétérinaires : celle d'Alfort, près Paris, celle de Lyon et celle de Toulouse. On reçoit dans ces écoles des élèves internes, des élèves externes et des auditeurs libres. Pour être admis comme interne ou externe, il faut être âgé de 17 ans au moins et de 25 ans au plus, être pourvu du diplôme de bachelier ès lettres ou ès sciences, ou être admis à l'école après examen. Le prix de la pension est de 600 fr. par an pour les internes, et de 200 fr. pour les externes. Des bourses et des demi-bourses sont entretenues, dans les trois écoles, par le ministère de la guerre, par le ministère de l'agriculture et par les départements. Ces bourses sont accordées, au concours, à des jeunes gens âgés de 18 ans au moins et pourvus du certificat de grammaire. La durée des études est de quatre années, et le programme de l'enseignement a été organisé en dernier lieu par un arrêté du ministre de l'agriculture en date du 8 avril 1878. Les élèves qui ont subi avec succès les examens de sortie reçoivent le diplôme de vétérinaire. On admet, dans chaque école, des animaux en traitement, moyennant une pension payable par quinzaine. — Les vétérinaires militaires sont pris parmi les vétérinaires diplômés. Après avoir passé une année à l'école de cavalerie de Saumur comme élèves vétérinaires, ils sont nommés aides-vétérinaires. Ils peuvent obtenir successivement les grades de vétérinaire en second, de vétérinaire en premier, de vétérinaire principal de 2ᵉ classe et de 1ʳᵉ classe. Le cadre tout spécial des vétérinaires de l'armée est compris dans les tableaux annexés à la loi du 13 mars 1875. »
(CH. Y.)

' **VÉTILLARD, ARDE** s. [ll mll.]. Voy. VÉTILLEUR.

' **VÉTILLE** s. f. [ll mll.]. Bagatelle, chose de peu de conséquence, de nulle conséquence : *il ne s'amuse qu'à des vétilles.*

' **VÉTILLER** v. n. S'amuser à des vétilles : *il ne fait que vétiller.* — Faire des difficultés sur de petites choses : *on ne peut rien faire avec lui, parce qu'il ne cesse de vétiller.*

' **VÉTILLEUR, EUSE** s. Celui, celle qui s'amuse à des vétilles ou à de petites difficultés : *c'est un grand vétilleur.*

' **VÉTILLEUX, EUSE** adj. Qui demande qu'on prenne des soins minutieux, qu'on fasse attention aux plus petits détails : *ouvrage vétilleux.* — Se dit aussi des personnes qui s'amusent, qui s'arrêtent à des vétilles : *cet homme-là est bien vétilleux, est trop vétilleux.*

' **VÊTIR** v. a. (lat. *vestire*). Je vêts, tu vêts, il vêt; nous vêtons, vous vêtez, ils vêtent. Je vêtais. Je vêtis. J'ai vêtu. Je vêtirai. Vêts; vêtons, vêtez. Que je vête. Que je vêtisse. Vêtant. Le singulier du présent de l'indicatif et l'impératif ne sont guère usités. Habiller, donner des habits à quelqu'un : *c'est une des œuvres de miséricorde de vêtir les pauvres, de vêtir les nus.* — Se vêtir v. pr. Mettre son habillement sur soi, s'habiller : *il est longtemps à se vêtir.*
De leurs molles brebis se vêtissent.
DELILLE. *Le Paradis perdu*, liv. VII.

' **VÉTIVER** s. m. [-vér]. Bot. Espèce d'andropogon dont les racines très odorantes servent à préserver le linge et les vêtements de l'atteinte des insectes.

' **VETO** s. m. [vé-to] (mot lat. signifiant : *je m'oppose, j'empêche*). Formule qu'employait à Rome tout tribun du peuple, lorsqu'il s'opposait aux décrets du sénat, ou aux actes des magistrats. Cette formule s'était conservée dans les diètes de Pologne, où chaque nonce pouvait, en la prononçant, arrêter toute délibération législative. On l'emploie aujourd'hui, en parlant de certains gouvernements, pour exprimer le refus que fait le roi ou chef de l'État, de sanctionner une loi proposée ou adoptée par le parlement, par les chambres : *en Angleterre, le roi a le veto, le droit de veto.* — VETO ABSOLU, VETO SUSPENSIF, la faculté de refuser à un acte législatif le caractère de loi, ou pour toujours, ou pour un temps limité. — Fig. et fam. J'Y METS MON VETO, je m'oppose à cela.

' **VÊTU, UE** part. passé de VÊTIR. — Se dit, particul. en parlant des habits de dignité : *le roi était vêtu de ses habits royaux.*

' **VÊTURE** s. f. Cérémonie qui se fait dans les couvents, lorsqu'on donne l'habit à un religieux, à une religieuse, et qui précède communément la prise ou la profession solennelle : *assister à une vêture.* On dit plus ordinairement, PRISE D'HABIT. — Pop. Vêtement : *dans les magasins de confection, le public prend vêture à sa taille.*

' **VÉTUSTÉ** s. f. (lat. *vetustas*). Ancienneté. Se dit principalement en parlant des choses que le laps de temps a fait dépérir, a détériorées : *cette chapelle, cet arbre tombe de vétusté.*

' **VÉTYVER** s. m. Voy. VÉTIVER.

' **VEUF, VEUVE** adj. [veuf; la lettre F se prononce même au pluriel] (lat. *vidua*, veuve). Celui dont la femme est morte, et qui n'est point remarié; celle dont le mari est mort, et qui n'est point remariée : *un homme veuf; une femme veuve.* — Substantiv. Celui qui n'a plus sa femme, ou celle qui a perdu son mari : *se vêtir en veuf.* — LE DENIER DE LA VEUVE, ce qu'on donne en prenant sur le nécessaire. — Privé : *église veuve de son curé.* — **Veuve** s. f. Bot. Tulipe panachée de blanc et de violet, et espèce de scabieuse à fleurs d'un noir pourpré. — Ornith. Genre de fringillés, comprenant plusieurs espèces, dont quelques-unes se distinguent par des pennes ou des couvertures supérieures de la queue extrême-

ment allongées chez le mâle. La *veuve domi-*
nicaine (fringilla serena) a le plumage blanc
et noir, d'où le nom de tout le genre.

VEUGLAIRE s. f. Nom donné au vxᵉ siècle
à une bouche à feu qui se chargeait par la
culasse et qui lançait d'énormes boulets
de pierre.

VEUILLOT (Louis), écrivain français, né à
Boynes (Loiret) en 1813, mort le 8 avril 1883.
Journaliste, il eut deux duels ; rédacteur en
chef de l'*Univers* en 1848, il défendit les vues
des ultramontains extrêmes. Il se joignit à
l'abbé Gaume pour dénoncer l'usage des classiques païens dans les collèges des jésuites
et autres, et le père Ventura pour combattre
la philosophie des jésuites comme entachée
de rationalisme. Son journal fut interdit
dans un grand nombre de diocèses, et en 1853
l'évêque d'Orléans en défendit la lecture à
son clergé. En 1860, l'empereur le supprima ;
mais sa réapparition fut autorisée en 1867.
Veuillot demeura à Rome pendant le concile
du Vatican comme correspondant principal de
son journal, qui fut l'organe le plus avancé
des infaillibilistes. Il a laissé : *Les Odeurs
de Paris;* les *Libres penseurs; Çà et là; Rome
pendant le concile;* etc.

* **VEULE** adj. Mou, faible : *je me sens tout
veule.* (Vieux.) — Se dit aussi, d'une terre
trop légère et des branches longues et
faibles : *terre veule.*

* **VEUVAGE** s. m. État de l'homme dont la
femme est morte, et qui n'est point remarié ;
ou de la femme dont le mari est mort, et
qui n'est point remarié : *triste veuvage.*

VEVAY ou **Vevey** (anc. *Vibiscum*), ville du
canton de Vaud (Suisse), à 16 kil. S.-E. de
Lausanne ; 7,884 hab., la plupart protestants.
Elle est construite dans un beau site, à l'entrée de la gorge de la Veveyse, sur le bord
N.-E. du lac de Genève. Le paysage des environs attire des multitudes de touristes,
dont beaucoup se fixent à Vevay, séduits qu'ils
sont par la beauté du climat et le bon marché de la vie.

* **VEXANT, ANTE** adj. Qui tourmente, qui
cause de la peine : *cela est bien vexant.*

VEXATEUR, TRICE adj. Qui cause des
vexations : *pouvoir vexateur.* — Substantiv.
Personne qui vexe.

* **VEXATION** s. f. Action de vexer : *le procès qu'on lui fait est une vexation manifeste,
une pure vexation.*

VEXATOIRE adj. Qui a le caractère de la
vexation : *impôt vexatoire.*

* **VEXER** v. a. (lat. *vexare*). Tourmenter,
faire de la peine injustement à quelqu'un :
ce seigneur vexait ses vassaux.

VEXILLAIRE s. m. [vèk-sil-lè-re] (lat.
vexillarius). Porte-étendard dans les armées
romaines. (Vieux.) — Soldat vétéran ou en activité,
détaché de son corps, et envoyé, pour un service spécial, sous un drapeau particulier. —
➝ adj. Qui a la forme d'un étendard.

VEXILLUM s. m. [vèk-sil-lomm]. Étendard
des armées romaines et pavillon des vaisseaux.

VEXIN (Le), *Vulcassinus pagus,* pays de
l'ancienne France qui s'étendait depuis l'Andelle jusqu'à l'Oise où se divisait en Vexin
français et en Vexin normand, séparés par
la rivière d'Epte. Le premier avait pour cap.
Pontoise et le second Gisors.

VEYNES, ch.-l. de cant., arr. et à 22 kil.
O. de Gap (Hautes-Alpes), sur le Buech ;
4,500 hab.

VEYRE-MOUTON, ch.-l. de cant., arr. et à
15 kil. S.-E. de Clermont-Ferrand (Puy-de-
Dôme), au pied de la colline du Mouton ;
4,800 hab.

VEZELAY, *Vezeliacum,* ch.-l. de cant., arr.
et à 15 kil. d'Avallon (Yonne) ; 800 hab. Ancienne église abbatiale de la Madeleine, mon.
hist. de la fin du 11ᵉ siècle.

VÉZELISE, ch.-l. de cant., arr. et à 30 kil. S.
de Nancy (Meurthe-et-Moselle), au confluent
du Brenon et de l'Uvry ; 1,100 hab.

VÉZENOBRES, ch.-l. de cant., arr. et à
13 kil. S.-E. d'Alais (Gard) ; 800 hab.

VEZÈRE, nom de deux rivières de France.
I. Elle prend sa source sur le plateau de
Millevaches (Corrèze), et se jette dans la Dordogne à Lemeuil, après un cours de 190 kil.
— II. Prend sa source dans la partie N.-O. du
dép. de la Corrèze, baigne Cubjac et se jette
dans l'Isle à 9 kil. E. de Périgueux.

VEZINS, ch.-l. de cant., arr. et à 27 kil.
N.-O. de Milhau (Aveyron) ; 1,100 hab.

VEZZANI, ch.-l. de cant., arr. et à 30 kil.
S.-E. de Corte (Corse) ; 900 hab.

VIA prép. (lat. *via,* chemin). Par la voie
de : *départ pour New-York, via Southampton.*

* **VIABILITÉ** s. f. État des voies de communication dans un pays.

* **VIABILITÉ** s. f. (fr. *viable*). Méd. lég. État
de l'enfant viable.

* **VIABLE** adj. (rad. *vie*). Méd. lég. Qui est
assez fort, dont les organes sont assez bien
conformés pour faire espérer qu'il vivra : *un
enfant né avant le septième mois n'est pas
viable.*

VIADANA (Louis), compositeur italien, né
à Lodi vers 1565, mort vers 1644. On lui doit
un grand nombre de morceaux de musique
religieux et, le premier, il appliqua à l'orgue
la basse d'accompagnement continu.

* **VIADUC** s. m. (lat. *via,* chemin ; *ducere,*
conduire). Sorte de pont construit au-dessus
d'un vallon ou d'un cours d'eau, pour le passage d'un chemin de fer, d'une route. —
Voici la liste des viaducs ou ponts les plus
élevés qui existent dans le monde entier :

Pont de Parkersburg................................	2.147 m.
— de Saint-Louis, sur le Missouri.................	1.993
— sur l'Ohio, près de Louisville..................	1.625
— sur l'East-River................................	1.580
— sur la Delaware (Philadelphie).................	1.500
— Victoria, sur le Saint-Laurent.................	1.500
— sur le Volga, près Syssran.....................	1.485
— Hollands-Diep, près Mœrdyk....................	1.479
— sur le Pougahods (Inde).......................	1.130
— du Dnieper, près de Kiew......................	1.081
— sur le Rhin, près de Mayence..................	1.028
— sur le Mississipi, près Moline (Russie)........	974
— sur le Mississipi, près Moline.................	973
— sur le Missouri, près Omaha...................	850
— sur la Veichsel, près Dirschau.................	837
— sur le Pô, près de Mezzana-Corti..............	758
— du Tamar, près de Saltarh.....................	665
— sur le Lech, près de Kuilenburg...............	665
— sur le Mississipi, près Dubuque...............	536
— sur la rivière Gorai (Inde)....................	529
— Britania, près Bangor..........................	464
— sur la Saône, près Fribourg...................	382
— sur la Theiss, près Szegedin..................	355

(Bulletin des travaux publics.)

— VIADUC DE GARABIT (Lozère), situé entre Marvejols et Neusargues, ce viaduc est le plus
haut du monde. Construit par un ingénieur
français, M. Riffel, il présente une hauteur
de 124 m. au point le plus élevé de la grande
arche; celui de Kuzna, en Amérique, n'a que
102 m.

* **VIAGER, ÈRE** adj. (rad. fr. *vie*). Qui est à
rente viagère pour le temps que dure sa vie :
rente viagère. — s. m. *Il n'a que du viager.*

* **VIANDE** s. f. (bas lat. *vivenda,* vivre). La
chair des animaux terrestres et des oiseaux
dont on se nourrit : *le mouton est une bonne
viande.* — VIANDE BLANCHE, la chair de volaille, de lapin, de veau, etc. VIANDE NOIRE, la
viande de lièvre, de hécasse, de sanglier,
etc. GROSSE VIANDE, ou VIANDE DE BOUCHERIE,
le bœuf, le veau, le mouton. MENUE VIANDE,
la volaille, le gibier, etc. — VIANDE FAISANDÉE,

HASARDÉE, viande de gibier qui est près de se
gâter. — Se dit quelquefois, en général, de
toutes les chairs, soit des animaux terrestres
et des oiseaux, soit des poissons, qui servent
à la nourriture: *le saumon n'est pas une viande
de malade.* — Législ. « Ainsi que nous l'avons
déjà dit (voy. BOUCHERIE), la vente des viandes
de boucherie peut être soumise au maximum
par une taxe municipale, en vertu de l'article 30 de la loi des 19-22 juillet 1791 et de
l'article 479 § 6 du Code pénal ; mais ce droit
de taxer la viande a été rarement appliqué.
— Les droits de douane établis à l'importation des bestiaux et des viandes de boucherie
par le tarif général de 1881 ont été sure-
levés de la manière suivante par la loi du 28
mars 1885. Sur les animaux vivants, le droit
est ainsi fixé par tête : bœufs, 25 fr. ; vaches
et taureaux, 12 fr. ; bouvillons et génisses,
8 fr. ; veaux, 4 fr. ; moutons, 3 fr. ; agneaux,
chèvres et cochons de lait, 1 fr. ; viandes
fraîches de boucherie, par 100 kilog., 7 fr. ;
viandes salées, 8 fr. 50. » (CH. Y.)

* **VIANDER** v. n. Vén. Pâturer. Ne se dit
que des cerfs et autres bêtes fauves : *le cerf
va viander la nuit.*

* **VIANDIS** s. m. Vén. Pâture du cerf et
d'autres bêtes fauves ; brout de la superficie
du jeune taillis : *quand le cerf est au viandis.*

* **VIATIQUE** s. m. (lat. *viaticum*). Provision
ou argent qu'on donne à quelqu'un pour un
voyage : *on lui a donné cent écus pour son viatique.* (Il ne s'emploie en ce sens qu'en parlant
des religieux.) — Sacrement de la sainte eucharistie, quand on l'administre aux malades
qui sont en péril de mort : *on lui a donné le
viatique.* — En viatique. Sens être à point.

* **VIBORD** s. m. Mar. Grosse planche posée
de champ, qui borde et embrasse le pont supérieur d'un vaisseau, le tillac, et qui lui sert
de parapet.

* **VIBRANT, ANTE** adj. Qui vibre, qui est
mis en vibration : *corde vibrante.* — Méd.
POULS VIBRANT, pouls qui est grand, dur, et
qui frappe les doigts comme le ferait une colonne de mercure qui remplirait l'artère. —
VOIX VIBRANTE, voix forte et puissante.

VIBRATILE adj. Qui est susceptible de vibrer. — CILS VIBRATILES. (Voy. CIL.)

* **VIBRATION** s. f. (lat. *vibratio*). Phys.
Mouvement alternatif qui fait décrire à un
point où à un corps des excursions rapides et
successivement réitérées, de part et d'autre
de leur position de repos. On l'emploie surtout
au pluriel : *les vibrations d'une corde sonore,
d'un diapason, de la membrane de l'ouïe.* On
dit aussi, mais rarement, LES VIBRATIONS D'UN
PENDULE : cette sorte de mouvement étant en
général peu rapide, le terme d'OSCILLATION
lui convient mieux.

VIBRATOIRE adj. Qui se compose d'une
suite de vibrations.

VIBRAYE, ch.-l. de cant., arr. et à 19 kil. N.
de Saint-Calais (Sarthe) ; 4,500 hab.

* **VIBRER** v. n. (lat. *vibrare*). Phys. Exécuter
des vibrations : *cette corde a longtemps vibré.*
— Fig. *Ses paroles firent vibrer tous les cœurs.*

* **VIBRION** s. m. (rad. lat. *vibrare,* vibrer).
Genre d'infusoires dont les mouvements
semblent volontaires, mais que l'on considère
aujourd'hui généralement comme des plantes
microscopiques, des algues composées de
confervoïdes de la tribu des *oscillatoriaceæ.*
Elles sont d'une extrême petitesse, et leur
tissu ne se laisse apercevoir que sous les plus
puissants microscopes.

VIC ou **Vic-d'Osona**, *Ausona,* ville d'Espagne,
prov. et à 62 kil. N. de Barcelone ; 13,000 hab.
Cette ville joua un rôle important sous les
Romains.

* **VICAIRE** s. m. (lat. *vicarius*). Celui qui est

établi sous un supérieur pour tenir sa place en certaines fonctions : *il y avait des princes qui se disaient vicaires de l'empire d'Allemagne.* — Celui qui fait des fonctions ecclésiastiques sous un supérieur : *le curé et son vicaire.* — VICAIRE APOSTOLIQUE, titre que le pape confère à un ecclésiastique, dans des pays hérétiques ou infidèles, pour veiller sur la religion. — Église cathol. LE VICAIRE DE JÉSUS-CHRIST, le pape. — A Rome, CARDINAL-VICAIRE, cardinal à qui le pape a confié particulièrement l'administration ecclésiastique de la ville de Rome. — Législ. « Aux termes de l'article 38 du décret du 30 déc. 1809, le nombre des vicaires attachés à une église est fixé par l'évêque, après que les marguilliers en ont délibéré et que le conseil municipal de la commune a donné son avis. Les vicariats sont établis d'une manière permanente ou provisoire, selon les besoins. L'évêque du diocèse a seul le droit de nommer les vicaires et de les révoquer (L. 18 germinal an X, art. 31). Le traitement des vicaires est de 300 à 500 fr. (id. art. 40); il est fixé par le conseil de fabrique et payé sur les revenus libres de la fabrique (id. art. 46). L'article 39 du même décret obligeait les communes à subvenir au traitement des vicaires, lorsque les revenus des fabriques étaient insuffisants; mais cette disposition a été abrogée par l'article 168 § 5 de la loi du 5 avril 1884. La commune est tenue, en cas d'insuffisance des revenus de la fabrique, de fournir le logement au curé, mais elle ne lui doit pas aux vicaires (Décr. 17 nov. 1814, art. 15). Dans les communes dont la population n'excède pas 5,000 hab., il peut être alloué aux vicaires, par le ministre des cultes et sur le budget de l'État, une indemnité annuelle de 450 fr. (Décr. 23 mars 1872).— Chaque évêque a le droit de nommer, pour l'assister dans ses fonctions, deux *vicaires généraux* choisis parmi les prêtres ayant les qualités requises pour être évêque. Un archevêque peut en nommer trois (L. 18 germ. an X, art. 24); ces fonctions sont essentiellement révocables. Lorsque les vicaires généraux sont agréés par le gouvernement, ils reçoivent un traitement, bien que l'État n'y soit pas obligé par le Concordat ni par les lois. — Pendant la vacance d'un évêché, le chapitre propose à l'agrément du chef de l'État des *vicaires généraux capitulaires,* lesquels sont chargés de gouverner le diocèse, jusqu'à la nomination d'un nouvel évêque, mais ne doivent rien changer aux règlements et usages établis (Id. art. 38; Ord. 2 nov. 1835). » (CH. Y.)

* **VICAIRIE** s. f. Fonction du vicaire d'une paroisse. Signifie la même chose que VICARIAT, mais moins usité. Il y avait aussi, dans certaines églises cathédrales, des bénéfices appelés VICAIRIES.

* **VICARIAL, ALE, AUX** adj. Qui a rapport aux vicaires.

* **VICARIAT** s. m. Fonction, emploi du vicaire : *le vicariat de l'Empire en telle province.* — Territoire sur lequel s'étend le pouvoir du vicaire, soit ecclésiastique : *tel prince était vicaire de l'Empire en tels et tels pays, et, dans tout son vicariat, il avait tels et tels droits.*

* **VICARIER** v. n. Faire les fonctions de vicaire dans une paroisse : *il a vicarié pendant dix ans.* — Être réduit à une place subalterne : *je suis las de vicarier.*

VICAT (Philippe-Rodolphe), médecin suisse, né à Payerne en 1720, mort en 1778. Disciple de Haller, il publia les ouvrages de son maître et il a laissé quelques écrits estimés.

* **VICE** s. m. (lat. *vitium*). Défaut, imperfection : *vice de nature.* — Faute, comme dans cette phrase, C'EST UN VICE DE CLERC. Cette acception a vieilli : on dit, UN PAS DE CLERC. — Disposition habituelle au mal; en ce sens, est opposé à vertu : *se plonger dans le*

vice.—Débauche, libertinage : *croupir dans le vice.* — Se dit quelquefois des personnes vicieuses : *gourmander, punir, châtier le vice.* — Législ. « L'absence de certaines formalités ou de certaines conditions dans les actes publics ou privés constitue un *vice*, qui, dans certains cas, rend ces actes nuls de plein droit, et dans d'autres permet d'intenter une action en rescision devant les tribunaux. (Voy. NULLITÉ, RESCISION, etc.) Le possesseur d'une chose est considéré comme étant de bonne foi et il peut en conserver les fruits,quand il possède en vertu d'un titre de propriété dont il ignore les vices (C. civ. 550).— VICES DE CONSTRUCTION. Le propriétaire d'un bâtiment est responsable du dommage causé par sa ruine, lorsqu'elle est arrivée par suite du défaut d'entretien ou par un vice de construction (id. 1336). Le locataire n'est pas responsable de l'incendie qui s'est manifesté dans les bâtiments qu'il occupe, lorsqu'il prouve que le sinistre est dû à un vice de construction (id. 1733). L'architecte et l'entrepreneur sont responsables pendant dix ans des vices de construction des gros ouvrages qu'ils ont faits ou dirigés (id. 1792, 2270). — VICES RÉDHIBITOIRES. Le vendeur n'est pas responsable des vices apparents de la chose vendue; mais il l'est des vices cachés, quand même il ne les aurait pas connus, à moins que, dans ce cas, il n'ait stipulé qu'il ne serait obligé à aucune garantie. L'acheteur qui découvre les vices cachés peut, à son choix, rendre la chose et se faire restituer le prix, ou garder la chose et se faire rendre une partie du prix, à dire d'experts. Si le vendeur connaissait les vices, il est tenu en outre à des dommages-intérêts envers l'acheteur. L'action doit être intentée dans le plus bref délai. Elle n'a pas lieu dans les ventes faites par autorité de justice (id. 1641 et s.). S'il s'agit de ventes ou d'échanges d'animaux domestiques, le Code rural (L. 2 août 1884) détermine ainsi les règles à suivre, à défaut de conventions particulières. Les seuls vices rédhibitoires pouvant donner ouverture à l'application des dispositions du Code civil ci-dessus résumées sont les suivants : *pour le cheval l'âne et le mulet,* la morve, le farcin, l'immobilité, l'emphysème pulmonaire, le cornage chronique, le tic proprement dit, avec ou sans usure des dents, les boiteries anciennes et intermittentes, la fluxion périodique des yeux; *pour l'espèce ovine,* la clavelée; cette maladie reconnue chez un seul animal entraîne la rédhibition de tout le troupeau, s'il porte la marque du vendeur; *pour l'espèce porcine,* la ladrerie. L'action en garantie ne peut pas être admise pour les ventes dont le prix ne dépasse pas 100 fr. Le délai pour l'intenter est de neuf jours francs, non compris le jour fixé pour la livraison et sauf l'augmentation légale en raison des distances. Pour la fluxion périodique, le délai est de trente jours. L'acheteur doit, dans les délais, provoquer la nomination d'experts chargés de dresser un procès-verbal constatant la maladie. A cet effet, une requête est présentée verbalement par écrit au juge de paix du lieu dans lequel se trouve l'animal; ce juge constate son ordonnance la date de la requête et nomme immédiatement un ou trois experts qui doivent opérer dans le plus bref délai. Le vendeur est appelé à l'expertise dans les délais ci-dessus indiqués à moins que le juge n'en décide autrement à cause de l'urgence ou de l'éloignement, et la citation énonce qu'il sera procédé même en son absence. La demande en restitution ou en réduction du prix est faite dans les trois jours à compter de la clôture du procès-verbal d'expertise, et le délai est de neuf jours si le vendeur n'a pas été appelé à l'expertise. Cette demande est portée devant les tribunaux compétents, suivant les règles or-

dinaires du droit; elle est dispensée de tout préliminaire de conciliation; et, si elle a été portée devant les tribunaux civils, elle est instruite et jugée comme en matière sommaire. » (CH. Y.)

* **VICE** (lat. *vicis*, suppléance), particule invariable qui se joint à certains mots et qui signifie, qui tient la place de; qui supplée dans certaines fonctions.

* **VICE-AMIRAL** s. m. Officier de marine dont le grade est au-dessous de celui d'amiral, et répond au grade de lieutenant général dans les armées de terre : *le grade de vice-amiral.* — Se dit aussi du second vaisseau de la même flotte : *il servait sur le vice-amiral.*

* **VICE-AMIRAUTÉ** s. f. Charge, grade de vice-amiral : *il obtint la vice-amirauté du Levant.*

* **VICE-BAILLI** s. m. Officier de robe courte, qui faisait la fonction de prévôt des maréchaux, et qui jugeait les cas prévôt aux : *charge de vice-bailli.*

* **VICE-CHANCELIER** s. m. Celui qui fait la fonction de chancelier en l'absence de cet officier ou dignitaire.

* **VICE-CONSUL** s. m. Celui qui supplée le consul en son absence, ou qui fait les fonctions de consul dans les lieux où il n'y a point de consul : *le consul et le vice-consul de France à Cadix.*

* **VICE-CONSULAT** s. m. Emploi de vice-consul : *il a exercé dix ans le vice-consulat de tel endroit.*

* **VICE-GÉRANT** s. m. Celui qui supplée le gérant en son absence, ou qui le seconde lorsqu'il est présent.

* **VICE-GÉRENT** s. m. Celui qui tient la place de l'official en son absence : *la sentence fut prononcée par le vice-gérent de l'officialité de Paris.*

* **VICE-LÉGAT** s. m. Prélat établi par le pape pour exercer les fonctions du légat en l'absence de celui-ci : *vice-légat de Bologne.*

* **VICE-LÉGATION** s. f. Emploi de vice-légat : *le pape a donné la vice-légation de la Romagne à..*

VIC-EN-BIGORRE, ch.-l. de cant., arr. et à 17 kil. N. de Tarbes (Hautes-Pyrénées), sur l'Echez; 3,000 hab.

VICENCE (ital. *Vicenza*) (vi-tchenn'-dza). I, province du N.-E. de l'Italie, dans la Vénétie, sur la frontière du Tyrol; 2,632 kil. carr.; 363,161 hab. Au N. elle est traversée par des ramifications des Alpes. Les principaux cours d'eau sont le Bacchiglione et la Brenta. On y produit beaucoup de soie. — II, capitale de cette province (anc. *Vicentia* ou *Vicetia*), sur le Bacchiglione et le Retrone, à 60 kil. N.-O. de Venise; 37,686 hab. Il y a huit ponts dont le plus beau est attribué à Palladio, qui a bâti beaucoup des palais de la ville. Sur la place du marché est le remarquable beffroi haut de 270 pieds, et le large de 23 seulement. La cathédrale et l'église de San Lorenzo, et surtout Santa Corona, près du Corso, se distinguent par leur architecture et les peintures qu'elles renferment. La ville de Palladio, que le duc de Devonshire a copiée à Chiswick, est décrite par Gœthe comme une merveille de magnificence. — La ville était sous les Romains un municipe de la Vénétie. Au XII° siècle, elle entra des premières dans la ligue lombarde contre l'empereur Frédéric I°. En 1236, Frédéric II la ravagea. Henri VII donna Vicence à l'illustre famille Scala. Cette famille et d'autres familles locales y gouvernèrent jusqu'en 1404. Elle tomba alors dans les mains de Venise et, en 1815, dans celles de l'Autriche. En 1848, Vicence se souleva contre les Autrichiens,

qui la bombardèrent en mai et en juin, et elle se rendit à Radetzki le 11 juin.

VICENCE (Duc de). Voy. CAULAINCOURT.

* **VICENNAL, ALE, AUX** adj. Qui est de vingt ans, qui se fait après vingt ans. (Peu us.)

VICENTE (Gil) [vi-senn'-té], auteur dramatique portugais, né vers 1470, mort en 1557 (ou vers 1540). Il faisait représenter ses pièces à la cour. On l'a appelé le père du drame portugais. Ses œuvres ont été éditées par son fils Luiz (1561); l'inquisition en supprima beaucoup dans l'édition de 1585. Une nouvelle édition, complète, a été publiée en 1834 (3 vol.) par les soins de Barreto Feio et Monteiro.

VICENTIN, INE s. et adj. De Vicence ; qui appartient à cette ville ou à ses habitants.

* **VICE-PRÉSIDENCE** s. f. Les fonctions, la dignité de vice-président : *il fut nommé à la vice-présidence.*

* **VICE-PRÉSIDENT** s. m. Celui qui, dans certaines compagnies ou assemblées, exerce la fonction du président en son absence : *vice-président d'une académie, d'un tribunal.*

* **VICE-REINE** s. f. La femme du vice-roi : *vice-reine du Pérou.* — Princesse qui gouverne avec l'autorité d'un vice-roi : *il y avait en Portugal une vice-reine, lors de la révolution de 1640.*

* **VICE-ROI** s. m. Gouverneur d'un État qui a ou qui a eu le titre de royaume : *l'Espagne avait un vice-roi au Pérou, au Mexique.* — Gouverneur de quelques provinces, quoiqu'elles n'aient pas le titre de royaume : *vice-roi de Catalogne.*

* **VICE-ROYAUTÉ** s. f. Dignité de vice-roi : *le roi d'Espagne lui avait donné la vice-royauté du Mexique.* — Pays gouverné par un vice-roi : *la vice-royauté du Pérou.*

* **VICE-SÉNÉCHAL** s m. Officier de robe courte, qui faisait la fonction de prévôt des maréchaux, et qui jugeait les cas prévôtaux. C'était en quelques provinces la même fonction que celle de vice-bailli en d'autres.

* **VICE VERSA** [vi-sé], mots latins dont on se sert adverbial. pour signifier, réciproquement : *il y a des personnes dont la figure attire et le caractère repousse, et vice versa.*

VIC-FEZENSAC ou Vic-sur-Losse, ch.-l. de cant., arr. à 28 kil. N.-O. d'Auch (Gers), sur la rive gauche de la Losse ; 3,500 hab.

VICHNOU, un des dieux de la triade indienne. (Voy. INDE.)

VICHY, *Aquæ Calidæ, Vicus Calidus,* ville du cant. de Cusset, arr. et à 24 kil. S.-O. de la Palisse (Allier), sur la rive droite de l'Allier ; 6,500 hab. Elle se compose d'une vieille ville et ville neuve, appelées respectivement Vichy-la-Ville et Vichy-les-Bains. — Beaux parcs, casino, sources fameuses. Eaux bicarbonatées sodiques. Maladies des voies digestives, maladies du foie, catarrhe vésical, gravelle et calculs urinaires, goutte, rhumatismes, diabète sucré, albuminurie. *Établissement de première classe :* 100 baignoires, douches, hydrothérapie, bains et aspiration de gaz acide carbonique, inhalation d'oxygène, pulvérisation. *Établissement de deuxième classe :* 204 baignoires, douches. *Bains de l'hôpital :* 30 baignoires, 6 douches, piscine. *Hôpital militaire :* Logements pour 320 officiers et 60 sous-officiers et soldats ; cinq saisons successives permettent de recevoir dans l'année 750 officiers, sous-officiers et soldats.

* **VICIÉ, ÉE** part. passé de VICIER. — Méd. Gâté, altéré : *sang vicié.*

VICIÉ, ÉE adj. (lat. *vicia,* vesce). Bot. Qui ressemble ou qui se rapporte à la vesce. —

s. f. pl. Tribu de papilionacées ayant pour type le genre vesce. (Voy. PAPILIONACÉES.)

* **VICIER** v. a. Gâter, corrompre. Ne se dit guère que dans certaines phrases de jurispr., où il signifie, rendre nul, rendre défectueux : *cette omission ne vicie pas l'acte.*

* **VICIEUSEMENT** adv. D'une manière vicieuse.

* **VICIEUX, EUSE** adj. (lat. *vitiosus*). Qui a quelque vice, quelque défaut, quelque imperfection : *conformation vicieuse.* (Voy. CERCLE.) — Se dit aussi des chevaux, mulets, et autres bêtes de voiture, qui mordent et ruent, qui sont ombrageux ou rétifs : *ce cheval est vicieux.* — Qui a une disposition habituelle au vice, et particulièrement à la débauche et au libertinage : *cet homme est fort vicieux.* — Se dit également des choses qui tiennent du vice, qui ont rapport au vice : *penchants vicieux, inclinations vicieuses.*

* **VICINAL, ALE, AUX** adj. N'est guère usité que dans cette loc., CHEMIN VICINAL, chemin qui sert de moyen de communication entre plusieurs villages : *l'entretien des chemins vicinaux.*

* **VICINALITÉ** s. f. Qualité de ce qui est vicinal.

* **VICISSITUDE** s. f. (lat. *vicissitudo*). Révolution, changement de choses qui se succèdent les unes aux autres : *la vicissitude des saisons.* — Instabilité, mutabilité des choses humaines, disposition qu'elles ont à passer très promptement de mal en bien, de bien en mal : *de roi il devint esclave, voilà une étrange effet de la vicissitude des choses humaines.* — Se dit aussi de ces changements mêmes : *voilà une terrible vicissitude.* Dans ce sens, il s'emploie plus ordinairement au pluriel ; et alors il se dit plutôt pour le changement de bien en mal, que pour un changement de mal en bien : *éprouver, subir des vicissitudes.*

VICKSBURG, ville du Mississipi (États-Unis), sur le fleuve du Mississipi, à 650 kil. au-dessus de la Nouvelle-Orléans, à 75 kil. O. de Jackson ; 12,443 hab., dont 6,805 de couleur. Manufactures d'huile de graine, de coton, d'articles en fer, de machines, etc. — Vicksburg fut fortifiée dès le commencement de la guerre de la sécession, et occupée par des troupes confédérées. Après avoir été légèrement bombardée par Farragut (28 juin 1862), elle fut attaquée par le général Sherman (déc. 1862) et bientôt après par le général Grant. Malgré les difficultés d'approche de la place et la défense énergique de Pemberton, la ville, investie complètement en mai, dut capituler le 4 juillet. Les fédéraux y firent 27,000 prisonniers.

VIC-LE-COMTE, ch.-l. de cant., arr. et à 28 kil. S.-E. de Clermont-Ferrand (Puy-de-Dôme) ; 2,000 hab.

VICO, ch.-l. de cant., arr. à 52 kil. N. d'Ajaccio (Corse) ; 4,500 hab.

VICO (Francesco de), astronome italien, né en 1805, mort le 15 nov. 1848. Directeur de l'observatoire du collège romain depuis 1839, il se retira aux États-Unis lors de l'expulsion des jésuites en 1848. Il doit sa réputation aux observations qu'il a faites sur le système annulaire de Saturne et sur les taches de Vénus, et à la découverte de sept ou huit comètes.

VICO (Giovanni-Battista), écrivain italien, né vers 1668, mort en 1744. Il professa la rhétorique à Naples, et, en 1735, il fut nommé historiographe du roi. Son fameux ouvrage *Principii di una Scienza nuova d'intorno alla commune natura delle nazioni* (1725) est à la fois une histoire de la civilisation, une histoire naturelle du genre humain et une philosophie du droit. On peut le regarder comme

le fondateur de la philosophie de l'histoire. Une des meilleures éditions de ses œuvres est celle qu'a donnée Ferrari (Madrid, 1834-'37, 7 vol.).

VICOMTAL, ALE, AUX adj. Qui a rapport à un vicomte ou à un vicomté.

* **VICOMTE** s. m. (abrév. de *vice* et de *comte*). Seigneur d'une terre qui avait le titre de vicomté : *le vicomte de tel lieu* — Signifiait aussi dans quelques pays, comme en Normandie, la même chose que PRÉVÔT ROYAL dans les autres provinces : *vicomte de Caen.* — Simple titre de noblesse au-dessous de comte et au-dessus de baron. — Encycl. « Après les *comtes* venaient les *vicomtes* dont l'institution remonte jusqu'au temps de la première race. Leurs fonctions étaient de suppléer le comte dans l'administration de la justice comme dans le commandement militaire. Ces officiers, à l'exemple des *ducs* et des *comtes,* usurpèrent leurs gouvernements et voulurent être héréditaires : il faut aussi dire que plusieurs *comtes,* ayant sous-inféodé une partie de leur *comté* à d'autres seigneurs sous le nom de *vicomtes,* donnèrent naissance à un autre ordre de *vicomtes.* Toutefois, il ne faut pas confondre les *vicomtes héréditaires* féodaux, avec les *vicomtes* de lieutenants aux anciens *comtes,* ou ceux qui par inféodation furent propriétaires de vicomtés, avec des *vicomtes, officiers de justice* de certaines provinces, lieutenants de baillis, exerçant une magistrature qui ne tenait en rien de la noblesse et dont le titre n'était nullement héréditaire. Comme préséance en Normandie, les *vicomtes* suivaient les *comtes* et se trouvaient mêlés aux *barons.* En Bretagne, ces derniers précédaient les *vicomtes.* De la Roque fait remarquer avec justesse que le titre de baron vient après celui de vicomte, puisque, pour être érigée en vicomté, une terre devait contenir deux baronnies. — Les vicomtes d'un ordre supérieur, comme la vicomté de Turenne, de Melure, etc., étaient des fiefs considérables qui relevaient immédiatement de la couronne. » Ce qui précède est extrait du remarquable ouvrage ayant pour titre : *Les Nobles et les Vilains du temps passé,* dû au savant conservateur du musée d'Evreux, M. Alphonse Chassant, et imprimé en 1857 par Auguste Hérissey, imprimeur à Evreux, pour A. Aubry, libraire à Paris (chap. 4, III). Ajoutons que, dans certaines provinces et notamment en Normandie on donnait le nom de *vicomtes* à des juges royaux qui jugeaient en première instance les procès entre roturiers, et qu'en vertu d'un édit du mois de mars 1749, les vicomtés établies dans les villes où se trouvaient des bailliages ou des sénéchaussées ont été supprimées et unies à ces bailliages ou sénéchaussées. » (CH. Y.)

* **VICOMTÉ** s. f. Titre de noblesse attaché à une terre : *terre érigée en vicomté.* — Ressort et étendue de la juridiction des juges qu'on nommait vicomtes : *la vicomté de Paris.*

* **VICOMTESSE** s. f. Femme d'un vicomte, ou celle qui de son chef possédait une vicomté : *Madame la vicomtesse de...*

VICQ D'AZYR (Félix), médecin français, né à Valognes en 1748, mort à Paris en 1794. Il se fit connaître, vers 1774, par ses recherches sur l'épizootie qui désolait alors le sud de la France. En 1789, il devint premier médecin de Marie-Antoinette. Ses œuvres (1805, 6 vol.) comprennent *La Médecine des bêtes à cornes* (1784, 2 vol.) et *Système anatomique* (1791-1822, 4 vol.).

VIC-SUR-AISNE, ch.-l. de cant., arr. à 20 kil. O. de Soissons (Aisne) ; 899 hab. — Église des XIe, XIIIe et XVIe siècles. — Restes d'un château avec donjon de 25 mètres de hauteur.

VIC-SUR-CÈRE, ch.-l. de cant., arr. et à 20 kil. N.-E. d'Aurillac (Cantal); 900 hab.

** **VICTIMAIRE** s. m. (fr. *victime*). Antiq. Celui qui faisait les apprêts du sacrifice, et qui frappait les victimes d'après l'ordre du sacrificateur.

** **VICTIME** s. f. (lat. *victima*). On appelait ainsi, dans l'ancienne loi, les animaux qu'on immolait et que l'on offrait en sacrifice : *victime propitiatoire*. — Se dit aussi des animaux et des hommes que les païens offraient en sacrifice à leurs dieux : *le consul immola plusieurs victimes*. — Celui qui est sacrifié aux intérêts, aux passions d'autrui, ou à qui ses propres passions sont funestes, ou même à qui la vertu devient fatale : *ses partisans l'ayant abandonné, il a été la victime de l'accommodement*.

VICTIMER v. a. Néol. Rendre victime.

VICTIS HONOR! loc. lat. qui signifie : *Honneur aux vaincus!*

** **VICTOIRE** s. f. (lat. *victoria*). Avantage qu'on remporte à la guerre sur les ennemis, dans une bataille, un combat : *victoire sanglante*. — Tout avantage qu'on remporte sur un rival, sur un concurrent, etc. : *après une longue discussion, il a remporté la victoire*. — Fam. CHANTER VICTOIRE, se glorifier du succès : *il s'est trop hâté de chanter victoire* — Nom d'une divinité des anciens païens, qui la représentaient sous la figure d'une femme ayant des ailes, et tenant une couronne d'une main, une palme de l'autre : *le temple de la Victoire*.

VICTOIRE (Sainte), Romaine et martyre, morte en 250. Fête le 23 déc.

VICTOIRE DE FRANCE (Louise-Marie-Thérèse), fille de Louis XV et de Marie Lesczynska, née à Versailles le 11 mai 1733, morte à Trieste le 7 juin 1799. Elle montra un courage héroïque en soignant le roi son père de la maladie honteuse dont il mourut.

VICTOR (Saint), martyr marseillais, décapité en 303. Fête le 21 juillet.

VICTOR, nom de trois papes et d'un antipape. I. (Saint), pape de 185 à 197. Fête le 28 juillet. — II. (Gebhard). Il était Allemand et fut élu pape en 1055. — III. (Didier), il fut élu pape après Grégoire VII (1086). Il excommunia l'empereur Henri IV et mourut en 1087. — IV. Antipape ; il fut proclamé après la mort d'Adrien IV en 1159, chassa de Rome Alexandre III et mourut en 1164.

VICTOR (Claude) (VICTOR-PERRIN *dit*), duc de Bellune, maréchal de France, né à Lamarche (Vosges), le 7 déc. 1764, mort à Paris le 1er mars 1841. Il se distingua devant Toulon et en Italie, et devint général de division en 1797. En 1800, il contribua largement aux victoires de Montebello et de Marengo En 1807, il fut fait prisonnier par les Prussiens, mais échangé par Blücher, et fut fait maréchal et duc après la bataille de Friedland. Il commanda ensuite en Espagne, en Russie et en Allemagne. Aux Cent-Jours il resta fidèle à Louis XVIII, fut créé pair, et eut le portefeuille de la guerre de 1821 à 1823. Il accompagna, en qualité de major général, le duc d'Angoulême en Espagne, mais il fut rappelé à la suite de malversations dont il fut tenu pour responsable en partie.

VICTOR-AMÉDÉE II, duc de Savoie et plus tard roi de Sardaigne, né en 1666, mort le 34 oct. 1732. En 1675, il succéda à son père Charles-Emmanuel II, sous la régence de sa mère, contre la volonté de laquelle il épousa une nièce de Louis XIV. Il persécuta les Vaudois et envoya des troupes auxiliaires à l'armée française dans les Flandres ; mais froissé de la prétention du roi d'avoir le commandement absolu de toutes les troupes, il se rallia à la ligue d'Augsbourg contre la France. Il

l'abandonna en 1696, et cette nouvelle défection contribua à mettre fin à la guerre en 1697. Pendant la guerre de la successsion d'Espagne, il battit les Français qui avaient envahi la Savoie et le Piémont ; avec l'aide du prince Eugène, il recouvra toutes ses possessions, et, en 1713, il reçut une partie du duché de Milan et le royaume de Sicile. En 1720, il échangea ce dernier royaume pour l'île de Sardaigne alors possédée par l'Autriche, et prit le titre de roi de Sardaigne. Le 3 sept. 1730, il abdiqua en faveur de son fils Charles-Emmanuel III. L'année suivante, il fit des tentatives répétées pour remonter sur le trône ; mais, en sept., il fut mis en prison et y mourut.

VICTOR-EMMANUEL II (Marie-Albert-Eugène-Ferdinand-Thomas), roi de Sardaigne, puis d'Italie, né le 14 mars 1820, mort à Rome le 9 janv. 1878. Il était fils aîné de Charles-Albert et de Thérèse, fille de Ferdinand de Toscane. En 1842 il épousa l'archiduchesse Adélaïde d'Autriche. En 1848, à la bataille de Gioto, il reçut une balle dans la cuisse. Il déploya une grande valeur à la désastreuse bataille de Novare, le 23 mars 1849, après laquelle Charles-Albert abdiqua en sa faveur. Il fit la paix avec l'Autriche, et sous l'influence de Cavour, qui resta jusqu'à sa mort son principal conseiller, il sécularisa les biens du clergé, enleva aux associations religieuses le monopole de l'enseignement, et fut excommunié par le pape. En 1855, il perdit en peu de temps sa mère, sa femme, son frère et son plus jeune enfant, et tomba lui-même dangereusement malade. Il entra dans l'alliance anglo-française dans la guerre de Crimée, et la Sardaigne prit une place bien plus élevée au milieu des nations européennes, surtout grâce à l'influence de Cavour. Le mariage de sa fille Clotilde avec le prince Napoléon (janv. 1859) fut suivi presque immédiatement de la guerre de l'indépendance italienne, dans laquelle la France et la Sardaigne entrèrent en campagne contre l'Autriche. Victor-Emmanuel investi de pouvoirs dictatoriaux, conduisit ses troupes en personne, accompagné du prince héritier, Humbert, et gagna le surnom de *rè gallantuomo* par son intrépidité, particulièrement à la bataille de Palestro. Après la bataille de Magenta, il entra dans Milan avec Napoléon III et, à Solférino, il battit le général autrichien Benedek après une lutte meurtrière. Le traité de paix, négocié à Villafranca le 11 juillet et signé à Zürich le 10 nov., donna la Lombardie à Victor-Emmanuel, à l'exception de Mantoue et de Peschiera. En mars 1860, la Savoie et Nice furent cédées à la France. La même année, il annexa Parme, Modène et la Toscane, une grande partie des Etats du pape et les Deux-Siciles : cette dernière conquête due surtout à l'aide de Garibaldi ; le 17 mars 1861, il prit le titre de roi d'Italie que lui avait conféré le parlement italien (26 fév.). En 1866, après une courte guerre contre l'Autriche, avec la Prusse pour alliée, il gagna la Vénétie, et en 1870 le reste des Etats pontificaux. Sa capitale, transférée de Turin à Florence en 1865, fut alors établie à Rome (1871). — La seconde fille de Victor-Emmanuel, Pia, épousa le roi de Portugal. Son second fils, Amédée, a été roi d'Espagne de déc. 1870 à fév. 1873.

VICTORIA, colonie anglaise du S.-E. de l'Australie, entre 34° et 39° 9' lat. S. et 139° et 148° long. E., bornée au N.-E. et au N. par la Nouvelle-Galles du Sud, à l'O. par l'Australie méridionale, et au S., par l'océan Pacifique et le détroit de Bass; 227,610 kil. carr.; 934,790 hab. La côte a un développement de plus de 950 kil. Principaux ports : Portland-Bay, Port-Fairy, Warnambool ou Lady-Bay, Port-Phillip-Bay et Western-Port. Une chaîne de montagnes qui prend les noms d'Alpes et

de Pyrénées et de Grampians d'Australie, court de l'E. à l'O. et partage la colonie en deux parties inégales. Il n'y a de cours d'eau navigables que le Murray et le Yarra-Yarra. Le plus grand lac est le lac Corangamite. Il faut aussi mentionner sur la côte les lagunes Victoria et Wellington. Les richesses minérales de Victoria sont presque sans rivales. On estime qu'un tiers de sa surface est occupé par des roches aurifères. Le climat est doux. Les trois quarts du pays environ sont propres à l'agriculture, et presque toutes les plantes des climats tempérés y prospèrent. Le froment, l'orge et l'avoine sont les principales récoltes. Le gouvernement y protège toutes les industries; mais la principale est celle de l'extraction de l'or qui occupe près de 53,000 hommes, dont 13 à 14,000 sont Chinois. L'enseignement y est gratuit, laïque et obligatoire. La bibliothèque publique de Melbourne possède environ 95,000 volumes. — La province de Victoria est divisée en 38 comtés. La cap. est Melbourne, et les villes princ. Ballarat, Sandhurst, Geelong et Fitzroy. Le gouvernement est composé d'un gouverneur nommé par la couronne pour sept ans, d'un conseil exécutif, et d'un parlement de deux chambres : un conseil législatif et une assemblée législative. — Pour l'histoire des premiers temps de Victoria, voy. AUSTRALIE. Le premier établissement y fut fondé en 1835 sur la baie de Port-Phillip. Elle est devenue colonie séparée en 1851, où il fut détachée de la Nouvelle-Galles du Sud.

VICTORIA, ville capitale de la Colombie britannique, sur le détroit de Fuca, à l'extrémité S.-E. de l'île de Vancouver ; par 48° 27' lat. N. et 125° 45' long. O. ; 3,270 habitants.

VICTORIA NYANZA, grand lac, situé à l'E. de l'Afrique centrale, sur l'Equateur. Il donne naissance, au N., au grand fleuve nommé le Nil; 99,000 kil. carr. ; long. 350 kil. ; largeur 300 kil. Il est à plus de 1,000 m. au-dessus de la mer. Il a été découvert par Speke en 1858 ; et Stanley en fit le tour en bateau (1875).

VICTORIA REGIA, le plus splendide de tous les nénuphars qui croissent dans les rivières tropicales de l'Amérique du Sud. En culture, c'est une plante annuelle, à racine charnue, d'où sortent des feuilles de 6 à 12 pieds de diamètre, capables de supporter un

Victoria regia.

gros oiseau aquatique. La fleur ne dure que deux jours et présente, chacun de ces deux jours, un aspect entièrement différent. Cette culture est difficile et coûteuse, et on ne voit cette plante que dans un petit nombre de jardins publics.

** **VICTORIEUSEMENT** adv. D'une manière victorieuse. Ne s'emploie guère qu'au figuré : *il l'a réfuté victorieusement*.

** **VICTORIEUX, EUSE** adj. Qui a remporté la victoire : *il revint victorieux*. — Fig. *La raison n'est pas toujours victorieuse des passions*.

VICTORIN s. m. Chanoine régulier de l'abbaye de Saint-Victor.

* **VICTUAILLE** s. f. [*il* mll.] (rad. lat. *victus*, nourriture). Coll. Provisions servant à la nourriture des hommes : *voilà bien de la victuaille.* — pl. Vivres qu'on charge sur un navire : *faire provision de victuailles.*

VIDA (Marco-Girolamo), poète italien, né vers 1485, mort en 1566. Il devint évêque d'Albe en 1532. Son meilleur ouvrage est un traité en vers *De Arte Poetica* (1527); on cite aussi sa Chistiade (*Chistias*) et son poème sur les échecs.

VIDAL (Pierre), troubadour languedocien, mort au commencement du XIIᵉ siècle. Il a laissé environ 60 pièces de poésies gracieuses dont quelques-unes seulement ont été publiées.

* **VIDAME** s. m. (rad. lat. *vice-dominus*, vice-seigneur). Celui qui anciennement tenait des terres d'un évêché, à condition de défendre le temporel de l'évêque, et de commander ses troupes : *le vidame d'Amiens.* — Celui qui possédait quelqu'une de ces terres, demeurée érigée en fief héréditaire : *avant la Révolution, il n'y avait plus que cinq ou six vidames en France.* — ENCYCL. « La fonction des *vidames* consistait à conduire les vassaux des évêques à l'armée. Ils étaient en même temps magistrats et officiers militaires; pour subvenir à leur entretien, il leur fut permis de s'emparer de toutes les terres incultes situées dans les fiefs de l'évêché, de les cultiver et de s'en approprier les fruits. A l'instar des *vicomtes*, les *vidames* firent ériger leur office en fief héréditaire, relevant des évêchés ou des églises auxquels ils étaient attachés. Ce titre de seigneurie a fini par devenir rare; les plus considérables étaient les vidames d'Amiens, de Chartres et de Reims. » (Alph. Chassant. *Les Nobles et les Vilains du temps passé*, chap. 4, III.)

* **VIDAMÉ** s. m., ou Vidamie s. f. Dignité de vidame : *le vidamé d'Amiens.*

* **VIDANGE** s. f. (fr. vider). Action de vider : *ceux qui ont acheté une coupe de bois n'ont qu'un certain temps pour la vidange.* — État d'un vase qui n'est pas plein : *un tonneau en vidange.* — pl. Immondices, ordures retirées d'un lieu qu'on vide ou qu'on nettoie : *les vidanges d'une fosse.* — Méd. Évacuations que les femmes ont après l'accouchement.

* **VIDANGEUR** s. m. Celui qui vide les fosses des privés : *il faut faire venir les vidangeurs pour nettoyer les lieux.*

* **VIDE** adj. (lat. *viduus*). Qui n'est pas rempli, qui n'est rempli que d'air : *la bouteille est à moitié vide, est presque vide.* — s. m. Espace vide : *il est mort dans cette allée beaucoup d'arbres qui y font un grand vide.* — Se dit, fig. et au sens moral, par rapport aux personnes ou aux occupations dont on vient d'être privé : *la mort de ce prince fait un grand vide à la cour.* — Vanité, néant : *il connut le vide des grandeurs humaines.* — Archit. Toute ouverture ou baie dans un mur, tout espace entre les poteaux d'une cloison ou les solives d'un plancher : *il faut proportionner les vides aux pleins.* — Phys. Espace qu'on ne contient point d'air : *faire le vide au moyen de la machine pneumatique.* — VIDE ABSOLU, se dit d'un espace absolument vide de toute matière : *c'est une question parmi les philosophes, si le vide absolu existe quelque part dans la nature.* — À vide loc. adv., qui signifie que ce dont on parle ne contient rien : *la diligence de Lyon est partie à vide.* — Fig. et fam. MACHER A VIDE, se repaître de fausses espérances. — Mus. CORDE A VIDE, celle dont on tire le son avec l'archet sans y porter aucun doigt.

* **VIDÉ, ÉE** part. passé de VIDER. — DES JARRETS BIEN VIDÉS, des jarrets qui ne sont pas pleins, qui ne sont pas gras.

* **VIDE-BOUTEILLE** s. m. Petite maison avec un jardin, près de la ville : *cette maison n'est proprement qu'un vide-bouteille.* — pl. Des vide-bouteilles.

VIDE-GOUSSET s. m. Filou, voleur : *des vide-goussets.*

° **VIDE-POCHES** s. m. Petit meuble propre à recevoir ce qu'on a dans les poches.

VIDE-POMME s. m. Instrument qui sert à enlever les pépins des pommes : *des vide-pommes.*

* **VIDER** v. a. Rendre vide, ôter d'un sac, d'un vaisseau, ou de quelque lieu que ce soit, ce qui le remplissait, ce qui était contenu : *vider un tonneau.* — Se dit, fig., en parlant des affaires et signifie, les terminer, les finir par jugement, par accommodement, ou d'une autre manière : *ce rapporteur vide bien des procès.*

VIDIEN, IENNE adj. (de *Vidius*, médecin florentin). Anat. Se dit de quelques vaisseaux.

* **VIDIMER** v. a. (de *vidimus*). Prat. Collationner la copie d'un acte sur l'original, et certifier qu'elle y est conforme : *il faut faire vidimer cet acte.*

* **VIDIMUS** s. m. [-muss] (mot lat. qui signifie *. Nous avons vu*). Servait autrefois en style de chancellerie ou de pratique, pour dire qu'un acte avait été collationné sur l'original : *le juge a mis le vidimus à cet acte.*

VIDIUS (Vidus) [vi-di-uss], nom latinisé de GUIDO GUIDI, médecin italien, né vers 1500, mort en 1569. Il fut successivement médecin de François Iᵉʳ de France, et de Cosme de Médicis, puis professeur de médecine à Pise. Il a donné son nom au nerf vidien. Son neveu et son homonyme, médecin de la reine de France, publia la collection de ses œuvres médicales (1614, 3 vol.).

VIDOCQ (Eugène-François), policier français, né à Arras en 1775, mort en 1857. C'était un boulanger d'Arras, de taille athlétique, qui se rendit célèbre par ses vols et ses violences; il fut quelque temps soldat, et subit à Lille une condamnation à 8 ans de travaux forcés pour faux, mais il se sauva à plusieurs reprises. En 1808, il se fit agent de police à Paris, et s'éleva ainsi par son poste de chef de la brigade de sûreté, composée en majorité de galériens graciés ou autres personnages de cette trempe. Il rendit d'importants services, reçut en 1818 sa grâce complète et resta attaché à la police jusqu'en 1828 environ. Il a paru sous son nom beaucoup de livres qu'il n'a pas écrits, et l'authenticité de ses *Mémoires* même est contestée (1828, 4 vol.).

* **VIDRECOME** s. m. (mot all.) Grand verre à boire. (Peu us.)

* **VIDUITÉ** s. f. (lat. *viduitas*). Veuvage. État du mari dont la femme est morte et qui n'est pas remarié, et état de la femme dont le mari est mort, et qui n'est pas remariée. Se dit plus ordinairement en parlant des femmes que des hommes : *l'état de viduité.* — Législ. « Le droit de *viduité* que la coutume de Normandie (art 382 et s.) accordait au mari, après le décès de sa femme, lorsqu'il en avait eu un enfant né vif, consistait dans l'usufruit de tous les biens que la femme possédait. Le mari ne jouissait de cet usufruit qu'à la charge d'entretenir les enfants de sa femme, lorsqu'ils n'avaient pas de biens suffisants; il était, en outre, obligé à doter les filles; mais il pouvait se libérer de ces charges en abandonnant le tiers des revenus. S'il venait à se remarier, il perdait les deux tiers du droit de viduité. » (CH. Y.)

* **VIE** s. f. (lat. *vita*). État des êtres animés tant qu'ils ont en eux le principe des sensations et du mouvement : *les principes de la vie.* — FAIRE VIE COMMUNE, vivre à frais communs. — LA VIE COMMUNE, religieux et religieuses qui vivent en communauté : *on appela cénobites ceux qui avaient adopté la vie commune.* — LA VIE PRÉSENTE, se dit encore, surtout en littérature, des mœurs générales, des évènements ordinaires de la vie; par opposition à la condition des princes, des héros, et aux grandes vicissitudes qu'ils peuvent éprouver : *retracer les évènements de la vie commune.* — Tout l'espace de temps qui s'écoule depuis la naissance jusqu'à la mort : *la vie la plus longue, la plus courte.* — Une partie considérable de cet espace : *il a passé sa vie à la cour, à voyager.* — Existence de l'âme après la mort; et on l'appelle LA VIE FUTURE, L'AUTRE VIE, par opposition à LA VIE PRÉSENTE : *les biens de la vie future.* — Ce qui regarde la nourriture, et la subsistance : *il a très peu de bien, il n'a que la vie et le vêtement.* — Manière dont on se nourrit, dont on se traite, dont on se divertit : *faire bonne vie.* — Ce qui regarde la conduite et les mœurs : *mener une vie douce, aisée.* — *mener une vie sans reproche, irréprochable, une vie réglée.* — Se dit encore par rapport aux occupations, aux professions différentes de la vie : *choisir un genre de vie.* — Fam. C'EST SA VIE, se dit d'une chose où un homme se plaît extrêmement, et dont il fait sa principale occupation : *il aime la chasse, c'est sa vie.* — Par ext. Histoire, récit des choses remarquables de la vie d'un homme : *les vies des saints.* — Se dit aussi en parlant des plantes, des arbres, pendant qu'ils ont un principe de végétation : *cet arbre est encore en vie.* — Pop. Crierie que se fait en querellant quelqu'un, en lui reprochant quelque chose, en le réprimandant : *quand votre femme sera venue, elle vous fera une belle vie, une terrible vie.* — Pour la vie, à la vie et à la mort, loc. adv. Pour toujours : *je suis son ami pour la vie.* — Pour longtemps : *cette étoffe est excellente, on en a pour la vie.* — À vie loc. adv. Pendant tout le temps qu'on a à vivre : *une pension à vie.* — De la vie, de ma vie, de sa vie, etc. loc. adv. Jamais : *je ne lui pardonnerai de la vie.* — BAUME DE VIE D'HOFFMANN, dissolution alcoolique de 2 gr. de chacune des huiles volatiles suivantes : lavande, marjolaine, girofle, macis, cannelle, citron, de 2 gr. de baume du Pérou, de 1 gr. d'ambre gris, 4 d'huile volatile de rue et 1 de succin, dans 400 gr. d'alcool à 37°. 15 gouttes dans un verre d'eau sucrée, contre les coliques venteuses.

* **VIÉDASE** s. m. [-da-ze] (lat. *visus*, aspect; *asinus*, âne). Terme injurieux, qui dans son origine signifiait, visage d'âne : *c'est un viédase.* (Fam. et pop.)

* **VIEIL** ou **Vieux**, Vieille adj. [l mll.] (lat. *vetus*). Qui est fort avancé en âge. Quand cet adjectif, employé au masculin, est placé après le substantif, on dit toujours VIEUX. Quand il précède le substantif, et que ce substantif commence par une voyelle ou par une H non aspirée, on dit VIEIL : *il est fort vieux, elle est bien vieille.* — Apparence de la vétusté, dehors de la vieillesse : *il a un air vieux.* — S'emploie souvent avec les adverbes PLUS et MOINS, et autres semblables, pour marquer la différence d'âge entre deux personnes : *il n'a que vingt ans, et vous en avez vingt-cinq, vous êtes plus vieux que lui.* — Se dit encore d'une personne qui exerce une profession, un métier, qui mène un certain genre de vie depuis longtemps : *vieux magistrat.* — Sert aussi à marquer les anciennes habitudes et surtout les habitudes vicieuses : *vieux débauché.* — S'emploie quelquefois dans des phrases de compliment : *vieux drille.* — S'emploie pour exprimer la vénération qu'inspire le nom d'un homme célèbre mort depuis longtemps, en laissant une grande renommée : *le vieux Corneille, le vieil Homère.* — Ancien, antique, qui existe depuis longtemps : *le monde est bien vieux.* — Se dit, en

outre de certaines choses par comparaison et par opposition à nouveau : *la vieille ville*. — VIEUX TESTAMENT, l'Ancien Testament, par opposition au NOUVEAU TESTAMENT, l'usage préfère ANCIEN. — VIEUX STYLE, manière dont on comptait dans le calendrier avant sa réformation par Grégoire XIII, et qui est encore suivie en Grèce et en Russie. S'est dit aussi de l'ère chrétienne, par opposition à l'ère républicaine des Français, commencée le 22 septembre 1792. — Se dit encore des choses qui sont usées, principalement des habits, hardes et meubles, par opposition à neuf : *vieux chapeau; vieilles bottes*. — **Vieux, Vieille** s. *Elle a épousé un vieux ; une bonne vieille*. — Ce qui est vieux, usé : *coudre du vieux avec du neuf.*

* **VIEILLARD** s. m. [*ll* mll.]. Homme qui est dans le dernier âge de la vie : *bon vieillard*. — Se dit quelquefois, au plur., des hommes et des femmes, en parlant d'une manière générale : *on doit respecter les vieillards.*

* **VIEILLEMENT** adv. A la manière des vieillards.

* **VIEILLERIE** s. f. Vieilles hardes, vieux meubles : *on ne vend là que de la vieillerie.* — Se dit, fig. et fam., des idées rebattues et des phrases usées : *il ne dit que des vieilleries.*

* **VIEILLESSE** s. f. [vié-iè-se ; *ll* mll.]. Le dernier âge de la vie : *grande vieillesse.* — Vétusté, ancienneté : *cette maison, ce bâtiment tombe de vieillesse.* — Vieilles gens en général : *la vieillesse est chagrine, est avare, est soupçonneuse*, etc.

* **VIEILLIR** v. n. Devenir vieux : *cet homme commence à vieillir.* — Se dit aussi de certaines choses qui, avec le temps, perdent de leur force, de leur vigueur : *l'esprit vieillit comme le corps; son talent commence à vieillir.* — Se dit encore de ce qui commence à n'être plus d'usage, à passer, à perdre de sa vogue, de son importance, de son utilité : *ce mot, ce terme a beaucoup vieilli.* — Paraître vieux : *il a bien vieilli depuis deux ans.* — Vieillir v. a. Rendre vieux, faire paraître vieux avant le temps : *les chagrins l'ont bien vieilli.*

* **VIEILLISSANT, ANTE** adj. Qui devient vieux.

* **VIELLISSEMENT** s. m. Etat de ce qui vieillit, acheminement à la vieillesse : *il est dans l'âge où le vieillissement se fait sentir.*

* **VIEILLOT, OTTE** adj. et s. Qui commence à avoir l'air vieux : *il a l'air vieillot.*

VIEL-CASTEL (Horace, COMTE DE), écrivain français, né vers 1797, mort en 1864. On a de lui, entre autres œuvres, *Collection de costumes, armes et meubles* (1826, 3 vol.), beaucoup de romans de la vie mondaine, et plusieurs volumes se rapportant à Marie-Antoinette (1858-'59).

* **VIELLE** s. f. [vié-le] (esp. *vihuela*). Instrument de musique à cordes de boyau, dont on joue par le moyen de quelques touches et d'une petite roue qu'on tourne avec une manivelle : *vielle commune.*

VIELLE-AURE, ch.-l. de cant., arr. et à 35 kil. S.-E. de Bagnères-de-Bigorre (Hautes-Pyrénées) ; 400 hab.

* **VIELLER** v. n. Jouer de la vielle : *il va vieller de porte en porte.* — User de longueurs inutiles dans une affaire, dans un ouvrage : *vous n'avancez rien, vous ne faites que vieller.*

* **VIELLEUR, EUSE** s. Celui, celle qui joue de la vielle : *faites venir ce vielleur, cette vielleuse.*

VIEN (Joseph-Marie), peintre français, né à Montpellier en 1716, mort en 1809. En 1775, il devint directeur de l'Ecole française des beaux-arts à Rome, et en 1781 de l'Académie de Paris. Napoléon Ier le fit sénateur. Il passait pour le premier peintre historique de son époque et le régénérateur de la peinture en France.

VIENNE (all. *Wien*), capitale de la monarchie austro-hongroise, et de la province de la basse Autriche, sur le Danube, à 500 kil. S.-S.-E. de Berlin ; par 48° 13' lat. N. et 14° 3' long. E. ; 1,020,770 hab. dont 45,000 Juifs, et 25,000 protestants. C'est une des plus agréables villes de l'Europe, et elle s'est beaucoup embellie depuis 1858. Jusque-là de hautes murailles et de profonds fossés entouraient la ville « cité » et la séparaient de 36 faubourgs. Le nivellement des fortifications confondit la cité et les faubourgs, et Vienne fut divisée en neufs districts, tous sur la rive droite du Danube, à l'exception de Léopoldstadt. La ville intérieure (*Innere Stadt*), encore appelée « la cité », comprend la plus vieille partie de Vienne, les plus grands squares et les plus beaux édifices, avec un beau quartier neuf sur l'emplacement des fortifications et du large glacis qui les entourait. Le Ringstrasse, ligne de boulevards bordés d'édifices

Vienne. — Cathédrale Saint-Etienne.

princiers, et plantés d'arbres, forme une ceinture autour de cette ceinture de Vienne, longue de 4 kil. et large de 60 m. Le nouvel opéra est d'une grande magnificence dans ses arrangements intérieurs. Le beau quai François-Joseph est la continuation du Ringstrasse le long du canal du Danube (*Donaukanal*), bras méridional du Danube. Le Jaegerzeile, dans Leopoldstadt, qui conduit au Prater, est une large voie comme on en trouve au moins une dans chacun des autres quartiers. Il faut citer encore le palais du Belvédère, bâti par le prince Eugène et le grand arsenal et la station du chemin de fer du Nord, une des plus belles du monde. Le principal square est la Stephansplatz, où s'élèvent la cathédrale et le palais épiscopal, et qui marque le centre de Vienne. Sur la Burgplatz extérieure (place du Palais) se trouvent les statues équestres du prince Eugène et de l'archiduc Charles. La Burgplatz intérieure est fermée par les quatre ailes principales du palais impérial. Touchant au palais, il y a le théâtre impérial (*Burgtheater*), l'école d'équitation, regardée comme la plus belle d'Europe, la bibliothèque impériale, les muséums d'histoire naturelle, et les cabinets de médailles et d'antiquités. La cathédrale de Saint-Etienne est un des plus magnifiques morceaux de l'architecture gothique. La grande tour du sud, restaurée en 1860-'64, a environ 470 pieds. Au-dessous de la cathédrale sont de vastes catacombes. Dans le palais impérial se trouve la chambre des trésors. Les muséums de zoologie, de botanique et de minéralogie sont presque les plus complets qu'il y ait au monde. La galerie impériale de peinture, avec plus de 2,000 œuvres de presque tous les grands maîtres, fait partie du palais du Belvédère. La bibliothèque impériale, fondée en 1440, compte environ 600,000 volumes, 20,000 manuscrits, et 30,000 gravures. La collection de manuscrits de l'Académie orientale est sans contredit la plus riche du monde. L'université de Vienne, fondée en 1365, est particulièrement célèbre pour son école de médecine. Elle compte près de 4,000 étudiants. A l'université se rattachent des observatoires astronomique et météorologique, un jardin botanique et différents musées et institutions. L'institut polytechnique a plus de 4,300 étudiants. L'immense imprimerie impériale possède un matériel unique à certains égards. Vienne consacre un capital de plus de 18 millions de florins à des institutions charitables. L'hôpital général peut recevoir 3,000 malades; quant à la maison de maternité qui est attachée s'effectue plus de la moitié des naissances illégitimes, non seulement de la ville, mais encore des campagnes environnantes. Le Prater, la promenade à la mode, est un beau parc dans une île du Danube, long de plus de 5 milles; mais les avenues qui conduisent à ce qu'on appelle le Würstelprater, avec leurs panoramas, leurs escarpolettes, leurs baudes de musiciens et leurs cuisines champêtres, sont plus animées. L'exposition universelle, ouverte sur le Prater, le 1er mai 1873, reçut environ 5,500,000 visiteurs. On a conservé la rotonde, c'est-à-dire la partie centrale du bâtiment principal. Vienne tire son eau du Schneeberg, distant de 65 kil. par un aqueduc qui a été terminé en 1873 et qui est le plus considérable ouvrage de ce genre dans l'Europe continentale. Au point de vue commercial, Vienne est un grand entrepôt de trafic avec l'Orient. On y fabrique des articles de fantaisie en cuir, en nacre de perle, et en écume de mer, de la joaillerie, des gants de chevreau, des horloges, des instruments de musique et d'optique, des châles, des soies et des velours. Les fameux jardins de Schœnbrunn, la résidence d'été de l'empereur, se trouvent à 3 kil. S.-O. de la cité. — Vienne, fondée sans doute à l'origine par les Celtes, paraît pour la première fois dans l'histoire sous le nom de Vindobona, et comme lieu de station des légions romaines dans la Pannonie supérieure. C'était la principale ville de l'Ostmark, fondée par Charlemagne, et en 1160 elle devint la résidence des ducs de la maison de Babenberg. Sous les premiers princes de Hapsbourg, elle atteignit une grande prospérité, et au XVe siècle sa population était de 50,000 hab. Mathias Corvin la prit en 1485, et elle se défendit héroïquement contre le sultan Solyman le Magnifique en 1529. Sous Ferdinand Ier, elle devint la résidence des empereurs d'Allemagne. Au XVIe et au XVIIe siècle, elle fut puissamment fortifiée, mais ses progrès furent arrêtés par les troubles religieux pendant la guerre de Trente ans, par les épouvantables ravages de la peste en 1679 et par la seconde inva-

sion des Turcs en 1683, où la valeur de Stharenberg et les secours amenés à temps par Jean Sobieski de Pologne réussirent à la sauver. Léopold I⁺ l'embellit beaucoup, et Marie-Thérèse et Joseph II la dotèrent d'institutions savantes. Charles VI conclut à Vienne, en 1738, un traité avec Louis XV. Napoléon occupa la ville en 1805 et en 1809, époque où fut négociée la paix de Schœnbrunn. En 1814-15, le congrès de Vienne, la plus grande assemblée de princes et de diplomates qu'il y ait jamais eu, réorganisa le système politique du continent. Les discussions préliminaires s'ouvrirent en sept. 1814, et les actes généraux furent signés le 9 juin 1815; ceux qui se rapportaient à la confédération germanique, formée alors, avaient été signés le jour précédent. En 1848, des soulèvements révolutionnaires éclatèrent à plusieurs reprises, et Windischgraetz prit possession de la ville après une émeute en octobre. (Voy. AUTRICHE.) Le 30 oct. 1864, la paix fut conclue à Vienne entre l'Autriche et la Prusse d'un côté, et le Danemark de l'autre.

VIENNE, *Vienna Allobrogum*, ch.-l. d'arr., à 82 kil. O.-N.-O. de Grenoble (Isère), sur la rive gauche du Rhône, par 45° 34' 28" lat. N. et 2° 32' 11" long. O.; 27,000 hab. Cathédrale Saint-Maurice (style gothique). Ancienne capitale des Allobroges, cette ville devint colonie romaine sous Tibère. Elle fut le berceau du christianisme dans les Gaules et elle eut des archevêques jusqu'à la Révolution. Il s'y tint plusieurs conciles, particulièrement celui où fut aboli l'ordre des Templiers (1311). Elle fut la capitale du premier et du second royaume de Bourgogne. Plomb, fer, draps, papiers, cordages. Patrie de Saint-Mamert et de Ponsard.

VIENNE, *Vigenna*, rivière qui prend sa source à Millevaches (Corrèze), baigne Limoges, Chabannais, Confolens, Châtellerault et Chinon, et se jette dans la Loire à Candes (Indre-et-Loire), après un cours de 410 kil. Princ. affluents, la Creuse et le Clain.

VIENNE, dép. de la région occidentale de la France, doit son nom au principal cours d'eau qui le traverse; situé entre les dép. de Maine-et-Loire, d'Indre-et-Loire, de l'Indre, de la Haute-Vienne, de la Charente et des Deux-Sèvres; formé de parties de la Touraine et du Berry; 6,970 kil. carr.; 340,295 hab. Pays de plaines, traversé au S. par quelques hauteurs de montagnes, d'Auvergne. Princ. cours d'eau : la Vienne, le Clain, l'Auzance, la Dive, la Creuse, la Charente et la Gartempe. Céréales, vins, chanvre. Environ le tiers de la superficie se compose de terre arable; un huitième est couvert de forêts, et le reste est aride. Dentelles, lainages, quincaillerie, armes à feu, coutellerie, etc. — Ch.-l., Poitiers; 5 arr., 31 cant., 300 comm. Evêché à Poitiers, suffragant de Bordeaux. Cour d'appel et académie à Poitiers. — Ch.-l. d'arr.: Poitiers, Châtellerault, Civray, Loudun et Montmorillon.

VIENNE (Haute-), dép. de la région centrale de la France, doit son nom à sa position sur le cours supérieur de la Vienne; situé entre les dép. de l'Indre, de la Vienne, de la Creuse, de la Corrèze, de la Dordogne et de la Charente, formé du haut Limousin, d'une partie de la basse Marche et de quelques communes du haut Poitou; 5,516 kil. carr.; 369,350 hab. Sol sablonneux et peu fertile; il renferme, néanmoins, de bons pâturages; pommes de terre, châtaignes, chanvre, vins, etc. Mines de fer, de plomb, d'antimoine, de cuivre, chevaux, bœufs, mulets, porcs, moutons. Fabriques de papier, de porcelaine, d'acier, etc. Princ. cours d'eau : la Vienne, la Gartempe, le Thorion, la Briance. Le territoire est traversé par les

montagnes, qui vont rejoindre celles d'Auvergne et qui séparent le bassin de la Loire de celui de la Garonne. Point culminant, le Puy-Vieux (980 m.). — Ch.-l., Limoges; 4 arr., 27 cant., 202 comm. Evêché à Limoges, suffragant de Bourges; cour d'appel à Limoges; ch.-l. académique à Poitiers. — Ch.-l. d'arr.: Limoges, Bellac, Rochechouart et Saint-Yrieix.

VIENNET (Jean-Pons-Guillaume), littérateur, né à Béziers (Hérault), le 18 nov. 1777, mort à Paris le 10 juillet 1868. Lieutenant d'artillerie de marine en 1796, il fut capturé par les Anglais et resta 8 mois sur les pontons. Il fit ensuite la campagne de Saxe. Au retour des Bourbons, il publia quelques couplets satiriques qui le firent mettre hors cadre, devint député et se rallia à Louis-Philippe. Il fut admis à l'Académie le 18 nov. 1830. Ses tragédies ont eu peu de succès; il a laissé, en outre, *Histoire militaire des Français; Histoire des guerres de la Révolution*, etc.

VIENNOIS, OISE s. et adj. De Vienne; qui appartient à cette ville ou à ses habitants.

VIENNOIS (Le), petit pays de l'anc. France (Dauphiné). Ch.-l., Vienne.

* VIERGE s. f. (lat. *virgo*). Fille qui a vécu dans une continence parfaite : *c'est une vierge.* — Marie, mère de Dieu : *la Vierge; la sainte Vierge.* — Un des douze signes du zodiaque, le sixième à commencer par le Bélier : *il est né sous le signe de la Vierge.* — Vierge adj. Se dit des personnes, filles ou garçons qui ont vécu dans une continence parfaite : *ce garçon est encore vierge.* — TERRE VIERGE, terre qui n'a jamais été soumise à la culture. — MÉTAUX VIERGES, ceux qui se trouvent purs et sans mélange dans le sein de la terre. — Fig. UNE RÉPUTATION VIERGE, une réputation intacte. — CIRE VIERGE, cire préparée, ordinairement mise en pain, qui n'a encore été employée à aucun ouvrage. HUILE VIERGE, première huile qui sort des olives, sans qu'on les ait encore pressées. PARCHEMIN VIERGE, parchemin qui est fait de la peau des petits agneaux ou chevreaux mort-nés. — Bot. VIGNE VIERGE, arbrisseau sarmenteux et grimpant, qui a des feuilles semblables à celles de la vigne et qui porte des fleurs d'un blanc sale, auxquelles succèdent des baies d'un vert noirâtre : *on cultive la vigne vierge pour garnir les murs, ou pour faire des berceaux dans les jardins.*

VIERSEN [fir'-zènn]. Ville de la Prusse rhénane, à 16 kil. S.-O. de Crefeld; 19,687 hab. Centre important pour le coton, le lin, la laine, la soie, le ruban et le velours.

VIERZON ou Vierzon-ville, ch.-l. de cant., arr. et à 35 kil. N.-O. de Bourges (Cher), au confluent de l'Yèvre et du Cher, sur le canal du Berry; 8,000 hab. Parchemineries, verreries, porcelaines, bois, vins, grains.

VIÈTE ou Viéta (François), mathématicien français, né à Fontenay-le-Comte en 1540, mort en 1603. Il était maître des requêtes sous Henri III et Henri IV. Il fut le premier qui combina les symboles d'opération avec les symboles de quantité et qui rendit ainsi l'algèbre une science purement symbolique.

VIEUSSENS (Raymond) [vieu-sanss], médecin français de Montpellier, né dans le Rouergue en 1641, mort à Montpellier vers 1720. Sa *Neurographia Universalis* sur l'anatomie du cerveau, de la moelle épinière et des nerfs, parut en 1685. Une des premières structures anatomiques qu'il ait décrites est la « valve de Vieussens », couche mince de substance nerveuse blanche dans le quatrième ventricule du cerveau.

* VIEUX. Voy. VIEIL.

VIEUX-CONDÉ, commune du canton de Condé-sur-Escaut (Nord), arr. et à 14 kil. N. de Valenciennes; 5,500 hab. (Voy. CONDÉ-SUR-ESCAUT.) Port d'embarquement pour les houilles des riches mines environnantes.

* VIF, VIVE adj. (lat. *vivus*). Qui est en vie : *l'ordre porte qu'il sera pris mort ou vif.* — Qui a beaucoup de vigueur et d'activité : *c'est un enfant fort vif.* — AVOIR L'ESPRIT VIF, L'IMAGINATION VIVE, avoir un esprit, une imagination qui conçoit et qui produit promptement et facilement. — Se dit encore de certaines choses, soit physiques, soit morales, pour marquer la force, la violence de l'impression qu'elles nous font : *un froid vif.* — AIR VIF, air pur et frais, tel que celui des hautes montagnes, et qui fait respirer à la poitrine : *l'air est très vif sur ces montagnes.* — COULEUR VIVE, couleur fort éclatante : *cette femme a des couleurs bien vives.* — FOI VIVE, foi qui est accompagnée des œuvres; et quelquefois aussi, foi ardente et que rien n'ébranle. — Se dit également de ce qui est exprimé avec force, avec chaleur, de ce qui est énergique, animé : *des représentations vives.* — EXPRESSIONS VIVES, expressions où se fait sentir le feu de l'imagination; et, TRAITS VIFS, traits piquants : *il y a dans cet ouvrage des expressions vives, des traits fort vifs.* — HAIE VIVE, haie formée d'arbustes, ordinairement épineux, qui ont pris racine et qui sont en pleine végétation, par opposition à HAIE MORTE ou SÈCHE, celle qui est formée d'épines ou d'autres bois morts entrelacées. — BOIS VIF, se dit des arbres qui donnent des branches et des feuilles, par opposition à BOIS MORT. — CHAUX VIVE, chaux qui n'a point été imprégnée d'eau. — DARTRE VIVE, dartre qui paraît extrêmement enflammée. — EAU VIVE, eau qui coule de source, et quelquefois eau qui est trop crue : *les eaux trop vives sont malsaines.* — ROCHE VIVE, se dit du surface n'a pas été altérée. — LE ROC VIF se dit quelquefois de ce qui forme le roc même, par opposition à la terre ou au sable dont il est recouvert : *on a fouillé jusqu'au roc vif.* — VIVE ARÊTE, le tranchant des angles du bois, de la pierre, etc., lorsqu'ils ne sont ni écornés, ni émoussés : *une poutre à vive arête.* — Mécan. FORCE VIVE, le produit de la masse par le carré de la vitesse. — Vif s. m. Chair vive : *il a fallu couper beaucoup de chairs mortes avant que de trouver le vif.* — Fig. TRANCHER, COUPER DANS LE VIF, se priver tout d'un coup et absol. d'une chose qui fait beaucoup de plaisir, et à laquelle on est très sensible : *dans ces occasions-là, il faut couper dans le vif.* — TRANCHER, COUPER DANS LE VIF, signifie aussi rompre tout à coup des relations nuisibles, ou prendre des mesures énergiques dans une affaire. — Fig. PIQUER AU VIF, rendre quelqu'un très sensible. ÊTRE TOUCHÉ AU VIF, être sensiblement touché de quelque chose. — LE VIF DE L'EAU, se dit des plus fortes marées, et du temps où elles ont lieu; par opposition à MORTE EAU. — De vive voix loc. adv. En parlant, en employant la parole : *mais lisez, me dit-elle, je vous apprendrai de vive voix.* — De vive force loc. adv. Avec violence, en surmontant tous les obstacles : *il enleva cette poste de vive force.*

VIF, ch.-l. de cant., arr. à 20 kil. S. de Grenoble (Isère), sur la Grège; 2,800 hab.

* VIF-ARGENT s. m. (Voy. MERCURE). — Fig. et fam. CET HOMME A DU VIF-ARGENT DANS LES VEINES, DANS LA TÊTE; C'EST DU VIF-ARGENT, il est d'une telle vivacité, d'une telle mobilité d'esprit, qu'il dit, qu'il fait souvent des étourderies.

VIGAN (Le), *Vindomagus*, ch.-l. d'arr., à 79 kil. O.-N.-O. de Nîmes (Gard), au pied des Cévennes, sur l'Arre; par 43° 59' 28" lat. N. et par 1° 46' 6" long. E.; 6,000 hab. Vieux pont sur l'Arre.

VIGEE (Louis-Jean-Baptiste-Etienne), littérateur, né à Paris en 1759, mort en 1820. On a de lui : les *Aveux difficiles* (1784), la *Belle-Mère* (5 act.), vers, 1788), la *Matinée d'une jolie femme* (1792).

VIGEOIS. ch.-l. de cant., arr. et à 35 kil. N. de Brives (Corrèze), sur la Vézère ; 3,000 hab.

VIGIE s. f. (lat. *vigil*, qui veille). Mar. ETRE EN VIGIE, être en sentinelle, pour découvrir et annoncer les objets qui peuvent se présenter à l'horizon. — Matelot même qui est en vigie : *la vigie a signalé un vaisseau.* — Se dit, en outre, de pointes de rochers isolés au milieu des mers et à fleur d'eau : *cette vigie n'est pas marquée sur les cartes.*

VIGIGRAPHIE s. f. (fr. *vigie*; gr. *graphô*, je décris). Système télégraphique des vigies.

VIGILAMMENT adv. Avec vigilance.

VIGILANCE s. f. (lat. *vigilantia*). Attention que l'on porte avec diligence, avec activité, qui veille à quelque chose ou sur quelqu'un : *vigilance continuelle.*

VIGILANT, ANTE adj. Attentif, soigneux, appliqué, qui veille avec beaucoup de soin à ce qu'il doit faire : *c'est un homme très vigilant.*

VIGILE s. f. (lat. *vigilia*). Veille de certaines fêtes de l'Eglise catholique : *la vigile de Noël.* — VIGILES DES MORTS, les matines et les laudes de l'office que l'on dit ordinairement la veille d'un service pour un mort, pour les morts.

VIGILE (lat. *Vigilius*), pape, né à Rome, mort en 555. Pendant les pontificats d'Agapet Ier et de Sylverius, il fut légat pontifical à Constantinople. Il prit parti pour le gouverneur byzantin contre Sylverius; et fut envoyé à Rome pour obtenir son emprisonnement et son exil. Il réussit dans sa mission, et fut proclamé pape en 537, mais on le considère comme anti-pape jusqu'en 540, époque où Sylvérius mourut. (Voy. CONSTANTINOPLE *Concile de.*)

VIGNE s. f. (lat. *vinea*). Plante qui porte le raisin : elle a une tige ligneuse et ordinairement tortue, qui pousse des jets grimpants, longs et flexibles, appelés SARMENTS : *cep de vigne.* — Etendue de terre plantée de ceps de vigne : *clos de vigne.* — RAISIN DE VIGNE, raisin propre à faire du vin ; par opposition à RAISIN DE TREILLE, ou CHASSELAS,

Vigne d'Europe (Vitis vitifera).

raisin qu'on sert sur les tables. — PÊCHE DE VIGNE, fruit du pêcher venu en plein vent, par opposition à PÊCHE D'ESPALIER. — ETRE DANS LES VIGNES, être ivre. — ENCYCL. La vigne (*vitis*) forme un genre d'ampélidées, comprenant un certain nombre d'espèces de plantes à vrilles, que l'on trouve dans les climats tempérés des deux hémisphères. Il existe une certaine confusion sur la distinction des espèces ; mais, au point de vue de l'horticulture, on les divise en vigne d'Europe (*vitis vinifera*) et en vignes d'Amérique : 1° vigne du renard septentrional (*vitis labrusca*); vigne d'été (*vitis æstivalis*); vigne gelée (*vitis cordifolia*) et muscadine (*vitis vulpina*). Chacune de ces espèces a produit une infinité de variétés et de sous-variétés (*cépages*). La vigne se cul-

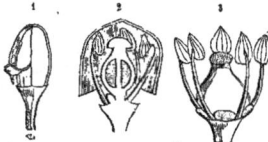

Fleur grossie de la vigne. — 1. Jeune fleur; 2. Section verticale de fleur; 3. Fleur sans corolle.

tive de diverses manières, suivant les pays; ici, on la divise en vigne d'Europe (vitis vinifera) dans les Charentes, on laisse retomber sur le sol ses lianes ou sarments; ailleurs, on la laisse grimper aux arbres; ou bien on l'établit en *treille*, le long des murs, des espaliers ou des contre-espaliers. Ses ennemis les plus redoutables sont l'oïdium et le phylloxera.

VIGNE VIERGE. L'*ampelopsis quinquefolia* est une vigne ligneuse particulière, particulière à l'Amérique du Nord, du Canada au Texas. Elle grimpe souvent à plus de 50 pieds, au moyen de vrilles et quelquefois de petites racines. Les vrilles se tournent vers l'arbre ou le mur contre lequel la vigne croit; leurs extrémités s'y élargissent et forment un disque qui adhère à la surface avec une grande ténacité. C'est une des plantes grimpantes les plus recherchées pour l'ornement. Ses feuilles, en automne, prennent les plus riches teintes d'écarlate, de cramoisi et de pourpre. On l'appelle souvent lierre ou chèvrefeuille américain. Une variété japonaise *A. Vietchii* ou *trienspidata*) donne, avec des feuilles plus petites, un feuillage plus dense.

VIGNERON, ONNE s. Celui, celle qui cultive la vigne : *pauvre vigneron.*

VIGNES (Pierre des) *Petrus de Vinea*, jurisconsulte et écrivain italien, né à Capoue vers 1190. On a de lui : *Rerum burgundionum Chronicon* (Bâle, 1575); *Sommaire de l'Histoire des Français* (Paris, 1579) ; etc.

VIGNETTE s. f. Petite estampe ou dessin dont on orne le commencement ou la fin des chapitres d'un livre, et qui ne représentait autrefois pour l'ordinaire que des pampres et des raisins, mais où l'on grave maintenant toutes sortes de figures : *il y a de belles vignettes dans ce livre.* — Il y a aussi des vignettes qui servent d'encadrement pour les tableaux, les couvertures de livres, etc. — PAPIER A VIGNETTES, papier à lettres dont les bords sont ornés de petites guirlandes coloriées : *il n'écrit que sur du papier à vignettes.* — ⤳ Argot des typographes. Correction, en parlant des épreuves : *cette épreuve a beaucoup de vignettes.*

VIGNEULLES, ch.-l. de cant., arr. et à 34 kil. N.-E. de Commercy (Meuse) ; 3,000 hab.

VIGNOBLE s. m. Etendue de pays plantée de vignes : *le vignoble de Chambertin, de Pomard, d'Aï,* etc. — Adjectiv. *Un pays vignoble.*

VIGNOLE (Giacomo-Barozzio DE VIGNOLA), architecte italien, né en 1507, mort en 1573. Après avoir bâti de beaux édifices à Bologne, il fit, comme architecte de Jules III, les plans de l'église des Jésuites à Rome, et les deux coupoles latérales de Saint-Pierre, dont il devint architecte après la mort de Michel-Ange. Il fit aussi les plans pour la recons-

truction de l'Escurial en Espagne. Ses ouvrages sur les cinq ordres d'architecture et sur la perspective pratique sont restés classiques.

VIGNORY, ch.-l. de cant., arr. et à 21 kil. N. de Chaumont (Haute-Marne) ; 500 hab.

VIGNY (Alfred-Victor de, COMTE), poète français né à Loches (Touraine), le 27 mars 1799, mort le 18 sept. 1863. Il se fit de bonne heure reconnaître pour un poète de génie ; mais sa popularité comme écrivain romantique ne date que de son roman historique *Cinq-Mars* (1826, 2 vol.). En 1835, il remporta un succès encore plus brillant, quoique moins durable, avec son drame de *Chatterton*. *Eloa, ou la sœur des Anges, le Déluge, Moïse*, et *Dolorida*, qui font partie de ses *Poèmes antiques et modernes* (1824-'26) sont ses productions les plus originales. On a publié une nouvelle édition de ses œuvres en 1863-'66 (8 vol.).

VIGO, port de mer d'Espagne, en Galice, à 15 kil. S. de Pontevedra, sur la rive méridionale de la baie de Vigo ; 8,000 hab. Grand lazaret, port accessible aux petits navires, et rade protégée par des châteaux forts. Le 23 oct. 1702, l'escadre anglo-hollandaise détruisit, dans la baie de Vigo, la flotte des galères espagnoles avec les convoyeurs français.

VIGOGNE. Voy. GUANACO.

VIGOUREUSEMENT adv. Avec vigueur : *il attaque, il se défend vigoureusement.*

VIGOUREUX, EUSE adj. Qui a de la vigueur : *cet homme est d'une santé vigoureuse.* — Se dit aussi des choses qui se font avec vigueur, où il y a de la vigueur : *attaque, résistance vigoureuse.* — Particul. Peint. *Une touche vigoureuse.*

VIGUERIE s. f. Charge, fonctions de viguier. — Se disait aussi du territoire soumis à la juridiction du viguier.

VIGUEUR s. f. (lat. *vigor*). Force pour agir, énergie : *dans la vigueur de la jeunesse.*

> Le peuple, à qui la faim se faisait déjà craindre,
> De mon peu de vigueur commençait à se plaindre.
>   J. RACINE. *La Thébaïde*, acte IV, sc. III.

— Se dit aussi des végétaux : *cet arbre a repris vigueur depuis qu'on l'a taillé.* — Fig. *Ce vieillard conserve la même vigueur d'esprit qu'il avait à vingt-cinq ans.* — Se dit en terme de peinture, dans un sens anal. : *la vigueur du dessin, du coloris.* — ETRE EN VIGUEUR, se dit des lois, des coutumes, des maximes qui conservent toute leur autorité, qui sont exécutées, suivies : *cette loi est toujours en vigueur, n'est plus en vigueur, a cessé d'être en vigueur.*

VIGUIER s. m. Juge qui, en Languedoc et en Provence, faisait les mêmes fonctions que les prévôts royaux dans les autres provinces de France.

VIHIERS, ch.-l. de cant., arr. et à 37 kil. de O.-S.-O. de Saumur (Maine-et-Loire); 1,600 hab.

VIKING s. m. Titre d'un fils de roi scandinave préposé au commandement d'une station maritime.

VIL, ILE adj. (lat. *vilis*). Bas, abject, méprisable : *c'est un homme vil, un homme vil et abject.*

VILAIN s. m. (lat. *villanus*). Paysan, roturier, homme de néant : *les nobles et les vilains.* (Vieux.)

VILAIN, AINE adj. Qui déplaît à la vue : *vilaine maison.* — Incommode, désagréable : *vilain chemin.* — Se dit aussi des personnes, des paroles et des actions, et signifie, sale, déshonnête, fâcheux, méchant, infâme : *c'est un vilain homme.* — Dangereux : *voilà un vi-*

lain rhume, une vilaine fièvre. — Avare, qui vit mesquinement. — s. C'est un vilain.

VILAINE (La), Vicinovia, Vidiana, rivière qui prend sa source dans le dép. de la Mayenne, baigne Vitré, Rennes, Redon et se jette dans l'Atlantique, après un cours de 220 kil.

* **VILAINEMENT** adv. D'une vilaine manière. S'emploie dans plusieurs acceptions anal. à celles de l'adjectif VILAIN.

* **VILAYET** s. m. Nom que l'on donne en Turquie aux grandes provinces de l'empire, gouvernées chacun par un vali. On disait autrefois ELAYET, gouvernement.

Vilebrequin et sa mèche.

* **VILEBREQUIN** s. m. (fr. virer; et brequin). Outil d'artisan, qui sert à trouer, à percer du bois, de la pierre, du métal, par le moyen d'une mèche de fer (brequin) qui a un taillant en spirale, et qu'on fait entrer en la tournant : trou de vilebrequin.

* **VILEMENT** adv. D'une manière vile.

* **VILENIE** s. f. Ordure, saleté : cette maison est pleine de vilenie. — Parole injurieuse : il lui a dit mille vilenies. — Obscénité : ce livre est plein de vilenies. — Avarice sordide : sa vilenie le fait mépriser de tout le monde. — Action basse et vile : il a fait cent vilenies en sa vie. — Mauvaise nourriture, nourriture malsaine : cet enfant est malade pour avoir mangé toutes sortes de vilenies.

* **VILETÉ** s. f. Bas prix d'une chose : la vileté des denrées. — Le peu d'importance d'une chose : la vileté de la matière.

* **VILIPENDER** v. a. (lat. vilis, vil; pendere, estimer). Traiter de vil, déprimer, traiter avec beaucoup de mépris. Se dit en parlant des personnes et des choses : il ne faut pas tant le vilipender.

* **VILITÉ** s. f. Voy. VILETÉ.

* **VILLA** s. f. [vil-la] (ital. villa, maison de campagne). Maison de plaisance aux environs d'une ville et, par ext., maison de campagne.

* **VILLACE** s. f. Grande ville mal peuplée et mal bâtie. (Fam.)

VILLAFRANCA, ville d'Italie, dans la Vénétie, sur le Tartaro, à 14 kil. S.-O. de Vérone ; 4,765 hab. On y manufacture la soie. Il s'y conclut, le 11 juillet 1859, un traité entre Napoléon III et François-Joseph, ratifié à Zürich, le 10 nov., par lequel l'Autriche cédait la Lombardie à Victor-Emmanuel.

* **VILLAGE** s. m. (rad. lat. villa). Lieu non fermé de murailles, composé principalement de maisons de paysans : gros village. — Le COQ DU VILLAGE, celui qui a le plus de crédit dans le village. — Prov. CET HOMME EST BIEN DE SON VILLAGE, il est bien mal instruit de ce qui se passe dans le monde.

* **VILLAGEOIS, OISE** s. Habitant de village : un pauvre villageois. — Adjectiv. Qui appartient au village, qui est propre aux gens de village : un air villageois.

VILLANDRAUT, ch.-l. de cant., arr. et à 13 kil. N.-O. de Bazas (Gironde), sur le Ciron; 1,400 hab.

* **VILLANELLE** s. f. (ital. villanella). Sorte de poésie pastorale, dont les couplets finissent par le même refrain : chanter une villanelle. — Certain air fait pour danser.

VILLANI (Giovanni), historien florentin, né vers 1280, mort en 1348. Il remplit différentes fonctions, et prit part aux guerres et à la diplomatie de Florence. Son Istorie florentine

(1537-'54), publiée par Valori en 1587 (dernière édit., 1848, 7 vol.), est regardée par l'académie Della Crusca comme une autorité au point de vue du style ; mais les faits n'y sont dignes de foi qu'autant qu'ils se rapportent aux événements dont l'auteur lui-même a été témoin. Il était Guelfe et écrivait dans l'intérêt de son parti. Son ouvrage a été continué jusqu'en 1365 par son frère et son neveu.

VILLARD-DE-LANS, ch.-l. de cant., arr. et à 29 kil. S.-O. de Grenoble (Isère); 4,500 hab.

VILLARET DE JOYEUSE (Louis-Thomas, COMTE), marin, né à Auch en 1750, mort à Venise en 1812. Il fit la compagne de l'Inde sous les ordres de Suffren; devint contre-amiral pendant la Révolution et livra aux Anglais, en 1794, une bataille navale de trois jours dans laquelle périt le vaisseau le Vengeur. L'Empire le nomma gouverneur des Antilles françaises, puis gouverneur général de Venise.

VILLARS (Claude-Louis-Hector de), maréchal de France, né à Moulins, le 8 mai 1653, mort à Turin le 17 juin 1734. Brillant courtisan, il devint favori de Louis XIV. La victoire de Friedlingen en 1702 lui procura le rang de maréchal. En 1704, il arrêta les progrès de Marlborough après sa victoire à Blenheim, et il gagna d'autres avantages en 1707 et en 1708. En 1709, il commandait l'armée des Flandres, et fut blessé à Malplaquet. En 1712, il infligea une défaite signalée aux alliés à Denain. Après la mort de Louis XIV (1715), il se montra un des membres les plus judicieux du conseil de régence. Dans la guerre de la succession de Pologne, Louis XV le fit maréchal général (1733).

VILLARS-DU-VAR, ch.-l. de cant., arr. et à 13 kil. E. de Puget-Théniers (Alpes-Maritimes); sur la rive gauche du Var; 800 hab.

VILLA-VICIOSA, village d'Espagne, prov. et à 22 kil. E. de Guadalaxara. Le 10 déc. 1740, le duc de Vendôme y remporta, sur Staremberg et les Autrichiens, une victoire décisive qui assura la couronne d'Espagne à Philippe V.

* **VILLE** s. f. (lat. villa). Assemblage d'un grand nombre de maisons disposées par rues, et souvent entourées d'une clôture commune, qui est ordinairement de murs et de fossés. Fortifier, assiéger, défendre, prendre, bâtir, détruire, raser une ville. — Se dit aussi des habitants d'une ville : toute la ville est allée au-devant de lui. — Se dit encore, absol., du séjour des villes, de la vie qu'on y mène, et des mœurs qui y règnent ; par opposition au séjour, à la vie et aux mœurs de la campagne : j'aime mieux la ville que les champs.

VILLEBOIS-LAVALETTE, ch.-l. de cant., arr. et à 21 kil. S.-E. d'Angoulême (Charente), sur la pente rapide d'une montagne isolée que dominent les ruines d'un château féodal; 1,000 hab.

VILLEBRUMIER, ch.-l. de cant., arr. et à 18 kil. S.-E. de Montauban (Tarn-et-Garonne), sur la rive droite du Tarn; 800 hab.

VILLE-D'AVRAY, comm. du cant. de Sèvres, arr. et à 6 kil. N.-E. de Versailles (Seine-et-Oise); 1,200 hab.

VILLEDIEU, ch.-l. de cant., arr. et à 22 kil. d'Avranches (Manche), sur la Sienne; 3,000 hab. Fonderie de cloches.

VILLEDIEU (La), ch.-l. de cant., arr. et à 14 kil. S. de Poitiers (Vienne); 400 hab.

VILLE-EVRARD (La), hameau de la commune de Neuilly-sur-Marne (Seine-et-Oise), à 15 kil. de Paris Célèbre asile d'aliénés.

VILLE-EN-TARDENOIS, ch.-l. de cant., arr. et à 24 kil. S.-O. de Reims (Marne); 400 hab.

VILLEFAGNAN, ch.-l. de cant., arr. et à 40 kil. S.-O. de Ruffec (Charente); 1,200 hab.

VILLEFORT, ch.-l. de cant., arr. et à 48 kil. S.-E. de Mende (Lozère), au pied du mont Lozère ; 1,500 hab.

VILLEFRANCHE, ital. Villafranca, ch.-l. de cant., arr. et à 5 kil. E. de Nice (Alpes-Maritimes); 3,100 hab. Son port, acheté par une compagnie, qui désirait en faire une station de transatlantiques russes (août 1858), faillit devenir un brandon de discorde entre la France et la Russie.

VILLEFRANCHE-D'ALBIGEOIS, ch.-l. de cant., arr. et à 17 kil. E. d'Albi (Tarn); 1,200 hab.

VILLEFRANCHE-DE-BELVÈS, ch.-l. de cant., arr., et à 46 kil. S.-O. de Sarlat (Dordogne); 1,500 hab.

VILLEFRANCHE-DE-CONFLENS ou de Conflent, ville forte de l'arr. et à 6 kil. S.-O. de Prades (Pyrénées-Orientales), sur la rive droite de la Tet et dans la vallée du Conflent.

VILLEFRANCHE-DE-LAURAGUAIS, ch.-l. d'arr., à 36 kil. S.-E. de Toulouse (Haute-Garonne), sur l'Hers et près du canal du Midi; par 43° 23' 56'' lat. N. et par 0° 37' 13'' long. O.; 4,000 hab. Grains, toiles, poteries, cuirs.

VILLEFRANCHE-DE-LONGCHAT, ch.-l. de cant., arr. et à 38 kil. N.-O. de Bergerac (Dordogne); 800 hab.

VILLEFRANCHE-DE-ROUERGUE, ch.-l. d'arr. à 56 kil. O. de Rodez (Aveyron), au confluent de l'Alezon et de l'Aveyron ; par 44° 21' 10'' lat. N. et 0° 17' 58'' long. O.; 9,500 hab. Grains, vins, truffes, jambons. — Patrie du maréchal de Belle-Isle et du médecin Alibert.

VILLEFRANCHE-SUR-SAÔNE, ch.-l. d'arr. à 27 kil. N.-O. de Lyon (Rhône), sur le Morgon ; par 45° 59' 24'' lat. N. et par 2° 22' 56'' long. E.; 13,000 hab. Cette ville devint, en 1532, la cap. du Beaujolais. Eglise gothique de Notre-Dame-du-Marais. — Patrie du girondin Roland.

VILLEGAGNON (Nicolas DURAND DE), marin, né à Provins en 1310, mort en 1571. Son oncle Villiers de l'Isle-Adam le reçut dans l'ordre de Malte en 1531. Villegagnon prit part ensuite à l'expédition de Charles-Quint en Afrique et à celle qui amena Marie Stuart d'Ecosse en France (1548). Il fut nommé par Henri II vice-amiral de Bretagne et partit pour l'Amérique en 1555. On a de lui : De bello Melitensi (1553).

VILLEGAS (Estéban-Manuel de) [vi-llé'-gass], poète espagnol, né en 1596, mort en 1669. Après avoir publié Las Eroticas (1617), où se trouvent d'admirables imitations d'Anacréon, il pratiqua le droit. Il mourut dans la misère. Il a aussi écrit des dissertations sur les auteurs classiques, des additions au code théodosien et une traduction de Boèce en excellent espagnol.

* **VILLÉGIATURE** s. f. [vil-lè-]. Séjour que les personnes aisées font à la campagne pendant la belle saison : être en villégiature.

VILLEHARDOUIN (Geoffroi de), chroniqueur, né vers 1167, près de Bar-sur-Aube, mort vers.1213. Il assista à la prise de Constantinople en 1204, et sauva l'armée de Baudouin Ier lorsque ce prince eut été pris par les Bulgares. On a de lui une Histoire de la conquête de Constantinople ou Chronique des empereurs Baudouin et Henri, de 1198 à 1207. C'est un des plus anciens monuments de la littérature française. Traduit en français moderne par Ducange (1657).

VILLEJUIF, ch.-l. de cant., arr. et à 6 kil. N.-E. de Sceaux (Seine), sur une éminence; 2,000 hab. Le 23 sept. 1870, un combat san-

glant y fut livré entre les Français et les Allemands.

VILLÈLE (Jean-Baptiste-Séraphin-Joséphin de, COMTE), homme d'État français, né à Toulouse le 14 août 1773, mort dans la même ville le 13 mars 1854. Il fut, à partir de 1815, maire de Toulouse et chef des ultra-royalistes à la Chambre des députés. Il fut ministre des finances de déc. 1821 à sept. 1822, où il prit la présidence du conseil avec le portefeuille des affaires étrangères. Après l'avènement de Charles X (1824), il garda beaucoup d'influence à la cour. En 1825, il réussit à obtenir une indemnité d'un milliard aux émigrés, dont les biens avaient été contisqués pendant la Révolution. Il obtint, la même année, pour les Haïtiens, une indemnité de 150,000,000 fr., réduite plus tard à 90 millions de fr. en échange de la reconnaissance de leur indépendance. Sa politique ultramontaine et ultra-royaliste le rendit le but des insultes populaires à une revue de la garde nationale de Paris, le 29 avril 1827. Cet événement amena la dissolution de cette troupe et de la Chambre; mais Villèle succomba sous l'exaspération publique, et se retira en janv. 1828.

VILLEMAIN (Abel-François), écrivain et homme d'État, né et mort à Paris (11 juin 1790 — 8 mai 1870). En 1816, il fut nommé professeur de belles-lettres à la Sorbonne, et, à partir de 1814, remplaça Guizot comme professeur d'histoire moderne. Ses leçons ne furent pas sans influence pour précipiter la révolution de Juillet; il avait été nommé député peu avant qu'elle éclatât. En 1832, Louis-Philippe l'éleva à la pairie. En 1834, il devint président du conseil de l'instruction publique. Il fut ministre de l'instruction publique, de 1839 à 1840, et, après un court intervalle, jusqu'en 1844. Il refusa le serment à Napoléon III, et fut enlevé de sa chaire en 1852, mais il resta professeur honoraire. Ses œuvres comprennent : *Cours de littérature française* (1864, 6 vol., édit. augmentée); *Histoire de Cromwell* (1819, 2 vol.); *Souvenirs contemporains d'histoire et de littérature* (nouv. édit., 1859-'62, 2 vol.); et *Histoire de Grégoire VII* (1872, 2 vol.); *Tableau d'éloquence chrétienne* (1827, nouv. édit. 1861); *Chateaubriand* (1859).

VILLEMESSANT (Jean-Hippolyte CARTIER, dit de), journaliste, né à Rouen le 22 avril 1812, mort le 11 avril 1879. Il était fils du colonel Cartier et de Mlle de Villemessant dont il prit le nom. Après avoir dirigé et créé plusieurs journaux à Paris, il ressuscita le *Figaro* en 1854, comme feuille hebdomadaire, puis bi-hebdomadaire, et en fit un tel succès, qu'il en fit, en 1866, un journal quotidien.

VILLEMUR, ch.-l. de cant., arr. et à 38 kil. N. de Toulouse (Haute-Garonne), sur la rive droite du Tarn; 3,000 hab.

VILLENAUXE, ch.-l. de cant., arr. et à 16 kil. N.-E. de Nogent-sur-Seine (Aube), sur la Villenauxe; 2,800 hab.

VILLENEUVE (Pierre-Charles-Jean-Baptiste-Silvestre de), amiral, né à Valensoles (Basses-Alpes) le 31 déc. 1763, mort assassiné à Rennes le 22 avril 1806. — Il fut nommé garde-marine à quinze ans, garde du pavillon à seize, capitaine de vaisseau en 1793, chef de division, puis contre-amiral en 1796. Il n'amena pas au rendez-vous la flotte de Toulon destinée à joindre celle de Brest pour l'expédition d'Irlande. A Aboukir, il commandait l'aile droite et se retira sans secourir son chef. On l'accusa d'avoir puissamment contribué à ce grand désastre par son immobilité et le commencement de l'action et par son départ du lieu de l'action avant qu'elle fût terminée. L'empereur le fit vice-amiral le 30 mai 1804, et l'envoya rem-

placer Latouche-Tréville à la tête de la flotte de Toulon, qui devait seconder les projets de descente en Angleterre. Sur l'ordre formel de Napoléon, il livra la bataille de Trafalgar, dans les circonstances les plus défavorables, tomba entre les mains des vainqueurs, obtint sa liberté sur parole pour venir faire juger sa conduite par un conseil de guerre, et fut assassiné dans la chambre d'un hôtel de Rennes, par cinq individus qui ne furent pas recherchés.

VILLENEUVE-D'AGEN ou Villeneuve-sur-Lot, ch.-l. d'arr., à 26 kil. N.-N.-E. d'Agen (Lot-et-Garonne), par 44° 24' 34" lat. N. et par 1° 37' 50" long. O. ; 14,000 hab. Beau pont sur le Lot.

VILLENEUVE-D'AVEYRON, ch.-l. de cant., arr. et à 10 kil. N. de Villefranche (Aveyron); 4,100 hab.

VILLENEUVE-DE-BERG, ch.-l. de cant., arr. et à 27 kil. S.-S.-O. de Privas (Ardèche); 3,000 hab.

VILLENEUVE-DE-MARSAN, ch.-l. de cant., arr. et à 17 kil. E. de Mont-de-Marsan (Landes), sur le Midau; 1,500 hab.

VILLENEUVE-L'ARCHEVÊQUE, ch.-l. de cant., arr. et à 23 kil. E. de Sens (Yonne), sur la Vanne; 2,200 hab.

VILLENEUVE-LE-ROI ou Villeneuve-sur-Yonne, ch.-l. de cant., arr. et à 18 kil. N.-N.-O. de Joigny (Yonne); 5,000 hab. Vins, bois, draps, etc. Louis VII donna à cette ville une Charte communale et la fortifia.

VILLENEUVE - LEZ - AVIGNON, ch.-l. de cant., arr. et à 34 kil. E. d'Uzès (Gard), sur la rive droite du Rhône, en face d'Avignon; 5,000 hab.

VILLERÉAL, ch.-l. de cant., arr. et à 28 kil. N. de Villeneuve-d'Agen (Lot-et-Garonne); 1,800 hab.

VILLEROI (François DE NEUFVILLE, duc de). maréchal de France, né le 7 avril 1643, mor. le 18 juillet 1730. Elevé avec Louis XIV, il dut sa fortune subite à cette amitié d'enfance. Dès 1663, il fut créé duc. En 1693, le roi lui confia le maréchalat et le mit à la tête des armées à la place du maréchal de Luxembourg. A partir de cette époque, l'incapacité du chef amène une série de fautes militaires qui se terminent par autant de défaites. Il laisse reprendre Namur en 1695, est battu par le prince Eugène à Chiari en 1701, et se fait prendre dans Crémone l'année suivante. Battu dans les Flandres près de Huy en 1705, il perdit la bataille de Ramillies en 1706 et se vit retirer le commandement de l'armée; mais il n'en conserva pas moins les bonnes grâces du roi qui le nomma, par son testament, gouverneur de Louis XV. A la majorité de ce dernier, le duc d'Orléans fit exiler Villeroi.

VILLERS (Charles-François-Dominique de) [vi-yé], philosophe français, né vers 1765, mort en 1815. Il se déclara contre la Révolution, et se retira à Lübeck. Il contribua, par ses traductions et par les ouvrages originaux, à faire connaître en France la littérature et la philosophie allemandes. Ses écrits comprennent *La philosophie de Kant* (1801) et *Essai sur l'esprit et l'influence de la réformation de Luther* (1804).

VILLERS-BOCAGE. 1, ch.-l. de cant., arr. et à 27 kil. S.-O. de Caen (Calvados); 1,200 hab. — 2, ch.-l. de cant., arr. et à 14 kil. N. d'Amiens (Somme); 1,600 hab.

VILLERS-COTTERETS, ch.-l. de cant., arr. et à 30 kil. S.-O. de Soissons (Aisne), au milieu d'un forêt; 3,206 hab. Boissellerie. Patrie de Demoutier et d'Alexandre Dumas père. Prison du XVIe siècle, église du XIIe au

XVIe siècle. Dépôt de mendicité spécialement destiné aux indigents du dép. de la Seine, dans un ancien château royal réédifié par François Ier. C'est dans ce château que ce prince rendit la fameuse ordonnance dite *Guillemine*.

VILLERS-FARLAY, ch.-l. de cant., arr. et à 20 kil. N. de Poligny (Jura); 1,100 hab.

VILLERSEXEL, ch.-l. de cant., arr. et à 18 kil. S. de Lure (Haute-Saône); 1,200 hab. Le 9 janv. 1871, les Français sous les ordres de Bourbaki y luttèrent pendant 9 heures contre les troupes de von Werder, qui dut se replier.

VILLE-SUR-TOURBE, ch.-l. de cant., arr. et à 16 kil. N.-O. de Sainte-Menehould (Marne); 800 hab.

* **VILLETTE** s. f. Très petite ville. (Fam.)

VILLETTE (Charles, MARQUIS DE), littérateur, né à Paris en 1736, mort en 1793. Envoyé à la Convention par le dép. de Seine-et-Oise, il vota pour la réclusion, lors du procès du roi. Ses *Œuvres* ont été publiées à Paris en 1786.

VILLETTE (La), section de Paris, formant le XIXe arr. Grand entrepôt de marchandises. Marché aux bestiaux.

VILLEURBANNE, ch.-l. de cant., arr. et à 8 kil. E. de Lyon (Rhône); 7,000 hab. Filatures considérables; fabriques de chapeaux.

* **VILLEUX, EUSE** adj. [vil-leû](lat. *villosus*). Hist. nat. Qui est chargé de poils, velu : *tissu villeux*.

VILLIERS-SAINT-GEORGES, ch.-l. de cant., arr. et à 15 kil. N.-E. de Provins (Seine-et-Marne); 600 hab.

VILLOISON(Jean-Baptiste-Gaspard D'ANSSE DE), philologue français, né vers 1750, mort en 1805. En 1773, il publia, d'après un manuscrit, le lexique d'Apollonius de l'*Iliade* et de l'*Odyssée*, avec des fragments de Philemon (2 vol. in-fol.). En 1781, parurent ses *Anecdota Græca* (2 vol. in-4°) tirées des manuscrits grecs de la bibliothèque de Saint-Marc à Venise.

VILLON (François), poète français, né à Paris en 1431, mort vers la fin du XVe siècle. Type du bohème, il dépassa plusieurs fois les limites de la délicatesse, et fut même condamné à la potence ; mais Louis XI lui fit grâce de la vie. Boileau a dit de lui :

> Villon sut le premier, dans ces siècles grossiers,
> Débrouiller l'art confus de nos vieux romanciers.

Les *Œuvres* de Villon, publiées en 1489, ont été réimprimée en 1742.

* **VILLOSITÉ** s. f. [vil-lo-zi-té] (du lat. *villosus*, poilu). Hist. nat. Assemblage de poils couchés, membraneux et mous.

VILLOTIER, IÈRE s. [vi-lo-]. Débauché, libertin.

VILVORDE, ville de Belgique, à 12 kil. N.-N.-E. de Bruxelles ; 8,000 hab. Maison centrale de correction. Dentelles, aiguilles.

* **VIMAIRE** s. f. (du lat. *vis*, force ; *major*, majeure). Eaux et Forêts. Se dit du dégât causé dans les forêts par les ouragans.

VIMEIRO, ville de Portugal, dans l'Estramadure ; 4,800 hab. Victoire de Wellesley sur Junot et Kellermann, le 21 août 1808.

VIMEUX (Le), *Vimacensis Pagus*, petit pays de l'ancienne France (Picardie). — Ch.-l., Saint-Valery-sur-Somme.

VIMINAL, ALE adj. (lat. *viminalis*, de *vimen*, osier). Se disait, à Rome, d'endroits couverts d'osier.

VIMOUTIERS, ch.-l. de cant., arr. et à 30 kil. N.-E. d'Argentan (Orne) ; 3,000 hab. Minoteries ; grains, farines, bestiaux.

VIMY, ch.-l. de cant., arr., et à 11 kil. N. d'Arras (Pas-de-Calais) ; 1,400 hab.

*** VIN** s. m. Liqueur alcoolique résultant de la fermentation du jus de raisin et qui sert de boisson : *vin rouge, vin blanc.* — VIN DU CRU, vin fait avec le raisin recueilli dans l'endroit même où on le consomme. — VIN DE COPEAU, vin que l'on a fait passer sur les copeaux, c'est-à-dire, dans lequel on a fait tremper des copeaux pour l'éclaircir et le rendre plus prompt à boire. — VIN DOUX, vin qui n'a point encore cuvé. — VIN BOURRU, vin nouveau qui n'a guère cuvé, et qui se conserve doux. — VIN COUPÉ, vin mêlé avec d'autre vin. — VIN DE CERNEAUX, vin rosé qui est bon à boire dans la saison des cerneaux. — VIN DE PRUNELLES, boisson que font les paysans avec des prunelles ou prunes sauvages. On appelle aussi, fig. et fam., VIN DE PRUNELLES, un mauvais vin, un vin qui est aigre et faible. — VIN DE L'ÉTRIER, vin que l'on boit au moment du départ, lorsqu'on est près de monter à cheval. — VIN DE LIQUEUR, vin qu'on boit, en petite quantité, à l'entremets et au dessert. —*Esprit-de-vin.* (Voy. ALCOOL).— Fig. et fam. ETRE ENTRE DEUX VINS, approcher de l'ivresse. — CUVER SON VIN, dormir afin de laisser passer son ivresse ; et, dans un sens plus fig., se donner le temps de s'apaiser, de revenir à la raison.— METTRE DE L'EAU DANS SON VIN, se modérer sur quelque affaire, sur quelque prétention, montrer moins de chaleur, d'animosité, etc. — Fig. et fam. POT DE VIN, ce qui se donne par manière de présent au delà du prix qui a été arrêté entre deux personnes pour un marché, tel qu'une vente, un bail à ferme, etc. : *il veut vendre sa terre tant, et veut tant pour le pot de vin.* — TACHE DE VIN, tache rouge que quelques personnes apportent en naissant sur le visage, ou sur quelque autre partie du corps : *il a une tache de vin sur la joue.* — Se dit, particul., de plusieurs préparations médicinales faites avec du vin auquel on a mêlé d'autres substances : *vin d'absinthe.* — Force même du vin. Ainsi on dit d'un vin qui a peu de force ou beaucoup de force : IL A PEU DE VIN, IL A BEAUCOUP DE VIN. — ENCYCL. Le vin est la liqueur obtenue par la fermentation du jus de raisin. On applique quelquefois ce nom, par assimilation, à certaines boissons faites avec le jus d'autres fruits. La composition du jus de raisin varie non seulement avec les variétés de la vigne, mais aussi avec le climat, le sol, la nature des engrais employés, l'exposition du terrain, le caractère des saisons, le degré de maturité du raisin au moment de la récolte, etc. Ainsi la peau du raisin se trouve, entre autres éléments, de l'acide tannique et des matières colorantes ; les graines contiennent une huile graisseuse qui peut s'extraire séparément. Dans les raisins très mûrs les proportions des matières solides du jus, dont le sucre forme la plus grande partie, peut monter à 40 p. 100 ; mais elle est d'ordinaire beaucoup moindre. Le sucre fait de 13 à 30 p. 100 du poids du jus. La fermentation vineuse ou alcoolique, qui est toujours celle qui a lieu d'abord dans le jus du raisin, exige la présence du sucre de raisin dissous dans les parties aqueuses du fruit, comme il l'est naturellement, et d'un ferment capable de provoquer un changement moléculaire dans le sucre, et de l'oxygène. (Voy. FERMENTATION.) Dans les variétés de raisin où le sucre existe en très forte proportion, ce qui est particulièrement le cas pour les raisins des pays chauds, le ferment est épuisé avant que tout le sucre soit changé ; la quantité qui en reste dans le vin le rend sucré ; on appelle ces vins des vins de liqueur. Le tokay, le frontignan, le constance, le malvoisie en sont des exemples. L'excès de sucre a aussi communément pour effet de préserver le vin de la fermentation acide ; ainsi on a conservé du muscat pendant 200 ans, et c'est au bout d'un siècle

que le tokay arrive à sa perfection. Mais avec des raisins où la proportion de sucre est médiocre, comme il arrive d'ordinaire dans les pays vinicoles plus froids, ce sucre peut être décomposé en totalité et remplacé par de l'alcool pendant le temps que le ferment met à s'épuiser et même auparavant. Les vins ainsi produits se caractérisent par l'alcool, les acides, et une saveur non sucrée ; on les appelle vins secs. Le xérès est un des meilleurs types de cette catégorie. Dans le cas où le sucre est épuisé avant le ferment, on ajoute souvent au moût naturel une certaine quantité de moût concentré par l'ébullition, et l'on arrive ainsi à convertir en vin sucré un vin d'ailleurs sec et acide. Les vins mis en bouteille pendant la fermentation, contiennent aussi du gaz acide carbonique, et possèdent par conséquent la qualité d'être pétillants ; si la quantité de gaz est considérable, on les appelle vins mousseux. Le goût du vin doit dépendre principalement des acides, du sucre et de l'alcool qu'il contient, mais le parfum caractéristique, qu'on appelle le *bouquet* du vin, est dû à la présence d'une matière volatile particulière dont la nature n'est pas encore parfaitement connue. — On trouvera des notions sur les différentes espèces de vins dans les articles consacrés aux pays qui les produisent. — Législ. « Nous avons déjà résumé la législation relative aux impôts de toute nature frappant sur les vins, et celle concernant les débits et les falsifications. (Voy. BOISSON.) Nous avons seulement à ajouter quelques renseignements qui concernent la fabrication du vin. La loi du 29 juillet 1884 a réduit à 20 fr. par 100 kilog. de raffiné le droit de consommation des sucres bruts ou raffinés employés au sucrage des vins avant la fermentation. (Voy. SUCRE.) L'emploi de la glucose au sucrage ou à la fabrication des vins présente des dangers d'insalubrité, à cause des impuretés qu'elle renferme ; aussi le tribunal correctionnel de la Seine (8e chambre, 1er mars 1885), a-t-il considéré cet emploi comme une falsification. Pour ce qui concerne l'alcoolisation des vins, voy. VINAGE. Le mélange des vins de raisins secs avec du vin naturel a été toléré pendant quelques années ; mais la chambre criminelle de la cour de cassation (Arr. 6 nov. 1885) a enfin déclaré que ce mélange dénature le vin et ne peut être assimilé au *coupage* ou mélange de plusieurs vins naturels. En conséquence, l'apport de vins de raisins secs dans le vin naturel est une falsification, interdite et réprimée par l'article 423 du Code pénal et par l'article 1er de la loi du 27 mars 1854. » (CH. Y.)

*** VINAGE** s. m. Action de viner les vins. — Législ. « Le vinage, c'est-à-dire l'alcoolisation des vins, est aujourd'hui peu pratiqué en France, à cause du droit de faire le vinage en franchise, en employant les eaux-de-vie qu'ils ont eux-mêmes distillées. Les vins de 15 à 21 degrés sont assujettis au double des droits de consommation, d'entrée et d'octroi, et ceux de plus de 21 degrés sont imposables comme l'alcool pur (L. 1 sept. 1871), à faut exception en faveur des vins naturels de 15 à 18 degrés, lesquels sont exempts de la surtaxe lorsqu'ils ont été marqués au départ chez l'expéditeur (L. 2 août 1872). Les vignerons de plusieurs

départements demandent qu'on leur accorde, sinon la faculté, la franchise pour le vinage des vins dont la conservation et le transport ne peuvent être autrement assurés, au moins une réduction importante du droit de consommation sur les alcools employés par eux au vinage. — On donnait autrefois le nom de *vinage* à un droit seigneurial qui se percevait sur le vin, avant qu'il fût tiré de la cuve. »   (CH. Y.)

*** VINAIGRE** s. m. Acide acétique non épuré et dilué, sous la forme dans laquelle il se produit d'ordinaire par l'acétification des jus fermentés, de fruits et d'autres substances végétales. La théorie moderne de l'acétification, telle qu'elle se produit dans la fabrication du vinaigre, attribue la transformation qui s'opère à l'action d'un organisme fungoïde, une variété de *mycoderma* appelée *M. aceti,* formée de cellules allongées extrêmement petites. Beaucoup pensent que le mycoderma du vinaigre appartient à la famille des bactéries. En Grande-Bretagne, le vinaigre se fabrique en grand par la fermentation de la drèche : mais sur le continent, il se fait ordinairement avec des vins sûrs ; on en fait aussi avec de la bière. Le vinaigre de vin est blanc ou rouge suivant la couleur du vin avec lequel il est préparé. — VINAIGRE ROSAT, VINAIGRE SURARD, A LA FRAMBOISE, A L'AIL, A L'ESTRAGON, etc., vinaigre dans lequel on a fait infuser des roses, de la fleur de sureau, de l'ail, de l'estragon, etc. — VINAIGRE DE CIDRE, DE BIÈRE, etc., sorte de vinaigre qu'on obtient avec du cidre, avec de la bière, etc. — VINAIGRE DE BOIS OU ACIDE PYROLIGNEUX, acide tiré du bois par distillation. — VINAIGRE DES QUATRE VOLEURS, espèce de vinaigre composé qu'on porte sur soi pour se préserver de l'infection. — SEL DE VINAIGRE, sel qui est extrait du vinaigre, et qu'on respire pour se garantir de l'évanouissement. — Législ. « La loi du 17 juillet 1875 a créé un impôt de consommation sur les vinaigres de toute nature et sur les acides acétiques. Ce droit est, par hectolitre, de 4 fr. à 42 fr., selon la proportion d'acide contenu dans les vinaigres. Pour l'acide acétique cristallisé ou à l'état solide, la taxe est de 50 fr. par 100 kilogr. La perception des droits est faite à la sortie des fabriques, au moment de l'enlèvement ; et elle est assurée au moyen de l'exercice de l'administration des contributions indirectes. Les formalités exigées pour la circulation sont les mêmes que pour les autres boissons. La fabrication ne peut avoir lieu dans les locaux où se fait le commerce des mêmes produits ou celui d'autres boissons, ni dans ceux où l'on fabrique des eaux-de-vie ou esprits. Les vins, bières, cidres, alcools, pris en charge et transformés en vinaigres, sont exemptés des droits dont ils seraient passibles comme boissons. Sont aussi affranchis de droits les vinaigres et acides destinés à l'exportation, et ceux qui sont employés à des usages industriels. Les vinaigres importés en France sont assujettis, en outre du droit de consommation, à un droit de douane qui est fixé à 4 fr. 50 par hectol. dans le tarif général du 7 mai 1884. » (CH. Y.)

*** VINAIGRER** v. a. Assaisonner avec du vinaigre.

*** VINAIGRERIE** s. f. Usine où l'on fabrique le vinaigre.

*** VINAIGRETTE** s. f. Sorte de sauce froide faite avec du vinaigre, de l'huile, du persil et de la ciboule : *du bœuf à la vinaigrette, en vinaigrette.* — Viande appêtée avec cette sauce : *nous mangeâmes à déjeuner une vinaigrette.* — Brouette ou petite chaise à deux roues, traînée par un homme : *aller dans une vinaigrette.* (Vieux.)

*** VINAIGRIER** s. m. Artisan qui fait et vend du vinaigre et de la moutarde : *mar-*

hand vinaigrier. — Petit vase à mettre du vinaigre : *vinaigrier de cristal, de porcelaine.*

* **VINAIRE** adj. m. Ne s'emploie que dans cette loc., VAISSEAUX VINAIRES, les vaisseaux destinés à contenir du vin, tels que tonneaux, cuves, etc.

VINASSE s. f. Vin fade et faible.

VINAY, ch.-l. de cant., arr. et à 10 kil. N.-E. de Saint-Marcellin (Isère); 3,000 hab.

VINÇA, ch.-l.de cant., arr. et à 10 kil. N.-E. de Prades (Pyrénées-Orientales), sur le Tet; 2,000 hab.

VINCENNES, ch.-l. de cant., arr. et à 18 ki-. N.-E. de Sceaux et à 7 kil. S.-E. de Paris; 19,000 hab. Le vieux château a été le noyau des fortifications actuelles qui forment une partie de celles de Paris. A Vincennes, se trouvent le principal arsenal de Paris, une grande fabrique d'armes, de vastes casernes, des écoles de tir sont formés les meilleurs tireurs (*chasseurs de Vincennes*). Le château royal fut construit par Philippe VI et agrandi par Louis XIV. Il a un donjon où des prisonniers d'Etat célèbres ont été renfermés. Le bois de Vincennes s'étend sur une superficie de plus de 900 hectares.

VINCENNES, ville de l'Indiana (Etats-Unis), sur le Wabash, à 140 kil. au-dessous de son embouchure, et à 160 kil. S.-O. d'Indianapolis; 5,440 hab. Les steamers remontent jusque-là.

VINCENT DE PAUL, saint de l'Eglise catholique romaine, né près de Dax en 1576, mort le 27 sept. 1660. Son père était paysan, mais Vincent étudia à l'université de Toulouse et fut ordonné en 1600. En 1605, il fut pris par des pirates turcs et emmené à Tunis, où il le devint l'esclave d'un renégat qu'il ramena à sa foi première et fut lequel il s'enfuit en France en 1607. Il passa l'année suivante à Rome, d'où le cardinal d'Ossat l'envoya en France avec une mission secrète pour Henri IV; et plus tard, il le fit nommer abbé de Saint-Léonard de Chaume. Il entreprit ensuite une œuvre de prédications parmi les pauvres, et en 1625, aidé des libéralités de la comtesse de Joigny, il fonda la congrégation des « Prêtres de la Mission », appelés communément Lazaristes, du prieuré de Saint-Lazare qu'ils acquirent peu après. Avec le secours du cardinal de Richelieu, il ouvrit, en 1642, une institution où les jeunes prêtres et les candidats à la prêtrise pouvaient se préparer pour le ministère. Partout où il prêchait, il avait coutume d'établir des « confréries de charité », composées de femmes. En 1633, il se détermina à créer une congrégation de sœurs qui poursuivraient le même objet, mais avec une organisation conventuelle; et, en conséquence, il mit quatre jeunes femmes qui lui avaient offert leurs services, sous la direction de Mme Le Gras, qu'il employait depuis plusieurs années dans ses travaux en faveur des pauvres. Telle fut l'origine des Sœurs de Charité. Sa vie se passa à fonder et à réformer des hôpitaux, à établir des asiles pour les enfants trouvés, à instruire les idiots à son secours de Saint-Lazare, à visiter les prisonniers, etc. Vincent fut béatifié en 1729 et canonisé en 1737. — Voy. Maynard, *Saint Vincent de Paul* (1860, 4 vol.). — SOCIÉTÉ DE SAINT-VINCENT-DE-PAUL, société fondée à Paris en 1828 et dont le but était de soulager la misère en visitant les pauvres à domicile. Elle a des ramifications dans toute la France.

VINCENT (Saint-), île des Indes occidentales anglaises, l'une du groupe des îles du Vent, à 40 kil. environ S. de Sainte-Lucie, 35,688 hab., dont 32,000 de couleur. Ville princ., Kingston, sur une jolie baie de la côte S.-O. L'île a appartenu à la France jusqu'en 1763.

VINCENT (Cap Saint-), extrémité S.-O. du Portugal. En face de ce cap, les Anglais, commandés par l'amiral Jervis, battirent une flotte espagnole, le 14 fév. 1797.

VINCENT FERRIER (Saint), dominicain espagnol, né à Valence en 1355, mort à Vannes en 1419. Il fut canonisé en1455 par Calixte III.Ses Œuvres ont été publiées à Valence en 1591.

VINCI (Leonardo da)[le-o-nar'-do da vinn'-tchi], peintre florentin, né en 1452, mort le 2 mai 1549. Il fonda une académie des beauxarts à Milan, et ouvrit une nouvelle ère à la peinture par la supériorité dramatique de ses compositions, et son entente de la couleur locale et du clair-obscur. Il exécuta le modèle d'une statue équestre colossale de Francesco Sforza et un grand nombre de portraits, et, vers 1496, il commença, pour le couvent de Santa Maria della Grazie, sa fresque de *la Cène*, qui a appelée le plus grand effort de l'art chrétien. En 1499, il revint à Florence, et visita ensuite la Toscane comme ingénieur et architecte. Ses plus célèbres portraits de cette période sont l'*Adoration des Mages*, et plusieurs portraits aujourd'hui au Louvre. Il quitta Florence en 1504, séjourna dans plusieurs villes, et à Milan fit les plans du canal de Martesana. Il passa ses dernières années en France, comme peintre de François Ier. Il a écrit *Trattato della Pittura* (1651).

VINCKE (Ernst-Friedrich-Georg FREIHERR von), homme politique allemand (1811-'75), fut l'un des chefs des principaux orateurs du parti libéral au parlement allemand.

VINDAS s. m. [vain-dass] (all *winden*, rouler). Machine composée d'un treuil vertical sur lequel se roule un câble, et qu'on fait tourner avec deux leviers : *le vindas sert à faire remonter des bateaux, à tirer des pierres et autres gros fardeaux.* On l'appelle aussi CABESTAN, surtout en termes de Marine. — Gymn. Mât solidement planté en terre et

Vindas.

au sommet duquel sont attachées des cordes qui entraînent un pivot mobile. Ces cordes sont munies, à leur extrémité inférieure, d'une poignée appelée étrier, ou d'une barre de bois.

VINDÉLICIE (lat. *Vindelicia*), province de l'empire romain qui comprenait des portions du duché de Bade, du Würtemberg, de la Bavière, du Tyrol et de la Suisse. Elle fut conquise par Tibère sous le règne d'Auguste.

VINDÉMIAL, ALE adj. (lat. *vindemia*, vendange). Qui concerne les vendanges.

VINDEX (Caius-Julius), général gaulois, mort devant Besançon en 68. Propriétaire de la Gaule celtique, il fut le premier à repousser l'autorité de Néron, et offrit la couronne à Galba. Virginius Rufus, gouverneur de la Germanie supérieure, l'attira à une entrevue et le fit assassiner.

* **VINDICATIF, IVE** adj. (rad. lat. *vindicare*, venger). Qui aime à se venger, qui est porté à la vengeance : *homme vindicatif*. Se prend toujours en mauvaise part.

VINDICATIVEMENT adv. D'une manière vindicative.

* **VINDICTE** s. f. (lat. *vindicta*). Jurispr. Ne s'emploie que dans cette loc., LA VINDICTE PUBLIQUE, la poursuite d'un crime au nom de la société : *en France, la vindicte publique n'appartenait qu'aux gens du roi.*

VINÉAL, ALE adj. Qui vit dans les vignes.

* **VINÉE** s. f. Récolte du vin : *nous avons pleine vinée.*

* **VINER** v. a. Ajouter de l'alcool à des vins pour les conserver, pour pouvoir les transporter sans qu'ils s'altèrent.

VINEIS (Petrus de) [vi-né-iss] ou PIETRO DELLE VIGNE [vi'-nié], jurisconsulte italien, né à Capoue, mort en 1249. Il fut chancelier de Frédéric II qu'il défendit contre les papes. Il reste de lui *De Potestate Imperiali* et d'importantes lettres sur les actes de Frédéric II.

VINET (Alexandre-Rodolphe), ministre protestant et écrivain suisse, né à Lausanne en 1797, mort en 1847. Il fut professeur à Bâle et à Lausanne. Ses ouvrages comprennent *Théologie pastorale, ou Théologie du ministère évangélique*, et *Histoire de la littérature au xviiie siècle* (2 vol.)..

VINET (Elie), littérateur, né près de Barbezieux en 1509, mort à Bordeaux en 1387. Il a édité les œuvres de Sidoine Apollinaire, d'Eutrope, de Perse, d'Ausone, etc.

VINETTE s. f. Ornith. Nom vulgaire du jaseur.

* **VINEUX, EUSE** adj. Se dit proprement du vin qui a beaucoup de force : *ce vin-là est bien vineux*. — Qui a un goût, une odeur de vin : *pêche vineuse.* — Qui est de couleur rouge, comme le vin rosé : *couleur vineuse.* — Fertile en vin : *pays vineux.*

* **VINGT** adj. [vain] (lat. *viginti*). Deux fois dix : *vingt hommes.*

VINGTAIN s. m. [vain-tin]. Féod. Droit de la vingtième partie des fruits.

* **VINGTAINE** s. f. Coll. Nombre de vingt ou environ : *une vingtaine de personnes, de soldats.*

* **VINGTIÈME** adj. [vain-tiè-]. Nombre ordinal de Vingt : *dans sa vingtième année.*—s. m. La vingtième partie : *il est pour un vingtième dans cette affaire.* — Impôt établi sur les biens-fonds, et qui était la vingtième partie de leur revenu : *payer le vingtième.*

VINGTUPLE adj. Vingt fois autant.

VINGTUPLER v. a. Rendre vingt fois plus grand.

* **VINICOLE** adj. (lat. *vinum*, vin; *colo*, je cultive). Qui a rapport à la culture de la vigne. On dit aussi VITICOLE.

VINICULTURE s. m. Culture de la vigne.

VINIFÈRE adj. (lat. *vinum*, vin; *fero*, je porte). Qui produit du vin.

* **VINIFICATION** s. f. Art de faire le vin. — Fermentation qui produit le vin.

VINIQUE adj. Qui provient du vin.

VINOSITÉ s. f. Etat de ce qui est vineux.

VINOY (Joseph), général, né dans l'Isère en 1803, mort le 29 avril 1880. Il se destina à l'état ecclésiastique, et prit ensuite du service dans la garde royale. Il fit les campagnes d'Afrique et l'Italie; en 1865, il était sénateur; en 1870, il commandait le 13e corps à Mézières; il prit ensuite le commandement du 3e corps; commandant en chef de Paris, il signa la capitulation. Il essaya en vain d'enlever les canons de Montmartre (Vo-

CofBUNE.) Il venait d'être révoqué du poste de grand chancelier de la Légion d'honneur lorsqu'il mourut subitement.

* **VIOL** s. m. (rad. lat. *violare*, violer). Violence qu'on fait à une fille, à une femme que l'on prend de force : *le rapt et le viol sont punis des travaux forcés par la loi*. — Législ. « Le viol est le crime que commet un homme qui abuse d'une femme sans son consentement, soit par violence physique ou morale, soit par surprise. Le coupable est condamné aux travaux forcés à temps, et si le crime a été commis sur un enfant de moins de 15 ans accomplis, la cour d'assises inflige le maximum de la peine (20 ans). Si le coupable est, soit un ascendant de la victime, soit une personne ayant autorité sur elle, soit son instituteur, soit un serviteur à gages ou celui des personnes ci-dessus désignées, soit un fonctionnaire, soit le ministre d'un culte, ou enfin, s'il a été aidé dans son crime par une ou plusieurs personnes, la peine est celle des travaux forcés à perpétuité (C. pén. 332, 333).
(CH. Y.)

* **VIOLACÉ, ÉE** adj. D'une couleur tirant sur le violet. Ne se dit guère qu'en botanique et en médecine.

VIOLARIÉ, ÉE adj. Bot. Qui ressemble ou qui se rapporte au genre violette. — s. f. pl. Famille de plantes dicotylédones dialypétales hypogynes ayant pour type le genre violette.

* **VIOLAT** adj. m. N'est usité que dans ces dénominations : SIROP VIOLAT, sirop fait avec des violettes ; et MIEL VIOLAT, miel où l'on a mis infuser des violettes.

VIOLATEUR, TRICE s. Celui, celle qui viole les droits, les lois, les traités, etc. : *les violateurs des lois*.

* **VIOLATION** s. f. (lat. *violatio*). Action de violer un engagement, de porter atteinte à un droit, de profaner une chose sacrée, d'enfreindre des règles : *la violation du serment*.

* **VIOLÂTRE** adj. D'une couleur tirant sur le violet.

* **VIOLE** s. f. (lat. *viola*). Instrument de musique à sept cordes de boyau, qui se joue avec un archet : *joueur de viole*. Cet instrument n'est presque plus en usage, et souvent on donne son nom à la partie d'alto ou quinte.

* **VIOLEMENT** s. m. Infraction, contravention à ce qu'on doit observer : *le violement des traités, des promesses, des lois*, etc. — — Violence qu'on fait à une fille, à une femme que l'on prend de force : *les lois punissent de mort le rapt et le violement*. En ce sens, on dit plus ordinairement, VIOL.

* **VIOLEMMENT** adv. [vi-o-la-man]. Avec violence, avec force, avec impétuosité, avec ardeur : *le vent souffle violemment*.

VIOLENCE s. f. (lat. *violentia*). Qualité de ce qui est violent : *la violence des vents, de la tempête*. — Force dont on use contre le droit commun, contre les lois, contre la liberté publique : *user de violence*. — Fig. FAIRE VIOLENCE A LA LOI, y donner un sens forcé et contraire à son véritable esprit. — SE FAIRE VIOLENCE, faire des efforts sur soi-même pour se vaincre. — Fam. FAIRE UNE DOUCE VIOLENCE A QUELQU'UN, le presser d'accepter une chose qui lui est agréable, mais qu'il refuse par façon. — Législ. « La violence est une cause de nullité des contrats qui ont été faits sous son influence ; car elle vicie le consentement, non seulement lorsqu'elle a été commise par celui au profit duquel l'obligation a été contractée, mais encore lorsqu'elle a été exercée par un tiers, et même lorsqu'elle a été commise sur le conjoint, les descendants ou les ascendants de la partie contractante (C. civ. 1*09, 1111, 1113). Les partages et les transactions sont spécialement

rescindables pour cause de violence (id. 887, 2053). Dans tous les cas, l'action en rescision est limitée à 10 ans, à compter du jour où la violence a cessé (id. 2233). — Les violences exercées envers les personnes et sans motif légitime, par un officier public, un fonctionnaire ou un commandant de la force publique, sont une circonstance aggravante des faits commis (C. pén. 186). Il en est de même, à l'inverse, des violences exercées par toute personne envers un magistrat, un officier ministériel ou un agent de la force publique, dans l'exercice de ses fonctions (id. 228 et s.), et aussi qui des actes de violence ont été commis par un mendiant ou un vagabond (id. 279). Tout individu coupable de vol commis à l'aide de violence est condamné aux travaux forcés à temps ; et, si la violence a laissé des traces de blessures ou de contusions, la peine des travaux forcés à perpétuité peut être prononcée. » (CH. Y.)

* **VIOLENT, ENTE** adj. Impétueux, qui agit avec impétuosité, avec force : *vent violent*. — Se dit aussi d'une douleur grande et aiguë : *fièvre violente*. — Se dit également des personnes, des sentiments et des actions : *un homme violent, des sentiments, des actions violentes*. — MORT VIOLENTE, mort causée par force ou par quelque accident, et non par une cause naturelle et ordinaire : *il est mort de mort violente*.

* **VIOLENTER** v. a. Contraindre, faire faire par force : *on ne veut point le violenter*.

* **VIOLER** v. a (lat. *violare*). Enfreindre, agir contre : *violer les lois*. — Faire violence à une fille, à une femme, la prendre de force : *violer une fille, une femme*. — Absol. *Les soldats entrèrent dans la ville, pillèrent et violèrent*.

* **VIOLET, ETTE** adj. De couleur de la fleur qu'on nomme violette : *drap, taffetas, satin, ruban violet ; couleur violette*. — s. m. Couleur violette : *le violet est une couleur modeste*.

* **VIOLETTE** s. f. Nom vulgaire de plantes du genre *viola* que l'on trouve dans la plupart des pays tempérés. On la a assez communément subdivisées en violettes sans tiges et violettes à tiges feuillues ; on les classe ensuite d'après la couleur de leurs fleurs. La *violette à cupuchon* ou *violette bleue* (*viola cucullata*), sans tige, est très abondante dans les terrains bas, où elle forme de gros bou-

Violette patte d'oiseau (Viola pedata).

quets, avec ses grandes fleurs qui vont du violet foncé au violet pâle, et qui, quelquefois, sont blanches ou tachetées de blanc. La *violette patte d'oiseau* (*viola pedata*) vient surtout dans les lieux sablonneux ; ses feuilles sont joliment découpées en lobes étroits ; Ses fleurs sont d'ordinaire d'un pâle lilas pourpré, mais souvent blanches. Parmi les violettes à tige feuillue, la plus commune est la violette inodore (*viola canina*, var. *sylvestris*, autrefois *viola muhlenbergii*). C'est une plante basse à branches rampantes et à pé-

tites fleurs d'un violet clair, don* l'éperon est long comme la moitié des pétales. L'espèce la plus populaire est la *violette des bois* (*viola odorata*), à fleurs violettes ou blanches, d'une odeur suave. Elle est le symbole de l'humilité. — Bois DE VIOLETTE, sorte de bois, ainsi appelé parce que sa couleur a du rapport avec celle de la violette.

VIOLEUR, EUSE s. Personne qui viole.

* **VIOLIER** s. m. Plante qui vient sur les murs sans être cultivée, et qui porte des fleurs jaunes d'une odeur douce et agréable : *il y a différentes sortes de violiers*. On l'appelle aussi GIROFLÉE.

VIOLLET-LE-DUC (Eugène-Emmanuel) architecte et archéologue, né à Paris le 27 janv. 1814, mort à Lausanne, où il voulut être enterré, le 18 sept. 1879. Sa profonde connaissance de l'architecture du moyen âge le mit à même de restaurer nos principaux monuments historiques : église abbatiale de Vézelay, Notre-Dame de Paris, Sainte-Chapelle (avec MM. Lassus et Duban), abbaye de Saint-Denis, cathédrales d'Amiens, de Sens, de Laon, de Saint-Nazaire, de Carcassonne, Notre-Dame de Chalons-sur-Marne, églises de Saumur et de Poissy ; enceinte de Carcassonne, château de Pierrefonds, etc. En 1863, il fut nommé professeur d'histoire artistique et d'esthétique à l'École des Beaux-Arts. Il a publié des œuvres capitales, qui ont mérité d'être traduites ou imitées dans toutes les langues : *Dictionnaire de l'architecture française du XI° au XVI° siècle* (10 vol. 1853-'58) ; *Dictionnaire raisonné du mobilier français* (1855-'75) ; *Entretiens sur l'architecture* (2 vol. 1863-'72) ; *Histoire d'une maison* (1873) ; *Histoire d'une forteresse* ; *Histoire de l'habitation humaine* (1875) ; *Habitations modernes* (1875, 2 vol.) ; *Mémoire sur la défense de Paris* (1872). Il fut conseiller municipal de Paris depuis 1874 jusqu'à sa mort.

* **VIOLON** s. m. (ital. *violone*). Instrument de musique à quatre cordes, et dont on joue avec un archet : *jouer du violon*. — Celui qui joue du violon : *une troupe de violons*. — Espèce de prison contiguë à un corps de garde : *il faisait du train dans la rue, on l'a arrêté et mis au violon*. — ENCYCL. Le violon a pris sa forme actuelle vers le commencement du XVI° siècle. Il a quatre cordes accordées en quinte : mi, la, ré, sol, la plus basse donnant ce qu'on appelle le sol moyen. Cette corde est entourée d'un fil métallique ; les autres sont de boyau nu. Le corps de l'instrument se compose d'une table sonore, qui est toujours faite de sapin à grain serré, et d'un dos d'une forme appropriée, généralement d'érable, mais quelquefois de sycomore, ou, dans les très vieux instruments, de poirier. Du milieu de la partie supérieure s'étend le cou ou manche, qui se termine par une petite boîte se retournant en volute. Sur le manche est la planche à doigté en ébène. A l'extrémité inférieure les cordes sont attachées à une queue ou clef mobile, généralement en ivoire ; elles sont tendues sur un chevalet de bois de hêtre, dont la base repose sur la table. La tension des cordes est réglée par quatre chevilles au bout du manche. Le bois de la table et du dos, comme celui des côtés, est très mince. Pour rendre cette fragile structure capable de supporter la grande pression produite par la tension des cordes, la table et le dos sont arqués. Ce n'est que vers le milieu du XVII° siècle que le violon établit définitivement sa suprématie ; mais la viole, surtout la *viol da gamba*, ne devint hors d'usage que vers 1725. — Le premier facteur de violons proprement dit dont les instruments soient bien authentiques est Gaspard di Salo, qui travaillait entre 1560 et 1612. L'école italienne des fabricants de violons prit naissance à Brescia, et fut, autant que

nous le pouvons savoir, fondée par Gaspard di Salo. Le plus grand facteur de cette époque fut Giovanni Paolo Maggini (vers 1590-1640). Mais les facteurs de Brescia ne tardèrent pas à être éclipsés par ceux de Crémone, petite ville rendue fameuse par une suite de grands fabricants, à la tête desquels se distingua pendant des générations, la famille des Amati. (Voy. AMATI.) Nicolas, fils de Jérôme Amati, est l'un des trois grands facteurs de Crémone; les deux autres sont Guarnerius et Stradivarius. Andrea Guarneri (Guarnerius) vient ensuite. D'autres membres de la même famille, fabriquèrent des violons; mais le plus illustre du nom est Joseph-Antoine, qu'on appelle Joseph del Gisà. Au-dessus d'eux tous se place Antonius Stradivarius. Il naquit en 1644, fut l'élève de Nicolas Amati, dont il porta les principes à la perfection.

* **VIOLONCELLE** s. m. Instrument de musique, à quatre cordes, de même forme que le violon, mais d'une bien plus grande dimension, dont on joue aussi avec un archet, et qui se place entre les jambes. On le nomme autrement BASSE. — Syn. de VIOLONCELLISTE.

* **VIOLONCELLISTE** s. m. [-sè-li-]. Celui qui joue du violoncelle.

VIOLONER v. n. Jouer du violon.

VIOLONEUR s. m. Joueur de violon.

* **VIOLONISTE** s. Celui, celle qui joue du violon. Ne se dit guère que des artistes d'un talent remarquable : *c'est un des premiers violonistes de la capitale; cette dame est forte violoniste.*

VIONVILLE, comm. de l'Alsace-Lorraine, à 20 kil. de Metz, 440 hab. Bataille du 16 août 1870. (Voy. METZ.)

VIORNE s. f. (lat. *viburnum*). Bot. Genre de caprifoliacées sambucées, dont l'espèce principale, la *viorne-tin* (*viburnum tinus*) ou *laurier-tin*, du midi de la France, est cultivée dans nos jardins. La *viorne mancienne* (*viburnum lantana*), commune dans nos haies, est un arbrisseau à fleurs blanches et à feuilles velues, dont les rameaux sont très flexibles, et qui porte des baies noirâtres réunies par bouquets. — Il y a une espèce de clématite qu'on nomme CLÉMATITE-VIORNE.

VIOTTI (Giovanni-Battista), violoniste italien, né vers 1755, mort en 1824. Il devint premier violon de la chapelle royale à Turin, et résida ensuite à Paris et à Londres, et prit rang parmi les plus grands virtuoses de son temps. Aujourd'hui, on se souvient de lui surtout grâce à ses *Six duos concertans pour deux violons.*

* **VIPÈRE** s. f. (lat. *vipera*). Espèce de serpent venimeux, et vivipare, à la différence de la plupart des autres, qui sont ovipares :

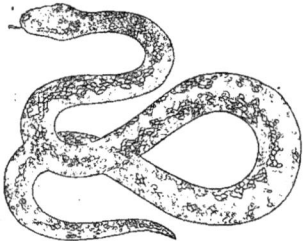

Vipère commune d'Europe (Vipera berus).

vipère grise. — Fig. LANGUE DE VIPÈRE, ou simpl. VIPÈRE, se dit d'une personne fort médisante. — Évang. RACE DE VIPÈRES, les Pha-

risiens. — ENCYCL. On appelle vipère une famille de serpents venimeux (*vipéridés*) de l'ancien continent, se distinguant des serpents à sonnettes par l'absence des anneaux à sonnettes. La *vipère européenne commune* (vipera [*pelias*] *berus*, Dand.) dépasse rarement deux pieds; sa couleur générale est jaunâtre ou d'un brun olive, avec une double ligne de points noirs sur le dos; ses yeux sont petits et très brillants. Son poison est assez actif pour produire des effets très douloureux et parfois vraiment dangereux. La *vipère cornue* (*cerastes hasselquistii*, Laur.) est le serpent représenté sur les anciens monuments égyptiens, et on suppose que c'est la l'aspic par lequel Cléopâtre se fit donner la mort.

* **VIPEREAU** s. m. Petit d'une vipère.

* **VIPÉRIN, INE** adj. Qui a rapport à la vipère.

* **VIPÉRINE** s. f. Bot. Plante commune, à tige hérissée de petits tubercules noirs terminés par des poils rudes, et à fleurs bleues et purpurines, disposées en épis latéraux.

VIRAGE s. m. Action de virer.

* **VIRAGO** s. f. (rad. lat. *vir*, homme). Fille ou femme de grande taille, qui a l'air d'un homme : *c'est une virago, une grande virago.* (Fam.)

VIRE (La), rivière qui prend sa source sur les confins de la Manche et du Calvados, passe à Vire et à Saint-Lô et se jette dans la Manche près d'Isigny, après un cours de 100 kil.

VIRE, *Viria*, ch.-l. d'arr. à 59 kil. S.-O. de Caen (Calvados), sur la Vire, par 48° 50' 21" lat. N. et 3° 13' 39" long. O.; 40,000 hab. Fabriques de draps, de papier; laines, cotons, etc. Ruines d'un ancien château. Belle église Notre-Dame (XIIIᵉ siècle). Aux environs se trouvent les *Vaux de Vire*, où l'on montre encore la maison où naquit Olivier Basselin et le lieu où il composait ses chansons bachiques.

* **VIRELAI** s. m. (de *virer* et de *lai*). Sorte d'ancienne petite pièce de poésie française, qui est toute sur deux rimes, et composée de vers courts, avec des refrains.

* **VIREMENT** s. m. Action de virer. — Mar. VIREMENT DE BORD, action de virer de bord. VIREMENT D'EAU, retour de marée, ou renvoi d'eau. — Banque et Comm. VIREMENT DE PARTIES, ou simpl., VIREMENT, transport d'une dette active fait à un créancier à qui l'on doit une somme de pareille valeur : *presque tous les paiements des foires de Lyon se font par virement de parties.* — VIREMENT DE FONDS, transport de fonds d'un chapitre du budget sur un autre.

VIRÉON s. m. Nom vulgaire d'une famille d'oiseaux insectivores d'Amérique, se rap-

Viréon aux yeux rouges (Vireo olivaceus).

prochant du lanier par la forme du bec et certaines habitudes. Leur plumage est plus ou

moins teinté de vert et d'olive. Beaucoup d'espèces sont de mélodieux chanteurs. Ils sont pleins de vivacité et se nourrissent d'insectes et de larves, et quelquefois de baies. Le viréon aux yeux rouges (*vireo olivaceus*, Vieill.) a 6 pouces et demi de long et 10 pouces et demi d'envergure; les parties supérieures et la queue sont d'un vert olivâtre brillant; le dessous est d'un blanc presque pur; sous les pennes de la queue, ce blanc prend une légère teinte soufre; l'iris est rouge.

* **VIRER** v. n. (lat. *gyrare*, tourner). Aller en tournant. Se joint ordinairement avec TOURNER, et il est fam. : *tournez et virez tant qu'il vous plaira.* — v. a. et v. n. Tourner. — Mar. Tourner d'un côté sur l'autre : *virer le cap au nord; virer de bord.* — Fig. et fam., changer la direction de sa conduite, s'attacher à un autre parti : *cet homme est inconstant, il a viré de bord dans vingt affaires.* — VIRER LE CABESTAN, ou VIRER AU CABESTAN, le faire tourner sur son axe pour lever l'ancre, ou tout autre fardeau considérable.

* **VIREUX, EUSE** adj. (rad. *virus*). Qui tient du poison : *cette plante a une odeur vireuse.*

* **VIREVOLTE** s. f. (de *virer* et *volte*). Man Tour et retour fait avec vitesse : *il a fait faire cent virevoltes à son cheval.*

* **VIREVOUSTE** ou **Virevouste** s. f. Se dit, fig. et fam., par corruption de virevolte : *cet homme fait bien des virevousses.* (Vieux.)

VIREY (Julien-Joseph), médecin français, né en 1775, mort en 1846. Ses œuvres comprennent : *Histoire naturelle du genre humain* (1801, 3 vol.); *Histoire naturelle de la femme* (dernière édit. 1825) et *Art de perfectionner l'homme* (1808, 2 vol.).

VIRGILE (Publius-Virgilius ou VERGILIUS-MARO), poète latin, né à Andes (auj. *Pietola*), près de Mantoue, le 15 oct. 70 av. J.-C., mort le 22 sept. de l'an 19 de notre ère. Il fut d'abord élevé à Crémone et à Mediolanum (Milan); il étudia le grec à Naples sous Parthénius; il semble s'être retiré plus tard dans le domaine de son père, près de Mantoue. Asinius Pollion fut un des premiers à reconnaître son talent poétique. Il fut ensuite amicalement accueilli par Mécène, et il devint favori d'Auguste; mais étant d'une nature amie du calme et de la retraite, il passa la dernière partie de sa vie tantôt à Tarente, tantôt à Naples. En 19, il alla en Grèce, revint avec l'empereur, et mourut pendant la traversée. Les premières œuvres de Virgile sont les *Bucoliques* ou *Eglogues*, qu'il écrivit probablement entre 43 et 37. Les *Géorgiques* forment un poème didactique en 4 livres, adressé à Mécène; c'est de beaucoup l'œuvre la plus parfaite de Virgile; les détails monotones de la vie agricole y sont embellis d'allusions intéressantes, d'ornements habilement choisis, et, par places, de belles digressions. Son grand poème épique, l'*Enéide* ou aventures d'Enée après la chute de Troie, contient 12 livres, dont les 6 premiers ont pour modèle l'*Odyssée* et les 6 derniers les combats de l'*Iliade*. Virgile travaillait à ce poème avec beaucoup d'ardeur et de soin; mais il ne vécut pas assez pour le porter à son point de perfection. Il le légua à ses amis Varius et Tucca, qui, sur le désir exprès d'Auguste, l'éditèrent avec le plus grand soin. On attribue à Virgile d'autres poèmes de moindre importance, *Culex*, *Ciris*, *Copa*, *Moretum* et 14 *Catalecta*; mais on a de bonnes raisons de croire qu'ils ne sont pas de lui. Son influence sur la littérature latine et sur celle du moyen âge est presque sans exemple dans l'histoire littéraire. — Les principales éditions de Virgile sont celles de : Venise (1482); des Alde (1549); de Lacerda (Lyon, 1617); de Franz (Leipzig, 1775, 2 vol.); de Pierre Didot (1798); de Heyne (Leipzig, 1800); de Forbiger (Leipzig, 1852); etc. Princ. trad.

franç. en prose : l'abbé Desfontaines (Paris, 1743, 6 vol.); Charpentier (1833-'35, 4 vol.; en vers : Delille (1808). Voy. SAINTE-BEUVE, *Étude sur Virgile* (1857).

VIRGILE ou Vergile (POLYDORE), historien anglais, né en Italie vers 1470, mort en 1555. Il fut envoyé en Angleterre en 1501 par le pape Alexandre VI comme collecteur du denier de Saint-Pierre, charge qu'il fut le dernier à remplir. Après un séjour en Angleterre de près de 50 années, il revint en Italie. Son principal ouvrage est son *Historia anglica* (1534, in-fol.), histoire d'Angleterre depuis les temps les plus reculés jusqu'à la fin du règne de Henri VII.

VIRGILIEN, IENNE adj. Qui a rapport à Virgile.

VIRGILIER s. m. Nom donné par Lamarck à un genre de papilionacées, comprenant des arbres de l'Afrique méridionale, et auquel Michaux rattachait un des plus beaux arbres de l'Amérique du Nord, le *virgilier à*

Virgilier à bois jaune (Cladrastis tinctoria).

bois jaune (*virgilia lutea*). Mais comme cet arbre diffère, surtout dans ses gousses, du virgilia, Rafinesque en a fait un genre nouveau qu'il appelle *cladrastis* Le nom botanique exact de cet arbre est *cladrastis tinctoria*.

*⁎ **VIRGINAL, ALE** adj. Appartenant aux vierges, annonçant la virginité : *pudeur, modestie virginale*. — LAIT VIRGINAL, cosmétique liquide dont les femmes se servent pour se blanchir le teint.

VIRGINAL s. m. Mus. Epinette en usage au XVIᵉ siècle. Cet instrument à touches et à cordes, aujourd'hui tombé en désuétude, avait environ quatre octaves. Il tirait son nom probablement de ce qu'on s'en servait beaucoup dans les couvents pour accompagner les hymnes à la Vierge.

*⁎ **VIRGINALEMENT** adv. A la manière des vierges.

VIRGINIA, ville de Montana (États-Unis), sur l'Alder Creek et le versant E. des montagnes Rocheuses; à 1,940 m. au-dessus du niveau de la mer; à 110 kil. S. de Helena; 1,200 hab. environ. Elle doit son existence aux placers et aux mines de quartz du voisinage. Elle a été la capitale du territoire, de 1865 à 1876.

VIRGINIA, ville principale de Nevada (États-Unis), dans les monts Washoe, au point extrême du chemin de fer Virginia et Truckee; 16,000 hab., dont 900 Chinois environ. Elle commença à exister en 1859, et elle est classée comme cité depuis 1861.

VIRGINIE, jeune Romaine. Voy. CLAUDIUS CRASSUS.

VIRGINIE (angl. *Virginia*), l'un des treize états originaires de l'Union américaine, entre 36° 34' et 39° 27' lat. N. et entre 77° 33' et 85° 57' long. O., borné par la Virginie

occidentale, le Maryland, l'Atlantique, la Caroline du Nord, le Tennessee et le Kentucky; divisé en 99 comtés; 109,942 kil. carr.; 1,513,000 hab., dont 520,000 nègres. Cap.

Sceau de l'état de Virginie.

Richmond; villes princ. : Alexandria, Fredericksburg, Norfolk, Petersburg et Portsmouth. Territoire plat, à l'O., où coulent le Potomac (frontière septentrionale, du côté de Maryland), le Rappahannock, l'York, le James et les nombreux affluents de ces fleuves qui se jettent tous dans la baie de Chesapeake. A l'O., le sol s'élève; il est traversé par les Blue Ridges, et borné par les Alleghanies. Riches mines d'or; anthracite, fer. Parmi les curiosités naturelles, on cite le fameux pont de Rochbridge. Climat agréable. — Le gouverneur est élu pour 4 ans, ainsi que le lieutenant gouverneur et les sénateurs, au nombre de 43; les 138 délégués qui forment la chambre basse sont élus pour 2 ans. La législature choisit tous les juges. Dette : 186 millions de fr.; recettes : 15 millions; dépenses : 14 millions. 4,200 bibliothèques renfermant 1,300,000 volumes; 151 journaux dont 22 quotidiens. Le nom de Virginie fut donné par la reine Elisabeth à la vaste région que Raleigh découvrit en 1584; les premiers colons y arrivèrent en 1607, et la plupart des tribus indiennes furent soumises, après une guerre sanglante, en 1612. La constitution date de juin 1776. Une ordonnance de sécession ayant été passée le 17 avril 1861, le pays fut ensanglanté par la guerre civile; il se divisa de lui-même en Virginie proprement dite et Virginie occidentale. La première de ces divisions rentra dans l'Union en 1865 et adopta une nouvelle constitution en 1869; mais le gouvernement militaire fut maintenu jusqu'en 1870.

VIRGINIE (Université de), établissement d'enseignement supérieur dans la Virginie.

Université de Virginie. La Rotonde.

à 1 kil. O. de Charlottesville. Il a été ouvert en 1824. On y suit des cours complets de

médecine, de droit et d'agriculture. Les libéralités particulières et la subvention de l'état permettent d'y recevoir gratuitement tout étudiant, né dans la Virginie, et capable de suivre les cours. Il y a près de 350 étudiants, et un corps enseignant de 17 professeurs. La bibliothèque contient environ 40,000 vol.

VIRGINIE OCCIDENTALE (angl. *West Virginia*), état de l'Union américaine, entre 37° 10' et 40° 38' lat. N., et entre 80° et 85° long. O.; borné par la Pennsylvanie, le Maryland, la Virginie, le Kentucky et l'Ohio; divisé en 54 comtés; 64,178 kil. carr.; 62,000 hab., dont 20,000 noirs; cap. Wheeling. Territoire montagneux à l'E. où se dressent divers embranchements des Alleghanies. Au N.-O., l'état est borné par le majestueux Ohio; à l'O. par le Big Sandy, son affluent. Immenses mines de charbon; sel gemme, fer, pétrole; climat assez tempéré. Le sénat se compose de 4 membres élus pour 4 ans, la chambre des délégués comprend 65 membres élus pour 2 ans; le gouverneur est élu pour 4 ans, les juges de la cour suprême pour 12 ans. Tous les autres juges sont également élus par le peuple. Dette : 100 millions de fr.; revenus : 4 millions; dépenses : 4 millions et demi. 1,800 bibliothèques renfermant 390,000 vol. Avant la guerre de sécession, le territoire de

Sceau de l'état de Virginie occidentale.

la Virginie occidentale faisait partie de l'état de Virginie. Le gouvernement de Richmond ayant passé un acte de séparation en 1861, tandis que la partie occidentale voulait rester fidèle à l'Union, il en résulta la formation d'un nouvel état qui adopta une constitution démocratique en 1862, et fut, presque aussitôt admis dans la confédération des états du Nord.

VIRGINIEN, IENNE s. et adj. De la Virginie; qui appartient à ce pays ou à ses hab.

*⁎ **VIRGINITÉ** s. f. (lat. *virginitas*). Etat d'une personne vierge : *la fleur de la virginité*

*⁎ **VIRGOULEUSE** s. f. (de *Virgoulie*, village du Limousin). Sorte de poire fondante, qui se mange en hiver : *poirier de virgouleuse*

VIRGULAIRE adj. Qui ressemble à une virgule.

*⁎ **VIRGULE** s. f. (lat. *virgula*). Petit signe fait à peu près en forme de c renversé (,) et dont on se sert dans la ponctuation, pour séparer les membres de phrases, et indiquer qu'il faut s'arrêter un peu en lisant : *il faut mettre là une virgule*. — Horlog. MONTRE A VIRGULE, celle

dont la verge ne porte qu'une seule saillie, en forme de crochet ou de virgule.

VIRGULER v. a. Marquer de virgules.

VIRIATHE, guerrier lusitanien, mort en 140 av. J.-C. En 147, il fut choisi pour général par les Lusitaniens, et battit les Romains commandés par Vetilius. Les années suivantes, il ravagea les terres romaines, mit en déroute plusieurs armées envoyées contre lui, et, en 142, fit prisonnier le consul Q. Fabius Servilianus, avec toutes ses troupes. Il conclut ensuite un traité qui garantissait aux Lusitaniens la tranquille possession de leur pays; mais ce traité fut violé l'année suivante par les Romains, qui achetèrent son assassinat.

VIRIDIFOLIÉ, ÉE adj. (lat. *viridis,* vert; *folium,* feuille). Bot. Qui a des feuilles vertes.

VIRIDITÉ s. f. Etat de ce qui est vert.

VIRIEU, ch.-l. de cant., arr. et à 13 kil. S.-E. de la Tour-du-Pin (Isère), sur une colline qui domine la Bourbre; 800 hab.

VIRIEU-LE-GRAND, ch.-l. de cant., arr. et à 12 kil. N.-O. de Belley (Ain); 4,000 hab.

* **VIRIL, ILE** adj. (lat. *virilis*). Qui appartient à l'homme, en tant que mâle : *sexe viril.* — AGE VIRIL, l'âge d'un homme fait. — ROBE ou TOGE VIRILE, toge que les enfants des sénateurs romains prenaient après avoir quitté la prétexte.

* **VIRILEMENT** adv. D'une manière virile, avec vigueur : *agir virilement.*

* **VIRILITÉ** s. f. Age viril : *il est parvenu à la virilité.* — Puissance, capacité d'engendrer : *donner des signes de virilité.*

VIROFLAY, comm. du cant. et à 3 kil. E. de Versailles (Seine-et-Oise); 4,800 hab.

* **VIROLE** s. f. (lat. *viriola*). Petit cercle de fer, de cuivre ou d'autre métal, qu'on met au bout du manche d'un couteau, au bout d'une canne, etc., pour tenir le bois en état, ou pour quelque autre usage : *mettre une virole à une canne, des viroles à la masse d'un mail.*

* **VIROLÉ, ÉE** adj. Blason. Se dit des cornes, trompes, etc., qui portent des boucles ou anneaux d'un autre émail.

* **VIRTUALITÉ** s. f. Didact. Caractère, qualité de qui est virtuel.

* **VIRTUEL, ELLE** adj. (lat. *virtualis*). Didact. Qui est seulement en puissance et sans effet actuel : *chaleur virtuelle.*

* **VIRTUELLEMENT** adv. D'une manière virtuelle. Est opposé à formellement et actuellement : *le chêne est virtuellement renfermé dans le gland.*

* **VIRTUOSE** s. Mot emprunté de l'italien, qui signifie, un homme ou une femme qui a des talents pour les beaux-arts, et particul. pour la musique : *c'est un virtuose.*

VIRTUOSITÉ s. f. Etat, talent d'un virtuose.

* **VIRULENCE** s. f. Qualité de ce qui est virulent : *la virulence de cette humeur.*

* **VIRULENT, ENTE** adj. (rad. *virus*). Méd. Se dit des maladies produites par un virus. — Fig. Se dit surtout des discours, des écrits où l'on attaque avec violence : *écrit, discours virulent.*

VIRUS s. m. [vi-russ] (mot lat.). Méd. et Chir. Principe, inconnu dans sa nature, qui est l'agent de la contagion, et qui paraît être le produit d'une sécrétion morbide : *virus syphilitique.*

* **VIS** s. f. [viss] (lat. *vitis,* pampre). Pièce ronde de bois, de métal, etc., cannelée en ligne spirale, et qui entre en tournant dans un trou cannelé de même. Se dit également d'une sorte de clou terminé en vis qu'on fait

entrer dans le bois en tournant, et qui tient plus fortement qu'un simple clou : *une vis de bois, de fer, de cuivre.* — VIS SANS FIN, vis dont les pas engrènent dans une roue, et qui est tellement fixée entre deux points, qu'elle tourne sur son axe, sans pouvoir avancer ni reculer comme une vis ordinaires, ce qui oblige la roue à tourner quand on fait tourner la vis. — VIS D'ARCHIMÈDE. (Voy. ARCHIMÈDE.) — ESCALIER A VIS, escalier tournant en spirale autour d'un noyau de pierre ou de bois, qui soutient toutes les marches. — ENCYCL. Une vis est dite *triangulaire* lorsque l'hélice ou la spirale est engendrée par un triangle qui se meut autour d'un cylindre; la vis est dite à *filets carrés* lorsque 'a surface engendrée a une section rectangulaire. — Le *pas* d'une vis simple est la distance du milieu d'un filet au milieu du filet suivant. Dans le cas d'une vis à plusieurs filets, le pas de la vis est la hauteur dont s'élève la courbe pour un tour de vis.

* **VISA** s. m. [vi-za] (du lat. *visus,* vu). Formule qui se met sur un acte, et qui doit être signée par celui-là même dont la signature rend l'acte authentique ou valable, en sorte qu'il ne serait pas en forme, si ce *visa* n'y était pas : *le garde des sceaux met son visa sur les lettres patentes, lettres de grâce,* etc. — Acte par lequel un évêque conférait un bénéfice à charge d'âmes à celui qui lui était présenté par le patron du bénéfice : *l'évêque ne pouvait refuser son visa, sans donner par écrit les raisons de son refus.* — Formule par laquelle un magistrat ou un officier de justice certifie qu'un acte judiciaire lui a été remis ou présenté : *les personnes publiques préposées pour recevoir certaines significations, doivent mettre leur visa sur l'original de l'acte qui leur est signifé.*

* **VISAGE** s. m. Face de l'homme, partie antérieure de la tête, qui comprend le front, les yeux, le nez, les joues, la bouche, le menton et les oreilles : *visage large.* — Air du visage : *avoir un visage riant, gai, ouvert, serein, content.* — Se prend quelquefois pour la personne même, en tant qu'on la connaît par le visage : *voilà bien des visages que je ne connais point.* — A visage découvert loc. adv. Sans masque, sans voile : *les danseurs de l'Opéra, qui paraissaient autrefois masqués au théâtre, se montrent aujourd'hui à visage découvert.*

* **VIS-A-VIS** s. m. [vi-za-vi]. Sorte de voiture en forme de berline, mais où il n'y a qu'une seule place dans chaque fond.

VIS-A-VIS DE loc. prép. En face, à l'opposite de : *il est logé tout vis-à-vis, vis-à-vis de mes fenêtres.* — Vis-à-vis adv. A l'opposite, en face : *il demeure vis-à-vis.* — Vis-à-vis s. m. Se dit d'une personne qui se trouve en face d'une autre à la danse ou à table : *il était mon vis-à-vis.*

VISCACHE s. f. (péruv. *viscachos*). Mamm. (Voy. HÉLAMYS.)

* **VISCÉRAL, ALE** adj. [viss-sé-]. Anat. Qui appartient, qui a rapport aux viscères.

* **VISCÈRE** s. m. [viss-sè-re] (lat. *viscera*). Anat. Nom donné aux divers organes renfermés dans les trois grandes cavités du corps, et dont l'action est plus ou moins essentielle à l'entretien de la vie : *le cerveau, les poumons, le cœur,* etc., *sont des viscères.*

VISCHNOU. Voy. INDE (*Religion et littérature religieuse de l'.*)

VISCIDITÉ s. f. [viss-si-]. Viscosité.

VIS COMICA, mots lat. qui signifient : *force, puissance comique.*

VISCONTI, célèbre famille de Milan. Ottone Visconti devint archevêque en 1262, et lutta avec acharnement contre la famille Della Torre pour assurer sa domination sur la

ville et son territoire. Son neveu, Matteo Iᵉʳ le Grand (1250-1322) obtint l'autorité suprême, fut chassé par une coalition, et réinstallé par l'empereur Henri VII (1310-11). Matteo étendit ses Etats, mais les Guelfes, excités par le pape Jean XXIII, le forcèrent à abdiquer peu de temps avant sa mort. Son fils, Galéas Iᵉʳ (1271-1328), continua la guerre, et les troupes papales, en 1323, brûlèrent les faubourgs de Milan et beaucoup de châteaux aux environs. Avec l'aide de l'empereur Louis de Bavière, l'armée du pape fut écrasée en 1324. En 1327, Louis nomma Galéas vicaire impérial en Lombardie; mais il le fit bientôt incarcérer, avec son fils Azzo et ses deux frères, sous l'accusation de complot; il les relâcha contre une grosse rançon. Azzo (1302-'39) embellit beaucoup Milan, qui fut alors prospère. Son oncle et successeur, Lucchino, annexa la plus grande partie de la Lombardie et du Montferrat. Le frère de Lucchino, Giovanni (1290-1344), étendit sa domination sur un grand nombre de villes de Toscane. Il laissa le gouvernement à ses neveux, Matteo II, Barnabo et Galeazzo (Galéas). Le premier mourut bientôt, empoisonné, dit-on, par ses deux frères. Barnabo fit la guerre au pape jusqu'en 1385, où il fut jeté en prison par son neveu Giovanni Galeazzo (Jean Galéas), mort en 1492, qui chassa les Scala de Vérone et de Vicence, et les Carraras de Padoue, et qui acheta, en 1395, le titre de duc de Milan à l'empereur Wenceslas. Il protégea magnifiquement les arts, et jeta les fondements de la cathédrale de Milan. Son fils, Giovanni Maria, fut duc après lui; mais il perdit beaucoup de ses possessions et fut assassiné en 1412. Il eut pour successeur son frère Filippo Maria (mort en 1447) qui fut constamment en guerre, surtout contre Venise. Il ne laissa pas d'héritiers mâles, et François Sforza, époux de sa fille naturelle Bianca, s'assura le duché pour lui et ses descendants.

VISCONTI. I. (Ennio Quirino), archéologue italien, né en 1764, mort en 1818. En 1799, il devint administrateur des collections du Louvre à Paris. Ses travaux comprennent : *Iconographie ancienne* (grecque et romaine; 1808-'20, 5 vol. in-fol.; terminée par Mongez). Ses œuvres complètes sur l'art ont paru à Milan (1818-'22, 42 vol.). — II. (Louis-Tullius-Joachim), son fils, architecte français, né en 1791, mort en 1853. En 1825, il fut nommé architecte de la bibliothèque royale à Paris. Son chef-d'œuvre est le mausolée de Napoléon aux Invalides.

* **VISCOSITÉ** s. f. [viss-ko-zi-té] du lat. *viscosus,* visqueux). Didact. Qualité de ce qui est visqueux.

* **VISÉE** s. f. [vi-zé]. Direction de la vue à un but pour y atteindre : *prendre sa visée.*

* **VISER** v. n. (lat. *visere*). Mirer, regarder un but pour y adresser un coup de pierre, d'arme à feu, une flèche, etc. : *il visait à ce but-là; il ne vise nulle part.* — Avoir en vue : *il ne vise pas à cet emploi.* — Viser à. Viser un homme au cœur.

* **VISER** v. a. Voir, examiner une expédition, ou prendre connaissance d'un acte, d'une pièce, etc. et mettre dessus, *vu, visa,* ou quelque mot semblable : *le garde des sceaux n'a pas encore visé ces lettres de grâce.*

VISEUR, EUSE s. Personne qui vise.

* **VISIBILITÉ** s. f. Didact. Qualité qui rend une chose visible : *la visibilité est l'un des caractères distinctifs de l'Eglise catholique.*

* **VISIBLE** adj. (lat. *visibilis*). Qui peut être vu, qui est l'objet de la vue : *il n'y a rien de visible que par la lumière.* — ETRE VISIBLE, NÊTRE PAS VISIBLE, vouloir ou ne vouloir pas recevoir une visite, être ou n'être pas en état

de la recevoir : *il n'est pas visible aujourd'hui ; il ne sera visible que dans une heure.* — Evident, manifeste : *fausseté visible.*

* **VISIBLEMENT** adv. D'une manière visible : *Notre-Seigneur monta au ciel visiblement.* — Manifestement, évidemment : *cela est visiblement faux.*

* **VISIÈRE** s. f. [vi-zi-è-re] (anc. franç. *vis*, *visage*). La pièce du casque qui se haussait et qui se baissait, et au travers de laquelle l'homme d'arme voyait et respirait : *baisser la visière.* — **ROMPRE EN VISIÈRE**, se disait autrefois, au propre, quand un homme d'armes rompait sa lance dans la visière de celui contre lequel il courait. Signifie, fig. et fam., attaquer, contredire quelqu'un en face, brusquement et violemment : *il lui rompit en visière.* — Fam. La vue : *il a la visière nette, la visière trouble.* — Se dit encore d'une rainure ou d'un petit houton de métal qui est au bout du canon d'un fusil pour conduire l'œil, lorsqu'on vise.

VISIGOTH, OTHE ou Ote s. et adj. Goth, Gothe de l'Ouest. (Voy. GOTH.)

* **VISION** s. f. (lat. *visio*; de *videre*, voir). Phys. Action de voir : *les philosophes ont beaucoup disputé pour savoir de quelle manière et en quelle partie de l'œil se fait la vision.* — Théol. **VISION BÉATIFIQUE**, **VISION INTUITIVE**, celle par laquelle les bienheureux voient Dieu. — Se dit aussi des choses que Dieu, ou quelque autre intelligence, par la permission de Dieu, fait voir en esprit, ou par les yeux du corps : *les visions des prophètes.* — Chimère, image vaine que la peur, la folie, ou quelque autre cause particulière, produit dans l'esprit : *cette femme a des visions ; seule dans sa chambre, elle croit apercevoir quelqu'un à ses côtés.* — Idée folle, extravagante : *c'est une vision d'un tel.*

* **VISIONNAIRE** adj. Qui croit faussement avoir des visions, des révélations. — Se dit, fig., de celui ou de celle qui a des idées folles, des imaginations extravagantes, des desseins chimériques : *cet homme est visionnaire.* — s. *Cette femme est une visionnaire.*

* **VISIR** s. m. Voy. VIZIR.

* **VISITANDINE** s. f. Religieuse de l'ordre de la Visitation. (Voy. CHANTAL.)

* **VISITATION** s. f. (lat. *visitatio*). N'est usité que dans ces phrases, LA VISITATION DE LA VIERGE, LA FÊTE DE LA VISITATION, la fête instituée en mémoire de ce que la sainte Vierge alla visiter sainte Elisabeth, sa cousine, et qui tombe le 2 juillet. — Ordre de religieuses, qu'on appelle L'ORDRE DE LA VISITATION, et qui fut fondée en 1520, par François de Sales : *les filles de la Visitation.*

* **VISITE** s. f. (du lat. *visere*, examiner). Action d'aller voir quelqu'un par civilité ou par devoir : *visite ordinaire.* — Se dit quelquefois des personnes : *devinez quelle visite je viens d'avoir.* — Se dit en parlant d'un médecin, d'un chirurgien, qui va voir un malade : *on paye tant par visite, à ce médecin, à ce chirurgien.* — Se dit également en parlant des médecins et des chirurgiens d'un hôpital, lorsqu'ils parcourent les salles, accompagnés de leurs élèves, pour voir les malades, et prescrire le traitement : *la visite du matin, du soir ; l'heure de la visite.* — Recherche, perquisition qu'on fait dans certains lieux, soit pour y trouver quelque chose, quelque personne, soit pour voir si tout y est bien en ordre : *le commissaire de police, la gendarmerie a fait la visite dans cette maison.*

* **VISITER** v. a. (lat. *visitare*). Aller voir quelqu'un chez lui : *visiter son ami.* — Faire une visite, des visites : *visiter ses juges.* — Aller voir par charité ou par dévotion : *visiter les pauvres, les malades, les prisonniers.*

— Aller voir si les choses sont dans l'ordre où elles doivent être : *visiter les côtes, les frontières, les arsenaux.* — Examiner quelque chose avec soin, pour en tirer quelque connaissance ou quelque conjecture : *le chirurgien a visité sa plaie.* — Visiter v. n. *On n'a pas visité chez lui.*

* **VISITEUR, EUSE** s. m. Celui qui est commis pour visiter : *visiteur des douanes.* — Relig. Celui qui est chargé d'aller visiter les maisons du même ordre, dans un certain district : *le père visiteur.* — Personne qui est en visite : *j'ai reçu plusieurs visiteurs.*

* **VISO** (Mont), *Vesulus mons*, montagne des Alpes Cottiennes, entre la France et l'Italie (hauteur 3,886 m.). C'est dans cette montagne que le Pô prend sa source. Bellovèse et Annibal traversèrent le mont Viso, pour descendre en Italie.

* **VISON** s. m. Petit mammifère carnivore, à fourrure, qui se trouve dans les régions septentrionales de l'Amérique, de l'Europe et de l'Asie, et qui appartient au genre putois (*putorius*, Cuv.). Le *vison commun d'Amérique* (*putorius vison*, Rich.), gros comme notre fouine, est d'une couleur générale d'un noir

Vison commun d'Amérique (Putorius vis.n).

tirant sur le brun. Sa queue, longue et cylindrique présente, en dessus et de chaque côté, une cavité glandulaire qui sécrète un liquide fortement musqué, d'où vient le nom générique de l'animal. Le *vison d'Europe* (*putois lutreola*, Cuv.) est plus petit, de couleur plus foncée, et a une queue moins touffue. Il est rare, et sa fourrure est plus estimée.

* **VISON-VISU** [vi-zon-vi-zu] (lat. *visum*, à voir ; *visu*, à être vu) loc. adv. et fam., qui est une altération du latin *Visum visu*, et qui signifie, vis-à-vis l'un de l'autre : *nous étions vison-visu.*

* **VISORIUM** s. m. [vi-zo-ri-omm] (du lat. *visus*, vu). Typogr. Petit chevalet fixé à la casse par une pointe et qui sert à tenir la copie sous les yeux du compositeur. Les imprimeurs n'emploient plus guère cet instrument.

* **VISQUEUX, EUSE** adj. (lat. *viscosus*). Gluant : *liqueur épaisse et visqueuse.*

* **VISSAGE** s. m. Action de visser.

VISSCHER. I. (Rœmers), poète néerlandais, né à Amsterdam en 1647, mort à Alkmaar en févr. 1620. Avec Coornhert et Spieghel, il fut un des membres les plus influents de la chambre de rhétorique « In Liefde Bloeiende » ; et sa riche maison était le rendez-vous des écrivains les plus illustres de son époque. Comme Spieghel, il resta fidèle à la religion catholique, tout en étant très tolérant pour les dissidents. Son style vigoureux et caustique lui valut le surnom de *Martial hollandais*. Œuvres : *Sinnepoppen* (1614) ; *Brabbelingh* (1614). — II. (Anna Rœmers), fille du précédent, née à Amsterdam en 1584, morte à Alkmaar, le 6 déc. 1651. Durant un séjour à Dordrecht, chez le poète Cats, qu'elle choisit pour modèle, elle fit la connaissance du jurisconsulte Dominicus Booth van Wesel, dont elle devint plus tard la femme. Outre des poésies diverses, parues pour la plupart dans le *Zeeuwsche Nachtegueltje*, elle écrivit les explications en vers des *Sinnepoppen* (Emblèmes) de son père, et *Honderd Christelyke Zinnebeelden* d'après les *Emblèmes* de la calviniste française Georgette de Mon-

tenay. Toutefois elle est moins célèbre que sa sœur. — III (Maria-Tesselschade Rœmers), sœur de la précédente, née à Amsterdam, 25 mars 1594, morte en cette ville ou à Alkmaar, le 29 juin 1649. Elle dut son singulier nom de Tesselschade (littéral. dommage de Tessel) à une grande perte qu'éprouva son père, par suite d'une tempête sur les côtes de l'île de Texel, peu de jours avant sa naissance. C'était une femme richement douée, possédant, outre la grâce et la beauté, une multitude de talents divers. Elle fut l'âme de ce cercle d'hommes éminents, qui se réunit au château de Muyden, résidence du célèbre Hooft et qui fut connu plus tard sous le nom de *Muyderkring*. Parmi ses poésies, qui se trouvent dispersées dans différents recueils, citons : *Onderscheid tusschen eene tomme en eene wilde Zangster* et *Antwoord aan de Amsterdamsche Academie*. Sa traduction de la *Gerusalemme liberata* du Tasse est perdue.

* **VISSER** v. a. Attacher, fixer avec des vis : *il ne faut pas clouer cette ferrure, vous feriez éclater le bois ; il vaut mieux la visser.* — Se dit aussi en parlant de ce qui est terminé en vis, ou creusé en manière d'écrou, et qu'on tourne comme une vis pour le fixer à quelque chose. — Visser v. pr. *Le tire-bourre se visse à l'extrémité de la baguette du fusil.*

VISTULE (pol. *Wista*; all. *Weichsel*), fleuve de l'Europe centrale, qui naît dans l'angle S.-E. de la Sibérie autrichienne, traverse la Galicie, la Pologne russe, et la Prusse, et, après un cours de 1,100 kil. (navigable jusqu'à Cracovie, pendant 980 kil. environ), se jette dans la Baltique par trois bouches, dont l'une est à Dantzig, et dont les deux autres s'ouvrent sur le Frisches Haff. Varsovie se trouve sur ses bords.

VISU (De). Voy. DE VISU.

* **VISUEL, ELLE** adj. [vi-zuèl] (du lat. *visus*, vue). Phys. Qui appartient à la vue. Ne se dit guère dans ces locutions, RAYON VISUEL, POINT VISUEL, — AXE VISUEL, ligne droite qui, passant par le centre de la cornée transparente, va aboutir au fond de l'œil. — ANGLE VISUEL, angle que forment entre eux les rayons extrêmes envoyés vers l'œil par un corps. — HORIZON VISUEL, étendue que le regard embrasse.

* **VITAL, ALE, AUX** adj. (lat. *vitalis*). Qui appartient à la vie, qui sert à la conservation de la vie, et sans quoi l'homme ou l'animal ne saurait vivre : *propriétés vitales.* — PRINCIPE VITAL, principe qui, suivant certains physiologistes, est la cause de la vie, indépendamment de la substance organique.

* **VITALISME** s. m. Doctrine des vitalistes.

* **VITALISTE** s. m. Nom donné aux médecins qui expliquent par le principe vital les divers phénomènes de la vie. — Adjectiv. *L'école vitaliste.*

* **VITALITÉ** s. f. Disposition des corps organisés à opérer les mouvements, les actions qui constituent la vie. (Peu us.) — Force de la vie : *il y a chez cet homme une grande vitalité.*

VITAM IMPENDERE VERO loc. lat. Qui signifie : *Dépenser sa vie pour la vérité.* (Juvénal, sat. IV, v. 91).

* **VITCHOURA** s. m. Vêtement garni de fourrure, que l'on met par-dessus ses habits pour se garantir du froid extérieur, et que l'on quitte dans l'appartement : *il est muni d'un bon vitchoura.*

* **VITE** adj. Qui se meut, qui court avec célérité, avec grande promptitude. Ne se dit que des animaux et de certaines choses dont le mouvement est rapide : *un copiste qui a la main fort vite.*

* **VITE** adv. Avec vitesse : *courez vite.*

Les jours coulent, je crois, plus vite que les beures.
COLLIN D'HARLEVILLE. *Monsieur de Crac.* sc. II.

— ALLER BIEN VITE DANS UNE AFFAIRE, agir inconsidérément et avec précipitation, ne pas agir avec la circonspection et avec les précautions nécessaires. — Fam. ALLER VITE EN BESOGNE, être prompt, expéditif. Se dit quelquefois, fig., d'un dissipateur, qui mange son patrimoine.

VITEBSK. I, gouvernement de la Russie occidentale, appartenant autrefois aux provinces polonaises de Lithuanie; 45,166 kil. carr.; 888,727 hab. La Düna et les canaux qui s'y rattachent offrent des voies commodes à un actif commerce d'exportation. Le bois de charpente y abonde. — II, capitale de ce gouvernement, sur la Düna, à l'embouchure de la Vitéba, à 125 kil. N.-O. de Smolensk; 31,182 hab. Elle est entourée d'anciennes fortifications. On exporte de l'hydromel et du drap.

VITELLIN, INE adj. [vi-tèl-lain]. Qui appartient au vitellus.

VITELLIUS [vi-tèl-liuss] (Aulus), empereur romain, né vers l'an 15 de notre ère, mort en 69. Nommé consul en 48, il fut ensuite proconsul d'Afrique. Ses vices firent de lui le favori des empereurs Tibère, Caligula, Claude et Néron. En janv. 69, on le salua à Cologne du titre d'*imperator*, et une guerre civile éclata entre lui et Othon qui avait détrôné Galba. Othon fut vaincu dans la Gaule Cisalpine, et se tua. Vitellius marcha sur Rome; mais les armées d'Orient proclamèrent Vespasien empereur; les soldats de Vitellius furent mis en déroute, et il fut tué dans les rues de Rome.

VITELLUS s. m. [vi-tèl-luss] (mot lat.). Jaune de l'œuf. (Voy. EMBRYOLOGIE.)

VITELOTTE s. f. Variété de pomme de terre appelée aussi VIQUELOTTE.

* **VITEMENT** adv. Vite : *allez vitement.* (Fam.)

VITERBE (ital. *Viterbo*), ville fortifiée de l'Italie centrale, à 70 kil. N.-O. de Rome; 20,637 hab. Elle contient une cathédrale gothique sur l'emplacement d'un temple d'Hercule, et d'autres églises et palais intéressants. Il y a des antiquités étrusques, des sources thermales sulfurées dans le voisinage, et des raffineries de soufre. Elle a été la capitale d'une délégation pontificale jusqu'en 1870.

* **VITESSE** s. f. Célérité, grande promptitude : *la vitesse d'un mouvement.* — GAGNER QUELQU'UN DE VITESSE, arriver avant lui, parce qu'on est allé plus vite. — Fig. Gagner sur quelqu'un l'avantage du temps et de la célérité pour réussir dans le même projet : *vous vous êtes laissé gagner de vitesse.* — Balist. LA VITESSE INITIALE, le trajet que parcourt un projectile pendant la première seconde de sa course.

TABLEAU DE QUELQUES VITESSES.

	PAR SECONDE.
Homme au pas (5 kil. à l'heure).	1 m. 40
Navire filant 9 nœuds à l'heure (9 × 1,852 ᵐ).	4 — 63
— 15 —	6 — 17
— 17 —	8 — 75
Brise fraîche.	10 —
Torpilleur 21 nœuds	10 — 80
Cheval de course, au trot.	12 —
— au galop.	15 —
Train express (60 kil. à l'heure).	16 — 67
— (60 milles anglais (1,609×60ᵐ).	26 — 80
Transmission des sensations dans les nerfs humains.	33 —
Ouragan.	40 —
Vol du martinet (320 kil. à l'heure).	88 — 90
Vitesse du son dans l'air.	327 — 20
Vitesse d'un point de la terre à l'Équateur.	463 —
Boulet de canon.	500 —
La lune tournant autour de la terre.	1,012 —
Vitesse du son dans l'eau.	1,435 —
Révolution de la terre autour du soleil.	29,516 —
Électricité, fil sous-marin.	4,000,000 —
— fil aérien.	35,000,000 —
Vitesse de la lumière.	300,400,000 —

* **VITEX** s. m. [vi-tèkss]. Nom latin du gattilier. (Voy. AGNUS-CASTUS.)

VITI (Iles). Voy. FIDJI.

* **VITICOLE** adj. (lat. *vitis*, vigne ; *colo*, j'habite). Qui a rapport à la culture de la vigne.

VITICULTEUR s. m. Qui cultive la vigne.

* **VITICULTURE** s. f. Culture de la vigne.

VITIFÈRE adj. Qui produit des vignes.

VITORIA, cap. de la province d'Alava (Espagne), à 33 kil. S.-S.-E. de Bilbao; 19,000 hab. Elle a pris son nom actuel de Sancho le Sage, roi de Navarre, en commémoration d'une victoire sur les Maures (1180). Le 24 juin 1813, Wellington, à la tête de 75,000 Anglais, y battit 70,000 Français commandés par Joseph Bonaparte et Jourdan. La retraite s'opéra dans une effroyable confusion. Les Anglais y perdirent 3,300 hommes tués et blessés; les Français y laissèrent 151 canons, 451 voitures de munitions, leurs bagages, leurs provisions, la caisse de l'armée et le bâton du maréchal Jourdan.

* **VITRAGE** s. m. Coll. Toutes les vitres d'un bâtiment, d'un édifice : *le vitrage de cette maison coûte beaucoup.* — Certains châssis de verre qui servent de cloison, de séparation dans une chambre : *le cabinet n'est séparé de la chambre que par un vitrage.* — Châssis vitrés qui servent de devanture aux tablettes d'un magasin, d'un cabinet de curiosités.

* **VITRAIL, AUX** s. m. Vitrage d'église formé de grands panneaux.

* **VITRE** s. f. (lat. *vitrum*, verre). Pièce de verre qui se met à une fenêtre : *panneau de vitres.* — Fig. et fam. CASSER LES VITRES, ne rien ménager dans ses propos. — Assemblage de plusieurs pièces de verre, qui se met à une ouverture faite pour donner du jour à un bâtiment : *ouvrir la vitre.*

* **VITRÉ, ÉE** part. passé de VITRER. — Anat. HUMEUR VITRÉE, une des trois humeurs de l'œil, celle qui remplit le fond du globe. — Phys. FLUIDE ÉLECTRIQUE VITRÉ, ou ÉLECTRICITÉ VITRÉE, électricité produite par le frottement du verre et qui est opposée à l'électricité résineuse.

VITRÉ ou **Vitray** (ANTOINE), célèbre imprimeur de Paris, né vers 1600, mort en 1674. Il a imprimé la Bible polyglotte de Guy-Michel Lejay (10 vol. 1628-41), considérée comme le chef-d'œuvre de l'art. Une faute typographique, qui s'était glissée dans cet ouvrage, lui fit accuser d'impiété par Flavigny et Gabriel Sionita. Dans le passage de saint Matthieu : *ejice primum trabem de oculo tuo,* la première lettre du mot *oculo* s'échappa fortuitement de la forme au moment de l'impression, et cette faute involontaire suffit pour que toute la vie de l'imprimeur fût empoisonnée.

VITRÉ, ch.-l. d'arr., à 36 kil. E. de Rennes (Ille-et-Vilaine), près de la rive gauche de la Vilaine ; par 48° 7' 32'' lat. N. et par 3° 32' 39'' long. O. ; 7,000 hab. Château de XIVᵉ au XVᵉ siècle; vieille église Notre-Dame (du XIIIᵉ au XVIᵉ siècle); église Saint-Martin (XVᵉ siècle); statue de Bertrand d'Argentré. Toiles, bonneterie, cantharides. Vitré, ancienne baronnie, qui appartint aux La Trémoille et aux Rieux, joua un certain rôle dans l'histoire de Bretagne; elle adopta la réforme, devint une des places fortes des huguenots et repoussa les attaques du duc de Mercœur en 1588.

VITRÉAIS, AISE s. et adv. De Vitré; qui appartient à cette ville ou à ses habitants.

* **VITRER** v. a. Garnir de vitres, de glaces.

* **VITRERIE** s. f. Art et commerce du vitrier ; marchandise qui est l'objet de ce commerce.

VITRESCIBILITÉ s. f. État de ce qui est vitrescible.

* **VITRESCIBLE** adj. [vi-trèss-si-ble]. Voy. VITRIFIABLE.

* **VITREUX, EUSE** adj. Minér. Qui a de la ressemblance avec le verre : *mine d'argent vitreuse.* — ŒIL VITREUX, œil qui a l'aspect du verre.

VITREY-SUR-MANCE, ch.-l. de cant., arr. et 41 kil. N.-E. de Vesoul (Haute-Saône); 900 hab.

VITRIC s. m. Mari de la mère par rapport aux enfants d'un précédent époux; beau-père.

* **VITRIER** s. m. Artisan qui travaille aux vitres, qui met des vitres aux fenêtres; aux châssis, etc. : *il faut faire venir le vitrier.* On appelle VITRIÈRE, la femme d'un vitrier, ou celle qui fait le commerce de vitrerie.

* **VITRIFIABLE** adj. Susceptible d'être changé en verre : *terre vitrifiable.* On dit aussi VITRESCIBLE.

* **VITRIFICATION** s. f. Phys. Action de vitrifier ou de se vitrifier; état de ce qui est vitrifié : *feu de vitrification.* — Par ext. Fusion des matières qui, après le refroidissement, perd l'éclat, la transparence et la dureté du verre.

* **VITRIFIÉ, ÉE** part. passé de VITRIFIER. MATIÈRES VITRIFIÉES, matières transformées en verre, ou auxquelles la fusion a donné l'apparence du verre. (Voy. VITRIFICATION.)

* **VITRIFIER** v. a. Phys. Fondre une substance de manière qu'elle se transforme en verre : *le feu vitrifie le sable mêlé à l'alcali.* — Se vitrifier v. pr. *Cette matière se vitrifie.*

* **VITRINE** s. f. Vitrage, montre d'une boutique, des cabinets d'un musée : *la vitrine d'un bijoutier.*

* **VITRIOL** s. m. Nom donné, dans l'ancienne chimie, aux sulfates, ou sels composés d'oxydes métalliques et d'acide sulfurique ou vitriolique. On appelait VITRIOL BLANC, celui qui est fait avec du zinc (sulfate de zinc); VITRIOL BLEU, celui qui est fait avec du cuivre (sulfate de cuivre); VITRIOL VERT, VITRIOL MARTIAL, celui qu'il entre du fer, et qu'on nomme aussi Couperose (sulfate de fer); etc. — HUILE DE VITRIOL, acide sulfurique concentré.

* **VITRIOLÉ, ÉE** adj. Où il y a du vitriol : *eau vitriolée.*

VITRIOLER v. a. Additionner de vitriol. — Pop. Jeter du vitriol à la figure : *si tu m'abandonnes, je te vitriolerai* (discours de fille à son amant).

VITRIOLERIE s. f. Fabrique de vitriol.

* **VITRIOLIQUE** adj. Qui tient de la nature du vitriol : *acide vitriolique.* On dit aujourd'hui, ACIDE SULFURIQUE.

VITRUVE (Marcus-Vitruvius POLLIO), architecte romain. Tout ce qu'on sait de lui, c'est qu'il fut probablement ingénieur militaire sous César et sous Auguste. Son traité De Architectura est un abrégé des œuvres des écrivains grecs, où il a mis beaucoup des résultats de sa propre expérience. Les princ. édit. de Vitruve sont celles de Venise (1497); de Lyon (1552); trad. franç. de Claude Perrault (1684) et de Maufras (1847, 2 vol.).

VITRY-EN-ARTOIS, ch.-l. de cant., arr. et à 18 kil. N.-E. d'Arras (Pas-de-Calais), sur la Scarpe; 3,200 hab.

VITRY-LE-FRANÇOIS, ch.-l. d'arr., à 31 kil. S.-S.-E de Châlons-sur-Marne (Marne), sur la rive droite de la Marne, par 48° 43' 34'' lat. N. et par 2° 18' 0'' long. E. Imposante église Notre-Dame (du XVIᵉ siècle); statue de Royer-Collard. — Cette ville fut fondée en village de Maucourt, par François Iᵉʳ, après l'incendie de Vitry-en-Perthois. Elle fut prise par les alliés le 2 fév. 1814; mais elle leur résista en 1815. Les Allemands y entrèrent le 25 août 1870.

VITRY-EN-PARTHOIS ou **Vitry-le-Brûlé**, *Legio Victrix*, village du cant. et à 4 kil. N.-E. de Vitry-le-François, sur la Saulx; 800 hab. C'est à Vitry que Louis VII fit, en 1144, brûler 1,300 personnes dans une église (Voy. Louis VII.) Vitry fut incendié une seconde fois par Charles-Quint en 1544.

VITTEAUX, ch.-l. de cant., arr. et à 25 kil. E.-S.-E. de Semur (Côte-d'Or), sur la Brenne ; 1,800 hab.

VITTEL, ch.-l. de cant., arr. et à 22 kil. S.-O. de Mirecourt (Vosges) ; 4,400 hab.

VITTORIO, autrefois Ceneda, ville de l'Italie septentrionale, à 35 kil. N. de Trévise; 10,533 hab. Elle possède une cathédrale, plusieurs manufactures, et des sources minérales.

* **VITUPÈRE** s. m. (lat. *vituperium*). Blâme : *sa vie est exempte de vitupère*. (Vieux.)

* **VITUPÉRER** v. a. (lat. *vituperare*). Blâmer. (Vieux.)

* **VIVACE** adj. (lat. *vivax*). Qui a en soi des principes d'une longue vie. Se dit des espèces et des individus : *en tels pays, les hommes sont vivaces*. — Ce qui est de longue durée ou difficile à détruire : *les préjugés sont vivaces*. — Bot. Se dit des plantes qui durent plus de deux ans, quoique leurs tiges se renouvellent chaque année : *la garance, l'aristoloche, la violette, sont des plantes vivaces*.

* **VIVACITÉ** s. f. (fr. *vivace*). Activité, promptitude à agir, à se mouvoir : *cet enfant a bien de la vivacité*. — LA VIVACITÉ DES PASSIONS, l'ardeur et l'activité des passions : *dans le tumulte et la vivacité des passions*. — Ardeur, promptitude avec laquelle une chose est faite : *la vivacité du combat, de la dispute, de la conversation*. — S'emploie absol., au pl., pour signifier, des emportements légers et passagers : *il faut tâcher de réprimer ses vivacités*.

* **VIVANDIER, IÈRE** s. (vieux fr. *vivande*). Celui, celle qui suit l'armée ou un corps de troupes, et qui vend les vivres : *vivandier à la suite de l'armée*.

* **VIVANT, ANTE** adj. (lat. *vivens*). Qui vit : *il est encore vivant*. — Jurispr. féod. HOMME VIVANT ET MOURANT, homme que les gens de mainmorte étaient obligés de désigner au seigneur du fief, et à la mort duquel ils devaient certains droits seigneuriaux. — QUARTIER VIVANT, quartier de ville où il y a beaucoup de monde et de mouvement. On dit de même, RUE VIVANTE. — Vivant s. Dieu viendra juger les vivants et les morts. — Fam. UN BON VIVANT, un homme d'une humeur facile et gaie, et qui aime à se réjouir sans faire tort à personne. — La vie : *du vivant d'un tel*.

VIVARAIS (Le), *Vivariensis pagus*, ancien pays de France, dans le Languedoc; cap., Viviers. Il forme aujourd'hui le dép. de l'Ardèche et une petite partie de celui de la Haute-Loire.

* **VIVAT** [vi-vatt] (mot lat. signifiant *qu'il vive*). Mot dont on se sert pour applaudir une personne : *tout le monde cria : Vivat*. — s. m. Acclamation quelconque par laquelle on souhaite longue vie et prospérité à quelqu'un : *des vivats répétés*.

* **VIVE** s. f. (rad. *vif*). Icht. Genre de percoïdes, comprenant plusieurs espèces de poissons qui peuvent vivre longtemps hors de l'eau. La vive commune (*trachinus draco*), longue de 40 cent., habite nos côtes de l'Océan, elle est d'un gris roussâtre, avec des taches plus foncées, des traits bleus et des teintes jaunes; sa chair est délicate. Son opercule est armé d'un fort aiguillon assez dangereux.

* **VIVE-LA-JOIE** s. m. Homme sans souci: *c'est un vive-la-joie*.

* **VIVEMENT** adv. Avec vivacité, avec ardeur, avec vigueur, sans relâche : *attaquer, presser vivement*. — Sensiblement, profondément : *sentir vivement la douleur, le froid*.

VIVEROLS, ch.-l. de cant., arr. et à 20 kil. S.-E. d'Ambert (Puy-de-Dôme); 900 hab.

* **VIVERRIDÉ, ÉE** adj. Qui se rapporte à la civette.

* **VIVERRIEN, IENNE** adj. Syn. de VIVERRIDÉ.

* **VIVEUR** s. m. Celui qui s'abandonne à tous les plaisirs de la vie.

VIVIANI (Vincenzo), mathématicien italien, né à Florence en 1622, mort en 1703. Dans toutes ses œuvres, il s'intitule disciple de Galilée. On le connaît surtout par sa restauration du texte du traité d'Aristée (*Aristæus*) *De Locis solidis*, et du Ve livre d'Apollonius de Perga sur les sections coniques.

VIVIEN (Saint-), ch.-l. de cant., arr. et à 16 kil. N.-O. de Lesparre (Gironde); 1,100 hab.

* **VIVIER** s. m. (lat. *vivarium*). Pièce d'eau courante ou dormante, dans laquelle on nourrit, on conserve du poisson : *grand vivier*.

* **VIVIFIANT, ANTE** adj. Qui vivifie, qui ranime, qui est propre à redonner du mouvement : *principe vivifiant*. — Théol. Esprit vivifiant.

VIVIFICATEUR, TRICE adj. Qui vivifie.

* **VIVIFICATION** s. f. Action par laquelle on ranime, on vivifie : *la vivification d'un membre paralysé*.

* **VIVIFIER** v. a. lat. *vivus*, vivant; *facere*, faire). Donner la vie et la conserver : *c'est Dieu seul qui vivifie toutes choses*. — Se dit, fig. du soleil et de quelques autres agents naturels, et alors il signifie donner de la vigueur, de la force : *le soleil vivifie les plantes par sa chaleur*. — Se dit aussi, fig., des effets que Dieu produit dans l'âme par la grâce : *la grâce vivifie*. — Prov. LA LETTRE TUE ET L'ESPRIT VIVIFIE, pour bien comprendre une loi, un précepte, etc., souvent, au lieu de s'attacher servilement au sens littéral des mots, il faut chercher à saisir la pensée, l'intention de l'auteur. Cela se dit aussi en parlant des traductions trop serviles, qui les blâment. — Rendre un pays, un lieu bien vivant, faire qu'il y ait du mouvement, de l'activité, de l'industrie : *l'établissement de ces nouvelles familles, de ces nouvelles manufactures a vivifié cette province*.

* **VIVIFIQUE** adj. Qui a la propriété de vivifier : *des sucs vivifiques*. On dit, plus ordinairement, VIVIFIANT.

* **VIVIPARE** adj. (lat. *vivus*, vivant; *pario*, j'enfante). Zool. Se dit des animaux qui mettent au monde leurs petits tout vivants : *il y a des serpents vivipares, et d'autres qui sont vivipares*. — Substantiv., au masculin : *les vivipares*.

* **VIAIPARISME** s. m. ou **viviparité** s. f. État des animaux vivipares.

* **VIVISECTION** s. f. [-sèk-si-on] (lat. *vivus*, vivant; *secare*, couper). Dissection anatomique d'un animal vivant, dans le but d'acquérir des connaissances physiologiques et chirurgicales; on applique même quelquefois la dénomination de ce mot à l'opération de la vivisection. La pratique de la vivisection remonte à des temps très reculés; elle était connue de l'école d'Alexandrie. Parmi les plus anciennes expériences qui amenèrent des résultats physiologiques positifs, on peut citer celles de Galien, qui démontra la présence du sang dans les artères en faisant des ligatures à une artère sur un animal vivant. La vivisection a donné quelques connaissances physiologiques à l'époque contemporaine; mais on discute

beaucoup sur la question de savoir si ces résultats sont de nature à compenser la cruauté qu'implique la vivisection.

VIVONNE ou **Vivone**, ch.-l. de cant., arr. et à 20 kil. S. de Poitiers (Vienne), au confluent du Clain et de la Vonne; 1,500 hab.

* **VIVOTER** v. n. Vivre petitement.

* **VIVRE** (lat. *vivere*) v. r. Je vis, tu vis, il vit; nous vivons, vous vivez, ils vivent. Je vivais. Je vécus. J'ai vécu. Je vivrai. Je vivrais. Vis, vivez. Que je vive. Que je vécusse. Vivant. Etre en vie : *tous les hommes et tous les animaux qui vivent sur la terre*.

> Au moment où je parle, ils ont vécu peut-être.
>
> VOLTAIRE, *Brutus*, acte V, sc. v.

— Durer, subsister. Ainsi on dit, dans le style soutenu : *un si grand prince vivra éternellement dans l'histoire*. — Se nourrir, soutenir sa vie par le moyen des aliments ; *donner à quelqu'un pour vivre, de quoi vivre ; le faire vivre*. — Se dit également en parlant de tout ce qui fournit les moyens de subsister, de se soutenir : *vivre de son bien, de ses rentes*.

> Je vis de bonne soupe et non de beau langage.
>
> MOLIÈRE, *Les Femmes savantes*, acte II, sc. VII.

— Se dit souvent par rapport à la dépense qu'on fait pour sa table, pour ses habits, pour son train, et par rapport aux commodités ou incommodités de la vie : *vivre splendidement, magnifiquement, honorablement*. — Se dit aussi par rapport à la manière de passer sa vie dans les divers états que l'on embrasse, dans les différents lieux que l'on habite, dans une situation heureuse ou malheureuse, etc. : *vivre dans le célibat, dans le mariage*.

> Pour vivre heureux, vivons caché.
>
> FLORIAN.
>
> ...C'est ne vivre plus, que de vivre inutile.
>
> Mme DESHOULIÈRES.

— Se conduire, se comporter bien ou mal, eu égard aux mœurs, à la religion : *vivre en homme de bien*. — SAVOIR-VIVRE. (Voy. Savoir-vivre.) — Se dit encore par rapport au gouvernement politique, aux lois, aux usages du pays dans lequel on demeure : *vivre sous les lois d'un prince*. — Qui vive? (Voy. QUI-VIVE?) — Vive...! Acclamation pour témoigner qu'on souhaite longue vie et prospérité à un chef d'État, à un gouvernement : *Vive le roi! vive la République!* — Est aussi un terme familier dont on se sert pour marquer qu'on estime quelqu'un, qu'on fait grand cas de quelque chose :

> Malgré tout le jargon de la philosophie,
> Malgré tous les chagrins, ma foi, vive la vie.
>
> GRESSET, *Sidney*, acte III, sc. dern.
>
> Vive Henri Quatre!
> Vive ce roi vaillant!
> Ce diable à quatre
> A le triple talent
> De boire et battre,
> Et d'être un vert galant.

— Au plur. il fait VIVENT :

> Il est charmant, ma foi; vivent les gens d'esprit !
>
> PALISSOT.

— Vive Dieu! Affirmation tirée de l'Ecriture sainte.

* **VIVRE** s. m. Nourriture : *il lui donne tant pour le vivre et le vêtement*. — pl. Toutes les choses dont une personne peut se nourrir : *les vivres sont fort chers dans cette ville*. — Entreprise de la fourniture du pain et de la viande pour les armées : *l'administration des vivres*.

VIZAGAPATAM. I, district de Madras (Inde anglaise), dans lequel se trouvaient autrefois les Circars septentrionaux [*Northern Circars*] sur la baie de Bengale; 24,840 kil. carr.; 4,832,644 hab. Les Français l'occupèrent de 1753-59, et le shah Alum le céda aux Anghais en 1765. — II, capitale de ce district, sur la baie de Bengale, à 600 kil. N.-E. de Madras; 40,000 hab. C'est une station militaire, et il s'y fait un commerce considérable.

VIZILLE, ch.-l. de cant., arr. et à 17 kil. S.-E. de Grenoble (Isère); 2,500 hab. Château construit de 1611 à 1620, reparé en 1825 et orné de la statue du connétable Lesdiguières.

* **VIZIR** s. m. (mot ar. qui signifie : *Le porteur d'un fardeau*). Nom des principaux officiers du conseil du Grand Seigneur. On appelle GRAND VIZIR, le premier ministre de l'empire ottoman. — C'EST UN VIZIR, se dit d'un homme en place qui a le caractère absolu, le commandement hautain. On dit de même, IL PARLE EN VIZIR. — ENCYCL. Les vizirs portent un somptueux costume de velours et un turban orné de diamants, on les appelle pachas à trois queues parce que, à l'étendard porté devant eux sont attachées trois queues de chevaux. Le grand vizir, ou premier ministre ottoman, préside le divan. Il tient du sultan, comme insigne de son autorité, un sceau sur lequel est gravé le nom du monarque.

* **VIZIRAT** ou Viziriat s. m. Dignité, fonction de vizir. Se dit aussi du temps qu'un vizir est en place : *pendant son vizirat*.

VLAARDINGEN [flar-dinng-en], ville de la Hollande méridionale (Pays-Bas), sur le Nouveau Maas, à 10 kil. O. de Rotterdam; 10,000 hab. Bon port; on y pêche beaucoup le hareng.

VLAN interj. Sorte d'onomatopée : *vlan, il reçut un soufflet*. — Jargon parisien. AVOIR DU VLAN, avoir de l'élan, de l'imprévu.

VLIE (La), bras oriental du Rhin. Pendant la guerre des Gueux, la Vlie fut infestée de pirates, d'où le mot : *vlebooters* (pillards de la Vlie), dont on fit plus tard flibustiers.

VLOTEN (Johannes van), homme de lettres néerlandais, né à Kampen le 18 janv. 1818, mort à Haarlem en 1883. Docteur ès lettres et en théologie de l'université de Leide, il fut d'abord professeur au lycée de Rotterdam et occupa, de 1854 à 1867, la chaire de langue et de littérature néerlandaises à l'athénée de Deventer. À la suite des désagréments occasionnés par un discours, il donna sa démission et s'établit près de Haarlem. Grand érudit et travailleur infatigable, il se fit cependant beaucoup d'ennemis par la franchise, quelquefois brutale et blessante, avec laquelle il exposait sa manière de voir. Dans la longue liste de ses travaux nous citerons l'édition de *Hoofts Brieven* (1855-'58, 4 vol.); *Baruch de Espinoza* (2ᵉ édit. 1872); *Vondels Dichtwerken* (1863-'66, 2 vol.); *Friesche Lusthof de Starter* (1866); *Beknopte Nederl. Letterkunde* (3ᵉ édit. 1885); *Leven en Werken van W. en O. Z. van Haren* (1871-'73), plusieurs anthologies, des textes classiques dans le *Pantheon*, des articles dans le *Levensbode*, dont il était le rédacteur, et dans nombre d'autres revues.

* **VOCABLE** s. m. (lat. *vocabulum*). Gramm. Mot, partie intégrale d'une langue. — Se dit particul. des églises dédiées à des saints : *église sous le vocable de saint Pierre*.

* **VOCABULAIRE** s. m. Liste de mots, communément dans l'ordre alphabétique, et accompagnés d'une explication succincte : *il y a à la fin de ce Voyage un vocabulaire de telle langue*. — Se dit aussi des mots qui appartiennent particulièrement à une science, à un art : *le vocabulaire de la chimie, des mathématiques, des sciences, des arts, de la philosophie*, etc.

* **VOCABULISTE** s. m. Auteur d'un vocabulaire. (Peu us.)

* **VOCAL, ALE, AUX** adj. Qui s'énonce, qui s'exprime par la voix. N'est guère usité que dans ces loc.: PRIÈRE, ORAISON VOCALE, par opposition à oraison mentale; MUSIQUE VOCALE, par opposition à musique instrumentale; et, L'ORGANE VOCAL, organe de la parole. — pl. Se dit dans les communautés ecclésias-

tiques, séculières ou régulières, de ceux qui ont droit de donner leur voix dans quelque élection : *il n'y avait que douze vocaux à cette élection*.

VOCALEMENT adv. D'une manière vocale.

* **VOCALISATION** s. f. Action de vocaliser.

VOCALISE s. f. Manière ou action de vocaliser.

* **VOCALISER** v. n. Mus. Parcourir en chantant une échelle de sons pour se former la voix, faire les premiers exercices du chant, sans nommer les notes.

VOCALISTE s. Syn. de VOCALISATEUR.

* **VOCATIF** s. m. Gramm. Cas dont on se sert quand on adresse la parole à quelqu'un. Dans notre langue, où il n'y a point de cas, on y supplée par l'interjection ô, que l'on sous-entend communément : *ô mon Dieu! ô mon Sauveur!*

* **VOCATION** s. f. (lat. *vocatio*). Mouvement intérieur par lequel Dieu appelle une personne à quelque genre de vie : *répondre, résister à sa vocation*. — Inclination que l'on se sent pour un état . *il se sent de la vocation pour le commerce, pour le barreau*. — Disposition, talent : *il a une vocation pour ces sortes d'affaires*. — Certain ordre de la Providence que l'on doit suivre : *la vocation de l'homme est d'être utile à ses semblables*. — Ordre extérieur de l'Église, par lequel les évêques appellent au ministère ecclésiastique ceux qu'ils en jugent dignes : *vocation extérieure*. — LA VOCATION DES GENTILS, la grâce que Dieu leur a faite en les appelant à la connaissance de l'Évangile. — LA VOCATION D'ABRAHAM, le choix que Dieu fit de ce patriarche pour être le père des croyants : *la vocation d'Abraham fait époque dans la chronologie*.

VOCIFÉRATEUR, TRICE s. Personne qui vocifère.

* **VOCIFÉRATIONS** s. f. pl. Paroles accompagnées de clameurs : *les vociférations de l'assemblée ne l'intimidèrent point*.

* **VOCIFÉRER** v. n. Parler avec l'accent de la colère, pousser des clameurs : *vociférer contre quelqu'un*.

* **VŒU** s. m. (lat *votum*). Promesse faite à Dieu par laquelle on s'engage à quelque œuvre que l'on croit lui être agréable, et qui n'est point de précepte : *vœu solennel*. — VŒU SIMPLE, vœu qui n'est pas fait en face de l'Église avec les formalités prescrites par les canons. On l'oppose à VŒU SOLENNEL. — Promesse qu'on s'est faite à soi-même, résolution ferme qu'on a prise de faire ou de ne pas faire une chose : *j'ai fait vœu de ne jamais fréquenter cet homme-là*. — Offrande promise par un vœu : *appendre des vœux aux piliers d'une chapelle*. On appelle aussi ces sortes d'offrandes DES EX-VOTO, d'une expression latine dont l'usage a fait passer dans la langue : *italique est un ex-voto*. — Suffrage; dans cette acception, ne se dit qu'en quelques lieux, dans certaines élections et délibérations : *donner son vœu*. — Souhait; désir : *mon vœu le plus cher*. S'emploie plus ordinairement au pluriel, dans le même sens : *exaucer, remplir, combler les vœux de quelqu'un*. — pl. Cérémonie de la profession solennelle d'un état religieux : *prononcer ses vœux*. — RENOUVELLEMENT DES VŒUX, la commémoration annuelle de la profession. — Légis. « Les *vœux politiques* sont interdits aux corps judiciaires et aux conseils administratifs. Les conseils généraux peuvent seulement émettre des vœux sur toutes les questions économiques ou d'administration générale (L. 10 août 1871, art. 51). Les vœux émis par les conseils d'arrondissement doivent se borner à ce qui intéresse leur circonscription (L. 10 mai 1838). Quant aux conseils

municipaux, ils ont seulement la faculté d'émettre des vœux sur des objets d'intérêt local, (L. 5 avril 1884, art. 61). Les chambres de commerce et les chambres consultatives des arts et manufactures ont le droit d'adresser directement aux ministres des vœux sur les questions qui touchent au commerce ou à l'industrie. — Nous avons déjà parlé ailleurs des *vœux religieux* qui ont été abolis par la loi du 13 fév. 1790. (Voy. CONGRÉGATION et RELIGIEUX.) Les vœux formés pour cinq ans sont autorisés dans certaines congrégations hospitalières de femmes, par décret du 18 fév. 1809; mais ils n'ont aucune sanction légale et ils ne portent aucune restriction, soit à la liberté individuelle, soit à la faculté de contracter mariage. D'un autre côté, le Code civil interdit les engagements de services personnels à vie (art. 1780); mais nous voudrions voir adopter par le Parlement un projet de loi tel que celui qui a été présenté au Sénat le 23 oct. 1883, par le ministre de l'intérieur. Cette loi considérerait comme illicites les vœux emportant une renonciation quelconque à l'exercice des droits attachés à la personne et punirait les administrateurs et les membres de toute association illicite. — Les vœux religieux, quels qu'ils soient, vœux d'obéissance ou de célibat, vœux temporaires ou à vie, sont des engagements plus ou moins prosaïques ; ce sont des liens imaginaires qui font oublier les liens naturels de la famille et de la société, et qui font souvent mépriser les devoirs que Dieu lui-même a imposés à l'être humain. Ces vœux, que réprouve la raison et que la loi doit interdire, tendent à détruire à la fois la liberté et la responsabilité personnelles qu'il n'est jamais permis d'abdiquer; et ceux qui restent fidèles à ces engagements ne sont excusables que parce qu'un faux enseignement a obscurci leur conscience. »

                                   (CH. Y.)

VOGEL (Eduard) [fo'-gheul], voyageur allemand, né en 1829, mort en 1859. Il fut attaché pendant deux ans à l'observatoire de Bishop à Londres, où il aida Hind dans ses découvertes. Il s'engagea en 1852 sous les ordres de Barth; il atteignit Mourzouk dans le Fezzan en août 1853, visita le lac Tchad, rencontra Barth le 1ᵉʳ déc. 1854, à Boondi, à 370 kil. O. de Kukka, pénétra dans le royaume de Waday, et y eut la tête tranchée. Plusieurs voyageurs ont péri en essayant de le retrouver. — Voy. *Erinnerungen an einen Verschollenen*, par sa sœur Elise Polko, la romancière (1863).

* **VOGUE** s. f. Mar. Impulsion, mouvement d'une galère ou autre bâtiment, causé par la force des rames : *vogue lente et faible*. (Vieux). — Crédit, réputation dont jouit une personne ou qui attire les autres à elle : *ce prédicateur avait la vogue, était en vogue*. — Se dit des choses qui ont un grand cours, qui sont fort à la mode : *à cette époque, les romans étaient fort en vogue*.

* **VOGUER** v. n. (all. *wogen*, flotter). Etre poussé sur l'eau à force de rames : *les galères commençaient à voguer*. — Naviguer de quelque manière que ce soit : *nous voguions à pleines voiles*. — Les marins disent aujourd'hui, *siller*, *marcher*, *aller de l'avant*. — Ramer, mouvoir, faire aller avec la rame : *il y avait, sur cette galère, des forçats qui voguaient à merveille*. (Peu us.) — Prov. et fig. VOGUE LA GALÈRE, arrive ce qui pourra.

* **VOGUEUR** s. m. Rameur : *il avait de bons vogueurs avec lui*.

* **VOICI** prép. Ce mot sert à montrer, à désigner une personne ou une chose qui est proche de celui qui parle : *voici le livre dont on a parlé*. — S'emploie aussi lorsqu'on va immédiatement énoncer, dire, expliquer ou détailler quelque chose : *voici la preuve de ce que je viens de vous dire*. — S'emploie égale-

ment pour exprimer un état actuel, ou une action qui a lieu dans le moment même : *nous voici donc arrivés.* — Fam. Nous y voici, se dit en parlant d'une chose qui arrive comme on l'avait prévu. Se dit aussi pour exprimer qu'on arrive à la question. — Autrefois, on mettait Voici avant l'infinitif, surtout pour le verbe VENIR : cette forme s'est conservée dans quelques phrases. Comme il parlait a la femme, Voici venir le mari, le mari survint. Voici venir le printemps, le printemps approche.

* **VOIE** s. f. (lat. *oia*). Chemin, route par où l'on va d'un lieu à un autre. Désigne plus spécialement, les grands chemins des anciens Romains, ces routes conduites de Rome aux extrémités de l'Europe et par delà, dont il reste encore des vestiges : *les voies romaines prenaient leur nom de celui qui les avait fait construire ou réparer.* — Absol. La voie publique, se dit en général des rues, des places publiques, des chemins, etc. : *n'embarrassez pas, n'obstruez pas la voie publique.* — Fig. *La voie du Paradis, du ciel.* — Ecrit. Les commandements de Dieu, ses lois : *Seigneur, enseignez-nous vos voies.* Se dit, dans un autre sens, des moyens dont Dieu se sert pour conduire les choses humaines : *les voies du Seigneur, les voies de la Providence sont incompréhensibles, sont impénétrables.* Dans ces deux acceptions, il ne s'emploie guère qu'au pluriel. — Astron. Voie lactée. (Voy. Galaxie.) — Espace qui est entre les deux roues d'une voiture : *la voie d'une charrette, d'un cabriolet.* — Trace que la voiture fait ou a faite en marchant : *on a suivi la voie du carrosse.* — Chasse. Chemin par où la bête a passé : *les chiens sont sur la voie, sur les voies, à bout de voie.* — Voiture par laquelle les personnes, les marchandises sont transportées d'un lieu à un autre : *quelle voie prendrez-vous pour envoyer cela à Nantes ?* — Anat. Les voies digestives ou premières voies, les organes qui reçoivent immédiatement les aliments, tels que l'œsophage, l'estomac, les intestins. Les voies urinaires, les voies biliaires, les voies spermatiques, etc., les conduits de l'urine, de la bile, etc. — Moyen dont on se sert. : *je ne sais quelle voie je dois tenir, suivre, choisir pour cela.* — Chim. Manière d'opérer : La voie sèche, celle qui emploie le feu, sans intermède de liquide. La voie humide, celle qui emploie les dissolvants : *on retire cette substance de telle autre par voie de distillation.* — Jurisp. Voies de droit, recours à la justice, suivant les formes légales : *la voie de l'appel.* Dans le même langage, on appelle Voies de fait, les actes de violence, les mauvais traitements, les coups donnés à quelqu'un. Voie de fait, au singulier, se dit aussi de tout acte par lequel on s'empare violemment d'une chose sur laquelle on n'a point de droit reconnu. — Charretée, mesure qui contient environ une charretée : *voie de bois.* — Mar. Voie d'eau, ouverture faite accidentellement à un navire, et par laquelle l'eau entre : *il y avait une voie d'eau à l'avant du vaisseau.*

* **VOILÀ** prépos. Ce mot a une signification analogue à celle de Voici, mais il sert à marquer une chose un peu éloignée de celui qui parle : *voilà l'homme que vous demandez.* — Se dit aussi des choses qui sont seulement exprimées par le discours. Alors il se rapporte toujours à ce qui vient d'être dit, expliqué, détaillé ; au lieu que Voici se rapporte à ce qu'on va dire, etc. : *voilà ce qui en est résulté.* — S'emploie également pour marquer un état prochain, ou même actuel, et une action qui a lieu présentement. Ainsi on dit : Voila qui est fait tout a l'heure, cela ne tardera pas à être fait. Voila qui est bien, c'est assez. Voila qui va bien, qui marche bien, cela est bien, et promet pour la suite. — Est quelquefois suivi de que, comme dans ces phrases : *voilà qu'on sonne, voilà qu'il arrive.* — Marque souvent même : dans le langage fam., ce qu'une chose a d'inopiné, de subit : *comme nous étions à la promenade, voilà qu'une ondée vint à tomber.*

* **VOILE** s. m. (lat. *velum*). Pièce de toile ou d'étoffe destinée à cacher quelque chose : *voile épais.* — Fig. Avoir un voile devant les yeux, se dit lorsque les préjugés, les préventions, l'amour, la haine, ou quelque autre passion nous empêche de voir les choses comme elles sont. — Couverture de tête que portent les religieuses ; et l'on dit, Cette fille a pris le voile, elle est entrée au noviciat, elle a pris le voile que portent les novices : *assister à une prise de voile.* — Etoffe dont se font les voiles des religieuses, à laquelle usage qu'on l'emploie : *un habit de voile.* — Grand rideau : *à la mort de Jésus-Christ, le voile du temple se déchira en deux parts de haut en bas.* — Fig. Apparence, couleur spécieuse, prétexte, moyen dont on se sert pour couvre du voile de la piété, de la dévotion. — Ce qui nous dérobe la connaissance de quelque chose : *comment soulever le voile qui nous cache l'avenir ?* — Anat. Voile du palais, expansion charnue fixée supérieurement au bord de la voûte palatine, libre et flottante inférieurement, et dont les bords latéraux se continuent avec la langue et le pharynx par des replis que l'on appelle Piliers du voile du palais.

* **VOILE** s. f. Pièce de toile forte, ordinairement composée de plusieurs lés, et que l'on attache aux vergues ou antennes des mâts, pour prendre, pour recevoir le vent : *la grande voile, ou la voile du grand mât.* — Faire voile, naviguer ; et, Faire force de

Voile latine.

voiles, forcer de voiles, mettre toutes voiles dehors, déployer les voiles pour faire une plus grande diligence. — Un navire, un vaisseau : *ils aperçurent une voile à l'horizon.* — Voile latine, voile de forme triangulaire.

* **VOILÉ, ÉE** adj. Mar. Se dit d'un bâtiment par rapport à sa voilure et à la forme de ses voiles : *ce bâtiment est bien voilé, mal voilé.*

* **VOILÉ, ÉE** part. passé de Voiler. — Fig. Une voix voilée, une voix qui par quelque disposition de l'organe n'a qu'une partie de son timbre.

* **VOILER** v. a. Couvrir d'un voile : *on voile les images dans les églises pendant le carême.* — Dérober la vue de quelque chose, en la couvrant comme d'un voile : *le brouillard du matin voilait encore les collines environnantes.* — Fig. *Ils avaient voilé leur révolte du prétexte de la religion.* — Se voiler v. pr. *Dans ce pays toutes les femmes se voilent.*

* **VOILERIE** s. f. Lieu où l'on fait, où l'on raccommode les voiles des bâtiments.

VOILETTE s. f. Petite voile.

* **VOILIER** s. m. Mar. Celui qui fait et raccommode les voiles des bâtiments : *maître voilier.* — Bâtiment par rapport à la propriété qu'il a d'aller plus ou moins vite. Dans cette acception, il ne se met jamais seul, et se joint toujours soit avec les épithètes Bon ou mauvais, soit avec des termes équivalents : *votre navire est bon voilier, fin voilier.*

* **VOILURE** s. f. coll. L'assortiment, l'ensemble des voiles d'un bâtiment : *voilure incomplète.* — Quantité de voiles que porte un bâtiment, par rapport au vent qu'il a, et à la route qu'il veut faire : *nous fûmes obligés de changer de voilure quatre fois en un jour.*

* **VOIR** v. a. (lat. *videre*). Je vois, tu vois, il voit ; nous voyons, vous voyez, ils voient. Je voyais ; nous voyions, vous voyiez. Je vis. J'ai vu. Je verrai. Je verrais. Voi ou vois, voyez. Que je voie ; que vous voyiez. Que je visse. Que j'eusse vu. Voyant. Recevoir l'image des objets par l'organe de la vue : *voir un objet.* — Se dit souvent par rapport à l'action ou à l'état d'une personne, d'une chose : *les gens que vous avez vus arriver, que vous avez vu mener en prison.* — Se dit quelquefois en parlant des faits, des événements contemporains, soit qu'on en ait été témoin, soit qu'on en ait seulement entendu parler : *ce que nous voyons de nos jours était depuis longtemps annoncé.* — Absol. *Voir clair ; voir trouble.* — Voir ses juges, aller les solliciter chez eux. — C'est ce médecin qui voit un tel, c'est ce médecin qui prend soin d'un tel pendant sa maladie, qui le traite. On dit la même chose d'un directeur ou d'un confesseur qui, pour le spirituel, donne des soins à un malade. — Fig. Voir venir quelqu'un, démêler, découvrir, connaître par les démarches de quelqu'un, quel est son dessein : *il y a longtemps que je le vois venir.* — Attendre qu'une personne fasse les premières démarches, pour régler sur cela les siennes, et voir quelle conduite on doit tenir : *ne nous pressons pas de prendre un parti ; voyons-les venir.* — Se dit, particul., des observations et des remarques qu'on fait en lisant : *j'ai vu dans Tite-Live, dans Tacite.* On emploie souvent, dans une acception qui peut être rapportée à celle-ci, l'infinitif Voir, et plus ordinairement l'impératif Voyez, lorsqu'on veut indiquer un renvoi : *voyez ci-dessous.* — Regarder, considérer avec attention : *voyez ce tableau, c'est une chose à voir.* L'impératif Voyons se rapporte souvent qu'à la personne qui parle ou à qui l'on parle, et n'est, dans beaucoup de phrases, qu'une expression d'encouragement, d'exhortation, etc. : *voyons, parlez-moi franchement ; que pensez-vous de cette conduite ?* — Voyez-vous, vois-tu, se disent quelquefois, dans le langage familier, sans ajouter au sens de la phrase, et seulement pour attirer l'attention : *c'est que, voyez-vous, il faut prendre garde à ce qu'on dit.* — A voir, lorsque l'on considère : *à voir les folles dépenses de certaines gens riches, on croirait qu'il n'y a point de pauvres qui manquent du nécessaire.* — Inspecter avec autorité : *allez voir aux ouvriers.* — Se dit également de l'application qu'on apporte à examiner quelque chose : *cette affaire a été vue par d'habiles gens, et de tous les côtés ; il faut la voir et revue.* — S'informer : *voyez s'il est chez lui.* — Éprouver, essayer : *voyez si vous pouvez résoudre ce problème.* — Se dit, dans un sens anal., en parlant des choses que l'on connaît, dont on juge par le sens du goût, de l'odorat, du toucher, de l'ouïe : *voyez si le vin est bon.* Se dit, en outre, de la connaissance qu'on acquiert des choses du monde, dans les voyages ou dans la fréquentation, et le commerce des hommes : *c'est un homme qui a beaucoup vu.* — Fréquenter : *qui voit-il dans son quartier.* — Ce n'est pas un homme a voir, c'est un homme ou d'une femme de mauvaise réputation, qu'il n'est pas convenable de fréquenter. — S'apercevoir, comprendre : *il y a longtemps que l'on voit qu'il se ruine.* — Connaître par l'intelligence : *Dieu voit le fond des cœurs.* — S'emploie souvent précédé du verbe Faire, dans le sens de montrer, ou de faire connaître : *il fit voir sa blessure au chirurgien.* — S'emploie aussi, dans des sens anal., avec le verbe Laisser :

laissez-moi voir ce tableau, ce bijou. — Juger : *je vois cela différemment de vous, autrement que vous.* — **Se voir** v. pr. Se fréquenter : *ces personnes ne se voient pas.* — Se trouver : *je me vois dans la misère.*

° **VOIRE** adv. (lat. *vere*, vraiment). Vraiment. Il est vieux en ce sens. — Même : *tout le monde était de cet avis, voire monsieur un tel, qui n'est jamais de l'avis de personne.*

° **VOIRIE** s. f. (du lat. *via*, voie). Partie de l'administration publique qui a pour objet la police des rues et des chemins publics, l'alignement et la solidité des édifices : *la grande voirie.* — Lieu où l'on porte les boues, charognes, et autres immondices : *on jeta le corps de ce malheureux à la voirie.* — **Législ.** « Le mot voirie comprend, dans son acception générale, les divers services chargés de l'établissement et de l'entretien des voies publiques, et les règlements généraux ou locaux relatifs à la protection et à la conservation de ces voies, à leur nettoiement, aux alignements et aux nivellements, à la police du roulage, aux servitudes légales que doivent supporter les riverains, etc. On distingue la grande voirie de la voirie urbaine ou petite voirie. La première dépend du ministère des travaux publics, à l'exception des rues de Paris qui sont, avec la voirie urbaine, dans les attributions du ministre de l'intérieur. Sont classées dans *la grande voirie* : les routes nationales et les routes départementales (voy. **Route**), toutes les rues de Paris, les cours d'eau navigables ou flottables (voy. **Cours**), les chemins de fer (voy. **Chemin**), et leurs voies d'accès, les tramways, les canaux de navigation (voy. **Canal**), les ports de commerce, les rivages de la mer, les quais dépendant des ports, etc. Les travaux de construction et d'entretien de ces voies sont exécutés sous la direction des ingénieurs des ponts et chaussées. La plupart des infractions aux lois et règlements sur la grande voirie sont de la compétence des conseils de préfecture, et sont punies très rigoureusement, en vertu d'anciennes ordonnances qui ont été maintenues en vigueur par l'article 29 de la loi des 19-22 juillet 1791, et par l'article 484 du Code pénal. Ces ordonnances infligent aux contrevenants des amendes s'élevant à 300, à 500, à 1,000 livres, et elles donnent même quelquefois au juge le droit de porter l'amende au chiffre qu'il trouve convenable. Mais la loi du 23 mars 1842 autorise à réduire lesdites amendes jusqu'au vingtième, sans qu'elles puissent descendre au-dessous de 16 fr., et à fixer dans les limites de 16 à 300 fr. les amendes dont le chiffre était laissé à l'arbitraire du juge. S'il s'agit d'infractions à la police du roulage, la juridiction compétente est tantôt le tribunal de simple police, tantôt le tribunal correctionnel et tantôt le conseil de préfecture; et les peines portées par la loi du 30 mai 1854 sont l'emprisonnement qui varie de un jour à six mois, et l'amende qui varie de 1 à 200 fr. selon les cas. (Voy. **Roulage**, etc.) Les crimes, délits et contraventions de droit commun sont punis d'après les dispositions du Code pénal. La prescription de l'action publique pour la poursuite des infractions aux règlements de grande voirie est fixée à un an (C. inst. crim. 640). — La *petite voirie* ou *voirie urbaine* comprend les chemins vicinaux ordinaires, ceux d'intérêt commun, ceux de grande communication, les rues des villes autres que Paris, celles des bourgs et des villages, et les chemins publics ruraux. (Voy. **Chemin**.) La construction et l'entretien des chemins vicinaux sont confiés, dans chaque département et sous l'autorité du préfet, à un corps d'agents voyers assermentés (L. 21 mai 1836, art. 11). L'agent voyer en chef du département centralise le service, et il a sous ses ordres des agents voyers

d'arrondissement, des agents voyers de canton, des piqueurs et des cantonniers. Le conseil général vote chaque année, dans le budget départemental, l'emploi des fonds attribués aux chemins vicinaux. Nous avons détaillé ailleurs les diverses ressources qui sont affectées à ces chemins (t. II, p. 30, 2ᵉ col.). Les travaux concernant les chemins ruraux sont exécutés sous la direction du maire, et la dépense est portée dans le budget de la commune. La police de la petite voirie est réglementée par les préfets (L. 1836, art. 21); mais la police municipale est chargée de tout ce qui intéresse la sûreté et la commodité des voies publiques (L. 5 avril 1884, art. 97, 98). (Voy. **Balayage, Maire, Pavage, Police, Trottoirs**, etc.) — On nomme *droits de voirie* certaines contributions perçues au profit de la commune, lors de la délivrance des permissions de bâtir et des alignements sur le bord des voies, dans l'intérieur des villes, bourgs ou villages. Les tarifs de ces droits sont délibérés par le conseil municipal et doivent être approuvés par le préfet. Pour la ville de Paris, les droits de voirie sont fixés par le décret du 28 juillet 1874. » (Ch. Y.)

VOIRON, ch.-l. de cant., arr. et à 25 kil. N.-O. de Grenoble (Isère), sur la Morge; 10,000 hab. Papeterie, scieries; toiles, chanvre, poteries, etc.

° **VOISIN, INE** adj. (lat. *vicinus*). Qui est procne, qui est auprès, qui demeure auprès : *nous ne saurions être plus voisins.* — Qui approche, qui est sur le point de : *il est voisin de sa ruine, de sa perte.* — s. Ne se dit guère que des personnes, pour signifier, celui, celle qui est, qui demeure auprès d'un autre : *mon voisin; ma voisine.*

° **VOISINAGE** s. m. Signifie, collectiv., les voisins, ou les lieux voisins : *il est bien avec tout son voisinage.* — Proximité d'un lieu à l'égard d'un autre : *le voisinage de la forêt, des montagnes.*

° **VOISINER** v. n. Visiter familièrement ses voisins : *il ne voisine point.* (Fam.)

VOITEUR, ch.-l. de cant., arr. et à 11 kil. N.-E. de Lons-le-Saulnier (Jura); sur la Seille; 900 hab.

° **VOITURAGE** s. m. Action de voiturer.

° **VOITURE** s. f. (lat. *vectura*). Ce qui sert au transport des personnes, des marchandises, etc. : *voiture douce, rude.* — Particul. Carrosse : *monter en voiture.* — Les choses ou les personnes que l'on transporte : *le routier, le voiturier s'en est retourné à vide, il n'a pu trouver voiture.* — Port, transport des marchandises, des hardes, des personnes : *on a payé tant pour la voiture de ces marchandises.* — **Législ.** « Nous avons déjà reproduit le tarif de l'impôt établi sur les chevaux et les voitures, et il serait superflu d'en parler ici. (Voy. **Cheval**.) — La loi du 3 juillet 1877 (art. 36 et s.) permet au ministre de la guerre d'acquérir, par voie de réquisition, et moyennant un prix fixé à l'avance, non seulement les chevaux et mulets, mais aussi les voitures attelées, aussi que celles exclusivement affectées au transport des personnes. Cette loi prescrit de faire dans chaque commune, tous les trois ans, et avant le 16 janv., un recensement de ces voitures, lesquelles doivent être présentées tout attelées devant la commission mixte qui en arrête le classement. Puis un tirage au sort règle l'ordre d'appel des voitures, pour le cas de mobilisation de l'armée. (Voy. **Réquisition**.) — **Voitures publiques.** Le transport des voyageurs et des objets de messageries était autrefois réservé à l'État, ou ce service était exploité par des fermiers généraux. Ce monopole fut aboli en 1789, et plus tard on le remplaça (L. 9 vendémiaire an VI) par un impôt sur les voitures

publiques. Suivant la législation actuellement en vigueur, les voitures publiques, servant au transport des personnes ou servant à la fois au transport des personnes et des messageries, y compris les voitures d'eau (bateaux d'eau), sont toutes soumises à certaines formalités et à des taxes diverses. Aucune de ces voitures ne peut être mise en circulation pour faire un service régulier, à jours et heures fixes et d'un point à un autre, sans une autorisation qui est délivrée par le préfet après que la voiture a été visitée par les agents de l'administration. La voiture doit être ensuite marquée de l'estampille de la régie, ce qui est constaté par la délivrance d'un *laissez-passer* dont le prix est de 2 fr. et qui doit être renouvelé chaque année. En outre, l'entrepreneur doit prendre, pour chacune desdites voitures, une licence annuelle dont le prix est de 6 fr. 25 pour un wagon, au bateau ou une voiture à quatre roues, et de 2 fr. 50 pour une voiture à deux roues. L'impôt s'élève aujourd'hui, y compris les surtaxes à 22, 5 p. 400 de la recette nette pour les prix de transport de 50 cent. et au-dessus, et à 12 p. 400 de la recette nette pour les prix de transport de moins de 50 cent. (Pour établir cette proportion, on doit faire la déduction de l'impôt lui-même, qui est présumé ajouté aux tarifs de transport.) Les entreprises de chemin de fer, sans excepter celles exploitées directement par les agents de l'État, acquittent aussi la taxe, qui, pour elles, s'élève aux proportions de 23, 2 p. 400 et de 12 p. 400 des recettes nettes; et nous avons déjà dit (t. II, p. 38) combien cette charge pèse sur le commerce intérieur. L'impôt sur les transports réguliers peut être converti en un abonnement annuel, lorsque la régie y consent. Les voitures en service extraordinaire sont assujetties à la même taxe, mais elle est perçue sur chaque voyage. En ce qui concerne les voitures à volonté, l'impôt proportionnel est remplacé par un droit qui varie selon le nombre de places; mais les voitures sont, comme les précédentes, soumises à l'estampille et au laissez-passer. Sur les voitures à service accidentel, qui ne transportent le public que dans certaines circonstances, il est perçu seulement un droit de 15 cent. en principal, par place et par jour; et la quittance de ce droit tient lieu de laissez-passer. Toute voiture publique circulant sans laissez-passer peut être saisie, et la contravention donne lieu à une amende de 400 à 4,000 fr. En cas de récidive, le minimum de l'amende est de 500 fr. (L. 25 mars 1817). Toute voiture publique doit être munie d'une machine à enrayer, et elle doit être éclairée pendant la nuit par une lanterne à réflecteur placée à l'avant et à droite. Elle doit porter à l'extérieur le nom et le domicile de l'entrepreneur et l'indication du nombre des places de chaque compartiment. A l'intérieur, sont indiqués le prix des places et le numéro de chacune. Dans les bureaux de départ et d'arrivée et à chaque relais, il doit y avoir un registre coté et parafé par le maire et qui est destiné à recevoir les réclamations des voyageurs. (Voy. **Roulage**.) Les objets aban-

donnés dans les voitures publiques ou dans les bureaux de messageries et qui n'ont pas été réclamés dans le délai de six mois, sont vendus aux enchères, à la diligence de l'administration de l'enregistrement; et le prix de vente peut en être réclamé pendant deux ans par les ayants-droit (Décr. 13 août 1810). La dernière statistique constate qu'il existe en France 505,739 voitures à quatre roues et 333,288 voitures à deux roues. » (CH. Y.)

VOITURE (Vincent), poète français, né à Amiens en 1598, mort en 1648. Il fut employé en Italie par Richelieu, et il eut, sous Anne d'Autriche, des sinécures à la cour. C'était un des principaux habitués de l'hôtel de Rambouillet, et il fut un des membres fondateurs de l'Académie française. La *Collection Charpentier* contient ses lettres et ses poèmes, avec des notes par Ubicini (1855).

* **VOITURER** v. a. Transporter par voiture. Se dit principalement en parlant des denrées, des marchandises : *voiturer par mulets, par charroi.* — Mener quelqu'un dans sa voiture : *voulez-vous me voiturer jusque-là?*

* **VOITURIER** s. m. Celui qui fait le métier de voiturer : *voiturier par eau, voiturier par terre.* — Législ. « Les voituriers par terre et par eau sont assujettis, pour la garde des choses qui leur sont confiées, aux mêmes obligations que les aubergistes; ils répondent de ce qu'ils ont reçu dans leur bâtiment ou voiture et de ce qui leur a été remis sur le port ou dans l'entrepôt. Ils sont responsables des pertes et avaries, à moins qu'ils ne prouvent que les choses ont été perdues ou avariées, soit par cas fortuit, soit par force majeure (C. civ. 1782 et s.), soit par le vice propre de la chose. La réception des objets transportés et le paiement du prix de transport éteignent toute action contre le voiturier, et cette action est prescrite par un délai de six mois. En cas de refus ou de contestation pour la réception des objets, leur état est constaté et vérifié par des experts nommés par le président du tribunal de commerce, ou, à son défaut, par le juge de paix et par ordonnance au pied d'une requête. Le dépôt ou le séquestre desdits objets peut être ordonné, ainsi que la vente en faveur du voiturier, jusqu'à concurrence du prix de transport (C. comm. 103 et s.). Les voituriers ont un privilège sur le prix de la chose voiturée pour le paiement des frais de transport et des dépenses accessoires (C. civ. 2,102, 6°). Le voiturier qui se rend coupable du vol des objets qui lui sont confiés est puni de la réclusion, et celui qui a altéré ou tenté d'altérer des liquides ou autres marchandises dont il était chargé est puni d'un emprisonnement de un mois à un an et d'une amende de 16 à 100 fr. S'il y a eu mélange de substances malfaisantes, l'emprisonnement est de deux à cinq ans, et l'amende de 25 à 500 fr. (C. pén. 386, 387). Ces dispositions sont applicables aux employés des chemins de fer; mais, s'il s'agit de transporteurs de la marine marchande, la dernière peine sus-indiquée est remplacée par la réclusion (Décr. 24 mars 1852, art. 96). » (CH. Y.)

* **VOITURIN** s. m. (ital. *velturino*). Celui qui loue à des voyageurs des voitures attelées, et qui les conduit : *notre voiturin pensa nous égarer.* — Voiture même que conduisent les voiturins : *prendre le voiturin.*

* **VOIX** s. f. (lat *vox*). Le son qui sort de la bouche de l'homme : *voix forte.* — Se dit aussi en parlant de certains animaux : *la voix du perroquet.* — Chasse. LA VOIX DES CHIENS, l'aboiement des chiens après leur gibier. — Particul. Voix modifiée pour le chant : *une belle voix.* — LA VOIX HUMAINE, un des jeux de l'orgue qui imite la voix de l'homme quand il chante. — Un chanteur ou une chanteuse : *il y avait six voix et huit ins-*

truments à ce concert. — Gramm. Son représenté par la voyelle : *voix articulée.* — Se dit aussi de différentes formes que prennent les verbes, selon qu'ils sont employés dans des propositions dont le sujet fait l'action ou la reçoit, est actif ou passif : *la voix active; la voix passive.* (Voy., plus loin, un autre sens des locutions VOIX ACTIVE et VOIX PASSIVE.) — Mouvement intérieur qui nous porte à faire quelque chose ou qui nous en détourne : *la voix de la nature, de l'humanité.* — Conseil, avertissement donné avec instance, vive supplication : *écoutez la voix de votre ami.* — Suffrage, opinion : *donner sa voix.* — Droit de suffrage : *voix délibérative.* — VOIX ACTIVE, le pouvoir d'élire ; et, VOIX PASSIVE, la capacité d'être élu : *il n'a que voix active.* — Fig. et fam., AVOIR VOIX AU CHAPITRE, EN CHAPITRE, avoir du crédit dans une compagnie, dans une famille, auprès de quelque personne considérable. — Sentiment, jugement, opinion : *la voix publique est pour lui, est contre lui.*

* **VOL** s. m. (rad. lat. *volare*, voler). Mouvement des oiseaux et de quelques insectes, qui se soutiennent et avancent dans l'air par le moyen de leurs ailes : *vol élevé, fort, roide, vite, lent.* — Étendue et longueur du vol qu'un oiseau fait ordinairement en une fois : *le vol de la perdrix n'est pas long.* — Théâtre. Action de la machine au moyen de laquelle un ou plusieurs personnages montent ou descendent, ou traversent le théâtre soutenus en l'air, comme s'ils volaient : *il y a dans cet opéra des vols bien hardis, bien exécutés.* — Fauconn. Nombre d'oiseaux de chasse qu'on entretient pour prendre diverses sortes de gibier : *le vol pour le héron.* — Chasse qu'on fait avec des oiseaux de proie : *se plaire au vol de la corneille, au vol de la pie.* — Se dit encore de la distance qu'il y a entre les deux bouts des ailes d'un oiseau, lorsqu'elles sont étendues autant qu'elles peuvent l'être : *cet oiseau a tant de pieds de vol.* C'est ce qu'en histoire naturelle on nomme ENVERGURE. — A vol d'oiseau loc. adv. En ligne droite : *de Paris à Rouen, il n'y a que vingt lieues à vol d'oiseau.*

* **VOL** s. m. Action de celui qui prend furtivement ou par force la chose d'autrui, pour se l'approprier : *un vol de grand chemin.* — Chose volée : *on l'a trouvé saisi du vol.* — Législ. « En remontant jusqu'au moyen âge, on trouve que la législation pénale concernant le vol était aiors, en France, entachée de barbarie. En vertu des capitulaires de Charlemagne, le voleur était puni de la perte d'un œil ; à la première récidive, on lui coupait le nez, et à la seconde, il était pendu. Saint Louis ne se montra pas beaucoup plus humain à l'égard des voleurs. Pour le premier vol, le coupable avait une oreille enlevée; au second vol, on lui coupait un pied ; et, au troisième, il était condamné à mort. Celui qui avait commis un vol dans une église devait avoir les yeux arrachés. Le vol domestique, le vol d'un cheval et le recel entraînaient la peine de mort. Au siècle dernier, les peines que l'on appliquait aux voleurs étaient plus ou moins rigoureuses, selon les circonstances et selon la qualité des personnes au préjudice desquelles le vol avait été commis. Les voleurs de grands chemins étaient condamnés au supplice de la roue (Ord. janv. 1534). On punissait de mort ceux qui avaient volé dans les maisons royales, ceux qui avaient volé à l'aide de violence, et ceux dont les domestiques qui volaient leurs maîtres (Déclar. 15 janvier 1677, 4 mars 1724, etc.). Le vol d'une chose consacrée au culte était considéré comme un sacrilège. (Voy. ce mot.) Lorsque le vol était commis sans effraction et sans autres circonstances aggravantes, c'était un simple *larcin*, et le coupable était condamné au fouet et marqué d'une fleur de lis ; puis il était envoyé aux galères pour un

certain temps. En cas de récidive, la peine était accrue ; une seconde récidive entraînait la peine de mort. Dans la législation actuelle trois éléments sont nécessaires pour constituer le vol : « 1° il faut que l'objet ait été soustrait, appréhendé ; 2° qu'il y ait eu fraude, c'est-à-dire intention criminelle ; 3° que la chose soustraite appartînt à autrui ou n'appartînt pas à celui qui commet le vol. Sur le premier point, la loi, que lorsque la chose, objet du délit, passe de la possession du détenteur légitime dans celle de l'auteur du délit, à l'insu ou contre le gré du premier. » (L. Lautour, *Code usuel d'audience*, sur l'art. 379 du C. pén.). Ne sont pas considérées comme vol et ne donnent lieu qu'à des réparations civiles, les soustractions commises : soit par le mari au préjudice de sa femme ou par la femme au préjudice de son mari ; soit par un veuf ou une veuve quant aux choses qui avaient appartenu à l'époux décédé; soit par des enfants ou descendants au préjudice de leurs pères ou mères, ou autres ascendants; soit par des pères, mères ou autres ascendants, au préjudice de leurs enfants ou descendants ; soit par des alliés aux mêmes degrés. Cette immunité doit s'étendre aux vols commis par les enfants naturels ou adoptifs au préjudice de leurs père et mère naturels ou d'adoption, mais non aux vols qui seraient commis au préjudice des ascendants de ces père et mère. Les complices de ces soustractions ne sont eux-mêmes punissables que s'ils ont recélé ou appliqué à leur profit tout ou partie des objets volés. — Le vol est un crime ou un délit selon les circonstances qui l'accompagnent et la peine applicable diffère selon ces circonstances. En vertu des dispositions du Code pénal, révisées en 1832 et 1863, *sont punis des travaux forcés à perpétuité* les individus coupables de vols commis *avec la réunion des cinq circonstances suivantes : 1° si le vol a été commis la nuit; 2° s'il a été commis par deux ou plusieurs personnes, alors même qu'un seul des coupables serait connu; 3° si les coupables ou l'un d'eux étaient porteurs d'armes apparentes ou cachées ; 4° s'ils ont commis le vol, dans une habitation, soit à l'aide d'effraction ou d'escalade, ou de fausses clefs, soit en prenant le titre ou le costume d'un fonctionnaire public ou d'un officier civil ou militaire, soit en alléguant un faux ordre de l'autorité; 5° s'ils ont commis le crime avec violence ou avec menace de faire usage de leurs armes. Sont encore punis de la peine des travaux forcés à perpétuité, ceux qui ont commis des vols sur les chemins publics, avec deux des cinq circonstances qui précèdent. Peut être condamné à la même peine tout individu coupable de vol commis avec violence, lorsque la violence a laissé des traces de blessures ou de contusions. (Voy. VIOLENCE). — *La peine des travaux forcés à temps est applicable* : 1° dans tous les cas où le vol a été commis à l'aide de violences ; 2° lorsque le vol commis sur les chemins publics a été accompagné d'une seule des cinq circonstances ci-dessus détaillées ; 3° lorsque le vol a été commis à l'aide de l'un des moyens indiqués dans le numéro 4 des circonstances; 4° lorsqu'il a été commis avec deux des trois circonstances suivantes : 1° si le vol a été commis la nuit ; 2° s'il a été commis dans une maison habitée ou ses dépendances, ou dans un édifice consacré à l'un des cultes légalement établis ; 3° s'il a été commis par deux ou plusieurs personnes ; 4° lorsqu'un militaire a commis un vol de deniers ou d'objets dont il était comptable. *La peine de la réclusion est applicable* : 1° lorsque le vol a été commis sur les chemins publics, sans autre circonstance aggravante ; 2° lorsque le vol a été commis la nuit et par plusieurs personnes, ou lorsqu'il a été commis avec une de ces deux circonstances seulement, mais en

même temps dans une habitation ou dans un lieu consacré au culte ; 3° lorsque le coupable ou l'un des coupables était porteur d'armes apparentes ou cachées ; 4° lorsque le voleur est un domestique, un homme de service, un ouvrier, compagnon ou apprenti ou un autre individu travaillant habituellement dans l'habitation où le vol a eu lieu (voy. DOMESTIQUE) ; 5° lorsque c'est un hôtelier ou un voiturier ou un de leurs préposés qui a volé tout ou partie des choses qui leur étaient confiées à ce titre ; 6° lorsque le vol a été commis par un militaire au préjudice de l'habitant chez lequel il était logé. — Donnent lieu à l'application des peines correctionnelles de l'emprisonnement et de l'amende, graduées selon les circonstances, tous les vols qui ne rentrent pas dans les cas qui précèdent. (Voy. PEINE). Les vols non spécialement qualifiés, les larcins et filouteries, et les simples tentatives de ces délits sont punis d'un emprisonnement d'un an au moins et de cinq ans au plus et peuvent même l'être seulement d'une amende de 16 à 500 fr. Les coupables peuvent encore être interdits des droits civiques, civils et de famille pendant cinq ans au moins et dix ans au plus, à compter du jour où ils ont subi leur peine. (C. pén. 379 à 401 ; C. de just. mil., art. 248). — Aux termes de la loi du 26 juillet 1873, quiconque, sachant qu'il est dans l'impossibilité absolue de payer, s'est fait servir des boissons ou des aliments qu'il a consommés en tout ou en partie dans les établissements à ce destinés, est coupable de vol et doit être puni d'un emprisonnement de six jours à six mois et d'une amende de 16 à 200 fr. Il faut distinguer du vol proprement dit : l'abus de confiance, commis par celui qui a abusé, soit des besoins d'un mineur, soit d'un blanc-seing, d'un dépôt, d'un mandat, etc. (C. pén. 406 et s.); l'extorsion d'une signature ou d'un titre par la contrainte ; le détournement d'objets saisis ou donnés en gage (id. 400) ; le recèlement, c'est-à-dire l'omission frauduleuse faite dans une déclaration d'inventaire (voy. RECEL); les divers genres de fraudes (voy. CONTREFAÇON, DOUANE, FALSIFICATION, etc.); les détournements ou soustractions dont se sont rendus coupables, soit des militaires qui ont dissipé les objets à eux remis pour le service (C: just. mil., art. 245), soit des dépositaires publics, des juges, des administrateurs, etc. (C. pén. 169 et s.), soit toute autre personne ayant commis des détournements d'objets dans les dépôts publics (id. 255); les concussions imputées à des fonctionnaires (id. 174) ; l'escroquerie qui consiste à faire usage, soit de faux noms ou de fausses qualités, soit de manœuvres frauduleuses dans le but d'obtenir la remise de sommes ou objets ; la tromperie qui s'applique à la qualité ou à la quantité des marchandises vendues (voy. TROMPERIE), etc. Chacune de ces infractions est l'objet, dans les loi pénales, de dispositions particulières. » (CH. Y.)

° **VOLABLE** adj. Qui peut être volé : ce n'est pas un homme volable, il ne possède rien.

° **VOLAGE** adj. Qui est changeant et léger ; amant volage.

> ....on peut bien à cet âge
> Être vif et léger, mais un peu volage.
>   COLLIN D'HARLEVILLE, L'Inconstant, acte II, sc. VIII.

— FEU VOLAGE, sorte d'éruption qui vient au visage, et particulièrement aux lèvres, surtout chez les enfants.

° **VOLAILLE** s. f. [ll mll.] (lat. volatilia, oiseaux). Se dit collectivement des oiseaux qu'on nourrit ordinairement dans une basse-cœur, et surtout des poules, poulets et chapons : une belle pièce de volaille. Quand on dit, METTRE UNE VOLAILLE AU POT, on parle d'une poule ou d'un chapon.

° **VOLANT, ANTE** adj. Qui a la faculté de voler : dragon volant. — Fig. Se dit de certaines choses qu'on place et qu'on déplace à

volonté. En termes de mar. : cabestan volant; manœuvre volante, etc.

° **VOLANT** s. m. Petit morceau de bois, d'os, d'ivoire, de liège, garni de cuir, etc., percé de plusieurs trous où l'on fait entrer des plumes par le moyen desquelles il se soutient quelque temps en l'air après qu'on l'a poussé ou lancé avec des raquettes, des palettes, etc. : jouer au volant.—Aile de moulin à vent : raccommoder un volant de moulin. — Mécan. Arbre garni de quatre ailes, qui sert à modérer la rapidité d'un mouvement à roues, comme dans une pendule, dans un tournebroche. Le volant a pour objet d'emmagasiner, aux dépens de la puissance, la force d'impulsion qu'il reçoit du mouvement de la machine sur laquelle il est monté, afin de lui restituer ensuite, au moment où elle en a besoin pour continuer sa marche avec précision. Il régularise l'action de la puissance. — Garniture qu'on attache au bas des robes de femme, et qu'on peut mettre ou ôter à volonté.

VOLAPÜK s. m. [vo-la-pük] (formé des mots volapükes, vol, univers ; pük, langue). Nom donné vers 1884, par M. Schleyer, de Constance, à la nouvelle langue universelle dont il est le créateur et dont nous avons fait connaître, en résumé, les théories grammaticales à notre article Langue universelle. Quoique les premières publications de M. Schleyer sur la langue universelle datent à peine de 1884, les adeptes du Volapük se comptent aujourd'hui par milliers dans les différents États de l'Europe : 60 sociétés se sont déjà fondées dans le but de favoriser la propagation, et cela non seulement en Allemagne, mais en Autriche, en Hollande, en Suède, en Angleterre, même aux États-Unis, et jusqu'à Beyrouth, en Syrie. De nombreux travaux ont été composés dans ces derniers temps pour l'étude du Volapük : le maître a fait paraître, en même temps que sa grammaire, un dictionnaire volapük-allemand contenant près de treize mille mots; ces deux ouvrages en sont à leur 4e édition. De petits abrégés de la grammaire ont été faits, non seulement en latin et dans toutes les langues de l'Europe, mais encore en chinois et dans le dialecte nama des Hottentots: des dictionnaires à l'usage particulier des différents peuples sont en voie de préparation et paraîtront bientôt. En France, le volapük a eu pour premier propagateur un de nos collaborateurs, A Kerckhoffs, dont on est sûr de trouver le nom associé à toute tentative de vulgarisation utile à la littérature ou à la linguistique. (Voy., pour d'autres détails sur M. Kerckhoffs, notre art. Kerckhove.) Il est parvenu à créer, à l'Ecole des hautes études commerciales, un cours libre de volapük; il a établi les règles de la grammaire dans un ouvrage intitulé : La Langue commerciale universelle ; exposé de la question; grammaire (Paris, 1885, in-8°, librairie étrangère de Henri Le Soudier), ouvrage qui doit être suivi d'un Dictionnaire volapük-français et français-volapük, et d'un Cours méthodique de volapük, avec exercices de thème et de version. — Il se publie déjà trois journaux en volapük, le Volapükabled, par Schleyer, avec traduction allemande en regard; les Volapükaklubs, par Fieweger, de Breslau, entièrement rédigés en volapük, et le Volapükabled, par Haastert et Vos, de Rotterdam. M. Kerckhoffs va faire paraître un tour le Volabled, ou journal des volapükistes français. — Un premier congrès de volapükistes s'est réuni en 1884, à Friederischshafen, sur le lac de Constance : 300 membres, venus de tous les coins de l'Europe, y assistaient ; un second congrès se réunira, en 1887, à Nüremberg, et enfin un grand congrès international doit être convoqué à Paris, à l'occasion de l'Exposition universelle.

° **VOLATIL, ILE** adj. (lat. volatilis). Chim. Qui s'élève et se résout en vapeur ou en gaz par l'action du feu. Est opposé à fixe : sel volatil.

° **VOLATILE** s. m. Animal qui vole. Son plus grand usage est au pluriel : cet animal est du genre des volatiles. — Adj. L'espèce volatile.

VOLATILISABLE adj. Qui est susceptible de se volatiliser.

° **VOLATILISATION** s. f. Opération chimique par laquelle on rend volatil un corps qui était fixe : la volatilisation du mercure, du soufre, du camphre. — Action de se volatiliser.

° **VOLATILISER** v. a. Rendre volatil. — Se volatiliser v. pr. L'ARSENIC SE VOLATILISE AISÉMENT, la chaleur fait aisément dissiper l'arsenic.

° **VOLATILITÉ** s. f. Qualité de ce qui est volatil : la volatilité de l'alcool.

° **VOLATILLE** s. f. [ll mll.]. Il se dit, dans un sens générique, de petites espèces d'oiseaux qui sont bons à manger : il ne leur donna à dîner que de la volatille. (Fam.)

° **VOL-AU-VENT** s. m. Espèce de pâtisserie chaude dans laquelle on met du poisson ou de la viande délicate, et dont les bords assez élevés sont de pâte feuilletée : ce pâtissier est renommé pour ses vol-au-vent.

° **VOLCAN** s. m. (lat. Vulcanus, Vulcain). Ouverture, gouffre qui s'ouvre dans la terre, et plus ordinairement dans les montagnes, d'où il sort de temps en temps des tourbillons de feu et des matières embrasées : il y a beaucoup de volcans dans l'Amérique. — Fig. Imagination vive, ardente, impétueuse : son imagination est comme un volcan, est un volcan. — Se dit aussi, fig., en parlant des intrigues sourdes, des conspirations, des dangers imminents, mais cachés : nous étions, nous sommes sur le volcan.

VOLCANICITÉ s. f. Géol. Caractère des roches volcaniques.

VOLCANIEN, IENNE adj. Qui a rapport aux volcans.

° **VOLCANIQUE** adj. Qui appartient au volcan, qui est le la nature du volcan : une terre volcanique. — Fig. UNE TÊTE VOLCANIQUE, UNE IMAGINATION VOLCANIQUE, une tête, une imagination ardente, qui est toujours en fermentation.

VOLCANIQUEMENT adv. D'une manière volcanique.

VOLCANISATION s. f. Production de roches volcaniques.

° **VOLCANISÉ, ÉE** adj. Se dit des lieux où il y a des volcans, où il reste des traces d'anciens volcans : un terrain volcanisé. — ∾ Voy. » VULCANISÉ.

VOLCANISER v. a. Amener à l'état volcanique.

VOLCES, volcæ, puissant peuple de la Gaule narbonaise divisé en deux sections : les Volces Tectosages qui avaient pour cap. Toulouse, et les Volces Arecomici, qui avaient pour cap. Nîmes.

° **VOLE** s. f. (de l'ital. volta, fois, coup). Se dit à quelques jeux de cartes, quand l'un des joueurs fait toutes les mains : il a entrepris la vole.

° **VOLÉE** s. f. Le vol d'un oiseau : il a pris sa volée. — Se dit aussi, collectiv., d'une bande d'oiseaux qui volent tous ensemble : une volée de pigeons. — Se dit, fig. et fam., en parlant de gens qui sont de même âge, de même dignité, de même condition, et surtout des jeunes gens : il y avait alors une volée de jeunes gens à la cour. — Rang, qualité

élévation, mérite : *c'est une personne de qualité de la haute volée, de la première volée.* — Fig. UNE VOLÉE DE CANONS, la décharge de plusieurs canons faite en même temps : *la muraille fut abattue d'une volée de canons.* — Fig. et fam. UNE VOLÉE DE COUPS DE BATON, un grand nombre de coups de bâton donnés de suite. — Pièce de bois de traverse, qui s'attache au timon d'une voiture, d'un fourgon, d'un chariot, et à laquelle les chevaux du second rang sont attelés : *il faut mettre ces chevaux à la volée.* — A la volée loc. et fam. En l'air, au passage : *je lui jetai ma bourse, il la saisit à la volée.* — Très promptement, en profitant du moment favorable : *il parle si vite, qu'il faut saisir ses paroles à la volée.* — Inconsidérément : *il fait toutes choses à la volée.* — Agric. SEMER A LA VOLÉE, semer en jetant les graines, les semences par poignées sur la terre préparée pour les recevoir.

* VOLER v. n. (lat. *volare*). Se soutenir, se mouvoir en l'air par le moyen des ailes : *c'est le propre des oiseaux de voler.* — Par ext. Courir avec une grande vitesse : *ce cheval vole.* — Se dit, particul., des bruits et de la renommée : *le bruit de ses hauts faits vole par toute la terre.* — Se dit également des choses qui sont poussées dans l'air avec une grande vitesse, comme les traits, les pierres, etc. : *les flèches volaient.* — Voler v. a. Chasser. Dans ce sens, se dit de certains oiseaux de proie qu'on dresse à chasser, à poursuivre d'autres oiseaux ou quelque autre sorte de gibier : *le faucon, l'autour et le lanier, apprennent facilement à voler d'autres oiseaux.* — Se dit également des personnes qui emploient ces oiseaux à la chasse : *il se plait à voler la corneille, à voler le héron.*

* VOLER v. a. Prendre furtivement ou par force la chose d'autrui, pour se l'approprier : *voler la bourse de quelqu'un.* — Fig. et fam. IL NE L'A PAS VOLÉ, se dit de quelqu'un à qui il est arrivé quelque chose de fâcheux ou d'heureux, et qui l'a bien mérité. — Absol. *Voler sur les grands chemins.* — Se dit, fig., de ceux qui s'approprient les pensées et les expressions des autres, et qui s'en servent sans indiquer la source où ils ont puisé : *il a volé cela de tel livre, dans tel livre.*

* VOLEREAU s. m. Diminutif de voleur. (Fam.)

* VOLERIE s. f. Fauconn. Chasse pour laquelle l'oiseau est dressé à voler d'autres oiseaux, ou quelque autre sorte de gibier. HAUTE VOLERIE, volerie du faucon sur le héron, sur les canards et sur les grues; celle du gerfaut sur le sacre et sur le milan, etc. BASSE VOLERIE, celle du laneret et du tiercelet de faucon, qui volent la perdrix, la pie, etc. : *il avait haute et basse volerie.*

* VOLERIE s. f. Larcin, pillerie : *c'est une vraie volerie, une grande volerie.*

* VOLET s. m. (lat. *vallum*). Panneau de menuiserie qui sert à garantir en dedans de la chambre un châssis d'une fenêtre, et qui s'ouvre et se ferme suivant le besoin : *le volet d'une fenêtre.* — Pigeonnier; lieu où l'on retire des pigeons, et dont l'ouverture se ferme par un petit ais : *il avait autrefois un colombier à petit volet, il a maintenant un petit volet.* — Ais qui sert à fermer l'entrée du volet ou pigeonnier : *abaisser le volet.* — Ais qui est fixé horizontalement à l'entrée du pigeonnier : *les pigeons se mettent au soleil sur le volet.* — Tablette, petit ais rond, sur lequel on trie des choses menues, comme sont des graines, des pois, des lentilles, etc. — Prov. et fig. TRIÉ SUR LE VOLET, se dit des choses et même des personnes qu'on a choisies avec soin : *il n'y a que des livres triés sur le volet.*

* VOLETER v. n. Voler à plusieurs reprises,

comme font les petits oiseaux qui n'ont pas la force de voler longtemps, ou comme les papillons : *il prend plaisir à voir voleter les abeilles sur les fleurs.*

* VOLEUR, EUSE s. Celui, celle qui a volé, ou qui vole habituellement : *les voleurs de grands chemins.* — Celui qui exige plus qu'il ne devrait demander : *ce marchand est un voleur, un franc voleur, un vrai voleur.* — Typogr. On appelle voleurs des morceaux de papier qui se collent aux feuilles et ensuite, lors de l'impression, s'attachent aux caractères, ne laissant à la feuille que l'impression du foulage. — LIGNE A VOLEUR. (Voy. Ligne.)

VOLGA (anc. *Rha*), fleuve de Russie, le plus long d'Europe. Il prend sa source sur le plateau de Valdaï, dans le gouvernement de Tver, près de celle de la Düna, par 57° N. et 31° long. E., son cours décrit un arc de cercle E., S. et S.-E., et près d'Astrakhan, il se jette dans la mer Caspienne par un grand nombre de bouches. Il a une longueur d'environ 3,650 kil., et sa pente totale ne dépasse guère 200 m. De nombreux canaux l'unissent à la mer Baltique et à la mer Blanche. Il a pour affluents principaux : l'Oka et la Kama.

VOLHYNIE (pol. *Wolyn*), gouvernement de la Russie occidentale, autrefois province de la Pologne, sur la frontière de la Galicie autrichienne; 1,704,018 hab. Il n'y a aucune autre contrée dans l'empire où l'agriculture soit aussi florissante. Fer, cuir, verre, poterie et papier. Cap., Zhitomir.

* VOLIÈRE s. f. Lieu qui est ordinairement fermé de fil d'archal, et où l'on nourrit des oiseaux pour son plaisir : *il a une belle volière.* — Grande cage à plusieurs séparations, pour mettre différentes sortes d'oiseaux. — Réduit où l'on nourrit des pigeons : *les pigeons de volière sont les plus délicats.*

* VOLIGE s. f. Planche mince de bois de sapin, ou d'autre bois blanc.

VOLIGEAGE s. m. Action de voliger.

VOLIGER v. a. Garnir de voliges.

* VOLITION s. f. Acte par lequel la volonté se détermine à quelque chose.

VOLNAY s. m. Vin récolté aux environs de Volnay.

VOLNAY, village de l'arr. et à 6 kil. N.-O. de Beaune (Côte-d'Or); 600 hab.

VOLNEY (Constantin-François CHASSEBŒUF, comte de), écrivain français, né à Craon (Anjou), le 3 fév. 1757, mort le 23 avril 1820. Après avoir passé quelques années en Egypte et en Syrie, il fut nommé directeur général du commerce et de l'agriculture en Corse. En 1789, il fut élu aux états généraux, et en 1793-94, il fut emprisonné comme girondin. Plus tard il devint professeur d'histoire à l'Ecole normale. De 1795 à 1798, il vécut aux Etats-Unis. Dans la suite, Napoléon, dont il était l'intime, le fit sénateur et comte. En 1814, Louis XVIII le créa pair de France. Ses œuvres complètes (1820-'26, 8 vol.) comprennent : *Voyage en Egypte et en Syrie* (1787, 2 vol.); *Les Ruines ou Méditations sur les révolutions des Empires* (1791), où il exposait pour la première fois les opinions irréligieuses pour lesquelles il est aujourd'hui principalement connu; et *Recherches nouvelles sur l'Histoire ancienne* (édit. revue et augmentée, 1814-'15, 3 vol.).

VOLNYS (Léontine FAY, dame JOLY, dite), actrice, née en 1811, morte à Nice le 29 août 1876. Applaudie, dès l'âge de cinq ans, sur la scène du Gymnase, elle entra, vers 1825, au Théâtre-Français, où son succès ne se démentit jamais. Elle quitta la scène pour

être première lectrice de l'impératrice douairière de Russie, et se retira à Nice en 1870.

VOLONNE, ch.-l. de cant., arr. et à 12 kil. S.-E. de Sisteron (Basses-Alpes), sur la rive gauche de la Durance; 800 hab.

* VOLONTAIRE adj. (lat. *voluntarius*). Qui se fait sans contrainte, de pure volonté : *action volontaire.* — Qui ne veut s'assujettir à aucune règle, ni dépendre de personne, qui ne veut faire que sa volonté : *il est trop volontaire, il n'apprendra rien.* — Substantiv. *Vous ne ferez jamais rien de cet enfant, c'est un petit volontaire.* — Celui qui sert dans une armée sans y être obligé : *un jeune volontaire.* — VOLONTAIRE D'UN AN, engagé conditionnel qui, par un an de présence sous les drapeaux, se libère de certaines obligations du service militaire.

* VOLONTAIREMENT adv. De bonne et franche volonté, sans contrainte : *il a fait cela volontairement et de son bon gré.*

* VOLONTARIAT s. m. Etat du volontaire d'un an.

* VOLONTÉ s. f. (lat. *voluntas*). Faculté, puissance de l'âme, par laquelle on veut : *l'entendement éclaire la volonté.* — Cette faculté en tant qu'elle est agissante; et, par ext., actes mêmes de la volonté, ce qu'une personne veut, prescrit ou désire : *volonté efficace.* — pl. Se dit souvent en mauvais part, dans la signification de fantaisies, caprices : *cet enfant a bien des volontés.* — A volonté loc. adv. Quand on veut : *un ressort qui joue à volonté.* — BILLET PAYABLE A VOLONTÉ, billet payable quand celui à qui il est dû voudra être payé.

* VOLONTIERS adv. De bonne volonté, de bon gré, de bon cœur : *il écoutera volontiers cette proposition.* — Facilement, aisément, ordinairement : *on croit volontiers ce qu'on désire.* — Se dit quelquefois, dans ce sens, en parlant des êtres inanimés : *les petites rivières débordent volontiers dans cette saison.*

VOLSQUES (lat. *Volsci*), ancien peuple de l'Italie centrale, parent des Ombriens, si l'on s'en rapporte à leur langue. Ils habitaient le sud du Latium. Leur capitale, Antium, était un port de mer important (auj. Porto d'Anzo). Ils luttèrent sans relâche contre les Romains, jusqu'en 338, époque où ils furent définitivement vaincus et disparurent

VOLT s. m. (abréviation de *Volta*, n. pr.). Nom donné par les électriciens à l'unité pratique de force électro-motrice. En agissant sur l'unité pratique de résistance (*ohm*), un force électro-motrice d'un volt produit un courant égale ampère. (Voy. ces mots; voy. aussi ELECTRICITÉ.)

VOLTA (Alessandro), physicien italien, né en 1745, mort en 1827. En 1774, il fut nommé recteur et professeur de physique au gymnase de Côme, et fut ensuite envoyé à l'université de Pavie. Il construisit l'électrophore (1775), le condensateur électrique, le pistolet électrique, l'eudiomètre et la lampe à air inflammable. Son principal titre de gloire, c'est la découverte de l'instrument appelé pile voltaïque en 1799. (Voy. ELECTRICITÉ ANIMALE et GALVANISME.) Napoléon, qui l'avait toujours traité avec distinction, le fit comte et sénateur du royaume d'Italie. En 1804, il se retira à Côme, et en 1815 devint directeur de la faculté de philosophie de Pavie. Antinori a donné ses soins à une édition de ses œuvres (1826, 5 vol.)

* VOLTAÏQUE adj. Se dit de la pile électrique inventée par Volta et de ses effets. — Phys. ARC VOLTAÏQUE, lumière éclatante et continue produite dans le circuit d'une forte pile électrique entre deux pointes de charbon

de cornue maintenue à une petite distance l'une de l'autre. Cette lumière se manifestant

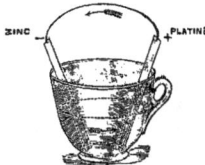

Pile voltaïque simple.

dans le vide et dans les gaz non comburants, n'est pas le résultat d'une combustion.

VOLTAIRE (François-Marie AROUET DE), célèbre philosophe, poète et écrivain, né à Châtenay, près de Sceaux, le 20 fév. 1694, mort à Paris, le 30 mai 1778. Son vrai nom était Arouet; et l'on suppose que celui de Voltaire, qu'il devait illustrer, était l'ana-gramme d'*Arouet l. j.* (le jeune). Son père, trésorier à la chambre des comptes, le des-tinait au barreau, mais il abandonna bientôt l'étude du droit pour ne s'occuper que de littérature et de poésie. En 1712, il accom-pagna son parrain et son maître en scepti-cisme, le marquis de Châteauneuf, à la Haye, mais le scandale de ses relations avec une personne de cette ville le força de revenir à Paris, où il fut mis en prison comme soup-çonné d'être l'auteur de vers satiriques sur Louis XIV, qui venait de mourir. A la Bas-tille, il écrivit une partie de son poème épique *La Henriade* (sur Henri IV) et il y ter-mina sa tragédie d'*Œdipe*, après la lecture de laquelle le régent le relâcha. La tragédie fut représentée avec un éclatant succès en 1718, et fut suivie de pièces moins appré-ciées. *La Henriade*, volée à son auteur, alté-rée et publiée sous le titre de *La Ligue*, devint si populaire, même sous cette forme corrom-pue, que Voltaire se hâta d'en publier une édition exacte. A la suite d'une altercation avec un chevalier Rohan-Chabot il fut banni en 1726 et vécut en Angleterre, où il se lia avec lord Bolingbroke et les libres penseurs. De retour à Paris, il y fut l'idole du public. Il exprima son admiration pour les institu-tions anglaises dans ses *Lettres sur les An-glais*. Il écrivit ensuite *Brutus* et peu après *Zaïre* (1730), qui, bien que composé en 22 jours, est son drame le meilleur et le plus pathétique. Il ne réussissait pas toujours à réprimer ses opinions déistes et libérales dans ses pièces de théâtre, et ses *Lettres* furent brûlées par la main du bourreau. Il n'é-chappa à une arrestation qu'en se retirant à Cirey, dans le château de la savante mar-quise du Châtelet, chez laquelle il résida presque constamment jusqu'à la mort de cette protectrice en 1749. En 1736, il dut chercher refuge à Bruxelles à cause du scandale sou-levé par le *Mondain*. Il se rendit près de Frédéric le Grand en 1740, et une autre fois en 1744 avec une mission politique. Dans le même temps, il écrivit les tragédies *Alzire*, *Mahomet* et *Mérope*. En 1746, il passa quelque temps à Paris, où il écrivit et fit représenter de nouvelles tragédies, donna à Le Kain des leçons d'art dramatique, et fut nommé aca-démicien et historiographe royal. En 1750, il alla à Berlin où Frédéric le gratifia d'une pension de 20,000 fr.; il étudiait avec lui deux heures par jour. C'est là que Voltaire termina son *Siècle de Louis XIV*; Frédéric, de son côté, lui soumettait ses vers et ses essais. Mais leur intimité se changea en riva-lité et en rupture violente; à la fin, Voltaire résolut de briser sa chaîne. Il emporta quel-ques poésies du roi, et il eut à souffrir à Francfort l'ennui d'une arrestation dans les circonstances les plus désagréables (1753).

Plus tard cependant, il reprit sa correspon-dance avec Frédéric. En 1755, Voltaire acheta une terre près de Genève (*Les Délices*); mais il eut des querelles avec les Suisses, ses voisins. La publication de *La Pucelle*, carica-ture épique de Jeanne d'Arc et de son his-toire, lui créa beaucoup d'ennemis. A propos de vers satiriques qu'on lui attribuait sur Louis XV et Mme de Pompadour, il fut me-nacé de lettres de cachet. En 1762, il se transporta à la terre de Ferney, sur le terri-toire français, mais près de la frontière suisse, de façon à pouvoir facilement se réfu-gier d'un pays dans l'autre. Ses livres et ses spéculations sur les fonds publics lui avaient acquis une fortune très considérable, et il dépensait beaucoup d'argent en munifi-cences charitables. Il était devenu en quel-que sorte le fondateur d'une nouvelle secte de penseurs et d'écrivains, qui, sous la direc-tion de Diderot et de d'Alembert, donnèrent un corps à leurs idées dans la grande *Ency-clopédie*. Cependant Voltaire était personnel-lement un déiste décidé et il répudiait la philosophie de son siècle, qui tentait de bannir Dieu de l'univers. Dans sa 84° année, il vint à Paris, apporta une tragédie nou-velle, *Irène*, et il fut reçu par toutes les classes avec des démonstrations et des honneurs sans exemple. Voltaire fut le roi des écri-vains de son temps. Le secret de ses succès est dans ses satires, ses contes, ses vers de société, ses madrigaux, ses lettres et ses épi-grammes, où tout l'esprit du siècle se trouve exprimé avec une grâce, une vivacité, un piquant, un agrément inimitables. Ses œuvres comprennent en outre : *Histoire de Char-les XII, roi de Suède*; *Histoire de la Russie sous Pierre le Grand*; *Essai sur les mœurs et sur l'esprit des nations*; *Le Dictionnaire philoso-phique*, etc. Les meilleures éditions de ses œuvres sont celles de Beuchot (1829-'34, 10 vol.) et de Louis Barré (1855-'59, 20 vol.). — Voy. *Voltaire*, par David-Friedrich Strauss (3° édit., 1872); *Voltaire*, par John Morley (1874), et *Voltaire et la Société du XVIII° siècle*, par T.-G. Desnoireterres (1855-'76, 8 vol.).

VOLTAIRIANISME s. m. Se dit de l'esprit d'incrédulité railleuse et de scepticisme qui anima Voltaire et ses partisans.

* **VOLTAIRIEN , IENNE** s. Partisan des idées, de la philosophie de Voltaire. — Ad-jectiv. *L'esprit voltairien.*

VOLTAÏSME s. m. Electricité développée par la pile de Volta.

VOLTAMÈTRE s. m. Instrument qui sert à mesurer l'intensité d'un courant voltaïque.

* **VOLTE** s. f. (lat. *volutus*). Man. Certain mouvement que le cavalier fait exécuter au cheval en le menant en rond; et cercle tracé par le cheval dans ce mouvement : *mettre un cheval sur les voltes.* — DEMI-VOLTE, la moitié de la volte, le demi-rond que fait le cheval : *serrer la demi-volte.* — Escr. Mouvement pour éviter les coups de l'adversaire.

* **VOLTE-FACE** s. f. Est principalement usité dans cette phrase, FAIRE VOLTE-FACE, se retourner pour résister à l'ennemi qui pour-suit : *les ennemis s'enfuirent jusqu'à un certain endroit où ils firent volte-face;* des *volte-face.*

* **VOLTER** v. n. Escr. Changer de place pour éviter les coups de l'adversaire.

VOLTERRA (anc. *Volaterræ*); ville de Tos-cane (Italie), à 50 kil. S.-O. de Florence; 5,796 hab. C'est la ville d'Italie qui a gardé le plus de vestiges de son origine étrusque. La sacristie de sa remarquable cathédrale est riche en reliques. Dans le voisinage, il y a des sources d'eaux chargées de sel et de borax, des salines, des houillères, des carrières de marbre, de gypse et d'albâtre; cette dernière substance sert à fabriquer beaucoup d'objets.

VOLTERRA (Daniele da), peintre italien,

dont le vrai nom était Ricciarelli, né en 1509, mort en 1566. Il devint surintendant des tableaux du Vatican, et fut l'ami de Michel-Ange, sous l'influence duquel il exécuta sa célèbre fresque de la *Descente de Croix*. A la mort de Paul III, en 1549, il perdit sa charge et se consacra à la sculpture. A la requête de Paul IV, il recouvrit de vêtements quel-ques-unes des figures du *Jugement dernier* de Michel-Ange, ce qui lui valut le surnom de fabricant de culottes.

* **VOLTIGE** s. f. (fr. *voltiger*). Corde lâche sur laquelle certains bateleurs font des tours : *la voltige cassa, il se rompit une jambe.* — Danse, exercice sur la corde lâche : *il excelle dans la voltige.* — Equit. Art de monter à cheval légèrement et sans étriers : *maître de voltige.*

* **VOLTIGEMEMT** s. m. Mouvement de ce qui voltige : *le voltigement d'un papillon, d'un papillon, d'un rideau*, etc.

* **VOLTIGER** v. n. (ital. *volteggiare*). Voler à petites et fréquentes reprises, sans aucune direction déterminée : *les abeilles, les papillons voltigent de fleur en fleur.* — Se dit, fig., de certaines choses légères que le vent soulève et fait aller çà et là : *des cheveux, un étendard, un voile qui voltigent au gré du vent.* — Faire des tours de souplesse et de force sur une corde élevée et attachée par les deux bouts, mais qui est fort lâche : *après avoir dansé sur la corde raide, il voltigea, il vint voltiger.* — Faire différentes sortes d'exercices sur le cheval de bois, pour s'accoutumer à monter à cheval sans étriers : *il apprend à voltiger.* — Courir à cheval çà et là : *un parti de cavalerie des ennemis vint voltiger autour du camp, au-tour de la place, vers les avenues du camp.*

* **VOLTIGEUR** s. m. Celui qui voltige sur un cheval : *c'est un bon voltigeur.* — Celui qui voltige sur une corde lâche attachée par les deux bouts : *ce voltigeur fit des tours étonnants.*

> Sur la corde tendue, un jeune *voltigeur*
> Apprenait à danser....
>
> FLORIAN.

— Se disait, dans l'armée, de soldats de petite taille qui formaient une compagnie d'élite placée à la gauche du bataillon, et qui étaient principalement destinés à tirailler, à se porter rapidement de côté et d'autre : *une compagnie de voltigeurs.*

VOLTURNE. Voy. VULTURNE.

VOLUBILE adj. (lat. *volubilis*). Bot. Se dit des tiges qui se roulent en hélice autour des corps voisins.

* **VOLUBILIS** s. m. [-bi-liss] (lat. *volubilis*, qui s'enroule). Bot. Nom ordinaire du *liseron pourpre* (*convolvulus purpureus*), plante an-nuelle, à tige volubile, à fleurs purpurines ou d'un beau violet, grandes, blanches à leur base. Le volubilis, originaire de l'Amérique méridionale, a produit de nombreuses varié-tés, qui font, dans nos jardins, l'ornement des berceaux, des treillages, etc.

VOLUBILISME s. m. Propriété des plantes volubiles.

* **VOLUBILITÉ** s. f. (lat. *volubilitas*). Facilité de se mouvoir, d'y être mû en rond : *la volu-bilité des roues d'une machine.* — Articulation nette et rapide : *ces vers demandaient à être récités avec plus de volubilité.* — VOLUBILITÉ DE LANGUE, grande habitude de parler trop et trop vite : *c'est un homme qui a une grande volubilité de langue.*

* **VOLUME** s. m. (lat. *volumen*). Etendue, grosseur d'une masse, d'un paquet : *cela est d'un gros volume.* — Masse d'eau que roule un fleuve : *cette rivière a un volume d'eau considé-rable.* — Mus. LE VOLUME DE LA VOIX, la force ou l'étendue de la voix. — Livre relié ou broché : *cet ouvrage pourra faire un volume assez gros, un volume raisonnable.*

VOLUMÈTRE ou **Voluménomètre** s. m.

(fr. *volume*; gr. *metron*, mesure). Instrument imaginé par Gay-Lussac pour mesurer la densité comparative de certains liquides.

VOLUMÉTRIQUE adj. Qui a rapport à la détermination des volumes.

* **VOLUMINEUX, EUSE** adj. (fr. *volume*). Qui est fort étendu en tous sens, qui occupe beaucoup de place : *ce paquet est volumineux.* — Se dit aussi d'un ouvrage d'esprit, d'une collection qui contient un grand nombre de volumes : *un ouvrage volumineux.*

* **VOLUPTÉ** s. f. (lat. *voluptas*). Plaisir corporel, plaisir des sens : *il y a de la volupté à boire quand on a soif.* — Les plaisirs de l'âme : *l'âme a ses voluptés comme le corps.*

> Vrais libertins du ciel, dévots sardanapales,
> Vous, vieux moines chenus, et vous, novices pâles,
> Foyers couverts de cendre, encensoirs ignorés,
> Quel don Juan a jamais, dans ses lambris dorés,
> Senti des *voluptés* comparables aux vôtres ?
> Th. GAUTIER. *Poésies diverses*, 1838.

— Plaisir des sens : *il faut résister à la volupté.*

* **VOLUPTUAIRE** adj. Droit. Se dit des dépenses consacrées aux constructions, aux embellissements de luxe ou de fantaisie : *le vendeur de mauvaise foi est obligé de rembourser les dépenses voluptuaires à l'acquéreur évincé.* — Les *dépenses voluptuaires* ou d'agrément faites sur le fonds d'autrui par un acquéreur qui avait acheté d'un vendeur de mauvaise foi doivent être remboursées par ce dernier et non par le véritable propriétaire (C. civ. 1635).

* **VOLUPTUEUSEMENT** ad. Avec volupté : *boire, vivre voluptueusement.*

* **VOLUPTUEUX, EUSE** adj. Qui aime et qui cherche la volupté : *il est voluptueux.* — Qui inspire la volupté, qui fait éprouver un sentiment de volupté : *ce séjour est voluptueux.* — Qui exprime la volupté : *une langueur voluptueuse.* — Substantiv. *C'est un voluptueux.*

* **VOLUTE** s. f. (lat. *voluta*). Archit. Certain ornement du chapiteau de la colonne ionique et de la colonne composite, fait en forme de spirale. — Hist. nat. Se dit des coquilles univalves tournées en cône pyramidal.

VOLUTER v. a. (rad. lat. *volvere*, tourner). Enrouler en forme de volute.

* **VOLVA** s. m. Bot. Enveloppe des champignons. (Voy. BOURSE.)

VOLVE s. f. (lat. *volva*). Physiol. Membrane qui enveloppe toutes les parties constitutives de l'œuf.

VOMER s. m. [vo-mèr](mot lat. qui signifie: soc de charrue). Os qui forme la partie postérieure de la cloison des fosses nasales.

* **VOMIQUE** adj. f. (lat. *vomica*, abcès). N'est usité que dans cette locution, NOIX VOMIQUE, espèce de noix qui est un poison pour quelques animaux, comme les chiens, etc. : on dit aussi *noix vomique.*

* **VOMIQUE** s. f. Méd. Amas de pus qui est quelquefois évacué par une sorte de vomissement : *il a rendu une vomique*

* **VOMIQUIER** s. m. Arbre qui produit la noix vomique.

* **VOMIR** v. a. (lat. *vomere*). Rejeter par la bouche, et ordinairement avec effort, des matières contenues dans l'estomac. Se dit des animaux ainsi que des hommes : *cette drogue provoque à vomir, fait vomir.*

* **VOMISSEMENT** s. m. Action de vomir: *il est sujet à de grands vomissements.* — Fig. RETOURNER A SON VOMISSEMENT, retourner à son ancien péché.

* **VOMITIF, IVE** adj. Méd. Qui fait vomir : *remède vomitif.* — s. m. *Puissant vomitif.*

* **VOMITOIRE** s. m. Syn. de VOMITIF. —

Théâtre des anciens Romains. Se dit des larges issues par où le peuple sortait à la fin du spectacle.

VONDEL (Joost VAN DEN), illustre poète néerlandais, auquel ses contemporains ont décerné le nom de « prince des poètes », titre qui a été ratifié par la postérité, né à Cologne, le 17 nov. 1587, de parents anversois, qui avaient dû fuir leur ville natale à cause de leurs opinions religieuses. En 1597, son père vint s'établir à Amsterdam, où il ouvrit un magasin de bas. Vondel y fréquenta l'école, devint membre de la chambre de rhétorique brabançonne *Wt levender jonst,* plus tard de celle des *Eglantieren,* et fit ainsi la connaissance des meilleurs écrivains de son temps : R. Visscher, Spieghel, Coster, Hooft, Bredero, etc. Son père étant mort en en 1606, il lui succéda dans les affaires, mais après son mariage, en 1610, il en abandonna la direction à sa femme, Maria de Wolf, pour s'adonner presque exclusivement à la poésie et à l'étude du français, de l'allemand et du latin. — Après de premiers essais, il débuta par une tragédie *Paschaoffe Verlossinghe der Kind'ren Israëls* (1612), suivie, en 1620, d'une autre *Hierusalem verwoest,* qui marque un sensible progrès, tant sous le rapport de l'élévation des pensées, que sous ceux de la pureté du style et de la science théâtrale. Une maladie qu'il fit cette même année, fut cause qu'il donna sa démission comme diacre dans la communauté mennonite, à laquelle il appartenait. Dans les dissensions politiques et religieuses, qui déchirèrent la république au commencement du XVIIe siècle, il se rangea du côté d'Oldenbarneveld et des remonstrants. La mort du premier, sur l'échafaud, lui suggéra l'idée d'une tragédie allégorique *Palamedes* (1625), dans laquelle, sous le voile diaphane d'un mythe grec, il représenta le jugement et l'exécution du célèbre homme d'Etat. Comme cet ouvrage, plein d'une sanglante ironie, déplut souverainement au parti *Contraremonstrant,* alors au pouvoir, il fut cité devant le tribunal de la Haye et n'échappa peut-être à la peine de mort, que par le refus d'extradition du magistrat d'Amsterdam, qui se contenta de lui infliger une amende de 300 florins. Depuis cette époque, Vondel fut célèbre : en peu d'années son *Palamède,* d'ailleurs un de ses meilleurs ouvrages, eut 30 éditions. L'avènement au stathoudérat, de Frédéric-Henri, qui était plus porté pour les remonstrants, et les exploits de ce prince lui inspirèrent plusieurs belles odes, telles que : *Geboortklock van Willem v. Nassau* (1626); *Verovering van Grol* (1627); *Zegerang ter eere van Frederick-Hendrick* (1629); cependant il continua à verser sur la tête des contraremonstrants les flots de sa mordante ironie dans les célèbres satires : *Rommelpot van't Hanekot* (1627); *Roskam, Harpoen, Otter in't Bolwerck* (tous de 1630), etc. — Sentant grandir ses ailes, il rêva la création d'une épopée : *Focht van Keizer Constantyn de Groote naar Rome;* mais la mort de sa femme (1635) et des chagrins lui firent abandonner cette œuvre, dont il détruisit les 5 premiers chants, qui étaient déjà achevés. Ce ne fut que grâce à l'influence de l'illustre Grotius, qu'il se décida à reprendre la plume : l'*Histoire de Joseph* lui fournit la matière de trois tragédies, dont *Joseph in Dothan* (1640) est un chef-d'œuvre dans sa touchante simplicité. Entre-temps, il composa à l'honneur de sa ville natale une de ses meilleures œuvres: *Gysbreght van Aemstel* (1637), dont la représentation inaugura le nouveau *Théâtre d'Amsterdam.* L'amour de sa ville natale, Cologne, qui lui avait déjà inspiré le beau chant lyrique de *Rynstroom* fit éclore en 1639 la tragédie *De Mueghden,* dans laquelle il glorifie le martyre de sainte Ursule et de ses compagnes,

mais qui est surtout remarquable à cause du penchant vers le catholicisme que Vondel y manifeste. Depuis plusieurs années déjà, celui-ci, témoin des dissensions sans fin parmi les protestants, se sentait attiré vers cette religion, qu'il embrassa ouvertement en 1641, après mûre réflexion et avec une entière conviction, sans prendre garde que cet acte lui vaudrait la perte d'un grand nombre de ses amis, entre autres de Hooft. Les œuvres suivantes : *Peter en Pauwels* (tragédie, 1641), *Altaergeheimenissen* (poème didactique en l'honneur de l'eucharistie, 1645) et *Maria Stuart of Gemartelde Majesteit* (tragédie, 1646) sont toutes empreintes de l'esprit du catholicisme. En politique aussi ses opinions étaient changées, témoin la pastorale *De Leeuwendaelers* (1648), dans laquelle il applaudit à la fin de la guerre de 80 ans. Ceci apparaît plus encore dans sa grande tragédie *Lucifer* (1654), dont le sujet, la *Chute des Anges,* inspira dix ans plus tard à Milton son *Paradise Lost.* Parmi les œuvres qui suivent, il n'y en a aucune qui puisse lui être comparée, si ce n'est *Adam in Ballingschap* (1664) représentant la chute de notre premier père et son expulsion du paradis. Trois ans plus tard, à l'âge de 80 ans, il écrivit encore une tragédie, *Noach of Ondergangh der Eerste Weerelt.* — Les dernières années de Vondel, qui avait toujours joui d'une assez grande aisance, furent obscurcies par les chagrins de famille et des revers de fortune. Son fils, Joost, ayant par son gaspillage perdu tout son bien et compromis son nom, Vondel sacrifia son avoir, environ 40,000 florins au paiement de ses dettes (1657). Pour être à l'abri du besoin, l'illustre vieillard se vit même obligé d'accepter, en 1658, un modeste emploi au mont-de-piété, lui rapportant 650 florins par an. Au bout de dix ans on le lui retira, mais en lui en laissant les modestes appointements jusqu'à sa mort (5 fév. 1679). Environ 200 ans plus tard, en 1867, ses compatriotes s'acquittèrent d'un devoir trop longtemps négligé en lui érigeant une statue dans le nouveau parc d'Amsterdam. — En parcourant la longue liste de ses œuvres, dont nous n'avons mentionné qu'une faible partie, nous abstenant entre autres de parler de ses nombreuses traductions de Sénèque, de Virgile, d'Horace, d'Ovide, de Sophocle, d'Euripide, etc., nous remarquons que Vondel, tout en ayant abordé tous les genres de poésie, sauf la comédie proprement dite, avait une prédilection marquée pour la tragédie. Là toutefois ne se trouve point la grande force de son génie : il excelle surtout dans le genre lyrique et c'est pourquoi les plus belles parties de son œuvre dramatique sont presque toujours les chœurs; dans ceux-ci il atteint quelquefois une grandeur, une élévation incomparables. — Meilleures éditions : J. v. Lennep.: *De Werken van Vondel in verband gebracht met zijn leven,* 1855-'69, 12 vol. in-fol., magnifique édition illustrée et commentée. J. v. Vloten: *Vondels Dichtwerken,* 2 vol. 1864-'66.   (EYMAEL.)

* **VORACE** adj. (lat. *vorax*). Qui dévore, qui mange avec avidité : *l'aigle est un oiseau vorace.*

* **VORACITÉ** s. f. (lat. *voracitas*). Avidité à manger : *la voracité des loups.*

VORARLBERG [for-arl'-bergg], district le plus occidental de l'empire d'Autriche, confinant au Tyrol, à la Suisse, et au lac de Constance; 2,602 kil. carr.; 102,264 hab. Il reçoit son nom des monts Arlberg, qui sont un rameau des Alpes. Fer, vin, graines; fromages. *Vorarlberg* a une dète et une constitution à part, mais il est administré par le gouverneur du Tyrol. Cap., Bregenz.

VOREY, ch.-l. de cant., arr. et à 20 kil. N du Puy (Haute-Loire); 1,500 hab.

VORONEZH. I, gouvernement de la Russie méridionale, sur la frontière du pays des Cosaques du Don ; 2,602 kil. carr.; 2,152,696 hab. Traversé par le Don et ses affluents; c'est une des plus fertiles régions de la Russie. Il nourrit des chevaux de race supérieure. On y fabrique des draps grossiers, de la ferronnerie, du savon, du suif et du sucre de canne. Exportation de bois, de céréales, de chevaux, de bœufs, de laine, de peaux, de fruits et de miel. — II, capitale de ce gouvernement, sur la Voronezh, non loin du Don, à 180 kil. E. de Kursk; 44,955 hab. Bâtie sur une colline escarpée, elle se divise en ville basse et ville haute, avec de grands faubourgs. Grand commerce, surtout en céréales et en suif.

VORONTZOFF. I. (Mikhail, COMTE**),** homme d'Etat russe, né en 1710, mort en 1767. Il fut l'amant de l'impératrice Elisabeth qui le maria à sa cousine, nièce de Catherine Iʳᵉ, et, qui, en 1744, le nomma vice-chancelier et ministre des affaires étrangères. Il négocia d'importants traités et fut créé chancelier; mais, sous Catherine II, il perdit son influence. — II. (Mikhail), homme de guerre russe, né en 1782, mort en 1856. Son père était ambassadeur à Londres et sa sœur épousa le comte de Pembroke. Mikhail se distingua contre Napoléon, et fut blessé à Borodino. En 1828, il remplaça Menshikoff, blessé au siège de Varna. Pendant qu'il gouvernait le Caucase, il pénétra, en 1845, jusqu'à Dargo, la forteresse de Schamyl, qui tint jusqu'en 1859. Il obtenait des avantages dans la guerre de Crimée, lorsqu'il tomba malade et se retira, en oct. 1854. En 1856, il fut nommé feld-maréchal et gouverneur d'Odessa.

VORTICELLE s. f. (dimin. de *vortex*, tourbillon). Genre de protozoaires infusoires, comprenant des espèces d'animaux-plantes, communs dans les eaux douces et salées, sur

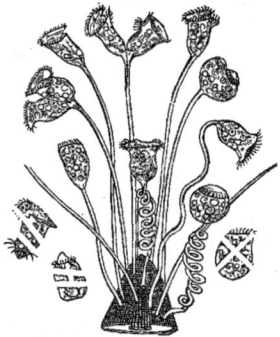

Vorticelle muguet ou cloche-animalcule

les tiges des plantes aquatiques. La *cloche-animalcule* ou *vorticelle muguet*, type de ce genre, a la tête campanulée et un pédoncule qui se tortille.

VOS (Jan), poète néerlandais, né à Amsterdam, vers 1620, mort en cette ville, le 11 juillet 1667. Vitrier de son état et sans instruction, il étonna le monde savant de son époque par son talent dramatique. Ses tragédies : *Aran en Titus*, et *Medea* sont pleines de force et de mouvement, mais ne sauraient plaire de nos jours, à cause des horreurs qu'elles renferment. Sa comédie bouffonne *Œne* n'est, à vrai dire, qu'un ramassis de turpitudes. L'influence de Jan Vos, qui fut, pendant quelque temps, un des di-

recteurs du théâtre d'Amsterdam, n'a pas été très favorable à l'art dramatique de son époque.

VOS (Martin de) [voss], peintre flamand, né à Anvers, en 1534, mort vers 1604. Il termina ses études à Venise sous le Tintoret, et se fit remarquer surtout par ses tableaux religieux; parmi les meilleurs de ceux qui sont à Anvers, on cite *Le Triomphe du Christ* et *Le Denier des Césars*.

VOSGES [vô-je] *Vogesus mons*, all. *Wasgau* et *Vogesen*; chaîne de montagnes du N.-E. de la France, séparant aujourd'hui la France et l'Allemagne. Les Vosges se dirigent du S.-E. au N.-E. parallèlement au cours du Rhin. Elles se divisent en Vosges méridionales, Vosges centrales et Vosges septentrionales. Les cimes des Vosges sont généralement arrondies, d'où leur nom de *ballons* (point culminant, le *ballon d'Alsace*, 1,428 m.). Au S.-O., on regarde comme des ramifications des Vosges les monts *Faucilles* qui les rattachent aux Ardennes. La Saône, la Moselle, la Meuse; la Marne et l'Aube y ont leurs sources.

VOSGES, dép. frontière de la région orientale de la France ; doit son nom à la chaîne de montagnes qui la sillonne; situé entre les dép. de la Meuse, de Meurthe-et-Moselle, l'Alsace-Lorraine, les dép. de la Haute-Marne et de la Haute-Saône ; formé d'une partie de l'ancienne Lorraine ; 5,852 kil. carr.; 406,860 hab. Ce dép. est presque entièrement montagneux (point culminant, le mont Hohreck, 1,366 m.). Sol fertile dans les vallées ; peu de céréales et de vins ; élève de bestiaux nombreux ; fer, plomb, cuivre. Principaux cours d'eau : la Moselle, la Meurthe, la Meuse et le Mouzon. Eaux minérales à Bains, Plombières, Bussang, Contrexéville, etc. — ch.-l. Epinal ; 5 arr., 30 cant., 531 communes. Evêché à Saint-Dié, suffragant de Besançon, d'appel et ch.-l. académique à Nancy. — Ch.-l. d'arr. : Epinal, Mirecourt, Neufchâteau, Remiremont et Saint-Dié.

VOSGIEN, IENNE s. et adj. Des Vosges; qui concerne ce pays ou ses habitants.

VOSSIUS ou **Voss** [vos-siuss]. I. (GÉRARD-JOHANNES), philologue hollandais, né près de Heidelberg en 1577, mort en 1649. Ses œuvres comprennent : *Ars rhetorica* (1623), *De Historicis Græcis* (1624), *De Historicis latinis* (1627), *De theologia gentili* (1642), et *De Rhetorices Natura et Constitutione* (1647). — II. (Isaac), son fils, né en 1618, mort en 1689. La reine Christine l'appela en Suède en 1648; mais il l'offensa par ses malentendus avec Saumaise, et il retourna en Hollande en 1650. En 1670, il alla en Angleterre, et en 1673, Charles II lui donna un canonicat à Windsor. Ses œuvres comprennent : *De Poematum Cantu et Viribus Rhythmi* (1673), *Variarum Observationum Liber* (1685), et des éditions de Catulle, d'Ignatius et de Pomponius Mela.

VOSTRE (Simon), éditeur, mort après 1520. Il donna de fort belles éditions des Heures gothiques (1488); imagina les charmantes bordures et arabesques qui décorent les Heures et les jolies petites figures que l'on admire dans ces Heures.

• **VOTANT** s. m. Celui qui vote : *il y avait trente votants*

• **VOTATION** s. f. Action de voter : *la votation n'a pas été libre*. (Peu us.)

• **VOTE** s. m. Opinion exprimée, suffrage donné dans un corps politique dans une assemblée délibérante, dans un collège électoral : *compter les votes*. (Voy. ELECTION, SCRUTIN, SUFFRAGE, etc.) — LE VOTE EST ACQUIS, il n'y a pas lieu de remettre en délibération l'objet sur lequel on a voté.

• **VOTER** v. n. (lat. *votare*). Donner sa voix, son suffrage dans une élection, dans une délibération : *il n'a pas voulu voter*. — Voter v. a. VOTER UNE LOI, UN IMPÔT, exprimer, au moyen des votes, son consentement à une loi, à un impôt proposé : *on vote à chaque session le budget de l'année*.

• **VOTIF, IVE** adj. (rad. lat. *votum*, vœu). Qui appartient au vœu. TABLEAU VOTIF, tableau qui a été offert pour acquitter un vœu. — En parlant des anciens, BOUCLIERS VOTIFS, boucliers que l'on appendait quelquefois dans les temples ou dans d'autres lieux, soit pour se rendre les dieux favorables, soit en action de grâces. — MESSE VOTIVE, messe qui est dite dans quelque intention particulière, comme pour les malades, pour les voyageurs, pour les défunts, et qui n'est point de l'office du jour.

• **VOTRE** (lat. *vester*) adj. poss. qui répond au pronom personnel Vous. Il se met toujours devant le substantif, et il fait Vos au pluriel. On le dit en parlant à une personne ou à plusieurs : *votre père*.

• **VÔTRE** (lat.) adj. poss. et relat. Ne se dit que par rapport à une chose dont on a déjà parlé, et d'une manière elliptique, le substantif auquel il se rapporte étant sous-entendu : *quand vous aurez entendu nos raisons, nous écouterons les vôtres*. On supprime quelquefois l'article dans le langage familier : *ces effets sont vôtres*. — Vôtre s. m. Ce qui est à vous, ce qui vous appartient : *le vôtre et la nôtre, chacun le sien*. — Ce qui vient de vous : *vous y avez mis un peu du vôtre*. —Vôtres s. pl. Vos parents, ou vos compatriotes, vos amis, vos adhérents, etc. : *vous et les vôtres*. — Fam. VOUS FAITES DES VÔTRES, se dit à quelqu'un qui fait des folies, de bons tours, ou même des actions répréhensibles.

• **VOUER** v. a. (lat. *vovere*). Consacrer. Se dit proprement par rapport à Dieu : *vouer un enfant à Dieu*. — Promettre par vœu : *vouer un temple à Dieu*. — Promettre d'une manière particulière : *vouer obéissance au pape*. — Employer particulièrement une chose, avec suite : *il a voué sa plume à la vérité, à la religion*. — Se vouer v. pr. Se consacrer : *Se vouer à Dieu*.

VOUET (Simon), peintre français, né en 1590, mort en 1649. Il se fixa à Rome en 1613, où il devint le rival du Dominiquin, en imitant le Guide et le Caravage. En 1627, Louis XIII en fit son premier peintre. Son *Saint François de Paule ressuscitant un enfant*, dans l'église des Minimes, à Paris, et sa *Présentation au Temple*, qui est au Louvre, sont ses chefs-d'œuvre.

VOUGE s. m. Ancienne arme de main, composée d'une lame tranchante d'un côté, terminée en pointe et fixée au bout d'une forte hampe.

VOUGEOT s. m. Vin récolté aux environs de Vougeot.

VOUGEOT, village du cant. de Nuits, à 20 kil. N.-E. de Beaune (Côte-d'Or), sur la Vouge; 200 hab. (Voy. CLOS-VOUGEOT.)

VOUILLÉ ou **Vouillé**, ch.-l. de cant.. arr. et à 16 kil. N.-O. de Poitiers (Vienne), sur l'Auzance; 1,600 hab. (Voy. VOULON.)

VOULOIR v. a. (lat. *velle*). *Je veux, tu veux, il veut; nous voulons, vous voulez, ils veulent. Je voulais. Je voulus. J'ai voulu. Je voudrai. Je voudrais. Que je veuille, que tu veuilles, qu'il veuille; que nous voulions, que vous vouliez, qu'ils veuillent. Que je voulusse. Voulant.* L'impératif *Veux, voulons, voulez*, n'est usité que dans certaines occasions très rares où l'on engage à s'armer d'une ferme volonté. Voir plus bas *Veuillez*. Avoir intention de faire quelque chose, s'y déterminer : *il veut partir demain*. — Commander, exiger avec autorité :

le roi veut que vous obéissiez. — Désirer, souhaiter : *on vous donnera tout ce que vous voudrez.* — Consentir : *oui, je le veux bien.* — S'emploie souvent, par civilité, à la seconde personnel du pluriel de l'impératif, qui fait alors VEUILLEZ, et qui signifie, ayez la bonté, la complaisance de : *veuillez permettre que je me retire.* — Demander un prix d'une chose qu'on veut vendre : *il veut avoir cent mille francs, il veut cent mille francs de sa terre.* — Etre d'un caractère ou d'une nature à demander, à exiger telle chose ou telle autre : *il y a des enfants qui veulent être menés par la crainte.* — Pouvoir : *cette machine ne veut pas aller.*

* **VOULOIR** s. m. Acte de la volonté, action de vouloir : *il en a le pouvoir et le vouloir.*

> Oh! bien, bien ; tout cela sera le mieux du monde ;
> Mais rien n'ira pourtant que selon mon *vouloir.*
> J.-B. ROUSSEAU. *Le Flatteur,* acte V, sc. VII.

> .... *Le vouloir céleste*
> Par un songe aux mortels souvent se manifeste.
> PIRON, *Gustave Wasa,* acte Iᵉʳ, sc. VI.

— Fam. MALIN VOULOIR, intention maligne, intention de nuire : *il a témoigné son malin vouloir.*

> Contre toute ta parenté
> D'un *malin vouloir* est porté.
> LA FONTAINE, fable 5.

VOULON, village de l'arr. de Civray, à 28 kil. de Poitiers (Vienne); 300 hab. C'est sur le territoire de Voulon et non sur celui de Vouillé comme on le croit communément que fut livrée la bataille où Clovis avec les Francs vainquit Alaric (507).

VOUNEUIL-SUR-VIENNE, ch.-l. de cant., arr. et à 12 kil. S. de Châtellerault (Vienne); 1,100 hab.

* **VOUS** pron. pers. (lat. *vos*), pluriel de TU. On s'en sert aussi au singulier par une civilité d'usage : *vous êtes le maître.* (Voy. TU.) — Régime direct ou indirect; se place avant le verbe dont il est le complément, excepté quand le verbe est à l'impératif, alors il se place après : *il vous aime; ménagez-vous.* Dans les interrogations, Vous sujet se met après et Vous régime avant : *que faites-vous? d'où vous vient cette crainte?* — Est quelquefois simplement explétif : *dans sa colère il vous prit un bâton.*

* **VOUSSOIR** ou **Vousseau** s. m. Archit. Chacune des pierres qui forment le cintre d'une voûte : *les voussoirs d'une arcade.* Le mot de VOUSSOIR est plus usité que celui de VOUSSEAU.

* **VOUSSURE** s. f. Archit. Courbure, élévation d'une voûte, ce qui en forme le cintre. On le dit aussi en parlant des portes et des fenêtres en arc. — ᴀᴠ Courbure d'un objet quelconque : *la voussure des épaules.*

* **VOÛTE** s. f. (lat. *voluta*). Ouvrage de maçonnerie fait en arc, et dont les pièces se soutiennent les unes les autres : *voûte en plein cintre.* — LA CLEF DE LA VOÛTE, la pierre du milieu de la voûte ; elle sert à fermer la voûte, et à soutenir tous les autres voussoirs. - Fig. *C'EST LA CLEF DE LA VOÛTE,* se dit du point capital d'une affaire. — Anat. LA VOUTE PALATINE OU DU PALAIS, la cloison horizontale qui sépare la bouche et les fosses nasales. LA VOUTE DU CRANE, la partie supérieure du crâne.

* **VOÛTER** v. a. Faire une voûte qui termine le haut d'un édifice, ou d'une pièce dans un édifice : *voûter une église.* — Se voûter v. pr. Se dit des personnes dont la taille commence à se courber : *les personnes de grande taille se voûtent plus promptement que les autres.*

VOUVANT, *Volventum,* comm. du cant. de la Châtaigneraie, arr. et à 13 kil. de Fontenay-le-Comte (Vendée); 1,300 hab. Eglise

extrêmement remarquable, construite au Iᵉ siècle dans le style byzantin.

VOUVRAY, ch.-l. de cant., arr. et à 11 kil. E. de Tours (Indre-et-Loire); 1,500 hab.

VOUZIERS, ch.-l. d'arr. à 54 kil. E. de Mézières (Ardennes). sur la rive gauche de l'Aisne; par 49° 23' 53" lat. N. et 2° 22' 6" long. E. ; 3,500 hab. Grains, vins, huile, bestiaux; pierre à bâtir; houille, ardoises; fabrique de vannerie fine.

VOVES, ch.-l. de cant., arr. à 22 kil. S.-E. de Chartres (Eure-et-Loir); 900 hab.

VOX POPULI, VOX DEI loc. lat. qui signifie: *La voix du peuple, c'est la voix de Dieu.*

* **VOYAGE** s. m. [voua-ia-je] (fr. *voie*). Le chemin qu'on fait pour aller d'un lieu à un autre lieu qui est éloigné : *grand voyage.* — Toute allée et venue d'un lieu à un autre : *j'ai fait deux voyages à Versailles.* — Allée ou venue qu'on fait faire à un homme de peine, à un commissionnaire, soit pour porter quelque chose, soit le crocheteur, ce charretier a fait tant de voyages pour moi; il faut payer ses voyages.* — Séjour dans un lieu où l'on ne fait point sa demeure ordinaire : *le voyage de la cour à Fontainebleau sera de trente jours.*

* **VOYAGER** v. n. Faire voyage, aller en pays éloigné : *il a bien voyagé, il a bien vu du pays.* — Etre transporté : *cette lettre a beaucoup voyagé.*

* **VOYAGEUR, EUSE** s. Celui, celle qui est actuellement en voyage : *j'attends des nouvelles de nos voyageurs.* — Se dit aussi de ceux qui ont fait ou qui font de grands voyages : *c'est un voyageur, un grand voyageur.* — Adj. *Des oiseaux voyageurs.* — COMMIS VOYAGEUR, commis qui voyage pour les affaires d'une maison de commerce. — Législ. « Les dépôts d'objets laissés dans une hôtellerie par les voyageurs qui y logent sont considérés par la loi comme des dépôts nécessaires dont les hôteliers sont responsables (C. civ. 1348, 1952). (Voy. AUBERGISTE et DÉPÔT.) — Il en est de même des objets confiés par les voyageurs au voituriers par terre ou par eau (id. 1782). — Des secours de route sont accordés aux *voyageurs indigents,* en vertu de la loi du 13 juin 1790. Ces secours sont de 15 cent. par 4 kil., pour ceux qui voyagent à pied; ils sont avancés à chaque gîte d'étape par la municipalité et remboursés par le département. Mais si le trajet doit être fait en voiture ou en chemin de fer, le prix du voyage est avancé par le préfet de qui émane la réquisition de transport conformément aux instructions ministérielles des 8 déc. 1865, 22 mars 1866 et 1ᵉʳ mai 1867. » (CH. Y.)

* **VOYANT, ANTE** adj. Qu'on voit. Ne se dit que des couleurs qui sont extrêmement éclatantes : *voilà une couleur très voyante.*

* **VOYANT, ANTE** adj. Qui voit. Dans l'hospice des Quinze-Vingts, on appelle FRÈRES VOYANTS, ceux de cet hospice qui voient clair, et qui sont mariés à une femme aveugle; et SŒURS VOYANTES, les femmes qui voient clair, et qui sont mariées à des aveugles. — s. m. Celui qui voit. Il a le même sens que Prophète, et c'est dans cette acception que Samuel est appelé LE VOYANT.

* **VOYELLE** s. f. [voua-iè-le] (rad. *voix*). Gramm. Lettre qui a un son par elle-même, et sans être jointe à une autre : *les principales voyelles de notre alphabet sont* a, e, i, o, u. — Se dit quelquefois des voix, des consonnes que les voyelles sont destinées à représenter : *la diphtongue se forme de deux voyelles prononcées ensemble, comme dans* Ciel, Dieu, oui. — POINTS-VOYELLES, points ou petits signes destinés à représenter les voyelles, dans l'é-

criture hébraïque, où toutes les lettres sont consonnes.

* **VOYER** s. m. et adj. [voua-ié] (rad. *voie*). Officier préposé à la police des chemins à la campagne, et à celle des rues dans les villes : *les voyers, les commissaires voyers de tel lieu, de telle ville.*—AGENTS VOYERS, agents chargés de la construction et de l'entretien des chemins vicinaux.

* **VOYOU** s. m. [voua-iou] (fr. *voie*). Enfant des rues; par ext., mauvais sujet, homme mal élevé, grossier. (Pop.)

VOYOUCRATE s. m. (fr. *voyou;* gr. *kratos,* force). Partisan de la voyoucratie.

VOYOUCRATIE s. f. Domination de la lie du peuple.

VOYOUTE s. f. Féminin de VOYOU.

VRAC s. m. [vrak] (corrupt. de *varech*). Mar. Désordre, pêle-mêle. — EN VRAC, en désordre. — POISSONS EN VRAC, poissons mis en barils sans y être rangés. — MARCHANDISES EXPÉDIÉES EN VRAC, non emballées.

* **VRAI, AIE** adj. (lat. *verus*). Véritable, qui est conforme à la vérité : *cette proposition est vraie, sera toujours vraie.* — Qui rend, qui exprime avec vérité les pensées, les objets : *un style vrai.* — Qui est réellement ce qu'on le dit être ou qu'il doit être, qui a toutes les qualités essentielles à sa nature. En ce sens, il se met le plus souvent avant le substantif : *le vrai Dieu.* — Astron. TEMPS VRAI. (Voy. TEMPS.) — Unique, ou principal, essentiel : *la vraie cause, le vrai motif, le vrai sujet de sa détermination, de son action,* etc., est la crainte de vous désobliger, est le désir de vous être utile. — Convenable : *voilà la vraie place de ce tableau.*—Vrai s. m. Vérité : *cet homme ne dit pas toujours vrai.*

> Le *vrai* peut quelquefois n'être pas vraisemblable.
> BOILEAU.

— Adverbial. Vraiment : *vous avez dit cela, vrai?* — Au vrai loc. adv. Selon le vrai, conformément à la vérité : *contez-nous la chose au vrai.*

* **VRAIMENT** adv. Véritablement, effectivement : *il est vraiment sage.*

> Il n'appartient vraiment qu'aux races dégradées
> D'avoir lâchement peur des faits et des idées.
> PONSARD. *Charlotte Corday.* Prologue.

— Se dit quelquefois pour affirmer plus fortement : *oui vraiment;* et quelquefois aussi on s'en sert ironiquement : *ah! vraiment oui!*

* **VRAISEMBLABLE** adj. (vrè-san-bla-ble). Qui paraît vrai, qui a l'apparence de la vérité : *la chose est assez vraisemblable.* — s. m. Préférer le *vraisemblable au vrai.*

* **VRAISEMBLABLEMENT** adv. (On prononce l'S fortement). Apparemment, selon la vraisemblance : *vraisemblablement il arrivera aujourd'hui.*

* **VRAISEMBLANCE** s. f. [-san] Apparence de vérité : *il n'y a pas de vraisemblance à ce que vous dites.*

* **VRILLE** s. f. [ll mll.]. Outil de fer terminé par une espèce de vis, qui sert à faire des trous dans le bois. — Se dit aussi des pousses en spirale avec lesquelles la vigne et d'autres plantes s'attachent au corps qui sont près d'elles.

VRILLETTE s. f. Petite vrille.

* **VU, UE** part. passé de VOIR. — Banque, CETTE LETTRE DE CHANGE EST PAYABLE A LETTRE VUE, celui sur qui elle est tirée doit la payer dès qu'elle lui sera présentée. On dit plus ordin. PAYABLE A VUE. (Voy. VUE subst.) — Chancell. et Adm. VU PAR LA COUR LES PIÈCES MENTIONNÉES, les pièces mentionnées ayant été vues : *vu les arrêts énoncés.* — Attendu, eu égard à : *vu la difficulté de réussir.* — VU QUE, attendu que, puisque : *je m'étonne qu'il ait*

entrepris cela, vu qu'il n'est pas très hardi. —
Vu s. m. LE VU D'UN ARRÊT, LE VU D'UNE SEN-
TENCE, ce qui est exposé dans un arrêt, dans une
sentence rendue sur les productions respectives, les pièces, les raisons qui y sont énoncée savant le dispositif; et, en termes d'administration, SUR LE VU DES PIÈCES, après avoir
examiné les pièces. — CETTE CHOSE S'EST FAITE
AU VU DE TOUT LE MONDE, et plus ordin., AU VU
ET AU SU DE TOUT LE MONDE, tout le monde l'a
vue, l'a sue, tout le monde en a été témoin,
en a été instruit.

* **VUE s. f.** Faculté par laquelle on voit;
celui des cinq sens par lequel on perçoit la
lumière et on distingue les couleurs, souvent
même la forme, la distance et les mouvements
le sens de la vue. — Organe même de la vue,
les yeux, les regards : *jetez la vue là-dessus.*
— À PERTE DE VUE, se dit en parlant d'une vue
si étendue, si prolongée, qu'il est impossible
de distinguer les objets qui la terminent. —
A VUE D'ŒIL, autant qu'on en peut juger par
la vue seule : *à vue d'œil, ce morceau de viande
pèse tant.* Visiblement. Se dit, par exagération
en parlant des choses dans lesquelles il arrive
quelque changement imperceptible aux yeux
pendant qu'il s'opère, mais qui ne laisse pas
d'être sensible au bout de quelque temps :
cet enfant croît à vue d'œil. — SECONDE VUE,
faculté dont quelques habitants du Nord
prétendent être doués, et qui consiste à voir
par l'imagination des choses réelles, qui
existent ou qui arrivent dans des lieux éloignés. — Inspection des choses qu'on voit :
*regardez ces étoffes, la vue ne vous en coûtera
rien, la vue n'encoûte rien.* —Banque et Comm.
UNE LETTRE DE CHANGE PAYABLE A VUE, au moment de sa présentation ; et, PAYABLE A TANT
DE JOURS DE VUE, tant de jours après sa présentation. — JUGER D'UNE CHOSE A LA PREMIÈRE VUE,
la première fois qu'on la voit, à la première
inspection. — Manière dont les objets se présentent à la vue : *une vue de côté.* — Toute
l'étendue de ce qu'on peut voir du lieu où l'on
est : *cette maison a une belle vue, n'a point de
vue.* —Tableau, dessin, estampe qui représente
un lieu, un palais, une ville, etc., regardés de
loin : *vue de Rome; vue de Paris.* — Fenêtre,
ouverture d'une maison par laquelle on voit
sur les lieux voisins : *faire boucher, faire
condamner des vues.* — La législation concernant *les vues sur la propriété du voisin a été*
résumée au mot JOUR et au mot SERVITUDE. —
Dessein qu'on a, but, fin que l'on se propose
dans une affaire : *c'est un homme qui a de
grandes vues.* — EN VUE DE, en considération
de : *c'est un des services qu'il a rendus, et
de ceux qu'il peut rendre, qu'on lui a fait cette
grâce.* — Action par laquelle l'esprit connaît,
découvre : *c'est un homme d'une grande pénétration, rien n'échappe à sa vue.*

VUILLAUME (Jean-Baptiste), luthier français, né à Mirecourt en 1798, mort en 1874. Il
apprit son art de son père, s'établit à Paris
en 1818, revint aux lois de l'acoustique dans
la construction des violons, s'efforça de copier
exactement les instruments des Stradivarius,

des Amati, des Giovanni-Paolo Maggini,
inventa une machine pour reproduire un
modèle quelconque, et fabriqua des archets
à l'imitation de Tourte. En 40 ans, il construisit plusde 3,000 violons, et, à l'exposition
de 1867, on ne lui trouva pas de rival.

VULCAIN, nom latin du grec Hephaistos,
le dieu du feu, ainsi que des arts et des
industries qui dépendent du feu. D'après la
théogonie d'Hésiode, c'était un des 12 grands
dieux de l'Olympe, mais une légende le fait
fils de Jupiter et de Junon, et l'autre de Junon
seule. En qualité de dieu de l'art et de l'industrie, il travaillait, aidé par les Cyclopes,
dans un palais étincelant de l'Olympe, ou,
d'après des récits plus récents, au cœur d'une
île volcanique. On donne Lemnos, la Sicile,
Lipari, Hiérax, Imbros et d'autres îles,
comme le lieu de sa résidence sur la terre.
Laid et difforme, il épousa Vénus, qui le
trompa. On le représente ordinairement sous
les traits d'un homme vigoureux et barbu,
portant un marteau à la main.

VULCANICITÉ s. f. Phénomène qui se produit sur l'écorce d'une planète par l'action
du feu intérieur.

* **VULCANIEN, IENNE** adj. Géol. Se dit de
l'hypothèse qui attribue au feu la formation
de la terre et les principales révolutions qui
ont modifié sa surface

* **VULCANISATION s. f.** Préparation que
l'on fait subir au caoutchouc en le plongeant
dans un bain de soufre pour le rendre insensible à l'action du froid et du chaud.

* **VULCANISÉ** adj. m. Se dit du caoutchouc
qui a subi le procédé de la vulcanisation.

VULCANISER v. a. Opérer la vulcanisation.

VULCANISME s. m. Théorie qui attribue à
la seule action du feu central les divers états
successifs de la surface du globe terrestre.

VULCANISTE s. m. Partisan du vulcanisme.

* **VULGAIRE** adj (lat. *vulgaris*). Qui est
commun, qui est reçu communément : *préjugé vulgaire.* — LANGUES VULGAIRES, par opposition à LANGUES SAVANTES, les différentes
langues que les peuples parlent aujourd'hui :
les traductions de la Bible en langues vulgaires.
— Trivial. Ainsi on dit, DES PENSÉES VULGAIRES,
DES SENTIMENTS VULGAIRES, des pensées triviales,
des sentiments tels que le commun du peuple
est accoutumé d'en avoir. — **Vulgaire s. m.**
Le peuple, le commun des hommes : *il suit
en cela l'opinion du vulgaire.*

* **VULGAIREMENT** adv. Communément :
vulgairement parlant.

* **VULGARISATEUR s. m.** Celui qui a le
talent de vulgariser.

* **VULGARISATION s. f.** Action de vulgariser.

* **VULGARISER** v. a. Mettre à la portée de
toutes les intelligences des notions de science
et d'art.

* **VULGARITE s. f.** Caractère, défaut de ce
qui est vulgaire : *la vulgarité du langage.*

* **VULGATE s. f.** (lat. *vulgatus*). Version
latine de l'Ecriture sainte, qui est en usage
dans l'Eglise catholique : *ce passage est traduit selon la Vulgate.* (Voy. BIBLE.)

VULGO adv. (mot lat.). Vulgairement.
(Pop.)

VULNÉRABILITÉ s. 1. (rad. lat. *vulnus*,
blessure). Etat de ce qui est vulnérable.
(Peu us.)

* **VULNÉRABLE** adj. Qui peut être blessé.

* **VULNÉRAIRE** adj. (lat. *vulnerarius*; de
vulnus, blessure). Méd. Se dit des médicaments regardés comme plus particulièrement propres à guérir les plaies : *le millepertuis est une des principales herbes vulnéraires.* — EAUX VULNÉRAIRES, celles qu'on emploie dans le traitement des blessures, celles
qu'on tire des herbes vulnéraires. — s. m.
*On se sert des vulnéraires pour les maux d'es-
tomac, pour les coups à la tête,* etc. — BAUME
VULNÉRAIRE, c'est le baume du Samaritain
dans lequel on a fait macérer des plantes
vulnéraires.

* **VULNÉRAIRE s. f.** Bot. Plante légumineuse, à fleurs jaunes, qui est recommandée
dans les plaies et les blessures récentes. (Voy.
ANTHYLLIDE.)

VULPIN, INE adj. (lat. *vulpes*, renard). Qui
tient du renard.

VULPIUS (Christian-August) [voul'-pi-ouss],
écrivain allemand, né à Weimar en 1762,
mort en 1827. Après avoir habité différentes
villes, il devint secrétaire du théâtre de la
cour à Weimar, alors sous la direction de
Gœthe, Il écrivit le roman populaire *Rinaldo
Rinaldini*, dont le héros est un brigand (1797,
3 vol.) et un grand nombre d'histoires comiques, de récits du moyen âge, de drames
et d'opéras. — Sa sœur (Johanna-Christiane-
Sophia), née en 1765, morte en 1816), se lia
avec Gœthe en 1788, fut employée quelque
temps chez lui, et lui donna un fils. Il l'é-
pousa dans la suite.

VULTUEUX. EUSE adj. (lat. *vultus*, visage).
Rouge et gonflé. Se dit surtout en parlant du
visage.

VULTURIDÉ, ÉE adj. (lat. *vultur*, vautour;
eidos, aspect). Qui ressemble ou qui se rapporte au vautour.

VULTURNE (ital. *Volturno*; anc. *Vulturnus*),
fleuve de l'Italie méridionale, en Campanie;
il naît à mi-chemin entre Gaëte et Naples,
coule au S.-E. et à l'O., et tombe dans le
golfe de Gaëte après un cours de 140 kil. En
oct. 1860, Garibaldi battit sur ses bords les
troupes napolitaines.

VULVAIRE adj. Qui appartient à la vulve.

* **VULVE s. f.** (lat. *vulva*). Anat. Orifice extérieur du vagin.

VULVITE s. f. Pathol. Inflammation de la
vulve.

W

* **W** s. m. [dou-ble-vé]. Lettre qui est particulière à quelques-unes des langues teutoniques, celtiques et slaves d'Asie; et que l'on emploie en français seulement pour écrire un certain nombre de mots empruntés aux langues de ces peuples, sans qu'elle fasse une lettre dans notre alphabet; elle n'existe pas, non plus, dans les autres langues romanes, ni dans celles des branches slaves de la famille indo-européenne. D'après le Dictionnaire de l'Académie, c'est une consonne; mais en anglais, en gallois et en flamand, c'est une voyelle qui se prononce ordinairement *ou*; en allemand, c'est une consonne qui équivaut à notre lettre v.

WAAL, un des bras du Rhin inférieur.

WACE (Robert) [oué-se], poète anglo-normand, né à Jersey vers 1110, mort vers 1184. En 1161, il était évêque de Bayeux. Ses œuvres authentiques comprennent : *Le Roman de Rou (Rollon) et des ducs de Normandie*, poème écrit vers 1170 ; *Le Roman de Brut* (1155), qui est la chronique de Geoffrey de Monmouth, mise en vers ; *La Chronique ascendante des ducs de Normandie*, et quelques poésies de moins longue haleine.

WADAY [oua-daï], royaume de l'Afrique centrale, dans le Soudan, entre 8° et 17° lat. N. et 14° et 22° 40' long. E., bornée par le Sahara, le Darfour, le Dar-Banda, le Baghirmi et le Bornou ; 2,500,000 hab. Ce royaume comprend de nombreuses tribus de nègres et d'Arabes ; il est gouverné par un sultan qui réside à Abeshr. Le Waday a été exploré par Nachtigal en 1873-'74.

WAGENAAR (Jean), historien néerlandais, né à Amsterdam, le 31 oct. 1709, mort en cette ville le 1er mars 1773. Il s'est surtout rendu célèbre par deux ouvrages : *Vaderlandsche Historie* (21 vol.), 1749-'59, augmentée d'abord de 2 vol., *Byvoegsels en Aaumerkingen*, par H. van Wijn, et par son *Histoire d'Amsterdam* (4 vol. 1760-'67), qui se distingue par une vaste érudition et une haute impartialité. Le premier est encore, de nos jours, la meilleure histoire des Pays-Bas.

WAGNER [vag'-neur]. I (Wilhelm-Richard), compositeur allemand, né à Leipzig le 22 mai 1813, mort à Venise, le 13 fév. 1883. En 1833, une de ses symphonies fut jouée à Leipzig, et, la même année, il écrivit un opéra romantique intitulé *Die Fern* (Les Fées). En 1834, il fut nommé directeur musical du théâtre de Magdebourg, où il lui donna, en 1836, son opéra *Das Liebesverbot*. En 1839, il vint à Paris et y eut peu de succès. Il finit l'opéra de *Rienzi*, et composa *Der fliegende Hollaender* (Le Hollandais volant), qui fut représenté pour la première fois à Berlin. *Rienzi* fut donné à Dresde en 1842, et ce succès valut à l'auteur les fonctions de chef d'orchestre à l'opéra de Dresde. *Tanhaeuser*, donné en 1845, n'eut que deux représentations. *Lohengrin* fut sur le point d'être exécuté à Dresde en 1849, lorsque le mouvement révolutionnaire y éclata. Wagner en était un des chefs actifs ; il chercha, après la défaite, un refuge à Zürich. En 1850, il fut nommé directeur de la société musicale et de l'orchestre du théâtre, à Zürich. Il y resta jusqu'en 1858, et y composa *Tristan und Isolde* et une partie de cette grande série d'opéras qui ont pour source d'inspiration les *Nibelungenlied*. *Lohengrin* fut représenté pour la première fois à Weimar en 1850. Après avoir habité différentes villes, Wagner fixa sa résidence à Munich, où il trouva dans le roi Louis un puissant protecteur. *Tristan und Isolde* fut joué en 1865 ; *Die Meistersinger von Nürnberg* en 1868, *Das Rheingold* en 1869 et *Die Walküre* en 1870. A Vienne, le *Tanhaeuser* avait été, en 1862, reçu avec un grand enthousiasme. En 1870, Wagner épousa sa seconde femme, Casina von Bülow, fille naturelle de Liszt, divorcée d'avec Hans von Bülow depuis 1869. Cette même année, il conçut l'idée d'élever un théâtre où l'on pourrait représenter les quatre opéras qu'il avait créés sur les mythes du *Nibelungenring* d'une manière conforme aux idées du véritable art allemand. (Voy. MUSIQUE.) Ce théâtre fut construit à Baireuth, et les opéras y furent exécutés avec grand succès dans l'été de 1876, sous la direction du compositeur. Voici l'ordre dans lequel parurent les ouvrages de Wagner à cette grande fête lyrique : 1° *Das Rheingold*, avec introduction aux trois autres opéras ou trilogie ; 2° *Die Walküre* ; 3° *Siegfried* ; 4° *Die Gœtterdaemmerung*. On consacra une soirée à l'exécution de chaque opéra. Les différentes œuvres littéraires de Wagner ont été publiées en 9 vol., sous le titre de *Gesammelte Schriften und Dichtungen* (1871). — Sa dernière œuvre, *Parsifal*, fut représentée à Baireuth en 1882. Les restes de ce grand compositeur, considéré par ses amis comme ayant révolutionné l'opéra et jeté les bases de la *musique de l'avenir*, reposent à Baireuth, dans un mausolée qu'il s'y était fait élever quelques années avant de mourir.

* **WAGON** s. m. [va-gon; angl. ouag'-eunn] (mot. angl. qui signifie: *Chariot*). Voiture employée sur les chemins de fer.

WAGON-POSTE s. m. Wagon exclusivement réservé au service de la poste.

WAGON-SALON s. m. Wagon disposé en salon.

WAGRAM [va-gramm], village de la basse Autriche, sur le Rossbach, à 11 kil. de Vienne. Le 5 et le 6 juillet 1809, Napoléon y infligea aux Autrichiens, commandés par l'archiduc Charles, une défaite signalée. Les combattants perdirent environ 25,000 hommes de chaque côté. Un armistice fut conclu le 14 oct. La manière dont avait été livrée cette immense bataille brouilla Napoléon avec Bernadotte, qui prétendait avoir eu la plus grande part au succès, mais que l'Empereur lui avait enlevé les lauriers de la victoire pour les attribuer à Berthier. (Voy. ce mot.)

WAHABITES [oua-ba'-bi-te], secte d'Arabes mahométans, fondée par Abd-el-Wahab, au milieu du XVIIIe siècle dans le Nedjed, et qui, avant la mort de son fondateur, en 1787, s'était répandue sur une partie considérable de la péninsule arabe. Saoud, gendre de Wahab, devint le premier chef temporel de la secte, et, depuis, l'autorité politique et religieuse a été concentrée dans sa famille. Les wahabites dominent dans l'Arabie centrale, où, suivant Palgrave, les domaines de leur sultan embrassent, outre le Nedjed, les provinces avoisinantes. Wahab réduisit le mahométisme à un pur déisme, soutenant qu'il n'y a jamais eu aucun homme directement inspiré de Dieu ; d'après lui, Moïse et Jésus furent des hommes vertueux, mais inférieurs en perfection à Mahomet, lequel cependant n'a point de titre à l'adoration, puisque sa nature n'était pas divine.

WAHAL, *Vahalis*, bras méridional du Rhin.

WAIFRE ou **Guaifre**, duc d'Aquitaine, mort en 768. Soutint pendant 7 ans (760-'68), une guerre contre Pépin le Bref, qui, ne pouvant le soumettre, le fit assassiner.

WAITZEN ou **Waizen** [vè'-tsenn] (hong., *Vácz*), ville de Hongrie, sur le Danube, à 31 kil. N. de Pesth ; 12,894 hab. Belle cathédrale, sur le modèle de Saint-Pierre de Rome.

WAKEFIELD [ouék-fîld], ville du comté d'York (Angleterre), à 16 kil. S. de Leeds ; 24,000 hab.

WALCHEREN [val'-khèr-enn], l'île la plus occidentale des Pays-bas, en Zélande, entre deux bouches de l'Escaut, 206 kil. carr. ; 40,000 hab. Les villes principales sont Middelburg et Vlissingen. L'expédition de Walcheren, faite par l'Angleterre contre Napoléon, n'atteignit la Hollande qu'à la fin de juillet 1809 ; elle consistait en 175 vaisseaux armés et 44,000 soldats. Lord Chatam, qui la commandait en chef, perdit du temps à réduire Vlissingen, pendant que Bernadotte renforçait et protégeait Anvers. 7,000 hommes environ moururent des fièvres paludéennes à Middelburg, et l'île fut évacuée avant la fin de l'année.

WALCKENAËR (Charles-Athanase) [val-ke-naèr], baron, écrivain français, né à Paris en 1774, mort en 1852. En 1840, il fut élu secrétaire perpétuel de l'Académie des inscriptions. Ses œuvres comprennent : *Le Monde maritime* (1818, 4 vol.) ; *Nouvelle collection des Relations de Voyage* (1826-'31, 21 vol.), et *Mémoires sur Mme de Sévigné* (1842-'52, 5 vol.), ouvrage resté incomplet.

WALDECK [val'-dèk], principauté du N.-O. de l'Allemagne, divisée en deux parties, le Waldeck propre et le comté de Pyrmont ; 1,121 kil. carr. ; 54,744 hab., la plupart protestants. Ce pays, situé entre les provinces prussiennes de Hesse-Nassau et la Westphalie, est montagneux et nourrit de grands troupeaux de moutons. Le comté de Pyrmont, entre la Westphalie et le Hanovre, est une petite vallée arrosée par l'Emmer, et possède

une ville d'eaux du même nom. Le prince réside à Arolsen, où se tient chaque année la diète. Les princes de Waldeck font remonter leur origine à Witikind. Georges-Frédéric (1664-'92) servit sous l'empereur Léopold Ier, en Hollande, devint maréchal-général des Provinces-Unies, et fut battu par.Luxembourg à Fleurus en 1690. Christian-Auguste (1744-'98) servit contre la Turquie et contre la France, et, en 1797, devint commandant en chef de l'armée portugaise.

WALDECK (Jean-Frédéric, BARON DE), artiste français, né à Prague, le 16 mars 1766, mort à Paris, âgé de près de 110 ans, le 29 avril 1875. Il avait fait avec Levaillant son premier voyage au cap de Bonne-Espérance. Lorsque la France eut besoin de soldats, il s'engagea (1794) et fit les campagnes d'Italie et d'Egypte. De ce dernier pays, il gagna par les côtes africaines, Madagascar, puis l'île de France, revint en Europe, s'enrôla sous les ordres de Surcouf, fit la course avec lui dans la mer des Indes et, après la chute de Napoléon, visita le Chili, l'Angleterre et le Mexique, où il demeura douze ans et dont il dessina les monuments anciens. Ensuite il se fixa définitivement à Paris, où il s'occupa de travaux artistiques. A l'âge de cent un ans (1867), il exposa deux tableaux de nature morte ; puis *Thésée* (1869), *Ariane abandonnée* (1870). Il a publié : *Voyage archéologique et pittoresque dans le Yucatan* (1837). Deux de ses peintures mexicaines ont été exposées en 1869, sous le titre de *Loisir du centenaire.*

WALEWSKI (Alexandre-Florian-Joseph-Colonna), comte et duc, homme d'Etat français, né en Pologne le 4 mai 1810, mort à Strasbourg le 27 sept. 1868. Il passait pour être le fils illégitime de Napoléon Ier et de la comtesse Walewska. En 1831, il combattit avec les patriotes polonais à Grochow, et, après la chute de Varsovie, il entra dans l'armée française comme capitaine. Plus tard, il passa dans la diplomatie. Lorsque la révolution du 24 fév. 1848 éclata, il se mit à la disposition de son intime ami, Louis-Napoléon, qui lui donna d'abord une mission à Florence (1849), puis l'envoya à Naples et à Londres. Sénateur et ministre des affaires étrangères de 1855 à janv. 1860, il entra alors au conseil privé et, le 24 nov. fut nommé ministre d'Etat. Il présida le Corps législatif en 1865-'66 et, en 1867, rentra au Sénat. Il eut de la tragédienne Rachel un fils qui porte son nom.

* WALHALLA s. f. Nom que les anciens Scandinaves donnaient au paradis d'Odin, où allaient les âmes des héros. (Voy. MYTHOLOGIE et RATISBONNE.)

WALKER (William) [ouô'-keur], aventurier américain, né à Nashville (Tennessee, Etats-Unis) en 1824, exécuté à Trujillo (Honduras) le 12 sept. 1860. Il fut longtemps avocat à la Nouvelle-Orléans et à San-Francisco, et homme de loi à Marysville, en Californie. En juillet 1853, il organisa une expédition pour conquérir la Sonora, mais le manque d'approvisionnements le fit échouer. Le 11 juin 1855, il débarqua dans le Nicaragua, à Realejo, avec 62 partisans; quelques hommes du pays se joignirent à lui, et ils s'emparèrent de Granada ou Grenade, le 15 oct. Des recrues lui arrivèrent des Etats-Unis, et, le 1er mars 1856, il était à la tête de 1,200 hommes. Après une courte guerre avec Costa-Rica, il intercepta la route du transit inter-océanique en confisquant les possessions et en révoquant les concessions de la compagnie de bateaux à vapeur Vanderbilt. En juin, il se fit élire président, et, en sept. annula par décret la loi qui interdisait l'esclavage. Ses actes arbitraires provoquèrent une insurrection, et, après une série de combats, il se rendit, le 1er mai 1857, avec 16 de ses officiers, au commandeur C.-H. Davis, du sloop

de guerre.*Saint-Mary's*, des Etats-Unis. En novembre, il reparut dans le Nicaragua et fut pris de nouveau après 132 de ses hommes, et conduit à New-York; le gouvernement du président Buchanan le fit mettre en liberté, considérant comme illégale son arrestation en territoire étranger. En juin 1860, il mit à la voile, de la Nouvelle-Orléans par Trujillo, dans le dessein de faire une révolution dans le Honduras. Il échoua,, fut pris et fusillé.

* WALKYRIE s. f. Voy. VALKYRIE.

WALLACE (SIR William) [ouol'-è-se], patriote écossais, né vers 1270, mort le 23 août 1305. Après avoir mené quelque temps la vie d'un *outlaw* (hors la loi, banni) dans les retraites inaccessibles des Highlands méridionaux, il se mit à la tête de l'insurrection contre les Anglais. Le 10 sept. 1297, avec 40.000 fantassins environ, il anéantit presque l'armée anglaise commandée par le comte de Surrey dans la grande bataille du port de Stirling, et en l'absence du monarque légitime, Jean, alors prisonnier dans la Tour de Londres, il fut déclaré gardien du royaume. Il envahit l'Angleterre et ravagea le pays depuis la frontière jusqu'à Newcastle. Cependant Edouard avait levé une armée de 80,000 hommes de pied et de 7,000 chevaux, qui, le 22 juillet 1298, en vint aux mains avec les troupes écossaises près de Falkirk; Wallace y fut battu avec de grandes pertes. Pendant plusieurs années encore, il poursuivit une guerre de partisans; mais livré par trahison en août 1305, il fut conduit à Londres, condamné à mort, et, le même jour, traîné à la queue de chevaux à West-Smithfield, et la pendu et écartelé.

WALLENSTEIN (proprement Waldstein) [val'-lenn-staïn; (ALBRECHT-WENZEL-EUSEBIUS VON), comte, et duc de Friedland, de Mecklenbourg et de Sagan; général autrichien de la guerre de Trente ans, né en Bohême en 1583, mort le 25 fév. 1634. Elevé dans la religion protestante, il passa au catholicisme, et leva des troupes à ses frais contre les protestants: il fut créé comte et chambellan, et augmenta considérablement sa fortune en achetant les domaines confisqués. En 1626, le trésor impérial étant vide, il leva et équipa une armée, et reçut le titre de généralissime. Pour les événements de cette guerre, voy. TRENTE ANS. L'envoyé espagnol Onate ayant persuadé à l'empereur que Wallenstein méditait de trahir, Gallas fut secrètement chargé des fonctions de général en chef provisoire. Wallenstein se rendit de Pilsen à Eger, où il parvint le 24 fév. Il déclara son intention d'y attendre l'arrivée des Suédois de Bernhard de Weimar, et somma Gordon, Leslie et Butler, de se joindre à lui. Ces trois officiers tinrent conseil, et le résultat fut qu'ils invitèrent les quatre principaux partisans de la guerre à un banquet, où ceux-ci furent massacrés par les dragons irlandais de Butler (25 fév.). Un capitaine irlandais, Devereux, à la tête d'une escouade de soldats, se précipita alors dans la maison qu'habitait Wallenstein. Il le tua à coups de hallebarde. Wallenstein laissait une veuve et une fille unique, qui épousa le comte Kaunitz. F. Foerster a édité ses *Briefe* ou Lettres (1828-'29, 3 vol.). Hurter (1855-'62) et Ranke (1869) ont écrit son histoire.

WALLIS (John) [ou-ol'-liss], mathématicien anglais, né en 1616, mort en 1703. Il prit parti pour le parlement dans la guerre civile, et fut, en 1644, nommé secrétaire de l'assemblée des théologiens à Westminster. Il a écrit un compte rendu de leurs travaux. En 1649, il fut nommé professeur de géométrie à Oxford, et après la Restauration, ayant favorisa, il fut un des chapelains ordinaires du roi. Parmi ses *Opera mathematica*, la plus importante est l'*Arithmetica Infinitorum*, où

il entrevoit le théorème binômial et la méthode des flexions.

WALLON, ONNE s. et adj. [val-lon]. De la Belgique méridionale; qui appartient à ce pays ou à ses habitants. — Wallons, nom donné à la population romane, de plus de 2 millions d'individus, qui habite la Belgique méridionale, surtout entre Liège, Mons et Arlon, et dans les parties limitrophes de la France. Leur langue est un vieux dialecte français, mais les classes instruites parlent le français moderne. Auguste Hock a publié des ouvrages en wallon (1872-'75). L'Eglise wallonne est la branche de l'Eglise française réformée qui fut chassée des Pays-Bas catholiques quand s'éleva la république hollandaise. Beaucoup s'établirent en Hollande; d'autres émigrèrent en Amérique, et y formèrent des « congrégations ».

WALLON (Jean) théologien, né à Laon (Aisne), le 7 sept. 1821, mort à Paris le 19 mai 1882. Au sortir du lycée Louis-le-Grand, il se lia avec le groupe d'artistes et de littérateurs dont Henri Mürger a décrit les joies et les souffrances dans sa *Vie de Bohème*; il figure même dans ce livre sous le nom de Colline. En 1848, il fonda la *Revue de l'ordre social*, qui vécut deux ans, collabora à la *Revue de Paris* et au *Journal des villes et des campagnes*, champion des idées gallicanes. Parmi ses nombreux ouvrages, nous citerons: *Le Clergé en 89*, étude historique remarquable; *Le Pouvoir en France* (1852); *Le Positivisme ou la loi d'un Athée* (1858); *Le Testament de Richelieu* (1868); *La Cour de Rome et de France* (1871); *Jésus et les Jésuites* (1878); *Un Collège de Jésuites* (1880). Il traduisit, en collaboration avec M. Sloman, la *Logique subjective* de Hegel (1854).

WALLSALL [ouôl'-sôl], bourg électoral du Staffordshire (Angleterre), près du Tame, à 12 kil. N.-O. de Birmingham; 46,447 hab. Sellerie, quincaillerie en tout genre; fer à chaux, mines de fer et de houille. La plus grande partie de la ville actuelle est moderne.

WALPOLE (ouol'-pô-le]. I. (SIR Robert), comte d'Orford, homme d'Etat anglais, né en 1676, mort le 18 mars 1745. Il entra au parlement comme whig, devint secrétaire d'Etat à la guerre et chef des whigs au parlement, et fut chassé de la chambre et emprisonné pour malversation (1712). A l'avènement de George Ier, il fut nommé payeur général de l'armée. En 1720, il occupa de nouveau la charge de payeur général. La même année l'affaire de la mer du Sud sombra, et Walpole, qui s'y était énergiquement opposé, reprit, en avril 1721, son poste de premier lord de la trésorerie et de chancelier de l'échiquier, qu'il garda à l'avènement de George II. Le 11 fév. 1742, après être resté 21 ans premier ministre, ce qui est sans exemple dans l'histoire anglaise, il se démit de toutes ses charges; deux jours auparavant il avait été créé comte d'Orford. On a probablement beaucoup exagéré dans les accusations de corruption souvent portées contre lui. — II. (Horatio), baron Walpole de Wolterton, son frère, né-en 1678, mort en 1757. Il remplit des charges importantes à l'intérieur et à l'étranger, et est l'auteur d'une *Answer to the Latter Part of Bolingbroke's Letters on the Study of History* (1762). — III. (Horace), écrivain anglais, troisième fils de sir Robert Walpole et quatrième comte d'Orford, né en 1717, mort en 1797. Il fit partie du parlement de 1741 à 1768. Dans sa célèbre retraite de Twickenham, appelée Strawberry Hill, il amassa peintures, estampes, livres, manuscrits, armes, antiquités de toute sorte, et imprima sur une presse particulière une édition in-quarto de Lucain. Dans son *Catalogue of Royal and Noble Authors* (1758),

il égaie par un style brillant et des anecdotes piquantes un assez maussade sujet. Il publia aussi *Anecdotes of Painting in England* (1761-'71), *Catalogue of Engravers* (1763) et *The Castle of Otranto* (1765), que l'on peut regarder comme le premier des romans moyen âge. Son *Entire Correspondence* a été publiée par les soins de Peter Cunningham (1837-'39, 9 vol.; nouv. édit. 1861). Il avait aussi rédigé des Mémoires sur les 10 dernières années du règne de George II (publiés par lord Holland, 1828, 2 vol. in-4°), sur les 12 premières années du règne de George III (publiés par sir Denis Le Marchant, 1844-'65, 4 vol.) et sur le même règne de 1771 à 1783 (publiés par le Dᴿ Doran, 1859, 2 vol.). Il avait 74 ans lorsqu'il succéda à son neveu comme comte d'Orford. Il vécut et mourut célibataire.

WALTHAM [ouôl'-thamm], ville manufacturière du Massachusetts, sur la rivière Charles, à 16 kil. N.-O. de Boston; 9,945 hab. Ateliers de la compagnie manufacturière de Boston (*Boston manufacturing Company*) pour le tissage du coton, la bonneterie, la blanchissage et la teinture; ateliers d'horlogerie de l'*American Watch Company*, les premiers où l'on ait fabriqué les montres au moyen de machines.

WALTHER VON DER VOGELWEIDE [val'-teur fonn der fo'-gheul-vaï-dé] (Gautier de la prairie de l'Oiseau), minnesinger allemand, né vers 1170, mort vers 1228. Il eut pour premier protecteur le duc Frédéric d'Autriche, après la mort duquel (1198) il s'attacha successivement à plusieurs princes; il finit par recevoir un fief considérable près de Würzbourg. Ses derniers chants ont pour sujet les croisades et les troubles civils de l'Allemagne.

WANDRILLE (Saint), *Wandregisilus*, fondateur d'une ancienne et célèbre abbaye de bénédictins, située à 4 kil. de Caudebec (Seine-Inférieure), près de la Seine.

WAPITI s. m. [oua-pi'-ti]. Nom donné au cerf du Canada (*cervus Canadensis*, Erxl.) C'est un grand fauve qui représente dans le

Wapiti, cerf du Canada. (*Cervus Canadensis*).

Nouveau Monde le cerf d'Europe. Sa longueur totale est de 7 pieds à 7 pieds et demi, et sa hauteur de 4 pieds et demi à 5 pieds à l'épaule.

WAPPERS (Gustave) [ouap'-perss], peintre flamand, né en 1803, mort en 1874. On cite de lui un *Christ au Tombeau*, *Pierre le Grand à Saardam* et l'*Exécution d'Anne Boleyn*. Il fut directeur de l'académie d'Anvers et vint habiter Paris vers 1853.

WARBECK (Perkin) [ouôr'-beck], prétendant au trône d'Angleterre sous le règne de Henri VII, pendu à Tyburn le 23 nov. 1499. Il parut à la cour de Marguerite, duchesse douairière de Bourgogne en 1490, et frappa

tout le monde par sa ressemblance extraordinaire avec Edouard IV; on l'instruisit à faire le personnage de Richard, duc d'York, frère cadet d'Edouard V, qu'on supposait avoir été mis à mort par Richard III. Il eut un grand nombre de partisans en Angleterre et en Irlande, et fut aidé par Charles VIII de France. Chassé deux fois du territoire anglais sur lequel il était entré avec 600 hommes en 1495, il alla en Ecosse, ou Jacques IV le reconnut. Peu après, il se rendit à Bodmin, dans la Cornouaille, et 3,000 des habitants du pays se réunirent autour de lui. Il mit le siège devant Exeter et prit pour la première fois le nom de Richard IV, roi d'Angleterre le 7 sept. 1497. Mais il fut forcé de se retirer à Taunton, et finit par être pris et enfermé à la Tour. Il complota pour sa délivrance, avec le comte de Warwick, aussi en prison, fut jugé et exécuté.

⁎WARRANT s. m. [oua-rannt] (mot angl. qui signifie *garant*). Récépissé délivré aux commerçants au moment où ils font déposer des marchandises dans un dock ou entrepôt et qui constate la valeur de ces marchandises. — Législ. « Le warrant est un bulletin de gage qui est annexé à tout récépissé de marchandises délivré par un établissement de magasins généraux (Voy. MAGASIN). Le warrant doit contenir les mêmes indications que le récépissé, c'est-à-dire qu'il doit énoncer les nom, profession et domicile du déposant, la nature de la marchandise et les renseignements propres à en déterminer la quantité et la valeur. Les récépissés et les warrants sont extraits d'un registre à souche. Ils peuvent être transmis par voie d'endossement, soit ensemble, soit séparément. Chaque endossement doit être daté. L'endossement des deux pièces réunies transmet au cessionnaire le droit de disposer de la marchandise. L'endossement du warrant séparé du récépissé vaut nantissement de la marchandise au profit du cessionnaire, pour garantie d'un prêt ou d'une créance antérieure. Cet endossement doit énoncer le montant intégral, en capital et intérêts, de la créance garantie, l'époque de son échéance, et les nom, profession et domicile du créancier. Le premier cessionnaire du warrant doit faire transcrire l'endossement sur le registre du magasin général, et il est fait mention de cette transcription sur le warrant. Celui au profit duquel le récépissé seul est endossé peut disposer de la marchandise, mais à la charge, soit de payer, même avant son échéance, la créance garantie par la remise du warrant, soit d'en laisser payer le montant sur la vente publique de la marchandise, soit de consigner ce montant à l'administration du magasin général. A défaut de paiement à l'échéance de sa créance, le porteur d'un warrant séparé de son récépissé peut, huit jours après le protêt et sans aucune formalité de justice, faire procéder à la vente publique en gros des marchandises. Si ce porteur n'est pas alors complètement désintéressé, il peut, mais seulement après avoir exercé son droit sur la marchandise, avoir recours contre l'emprunteur et les endosseurs, pourvu qu'il ait fait procéder à la vente, dans le mois qui a suivi le protêt. Les établissements publics de crédit peuvent recevoir des warrants comme effets de commerce, avec dispense d'une des signatures exigées par leurs statuts. Celui qui a perdu

un récépissé ou un warrant peut, en justifiant de sa propriété et en donnant caution, obtenir par ordonnance du juge, un duplicata, s'il s'agit du récépissé, et le paiement de la créance garantie, s'il s'agit du warrant. Les récépissés sont timbrés selon leur dimension, et ils sont soumis au droit fixe d'enregistrement de 1 fr. Les warrants endossés séparément doivent être revêtus de timbres mobiles dans la proportion de 5 cent. par 100 fr., de même que les billets à ordre. Ces timbres sont oblitérés par le premier endosseur. A toute réquisition du porteur du récépissé et du warrant réunis, la marchandise doit être fractionnée en autant de lots qu'il est demandé, et le titre primitif est alors remplacé par autant de récépissés et de warrants qu'il y a de lots (L. 28 mai 1858; Décr. 12 mars 1859). (Ch. Y.)

WARREN [ouôr'-renn] (SIR **John Borlase**), amiral anglais, né en 1754, mort en 1822. Le 11 oct. 1798, dans une rencontre avec une escadre française à la hauteur de la côte d'Irlande, il captura le vaisseau amiral *Hoche* et trois frégates, ce qui lui valut le grade de contre-amiral.

WARTBURG [vart'-bourg], château pittoresquement situé dans la partie N.-O. de la forêt de la Thuringe, près d'Eisenach, dans la Saxe-Weimar, élevé vers 1070 par Louis, landgrave de Thuringe. Ce fut la résidence de ses successeurs pendant près de quatre siècles. Ce château est célèbre par le tournoi musical des minnesingers qui s'y tint en 1206 ou 1207, par la place qu'il occupe dans l'histoire de sainte Elisabeth de Hongrie (voy. ELISABETH, *sainte*), et pour la retraite qu'y trouva Luther en 1521-'22.

WARWICK [ouôr'-rik], ville de l'état de Rhode Island, à 10 kil. S.-O. de Providence, sur la baie de Narragansett; 11,614 hab.

WARWICK, bourg électoral d'Angleterre, capitale du Warwickshire, sur la rive droite de l'Avon, à 130 kil. N.-O. de Londres; 10,986 hab. C'est une ancienne ville qui contient des plus beaux châteaux féodaux du royaume; on y a installé de riches collec-

Château de Warwick.

tions. Ce château, brûlé en partie le 3 déc. 1871, a été restauré.

WARWICK (Richard NEVILLE, *comte de*), surnommé le *Faiseur de rois*, fils aîné de Richard Neville, comte de Salisbury, et cousin d'Edouard IV, né un peu après 1420, mort en 1471. Il eut l'honneur de la victoire des Yorks à Saint-Albans, le 22 mai 1455, et fut fait gouverneur de Calais. Il repassa en Angleterre en juin 1460, chassa Henri IV de Londres et s'empara de sa personne à Northampton (10 juillet). En 1461, la victoire de la reine Marguerite à Saint-Albans rendit la liberté à Henri; mais Edouard d'York ayant opéré

sa jonction avec les troupes de Warwick, fut proclamé roi à Londres, sous le nom d'Edouard IV. En juin 1465, Henri fut livré par trahison et Warwick le conduisit à la Tour. Edouard avait épousé, en 1464, Elisabeth Woodville, veuve de sir John Grey; les Woodville ne tardèrent pas à supplanter le Neville dans la confiance du roi, auquel déplut le mariage secret de son frère Clarence avec Isabelle, fille de Warwick. Les Neville saisirent l'occasion d'une insurrection pour renverser leurs rivaux. Warwick conduisit Edouard prisonnier à Middleham. Edouard, délivré ensuite de prison, reparut à Londres, fit grâce à Warwick, et lui rendit sa confiance. En 1470, Warwick suscita un mouvement pour placer la couronne sur la tête de Clarence, mais il dut s'enfuir en France. Il revint en 1470, proclama roi Henri VI et marcha sur la capitale. Edouard s'enfuit en Hollande, revint et entra dans Londres sans résistance. Trois jours après, il attaquait à Barnet (14 avril) Warwick, qui y fut battu et tué.

WARWICKSHIRE, comté du centre de l'Angleterre; 2,292 kil. carr.; 633,902 hab. Le seul cours d'eau navigable est l'Avon. C'est dans ce comté que se trouvent les grandes villes manufacturières de Birmingham, de Coventry, de Warwick (la capitale),

Le Capitole, à Washington.

de Stratford-sur-Avon, de Kenilworth et de Rugby.

WASHINGTON [ouoch'-inngg-t'n], capitale des Etats-Unis d'Amérique, dans le district de Colombie, sur la rive N.-E. du Potomac, à 180 kil. au-dessus de son embouchure, et à 290 kil. de l'Atlantique, à 60 kil. S.-O. de Baltimore, et à 320 kil. S.-O. de New-York; par 38° 53' 20.1" lat. N. et 79° 20' 44" long. O; 150,000 hab., dont 35,000 de couleur et 14,000 étrangers environ. La ville est bien bâtie, avec de larges rues à angles droits se dirigeant les unes du N. au S., les autres de l'E. à l'O. Les premières sont désignées par des numéros, les autres par des lettres. Ces rues sont coupées diagonalement par 21 avenues, portant les noms des états de l'Union, et qui rayonnent presque toutes autour de trois points : le Capitole, la Maison-Blanche et Lincoln Square, à l'E. du Capitole. La grande artère commerciale est l'avenue de Pennsylvanie, qui passe devant le Capitole et la Maison-Blanche. Le mall ou mail, à l'O. du Capitole, contient le jardin botanique, l'institution smithsonienne et le ministère de l'agriculture. Le parc continue le mail à l'O. et s'étend jusqu'au Potomac. — Le Capitole se dresse sur le bord occidental d'un plateau qui forme la partie orientale de la ville, et a sa façade à l'orient. Le corps de bâtiment

central est en grès peint en blanc; les ailes sont en marbre blanc peint en bleu. L'extérieur est décoré d'ornements architecturaux, de sculptures et de statues; l'intérieur contient une profusion de fresques, de tableaux et d'œuvres de la statuaire. Au centre, s'élève un dôme en fer surmonté d'une statue de la Liberté haute de 6 m. et demi par Crawford. Au Capitole se trouvent le sénat, la chambre des représentants, la cour suprême, la cour des réclamations (court of claims), et la bibliothèque du congrès. A l'E. du Capitole, se remarque la statue colossale de Washington par Greenough. La résidence du président est dans la partie occidentale de la ville, à 2 kil. du Capitole. Elle est bâtie en pierres de taille et peinte en blanc, de là son nom populaire de Maison-Blanche. Comme édifices du gouvernement, il y a encore à citer le ministère des finances, le nouveau palais où logent les ministères d'Etat, de la guerre et de la marine, le ministère de l'intérieur et l'hôtel des postes. L'observatoire maritime des Etats-Unis (38° 53' 38".8 lat. et 79° 23' 5" long. O.) occupe une situation élevée sur le bord du Potomac, dans l'O. de la ville. Le congrès a adopté le méridien de cet observatoire pour toutes les mesures astronomiques et celui de Greenwich pour les mesures nautiques. Le musée médical de l'armée, le musée d'artillerie et l'imprimerie du gouvernement sont des établissements remarquables. La galerie artistique de Corcoran

occupe un beau bâtiment près de la Maison-Blanche. Les hôtels sont un des traits caractéristiques de Washington. Les principaux sont : l'Arlington, l'Ebbitt, l'Impérial, le Métropolitain, le National, Saint-James, Saint-Marc et Villard. — Le Potomac est traversé par un pont, appelé le Pont-Long, et qui sert au chemin de fer et au trafic ordinaire. Des lignes de chemin de fer traversent Washington en tous sens et mettent la ville en communication avec toutes les parties des Etats-Unis. Un aqueduc de 19 kil. amène, par les grandes chutes du Potomac, les eaux de Washington et de Georgetown. Parmi les institutions de bienfaisance, on remarque l'hôpital naval, l'asile de Washington; le soldiers' home ou hôtel des Invalides, en dehors des limites de la ville, fondé en 1851; l'école de correction pour les garçons; l'asile des aliénés, ouvert en 1855; l'institution des sourds-muets, etc. Les écoles publiques de Washington font partie du système d'enseignement gratuit du district. Les enfants de couleur sont séparés des autres. — Le siège permanent du gouvernement fédéral fut fixé sur le Potomac par un acte du congrès, en date du 16 juillet 1790; en 1791, l'emplacement de la ville actuelle fut choisi par Washington, et l'on nomma des commissaires pour en jeter les fondements. Le gouvernement s'y établit en 1800, et le congrès s'y réunit le 17 nov. Le 24 août 1814, les Anglais s'emparèrent de la ville et brûlèrent les édifices publics. En juillet 1864, malgré sa ceinture de forts, les confédérés

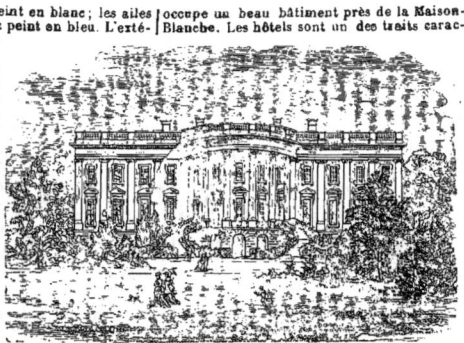

Maison du président (President's house).

Ministère des finances (Treasury department).

la menacèrent un instant. De 1802 à 1874, Washington fut régi par un gouvernement municipal; aujourd'hui, elle se confond

administrativement avec le district tout entier.

WASHINGTON (George), le premier président des Etats-Unis, né à Westmoreland (Virginie), le 22 fév. (le 11, v. style) 1732, mort à Mount-Vernon, le 14 déc. 1799. Il était fils d'Augustin Washington et de Mary Ball, sa seconde femme. Il ne reçut que l'instruction que pouvaient donner les écoles du voisinage. A 14 ans, on obtint pour lui une commission d'aspirant de marine; mais sa mère l'empêcha de prendre cette carrière. A sa sortie de l'école, il séjourna longtemps à Mount-Vernon, propriété de son frère aîné, Lawrence, et y étudia l'arpentage. Il en fit sa profession, et fut employé par lord Fairfax, noble Anglais qui était venu s'établir en Virginie. En prévision d'une guerre avec les Indiens et probablement d'une rupture avec la France, la Virginie était divisée en districts militaires. Dans l'un d'eux, Washington, qui n'avait alors que 19 ans, fut nommé adjudant avec rang de major. Par le testament de son frère Lawrence, qui mourut en 1752, et qu'il avait accompagné l'année précédente dans un voyage de santé aux Barbades, la propriété de Mount-Vernon, à la mort d'une fille en bas âge, passa aux mains de George, qui l'agrandit ensuite par des acquisitions nouvelles. Cependant, les probabilités d'une collision sur la frontière s'accroissaient, et la province fut divisée en quatre districts. Celui du N. fut assigné à Washington comme adjudant général. Les Canadiens élevèrent un fort sur un bras du French-Creek, à environ 23 kil. S. du lac Erie, et envoyèrent des émissaires aux tribus du N.-O. de l'Ohio pour les engager à détruire les établissements de la compagnie de l'Ohio, qui se proposait de coloniser les territoires à l'O., réclamés par la Virginie. Le 14 nov. 1753, Washington partit pour un voyage à travers le désert, avec une mission spéciale auprès du commandant français; au retour, il courut de grands dangers par suite du froid excessif, de l'hostilité des sauvages et de la trahison de son guide. Washington fut ensuite nommé lieutenant-colonel, et bientôt, après la mort du colonel Fey, il devint commandant en chef. Sur l'avis de Washington, on envoya le capitaine Trent avec une compagnie pour bâtir un fort au confluent de l'Alleghany et du Monongahela (emplacement actuel de Pittsburgh). Le 20 avril 1754, Washington apprit à Will's Creek que la troupe du capitaine Trent avait été obligée, par des forces françaises et indiennes accablantes, d'abandonner l'ouvrage commencé. Les Français terminèrent le fort et l'appelèrent *Fort-Duquesne*. Washington, par mesure de précaution, fit établir un retranchement dans les Grandes Prairies (*Great Meadows*). Apprenant qu'on avait vu, la veille, un parti de 50 Français à moins de 8 kil. de ce lieu, il fit une marche forcée et les surprit dans la matinée du 28 mai. M. Jumonville et 40 de ses hommes furent surpris et assassinés; les autres Français furent faits prisonniers. Washington changea aux Meadows son retranchement en un fort qu'il appela *Fort-Necessity*, mais il ne tarda pas à être obligé de capituler. On lui rendit la liberté sur sa promesse que les Français seraient rendus à la liberté, clause qui ne fut pas exécutée. En 1755, deux régiments de troupes royales, commandés par Braddock, arrivèrent en Virginie, et les troupes provinciales se joignirent à eux. Washington, froissé de la préséance dont jouissaient les officiers de l'armée régulière, donna sa démission; mais, en même temps, il offrit au général Braddock, comme aide de camp volontaire, des services acceptés avec empressement. Le jour mémorable de la défaite de Braddock, Washington trouva moyen d'échapper à cette punition de l'assassinat de Jumonville. En 1758 il

commandait le contingent virginien dans la campagne malheureuse du général Forbes contre le Fort-Duquesne. Le 17 janv. 1759, il épousa Mrs Martha Custis, l'opulente veuve de John Parke Custis, et, peu après, il alla résider à Mount-Vernon. Washington fut membre de la chambre des bourgeois pendant toute la période troublée qui précéda l'appel aux armes. En 1774, il fut délégué au congrès continental. Le 15 juin 1775, le congrès continental élut unanimement Washington au commandement en chef des armées de la révolution. Il prit le commandement des troupes qui assiégeaient Boston, le 3 juillet, et les Anglais évacuèrent la ville le 17 mars 1776. Puis se succédèrent rapidement les désastres de Long-Island, de Fort-Washington, et la calamiteuse retraite des Jerseys. Le brillant coup de main de Trenton et le succès important de Princeton relevèrent le courage ébranlé des populations; mais ces avantages furent suivis du revers de Brandywine, de la tentative malheureuse sur Germantown; et du terrible hivernage de Valley-Forge. L'été suivant (1778), le courage et le talent de Washington changèrent un commencement de défaite en victoire décidée, à Monmouth; mais, à partir de ce moment, les troupes, placées directement sous ses ordres, ne remportèrent plus aucun succès. Plus de deux ans s'écoulèrent depuis la capitulation de Yorktown (oct. 1784) jusqu'à l'évacuation de New-York (25 nov. 1783). — Le 23 déc. 1783, Washington remit sa commission de commandant en chef au congrès continental siégeant à Annapolis. Il se retira à Mount-Vernon et reprit ses occupations de fermier et de planteur, évitant avec soin toute participation aux affaires publiques. Cependant, en mai 1787, il fut envoyé à la convention de Philadelphie, chargée d'élaborer la constitution des Etats-Unis, et elle le choisit à l'unanimité pour son président. La constitution fut loin d'être accueillie avec faveur par la population en général, et il est douteux qu'elle eût été ratifiée sans la popularité de Washington, qui se trouvait désigné d'avance pour être le premier chargé des fonctions de président. Il fut choisi par le vote unanime des collèges électoraux. Il entra en fonctions à New-York le 6 avril 1789; le congrès avait été convoqué pour le 4 mars; mais l'indifférence générale était telle, que les membres ne s'étaient pas trouvés en nombre. A l'intérieur, régnaient l'indifférence, la défiance, l'attente inquiète de ce qui allait arriver. De ce chaos, l'administration de Washington fit rapidement sortir l'ordre, malgré la rivalité entre Jefferson et Hamilton. Dans l'automne de 1792, il fut unanimement réélu. Au commencement de 1796, Washington prit la résolution irrévocable de se retirer, se consulta avec Hamilton sur la préparation de son «Adresse d'adieu». Cette adresse fut publiée le 17 sept. 1796. A l'expiration de son terme d'office, le 4 mars 1797, il se retira à Mount-Vernon. Mais une année à peine s'était écoulée, que les dissentiments depuis longtemps existant entre les Etats-Unis et le Directoire de France prirent un caractère aigu, et Washington fut nommé lieutenant général. Dans la matinée du jeudi 12 déc., faisant sa promenade ordinaire à cheval autour de ses fermes, par un temps de neige, de grêle et de pluie, il prit froid et mourut deux jours après d'une laryngite aiguë, maladie presque inconnue jusqu'alors. — Washington avait 6 pieds 2 pouces; un peu maigre, mais bien proportionné dans sa jeunesse, il prit en suite de l'embonpoint. Jaret Sparkes a réuni ses différents écrits en y joignant sa biographie (1834-'37, 12 vol.). Sa vie a été écrite en détail par Marshall et par Washington Irving, et, plus en abrégé, par Weems, David Ramsay, etc.

WASSIGNY, ch.-l. de cant., arr. et à 40 kil. N.-O. de Vervins (Aisne); 1,294 hab. — Grande forêt se reliant avec celle des Ardennes.

WATELET (Louis-Etienne), littérateur et artiste français, né à Paris en 1718, mort en 1786. Il a laissé un poème, l'*Art de peindre* (1760), qui lui ouvrit les portes de l'Académie. On a encore de lui, *Dictionnaire de peinture, de gravure et de sculpture* (1792, 5 vol.).

WATER-CLOSET ou **Watercloset** s. m. [angl. ouo′-t′r-clôz′-ètt] (angl. *water*, eau; *closet*, cabinet). Cabinet d'aisances :

Dans des *water-closets* nous siégeons en Anglais.
BARTHÉLEMY. L'*Anglomanie*. — *Figaro* du 11 août 1861.

WATERFORD [ouatt′-eur-fôrdd]. I, comté du S. de l'Irlande, dans le Munster; 4868 kil. carr.; 122,825 hab. — II, capitale de ce comté, sur le Suir, à 14 kil. de son embouchure dans le port de Waterford, et à 130 kil. S.-S.-O. de Dublin; 23,349 hab. Le quai est le plus beau de l'Irlande.

WATERLOO [va-ter-lo′], village de Belgique, sur la lisière de la forêt de Soignes, à 13 kil. S.-E. de Bruxelles; 3,000 hab. C'est à Waterloo et aux environs que se livra, le 18 juin 1815, la mémorable bataille entre Napoléon et les alliés commandés par Wellington et Blücher. Napoléon cherchait à empêcher la jonction des alliés et des Prussiens, et à les battre l'un après l'autre. Le 16 juin, il avait repoussé Blücher à Ligny; il dépêcha Grouchy à sa poursuite et ordonna à Ney d'attaquer l'armée anglo-hollandaise commandée par le prince d'Orange, à Quatre-Bras (à 11 kil. de Waterloo). Les alliés tinrent ferme; mais le 17, Wellington fit reculer son armée jusqu'à Waterloo; Napoléon l'y suivit. Pendant la nuit du 17 juin, les deux armées se trouvèrent front à front, séparées par une vallée peu profonde et large de 450 à 700 mètres. Wellington avait 70,000 hommes. Sa droite s'appuyait sur le château et sur le bois de Hougoumont, son centre sur le village du Mont-Saint-Jean et sur la ferme de la Haie-Sainte, et sa gauche sur les hameaux de la Haye et de Papelotte. Son quartier général à Waterloo. Napoléon, à la tête de 72,000 hommes, presque tous vieux soldats, avait son quartier général à la ferme de la Belle-Alliance, sur la route de Charleroi à Bruxelles. Une pluie épaisse et continuelle entravait les mouvements des deux armées. Napoléon différa l'attaque pour laisser sécher le sol. A 11 heures et demie du matin, la bataille commença. Hougoumont dut à subir un violent assaut; le bois fut pris et repris plusieurs fois, et, à 2 heures, il resta aux Français; mais le château leur résista. A 1 heure et demie, Ney, qui avait l'ordre de rompre le centre de l'ennemi, s'empara de la Haie-Sainte; refoulé par Picton et Ponsonby, qui y furent tués, il la reprit à 3 heures et, à 4 heures, repoussa une nouvelle attaque que Wellington tentait en même temps qu'un mouvement en avant par la droite. Renforcé par la grosse cavalerie et de la cavalerie légère, il précipita avec force sur les lignes de l'infanterie anglaise, qui s'ébranlèrent, mais ne se rompirent pas. Il aurait fallu une plus nombreuse infanterie, et Napoléon, qui avait affaibli son centre en détachant Lobau avec 10,000 hommes pour surveiller les Prussiens, n'en avait pas à sa disposition. Le bruit que l'armée de Blücher, qui s'était ralliée, approchait, ranima le courage des alliés et étonna les Français; un peu après 7 heures, Napoléon, désespérant d'être secouru par Grouchy, qui ne reçut aucun des ordres réitérés qui lui furent envoyés jusqu'à 4 heures et, par conséquent, ne put les exécuter, rassembla quatre bataillons de la garde moyenne, et six de la vieille garde pour faire un suprême effort contre le centre des alliés. Ney, à la tête de la garde moyenne, avait à peine

commencé l'attaque qu'un corps prussien apparut sur la droite des Français. La Haye et Papelotte que les Français avaient emportés, furent promptement repris. La garde moyenne tint ferme sous un feu qui éclaircissait rapidement ses rangs; mais, à la fin, elle battit en retraite; les six autres bataillons se formèrent en carrés, et, seuls, se battirent désespérément. Cinq carrés étaient rompus et le dernier ne pouvait plus tirer, lorsque Napoléon ordonna la retraite. Le cri « La garde est repoussée! » changea cette retraite en défaite. En ce moment, Wellington fit avancer toute sa ligne d'infanterie, et les Prussiens, appuyant son mouvement, la déroute des Français fut complète. La garde fut surnommée et ne se rend pas, » telle est la réponse que l'on attribue communément au général Cambronne (voy. ce mot), et au cri de Vive l'Empereur! le centre de la garde chargea l'ennemi et périt presque jusqu'au dernier homme. A 9 heures et demie, Blücher et Wellington se rencontrèrent à la Maison du Roi, en arrière de la Belle-Alliance, et Blücher se mit à la poursuite des vaincus. Les alliés avaient perdu en tout 23,000 hommes environ, et les Français plus de 30,000 hommes avec 227 pièces de canon.

WATERLOO (Antoni), artiste hollandais, d'Utrecht, né vers 1600, mort en 1662. Ses paysages hollandais sont épars à Rotterdam, Berlin, Munich et Dresde. Florence possède son tableau des Pêcheurs. Il a exécuté 136 gravures, très recherchées.

WATERPROOF s. m. [angl. ouo-teur-prouf], (mot angl. formé de water, eau; proof, épreuve]. Manteau imperméable. — Grand manteau de drame qui descend jusqu'aux pieds, et qui est ordinairement pourvu d'une pèlerine. On l'appelle aussi CACHE-MISÈRE.

WATT [ouott] (James), inventeur écossais, né en 1736, mort le 25 août 1819. En 1758, étant constructeur d'instruments à Glasgow, il commença ses expériences sur la vapeur appliquée à la propulsion des voitures; il les abandonna pendant quelque temps, et ne prit de brevet pour sa première machine routière qu'en 1784. Il travailla ensuite comme géomètre et comme ingénieur. En 1774, il s'associa à Mathieu Boulton, fondateur des ateliers de Soho, près de Birmingham, et ils commencèrent, l'année suivante, à construire des machines à vapeur perfectionnées. C'est à Watt que revient l'honneur d'avoir trouvé le condensateur séparé, le principe de la machine à double effet, le mouvement parallèle, le régulateur et d'autres perfectionnements. Lord Brougham, J.-P. Muirhead, Samuel Smiles et d'autres ont écrit sa biographie.

WATTEAU (Jean-Antoine), peintre français, né à Valenciennes le 10 oct. 1684, mort à Nogent près Paris, le 18 juillet 1721. Son Embarquement pour Cythère exposé en 1717, lors de son admission à l'académie, lui valut la célébrité. Ses représentations des costumes, des manières et de la vie de la seconde partie du règne de Louis XIV et de la régence sont singulièrement fidèles et brillantes. Ses Fêtes élégantes, bergeries et tableaux de genre, se font remarquer par leur grâce et leur originalité. Il inaugura dans ses paysages une peinture moins conventionnelle que celle qui était en vogue jusque-là.

WATTIGNIES, comm. de l'arr. et à 7 kil. S. de Lille (Nord); 2,000 hab. Le 17 oct. 1793, Jourdan y battit les Autrichiens.

WAT TYLER. Voy. RICHARD II.

WAVRE, ville de la province de Brabant, à 28 kil. S.-E. de Bruxelles (Belgique), sur la Dyle; 6,000 hab. Le 18 juin 1815, elle fut

détruite pendant une lutte prolongée entre Thielmann et Grouchy.

WEBER (Karl-Maria-Friedrich-Ernst von) [vé-beur], compositeur allemand, né à Eutin, près de Lübeck, en 1786, mort le 5 juin 1826. Ses premières productions, six fughetti, furent publiées par son père en 1798. En 1800, il fit représenter à Munich l'opéra Das waldmaedchen, et, en 1801, Peter Schmoll und Seine Nachbarn, qui eurent peu de succès. En 1806, le prince Eugène de Würtemberg se l'attacha, et il fit exécuter à Carlsruhe, en Silésie, deux symphonies et plusieurs ouvrages moins importants. Il fit une tournée artistique en 1810; il dirigea l'opéra de Prague de 1813 à 1816, et fut ensuite, jusqu'à sa mort, directeur de l'opéra allemand de Dresde. En 1822 il fit représenter à Berlin son œuvre principale, l'opéra Der Freischütz. En 1823, Euryanthe fut donné à Vienne et, en 1826, Oberon à Covent-Garden, à Londres. Weber prit rang à la tête de l'école qu'on a appelée romantique. Il a laissé un grand nombre d'écrits sur des sujets musicaux. Son fils Max a écrit sa vie.

WECHEL. 1. (Christian), célèbre imprimeur parisien du XVIe siècle, né en Allemagne, établi à Paris en 1522, mort en 1554. Il imagina des éditions à bon marché des auteurs classiques, qu'il publia par parties détachées pour en faciliter l'acquisition aux écoliers pauvres. — II. (André), fils du précédent, né à Paris vers 1510, mort en 1581, succéda à son père et acheta, en 1560, une partie des caractères de Henri Estienne. Le jour de la Saint-Barthélemy, la populace pilla sa librairie et brûla tous les livres suspects d'hérésie. Il s'enfuit à Francfort, où il créa une nouvelle imprimerie.

WEDGWOOD (Josiah) [oueddjj'-ouôdd], potier anglais, né en 1730, mort en 1795. Il éleva la poterie anglaise à la hauteur d'un art. Il bâtit pour les besoins de sa fabrication tout un village qu'il appela Etruria.

WEENIX ou Weeninx [ouè-nikss;-ninnkss], I. (Jean-Baptist), le vieux; peintre hollandais, né en 1621, mort en 1660. Il passa quatre ans en Italie, et se distingua par ses tableaux représentant des ports de mer italiens. — II. (Jan), le jeune, son fils (1644-1749); il excella dans les scènes de chasse, et dans la nature morte, surtout le gibier.

WEIGÉLIE s. f. [vé-ghé-li] (de Weigel, botaniste all.). Arbrisseau apporté de Chine (weigela rosea). Il ressemble au chèvrefeuille,

Weigélie rose (Diervilla rosea).

excepté par les lobes flexibles de son calice, par sa corolle presque régulière, et par son fruit qui est une gousse à graines nombreuses au lieu d'être une baie.

WEILAND (Pierre), ministre protestant et

linguiste néerlandais, né à Amsterdam le 5 nov. 1754, mort à Rotterdam, le 26 janv. 1842. Il est l'auteur d'un : Nederduitsch Faalkundig woordenboek (11 vol. 1799-1812) et fut le collaborateur de Siegenbeck dans son Traité de l'orthographe. (Voy. SIEGENBECK.) Il publia en outre divers autres dictionnaires et des grammaires sans grande valeur.

WEIMAR [vaï'-mar], ville d'Allemagne, capitale du grand-duché de Saxe-Weimar-Eisenach, sur l'Ilm, à 90 kil. S.-O. de Leipzig; 17,522 hab. Le séjour de Gœthe, de Schiller et autres écrivains lui a valu pendant longtemps le surnom d'Athènes du Nord. Elle abonde en œuvres d'art. Un beau et vaste parc est adjacent au palais.

WEISSENBURG [vaï'-senn-bourgg], comté de Hongrie. (Voy. STUHL-WEISSENBURG.)

WEISSEMBURG, ville d'Alsace. (Voy. WISSEMBOURG.)

WEISSENFELS [vaï'-senn-felss], ville de la Saxe prussienne, sur la Saale, à 30 kil. S.-O. de Halle; 46,956 hab. De 1657 à 1746, ce fut la capitale d'un duché indépendant, la Saxe-Weissenfels. Fabrique de porcelaine, de mérinos, etc.

WELCHE s. et adj. [vèl-che], nom donné à un peuple d'origine germanique qui s'établit dans le nord de la Gaule, après avoir repoussé plusieurs tribus celtiques ou gauloises. (Voy. BELGES.) — Nom que les Allemands donnent aux Français, on ne sait pourquoi: l'uniforme prussien ne doit servir qu'à faire mettre les Welches à genoux. (Lettre de Voltaire à Frédéric II, après sa victoire à Rosbach.)

WELLESLEY (Richard COLLEY, marquis) [ouèl-sli], homme d'État anglais, né à Dublin en 1760, mort en 1842. En 1797, il fut nommé gouverneur général de l'Inde et créé pair d'Angleterre sous le titre de baron Wellesley. Il trouva dans les Indes, les finances épuisées et la domination anglaise menacée par l'alliance de Tippoo Sahib avec les Français. Tippoo fut tué (4 mai 1799) et ses États furent divisés. Le gouverneur général fut créé marquis Wellesley. Après d'autres succès, il fut remplacé en 1805, et l'on essaya, mais vainement, de le faire juger pour son administration. De 1808 à 1809, il fut ambassadeur en Espagne, de 1809 à 1812, ministre des affaires étrangères, et de 1821 à 1828, lord lieutenant d'Irlande. En 1831, il fut fait lord steward ou grand sénéchal, lord lieutenant d'Irlande de nouveau en 1833 et, en 1835, lord chambellan. Peu après, il se retira de la vie publique. Ses rapports, mémoires et correspondances ont été publiés en 9 vol.

WELLINGTON [ouèl'-linng-tonn], ville et port de la Nouvelle-Zélande, capitale de la province du même nom et de la colonie, sur la baie de Lambton, dans l'île du Nord, à 125 kil. E. de Nelson; 10,507 hab.

WELLINGTON (Arthur WELLESLEY, duc de) [ouèl-inng-ton], homme de guerre anglais, né en Irlande en 1769, mort le 14 sept. 1852. Il prit part à la guerre faite par son frère (voy. WELLESLEY) à Tippoo Saaib, et, en 1799, fut fait gouverneur de Mysore. En 1803, il mit en déroute les Mahrattes à Assaye et à Argaum. En avril 1808, il fut nommé lieutenant-général, et on lui confia le commandement de l'armée destinée à la guerre de la Péninsule hispanique. Il débarqua dans la baie de Mondego, le 1er août; marcha sur Lisbonne, battit Laborde à Roliça le 17, et repoussa Junot à Vimeiro le 21. Après la convention de Cintra, il rentra en Angleterre; mais, en avril 1809, il revint à Lisbonne avec le commandement en chef des troupes péninsulaires, et le conseil portugais de régence lui donna le titre de maréchal général de son armée. Les 27 et 28 juillet, il bat 50,000 Français, à Talavera. Le 4 sept., il est fait baron

Douro et vicomte Wellington. Les renforts considérables reçus par les Français le maintinrent longtemps sur la défensive : il construisit ses célèbres lignes de Torres Vedras, et le 4 août 1810, il ordonna l'évacuation complète du pays exposé à l'ennemi, et battit en retraite. Masséna, qui le suivait, trouva le pays ravagé. Le 27 sept., Wellington le repoussa à Busaco. En nov., Masséna se retira, Wellington le poursuivit au delà de la frontière et investit Almeida, et repoussa les Français, le 3 et le 5 mai 1811, à Fuentes de Onoro. Peu après, Almeida succomba. Wellington emporta d'assaut Ciudad Rodrigo, le 19 janv. 1812, et, dans la nuit du 6 avril, s'empara de Badajoz. Le 22 juillet, se livrait la bataille de Salamanque, où Wellington remporta une brillante victoire qui eut pour résultats l'évacuation de Madrid, la levée du siège de Cadix, et la délivrance de l'Andalousie et de la Castille. En 1813, à la tête de 200,000 hommes, il reprit l'offensive, força Joseph Bonaparte à repasser l'Ebre, et, apparaissant soudain sur le flanc des Français en retraite, les écrasa à la bataille de Vitoria, le 21 juin, et fit un immense butin. Cette victoire lui valut le grade de feld-maréchal. Il contraignit ensuite Soult à franchir les Pyrénées, le battit à Orthez le 27 fév. 1814, et le 10 avril à Toulouse. Il partit le 10 pour Paris, alors occupé par les alliés. En mai, il reçut le titre de duc. En juin, on le nomma ambassadeur à Paris. En janv. 1815, il remplaça lord Castlereagh au congrès de Vienne. Lorsque Napoléon revint de l'île d'Elbe, Wellington insista pour qu'on envoyât dans les Pays-Bas une grande armée, dont il prit le commandement en avril. Le 18 juin, il remporta la mémorable victoire de Waterloo, et le 21, marcha sur Paris, où fut conclu un armistice. En 1818, il siégea au parlement, et vota constamment avec les tories. Le 1er janv. 1819, il fut nommé maître général de l'artillerie ce qui lui donna dans le cabinet un siège qu'il garda jusqu'en fév. 1827. De janv. 1828 à nov. 1830, il fut premier ministre. Après s'être fortement opposé au bill d'émancipation des catholiques, comme il s'opposa plus tard au bill de réforme, il finit par y donner son assentiment. En 1829, il fut nommé gardien des cinq ports. En 1834-'35, il fut ministre des affaires étrangères; en 1841, ministre sans portefeuille, il appuya la politique libre-échangiste de Peel; en 1842, il reprit le commandement de l'armée, et, en 1845-'46, il présida le conseil privé. On a écrit maintes fois sa vie; ses dépêches et autres écrits ont été réunis en plus de 40 vol.

WELLS (Horace) [ouelss], dentiste américain, un de ceux pour lesquels on réclame l'honneur d'avoir découvert l'anesthésie, né à Vermont en 1815, mort en 1848. Il pratiqua son art à Boston et à Hartford. En 1840, il songea à employer le gaz azote à treux comme anesthésique. Il fit avec ce gaz des expériences qui réussirent. En 1846, lorsque le Dr Morton voulut prendre un brevet, qu'il obtint du reste, pour les agents anesthésiques, le Dr Wells réclama, et, l'année suivante, publia *A History of the Discovery of the application of Nitrous Oxide Gas, Ether, and other Vapors to Surgical Operations*. La polémique continua; mais la santé, déjà affaiblie, de Wells n'y résista pas; son esprit s'égara, et il se donna la mort.

WENCESLAS ou Wenzel [venn'-cess-lass; venu'-tseul], empereur allemand, de la maison de Luxembourg, né à Nuremberg en 1361, mort le 16 août 1419. Il était fils aîné de Charles IV, et fut couronné roi de Bohême dans sa 3e année. En 1378, il succéda à son père comme empereur. En 1394, les nobles, ayant à leur tête Jodocus de Moravie, l'emprisonnèrent à Prague; mais il fut délivré par les princes allemands. Il s'unit à la France

pour demander l'abdication de Boniface IX et de Benoît XIII, afin qu'on pût élire un nouveau pape à leur place. Ce fut la raison pour laquelle plusieurs princes d'Allemagne le déposèrent en 1400, et élurent Rupert, du Palatinat. Il abdiqua en faveur de son frère Sigismond en 1410, et se livra à la débauche jusqu'à ce qu'il mourût d'apoplexie.

WENDES ou Vendes ou SLOVAQUES (slav. *Sloventzi*), peuple slave qui habite principalement les cantons ruraux des provinces autrichiennes de Styrie, de Carinthie, de Carniole et du Littoral. Ils sont environ 1,200,000. Il y en a aussi quelques-uns dans le S.-O. de la Hongrie et au Frioul, en Italie. Au VIIIe siècle, ils furent assujettis à l'empire frank de Constantinople. On a des restes d'une littérature weude ou slovaque datant du Xe siècle; il s'est produit, vers la fin du XVIIIe siècle, une renaissance littéraire qui a récemment pris un caractère politique.

Université wesleyenne

WERNER (Abraham-Gottlob) [vèr'-neur], minéralogiste allemand (1750-1817). Il éleva la minéralogie à la hauteur d'une science, en indiquant ses applications pratiques à l'industrie minière. Il professait la théorie neptunienne de la formation des roches. (Voy. GÉOLOGIE.) On a de lui, entre autres, une *Nouvelle théorie de la Formation des filons, avec son application à l'art d'exploiter les mines*.

WESEL [vé-zeul], ville forte de la Prusse rhénane, sur la rive droite du Rhin, à 51 kil. N.-O. de Düsseldorf; 19,096 hab. Elle possède un gymnase célèbre, des raffineries de sucre, des manufactures de stéarine, de papier, de tabac et de clous, et un grand commerce.

WESER [vé-zeur] (anc. *Visurgis*), fleuve d'Allemagne, formé par la réunion de la Werra et du Fulda à Münden, dans la province prussienne de Hanovre. Il se dirige au N. pendant 375 kil., dépasse Brême et se jette dans la mer du Nord par un estuaire, à 75 kil. au-dessous de cette ville.

WESLEY ou Westley (JOHN) [ouèss-li], fondateur du méthodisme, né en 1703, mort en 1791. Après être entré dans les ordres, il entreprit une mission en Géorgie (1735), dans le but principal de couvertir les Indiens. Il se lia promptement avec les frères moraves et reçut les enseignements plus fameux d'entre eux. Revenu peu après en Angleterre, il se consacra à la prédication, tantôt dans les églises, tantôt dans les prisons et dans les asiles de charité. Londres devint le quartier

général du mouvement méthodiste. En 1740, à la suite d'un sermon sur la « Grâce libre », où il combattait énergiquement la doctrine de la prédestination, le mouvement prit deux directions distinctes; le mouvement calviniste avec George Whitefield à sa tête, et le mouvement arminien, suivant l'impulsion de Wesley. Celui-ci poussa bientôt ses tournées évangéliques jusqu'en Ecosse, dans le Pays de Galles et en Irlande. La controverse avec les calvinistes était arrivée à une grande violence. Wesley et Fletcher lancèrent des écrits vigoureux pour soutenir leurs doctrines et la scission fut bientôt définitive. Une collection de ses écrits parut pendant sa vie (1771-'74, 32 vol. 12e). L'édition la plus correcte et la meilleure est due aux soins de Thomas Jackson (New-York, 1831, 7 vol. in-fol.).

WESLEYENNE (Université), établissement d'enseignement à Middletown, dans le Connecticut (Etats-Unis), fondé en 1830 et ouvert l'année suivante. Elle est fréquentée par plus d'un millier d'étudiants.

WESSEX [ouèss'-sèkss] (c'est-à-dire, *Saxe de l'Ouest*), royaume de l'heptarchie saxonne en Angleterre, fondé par Cerdic vers 500. Il comprenait alors les comtés actuels de Southampton, Dorset, Wilts et Berks. De ses souverains, Egbert, obtint que les autres royaumes reconnussent sa suprématie, en 827; aussi s'appelle-t-on d'ordinaire le premier roi d'Angleterre.

WESTERMANN (François-Joseph), général républicain, né à Molsheim (Alsace) en 1751, décapité en 1794. Il était sous-officier de cavalerie au moment de la Révolution, fut créé général et s'illustra en Vendée où il prit d'assaut Parthenay (20 juin 1793), détruisit l'armée de Clisson (22 juin), incendia celui de Châtillon, fut couvert de blessures à la victoire du Mans, et participa à celle de Savenay. Robespierre le comprit dans l'extermination des dantonistes.

WESTPHALIE (all. *Westfalen*, ou *Westphalen*), province occidentale de la Prusse, confinant par le N.-O. à la Hollande; 20,199 kil. carr.; 1,907,195 hab. La forêt de Teutoburg, à l'E., est la plus fameuse chaîne de montagnes du pays. Les principaux cours d'eau, le Weser, la Ruhr, la Lippe et l'Ems, ont des vallées fertiles. Capitale, Münster. — le nom de Westphalie appartient proprement au territoire compris entre le Rhin et le Weser, et vient des Westphales, anciens habitants

Saxons du pays. Le duché de Westphalie ne comprenait guère, à l'origine, que le Sauerland ; mais il s'agrandit peu à peu. Il fut donné en fief en 1479 à l'archevêque de Cologne, et lui appartint jusqu'en 1802, époque où il fut cédé à la Hesse-Darmstadt. En 1815-'17, il fut annexé à la Prusse. Le cercle de Westphalie comprenait, outre le territoire situé entre le Rhin et le Weser, quelques cantons à l'O. du Rhin. Le royaume français de Westphalie, établi par Napoléon Ier le 18 août 1807 pour son frère Jérôme, s'étendait de l'Elbe au Rhin, avec une population de 2 millions d'âmes. Il contenait presque toute la Hesse-Cassel, le Brunswick, les provinces de Goettingen et d'Osnabrück, Minden, Paderborn, Hildesheim et beaucoup d'autres districts ou villes. En oct. 1813, Jérome fut chassé de Cassel, sa capitale, et le royaume fut dissous. Les traités de Westphalie, qui terminèrent la guerre de Trente ans, furent définitivement signés le 24 oct. 1648. (Voy. GUERRE DE TRENTE ANS.)

WEST POINT [ouèst'-poïnntt], village dans la circonscription de la ville de Cornwall, état d. New-York (États-Unis), sur la rive occi-

West Point.

dentale de l'Hudson, à l'endroit où il s'engage dans les montagnes, à 50 kil. au-dessus de New-York ; 942 hab. C'est là que se trouve le collège militaire des États-Unis.

WETZLAR, ville de Prusse, à 80 kil. E.-N.-E. de Coblentz ; 7,000 hab. Après s'être emparé de Wetzlar, Hoche y établit un camp où il mourut (Voy. HOCHE.)

WETZLAR (Philippe de), feld-maréchal autrichien, mort à Vienne en oct. 1881. A Magenta, où il se distingua particulièrement, il pressa si étroitement l'empereur Napoléon III, qu'il faillit le faire prisonnier.

WEXFORD [ouex'-fôrdd]. I, comté du S.-E. de l'Irlande, dans le Leinster, sur le canal de Saint-George ; 2,333 kil. carr. ; 432,506 hab. — II. Capitale de ce comté, sur le Slaney, à son embouchure dans la baie de Wexford, à 120 kil. S.-O. de Dublin ; 12,077 hab.

WHEATSTONE (Charles), [houitt'-stô-ne], physicien anglais, né à Glocester en 1802, mort à Paris le 19 oct. 1875. On lui doit l'invention du télégraphe électrique anglais et d'un stéréoscope.

WHEELING [ʼbouil'-inngg], port de la Virginie occidentale ; c'est la capitale de l'État, sur l'Ohio et le Wheeling Creek ; à 152 kil. au-dessous de Pittsburgh ; 30,000 hab. — Wheeling fut fondée en 1774, et classée en 1806. Elle a toujours été la capitale de la Virginie occidentale, excepté de 1870 à 1875, où le siège du gouvernement fut transporté à Charleston.

WHEWELL (William) ['hiou'-eul], philosophe anglais, né en 1794, mort en 1866. Il fut professeur de minéralogie à Cambridge de 1828 à 1832, et en 1838 il devint professeur de théologie ou casuistique morale, et en 1855 chancelier de l'université. En 1833, il publia : Astronomy and general physics considered with reference to natural Theology, qui fait le troisième volume de la collection du Bridgewater Treatise (nouvelle édit. 1864). Ensuite vinrent des œuvres philosophiques dont les principales sont : Four Sermons on the Foundations of Morals (1837) ; History of the Inductive Sciences (1837, 3 vol.) ; Philosophy of the Inductive Sciences (1840, 2 vol., refondu en 3 parties, 1858-'60), et Lectures on the History of Moral Philosophy in England (1852, nouvelle édit. 1862). Parmi ses autres ouvrages, on peut citer : Of the Plurality of Worlds (1853), et Lectures on Political Economy (1863).

* WHIG s. m. ['houigg]. Nom d'un parti célèbre en Angleterre, qui fait profession de défendre la liberté : les whigs sont opposés aux torys. — Adjectiv. : le parti whig. — ENCYCL. Le mot whig est une contraction de whiggamore, qui, dans les comtés du S.-O. de l'Écosse, signifie bouvier. Ce mot devint d'un usage général en 1679, pendant la lutte entre la cour et une partie du pays à propos du bill qui excluait le duc d'York de la succession au trône. Le mot tory dérive d'un nom irlandais qui s'appliquait, dit Roger North, aux sauvages les plus méprisables parmi les farouches Irlandais ; et on le donna aux partisans du duc, parce que celui-ci favorisait les Irlandais.

* WHISKEY s. m. ['houiss-ki] (gaélique, uisge, eau, d'où usquebaugh, eau-de-vie). Liqueur alcoolique obtenue par la distillation des grains, des pommes de terre, ou de racines comme les navets ou les betteraves. Le whiskey écossais et irlandais se fait avec de la drèche ; aux États-Unis on le tire plus souvent du seigle, du froment et des pommes de terre. On en fait aussi avec de l'avoine, du riz et du blé noir. Presque tout le whiskey qui se fabrique vient d'Écosse, d'Irlande et des États-Unis.

* WHIST s. m. ['houisst]. Sorte de jeu de cartes qui nous vient des Anglais, et qui se joue entre quatre personnes deux contre deux : jouer au whist. Quelques-uns disent, Wisk [ouissk].

WHITEHAVEN ['houaïtt-hèv-eunn], ville du Cumberland (Angleterre), sur une petite crique de la mer d'Irlande, à 58 kil. S.-O. de Carlisle ; 18,446 hab. Bon port ; mines de houille considérables, qui s'étendent sous la ville et la mer. Manufactures de coton, de

toile, de quincaillerie, de poterie, de briques, etc.

WICKLOW [ouik'-lô]. I, comté du S.-E. de l'Irlande, dans le Leinster, sur le canal de Saint-George ; 2,024 kil. carr. ; 78,509 hab. — II, capitale de ce comté, sur l'estuaire de la Vartrey, à 36 kil. S.-S.-E. de Dublin ; 3,164 hab.

WIDIN ou Widdin [vidd'-inn], place forte de la Bulgarie occidentale, sur le Danube, en face Kalafat dans la petite Vallachie, à 370 kil. N.-O. de Constantinople ; 25,000 hab. Son importance stratégique est grande. Ses fortifications ont été augmentées en 1853-'54, époque où les environs, sur les deux rives du Danube, furent un moment le principal théâtre de la guerre.

WIELAND (Christoph-Martin) [vi'-lanntt], écrivain allemand, né en Souabe, en 1733, mort le 20 janv. 1813. Il traduisit 22 pièces de Shakespeare (1762-'66). En 1769, il fut nommé professeur de philosophie à Erfurt. La duchesse Amélie de Saxe-Weimar-Eisenach lui confia, en 1772, l'éducation de ses fils, et le fit conseiller. Il fonda à Weimar le Deutscher Merkur, revue périodique mensuelle qu'il dirigea pendant longtemps. Son ouvrage le plus célèbre est le poème romantique d'Oberon (1780).

WIERTZ (Antoine Joseph) [virtss], peintre belge, né en 1806, mort en 1865. Convaincu que le commerce était funeste à l'art, il ne vendit jamais ses tableaux, se contentant de peindre de temps en temps un portrait pour se procurer des ressources. Après son tableau du Triomphe du Christ, de 50 pieds sur 30, le gouvernement lui fit construire un vaste atelier à Bruxelles (1848) à condition qu'il laisserait ses œuvres à l'État. C'est ce qui constitue aujourd'hui le musée Wiertz. Beaucoup de ses ouvrages donnent fortement dans le grotesque et l'horrible.

WIESBADEN [viss'-bâ-dènn], ville de la Hesse-Nassau (Prusse), jadis capitale du duché de Nassau, dans le bassin de la Salza, sur la pente S.-E. des monts Taunus, à 32 kil. S.-O. de Francfort, 35,708 hab. C'est l'une des villes d'eaux les plus fréquentées de l'Allemagne. Son Kursaal est un bâtiment magnifique, relié par des arcades en fer et en verre au Kochbrunnen, qui est la principale source thermale (66° C. environ). On y a aboli le jeu public en 1872.

WIGAN [ouigg'-ann], bourg électoral du Lancashire (Angleterre), sur le Douglas, à 25 kil. O.-N.-O. de Manchester ; 39,460 hab. Les filatures de coton emploient plus de 10,000 personnes ; il y a en outre diverses autres industries.

WIGHT (Ile de) [ouaïtt], île de la Manche, à 3 kil. de la côte du Hampshire ; longueur maximum 40 kil. ; largeur, 23 kil. ; 404 kil. carr. ; 66,465 hab. La principale ville est Newport ; il y a aussi Cowes, Ryde, Ventnor et Saint-Helen's. Le pays est pittoresque. Cli mat remarquablement doux et sain. L'île de Wight contient de très vastes casernes, construites de 1800 à 1815.

WIGTONSHIRE ou Wigtownshire [ouig'-tonn-chire], comté d'Écosse, sur la mer d'Irlande ; 1,327 kil. carr. ; 38,830 hab. Cap., Wigton ou Wigtown, sur la baie du même nom, à 23 kil. N.-O. de Kirkendbright ; 2,000 hab.

WILBERFORCE [ouil'-beur-fôrce] I. (William), philanthrope anglais, né en 1759, mort le 29 juil. 1833. Membre du parlement, de 1780 à 1825, il lutta longtemps pour faire passer son projet de loi sur la suppression du commerce des esclaves d'Afrique dans les colonies anglaises, et y parvint en 1807 ; il ne cessa depuis d'agiter la question de l'é-

mancipation des noirs; sa cause triompha peu avant sa mort. Il dépensait une grande partie de son revenu en œuvres de charité. Ses fils ont publié sa vie (5 vol.) et un choix de ses lettres (2 vol.).

WILBRORD ou **Willibrod** (Saint) [ouil'-brôrdd], appelé communément l'apôtre des Frisons, né dans le royaume saxon de Northumbrie vers 657, mort en 738. A l'âge de 33 ans, avec 11 ou 12 compagnons, il s'embarqua pour évangéliser la Frise. Il alla deux fois à Rome, en 692 et 695, et Sergius I le nomma évêque de tous les Frisons convertis. Fête le 7 nov.

WILDBAD. Voy. GASTEIN.

WILHELMSHAVEN [vil'-helmmss-ha-fenn] (all. *port de Guillaume*), port de mer d'Allemagne, sur l'ancien territoire et à l'extrémité N.-O. de la baie de Jade ; il fait, depuis 1873, partie de la province prussienne de Hanovre, à 65 kil. N.-O. de Brême ; 10,500 hab. La ville s'est formée, depuis 1869, autour de l'arsenal et du port militaire créés en 1869, et il est la station principale de la flotte allemande.

WILHELMSHŒHE [vil'-helmmss-heu-é], appelé aujourd'hui *Napoleonshœhe*, magnifique château, près du village de Wahlershausen, à 6 kil. O. de Cassel (Prusse). Il a

Wilhelmshœhe.

été construit de 1701 à 1714, au milieu d'un vaste parc, au pied d'une haute montagne. Après la capitulation de Sedan, l'empereur Napoléon III y reçut une somptueuse hospitalité.

WILHELMUS s. m. Chant national des Hollandais, ainsi nommé parce qu'il commence par les mots : « *Wilhelmus van Nassouwe* » (Guillaume de Nassau). Le *Wilhelmus* fut composé, sur la fin de 1571 ou au commencement de 1572, par Marnix de Sainte-Aldegonde ou par Coornhert. Chanté pour la première fois à bord de la flotte des Gueux de mer en mars 1572, il fut accueilli avec le plus grand enthousiasme par les patriotes. Après avoir soulevé le peuple contre Philippe II, il mena encore les Hollandais au combat contre Louis XIV et contre Napoléon.

WILMINGTON [ouil'-minngg-tonn], ville et port du Delaware, au confluent du Christiana Creek et du Brandywine Creek, à 50 kil. S.-O. de Philadelphie ; 42,500 hab. — Wilmington fut fondée en 1732. Une colonie suédoise s'était établie dès 1638 sur un petit promontoire du Christiana Creek, à environ un demi-mille de la ville actuelle. La vieille église suédoise, bâtie en 1698, est encore en bon état de conservation.

WILMINGTON, port de mer et la ville la plus grande de la Caroline du Nord, sur l'estuaire de la rivière du Cape Fear, à 32 kil. de la mer et à 170 kil. S.-S.-E. de Raleigh; 18,000 hab. — Pendant la guerre civile et surtout en 1864, Wilmington fut le principal port confédéré accessible aux croiseurs. En

déc. 1864, le fort Fisher, soutint avec succès une attaque combinée de terre et de mer; l'année suivante, après un nouveau bombardement de plusieurs jours, le fort fut pris d'assaut le 15 janv.

WILNA [vil'-na] (pol. *Wilno*) I, gouvernement de la Russie occidentale, en Lithuanie ; 42,507 kil. carr. ; 1,087,705 hab. Produit surtout du minerai de fer. — II, capitale de ce gouvernement, sur la Viliya, à 625 kil. S.-O. de Saint-Pétersbourg ; 79,265 hab. dont un tiers de Juifs. Wilna date du XIII° siècle ; elle était la capitale de la Lithuanie.

WILSON (Alexander) [ouil'-son], ornithologiste américain, né en Écosse en 1766, mort en 1843. Il était tisserand et colporteur. Ayant été condamné à Paisley pour un écrit satirique, il émigra dans le Delaware en 1794 et s'établit ensuite en Pennsylvanie. En oct. 1804, il fit sa première excursion ornithologique aux chutes du Niagara, et il fit, par la suite, d'autres explorations dans différentes directions. Son premier volume parut en 1808, mais il était d'un prix peu abordable. Le second vol. parut en 1810. Il en publia encore cinq autres; le 8° et le 9° furent édités après sa mort par George Ord, qui y joignit sa biographie. L'ouvrage a été continué par Charles-Lucien Bonaparte (1825-33, 4 vol. in-4°).

WILTSHIRE[ouiltt'-cheure] ou Wilts, comté du sud de l'Angleterre ; 3,477 kil. carr.; 257, 202 hab. Cap., Salisbury.

WIMPFEN (LE BARON Félix de), général français, né à Deux-Ponts en 1745, mort en 1814. Il fit les campagnes de Corse (1768), de Mahon, de Gibraltar, devint maréchal de camp, fut député de la noblesse aux états généraux, défendit Thionville (1792), reçut le commandement de l'armée des côtes de Cherbourg, se prononça pour les girondins, marcha sur Paris, mais fut vaincu à Brécourt par Humbert. (Voy. ce mot.) Réfugié à Bayeux, il y passa le reste de sa vie.

Cathédrale de Winchester.

né à Laon le 13 sept. 1811, mort en fév. 1884. Il fut nommé général de division en 1859, et ensuite gouverneur d'Alger et d'Oran. Le 30 août 1870, il arriva à Sedan avec un ordre de Palikao pour commander en second. Trouvant l'armée dans une situation critique, il garda sa commission par devers lui jusqu'au 1er sept. au matin, plusieurs heures après que Mac-Mahon eut été blessé et remplacé par Ducrot; alors s'attendant à une victoire, il prit la place de celui-ci et contremanda immédiatement la retraite, qui aurait pu sauver une partie de l'armée. Il n'avait pas observé le mouvement de flanc qui permit aux Allemands d'entourer les Français. Ceux-ci furent battus partout dans l'après-midi, et de Wimpffen conclut la capitulation avec de Moltke. En 1871, la commission parlementaire de Versailles le rendit responsable d'une grande partie du désastre.

WINCHESTER (anglo-saxon *Witanceaster*; anc. *Venta Belgarum*), capitale du Hampshire (Angleterre), sur l'Itchin, à 19 kil. N.-N.-E.

de Southampton, et à 62 kil. S.-O. de Londres; 16,366 hab. La fondation de sa cathédrale remonte à 648, et certaines de ces parties datent de 980 environ. Le magnifique palais bâti par Charles II sert aujourd'hui de caserne.

WINDSOR ou **New-Windsor** [niou-ouinn'-zeur], bourg électoral du Barkshire (Angle-

Château de Windsor, vu à vol d'oiseau.

WIMPFFEN Emmanuel-Félix de)[vimmpp'-fenn], homme de guerre français, fils d'un général allemand au service de la France,

terre) sur la crête d'une colline au-dessus de la rive droite de la Tamise, à 40 kil. O. de Londres; 11,769 hab. Un pont en fer le relie à Eton.

Le château de Windsor, qui est la résidence ordinaire des souverains anglais, se trouve à l'E. de la ville, au milieu du « Petit Parc », rattaché au « Grand Parc » par une longue avenue plantée d'arbres, au S. du château. A l'O. du Grand Parc commence la forêt de Windsor qui a 90 kil. de circuit. Windsor était une des résidences des rois saxons avant la conquête normande. Le château actuel fut fondé par Guillaume le Conquérant, et presque rebâti par Edouard III, sous la direction de William de Wykeham ; il a été refait de nouveau en 1824-'28, sur les plans de sir Jeffrey Wyatville. La tour des gardes ou tour ronde a servi à des prisonniers royaux ; Jacques Ier d'Ecosse y fut renfermé. On remarque dans ses salles d'apparat un grand nombre d'œuvres d'art, peintures, groupes de statuaire, etc.

WINKEL (Lambert, ALARD TE), linguiste néerlandais, né à Arnhem, 13 sept. 1809, mort à Leide, le 24 avril 1868. Il rédigea avec de Vries le grand *Dictionnaire néerlandais* et publia divers ouvrages sur l'orthographe de sa langue, tels que : *les Eléments de l'orthographe néerlandaise* et *les Eléments de l'Orthographe néerlandaise du dictionnaire de la langue néerlandaise*. Il rédigea, en outre, le *Nieuw Nederl-Taalmagazyn* (1853-'56) et collabora au *Tualyids* (1858-1868).

WINKELRIED (Arnold STRUTH VON) [vinn'-kel-ritt], patriote suisse, dont l'héroïsme décida la victoire de Sempach, le 9 juillet 1386, dans laquelle 1,300 Suisses résistèrent à une armée autrichienne. Les Suisses n'avaient pu pénétrer dans les lignes de l'ennemi, lorsque Winkelried, saisissant toutes les piques autrichiennes qu'il put embrasser, les tint baissées en se les enfonçant dans le corps, tandis que ses compagnons se précipitaient dans l'ouverture ainsi faite et massacraient les Autrichiens.

WINNIPEG [ouinn'-nip-egg], capitale du Manitoba (Canada), au confluent de la rivière Rouge et de l'Assiniboin, à 80 kil. au-dessus du lac Winnipeg et à 435 kil. de la frontière des Etats-Unis ; 7,000 hab. C'est le siège des bureaux du gouvernement pour les territoires du N.-O., et de la compagnie de la baie d'Hudson.

WINSLOW (Jacques-Bénigne), anatomiste français, né à Ondensee (Danemark), en 1669, mort à Paris en 1760. Il fut professeur au Jardin du Roi, depuis Jardin des Plantes. Il a donné son nom au foramen de Winslow, ouverture qui se trouve derrière le bord de droite de l'omentum gastro-splénique. Son principal ouvrage a pour titre *Exposition anatomique de la structure du corps humain* (1732).

WINTER (Peter von) [vinn'-teur], compositeur allemand, né en 1755, mort en 1825. Il était chef d'orchestre et professeur de musique vocale à Mannheim et à Munich. Son œuvre comprend les opéras de *Calypso*, *Proserpina*, *Zaira*, *Tamerlan* et *Der Saenger und der Schneider*.

WINTERHALTER (Franz-Xaver) [vinn'-teur-hâl-teur], peintre allemand, né à Bade en 1806, mort en 1873. Il vint à Paris en 1834, et fut le peintre de portraits le plus à la mode de son temps. Un de ses meilleurs ouvrages est *le Goth Roderick voyant Florinde pour la première fois*.

WINTERTHUR [vinn'-teur-tour], ville de Suisse, sur l'Eulach, à 25 kil. N.-E. de Zürich ; 9,404 hab. C'est l'une des plus attrayantes et des plus prospères cités de la Suisse. Dans le voisinage, il y a des filatures de coton, des forges et des ateliers de machine.

WISCONSIN [ouiss-konn'-sinn], l'un des états du N.-O. de l'Union américaine, entre 42° 30' et 46° 58' lat. N. et entre 89° 28' et 95° 14' long. O., borné par le lac Supérieur, le Michi-

gan, le lac Michigan, l'Illinois, l'Iowa et le Minnesota ; 145,137 kil. carr. ; 60 comtés. Cap., Madison ; ville princ. Milwaukee. La population qui n'était que de 30,000 hab. en 1840, s'élève aujourd'hui à 1,350,000 hab. ; elle comprend 30,000 Canadiens, 34,000 Anglais, 58,000 Irlandais, 47,000 Norvégiens et 190,000 Allemands. Les principaux cours d'eau sont : le Mississipi, qui borne l'état au S.-O., et ses tributaires de gauche la Sainte-Croix, le Chippeway, le Black et le Wisconsin. Le territoire forme une vaste plaine. On y trouve un peu d'or, beaucoup de fer, du cuivre, du zinc, du plomb. Climat très froid en hiver. Culture du blé, du maïs et de l'avoine. 8,000 manufactures occupent 45,000 ouvriers. Constitution très démocratique. Le pouvoir législatif appartient à un sénat de 33 membres élus pour

Sceau de l'état de Wisconsin.

2 ans et à une assemblée de 100 membres élus chaque année. Le gouverneur et les officiers administratifs sont élus pour 2 ans. Tous les juges sont élus. Dettes, 14 millions de fr. ; recettes, 6,500,000 fr. ; dépenses, 6,250,000 fr. Tous les enfants au nombre de 300,000, sont tenus de fréquenter les écoles. 2,900 bibliothèques renferment 980,000 volumes. 275 journaux se publient dans l'état. — Le nom de cet état dérive du français *Ouisconsin*, formé de mots indigènes signifiant *Rivière sauvage torrentueuse*. Le territoire du Wisconsin fut formé, en 1836, d'immenses terrains, enlevés au Michigan, et qui embrassaient, outre le Wisconsin, les états d'Iowa et de Minnesota, ainsi qu'une partie du Dakota. L'état fut formé en 1848.

WISEMAN (Nicholas) [ouaï-ze'-mann], cardinal anglais, né en Espagne en 1802, mort en 1865. Il fut nommé professeur de langues orientales à l'université romaine en 1827, et l'année suivante recteur du collège anglais à Rome. De retour en Angleterre en 1835, il se rendit bientôt célèbre comme prédicateur et conférencier. Il fut nommé vicaire apostolique du district de Londres en 1849. En septembre 1850, le pape publia une lettre apostolique rétablissant la hiérarchie catholique en Angleterre, et il créa le Dr Wiseman archevêque de Westminster, et, le lendemain, cardinal. Ses œuvres comprennent *Horæ Syriacæ* (1828); *Lectures on the Connection between Science and Revealed Religion* (1836, 2 vol.); *Lectures on the Doctrines and Practices of the Catholic Church* (1836, 2 vol.); *Fabiola, a Tale of the Catacombs* (1855); et *Recollections of the last Four Popes, and of Rome in their Times* (1858).

WISK s. m. Voy. WHIST.

* **WISKEY** s. m. Voy. WHISKEY.

WISMAR [viss'-mar], ville du Mecklenbourg-Schwerin (Allemagne), sur une baie de la Baltique, à 30 kil. de Schwerin ; 14,462 hab. Port excellent. Wismar était une ville hanséatique. Elle fut annexée à la Suède en 1648, et rendue au Mecklenbourg en 1803.

WISSANT, *Portus Itius*, comm. du cant.

de Marquise, arr. et à 12 kil. N.-E. de Boulogne (Pas-de-Calais) ; 4,200 hab. C'était jadis une cité maritime importante, où César s'embarqua pour la conquête de la Bretagne (Grande-Bretagne), et qui resta longtemps très fréquentée pour le passage de France en Angleterre. Depuis le xive siècle, les ensablements ont détruit son port.

WISSEMBOURG (all. *Weissenburg* ou *Kronweissenburg*), ville d'Alsace (Allemagne), naguère comprise dans le département français du Bas-Rhin, sur la Lauter, à 58 kil. N.-N.-E. de Strasbourg ; 6,157 hab. Les lignes de Wissembourg, érigées par Villars en 1705, furent enlevées par la conquête de la Bretagne en 1793, mais reprises par les Français après la victoire de Hoche à Geisberg (23 déc.). — Le 4 août 1870, le prince royal de Prusse traversa la Lauter, à la tête de 40,000 Allemands (Prussiens, Bavarois et Würtembergeois) et attaqua près de Wissembourg, la division Abel Douay, forte de 10,000 hommes seulement. Les Français se défendirent avec un courage héroïque et leurs ennemis payèrent chèrement la victoire sanglante qu'ils remportèrent grâce surtout à la supériorité de leur artillerie. Les lignes de Geisberg étant devenues intenables, il fallut les évacuer et se retirer en arrière de Wissembourg, en laissant 500 prisonniers entre les mains des Allemands. (Voy. DOUAY.)

WISTÉRIE s. f. [vistérie]. Genre de légumineuses phaséolées, voisin des glycines, comprenant plusieurs espèces de plantes ligneuses et grimpantes. La première espèce connue est l'espèce américaine, *wistaria frutescens*, placée par Linné parmi les glycines, et qui se trouve encore ainsi classée dans certains

Wistérie de Chine (Wistaria Sinensis).

catalogues. La *wistérie de Chine* (*Wistaria Sinensis*), plante fort populaire en Chine et au Japon, fut importée en Europe en 1816. Ses fleurs, d'un lilas pâle, paraissent lorsque les feuilles ne sont encore que partiellement développées ; elles se présentent en grappes longues, lâches et coniques. La wistérie de Chine est connue chez nous sous le nom de GLYCINE.

WITHÉRITE s. f. [oui-té-] (de *Witering*, nom d'un botaniste anglais). Minér. Carbonate de baryte.

WITIKIND (sax. *Wite*, blanc ; *kind*, enfant), héros saxon du viiie siècle, célèbre par sa résistance à Charlemagne. (Voy. CHARLEMAGNE.) Vaincu, il dut recevoir le baptême à Attigny-sur-Aisne, et fut ensuite créé duc de Saxe. Il périt en 807, dans un combat contre le duc de Souabe.

WITT (Jan de), homme d'Etat hollandais, né en 1625, mort le 20 août 1672. En 1653, il fut nommé grand-pensionnaire de Hollande, et s'efforça de mettre fin à la pluralité des

offices qui avaient rendu le stathoudérat si despotique. Grâce à lui, le stathoudérat fut aboli, et lorsqu'il fut chargé de négocier avec Cromwell le traité de Westminster en 1654, il réussit à y faire insérer un article secret destiné à priver la maison d'Orange des hauts emplois. Il devint impopulaire pendant la guerre avec l'Angleterre et, après l'invasion de la Hollande par les Français en 1672, il fut forcé de donner sa démission. L'indignation du peuple contre son frère Cornelius, magistrat et marin accusé d'avoir comploté la mort du prince d'Orange, et qui fut mis en prison, se tourna aussi contre lui. Tous deux furent massacrés par la populace, au moment où Cornelius était relâché par les magistrats qui avaient reconnu son innocence.

WITTEN [vit'-tenn], ville de Westphalie (Prusse), sur le Ruhr, à 53 kil. N.-O. d'Arnsberg; 18,140 hab. Les industries du verre, du fer et de l'acier y ont fait des progrès rapides accompagnés d'un accroissement de la population.

WITTENBERG [vi'-tenn-bergg], ville fortifiée de la Saxe prussienne, sur l'Elbe, à 85 kil. S.-O. de Berlin; 12,479 hab. L'immense monument de bronze fait par Schadow en l'honneur de Luther s'élève sur la place du marché, à côté de la statue de Melanchthon par Drake. Les thèses de Luther, affichées par lui aux portes de l'église du château (*Schlosskirche*), ont été rétablies dans le texte latin sur les nouvelles portes de bronze érigées en 1858. L'université de Wittenberg, fondée en 1502, fut réunie à celle de Halle en 1815. Avant 1422, Wittenberg fut la résidence des ducs et des électeurs de Saxe.

WŒRTH-SUR-SAUER [veurtt], bourg de l'Alsace-Lorraine, à 47 kil. S.-O. de Weissembourg; 1,200 hab. Les Allemands nomment *bataille de Wœrth* la lutte sanglante à laquelle nous donnons le nom de *bataille de Reischoffen*, (6 août 1870).

WOLFF (Elisabeth, née BECKER), femme auteur néerlandaise, née à Flessingue, le 1er juillet 1738, morte à la Haye, le 5 nov. 1804. Elle débuta dans les lettres par des poésies empreintes d'une grande largeur de vues en matière de religion et révélant un esprit fin et caustique, tels que *Santhorstsche Geloofsbelijdenis* et *Aan mijnen Geest*, qui lui valurent la haine de ses coreligionnaires orthodoxes. Elle épousa en 1758 le ministre protestant Wolff et s'établit après la mort de son mari, à De Rijp, puis à Beverwijk où elle écrivit, de concert avec son amie, Agatha Deken, une série de romans en style épistolaire, qui resteront des peintures immortelles de la vie et des mœurs de la société hollandaise au XVIIIe siècle : *Sara Burgerhart* (1782), *Willem Leevend* (1785), *Brieven van Abraham Blankaart* (1787), *Cornelia Wildschut* (1798). Appartenant au parti des Patriotes, les deux amies furent forcées, en 1787, d'émigrer en France, où elles s'établirent à Trévoux en Bourgogne et où Elisabeth faillit perdre la tête sous la guillotine. Revenues en Hollande (1797), elles se virent obligées, par suite de revers de fortune, de gagner leur vie en traduisant des livres. Agatha Deken ne survécut à son amie que dix jours.

WOLFE (James), général anglais, né en 1726, mort le 13 sept. 1759. En 1758, en qualité de brigadier général, il prit part à la réduction de Louisbourg. En 1759, Pitt le choisit pour commander. une expédition contre Québec, le fit major-général, et lui donna 8,000 hommes et une puissante flotte. Le 27 juin, Wolfe débarqua dans l'île de Québec, où il éleva des batteries; mais son feu ne fit que peu de mal à la ville. Il se transporta alors à l'embouchure du Montmorency et assaillit les ouvrages français; mais il fut re-

poussé avec de grandes pertes. Dans la nuit du 12 sept. il conduisit dans des bateaux 3,600 hommes jusqu'à un point à deux milles au-dessus de Québec, et, avant le jour il gravit les hauteurs d'Abraham qui commandaient la ville à l'O. Après un vigoureux engagement dans la matinée suivante, il fut tué au moment de la victoire; le général français Montcalm mourut le lendemain.

WOLFENBÜTTEL [vol'-fenn-but-teul], ville d'Allemagne, sur l'Ocker, dans le duché et à 13 kil. S. de la ville de Brunswick; 11,105 hab.

WOLFRAM s. m. [vol-framm]. Minerai du tungstène. (Voy. ce mot.)

WOLLASTON (William-Hyde) [oûl'-lass-tenn], physicien anglais, né en 1766, mort en 1828. Il était médecin; mais il se consacra presque exclusivement aux recherches de chimie et de physique. Il détermina un procédé, appelé de son nom, pour isoler le platine à l'état pur; en 1803, il découvrit, en association avec le minerai de ce métal, le palladium et le rhodium. Sa méthode de rendre le platine malléable lui fit gagner une grande fortune. C'est à lui qu'est due la découverte des lignes noires ou lignes de Fraunhofer dans le spectre solaire. Parmi ses inventions scientifiques les plus importantes, on compte les batteries galvaniques à double plaque et à double dé, l'échelle de proportion des équivalents chimiques, la chambre claire, le goniomètre réfléchissant pour mesurer les angles des cristaux, et le cryophorus qui fait geler l'eau au moyen de sa propre évaporation.

WOLOWSKI (Louis-François-Michel-Raymond) [vo-lov-ski], économiste et homme politique français, né à Varsovie le 31 août 1810; mort à Gisors le 15 août 1876. Fils de l'ancien président de la diète polonaise, il prit une part active à la révolution de 1830, en Pologne, se réfugia en France après la défaite de son parti, fonda à Paris la *Revue de législation et de jurisprudence* (1833), obtint des lettres de naturalisation française en 1834; fut nommé professeur de législation au Conservatoire des arts et métiers (1839), puis membre du conseil de cet établissement (1848). Elu représentant de la Seine à la Constituante; il vota avec le parti démocratique modéré. Le coup d'Etat le fit rentrer dans la vie privée. En 1852, il fonda la première compagnie de Crédit foncier de Paris, qui a constitué, plus tard, le Crédit foncier de France. Il entra à l'Académie des sciences morales et politiques en 1855; fut, de nouveau, élu député en 1871, puis choisi par l'Assemblée nationale comme sénateur inamovible. Libre échangiste, il combattit ardemment la politique protectionniste. Il a écrit de nombreux ouvrages sur l'économie politique : *Sociétés par actions* (1838); *De l'Organisation du travail* (1845); *De l'Organisation du Crédit foncier* (1849); *La Liberté commerciale et les résultats du traité de commerce de 1860* (1868).

WOLVERHAMPTON, ville du Staffordshire (Angleterre), à 20 kil. N.-O. de Birmingham; 68,279 hab. Elle est au milieu de la grande région centrale de la houille et du fer, et possède des forges de fer, d'acier et de cuivre. Il s'y fait annuellement 900,000 tonnes de fer environ.

WOOLWICH [oûl'-idj], paroisse du comté du Kent (Angleterre), aujourd'hui faubourg de Londres, sur la rive droite de la Tamise, à 15 kil. au-dessous du pont de Londres; 35,557 hab. L'arsenal royal est le principal dépôt du royaume pour l'artillerie et les munitions de guerre aussi bien de terre que de la flotte. C'est à Woolwich que se font les épreuves de toutes les armes à feu de l'Etat. Une académie pour l'éducation des officiers de l'armée, qui y a été fondée

en 1719, est la grande école militaire de l'Angleterre.

WOONSOCKET [oûan-sok'-ett], ville de Rhode-Island (Etats-Unis), sur le Blackstone, à 25 kil. N.-N.-O. de Providence; 13,576 hab. Nombreuses et importantes filatures de coton (plus de 200,000 broches).

WORCESTER [oûss'-teur], ville du Massachusetts, à 80 kil. O.-S.-O. de Boston; 49,265 hab. On y remarque un monument à

Worcester. Monument des soldats.

la mémoire de l'armée par Randolph Rogers, et un autre élevé à un officier de la guerre de l'indépendance, Trimolby Bigelow.

WORCESTER, capitale du Worcestershire (Angleterre) sur la Severn, à 170 kil. O.-N.-O. de Londres; 33,221 hab. La cathédrale affecte la forme d'une croix double, et a une seule tour carrée. Fabriques de porcelaine, fonderies de fer, cuirs, gants, tissus de crin et dentelles. Pendant la guerre civile, Worcester ayant épousé la cause de Charles Ier, eut beaucoup à souffrir des soldats du parlement. Le 3 sept. 1654, il s'y livra une bataille décisive entre les royalistes commandés par Charles II, et les parlementaires commandés par Cromwell; les premiers furent mis en complète déroute.

WORCESTER (Edward SOMERSET, *second marquis de*), inventeur anglais, né vers 1601, mort en 1667. Il inventa et construisit la première véritable machine à vapeur; il l'a décrite dans son *Century of Inventions* (1663).

WORCESTERSHIRE, comté de l'O. de l'Angleterre; 4,912 kil. carr.; 338,848 hab. Villes princ. : Worcester, la cap.; Evesham, Droitwich, Dudley, Kidderminster et Bewdley.

WORKHOUSE s. m. [angl. oueurk-haouss]. (mot angl. forme de *work*, travail; *house*, maison). Maison de refuge pour les pauvres, en Angleterre. (Voy. PAUPÉRISME.)

WORMHOUT, ch.-l. de cant., arr. et à 20 kil. S.-E. de Dunkerque (Nord); 2,800 hab.

WORMIEN, adj. (d'Olaüs *Worm*, médecin de Copenhague), se dit des petits os qu'on trouve sur la voûte du crâne.

WORMS [vormmss], ville du grand-duché de Hesse (Allemagne), sur le Rhin, à 50 kil. S.-S.-E. de Mayence; 16,597 hab. Elle possède une cathédrale byzantine commencée au VIIIe siècle. Une église gothique, la Liebfrauenkirche, donne son nom à un vin, le

liebfrauenmilch, qui se récolte dans le voisinage. On fabrique à Worms des cuirs vernis et des cigares. Worms devint ville libre impériale, et il s'y tint plusieurs diètes de l'empire. C'est à Worms que se fit la mémorable déclaration de Luther devant Charles-Quint et que se tint une diète, le 18 avril 1521. Sous les Hohenstofen, la population atteignit

Cathédrale de Worms.

le chiffre de 60,000 hab. En 1689, Worms fut brûlé par les Français, et elle eut beaucoup à souffrir des premières guerres de la révolution française. Le traité de Lunéville (1801) donna la plus grande partie de l'ancien diocèse de Worms à la France, et un quart du territoire, sur la rive droite du Rhin, à la maison de Hesse-Darmstadt, qui eut le tout en 1814.

WOUVERMAN (Philip,) peintre hollandais, de Haarlem, né en 1620, mort en 1668. Il excellait surtout dans les scènes de chasse, et à peindre des chevaux; presque tous ses tableaux contiennent un cheval blanc ou gris. Il a laissé plus de 800 peintures achevées. Beaucoup de ses chefs-d'œuvre sont à Dresde et au Louvre; son plus grand tableau est la Haye.

WRANGELL (Ferdinand, baron) voyageur russe, né en Esthonie vers 1795, mort en 1870. Officier de marine, il commanda, en 1820-'23, une expédition en traîneau à la mer Polaire, au N.-E. de la Sibérie, avec Anjou. Il fut gouverneur de l'Amérique russe de 1829 à 1834, remplit des fonctions au ministère de la marine, et, en 1849, devint directeur de la compagnie russe d'Amérique. En 1858, il entra au conseil impérial comme amiral. Le récit de son expédition arctique a été publié en russe, en allemand et en anglais. En 1867, le capitaine Long découvrit une grande terre dans la mer Polaire que Wrangell avait essayé d'atteindre, et la nomma Terre de Wrangell.

WREDE (Karl-Philip, prince) [vrèd], feldmaréchal bavarois, né à Heidelberg en 1767, mort en 1838. Il combattit d'abord les Français: mais, lorsque le roi de Bavière fut devenu l'allié de Napoléon, il reçut un commandement dans la grande armée, en 1806, se distingua à Dantzick, dans le Tyrol, à Wagram, fut créé feld-maréchal bavarois et comte de l'Empire. Pendant la retraite de Moscou, il protégea habilement l'arrière-garde, à la tête de la cavalerie bavaroise. En 1813, la Bavière s'étant détachée de la France, il reçut l'ordre, après la bataille de Leipzig, de se porter dans la forêt de Hanau

et de couper toute retraite à Napoléon et à l'armée française. Ecrasé par une terrible charge de cavalerie et d'artillerie de la garde, il put se glorifier, néanmoins, d'avoir tenu tête pendant une journée au plus grand capitaine des temps modernes. Entré en France à la tête de l'armée bavaroise, il battit Marmont et Oudinot à Lesmont et à Bar-sur-Aube. Il fut ensuite créé prince d'Ellingen.

WRIGHT (D'Arusmont, Frances)[raïtt), appelé communément Fanny, réformatrice écossaise, née en 1795, morte en 1852. Après un voyage aux Etats-Unis (1818-'20), elle publia Views on Society and Manners in America (1821). En 1825 elle acheta un vaste territoire dans le Tennessee, à l'endroit où s'élève aujourd'hui Memphis, et y établit une colonie d'esclaves émancipés, qui furent depuis envoyés à Haïti. En 1833-'36 elle fit des conférences sur l'esclavage des nègres et sur d'autres institutions sociales, qui attirèrent la foule. Vers 1838, elle épousa en France M. D'Arusmont, mais elle se sépara bientôt de lui et résida à Cincinnati jusqu'à sa mort. Elle a publié : A Few Days in Athens, défense de la philosophie d'Epicure (1822), Lectures on free Inquiry (6e édit. 1836), etc.

WRISBERG (Heinrich-August)[vriss'-bergg] anatomiste allemand, né en 1739, mort en 1808. Il professait l'obstétrique et l'anatomie à Gœttingue. Il a donné son nom aux cartilages de Wrisberg ou cartilages cunéiformes, qu'il a décrits le premier, et au nerf de Wrisberg.

WROTTESLEY (John) [rottss'-li], astronome anglais, né en 1798, mort en 1867. Il bâtit les observatoires de Blackheath et de Wrottesley (Staffordshire). En 1838, il présenta, à la société astronomique royale, un catalogue des ascensions droites de 1318 étoiles. Il fut élu président de cette société en 1841, et de la société royale en 1854.

WURMSER (Dagobert-Sigismund) [vourmm'-zeur], homme de guerre autrichien, né en Alsace en 1724, mort en 1797. Il entra de bonne heure au service de la France ; mais il passa bientôt à l'Autriche et occupa des commandements pendant la guerre de Sept ans et celle de la succession de Bavière. En 1796, il força les Français à lever le siège de Mantoue; mais ayant divisé ses forces, il fut battu à plusieurs reprises par Bonaparte, et se renferma dans la place, qu'il fut forcé de rendre le 2 fév. 1797, après la défaite d'Alvinzy à Rivoli, les 14 et 15 janv.

WURTEMBERG [vur'-temm-bergg], royaume de l'empire allemand, borné au N.-E. et à l'E. par la Bavière, au S. par la Bavière, le lac de Constance qui le sépare de la Suisse, la province prussienne de Hohenzollern et Bade, à l'O. et au N.-O. par Bade; 19,503 kil. carr. ; 1,975,000 hab., dont 1,355,000 protestants et 590,000 catholiques. Cap., Stuttgart ; villes princ. : Ludwigsburg, Reutlingen, Ulm, Ellwangen, Tubingen, Heilbronn, Esslingen, Canstatt et Friedrichshafen. — La Forêt Noire forme une partie de la frontière occidentale. Le Hornisgrinde est le plus haut sommet du pays. Les Alpes Souabes se trouvent presque tout entières dans ce royaume et le divisent en bassins du Neckar au N.-O. et du Danube au S.-E. Le Danube traverse le Wurtemberg dans la direction du N.-E. Il n'y a qu'une petite partie du lac de Constance qui appartienne au Wurtemberg. Le sol est fertile; 4,8 p. 100 seulement restent improductifs. On récolte surtout du l'épeautre, de l'orge, des plantes légumineuses, du chanvre, du lin, du colza, du houblon, du tabac, de la chicorée, des pavots, des fruits, des betteraves, de la laine, du bois, du sel, du fer et d'autres minéraux. Les pêcheries des lacs sont très importantes ; il y a des usines métallurgiques (fer et acier),

des brasseries, des manufactures de toile, de coton, de laine, de soie, d'articles d'or et d'argent, de papier, d'instruments de musique, et particulièrement, d'orgues, de sucre de betteraves haute de 45 tonnes mousseux. Des chemins de fer traversent le royaume dans toutes les directions et appartiennent presque tous à l'état. — Le Würtemberg est une monarchie constitutionnelle ; la constitution actuellement en vigueur date du 25 sept. 1819. La couronne est héréditaire de mâle en mâle et, à défaut de mâle, elle passe aux femmes. Le roi exerce le pouvoir exécutif au moyen d'un conseil privé, composé de six ministres et de conseillers spécialement nommés. La diète (Staendeversammlung) consiste en une chambre haute de 45 membres perpétuels, et en une seconde chambre de 93 membres élus pour six ans. La diète se réunit tous les trois ans, ou plus souvent, si c'est nécessaire. Une cour d'Etat, composée d'un président et de 12 membres, dont 6 choisis par le roi et 6 par les chambres, veille au maintien de la constitution. Dans le conseil fédéral de l'Allemagne, le Würtemberg a 4 votes, et il envoie au reichstag 17 députés. L'instruction est obligatoire, et personne, pour ainsi dire n'est illettré. L'université de Tubingue est la plus célèbre institution d'enseignement du royaume. L'Eglise officielle est l'Eglise protestante évangélique, formée en 1823, par la réunion des Eglises luthérienne et réformée. La dette publique est d'environ 400 millions, dont 270 pour les chemins de fer. On évalue le revenu à 25 millions de florins environ et les dépenses dépassent quelquefois ce chiffre, mais elles sont couvertes par les réserves du trésor. Les troupes würtembergeoises forment le 13e corps de l'armée de l'empire allemand et comptent, en temps de guerre, 62,898 hommes et 102 pièces d'artillerie. — Le Würtemberg faisait jadis partie de la Souabe. (Voy. Souabe.) Le fondateur de la dynastie régnante est Ulric, comte de Würtemberg (mort en 1265). En 1495, Eberhard V fut créé duc. Ulric VI introduisit le protestantisme vers 1540. Chassé par la ligue des villes libres de Souabe, il fut rétabli par son fils, Christophe, qui assit sur des bases solides la nouvelle foi. Pendant les guerres de la Révolution française, la contrée fut, à différents moments, le théâtre de la lutte, et, en 1801, le dernier duc de Würtemberg, Frédéric II, fut obligé de céder Montbéliard à la France. Il reçut en compensation une extension de territoire comprenant plusieurs cités impériales. En 1803, il fut fait électeur de l'empire ; en 1806, il prit le titre de roi de Würtemberg, sous le nom de Frédéric Ier, et entra dans la Confédération du Rhin de Napoléon. Après la bataille de Leipzig en 1813, il passa aux alliés. En 1849, la Constitution fut modifiée dans un sens libéral. Lorsque la Prusse eut vaincu l'Autriche, en 1866, le Würtemberg, qui avait pris parti pour cette dernière, s'allia à la Prusse par un traité militaire spécial. Il joua un rôle considérable dans la guerre franco-allemande de 1870-'71.

WÜRTEMBERGEOIS, OISE s. et adj. Du Würtemberg ; qui appartient à ce pays ou à ses habitants.

WURTZ (Charles-Adolphe) [vurttss], célèbre chimiste, né à Strasbourg, le 26 nov. 1817, mort le 12 mai 1884. En 1839, il fut nommé premier professeur de chimie à la faculté de médecine de Strasbourg ; il eut ensuite des emplois à Paris et à Versailles. Après la mort d'Orfila (1853) et la retraite de Dumas (1854), on réunit leurs chaires en une seule sous le nom de chaire de chimie médicale, et elle fut donnée à Wurtz. Il devint sénateur inamovible le 7 juillet 1881. On lui doit sur la chimie de nombreux ouvrages, dont le plus important est son Dictionnaire de chimie (Voy. Chimie.) Sa Philosophie chimique,

d'après les théories modernes (1867) ; sa *Théorie des atomes* (1874), et plusieurs autres de ses œuvres ont été traduites dans toutes les langues.

WÜRZBURG [vurtss'-bourg], ville de Bavière, cap. de la basse Franconie, sur le Main, à 220 kil. N.-O. de Munich ; 40,000 hab. presque tous catholiques. Le palais épiscopal est magnifique ; la cathédrale a été rebâtie au XIᵉ siècle. L'université est renommée surtout pour les études médicales ; elle est fréquentée par un millier d'étudiants. Sa bibliothèque possède 100,000 vol. et 1,500 manuscrits. Würzburg devient un centre commercial pour l'Allemagne du sud, surtout en ce qui concerne les vins et les fruits. On y fait des vins mousseux, du cuir, du tabac, des lainages, des wagons. — Au VIIᵉ siècle, Würzburg devint la capitale d'une partie de la Franconie. Vers 741, saint Boniface installa Burkhardt comme le premier des évêques du pays ; les évêques finirent par devenir princes, et, après 1120, portèrent pendant un temps le titre de ducs de Franconie. Au XVIIIᵉ siècle ils avaient 250,000 hab. sur leur territoire. Le traité de Lunéville sécularisa la principauté (1804), celui de Presburg la donna à l'ex-grand duc de Toscane (1805), et en 1814-'15, elle fut restituée à la Bavière. En 1866, les Prussiens rasèrent les fortifications de la ville, et la forteresse de Marienberg, en fut convertie en caserne.

WYCLIFFE, Wyclif, ou WICKLIFFE (*John de*) [ouik'-lif], réformateur anglais, né vers 1324, mort le 31 déc. 1384. Après avoir professé à Oxford, il devint chapelain du roi. Dans une ambassade envoyée par Edouard III, pour négocier avec les délégués du pape Grégoire XI, à Bruges, en 1374, il soutint les prérogatives royales contre les prétentions envahissantes du pape. A l'instigation de celui-ci, l'archevêque de Cantorbéry le cita devant un synode, à Lambeth, pour répondre à une accusation d'hérésie. Arrêté déjà une fois, il avait été protégé par Jean de Gand, duc de Lancastre. Cette fois, la reine-mère défendit au synode de le tourmenter, et il reprit ses travaux. Cependant ses opinions devenaient de plus en plus opposées à celles du clergé. En 1381, il professa à Oxford une doctrine contraire à la transsubstantiation. Le plus important de ses écrits est une version anglaise de la Vulgate, terminée vers 1383. Les disciples de Wycliffe, sous le nom de pauvres prêtres (*poor priests*), propagèrent son enseignement par des prédications en plein air. Ils furent cruellement persécutés, mais on le laissa personnellement en paix jusqu'en 1382 ; mais à cette époque un appel, qu'il adressa au roi et au parlement, le fit citer devant la « convocation » du clergé à Oxford. Il comparut, et présenta deux professions de foi ou défenses, l'une en latin et l'autre en anglais ; il y soutenait la présence réelle, tout en niant la transsubstantiation. On ne le condamna pas, mais on obtint du roi une lettre lui interdisant d'enseigner à l'université. Wycliffe trouvait que le clergé devait être entretenu par les aumônes des fidèles. Le nombre de ses petits traités est incalculable. Ses œuvres choisies en anglais ont été éditées, d'après les manuscrits originaux, par T. Arnold (1871, 3 vol.) ; John Lewis (1749), Rob. Vaughan (1828) et Webb Le Bas (1832), ont écrit sa vie.

WYOMING [ouaï-ô-minng, ou mieux, ouï-ô-minng], territoire des États-Unis, entre 41ᵉ et 45ᵉ lat. N. et entre 106ᵉ et 113ᵉ long. O. ; 253,525 kil. carr. ; 21,000 hab. Ville princ., Cheyenne. Ce territoire, couvert par les montagnes Rocheuses, voit naître les principaux cours d'eau des États-Unis et renferme de vastes pâturages et de grandes richesses minérales. Il a été organisé en 1868.

WYSS (Johann-Rudolf) [viss], auteur suisse, né en 1781, mort en 1830. En 1806, il devint professeur de philosophie à l'académie de Berne, et plus tard bibliothécaire en chef. Il faut citer parmi ses œuvres *Der schweizerische Robinson* (1813), populaire en France sous le titre de *Robinson suisse*.

WYTTENBACH (Daniel) [vit'-tenn-bach], philologue hollandais, né en Suisse en 1746, mort en 1820. En 1774, il fut nommé professeur de grec, et plus tard de philosophie à Amsterdam, et, en 1799, d'éloquence à Leyde. Ses œuvres comprennent *Bibliotheca critica* (1777-1808, 3 vol.) et *Philomathia sive Miscellanea Doctrina* (1809-'17, 3 vol.).

X

* **X** s. m. [i-kse ; ou kse], consonne double qui est la 23ᵉ lettre de l'alphabet français (où le *w* ne compte pas). Cette lettre correspond au Ξ (*xi*) des Grecs. — X, tantôt a le son de CS joints ensemble, comme dans *Xiphotde, extrême* ; tantôt de GZ, aussi joints ensemble, comme dans *Xercès, exercice, Xavier* ; tantôt le son d'un C dur, comme dans *Excepter* ; tantôt celui de l'S forte, comme dans *Auxerre, Bruxelles* ; tantôt enfin celui du Z ou de l'S adouci, comme dans *deuxième, sixième*, etc. — A la fin des mots, tantôt il a le son de CS joints ensemble, comme dans ceux-ci, qui ont passé de la langue grecque dans la nôtre, *Styx, sphinx, lynx,* etc., et ont même pris du latin, *Préfix* ; tantôt il a la valeur de l'S à la fin d'un mot, c'est-à-dire que devant une voyelle, il a le son du Z, comme *Baux à longues années*, et que devant une consonne ou à la fin d'un sens, il ne sert qu'à rendre plus longue la dernière syllabe du mot, comme *Paix, choix, généreux.* — Dans certains mots l'X sert à marquer le pluriel, au lieu de l'S, comme dans *Choux, oiseaux,* etc. — Dans quelques autres, tels que *dix et six,* il se prononce point devant le substantif dont il marque le nombre, lorsque ce substantif commence par une consonne : il a le son du Z devant une voyelle, et, quand il est final, ou qu'il est suivi d'un repos, il se prononce fortement comme S. — Comme chiffre romain, X signi-

fie *dix* ; placé horizontalement (✕) il désigne *mille* ; surmonté d'un trait horizontal (X̄), c'est *dix mille.* — ↝ Pop. L'inconnu : *chercher l'X du cœur.* — Calcul : *élève fort en x.* — TÊTE A X, tête organisée pour le calcul.

XAINTRAILLES (Jean POTON, *seigneur de*), capitaine, ami et compagnon de La Hire, mort à Bordeaux en 1461. Il seconda Jeanne d'Arc devant Orléans et Patay (1429) et contribua à chasser les Anglais de France. Il fut nommé maréchal en 1454.

XANTE. Voy. ZANTE.

XANTHINE s. f. [gzan-] (gr. *xantos,* jaune). Corps composé qui se trouve souvent dans les calculs de l'urine. Suivant Scherer, c'est un constituant normal du corps d'un grand nombre d'animaux. Formule : C⁵ H⁴ N⁴ O⁴.

XANTHORHAMNINE s. f. [gzan-] (gr. *xanthos,* jaune ; *rhamnos,* nerprun). Matière colorante jaune tirée de baies de plantes de Perse ou de Turquie, telles que le *rhamnus amygdalinus, rhamnus oleoïdes, rhamnus saxatilis,* et *rhamnus infectorius.* Elle donne, avec de l'alumine pour mordant, un beau jaune et avec des sels de fer, une teinture noire.

XANTHUS [gzan-tuss], ville de Lycie. (Voy. LYCIE.)

XANTIPPE. Voy. SOCRATE.

XAVIER (Saint François-) (esp. *Francisco de Xavier*), missionnaire espagnol, surnommé l'apôtre des Indes, né à Xavier (Navarre) le 7 avril 1506, mort dans l'île Sancian, près de Macao, le 2 déc. 1552. Il prit ses grades en philosophie au collège de Sainte-Barbe à Paris, en 1530, et y eut pour camarade de collège Ignace de Loyola. Il avait d'abord conçu pour lui de l'effroi et de l'aversion à cause de ses pratiques ascétiques ; mais il ne tarda pas à être gagné, et il devint un de ses premiers compagnons dans la société de Jésus. Il alla le rejoindre en janv. 1537, y fut ordonné prêtre, et se rendit à Bologne et à Rome où il catéchisa les pauvres. Le roi de Portugal ayant demandé à Ignace de lui envoyer des missionnaires pour les établissements portugais aux Indes orientales, Xavier fut un des deux choisis, et, en définitive, y alla seul. Il partit de Lisbonne le 7 avril 1541, et le 6 mai 1542 arriva à Goa. Il opéra en peu de temps, dit-on, une transformation complète dans la ville. Ensuite il parcourut beaucoup d'autres régions de l'Orient, baptisant des multitudes de naturels, et laissant partout où il passait des congrégations florissantes au sein de ses disciples. Il fut canonisé en 1622.

XÉNAGIE s. f. [ksé-] (gr. *xenagia*). Partie de la phalange, comprenant 16 files sur 16 rangs. On disait aussi syntagme. (Voy. ARMÉE.)

* **XÉNÉLASIE** s. f. [ksé-né-la-zî] (gr. *xene-*

lasia ; de *xenos,* étranger ; *elaunô,* je chasse). Antiq. Exclusion des étrangers, interdiction faite aux étrangers du séjour d'une ville : *la xénélasie était particulière aux Lacédémoniens.*

XENIA, ville de l'Ohio (Etats-Unis), à 110 kil. N.-E. de Cincinnati, et à 95 kil. O.-S.-O. de Columbus, 6,377 hab

XÉNIE s. f. [ksé-nî] (gr. *xenos,* hôte). Présent que l'on faisait à ses hôtes après un banquet, dans l'ancienne Grèce et à Rome ; de là le titre du 13e livre des épigrammes de Martial, qui se compose de distiques se rapportant à cette coutume. Dans le *Musenalmanach* pour 1797, Gœthe et Schiller insérèrent plus de 400 distiques intitulés *Xenien,* et qui sont des critiques mordantes et épigrammatiques sur l'art, sur la société, la littérature du temps, etc.

XÉNOCRATE, philosophe grec, né en 396 av. J.-C., mort en 314. Il s'attacha successivement à Eschine le socratique et à Platon. En 339, il succéda à Speusippe comme directeur de l'académie, et occupa ce poste jusqu'à sa mort. Il a écrit plusieurs traités métaphysiques, deux ouvrages de physique, et plusieurs sur la morale et l'économie politique.

XÉNOPHANE, philosophe grec, fondateur de l'école d'Élée, né à Colophon (Asie Mineure) vers 620 av. J.-C. On ne possède de lui que quelques fragments.

XÉNOPHON, célèbre général et écrivain athénien, mort vers 350 av. J.-C. Il fut l'élève de Socrate. En 401, il alla à Sardes et prit part à l'expédition de Cyrus le Jeune, mais sans emploi déterminé dans l'armée. Après la bataille de Cunaxa, les Grecs commencèrent leur voyage de retour en Europe, voyage si fameux sous le nom de *retraite des dix mille.* Lorsque Cléarque et d'autres chefs grecs eurent été traîtreusement massacrés par Tissapherne, Xénophon fut élu comme un des cinq généraux, et finit par être considéré comme le véritable chef de l'armée. Avec une habileté extraordinaire, il conduisit ses troupes à travers la Mésopotamie et l'Arménie jusqu'à Trapezus sur le Pont-Euxin, et de là en Europe. Son *Anabase* est le récit de cette retraite. Son ouvrage intitulé *Hellenica* est une continuation de l'histoire de Thucydide jusqu'à la bataille de Mantinée, et la *Cyropédie,* un roman politique où il expose son idée de l'état, et dépeint les avantages d'un sage gouvernement monarchique. Plusieurs de ses écrits sont consacrés à raconter les actions et les conversations de Socrate ; parmi ceux-ci, on connaît surtout celui qu'on appelle *Memorabilia.* Il a laissé aussi une *Vie d'Agésilas,* un traité d'*Hippiatrique,* les *Cynégétiques,* etc. Les principales éditions de Xénophon sont celles de Leipzig (1798-1804, 6 vol. in-8o) ; de Thieme et Ernesti (4 vol. in-4o) ; etc. Trad. franç. par Gail (Paris, 1842, 2 vol.).

* **XÉRASIE** s. f. [ksé-ra-zî] (du gr. *xéros,* sec). Méd. Maladie des cheveux qui deviennent secs, cessent de croître, et ressemblent à un duvet couvert de poussière.

XÉRÈS s. m. [ké-rèss]. Vin récolté dans le Xérès, en Andalousie.

XEREZ ou Jerez-de-la-Frontera (anc. *Asta Regia*), ville d'Andalousie (Espagne), près du Guadalete, à 20 kil. N.-E. de Cadix ; environ 50,000 hab. Elle comprend la vieille et la nouvelle ville. Les rues de cette dernière sont bien pavées et bien éclairées. L'édifice public le plus remarquable est le vieux château mauresque (Alcazar). Xerez tire sa célébrité de ses vins *pajorete* et *sherry,*

nom anglicisé de celui de la ville. (Voy. Espagne, vins d'.) Près de ses murs, Roderic, dernier roi des Visigoths en Espagne, fut battu par les Maures en 711. Alfonse le Sage reprit la ville au xiiie siècle.

XEREZ (Francisco de) [khé-ress], historien espagnol qui accompagna Pizarre au Pérou en qualité de secrétaire. et qui a écrit un récit détaillé de l'expédition : *Conquista del Peru* (1547) ; traduction française de Ternaux-Compans (1838).

* **XÉROPHAGIE** s. f. [ksé-] (du gr. *xéros ; phagein,* manger). Nom qu'on donnait, dans la primitive Église, à l'abstinence des premiers chrétiens, qui, pendant le carème, ne mangeaient que du pain et des fruits secs.

* **XÉROPHTALMIE** s. f. [ksé-] (du gr. *xéros,* sec ; *ophthalmos,* œil). Méd. Ophtalmie sèche, qui consiste en une cuisson, une démangeaison et une rougeur dans les yeux, sans enflure ni écoulement de larmes.

XERXÈS [gzèr-sèss], roi de Perse, qui régna depuis la fin de l'année 486 jusqu'à l'année 465 av. J.-C. ; fils de Darius fils d'Hytaspe, et d'Atossa. A l'automne de 481, il rassembla une immense armée à Sardes pour envahir la Grèce. Au commencement de 480, son armée s'ébranla ; elle mit sept jours et sept nuits à traverser l'Hellespont sur deux ponts de bateaux. D'après Hérodote, elle comptait 1,700,000 fantassins et 80,000 chevaux. En outre, la flotte composée de 1,207 navires de guerre et de 3,000 transports ou vaisseaux plus petits, était montée par des marins et des troupes qui mettaient l'effectif total à 2,347,000 hommes ; il y a là sans aucun doute de l'exagération. Ce fut aux Thermopyles qu'ils rencontrèrent la première résistance. En même temps une tempête détruisit plusieurs de leurs navires. Les batailles d'Artémisium et de Salamine vinrent ensuite, et Xerxès, entièrement battu, s'en retourna en Asie, laissant Mardonius et 300,000 soldats continuer la guerre en Grèce. En 479 se livrèrent les batailles désastreuses de Platée et de Mycale, suivies de la ruine définitive de la puissance persique en Grèce. En 465, Xerxès fut assassiné et son fils par successeur son fils, Artaxerxès. On l'identifie généralement avec l'Assuerus du livre d'Esther.

XIMÈNES (ou Ximenez) de Cisneros (*Francisco*) [khi-mè-ness-de-Ciss-né-'ross], prélat espagnol né en 1436, mort le 8 nov. 1517. Après avoir été avocat près des cours consistoriales à Rome (1459-'75), il entra chez les franciscains de Tolède en 1482, et fut nommé successivement confesseur de la reine Isabelle (1492), provincial de son ordre en Castille (1494), archevêque de Tolède et primat d'Espagne en 1495. Il commença aussitôt à appliquer énergiquement un plan de réforme du clergé, et il parvint à améliorer d'une façon durable les mœurs et la discipline des ordres religieux. La destruction qu'il fit des manuscrits arabes fut la cause immédiate de la décadence de la littérature arabe en Espagne ; il répara en quelque façon le mal qu'il faisait de ce côté en fondant l'université d'Alcala de Henarès (1500-'10) et en faisant publier une bible polyglotte. (Voy. Polyglotte.) En 1507, il reçut le chapeau de cardinal, et fut nommé inquisiteur général de Castille. En 1509, il dirigea avec succès contre Oran une expédition dont il fit presque tous les frais. Ferdinand laissa en mourant (23 janv. 1516) Ximénès régent du royaume jusqu'à l'arrivée de son petit-fils, Charles Ier d'Espagne, plus tard Charles-Quint, empereur d'Allemagne.

XIMENES DE QUESADA (Gonzalo) [dé-ké-sa'-da], explorateur espagnol, né vers 1495, mort en 1579. Il alla en Amérique en 1535,

à la suite de Pedro Fernandez de Lugo, gouverneur de Santa-Marta, qui le choisit pour conduire une expédition contre les Chibchas, vers les sources de la Magdalena. Le 6 août 1538 Ximenes fonda la cité de Bogota. En 1539, il revint en Espagne avec Benalcazar et Frederman, pour soumettre à Charles-Quint leurs prétentions rivales au commandement. Ximenes finit par être fait maréchal du royaume de la Nouvelle-Grenade, et retourna à Bogota au commencement de 1551. En 1561 il fut nommé *adelantado* ou gouverneur en chef de la Nouvelle-Grenade ; plus tard, il dépensa 300,000 ducats à équiper une expédition à la recherche de l'El Dorado. Il partit avec 300 Espagnols, 2,000 Indiens et 1,200 chevaux, et il revint avec 24 hommes et 32 chevaux.

* **XIPHIAS** s. m. [ksi-fi-ass] (du gr. *xephos,* épée). Hist. nat. Genre de poissons qui ont la mâchoire supérieure prolongée en forme de lame ou d'épée. — Nom donné par les astronomes à une constellation de l'hémisphère austral, qui n'est point visible dans nos climats.

* **XIPHOÏDE** adj. m. [ksi-fo-i-de] (gr. *xiphos,* épée). Anat. Se dit d'un prolongement qui termine la partie inférieure du sternum : *cppendice* ou *cartilage xiphoïde.*

XYLÈNE ou **Xylole** s. m. [ksi-] (gr. *xulon,* bois). Hydrocarbone homologue à la benzine et à la toluène, extrait pour la première fois à l'état pur du naphte de houille par Hugo Miller en 1863. On le prépare en soumettant la naphte de houille à la distillation fractionnelle, et en soumettant ensuite la partie qui bout à environ 150o C., à l'action de l'huile de vitriol. Formule : C8 H10. C'est un liquide incolore, possédant une odeur faible, mais *sui generis* ; poids spécifique, 0,86 à 48o ; point d'ébullition, 140o.

XYLOCOPE s. m. [ksi-] (gr. *xulon,* bois ; *koptô,* je coupe). Entom. Genre d'apiaires renfermant plusieurs espèces d'insectes assez semblables à de gros bourdons, ordinairement colorés en noir, et pourvus d'ailes brillantes, violacées, à reflets cuivreux. La seule espèce européenne est le *xylocope violet (apis violacea),* vulgairement appelé *abeille perce-bois ;* son corps est d'un noir luisant et ses ailes sont d'un noir violet. Elle creuse des galeries dans le vieux bois, y maçonne des cloisons à l'aide de la râpure du bois, et dans chaque cellule, elle dépose un œuf, avec une provision de pollen et de miel pour la future larve.

XYLOGRAPHE s. m. Celui qui grave sur bois.

* **XYLOGRAPHIE** s. f. [ksi-] (gr. *xulon,* bois ; *graphein,* écrire). Art de graver sur bois. — Art d'imprimer avec des caractères de bois ou avec des planches de bois dans lesquelles sont taillées les lettres. (Voy. Imprimerie.)

XYLOGRAPHIQUE adj. Qui a rapport à la xylographie.

XYLOÏDINE s. f. [ksi-] (du gr. *xulon,* bois ; *eidos,* aspect). Composé explosif, ayant pour formule C6 H9 NO7, découvert par Braconnot en 1833, et préparé en traitant de l'amidon par de l'acide nitrique concentré.

* **XYLOPHAGE** s. m. [ksi-] (gr. *xulon,* bois ; *phagein,* manger). Entom. Se dit d'une famille d'insectes coléoptères qui, à l'état de larves, vivent presque tous dans les vieux bois : elle comprend les plus grands insectes connus. — Adjectiv. *Les insectes xylophages.*

* **XYSTE** s. m. [ksiss-te] (gr. *xuston ;* de *xustos,* uni). Antiq. Lieu couvert destiné chez les anciens à divers genres d'exercices.

Y

* **Y** s. m. [i-grèk ou i], vingt-quatrième lettre et sixième voyelle de l'alphabet français; elle dérive de l'*upsilon* (γ) des Grecs. Cette lettre a tantôt un caractère simple, tantôt un caractère double. — Caractère simple, elle n'a pas d'autre valeur que celle de l'**I** voyelle, et n'est plus admise dans notre orthographe, pour les mots purement français, que dans le très petit nombre de ceux qui seront rapportés ci-dessous; mais nous continuons à l'employer pour marquer l'origine de plusieurs mots dérivés du grec, *Hymen, hymne, étymologie, physique, hypocrisie*, etc. On la conserve aussi dans les noms propres, et dans quelques mots empruntés des langues étrangères, *york, yacht*, etc. — Caractère double, elle vaut deux I accouplés, dont le premier fait partie d'une syllabe, et le second en commence une autre, comme dans *citoyen, employer, royal, appuyer, pays*, etc., qui se prononcent comme *i* s'il y avait *citoi-ien, emploi-ier, roi-ial, appui-ier, pai-is*, etc. C'est mal à propos que quelques auteurs ou imprimeurs écrivent *citoten, moten*, etc., avec un i tréma.

* **Y** adv. relatif. [i]. En cet endroit-là : *rendez-vous-y; il y fait chaud.* — VOUS Y ÊTES, vous avez deviné. — VOUS N'Y ÊTES PAS, vous ne l'entendez pas. — N'est quelquefois qu'une espèce de particule explétive, comme dans ces phrases : *il y a des gens; y a-t-il quelque chose pour votre service?* — A cela, à cette personne-là : *quant à la raison que vous m'alléguez, je m'y rends; c'est un homme équivoque, ne vous y fiez pas; fiez-vous-y.* — Cette dernière locution s'emploie souvent par antiphrase, et signifie, ne vous y fiez pas. — Il faut observer que quand Y est placé immédiatement après la seconde personne du singulier de l'impératif, on ajoute à cette seconde personne une S euphonique, comme dans : *vas-y; donnes-y tes soins; cueilles-y des fruits.*

Y [ai], bras ou anse du Zuyderzée, communicant avec le canal de Leyde. Amsterdam est bâtie sur le Nord de l'Y.

* **'YACHT** s. m. ['hiak; y aspir.; angl. 'biott] (mot angl.). Sorte de bâtiment qui va à voiles et à rames, et qui sert ordinairement pour la promenade : *les yachts sont fort communs en Angleterre et en Hollande.* — Un décret du 13 nov. 1885, porte que les yachts de plaisance ne doivent servir à aucune opération de commerce, et qu'il est interdit de se livrer à la pêche sur ces bâtiments, autrement qu'à titre de passe-temps et au moyen d'une ligne armée de deux hameçons au plus.

'**YACHT-CLUB** s. m. Toute association qui a pour but d'encourager les excursions en yacht. Ces clubs existent aux Etats-Unis, en Grande-Bretagne, en Hollande, en France, en Belgique, en Russie, etc. Le premier de tous fut fondé en Irlande en 1720, sous le nom de *The Cork Harbour Water-Club*; il s'appelle aujourd'hui le *Royal Cork Yacht-Club*. Aujourd'hui beaucoup de yachts sont à la vapeur et sont de véritables steamers. — DES YACHTS-CLUBS.

YACOU s. m. Ornith. Voy. PÉNÉLOPE.

YAK s. m. [iak]. Mamm. Espèce de buffle, (*poëphagus grunniens*, Gray) qui habite les montagnes du Thibet et de l'Asie centrale. L'yak sauvage est plus grand qu'à l'état domestique. Il est généralement noir, et caractérisé par une longue frange de crins pendant de la partie inférieure du corps presque jusqu'au sol; le crin de sa queue est long et fin comme celui du cheval. On ne trouve cet animal que près de la ligne des neiges éternelles. L'yak domestique mesure environ

Yak (*Poëphagus grunniens*).

1 m. et demi de haut aux épaules, et 2 m. et demi du nez à la queue. Les individus varient d'ailleurs de taille et de pelage, probablement par suite de croisements avec le bétail ordinaire. C'est un animal robuste et sûr de pied; on l'emploie à l'agriculture et comme bête de somme. Avec ses poils on fait des tentes et des cordes, et avec sa peau des bonnets et des vestes. Son lait est riche et donne du beurre excellent.

YAKOUTES ou Yakouts, peuplade de la Sibérie, dans la province de Yakoutsk. Ils travaillent le fer et le cuir et font un immense commerce de chevaux et de bêtes à cornes. Leur religion est un mélange de christianisme et de paganisme.

YAKOUTSK. I. province de la Sibérie orientale, sur l'océan Arctique; 3,929,192 kil. carr.; 235,000 hab. La côte est une région désolée de plaines et de marais glacés, appelés *tundra* et recouverte d'une mousse dont le renne fait sa nourriture. Elle abonde en restes fossiles, et les défenses des mammouths, entraînés par les cours d'eau, fournissent beaucoup d'ivoire. La mer est prise pendant la moitié de l'année, et n'est jamais libre de glaces flottantes. La Léna est la grande artère du commerce. Les céréales réussissent en quelques endroits; on cultive les choux, les pommes de terre, les navets, et différentes espèces de baies. — II. capitale de cette province, sur la Léna, à 500 kil. O.-N.-O. d'Okhostk; 6,500 hab. C'est le grand centre commercial de l'E. de la Sibérie. La compagnie russo-américaine y a un établissement, et il

s'y tient une foire pendant tout le mois de juillet.

YANAON, établissement français de l'Inde, au milieu d'un territoire extrêmement fertile (14 kil. carr.), près de l'embouchure du Godavery, à 700 kil. N. de Pondichéry, sur la côte d'Orixa, au confluent du Coringuy et du Godavery, par 45° 43' lat. N. et 80° 5' long. E. ; 5,600 hab. Riz, sésame, graines.

YANGTSÉ, Yangtsé-Kiang ou FLEUVE BLEU, le plus grand fleuve de la Chine. Il prend sa source dans le Thibet, par 33° lat. N. et 93° long. E. Descendant rapidement des grands plateaux jusqu'à ce que, trouvant sur sa route une chaîne de montagnes, il décrit un immense fer à cheval dans la direction du S., et traverse l'empire de l'O. à l'E sur un parcours de 5,000 kil., pour aller se jeter dans l'Océan, par 32° lat. N. et 120° long. E. Les steamers les remontent jusqu'à 2,000 kil. au-dessus de son embouchure. Ses bords offrent des paysages d'une grandeur presque incomparable.

'**YANKEE** s. m. ['hiann'-ki]. Nom donné familièrement aux habitants des états de la Nouvelle Angleterre aux Etats-Unis. On attribue à ce mot un grand nombre d'étymologies; la plus probable est celle de Heckewelder; d'après lui, Yankee, c'est la corruption du mot *English* (Anglais) passant par la bouche des Indiens qui le prononcent Yenghees ou Yanghees.

'**YANKEE DOODLE** (Le) ['hiann'-ki-dou-d'l], chant ridicule qui devint populaire aux Etats-Unis pendant la guerre de l'indépendance et qui y est même considéré comme l'un des chants nationaux. C'est une vieille chanson de nourrice bien antérieure au temps de Charles Ier, et que les soldats anglais, pour humilier les révoltés, avaient coutume de chanter; mais ensuite, les Américains, les Yankees, comme on les appelait, marchèrent au combat aux accents de cet hymne outrageant. *Yankee doodle* signifie *Yankee niais*.

YANKTON [iannk'-tonn], capitale du territoire Dakota (Etats-Unis), sur la rive septentrionale du Missouri, à 1,500 kil. au-dessus de sa jonction avec le Mississipi, à environ 300 kil. N.-O. de Chicago; 3,600 hab.

YAP ou Eap, île des Nouvelles-Philippines (Carolines), située à l'O. du groupe, à 1,500 kil. N. de la Nouvelle-Guinée et à 1,500 kil E. de Mindanao; 150 kil. carr.; 1,208 hab., qui vivent encore à l'état presque sauvage. L'île est entourée d'une ceinture de récifs corailleux, couverts d'une végétation composée de cocotiers, d'arbres à pain et de bananiers. On ne cultive à Yap aucune céréale; les habitants se nourrissent de poissons, de mollusques, de racines et de fruits, surtout de ceux du cocotier. Commerce nul. Quelques Européens sont établis dans les ports de Koron et de Tamil, où ils achètent des noix de coco pour la fabrication des savons. Au mois d'août 1885, un officier de 'a marine allemande ayant

arboré le drapeau de son pays sur l'Ile d'Yap, malgré la protestation de trois commandants de navires espagnols, il en résulta une surexcitation extraordinaire de l'orgueil castillan. Des manifestations belliqueuses eurent lieu dans les principales villes de la Péninsule. A Madrid, l'hôtel de l'ambassade allemande fut envahi le 2 sept. et le drapeau de l'empire, qui venait d'être arboré en commémoration de la victoire de Sedan, fut arraché et traîné dans la boue.

YARKAND, ville du Turkestan oriental, sur le Yarkand, à environ 165 kil. S.-E. de Kachgar; 30,000 hab. Elle est entourée d'un mur de terre, et les rues sont coupées par des canaux. Il s'y fait un important commerce de chevaux, et la chair de cheval s'y vend comme viande de boucherie. Yarkand était autrefois la capitale du royaume de Kachgar; elle fut prise par les Chinois en 1757. — A plus de 410 kil. E.-N.-E. de la ville, le Yarkand se réunit au Kachgar pour former le Tarim qui va se décharger à l'E. dans le lac Lob.

YARMOUTH [iar'-mouth], port de mer du Norfolk (Angleterre), à l'embouchure et des deux côtés de la Yare, à 34 kil. E. de Norwich; 41,972 hab. C'est le grand centre de la pêche du hareng en Angleterre. Constructions navales; fabriques de crêpes de soie et autres tissus.

YAROSLAV I, gouvernement du centre de la Russie d'Europe, grand-duché; 35,612 kil. carr.; 1,000,748 hab. Le principal fleuve est le Volga. Les bestiaux y abondent. Grande exportation de poissons. La principale ville de commerce est Rybinsk. — II, capitale de ce gouvernement, sur le Volga, à 225 kil. N.-E. de Moscou; 26,429 hab. C'est le siège d'un évêché. Manufactures de lainages, de toiles, de soie, de cloches, etc.

* ' **YATAGAN** s. m. [' hia-]. Sorte de poignard turc, de coutelas dont la lame est oblique, et le tranchant forme, vers la pointe, une courbe rentrante.

* **YÈBLE** s. m. Plante. (Voy. HIÈBLE.)

' **YÉDO**. Voy. TOKIO.

YEISK [ièssk], ville de la Russie d'Europe, dans le territoire ciscaucasien du Kouban, à l'embouchure du Yeya dans la mer d'Azof, à 200 kil. N.-O. de Yekaterinodar; 26,276 hab. Elle a été fondée en 1848; c'est un centre commercial et industriel important.

YEKATERINBURG [ié-ka-ter-inn-bourg'], ville de Russie, sur le versant asiatique ou

ne trouve guère le platine que dans cette région. On travaille, dans de grands établissements de joaillerie, la malachite et d'autres pierres précieuses. On y fait des vases de jaspe d'une grande beauté. Yekaterinburg fut fondée par Pierre le Grand en 1722, et nommée d'après Catherine I.

YEKATERINODAR, ville de la Russie d'Europe, cap. du territoire ciscaucasien du Kouban, sur le Kouban, à 225 kil. d'Azof; 42,889 hab. L'Hetman des Cosaques y réside dans une forteresse construite en bois.

YEKATERINOGRAD, ville forte de la Russie européenne, dans le territoire ciscaucasien du Terek, sur le Terek, à 32 kil. O. de Mozdok; 5,000 hab. C'est une des principales stations militaires des Cosaques.

YEKATERINOSLAV. I, gouvernement du S. de la Russie, ou Russie Nouvelle, borné par la mer d'Azof et le territoire des Cosaques du Don; 67,720 kil. carr. 1,352,300 hab. Le pays n'est guère qu'une steppe, excepté le long du principal cours d'eau, le Dniéper. Il nourrit des moutons dont la laine est d'une finesse remarquable. La houille y abonde. On y récolte des fruits, entre autres des figues et des amandes, du vin et de la soie. Les villes principales sont : Taganrog, Alexandrovsk, et Nakhitchevan. — II, capitale de ce gouvernement sur le Dniéper, à 400 kil. N.-E. d'Odessa 24, 267 hab. Manufactures de drap et de soie; foire annuelle pour les laines. La ville a été fondée par Potemkin en 1784, et nommée en l'honneur de Catherine II. Le palais du fondateur, non loin de la ville, est aujourd'hui en ruines.

YELISAVETGRAD. Voy. ELISABETHGRAD.

YÉMEN [ié-men], province de l'empire turc, dans le S.-O. de l'Arabie, au S. du Hedjaz, entre le désert et la mer Rouge; 2,250,000 hab. La côte a un développement de 1,100 kil. Elle est bordée de récifs de coraux qui forment des Iles dont la plus grande est Farsan. Une chaîne de montagnes, qui est la continuation de celle du Hedjaz, divise l'Yémen en deux parties, le Tehama ou Basse-Terre, qui est un désert de sable, et le Jebel, plateau montagneux. Les vallées sont très fertiles et très belles. Le plateau a une élévation de 1,200 m., mais certains pics ont environ 1,800 m. Plusieurs grands cours d'eau coulent vers l'intérieur et se perdent sans doute dans le désert, entre autres le Kharid, qui a plus de 210 kil., et le Shibwan ou Dana. Près

même les flancs des montagnes escarpées sont couverts de plantations de café qui s'élèvent en terrasses quelquefois jusqu'à 3,000 pieds. C'est de là que vient le célèbre café moka. Le froment, l'orge, le riz, le durra, et les fruits abondent. On y a naturalisé la banane, la mangouste et autres fruits de l'Inde. Les arbres qui donnent les gommes et les résines odoriférantes y sont plus nombreux qu'en aucun autre pays du monde. Les principaux animaux domestiques sont le chameau, l'âne, le mouton et la chèvre. L'Yémen se divise en districts, savoir : Sana, Asir, Taiz et Hodéida. Sana est devenue la capitale après Hodéida. Les principales villes de la côte sont Hodéida, Jezan, Loheia et Moka. Aden, sur la côte méridionale, et l'Ile de Perim appartiennent à la Grande-Bretagne. Les places fortes sont El-Atarah, dans les monts Harraz, et Kokaban, à 27 kil. de Sana. Il y a une école pour les Sunnites à Zebid, et une autre à Dhamar pour les Zéides, qui forment la secte dominante. — Pour l'histoire primitive de l'Yémen. (Voy. ARABIE.) Aujourd'hui les Turcs possèdent l'intérieur à l'exception de Lahej et du pays occupé par les tribus arabes dans le voisinage d'Aden, avec lesquelles les Anglais ont des traités.

YENISSÉI [ienn-i-sé'-i], fleuve de Sibérie dont le bassin a près de 2,816,000 kil. carr. Il naît en Mongolie, coule à l'O. pour entrer en Sibérie, puis prend une direction générale N. jusqu'au golfe d'Yenisséi, dans la mer de Kara, où il se jette; long. 4,000 kil. Il est navigable pour les grands vaisseaux jusqu'à Touroukhansk; mais les glaces l'obstruent presque toujours. Son principal affluent est le Toungouska Supérieur, ou Angara, sur la rive droite.

YENISEISK ienn-i-seissk'] I, gouvernement dans le centre de la Sibérie, entre l'océan Arctique et la Mongolie; 2,571,428 kil. carr.; 372,862 hab. Cap. Krasnoyarsk. La côte s'avance dans l'Océan et se termine par le cap. de Tchéliouskin, ou cap du N.-E., le point le plus septentrional de l'Asie, par 77° 50' lat. N. et 105° long. E. A partir des monts Altaï au S., le sol descend en pente vers le N. Le principal cours d'eau est l'Yenisséi. Les plus grands lacs sont le Taimyr et l'Yeséi. On trouve en abondance le minerai de fer et le sel gemme; le pays entre l'Yenisséi et l'Angara un des districts les plus riches pour les laveurs d'or. Au N. vivent les troupes de rennes qui se nourrissent de lichen; au centre on entretient de grands troupeaux de bétail. Il y a beaucoup de gibier, et surtout beaucoup d'animaux à fourrure. La population se compose de diverses tribus aborigènes, et d'un certain nombre de Cosaques et de Russes; ces derniers sont, pour la plupart, des condamnés. — II, ville de ce gouvernement sur l'Yenisséi, à 475 kil. E.-N.-E. de Tomsk; 4,141 hab. Foire annuelle; grand trafic de fourrures.

YENISHEHR. Voy. LARISSA.

YENNE, *Epauna*, ch.-l. de cant., arr. et à 28 kil. N.-O. de Chambéry, au confluent du Rhône et du Flou; 1,400 hab.

* **YEOMAN** s. m. [hiô-mann]. Membre de la Yeomanry : *des yeomen*.

'**YEOMANRY** s. f. ['hiô-mann-ri]. Sorte de garde nationale à cheval, en Angleterre.

YERVILLE, ch.-l. de cant., arr. et à 15 kil. N.-E. d'Yvetot (Seine-Inférieure); 1,400 hab.

* **YEUSE** s. f. Sorte de chêne qui conserve ses feuilles vertes en toute saison, et qu'on nomme aussi *Chêne vert*.

* **YEUX** s. m. Pluriel d'œil. (Voy ŒIL.)

YÉZO ou Yesso, l'une des quatre grandes îles du Japon, entre 44° 24' et 45° 31' lat. N. et entre 137° 20' et 144° long. E.; 89,628 kil. carr.

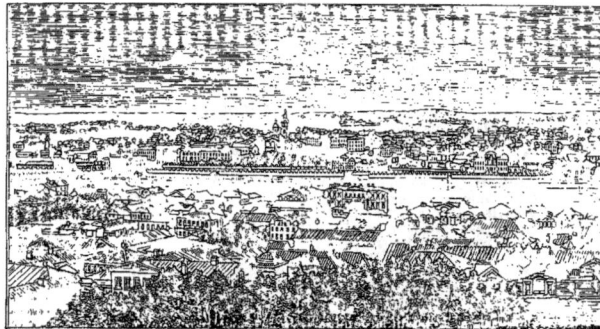

Yekaterinburg.

oriental des monts Oural, sur l'Isset, à 275 kil. S.-E. de Perm; 25,133 hab. C'est le grand entrepôt des districts miniers de l'Oural. On | de ce dernier se voient les restes de la grande digue construite, on suppose, vers 1750 av. J.-C. Presque toutes les pentes fertiles et

125,000 hab. Le sol est généralement montagneux, avec un grand nombre de volcans. Le plus grand cours d'eau est l'Ishikari. Le pays produit surtout de la houille, du pétrole, du sel, du soufre, des bois, des peaux de daims, du poisson sec, et de l'huile de poisson. La population est en grande partie agglomérée au S. Le N. n'est habité que par de rares Ainos, au nombre d'environ 20,000. Le gouvernement a fait naguère explorer l'île par des Américains qui ont bâti des routes, établi des fermes, et amené des Etats-Unis du bétail et des semences. Les principales villes sont Hakodate (Hakodadi), Matoumaè, Esashi et Sapporo.

YOKOHAMA, ville maritime à l'E. de l'île principale du Japon, sur le rivage occidental de la baie de Yédo, à 23 kil. S.-O. de Tokio (Yeddo) ; 60,000 hab. C'est la capitale de la préfecture ou *ken* du Kanagawa, et le principal port du Japon pour le commerce étranger. Un chemin de fer la relie à Tokio,

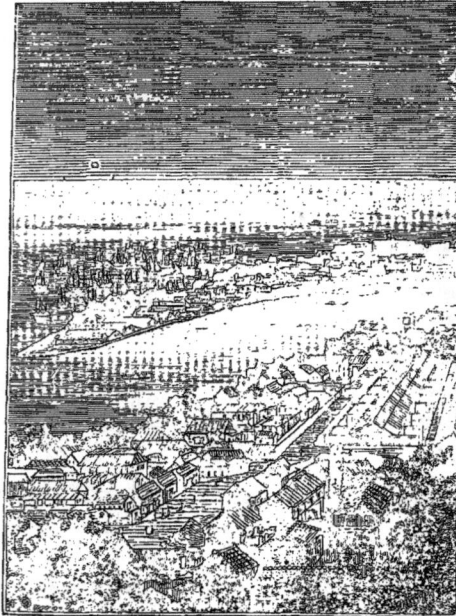

Yokohama.

et des lignes télégraphiques la mettent en communication avec l'Europe et l'Amérique. Le climat est très salubre. Le port est profond et vaste. Les importations et les exportations montent à plus de la moitié du total général de celles de tout l'empire. Avant 1854, Yokohama n'était qu'un petit village de pêcheur. Il a été ouvert au commerce étranger en 1858.

* **YOLE** *s. f.* ['hio-le] (norvég. *jol*). Sorte de petit canot léger qui va à la voile et à l'aviron : *sa yole fut submergée.*

YOLOF, OVE s. et adj. Se dit d'un peuple nègre de la Sénégambie.

YON, rivière de Vendée qui donne son nom à la Roche-sur-Yon et se jette dans le Lay, après un cours de 60 kil.

YON (Saint), disciple de saint Denis. Fête le 5 août.

YONKERS [ionn'-keurss], ville de l'état de New-York, sur la rive orientale de l'Hudson ; au S., elle touche à New-York ; 17,269 hab. Sites pittoresques, occupées par de jolies habitations.

YONNE, *Icauna*, rivière qui prend sa source à 15 kil. S.-E. de Château-Chinon (Nièvre), passe à Coulonges, Auxerre, Joigny, Villeneuve-le-Roi, Sens, et se jette dans la Seine à Montereau, après un cours de 275 kil.

YONNE, dép. de la région centrale de la France ; doit son nom au principal cours d'eau qui la traverse ; situé entre les dép. de Seine-et-Marne, de l'Aube, de la Côte-d'Or, de la Nièvre et du Loiret, formé de parties des anciennes provinces de la Bourgogne, de l'Orléanais et de la Champagne ; 7,428 kil. carr., 357,000 hab. Pays de plaines, entrecoupé de quelques collines dont les plus élevées atteignent à peine 150 m. de hauteur. Ces côteaux sont couverts de riches vignobles. Exportation de vins, de bois et de charbon. Fer, pierres lithographiques, ocre ; lainages, cotonnades, sucre de betteraves ; verreries. Princ. Cours d'eau : l'Yonne, l'Armançon, la Vanne, le Loing, etc. — Ch.-l. Auxerre ; 5 arr., 37 cant., 485 comm. Archevêché à Sens. cour d'appel à Paris ; ch.-l. académique, Dijon. Ch.-l. d'arr. : Auxerre, Avallon, Sens, Joigny et Tonnerre.

YORK (anc. *Eboracum*), capitale du Yorkshire (Angleterre), sur les deux rives de l'Ouse à sa jonction avec le Foss, à 265 kil. N.-N.-O. de Londres et à 95 kil. N.-E. de Manchester ; 45,000 hab. La ville proprement dite, à l'exclusion des faubourgs, a près de 5 kil. de circonférence et est, en partie, entourée d'anciennes murailles. York Minster, la cathédrale, passe aux yeux de beaucoup de connaisseurs pour la plus belle église d'Angleterre. Le palais archiépiscopal, sur le flanc N. de la cathédrale, a été bâti dans la seconde moitié du XIIe siècle, et est aujourd'hui occupé par la bibliothèque de la cathédrale. L'archevêque d'York, dont la résidence est à Bishopthorpe, est primat d'Angleterre ; mais il a un rang inférieur à celui de l'archevêque de Canterbury, qui a le titre de primat de toute l'Angleterre. L'industrie n'est pas très développée à York, et le commerce y est surtout local, malgré la facilité des communications. — Pendant la domination romaine, la ville fut le siège du gouvernement général de l'île ; elle fut ensuite la capitale de la Northumbrie et du Deira. Fairfax la prit aux royalistes en 1644, et en 1688 ; Jacques II, pour la punir de s'être opposée

aux mesures arbitraires du gouvernement, lui retira sa charte

YORK, ville de Pennsylvanie, sur le Codonus Creek, à 50 kil. S.-S.-E. de Harrisburg ; 11,003 hab.

YORK (duc d'), titre porté autrefois par le plus jeune des fils du roi d'Angleterre. Il fut pour la première fois conféré à Edouard Plantagenet, cinquième fils d'Edouard III, en 1385, et ce fut lui qui fonda la fameuse maison d'York (voy. ANGLETERRE) ; il mourut en 1402. Il eut pour successeur son fils Richard, qui périt à Azincourt en 1415, et laissa son titre à son neveu Richard, fils d'Anne Mortimer. Ce titre fut ensuite porté par Edouard Plantagenet, plus tard Edouard IV ; par Richard Plantagenet, qu'on suppose avoir été assassiné par son oncle Richard III, en 1483 ; par Henri Tudor, plus tard Henri VIII ; par Charles Stuart, plus tard Jacques Ier, et par Jacques Stuart, plus tard Jacques II. Le prétendant, Jacques III, le conféra à son second fils, Henri-Benedict, connu dans l'histoire sous le nom de cardinal d'York, le dernier représentant de la famille royale des Stuarts. (Voy. STUART, HENRI-BENEDICT-MARIA-CLÉMENT.) — Après l'avènement de la maison de Hanovre au trône de la Grande-Bretagne, George Ier, le 5 juillet 1716, créa son frère, Ernest-Auguste, le prince évêque d'Osnabrück, duc d'York et d'Albany. Celui-ci mourut en 1728, et Edouard-Auguste, second fils de Frédéric prince de Galles, reçut le titre en 1760, et mourut sans enfants en 1767. Le dernier duc d'York et Albany a été Frederick, second fils de George III, né à Windsor en 1863, mort en 1827. D'abord pourvu de l'évêché luthérien d'Osnabrück, il préféra suivre la carrière des armes. D'une extrême ignorance, il brigua les premiers grades et fut nommé d'emblée colonel. On lui confia en 1793 le commandant de l'armée anglaise dans les Flandres. Il mit le siège devant Dunkerque qu'il savait dépourvu de garnison ; mais l'héroïsme des habitants le tint en échec et l'arrivée du général Houchard le força de plier bagage (7 sept.). Il fut vaincu le lendemain à Hondschoote, subit encore un échec à Bois-le-Duc (14 sept. 1794) et à Boxtel (17 sept.), rentra en Angleterre, y fut élevé au grade de feld-maréchal et reçut le commandement suprême de l'armée de terre. On lui confia en 1799 une armée destinée à opérer en Hollande, conjointement avec les Russes. Battu par Brune à Alkmaar, il signa une honteuse capitulation. (Voy. ALKMAAR.) A son retour en Angleterre, il fut accusé et convaincu d'avoir trafiqué des commissions d'officier. Il donna sa démission de général en chef, mais on le lui rendit en 1811. Les catholiques n'eurent pas d'adversaire plus acharné.

YORKSHIRE, le plus grand comté de l'Angleterre, sur la mer du Nord et l'estuaire de Humbert ; 15,743 kil. carr. ; 2,436,113 hab. Il se divise en trois circonscriptions (*ridings*), du Nord, de l'Est et de l'Ouest, chacune ayant une administration particulière. La côte est élevée et abrupte. Presque toutes les eaux du pays sont amenées au Humber par l'Ouse. Le val d'York, les districts de Holderness et de Cleveland, et plusieurs autres régions étendues sont d'une extrême fertilité. Cap., York.

YORKTOWN [iork'-taounn], ville de la Virginie sur la rivière York, à 16 kil. de son embouchure, et à 95 kil. E.-S.-E. de Richmond ; 1,000 hab. Ce village est surtout célèbre pour avoir soutenu deux sièges, en 1781 et en 1862. La première fois, lord Cornwalis s'y défendit avec 8,000 hommes derrière de puissantes fortifications, et avec l'appui d'une flotte à l'ancre dans la rivière, contre les forces américaines et françaises

combinées sous les ordres de Washington. Une flotte française de 37 vaisseaux commandée par de Grasse, était dans la baie de Chesapeake, pour l'empêcher de fuir ou d'être secouru par mer. L'investissement eut lieu le 30 sept.; le 17 oct., Cornwallis, après une sortie qui fut un échec, proposa de capituler. Il se rendit le 19 avec toutes ses troupes. Ce coup termina réellement la guerre de l'indépendance. Le second siège de Yorktown fut commencé par Mc Clellan le 5 avril 1862 et dura jusqu'au 4 mai.

YORK VON WARTENBURG (Hans-David-Ludovig COMTE) [form var'-ten-bourgg], homme de guerre prussien, né en 1759, mort en 1830. En 1812, il commandait les troupes prussiennes auxiliaires dans l'armée de Napoléon qui envahissait la Russie. En déc. il conclut avec les Russes une convention par laquelle il devait rester neutre, et que le roi désavoua. Lorsque la guerre éclata entre la Russie et Napoléon, il reçut le commandement du 1er corps, et le 5 avril 1813, vainquit Eugène de Beauharnais à Dannigkow; le 19 mai, il remporta un autre succès à Weissig. Il prit une part décisive à la bataille de Katzbach, le 26 août, et battit Bertrand à Wartenburg le 3 oct.; c'est à cette victoire qu'il dut son titre. Pendant la bataille de Leipzig, le 16 oct., il sauva l'armée à Mœckern. Le 11 fév. 1814, à Montmirail, il sauva le corps du général Sacken, qui s'était témérairement engagé coutre Napoléon, et le 9 mars il se distingua à Laon. Il fut fait maréchal de France en 1821.

YOROUBA ou Yarriba, contrée d'Afrique, au N. de l'anse de Benin et à l'O. du Niger, entre 7° et 9° 30' lat. N. et 0° et 3° 20' long. E.; 130,000 kil. carr.; 2,000,000 d'hab. au moins. La capitale, qui était autrefois Katounga, est aujourd'hui Oyo. Aucune partie de l'Afrique ne contient tant de villes populeuses que l'Yorouba. Les principales sont : Ilorin, Iladau, Ogboumosho et Ijaye, qui ont de 40 à 70,000 hab. Les naturels ont le teint d'un brun clair, avec des traits qui rappellent l'européen plutôt que le nègre. Ce sont peut-être les plus industrieux et les plus intelligents des indigènes de l'Afrique. Le grand article d'exportation du pays est l'huile de palme.

YOSEMITE [io-sè-mi-té] (indien : ours gris), vallée de Californie où serpente le Merced, à 240 kil. S.-E. de San-Francisco. Rien ne l'égale pour la majesté de son paysage et la magnificence de ses cataractes, dont la chute totale est d'une hauteur de 866 m.

YOUNG (Arthur) [ieunng'], écrivain anglais, né en 1741, mort en 1820. Il s'est surtout occupé d'agriculture. On a de lui : A Six Weeks Tour through the Southern Counties (1768); Course of Experimental Agriculture (1770, 2 vol. in-4°); Six Months' Tour through the North of England (1770, 4 vol. in-8°); The Farmer's Calendar (1771); Rural Economy (1772); Political Arithmetic (1774); et Travels in France, Spain, and Italy (1791, 2 vol. in-4°). Il a fondé la revue intitulée Annals of Agriculture (1784) et l'a dirigée pendant 45 vol.

YOUNG (Brigham), chef des Mormons de l'Utah, né à Whitingham (Vermont) en 1801, mort le 29 août 1877. Il débuta par être peintre vitrier dans l'Etat de New-York. En 1832, il s'affilia aux Mormons à Kirtland (Ohio), devint un des douze apôtres en 1835, et fut envoyé dans les états de l'E. pour faire des prosélytes. Il vint

en Grande-Bretagne en 1840-'41, et établit, à Liverpool, une mission permanente qui prospéra. Après la mort de Joseph Smith, en juin 1844, Young fut choisi pour président. La charte de Nauvoo ayant été révoquée, Young partit avec ses sectateurs en 1846, et, après une pénible marche à travers les plaines, arriva dans la vallée du grand Lac-Salé où il fonda la ville du Lac-Salé (Salt Lake City) en 1847; il fut dès lors le chef absolu de la colonie. En 1849, il organisa l'état du Désert; mais, en 1850, le congrès en fit le territoire de l'Utah, dont Young fut nommé gouverneur pour quatre ans. Le 29 août 1852, Young proclama la « loi céleste du mariage », sanctionnant la polygamie, qui, disait-il, avait été révélée à Joseph Smith en juillet 1843. Un nouveau gouverneur fut nommé en 1854, mais Young le poussa à donner sa démission, et il en garda les fonctions, défiant l'autorité fédérale jusqu'en 1857, où il céda à la force armée. Son pouvoir absolu avait pour principal appui la société secrète militaire des danites, dont il était le chef. En organisant et en dirigeant le commerce et l'industrie de son peuple à son avantage, il accumula de grandes richesses. Il a laissé un grand nombre de veuves.

YOUNG (Edward), poète anglais, né en 1684, mort en 1765. Il fit jouer, en 1719, à Drury Lane, sa tragédie de Busiris, et, en 1724, The Revenge. En 1725-'28, parurent ses satires sous le titre général de The Love of Fame, the Universal Passion. En 1727, il devint un des chapelains du roi. La mort de sa femme, en 1741, et d'autres épreuves lui inspirèrent les « Nuits » (Night Thoughts; 1742-'46), son œuvre la plus célèbre. On a publié une édition collective de ses œuvres en 1741 et en 1757; Isaac Reed y ajouta deux volumes en 1767.

YOUNG (Thomas), physicien anglais, né en 1773, mort le 2 mai 1829. D'un savoir pré-

Yosemite Fall.

coce, après avoir étudié la médecine à Londres, à Edimbourg et à Gœttingue, il fut, en 1801, nommé professeur de physique à l'institution royale, et donna sa démission en 1803. L'année précédente, il avait publié un

Syllabus of Course of Lectures on Natural and Experimental Philosophy, contenant l'annonce de sa découverte de la loi d'interférence de la lumière, laquelle contribua grandement à l'établissement de la théorie des ondulations. A partir de 1802 jusqu'à sa mort, il fut secrétaire de la société royale pour la correspondance étrangère. Il se livra aussi à l'étude des hiéroglyphes égyptiens et soutint des controverses contre Champollion. On a de lui : A Course of Lectures on Natural Philosophy and the Mechanical Arts (1807, 2 vol. in-4°); A System of Pratical Nosology (1813); Elementary Illustrations of the Celestial Mechanics of Laplace (1821), et Rudiments of an Egyptian Dictionary (1830).

YOUNGSTOWN, ville de l'Ohio (Etats-Unis), sur le Mahoning, à 65 kil. N.-N.-O. de Pittsburgh (Pennsylvanie); 15,000 hab. La région environnante contient beaucoup de houille et de fer.

YOUTE s. Juif. (Pop.)

YPORT, commune du cant. de Fécamp, arr. et à 35 kil. N.-E. du Havre (Seine-Inférieure); 1,500 hab. Petit port d'échouage. Bains de mer; casino.

* YPRÉAU s. m. Espèce d'orme à larges feuilles, qui nous est venu des environs de la ville d'Ypres : une allée d'ypréaux; une avenue d'ypréaux.

YPRES (flam. et allem. Ypern), ville de la Flandre occidentale (Belgique), sur l'Yperte, à 47 kil. S.-O. de Bruges; 16,483 hab. On a desséché les marais qui l'environnaient, et sa forteresse a été rasée. Elle possède une belle cathédrale gothique, ainsi que l'école nationale de cavalerie. On y fabrique des lainages, des fils de lin (diapre d'Ypres) et des dentelles. Au xive siècle, Ypres avait 200,000 hab.

YPSILANTI, ou Ypsilantis, nom d'une puissante et riche famille grecque fanariote, originaire de Trébizonde et établie à Constantinople; elle prétendait descendre des Comnènes. — I. (Athanasius), fut, au commencement du xviiie siècle, un favori du sultan. — II. (Alexandre), son fils (1725-1805), fut interprète de la Sublime-Porte, et hospodar de Valachie (1774). En 1780, il accorda le libre exercice du culte aux luthériens, et donna, peu après, sa démission; il fut renommé en 1790, fait prisonnier par les Russes, qui le gardèrent jusqu'en 1792, et encore une fois hospodar de 1796 à 1797; mais, soupçonné de relations coupables avec la Russie, il fut exécuté. — III. (Constantin), fils du précédent, né vers 1760, mort en 1816. Il conspira pour la délivrance de la Grèce, mais fut découvert et prit la fuite. Il devint ensuite drogman près de la Porte ottomane; puis, en 1799, hospodar de Moldavie, et, bientôt après, de Valachie. Privé de son gouvernement en 1805, il entra au service de la Russie. — IV. (Alexandre), fils du précédent, né en 1783, mort en 1828. Il entra dans l'armée russe en 1809, perdit la main droite à la bataille de Dresde, et devint, en 1817, major général. En 1820, il prit la tête du mouvement projeté par la Hétærie, société secrète, qui avait pour but d'assurer l'indépendance grecque. Le mouvement éclata d'abord dans les principautés danubiennes (fév. 1821); mais il ne se montra pas à la hauteur des circonstances, et, après la fatale issue de la bataille de Dragashan, le 19 juin, il s'enfuit et se livra aux Autrichiens qui le tinrent six ans prisonnier. — V. (Demetrius), frère du précédent, né en 1793, mort en 1832. Il se distingua dans l'armée russe en 1814, prit part à l'insurrection de la Morée en 1821, commanda au siège de Tripolitza, et prit la ville d'assaut en octobre; mais il fut, en décembre, repoussé à Nauplie. En juillet 1822, il tint dans la cita-

delle d'Argos, et rendit possible la destruction complète de l'ennemi dans les défilés qui sont entre cette place et Corinthe. En juin 1825, il arrêta Ibrahim Pacha aux moulins de Lerna. Sous Capo d'Istria, il eut un commandement militaire de 1828 à 1830. En avril 1832, il fut un des sept membres de la commission militaire.

YRIARTE (Ignacio), peintre espagnol, né en 1620, mort en 1683. C'est un des plus célèbres paysagistes espagnols. Murillo a peint les figures de certains de ses tableaux.

YRIARTE. I. (Juan de), érudit espagnol, né en 1702, mort en 1771. Traducteur officiel près du principal secrétaire d'État en 1740, il inventa un système perfectionné d'orthographe, de ponctuation et d'accentuation pour la langue espagnole, recueillit 24,000 proverbes espagnols, et publia Grammatica latina, en verso castellano (8ᵉ édit. 1820), et d'autres ouvrages en prose et en vers. — II. (Thomas de), neveu du précédent, né en 1750, mort en 1794. Employé dans les bureaux du secrétaire d'État, il a publié des écrits de controverse, des drames et des poésies, originaux ou traduits, et dont le morceau le meilleur est La Musica. Il doit surtout la célébrité à ses Fabulas literarias, où, sur 80 pièces environ, il essaie 40 mètres différents.

YRIEIX (Saint), Aridius, né à Limoges en 511, mort en 591. Il fut chancelier de Théodebert, roi d'Austrasie, et fonda le monastère d'Atane, autour duquel se forma la ville de Saint-Yrieix. — Fête le 25 août.

YRIEIX (Saint-)[i-rié], ch.-l. d'arr., à 45 kil. S. de Limoges (Haute-Vienne), sur la Loue; par 45°30' 57'' lat. N. et par 1° 8' 7'' long. O., 8,000 hab. Riches carrières de kaolin et de pétunsé découvertes en 1770; fabriques de porcelaine, de cuir, de papier. Vieille église appelée Le Moutier, extrêmement intéressante comme appartenant à l'époque de transition entre le roman et le gothique. — La ville se forma autour d'un monastère fondé par saint Yrieix.

YSABEAU (Alexandre-Clément), conventionnel, mort à Paris en 1823. Il entra chez les oratoriens, devint, en 1790, vicaire général de l'évêque constitutionnel de Tours, et député à la Convention. Il vota la mort du roi sans appel ni sursis. Il entra aux Anciens, d'où il sortit en 1798 et devint simple employé des postes.

YSSEL [aī-sèl] (anc. Sala; flam. Ijssel), rivière de Hollande, formée du vieux et du nouvel Yssel, qui se réunissent près de Doesbourg. Le premier (57 kil.) vient de la Westphalie (Allemagne); le second (27 kil.) est une branche du Rhin. La réunion de ces deux cours d'eau porte ordinairement le nom d'Overyssel (voy. ce mot), baigne Zuphten et Deventer et se jette dans le Zuyderzée après un cours, 90 kil. — Sous le premier Empire, on appelait Yssel-Supérieur un département dont le ch.-l. était Arnheim.

YSSINGEAUX ou Yssengeaux, Icidmacus, ch.-l. d'arr. à 26 kil. N.-E. du Puy (Haute-Loire), sur une colline rocailleuse, dans un territoire dénudé, par 45° 8' 37'' lat. N. et par 1° 47' 13'' long. E.; 9,000 hab. Rubans, dentelles et blondes; bois, toiles, graines et bestiaux. Belle église moderne; ancienne chapelle des pénitents, surmontée d'une flèche élancée; restes du château féodal couronné de créneaux.

YTTRIUM s. m. [it-tri-omm](de Ytterby, en Suède, où l'on trouva pour la première fois les minerais qui le contiennent). Métal rare, que Woehler obtint pour la première fois en 1828. L'oxyde, découvert par Gadolin en 1794, se présente en petites quantités comme constituant de plusieurs minéraux, tels que la gadolinite, l'yttro-tantalite, l'yttro-titanite, l'yttro-cerite, etc. Symbole : Y ; poids atomique : 61.7.

'YUCATAN, presqu'île du Mexique, s'étend depuis environ 17° 20' jusqu'à 21° 30' lat. N., et depuis 89° jusqu'à 94° 50' long. O. 143,450 kil. carr.; 502,731 hab., dont beaucoup d'Indiens, surtout des Mayas. Le pays est généralement bas et plat, excepté à l'intérieur de la partie orientale, qu'une chaîne de collines basses traverse du N.-E. au S.-O. Le seul cours d'eau important est l'Usumasinta. Il y a plusieurs grands fleuves souterrains. Le climat, quoique généralement très chaud, est en somme salubre, excepté sur les rivages du golfe. Une grande partie de l'intérieur est recouverte d'épaisses forêts, riches en bois précieux, tels que l'acajou et le bois de rose. Au S. et à l'E., le sol est très d'une grande fertilité. On récolte en abondance le copal, et les autres gommes et résines. L'agriculture et l'élevage des bestiaux sont les grandes industries; il faut aussi compter la pêche et la fabrication de grossiers tissus de coton et de divers articles faits avec la plante appelée henequen ou pita (agave sisalana, qui donne une sorte de chanvre). Il reste de nombreux et intéressants témoignages du haut degré de civilisation atteint par la race qui habitait, à l'origine, le Yucatan. Stephens et d'autres archéologues ont exploré les ruines d'Uxmal, de Chichen, d'Izamal, et de Muyapan, etc. Celles d'Uxmal, les plus remarquables, à environ 50 kil. E.-S.-O. de Mérida, se composent de nombreux massifs de calcaire bâtis en larges terrasses, et pleins d'ornements. (Voy. Chichen Itza.) — Francisco Fernandez de Cordoue visita le premier le Yucatan. Ce pays appartint à l'Espagne jusqu'en 1821. Après plus de 3 ans d'indépendance, il fut réuni au Mexique en 1824; il eut encore des périodes d'indépendance de 1840 à 1843 et de 1846 à 1852. Depuis, il appartient au Mexique où il forme aujourd'hui les états de Yucatan et de Campêche.

YUCATAN, état maritime de Mexique, au N.-E. de la presqu'île du Yucatan; 76,560 kil. carr.; 422,365 hab., presque tous Indiens Mayas. Cap., Mérida. L'instruction y est très développée et le commerce florissant. On exporte du chanvre de Sisal, des cordages, des cuirs, des peaux de daim, du sel, des chapeaux de Panama, des bestiaux, des peaux, de l'indigo.

*'YUCCA s. m. [hi-u-ka] (mot caraïbe). Bot. Genre de liliacées aloïnées, comprenant une trentaine d'espèces de belles plantes américaines, dont plusieurs servent aujourd'hui à l'ornement de nos jardins; les yuccas présentent l'aspect des aloès et portent une hampe centrale que termine une belle touffe de fleurs dont chacune semble une petite tulipe blanche. Le yucca superbe (yucca gloriosa), atteint, au Mexique, des proportions gigantesques; chez nous, il ne dépasse guère 1 m. de haut; ses feuilles sont longues et piquantes à l'extrémité; on le cultive en pleine terre; mais il craint la neige et le verglas. Le yucca glauque (yucca glaucescens) a les fleurs presque globuleuses, blanches, marquées de pourpre en dehors.

'YUNNAN, province du S.-O. de la Chine, confinant au Thibet, au Burmah, à Siam et à l'Annam; 317,162 kil. carr.; 6 millions d'hab. Les lacs de ce pays sont fameux; celui de Talifou, au N.-O., a plus de 165 kil. de long sur 35 de large. Les principaux cours d'eau sont le Yangtse et le Lantsan. Pays montagneux, peu cultivé. Il contient des mines très riches, mais inexploitées. La ca- pitale, qui porte le même nom, sur le lac Chin, est importante par son commerce et son industrie. (Voy Tonkin.)

YUST ou Yuste, célèbre monastère de hiéronymites espagnols, à 40 kil. de Placentia (Estramadure), dans une délicieuse situation. Charles-Quint s'y retira après son abdication.

YVAN (Antoine), fondateur de l'ordre de la Miséricorde, né à Rians (Provence) en 1576, mort à Paris en 1653. Il fut ordonné prêtre en 1606, se fit ermite et fonda, en 1616, l'ordre des religieuses de Notre-Dame de la Miséricorde.

YVERDUN (anc. Ebrodunum ; all. Ifferten), ville du canton de Vaud (Suisse), à l'extrémité S.-O. du lac de Neufchâtel, à 29 kil. N. de Lausanne; 5,889 hab. Elle possède un ancien château, où Pestalozzi établit son institut de 1805 à 1825. Au XVIIIᵉ siècle, Felice y fonda une grande maison d'imprimerie et d'édition.

YVES (Saint) Yvo, prélat, né en Beauvaisis, vers 1040, évêque de Chartres en 1091, mort en 1116. Ses Œuvres ont été publiées à Paris (1647, in-fol.). Fête le 28 mai.

YVES D'ÉVREUX (Le Père), capucin et missionnaire, né à Evreux vers 1577, mort vers 1630. Il fut envoyé avec trois autres capucins, dans l'Amérique du Sud, pour évangéliser les peuplades des bords de l'Amazone. La relation très intéressante qu'il a faite de son voyage dans le nord du Brésil, pendant les années 1613 et 1614, a été réimprimée avec soin en 1864 (Franck, éditeur, Leipzig et Paris).

YVES DE PARIS (Le Père), capucin, né à Paris vers 1590, mort en 1678; il exerça d'abord la profession d'avocat, puis prit l'habit religieux en 1620 ; il est l'auteur de 28 ouvrages de théologie qui sont aujourd'hui tombés dans l'oubli avec tant d'autres œuvres du même genre.

YVES-HÉLORI (Saint), l'Avocat des pauvres, patron des gens de loi, né au manoir de Kaer-Martin (Bretagne) en 1253, mort à Lohannec en 4303. Il est surtout connu par ce dicton populaire :

Sanctus Yvus erat Brito,
Advocatus et non latro,
Res miranda populo !

que l'on peut traduire ainsi : « Saint Yves était Breton, avocat et pas voleur, chose étonnante aux yeux du peuple».

YVETOT, ch.-l. d'arr. à 36 kil. N.-O. de Rouen (Seine-Inférieure), au sommet d'un plateau aride, par 49° 37' 3'' lat. N. et par 1° 35' 2'' long. E.; 8,500 hab. Le nom de cette ville est populaire comme éveillant le souvenir d'une petite royauté, presque microscopique, établie vers le milieu du VIᵉ siècle, et qui subsista paisiblement jusqu'au règne de Henri II. Bien qu'on aime à se représenter les rois d'Yvetot comme des princes fort débonnaires,

Se levant tard, se couchant tôt,
Dormant fort bien sans gloire,
                        Béranger.

plusieurs se distinguèrent dans les guerres du moyen âge.

YVON (Claude), chanoine de Coutances, né à Mamers en 1714, mort à Paris en 1791. Il collabora à l'Encyclopédie de Diderot, et a laissé: la Liberté de conscience (Londres, 1754-'55, in-8°), Histoire philosophique de la religion (Liège, 1779, 2 vol. in-8°), etc.

YZEURE ou Izeure, village de l'arr. et à 2 kil. E. de Moulins (Allier); 4,600 hab. Curieuse église qui dépendait d'un monastère fondé au XIᵉ siècle.

Z

Z s. m [zède-; ou ze]. Consonne. Vingt-cinquième et dernière lettre de l'alphabet français, correspondant au Z (*Zéta*) des Grecs. — Fam. IL EST FAIT COMME UN Z, se dit d'un homme tortu. Dans cette phrase, on conserve toujours la dénomination ancienne.

ZAANDAM. Voy. SAARDAM.

ZAATCHA, oasis d'Algérie, province de Constantine, à 30 kil. S.-O. de Biskra; elle renferme un village qui, s'étant révolté en 1849, fut pris d'assaut par les Français le 26 novembre de la même année.

ZAB s. m. Sing. du mot ZIBAN. Voy. ce mot.)

ZABULON, le dixième fils de Jacob, le sixième et dernier de Lia. Le territoire de la tribu de Zabulon s'étendait du lac de Gennézareth à l'E. jusqu'à Carmel et à la Méditerranée. Cette tribu était à la fois agricole et guerrière.

ZACAPA, ville du Guatemala, sur le Rio Copan, près du Motagua, à 95 kil. E.-N.-E. environ du Nouveau Guatemala, et à 50 kil. S.-O. du port d'Izabal sur l'Atlantique; 8,000 hab.

ZACATECAS [sa-ka-té-'kass]. I, état central du Mexique, confinant au Coahuila, San Luis de Potosi, Aguas Calientes, Jalisco et Durango; 59,550 kil. carr.; 397,945 hab. C'est l'un des états les plus montagneux de la république. L'argent y est extrêmement abondant. — II, capitale de cet état; dans une gorge profonde, à 500 kil. N.-O. de Mexico; 35,000 hab. Site aride et désolé. On y a fabriqué de grandes quantités de monnaies d'argent.

ZACHARIE, [za-ka-rî] le onzième des douze petits prophètes. Il revint de Babylone avec Jérobabel, et commença à prophétiser dans la seconde année de Darius, roi de Perse, 520 av. J.-C., deux mois après Aggée. Les prophéties de Zacharie sont les plus longues de celles des petits prophètes. Son style est décousu et incohérent.

ZACYNTHUS [za-cin-tuss]. Voy. ZANTE.

* ZAGAIE s. f. [za-ghê] (esp. *azagaya*). Javelot dont se servent les habitants du Sénégal et la plupart des peuples sauvages : *lancer la zagaie*.

ZAGAZIG, ville de la basse Egypte, capitale de la province de Sharkieh, à 125 kil. N.-O. de Suez; 40,000 hab. Son importance commerciale s'est beaucoup accrue depuis la construction du canal d'eau douce qui l'unit à Ismailia et à Suez. Auprès, se trouvent les ruines de l'ancienne Bubaste (Bubastis).

* ZAÏM s. m. Soldat turc, dont le bénéfice militaire est un peu au-dessus de celui du timariot.

* ZAIN adj. m. Se dit d'un cheval dont la robe ou le poil, simple et uniforme, n'a aucune marque de blanc : *on dit que les chevaux zains sont tout bons ou tout mauvais*..

ZAÏRE. Voy. CONGO.

ZALEUCUS [za-leu-kuss], législateur des Locriens occidentaux; colonie grecque dans le S. de l'Italie. La tradition le place vers 660 av. J.-C. Ses lois étaient, dit-on, d'une extraordinaire sévérité.

ZAMA, ancienne ville de Numidie, sur les confins du territoire carthaginois. C'est là que se livra, le 19 oct. 202 av. J.-C., la bataille où Scipion vainquit Annibal et mit ainsi fin à la seconde guerre punique.

ZAMACOÏS (Eduardo) [za-ma-ko'-iss], peintre de genre espagnol, né en 1837, mort en 1871. Parmi ses tableaux, on remarque *Diderot et d'Alembert*, *Cervantes conscrit*, *Torreros entrant dans l'arène*, et la *Favorite du Roi*.

ZAMBÈZE ou Couanca, fleuve de l'Afrique méridionale, appelé, dans son cours supérieur, Leambye ou Leeba. Il naît vers le 11° lat. S. et 24° long. E.; il coule au S. pendant environ 1,115 kil. jusqu'à la grande cataracte de Mosiatunya ou chutes de Victoria, puis au N.-E. et au S.-E., et va se jeter par plusieurs bouches dans l'océan Indien, par 18° 45' lat. S., et 34° 20' long. E. Sa longueur totale est d'environ 2,900 kil. Des bancs de sable mobiles obstruent son embouchure. C'est Livingstone qui a visité le premier les chutes de Victoria, par 17° 55' lat. et 24° 42' long. Le Zambèze a, entre autres affluents, le Shiré, par où se déverse le lac Nyassa.

ZAMIE s. f. Bot. Genre de cycadées, dont

Zamie de la Floride (Zamia integrifolia) et son fruit.

l'espèce principale, la *zamie de la Floride* (*zamia integrifolia*), produit de l'arrow-root.

ZAMOJSKI ou Zamoiski [za-mof-'ski]. (JAN), homme d'Etat polonais, né en 1541, mort en 1605. En 1573, il poussa à l'élection de Henri d'Anjou, puis tard Henri III. comme roi de Pologne; après le départ de Henri, il fit nommer Etienne Bathori (1574). En 1581, pendant la guerre avec la Russie, il fut fait hetman, ou commandant en chef, et à 1582, négocia une paix avantageuse. Il épousa la nièce de Bathori, et, après la mort de celui-ci, en 1586, il appuya la candidature de Sigismond III, fils du roi de Suède, défit l'armée du candidat opposé, l'archiduc Maximilien, à Cracovie, et le fit prisonnier avec ses troupes. De 1590 jusqu'à sa mort, il défendit presque seul l'intégrité de le Pologne, luttant avec

succès contre les Turcs, les Cosaques, les Moldaves et les Suédois. Il fonda Zamosc, qui devint une des places les plus fortes de Pologne, et encouragea libéralement la littérature et la science. Parmi ses écrits, il faut citer le *Testamentum Joannis Zamori* (1606). — II. (Andrzej, COMTE), homme l'Etat, né en 1716, mort en 1792. Après avoir servi en Saxe, il revint en Pologne en 1755 comme major-général. En 1860, il émancipa ses serfs. A l'avènement de Stanislas-Auguste, il devint grand chancelier; mais il se démit en 1767. En 1776, il prépara un code de lois, dont les dispositions libérales, surtout en ce qui touchait l'émancipation générale, firent différer l'adoption jusqu'en 1791.

ZAMORA I, province de N.-O. de l'Espagne, dans le Léon; 10,710 kil. carr.; 250,968 hab. Les principaux cours d'eau sont le Douro et son affluent l'Esla. Mines d'antimoine et de plomb argentifère. — II, capitale de cette province, sur le Douro, à 200 kil. N.-O. de Madrid; 12,000 hab. Cathédrale gothique; quelques usines. Alphonse le Catholique la prit aux Maures en 748; elle fut reprise et détruite par Almanzor en 985, puis rebâtie sous Ferdinand II et Alphonse VIII. Elle a a été, à différentes époques, la capitale du Léon et de la Castille.

ZAMORA (Antonio de), auteur dramatique espagnol, mort après 1730. Il était chambellan du roi Philippe V. On a de lui *Don Juan*, imité de *El Burlador de Sevilla* de Tirso de Molina, et qui a fourni le fond des œuvres modernes sur le même sujet.

ZANCLE. Voy. MESSINE.

ZANESVILLE, ville de l'Ohio, sur les deux rives du Muskingum, à l'embouchure du Licking, à 80 kil. E. de Columbus; 21,000 hab. La ville a été fondée en 1799, et de 1810 à 1812 elle fut la capitale de l'état.

ZANGUEBAR. Voy. ZANZIBAR.

* ZANI s. m: Personnage bouffon dans les comédies italiennes : *des monuments prouvent que les zani étaient usités dans les atellanes*.

ZANTE ou Zacynthus I, nomarchie du royaume de Grèce, comprenant l'île de Zante et plusieurs autres îles plus petites; 718 kil. carr.; 44,557 hab. L'île de Zante, à 16 kil. S. de Céphalonie, mesure environ 40 kil. de long sur 20 de large (394 kil. carr.; 40,000 hab.). C'est la troisième des îles Ioniennes comme grandeur, mais la première comme fertilité. C'est une plaine cou verte de vignes qui donnent les petits raisins qui, une fois secs, prennent le nom de raisins de Corinthe ou de Zante. On y fait aussi beaucoup d'huile d'olive. Cotonnades blanches et bleues, soieries, etc. — II, capitale de cette nomarchie, sur la côte S.-E. de l'île; 17,546 hab. Elle possède une citadelle, et un port qui ne le cède qu'à celui de Corfou. Auprès sont des puits de pétrole.

ZANZIBAR, pays d'Afrique, sur la côte orientale; il comprend les îles de Zanzibar,

de Pemba, de Mafia, et d'autres plus petites, plus le littoral qui leur fait face (appelé autrefois *Zanguebar*), depuis l'île de Warcheikh, par 2° 30′ lat. N. jusqu'au village de Kionga, au S. du cap Delgado, par 10° 45′ lat. S. Les principaux cours d'eau sont le Juba, le Dana, le Sabaki, le Roufou, le Wami, le Kingani, le Lufiji ou Rufiji et le Rovuma. La contrée qu'ils arrosent est très fertile, et donne toutes les productions des tropiques. La plus grande partie du commerce de Zanzibar est aux mains des banians ou trafiquants hindous. On exporte surtout l'ivoire, le copal, les peaux crues, les peaux de chèvre, la graine de surisuri, l'ébène, l'huile de coco, et la myrrhe. L'île de Zanzibar a une superficie de 1,597 kil. carr., et une population de 100,000 à 380,000 hab. Elle est séparée de la terre ferme par un détroit large de 25 kil. La ville de Zanzibar, ou Beled-Zanzibar, appelée Unguja par les naturels, se trouve sur la côte O.; 80,000 hab. Elle est bâtie dans une presqu'île sablonneuse reliée à la grande île par un pont de pierre. L'eau potable y est amenée des petits cours d'eau de l'intérieur par un aqueduc. C'est le grand marché de l'ivoire, du copal et des clous de girofle. — Zanzibar est devenu indépendant d'Oman en 1862. Son second souverain (*seyid*), Burghash, succéda à son frère Majid en 1870; il fit des traités avec l'Angleterre pour la suppression du commerce des esclaves en 1873, 1875 et 1876, et vint en Grande-Bretagne en 1875.

ZAOUIA s. f. Établissement arabe qui sert à la fois de mosquée et de lieu d'asile dans quelques villes.

ZAPOLYA. Voy. Hongrie.

ZARA (anc. *Jadera*), ville d'Autriche, capitale de la Dalmatie, sur un promontoire de l'Adriatique, dans le golfe de Zara, à 104 kil. N.-O. de Spalato; 8,014 hab. La ville est très forte; elle possède un port spacieux, un arsenal et une cathédrale. C'est à Zara que se fabriquent les fameuses liqueurs appelées maraschin et rosoglio; on y fait aussi des cuirs, des soies et des toiles. Zara soutint un siège célèbre contre les forces françaises et vénitiennes combinées, au commencement de la quatrième croisade.

ZARSKOÉ-SELO, ville de Russie à 22 kil. S. de Saint-Pétersbourg. Magnifique palais impérial d'été; vaste parc.

ZAUSCHNÉRIE s. f. (*zôss-chné-rî*) (de *Zauschner*, botaniste amateur de Bohême). Bot. Genre d'onagrariées, comprenant une seule

Zauschnérie de Californie (Zauschneria Californica).

espèce de sous-arbrisseaux américains. C'est la *zauschnérie de Californie* (*zauschneria Californica*).

ZAVISZA le Noir de Garbow et Roznow, héros polonais auquel sa valeur et ses vertus chevaleresques ont fait donner plus tard le nom de *Bayard de la Pologne*. Le 15 juillet 1410, il contribua le plus à la victoire de Tannenberg; il fut ensuite embassadeur de Pologne

auprès de l'empereur Sigismond et, à deux reprises, ambassadeur auprès de Charles VII de France. Il représenta la Pologne au concile de Constance. Placé, en 1428, à la tête de l'armée impériale, pour arrêter l'invasion des Turcs, il rencontra ceux-ci à Golubacz, (Galambotz), sur les rives du Danube. La vue des innombrables hordes musulmanes effraya tellement les chrétiens, qu'ils lâchèrent pied et entraînèrent l'empereur Sigismond dans leur fuite. Zavisza resté seul avec deux écuyers, ne voulut point subir la honte de tourner le dos au danger; il se précipita, tête baissée, au milieu des ennemis, dont il fit un horrible carnage, jusqu'à ce que, épuisé par ses blessures, il finit par être terrassé et fait prisonnier. Les chefs turcs, ne pouvant s'entendre sur celui d'entre eux à qui appartiendrait cette glorieuse proie, se mirent d'accord et le faisant massacrer. Les exploits de ce chevalier sans peur et sans reproche ont inspiré à l'historien poète Niemcewicz l'un de ses plus beaux chants historiques. Zavisza laissait une veuve, Barbe de Radolin, fille du comte Mathieu Palatin d'Inovlodz, qui se retira dans un couvent, et que l'historien Jean Dlugosz qualifie de *fæmina raræ virtutis*, et deux fils (Stanislas et Martin), qui, héritiers du courage de leur père, périrent comme lui, en héros, à la bataille de Varna. Voy. *Notices sur les Familles illustres et titrées de la Pologne* (librairie, Vieweg, à Paris).

ZÉA ou **Tzia** (anc. *Céos*), île de Grèce, l'une des Cyclades, à environ 22 kil. E. de la pointe S.-E. de l'Attique; 87 kil.carr.; 4,000 hab. Au centre, s'élève le mont Saint-Elias, au pied duquel se trouve la ville de Zéa, à l'O. Vins, fruits, coton et soie.

ZÈBRE s. m. Mamm. Espèce de solipède du genre cheval, qui est de la grandeur et à peu près de la forme d'un mulet, et qui a la peau blanche ou jaunâtre, avec des raies noires parallèles sur le dos, la croupe et les jambes. Les zèbres habitent l'Afrique méridionale; on en a décrit une variété à l'article Couagga. La plus connue et, plus belle

Zèbre.

est le *zèbre commun* (*asinus zebra*, Gray), un peu plus petit que le cheval sauvage, nom sous lequel le désignent les colons hollandais du cap de Bonne-Espérance. C'est un animal de montagne. Des zébrures ou rayons caractéristiques existent sur toutes les parties de son corps et de ses membres, même sur les sabots. Bien qu'extrêmement farouche, le zèbre a été utilisé comme bête de somme; il se croise avec le cheval et l'âne. Les naturels et les chasseurs mangent sa chair, qui est, dit-on, fort bonne, quoique dure.

ZÉBRER v. a. Marquer de lignes sinueuses comme celles qui ornent la robe du zèbre.

ZÉBRÉ, ÉE adj. Marqué de raies semblables à celles du zèbre.

ZÉBRURE s. f. Se dit des raies semblables à celles du zèbre.

ZÉBU s. m. Mamm. Sorte de *Bœuf* domestique qui a, sur le garrot, une ou deux bosses charnues. — Le zébu (*bos Indicus*, Linn.), taureau des brahmes, est une variété du bœuf domestique, caractérisée par une grosse bosse graisseuse sur les épaules. On le trouve dans l'Inde et son archipel, en Chine, en

Zébu.

Arabie, en Perse, et sur la côte orientale de l'Afrique. Les Hindous considèrent le zébu comme un animal sacré; c'est un crime de le tuer, et il jouit de grands privilèges; on le fait travailler néanmoins; et, attelé à un chariot, il peut fournir une course de 50 kil. par jour. Les Anglais résidant dans l'Inde regardent sa bosse comme un morceau délicieux.

ZEBU, île. (Voy. Cebu.)

ZÉDÉCHIAS, le dernier roi de Juda. (Voy. Juifs.)

ZÉDOAIRE s. f. (du malais *zadura*). Racine tubéreuse que l'on emploie en pharmacie. La zédoaire ronde provient probablement du curcuma zédoaria; elle est dure, à cassure compacte, d'un blanc grisâtre, amère et fortement camphrée. On a des raisons qui a sans doute la même origine est d'un gris blanchâtre; l'une et l'autre sont employées comme stimulants énergiques.

ZEILAH [zé'-lâ], ou **Zaylah**, port de mer égyptien, sur le golfe d'Aden, dans le Somauli, à 160 kil. S. du détroit de Bad-el-Mandeb; 5,000 hab. Commerce considérable avec les ports arabes. On exporte surtout de l'ivoire, de la myrrhe, des plumes d'autruche et des gommes. Il a été cédé à l'Égypte par le sultan de Turquie en juillet 1875.

ZEITZ [tsaïtss], ville de la Saxe prussienne, sur l'Elster blanc; à 35 kil. S.-S.-O. de Leipzig; 16,486 hab. De 1663 à 1717, elle fut la cap. du duché souverain de Saxe-Zeitz. Fabriques de tissus de coton et de laines, de pianos et de cuirs.

ZEITOUN. Voy. Lamia.

ZÉLANDAIS, AISE s. et adj. De la Zélande; qui appartient à ce pays ou à ses habitants.

ZÉLANDE (holl. *Zeeland*), province S.-O. des Pays-Bas; 1,785 kil. carr.; 185,628 hab. Elle comprend une partie de terre ferme au S. de l'Escaut occidental, et différentes îles, entre autres celle de Walcheren. On a desséché de vastes étendues de terrain sur la côte. On y récolte de la garance et du chanvre; on élève des bêtes à cornes et des moutons; fabriques de toiles, raffineries de sel et constructions navales. Les plus grandes villes sont Middelburg, la cap., et Flessingue.

ZÉLANDE (Nouvelle-), colonie anglaise, composée de 3 îles dans l'Océan Pacifique du Sud, et appelées îles du Nord (*North Island*), ou New-Ulster, l'île du Sud (*South Island*) ou New-Munster, et île de Stewart ou New-Leinster, et de quelques îlots, entre les 34° 15′

et 47° 30' lat. S. et entre 164° 10' et 476° 25' long. E., à environ 4,650 kil. S.-E. de l'Australie ; 600,000 hab., sans compter 46,000 indigènes. Superficie totale : 270,392 kil. carr. L'île du Nord est séparée de celle du Sud par le détroit de Cook, large de 30 kil. dans sa partie la plus étroite, et l'île du Sud est séparée de l'île Stewart par le détroit de Foveaux, large de 24 kil. Les principaux golfes et baies de l'île du Nord sont : le golfe de Hauraki, les baies Hawke, des Iles, Touranga, de l'Abondance, à l'E., et Manukau et Kaipara, à l'O. Dans l'île du Sud, Blind bay au N., les baies Pegasus et Molineux, les ports Littleton, Akaroa, Chalmers et Bluff, sur la côte orientale. L'île Stewart contient plusieurs ports. Le centre de l'île du Nord est occupé par des montagnes élevées, dont la plus haute est Ruapehu (2,800 m.), dépassant la région des neiges éternelles ; un de ses pics, le Tongariro, est un volcan en activité, haut de 4,981 m. A l'O. du Tongariro, près de la côte, se trouve le mont Egmont, qui a 2,522 m. de haut, et est aussi un volcan ; au centre de la baie de l'Abondance (bay of Plenty), au large de la côte N.-E., est un volcan en activité appelé Wakari ou île Blanche (White island), d'un circuit de 5 kil. L'île du Sud est traversée par une chaîne de montagnes qui court du N. au S.-O. ; en quelques endroits, elle atteint une élévation de 4,000 m. ; le pic le plus haut est le mont Cooke, qui a 4,024 m. La partie la plus élevée de la chaîne prend le nom d'Alpes méridionales (Southern Alps). L'île Stewart est montagneuse, mais les sommets les plus hauts ne dépassent guère 3,000 pieds. L'île du Nord a de nombreux cours d'eau et des côtes très découpées. Le fleuve le plus considérable, le Waikato, sort du lac Taupo, coule au N. sur un parcours de 340 kil. et arrive à la mer sur la côte occidentale. Plusieurs grands cours d'eau descendent des montagnes centrales de l'île du Sud et traversent la grande plaine de l'E., pour aller se jeter dans la mer. L'intérieur de l'île du Nord abonde en lacs, dont un, le lac Taupo, a 50 kil. de long et 34 kil. de large ; un autre, le Rotomahana, atteint, en certains endroits, la chaleur de l'eau bouillante. Il y a plusieurs grands lacs dans le centre de l'île du Sud. Il semble qu'il y ait, dans tout le groupe, un relèvement graduel du sol. Il y a autour des lacs de Rotomahana et de Rotorua, de grands et beaux geysers. Leur eau, en se refroidissant, revêt d'incrustations tout objet qu'on met en contact avec elle. La flore est caractérisée par le grand nombre, comparativement, des arbres et des fougères, la rareté des plantes herbacées, et l'absence presque totale de plantes annuelles. Il y a 420 espèces d'arbres indigènes et plus de 3,000 espèces de plantes. Presque tous les arbres sont à feuillage vert et persistant. On trouve sur les côtes 43 espèces de mammifères marins, à savoir : 8 baleines, 2 dauphins et 3 phoques. Les chiens et les rats étaient les seuls quadrupèdes de ces îles lorsque les Européens les visitèrent pour la première fois. La Nouvelle-Zélande possède 433 espèces d'oiseaux, dont la plupart ont un plumage sombre. Le plus singulier est le kiwi-kiwi ou aptéryx, dont l'espèce est presque éteinte. (Voy. Aptéryx.) Il n'y a pas de serpents. Plus de 400 espèces de poissons se rencontrent sur les côtes. Sur 400 espèces d'insectes, il y en a la moitié qui appartiennent à l'ordre des coléoptères. Les moustiques et les mouches des sables fourmillent. Le climat est un des plus beaux du monde. L'été est long et chaud et les autres saisons sont douces. La neige reste rarement sur le sol au niveau de la mer, et on ne voit presque jamais de glace. Il n'y a ni saison humide, ni saison sèche. Il ne se passe guère une quinzaine sans pluie. Le printemps commence en septembre, l'été en décembre, l'automne en avril, et l'hiver en

juin. — La Nouvelle-Zélande est divisée en 8 provinces, dont Auckland, Taranaki, Wellington et Hawke-Bay sont dans l'île du Nord, et Nelson, Marlborough, Canterbury, Otago et Westland, dans l'île du Sud. L'île Stewart fait partie de la province d'Otago. Auckland, la ville principale de la province la plus septentrionale, a été la capitale de toute la Nouvelle-Zélande jusqu'en 4865, époque où le siège du gouvernement a été transféré à Wellington. Les capitales des autres provinces sont, dans l'ordre où on les a nommées : New-Plymouth, Wellington, Napier, Nelson, Blanheim, Christchurch, Dunedin et Hokitika. Les provinces ont des gouvernements distincts, se composant d'un surintendant et d'un conseil provincial élu pour quatre ans par un suffrage presque universel. Le gouvernement de l'ensemble de la colonie est confié à un gouverneur nommé par la couronne, et à une assemblée générale se composant d'un conseil législatif de 45 membres nommés à vie par la couronne, et par une chambre des représentants, de 78 membres élus pour 5 ans. Revenu, 2,476,493 livres sterling ; dépenses, 2,405,400 livres dette publique, 47,674,000 livres. 5,000 kil. de lignes télégraphiques, 500 kil. de chemins de fer. Principales exportations : bois de charpente, or, laine, suif, mâtures, lin, gommes et minerai de cuivre. On y a découvert de l'or en 4842, et les mines se sont trouvées être parmi les plus riches du monde. 700 écoles reçoivent 50,000 élèves. Parmi les sectes religieuses, l'Eglise anglicane a toujours tenu le premier rang. Il y a 6 évêques de cette église et 172 églises dans cette île ; les presbytériens possèdent 425 églises, les catholiques romains 86, les wesleyens 405 et les baptistes 43. — Les Maoris, habitants primitifs de la Nouvelle-Zélande, sont une tribu de la branche polynésienne de la famille malayo-polynésienne. Les hommes se tatouent la face, les hanches et les cuisses ; les femmes la lèvre supérieure. Les dessins sont tous les mêmes chez les personnes de la même tribu. Depuis l'introduction du christianisme, le tatouage passe de mode. Les Néo-Zélandais sont vains, orgueilleux, arrogants et vindicatifs, mais honnêtes et fidèles à leurs promesses ; ils sont sales et indolents, mais moins adonnés à l'ivrognerie que la plupart des sauvages. Ils n'avaient pas d'idoles. Lorsque les Européens les visitèrent pour la première fois, ils demeuraient dans des villages fortifiés (pahs), bâtis dans des presqu'îles et au sommet de collines. Ils occupent d'ordinaire aujourd'hui les villages ouverts et des fermes. Les différentes nations étaient presque constamment en guerre ; la tribu vaincue était réduite en esclavage, ou égorgée et mangée. Les guerres ont presque cessé depuis que l'esclavage et le cannibalisme ont été classés par le christianisme et la civilisation. Les Maoris sont aujourd'hui vêtus et instruits presque tous comme des hommes civilisés et possèdent des maisons et des terres en culture. Pour différentes causes, leur nombre diminue rapidement. Le maori est une des langues polynésiennes. (Voy. Races et langues malayo-polynésiennes.) — Suivant leurs traditions, les ancêtres des Maoris, au nombre de 800, émigrèrent de Hawaiki (que l'on suppose être Savaii, une des îles Samoa), dans 20 grandes pirogues, vers 4400 de notre ère, et, après une traversée de 5,000 kil., atteignirent la Nouvelle-Zélande, qu'ils trouvèrent inhabitée. — Les Français, les Espagnols et les Hollandais se disputent la découverte de la Nouvelle-Zélande. Le navigateur hollandais Tasman, avec deux navires de Batavia, jeta l'ancre le 48 sept. 4642, dans une baie de l'île du Sud et nomma le pays Nouvelle-Zélande. Le capitaine Cook débarqua à Touranga, dans la province d'Auckland, en 4769, prit possession du pays pour la couronne

d'Angleterre, et y retourna ensuite quatre fois. En 4820, Honga Hika, le plus distingué des chefs Néo-Zélandais, vint en Angleterre, où il reçut un accueil honorable de George IV et s'en retourna disposé en faveur de l'introduction dans son pays de la civilisation et du christianisme. En 4833, le gouvernement britannique nomma un résident à la Nouvelle-Zélande, et, en 4838, y envoya le capitaine Hobson comme lieutenant gouverneur, la population européenne dépassant à cette époque le nombre de 4,000 hab. En 4839, la Compagnie de la Nouvelle-Zélande fut officiellement établie en Angleterre au capital de 500,000 livres sterling ; et la colonisation systématique commença par un établissement à Port-Nicholson, sur le détroit de Cook. En 4844, éclata une guerre sérieuse avec les naturels ; la ville anglaise de Kororareka fut détruite. La paix fut rétablie en 4848. En 4855, autre guerre qui se termina 4858. Des hostilités irrégulières, mais meurtrières, se sont encore produites de de 4864 à 4865, et pendant plusieurs années, les naturels continuèrent à être inquiétants. Mais ils ont depuis peu montré le désir de vivre en bons termes avec les blancs. Par la constitution de 4872, ils sont devenus électeurs et éligibles, et plusieurs d'entre eux ont été élus à la chambre basse.

* ZÉLATEUR, TRICE s. (fr. zèle). Celui, celle qui agit avec zèle pour la patrie, pour la religion : grand zélateur de la gloire de Dieu, de la religion. Ne s'emploie jamais sans complément.

* ZÈLE s. m. (gr. dsélos). Affection vive, ardente pour le maintien ou le succès de quelque chose, pour les intérêts de quelqu'un. Se dit, particulièrement, en matière de religion : zèle pour la gloire de Dieu, pour la foi, pour les choses saintes. — Zèle indiscret, zèle inconsidéré, zèle qui n'est pas réglé par la prudence ; et, Faux zèle, zèle aveugle, zèle mal entendu ; et, par opposition, Zèle prudent, zèle éclairé. — Fam. Faire du zèle, dépasser la mesure dans l'exécution d'un ordre, d'une mission.

* ZÉLÉ, ÉE adj. Qui a du zèle : c'est un homme de bien et fort zélé. — Substantiv. C'est un zélé.

ZEMBLE (Nouvelle-) (russe, Novaya Zemlya, nouvelle terre), groupe de plusieurs îles fort rapprochées et sans habitants, appartenant à la Russie, dans l'océan Arctique, au N. de la frontière entre l'Europe et l'Asie, et s'étendant du S.-S.-O. au N.-N.-E., entre 70° 30' et 77° lat. N. et 49°40' et 65° 40' long. E., avec une longueur totale de 800 kil. environ, et une largeur moyenne estimée à 95 kil. Il n'y a probablement que deux grandes îles, quoiqu'on ait supposé qu'il y en avait trois. Le sol inégal de la Nouvelle-Zemble se dresse en certains endroits de 900 à 4,000 m. Pays stérile, n'ayant pour toute végétation que des mousses, des lichens et des buissons rabougris. La faune ne comprend que l'ours polaire, le renne, le morse et le renard. La Nouvelle-Zemble fut connue dans l'Europe occidentale par le voyage de Stephen Burrough, qui visita l'entrée de la mer de Kara. En 4596-'97, le navigateur hollandais Barentz, avec 46 hommes, hiverna à Ice Haven, sur la côte N.-E. En 4871, le capitaine Carlsen, de Norvége, trouva la maison de Barentz et beaucoup de reliques intéressantes.

* ZEND s. m. [zaindd]. Doctrine religieuse de Zoroastre chez les commentaires de ses disciples. — Langue dans laquelle sont écrits les livres sacrés des Persans. — Adjectiv. Les livres zends ; langue zende.

* ZEND-AVESTA, recueil des livres sacrés des anciens Perses ou Parses, où sont contenus les monuments de la religion de Zo-

roastre, l'ancienne religion nationale de la Perse, qui n'est plus professée aujourd'hui que par de rares communautés de Parsis. Le nom propre de ces livres est seulement *Avesta*; *Zend* signifie la traduction qui en a été faite en Huzvaresh (aujourd'hui appelé communément Zend), forme littéraire du pehlevi, probablement quelques siècles après l'ère chrétienne. (Voy. IRANIENNES (*Races et Langues.*) L'Avesta se compose de plusieurs parties distinctes. Les plus importantes sont le *Vendidad* et le *Yaçna*. Le premier est, pourrait-on dire, le Pentateuque de la Bible de Zoroastre, le livre des origines et de la loi. Il se donne comme une révélation faite à Zoroastre, et par lui au genre humain. Le Yaçna se compose de prières et de louanges à la divinité et à des êtres inférieurs, mais reconnus comme des objets dignes de culte et de vénération. Il se divise en deux parties dont l'une, écrite dans un dialecte particulier et presque entièrement en vers, est sans doute la plus ancienne et la plus originale portion de l'Avesta. Le *Vispered* se rapproche de la partie la plus récente du Yaçna. Ces trois livres se mêlent dans la liturgie des Parsis. Les autres éléments constitutifs de l'Avesta reçoivent parfois le nom de *Khorded Avesta*, ou Avesta abrégé; ce sont les 24 Yeshts, louanges de personnes et d'objets sacrés, les cinq *Nydyish*, et quelques autres pièces de moindre importance. La littérature *zende*, auxiliaire et explicatrice de l'Avesta, consiste surtout en textes de l'Avesta traduits et accompagnés de gloses, et aussi de quelques ouvrages indépendants dans la même langue, le Huzvaresh ou Pehlevi littéraire, tels que le *Bundenesh* et le *Din-kart*, d'une date beaucoup plus récente. C'est un secours important pour l'intelligence de l'Avesta; mais il ne faudrait pas accepter implicitement toutes les explications qu'on y trouve. Il y a une partie encore plus récente dans la littérature zoroastrienne, c'est celle du dialecte appelé Parsis, qui comprend des interprétations des textes de l'Avesta, connues sous le nom de *Pa-Zend*, etc. Spiegel a traduit tout l'Avesta en allemand.

* **ZÉNITH** s. m. [zé-nitt] (mot arabe). Astron. Point du ciel qui, pour chaque lieu, est situé au-dessus de la surface terrestre, sur le prolongement de la ligne verticale. Il est opposé à nadir : *le zénith et le nadir.*

ZÉNITHAL, ALE adj. Qui a. rapport au zénith.

ZENO (Apostolo) [dzé-no], poète italien, né en 1668, mort en 1750. Il a écrit beaucoup de drames qui ont eu du succès, et les librettí de plusieurs opéras. En 1710, il fonda à Venise le *Giornale de' Letterati d'Italia*, qui se publie encore aujourd'hui, et en 1745, il fut nommé poète et historiographe de la cour à Vienne. Il se retira avec une pension en 1729. On a publié la collection de ses œuvres dramatiques en 1744 (Venise, 10 vol.) et en 1795 (Turin, 12 vol.). Il a aussi écrit des œuvres biographiques et historiques et des lettres (*Epistole*; édit. augmentée, 1785, 6 vol.). Huit de ses pièces ont été traduites en français par Bouchaud (1758, 2 vol. in-12).

* **ZENO** (Nicolo et Antonio), navigateurs italiens, nés vers le milieu du XIVe siècle. Ils appartenaient à une des plus nobles familles de Venise, et avaient pour frère Carlo Zeno, grand amiral de Venise. Ils firent des voyages dans les mers du Nord, et, d'après un récit rédigé sur leur correspondance et publié par Nicolo Zeno, un de leurs descendants, en 1558, on suppose qu'ils visitèrent le nouveau monde un siècle avant Colomb.

ZÉNOBIE (Septimia ZENOBIA), reine de Palmyre, au IIIe siècle; fille d'un chef arabe. Elle eut pour second mari Septimius Odenathus, prince de Palmyre, que Gallien, en ré-

compense de ses services, associa au gouvernement de l'empire avec le titre d'Auguste, et qui fut assassiné en 266 par son neveu Mæonius. Zénobie mit l'assassin à mort, monta sur le trône vacant, et prit le titre de reine d'Orient. Elle maintint son pouvoir sous les règnes de Gallien et de Claudius, mais Aurélien la vainquit en 272 dans deux batailles rangées, à Antioche et à Emesa, l'assiégea dans Palmyre et la fit prisonnière pendant qu'elle fuyait. Elle orna le triomphe de l'empereur, qui lui donna ensuite une élégante villa à Tibur, où elle passa le reste de sa vie. Zénobie, était d'une beauté merveilleuse, brune de teint, avec de grands yeux noirs pleins de feu. Elle parlait latin, grec, syriaque et égyptien, et elle avait rédigé à son usage un abrégé de l'histoire de l'Orient. L'empereur donna à Vaballathus, fils qu'elle avait eu de son premier mari, une petite principauté en Arménie.

ZÉNON, philosophe grec, né à Elée, dans l'Italie méridionale, vers 490 av. J.-C. Il fut mis à mort pour avoir pris part à un complot contre un tyran d'Elée. Il est le premier de son école qui ait écrit en prose, et Aristote l'appelle l'inventeur de la dialectique. (Voy. ÉLÉATIQUE (*Ecole*).

ZÉNON, philosophe grec, fondateur de l'école stoïque, né à Chypre vers 358 av. J.-C., mort vers 260. Il était marchand; mais, après avoir perdu une riche cargaison, il se consacra à la philosophie. Vers 310, il ouvrit à Athènes une école qui prit le nom de stoïque, parce que les leçons se donnaient sous un portique peint, le *Stoa Poïkilé*. (Voy. PHILOSOPHIE MORALE et STOÏCIENS.) Il resta à sa tête pendant un demi-siècle, respecté pour l'austérité de sa vie et la hardiesse de son langage. Il ne reste que quelques fragments de ses écrits.

ZÉNON, surnommé l'*Isaurien*, empereur d'Orient, qui régna de 474 à 491. Il avait épousé la fille de Léon Ier, et était commandant de ses gardes. A la mort de Léon, en 474, le fils de Zénon, âgé de trois ans, fut proclamé empereur sous le nom de Léon II, avec son père pour co-régent. Ce fils mourut la même année, et Zénon devint empereur. Chassé de Constantinople par Basiliscus, qui se fit proclamer empereur en 476, il y rentra en 477. Dès lors, il se livra au plaisir, et laissa le gouvernement aux mains d'Illus, son conseil et ministre. Il détourna à prix d'or trois invasions des Goths. A la fin Illus se révolta; mais il fut vaincu et mis à mort en 488. C'est sous ce règne que commencèrent les disputes entre les monophysites et les orthodoxes. On dit que la femme de Zénon le fit enterrer vif pendant qu'il était ivre.

* **ZÉNONIQUE** adj. Conforme à la doctrine de Zénon. — POINTS ZÉNONIQUES, points indivisibles que Zénon d'Elée admettait dans sa philosophie.

* **ZÉNONISME** s m. Philosophie de Zénon le stoïcien.

ZÉOLITHE s. m. (gr. dseô, je bouillonne; *lithos*, pierre). Hist. nat. Se dit de certaines substances pierreuses qui, dissoutes dans les acides, prennent une consistance gélatineuse. — Nom donné à une famille de minéraux, comprenant le lapis-lazuli et la laumonite, qui, bien, que dissemblables à quelques égards, ont le caractère commun de fondre avec ce qu se gonfler à la flamme du chalumeau. Ils se composent surtout de silice, d'alumine, d'un peu d'alcali, et de plus ou moins d'eau.

* **ZÉPHIRE** ou **Zéphyr** s. m. (zé-fi-re) (lat. *zephyrus*; gr. *zéphuros*). Nom que les anciens donnaient au vent d'occident : *le souffle du zéphire.* — Se dit aussi du vent d'occident personnifié et qualifié de dieu par la Fable. Dans ce sens, il ne prend jamais l'article : *les*

amours de *Flore* et de *Zéphire*. — Toute sorte de vents doux et agréables; dans ce sens, on l'écrit presque toujours ZÉPHYR : *les doux zéphyrs.*

Tout vous est aquilon, tout me semble *zéphyr*.
LA FONTAINE.

— ∾ Pop. Soldat des compagnies d'Afrique.

ZÉPHYRIEN, IENNE adj. Doux comme le zéphir.

ZÉPHYRIN (Saint), pape de 202 à 218. Fête le 26 juillet.

ZÉRAM. Voy. CÉRAM.

* **ZERBST** [tserppsstt], ville du duché d'Anhalt (Allemagne), à 35 kil. S.-E. de Magdebourg; 12,878 hab. Orfèvrerie et argenterie; soieries, bière fameuse. Elle fut pendant des siècles la capitale du duché d'Anhalt-Zerbst, éteint en 1793. Le beau palais où résidaient les princes de cette maison se trouve à côté de la ville.

* **ZÉRO** s. m. (ar. *çafrun*, rien). Arithm. Signe qui, chiffre en forme d'O qui de lui-même ne marque aucun nombre, mais qui, étant mis après les autres chiffres, sert à multiplier par dix, à rendre dix foix plus grands les nombres qu'ils expriment : 1 et *zéro font dix*; 2 et *zéro font vingt.* — Prov. et fig. C'EST UN ZÉRO, UN VRAI ZÉRO, UN ZÉRO EN CHIFFRE, se dit d'un homme qui n'est d'aucune considération. SA FORTUNE EST RÉDUITE A ZÉRO, elle est réduite à rien, elle est entièrement dissipée. — Sert aussi à marquer, au thermomètre de Réaumur, la température de la glace fondante : *le thermomètre est descendu à zéro, est à tant de degrés au-dessus, au-dessous de zéro.*

* **ZEST** s. m. [zèsst]. N'est usité que dans cette loc. prov. et fam., ÊTRE ENTRE LE ZIST ET LE ZEST, qui se dit d'une personne fort incertaine sur le parti qu'elle doit prendre, ou d'une chose qui n'est ni bonne ni mauvaise. — Espèce d'interjection dont on se sert dans le langage fam., quand on veut rejeter ce qu'une personne dit, qu'on s'en veut moquer : *il se vante de faire telle chose, zest!* — Indique aussi la promptitude, la légèreté : *à ces mots, zest il s'échappa.*

* **ZESTE** s. m. (du lat. *schistus*, séparé). Espèce de cloison, de séparation membraneuse qui divise en quatre l'intérieur d'une noix : *le zeste d'une noix.* — Partie mince qu'on coupe sur le dessus de l'écorce d'une orange, d'un citron, d'un cédrat, etc.: *couper un zeste.*

* **ZÉTÉTIQUE** adj. (gr. *zététikos*). Se dit de la méthode de recherches qu'on emploie pour découvrir et pénétrer la raison et la nature des choses : *la méthode zététique.* — Substantiv. *La zététique.* (Peu us.)

ZEUGITANE, *Zeugitana*, *Zeugitana Regio*, district septentrional de l'Afrique propre, aujourd'hui compris dans la Tunisie. Ses villes princ. étaient Carthage et Utique.

ZEUGLODON s. m. (gr. *dzeuglê*, joug; *odous*, dent). Gigantesque cétacé fossile, trouvé dans les couches de terrain de l'éocène et du miocène tertiaires des Etats-Unis du Sud et de l'Europe; ainsi nommé par Owen à cause de la ressemblance qu'a la section de la dent molaire de cet animal avec un joug. On découvrit pour la première fois ses restes en 1832 dans le terrain tertiaire de la Louisiane, et on supposa qu'ils appartenaient à quelque immense saurien, auquel le Dr Harlan donna le nom de *basilosaurus*; il en emporta les os à Londres en 1839, et Owen prouva, par l'examen microscopique des dents, que ce n'était pas un reptile, mais un mammifère et un cétacé, proche parent du manatee ou dugong. Malgré les études attentives dont cet animal a été l'objet, sa position exacte

dans l'échelle des mammifères n'est pas encore établie d'une façon incontestable.

ZEUGME s. m. (gr. *zeugma*). Figure d'élocution qui consiste à sous-entendre dans une proposition un mot exprimé dans une proposition précédente. Ex. : *l'un frappe à droite, l'autre à gauche.*

ZEUS [zeuss]. Voy. JUPITER.

ZEUXIS [zeu-xiss], peintre grec, né vers 450 av. J.-C. Il était contemporain d'Apollodore d'Athènes et de Parrhasius. Il fut un des chefs de l'école asiatique ou ionienne, qui succéda à l'école athénienne. Son œuvre la plus célèbre était son *Hélène*, peinte pour la cité de Crotone, et que pendant des siècles les artistes vinrent admirer comme le type reconnu de la beauté féminine.

ZÉZAIEMENT s. m. (zé-zè-mann). Vice de prononciation par lequel on donne à plusieurs consonnes le son du z.

ZÉZAYER v. n; [zé-zè-ié] (rad. z). Remplacer le son du s ou du c doux par celui du z.

ZHITOMIR, ville du S.-O. de la Russie, capitale de la Volhynie, à 150 kil. O. de Kiev; 38,784 hab. Ville importante par son commerce et son industrie.

ZIBAN (Les) [zi-bann], au s. Zab. Archipel d'oasis du Sahara algérien, autour de Biskra. Les Ziban comprennent quatre ZAB : le *Zab de Biskra*; le *Zab-ech-Chergui* ou de l'E., le *Zab-el-Guebli*, ou du S. et le *Zab-edh-Dhaharoui* ou du N.

ZIBELINE s. f. Sorte de martre de Sibérie à poil très fin. Se dit aussi de la peau de cet animal employée comme fourrure : *une robe de chambre de zibeline.* — La zibeline (*mustella zibellina*, Linn.) a à peu près la taille de la martre; en été sa fourrure est brunâtre avec des taches blanches sur la tête, et un

Zibeline (Mustela zibellina).

cou grisâtre; en hiver elle est beaucoup plus foncée. La zibeline habite les montagnes glacées de la Russie d'Europe et d'Asie où la rigueur du climat et la nature sauvage du pays rendent sa chasse très difficile. Sa fourrure foncée d'hiver est très estimée, et constitue pour la Russie un objet de commerce important.

ZICAVO, ch.-l. de cant., arr. et à 61 kil. d'Ajaccio (Corse); 1,500 hab.

ZIG, ZIGUE s. Argot. Camarade : *un bon zig.*

ZIGZAG s. m. Suite de lignes formant entre elles des angles alternativement saillants et rentrants : *tracer un zigzag, des zigzags.* — Sorte de machine qui est composée de plusieurs pièces de bois ou de fer, attachées de manière qu'elle se plient les unes sur les autres, et que l'on allonge ou que l'on raccourcit à volonté : *donner une lettre par le moyen d'un zigzag.* — pl. Guerre. Tranchées de peu de largeur formant une suite d'angles aigus, et tracées de manière que leurs prolongements ne rencontrent pas perpendiculairement la face de l'ouvrage contre lequel on dirige une attaque.

ZIGZAGUER v. a. Marcher en zigzags.

ZIMMERMANN (Johann-Georg von), auteur suisse, né en 1728, mort en 1795. Il commença à pratiquer la médecine à Berne en 1752, mais il se transporta bientôt à Brugg. Les malades lui venaient de toutes les parties de l'Europe centrale, lui enlevant le loisir nécessaire à l'étude et aux recherches, et il se laissa peu à peu envahir par l'hypochondrie. Il publia une biographie de son maître Haller et la première esquisse de son livre bien connu sur la *Solitude* (*Ueber die Einsamkeit*, 1755). En 1758 parut son traité sur l'*Orgueil national* (*Vom Nationalstolze*), qui fut rapidement traduit dans les principales langues européennes. Son *Expérience en médecine* (1764, 2 vol.) obtint aussi une réputation européenne, et lui valut les charges de conseiller aulique et de médecin à la cour de Hanovre (1768). Son ouvrage sur la *Solitude*, une fois complété (1784-'85, 4 vol.) eut une immense popularité. Il soigna Frédéric dans sa dernière maladie, et publia sur son compte des ouvrages qui soulevèrent contre lui beaucoup d'animosité et qui prouvaient que les progrès de son hypochondrie gâtaient son jugement et son expérience. Voy. *Vie de Zimmermann* par S.-A. Tissot (1797.) Son autobiographie parut en 1791.

ZINC s. m. [zaïnk] (all. *zink*). Métal d'un blanc bleuâtre, qui brûle et se sublime aisément, et qui, uni à trois fois son poids de cuivre rouge, fait le cuivre jaune : *le zinc mêlé avec l'étain le rend plus dur et plus sonnant.* — FLEURS DE ZINC, zinc sublimé par le feu. — ∾ Jargon. Argent. — AVOIR DU ZINC, avoir de l'aplomb. — SUR LE ZINC, sur le comptoir : *prendre un carton sur le zinc.* — ENCYCL. Le zinc (symbole : Zn; équivalent chimique, 65; poids spécifique : de 7,03 à 7,2) est un métal très brillant, d'une teinte d'un gris bleuâtre. Il cristallise suivant des formes qui ne sont pas encore parfaitement déterminées d'après Noeggerath et Plattner, en prismes hexagonaux, et, suivant G. Rose, en formes monométriques, ce qui ferait croire qu'il est dimorphe. Sa cassure fraîche présente une belle structure cristalline lamelleuse. Il est relativement mou, mais plus dur que l'étain; il est cassant, ou malléable et ductile suivant la température. A 412° C. il entre en fusion, et il se volatilise à la chaleur rouge. Chauffé, il se dilate rapidement (₁,₁) de sa longueur en passant de 1 à 400°), et il se contracte en se refroidissant. Son point d'ébullition est, d'après Deville, environ 1040°, et d'après Becquerel 891°. Il est aussi plus ou moins cassant suivant la température à laquelle il a été fondu. Fondu à une haute température, le zinc est cassant; mais fondu à la température la plus basse possible, il est malléable. Le zinc ordinaire du commerce n'est jamais parfaitement pur; il contient divers éléments venant du minerai ou des appareils de réduction, et dont les principales sont le fer, le plomb et le cadmium. Le zinc le plus pur qu'on trouve dans le commerce est celui de Pennsylvanie ou de New-Jersey, où il n'y a que des traces de fer. Le zinc de Silésie prend un considérable tant p. 100 de fer aux chaudières où il est fondu. Le zinc forme facilement des alliages, dont les plus importants se font avec le cuivre, ou avec le cuivre et le nickel. (Voy. LAITON.) L'alliage du zinc et d'argent joue un grand rôle dans les procédés de Parkes, de Cordurié, de Flach et d'autres par la désargentation du plomb argentifère. En dehors des alliages, on emploie le zinc à faire des objets d'ornement (statuettes, etc.) que l'on recouvre d'une couche de peinture, ou de cuivre galvanoplastique, ou de bronze Il se prête très bien à cet usage par son bon marché, sa fusibilité et sa propriété de remplir le moule complètement sans bavachures, et de donner des moulages à arêtes bien définies. Les composés principaux du zinc sont : l'oxyde, le carbonate, le chlorure, le sulfate et l'acé-

tate. — Il y a quatre principaux minerais de zinc : le carbonate (smithsonite, autrefois appelé calamine); le silicate, qui est ou anhydre (willemite) ou hydraté (calamine ou calamine électrique); le sulfure (sphaléride, blende de zinc); et l'oxyde (zincite, minerai rouge de zinc). C'est la première variété que l'on traite de préférence pour l'extraction du zinc. Ce minerai se présente en lits et en masses irrégulières au milieu des roches calcaires. La seconde variété accompagne souvent la première, et devient, à la chaleur, fortement électrique; la substance communément appelée calamine est un mélange des deux minéraux. En pharmacie on n'emploie, sous ce nom, que le carbonate; on l'applique extérieurement, en poudre ou sous forme de cérat, comme astringent et siccatif. La fabrication du zinc est proprement une réduction, au moyen du carbone, de l'oxyde de zinc formé par une calcination préalable du minerai. Sa distillation se fait dans des fourneaux à cornue qui doivent être des matériaux les plus réfractaires. Le prix du combustible, sa nature (à flamme longue ou à flamme courte), le prix et la qualité de l'argile, la nature et la pureté des matériaux, telles sont les considérations qui doivent présider au choix des méthodes et des appareils. Une difficulté particulière à cette fabrication vient de la propriété qu'a le zinc, presque à sa température de réduction, de s'oxyder de nouveau en présence de l'acide carbonique, dont la formation ne peut entièrement s'éviter. — BLANC DE ZINC, l'oxyde de zinc que l'on obtient en brûlant du zinc au contact de l'air. On l'emploie dans la peinture, au lieu de blanc de plomb. Il offre l'avantage de n'avoir aucune action fâcheuse sur l'économie animale. L'idée de se servir d'oxyde de zinc au lieu de blanc de plomb est due à un manufacturier de Dijon, nommé Courtois, et date de la fin du siècle dernier. Un peintre en bâtiment de Paris, Leclaire, trouva quelques années plus tard, un moyen de le produire à bas prix en chauffant du zinc dans des cornues et en soumettant les vapeurs, à mesure qu'elles s'échappent, à un courant d'air établi par une cheminée ou ventilateur à travers l'appareil de condensation. Il prépara aussi une huile appropriée et, au lieu de sa longueur à l'huile de graine de lin avec environ 5 p. 100 d'oxyde de manganèse, enfin il substitua de nouvelles couleurs inaltérables, vertes et jaunes, aux couleurs toxiques qui contenaient du plomb, du cuivre ou de l'arsenic. La grande qualité du blanc de zinc est dans son brillant éclat, et dans son inaltérabilité lorsqu'il est exposé aux vapeurs sulfureuses qui noircissent les peintures au blanc de plomb.

ZINCOGRAPHIE s. f. (fr. *zinc*; gr. *graphô*, j'écris). (Voy. GILLOTAGE.)

ZINGAGE s. m. Action de couvrir de zinc.

ZINGARELLI (Nicolo) [zinn-ga-rél'li], compositeur italien, né en 1752, mort en 1837. Il fut successivement directeur de la chapelle du Vatican, du conservatoire de Naples et de la cathédrale de la même ville. Il a composé environ 46 opéras, sans compter des cantates des oratorios et de la musique d'église.

ZINGARI s. m. Voy. BOHÈME.

ZINGIBÉRACÉ, ÉE adj. (de *zingiber*, nom scientifique du gingembre). Bot. Qui ressemble ou qui se rapporte au gingembre. — s. f. pl. Famille de plantes phanérogames monocotylédones périspermées, ayant pour type le genre gingembre, et comprenant, en outre, les genres curcuma, alpinie, amome, etc.

ZINGUER v. a. Additionner de zinc.

ZINGUERIE s. f. Atelier où se prépare le zinc.

* **ZINGUEUR** s. m. Ouvrier qui travaille le zinc.

ZINNIE s. f. [zinn-nî] (de J.-G. *Zinn*, botaniste allemand). Bot. Genre de composées senecionoïdées, comprenant environ 12 espèces de plantes herbacées qui appartiennent à la

Zinnie double (Zinnia elegans).

flore du Mexique, Quelques-unes sont ornementales et appréciées dans les jardins. L'espèce la plus connue est la *zinnia elegans*, dont la culture remonte à la fin du siècle dernier. C'est une plante à branches nombreuses, qui se terminent par une fleur assez

Fleur de zinnie double (Zinnia elegans).

grossière, mais éclatante, large de 5 à 8 centim., et rayée de teintes blanches, rouges, jaunes, pourpres et orange. Aujourd'hui, on cultive des variétés doubles qui ressemblent beaucoup au dahlia pour la forme et les couleurs.

ZINZENDORF (Nikolaus-Ludwig, comte) [tsinn'-tsenn-dorf], évêque des Frères moraves, né à Dresde en 1700, mort en 1760.. En 1722, il épousa la comtesse Reuss von Ebersdorf, et donna un refuge dans son domaine de Berthelsdorf, dans la haute Lusace, à quelques familles moraves qui fuyaient la persécution. Leur colonie s'accrut rapidement et reçut le nom de Herrnhut. Zinzendorf finit par entrer dans leur congrégation. Il conçut alors l'idée de transformer l'ancienne Eglise morave en une organisation spéciale pour propager le christianisme pratique. En 1734, il fut ordonné à Tubingue, et fit faire par ses efforts beaucoup de progrès à son Eglise dans différents pays. Banni de Saxe en 1736, il alla à Berlin, et y fut consacré évêque de l'Eglise morave. Il voyagea en Amérique, résida en Angleterre, où il obtint un acte du parlement pour la protection des ses coreligionnaires dans toutes les possessions de la Grande-Bretagne, envoya des missions dans les Indes orientales et autres contrées éloignées et passa ses dernières années à Herrnhut. On a de lui un livre intitulé *La Bonne*

Parole du Seigneur, (1739). — Son fils, le comte Christian-Renatus (mort en 1752), a écrit des soliloques, des méditations et des hymnes.

* **ZINZOLIN** s. m. Sorte de couleur qui est un violet rougeâtre : *c'est du zinzolin.* — Adjectiv. *Du taffetas zinzolin.*

* **ZIRCON** s. m. Minéral cristallin qui affecte diverses couleurs; c'est le silicate natif et cristallisé de zirconium.

ZIRCONATE s. m. Chim. Sel produit par les acides sur la zircone.

ZIRCONIUM s. m. [zir-ko-ni-omm], métal rare, reconnu comme substance particulière par Klaproth en 1789, et isolé pour la première fois par Berzélius en 1824. Il entre dans la composition de plusieurs minéraux, le zircon, l'hyacinthe, l'eudialyte, la polymignite, l'aerstedite, la fergusonite et la catapleiite. Son poids spécifique est de 4,15; son symbole, Zr; et son poids atomique, 89,6. Il n'a qu'un oxyde, Zr O², qui agit à la fois comme base et comme acide. Son hydrate se gélatinise et se dissout rapidement dans les acides. Les sels de zirconium ont un goût astringent; ils sont précipités par les alcalis caustiques, et ne se redissolvent pas quand ceux-ci sont en excès. Le zircon minéral a rang parmi les pierres précieuses; ses variétés sont brunes, rouges, jaunes, grises, blanches, diamantées et translucides.

ZISKA ou **Zizka** (Jean Troczznow dit), c'est-à-dire le Borgne, chef militaire des hussites, né en Bohême en 1380, mort le 12 oct. 1424. En 1447, il se mit à la tête des hussites, s'empara de Prague en 1419, battit les Impériaux, fit déposer Sigismond à la diète de Czaslau et se fit nommer roi de Bohême à la mort de Wenceslas. Il perdit la vue au siège de Raby et n'en continua pas moins ses luttes sanglantes. Il se regardait comme l'instrument choisi de Dieu pour faire sentir son courroux aux nations. Il mourut de la peste et recommanda de faire de sa peau un tambour, voulant satisfaire encore par là son amour de la guerre.

* **ZIST** s. m. Voy. Zest.

ZITTAU [tsit'-tào], ville de Saxe, sur le Mandau, à 45 kil. S.-E. de Bautzen; 20,417 hab. Manufactures de cotonnades, de lainages, de pianos, de ferronnerie, de poterie; importantes mines de houille.

* **ZIZANIE** s. f. (lat. *zizania*). Ivraie, mauvaise graine qui vient parmi le bon grain. N'est plus en usage au propre. — Fig. Désunion, mésintelligence : *ils étaient bien unis, quelqu'un a semé la zizanie parmi eux, entre eux.*

ZIZIM ou **Djem**, fils puîné du sultan Mahomet II, né en 1459, mort en 1495. Battu par son frère Bajazet, contre lequel il s'était révolté, il se réfugia chez les chevaliers de Rhodes. Le grand-maître, Pierre d'Aubusson, l'envoya en France où il resta 16 ans prisonnier. Il fut ensuite envoyé en Italie où les papes crurent pouvoir se servir de lui pour une nouvelle croisade. Il mourut à Terracine.

ZNAYM [znaïm ou tsnaïme], ville de Moravie, sur la Thaya, à 77 kil. N.-N.-O. de Vienne; 10,600 hab. Marmont y défit l'arrière-garde autrichienne en retraite après Wagram, le 11 juillet 1809, et l'armistice qui précéda le traité de Schœnbrunn y fut conclu le 12 juillet.

* **ZODIACAL, ALE** adj. Astron. Qui appartient au zodiaque. — Lumière zodiacale, espace lumineux, de forme triangulaire, qu'on voit sous les tropiques, entre le coucher et le lever du soleil; il s'étend de 50° ou davantage, suivant la saison, à partir de l'horizon, et son axe correspond, exactement ou

à très peu près, à l'écliptique. Cette lumière est d'une nuance chaude, jaunâtre, plus éclatante au centre, et plus diffuse vers la périphérie. Dans les latitudes plus élevées, on la voit quand les circonstances sont favorables, pendant le printemps et l'automne. Elle est le plus remarquable lorsque l'écliptique fait le plus grand angle avec l'horizon du spectateur, moment où, dans les latitudes modérées, elle arrive presque au zénith, ayant près de l'horizon un éclat frappant, et de là s'évanouissant par degrés. Près de l'équateur, elle a souvent à l'horizon un éclat égal à celui du ciel à l'orient lorsque le soleil va se lever. Cassini et des astronomes plus récents considéraient cette lumière comme une émanation du soleil. Plus tard, la théorie de Laplace fut généralement adoptée, et l'on crut que cette lumière était produite par un anneau de molécules trop volatiles pour être unies les unes aux autres ou aux planètes, en rotation quelque part entre les orbites de Vénus et de Mercure. Les observations attentives et prolongées du révérend George Jones, chapelain de l'expédition des Etats-Unis au Japon (1853) l'amenèrent à conclure que cette lumière émane d'un anneau de matière qui entoure la terre et non le soleil. Mais Proctor trouve cette théorie très improbable, et soutient que l'anneau zodiacal se compose à la fois de matière météorique et de matière cométique, se mouvant suivant une orbite très excentrique, autour du soleil.

* **ZODIAQUE** s. m. (lat. *zodiacus*). Astron. C'est, dans le ciel, une bande ou zone circulaire idéale, parallèle à l'écliptique, et comprenant les douze constellations principales qui se partagent la route annuelle apparente du soleil. — Par anal., on l'emploie aussi pour désigner l'ensemble de ces constellations ou les signes mobiles qui y correspondent : *le soleil parcourt tous les ans les douze signes du zodiaque.* — Les signes du zodiaque, en comptant de l'O. à l'E., ont été réunis en deux vers mnémoniques célèbres. (Voy. Amianus.) — Représentation du zodiaque : *on trouve des zodiaques sculptés dans les anciens temples de l'Egypte.* — Encycl. Le zodiaque s'étend de 9° N. à 9° S. de l'écliptique, entre lesquels se confinent les mouvements du soleil, de la lune et des principales planètes. Les anciens le divisaient en 12 parties de 30° chacune, désignées par des signes arbitraires, comme suit : Aries, le Bélier, ♈; Taurus, le Taureau, ♉; Gemini, les Gémeaux, ♊; Cancer, le Cancer, ♋; Leo, le Lion, ♌; Virgo, la Vierge, ♍; Libra, la Balance, ♎; Scorpio, le Scorpion, ♏; Sagittarius, le Sagittaire, ♐; Capricornus, le Capricorne, ♑; Aquarius, le Verseau, ♒, et Pisces, les Poissons, ♓. Ces noms étaient tirés d'une ressemblance imaginaire trouvée dans la configuration des groupes d'étoiles. On emploie la même division encore aujourd'hui.

* **ZOÏLE** s. m. (de *Zoïle*, n. pr.). Envieux et mauvais critique : *il s'est fait le Zoïle de ce poète.*

ZOÏLE, ancien critique grec, né à Amphipolis ou Ephèse et qui florissait vers le milieu du IVe siècle av. J.-C. Il attaqua les poèmes d'Homère, à cause des légendes fabuleuses et incroyables qu'on y rencontre; de là son surnom de *Homeromastix*. Platon et Isocrate furent aussi en butte à ses traits; et dans l'antiquité, son nom était passé en proverbe pour désigner un critique captieux et méchant. Denys d'Halicarnasse, cependant, le met au rang des meilleurs critiques. Toutes ses œuvres sont perdues.

ZOLLVEREIN s. m. [tsol'-feur-aïnn] (all. *zoll*, droit, taxe, et *verein*, union). Association d'Etats allemands pour lever des droits uniformes sur les marchandises importées de l'étranger et pour établir entre eux le libre

échange. Elle fut inaugurée, sous les auspices de la Prusse, en 1819, et en 1865, l'Autriche, les deux Mecklembourg et les villes hanséatiques étaient les seuls à n'y être pas entrés. Cette institution donna une grande impulsion au commerce et à l'industrie. En 1868, la population des États faisant partie de l'union était de 39 millions d'hab. environ. Le Zollverein était administré par un conseil et par un parlement qui se réunit pour la première fois en 1868. Cette union constituait un lien puissant entre l'Allemagne du Nord et l'Allemagne du Sud. et frayait le chemin à une consolidation politique plus grande. Elle fut absorbée dans l'empire. Celui-ci forme aujourd'hui une union douanière et commerciale, à l'exception de quelques localités et des ports francs, de Hambourg et de Brême; mais le grand-duché de Luxembourg et la commune autrichienne de Jungholtz, sur la frontière de Bavière, y sont compris.

ZOMBOR, ville de Hongrie, capitale du comté de Bacs, à 190 kil. S. de Pesth; 24,309 hab., en majorité Serbes. Grand commerce de céréales et de bestiaux.

ZONARAS (Joannes) [zo-na-rass], historien byzantin du xii° siècle. Il commanda la garde du corps d'Alexis Comnène, et fut son premier secrétaire particulier. Sous le règne de Jean Comnène, il entra dans un couvent du mont Athos. Ses œuvres comprennent des chroniques ou annales (dernière édit. par Dindorf, 1868).

* ZONE s. f. (lat. zona). Géogr. astron. Chacune des cinq grandes divisions du globe terrestre, que l'on conçoit séparées par des cercles parallèles à l'équateur : zone torride, zones tempérées, zones glaciales. — Se dit aussi des parties du ciel qui répondent aux divisions du globe terrestre appelées zones. — Prov. et fig. PASSER LA ZONE TORRIDE, traverser un endroit où le soleil est brûlant, où il n'y a aucune ombre. — Se dit quelquefois, dans les sciences naturelles, de bandes ou marques circulaires. Désigne plus spécialement la partie visible des couches superposées dont certains terrains, certaines pierres sont formées : dans l'onyx on voit plusieurs zones. — Géom. Se dit aussi des divisions d'une sphère, d'un corps, faites par des sections parallèles. — Ponts et chaussées. ZONE DES FRONTIÈRES, espace plus ou moins étendu, le long des frontières, sur lequel les travaux publics de routes et de canaux doivent être soumis au contrôle d'une commission mixte. — ZONE DES SERVITUDES MILITAIRES, espace limité en dehors et en dedans des fortifications des places de guerre sur lequel il est défendu de bâtir, ou sur lequel on ne peut élever que des constructions sujettes à être détruites dès que l'administration le juge convenable. — Le terrain compris dans les fortifications militaires des places de guerre et appartenant à l'État, s'appelle aussi ZONE MILITAIRE. — Législ. « Nous avons parlé plus haut de la zone frontière établie au point de vue militaire en deçà des limites territoriales de la France, et nous avons parlé aussi des trois zones défensives qui entourent les places de guerre et les postes militaires. (Voy. SERVITUDE.) — Il existe aussi des zones de douanes. Les unes sont déterminées pour le transport du sel (voy. SEL); mais c'est surtout pour la vente des tabacs que le régime des zones est mis en usage. Ce système, institué par la loi du 28 avril 1816, consiste à mettre le tabac en vente, dans les départements frontières du N. et de l'E. de la France, à des prix inférieurs aux prix ordinaires, dans le but d'arrêter l'invasion des tabacs introduits en fraude par les frontières de la Belgique, du Luxembourg, de l'Allemagne et de la Suisse. Antérieurement à la loi du 29 fév. 1872, il existait cinq lignes ou zones dans les limites

desquelles les prix de vente des tabacs décroissaient de plus en plus en se rapprochant de la frontière. Le nombre des zones est aujourd'hui réduit à trois; mais la première zone est elle-même subdivisée en deux parties, de sorte qu'il existe en réalité quatre zones dans lesquelles les prix décroissants du tabac dit de cantine ont été fixés par la susdite loi à 8 fr., 5 fr., 3 fr. et 1 fr. 50 par kilogr. Ces prix ont été relevés, à compter du 1er janv. 1885, de la manière suivante : 3e zone, 9 fr.; 2e zone, 6 fr.; deuxième subdivision de la 1re zone, 4 fr; première subdivision, 2 fr. par kilog. » (CH. Y.)

ZONÉ, ÉE adj. Qui a des bandes concentriques colorées.

ZOO ou Zo (gr. zôon, animal), préfixe qui entre dans la formation d'un grand nombre de mots.

ZOOCHIMIE s. f. Voy. Chimie animale. — Des 64 éléments connus, c'est tout au plus s'il en entre 19 dans la structure des animaux. Ce sont :

L'oxygène.	Le calcium.	Le fer.
L'hydrogène.	L'iode.	Le chlore.
Le carbone.	Le plomb.	Le fluor.
L'azote.	Le magnésium.	Le silicium.
Le cuivre.	Le sodium.	Le brôme.
Le soufre.	Le potassium.	
Le phosphore.	Le zinc.	

* ZOOGRAPHIE s. f. (préf. zôon; gr. graphô, je décris). Description des animaux. (Peu us.)

* ZOOLÂTRIE s. f. (préf. zoo; gr. latreuein, adorer). Adoration des animaux.

* ZOOLITHE s. m. (préf. zoo; gr. lithos, pierre). Partie des animaux qui s'est changée en pierre. — Pétrifications qui représentent certains animaux ou des parties d'animaux.

* ZOOLOGIE s. f. (préf. zoo; gr. logos, discours). Partie de l'histoire naturelle qui a pour objet les animaux et leur classification. Ses différentes subdivisions, depuis Aristote jusqu'à Agassiz, ont été rangées sous un grand nombre de chefs dont les principaux sont : AMPHIBIES, ANIMAUX, ANIMALCULES, ANNÉLIDES, ARACHNIDES, ARTICULÉS, CRUSTACÉS, ENTOMOLOGIE, ENTOZOAIRES, HERPÉTOLOGIE, ICHTYOLOGIE, INVERTÉBRÉS, MALACOLOGIE, MAMMIFÈRES, ORNITHOLOGIE, POLYPES et VERTÉBRÉS. Les caractères distinctifs se trouveront aux articles traitant des différentes classes, ordres et familles, et aux mots OISEAUX, ANATOMIE COMPARÉE, POISSONS, INSECTES, MOLLUSQUES et REPTILES. — La première classification des animaux fut publiée par Linné en 1735, dans son Systema Naturæ. Il divisa le règne animal en 6 classes : 1° Mammifères, qui allaitent leurs petits; 2° Oiseaux; 3° Amphibies; 4° Poissons; 5° Insectes; 6° Vers. — Des modifications à la classification de Linné ont été proposées par Lamark, Virey, Dumèril, de Blainville et plusieurs autres. Mais le perfectionnement, qui a été le plus généralement admis, est celui de l'illustre Cuvier, qui passa dix-sept années de sa vie (1795-1812) à établir son fameux système anatomique, basé sur la structure des animaux. D'après sa classification, le règne animal est distribué en quatre grandes divisions savoir : 1° VERTÉBRÉS (animaux ayant une colonne spinale), comprenant 4 classes : mammifères, oiseaux, reptiles et poissons; 2° MOLLUSQUES; 3° ARTICULÉS; 4° RAYONNÉS. Les classes sont subdivisées en 72 ordres et ceux-ci en genres et en espèces. La première édition du Règne animal de Cuvier date de 1816. Voici la classification d'Agassiz, fondée sur celle de Cuvier :

Classe 1. Polypes, comprenant 2 ordres : actinoïdes et alcyonoïdes.
— 2. Acalèphes, 2 ordres : hydroïdes (comprenant les siphonophorées), discophorées et cténophorées.
— 3. Echinodermes, 4 ordres : crinoïdes, astéroïdes, échinoïdes et holothurioïdes.

Branche II. — MOLLUSCA ou MOLLUSQUES.

Classe 1. Acéphales, 4 ordres : bryozoaires (comprenant les verticellés), brachiopodes, tuniciens et lamellibranches.
— 2. Gastéropodes, 2 ordres : ptéropodes, hétéropodes et gastéropodes proprement dits.
— 3. Céphalopodes, 2 ordres : tétrabranchiés et dibranchiés.

Branche III. — ARTICULATA ou ARTICULÉS.

Classe 1. Vers, 3 ordres : trématodes (comprenant les cestoïdes, les planaires et les sangsues), nématoïdes (comprenant les acanthocéphales et les gordiacés) et annélides.
— 2. Crustacés, 4 ordres : rotifères, entomostracés (comprenant les cirripèdes), tétradécapodes et décapodes.
— 3. Insectes, 3 ordres : myriapodes, arachnides et insectes proprement dits.

Branche IV. — VERTEBRATA ou VERTÉBRÉS.

Classe 1. Myxontes, 2 ordres : myxinoïdes et cyclostomes.
— 2. Poissons proprement dits, 2 ordres : cténoïdes (comme la perche) et cycloïdes (comme la morue).
— 3. Ganoïdes, 3 ordres : cœlacanthes, acipenséroïdes et sauroïdes (et ordres incertains : siluroïdes, plectognathes et lophobranches).
— 4. Sélachiens, 3 ordres : chimères, galéodes et batides.
— 5. Amphibiens, 3 ordres : céciliens, ichtyodes et anoures.
— 6. Reptiles, 4 ordres : serpents, sauriens, rhizodontes et testudinés.
— 7. Oiseaux, 4 ordres : natatores, grallées, rasores et incessores (comprenant les scansores et les accipitres).
— 8. Mammifères, 3 ordres : marsupiaux, herbivores et carnivores.

— En 1859, Owen fit connaître un nouveau système, d'après lequel les mammifères sont classés selon la nature de leur cervelle. — Les tissus des animaux se développent directement du fluide vital : le sang. Dans toute les vertébrés, ce fluide est rouge, couleur qu'il doit à la présence de corpuscules du sang, cellules microscopiques contenant un fluide coloré. Chez les invertébrés, ces corpuscules n'existent pas, ce qui fait que le sang est incolore. De là, une division en animaux à sang rouge et animaux à sang blanc. — Le sang de chaque animal, dans les parties centrales du corps, possède une température naturelle, qui est de 98° à 99° F. (36° à 37° C.) pour l'homme. La température des êtres qui viennent, dans l'échelle animale, au-dessous des oiseaux, est beaucoup plus basse que chez l'homme, ce qui fait qu'on les appelle animaux à sang froid, tandis que les oiseaux et les mammifères sont des animaux à sang chaud.

* ZOOLOGIQUE adj. Qui concerne la zoologie. — SOCIÉTÉ ZOOLOGIQUE DE LONDRES (d'abord Club zoologique), fondée en 1826. Ses jardins, dans Regent's Park, furent ouverts en avril 1827; ils renferment environ 2,500 animaux.

* ZOOLOGISTE s. m. Celui qui possède la zoologie, qui en traite. On dit aussi, mais plus rarement, ZOOLOGUE.

ZOOMORPHIE s. f. (préf. zoo; gr. morphé, forme). Partie de la zoologie qui traite des formes extérieures des animaux.

ZOONOMIE s. f. (préf. zoo; gr. nomos, loi). Ensemble des lois qui régissent la vie animale.

ZOOPATHOLOGIE s. f. (préf. zoo; fr. pathologie). Pathologie des animaux.

* ZOOPHORE s. m. (préf. zoo; gr. phoros, qui porte). Archit. ancienne. Nom que quelques auteurs ont donné à la frise de l'entablement.

* ZOOPHYTE s. m. (préf. zoo; gr. phûton, plante). Hist. nat. Se dit de certains animaux qui ont quelque chose de la forme et de l'organisation des plantes : on met les éponges au nombre des zoophytes. — Le terme zoophyte était appliqué jadis à tous les animaux à apparence végétative, y compris les anthozoaires et les bryozoaires. Ces derniers appartiennent aujourd'hui aux molluscoïdes; les premiers, ou zoophytes proprement dits, ainsi appelés de l'expansion de leurs tentacules, qui les fait ressembler à des fleurs, sont

les mêmes que les polypes et constituent la classe la plus inférieure des rayonnés; ils comprennent les acténoïdes et les halécyonides de Dana. Les zoophytes sont de véritables animaux.

ZOOPHYTOGRAPHIE s. f. Hist. nat. Description des zoophytes.

ZOOPHYTHOLOGIE s. f. Etude des zoophytes.

ZOOSPERME s. m. Syn. de SPERMATOZOÏDE.

ZOOSPORE s. m. (gr. zôon, animal ; spora, graine). Bot. Spore de certaines algues, qui est munie de cils vibratiles et animée de mouvements.

ZOOSPORÉ, ÉE adj. Dont les spores sont munies de cils vibratiles. — s. f. pl. Famille d'algues, dont les spores, pourvues de cils vibratiles, sont animées de mouvement.

ZOOTECHNIE s. f. (préf. zoo; gr. teckné, art). Science de l'élevage des animaux.

ZOOTOMIE s. f. (préf. zoo; gr. tômé, section). Etude de la dissection des animaux.

ZORNDORF, village du Brandebourg, à 10 kil. N. de Custrin ; 1,500 hab. Les 25 et 26 août 1758, Frédéric le Grand avec 30,000 hommes y battit 50,000 Russes commandés par Fermor.

ZOROASTÉRISME s. m. Doctrine de Zoroastre.

ZOROASTRE (proprement **Zarathustra**), fondateur de l'ancienne religion des Perses. Sur sa vie, son époque et son histoire, c'est à peine si nous avons quelques notions dignes de foi. Il serait né en Bactriane; la tradition du pays raconte qu'il était fils de Pourushaspa, et qu'il vivait sous un roi nommé Vistaspa (Gushtasp, Hystaspe), qui adopta ses doctrines et en favorisa la propagation. Dans le Zend-Avesta, il paraît comme un être doué de dons surnaturels, et recevant de la divinité suprême, dans des entrevues personnelles, la révélation des vérités qu'il avait à communiquer aux hommes. Il enseignait une religion fondée sur le dualisme du bien et du mal, ce dernier devant à la fin prévaloir. Sa doctrine dégénéra avec le temps et devint le culte du feu. (Voy. ORMUZD, PARSIS, et ZEND-AVESTA.)

ZOSIME, historien grec du Ve siècle. Il a écrit une histoire de l'empire romain, que l'on a conservée, et qui va jusqu'à l'an 410. C'est surtout un abrégé des anciens historiens. Elle est rédigée dans un style pur et concis.

ZOSIME (Saint), pape ; mort à Rome en 418. Fête le 26 déc.

ZOSTÈRE s. f. (gr. zostera, ceinture). Bot. Genre de naïadées, comprenant plusieurs espèces d'herbes submergées à tige rampante. La zostère marine (zostera marina) croît sur les sables de nos côtes. On en tire de la soude.

ZOUAVE s. m. (de zouaoua, nom d'une tribu kabyle, d'où se tiraient les fantassins des anciens deys d'Alger). Soldat de régiments spéciaux de l'armée d'Afrique, d'abord recrutés parmi les indigènes et aujourd'hui composés exclusivement de Français : les quatre régiments de zouaves; il y avait autrefois un régiment de zouaves de la garde. — Ce corps d'infanterie tire son nom d'une tribu de Kabyles algériens, dont quelques-uns furent incorporés dans l'armée française après l'occupation d'Alger en 1830. Il fut plus tard réorganisé en compagnies distinctes de Français et d'indigènes, et sa réputation fut due surtout à Lamoricière et à Cavaignac. Après 1840, ce ne fut plus qu'une troupe européenne, portant le costume turc aux couleurs françaises. Les zouaves constituèrent l'élite de l'infanterie française pendant la guerre de Crimée. Leur costume se compose d'une veste et d'un gilet

de drap. bleu foncé, de la culotte turque rouge, d'un fez rouge à gland, d'un turban, d'une ceinture, et de jambières en cuir ou de guêtres. Lorsque Lamoricière prit le commandement de l'armée pontificale, en 1860, les troupes de volontaires placées sous ses ordres, reçurent le nom de zouaves pontificaux.

ZOULOU, OUE s. et adj. Du Zoulouland; qui appartient à ce pays ou à ses habitants : langue zouloue. — ZOULOUS ou AMAZOULOUS, nation du S. de l'Afrique, constituant un rameau de la race cafre. Les Zoulous habitent surtout le pays élevé entre Natal et la baie de Delagoa; beaucoup cependant sont en deçà des limites de Natal. C'est une belle race qui semble tenir une place immédiatement intermédiaire entre le type nègre et le type supérieur. Si l'on fait la part des différences locales, la langue, les mœurs et les habitudes des Zoulous sont semblables à celles des autres tribus cafres. (Voy. CAFRERIE.) On suppose qu'ils sont venus du Nord et qu'ils ont conquis leur territoire actuel vers le commencement de ce siècle. En janv. 1879, une guerre éclata entre l'Angleterre et les Zoulous parce que le roi Cetiwayo refusait de livrer certains chefs de nègres qui s'étaient révoltés contre le gouvernement de la Grande-Bretagne. Moins d'une semaine après avoir franchi la frontière du Zouzouland, les troupes anglaises furent surprises le 22 janv. à Isandoula, par environ 15,000 Zoulous; elles subirent un sanglant échec qui leur coûta 837 morts. De nouveaux renforts permirent aux Anglais de reprendre l'offensive, et c'est dans une reconnaissance que le prince Louis-Napoléon (voy. NAPOLÉON IV) fut surpris et tué. Le 4 juillet suivant, Cetiwayo, battu à Oulundi, prit la fuite; mais il tomba entre les mains des Anglais le mois suivant et fut déporté à Cape-Town. Au commencement de 1883, après une courte visite en Angleterre, Cetiwayo fut rétabli dans son propre pays, sous la promesse d'admettre à sa cour un résident anglais.

ZOULOULAND (Le), pays des Zoulous.

ZRINYI (Miklos, COMTE), homme de guerre hongrois, né en 1518, mort le 7 sept. 1566. Il devint ban de Croatie, et au siège de Sziget (1566) avec 3,000 hommes, il tint tête à 63,000 Turcs pendant plus d'un mois. Après la prise de la ville, Zrinyi, qui ne l'avait abandonnée qu'en flammes, fit une héroïque défense dans la citadelle. Le sultan Soliman en mourut de fureur, mais son grand vizir, Sokolovich, emporta d'assaut le château, qui n'avait plus que 600 défenseurs, lesquels tombèrent en combattant. Les Turcs y avaient perdu plus de 20,000 hommes.

ZUCCARELLI (Francesco) [dzouk-ka-rél'-li], peintre italien, né près de Florence en 1702, mort en 1788. De 1752 à 1773. il habita l'Angleterre, et y prit rang à la tête des paysagistes.

ZUCCARO [dzouk'-ka-ro]. I. (Taddeo), peintre italien, né en 1529, mort en 1566. Ses fresques les plus fameuses, dans le palais Caprarola, à Rome, illustrant les gloires de la famille Farnèse, ont été finies par son frère. — II. (Federigo), son frère, né vers 1543, mort en 1609. A Rome, il fut employé à la chapelle Pauline, au Vatican; mais il encourut le déplaisir du pape, et alla travailler en Flandre et en Angleterre, où il fit un portrait de la reine Elisabeth. A Venise, il fut fait chevalier, après avoir embelli la salle du grand conseil, après quoi il termina ses fresques à Rome. Il fut ensuite employé à l'Escurial. Il fonda l'académie de Saint-Luc à Rome, en 1595, et se fit aussi connaître comme sculpteur, poète et architecte. Il a écrit L'Idea de' pittori, scultori et architetti.

ZUG [tsougg]. I, le plus petit canton de la Suisse; au centre; 239 kil. carr.; 23,000 hab.

presque tous catholiques et de langue allemande. Il est renommé pour ses vergers et ses bestiaux. Le lac de Zug est à environ 400 mètres au-dessus du niveau de la mer; il a 13 kil. de long et de 1 à 5 de large; il porte des steamers. C'est sur les bords du petit lac d'Egeri que se livra, en 1315, la bataille de Morgarten, qui assura aux Suisses leur indépendance. Zug entra dans le Sonderbund formé en 1843. — II, capitale (anc. Tugium), sur le lac de Zug, à 23 kil. S. de Zürich; 4,279 hab. Elle est située au milieu de vergers et de vignes, et entourée de vieilles murailles.

ZUIDER ZEE. Voy. ZUYDERZÉE.

ZUÑIGA. Voy. ERCILLA Y ZUÑIGA.

ZURBARAN (Francisco) [zour-ba-rann'], peintre espagnol, de Séville, né en 1598, mort en 1662. Il exécuta un grand nombre d'ouvrages pour les églises et les monastères, à Guadalupe, à Madrid, et surtout à Séville. Son Saint Thomas d'Aquin accueilli dans le ciel, est l'un des plus nobles morceaux de la peinture espagnole.

ZÜRICH [tsu'-rich]. I, canton septentrional de la Suisse, confinant au duché de Bade; 1,725 kil. carr.; 318,000 hab., en majorité protestants, et de langue allemande. Les rivières Thur, Toess, Glatt et Limmat y coulent à travers de belles vallées. Ses points les plus élevés ne dépassent pas 800 mètres. Nombreux pâturages. Les produits agricoles et les fruits y sont en abondance; il y a beaucoup de manufactures de coton, de soie et de machines. Les écoles comptent parmi les meilleures de la Suisse: Zürich est entré dans la confédération suisse en 1351. Vers 1440, il s'allia à l'Autriche; il essuya une défaite sanglante à Pfœffikon en 1443, et en 1450 il rentra dans la confédération. Au commencement du XVIe siècle, il fut le centre de la réformation de Zwingle. La constitution du canton est démocratique. — II, capitale du canton (anc. Turicum), sur les deux rives de la Limmat, à 90 kil. N.-E. de Berne; 21,199 hab., avec les communes suburbaines, 56,700. Un des plus beaux édifices est le nouvel institut polytechnique. L'université compte près de 400 étudiants. La ville a été bien améliorée et embellie; c'est un grand centre d'activité intellectuelle et artistique, et un lieu très fréquenté par les touristes. Grand commerce de livres; fabriques de soie, de colonnades, de machines et de papier. — Zürich est une des villes les plus anciennes de l'Europe centrale. En 1249, elle devint ville libre impériale. De 1519 à 1531, elle y Zwingle prêcher dans sa cathédrale. Elle avait auparavant abrité Arnold de Brescia. Pendant le règne de Marie Tudot ce fut un lieu de refuge pour les protestants anglais, et c'est que Miles Coverdale traduisit et fit imprimer la première version anglaise des Ecritures (1535). Le 25 sept. 1799, Masséna vainquit les Russes de Korsakoff dans le voisinage de la cité. Un traité de paix s'y signa, le 10 nov. 1859, entre la France, l'Italie et l'Autriche.

ZÜRICH (Lac de), lac de Suisse, dans les cantons de Zürich, de Saint-Gall et de Schwytz; il a environ 34 kil. du S.-E. au N.-O. et une largeur de 1 à 4 kil. (88 kil. carr.) avec 600 pieds de profondeur. La Limmat sort de son extrémité septentrionale. Le pont de Rapperschwyl le divise en deux parties, le lac su périeur et le lac inférieur.

ZURICHOIS, OISE s. et adj. [zu-ri-koua]. De Zürich; qui appartient à ce pays ou à ses habitants.

ZURITA (Geronimo) [zou'-ri-ta], historien espagnol, né en 1512, mort vers 1580. Il était membre du conseil suprême de Castille, historiographe d'Aragon, secrétaire particu-

lier du roi, etc. Ses *Anales de la Corona de Aragon* (1562-'79, 6 vol. in-fol., complétées en 7 vol. 1669), embrassent la période qui s'étend depuis la conquête arabe jusqu'à la mort de Ferdinand le Catholique.

ZUT ! interj. Exclamation qui exprime le dépit.

ZUTPHEN [zout'-fènn], ville très forte des Pays-Bas, dans la Gueldre, sur l'Yssel, à 29 kil. N.-E. d'Arnheim; 14,554 hab. Elle appartenait aux évêques d'Utrecht au xiii° siècle; et au xiv° elle entra dans la ligue hanséatique. Les Espagnols la soumirent à de terribles souffrances en 1573; Maurice de Nassau s'en empara en 1591 et les Français en 1672. C'est non loin de là, sur le champ de bataille de Warnsfeld, que sir Philip Sidney, en 1586, trouva la mort dans la victoire.

ZUYDERZÉE (mer du Sud), baie ou golfe sur la côte de Hollande, séparée de la mer du Nord par les îles du Texel, de Vlieland, de Ter Schelling et d'Ameland. Longueur, du N. au S., environ 125 kil.; largeur maximum, 60 kil. Autrefois un lac peu profond et marécageux, appelé Flevo, occupait cet emplacement. La mer fut formée par les inondations de 1219 et de 1282, dont la dernière submergea 72 villes ou villages, et fit périr près de 100,000 personnes. Elle est pleine de has fonds et de bancs de sable. Le bras appelé l'Y, qui forme le port d'Amsterdam, a été en grande partie desséché, de même que le lac de Haarlem avec lequel il communique; on a pris des mesures pour dessécher presque toute la moitié méridionale du golfe. — Voy. *Visite aux villes mortes du Zuyderzée*, par Henri Havard (1875).

ZWEIBRÜCKEN [tsval'-bruk-kènn]. Voy. Deux-Ponts.

ZWICKAU [tsvik'-kaô], ville de Saxe, sur le Zwickauer Mulde, à environ 93 kil. S.-O. de Dresde; 31,494 hab. La guerre de Trente ans fit baisser la population de 10,000 à 4,000. Lorsque la Saxe fut entrée dans le Zollverein, elle augmenta rapidement. Les mines de houille voisines, les forges et d'autres industries ont un développement considérable.

ZWINGLI [tsvinn'-gle], ou **Zwingle**, ou, latinisé, **Zuinglius** (Ulric ou Huldreich), réformateur et patriote suisse, né à Wildhaus en 1484, mort en 1531. Dès l'âge de 18 ans, la lecture du Nouveau Testament avait éveillé dans son esprit des doutes touchant un grand nombre de points enseignés par l'Eglise. En 1506, il devint pasteur de Glarus. En 1510, pour détourner la Suisse des alliances militaires, il écrivit la fable poétique où il représente la confédération comme un bœuf égaré par des chats artificieux, bien qu'averti par des chiens fidèles, et perdant ainsi sa liberté. En 1513 et 1515, il dut accompagner les troupes comme chapelain dans les guerres d'Italie; après la bataille de Marignan, il exhorta les Suisses à ne plus exposer de cette façon leur honneur et leur vie. En 1516, le parti français gagna une influence prépondérante à Glarus, et Zwingle accepta alors une cure inférieure à Einsiedeln. Son opposition à plusieurs des doctrines et des pratiques de l'Eglise devenait de jour en jour plus décidée. Au début, le mouvement évangélique de l'Allemagne et celui de la Suisse étaient entièrement indépendants l'un de l'autre. « J'ai commencé, disait Zwingle, à prêcher l'Evangile en l'an de grâce 1516,

c'est-à-dire à une époque où le nom de Luther n'avait jamais été entendu dans ces contrées. » En 1518, Zwingle fut élu à l'église cathédrale de Zürich, et dès lors, cette ville devint le centre de la réformation en Suisse. Il attaquait avec une fermeté égale les vices de tous les rangs et de toutes les positions. En mars 1522, le service de l'église fut sensiblement altéré et certaines cérémonies furent supprimées. L'évêque s'opposa énergiquement à cette innovation, mais Zwingle, l'emporta devant le conseil. Un complot se forma contre lui, mais chaque nuit sa maison était protégée par une garde spéciale. En juillet, Zwingle rédigea une pétition demandant que l'Evangile pût être prêché librement dans tous les cantons, et que la loi imposant le célibat aux prêtres fût abolie. Cette démarche mit le feu aux poudres. Myconius, qui y était favorable, fut banni, et Zwingle brûlé en effigie à Lucerne. Le 2 avril 1524, Zwingle épousa Maria Reinhard, veuve d'un magistrat distingué. Peu après il se déclara contre les anabaptistes, qui causèrent pendant longtemps des troubles dans l'Eglise et dans l'Etat. En 1528, il alla à la conférence de Berne, accompagné de théologiens allemands et suisses, et d'une escorte de 300 hommes. A la fin, dix articles favorables à la réformation et rédigés par Haller, furent souscrits par la majorité du clergé. Au bout de quatre mois, tout le canton de Berne fut uni fraternellement à celui de Zürich, et Bâle suivit en janvier 1529. C'est à cette époque de la vie de Zwingle qu'appartient la controverse entre les réformateurs allemands et les réformateurs suisses au sujet de la Cène. Dès 1527, des brochures de polémique parurent de part et d'autre. Luther écrivait avec violence et chaleur; Zwingle répliquait avec calme et sang-froid. A l'instigation de Philippe, landgrave de Hesse, il y eut à Marbourg, du 1er au 3 oct. 1529, une conférence entre Luther et Zwingle assistés chacun de leurs principaux partisans. Elle n'aboutit pas à une réconciliation parfaite; Luther rejeta des articles rédigés par Luther lui-même où il établissait les points sur lesquels ils s'étaient trouvés d'accord. Zwingle revint à Zürich le 19 oct. Les trois cantons réformés demandèrent alors que les calomnies et les persécutions cessassent dans les autres. Les cinq cantons catholiques, Schwytz, Unterwalden, Lucerne et Zug, n'en ayant pas tenu compte, les Zurichois résolurent d'obtenir leurs droits par la force. Zwingle appuya une guerre à bref délai. Un traité de paix, conclu à Kappel, le 25 juin 1529, ne fut pas longtemps observé. Cependant Zürich même n'était pas exempt de dissensions intérieures. Lorsque les ministres traversaient les cantons catholiques, ils étaient arrêtés, et l'un d'eux, Jacob Kaiser, fut brûlé. Par représailles, les cantons réformés coupaient les vivres aux catholiques. Le 9 oct. 1531, une compagnie de soldats de Lucerne franchit la frontière et commit des déprédations. Le 10, des vaisseaux chargés de soldats remontèrent le lac de Zug, et 8,000 hommes se rassemblèrent à Zug. L'armée de Zürich marcha contre eux, avec Zwingle comme chapelain. Au milieu de la lutte, acharnée de part et d'autre, Zwingle fut frappé de pierres et mortellement blessé d'un coup de lance. Un ennemi, qui le reconnut, égorgea le réformateur expirant, en s'écriant : « Meurs, hérétique obstiné ! » Son corps fut écartelé

pour trahison et brûlé pour hérésie. Ses cendres, mêlées à celles d'un pourceau, furent jetées au vent. Zwingle ne laissait ni symbole de foi, ni système de théologie positive. Ses 67 thèses, comme tous ses écrits, sont surtout polémiques. Zeller (1853) et Sigwart (1855) n'en ont pas moins essayé de dégager de ses ouvrages sa théologie et de la systématiser. On a recueilli ses œuvres en 8 vol. (1828).

ZWINGLIEN, IENNE s. Qui concerne la doctrine de Zwingle. — Substantiv. Les Zwingliens.

ZWOLLE [zvol'-leh'], ville des Pas-Bas, capitale de l'Overyssel, sur la Zwarte Water, à environ 80 kil. E.-N.-E. d'Amsterdam; 21,433 hab. Filatures de coton, teintureries, cales de constructions maritimes. Auprès, se trouve le village prospère de Zwollerkerspel; 5,000 hab. Zwolle fut une des villes de la Hanse. Après l'expulsion des catholiques, en 1580, elle se mit du côté des états généraux. En 1672, elle se rendit à Galen, le belliqueux évêque de Münster.

ZYGODACTYLE adj. (gr. *zugos*, paire; *daktulos*, doigt). Qui a les doigts en nombre pair.

ZYGOMA s. m. (gr. *zugôma*, jonction). Nom donné par quelques anatomistes à l'os de la pommette.

ZYGOMATIQUE adj. Anat. Qui appartient au zygoma. Arcade zygomatique, arcade osseuse formée, au bas de la tempe, par l'os de la pommette et le temporal. Muscles zygomatiques, les deux muscles qui tirent les coins de la bouche vers les oreilles, et qui agissent principalement dans l'action du rire.

ZYMOLOGIE ou Zymotechnie s. f. (gr. *zumê*, levain; *logos*, discours). Partie de la chimie qui traite de la fermentation. (Peu us.)

ZYMOSIS s. f. [zi-mo-ziss] (gr. *dsumosis*, fermentation), terme employé dans la pathologie spéculative pour désigner une action particulière et peu connue, analogue à la fermentation. La doctrine la plus répandue aujourd'hui, quant à l'origine et à la communication des maladies, est celle que l'on appelle la théorie des germes. On a beaucoup discuté à propos de formes organiques spéciales, appelées mycrozymes, bactéries, bioplastes, microbes, etc., que différents pathologistes prétendent trouver dans les fluides, les uns soutenant que ce sont des croissances fongoïdes, et qu'elles entrent dans le corps comme parasites; d'autres que ce sont les masses germinales dérivées de cellules normales et dues à une série de changements dans la matière existante, en présence de circonstances nouvelles; enfin d'autres nient positivement l'existence de ces germes. Les éléments ou facteurs qui donnent naissance à ces conditions prennent le nom de zymotiques. La nosologie actuelle comprend sept maladies principales de l'ordre zymotique, et onze autres moins communes, ce sont : la petite vérole, la rougeole, la fièvre scarlatine, la diphtérie, le croup, la coqueluche, la fièvre continue (y compris le typhus, la fièvre typhoïde et la fièvre simple ou peu prolongée), l'esquinancie, l'érysipèle, la fièvre puerpérale, le charbon, la grippe, la dysenterie, la diarrhée, le choléra, la fièvre intermittente, la fièvre rémittente et le rhumatisme.

ZYMOTIQUE adj. Qui est propre à la fermentation ou à la zymosis.

NOUVEAU
DICTIONNAIRE ENCYCLOPÉDIQUE
UNIVERSEL ILLUSTRÉ

SUPPLÉMENT

ABBATUCCI (Charles), homme politique, fils de Jacques-Pierre-Charles (Voy. Abbatucci dans le *Dictionnaire*), né à Paris le 25 mars 1816, mort en janv. 1885. Il se fit recevoir avocat à Paris; fut nommé, en 1848, substitut du procureur général près la cour d'appel de cette ville; fut élu, en 1849, par le département de la Corse, à la Législative, soutint le coup d'État, à la suite duquel il fut nommé maître des requêtes, au conseil d'État (1852) et conseiller d'État (1857). Envoyé à l'Assemblée nationale par le département de la Corse (9 juin 1872), il y combattit la république et ne fut pas réélu en 1876.

ABD-EL-KADER, mort à Damas le 25 mai 1883. Sa biographie se trouve dans notre *Dictionnaire*, à l'article Algérie. Son ouvrage intitulé : *Rappel à l'Intelligent; avis à l'Indifférent*, a été publié à Paris en 1858.

ABOUT (Edmond-François-Valentin), homme de lettres, né à Dieuze (Meurthe, auj. Alsace-Lorraine), le 14 fév. 1828, mort à Paris le 16 janv. 1885. A sa sortie de l'École normale supérieure (1851), il entra à l'École française d'Athènes, où il s'occupa un peu d'archéologie et beaucoup de littérature. Arrivé du premier coup à la notoriété par son livre satirique la *Grèce contemporaine*, il vit s'ouvrir devant lui les colonnes de tous les journaux, grands et petits, et les portes de la cour des Tuileries, dont il devint l'hôte assez assidu. Presque tous ses romans, danslesquels il imite très spirituellement la manière de Voltaire, méritent la faveur que lui accueillit. Nous citerons : les *Mariages de Paris*; le *Roi des Montagnes* (1856); *Germaine*; les *Échasses de maître Pierre* (1857); l'*Homme à l'oreille cassée* (1861); le *Nez d'un notaire; le Cas de M. Guérin* (1862); *Madelon* (1863); le *Turco* (1866); l'*Infâme* (1867); les *Mariages de Province* (1868); l'*A B C du travailleur* (1868). En même temps, il collaborait d'une manière très active, à un grand nombre de publications périodiques, et donnait à la *Revue des Deux-Mondes* le roman intitulé *Tolla* (1855); au *Moniteur des Revues de Salon*, que l'on réunit plus tard en volumes; à l'*Opinion nationale*; les *Lettres d'un bon jeune homme à sa cousine Madeleine* (réunies en volumes en

1861); s'égarant quelquefois dans le domaine de la politique, il lançait des brochures à sensation, comme la *Question romaine* (Bruxelles, 1859); la *Nouvelle carte d'Europe*; la *Prusse en 1860*; la *Rome contemporaine*; le *Progrès* (1863). Moins heureux au théâtre, il vit tomber, au bout de 2 représentations, *Guillery* (comédie en 3 actes, Comédie-Française, 2 fév. 1858) et, après 4 représentations *Gaetana* (5 actes, Odéon, 3 janv. 1862). Il obtint des demi-succès avec *Risette* ou les *Millions de la Mansarde* (Gymnase, 8 août 1859); le *Capitaine Bitterlin* (1 acte, Gymnase, 1860); un *Mariage de Paris* (3 actes, Vaudeville, 1861) en collaboration avec M. de Najac, etc. Son scepticisme en politique le poussa tour à tour dans tous les camps, à mesure que l'avenir semblait leur appartenir. Après avoir écrit des articles antibonapartistes au *Gaulois*, il rentra dans le giron gouvernemental en fév. 1870, soutint la politique impériale, se montra l'un des plus ardents partisans de la guerre contre la Prusse, prédit le triomphe de la France, faillit tomber entre les mains des Allemands à Wœrth, où il se trouvait comme correspondant du *Soir*, adopta ensuite la politique orléaniste et se jeta dans les bras de la République. En 1872, il fut arrêté en Alsace et expulsé par l'autorité de ce pays comme rédacteur en chef du journal anti-allemand le *XIXᵉ Siècle*. Il mourut peu après avoir été élu à l'Académie française.

ACCRÉDITIF, IVE adj. Qui accrédite, qui ouvre un crédit. — s. m. Se dit, chez les banquiers belges, d'une sorte d'ouverture de crédit : *demande d'accréditif*.

ACTINOPHRYDE s. f. (gr. *aktis*, rayon; *ophrys*, sourcil). Zool. Animal microscopique de la classe des rhizopodes, dont le corps se compose d'une masse gélatineuse microscopique nommée *sarcode*, d'une forme plus ou moins sphérique, et d'où rayonnent de longs filaments, les *pseudopodes* ou faux pieds; ces filaments se subdivisent quelquefois comme les radicelles d'une plante. Quand un organisme microscopique, soit animal, soit végétal, arrive en contact avec l'un de ces fils, il y reste ordinairement maintenu, et le filament, se rétractant peu à peu,

amène la particule captive jusqu'à la surface du corps, qui s'ouvre de lui-même pour la recevoir dans son intérieur et pour rejeter, après la digestion, les parties non assimilables. Les actinophrydes ne possèdent ni bouche distincte, ni canal digestif; leur corps est stationnaire par lui-même; et le seul mouvement qu'il puisse recevoir est celui que lui impriment les pseudopodes.

ADJUDANT s. m. Nom donné par les Anglais au *marabout de l'Inde* (*leptoptilus argala*; *ciconia argala*). (Voy. Marabout, dans le *Dictionnaire*.)

Adjudant (Leptoptilus argala).

AÉROSTATION s. f. (Voy. ce mot dans le *Dictionnaire*.) Guidés par les travaux antérieurs de Giffard et de Dupuy de Lôme, deux officiers français, MM. Ch. Renard, capitaine du génie, et A. Krebs, capitaine d'infanterie, firent construire aux ateliers militaires de Chalais, près de Meudon, un aérostat en forme de poisson, dont le principal perfectionnement est un moteur électrique de leur invention. Voici les dimensions de cet appareil :

Longueur......................	50 m. 41
Diamètre......................	8 40
Volume:......................	1.864 19
Largeur.......................	1 40

— En partant des données posées par M. Dupuy de Lôme et sensiblement vérifiées dans l'expérience de fév. 1872, on est arrivé à trouver que, pour imprimer au ballon une vitesse de 3 à 9 mètres par seconde, il faut un travail de traction utile de 5 chevaux-vapeur, portés à 40 chevaux pour composer le travail absorbé par l'hélice de la machine. La force motrice est produite par une pile électrique divisée en quatre sections, pouvant être groupées, en surface ou en tension, de 3 manières différentes. Son poids, par

force de cheval et pour une heure de travail, est de 19 kilog. 350 gr. Le moteur de 10 chevaux exige donc 190 kilog. de charge pour un plein fonctionnement d'une heure de durée. C'est là une condition qui, il faut le reconnaître, recule un peu dans le lointain la perspective des voyages aériens de long cours. Voici, d'ailleurs, comment se répartissaient les poids des diverses parties du ballon, appareil moteur et aéronautes, lors de l'expérience du 6 août :

Ballons et ballonnets.................	369 kil. »
Chemise et filet.....................	127 »
Nacelle complète....................	442 »
Gouvernail..........................	44 »
Hélice..............................	61 »
Machine............................	98 »
Bâtis et engrenages.................	47 »
Arbre moteur.......................	30 500
Pile, appareils et instruments divers..	435 500
Aéronautes.........................	140 »
Lest................................	214 »
Total..........	2.000 kil. » »

— Le 9 août 1884, par un temps calme, cet aérostat s'enleva de Chalais, et revint atterrir au point de départ, après avoir, en 23 minutes, parcouru 7,600 m., soit 19 kil. 800 m. à l'heure. La question de la navigation n'était pas résolue néanmoins, car des expériences subséquentes démontrèrent que si l'aérostat de MM. Renard et Krebs obéit à toutes ses impulsions lorsque le vent est nul, il est loin d'en être de même lorsque que l'atmosphère soit agitée. Leur tentative n'en est pas moins considérée comme ayant fait accomplir un grand progrès à l'aérostation.

AGAMOGÉNÈSE s. f. (gr. *agamos*, célibataire; *genesis*, naissance). Physiol. Nom donné par Quatrefages à la reproduction de certains êtres sans qu'il soit possible de reconnaître l'intervention d'un principe fécondant mâle. (Voy. PARTHÉNOGÉNÈSE dans le *Dictionnaire*).

ALCOOMÈTRE. — Législ. « En vertu de la loi du 7 juillet 1881, modifiée par celle du 28 juillet 1883, il ne peut être fait usage, soit dans les opérations de l'administration, soit dans les transactions privées, que l'alcoomètre centésimal de Gay-Lussac, pour la constatation du degré des alcools et eaux-de-vie. Les alcoomètres centésimaux et les thermomètres nécessaires à leur usage ne peuvent être mis en vente ou employés s'ils n'ont été soumis à une vérification préalable et s'ils ne sont munis d'un signe constatant l'accomplissement de cette formalité. Le ministre du commerce a le droit de prescrire une vérification générale de tous les alcoomètres. L'alcoomètre doit être composé d'une carène cylindrique en verre, terminée par deux demi sphères. A, l'une des extrémités de la carène soude une tige cylindrique, à section circulaire, dont le diamètre minimum est de trois millimètres; à l'autre extrémité est soudé le contre-poids. Le volume de la carène est tel que la tige cylindrique qui porte la graduation s'enfonce de 5 millimètres, au moins, par degré. L'affleurement de l'instrument est lu à la partie inférieure du ménisque. La vérification préalable des alcoomètres centésimaux et des thermomètres nécessaires à leur usage a lieu à Paris. Tout instrument présenté à la vérification doit porter, gravés sur la carène, le nom du constructeur ou sa marque, un numéro d'ordre, et le poids de l'alcoomètre en milligrammes. Les agents vérificateurs inscrivent sur la carène le signe de vérification à la bonne foi, le mois désigné par une première lettres de l'alphabet, et l'année désignée par les deux derniers chiffres du millésime. Les thermomètres destinés à accompagner les alcoomètres sont divisés en demi-degrés, de zéro à trente degrés, et la longueur de chaque degré est de trois millimètres au moins. La taxe de vérification est de 4 fr. pour un

alcoomètre, et de 50 cent., pour un thermomètre. Les vérificateurs des poids et mesures sont chargés de constater les alcoomètres et leurs thermomètres, mis en vente ou employés, sont revêtus de la marque de vérification, et ils dressent procès-verbal contre les contrevenants (Décr. 27, déc. 1884). Les infractions sont punies d'une amende de 11 à 15 fr. » (CH. Y.)

ALLUMETTE. — Adm. « Le traité fait avec la compagnie générale des allumettes chimiques ayant été dénoncé par l'État, une nouvelle adjudication a eu lieu en août 1884. La même compagnie a été de nouveau déclarée adjudicataire pour une période de vingt années, à compter du 1er janv. 1885; mais la résiliation du traité peut avoir lieu à l'expiration de chaque période de cinq années, par la volonté de l'une des parties manifestée un an à l'avance. La redevance annuelle à verser à l'État a été portée de 16 à 17 millions ; et dans le cas où la vente dépasserait 35 milliards d'allumettes, l'État a droit à 50 p. 100 de l'excédent des recettes. Les prix de vente maxima sont pour le cahier des charges. *Allumettes en bois au phosphore ordinaire* : par kilogramme contenant au moins 3,500 allumettes, 2 fr.; par paquet de 500, 30 cent.; par boîte de 150, 10 cent.; par boîte de 60, 5 cent. *Allumettes en bois au phosphore amorphe* : par boîte de 100, 10 cent.; par boîte de 50, 5 cent. *Allumettes en cire au phosphore ordinaire* : par boîte de 40, 10 cent. *Allumettes en cire au phosphore amorphe* : par boîte de 30, 10 cent. Tout le monde est d'accord pour reconnaître que le monopole de la fabrication et de la vente des allumettes n'est fondé sur aucune autre raison que l'intérêt fiscal, et il est désirable que ce monopole soit supprimé. » (CH. Y.)

ALPHONSE XII (Alfonso-Francisco de Asis-Fernando-Pio-Juan-Maria-de-la-Concepcion-Gregorio-Pelayo), roi d'Espagne, né à Madrid le 28 nov. 1857, mort dans la même ville le 25 nov. 1885. Il était le seul enfant mâle issu de l'union de la reine Isabelle avec Francisco de Asis. A l'âge de onze ans, don Alphonse alors prince des Asturies. dut prendre le chemin de l'exil et suivre à Paris sa mère, que la révolution de 1868 chassait d'Espagne. Elle abdiqua en sa faveur le 25 juin 1870, et il fut reconnu, dès lors, comme le prétendant au trône d'Espagne. Après avoir séjourné quelques mois dans un collège de la noblesse à Vienne, il se fit admettre, au commencement de 1874, au collège militaire de Sandhurst, en Angleterre. Peu de mois plus tard, dans la prévision des événements qui allaient se passer en Espagne, il lança un manifeste, dans lequel il se proclamait « l'unique représentant des droits monarchiques en Espagne, et se donnait comme un véritable Espagnol catholique et libéral » (1er déc.) Deux millions de fr. furent habilement distribués dans la Péninsule, de nombreux agents et des journaux préparèrent les esprits à une restauration, et le 29 déc. 1874, un pronunciamiento, dirigé par Martinez Campos, proclama roi le prince des Asturies, sous le nom d'Alphonse XII; l'armée de Murviedro et plusieurs autres corps d'armée, ainsi que la marine et le général Primo de Rivera, à Madrid, ayant acclamé la monarchie le 30 déc., Antonio Canovas del Castillo se mit à la tête d'un ministère royal, le 31 déc., tandis que le président Serrano prenait le chemin de fer pour la France. Alphonse, quel que soit le tel que la tige cylindrique Alphonse, dès le 14 janv. 1875, s'empressa d'accourir dans son royaume. Il fut acclamé à Barcelone le 9 janv. 1875 et son entrée à Madrid le 14 du même mois. Ses premiers actes furent le rétablissement des ordres de chevalerie et des privilèges du clergé. Au moment de commander un armée de 30,000 hommes massés près de Tafalla, il lança une proclamation

aux provinces du Nord, pour promettre une amnistie et le respect des fueros (22 janv.) Puis il contracta, malgré la désapprobation des insurgés carlistes, les chassa de Pampelune et entra dans cette ville le 9 fév., poursuivit les révoltés de retraite en retraite, les repoussa jusque sur le territoire français, parvint à terminer la guerre civile et rentra triomphalement à Madrid, le 20 mars 1876, à la tête de son armée victorieuse. L'abolition des fueros basques, vers le milieu de la même année, fut le premier acte de nature à porter sérieusement atteinte à sa popularité. Sur une observation du pape, il ordonna d'interdire dans toute l'Espagne, le culte public protestant (sept. 1876); il reçut à la cour madrilène, sa mère, l'ex-reine Isabelle (13 oct.), qui, après lui avoir rendu visite, revint à Paris pour y conspirer avec don Carlos; il se hâta de la rappeler. Le 23 janv. 1878, il contracta, malgré la désapprobation formelle de sa mère, un premier mariage avec la princesse Maria-de-las-Mercédès, née le 24 juin 1860, et la fille la plus jeune du duc de Montpensier. Cette princesse étant morte le 26 juin 1878, le roi épousa en secondes noces, le 29 nov. 1879, l'archiduchesse Marie-Christine-Désirée-Henriette-Félicité-Rénière, née le 21 juillet 1858, fille de l'archiduc Charles-Ferdinand d'Autriche et de l'archiduchesse Elisabeth. De cette union; il eut deux filles : 1° Maria-de-las-Mercédès, née le 11 sept. 1880, et Maria-Teresa, née le 12 nov. 1882. La suite de son règne fut extrêmement tourmentée. Il réprima, avec une grande rigueur, plusieurs pronunciamentos, des émeutes et des conspirations; dont la plus célèbre fut celle de la *Mano negra*. Menacé par le développement des idées républicaines, il rechercha l'appui des souverains de l'Allemagne, fit, en sept. 1883, un voyage dans ce pays et y contracta une alliance dont les termes sont restés secrets. On sut seulement qu'il avait accepté le grade de colonel du régiment de uhlans en garnison à Strasbourg. Cette provocation lui valut, à son passage à Paris, pour rentrer en Espagne, un accueil peu flatteur de la population qui se laissa même entraîner à le siffler outrageusement (29-30 sept. 1883). La prise de possession de l'île de Yap par les Allemands (voy. YAP dans le *Dictionnaire*), ayant éclairé la nation espagnole sur les conditions de l'alliance contractée par son roi, le sentiment populaire se souleva contre ce prince, qui mourut de la phtisie, châtiment de sa débauche, au moment où son trône ébranlé menaçait de s'effondrer.

ANTICLINALE adj. f. (gr. *anti*, contre; *klinô*, je penche). Géol. Se dit d'une arête de strates relevés en forme de selle, de manière à plonger dans deux directions différentes : *les lignes anticlinales déterminent le partage des eaux.*

ANTOFAGASTA, ancien territoire de Bolivie, cédé au Chili par le traité de 1883, entre 24° lat. S. et Rio-Loa; 50,215 kil. carr. ; 11,000 hab. (Voy. PÉROU, dans le *Dictionnaire*.)

ARNIM (Harry von, COMTE), diplomate allemand, né à Moitzelfitz (Poméranie) le 3 oct. 1824, mort à Nice le 19 mai 1882. Adopté par un oncle, qui était alors ministre des affaires étrangères, il entra, jeune encore, dans le service diplomatique, et représenta la cour de Berlin à Rome, depuis 1864 jusqu'en sept. 1870. Son attitude, relativement, au concile œcuménique, le mit bien en cour, et lui valut le titre de comte. Appelé à Versailles en 1871, il aida à établir les termes de la paix entre la France et l'Allemagne, et prit une part prépondérante aux négociations qui se terminèrent par le traité de Francfort ; si bien qu'il fut, en juin 1872, appelé à un poste important d'ambassadeur à Paris. A partir de ce moment sa conduite cessa d'être absolument correcte. Il protégea ouvertement le parti clérical

français, en dépit des ordres formels de neutralité que lui donnait le chancelier d'Allemagne. Cette désobéissance amena sa disgrâce et il fut envoyé à Constantinople en avril 1874. Il crut se venger du chancelier en livrant à un journal de Vienne (Autriche) ses dépêches diplomatiques de Rome. La réplique fut sa mise en disponibilité et son arrestation. Il parvint à s'enfuir, et fut condamné pendant son absence à neuf mois de prison, comme convaincu d'avoir détourné, des archives de l'ambassade d'Allemagne à Paris, d'importants documents d'Etat, relatifs aux affaires ecclésiastiques (24 juin 1875). Pour sa justification, il publia en Suisse un pamphlet anonyme *Pro Nihilo*, dont le manuscrit, livré à M. de Bismarck, qui y était fort malmené, valut au comte d'Arnim une condamnation à 5 années de servitude pénale. Dans des pamphlets publiés en 1878, il critiqua la politique agressive de M: de Bismarck vis-à-vis de l'Eglise catholique. Plus tard, désireux de rentrer dans son pays, il demanda vainement à faire reviser ses procès.

AUBIN D'ÉCROSVILLE (Saint-). Voy. Ecrosville dans notre *Dictionnaire*.

AUBRYET (Xavier), écrivain, né à Pierray, près d'Epernay, en 1827, mort le 15 nov. 1880. Au sortir du lycée Charlemagne, il entra au ministère des finances qu'il ne tarda pas à quitter pour se consacrer à la littérature. Il a publié, outre de nombreux articles dans un grand nombre de journaux, différents romans, dont quelques-uns ont obtenu un succès populaire : *la Femme de vingt-cinq ans* (1858), *les Praticiennes de l'Amour* (1870), *la Vengeance de Mme Maubrel* (1872); *Madame et Mademoiselle* (1872), etc. Sa comédie en 1 acte et en vers, intitulée *le Docteur Molière*, fut représentée à l'Odéon en 1873.

AUERBACH (Berthold) [aou-eur-bach], écrivain romancier allemand, né de parents juifs, à Nordstetten (Würtemberg) en 1812, mort à Paris en 1882. Il résida longtemps à Dresde et à Berlin. Après avoir donné une traduction allemande des œuvres de Spinoza, il publia un roman, *Spinoza*, basé sur la vie de ce philosophe (1837). Il se rendit célèbre surtout par ses *Histoires villageoises de la Forêt-Noire* (Manheim, 1843-54, 4 vol.), *la Femme du professeur* (1848), *Sur les hauteurs* (1865), *Villa sur le Rhin* (1869), etc.

AVENTINUS (Johann Thurmayr, connu sous le nom d'), célèbre historien bavarois (1477-1534). Il fut professeur à Cracovie et à Ingolstadt. Ses *Annales Bojorum* (1544) sont restées classiques.

BACTRIS s. m. [bak-triss'] (du gr. *baktron*, bâton). Bot. Genre de palmiers à tige grêle, comprenant une quarantaine d'espèces, qui

Palmier maraja. — 1. Bouquet de fruits; 2. Fruit.

croissent dans les Antilles et dans les parties tropicales de l'Amérique du Sud, sur le bord des rivières, sur les côtes de la mer et sur les

terrains marécageux. L'espèce principale est *le palmier maraja*, que l'on trouve dans la vallée de l'Amazone, où il atteint une hauteur de 15 m.; sa tige est armée de fortes épines; son fruit succulent et acidulé sert à préparer une boisson vineuse.

BAMBA, province du royaume du Congo, sur la côte occidentale d'Afrique. Elle est riche en gisements de minerais d'argent, de cuivre, etc.

BARONNIAL, ALE, AUX adj. Qui dépend d'une baronnie ou d'un baron : *droits baronniaux*.

BASOUTOS, tribu indigène de l'Afrique méridionale, occupant un territoire long de 165 kil., large de 125 kil., à l'O. de Natal, dont il est séparé par les monts Drakenberg. Les Basoutos forment une branche de la tribu Bechuana, l'une des plus intelligentes parmi toutes celles de la famille Bantou. En guerre continuelle avec les Boers d'un côté et les Zoulous de l'autre, ils étaient menacés d'une totale extinction, lorsqu'ils firent appel en 1869, à la protection anglaise, et se reconnurent sujets de la Grande-Bretagne. Ils furent convertis au christianisme par des missionnaires protestants que le roi Mosheh fit venir de France. Leur soumission de 1869 avait été faite à la condition qu'ils conserveraient leur autonomie et ne pourraient être annexés à la colonie du Zoulouland, pendant laquelle ils rendirent les plus grands services aux Anglais, on les annexa et on leur enjoignit d'avoir à rendre leurs armes. Ce fut le signal d'un soulèvement presque général; quelques chefs se soumirent, mais la plupart résistèrent sous la conduite de Masoupha. Les troupes anglaises subirent d'abord plusieurs échecs et le pays ne fut soumis qu'après une guerre en règle qui se termina en janvier 1881.

BASTIEN-LEPAGE, peintre de scènes rustiques, né à Damvillers, en 1848, mort en décembre 1884. Venu tout jeune à Paris, il entra à l'école des beaux-arts et débuta, au salon de 1874, par un portrait de son grand-père, œuvre remarquable et remarqué. L'année suivante, il donna la *Communiante*, et, en 1878, les *Foins*. Puis vinrent la *Récolte des pommes de terre*, le *Bûcheron*, l'*Amour au village*, *Jeanne d'Arc écoutant les voix* (salon de 1880), etc.

BATEAU. — Législ. « L'ordonnance royale du 23 mai 1843 que nous avons mentionnée au mot. BATEAU (1er vol., page 439, 3e col.), et qui concernait les bateaux à vapeur employés à la navigation intérieure, a été rapportée et remplacée par le décret du 9 avril 1883. Cette ordonnance était toujours nécessaire avant la mise en service des bateaux à vapeur, et il doit être renouvelé en cas de changement dans les énonciations. Toute chaudière doit, avant d'être employée, avoir subi deux épreuves : l'une faite chez le constructeur par le service de surveillance des appareils à vapeur du département, l'autre à bord par les soins de la commission de surveillance instituée par le préfet. Ce dernier peut, sur l'avis conforme de la dite commission, dispenser de la seconde épreuve. La commission procède au renouvellement de l'épreuve, lorsque la chaudière a subi des réparations notables ou une installation nouvelle, après tout chômage prolongé, et toutes les fois qu'il y a quelque doute sur la solidité de la chaudière. En aucun cas, l'intervalle entre deux épreuves ne peut excéder deux années pour les bateaux à voyageurs, et quatre années pour les autres. Tout propriétaire de bateau à vapeur doit, en outre, chaque année, provoquer la visite de son bateau; et, à cet effet, il adresse une demande au préfet, au plus tard quinze jours avant

l'expiration de l'année qui suit la date de la dernière visite. Le décret du 9 avril 1883, renferme de nombreuses dispositions concernant les soupapes de sûreté, les manomètres, les appareils d'alimentation des chaudières et les indicateurs du niveau d'eau; il contient aussi des prescriptions de police; mais la plupart des mesures relatives à la navigation et au stationnement des bateaux à vapeur sont l'objet d'arrêtés préfectoraux. Le décret dont il s'agit cesse d'être applicable à l'embouchure des fleuves, en aval de la limite fixée pour chaque fleuve par un décret particulier. Les bateaux à vapeur naviguant à la fois en amont et en aval de cette limite sont assujettis en même temps aux règlements faits pour la navigation fluviale et au régime des bateaux de mer, notamment aux dispositions de l'ordonnance du 17 janv. 1846. » (Ch. Y.)

BAUDRY (Paul-Jacques-Aimé), peintre, né à la Roche-sur-Yon le 7 nov. 1828, mort en janv. 1886. Il fut élève de Sartoris et de Drolling et remporta, en 1850, le grand prix de Rome avec sa *Zénobie trouvée sur les bords de l'Araxe*. Il envoya de nombreuses toiles aux expositions, mais son travail le plus important est la décoration du foyer de l'Opéra et des galeries de ce monument, œuvre capitale qui lui coûta dix années de labeur.

BIMÉTALLISME s. m. [-tal-li-sme] (préf. *bi*; rad. fr. *métal*). Emploi, dans le système monétaire, d'un double étalon d'or et d'argent, d'après le rapport fixé pour la valeur de l'un et de l'autre poids de chacun de ces métaux. Se dit, par opposition à Monométallisme. De tout temps le rapport de la valeur de l'or et de l'argent a varié suivant leur plus ou moins d'abondance relative. Avant la découverte de l'Amérique, l'argent était assez rare; ensuite, le rapport de l'or à l'argent varie entre 1 à 10,7 et 1 à 12. Depuis le milieu du xviie siècle il a été entre 1 à 15 et 1 à 16. En 1803, la France admit le rapport de 1 à 15,50, suivant la valeur des monnaies alors en circulation. La découverte des mines de Californie et d'Australie fit craindre une dépréciation de l'or et plusieurs nations, qui avaient eu jusque-là un double étalon, ou un étalon d'or, adoptèrent celui d'argent; néanmoins, il n'y eut pas de crise monétaire bien redoutable dans les autres pays. En 1865 fut formée l'*Union monétaire latine* entre la France, l'Italie, la Belgique et la Suisse; la Grèce y adhéra en 1875 et la Serbie en 1879. Le système admis dans cette union est le bimétallisme, avec un rapport de 1 à 15,50. — Voici la liste des principaux pays où règne le bimétallisme : république Argentine, Belgique, Chili, Cuba, Etats-Unis d'Amérique, France, Grèce, Haïti, Italie, Néerlande, Espagne, Suisse et Vénézuéla. Les suivants ont admis l'étalon d'argent : Autriche, Bolivie, Equateur, Indostan, Japon, Mexique, Pérou, Russie, Tripoli, Etats-Unis de Colombie. Dans les suivants règne l'étalon d'or : Brésil, Empire britannique (sauf l'Inde), Danemark, Egypte, empire d'Allemagne, Portugal, Suède et Norvège, Turquie. Un congrès international bimétallique se réunit à Paris en 187. et n'aboutit à aucun résultat pratique, de même que celui qui s'assembla dans la même ville en 1881. Monométallistes et bimétallistes se séparèrent chaque fois sans avoir pu se ranger à un même avis.

BIS (Hippolyte-Louis-Florent), auteur dramatique, né à Douai le 19 août 1789, mort aux Ternes le 7 mars 1855. Son *Attila* (tragédie en 5 actes) obtint un grand succès à l'Odéon (26 avril 1822). Sa *Blanche d'Aquitaine ou le dernier des Carlovingiens*, tragédie en 5 actes et en vers, représentée à la Comédie-Française le 22 oct. 1827, fut encore plus remarquée, pour des raisons politiques.

Bis collabora, avec Jouy, au livret de *Guillaume Tell* (1829).

BLANC (Jean-Joseph-Louis), homme politique et écrivain français, né à Madrid le 28 oct. 1813, mort en déc. 1882. Il était frère de Charles Blanc, dont nous avons donné la biographie dans le *Dictionnaire*. Après avoir terminé ses études à Paris, il entra chez un avoué, se fit précepteur, écrivit dans plusieurs journaux, devint rédacteur en chef du *Bon-Sens* (1836-'38) et fonda en 1838, la *Revue du Progrès*, dans le but de propager les idées démocratiques et de réclamer des réformes politiques. Un de ses articles, intitulé les *Idées napoléoniennes*, ayant offensé le parti bonapartiste, il fut nuitamment assailli et laissé pour mort sur la place. On ne connut jamais l'auteur de cette agression à laquelle la petitesse de corps et la faiblesse de Louis Blanc donnaient un caractère de lâcheté. Son traité sur l'*Organisation du travail* (1840) soutint la doctrine que les hommes devraient travailler pour la communauté plutôt que pour eux-mêmes, et qu'ils devraient être rénumérés, suivant leurs besoins, par un gouvernement central, sous une administration élue. Ces principes de socialisme d'Etat jouirent d'une éphémère popularité et donnèrent à leur auteur la réputation d'être l'un des plus habiles écrivains de son parti. Son *Histoire de Dix ans* est une âpre philippique contre tout ce qui s'est fait en France de 1830 à 1840. Les deux premiers volumes de son *Histoire de la Révolution française* (terminée en 12 vol. en 1862) exercèrent une grande influence sur le mouvement des idées et préparèrent les esprits à la révolution de 1848, après laquelle il fut nommé membre du gouvernement provisoire et président de la commission du travail, qui siégeait au palais du Luxembourg. Il fut l'un des principaux orateurs qui demandèrent l'abolition de la peine de mort en matière politique. Accusé de complicité dans les insurrections de mai et de juin 1848, il s'enfuit en Angleterre où il resta jusqu'à la chute de Napoléon III. Il publia pendant cet exil : *Appel aux honnêtes gens* (1849); *Catéchisme des socialistes* (1849), *Pages d'histoire de la révolution de février* (1850), *Lettres sur l'Angleterre* (1866), etc. Il fut élu à l'Assemblée nationale (1871) et à l'Assemblée de 1876.

BONDY, village de l'arr. de Saint-Denis (Seine), à 10 kil. N.-E. de Paris, sur le canal de l'Ourcq; 1,600 hab. Aux environs, s'étend une forêt de 2,000 hectares, qui jouissait autrefois de la plus détestable réputation, si bien que l'expression forêt de Bondy est synonyme de coupe-gorge, de lieu très dangereux.

BOU-BAGHLA (*le Père à la mule*), sectaire indigène d'Algérie, dont les appels à la guerre sainte firent soulever un certain nombre de tribus en 1851. Son insurrection dura jusqu'en déc. 1854, époque où le maréchal Randon, l'ayant poursuivi en Kabylie, l'enveloppa dans le Jurjura et anéantit ses forces. Il fut tué d'un coup de pistolet dans la tête, le 10 déc. 1854.

BOUCHET (Jean), poète et historien, né à Poitiers en 1476, mort vers 1550. Il était procureur à Poitiers et occupait ses loisirs à des travaux littéraires. Il est le premier qui ait mélangé alternativement les rimes masculines et féminines; mais ses poèmes sont oubliés depuis longtemps. Ses *Annales d'Aquitaine et du Poitou* (Poitiers, 1535, in-fol.) peuvent encore être consultées avec fruit. Il a laissé, en outre, l'*Amoureux transy*, le *Chapelet des princes*, etc.

BOULARD (Michel), philanthrope, né à Paris en 1761. Enfant de l'hospice de la Pitié, il apprit le métier de tapissier, et devint tapissier de la cour de Napoléon I⁰ʳ. Il consacra

4 million de sa fortune à faire élever l'hospice Saint-Michel (avenue de Saint-Mandé).

BOULEY (Henri), savant médecin vétérinaire, né à Paris en 1814, mort en déc. 1885. Il fut professeur de clinique chirurgicale à l'école d'Alfort, inspecteur général des écoles vétérinaires (1866), membre de l'Académie de médecine (1855) et de l'Académie des sciences (1868). En 1869, il échoua, dans le département de la Seine, comme candidat bonapartiste. Ses ouvrages sont très nombreux; le plus important est le *Nouveau Dictionnaire vétérinaire* (1875) et suivants; 15 vol.), en collaboration avec M. Raynal.

BOURBOTTE (Pierre), conventionnel montagnard, né d'Avallon, en 1763, guillotiné le 30 prairial an III (19 juin 1795). Le dép. de l'Yonne l'envoya à la Convention où il vota la mort du roi sans appel ni sursis, fut commissaire en Vendée et à l'armée du Rhin, appuya le mouvement du 1ᵉʳ prairial et fut arrêté avec Duroy, Romme, etc. Il se plongea un poignard dans le cœur, et fut porté mourant sur l'échafaud.

BOURSE. — Légis. « Nous avons, au mot Bourse, dans ce *Dictionnaire* (1ᵉʳ tome, page 584, col. 2 et 3), résumé les raisons qui nous semblaient devoir engager le Parlement à abroger les articles du Code pénal qui punissaient comme délits les opérations de bourse faites à terme, lorsqu'il était constaté que le vendeur ne possédait pas les effets qu'il s'était engagé à livrer. La loi du 28 mars 1885 a enfin réformé la législation antérieure concernant les marchés à terme. Voici le texte de cette loi : « Art 1ᵉʳ. Tous marchés à terme sur effets publics et autres; tous marchés à livrer sur denrées et marchandises sont reconnus légaux. Nul ne peut, pour se soustraire aux obligations qui en résultent, se prévaloir de l'article 1965 du Code civil, lors même qu'ils se résoudraient par le payement d'une simple différence. — Art. 2. Les articles 421 et 422 du Code pénal sont abrogés. — Art. 3. Sont abrogées les dispositions des anciens arrêtés du conseil des 24 sept. 1724, 7 août, 2 oct. et 22 sept. 1786; l'article 45, chap. 1ᵉʳ, l'article 4; chap. 2 de la loi du 28 vendémiaire an IV; les articles 85, paragraphe 3 et 86 du Code de commerce. — Art. 4. L'article 13 de l'arrêté du 27 prairial an X est modifié ainsi qu'il suit : « Chaque agent de change est responsable de la livraison et du payement de ce qu'il aura vendu et acheté. Son cautionnement sera affecté à cette garantie. —Art. 5. Les conditions d'exécution des marchés à terme par les agents de change seront fixées par le règlement d'administration publique prévu par l'article 90 du Code de commerce. (Ch. Y.)

BOURSEAU ou **Boursault** s. m. Technol. Instrument de plombier et de charpentier, qui sert à arrondir les tables de plomb.

BOUTIGNY (Pierre-Hippolyte), connu sous le nom de Boutigny *d'Evreux*), savant, né à Harfleur le 17 mai 1798, mort à Evreux le 17 mars 1884. Il fut président de la Société de pharmacie et de chimie de Paris; nombreux mémoires insérés dans les *Comptes rendus de l'Académie des sciences*, lui valurent, en 1845, un encouragement de 1,000 fr. sur le prix Montyon. Ses autres mémoires publiés dans les recueils scientifiques, ne sont pas moins importants. Mais le principal titre de gloire de ce modeste savant, c'est d'avoir découvert et parfaitement étudié les lois qui régissent l'état sphéroïdal des corps et d'en avoir tiré les conséquences. (Voy. Sphéroïdal, dans le *Dictionnaire*.)

BOUVETÉ, ÉE part. passé de Bouveter. *Les planches de parquet sont bouvetées.*

BOUVETER v. n. Faire une vainure ou une saillie dans une planche pour l'emboîtement. — Activ. *Bouveter une planche*.

BOYCOTTAGE s. m. (boï-). Action de boycotter; résultat de cette action.

BOYCOTTER v. a. (boï-ko-té). Mettre une personne en interdit. — Encycl. « Voici l'origine de ce mot, aujourd'hui très répandu. Vers l'année 1873, au moment où la lutte des paysans irlandais contre les détenteurs de la terre arable était à l'état de crise violente, le nommé *Boycott*, tenancier d'un propriétaire anglais, n'ayant pas voulu se soumettre aux exigences du parti irlandais, fut mis en interdit. Dès lors, tout le monde refusa de communiquer avec lui; il ne put suffire seul à rentrer sa récolte qui resta sur le sol; il dut céder son bail et s'expatrier. Ce genre d'excommunication est appliqué par les Irlandais, non seulement aux cultivateurs, mais aussi aux marchands, aux journaux, etc., qui ne sont pas dévoués à la cause de l'émancipation irlandaise. (Voy. Irlande.) *La ligue nationale irlandaise*, partout où elle possède assez d'influence, met en interdit, soit les propriétaires qui refusent de réduire leurs fermages au taux qu'elle fixe, soit les fermiers qui paient leurs loyers au-dessus du taux réduit, soit les personnes qui acceptent la location de terres dont les fermiers ont été évincés, soit même de simples ouvriers qui consentent à travailler pour un maître mis à l'index. La résistance aux ordres donnés par la ligue a quelquefois entraîné l'assassinat des récalcitrants. Ce système d'intimidation que l'on nomme *Boycottage* est donc un moyen barbare de violer la liberté personnelle et de mettre un parti au-dessus des lois; et les violences commises ne peuvent être entièrement excusées, même par le souvenir des excès contraires que l'on rencontre dans l'histoire du passé. » (Ch. Y.)

BRÉMONTIER (Nicolas-Théodore), célèbre ingénieur, né en 1738, mort à Paris en 1809. C'est à lui que l'on doit la fixation des dunes du golfe de Gascogne, à l'aide de vastes plantations de pins. Il a laissé *Mémoire sur les dunes* (Paris, 1796).

BRIZE s. f. (gr. briza, sorte de céréale). Bot. Genre de graminées festucacées, comprenant plusieurs espèces d'herbes qui croissent en France. La grande brize (briza maxima) sert à faire de gracieuses bordures. La brize moyenne (briza media), amourette, pain d'oiseau ou gramen tremblant, sert de pâture, donne un bon fourrage fin. La petite brize (briza minor), est d'un joli effet dans les champs.

BULLEUX, EUSE adj. (bul-leû). Méd. Qui a des bulles, qui consiste en bulles : *éruption bulleuse*.

BUTYRIQUE adj. Se dit d'un acide dont il a été parlé, dans notre *Dictionnaire*, au mot Butyrique. — Se dit aussi de différents éthers formés par l'action directe de l'acide butyrique sur des alcools. C'est à la présence de petites quantités de ces éthers que l'ananas, le melon et quelques autres fruits doivent leur arome particulier. — Une solution de butyrate d'éthyle la porte le nom d'*essence d'ananas*.

CABOURG, station balnéaire maritime, cant. et à 14 kil. N.-N.-E. de Troarn (Calvados), à 24 kil. N.-E. de Caen, un peu à gauche de l'embouchure de la Dives, en face de Dives, qui se trouve sur la rive droite de cette rivière; 800 hab. Depuis la création d'un établissement de bains, un joli bourg s'est élevé à environ 4 kil. du Vieux-Cabourg, sur une sorte de presqu'île, entre la mer et l'embouchure de la Dives, vis-à-vis d'une plage excellente, bordure d'un sable fin et exempte de galets. Cette station de bains, aujourd'hui très fréquentée, est ordinairement appelée *Cabourg-Dives*. On y trouve un casino, un théâtre et un nouvel établissement.

CÆCUBE. Voy. Cécube.

CAINOZOÏQUE adj. [kè-no-zo-i-ke] (du gr. *kainos*, nouveau ; *zôé*, vie). Géol. Se dit de l'un des trois grands groupes entre lesquels toutes les roches stratifiées sont divisées. Les deux autres groupes sont le *paléozoïque* et le *mésozoïque*. (Voy. GÉOLOGIE.)

CAISSE. — Législ. « Nous avons parlé, au mot CAISSE, de la *caisse d'épargne postale* ou *caisse nationale d'épargne*, fondée en France par la loi du 9 avril 1881. Un décret, en date du 20 avril 1885, institue une succursale de ladite caisse dans chacune des divisions des équipages de la flotte et à bord de chacun des bâtiments de l'Etat. Ces succursales délivrent des livrets spéciaux, et les comptes courants de ces *séries marines* sont centralisés par l'agent comptable de la caisse nationale d'épargne. Chaque succursale est gérée par le conseil d'administration ou le capitaine comptable, lesquels sont autorisés à recevoir les versements faits à la caisse par les officiers ou marins et par les tables de bord, et à faire des remboursements aux titulaires des séries marines. Les opérations d'une succursale navale ne sont effectuées qu'aux jours fixés pour le paiement de la solde des équipages. Les déclarations de versement et les demandes de remboursement doivent être remises, trois jours au moins à l'avance, au conseil d'administration qui au capitaine comptable. Les demandes de remboursement peuvent réclamer l'emploi en rente sur l'Etat des sommes dont le retrait est demandé. Un décret, promulgué le 4 nov. 1885, autorise la création de succursales de la caisse nationale d'épargne, à l'étranger, partout où fonctionne un bureau de poste français. Ces succursales sont ouvertes à tout déposant, quelle que soit sa nationalité. Elles sont gérées, dans les pays étrangers, sous le contrôle des consuls et vice-consuls de France, par les receveurs des bureaux de poste. Ceux-ci délivrent des livrets formant des séries spéciales à chaque succursale, et toutes ces séries sont comprises sous la dénomination générale de *séries étrangères*. Ces succursales peuvent faire d'office des opérations pour lesquelles l'autorisation de l'autorité supérieure serait nécessaire en France. — CAISSE DES INVALIDES DE LA MARINE. A partir du 1ᵉʳ janvier 1886, cette caisse a cessé d'être chargée du service des pensions militaires de l'armée de mer, ainsi que de celles du personnel civil du département de la marine. Ces pensions sont actuellement desservies par les comptables dépendant du ministère des finances (L. des finances du 22 mars 1885). »   (CH. Y.)

CALCITE s. f. (lat. *calx*, *calcis*, chaux). Minér. Chaux carbonatée rhomboédrique ou calcaire.

* **CAPITOLE** s. m. Par. ext., on appelle capitoles différents palais municipaux : *le capitole de Toulouse*. Palais où siège le congrès des Etats-Unis : *le capitole de Washington*.

CARDINAUX (Les), groupe d'innombrables récifs qui se trouvent, avec Houat et Hœdic, entre Belle-Isle et la côte de France. C'est dans cette ceinture de récifs que s'engagea, au milieu d'une tempête, l'amiral Conflans, avec 67 navires français, le 20 nov. 1759. L'amiral anglais Hawke ne craignit pas de l'y poursuivre, et, après une sanglante bataille, anéantit presque entièrement la flotte française.

CAYLA (Jean-Mamert), publiciste, né au Vigan (Lot) en 1812, mort le 22 mai 1877. Il a laissé : une *Histoire de Toulouse* ; *Toulouse monumentale et pittoresque* ; *Histoire des Invalides* ; *Histoire de la Caricature*, et diverses brochures anticléricales, parmi lesquelles : l'*Enfer démoli* (1865, in-12) ; les *Jésuites hors la loi* (1869, in-12) ; *Guerre aux couvents* (1870, in-12) ; la *Boutique des papes* (1871, in-12) ; *Fin du papisme* (1873, in-32) ; *Histoire de la messe* (1874, in-32).

CÉCUBE s. m. Vin récolté à Cécube :

C'est maintenant, amis, qu'il faut vider l'amphore,
Et puiser le cécube au cellier des aïeux.
PONSARD. *Charlotte Corday*, acte 1ᵉʳ, sc. 1ʳᵉ.

CÉCUBE ou **Cæcube**, *Cæcubus Ager*, district marécageux du Latium, près de Fondi, célèbre au temps d'Horace, par son vin appelé *cæcubum*.

CELT s. m. Les *celts*, dont la définition a été donnée dans notre *Dictionnaire*, se rencontrent journellement dans les fouilles et dans les travaux de terrassement pour les

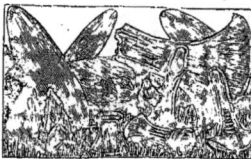

Groupe de celts.

chemins de fer ; les uns sont en pierre, les autres en bronze ou en fer. On en a découvert un grand nombre dans des tumuli, et l'on suppose que c'était l'arme principale des hommes préhistoriques.

CHANZY (Antoine-Eugène-Alfred), général, né à Nouart (Ardennes), le 18 mars 1823, mort le 2 janv. 1883. Il s'engagea, à l'âge de 16 ans, dans la marine, passa ensuite dans l'artillerie, entra à Saint-Cyr (1840), fut nommé officier dans les zouaves, fit toutes les campagnes d'Afrique, de 1843 à 1859, fut promu chef de bataillon en 1859, prit part aux expéditions d'Italie et de Syrie, devint colonel du 48ᵉ de ligne en 1864, général de brigade en 1868 et général de division le 22 oct. 1870. Chef du 16ᵉ corps (armée de la Loire), il prit une part brillante à la victoire de Coulmiers (9 nov.), remporta à Patay (Villepion), le 1ᵉʳ déc., un succès sans résultat qui fut suivi de la défaite de Bazoche-des-Hautes, le 2 déc. Nommé commandant en chef de l'armée de la Loire, il réunit les débris de cette armée, formée en grande partie de recrues, les réorganisa, leur inspira une nouvelle confiance, et reprit la lutte avec le courage indomptable que lui inspirait son ardent patriotisme. Plus grand dans la défaite que d'autres dans la victoire, il a mérité d'être considéré comme le héros de cette période de notre histoire. Il lutta sans un moment de défaillance, contre un ennemi trois fois supérieur en nombre ; il fit face de tous côtés et se défendit, dans les circonstances où il se trouvait, furent aussi glorieuses que le succès. Ne cédant le terrain que pied à pied, avec une ténacité sans exemple, il arrêta quelquefois les Allemands et leur fit toujours éprouver de grandes pertes. Les combats de Beaugency (7 déc.), de Josnes, de Marchenoir, d'Origny, de Fréteval (14 déc.), autour du Mans (6 janv.), lui permettaient d'écrire au général allemand qui se trouvait à Vendôme : « Nous vous avons battus et tenus en échec depuis le 4 déc. » Mais, dans la nuit du 11 au 12 janv., les mobilisés bretons, pris de terreur panique, abandonnèrent leurs positions autour de la ville du Mans, et Chanzy, pour empêcher cette déroute de dégénérer en désastre, dut soutenir, avec quelques régiments du 16ᵉ corps, sous les ordres de Jauréguiberry, une lutte disproportionnée qui se continua pendant 6 jours autour du Mans. Après cette défaite, pendant laquelle 20,000 de ses soldats démoralisés s'étaient laissé faire prisonniers presque sans se défendre, l'opiniâtre général, retiré à Laval, réorganisait de nouveau son armée affaiblie pour reprendre la lutte, lorsque l'armistice vint le

surprendre. Il fut élu à l'Assemblée de Bordeaux par le département des Ardennes, et se prononça, inutilement, pour la continuation de la guerre. Arrêté à la gare d'Orléans le soir du 18 mars, par les gardes nationaux, comme il se rendait de Bordeaux à Versailles, il fut relâché qu'après s'être engagé sur l'honneur à ne pas entrer dans les troupes qui se disposaient à combattre les Parisiens. En juin, il publia le récit de son commandement en chef, sous le titre de : *La Deuxième Armée de la Loire* (in-8°), ouvrage intéressant plusieurs fois réimprimé et traduit. En 1873, il fut nommé gouverneur général d'Algérie et, le 10 déc. 1875, il fut élu sénateur inamovible. Le gouvernement français l'envoya comme ambassadeur à Saint-Pétersbourg en 1880. — Il a été élevé, par souscription, au général Chanzy et à la 2ᵉ armée de la Loire un monument inauguré au Mans, le 16 août 1885. La statue du général est l'œuvre du sculpteur Crank ; le soubassement, formé des groupes de l'*Attaque*, de la *Défense*, de la *Résistance* et de la *Défaite*, est dû à Croisy.

CHAUD-FROID s. m. Art culin. Préparation qui consiste à tremper des morceaux de volaille fricassée dans une sauce à la gelée de viande.

CHAVÉE (Honoré-Joseph), philologue belge, né à Namur le 3 juin 1815, mort le 15 juillet 1877. D'abord prêtre, il voulut, dans son *Essai d'Etymologie philosophique* ou *Recherches sur l'origine et les variations des mots qui peignent les actes intellectuels et moraux* (1841), accorder la raison avec la Genèse. D'abord satisfait du résultat de cette tentative, il abandonna sa cure de campagne, et vint en 1844 à Paris, où il fut nommé professeur au collège Stanislas. Dans sa *Lexicologie indo-européenne*, il se vit forcé de s'éloigner de la Genèse et dut renoncer au sacerdoce. Entraîné par de plus profondes études, il en arriva à sa fameuse *Démonstration par la linguistique de la pluralité originelle des races humaines* (1855). C'était la négation de la création biblique. De nouveaux pas vers l'athéisme lui ouvrirent les colonnes de la *Revue positiviste*, et il se fit recevoir franc-maçon le 8 juillet 1875.

CHÉCHIA s. f. Calotte ou fez porté par les soldats français de l'armée d'Afrique.

CHEVALLET (Joseph - Balthazar - Auguste-Albin D'ABEL DE], philologue, né à Orpierre (Hautes-Alpes) en 1812, mort à Paris en 1855. Il a laissé : *Traduction des fables de Phèdre* (Paris, 1840, in-12) ; *Origine et formation de la langue française* (Paris, 1850, 2 vol. in-8°).

CHOTT, plus exactement Chothth, s. m. (arabe : *élargissement d'un cours d'eau*). — 1° Estuaire formé par les eaux réunies de plusieurs rivières. En Asie, la réunion du Tigre et de l'Euphrate forme le *chothth-el-Arab* ; en Afrique, les oueds Souf, Igharghar, Miyâ et Djeddi, convergeant vers le même point, forment, par la réunion de leurs eaux, les chothths Melghir et Tunisiens (ancien *palus Tritonis*) ; en France, la Gironde, formée par la réunion de la Garonne et de la Dordogne, serait un chothth. — 2° Lac formé par l'expansion d'un cours d'eau, comme le chothth d'Ouargla, formé par un élargissement de l'oued Miyâ. En Europe, les lacs Léman et de Constance, formés, le premier par les eaux du Rhône, le second par celles du Rhin, seraient des chothths.

CLÉMENT (Jean-Pierre), économiste, né à Draguignan (Var), en 1809, mort vers la fin de 1870. Son *Histoire de Colbert* (1846, 4 vol. in-8°) fut couronnée par l'Académie française ; son *Gouvernement de Louis XIV* (1848, in-8°), obtint le second prix Gobert à l'Académie des inscriptions et belles-lettres ; son *Jacques Cœur* (1853, 2 vol. in-8°) fut honoré d'un prix

Montyon. Il a laissé, en outre : *Histoire du système protecteur, depuis Colbert jusqu'en 1848* (1854, in-8°), des *portraits historiques*, trois drames historiques, etc.).

CLÉSINGER (Jean-Baptiste-Auguste), célèbre sculpteur, né à Besançon le 22 oct. 1814, mort en 1883. Ses premiers succès datent des bustes de *Scribe* (1844) et du *Duc de Nemours* (1845). Ses chefs-d'œuvre sont : les statues de *Rachel* (en *Phèdre*), de *François Ier* (équestre); de *Napoléon Ier*, d'une *Jeune Bohémienne* et de *George Sand*, sa belle-mère. On lui doit aussi le buste d'*Alexandre II*, le groupe de *Cléopâtre devant César* (1869), la *Tragédie*, au foyer du Théâtre-Français (1862), etc.

CLOISONNÉ s. m. Procédé d'émaillage dans lequel les contours du dessin sont tracés en fil métallique. Il y a du cloisonné sur métal et sur porcelaine. On nomme *cloisonné de plique à jour*, celui pour lequel le fil de laiton ou de cuivre forme le dessin sur les parois intérieurs d'un moule dans lequel on coule l'émail. — Des émaux cloisonnés figurent parmi les plus remarquables productions du moyen âge, mais ils sont extrêmement rares, parce qu'ils étaient ordinairement sur fond d'or, orné de fils du même métal précieux. Bien que l'on ne connaisse pas exactement l'origine de ce procédé, on suppose qu'il date du vi° siècle. La description du principal autel de Sainte-Sophie, après la reconstruction de cette église sous Justinien, ne peut se comprendre que si nous admettons l'emploi général d'émail cloisonné. De Byzance, l'art du cloisonné se répandit en Italie, en France et en Allemagne. De nos jours, le meilleur artiste en ce genre qu'il y ait au monde est notre compatriote Barbedienne, de Paris.

COCHET (Jean-Benoit-Désiré, L'ABBÉ), archéologue normand, né à Sanvic, près du Havre, en 1812, mort à Rouen en 1875. Le principal de ses nombreux ouvrages est la *Normandie souterraine* (Dieppe, 1854, in-8°), travail couronné par l'Institut.

COLONIE. Depuis la publication de notre article COLONIE, la France a abandonné ses prétentions immédiates sur Madagascar; mais elle a établi son protectorat sur l'Annam; elle a réoccupé (1884) ses anciens comptoirs d'Assinie, de Grand-Bassam et de Coutenou; elle a poussé sa domination sénégambienne jusqu'à Ségou, sur le Niger; elle a occupé Obock. Par suite de ces modifications, les colonies françaises embrassent une étendue de 4,904,650 kil. carr., avec 24,474,000 hab.

COMBLAIN, village de la vallée de l'Ourthe, à l'entrée des Ardennes; cavernes où l'on a trouvé de nombreux ossements d'animaux antédiluviens.

CONGO (État indépendant du), État africain dont les frontières ont été déterminées par les traités que conclut l'association internationale du Congo avec l'Allemagne (8 nov. 1884), avec la France (5 fév. 1885) et avec le Portugal (14 fév. 1885). La France a réservé ses droits sur l'Ogooué et ses tributaires; le Portugal a fait reconnaître les siens sur ses anciennes colonies. L'État du Congo doit comprendre tout le bassin du fleuve immense de ce nom. Il a été créé par les dispositions de l'acte général signé par les plénipotentiaires à la conférence du Congo (Berlin, 26 fév. 1885); il est déclaré perpétuellement neutre et placé sous la souveraineté du roi Léopold II, de Belgique, qui a pris le titre de « souverain de l'État du Congo ». En vertu des votes des corps législatifs belges du 28 et du 30 avril 1885, cette union du roi des Belges avec l'État du Congo est purement personnelle et n'engage en rien la Belgique. L'état de choses ainsi établi a été proclamé à Banana, le 13 juillet 1885. — Superficie, environ 2 millions de kil. carr.; population, 27 millions d'hab. Le budget annuel se com-

pose d'une dotation fixée par le roi à 1 million, et de recettes locales évaluées également à 1 million de francs. Le commerce est libre sur toute l'étendue du territoire; les droits prélevés ne doivent pas dépasser les sommes nécessaires à l'entretien des administrations et des établissements publics. — Principaux articles d'exportation : amandes palmistes, arachides, huile de palme, café, graines de sésame, caoutchouc, bois de teinture, riz, copal, cire, coprah, oreille, ivoire, peaux. — Principaux articles d'importation : fusils, poudre, spiritueux, tissus, verroterie, etc.

CONNEAU (Henri-François-Alexandre), médecin, né à Milan le 3 juin 1803, mort le 47 août 1877. Il fit ses études en Italie et s'attacha au prince Louis-Napoléon, dont il partagea la mauvaise comme la bonne fortune. Il conspira avec lui, dans les États pontificaux, le suivit en Angleterre, participa à sa ridicule échauffourée de Boulogne et fut enfermé avec lui, au fort de Ham. Il refusa de bénéficier de l'amnistie de 1844, afin de demeurer auprès du prince, et subit une nouvelle condamnation pour la part qu'il prit à son évasion (25 mai). Louis-Napoléon, devenu Napoléon III, se montra reconnaissant du véritable dévouement de Conneau, qui avait toujours été désintéressé. Il lui donna l'intime office de « Directeur des dons et secours », le fit élire député de la Somme (1852-1857 et 1863), et l'éleva au rang de sénateur (18 nov. 1867).

CONTREFAÇON. — Législ. « Depuis longtemps, on constatait que des escroqueries étaient commises au moyen d'annonces commerciales imprimées, ayant la forme et toute l'apparence de billets de la banque de France. En outre, des imitations de timbres-postes, fabriquées pour les enfants qui en formaient des collections, avaient été employées sciemment ou par erreur à l'affranchissement de lettres confiées à la poste. La loi du 12 juillet 1885 est venue utilement combler un vide dans la législation, en interdisant la fabrication et la vente de tous imprimés et de toutes formules obtenues par par un procédé quelconque, et ayant une ressemblance avec les billets de banque, les titres de rente, les timbres-poste, les timbres et vignettes des régies de l'État, les actions, obligations, coupons d'intérêts, de dividende, et généralement avec toutes les valeurs fiduciaires de l'État ou des entreprises privées. Les infractions à cette loi sont punies d'un emprisonnement de cinq jours à six mois et d'une amende de 16 fr. à 2,000 fr. » (CH. Y.)

COUR. — Législ. « En toute matière, les arrêts des cours d'appel sont rendus par des magistrats délibérant en nombre impair. Ils sont rendus par cinq juges au moins, président compris. Lorsque les membres d'une cour siégeant dans une affaire sont en nombre pair, le dernier des conseillers dans l'ordre du tableau doit s'abstenir. Dans les audiences solennelles, les arrêts sont rendus par neuf juges au moins, le tout à peine de nullité. Les attributions des magistrats composant les cours d'appel sont fixées ainsi qu'il suit : A PARIS : premier président et procureur général, 25,000 fr.; présidents de chambre, 13,750 fr.; avocats généraux, 13,000 fr.; conseillers et substituts du procureur général, 11,000 fr.; greffier en chef, 8,000 fr.; commis greffiers, 5,000 fr. DANS LES AUTRES cours (en France et à Alger) : premier président et procureur général, 18,000 fr.; présidents de chambre, 10,000 fr.; avocats généraux, 8,000 fr.; conseillers, 7,000 fr.; substituts, 6,000 fr.; greffier en chef, 4,200 fr.; commis greffier, 2,500 fr. (L. 30 août 1883). — Le tableau A annexé à la susdite loi détermine le nombre des chambres dont chaque cour est composée, non compris la chambre

d'accusation, constituée conformément au décret du 12 juin 1880. Le même tableau fixe, pour chaque cour, le nombre des conseillers, des avocats généraux, des substituts et des commis greffiers. » (CH. Y.)

COURBET (Amédée-Anatole-Prosper), marin, né à Abbeville (Somme), le 26 juin 1827, mort le 11 juin 1885, à bord du *Bayard*, en vue de Ma-Kong (îles Pescadores). Entré à l'École polytechnique le 1er oct. 1847, il y fit de brillantes études et en sortit en 1849, pour passer dans la marine, avec le grade d'aspirant. Il fut nommé enseigne le jour même de la proclamation de l'Empire (2 déc. 1852) et resta toute sa vie dévoué au régime impérial, qui l'éleva successivement aux grades de lieutenant de vaisseau (29 nov. 1856), et de capitaine de frégate (14 août 1866). La République le nomma capitaine de vaisseau (11 août 1873), membre-adjoint du conseil d'amirauté (1879), contre-amiral (18 sept. 1880) et commandant en chef de la division navale des côtes du Tonkin (31 mai 1883). En cette qualité, il arbora son pavillon à bord du solide cuirassé le *Bayard* et entra en campagne à la tête de 2 cuirassés : le *Bayard* et l'*Atalante*; de 4 croiseurs : le *Château-Renaud*, le *Kersaint*, le *Hamelin*, le *Parceval*; d'un transport-aviso : le *Drac*; de deux canonnières : le *Lynx* et la *Vipère*; d'un transport, l'*Annamite*; et de deux torpilleurs de 2° classe. Entraînant le ministère Ferry, auquel il avait promis une victoire facile, il obtint l'autorisation de frapper d'abord la cour d'Annam, et, le 16 août 1883, il présenta dans la baie de Tourane, clef de Hué. Le 18, ses navires s'embossèrent devant les forts de Thuan-An, qu'ils bombardèrent pendant 2 heures et qui furent pris le 20 et le 21 août : brillant fait d'armes qui mit entre nos mains les destinées de l'Annam. Nommé commandant en chef des troupes de terre et de mer opérant au Tonkin (25 oct. 1883), le contre-amiral s'empara de Sontay (14-17 déc. 1883). Il préparait l'expédition de Bac-Ninh lorsqu'une dépêche l'avertit qu'il était remplacé par le général Millot. Le cœur plein d'amertume, il remonta sur le *Bayard* et reprit la direction de la division navale. Sa nomination au grade de vice-amiral (1er mars 1884) lui sembla une faible compensation à ce qu'il considérait comme une injustice. L'incident de Bac-Lé vint tout à coup donner raison à ses prévisions, relativement à la Chine. Il ne fut pas le dernier à conjurer M. Ferry d'entamer résolument les hostilités, et quand elles furent engagées, il ne cessa d'accuser de faiblesse le gouvernement, parce que celui-ci, pris entre l'ardeur belliqueuse de l'amiral et les susceptibilités craintives du Parlement, ne viola pas ouvertement la Constitution et n'envoya, par conséquent, dans les mers de Chine, que des troupes insuffisantes pour accomplir le vaste plan du chef de la division navale. Nous avons raconté, à notre article TONKIN, dans le *Dictionnaire*, comment l'amiral Courbet livra les combats de Fou-Tchéou (23-29 août 1884), de Kelung (4 oct.) et de Sheipon (15 fév. 1885). Il s'empara des Pescadores (29-31 mars) et se disposait à prendre vigoureusement l'offensive, lorsqu'il mourut le jour même où il reçut la nouvelle de la signature de la paix à Tien-Tsin. Son corps fut ramené à Abbeville, où on lui fit de pompeuses funérailles. Peu de jours après son décès, on commit l'indiscrétion de publier, dans un journal à scandales, des extraits des lettres adressées par lui à l'un de ses amis et dans lesquelles il traitait le ministre Ferry d'une manière outrageante.

CRISTALLOGÉNIE s. f. (gr. *krustallos*, cristal; *gennaô*, j'engendre). Science qui traite de la formation des cristaux.

CRYPTOGAMIQUE adj. (rad. *cryptogame*).

Bot. Qui a les caractères des cryptogames : *plante cryptogamique.*

CUILLERON s. m. Entom. Lame cornée, demi-circulaire, qui se trouve à la base de l'aile des insectes diptères et qui protège le balancier. — Bot. En CUILLERON, se dit des organes dont la partie centrale est déprimée en forme de cuiller : *pétales en cuilleron.*

CUNÉGONDE (Sainte), impératrice d'Allemagne, épouse de Henri de Bavière. Faussement accusée d'adultère, elle se disculpa en subissant le *jugement de Dieu*, qui consista pour elle à marcher nu-pieds sur des socs de charrue rougis au feu. Elle mourut vers 1040 et fut canonisée en 1200. Fête le 3 mars.

DANCHET (Antoine), académicien, né à Riom (Puy-de-Dôme) en 1671, mort à Paris en 1748. Il a écrit 12 livrets d'opéras, dont quelques-uns obtinrent du succès. Ses petites poésies (4 vol. in-12, Paris, 1751), sont absolument oubliées, et Danchet n'est plus connu que par ce quatrain, composé par Voltaire en 1712, à l'occasion de l'entrée de ce poète médiocre à l'Académie :

> Danchet, est méprisé jadis,
> Fait voir aux pauvres de génie
> Qu'on peut gagner l'Académie
> Comme on gagne le paradis.

DANRÉMONT (Charles-Marie-Denis, COMTE DE), lieutenant général, né à Chaumont (Haute-Marne), tué devant Constantine le 12 oct. 1837. Officier sous le premier Empire, il combattit à Austerlitz, à Iéna, à Friedland, en Espagne et en Portugal; il servit ensuite la Restauration, eut un commandement dans l'expédition d'Espagne (1823); remplit en 1835, les fonctions de gouverneur général d'Algérie, prépara et commanda la seconde expédition de Constantine, et fut frappé en pleine poitrine par un boulet, pendant qu'il reconnaissait une batterie, après avoir donné le signal de l'attaque de cette ville.

DÉPUTÉ. — Législ. Nous reproduisons ci-après la loi du 16 juin 1885 qui a substitué le scrutin de liste au scrutin uninominal, pour l'élection des membres de la Chambre des députés. (Voy. au *Dictionnaire* le mot SCRUTIN.) On doit remarquer que, en vertu de l'article 2 de la nouvelle loi, les étrangers non naturalisés ne comptent plus dans le chiffre des habitants servant de base au nombre des députés attribués à chaque département. — LOI DU 16 JUIN 1885. Art. 1er. Les membres de la Chambre des députés sont élus au scrutin de liste. Art. 2. Chaque département élit le nombre de députés qui lui est attribué par le tableau annexé à la présente loi, à raison d'un député par soixante-dix mille habitants, les étrangers non compris. Néanmoins, il sera tenu compte de toute fraction inférieure à soixante-dix mille. Chaque département élit au moins trois députés. Il est attribué deux députés au territoire de Belfort, six à l'Algérie et dix aux colonies, conformément aux indications du tableau. Ce tableau ne pourra être modifié que par une loi. Art. 3. Le département forme une seule circonscription. Art. 4. Les membres des familles qui ont régné sur la France sont inéligibles à la Chambre des députés. Art. 5. Nul n'est élu au premier tour de scrutin s'il n'a réuni : 1° la majorité absolue des suffrages exprimés; 2° un nombre de suffrages égal au quart du nombre des électeurs inscrits. Au deuxième tour, la majorité relative suffit. En cas d'égalité de suffrages, le plus âgé des candidats est élu. Art. 6. Sauf le cas de dissolution prévu et réglé par la Constitution, les élections générales ont lieu dans les soixante jours qui précèdent l'expiration des pouvoirs de la Chambre des députés. Art. 7. Il n'est pas pourvu aux vacances survenues dans les six mois qui précèdent le renouvellement de la Chambre. »

TABLEAU DÉTERMINANT LE NOMBRE DES DÉPUTÉS ATTRIBUÉS A CHAQUE DÉPARTEMENT.

DÉPARTEMENTS.	NOMBRE DES HABITANTS non compris les étrangers	NOMBRE DES DÉPUTÉS.
Ain	359.507	5
Aisne	543.894	8
Allier	416.076	6
Alpes (Basses-)	129.199	2
Alpes (Hautes-)	119.297	2
Alpes-Maritimes	184.621	3
Ardèche	375.416	5
Ardennes	298.673	5
Ariège	240.455	4
Aube	252.636	4
Aude	316.442	5
Aveyron	410.075	6
Bouches-du-Rhône	499.051	8
Calvados	438.585	7
Cantal	235.075	4
Charente	370.489	6
Charente-Inférieure	465.391	7
Cher	350.810	5
Corrèze	316.741	5
Corse	257.669	4
Côte-d'Or	378.725	5
Côtes-du-Nord	626.970	9
Creuse	278.782	4
Dordogne	493.690	8
Doubs	297.181	5
Drôme	312.413	5
Eure	361.641	6
Eure-et-Loir	279.065	4
Finistère	681.190	10
Gard	412.229	6
Garonne (Haute-)	473.167	7
Gers	274.880	4
Gironde	740.046	11
Hérault	432.233	7
Ille-et-Vilaine	614.383	9
Indre	287.425	5
Indre-et-Loire	337.983	5
Isère	574.186	9
Jura	283.062	5
Landes	300.775	5
Loir-et-Cher	275.003	4
Loire	598.136	9
Loire (Haute-)	315.132	5
Loire-Inférieure	654.630	10
Loiret	367.260	6
Lot	279.693	4
Lot-et-Garonne	304.949	5
Lozère	143.825	2
Maine-et-Loire	521.583	8
Manche	555.656	8
Marne	408.503	6
Marne (Haute-)	252.676	4
Mayenne	344.685	5
Meurthe-et-Moselle	404.617	6
Meuse	292.361	5
Morbihan	521.407	8
Nièvre	347.076	5
Nord	1.335.346	20
Oise	396.156	6
Orne	375.721	6
Pas-de-Calais	798.732	12
Puy-de-Dôme	565.264	9
Pyrénées (Basses-)	417.766	6
Pyrénées (Hautes-)	233.474	4
Pyrénées-Orientales	197.875	3
Rhin (Haut-), territoire de Belfort	70.246	2
Rhône	724.499	11
Saône (Haute-)	294.311	5
Saône-et-Loire	622.689	9
Sarthe	438.233	7
Savoie	260.054	4
Savoie (Haute-)	267.232	4
Seine	1.605.288	38
Seine-Inférieure	804.935	13
Seine-et-Marne	341.124	5
Seine-et-Oise	570.894	9
Sèvres (Deux-)	349.885	5
Somme	546.495	8
Tarn	358.723	5
Tarn-et-Garonne	216.306	4
Var	265.636	4
Vaucluse	242.309	4
Vendée	421.532	6
Vienne	339.599	5
Vienne (Haute-)	348.780	5
Vosges	405.615	6
Yonne	355.929	6
Algérie.		
Alger	....	2
Constantine	....	3
Oran	....	1
Colonies		
Cochinchine	....	1
La Guadeloupe	....	2
Guyane française	....	1
Inde française	....	1
La Martinique	....	2
La Réunion	....	2
Sénégal	....	1
Total		584

DESLYS (Charles), littérateur, né à Paris en 1820, mort en mars 1885. Au sortir du lycée Charlemagne, il se fit acteur ambulant, rentra à Paris en 1846, entra un instant dans le journalisme et finit par se consacrer au feuilleton. Parmi ses nombreux écrits, nous citerons : la *Mère Rainette* (1851); le *Millionnaire*; *Nos Grisettes* (1851); *Mademoiselle Bouillabaise*; *Rigobert le Rapin* (1852); *Un Zouave* (1856); les *Compagnons de minuit* (1857, 3 vol.); *Fanfan la Tulipe* (1858), etc.

DEVENIR s. m. Mouvement progressif par lequel les choses se font ou se transforment: *on oppose le devenir à l'être* (Littré). — Philos. PRINCIPE DU DEVENIR, principe hégélien d'après lequel Dieu et les êtres progressent indéfiniment. (Voy. HÉGEL.)

DIACLASITE s. f. (du gr. *diaklasis*, transparence). Minér. Silicate double de fer et de magnésie.

DINOSTRATE, géomètre grec qui vivait au commencement du IVe siècle av. J.-C., et qui employa le premier la ligne courbe appelée *Quadratrice.*

DŒBEREINER (Lampe de), appareil pour utiliser la combustibilité du platine. Cette lampe se compose de deux récipients de verre (A et B), d'un tube (F) et d'un petit vase (D), contenant du platine finement divisé. Z est un morceau de zinc en contact avec de l'acide sulfurique qui descend dans le vase B par le col du vase A. Ce contact produit du gaz hydrogène, qui se précipite, quand le robinet H est ouvert, sur le platine contenu en D. Le métal rougit et le gaz émet une flamme.

Lampe de Dœbereiner.

DOLÉRITE s. f. (du gr. *doleros*, trompeur, parce que cette roche est une espèce de fausse *diorite*). Minér. Mélange grenu de feldspath, de pyroxène et de sous-titanate de fer, que l'on trouve, en amas gigantesques, dans les terrains volcaniques.

DOUANE. — Législ. « Les pertes subies par les agriculteurs français, par suite du bas prix des céréales, ont produit une impression dont les adversaires du libre échange ont profité pour obtenir du Parlement un relèvement des droits de douane sur les céréales et aussi sur les viandes importées. (Voy. VIANDE au *Dictionnaire*.) La loi du 28 mars 1885 a fixé ainsi à nouveau les droits précédemment déterminés par celle du 7 mai 1881, savoir : froment, épeautre et méteil en grains, 3 fr. par 100 kil.; en farines, 6 fr.; avoine, seigle et orge en grains, 1 fr. 50; malt, 1 fr. 90; biscuits de mer, gruaux, semoules, grains perlés ou mondés, 5 fr. 50. Lorsque ces produits sont d'origine extra-européenne et sont importés des entrepôts d'Europe, ils sont en outre assujettis à une surtaxe d'entrepôt qui est de 3 fr. 60 par 100 kil. » (CH. Y.)

DUMAS (Jean-Baptiste), célèbre chimiste, né à Alais le 14 juillet 1800, mort le 11 avril 1884. Il étudia la pharmacie dans sa ville natale et perfectionna son éducation scientifique à Genève, où De Candolle fut son professeur. En 1821, il se fixa à Paris et fut professeur de chimie successivement à l'École polytechnique, à la Faculté des sciences, et à l'École de médecine. Élu membre de l'As-

semblée législative, en 1849, il reçut le portefeuille de l'agriculture et du commerce (oct. 1850-janv. 1851), devint sénateur en 1852, secrétaire perpétuel de l'Académie des sciences en 1868 et membre de l'Académie française en 1875. Ses recherches chimiques ont porté surtout sur les alcools, les éthers, les huiles éthérées, l'indigo, etc. Sa théorie des *substitutions* souleva une vive polémique dans le monde savant. Ses principaux ouvrages sont : *Traité de chimie appliquée aux arts* (1828-'46, 8 vol. in-8°, avec pl.); *Leçons sur la philosophie chimique, professées au collège de France* (1837, in-8°) ; *Leçons sur la statistique chimique des êtres organisés* (1841, in-8°, 2° édit. 1843) ; *Enquête sur les engrais* (1867), et de nombreux mémoires insérés dans les recueils spéciaux.

DUPUY DE LÔME (Stanislas-Charles-Henry Laurent), ingénieur, né à Ploemeur, près Lorient, le 15 oct. 1816, mort le 1er fév. 1885. Il était fils d'un officier de marine et entra à l'Ecole polytechnique en 1835 ; il entreprit sa carrière dans le génie maritime. Chargé, en 1845, d'aller étudier eh Angleterre la construction des navires en fer, il y conçut d'abord le plan des vaisseaux de guerre à vapeur, dont le *Napoléon*, construit d'après ses idées en 1852, fut considéré comme le type le plus parfait. Mais, abandonnant bientôt ce système, il imagina les *cuirassés* (voy. ce mot), et présida à la construction (1858) de la *Gloire*, frégate blindée sur bois, qui était un perfectionnement des batteries flottantes employées pendant la guerre de Crimée. Vers la même époque, Dupuy de Lôme créa un type particulier de paquebots pour la compagnie des messageries. L'agrandissement des ateliers de Toulon, la réorganisation de ceux de la Ciotat (1852), lui avaient valu le grade d'ingénieur de première classe (1853). Il devint chef de la direction du matériel au ministère de la marine en 1857, conseiller d'Etat en 1860, et membre de l'Académie des sciences en 1866. Candidat officiel à Lorient en 1869, il fut élu au Corps législatif et vota avec la majorité. Membre du comité de défense de Paris pendant le siège de cette ville (1870), il s'occupa de construire des ballons dirigeables. Le gouvernement mit 40,000 fr. à sa disposition, pour exécuter son projet d'aérostat; mais l'appareil de son invention, mis à l'épreuve le 2 fév. 1871, ne produisit point les résultats espérés. Le 16 mars 1874, Dupuy de Lôme fut l'un des plus bruyants manifestants de Chislehurst. Nommé sénateur inamovible le 10 mars 1879, il vota pour la dissolution de la Chambre et se montra constamment favorable à la politique de la droite.

DURABILITÉ s. f. Qualité de ce qui est durable.

DUROY (Jean-Michel), conventionnel montagnard, né à Bernay (Eure) en 1754, guillotiné le 29 prairial an III (17 juin 1795). Il fut tour à tour militaire, avocat, accusateur public près le tribunal criminel d'Evreux ; il fut élu à la Convention, où il vota la mort du roi sans appel ni sursis. Après la chute des girondins, il contribua à la suppression de l'insurrection normande. Compromis dans la journée du 1er prairial an III, il fut, ainsi que Bourbotte, Romme, Goujon, Soubrany et Duquesnoy, condamné à mort par une commission militaire. Comme ses amis, il se plongea un couteau dans le cœur; mais il ne put se tuer, et fut porté, sanglant, sur l'échafaud.

DYNAMO-ÉLECTRIQUE adj. Se dit des machines électriques dans lesquelles le courant produit par ces machines sert ensuite à exciter leurs propres électro-aimants. (Voy. Moteur-électrique.)

ÉBONITE s. f. Caoutchouc durci : *l'ébonite est un isolant très employé par les électriciens.*

ÉCHANGE. — Législ. « Les échanges de biens immeubles sont, en règle générale, soumis à un droit d'enregistrement de 2 fr. par 100 fr. En y comprenant le droit de transcription qui est perçu en même temps que celui d'enregistrement, le droit est de 3 fr. 50 p. 100 en principal; et, si l'on ajoute les deux décimes et demi, il est de 4 fr. 375 (L. 22 frimaire an VII, art. 15 et 69). Lorsqu'il s'agit d'un échange d'immeubles ruraux, les droits à percevoir, déjà réduits par diverses lois, sont aujourd'hui fixés, en vertu de la loi du 3 nov. 1884, à 20 cent. par 100 fr., pour tout droit proportionnel d'enregistrement et de transcription, lorsque les immeubles échangés sont situés dans la même commune ou dans des communes limitrophes. En dehors de ces limites, ce tarif réduit n'est applicable que si l'un des immeubles échangés est contigu au fonds de celui des échangistes qui le reçoit en échange, et dans le cas seulement où ces immeubles ont été acquis par les contractants, par acte enregistré depuis plus de deux ans, ou recueillis à titre héréditaire. Dans tous les cas, le contrat d'échange doit, pour que les droits soient ainsi réduits, renfermer l'indication de la contenance, du numéro, de la section, du lieu dit, de la classe, de la nature et du revenu cadastral de chacun des immeubles échangés, et il doit y être joint un extrait de la matrice cadastrale, lequel est délivré gratuitement. Le droit d'enregistrement sur la soulte d'échange ou plus-value est égal au droit sur les ventes d'immeubles, c'est-à-dire qu'il est de 5 fr. 50 pour 100 fr. en principal. »

(Ch. Y.)

ÉDUCTE s. m. (lat. *eductus*, amené au dehors). Minér. Produit tiré d'un minéral par une opération quelconque.

ÉGADES (Iles). Voy. Egates dans le *Dictionnaire.*

ÉLECTION. Diverses modifications ont été introduites dans la législation concernant les membres de la Chambre des députés. (Voy. au Dictionnaire le mot Scrutin; et, au *Supplément*, le mot Député.)

ENDOSPERME s. m. [an-do-spèr-me] (gr. *endon*, en dedans; *sperma*, graine). Bot. Syn. d'Albumen.

ENFLEURAGE s. m. Opération de la parfumerie qui a pour objet de communiquer à des corps gras le principe odorant de certaines fleurs. (Voy. Parfum dans le *Dictionnaire.*)

ENSILAGE s. m. (rad. *silo*). Conservation des grains dans des silos.

ERG, Eurg ou **Areg** s. f. (arabe, *veine*). Dune de sable en forme de *veine* ou de gros sillon qui serpente à la surface du désert. — Par ext. Tout désert de sable. — S'applique particulièrement aux déserts de sable du Sahara septentrional. — Les déserts de l'Erg ont été explorés et décrits par plusieurs voyageurs français, notamment par Henri Duveyrier, en 1860, et par Largeau qui les traversa quatre fois en divers sens, de 1875 à 1878. — Les dunes les plus élevées de l'Erg paraissent être situées au S.-E. d'Ouargla, entre le puits de Botthinn et Rhadamès, c'est-à-dire entre 4° et 6° 30′ de long. E., et 30° et 31° 15′ de lat. N. Largeau estime que, sur certains points, leur hauteur moyenne n'est pas moindre de 500 m. « Aussi loin, dit-il, que la vue peut s'étendre, on n'aperçoit que sables s'élevant et s'abaissant comme les flots d'une mer en furie; mais les flots de l'Océan ne montent pas si haut que le *Zemoul-el-Akbar*. Parfois, de la crête d'une de ces vagues où l'on est arrivé par mille détours, on voit à ses pieds un gouffre profond, aux bords arrondis et polis comme ceux d'un immense entonnoir... L'homme s'épouvante en mesurant la profon-

deur de ces abîmes, les chameaux reculent effrayés en poussant des beuglements de détresse... »

ELSSLER (Fanny), célèbre danseuse, née à Vienne en 1811, morte dans la même ville en nov. 1884. Elle était fille d'un copiste de musique, qui lui fit recevoir une bonne instruction. 1884. Elle parut sur la scène en 1817, dans un ballet d'enfants et y obtint un grand succès. Elle se montra successivement à Naples, à Berlin, à Londres et à Paris, où elle éclipsa M¹¹ᵉ Taglioni (1834). Son triomphe était dans la cachucha, danse alors nouvelle, participant du boléro et du fandango. En 1837, elle fit une tournée aux Etats-Unis, d'où elle rapporta environ 750,000 fr. Elle quitta le théâtre en 1851, après fortune faite, et se retira dans une villa qu'elle possédait aux environs de Hambourg. Pour chauffer son triomphe à Paris (1830), le Dr Véron exploita la légende napoléonienne, en dehors de laquelle il n'y avait pas de succès possible en ce temps-là. Il fit adroitement répandre dans le public la conviction que Fanny Elssler avait été maîtresse du duc de Reichstadt; mais il fut prouvé par la suite qu'elle ne l'avait jamais vu. Fanny avait une sœur, Thérèse (née en 1808), qui fut également une excellente danseuse, et qui épousa morganatiquement le prince Adalberg de Prusse. Elle fut anoblie sous le nom de Frau von Barnim.

ENSTATITE s. f. (gr. *enstatès*, qui résiste) Minér. Silicate naturel de magnésie, comprenant environ 60 parties de silice, 40 parties de magnésie; quelquefois une certaine quantité de la magnésie est remplacée par une quantité équivalente de protoxyde de fer. L'enstatite se rencontre à l'état cristallisé dans les serpentines; elle est d'un blanc grisâtre, quelquefois jaunâtre ou verdâtre. On la trouve chez nous dans le mont Bézouars (Vosges).

ÉPONTE s. f. Minér. Chacun des plans de contact d'un gîte ou d'un filon avec le terrain encaissant. (Voy. Mine.)

FABRIQUE. — Législ. « La loi du 5 avril 1884 (art. 70, 5°) porte que les budgets et comptes des fabriques et des autres administrations préposées aux cultes dont les ministres sont salariés par l'Etat, doivent être soumis au conseil municipal de la commune. Ce conseil est toujours appelé à donner son avis sur ces budgets et comptes, avant qu'ils ne soient approuvés; et il en est de même de toutes demandes d'acquérir, d'aliéner, d'emprunter, d'échanger, de plaider ou de transiger, formées par les mêmes établissements, et aussi des demandes d'autorisation tendant à l'acceptation de dons ou legs qui leur sont faits. »

(Ch. Y.)

FALLOUX (Frédéric-Alfred-Pierre, comte de), homme politique, né à Angers en 1811, mort dans la même ville le 6 janv. 1886. Il appartenait à une famille anoblie en 1818. Il débuta dans les lettres par une *Histoire de Louis XVI* (1840) et une *Histoire de Pie V* (Paris, 1844, 2 vol. in-8°), justification de l'esprit clérical et longue calomnie du progrès. Ses compatriotes l'envoyèrent, en 1846, à la Chambre, où il siégea parmi les conservateurs. Deux ans après, il adhéra bruyamment à la République, proclama l'avènement du peuple et se montra tellement exalté que les électeurs le préférèrent à de véritables républicains. Il fut élu à la Constituante, où il joua un rôle funeste. Nommé membre du comité des ateliers nationaux, il s'y prit de manière à rendre inévitables les journées de Juin, qui devaient porter un coup fatal à la République. Ministre de l'instruction publique, en déc. 1848 à oct. 1849, il révoqua impitoyablement les instituteurs mal notés par le parti clérical. L'expédition romaine fut en partie son œuvre. Le coup d'Etat le jeta en prison pendant deux

jours et le fit rentrer dans la vie privée. Pendant l'Empire, il s'associa à l'opposition ultramontaine gallicane, devint rédacteur du *Correspondant*, organe clérical, se rendit au congrès catholique de Malines en 1867, pour y soutenir le *Syllabus*, et demanda au conciliabule de la Roche-en-Brenil la séparation de l'Eglise et de l'Etat. Il a donné une *Vie de Mᵐᵉ Swetchine* (1859).

FÉLIDÉ, ÉE adj. (du lat. *felis*, chat). Mamm. Qui se rapporte ou ressemble au chat. — s. m. pl. Famille de carnassiers ayant pour type le genre CHAT. (Voy. ce mot dans le *Dictionnaire*.)

FOURICHON (Martin), marin, né à Viviers (Dordogne), le 9 janv. 1809, mort à Paris le 25 nov. 1884. Au sortir de l'Ecole navale (1826), il fut nommé aspirant et devint capitaine de vaisseau en 1848, gouverneur de Cayenne en 1849, contre-amiral en fév. 1853, vice-amiral en août 1859. Il présida le conseil de l'amirauté, à partir du 13 fév. 1863. Lors de la déclaration de guerre à la Prusse, il prit le commandement de la 2ᵉ escadre, chargée d'opérer dans la mer du Nord, et bloqua, dans la baie de Jade, la flotte ennemie qui s'y était réfugiée et refusait le combat. Le gouvernement de la Défense nationale l'appela au ministère de la marine et, dans la Délégation de Tours, il remplit les doubles fonctions de ministre de la guerre et de la marine. Il abandonna à Gambetta le premier de ces postes (3 oct.) et s'associa à tous les actes de la Délégation de Tours et de Bordeaux. Elu par le département de la Dordogne à l'Assemblée nationale (8 fév. 1871), il siégea au centre droit, mais finit par s'en séparer pour voter l'amendement Wallon, qui établissait la République comme gouvernement définitif. A partir de ce moment, il appuya la politique de la gauche et fut élu sénateur inamovible le 10 déc. 1875. Il reprit le portefeuille de la marine du 9 mars 1876 au 16 mai 1877.

FRÉDÉRIC (Charles-Nicolas), prince de Prusse. Sa mort avait été faussement annoncée en fév. 1883, il est décédé en juin 1885.

GARA, ou plus exactement *gara*, pl. *gour* ou *gours*. f. (arabe, *gros rocher isolé*). Désigne des masses rocheuses demeurées debout, isolées au milieu d'un fleuve desséché, dans une vallée d'érosion, ou dans une plaine de pierres désagrégées, creusée par les vents. Les *gour* indiquent l'ancien niveau des plaines ou des vallées. Dans les parties usées du Sahara, elles forment, le plus souvent, de longues murailles irrégulières de roches gypseuses ou de molasse jaune, recouvertes d'une calotte de blocs ferrugineux, de silex ou de grès fin très tenace, qui les protège contre les influences atmosphériques et les préserve de la désagrégation. A donne aussi, par extension, le nom de *gour* à des collines isolées.

GHOURD ou **Rhourd**, pl. *Oughroud*, s. m. (arabe, *montagne de sable*). Nom donné par les Arabes sahariens à des masses arénacées beaucoup plus considérables que les dunes proprement dites. Quelques *oughroud* sont de véritables montagnes de sable atteignant jusqu'à 1,000 m. d'altitude. Sur la rive droite de l'ancien fleuve Igharghar, à quatre journées de marche S.-E d'Ouargla, ce sont d'abord des pics aigus de forme triangulaire disposés en longues chaînes parallèles, et n'ayant que 180 m. d'altitude environ au début. A deux journées de marche plus loin, près du puits de Botthinn, ils atteignent déjà 300 m. Un peu plus loin enfin, dans la région appelée *Zemoul-el-Akbar* (les plus hautes dunes), ce ne sont plus que des montagnes pêle-mêle, hautes de 500 m. en moyenne, affectant toutes les formes et se touchant par la base.

GIAFFERI. I, (DON Luigi), célèbre général

corse, né à Talasani (arr. de Bastia), vers 1692, mort à Naples en 1763. Lors du soulèvement de la Corse en 1729, les patriotes s'assemblèrent à Furioni pour choisir leurs chefs, et portèrent leurs suffrages sur Colonna Ceccaldi et sur don Luigi Giafferi, qui reçurent le titre de généraux. Après divers succès militaires qui mirent en péril la domination génoise en Corse, Giafferi fut élu par la junte nationale triumvir-régent du royaume, avec le titre d'altesse royale; les autres triumvirs étaient Ceccaldi et le prêtre Raffalli. L'intervention d'une armée allemande envoyée par l'empereur Charles VI amena l'arrestation de Giafferi, qui ne fut tiré des prisons de Gênes que sur l'ordre de l'empereur. Rentré en Corse, il reprit les armes, et, en 1734, enleva aux Génois, tout le territoire qu'ils avaient réoccupé, et même plusieurs villes fortes du littoral. C'est ce qui fit dire à Voltaire que « les Corses jouirent de leur liberté ou plutôt de leur licence sous le commandement de Giafferi, homme célèbre par une vertu intrépide et même par des vertus de citoyen ». (*De la Corse*. Précis du siècle de Louis XV, p. 283.) Mais la France étant intervenue, toute résistance devint impossible, et Giafferi fut invité par le général français Maillebois à se retirer sur le continent, ce qu'il fit en 1739. — II, **(Augustin)**, son fils, fusillé en 1798. Général napolitain retraité, il accourut en Corse vers le commencement de la Révolution française, s'associa à la politique de Paoli, présida le parlement de l'île, tomba entre les mains des Français et fut condamné à mort.

GLEYRE (Charles-Gabriel), peintre français, né à Chevilly, canton de Vaux (Suisse), en 1806, mort à Paris le 5 mai 1874. Il étudia à Paris, puis en Italie, où il copia les œuvres des maîtres. Son *Saint Jean inspiré par la vision apocalyptique* (1840) fit sensation. Le *Soir* ou *les Illusions perdues* (1843) se trouve au Luxembourg. Parmi ses autres toiles, nous citerons: le *Départ des Apôtres pour prêcher l'Evangile*; la *Danse des Bacchantes*; la *Mort du major Duval*; la *Pentecôte* (dans l'église Sainte-Marguerite à Paris); la *Bataille du Léman*; *Hercule aux pieds d'Omphale*; le *Charmeur*; *Jeanne Darc dans la forêt*; *Ruth et Booz*; le *Déluge*; *Penthée poursuivi par les Ménades*; *Minerve et les Grâces*; le *Bain d'une jeune Romaine*. Gleyre mourut soudainement de la rupture d'un vaisseau sanguin, pendant qu'il visitait une exposition de peinture.

GRÂCES s. f. pl. Jeu d'adresse dans lequel deux joueurs, armés chacun de deux bâtonnets, se lancent l'un à l'autre un léger cerceau avec assez d'habileté pour que le cer-

Jeu des Grâces.

ceau ne tombe pas à terre et soit reçu sur les deux baguettes de l'autre joueur. Les personnes très adroites, au lieu d'un seul cerceau, en mettent deux en mouvement à la fois.

GRAMMONT (Jacques-Philippe DELMAS DE), général, né le 22 juillet 1792, mort le 14 juin 1862. Il s'engagea en 1812, devint officier de cavalerie en 1814 et fit plus tard les campagnes d'Afrique. Il venait d'être nommé général de brigade lorsque les électeurs du dép. de la Loire l'envoyèrent à l'Assemblée

nationale, où il fit voter la loi protectrice des animaux qui porte son nom. (Voy. PROTECTRICE.). Il reçut les épaulettes de général de division le 10 août 1852.

GRANT (Ulysses-Sidney), dix-huitième président de l'Union américaine, né à Point-Pleasant (Ohio), le 27 avril 1822, mort en juillet 1885. Officier pendant la guerre du Mexique, il fut nommé capitaine pour sa belle conduite à Chapultepec. Au commencement de la guerre civile, il reçut le grade de colonel du 21ᵉ régiment de volontaires de l'Illinois, et peu après celui de brigadier général de volontaires. Il débuta par la prise du fort Donelson, qui fut le premier succès des armées fédérales (6 fév. 1862) et qui lui valut le grade de major général de volontaires. Sa victoire disputée de Pittsburgh-Landing (6-7 avril) lui coûta 12,000 hommes. Après celle de Iuca (17 sept.), il reçut le commandement du 43ᵉ corps d'armée, marcha sur Veiksburg, où il fit 27,000 prisonniers (4 juillet 1863). Le gouvernement le nomma major général dans l'armée régulière et lui donna le commandement de la division militaire du Mississipi. La prise d'assaut de Missionary-Ridge et de Lookout (24, 25 nov.) lui valut une médaille d'or et les remerciements du congrès, ainsi que le grade de lieutenant général, rétabli pour lui, le 17 mars 1864: Il devint ainsi général en chef de toutes les armées nationales (700,000 hommes). C'est alors qu'il traça le plan de cette campagne qui devait donner le coup fatal à l'insurrection. Il divisa ses armées en deux grands corps, se réservant le commandement de l'un et confiant celui de l'autre au général Sherman. Le début fut malheureux. Le général sudiste Lee prit inopinément l'offensive et remporta l'avantage dans une série de batailles sur les plaines sauvages de Wilderness, du 5 au 26 mai 1864. Grant y perdit 50,000 hommes, mais son adversaire, épuisé, dut battre en retraite. La victoire de Grant à Five-Forks (avril 1865) et la capitulation de Lee à Appomatox-Court-House (9 avril) terminèrent la guerre civile. On créa pour le vainqueur un titre militaire nouveau, celui de général d'armée des Etats-Unis (25 juillet 1866). Il fut élu président en 1868, installé le 4 mars 1869, et réélu en 1872. Il fit doubler les appointements du président, s'entoura d'une cour militaire et laissa porter de rudes coups à l'austérité républicaine que ses prédécesseurs avaient si bien respectée. Sollicité de poser une troisième fois sa candidature en 1876, il refusa de violer ainsi la constitution; mais il prit des mesures pour conserver le pouvoir au parti républicain que son administration avait compromis. Par un tour de passe-passe, Hayes fut élu contre le démocrate Tilden, qui avait une forte majorité. Grant partit ensuite pour l'Europe où, considéré comme devant redevenir le président de la république américaine, il reçut partout des honneurs souverains. Rentré dans son pays en 1879, il se présenta plein de confiance l'année suivante devant la convention de Chicago, chargée de choisir le candidat républicain. Il avait comme rivaux Blaine, Sherman et Garfield. Après 35 votes infructueux, les adversaires de Grant se réunirent sur le nom de Garfield, qui fut déclaré candidat par 399 votes contre 306 voix données à l'ancien président, et 50 voix accordées aux autres prétendants. Rejeté de la vie politique, Grant se lança dans les affaires financières. Une maison de commerce dans laquelle il avait placé toute sa fortune fit faillite, et il se trouva ruiné en 1885, ce qui contribua à hâter les progrès d'une maladie cancéreuse dont il était miné depuis longtemps.

GYMNÈTRE s. m. (gr. *gumnos*, nu; *étron*,

485   V.

bas ventre). Icht. Genre d'acanthoptérygiens ténioïdes, comprenant plusieurs espèces de poissons en ruban, parés de brillantes couleurs et qui habitent les plus grandes profondeurs des océans, d'où ils ne sont soulevés

Poisson ruban de la Méditerranée (Gymnetrus gladius).

que par une succession de tempêtes ; ils sont alors souvent mutilés. L'espèce la plus connue est le *poisson ruban de la Méditerranée* (*gymnetrus gladius*, Val.), long de 2 m. à 2 m. 60.

GYNÉCOLOGIE s. f. (du gr. *gunaikeios*, de femme ; *logos* , discours). Discours sur la femme.

HALONÈSE (L'), gr. *Alonesos*, île de la mer Egée, sur la côte de Thessalie, à l'E. de Scopelos. La possession de cette île occasionna de vives discussions entre Philippe de Macédoine et les Athéniens. On possède à ce sujet un discours antimacédonien, que l'on attribue à Démosthène, mais qui fut peut-être composé par Hégésippe.

* **HAMADA**, pl. *Hamad* s. f. (arabe : *lieu brûlé et sans végétation*). S'applique particul. aux plateaux pierreux du Sahara, de l'Arabie septentrionale et du désert de Syrie. Parlant des *hamad* de Syrie, aussi appelées *Badiat-ech-Cham* ou *Chái*, Elisée Reclus dit : « Pourtant une grande partie de cette contrée n'est qu'une steppe où les Bédouins nomades trouvent de l'herbe en abondance pour leurs troupeaux ; aussi il est aussi des régions des *hamad*, même en dehors des districts de laves, qui sont entièrement couverts de pierres : ici, ce sont des cailloux comme ceux d'une grève ; ailleurs, le sol est pavé de fragments, granit, grès, silex, calcaires, unis par une espèce de mortier... » Dans le Sahara, les *hamad* sont des plateaux pierreux, brûlés et sans végétation. Quelques-uns de ces plateaux sont formés de molasse jaune ou grès saharien dont les particules, désagrégées par les agents atmosphériques et charriées ensuite par les vents, vont former, dans toutes les parties basses et humides du Sahara, les dunes comprises dans la région de l'*Erg*. (Voy. ce mot.) D'autres parties du *hamad* sont couvertes, sur des étendues plus ou moins considérables, d'une carapace siliceuse ou de pierres noires ferrugineuses, qui préserve les roches inférieures de la désagrégation ; les parties non protégées se désagrègent et se creusent, les autres demeurent debout au milieu de la plaine usée et, lorsqu'elles sont d'une faible étendue, forment de loin en loin ces masses rocheuses isolées connues sous le nom de *gour*, sing. *gara*. (Voy. ce mot.) M. le général de Colomb décrit ainsi la partie du *hamad* qui s'étend entre les Mzab et le pays d'Ouargla : « On y marche constamment, dit-il, sur des cailloux d'une forme particulière, noirs, aux angles aigus, aux arêtes tranchantes. Toute végétation a cessé, excepté dans les lits des ravins, où l'on trouve quelques plantes de *chiñh*. Sur les pentes et sur les plateaux, il n'y a rien absolument que la pierre noire qui coupe les pieds des chevaux et meurtrit ceux des chameaux. » Le voyageur Largeau donne la même description des *hamad* au milieu desquels serpente la partie inférieure du fleuve *Igharghar*. Le même, parlant de la *hamada* qui s'étend, à l'ouest de Rhadamès, dans la direction de Rhat, s'exprime ainsi : « A l'E. et au S.-E. (de la ville) se prolonge le *Plateau*

Rouge, la *Hamadat el Hhômra*, parsemée de *gour* qui se suivent au loin comme de longues murailles. La calotte de ces *gour* est formée de blocs de grès dur recouvrant des roches gypso-calcaires. Si l'on parcourt cette plaine, on la trouve çà et là semée de pierres plates, noires, rendant sous le choc un son métallique comme celui du fer. Ces pierres, le plus souvent disposées en longues lignes, sont les débris d'anciens *gour* qui ont euxmêmes disparu, rongés lentement sur les flancs par les vents du S.-E. ; la marine disparaît presque partout sous des rognons de grès rouge ou noir, ou de grès saharien poreux, ou de lamelles de gypse, restes de deux couches sédimentaires que les vents ont balayées. C'est de l'aspect rouge sombre qu'elle doit à ces débris que tira son nom cette plaine infinie d'où la vie s'est retirée. »

* **HATTO**, archevêque de Mayence au xe siècle. Suivant la tradition, il fut dévoré par des rats dans les circonstances suivantes : Pendant une famine, voulant épargner les provisions des riches, il assembla les pauvres dans une grange et les y fit brûler vifs en disant : « Ils sont comme les souris, bons

Tour des Souris de Hatto.

seulement à dévorer le blé ». Aussitôt après la mort de ces malheureux, des milliers de souris poursuivirent le prélat dans une tour, située sur le bord du Rhin et l'y rongèrent jusqu'aux os. On montre, près de Mayence, la *Tour des Souris de Hatto*, mais en architecture, elle paraît dater d'une époque bien postérieure.

HAUSSONVILLE (Joseph-Othenin-Bernard **DE CLÉRON**, *comte d'*), littérateur et homme politique, membre à Paris le 27 mai 1809, mort le 28 mai 1884. Fils d'un pair de France, il entra, dès sa jeunesse, au ministère des affaires étrangères, fut successivement secrétaire d'ambassade à Bruxelles, à Turin et à Naples, député de Provins (1842 et 1846) et se livra à des travaux littéraires qui le firent élire académicien (29 avril 1869). Chargé de recevoir, le 11 févr. 1875, M. Alexandre Dumas fils à l'Académie, il prononça un discours important, plein de finesse et d'esprit, qui fut extrêmement remarqué. M. d'Haussonville a laissé divers articles publiés dans la *Revue des Deux-Mondes*, dans le *Courrier du Dimanche* et dans d'autres recueils périodiques ; *Histoire de la politique extérieure du gouvernement français de 1830 à 1848* (1850, 2 vol. in-8°); *Histoire de la réunion de la Lorraine à la France* (1854-'59, 4 vol. in-8°); *Lettre aux conseils généraux* (1859); *Lettre aux bâtonniers des avocats* (1860) ; *Lettre au Sénat* (1860); *M. de Cavour et la crise italienne* (1862); *La France et la Prusse devant l'Europe* (1874), etc.

HÉGÉSIPPE, orateur athénien, contemporain de Démosthène, au parti politique duquel il appartenait. On lui attribue aujourd'hui le discours sur l'*Halonèse*, qui nous est parvenu comme appartenant à Démosthène.

HÉRO ET LÉANDRE, poème de Musée. Voy. Musée dans le *Dictionnaire*.

HÉTÉRONOMIE s. f. (gr. *heteros*, autre; *nomos*, loi). Philos. Puissance des lois naturelles, exercée sur notre âme, dans le système de Kant.

HOLÈTRES s. m. pl. (gr. *holos*, entier; *etrion*, fil, tissu). Arachn. Famille d'arachnides trachéennes, caractérisée par le thorax et l'abdomen réunis en une seule masse. Cette famille comprend les deux tribus des *phalangiens* et des *acarides*.

HOLLARD (Henri), médecin suisse, né à Lausanne en 1801, mort à Neuilly, près de Paris, en 1866. Après avoir terminé ses études médicales à Paris (1824), il retourna en Suisse, devint plus tard suppléant de Blainville, puis professeur d'histoire naturelle à la faculté de Poitiers (1854). Il a laissé : *Manuel d'anatomie générale* (1827); *Précis d'anatomie comparée* (1833, in-8o); *Nouveaux éléments de zoologie* (1839, in-8o); *Philosophie de la nature* (1842); *Etude de la nature* (1843, 4 vol. in-12); *Cours d'histoire naturelle* (1834); *De l'homme et des races humaines* (1853), ouvrage dans lequel il s'efforce de mettre la science d'accord avec la Genèse.

HUGO (Victor-Marie) **COMTE**, le plus illustre des poètes français contemporains, né à Besançon le 26 févr. 1802, mort le 22 mai 1885. Son père, fils d'un menuisier de Nancy, s'était engagé au commencement de la Révolution, était devenu officier et avait épousé une Vendéenne très royaliste, dont il eut Abel (voy. HUGO dans le *Dictionnaire*), Eugène, poète, né vers 1801, mort à la maison de Charenton en 1837, et enfin Victor, le plus célèbre de la famille. Le grand poète a dressé lui-même son acte de naissance :

> Ce siècle avait deux ans! Rome remplaçait Sparte,
> Déjà Napoléon perçait sous Bonaparte;
> Et du premier consul déjà, par maint endroit,
> Le front de l'empereur brisait le masque étroit.
> Alors, dans Besançon, vieille ville espagnole,
> Jeté comme la graine au gré de l'air qui vole,
> Naquit, d'un sang breton et lorrain à la fois,
> Un enfant sans couleur, sans regard et sans voix,
> Si débile qu'il fut, ainsi qu'une chimère,
> Abandonné de tous, excepté de sa mère,
> Et que son cou, ployé comme un faible roseau,
> Fit faire en même temps sa bière et son berceau,
> Cet enfant, que la vie effaçait de son livre,
> Et qui n'avait pas même un lendemain à vivre,
> C'est moi.

Son enfance se passa à suivre son père de garnison en garnison ; il habita successivement l'île d'Elbe, la Corse, la Suisse, l'Italie, où la défaite de Fra Diavolo valut à son père les épaulettes de colonel. En 1809, Mme Hugo se fixa au faubourg Saint-Jacques, impasse des Feuillantines, et ses enfants y reçurent les leçons du général proscrit Laborie. C'est là que Victor connut la jeune fille qui devait être un jour sa femme. En 1811, les jeunes Hugo allèrent rejoindre leur père à Madrid, où Victor entra au séminaire des Nobles; mais, en 1812, Mme Hugo l'arracha aux dangers de la situation en le ramenant aux Feuillantines, pour terminer son éducation. Après la séparation formelle de ses parents (1815), il resta qui, ayant conquis le titre de comte à la pointe de l'épée et ne concevait d'autre carrière que celle des armes, le fit entrer à l'Ecole polytechnique. Tout en étudiant les mathématiques, le jeune élève se livrait à sa passion pour la poésie, et, dès 1817, sa heureuse activité lui avait fait produire un petit poème et la tragédie d'*Irtamène*, d'après les modèles classiques. Son père finit par ne plus mettre obstacle à sa vocation. Mais les débuts du futur grand homme furent entourés des misères qui accompagnent ordinairement ceux des poètes. Le pain sec et l'eau fraîche composèrent plus d'une fois ses repas. Quelques vers royalistes lui valurent une pension de 1,500 fr. que Louis XVIII doubla

dès qu'il apprit que le poète n'attendait qu'un peu d'aisance pour épouser Mᶠˡᵉ Adèle Foucher, son amie d'enfance. A l'âge de 22 ans, Victor Hugo avait été trois fois lauréat des Jeux floraux de Toulouse, pour trois odes dignes d'attirer sur lui l'attention du public, alors peu nombreux, qui s'intéressait aux progrès poétiques. La lecture des *Méditations* de Lamartine ayant fortifié sa vocation, il se mit à l'œuvre et termina, en 1822, son premier volume d'*Odes*, qui établit du premier coup sa réputation comme poète original, et le fit baptiser l'*enfant sublime* par Châteaubriand. Sa publication suivante, *Han d'Islande* (1823), le plaça à la tête de ce que l'on appelait le *cénacle*, réunion de jeunes gens, parmi lesquels on distinguait Sainte-Beuve, Emile et Anthony Deschamps, Louis Boulanger, Alfred de Vigny, etc. Quoique légitimiste et conservateur, au point de vue politique, Victor Hugo rompait en visière avec les méthodes littéraires qui régnaient depuis des siècles; il se rangeait avec l'école romantique dont il était le chef, bien qu'il n'en fût pas le créateur. *Bug-Jargal* (1826), son second volume des *Odes*, suivi des *Ballades* (1826), tracèrent le petit sillon qu'il devait creuser au point d'en faire un large fossé entre les deux systèmes. La déclaration de guerre fut *Cromwell*, pièce non destinée à la scène, mais dont la préface devint le programme de la nouvelle école (1827), qui ne se gênait pas, dit-on, pour traiter Racine de « polisson ». L'étincelante collection de poèmes lyriques intitulée *Orientales* vit le jour en 1828. Les classiques crièrent à l'hérésie et firent ressortir le clinquant qui miroite dans cette verroterie en rimes. Le *Dernier jour d'un Condamné* (1829) est la plus éloquente et la plus émouvante des plaidoiries en faveur de l'abolition de la peine de mort. C'est vers cette époque que fut écrit le drame en vers, *Marion Delorme*, premier chef-d'œuvre théâtral de Victor Hugo; la censure en retarda la représentation, à cause d'un vers sur Richelieu. *Hernani*, pièce écrite en 1829, et représentée au Théâtre-Français le 25 février 1825, donna lieu à des scènes tumultueuses. Ce que les fanatiques y applaudirent, ce ne furent pas les beaux vers dont elle est parsemée; ils y admirèrent et y accentuèrent à coups de poing les défauts d'unité, tant pour l'action que pour le temps et le lieu. Dans *Notre-Dame de Paris* (1831), dont la première édition lui fut payée cent mille francs, le modèle le modèle d'un roman que l'on n'a jamais pu égaler, ni même approcher. Les *Feuilles d'automne*, fruits d'un génie arrivé à sa maturité, frappèrent un coup hardi et solide, capable de réveiller le public le plus indolent. Mais son grand triomphe fut le *Roi s'amuse*, chef-d'œuvre et modèle inimitable du drame, où Shakespeare est surpassé, parce que l'auteur, abandonnant ses errements relatifs aux trois unités, ne cherche plus à se faire un titre de les violer et se contente de mélanger, dans ses scènes, le comique au tragique. Pour des raisons indépendantes de la littérature; ce drame, digne d'être mis en parallèle avec la tragédie du *Cid*, ne put avoir qu'une représentation (Théâtre-Français, 22 nov. 1832); la censure l'interdit le lendemain Ensuite vinrent : *Littérature et philosophie mêlées* (1834); *Claude Gueux* (1834); *Les Chants du Crépuscule* (1835), les *Voix intérieures* (1837), les *Rayons et les Ombres* (1840); le *Rhin, Souvenirs de voyage* (1842); et les drames : *Lucrèce Borgia* et *Marie Tudor* (Porte Saint-Martin, 1838), *Angélo* (Théâtre-Français, 1835), *Ruy Blas* (Porte Saint-Martin, 1838). Victor Hugo frappa inutilement aux portes de l'Académie française en 1840 (voy. CACOPHONIE); elles obéirent à l'impulsion du sentiment public lorsqu'elles s'ouvrirent spontanément, en 1841, pour laisser entrer cette gloire nationale.

Depuis longtemps, le maître avait adopté en politique ce que l'on appelait les idées libérales : mélange de républicanisme obscur et de bonapartisme inconscient. Il avait chanté, en strophes sublimes, la gloire éphémère du premier Empire, dans son *Ode à la colonne* et dans *Napoléon*. Créé pair de France en 1845, il supplia, dans une éloquente plaidoirie, la Chambre haute de rapporter les lois d'exil contre la famille Bonaparte. L'incohérence de son libéralisme se fit jour après 1848. Elu à Paris, comme candidat réactionnaire, il siégea d'abord à droite et fit partie du comité de la rue de Poitiers, tout en s'associant quelquefois aux votes de la gauche. Il acclama la rentrée du prince Louis-Napoléon, mais il se sépara bruyamment des bonapartistes, quand il eut pénétré leurs intentions. Il passa ensuite décidément, à gauche et fonda le journal l'*Evénement* (1ᵉʳ août 1848), où il laissa percer son ambition, en posant sa candidature à la présidence, non comme grand politique, mais comme grand poète, parce qu'un poète seul, disait-il, pouvait « refaire le monde à l'image de Dieu ». Déçu, il se fit, à la Législative, le chef et l'orateur de la gauche démocratique et sociale, et combattit énergiquement toutes les mesures préparatoires à l'étranglement de la République : expédition de Rome, cautionnement et timbre des journaux, loi de Falloux contre l'enseignement, mutilation du suffrage universel; sa voix vibrante, quelquefois véhémente, se fit entendre, à chaque instant, au milieu des sarcasmes et des anciens amis de la droite, qui ne se faisaient pas faute de lui rappeler son passé. Sa violente opposition à la politique de l'Elysée amena la suppression du journal l'*Evénement*, qu'il remplaça par l'*Avénement*. Lors du coup d'Etat de Décembre, il essaya d'organiser la résistance et prit le chemin de l'exil. Retiré à Jersey, il y écrivit deux sanglants pamphlets antibonapartistes : *Napoléon le Petit* (Bruxelles, 1852), et les *Châtiments* (Bruxelles, 1853). A la suite de ces publications, les habitants de Jersey prièrent le poète d'avoir à évacuer leur île; il se retira donc, en 1853, à Guernesey, où il résida jusqu'à la chute du second Empire, refusant constamment de profiter des amnisties qui lui ouvraient les portes de la France. On connaît le célèbre quatrain dans lequel il renouvela le serment de ne rentrer en France que lorsque « le droit y rentrerait » :

> S'il n'en reste que mille, eh bien? j'en suis quand même.
> S'il n'en reste que cent, je brave encor Sylla;
> S'il n'en reste que dix, je serai le dixième,
> Et s'il n'en reste qu'un, je serai celui-là.

Pendant son exil, Victor Hugo publia : les *Contemplations* (1856), collection de poèmes dont la plupart avaient été écrits avant 1848; la *Légende des siècles* (1859), suite de poèmes, la plupart épiques, dont deux ou trois sont considérés comme des chefs-d'œuvre; les *Misérables* (1862, 6 vol, in-8°), vaste roman, où le puissant écrivain établit mille antithèses des inégalités sociales; *Shakespeare* (1864), l'une de ses œuvres les moins étonnues, où fourmillent ces métaphores frappantes et hardies, qui donnent au style de Victor Hugo son riche et brillant coloris; les *Chansons des rues et des bois* (1865); les *Travailleurs de la mer* (1866), roman plein d'émotion et d'antithèses, où il crée un monstre marin imaginaire qu'il nomme la *pieuvre*; l'*Homme qui rit* (1869), débauche d'imagination, dont le principal personnage, type exagéré, déplut et n'obtint aucun succès. Rentré à Paris après la révolution du Quatre-Septembre, qu'il avait préparée en participant à la publication du *Rappel*, Victor Hugo, vieillard vénérable et inoffensif, s'associa à la défense de la capitale en donnant deux canons aux défenseurs et en coiffant le képi de garde

national, manifestation patriotique qui eut le don de provoquer une sortie de M. Trochu. Lors des élections du 8 fév. 1871, Victor Hugo sortit le second du scrutin parisien. Outragé à Bordeaux, il se démit lorsqu'il eut voté contre les préliminaires de paix. Peu de jours après, il avait la douleur de perdre son fils, Charles, frappé d'une congestion cérébrale (13 mars). Déjà, depuis longtemps, d'amers chagrins avaient pénétré dans sa famille. Mᵐᵉ Victor Hugo s'était retirée à Auteuil, où elle mourut dans la solitude; Mᵐᵉ Vacquerie, qui avait remplacé sa mère au foyer domestique, s'était noyée au Havre en 1843, pendant une joyeuse promenade qu'elle faisait en mer avec Charles Vaquerie, son mari; une autre fille de Victor Hugo avait suivi, dans l'Inde, un officier anglais, jusqu'à la mort de qui elle était revenue folle. Il ne restait plus au vieillard que son fils François-Victor, qui mourut en 1873, et ses deux petits-enfants, Jeanne et Georges, nés de l'un de ses fils. Ne se trouvant plus en sécurité à Paris, après la victoire des troupes de Versailles, il se retira à Bruxelles, où il offrit aux réfugiés l'abri de sa propre maison. Pendant la nuit suivante, son domicile fut l'objet d'un attentat sauvage de la part d'une foule fanatique, et le ministère belge l'expulsa. Il ne tarda pas à rentrer à Paris, où il donna, en 1872, l'*Année terrible*, peinture des maux de la France. Il posa inutilement sa candidature à Paris, le 7 juin 1872; les électeurs lui préférèrent l'inconnu Vautrain. Il publia ensuite : *Quatre-vingt-treize* (1874), ouvrage relatif aux guerres de Vendée, et donnant des portraits énergiquement tracés de Robespierre, Danton et Marat; *Actes et Paroles* (1875-'76, 3 vol. in-8°), recueil des discours qu'il avait prononcés avant, pendant et après son exil; c'est, en quelque sorte, l'histoire du poète en tant qu'homme public. Elu délégué sénatorial de Paris en janvier 1876, il fut, le 30 du même mois, nommé sénateur, au second tour de scrutin. Le 22 mai suivant, il lut au Sénat une proposition d'amnistie pleine et entière; personne ne se donna la peine de lui répondre, et son projet fut repoussé sans phrases, presque à l'unanimité. Reprenant la plume, il donna, coup sur coup, la seconde partie de la *Légende des siècles* (1877, 2 vol. in-8°), recueil de poèmes dans lesquels il s'élève à des hauteurs où tous les lecteurs ne peuvent le suivre; et l'*Art d'être grand-père* (mai 1877), poème où, vieillard affectueux et attendri, il semblait bercer, à la cadence de ses vers, ses deux petits-enfants, ses chers orphelins, Jeanne et Georges; puis l'*Histoire d'un Crime* (sept. 1877, 2 vol.), véhémente apostrophe à l'Empire, où il raconte, comme prologue, les événements du coup d'Etat du 2 Décembre, et où il flagelle, comme épilogue, la capitulation de Sedan; il fut question de le poursuivre, relativement à ce livre à sensation, comme inculpé d'attaque à la haine et au mépris de l'armée. — Les dernières années de ce puissant génie s'écoulèrent au milieu de la vénération publique. Le jour de sa mort fut considéré comme un jour de deuil national. Ses restes reçurent des honneurs presque divins : après avoir été déposés sous l'Arc de triomphe, ils furent transportés, au milieu d'une affluence énorme, sous la voûte du Panthéon, temple catholique désaffecté à cette occasion. — La dernière édition des œuvres complètes de Victor Hugo est celle de 1875 (20 vol.). Elle comprend, outre les ouvrages déjà cités, *Amy Robsart* (drame écrit avec Ancelot), la *Esmeralda* (opéra en 4 actes), etc.

HYDRIQUE adj. (du gr. *hudôr*, eau). Chim. Se dit des combinaisons de l'hydrogène avec un corps simple ou halogène.

INTÉRÊT. — Législ. « Ainsi que nous le faisions pressentir en terminant l'article de

législation du mot INTÉRÊT, au IIIᵉ tome de ce *Dictionnaire* (p. 395, col. 2), la limite de l'intérêt conventionnel a été abolie en matière de commerce. La loi du 12 janv. 1886 a rendu libre le taux de l'intérêt commercial; mais elle déclare qu'en matière civile les lois du 3 sept. 1807 et 19 déc. 1850 restent en vigueur. Nous espérons que ce premier pas sera suivi d'un second, et que la liberté absolue de l'intérêt ne tardera pas beaucoup à être proclamée. »   (CH. Y.)

INTERLUDE s. m. (lat. *inter*, entre; *ludus*, jeu). Ancienne espèce d'intermède.

INTERVIEWER s. m. [doit se prononcer, pour conserver sa physionomie anglaise, inn'-ter-viou-eur] (de l'angl. *interview*, corruption du franç. *entrevue*). Néol. Mot créé par les anglomanes pour désigner un personnage, ordinairement un journaliste, qui est admis à un entretien avec un homme politique en vue, et qui obtient de lui des confidences relativement à la politique du moment.

INTERVIEWER v. a. Néol. Avoir une entrevue avec : *tel ministre fut interviewé par un correspondant du « Times »*.

JACOB (Paul LACROIX, connu sous le nom de *Bibliophile*). Il est mort le 15 oct. 1884. Pour sa biographie, voy. à l'article LACROIX (Paul), dans le *Dictionnaire*.

KÉROSÈNE s. m. [ké-ro-zè-ne] (gr. *keros*, cire). Nom américain de l'huile de pétrole.

LANCASTER (Joseph), inventeur ou propagateur de l'enseignement mutuel, né à Londres le 25 nov. 1771, mort à New-York le 24 oct. 1838. Il était quaker et se voua à l'éducation des enfants pauvres (1796). A l'âge de 18 ans, il avait 90 élèves; à 20 ans, il en avait plus de 1,000. Il applique le premier les méthodes d'enseignement mutuel (Voy. MUTUEL, dans le *Dictionnaire*.) Mais les instituteurs appartenant aux autres sectes religieuses lui disputèrent son titre d'inventeur et prétendirent qu'il avait seulement perfectionné un système déjà introduit par Andrew Bell. (Voy. BELL, dans le *Dictionnaire*.) Le succès de Lancaster fut immense; néanmoins, privé de tout secours, à cause de sa religion, il dut émigrer aux Etats-Unis pour fuir les réclamations incessantes de ses créanciers (1818). Dans le nouveau monde, il trouva des protecteurs qui encouragèrent son enseignement et lui servirent une petite pension sur ses vieux jours.

LA ROUNAT (Charles ROUVENAT, *dit* DE), littérateur, né à Paris, le 16 avril 1818, mort en déc. 1884. Des revers de fortune l'ayant forcé d'interrompre ses études médicales, il se lança dans le journalisme, devint secrétaire de la commission du Luxembourg (1848), quitta la politique après le coup d'Etat, écrivit, soit seul, soit en collaboration avec Siraudin et Montjoie, de nombreuses pièces de théâtre, donna la *Comédie de l'amour*, roman qui obtint un grand succès, fut nommé directeur de l'*Odéon* le 1ᵉʳ juillet 1856, ouvrit toutes grandes, aux jeunes auteurs et surtout aux poètes, les portes de ce théâtre, et dut donner sa démission en juin 1867, pour mettre fin aux tracasseries de l'administration supérieure qui ne lui pardonnait pas d'avoir fait représenter la *Contagion*, d'Emile Augier, en juillet 1866. A partir de ce moment, il rédigea le feuilleton dramatique du *XIXᵉ Siècle*. Nommé, de nouveau, directeur de l'*Odéon* en 1880, il mourut dans ce poste.

LE DUCHAT. I. (Jacob), érudit et philologue, né à Metz en 1658, mort à Berlin en 1735. Il était avocat à Metz, lorsque la révocation de l'édit de Nantes le força de s'enfuir en Prusse, où il fut accueilli avec empressement. Il a édité les œuvres de d'Aubigné, de Brantôme, de Villon, de Rabelais, etc. — II. (Louis-François), poète, né à Troyes dans la première

moitié du XVIᵉ siècle. On a publié en 1561 le recueil de ses poésies françaises (in-4°).

LÉVITATION s. f. (du lat. *levitas*, *levitatis*, légèreté). S'emploie en spiritisme, pour désigner l'action des objets magnétisés, qui deviennent légers au point de se soulever d'eux-mêmes.

LIGULINE s. f. Principe colorant d'un beau cramoisi extrait des baies du troène.

LOCO DOLENTI [lo-ko-do-lain-ti] littéral : *A la place qui souffre*. Loc. lat. employée souvent en médecine : *mettre des sangsues loco dolenti*.

LONGARA (Grotte de), fameuse caverne du Piémont, qui s'étend sous une montagne des Alpes et mesure 400 m. de long. En 1510, des aventuriers que Bayard avait jetés en Italie étouffèrent par le feu dans cette grotte un millier de montagnards qui s'y étaient réfugiés pour y mettre en sécurité leurs femmes et leurs enfants. Les historiens rejettent sur l'auteur de cette sauvage exécution, ce qui nous fait supposer que nos arrière-neveux auront une fort mauvaise opinion de la civilisation française au XIXᵉ siècle, quand ils liront le récit de l'expédition du Dahra. (Voy. ce mot).

LOUVET, conventionnel girondin. Voy. dans notre *Dictionnaire* LOUVET DE COUVRAY.

MAERLANT (van Jacob), célèbre poète flamand du XIIIᵉ siècle, né probablement à Damme, près Bruges, sacristain à Maerlant (près Brielle), localité dont il adopta le nom, mort à Damme vers 1294. Après quelques romans de chevalerie, il aborda le genre didactique et, réussit si bien qu'il mérita le titre de *Père de tous les poètes thiois*. Meilleurs ouvrages : *Hélas, Martin !* (poème dialogué où il traite les questions brûlantes du temps : le servage, la noblesse, la corruption des mœurs, etc.), *Fleurs de la nature* (trad. libre de : *De naturis rerum*, de Thomas de Cantimpré), *Bible rimée* (imitation de : *Historia Scholastica*, de Pierre Comestor), *Miroir de l'histoire* (d'après la 3ᵉ partie du *Speculum Majus*, de Vincent de Beauvais), *La Complainte de l'Eglise*, *Du Pays d'Outre-mer*; etc. Maerlant est le fondateur d'une école, qui compte de nombreux disciples, tels que Jean van Heleu, Melis Stoke, Louis van Vellhem, Jean Boendals, etc.

MAHDI ou **Mahadi** s. m. (ar. *Le Désiré*). Nom que les chiites et les ismaéliens donnent au messie qu'ils attendent.

MANTEUFFEL [mânn'-toi-fèl] (Edwin-Hans-Karl, BARON), général allemand, né à Dresde, le 24 fév. 1809, mort vers le milieu du mois de juin 1885. Il s'engagea en 1827, passa officier l'année suivante, suivit le cours de l'Académie militaire (1834-'36) et devint lieutenant général et chef du cabinet militaire. Bien vu à la cour de Berlin et à celle de Vienne, il réussit à former l'alliance de la Prusse et de l'Autriche contre le Danemark en 1864, se distingua pendant l'invasion de ce dernier pays et fut nommé gouverneur du Schleswig (juin 1865). C'est en cette qualité que, l'année suivante, il envahit le Holstein, pour l'enlever à l'Autriche; et opéra vigoureusement contre le Hanovre et contre la ville de Francfort. Pendant la guerre franco-allemande, il commanda le premier corps de l'armée prussienne devant Metz et, après la capitulation de Bazaine (27 oct. 1870), il remplaça Steinmetz à la tête de la première armée allemande, qui s'empara d'Amiens, de Rouen et de Dieppe. En janv. 1871, il conduisit l'armée allemande du sud contre Bourbaki que remplaça Clinchant; il termina la guerre en jetant les derniers soldats français sur le territoire suisse. Il fut commandant en chef de l'armée allemande d'occupation depuis le mois de juin 1871 jusqu'à

l'évacuation complète du territoire français en 1873. L'empereur l'éleva au rang de feld-maréchal (1872), lui confia une mission en Russie (1876) et finit par le nommer gouverneur général (statthalter) d'Alsace-Lorraine (1879), poste où mourut ce général.

* **MARONNER** v. n. Murmurer sourdement : *il est toujours à maronner*. — Activ. *Que maronne-t-il là ?* (Pop.) On dit aussi MARMONNER.

MAUBÈCHE s. m. Ornith. Nom que l'on donne à plusieurs espèces de petits échassiers du genre *tringa*. On le réserve quelquefois pour le *tringa canutus* ou pour le *tringa arenaria*, oiseaux qui habitent les régions arctiques et qui nichent en troupes sur nos côtes au printemps et à l'automne. L'*alouette de mer* (*tringa cinclus*) est aussi nommée maubèche.

MÉGACHILE s. f. [-ki-] (du gr. *megas*, grand; *cheila*, lèvre). Entom. Sous-genre d'abeilles, comprenant un groupe d'insectes, vulgairement appelés abeilles maçonnes. L'espèce type est la *mégachile du rosier* (*mégachile centuncularis*), dont la femelle tapisse de feuilles de rosier les cellules de son nid creusé dans la terre. La *mégachile des murailles* place son nid dans les murs.

Mégachile des murailles et son nid.

MILNE EDWARDS (Henri-Milne EDWARDS, ordinairement appelé) [mil-né-douar], savant naturaliste français, né à Bruges (Belgique) le 23 oct. 1800, mort à Paris, en juillet 1885. Il appartenait à une famille anglaise fixée à Bruges. Il fit à Paris de brillantes études médicales, obtint le diplôme de docteur en 1823, abandonna bientôt la pratique de la médecine pour se livrer entièrement à l'étude des sciences naturelles et donna, en 1828, ses *Recherches anatomiques sur les crustacés*. Milne Edwards fut nommé successivement professeur d'histoire naturelle au collège Henri IV et à l'Ecole centrale des arts et manufactures. Il publia pendant cette période : *Eléments de zoologie* (1834-'35), ouvrage qui a eu plusieurs éditions et qui devint classique; *Cahiers d'histoire naturelle à l'usage des collèges* (1833-'38, 7 vol. in-12); un nombre considérable de mémoires insérés dans les *Annales des sciences naturelles*; *Recherches pour servir à l'Histoire naturelle du littoral de la France* (1832, 2 vol. in-8°); et importante *Histoire naturelle des crustacés* 1834, 3 vol. in-8°), couronnée par l'Académie des sciences; et *Observations sur les ascidies composées des côtes de la Manche* (1841, in-4°). En 1841. Milne Edwards obtint la chaire d'entomologie au Muséum, puis, en 1843, celle d'entomologie et de physiologie comparées à la faculté des sciences, faculté dont il devint plus tard le doyen. On lui doit, outre les ouvrages déjà cités : *Recherches sur les polypes* (1842, in-8°); *Histoire naturelle des coralliaires ou polypes proprement dits* (3 vol. 1858-'60); *Leçons sur la physiologie et l'anatomie comparée de l'homme et des animaux* (1875-'76, 12 vol. in-8°), œuvre d'une importance capitale; *Rapport sur les progrès des sciences zoologiques en France* (1867, in-8°); *Histoire des mammifères* (1872 et suivantes).

En 1862, Milne Edwards fut appelé à la chaire de zoologie du Muséum ; en 1864, il fut nommé directeur-adjoint de cet établissement scientifique. Il avait été élu membre de l'Académie des sciences en 1838.

MINUS HABENS loc. lat. qui signifie : *Ayant moins.* — Substantiv. C'EST UN MINUS HABENS, c'est un ignorant.

MONCEL (Théodose-Achille-Louis, COMTE DU), savant, né à Paris le 6 mars 1821, mort dans la même ville en mai 1884. Au sortir du lycée de Caen, il publia un *Traité de perspective mathématique,* bientôt suivi d'un *Traité de perspective apparente.* Il se livra ensuite à l'étude de l'archéologie et entreprit, dans le midi de l'Europe et en Orient, de longs voyages dont le résultat fut : *De Venise à Constantinople* (1847). Il est connu surtout par ses travaux relatifs à l'électricité ; il a laissé, sur cette partie de la physique, une série de volumes in-18 : le *Téléphone;* l'*Eclairage électrique;* le *Microphone* et le *Phonographe;* l'*Electricité comme force motrice;* *Télégraphie électrique; Bobine de Ruhmkorff,* etc.

MONNIER (Marc), littérateur, né de parents français, à Florence, vers 1829, mort en avril 1885. Après avoir habité l'Italie pendant plusieurs années, il entra au *Journal des Débats.* Poète habile et harmonieux, il publia les *Luciales* (Genève, 1853, in-12), et les *Amoureuses* (Paris, 1871, in-12) : nouvelliste spirituel, il a écrit d'un style facile : la *Vieille Fille;* la *Tante Jeanne* (1855); les *Amours permises* (1861); ses deux comédies en 1 acte : la *Ligne droite* (1854) et la *Mouche du Coche* (1858) furent représentées à l'Odéon. Mais c'est surtout comme historien qu'il est connu; nous citerons parmi ses travaux historiques : *Etude historique de la conquête de la Sicile par les Sarrasins* (Genève, 1847, in-8°); *Garibaldi* (Paris, 1861, in-12); la *Camorra* (Paris, 1863, in-12); *Pompéi et les Pompéiens* (1864, in-12).

MONOMÉTALLISME s. m. [mo-no-mé-tal-li-sme] (préf. *mono;* et rad. fr. *métal).*○Emploi d'un seul métal, soit l'or, soit l'argent, comme monnaie légale. (Voy. BIMÉTALLISME.)

MOSS s. m. Mesure allemande qui contient deux canettes de bière. — Bière contenue dans cette double canette : *boire un moss.* — On écrit aussi *mooss,* mais on prononce toujours *moss.*

NACHTIGAL (Gustav), explorateur allemand, né dans la Saxe prussienne en 1834, mort en mai 1885. Il pratiqua la médecine en Algérie depuis 1859 jusqu'en 1863, époque où il entra au service du bey de Tunis, comme médecin militaire et ensuite comme médecin personnel du souverain. Parti de Tripoli en 1869, il visita Kouka, explora le pays qui environne le lac Tchad et revint en 1873-74, à travers le Ouaday et le Darfour. Il arriva au Caire après avoir visité des pays absolument inexplorés jusqu'alors. Petermann a publié, en 1874, son récit intitulé : *Die tributæren Heidenlænder Baghirmis.*

NEUVILLE (Alphonse-Marie DE), peintre, né à Saint-Omer (Pas-de-Calais), le 31 mai 1836, mort en mai 1885. Dans l'intention d'entrer dans la carrière militaire, il se fit recevoir à l'Ecole préparatoire de Lorient, où le professeur de dessin découvrit et lui fit connaître sa véritable vocation. Pour obéir aux vœux de sa famille, il suivit un instant les cours de l'Ecole de droit à Paris, mais passa la plus grande partie de son temps à l'Ecole militaire et dans tous les lieux où il pouvait s'initier aux mille petits détails de la vie du soldat. Un jour, il annonça à ses parents qu'il ferait un peintre et pas autre chose; aussitôt il se mit à fréquenter les ateliers de Paris. Tous les artistes auxquels il demanda des conseils le découragèrent,

sauf Delacroix, dont il ne tarda pas à devenir l'intime. Sa première toile, la *Batterie Gervais* (Malakoff), dévoila ses brillantes qualités comme peintre militaire et obtint une 3° médaille au Salon de 1859. L'année suivante, il reçut une commande pour un tableau représentant la *Prise de Naples par Garibaldi;* mais la manière dont il se tira de ce travail fit douter de son talent. Il se releva avec ses *Chasseurs de la Garde au Mamelon-Vert,* toile qui lui valut une seconde médaille au Salon de 1861. A partir de ce moment il se voua presque exclusivement à la peinture de sujets militaires et abandonna peu à peu le travail des publications illustrées, qu'il avait été forcé d'accepter pour se créer des ressources. Ses toiles les plus populaires sont : l'*Attaque dans les rues de Magenta;* les *Chasseurs traversant à pied la Tchernaïa* (au musée de Lille); le *Bivouac du Bourget* (au musée de Dijon); les *Dernières Cartouches à Balan,* son œuvre la plus émouvante; *Episode de la bataille de Forbach; Surpise aux environs de Metz;* un *Officier du Génie en reconnaissance; Combat sur une voie ferrée,* et enfin, son chef-d'œuvre, l'*Attaque par le feu d'une maison barricadée et crénelée à Villersexel.*

NOAILLES (Paul, DUC DE), académicien, né à Paris le 4 janv. 1802, mort en mai 1885. Il hérita en 1824, du titre ducal et de la pairie de son grand-oncle; il conserva, après 1830, son siège et ses opinions légitimistes. Il remplaça, en 1849, Chateaubriand comme académicien. Son ouvrage le plus important est l'*Histoire de Mme de Maintenon* (1848, 2 vol.).

OIRON, village, près de Thouars (Deux-Sèvres). Hélène de Hengest-Genlis, veuve d'Arthur Gouffier, ancien précepteur de François Ier, y fonda une fabrique de faïence dont les produits, aujourd'hui peu nombreux, sont très recherchés sous le nom de *faïence d'Oiron,* de *terre de Henri II* ou de *poterie de Diane de Poitiers.* (Voy. POTERIE.)

PALM (Jean-Henri, VAN DER), auteur hollandais, né à Rotterdam, le 17 juill. 1763, mort à Leide, le 8 sept. 1840. Il fut d'abord ministre protestant, mais comme il fut mêlé dans les troubles politiques qui existèrent aux Pays-Bas vers la fin du XVIIIe siècle, il dut résigner ses fonctions. En 1706, il fut nommé professeur de langues orientales à l'université de Leide, et en 1799, *Agent,* c'est-à-dire ministre *de l'Education nationale.* Il rentra en 1806 à l'université de Leide et y occupa la chaire d'éloquence et de poésie jusqu'en 1836. Quoiqu'il ait cultivé d'abord la poésie, il s'est acquis sa renommée dans l'éloquence sacrée. Il a laissé un grand nombre de discours et de sermons, qui se distinguent par l'élévation de la pensée ainsi que par l'élégance et la pureté du style. Parmi ces œuvres, on remarque *Salomon* (7 vol., 3° édit. 1834-'35) et surtout : *Geschied-en redekundig Gedenkschrift van Nederlands Herstelling* (Mémoire de la Restauration des Pays-Bas), 1816.

PARÉSIE s. f. [-zi] (gr. *parésis,* relâchement). Pathol. Paralysie imparfaite qui ne prive que de la faculté du mouvement.

PHILATÉLIE s. f. (préf. *phil;* gr. *atelês,* qui est affranchi). Manie de collectionner les timbres-poste.

QUATRE-NATIONS (Collège des), collège fondé à Paris, par Mazarin, pour les élèves appartenant aux provinces espagnoles, italiennes, allemandes et flamandes, nouvellement réunies à la France. Ses bâtiments forment aujourd'hui le palais de l'Institut.

RAGE. Le traitement de cette horrible maladie a été découvert par M. Pasteur, qui est arrivé à guérir tous les cas de maladies qu'on lui a soumis avant le développement complet du virus rabique. Voici comment il procède : A l'aide d'un trépan, il inocule à un chien le

virus pris sur un lapin mort de la rage ; la maladie éclate, au bout de 15 jours, sur l'animal inoculé ; M. Pasteur applique ce procédé d'inoculation du premier chien à un second, du second à un troisième et ainsi de suite ; la durée de l'incubation, après vingt passes, se réduit à 10 jours ; après 35 ou 40 passes, elle tombe à 8 jours, et après 60 ou 80 passes, elle descend à 6 jours. La virulence augmentée donc d'intensité à chaque nouvelle inoculation ; de là, un moyen d'obtenir un virus plus ou moins puissant. Pour conserver ce virus, M. Pasteur détache des parcelles de la moelle des animaux et les expose à l'air sec; la virulence s'éteint plus ou moins vite, selon l'état de la température ; il a ainsi à sa disposition des vaccins de diverses puissances. En inoculant à des chiens, soit par des injections, soit par l'opération du trépan, cette moelle délayée dans un bouillon neutralisé, et en continuant ces opérations, de 2 jours en 2 jours, avec du virus de plus en plus fort, il en arrive à rendre les animaux absolument réfractaires à la rage. — Bien mieux, ce virus n'est pas seulement un vaccin préservateur; c'est un remède, une sorte d'antidote qui neutralise le poison rabique sur les personnes ou les animaux mordus avant d'avoir été inoculés, et c'est là précisément ce qui rend si précieuse la découverte de M. Pasteur. Qu'un chien vacciné soit mordu : la maladie ne se déclarera pas; le poison demeurera inerte en présence d'un vaccin plus puissant que lui ; là rien de merveilleux : c'est l'effet, aujourd'hui connu, de tous les vaccins. Mais qu'un animal non vacciné soit mordu; qu'on l'inocule ensuite successivement comme il a été dit, le vaccin finira par devenir plus fort que le virus et agira ainsi comme un véritable remède ; et c'est le côté vraiment admirable du système de M. Pasteur, de ce système qui est peut-être appelé à étendre ses bienfaits au traitement de toutes les maladies microbiennes. Le succès pratique de M. Pasteur a été complet. Le 6 juillet 1885, arrivait à son laboratoire de la rue d'Ulm, un jeune Alsacien de 9 ans, Joseph Meister, portant sur son corps les marques de 14 profondes morsures. La mort de cet enfant était inévitable; M. Pasteur n'hésita pas à essayer sur lui l'usage du virus. Le 6 juillet, à 8 heures du soir, 60 heures après la morsure, il inocula à l'enfant une demi-seringue Pravaz de moelle de lapin mort rabique; le lendemain matin, il employa de la moelle de 14 jours, et, pendant 10 jours, il inocula soir et matin une dose de moelle de plus en plus récente, c'est-à-dire de plus en plus puissante. Du 10 au 16, les moelles devinrent virulentes et la rage se déclara ; puis l'enfant guérit, le virus du traitement étant beaucoup plus violent que celui des morsures; aujourd'hui sa santé est excellente et il est retourné dans son pays. Depuis cette expérience, il est venu au laboratoire de M. Pasteur des malades de toutes les parties du monde, et son traitement s'est toujours montré efficace.

RENIER (Charles-Alphonse-Léon), épigraphiste, né à Charleville le 2 mai 1809, mort en juin 1885. Il fonda, en 1845, la *Revue de philologie, de littérature et d'histoire ancienne,* donna un *Recueil des inscriptions romaines de l'Algérie,* des *Mélanges d'épigraphie;* publia une édition classique de *Théocrite* et de plusieurs autres auteurs grecs, avec traduction, et fut élu membre de l'Académie des inscriptions et belles-lettres (1856).

RESPIRATION ARTIFICIELLE, action d'introduire de l'air respirable dans les poumons d'un asphyxié, de manière à les exciter et à leur faire reprendre leurs fonctions. Depuis la publication de notre article ASPHYXIE, il a paru à Namur un livre, petit de format et d'épaisseur, mais gros de renseignements

d'une haute utilité, c'est le *Catéchisme du sauveteur*, manuel indispensable à toutes les personnes qui veulent étudier la manière de porter, en l'absence du médecin, les premiers secours aux victimes des accidents. Car ici, le mot *sauveteur* est employé dans son acception la plus large, dont nous avons, dans notre *Dictionnaire*, donné la véritable définition, empruntée au *Catéchisme du sauveteur* de MM. A. de Brissy et O. Dubus (Jacques Godenne, imprimeur-éditeur). Faisant un nouvel emprunt à cet excellent livre, nous reproduisons, avec la bienveillante autorisation des auteurs, le chapitre relatif à la *respiration artificielle*, où l'on trouve exposé, de la manière la plus claire et la plus complète, tout ce qui a été dit jusqu'à présent sur ce sujet. Pour arriver à produire la respiration artificielle, il y a plusieurs méthodes. La première consiste à insuffler l'air bouche à bouche. Pour cela, l'on applique sa bouche sur celle du malade; lui fermant le nez, l'on souffle modérément. L'insufflation peut se faire aussi par le nez, à l'aide d'un tube quelconque, d'un roseau ou d'un tuyau de pipe neuf, d'un calibre assez fort pour permettre le passage facile d'une certaine quantité d'air. Dans ce cas, l'on place le tuyau dans une des narines, ayant soin de fermer l'autre, et soit forcé de pénétrer dans la poitrine. On peut alors employer la bouche ou un soufflet. Après l'insufflation, on favorisera la sortie de l'air qui a soulevé le thorax par une pression exercée à la base de la poitrine. L'insufflation et la pression alternativement reproduites, doivent se faire de manière à imiter les mouvements naturels de la respiration. Cette méthode offre plus d'un inconvénient : d'abord, la bouche ne peut fournir que de l'air d'une pureté contestable; ensuite son action, ainsi que celle d'un soufflet, peut par la force que l'on ne sait exactement mesurer, amener une trop grande dilatation des vésicules pulmonaires et même leur rupture; de plus, l'on n'a pas toujours sous la main un tube convenable ou un soufflet. La condition première pour le succès du traitement d'un asphyxié réside dans l'instantanéité de l'administration des secours; donc toute méthode qui peut faire respirer tout de suite sans appareil particulier est celle qu'il faut choisir. Des méthodes très simples, au nombre de trois, sont très pratiques et peuvent être employées immédiatement par toute personne qui en a pris connaissance. Chacune d'elles porte le nom de son auteur. — A. **Méthode Marshall-Hall.** I. Cette méthode de respiration artificielle consiste à placer l'asphyxié couché, la face tournée vers la terre et, après avoir mis sous sa poitrine, pour la supporter et le soulever, un coussin fait d'une couverture roulée, à le tourner ensuite doucement sur le côté, presque sur le dos, puis à le replacer rapidement dans la position première; à répéter cette manœuvre environ quinze fois par minute. Il faut changer de temps en temps de côté. Quand le corps est sur le ventre, il faut exercer une pression énergique entre les omoplates, pression qui doit cesser en replaçant le corps sur le côté. Cette méthode a l'inconvénient de ne pas amener l'ampliation du diamètre de la poitrine, puisqu'elle ne détermine pas l'élévation des côtes. Une très minime quantité d'air seulement peut être introduite, et les poumons sont mis en mouvement d'une manière inégale. En outre, il peut se faire que, pendant la pression entre les épaules, le contenu de l'estomac vienne régurgiter dans l'œsophage, s'introduise dans la trachée, et être ainsi un obstacle à la pénétration de l'air. — B. **Méthode Sylvester.** Voici cette méthode telle qu'elle est exposée par l'auteur, quant au mode opératoire : An-

nales de l'hygiène publique, page 214, janv. 1865. « 1° Donner au patient une position convenable : Placez le corps sur le dos, les épaules soulevées et soutenues par un vêtement replié, et appuyez les pieds. 2° Maintenir libre l'introduction de l'air dans la trachée-artère : Nettoyez la bouche et les narines, tirez la langue du patient et maintenez-la en dehors des lèvres. (Si il on relève doucement la mâchoire inférieure, les dents pourront servir à maintenir la langue dans la position voulue. Si cela était nécessaire, on retiendrait la langue en passant un mouchoir sous la langue et en le nouant au-dessus de la tête.) 3° Imiter les mouvements d'une respiration profonde : Elevez les bras des deux côtés de la tête et maintenez-les doucement, mais fermement, ainsi élevés, pendant deux secondes. (Ce mouvement élargit la capacité, en soulevant les côtes et produit une inspiration). Abaissez ensuite les bras et pressez-les doucement, mais fermement, pendant deux secondes, contre les côtes de la poitrine. (Ce mouvement diminue la capacité du thorax en pressant sur les côtes et produit une expiration forcée). Répétez ces mouvements alternativement, hardiment et avec persévérance quinze fois par minute. — C. **Méthode Pacini.** La voici, traduite littéralement, d'un mémoire intitulé : *Del mio metodo di respirazione artificiale nella asfissia e nella sincope.* (Firenze Dalla tipografia Genniniana 1876, page 4.) » Pour se faire une idée claire de la méthode que j'ai toujours recommandée et que déjà, depuis beaucoup d'années, j'ai fait connaître dans mes leçons, je commencerai à raconter la circonstance dans laquelle elle me fut suggérée. Quand les domestiques des salles d'anatomie prennent un cadavre, l'on par les bras près de l'aisselle et l'autre par les jambes, pour le soulever du cercueil et le mettre sur la table anatomique, plusieurs fois j'ai pu entendre que le cadavre fait une profonde inspiration et qu'ensuite posé sur la table, il fait une expiration correspondante. On place donc l'individu en état de mort apparente sur un plan quelque peu incliné, on le replace ensuite sur le dos, en se gardant bien de comprimer le bas-ventre pour éviter la régurgitation des liquides contenus dans l'estomac qui, en venant remplir le pharynx, empêcheraient le passage de l'air par le larynx et la trachée. On maintient autant qu'il est possible la tête dans la direction du tronc et, se plaçant derrière, on empoigne fortement la partie supérieure des deux bras près de l'aisselle. Alors, en tirant à soi et en soulevant en même temps les moignons des épaules, il est clair que le mouvement se transmet par le moyen de la clavicule au sternum, lequel à son tour élève les côtes correspondantes. Il est facile de voir que de telle façon l'on augmente les trois diamètres du thorax, bien que le diaphragme n'y participe pas en restant immobile. En effet, s'il n'y a aucun obstacle au passage de l'air, on l'entend pénétrer subitement avec bruit par le larynx dans les poumons, en produisant une inspiration, laquelle accomplie, on cesse la traction inspiratoire et on laisse à l'élasticité des côtes et des poumons une réaction que produit l'expiration comme elle arrive naturellement. En répétant alternativement ces mouvements avec le rythme ordinaire de la respiration naturelle de quinze par minute, et même plus fréquemment, il semble que l'individu asphyxié, quoiqu'il puisse être mort, est revenu à la vie : en l'entendant respirer comme un vivant. De sorte que, s'il lui reste quelque

légère aptitude pour la vie, il est impossible qu'il ne ressuscite pas. Il faut encore être averti que si l'individu est de légère corpulence, il est nécessaire que l'un des assistants le tienne par les jambes afin qu'il ne cède point aux tractions inspiratoires. Par le manque d'assistant, on peut le lier à quelque objet résistant. Si, au contraire, l'individu est de forte corpulence, alors les manœuvres décrites pourront être exécutées plus efficacement par deux personnes en se plaçant aux côtés du patient pour empoigner chacune avec les deux mains la partie supérieure et moyenne du bras et en cherchant à exécuter avec ensemble les mouvements indiqués. Il peut arriver encore que l'on ne dispose pas d'un plan sur lequel on puisse poser pour les manœuvres nécessaires l'individu asphyxié. En pareil cas, il pourra être déposé sur le terrain, comme sur la plage de la mer ou sur le bord d'un fleuve, et alors, en se posant à genoux derrière sa tête et celle-ci entre les deux genoux, ou bien sur les côtés, si les manœuvres sont faites par deux personnes, on pourra tenter le même mode que nous avons vu. » — Ces dernières méthodes, comme on le voit, peuvent être mises en œuvre sans le secours d'aucun appareil. Chacune d'elles, du reste, a produit de bons résultats. Nous estimons cependant que la méthode de Pacini, qui n'exige pas plus de connaissances anatomiques que les autres et dont il faut seulement connaître le mode opératoire, produit un soulèvement plus considérable des côtes, au moyen de la clavicule et du sternum, des mouvements plus accentués, et par conséquent offre plus d'efficacité. La modification apportée par le Dr Blain, et qui consiste à placer les mains au-devant du moignon de l'épaule, les doigts dans la cavité de l'aisselle, ne paraît pas être heureuse ; car cette position ne permet pas de soulever les moignons des épaules avec autant de force, et c'est de ce soulèvement que dépend l'élargissement du thorax et la réussite de la manœuvre. Une autre modification, apportée par le Dr Pacini lui-même, consiste à employer une corde double dont les extrémités formant une anse embrassent les bras sous les aisselles de l'asphyxié ; la corde placée derrière le cou de l'opérateur, lui vient en aide et peut ainsi rendre ses mouvements moins fatigants.

ROBIN (Charles-Philippe), médecin et naturaliste, né à Jasseron (Ain), le 4 juin 1821, mort en oct. 1885. Il fit ses études médicales à Paris, devint professeur d'anatomie générale en 1847, et professeur d'histologie à la faculté de médecine de Paris en 1862. On le considère comme le chef, sinon comme le fondateur de la physiologie microscopique. Il fut élu sénateur de l'Ain en 1876, et siégea avec les républicains. Nous ne citerons, parmi ses nombreux et savants ouvrages, que : *Tableaux d'anatomie* (1851, in-4°); *Traité de chimie anatomique et physiologique*, en collaboration avec Verdeil (3 vol. in-8°, avec atlas, 1853); *Histoire naturelle des végétaux parasites* (1853, in-8°); *Anatomie microscopique* (1868), et une série de *Leçons dans des sujets spéciaux* (1866-'67).

SALMSON (Jean-Baptiste), célèbre graveur en médailles et pierres fines, né à Stockholm (Suède) en 1797, mort à Paris, le 2 déc. 1859. Ayant obtenu le prix de Rome en 1849, il traversa la France pour se rendre en Italie, en compagnie de Fogelberg, statuaire, et Nustrum, architecte distingué, lauréats comme lui. Il s'arrêta à Paris, entra dans l'atelier du baron Bosio et l'aida dans le travail d'une statue de Louis XIV ; il essaya vainement d'exercer à Paris sa profession de graveur sur médailles, son titre d'étranger l'ayant fait exclure de la participation aux commandes officielles et notamment d'un concours

de la monnaie, sous Charles X. Il fut appelé en Bavière, auprès du roi Jean. Là le prince Oscar de Suède (Charles XIV) lui commanda une série de médailles historiques qu'il commença sur place et termina en Artois, dans une retraite où la munificence du roi le suivit jusqu'en 1829. Alors chef de famille, il abandonna les médailles et se fit graveur spécialiste en pierres fines et ne tarda pas à faire revivre en France cet art oublié. Il obtint en 1855, à l'exposition universelle de Paris, la 3e médaille d'honneur, et encore une 2e médaille d'or en 1859. Ses camées et intailles les plus remarquables sont les portraits du roi *Louis-Philippe* (améthiste), ceux de *Napoléon III* et d'*Eugénie*, le *Fleuve de la vie*, etc. La plupart de ses œuvres sont à l'étranger et dans des collections particulières.

SALOMON (Samuel-Antony-Adam), sculpteur et photographe, né à la Ferté-sous-Jouarre en 1818, mort en avril 1881. On l'appelle quelquefois Adam-Salomon. Son médaillon de *Béranger* le rendit populaire. Il a laissé les bustes de nos principaux grands personnages : Hector de Laborde, l'amiral de Rigny, Delphine de Girardin, Louis Ratisbonne, Léon Faucher, Alexis de Tocqueville, Halévi, Orfila, Jules Janin, Garnier-Pagès, F. de Lesseps, Daniel Stern, Ponsard, Lamartine, Rossini, Amussat, etc.

SERRANO Y DOMINGUEZ (Francisco), ᴅᴜᴄ ᴅᴇ ʟᴀ ᴛᴏʀʀᴇ, maréchal et homme d'État espagnol, né à San-Fernando (Andalousie), en 1810, mort le 26 nov. 1885. Il entra dans le service militaire en qualité de cadet. Ayant épousé les intérêts de la reine Marie-Christine en 1843, il fut l'un des membres de la junte de Barcelone qui déclarèrent la majorité de la reine Isabelle et qui déposèrent Espartero. En 1846, son influence extraordinaire sur la souveraine, dont il était l'amant, causa un scandale qui faillit dégénérer en troubles. Lorsque Narvaez arriva au pouvoir en 1849, Serrano fut nommé capitaine général de Grenade. Impliqué, en 1854, dans un mouvement insurrectionnel qui éclata à Saragosse, il fut exilé ; mais il rentra lors de la révolution de Juillet. Au moment du coup d'État d'O'Donnel, en 1856, il était capitaine général de la Nouvelle-Castille et réprima le soulèvement de Madrid. Peu après, il remplaça Olozaga comme ambassadeur à Paris, mais il fut rappelé à la chute d'O'Donnell. Il resta à Cuba, de 1860 à 1862, en qualité de capitaine général, à son retour, on le créa duc de la Torre, en récompense des services qu'il avait rendus dans l'affaire de la réannexion éphémère de Saint-Domingue, en 1861. En 1865, il devint capitaine général de Madrid. Trois ans plus tard, il se lança à corps perdu dans le mouvement révolutionnaire qui allait renverser le trône d'Isabelle. Chef reconnu des insurgés, il battit les troupes du gouvernement à Alcoléa, le 28 sept. 1868, et entra à Madrid le 3 oct. En fév. 1869, il fut nommé chef du pouvoir exécutif, et, le 15 juin, un vote des cortès lui donna le titre de régent, qu'il conserva jusqu'à l'arrivée du roi Amédée, le 2 janv. 1871. Il continua de gouverner sous le nom de ce jeune prince, avec le titre de premier ministre. En 1872, il prit le commandement des troupes contre les carlistes, conclut une convention avec ceux-ci et redevint premier ministre pendant quelque temps. A peine Amédée avait-il abdiqué (11 fév. 1873) que Serrano, impliqué dans un mouvement séditieux contre la république nouvellement proclamée (26 avril), quitta l'Espagne pour quelques mois. Le pronunciamiento victorieux de Pavia (3 janv. 1874) le porta de nouveau au pouvoir, et il devint président de la république, en remplacement de Castelar (28 fév. 1874). Un autre pronunciamiento renversa sa dictature de

quelques mois et il eut pour successeur Antonio Canovas del Castillo, qui gouverna un instant au nom d'Alphonse XII. Le maréchal se réfugia en France, le 1er janv. 1875 ; mais il rentra à Madrid en fév., et fit, le 8 mars, sa soumission au roi, qui le nomma sénateur. En 1883, il fut, de nouveau, ambassadeur à Paris, occupa ce poste fort peu de temps et rentra dans la vie privée.

SINALUNGA ou **Asinalunga**, ville de la prov. et à 32 kil. S.-O. d'Arezzo (Toscane) ; 2,000 hab. Garibaldi, sur le point d'entrer dans les États du pape, y fut arrêté le 23 sept. 1867.

SKOBELEFF (Mikhaïl-Dimitriyevitch), célèbre général russe, né près de Moscou en 1845, mort en 1882. Au sortir de l'académie militaire de Saint-Pétersbourg (1864), il fut placé à la tête d'une compagnie de cosaques, dans le Turkestan. Il opéra ensuite dans le Caucase, avec le grade de chef de bataillon d'infanterie de ligne (1871), commanda l'avant-garde de la colonne Lomakin, lors de la marche sur Khiva (1873) ; fit, sous un déguisement, une reconnaissance dans le désert turcoman, et se distingua ensuite pendant la conquête du Khokhan (1875) dont il fut nommé gouverneur (1876) avec le grade de général. Dès le début de la guerre russo-turque (1877), il fut placé à l'avant-garde de l'armée du grand-duc Nicolas, traversa à cheval le Danube, sous le feu des Turcs, et balaya la rive opposée par une brillante charge à la baïonnette. A la tête d'un détachement volant, il se couvrit de gloire pendant les opérations de la prise, de la perte et de la reprise de Plevna. Sa belle conduite lui valut le grade de lieutenant général et le commandement de la 16e division, à la tête de laquelle il fut l'un des premiers à attaquer les passes de Chipka (9 janv. 1878). Il occupa ensuite Andrinople, marcha sur Constantinople et occupa Djatalia le 6 févr. Après la signature de la paix de Berlin, qui fit perdre à la Russie les fruits de sa victoire, il manifesta avec violence ses sentiments antigermaniques. En 1880, il fut placé à la tête d'une nouvelle expédition contre les Turcomans.

SUD-AFRICAINE (République), État aujourd'hui presque indépendant, de l'Afrique méridionale, autrefois appelé le Transvaal. D'après le traité de Londres (27 fév. 1884), la suzeraineté de l'Angleterre a été très restreinte. (Voy. ᴛʀᴀɴsᴠᴀᴀʟ dans le *Dictionnaire*.)

SUDRE (Jean-François), inventeur et musicien, né à Albi (Tarn), le 15 août 1787, mort à Paris le 3 oct. 1862. Il conçut le projet de former une langue musicale universelle et imagina un système de télégraphie acoustique qu'il nomma *téléphonie* (1828). (Voy. ᴛᴇʟᴇᴘʜᴏɴɪᴇ dans le *Dictionnaire*).

VINCY ou **Vinciac** (auj. probablement *Vincly*), ancien village de la France mérovingienne, entre Arras et Cambrai ; célèbre par la victoire de Charles Martel sur les Neustriens, le 21 mai 717

VIVÈS (Juan-Luis) [vi-vèss], érudit espagnol, né en 1492, mort en 1540. Il fut nommé de bonne heure professeur de belles-lettres à Louvain. En 1512, apparurent ses commentaires sur la *De civitate Dei* de saint Augustin, dédiés à Henri VIII, lequel le prit pour précepteur de la reine Marie, et le nomma plus tard professeur à Oxford. Il s'opposa à la répudiation de Catherine d'Aragon, et se retira à Bruges. Budée, Érasme et Vivès furent appelés les triumvirs de la république des lettres au xvie siècle. Ses œuvres (1555, 2 vol. in-fol. ; 1782-'90, 8 vol.) contiennent *De corruptis Artibus* et *De Religione*.

VOLONTAIRES INTERNATIONAUX de la Croix Rouge, association philanthropique

belge, qui s'est formée en 1876 à Bruxelles, dans le but de venir en aide : 1° en temps de guerre, aux militaires blessés ou malades sur les champs de bataille, dans les ambulances et dans les hôpitaux, aux prisonniers et aux victimes de la guerre ; 2° en temps de paix, aux victimes de catastrophes, épidémies, inondations, etc. ; 3° aux familles nécessiteuses dont la société peut améliorer les conditions d'existence. — Insignes : croix de Malte avec couronne émaillée de noir, et portant sur l'écusson du centre, une croix rouge sur émail, avec l'inscription : ᴠᴏʟᴏɴᴛᴀɪʀᴇs ɪɴᴛᴇʀ-ɴᴀᴛɪᴏɴᴀᴜx. ʙᴇʟɢɪǫᴜᴇ ; cette croix se porte à un ruban moiré noir, avec bandes rouges et liserés blancs ; brassard en flanelle blanche à croix rouge ; drapeau tricolore : noir, blanc (à croix rouge) et rouge.

WELWITSCHIA s. f. [vèl-vi-tchi-a] (de *Welwitsch*, nom d'un savant Allemand). Bot. Nom d'une plante remarquable, découverte en

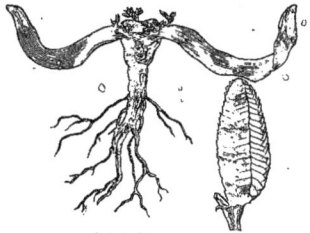

Welwitschia mirabilis.

1863 par le Dr Welwitsch, à Mossâmedes, sur la côte occidentale d'Afrique, et décrite par le Dr Hooker sous le nom de *welwitschia mirabilis*. Les seules portions végétatives de la plante sont un tronc court et large, se terminant rapidement en une forte racine pivotante, et les cotylédons qui atteignent une longueur de 2 m. et une largeur d'un peu près 1 m., et s'étalent sur le sol dans des directions opposées. Ces cotylédons sont verts, très épais, d'une consistance coriace, et sont souvent entamés et déchirés par les orages. La tige florale, haute de 15 à 30 centim., donne de nombreux cônes de 5 centim. de long, et de 2 à 3 centim. d'épaisseur. La région où l'on trouve cette plante est un plateau sablonneux et pierreux à une hauteur de 100 à 200 m. au-dessus du niveau de la mer, et où la pluie tombe rarement.

WESTMEATH [ouesstt'-mith], comté central de l'Irlande, dans le Leinster ; 1,835 kil. carr. ; 78,416 hab. Cap., Mullingar.

WESTMORELAND ou **Wesmorland** [ouessti' mor-lanndd], comté septentrional de l'Angleterre, borné au S.-O. par la baie de Morecambe ; 2,027 kil. carr. ; 65,005 hab. Cap., Appleby.

WILFRED ou **Wilfrid** [ouil'-fredd] (Saint), prélat anglo-saxon, né vers 634, mort en 709. Alchfred, roi de Northumbrie, le fit évêque d'York ; mais son successeur, le roi Egfred, divisa cet évêché en trois. Wilfred en appela à Rome, et, après la mort d'Egfred, fut réinstallé dans toute l'étendue de son diocèse, qu'un synode divisa définitivement en 692. La fête de Wilfred se célèbre le 12 oct.

WILLAUMEZ (Jean-Baptiste-Philibert), marin, né à Belle-Ile-en-Mer en 1761, mort en 1845. Il s'engagea comme mousse en 1775, passa officier pendant la Révolution, fut nommé capitaine de vaisseau en 1801, vice-amiral en 1830 et pair de France en 1837. Il a laissé un excellent *Dictionnaire de marine* (1820)

WILLEMS (Jean-François), homme de lettres flamand, né à Bouchout, le 11 mars 1793, mort à Gand, le 24 juin 1846. Il a été le promoteur et est resté, durant toute sa vie, le chef de file du mouvement flamand en Belgique. Parmi ses œuvres, il convient de citer son poème : *Aan de Belgen*, et ses éditions de vieilles poésies flamandes, telles que : *Reinaert de Vos* (1834), *Rijmkronijk van Jan van Heelu* (1836), *Brabant sche Yeesten door Jan de klerk van Antwerpen* (1839-1843), etc. Il publia, en outre, le *Belgisch Museum* (10 vol. 1837-'46).

ZELTER (Karl-Friedrich) [tsel'-teur], compositeur allemand, né à Berlin en 1758, mort en 1832. Il se partagea longtemps entre son art de musicien et son métier d'entrepreneur de bâtisse. En 1800, il fut nommé directeur de la *Sing-Akademie* de Berlin, et en 1809, il professa la musique à l'académie des arts et des sciences. Cette même année, il fonda la *Liedertafel*, la première des sociétés de chant formées d'hommes, pour laquelle il produisit beaucoup de morceaux. Sa composition la plus importante est *Auferstehung und Himmelfahrt Christi*. Il a aussi composé beaucoup de musique d'église. On a publié sa correspondance avec Gœthe (1833-'34, 6 vol.).

ZHUKOVSKI (Vasili), poète russe, né en 1783, mort en 1852. En 1812, il combattit contre Napoléon, et écrivit des chants de guerre entraînants et un grand hymne national. De 1824 à 1848, il fut le précepteur de l'empereur Alexandre II. Il créa en Russie une école romantique, et fut le premier à composer des ballades russes, dont la meilleure a pour titre *Svietlana*. Il a aussi écrit des légendes et des récits, et traduit des poésies de l'anglais et de l'allemand, parmi lesquelles on remarque sa *Lindmila*, imitée de la *Leonore* de Burger.

www.ingramcontent.com/pod-product-compliance
Lightning Source LLC
Chambersburg PA
CBHW071132270326
41929CB00012B/1732